Stadie · **UStG**

# Umsatzsteuergesetz

## Kommentar

von

**Prof. Dr. Holger Stadie**
Universität Leipzig

3. Auflage

2015

otto**schmidt**

*Bibliografische Information
der Deutschen Nationalbibliothek*

Die Deutsche Nationalbibliothek verzeichnet diese Publikation in der Deutschen Nationalbibliografie; detaillierte bibliografische Daten sind im Internet über http://dnb.d-nb.de abrufbar.

---

Verlag Dr. Otto Schmidt KG
Gustav-Heinemann-Ufer 58, 50968 Köln
Tel. 02 21/9 37 38-01, Fax 02 21/9 37 38-943
info@otto-schmidt.de
www.otto-schmidt.de

ISBN 978-3-504-24329-6

©2015 by Verlag Dr. Otto Schmidt KG, Köln

Das Werk einschließlich aller seiner Teile ist urheberrechtlich geschützt. Jede Verwertung, die nicht ausdrücklich vom Urheberrechtsgesetz zugelassen ist, bedarf der vorherigen Zustimmung des Verlages. Das gilt insbesondere für Vervielfältigungen, Bearbeitungen, Übersetzungen, Mikroverfilmungen und die Einspeicherung und Verarbeitung in elektronischen Systemen.

Das verwendete Papier ist aus chlorfrei gebleichten Rohstoffen hergestellt, holz- und säurefrei, alterungsbeständig und umweltfreundlich.

Einbandgestaltung: Jan P. Lichtenford, Mettmann
Satz: WMTP, Birkenau
Druck und Verarbeitung: Kösel, Krugzell
Printed in Germany

# Vorwort

Seit der zweiten Auflage sind uns wieder vielfältige Veränderungen im Bereich des Umsatzsteuerrechts durch die Gesetzgebung beschert worden. Zu erwähnen sind drei sog. Artikelgesetze mit monströsen Gesetzesbezeichnungen. Während das Gesetz vom 26.6.2013 *zur Umsetzung der Amtshilferichtlinie sowie zur Änderung steuerlicher Vorschriften (Amtshilferichtlinie-Umsetzungsgesetz)* noch mit der verkrampften Abkürzung „AmtshilfeRLUmsG" aufwartete, versagte der Abkürzungswahn zu Recht bei dem Gesetz vom 25.7.2014 *zur Anpassung des nationalen Steuerrechts an den Beitritt Kroatiens zur EU und zur Änderung weiterer steuerlicher Vorschriften* und bei dem Gesetz vom 22.12.2014 *zur Anpassung der Abgabenordnung an den Zollkodex der Union und zur Änderung weiterer steuerlicher Vorschriften*. Allerdings steht damit der Gesetzesanwender vor dem Problem des Zitierens dieser Gesetze. Mangels einer amtlichen Abkürzung kommen nur Abkürzungen mit einem „sog." in Betracht: z.B. sog. Kroatien-StAnpG und sog. Zollkodex-StAnpG (oder sog. ZK-StAnpG). Die beiden letztgenannten Gesetze zeichnen sich durch die weitere Besonderheit aus, dass sie die Änderungen des Umsatzsteuergesetzes jeweils in drei Artikeln (Art. 7 bis 9 bzw. Art. 8 bis 10) präsentieren. Alle drei genannten Gesetze fallen, wie auch schon frühere, dadurch auf, dass sie von der Änderung „steuerlicher" Vorschriften sprechen. Warum meidet der Gesetzgeber durchgängig die zutreffende Bezeichnung der Materie, um die es geht, nämlich um „steuer*rechtliche*" Vorschriften? Niemand käme auf die Idee, beim HGB oder StGB von „handelslichen" bzw. „straflichen" Vorschriften zu sprechen.

So manche der erneut geänderten und erweiterten Vorschriften des Umsatzsteuergesetzes sind inzwischen derart umfangreich und vor allem unübersichtlich geworden, dass die Grenze der Zumutbarkeit für den Rechtsanwender endgültig überschritten worden ist. Man schaue sich nur die Bestimmungen des § 3a und des § 13b UStG an. Letzterer ist inzwischen auf 10 Absätze angewachsen, von denen insbesondere die Absätze 5 und 7, nicht zuletzt auch wegen der permanenten Änderungen, die sie bzw. die Vorgängerabsätze 2 und 4 seit Einführung der Vorschrift erfahren hatten, je nach Gusto nur noch als Armutszeugnis oder Gedankenlosigkeit der Gehilfen des Gesetzgebers bezeichnet werden können.

Auch die Entscheidungen des EuGH und des BFH auf umsatzsteuerrechtlichem Gebiet sind häufig nicht gerade lesbarer geworden. Langatmigkeit und Umständlichkeit insbesondere durch gebetsmühlenartige Wiederholungen in Gestalt von Textbausteinen stehen bei so mancher Entscheidung des EuGH im diametralen Gegensatz zur mageren, zuweilen auch nicht nachvollziehbaren Begründung seiner „Auslegung" der Richtlinie. Auch die Entscheidungen der Umsatzsteuersenate des BFH passen sich diesem Stil des EuGH in zunehmendem Maße an. Hinzu kommt eine „Kaffesatz-Leserei", indem der BFH aus den Entscheidungsgründen des EuGH rechtliche Erkenntnisse ableitet, die der EuGH häufig so gar nicht gemeint hatte. Auch die mitunter anzutreffende Übung des BFH, in entscheidenden Punkten nur Behauptungen aufzustellen, die lediglich mit nichts sagenden Floskeln „begründet" werden, fördert nicht gerade die Überzeugungskraft höchstrichterlicher Entscheidungen.

# Vorwort

Das BMF, welches für den fortschreitenden Niedergang der Gesetzeskultur im Steuerrecht letztendlich verantwortlich zeichnet, hat sich im Umsatzsteuer-Anwendungserlass (UStAE) nochmals überboten, indem es z.B. mit Abschn. 15.2c in allein 19 Absätzen und 25 (z.T. lebensfremden) Beispielen die Zuordnung von Leistungen zum Unternehmen „regelt". BMF und Gesetzgeber haben offensichtlich völlig ausgeblendet, dass die Unternehmer nur zwangsverpflichtete Gehilfen des Staates bei der Besteuerung der Verbraucher sind und ihnen der Staat deshalb zu diesem Zwecke einfache und leicht verständliche Gesetze und Verwaltungsvorschriften an die Hand zu geben hat. Je komplizierter die Regelungen werden, desto größer ist die Gefahr, dass die Unternehmer diese nicht den Vorstellungen des BMF entsprechend anwenden. Im gleichen Maße wächst damit die Notwendigkeit, den gutgläubigen Unternehmern Vertrauensschutz zu gewähren, denn das Risiko der richtigen Gesetzesanwendung bei der Umsatzsteuer (und anderen Verbrauchsteuern) hat der Staat zu tragen und nicht etwa der gutgläubige Unternehmer.

Angesichts der beschriebenen Lage auf dem Gebiet des Umsatzsteuerrechts muss der Rechtsanwender durch den immer dichter werdenden Dschungel der Vorschriften und Gerichtsentscheidungen geführt werden. Ein Kommentar, der diese Aufgabe wahrnehmen will, wird seiner Bezeichnung allerdings nicht gerecht, wenn er die Äußerungen der Gerichte und der Finanzverwaltung nur kommentarlos berichtet. Das wesentliche Anliegen dieses Erläuterungswerkes ist es deshalb vielmehr, die Zusammenhänge der einzelnen Regelungen anhand ihres herauszuarbeitenden Zwecks zu erklären, Begründungsdefizite der Rechtsprechung zu beseitigen und fehlerhafte Entscheidungen und Verwaltungsregelungen aufzuzeigen. Ebenso wichtig ist es, absehbare neue Fragestellungen nicht nur aufzugreifen, sondern auch zu beantworten.

Diesem Werk liegen die einschlägigen umsatzsteuerrechtlichen Vorschriften mit allen bis zum 1.4.2015 in Kraft getretenen Änderungen zugrunde. Selbstverständlich sind nicht nur die o.g. Neuerungen des UStG, sondern auch die Änderungen der MwSt-DVO und der UStDV in der gebotenen Ausführlichkeit gewohnt kritisch kommentiert worden.

Im Textanhang finden sich die MwStSystRL und die MwSt-DVO.

Leipzig, im Mai 2015                                                                         Holger Stadie

# Inhaltsübersicht

|  | Seite |
|---|---|
| Vorwort | V |
| Abkürzungsverzeichnis | XI |
| Einführung, Vorbemerkungen, Allgemeines | 1 |

**Erster Abschnitt**
**Steuergegenstand und Geltungsbereich**

| § 1 | Steuerbare Umsätze | 34 |
|---|---|---|
| § 1a | Innergemeinschaftlicher Erwerb | 101 |
| § 1b | Innergemeinschaftlicher Erwerb neuer Fahrzeuge | 119 |
| § 1c | Innergemeinschaftlicher Erwerb durch diplomatische Missionen, zwischenstaatliche Einrichtungen und Streitkräfte der Vertragsparteien des Nordatlantikvertrags | 122 |
| § 2 | Unternehmer, Unternehmen | 123 |
| § 2a | Fahrzeuglieferer | 252 |
| § 3 | Lieferung, sonstige Leistung | 253 |
| § 3a | Ort der sonstigen Leistung | 332 |
| § 3b | Ort der Beförderungsleistungen und der damit zusammenhängenden sonstigen Leistungen | 389 |
| § 3c | Ort der Lieferung in besonderen Fällen | 394 |
| § 3d | Ort des innergemeinschaftlichen Erwerbs | 397 |
| § 3e | Ort der Lieferungen und Restaurationsleistungen während einer Beförderung an Bord eines Schiffs, in einem Luftfahrzeug oder in einer Eisenbahn | 400 |
| § 3f | Ort der unentgeltlichen Lieferungen und sonstigen Leistungen | 402 |
| § 3g | Ort der Lieferung von Gas, Elektrizität, Wärme oder Kälte | 405 |

**Zweiter Abschnitt**
**Steuerbefreiungen und Steuervergütungen**

| Vor §§ 4–9 | | 411 |
|---|---|---|
| § 4 | Steuerbefreiungen bei Lieferungen und sonstigen Leistungen | 421 |
| § 4a | Steuervergütung | 584 |
| § 4b | Steuerbefreiung beim innergemeinschaftlichen Erwerb von Gegenständen | 589 |

|  |  | Seite |
|---|---|---|
| § 5 | Steuerbefreiungen bei der Einfuhr | 590 |
| § 6 | Ausfuhrlieferung | 598 |
| § 6a | Innergemeinschaftliche Lieferung | 618 |
| § 7 | Lohnveredelung an Gegenständen der Ausfuhr | 655 |
| § 8 | Umsätze für die Seeschifffahrt und für die Luftfahrt | 662 |
| § 9 | Verzicht auf Steuerbefreiungen | 667 |

### Dritter Abschnitt
### Bemessungsgrundlagen

| § 10 | Bemessungsgrundlage für Lieferungen, sonstige Leistungen und innergemeinschaftliche Erwerbe | 685 |
|---|---|---|
| § 11 | Bemessungsgrundlage für die Einfuhr | 728 |

### Vierter Abschnitt
### Steuer und Vorsteuer

| § 12 | Steuersätze | 732 |
|---|---|---|
| § 13 | Entstehung der Steuer | 773 |
| § 13a | Steuerschuldner | 791 |
| § 13b | Leistungsempfänger als Steuerschuldner | 796 |
| § 13c | Haftung bei Abtretung, Verpfändung oder Pfändung von Forderungen | 857 |
| § 14 | Ausstellung von Rechnungen | 870 |
| § 14a | Zusätzliche Pflichten bei der Ausstellung von Rechnungen in besonderen Fällen | 915 |
| § 14b | Aufbewahrung von Rechnungen | 921 |
| § 14c | Unrichtiger oder unberechtigter Steuerausweis | 929 |
| § 15 | Vorsteuerabzug | 957 |
| § 15a | Berichtigung des Vorsteuerabzugs | 1116 |

### Fünfter Abschnitt
### Besteuerung

| § 16 | Steuerberechnung, Besteuerungszeitraum und Einzelbesteuerung | 1177 |
|---|---|---|
| § 17 | Änderung der Bemessungsgrundlage | 1195 |
| § 18 | Besteuerungsverfahren | 1230 |
| § 18a | Zusammenfassende Meldung | 1294 |

Seite

§ 18b Gesonderte Erklärung innergemeinschaftlicher Lieferungen und bestimmter sonstiger Leistungen im Besteuerungsverfahren ..... 1300

§ 18c Meldepflicht bei der Lieferung neuer Fahrzeuge ............ 1302

§ 18d Vorlage von Urkunden ............................. 1303

§ 18e Bestätigungsverfahren............................. 1305

§ 18f Sicherheitsleistung ............................... 1306

§ 18g Abgabe des Antrags auf Vergütung von Vorsteuerbeträgen in einem anderen Mitgliedstaat......................... 1308

§ 19 Besteuerung der Kleinunternehmer................... 1309

§ 20 Berechnung der Steuer nach vereinnahmten Entgelten ....... 1325

§ 21 Besondere Vorschriften für die Einfuhrumsatzsteuer......... 1336

§ 22 Aufzeichnungspflichten ........................... 1339

§ 22a Fiskalvertretung ................................ 1346

§ 22b Rechte und Pflichten des Fiskalvertreters ................ 1347

§ 22c Ausstellung von Rechnungen im Fall der Fiskalvertretung...... 1347

§ 22d Steuernummer und zuständiges Finanzamt ............... 1347

§ 22e Untersagung der Fiskalvertretung..................... 1348

**Sechster Abschnitt**
**Sonderregelungen**

§ 23 Allgemeine Durchschnittssätze....................... 1349

§ 23a Durchschnittssatz für Körperschaften, Personenvereinigungen und Vermögensmassen im Sinne des § 5 Abs. 1 Nr. 9 des Körperschaftsteuergesetzes......................... 1365

§ 24 Durchschnittssätze für land- und forstwirtschaftliche Betriebe ... 1368

§ 25 Besteuerung von Reiseleistungen..................... 1385

§ 25a Differenzbesteuerung............................. 1396

§ 25b Innergemeinschaftliche Dreiecksgeschäfte ............... 1417

§ 25c Besteuerung von Umsätzen mit Anlagegold.............. 1422

§ 25d Haftung für die schuldhaft nicht abgeführte Steuer ......... 1425

**Siebenter Abschnitt**
**Durchführung, Bußgeld-, Straf-, Verfahrens-, Übergangs- und Schlussvorschriften**

§ 26 Durchführung, Erstattung in Sonderfällen................ 1429

§ 26a Bußgeldvorschriften.............................. 1436

§ 26b Schädigung des Umsatzsteueraufkommens .............. 1440

|  |  | Seite |
|---|---|---|
| § 26c | Gewerbsmäßige oder bandenmäßige Schädigung des Umsatzsteueraufkommens | 1440 |
| § 27 | Allgemeine Übergangsvorschriften | 1442 |
| § 27a | Umsatzsteuer-Identifikationsnummer | 1460 |
| § 27b | Umsatzsteuer-Nachschau | 1462 |
| § 28 | Zeitlich begrenzte Fassungen einzelner Gesetzesvorschriften | 1465 |
| § 29 | Umstellung langfristiger Verträge | 1466 |

Mehrwertsteuersystem-Richtlinie . . . . . . . . . . . . . . . . . . . . 1483
Mehrwertsteuer-Durchführungsverordnung . . . . . . . . . . . . . . . 1666

Stichwortverzeichnis . . . . . . . . . . . . . . . . . . . . . . . . . 1711

# Abkürzungsverzeichnis

| | |
|---|---|
| a.A., A.A. | anderer Ansicht |
| a.a.O. | am angegebenen Ort |
| abl. | ablehnend(e) |
| ABl. | Amtsblatt |
| Abs. | Absatz |
| Abschn. | Abschnitt |
| AcP | Archiv für die civilistische Praxis (Zeitschrift) |
| AdV | Aussetzung der Vollziehung |
| a.E. | am Ende |
| AEAO | Anwendungserlass des BMF zur Abgabenordnung |
| AEUV | Vertrag über die Arbeitsweise der Europäischen Union |
| aF | alte Fassung |
| AfA | Absetzung für Abnutzung |
| AG | Aktiengesellschaft |
| AGB | Allgemeine Geschäftsbedingungen |
| AktG | Aktiengesetz |
| ALG | Arbeitslosengeld |
| allg., Allg. | allgemein, Allgemeine |
| Alt. | Alternative |
| a.M. | andere/r Meinung |
| AMRabG | Gesetz über Rabatte für Arzneimittel |
| Anm. | Anmerkung |
| AO | Abgabenordnung |
| ArbGG | Arbeitsgerichtsgesetz |
| arg. | argumentum (folgt aus) |
| Art. | Artikel |
| AStG | Außensteuergesetz |
| Aufl. | Auflage |
| AUR | Agrar- und Umweltrecht (Zeitschrift) |
| Az. | Aktenzeichen |
| BAG | Bundesarbeitsgericht |
| BAGE | Amtliche Sammlung von Entscheidungen des Bundesarbeitsgerichts |
| BauR | Baurecht (Zeitschrift) |
| BayLfSt | Bayerisches Landesamt für Steuern |
| BayObLG | Bayerisches Oberstes Landesgericht |
| BB | Betriebs-Berater (Zeitschrift) |
| Bd. | Band |
| Bdb. | Brandenburg |
| Begr. | Begründung |
| Beil. | Beilage |
| Beisp. | Beispiel |
| Ber. | Bericht |
| BewG | Bewertungsgesetz |

| | |
|---|---|
| BFH | Bundesfinanzhof |
| BFH/NV | Sammlung amtlich nicht veröffentlichter Entscheidungen des Bundesfinanzhofs (Zeitschrift) |
| BGB | Bürgerliches Gesetzbuch |
| BGBl. | Bundesgesetzblatt |
| BGH | Bundesgerichtshof |
| BGHReport | Schnelldienst zur Zivilrechtsprechung des BGH (Zeitschrift) |
| BGHSt | Amtliche Sammlung von Entscheidungen des Bundesgerichtshofs in Strafsachen |
| BGHZ | Amtliche Sammlung von Entscheidungen des Bundesgerichtshofs in Zivilsachen |
| BliwaG | Blindenwarenvertriebsgesetz |
| Berlin-Bdb. | Berlin-Brandenburg |
| BMF | Bundesministerium der Finanzen |
| BNotO | Bundesnotarordnung |
| BR-Drucks. | Bundesrats-Drucksache |
| BReg. | Bundesregierung |
| BRH | Bundesrechnungshof |
| BStBl. | Bundessteuerblatt |
| BT-Drucks. | Bundestags-Drucksache |
| Buchst. | Buchstabe |
| Bunjes | Umsatzsteuergesetz, Kommentar, 13. Auflage, München 2014 |
| BVerfG | Bundesverfassungsgericht |
| BVerfGE | Amtliche Sammlung von Entscheidungen des Bundesverfassungsgerichts |
| BVerfGG | Bundesverfassungsgerichtsgesetz |
| BVerwG | Bundesverwaltungsgericht |
| BW | Baden-Württemberg |
| B/W | Birkenfeld/Wäger, Das große Umsatzsteuer-Handbuch, Köln (Loseblatt) |
| BZSt | Bundeszentralamt für Steuern |
| bzgl. | bezüglich |
| bzw. | beziehungsweise |
| d.h. | das heißt |
| DB | Der Betrieb (Zeitschrift) |
| DBA | Abkommen zur Vermeidung der Doppelbesteuerung |
| DÖV | Die Öffentliche Verwaltung (Zeitschrift) |
| DStJG | Deutsche Steuerjuristische Gesellschaft (Veröffentlichungen der –) |
| DStR | Deutsches Steuerrecht (Zeitschrift) |
| DStRE | Deutsches Steuerrecht, Entscheidungsdienst (Zeitschrift) |
| DStZ | Deutsche Steuerzeitung (Zeitschrift) |
| DVBl. | Deutsches Verwaltungsblatt (Zeitschrift) |
| DVO | Durchführungsverordnung |

| | |
|---|---|
| DVR | Deutsche Verkehrsteuerrundschau (Zeitschrift) |
| E | Entwurf |
| EDV | Elektronische Datenverarbeitung |
| EEG | Gesetz für den Vorrang Erneuerbarer Energien (Erneuerbare-Energien-Gesetz) |
| EFG | Entscheidungen der Finanzgerichte (Zeitschrift) |
| EG | Europäische Gemeinschaften |
| EGBGB | Einführungsgesetz zum Bürgerlichen Gesetzbuch |
| EG-RL 2008/9 | Richtlinie 2008/9/EG v. 12.2.2008 zur Erstattung der MwSt an in einem Mitgliedstaat ansässige Steuerpflichtige, ABl. EU Nr. L 44/2008, 23 |
| 6. EG-RL | Richtlinie 77/388/EWG v. 17.5.1977 zur Harmonisierung der Rechtsvorschriften der Mitgliedstaaten über die Umsatzsteuern, Gemeinsames Mehrwertsteuersystem, einheitliche steuerpflichtige Bemessungsgrundlage, ABl. EG Nr. L 145/1977, 1; ersetzt durch MwStSystRL |
| 13. EG-RL | Richtlinie 86/560/EWG v. 17.11.1986 zur Erstattung der MwSt an nicht im Gebiet der Gemeinschaft ansässige Steuerpflichtige, ABl. EG Nr. L 326/1986, 40 |
| EGV | Vertrag der Europäischen Gemeinschaft |
| Einf. | Einführung |
| Einl. | Einleitung |
| Einzelbegr. | Einzelbegründung |
| EL | Ergänzungslieferung |
| Entsch. | Entscheidung |
| ErbbauRG | Erbbaurechtsgesetz (bis 2007: ErbbauRVO) |
| ErbStG | Erbschaftsteuer- und Schenkungsteuergesetz |
| Erkl. | Erklärung |
| ESt | Einkommensteuer |
| EStG | Einkommensteuergesetz |
| EStR | Einkommensteuer-Richtlinien, sog. (Allg. Verwaltungsvorschrift der Bundesregierung zur Einkommensteuer) |
| EU | Europäische Union |
| EuGH | Europäischer Gerichtshof |
| EuGHE | Amtliche Sammlung der Entscheidungen des Europäischen Gerichtshofs |
| EUSt | Einfuhrumsatzsteuer |
| EUStBV | Einfuhrumsatzsteuer-Befreiungsverordnung |
| EUV | Vertrag über die Europäische Union |
| EuZW | Europäische Zeitschrift für Wirtschaftsrecht |
| EWG | Europäische Wirtschaftsgemeinschaft |
| EWGV | Vertrag der Europäischen Wirtschaftsgemeinschaft von 1957 |
| EWIV | Europäische Wirtschaftliche Interessenvereinigung |
| EWR | Europäischer Wirtschaftsraum |

| | |
|---|---|
| f. | folgend |
| FAG | Finanzausgleichsgesetz |
| ff. | fortfolgende |
| FG | Finanzgericht |
| FGO | Finanzgerichtsordnung |
| FinAussch. | Finanzausschuss |
| FinBeh. | Finanzbehörde |
| FinMin. | Finanzministerium |
| FinSen (Bremen) | Finanzsenator (Bremen) |
| FinVerw. | Finanzverwaltung |
| Fn. | Fußnote |
| FR | Finanzrundschau (Zeitschrift) |
| FS | Festschrift |
| FS Flick | Klein/Stihl/Wassermeyer (Hrsg.), Unternehmen Steuern, Festschrift für Hans Flick, Köln 1997 |
| FVG | Gesetz über die Finanzverwaltung |
| G | Gesetz |
| GbR | Gesellschaft bürgerlichen Rechts |
| gem. | gemäß |
| GenG | Genossenschaftsgesetz |
| GeschmMG | Geschmacksmustergesetz |
| Gesetz v. 19.12.2008 | Jahressteuergesetz 2009 (JStG 2009) v. 19.12.2008, BGBl. I 2008, 2794 |
| Gesetz v. 8.12.2010 | Jahressteuergesetz 2010 (JStG 2010) v. 8.12.2010, BGBl. I 2010, 1768 |
| Gesetz v. 26.6.2013 | Gesetz zur Umsetzung der Amtshilferichtlinie sowie zur Änderung steuerlicher Vorschriften (Amtshilferichtlinie-Umsetzungsgesetz – AmtshilfeRLUmsG) v. 26.6.2013, BGBl. I 2013, 1809 |
| Gesetz v. 25.7.2014 | Gesetz zur Anpassung des nationalen Steuerrechts an den Beitritt Kroatiens zur EU und zur Änderung weiterer steuerlicher Vorschriften v. 25.7.2014, BGBl. I 2014, 1266 – sog. Kroatien-StAnpG |
| Gesetz v. 22.12.2014 | Gesetz zur Anpassung der Abgabenordnung an den Zollkodex der Union und zur Änderung weiterer steuerlicher Vorschriften v. 22.12.2014, BGBl. I 2014, 2417 – sog. Zollkodex-StAnpG |
| GewStG | Gewerbesteuergesetz |
| GG | Grundgesetz |
| ggf. | gegebenenfalls |
| GKG | Gerichtskostengesetz |
| GmbH & Co. KG | Kommanditgesellschaft mit GmbH als Komplementär |
| GmbH | Gesellschaft mit beschränkter Haftung |
| GmbHG | Gesetz betreffend die Gesellschaften mit beschränkter Haftung |
| GrEStG | Grunderwerbsteuergesetz |
| GrS | Großer Senat |

| | |
|---|---|
| GVG | Gerichtsverfassungsgesetz |
| GWB | Gesetz gegen Wettbewerbsbeschränkungen |
| GwG | Geldwäschegesetz |
| | |
| Halbs. | Halbsatz |
| H/M | Hartmann/Metzenmacher, Umsatzsteuergesetz, Kommentar, Berlin (Loseblatt) |
| Hess. | Hessen, hessisch |
| HFR | Höchstrichterliche Finanzrechtsprechung (Zeitschrift) |
| HGB | Handelsgesetzbuch |
| h.M. | herrschende Meinung |
| HOAI | Honorarordnung für Architekten und Ingenieure |
| Hrsg. | Herausgeber |
| | |
| i.d.F. | in der Fassung |
| i.d.R. | in der Regel |
| i.E. | im Ergebnis |
| i.e.S. | im engeren Sinne |
| i.H.v. | in Höhe von |
| INF | Information über Steuer und Wirtschaft (Zeitschrift) |
| InsO | Insolvenzordnung |
| i.S. | im Sinne |
| i.S.d. | im Sinne der (des) |
| i.S.v. | im Sinne von |
| IStR | Internationales Steuerrecht (Zeitschrift) |
| i.V.m. | in Verbindung mit |
| i.w.S. | im weiteren Sinne |
| | |
| Jakob | Umsatzsteuer, 4. Auflage, München 2009 |
| jPdöR | juristische Person des öffentlichen Rechts |
| JStG | Jahressteuergesetz |
| JuS | Juristische Schulung (Zeitschrift) |
| JVEG | Justizvergütungs- und -entschädigungsgesetz |
| | |
| KAG | Kommunalabgabengesetz |
| Kap. | Kapitel |
| Kfz | Kraftfahrzeug |
| KG | Kammergericht bzw. Kommanditgesellschaft |
| KGReport | Schnelldienst zur Zivilrechtsprechung des KG Berlin (Zeitschrift) |
| Komm. | Kommission (EU) |
| KÖSDI | Kölner Steuerdialog (Zeitschrift) |
| KostO | Kostenordnung |
| KStG | Körperschaftsteuergesetz |
| KStR | Körperschaftsteuer-Richtlinie, sog. (Allg. Verwaltungsvorschrift der Bundesregierung zur Körperschaftsteuer) |

| | |
|---|---|
| l. Sp. | linke Spalte |
| LAG | Landesarbeitsgericht |
| LFD | Landesfinanzdirektion |
| Lfg. | Lieferung |
| LG | Landgericht |
| Lippross | Lippross, Umsatzsteuer, 23. Auflage, Achim 2012 |
| Lkw | Lastkraftwagen |
| LS | Leitsatz |
| LStDV | Lohnsteuer-Durchführungsverordnung |
| lt. | laut |
| Ltd. | Private limited company by shares |
| | |
| m. | mit |
| MarkenG | Markengesetz |
| MaßstG | Maßstäbegesetz |
| m.a.W., M.a.W. | mit anderen Worten |
| m.W.v. | mit Wirkung vom |
| max. | maximal |
| MDR | Monatsschrift für Deutsches Recht (Zeitschrift) |
| m.E. | meines Erachtens |
| Mio. | Million, Millionen |
| Mitt. | Mitteilung(en) |
| m.N. | mit Nachweisen |
| MünchKomm.BGB | Rebmann/Säcker (Hrsg.), Münchener Kommentar zum Bürgerlichen Gesetzbuch |
| MV | Mecklenburg-Vorpommern |
| m.w.N. | mit weiteren Nachweisen |
| MwSt. | Mehrwertsteuer |
| MwSt-DVO | VO (EU) Nr. 282/2011 v. 15.3.2011 zur Festlegung von Durchführungsvorschriften zur Richtlinie 2006/112/EG über das gemeinsame Mehrwertsteuersystem, ABl. EU Nr. L 77/2011, 1 |
| MwSt.-IdNr. | Mehrwertsteuer-Identifikationsnummer |
| MwStR | Zeitschrift für das gesamte Mehrwertsteuerrecht |
| MwStSystRL | Richtlinie 2006/112/EG v. 28.11.2006 über das gemeinsame Mehrwertsteuersystem, ABl. EU Nr. L 347/2006, 1 |
| | |
| NATO-ZAbk. | Zusatzabkommen zu dem Abkommen zwischen den Parteien des Nordatlantikvertrages über die Rechtsstellung ihrer Truppen hinsichtlich der in der Bundesrepublik Deutschland stationierten ausländischen Truppen vom 3. August 1959, BGBl. II 1961, 1183, 1218 |
| Nds. | Niedersachsen |
| nF | neue Fassung |
| NJW | Neue Juristische Wochenschrift (Zeitschrift) |
| NJW-RR | Neue Juristische Wochenschrift – Rechtsprechungsreport (Zeitschrift) |

| | |
|---|---|
| Nr. | Nummer |
| NVwZ | Neue Zeitschrift für Verwaltungsrecht |
| NVwZ-RR | Neue Zeitschrift für Verwaltungsrecht – Rechtsprechungsreport (Zeitschrift) |
| NZB | Nichtzulassungsbeschwerde |
| o.ä., o.Ä. | oder ähnliche, oder Ähnliche(s) |
| OECD | Organization for Economic Cooperation and Development |
| OECD-MA | OECD-Musterabkommen zur Vermeidung von Doppelbesteuerung von Einkommen und Vermögen (Model Tax Convention on Income and on Capital) |
| OFD | Oberfinanzdirektion |
| o.g. | oben genannt(e) |
| OHG | Offene Handelsgesellschaft |
| OLG | Oberlandesgericht |
| O/S/L | Offerhaus/Söhn/Lange, Umsatzsteuergesetz, Kommentar, Heidelberg (Loseblatt) |
| Österr. | Österreich, österreichisch |
| ÖStZ | Österreichische Steuerzeitung (Zeitschrift) |
| öUStG | österreichisches Umsatzsteuergesetz |
| ÖVfGH | Österreichischer Verfassungsgerichtshof |
| ÖVwGH | Österreichischer Verwaltungsgerichtshof |
| Palandt | Bürgerliches Gesetzbuch und Nebengesetze, Kommentar, 73. Auflage, München 2014 |
| PartGG | Partnerschaftsgesellschaftsgesetz |
| PatG | Patentgesetz |
| Pkw | Personenkraftwagen |
| PostG | Postgesetz |
| PUDLV | Post-Universaldienstleistungsverordnung, BGBl. I 1999, 2418 |
| P/W | Plückebaum/Widmann, Umsatzsteuergesetz, Kommentar (Loseblatt), jetzt: Schwarz/Widmann/Radeisen, UStG, Kommentar (Loseblatt) |
| R | Abschnitt der Einkommensteuer-Richtlinien, Körperschaftsteuer-Richtlinien u.a. |
| RAO | Reichsabgabenordnung |
| rd. | rund |
| R/D | Rau/Dürrwächter, Umsatzsteuergesetz, Kommentar, Köln (Loseblatt) |
| Reg.-Begr. | Regierungsbegründung |
| RegE | Regierungsentwurf |
| Reiß | Reiß, Umsatzsteuerrecht, 12. Aufl., Münster 2014 |
| Rev. | Revisionsaktenzeichen (BFH) |
| RFH | Reichsfinanzhof |
| RGBl. | Reichsgesetzblatt |

| | |
|---|---|
| Rh.-Pf. | Rheinland-Pfalz |
| RIW | Recht der Internationalen Wirtschaft (Zeitschrift) |
| R/K/L | Reiß/Kraeusel/Langer, Umsatzsteuergesetz, Kommentar (Loseblatt) |
| RL | EG-, EU-Richtlinie |
| Rs. | Rechtssache |
| r. Sp. | rechte Spalte |
| Rspr. | Rechtsprechung |
| RStBl. | Reichssteuerblatt |
| Ruppe/Achatz | [Österr.] Umsatzsteuergesetz, 4. Aufl., Wien 2011 |
| RVG | Gesetz über die Vergütung der Rechtsanwältinnen und Rechtsanwälte |
| RVO | Reichsversicherungsordnung |
| Rz. | Randzahl |
| | |
| S. | Seite |
| s. | siehe |
| Saarl. | Saarland |
| Sachs. | Sachsen |
| Sächs. | Sächsisch |
| Sachs.-Anh. | Sachsen-Anhalt |
| SchiffsRG | Schiffsregistergesetz |
| Schl.-Holst. | Schleswig-Holstein |
| Schr. | Schreiben |
| SchwarzArbG | Gesetz zur Bekämpfung der Schwarzarbeit und illegalen Beschäftigung |
| SGB | Sozialgesetzbuch |
| SGG | Sozialgerichtsgesetz |
| sog. | sogenannt(e) |
| Sp. | Spalte |
| S/R | Sölch/Ringleb, Umsatzsteuergesetz, Kommentar, München (Loseblatt) |
| st. | ständig(e) |
| Stadie, Allg. SteuerR | Stadie, Allgemeines Steuerrecht, Köln 2003 |
| Stadie, Vorsteuerabzug | Stadie, Das Recht des Vorsteuerabzugs, Köln 1989 |
| StÄndG | Steueränderungsgesetz |
| StBVV | Steuerberatervergütungsverordnung |
| StbJb. | Steuerberater-Jahrbuch |
| StC | SteuerConsultat (Zeitschrift) |
| StDÜV | Steuerdatenübermittlungsverordnung |
| StGB | Strafgesetzbuch |
| StKongrRep | Steuerkongress-Report |
| StMBG | Gesetz zur Bekämpfung des Mißbrauchs und zur Bereinigung des Steuerrechts – Mißbrauchsbekämpfungs- und Steuerbereinigungsgesetz |
| str. | streitig |
| StRefG 1990 | Steuerreformgesetz 1990 |
| StuW | Steuer und Wirtschaft (Zeitschrift) |

| | |
|---|---|
| StVBG | Steuerverkürzungsbekämpfungsgesetz |
| StVj | Steuerliche Vierteljahresschrift (Zeitschrift) |
| StVO | Straßenverkehrsordnung |
| | |
| Thür. | Thüringen, Thüringer |
| T/K | Tipke/Kruse, Abgabenordnung, Finanzgerichtsordnung, Kommentar, Köln (Loseblatt) |
| T/L | Tipke/Lang, Steuerrecht, 20. Auflage, Köln 2010; 21. Auflage, Köln 2013 |
| TVG | Tarifvertragsgesetz |
| Tz. | Textziffer |
| | |
| u. | und |
| u.a. | und andere; unter anderem |
| u.ä., u.Ä. | und ähnliche(s); und Ähnliche(s) |
| UmwG | Umwandlungsgesetz |
| UmwStG | Umwandlungssteuergesetz |
| Unterabs. | Unterabsatz |
| UR | Umsatzsteuer-Rundschau (Zeitschrift) |
| UrhG | Urhebergesetz |
| UrhWG | Gesetz über die Wahrnehmung von Urheberrechten und verwandten Schutzrechten |
| Urt. | Urteil |
| USt. | Umsatzsteuer |
| UStAE | Umsatzsteuer-Anwendungserlass des BMF |
| UStÄndG | Umsatzsteuer-Änderungsgesetz |
| UStBMG | Umsatzsteuer-Binnenmarktgesetz |
| UStDB | Umsatzsteuer-Durchführungsbestimmungen (1926–1967) |
| UStDV | Umsatzsteuer-Durchführungsverordnung |
| UStErstV | Umsatzsteuererstattungsverordnung |
| UStG | Umsatzsteuergesetz |
| USt-Hdb. | Umsatzsteuer-Handbuch |
| USt-IdNr. | Umsatzsteuer-Identifikationsnummer |
| UStR | Umsatzsteuer-Richtlinien, sog. (Allg. Verwaltungsverordnung der Bundesregierung zur Umsatzsteuer); zuletzt UStR 2008, BStBl. I 2007, Sondernummer; ab 1.10.2010 UStAE |
| UStRef. | Umsatzsteuerreferenten |
| UStZustV | Umsatzsteuerzuständigkeitsverordnung |
| usw. | und so weiter |
| UVR | Umsatzsteuer- und Verkehrsteuer-Recht (Zeitschrift) |
| UWG | Gesetz gegen den unlauteren Wettbewerb |
| | |
| v. | von, vom |
| VBl. | Verwaltungsblatt |
| v.H. | vom Hundert |
| VAZ | Voranmeldungszeitraum |
| Verf. | Verfasser |

| | |
|---|---|
| VerlG | Verlagsgesetz |
| VersR | Versicherungsrecht (Zeitschrift) |
| VGH | Verwaltungsgerichtshof |
| vgl. | vergleiche |
| VO | Verordnung |
| Voraufl. | Vorauflage |
| Vorbem. | Vorbemerkung |
| VV | Verwaltungsvorschrift |
| VwGO | Verwaltungsgerichtsordnung |
| WEG | Wohnungseigentumsgesetz |
| WHG | Wasserhaushaltsgesetz |
| wistra | Zeitschrift für Wirtschaft, Steuer, Strafrecht |
| WRV | Weimarer Reichsverfassung |
| WTO | Welthandelsorganisation |
| z.B. | zum Beispiel |
| ZGB-DDR | Zivilgesetzbuch der Deutschen Demokratischen Republik |
| zit. | zitiert |
| ZK | Zollkodex |
| ZK-DVO | Zollkodex-Durchführungsverordnung |
| ZM | Zusammenfassende Meldung |
| ZMR | Zeitschrift für Miet- und Raumrecht |
| ZollVG | Zollverwaltungsgesetz |
| ZPO | Zivilprozessordnung |
| zust. | zustimmend |
| ZVG | Zwangsversteigerungsgesetz |
| zzgl. | zuzüglich |
| z.T. | zum Teil |
| zzt. | zurzeit |

# Einführung, Vorbemerkungen, Allgemeines

A. Geschichte der Umsatzsteuer .. 1
B. **Wesen und Belastungsgrund der Umsatzsteuer**
   I. Das Mehrwertsteuer-System ... 8
   II. Umsatzsteuer als allgemeine Verbrauchsteuer
      1. Materiell-rechtlich: Auslegungsmaßstab ................ 15
      2. Abweichendes Verfahrensrecht . 18
      3. Indirekte – direkte Steuer ...... 19
   III. Folgerungen
      1. Funktion des Unternehmers ... 20
      2. Vertrauensschutz
         a) Bezüglich Steuerpflicht, Steuersatz u.Ä. ............. 21
         b) Pflicht des Finanzamts zur gebührenfreien Auskunft .... 24
         c) Guter Glaube des Rechnungsausstellers ............ 25
         d) Guter Glaube bezüglich der Angaben des Leistungsempfängers ................... 26
         e) Guter Glaube beim Vorsteuerabzug ................... 27
      3. Klagebefugnis
         a) Steuerträger (Verbraucher) ... 28
         b) Leistender Unternehmer .... 29
C. **Umsatzsteuer und Verfassung**
   I. Die Umsatzsteuer in der Finanzverfassung
      1. Gesetzgebungskompetenz ..... 30
      2. Ertragshoheit ................ 34
      3. Verwaltungskompetenz........ 38
   II. Verfassungsmäßigkeit der Indienstnahme des Unternehmers zur Erhebung der Steuer
      1. Grundsätzliches............. 41
      2. Einschränkung des sog. Soll-Prinzips ................... 43
   III. Gebot der Wettbewerbsneutralität
      1. Gleichbehandlungsgrundsatz, Neutralitätsgebot............. 46
      2. Rechtsformneutralität ........ 48
      3. Nichtbesteuerung durch Finanzverwaltung – Konkurrentenklage .................. 49
      4. Beim Vorsteuerabzug ......... 50
   IV. Berufsfreiheit ................ 51
   V. Nichtdiskriminierung von Ehe und Familie................. 52
   VI. Verfassungsgerichtliche Kontrolle ...................... 54
D. **Umsatzsteuer und Unionsrecht**
   I. Harmonisierung durch Richtlinien und Verordnungen ...... 58
   II. Einwirkungen der Richtlinien auf das nationale Recht
      1. Richtlinienkonforme Auslegung ....................... 62
      2. Vorabentscheidungen des Europäischen Gerichtshofs ........ 66
      3. Unmittelbare Wirkung nicht umgesetzter Richtlinien....... 69
      4. Auslegungsgrundsätze des EuGH
         a) Allgemeines............... 75
         b) Neutralitätsgrundsatz ...... 78
E. **Umsatzsteuerrecht und andere Rechtsgebiete** ................ 80

## A. Geschichte der Umsatzsteuer

Die erste allgemeine Umsatzsteuer in Deutschland[1] war **1916** zur Finanzierung der Kriegskosten als sog. **Warenumsatzstempel** im Rahmen des Reichsstempel-

---

[1] Ausführlich zur Geschichte der Umsatzsteuer einschließlich ihrer Vorläufer *Popitz*, Kommentar zum Umsatzsteuergesetz, 3. Aufl. 1928, S. 115 ff.; *Grabower/Herting/Schwarz*,

gesetzes eingeführt worden.¹ Als Warenumsätze wurden „Anmeldungen der Gewerbetreibenden über bezahlte Warenlieferungen" besteuert. Es bestand die Pflicht zur Selbstveranlagung. Der Steuersatz betrug 1 vom Tausend.

2  Bereits **1918** wurde das Umsatzsteuerrecht in ein eigenständiges **Umsatzsteuergesetz** gekleidet², welches nunmehr auch die sonstigen Leistungen erfasste und einen Entnahmetatbestand einführte. Der Regelsteuersatz betrug 5 vom Tausend des vereinnahmten Entgelts. Eine erhöhte Steuer von 10 v.H. war für die Lieferung von Luxusgegenständen im Kleinhandel vorgesehen. Ausfuhrhändler erhielten neben der **Ausfuhrbefreiung** eine Art von **Vorsteuervergütung** zur Gleichstellung mit den unmittelbar exportierenden Herstellern. Bereits mit Wirkung ab **1920**³ wurde der allgemeine Steuersatz auf 1,5 v.H. verdreifacht. Zugleich wurde die Steuerpflicht auf die selbständig ausgeübte **berufliche Tätigkeit** ausgedehnt.

3  Die geplante Erhöhung des Steuersatzes hatte **1919 Wilhelm v. Siemens** veranlasst, auf die Nachteile der Umsatzbesteuerung auf allen Wirtschaftsstufen hinzuweisen. Die Kumulativwirkung förderte die Konzentration in der Wirtschaft. Durch Fusionen der Unternehmen auf den einzelnen Produktions- und Handelsstufen konnte erreicht werden, dass Umsatzstufen wegfielen und die Steuerbelastung der Waren verringert wurde. Zur Vermeidung dieser wettbewerbswidrigen Folgen des Umsatzsteuersystems schlug er eine „veredelte Umsatzsteuer" vor. Danach sollte nur der **Nettoumsatz** besteuert werden, indem vom Bruttoumsatz der Vorumsatz **abgezogen** wird.⁴ Der Vorschlag wurde in der Folgezeit zwar mehrfach im Reichstag erörtert, aber stets, vor allem aus fiskalischen Gründen, abgelehnt.⁵

4  Die folgenden Jahrzehnte waren von den Versuchen des Gesetzgebers geprägt, die beschriebenen wettbewerbswidrigen Auswirkungen des Umsatzsteuer-Allphasensystems abzumildern.⁶ Dazu zählte u.a. auch die Einführung der sog. **Organschaft** durch das UStG **1934**⁷, welche sich bis heute im Gesetz befindet, obwohl sie seit Einführung des Vorsteuerabzugs überflüssig ist (*§ 2 Rz. 256 f.*). Zugleich wurde der Steuerpflichtige erstmals als **Unternehmer** bezeichnet und dessen noch heute gültige Definition in § 2 Abs. 1 UStG geprägt. Der allgemeine **Steuersatz** entwickelte sich von 2 v.H. (1932) über 3 v.H. (1946) auf **4 v.H.** im Jahre **1951**.

5  Nach jeder Steuersatzerhöhung verstärkte sich die Kritik an der wettbewerbswidrigen Kumulativwirkung des alten Umsatzsteuersystems (dazu auch *Rz. 8*). Im Oktober **1963** brachte die Bundesregierung deshalb im Bundestag den **Ent-**

---

Die Umsatzsteuer, ihre Geschichte und gegenwärtige Gestaltung im In- und Ausland, 2. Aufl. 1962; *Stadie* in R/D, Einf. Anm. 1 ff. m.w.N.
1  RGBl. 1916, 639.
2  RGBl. 1918, 779.
3  Umsatzsteuergesetz v. 24.12.1919, RGBl. 1919, 2157.
4  Vgl. dazu die Schrift des Bruders *Carl Friedrich v. Siemens*, Veredelte Umsatzsteuer, 2. Ausgabe 1921, S. 3 ff.
5  Vgl. dazu *Stadie* in R/D, Einf. Anm. 20 m.N.
6  Dazu näher *Stadie* in R/D, Einf. Anm. 22 ff.
7  RGBl. I 1934, 942; Begr. dazu RStBl. 1934, 1549.

wurf für ein Umsatzsteuergesetz nach dem Mehrwertsteuersystem mit **Vorsteuerabzug** ein.[1] Ende **1966** stellte das **Bundesverfassungsgericht** die mangelnde Wettbewerbsneutralität des alten Umsatzsteuersystems fest, entschied jedoch, dass diese bis zum Abschluss der vom Gesetzgeber in angemessener Zeit zu verabschiedenden Reform hingenommen werden müsste.[2] Im April **1967** hatte der Rat der **EWG** zwei **Richtlinien** zur Einführung eines gemeinsamen Mehrwertsteuersystems mit Vorsteuerabzug verabschiedet (Rz. 59), welche sich an französische Mehrwertsteuerregelungen[3], die allerdings die Einzelhandelsstufe nicht erfassten, anlehnten. Gleichzeitig beschloss der Bundestag ein „**Umsatzsteuergesetz (Mehrwertsteuer)**"[4], welches zum 1.1.**1968** in Kraft trat[5]. Der allgemeine Steuersatz betrug ursprünglich **10 v.H.**, weil er in etwa der durchschnittlichen Endbelastung von Waren vor dem Systemwechsel entsprach.

Im Mai **1977** hatte der Rat der **EG** die **6. Richtlinie zur weiteren Harmonisierung** der Umsatzsteuern in den Mitgliedstaaten erlassen (Rz. 59), nach der die Anpassungen spätestens bis zum 1.1.1978 erfolgen sollten. Die Bundesregierung brachte gleichwohl erst im März 1978 einen Entwurf für ein entsprechendes UStG 1979 in den Bundestag ein. Obwohl der Rat der EG die Anpassungsfrist für die Bundesrepublik nur bis zum Ende des Jahres 1978 verlängert hatte, legte der **Finanzausschuss** des Bundestages erst im Mai 1979 seine Beschlussempfehlung vor. In dem Bericht dazu wird die lange Ausschussberatung damit erklärt, dass ernsthaft diskutiert worden sei, ob mit der Richtlinie die „**Grenzen einer Harmonisierung überschritten**" würden.[6] Das entsprechende Umsatzsteuergesetz zur Anpassung an die Richtlinienvorgaben trat erst zum 1.1.1980 in Kraft[7] (zu den Folgen der nicht rechtzeitigen Umsetzung dieser Richtlinie s. Rz. 69). 6

Zur **Verwirklichung des Binnenmarktes** wurden **1993** die Kontrollen zu steuerlichen Zwecken an den Binnengrenzen der Gemeinschaft für alle Umsätze abgeschafft. Die Erhebung von Einfuhrumsatzsteuer zwischen den Mitgliedstaaten entfiel. Insbesondere für Umsätze zwischen Unternehmern trat die Steuer auf den innergemeinschaftlichen Erwerb (§ 1 Abs. 1 Nr. 5 UStG) an die Stelle der Einfuhrumsatzsteuer. Vor allem Erwerbe durch Privatpersonen sind seitdem mit der Steuer des Ursprungslandes belastet. 7

## B. Wesen und Belastungsgrund der Umsatzsteuer

## I. Das Mehrwertsteuer-System

Das Umsatzsteuergesetz besteuert seit Anbeginn mit seinem Grundtatbestand die Umsätze der Unternehmer, ohne dass es auf die Verwendung beim Empfän- 8

---

1 BT-Drucks. IV/1590.
2 BVerfG v. 20.12.1966 – 1 BvR 320/57, 70/63, BVerfGE 21, 12.
3 Dazu *Grabower/Herting/Schwarz*, Die Umsatzsteuer, ihre Geschichte und gegenwärtige Gestaltung im In- und Ausland, 2. Aufl. 1962, S. 236 ff.; *Rothstein*, UR 1968, 145 ff.; *Zerres*, Die Entwicklung der Mehrwertsteuer, 1980, S. 66 ff.; *Klenk*, StuW 1994, 277.
4 Der Zusatz „(Mehrwertsteuer)" wurde im UStG 1973 wieder gestrichen; BGBl. I 1973, 1681.
5 BGBl. I 1967, 545.
6 BT-Drucks. 8/2827, Allg. I.
7 BGBl. I 1979, 1953.

ger ankommt, so dass auch die Umsätze an andere Unternehmer erfasst werden. Die Umsatzbesteuerung findet also grundsätzlich auf jeder Wirtschaftsstufe statt (Allphasen-System). Da die Steuer nach den jeweiligen Entgelten berechnet wird, führt ein solches Besteuerungssystem als **Bruttoallphasensteuer** ohne Korrekturen dazu, dass die Steuer umso höher wird, je öfter Unternehmer bei der Herstellung und dem Handel von Waren eingeschaltet werden. Es tritt eine Kumulierung der Steuer ein und es wird Steuer auf Steuer erhoben.

Ein solches System, welches bis 1967 in Deutschland galt (*Rz. 5*), fördert die Konzentration (durch Fusionen) in der Wirtschaft, da es diejenigen mit einer geringeren Umsatzsteuerbelastung begünstigt, die mehrere Wirtschaftsstufen in einem Unternehmen vereinigen. Die darin liegende Wettbewerbsverzerrung verstößt gegen den Gleichbehandlungsgrundsatz (*Rz. 46*). Sie wird beseitigt durch den Vorsteuerabzug oder den Vorumsatzabzug.

9 Ein Allphasensystem mit Korrektur der Umsatzsteuervorbelastung (Netto-Allphasensystem)[1] wird als **Mehrwertsteuersystem** bezeichnet. Die EG hat sich zu Recht für das System mit **Vorsteuerabzug** entschieden, weil mit dem Vorumsatzabzug bei verschiedenen Steuersätzen auf der Vorstufe insbesondere ein exakter Grenzausgleich in Gestalt der Entlastung der Exporteure nicht möglich wäre. Der **Vorumsatzabzug** ist lediglich als **Ausnahme** bei der Differenzbesteuerung nach Art. 306 ff. und Art. 311 ff. MwStSystRL, § 25 und § 25a UStG vorgesehen.

10 Das gemeinsame Mehrwertsteuersystem wird von **Art. 1 Abs. 2** MwStSystRL (= Art. 2 der Richtlinie 67/227/EWG [sog. Erste MwSt-RL) wie folgt beschrieben:

„Das gemeinsame Mehrwertsteuersystem beruht auf dem Grundsatz, dass auf Gegenstände und Dienstleistungen ungeachtet der Zahl der Umsätze, die auf den vor der Besteuerungsstufe liegenden Produktions- und Vertriebsstufen bewirkt wurden, eine allgemeine, zum Preis der Gegenstände und Dienstleistungen genau proportionale Verbrauchsteuer anzuwenden ist.

Bei allen Umsätzen wird die Mehrwertsteuer, die nach dem auf den Gegenstand oder die Dienstleistung anwendbaren Steuersatz auf den Preis des Gegenstandes oder Dienstleistung errechnet wird, abzüglich des Mehrwertsteuerbetrags geschuldet, der die verschiedenen Kostenelemente unmittelbar belastet hat.

Das gemeinsame Mehrwertsteuersystem wird bis zur Einzelhandelsstufe, diese eingeschlossen, angewandt."

11 Daraus folgt, dass die **Steuer** auf der **Zwischenstufe stets**, und zwar auch dann, **zu erheben** ist, wenn der Leistungsempfänger bei ordnungsgemäßer Inrechnungstellung die Steuer als Vorsteuer abziehen könnte[2], ja sogar, wenn die Steuer für die Lieferung an den Endverbraucher an den Fiskus abgeführt worden ist[3].

---

1 Das Wort „Netto" bezieht sich auf den Mehrwert, d.h. auf die Differenz zwischen eigenem Umsatz und bezogenen Vorleistungen (vgl. nur Reg.-Begr., BT-Drucks. IV/1590, Allg. VI.1), und nicht darauf, dass Bemessungsgrundlage nur der Endpreis abzüglich Umsatzsteuer sei; so aber *Lippross*, 1.4.3 – S. 59; *Reiß*, Rz. 3 – S. 2; *Jakob*, Rz. 23.
2 Vgl. BFH v. 4.4.2003 – V B 212/02, BFH/NV 2003, 1098; BFH v. 6.10.2005 – V R 15/04, BFH/NV 2006, 836.
3 Vgl. EuGH v. 3.3.2004 – C-395/02, EuGHE 2004, I-1991 = UR 2005, 107.

Der Vorsteuerabzug führt dazu, dass im Allphasensystem die Umsatzsteuer materiell wie eine einphasige Steuer auf der letzten Stufe wirkt, da im Ergebnis nur die Umsätze gegenüber den Verbrauchern (bzw. den nicht zum Vorsteuerabzug berechtigten Unternehmern) besteuert werden. Wenn aber der Zweck des Vorsteuerabzugs darin liegt, die Belastung der Unternehmer mit Umsatzsteuer zu verhindern, dann stellt sich die Frage, warum dann die Umsätze gegenüber Unternehmern überhaupt erst der Steuer unterworfen werden. **Warum wurde keine Einzelhandelsteuer** eingeführt? Der Finanzausschuss des Bundestages beschränkte sich auf die nichtssagende Begründung[1]: „(…) aus wirtschaftlichen, fiskalischen, steuertechnischen und nicht zuletzt psychologischen Gründen (…)." Konkret dürften es vor allem folgende **Gründe** sein:

1. Durch die **fraktionierte Erhebung** der Steuer auf den Mehrwert des jeweiligen Unternehmers wird der Eingang der Steuer beim Fiskus sicherer. Würde bei der Einzelhandelsteuer der Unternehmer zahlungsunfähig, so fiele die gesamte Steuer auf den Wert der Ware aus; bei der fraktionierten Erhebung erfasst die Insolvenz eines Unternehmers in der Kette nur den Teil der Steuer, der auf den von ihm zu versteuernden Mehrwert entfällt.

2. Wer den Vorsteuerabzug geltend macht, ist gezwungen, seine Umsätze zutreffend zu erklären, da **von** den **Eingangsumsätzen auf** die **Ausgangsumsätze geschlossen** werden kann.

3. Die Feststellung, ob der Abnehmer Unternehmer ist, ließe sich für den leistenden Unternehmer häufig nicht sicher treffen. Das **Risiko der Fehleinschätzung** läge dem Gesetzeszweck zuwider **beim Unternehmer**, da er bei einem Irrtum die Steuer ggf. selbst tragen müsste. **Unlösbare Probleme** träten auf, wenn der Abnehmer zwar Unternehmer ist, aber die bezogene Leistung ganz oder zum Teil für nichtunternehmerische oder gleichgestellte steuerfreie Zwecke verwendet. Bei der Allphasenbesteuerung erfolgt die zutreffende Steuerbelastung hingegen sachgerecht beim Empfänger, da der Vorsteuerabzug bei diesem exakt bestimmt bzw. über die Entnahmebesteuerung und ähnliche Korrekturmechanismen neutralisiert werden kann.

Andererseits **verleitet** das System **zum Vorsteuerbetrug**, indem fingierte Rechnungen ausgestellt werden oder der leistende Unternehmer nach Ausstellung der Rechnung „verschwindet" (vgl. § 25d Rz. 3 f.). Alljährlich wird auf diese oder ähnliche Weise der Staat vermutlich um zweistellige Milliardenbeträge an Euro betrogen. Eine Koppelung des Rechts zum Vorsteuerabzug an die vorherige Entrichtung der Steuer durch den Rechnungsaussteller ist weder unionsrechtlich, Art. 168 Buchst. a MwStSystRL sieht ein derartiges Junktim auch nicht vor, noch verfassungsrechtlich zulässig.[2] Das **Mehrwertsteuersystem verlangt** deshalb einen **erheblichen Kontrollaufwand**, der von den Finanzbehörden auf Grund der Personalknappheit nicht geleistet werden kann. Darüber hinaus wird der Steuerausfall in Höhe weiterer Milliarden durch das **unsinnige Soll-Prinzip beim Vorsteuerabzug** (§ 15 Rz. 271 f.) gefördert.

---

1 Bericht zu BT-Drucks. V/1581, Allg. Nr. 3.
2 Dazu näher *Stadie*, UR 2004, 136 (141).

14 Die Richtlinien bezeichnen die Umsatzsteuer als **Mehrwertsteuer**. Auch das Umsatzsteuergesetz 1968 enthielt noch den Zusatz „(Mehrwertsteuer)", der jedoch bereits bei der Neufassung des Gesetzes 1973 wieder weggelassen wurde (*Rz. 5*). In der Wirtschaft wird die **Bezeichnung** jedoch gleichwohl weiterhin fast durchgängig verwendet. Sie ist **missverständlich**, da sie zu der falschen Annahme verleitet, dass nur der Mehrwert oder die sog. Wertschöpfung die Bemessungsgrundlage der Steuer wäre. Der Unternehmer hat jedoch jeweils die gesamte Gegenleistung (§ 10 Abs. 1 UStG) zu versteuern. Lediglich durch den Vorsteuerabzug, der nur bei Vorliegen einer ordnungsgemäßen Rechnung zulässig ist, tritt das Ergebnis ein, dass nur die eigene Wertschöpfung versteuert wird. Aber auch wenn der Unternehmer keinen Mehrwert schafft, weil er unter bzw. zu Selbstkosten seine Leistung erbringt, muss er den erzielten Preis versteuern. Mit der Bezeichnung „Mehrwertsteuer" wird deshalb nur die **typische Wirkung** der Steuer beschrieben.

## II. Umsatzsteuer als allgemeine Verbrauchsteuer

### 1. Materiell-rechtlich: Auslegungsmaßstab

15 Äußerer Anknüpfungspunkt des Umsatzsteuergesetzes sind die Umsätze der Unternehmer (§ 1 Abs. 1 Nr. 1 UStG). Die Unternehmer sind im Regelfall auch Schuldner der Steuer (§ 13a Abs. 1 Nr. 1 UStG). Das dürfte der Grund dafür sein, dass sich bis in die jüngste Zeit immer noch die Auffassung findet, die Umsatzsteuer sei eine *Verkehrsteuer*, die an Akte des Rechtsverkehrs anknüpfe.[1] Dabei hieß es schon in der **Begründung zum UStG 1919**: „Denn dass die Umsatzsteuer, wenn sie auch im äußeren Gewande einer Verkehrsteuer erscheint, eine **Belastung des allgemeinen Verbrauchs** bedeutet, ist zweifellos."[2] Auch die Begründung zum UStG 1934 spricht vom „**Wesen der Umsatzsteuer als der allgemeinen Verbrauchsteuer**"[3]. Ebenso heißt es im Bericht des Finanzausschusses 1967: „Die Mehrwertsteuer ist eine nur beim Verkauf an den Letztverbraucher sich realisierende Verbrauchsteuer."[4] Schließlich bezeichnet auch **Art. 1 Abs. 2 Unterabs. 1 MwStSystRL** die Steuer ausdrücklich als eine **allgemeine Verbrauchsteuer**. Die Besteuerung der Verbraucher ist mithin nicht nur das finanzpolitische Ziel des Gesetzes, sondern prägt auch den Charakter (das Wesen) der Steuer, weil sich das Ziel **in** der konkreten **Ausgestaltung des Gesetzes widerspiegelt**:

16 Der **Vorsteuerabzug** (§ 15 Abs. 1 UStG) bewirkt, dass der Unternehmer im unternehmerischen Bereich prinzipiell von allen Umsatzsteuerbeträgen, die auf ihn überwälzt worden sind, entlastet wird.[5] Damit wird sichergestellt, dass der **Unternehmer nicht** zum **Träger der Steuer** wird, sondern **nur** den **Endverbraucher**

---

1 Vgl. nur BFH v. 27.7.1988 – X R 40/82, BStBl. II 1988, 1017 (1019) – Besteuerung bei „jedem ... Verkehrsvorgang"; BFH v. 9.3.1989 – V B 48/88, BFH, BStBl. II 1989, 580 (582) – „maßgeblicher Verkehrsvorgang"; *Klenk* in S/R, vor § 1 UStG Rz. 11 – „Rechtsverkehr besteuert"; weitere Nachweise aus dem Schrifttum bei *Stadie* in R/D, Einf. Anm. 98.
2 Abgedruckt bei *Popitz*, UStG, 3. Aufl. 1928, S. 187 f.
3 RStBl. 1934, 1549 – Abschn. A.
4 Bericht zu BT-Drucks. V/1581 – Allg. 3.
5 Vgl. EuGH v. 30.9.2010 – C-392/09, EuGHE 2010, I-8791 = UR 2010, 948 – Rz. 35 m.w.N.

die Belastung trifft.[1] Die **Überwälzung** (Abwälzung) der vom Unternehmer geschuldeten Umsatzsteuer **gelingt**, weil für konkurrierende Unternehmer stets der gleiche Steuersatz gilt und folglich die geschuldete Steuer automatisch als Teil des Preises weitergegeben werden kann. Dass die Überwälzung nicht nur vom Gesetzgeber gewollt ist, sondern dieser auch davon ausgeht, dass sie grundsätzlich eintritt, zeigt sich auch konkret in der Bestimmung des § 14 Abs. 2 i.V.m. Abs. 4 Satz 1 Nr. 8 UStG, die den Unternehmer berechtigt bzw. verpflichtet, die von ihm in den Preis einkalkulierte Steuer in seiner Rechnung offenzulegen. Der damit ggf. bei Unternehmern als Leistungsempfänger korrespondierende Vorsteuerabzug wäre nicht gerechtfertigt, wenn die Steuer nicht als zusätzliche Belastung auf diese überwälzt worden wäre. Des Weiteren bestätigen auch die Bestimmungen über die **Besteuerung** der **Entnahmen** u.Ä. (§ 3 Abs. 1b und Abs. 9a UStG), dass das Gesetz die Umsatzsteuerbelastung des Endverbrauchs und nicht etwa die Besteuerung von „Verkehrsvorgängen" bezweckt. Schließlich sind noch die Bestimmungen des § 3a Abs. 5 und des § 1 Abs. 3 Nr. 1–3 und Nr. 7 UStG zu erwähnen, welche ebenfalls zeigen, dass das Gesetz eine lückenlose Besteuerung des Letztverbrauchs im Inland sicherstellen will.

Die Umsatzsteuer ist nach alledem zweifelsfrei die **allgemeine Verbrauchsteuer**[2] neben den besonderen Verbrauchsteuern. **Belastungsgrund** (Besteuerungsgut) sind die **Aufwendungen des Leistungsempfängers** bzw. eines Dritten für die erworbenen Gegenstände oder die empfangenen Dienstleistungen (§ 10 Abs. 1 Sätze 1 bis 3 UStG). Die Charakterisierung der Umsatzsteuer als Verbrauchsteuer ist deshalb eigentlich zu eng, da Gegenstände nicht stets „verbraucht" werden (vgl. *§ 1 Rz. 10*). Belastungsgrund ist mithin nicht der konkrete Verbrauch (Verzehr) der Güter, sondern die Verwendung von Einkommen bzw. Vermögen für Güter jedweder Art (einschließlich Dienstleistungen), die einen **Gebrauchs- oder Verbrauchsnutzen** haben. Letztendliches Besteuerungsgut ist folglich die – isoliert gesehen – Zahlungsfähigkeit („Leistungsfähigkeit")[3] des Nachfragers (Verbrauchers, Konsumenten)[4]. Da die Besteuerung des Verbrauchs sich als Geset-

17

---

1 Vgl. EuGH v. 24.10.1996 – C-317/94, EuGHE 1996, I-5339 = UR 1997, 265 – Rz. 19 ff.; EuGH v. 21.2.2008 – C-271/06, EuGHE 2008, I-771 = UR 2008, 508 – Rz. 21.
2 *Tipke*, UR 1972, 2; *Söhn*, StuW 1975, 1; *Englisch* in T/L, § 17 Rz. 10; *Stadie* in R/D, Einf. Anm. 141 ff.; EuGH v. 26.6.1997 – C-370–372/95, EuGHE 1997, I-3721 = UR 1997, 357; EuGH v. 27.9.2007 – C-409/04, EuGHE 2007, I-7797 = UR 2007, 774 – Rz. 60; EuGH v. 21.2.2008 – C-271/06, EuGHE 2008, I-771 = UR 2008, 508 – Rz. 21; EuGH v. 7.10.2010 – C- 53/09 und C-55/09, EuGHE 2010, I-9187 = UR 2010, 857 – Rz. 38; jetzt auch BFH v. 1.12.2006 – V R 3/04, BStBl. II 2006, 479.
3 Die Beachtung des verfassungsrechtlichen Gebots, das **Existenzminimum** freizustellen, ist bei der indirekten Besteuerung nicht möglich. Die Umsatzsteuerbelastung muss deshalb bei der Bestimmung des einkommensteuerrechtlichen Grundfreibetrages bzw. bei der Bemessung von Sozialleistungen berücksichtigt werden; vgl. BVerfG v. 23.8.1999 – 1 BvR 2164/98, UR 1999, 501; BVerfG v. 6.12.2007 – 1 BvR 2129/07, UR 2008, 159; *Stadie* in R/D, Einf. Anm. 438 ff.
4 Vgl. *Stadie* in R/D, Einf. Anm. 143 f. m.w.N.; *Englisch* in T/L, § 17 Rz. 11; ferner BVerfG v. 7.5.1998 – 2 BvR 1991, 2004/95, BVerfGE 98, 106 (125); BVerfG v. 29.10.1999 – 2 BvR 1264/90, BVerfGE 101, 132 (139) = BStBl. II 2000, 155 = UR 1999, 494 (496); BVerfG v. 10.11.1999 – 2 BvR 2861/93, BVerfGE 101, 151 (155) = BStBl. II 2000, 160 = UR 1999, 498 (499).

zesziel konkret im Gesetz niederschlägt, bildet dieser **Belastungsgrund** den alleinigen **Auslegungsmaßstab**.[1]

### 2. Abweichendes Verfahrensrecht

18 Davon zu unterscheiden ist die **verfahrensrechtliche** Einordnung der Umsatzsteuer durch die **Abgabenordnung**. Nach § 21 Abs. 1 UStG ist (nur) die Einfuhrumsatzsteuer als Verbrauchsteuer im Sinne der Abgabenordnung anzusehen. Diese Aussage ergibt nur deshalb einen Sinn, weil die Abgabenordnung, obwohl von 1977, die antiquierte Zweiteilung der Reichsabgabenordnung in „Zölle und Verbrauchsteuern" einerseits und in „Besitz- und Verkehrsteuern" andererseits gedanklich fortführt (auch die Verfassung knüpft in Art. 106 Abs. 1 Nr. 2 und Abs. 2 Nr. 4 sowie in Art. 108 Abs. 1 und 2 GG an diese 1949 vorgefundene Einordnung der Umsatzsteuer an[2]). Nach Wortlaut, systematischer Interpretation und historischem Kontext ist die Umsatzsteuer mit Ausnahme der Einfuhrumsatzsteuer nicht als Verbrauchsteuer im Sinne des Verfahrensrechts (*Beispiele*: § 169 Abs. 2, § 172 Abs. 1 Satz 1 Nr. 1 und 2 AO) anzusehen[3] (s. auch *§ 21 Rz. 3 f.*).

### 3. Indirekte – direkte Steuer

19 Von der Idee her ist die Umsatzsteuer eine **indirekte Steuer**[4], da sie nach den Vorstellungen des Gesetzes vom Unternehmer, der die **Steuer** schuldet, als Teil des Preises **auf den Abnehmer** der Leistung (**Steuerträger**), und ggf. von diesem, wenn er seinerseits Unternehmer ist, auf seinen Abnehmer, **überwälzt** (abgewälzt) werden soll und diese Überwälzung auch gelingt (*Rz. 16*; zur **Klagebefugnis [Beschwer]** des Steuerträgers *Rz. 28; § 18 Rz. 79 ff.*). Den Unternehmer, den die Umsatzsteuer nicht belasten soll, trifft deshalb als zwangsverpflichteten Gehilfen des Staates (*Rz. 20*) trotz der technischen Ausgestaltung als Steuerschuld nur eine **Abführungsschuld**, da er die Steuer nur als treuhänderisch vereinnahmte Beträge weiterzuleiten hat (*§ 13a Rz. 5*; zur **Klagebefugnis [Beschwer]** des Unternehmers *Rz. 29; § 18 Rz. 77*).

Das Umsatzsteuergesetz enthält jedoch auch Tatbestände, die zu einer **direkten** Besteuerung führen. Das kann neben der Einfuhrumsatzsteuer (§ 1 Abs. 1 Nr. 4 UStG) und der Steuer auf den innergemeinschaftlichen Erwerb (§ 1 Abs. 1 Nr. 5 UStG) insbesondere dann der Fall sein, wenn der **Leistungsempfänger** nach § 13b UStG **Steuerschuldner** ist.

---

[1] Vgl. EuGH v. 29.2.1996 – C-215/94, EuGHE 1996, I-959 = UR 1996, 119 – Rz. 20 f.; EuGH v. 24.10.1996 – C-317/94, EuGHE 1996, I-5339 = BStBl. II 2004, 324 = UR 1997, 265 – Rz. 24; EuGH v. 18.12.1997 – C-384/95, EuGHE 1997, I-7387 = UR 1998, 102 – Rz. 23; BVerfG v. 29.10.1999 – 2 BvR 1264/90, BVerfGE 101, 132 (139) = BStBl. II 2000, 155 = UR 1999, 494; BVerfG v. 10.11.1999 – 2 BvR 2861/93, BVerfGE 101, 151 (155) = BStBl. II 2000, 160 = UR 1999, 498 (499); BFH v. 12.1.2006 – V R 3/04, BStBl. II 2006, 479; *Stadie* in R/D, Einf. Anm. 146.

[2] Ausführlich dazu *Stadie* in R/D, Einf. Anm. 106 ff.

[3] BFH v. 16.10.1986 – V B 64/86, BStBl. II 1987, 95; ausführlich *Stadie* in R/D, Einf. Anm. 113 f.

[4] Vgl. EuGH v. 27.9.2007 – C-409/04, EuGHE 2007, I-7797 = BStBl. II 2009, 70 = UR 2007, 774 – Rz. 60.

## III. Folgerungen

### 1. Funktion des Unternehmers

Da die Umsatzsteuer nicht den Unternehmer belasten will, sondern als indirekte Verbrauchsteuer auf Abwälzung angelegt ist (*Rz. 16, 19*), erfüllt der Unternehmer als „Schuldner" (§ 13a Abs. 1 Nr. 1 UStG) der Umsatzsteuer nur formal (vordergründig) mit deren Abführung an das Finanzamt eine eigene Schuld. Er hat, wenn die rechtstechnische Ausgestaltung beiseitegeschoben wird, nur die Funktion eines zwangsverpflichteten **Gehilfen des Staates** (Verwaltungshelfer) bei der Besteuerung der Verbraucher. Der Unternehmer wird in Wahrheit lediglich, wie es der EuGH plastisch formuliert, als „**Steuereinnehmer** für Rechnung des Staates tätig"[1], d.h. hat nur die Rolle des Steuereinsammlers **für den Steuergläubiger** (zur verfassungsrechtlichen Zulässigkeit dieser Indienstnahme für öffentliche Zwecke s. *Rz. 41 ff.*). Diese Gehilfenstellung ist nicht nur dann gegeben, wenn der Unternehmer Leistungen gegenüber Endverbrauchern erbringt, sondern **ebenfalls, wenn** er seinerseits **Abnehmer eines Unternehmers** ist und er von der **Vorsteuer** zu entlasten ist.

20

Der **Unternehmer** erfüllt folglich alle Pflichten, die ihm durch das Umsatzsteuergesetz auferlegt werden, nicht in eigener, sondern **in fremder Sache** („für Rechnung des Staates"), sofern er nicht als Leistungsempfänger die Steuer für seinen eigenen Verbrauch schuldet (§ 13b Abs. 2 Satz 3 UStG). Den Unternehmer trifft mithin nur eine gesetzestechnisch (§ 37 Abs. 1, § 43 Satz 1, § 155 Abs. 1 Satz 1 AO) als „Steuerschuld" behandelte **Abführungsverpflichtung**[2] hinsichtlich treuhänderisch vereinnahmter **Fremdgelder** (*§ 13a Rz. 5*). Aus dieser Funktion als zwangsverpflichteter Gehilfe folgt, dass diesem **keine finanziellen Belastungen** erwachsen dürfen, die er nicht auf die Leistungsempfänger abwälzen kann (*Rz. 43 ff.*), und dass unter Beachtung des Verhältnismäßigkeitsgrundsatzes der Unternehmer keine **Risiken** tragen darf, die **unzumutbar** sind.[3]

### 2. Vertrauensschutz

#### a) Bezüglich Steuerpflicht, Steuersatz u.Ä.

Mithin darf der Gehilfe bei der **umsatzsteuerrechtlichen Würdigung** seiner Geschäftsvorfälle nicht automatisch *jedes* **Risiko der Fehleinschätzung** tragen. Das

21

---

1 EuGH v. 20.10.1993 – C-10/92, EuGHE 1993, I-5105 – Rz. 25 = UR 1994, 116 – Zusammenfassung; ferner EuGH v. 24.10.1996 – C-317/94, EuGHE 1996, I-5339 = BStBl. II 2004, 324 = UR 1997, 265 – Rz. 22; EuGH v. 21.2.2008 – C-271/06, EuGHE 2008, I-771 = UR 2008, 508– Rz. 21; EuGH v. 5.3.2009 – C-302/07, EuGHE 2009, I-1467 = UR 2009, 279 – Rz. 61; ebenso BFH v. 29.1.2009 – V R 64/07, BStBl. II 2009, 682 (684); BFH v. 8.8.2013 – V R 18/13, UR 2013, 785 – Rz. 28; BFH v. 24.10.2013 – V R 31/12, UR 2014, 238 – Rz. 21.
2 EuGH v. 24.10.1996 – C-317/94, EuGHE 1996, I-5339 = BStBl. II 2004, 324 = UR 1997, 265 – Rz. 22; EuGH v. 6.10.2005 – C-291/03, EuGHE 2005, I-8477 = UR 2005, 685 – Rz. 30; EuGH v. 5.3.2009 – C-302/07, EuGHE 2009, I-1467 = UR 2009, 279 – Rz. 61; BFH v. 29.1.2009 – V R 64/07, BStBl. II 2009, 682 (684); vgl. auch EuGH v. 15.12.2011 – C-427/10, EuGHE 2011, I-13377 = UR 2012, 184 – Rz. 37.
3 Vgl. EuGH v. 21.2.2008 – C-271/06, EuGHE 2008, I-771 = UR 2008, 508 – Rz. 19 ff., 21.

gilt zum einen für die Frage, ob eine Person überhaupt als Gehilfe des Staates zu fungieren hat, d.h. hinsichtlich der Frage ihrer **Unternehmereigenschaft**.

Dieser Gedanke kommt des Weiteren auch bei der Beurteilung der **Steuerpflicht** der Vorgänge bzw. des maßgeblichen Steuersatzes zum Tragen. Allerdings kann von einer Person, die im Wirtschaftsleben tätig wird, verlangt werden, dass sie die *Grundregeln* der Umsatzbesteuerung kennt. Ist danach auf Grund einer **Parallelwertung in der Laiensphäre** eine Umsatzsteuerpflicht hinsichtlich des Geschäftsvorfalles nicht ausgeschlossen, so ist es dem Unternehmer (bzw. der Person, die als solche in Betracht kommt), als (potenziellem) Gehilfen des Staates zuzumuten, eine **Auskunft des Finanzamts einzuholen** (*Rz. 24*), wenn das geplante Geschäft diesen Aufschub duldet. Anderenfalls muss in **Zweifelsfällen** mit dem Partner eine Klausel vereinbart werden, der zufolge eine Nachforderung der Umsatzsteuer möglich ist (*Beispiel:* „zzgl. etwaiger USt."), wenn das Finanzamt später den Vorgang als steuerpflichtig einschätzen sollte. Bei Leistungen gegenüber später nicht erreichbaren Endverbrauchern muss, solange keine Auskunft des Finanzamtes eingeholt worden ist, vorsichtshalber Umsatzsteuer in den Preis einkalkuliert werden.

22  Ein **Vertrauensschutz** kommt folglich hinsichtlich der fälschlich angenommenen **Nichtsteuerpflicht** des Geschäftsvorfalles **nur** dann in Betracht, **wenn** diesbezüglich **keine Zweifel bestehen mussten**, weil nämlich die Finanzverwaltung in ihren veröffentlichten **Verwaltungsvorschriften** oder die Rechtsprechung den entsprechenden **Vorgang** zuvor **als nichtsteuerpflichtig** behandelt hatte (Entsprechendes gilt bei fälschlicher Anwendung des **ermäßigten Steuersatzes**). Die Finanzverwaltung gewährt demgemäß bei einer verschärfenden Änderung ihrer Verwaltungsvorschriften regelmäßig Vertrauensschutz.

23  Entsprechendes hat bei einer **Rechtsprechungsänderung** nach Verwirklichung des Geschäftsvorfalles zu gelten (sofern die ursprüngliche Rechtsprechung im BStBl. veröffentlicht worden war, weil anderenfalls damit gerechnet werden muss, dass die Finanzverwaltung die Rechtsfrage erneut vor den BFH bringen will).[1] Der gebotene Vertrauensschutz stünde der Behandlung als steuerpflichtig bei der erstmaligen Steuerfestsetzung zwar nicht entgegen (vgl. § 176 Abs. 1 Satz 1 Nr. 3 AO), er müsste dann jedoch, wenn die Steuer nicht abwälzbar ist, im Wege einer sog. **Billigkeitsmaßnahme** nach § 163 Satz 1 AO[2] gewährt werden, so dass das Finanzamt von vornherein von der Festsetzung absehen kann.

### b) Pflicht des Finanzamts zur gebührenfreien Auskunft

24  Das Finanzamt ist verpflichtet, dem Unternehmer, welcher nur als zwangsverpflichteter Gehilfe des Staates (Steuergläubigers) tätig wird (*Rz. 20*), die erforderlichen rechtlichen **Auskünfte** zur Umsatzbesteuerung zu geben. Das folgt per se aus dem Zwangsgehilfenverhältnis, welchem der Unternehmer durch das UStG unterworfen ist. Nicht etwa ist § 89 Abs. 2 AO einschlägig, wonach das Finanzamt eine verbindliche Auskunft erteilen *kann*.[3] Vor allem aber ist die Auskunft

---

1 Zu einem Beispiel *Stadie* in R/D, Einf. Anm. 492.
2 Dazu näher *Stadie* in R/D, Einf. Anm. 490 f.; § 18 UStG Anm. 491 ff.
3 A.A. BFH v. 16.5.2013 – V R 23/12, BStBl. II 2014, 325 – Rz. 19.

**gebührenfrei** zu erteilen[1], so dass nicht etwa gem. § 89 Abs. 3 AO Gebühren erhoben werden dürfen, denn der Unternehmer wird nicht im eigenen Interesse, sondern als zwangsverpflichteter Gehilfe für Rechnung des Staates tätig (Rz. 20), so dass dieser die Kosten der Auskunft zu tragen hat[2].

Der Unternehmer als Gehilfe des Steuergläubigers kann auf die Auskunft **vertrauen, auch wenn** sie vom Finanzamt als „**unverbindlich**" bezeichnet wird.[3] Entsprechendes gilt, wenn das Finanzamt eine bestimmte **Rechtsauffassung einer vorhergehenden Steuerfestsetzung** zugrunde gelegt hatte. Der Unternehmer kann darauf vertrauen, dass diese bei gleichen Sachverhalten auch bei zukünftigen Steuerfestsetzungen berücksichtigt wird, sofern dem Unternehmer keine gegenteiligen Anhaltspunkte bekannt sind.[4]

### c) Guter Glaube des Rechnungsausstellers

Wurde **fehlerhaft Steuer in einer Rechnung** ausgewiesen, weil der Unternehmer oder eine Person, die sich dafür hielt, fälschlich einen steuerpflichtigen Umsatz angenommen oder einen zu hohen Steuersatz zugrunde gelegt hatte, ist in verfassungs- und unionsrechtskonformer Auslegung des § 14c UStG der **gute Glaube des Rechnungsausstellers** zu schützen, wenn dieser meint, einen steuerpflichtigen Umsatz auszuführen und in Befolgung einer vermeintlichen Rechtspflicht eine Rechnung mit gesondertem Ausweis von Steuer erteilt. Den Schaden hat der Steuergläubiger zu tragen (§ 14c Rz. 68 f.).     25

### d) Guter Glaube bezüglich der Angaben des Leistungsempfängers

Auch bezüglich solcher **Tatsachen** und Umstände, die nicht in der eigenen Sphäre liegen, ist dem Unternehmer als zwangsverpflichtetem Gehilfen des Staates (Rz. 20) regelmäßig Vertrauensschutz zu gewähren. Da ihn grundsätzlich **keine Nachforschungspflichten** treffen, darf er den Angaben seines Vertragspartners Glauben schenken, wenn er keine Zweifel haben muss. In § 6a Abs. 4 UStG ist dieser Gedanke für eine bestimmte Konstellation klarstellend kodifiziert (s. § 6a Rz. 87 f.).     26

### e) Guter Glaube beim Vorsteuerabzug

Vertrauensschutz ist auch und nicht zuletzt im Zusammenhang mit dem **Vorsteuerabzug** geboten. Wenn der Staat bei der Besteuerung der Verbraucher das sog. Mehrwertsteuer-System, d.h. ein Allphasen-System mit Vorsteuerabzug vorsieht, bei dem aus rein erhebungstechnischen Gründen (Rz. 10) auch die Umsätze zwischen Unternehmern besteuert werden, dann darf der Staat die Risiken der zutreffenden Abwicklung der Umsätze zwischen den Unternehmern, d.h. zwischen den zwangsverpflichteten Gehilfen, nicht in unzumutbarer Weise auf diese abschieben. Der **Verhältnismäßigkeitsgrundsatz** (das Übermaßverbot) ist     27

---

1 So auch *Englisch*, DStJG 32 (2009), S. 165 (176).
2 Das verkennen BMF v. 27.6.2008 – IV A 3 – S 0224/10005, DStR 2008, 1883 – zu 3; FG BW v. 17.3.2010 – 1 K 661/08, EFG 2010, 1284.
3 Das verkennt BFH v. 30.3.2011 – XI R 30/09, BStBl. II 2011, 613.
4 Ausführlich *Stadie* in R/D, § 18 Anm. 310 ff.

nicht nur bei der Besteuerung der Umsätze zu beachten, sondern gilt auch im Zusammenhang mit der Entlastung von der auf die Unternehmer abgewälzten Umsatzsteuer mittels des Vorsteuerabzugs.[1] Eine **angemessene** und damit **zumutbare Risikoverteilung** zwischen Staat und den als Gehilfen zwangsverpflichteten Unternehmern verlangt, dass Letztere nur solche Risiken zu tragen haben, die in ihren Verantwortungsbereich fallen und denen sie ohne unzumutbaren Aufwand begegnen können. Es wäre insbesondere unzumutbar, den Vorsteuerabzug nach § 15 Abs. 1 Satz 1 Nr. 1 UStG davon abhängig zu machen, dass alle **Angaben in der Rechnung** objektiv richtig sind, und den Rechnungsempfänger das zivilrechtliche Prozess- und Kostenrisiko einer Klage auf Erteilung einer ordnungsgemäßen Rechnung tragen zu lassen, wenn nach Zahlung der Gegenleistung das Finanzamt die Fehlerhaftigkeit der Rechnung feststellt (ausführlich zum Vertrauensschutz hinsichtlich der *Rechnungsangaben* s. *§ 15 Rz. 221 ff.* und des ausgewiesenen *Steuerbetrages* s. *§ 15 Rz. 247 ff.*). Auch bezüglich der **Unternehmereigenschaft** des Vertragspartners und des Vorliegens einer **Leistung** kann Vertrauensschutz in Betracht kommen (s. *§ 15 Rz. 58 ff. bzw. Rz. 61*).

### 3. Klagebefugnis

#### a) Steuerträger (Verbraucher)

28   Wenn der nicht zum Vorsteuerabzug berechtigte Leistungsempfänger (Steuerträger, Verbraucher) die Steuerpflicht des Umsatzes oder die Höhe des vom leistenden Unternehmers zugrunde gelegten Steuersatzes bestreitet, so kann er der Umsatzsteuerbelastung bei der Preisvereinbarung regelmäßig nicht ausweichen, da der leistende Unternehmer im Zweifel von der Steuerpflicht des Umsatzes ausgehen und sich zudem durchgängig nach der Auffassung der Finanzverwaltung richten. Auf den ersten Blick scheint deshalb die Frage, ob der Steuerträger die Rechtmäßigkeit seiner Umsatzbelastung vor Gericht klären lassen kann, d.h. die Klagebefugnis (§ 40 Abs. 2 FGO) zu verneinen zu sein, weil der Steuerträger nicht unmittelbar in seinen Rechten verletzt ist, denn „rechtlich" schuldet der **leistende Unternehmer** die Steuer (§ 13a Abs. 1 Nr. 1 UStG). Dieser ist zwar vordergründig rechtlich beschwert, nicht jedoch wirtschaftlich (tatsächlich) belastet, da er die Steuer abgewälzt hat, so dass er bei dieser Konstellation **kein Interesse an** der Klärung der Umsatzsteuerrechtsfrage und der **Anfechtung** der Steuerfestsetzung hat.

Der Steuerträger (Verbraucher) kann sein steuerrechtliches Problem **nicht vor den Zivilgerichten** klären, da über diese umsatzsteuerrechtliche Vorfrage nicht das Zivilgericht zu befinden hat. Das Alleinentscheidungsrecht über steuerrechtliche Fragen haben die Finanzbehörden, so dass **Steuerfestsetzungen**, denen Steueranmeldungen gleichstehen (*§ 18 Rz. 9*), **Bindungswirkung für die Zivilgerichte** haben (*§ 18 Rz. 80*). Daraus folgt allerdings nicht, dass dem Steuerträger der Rechtsschutz verwehrt ist. Im Hinblick auf Art. 19 Abs. 4 Satz 1 GG (Rechtsschutzgarantie) muss ihm die **Klagemöglichkeit** vor den **Finanzgerichten** zustehen (dazu näher *§ 18 Rz. 81 ff.*).

---

[1] So jetzt auch Bericht des Finanzausschusses zum StÄndG 2003, BT-Drucks. 15/1945 – zu Art. 4 Nr. 18 (§ 15 Abs. 1 Nr. 1 UStG).

Es wäre zudem **willkürlich** (Verstoß gegen das Gleichbehandlungsgebot), die Rechtsschutzmöglichkeit von der Erhebungstechnik, d.h. davon abhängig zu machen, ob die Verbraucherbesteuerung **indirekt** oder **direkt** erfolgt. In letzterem Fall, d.h., wenn der Leistungsempfänger Schuldner der Steuer ist (§ 13a Abs. 1 Nr. 2, § 13b UStG), ist nämlich die Klagebefugnis auf Grund unmittelbarer rechtlicher Betroffenheit zweifelsfrei gegeben.

**b) Leistender Unternehmer**

Aus den vorhergehenden Ausführungen folgt, dass dem leistenden Unternehmer als Gehilfen des Staates (*Rz. 20*) **nach** offener oder verdeckter **Abwälzung** der Steuer die **Klagebefugnis** (**Beschwer**) fehlt, da er nicht in seinen Rechten verletzt sein kann (*§ 18 Rz. 77*). Diese ist nur dann gegeben, wenn er den einkalkulierten Umsatzsteuerbetrag an den Leistungsempfänger zurückgezahlt bzw. für den Fall des Obsiegens an diesen abgetreten hat. 29

## C. Umsatzsteuer und Verfassung
### I. Die Umsatzsteuer in der Finanzverfassung
#### 1. Gesetzgebungskompetenz

Der Bund hat die konkurrierende Gesetzgebung (Art. 72 Abs. 1 GG) über die Umsatzsteuer, da ihm das Aufkommen dieser Steuer zum Teil zusteht (Art. 105 Abs. 2 i.V.m. Art. 106 Abs. 3 GG; *Rz. 34*). Von dieser Kompetenz hat der Bund mit dem Umsatzsteuergesetz in den jeweiligen Fassungen Gebrauch gemacht. Das Gesetz wie auch dessen jeweilige Änderungen bedürfen der **Zustimmung des Bundesrates**, weil das Aufkommen der Umsatzsteuer den Ländern teilweise zufließt (Art. 105 Abs. 3 i.V.m. Art. 106 Abs. 3 GG). 30

Da die Verfassung die Umsatzsteuer nicht definiert, sondern im X. Abschnitt an die traditionellen Begriffe des deutschen Steuerrechts anknüpft, mithin den Begriff der Umsatzsteuer der 1949 vorgefundenen Steuerrechtsordnung entlehnt hat, **bestimmt** das **Wesen dieser Steuer** die **Gesetzgebungskompetenz**. Demgemäß wird sie begrenzt auf die Regelung einer allgemeinen Verbrauchsbelastung, d.h. die Besteuerung jeglichen Leistungsaustausches, der im Wirtschaftsleben vorkommt[1]. 31

Das Umsatzsteuergesetz enthält eine Vielzahl von **Ermächtigungen** an die Bundesregierung zum Erlass von **Rechtsverordnungen** (*Beispiele*: § 3b Abs. 1 Satz 4, § 5 Abs. 3, § 6 Abs. 4, § 6a Abs. 3, § 14 Abs. 6, § 15 Abs. 5, § 15a Abs. 11, § 26 Abs. 1 und 2 UStG). Sie entsprechen den Anforderungen des Art. 80 Abs. 1 Satz 2 GG, wonach Inhalt, Zweck und Ausmaß der Ermächtigung im Gesetz bestimmt sein müssen. Diese Rechtsverordnungen bedürfen der **Zustimmung des Bundesrates** (Art. 80 Abs. 2 a.E. i.V.m. Art. 105 Abs. 3 GG). Die Bundesregierung hat von den Ermächtigungen in vielfältiger Weise Gebrauch gemacht. Die einzelnen Rechtsverordnungen sind in der **Umsatzsteuer-Durchführungsverordnung** und in der **Einfuhrumsatzsteuer-Befreiungsverordnung** zusammengefasst. 32

---

1 BVerfG v. 27.7.1971 – 2 BvF 1, 702/68, BVerfGE 31, 314 (331) = BStBl. II 1971, 567 (572).

Rechtsverordnungen sind zwar Rechtsnormen (materielle Gesetze), stehen aber im Range unter den Parlamentsgesetzen und können von den Gerichten auf ihre Vereinbarkeit mit Art. 80 GG überprüft werden (s. auch § 26 Rz. 1 ff.). Von derartigen Verordnungen sind **Verordnungen des Rates der EU** nach Art. 288 Abs. 2 AEUV zu unterscheiden (Rz. 61, 65).

33 Die **Länder** haben die Befugnis zur Gesetzgebung über die **örtlichen Verbrauch- und Aufwandsteuern**, solange und soweit sie nicht bundesgesetzlich geregelten Steuern gleichartig sind (Art. 105 Abs. 2a GG). Auch diese Steuern sind wie die überörtlichen Verbrauchsteuern auf die Belastung des privaten Konsums, nämlich auf die Besteuerung der Einkommensverwendung gerichtet.[1] In Betracht kommt vor allem die Konkurrenz mit der Umsatzsteuer (eine entsprechende Abgrenzungsproblematik ergibt sich aus der Sicht des Art. 401 MwStSystRL). Indes soll das **Gleichartigkeitsverbot** nicht für die bei Inkrafttreten des Art. 105 Abs. 2a GG (1970) bestehenden „herkömmlichen" (*Beispiele:* Getränkesteuer, Vergnügungssteuer, Spielautomatensteuer, Jagdsteuer), sondern **nur für die** danach vom Landesgesetzgeber eingeführten **neuen** örtlichen Verbrauch- und Aufwandsteuern gelten.[2] Die Länder haben die Gesetzgebungsbefugnis weitgehend auf die **Gemeinden** übertragen.[3]

## 2. Ertragshoheit

34 Die Umsatzsteuer zählt zusammen mit der Einkommensteuer und der Körperschaftsteuer zu den Gemeinschaftsteuern, deren Aufkommen **Bund** und **Ländern** als **Steuergläubigern** gemeinsam zusteht, soweit nicht das Aufkommen den **Gemeinden** zugewiesen wird (Art. 106 Abs. 3 Satz 1 GG). Die Anteile von Bund und Ländern an der Umsatzsteuer sind nicht durch das Grundgesetz festgelegt, sondern werden durch Bundesgesetz, das der Zustimmung des Bundesrates bedarf, festgesetzt (Art. 106 Abs. 3 Satz 3 GG). Bei der **Aufteilung** sind die in Art. 106 Abs. 3 Satz 4 und 5 GG festgelegten Grundsätze zu beachten. Die Aufteilung erfolgt durch das **Finanzausgleichsgesetz** unter Berücksichtigung des sog. Maßstäbegesetzes, welches langfristig anwendbare Maßstäbe für die Zukunft abstrakt-generell bestimmt. Die Anteile sind **neu festzusetzen**, wenn sich das Verhältnis zwischen den Einnahmen und Ausgaben des Bundes und der Länder wesentlich anders entwickelt (Art. 106 Abs. 4 GG).

35 Der Bund hat von seinem Anteil zzt. 0,15 v.H. der Mehrwertsteuer-Bemessungsgrundlage **an die EU** abzuführen.[4]

36 Auch die **Gemeinden** erhalten einen Anteil an dem Aufkommen der Umsatzsteuer, der von den Ländern auf der Grundlage eines orts- und wirtschaftsbezogenen Schlüssels an ihre Gemeinden weitergeleitet wird. Das Nähere bestimmt

---

[1] Vgl. BVerfG v. 12.10.1978 – 2 BvR 154/74, BVerfGE 49, 343 (354); BVerfG v. 6.12.1983 – 2 BvR 1275/79, BVerfGE 65, 325 (346); BVerfG v. 4.2.2009 – 1 BvL 8/05, BVerfGE 123, 1 (15).
[2] BVerfG v. 6.12.1983 – 2 BvR 1275/79, BVerfGE 65, 325 (351); BVerfG v. 7.5.1998 – 2 BvR 1991, 2004/95, BVerfGE 98, 106 (125).
[3] Zur sog. Bettensteuer s. BVerwG v. 11.7.2012 – 9 CN 1.11, UR 2012, 842.
[4] Sog. Eigenmittelbeschluss des Rates der EG v. 7.6.2007, ABl. EU Nr. L 163/2007, 17.

ein Bundesgesetz mit Zustimmung des Bundesrates (Art. 106 Abs. 5a GG), was durch das FAG geschehen ist. Darüber hinaus nehmen die Gemeinden nach Maßgabe der Landesgesetzgebung am Aufkommen der Gemeinschaftsteuern, und damit auch der Umsatzsteuer, teil (Art. 106 Abs. 7 GG).

Der **Länderanteil** am Aufkommen der Umsatzsteuer steht den einzelnen Ländern grundsätzlich nach Maßgabe ihrer **Einwohnerzahl** zu (Art. 107 Abs. 1 Satz 4 Halbs. 1 GG). Dieser Verteilungsmaßstab folgt zwingend aus dem Belastungsgrund der Umsatzsteuer. Da diese eine indirekte Verbrauchsteuer ist, welche nur besteuerungstechnisch an die Umsätze der Unternehmer anknüpft, aber auf Abwälzung angelegt ist, kann es auf die Zufälligkeit der Ansässigkeit der Unternehmer, die die örtliche Besteuerungszuständigkeit begründet (§ 21 AO), bei der Verteilung des Länderanteils an der Umsatzsteuer nicht ankommen. Sachgerechter Maßstab kann nur der **Ort des mutmaßlichen Verbrauchs** sein. Mit der Anknüpfung an die Einwohnerzahl wird ein Durchschnittseinkommen der Verbraucher zugrunde gelegt, wodurch die kaufkraftschwächeren Länder begünstigt werden. 37

Für einen Teil, höchstens jedoch für ein Viertel des Länderanteils an der Umsatzsteuer können durch zustimmungspflichtiges Bundesgesetz **Ergänzungsanteile** für ertragschwache Bundesländer vorgesehen werden (Art. 107 Abs. 1 Satz 4 Halbs. 2 GG). Das ist im Rahmen des FAG geschehen.

### 3. Verwaltungskompetenz

Die Verwaltung der Umsatzsteuer erfolgt, mit Ausnahme der Einfuhrumsatzsteuer (Rz. 39), durch die **Länder** als sog. **Auftragsverwaltung** (Art. 108 Abs. 2 Satz 1 und Abs. 3 GG). Auftragsverwaltung bedeutet, dass die Landesbehörden der **Weisung** und der **Aufsicht des Bundes** unterliegen (Art. 85 Abs. 3 und 4 GG). 38

Der Bund kann hinsichtlich der Umsatzsteuer mit Zustimmung des Bundesrates **allgemeine Verwaltungsvorschriften** erlassen (Art. 108 Abs. 7 GG). Als solche waren in der Vergangenheit die sog. Umsatzsteuer-Richtlinien[1] ergangen, welche von den EG/EU-Richtlinien (Rz. 59 f.) zu unterscheiden waren. 39

An ihre Stelle ist mit Wirkung vom 1.11.2010 der sog. **Umsatzsteuer-Anwendungserlass** (UStAE) getreten, welcher nicht mehr auf der Grundlage des Art. 108 Abs. 7 GG, sondern als sog. BMF-Schreiben entsprechend § 21a FVG ergangen ist.[2] Er stellt ebenfalls keine Rechtsnormen dar und bindet Bürger und Gerichte nicht. Als norminterpretierende Vorschriften aus der Sicht der Finanzverwaltung hat auch der UStAE für die Gerichte kein größeres Gewicht als Äußerungen in der Literatur. Seine Bedeutung liegt im Wesentlichen darin, die **einheitliche Anwendung des Steuerrechts** durch die Finanzämter zu gewährleisten. Durch die Veröffentlichung des UStAE wird bewirkt, dass die Unternehmer und ihre Steuerberater in vielen Fällen nachlesen können, welche Rechtsauffassung die Finanzverwaltung zur Auslegung der einschlägigen Steuerrechtsnormen vertritt. Entsprechendes gilt für andere sog. **BMF-„Schreiben"**, die in Abstimmung mit den Ländern ergehen.

---

1 Zuletzt UStR 2008, BStBl. I 2007, Sondernummer.
2 Dazu W. Widmann, UR 2011, 7; Horlemann, UR 2011, 334.

40  Die **Einfuhrumsatzsteuer** wird durch Bundesfinanzbehörden verwaltet (Art. 108 Abs. 1 GG). Örtliche Behörden sind die sog. Hauptzollämter.

## II. Verfassungsmäßigkeit der Indienstnahme des Unternehmers zur Erhebung der Steuer

### 1. Grundsätzliches

41  Die Umsatzsteuer als indirekte Verbrauchsteuer will nicht den Unternehmer, sondern den Verbraucher belasten (besteuern). Folglich erfüllt der Unternehmer als „Schuldner" (§ 13a Abs. 1 Nr. 1 UStG) der Umsatzsteuer nur formal (vordergründig) eine eigene Schuld. In Wahrheit ist er nur **Gehilfe des Staates** bei der Besteuerung der Verbraucher, d.h. er hat nur die Rolle des **Steuereinnehmers** (Steuereinsammlers) für den Steuergläubiger (*Rz. 20*). Diese **Indienstnahme Privater für öffentliche Aufgaben** als Verwaltungshelfer ist mit dem Grundgesetz prinzipiell zu vereinbaren, weil die durch das Umsatzsteuergesetz dem Unternehmer auferlegten Handlungspflichten in Gestalt insbesondere des Ermittelns, Anmeldens und Abführens der Umsatzsteuer **zulässige Berufsausübungsregeln** darstellen, für welche vernünftige Erwägungen des Gemeinwohls sprechen.[1]

42  Aus dieser Indienstnahme Privater folgt **keine Kostenerstattungspflicht** des Steuergläubigers. Der § 670 BGB zugrunde liegende allgemeine Rechtsgedanke ist nicht anwendbar. Nach Ansicht des Bundesverfassungsgerichts soll eine Indienstnahme Privater bei der Einbehaltung von einkommensteuerrechtlichen Abzugsteuern keine erhebliche Belastung darstellen und deshalb keine Kostenerstattungspflicht auslösen[2]; Entsprechendes müsste dann für die Umsatzsteuer gelten. Das überzeugt allerdings nicht. Die Rechtfertigung ist vielmehr darin zu sehen, dass die Unternehmer die **Kosten der Umsatzsteuererhebung auf** die **Verbraucher** bei der Preiskalkulation **abwälzen** können. Eine Belastung auf Grund teilweiser Nichtabwälzbarkeit kann prinzipiell nicht eintreten, da für die jeweils konkurrierenden Unternehmer die Kosten im Regelfall annähernd gleich hoch sind[3] (zur *gebührenfreien* **Auskunft** durch die Finanzämter s. *Rz. 24*).

### 2. Einschränkung des sog. Soll-Prinzips

43  Nicht abwälzbar ist hingegen der Zinsaufwand, der dem Unternehmer bei der Versteuerung seiner Umsätze nach dem sog. **Soll-Prinzip** (*§ 13 Rz. 5 ff.*) erwachsen kann, wenn fehlerhaft an die Entstehung der Steuer deren Fälligkeit gekoppelt wird (dazu § 18 Rz. 36 f.). Die Kosten der Vorfinanzierung der Steuer hinsichtlich der noch nicht vereinnahmten Gegenleistungen sind nicht vorweg

---

1 Vgl. zu den einkommensteuerrechtlichen und sozialversicherungsrechtlichen Einbehaltungs- und Abführungspflichten BVerfG v. 29.11.1967 – 1 BvR 175/66, BVerfGE 22, 380 (383); BVerfG v. 16.3.1971 – 1 BvR 52, 665, 667, 754/66, BVerfGE 30, 292 (313); BVerfG v. 17.2.1977 – 1 BvR 33/76, BVerfGE 44, 103; BVerfG v. 17.10.1984 – 1 BvL 18/2, 46/83, 2/84, BVerfGE 68, 155 (170 f.); BVerfG v. 13.1.1987 – 2 BvR 209/84, BVerfGE 74, 102 (120); ausführlich *Stadie* in R/D, Einf. Anm. 403 ff.
2 Vgl. BVerfG v. 29.11.1967 – 1 BvR 175/66, BVerfGE 22, 380 (385) – Kapitalertragsteuer; BVerfG v. 17.2.1977 – 1 BvR 33/76, BVerfGE 44, 103 (104) – Lohnkirchensteuer; vgl. auch BVerfG v. 16.3.1971 – 1 BvR 52, 665, 667, 754/66, BVerfGE 30, 292 (311).
3 *Stadie* in R/D, Einf. Anm. 408.

bestimmbar, da die Dauer der Zahlungsverzögerung durch die jeweiligen Leistungsempfänger nicht prognostiziert werden kann. Folglich sind diese Kosten nicht kalkulierbar und mithin schon deshalb generell rein tatsächlich **nicht exakt abwälzbar**; bei gesetzlich festgelegten Honoraren ist eine Abwälzung sogar rechtlich ausgeschlossen. Das wird **vom BVerfG**[1] **verkannt**.

Im **Bericht des Finanzausschusses** des Bundestages von 1967 war die Heranziehung der Unternehmer zur **Vorfinanzierung** der Unternehmer damit gerechtfertigt worden, dass diesem Nachteil gegenüberstehe, dass der Unternehmer auch die Vorsteuer bereits absetzen könne, bevor er diese gezahlt habe. Und außerdem stehe in der Unternehmerkette praktisch dem Finanzierungsnachteil des einen Unternehmers ein Finanzierungsvorteil seines Geschäftspartners gegenüber.[2] Beide **Überlegungen** sind **unhaltbar**. Bei Unternehmen mit hoher Wertschöpfungsquote, insbesondere im Dienstleistungsbereich, ist die Differenz zwischen Steuer und Vorsteuer erheblich, so dass auch nicht annäherungsweise ein Ausgleich stattfindet. Doch selbst bei geringer Wertschöpfungsquote bliebe eine Differenz, bei der der Zwang zur Vorfinanzierung nicht zu rechtfertigen wäre. Außerdem darf vom Gesetzgeber nicht unterstellt werden, dass der Unternehmer sich wie seine Schuldner verhält, d.h. auch seine Rechnungen nicht bei Fälligkeit, sondern verspätet begleicht! Völlig **absurd** ist das zweite Argument. Der Nachteil des einen Unternehmers kann nicht mit dem Vorteil eines anderen Unternehmers aufgewogen werden. Abgesehen davon ist nicht jeder Leistungsempfänger ein Unternehmer.

Die Regeln über die Versteuerung nach dem sog. Soll führen mithin, soweit sie einem nicht abwälzbaren Zinsaufwand bewirken, zu einem durch nichts zu rechtfertigenden Eingriff in die Berufsfreiheit bzw. allgemeine Handlungsfreiheit, da die **Vorfinanzierung** der Steuer **zur Erreichung des Gesetzeszwecks nicht erforderlich** ist. Das mildere, gleich wirksame Mittel zur Besteuerung des Aufwandes der Verbraucher ist die Versteuerung der jeweils tatsächlich vereinnahmten Gegenleistungen. Die Steuererhebung beim Unternehmer vor Vereinnahmung des Preises usw. ist sogar **schon nicht geeignet**, den Gesetzeszweck (Besteuerung des Verbrauchers) zu erreichen, da bis dahin nämlich der Unternehmer und nicht der Leistungsempfänger besteuert wird. Folglich **verstößt** das sog. Soll-Prinzip **gegen** den verfassungsrechtlichen **Verhältnismäßigkeitsgrundsatz**[3] und ist damit ein nicht gerechtfertigter Eingriff in die Berufsfreiheit bzw. allgemeine Handlungsfreiheit. 44

Zudem dürfte dem Bund für die Anordnung des in der Vorfinanzierung liegenden **Zwangskredites** zugunsten des Staates die **Gesetzgebungskompetenz fehlen**, da sie sich nicht aus Art. 105 i.V.m. Art. 106 GG ableiten lässt. Jedenfalls aber verstößt die in dem Zwangskredit liegende **Zinsbelastung gegen** den **Gleichheitssatz** (Art. 3 Abs. 1 GG), weil die Unternehmer nicht nach einem gleichen Maßstab belastet werden. Der Umfang des den jeweiligen Unternehmern treffenden Zwangs zur Vorfinanzierung hängt von der Zahlungsmoral seiner jeweiligen Schuldner ab.

---

1 BVerfG v. 20.3.2013 – 1 BvR 3063/10, UR 2013, 468 – Rz. 31.
2 Bericht des Finanzausschusses zu BT-Drucks. V/1581 – Allg., 3. (Abs. 2).
3 Ausführlich dazu *Stadie* in R/D, Einf. Anm. 201 ff., 410 ff.

45 Das **Unionsrecht** in Gestalt der MwStSystRL enthält keine zwingenden Vorgaben, so dass die Beseitigung der verfassungswidrigen Wirkungen des sog. Prinzips auf nationaler Ebene bewirkt werden kann (*Rz. 57*). Schon die Regeln der Richtlinie über die Entstehung der Steuer nach dem sog. Soll-Prinzip sind nicht zwingend, denn Art. 66 Satz 1 Buchst. b MwStSystRL lässt entgegen seinem Wortlaut eine *generelle* Ist-Versteuerung zu[1], doch darauf kommt es letzlich nicht an, weil es um die **Fälligkeit** der entstandenen Steuer geht. Und auch diesbezüglich räumt die Richtlinie den **Mitgliedstaaten** die generelle **Befugnis** ein, den Termin für die Zahlung der Steuer **festzulegen (Art. 206 Satz 2 MwStSystRL)**. Folglich determiniert das nationale Verfassungsrecht die Fälligkeit nach dem UStG. Zur Bestimmung einer verfassunskonformen Fälligkeit kommen zwei Wege in Betracht. Die eine Möglichkeit besteht darin, das Merkmal der **Uneinbringlichkeit** in **§ 17 Abs. 2 Nr. 1 UStG verfassungskonform extensiv auszulegen** (*§ 17 Rz. 48 ff.*). Die andere Möglichkeit ist die **verfassungskonforme Reduktion** des § 18 Abs. 1 UStG hinsichtlich der Fälligkeit (*§ 18 Rz. 37*).

Im Übrigen versteht der **EuGH** die Gehilfenstellung des Unternehmers in der Weise, dass dieser als „Steuereinnehmer" die Steuer für Rechnung der Steuerverwaltung „einzuziehen und *sodann* an diese abzuführen" hat[2] (s. auch *Rz. 20*), was jedwede Finanzierungsbelastung ausschließt. Nach Auffassung des **BFH** soll hingegen der Zwang zur Vorfinanzierung für den Unternehmer als Steuereinnehmer für Rechnung des Staates **erst ab** einem **Zeitraum von mehr als 2 Jahren** unverhältnismäßig (und im Verhältnis zu einem Ist-Versteuerer gleichheitswidrig) sein.[3] Das ergibt bei Anlegung des für die Anwendung des Verhältnismäßigkeitsgrundsatzes notwendigen – aber vom BFH nicht herangezogenen – Maßstabs (*Rz. 44*) keinen Sinn.

Das **BVerfG** hat die Funktion des Unternehmers als Steuereinnehmer vollständig ausgeblendet und ist stattdessen davon ausgegangen, dass es um die **Besteuerung des Unternehmers nach** Maßgabe seiner „finanziellen **Leistungsfähigkeit**" (sic!) gehe.[4] Da verwundert es dann auch nicht mehr, dass das BVerfG die Bestimmungen zur **Soll-Besteuerung nicht** als **materielles Recht**, sondern als **verfahrensrechtliche** Regelungen versteht (dazu auch *§ 20 Rz. 20*).

---

1 Ausführlich dazu *Stadie* in R/D, Einf. Anm. 208.
2 EuGH v. 24.10.1996 – C-317/94, EuGHE 1996, I-5339 = BStBl. II 2004, 324 = UR 1997, 265 – Rz. 22; ebenso EuGH v. 6.10.2005 – C-291/03, EuGHE 2005, I-8477 = UR 2005, 685 – Rz. 30 – „für Rechnung der Steuerverwaltung *erhoben*, an die die Steuerpflichtigen sie *abzuführen* haben"; EuGH v. 5.3.2009 – C-302/07, EuGHE 2009, I-1467 = UR 2009, 279 – Rz. 60 – „Der Steuerbetrag, den der Steuerpflichtige von seinen Kunden erhält und der, den der Steuerpflichtige *anschließend* an den Staat abführt"; vgl. auch EuGH v. 15.12.2011 – C-427/10, UR 2012, 184 – Rz. 37 – „Einziehung der Verbandsbeiträge gegen Zahlung eines die Mehrwertsteuer umfassenden Preises vorgenommen und die *Mehrwertsteuer* an die Finanzverwaltung *abgeliefert* hat" (alle Hervorhebungen durch d. Verf.).
3 BFH v. 24.10.2013 – V R 31/12, UR 2014, 238 – Rz. 20 f.
4 BVerfG v. 20.3.2013 – 1 BvR 3063/10, UR 2013, 468 – Rz. 23.

## III. Gebot der Wettbewerbsneutralität

### 1. Gleichbehandlungsgrundsatz, Neutralitätsgebot

Eine Steuer, welche nicht den Unternehmer, sondern als indirekte Steuer dessen Abnehmer belasten will, d.h. auf Abwälzung angelegt ist, muss für diejenigen Unternehmer, die im Wettbewerb miteinander stehen, relativ gleich hoch sein, d.h. die Preise proportional gleich belasten. Erfolgt die Umsatzbesteuerung auf jeder Wirtschaftsstufe (Allphasensystem), so verlangt das aus Art. 3 Abs. 1 GG (**Gleichbehandlungsgrundsatz**) entspringende Gebot der Wettbewerbsneutralität, dass die Umsatzsteuervorbelastung auf der Vorstufe beseitigt wird, damit die Steuer nicht als Kostenfaktor wirkt (zum entsprechenden **Neutralitätsgrundsatz** des EuGH s. *Rz. 78 f.*). Wird auf jeder Wirtschaftsstufe Umsatzsteuer vom Bruttobetrag (Preis) erhoben, so wird die Steuerbelastung umso höher, je öfter Unternehmer vor allem bei der Herstellung und dem Vertrieb von Waren eingeschaltet werden (*Rz. 8*). Das heutige Umsatzsteuerrecht gewährleistet die Wettbewerbsneutralität prinzipiell mit dem **Vorsteuerabzug** (§ 15 Abs. 1 UStG). 46

Ein Wettbewerbsnachteil kann durch die vom Gesetz vorgesehene **Nichtbesteuerung** von Personen eintreten, die dieselben Leistungen wie besteuerte Unternehmer erbringen. Die **Beschränkung** der Besteuerung **auf Umsätze von Unternehmern** (§ 2 Abs. 1 UStG) ist indes durch Praktikabilitätserwägungen gerechtfertigt (vgl. auch *§ 2 Rz. 2*). Die Erfassung der Gelegenheits-Leistenden wäre weitgehend von deren Ehrlichkeit abhängig und würde zu einer Ungleichmäßigkeit der Besteuerung führen. Der geringe Umfang ihrer Umsätze führt zu keinen merklichen Wettbewerbsnachteilen für die besteuerten Unternehmer. (Im Bereich des Gebrauchtwarenhandels wird Wettbewerbsnachteilen durch § 25a begegnet.) Hingegen bewirkt die Nichtbesteuerung der sog. **Kleinunternehmer** (§ 19 Abs. 1 UStG) einen beachtlichen Wettbewerbsvorteil gegenüber solchen konkurrierenden Unternehmern, die die Freigrenze des § 19 Abs. 1 Satz 1 UStG von 17 500 € nicht wesentlich überschreiten (*§ 19 Rz. 12* mit *Beispiel*). Auch die Steuerbefreiung für **Blinde** (§ 4 Nr. 19 UStG) führt zu einem beachtlichen Wettbewerbsvorteil, soweit diese Umsätze auf der Endstufe erbringen (vgl. *§ 4 Nr. 19 Rz. 1*). 47

### 2. Rechtsformneutralität

Gesetzlich vorgesehene **Umsatzsteuervergünstigungen** (Befreiungen, ermäßigte Steuersätze u.Ä.) sind im Hinblick auf den Besteuerungszweck (*Rz. 15 ff.*) nur sach- und systemgerecht, wenn sie zugunsten der Verbraucher und nicht einzelner Unternehmergruppen wirken.[1] Anderenfalls führen sie zu einem Wettbewerbsnachteil der nicht begünstigten konkurrierenden Unternehmer. Das **Gleichbehandlungsgebot** (Art. 3 Abs. 1 GG) verbietet deshalb eine allein nach der Rechtsform eines Unternehmers unterscheidende Umsatzsteuerbefreiung oder Steuerermäßigung. Das Umsatzsteuergesetz muss deshalb bei der Ausge- 48

---

1 BVerfG v. 29.10.1999 – 2 BvR 1264/90, BVerfGE 101, 132 = BStBl. II 2000, 155 = UR 1999, 494; BVerfG v. 10.11.1999 – 2 BvR 2861/93, BVerfGE 101, 151 = BStBl. II 2000, 160 = UR 1999, 498; BVerfG v. 10.11.1999 – 2 BvR 1820/92, BStBl. II 2000, 158 = UR 2000, 72.

staltung seiner Tatbestände das Gebot der **Rechtsformneutralität** beachten[1] (zum entsprechenden **Neutralitätsgrundsatz** des EuGH s. *Rz. 78 f.*). Die Steuerbefreiungsvorschriften usw. sind deshalb verfassungskonform so auszulegen, dass gleichartige Leistungen unabhängig von der Rechtsform des Unternehmers, der sie erbringt, befreit sind. Dieser Grundsatz soll indes nach Ansicht des BVerfG nicht im Rahmen des § 20 Abs. 1 Satz 1 Nr. 3 UStG (Versagung der sog. Ist-Besteuerung für Freiberufler-GmbH) gelten[2] (dazu näher *§ 20 Rz. 20*).

### 3. Nichtbesteuerung durch Finanzverwaltung – Konkurrentenklage

49 Von der *gesetzlich* vorgesehenen Nichtbesteuerung oder Begünstigung bestimmter Anbieter ist die **Nichtbesteuerung** oder **Begünstigung seitens** der **Finanzverwaltung** durch restriktive oder fehlerhafte Anwendung des Gesetzes auf einzelne Personen oder bestimmte Personengruppen zu unterscheiden, wodurch diese einen **Wettbewerbsvorteil** gegenüber konkurrierenden Unternehmern erlangen können. Zu denken ist insbesondere an die Nichtbesteuerung unternehmerischer Betätigungen **juristischer Personen des öffentlichen Rechts** (vgl. *§ 2 Rz. 371 f.*), die rechtswidrige Gewährung einer **Steuerbefreiung** oder des **ermäßigten Steuersatzes** an **gemeinnützige Einrichtungen** (vgl. *§ 12 Rz. 64*) oder die fehlerhafte Gewährung der land- und forstwirtschaftlichen Vergünstigung nach § 24 UStG. Einem solchen Wettbewerbsnachteil kann mittels einer **Konkurrentenklage**, regelmäßig in Gestalt einer Feststellungsklage (§ 41 FGO)[3], begegnet werden.[4] Zur Glaubhaftmachung der Benachteiligung kann ein **Auskunftsanspruch** gegenüber dem betreffenden Finanzamt bestehen, welche die Nichtbesteuerung bzw. Begünstigung des vermeintlichen Konkurrenten zum Inhalt hat.[5] Der Anspruch kann mittels allgemeiner Leistungsklage durchgesetzt werden.

### 4. Beim Vorsteuerabzug

50 Das Gebot der **Rechtsformneutralität** gilt gleichermaßen für den Vorsteuerabzug und ist deshalb auch bei der **Auslegung des Unternehmerbegriffs** im Hinblick auf die Entlastung von Vorsteuern zu beachten. Die Art der gesellschaftsrechtlichen Konstruktion, welche für eine wirtschaftliche Betätigung gewählt wird, darf nicht die Abziehbarkeit von Vorsteuern beeinflussen. Das gilt insbesondere bei sog. **Holding**-Gesellschaften, die nicht unmittelbar eigene Umsätze ausführen. Die gegenteilige EuGH-Rechtsprechung zur Holding verkennt das (ausführlich dazu *§ 2 Rz. 70 ff.*), obwohl auch der EuGH ansonsten die Rechtsformneutralität der Mehrwertsteuer betont (*Rz. 78*).

---

1 BVerfG v. 10.11.1999 – 2 BvR 2861/93, BVerfGE 101, 151 = BStBl. II 2000, 160 = UR 1999, 498; vgl. auch BVerfG v. 21.6.2006 – 2 BvL 2/99, BVerfGE 116, 164 – Rz. 118.
2 BVerfG v. 20.3.2013 – 1 BvR 3063/10, UR 2013, 468 m. Anm. *Stadie*.
3 Vgl. BFH v. 15.10.1997 – I R 10/92, BStBl. II 1998, 63.
4 Vgl. BFH v. 5.10.2006 – VII R 24/03, BStBl. II 2007, 243; *Stadie* in R/D, § 2 UStG Anm. 1170 ff. m.w.N.
5 Vgl. BFH v. 5.10.2006 – VII R 24/03, BStBl. II 2007, 243; BFH v. 26.1.2012 – VII R 44/11, BStBl. II 2012, 541.

Wettbewerbsnachteile können auch durch den **Ausschluss** vom **Vorsteuerabzug bei** bestimmten **steuerfreien Umsätzen** (§ 15 Abs. 2 UStG) eintreten. Diese Nachteile haben indes keinen merklichen Einfluss auf die Wettbewerbssituation der betroffenen Unternehmer (*Vor §§ 4–9 Rz. 11 ff.*).[1]

## IV. Berufsfreiheit

Wettbewerbsneutral (*Rz. 46 ff.*) ausgestaltete Umsatzsteuertatbestände greifen nicht in die durch Art. 12 Abs. 1 GG geschützte Berufsfreiheit ein, da sie sich weder auf das Ob noch auf die Art und Weise der Berufsausübung auswirken können (zum sog. **Soll-Prinzip** bei der Steuerentstehung s. *Rz. 43 ff.*). Soweit das Gesetz **Handlungspflichten** auferlegt und darin Berufsausübungsregelungen zu sehen sind, werden sie durch grundsätzlich das Verhältnismäßigkeitsprinzip beachtende Gemeinwohlerwägungen gerechtfertigt (*Rz. 41 f.*). 51

## V. Nichtdiskriminierung von Ehe und Familie

Ehe und Familie stehen unter dem besonderen Schutz der staatlichen Ordnung (Art. 6 Abs. 1 GG). Diesem verfassungsrechtlichen Postulat entspringt u.a. das Verbot, Ehe und Familie zu benachteiligen.[2] Hieraus folgt, dass eine Gleichbehandlung mit Personen, die einander fremd gegenüberstehen, nur gegeben ist, wenn die **Besonderheiten** bei der Vermögensübertragung und Vermögensnutzung zwischen nahestehenden Personen **berücksichtigt werden**. Da ein Interessengegensatz im Allgemeinen nicht gegeben ist und nicht streng zwischen „Mein" und „Dein" getrennt wird, erfolgen **Vermögensübertragungen** und **Nutzungsüberlassungen** häufig **unentgeltlich**. 52

Das **Umsatzsteuergesetz** berücksichtigt diese Besonderheiten nicht ausdrücklich (Ausnahme: § 15a Abs. 11 Nr. 2 UStG für die unentgeltliche Veräußerung oder Überlassung eines Wirtschaftsgutes; dazu *§ 15a Rz. 175 ff.*). Die wortlautgetreue Anwendung des Gesetzes, welches **nur** den **Regelfall** des unter **Fremden** üblichen entgeltlichen Vorgangs **im Auge** hat, kann zu Umsatzsteuerbelastungen führen, die gegen Art. 6 Abs. 1 GG verstoßen. Um eine Gleichbehandlung zu erreichen, darf nicht verlangt werden, dass innerhalb der Familie entgeltliche Verträge geschlossen werden. Soweit diese nicht dem wirklich Gewollten der Beteiligten entsprechen, würde der Zwang, nur für die Steuer entgeltliche Verträge („auf dem Papier") abzuschließen, den Besonderheiten der Ehe und Familie nicht gerecht werden und damit Art. 6 Abs. 1 GG verletzen. Vor allem im Bereich des Vorsteuerabzugs sind deshalb im Wege der **verfassungskonformen Auslegung** der § 15 Abs. 1 Satz 1 Nr. 1 und § 15a UStG sachgerechte Ergebnisse zu gewährleisten (dazu näher *§ 15 Rz. 84 f., 256 ff.; § 15a Rz. 183 ff.*). Da der Schutz von Ehe und Familie auch zu den Grundwerten der **EU** gehört, sind in gleicher Weise die Art. 168 Buchst. a und 187 ff. MwStSystRL auszulegen. 53

---

1 Ausführlich auch *Stadie* in R/D, Einf. Anm. 458 ff.
2 Vgl. BVerfG v. 21.10.1980 – 1 BvR 179, 464/78, BVerfGE 55, 114 (127); BVerfG v. 10.1.1984 – 1 BvL 5/83, BVerfGE 66, 84 (94).

## VI. Verfassungsgerichtliche Kontrolle

54 Eine Überprüfung des Umsatzsteuergesetzes anhand der Grundrechte der Verfassung durch das Bundesverfassungsgericht ist insbesondere im Wege der

- konkreten Normenkontrolle (sog. **Richtervorlage**, Art. 100 Abs. 1 GG) und der
- **Verfassungsbeschwerde** (Art. 93 Abs. 1 Nr. 4a GG)

möglich. Allerdings ergeben sich erhebliche **Einschränkungen** durch die sog. **Solange-Rechtsprechung** des BVerfG, wonach Richtervorlagen und Verfassungsbeschwerden hinsichtlich der Überprüfung von abgeleitetem Gemeinschaftsrecht „solange" unzulässig sind, wie auf europäischer Ebene ein unverzichtbarer Grundrechtsschutz generell gewährleistet ist.[1] Dieser Grundsatz ist auch bei Richtervorlagen und Verfassungsbeschwerden zu nationalen Normsetzungen, welche **zwingendes Unionsrecht umsetzen** (hier: UStG), heranzuziehen.

55 Schon seit längerem besteht eine gefestigte Rechtsprechung des BVerfG zur **Richtervorlage**, wonach – soweit die Normsetzung zwingendem Gemeinschaftsrecht folgt – diese nicht am Maßstab deutscher Grundrechte zu prüfen ist, sondern dem auf Gemeinschaftsrechtsebene gewährleisteten Rechtsschutz unterliegt.[2] Diese Rechtsprechung ist auf Richtervorlagen zum UStG zu übertragen. Eine Richtervorlage kommt nur noch insoweit in Betracht, wie für die betreffende Norm des UStG keine zwingende Vorgabe durch Richtlinien besteht (Rz. 57).

56 Allerdings hatte das BVerfG noch Ende 1999 in mehreren Entscheidungen **Verfassungsbeschwerden** gegen das UStG für zulässig angesehen.[3] Das war zwar vom Grundsatz her richtig, da der Bürger Grundrechtsschutz auf Gemeinschaftsebene nicht eigenständig erlangen kann. Gleichwohl müssen Verfassungsbeschwerden gegen das UStG, soweit es verbindliche Vorgaben der Richtlinie umsetzt (umsetzen will), stets scheitern. Wenn nämlich das BVerfG eine Vorschrift des UStG an den Grundrechten messen würde, so legte es damit zugleich mittelbar die einschlägige Richtlinien-Bestimmung aus, deren Umsetzung die nationale Vorschrift beabsichtigt. Zur Auslegung der Richtlinie ist indes ausschließlich der EuGH berufen (Art. 267 AEUV). Folglich müsste das BVerfG bei Verfassungsbeschwerden gegen Entscheidungen zum UStG ein Vorabentscheidungsersuchen i.S.d. Art. 267 Abs. 2 AEUV (Rz. 66) an den EuGH richten, damit dieser die einschlägige Richtlinie unionsrechtskonform auslegt. Das wäre kaum mit dem Selbstverständnis des BVerfG zu vereinbaren. Dieses hat deshalb die **Fachgerichte** verfassungsrechtlich **verpflichtet**, ein derartiges **Vorabentscheidungsverfahren** durchzuführen. „Eine Vorlage kann aus grundrechtlicher Sicht insbesondere dann erforderlich sein, wenn das Gericht *Zweifel*

---

[1] BVerfG v. 22.10.1986 – 2 BvR 197/83, BVerfGE 73, 339; BVerfG v. 7.6.2000 – 2 BvL 17/97, BVerfGE 102, 147 (163 f.).
[2] BVerfG v. 9.1.2001 – 1 BvR 1036/99, NJW 2001, 1267 – Tz. 1; BVerfG v. 27.7.2004 – 1 BvR 1270/04, NVwZ 2004, 1346 – Tz. 1a aa; BVerfG v. 13.3.2007 – 1 BvF 1/05, BVerfGE 118, 79 (95 ff.); BVerfG v. 31.5.2007 – 1 BvR 1316/04, UR 2007, 737.
[3] BVerfG v. 22.1.1997 – 2 BvR 1915/91, BVerfGE 95, 173 (181); BVerfG v. 29.10.1999 – 2 BvR 1264/90, BVerfGE 101, 132 = BStBl. II 2000, 155; BVerfG v. 10.11.1999 – 2 BvR 1820/92, BStBl. II 2000, 158; BVerfG v. 10.11.1999 – 2 BvR 2861/93, BVerfGE 1001, 151 = BStBl. II 2000, 160.

an der Übereinstimmung eines europäischen Rechtsakts oder einer Entscheidung des EuGH mit den Grundrechten des Unionsrechts, die einen den Grundrechten des Grundgesetzes entsprechenden Grundrechtsschutz gewährleisten, hat oder *haben muss.*"[1] Unterbleibt ein derartiges Vorabentscheidungsersuchen, liegt darin ein Entzug des gesetzlichen Richters (Art. 101 Abs. 1 Satz 2 GG), was durch Verfassungsbeschwerde gerügt werden kann (*Rz. 68*).

Über Richtervorlagen und Verfassungsbeschwerden zum UStG entscheidet das BVerfG folglich nur noch dann, wenn keine verbindliche Vorgabe durch eine Richtlinie besteht, weil dem nationalen **Gesetzgeber** ein **Gestaltungsspielraum** verblieben ist.[2] Nur insoweit sind die obigen verfassungsrechtlichen Grundsätze (*Rz. 41 ff.*) noch durch das BVerfG umsetzbar. Soweit es um die **Umsetzung zwingender** Richtlinien-**Vorgaben** geht, sind Richtervorlagen und Verfassungsbeschwerden unzulässig, so dass die o.g. **verfassungsrechtlichen** Grundsätze nur noch **als unionsrechtliche Grundsätze durch** den **EuGH** durchsetzbar sind. 57

## D. Umsatzsteuer und Unionsrecht
## I. Harmonisierung durch Richtlinien und Verordnungen

Nach Art. 113 AEUV erlässt der Rat die Bestimmungen zur Harmonisierung der Rechtsvorschriften über die Umsatzsteuern, „soweit diese Harmonisierung für die Errichtung und das Funktionieren des Binnenmarktes und die Vermeidung von Wettbewerbsverzerrungen notwendig ist." Dieser **Harmonisierungsauftrag** bestand bereits nach Art. 99 EWGV von 1957 und später nach Art. 93 EGV a.F. 58

Auf der Grundlage dieser Harmonisierungsaufträge ergingen mehrere Richtlinien des Rates zur „Harmonisierung der Rechtsvorschriften der Mitgliedstaaten über die Umsatzsteuer". Die **1. Richtlinie** vom 11.4.1967[3] schrieb als **gemeinsames** Umsatzsteuersystem das **Mehrwertsteuersystem** vor (dazu *Rz. 8 ff.*). Die 2. Richtlinie, ebenfalls vom 11.4.1967[4], bestimmte Struktur und Anwendungsmodalitäten. Sie wurde ersetzt durch die sog. **6. Richtlinie (77/388/EWG)** vom 17.5.1977[5], die eine „**einheitliche steuerpflichtige Bemessungsgrundlage**" in den Mitgliedstaaten zum Ziel hatte. Diese Richtlinie enthielt weitgehend detaillierte Vorgaben und ließ den Mitgliedstaaten nur noch geringen Raum für nationale Eigenheiten. Zur weitergehenden Verwirklichung des **Binnenmarktes** entfiel ab **1993** die Erhebung von Einfuhrumsatzsteuer zwischen den Mitgliedstaaten. Vor allem für Umsätze zwischen Unternehmern trat die Steuer auf den **innergemeinschaftlichen Erwerb** an die Stelle der Einfuhrumsatzsteuer. Erwerbe insbesondere durch Privatpersonen sind seitdem mit der Steuer des Ursprungslan- 59

---
1 BVerfG v. 19.7.2011 – 1 BvR 1916/09, BVerfGE 129, 78 – Rz. 91 (Hervorhebung durch den Verf.). In diesem Sinne bereits BVerfG v. 13.3.2007 – 1 BvF 1/05, BVerfGE 118, 79 (97 sowie Leitsatz 1b).
2 BVerfG v. 13.3.2007 – 1 BvF 1/05, BVerfGE 118, 79 (95 ff.); BVerfG v. 11.3.2008 – 1 BvR 256/08, BVerfGE 121, 1 – Rz. 135; BVerfG v. 2.3.2010 – 1 BvR 256/08, 263/08, 586/08, BVerfGE 125, 260 (306 f.); BVerfG v. 19.7.2011 – 1 BvR 1916/09, BVerfGE 129, 78 – Rz. 53; BVerfG v. 4.10.2011 – 1 BvL 3/08, BVerfGE 129, 186 – Rz. 45 f.
3 ABl. EWG Nr. L 71/1967, 1301.
4 ABl. EWG Nr. L 71/1967, 1303.
5 ABl. EG Nr. L 145/1977, 1.

des belastet. **Nicht** erreicht werden konnte bis heute die **Vereinheitlichung** der **Steuersätze**.

60 Zum 1.1.**2007** wurden die 1. und die 6. Richtlinie durch die **Richtlinie 2006/112/EG** vom 28.11.2006 über das **gemeinsame Mehrwertsteuersystem**[1] (**MwStSystRL** [s.u. S. 1483 ff.]) ersetzt, welche grundsätzlich nicht zu inhaltlichen Änderungen führen soll (Erwägungsgrund 3 MwStSystRL). Verweisungen auf die aufgehobenen Richtlinien gelten als Verweisungen auf die neue Richtlinie und sind nach Maßgabe der dieser beigefügten (allerdings unvollständigen) **Entsprechungstabelle** (Anhang XII MwStSystRL [s.u. S. 1609 ff.]) zu lesen (Art. 411 Abs. 2 MwStSystRL). Zu mehreren Artikeln der 6. Richtlinie waren **Protokollerklärungen** der Ratsmitglieder ergangen[2]; auch diese gelten weiter.[3] Demgegenüber sind die vom Mehrwertsteuerausschuss gem. Art. 398 MwStSystRL beschlossenen **Leitlinien** ohne Verbindlichkeit.[4]

Die MwStSystRL ist inzwischen mehrfach geändert worden.

61 Von den Richtlinien sind **Verordnungen** (VO)[5] des Rates **der EG/EU** nach Art. 288 Abs. 2 AEUV zu unterscheiden, welche in allen in ihren Teilen verbindlich sind und anders als die Richtlinien unmittelbar in jedem Mitgliedstaat gelten (Art. 288 Abs. 2 und 3 AEUV). Sie gehen folglich nach Art. 23 Abs. 1 Satz 2 i.V.m. Art. 20 Abs. 3 GG grundsätzlich dem nationalen Recht, und damit auch Parlamentsgesetzen, vor. Für den Bereich der Umsatzsteuer sind zu erwähnen

– der gemeinsame **Zolltarif** v. 23.7.1987 (VO [EWG] Nr. 2658/87)[6];

– der **Zollkodex** v. 12.10.1992 (VO [EWG] Nr. 2913/92)[7], mit Wirkung vom 1.7.2016 neugefasst durch den Zollkodex v. 9.10.2013 (VO [EU] Nr. 952/2013)[8];

– die sog. **Zusammenarbeits**-Verordnung v. 7.10.2010 (VO [EU] Nr. 904/2010)[9];

– die Verordnung v. 15.3.2011 zur Festlegung von **Durchführungsvorschriften** zur Richtlinie 2006/112/EG (VO [EU] Nr. 282/2011[10] = **MwSt-DVO** [s.u. S. 1666 ff.]; zum Verhältnis zur MwStSystRL s. *Rz.* 65).

## II. Einwirkungen der Richtlinien auf das nationale Recht
### 1. Richtlinienkonforme Auslegung

62 Die nationalen Gesetze sind richtlinienkonform auszulegen. Das gilt nicht nur dann, wenn der Gesetzgeber in den Materialien zum Ausdruck gebracht hat,

---

1 ABl. EU Nr. L 347/2006, 1.
2 Abgedruckt in R/D, Band VII, zu den jeweiligen Artikeln der 6. EG-Richtlinie.
3 Protokollerkl. „Zur Richtlinie insgesamt", Abs. 2, abgedruckt durch BMF v. 11.1.2007 – IV A 2 - S 7056 - 6/07, UR 2007, 178.
4 Dazu näher BMF v. 3.1.2014 – IV D 1 - S 7072/13/10005, BStBl. I 2014, 67.
5 Zu unterscheiden von den nationalen Rechtsverordnungen; dazu § 26 Rz. 4.
6 ABl. EG Nr. L 256/1987, 1.
7 ABl. EG Nr. L 302/1992, 1.
8 ABl. EU Nr. L 269/2013, 1.
9 ABl. EU Nr. L 268/2010, 1.
10 ABl. EG Nr. L 77/2011, 1; **geändert** durch VO (EU) Nr. 1042/2013, ABl. EU Nr. L 284/2013, 1 (mit Geltung **ab** dem 1.1.**2015** bzw. 1.1.**2017**).

dass er eine EG-Richtlinie umsetzen will. Diese Verpflichtung folgt vielmehr stets aus der Umsetzungsverpflichtung des Art. 288 Abs. 3 AEUV in Verbindung mit dem in Art. 4 Abs. 3 Unterabs. 2 EUV niedergelegten **Gebot zur Unions-/Gemeinschaftstreue**.[1]

Folglich sind die **Begriffe** des Umsatzsteuergesetzes **nicht** nach Maßgabe des **nationalen Zivilrechts** zu interpretieren (s. auch *Rz. 75*). Das folgt indes **schon national** daraus, dass es ohnehin **keinen Vorrang** des **Zivilrechts vor** dem **Steuerrecht** gibt, weil beide nebengeordnete, gleichrangige Rechtsgebiete sind, die denselben Sachverhalt aus verschiedenen Perspektiven und unter anderen Wertungsgesichtspunkten beurteilen.[2]

Die richtlinienkonforme Auslegung als Bestandteil der nationalen Auslegungslehre findet wie jede Auslegung ihre **Grenze** grundsätzlich im möglichen **Wortsinn** des Gesetzes, so dass die richtlinienkonforme Auslegung „nicht als Grundlage für eine Auslegung contra legem des nationalen Rechts dienen" darf.[3] Allerdings kommt noch eine weitergehende richtlinienkonforme Rechtsfortbildung in Gestalt der **teleologischen Reduktion** bzw. **Extension**[4] in Betracht, da sie als gesetzesimmanente Rechtsergänzung noch Rechtsdeutung darstellt. Voraussetzung dafür ist indes, dass ein entsprechender Wille des Gesetzgebers festgestellt werden kann und die von der Richtlinie abweichende nationale Regelung keine gewollte Abweichung ist.[5]

63

Für die Ermittlung der Ziele der Richtlinien gelten die allgemeinen Grundsätze der Auslegung, so dass das gesamte primäre und sekundäre **Unionsrecht** in seinem Zusammenhang, insbesondere **in Gestalt der Auslegung**, die es **durch** die Rechtsprechung des Europäischen Gerichtshofs (**EuGH**) erfahren hat, einschließlich etwaiger **Protokollerklärungen** (*Rz. 60*) der Ratsmitglieder zu Richtlinienartikeln, zu beachten ist. Bestehen **Zweifel** hinsichtlich der Auslegung des Unionsrechts, so ist von den letztinstanzlichen Gerichten eine Vorabentscheidung des EuGH einzuholen (*Rz. 67*).

64

Gem. Art. 397 MwStSystRL beschließt der Rat die zur Durchführung dieser Richtlinie erforderlichen Maßnahmen. Auf dieser Grundlage erging 2011 (als Nachfolgerin der VO [EG] Nr. 1777/05[6]) zur Festlegung von **Durchführungsvor-**

65

---

1 Vgl. BVerfG v. 8.4.1987 – 2 BvR 687/85, BVerfGE 75, 223 (236) m.w.N.; EuGH v. 11.7.2002 – C-62/00, EuGHE 2002, I-6325 = UR 2002, 436 – Rz. 24 m.w.N.
2 BVerfG v. 27.12.1991 – 2 BvR 72/90, BStBl. II 1992, 212; vgl. auch BVerfG v. 3.6.1992 – 1 BvR 583/86, NJW 1993, 1189; *Stadie* in R/D, Einf. Anm. 703 ff. m.w.N.
3 EuGH v. 4.7.2006 – C-212/04, EuGHE 2006, I-6057 = DVBl. 2006, 1234 – Rz. 110; ebenso EuGH v. 15.4.2008 – C-268/06, EuGHE 2008, I-2483 = NZA 2008, 581 – Rz. 100; EuGH v. 24.1.2012 – C-282/10, RIW 2012, 236 – Rz. 25; EuGH v. 5.9.2012 – C-42/11, NJW 2013, 141 – Rz. 55; EuGH v. 15.1.2014 – C-176/12, EuGRZ 2014, 49 – Rz. 39; EuGH v. 27.2.2014 – C-351/12, EWS 2014, 108 – Rz. 45.
4 Vgl. dazu BFH v. 11.2.2010 – V R 38/08, BStBl. II 2010, 873 – Rz. 23; BFH v. 23.3.2011 – X R 28/09, BStBl. II 2011, 753 – Rz. 18 f.; BFH v. 18.4.2012 – X R 7/10, BStBl. II 2013, 791 = GmbHR 2012, 860 – Rz. 64.
5 Dazu *Stadie* in R/D, Einf. Anm. 725 ff.; vgl. auch BFH v. 8.3.2012 – V R 14/11, BStBl. II 2012, 630 – Rz. 20.
6 ABl. EU Nr. L 288/2005, 1.

**schriften** zur MwStSystRL die **MwSt-DVO** (*Rz. 61*). Während eine Richtlinie kein unmittelbar wirkendes Recht in den Mitgliedstaaten bildet (*Rz. 70*), ist eine Verordnung unmittelbar verbindlich (*Rz. 61*). Da sich indes die MwSt-DVO ausdrücklich auf Art. 397 MwStSystRL stützt, darf sie lediglich die Bestimmungen der Richtlinie inhaltlich klären, aber nicht davon abweichen[1], so dass sie trotz ihres Charakters als VO nicht der MwStSystRL vorgeht. Über die Unbeachtlichkeit von Bestimmungen der MwSt-DVO, welche dem erkennbaren Konzept der MwStSystRL entgegenstehen, entscheidet nur der EuGH.

### 2. Vorabentscheidungen des Europäischen Gerichtshofs

66  Nach Art. 267 Abs. 1 Buchst. b AEUV entscheidet der **EuGH** im Wege der **Vorabentscheidung** u.a. über die **Auslegung** der Handlungen der Organe der Gemeinschaft, hier der **Richtlinien** und Verordnungen des Rates. **Vorlageberechtigt** ist jedes nationale Gericht, wenn es eine Entscheidung des EuGH zum Erlass seines Urteils für erforderlich hält (Art. 267 Abs. 2 AEUV). **Vorlageverpflichtet** ist nur ein Gericht, dessen Entscheidung selbst nicht mehr mit Rechtsmitteln des innerstaatlichen Rechts angefochten werden kann (Art. 267 Abs. 3 AEUV). Nichtletztinstanzliche Gerichte sind nicht zur Vorlage verpflichtet, selbst wenn, wie bei den Entscheidungen der Finanzgerichte, nur die Nichtzulassungsbeschwerde gegeben ist.[2] Eine **Vorlageverpflichtung entfällt** nach der Rechtsprechung des EuGH nur dann, wenn die entscheidungserhebliche gemeinschaftsrechtliche Frage bereits Gegenstand einer Auslegung durch den EuGH war oder die richtige Anwendung des Gemeinschaftsrechts derart offenkundig ist, dass **für** einen **vernünftigen Zweifel keinerlei Raum bleibt.** Ein letztinstanzliches nationales Gericht darf einen vernünftigen Zweifel[3] an der Entscheidung der gestellten Frage nur verneinen, wenn es überzeugt ist, dass auch für die Gerichte der übrigen Mitgliedstaaten und den EuGH die gleiche Gewissheit bestünde.[4]

67  Die Vorabentscheidung des EuGH hat **keine unmittelbare Einwirkung auf** das **nationale Recht**. Der EuGH ist keine europäische Superrevisionsinstanz. Die Entscheidung ergeht lediglich zur vorgelegten Auslegungsfrage. Sie beschränkt sich auf die Wirkung, **hinsichtlich der Auslegung der Richtlinie** für die nationalen Gerichte und Behörden bei der Auslegung des nationalen Rechts **verbindlich** zu sein. Die Vorabentscheidung kann indes auch zum Anwendungsvorrang der Richtlinie in Gestalt eines Berufungsrechtes führen, wenn der EuGH deren Inhalt für unbedingt und hinreichend bestimmt erklärt hat (*Rz. 69 ff.*).

---

1 Erwägungsgrund 10 Richtlinie 2004/7 EG (ABl. EU Nr. L 44/2004, 1), mit der die Vorgängervorschrift des Art. 397 MwStSystRL eingefügt worden worden war. Dazu näher *Monfort*, UR 2012, 172.
2 BFH v. 2.2.2007 – V B 90/05, UR 2007, 383; BFH v. 14.3.2008 – V B 137/06, BFH/NV 2008, 1213.
3 Vgl. dazu *Stadie* in R/D, Einf. 644.
4 EuGH v. 6.10.1982 – 283/81, EuGHE 1982, 3415 – Rz. 16; ähnlich EuGH v. 15.9.2005 – C-495/03, EuGHE 2005, I-8151 – Rz. 33 und 39; ebenso BVerfG v. 31.5.1990 – 2 BvL 12, 13/88, 2 BvR 1436/87, BVerfGE 82, 159 (193); BVerfG v. 4.10.2011 – 1 BvL 3/08, BVerfGE 129, 186 – Rz. 51.

Der **EuGH** ist **gesetzlicher Richter** i.S.d. Art. 101 Abs. 1 Satz 2 GG[1], so dass ein **68** möglicher **Verstoß** gegen die **Vorlagepflicht** zur **Verfassungsbeschwerde** berechtigt (Art. 93 Abs. 4a GG). Eine Verletzung der Vorlagepflicht soll indes nach Auffassung des BVerfG nur dann gegeben sein, wenn das Gericht diese willkürlich außer Acht gelassen hat, d.h. die Entscheidung nicht vorzulegen, nicht mehr verständlich erscheint und offensichtlich unhaltbar ist.[2] Dem steht es gleich, wenn ein letztinstanzliches Gericht die Bindungswirkung einer von der Vorinstanz eingeholten Vorabentscheidung des EuGH verneint.[3]

Die Beschränkung auf eine Willkürkontrolle gilt nicht, wenn es um **effektiven Grundrechtsschutz** geht. Dieser verlangt einen **strengeren Maßstab** und macht es „erforderlich, dass die **Fachgerichte** die **gemeinschaftsrechtlichen Vorgaben an** den **Gemeinschaftsgrundrechten messen** und gegebenenfalls ein Vorabentscheidungsersuchen" durchführe.[4] Das BVerfG hat deshalb das jeweilige **Fachgericht zur Vorlage** beim **EuGH verpflichtet**, wenn das Gericht **Zweifel an** der **Übereinstimmung** eines **europäischen Rechtsakts oder** einer **Entscheidung** des **EuGH mit** den **Grundrechten** des Unionsrechts, die einen den Grundrechten des Grundgesetzes entsprechenden Grundrechtsschutz gewährleisten, hat oder **haben muss**[5] (s. auch *Rz. 56 a.E.*).

### 3. Unmittelbare Wirkung nicht umgesetzter Richtlinien

Während eine Verordnung des Rates gem. Art. 288 Abs. 2 AEUV allgemeine Geltung und unmittelbare Wirkung in jedem Mitgliedstaat hat (*Rz. 61*), ist eine Richtlinie des Rates nach dem Wortlaut des Art. 288 Abs. 3 AEUV nur für den Mitgliedstaat hinsichtlich des zu erreichenden Zieles verbindlich, überlässt jedoch den innerstaatlichen Stellen die Wahl der Form und der Mittel. Gleichwohl judiziert der **EuGH** in ständiger Rechtsprechung, dass sich ein „**einzelner**" (wozu auch juristische Personen des öffentlichen Rechts zählen sollen[6]) gegenüber einer nachteiligen nationalen Vorschrift auf Bestimmungen einer **Richtlinie „berufen"** kann, **soweit** diese „**inhaltlich** als **unbedingt** und **hinreichend genau** erscheinen" und **nicht** fristgerecht oder unzulänglich in innerstaatliches Recht **umgesetzt** worden sind.[7] Die gegenteilige (zutreffende) Auffassung des BFH, dass sich weder aus Art. 24 Abs. 1 GG a.F. (jetzt Art. 23 Abs. 1 GG) noch aus dem Zustimmungsgesetz zum EWG-Vertrag eine derart weitgehende Kompetenz des **69**

---
1 BVerfG v. 22.10.1986 – 2 BvR 197/83, BVerfGE 73, 339 (366); BVerfG v. 8.4.1987 – 2 BvR 687/85, BVerfGE 75, 223 (233 f.); BVerfG v. 31.5.1990 – 2 BvL 12, 13/88, 2 BvR 1436/87, BVerfGE 82, 159 (192 f.); BVerfG v. 19.7.2011 – 1 BvR 1916/09, BVerfGE 129, 78 – Rz. 96.
2 BVerfG v. 31.5.1990 – 2 BvL 12, 13/88, 2 BvR 1436/87, BVerfGE 82, 159 (192 ff.); BVerfG 126, 286 (315 ff.); BVerfG v. 19.7.2011 – 1 BvR 1916/09, BVerfGE 129, 78 – Rz. 98.
3 BVerfG v. 8.4.1987 – 2 BvR 687/85, BVerfGE 75, 223 = UR 1987, 355.
4 BVerfG v. 13.3.2007 – 1 BvF 1/05, BVerfGE 118, 79 (97 sowie Leitsatz 1b).
5 BVerfG v. 19.7.2011 – 1 BvR 1916/09, BVerfGE 129, 78 – Rz. 91.
6 EuGH v. 17.10.1989 – 231/87, EuGHE 1989, 3269 = UR 1991, 77.
7 St. Rspr. Seit EuGH v. 19.1.1982 – 8/81, EuGHE 1982, 53 = UR 1982, 71; EuGH v. 22.2.1984 – 70/83, EuGHE 1984, 1075 = UR 1984, 165; zuletzt EuGH v. 3.3.2011 – C-203/10, EuGHE 2011, I-1083 = UR 2012, 372 – Rz. 61; EuGH v. 26.4.2012 – C-621/10 und C-129/11, UR 2012, 435 – Rz. 56; EuGH v. 15.5.2014 – C-337/13, UR 2014, 900 – Rz. 31 f.

EuGH zur Rechtsfortbildung (Kompetenzkompetenz) ableiten lasse[1], ist vom **BVerfG** verworfen worden.[2]

70 Der EuGH will damit den nationalen Gerichten sowie der Verwaltung[3] die Verpflichtung auferlegen, den **Anwendungsvorrang** der Richtlinie gegenüber dem nationalen Recht – zu Gunsten der Bürger (Rz. 71) – auszusprechen. Das Gericht (und erst recht die Verwaltung) hat danach keine Verwerfungskompetenz dergestalt, dass es das nationale Parlamentsgesetz für unwirksam (nichtig) erklären kann; diese Befugnis steht nur dem Bundesverfassungsgericht zu. Die nationale Vorschrift bleibt wirksam; sie ist nur insoweit nicht anzuwenden, wie sie dem Unionsrecht widerspricht.

71 Der Anwendungsvorrang der Richtlinie kann **nur zugunsten** der Bürger bestehen. Nach dem eindeutigen Wortlaut des Art. 288 Abs. 3 AEUV kann eine Richtlinie nicht selbst Verpflichtungen für den Einzelnen begründen.[4] Davon zu unterscheiden ist die richtlinienkonforme Auslegung (Rz. 62 ff.) oder teleologische Reduktion (Rz. 63) der nationalen Vorschrift, die auch zu einer Verschärfung der bisherigen Rechtsanwendungspraxis führen kann.

Da der Anwendungsvorrang einer Richtlinienbestimmung nur zugunsten des einzelnen wirken darf, ist eine mittelbare Wirkung **zu Lasten Dritter** ausgeschlossen. Die gegenteilige Auffassung des XI. Senats des BFH, wonach bei Berufung auf eine Steuerbefreiung für Dienstleistungen die spätere Lieferung der dafür verwendeten Gegenstände rückwirkend nach § 4 Nr. 28 UStG steuerfrei werde, so dass beim Erwerber der Vorsteuerabzug rückwirkend entfalle, ist grob fehlerhaft, da sie nicht mit der o.g. EuGH-Rechtsprechung und der diese billigenden BVerfG-Rechtsprechung zu vereinbaren ist. Demgemäß bestimmt sich die gesetzlich geschuldete Steuer i.S.d. § 15 Abs. 1 Satz 1 Nr. 1 Satz 1 UStG nach dem UStG, demzufolge die Lieferung des Gegenstandes und die zuvor erfolgten Verwendungsumsätze unverändert steuerpflichtig sind (§ 15 Rz. 243 f.).

72 Die „Verwerfungskompetenz" (Nichtanwendungskompetenz) der nationalen Gerichte in diesem Sinne kann wegen Art. 20 Abs. 3 GG (Gewaltenteilung: Bindung der nationalen Gerichte an das Parlamentsgesetz) und Art. 100 Abs. 1 GG (Verwerfungsmonopol des BVerfG) **nur dann** bestehen, **wenn** der **EuGH** die Richtlinienwidrigkeit der nationalen Vorschrift und damit den Anwendungsvorrang (das Berufungsrecht) ausgesprochen hat. Die Billigung durch das BVerfG mit seiner Entscheidung vom 8.4.1987 (Rz. 69 a.E.) betraf nur diesen Fall, was durch den Beschluss vom 4.11.1987 bestätigt wurde.[5] Die Einholung einer Vor-

---

1 BFH v. 25.4.1985 – V R 123/84, UR 1985, 174.
2 BVerfG v. 8.4.1987 – 2 BvR 687/85, BVerfGE 75, 223 = UR 1987, 355; BVerfG v. 4.11.1987 – 2 BvR 763/85, UR 1988, 25; bestätigt durch BVerfG v. 28.1.1992 – 1 BvR 1025/82, 1 BvL 16/83, 10/91, BVerfGE 85, 191 (204).
3 EuGH v. 22.6.1989 – 103/88, EuGHE 1989, 1839 = RIW 1990, 407 (409).
4 EuGH v. 8.10.1987 – 80/86, EuGHE 1987, 3969 – Rz. 9; EuGH v. 26.9.1996 – C-168/95, EuGHE 1996, I-4705 – Rz. 36; EuGH v. 19.1.2010 – C-555/07, EuGHE 2010, I-365 = DB 2010, 228 – Rz. 46 m.w.N.; a.A. BFH v. 23.11.2010 – V R 49/00, BStBl. II 2001, 266 (268 a.E.) – wonach die Richtlinie „Bestandteil des Bundesrechts (sic!) ist und unmittelbare Rechte und *Pflichten für den Einzelnen* erzeugen kann".
5 BVerfG v. 4.11.1987 – 2 BvR 763/85, UR 1988, 25: „In seinem Beschluss vom 8.4.1987 (...) hat der Zweite Senat des BVerfG entschieden, dass der BFH Art. 101 Abs. 1 Satz 2

abentscheidung durch das nationale Gericht ist zwar nach Ansicht des EuGH dann nicht erforderlich, wenn die betreffende gemeinschaftsrechtliche Bestimmung bereits Gegenstand einer Auslegung durch den EuGH war oder die richtige Anwendung des Gemeinschaftsrechts „derart offenkundig ist, dass für einen vernünftigen Zweifel keinerlei Raum bleibt" (Rz. 66). Das ist indes nicht der Fall, wenn der Gesetzgeber die fragliche nationale Regelung erst nach Ergehen der Richtlinie erlassen hat. Da wegen der Verpflichtung zur Unionstreue (Art. 4 Abs. 3 Unterabs. 2 EuV) davon auszugehen ist, dass die Mitgliedstaaten richtlinienkonforme Gesetze erlassen wollten, kann die inhaltliche **Unvereinbarkeit** mit der Richtlinie **nicht offenkundig** sein, wenn das nationale Parlament auf Vorschlag der Regierung mit Zustimmung des Bundesrates die fragliche Bestimmung erlassen hat, d.h. drei Verfassungsorgane eine Vereinbarkeit der Norm mit der Richtlinie angenommen haben. Folglich bedarf es in diesen Fällen stets einer vorhergehenden Entscheidung des EuGH, welches die Richtlinienwidrigkeit der betreffenden nationalen Vorschrift feststellt.[1] Nichts anderes gilt wegen Art. 20 Abs. 3 GG und Art. 100 Abs. 1 GG für nationale Regelungen, die vor Erlass der Richtlinie ergangen waren.[2]

Die **gegenteilige Rechtsprechung** der Umsatzsteuer-Senate des **BFH**, welche sich anmaßen, Gesetzgeber zu spielen und Bestimmungen des UStG wegen – zudem häufig fehlerhaft angenommener – „zweifelsfreier" Unvereinbarkeit mit der Richtlinie ohne Einholung einer Vorabentscheidung des EuGH eigenmächtig nicht anzuwenden[3] (vgl. auch *Vor §§ 4–9 Rz. 19*), wie auch die entsprechenden Urteile mehrerer **Finanzgerichte**[4], sind folglich schwere **Verstöße** gegen Art. 20 Abs. 3 und Art. 100 Abs. 1 GG.[5] 73

Bei Steuerbefreiungen kommt hinzu, dass eine Berufung auf diese stets dann nicht in Betracht kommen darf, wenn der Unternehmer seine Umsätze als steuerpflichtig behandelt und folglich die **Steuer abgewälzt** hatte (*Vor §§ 4–9 Rz. 21*). Entsprechendes gilt bei Steuermäßigungen.

**Bestandskräftige** Steuerfestsetzungen werden durch eine Entscheidung des EuGH, wonach ein Anwendungsvorrang der Richtlinie bestehe, nicht berührt.[6] 74

---

GG verletzt hat, weil er sich seiner Bindung zufolge Art. 177 Abs. 3 EWGV (jetzt Art. 267 Abs. 3 AEUV) an eine im selben Verfahren ergangene Vorabentscheidung des EuGH entzogen hat."
1 *Reiß* in FS Helm, 2001, S. 785 (788 ff.); *Stadie* in R/D, Einf. Anm. 632 f.
2 *Reiß* in FS Helm, 2001, S. 785 (788 ff.); *Stadie* in R/D, Einf. Anm. 634.
3 Vgl. z.B. BFH v. 23.11.2000 – V R 49/00, BStBl. II 2001, 266; BFH v. 19.2.2004 – V R 39/02, BStBl. II 2004, 672; BFH v. 10.2.2005 – V R 76/03, BStBl. II 2005, 509; BFH v. 19.5.2005 – V R 32/03, BStBl. II 2005, 900; BFH v. 18.8.2005 – V R 71/03, BStBl. II 2006, 143; BFH v. 28.9.2006 – V R 57/05, BStBl. II 2007, 846; BFH v. 16.4.2008 – XI R 73/07, BStBl. II 2009, 1024; BFH v. 12.5.2009 – V R 35/07, BStBl. II 2009, 1032; BFH v. 2.3.2011 – XI R 21/09, UR 2011, 589; BFH v. 8.6.2011 – XI R 22/09, UR 2011, 821; BFH v. 28.5.2013 – XI R 35/11, UR 2013, 712.
4 Nachweise bei *Stadie* in R/D, Einf. Anm. 642 u. 647.
5 Ausführlich dazu *Stadie* in R/D, Einf. 637 ff.
6 BFH v. 23.11.2006 – V R 51/05, BStBl. II 2007, 433; BFH v. 23.11.2006 – V R 67/05, BStBl. II 2007, 436; BFH v. 16.9.2010 – V R 57/09, BStBl. II 2011, 151; vgl. auch BVerfG v. 4.9.2008 – 2 BvR 1321/07, UR 2008, 884 – III 2; BVerfG v. 29.5.2012 – 1 BvR 640/11, BFH/NV 2012, 1404 (1405).

Der Betroffene hätte rechtzeitig Einspruch einlegen können. Wer eine Steuerfestsetzung bestandskräftig werden lässt, fühlt sich nicht in seinen Rechten verletzt oder findet es zu beschwerlich, ein Rechtsbehelfsverfahren bis zur letzten Instanz durchzuführen, und nimmt deshalb die Rechtsverletzung hin. Das Rechtsstaatsprinzip gebietet nicht, dass in einem solchen Fall die Steuerfestsetzung geändert werden kann[1] oder die festgesetzte Steuer erlassen wird.[2]

Ein **Erlass** der Steuer kommt nur dann in Betracht, wenn der Betroffene Klage erhoben hatte, jedoch weder das FG noch der BFH trotz eines eines entsprechenden „Antrags" des Klägers dem EuGH das Problem vorgelegt hatten, später jedoch der EuGH auf Grund der Vorlage eines anderen Gerichts im Sinne des Betroffenen entschieden hat. Voraussetzung ist allerdings, dass der Betroffene die Umsatzsteuer nicht in seinen Preisen auf die Abnehmer abgewälzt hatte, d.h. von der Steuerfreiheit seiner Umsätze ausgegangen war (vgl. *Vor §§ 4–9 Rz. 21*).

### 4. Auslegungsgrundsätze des EuGH

#### a) Allgemeines

75 Die Bestimmungen der Richtlinien zur Mehrwertsteuer (Umsatzsteuer) sind eigenständige Begriffe des Unionsrechts und erfordern daher eine **autonome** und **einheitliche unionsrechtliche Definition**[3], welche, insbesondere bei den Ortsbestimmungen, auch bezweckt, eine Doppelbesteuerung oder Nichtbesteuerung zu verhindern (vgl. Art. 58 MwStSystRL). Mithin kann die Auslegung eines Begriffes nicht von der Auslegung abhängen, die ihm im Zivilrecht eines Mitgliedsstaates gegeben wird.[4]

76 Bei der Auslegung einer Gemeinschaftsvorschrift ist nicht nur der **Wortlaut** dieser Vorschrift – im Lichte aller Sprachfassungen[5] – zu berücksichtigen, sondern auch der **Zusammenhang**, in dem sie steht (Regelungszusammenhang, Systematik), und die **Ziele**, die mit **der Regelung** verfolgt werden, zu der sie gehört.[6] Das entspricht deutscher Auslegungsmethodik (zur „engen" Auslegung der **Steuerbefreiungsvorschriften** s. *Vor §§ 4–9 Rz. 15 ff.*).

---

1 Ausführlich *Stadie* in R/D, Einf. Anm. 660 ff.
2 BFH v. 29.5.2008 – V R 45/06, BFH/NV 2008, 1889; BFH v. 5.6.2009 – V B 52/08, BFH/NV 2009, 1593; BFH v. 3.8.2010 – XI B 104/09, BFH/NV 2010, 2308.
3 EuGH v. 27.11.2003 – C-497/01, EuGHE 2003, I-14393 = UR 2004, 19 – Rz. 34; EuGH v. 3.3.2005 – C-428/02, EuGHE 2005, I-1527 = UR 2005, 460 – Rz. 27 m.w.N.; EuGH v. 26.5.2005 – C-43/04, EuGHE 2005, I-4491 = UR 2005, 397 – Rz. 24.
4 Vgl. EuGH v. 16.1.2003 – C-315/00, EuGHE 2003, I-563 = UR 2003, 86 – Rz. 25 f.; EuGH v. 14.7.2005 – C-435/03, EuGHE 2005, I-7077 = UR 2005, 491 – Rz. 35; EuGH v. 15.12.2005 – C-63/04, EuGHE 2005, I-11087 = UR 2006, 418 – Rz. 62.
5 EuGH v. 9.3.2000 – C-437/97, EuGHE 2000, I-1157 = UR 2000, 242 – Rz. 42; EuGH v. 8.12.2005 – C-280/04, EuGHE 2005, I-10683 = UR 2006, 360 – Rz. 31 m.w.N.
6 EuGH v. 18.11.2004 – C-284/03, EuGHE 2004, I-11237 = UR 2005, 24 – Rz. 18; EuGH v. 26.5.2005 – C-43/04, EuGHE 2005, I-4491 = UR 2005, 397 – Rz. 24; EuGH v. 9.3.2006 – C-114/05, EuGHE 2006, I-2427 = UR 2006, 350 – Rz. 21; EuGH v. 6.3.2008 – C-98/07, EuGHE 2008, I-1281 = UR 2008, 625 – Rz. 17.

Die allgemein anerkannten **Rechtsstaatsprinzipien** sind Bestandteile der Unionsrechtsordung[1], zu denen insbesondere die Grundsätze der **Rechtssicherheit**[2], der **Verhältnismäßigkeit**[3] und des **Vertrauensschutzes**[4] gehören.[5] Darüberhinaus hat der EuGH zur Auslegung der MwStSystRL den sog. Neutralitätsgrundsatz entwickelt.

77

### b) Neutralitätsgrundsatz

Die Begründungserwägungen 5 und 8 der 1. EG-Richtlinie (67/227/EWG vom 11.4.1967, *Rz. 59*) und zur Mehrwertsteuersystemrichtlinie (*Rz. 60*) verlangen die „Neutralität" bzw. „Wettbewerbsneutralität" des Mehrwertsteuersystems. Der EuGH betont deshalb in ständiger Rechtsprechung den Neutralitätsgrundsatz und zieht ihn als maßgebende Maxime bei der Auslegung der EG-Richtlinien heran. Dieser Neutralitätsgrundsatz

78

- verbietet es, dass **gleichartige** und deshalb miteinander in Wettbewerb stehende **Waren** oder **Dienstleistungen** (Berufe) unterschiedlich behandelt werden[6];
- verlangt, dass die Gewährung einer Steuerbefreiung, Steuerermäßigung o.Ä. für gleichartige Leistungen nicht von der **Rechtsform** abhängig gemacht wird, in der der Unternehmer (Steuerpflichtige) seine Tätigkeit ausübt[7];
- verlangt, dass die Wirtschaftsteilnehmer das **Organisationsmodell** wählen können, das ihnen wirtschaftlich am besten zusagt, ohne Gefahr zu laufen, dass ihre Umsätze von einer Befreiung ausgeschlossen werden[8];

---

1 EuGH v. 21.2.2008 – C-271/06, EuGHE 2008, I-771 = UR 2008, 508 – Rz. 18.
2 Dazu EuGH v. 26.10.2010 – C-97/09, EuGHE 2009, I-10413 = UR 2010, 107 – Rz. 77 m.w.N.
3 Dazu EuGH v. 11.5.2006 – C-384/04, EuGHE 2006, I-4191 = UR 2006, 410 – Rz. 30; EuGH v. 27.9.2007 – C-409/04, EuGHE 2007, I-7797 = UR 2007, 774; EuGH v. 21.2.2008 – C-271/06, EuGHE 2008, I-771 = UR 2008, 508 – Rz. 19 f.; EuGH v. 10.7.2008 – C-25/07, EuGHE 2008, I-5129 = UR 2008, 666 – Rz. 23; EuGH v. 26.10.2010 – C-97/09, EuGHE 2010, I- 10465 = UR 2011, 32 – Rz. 58.
4 Dazu EuGH v. 11.5.2006 – C-384/04, EuGHE 2006, I-4191 = UR 2006, 410 – Rz. 33; EuGH v. 6.7.2006 – C-439/04 und C-440/04, EuGHE 2006, I-6161 = UR 2006, 594 – Rz. 5; EuGH v. 21.2.2008 – C-271/06, EuGHE 2008, I-771 = UR 2008, 508 – Rz. 26.
5 EuGH v. 21.2.2008 – C-271/06, EuGHE 2008, I-771 = UR 2008, 508 – Rz. 18.
6 EuGH v. 4.10.2001 – C-326/99, EuGHE 2001, I-6831 = UR 2001, 484 – Rz. 56; EuGH v. 17.2.2005 – C-453/02 u. C-462/02, EuGHE 2005, I-1131 = UR 2005, 194 – Rz. 24; EuGH v. 12.1.2006 – C-246/04, EuGHE 2006, I-589 = UR 2006, 224 – Rz. 32 f.; EuGH v. 4.5.2006 – C-169/04, EuGHE 2006, I-4027 = UR 2006, 352 – Rz. 56; EuGH v. 8.6.2006 – C-106/05, EuGHE 2006, I-5123 = UR 2006, 464 – Rz. 32; EuGH v. 27.9.2007 – C-409/04, EuGHE 2007, I-7797 = UR 2007, 774 – Rz. 59; EuGH v. 10.4.2008 – C-309/06, EuGHE 2008, I-2283 = UR 2008, 592 – Rz. 47; EuGH v. 3.3.2011 – C-41/09, UR 2012, 114 – Rz. 66; EuGH v. 10.11.2011 – C-259/10 und C-260/10, UR 2012, 104 – Rz. 32.
7 EuGH v. 7.9.1999 – C-216/97, EuGHE 1999, I-4947 = UR 1999, 419 – Rz. 20; EuGH v. 10.9.2002 – C-141/00, EuGHE 2002, I-6833 = UR 2002, 513, Rz. 30; EuGH v. 6.11.2003 – C-45/01, EuGHE 2003, I-12911 = BStBl. II 2004, 681 = UR 2003, 584 – Rz. 20; EuGH v. 12.1.2006 – C-246/04, EuGHE 2006, I-589 = UR 2006, 224 – Rz. 32 ff.; vgl. auch EuGH v. 29.3.2012 – C-436/10, UR 2012, 712 – Rz. 27.
8 EuGH v. 4.5.2006 – C-169/04, EuGHE 2006, I-4027 = UR 2006, 352 – Rz. 68; EuGH v. 21.6.2007 – C-453/05, EuGHE 2007, I-5083 = UR 2007, 617 – Rz. 35; EuGH v. 3.4.2008 – C-124/07, EuGHE 2008, I-2101 = UR 2008, 389 – Rz. 28.

– verbietet es, dass der Unternehmer einen höheren Betrag als die **tatsächlich erhaltene Gegenleistung** versteuern muss[1], da anderenfalls hinsichtlich des Unterschiedsbetrages nicht der Verbraucher, sondern der Unternehmer besteuert würde;

– gebietet es, dass zu Unrecht in **Rechnung** gestellte Steuer **berichtigt** werden kann[2].

Diese Verbote bzw. Gebote sind Ausprägungen des gemeinschaftsrechtlichen Gleichbehandlungsgrundsatzes[3] und entsprechen dem nationalen **verfassungsrechtlichen**, aus dem **Gleichbehandlungsgrundsatz** (Art. 3 Abs. 1 GG) erwachsenden **Gebot** der **Wettbewerbsneutralität** der Umsatzbesteuerung (*Rz. 46 ff.*).

79 Zugleich gebietet es der Neutralitätsgrundsatz nach Auffassung des EuGH, durch den **Vorsteuerabzug** den Steuerpflichtigen (Unternehmer) vollständig von der im Rahmen seiner wirtschaftlichen Tätigkeit geschuldeten oder entrichteten Umsatzsteuer zu entlasten. Das gemeinsame Mehrwertsteuersystem gewährleiste daher völlige Neutralität hinsichtlich der steuerlichen Belastung aller wirtschaftlichen Tätigkeiten unabhängig von ihrem Zweck und ihrem Ergebnis, sofern diese Tätigkeiten grundsätzlich[4] selbst der Mehrwertsteuer unterliegen.[5] Letztere **Einschränkung** ist **unverständlich**, da sie solche Wirtschaftsteilnehmer vom Vorsteuerabzug ausschließt, welche selbst unmittelbar keine Umsätze ausführen, sondern – wie insbesondere sog. Holdings – *nur mittelbar* über die von ihnen beherrschten Gesellschaften wirtschaftlich tätig sind. Die Rechtsprechung des EuGH führt insoweit zu einem **Verstoß gegen** den **Neutralitätsgrundsatz** (Rechtsformneutralität; ausführlich *§ 2 Rz. 71 ff.*), da sich derjenige, der aus Neutralitätsgründen als wirtschaftlich Tätiger angesehen werden muss, sich nach der Rechtsprechung nicht auf diesen Grundsatz berufen kann!

## E. Umsatzsteuerrecht und andere Rechtsgebiete

80 Das Umsatzsteuerrecht hat vielfältige Berührungspunkte mit anderen Rechtsgebieten. Die Darstellung der reizvollen und häufig vielschichtigen Probleme und wechselseitigen Verknüpfungen würde den Rahmen dieses Kommentars

---

1 EuGH v. 24.10.1996 – C-317/94, EuGHE 1996, I-5339 = UR 1997, 265 – Rz. 28 ff.; EuGH v. 29.5.2001 – C-86/99, EuGHE 2001, I-4167 = UR 2001, 349 – Rz. 27 f.
2 EuGH v. 13.12.1989 – C-342/87, EuGHE 1989, 4227 = UR 1991, 83 – Rz. 18; EuGH v. 19.9.2000 – C-454/98, EuGHE 2000, I-6973 = UR 2000, 470 – Rz. 59.
3 EuGH v. 8.6.2006 – C-106/05, EuGHE 2006, I-5123 = UR 2006, 464 – Rz. 48; EuGH v. 10.4.2008 – C-309/06, EuGHE 2008, I-2283 = UR 2008, 592 – Rz. 49 u. 51; EuGH v. 23.4.2009 – C-460/07, EuGHE 2009, I-3251 = UR 2009, 410 – Rz. 52; EuGH v. 10.6.2010 – C-262/08, EuGHE 2010, I-5053 = UR 2010, 526 – Rz. 64.
4 Ohne die Einschränkung „grundsätzlich" z.B. EuGH v. 27.9.2001 – C-16/00, EuGHE 2001, I-6663 = UR 2001, 500 – Rz. 27; EuGH v. 1.4.2004 – C-90/02, EuGHE 2004, I-3303 = UR 2004, 367 – Rz. 39; EuGH v. 18.12.2008 – C-488/07, EuGHE 2008, I-10409 = UR 2009, 171 – Rz. 15; EuGH v. 12.2.2009 – C-515/07, EuGHE 2009, I-839 = UR 2009, 199 – Rz. 27.
5 St. Rspr.; vgl. nur EuGH v. 6.7.2006 – C-439/04 u. C-440/04, EuGHE 2006, I-6161 = UR 2006, 594 – Rz. 48; EuGH v. 8.2.2007 – C-435/05, EuGHE 2007, I-1315 = UR 2007, 225 – Rz. 22; EuGH v. 13.3.2008 – C-437/06, EuGHE 2008, I-1597 = UR 2008, 344 – Rz. 25; EuGH v. 29.10.2009 – C-174/08, EuGHE 2009, I-10567 = UR 2010, 233 – Rz. 27; EuGH v. 22.12.2010 – C-277/09, EuGHE 2010, I-13805 = UR 2011, 222 – Rz. 38.

sprengen. Es muss deshalb auf die ausführlichen Erläuterungen im **Rau/Dürrwächter, UStG**, zu

- der Berücksichtigung der Umsatzsteuer und Vorsteuer im **Einkommensteuerrecht** und **Körperschaftsteuerrecht**[1],
- den Einwirkungen der Umsatzsteuer auf das **Zivilrecht**[2], soweit nicht in diesem Kommentar angesprochen (s. *Stichwortverzeichnis*),
- der Berücksichtigung der Umsatzsteuer im **Kostenrecht**[3] und zu
- den umsatzsteuerrechtlichen Fragen im **Insolvenzrecht**[4], soweit nicht in diesem Kommentar angesprochen (s. *Stichwortverzeichnis*)

verwiesen werden.

---

1 *Stadie* in R/D, Einf. Anm. 810 ff.
2 *Stadie* in R/D, Einf. Anm. 900 ff.
3 *Stadie* in R/D, Einf. Anm. 1000 ff.
4 *Stadie* in R/D, § 18 Anh. 2 Anm. 1 ff. – Insolvenz.

# Erster Abschnitt
# Steuergegenstand und Geltungsbereich

## § 1
## Steuerbare Umsätze

(1) Der Umsatzsteuer unterliegen die folgenden Umsätze:

1. die Lieferungen und sonstigen Leistungen, die ein Unternehmer im Inland gegen Entgelt im Rahmen seines Unternehmens ausführt. Die Steuerbarkeit entfällt nicht, wenn der Umsatz auf Grund gesetzlicher oder behördlicher Anordnung ausgeführt wird oder nach gesetzlicher Vorschrift als ausgeführt gilt;
2. (weggefallen)
3. (weggefallen)
4. die Einfuhr von Gegenständen im Inland oder in den österreichischen Gebieten Jungholz und Mittelberg (Einfuhrumsatzsteuer);
5. der innergemeinschaftliche Erwerb im Inland gegen Entgelt.

(1a) Die Umsätze im Rahmen einer Geschäftsveräußerung an einen anderen Unternehmer für dessen Unternehmen unterliegen nicht der Umsatzsteuer. Eine Geschäftsveräußerung liegt vor, wenn ein Unternehmen oder ein in der Gliederung eines Unternehmens gesondert geführter Betrieb im Ganzen entgeltlich oder unentgeltlich übereignet oder in eine Gesellschaft eingebracht wird. Der erwerbende Unternehmer tritt an die Stelle des Veräußerers.

(2) Inland im Sinne dieses Gesetzes ist das Gebiet der Bundesrepublik Deutschland mit Ausnahme des Gebiets von Büsingen, der Insel Helgoland, der Freizonen des Kontrolltyps I nach § 1 Abs. 1 Satz 1 des Zollverwaltungsgesetzes (Freihäfen), der Gewässer und Watten zwischen der Hoheitsgrenze und der jeweiligen Strandlinie sowie der deutschen Schiffe und der deutschen Luftfahrzeuge in Gebieten, die zu keinem Zollgebiet gehören. Ausland im Sinne dieses Gesetzes ist das Gebiet, das danach nicht Inland ist. Wird ein Umsatz im Inland ausgeführt, so kommt es für die Besteuerung nicht darauf an, ob der Unternehmer deutscher Staatsangehöriger ist, seinen Wohnsitz oder Sitz im Inland hat, im Inland eine Betriebsstätte unterhält, die Rechnung erteilt oder die Zahlung empfängt.

(2a) Das Gemeinschaftsgebiet im Sinne dieses Gesetzes umfasst das Inland im Sinne des Absatzes 2 Satz 1 und die Gebiete der übrigen Mitgliedstaaten der Europäischen Union, die nach dem Gemeinschaftsrecht als Inland dieser Mitgliedstaaten gelten (übriges Gemeinschaftsgebiet). Das Fürstentum Monaco gilt als Gebiet der Französischen Republik; die Insel Man gilt als Gebiet des Vereinigten Königreichs Großbritannien und Nordirland. Drittlandsgebiet im Sinne dieses Gesetzes ist das Gebiet, das nicht Gemeinschaftsgebiet ist.

Steuerbare Umsätze § 1

(3) Folgende Umsätze, die in den Freihäfen und in den Gewässern und Watten zwischen der Hoheitsgrenze und der jeweiligen Strandlinie bewirkt werden, sind wie Umsätze im Inland zu behandeln:

1. die Lieferungen und die innergemeinschaftlichen Erwerbe von Gegenständen, die zum Gebrauch oder Verbrauch in den bezeichneten Gebieten oder zur Ausrüstung oder Versorgung eines Beförderungsmittels bestimmt sind, wenn die Gegenstände

    a) nicht für das Unternehmen des Abnehmers erworben werden, oder

    b) vom Abnehmer ausschließlich oder zum Teil für eine nach § 4 Nr. 8 bis 27 steuerfreie Tätigkeit verwendet werden;

2. die sonstigen Leistungen, die

    a) nicht für das Unternehmen des Leistungsempfängers ausgeführt werden, oder

    b) vom Leistungsempfänger ausschließlich oder zum Teil für eine nach § 4 Nr. 8 bis 27 steuerfreie Tätigkeit verwendet werden;

3. die Lieferungen im Sinne des § 3 Abs. 1b und die sonstigen Leistungen im Sinne des § 3 Abs. 9a;

4. die Lieferungen von Gegenständen, die sich im Zeitpunkt der Lieferung

    a) in einem zollamtlich bewilligten Freihafen-Veredelungsverkehr oder in einer zollamtlich besonders zugelassenen Freihafenlagerung oder

    b) einfuhrumsatzsteuerrechtlich im freien Verkehr befinden;

5. die sonstigen Leistungen, die im Rahmen eines Veredelungsverkehrs oder einer Lagerung im Sinne der Nummer 4 Buchstabe a ausgeführt werden;

6. *(aufgehoben);*

7. der innergemeinschaftliche Erwerb eines neuen Fahrzeugs durch die in § 1a Abs. 3 und § 1b Abs. 1 genannten Erwerber.

Lieferungen und sonstige Leistungen an juristische Personen des öffentlichen Rechts sowie deren innergemeinschaftlicher Erwerb in den bezeichneten Gebieten sind als Umsätze im Sinne der Nummern 1 und 2 anzusehen, soweit der Unternehmer nicht anhand von Aufzeichnungen und Belegen das Gegenteil glaubhaft macht.

*EU-Recht*

| Zu § 1 UStG | MwStSystRL |
|---|---|
| Abs. 1 Nr. 1 Satz 1 | Art. 2 Abs. 1 Buchst. a und c |
| Abs. 1 Nr. 1 Satz 2 | Art. 14 Abs. 2 Buchst. a Art. 25 Buchst. c |
| Abs. 1 Nr. 4 | Art. 2 Abs. 1 Buchst. d, Art. 30, 60 und 61 |
| Abs. 1 Nr. 5 | Art. 2 Abs. 1 Buchst. b |
| Abs. 1a | Art. 19, Art. 29 |
| Abs. 2 Satz 1 | Art. 5 Nr. 2, Art. 6 Abs. 2 Buchst. a und b |
| Abs. 2 Satz 2 und 3 | – |
| Abs. 2a | Art. 6 Abs. 2 Buchst. c–g, Art. 7 |
| Abs. 3 | Art. 155–162 |

*VV*
Abschn. 1.1–1.12 UStAE.

**A. Begriffliches, Gesetzessystematik** ...................... 1

**B. Grundtatbestand (Abs. 1 Nr. 1)**
I. Allgemeines, Überblick ........ 5
II. Leistung
  1. Merkmale der umsatzsteuerrechtlichen Leistung
    a) Allgemeines ............... 6
    b) Verschaffung eines geldwerten Nutzens
      aa) Grundsätzliches ......... 10
      bb) Aktive Leistungen ....... 15
      cc) Dulden oder Unterlassen . 22
      dd) Nicht: Geldzahlung, Veräußerung einer Geldforderung u.Ä. ............. 28
      ee) Nicht: Befreiung von einer Geldzahlungsverpflichtung .............. 30
      ff) Gefahrtragung durch den Auftraggeber, Annahmeverzug ................. 33
    c) Zwei Beteiligte
      aa) Allgemeines ........... 34
      bb) Geschäftsführung bei Personengesellschaften ..... 36
      cc) Nicht nur Leistung an die Allgemeinheit ......... 40
      dd) Nicht: Gesamtrechtsnachfolge ............... 43
    d) Freiwilligkeit? .............. 44
  2. Leistung bei Entschädigungszahlungen u.Ä.
    a) Begriffliches ............... 48
    b) Vorzeitige Vertragsauflösung, Rechtsverzicht ............ 49
    c) Bereicherungsausgleich ..... 55
    d) Rechtswidrige Nutzung einer Sache oder eines Rechts, Diebstahl ................. 56
    e) Zerstörung oder Beschädigung einer Sache ........... 60
  3. Fiktionen einer Leistung ....... 65
  4. Personelle Zurechnung der Leistung .................... 66
III. Leistung gegen Entgelt („Leistungsaustausch")
  1. Grundsätze .................. 74
  2. Bei Personengesellschaften .... 81
  3. Tausch und tauschähnliche Vorgänge
    a) Allgemeines ............... 84
    b) Sachleistungen gegenüber Arbeitnehmern ........... 91
    c) Sacheinlage durch Gesellschafter, Realteilung ....... 94
IV. Leistung im Rahmen des Unternehmens
  1. Allgemeines ................. 95
  2. Lieferung von gemischt genutzten Gegenständen ........... 105
  3. Von der Vorsteuer nicht entlasteter Gegenstand ............. 110
V. Leistung im Inland ........... 114

**C. Einfuhr und innergemeinschaftlicher Erwerb (Abs. 1 Nr. 4 und 5)**
I. Allgemeines ................. 117
II. Einfuhr ..................... 122
III. Innergemeinschaftlicher Erwerb ...................... 124

**D. Nichtsteuerbarkeit der Geschäftsveräußerung (Abs. 1a)**
I. Allgemeines ................. 125
II. Voraussetzungen
  1. Übereignung oder Einbringung eines Unternehmens oder Betriebes
    a) Unternehmen, gesondert geführter Betrieb ........... 131
    b) Unentgeltliche Übereignung 136
    c) Einbringung in eine Gesellschaft .................... 139
    d) An einen Unternehmer ..... 141
  2. Im Ganzen .................. 143
III. Partielle Rechtsnachfolge ..... 150

**E. Territorialität**
I. Vorbemerkungen ............. 155
II. Inland (Abs. 2 Satz 1) ......... 156
III. Ausland (Abs. 2 Satz 2) ....... 163

VI. Gemeinschaftsgebiet, Drittlandsgebiet (Abs. 2a) .......... 164

F. **Umsätze in den Freihäfen und im sog. Küstenmeer (Abs. 3)** .... 166

I. Letztverbrauch in diesen Gebieten .................... 167

II. Leistungen im Freihafen im Rahmen eines Veredelungsverkehrs oder einer Lagerung sowie Lieferungen von Gegenständen, die sich im freien Verkehr befinden ............ 177

## A. Begriffliches, Gesetzessystematik

Das deutsche (wie auch das österreichische) Umsatzsteuergesetz erfasst seiner Überschrift zufolge mit § 1 UStG „steuerbare Umsätze" (Überschrift). Dem Begriff „**Umsatz**" ist vom Sprachgebrauch her die Entgeltlichkeit immanent. Gleichwohl presst das Gesetz auch **unentgeltliche Leistungen** und **Entnahmen** durch **Fiktionen** (§ 3 Abs. 1b und Abs. 9a UStG) in Anlehnung an die EG-Richtlinie (Art. 16 und Art. 26 Abs. 1 MwStSystRL) unter den Tatbestand des (entgeltlichen) Umsatzes i.S.d. § 1 Abs. 1 Nr. 1 UStG. Darüber hinaus werden auch die **Einfuhr** und der **innergemeinschaftliche Erwerb** durch § 1 Abs. 1 Nr. 4 und Nr. 5 UStG als „Umsätze" bezeichnet (ebenso Art. 2 Abs. 1 Buchst. b und d MwStSystRL). Das ist eine Vergewaltigung der Sprache (*Rz. 120*). Sinnvoller hätte § 1 Abs. 1 UStG wie folgt formuliert werden können:

1

„*Der Umsatzsteuer unterliegen:*

*1. Umsätze in Gestalt der Lieferungen und sonstigen Leistungen, die ...;*

*2. Entnahmen und unentgeltliche Leistungen (§ ...);*

*3. die Einfuhr von Gegenständen ...;*

*4. der innergemeinschaftliche Erwerb ...* "

Ein Umsatz ist „**steuerbar**", wenn er den Tatbestand des § 1 Abs. 1 Nr. 1 UStG (bzw. der Nr. 4 oder 5) d.h. die dort genannten Merkmale erfüllt. **Steuerbarkeit** des Umsatzes heißt lediglich, dass dieser „der Umsatzsteuer" dem Grunde nach „unterliegt" (**besteuerbar** ist), ohne dass deshalb schon Umsatzsteuer dafür geschuldet wird. Die Richtlinie kennt den Begriff „steuerbar" zwar im Text nicht, sondern spricht in Art. 2 Abs. 1 MwStSystRL nur von den Umsätzen, die der „Mehrwertsteuer unterliegen", verwendet ihn aber in der Begründungserwägung 14 MwStSystRL.

2

Für einen steuerbaren Umsatz wird Umsatzsteuer geschuldet, wenn der Umsatz des Weiteren auch **steuerpflichtig** ist (§ 12 Abs. 1 UStG), d.h. **keine Steuerbefreiung** (insbesondere nach § 4 UStG) eingreift. Ein steuerbarer Umsatz kann folglich steuerpflichtig oder steuerfrei sein. Sowohl bei nicht steuerbaren als auch bei steuerfreien Umsätzen fällt (nach dem deutschen Gesetz) keine Umsatzsteuer an. Die Unterscheidung kann indes für den Vorsteuerabzug von erheblicher Bedeutung sein, wenn die Nichtsteuerbarkeit darauf beruht, dass der Ort der Leistung nicht im Inland ist (vgl. *§ 15 Rz. 429*).

3

Die **Richtlinie** kennt neben den „Steuerbefreiungen" (Art. 131 ff. MwStSystRL) auch den Begriff „steuerpflichtiger Umsatz" (Art. 93 Abs. 1, Art. 193 MwSt-

SystRL), verwendet diesen jedoch nicht durchgängig, sondern spricht z.B. stattdessen in Art. 168 Abs. 2 MwStSystRL von „besteuerten" Umsätzen.

4 § 1 UStG enthält entgegen seiner Überschrift nicht nur Regelungen über steuerbare Umsätze, sondern in § 1 **Abs. 2** und **2a** UStG gesetzessystematisch verfehlt für die territoriale Zuordnung erforderliche **Gebietsdefinitionen**, die hier mit Ausnahme der Inlandsdefinition überhaupt nichts zu suchen haben (Rz. 155).

## B. Grundtatbestand (Abs. 1 Nr. 1)
### I. Allgemeines, Überblick

5 Ein **steuerbarer** Umsatz i.S.d. § 1 Abs. 1 Nr. 1 UStG (Grundtatbestand) liegt vor, wenn

– eine **Leistung** (Lieferung oder sonstige Leistung, Rz. 7 ff.)
– von einem **Unternehmer** (§ 2 UStG)[1]
– im **Inland** (Rz. 114 ff., 166 ff.)
– **gegen Entgelt** (Rz. 74 ff.)
– **im Rahmen** seines **Unternehmens** (Rz. 95 ff.)

ausgeführt wird.

Folglich ist ein Vorgang (nach dem deutschen Umsatzsteuergesetz) **nicht steuerbar**, wenn eines der Tatbestandsmerkmale des § 1 Abs. 1 Nr. 1 UStG nicht erfüllt ist. Das ist der Fall,

– wenn **keine Leistung** vorliegt und eine solche auch nicht fingiert wird (dazu Rz. 65)
– oder diese **nicht gegen Entgelt** ausgeführt wird und auch **kein Entgelt fingiert** wird (dazu § 3 Abs. 1a, 1b und Abs. 9a UStG)
– oder die Leistung **nicht** von einem **Unternehmer**
– oder **nicht im Rahmen seines Unternehmens**
– oder **nicht im Inland** ausgeführt wird.

Darüber hinaus entfällt die Steuerbarkeit bei einer sog. **Geschäftsveräußerung** (§ 1 Abs. 1a UStG), obwohl die Voraussetzungen des § 1 Abs. 1 Nr. 1 UStG erfüllt sind (Rz. 125 ff.). In den Fällen des § 1 Abs. 3 UStG werden inländische Umsätze fingiert (Rz. 166 ff.).

Erfüllt eine Leistung alle o.g. Voraussetzungen der Steuerbarkeit, so ist gleichwohl **kein eigenständiger Umsatz** gegeben, wenn die Leistung nur **Nebenleistung** zu einer Hauptleistung ist. Sie teilt dann deren Schicksal (§ 3 Rz. 202 ff.).

---

[1] Bzw. einem fiktiven Unternehmer im Falle der Lieferung eines neuen Fahrzeuges (§ 2a UStG).

## II. Leistung

### 1. Merkmale der umsatzsteuerrechtlichen Leistung

#### a) Allgemeines

Der Grundtatbestand des § 1 Abs. 1 Nr. 1 UStG spricht von *Lieferungen* und *sonstigen Leistungen*. **Oberbegriff** ist folglich die Leistung. Im Hinblick auf das Besteuerungsziel, den Aufwand der Abnehmer (Leistungsempfänger, Verbraucher) für ihnen verschaffte geldwerte Vorteile (Leistungen) zu besteuern (*Vorbem. Rz. 15 ff.*), ist die begriffliche Unterscheidung überflüssig. Sie ist insofern nur technischer Natur. Insbesondere für die Bestimmung des Ortes der Leistung ist die Differenzierung zwischen Lieferungen und sonstigen Leistungen von Bedeutung. Auch kann es bei den Steuerbefreiungen und den Steuersätzen auf die Unterscheidung ankommen. Der Abgrenzung (dazu *§ 3 Rz. 4, 155, 158 und 202 ff.*) bedarf es mithin nicht, wenn die Rechtsfolgen gleich sind. Von elementarer Bedeutung sind hingegen die **Merkmale** des **Leistungsbegriffes** als gemeinsame Kriterien der Lieferung und der sonstigen Leistung, da sie die Grundvoraussetzung eines Umsatzes iS des § 1 Abs. 1 Nr. 1 UStG bilden und von ihnen damit die Steuerbarkeit eines Vorgangs abhängt. 6

Der Begriff der Leistung impliziert einen Leistenden und einen Leistungsempfänger. **Leistender** iS des § 1 Abs. 1 Nr. 1 UStG ist derjenige, der die Leistung erbringt und dem als Unternehmer der **Umsatz zuzurechnen** ist (dazu *Rz. 66 ff.*). Er deckt sich mit dem Begriff des leistenden Unternehmers iS des § 14 UStG (vgl. *§ 14 Rz. 77*). Für Zwecke des Vorsteuerabzugs kann es der Vertrauensschutz gebieten, dass als Leistender iS des § 15 Abs. 1 Satz 1 Nr. 1 UStG ein anderer als der tatsächlich Leistende anzusehen ist (vgl. *§ 15 Rz. 186 ff.*). 7

Die Frage nach dem **Leistungsempfänger** ist im Rahmen des § 1 Abs. 1 Nr. 1 UStG ohne Bedeutung, da die Steuerbarkeit lediglich voraussetzt, dass eine Leistung und damit ein Leistungsempfänger vorliegen. Die Individualisierung des Leistungsempfängers ist nur im Rahmen anderer Vorschriften von Bedeutung. Leistungsempfänger iS des § 14 UStG (*Rechnung*) ist derjenige, der nach dem regelmäßig bestehenden Rechtsverhältnis die Erteilung der Rechnung verlangen kann, weil er die Gegenleistung (Entgelt iS des § 1 Abs. 1 Nr. 1 UStG) zu erbringen hat (*§ 14 Rz. 78*). Der Leistungsempfängers iS des § 15 UStG (Vorsteuerabzug) kann hingegen von dem des Leistungsempfängers nach § 14 UStG abweichen (*§ 15 Rz. 62, 76 ff.*; zum Leistungsempfänger iS des § 13b UStG [Steuerschuldnerschaft] siehe *§ 13b Rz. 112 ff.*).

Von der Frage, ob eine Leistung vorliegt, ist die nachrangige **Frage zu unterscheiden, ob** ein **Leistungsaustausch**, d.h. eine „Leistung gegen Entgelt" gegeben ist (*Rz. 74 ff.*). Die Frage, ob eine Zahlung – bzw. bei Bejahung der Steuerbarkeit von Tausch- uä. Vorgängen eine Lieferung oder sonstige Leistung – „Entgelt" ist, ergibt sich nur, wenn zuvor eine Leistung des Empfängers bejaht worden ist. Insbesondere der **EuGH** trennt allerdings nicht in diesem Sinne, sondern untersucht nur, ob der von ihm als Einheit gesehene Begriff „Dienstleistungen gegen 8

Entgelt"¹ erfüllt ist. Der EuGH hat demgemäß bis heute nicht den Begriff der Dienstleistung definiert, und auch der **BFH** verwendet mit der Floskel „der Leistungsempfänger muss einen Vorteil erhalten, der zu einem Verbrauch im Sinne des gemeinsamen Mehrwertsteuersystems führt"² nur eine Leerformel, weil die entscheidende Frage, wann ein verbrauchbarer Vorteil in diesem Sinne vorliegt, nicht aufgeworfen wird. Das hat zu mehreren Entscheidungen geführt, bei denen fehlerhaft eine Leistung angenommen worden ist (vgl. die Entscheidung des EuGH zum Gutschein [*Rz. 28* a.E.] und die Entscheidungen des BFH zur Vertragsauflösung im Interesse des Nutzungsberechtigten [*Rz. 53*] und zur Entlastung des Dienstleistungsverpflichteten aus dem Vertrag [*Rz. 54*]).

Umgekehrt stellt sich die Frage, ob eine Leistung vorliegt (außerhalb der Fälle des § 3 Abs. 1 Nr. 2 und 3 und Abs. 9a Nr. 2 UStG), nur, wenn eine Zahlung eines anderen vorliegt, die Gegenleistung wäre, wenn eine Leistung anzunehmen wäre. Aus der Bezeichnung einer Zahlung als „Entgelt" folgt nicht schon, dass diese eine Leistung abgilt.³

9 Der Leistungsbegriff des Umsatzsteuergesetzes⁴ entspricht **nicht** dem des Zivilrechts. Demgegenüber hieß es noch in der Regierungsbegründung zu § 1 UStG 1967: „Oberbegriff [für die Lieferungen und sonstigen Leistungen] ist die dem § 241 BGB entlehnte Leistung (im weiteren Sinne). Die Umsatzsteuer ist also wie bisher als eine allgemeine Leistungssteuer zu charakterisieren."⁵ Der Rückgriff auf das **Zivilrecht** würde – abgesehen davon, dass die Begriffe des Umsatzsteuerrechts unionseinheitlich auszulegen sind (*Vorbem. Rz. 75*) – schon deshalb nicht weiterhelfen, weil § 241 BGB die Leistung gar nicht definiert und dieser Vorschrift nur entnommen werden könnte, dass der Leistung ein Schuldverhältnis zugrunde liegen müsste, was zudem ersichtlich viel zu eng wäre (*Rz. 48 ff., 55 ff., 76*). Vor allem aber sind die Begriffe in Steuergesetzen grundsätzlich autonom zu interpretieren⁶, so dass der umsatzsteuerrechtliche Leistungsbegriff am Telos des durch die MwStSystRL determinierten Umsatzsteuerrechts auszurichten ist.

---

1 Beispielhaft EuGH v. 3.3.1994 – C-16/93, EuGHE 1994, I-743 = UR 1994, 399 – Rz. 10; EuGH v. 16.10.1997 – C-258795, EuGHE 1997, I-5577 = UR 1998, 61 – Rz. 12; EuGH v. 29.7.2010 – C-40/09, EuGHE 2010, I-7505 = UR 2010, 734 – Rz. 27 m.w.N.; EuGH v. 27.10.2011 – C-93/10, EuGHE 2011, I-10791 = UR 2011, 933 – Rz. 19.
2 BFH v. 11.4.2002 – V R 65/00, BStBl. II 2002, 782; BFH v. 6.5.2004 – V R 40/02, BStBl. II 2004, 854; BFH v. 21.4.2005 – V R 11/03, UR 2006, 17 = BStBl. II 2007, 63; BFH v. 27.2.2008 – XI R 50/07, BFH 2008, 558 = BStBl. II 2009, 426; BFH v. 8.11.2007 – V R 20/05, UR 2008, 425 = BStBl. II 2009, 483.
3 Vgl. BFH v. 30.6.2010 – XI R 22/08, BStBl. II 2010, 1084.
4 Unverständlich ist die Aussage des BMF, wonach „Leistungen im Rechtssinne" nur insoweit der Umsatzsteuer unterlägen, als sie auch Leistungen im wirtschaftlichen Sinne seien; Abschn. 1.1 Abs. 3 Satz 2 UStAE unter Hinweis auf BFH v. 31.7.1969 – V 94/65, BStBl. II 1969, 637. Auch bei den vom UStG gemeinten Leistungen handelt es sich um Leistungen im Rechtssinne, nämlich im Sinne des Umsatzsteuer*rechts*!
5 So aber noch die Regierungsbegründung zu § 1 UStG 1967, BT-Drucks. IV/1590, 30: „Oberbegriff ist die dem § 241 BGB entlehnte Leistung (im weiteren Sinne)"; vgl. auch *Englisch* in T/L, § 17 Rz. 87.
6 Vgl. BVerfG v. 27.12.1991 – 2 BvR 72/90, BStBl. II 1992, 212; BVerfG v. 3.6.1992 – 1 BvR 583/86, NJW 1993, 1189; *Stadie*, Allg. SteuerR, Rz. 196 m.w.N.

Der **EuGH** hat allerdings bei der Auslegung der MwStSystRL indes ohne erkennbaren Grund, d.h. ohne jedwede Begründung, ein „**Rechtsverhältnis**" verlangt, in dessen Rahmen gegenseitig Leistungen „ausgetauscht" werden.[1] Der BFH ist dem gefolgt.[2] Diese im zivilrechtlichen Denken verhaftete verkehrsteuerrechtliche Betrachtungsweise (vgl. *Vorbem. Rz. 15*) ist verfehlt, weil es aus verbrauchsteuerrechtlicher Sicht nicht darauf ankommen, ob auf einer Rechtsgrundlage eine Leistung erbracht wird (s. auch *Rz. 13*), sondern allein darauf, *dass* eine Leistung vorliegt und der Empfänger wegen dieser etwas aufwendet (vgl. *Rz. 76*).

Das Zivilrecht kann jedoch – sofern der Leistung ein Vertragsverhältnis zugrunde liegt – dann hilfreich sein, wenn es um die Bestimmung des Umfangs der Leistung oder um die Frage geht, wer an wen leistet (*Rz. 67*).

**b) Verschaffung eines geldwerten Nutzens**

**aa) Grundsätzliches**

Im Hinblick auf den Zweck des Umsatzsteuergesetzes (*Vorbem. Rz. 15, 17*) ist unter Leistung – wenn die Fälle der unfreiwilligen Wertabgänge (*Rz. 56 ff.*) vorerst ausgeklammert werden – jedes Verhalten zu verstehen, das Gegenstand eines Schuldverhältnisses sein *kann*[3] und einem anderen (und nicht nur der Allgemeinheit, *Rz. 40*) einen **wirtschaftlichen Nutzen** bringt. Verbrauchsteuerrechtlich formuliert heißt das, dass eine Leistung die **Verschaffung eines „verbrauchbaren" Vorteils** darstellt[4], für den im Wirtschaftsleben üblicherweise (im Rahmen eines schuldrechtlichen Austauschvertrages) etwas aufgewendet wird.[5] Verbrauch ist dabei nicht im Sinne eines tatsächlichen Wertverzehrs zu verstehen (ein Grundstück oder ein Gemälde wird üblicherweise nicht verbraucht, gleichwohl ist die Verschaffung der Verfügungsmacht an diesen Gegenständen zweifelsfrei eine Leistung in Form der Lieferung). Leistung im Sinne des Um-

10

---

1 EuGH v. 3.3.1994 – C-16/93, EuGHE 1994, I-743 = UR 1994, 399 – Rz. 14; EuGH v. 14.7.1998 – C-172/96, EuGHE 1998, I-4387 = UR 1998, 456 – Rz. 26; EuGH v. 17.9.2002 – C-498/99, EuGHE 2002, I-7173 = UR 2002, 510 – Rz. 18; EuGH v. 29.10.2009 – C-246/08, EuGHE 2009, I-10605 = UR 2010, 224 – Rz. 44; EuGH v. 16.12.2010 – C-270/09, EuGHE 2010, I-13179 = UR 2011, 462 – Rz. 16; EuGH v. 27.10.2011 – C-93/10, EuGHE 2011, I-10791 = UR 2011, 933 – Rz. 18; EuGH v. 3.5.2012 – C-520/10, BStBl. II 2012, 755 – Rz. 27; EuGH v. 27.3.2014 – C-151/13, UR 2014, 487 – Rz. 29.
2 BFH v. 19.10.2001 – V R 48/00, BStBl. II 2003, 210; BFH v. 16.1.2003 – V R 92/01, BStBl. II 2003, 732; BFH v. 1.2.2007 – V R 69/05, UR 2007, 448 (450); BFH v. 5.12.2007 – V R 60/05, BStBl. II 2009, 486; BFH v. 18.12.2008 – V R 38/06, BStBl. II 2009, 749 – 3a bb der Gründe; BFH v. 17.3.2010 – XI R 17/08, UR 2010, 943 – Rz. 18; BFH v. 24.4.2013 – XI R 7/11, BStBl. II 2013, 648 – Rz. 20 m.w.N.
3 Insoweit zutreffend *Englisch* in T/L, § 17 Rz. 87; vgl. auch BFH v. 18.12.2008 – V R 38/06, BStBl. II 2009, 749 – 3a ee der Gründe.
4 In diesem Sinne EuGH v. 29.2.1996 – C-215/94, EuGHE 1996, I-959 = UR 1996, 119 – Rz. 20–22; EuGH v. 18.12.1997 – C-384/95, EuGHE 1997, I-7387 = UR 1998, 102 – Rz. 23; BFH v. 11.4.2002 – V R 65/00, BStBl. II 2002, 782; BFH v. 6.5.2004 – V R 40/02, BStBl. II 2004, 854; BFH v. 21.4.2005 – V R 11/03, BStBl. II 2007, 63 = UR 2006, 17; BFH v. 27.2.2008 – XI R 50/07, BStBl. II 2009, 426 = UR 2008, 558; BFH v. 8.11.2007 – V R 20/05, BStBl. II 2009, 483 = UR 2008, 425.
5 Vgl. EuGH v. 18.12.1997 – C-384/95, EuGHE 1997, I-7387 = UR 1998, 102 – Rz. 23: „Vorteil, der einen Kostenfaktor in der Tätigkeit eines anderen ... bilden *könnte*"; BFH v. 21.4.2005 – V R 11/03, BStBl. II 2007, 63 = UR 2006, 17.

satzsteuerrechts ist mithin die **Verschaffung eines** „verbrauchbaren" **geldwerten Nutzens** (*Vorbem. Rz. 17*; zu den Fällen, in denen sich der Empfänger den Nutzen verschafft, s. *Rz. 56 ff.*; zur Beschädigung oder Zerstörung einer Sache s. *Rz. 60 ff.*). Die Leistung kann, wie § 3 Abs. 9 Satz 2 UStG klarstellt, als sonstige Leistung (Dienstleistung) auch in einem **Dulden** oder **Unterlassen** (dazu näher *Rz. 22 ff.*) bestehen.

„**Verbrauch**" ist dabei nicht im Sinne eines tatsächlichen Wertverzehrs zu verstehen (ein Grundstück oder ein Gemälde wird üblicherweise nicht verbraucht, gleichwohl ist die Verschaffung der Verfügungsmacht an diesen Gegenständen zweifelsfrei eine Leistung in Form der Lieferung). Das entspricht dem Belastungsgrund der Umsatzsteuer, die als „Verbrauchsteuer" nicht den konkreten Verbrauch (Verzehr), sondern die Verwendung von Einkommen bzw. Vermögen für Güter jedweder Art im Auge hat, die einen **Gebrauchs-** oder **Verbrauchsnutzen** haben.

11 **Empfänger** der Leistung kann jeder „Verbraucher" sein sowie jede Person (jedes Gebilde) die (das) als Unternehmer Verbraucherversorgung betreibt. Folglich können (entgeltliche oder unentgeltliche) Leistungsbeziehungen auch zwischen einer **Gesellschaft**[1] und ihren **Gesellschaftern** (*§ 2 Rz. 162 f.*) oder einem **Verein** (*§ 2 Rz. 141 ff.*) und seinen **Mitgliedern** (jeweils in beide Richtungen) bestehen. Auch bei **jPdÖR** gelten keine Besonderheiten, so dass auch diese umsatzsteuerbare Leistungen sowohl erbringen (*§ 2 Rz. 36, 351 ff.*) als auch empfangen können (*Rz. 40 ff.*).

12 Der geldwerte Nutzen eines Verhaltens (Tun, Dulden oder Unterlassen) für einen anderen zeigt sich im Regelfall darin, dass der andere für das Verhalten etwas zahlt. Eine Leistung durch den Empfänger einer Zahlung liegt deshalb dann vor, wenn die **Zahlung**

- **keine unentgeltliche Zuwendung** (*Beispiel:* Filmpreis[2]) darstellt[3],

- **nicht wegen** einer nur **vorgetäuschten Leistung** erfolgt[4],

- **nicht** für einen Gesellschaftsanteil geschieht (*§ 4 Nr. 8 Rz. 25*),

- **nicht** lediglich einen **Geld-Vermögensschaden**[5] beim Zahlungsempfänger **ausgleicht** (zum Schadensersatz bei rechtswidriger Nutzung einer Sache oder eines Rechts und bei Beschädigung oder Zerstörung einer Sache s. *Rz. 56 ff.*) und

- bei Gewährung seitens der öffentlichen Hand der **Nutzen** (Vorteil) **nicht nur für** die **Allgemeinheit** gegeben ist (*Rz. 40*).

---

1 Pkw-Überlassung an Gesellschafter unter Belastung des Privatkontos; BFH v. 1.9.2010 – V R 6/10, UR 2011, 254.
2 BFH v. 20.2.1992 – V R 26/87, UR 1992, 178.
3 Zur Frage, ob eine Leistung des Zuwendungsempfängers gegenüber dem sog. **Sponsor** vorliegt, s. *Rz. 24 Fn. 6*.
4 Vgl. BFH v. 18.6.2009 – V R 30/07, BFH/NV 2009, 2005 – vorgetäuschte Handelsregistereintragung.
5 *Beispiel*: Ersatzzahlung des Mieters wegen **unterlassener Instandhaltung**; vgl. FG Köln v. 13.1.2010 – 9 K 4447/08, EFG 2010, 828.

Aus dem Zweck des Umsatzsteuergesetzes (*Vorbem. Rz. 15, 17*) und der daraus abgeleiteten Definition des Leistungsbegriffes folgt ferner, dass es für das Vorliegen einer Leistung **ohne Belang** ist, **ob** ihr ein **Vertrag** zugrunde liegt bzw. ob dieser **wirksam** ist.[1] Die Klarstellung ergibt sich aus § 41 Abs. 1 AO, wonach es für die Besteuerung unerheblich ist, soweit und solange die Beteiligten das wirtschaftliche Ergebnis dieses Rechtsgeschäfts gleichwohl eintreten und bestehen lassen. Eine **am Gleichheitssatz orientierte Besteuerung** kann nur darauf abstellen, dass Geld für „verbrauchbare" Güter aufgewendet wird. Ob das auf zivilrechtlicher Grundlage geschieht, geschweige denn auf welcher, ist ohne Belang.

13

Ebenso wenig ist für die Annahme einer steuerbaren Leistung von Bedeutung, ob das **Verhalten** erlaubt oder **verboten** ist[2] bzw. **gegen die guten Sitten verstößt** (*Beispiel:* Leistungen der Zuhälter gegenüber den Prostituierten[3]). Die Klarstellung findet sich in § 40 AO, wonach es für die Besteuerung unerheblich ist, ob ein Verhalten, das den Tatbestand eines Steuergesetzes ganz oder zum Teil erfüllt, gegen ein gesetzliches Gebot oder Verbot oder gegen die guten Sitten verstößt. Diese Bestimmung bringt zum Ausdruck, dass das **Steuerrecht wertungsindifferent** ist, und verwirklicht damit das Gleichbehandlungsgebot.[4] Danach muss es für die Umsatzbesteuerung insbesondere unerheblich sein, ob der erbrachten Leistung oÄ. eine verbotene oder sogar strafbare Handlung zugrunde liegt.[5] Auch Handeln auf öffentlich-rechtlicher Grundlage kann zu Leistungen führen (vgl. *§ 2 Rz. 351 ff.*).

Erfolgt ein **Verhalten** vorrangig **im eigenen Interesse**, so führt der Umstand, dass auch ein anderer daraus einen Nutzen zieht, nicht dazu, dass dem anderen gegenüber eine Leistung erbracht wird. Diese Konstellation finden sich überwiegend im Verhältnis Arbeitgeber – **Arbeitnehmer** (*Beispiele*[6]: Überlassung eines Werkstattwagens an einen Arbeitnehmer für Heimfahrten, damit dieser am nächsten Tag früher bei den Kunden sein kann[7]; **Unterbringung** von **Arbeitnehmern** in der Nähe der Baustelle o.Ä.[8]; **Abholung** der Arbeitnehmer an der Woh-

14

---

1 Vgl. BFH v. 15.7.2010 – XI B 47/09, UR 2010, 814.
2 A.A. *Englisch* in Englisch/Nieskens (Hrsg.), Umsatzsteuer-Kongress-Bericht 2010, S. 25 (43).
3 BFH v. 29.8.1991 – V B 116/90, BFH/NV 1992, 277.
4 *Stadie*, Allgemeines Steuerrecht, 2003, Rz. 227.
5 Die innerstaatliche Lieferung von **Drogen** soll allerdings nach Auffassung des EuGH nicht der Umsatzsteuer unterliegen, weil der Handel mit diesen Gegenständen außerhalb staatlicher Überwachung *ausnahmslos* verboten sei; EuGH v. 5.7.1988 – 269/86, EuGHE 1988, I-3627 = UR 1989, 312; EuGH v. 5.7.1988 – 289/86, EuGHE 1988, I-3655 = UR 1989, 309; vgl. auch EuGH v. 6.12.1990 – C-343/89, EuGHE 1990, I-4477 = UR 1991, 148 – Einfuhr von Falschgeld.
6 Zu weiteren Beispielen aus dem **Arbeitnehmerbereich** s. Abschn. 1.8 Abs. 4 UStAE.
7 Vgl. BFH v. 16.12.1999 – V R 43/99, BFH/NV 2000, 994.
8 Vgl. BFH v. 21.7.1994 – V R 21/92, BStBl. II 1994, 881; BFH v. 21.6.2001 – V B 32/01, BStBl. II 2002, 616; BFH v. 30.3.2006 – V R 6/04, UR 2006, 579; FG Düsseldorf v. 29.4.2005 – 1 K 5587/01 U, EFG 2005, 1810; FG Berlin v. 5.4.2006 – 2 K 5030/04, EFG 2006, 1457.

nung aus zwingenden betrieblichen Interessen[1]; s. auch *§ 3 Rz. 77, 178, 180*)[2], kann aber auch im Verhältnis zu **anderen Personen** bestehen[3] (s. auch *§ 3 Rz. 87*).

**Anders** liegt es, wenn bei einer derartigen Maßnahme eine andere Person für den daraus gezogenen Nutzen eine (anteilige)[4] **Zahlung** leistet. In der Zahlung spiegelt sich der empfangene Vorteil wider. Ähnlich liegt es, wenn ein **Insolvenzverwalter im Interesse** eines **Gläubigers** eine **Sache verwertet**, an der ein **Absonderungsrecht** oder ein **Grundpfandrecht** ein besteht.[5]

### bb) Aktive Leistungen

Der Begriff der Leistung ist sehr **weit zu fassen**. Aus obiger Definition (*Rz. 10*) folgt u.a.:

15 Das Bereitstehen, auf gesonderte Anforderung tätig zu werden (Bereitschaftsdienst) ist eine Leistung, wenn die „**Leistungsbereitschaft**"[6] als solche Vertragsgegenstand ist, d.h. als solche vergütet wird.[7] Anders liegt es, wenn bei kurzfristiger Kündigung eines Vertrages durch ein pauschaliertes „Bereitstellungsentgelt" lediglich der Gewinnausfall abgegolten wird[8] (s. auch *Rz. 49*).

16 Der Entgegennahme von **Schmiergeldern** liegen (sonstige) Leistungen in Gestalt der **Bevorzugung** bei der Erteilung von Aufträgen o.Ä. zugrunde (diese ist auch bei Arbeitnehmern und Beamten steuerbar, da diese Personen insoweit selbständig tätig sind; *§ 2 Rz. 54*).

17 Mit dem **Betreiben** („Aufstellen") eines **Geldspielautomaten** werden den Benutzern Dienstleistungen erbracht, da diesen das Spielen mit Gewinnchancen ermöglicht wird.[9] Mit der **Teilnahme** an einer **Fernsehspielshow** o.Ä. wird dem

---

1 BFH v. 9.7.1998 – V R 105/92, BStBl. II 1998, 635; BFH v. 10.6.1999 – V R 104/98, BStBl. II 1999, 582; BFH v. 11.5.2000 – V R 73/99, BFH/NV 2000, 1314; BFH v. 15.11.2007 – V R 15/06, BStBl. II 2009, 423; BFH v. 27.2.2008 – XI R 50/07, BStBl. II 2009, 426; BFH v. 29.5.2008 – V R 12/07, BStBl. II 2009, 428; Abschn. 1.8 Abs. 15 UStAE; vgl. auch EuGH v. 16.10.1997 – C-258/95, EuGHE 1997, I-5577 = UR 1998, 61.
2 Vgl. auch EuGH v. 11.12.2008 – C-371/07, EuGHE 2008, I-9549 = UR 2009, 60 – Rz. 56 ff.: Beköstigung von Arbeitnehmern während einer Arbeitssitzung.
3 A.A. FG Düsseldorf v. 23.5.2014 – 1 K 1552/13, EFG 2014, 1631 – zu einem unentgeltlichen Ausbau von Räumlichkeiten, die Ärzte von einem Dritten gemietet haben, und zur Überlassung von Praxiseinrichtungen durch einen Apotheker, um die Ärzte an diesem Standort zu halten.
4 Vgl. FG Düsseldorf v. 23.5.2014 – 1 K 1723/13, EFG 2014, 1996 – Beteiligung der Arbeitnehmer an den Kosten der vom Arbeitgeber angemieteten Parkplätze.
5 BFH v. 28.7.201 – V R 28/09, BStBl. II 2014, 406 = UR 2011, 855 – Rz. 26 ff. unter Aufgabe von BFH v. 18.8.2005 – V R 31/04, BStBl. II 2007, 183 = UR 2006, 221.
6 Ein Versicherer erbringt hingegen dem Versicherungsnehmer eine Dauerleistung in Gestalt der **Gewährung von Versicherungsschutz**. Die Versicherungsleistung liegt nicht etwa in der Zahlung im Schadensfall (vgl. *§ 4 Nr. 10 Rz. 2*).
7 Vgl. BFH v. 27.8.1970 – V R 159/66, BStBl. II 1971, 6 (8).
8 BFH v. 30.6.2010 – XI R 22/08, BStBl. II 2010, 1084.
9 BFH v. 29.1.1987 – V R 53/76, BStBl. II 1987, 516 (519); vgl. auch EuGH v. 5.5.1994 – C-38/93, EuGHE 1994, I-1679 = BStBl. II 1994, 548. Zur Mitwirkung an Gewinnspielen nach dem Schneeballsystem s. FG Nds. v. 3.1.2008 – 16 K 356/07, DStRE 2009, 1388.

Veranstalter eine Dienstleistung erbracht. Entsprechendes gilt bei der Teilnahme an einem sog. **Gründungswettbewerb**[1] oder der Mitwirkung bei **Kartenspielen**[2] (zur Unternehmereigenschaft § 2 Rz. 113).

Beim sog. echten **Factoring** (**Forderungskauf** mit voller Übernahme des Ausfallwagnisses zu einem unter dem Nennwert liegenden Preis) erbringt der sog. Factor gegenüber dem Forderungsverkäufer (sog. Anschlusskunde) grundsätzlich Dienstleistungen, indem er die regelmäßig werthaltigen Forderungen vorfinanziert und dem Forderungsverkäufer die Arbeit und das Risiko der **Einziehung der Forderungen** nimmt[3] (zum Umfang der Gegenleistung s. *§ 10 Rz. 30*; zur Frage der Steuerpflicht s. *§ 4 Nr. 8 Rz. 13*). Anders ist es beim Erwerb von sog. **zahlungsgestörten** Forderungen, wenn die Differenz zwischen dem Nennwert der Forderung und dem Kaufpreis nicht die zuvor genannten Tätigkeiten abgilt, sondern der Kaufpreis den Schätzwert der Forderungen widerspiegelt.[4] 18

Den **Mitgliedsbeiträgen**, Aufnahmegebühren, **Umlagen** u.Ä. **der Vereine, Verbände, Interessenvereinigungen** usw. liegen regelmäßig sonstige Leistungen der Vereine usw. gegenüber den Mitgliedern zugrunde (*§ 2 Rz. 142 ff.*). 19

Mit „kostenlos" zur Verfügung gestellten Fahrzeugen, auf denen sich Werbeaufschriften befinden (sog. **Werbemobile** u.Ä.), werden (entgeltliche) **Werbeleistungen** gegenüber denjenigen erbracht, die die Fahrzeuge zur Verfügung stellen[5] (allerdings ist ein solcher Tausch von sonstigen Leistungen oder von einer sonstigen Leistung gegen eine Lieferung richtigerweise nicht steuerbar; *Rz. 87 ff.*). 20

Die **verbilligte Vermietung** oder unentgeltliche Überlassung im **Interesse eines Dritten** (z.B. von Praxisräumen *an Ärzte* im Interesse eines *Apothekers*) stellt nach Auffassung des BFH eine (steuerpflichtige) sonstige Leistung gegenüber dem Dritten dar.[6] Das ist gekünstelt. Richtigerweise handelt es sich um einen Fall des § 10 Abs. 1 Satz 3 UStG (Entgelt von Dritter Seite; *§ 10 Rz. 56 u. 61*), bei dem ebenfalls der Vorsteuerabzug des Dritten in Betracht kommt (*§ 15 Rz. 196, 261*). 21

---

1 FG Münster v. 12.6.2007 – 15 K 6229/04 U, juris; a.A. OFD Münster v. 10.1.2008 – USt Nr. 3/2008, UR 2008, 238.
2 BFH v. 26.8.1993 – V R 20/91, BStBl. II 1994, 54; FG Münster v. 15.7.2014 – 15 K 798/11 U, EFG 2014. 1823 – Rev.-Az. XI R 37/14.
3 *Forgách*, DB 1988, 2377; *Stadie*, Vorsteuerabzug, S. 32 f.; EuGH v. 26.6.2003 – C-305/01, EuGHE 2003, I-6729 = BStBl. II 2004, 688 = UR 2003, 399; BFH v. 4.9.2003 – V R 34/99, BStBl. II 2004, 667; FG Hess. v. 31.5.2007 – 6 V 1258/07, UR 2008, 190 = EFG 2007, 1816.
4 Vgl. EuGH v. 27.10.2011 – C-93/10, EuGHE 2011, I-10791 = UR 2011, 933; BFH v. 26.1.2012 – V R 18/08, UR 2012, 359; BFH v. 4.7.2013 – V R 8/10, UR 2014, 8.
5 BFH v. 1.8.2002 – V R 21/01, BStBl. II 2003, 438; BFH v. 16.4.2008 – XI R 56/06, BStBl. II 2008, 909; BFH v. 17.3.2010 – XI R 17/08, UR 2010, 943; FG München v. 13.5.2004 – 14 K 2886/03, EFG 2004, 1329; FG München v. 25.2.2014 – 2 K 1248/11, EFG 2014, 1149; FG BW v. 24.9.2004 – 9 V 50/02, EFG 2005, 320; FG BW v. 29.3.2010 – 9 K 115/06, EFG 2010, 1167; FG Hamburg v. 10.3.2006 – VII 266/04, EFG 2006, 1624.
6 BFH v. 20.2.1992 – V R 107/87, BStBl. II 1992, 705; BFH v. 15.10.2009 – XI R 82/07, BStBl. II 2010, 247.

### cc) Dulden oder Unterlassen

22 Da als Leistung die Verschaffung eines geldwerten Nutzens zu verstehen ist (*Rz. 10*), kann die (sonstige) Leistung, wie § 3 Abs. 9 Satz 2 UStG klarstellt, auch in einem **Unterlassen** oder im **Dulden einer Handlung oder eines Zustandes** bestehen. Art. 25 Buchst. b MwStSystRL stellt dabei fehlerhaft nicht auf das Unterlassen bzw. Dulden, sondern auf die „Verpflichtung" dazu ab. Die Leistung liegt jedoch nicht bereits in dem Eingehen der Verpflichtung, etwas zu unterlassen oder zu dulden, sondern erst in deren Durchführung, d.h. dem tatsächlichen Unterlassen oder Dulden (s. auch *Rz. 25 a.E.*).

23 (1) Als (sonstige) Leistung in Gestalt des **Unterlassens** ist der **Verzicht auf** die vollständige oder teilweise **Ausübung** einer unternehmerischen **Tätigkeit** (vgl. § 3a Abs. 4 Satz 2 Nr. 9 UStG)[1] zu nennen (sofern es sich nicht um die Einschränkung einer Tätigkeit im allgemeinen öffentlichen Interesse handelt; *Rz. 40*), insbesondere als **Unterlassen von Wettbewerb** (*Beispiel:* Einhaltung eines Wettbewerbsverbotes durch ausgeschiedenen Gesellschafter-Geschäftsführer[2]). Sonstige Leistungen in Gestalt des Unterlassens sind ferner z.B. die **Rücknahme von Klagen** (*Beispiel:* sog. räuberischer Aktionär[3]; s. auch § 2 Rz. 124) oder der **Verzicht** auf das **Weiterbetreiben** eines **genehmigten Vorhabens**[4] oder die **Bebauung** eines Grundstücks[5] (s. auch *Rz. 42*).

Auch die **Zustimmung** des **Mieters**, nicht jedoch des Vermieters, **zur** vorzeitigen **Vertragsauflösung** ist eine sonstige Leistung (*Rz. 52 f.*), der Verzicht auf vertragliche Ansprüche bzw. der **Rechtsverzicht** u.Ä. hingegen regelmäßig **nicht** (*Rz. 49*).

24 (2) Sonstige Leistungen in Gestalt des **Duldens** der Handlung eines anderen oder eines Zustandes sind zum einen die **Lizenzgewährung** als Einräumung eines **Nutzungs-** oder **Verwertungsrechts** (Verzicht auf die Wahrnehmung eines Patents, Urheber- o.ä. Rechts)[6] sowie die Übertragung von **Schutzrechten**, von **Emissionsrechten**[7], **Ökopunkten**[8] u.ä. Rechten, die Verpachtung einer **Milchquote**[9] usw.

---

1 Vgl. BFH v. 6.5.2004 – V R 40/02, BStBl. II 2004, 854: **Verzicht** auf Fortführung einer **Testamentsvollstreckertätigkeit**. Der geldwerte Vorteil (Nutzen) für den oder die Erben liegt darin, über den Nachlass ohne Einschränkungen verfügen zu können.
2 Vgl. BFH v. 13.11.2003 – V R 59/02, BStBl. II 2004, 472; FG Rh.-Pf. v. 26.8.2010 – 6 K 1502/09, EFG 2010, 2117.
3 FG Berlin-Bdb. v. 24.10.2010 – 7 K 2182/06 B, EFG 2011, 581.
4 BFH v. 24.8.2006 – V R 19/05, BStBl. II 2007, 187.
5 BFH v. 23.3.2009 – XI B 89/08, BFH/NV 2009, 976.
6 Dazu zählt z.B. auch im Falle des sog. Sponsorings die Einräumung des Rechts seitens des Zuwendungsempfängers (z.B. eines **Vereins**), dass sein **Logo** für **Werbezwecke** des **Sponsors** verwendet wird. Weist umgekehrt der Zahlungsempfänger auf Plakaten o.Ä. auf die Zuwendungen eines Sponsors hin, so liegt darin allein noch keine Leistung gegenüber dem Sponsor; Abschn. 1.1 Abs. 23 UStAE.
7 Vgl. BMF v. 2.2.2005 – IV A 5 - S 7100 - 16/05, BStBl. I 2005, 494 – Tz. 5; OFD Frankfurt a.M. v. 19.10.2006 – S 7100 A - 257 - St 11, UR 2007, 281.
8 Vgl. OFD Frankfurt a.M. v. 15.1.2007 – S 7100 A - 266 - St 11, UR 2007, 629.
9 Vgl. BFH v. 5.11.1998 – V R 81/97, BStBl. II 1999, 149; BGH v. 12.3.2008 – VIII ZR 42/07, BFH/NV Beilage 2008, 319 = AUR 2008, 281.

Sonstige Leistungen sind ferner das Dulden der **Nutzung einer Sache** durch einen anderen, insbesondere in Gestalt der **Vermietung** oder Verpachtung, der Duldung der **Alleinnutzung durch** einen **Miteigentümer** (dazu auch *§ 4 Nr. 12 Rz. 12*) und der Duldung der **Nutzung eines Grundstücks** auf der Grundlage eines **dinglichen Rechts** (Grunddienstbarkeit[1], Nießbrauch, Erbbaurecht o.Ä.). Die sonstige Leistung liegt *nicht* schon in der *Bestellung* dieser dinglichen Rechte (so aber fehlerhaft § 9 Abs. 2 UStG für das Erbbaurecht), sondern erst in der tatsächlichen Duldung der Nutzung als Dauerleistung (s. auch *§ 4 Nr. 9 Rz. 9*). 25

Das **Dulden** einer **rechtswidrigen Beeinträchtigung** (Verzicht auf die Geltendmachung eines Unterlassungsanspruchs wegen Lärm-, Schadstoff- u.ä. Immissionen, wegen Grenzverletzungen usw.) stellt ebenfalls eine sonstige Leistung dar, weil einem anderen ein geldwerter Nutzen verschafft wird. 26

Auch beim Unterhalten von **Sparkonten** und **Halten** von **festverzinslichen Wertpapieren** handelt es sich entgegen verbreiteter Ansicht[2] um Leistungen im umsatzsteuerrechtlichen Sinne, da darin eine Dienstleistung in Gestalt der Kreditgewährung liegt (Dulden der Kapitalnutzung), für welche die Zinsen gezahlt werden. Davon zu unterscheiden ist die Frage, ob dieses Verhalten den Inhaber der Papiere zum Unternehmer macht (*§ 2 Rz. 121*). 27

**dd) Nicht: Geldzahlung, Veräußerung einer Geldforderung u.Ä.**

**Geldzahlungen** sind (obwohl sie zivilrechtliche Leistungen sind) keine umsatzsteuerbaren Leistungen[3], da sie als solche dem Empfänger keinen verbrauchbaren Nutzen verschaffen (*Beispiel*: Zahlung des Versicherers bei Eintritt des Versicherungsfalls; s. auch *§ 4 Nr. 10 Rz. 2*). Eine Geldzahlung bewirkt nur die Möglichkeit, sich einen verbrauchbaren Nutzen zu besorgen (Geld kann man nicht essen). Anders liegt es, wenn Münzen oder Scheine nicht als Zahlungsmittel, sondern zu Sammler- o.ä. Zwecken übereignet werden. Den Geldzahlungen steht die **Übernahme** von **Verlusten** gleich.[4] Auch **Differenz-** und ähnliche **Geschäfte**, die lediglich auf eine Ausgleichszahlung gerichtet sind, führen zu keinem verbrauchbaren Vorteil und sind mangels Leistungserbringung nicht steuerbar.[5] 28

Auch die Hingabe eines **Gutscheines**, der bei Bezug verschiedener Leistungen in Zahlung gegeben werden kann, stellt entgegen der Auffassung des EuGH[6]

---

1 *Beispiel*: Dulden einer Hochspannungs-, Gas- o.ä. Leitung auf dem Grundstück; vgl. BFH v. 11.11.2004 – V R 30/04, BStBl. II 2005, 802.
2 BFH v. 1.2.1973 – V R 2/70, BStBl. II 1973, 172; Söhn, StuW 1975, 166; *Lippross*, 2.2.2.1a – S. 78.
3 Davon zu unterscheiden ist beim **Wechseln** von **Devisen** die Dienstleistung des Geldwechslers (zutreffend jetzt § 43 Nr. 3 UStDV); vgl. dazu EuGH v. 14.7.1998 – C-172/96, EuGHE 1998, I-4387 = UR 1998, 456. Nicht nur das entgeltliche, sondern auch das unentgeltliche Wechseln ist eine Dienstleistung; das verkennt BFH v. 19.5.2010 – XI R 6/09, BStBl. II 2011, 831 = UR 2010, 821 = – Rz. 22 a.E.
4 Vgl. BFH v. 1.2.2007 – V R 69/05, BFH/NV 2007,
5 Vgl. BMF, Schr. v. 19.12.1989 – IV A 3 - S 7160 - 55/89, UR 1990, 63; *Dahm/Hamacher*, DStR 2012, 2409; a.A. *Wäger*, DStR 2012, 1830 (1835 ff.).
6 EuGH v. 29.7.2010 – C-40/09, EuGHE 2010, I-7505 = UR 2010, 734 – Rz. 25 ff., mit nicht nachvollziehbarer Begr.

keine Leistung dar; eine solche wird erst bei Einlösung des Gutscheins erbracht.[1]

29 Keine Leistung liegt ferner vor, wenn eine **Geldforderung veräußert** wird, da auch sie dem Erwerber keinen geldwerten Nutzen, sondern lediglich einen Anspruch auf Zahlung von Geld verschafft[2] (zur Dienstleistung des Erwerbers gegenüber dem Veräußerer im Fall des sog. Factorings s. *Rz. 18*). Demgemäß erfassen die Befreiungsvorschriften des § 4 Nr. 8 Buchst. c UStG bzw. Art. 135 Abs. 1 Buchst. d MwStSystRL mit den Umsätzen „im Geschäft mit Forderungen" auch nur die Übertragung von Nicht-Geldforderungen bzw. die Dienstleistungen Dritter im Zusammenhang mit Forderungsübertragungen (*§ 4 Nr. 8 Rz. 8*).

Eine Leistung ist hingegen bei der **Übertragung** eines **Vertragsverhältnisses** (durch den zur Leistung Verpflichteten) anzunehmen[3], da dem Erwerber die Möglichkeit, Leistungen gegen Entgelt zu erbringen, und damit ein wirtschaftlicher Vorteil (*Rz. 10*) verschafft wird (s. auch *§ 3 Rz. 10*).

**ee) Nicht: Befreiung von einer Geldzahlungsverpflichtung**

30 Auch die Befreiung von einer **Geldzahlungs-** o.ä. **Verpflichtung** ist keine Leistung im umsatzsteuerrechtlichen Sinne[4] (zur Tragung des Haftungsrisikos durch den Komplementär einer Personengesellschaft s. *Rz. 37*). Entsprechendes gilt, wenn zur **Bereinigung** einer bestehenden **Unsicherheit**, ob ein Vertragsverhältnis besteht oder ob dieses fristlos gekündigt werden kann, ein **Vergleich** geschlossen und eine Zahlung geleistet wird. Der Zahlungsempfänger verschafft dem anderen keinen verbrauchbaren Nutzen[5], sondern befreit ihn lediglich von etwaigen weiteren Geldzahlungspflichten[6] (bei der Befreiung von **Sachleistungsverpflichtungen** ist zu differenzieren, *Rz. 49 ff.*).

31 Dem gleichzustellen ist der **Verzicht auf** die **Geltendmachung einer Geldforderung.** Folglich ist z.B. der Verzicht des Arbeitgebers gegenüber dem Arbeitnehmer auf die Abtretung von sog. Bonusmeilenguthaben bei Fluggesellschaften keine Leistung, da dem Arbeitnehmer kein verbrauchbarer, geldwerter Vorteil, sondern im Ergebnis lediglich ein Geldbetrag zugewendet wird.[7]

---

[1] Zutreffend OFD Karlsruhe v. 25.8.2011 – USt-Kartei S 7270 - Karte 3, UR 2012, 123; vgl. auch BFH v. 24.8.2006 – V R 16/05, BStBl. II 2007, 340 – 2b bb der Gründe; *Reiß*, UR 2011, 729.
[2] Das verkennen BFH v. 15.7.1997 – V B 122/96, BFH/NV 1998, 499; BFH v. 13.11.2003 – V R 79/01, BStBl. II 2004, 375 – 2c bb der Gründe; Abschn. 2.4 Abs. 3 Satz 5, Abschn. 10.5 Abs. 6 UStAE; *Heidner* in Bunjes, § 4 Nr. 8 UStG Rz. 18; *Wäger* in S/R, § 4 Nr. 8 UStG Rz. 131; unklar *Englisch* in T/L, § 17 Rz. 89.
[3] Vgl. BFH v. 16.4.2008 – XI R 54/06, BStBl. II 2008, 772; EuGH v. 22.10.2009 – C-242/08, EuGHE 2009, I-10099 = BStBl. II 2011, 559 = UR 2009, 891.
[4] Das verkennt EuGH v. 9.10.2001 – C-108/99, EuGHE 2001, I-7257 = UR 2001, 494 – Rz. 20; zutreffend *Reiß*, RIW 2002, 286 (296).
[5] Vgl. FG BW v. 7.11.2006 – 1 K 15/04, EFG 2007, 456; FG Berlin v. 20.3.2009 – 7 V 7249/08, EFG 2009, 1151.
[6] Das übersehen BFH v. 10.12.1998 – V R 58/97, BFH/NV 1999, 987 – 4. Leitsatz; FG Hamburg v. 13.2.2013 – 5 K 280/10, MwStR 2013, 488.
[7] Im Ergebnis ebenso OFD Düsseldorf v. 27.4.2004 – S 7109 A - St 442, UR 2004, 435.

Ebenfalls keine Verschaffung eines verbrauchbaren Nutzens liegt vor, wenn einem anderen lediglich die **Möglichkeit** verschafft wird, **Geld zu sparen**. Demgemäß ist die Überlassung der sog. *Bahncard* durch die Deutsche Bahn keine Leistung, weil der Vorteil allein in der Möglichkeit besteht, Beförderungsleistungen verbilligt zu erlangen (Preisnachlass).[1] Ebenso wenig ist deshalb entgegen EuGH[2], der das Problem gar nicht gesehen hat, der Verkauf von **Rabattkarten**, die einen Anspruch auf einen **Preisnachlass** bei den angeschlossenen Händlern und Dienstleistern verbriefen, eine Leistung im umsatzsteuerrechtlichen Sinn, weil die Möglichkeit, einen Preisnachlass zu erlangen, kein verbrauchbarer Nutzen ist.

32

**ff) Gefahrtragung durch den Auftraggeber, Annahmeverzug**

Eine Leistung liegt auch dann vor, wenn der Zahlende den geldwerten Nutzen tatsächlich nicht oder nicht vollständig erhalten hat, aber zivilrechtlich so behandelt wird, als hätte er die vereinbarte Leistung bekommen. Das ist der Fall, wenn beim Kauf- oder Werkvertrag zivilrechtlich die **Gefahr** des zufälligen Untergangs des Gegenstandes auf den Käufer **übergegangen** ist (§§ 446, 447, 644, 651 Satz 3 BGB), d.h. dieser den Kaufpreis trotz des Untergangs bzw. der Beschädigung des Gegenstandes zu zahlen hat. *Beispiele:* **Untergang** der Ware **auf** dem **Transport** beim Versendungskauf (i.S.d. § 447 BGB); zufälliger Untergang des zu liefernden Gegenstandes bei **Annahmeverzug** des Käufers[3] (§ 446 Satz 3 BGB). Diese zivilrechtliche Wertung deckt sich mit der umsatzsteuerrechtlichen, weil der Gegenstand in den Verantwortungsbereich des Käufers gelangt und damit bereits ihm zuzurechnen ist[4] (vgl. auch *§ 3 Rz. 39*). Hierbei handelt es sich um eine Zurechnung i.S.d. § 39 Abs. 2 Nr. 1 AO, da dem Käufer bzw. Besteller ab dem Zeitpunkt des Gefahrübergangs die wirtschaftliche Substanz des Gegenstandes (vgl. *§ 3 Rz. 22*) zuzurechnen ist, was sich in der Zahlungsverpflichtung widerspiegelt.[5]

33

Entsprechendes gilt beim Annahmeverzug des Auftraggebers von **Dienstleistungen**, wenn dieser die Vergütung nach § 615 BGB zu entrichten hat[6], nicht indes im Falle des § 642 BGB (Werkvertrag)[7], da es sich lediglich um die Entschädigung für die Vorhaltung von Kapital und Arbeitskraft handelt, der kein geldwerter Vorteil gegenübersteht.

---

1 A.A. *Lippross*, 2.4.1.3a) Beisp. b – S. 219; *Nieskens* in R/D, § 3 UStG Anm. 3521 – „Bahncard".
2 EuGH v. 12.6.2014 – C-461/12, UR 2014, 856.
3 BFH v. 27.8.1970 – V R 159/66, BStBl. II 1971, 6 (8); a.A. *Nieskens* in R/D, § 3 UStG Anm. 430 – „Leistungsbereitschaft – Annahmeverzug"; *Schön*, StuW 1986, 385 (386 ff.); *Lippross*, UR 2008, 495.
4 *Reiß* in T/L, § 14 Rz. 56; *Stadie*, Vorsteuerabzug, S. 142; a.A. *Schön*, StuW 1986, 385 (389 ff.); *Nieskens* in R/D, § 13 UStG Anm. 70 – „Versendungs- und Beförderungslieferung".
5 Vgl. *Stadie*, Allg. SteuerR, Rz. 216.
6 BFH v. 27.8.1970 – V R 159/66, BStBl. II 1971, 6 (8).
7 A.A. BGH v. 24.1.2008 – VII ZR 280/05, BGHZ 175, 118 = UR 2008, 784.

## c) Zwei Beteiligte

### aa) Allgemeines

34 Eine Leistung setzt **zwei Beteiligte**, d.h. einen Leistenden und einen Leistungsempfänger voraus. Die Fähigkeit, Beteiligter einer Leistung zu sein, entspricht der Unternehmerfähigkeit (dazu § 2 Rz. 20 ff.). Folglich kann ein Unternehmer nicht gegenüber sich selbst, auch nicht in Gestalt einer Niederlassung (vgl. § 2 Rz. 21), Leistungen erbringen.[1] Bei Gegenstands- und Nutzungs**entnahmen** wird eine **Leistung** (gegen Entgelt) **fingiert** (§ 3 Abs. 1b Satz 1 Nr. 1 und Abs. 9a Nr. 1 UStG), so dass der Vorgang unter § 1 Abs. 1 Nr. 1 Satz 1 UStG fällt (Rz. 1). Auch im Falle des sog. Verbringens wird eine Lieferung gegen Entgelt fingiert (§ 3 Abs. 1a UStG).

35 Zwischen den Mitgliedern eines sog. **Organkreises** (§ 2 Abs. 2 Nr. 2 UStG) können zwar Leistungen erbracht werden, auf Grund der Fiktion eines einheitlichen Unternehmens (§ 2 Rz. 302) sind diese jedoch umsatzsteuerrechtlich unbeachtlich und werden als „*Innenleistungen*" bezeichnet (§ 2 Abs. 2 Nr. 2 Satz 2 UStG).

### bb) Geschäftsführung bei Personengesellschaften

36 Bei der Geschäftsführungstätigkeit nach §§ 709 f. BGB, §§ 114 f., 164 HGB, die der Gesellschafter einer **Personengesellschaft** (auch in Gestalt der GmbH & Co. KG) für diese erbringt, handelt es sich entgegen **verfehlter Auffassung** des BFH[2] nicht um eine Leistung im umsatzsteuerrechtlichen Sinne[3], da sich Gesellschafter und Gesellschaft insoweit nicht als zwei getrennt zu sehende Wirtschaftsbeteiligte gegenüberstehen.[4] Die Geschäftsführung kann bei einer Personengesellschaft – anders als bei Kapitalgesellschaften[5] – nur von einem Gesellschafter und nicht von Dritten erbracht werden[6] (sog. **Selbstorganschaft**[7]) und ist nicht marktfähig, weil sie keinem anderen, sondern nur der jeweiligen Personengesellschaft gegenüber erfolgen und demgemäß auch nicht Gegenstand eines zweiseitigen Austauschvertrages sein kann. Der BFH und das BMF[8] verwechseln *Geschäftsbesorgung* i.S.d. § 675 BGB mit der im Gesellschaftsrecht wurzelnden *Geschäftsführung* (§§ 709 f. BGB, §§ 114 f. HGB) bei Personengesellschaften (§ 2

---

1 Vgl. EuGH v. 23.3.2006 – C-210/04, EuGHE 2006, I-2804 = UR 2006, 331.
2 BFH v. 6.6.2002 – V R 43/01, BStBl. II 2003, 36; BFH v. 3.3.2011 – V R 24/10, BStBl. II 2011, 950; ebenso EuGH v. 13.3.2014 – C-204/13, UR 2014, 353 – Rz. 38.
3 Ausführlich *Stadie* in R/D, § 2 UStG Anm. 518 ff.; *Stadie*, UR 2011, 569; zust. *Englisch* in T/L, § 17 Rz. 142; *Beiser*, UR 2012, 54.
4 Zutreffend noch BFH v. 17.7.1980 – V R 5/72, BStBl. II 1980, 622; BFH v. 9.6.1994 – V R 108/93, UR 1995, 333.
5 Zur Frage der *Selbständigkeit* der Geschäftsführer und Vorstände von Kapitalgesellschaften und anderen **juristischen Personen** s. § 2 Rz. 49; zum geschäftsführenden Gesellschafter einer von ihm beherrschten GmbH s. § 2 Rz. 51.
6 So noch zutreffend BFH v. 9.4.1994 – V R 108/93, UR 1995, 333.
7 Nicht zu verwechseln mit der vom Gesetz in § 2 Abs. 2 Nr. 2 UStG gewählten verfehlten Bezeichnung „Organschaft" für die umsatzsteuerrechtliche Zusammenfassung mehrerer Unternehmen (dazu § 2 Rz. 252 ff.).
8 Abschn. 1.6 Abs. 3 Satz 6, Abschn. 2.2 Abs. 2 Beispiel 3 UStAE.

Rz. 161) und verkennen, dass Kommanditisten keine derartige Geschäftsführungstätigkeit ausüben können (§ 164 HGB).

Bei der „**Vertretungstätigkeit**" kann sich die Frage, ob damit eine Leistung erbracht wird, überhaupt nicht stellen, da es eine Vertretungstätigkeit gar nicht geben kann, weil diese stets Geschäftsführungstätigkeit ist.[1] Der geschäftsführende Gesellschafter benötigt Vertretungsmacht für solche Geschäftsführungsmaßnahmen, die den Abschluss von Verträgen oder andere Rechtsgeschäfte darstellen (vgl. §§ 125 ff. HGB). Auch das **Tragen** des **Haftungsrisikos** durch einen Gesellschafter (Komplementär) ist entgegen BFH[2] keine Leistung im umsatzsteuerrechtlichen Sinne, da es schon an der Verschaffung eines geldwerten Nutzens (Rz. 10) mangelt, denn wenn die Haftung sich verwirklicht, ist es nichts anderes als die Befreiung der Kommanditisten vom Einstehenmüssen für die gemeinsamen Verbindlichkeiten.[3] Jedenfalls aber ist es wie die Geschäftsführung keine marktfähige Leistung. 37

Das **BMF** differenziert in der Frage, ob eine Gegenleistung vorliegt, völlig **willkürlich** danach, ob eine **gewinnunabhängige**, d.h. als Aufwand behandelte Vergütung gezahlt wird **oder** ob im Rahmen der Ergebnisverwendung ein **Gewinnvoraus** vereinbart ist.[4] Damit ist man wieder dort angelangt, wo man vor der zutreffenden BFH-Entscheidung aus 1980 war.[5] 38

Die Verneinung von Leistungen (gegen Entgelt) ist bei der Geschäftsführungstätigkeit auch und vor allem im Hinblick auf den Grundsatz der **Rechtsformneutralität** (Vorbem. Rz. 48 f., 77 ff.) geboten. Wirtschaftsteilnehmer, die die gleichen Umsätze bewirken, dürfen bei der Besteuerung nicht unterschiedlich behandelt werden (Vorbem. Rz. 46 u. Rz. 78). Ist die Personengesellschaft **nicht** oder nicht zum vollen **Vorsteuerabzug** berechtigt, so würde die auf die Geschäftsführungsvergütung entfallende nichtabziehbare Umsatzsteuer zum **Kostenfaktor**. Diese Umsatzsteuerbelastung resultiert allein aus der gewählten Rechtsform und dem Umstand, dass die Geschäftsführungstätigkeit gesondert abgegolten wird. Die Sichtweise des BFH bewirkt deshalb einen **Wettbewerbsnachteil**[6] der Personengesellschaft **gegenüber** dem **Einzelunternehmer**, der nicht mit Umsatzsteuer auf seine Geschäftsführungstätigkeit belastet ist, **und** gegenüber der **Kapitalgesellschaft**, bei der die Geschäftsführervergütung richtigerweise nicht der Umsatzsteuer unterliegen darf (§ 2 Rz. 49 f., 81). Bei einer typischen **GmbH & Co. KG** kann das Ergebnis richtigerweise durch Annahme eines **Organschaftsverhältnisses** vermieden werden (§ 2 Rz. 300 f.). 39

---

1 Das verkennen: BFH v. 6.6.2002 – V R 43/01, BStBl. II 2003, 36; BFH v. 3.3.2011 – V R 24/10, BStBl. II 2011, 950; Abschn. 1.6 Abs. 3 Satz 6 u. Abs. 4 UStAE.
2 BFH v. 3.3.2011 – V R 24/10, BStBl. II 2011, 950; ebenso FG Nds. v. 25.2.2010 – 16 K 347/09, EFG 2010, 1258; Abschn. 1.6 Abs. 6 UStAE.
3 Vgl. auch FG Berlin-Bdb. v. 19.2.2007 – 7 B 7378/06 B, EFG 2007, 1112.
4 Abschn. 1.6 Abs. 4 Satz 4 f. UStAE.
5 Vgl. BFH v. 19.7.1973 – V R 157/71, BStBl. II 1973, 764; BMF v. 21.8.1975 – IV A 2 - S 7105 - 12/75, BStBl. I 1975, 994.
6 Zust. Becker/Englisch, UR 2009, 701 (707).

### cc) Nicht nur Leistung an die Allgemeinheit

40 Eine umsatzsteuerrechtliche Leistung liegt nur dann vor, wenn der Vorteil einem **identifizierbaren Verbraucher** und **nicht** nur der **Allgemeinheit** in Form des Staates zugutekommt[1] (*Beispiel:* Einschränkung der Produktion durch Landwirte gegen Zahlungen der öffentlichen Hand[2]). Der Allgemeinheit kann kein geldwerter Vorteil verschafft werden, soweit Personen gegen **Zahlungen der öffentlichen Hand** ein **aus strukturpolitischen, volkswirtschaftlichen oder allgemeinpolitischen Gründen erwünschtes Verhalten** zeigen.[3] Die Annahme einer Leistung mit der Folge, dass wegen der Besteuerung die Zahlung des Staates um die Umsatzsteuer erhöht werden müsste, widerspräche dem Zweck der Steuer. Diese soll nämlich dem Staat Einnahmen verschaffen, was nicht der Fall wäre, weil der Staat nur den Betrag an Steuer zurückerhielte, den er zuvor als Teil der öffentlichen Mittel ausgezahlt hätte. In Deutschland würde zudem, da die Umsatzsteuer eine Gemeinschaftsteuer ist (Art. 106 Abs. 3 GG), d.h. Bund und Ländern gemeinsam zusteht (*Vorbem. Rz. 34*), eine ungewollte Finanzausgleichswirkung eintreten.

41 Folglich stehen auch **Zuschüssen, Subventionen** (Verlustübernahmen) und anderen Zahlungen[4] seitens der **öffentlichen Hand**, durch die für die o.g. Zwecke erwünschte Tätigkeiten gefördert werden sollen, keine Leistungen der Zahlungsempfänger gegenüber, so dass **keine Leistungen gegen Entgelt** vorliegen (sie sind deshalb auch nicht anteilig nach § 10 Abs. 1 Satz 3 UStG den Bemessungsgrundlagen der Leistungen zuzuschlagen, die die Zahlungsempfänger gegenüber ihren Kunden erbringen, § 10 Rz. 66). Das ist z.B. der Fall bei Zuwendungen zur Förderung von **Forschungs- und Entwicklungsvorhaben**[5] oder bei der Filmförderung.[6]

42 **Dient** hingegen das Verhalten der **konkreten Aufgabenerfüllung**[7] oder **Wahrnehmung** der **Interessen** einer **juristischen Person des öffentlichen Rechts** (auch Religionsgemeinschaft[8]), so wird dieser grundsätzlich ein wirtschaftlicher Vorteil

---

1 EuGH v. 29.2.1996 – C-215/94, EuGHE 1996, I-959 = UR 1996, 119; EuGH v. 18.12.1997 – C-384/95, EuGHE 1997, I-7387 = UR 1998, 102; BFH v. 11.4.2002 – V R 65/00, BStBl. II 2002, 782 (784).
2 EuGH v. 29.2.1996 – C-215/94, EuGHE 1996, I-959 = UR 1996, 119; EuGH v. 18.12.1997 – C-384/95, EuGHE 1997, I-7387 = UR 1998, 102; ebenso BFH v. 30.1.1997 – V R 133/93, BStBl. II 1997, 335 – Brachlegung von Ackerflächen.
3 Vgl. BFH v. 24.8.2006 – V R 19/05, BStBl. II 2007, 187; BFH v. 27.11.2008 – V R 8/07, BStBl. II 2009, 397; BFH v. 18.12.2008 – V R 38/06, BStBl. II 2009, 749; BFH v. 18.6.2009 – V R 4/08, BStBl. II 2010, 310.
4 Zu Aufwendungsersatz bei Personalfreistellungen s. Abschn. 1.1 Abs. 16 UStAE; OFD Hannover v. 17.6.2008 – S 7100 - 37 - StO 171, UR 2008, 709; OFD Münster v. 3.7.2008 – S 7100 - USt 9/2008, UR 2008, 709.
5 Vgl. Abschn. 10.2 Abs. 7 ff. UStAE.
6 BFH v. 24.8.1967 – V 31/64, BStBl. III 1967, 717.
7 Es muss sich nicht um Pflichtaufgaben handeln; BFH v. 18.6.2009 – V R 4/08, BStBl. II 2010, 310 – 2a bb der Gründe; BFH v. 5.8.2010 – V R 54/09, BStBl. II 2011, 191 – Rz. 14.
8 Vgl. BFH v. 27.11.2008 – V R 8/07, BStBl. II 2009, 397 – kirchliche Medienarbeit durch einen Verein gegen „Finanzzuweisungen" der Landeskirche; a.A. *Lippross*, DStR 2009, 781.

verschafft, so dass eine **Leistung (gegen Entgelt)** gegeben ist.[1] **Ohne Bedeutung** ist der Umstand, dass die juristische Person des öffentlichen Rechts die Mittel nicht frei vergeben darf und an einen entsprechenden **Haushaltsbeschluss** gebunden ist. Ob die Zahlung Gegenleistung für die erbrachte Leistung ist, ergibt sich nicht aus der haushaltsrechtlichen Erlaubnis zur Ausgabe, sondern aus dem Grund der Zahlung.[2]

Das ist z.B. der Fall bei der Überlassung von Kfz-Stellplätzen an die Allgemeinheit im Auftrag einer Gemeinde[3], bei Durchführung eines Stadtjubiläums[4], bei der Ausführung von **Sanierungsaufgaben** im Auftrag einer Gemeinde[5], bei der **Abwasserbeseitigung**[6], dem **Betrieb** eines **Schwimmbades** u.ä. Einrichtungen[7] (sofern die Ausgleichszahlungen nicht als Entgelt von Dritter Seite i.S.d. § 10 Abs. 1 Satz 3 UStG [*§ 10 Rz. 61*] anzusehen sind[8]) oder der **Organisation** des **öffentlichen Personennahverkehrs**[9] und entgegen der Rechtsprechung auch bei Zahlung einer **Restwertentschädigung** für einen **Gebäudeabbruch** in einem Sanierungsgebiet[10] (einschließlich der Erstattung von Abbruchkosten[11]) und bei **Zuschüssen** einer Gemeinde **an** einen **Verkehrsverein**.[12] Ein konkreter Vorteil wird einer Gemeinde auch bei dem **Verzicht** auf das **Weiterbetreiben** eines **genehmigten Vorhabens**[13] oder dem Verzicht auf die **Bebauung** eines Grundstücks[14] verschafft.

---

1 Vgl. BFH v. 29.6.2007 – V B 28/06, UR 2007, 849 – Durchführung von Arbeitsförderungsprojekten für Kommunen; BFH v. 27.11.2008 – V R 8/07, BStBl. II 2009, 397 – Medienarbeit für eine Landeskirche; BFH v. 5.8.2010 – V R 54/09, BStBl. II 2011, 191 – Verwaltung von Sporthallen einer Gemeinde; BFH v. 5.4.2011 – XI S 28/10, BFH/NV 2011, 1747 – Übertragung einer sog. Milchquote auf staatliche Verkaufsstelle.
2 V. 18.12.2008 – V R 38/06, BStBl. II 2009, 749 (752 a.E.); FG Sachs. v. 21.2.2014 – 6 K 982/09, juris; a.A. Abschn. 10.2 Abs. 8 UStAE.
3 Vgl. BFH v. 13.11.1997 – V R 11/97, BStBl. II 1998, 169; BFH v. 2.9.2008 – V B 11/07, BFH/NV 2009, 53.
4 BFH v. 18.12.2008 – V R 38/06, BStBl. II 2009, 749.
5 Vgl. BFH v. 11.4.2002 – V R 65/00, BStBl. II 2002, 782.
6 Vgl. BFH v. 20.12.2001 – V R 81/99, BStBl. II 2003, 213; BFH v. 8.11.2007 – V R 20/05, BStBl. II 2009, 483 = UR 2008, 425.
7 BFH v. 18.6.2009 – V R 4/08, BStBl. II 2010, 310 = UR 2009, 793; BFH v. 19.11.2009 – V R 29/08, UR 2010, 336; BFH v. 19.11.2009 – V R 29/08, BFH/NV 2010, 701; BFH v. 11.2.2010 – V R 30/08, BFH/NV 2010, 2125; BFH v. 5.8.2010 – V R 54/09, BStBl. II 2011, 191.
8 BFH v. 18.6.2009 – V R 4/08, BStBl. II 2010, 310 = UR 2009, 793.
9 FG Schl.-Holst. v. 29.8.2011 – 4 K 51/10, DStRE 2012, 698.
10 BFH v. 26.10.00 – V R 10/00, UR 2001, 60; FG BW v. 1.6.2005 – 12 K 334/03, EFG 2005, 1386; vgl. aber auch BFH v. 30.3.2004 – V B 125/03, BFH/NV 2004, 1300; BFH v. 18.1.2005 – V R 17/02, BFH/NV 2005, 1394; OFD Hannover v. 1.11.2006 – S 7100 - 508 - StO 172, UR 2007, 391.
11 So aber zutreffend noch BFH v. 26.4.1995 – XI R 75/94, BStBl. II 1995, 746.
12 **A.A.** BFH v. 22.7.1999 – V R 74/98, BFH/NV 2000, 240; BFH v. 26.10.2000 – V R 12/00, BFH/NV 2001, 494; FG Köln v. 21.11.2012 – 4 K 526/11, EFG 2013, 888.
13 BFH v. 24.8.2006 – V R 19/05, BStBl. II 2007, 187.
14 Vgl. BFH v. 23.3.2009 – XI B 89/08, BFH/NV 2009, 976.

#### dd) Nicht: Gesamtrechtsnachfolge

43 Keine Leistung liegt vor, wenn Unternehmensvermögen **kraft Gesetzes** auf einen anderen übergeht (**Gesamtrechtsnachfolge**). Beispiele: **Erbfall** (§ 1922 BGB); **Verschmelzung** und Spaltung (grundsätzlich; *Rz. 138*) u.Ä. Vorgänge nach dem Umwandlungsgesetz. In diesen Fällen erfolgt der Übergang des Vermögens als Gesamtheit in einem Akt. Zudem liegen regelmäßig keine zwei Beteiligten vor. Der Rechtsnachfolger tritt kraft gesetzlicher Anordnung in alle vermögenswerten fertigen und unfertigen Rechtslagen ein (*§ 2 Rz. 231 ff.*). Leistungen liegen deshalb auch dann nicht vor, wenn dem Erbanfall ein **Erbvertrag** (*§ 2 Rz. 230*) oder den Vermögensübergängen nach dem UmwG Willenserklärungen in Gestalt von Gesellschafterbeschlüssen vorangehen, die den gesetzlichen Vermögensübergang auslösen (*§ 2 Rz. 248*). Hingegen liegen Leistungen im Falle der sog. Geschäftsveräußerung i.S.d. § 1 Abs. 1a UStG vor; sie sind indes nicht steuerbar (*Rz. 125*).

### d) Freiwilligkeit?

44 aa) Nach **herrschender Meinung** im Schrifttum ist für das Vorliegen einer umsatzsteuerrechtlichen Leistung ein **Leistungswille** erforderlich.[1] Auch der **BFH** hat die Willentlichkeit der Leistungserbringung betont.[2] Diese bislang früher ebenfalls von der Finanzverwaltung vertretene Ansicht[3] findet sich im UStAE nicht mehr. Der EuGH-Rechtsprechung ist diesbezüglich nichts Klares zu entnehmen. Allerdings spricht das häufig vom EuGH geforderte „Rechtsverhältnis", in dessen Rahmen gegenseitige Leistungen „ausgetauscht" werden (*Rz. 76*) und welches sogar einmal als „synallagmatisches" bezeichnet worden ist[4], eher für die Willentlichkeit der Leistungserbringung. Insbesondere bei *„echtem"* Schadensersatz würde das bedeuten, dass eine Leistung des Zahlungsempfängers zu verneinen wäre, obwohl bei diesem eine Beeinträchtigung seiner Güter oder ein Nutzenverzehr (Verbrauch) eingetreten war (*Rz. 56 ff.*).

45 Für das Erfordernis der Freiwilligkeit könnte § 1 Abs. 1 Nr. 1 **Satz 2** UStG sprechen, wonach die Steuerbarkeit nicht entfällt, wenn ein Umsatz **auf Grund gesetzlicher oder behördlicher Anordnung** ausgeführt wird oder **nach gesetzlicher Vorschrift** als ausgeführt gilt.[5] Damit soll zum Ausdruck gebracht werden,

---

1 *Englisch* in T/L, § 17 Rz. 90 – „bewusst"; *Reiß* in T/L, 20. Aufl. 2010, § 14 Rz. 14 – Leistung als vom Willen beherrschtes Verhalten, Rz. 33; *Nieskens* in R/D, § 1 UStG Anm. 430.
2 BFH v. 26.10.2000 – V R 12/00, BFH/NV 2001, 494: „um der Gegenleistung willen"; BFH v. 8.10.2008 – XI R 66/07, BFH/NV 2009, 616: Eine Leistung i.S.d. § 1 Abs. 1 Nr. 1 UStG wird von einem Unternehmer nur dann „ausgeführt", wenn sie „seinem Willen entspricht".
3 Abschn. 1 Abs. 1 Satz 3 UStR 2008.
4 EuGH v. 3.9.2009 – C-37/08, EuGHE 2009, I-7533 = UR 2009, 887 – Rz. 23. Demgegenüber betonen BFH und Finanzverwaltung, dass es auf einen synallagmatischen Zusammenhang nicht ankomme, vgl. BFH v. 15.4.2010 – V R 10/08, BStBl. II 2010, 879 – Rz. 34; Abschn. 1.1 Abs. 1 Satz 3 UStAE.
5 In ähnlicher Weise bestimmt Art. 14 Abs. 2 Buchst. a MwStSystRL, dass die Übertragung des Eigentums an einem Gegenstand gegen Zahlung einer Entschädigung auf Grund einer behördlichen Anordnung oder kraft Gesetzes als Lieferung i.S.d. Art. 14 Abs. 1 MwStSystRL gilt. Demgegenüber formuliert Art. 25 Buchst. c MwStSystRL, dass

dass insbesondere die **Eigentumsübertragung kraft Gesetzes** (z.B. im Falle der **Zwangsversteigerung**[1]) genauso besteuert wird, wie die auf vertraglicher Grundlage erfolgende Lieferung. Dasselbe gilt, wenn im Falle der **Enteignung** das Eigentum durch Gesetz oder Verwaltungsakt gegen den Willen des Betroffenen übertragen wird.

Auf den ersten Blick scheint im Umkehrschluss aus dieser Vorschrift zu folgen, dass in anderen Fällen der unfreiwilligen Güterabgabe eine Leistung nicht angenommen werden darf. Die Vorschrift steht jedoch seit 1919 unverändert im Gesetz und hatte damals offensichtlich nur die typischen Fälle erwähnt, ohne damit die atypischen ausschließen zu wollen.[2] Die gegenteilige Auffassung wäre auch nicht mit dem Gleichheitssatz zu vereinbaren. Die Vorschrift fingiert deshalb nicht etwa für die genannten Zwangsvorgänge Leistungen, sondern **stellt lediglich klar**, dass auch bei **unfreiwilligen Güter- und Nutzungsabgängen** Leistungen vorliegen („Die Steuerbarkeit entfällt nicht ..."). Die Bestätigung findet sich in **Art. 25 Buchst. c MwStSystRL**, wonach eine Dienstleistung „unter anderem" bestehen kann in der Erbringung einer Dienstleistung auf Grund einer behördlichen Anordnung oder kraft Gesetzes. 46

**bb)** Entsprechendes gilt für die **Unfreiwilligkeit** auf der Seite des **Empfängers** (**aufgedrängte Leistungen**). Ist dieser kraft Gesetzes (**Anschluss- oder Benutzungszwang**) oder unter dem Gesichtspunkt der **Geschäftsführung ohne Auftrag** (Handeln in seinem mutmaßlichen Willen) zur Entrichtung einer Gegenleistung oder zum **Aufwendungsersatz** für den objektiv bei ihm eingetretenen geldwerten Vorteil verpflichtet, so ist sein entgegenstehender Wille für die Bejahung einer Leistung unbeachtlich[3] (vgl. auch *Rz. 55*). Der Gesetzeszweck verlangt diese Interpretation, da der Empfänger Verbraucher des erlangten Vorteils ist und dafür etwas aufwendet. Auf den zivil- oder öffentlich-rechtlichen Unterbau des Vorgangs darf es deshalb nicht ankommen. So erbringt ein sog. **Abmahnverein** Leistungen gegen Aufwendungsersatz.[4] Dieser Grundsatz ist auch auf die **Abmahnung** von Wettbewerbern **durch** den **betroffenen Unternehmer** selbst zu übertragen[5], da den Abgemahnten ein Vorteil in Gestalt der Vermeidung eines Prozesses verschafft wird, der auch Gegenstand eines auf Beratung gerichteten Vertrages sein könnte. Entgegen BGH[6] stellt demgemäß auch das Tätigwerden eines **Rechtsanwalts in eigener Sache** eine Leistung im umsatzsteuerrechtlichen Sinne dar.[7] 47

---

eine Dienstleistung auch „bestehen kann" in der Ausführung eines Dienstes auf Grund einer behördlichen Anordnung oder kraft Gesetzes.
1 Bei dieser liefert mit dem Zuschlag (§ 90 ZVG), der den Übergang des Eigentums bewirkt, der Vollstreckungsschuldner an den Ersteher, BFH v. 19.12.1985 – V R 139/76, BStBl. II 1986, 500; BFH v. 16.4.1997 – XI R 87/96, BStBl. II 1997, 585 (588).
2 Das gilt auch für Art. 14 Abs. 2 MwStSystRL.
3 BFH v. 28.1.1988 – V R 112/86, BStBl. II 1988, 473 (477) – „Unerheblich ist, ob die Leistung vom Empfänger erwünscht ist"; BFH v. 16.1.2003 – V R 92/01, BStBl. II 2003, 732.
4 BFH v. 16.1.2003 – V R 92/01, BStBl. II 2003, 732; dazu näher *Stadie* in R/D, § 2 UStG Anm. 268.
5 A.A. FG Münster v. 3.4.2014 – 5 K 2386/11, EFG 2014, 1334 – Rev.-Az. XI R 27/14.
6 BGH v. 25.11.2004 – I ZB 16/04, UR 2005, 156 – unter Verstoß gegen das Alleinentscheidungsrecht der Finanzbehörden in Umsatzsteuerfragen (*Rz. 59 aE*).
7 *Stadie* in R/D, Einf. Anm. 1013 ff.

Demgemäß liegt auch Kosten der **Verwahrung** u.ä. Kosten, die der Abnehmer einer Lieferung bei **Annahmeverzug** ersetzt, trotz fehlender Vereinbarung eine Leistung im umsatzsteuerrechtlichen Sinne zugrunde, da dem Abnehmer mit der Verwahrung des Gegenstandes ein Nutzen verschafft worden war.

**2. Leistung bei Entschädigungszahlungen u.Ä.**

**a) Begriffliches**

48 Üblicherweise wird bei Entschädigungszahlungen zwischen „**echtem**" und „**unechtem**" **Schadensersatz** unterschieden.[1] Diese **Differenzierung** ist schon methodisch **unsinnig**, da die Schlagwörter keinerlei inhaltliche Aussagekraft haben und das Umsatzsteuergesetz den Begriff des Schadensersatzes überhaupt nicht kennt. Die Unterscheidung ist auch insofern verfehlt, weil in den Fällen des sog. unechten Schadensersatzes gerade zumeist kein Schadensersatz im zivilrechtlichen Sinne vorliegt. Die gesamte Begrifflichkeit ist mehr als überflüssig, da sie keinerlei Erkenntnisgewinn bringt, sondern im Gegenteil die Problematik nur vernebelt. Nach dem Gesetz (§ 1 Abs. 1 Nr. 1 Satz 1 UStG) ist stets schlicht und einfach **zu fragen, ob** der Entschädigungs- bzw. Ausgleichszahlung, wie auch immer sie im Einzelfall bezeichnet sein mag *(Rz. 77)*, eine **Leistung** *(Rz. 10)* **des Zahlungsempfängers** gegenübersteht. Bei einem richtigen Verständnis des Leistungsbegriffes zeigt sich, dass die h.M. zum sog. echten Schadensersatz auch inhaltlich in den meisten Fällen unzutreffend ist *(Rz. 56 ff.)*.

**b) Vorzeitige Vertragsauflösung, Rechtsverzicht**

49 Bei vorzeitiger Auflösung eines Vertrages (**Rücktritt, Kündigung** oder einvernehmliche **Aufhebung**) erbringt derjenige, der die Entschädigung (Schadensersatz, Abstandszahlung, Abfindung, Vertragsstrafe o.Ä.) erhält, nur dann eine Leistung, wenn dem anderen Teil für seine Zahlung ein geldwerter verbrauchbarer Nutzen verschafft wird *(Rz. 10)*. Das ist nicht der Fall, wenn lediglich die **vergeblichen Aufwendungen** (Kosten der Vorbereitungshandlungen) oder der **entgangene Gewinn** des ursprünglich zur Leistung Verpflichteten abgegolten werden. Damit wird nur ein (Geld-)Vermögensschaden ersetzt, dem kein geldwerter (verbrauchbarer) Nutzen des Zahlenden gegenübersteht, weil er aus den zu entschädigenden Aufwendungen keinen Vorteil erlangt hat. Die Auflösung des Vertrages befreit ihn lediglich von einer höheren Zahlungsverpflichtung; er spart mithin lediglich Geld[2] (vgl. *Rz. 30 ff.*). Beispiele: **Stornierung** eines **Reisevertrages** im Interesse des Kunden; der dafür zu zahlenden Entschädigung i.S.d. § 651i Abs. 2 BGB liegt keine Leistung des Reiseveranstalters zugrunde, weil der Kunde lediglich von der Zahlung des vollen Reisepreises befreit wird; einen ver-

---

1 Vgl. BFH v. 24.8.1995 – V R 55/94, BStBl. II 1995, 808 (810); BFH v. 26.3.1998 – XI B 73/97, BFH/NV 1998, 1381; Abschn. 1.3 Abs. 1 UStAE; *Reiß*, Rz. 124 – S. 11; *Birkenfeld* in B/W, § 32a Rz. 31 ff.; *Oelmaier* in S/R, § 1 UStG Rz. 101 f.; *Lippross*, 2.2.6.2 u. 2.2.6.5.; *Nieskens* in R/D, § 3 UStG Anm. 370.
2 Das verkennt der BFH v. 7.7.2005 – V R 34/03, BStBl. II 2007, 66 = UR 2005, 663 m. Anm. *D. Hummel*; zutreffend hingegen die Vorinstanz, FG Hess. v. 28.4.2003 – 6 K 982/99, EFG 2003, 1421; vgl. auch *Reiß*, UR 2008, 58.

brauchbaren Nutzen erhält er nicht.[1] **Vorzeitige Auflösung** eines **Beratungsvertrages**; dem Auftraggeber wird damit entgegen BFH[2] kein verbrauchbarer Nutzen verschafft.[3] Entsprechendes gilt für sog. **Bereitstellungsentgelte** bei nicht durchgeführten Zwangsräumungen.[4] Der **Verzicht** auf einen schuldrechtlichen Anspruch ist deshalb entgegen ständiger Rechtsprechung nicht ohne Weiteres eine umsatzsteuerrechtliche Leistung (*Rz. 54*).

Anders liegt es, *soweit*[5] bei einem **vorzeitig aufgelösten Werklieferungs- o.ä. Vertrag** der Besteller das unfertige Werk, die Materialien, Pläne o.Ä. erhält.[6] In diesem Fall erlangt der Besteller das unfertige Werk usw. als „verbrauchbaren" Vorteil (vgl. auch *§ 13 Rz. 15*).   50

Muss beim **Rücktritt** von einem Kaufvertrag mit **Eigentumsvorbehalt** (vgl. *§ 3 Rz. 34*) oder in **ähnlichen Fällen** (vgl. auch *§ 17 Rz. 77*) der Käufer für die Dauer des Besitzes (kraft Gesetzes oder Vereinbarung) eine **Nutzungsentschädigung (-vergütung)** zahlen, so liegt dieser eine sonstige Leistung zugrunde.[7] Unter Verbrauchsteuergesichtspunkten ist von einem Nutzungsverhältnis auszugehen, da für den erlangten Gebrauchsnutzen etwas gezahlt wird. Aus diesem Grund muss auch bei einer Entschädigungszahlung wegen übermäßiger Abnutzung oder Beschädigung der Sache eine Leistung (gegen Entgelt) angenommen werden (vgl. auch *Rz. 63* zum **Minderwertausgleich** bei vorzeitiger Beendigung eines **Leasingvertrages**).   51

Bei **vorzeitiger Auflösung** eines **Vertrages über** die **Nutzung einer** bereits *übergebenen* **Sache oder eines Rechts** (Mietvertrag o.Ä.) liegt eine Leistung vor, wenn die Vertragsauflösung **im Interesse des zur Nutzungsüberlassung Verpflichteten** erfolgt. Der andere Teil verschafft diesem dann einen geldwerten Nutzen, der darin liegt, dass er den Gegenstand vorzeitig wieder selbst nutzen oder anderweitig verwerten kann[8] (Beispiele: Auflösung eines Mietvertrages **auf Betreiben des Vermieters**; vorzeitige Auflösung eines Alleinvermittlungsauftrages[9]). War die   52

---

1 Vgl. BFH v. 16.12.1976, zit. nach *Birkholz*, UR 1977, 85; EuGH v. 18.7.2007 – C-277/05, EuGHE 2007, I-6415 = UR 2007, 643; *Reiß*, UR 2008, 58 (68); einschränkend Abschn. 25.1 Abs. 14 UStAE: nur im Falle des Rücktritts.
2 BFH v. 7.7.2005 – V R 34/03, BStBl. II 2007, 66 = UR 2005, 663; zur Auflösung eines Verlagsvertrags FG Hamburg v. 13.2.2013 – 5 K 280/10, MwStR 2013, 488 (dazu auch *Rz. 30*).
3 *D. Hummel*, UR 2005, 665; *Reiß*, UR 2008, 58 (65 f.).
4 BFH v. 30.6.2010 – XI R 22/08, BStBl. II 2010, 1084.
5 Die vorausgezahlte Gegenleistung bzw. gezahlte Vergütung (z.B. i.S.d. § 649 Satz 2 BGB) ist deshalb ggf. aufzuteilen; vgl. BFH v. 28.2.1980 – V R 90/75, BStBl. II 1980, 535 (537) – 1c der Gründe; BFH v. 24.4.1980 – V S 14/79, BStBl. II 1980, 541 (543 a.E.); BGH v. 22.11.2007 – VII ZR 83/05, BGHZ 175, 267 = UR 2008, 156; s. auch *§ 17 Rz. 66*.
6 Vgl. BFH v. 27.8.1970 – V R 159/66, BStBl. II 1971, 6; BFH v. 2.2.1978 – V R 128/76, BStBl. II 1978, 483; BFH v. 28.2.1980 – V R 90/75, BStBl. II 1980, 535; BFH v. 24.4.1980 – V S 14/79, BStBl. II 1980, 541.
7 *Stadie* in R/D, § 17 UStG Anm. 486 f.; FG Nds. v. 23.8.2001 – 5 K 115/96, DStRE 2003, 427.
8 *Stadie*, Vorsteuerabzug, S. 62 m.w.N.; *Englisch* in T/L, § 14 Rz. 42 m.w.N.; *Reiß*, UR 2008, 58 (65).
9 Vgl. BFH v. 16.11.1972 – V R 8/70, BStBl. II 1973, 171.

Sache hingegen noch nicht übergeben, so wird kein Nutzen verschafft, weil der Zahlungsempfänger mangels Besitzes noch nicht die Möglichkeit hatte, dem Vermieter usw. für die Dauer des Vertrages die Sache und damit die Nutzung vorzuenthalten. In einem solchen Fall steht der Zahlung kein geldwerter Nutzen gegenüber, weil der Zahlende die Sache und damit die Nutzungsmöglichkeit noch hatte.

53 Erfolgt die **Vertragsauflösung** hingegen **im Interesse des Nutzungsberechtigten**, so erbringt der andere Teil keine Leistung, da dem Zahlenden kein verbrauchbarer (geldwerter) Nutzen verschafft wird[1], sondern dieser lediglich von einer Geldzahlungsverpflichtung befreit wird[2] (*Beispiel:* Vorzeitige Auflösung eines Mietverhältnisses **auf Betreiben des Mieters**). Entsprechendes gilt bei der vorzeitigen **Kündigung** eines **Leasingvertrages** bezüglich der Ausgleichszahlungen des Leasingnehmers für künftige Leasingraten[3] (zum sog. Minderwertausgleich s. Rz. 63).

54 Die **Entlassung des zu Dienstleistungen Verpflichteten** aus seinem Vertrag verschafft diesem keinen geldwerten Nutzen, da er lediglich von Schadensersatzverpflichtungen bei Nichttätigwerden befreit wird[4] (s. auch *Rz. 49* a.E. und *Rz. 30*). Anders liegt es bei **Freigabe zugunsten eines Dritten** (*Beispiel:* Freikauf eines Fußballspielers aus einem laufenden Vertrag gegen eine **Ablöseentschädigung**).

Der **Verzicht auf** einen vertraglichen oder gesetzlichen Anspruch oder eine ähnliche **Rechtsposition (Rechtsverzicht)** ist nach alledem nicht ohne weiteres eine umsatzsteuerrechtliche Leistung[5], sondern nur dann, wenn dem anderen (dem Zahlenden) ein geldwerter (verbrauchbarer) Nutzen verschafft wird (*Rz. 10* u. *Rz. 30*).[6] Das ist z.B. beim **Verzicht** auf ein **durch Vormerkung gesichertes Ankaufsrecht** für ein Grundstück der Fall, denn dadurch wird dem Eigentümer die freie Verfügungsbefugnis über das Grundstück und damit ein geldwerter Nutzen verschafft.[7] Auch der Verzicht auf die Ausübung eines **Anfechtungsrechts** nach

---

1 *Stadie*, Vorsteuerabzug, S. 62 f.; *Ruppe/Achatz*, UStG, 4. Aufl. Wien 2011, § 1 Rz. 240; *Reiß*, UR 2008, 58 (65 ff.); BFH v. 24.8.1995 – V R 55/94, BStBl. II 1995, 808 (810) – Leasing-Vertrag; vgl. auch FG Hess. v. 28.4.2003 – 6 K 982/99, EFG 2003, 1421; unklar EuGH v. 15.12.1993 – C-63/92, EuGHE 1993, I-6665 = BStBl. II 1995, 480 = UR 1994, 225.
2 Das verkennen BFH v. 21.5.1992 – V R 66/86, BFH/NV 1995, 343; BFH v. 26.3.1998 – XI B 73/97, BFH/NV 1998, 1381; BFH v. 23.1.2002 – V B 161/01, BFH/NV 2002, 553; BFH v. 7.7.2005 – V R 34/03, BStBl. II 2007, 66 = UR 2005, 663 m. abl. Anm. *Hummel*; BFH v. 29.7.2009 – V B 156/08, BFH/NV 2010, 238; BFH v. 19.10.2010 – V B 103/09, UR 2011, 341 m. abl. Anm. *D. Hummel*; Abschn. 1.3 Abs. 13 Satz 1 UStAE.
3 Im Ergebnis ebenso Abschn. 1.3 Abs. 17 Satz 4 UStAE; offengelassen von BFH v. 29.7.2009 – V B 156/08, BFH/NV 2010, 238 – 2c der Gründe.
4 Das verkennt erneut BFH v. 16.1.2014 – V R 22/13, MwStR 2014, 333 – Rz. 23 f. – m. abl. Anm. *D. Hummel*; zutreffend hingegen die Vorinstanz FG München v. 20.2.2013 – 3 K 1620/12, EFG 2013, 1168. Dem BFH folgt nunmehr FG München v. 27.6.2014 – 2 K 596/12, juris.
5 So aber BFH v. 7.7.2005 – V R 34/03, BStBl. II 2007, 66 = UR 2005, 663; BFH v. 30.3.2011 – XI R 5/09, BFH/NV 2011, 1724 – Rz. 24; BFH v. 16.1.2014 – V R 22/13, MwStR 2014, 333 – Rz. 23 f.
6 Ebenso *Englisch* in T/L, § 17 Rz. 134.
7 Im Ergebnis ebenso BFH v. 3.9.2008 – XI R 54/07, BStBl. II 2009, 499.

Leistung §1

der **InsO** bezüglich einer Lieferung des Schuldners ist eine umsatzsteuerrechtliche Leistung[1], weil dem Erwerber damit die Verfügungsmacht über den Gegenstand verbleibt.

**c) Bereicherungsausgleich**

Ist ein Vertrag nichtig oder wird er unwirksam und kann der aus der Durchführung des vermeintlich wirksamen Vertrages erlangte Vorteil nicht mehr herausgegeben werden, so liegt dem gezahlten Bereichungsausgleich eine umsatzsteuerrechtliche Leistung zugrunde[2] (vgl. auch *Rz. 12, 59*). 55

**d) Rechtswidrige Nutzung einer Sache oder eines Rechts, Diebstahl**

Nach der ganz **herrschenden Auffassung** in Rechtsprechung und Schrifttum soll keine Leistung (gegen Entgelt) vorliegen, wenn ein Schaden erlitten wurde und der Schädiger dafür **Schadensersatz** zahlt, da der **Nutzen** (Vorteil) **gegen den Willen des Geschädigten** beim Schädiger eingetreten sei[3] (sog. echter Schadensersatz; *Beispiele:* **Diebstahl** eines Gegenstandes und anschließender Verbrauch desselben; **widerrechtliche Nutzung** einer durch Patent geschützten Erfindung). 56

Diese **zivilrechtlich geprägte, verkehrsteuerrechtliche** Sichtweise ist **verfehlt**, da sie dazu führt, dass der zu zahlende Schadensersatz „netto", d.h. ohne Umsatzsteuer zu berechnen ist. Die h.M. **verleitet** mithin **zum rechtswidrigen Verhalten** und führt zu unversteuertem Verbrauch (bei rechtskonformem Verhalten wäre ein Kaufvertrag bzw. Lizenzvertrag abgeschlossen worden und dem Nutzenden wäre Umsatzsteuer berechnet worden). Das widerspricht in eklatanter Weise dem Gesetzeszweck, der die Besteuerung der Leistungsfähigkeit (Zahlungsfähigkeit) des Verbrauchers im Auge hat (*Vorbem. Rz. 15, 17*). Danach darf allein maßgebend sein, *dass* ein Verbrauch stattgefunden hat und *dass* dafür Ersatz geleistet wird. Ohne Belang muss es sein, auf welcher rechtlichen Grundlage (Vertrag oder Gesetz) die Zahlung erfolgt. Das gebietet vor allem auch der **Gleichheitssatz**, der verlangt, dass wirtschaftlich gleiche Sachverhalte gleich zu besteuern sind und der Rechtsbrecher nicht begünstigt wird. 57

Der **Leistungsbegriff** muss deshalb **umsatzsteuerrechtlich autonom** bestimmt werden. Im Hinblick auf das Gesetzesziel ist eine Leistung nicht nur dann anzunehmen, wenn jemand einem anderen einen verbrauchbaren Vorteil freiwillig, d.h. im Rahmen eines Vertragsverhältnisses erbringt (zuwendet), sondern auch dann, wenn ein **anderer sich** auf Kosten des Berechtigten (rechtswidrig) einen **verbrauchbaren Vorteil** im Sinne eines geldwerten Nutzens **verschafft**. Es hält

---

1 Vgl. BFH v. 30.3.2011 – XI R 5/09, BFH/NV 2011, 1724 – Rz. 24.
2 Im Ergebnis ebenso BVerwG v. 16.11.2007 – 9 B 36.07, BFH/NV Beilage 2008, 117 f. – USt. als Teil eines öffentlich-rechtlichen Erstattungsanspruchs bei Nichtigkeit eines Erschließungsvertrages; BGH v. 6.8.2008 – XII ZR 67/06, BGHZ 178, 16 = UR 2009, 155 – Wertersatz bei nichtigem Mietvertrag.
3 BFH v. 10.2.1972 – V R 119/68, BStBl. II 1972, 403; BFH v. 13.3.1987 – V R 129/75, BStBl. II 1987, 465 (467); BFH v. 8.10.2008 – XI R 66/07, BFH/NV 2009, 616; Abschn. 1.3 Abs. 1 UStAE; *Popitz*, UStG, 3. Aufl. 1928, S. 360; *Englisch* in T/L, § 17 Rz. 131 ff.; *Reiß*, Rz. 29; *Husmann* in R/D, § 1 UStG Anm. 409.

sich im Rahmen des möglichen Wortsinns, den Begriff der **Leistung** als **Wertabgang** zu interpretieren (und die Ersatzzahlung als Abgeltung des erlangten Vorteils unter den Entgeltsbegriff i.S.d. § 1 Abs. 1 Nr. 1 UStG zu subsumieren).

58 Folglich ist in allen Fällen, in denen wegen **rechtswidriger Nutzung** einer **Sache** oder wegen Verletzung eines **Rechts** (**Patent, Urheberrecht** o.Ä.) Schadensersatz, eine Nutzungsentschädigung o.Ä. gezahlt wird, eine Leistung (gegen Entgelt) anzunehmen.[1]

Gleiches gilt, wenn wegen **Diebstahls** eines Gegenstandes, der wegen Verbrauchs nicht zurückgegeben werden kann, Schadensersatz geleistet wird. Die Entscheidung des EuGH, wonach der Diebstahl von Waren keine Lieferung von Gegenständen gegen Entgelt darstelle[2], steht dieser Auslegung nicht entgegen, da sie sich nicht auf die vorliegende Konstellation, sondern auf den nicht aufgedeckten Diebstahl als solchen bezieht und damit nur eine pure Selbstverständlichkeit ausspricht. Mangels einer Entschädigungszahlung kann sich die Frage der Steuerbarkeit des Vorgangs gar nicht stellen.

Auch der Zahlung von **Verzugszinsen** liegt eine Leistung zugrunde, da sich der Geldschuldner mit der verspäteten Zahlung zwangsweise einen Kredit verschafft und damit einen geldwerten Vorteil erlangt. Die Leistung ist allerdings steuerfrei nach § 4 Nr. 8 Buchst. a UStG (s. auch *§ 4 Nr. 8 Rz. 10*).

59 Die hier vertretene Sichtweise wird von der **Zivilrechtsprechung** als selbstverständlich zugrunde gelegt. So hat der BGH für den Fall der *unbefugten Stromentnahme* den Wertsatz nach § 818 Abs. 2 BGB oder nach § 251 Abs. 1 BGB in Höhe des üblichen Tarifs, d.h. einschließlich der Umsatzsteuer, bestimmt[3], was nur sachgerecht ist, wenn das Stromunternehmen die Umsatzsteuer auch schuldet, d.h. von einer Leistung (hier Lieferung) gegen Entgelt auszugehen ist. In gleicher Weise hat der BGH entschieden, dass *Nutzungsentschädigungen* wegen verspäteter Rückgabe einer Miet- oder Pachtsache nach § 557 Abs. 1 bzw. § 584b BGB Entgelte für Leistungen im Sinne des Umsatzsteuergesetzes und deshalb einschließlich Umsatzsteuer zu bestimmen sind[4] und dass Gleiches für Nutzungen i.S.d. § 987 Abs. 1, § 990 BGB[5] und des § 346 Abs. 2 BGB[6] gilt. (**Allerdings** verkennt diese Rechtsprechung, dass über die Umsatzsteuerpflicht eines Vorgangs nicht die Zivilgerichte zu entscheiden haben, sondern das **Alleinentscheidungsrecht** bei den **Finanzbehörden** liegt; *§ 18 Rz. 80; § 29 Rz. 46 ff.*)

---

1 A.A. FG Sachs. v. 9.10.2014 – 8 V 1346/13, juris – Entschädigung nach § 97 Abs. 2 UrhG wegen Urheberrechtsverletzung.
2 EuGH v. 14.7.2005 – C-435/03, EuGHE 2005, I-7077 = UR 2005, 491; EuGH v. 21.11.2013 – C-494/12, MwStR 2013, 774 – Rz. 30.
3 BGH v. 14.1.1992 – VI ZR 186/91, BGHZ 117, 29 = UR 1992, 233.
4 BGH v. 11.5.1988 – VII ZR 96/87, BGHZ 104, 285 = UR 1988, 279; BGH v. 6.12.1995 – XII ZR 228/93, UR 1996, 225.
5 BGH v. 22.10.1997 – XII ZR 142/95, MDR 1998, 94 = HFR 1998, 591; vgl. auch BGH v. 6.8.2008 – XII ZR 67/06, BGHZ 178, 16 = UR 2009, 155.
6 BGH v. 26.6.1991 – VIII ZR 198/90, BGHZ 115, 47 = MDR 1991, 1133; BGH v. 9.4.2014 – VIII ZR 215/13, MDR 2014, 713.

### e) Zerstörung oder Beschädigung einer Sache

Im Falle der Zerstörung oder Beschädigung einer Sache kann es vom Gesetzeszweck (*Vorbem. Rz. 17*) her für die Annahme einer Leistung nicht darauf ankommen, ob der Schädiger daraus einen Nutzen gezogen hat. Das zeigt sich, wenn ein Gegenstand **eines zum Vorsteuerabzug berechtigten Unternehmers** betroffen ist, der hinsichtlich der Reparatur oder Wiederbeschaffung den Vorsteuerabzug vornehmen kann. Dieser Vorteil soll nach einhelliger Auffassung im Zivilrecht dem Schädiger zugutekommen, da bei der Schadensberechnung die abziehbare Vorsteuer nach dem Grundsatz des Vorteilsausgleichs zu berücksichtigen sei.[1] Damit geht einher, dass nach Auffassung des **BMF**[2] der **Geschädigte keine Leistung** erbringe, der der Schadensersatz als Gegenleistung gegenüberstehe, so dass keine Umsatzsteuerbelastung eintritt (s. aber *Rz. 63* zum *Leasing-Minderwertausgleich*).

60

Diese Auffassung des **BMF verkennt**, dass wirtschaftlich gesehen der Schädiger die Reparaturleistung bzw. Ersatzleistung verbraucht, da er die Kosten trägt und folglich nur er Einkommen aufwendet (vgl. *Vorbem. Rz. 17*). Die Rechtsfolge ist ferner **willkürlich**, da die Höhe des Schadensersatzes nicht vom Zufall abhängen darf, ob der Geschädigte vorsteuerabzugsberechtigt ist oder nicht. Die Folge der h.M. ist, dass sich der Staat mit (derzeit) 19 % am Schaden beteiligt. Das Ergebnis ist schließlich auch deshalb *willkürlich*, weil es für die Umsatzsteuerbelastung des Schädigers nicht darauf ankommen darf, wer den Reparaturauftrag erteilt bzw. für die Ersatzbeschaffung gesorgt hat. Hätte der Geschädigte Naturalrestitution verlangt (§ 249 Abs. 1 BGB), so hätte der Schädiger die Werkstatt beauftragen bzw. den Ersatzgegenstand beschaffen und dann den Bruttorechnungsbetrag zahlen müssen. Zur Vermeidung gleichheitssatzwidriger Ergebnisse muss eine Leistung (gegen Entgelt) deshalb entgegen der h.M. auch dann angenommen werden, wenn (soweit) im Falle der Zerstörung oder Beschädigung einer Sache der **geschädigte** (vorsteuerabzugsberechtigte) **Unternehmer** die **Kosten der Wiederbeschaffung oder Reparatur vom Schädiger ersetzt erhält**. Nur so wird erreicht, dass derjenige, der die vom Geschädigten bezogene Ersatzlieferung oder Reparaturleistung ausgelöst hat und dessen Gegenleistung letztlich trägt, zutreffend als Verbraucher besteuert wird. Er hat die Substanz der Sache, im Falle der Beschädigung in deren Umfang, verbraucht und wendet dafür Einkommen oder Vermögen auf.

61

Richtigerweise erbringt deshalb der geschädigte Unternehmer im Falle der **Zerstörung** des Gegenstandes eine **Lieferung**[3] und im Falle der **Beschädigung** eine **sonstige Leistung**[4], soweit der Schädiger Schadensersatz leistet.[5] Dieser ist als die Gegenleistung anzusehen (vgl. *Rz. 75 ff., 80*), so dass ein steuerbarer Umsatz

62

---

1 BGH v. 6.6.1972 – VI ZR 49/71, UR 1972, 286; BGH v. 4.5.1982 – VI ZR 166/80, NJW 1982, 1864; BGH v. 30.1.1985 – IVa ZR 109/83, NJW 1985, 1222; BGH v. 22.5.1989 – X ZR 25/88, UR 1990, 128; BGH v. 14.9.2004 – VI ZR 97/04, UR 2005, 154; vgl. auch BGH v. 22.7.2010 – VII ZR 176/09, NJW 2010, 3085 – Rz. 16.
2 Abschn. 1.3 Abs. 1 Sätze 1 bis 3 UStAE.
3 A.A. BGH v. 14.3.2007 – VIII ZR 68/06, UR 2007, 416 – Totalschaden mit sog. Leasingfahrzeug.
4 Vgl. auch BFH v. 11.11.2004 – V R 30/04, BStBl. II 2005, 802: Duldung der Beschädigung des Grundstücks durch Mieter beim Errichten von Strommasten als sonstige Leistung.
5 Ebenso *D. Hummel*, UR 2006, 614.

i.S.d. § 1 Abs. 1 Nr. 1 UStG vorliegt. Die Steuerpflicht des Umsatzes führt dann dazu, dass der zu leistende Schadensersatz sich um den vom geschädigten Unternehmer geschuldeten Umsatzsteuerbetrag erhöht, mithin stets „brutto" zu berechnen ist, so dass der Schädiger dem Gesetzesziel entsprechend mit Umsatzsteuer belastet wird (folglich ist Umsatzsteuer i.S.d. § 249 Abs. 2 Satz 2 BGB angefallen[1]).

Dasselbe gilt, wenn der geschädigte Unternehmer sich den erforderlichen Betrag ersetzen lässt, ohne eine Reparatur oder Ersatzbeschaffung zu tätigen (sog. **abstrakte Schadensberechnung**), denn die Annahme einer Leistung des Geschädigten gegenüber dem Schädiger wird davon nicht berührt[2] (ist der **Schädiger Unternehmer** und erfolgte die schädigende Handlung im Rahmen seines Unternehmens, so kann er die ihm berechnete Steuer unter den weiteren Voraussetzungen des § 15 UStG als **Vorsteuer** abziehen).

63 (Nur) für den **Minderwertausgleich** des Mieters (bzw. sog. **Leasingnehmers**) bei einer Beschädigung oder übermäßigen Abnutzung der Mietsache war die Finanzverwaltung der hier vertretenen Auffassung[3] gefolgt und hatte einen Leistungsaustausch angenommen[4]. Demgegenüber hat der **BFH** – wie zuvor bereits der BGH[5], obwohl dieser auf Grund des Alleinentscheidungsrechts der Finanzämter (§ 18 Rz. 80; § 29 Rz. 46 ff.) darüber gar nicht befinden durfte[6] – entschieden, dass der Leasing-Minderwertausgleich für **Schäden** an einem Fahrzeug, die durch nicht vertragsgemäße Nutzung entstanden sind, nicht steuerbar sei[7]; das BMF folgt dem.[8] Das ist aus den zuvor genannten Gründen eine Verkennung des Zwecks der Umsatzbesteuerung[9] (zur Ausgleichszahlung für künftige Leasingraten s. *Rz. 53*).

64 Ist der **Geschädigte kein Unternehmer** oder nicht zum Ausweis der Steuer berechtigt, so verlangt der Zweck des Vorsteuerabzugs, d.h. der Neutralitätsgrundsatz des Mehrwertsteuersystems, dass der Schädiger als Leistungsempfänger der Reparaturleistung angesehen wird und zum Vorsteuerabzug aus der Rechnung, die auf den Geschädigten ausgestellt ist, berechtigt ist (*§ 15 Rz. 90*).

### 3. Fiktionen einer Leistung

65 In mehreren Fällen fingiert das Gesetz Leistungen, obwohl solche weder zivilrechtlich noch nach obiger Definition (*Rz. 10*) vorliegen:

---

1 *Stadie* in R/D, Einf. Anm. 994.
2 Mithin ist dem geschädigten Unternehmer richtigerweise auch in diesem Fall der Umsatzsteuerbetrag nach § 249 Abs. 2 Satz 2 BGB zu ersetzen; *Stadie* in R/D, Einf. Anm. 973.
3 Ausführlich dazu *D. Hummel*, UR 2006, 614; *Stadie*, UR 2011, 801.
4 Abschn. 1.3 Abs. 17 Satz 2 UStAE aF.
5 BGH v. 14.3.2007 – VIII ZR 68/06, UR 2007, 416; BGH v. 18.5.2011 – VIII ZR 260/10, UR 2011, 813; a.A. für den **Restwertabrechnungsanspruch** (Differenz zwischen kalkuliertem Restwert und Verwertungserlös) BGH v. 28.5.2014 – VIII ZR 241/13, BB 2014, 1935 – Rz. 38 ff.
6 *Stadie*, UR 2011, 801.
7 BFH v. 20.3.2013 – XI R 6/11, BStBl. II 2014, 206.
8 Abschn. 1.3 Abs. 17 Satz 2 UStAE n.F.
9 Ausführlich *D. Hummel*, UR 2006, 614; *Stadie*, UR 2011, 801.

- Bei der **Verkaufskommission** wird nach § 3 Abs. 3 UStG abweichend von den tatsächlichen und zivilrechtlichen Leistungsbeziehungen eine Lieferung seitens des Kommittenten gegenüber dem Kommissionär fingiert (*§ 3 Rz. 98 f.*);
- bei der sog. **Dienstleistungskommission** in Gestalt des „Dienstleistungsverkaufs" wird ebenfalls nach § 3 Abs. 11 UStG abweichend von den tatsächlichen und zivilrechtlichen Leistungsbeziehungen fingiert, dass der Auftraggeber eine Dienstleistung gegenüber dem Beauftragten erbringt (*§ 3 Rz. 194 f.*);
- beim dauerhaften **Verbringen** eines Unternehmensgegenstandes aus dem Inland **in das übrige Gemeinschaftsgebiet** zur Verfügung des Unternehmers wird für Zwecke der Vorsteuerentlastung von § 3 Abs. 1a UStG eine (entgeltliche) Lieferung fingiert;
- bei der **Entnahme** von Gegenständen oder Nutzungen werden von § 3 Abs. 1b Nr. 1 und § 3 Abs. 9a Nr. 1 UStG (entgeltliche) Lieferungen oder Dienstleistungen fingiert.

Von diesen Fiktionen sind solche zu unterscheiden, die den Umfang und/oder die Art der Leistung betreffen (s. § 3 Abs. 3 UStG bei der Einkaufskommission, *§ 3 Rz. 103*; § 3 Abs. 5 UStG bei der sog. Gehaltslieferung, *§ 3 Rz. 113*, und § 3 Abs. 10 UStG bei der sog. Umtauschmüllerei, *§ 3 Rz. 187*).

### 4. Personelle Zurechnung der Leistung

Die personelle Zurechnung der Leistung ist für die Frage von Bedeutung, welche **Person** bzw. welches Gebilde die **Leistung** i.S.d. § 1 Abs. 1 Nr. 1 UStG **ausgeführt** hat und damit, soweit die weiteren Voraussetzungen für die Steuerpflicht eines Umsatzes vorliegen, die dafür entstandene **Steuer schuldet** (sofern nicht der Empfänger der Leistung Steuerschuldner gem. § 13b UStG ist). Die Zurechnung ist ferner von Bedeutung, wenn das Gesetz in anderem Zusammenhang an „Leistungen" anknüpft, wie insbesondere bei der Pflicht zur Rechnungsausstellung gem. § 14 UStG und bei der Unternehmereigenschaft des Leistenden als Voraussetzung des Vorsteuerabzugs nach § 15 Abs. 1 Satz 1 Nr. 1 UStG. In diesen Fällen kann der **Zweck** des **Vorsteuerabzugs** bzw. der **Vertrauensschutz** eine **andere Zurechnung**, als sie im Rahmen des § 1 Abs. 1 Nr. 1 UStG zu erfolgen hat, **gebieten** (*§ 15 Rz. 190 f.*).

66

Die Frage wer **Empfänger** der Leistung ist, stellt sich im Rahmen des § 13b UStG (*§ 13b Rz. 112 ff.*) sowie beim Vorsteuerabzug (dazu *§ 14 Rz. 78 ff.* und *§ 15 Rz. 76 ff.*).

Für die Zurechnung der Leistung im Rahmen des § 1 Abs. 1 Nr. 1 UStG kommt es grundsätzlich darauf an, wer nach dem zugrunde liegenden – ggf. konkludent begründeten – Rechtsverhältnis (Vertrag) die Leistung zu erbringen hat und die **Gegenleistung fordern kann**.[1] Es gilt insoweit dasselbe wie für die Zurechnung

67

---

1 Vgl. BFH v. 28.1.1999 – V R 4/98, BStBl. II 1999, 628; BFH v. 31.1.2002 – V B 108/01, BStBl. II 2004, 622 m.w.N.; BFH v. 23.9.2009 – XI R 14/08, BStBl. II 2010, 243 – insoweit zutreffend; BFH v. 15.5.2012 – XI R 16/10, BStBl. II 2013, 49 – Rz. 23 ff.; ferner BFH v. 16.8.2001 – V R 67/00, UR 2002, 213 – Tankreinigungstrupp.

der Unternehmertätigkeit (vgl. § 2 Rz. 46, 169 ff.). Für die Zurechnung **elektronisch erbrachter Dienstleistungen** gilt nichts anderes[1] (vgl. auch § 3 Rz. 196). Diese Sichtweise greift auch bei **Treuhandverhältnissen** u.Ä. ein. Aus den zu verallgemeinernden Regelungen des § 3 Abs. 3 und Abs. 11 UStG zur Lieferungs- und Dienstleistungs-**Kommission** (§ 3 Rz. 97 ff. u. 189 ff.) folgt, dass generell beim Handeln **im eigenen Namen** für fremde Rechnung die **zwischengeschaltete Person** als Leistungsempfänger und Leistender anzusehen ist[2] (§ 2 Rz. 180 ff.; s. auch § 3 Rz. 29; zur Fiktion des § 45h Abs. 4 TKG bzw. [ab 2015] des § 3 Abs. 11a UStG s. § 3 Rz. 196).

68  Liegt der Leistung **kein Rechtsverhältnis** zugrunde (Rz. 45, 56 ff.), so erbringt derjenige die Leistung, dem der Anspruch auf Entschädigung, Aufwendungsersatz o.Ä. zusteht. Das ergibt sich aus der Funktion des Unternehmers, der als Gehilfe des Staates (Steuereinsammler, Vorbem. Rz. 20) die Steuer als Teil der Gegenleistung vereinnahmt und an das Finanzamt abzuführen hat. Folglich sind ihm nur solche Leistungen zuzurechnen, für die ihm der Anspruch auf die Gegenleistung zusteht. Seine normative Verankerung findet dieser Grundsatz in Art. 73 MwStSystRL, wonach Besteuerungsgrundlage der Wert der Gegenleistung ist, die der Leistende erhält.

69  Auf das zugrunde liegende Rechtsverhältnis kommt es ebenfalls grundsätzlich an, wenn es darum geht, ob eine Leistung einer **Gesellschaft** oder einem **Gesellschafter** zuzurechnen ist. Maßgebend ist auch hier, wer nach dem Vertrag o.Ä. zur Leistung verpflichtet ist und die Gegenleistung fordern kann (vgl. auch § 2 Rz. 171). Die **Insolvenzverwaltertätigkeit** eines einer Sozietät angehörenden oder angestellten Insolvenzverwalters ist stets diesem zuzurechnen (str., § 2 Rz. 176).

70  Das Handeln eines echten **Vertreters** (mit Vertretungsmacht) – häufig fälschlich als „**Vermittler**" bezeichnet (vgl. § 3a Rz. 69 ff.) – ist dem **Vertretenen** zuzurechnen (§ 164 Abs. 1 BGB), so dass die in dessen Namen abgeschlossenen Verträge diesen berechtigen und verpflichten und die entsprechenden Leistungen ihm zuzurechnen sind. Ein Handeln in fremdem Namen kann sich auch aus den Umständen ergeben[3]; es setzt nicht voraus, dass der Name des Vertretenen bei Vertragsschluss genannt wird (Beispiel: **Auktionen**).[4]

71  Anders ist es beim Handeln *unter* **fremdem Namen**. In diesem Fall, bei dem sich der Handelnde nur des fremden Namens zur Verschleierung seiner eigenen Identität bedient, ist die Leistung (wie auch im Zivilrecht) dem Handelnden zuzurechnen[5] (vgl. auch § 2 Rz. 178). Ein solches Handeln unter fremdem Namen liegt auch vor, wenn Geschäfte „im Namen" einer sog. **Schein-GmbH** oder einer sog. **Briefkasten-GmbH (Ltd. o.Ä.)**, die keinen eigenen Geschäftsbetrieb unter-

---

1 BFH v. 15.5.2012 – XI R 16/10, BStBl. II 2013, 49; FG Sachs. v. 7.3.2013 – 6 K 1450/10, UR 2013, 791.
2 Ebenso Abschn. 3.15 Abs. 5 UStAE – Sanierungsträger.
3 Vgl. BFH v. 3.11.2011 – V R 16/09, BStBl. II 2012, 378.
4 Vgl. BFH v. 16.3.2000 – V R 44/99, BStBl. II 2000, 361 m.w.N. – Verkäufe für „Einlieferer" in sog. Secondhand-Läden.
5 Vgl. BFH v. 16.3.2000 – V R 44/99, BStBl. II 2000, 361; BFH v. 4.9.2003 – V R 9, 10/02, BStBl. II 2004, 627 m.w.N.

hält, getätigt werden (vgl. auch *§ 2 Rz. 184*). Auf die Kenntnis oder das Kennenmüssen dieser Umstände seitens des Leistungsempfängers kommt es **entgegen** der **Rechtsprechung**[1] für die Zurechnung der Leistung im Rahmen des § 1 Abs. 1 Nr. 1 UStG nicht an. Dieses subjektive Kriterium ist nur für die Frage des Vertrauensschutzes beim **Vorsteuerabzug** von Bedeutung, da es im Rahmen des § 15 Abs. 1 Satz 1 Nr. 1 UStG auf die Sicht des Leistungsempfängers ankommt (*§ 15 Rz. 190 f.*)

Eine Leistung erbringt auch derjenige, der die für die Leistungsausführung erforderlichen Handlungen nicht selbst (bzw. mittels ihm zuzurechnender Mitarbeiter) vornimmt, sondern sie **durch Dritte** als **selbständige Erfüllungsgehilfen** (**Subunternehmer**) ausführen lässt. Die Leistung ist, sofern kein Missbrauch i.S.d § 42 AO vorliegt[2], ihm und nicht den Erfüllungsgehilfen zuzurechnen, weil er nach dem zugrunde liegenden Rechtsverhältnis den Anspruch auf die Gegenleistung hat (die Erfüllungsgehilfen erbringen ihrerseits Leistungen gegenüber dem Hauptunternehmer als Auftraggeber).[3] Das ist nicht nur bei Lieferungen in Gestalt des Reihengeschäfts (*§ 3 Rz. 45 ff.*) der Fall, sondern auch bei Dienstleistungen und Werklieferungen möglich.

72

Bei einem sog. **Organschaftsverhältnis** folgt aus § 2 Abs. 2 Nr. 2 Satz 1 UStG, dass umsatzsteuerrechtlich die Leistungen, die nach obigem Grundsatz (*Rz. 66*) einer Organgesellschaft zuzurechnen wären, weil sie aus dem zugrunde liegenden Rechtsverhältnis zivilrechtlich berechtigt und verpflichtet ist, dem Organträger zuzurechnen sind. Mithin führt dieser die Leistungen i.S.d. § 1 Abs. 1 Nr. 1 UStG aus und ist – sofern kein Fall des § 13b UStG vorliegt – Schuldner der Umsatzsteuer (*§ 2 Rz. 310*). Das gilt indes nicht aus der Sicht des Leistungsempfängers. Für dessen Vorsteuerabzug bestimmt sich der Leistende nach dem Zivilrecht, so dass sich der Anspruch auf Erteilung einer Rechnung gegen die Organgesellschaft richtet (*§ 14 Rz. 39*).

73

## III. Leistung gegen Entgelt („Leistungsaustausch")

### 1. Grundsätze

Ein Umsatz nach dem Grundtatbestand des § 1 Abs. 1 Nr. 1 UStG setzt voraus, dass die Leistung „gegen Entgelt", d.h. im sog. Leistungsaustausch erfolgt. Des Weiteren ist die (angestrebte) Erbringung von Leistungen gegen Entgelt elementare Voraussetzung der Unternehmereigenschaft (*§ 2 Rz. 62 f.*).

74

Die Frage, ob ein Leistungsaustausch vorliegt, d.h. ob eine Zahlung „Entgelt" ist, ergibt sich nur, wenn **zuvor** eine **Leistung** des **Empfängers bejaht** worden ist. Insbesondere der EuGH trennt allerdings nicht in diesem Sinne, sondern untersucht nur, ob der von ihm als Einheit gesehene Begriff „Dienstleistungen gegen Entgelt"[4] erfüllt ist. Da der EuGH bis heute nicht den Begriff der Dienstleistung

---

1 BFH v. 31.1.2002 – V B 108/01, BStBl. II 2004, 622 (624 f. m.w.N.); BFH v. 4.9.2003 – V R 9, 10/02, BStBl. II 2004, 627 m.w.N.; ebenso Abschn. 2.1 Abs. 3 Satz 7 UStAE.
2 Vgl. auch EuGH v. 20.6.2013 – C-653/11, UR 2013, 628.
3 Vgl. EuGH v. 3.5.2012 – C-520/10, UR 2012, 523 – Telefonkarten-Vertriebshändler.
4 Vgl. EuGH v. 3.3.1994 – C-16/93, EuGHE 1994, I-743 = UR 1994, 399 – Rz. 10; EuGH v. 16.10.1997 – C-258795, EuGHE 1997, I-5577 = UR 1998, 61 – Rz. 12; EuGH v. 29.7.2010

definiert und auch der BFH nur eine Leerformel verwendet, ist in mehreren Fällen ein Leistungsaustausch angenommen worden, obwohl keine Leistung gegeben war (*Rz. 8*).

Von der Frage, ob eine Leistung (überhaupt) gegen Entgelt erbracht wird, ist die nachrangige **Frage** bei der **Bemessungsgrundlage zu unterscheiden**, welche Zahlungen u.Ä. zur Gegenleistung („Entgelt") gehören (*§ 10 Rz. 17 ff.*). Da der Begriff „**Entgelt**" durch § 10 Abs. 1 Satz 2 UStG abweichend vom Sprachgebrauch als Gegenleistung abzüglich der Umsatzsteuer, d.h. als reine Rechengröße verstanden wird (*§ 10 Rz. 4*), kann eine Leistung nicht gegen Entgelt in diesem Sinne erbracht werden. § 1 Abs. 1 Nr. 1 UStG versteht den Begriff deshalb im Sinne des Sprachgebrauchs.[1]

Die Verwendung des Begriffes „**Leistungsaustausch**" ist zwar verfehlt, soweit die „Gegenleistung" in Geld entrichtet wird, da die Zahlung von Geld umsatzsteuerrechtlich keine Leistung ist (*Rz. 28*), so dass streng genommen nur dann, wenn die „Gegenleistung" in Gestalt einer Lieferung oder sonstigen Leistung erbracht wird, was allerdings richtigerweise zu keinem steuerbaren Umsatz führt (*Rz. 87 ff.*), von einem Leistungsaustausch gesprochen werden dürfte. Der Begriff wird jedoch allgemein in Anlehnung an das Zivilrecht als (unpräzises) **Schlagwort** verwendet.

75  Im Regelfall entspricht das Merkmal dem zivilrechtlichen Synallagma, wenn sich also zwei Leistungen im gegenseitigen Vertrag wechselbezüglich gegenüberstehen, d.h. ein unmittelbarer **Zusammenhang zwischen** der **Leistung und** einer empfangenen **Leistung** (Zahlung) besteht.[2] Allerdings ist unter Verbrauchsteuergesichtspunkten (*Rz. 16, 18*) auch dann ein Leistungsaustausch zu bejahen, wenn zwar keine Gegenleistung vereinbart worden war, der Empfänger jedoch gleichwohl **rein kausal** *für* die bzw. *wegen* der empfangenen Leistung etwas aufwendet[3], d.h. weil eine Leistung ihm gegenüber erbracht worden ist (zur Frage des Leistungsaustausches bei **Vereinsbeiträgen** s. *§ 2 Rz. 142 ff.*).

76  Demgegenüber verlangt der **EuGH** ein „**Rechtsverhältnis**", in dessen Rahmen gegenseitig Leistungen „ausgetauscht" werden.[4] Der BFH ist dem gefolgt.[5] Diese

---

– C-40/09, EuGHE 2010, I-7505 = UR 2010, 734 – Rz. 27; EuGH v. 27.10.2011 – C-93/10, EuGHE 2011, I-10791 = UR 2011, 933 – Rz. 19.

1 Für Art. 2 Abs. 1 Buchst. a–c MwStSystRL gilt das ohnehin, weil die Richtlinie den Begriff „Entgelt" in Art. 73 MwStSystRL nicht als Bemessungsgrundlage (vgl. *§ 10 Rz. 5*) verwendet.

2 Vgl. BFH v. 20.12.2001 – V R 81/99, BFH/NV 2002, 740; BFH v. 5.12.2007 – V R 60/05, BStBl. II 2009, 486.

3 In diesem Sinne auch *Englisch* in T/L, § 17 Rz. 121 ff.

4 EuGH v. 3.3.1994 – C-16/93, EuGHE 1994, I-743 = UR 1994, 399 – Rz. 14; EuGH v. 14.7.1998 – C-172/96, EuGHE 1998, I-4387 = UR 1998, 456 – Rz. 26; EuGH v. 17.9.2002 – C-498/99, EuGHE 2002, I-7173 = UR 2002, 510 – Rz. 18; EuGH v. 29.10.2009 – C-246/08, EuGHE 2009, I-10605 = UR 2010, 224 – Rz. 44; EuGH v. 16.12.2010 – C-270/09, EuGHE 2010, I-13179 = UR 2011, 462 – Rz. 16; EuGH v. 27.10.2011 – C-93/10, EuGHE 2011, I-10791 = UR 2011, 933 – Rz. 18; EuGH v. 3.5.2012 – C-520/10, BStBl. II 2012, 755 – Rz. 27; EuGH v. 27.3.2014 – C-151/13, UR 2014, 487 – Rz. 29.

5 BFH v. 19.10.2001 – V R 48/00, BStBl. II 2003, 210; BFH v. 16.1.2003 – V R 92/01, BStBl. II 2003, 732; BFH v. 1.2.2007 – V R 69/05, UR 2007, 448 (450); BFH v. 5.12.2007 – V R 60/05, BStBl. II 2009, 486; BFH v. 18.12.2008 – V R 38/06, BStBl. II 2009, 749 – 3a

verkehrsteuerrechtliche Betrachtungsweise (vgl. *Vorbem. Rz. 15*) ist verfehlt, vor allem dann, wenn der EuGH sogar von einer „Vereinbarung"[1] oder von einem „synallagmatischen"[2] Rechtsverhältnis spricht. Aus verbrauchsteuerrechtlicher Sicht kann es nicht darauf ankommen, ob auf einer Rechtsgrundlage gezahlt wird[3] (s. auch *Rz. 13*), sondern allein darauf, *dass* der Empfänger (oder ein Dritter, *§ 10 Rz. 57 f.*) wegen einer ihm gegenüber erbrachten Leistung etwas aufwendet. Demgemäß ist **anderen Entscheidungen** des **EuGH** zu folgen, wonach eine Leistung gegen Entgelt **lediglich** voraussetzt, dass zwischen der erbrachten Leistung und dem empfangenen Gegenwert ein **unmittelbarer Zusammenhang** besteht."[4] Dass das Kriterium „Rechtsverhältnis" nur eine nichtssagende und überflüssige Leerformel ist, zeigen die Aussage des EuGH, dass kein Anspruch auf die Leistung bestehen müsse und die Vereinbarung einer Ehrenschuld gerade Ausdruck eines Rechtsverhältnisses sei[5], und die im Ergebnis zutreffende Entscheidung des BFH, wonach auch bei der Geschäftsführung ohne Auftrag ein Leistungsaustausch vorliegt.[6] Auch ein öffentlich-rechtlicher Zuwendungsbescheid ist ein Rechtsverhältnis in diesem Sinne.[7]

Auf die **Bezeichnung** und die zivil- oder öffentlichrechtliche Qualifizierung der Gegenleistung kommt es nicht an[8], da allein maßgebend ist, ob die Zahlung (o.Ä.) wegen der Leistung erfolgt. Folglich sind auch „*Aufwandsentschädigungen*"[9], „**Aufwendungsersatz**"[10], „*Beiträge*"[11] bzw. „*Aufnahmegebühren*"[12], „Ent-

77

---

bb der Gründe; BFH v. 17.3.2010 – XI R 17/08, UR 2010, 943 – Rz. 18; BFH v. 24.4.2013 – XI R 7/11, BStBl. II 2013, 648 – Rz. 20 m.w.N.

1 EuGH v. 3.3.1994 – C-16/93, EuGHE 1994, I-743 = UR 1994, 399 – Rz. 12; EuGH v. 29.10.2009 – C-246/08, EuGHE 2009, I-10605 = UR 2010, 224 – Rz. 43; EuGH v. 27.10.2011 – C-93/10, EuGHE 2011, I-10791 = UR 2011, 933 – Rz. 17.
2 EuGH v. 29.10.2009 – C-246/08, EuGHE 2009, I-7533 = UR 2009, 887 – Rz. 23. Demgegenüber betonen BFH und Finanzverwaltung, dass es auf einen synallagmatischen Zusammenhang nicht ankomme, vgl. BFH v. 15.4.2010 – V R 10/08, BStBl. II 2010, 879 – Rz. 34; Abschn. 1.1 Abs. 1 Satz 3 UStAE.
3 Zutreffend BFH v. 24.2.2005 – V R 1/03, BFH/NV 2005, 1160: „tatsächliche Leistungsvorgänge".
4 EuGH v. 8.3.1988 – 102/86, EuGHE 1988, 1443 = UR 1989, 275 – Rz. 12; EuGH v. 16.10.1997 – C-258/95, EuGHE 1997, I-5577 = UR 1998, 61 – Rz. 12; EuGH v. 29.7.2010 – C-40/09, EuGHE 2010, I-7505 = UR 2010, 734 – Rz. 27.
5 EuGH v. 17.9.2002 – C-498/99, EuGHE 2002, I-7173 = UR 2002, 510 – Rz. 21 ff. (Ehrenschuld).
6 BFH v. 16.1.2003 – V R 92/01, BStBl. II 2003, 732 – Abmahnverein.
7 BFH v. 18.12.2008 – V R 38/06, BStBl. II 2009, 749 (752).
8 Vgl. BFH v. 28.1.1988 – V R 112/86, BStBl. II 1988, 473 (477); BFH v. 10.7.1997 – V R 94/96, BStBl. II 1997, 707 (711); BFH v. 6.5.2004 – V R 40/02, BStBl. II 2004, 854 (856).
9 BFH v. 1.3.1990 – V B 141/89, juris.
10 BFH v. 11.4.2002 – V R 65/00, BStBl. II 2002, 782; BFH v. 16.1.2003 – V R 92/01, BStBl. II 2003, 732; BFH v. 18.3.2004 – V R 101/01, BStBl. II 2004, 798; BFH v. 5.12.2007 – V R 60/05, BStBl. II 2009, 486; BFH v. 20.8.2009 – V R 32/08, BStBl. II 2010, 88; BFH v. 23.7.2009 – V R 93/07, UR 2009, 848; BFH v. 2.9.2010 – V R 23/09, BFH/NV 2011, 458; BFH v. 24.4.2013 – XI R 7/11, BStBl. II 2013, 648 – Rz. 21 m.w.N.; BFH v. 4.7.2013 – V R 33/11, BStBl. II 2013, 937.
11 BFH v. 9.8.2007 – V R 27/04, UR 2007, 811.
12 BFH v. 11.10.2007 – V R 69/06, UR 2008, 153.

*schädigungen"*[1], *„Ersatzleistungen"*[2], *„Finanzzuweisung"*[3], *„Fördermittel"*[4], *„Kostenersatz"*[5], *„Pauschalen"*[6], **Schadensersatz**[7] *(Rz. 80)*, *„Spenden"*[8], *„Starthilfe"*[9], *„Verlustübernahme"*[10], **Zuschüsse**[11] (dazu auch *Rz. 42; § 10 Rz. 60 f.*) u.ä. Zahlungen, wenn sie für eine Leistung (zu der vorrangigen Frage, ob bei **Zahlungen der öffentlichen Hand** überhaupt eine Leistung des Empfängers gegeben ist, s. *Rz. 40 ff.*) getätigt werden, Entgelt i.S.d. § 1 Abs. 1 Nr. 1 UStG. Das gilt auch bei Zahlungen für Leistungen, die von juristischen Personen des öffentlichen Rechts (vgl. *§ 2 Rz. 351 ff.*) auf öffentlich-rechtlicher Grundlage erbracht werden (*„Gebühren"*, *„Beiträge"* u.Ä.).

78  Auf die **Angemessenheit** der Gegenleistung kommt es nicht an. Aufwendungsersatz reicht aus.[12] Wird weniger als Kostenersatz vereinbart, so kommt zwischen nahestehenden Personen eine Anhebung der Bemessungsgrundlage in Betracht (§ 10 Abs. 5 UStG, s. *§ 10 Rz. 120 ff.*). Kein Leistungsaustausch liegt bei einer reinen **Überschussbeteiligung** vor.[13] Bei **unentgeltlichen Leistungen** wird regelmäßig die **Entgeltlichkeit fingiert** (§ 3 Abs. 1b und Abs. 9a UStG).

79  Kein (erneuter) Leistungsaustausch liegt vor, wenn ein **Umsatz rückgängig** gemacht wird; in diesem Fall werden lediglich die umsatzsteuerrechtlichen Folgen beseitigt (arg. § 17 Abs. 2 Nr. 3 UStG). Anders kann es bei einer nach Durchführung einer Lieferung vereinbarten Rückübertragung des Liefergegenstandes sein. Ob eine Rückgängigmachung oder eine **Rücklieferung**, die einen weiteren Leistungsaustausch begründet, vorliegt, bestimmt sich nach den Umständen des einzelnen Falles[14] (s. auch *§ 17 Rz. 74*). Ein erneuter Leistungsaustausch ist m.E. im Falle des **Umtausches** gegeben, bei dem der Umsatz rückgängig gemacht wird und durch eine Neulieferung ersetzt wird (str., s. *§ 17 Rz. 75*).

---

1 Vgl. BGH v. 17.7.2001 – X ZR 71/99, UR 2001, 535.
2 BFH v. 9.8.2007 – V R 27/04, UR 2007, 811.
3 Vgl. BFH v. 27.11.2008 – V R 8/07, BStBl. II 2009, 397.
4 Vgl. BFH v. 8.11.2007 – V R 20/05, BStBl. II 2009, 483 = UR 2008, 425.
5 BFH v. 14.5.2008 – XI R 70/07, BStBl. II 2008, 912; BFH v. 4.7.2013 – V R 33/11, BStBl. II 2013, 937.
6 Vgl. EuGH v. 27.3.2014 – C-151/13, UR 2014, 487.
7 BFH v. 6.5.2004 – V R 40/02, BStBl. II 2004, 854; BFH v. 7.7.2005 – V R 34/03, BStBl. II 2007, 66 = UR 2005, 663.
8 Vgl. BFH v. 29.3.2007 – V B 208/05, BFH/NV 2007, 1542.
9 Vgl. BFH v. 21.4.2005 – V R 11/03, BStBl. II 2007, 63 = UR 2006, 17.
10 BFH v. 1.2.2007 – V R 69/05, UR 2007, 448.
11 Vgl. BFH v. 22.7.1999 – V R 74/98, BFH/NV 2000, 240; BFH v. 8.11.2007 – V R 20/05, BStBl. II 2009, 483 = UR 2008, 425; BFH v. 18.12.2008 – V R 38/06, BStBl. II 2009, 749; BFH v. 18.3.2010 – V R 12/09, UR 2010, 622; BFH v. 19.11.2009 – V R 29/08, UR 2010, 336; vgl. auch Abschn. 10.2 Abs. 2 UStAE.
12 BFH v. 15.4.2010 – V R 10/09, UR 2010, 646 – Rz. 31.
13 BFH v. 15.4.2010 – V R 10/09, UR 2010, 646 – Rz. 33.
14 Zur Abgrenzung BFH v. 17.12.1981 – V R 75/77, BStBl. II 1982, 233; BFH v. 27.6.1995 – V R 27/94, BStBl. II 1995, 756; BFH v. 12.11.2008 – XI R 46/07, BStBl. II 2009, 558; FG Hess. v. 23.5.2001 – 6 K 3717/98, EFG 2001, 1244; *Birkenfeld* in B/W, § 54 Rz. 654.1 ff.; *Nieskens* in R/D, § 3 UStG Anm. 430.

Eine Leistung gegen Entgelt ist entgegen h.M. auch in den Fällen anzunehmen, 80
in denen **Schadenersatz** o.Ä. wegen widerrechtlicher Nutzung oder Zerstörung
einer Sache usw. gezahlt wird (*Rz. 48, 56 ff.*).

## 2. Bei Personengesellschaften

a) Bei den Beiträgen der **Gesellschafter** einer Personengesellschaft ist zu unter- 81
scheiden (§ 706 Abs. 2 und 3 BGB) zwischen **Sacheinlagen** (Einbringung von
Gegenständen in das gemeinsame Eigentum) einerseits und Leistungen von
**Diensten** und **Nutzungsüberlassungen** andererseits (*§ 2 Rz. 159*). Während bei
Sacheinlagen nach h.M. ein steuerbarer Leistungsaustausch in Gestalt eines
tauschähnlichen Umsatzes vorliegt (*Rz. 94*), steht den Dienstleistungen und
Nutzungsüberlassungen lediglich die Beteiligung am Gewinn (und Verlust) der
Gesellschaft gegenüber.[1] Diese ist keine Gegenleistung, sondern Ausfluss des
Mitgliedschaftsrechts.[2]

Bei der **Geschäftsführung** liegt entgegen BFH richtigerweise schon keine Leistung vor (*Rz. 36 f.*), so dass sich die Frage nach der Gegenleistung entgegen BMF
(*Rz. 38*) gar nicht stellt. Die Gesellschafter können mithin durch die Leistung
der Beiträge i.S.d. § 706 BGB nicht Unternehmer werden (*§ 2 Rz. 159 a.E.;* zur
Vorsteuerentlastung bezüglich der Leistungen, die sie zur Erbringung der Beiträge bezogen haben, s. *§ 2 Rz. 165 ff.*).

Die Gesellschafter können jedoch Leistungen statt in Form des Beitrags grund- 82
sätzlich auch **gegen gesonderte Gegenleistung** und damit gegen Entgelt i.S.d. § 1
Abs. 1 Nr. 1 UStG erbringen[3] (zur Frage, ob sie dadurch Unternehmer werden, s.
*§ 2 Rz. 162 f.;* zur unabhängig davon zu gewährenden Vorsteuerentlastung s. *§ 2
Rz. 165 ff.*). Das gilt **nicht** für die **Geschäftsführung** (*Rz. 81*). Die Gesellschafter
können allerdings Dienstleistungen oder Geschäftsbesorgungsleistungen gegen
Entgelt, die auch ein Dritter (Nichtgesellschafter) ausführen kann, für die Gesellschaft erbringen. Das hat jedoch nichts mit Geschäftsführung im gesellschaftsrechtlichen Sinne (§§ 709 f. BGB; §§ 114 f. HGB) zu tun; das verkennt der
BFH (*Rz. 36*).

b) Die **Gesellschaft** kann an die Gesellschafter, wie gegenüber Dritten, Lieferun- 83
gen oder sonstige Leistungen gegen Entgelt erbringen (zur Gegenleistung im Fall
der Sacheinlage s. *Rz. 94*).

---

1 Die Verpflichtung zur Dienstleistung oder Nutzungsüberlassung führt als solche zu keiner Erhöhung des Gesellschaftsvermögens.
2 BFH v. 17.7.1980 – V R 5/72, BStBl. II 1980, 622; BFH v. 16.3.1993 – XI R 44/90, BStBl. II 1993, 529; BFH v. 18.12.1996 – XI R 12/96, BStBl. II 1997, 374; insoweit auch zutreffend BFH v. 6.6.2002 – V R 43/01, BStBl. II 2003, 36; vgl. auch EuGH v. 29.4.2004 – C-77/01, EuGHE 2004, I-4295 = UR 2004, 292 – Rz. 86.
3 BFH v. 17.7.1980 – V R 5/72, BStBl. II 1980, 622; BFH v. 16.3.1993 – XI R 44/90, BStBl. II 1993, 529; BFH v. 18.12.1996 – XI R 12/96, BStBl. II 1997, 374; insoweit auch zutreffend BFH v. 6.6.2002 – V R 43/01, BStBl. II 2003, 36; ferner EuGH v. 27.1.2000 – C-23/98, EuGHE 2000, I-419 = UR 2000, 121.

## 3. Tausch und tauschähnliche Vorgänge

### a) Allgemeines

84 **aa)** Die **Gegenleistung** (das Entgelt i.S.d. § 1 Abs. 1 Nr. 1 UStG) für eine Leistung muss nach bislang einhelliger Meinung nicht aus Geld bestehen, sondern kann auch – ganz oder teilweise – **in Gestalt** einer **Lieferung** oder **sonstigen Leistung** erbracht werden. Auch § 3 Abs. 12 UStG geht davon aus (hierbei handelt es sich nur um eine Definitionsnorm[1], die allein für § 10 Abs. 2 Satz 2 UStG von Bedeutung ist und deshalb dort angesiedelt sein müsste; *§ 3 Rz. 208*), der vom Tausch bzw. tauschähnlichen Vorgang spricht. Mithin soll die Gegenleistung für eine Lieferung in einer Lieferung oder einer sonstigen Leistung bestehen oder die Gegenleistung für eine sonstige Leistung eine Lieferung oder eine sonstige Leistung darstellen und zu einem steuerbaren und steuerpflichtigen Umsatz führen können, für den sich die Bemessungsgrundlage aus § 10 Abs. 2 Satz 2 UStG ergeben würde. Entsprechendes soll gelten, wenn die Gegenleistung **nur zum Teil** aus einer Lieferung oder Dienstleistung und im Übrigen aus einer Geldzahlung besteht.

85 **Beispiele**

- Arbeitsleistungen der Vereinsmitglieder als Teil des Vereinsbeitrags[2];
- Austauschverfahren in der Kraftfahrzeugwirtschaft[3];
- Baulastübernahme gegen Gewährung eines langfristigen, zinsgünstigen Darlehens[4] (dazu auch *§ 13 Rz. 23*);
- Beratungsleistung gegen Übertragung eines GmbH-Anteils[5];
- Bestellung eines Erbbaurechts gegen Erbringung von Bauleistungen[6];
- Dach-„Verpachtung" an Photovoltaikanlagenbetreiber gegen Dachsanierung[7];
- Entsorgung werthaltiger Abfälle[8];
- Fahrzeugüberlassung zur Privatnutzung an Handelsvertreter[9] oder Geschäftsführer[10];
- „Geschenke" an Gastgeberin einer Verkaufsveranstaltung[11];
- Grundstück gegen Werklieferung[12];
- Hausanschlusslegen gegen Arbeitsleistung[13];

---

1 Folglich kann sich nicht etwa die Frage nach deren Vereinbarkeit mit der MwStSystRL stellen; so aber BFH v. 10.7.2012 – XI R 31/10, UR 2013, 52 – Rz. 32; BFH v. 11.7.2011 – XI R 11/11, BFH/NV 2013, 326 – Rz. 22.
2 BFH v. 9.8.2007 – V R 27/04, UR 2007, 811 – Rz. 40.
3 Abschn. 10.5 Abs. 3 UStAE.
4 BFH v. 12.11.1987 – V B 52/86, BStBl. II 1988, 156.
5 BFH v. 21.3.2002 – V R 27/01, BFH/NV 2002, 1056.
6 EuGH v. 19.12.2012 – C-549/11, UR 2013, 215.
7 FG München v. 23.9.2014 – 2 K 3435/11, EFG 2015, 78.
8 Vgl. Abschn. 10.5 Abs. 2 Sätze 5 ff. i.V.m. Abschn. 3.16 UStAE.
9 Vgl. BFH v. 12.5.2009 – V R 24/08, BStBl. II 2010, 854.
10 BFH v. 5.6.2014 – XI R 2/12, UR 2014, 981.
11 BFH v. 28.3.1996 – V R 33/95, UR 1997, 29 – Tupper-Ware-Party; BFH v. 27.1.2011 – V R 7/09, BFH/NV 2011, 1030; BFH v. 27.1.2011 – V R 6/09, BFH/NV 2011, 1733.
12 FG Hamburg v. 11.6.2014 – 1 V 290/13, EFG 2014, 1762.
13 FG München v. 29.7.2014 – 2 K 3594/11, EFG 2014, 2094.

- Herstellung und Vertrieb einer Schriftenreihe bzw. Zeitschrift gegen Befugnis, Werbeanzeigen zu akquirieren[1];
- Inzahlungnahme des Altfahrzeuges beim Neuwagenverkauf[2] (dazu auch *§ 10 Rz. 89 f.*);
- Nießbrauch an einem Grundstück gegen zinsloses Darlehen[3];
- Palettentausch[4];
- Personalgestellung gegen Kreditsachbearbeitung[5]; nicht: Personalbeistellung[6] (dazu auch *§ 10 Rz. 51*);
- Reinigung von Kaufhaustoiletten gegen Befugnis, die Toilettengroschen zu kassieren[7];
- Sacheinlage durch Gesellschafter (*Rz. 94*);
- Sachleistungen gegenüber Arbeitnehmern (*Rz. 91*);
- Sachpreise (Gegenstände, Reisen) bei Verkaufswettbewerben als zusätzliches Entgelt für Vermittler/Vertreter;[8]
- Überlassung eines Fahrzeuges (sog. Werbemobil), Ballons o.Ä. zum Zwecke der Werbung für den Überlassenden (*Rz. 20*);
- Überlassung eines Rohbaus zur späteren fünfjährigen Nutzung gegen Bauleistungen zur Fertigstellung des Gebäudes[9];
- unverzinsliches Darlehen[10];
- Werbeprämie für Gewinnung eines Abonnenten[11].

Ist der **Leistungsempfänger Unternehmer**, so ist folglich bei dieser Sichtweise die von ihm (im Rahmen seines Unternehmens) erbrachte Lieferung oder sonstige Leistung ebenfalls steuerbar i.S.d. § 1 Abs. 1 Nr. 1 UStG. Die erhaltene Sachleistung muss nicht dem Unternehmen zufließen. Deshalb ist es auch ohne Belang, wenn die **Gegenleistung** nur **im nichtunternehmerischen Bereich verwendbar** ist[12] (*Beispiel*: Reiseleistung als Gegenleistung, die nur privat verbraucht werden kann).

Kein Tausch ist in den Fällen der sog. *Gehaltslieferung* (§ 3 Abs. 5 Satz 2 UStG, dazu *§ 3 Rz. 113 f.*) und der sog. *Umtauschmüllerei* (§ 3 Abs. 10 UStG; *§ 3 Rz. 187 f.*) anzunehmen.

**bb)** Die Auffassung von der Steuerbarkeit der Tauschvorgänge **verkennt** den **Zweck** der **Umsatzbesteuerung** und die **Funktion** des **Unternehmers**. Nach dem Gesetzeszweck soll der Aufwand des Verbrauchers für die ihm von Unterneh-

---

1 BFH v. 10.7.2012 – XI R 31/10, UR 2013, 52 – Stiftung; BFH v. 11.7.2011 – XI R 11/11, UR 2013, 330 – Ärztekammer.
2 Abschn. 10.5 Abs. 4 UStAE.
3 BFH v. 28.2.1991 – V R 12/85, BStBl. II 1991, 649.
4 BMF v. 5.11.2013 – IV D 2 – S 7200/07/10022:001, BStBl. I 2013, 1386.
5 BFH v. 15.4.2010 – V R 10/08, BStBl. II 2010, 879.
6 BFH v. 6.12.2007 – V R 42/06, BStBl. II 2009, 493 = UR 2008, 263.
7 BFH v. 30.9.2008 – XI B 74/08, UR 2008, 922.
8 BFH v. 28.7.1994 – V R 16/92, BStBl. II 1995, 274; BFH v. 27.1.2011 – V R 7/09, BFH/NV 2011, 1030; BFH v. 27.1.2011 – V R 6/09, BFH/NV 2011, 1733.
9 EuGH v. 26.9.2013 – C-283/12, HFR 2013, 1164.
10 BFH v. 28.2.1991 – V R 12/85, BStBl. II 1991, 649; BFH v. 15.11.2007 – V B 63/06, BFH/NV 2008, 825.
11 BFH v. 7.3.1995 – XI R 72/93, BStBl. II 1995, 518.
12 Abschn. 1.1 Abs. 1 Satz 5 UStAE.

mern erbrachten Leistungen (*Vorbem. Rz. 15 ff.*) – im Rahmen des Allphasensystems (*Vorbem. Rz. 9*) jedoch auch der jeweilige Aufwand etwaiger vorhergehender Unternehmer in der Unternehmerkette – besteuert werden. Der jeweilige Unternehmer/Steuerpflichtige ist deshalb nicht nur bei der Besteuerung der Verbraucher, sondern auch bei der Besteuerung zwischengeschalteter Unternehmer lediglich zwangsverpflichteter Gehilfe des Staates und als **Steuereinnehmer** für Rechnung des Staates" folglich auch „nur verpflichtet (...) die *Steuer* für Rechnung der Steuerverwaltung *einzuziehen* und sodann an diese *abzuführen*"[1] (*Vorbem. Rz. 20 m.w.N.*). Steuern sind als Geldleistung definiert (§ 3 Abs. 1 AO; Art. 63 Abs. 2 MwStSystRL: „Zahlung" der Steuer). Bei einem Tausch oder tauschähnlichen Umsatz vereinnahmt der leistende Unternehmer keine Umsatzsteuer als Teil einer in Geld erbrachten Gegenleistung, so dass er keine vereinnahmte („eingezogene") Steuer an das Finanzamt abführen kann. Folglich kann der nach dem Gesetzeszweck zu besteuernde Aufwand des Leistungsempfängers nur ein solcher in Geld sein.

88  Wird der Unternehmer, obwohl er aus dem Vorgang keine Zahlung von Geld erlangt, gleichwohl gezwungen, Umsatzsteuer für die von ihm erbrachte Lieferung oder Dienstleistung zu zahlen, so muss er diesen Betrag *auf Dauer* aus eigenen Mitteln bestreiten. Eine derartige **Definitivbelastung** des **Unternehmers** verstößt ersichtlich gegen den Neutralitätsgrundsatz der Umsatzsteuer. Dieser besagt entsprechend dem o.g. Besteuerungszweck u.a., dass der Staat vom Steuerpflichtigen/Unternehmer keinen Betrag erheben darf, der den vom Endverbraucher „gezahlten" Betrag übersteigt.[2] Der Einwand des BFH, dass es dem Unternehmer „freistehe, [...] ob er die Erbringung seiner Leistung von einer zusätzlichen Zahlung" in Höhe der Umsatzsteuer „abhängig mach[e]"[3], ist schlicht abwegig: Wenn zwei Personen etwas tauschen, dann gehen sie davon aus, dass die Tauschobjekte gleichwertig sind, so dass der vom BFH belehrte Unternehmer die Zusatzzahlung nicht durchsetzen könnte und das Tauschgeschäft scheitern müsste![4]

89  Aus gutem Grund kennt die **Richtlinie** deshalb den Tausch oder tauschähnlichen Umsatz nicht. So heißt es in Art. 1 Abs. 2 MwStSystRL, dass die Mehrwertsteuer eine „zum *Preis* der Gegenstände und Dienstleistungen genau proportionale Verbrauchsteuer" ist und dass sie „auf den *Preis*" errechnet wird. Demgemäß spricht die Richtlinie bei der Bemessungsgrundlage für entgeltliche Umsätze vom „**Preis**" (Art. 73, 79 und Art. 226 Nr. 8 MwStSystRL) bzw. von „**Zahlung**" (Art. 185 Abs. 2 MwStSystRL). Ebenso kennen die Vorschriften zur Entstehung des Steueranspruchs nur die „Zahlungen" (Art. 64 Abs. 1 MwSt-

---

1 EuGH v. 24.10.1996 – C-317/94, EuGHE 1996, I-5339 = BStBl. II 2004, 324 = UR 1997, 265 – Rz. 22; ähnlich EuGH v. 20.10.1993 – C-10/92, EuGHE 1993, I-5105 – Rz. 25 (Zusammenfassung in UR 1994, 116) – „als Steuereinnehmer [...] „öffentliche Gelder" ansammelt.
2 Vgl. EuGH v. 24.10.1996 – C-317/94, EuGHE 1996, I-5339 = BStBl. II 2004, 304 = UR 1997, 265 – Rz. 19, 22 u. 24; EuGH v. 15.10.2002 – C-427/98, EuGHE 2002, I-8315 = BStBl. II 2004, 328 = UR 2002, 523 – Rz. 30; EuGH v. 6.10.2005 – C-291/03, EuGHE 2005, I-8477 = UR 2005, 685 – Rz. 30; EuGH v. 10.7.2008 – C-484/06, EuGHE 2008, I-5097 = UR 2008, 660 – Rz. 36.
3 BFH v. 15.4.2010 – V R 10/08, BStBl. II 2010, 879 – Rz. 25.
4 Das verkennt auch *Englisch* in T/L, § 17 Rz. 125.

SystRL), „Anzahlungen" (Art. 65MwStSystRL) und die „Vereinnahmung des Preises" (Art. 66 Buchst. b MwStSystRL). Auch bei den Rechnungen ist von „Vorauszahlungen" (Art. 220 Nr. 4 und 5 MwStSystRL), „Zahlung" (Art. 226 Nr. 7a MwStSystRL) und vom „Preis" (Art. 226 Nr. 8 MwStSystRL) die Rede. Das sind Begriffe, die zweifelsfrei für den Tausch nicht passen und auch nicht durch Auslegung zurechtgebogen werden können. Das hat den **EuGH** indes **nicht gehindert**, genau das zu tun. Mit der üblichen **Oberflächlichkeit** wird unter Berufung auf den Gleichbehandlungsgrundsatz, wonach Unternehmer, die gleichartige Umsätze tätigen, bei der Erhebung der Mehrwertsteuer nicht unterschiedlich behandelt werden dürfen, eine Sachleistung als Zahlung i.S.d. Art. 65 MwStsystRL angesehen[1], obwohl der wesentliche, mit den Händen zu greifende sachliche Unterschied darin liegt, dass bei Tauschvorgängen die Umsatzsteuer/Mehrwertsteuer zu einer Definitivbelastung des leistenden Unternehmers führt (*Rz. 88*).

Aus alledem ergibt sich, dass entgegen EuGH Lieferungen oder Dienstleistungen, soweit sie im Wege des Tausches oder des tauschähnlichen Umsatzes oder der Hingabe an Zahlungs statt erbracht werden, nicht als entgeltliche Umsätze steuerbar sein dürften. Folglich müsste § 10 Abs. 2 Satz 2 i.V.m. § 3 Abs. 12 UStG richtigerweise leerlaufen (zum Vorsteuerabzug s. *§ 15 Rz. 264*). Die **Auswirkungen** zeigen sich vor allem bei Tauschvorgängen mit **Nichtunternehmern**, insbesondere im Falle der **Inzahlungnahme** sowie bei sog. **Sachzuwendungen** an **Arbeitnehmer**[2], und mit **Unternehmern**, welche generell nicht oder bezüglich der Gegenleistung im konkreten Tauschfall **nicht zum Ausweis von Steuer berechtigt** sind.  90

Der EuGH wird, wenn ihm das Problem deutlich gemacht wird, nicht darum herumkommen, seine unkritische Rechtsprechung zu korrigieren und entsprechend den eindeutigen Formulierungen der Richtlinie die Nichtsteuerbarkeit der Tauschvorgänge auszusprechen.[3] Dies auch deshalb, weil **Art. 113 AEUV nur** für die **Harmonisierung** der **indirekten Steuern** die Richtlinienkompetenz vorsieht. Die Besteuerung der Tauschvorgänge führt hingegen ausnahmslos zu einer endgültigen direkten Besteuerung der Unternehmer. Für eine direkte Steuer, welche nicht abwälzbar ist und folglich die Gewinne der Unternehmer schmälert, **fehlt** mithin die **Richtlinienkompetenz** der Union. Damit geht einher die fehlende **Gesetzgebungskompetenz** des **Bundes** für eine derartige Steuer sowie eine **Verletzung mehrerer Grundrechte**.[4]

**Geht man hingegen von** der **Steuerbarkeit** des Tausches und tauschähnlicher Vorgänge **aus**, so sind noch folgende Fallgruppen zu betrachten:

### b) Sachleistungen gegenüber Arbeitnehmern

Ein tauschähnlicher Vorgang liegt auch dann vor, wenn ein **Arbeitgeber gegenüber** seinen **Arbeitnehmern** Lieferungen oder sonstige Leistungen (Sachleistun-  91

---

1 EuGH v. 19.12.2012 – C-549/11, UR 2013, 215 – Rz. 30 ff.
2 Zu beidem näher *Stadie*, UR 2009, 745 (748) – zu II 2 und 3.
3 Zu den daraus sich ergebenden Auswirkungen auf den **Vorsteuerabzug** hinsichtlich des im Rahmen eines Tausches gelieferten Gegenstandes s. *Stadie* in R/D, § 15 UStG Anm. 671 ff.
4 Dazu *Stadie* in R/D, Einf. Anm. 230 ff. mit anschaulichem *Beispiel*.

gen) auf Grund des Dienstverhältnisses – nicht überwiegend im eigenen betrieblichen Interesse (*Rz. 14*) – erbringt und die **Gegenleistung** in der anteiligen **Arbeitsleistung** der Arbeitnehmer (der Begriff der sonstigen Leistung umfasst auch Dienstleistungen von Personen, die unselbständig tätig sind) gesehen werden kann.[1] **Unproblematisch** sind die Fälle, in denen die Sachleistungen des Arbeitgebers **im Arbeitsvertrag vereinbart** sind und deshalb einen Teil der Entlohnung darstellen mit der Folge, dass ihnen eine anteilige Arbeitsleistung gegenübersteht (*Beispiele*[2]: Freie Verpflegung und Unterbringung bei Arbeitnehmern in der Landwirtschaft oder im Beherbergungsgewerbe; im Anstellungsvertrag vereinbarte Überlassung von **Wohnraum**[3] oder eines sog. **Firmenwagens**[4] an Angestellte).

92 Die Sachleistungen des Arbeitgebers müssen indes, damit ihnen eine anteilige Arbeitsleistung gegenüber steht, nicht ausdrücklich schriftlich im Arbeitsvertrag vereinbart worden sein; vielmehr können mündliche oder **konkludente Vereinbarungen** ausreichen (faktische betriebliche Übung)[5], wenn sich aus den Umständen ergibt[6], dass die Sachleistung eine zusätzliche Entlohnung darstellen soll (*Beispiele:* Durchgängige und nicht nur gelegentliche Überlassung eines Fahrzeuges für die Privatnutzung an einen Arbeitnehmer, auch wenn das nicht im Arbeitsvertrag vorgesehen ist[7]; Arbeitnehmer einer Fluggesellschaft erhalten jährlich Freiflüge).

93 Kann keine Gegenleistung angenommen werden, weil es sich um spontane **einmalige** oder **unregelmäßige** Zuwendungen handelt, so wird regelmäßig die **Entgeltlichkeit fingiert** (§ 3 Abs. 1b Nr. 2 oder § 3 Abs. 9a UStG, dazu *§ 3 Rz. 76 ff., 177 ff.*). Die **Abgrenzung** kann gleichwohl nicht dahinstehen, wenn das Gesetz zugrunde gelegt wird, weil nach dessen Wortlaut die Bemessungsgrundlagen unterschiedlich sein können (*§ 10 Rz. 85*). Bei Anwendung der vom BMF angebotenen Vereinfachungsregeln (*§ 10 Rz. 86 u. Rz. 116*) entfällt hingegen das Abgrenzungsproblem. **Richtigerweise** sind allerdings ohnehin **stets unentgeltliche Leistungen** anzunehmen.[8]

**c) Sacheinlage durch Gesellschafter, Realteilung**

94 Bei der **Einbringung** eines **Gegenstandes** in eine Gesellschaft (Sacheinlage) liegt – sowohl bei der Personen- als auch bei der Kapitalgesellschaft – ein Tausch vor,

---

1 BFH v. 12.5.2009 – V R 24/08, BStBl. II 2010, 854; BFH v. 5.6.2014 – XI R 2/12, UR 2014, 981 – Rz. 28.
2 Siehe auch Abschn. 1.8 Abs. 9 ff. UStAE.
3 Vgl. BFH v. 12.1.2011 – XI R 9/08, BStBl. II 2012, 58 = UR 2011, 357 – Rz. 20 ff.; BFH v. 12.1.2011 – XI R 10/08, BFH/NV 2011, 860 – Rz. 18.
4 BFH v. 31.7.2008 – V R 74/05, BFH/NV 2009, 226; BFH v. 5.6.2014 – XI R 2/12, UR 2014, 981 – Rz. 28; vgl. auch BFH v. 12.5.2009 – V R 24/08, BStBl. II 2010, 854; OFD Nds. v. 22.8.2012 – S 7100 - 421 - St 172, DStR 2012, 2388.
5 Abschn. 15.23 Abs. 9 UStAE (Fahrzeugüberlassung).
6 Vgl. BFH v. 10.6.1999 – V R 87/98, BStBl. II 1999, 580; BFH v. 5.6.2014 – XI R 2/12, UR 2014, 981 – Rz. 28; FG München v. 17.9.2014 – 3 K 1122/14, EFG 2014, 2183 – jeweils GmbH-Geschäftsführer; vgl. auch EuGH v. 18.7.2013 – C-210/11 u. C-211/11, UR 2014, 404 – Rz. 28 ff.
7 Vgl. BFH v. 10.6.1999 – V R 87/98, BStBl. II 1999, 580; Abschn. 15.23 Abs. 9 UStAE.
8 *Stadie*, UR 2009, 745 (748).

der, wenn der Gesellschafter den Gegenstand aus seinem Unternehmen einbringt, nach h.M. steuerbar sein und bei dem die Gegenleistung in der Einräumung der „Gesellschaftsrechte" bzw. „Gesellschaftsanteile" durch die Gesellschaft liegen soll.[1] Auch Letzteres ist verfehlt, da die „Gesellschaftsrechte" als Bündel von Rechtspositionen nur von den übrigen Gesellschaftern eingeräumt werden können.[2] Richtigerweise liegt die Gegenleistung in der Erlangung der Vermögensbeteiligung an der Gesellschaft. Ohne Belang ist, dass diese zivilrechtlich nur die Mitgesellschafter und nicht die Gesellschaft verschaffen können, denn maßgebend ist das wirtschaftliche Ergebnis. Es handelt sich, bei Annahme der Steuerbarkeit des Vorgangs[3], um einen Fall des § 10 Abs. 1 Satz 3 UStG (dazu *§ 10 Rz. 56, 61*). Der Einbringende tauscht den Gegenstand gegen die entsprechende vermögensmäßige Beteiligung an der Gesellschaft.[4] **Richtigerweise** ist dieser tauschähnliche Vorgang indes **nicht steuerbar** *(Rz. 87 ff.)*. Stattdessen geht das **Vorsteuerberichtigungsvolumen** in entsprechender Anwendung des § 1 Abs. 1a Satz 3 i.V.m. § 15a Abs. 10 UStG **auf die Gesellschaft über**[5] (zur Einlage in das sog. **Sonderbetriebsvermögen** der Personengesellschaft s. *§ 3 Rz. 71*).

**Kein tauschähnlicher Vorgang** liegt entgegen BFH[6] vor, wenn die Gesellschaft als Gegenleistung **Schulden** des Einbringenden **übernimmt**. Die Übernahme von Schulden ist keine Dienstleistung, die einen verbrauchbaren Vorteil verschafft (vgl. *Rz. 30*). Vielmehr handelt es sich um die Zahlung der Gegenleistung an einen Dritten (*§ 10 Rz. 33*).

Entsprechendes gilt im Falle der **Realteilung**. Die ehemaligen Gesellschafter erhalten Wirtschaftsgüter in Gestalt von Lieferung oder Dienstleistungen aus dem vormaligen Gesellschaftsvermögen, denen die Aufgabe der bisherigen vermögensmäßigen Beteiligung, insoweit als Tauschvorgang, nebst etwaigen Zuzahlungen gegenübersteht (zum entsprechenden Vorgang bei einer Miterbengemeinschaft *§ 2 Rz. 246*). Der Vorgang kann nach § 1 Abs. 1a UStG nicht steuerbar sein, soweit ein Gesellschafter ein **Teilvermögen** erhält und damit eine unternehmerische Tätigkeit ausübt (vgl. *Rz. 133*; zum anderenfalls in Betracht kommenden **Vorsteuerabzug** des Gesellschafters bei anschließender **Einbringung in eine andere Gesellschaft** oder dessen sog. Sonderbetriebsvermögen s. *§ 2 Rz. 166* i.V.m. *§ 15 Rz. 44 ff.; § 3 Rz. 7*).

---

1 BFH v. 8.11.1995 – XI R 63/94, BStBl. II 1996, 114; BFH v. 15.5.1997 – V R 67/94, BStBl. II 1997, 705; BFH v. 30.9.1999 – V R 9/97, BFH/NV 2000, 607; BFH v. 13.11.2003 – V R 79/01, BStBl. II 2004, 375 (377); BFH v. 6.10.2005 – V R 7/04, BFH/NV 2006, 834; *Englisch* in T/L, § 17 Rz. 139; vgl. auch Abschn. 1.6 Abs. 2 Satz 5 f. UStAE.
2 *Stadie*, DStJG 13 (1990), S. 179 (188 f.); *Reiß*, UR 1996, 357 (361 f.).
3 Vgl. zur Einbringung eines Mandantenstamms im Tausch gegen Erhöhung der Beteiligung BFH v. 5.6.2013 – XI B 116/12, BFH/NV 2013, 1640.
4 Vgl. auch *Reiß*, UR 1988, 298 (301 f.); *Reiß* in T/L, 20. Aufl., § 14 Rz. 45 – Wertsteigerung der Beteiligung.
5 *Stadie* in R/D, § 15 UStG Anm. 671 i.V.m. Anm. 677; zust. *Wäger*, UR 2012, 911 (916).
6 BFH v. 15.5.1997 – V R 67/94, BStBl. II 1997, 705.

## IV. Leistung im Rahmen des Unternehmens

### 1. Allgemeines

95 Entgeltliche Lieferungen oder sonstige Leistungen eines Unternehmers im Inland sind nur dann steuerbar, wenn er sie im Rahmen seines Unternehmens ausführt (§ 1 Abs. 1 Nr. 1 Satz 1 UStG).[1] Damit werden diejenigen entgeltlichen Leistungen von der Besteuerung ausgenommen, die der Unternehmer nicht in dieser Eigenschaft (nicht als solcher), sondern in seiner nichtunternehmerischen (nichtwirtschaftlichen oder „privaten") Sphäre erbringt. Das Merkmal „im Rahmen seines Unternehmens" korrespondiert mit dem Unternehmen i.S.d. § 2 Abs. 1 Satz 2 UStG (dazu *§ 2 Rz. 186 ff.*), indem es bestimmt, welche der vom Unternehmer erbrachten **Leistungen** (Umsätze) seinem **Unternehmen zuzurechnen** sind. Es korrespondiert ferner mit dem Merkmal „für sein Unternehmen" i.S.d. § 15 Abs. 1 UStG (bzw. „für dessen Unternehmen" i.S.d. § 9 Abs. 1 UStG), weil Leistungen nur dann bzw. insoweit für das Unternehmen bezogen werden, wenn bzw. als sie zur Ausführung von Umsätzen verwendet werden, die im Rahmen des Unternehmens erfolgen.

96 Bei den **fiktiven** entgeltlichen **Leistungen** gem. § 3 Abs. 1a, 1b und Abs. 9a Nr. 1 UStG ist das von § 1 Abs. 1 Nr. 1 UStG geforderte Merkmal der Ausführung im Rahmen des Unternehmens schon tatbestandlich dadurch erfüllt, dass die genannten Vorschriften einen „Gegenstand des Unternehmens" (§ 3 Abs. 1a UStG) bzw. die Berechtigung zum Vorsteuerabzug hinsichtlich des entnommenen bzw. gelieferten Gegenstandes (§ 3 Abs. 1b Satz 2 UStG) bzw. einen „dem Unternehmen zugeordneten Gegenstand" (§ 3 Abs. 9a Nr. 1 UStG) voraussetzen. Lediglich bei der unentgeltlichen Erbringung einer anderen sonstigen Leistung (§ 3 Abs. 9a Nr. 2 UStG) ist das Tatbestandsmerkmal „im Rahmen seines Unternehmens" von Bedeutung.

97 Das Merkmal „im Rahmen seines Unternehmens" lässt sich nicht durch eine abstrakte Umschreibung präzisieren. Es verlangt vielmehr eine **wertende Zuordnung**. Die früher geläufige und heute gelegentlich noch anzutreffende Unterscheidung[2] in Grundgeschäfte, *Hilfsgeschäfte* (-umsätze)[3] und *Nebengeschäfte* (-umsätze[4]) hilft letztlich nicht weiter, da auch bei diesen Schlagworten das Problem der Zuordnung bleibt, d.h. mit ihnen nichts zum verknüpfenden Band gesagt wird.

98 Zweifelsfrei werden im Rahmen des Unternehmens diejenigen Umsätze ausgeführt, die die Unternehmereigenschaft nach § 2 Abs. 1 bzw. 3 UStG begrün-

---

1 Art. 2 Abs. 1 Buchst. a und c MwStSystRL bringt dasselbe mit der Formulierung „die ein Steuerpflichtiger als solcher ausführt" zum Ausdruck; vgl. EuGH v. 12.1.2006 – C-354/03, C-355/03, C-484/03, EuGHE 2006, I-483 = UR 2006, 157 – Rz. 42. Art. 18 Buchst. a MwStSystRL verwendet ausdrücklich die Formulierung „im Rahmen seines Unternehmens"; vgl. auch Art. 311 Abs. 1 Nr. 5 und 6 MwStSystRL („im Rahmen seiner wirtschaftlichen Tätigkeit").
2 Vgl. *Englisch* in T/L, § 17 Rz. 147 ff.; *Lipross*, 2.10.3c – S. 466.
3 Der Begriff „Hilfsumsätze" wird allerdings von § 19 Abs. 3 Satz 1 Nr. 2 UStG (dazu *§ 19 Rz. 23 u. 27*) und von Art. 174 Abs. 2 Buchst. b und c MwStSystRL verwendet (dazu *Rz. 102*).
4 Der Begriff wird auch von Art. 288 Abs. 1 Nr. 4 MwStSystRL verwendet.

den, d.h. den eigentlichen Gegenstand der unternehmerischen Betätigung bilden (üblicherweise als **Grundgeschäfte** bezeichnet[1]). Entsprechendes gilt, wenn der Unternehmer verschiedene Tätigkeitsbereiche („Betriebe") hat, die jeweils für sich die Unternehmereigenschaft begründen würden (dazu *§ 2 Rz. 186*).

Bei einem **Gebrauchtwarenhändler** erfolgt auch die **Veräußerung** solcher eigener **privater Gegenstände**, die zur Gattung derjenigen gehören, die er **typischerweise** in seinem Unternehmen umsetzt, im Rahmen des Unternehmens, auch wenn er sie nicht innerhalb seines Ladenlokals o.Ä. anbietet (dazu auch *§ 25a Rz. 28*; *Beispiele:* Verkauf des privaten Zweitwagens durch einen Gebrauchtwagenhändler). 99

Darüber hinaus werden im Rahmen des Unternehmens auch diejenigen Umsätze ausgeführt, die zwar für sich gesehen die Unternehmereigenschaft nicht begründen würden, d.h. nicht den eigentlichen Gegenstand der unternehmerischen Betätigung bilden, aber mit dieser **im wirtschaftlichen (sachlichen) Zusammenhang** stehen (häufig als *Hilfsumsätze* und *Nebenumsätze* bezeichnet; *Rz. 97*). 100

Nach Auffassung des **BFH**[2] ist ein Hilfsgeschäft jede Tätigkeit, die die Haupttätigkeit mit sich bringt; die Nachhaltigkeit soll sich beim Hilfsgeschäft auf Grund der Umsätze, zu denen es gehöre, beurteilen. Damit wird verkannt, dass die Nachhaltigkeit kein Kriterium des Hilfsgeschäfts, sondern der Unternehmereigenschaft ist. Verfehlt ist deshalb auch die Aussage des BFH[3], wonach das Merkmal der Nachhaltigkeit bei Hilfsgeschäften „vernachlässigt" werden könne. 101

Der **EuGH** versteht als Hilfsumsätze i.S.d. Art. 174 Abs. 2 Buchst. b und c MwStSystRL nur solche Umsätze, bei denen die Leistungsbezüge des Unternehmens „nur in sehr geringem Umfang für diese Geschäfte verwendet werden". Das soll selbst dann gelten, wenn diese Umsätze höher als die übrigen Umsätze sind.[4] Diese Interpretation erklärt sich nur vor dem Hintergrund, dass der von Art. 173 Abs. 1 Unterabs. 2 MwStSystRL als Regelfall vorgesehene Vorsteueraufteilungsmaßstab des Art. 174 Abs. 1 MwStSystRL nach dem Umsatzschlüssel sachwidrig ist. Sie gilt nur für Art. 174 Abs. 2 Buchst. b und c MwStSystRL und darf deshalb nicht zur Auslegung des Begriffs „Hilfsumsätze" in § 19 Abs. 3 Satz 1 Nr. 2 UStG herangezogen werden. Das wird durch Art. 288 Satz 1 Nr. 4 MwStSystRL bestätigt, der nunmehr von „Nebenumsätzen" spricht. 102

Als Umsätze im o.g. Sinne kommen insbesondere in Betracht: 103
– Gelegentliche Begutachtungen, Vorträge, Veröffentlichungen o.ä. Dienstleistungen, die sich als **Ausnutzung der Kenntnisse und Erfahrungen** aus der

---

1 Vgl. BFH v. 24.2.1988 – X R 67/82, BStBl. II 1988, 622 (624); Abschn. 2.7 Abs. 2 Satz 1, Abschn. 19.3 Abs. 2 Satz 4 UStAE.
2 BFH v. 24.2.1988 – X R 67/82, BStBl. II 1988, 649; BFH v. 27.7.1995 – V R 44/94, BStBl. II 1995, 853 (855); BFH v. 17.9.1998 – V R 27/96, BFH/NV 1999, 832; BFH v. 25.4.2013 – XI B 123/12, BFH/NV 2013, 1273.
3 BFH v. 20.9.1990 – V R 92/85, BStBl. II 1991, 35 (37); BFH v. 25.4.2013 – XI B 123/12, BFH/NV 2013, 1273.
4 EuGH v. 29.4.2004 – C-77/01, EuGHE 2004, I-4295 = UR 2004, 292 – Rz. 77 f.

eigentlichen beruflichen oder gewerblichen Tätigkeit darstellen, sofern sie nicht selbst schon die Unternehmereigenschaft begründen würden (dazu § 2 Rz. 128);

- gelegentliche Kreditgewährungen an Abnehmer der im Rahmen der eigentlichen unternehmerischen Tätigkeit erbrachten Umsätze (Stundung des Kaufpreises usw.);
- **Veräußerungen** von **Inventarstücken** (Gegenstände des Anlagevermögens, Investitionsgüter), soweit sie dem Unternehmen zugeordnet waren (Rz. 105 ff.);
- **gelegentliche Vermietung** *beweglichen* Inventars;
- **Veräußerung** von **Produktionsabfällen**, Schrott u.Ä.

104 Der **EuGH** differenziert hingegen bei **Darlehensumsätzen** wie folgt: Der Steuerpflichtige handele als solcher, wenn die Darlehensumsätze entweder eine wirtschaftliche Tätigkeit i.S.d. Art. 9 Abs. 2 MwStSystRL *oder* die unmittelbare, dauerhafte und notwendige Erweiterung einer steuerbaren Tätigkeit darstellen, ohne jedoch in Bezug auf letztere Hilfsumsätze i.S.d. Art. 174 Abs. 2 MwStSystRL zu sein.[1] Das ergibt keinen Sinn, weil die *dauerhafte* Erweiterung mittels einer anderen Tätigkeit für sich gesehen ebenfalls eine wirtschaftliche Tätigkeit i.S.d. Art. 9 Abs. 2 MwStSystRL ist.

### 2. Lieferung von gemischt genutzten Gegenständen

105 Die Lieferung eines Investitionsgutes (Gegenstand des **Anlagevermögens**) erfolgt dann im Rahmen des Unternehmens, wenn der gelieferte Gegenstand dem **Unternehmen zugeordnet** ist. Der von EuGH und BFH in diesem Zusammenhang verwendete Begriff „Unternehmensvermögen"[2] ist verfehlt, da das Umsatzsteuerrecht nicht Vermögensveränderungen, sondern Umsätze (Tätigkeiten) besteuert[3] und die Verwendung des Begriffes dazu verleitet, unzutreffende Parallelen zum Bilanzsteuerrecht („notwendiges" bzw. „gewillkürtes" Betriebsvermögen) zu ziehen.

106 Bei einem Gegenstand (Wirtschaftsgut), der sowohl für **unternehmerische** als auch für **nichtunternehmerische** (nichtwirtschaftliche oder private) Zwecke verwendet werden soll, hat der Unternehmer nach der Rechtsprechung ein **Zuordnungswahlrecht**. Danach kann er den Gegenstand zur Gänze dem Unternehmen oder dem nichtunternehmerischen Bereich zuordnen. Er kann aber auch nur den **Teil des Gegenstandes** (Wirtschaftsgutes), der für unternehmerische Zwecke verwendet wird, dem Unternehmen zuordnen (§ 15 Rz. 165 ff.).

---

[1] EuGH v. 11.7.1996 – C-306/94, EuGHE 1996, I-3695 = UR 1996, 304; EuGH v. 14.11.2000 – C-142/99, EuGHE 2000, I-9567 = UR 2000, 530 – Rz. 27; vgl. auch EuGH v. 29.4.2004 – C-77/01, EuGHE 2004, I-4295 = UR 2004, 292 – Rz. 66 ff., 74 ff.
[2] Z.B. EuGH v. 8.3.2001 – C-415/98, EuGHE 2001, I-1831 = UR 2001, 149; EuGH v. 23.4.2009 – C-460/07, EuGHE 2009, I-3251 = UR 2009, 410 – Rz. 39 f.; EuGH v. 16.2.2012 – C-118/11, UR 2012, 231; BFH v. 18.1.2012 – XI R 13/10, BFH/NV 2012, 1012 – Rz. 26; BFH v. 18.4.2012 – XI R 14/10, BFH/NV 2012, 1828. Ebenso *Lipross*, 2.10.4 – S. 467 ff.; *Nieskens* in R/D, § 3 UStG Anm. 1170.
[3] So noch zutreffend BFH v. 19.4.1979 – V R 11/72, BStBl. II 1979, 420; BFH v. 24.2.1988 – X R 67/82, BStBl. II 1988, 649.

Die Zuordnungsentscheidung erfolgt durch die erfolgreiche **Geltendmachung** **des Vorsteuerabzugs** für den Gegenstand (das Wirtschaftsgut). Demgegenüber soll nach Ansicht des **BFH** die Geltendmachung bzw. Nichtgeltendmachung **lediglich ein wichtiges Indiz** für bzw. gegen die Zuordnung des Gegenstandes sein (*§ 15 Rz. 171 f.*).

107

Die Zuordnung zum Unternehmen bewirkt bei einem von der Vorsteuer entlasteten Gegenstand, dass seine **Veräußerung** im Rahmen des Unternehmens erfolgt und auch seine **Entnahme** oder unternehmensfremde Verwendung steuerbar ist (§ 3 Abs. 1b Satz 2, Abs. 9 Nr. 1 UStG; zu nicht von der Vorsteuer entlasteten Gegenständen s. *Rz. 110 ff.*). Ein derartiger Gegenstand verbleibt auch nach **Beendigung des Unternehmens** noch im umsatzsteuerrechtlichen Nexus (*§ 2 Rz. 221*) und wird deshalb vom ehemaligen Unternehmer oder dessen Gesamtrechtsnachfolger noch steuerbar geliefert bzw. entnommen (*§ 2 Rz. 222, 235, 239*).

108

Wird ein Gegenstand nur teilweise dem Unternehmen zugeordnet, so erfolgt eine spätere Lieferung bzw. Entnahme (einschließlich Nutzungsentnahme) **nur insoweit im Rahmen des Unternehmens**.[1]

109

### 3. Von der Vorsteuer nicht entlasteter Gegenstand

Ein Investitionsgut (**Gegenstand des Anlagevermögens**) kann auch dann dem Unternehmen zugeordnet werden, wenn es **gebraucht** von einem Nichtunternehmer (oder einem Unternehmer, der nicht zum Ausweis der Steuer berechtigt ist), d.h. **ohne Vorsteuerentlastung** erworben worden war.[2] Das ergibt sich aus § 3 Abs. 1b und Abs. 9a Nr. 1 UStG und Art. 16 Abs. 1 und Art. 26 Abs. 1 Buchst. a MwStSystRL, die die Steuerbarkeit der Entnahme eines dem Unternehmen zugeordneten Gegenstandes davon abhängig machen, dass dieser zum Vorsteuerabzug berechtigt hat, woraus folgt, dass auch nicht von der Vorsteuer entlastete Gegenstände dem Unternehmen zugeordnet sein können. Dasselbe gilt für Gegenstände, die **ausschließlich für steuerfreie Umsätze** verwendet werden, welche den Vorsteuerabzug ausschließen. Das ergibt sich aus der Steuerbefreiungsvorschrift des § 4 Nr. 28 UStG bzw. Art. 136 MwStSystRL, da die Lieferung eines derartigen Gegenstandes nicht steuerfrei sein könnte, wenn sie nicht im Rahmen des Unternehmens erfolgte.

110

Andererseits ist diese Zuordnung richtigerweise ohne Belang, da aus den genannten Vorschriften der Wille des Richtlinien- bzw. Gesetzgebers folgt, dass die entgeltliche oder unentgeltliche **Lieferung** (sowie die Nutzungsentnahme) dieser Gegenstände **nicht steuerbar** bzw. **steuerfrei** ist. Dem liegt der Gedanke zugrunde, dass die Besteuerung eines Investitionsgutes, welches das Unternehmen verlässt, nur dann erforderlich ist, wenn für das Wirtschaftsgut ein Vorsteuerabzug vorgenommen worden war. Mit der Besteuerung des Restwertes i.S.d. § 10 Abs. 4 Nr. 1 UStG wird die Umsatzsteuerbelastung wiederhergestellt. War

111

---

1 Vgl. zur Lieferung EuGH v. 4.10.1995 – C-291/92, EuGHE 1995, I-2775 = BStBl. II 1996, 392 = UR 1995, 481; EuGH v. 8.3.2001 – C-415/98, EuGHE 2001, I-1831 = UR 2001, 149 – Rz. 39.
2 EuGH v. 8.3.2001 – C-415/98, EuGHE 2001, I-1831 = UR 2001, 149 – Rz. 40.

kein Vorsteuerabzug vorgenommen worden, so gelangt der Gegenstand hingegen mit der anteiligen, d.h. der dem jetzigen Wert entsprechenden ursprünglichen Umsatzsteuerbelastung (sog. *Restmehrwertsteuer*) zum Erwerber. Anders ist es bei der Lieferung von gebrauchten Gegenständen (**Umlaufvermögen**) durch Wiederverkäufer i.S.d. § 25a UStG bzw. Art. 313 ff. MwStSystRL (*§ 25a UStG Rz. 4 u. 10*).

112 Der **EuGH**[1] kommt zu dem Ergebnis der Nichtbesteuerung nur durch den unnötigen Umweg, dass er bei der entgeltlichen Veräußerung eine **vorherige Entnahme** verlangt, so dass die Veräußerung dann im nichtunternehmerischen (privaten) Bereich erfolgt. Das ist gekünstelt und verkennt, dass auch Richtlinien mittels einer Gesamtschau ihrer Vorschriften, d.h. systematisch auszulegen sind. Der **BFH** war dem EuGH zwischenzeitlich für den Fall der Veräußerung durch **Einzelunternehmer**[2], nicht jedoch für die Veräußerung durch Personengesellschaften[3], gefolgt. Er hat diese Auffassung jedoch offensichtlich **wieder aufgegeben** und sieht die Veräußerung eines ohne Vorsteuerabzug angeschafften Gegenstand des sog. Anlagevermögens als steuerbar und steuerpflichtig an, ohne auch nur die Frage der analogen Anwendung des § 4 Nr. 28 UStG (*§ 4 Nr. 28 Rz. 17*) aufzuwerfen. Das ist aus o.g. Gründen (*Rz. 110 f.*) **fehlerhaft**. Eine völlige Verkennung des Richtlinien- bzw. Gesetzgeberwillens wäre es, bei einer der Veräußerung vorhergehenden Entnahme einen Missbrauch i.S.d. § 42 AO anzunehmen.[4]

113 Wenn aber die Lieferung solcher Gegenstände richtigerweise ausnahmslos nicht steuerbar oder steuerfrei ist, so ist es **ohne Belang, ob** der Gegenstand dem Unternehmen **zugeordnet** war **oder nicht**. Folglich ist es entgegen BFH[5] auch ohne Bedeutung, worin Beweisanzeichen für eine Zuordnung gesehen werden könnten.

## V. Leistung im Inland

114 Die „**Steuerbarkeit**" eines Umsatzes verlangt, dass dieser „im Inland" ausgeführt wird (§ 1 Abs. 1 Nr. 1 Satz 1 UStG). Darin kommt das Gesetzesziel zum Ausdruck, nur den Verbrauch im Inland zu besteuern. Für die Steuerbarkeit ist – sofern die übrigen Voraussetzungen des § 1 Abs. 1 Nr. 1 UStG erfüllt sind – **allein maßgebend**, ob der Umsatz im Inland ausgeführt wird, d.h. **ob der Ort der Leistung** nach den einschlägigen Bestimmungen **im Inland** (§ 1 Abs. 2 Satz 1 UStG, *Rz. 156 ff.*) ist (oder nach § 1 Abs. 3 UStG als in diesem ausgeführt gilt; *Rz. 166 ff.*). Das wird durch § 1 Abs. 2 Satz 3 UStG klargestellt. Danach ist es, wenn der Ort des Umsatzes im Inland ist, dem Gesetzeszweck entsprechend **ohne** jede **Bedeutung**, ob der die Leistung erbringende Unternehmer Deutscher ist,

---

1 EuGH v. 8.3.2001 – C-415/98, EuGHE 2001, I-1831 = UR 2001, 149 – Rz. 44.
2 Vgl. BFH v. 31.1.2002 – V R 61/96, BStBl. II 2003, 813 = UR 2002, 211.
3 BFH v. 2.3.2006 – V R 35/04, BStBl. II 2006, 675.
4 So aber OFD Frankfurt a.M. v. 5.4.2005 – S 7100 A - 198 - St I 1.10, UR 2005, 511; im Ergebnis auch FG BW v. 16.2.2011 – 1 K 48/34/08, EFG 2011, 1284.
5 Vgl. BFH v. 31.1.2002 – V R 61/96, BStBl. II 2003, 813 = UR 2002, 211; BFH v. 28.2.2002 – V R 25/96, BStBl. II 2003, 815 = UR 2002, 263.

seine Ansässigkeit im Inland hat, hier die Rechnung erteilt oder die Zahlung empfängt.

Ob eine Leistung im Inland erbracht wird, bestimmt sich nach einem **komplizierten Regelwerk** über den   115

– **Ort der Lieferungen** (§ 3 Abs. 5a i.V.m. Abs. 6–8 und §§ 3c, 3e bis 3g UStG) und den

– **Ort der sonstigen Leistungen** (§§ 3a, 3b UStG i.V.m. §§ 2 ff. UStDV, §§ 3f und 25 Abs. 1 Satz 4 UStG).

Auf die Ansässigkeit des die Leistungen erbringenden Unternehmers kommt es dabei regelmäßig nicht an (Ausnahmen § 3a Abs. 6 und 7 UStG). Mit den Regelungen zum Ort der Leistung wird jedoch **nicht stets** bewirkt, dass dieser sich im **Land des** (mutmaßlichen) **Verbrauchs** (Bestimmungsland) befindet. Ist der Ort im Inland, obwohl der Verbrauch im Ausland stattfindet, so wird in bestimmten Fällen, insbesondere bei Exportlieferungen und damit zusammenhängenden Dienstleistungen, die **Nichtbesteuerung** im Inland **erst durch** eine **Steuerbefreiung** hergestellt (vgl. *Vor §§ 4–9 Rz. 7*).

Bei vollständiger und zutreffender Umsetzung der Vorgaben der Richtlinie führen einheitliche Regeln über den Ort der Lieferungen und sonstigen Leistungen (Dienstleistungen) dazu, dass entsprechend ihrem Zweck (arg. Art. 59a MwStSystRL) **Doppelbesteuerungen und Nichtbesteuerungen** von Umsätzen im Verhältnis der Mitgliedstaaten der EU zueinander **vermieden** werden. Voraussetzung dafür ist, dass die in der EG-Richtlinie verwendeten Begriffe von den nationalen Regelungen übernommen und von den Mitgliedstaaten einheitlich interpretiert werden. Daraus folgt, dass die Begriffe nicht nach dem nationalen Rechtsverständnis, sondern gemeinschaftsrechtlich ausgelegt werden müssen. Bei unzutreffender Umsetzung der Richtlinien durch die nationalen Gesetze, Verwaltungsvorschriften oder die konkrete Praxis können weiterhin Doppelbesteuerungen oder Nichtbesteuerungen eintreten.[1]   116

## C. Einfuhr und innergemeinschaftlicher Erwerb (Abs. 1 Nr. 4 und 5)
### I. Allgemeines

Zur **Sicherstellung** der **Besteuerung** des Verbrauchs von **Gegenständen im Inland** und zur Gewährleistung der **Wettbewerbsneutralität** bestimmen § 1 Abs. 1 Nr. 4 UStG, dass die **Einfuhr** von Gegenständen aus dem Drittlandsgebiet im Inland, und § 1 Abs. 1 Nr. 5 UStG, dass der **innergemeinschaftliche Erwerb** im Inland gegen Entgelt der Umsatzsteuer unterliegen. Die Besteuerung des innergemeinschaftlichen Erwerbs ersetzt die nach Wegfall der Grenzkontrollen innerhalb der Gemeinschaft seit 1993 nicht mehr mögliche Erhebung der Einfuhrumsatzsteuer im Bereich des gewerblichen Warenverkehrs. Während die Einfuhrumsatzsteuer grundsätzlich alle Gegenstände erfasst, die die Grenze überschreiten, setzt die Besteuerung des innergemeinschaftlichen Erwerbs eine vorhergehende (steuerfreie) Lieferung im anderen Mitgliedstaat voraus (§ 1a Abs. 1 Nr. 1 UStG) und beschränkt den Personenkreis, der den Erwerbstatbestand verwirklichen   117

---
1 Dazu näher *Stadie* in R/D, Einf. Anm. 744 ff.

kann, im Wesentlichen auf „normale" Unternehmer (§ 1a Abs. 3 UStG). Mit der Besteuerung der Einfuhr und des innergemeinschaftlichen Erwerbs wird erreicht, dass insoweit (*Rz. 119*) die aus dem Ausland in das Inland gelangenden Gegenstände mit der inländischen Umsatzsteuer belastet und dadurch den **im Inland produzierten** und angebotenen **Gegenständen** in der Umsatzsteuerbelastung (bei gleichen Preisen) **gleichgestellt** werden.

118 Mit der dadurch verwirklichten Besteuerung im Bestimmungsland **korrespondiert** bei der Einfuhr durchwegs eine **Ausfuhrbefreiung im Ursprungsland** (entsprechend der Steuerbefreiung der Ausfuhrlieferung nach § 4 Nr. 1 Buchst. a i.V.m. § 6 UStG im umgekehrten Fall). Bei einer Umsatzbesteuerung nach dem Mehrwertsteuersystem im Ursprungsland wird regelmäßig noch die Vorsteuerentlastung hinsichtlich aller Vorbezüge – entsprechend § 15 Abs. 3 Nr. 1 Buchst. a UStG im umgekehrten Fall – hinzukommen. Gleiches gilt beim innergemeinschaftlichen Erwerb in Gestalt der Steuerbefreiung der *innergemeinschaftlichen Lieferung* im anderen Mitgliedstaat (Art. 138 Abs. 1 i.V.m. Art. 2 Abs. 1 Buchst. b MwStSystRL – entspricht für den umgekehrten Fall § 4 Nr. 1 Buchst. b i.V.m. § 6a UStG), mit der darüber hinaus zwingend eine **Vorsteuerentlastung** hinsichtlich sämtlicher Leistungsbezüge, die mit der Lieferung zusammenhängen, verbunden ist (Art. 169 Buchst. b MwStSystRL – entspricht für den umgekehrten Fall § 15 Abs. 3 Buchst. a UStG), damit der Gegenstand vollständig von der Umsatzsteuer des Ursprungslandes entlastet ist (dazu auch *§ 15 Rz. 424*).

119 Soweit aus dem übrigen Gemeinschaftsgebiet stammende Gegenstände nicht der Besteuerung des innergemeinschaftlichen Erwerbs unterliegen, weil der **Erwerber kein „normaler" Unternehmer** (und auch keine juristische Person, § 1a Abs. 1 Nr. 2 Buchst. b UStG) ist, greift im Ursprungsland keine Steuerbefreiung ein und die Gegenstände gelangen mit der **Steuerbelastung des Ursprungslandes** in das Inland; s. zum umgekehrten Fall § 6a Abs. 1 UStG (dazu *§ 6a Rz. 2* und *15*).

120 Die **Bezeichnung** der Einfuhr und des innergemeinschaftlichen Erwerbs durch § 1 Abs. 1 Nr. 4 und 5 UStG als „**Umsätze**"[1] ist eine Vergewaltigung der Sprache, da unter einem Umsatz nach dem Sprachgebrauch der Tausch (das Umsetzen) von Waren (und Dienstleistungen) zu verstehen ist. Hingegen ist die Einfuhr nicht mehr als das Verbringen eines Gegenstandes durch eine Person in das Inland und der (innergemeinschaftliche) Erwerb nicht mehr als der Empfang eines Gegenstandes.[2] Das unsinnige Zwängen dieser Vorgänge unter den Begriff des Umsatzes ist auch gesetzestechnisch nicht geboten[3], sondern zwingt im Gegenteil zur Klarstellung durch § 15 Abs. 2 Satz 2 UStG, dass, soweit es um die Verwendung von Gegenständen und sonstigen Leistungen für Umsätze geht, Einfuhren und innergemeinschaftliche Erwerbe keine solche sind! (*§ 15 Rz. 434*).

---

1 Auch die Richtlinie verwendet seit 2006 in Art. 2 Abs. 1 Buchst. b und d MwStSystRL diesen Begriff.
2 Zu einer sinnvolleren Formulierung des § 1 Abs. 1 UStG s. Rz. 1.
3 § 1 Abs. 3, § 10 Abs. 1 Satz 1, § 11 Abs. 1, § 12 Abs. 1 und 2 Nr. 1, § 16 Abs. 1 Satz 2 und § 18 Abs. 4a UStG lassen sich problemlos anders (und zugleich verständlicher) formulieren!

Während die Steuer bei der Einfuhr grundsätzlich nach dem *Zollwert* des eingeführten Gegenstandes bemessen wird (§ 11 Abs. 1 UStG), gilt als **Bemessungsgrundlage** für die Steuer auf den innergemeinschaftlichen Erwerb regelmäßig das vom Erwerber aufgewendete *Entgelt* (§ 10 Abs. 1 Satz 2 UStG). Allerdings orientiert sich der Zollwert des eingeführten Gegenstandes ebenfalls an dem Entgelt einer zugrunde liegenden Lieferung (vgl. Art. 29 ZK). Der **Steuersatz** ist sowohl bei der Einfuhr als auch beim innergemeinschaftlichen Erwerb derselbe wie bei einer Lieferung des Gegenstandes (§ 12 Abs. 1 und 2 Nr. 1 UStG). Auch die **Steuerbefreiungen** des § 5 UStG für die Einfuhr und des § 4b UStG für den innergemeinschaftlichen Erwerb sind weitgehend deckungsgleich. Die Vereinfachungsbestimmungen des § 5 Abs. 2 UStG i.V.m. der EUStBV werden von § 4b Nr. 3 UStG für den innergemeinschaftlichen Erwerb übernommen.

121

## II. Einfuhr

Die Einfuhr von Gegenständen[1] im Inland (oder in den österreichischen Gebieten Jungholz und Mittelberg[2]) unterliegt der Umsatzsteuer (§ 1 Abs. 1 Nr. 4 UStG). Bis 2003 sprach das Gesetz von der „Einfuhr von Gegenständen *aus dem Drittlandsgebiet in das Inland*". Nunmehr heißt es statt dessen „Einfuhr ... *im Inland*". Diese Formulierung ergibt ohne zusätzliche Definitionen oder Fiktionen im Gesetz keinen **Sinn**, denn nach der gewöhnlichen Bedeutung des Wortes „Einfuhr" kann eine solche nicht „im" Inland getätigt werden. Der Wille des Gesetzes erschließt sich erst bei Heranziehung des § 21 Abs. 2 UStG, wonach die Vorschriften für Zölle grundsätzlich sinngemäß für die Einfuhrumsatzsteuer gelten.

122

Die maßgebenden Vorschriften finden sich im **Zollkodex** der Gemeinschaft.[3] Der Einfuhrtatbestand ist regelmäßig erst mit **Überführung** des Gegenstandes **in den freien Verkehr** verwirklicht, der, wenn keine Steuerbefreiung (§ 5 UStG) eingreift, zur Entstehung der Einfuhrumsatzsteuer führt (Art. 201 Abs. 1 Buchst. a i.V.m. Art. 79 ZK). Folglich ist der Einfuhrtatbestand nicht verwirklicht, wenn sich der Gegenstand zwar tatsächlich im Inland befindet, aber einem Versandverfahren oder einer Zolllagerregelung unterliegt. Entfallen dessen Voraussetzungen, so findet die Überführung in den freien Verkehr und damit die Einfuhr i.S.d. § 1 Abs. 1 Nr. 4 UStG „im" Inland statt. Dem entsprechen Art. 60 und 61 MwStSystRL, die den Ort der Einfuhr in das Gebiet des betreffenden Mitgliedstaates legen.

123

---

1 Die Einfuhr von Falschgeld soll allerdings nach Auffassung des EuGH nicht der Umsatzsteuer unterliegen, weil der Handel mit diesen Gegenständen außerhalb staatlicher Überwachung *ausnahmslos* verboten sei; EuGH v. 6.12.1990 – C-343/89, EuGHE 1990, I-4477 = UR 1991, 148. Entsprechendes soll auch für die innerstaatliche Lieferung von Drogen gelten; EuGH v. 5.7.1988 – 269/86, EuGHE 1988, I-3627 = UR 1989, 312; EuGH v. 5.7.1988 – 289/86, EuGHE 1988, I-3655 = UR 1989, 309 (vgl. auch oben *Rz. 13 Fn. 5*).
2 Die Einfuhr in diese österreichischen Gebiete wird mithin von den deutschen Zollbehörden überwacht, weil diese Gebiete von österreichischer Seite schlecht erreichbar sind.
3 VO EWG Nr. 2913/92, ABl. EG Nr. L 302/1992, 1.

## III. Innergemeinschaftlicher Erwerb

124 Nach § 1 Abs. 1 Nr. 5 UStG unterliegt der innergemeinschaftliche Erwerb im Inland gegen Entgelt der Umsatzsteuer. Die wesentlichen Tatbestandsmerkmale dieses „Umsatzes" (*Rz. 120*) sind in § 1a UStG (innergemeinschaftlicher Erwerb gegen Entgelt) und § 1b UStG (innergemeinschaftlicher Erwerb neuer Fahrzeuge insbesondere durch Privatpersonen) beschrieben. Ob der Erwerb im Inland stattfindet, bestimmt sich nach § 3d UStG. Im Ergebnis wird der Erwerber so behandelt, als schulde er die Steuer für eine im Inland steuerpflichtige Lieferung. In den von § 4b UStG genannten Fällen ist der innergemeinschaftliche Erwerb steuerfrei. Bei einem innergemeinschaftlichen Dreiecksgeschäft gilt die Sonderregelung des § 25b UStG.

## D. Nichtsteuerbarkeit der Geschäftsveräußerung (Abs. 1a)

### I. Allgemeines

125 Die Umsätze im Rahmen einer Geschäftsveräußerung an einen anderen Unternehmer für dessen Unternehmen unterliegen nicht der Umsatzsteuer (§ 1 Abs. 1a Satz 1 UStG). Eine **Geschäftsveräußerung** liegt vor, wenn ein **Unternehmen** oder ein in der Gliederung des Unternehmens **gesondert geführter Betrieb im Ganzen** entgeltlich oder unentgeltlich **übereignet** oder in eine Gesellschaft **eingebracht** wird (§ 1 Abs. 1a Satz 2 UStG). Auch wenn die Übertragung des Unternehmens schuldrechtlich auf einem Vertrag beruht, liegt eine **Summe** von **Einzelrechtsnachfolgen** vor, die nach der Systematik des Gesetzes eine Vielzahl von Lieferungen von Wirtschaftsgütern und ggf. von sonstigen Leistungen (Übertragung von Rechten) darstellt, die zu einer Vielzahl von Umsätzen nach § 1 Abs. 1 Nr. 1 UStG (bei Entgeltlichkeit) oder nach § 1 Abs. 1 Nr. 1 i.V.m. § 3 Abs. 1b und Abs. 9a UStG (bei Unentgeltlichkeit) führen müsste.[1] Da bei einer solchen Geschäftsveräußerung im Regelfall der den Betrieb/das Unternehmen fortführende Erwerber vorsteuerabzugberechtigt ist, bestimmt das deutsche Umsatzsteuergesetz aus **Vereinfachungsgründen** (dazu auch *Rz. 127*) – obgleich dieses Motiv nicht der Auslöser für die Einführung der Vorschrift war[2] –, dass Umsätze im Rahmen einer Geschäftsveräußerung nicht der Umsatzsteuer unterliegen, d.h. abweichend von § 1 Abs. 1 Nr. 1 UStG nicht steuerbar sind (zur Abziehbarkeit der Vorsteuern, welche beim Veräußerer im Zusammenhang mit der Unternehmensübertragung angefallen sind, s. *§ 15 Rz. 452*). § 1 Abs. 1a Satz 3 UStG ordnet stattdessen an, dass der Erwerber „an die Stelle des Veräußerers" tritt (**partielle Rechtsnachfolge** kraft Gesetzes, *Rz. 150 ff.*), damit eine **Vorsteuerkorrektur** bezüglich der übertragenen Wirtschaftsgüter vorgenommen werden kann, wenn sich deren **Verwendung** durch den Erwerber **ändert** (*Rz. 152* und *154*).

---

1 Vgl. BFH v. 25.6.1987 – V R 92/78, BStBl. II 1987, 655; BFH v. 18.11.1999 – V R 13/99, BStBl. II 2000, 153.
2 Bei einer unentgeltlichen Unternehmensübertragung (insbesondere als sog. vorweggenommene Erbfolge) sollte nach Auffassung der Bundesregierung kein Vorsteuerabzug seitens des Erwerbers in Betracht kommen, so dass die Vorschrift 1993 vorrangig zur Vermeidung dieses Ergebnisses eingeführt worden war; Begr. zu Art. 20 Nr. 1 Buchst. b StMBG, BT-Drucks. 12/5630, 84. Diese Sichtweise war allerdings verfehlt (vgl. § 15 Rz. 257 f.).

Die Nichtsteuerbarkeit gilt indes auch bei der Übertragung des Vermögens eines Unternehmens bzw. Betriebes, das bzw. der ausschließlich nach § 4 Nr. 8–27 UStG **steuerfreie** Umsätze (ohne Vorsteuerabzug, § 15 Abs. 2 Satz 1 Nr. 1 UStG) ausgeführt hatte.[1] § 1 Abs. 1a UStG geht deshalb dem § 4 Nr. 28 UStG vor. 126

Die Vorschrift entspricht Art. 19 **MwStSystRL**, wonach die „Übertragung des Gesamtvermögens oder eines Teilvermögens", die entgeltlich oder unentgeltlich oder durch Einbringung in eine Gesellschaft erfolgt, so behandelt werden kann, als ob keine Lieferung von Gegenständen (für die Abtretung von Rechten gilt Art. 29 MwStSystRL) vorliegt, und der „Begünstigte" der Übertragung (d.h. der Erwerber) als „Rechtsnachfolger" des Übertragenden angesehen werden kann. Nach Art. 19 Unterabs. 2 MwStSystRL können die erforderlichen Maßnahmen getroffen werden, um Wettbewerbsverzerrungen für den Fall zu vermeiden, dass der Erwerber nicht voll steuerpflichtig ist (das ist durch § 1 Abs. 1a Satz 3 UStG geschehen). Liegen derartige Umstände nicht vor und hat ein Mitgliedstaat von der Befugnis nach Art. 19 Unterabs. 1 MwStSystRL Gebrauch gemacht, so muss er nach Auffassung des EuGH den Grundsatz der „Nicht-Lieferung", d.h. der Nichtsteuerbarkeit auf jede Übertragung eines Gesamt- oder Teilvermögens anwenden.[2] 127

Der **Zweck** dieser Regelung – und damit auch des § 1 Abs. 1a UStG – liegt laut **EuGH** allein in der **Vereinfachung**, nämlich den Erwerber vor einer kurzzeitigen übermäßigen Umsatzsteuerbelastung auf Grund des Erwerbs (Umsatzsteuer auf die Gesamtheit der bei der Übertragung anfallenden Lieferungen) zu bewahren.[3] Hinzukommen dürfte indes wohl auch die fiskalische Überlegung, dass die anderenfalls entstehende Umsatzsteuer dem Erwerber auch dann zu vergüten wäre, wenn der Veräußerer die Steuer nicht an das Finanzamt abführte.

§ 1 Abs. 1a UStG erfasst nur (Teil-)Unternehmensübertragungen, die bei Steuerbarkeit – so dass eine grenzüberschreitende Geschäftsveräußerung schon deshalb nicht möglich ist[4] – zu „Umsätzen" führten, in deren Rahmen „Übereignungen" stattfinden. (Teil-)Vermögensübergänge, die kraft Gesetzes eintreten, d.h. Vorgänge, die eine (partielle) **Gesamtrechtsnachfolge** darstellen (*Rz. 137 f.*), fallen **nicht** unter die Vorschrift und müssen auch nicht unter diese gezwängt werden, weil die von § 1 Abs. 1a Satz 3 UStG bezweckten Rechtsfolgen schon nach dem Gesamtrechtsnachfolgeprinzip eintreten (*§ 2 Rz. 229, 247 ff.*).[5] Die Tatbestände der Geschäftsveräußerung i.S.d. § 1 Abs. 1a UStG als einer Summe von Einzelrechtsnachfolgen und die Tatbestände der Gesamtrechtsnachfolge schließen sich gegenseitig aus und können nicht nebeneinander angewendet werden.[6] 128

---

1 Vgl. BFH v. 29.8.2012 – XI R 1/11, BStBl. II 2013, 301.
2 EuGH v. 27.11.2003 – C-497/01, EuGHE 2003, I-14393 = UR 2004, 19 – Rz. 31.
3 EuGH v. 27.11.2003 – C-497/01, EuGHE 2003, I-14393 = UR 2004, 19 – Rz. 39; EuGH v. 10.11.2011 – C-444/10, EuGHE 2011, I-11071 = BStBl. II 2012, 848 = UR 2011, 937 – Rz. 23; EuGH v. 30.5.2013 – C-651/11, UR 2013, 582 – Rz. 41 f.; vgl. auch BFH v. 6.5.2010 – V R 26/09, BStBl. II 2010, 1114 – Rz. 21.
4 *Klenk*, MwStR 2013, 687.
5 A.A. *Englisch* in T/L, § 17 Rz. 181.
6 A.A. *Reiß*, UR 1996, 357 (373).

129 Die Umschreibung der Geschäftsveräußerung in § 1 Abs. 1a Satz 2 UStG ist fast wortwörtlich aus § 75 Abs. 1 Satz 1 AO (Haftung des Betriebsübernehmers) übernommen worden. Die Begriffe „**Unternehmen**" und „**gesondert geführter Betrieb**" entsprechen dem „Betrieb" bzw. „Teilbetrieb" i.S.d. § 16 Abs. 1 Nr. 1 Satz 1 EStG, dem „Vermögen" bzw. „selbständigen Teil des Vermögens" i.S.d. § 18 Abs. 3 Satz 1 EStG und dem „**Gesamtvermögen**" bzw. „**Teilvermögen**" i.S.d. Art. 19 MwStSystRL (*Rz. 127*). Obwohl der Gesetzgeber bewusst an die Formulierungen des § 75 AO angeknüpft hat und Art. 19 MwStSystRL keine abweichenden und vor allem keine präziseren Umschreibungen enthält, will der BFH die Konturen des § 1 Abs. 1a UStG ausschließlich aus Art. 19 MwStSystRL ableiten.[1] Das ist nicht nachvollziehbar.

130 Der von der Vorschrift verfolgte **Vereinfachungszweck** (*Rz. 125*) könnte auf Grund der vielen Abgrenzungsprobleme (vgl. *Rz. 135, 142 ff.*) **nicht erreicht** werden, wenn das Risiko der falschen Behandlung des Vorgangs beim Erwerber läge, obwohl dieser nur zwangsverpflichteter Gehilfe des Staates ist (*Vorbem. Rz. 20*). Das wäre auf Grund der verfehlten Rechtsprechung, wonach der Vorsteuerabzug des Erwerbers bei nichtsteuerbaren (bzw. nicht steuerpflichtigen) Umsätzen ausgeschlossen ist (*§ 15 Rz. 237, 248*), der Fall. Diese Rechtsprechung verstößt allerdings bei **Gutgläubigkeit** des Erwerbers in eklatanter Weise gegen den verfassungsrechtlichen (und unionsrechtlichen) Verhältnismäßigkeitsgrundsatz, der **Vertrauensschutz** gebietet. Deshalb muss der Erwerber die vom Veräußerer nach § 14c Abs. 1 UStG geschuldete Steuer (*§ 14c Rz. 41*) als Vorsteuer nach § 15 Abs. 1 Nr. 1 UStG abziehen können[2] (*§ 15 Rz. 248 ff.*). Umgekehrt greift regelmäßig kein Gutglaubensschutz ein, wenn der Lieferer fälschlich von einer nichtsteuerbaren Geschäftsveräußerung ausgeht (*Vorbem. Rz. 21 f.*)

## II. Voraussetzungen

### 1. Übereignung oder Einbringung eines Unternehmens oder Betriebes

#### a) Unternehmen, gesondert geführter Betrieb

131 Das umsatzsteuerrechtliche Unternehmen als solches kann nicht übertragen werden, da dieses von § 2 Abs. 1 Satz 2 UStG tätigkeitsbezogen umschrieben wird. § 1 Abs. 1a UStG hat deshalb nur das **Unternehmensvermögen** (auf welches das Gesetz ansonsten nicht abstellt) im Auge (vgl. Art. 19 MwStSystRL), d.h. die dem Unternehmen (der unternehmerischen Tätigkeit) zugeordneten Wirtschaftsgüter.

132 Veräußerer kann auch eine **Kapitalgesellschaft** sein. Hingegen stellt die Übertragung aller Anteile einer Kapitalgesellschaft durch den Alleingesellschafter keine

---

1 Vgl. BFH v. 4.7.2002 – V R 10/01, BStBl. II 2004, 662 = UR 2003, 16 (18); BFH v. 28.11.2002 – V R 3/01, BStBl. II 2004, 665 = UR 2003, 135; BFH v. 1.4.2004 – V B 112/03, BStBl. II 2004, 802; BFH v. 18.1.2005 – V R 53/02, BStBl. II 2007, 730 = UR 2005, 375; BFH v. 23.8.2007 – V R 14/05, BStBl. II 2008, 165; BFH v. 6.9.2007 – V R 41/05, BStBl. II 2008, 65 = UR 2007, 858; BFH v. 19.12.2012 – XI R 38/10, BStBl. II 2013, 1053.

2 Das verkennen BFH v. 1.4.2004 – V B 112/03, BStBl. II 2004, 802; BFH v. 11.10.2007 – V R 27/05, BStBl. II 2008, 438; BFH v. 6.12.2007 – V R 3/06, BStBl. II 2009, 203; BFH v. 29.10.2010 – V B 48/10, UR 2011, 616.

Übereignung des Vermögens des „Unternehmens" dar, weil die Kapitalgesellschaft als juristische Person Eigentümerin des Vermögens bleibt und der Inhaber des Unternehmens sich nicht geändert hat. Die Übertragung der Anteile führt nach h.M. zu steuerfreien Umsätzen gem. § 4 Nr. 8 Buchst. f UStG (vgl. *§ 4 Nr. 8 Rz. 25*), die nach § 9 UStG zum Zwecke der Erlangung des Vorsteuerabzugs als steuerpflichtig behandelt werden könnten. Richtigerweise liegen indes, da diese Vorgänge selbst zu keiner Verbraucherversorgung führen (vgl. *Rz. 10*), überhaupt keine Umsätze i.S.d. § 1 Abs. 1 Nr. 1 UStG vor, so dass sich die Abziehbarkeit der im Zusammenhang mit der Veräußerung der Anteile anfallenden Vorsteuern entgegen BFH nicht nach § 15 Abs. 2 Satz 1 Nr. 1 iVm. § 4 Nr. 8 UStG, sondern nach den eigentlichen, „echten" Umsätzen des Unternehmers bestimmt (*§ 15 Rz. 446 f.*).

Nach kurzzeitiger Auffassung des **EuGH** sollten die Mitgliedstaaten indes befugt sein, die Veräußerung sämtlicher Anteile einer Kapitalgesellschaft (**Tochtergesellschaft**) der Übertragung des Gesamtvermögens oder eines Teilvermögens (!) „eines Unternehmens" i.S.v. Art. 19 Abs. 1 MwStSystRL gleichzustellen.[1] Das war eine verwunderliche Interpretation der Vorschrift, da Inhaber des Vermögens, d.h. der einzelnen Vermögensgegenstände die Kapitalgesellschaft ist und bleibt und Art. 19 MwStSystRL die Lieferung von Gegenständen betrifft („als ob keine Lieferung von Gegenständen vorliegt"). Der EuGH hat nunmehr diese Auffassung korrigiert und zutreffend klargestellt, dass die **Beteiligung als solche keine wirtschaftliche Tätigkeit** ist und deshalb weder die Veräußerung einer Beteiligung noch die gleichzeitige Veräußerung aller Beteiligungen als solche unter Art. 19 Abs. 1 MwStSystRL fällt.[2] Anders liegt es nur dann, wenn der Gesellschaftsanteil Teil einer eigenständigen Einheit ist, die eine selbständige wirtschaftliche Betätigung ermöglicht.[3]

Der **BFH** hat demgegenüber sogar eine Geschäftsveräußerung angenommen, wenn die **Anteilsmehrheit** an einer **Organgesellschaft** i.S.d. § 2 Abs. 2 Nr. 2 UStG veräußert wird und der Erwerber beabsichtigt, mit der Gesellschaft seinerseits ein Organschaftsverhältnis einzugehen.[4] Das hat mit dem Wortlaut und dem Zweck des § 1 Abs. 1a UStG nichts mehr zu tun und ist auch mit der EuGH-Rechtsprechung nicht zu vereinbaren[5]: In welcher Beziehung soll der Erwerber Rechtsnachfolger (*Rz. 150 ff.*) des Veräußerers werden? Der Sinn dieser „Auslegung" soll darin liegen, den Vorsteuerabzug hinsichtlich der mit der Veräußerung zusammenhängenden Dienstleistungen (vgl. *§ 15 Rz. 452*) gewähren zu können, ohne dass § 15 Abs. 2 Satz 1 Nr. 1 i.V.m. § 4 Nr. 8 Buchst. f UStG entgegenstehe.[6] Das wird indes rechtsmethodisch sauberer durch Auslegung des Begriffes „Verwendung" i.S.d. § 15 Abs. 2 Satz 1 Nr. 1 UStG erreicht (*§ 15 Rz. 446*).

---

1 EuGH v. 29.10.2009 – C-29/08, EuGHE 2009, I-10413 = UR 2010, 107 – Rz. 38 u. 41.
2 EuGH v. 30.5.2013 – C-651/11, UR 2013, 582.
3 EuGH v. 30.5.2013 – C-651/11, UR 2013, 582 – Rz. 38.
4 BFH v. 27.1.2011 – V R 38/09, BStBl. II 2012, 68 = UR 2011, 307.
5 Das BMF hat seine kurzzeitige Gefolgschaft mit der Änderung des Abschn. 1.5 Abs. 9 UStAE wieder aufgegeben.
6 Vgl. *Wäger*, DStR 2011, 433 (435 f.).

133 Die Nichtsteuerbarkeit erfasst nicht nur die Übertragung („Übereignung") oder Einbringung des gesamten Unternehmens, sondern gilt auch für einen in der Gliederung des Unternehmens **gesondert geführten Betrieb**. An eine „gesonderte Führung" sind im Hinblick darauf, dass Art. 19 MwStSystRL lediglich ein „Teilvermögen" verlangt, keine großen Anforderungen zu stellen. Ein „Betrieb" in diesem Sinne liegt vor, wenn ein Teil des Unternehmens die jeweils materiellen und gegebenenfalls immateriellen Bestandteile umfasst, mit denen eine selbständige wirtschaftliche Tätigkeit fortgeführt werden *kann*.[1] Nicht erforderlich ist, dass bereits vor der Veräußerung eine eigenständige betriebliche Organisation vorlag.[2] Die Bestimmung des § 24 Abs. 3 UStG, wonach ein land- und forstwirtschaftlicher Betrieb als gesondert geführter Betrieb zu behandeln ist, wenn der Unternehmer auch andere als land- und forstwirtschaftliche Umsätze ausführt, ist folglich nur klarstellend.

134 Die Vorschrift greift auch dann ein, wenn das Vermögen eines sich noch in der **Gründungsphase** befindlichen (umsatzlosen) Unternehmens bzw. Betriebs übertragen wird.[3] Entsprechendes gilt für die Übertragung des Vermögens einer **Vorgründungsgesellschaft** auf die Vorgesellschaft einer geplanten Kapitalgesellschaft.[4]

135 Bei der Lieferung (Übereignung) eines **vermieteten** oder verpachteten **Grundstücks** oder eines Erbbaurechts[5], welches dem Grundstück gleichgestellt ist (§ 4 Nr. 9 Rz. 19), handelt es sich, wenn die Vermietung (Verpachtung) die einzige unternehmerische Tätigkeit darstellt, um die Übertragung eines Unternehmens i.S.d. § 1 Abs. 1a UStG[6], weil die Vermietung eines Grundstücks eine unternehmerische Tätigkeit ist (§ 2 Rz. 118). Entsprechend ist, wenn die Vermietung nur einen Teil der unternehmerischen Tätigkeit darstellte, die Lieferung des Grundstücks als Übereignung (oder Einbringung) eines **gesondert geführten Betriebes** anzusehen.[7] Der **Erwerber** muss nach Ansicht des BFH[8] grundsätzlich das „Ver-

---

1 EuGH v. 27.11.2003 – C-497/01, EuGHE 2003, I-14393 = UR 2004, 19 – Rz. 40.
2 BFH v. 19.12.2012 – XI R 38/10, BStBl. II 2013, 1053.
3 Vgl. BFH v. 8.3.2001 – V R 24/98, BStBl. II 2003, 430 (432) = UR 2001, 214 (216); Abschn. 1.5 Abs. 1 Satz 6 UStAE; a.A. wohl BFH v. 24.2.2005 – V R 45/02, BStBl. II 2007, 61 = UR 2005, 547.
4 Vgl. EuGH v. 29.4.2004 – C-137/02, EuGHE 2004, I-5547 = UR 2004, 362; EuGH v. 10.11.2011 – C-444/10, EuGHE 2011, I-11071 = BStBl. II 2012, 848 = UR 2011, 937 – Rz. 25.
5 BFH v. 19.12.2012 – XI R 38/10, BStBl. II 2013, 1053.
6 BFH v. 8.3.2001 – V R 24/98, BStBl. II 2003, 430 = UR 2001, 214 (216); BFH v. 24.2.2005 – V R 45/02, BStBl. II 2007, 61 = UR 2005, 547; BFH v. 7.2.2005 – V R 78/03, BStBl. II 2005, 849; BFH v. 6.9.2007 – V R 41/05, BStBl. II 2008, 65 (68); BFH v. 11.10.2007 – V R 27/05, BStBl. II 2008, 438 (442); BFH v. 11.10.2007 – V R 57/06, BStBl. II 2008, 447; BFH v. 18.9.2008 – V R 21/07, BStBl. II 2009, 254; BFH v. 30.4.2009 – V R 4/07, BStBl. II 2009, 863; BFH v. 6.5.2010 – V R 26/09, BStBl. II 2010, 1114 – Rz. 22.
7 BFH v. 6.9.2007 – V R 41/05, BStBl. II 2008, 65; BFH v. 19.12.2012 – XI R 38/10, BStBl. II 2013, 1053.
8 BFH v. 22.11.2007 – V R 5/06, BStBl. II 2008, 448 – 2 der Gründe; BFH v. 11.10.2007 – V R 27/05, BStBl. II 2008, 438 – 2b der Gründe; BFH v. 18.9.2008 – V R 21/07, BStBl. II 2009, 254 – 1c der Gründe; BFH v. 30.4.2009 – V R 4/07, BStBl. II 2009, 863; BFH v. 24.9.2009 – V R 6/08, BStBl. II 2010, 315 – Rz. 24; BFH v. 6.5.2010 – V R 26/09, BStBl. II

mietungsunternehmen" fortführen, d.h. in die bestehenden[1] **Miet-** bzw. **Pachtverträge eintreten**[2]. Ein derartiges Vermietungsunternehmen soll nach Auffassung des BFH **nicht** vorliegen, wenn der **Veräußerer** das Grundstück **weiterhin** vermietet, wenn auch nicht mehr als Eigentümer, sondern als **Zwischenmieter**[3] oder der Veräußerer (Typus **Bauträger**) das von ihm bebaute Grundstück **nur kurzzeitig vermietet** hatte, um die Verkaufbarkeit des Objekts zu verbessern.[4] Dieses Erfordernis ergibt sich weder aus dem Wortlaut noch aus dem Zweck der Vorschrift. Wird das vermietete Grundstück an den **Mieter** veräußert, der es für **eigene unternehmerische Zwecke** verwendet, so liegt deshalb entgegen BFH[5] eine Geschäftsveräußerung vor.

Ist der Mieter eine **Organgesellschaft** des Erwerbers, so soll dieser Mietvertrag aufgrund des Organschaftsverhältnisses umsatzsteuerrechtlich auch im Rahmen des § 1 Abs. 1a UStG unbeachtlich sein.[6] Das ist verfehlt, da der Veräußerer die Interna des Erwerbers nicht kennen muss (s. auch *§ 2 Rz. 305 f. u. 312 ff.*).

Eine „Geschäftsveräußerung" liegt nicht vor, wenn der Eigentumsübergang auf Grund einer **Zwangsversteigerung** erfolgt. Die gegenteilige Auffassung des BFH[7] übersieht, dass es sich dabei nicht um eine „Übereignung" handelt, und vor allem, dass der Erwerber bei der Abgabe seines Gebotes mögliche Vorsteuerberichtigungen, die ihn treffen könnten (*Rz. 152, 154*), nicht beurteilen kann.[8]

### b) Unentgeltliche Übereignung

Neben der entgeltlichen wird auch die unentgeltliche Übereignung (§ 1 Abs. 1a Satz 2 Alt. 2 UStG), insbesondere als sog. **vorweggenommene Erbfolge**, erfasst. Vor allem ihretwegen ist die Vorschrift eingeführt worden, weil die Bundesregierung meinte, dass die anderenfalls auf Grund des Entnahmetatbestandes anfallende Steuer vom Erwerber nicht abziehbar wäre[9]; das trifft jedoch nicht zu, weil auch bei der unentgeltlichen Übertragung einzelner Gegenstände der Vorsteuerabzug bei richtiger Richtlinien- und Gesetzesauslegung in Betracht kommt (*§ 15 Rz. 257 f.*). 136

Die Vorschrift erfasst nur die Vermögensübertragung zwischen Lebenden. Bei dem Eigentumsübergang kraft Gesetzes im Falle der Gesamtrechtsnachfolge tre- 137

---

2010, 1114 – Rz. 22; vgl. aber auch BFH v. 6.9.2007 – V R 41/05, BStBl. II 2008, 65 – 2c der Gründe – „fortführen kann"; BFH v. 19.12.2012 – XI R 38/10, BStBl. II 2013, 1053.
1 Bei einer Ferienwohnung ist das nicht erforderlich; BFH v. 5.6.2014 – V R 10/13, BFH/NV 2014, 1600.
2 Zu einer **Ausnahme** bei einem Dreiecksgeschäft Ehemann-Ehefrau-GmbH s. BFH v. 6.5.2010 – V R 25/09, BFH/NV 2010, 1873.
3 BFH v. 3.7.2014 – V R 12713, BFH/NV 2014, 1603.
4 BFH v. 24.2.2005 – V R 45/02, BStBl. II 2007, 61; BFH v. 28.10.2010 – V R 22/09, BFH/NV 2011, 1091; a.A. bei einer Vermietung von zwei Jahren FG Saarl. v. 5.3.2014 – 1 K 1265/11, EFG 2014, 1240 – Rev.-Az. XI R 16/14.
5 BFH v. 4.9.2008 – V R 23/06, UR 2009, 528; BFH v. 24.9.2009 – V R 6/08, BStBl. II 2010, 315 – Rz. 24; ebenso Abschn. 5.1 Abs. 2 Satz 1 UStAE.
6 BFH v. 6.5.2010 – V R 26/09, BStBl. II 2010, 1114.
7 BFH v. 21.3.2012 – V R 62/01, BStBl. II 2002, 559.
8 Ausführlich dazu *D. Hummel*, UVR 2011, 361.
9 S.o. *Rz. 125* Fn. 2.

ten die von § 1 Abs. 1a Satz 3 UStG bezweckten Rechtsfolgen schon nach dem Prinzip der Universalsukzession ein, so dass es **nicht** erforderlich ist, diese Vorgänge unter die Vorschrift zu zwängen (*Rz. 128*). Das gilt zum einen für den **Erbfall** (§§ 1922, 1967 BGB; zur Erbauseinandersetzung s. *§ 2 Rz. 344*) und zum anderen für die **Übernahme des Gesellschaftsvermögens** einer Personengesellschaft **durch** den **letzten Gesellschafter** (Anwachsung analog § 738 Abs. 1 BGB), bei dem es sich ebenfalls um eine Gesamtrechtsnachfolge handelt (*§ 2 Rz. 251*).

138 Auch bei **Umwandlungen** in Gestalt der **Verschmelzung** (Fusion) von Rechtsträgern, der **Spaltung** (mit **Ausnahme** der **Abspaltung** und **Ausgliederung**) und der *Vermögensübertragung* liegen entgegen verbreiteter Auffassung[1] keine Geschäftsveräußerungen i.S.d. § 1 Abs. 1a UStG vor. Mit der Eintragung im Handelsregister gehen das Vermögen des übertragenden Rechtsträgers jeweils als Gesamtheit auf die übernehmenden bzw. neuen Rechtsträger über (§ 20 Abs. 1 Nr. 1, § 36 Abs. 1, § 131 Abs. 1 Nr. 1, § 135 Abs. 1 UmwG). Auch in diesen Fällen[2] tritt **Gesamtrechtsnachfolge** ein, weil das Vermögen bzw. Teilvermögen **kraft Gesetzes** („jeweils als Gesamtheit") uno actu und nicht durch rechtsgeschäftliche Einzelübertragungen übergeht; das gilt auch umsatzsteuerrechtlich[3] (*§ 2 Rz. 248 ff.*). Von der gegenteiligen Ansicht wird übersehen, dass daher auch bei diesen Vorgängen weder „Umsätze" noch „Übereignungen" bzw. „Einbringungen" vorliegen. Es besteht auch nicht (sofern es nicht um die Abspaltung oder Ausgliederung geht) die Notwendigkeit, sie unter den Wortlaut des § 1 Abs. 1a UStG zu pressen, da die von der Vorschrift bezweckten Rechtsfolgen auch hier schon nach dem Gesamtrechtsnachfolgeprinzip eintreten.

Im Falle des schlichten **Formwechsels** (§§ 190 ff. UmwG) findet kein Vermögensübergang statt, vielmehr besteht der formwechselnde Rechtsträger in der in dem Umwandlungsbeschluss bestimmten Rechtsform weiter (§ 202 Abs. 1 Nr. 1 UmwG), so dass weder eine Gesamtrechtsnachfolge vorliegt (*§ 2 Rz. 250*) noch sich die Frage der Geschäftsveräußerung stellt.

#### c) Einbringung in eine Gesellschaft

139 Die **Einbringung in** eine **Gesellschaft** (§ 1 Abs. 1a Satz 2 Alt. 3 UStG) betrifft sowohl die Einbringung eines Einzelunternehmens oder eines gesondert geführten Betriebes – nach Realteilung einer Gesellschaft auch durch einen ehemaligen Gesellschafter (*Rz. 94*) – in eine (andere) Personengesellschaft als auch in eine Kapitalgesellschaft. Dem gleichzustellen ist die **Übertragung** des **Miteigentums**

---

1 *Reiß*, UR 1996, 357 (367 ff.); *Englisch* in T/L, § 17 Rz. 181; *Husmann* in R/D, § 1 UStG Anm. 1116 ff. – Lfg. 127 August 2006; *Klenk* in S/R, § 1 UStG Rz. 480 a.E.; *Lipproß*, 2.7.3d – S. 374; widersprüchlich *Birkenfeld* in B/W, § 34a Rz. 121 ff.
2 Mit Ausnahme der Abspaltung und Ausgliederung, BGH v. 6.12.2000 – XII ZR 219/98, NJW 2001, 1217; BFH v. 7.8.2002 – I R 99/00, BStBl. II 2003, 835; BFH v. 23.3.2005 – III R 20/03, BStBl. II 2006, 432.
3 So jetzt auch für die **Verschmelzung** BFH v. 9.8.2007 – V R 27/04, UR 2007, 811; BFH v. 15.10.2009 – XI R 52/06, BStBl. II 2010, 869; BFH v. 19.12.2013 – V R 6/12, UR 2014, 572 – Rz. 40 i.V.m. Rz. 46.

an einem vermieteten Grundstück (Rz. 135), wenn die Gemeinschaft (bzw. Gesellschaft) die Vermietung fortführt.[1]

Es ist unerheblich, ob die **Gesellschaft** schon besteht oder im Zusammenhang mit der Einbringung **gegründet** wird. Ohne Belang ist auch, wie der Vorgang ertragsteuerrechtlich nach dem Umwandlungssteuergesetz behandelt wird, d.h. ob die sog. stillen Reserven aufgedeckt werden oder nicht. Bei der Verschmelzung und der Abspaltung durch Aufnahme handelt es sich um Fälle der Gesamtrechtsnachfolge, so dass es nicht der Heranziehung des § 1 Abs. 1a UStG bedarf (*§ 2 Rz. 248 f.*). 140

### d) An einen Unternehmer

Erforderlich ist, dass die Übertragung an einen (*Rz. 148*) anderen Unternehmer für dessen Unternehmen erfolgt (§ 1 Abs. 1a Satz 1 UStG). Darin kommt der Vereinfachungszweck der Vorschrift zum Ausdruck, die den Regelfall im Auge hat, dass das Unternehmen (der Betrieb) fortgeführt wird.[2] Der **Erwerber** muss nicht bereits **Unternehmer** sein, es reicht vielmehr aus, dass er es durch die Fortführung **wird**.[3] Der bislang nicht unternehmerisch tätig gewesene Erwerber ist entgegen BFH[4] auch dann (kurzzeitig) Unternehmer, wenn er das **erworbene Unternehmen sogleich in** eine **Gesellschaft einbringt**.[5] 141

Andererseits ist es nach dem klaren Wortlaut des § 1 Abs. 1a UStG nicht erforderlich, dass eine **Fortführung** tatsächlich stattfindet, denn eine Übertragung erfolgt auch dann für das Unternehmen des Erwerbers, wenn dieser den erworbenen Betrieb sogleich liquidiert. Dagegen verlangt der EuGH, dass der Erwerber **beabsichtigen** müsse, den übertragenen Geschäftsbetrieb oder Unternehmensteil zu betreiben und nicht nur die betreffende Geschäftstätigkeit sofort abzuwickeln und ggf. den Warenbestand sofort zu verkaufen.[6] Auch nach Auffassung des BFH muss der Erwerber die Fortführung beabsichtigen[7], und die vor und nach der Übertragung ausgeübten **Tätigkeiten** müssen sich zumindest **hinreichend ähneln**.[8] Derartige Kriterien führen zu unergiebigen **Motivforschungen** und Abgrenzungsschwierigkeiten und bewirken, dass der Veräußerer, sofern er, wie regelmäßig, die Motive des Erwerbers nicht sicher einschätzen kann, in Zweifelsfällen bei der Preisforderung und bei der Rechnungsausstellung von der Steuerbarkeit und Steuerpflicht der Geschäftsveräußerung ausgehen muss. Das steht 142

---

1 BFH v. 6.9.2007 – V R 41/05, BStBl. II 2008, 65; BFH v. 22.11.2007 – V R 5/06, BStBl. II 2008, 448.
2 BT-Drucks. 12/5639, 84.
3 Abschn. 1.5 Abs. 1 Satz UStAE.
4 BFH v. 15.1.1987 – V R 3/77, BStBl. II 1987, 512; ebenso FG Düsseldorf v. 17.12.2003 – 5 K 864/01 U, EFG 2004, 772; vgl. auch BGH v. 23.11.1995 – IX ZR 225/94, UR 1996, 190.
5 *Stadie* in R/D, § 2 UStG Anm. 382.
6 EuGH v. 27.11.2003 – C-497/01, EuGHE 2003, I-14393 = UR 2004, 19; EuGH v. 10.11.2011 – C-444/10, EuGHE 2011, I-11071 = BStBl. II 2012, 848 = UR 2011, 937 – Rz. 37.
7 BFH v. 29.8.2012 – XI R 10/12, BStBl. II 2013, 221 – Rz. 21.
8 BFH v. 18.9.2008 – V R 21/07, BStBl. II 2009, 254; BFH v. 30.4.2009 – V R 4/07, BStBl. II 2009, 863; BFH v. 6.5.2010 – V R 26/09, BStBl. II 2010, 1114 – Rz. 21; BFH v. 6.5.2010 – V R 25/09, BFH/NV 2010, 1873 – Rz. 15.

im diametralen Gegensatz zum Vereinfachungszweck der Vorschrift (*Rz. 125 u. 130*). Folglich ist auch entgegen BFH die **Übereignung** eines bislang **vermieteten Bürogebäudes an** den **Mieter**, der das Gebäude fortan für seine handelsgewerblichen Zwecke nutzt, ein Fall des § 1 Abs. 1a UStG (*Rz. 135 a.E.*).

Aus dem Vereinfachungszweck der Vorschrift folgt, dass eine Geschäftsveräußerung i.S.d. § 1 Abs. 1a UStG **nicht** die **Beendigung** der **unternehmerischen** Betätigung des Veräußerers voraussetzt.[1]

### 2. Im Ganzen

143 Die Übertragung bzw. Einbringung des Unternehmens bzw. gesondert geführten Betriebes muss „**im Ganzen**" erfolgen (§ 1a Abs. 1a Satz 2 UStG). Das soll lt. BFH voraussetzen, dass das übertragene Unternehmensvermögen[2] als hinreichendes Ganzes die Ausübung einer wirtschaftlichen Tätigkeit ermöglicht.[3] Die Übertragung aller wesentlichen Betriebsgrundlagen und die Möglichkeit der Unternehmensfortführung ohne großen finanziellen Aufwand soll nicht erforderlich sein.[4] Von einer Übertragung des „Unternehmens" bzw. des „Gesamtvermögens" kann jedoch richtigerweise nur dann gesprochen werden, wenn die **wesentlichen Grundlagen** des Unternehmens übereignet werden; Entsprechendes gilt für die Übertragung eines „Betriebes" bzw. „Teilvermögens".

144 **Demgegenüber** leitet der **BFH** mit Zustimmung des **EuGH**[5] aus dem Gesetzeszweck, der eine Fortführung des Unternehmens (Betriebes) im Auge hat (*Rz. 141*), ab, dass es ausreiche, wenn **einzelne wesentliche Betriebsgrundlagen** nicht mit übereignet, sondern **nur langfristig**[6] **zur Nutzung überlassen** werden[7], sofern dadurch die dauerhafte Fortführung des Unternehmens (Betriebes) gewährleistet sei.[8] Das mag zwar im Hinblick auf den Vereinfachungszweck (*Rz. 130*) in bestimmten Konstellationen sachgerecht sein, ist aber nicht mit dem klaren Wortlaut des § 1 Abs. 1a UStG („*im Ganzen ... übereignet*") und des Art. 19 MwStSystRL zu vereinbaren.[9]

---

1 BFH v. 29.8.2012 – XI R 10/12, BStBl. II 2013, 221.
2 Nicht nur der Kundenstamm, BFH v. 11.11.2009 – V B 46/09, BFH/NV 2010, 479.
3 BFH v. 18.1.2012 – XI R 27/08, BStBl. II 2012, 842 – Rz. 19; BFH v. 19.12.2012 – XI R 38/10, BStBl. II 2013, 1053 – Rz. 36.
4 BFH v. 23.8.2007 – V R 14/05, BStBl. II 2008, 165; BFH v. 18.9.2008 – V R 21/07, BStBl. II 2009, 254; BFH v. 6.5.2010 – V R 26/09, BStBl. II 2010, 1114 – Rz. 21.
5 EuGH v. 10.11.2011 – C-444/10, EuGHE 2011, I-11071 = BStBl. II 2012, 848 = UR 2011, 937.
6 Eine **Mietvertragsdauer** von **8 Jahren** soll ausreichen; BFH v. 23.8.2007 – V R 14/05, BStBl. II 2008, 165 – 2c der Gründe; Abschn. 1.5 Abs. 3 Sätze 3 f. UStAE. Die kurzfristige Kündigungsmöglichkeit soll unschädlich sein; EuGH v. 10.11.2011 – C-444/10, EuGHE 2011, I-11071 = BStBl. II 2012, 848 = UR 2011, 937; BFH v. 18.1.2012 – XI R 27/08, BStBl. II 2012, 842.
7 Es reicht nicht aus, wenn wesentliche Betriebsgrundlagen von einem Dritten angepachtet werden; BFH v. 4.2.2015 – XI R 42/13, UR 2015, 384.
8 BFH v. 15.10.1998 – V R 69/97, BStBl. II 1999, 41; BFH v. 4.7.2002 – V R 10/01, BStBl. II 2004, 662 = UR 2003, 16; BFH v. 28.11.2002 – V R 3/01, BStBl. II 2004, 665 = UR 2003, 135; ebenso Abschn. 1.5 Abs. 3 Satz 2 UStAE.
9 Ebenso *Englisch* in Englisch/Nieskens (Hrsg.), Umsatzsteuer-Kongress-Bericht 2010, S. 25 (45 Fn. 75).

Auch für die **Einbringung** gilt richtigerweise, dass alle wesentlichen Grundlagen des Unternehmens bzw. Betriebes eingebracht (geliefert) werden müssen, so dass es entgegen der Auffassung des BFH für die Annahme einer Geschäftsveräußerung nicht ausreicht, wenn wesentliche Betriebsgrundlagen (wie z.B. das Betriebsgrundstück) vom Einbringenden der Gesellschaft nur zur Nutzung überlassen werden.

Zu den wesentlichen Grundlagen gehören nur solche **Vermögensgegenstände** (Wirtschaftsgüter), die zum „Vermögen" **des Veräußerers** gehören. *Nutzungs-, Lizenz- u.ä. Rechte* müssen deshalb, auch wenn sie der Veräußerer als wesentliche Grundlage seines Unternehmens benötigte, *nicht übertragen werden*.[1] Das folgt zudem auch daraus, dass das Unternehmen nicht mit dem bisherigen Inhalt fortgeführt werden muss (*Rz. 142*). Demgemäß müssen auch **nicht** eigene gewerbliche **Schutz-** und **Urheberrechte**, gewerbliche Erfahrungen, **Kundenstamm** u.Ä. übertragen werden.[2] Ebenso wenig ist die Vereinbarung eines **Wettbewerbsverbots** zugunsten des Erwerbers erforderlich.[3]

145

**Umlaufvermögen** muss nicht mit übertragen werden, da dieses vom Erwerber jederzeit am Markt besorgt werden kann und deshalb nicht zur Unternehmensfortführung (*Rz. 143*) erforderlich ist. Folglich ist es auch für die Annahme einer Geschäftsveräußerung ohne Bedeutung, wenn das Umlaufvermögen mit übereignet wird, aber im Ausland gelagert ist. Die Veräußerung dieser Gegenstände an den Erwerber führt zu steuerpflichtigen Lieferungen im anderen Staat, auch wenn dieser ebenfalls eine Regelung i.S.d. Art. 19 MwStSystRL kennt.[4]

146

§ 1 Abs. 1a UStG erfasst die Umsätze „**im Rahmen**" einer Geschäftsveräußerung, so dass **alle Umsätze im sachlichen (wirtschaftlichen) Zusammenhang** mit dieser nicht steuerbar sind. Dazu können auch Übertragungen von Rechtspositionen zählen, die nicht notwendig sind, um von einer Übertragung bzw. Einbringung des Unternehmens im Ganzen sprechen zu können.[5]

147

Die Übertragung bzw. Einbringung kann auf **mehreren**, zeitlich versetzten **Kausalgeschäften** beruhen, wenn diese in einem engen und sachlichen Zusammenhang stehen.[6] Sie muss aber nach dem eindeutigen Wortlaut und vor allem auch nach dem Vereinfachungszweck (*Rz. 125*) der Vorschrift **an einen Erwerber** erfolgen.[7] Die Übertragung auf mehrere Gesellschaften, die derselben umsatzsteuerrechtlichen **Organschaft** angehören, reicht **nicht** aus.[8] Der Organträger als Un-

148

---

1 **A.A.** Abschn. 1.5 Abs. 4 Satz 5 UStAE.
2 **A.A.** FG Berlin-Bdb. v. 12.11.2007 – 5 K 5201/04 B, EFG 2008, 564; vgl. auch Abschn. 5.1 Abs. 4 Satz 5 UStAE; *Slotty-Harms/Jansen*, UVR 2011, 76 (83).
3 Unklar BFH v. 29.8.2012 – XI R 1/11, BStBl. II 2013, 301 – Rz. 30 – Wettbewerbsverbot „die Fortführung des Betriebs ermöglicht".
4 A.A. *Slotty-Harms/Jansen*, UVR 2011, 76 (82 f.).
5 Unklar BFH v. 29.8.2012 – XI R 1/11, BStBl. II 2013, 301 – Rz. 25 ff. – zum Wettbewerbsverbot.
6 Vgl. BFH v. 1.8.2001 – V R 17/01, BStBl. II 2004, 626 = UR 2003, 133.
7 Vgl. FG Köln v. 14.11.2007 – 4 K 605/05, DStRE 2008, 1086; a.A. FG Nürnberg v. 6.8.2013 – 2 K 1964/10, EFG 2013, 1964 – Rev.-Az. V R 36/13; FG Rh.-Pf. v. 13.3.2014 – 6 K 1396/10, EFG 2014, 1036 – Rev.-Az. XI R 14/14.
8 A.A. *Meyer-Burow/Connemann*, UR 2011, 612; *Birkenfeld* in B/W, § 34 Rz. 224; § 44 Rz. 44.

ternehmer i.S.d. § 2 Abs. 2 Nr. 2 UStG ist nicht (alleiniger) Erwerber bei diesen Teilübereignungen. Daran ändert sich auch dann nichts, wenn der sog. Organschaft fehlerhaft (§ 2 Rz. 255 u. 305 ff.) Außenwirkung zugesprochen wird. Auch ist bei Beendigung der Organschaft die Rechtsnachfolge (Rz. 152 ff.) nicht mehr gesichert. Nichts anderes gilt bei der Übertragung auf mehrere Personengesellschaften mit identischen Gesellschaftern.[1] Die Anwendbarkeit der Vorschrift bei der Übertragung des Unternehmens in Teilen auf **mehrere Erwerber**, auch wenn sie einer Unternehmensgruppe angehören, würde einen **erheblichen Überwachungsaufwand** seitens der Finanzämter erfordern, um bei den verschiedenen Erwerbern, vor allem dann, wenn sie nicht mehr einer gemeinsamen Unternehmensgruppe angehören, etwaige **Vorsteuerberichtungen** im Falle der Entnahme (Rz. 154) oder bei Änderung der Verwendung nach § 15a Abs. 10 UStG (Rz. 152 f.) **sicher zu stellen**, was im diametralen Gegensatz zum Vereinfachungszweck des § 1 Abs. 1a UStG stünde. Wird das Unternehmensvermögen in Teilen auf verschiedene Erwerber übertragen, so greift § 1 Abs. 1a UStG mithin nur insoweit ein, als die **Teile** als **gesondert geführte Betriebe** (Rz. 133) anzusehen sind.

149 Hinsichtlich der nicht übertragenen Wirtschaftsgüter bleibt es bei den allgemeinen Regeln, so dass insoweit bei Veräußerung an Dritte entgeltliche bzw. bei unentgeltlichen Lieferungen oder Entnahmen fiktive (§ 3 Abs. 1b UStG) entgeltliche Lieferungen gem. § 1 Abs. 1 Nr. 1 UStG vorliegen, die noch im Rahmen des Unternehmens erfolgen, auch wenn die eigentliche unternehmerische Tätigkeit beendet ist (§ 2 Rz. 218 f., 222). Soweit **zurückbehaltene Wirtschaftsgüter** an den Erwerber i.S.d. § 1 Abs. 1a UStG vermietet oder verpachtet werden, handelt es sich um entgeltliche sonstige Leistungen[2] (werden sie später ebenfalls übereignet, so greift m.E. auch insoweit § 1 Abs. 1a UStG ein). Werden sie unentgeltlich überlassen, so liegen, sofern die Überlassung im Rahmen eines fortbestehenden Unternehmens erfolgt, fiktive entgeltliche sonstige Leistungen (§ 3 Abs. 9a Nr. 2 UStG) vor; anderenfalls handelt es sich um eine **Entnahme** der Wirtschaftsgüter (§ 3 Abs. 1b Nr. 1 UStG).[3]

### III. Partielle Rechtsnachfolge

150 Der erwerbende Unternehmer tritt „an die Stelle des Veräußerers" (§ 1 Abs. 1a Satz 3 UStG). Diese **Formulierung**[4] ist **verfehlt**, da sie wörtlich genommen bedeuten müsste, dass der Erwerber in *jeder* Beziehung an die Stelle des Veräußerers treten würde. Das ist offensichtlich nicht der Wille des Gesetzgebers, der nur umsatzsteuerrechtliche Folgen im Auge haben kann und auch nur solche, die mit dem übertragenen Unternehmen bzw. Betrieb im Zusammenhang stehen. § 1 Abs. 1a Satz 3 UStG bedarf deshalb schon insoweit einer erheblichen Einschränkung. Doch selbst wenn man hinter „tritt" gedanklich die Einschrän-

---

1 A.A. FG Nürnberg v. 6.8.2013 – 2 K 1964/10, EFG 2013, 1964 – Rev.-Az. V R 36/13.
2 Vgl. BFH v. 28.11.2002 – V R 3/01, BStBl. II 2004, 665 = UR 2003, 135 (137).
3 Vgl. BFH v. 4.7.2002 – V R 10/01, BStBl. II 2004, 662 = UR 2003, 16 (18); BFH v. 28.11.2002 – V R 3/01, BStBl. II 2004, 665 = UR 2003, 135 (137).
4 Ebenso Art. 19 Abs. 1 MwStSystRL, wonach der Erwerber „als Rechtsnachfolger des Übertragenden" anzusehen sei.

kung „*umsatzsteuerrechtlich insoweit*" einfügte, schösse die Regelung noch weit über ihr Ziel hinaus.

Folglich ist auch nicht etwa der Erwerber Rechtsnachfolger hinsichtlich der **Umsatzsteuerschulden**, die in der Person des Veräußerers begründet waren.[1] Dagegen spricht schon § 75 Abs. 1 AO (begrenzte Haftung des Betriebsübernehmers), der dann überflüssig wäre, jedenfalls aber in seiner Haftungsbegrenzung unterlaufen würde. Das kann **nicht** Wille des Gesetzgebers sein.[2] Auch in der Person des Veräußerers begründete **Vorsteuerberichtigungspflichten nach § 17**[3] sowie **Umsatzsteuererstattungsansprüche** und **Vorsteuervergütungsansprüche** gehen folglich nicht auf den Erwerber über.[4] Ebenso wenig ist der Erwerber nach § 1 Abs. 1a Satz 3 UStG an vom Veräußerer ausgeübte **Wahlrechte** gebunden[5] (für die Option des *Land- und Forstwirts* zur Regelbesteuerung gilt hinsichtlich der Bindungsfrist die Sonderregelung des § 24 Abs. 4 Satz 2 Halbs. 2 UStG). Wer allerdings fälschlich die Fälle der Gesamtrechtsnachfolge nach dem Umwandlungsgesetz unter § 1 Abs. 1a UStG subsumiert (*Rz. 138*), muss notgedrungen die eingangs genannte Ansicht vertreten, um die Wirkungen der Gesamtrechtsnachfolge zu erreichen.

151

Richtigerweise beschränkt sich die angeordnete Rechtsnachfolge auf die umsatzsteuerrechtliche **Einbindung der übernommenen Wirtschaftsgüter**, wie sie beim Veräußerer bestand.[6] Nur insoweit tritt der Erwerber an die Stelle des Veräußerers; die Bestätigung findet sich in dem – allerdings überflüssigen – § 15a Abs. 10 Satz 1 UStG (dazu *§ 15a Rz. 169*). Mangels Umsatzsteuerbelastung bei der Übertragung kann eine etwaige Vorsteuerberichtigung nicht originär beim Erwerber erfolgen. Dieser tritt deshalb in die mit den Wirtschaftsgütern zusammenhängenden **potenziellen** Vorsteuerrückzahlungsverpflichtungen und Vorsteuervergütungsberechtigungen ein, wie sie beim Veräußerer bestanden. Die Wirtschaftsgüter gehen hinsichtlich einer **Vorsteuerberichtigung** in der nach § 15a UStG bestehenden Einbindung auf den Erwerber über. Dieser setzt deshalb bezüglich aller (und nicht etwa nur hinsichtlich des in § 15a Abs. 10 UStG genannten Berichtigungszeitraums) beim Veräußerer begründeten *materiellrechtlichen* Merkmale die § 15a-UStG-Rechtslage fort (also auch hinsichtlich Vorsteuervolumen, anfänglicher Verwendungsverhältnisse und Verwendungsbeginn). § 15a Abs. 10 Satz 2 UStG begründet diesbezüglich einen **Auskunftsanspruch** des Erwerbers (*§ 15a Rz. 170*).

152

Hingegen ist der Erwerb **nicht** an diesbezüglich gegenüber dem Veräußerer ergangene „**Steuer**"- richtig: **Steuervergütungsfestsetzungen** gebunden. Da der Er-

153

---

1 So aber *Oelmaier* in S/R, § 1 UStG Rz. 190 – wonach der Erwerber in das vom Veräußerer begründete Steuerschuldverhältnis eintrete.
2 Stadie in R/D, § 2 UStG Anm. 754 ff.; *Husmann* in R/D, § 1 UStG Anm. 1124; FG Rh.-Pf. v. 27.11.2008 – 6 K 2159/06, EFG 2009, 295.
3 A.A. BFH v. 7.12.2006 – V R 2/05, BStBl. II 2007, 848 – 1b der Gründe.
4 *Stadie* in R/D, § 2 UStG Anm. 758 ff.; *Lippross*, 2.7.4 – S. 377 ff.
5 *Stadie* in R/D, § 2 UStG Anm. 761 m.w.N.; *Lippross*, 2.7.4e) – S. 379 f.; a.A. OFD Hannover v. 31.5.2006 – S 7100b - 1 - StO 171, UR 2006, 606 – Tz. 4; *Robisch* in Bunjes, § 1 UStG Rz. 140.
6 Ebenso *Reiß*, UR 1996, 357 (364); *Tehler* in R/K/L, § 1 UStG Rz. 351; *Lippross*, 2.7.4b – S. 373.

werber kein Gesamtrechtsnachfolger ist, träte Drittwirkung nach § 166 AO nur dann ein, wenn der Erwerber kraft eigenen Rechts in der Lage gewesen wäre, die Steuervergütungsfestsetzung anzufechten. Das war indes nicht der Fall, sofern der Erwerber nicht zu einem Rechtsbehelfsverfahren über die Höhe des Vorsteuerabzugs hinzugezogen worden war.[1]

154 Entsprechendes gilt für die *mittelbare Vorsteuerberichtigung* im Wege der **Entnahmebesteuerung**.[2] Diese findet nur dann statt, wenn und soweit beim Veräußerer für das Wirtschaftsgut ein Vorsteuerabzug (zu Recht) vorgenommen worden war[3] (§ 3 Abs. 1b Satz 2, Abs. 9a Nr. 1 UStG).

## E. Territorialität

### I. Vorbemerkungen

155 In § 1 Abs. 2 und 2a UStG finden sich – neben der Klarstellung in § 1 Abs. 2 Satz 3 UStG – die **Umschreibungen** der für die territoriale Zuordnung bedeutsamen Gebiete „Inland" (§ 1 Abs. 2 Satz 1 UStG), „Ausland" (§ 1 Abs. 2 Satz 2 UStG), „(übriges) Gemeinschaftsgebiet" (§ 1 Abs. 2a Sätze 1 und 2 UStG) und „Drittlandsgebiet" (§ 1 Abs. 2a Satz 3 UStG). Mit Ausnahme der Definition des Inlandes sind diese Umschreibungen in § 1 UStG **fehlplatziert**. So gehören die Definition des Auslandes u.a. zu § 3b Abs. 1 Satz 4 UStG und zu § 6 Abs. 2 UStG, die des übrigen Gemeinschaftsgebietes zu insbesondere § 1a und § 6a UStG und die des Drittlandsgebietes namentlich zu § 3a Abs. 4–8 UStG und zu § 6 Abs. 1 UStG. Der § 1 UStG nimmt in seinen Tatbeständen auf diese Begriffe nicht Bezug. Systematisch sauber hätten deren Umschreibungen in einem gesonderten Paragraphen mit der Überschrift „Räumlicher Anwendungsbereich" (vgl. Art. 5 ff. MwStSystRL) erfolgen müssen.

Auch die Klarstellung in **§ 1 Abs. 2 Satz 3** UStG ist **fehlplatziert**, da sie zu § 1 Abs. 1 Nr. 1 UStG gehört (*Rz. 114*).

### II. Inland (Abs. 2 Satz 1)

156 Der Inlandsbegriff des Umsatzsteuergesetzes entspricht **nicht** dem **staatsrechtlichen Begriff** des Inlandes (Gebiet der Bundesrepublik Deutschland). So gehören einerseits Abfertigungsplätze im Ausland (sog. vorgeschobene Zollstellen) zur Erhebung der Einfuhrumsatzsteuer zum umsatzsteuerrechtlichen Inland (§ 21 Abs. 2a UStG). Andererseits sind nach § 1 Abs. 2 Satz 1 UStG **bestimmte Gebiete ausgenommen**.

157 Nicht zum umsatzsteuerrechtlichen Inland gehören zum einen das Gebiet von **Büsingen** (am Hochrhein gelegene, vom Schweizer Hoheitsgebiet umschlossene deutsche Exklave) sowie die Insel **Helgoland** (historisch begründet).

---

1 Vgl. *Stadie* in R/D, § 2 UStG Anm. 768 f.
2 A.A. *Birkenfeld* in B/W, § 34 Rz. 531 – nur Berichtigung nach § 15a UStG.
3 *Reiß*, UStR 1996, 357 (364); *Stadie* in R/D, § 2 UStG Anm. 762, 766.

Vom Inland ausgeschlossen sind ferner die **Freihäfen**, nämlich die **Freizonen des Kontrolltyps I** nach § 1 Abs. 1 Satz 1 ZollVG. Dazu gehören die in den Seehäfen[1] Bremerhaven und Cuxhaven mittels eines zollamtlich überwachten Zaunes abgegrenzten Flächen (es zählen also nicht etwa die gesamten Hafenflächen zu den Freihäfen). Der Umschlag von Waren in diesem Gebiet des jeweiligen Hafens soll nicht mit Umsatzsteuer belastet werden, solange die Waren nicht zum Verbrauch in das Inland gelangen (Ausnahmen *Rz. 167 ff.*). Gelangen die Waren in das Inland, so wird der Einfuhrtatbestand (§ 1 Abs. 1 Nr. 4 UStG) verwirklicht. 158

Zum Inland gehören ferner nicht die **Gewässer** und **Watten** zwischen der Hoheitsgrenze und der jeweiligen Strandlinie.[2] Die Richtlinie enthält diese Ausnahme nicht, welche gleichwohl unionsrechtskonform ist, weil durch § 1 Abs. 3 UStG die Besteuerung des Letztverbrauchs in diesen Gebieten sichergestellt ist (*Rz. 167 ff.*). 159

Auch **deutsche Schiffe** und **deutsche Luftfahrzeuge** zählen nicht zum Inland im umsatzsteuerrechtlichen Sinne, solange sie sich in Gebieten befinden, die zu keinem Zollgebiet gehören. Bei Umsätzen auf Schiffen im sog. Küstenmeer (*Rz. 159*) kann allerdings die Fiktion des § 1 Abs. 3 UStG eingreifen (*Rz. 167 ff.*). 160

**Botschaften**, Gesandtschaften und Konsulate gehören selbst bei bestehender Exterritorialität zum Inland. Das Gleiche gilt für Einrichtungen, die von **Truppen anderer Staaten** auf dem Gebiet der Bundesrepublik Deutschland unterhalten werden.[3] Ebenso befinden sich **ausländische Schiffe** und **Luftfahrzeuge** im Inland, solange sie sich in einem inländischen Hafen (mit Ausnahme der Freihäfen) bzw. auf einem deutschen Flugplatz oder im Luftraum über Deutschland aufhalten. Auch die Transitbereiche deutscher **Flughäfen** zählen zum Inland.[4] 161

Sofern in den **Freihäfen** oder im sog. **Küstenmeer** Umsätze erfolgen, die dort dem **Letztverbrauch** dienen, sind die Umsätze **als im Inland** ausgeführt **zu behandeln** (§ 1 Abs. 3 Nr. 1–3 und 7 UStG; *Rz. 166 ff.*). Entsprechendes gilt für die in § 1 Abs. 3 Nr. 4 und 5 UStG genannten Leistungen in diesen Gebieten (*Rz. 177 ff.*). 162

## III. Ausland (Abs. 2 Satz 2)

Ausland im Sinne des Umsatzsteuergesetzes ist das Gebiet, das nicht Inland i.S.d. § 1 Abs. 2 Satz 1 UStG ist (§ 1 Abs. 2 Satz 2 UStG). Zum Ausland zählen folglich die Gebiete anderer Staaten einschließlich der übrigen EG-Mitgliedstaaten sowie diejenigen Gebiete der Bundesrepublik Deutschland, welche nach § 1 Abs. 2 Satz 1 UStG nicht zum Inland zählen (*Rz. 157 ff.*). Nicht zum Ausland gehören Botschaften usw. sowie Einrichtungen von Truppen anderer Staaten auf dem Gebiet der Bundesrepublik Deutschland (*Rz. 161*). 163

---

1 Bis 2012 auch noch Hamburg.
2 Dazu Abschn. 1.9 Abs. 3 UStAE.
3 Abschn. 1.9 Abs. 1 Sätze 3 und 4 UStAE.
4 BFH v. 3.11.2005 – V R 63/02, BStBl. II 2006, 337.

## VI. Gemeinschaftsgebiet, Drittlandsgebiet (Abs. 2a)

164 Das **Gemeinschaftsgebiet** im Sinne des Umsatzsteuergesetzes umfasst das Inland i.S.d. § 1 Abs. 2 Satz 1 UStG (*Rz. 156 ff.*) und die Gebiete der übrigen Mitgliedstaaten der Europäischen Union, die nach dem Gemeinschaftsrecht als Inland dieser Mitgliedstaaten gelten (übriges Gemeinschaftsgebiet; § 1 Abs. 2a Satz 1 UStG). Art. 5 Abs. 2 i.V.m. Art. 6 MwStSystRL zählt diejenigen Gebiete auf, die nicht zum Inland der übrigen Mitgliedstaaten zu rechnen sind.[1] Das Fürstentum Monaco gilt als Gebiet der Französischen Republik; die Insel Man gilt als Gebiet des Vereinigten Königreichs Großbritannien und Nordirland (§ 1 Abs. 2a Satz 2 UStG). Zu Großbritannien gehören nicht Gibraltar sowie die Kanalinseln Guernsey und Jersey. Zum Gemeinschaftsgebiet zählen u.a. auch nicht Andorra und der Vatikanstaat. Das **übrige Gemeinschaftsgebiet** umfasst das zuvor genannte Gemeinschaftsgebiet mit Ausnahme des Inlandes i.S.d. § 1 Abs. 2 Satz 1 UStG.

165 **Drittlandsgebiet** im Sinne des Umsatzsteuergesetzes ist das Gebiet, das nicht Gemeinschaftsgebiet ist (§ 1 Abs. 2a Satz 3 UStG).

## F. Umsätze in den Freihäfen und im sog. Küstenmeer (Abs. 3)

166 Umsätze in den Freihäfen (*Rz. 158*) und im sog. Küstenmeer (*Rz. 159*) sind grundsätzlich nicht steuerbar, da diese Gebiete nicht zum Inland gehören (§ 1 Abs. 2 Satz 1 UStG). Bestimmte Umsätze sind indes wie Umsätze im Inland zu behandeln (§ 1 Abs. 3 UStG), d.h. als steuerbar anzusehen. Voraussetzung ist, dass sich der **Ort** des Umsatzes nach den dafür geltenden Regeln in diesen Gebieten befindet.

### I. Letztverbrauch in diesen Gebieten

167 Als steuerbare Umsätze zu behandeln sind die **Lieferungen** und die innergemeinschaftlichen Erwerbe von Gegenständen, die

– **zum Gebrauch oder Verbrauch in den** bezeichneten **Gebieten** oder

– zur **Ausrüstung** oder **Versorgung** eines **Beförderungsmittels** bestimmt sind,

wenn die Gegenstände **nicht für das Unternehmen** (*Rz. 170*) des Abnehmers erworben werden oder vom Abnehmer ausschließlich oder zum Teil für eine nach § 4 Nr. 8–27 UStG steuerfreie Tätigkeit verwendet werden (§ 1 Abs. 3 Satz 1 Nr. 1 UStG). In diesen Fällen ist der Vorsteuerabzug beim Abnehmer ausgeschlossen (§ 15 Abs. 1 Nr. 1 und 3 bzw. Abs. 2 i.V.m. Abs. 3 UStG).

168 Mit der ersten Fallgruppe soll die **Besteuerung des Letztverbrauchs** im staatsrechtlichen Inland **sichergestellt** werden. Typische Anwendungsfälle sind die Lieferungen von Lebensmitteln und Getränken zum Verzehr (s. auch *Rz. 172*) in den Gebieten sowie der Verkauf von Tabakwaren u.Ä. an Automaten. Lieferungen von Gegenständen, welche nicht zum Gebrauch oder Verbrauch in diesen Gebieten bestimmt sind, sind grundsätzlich nicht steuerbar; bei ihrer Verbringung in das Inland fällt indes regelmäßig Einfuhrumsatzsteuer an (*Rz. 122 f.*).

---

1 Aufzählung auch in Abschn. 1.10 Abs. 1 UStAE.

Umsätze in den Freihäfen und im sog. Küstenmeer (Abs. 3) § 1

Bei der Lieferung an Bord eines Schiffes während einer Beförderung innerhalb des Gemeinschaftsgebietes gilt der Abgangsort des Schiffes im Gemeinschaftsgebiet als Ort der Lieferung (§ 3e UStG).

Mit der zweiten Fallgruppe soll die Besteuerung des Letztverbrauchs im Gemeinschaftsgebiet gewährleistet werden, weil die **Ausrüstungs- und Versorgungsgegenstände** mit dem Beförderungsmittel in das Inland oder das übrige Gemeinschaftsgebiet gelangen und dort verbraucht werden können, aber **bei der Einfuhr** regelmäßig **nicht zu erfassen** wären. Hierzu zählen insbesondere Lieferungen von Schiffsausrüstungsgegenständen, Treibstoff und Proviant an private Schiffseigentümer zur Ausrüstung und Versorgung von Wassersportfahrzeugen.[1] 169

Das Merkmal „**nicht für das Unternehmen des Abnehmers**" ist zu unpräzise. Erfasst werden nicht nur Nichtunternehmer und Unternehmer, die die Leistungen für ihren nichtunternehmerischen Bereich beziehen. Der Gesetzeszweck verlangt vielmehr, auf die **Nichtberechtigung zum Vorsteuerabzug** i.S.d. § 15 Abs. 1 UStG abzustellen, da anderenfalls die Lieferungen an Unternehmer, bei denen die Vorsteuer pauschaliert wird (§§ 23–24 UStG) oder die Kleinunternehmer (§ 19 Abs. 1 UStG) sind, nicht erfasst werden. 170

Das Risiko der zutreffenden Behandlung des Umsatzes liegt beim liefernden Unternehmer. Folglich muss er bei berechtigten Zweifeln an der unternehmerischen Verwendung des Liefergegenstandes eine **Glaubhaftmachung** hinsichtlich der unternehmerischen Verwendung in Gestalt von Belegen (arg. § 1 Abs. 3 Satz 2 UStG, *Rz. 175*) verlangen. Eine Bescheinigung des Abnehmers reicht aus.[2] Bei gemischter Verwendung ist auf die **überwiegende Verwendung** abzustellen. Bei Lieferungen an juristische Personen des öffentlichen Rechts wird vermutet, dass sie nicht für das Unternehmen erfolgen (§ 1 Abs. 3 Satz 2 UStG, *Rz. 175*). 171

Ebenfalls als steuerbare Umsätze zu behandeln sind die **sonstigen Leistungen**, die **nicht für das Unternehmen** des Leistungsempfängers (*Rz. 170 f.* gelten entsprechend) ausgeführt werden oder vom Leistungsempfänger ausschließlich oder zum Teil für eine nach § 4 Nr. 8–27 UStG steuerfreie Tätigkeit verwendet werden (§ 1 Abs. 3 Satz 1 **Nr. 2** UStG). Darunter fallen z.B. die Abgabe von Speisen und Getränken zum Verzehr an Ort und Stelle (§ 3 Abs. 9 Sätze 4 und 5 UStG), Beförderungen für private (nichtunternehmerische) Zwecke, Reparaturen an privaten Wassersportfahrzeugen und die Veranstaltung von Wassersportlehrgängen.[3] 172

Des Weiteren führen auch **Entnahmen** einschließlich Nutzungsentnahmen sowie unentgeltliche Lieferungen und sonstige Leistungen i.S.d. § 3 Abs. 1b und Abs. 9a UStG in diesen Gebieten zu steuerbaren Umsätzen (§ 1 Abs. 3 Satz 1 **Nr. 3** UStG). 173

Ferner gilt auch der innergemeinschaftliche **Erwerb** eines **neuen Fahrzeuges** durch die in § 1a Abs. 3 und § 1b Abs. 1 UStG genannten Erwerber als im Inland ausgeführt (§ 1 Abs. 3 Satz 1 **Nr. 7** UStG). Bei diesen Erwerbern handelt es sich 174

---

1 Vgl. Abschn. 1.11 Abs. 1 UStAE.
2 Vgl. Abschn. 1, 11 Abs. 3 UStAE.
3 Abschn. 1.11 Abs. 2 UStAE.

insbesondere um nicht normale Unternehmer, um juristische Personen, die das Fahrzeug nicht für ihr Unternehmen erwerben, und um Nichtunternehmer.

175 Lieferungen und sonstige Leistungen **an juristische Personen des öffentlichen Rechts** sowie deren innergemeinschaftlicher Erwerb in den bezeichneten Gebieten sind als Umsätze i.S.d. § 1 Abs. 3 Satz 1 Nr. 1 und 2 UStG, d.h. als nicht für deren Unternehmen ausgeführt anzusehen, soweit der leistende Unternehmer nicht anhand von Aufzeichnungen und Belegen das Gegenteil glaubhaft macht (§ 1 Abs. 3 **Satz 2** UStG). Diese gesetzliche **Vermutung** kann insbesondere durch eine glaubhafte Bescheinigung der juristischen Person ausgeräumt werden.[1]

176 **Gelangen** die Gegenstände **später in das Inland**, so darf die an sich nach § 1 Abs. 1 Nr. 4 UStG anfallende **Einfuhrumsatzsteuer nicht** erhoben werden, da anderenfalls eine dem Gesetzeszweck widersprechende Mehrfachbesteuerung einträte.

## II. Leistungen im Freihafen im Rahmen eines Veredelungsverkehrs oder einer Lagerung sowie Lieferungen von Gegenständen, die sich im freien Verkehr befinden

177 **Lieferungen** von Gegenständen, die sich im Zeitpunkt der Lieferung **in** einem zollamtlich **bewilligten Freihafen-Veredelungsverkehr** oder in einer zollamtlich **besonders zugelassenen Freihafenlagerung** befinden, sind wie Umsätze im Inland zu behandeln (§ 1 Abs. 3 Satz 1 **Nr. 4 Buchst. a** UStG). Der Freihafen-Veredelungsverkehr (§ 12b EUStBV) dient der Veredelung von Gemeinschaftswaren, die nach der Bearbeitung oder Verarbeitung im Freihafen anschließend in das Inland eingeführt werden. Die vorübergehende Lagerung von Gemeinschaftswaren wird unter den Voraussetzungen des § 12a EUStBV zugelassen. Bei der Rückverbringung, d.h. der Einfuhr dieser Gegenstände in das („im") Inland wird keine Einfuhrumsatzsteuer erhoben (§ 12a Abs. 1 bzw. § 12b Abs. 1 EUStBV). Folglich sind die Lieferungen so zu behandeln, als seien sie im Inland erfolgt. Gelangen die Gegenstände in das Ausland, so käme die Steuerbefreiung nach § 4 Nr. 1 i.V.m. § 6 oder § 6a UStG in Betracht. Demgegenüber soll es nach Auffassung der Finanzverwaltung in diesen Fällen bei der Nichtsteuerbarkeit bleiben[2], was m.E. zur Umgehung des § 6a Abs. 1 Nr. 2 Buchst. a UStG führen kann, wenn der Abnehmer im übrigen Gemeinschaftsgebiet ein Nichtunternehmer ist.

178 Auch die **sonstigen Leistungen**, die im Rahmen eines Veredelungsverkehrs oder einer Lagerung im o.g. Sinne ausgeführt werden, sind wie Umsätze im Inland zu behandeln (§ 1 Abs. 3 Satz 1 **Nr. 5** UStG). Dazu zählen insbesondere die Dienstleistungen **des Veredelers**, des **Lagerhalters** und der Beförderungsunternehmer. **Beförderungen** der Gegenstände aus dem Freihafen in das Inland sind deshalb insgesamt steuerbar und auch steuerpflichtig (§ 4 Nr. 3 Buchst. a Doppelbuchst. bb Satz 2 UStG).

179 Lieferungen von **Gegenständen**, welche sich im Zeitpunkt der Lieferung einfuhrumsatzsteuerrechtlich **im freien Verkehr** befinden, sind ebenfalls wie Liefe-

---

[1] Vgl. Abschn. 1.11 Abs. 3 Satz 2 UStAE.
[2] Abschn. 1.12 Abs. 3 UStAE.

rungen im Inland zu behandeln (§ 1 Abs. 3 Satz 1 **Nr. 4 Buchst. b** UStG). Ein Gegenstand befindet sich innerhalb eines Freihafens einfuhrumsatzsteuerrechtlich im freien Verkehr, wenn er bei einer vorgeschobenen Zollstelle i.S.d. § 21 Abs. 2a UStG einfuhrumsatzsteuerrechtlich abgefertigt worden ist (Art. 79 ZK). § 1 Abs. 3 Satz 1 Nr. 4 Buchst. b UStG ist als Vereinfachungsregelung gedacht. Mit ihr sollen insbesondere in Abholfällen technische Schwierigkeiten beim Abzug der zuvor vom späteren Lieferer entrichteten Einfuhrumsatzsteuer als Vorsteuer beseitigt werden.[1] Diese Schwierigkeiten sind indes nicht ersichtlich. Die vorgeschobene Zollstelle gilt als Inland, so dass der vom späteren Lieferer zum freien Verkehr abgefertigte Gegenstand im Inland eingeführt wurde. Folglich ist der Gegenstand für sein Unternehmen eingeführt worden, da er zu diesem Zeitpunkt noch die Verfügungsmacht an dem Gegenstand hatte. Die Vorschrift bezweckt vielmehr die Besteuerung des Gegenstandes nach seinem wirklichen Wert (Verkaufspreis).

## § 1a
## Innergemeinschaftlicher Erwerb

(1) Ein innergemeinschaftlicher Erwerb gegen Entgelt liegt vor, wenn die folgenden Voraussetzungen erfüllt sind:

1. Ein Gegenstand gelangt bei einer Lieferung an den Abnehmer (Erwerber) aus dem Gebiet eines Mitgliedstaates in das Gebiet eines anderen Mitgliedstaates oder aus dem übrigen Gemeinschaftsgebiet in die in § 1 Abs. 3 bezeichneten Gebiete, auch wenn der Lieferer den Gegenstand in das Gemeinschaftsgebiet eingeführt hat,

2. der Erwerber ist

   a) ein Unternehmer, der den Gegenstand für sein Unternehmen erwirbt, oder

   b) eine juristische Person, die nicht Unternehmer ist oder die den Gegenstand nicht für ihr Unternehmen erwirbt,

   und

3. die Lieferung an den Erwerber

   a) wird durch einen Unternehmer gegen Entgelt im Rahmen seines Unternehmens ausgeführt und

   b) ist nach dem Recht des Mitgliedstaates, der für die Besteuerung des Lieferers zuständig ist, nicht auf Grund der Sonderregelung für Kleinunternehmer steuerfrei.

(2) Als innergemeinschaftlicher Erwerb gegen Entgelt gilt das Verbringen eines Gegenstands des Unternehmens aus dem übrigen Gemeinschaftsgebiet in das Inland durch einen Unternehmer zu seiner Verfügung, ausgenommen zu einer nur vorübergehenden Verwendung, auch wenn der Unternehmer den Gegen-

---

1 Abschn. 1.12 Abs. 4 UStAE m. Beispiel.

stand in das Gemeinschaftsgebiet eingeführt hat. Der Unternehmer gilt als Erwerber.

(3) Ein innergemeinschaftlicher Erwerb im Sinne der Absätze 1 und 2 liegt nicht vor, wenn die folgenden Voraussetzungen erfüllt sind:

1. Der Erwerber ist

   a) ein Unternehmer, der nur steuerfreie Umsätze ausführt, die zum Ausschluss vom Vorsteuerabzug führen,

   b) ein Unternehmer, für dessen Umsätze Umsatzsteuer nach § 19 Abs. 1 nicht erhoben wird,

   c) ein Unternehmer, der den Gegenstand zur Ausführung von Umsätzen verwendet, für die die Steuer nach den Durchschnittssätzen des § 24 festgesetzt ist, oder

   d) eine juristische Person, die nicht Unternehmer ist oder die den Gegenstand nicht für ihr Unternehmen erwirbt,

   und

2. der Gesamtbetrag der Entgelte für Erwerbe im Sinne des Absatzes 1 Nr. 1 und des Absatzes 2 hat den Betrag von 12 500 Euro im vorangegangenen Kalenderjahr nicht überstiegen und wird diesen Betrag im laufenden Kalenderjahr voraussichtlich nicht übersteigen (Erwerbsschwelle).

(4) Der Erwerber kann auf die Anwendung des Absatzes 3 verzichten. Als Verzicht gilt die Verwendung einer dem Erwerber erteilten Umsatzsteuer-Identifikationsnummer genüber dem Lieferer. Der Verzicht bindet den Erwerber mindestens für zwei Kalenderjahre.

(5) Absatz 3 gilt nicht für den Erwerb neuer Fahrzeuge und verbrauchsteuerpflichtiger Waren. Verbrauchsteuerpflichtige Waren im Sinne dieses Gesetzes sind Mineralöle, Alkohol und alkoholische Getränke sowie Tabakwaren.

*EU-Recht*

Art. 2 Abs. 1 Buchst. b, Art. 3 Abs. 1 Buchst. b, Abs. 2 und 3, Art. 20 und 23 i.V.m. Art. 17 MwStSystRL.

Art. 4 und 16 MwSt-DVO.

*VV*

Abschn. 1a.1, 1a.2 UStAE.

| | |
|---|---|
| **A. Allgemeines** .................. 1 | 2. Von einem Mitgliedstaat in einen anderen |
| **B. Grundtatbestand** | a) Allgemeines ............... 17 |
| I. Gelangen eines Gegenstandes bei einer Lieferung von einem Mitgliedstaat in einen anderen (Abs. 1 Nr. 1) | b) Untergang des Gegenstandes während des Transports ..... 20 |
| | II. Erwerberkriterien (Abs. 1 Nr. 2) 25 |
| 1. Bei einer Lieferung an den Abnehmer ..................... 5 | III. Lieferer- und Lieferungskriterien (Abs. 1 Nr. 3) ............ 30 |

IV. Reihengeschäft .............. 33

C. Erwerbsfiktion: Verbringen eines Gegenstandes in das Inland (Abs. 2)

I. Voraussetzungen .............. 34

II. Ausnahme: nur zu einer vorübergehenden Verwendung ..... 43

D. Ausnahmen, Option für die Erwerbsbesteuerung (Abs. 3–5) ... 46

## A. Allgemeines

Nach § 1 Abs. 1 Nr. 5 UStG unterliegt der innergemeinschaftliche Erwerb im Inland gegen Entgelt der Umsatzsteuer. Die **wesentlichen Tatbestandsmerkmale** dieses „Umsatzes" (dazu *§ 1 Rz. 124*) sind in § 1a UStG beschrieben. Ob der Erwerb im Inland stattfindet, bestimmt sich nach § 3d UStG. Im Ergebnis wird der Erwerber so behandelt, als schulde er die Steuer für eine im Inland steuerpflichtige Lieferung. Die Vorschrift ähnelt von der Wirkung her der Steuerschuldnerschaft des Leistungsempfängers nach § 13b Abs. 1, Abs. 2 Nr. 1 und Nr. 5 Buchst. a iVm. Abs. 5 UStG.

1

Durch § 1a Abs. 2 UStG wird das schlichte **Verbringen** eines Gegenstandes in das Inland als innergemeinschaftlicher Erwerb fingiert (*Rz. 34 ff.*). Nach § 1 Abs. 1 Nr. 5 i.V.m. § 1b Abs. 1 UStG wird ferner der Erwerb von **„neuen" Fahrzeugen** aus einem anderen Mitgliedstaat insbesondere durch Privatpersonen als innergemeinschaftlicher Erwerb besteuert, auch wenn der Lieferer kein Unternehmer ist.

2

In den von § 4b UStG genannten Fällen ist der innergemeinschaftliche Erwerb **steuerfrei**. Beim Erwerb durch die in § 1c UStG genannten Einrichtungen liegt ein innergemeinschaftlicher Erwerb nicht vor.

Nach dem **System** der zugrunde liegenden Richtlinie **korrespondiert** mit der Erwerbsbesteuerung im Bestimmungsland eine **Steuerbefreiung** mit Vorsteuerabzug für den Lieferer **im Ursprungsland** (Art. 138 i.V.m. Art. 169 Buchst. b MwStSystRL)[1], was voraussetzt, dass der Ort der Lieferung sich dort befindet. Ein ausdrückliches Junktim dergestalt, dass die Erwerbsbesteuerung nur dann greift, wenn im Ursprungsland der Befreiungstatbestand verwirklicht und von der dortigen Finanzbehörde anerkannt wird, ist allerdings nicht vorgesehen. Eine danach denkbare Doppelbesteuerung widerspräche indes den Zielen der Richtlinie[2], da die innergemeinschaftliche Lieferung und der innergemeinschaftliche Erwerb eines Gegenstands ein und derselbe wirtschaftliche Vorgang sind. Demgemäß mit jedem innergemeinschaftlichen Erwerb, der nach Art. 2 Abs. 1 Buchst. b Ziff. i MwStSystRL besteuert wird, eine Lieferung einhergehen, die im Mitgliedstaat des Beginns der Versendung oder Beförderung nach Art. 138 Abs. 1 MwStSystRL befreit ist.[3] Dieser Mechanismus erlaubt die Verlagerung der Steuereinnahmen auf den Mitgliedstaat, in dem der Endverbrauch der gelieferten Gegenstände erfolgt. Daraus folgt zwar, dass die betreffenden Bestimmungen des

3

---

1 Vgl. EuGH v. 6.4.2006 – C-245/04, EuGHE 2006, I-3227 = UR 2006, 342 – Rz. 29, 40 u. 50; EuGH v. 27.9.2007 – C-409/04, EuGHE 2007, I-7797 = UR 2007, 774 – Rz. 24.
2 Vgl. EuGH v. 27.9.2007 – C-409/04, EuGHE 2007, I-7797 = UR 2007, 774 – Rz. 25.
3 EuGH v. 6.4.2006 – C-245/04, EuGHE 2006, I-3227 = UR 2006, 342 – Rz. 29; ferner EuGH v. 27.9.2007 – C-409/04, EuGHE 2007, I-7797 = UR 2007, 774 – Rz. 24.

Art. 20 Satz 1 und des Art. 138 Abs. 1 MwStSystRL so auszulegen sind, dass sie dieselbe Bedeutung und dieselbe Reichweite haben[1], das Unionsrecht sieht jedoch **kein Verfahren** vor, um eine **korrespondierende Besteuerung** zwischen den Mitgliedstaaten **sichzustellen**.

4 Stattdessen bringt **Art. 23 MwStSystRL** mittelbar die **Befugnis** des **Bestimmungslandes** zum Ausdruck, das Vorliegen oder Nichtvorliegen eines innergemeinschaftlichen Erwerbs **unabhängig von** der Behandlung des Umsatzes im **Ursprungsland** zu beurteilen. Dieser **Vorrang** des Bestimmungslandes wird durch **Art. 16 Satz 1 MwSt-DVO** klargestellt, wonach der Mitgliedstaat der Beendigung des Versands oder der Beförderung der Gegenstände seine **Besteuerungskompetenz unabhängig** von der Behandlung des Umsatzes im Mitgliedstaat des Transportbeginns wahrnimmt.[2] Zu einer dadurch in der Person des Erwerbers eintretenden **Doppelbesteuerung**, weil er an den Lieferer die in Rechnung gestellte Steuer entrichtet hat und anschließend vom Bestimmungsmitgliedstaat zur Steuer auf den innergemeinschaftlichen Erwerb herangezogen wird, bestimmt **Art. 16 Satz 2 MwSt-DVO** lediglich, dass das Ursprungsland einen vom Lieferer gestellten Antrag auf Berichtigung der in Rechnung gestellten und diesem Mitgliedstaat erklärten Steuer nach seinen nationalen Vorschriften bearbeitet.[3]

## B. Grundtatbestand

### I. Gelangen eines Gegenstandes bei einer Lieferung von einem Mitgliedstaat in einen anderen (Abs. 1 Nr. 1)

#### 1. Bei einer Lieferung an den Abnehmer

5 a) Der Grundtatbestand des innergemeinschaftlichen Erwerbs, der das Gelangen eines Gegenstands in einen anderen Mitgliedstaat erfordert (*Rz. 17 ff.*), kann nur „bei einer **Lieferung** an den Abnehmer" verwirklicht werden (§ 1a Abs. 1 Nr. 1 UStG). Die Vorschrift ist unscharf formuliert, da es für die Tatbestandsverwirklichung nicht ausreicht, dass ein Gegenstand bei einer Lieferung in einen anderen Mitgliedstaat gelangt. Es muss sich vielmehr um den **Gegenstand der Lieferung** handeln (*§ 3 Rz. 125*), d.h. der Vertragsgegenstand (das vertraglich geschuldete Objekt) muss bei der Beförderung oder Versendung in den anderen Mitgliedstaat gelangen (*Rz. 15 f.*). Diese Einschränkung kommt in § 3 Abs. 6 und 7 und in § 6a Abs. 1 UStG zum Ausdruck, wenn vom „Gegenstand der Lieferung" die Rede ist. Demgegenüber spricht die Richtlinie in Art. 20, Art. 31, 32 und in Art. 138 Abs. 1 MwStSystRL durchgängig unpräzise nur von einen Gegenstand. Lediglich Art. 2 Abs. 1 Buchst. b Ziff. i MwStSystRL deutet an, dass der fertige Gegenstand, d.h. der Gegenstand der Lieferung transportiert worden sein muss. Allerdings spricht diese Vorschrift nicht vom Gegenstand, sondern vom Verkäufer, der „nicht unter Art. [...] 36 fällt".

---

[1] EuGH v. 18.11.2010 – C-84/09, EuGHE 2010, I-11645 = UR 2011, 103 – Rz. 28.
[2] Vgl. EuGH v. 18.11.2010 – C-84/09, EuGHE 2010, I-11645 = UR 2011, 103 – Rz. 38 – zur inhaltsgleichen Vorgängerbestimmung Art. 21 der VO EU Nr. 1777/2005.
[3] Dazu *Stadie* in R/D, § 1a Anm. 17 ff. – Lfg. 162.

Da § 1a UStG nur Lieferungen betrifft, werden nicht diejenigen Fälle erfasst, bei **6** denen im Rahmen einer **sonstigen Leistung** Verfügungsmacht an Gegenständen verschafft wird, wie z.B. an Materialien bei einer Reparatur in Gestalt einer Werkleistung (dazu *§ 3 Rz. 108 ff.*). Divergieren die beteiligten Mitgliedstaaten in der Frage, ob eine Lieferung oder eine sonstige Leistung (Dienstleistung) anzunehmen ist, so liegt das Beurteilungsrecht beim Bestimmungsland (*Rz. 4*). Indes wird das Besteuerungsergebnis bei Anwendung der Steuerschuldnerschaft des Leistungsempfängers nach § 13b UStG regelmäßig das gleiche sein.

**b)** Aus der Formulierung „an den Abnehmer" folgert die **h.M.**, dass beim **Beginn** **7** der Beförderung oder Versendung der **Abnehmer** bereits **feststehen**, d.h. ein Kauf- o.ä. Lieferungsvertrag vorliegen muss.[1] Das entspricht der herrschenden Auffassung, die zum Ort der Lieferung (vgl. *§ 3 Rz. 124*) und zur Steuerbefreiung der innergemeinschaftlichen Lieferung vertreten wird (vgl. *§ 6a Rz. 13*). Befördert oder versendet ein Unternehmer einen Gegenstand in das Inland, ohne bereits einen Abnehmer zu haben, und findet er diesen erst nach dem Grenzübertritt, so soll folglich für den Lieferer statt dessen der sog. Verbringenstatbestand des § 1a Abs. 2 UStG verwirklicht sein (*Rz. 39*).

Diese Sichtweise **verkennt** den **Vereinfachungszweck** der **Vorschriften über den Ort** beim innergemeinschaftlichen Handel. Da § 3 Abs. 6 Satz 1 UStG (wie auch Art. 32 Satz 1 MwStSystRL) zu Recht nicht danach fragt, wer die Transportgefahr trägt, und (auch) für den Fall, dass dies der Lieferer ist, den Ort der (später bewirkten Lieferung) an den Beginn der Versendung oder Beförderung legt, tritt **für** den **Lieferer** eine wesentliche **Vereinfachung** ein. Dieser kann, wenn es zu einer Lieferung kommt, seine **umsatzsteuerrechtlichen Pflichten** im **Ursprungsland** in Gestalt von Meldepflichten bezüglich der Steuerbefreiung erfüllen und muss nicht im Bestimmungsland die Lieferung versteuern. Damit geht einher, dass im Fall der innergemeinschaftlichen Lieferung der regelmäßig im Bestimmungsland ansässige Erwerber die Versteuerung vorzunehmen hat.

Trägt der **Lieferer** die **Transportgefahr** (*§ 3 Rz. 39*) und erlangt der Erwerber demgemäß erst mit Übergabe des Gegenstandes und dessen Billigung die Verfügungsmacht, so dass auch erst (und nur) dann im Bestimmungsland die Lieferung ausgeführt wird, so ist gleichwohl nach § 3 Abs. 6 Satz 1 UStG der **Ort** dieser Lieferung im Ursprungsland und die Lieferung ist unter den Voraussetzungen des § 4 Nr. 1 i.V.m. § 6a UStG (Art. 138 Abs. 1 MwStSystRL) steuerfrei ist, so dass auch in diesem Fall der Lieferer seine umsatzsteuerrechtlichen Pflichten im Ursprungsland erfüllen kann und der Erwerber den innergemeinschaftlichen Erwerb versteuern muss.[2] Der in § 1a Abs. 1 und § 6a Abs. 1 UStG (bzw. in Art. 20, 32 und 138 MwStSystRL) genannte Erwerber bzw. Abnehmer ist folglich auch der beim Beginn des Transports **potentielle Erwerber** bzw. **Abnehmer**, so dass „bei einer Lieferung" auch „vor Ausführung" der Lieferung ist. **8**

Dann aber ist kein sachlicher Grund erkennbar, weshalb der Vereinfachungszweck nicht auch dann eingreifen soll, wenn beim Beginn der Beförderung oder **9**

---
1 Vgl. *Heuermann* in S/R, § 1a Rz. 21; *Tehler* in R/K/L, § 1a Rz. 60; *Sterzinger* in B/W, § 37 Rz. 81; bislang auch der Verf.
2 *Frye*, UR 2013, 889 (891 f.).

Versendung der **Abnehmer noch nicht feststeht**, aber später gefunden wird.[1] Wenn Art. 32 Satz 1 MwStSystRL und § 3 Abs. 6 Satz 1 UStG unzweifelhaft den Ort einer Lieferung (auch) für den Fall bestimmen, dass wegen der Tragung der Transportgefahr durch den Lieferer erst bei Ankunft der unbeschädigten Ware beim Abnehmer feststeht, ob eine Lieferung erfolgt ist, dann hat der Vereinfachungszweck der genannten Bestimmungen auch **in vergleichbaren Konstellationen** einzugreifen, bei denen eine Lieferung erst im Bestimmungsland zustande kommt und mithin der Abnehmer erst dann feststeht. Erforderlich ist mithin nur, dass der Gegenstand zum Zwecke einer Lieferung an einen **potentiellen Abnehmer** in den anderen Mitgliedstaat befördert oder versendet wird und es dort zur Lieferung kommt. Daraus folgt:

10   c) Bei einem **Kauf auf Probe** oder **zur Ansicht** liegt eine Lieferung zwar erst mit Billigung seitens des Empfängers vor.[2] Daraus folgt indes nicht, dass der Gegenstand noch nicht „bei einer Lieferung an den Abnehmer" über die Grenze gelangte und mithin der spätere Lieferer den Gegenstand noch zu seiner Verfügung in das Inland verbracht hätte.[3] Hätte nämlich nicht der Abnehmer einen innergemeinschaftlichen Erwerb nach § 1a Abs. 1 UStG, sondern der Lieferer den Verbringungstatbestand des Absatzes 2 und anschließend eine Lieferung nach § 1 Abs. 1 Nr. 1 UStG verwirklicht[4], so würde diese gekünstelte und praxisferne Rechtsfolge gegen den o.g. **Vereinfachungszweck** der Vorschriften über den Ort verstoßen, so dass auch im Falle einer aufschiebend bedingten Lieferung der Gegenstand schon „bei einer Lieferung" über die Grenze gelangt, *wenn* es zu einer Lieferung kommt. Gleiches gilt bei einer Lieferung nach einer **unaufgeforderten Zusendung** des Gegenstandes.

11   Nicht anders ist es bei der Versendung von Gegenständen zu einem **Auslieferungslager** oder auf ein sog. **Konsignationslager** bei einem potentiellen Kunden. Soweit Weiterlieferungen erfolgen, liegt ebenfalls deren Ort nach dem **Vereinfachungszweck** des Art. 32 Satz 1 MwStSystRL im Ursprungsland, so dass der Lieferer im Zeitpunkt der jeweiligen Weiterlieferungen die Steuerbefreiung der innergemeinschaftlichen Lieferung (Art. 138 Abs. 1 MwStSystRL) in Anspruch nehmen kann und der jeweilige Erwerber den innergemeinschaftlichen Erwerb zu versteuern hat.[5] Ein vorheriges Verbringen zur Verfügung des Unternehmers iS des § 1a Abs. 2 UStG und eine nachfolgende Lieferung liegen folglich nicht vor.[6] Hinsichtlich derjenigen **Gegenstände**, die nicht im Inland geliefert werden und **in das Ursprungsland zurückgelangen**, ist dem Vereinfachungszweck entsprechend von einer bei Beginn des Verbringens geplanten nur vorübergehenden Verwendung auszugehen.[7]

---

1 *Frye*, UR 2013, 889.
2 Vgl. *D. Hummel*, UR 2007, 757; BFH v. 6.12.2007 – V R 24/05, BStBl. II 2009, 490 = UR 2008, 334.
3 Vgl. aber BFH v. 6.12.2007 – V R 24/05, BStBl. II 2009, 490 = UR 2008, 334.
4 So *Heuermann* in S/R, § 1a Rz. 21; *Sterzinger* in B/W, § 37 Rz. 82; *Birkenfeld*, DStZ 1993, 263; *Tumpel*, Mehrwertsteuer im innergemeinschaftlichen Warenverkehr, S. 520 f.
5 *Frye*, UR 2013, 889 (899, 901 f.).
6 A.A. Abschn. 1a.2 Abs. 6 UStAE; zweifelnd FG Hess. v. 21.6.2011 – 1 V 2518/10, EFG 2012, 85.
7 Vgl. auch Abschn. 1a.2 Abs. 6 Satz 4 UStAE.

Bei **Kommissionsware**, die der Kommittent vom übrigen Gemeinschaftsgebiet in das Inland zu einem Verkaufskommissionär (§ 3 Abs. 3 UStG) befördert oder versendet, gilt Entsprechendes[1] unabhängig davon, dass erst mit Lieferung durch den Kommissionär auch eine Lieferung des Kommittenten an diesen vorliegt (*§ 3 Rz. 98*). Das BMF vertritt die Auffassung, dass für den innergemeinschaftlichen Erwerb die Lieferung bereits zu dem Zeitpunkt der Zurverfügungstellung als erbracht angesehen werden „könne" und dementsprechend der innergemeinschaftliche Erwerb beim Kommissionär der Besteuerung zu unterwerfen sei.[2] Richtigerweise liegt eine steuerfreie Lieferung des Kommittenten erst im Zeitpunkt der jeweiligen Weiterlieferung durch den Kommissionär vor, so dass auch dieser erst dann den innergemeinschaftlichen Erwerb zu versteuern hat. 12

**d)** Bei einer **Abholung** durch den Abnehmer gelangt der Gegenstand noch „bei einer Lieferung" über die Grenze, obwohl die Lieferung mit der Übergabe des Gegenstands an den Abnehmer oder die von ihm beauftragte Transportperson abgeschlossen ist. Der mögliche Wortsinn erlaubt es, dem Zweck entsprechend auch noch „im Anschluss an eine erfolgte Lieferung" als „bei einer Lieferung zu verstehen. 13

Das gilt selbst dann, wenn der Gegenstand **nicht sogleich in das Inland** verbracht wird, sondern **im Ursprungsland vorerst noch verbleibt** (Urlaub, Geschäftsreise oÄ.) **oder** der Abnehmer sich mit dem Gegenstand **vorübergehend** in ein **anderes Land** begibt und den Gegenstand dort möglicherweise schon nutzt. Weder Art. 20 Abs. 1 noch Art. 138 Abs. 1 MwStSystRL ein konkrete Frist vorsehen und eine solche auch der Systematik und der Zielsetzung der Regelungen für den innergemeinschaftlichen Handel widersprächen, da anderenfalls der Erwerber es in der Hand hätte, mit der Verzögerung der Beförderung in das Bestimmungsland den innergemeinschaftlichen Charakter des Umsatzes zu verschleiern, um damit den niedrigeren Steuersatz des Ursprungslandes zu erlangen. Folglich kann die Einstufung eines Umsatzes als innergemeinschaftliche Lieferung oder innergemeinschaftlicher Erwerb **nicht** von der **Einhaltung** einer **konkreten Frist** abhängen, innerhalb deren die Beförderung des gelieferten Gegenstands beginnen oder abgeschlossen sein muss. Damit allerdings eine solche Einstufung vorgenommen und auch der Ort des Erwerbs bestimmt werden kann, muss festgestellt werden, ob ein zeitlicher und sachlicher Zusammenhang zwischen der Lieferung des in Rede stehenden Gegenstands und seiner Beförderung sowie ein kontinuierlicher Ablauf des Vorgangs gegeben sind.[3]

**e)** Wird der Gegenstand nach Ausführung der Lieferung **im Auftrag des Abnehmers** im Ursprungsland von einem anderen Unternehmer **bearbeitet** oder verarbeitet und erst danach zum Abnehmer befördert oder versendet, so gelangt folglich der Gegenstand ebenfalls noch bei einer Lieferung über die Grenze. Das entspricht dem Zweck der Regelung und wird durch § 6a Abs. 1 Satz 2 UStG bestätigt, der im umgekehrten Fall die korrespondierende Steuerbefreiung gewährt (*§ 6a Rz. 29*). 14

---

1 A.A. *Sterzinger* in B/W, § 37 Rz. 82.
2 Abschn. 1a.2 Abs. 7 UStAE.
3 EuGH v. 18.11.2010 – C-84/09, EuGHE 2010, I-11645 = UR 2011, 103 – Rz. 30–33; vgl. auch BFH v. 28.9.2006 – V R 65/03, BStBl. II 2007, 672 – 2d.

Bei einer Bearbeitung des Gegenstandes **im Auftrag des Lieferers im Inland** (Bestimmungsland) soll sich nach Auffassung des EuGH der Ort der Lieferung im Inland befinden, weil der Gegenstand der Lieferung (der fertige Gegenstand) nicht vom anderen Mitgliedstaat befördert oder versendet worden sei.[1] Damit wird der Vereinfachungszweck des Art. 32 Abs. 1 MwStSystRL (§ 3 Abs. 6 Satz 1 UStG) verkannt (vgl. Rz. 7) und nicht gesehen, dass der **Erwerber** regelmäßig **nicht erfährt**, ob und wo der Lieferer den Gegenstand bearbeiten lässt, und mithin der Erwerber regelmäßig von einer inergemeinschaftlichen Lieferung und damit von seiner Verpflichtung, den innergemeinschaftlichen Erwerb zu versteuern, ausgeht.

15 **f)** Der Tatbestand des § 1a Abs. 1 UStG ist nicht erfüllt, wenn zwar Gegenstände, aber nur als **Einzelteile** transportiert werden, die **am Bestimmungsort** vom Lieferer (oder in dessen Auftrag durch Dritte) zum vertraglich geschuldeten Objekt (wieder) **zusammengebaut** werden müssen und erst danach den Gegenstand der Lieferung bilden. Dann bestimmt sich der Ort der Lieferung nach § 3 Abs. 7 Satz 1 UStG bzw. Art. 31 MwStSystRL, da die Lieferung (Verschaffung der Verfügungsmacht) des vertraglich geschuldeten Objekts (Rz. 5) erst im Inland (Bestimmungsland) erfolgt. Entsprechendes gilt, wenn Gegenstände am Bestimmungsort vom Lieferer (oder durch einen von ihm beauftragten Dritten) zu installieren oder zu montieren sind[2] (sog. **Montagelieferung** iS des Art. 36 MwStSystRL). Gegenstand der Lieferung ist der installierte oder montierte Gegenstand. Das Verbringen der Teile seitens des leistenden Unternehmers erfolgt noch zu seiner Verfügung, ohne dass ein Fall des § 1a Abs. 2 UStG vorliegt (Rz. 41). Diese Gesetzesauslegung **widerspricht** zwar dem **Vereinfachungszweck** des Art. 32 Abs. 1 MwStSystRL bzw. § 3 Abs. 6 Satz 1 UStG (vgl. Rz. 7), weil der Lieferer seine umsatzsteuerrechtlichen Pflichten nicht im Ursprungsland in Gestalt der Meldung einer steuerfreien innergemeinschaftlichen Lieferung erfüllen kann, sondern im Bestimmungsland die Lieferung versteuern muss, ist jedoch aufgrund des verfehlten Art. 36 MwStSystRL zwingend.

16 Auch eine **Werklieferung** (§ 3 Abs. 4 UStG, *§ 3 Rz. 105 ff.*) erfüllt demgemäß nur dann den Tatbestand, wenn das fertige Werk als Gegenstand der Werklieferung (Rz. 5) befördert oder versendet wird. Werden hingegen zwecks Erbringung einer Werklieferung einzelne Gegenstände über die Grenze verbracht, so erfolgt erst mit der späteren Fertigstellung des Werks im Inland eine Lieferung. Die dafür vom Lieferer verwendeten Gegenstände gelangen zwar „bei einer Lieferung" in den anderen Mitgliedstaat, nicht jedoch der geschuldete Gegenstand der Lieferung (Rz. 5). Demgemäß ist der Ort der Lieferung hier (§ 3 Abs. 7 Satz 1 UStG; *§ 3 Rz. 125, 145*). Gleichwohl verwirklicht der leistende Unternehmer nicht den Verbringenstatbestand i.S.d. § 1a Abs. 2 UStG (Rz. 41). Ist der Lieferer nicht im Inland ansässig, so ist der Erwerber Schuldner der Umsatzsteuer nach § 13b Abs. 2 Nr. 1 i.V.m. Abs. 5 UStG, was im Ergebnis auf dasselbe hinausläuft, wie wenn er den innergemeinschaftlichen Erwerb versteuern müsste.

---

1 EuGH v. 2.10.2014 – C-446/13, UR 2014, 928 – Rz. 27.
2 Vgl. Abschn. 3.12 Abs. 4 UStAE.

## 2. Von einem Mitgliedstaat in einen anderen

### a) Allgemeines

Der Gegenstand muss bei einer Lieferung aus dem Gebiet eines Mitgliedstaates **in** das **Gebiet eines anderen Mitgliedstaates** oder aus dem übrigen Gemeinschaftsgebiet in die in § 1 Abs. 3 UStG bezeichneten Gebiete, d.h. nicht notwendig in das Inland **gelangen** (§ 1a Abs. 1 Nr. 1 UStG). Diese Formulierung erklärt sich aus dem Umstand, dass nach § 3d Satz 2 UStG der Ort des innergemeinschaftlichen Erwerbs abweichend vom Grundsatz fiktiv auch dann im Inland liegen kann, wenn der Gegenstand in einen anderen Mitgliedstaat gelangt ist. Nicht erforderlich ist, dass der Gegenstand *unmittelbar* von einem Mitgliedstaat in einen anderen gelangt, so dass dieser auch zwischendurch durch Drittlandsgebiet bewegt werden kann. Der Gegenstand gelangt dann in das Gebiet eines Mitgliedstaates, wenn die **Beförderung** oder Versendung dort **endet** (arg. § 3d Satz 1 UStG).   17

Beginnt die **Beförderung im Drittlandsgebiet**, so ist der Tatbestand nur dann verwirklicht, wenn der Lieferer den Gegenstand in das Gemeinschaftsgebiet „eingeführt" hat (§ 1a Abs. 1 Halbs. 2 UStG), d.h. der Gegenstand in einem Mitgliedstaat der Einfuhrumsatzsteuer unterworfen worden ist, bevor er in das Gebiet eines anderen Mitgliedstaates gelangte. Deshalb liegt kein Fall des innergemeinschaftlichen Erwerbs vor, wenn der Gegenstand aus dem Drittlandsgebiet im Wege der Durchfuhr durch das Gebiet eines anderen Mitgliedstaates in das Inland gelangt und erst hier der Einfuhrumsatzsteuer unterworfen wird.[1] In diesem Fall tätigt mithin der Lieferer einen steuerbaren Umsatz im Inland, wenn er oder sein Beauftragter Schuldner der Einfuhrumsatzsteuer ist (§ 3 Abs. 8 UStG; *§ 3 Rz. 148 f.*). Er ist dann allerdings gem. § 15 Abs. 1 Satz 1 Nr. 3 UStG zum Abzug der Einfuhrumsatzsteuer als Vorsteuer berechtigt.   18

Der Erwerber erlangt im Zweifelsfall die **Kenntnis** darüber, dass der Gegenstand aus einem anderen Mitgliedstaat in das Inland gelangt ist, durch die Rechnung, in der der Lieferer nach Art. 226 Nr. 11 MwStSystRL (entspricht § 14 Abs. 4 Nr. 8 UStG) auf die Steuerfreiheit, die er für seine innergemeinschaftliche Lieferung in Anspruch nimmt (Art. 138 Abs. 1 MwStSystRL, entspricht im umgekehrten Fall § 6a UStG), hinzuweisen hat (dazu auch *Rz. 31*). Aus diesem Hinweis muss der Erwerber entnehmen, dass der Gegenstand aus einem anderen Mitgliedstaat stammt, weil nur dann diese Steuerbefreiung eingreift.   19

### b) Untergang des Gegenstandes während des Transports

Geht der Gegenstand während des Transports zum Abnehmer unter, so stellt sich die Frage, unter welchen Voraussetzungen der Erwerber gleichwohl einen innergemeinschaftlichen Erwerb zu versteuern hat. Die Fragestellung ergibt sich nur für den Fall, dass der **Käufer die Transportgefahr (Preisgefahr)** trägt, dh. trotz Untergangs der Ware zur Zahlung des Kaufpreises verpflichtet ist und somit so behandelt wird, als hätte er die wirtschaftliche Substanz des Gegenstands, d.h. die Lieferung erhalten (*§ 3 Rz. 39*). Beim Untergang des Gegenstandes **nach** dem   20

---

[1] Vgl. Abschn. 1a.1 Abs. 1 Satz 5 UStAE.

Überschreiten der **Grenze** zum **Bestimmungsmitgliedstaat** ist der Gegenstand bei einer Lieferung in einen anderen Mitgliedstaat gelangt und mithin der Tatbestand des § 1a Abs. 1 Nr. 1 UStG verwirklicht; dieser verlangt schon nach seinem Wortlaut nicht, dass der Erwerber (oder in seinem Auftrag ein Dritter) den unmittelbaren Besitz erlangt. Demgemäß liegt ein Erwerb jedenfalls auch dann vor, wenn der Käufer die Ware zwar körperlich nicht erhalten hat, aber die Transportgefahr (Preisgefahr) trägt.

21 Beim Untergang des Gegenstandes **vor dem Gelangen in** den **Bestimmungsmitgliedstaat** wäre nach dem Wortlaut der Tatbestand des § 1a und des § 3d UStG nicht verwirklicht. Würde damit einhergehen, dass der Lieferer im anderen Mitgliedstaat nicht die Steuerbefreiung entsprechend Art. 138 MwStSystRL in Anspruch nehmen könnte, so wäre er mit der Umsatzsteuer des Ursprungslandes belastet und könnte diese grundsätzlich nicht auf den Käufer abwälzen. Dieses umsatzsteuerrechtliche Ergebnis entspräche nicht dem Willen des Gesetzes und der Richtlinie, da der liefernde Unternehmer als Gehilfe des Staates bei der Besteuerung der Verbraucher nicht so behandelt werden darf, als wäre er der Verbraucher des untergegangenen Gegenstandes. Beim Untergang des Gegenstandes während des Transports findet ohnehin **kein Verbrauch** des Gegenstandes im Ursprungsland **durch** den **Lieferer** oder **Käufer** statt.[1]

22 Art. 2 Abs. 1 Buchst. b MwStSystRL spricht zwar vom Erwerb „im Gebiet eines Mitgliedstaates", doch diese Formulierung schließt es zusammen mit Art. 20 Abs. 1 und Art. 138 Abs. 1 MwStSystRL nicht aus, dass, obwohl nur der typische Vorgang, bei dem der Gegenstand auch im Bestimmungsmitgliedstaat ankommt, genannt wird, **auch** der **atypische Vorgang** mit **umfasst** werden soll, da er nach den Wertungen der Richtlinie gleichzubehandeln ist. Der typische Ablauf einer inergemeinschaftlichen Lieferung ist, dass der Gegenstand im Bestimmungsmitgliedstaat ankommt; die Tatbestände der Steuerbefreiung und des korrespondierenden innergemeinschaftlichen Erwerbs sind dann erfüllt. Sie stellen nicht darauf ab, ob anschließend auch ein realer Verbrauch stattfindet. Folglich ändert der sofortige Untergang des Gegenstandes im Bestimmungsmitgliedstaat nichts an der Verwirklichung der genannten Tatbestände. Der Abnehmer wird so behandelt, als hätte er den Gegenstand im Bestimmungsland verbraucht, und für den Lieferer bleibt es bei der Steuerbefreiung. Dann aber wäre es **willkürlich**, **nach** den **Zufälligkeiten** des Ortes des Untergangs **zu differenzieren**. Ein Verbrauch im Ursprungsland liegt in allen Fällen nicht vor, so dass diese gleich zu behandeln sind und es geboten ist, auf das Gebiet des beabsichtigten Verbrauchs, d.h. des Bestimmungsmitgliedstaates abzustellen. Der Vorgang ist so zu sehen, als läge ein Gelangen in den Bestimmungsmitgliedstaat vor, wenn der Gegenstand während des bestimmungsgemäßen Transports dorthin untergeht.

23 Der **EuGH** geht zwar in mehreren Entscheidungen zum innergemeinschaftlichen Handel davon aus, dass der Gegenstand den Liefermitgliedstaat physisch verlassen haben muss[2], es ging dabei jedoch jeweils um Fälle, in denen der Ge-

---

1 So auch *Wäger* in B/W, § 108 Rz. 48; aA *Tehler* in R/K/L, § 1a Rz. 20.1; *Sterzinger* in B/W, § 37 Rz. 117; *Frye* in R/D, § 6a Anm. 199 ff. m.w.N.
2 EuGH v. 27.9.2007 – C-409/04, EuGHE 2007, I-7797 = UR 2007, 774 – Rz. 42; EuGH v. 27.9.2007 – C-184/05, EuGHE 2007, I-7897 = UR 2007, 782 – Rz. 23; EuGH v. 10.10.2010

genstand nicht untergegangen war und der Lieferer die Steuerbefreiung auch dann in Anspruch nehmen wollte, obwohl der vom Erwerber abgeholte Gegenstand entgegen seinen Angaben nicht in einen anderen Mitgliedstaat befördert worden war. Die Äußerungen des EuGH betreffen mithin den Regelfall, in dem der Gegenstand existent geblieben ist und verbraucht werden kann. Für den Fall, dass der Gegenstand ordnungsgemäß zum Abnehmer im anderen Mitgliedstaat auf den Weg gebracht worden war, aber während des Transports untergegangen war, kann es hingegen aus den o.g. Gründen **nicht von Bedeutung** sein, dass der Untergang erst nach dem Verlassen des Ursprungslands erfolgte. Ein solcher Gegenstand, der schon während des Transports im Ursprungsland untergeht, kann dort nicht bestimmungsgemäß verbraucht werden. Hinzu kommt, dass sich häufig nicht feststellen lässt, ob die Ware vor oder nach Überschreiten der Grenze untergegangen ist.

Problematisch ist auch nicht die **Abholung** eines **Fahrzeugs** auf eigener Achse 24 o.ä., wenn dieses dabei untergeht. Die **Überführungsfahrt** ist zwar ein Gebrauch des Fahrzeugs, der eigentliche Gebrauch sollte jedoch erst im Bestimmungsland erfolgen. Die Abholung durch den Erwerb in Gestalt des Beförderns ist von Art. 138 Abs. 1 und von Art. 20 Abs. 1 MwStSystRL ausdrücklich vorgesehen und die Beförderung eines Fahrzeugs auf eigener Achse, eigenem Kiel usw. ist nicht ausgeschlossen. Demgemäß hat auch der EuGH zutreffend entschieden, dass die **beabsichtigte Endverwendung** des Gegenstands für die Frage maßgebend ist[1], in welchem Mitgliedstaat die Besteuerung des innergemeinschaftlichen Erwerbs zu erfolgen hat und selbst eine **mehrmonatige Nutzung** des Fahrzeugs **im Liefermitgliedstaat** unschädlich sein kann.[2] Folglich steht der Untergang des Fahrzeugs im Liefermitgliedstaat bei der Überführungsfahrt, ja selbst bei einer zeitweiligen **Freizeitverwendung**[3], grundsätzlich nicht der Steuerbefreiung und der Versteuerung des innergemeinschaftlichen Erwerbs entgegen.

## II. Erwerberkriterien (Abs. 1 Nr. 2)

Grundsätzlich sind alle **Unternehmer** i.S.d. § 2 UStG, die den **Gegenstand für** 25 **ihr Unternehmen** (dazu näher *§ 15 Rz. 100 ff.*) erwerben, verpflichtet, den innergemeinschaftlichen Erwerb zu versteuern (§ 1a Abs. 1 Nr. 2 Buchst. a UStG). Darüber hinaus sind grundsätzlich **auch juristische Personen** betroffen, die **nicht Unternehmer** sind oder den Gegenstand nicht für ihr Unternehmen erwerben (§ 1a Abs. 1 Nr. 2 Buchst. b UStG; *Rz. 28 f.*). Ausnahmen ergeben sich aus § 1a Abs. 3 UStG (*Rz. 46*) und aus § 1c UStG. Auf die **Ansässigkeit** des Erwerbers kommt es nach dem eindeutigen Wortlaut der Vorschrift (wie auch des Art. 20 MwStSystRL) nicht an, was im Umkehrschluss durch § 25b Abs. 2 Nr. 1 und 2 UStG bestätigt wird.

---

– C-84/09, EuGHE 2010, I-11645 = UR 2011, 103 – Rz. 27; EuGH v. 16.12.2010 – C-430/09, EuGHE 2010, I-13354 = UR 2011, 176 – Rz. 29; vgl. auch EuGH v. 27.9.2012 – C-587/10, UR 2012, 832 – Rz. 30.
1 EuGH v. 10.10.2010 – C-84/09, EuGHE 2010, I-11645 = UR 2011, 103 – Rz. 51 aE. sowie 1. LS a.E.
2 EuGH v. 10.10.2010 – C-84/09, EuGHE 2010, I-11645 = UR 2011, 103.
3 Vgl. EuGH v. 10.10.2010 – C-84/09, EuGHE 2010, I-11645 = UR 2011, 103 – Rz. 16.

26 **Organgesellschaften** sind zwar selbst keine Unternehmer, sie fallen jedoch nicht unter § 1a Abs. 1 Nr. 2 Buchst. b UStG, da der Organträger Unternehmer ist und sie zu dessen Unternehmen gehören, so dass diesen die Verpflichtung zur Versteuerung der innergemeinschaftlichen Erwerbe der Organgesellschaften trifft (vgl. *§ 2 Rz. 310*).

27 Hat ein Abnehmer **Gegenstände**, die **nicht für** sein **Unternehmen** bestimmt sind, unter Verwendung seiner **USt-IdNr.** erworben, so resultiert daraus keine Verpflichtung, die Erwerbsbesteuerung vorzunehmen, da das Tatbestandsmerkmal „für sein Unternehmen" nicht erfüllt bleibt. Andererseits hat der Unternehmer mit der Verwendung seiner USt-IdNr. gegenüber dem Lieferer den Anschein erweckt, dass er für sein Unternehmen erwerbe. Hat der Lieferer deshalb die Steuerfreiheit für seine Lieferung im anderen Mitgliedstaat in Anspruch genommen, so müsste dort die Steuerbefreiung, da diese nicht zur Disposition der Beteiligten steht, ganz oder teilweise rückgängig gemacht werden, sofern kein Vertrauensschutz gewährt wird (welcher unabhängig davon in Betracht kommt, ob der betreffende Mitgliedstaat eine dem § 6a Abs. 4 UStG entsprechende Regelung kennt; *§ 6a Rz. 88*). Das zuständige deutsche Finanzamt müsste deshalb bei Aufdeckung des Sachverhalts der ausländischen Finanzbehörde davon Mitteilung machen, damit diese die ausländische Steuer gegenüber dem ausländischen Lieferer festsetzen könnte. In diesem Fall würde dem Lieferer in Höhe der Steuernachforderung ein zivilrechtlicher Regressanspruch erwachsen. Eine derartige Mitteilung wird jedoch im Regelfall nicht erfolgen; vielmehr wird das Finanzamt in Absprache mit dem Unternehmer einen vorgenommenen Vorsteuerabzug rückgängig machen.

28 **Juristische Personen** des Privatrechts sind die Kapitalgesellschaften (Aktiengesellschaft, Gesellschaft mit beschränkter Haftung, Kommanditgesellschaft auf Aktien), Versicherungsvereine auf Gegenseitigkeit, Erwerbs- und Wirtschaftsgenossenschaften, eingetragene Vereine, Stiftungen und die nach landesrechtlichen Regelungen als juristische Personen nach dem EG-BGB fortbestehenden Verbände, Genossenschaften, konzessionierten Vereine u.Ä. **Juristische Personen des öffentlichen Rechts** sind rechtsfähige Körperschaften, Stiftungen und Anstalten des öffentlichen Rechts (dazu näher *§ 2 Rz. 355 ff.*). Nichtrechtsfähige Körperschaften des öffentlichen Rechts sind Teile der übergeordneten juristischen Person des öffentlichen Rechts.

29 **Nicht- oder teilrechtsfähige Personenvereinigungen** (insbesondere Personengesellschaften) und andere nichtrechtsfähige Gebilde des Privatrechts (vgl. *§ 2 Rz. 34 f.*) sind nach dem deutschen Zivilrecht keine juristischen Personen und könnten danach folglich der Erwerbsbesteuerung i.S.d. § 1a UStG nur dann unterliegen, wenn sie Unternehmer sind. Allerdings sind sie im Rahmen des UStG **bei richtlinienkonformer Auslegung** als **juristische Personen** zu verstehen[1] (s. auch *§ 3a Rz. 34; § 13b Rz. 23*). Der EuGH hat eine GmbH & Co. KG als juristische Person des Privatrechts angesehen.[2]

---

1 Dazu näher *Stadie* in R/D, § 1a UStG Anm. 213 – Lfg. 162.
2 EuGH v. 4.6.2009 – C-102/08, EuGHE 2009, I-4629 = UR 2009, 484 – Rz. 74.

## III. Lieferer- und Lieferungskriterien (Abs. 1 Nr. 3)

Weitere Voraussetzung ist, dass die Lieferung durch einen **Unternehmer**[1], welcher nach dem Recht des Mitgliedstaates, der für seine Besteuerung zuständig ist, **nicht Kleinunternehmer** ist, **gegen Entgelt im Rahmen seines Unternehmens** ausgeführt wird (§ 1a Abs. 1 Nr. 3 UStG). Gesetzestechnisch sind die Unternehmereigenschaft des Lieferers, seine Nicht-Kleinunternehmereigenschaft sowie die Lieferung im Rahmen des Unternehmens Tatbestandsmerkmale des Umsatzes nach § 1 Abs. 1 Nr. 5 i.V.m. § 1a UStG, so dass im Falle ihres objektiven Vorliegens der Erwerber unabhängig von seiner Kenntnis nach dem Gesetzeswortlaut den innergemeinschaftlichen Erwerb stets versteuern müsste. Das wäre allerdings unzumutbar.

30

Selbst in **Zweifelsfällen** trifft den Erwerber keine Nachforschungspflicht, so dass er bei berechtigten Zweifeln den innergemeinschaftlichen Erwerb nicht versteuern muss. Die **Zweifel** werden indes **beseitigt** durch die Angaben in der nach Art. 226 MwStSystRL vom Lieferer zu erteilenden **Rechnung**. Darin sind u.a. die **Steuerbefreiung** sowie die **Umsatzsteuer-Identifikationsnummern** der Beteiligten anzugeben (Art. 226 Nr. 3, 4 und 11 MwStSystRL).[2] Aus der Angabe der **Nummer des Lieferers** muss der Abnehmer schließen, dass der Lieferer zum Vorsteuerabzug berechtigt ist, d.h. **kein Kleinunternehmer** ist, denn anderenfalls ist ihm keine solche Nummer zu erteilen (vgl. Art. 214 Abs. 1 Buchst. a MwStSystRL).[3]

31

Der **Hinweis auf die Steuerbefreiung** besagt, dass der Lieferer nach eigener Einschätzung **im Rahmen seines Unternehmens geliefert** hat, denn ein nicht steuerbarer Umsatz wäre nicht steuerfrei. In der Gesetzesbegründung[4] heißt es: Grundsätzlich „kann" der Erwerber davon ausgehen, dass die Voraussetzungen des § 1a Abs. 1 Nr. 3 UStG erfüllt sind, wenn die Rechnungsangaben vorliegen und keine ausländische Steuer ausgewiesen ist. Das „kann" ergibt keinen Sinn, da es darum geht, ob den Erwerber eine belastende Rechtsfolge trifft. Statt „kann" muss es „muss" heißen. Hatte der Lieferer die von Art. 226 MwStSystRL geforderten Angaben vollständig[5] in seine Rechnung aufgenommen, jedoch trotz eines Hinweises auf die Steuerbefreiung die **Steuer** des Ursprungslands **ausgewiesen**, so muss der Erwerber von einem Versehen ausgehen, die

---

1 Beim **Erwerb eines neuen Fahrzeugs** (iS des § 1b Abs. 2 und 3 UStG) ist § 1a Abs. 1 Nr. 3 UStG nicht anzuwenden; die Vorschrift bedarf insoweit der teleologischen Reduktion. Aus § 1b UStG folgt der zweifelsfreie Wille des Gesetzgebers, dass der Erwerb neuer Fahrzeuge in jedem Fall als innergemeinschaftlicher Erwerb besteuert werden soll, unabhängig davon, ob der Lieferer Unternehmer ist; erforderlich ist allein, dass die „Voraussetzungen des § 1a Abs. 1 Nr. 1" UStG erfüllt sind. Daraus folgt im Erst-Recht-Schluss, dass auch Erwerber, die zu den in § 1a Abs. 1 Nr. 2 UStG genannten Personen gehören, den Erwerb neuer Fahrzeuge unabhängig davon, ob der Lieferer unter § 1a Nr. 3 UStG fällt, zu versteuern haben; a.A. *Reiß*, S. 158, Rz. 178.
2 Vgl. für nach deutschem Recht steuerfreie innergemeinschaftliche Lieferungen § 14 Abs. 4 Satz 1 Nr. 8 UStG und § 14a Abs. 3 UStG.
3 Vgl. für den umgekehrten Fall § 27a Abs. 1 UStG.
4 Reg.-Begr. zu § 1a Abs. 1 Nr. 3, BT-Drucks. 12/2463, 24.
5 Unklar FG Saarl. v. 9.5.2011 – 1 K 1609/08, EFG 2011, 2209, da der Entscheidung nicht zu entnehmen ist, ob die Rechnung sämtliche, für eine innergemeinschaftliche Lieferung geforderten Angaben enthielt; vgl. auch *Heuermann* in S/R, § 1a Rz. 20 a.E.

Rechnung um den Steuerbetrag kürzen und den innergemeinschaftlichen Erwerb versteuern.

Gem. Art. 16 MwSt-DVO erfolgt die Besteuerung im Bestimmungsland unabhängig von der Behandlung des Vorgangs im Ursprungsland.

32 Die Lieferung an den Erwerber muss gegen Entgelt erfolgen; das bestimmt sich nach denselben Kriterien wie zu dem entsprechenden Tatbestandsmerkmal des § 1 Abs. 1 Nr. 1 UStG (dazu *§ 1 Rz. 74 ff.*). **Entgeltlichkeit** ist auch dann gegeben, wenn kein angemessener, marktüblicher Preis gezahlt wird.

Bei **unentgeltlichen Lieferungen** (z.B. zwischen Mutter- und Tochtergesellschaft) ist der Tatbestand des § 1 Abs. 1 Nr. 5 UStG in der Person des Erwerbers nicht erfüllt, weil dieser keinen Aufwand tätigt. Vielmehr liegt ein Verbringen (*Rz. 35 ff.; § 6a Rz. 45 ff.*) mit einer anschließenden unentgeltlichen Lieferung im Inland (§ 3 Abs. 1b Nr. 3 UStG) vor.[1] Die anfallende Steuer kann dem unentgeltlichen Erwerber „in Rechnung" gestellt werden (*§ 15 Rz. 257 f.*).

### IV. Reihengeschäft

33 Im Falle eines Reihengeschäfts liegen **mehrere Lieferungen** vor (*§ 3 Rz. 5, 45*), so dass alle Abnehmer Erwerber i.S.d. § 1a Abs. 1 Nr. 1 UStG sein könnten, da der Gegenstand bei den jeweiligen Lieferungen an sie in den Bestimmungsmitgliedstaat gelangt. Aus § 3 Abs. 6 Satz 5 i.V.m. Abs. 7 Satz 2 UStG, wonach für die Bestimmung des Ortes der jeweiligen Lieferungen das Reihengeschäft durch Fiktionen in mehrere gedanklich aufeinander folgende Lieferungen zerlegt wird, soll indes folgen, dass nur bei der danach gedanklich ersten Lieferung der Gegenstand die Grenze des Bestimmungslandes überschreite, nur bei dieser Lieferung der Ort im Ursprungsland liege und nur für diese die Steuerbefreiung nach Art. 138 Abs. 1 MwStSystRL in Betracht komme.[2] Diese Sichtweise widerspricht dem eindeutigen Wortlaut der Richtlinie und ist zudem sachwidrig (dazu näher § 6a Rz. 35 ff.).

Für innergemeinschaftliche Dreiecksgeschäfte, bei denen drei Unternehmer aus drei verschiedenen Mitgliedstaaten beteiligt sind, enthält § 25b UStG eine „Vereinfachungsregelung". Danach können die Beteiligten die Regeln über den innergemeinschaftlichen Erwerb im Ergebnis außer Kraft setzen, indem der letzte Abnehmer zum Schuldner der Steuer bestimmt wird.

## C. Erwerbsfiktion: Verbringen eines Gegenstandes in das Inland (Abs. 2)

### I. Voraussetzungen

34 Als innergemeinschaftlichen Erwerb gegen Entgelt fingiert (es wird nicht nur der innergemeinschaftliche Erwerb, sondern auch das für die Verwirklichung des § 1 Abs. 1 Nr. 5 UStG erforderliche Entgelt fingiert) das Gesetz das Verbrin-

---

1 Ausführlich dazu *Stadie* in R/D, § 1a UStG Anm. 251 ff. – Lfg. 162.
2 Abschn. 3.14 Abs. 13 UStAE.

gen eines Gegenstandes des Unternehmens aus dem übrigen Gemeinschaftsgebiet in das Inland durch einen Unternehmer zu seiner Verfügung, ausgenommen zu einer nur vorübergehenden Verwendung (dazu *Rz. 43 ff.*), auch wenn der Unternehmer den Gegenstand in das Gemeinschaftsgebiet eingeführt hat; der Unternehmer gilt als Erwerber (§ 1a Abs. 2 UStG). Der **Zweck** dieser Fiktion liegt primär darin, aus dem übrigen Gemeinschaftsgebiet stammende Gegenstände, die endgültig im Inland verbleiben, hier **mit der deutschen Umsatzsteuer** zu **belasten**, da der **Verbrauch hier** stattfindet. Damit **korrespondiert** eine entsprechende Befreiung mit **Vorsteuerentlastung im Herkunftsland** (Art. 138 Abs. 2 Buchst. c i.V.m. Art. 17 i.V.m. Art. 169 Buchst. b und Art. 187 MwStSystRL; vgl. für den umgekehrten Fall § 1 Abs. 1 Nr. 1 i.V.m. § 3 Abs. 1a i.V.m. § 6a Abs. 2 sowie § 15 Abs. 3 Nr. 1 Buchst. a i.V.m. § 15a Abs. 4 UStG).[1] Das bedeutet, dass der Verbringenstatbestand nicht verwirklicht wird, wenn im Ursprungsland eine Vorsteuerentlastung nicht erfolgt (und auf Grund des Verbringens auch nicht nachzuholen) ist.

Die **Grundlage** des § 1a Abs. 2 UStG in der **Richtlinie** ist Art. 23 i.V.m. Art. 17 MwStSystRL. Durch Art. 17 MwStSystRL werden bestimmte Verbringensvorgänge als Lieferungen von Gegenständen gegen Entgelt fingiert und Art. 23 MwStsystRL verpflichtet die Mitgliedstaaten sicherzustellen, dass Umsätze als innergemeinschaftlicher Erwerb eingestuft werden, die als Lieferung von Gegenständen eingestuft würden, wenn sie von einem Unternehmer getätigt worden wären. Demgegenüber meint der **EuGH**, dass Art. 17 Abs. 1 MwStSystRL „in keiner Weise den innergemeinschaftlichen Erwerb" betreffe[2]; vielmehr sollen sich wohl beim innergemeinschaftlichen Erwerb die Tatbestände des Verbringens aus Art. 21 MwStSystRL ergeben.[3] Das ist verfehlt.[4]

35

Die Besteuerung des Verbringens nach § 1a Abs. 2 UStG ist – wie auch beim Grundtatbestand des innergemeinschaftlichen Erwerbs – regelmäßig nur dann von **Bedeutung**, wenn der Unternehmer hinsichtlich derjenigen Umsätze, für die er den Gegenstand verwendet hat und zukünftig verwenden wird, nicht oder **nicht zum vollen Vorsteuerabzug berechtigt** ist, da anderenfalls die geschuldete Steuer zeitgleich nach § 15 Abs. 1 Satz 1 Nr. 3 UStG als Vorsteuer verrechnet werden kann. Eine Auswirkung zeigt sich allerdings nur dann, wenn die Steuersätze in den beiden betroffenen Mitgliedstaaten unterschiedlich sind (vgl. zum umgekehrten Fall des Verbringens in einen anderen Mitgliedstaat *§ 6a Rz. 49 f.* m. Beispiel). Bedeutsam ist die Vorschrift **ferner** beim Verbringen eines Gegenstandes, der **im Ursprungsland** auf Grund eines nur dort, aber nicht in Deutschland geltenden speziellen **nationalen Vorsteuerabzugsverbots** (i.S.d. Art. 176 Abs. 2 MwStSystRL) bislang nicht (voll) von der dortigen Umsatzsteuer entlastet worden war.[5]

36

---

1 Das übersieht *Widmann*, UR 2012, 32.
2 EuGH v. 6.3.2014 – C-606/12 und C-607/12, UR 2014, 933 – Rz. 21 (Hervorhebung durch Verf.).
3 EuGH v. 6.3.2014 – C-606/12 und C-607/12, UR 2014, 933 – Rz. 20.
4 Dazu näher *Stadie* in R/D, § 1a UStG Anm. 20 ff. – Lfg. 162.
5 Dazu näher *Stadie* in R/D, § 1a UStG Anm. 269 m. Beispiel – Lfg. 162.

37  Der Gegenstand des Unternehmens, d.h. der diesem zugeordnete Gegenstand, muss **aus dem übrigen Gemeinschaftsgebiet in das Inland** gelangen.[1] War der Gegenstand **aus dem Drittlandsgebiet** in das übrige Gemeinschaftsgebiet gelangt und von dort in das Inland verbracht worden, so ist Voraussetzung, dass der Unternehmer den Gegenstand in das übrige Gemeinschaftsgebiet „**eingeführt**" hatte (§ 1a Abs. 2 Satz 1 UStG a.E.), d.h. der Gegenstand der Einfuhrumsatzbesteuerung eines Mitgliedstaates unterlegen hat.

38  Die Verbringung des Gegenstandes in das Inland muss **zur Verfügung des Unternehmers** erfolgen, d.h. dieser muss am Ende des Verbringens noch die Verfügungsmacht über den Gegenstand haben. Geschieht das Verbringen **in Ausführung einer Lieferung** durch Versendung oder Beförderung an den Abnehmer, so liegt **kein** Verbringen des Lieferers vor.[2] **Abweichend** davon lässt es die Finanzverwaltung zu, dass Unternehmer, die regelmäßig an eine **größere Zahl von Abnehmern** im Inland **mittels Beförderung** (nicht Versendung[3]) liefern, den Vorgang als Verbringen und als innergemeinschaftlichen Erwerb behandeln und zugleich noch Lieferungen an die Abnehmer versteuern[4] (s. auch *Rz. 40*).

39  Ein Verbringen zur Verfügung des Unternehmers liegt auch dann nicht vor, wenn dieser den **Gegenstand in das Inland befördert, um ihn** hier **zu liefern**; das gilt auch beim Verbringen in ein **Auslieferungs-** oder **Konsignationslager**.[5] Soweit Weiterlieferungen erfolgen, liegt deren Ort nach dem Vereinfachungszweck des Art. 32 Satz 1 MwStSystRL im Ursprungsland, so dass der Lieferer im Zeitpunkt der jeweiligen Weiterlieferungen die Steuerbefreiung der innergemeinschaftlichen Lieferung (Art. 138 Abs. 1 MwStSystRL) in Anspruch nehmen kann und der jeweilige Erwerber den innergemeinschaftlichen Erwerb zu versteuern hat[6] (*Rz. 11*). Bei **Kommissionsware**, die der Kommittent vom übrigen Gemeinschaftsgebiet in das Inland zu einem Verkaufskommissionär (vgl. § 3 Abs. 3 UStG) befördert oder versendet, gilt Entsprechendes (*Rz. 12*).

40  Hinsichtlich derjenigen **Gegenstände**, die nicht im Inland geliefert werden und **in das Ursprungsland zurückgelangen**, ist dem Vereinfachungszweck entsprechend von einer bei Beginn des Verbringens geplanten nur vorübergehenden Verwendung auszugehen.[7]

41  Werden Gegenstände aus dem übrigen Gemeinschaftsgebiet in das Inland verbracht, um mit ihnen hier eine **Montagelieferung** oder **Werklieferung** zu erbringen, so ist der Tatbestand des § 1a Abs. 2 UStG entgegen seinem Wortlaut nicht erfüllt, da Art. 17 Abs. 2 Buchst. b MwStSystRL diesen Fall ausnimmt, so dass

---

1 Bei Verbringung in ein vom staatsrechtlichen Inland ausgenommenes Gebiet (z.B. Freihafen) ist der Tatbestand nicht erfüllt; gelangt der Gegenstand später von dort in das Inland, so liegt regelmäßig eine Einfuhr (§ 1 Abs. 1 Nr. 4 UStG) vor.
2 FG Düsseldorf v. 3.9.2004 – 1 K 7249/00 U, EFG 2009, 881.
3 BMF v. 21.11.2012 – IV D 3 - S 7103-a/12/10002, BStBl. I 2012, 1229.
4 Abschn. 1a.2 Abs. 14 UStAE.
5 **A.A.** Abschn. 1a.2 Abs. 6 UStAE; zweifelnd FG Hess. v. 21.6.2011 – 1 V 2518/10, EFG 2012, 85.
6 *Frye*, UR 2013, 889 (899, 901 f.).
7 Vgl. auch Abschn. 1a.2 Abs. 6 Satz 4 UStAE.

eine richtlinienkonforme Reduktion des § 1a Abs. 2 UStG geboten ist.¹ Ist der die Werklieferung ausführende Unternehmer nicht im Inland ansässig, so wird die Besteuerung dadurch sichergestellt, dass der **Besteller** der Werklieferung nach § 13b Abs. 2 Nr. 1 i.V.m. Abs. 5 UStG **Schuldner** der Steuer ist.

§ 1a Abs. 2 UStG enthält bezüglich des **Alters** der **Gegenstände** keine zeitliche Begrenzung, so dass nach dem Wortlaut der Vorschrift auch ältere Gegenstände noch mit ihrem Zeitwert (§ 10 Abs. 4 Nr. 1 UStG) der Erwerbsbesteuerung zu unterwerfen wären. Das widerspräche jedoch dem aus Art. 187 MwStSystRL abzuleitenden Grundsatz, dass eine unmittelbare oder mittelbare Berichtigung des Vorsteuerabzugs bei beweglichen Gegenständen nur innerhalb des Berichtigungszeitraums von fünf Jahren vorzunehmen ist (vgl. *§ 3 Rz. 57, 74* sowie *§ 10 Rz. 100*). Folglich kann der Verbringenstatbestand nur solange verwirklicht werden, wie im Ursprungsland der Zeitraum für eine Berichtigung des Vorsteuerabzugs nach Art. 169 Buchst. b i.V.m. Art. 187 MwStSystRL noch nicht abgelaufen ist. 42

## II. Ausnahme: nur zu einer vorübergehenden Verwendung

Erfolgt die Verbringung **nur** zu einer **vorübergehenden Verwendung**, so ist der Tatbestand nicht verwirklicht. Eine solche ist gegeben, wenn bereits bei dem Verbringen in das Inland aus den Umständen zu schließen ist, dass der Gegenstand vor dem weitgehenden Aufbrauchen seiner Substanz wieder in das übrige Gemeinschaftsgebiet zur Verfügung des Unternehmers zurückgebracht werden wird.² Ob eine vorübergehende Verwendung vorliegt, lässt sich grundsätzlich **nicht an Zeitgrenzen festmachen**.³ Auslegungsmaßstab bilden vielmehr die in Art. 17 Abs. 2 MwStSystRL genannten Fälle.⁴ Keine vorübergehende Verwendung liegt vor, wenn der Gegenstand **dauerhaft** in einen unbeweglichen oder beweglichen Gegenstand **eingebaut** wird, selbst wenn der Gegenstand als Teil des anderen (beweglichen) Gegenstandes (mit diesem) in das übrige Gemeinschaftsgebiet zurückgelangt.⁵ 43

Wird ein Gegenstand in das Inland verbracht, damit **an ihm Arbeiten ausgeführt** werden, so liegt nur eine vorübergehende Verwendung vor (Klarstellung durch § 22 Abs. 4a Nr. 1 UStG und Art. 17 Abs. 2 Buchst. f MwStSystRL). Bei solchen Gegenständen, deren Einfuhr aus dem Drittlandsgebiet wegen vorübergehender Verwendung vollständig steuerfrei wäre, folgt aus § 22 Abs. 4a Nr. 3 UStG (und Art. 17 Abs. 2 Buchst. h MwStSystRL), dass eine vorübergehende Verwendung i.S.d. § 1a Abs. 2 UStG (bzw. § 3 Abs. 1a UStG) nur dann vorliegt, wenn die **für die Einfuhrumsatzsteuerbefreiungen geltenden Fristen** der Verwendungsdauer nicht überschritten werden. Die Höchstdauer beträgt je nach Art des Gegenstandes 24, 12 oder 6 Monate.⁶ Werden die genannten Fristen **überschritten**, so ent- 44

---

1 Im Ergebnis ebenso Abschn. 1a.2 Abs. 9 und 10 UStAE.
2 Vgl. BFH v. 21.5.2014 – V R 34/13, BStBl. II 2014, 914.
3 Vgl. Abschn. 1a.2 Abs. 11 UStAE.
4 Zust. BFH v. 21.5.2014 – V R 34/13, BStBl. II 2014, 914 – Rz. 36.
5 Vgl. BMF v. 28.8.2008 – IV B 8 - S 7100 - a/0, UR 2008, 831.
6 Zusammenstellung in Abschn. 1a.2 Abs. 12 UStAE.

fällt das Merkmal der vorübergehenden Verwendung und der Tatbestand des dauerhaften Verbringens ist erfüllt.[1]

45 War ein Gegenstand **ursprünglich nur zum Zwecke der vorübergehenden Verwendung** in das Inland verbracht worden, wird er hier jedoch geliefert oder verbleibt er hier auf Dauer zur Nutzung, so ist der Tatbestand zu dem Zeitpunkt verwirklicht, in dem der Gegenstand **geliefert** wird[2] oder die äußeren Umstände auf ein dauerndes Verbleiben schließen lassen; eine Rückwirkung tritt nicht ein (arg. § 17 Abs. 1 Satz 7 UStG[3]; dazu *§ 17 Rz. 89*). Entgegen BMF[4] wird der Tatbestand des Verbringens nicht verwirklicht, wenn der Gegenstand im Inland **untergeht**, d.h. zerstört, gestohlen usw. wird.[5]

## D. Ausnahmen, Option für die Erwerbsbesteuerung (Abs. 3–5)

46 Die **Verpflichtung** zur Versteuerung des innergemeinschaftlichen Erwerbs **entfällt**, sofern es sich nicht um „neue" Fahrzeuge (§ 1b Abs. 3 UStG) oder verbrauchsteuerpflichtige Waren (§ 1a Abs. 5 UStG, *Rz. 48*) handelt,

- bei „anormalen" Unternehmern, die **nur steuerfreie Umsätze** ausführen, welche nicht zum Vorsteuerabzug berechtigen,
- bei **Kleinunternehmern** i.S.d. § 19 Abs. 1 UStG,
- bei Unternehmern, die den **Gegenstand zur Ausführung land- und forstwirtschaftlicher Umsätze** i.S.d. § 24 UStG verwenden, sowie
- bei **juristischen Personen** (*Rz. 28*), die **nicht Unternehmer** sind oder den Gegenstand nicht für ihr Unternehmen erwerben[6],
- wenn die sog. **Erwerbsschwelle** von 12 500 € im Jahr **nicht überschritten** wird (§ 1a Abs. 3 UStG).

47 Der Erwerber kann jedoch auf die Anwendung des § 1a Abs. 3 UStG verzichten, d.h. für die Besteuerung optieren. Der Verzicht muss nicht dem Finanzamt mitgeteilt werden, denn als Verzicht gilt auch die **Verwendung** der **USt-IdNr.** gegenüber dem Lieferer.[7] Der **Verzicht** bindet den Erwerber mindestens für zwei Kalenderjahre (§ 1a Abs. 4 UStG). Die **Option** ist **sinnvoll** bei Erwerben aus Mitgliedstaaten mit einem Steuersatz, der höher als der deutsche ist. Der Erwerber erhält eine Umsatzsteuer-Identifikationsnummer vom BZSt (§ 27a Abs. 1 UStG). Er kann mit ihr dem Lieferer gegenüber den Nachweis darüber erbringen, dass die **Steuerbefreiung** der innergemeinschaftlichen **Lieferung** anzuwenden ist, d.h. er nicht unter die Ausnahme des Art. 139 Abs. 1 i.V.m. Art. 3 Abs. 1 Buchst. b i.V.m. Abs. 2 MwStSystRL fällt (entspricht im umgekehrten Fall § 6a

---

1 Abschn. 1a.2 Abs. 13 UStAE.
2 Ebenso BFH v. 21.5.2014 – V R 34/13, BStBl. II 2014, 914 – Rz. 39.
3 Sowie Art. 17 Abs. 3 MwStSystRL. Zust. BFH v. 21.5.2014 – V R 34/13, BStBl. II 2014, 914 – Rz. 39.
4 Abschn. 1a.2 Abs. 11 Satz 2 UStAE.
5 *Stadie* in R/D, § 1a Anm. 353 – Lfg. 162.
6 Zu letzterer Einschränkung *Stadie* in R/D, § 1a Anm. 370 – Lfg. 162.
7 Entspricht Art. 4 Satz 2 MwSt-DVO.

Abs. 1 Satz 1 Nr. 3 UStG). Damit erreicht der Erwerber, dass er den Gegenstand frei von der höheren Umsatzsteuer des Ursprungslandes erwirbt und die niedrigere deutsche Umsatzsteuer schuldet.

Die Ausnahme des § 1a Abs. 3 UStG gilt **nicht** für den **Erwerb neuer Fahrzeuge** und **verbrauchsteuerpflichtiger Waren** (§ 1a Abs. 5 Satz 1 UStG). Bei diesen Gegenständen sind mithin die unter § 1a Abs. 1 Nr. 2 UStG fallenden Personen (*Rz. 27 ff.*) stets zur Erwerbsbesteuerung verpflichtet, auch wenn sie zum Kreis der von § 1a Abs. 3 UStG erfassten Personen gehören und die Erwerbsschwelle nicht überschreiten. Verbrauchsteuerpflichtige Waren i.S.d. § 1a Abs. 3 UStG sind nur Mineralöle, Alkohol und alkoholische Getränke sowie Tabakwaren (§ 1a Abs. 5 Satz 2 UStG). Neue Fahrzeuge sind solche i.S.d. § 1b Abs. 2 und 3 UStG.

48

## § 1b
## Innergemeinschaftlicher Erwerb neuer Fahrzeuge

(1) Der Erwerb eines neuen Fahrzeugs durch einen Erwerber, der nicht zu den in § 1a Abs. 1 Nr. 2 genannten Personen gehört, ist unter den Voraussetzungen des § 1a Abs. 1 Nr. 1 innergemeinschaftlicher Erwerb.

(2) Fahrzeuge im Sinne dieses Gesetzes sind

1. motorbetriebene Landfahrzeuge mit einem Hubraum von mehr als 48 Kubikzentimetern oder einer Leistung von mehr als 7,2 Kilowatt;
2. Wasserfahrzeuge mit einer Länge von mehr als 7,5 Metern;
3. Luftfahrzeuge, deren Starthöchstmasse mehr als 1550 Kilogramm beträgt.

Satz 1 gilt nicht für die in § 4 Nr. 12 Satz 2 und Nr. 17 Buchstabe b bezeichneten Fahrzeuge.

(3) Ein Fahrzeug gilt als neu, wenn das

1. Landfahrzeug nicht mehr als 6000 Kilometer zurückgelegt hat oder wenn seine erste Inbetriebnahme im Zeitpunkt des Erwerbs nicht mehr als sechs Monate zurückliegt;
2. Wasserfahrzeug nicht mehr als 100 Betriebsstunden auf dem Wasser zurückgelegt hat oder wenn seine erste Inbetriebnahme im Zeitpunkt des Erwerbs nicht mehr als drei Monate zurückliegt;
3. Luftfahrzeug nicht länger als 40 Betriebsstunden genutzt worden ist oder wenn seine erste Inbetriebnahme im Zeitpunkt des Erwerbs nicht mehr als drei Monate zurückliegt.

*EU-Recht*
Art. 2 Abs. 1 Buchst. b Ziff. ii, Abs. 2 MwStSystRL.
Art. 2 MwSt-DVO.

**§ 1b** Innergemeinschaftlicher Erwerb neuer Fahrzeuge

*VV*

Abschn. 1b.1 UStAE.

1   Die Vorschrift erweitert den Anwendungsbereich des § 1 Abs. 1 Nr. 5 UStG, indem sie bewirkt, dass **bei neuen Fahrzeugen** (*Rz. 6 f.*) **stets ein innergemeinschaftlicher Erwerb** zu versteuern ist. Abweichend von § 1a UStG liegt ein innergemeinschaftlicher Erwerb i.S.d. § 1 Abs. 1 Nr. 5 UStG bei neuen Fahrzeugen nämlich auch dann vor, wenn der Erwerber nicht zu den in § 1a Abs. 1 Nr. 2 UStG genannten Personen gehört, d.h. als natürliche Person nicht als Unternehmer im Rahmen seines Unternehmens erwirbt oder keine juristische Person ist. Aus dem Zusammenspiel von § 1a Abs. 1 und 5 i.V.m. § 1b und § 1c Abs. 1 Satz 3 UStG folgt, dass jeder Erwerber eines neuen Fahrzeuges den innergemeinschaftlichen Erwerb zu versteuern hat. § 1b UStG beseitigt das bei Erwerben durch Privatpersonen und diesen gleichgestellten Abnehmern ansonsten grundsätzlich geltende Ursprungslandprinzip. Erwerbe durch juristische Personen und durch die in § 1a Abs. 3 Nr. 1 UStG genannten (anormalen) Unternehmer, die das Fahrzeug für ihr Unternehmen erwerben, fallen bereits unter § 1a UStG (auch wenn der Lieferer kein Unternehmer ist), da die ansonsten für diese geltende Erwerbsschwelle (§ 1a Abs. 3 Nr. 2 UStG) bei neuen Fahrzeugen nicht greift (§ 1a Abs. 5 Satz 1 UStG).

2   Mit der Vorschrift korrespondiert, dass **im Ursprungsland auch** ein nichtunternehmerischer (privater) **Lieferer** solcher Fahrzeuge als Steuerpflichtiger fingiert wird und ebenfalls die **Steuerbefreiung** der Lieferung und den **Vorsteuerabzug** hinsichtlich des Fahrzeuges erhält (Art. 9 Abs. 2 i.V.m. Art. 138 Abs. 2 Buchst. a und Art. 172 MwStSystRL; dem entsprechen im umgekehrten Fall § 2a i.V.m. § 6a Abs. 1 Nr. 2 Buchst. c i.V.m. § 15 Abs. 4a UStG). Zwischen der Steuerbarkeit des innergemeinschaftlichen Erwerbs und der Inanspruchnahme der Steuerbefreiung im Ursprungsland besteht ein **Junktim** (arg. Art. 2 MwSt-DVO). Damit wird erreicht, dass auch bei Verkäufen zwischen Privatpersonen neuwertige Fahrzeuge im Ursprungsland **entlastet** und **im Bestimmungsland belastet** werden.

3   Der Erwerb muss unter den Voraussetzungen des § 1a Abs. 1 Nr. 1 UStG erfolgen (§ 1b Abs. 1 UStG), d.h. das Fahrzeug muss „**bei**" **einer Lieferung** an den Abnehmer aus dem Gebiet eines Mitgliedstaates **in das Inland** (oder in einen Freihafen, § 1 Abs. 3 Nr. 7 UStG) gelangen, und zwar in der Weise, dass sich hier das Ende der Beförderung oder Versendung befindet (§ 3d Satz 1 UStG), d.h. die **Endverwendung** beabsichtigt ist.[1] Im Falle der Beförderung oder Versendung durch den Verkäufer muss der **Abnehmer** (Erwerber) bei Grenzübertritt nicht bereits **feststehen** (str., *§ 1a Rz. 7 ff.*). In Betracht kommt auch die **Abholung** durch den Abnehmer (*§ 1a Rz. 13*). Eine Frist, innerhalb deren die Beförderung des Fahrzeuges abgeschlossen sein muss, besteht nicht.[2] In welchem Mitgliedstaat die Endverwendung beabsichtigt ist, muss anhand der Gesamtheit der Umstände ermit-

---

[1] Vgl. EuGH v. 18.10.2010 – C-84/09, EuGHE 2010, I-11645 = UR 2011, 103; BFH v. 20.12.2006 – V R 11/06, BStBl. II 2007, 424.
[2] EuGH v. 18.10.2010 – C-84/09, EuGHE 2010, I-11645 = UR 2011, 103.

telt werden.¹ Der Abholung gleichzustellen ist der Fall, dass der Erwerber das Fahrzeug kurz **vor** der **beruflichen Rückkehr** nach Deutschland im anderen Mitgliedstaat unter einem Überführungs- o.ä. Kennzeichen zugelassen und **kurzzeitig genutzt** hat.² Ein Verbringen vergleichbar dem i.S.d. § 1a Abs. 2 UStG wird hingegen nicht erfasst.

Die Tatbestandsverwirklichung hängt **nicht** davon ab, dass die von Art. 226 MwStSystRL geforderte **Rechnung** mit einem Hinweis auf die Steuerbefreiung und mit den Angaben der Fahrzeugmerkmale (entspricht im umgekehrten Fall § 14a Abs. 3 i.V.m. Abs. 4 und i.V.m. § 14 Abs. 4 Nr. 8 UStG) erteilt wurde. Dieser Rechnung kommt lediglich die Funktion zu, den Erwerber daran zu erinnern, dass er den Erwerb zu versteuern hat (s. auch *§ 14a Rz. 9*). 4

Der im Regelfall steuerpflichtige innergemeinschaftliche Erwerb (als Steuerbefreiung kommt wohl nur § 4b Nr. 4 UStG in Betracht) unterliegt der sog. **Fahrzeugeinzelbesteuerung** (§ 16 Abs. 5a i.V.m. § 18 Abs. 5a UStG). Zur Sicherstellung der Besteuerung bestimmt § 18 Abs. 10 UStG die Mitwirkung der Zulassungs- und Registrierungsbehörden. 5

**Fahrzeuge** im Sinne des Gesetzes (mit Ausnahme der in § 4 Nr. 12 Satz 2 und Nr. 17 Buchst. b UStG bezeichneten Fahrzeuge, § 1b Abs. 2 Satz 2 UStG) sind die in § 1b Abs. 2 Satz 1 UStG aufgezählten **motorgetriebenen Landfahrzeuge**³, **Wasserfahrzeuge** und **Luftfahrzeuge**. Sie müssen **zur Personen- oder Güterbeförderung bestimmt** sein (Art. 2 Abs. 2 Buchst. a MwStSystRL); das ist auch der Fall, wenn sie zu Sport- oder Freizeitzwecken verwendet werden.⁴ 6

Als **neu** gilt ein solches Fahrzeug, wenn entweder die genannte **Betriebsstrecke** bzw. **-dauer nicht überschritten** ist **oder** die **erste Inbetriebnahme** im Zeitpunkt des Erwerbs **nicht mehr als sechs bzw. drei Monate zurückliegt** (§ 1b Abs. 3 UStG). Auf den Zustand (Beschädigung) des Fahrzeugs kommt es nicht an.⁵ Die absolute Altersgrenze liegt bei 5 Jahren (arg. § 15a Abs. 8 i.V.m. Abs. 1 UStG).⁶ Der Tag der ersten Inbetriebnahme kann vor dem Tag der ersten Zulassung liegen (arg. § 18 Abs. 10 Nr. 2 Buchst. a UStG). Der Zeitpunkt des Erwerbs ist der **Zeitpunkt** der Lieferung⁷, d.h. der **Erlangung** der **Verfügungsmacht** (dazu *§ 3 Rz. 16 ff.*). Befördert der Verkäufer das Fahrzeug auf eigener Achse usw., so zählen die dabei zurückgelegten Kilometer bzw. Betriebsstunden mit. 7

---

1 EuGH v. 18.10.2010 – C-84/09, EuGHE 2010, I-11645 = UR 2011, 103.
2 Vgl. OFD München v. 22.8.2001 – S 7103b - 5 St 435, UR 2002, 184; BFH v. 28.9.2006 – V R 65/03, BStBl. II 2007, 672 – 2d der Gründe.
3 Dazu näher Abschn. 1b.1 Sätze 3–5 UStAE.
4 BFH v. 27.2.2014 – V R 21/11, BStBl. II 2014, 501.
5 BFH v. 16.6.2011 – XI B 103/10, BFH/NV 2011, 1739.
6 Dazu näher *Stadie* in R/D, § 1b UStG Anm. 26.
7 EuGH v. 18.10.2010 – C-84/09, EuGHE 2010, I-11645 = UR 2011, 103.

## § 1c
## Innergemeinschaftlicher Erwerb durch diplomatische Missionen, zwischenstaatliche Einrichtungen und Streitkräfte der Vertragsparteien des Nordatlantikvertrags

(1) Ein innergemeinschaftlicher Erwerb im Sinne des § 1a liegt nicht vor, wenn ein Gegenstand bei einer Lieferung aus dem Gebiet eines anderen Mitgliedstaates in das Inland gelangt und die Erwerber folgende Einrichtungen sind, soweit sie nicht Unternehmer sind oder den Gegenstand nicht für ihr Unternehmen erwerben:

1. im Inland ansässige ständige diplomatische Missionen und berufskonsularische Vertretungen,
2. im Inland ansässige zwischenstaatliche Einrichtungen oder
3. im Inland stationierte Streitkräfte anderer Vertragsparteien des Nordatlantikvertrags.

Diese Einrichtungen gelten nicht als Erwerber im Sinne des § 1a Abs. 1 Nr. 2. § 1b bleibt unberührt.

(2) Als innergemeinschaftlicher Erwerb gegen Entgelt im Sinne des § 1a Abs. 2 gilt das Verbringen eines Gegenstands durch die deutschen Streitkräfte aus dem übrigen Gemeinschaftsgebiet in das Inland für den Gebrauch oder Verbrauch dieser Streitkräfte oder ihres zivilen Begleitpersonals, wenn die Lieferung des Gegenstands an die deutschen Streitkräfte im übrigen Gemeinschaftsgebiet oder die Einfuhr durch diese Streitkräfte nicht der Besteuerung unterlegen hat.

*EU-Recht*

Art. 3 Abs. 1 Buchst. a i.V.m. Art. 151, Art. 22 MwStSystRL.

*VV*

Abschn. 1c.1 UStAE.

1  Die Vorschrift enthält in § 1c **Abs. 1** UStG **Ausnahmen von** der **Erwerbsteuerpflicht** nach § 1a UStG. Die für entsprechende Lieferungen im Inland an die **genannten Einrichtungen** geltenden Befreiungen (Art. 151 MwStSystRL; umgesetzt durch § 4 Nr. 7 Buchst. a UStG, durch die in § 26 Abs. 5 UStG genannten Abkommen, durch die UStErstV sowie durch weitere in zwischenstaatliche Abkommen enthaltene „Befreiungen") werden auf den innergemeinschaftlichen Erwerb übertragen.[1]

2  Durch § 1c **Abs. 2** UStG wird § 1a Abs. 2 UStG ergänzt, indem das **Verbringen** von mit Umsatzsteuer unbelasteten Gegenständen aus dem übrigen Gemeinschaftsgebiet in das Inland **durch deutsche Streitkräfte** als innergemeinschaftli-

---

1 Zu den Einzelheiten s. *Stadie* in R/D, § 1c UStG Anm. 8 ff.

cher Erwerb gegen Entgelt fingiert wird.[1] Damit soll ein unversteuerter Letztverbrauch verhindert werden, da die Lieferung an bzw. die Einfuhr durch die Streitkräfte im übrigen Gemeinschaftsgebiet grundsätzlich steuerfrei ist (Art. 151 Abs. 1 Buchst. c MwStSystRL).

# § 2
# Unternehmer, Unternehmen

(1) Unternehmer ist, wer eine gewerbliche oder berufliche Tätigkeit selbständig ausübt. Das Unternehmen umfasst die gesamte gewerbliche oder berufliche Tätigkeit des Unternehmers. Gewerblich oder beruflich ist jede nachhaltige Tätigkeit zur Erzielung von Einnahmen, auch wenn die Absicht, Gewinn zu erzielen, fehlt oder eine Personenvereinigung nur gegenüber ihren Mitgliedern tätig wird.

(2) Die gewerbliche oder berufliche Tätigkeit wird nicht selbständig ausgeübt,

1. soweit natürliche Personen, einzeln oder zusammengeschlossen, einem Unternehmen so eingegliedert sind, dass sie den Weisungen des Unternehmers zu folgen verpflichtet sind;

2. wenn eine juristische Person nach dem Gesamtbild der tatsächlichen Verhältnisse finanziell, wirtschaftlich und organisatorisch in das Unternehmen des Organträgers eingegliedert ist (Organschaft). Die Wirkungen der Organschaft sind auf Innenleistungen zwischen den im Inland gelegenen Unternehmensteilen beschränkt. Diese Unternehmensteile sind als ein Unternehmen zu behandeln. Hat der Organträger seine Geschäftsleitung im Ausland, gilt der wirtschaftlich bedeutendste Unternehmensteil im Inland als der Unternehmer.

(3) Die juristischen Personen des öffentlichen Rechts sind nur im Rahmen ihrer Betriebe gewerblicher Art (§ 1 Abs. 1 Nr. 6, § 4 des Körperschaftsteuergesetzes) und ihrer land- oder forstwirtschaftlichen Betriebe gewerblich oder beruflich tätig. Auch wenn die Voraussetzungen des Satzes 1 nicht gegeben sind, gelten als gewerbliche oder berufliche Tätigkeit im Sinne dieses Gesetzes

1. (weggefallen)

2. die Tätigkeit der Notare im Landesdienst und der Ratschreiber im Land Baden-Württemberg, soweit Leistungen ausgeführt werden, für die nach der Bundesnotarordnung die Notare zuständig sind;

3. die Abgabe von Brillen und Brillenteilen einschließlich der Reparaturarbeiten durch Selbstabgabestellen der gesetzlichen Träger der Sozialversicherung;

4. die Leistungen der Vermessungs- und Katasterbehörden bei der Wahrnehmung von Aufgaben der Landesvermessung und des Liegenschaftskatasters mit Ausnahme der Amtshilfe;

---

1 Zu den Einzelheiten s. *Stadie* in R/D, § 1c UStG Anm. 20 ff.

5. die Tätigkeit der Bundesanstalt für Landwirtschaft und Ernährung, soweit Aufgaben der Marktordnung, der Vorratshaltung und der Nahrungsmittelhilfe wahrgenommen werden.

*EU-Recht*

Art. 9–13 MwStSystRL;

Art. 5 MwSt-DVO.

*VV*

Abschn. 2.1–2.11 UStAE.

**A. Allgemeines**
- I. Funktion des Unternehmers bei der Umsatzsteuer ............ 1
- II. Unionsrechtliche Grundlagen
  1. Allgemeines ................. 7
  2. Wirtschaftliche Tätigkeiten .... 10
  3. Nutzung von Gegenständen zur nachhaltigen Erzielung von Einnahmen .................. 14

**B. Unternehmerfähigkeit**
- I. Allgemeines ................. 20
- II. Personengesellschaften ........ 24
- III. Gemeinschaften?
  1. Bruchteilsgemeinschaft ........ 26
  2. Wohnungseigentümergemeinschaft ...................... 30
  3. Erbengemeinschaft, Gütergemeinschaft ................ 31
  4. Andere „Gemeinschaften" ..... 33
- IV. Nicht rechtsfähige Vereine und Vermögensmassen ........... 34
- V. Juristische Personen des öffentlichen Rechts ................. 36

**C. Selbständigkeit natürlicher Personen (Abs. 2 Nr. 1)**
- I. Allgemeines ................. 37
- II. Gesamtbildbetrachtung ........ 44
- III. Fallgruppen
  1. Vorstände, Geschäftsführer .... 49
  2. Personengesellschafter ........ 52
  3. Aufsichtsratsmitglieder ........ 53
  4. Empfänger von Schmiergeldern u.Ä. ........................ 54
  5. Sportler, Künstler u.Ä. ........ 55
  6. Handelsvertreter, Vermittler u.Ä. ........................ 56
- IV. Personenzusammenschlüsse... 57

**D. Gewerbliche oder berufliche Tätigkeit (Abs. 1 Sätze 1 und 3)**
- I. Allgemeines ................. 59
- II. Tätigkeit zur Erzielung von Einnahmen
  1. Allgemeines ................. 62
  2. Halten von Beteiligungen, sog. Holding .................... 68
  3. Innengesellschaften........... 78
  4. Organe juristischer Personen .. 80
  5. Weitere Einzelfälle ........... 83
- III. Unternehmerbegriff als Typusbegriff
  1. Untauglichkeit des Merkmals „nachhaltig" ................ 86
  2. Typus „Unternehmer"
     a) Allgemeines ............... 88
     b) Charakteristische (typische) Merkmale ................ 89
     c) Gesamtbildbetrachtung..... 101
  3. Fallgruppen
     a) Veräußerungstätigkeiten
        aa) Angeschaffte Gegenstände (Händlerverhalten) ... 102
        bb) Selbst produzierte Gegenstände (Hersteller- und Erzeugertätigkeiten)..... 107
     b) Erbringung aktiver Dienstleistungen................. 112

c) Nutzungsüberlassungen auf Dauer .................... 115
d) Verzicht auf die Ausübung einer Tätigkeit u.Ä. ......... 123
e) Verwaltung fremden Vermögens .................... 125
f) Einmalige Tätigkeiten ...... 126

IV. Fehlende Gewinnerzielungsabsicht
1. Allgemeines ................. 129
2. Sog. Liebhaberei ............. 132

V. Personenvereinigungen, die nur gegenüber ihren Mitgliedern tätig werden
1. Allgemeines ................. 141
2. Vereine, Verbände u.Ä.
   a) Grundsätzliches ........... 142
   b) Sportvereine ............. 144
   c) Interessenvereinigungen, Berufsverbände .......... 145
   d) Verfolgung ideeller Zwecke.. 147
3. Kostenumlegende Kooperationsgesellschaften u.Ä. ....... 148
4. Zuschussfinanzierte Gesellschaften .................... 155

VI. Gesellschafter
1. Gesellschafter von Personengesellschaften
   a) Allgemeines, Erbringung von Beiträgen ............ 158
   b) Geschäftsführung .......... 160
   c) Umsätze gegenüber der Gesellschaft .............. 162
   d) Mittelbare Unternehmereigenschaft .............. 165
2. Gesellschafter von Kapitalgesellschaften ............. 168

VII. Personelle Zurechnung der Unternehmertätigkeit
1. Maßgeblichkeit des Außenverhältnisses ................. 169
2. Unternehmensführung durch Vertreter, Amtswalter, Treuhänder u.ä. Personen ......... 177

E. Das Unternehmen (Abs. 1 Satz 2)
I. Unternehmenseinheit ........ 186
II. Nichtunternehmerischer Bereich .................... 195

F. Beginn und Ende der Unternehmereigenschaft
I. Beginn
1. Allgemeines ................. 199
2. Gründung von Gesellschaften . 203
3. Gescheiterte Unternehmensgründung .................... 207
II. Ende der Unternehmereigenschaft
1. Einstellung der Tätigkeit ...... 211
2. Nachwirkungen der Unternehmereigenschaft .......... 221

G. Gesamtrechtsnachfolge
I. Von Todes wegen
1. Allgemeines ................. 226
2. Übergang umsatzsteuerrechtlicher Verhältnisse ........... 231
3. Miterbengemeinschaft, Erbauseinandersetzung ............. 243
II. Umwandlungen u.Ä. .......... 247

H. Organschaft (Abs. 2 Nr. 2)
I. Allgemeines
1. Bedeutung .................. 252
2. Unionsrechtliche Grundlagen ...................... 260
3. Wahlrecht? ................. 269
II. Organträger ................. 278
III. Organgesellschaft ........... 281
IV. Eingliederungsmerkmale
1. Allgemeines, Gesamtbild ..... 284
2. Finanzielle Eingliederung ..... 289
3. Wirtschaftliche Eingliederung . 293
4. Organisatorische Eingliederung. .................... 297
5. Typische GmbH & Co. KG .... 300
V. Rechtsfolgen
1. Organgesellschaft als Unternehmensteil des Organträgers . 302
2. Beschränkung auf das Innenverhältnis .................. 305
3. Nichtsteuerbarkeit der Innenleistungen ................. 308
4. Zurechnung der Umsätze ..... 310

5. Qualifizierung der Umsätze .... 312
6. Zurechnung der Leistungsbezüge und Vorsteuern .......... 315
VI. Beginn der Organschaft ....... 319
VII. Ende der Organschaft ......... 324
VIII. Beschränkung der Organschaftswirkungen auf das Inland
 1. Grundsätze ................... 336
 2. Geschäftsleitung des Organträgers im Ausland ............ 347
I. **Juristische Personen des öffentlichen Rechts als Unternehmer (Abs. 3)**
 I. Allgemeines ................. 351
 II. Juristische Personen des öffentlichen Rechts ................ 355
 III. Betrieb gewerblicher Art
  1. Allgemeines ................. 360
  2. Ausklammerung der Vermögensverwaltung? ............ 365
 IV. Sog. Hoheitsbetriebe
  1. Grundsätzliches .............. 367
  2. Einzelfälle ................... 381
 V. Land- und forstwirtschaftlicher Betrieb ....................... 388
 VI. Einzelregelungen ............. 389
 VII. Das Unternehmen der jPdöR .. 390

## A. Allgemeines
### I. Funktion des Unternehmers bei der Umsatzsteuer

1 Das Umsatzsteuergesetz besteuert, wenn von den Einfuhren (§ 1 Abs. 1 Nr. 4 UStG) und den Lieferungen neuer Fahrzeuge durch Nichtunternehmer (§ 2a UStG) abgesehen wird, nur die Umsätze von Unternehmern (§ 1 Abs. 1 Nr. 1 UStG). Der die Umsätze ausführende Unternehmer ist regelmäßig **Schuldner** der Umsatzsteuer (§ 13a Abs. 1 Nr. 1 UStG) und damit **Steuersubjekt**. Da die Umsatzsteuer jedoch als indirekte Steuer konzipiert, d.h. auf Abwälzung angelegt ist (*Vorbem. Rz. 16, 19*), soll die Steuer nicht den Unternehmer, der den Umsatz ausgeführt hat, sondern den Abnehmer, der die Gegenleistung erbringt, belasten.

Der Unternehmer ist folglich nur verlängerter Arm **des Staates** bei der Erhebung der Steuer. Er hat als dessen **Gehilfe** (Verwaltungshelfer) lediglich die **Funktion** des „**Steuereinnehmers**" für Rechnung des Staates" (*Vorbem. Rz. 20*). Das ist bei der Auslegung des Gesetzes zu beachten. Insbesondere darf das Risiko der unzutreffenden umsatzsteuerrechtlichen Behandlung der Geschäftsvorfälle nicht unzumutbar auf den Unternehmer abgewälzt werden. Das gilt sowohl hinsichtlich seiner Umsätze als auch bezüglich des Vorsteuerabzugs (*Vorbem. Rz. 21 ff.*; zum **Vertrauensschutz** im Einzelnen s. namentlich *§ 13 Rz. 3*; *§ 13b Rz. 69*; *§ 14c Rz. 68 f.*; *§ 15 Rz. 3 ff., 221 ff., 247 ff.*).

2 Aus dem Ziel des Gesetzes, den Verbrauch von Gütern und Dienstleistungen durch die Endabnehmer zu besteuern, müsste eigentlich folgen, dass der Steuerzugriff unmittelbar bei diesen geschieht. Da das jedoch praktisch nicht durchführbar ist, erfolgt die mittelbare Besteuerung über die Unternehmer als Verbraucherversorger. Nach dem Gesetzesziel müsste der Unternehmerbegriff weit gefasst sein, um möglichst alle Vorgänge der entgeltlichen Verbraucherversorgung zu erfassen. Dem stehen jedoch Gründe der **Praktikabilität** (Erfassung) und das Gebot der **Rechtssicherheit** entgegen, die verlangen, dass der **Unternehmerbegriff typologisch** bestimmt wird (*Rz. 88*).

Der **Unternehmerbegriff**[1] **des Umsatzsteuergesetzes** ist grundsätzlich ein **einheitlicher**. Allerdings ist im Rahmen des § 15 UStG bei der Frage des Vorsteuerabzugs eine erweiterte Sichtweise erforderlich (*§ 15 Rz. 32*). So kann es der *Gutglaubensschutz* im Einzelfall gebieten, den *Vorsteuerabzug* auch auf Grund der Rechnung eines Nichtunternehmers zuzulassen (*§ 15 Rz. 60*). Ferner verlangen der Zweck des Vorsteuerabzugs in Verbindung mit dem Gebot der Rechtsformneutralität, die **Unternehmereigenschaft** einer Personen- oder Kapitalgesellschaft **auf die Gesellschafter ausstrahlen** zu lassen (*Rz. 164 ff.*).

Während bis zur Einführung des Vorsteuerabzugs (1968) die Bejahung der Unternehmereigenschaft für den Betroffenen nicht von Vorteil, sondern allenfalls kostenneutral sein konnte, hat sich seitdem die Interessenlage gewandelt. Erbringt eine Person entgeltliche Leistungen gegenüber vorsteuerabzugsberechtigten Unternehmern, so hat sie ein **Interesse** daran, **als Unternehmer eingestuft** zu werden, weil sie dann, ggf. nach Verzicht auf die Kleinunternehmerbefreiung (§ 19 Abs. 1 und 2 UStG), zum Vorsteuerabzug berechtigt ist und dadurch ihre Leistungen günstiger anbieten kann (vgl. *§ 19 Rz. 34 f.*). Auch bei der Anschaffung eines Gegenstandes, der der eigenen privaten Freizeitgestaltung dient, wird, um den Vorsteuerabzug zu erlangen, die Unternehmereigenschaft angestrebt, indem der Gegenstand außerhalb der eigenen privaten Nutzungszeiten Dritten zur Anmietung angeboten wird. Entsprechende Bestrebungen finden sich bei Hobbytätigkeiten, die ständige Verluste bringen (sog. **Liebhabereien**, *Rz. 132 ff.*).

Der von § 2 Abs. 1 UStG umschriebene Unternehmer- bzw. Unternehmensbegriff ist allein aus der Teleologie des Umsatzsteuerrechts heraus zu bestimmen und ist erheblich **weiter als der des Sprachgebrauchs** und der kaufmännischen (betriebswirtschaftlichen) Sichtweise des Unternehmers bzw. Unternehmens (der Unternehmung). Auch der **ertragsteuerrechtliche** Unternehmer- bzw. Unternehmensbegriff (vgl. § 2 Abs. 5 und § 5 GewStG, § 15 Abs. 1 Nr. 1 EStG) ist enger als der des Umsatzsteuergesetzes, da er insbesondere die sog. Vermögensverwaltung (Vermietung u.Ä., *Rz. 99*) nicht erfasst (arg. § 14 AO).[2] Der von den §§ 74 und 75 AO verwendete Unternehmerbegriff deckt sich hingegen auf Grund der Entstehungsgeschichte dieser Bestimmungen mit dem umsatzsteuerrechtlichen.[3]

Mit den **außerhalb des Steuerrechts** zu findenden Begriffen des Unternehmers (vgl. § 14 Abs. 1, § 631 BGB, § 84 HGB, § 636 RVO) bzw. des Unternehmens (vgl. §§ 1–3, § 271 HGB, §§ 15 ff. AktG, §§ 152, 185 ff. UmwG, § 1 GWB, § 14 Abs. 2 Satz 2, § 265b StGB) besteht ebenfalls keine Kongruenz. Diese Begriffe, die auch untereinander nicht übereinstimmen, sind aus der Teleologie des jeweiligen Gesetzes heraus zu interpretieren.

---

1 Zur Entwicklung des Unternehmerbegriffes s. *Stadie* in R/D, § 2 UStG Anm. 1 ff.
2 Vgl. *Stadie*, Allg. SteuerR, Rz. 261 f.
3 BFH v. 11.5.1993 – VII R 86/92, BStBl. II 1993, 700 m.w.N.

## II. Unionsrechtliche Grundlagen

### 1. Allgemeines

7 Die Richtlinie kennt den Begriff des Unternehmers nicht, sondern spricht in Art. 9 ff. MwStSystRL vom „**Steuerpflichtigen**", wenngleich an mehreren Stellen vom „**Unternehmen**" die Rede ist (z.B. in Art. 16–18, 21 und Art. 26 MwStSystRL).

Der Unternehmerbegriff des § 2 UStG sowie die dem „Steuerpflichtigen" i.S.d. Art. 9 ff. MwStSystRL entsprechenden **Begriffe** der Steuersubjekte in den Umsatzsteuergesetzen der **Mitgliedstaaten** müssen – wie alle anderen Begriffe auch – **einheitlich** normiert und richtlinienkonform ausgelegt werden (*Vorbem. Rz. 63 u. 75*). Das verlangt schon das Gebot der **Wettbewerbsneutralität** (*Vorbem. Rz. 49 i.V.m. 77 f.*), da es zu Wettbewerbsnachteilen führen kann, wenn ein und dieselbe Tätigkeit in einem Mitgliedstaat als unternehmerisch und in einem anderen Mitgliedstaat als nichtunternehmerisch behandelt wird. Hinzu kommen diejenigen Bestimmungen der Richtlinie, die Rechtsfolgen an die Steuerpflichtigen-Eigenschaft des Vertragspartners in einem anderen Mitgliedstaat knüpfen (z.B. Art. 2 Abs. 1 Buchst. b[1], Art. 44[2], 138[3], 194 und 196[4] MwStSystRL). Auch insoweit ist es zur **Vermeidung** von **Doppelbesteuerungen** und **Nichtbesteuerungen** erforderlich, dass die Steuersubjekte übereinstimmend normiert sind. Insbesondere die korrespondierenden **Binnenmarktregelungen** können nur unter dieser Voraussetzung funktionieren.

8 Nach Art. 9 Abs. 1 MwStSystRL gilt als Steuerpflichtiger, „wer eine der in Absatz 2 genannten **wirtschaftlichen Tätigkeiten** selbständig und unabhängig von ihrem Ort ausübt, gleichgültig zu welchem Zweck und mit welchem Ergebnis". Als wirtschaftliche Tätigkeiten gelten „alle Tätigkeiten eines Erzeugers, Händlers oder Dienstleistenden einschließlich der Tätigkeiten der Urproduzenten, der Landwirte sowie der freien Berufe und der diesen gleichgestellten Berufe" (Art. 9 Abs. 1 Unterabs. 2 Satz 1 MwStSystRL; *Rz. 10 ff.*).

Art. 9 Abs. 1 Unterabs. 2 Satz 2 MwStSystRL fingiert: „Als wirtschaftliche Tätigkeit gilt insbesondere die **Nutzung von** körperlichen oder nicht **körperlichen Gegenständen** zur nachhaltigen Erzielung von Einnahmen" (*Rz. 14 ff.*). Art. 12 MwStSystRL ermächtigt die Mitgliedstaaten, auch solche Personen als Steuerpflichtige zu betrachten, die **gelegentlich** Neubauten und Baugrundstücke liefern. Art. 10 MwStSystRL umschreibt den Begriff „**selbständig**".

Art. 11 MwStSystRL erlaubt den Mitgliedstaaten, im Inland ansässige rechtlich unabhängige, aber durch gegenseitige finanzielle, wirtschaftliche und organisatorische Beziehungen eng miteinander **verbundene Personen** zusammen als einen Steuerpflichtigen zu behandeln (zur sog. Mehrwertsteuergruppe [sog. **Organschaft**] *Rz. 260 ff.*). Art. 13 MwStSystRL enthält Vorgaben für die Behandlung **öffentlich-rechtlicher Einrichtungen** (*Rz. 353*).

---

1 Entspricht § 1 Abs. 1 Nr. 5 i.V.m. § 1a UStG.
2 Entspricht § 3a Abs. 2 Satz 1 UStG.
3 Entspricht § 6a UStG.
4 Entspricht § 13b Abs. 1 und Abs. 2 Nr. 1 i.V.m. Abs. 5 UStG.

Nach der **Protokollerklärung** zu Art. 4 der 6. Richtlinie 77/388/EWG[1] steht es den Mitgliedstaaten frei, „Personen, die **ehrenamtliche Tätigkeiten** ausüben, sowie die **Geschäftsführer**, Verwalter, Aufsichtsratsmitglieder und Abwickler **von Gesellschaften** in ihrer Beziehung zu den Gesellschaften und in ihrer Eigenschaft als Organe derselben **nicht** der Mehrwertsteuer zu unterwerfen". Auf der ersten Alternative beruht die Befreiung nach § 4 Nr. 26 UStG; die zweite Alternative stellt klar, dass derartige Tätigkeiten zumindest aus Gründen der Wettbewerbsneutralität nicht als Leistungen im umsatzsteuerrechtlichen Sinne angesehen werden dürfen (*Rz. 51, 81 f., 160*).

9

## 2. Wirtschaftliche Tätigkeiten

Art. 9 Abs. 1 MwStSystRL umschreibt die wirtschaftlichen Tätigkeiten mit Berufsbildern. Hierbei handelt es sich um eine **typologische Umschreibung**, indem Typen (Berufsbilder) von Unternehmern aufgezählt werden (vgl. *Rz. 88*). Der Begriff der wirtschaftlichen Tätigkeit ist nach Auffassung des EuGH allerdings **weit auszulegen**.[2] Die Unternehmereigenschaft als materiell-rechtliches Merkmal einer Person ist **nicht** von der **Registrierung** durch die Finanzverwaltung abhängig; das gilt auch für die Vorsteuerabzugsberechtigung.[3]

10

Der beruflichen Tätigkeit ist die **Nachhaltigkeit** immanent, was indes entgegen der Ansicht des EuGH[4] nicht etwa aus Art. 9 Abs. 1 Unterabs. 2 Satz 2 MwStSystRL folgt, der gerade keine nachhaltigen *Tätigkeiten*, sondern nur *eine* Leistung betrifft und lediglich vom nachhaltigen *Erzielen* von Einnahmen spricht, nämlich mittels des Duldens der Nutzung eines Gegenstandes (*Rz. 14 ff.*). Die Bestätigung des Merkmals „nachhaltig" scheint sich vielmehr im Umkehrschluss nicht nur aus Art. 9 Abs. 2 MwStSystRL („gelegentlich"), sondern vor allem aus Art. 12 Abs. 1 MwStSystRL zu ergeben, wonach die Mitgliedstaaten auch solche Personen, die „gelegentlich" eine der in Art. 9 Abs. 1 Unterabs. 2 MwStSystRL genannten Tätigkeiten ausüben, als Steuerpflichtige betrachten können, so dass eine nur gelegentlich ausgeübte Tätigkeit nicht ausreichen würde.[5] Indes ist der Begriff „**gelegentlich**" für die Konturierung des Steuerpflichtigen genauso wenig geeignet wie der Begriff „nachhaltig". Zwar ist gelegentliches Tätigwerden mit der Absicht, bei sich bietender Gelegenheit erneut tätig zu werden, im Allgemeinen keine geschäftsmäßige, wirtschaftliche Tätigkeit, eine gelegentliche Tätigkeit *kann* jedoch nach dem Gesamtbild eine wirtschaftliche Tätigkeit i.S.d. Art. 9 Abs. 1 Satz 1 MwStSystRL (bzw. eine nachhaltige Tätig-

11

---

1 Abgedruckt in R/D, Bd. VIII, Texte, „EG-Richtlinien" – zu Art. 4 der 6. EG-Richtlinie. Diese Protokollerklärung von 1977 gilt lt. Protokollerklärung v. 28.11.2006 fort; vgl. BMF v. 11.1.2007 – IV A 2 - S 7056 - 6/07, UR 2007, 178 – Anlage 2.
2 EuGH v. 12.9.2000 – C-359/97, EuGHE 2000, I-6355 = UR 2000, 518 – Rz. 39; EuGH v. 26.6.2003 – C-305/01, EuGHE 2003, I-6729 = UR 2003, 399 – Rz. 42; EuGH v. 26.6.2007 – C-284/04, EuGHE 2007, I-4191 = UR 2007, 607 – Rz. 35; EuGH v. 29.10.2009 – C-246/08, EuGHE 2009, I-10605 = UR 2010, 224 – Rz. 37; EuGH v. 20.6.2013 – C-219/12, UR 2013, 620 – Rz. 17.
3 Vgl. EuGH v. 21.10.2010 – C-385/09, EuGHE 2010, I-10385 = UR 2011, 27.
4 EuGH v. 13.12.2007 – C-408/06, EuGHE 2007, I-11295 = UR 2008, 296 – Rz. 18; EuGH v. 29.10.2009 – C-246/08, EuGHE 2009, I-10605 = UR 2010, 224 – Rz. 37 i.V.m. Rz. 36.
5 So noch EuGH v. 26.9.1996 – C-230/94, EuGHE 1996, I-4517 = UR 1996, 418 – Rz. 20.

keit i.S.d. § 2 Abs. 1 Satz 3 UStG) sein (vgl. *Rz. 96 a.E.*). Wer mittels zweier kurzfristig, „gelegentlich" erbrachter Leistungen das gleiche Ergebnis erzielt wie derjenige, der sich das ganze Jahr über betätigen muss, kann Steuerpflichtiger (Unternehmer) sein. Umgekehrt ist selbst *regelmäßiges* Betätigen als solches noch nicht per se eine geschäftliche bzw. wirtschaftliche Tätigkeit.

12 Übt eine Person **mehrere Tätigkeiten** aus, so ist für die Einschätzung einer Tätigkeit als „wirtschaftliche" ohne Belang, ob die andere als eine solche anzusehen ist.[1] Ebenso wenig wird eine Tätigkeit dadurch zu einer wirtschaftlichen, dass die Person **Umsatzsteuer berechnet** und an die Finanzbehörde abgeführt hatte.[2]

13 Eine **wirtschaftliche Tätigkeit** ist nicht erst dann gegeben, wenn Umsätze erbracht werden, sondern **bereits** dann, **wenn vorbereitende Handlungen** oder die ersten **Investitionsausgaben** für Zwecke des Unternehmens oder zu dessen Verwirklichung getätigt werden. Der EuGH hat das zutreffend aus dem Mehrwertsteuersystem abgeleitet, welches eine „vollständige" Entlastung von den Vorsteuern gebietet, weil es gewährleistet, dass alle wirtschaftlichen Tätigkeiten, sofern sie der Mehrwertsteuer unterliegen, „in völlig neutraler Weise" steuerlich belastet werden (Grundsatz der Neutralität der Mehrwertsteuer).[3] Dazu hat der EuGH klargestellt, dass die Qualifizierung als wirtschaftliche Tätigkeit nicht rückwirkend entfällt, wenn es nicht zu Umsätzen kommt, so dass die angefallenen Vorsteuern auch dann zu vergüten sind[4] (s. auch *§ 15 Rz. 42*).

### 3. Nutzung von Gegenständen zur nachhaltigen Erzielung von Einnahmen

14 Als wirtschaftliche Tätigkeit „gilt insbesondere die **Nutzung von** körperlichen oder nicht körperlichen **Gegenständen** zur nachhaltigen Erzielung von Einnahmen" (**Art. 9 Abs. 1 Unterabs. 2 Satz 2 MwStSystRL**). Diese Formulierung ist an die Stelle des Art. 4 Abs. 2 Satz 2 der 6. EG-Richtlinie aF getreten, welche lautete: „Als wirtschaftliche Tätigkeit gilt auch eine Leistung, die die Nutzung von (...) Gegenständen zur nachhaltigen Erzielung von Einnahmen umfasst." Diese ursprüngliche Formulierung ergab zwar insofern keinen Sinn, als eine Leistung nicht in der Nutzung eines Gegenstandes, sondern nur in dessen Überlassung an einen anderen zum Zwecke der Nutzung durch diesen liegen kann, ihr ließ jedoch wenigstens noch entnehmen, was gemeint war: Ein **Gegenstand** wird von einer Person zur nachhaltigen Erzielung von Einnahmen in der Weise genutzt, dass er **einem anderen zur Nutzung überlassen** wird. Diese Nutzungsüberlassung ist *eine* **Leistung**, welche über einen Zeitraum in Gestalt von meh-

---

1 Das verkennt EuGH v. 13.6.2013 – C-62/12, UR 2013, 626.
2 So aber EuGH v. 20.6.2013 – C-219/12, UR 2013, 620 – Rz. 34 f.
3 EuGH v. 14.2.1985 – 268/83, EuGHE 1985, 655 – Rz. 19 u. 23 = UR 1985, 199; EuGH v. 8.6.2000 – C-396/98, EuGHE 2000, I-4279 = UR 2000, 336 – Rz. 36 ff.; EuGH v. 3.3.2005 – C-32/03, EuGHE 2005, I-1599 = UR 2005, 433.
4 EuGH v. 29.2.1996 – C-110/94, EuGHE 1996, I-857 = UR 1996, 116; EuGH v. 15.1.1998 – C-37/95, EuGHE 1998, I-1 = UR 1998, 149; EuGH v. 3.3.2005 – C-32/03, EuGHE 2005, I-1599 = UR 2005, 433.

reren „Teilleistungen" (vgl. Art. 64 Abs. 1 MwStSystRL[1]) und damit zur nachhaltigen Erzielung von Einnahmen erbracht wird. Die jetzige **Formulierung des Art. 9 Abs. 1 Unterabs. 2 Satz 2 MwStSystRL** vernebelt diese Zielsetzung vollständig und ergibt überhaupt **keinen Sinn** mehr. Fehlerhaft ist schon, dass das Wort „auch" durch „insbesondere" ersetzt wurde, denn demzufolge wäre insbesondere die Nutzung von Gegenständen im Rahmen der in Satz 1 genannten Tätigkeiten als wirtschaftliche Tätigkeit anzusehen, was jedoch ersichtlich nicht gemeint sein kann. Fehlerhaft ist ferner die Streichung von „eine Leistung", da nur durch dieses Merkmal das Ziel der Regelung deutlich wurde.

Die neue Formulierung des Art. 9 Abs. 1 Unterabs. 2 Satz 2 MwStSystRL hat den **EuGH** zu einer **Fehldeutung** dieser Vorschrift (und auch noch des Art. 4 Abs. 2 der 6. EG-Richtlinie a.F.) veranlasst, indem er für eine wirtschaftliche „Tätigkeit" verlangt, dass diese auf die nachhaltige Erzielung von Einnahmen gerichtet sei.[2] Er verkennt, dass eine wirtschaftliche Tätigkeit i.S.d. Art. 9 Abs. 1 Unterabs. 2 Satz 1 MwStSystRL zwar regelmäßig, aber nicht notwendig nachhaltige Einnahmen nach sich zieht (vgl. *Rz. 11* a.E.), während eine (Dauer-)Leistung i.S.d. Art. 9 Abs. 1 Unterabs. 2 Satz 2 MwStSystRL nur deshalb als wirtschaftliche Tätigkeit fingiert wird, weil sie zwar keine *Tätigkeit* ist, aber zu nachhaltigen *Einnahmen* führt, was es rechtfertigt, sie der wirtschaftlichen Tätigkeit gleichzustellen.

15

Die **frühere Rechtsprechung** des **EuGH** (Art. 4 Abs. 2 der 6. EG-Richtlinie a.F.) hatte im Ergebnis zutreffend mit der Vorschrift alle Vorgänge ohne Rücksicht auf deren Rechtsform erfasst, die darauf abzielen, **aus** bzw. **mit dem Gegenstand nachhaltig Einnahmen** zu erzielen.[3] Gedacht ist in erster Linie an **Dauerschuldverhältnisse**, insbesondere in Gestalt von **Miet- und Pachtverträgen**[4], **Erbbaurechtsverträgen**[5], **Lizenzverträgen** u.Ä.[6], bei denen sich die Leistungserbringung auf das **Dulden** der Nutzung des Gegenstandes beschränkt und deshalb nicht als berufsmäßige Dienstleistungstätigkeit i.S.d. Art. 9 Abs. 1 Unterabs. 2 Satz 1 MwStSystRL angesehen werden kann.

16

---

1 Die Vorschrift geht allerdings von mehreren Dienstleistungen aus, was indes keinen Sinn ergibt, weil dann bereits die jeweiligen Dienstleistungen mit Ablauf des Zeitraums ihrer Erbringung bewirkt wurden.
2 Vgl. EuGH v. 13.12.2007 – C-408/06, EuGHE 2007, I-11295 = UR 2008, 296 – Rz. 18; EuGH v. 20.6.2013 – C-219/12, UR 2013, 620 – Rz. 18 f.
3 EuGH v. 4.12.1990 – C-186/89, EuGHE 1990, I-4363 = UR 1992, 141 – Rz. 18; EuGH v. 20.6.1991 – C-60/90, EuGHE 1991, I-3111 = UR 1993, 119 – Rz. 12; EuGH v. 26.9.1996 – C-230/94, EuGHE 1996, I-4517 – Rz. 20 = UR 1996, 418 – Rz. 21 f.; EuGH v. 6.2.1997 – C-80/95, EuGHE 1997, I-745 = UR 1997, 141 – Rz. 14; EuGH v. 26.9.2003 – C-305/01, EuGHE 2003, I-6729 = UR 2003, 399 – Rz. 43; in diesem Sinne auch noch EuGH v. 26.6.2007 – C-284/04, EuGHE 2007, I-5189 = UR 2007, 607 – Rz. 37 f.
4 Vgl. EuGH v. 14.2.1985 – 268/83, EuGHE 1985, 655 = UR 1985, 199 – Rz. 20, Grundstück; EuGH v. 26.9.1996 – C-230/94, EuGHE 1996, I-4517 = UR 1996, 418 – Rz. 21, Wohnmobil.
5 Vgl. EuGH v. 4.12.1990 – C-186/89, EuGHE 1990, I-4363 = UR 1992, 141.
6 Vgl. EuGH v. 26.6.2007 – C-284/04, EuGHE 2007, I-5189 = UR 2007, 607 – Rz. 37 ff., Konzessionen.

17 Die Rechtfertigung dafür, dieses **passive Verhalten**, welches **keine „Tätigkeit"** darstellt[1], als wirtschaftliche Tätigkeit zu fingieren, obwohl nur *eine* Leistung (in Gestalt mehrerer Teilleistungen) gegeben ist, liegt im **Dauermoment**, nämlich im dauernden *Dulden*; aus diesem Dauerschuldverhältnis fließen nachhaltig Einnahmen. § 2 Abs. 1 UStG enthält eine derartige Fiktion nicht; gleichwohl werden von dieser Vorschrift auch solche Nutzungsüberlassungen erfasst (*Rz. 116 f.*). Aus dem Dauermoment folgt, dass die **Überlassung eines Gegenstandes** zur Nutzung ausreicht.[2]

18 Mit seiner in den letzten Jahren durchgängigen **Fehlinterpretation** des Art. 9 Abs. 1 Unterabs. 2 Satz 2 MwStSystRL (zuvor Art. 4 Abs. 2 Satz 2 der 6. EG-Richtlinie) hat der EuGH mangels Ermittlung des Zwecks dieser Bestimmung nicht erkannt, dass die „Nutzung" des Gegenstandes in der Nutzungsüberlassung liegen muss und folglich nur ein passives Verhalten in Gestalt einer Duldungsleistung erfassen kann. Der **EuGH** hat demgemäß in mehreren Fällen **Tätigkeiten (aktives Verhalten)** nicht nachvollziehbar **als Nutzung von Gegenständen** i.S.d. Art. 9 Abs. 1 Unterabs. 2 Satz 2 MwStSystRL verstanden, obwohl derartige Betätigungen nur wirtschaftliche Tätigkeiten i.S.d. Art. 9 Abs. 1 Unterabs. 2 Satz 1 MwStSystRL, d.h. Tätigkeiten als Erzeuger, Händler oder Dienstleistender sein können.

19 So heißt es doch tatsächlich, dass

– der bloße **Verkauf eines Gegenstandes** (nur deshalb) keine Nutzung eines Gegenstandes zur nachhaltigen Erzielung von Einnahmen darstelle, weil das einzige Entgelt aus diesem Vorgang in einem etwaigen Gewinn (sic!) beim Verkauf bestehe[3];

– eine **Nutzung von Gesellschaftsanteilen** eine Nutzung von Gegenständen sein könne, wenn ein unmittelbares oder mittelbares Eingreifen in die Verwaltung der beherrschten Gesellschaften vorliege[4];

– in **Werbeleistungen** (einer politischen Partei zugunsten ihrer Unterorganisationen) die Nutzung eines Gegenstandes im Sinne dieser Vorschrift liege.[5] Es bleibt das Geheimnis des EuGH, um welchen Gegenstand es gehen soll;

---

1 Das verkennt EuGH v. 13.12.2007 – C-408/06, EuGHE 2007, I-11295 = UR 2008, 296 – Rz. 18, indem er die nachhaltige *Einnahmeerzielung* mit Nachhaltigkeit der *Tätigkeit* verwechselt.
2 Vgl. EuGH v. 4.12.1990 – C-186/89, EuGHE 1990, I-4363 = UR 1992, 141; EuGH v. 26.9.1996 – C-230/94, EuGHE 1996, I-4517 = UR 1996, 418; EuGH v. 27.1.2000 – C-23/98, EuGHE 2000, I-419 = UR 2000, 121; EuGH v. 26.6.2007 – C-284/04, UR 2007, 607 – Rz. 37 f.
3 EuGH v. 29.4.2004 – C-77/01, EuGHE 2004, I-4295 = UR 2004, 292 – Rz. 58, Wertpapierverkauf; EuGH v. 21.10.2004 – C-8/03, EuGHE 2004, I-10157 = UR 2004, 642 – Rz. 39, Wertpapierverkauf; EuGH v. 29.10.2009 – C-29/08, EuGHE 2009, I-10413 = UR 2010, 107 – Rz. 28, Aktien; EuGH v. 15.9.2011 – C-180/10 und C-181/10, EuGHE 2011, I-8461 = UR 2012, 519 – Rz. 45, Grundstücksverkauf.
4 EuGH v. 20.6.1991 – C-60/90, EuGHE 1991, I-3111 = UR 1993, 119 – Rz. 12 ff.; EuGH v. 6.2.1997 – C-80/95, EuGHE 1997, I-745 = UR 1997, 141 – Rz. 15 f.; EuGH v. 26.9.2003 – C-305/01, EuGHE 2003, I-6729 = UR 2003, 399 – Rz. 43 ff.; EuGH v. 29.10.2009 – C-29/08, EuGHE 2009, I-10413 = UR 2010, 107 – Rz. 28 i.V.m. Rz. 30.
5 Vgl. EuGH v. 6.10.2009 – C-267/08, EuGHE 2009, I-9781 = UR 2009, 760 – Rz. 20 f.

- das **Betreiben** einer **Photovoltaikanlage** als Nutzung eines Gegenstandes i.S.d. Art. 9 Abs. 1 Unterabs. 2 Satz 2 MwStSystRL zu verstehen sei.[1] Das Betreiben einer solchen Anlage ist indes der aktive Vorgang der Herstellung von Strom, dessen Veräußerung an den Netzbetreiber zu Lieferungen führt (Art. 15 Abs. 1 MwStSystRL!). Diese Lieferungen können nur eine wirtschaftliche Tätigkeit eines Erzeugers i.S.d. Art. 9 Abs. 1 Unterabs. 2 Satz 1 MwStSystRL sein (*Rz. 108 f.*);
- der **Verkauf von Früchten eines körperlichen Gegenstandes**, etwa der Verkauf von Holz aus einem Privatforst, als „Nutzung" dieses Gegenstands i.S.v. Art. 9 Abs. 1 Unterabs. 2 MwStSystRL anzusehen sei.[2] Der Verkauf von Früchten eines Grundstücks ist indes die aktive Tätigkeit eines „Urproduzenten" (Art. 9 Abs. 1 Unterabs. 2 Satz 1 MwStSystRL; *Rz. 111*).

## B. Unternehmerfähigkeit

### I. Allgemeines

Bei der Unternehmerfähigkeit geht es um die abstrakte Frage, welche Personen oder Gebilde Unternehmer sein *können*. Die Fähigkeit, Unternehmer zu sein, ist **nicht** an die **Rechtsfähigkeit** geknüpft.[3] Unternehmer kann deshalb neben natürlichen und juristischen Personen (des privaten und des öffentlichen Rechts) **jedes** (weitere) **Gebilde** sein[4], welches zur Verbraucherversorgung in der Lage ist, d.h. dem die Rechtsordnung die Fähigkeit zuspricht, als solches am Rechtsverkehr (Wirtschaftsleben) teilzunehmen[5] (arg. § 10 Abs. 5 Nr. 1 UStG; vgl. auch § 34 Abs. 1 AO: *„nicht rechtsfähige Personenvereinigungen und Vermögensmassen"* sowie § 267 AO: *„nicht rechtsfähige Personenvereinigungen ... Zweckvermögen ... und ähnliche steuerpflichtige Gebilde"*; s. auch *Rz. 34 f.*). Folglich kommt es auf die Rechtsform nicht an und ist es **ohne Belang**, ob eine Kapitalgesellschaft ihre Rechtsfähigkeit nach deutschem oder **nach ausländischem Recht** erlangt hat.[6] Diese weite Auslegung wird auch durch das Gebot richtlinienkonformer Interpretation gefordert, da die Kriterien der Rechtsfähigkeit und die Rechtsformen in den Mitgliedstaaten unterschiedlich sind.

20

**Zweigniederlassungen** (vgl. § 13 HGB) und andere Betriebsstätten (§ 12 AO) und feste Niederlassungen (Art. 44 Satz 2, Art. 45 Satz 2 MwStSystRL) können nicht selbständig am Rechtsverkehr teilnehmen[7] und folglich auch **nicht** Unterneh-

21

---

1 EuGH v. 20.6.2013 – C-219/12, UR 2013, 620 – Rz. 16 i.V.m. Rz. 19 ff. und Rz. 25.
2 EuGH v. 19.7.2012 – C-263/11, http://curia.europa.eu, ECLI:EU:C:2012:497 = UR 2012, 790 – Rz. 31.
3 BFH v. 9.12.1993 – V R 108/91, BStBl. II 1994, 483; BFH v. 30.5.2000 – V B 31/00, UR 2001, 314.
4 Zur Unternehmerfähigkeit einer **gelöschten Kapitalgesellschaft** s. BFH v. 9.12.1993 – V R 108/91, BStBl. II 1994, 483; *Heidner*, DStR 1992, 201 (206 ff.); *Stadie* in R/D, § 2 UStG Anm. 675.
5 Vgl. BFH v. 27.8.1970 – V R 72/66, BStBl. II 1970, 833; BFH v. 9.12.1993 – V R 108/91, BStBl. II 1994, 483.
6 BFH v. 30.5.2000 – V B 31/00, UR 2001, 314; vgl. auch BFH v. 21.4.1994 – V R 105/91, BStBl. II 1994, 670.
7 Vgl. aber EuGH v. 17.9.2014 – C-7/13, UR 2014, 847 – zur Mitgliedschaft einer Zweigniederlassung in einer Mehrwertsteuergruppe (dazu unten *Rz. 267*).

mer sein.[1] Dasselbe gilt für **Betriebe** einer Person, die unter verschiedenen Firmen (§ 17 HGB) betrieben werden. Sie sind stets nur unselbständige Teile eines Unternehmens (§ 2 Abs. 1 Satz 2 UStG, *Rz. 188*), was es nicht ausschließt, dass an sie bestimmte umsatzsteuerrechtliche Folgen geknüpft werden (vgl. § 3a Abs. 1 Satz 2, Abs. 2 Satz 2, § 6 Abs. 2 Nr. 2, § 13b Abs. 7 Sätze 1 und 2 UStG).

22 Bei **natürlichen** Personen erfordert die Unternehmerfähigkeit nicht die zivilrechtliche Geschäftsfähigkeit. Fehlt diese oder ist sie eingeschränkt, so handelt für die Person bei Abschluss der Verträge und bei Erfüllung der steuerrechtlichen Pflichten ein gesetzlicher Vertreter (§ 34 Abs. 1 AO; s. auch *Rz. 177*).

23 Ist der **Mangel der Geschäftsfähigkeit** nicht erkannt worden, so ist das für die Unternehmerfähigkeit und die Zurechnung der Umsätze ohne Belang, da im Steuerrecht auf das wirtschaftliche Ergebnis abzustellen ist (§ 41 Abs. 1 Satz 1 AO). Hinzu kommt, dass der Unternehmer nur als Steuereinsammler (Gehilfe des Staates) fungiert und die Entstehung der Steuer nicht an den Abschluss wirksamer Verträge, sondern an die „Ausführung" von Umsätzen oder an die „Vereinnahmung" der Gegenleistung anknüpft, welches beides tatsächliche Vorgänge sind, deren Verwirklichung nicht die Geschäftsfähigkeit verlangt. Folglich kann die betroffene Person die Abführung der vereinnahmten Umsatzsteuerbeträge nicht unter Berufung auf die fehlende Geschäftsfähigkeit verweigern.

## II. Personengesellschaften

24 **Personengesellschaften** in Gestalt der Personenhandelsgesellschaften (*offene Handelsgesellschaft, Kommanditgesellschaft*), *Partnerschaftsgesellschaften* sowie *BGB-Gesellschaften*, die als **Außengesellschaften** auftreten (vgl. § 14 BGB), können Unternehmer sein. Ihnen gleichgestellt als nicht rechtsfähige Personenvereinigungen sind die *Europäische wirtschaftliche Vereinigung* (EWIV)[2] und der *nicht rechtsfähige Verein* (s. auch *Rz. 34*). Die **stille Gesellschaft** kann per definitionem nicht Unternehmer sein, da kein gemeinsames Vermögen besteht und nur der Inhaber des Handelsbetriebes nach außen auftritt (§ 230 HGB); das gilt auch für eine sog. *atypische* stille Gesellschaft, welche einkommensteuerrechtlich als sog. Mitunternehmerschaft (§ 20 Abs. 1 Nr. 4 Satz 1 Halbs. 2 i.V.m. § 15 Abs. 1 Nr. 2 Satz 1 EStG) angesehen wird.[3]

25 Bei Betrachtung der Richtlinie können Zweifel aufkommen, ob Personengesellschaften (und andere nicht rechtsfähige Gebilde) als Unternehmer in Betracht kommen, denn Art. 11 und 12 MwStSystRL[4] scheint den Schluss nahe zu legen, dass nur „Personen" Steuerpflichtige sein können. Das kann jedoch nicht dem Willen des Richtliniengebers entsprechen, denn der Zweck der Verbrauchsbesteuerung sowie der Gleichbehandlungsgrundsatz verlangen, dass jeder Ver-

---

1 Vgl. EuGH v. 23.3.2006 – C-210/04, EuGHE 2006, I-2804 = UR 2006, 331; FG Köln v. 19.10.2006 – 2 K 3048/03, EFG 2008, 814; FG Hamburg v. 26.1.2012 – 2 K 49/11, DStRE 2013, 218.
2 Klarstellung durch Art. 5 MwSt-DVO.
3 Vgl. BFH v. 27.5.1982 – V R 110, 111/81, BStBl. II 1982, 678.
4 Vgl. ferner zur Steuerschuldnerschaft Art. 193–195 MwStSystRL.

braucherversorger besteuert wird. Die Bestätigung findet sich in Art. 132 Abs. 1 Buchst. f MwStSystRL, wonach auch „Zusammenschlüsse von Personen" als Subjekte in Betracht kommen.

## III. Gemeinschaften?

### 1. Bruchteilsgemeinschaft

Nach ganz h.M. soll auch die Bruchteilsgemeinschaft (**Miteigentümergemeinschaft** i.S.d. §§ 741 ff. BGB), vor allem in Gestalt der Grundstücksgemeinschaft (§§ 1008 ff. BGB), als Unternehmer in Betracht kommen können.[1] Diese Sichtweise verkennt, dass eine solche schlichte Rechtsgemeinschaft nichts anderes als die zufällige Berechtigung mehrerer an einem gemeinsamen Gegenstand ist; es fehlt jeder Bezug zu einem Zweck und zu einer Tätigkeit.[2] Das Gesetz sieht demgemäß auch keine Vertretung der Gemeinschaft vor, so dass diese nicht als solche am Rechtsverkehr teilnehmen kann. Damit geht einher, dass auch eine zivilrechtliche Haftungsordnung für die Mitglieder der Gemeinschaft fehlt. Die Bruchteilsgemeinschaft als solche kann folglich mangels der Fähigkeit, am Wirtschaftsleben teilzunehmen, nicht Unternehmer sein.[3] Daran ändert nichts, dass das Umsatzsteuergesetz die „Gemeinschaften" erwähnt (vgl. § 4 Nr. 14 Satz 2, § 10 Abs. 5 Nr. 1 UStG). Das ist ganz offensichtlich nur deshalb geschehen, weil die Rechtsprechung den Gemeinschaften fälschlich die Unternehmerfähigkeit zuerkennt.

26

Der Umstand, dass die §§ 741 ff. BGB nur das Innenverhältnis der Teilhaber untereinander regeln, und die demgemäß **fehlende Handlungsfähigkeit**[4] der Gemeinschaft haben den BFH gleichwohl nicht gehindert, der Gemeinschaft entgegen der ansonsten einhelligen Auffassung zum Verfahrensrecht die **Beteiligten-** und **Parteifähigkeit** zuzusprechen.[5] Wie diese umgesetzt werden soll, bleibt das Geheimnis des BFH. Würde nämlich die Gemeinschaft als Unternehmer angesehen, so wäre sie Schuldner der Umsatzsteuer (§ 13a Abs. 1 Nr. 1 UStG), könnte jedoch mangels Beteiligtenfähigkeit nicht Adressat von Verwaltungsakten sein. Die schlichte Gemeinschaft i.S.d. §§ 741 ff. BGB ist **keine Per-**

27

---

1 BFH v. 27.4.1994 – XI R 91, 92/92, BStBl. II 1994, 826; BFH v. 27.4.1994 – XI R 85/92, BStBl. II 1995, 30; BFH v. 27.6.1995 – V R 36/94, BStBl. II 1995, 915; BFH v. 16.5.2002 – V R 4/01, BFH/NV 2002, 1347; BFH v. 6.9.2007 – V R 41/05, BStBl. II 2008, 65; BFH v. 22.11.2007 – V R 5/06, BStBl. II 2008, 448; BFH v. 1.9.2010 – XI S 6/10, UR 2010, 905; BFH v. 29.8.2012 – XI R 40/10, BFH/NV 2013, 182 – Rz. 20; BFH v. 28.8.2014 – V R 49/13, UR 2014, 974 = DStR 2014, 2386 – Rz. 29 f. *Reiß* in R/K/L, § 2 UStG Rz. 83.
2 *Schön*, DStJG 13 (1990), S. 81 (86 ff.); *K. Schmidt* in MünchKomm/BGB, § 741 BGB Rz. 3 f.
3 Ausführlich *Stadie* in R/D, § 2 UStG Anm. 112 ff.; *Hummel* in R/D, § 4 Nr. 13 UStG Anm. 70 f. Die gegenteilige Auffassung ist deshalb nicht nur *rechtspolitisch*, so aber *Englisch* in T/L, § 17 Rz. 35 (Buchst. e), sondern *rechtlich* verfehlt.
4 Vgl. auch **EuGH** v. 21.4.2005 – C-25/03, EuGHE 2005, I-3123 = UR 2005, 324 – Rz. 54: „[...] die von den Eheleuten [...] gebildete Gemeinschaft selbst weder in Gestalt einer zivilrechtlichen Gesellschaft mit eigener Rechtspersönlichkeit noch einer Einrichtung, die, wenn auch ohne Rechtspersönlichkeit, eine eigenständige Handlungsbefugnis besitzt, wirtschaftlich tätig war."
5 BFH v. 1.9.2010 – XI S 6/10, UR 2010, 905 – Rz. 24: Miteigentümergemeinschaft als parteifähige „Vereinigung" i.S.d. § 116 Satz 1 Nr. 2 ZPO.

sonenvereinigung i.S.d. **§ 34 Abs. 1 AO**, so dass die Teilhaber nicht gem. § 34 Abs. 2 AO verpflichtet sein könnten, die behaupteten steuerrechtlichen Pflichten der Gemeinschaft zu erfüllen. Demgemäß ist eine Gemeinschaft auch nicht Vollstreckungsschuldner (arg. § 267 AO). Mangels zivilrechtlicher Haftungsordnung der Gemeinschaft käme auch kein Einstehenmüssen der Miteigentümer für die Steuerschuld der Gemeinschaft in Betracht. Auch die Abgabenordnung kennt keine diesbezügliche Haftungsvorschrift.

28 Verfolgen die Gemeinschafter unter Einsatz des gemeinschaftlichen Gegenstandes gleichgerichtete Zwecke, die über das bloße Halten und Verwalten des Gegenstandes hinausgehen, so ist ihr Zusammenschluss als BGB-Gesellschaft zu begreifen, die nach außen unternehmerisch tätig werden kann und der die Gesellschafter ihr Bruchteilseigentum als gesellschaftsrechtlichen Beitrag zur Verfügung stellen.[1] Entsprechendes hat für die gemeinschaftliche Vermietung zu gelten.[2] Die Bruchteilsgemeinschaft wird folglich **von einer BGB-Gesellschaft überlagert**, wenn die Teilhaber (Miteigentümer) unter Einsatz des gemeinschaftlichen Gegenstandes zur Erreichung eines gemeinsamen Zwecks tätig werden. Unternehmer ist dann die Gesellschaft.

29 Die Fehlerhaftigkeit der vom BFH beharrlich verfolgten gegenteiligen Auffassung zeigt sich auch dann, wenn ein Grundstück samt **Zubehör** oder **mehrere Grundstücke** vermietet werden. Da sich das Miteigentum stets nur auf einen Gegenstand bezieht (vgl. §§ 741 ff. BGB: „des/der/den gemeinschaftliche[n] Gegenstand[s]"), liegen mithin in diesen Fällen zwangsläufig **mehrere Miteigentumsgemeinschaften** vor, was nach der Logik des BFH zwingend zur Folge haben müsste, dass soviele Unternehmer gegeben wären, wie Miteigentümergemeinschaften bestehen![3] Hingegen können die Miteigentumsanteile an mehreren Gegenständen in *eine* BGB-Gesellschaft eingebracht werden.

### 2. Wohnungseigentümergemeinschaft

30 Die Gemeinschaft der Wohnungseigentümer nach dem WEG *kann* Unternehmer sein[4], da sie mehr als eine schlichte Bruchteilsgemeinschaft ist und einem Verein (Verband) ähnelt, dem der BGH deshalb die **Teilrechtsfähigkeit** zuspricht[5] (s. auch *Rz. 149*; vgl. auch *Rz. 152 a.E.*).

### 3. Erbengemeinschaft, Gütergemeinschaft

31 Bei einer **Erbengemeinschaft** (§§ 2032 ff. BGB) sollen die Miterben nach h.M. im Zivilrecht auch ohne gesellschaftsrechtlichen Zusammenschluss ein ererbtes Handelsgeschäft in ungeteilter Erbengemeinschaft ohne zeitliche Begrenzung

---

1 *Schön*, DStJG 13 (1990), S. 81 (89).
2 *Schön*, DStJG 13 (1990), S. 81 (90); vgl. auch BGH v. 11.9.2002 – XII ZR 187/00, NJW 2002, 3389 – zur Erbengemeinschaft.
3 Das verkennt BFH v. 6.9.2007 – V R 41/05, BStBl. II 2008, 65.
4 Vgl. Abschn. 4.13.1 Abs. 2 UStAE.
5 BGH v. 2.6.2005 – V ZB 32/05, BGHZ 163, 154 = NJW 2005, 2061; BGH v. 12.4.2007 – VII ZR 236/05, BGHZ 172, 42 = MDR 2007, 1006; BGH v. 20.1.2010 – VIII ZR 329/08, NJW 2010, 932.

fortführen können.¹ Folglich müsste ihr insoweit die Unternehmerfähigkeit zugesprochen werden. Das ergäbe jedoch keinen Sinn, da die Erbengemeinschaft als solche weder rechts- noch parteifähig ist² und somit auch nicht beteiligtenfähig wäre.³ Richtigerweise ist stets von der (konkludenten) Bildung einer BGB-Gesellschaft auszugehen.⁴ Nach der gegenteiligen Auffassung des **BFH** soll hingegen die Erbengemeinschaft eine **nichtrechtsfähige „Personenvereinigung"** i.S.d. § 34 AO sein, so dass die Mitglieder deren steuerrechtliche Pflichten zu erfüllen hätten. Zur wirksamen Bekanntgabe des Umsatzsteuerbescheids soll die Bekanntgabe an einen Miterben ausreichen.⁵

Demgegenüber scheint die **eheliche Gütergemeinschaft**, die ebenfalls wie die Erbengemeinschaft eine Gesamthandsgemeinschaft ist (§§ 1416, 1419 BGB), als solche Unternehmer sein zu können, da eine überlagernde BGB-Gesellschaft zivilrechtlich nicht möglich sein soll.⁶ Indes betrifft das nur das Innenverhältnis, welches für Außenstehende nicht erkennbar ist. Folglich werden nach Außen ein einzelner Ehegatte als Einzelunternehmer oder die Ehegatten als BGB-Gesellschaft tätig, so dass sich die Frage der Unternehmerfähigkeit der ehelichen Gütergemeinschaft gar nicht stellt. 32

### 4. Andere „Gemeinschaften"

In der Alltagssprache findet sich eine Vielzahl von „Gemeinschaften", die keine Gemeinschaften i.S.d. §§ 741 ff. BGB darstellen, sondern BGB-Gesellschaften nach §§ 705 ff. BGB sind, da sie einen gemeinsamen Zweck verfolgen (*Beispiele*: **Praxis-, Büro-, Verwaltungs-, Apparate- und Arbeitsgemeinschaften**) und deshalb unternehmerfähig sein können (zur Unternehmereigenschaft im konkreten Fall s. *Rz. 150 ff.*). 33

## IV. Nicht rechtsfähige Vereine und Vermögensmassen

**Nicht rechtsfähige Vereine** werden wie Personengesellschaften behandelt (§ 54 BGB). Dazu zählen auch die *politischen Parteien* und ihre verselbständigten Gliederungen (vgl. *§ 4 Nr. 18a Rz. 2*). 34

Nicht rechtsfähige Anstalten, Stiftungen und andere **Zweckvermögen** des Privatrechts (nicht rechtsfähige Vermögensmassen) können ebenfalls Unternehmer sein. Das folgt aus § 34 und § 267 AO (*Rz. 9*). Sie müssen ein einer juristischen 35

---

1 Vgl. BGH v. 8.10.1984 – II ZR 223/83, BGHZ 92, 259 (262 ff.); *Ulmer/Schäfer* in MünchKomm/BGB, § 705 BGB Rz. 25 m.w.N.
2 BGH v. 11.9.2002 – XII ZR 187/00, NJW 2002, 3389; BGH v. 17.10.2006 – VIII ZB 94/05, NJW 2006, 3715; VGH Hess. v. 31.5.2011 – 5 B 1358/10, juris; OVG Sachs. v. 11.3.2013 – 5 A 751/10, NJW-RR 2013, 1162; a.A. BFH v. 13.1.2010 – V R 24/07, BStBl. II 2011, 241 = UR 2010, 489 – Rz. 18; a.A. zum GrEStG BFH v. 12.2.2014 – II R 46/12, BStBl. II 2014, 536 – Rz. 16.
3 A.A. BFH v. 13.1.2010 – V R 24/07, BStBl. II 2011, 241 – Rz. 18.
4 Vgl. BGH v. 11.9.2002 – XII ZR 187/00, NJW 2002, 3389.
5 BFH v. 13.1.2010 – V R 24/07, BStBl. II 2011, 241 = UR 2010, 489 – Rz. 18.
6 Vgl. BGH v. 10.7.1995 – II ZR 154/72, BGHZ 65, 79 = NJW 1975, 1774; *Kanzleiter* in MünchKomm/BGB, § 1416 BGB Rz. 10 m.w.N.; s. auch BGH v. 7.12.1993 – VI ZR 152/92, NJW 1994, 652 (654).

Person ähnliches Gebilde darstellen, was jedoch lediglich bedeutet, dass ein auf Dauer separiertes Vermögen vorliegt, welches einem bestimmten Zweck dient und vom zivilrechtlichen Inhaber (Treuhänder) nicht für eigene Zwecke verwendet werden darf.[1] Derjenige, dem das Vermögen zivilrechtlich zusteht, d.h. der Treuhänder, hat die steuerrechtlichen Pflichten zu erfüllen (§ 34 Abs. 2 Satz 3 AO).

Die **Insolvenzmasse** ist mangels Fähigkeit, als solche am Rechtsverkehr teilzunehmen (*Rz. 20*), keine „Vermögensmasse" mit eigenen steuerrechtlichen Pflichten i.S.d. § 34 AO und demgemäß nicht unternehmerfähig.[2]

## V. Juristische Personen des öffentlichen Rechts

36  Juristische Personen des öffentlichen Rechts (*Rz. 355 ff.*) sind uneingeschränkt unternehmerfähig, da auch sie Verbraucherversorgung betreiben können. Das gilt auch für ausländische, zwischenstaatliche und supranationale juristische Personen des öffentlichen Rechts. *Nicht rechtsfähige* Körperschaften des öffentlichen Rechts sind unselbständige Teile der übergeordneten juristischen Person und als solche nicht unternehmerfähig. Anders ist es bei teilrechtsfähigen öffentlich-rechtlichen *Sondervermögen*.[3]

## C. Selbständigkeit natürlicher Personen (Abs. 2 Nr. 1)

### I. Allgemeines

37  Unternehmer kann nur sein, wer selbständig ist (§ 2 Abs. 1 Satz 1 UStG). Das Gesetz enthält keine Definition der Selbständigkeit, sondern beschreibt in § 2 Abs. 2 UStG lediglich die *Nichtselbständigkeit*. Die Selbständigkeit wird vom Umsatzsteuergesetz folglich nicht positiv umschrieben, sondern lediglich **negativ abgegrenzt** (ebenso Art. 10 MwStSystRL). Danach ist eine natürliche Person (zum Zusammenschluss mehrerer Personen s. *Rz. 56*) nicht selbständig tätig, wenn sie einem Unternehmen so eingegliedert ist, dass sie den Weisungen des Unternehmers[4] zu folgen verpflichtet ist. Juristische Personen sind grundsätzlich selbständig; ihre umsatzsteuerrechtliche Selbständigkeit entfällt nur unter den Voraussetzungen des § 2 Abs. 2 Nr. 2 UStG (sog. Organschaft, *Rz. 252 ff.*).

38  Nach dem Zweck des Gesetzes und der Richtlinie, den Aufwand der Verbraucher für Lieferungen und Dienstleistungen zu besteuern (*Vorbem. Rz. 15 ff.*), wäre es konsequent gewesen, auch die Dienstleistungen der **Unselbständigen** (Lohn- und Gehaltsempfänger, Arbeitnehmer) einzubeziehen. Deren Nichterfassung widerspricht deshalb dem Gedanken einer umfassenden, allgemeinen Verbrauchsteuer. Allerdings geht der Lohn der Arbeitnehmer in den Preis und damit in die Bemessungsgrundlage der von den Arbeitgebern erbrachten Umsätze ein

---

1 Vgl. RFH v. 16.4.1943 – III 84/42, RStBl. 1943, 658; *Streck*, StuW 1975, 135 m.w.N.
2 Vgl. BFH v. 11.11.1993 – XI R 73/92, BFH/NV 1994, 477; *Stadie* in R/D, § 18 UStG Anh. 2 Anm. 4 – Insolvenz.
3 *Stadie* in R/D, § 2 UStG Anm. 1195.
4 Die Formulierung („Unternehmen", „Unternehmer") ist zu eng und muss auch Privathaushalte einschließen, so dass der Umkehrschluss unzulässig ist; *Stadie* in R/D, § 2 UStG Anm. 134.

und wird auf diese Weise mit Umsatzsteuer belastet. Unversteuerter Letztverbrauch tritt deshalb nur insoweit ein, als Unternehmer mit steuerfreien Umsätzen und Privatpersonen Arbeitnehmer beschäftigen.

Der **Begriff** der Selbständigkeit im Umsatzsteuergesetz stimmt, soweit er natürliche Personen betrifft, nicht nur mit den entsprechenden Begriffen des Einkommensteuerrechts (§ 15 Abs. 2 Satz 1 EStG und § 1 Abs. 3 LStDV)[1], sondern entgegen h.M.[2] auch mit denen der **übrigen Rechtsordnung** (vgl. z.B. § 84 Abs. 1 Satz 2 HGB und § 7 Abs. 1 SGB IV) überein, da der Begriffsinhalt im gesamten Recht nur einheitlich verstanden werden kann, was es nicht ausschließt, dass die jeweiligen Gesetze unterschiedliche Umschreibungsversuche enthalten. Der Begriff kann nicht abschließend mittels subsumtionsfähiger Tatbestandmerkmale beschrieben werden, so dass er auch nicht auslegbar ist. Er ist nur typologisch erfassbar (*Rz. 45*) und kann folglich nicht etwa nach der Teleologie der einzelnen Rechtsgebiete unterschiedlich verstanden werden. 39

Die **gegenteilige Auffassung** vermengt die Begriffsbestimmung mit gesetzlichen **Vermutungen** der Arbeitnehmereigenschaft (vgl. z.B. § 7 Abs. 4 SGB IV) oder gesetzlichen **Fiktionen**, wonach Unselbständige vom Anwendungsbereich bestimmter, für Selbständige geltenden Regelungen ausgeschlossen werden (so z.B. nach § 12a TVG und nach § 92a HGB) oder Selbständige den für Nichtselbständige geltenden Regelungen unterworfen werden (so z.B. Vorstände und Geschäftsführer nach § 5 Abs. 1 Satz 3 ArbGG und arbeitnehmerähnliche Selbständige nach § 2 Nr. 9 SGB VI). 40

Eine **Bindung** an die **ertragsteuerrechtliche** oder **sozial- und arbeitsrechtliche Beurteilung** besteht – wie auch umgekehrt – **nicht**.[3] Das folgt schlicht aus dem Umstand, dass das Umsatzsteuerrecht eigenständig neben diesen Rechtsgebieten steht, so dass sich die Frage der Bindung gar nicht stellen kann. **Gleichwohl** sollen nach neuerer Auffassung des V. Senats des BFH Entscheidungen der zuständigen **Sozialversicherungsträger** über die Sozialversicherungspflicht von Beschäftigungsverhältnissen „grundsätzlich" zu berücksichtigen sein, was aus einer sog. Tatbestandswirkung folgen soll.[4] Das ist unhaltbar.[5] 41

Eine **wirtschaftliche Abhängigkeit** allein führt nicht zur Nichtselbständigkeit. Selbst die vollständige wirtschaftliche Abhängigkeit von einem einzigen Auftraggeber, der faktisch die Bedingungen der Vertragsbeziehungen bestimmen kann (z.B. Großkunde), beseitigt nicht die Unternehmereigenschaft. 42

---

1 Eine Bindung an die einkommensteuerrechtliche Beurteilung besteht nicht; BFH v. 10.3.2005 – V R 29/03, BStBl. II 2005, 730; BFH v. 25.6.2009 – V R 37/08, BStBl. II 2008, 443.
2 Vgl. BGH v. 15.12.1986 – StbSt (R) 2/86, BGHSt 34, 242; BFH v. 13.2.1980 – I R 17/78, BStBl. II 1980, 303; BFH v. 2.12.199 – X R 83/968, BStBl. II 1999, 534 (537); BFH v. 10.3.2005 – V R 29/03, BStBl. II 2005, 730; *Hey* in T/L, § 8 Rz. 472; *Reiß* in Kirchhof, EStG, § 15 EStG Rz. 19.
3 BFH v. 10.3.2005 – V R 29/03, BStBl. II 2005, 730; BFH v. 25.6.2009 – V R 37/08, BStBl. II 2009, 873 m.w.N.; BFH v. 11.3.2014 – V B 30/13, BFH/NV 2014, 920.
4 BFH v. 25.6.2009 – V R 37/08, BStBl. II 2009, 873 – Rz. 2 a.E.
5 *Stadie* in R/D, § 2 UStG Anm. 133.

43 Eine natürliche Person kann **zum Teil selbständig** und zum Teil nichtselbständig tätig sein[1], wenn es sich um unterschiedliche, abgrenzbare Tätigkeitsbereiche handelt (*Beispiel*: Vortragstätigkeit eines Hochschullehrers[2]). Das gilt auch dann, wenn die selbständig erbrachten Leistungen nur gegenüber dem Arbeitgeber erfolgen.[3]

## II. Gesamtbildbetrachtung

44 Kriterium der Nichtselbständigkeit ist nach § 2 Abs. 2 Nr. 1 UStG eine „**Eingliederung**" der Person in das Unternehmen (*Rz. 47*), d.h. in den Tätigkeitsbereich des Auftraggebers dergestalt, dass sie dessen **Weisungen zu folgen** verpflichtet ist. Dasselbe meint Art. 10 MwStSystRL, wonach Personen nichtselbständig sind, „soweit sie an ihren Arbeitgeber ... durch ein Rechtsverhältnis gebunden sind, das hinsichtlich der Arbeitsbedingungen und des Arbeitsentgelts sowie der **Verantwortlichkeit des Arbeitgebers** ein Verhältnis der **Unterordnung** schafft". (Diese Umschreibung ist allerdings insofern unsinnig, da, wenn ein „Arbeitgeber" usw. vorliegt, ein Verhältnis der Unterordnung per se gegeben ist.) Nach § 84 Abs. 1 Satz 2 HGB ist selbständig, „wer im Wesentlichen frei seine Tätigkeit gestalten und seine Arbeitszeit bestimmen kann".

45 Diese unterschiedlichen Umschreibungen zeigen, dass der Begriff „Selbständigkeit" bzw. „Nichtselbständigkeit" („Arbeitnehmer") – wie der gesamte Unternehmerbegriff (*Rz. 88*) – ein **Typusbegriff** ist[4], der nicht durch Ableitung aus einem weiteren Begriff gewonnen werden kann, sondern durch eine Mehrzahl von Merkmalen gekennzeichnet ist, die im Einzelfall in unterschiedlicher Intensität vorliegen können (*Rz. 101*). Für die Beurteilung, ob eine natürliche Person selbständig oder nichtselbständig tätig ist, kommt es mithin auf das **Gesamtbild der Verhältnisse** an.[5] Die für und gegen die Weisungsgebundenheit und Eingliederung sprechenden Merkmale und Umstände, wie sie sich nach den vertraglichen Vereinbarungen und nach deren tatsächlicher Durchführung ergeben, müssen gegeneinander abgewogen werden; die gewichtigeren Merkmale sind dann für die Gesamtbeurteilung maßgebend.[6]

46 Maßgebend für die Beurteilung der Unternehmereigenschaft (i.S.d. § 2 i.V.m. § 13a Abs. 1 Nr. 1 UStG), d.h. für die **Zurechnung** der **Umsätze als Steuerschuld-**

---

1 Vgl. Abschn. 2.2 Abs. 4 Satz 1 UStAE.
2 FG Nürnberg v. 24.1.1989 – II 191/82, EFG 1989, 541.
3 Vgl. BFH v. 11.10.2007 – V R 77/05, BStBl. II 2008, 443; zur Abgrenzung in diesen Fällen *Stadie* in R/D, § 2 UStG Anm. 166 f. m. Beispielen.
4 Vgl. zum EStG BFH v. 14.6.2007 – VI R 5/06, BStBl. II 2009, 931; BFH v. 29.5.2008 – VI R 11/07, BStBl. II 2008, 933; BFH v. 22.2.2012 – X R 14/10, BStBl. II 2012, 511 – Rz. 31; *Hey* in T/L, § 8 Rz. 472.
5 BFH v. 2.12.1998 – X R 83/96, BStBl. II 1999, 534 (536); BFH v. 10.3.2005 – V R 29/03, BStBl. II 2005, 730; BFH v. 5.10.2005 – VI R 152/01, BStBl. II 2006, 94; BFH v. 25.6.2009 – V R 37/08, BStBl. II 2009, 873; BFH v. 14.4.2010 – XI R 14/09, BStBl. II 2011, 433 = UR 2010, 769 – Rz. 20.
6 Vgl. BFH v. 30.5.1996 – V R 2/95, BStBl. II 1996, 493; BFH v. 10.3.2005 – V R 29/03, BStBl. II 2005, 730; BFH v. 25.6.2009 – V R 37/08, BStBl. II 2009, 873.

ner ist das **Innenverhältnis** zum Auftraggeber[1] (zur Zurechnung bei selbständig Tätigen s. *Rz. 180 ff.*). Die gegenteilige Auffassung, dass auf das Auftreten nach außen im eigenen Namen (Außenverhältnis) abzustellen sei[2], ist mit dem klaren Wortlaut des § 2 Abs. 2 Nr. 1 UStG, der auf „Eingliederung" und die Verpflichtung, „Weisungen zu folgen", abstellt, nicht zu vereinbaren. Noch deutlicher bestimmt Art. 10 MwStSystRL, dass Personen nicht selbständig sind, „soweit sie an ihren Arbeitgeber durch einen Arbeitsvertrag oder ein sonstiges Rechtsverhältnis gebunden sind, das ... ein Verhältnis der Unterordnung schafft". Davon zu **unterscheiden** ist der **Schutz Dritter** beim **Vorsteuerabzug** bezüglich der Leistungen, die der nach außen als Unternehmer auftretende Arbeitnehmer erbracht hat. Im Rahmen der §§ 14 und 15 UStG ist deshalb auf das Außenverhältnis abzustellen (*§ 15 Rz. 58 f., 190 ff.*).

Die wesentlichen Kriterien der Nichtselbständigkeit sind mithin **Eingliederung**, **Weisungsgebundenheit**[3] im Sinne einer **Unterordnung** und **Fehlen eines Unternehmerrisikos**[4] (kein Handeln „auf eigene Rechnung" und Verantwortung). Letzteres kommt in Art. 10 MwStSystRL mit „Verantwortlichkeit des Arbeitgebers" zum Ausdruck. **Unternehmerrisiko** trägt, wer auf eigene Rechnung und eigene Verantwortung tätig ist. Dieses spiegelt sich insbesondere im **Vergütungsrisiko** wieder. Wird eine Vergütung für Ausfallzeiten nicht gezahlt, so spricht dies für Selbständigkeit. Hingegen ist die Person nichtselbständig tätig, wenn sie von einem Vermögensrisiko der Erwerbstätigkeit grundsätzlich freigestellt ist.[5]

47

**Weisungsgebundenheit** auf Grund vertraglicher Bindung allein reicht nicht aus, da auch der selbständige Beauftragte im Rahmen einer Geschäftsbesorgung den Weisungen des Auftraggebers zu folgen hat (§ 675 i.V.m. § 665 BGB).[6]

Die **Bezeichnung** der Tätigkeit oder des Tätigen im zugrunde liegenden Vertragsverhältnis (*„Arbeitsverhältnis", „freier Mitarbeiter", „Subunternehmer"* o.Ä.) ist **nicht maßgebend**[7] und allenfalls ein schwaches Indiz im Rahmen der Gesamtbildbetrachtung. Ebenso wenig ist die *Nichteinbehaltung* von *Lohnsteuern* und *Sozialversicherungsbeiträgen* von Bedeutung, auch wenn darüber Übereinstimmung zwischen den Beteiligten herrscht[8], da es auf die objektive Rechtslage

48

---

1 BFH v. 27.3.21975 – V R 139/70, BStBl. II 1975, 400; BFH v. 17.10.1996 – V R 63/94, BStBl. II 1997, 188; BFH v. 9.10.1996 – XI R 47/96, BStBl. II 1997, 255; BFH v. 14.4.2010 – XI R 14/09, BStBl. II 2011, 433 – Rz. 29; BGH v. 29.1.2014 – 1 StR 469/13, juris; *Stadie* in R/D, § 2 UStG Anm. 143; *Englisch* in T/L, § 17 Rz. 37.
2 *Klenk* in S/R, § 2 UStG Rz. 75; *Wagner*, StuW 1995, 154; *Heidner*, UR 2002, 445 (449).
3 BFH v. 14.5.2008 – XI R 70/07, BStBl. II 2008, 912 – 2a der Gründe.
4 Vgl. BFH v. 30.5.1996 – V R 2/95, BStBl. II 1996, 493 (495); BFH v. 10.3.2005 – V R 29/03, BStBl. II 2005, 730; BFH v. 25.6.2009 – V R 37/08, BStBl. II 2009, 873; EuGH v. 18.10.2007 – C-355/06, EuGHE 2007, I-8863 = UR 2007, 889 – Rz. 23 ff.
5 BFH v. 2.12.1998 – X R 83/96, BStBl. II 1999, 534; BFH v. 10.3.2005 – V R 29/03, BStBl. II 2005, 730.
6 Vgl. BGH v. 12.12.1996 – IX ZR 214/95, UR 1997, 427; BFH v. 16.5.2001 – IV R 94/99, BStBl. II 2002, 565.
7 BFH v. 14.6.1985 – VI R 150–152/82, BStBl. II 1985, 661; BFH v. 20.4.1988 – X R 40/81, BStBl. II 1988, 804 (807); BFH v. 24.7.1992 – VI R 126/88, BStBl. II 1993, 155.
8 Vgl. BFH v. 30.5.1996 – V R 2/95, BStBl. II 1996, 493 (495); a.A. wohl BFH v. 4.10.1995 – VII R 38/95, BStBl. II 1996, 488 (490); vgl. auch EuGH v. 18.10.2007 – C-355/06, EuGHE 2007, I-8863 = UR 2007, 889 – Rz. 22.

und nicht auf die subjektive Einschätzung ankommt. Ein tatsächlich weisungsunterworfener Auslieferungsfahrer ist folglich nicht deshalb Unternehmer, weil er im Vertrag als „Subunternehmer" bezeichnet ist.[1]

### III. Fallgruppen[2]

#### 1. Vorstände, Geschäftsführer

49  Die Mitglieder der Vorstände und die Geschäftsführer **juristischer Personen** sind bezüglich ihrer Tätigkeit in dieser Eigenschaft grundsätzlich als unselbständig zu qualifizieren, sofern diese Personen unmittelbar oder mittelbar von einem Gremium (Gesellschafterversammlung, Aufsichtsrat o.Ä.) abhängig sind (**Fremdorganschaft**; zur Frage ob bei Selbstorganschaft überhaupt Leistungen im umsatzsteuerrechtlichen Sinne vorliegen, s. Rz. 80), was insbesondere[3] entgegen neuerer Auffassung des BFH, wonach es auf die Umstände des Einzelfalles ankommen soll[4], bei **Kapitalgesellschaften** der Fall ist. Gemeint sind Geschäftsführer i.S.d. §§ 35 ff. GmbHG, nicht: als „Geschäftsführer" bezeichnete „freie" Mitarbeiter.[5]

50  Die Unselbständigkeit als Vorstand oder Geschäftsführer schließt es nicht aus, dass **daneben** auf Grund eines **gesonderten Vertrages** gegenüber der juristischen Person selbständig Leistungen erbracht werden, die nicht zum Geschäftsführungsbereich gehören[6] (Rz. 43).

51  Ist der Geschäftsführer einer Kapitalgesellschaft **beherrschender Gesellschafter**, so ist er hingegen als selbständig anzusehen, da er keinen Weisungen anderer Personen unterliegt, sondern den Willen der Gesellschafterversammlung selbst bestimmen kann. Die gegenteilige Sichtweise des **EuGH**[7] ist formalistisch und wirklichkeitsfremd. Allerdings verbietet es das Gebot der **Rechtsformneutralität** der Umsatzsteuer, den beherrschenden Gesellschafter mit seinen selbständig erbrachten Geschäftsführungsleistungen der Umsatzsteuer zu unterwerfen (Rz. 81). Entsprechendes hat zu gelten, wenn ein anderer Geschäftsführer von der Rechtsprechung (Rz. 49) als selbstständig angesehen wird. Folglich **kann** es aus umsatzsteuerrechtlicher Sicht **dahinstehen, ob** die **Geschäftsführer** und Vorstände von Kapitalgesellschaften als **selbständig** anzusehen sind.

---

1 FG Hess. v. 28.10.2004 – 6 K 1405/99, EFG 2005, 573.
2 Zu weiteren Einzelfällen s. *Stadie* in R/D, § 2 UStG Anm. 178 (ABC).
3 Zu **anderen juristischen Personen** s. BFH v. 11.3.1960 – IV 172/58 U, BStBl. III 1960, 214 – Landesversicherungsanstalt; BFH v. 2.10.1968 – VI R 25/68, BStBl. II 1969, 185 – Genossenschaft; BFH v. 14.5.2008 – XI R 70/07, BStBl. II 2008, 912 – Verein, Industrieverband; *Stadie* in R/D, § 2 UStG Anm. 162 m.w.N. der Rspr.
4 BFH v. 10.3.2005 – V R 29/03, BStBl. II 2005, 730; BFH v. 14.5.2008 – XI R 70/07, BStBl. II 2008, 912; die Finanzverwaltung folgt dem; Abschn. 2.2 Abs. 2 Satz 4 UStAE. Zutreffend wie hier noch BFH v. 30.7.1986 – V R 41/76, BStBl. II 1986, 874 (876); BFH v. 9.10.1996 – XI R 47/96, BStBl. II 1997, 255 – jeweils zum **GmbH**-Geschäftsführer; s. auch Rz. 55.
5 Das verkennt FG Berlin v. 6.3.2006 – 9 K 2574/03, EFG 2006, 1425.
6 BFH v. 9.10.1996 – XI R 47/96, BStBl. II 1997, 255; BFH v. 7.5.1997 – V R 28/96, BFH/NV 1997, 911; BFH v. 21.9.1999 – V B 44/99, BFH/NV 2000, 352.
7 EuGH v. 18.10.2007 – C-355/06, EuGHE 2007, I-8863 = UR 2007, 889; ebenso FG München v. 28.5.2014 – 14 K 311/13, juris.

## 2. Personengesellschafter

**Gesellschafter** bei **Personengesellschaften** sind mit der Geschäftsführungstätigkeit i.S.d. §§ 709 f. BGB, 114 ff. HGB zwar zwingend selbständig tätig[1] – sie können, weil sie originär und eigenverantwortlich den Willen der Gesellschaft bilden, in der Geschäftsführung keinen Weisungen wie ein Arbeitnehmer unterworfen sein, so dass Bindung an Gesellschafterbeschlüsse im Einzelfall keine Weisungsunterworfenheit in diesem Sinne[2], sondern Weisungsbindung eines selbständigen Beauftragten nach § 105 Abs. 3 HGB i.V.m. § 713 i.V.m. § 665 BGB[3] ist –, da sie mit dieser jedoch entgegen verfehlter BFH-Auffassung keine Leistungen erbringen (§ 1 Rz. 36), unterliegen sie insoweit nicht der Umsatzsteuer. Ein Gesellschafter kann allerdings mit der Gesellschaft einen **Arbeitsvertrag** schließen. Er ist dann wie ein Dritter nichtselbständig tätig, da er den Weisungen der geschäftsführenden Gesellschafter unterworfen ist.

52

## 3. Aufsichtsratsmitglieder

Das Mitglied eines **Aufsichtsrates** ist, was mittelbar durch § 3a Abs. 4 Satz 2 Nr. 3 UStG bestätigt wird, selbständig tätig[4], auch als Arbeitnehmervertreter, da auch dieser sein Amt unabhängig ausübt[5] (zur Unternehmereigenschaft Rz. 82). Entsprechendes gilt für Mitglieder von **Beiräten** und ähnlichen Gremien bei anderen Gesellschaften.[6]

53

## 4. Empfänger von Schmiergeldern u.Ä.

Die **Entgegennahme von Schmiergeldern** oder sog. **Schutzgeldern** durch einen Arbeitnehmer oder Beamten, der stets Dienstleistungen zugrunde liegen (§ 1 Rz. 16), erfolgt nur im äußeren Zusammenhang mit dem Arbeitsverhältnis und ist eine von der Weisungsbefugnis des Arbeitgebers losgelöste eigenständige Tätigkeit, die selbständig ausgeübt wird.[7] Gleiches gilt bei der Mitwirkung an Diebstählen zuungunsten des Arbeitgebers gegen Beteiligung am Veräußerungserlös.[8]

54

---

1 A.A. BFH v. 26.8.2014 – XI R 26/10, UR 2015, 35 – Rz. 28 f.; vgl. auch BFH v. 14.4.2010 – XI R 14/09, BStBl. II 2011, 433.
2 A.A. *Heidner*, DStR 2002, 1890 (1892); *Behrens/Schmitt*, GmbHR 2003, 269 (273); *Korn/Strahl*, KÖSDI 2003, 13950; *Zugmaier*, DStR 2004, 124; *Englisch* in T/L, § 17 Rz. 37.
3 *Ulmer/Schäfer* in MünchKomm/BGB, § 713 Rz. 7 m.Nw. der ganz h.M.
4 BFH v. 27.7.1972 – V R 136/71, BStBl. II 1972, 810; BFH v. 2.10.1986 – V R 68/78, BStBl. II 1987, 42; BFH v. 24.8.1994 – XI R 74/93, BStBl. II 1995, 150; BFH v. 14.5.2008 – XI R 70/07, BStBl. II 2008, 912 – 2a der Gründe; BFH v. 20.7.2009 – V R 32/08, BStBl. II 2010, 88.
5 BFH v. 27.7.1972 – V R 136/71, BStBl. II 1972, 810; a.A. *Englisch* in T/L, § 17 Rz. 37 (a.E.).
6 Vgl. BFH v. 24.8.1994 – XI R 74/93, BStBl. II 1995, 150.
7 FG Nürnberg v. 23.12.1994 – II 45/93, EFG 1995, 502; FG Nds. v. 24.10.1996 – V 570/95, EFG 1997, 182; FG München v. 20.3.2003 – 14 K 4324/01, EFG 2003, 965; a.A. für Schutzgelder FG Rh.-Pf. v. 16.10.1992 – 3 K 2843/90, EFG 1993, 345.
8 FG Nds. v. 28.10.1999 – V R 360/92, EFG 2000, 659.

## 5. Sportler, Künstler u.Ä.

55 Sportler, Künstler u.ä. Personen sind unselbständig tätig, wenn sie nach dem Gesamtbild dem Vertragspartner für eine bestimmte Zeit untergeordnet und in dessen Organisation eingegliedert sind. Für Selbständigkeit spricht, wenn sich die Person nur zum Auftreten bei einzelnen Veranstaltungen verpflichtet.[1] Unabhängig davon erfolgt die Mitwirkung an **Werbeveranstaltungen** u.Ä. selbständig.[2]

## 6. Handelsvertreter, Vermittler u.Ä.

56 Handelsvertreter, Reisende, Agenten, Vermittler u.Ä. können je nach den Umständen des Einzelfalles selbständig oder nichtselbständig sein, auch jeweils unterschiedlich gegenüber verschiedenen Auftraggebern.[3]

## IV. Personenzusammenschlüsse

57 Nach § 2 Abs. 2 Nr. 1 UStG können natürliche Personen auch „**zusammengeschlossen**" einem Unternehmen so eingegliedert sein, dass sie den Weisungen des Unternehmers zu folgen verpflichtet sind. Damit wird lediglich klargestellt, dass Arbeitnehmer ihren Status als Unselbständige nicht dadurch verlieren, dass sie sich zwecks Erbringung der geschuldeten Arbeitsleistung ausschließlich gegenüber ihrem Arbeitgeber organisatorisch zusammengeschlossen haben.[4]

58 Mittels dieser Vorschrift war früher die **organschaftsähnliche Eingliederung** einer **Personengesellschaft** (unter der Prämisse, dass eine solche nicht als sog. Organgesellschaft nach § 2 Abs. 2 Nr. 2 UStG in Betracht komme, weil sie keine „juristische Person" sei, vgl. *Rz. 252*) in das Unternehmen des beherrschenden Gesellschafters begründet worden; diese Auffassung hat der BFH jedoch schon vor längerer Zeit aufgegeben.[5] (zur Frage, ob eine Personengesellschaft unter den Begriff der juristischen Person i.S.d. § 2 Abs. 2 Nr. 2 UStG fallen kann, s. *Rz. 281*).

---

1 Vgl. BFH v. 16.3.1951 – IV 197/50 U, BStBl. III 1951, 97 – Berufsringer; BFH v. 22.1.1964 – I 398/60 U, BStBl. III 1964, 207 – Berufsboxer; BFH v. 9.9.1970 – I R 19/69, BStBl. II 1970, 867 – Filmschauspieler; BFH v. 6.10.1971 – I R 207/66, BStBl. II 1972, 88 – Fernsehfilmmitwirkender; BFH v. 24.5.1973 – IV R 118/72, BStBl. II 1973, 636 – Opernsänger; BFH v. 29.11.1978 – I R 159/76, BStBl. II 1979, 182 – Catcher; BFH v. 30.5.1996 – V R 2/95, BStBl. II 1996, 493 – gastspielverpflichtete Opernsängerin. Ausführlich zu verschiedenen Künstlern, verwandten Berufen und sog. freien Mitarbeitern BMF v. 5.10.1990 – IV B 6 - S 2332 - 73/90, BStBl. I 1990, 638.
2 BFH v. 3.11.1982 – I R 39/80, BStBl. II 1983, 182; BFH v. 19.11.1985 – VIII R 104/85, BStBl. II 1986, 424; BFH v. 22.2.2012 – X R 14/10, BStBl. II 2012, 511.
3 BFH v. 30.10.1969 – V R 150/66, BStBl. II 1970, 474.
4 BFH v. 7.12.1978 – V R 22/74, BStBl. II 1979, 356 – Rz. 3.
5 BFH v. 7.12.1978 – V R 22/74, BStBl. II 1979, 356; BFH v. 8.2.1979 – V R 101/78, BStBl. II 1979, 362; BFH v. 20.1.1988 – X R 48/81, BStBl. II 1988, 557 (560); BFH v. 28.9.1988 – X R 6/82, BStBl. II 1989, 122 (125).

## D. Gewerbliche oder berufliche Tätigkeit (Abs. 1 Sätze 1 und 3)

### I. Allgemeines

Nach § 2 Abs. 1 Satz 1 UStG ist Unternehmer, wer eine „gewerbliche oder berufliche Tätigkeit" selbständig ausübt. Demgegenüber bestimmt § 2 Abs. 1 Satz 3 UStG, dass gewerblich oder beruflich *jede nachhaltige Tätigkeit zur Erzielung von Einnahmen"* ist. Daraus ergibt sich zum einen die Frage, was unter einer Tätigkeit zur Erzielung von Einnahmen zu verstehen ist, und zum anderen, welche Bedeutung dem Wort „nachhaltig" zukommt. Für juristische Personen des öffentlichen Rechts wird die Grundaussage des § 2 Abs. 1 Sätze 1 und 3 UStG durch Absatz 3 dieser Vorschrift eingeschränkt (*Rz. 351*). 59

Übt ein unternehmerfähiges Gebilde **mehrere verschiedene Tätigkeiten** aus, die jeweils für sich die Unternehmereigenschaft nach § 2 Abs. 1 Satz 1 i.V.m. Satz 3 UStG begründen würden, so besteht nur ein Unternehmen (§ 2 Abs. 1 Satz 2 UStG, *Rz. 186*). 60

Die Unternehmereigenschaft als materiell-rechtliches Merkmal einer Person ist **nicht** von der **Registrierung** durch die Finanzverwaltung abhängig; das gilt auch für die Vorsteuerabzugsberechtigung.[1] 61

### II. Tätigkeit zur Erzielung von Einnahmen

#### 1. Allgemeines

Aus dem Zweck des Umsatzsteuergesetzes (und der Richtlinie), den Aufwand der Verbraucher für Güter und Dienstleistungen zu besteuern (*Vorbem. Rz. 15 ff.*) folgt, dass Unternehmer nur sein kann, wer eine **wirtschaftliche Tätigkeit** (Art. 9 Abs. 1 MwStSystRL)[2] in Gestalt der Erbringung von wirtschaftlichen Leistungen gegen Gegenleistungen erbringt oder erbringen wollte (zu Letzterem *Rz. 206 ff.*). Die von § 2 Abs. 1 Satz 3 UStG geforderte Tätigkeit **zur Erzielung von Einnahmen** muss deshalb auf die **Ausführung von Umsätzen** i.S.d. § 1 Abs. 1 Nr. 1 UStG, d.h. auf die Erbringung von Leistungen (*§ 1 Rz. 7 ff.*) gegen Entgelt gerichtet sein[3] (zur Ausstrahlung der Unternehmereigenschaft auf die Gesellschafter einer Personen- oder Kapitalgesellschaft s. *Rz. 165 ff.*). 62

Dieses elementare Merkmal des Unternehmerbegriffes ist unabhängig von der Rechtsform des Tätigwerdens. Es gilt auch für Kapitalgesellschaften, die ertragsteuerrechtlich stets als Gewerbebetrieb (§ 8 Abs. 2 KStG i.V.m. § 238 HGB, § 3 AktG, § 13 Abs. 3 GmbHG; § 2 Abs. 2 Satz 1 GewStG) und handelsrechtlich stets als Kaufmann (§ 6 HGB) angesehen werden. Sie sind nicht allein schon deshalb umsatzsteuerrechtliche Unternehmer. Das Umsatzsteuerrecht kennt **keine Unternehmereigenschaft kraft Rechtsform**, so dass auch Kapitalgesellschaften nur dann Unternehmer sein können, wenn ihre Tätigkeit auf die Erbringung von Leistungen gegen Entgelt gerichtet ist. 63

---

1 Vgl. EuGH v. 21.10.2010 – C-385/09, EuGHE 2010, I-10385 = UR 2011, 27.
2 Vgl. EuGH v. 29.10.2009 – C-246/08, EuGHE 2009, I-10605 = UR 2010, 224 – Rz. 34.
3 Vgl. auch BFH v. 26.1.2012 – V R 18/08, UR 2012, 359 – Rz. 38.

64  Das Gesetz verwendet fehlerhaft den Begriff „**Tätigkeit**" (ebenso Art. 9 MwSt-SystRL), worin gemeinhin ein aktives Verhalten gesehen wird. Ein derartig enges Verständnis des Begriffes entspräche jedoch nicht dem Gesetzes- und Richtlinienziel, auch den Verbrauch von Dienstleistungen zu besteuern. Da diese nach § 3 Abs. 9 Satz 2 UStG (und nach Art. 25 Buchst. b MwStSystRL) auch in einem Unterlassen oder Dulden bestehen können (*§ 1 Rz. 22*; *§ 3 Rz. 153*) und nicht angenommen werden kann, dass diese nur besteuert werden sollen, wenn sie Hilfsgeschäfte (*§ 1 Rz. 95*) im Rahmen eines bereits bestehenden Unternehmens sind, muss folglich davon ausgegangen werden, dass der Begriff der „Tätigkeit" in einem weiteren Sinne als „**Verhalten**" zu verstehen ist. Dieses erfasst auch das Unterlassen (*Rz. 123*) und das Dulden einer Handlung oder eines Zustandes (*Rz. 115 ff.*). § 2 Abs. 1 Satz 3 UStG meint deshalb „... *jedes nachhaltige Verhalten zur ...*" Art. 9 MwStSystRL hat zwar nur „Berufe" im Auge, deren Ausübung eine Tätigkeit darstellt, aus Art. 25 Buchst. b i.V.m. Art. 56 Abs. 1 Buchst. d MwStSystRL muss jedoch geschlossen werden, dass auch der Verzicht, eine berufliche Tätigkeit auszuüben, als „Verhalten" in Gestalt des Unterlassens eine wirtschaftliche „Tätigkeit" darstellt. Das Dulden einer Handlung oder eines Zustandes wird hingegen schon von Art. 9 Abs. 1 Unterabs. 2 Satz 2 MwStSystRL erfasst (zur sog. Vermögensverwaltung s. *Rz. 99*).

65  Nach dem Gesetzeswortlaut muss die Tätigkeit „**zur**" **Erzielung von Einnahmen** erfolgen. Darin ist kein finales Moment dergestalt zu sehen, dass die Einnahmeerzielung die primäre Motivation der Tätigkeit sein muss. Im Hinblick auf den Gesetzeszweck hat es unerheblich zu sein, mit welchem Motiv die entgeltliche Verbraucherversorgung stattfindet (s. *Rz. 129 ff.*) Ausreichend ist deshalb, dass den (beabsichtigten) Leistungen Einnahmen gegenüberstehen[1] (sollen). Es gilt im Prinzip dasselbe wie für die Entgeltlichkeit der einzelnen Leistung nach § 1 Abs. 1 Nr. 1 UStG („gegen Entgelt"), so dass **schlichte Kausalität zwischen** den **Leistungen** und den **Einnahmen** ausreicht (*§ 1 Rz. 75*) und es auf deren Bezeichnung nicht ankommt (*§ 1 Rz. 77*). Auch öffentlich-rechtliche (*Rz. 369 ff.*), ideelle, gemeinnützige o.ä. Tätigkeiten können „zur" Erzielung von Einnahmen erfolgen (zur sog. **Liebhaberei** s. *Rz. 132 ff.*).

66  **Unerheblich** ist, ob die Tätigkeit gegen ein gesetzliches Gebot oder **Verbot** oder gegen die **guten Sitten** verstößt (§ 40 AO).[2] Unternehmerisch ist deshalb auch die Tätigkeit der gewerblichen Hehler, Diebe, Prostituierten[3] usw (s. auch zum Leistungsbegriff *§ 1 Rz. 13*).

Demgegenüber soll nach Auffassung des **EuGH** der **unerlaubte Handel mit Betäubungsmitteln nicht** der Umsatzsteuer (Mehrwertsteuer) unterliegen, da diese ihrem Wesen nach in allen Mitgliedstaaten einem vollständigen Verkehrsverbot unterliegen und deshalb nicht vom Anwendungsbereich dieser Steuer erfasst

---

1 Vgl. BFH v. 16.1.2003 – V R 92/01, BStBl. II 2003, 732 – Abmahnverein; BFH v. 8.11.2007 – V R 20/05, BStBl. II 2009, 483; BFH v. 5.12.2007 – V R 60/05, BStBl. II 2009, 486.
2 Vgl. BFH v. 4.6.1987 – V R 9/79, BStBl. II 1987, 653; EuGH v. 5.7.1988 – 289/86, EuGHE 1988, 3655 = UR 1989, 309; EuGH v. 28.5.1998 – C-3/97, EuGHE 1998, I-3257 = UR 1998, 341; EuGH v. 11.6.1998 – C-283/95, EuGHE 1998, I-3369 = UR 1998, 384; EuGH v. 29.6.1999 – C-158/98, EuGHE 1999, I-3971 = UR 1999, 364.
3 BFH v. 4.6.1987 – V R 9/79, BStBl. II 1987, 653.

würden.[1] Diese Sichtweise verstößt gegen das Ziel der Umsatzsteuer (Mehrwertsteuer), die Einkommensverwendung der Verbraucher zu besteuern.[2]

Auch der Umstand, dass die Tätigkeit **im öffentlichen Interesse** liegt, steht der Annahme des Leistungsaustausches nicht entgegen.[3] Folglich ist auch die Tätigkeit der sog. **Beliehenen**, die öffentliche Aufgaben wahrnehmen und auf öffentlich-rechtlicher Grundlage tätig werden, unternehmerisch[4] bzw. „wirtschaftlich" i.S.d. Art. 9 MwStSystRL (s. auch *Rz. 355*). 67

### 2. Halten von Beteiligungen, sog. Holding

a) Die **Beteiligung** an anderen Gesellschaften **als solche** ist keine unternehmerische Tätigkeit, da mittels der Beteiligung keine Leistungen gegen Entgelt erbracht werden, sondern lediglich die Chance erworben wird, Gewinnanteile u.Ä. zu erhalten. Diese sind als Ergebnis der Beteiligung Ausfluss der bloßen Innehabung der Beteiligung und nicht Gegenleistung für eine wirtschaftliche Tätigkeit. Das gilt auch für **Beteiligungsgesellschaften** in Gestalt von Kapitalgesellschaften[5], da es keine Unternehmereigenschaft kraft Rechtsform gibt (*Rz. 63*), für Vereine, Stiftungen usw. Anders ist es bei *Investment-/Kapitalanlagegesellschaften*, da sie gegenüber den Zeichnern der Anteile Dienstleistungen erbringen.[6] 68

Sog. **Finanzinvestoren**, welche **Gesellschaften** erwerben und nach **Sanierung** o.Ä. weiterveräußern, sind unternehmerisch tätig.[7] 69

b) Nach Auffassung des **EuGH** soll auch die Unternehmereigenschaft einer sog. **geschäftsleitenden Holding** nur dann vorliegen, wenn sie **gegenüber** den **beherrschten Gesellschaften** administrative, finanzielle, kaufmännische oder technischen **Dienstleistungen erbringt**.[8] Die deutsche Rechtsprechung und die Fi- 70

---

1 EuGH v. 5.7.1988 – 289/86, EuGHE 1988, 3655 = UR 1989, 309; EuGH v. 5.7.1988 – 269/86, EuGHE 1988, 3627 = UR 1989, 312.
2 Vgl. *Weiß*, UR 1989, 311; *W. Widmann*, UR 1989, 10; *Lohse/Spetzler*, StVj 1990, 274 (280).
3 Vgl. BFH v. 28.1.1988 – V R 112/86, BStBl. II 1988, 473 (477); BFH v. 11.4.2002 – V R 65/00, BStBl. II 2002, 782 (784); BFH v. 18.12.2008 – V R 38/06, BStBl. II 2009, 749; BFH v. 2.9.2010 – V R 23/09, BFH/NV 2011, 458.
4 BFH v. 10.11.1977 – V R 115/74, BStBl. II 1978, 80 – zum Notar; dazu auch EuGH v. 26.3.1987 – 235/85, EuGHE 1987, 1471 = UR 1988, 164.
5 Vgl. EuGH v. 27.9.2001 – C-16/00, EuGHE 2001, I-6663 = UR 2001, 500 – Rz. 41 f.; EuGH v. 26.6.2003 – C-305/01, EuGHE 2003, I-6729 = UR 2003, 399 – Rz. 45 m.w.N.; EuGH v. 29.4.2004 – C-77/01, EuGHE 2004, I-4295 = UR 2004, 292 – Rz. 57; EuGH v. 19.10.2009 – C-29/08, EuGHE 2009, I-10413 = UR 2010, 107 – Rz. 28; EuGH v. 6.9.2012 – C-496/11, UR 2012, 762 – Rz. 31 f.; BFH v. 18.11.2004 – V R 16/03, BStBl. II 2005, 503.
6 Vgl. EuGH v. 21.10.2004 – C- 8/03, EuGHE 2004, I-10157 = UR 2004, 642.
7 BMF v. 26.1.2007 – IV A 5 - S 7300 - 10/07, BStBl. I 2007, 211 – Rz. 14.
8 EuGH v. 14.11.2000 – C-142/99, EuGHE 2000, I-9567 = UR 2000, 530 – Rz. 19; EuGH v. 12.7.2001 – C-102/00, EuGHE 2001, I-5679 = UR 2001, 533 – Rz. 16 f.; EuGH v. 27.9.2001 – C-16/00, EuGHE 2001, I-6663 = UR 2001, 500 – Rz. 22; EuGH v. 26.6.2003 – C-305/01, EuGHE 2003, I-6729 = UR 2003, 399 – Rz. 46; EuGH v. 29.10.2009 – C-29/08, EuGHE 2009, I-10413 = UR 2010, 107 – Rz. 30; EuGH v. 6.9.2012 – C-496/11, UR 2012, 762 – Rz. 33 f.; EuGH v. 30.5.2013 – C-651/11, UR 2013, 582 – Rz. 37.

nanzverwaltung sind dem gefolgt.[1] Damit hat der EuGH seine ursprüngliche Äußerung, dass eine wirtschaftliche Tätigkeit i.S.d. Art. 9 Abs. 1 Satz 2 Unterabs. 2 MwStSystRL vorliege, „wenn die Beteiligung unbeschadet der Rechte, die der Beteiligungsgesellschaft in ihrer Eigenschaft als Aktionär oder Gesellschafterin zustehen, mit einem unmittelbaren oder mittelbaren *Eingreifen* in die Verwaltung der Gesellschafen einhergeht, an denen die Beteiligung besteht"[2], erheblich eingeschränkt. Ein derartiges Eingreifen soll nur vorliegen, wenn die genannten Dienstleistungen erbracht würden.

71 Diese **Rechtsprechung** ist **verfehlt**, da danach dem beherrschenden Gesellschafter, der nicht diese Form der „Verwaltung" seiner Gesellschaften gewählt hat, die **Vergütung** der beim Erwerb und der Verwaltung der Beteiligungen angefallenen **Vorsteuern versagt** wird. Schon die Interpretation des „Eingreifens" muss verwundern. Die vom EuGH geforderten entgeltlichen Dienstleistungen, stellen nämlich **kein** „**Eingreifen** in die Verwaltung", sondern nur Leistungen von schlichten Diensten dar, die auch Dritte erbringen können. Ein „Eingreifen" des beherrschenden Gesellschafters in die Verwaltung der Gesellschaft erfolgt nicht mittels schuldrechtlicher Austauschverträge, sondern mit Hilfe der Machtinstrumente, die das Gesellschaftsrecht gewährt. Die Erbringung solcher Dienstleistungen würde die Holding zudem **nur insoweit** zum Unternehmer machen, so dass nicht etwa sämtliche **Vorsteuern** abziehbar wären (§ 15 Rz. 53). Auch führt nach dieser Rechtsprechung ein **Beherrschungsvertrag** i.S.d. § 291 AktG, der zum uneingeschränkten Eingreifen in die Verwaltung der jeweiligen Tochtergesellschaft berechtigt, allein **nicht** zur **Unternehmereigenschaft** der Führungsholding.

72 Mit der vom EuGH vorgenommenen Verknüpfung der Steuerpflichtigen-/Unternehmereigenschaft mit dem Erfordernis der unmittelbaren Erbringung von Umsätzen wird die besondere **Funktion** der **geschäftsleitenden Holding** verkannt, die vornehmlich darin liegt, die jeweiligen wirtschaftlichen (unternehmerischen) Aktivitäten der Tochtergesellschaften zu lenken und zu koordinieren. Eine derartige Holding ist wirtschaftlich tätig, da ihr die Aktivitäten – nicht die Umsätze – der Tochtergesellschaften zuzurechnen sind. Diese Holding ist folglich richtigerweise als Steuerpflichtige/**Unternehmer** i.S.d. Art. 168 i.V.m. Art. 9 MwStSystRL, § 15 Abs. 1 UStG anzusehen, da sie eine **wirtschaftliche** (gewerbliche/berufliche) **Tätigkeit im Rahmen** ihrer **unternehmerischen Gesamtkonzeption**[3] **mittelbar über** ihre **Tochtergesellschaften** ausübt. Art. 9 MwStSystRL (bzw. § 2 Abs. 1 UStG) verlangt für die wirtschaftliche Tätigkeit nicht zwingend die Erbringung eigener Umsätze. Auch Art. 168 MwStSystRL (entspricht § 15 Abs. 1 und 2 UStG), der offensichtlich nur den Regelfall des unmittelbar tätigen Steuerpflichtigen im Auge hat, ist dergestalt zu interpretieren, dass für Zwecke des Vorsteuerabzugs als „seine" Umsätze die Umsätze der Tochtergesellschaften anzusehen sind.

---

[1] BFH v. 9.10.2002 – V R 64/99, BStBl. II 2003, 375 (377); BFH v. 9.2.2012 – V R 40/10, BStBl. II 2012, 844; Abschn. 2.2 Abs. 3 Satz 3 f. i.V.m. Satz 5 Nr. 3 UStAE.
[2] EuGH v. 20.6.1991 – C-60/90, EuGHE 1991, I-3111 = UR 1993, 119 – Rz. 14.
[3] FG Berlin-Bdb. v. 15.2.2013 – 7 V 7032/12, EFG 2013, 734.

Nur eine solche Interpretation des Art. 168 i.V.m. Art. 9 MwStSystRL wird der Neutralität des Mehrwertsteuersystems gerecht. Eine geschäftsleitende Holding tätigt keinen Letztverbrauch; diese gesellschaftsrechtliche Konstruktion wird vielmehr ausschließlich aus unternehmerischen Gründen gewählt. Die Neutralität des Mehrwertsteuersystems verlangt deshalb, dass es **ohne Belang** sein muss, in **welcher zivilrechtlichen Einkleidung** (Rechtsform) eine wirtschaftliche Tätigkeit ausgeübt wird. Es darf keinen Unterschied ergeben, ob eine Gesellschaft selbst mittels eigenen Geschäftsbetriebs in Gestalt mehrerer unselbständiger **Zweigniederlassungen** (festen Niederlassungen) wirtschaftlich tätig ist **oder** ob sie diese Aktivitäten in Form von rechtlich selbständigen **Tochtergesellschaften** ausübt. Auch in letzterem Fall muss die Gesellschaft (Holding) grundsätzlich von den Vorsteuern, die diesen wirtschaftlichen Betätigungen zuzurechnen sind, entlastet werden. Nur so wird der Grundsatz der **Rechtsformneutralität** („alle Vorgänge ohne Rücksicht auf deren Rechtsform"[1]) verwirklicht (*Vorbem. Rz. 48 f., 77 ff.*).[2] Die gegenteilige Auffassung des EuGH führt zu einer **Benachteiligung** der Holding **im Wettbewerb** und damit zu einem Verstoß gegen die Rechtsformneutralität, weil die Holding mit Umsatzsteuerbeträgen belastet wird, die Konkurrenten, welche nicht diese gesellschaftsrechtliche Konstruktion gewählt haben, d.h. ihre wirtschaftlichen Aktivitäten nicht mittelbar in Gestalt von beherrschten Gesellschaften, sondern unmittelbar in Form von unselbständigen Zweigniederlassungen (festen Niederlassungen) ausüben[3], abziehen können. Für diese Ungleichbehandlung gibt es keine sachliche Rechtfertigung; sie ist *willkürlich*.

Der **EuGH** hat den **Grundsatz der Neutralität** allerdings bislang **nur auf „Steuerpflichtige"** (Unternehmer) **angewendet**, denn das gemeinsame Mehrwertsteuersystem gewährleiste „völlige Neutralität hinsichtlich der steuerlichen Belastung aller wirtschaftlichen Tätigkeiten"[4] (s. auch *Vorbem. Rz. 79*) Damit wird der Neutralitätsgrundsatz des Mehrwertsteuersystems viel zu eng gefasst, was zu einer **petitio principii** führt, weil derjenige, der aus Neutralitätsgründen als wirtschaftlich Tätiger angesehen werden muss, sich nicht auf diesen Grundsatz berufen kann.

Indes hatte die Entscheidung des EuGH vom 10.1.2006[5] zum Unternehmensbegriff i.S.d. Art. 87 Abs. 1 EG (jetzt Art. 107 Abs. 1 AEUV) zu der Annahme Anlass gegeben, dass der EuGH auch für das Mehrwertsteuerrecht seine Rechtsprechung im hier vertretenen Sinne modifizieren werde.[6] Dafür spricht auch, dass der EuGH mehrfach die **Wahlfreiheit** der „Wirtschaftsteilnehmer" bezüglich des „**Organisationsmodells**" ihrer wirtschaftlichen Betätigungen betont hatte[7], und ferner seine Entscheidung vom 1.3.2012[8], wonach der **Vorsteuerabzug** hinsicht-

---
1 So noch EuGH v. 20.6.1991 – C-60/90, EuGHE 1991, I-3111 = UR 1993, 119 – Rz. 12.
2 Zust. *Englisch*, UR 2007, 290 (300).
3 Vgl. das Beispiel bei *Stadie* in R/D, § 2 UStG Anm. 253.
4 EuGH v. 27.9.2001 – C-16/00, EuGHE 2001, I-6663 = UR 2001, 500 – Rz. 27 m.w.N.
5 EuGH v. 10.1.2006 – C-222/04, EuGHE 2006, I-289 = HFR 2006, 407 = EuZW 2006, 306.
6 Dazu näher *Stadie*, UR 2007, 1.
7 Vgl. EuGH v. 4.5.2006 – C-169/04, EuGHE 2006, I-4027 = UR 2006, 352 – Rz. 68; EuGH v. 21.6.2007 – C-453/05, EuGHE 2007, I-5083 = UR 2007, 617 – Rz. 35; EuGH v. 3.4.2008 – C-124/07, EuGHE 2008, I-2101 = UR 2008, 389 – Rz. 28.
8 EuGH v. 1.3.2012 – C-280/10, UR 2012, 366.

lich der von den unmittelbar nicht selbst unternehmerisch tätigen Gesellschaftern für Zwecke der wirtschaftlichen Tätigkeit der Gesellschaft getragenen Kosten entweder bei diesen **Gesellschaftern** oder aber bei der Gesellschaft möglich sein muss. Da ein Gesellschafter nicht verpflichtet ist, die Rechnung der Gesellschaft zu überlassen, müsste ihm danach das Recht zum Vorsteuerabzug zustehen. Inwieweit der **EuGH** mit seinem Urteil vom 13.3.2014[1] von obiger Aussage wieder abrücken wollte, indem er eine Frage des XI. Senats des BFH zum Vorsteuerabzug eines Gesellschafters beim Erwerb eines Gegenstands, den er der Gesellschaft unentgeltlich zur Nutzung überlassen hatte, **verneinte** (§ 15 Rz. 47), ist unklar.

75   Das **Problem löst** sich in Deutschland **auch nicht** dadurch, dass **Organschaft** (§ 2 Abs. 2 Nr. 2 UStG) angenommen wird. Der **EuGH** erlaubt es zwar den Mitgliedstaaten, dass sie auch Nichtsteuerpflichtige als Mitglieder einer sog. Mehrwertsteuergruppe i.S.d. Art. 11 MwStSystRL vorsehen können (*Rz. 264*), daraus folgt angesichts des eindeutigen § 2 Abs. 2 Nr. 2 Satz 1 UStG indes nicht die Möglichkeit einer richtlinienenkonformen „Auslegung" dergestalt, dass eine Holding ohne entgeltliche Dienstleistungen im o.g. Sinne als Organträger anzusehen wäre. Gegenteiliges folgt auch nicht aus der Entscheidung vom 9.4.2013, mit der der EuGH unwidersprochen die Auffassung Irlands wiedergegeben hat, dass durch die Zusammenfassung einer geschäftsleitenden Holdinggesellschaft mit ihren Tochtergesellschaften zu einer **Mehrwertsteuergruppe** i.S.d. Art. 11 MwStSystRL der **Holding** der Vorsteuerabzug gewährt wird (*Rz. 266*).

Erbringt die Holding hingegen **entgeltliche Dienstleistungen** gegenüber den beherrschten Gesellschaften, so neigt auch der **XI. Senat** des **BFH** für den Fall der Organschaft zu der Auffassung, dass dann nicht nur die diesen Dienstleistungen zuzurechnenden Vorsteuerbeträge abziehbar seien, sondern sich die Abziehbarkeit der gesamten Vorsteuern der Holding als Organträger nach den Ausgangsumsätzen der Tochtergesellschaften (Organgesellschaften) richte[2], was insoweit exakt der Auffassung entspricht, die hier für die Behandlung der Vorsteuern einer Holding vertreten wird.

76   Allerdings würde das Rechtsinstitut der Organschaft nicht helfen, soweit der Organträger oder die beherrschten Gesellschaften **im Ausland ansässig** sind (§ 2 Abs. 2 Nr. 2 Satz 3 UStG, *Rz. 336 ff.*). Eine Gesetzesänderung im o.g. Sinne bzw. die vom XI. Senat des BFH favorisierte Auslegung sind deshalb keine sachlich befriedigenden Lösungen.

77   **Richtigerweise** ist eine Person (oder Gesellschaft o.Ä.), die eine oder mehrere Gesellschaften beherrscht (durch *Mehrheitsbeteiligung* oder *Beherrschungsvertrag*) Steuerpflichtiger/Unternehmer, *soweit* die Tätigkeiten der beherrschten Gesellschaften unternehmerisch sind. Die Person übt eine wirtschaftliche/unternehmerische Tätigkeit mittelbar durch die beherrschten Gesellschaften aus (s. auch *Rz. 173*). Der **Vorsteuerabzug** des beherrschenden Gesellschafters hat

---

[1] EuGH v. 13.3.2014 – C-204/13, UR 2014, 353.
[2] BFH v. 11.12.2013 – XI R 17/11, BStBl. II 2014, 417 – Rz. 50 – EuGH-Az. C-108/14; BFH v. 11.12.2013 – XI R 38/12, BStBl. II 2014, 428 – Rz. 55 – EuGH-Az. C-109/14.

sich folglich nach den Umsätzen der beherrschten Gesellschaften zu richten[1], die der Holding für Zwecke des Vorsteuerabzugs zuzurechnen sind. Auch die Abziehbarkeit der beim **Erwerb** einer **Beteiligung** angefallenen **Vorsteuern** bestimmt sich mithin, auch insoweit entgegen EuGH, nach den Umsätzen, die diese Gesellschaft ausführt (ausführlich *§ 15 Rz. 117 f.*).

### 3. Innengesellschaften

Unter sog. Innengesellschaften sind BGB-Gesellschaften (§ 705 BGB) zu verstehen, die nicht nach außen in Erscheinung treten, d.h. weder gegenüber Dritten noch gegenüber den Gesellschaftern Leistungen erbringen. Die Geschäfte werden, je nach Art der Vereinbarung, nach außen von einem Gesellschafter oder von allen Gesellschaftern jeweils im eigenen Namen getätigt, gehen aber im Innenverhältnis ganz oder zum Teil auf gemeinsame Rechnung. Gegenstand der Gesellschaft ist allein die Verteilung des Gewinnes oder Verlustes auf die Gesellschafter. Darin liegen **keine Leistungen** der Gesellschaft im umsatzsteuerrechtlichen Sinne, da den Beteiligten kein verbrauchbarer, d.h. geldwerter Nutzen (*§ 1 Rz. 10*) verschafft wird.  78

Typisches Beispiel einer Innengesellschaft ist die **stille Gesellschaft**, die nicht nach außen auftritt und deshalb nicht Unternehmer sein kann (*Rz. 24*; zur Unternehmereigenschaft des stillen Gesellschafters s. *Rz. 122*).[2] Gleiches gilt, wenn Unternehmer die Gewinne oder Verluste aus bestimmten risikoreichen Geschäften, die sie jeweils im eigenen Namen erwirtschaftet haben, teilen. Auch eine solche Innengesellschaft (sog. **Meta-Geschäfte** oder **Gewinnpool**) erbringt keine Leistungen.[3]  79

### 4. Organe juristischer Personen

Die gesetzlichen Vertreter[4] juristischer Personen handeln als deren Organe (das hat nichts mit der sog. Organschaft i.S.d. § 2 Abs. 2 Nr. 2 UStG zu tun; *Rz. 253*). Da die juristischen Personen (wie auch nichtrechtsfähige Personenvereinigungen) nicht selbst handlungsfähig sind, verwirklichen sie sich im Handeln ihrer Organe. Soweit – wie insbesondere bei *öffentlich-rechtlichen Selbstverwaltungskörperschaften* – das Prinzip der **Selbstorganschaft** gilt, d.h. als Organe nur Mitglieder in Betracht kommen, ist die Tätigkeit des Organs Ausfluss des Gemeinschaftsverhältnisses. Das Organ erbringt deshalb gegenüber der juristischen Person entgegen BFH keine Leistungen, da es am Empfänger mangelt (*Beispiel*: Vorstandsmitglieder einer kassenärztlichen Vereinigung[5]). Es gelten  80

---

[1] Zum Vorsteuerabzug einer neu gegründeten Holding bei Sacheinlagen in gleichzeitig gegründete Tochtergesellschaften s. BFH v. 6.10.2005 – V R 7/04, BFH/NV 2006, 834.
[2] Vgl. BFH v. 27.5.1982 – V R 110, 111/82, BStBl. II 1982, 678.
[3] Vgl. BFH v. 12.2.1970 – V R 50/66, BStBl. II 1970, 477; BFH v. 27.5.1982 – V R 110, 111/82, BStBl. II 1982, 678.
[4] Dazu zählt entgegen FG Nds. nicht der Aufsichtsrat (*Rz. 82*), FG Nds. v. 30.11.2010 – 16 K 29/10, DStRE 2012, 370.
[5] A.A. BFH v. 14.5.2008 – XI R 70/07, BStBl. II 2008, 912 – unter 1a bb der Gründe; zutreffend noch BFH v. 4.11.1982 – V R 4/77, BStBl. II 1983, 156.

dieselben Erwägungen wie bei geschäftsführenden Gesellschaftern von Personengesellschaften (§ 1 Rz. 36).

81 Bei Kapitalgesellschaften, Vereinen und ähnlichen juristischen Personen des Zivilrechts ist hingegen **Fremdorganschaft** möglich, d.h. auch Nichtmitglieder können Organ oder Teil eines solchen (Vorstand o.Ä.) sein. Sie erbringen dabei zwar Dienstleistungen, allerdings sind sie regelmäßig nichtselbständig (Rz. 49), so dass sie durch diese Tätigkeit nicht zum Unternehmer werden. Anders ist es zwar beim **beherrschenden Gesellschafter** einer Kapitalgesellschaft (Rz. 51), so dass dieser selbständig Dienstleistungen gegen Entgelt (Geschäftsführervergütung) erbringen kann, gleichwohl darf diese Tätigkeit wegen des Gebotes der **Rechtsformneutralität** (Rz. 9, Vorbem. Rz. 48, 77) nicht der Umsatzsteuer unterworfen werden. Das Unternehmen, welches die eigentlichen Leistungen am Markt erbringt, ist die Kapitalgesellschaft. Ist diese nicht oder nicht zum vollen Vorsteuerabzug berechtigt, so würde die auf die Geschäftsführervergütung entfallende Umsatzsteuer im Umfang ihrer Nichtabziehbarkeit zu einem Kostenfaktor werden. Es träte ein **Wettbewerbsnachteil gegenüber** dem **Einzelunternehmer** ein[1], was besonders deutlich bei der sog. Ein-Mann-GmbH wird. Das Gesetz bedarf deshalb insoweit der verfassungskonformen und damit zugleich unionsrechtskonformen Auslegung im Wege der teleologischen Reduktion des Wortlauts.[2]

82 **Aufsichtsratsmitglieder** sind keine gesetzlichen Vertreter, so dass sie – selbständig (Rz. 53) – Dienstleistungen gegen Entgelt (Aufsichtsratsvergütung) erbringen, und da das auch „nachhaltig" (Überwachungstätigkeit für einen Zeitraum, vgl. Rz. 125) erfolgt, sind sie mit dieser Tätigkeit Unternehmer, was durch § 3a Abs. 4 Satz 2 Nr. 3 UStG bestätigt wird. Entsprechendes gilt für Mitglieder von **Beiräten** und ähnlichen Gremien bei anderen Gesellschaften (Rz. 125). Sofern allerdings das **Aufsichtsgremium** (wie z.B. bei einer Aktiengesellschaft oder Genossenschaft) **gesetzlich vorgeschrieben** ist, darf die Vergütung aus Gründen der Rechtsformneutralität (vgl. Rz. 81) nicht besteuert werden.[3]

### 5. Weitere Einzelfälle

83 Der **geschäftsführende Gesellschafter** einer **Personengesellschaft** ist zwar selbständig (Rz. 52), jedoch entgegen neuerer BFH-Auffassung nicht unternehmerisch tätig, da er keine Leistungen gegenüber der Gesellschaft erbringt (§ 1 Rz. 36).

84 Verbände i.S.d. § 13 Abs. 2 Nr. 2 und 3 UWG (sog. **Abmahnvereine**), die Unterlassungsansprüche nach § 13 Abs. 1 UWG geltend machen und von den abgemahnten Unternehmern Aufwendungsersatz erhalten, sind mit dieser Tätigkeit

---

[1] Das verkennen BFH v. 10.3.2005 – V R 29/03, BStBl. II 2005, 730; BFH v. 14.5.2008 – XI R 70/07, BStBl. II 2008, 912 – 1a aa der Gründe.
[2] Ausführlich Stadie in R/D, § 2 UStG Anm. 302 f.
[3] Stadie in R/D, § 2 UStG Anm. 305; a.A. FG Nds. v. 30.11.2010 – 16 K 29/10, DStRE 2012, 370.

Unternehmer, da sie gegenüber den Abgemahnten Dienstleistungen erbringen (§ 1 Rz. 47).[1]

Sog. **Factoring-Gesellschaften** erbringen auch beim sog. echten Factoring (Forderungskauf mit voller Übernahme des Ausfallwagnisses) gegenüber dem Forderungskäufer (sog. Anschlusskunde) regelmäßig Dienstleistungen gegen Entgelt (§ 1 Rz. 17) und sind somit Unternehmer.[2]

Sog. Finanzinvestoren, welche **Gesellschaften** erwerben und nach **Sanierung** o.Ä. **weiterveräußern**, sind unternehmerisch tätig.[3]

## III. Unternehmerbegriff als Typusbegriff

### 1. Untauglichkeit des Merkmals „nachhaltig"

Nach § 2 Abs. 1 Satz 3 UStG ist gewerblich oder beruflich „**jede nachhaltige Tätigkeit** zur Erzielung von Einnahmen". Es scheint deshalb nahezuliegen, das Begriffspaar „gewerblich oder beruflich" aus § 2 Abs. 1 Satz 1 UStG wegfallen zu lassen, die beiden Sätze 1 und 3 zusammenzufassen und sie wie folgt zu lesen: „Unternehmer ist, wer selbständig eine nachhaltige Tätigkeit zur Erzielung von Einnahmen ausübt, auch wenn ..."[4] Demgemäß hat die Rechtsprechung – die bis heute keine klare Linie gefunden hat[5] – häufig ausschließlich auf das Merkmal Nachhaltigkeit abgestellt und aus diesem Kriterien abgeleitet, die das Wort allerdings nicht hergibt.[6] Das Wort „nachhaltig" bedeutet im Sprachgebrauch „auf längere Zeit anhaltend und wirkend". Mehr lässt sich dem Wort nicht entnehmen, so dass es als Grundlage für einen rechtlichen Erkenntnisgewinn **untauglich** und nicht auslegbar ist. Auch die vom BFH zuweilen geforderte Gesamtbildbetrachtung[7] hilft bei alleinigem Abstellen auf die Nachhaltigkeit nicht weiter, denn auch dann kann das Ergebnis nur lauten, dass die zu beurtei-

---

1 BFH v. 16.1.2003 – V R 92/01, BStBl. II 2003, 732; ausführlich *Stadie* in R/D, § 2 UStG Anm. 268.
2 EuGH v. 26.6.2003 – C-305/01, EuGHE 2003, I-6729 = BStBl. II 2004, 688 = UR 2003, 399; BFH v. 4.9.2003 – V R 34/99, BStBl. II 2004, 667; *Stadie* in R/D, § 2 UStG Anm. 275 f.
3 BMF v. 26.1.2007 – IV A 5 - S 7300 - 10/07, BStBl. I 2007, 211 – Rz. 14.
4 So ausdrücklich BFH v. 12.4.1962 – V 21/60, BStBl. III 1962, 262; BFH v. 30.12.1962 – V 90/60, HFR 1963, 188; ähnlich auch BFH v. 21.4.1994 – V R 105/91, BStBl. II 1994, 671; ferner *Englisch* in T/L, § 17 Rz. 40.
5 Vgl. die ausführliche Darstellung bei *Stadie* in R/D, § 2 UStG Anm. 312 ff.
6 Vgl. nur das zusammenhanglose Auflisten von Kriterien, die für Nachhaltigkeit sprechen können sollen, in der BFH-Entscheidung aus dem Jahr 1991, BFH v. 18.7.1991 – V R 86/87, BStBl. II 1991, 776. Der Begriff „nachhaltig" umfasst diese Kriterien indes überwiegend nicht. Auch nennt der BFH das Band, welches diese Kriterien gedanklich zusammenhält, nicht und kennt dieses offensichtlich auch nicht; so zutreffend *Schmidt-Liebig*, BB 1994, Beilage 20, 1 (2). Der Entscheidung folgten BFH v. 24.11.1992 – V R 8/89, BStBl. II 1993, 379; BFH v. 26.8.1993 – V R 20/91, BStBl. II 1994, 54; BFH v. 9.9.1993 – V R 24/89, BStBl. II 1994, 57; BFH v. 27.10.1993 – XI R 86/90, BStBl. II 1994, 274; BFH v. 9.7.1998 – V B 143/97, BFH/NV 1999, 221.
7 BFH v. 18.7.1991 – V R 86/87, BStBl. II 1991, 776; BFH v. 12.12.1996 – V R 23/93, BStBl. II 1997, 368; BFH v. 18.12.2008 – V R 80/07, BStBl. II 2011, 292 = UR 2009, 381 (384); vgl. auch BFH v. 27.1.2011 – V R 21/09, BStBl. II 2011, 524 – Rz. 22 u. 24.

lende Tätigkeit nachhaltig ist oder nicht. Mehr ist damit nicht gewonnen. Zur Nachhaltigkeit muss noch Weiteres hinzukommen, da das alleinige Abstellen auf dieses Merkmal nicht weiterführt[1] (*Beispiel:* Wer ständig Briefmarken tauscht oder über Jahre die Kleidung und das Spielzeug seiner Kinder auf dem Flohmarkt verkauft, ist jeweils nachhaltig tätig, gleichwohl wird er dadurch nicht zum Unternehmer).

87 Mit der verkürzten Sichtweise, nur auf die Nachhaltigkeit abzustellen, wird verkannt, dass der Gesetzgeber mit den Begriffen **„gewerblich oder beruflich"** eine Wertung vorgenommen hat, die nicht einfach beiseite geschoben werden darf. Die ständige Verwendung des Begriffspaares in allen Absätzen des § 2 UStG (sowie in § 3a Abs. 4 Satz 2 Nr. 9, § 16 Abs. 3, § 18 Abs. 2 Satz 4 und § 19 Abs. 3 Satz 3 UStG) kann nur den Sinn haben, dass es den Unternehmerbegriff prägen soll. Ihre Funktion liegt folglich darin, den Begriff „nachhaltig" einzugrenzen und ihm Konturen zu geben. § 2 Abs. 1 Satz 3 UStG ist deshalb wie folgt zu lesen: „Gewerblich oder beruflich ist auch jede andere *vergleichbare* nachhaltige Tätigkeit."[2] Zur Begründung der Unternehmereigenschaft reicht es mithin nicht aus, die Nachhaltigkeit der Tätigkeit zu bejahen. Hinzukommen muss des Weiteren, dass die nachhaltige Tätigkeit gewerblich oder beruflich ist oder einer solchen Betätigung vergleichbar ist.[3] Diese Interpretation ist auch im Hinblick auf Art. 9 MwStSystRL (*Rz. 8*) geboten, der eine **wirtschaftliche Tätigkeit** fordert und als wirtschaftliche Tätigkeiten alle Tätigkeiten der dort aufgezählten **Berufe** und der diesen **„gleichgestellten** Berufe" erfassen will.

### 2. Typus „Unternehmer"

#### a) Allgemeines

88 „Gewerblich" und „beruflich" sind keine abstrakten Begriffe, sondern – wie auch die einkommensteuerrechtlichen Begriffe „Gewerbebetrieb" und „Mitunternehmer" – **Typusbegriffe**.[4] Auch Art. 9 Abs. 1 MwStSystRL beschreibt den Steuerpflichtigen typologisch durch die Aufzählung verschiedener Berufstypen bzw. Berufsgruppen. Im Gegensatz zum abstrakten (klassifikatorischen) Begriff ist der Typus offen. Während ein abstrakter Begriff durch die abschließende Aufzählung seiner unabdingbaren Merkmale beschrieben wird, unter die der Sachverhalt subsumiert werden kann, lässt sich der Typus nicht definieren, sondern nur durch ein Bild benennen. Die Zugehörigkeit zum Typus kann nicht durch logisch-abstrakte Subsumtion, sondern lediglich nach dem Grad der Ähnlichkeit mit dem **Urbild** (Muster) bestimmt werden. Auf Grund einer **Gesamtbildbetrachtung** wird die Einzelerscheinung dem Typus im Wege des Ähnlichkeitsver-

---

[1] So zutreffend der X. Senat des BFH v. 29.6.1987 – X R 23/82, BStBl. II 1987, 744 (745) – r. Sp. oben. A.A. *Englisch* in T/L, § 17 Rz. 40 – Nachhaltigkeit und Einnahmeerzielungsabsicht als wesentliche Charakteristika des Typusbegriffs „Unternehmer".
[2] *Stadie* in R/D, § 2 UStG Anm. 327 f.
[3] In diesem Sinne auch BFH v. 13.11.2003 – V R 59/02, BStBl. II 2004, 472: nachhaltige Tätigkeit als „im weiteren Sinne gewerbliche oder berufliche Tätigkeit".
[4] *Schmidt-Liebig*, StuW 1978, 137 (141); *Stadie* in/R/D, § 2 UStG Anm. 334 m.w.N.; **a.A.** *W. Wagner*, StuW 1991, 61; *Klenk* in S/R, § 2 UStG Rz. 8 – juristischer Kunstbegriff; *H.-F. Lange* in FS Offerhaus, 1999, S. 701 (712).

gleichs **wertend zugeordnet**[1] (*Rz. 101*). Mehrere Entscheidungen des BFH aus den 80er Jahren gingen in diese Richtung.[2] Wenn der BFH in späteren Entscheidungen bei der Prüfung der Nachhaltigkeit auf das Gesamtbild abstellen wollte (*Rz. 86*), so war das letztlich, ohne dass sich der BFH dessen bewusst zu sein schien, auch eine typologische Betrachtungsweise, allerdings mit dem falschen Ansatz beim untauglichen Begriff. Mit seiner Entscheidung vom 27.1.2011 ist der V. Senat des BFH nunmehr wieder auf dem richtigen Weg, wenn er für das Vorliegen einer unternehmerischen Tätigkeit danach fragt, ob sie „dem Bild entspricht, das nach der Verkehrsanschauung einer wirtschaftlichen Tätigkeit, vergleichbar der eines Händlers, Güterproduzenten etc. entspricht"[3].

### b) Charakteristische (typische) Merkmale

Die Zuordnung der einzelnen Tätigkeit zum Typus des Unternehmers erfolgt anhand der charakteristischen (typischen) Merkmale, die dessen Erscheinungsbild prägen. Erforderlich ist eine Gesamtbildbetrachtung im Einzelfall (*Rz. 101*). Die Tätigkeit kann auch *nebenberuflich* ausgeübt werden.[4]   89

**aa)** Prägendes Merkmal der gewerblichen oder beruflichen, d.h. wirtschaftlichen Tätigkeit ist eine **geschäftliche** (geschäftsmäßige) Betätigung[5], die sich im Allgemeinen durch **Planmäßigkeit** auszeichnet.[6] Damit ist typischerweise, aber nicht zwingend das Element der Dauer verbunden (vgl. *Rz. 96*).   90

**Gelegentliches** Tätigwerden mit der Absicht, bei sich bietender Gelegenheit erneut tätig zu werden, ist im Allgemeinen keine geschäftsmäßige, wirtschaftliche Tätigkeit. Das scheint auch im Umkehrschluss aus Art. 12 MwStSystRL zu folgen, wonach die Mitgliedstaaten auch solche Personen, die *gelegentlich* eine der in Art. 9 Abs. 1 Unterabs. 2 MwStSystRL genannten Tätigkeiten ausüben, als Steuerpflichtige betrachten können.[7] Der Begriff „gelegentlich" ist indes nur ein beschränkt brauchbares Abgrenzungskriterium, weil auch gelegentliches Tätigwerden nach dem Gesamtbild eine unternehmerische/wirtschaftliche Tätigkeit i.S.d. § 2 Abs. 1 UStG, Art. 9 Abs. 1 MwStSystRL sein kann[8]: Wer mittels zweier kurzfristiger, „gelegentlich" erbrachter Leistungen das gleiche Ergebnis erzielt wie derjenige, der sich das ganze Jahr über betätigen muss, kann Unter-   91

---

1 Vgl. zum Typusbegriff *Larenz/Canaris*, Methodenlehre der Rechtswissenschaft, 3. Aufl. 1995, S. 286 ff.; *Stadie* in R/D, § 2 UStG Anm. 331 ff. m.w.N.
2 Vgl. BFH v. 13.12.1984 – V R 32/74, BStBl. II 1985, 173; BFH v. 20.12.1994 – V R 25/76, BStBl. II 1985, 176 (180); BFH v. 15.1.1987 – V R 3/77, BStBl. II 1987, 512 (515): „wie ein Händler".
3 BFH v. 27.1.2011 – V R 21/09, BStBl. II 2011, 524 – Rz. 28.
4 EuGH v. 21.4.2005 – C-25/03, EuGHE 2005, I-3123 = UR 2005, 324 – Rz. 42.
5 Vgl. auch BFH v. 30.7.1986 – V R 41/76, BStBl. II 1986, 874 (876); BFH v. 15.1.1987 – V R 3/77, BStBl. II 1987, 512 (515); BFH v. 4.6.1987 – V R 9/79, BStBl. II 1987, 653; BFH v. 18.1.1995 – XI R 71/93, BStBl. II 1995, 559 (561).
6 Vgl. BFH v. 27.1.2011 – V R 21/09, BStBl. II 2011, 524 – Rz. 22; ferner BFH v. 27.10.1993 – XI R 86/90, BStBl. II 1994, 274; BFH v. 10.4.1997 – V R 17/94, UR 1998, 144; BFH v. 15.3.2002 – V B 137/01, BFH/NV 2002, 1503.
7 Vgl. auch EuGH v. 29.6.1996 – C-230/94, EuGHE 1996, I-4517 = UR 1996, 418 – Rz. 20.
8 I.E. auch EuGH v. 13.6.2013 – C-62/12, UR 2013, 626 – mit allerdings zirkelschlussartigen Ausführungen.

nehmer sein (vgl. auch *Rz. 96 a.E.*). Umgekehrt ist selbst *regelmäßiges* Tätigwerden als solches noch keine geschäftliche bzw. wirtschaftliche Tätigkeit. Wer in regelmäßigen Abständen ausgemusterten Hausrat o.Ä. veräußert, ist nicht gewerblich/wirtschaftlich tätig (*Rz. 102*).

92 Die Geschäftlichkeit/Planmäßigkeit zeigt sich typischerweise im **Unterhalten** eines **Geschäftsbetriebs**. Dieser darf jedoch **nicht** als „**Geschäftslokal**"[1], d.h. als Räumlichkeit mit Publikumszugang, verstanden werden. Das Geschäftslokal entsprach zwar dem früheren Bild eines Gewerbebetriebs, kann aber heute nicht einmal mehr als typisch für einen solchen angesehen werden, wie die zunehmende Zahl der Versandhändler und Internet-Dienstleister zeigt. Das Merkmal des Geschäftslokals ist nicht zwingend erforderlich und kann im Rahmen der Gesamtbildbetrachtung vernachlässigt werden, wenn die Geschäftlichkeit/Planmäßigkeit einer wirtschaftlichen Tätigkeit auf andere Weise und auch weitere Merkmale hinreichend ausgeprägt sind.[2] Umgekehrt können andere Merkmale bei der Gesamtwürdigung zurücktreten, wenn ein Geschäftslokal wie bei einem volltypischen Gewerbebetrieb vorliegt.

93 Die gewerbliche oder berufliche (unternehmerische) Tätigkeit wird im Allgemeinen auch durch den **Umfang** und die **Intensität**[3] der Tätigkeit geprägt. Sie sind indes regelmäßig keine zwingenden Merkmale[4], können jedoch im Rahmen der Gesamtbildbetrachtung zu berücksichtigen sein. Je umfangreicher und intensiver eine zur Überschusserzielung geeignete Betätigung ist, d.h. je mehr Zeit und Arbeitskraft sie in Anspruch nimmt, desto mehr erhält sie das Gepräge des Gewerblichen/Beruflichen. Bei **Veräußerungstätigkeiten** kommt es für die Unternehmereigenschaft hingegen **nicht** auf den Umfang der Verkäufe an, weil auch für private Zwecke handelnde Personen umfangreiche Verkäufe vornehmen können.[5] Eine gewerbliche Tätigkeit („**Händler**") liegt entgegen BFH nur dann vor, soweit die veräußerten Gegenstände zuvor zum Zwecke des Weiterverkaufs erworben worden waren (*Rz. 102 f.*).

94 Unabhängig von der Bedeutung des Begriffes der Nachhaltigkeit (*Rz. 86 ff.*) ist die **Zahl** der **Umsätze** kein entscheidendes Kriterium, denn das Gesetz fragt nicht, ob die Zahl der Umsätze, sondern ob die **Tätigkeit** dergestalt nachhaltig ist, dass sie gewerblich oder beruflich ist (§ 2 Abs. 1 UStG). Auch wenn eine Mehrzahl von Umsätzen für eine solche Tätigkeit typisch ist[6], kann die **Erbrin-**

---

1 A.A. BFH v. 27.1.2011 – V R 21/09, BStBl. II 2011, 524 – Rz. 22; BFH v. 26.4.2012 – V R 2/11, BStBl. II 2012, 634 – Rz. 36.
2 Vgl. BFH v. 29.6.1987 – X R 23/82, BStBl. II 1987, 744 (745); BFH v. 16.6.1994 – V R 98/92, BFH/NV 1995, 740; ferner BFH v. 15.3.2002 – V B 137/01, BFH/NV 2002, 1503.
3 Vgl. BFH v. 27.10.1993 – XI R 86/90, BStBl. II 1994, 274; BFH v. 12.12.1996 – V R 23/93, BStBl. II 1997, 368; BFH v. 15.3.2002 – V B 137/01, BFH/NV 2002, 1503; BFH v. 27.1.2011 – V R 21/09, BStBl. II 2011, 524 – Rz. 22.
4 Vgl. EuGH v. 20.6.1996 – C-155/94, EuGHE 1996, I-3013 = UR 1996, 423 – Rz. 37; EuGH v. 15.9.2011 – C-180/10 und C-181/10, EuGHE 2011, I-8461 = UR 2012, 519 – Rz. 37; BFH v. 18.12.2008 – V R 80/07, BStBl. II 2011, 292 = UR 2009, 381 – Tz. 2b bb.
5 EuGH v. 20.6.1996 – C-155/94, EuGHE 1996, I-3013 = UR 1996, 423 – Rz. 37; EuGH v. 15.9.2011 – C-180/10 und C-181/10, EuGHE 2011, I-8461 = UR 2012, 519 – Rz. 37.
6 Vgl. BFH v. 27.1.2011 – V R 21/09, BStBl. II 2011, 524 – Rz. 22; BFH v. 26.4.2012 – V R 2/11, BStBl. II 2012, 634 – Rz. 36; EuGH v. 19.7.2012 – C-263/11, UR 2012, 791 – Rz. 38;

gung **nur eines Umsatzes** zwecks **Erledigung** eines **einmaligen Auftrags** das Ergebnis einer geschäftsmäßigen, planmäßigen und damit wirtschaftlichen Tätigkeit sein. Ohne Belang ist deshalb auch, ob dieser eine Umsatz in Teilleistungen (§ 13 Abs. 1 Nr. 1 Buchst. a Satz 3 UStG) erbracht wird. Ziehen sich die Vorbereitungs- und/oder Ausführungshandlungen für den einen Umsatz über einen längeren Zeitraum hin und erfordern diese einen **erheblichen Arbeits- und Zeitaufwand**, so wird es sich regelmäßig um eine gewerbliche/berufliche (unternehmerische) Tätigkeit handeln.

Die **Höhe der Einnahmen** spielt nur dann eine Rolle, wenn die Geschäftlichkeit bzw. Intensität der Betätigung zweifelhaft ist.[1] Sind diese Merkmale ausgeprägt, so ist die Höhe der Einnahmen ohne Bedeutung, was durch die Kleinunternehmergrenze der Art. 284 ff. MwStSystRL bzw. § 19 Abs. 1 Satz 1 UStG bestätigt wird. Bei **Veräußerungstätigkeiten** kommt der Höhe keine wesentliche Bedeutung zu, weil auch bei Privatverkäufen höhere Einnahmen anfallen können.[2] Die Höhe der Einnahmen spielt auch bei **Dienstleistungen** nur dann eine Rolle, wenn die Planmäßigkeit/**Geschäftlichkeit** und die Intensität der Betätigung **zweifelhaft** sind.[3] Dann kann aus der Höhe der Einnahmen bzw. aus der Gewinnspanne regelmäßig auf eine geschäftliche Wiederholungsabsicht geschlossen werden.

**bb)** Ein weiteres charakteristisches Merkmal der unternehmerischen Tätigkeit ist, dass sie auf **Dauer** angelegt ist. Das heißt indes schon nicht, dass ständig Umsätze erbracht werden müssen. Zwischen diesen können größere Abstände liegen, sofern auf Grund der Eigenart der Umsätze die Tätigkeit nach dem Gesamtbild anhand der übrigen Merkmale gleichwohl als unternehmerisch gewertet werden kann (**Saisonbetriebe** u.Ä.). Die Unternehmereigenschaft entfällt dann in der Zwischenzeit nicht (s. auch *Rz. 214*). Das Dauermoment ist jedoch kein zwingend erforderliches Merkmal[4], so dass die Dauer nur im Rahmen einer Gesamtbildbetrachtung zu würdigen ist.[5] Folglich kann selbst eine **kurzfristige Tätigkeit**, die intensiv ausgeübt wird und für diese Zeit den übrigen typischen Merkmalen der Gewerblichkeit entspricht, unternehmerisch sein.[6]

---

vgl. aber auch EuGH v. 15.9.2011 – C-180/10 und C-181/10, EuGHE 2011, I-8461 = UR 2012, 519 – Rz. 37.

1 Vgl. EuGH v. 29.6.1996 – C-230/94, EuGHE 1996, I-4517 = UR 1996, 418 – Rz. 29; ferner BFH v. 18.12.2008 – V R 80/07, BStBl. II 2011, 292 = UR 2009, 381; BFH v. 27.1.2011 – V R 21/09, BStBl. II 2011, 524 – Rz. 22; BFH v. 26.4.2012 – V R 2/11, BStBl. II 2012, 634 – Rz. 36.

2 Vgl. EuGH v. 15.9.2011 – C-180/10 und C-181/10, EuGHE 2011, I-8461 = UR 2012, 519 – Rz. 38; aber auch EuGH v. 19.7.2012 – C-263/11, UR 2012, 791 – Rz. 38.

3 Vgl. jeweils zu gelegentlichen Vermietungen eines beweglichen Gegenstandes (Wohnmobil) EuGH v. 29.6.1996 – C-230/94, EuGHE 1996, I-4517 = UR 1996, 418 – Rz. 29; BFH v. 12.12.1996 – V R 23/93, BStBl. II 1997, 368; insoweit zutreffend auch BFH v. 18.12.2008 – V R 80/07, BStBl. II 2011, 292 = UR 2009, 381 – 2b cc.

4 Vgl. EuGH v. 15.9.2011 – C-180/10 und C-181/10, EuGHE 2011, I-8461 = UR 2012, 519 – Rz. 38.

5 Insoweit zutreffend BFH v. 27.1.2011 – V R 21/09, BStBl. II 2011, 524 – Rz. 22; BFH v. 26.4.2012 – V R 2/11, BStBl. II 2012, 634 – Rz. 36.

6 Vgl. BFH v. 13.2.1992 – V R 112/87, BFH/NV 1993, 59 – An- und Verkauf nicht unerheblicher Mengen Edelmetall innerhalb eines kürzeren Zeitraums; BFH v. 27.10.1993 – XI

97 **cc)** Ein charakteristisches Merkmal der gewerblichen/beruflichen, d.h. wirtschaftlichen Tätigkeit ist zwar das **Anbieten** der Leistungen **am Markt**[1], dieses Merkmal kann jedoch regelmäßig vernachlässigt werden[2], da es im Hinblick auf das Gesetzesziel, die Verbraucherversorgung zu besteuern, keinen Unterschied ergeben darf, ob die Leistungen mehreren Interessenten angeboten oder von vornherein **nur gegenüber einem Abnehmer** erbracht werden (*Beispiele:* selbständiger Rundfunkermittler, der nur für eine Sendeanstalt tätig ist[3]; Aufsichtsratsmitglied, das nur für eine Gesellschaft berufen worden ist).

98 **dd)** Ein *typisches* Merkmal der gewerblichen oder beruflichen Tätigkeit ist des Weiteren, auch wenn es auf die Gewinnerzielungs*absicht* nicht ankommt (*Rz. 129*), dass sie regelmäßig in einer Art und Weise ausgeübt wird, die **objektiv geeignet** ist, auf Dauer einen **Überschuss abzuwerfen**.[4] Das Erfordernis der Geeignetheit zur Überschusserzielung kann bei durch Spenden oder Zuschüssen subventionierten gemeinnützigen oder öffentlich-rechtlichen Einrichtungen im Rahmen der Gesamtbildbetrachtung unerheblich sein (*Rz. 129 f.*). Der besondere **Zweck** der Umsatzsteuer, die **Verbraucher zu besteuern**, verlangt darüber hinaus, dass **natürliche Personen nicht durch dauerhafte Vorsteuerüberschüsse subventioniert werden** (*Rz. 135* zur sog. **Liebhaberei** im Umsatzsteuerrecht).

99 **ee)** Wesensbestimmendes Merkmal eines Gewerbes bzw. Berufes ist es an sich, dass die Tätigkeit den Rahmen einer **Vermögensverwaltung** überschreitet (für den einkommensteuerrechtlichen Gewerbebetrieb folgt das im Erst-recht-Schluss aus § 14 Satz 1 AO, da da der Begriff des wirtschaftlichen Geschäftsbetriebs Oberbegriff zum Gewerbebetrieb ist[5]; hierbei handelt es sich letztlich jedoch nur um eine Klarstellung). Vermögensverwaltung liegt in der Regel vor, wenn Vermögen lediglich genutzt, insbesondere Kapitalvermögen verzinslich angelegt oder unbewegliches Vermögen vermietet oder verpachtet wird (§ 14 Satz 3 AO). Gemeint ist die typische („reine") Vermietung und Verpachtung als „passive" Tätigkeit, bei der das **unbewegliche Vermögen** mit längerfristigen Verträgen **zur dauerhaften Nutzung** überlassen wird und sich auf die Duldung der Nutzung beschränkt. Der Rahmen der Vermögensverwaltung ist hingegen überschritten, wenn die Tätigkeit durch die Erbringung zusätzlicher Leistungen oder

---

R 86/90, BStBl. II 1994, 274 – Herausgabe einer Festschrift mit Werbeanzeigen durch einen Karnevalsprinzen.

[1] Vgl. BFH v. 20.12.1984 – V R 25/76, BStBl. II 1985, 176 (180); BFH v. 30.7.1986 – V R 41/76, BStBl. II 1986, 874 (876); BFH v. 29.6.1987 – X R 23/82, BStBl. II 1987, 744; BFH v. 10.4.1997 – V R 17/94, BFH/NV 1997, 719; BFH v. 27.1.2011 – V R 21/09, BStBl. II 2011, 524 – Rz. 22; vgl. auch EuGH v. 6.10.2009 – C-267/08, EuGHE 2009, I-9781 = UR 2009, 760 – Rz. 24.

[2] Vgl. BFH v. 4.6.1987 – V R 9/79, BStBl. II 1987, 653; BFH v. 2.12.1998 – X R 83/96, BStBl. II 1999, 534 (539); BFH v. 13.12.1993 – V B 108/93, BFH/NV 1994, 832 – Teilnahme am allgemeinen wirtschaftlichen Verkehr nicht erforderlich.

[3] Vgl. BFH v. 13.12.1993 – V B 108/93, BFH/NV 1994, 832; BFH v. 2.12.1998 – X R 83/96, BStBl. II 1999, 534 (538 f.).

[4] *Stadie* in R/D, § 2 UStG Anm. 353 ff.; vgl. auch FG Saarl. v. 5.12.2002 – 1 K 381/02, EFG 2003, 269; a.A. *Reiß* in R/K/L, § 2 UStG Rz. 60.

[5] BFH v. 8.11.1971 – GrS 2/71, BStBl. II 1972, 63 (64); BFH v. 27.7.1988 – I R 113/84, BStBl. II 1989, 134; *Stadie*, Allgemeines Steuerrecht, 2003, Rz. 261; *Heuermann*, DStJG 30 (2007), S. 121 (123).

durch die Überlassung an ständig und kurzfristig wechselnde Nutzer nach dem Gesamtbild einen gewerblichen Charakter hat.[1] Diese Wertung müsste auch für die Begriffe „gewerbliche oder berufliche Tätigkeit" des § 2 Abs. 1 Satz 1 UStG gelten. Folglich fiele insbesondere die Vermögensverwaltung in Form der typischen Vermietung oder Verpachtung von unbeweglichem Vermögen nicht unter § 2 Abs. 1 UStG, d.h. sie könnte nicht die Unternehmereigenschaft begründen. Gleichwohl ist aus § 4 Nr. 12 i.V.m. § 9 Abs. 1 UStG der Schluss zu ziehen, dass die Vermietung und Verpachtung von unbeweglichem Vermögen als unternehmerisch anzusehen ist (*Rz. 116 f.*; zur Kapitalüberlassung s. *Rz. 121*).

Der **EuGH** spricht auch bei **Veräußerungsvorgängen** davon, dass sie „Verwaltung" des Privatvermögens sein können.[2] In der Rechtsprechung des **BFH** zu § 2 Abs. 1 UStG finden sich seit längerem ebenfalls ähnliche Aussagen dergestalt, dass bei Veräußerungen eine unternehmerische Tätigkeit solange nicht gegeben sei, wie nur eine „private Vermögensverwaltung" vorliege.[3] Das ist angesichts der eindeutigen Umschreibung der Vermögensverwaltung durch § 14 AO („Nutzung" von Vermögen), welche auch Art. 9 Abs. 1 Unterabs. 2 Satz 2 MwStSystRL („Nutzung" von Gegenständen) zugrunde liegt und nur Duldungsdienstleistungen umfasst (*Rz. 115 ff.*), unverständlich. Veräußerungstätigkeiten begründen – sofern es sich nicht um sog. Hilfsgeschäfte handelt (vgl. *§ 1 Rz. 100 ff.*) – die Unternehmer-/Steuerpflichtigeneigenschaft, wenn sie dem Bild (Typus) des „Händlers" oder „Erzeugers" (einschließlich der Urproduzenten und Landwirte) entsprechen (Art. 9 Abs. 1 Unterabs. 2 Satz 1 MwStSystRL). Wenn der EuGH meint, dass bei Veräußerungsvorgängen keine „Verwaltung" des Privatvermögens mehr vorliege, wenn der Betreffende sich ähnlicher Mittel wie ein Erzeuger, Händler oder Dienstleistender bediene[4], so geht er zwar, wenn auch mit falschem Ansatz, in die richtige Richtung, gibt jedoch keine brauchbaren Hinweise zu den anzuwendenden Kriterien. 100

### c) Gesamtbildbetrachtung

Die Einordnung einer Tätigkeit verlangt eine **Gesamtbildbetrachtung** im Einzelfall (*Rz. 88*; auch der BFH spricht häufig von „Gesamtbildbetrachtung", die er indes fehlerhaft auf die Beurteilung der Nachhaltigkeit bezieht, bei der diese jedoch nicht weiterhelfen kann; *Rz. 86*). Die für den Typus charakteristischen Merkmale brauchen nicht sämtlich vorzuliegen, d.h. das eine oder andere Merk- 101

---

1 Diese allgemein anerkannte Unterscheidung ist vom V. Senat des BFH übersehen worden, indem er meinte, dass aus umsatzsteuerrechtlicher Sicht bei kurzfristigen Überlassungen von Sportanlagen durch einen Verein an seine Mitglieder keine Vermögensverwaltung angenommen werden dürfe; eine Vermögensverwaltung i.S.d. § 12 Abs. 2 Nr. 8 Buchst. a Satz 2 UStG i.V.m. §§ 64, 14 AO könne nur eine nichtunternehmerische Tätigkeit sein (§ 12 Rz. 69).
2 EuGH v. 20.6.1996 – C-155/94, EuGHE 1996, I-3013 = UR 1996, 423 – Rz. 34 und 36; EuGH v. 15.9.2011 – C-180/10 und C-181/10, EuGHE 2011, I-8461 = UR 2012, 519 – Rz. 38 und 41.
3 Vgl. BFH v. 15.1.1987 – V R 3/77, BStBl. II 1987, 512 (515); BFH v. 7.2.1990 – I R 173/85, UR 1992, 120; BFH v. 13.2.1992 – V R 112/87, BFH/NV 1993, 59; BFH v. 27.1.2011 – V R 21/09, BStBl. II 2011, 524 – Rz. 28.
4 EuGH v. 15.9.2011 – C-180/10 und C-181/10, EuGHE 2011, I-8461 = UR 2012, 519 – Rz. 39.

mal kann im Einzelfall fehlen oder von schwächerer Bedeutung sein.[1] Die Zuordnung verlangt eine **Wertung**, die die **Verkehrsanschauung** zu berücksichtigen und auf den **Grad der Ähnlichkeit mit** dem **Typus** (Urbild) abzustellen hat. Dabei sind ggf. noch spezifische Merkmale oder **besondere Umstände** zu berücksichtigen, wie z.B. bei einer *Nebentätigkeit* Kenntnisse und Erfahrungen aus einer unselbständigen Haupttätigkeit (vgl. Rz. 128).

Die Würdigung des Gesamtbildes ist eine **Tatsachenfeststellung**, die revisionsrechtlich nur hinsichtlich der Frage überprüfbar ist, ob dem Finanzgericht bei der tatsächlichen Würdigung Rechtsverstöße unterlaufen sind.[2]

### 3. Fallgruppen

#### a) Veräußerungstätigkeiten

##### aa) Angeschaffte Gegenstände (Händlerverhalten)

102 Bei der Veräußerung von Gegenständen und gleichgestellten Wirtschaftsgütern (§ 3 Rz. 8)[3] ist zwischen der Veräußerung **angeschaffter** (erworbener) und der Veräußerung **selbst produzierter** (*Rz. 109 f.*) **Gegenstände** zu **unterscheiden**. Die Lieferung angeschaffter Gegenstände führt zur Unternehmereigenschaft, wenn die betreffende Person als **Händler** i.S.d. **Art. 9 Abs. 1 Unterabs. 2 Satz 1 MwStSystRL** anzusehen ist. Da die Richtlinie diesen Typus nennt, ist der Begriff der gewerblichen Tätigkeit i.S.d. § 2 Abs. 1 Satz 1 UStG in diesem Sinne richtlinienkonform auszulegen. Dafür kommt es darauf an, **ob** es für das Bild des Händlers ausreicht, dass das **Auftreten gegenüber** den **Abnehmern** dem eines Händlers entspricht, **oder** ob das **Wesen der Tätigkeit** maßgebend ist.

103 Stellte man allein auf den Zweck der Umsatzbesteuerung ab, den Aufwand der Verbraucher zu belasten, so müssten Verkaufsaktivitäten, die dem äußeren Bild eines Händlers entsprechen, der Umsatzsteuer unterworfen werden, weil der **Aufwand des Verbrauchers** für die jeweils erworbenen Gegenstände der gleiche ist, **unabhängig davon**, ob er die Gegenstände von diesen Anbietern oder von echten, dauerhaft berufsmäßig tätigen „Trödlern", Antiquitätenhändlern oder Briefmarken-, Münzen- o.ä. Händlern erwirbt. Eine derartige Sichtweise verstieße jedoch gegen die klare Aussage des **Art. 311 Abs. 1 Nr. 5 MwStSystRL**, wonach ein steuerpflichtiger Wiederverkäufer ist, wer „im Rahmen seiner wirtschaftlichen Tätigkeit **zum Zwecke des Wiederverkaufs** Gebrauchtgegenstände, Kunstgegenstände, Sammlungsstücke oder Antiquitäten **kauft** ..." (ebenso § 25a Abs. 1 Nr. 2 Satz 1 UStG, wonach die Gegenstände „an den Wiederverkäufer" geliefert worden sein müssen). Aus dieser Bestimmung folgt, dass die Unternehmereigenschaft mit der Veräußerung von Gegenständen nur dann begründet wird, wenn diese zum Zweck des Wiederverkaufs erworben worden waren.

---

[1] Ähnlich zur nachhaltigen Tätigkeit BFH v. 18.12.2008 – V R 80/07, BStBl. II 2011, 292 = UR 2009, 381 – Tz. 1b; BFH v. 27.1.2011 – V R 21/09, BStBl. II 2011, 524 – Rz. 22; BFH v. 26.4.2012 – V R 2/11, BStBl. II 2012, 634 – Rz. 35.

[2] BFH v. 12.12.1996 – V R 23/93, BStBl. II 1997, 368; BFH v. 7.9.2006 – V R 6/05, BStBl. II 2007, 148; BFH v. 27.1.2011 – V R 21/09, BStBl. II 2011, 524 – Rz. 24.

[3] Einschließlich **Anteile sanierter Gesellschaften**; vgl. BMF v. 26.1.2007 – IV A 5 - S 7300 - 10/07, BStBl. I 2007, 211 – Rz. 14.

Es kann nicht angenommen werden, dass Art. 311 Abs. 1 Nr. 5 MwStSystRL  104
den Anwendungsbereich der Differenzbesteuerung nur auf solche Händler beschränkt hätte, die die Gegenstände für Zwecke des Wiederverkaufs erworben
haben, wenn andere Personen, die derartige **Gegenstände ursprüngliche für private Zwecke erworben** hatten, mit deren Veräußerung auch zum Händler werden könnten. Die Annahme, dass, wenn diese Personen als Händler anzusehen
wären, sie die **gesamte Gegenleistung** zu versteuern hätten und die Bestimmungen über die Differenzbesteuerung nicht auf diese Lieferungen unter Ansatz eines fiktiven Einkaufspreises ausgedehnt worden wären, kann **nicht ernsthaft** in
Betracht kommen. Denn die Art. 311 ff. MwStSystRL waren eingeführt worden,
um die Wettbewerbsnachteile zu beseitigen, die Gebrauchtwarenhändler im
Verhältnis zu privaten (nichtunternehmerischen) Anbietern beim Verkauf nämlicher Gegenstände an Verbraucher erwachsen können, weil private Anbieter
keine Umsatzsteuer schulden (*§ 25a Rz. 2*). Würde nun umgekehrt der private
Anbieter als Unternehmer angesehen und müsste er die im erzielten Preis rechnerisch enthaltene Umsatzsteuer abführen, so wäre nunmehr er gegenüber dem
Wiederverkäufer benachteiligt, der beim gleichen Preis nur die Marge zwischen
Einkaufspreis und Verkaufspreis versteuern müsste. Das wäre ein **gleichheits-
widriger Wettbewerbsnachteil**, da beide Anbieter auf demselben Markt konkurrieren.

Der **planmäßige vorherige Erwerb** mit auf Güterumschlag gerichteter Absicht[1]  105
ist charakteristisches Merkmal eines Händlers.[2] Folglich wird ein Sammler von
Briefmarken, Münzen, Antiquitäten, Fahrzeugen usw., der seine Objekte in
mehreren Teilpartien an Händler oder über Auktionen verkauft, nicht zum Unternehmer, auch wenn die **Sammlung** umfangreich ist und einen erheblichen
Wert hat.[3] Daran ändert sich auch dann nichts, wenn die **Auflösung** durch den
Sammler selbst unter erheblichem Arbeits- und Zeitaufwand erfolgt, indem er
z.B. Preislisten versendet und Anzeigen aufgibt. Dasselbe hat zu gelten, wenn eigener **Hausrat, Schmuck** u.Ä. (selbst in größerem Umfang) veräußert wird.[4] Der
V. Senat des BFH war dem kurzeitig gefolgt[5], ist **jedoch nunmehr anderer Ansicht** und meint für **ebay-Verkäufe**, dass die Beurteilung der Unternehmereigenschaft **nicht von** einer bereits beim Einkauf vorhandenen **Wiederverkaufsab-
sicht, sondern** von dem **Organisationsaufwand** abhänge.[6]

---

1 Verfehlt deshalb BFH v. 6.10.2005 – V R 7/04, BFH/NV 2006, 834 – wonach eine neu
  gegründete Holding durch Erwerb und Einbringung von Anlagegegenständen in Tochtergesellschaften Unternehmerin werde; sie ist bereits als Holding Unternehmerin
  (*Rz. 68 ff.*).
2 BFH v. 29.6.1987 – X R 23/82, BStBl. II 1987, 744; BFH v. 16.7.1987 – X R 48/82, BStBl. II
  1987, 752; BFH v. 27.1.2011 – V R 21/09, BStBl. II 2011, 524 – Rz. 30; a.A. BFH v.
  26.4.2012 – V R 2/11, BStBl. II 2012, 634.
3 Vgl. BFH v. 29.6.1987 – X R 23/82, BStBl. II 1987, 744; BFH v. 16.7.1987 – X R 48/82,
  BStBl. II 1987, 752; BFH v. 27.1.2011 – V R 21/09, BStBl. II 2011, 524 – Rz. 30 f.
4 **A.A.** BFH v. 24.11.1992 – V R 8/89, BStBl. II 1993, 379 – für die Veräußerung einer **geerbten** privaten **Kunstsammlung**; vgl. auch BFH v. 26.4.1979 – V R 46/72, BStBl. II 1979,
  530; BFH v. 9.9.1993 – V R 24/89, BStBl. II 1991, 776 – zur Veräußerung von sog. Jahres-
  wagen durch Arbeitnehmer eines Automobilherstellers.
5 BFH v. 27.1.2011 – V R 21/09, BStBl. II 2011, 525 – Rz. 30 f.
6 BFH v. 26.4.2012 – V R 2/11, BStBl. II 2012, 634 – Rz. 36 und 38. Richtigerweise wäre,
  was sich bei dem Volumen der Verkäufe (rd. 1200 verschiedenartige Gegenstände in

106 Dem käuflichen Erwerb ist nicht der **unentgeltliche Erwerb** gleichzustellen. Folglich kann ein gemeinnütziger Verein, der regelmäßig ihm durch Schenkung oder von Todes wegen von Privaten zugewendete Gegenstände veräußert, dadurch entgegen BFH[1] nicht zum Unternehmer werden. Anderenfalls wäre dann die Differenzbesteuerung (§ 25a UStG) anzuwenden.

### bb) Selbst produzierte Gegenstände (Hersteller- und Erzeugertätigkeiten)

107 Die Veräußerer selbst produzierter (hergestellter, erzeugter) **Gegenstände** können mit ihren Lieferungen als **Produzenten** („**Erzeuger**") einschließlich der **Urproduzenten** und **Landwirte** Steuerpflichtige i.S.d. Art. 9 Abs. 1 Unterabs. 2 Satz 1 MwStSystRL und damit Unternehmer i.S.d. § 2 Abs. 1 Satz 1 UStG sein. Die Veräußerung selbst hergestellter oder erzeugter Gegenstände ist mithin eine wirtschaftliche und damit unternehmerische Tätigkeit i.S.d. § 2 Abs. 1 UStG, wenn diese planmäßig/geschäftlich erfolgt.

108 Allerdings hat der **EuGH** aufgrund der Fehlinterpretation des Art. 9 Abs. 1 Unterabs. 2 Satz 2 MwStSystRL, bei der der EuGH nicht erkennt hat, dass die „Nutzung" des Gegenstandes in der Nutzungsüberlassung liegen muss und folglich nur ein passives Verhalten in Gestalt einer Duldungsleistung erfassen kann (*Rz. 15 ff., 115 ff.*), in mehreren Fällen **Veräußerungstätigkeiten** (aktives Verhalten) **als Nutzung von Gegenständen** i.S.d. Art. 9 Abs. 1 Unterabs. 2 Satz 2 MwStSystRL verstanden, obwohl derartige Betätigungen nur wirtschaftliche Tätigkeiten i.S.d. Art. 9 Abs. 1 Unterabs. 2 Satz 1 MwStSystRL, d.h. Tätigkeiten als Erzeuger (oder Händler) sein können. Nach der Logik des EuGH müssten hingegen **Hersteller** von Produkten unter Art. 9 Abs. 1 Unterabs. 2 Satz 2 MwStSystRL fallen, da sie Gegenstände (Maschinen, Betriebsanlagen usw.) zur Erzielung von Einnahmen nutzen.

109 So versteht der EuGH – wie zuvor bereits des BFH[2] –, das **Betreiben** einer privaten **Photovoltaikanlage** als Nutzung eines Gegenstandes i.S.d. Art. 9 Abs. 1 Unterabs. 2 Satz 2 MwStSystRL.[3] Das ist verfehlt. Das Betreiben einer solchen Anlage ist der aktive Vorgang der **Herstellung** von Strom, dessen **Veräußerung** an den Netzbetreiber zu **Lieferungen** führt (Art. 15 Abs. 1 MwStSystRL!). Diese Lieferungen können nur eine wirtschaftliche Tätigkeit eines **Erzeugers** i.S.d. Art. 9 Abs. 1 Unterabs. 2 Satz 1 MwStSystRL sein.

---

6 Jahren für rd. 110 000 €) aufdrängen müsste, allein zu fragen gewesen, ob die Gegenstände zum Zwecke des Wiederverkaufs, z.B. aufgrund von Haushaltsauflösungen, erworben worden waren. Vgl. aber auch FG BW v. 18.7.2012 – 14 K 702/10, DStRE 2013, 1249.
1 Vgl. BFH v. 9.9.1993 – V R 24/89, BStBl. II 1994, 57.
2 BFH v. 11.4.2008 – V R 10/07, BStBl. II 709, 741 = UR 2008, 750 – 1a der Gründe; BFH v. 19.7.2011 – XI R 29/09, BStBl. II 2012, 430 – Rz. 25; BFH 19.7.2011 – XI R 21/10, BStBl. II 2012, 434 – Rz. 33; BFH v. 19.7.2011 – XI R 29/10, BStBl. II 2012, 438 – Rz. 21; ferner BFH v. 18.12.2008 – V R 80/07, BStBl. II 2011, 292 = UR 2009, 381 – 1a der Gründe, Blockheizkraftwerk.
3 EuGH v. 20.6.2013 – C-219/12, UR 2013, 620 – Rz. 16 i.V.m. Rz. 19 ff. und Rz. 25.

Der Betreiber einer solchen **Anlage** zur **Stromgewinnung** soll nach Auffassung der Finanzverwaltung[1] und der Rechtsprechung[2] unternehmerisch tätig sein können, wenn er regelmäßig Strom an einen Stromnetzbetreiber abgibt. Das ist verfehlt. Eine solche Anlage wird vorrangig aus privaten Motiven und nicht primär zur Erbringung von Leistungen am Markt betrieben; der abgegebene Strom ist nur „Abfallprodukt" einer im Kern privaten Tätigkeit, die auch nicht annäherungsweise dem Typus der unternehmerischen/gewerblichen Betätigung entspricht.[3] Daran ändert sich entgegen der Ansicht der Finanzverwaltung[4] und des EuGH[5] auch dann nichts, wenn der Anlagenbetreiber so behandelt wird, als hätte er den gesamten von ihm erzeugten Strom an den Netzbetreiber geliefert und dann die von ihm privat genutzte Menge zurückgeliefert bekommen. Nach Auffassung des **EuGH** soll **selbst dann** eine unternehmerische Tätigkeit vorliegen, **wenn** die **Menge** des **erzeugten Stroms** die durch den Anlagenbetreiber insgesamt **privat verbrauchte Menge immer unterschreitet**.[6] Das ist nicht nachvollziehbar. Entsprechendes gilt entgegen der Auffassung des BFH[7] für die Einspeisung von Strom in das allgemeine Netz, welcher durch den Betrieb eines **Blockheizkraftwerks** in einem Privatgebäude gewonnen wird. Die Behandlung solcher Tätigkeiten als unternehmerisch führt zu einer Subventionierung dieser privat motivierten Anlagen über den vollen Vorsteuerabzug, welcher in den folgenden Jahren nur sukzessive neutralisiert wird und folglich zumindest zu einem Finanzierungsvorteil führt.[8] Soweit die Kosten der Stromlieferungen höher als die Vergütungen sind, läge zudem auch sog. Liebhaberei vor (vgl. *Rz. 132 ff.*). Die Veräußerung selbst erzeugten Stroms ist richtigerweise nur dann eine wirtschaftliche und damit unternehmerische Tätigkeit i.S.d. § 2 Abs. 1 UStG, wenn regelmäßig Nettolieferungen vorliegen, weil die in das Netz eingespeiste Strommenge größer als die entnommene Menge ist, oder von vornherein nur der Überschuss geliefert wird.

110

Nach Auffassung des EuGH soll auch der Verkauf von **Früchten eines Grundstücks**, etwa der Verkauf von **Holz** aus einem **Privatforst**, als „Nutzung" dieses Gegenstands i.S.v. Art. 9 Abs. 1 Unterabs. 2 MwStSystRL anzusehen sein.[9] Auch das ist nicht nachvollziehbar. Der Verkauf von Früchten eines Grundstücks ist die aktive Tätigkeit in Gestalt der Lieferung dieser Produkte durch einen „**Urproduzenten**" als **Landwirt** oder **Forstwirt** (Art. 9 Abs. 1 Unterabs. 2 Satz 1, vgl. auch Art. 295 Abs. 1 Nr. 1 und Nr. 4 MwStsystRL). Ob der Gegenstand zuvor für den persönlichen Bedarf oder von vornherein für wirtschaftliche Zwecke erwor-

111

---

1 Abschn. 2.5 Abs. 1 UStAE.
2 BFH v. 19.7.2011 – XI R 29/09, BStBl. II 2012, 430; BFH v. 19.7.2011 – XI R 21/10, BStBl. II 2012, 434; BFH v. 19.7.2011 – XI R 29/10, BStBl. II 2012, 438; EuGH v. 20.6.2013 – C-219/12, UR 2013, 620; vgl. auch BFH v. 11.4.2008 – V R 10/07, BStBl. II 2009, 741 = UR 2008, 750.
3 Zutreffend FG Hess. v. 4.4.2001 – 6 K 6512/98, EFG 2001, 930.
4 Abschn. 2.5 Abs. 4 UStAE.
5 EuGH v. 20.6.2013 – C-219/12, UR 2013, 620.
6 EuGH v. 20.6.2013 – C-219/12, UR 2013, 620 – Rz. 16 i.V.m. Rz. 19 ff. und Rz. 25.
7 BFH v. 18.12.2008 – V R 80/07, BStBl. II 2011, 292 = UR 2009, 381; BFH v. 12.12.2012 – XI R 3/10, BStBl. II 2014, 809 = UR 2013, 460.
8 Vgl. nur den Sachverhalt, der der zuvor genannten Entscheidung zu Grunde liegt: BFH v. 18.12.2008 – V R 80/07, BStBl. II 2011, 292 = UR 2009, 381.
9 EuGH v. 19.7.2012 – C-263/11, UR 2012, 790 – Rz. 31.

ben worden war, ist ohne Bedeutung[1], da es um die Beurteilung der Lieferungen der von dem Gegenstand getrennten Früchte geht. Die Tätigkeit ist deshalb eine wirtschaftliche/unternehmerische, wenn sie der Tätigkeit eines Land- oder Forstwirts ähnlich ist.[2]

### b) Erbringung aktiver Dienstleistungen

112 Bei der Erbringung von sonstigen Leistungen (Dienstleistungen) in Gestalt aktiven Verhaltens ist im allgemeinen die Tätigkeit als unternehmerisch anzusehen, wenn sie geschäftsmäßig erfolgt (*Rz. 125*), auf eine gewisse Dauer angelegt ist (*Rz. 96*) und derart ausgeübt wird, dass sie geeignet ist, einen Überschuss abzuwerfen (*Rz. 98*). Nur dann liegt nach der Verkehrsauffassung eine „berufliche" und damit wirtschaftliche Tätigkeit i.S.d. Art. 9 Abs. 1 MwStSystRL (*Rz. 10*) vor. Der Leistungsbegriff ist weit zu fassen (vgl. *§ 1 Rz. 10 ff.*).

113 Die **Rechtsprechung** hat die Unternehmereigenschaft u.a.[3] bejaht bei

– **Abmahnvereinen** (*§ 1 Rz. 47*);

– **Kartenspielern**, wenn sie die Tätigkeit geschäftsmäßig (berufsmäßig) ausüben[4];

– **Mitwirkung** an **Schneeballgewinnspielen**[5];

– **Prostituierten**, auch wenn die Dienstleistungen nur wenige Monate für den jeweiligen Geldbedarf erfolgen[6];

– **Schmiergeldentgegennahmen** durch **Mandatsträger**[7] oder **Arbeitnehmer**[8], weil sie damit selbständig (*Rz. 54*) Dienstleistungen erbringen (*§ 1 Rz. 16*);

– **Überlassung von Werbeflächen** auf einem Fahrzeug[9] oder der Bekleidung[10].

Zur **Verwaltung fremden Vermögens** (durch **Insolvenz-** und **Zwangsverwalter, Treuhänder, Aufsichtsratsmitglieder**, **Testamentsvollstrecker** usw.) s. *Rz. 125*; zu Tätigkeiten als **Prüfer, Schiedsrichter, Gutachter, Kommissionsmitglied** usw. s. *Rz. 128*.

---

1 Insoweit zutreffend EuGH v. 19.7.2012 – C-263/11, UR 2012, 790 – Rz. 39.
2 Vgl. EuGH v. 19.7.2012 – C-263/11, UR 2012, 790 – Rz. 35 ff.
3 Zu weiteren Beispielen s. Stadie in R/D, § 2 UStG Anm. 389.
4 BFH v. 26.8.1993 – V R 20/91, BStBl. II 1994, 54; FG Münster v. 15.7.2014 – 15 K 798/11 U, EFG 2014. 1823 – Rev.-Az. XI R 37/14.
5 FG Nds. v. 3.1.2008 – 16 K 356/07, DStRE 2009, 1388. Zur Mitwirkung an **Gewinnspielen** und ähnlichen Veranstaltungen **im Fernsehen** s. Stadie in R/D, § 2 UStG Anm. 395 ff.
6 BFH v. 4.6.1987 – V R 9/79, BStBl. II 1987, 653; BFH v. 29.10.1987 – V R 130/85, BFH/NV 1988, 128.
7 BGH v. 9.5.2006 – 5 StR 453/05, BFH/NV Beilage 2006, 518.
8 FG Hamburg v. 14.12.1989 – III 248/85, EFG 1990, 542; FG Nürnberg v. 23.12.1994 – II 45/93, UR 1995, 334; FG Nds. v. 24.10.1996 – V 570/95, EFG 1997, 182; vgl. FG Nds. v. 28.10.1999 – V 360/92, 2000, 659.
9 Vgl. BFH v. 15.7.1993 – V R 61/89, BStBl. II 1993, 810; BFH v. 1.8.2002 – V R 21/01, BStBl. II 2003, 438.
10 Vgl. BFH v. 4.9.2008 – V R 10/06, BFH/NV 2009, 230 – Rennfahrer.

Die **kurzfristige Vermietung beweglicher und unbeweglicher Gegenstände** an **wechselnde Mieter** führt zur Unternehmereigenschaft, wenn die Tätigkeit geschäftsmäßig (*Rz. 90*) betrieben wird. Bei der kurzfristigen Vermietung eines einzelnen **Freizeitgegenstandes** (Wohnmobil, Segelyacht u.Ä.) fehlt es regelmäßig an dieser Voraussetzung, so dass die Unternehmereigenschaft wegen sog. **Liebhaberei** zu verneinen ist (*Rz. 132 f., 139 f.*).

114

### c) Nutzungsüberlassungen auf Dauer

**aa)** Bei der Überlassung eines unbeweglichen oder beweglichen, körperlichen oder unkörperlichen Gegenstandes zur Nutzung auf Dauer in Gestalt der **Vermietung**, Verpachtung, Einräumung dinglicher Nutzungsrechte, **Lizenzgewährung** u.Ä. soll nach der Rechtsprechung Nachhaltigkeit vorliegen, weil ein langfristiges **Dulden** fremder Eingriffe in den eigenen Rechtskreis gegeben sei.[1] Damit ist jedoch lediglich die Nachhaltigkeit des Verhaltens, nicht aber eine gewerblich/berufliche Tätigkeit begründet. Die Nutzungsüberlassung ist nämlich keine „Tätigkeit", sondern ein passives Verhalten in Gestalt des Duldens (§ 1 Rz. 25; § 3 Rz. 153) Allerdings ist § 2 Abs. 1 UStG weit auszulegen, so dass unter Tätigkeit jedes Verhalten, das nach § 3 Abs. 9 Satz 2 UStG Gegenstand einer sonstigen Leistung sein kann, zu verstehen ist (*Rz. 64*).

115

Problematischer scheint zu sein, dass unter den Begriff „gewerbliche oder berufliche Tätigkeit" nicht die sog. **Vermögensverwaltung** fällt (*Rz. 99*). Es kann indes dahinstehen, ob bereits aus der Formulierung „jede Tätigkeit" in § 2 Abs. 1 Satz 3 UStG, die als „jedes Verhalten" zu verstehen ist (*Rz. 64*), folgt, dass auch die Vermögensverwaltung eine unternehmerische Tätigkeit im Sinne des Gesetzes sein kann, denn jedenfalls ist für die Vermietung und Verpachtung von unbeweglichem Vermögen aus § 4 Nr. 12 Satz 1 i.V.m. § 9 Abs. 1 UStG der Wille des Gesetzes abzuleiten, dass diese und ähnliche **Nutzungsüberlassungen** (umsatzsteuerrechtlich) **unternehmerisch** sein *können*. Diese Bestimmungen dürfen nicht in der Weise ausgelegt werden, dass sie nur die Vermietungen usw. von solchen Immobilien erfassen sollen, die zu einem echten gewerblichen oder beruflichen Unternehmen gehören. Eine solche restriktive Interpretation wäre gleichheitswidrig, weil sie die Möglichkeit zum Verzicht auf die Steuerbefreiung von der Zugehörigkeit der Immobilie zu einem Unternehmen abhängig machen und damit den Nur-Vermieter benachteiligen würde.

116

Art. 9 Abs. 1 Unterabs. 1 Satz 2 MwStSystRL fingiert zwar für die Fälle der Nutzungsüberlassung eine wirtschaftliche Tätigkeit, daraus kann jedoch für die Vermietung und Verpachtung von unbeweglichem Vermögen nicht das Gebot zur richtlinienkonformen Auslegung des § 2 Abs. 1 UStG folgen, weil die Richtlinie die Umsätze als steuerfrei ansieht und den Mitgliedstaaten nicht vorschreibt,

---

1 Vgl. RFH v. 4.4.1939 – V 22/38, RStBl. 1939, 662 – Lizenzvergabe; RFH v. 12.5.1939 – V 553/38, RStBl. 1939, 962 – Vermietung, Lizenzvergabe; BFH v. 13.4.1961 – V 94/59, HFR 1961, 262; BFH v. 25.11.1965 – V 177/63, UR 1967, 208 = HFR 1966, 94 – Patentlizenz; BFH v. 16.12.1971 – V R 41/68, BStBl. II 1972, 238 – Nießbrauchseinräumung; BFH v. 7.11.1991 – V R 116/86, BStBl. II 1992, 269 – Vermietung; s. auch BFH v. 11.10.2007 – V R 77/05, BStBl. II 2008, 443 – Pkw-Vermietung an Arbeitgeber.

die Möglichkeit des Verzichts auf die Steuerbefreiung vorzusehen (Art. 135 Abs. 1 Buchst. l und Art. 137 MwStSystRL).

117 Die typischen (charakteristischen) Merkmale einer echten gewerblichen/beruflichen Tätigkeit sind bei der langfristigen Nutzungsüberlassung von Gegenständen für die Bejahung der Unternehmereigenschaft nicht zu fordern. Das zugrunde liegende **Dauerschuldverhältnis** ist auf die **Dauerhaftigkeit** der Einnahmeerzielung gerichtet (vgl. Art. 9 Abs. 1 Unterabs. 2 Satz 2 MwStSystRL: „eine Leistung ... zur nachhaltigen Erzielung von Einnahmen") und erfordert keinen Geschäftsbetrieb, der lediglich Merkmal einer aktiven Tätigkeit ist und der Vermögensverwaltung fremd ist; ebenso wenig kommt es auf die Höhe der Einnahmen an.[1]

118 **bb)** Die **Vermietung oder Verpachtung** eines einzelnen **Grundstücks**, Gebäudes oder Raumes ist folglich grundsätzlich unternehmerisch.[2] Entsprechendes gilt für die **Einräumung** eines **dinglichen Nutzungsrechts** gegen Entgelt.[3]

Auch die **langfristige** Vermietung eines **beweglichen** Gegenstandes ist aus diesen Gründen regelmäßig als unternehmerische Tätigkeit anzusehen.[4]

119 **cc)** Auch die entgeltliche **Einräumung einer Lizenz** oder eines ähnlichen **Nutzungsrechts**[5] durch den Inhaber eines Patentes, Urheberrechtes oder eines ähnlichen Rechtes stellt keine Tätigkeit dar, sondern ist lediglich die Erbringung einer Dauerleistung in Gestalt des dauerhaften Duldens (§ 1 Rz. 24). Sofern diese nicht im Rahmen des Unternehmens, in dem die Erfindung[6] usw. gemacht wurde, erfolgt und schon deshalb unternehmerisch ist, fragt sich folglich, ob mit dieser Duldungsleistung die Unternehmereigenschaft begründet wird (*Beispiel:* Der Erbe eines Unternehmers führt das Unternehmen nicht fort, vereinnahmt aber weiterhin Lizenzzahlungen für Erfindungen des Erblassers). Die Rechtsprechung hat das stets bejaht, ohne darauf einzugehen, dass das Gesetz eine „Tätigkeit" verlangt.[7]

---

1 *Stadie* in R/D, § 2 UStG Anm. 412 f.
2 Vgl. BFH v. 16.1.1992 – V R 1/91, BStBl. II 1992, 541; BFH v. 22.10.1992 – V R 33/90, BStBl. II 1993, 210; BFH v. 25.5.2000 – V R 66/99, BStBl. II 2004, 310 = UR 2000, 377; BFH v. 8.10.2008 – XI R 58/07, BStBl. II 2009, 394; EuGH v. 27.1.2000 – C-23/98, EuGHE 2000, I-419 = UR 2000, 121; a.A. BFH v. 24.2.2005 – V R 45/02, BStBl. II 2007, 61 = UR 2005, 547 – Vermietung über 1 Monat.
3 Vgl. BFH v. 16.12.1971 – V R 41/68, BStBl. II 1972, 238 – Nießbrauch; RFH v. 18.5.1934 – V A 371/33, RStBl. 1934, 930; RFH v. 27.8.1937 – V A 589/36, RStBl. 1937, 1059 – beschränkt persönliche Dienstbarkeit; RFH v. 10.3.1933 – V A 490/32, RStBl. 1933, 1343; EuGH v. 4.12.1990 – C-186/89, EuGHE 1990, I-4363 = UR 1992, 141 – Bestellung eines Erbbaurechts gegen laufenden Erbbauzins.
4 Vgl. BFH v. 13.7.1989 – V R 8/86, BStBl. II 1990, 100; BFH v. 7.11.1991 – V R 116/86, BStBl. II 1992, 269; BFH v. 16.3.1993 – XI R 45/90, BStBl. II 1993, 530; BFH v. 4.5.1994 – XI R 67/93, BStBl. II 1994, 829; BFH v. 11.10.2007 – V R 77/05, BStBl. II 2008, 443.
5 Zur Unternehmereigenschaft des **Schriftstellers** s. *Stadie* in R/D, § 2 UStG Anm. 435 ff. m.w.N.
6 Die **Erfindertätigkeit** als solche ist nicht unternehmerisch, da sie ihrer Natur nach nicht derart angelegt ist, dass sie auf Dauer einen Überschuss erwarten lässt (vgl. Rz. 98 u. 137).
7 Vgl. RFH v. 4.4.1939 – V 22/38, RStBl. 1939, 662; BFH v. 13.4.1961 – V 94/59, HFR 1961, 262; BFH v. 25.11.1965 – V 177/63, UR 1967, 208 = HFR 1966, 94; BFH v. 26.4.1962 –

Art. 9 Abs. 1 Unterabs. 1 Satz 2 MwStSystRL erfasst diese Fälle durch eine Fiktion, da es sich bei Urheberrechten u.ä. Rechten um nicht körperliche Gegenstände handelt (§ 3 Rz. 6). Das UStG enthält zwar keine derartige Regelung, gleichwohl muss aus § 3 Abs. 9 Satz 2 i.V.m. § 3a Abs. 4 Satz 2 Nr. 8 UStG (dazu § 3a Rz. 94) geschlossen werden, dass auch diese Fälle die Unternehmereigenschaft begründen, so dass der Begriff „Tätigkeit" in § 2 Abs. 1 Satz 3 UStG als „Verhalten" zu verstehen ist (Rz. 64). 120

**dd)** Mit der Gewährung von Darlehen und ähnlichen Formen der **Kreditgewährung** werden sonstige Leistungen gegen Entgelt erbracht, weil demjenigen, der die Zinsen dafür zahlt, ein wirtschaftlicher Vorteil in Gestalt der Kapitalnutzung verschafft wird (§ 1 Rz. 27).[1] Das gilt auch für **Spareinlagen** und das Halten von **festverzinslichen Wertpapieren**; die gegenteilige Auffassung[2] verkennt, dass auch in diesen Fällen einem anderen Kapital zur Nutzung gegen Zinsen überlassen wird. Nach Auffassung des **EuGH** soll die Unternehmereigenschaft zu verneinen sein, wenn es sich nur um die Vermögensverwaltung durch einen **privaten Anleger** handele.[3] Auch dem ist nicht zu folgen.[4] 121

Der **stille Gesellschafter** wird durch seine Einlage, selbst wenn man eine Dauerleistung bejaht, nicht zum Unternehmer, weil er lediglich die Chance erwirbt, einen Gewinnanteil zu erhalten. Das ist keine wirtschaftliche Tätigkeit (vgl. Rz. 68). 122

**d) Verzicht auf die Ausübung einer Tätigkeit u.Ä.**

Der Verzicht auf die Ausübung einer selbständigen gewerblichen oder beruflichen, d.h. unternehmerischen Tätigkeit stellt eine Dauerleistung in Gestalt des fortwährenden Unterlassens dar (§ 3 Abs. 9 Satz 2 UStG), weil dem Vertragspartner dadurch ein wirtschaftlicher Vorteil verschafft wird (§ 1 Rz. 23). Typischer Fall ist die **Einhaltung** eines sog. **Wettbewerbsverbots**. Dieses **dauerhafte Unterlassen** ist nach der Verkehrsauffassung schon deshalb als eine unternehmerische „Tätigkeit" zu werten, weil ein solches Verhalten typischerweise nur gegenüber anderen Unternehmern geschieht. Entscheidend ist indes, dass einem anderen auf Dauer ein verbrauchbarer Vorteil verschafft wird (im Falle des Wettbewerbsverbots Ausschaltung von Konkurrenz), so dass auch ein Verzicht gegenüber Nichtunternehmern (zwecks Verhinderung von Lärm oder anderen Umweltbeeinträchtigungen) die Unternehmereigenschaft begründen kann. Diese Wertung wird durch § 3a Abs. 4 Satz 2 Nr. 9 UStG bestätigt, denn wenn das Gesetz den Ort der sonstigen Leistung in Gestalt eines solchen Verzichts festlegt, so er- 123

---

V 293/59 U, BStBl. III 1962, 264 (265); BFH v. 16.8.1973 – V R 21, 22/70, BStBl. II 1973, 768 (769 a.E.).
1 Vgl. auch EuGH v. 14.11.2000 – C-142/99, EuGHE 2000, I-9567 = UR 2000, 530 – Rz. 26; EuGH v. 29.4.2004 – C-77/01, EuGHE 2004, I-4295 = UR 2004, 292 – Rz. 65 ff.
2 *Söhn*, StuW 1975, 166; BFH v. 1.2.1973 – V R 2/70, BStBl. II 1973, 172; widersprüchlich EuGH v. 6.2.1997 – C-80/95, EuGHE 1997, I-745 = UR 1997, 141 – Rz. 18 f.
3 Vgl. EuGH v. 11.7.1996 – C-306/94, EuGHE 1996, I-3695 = UR 1996, 304 – Rz. 18; EuGH v. 14.11.2000 – C-142/99, EuGHE 2000, I-9567 = UR 2000, 530 – Rz. 28; ferner EuGH v. 20.6.1996 – C-155/94, EuGHE 1996, I-3013 = UR 1996, 423 – Rz. 36.
4 *Stadie* in R/D, § 2 UStG Anm. 424.

gibt das nur einen Sinn, wenn das Gesetz davon ausgeht, dass diese Tätigkeit überhaupt steuerbar ist.[1] Eine unternehmerische Tätigkeit liegt auch insoweit vor, als ein Wettbewerbsverbot die Nichtausübung einer **unselbständigen** Tätigkeit betrifft, da nur das Unterlassen sowohl der selbständigen als auch der unselbständigen Tätigkeit einen Sinn ergibt und deshalb beide Formen untrennbar miteinander verknüpft sind.

124 Die wiederholte Rücknahme von Klagen gegen Geldzahlungen, z.B. durch sog. **räuberische Aktionäre**, ist eine unternehmerische Tätigkeit in Gestalt des Unterlassen[2] (s. auch § 1 Rz. 23).

### e) Verwaltung fremden Vermögens

125 Auch die **Verwaltung fremden Vermögens** begründet die Unternehmereigenschaft, wenn die Durchführung sich über einen längeren Zeitraum erstreckt und einen erheblichen Zeit- und Arbeitsaufwand verlangt. Ob die Vergütung zeitabschnittsweise (für Teilleistungen, dazu § 13 Rz. 19 ff.) oder in einem Einmalbetrag gezahlt wird, ist unerheblich. Nachlassverwalter, **Insolvenzverwalter**, Zwangsverwalter u.ä. Vermögensverwalter (**Treuhänder**) werden folglich durch diese Tätigkeit zum Unternehmer, sofern sie es auf Grund anderer Tätigkeiten (z.B. als Rechtsanwalt) nicht schon sind (in diesem Fall erweitert sich ihr Unternehmen). Entsprechendes gilt für **Aufsichtsrats-**[3] oder Beiratsmitglieder.[4] Auch *verwaltende Testamentsvollstrecker* sind stets Unternehmer.[5] Eine Auseinandersetzungs-Testamentsvollstreckung begründet die Unternehmereigenschaft, wenn sich diese Tätigkeit über einen längeren Zeitraum hinstreckt und wegen des Umfangs des Nachlasses eine Vielzahl von Handlungen verlangt.[6]

### f) Einmalige Tätigkeiten

126 Die Erbringung nur eines einzigen Umsatzes kann eine unternehmerische Tätigkeit darstellen, da das Gesetz nicht auf die Zahl der Umsätze abstellt, sondern danach fragt, ob die „Tätigkeit" gewerblich oder beruflich oder einer solchen vergleichbar ist (*Rz. 87 f.*). Ziehen sich die **Vorbereitungs-** und/oder **Ausführungshandlungen** für diesen einen Umsatz über einen längeren Zeitraum hin und erfordern diese einen **erheblichen Arbeits- und Zeitaufwand** (vgl. *Rz. 93 f.*), so kann es sich nach dem Gesamtbild (*Rz. 101*) um eine unternehme-

---

1 *Stadie* in R/D, § 2 UStG Anm. 432; jetzt auch BFH v. 13.11.2003 – V R 59/02, BStBl. II 2004, 472; unter Aufgabe von BFH v. 30.7.1986 – V R 41/76, BStBl. II 1986, 874.
2 FG Berlin-Bdb. v. 24.11.2010 – 7 K 2182/06 B, EFG 2011, 581; *Stadie* in R/D, § 2 UStG Anm. 441.
3 Vgl. BFH v. 2.10.1986 – V R 68/78, BStBl. II 1987, 42; BFH v. 24.8.1994 – XI R 74/93, BStBl. II 1995, 150.
4 Vgl. BFH v. 24.8.1994 – XI R 74/93, BStBl. II 1995, 150.
5 Vgl. BFH v. 7.8.1975 – V R 43/71, BStBl. II 1976, 57; BFH v. 26.9.1991 – V R 1/87, UR 1993, 194.
6 BFH v. 26.9.1991 – V R 1/87, UR, 1993, 194; BFH v. 30.5.1996 – V R 26/93, UR 1997, 143; BFH v. 10.6.2002 – V B 135/01, BFH/NV 2002, 1504; BFH v. 7.9.2006 – V R 6/05, BStBl. II 2007, 148; vgl. auch FG Rh.-Pf. v. 14.2.2013 – 6 K 1914/10, EFG 2013, 891 – Rev.-Az. V R 13/13.

rische Tätigkeit handeln[1] (*Beispiel:* Erledigung eines Forschungsauftrages durch eine für diesen Zweck gegründete und danach wieder aufgelöste BGB-Gesellschaft[2]).

Das gilt insbesondere auch für von Unternehmern gebildete **Gelegenheitsgesellschaften**, die den unternehmerischen Zwecken der Gesellschafter dienen, d.h. **unternehmerische Hilfsfunktionen** wahrnehmen. So ist eine von mehreren Bauunternehmern gebildete sog. **Arbeitsgemeinschaft**, deren alleiniger Zweck in der Erfüllung eines einzigen Werkvertrages oder Werklieferungsvertrages besteht, gleichwohl Unternehmer, weil ihre wirtschaftliche Tätigkeit „in den gewerblichen Sektor fällt, also typisch gewerblich ist"[3]. 127

Die einmalige oder in größeren Abständen erfolgte Tätigkeit als **Prüfer** in einer Prüfungskommission, als **Schiedsrichter** in einem Schiedsgerichtsverfahren, als **Gutachter** usw. würde, da das Dauermoment fehlt, für sich gesehen nicht die Unternehmereigenschaft begründen. Eine solche Tätigkeit kann jedoch nur auf Grund der Kenntnisse und Erfahrungen ausgeübt werden, die in einem selbständig oder unselbständig ausgeübten Beruf gewonnen wurden. Nach dem Gesamtbild ist deshalb eine solche Tätigkeit wegen der **Ausnutzung beruflicher Erfahrungen und Kenntnisse** als beruflich zu werten, ohne dass es auf die Zahl der Aufträge ankommt.[4] Entsprechendes gilt für die Mitgliedschaft in vergleichbaren **Gremien** und **Kommissionen**[5] oder den **gelegentlichen Vortrag** bzw. **Zeitschriftenbeitrag**[6]. 128

## IV. Fehlende Gewinnerzielungsabsicht
### 1. Allgemeines

Dem Typus der gewerblichen und beruflichen Tätigkeit ist, wenn sie von natürlichen Personen ausgeübt wird, die Gewinnerzielungsabsicht immanent. Demgegenüber bestimmt § 2 Abs. 1 Satz 3 UStG, dass die Gewinnerzielungsabsicht fehlen kann (ebenso § 14 Satz 2 AO für den wirtschaftlichen Geschäftsbetrieb). Auch nach Art. 9 Abs. 1 MwStSystRL ist es gleichgültig, zu welchem Zweck und mit welchem Ergebnis die Tätigkeit ausgeübt wird. Das entspricht dem Konzept einer allgemeinen Verbrauchsteuer, bei der es nicht darauf ankommt, ob der **Verbraucherversorger** gewinnorientiert handelt oder nicht, da dieser nur Gehilfe des Staates bei der Besteuerung der Verbraucher ist (*Rz. 1*). Das Gebot der **Wettbewerbsneutralität** der Umsatzsteuer (*Vorbem. Rz. 48 ff., 77*) verlangt zudem, dass alle konkurrierenden Verbraucherversorger in gleicher Weise der Umsatzsteuer unterliegen, da anderenfalls die Abwälzbarkeit auf den Verbraucher bei den mit Gewinnerzielungsabsicht Tätigen nicht gewährleistet wäre. Das Gesetz hat mit dieser Aussage des § 2 Abs. 1 Satz 3 UStG neben den **juristischen Personen des öffentlichen Rechts** (*Rz. 355 ff.*) primär solche Betätigungen 129

---

1 Vgl. *Stadie,* Vorsteuerabzug, S. 46; ferner BFH v. 18.11.1999 – V R 22/99, BStBl. II 2000, 241.
2 Vgl. BFH v. 18.11.1999 – V R 22/99, BStBl. II 2000, 241.
3 BFH v. 10.5.1961 – V 50/59, HFR 1962, 45.
4 *Stadie* in R/D, § 2 UStG Anm. 392.
5 Vgl. BFH v. 29.6.2000 – V R 28/99, BStBl. II 2000, 597.
6 *Stadie* in R/D, § 2 UStG Anm. 439.

im Auge, die zu **gemeinnützigen** u.ä. Zwecken erfolgen, sowie Personenvereinigungen, die **nur** der **Versorgung der Mitglieder** dienen (s. auch *Rz. 141*).

130 Prinzipiell reicht das Erzielen von Einnahmen aus (*Rz. 62 ff.*; vgl. auch § 14 Satz 1 AO). Folglich ist es für eine unternehmerische **Betätigung**, die **nicht von natürlichen Personen** ausgeübt wird, nicht zwingend erforderlich, dass die Tätigkeit derart angelegt ist, dass sie objektiv geeignet ist, auf die Dauer gesehen Überschüsse abzuwerfen, so dass gleichwohl eine **wirtschaftliche Tätigkeit** i.S.d. Art. 9 Abs. 1 MwStSystRL vorliegen kann (s. aber zur sog. Liebhaberei *Rz. 132 ff.*). Da das Umsatzsteuerrecht die Belastung der Verbraucher bezweckt, kommt es demgemäß insbesondere bei **gemeinnützigen** oder **öffentlich-rechtlichen Körperschaften**, welche durch Spenden, öffentliche Zuschüsse oder direkt aus dem öffentlichen Haushalt finanziert/subventioniert werden, aus Gründen der Wettbewerbsneutralität **nicht** einmal auf **Kostendeckung** an. Bei einer **Personengesellschaft**, die von mehreren Unternehmern für ihre unternehmerischen Zwecke gegründet ist, *kann* dem Gesetzeszweck entsprechend die **Unternehmereigenschaft der Gesellschafter** auf die Gesellschaft **ausstrahlen** und gebieten, sie als Unternehmer zu behandeln (*Rz. 152 f.*).

131 Das **Ergebnis** der wirtschaftlichen Tätigkeit ist grundsätzlich ohne Bedeutung (Art. 9 Abs. 1 MwStSystRL). Folglich stehen selbst längere kaufmännische bzw. einkommensteuerrechtliche **Verluste** der Annahme der umsatzsteuerrechtlichen Unternehmereigenschaft per se nicht entgegen (zu Ausnahmen *Rz. 132 ff.*).

### 2. Sog. Liebhaberei

132 **a)** Das Einkommensteuerrecht versteht unter dem Schlagwort „Liebhaberei" eine Betätigung, der die Einkünfteerzielungsabsicht fehlt, weil sie keinen Gewinn oder Einnahmeüberschuss anstrebt. Verluste aus einer solchen Betätigung werden nicht als negative Einkünfte anerkannt, so dass sie nicht mit positiven Einkünften verrechnet werden können.[1] Die Rechtsprechung zur Einkommensteuer stellt darauf ab, ob der Betrieb nach seiner Wesensart und der Art seiner Bewirtschaftung auf die Dauer gesehen einen Überschuss abwerfen kann.[2] Für das Umsatzsteuerrecht wird demgegenüber aus der Aussage des § 2 Abs. 1 Satz 3 UStG, wonach die Gewinnerzielungsabsicht fehlen kann, von der ganz **h.M.** geschlossen, dass eine derartige **Liebhabereibetätigung unternehmerisch** sein könne, d.h. die für das **Einkommensteuerrecht** entwickelten **Kriterien unbeachtlich** seien.[3] Diese Auffassung ist in ihrer Absolutheit verfehlt.

---

[1] Vgl. *P. Kirchhof* in Kirchhof, EStG, § 2 EStG Rz. 57, 61 m.w.N.
[2] Vgl. BFH v. 25.6.1984 – GrS 4/82, BStBl. II 1984, 751 (767); BFH v. 25.6.1996 – VIII R 28/94, BStBl. II 1997, 202 (205 f.); BFH v. 21.1.1999 – IV R 27/97, BStBl. II 1999, 638 (645 f.); BFH v. 27.1.2000 – IV R 33/99, BStBl. II 2000, 227; BFH v. 23.5.2007 – X R 33/04, BStBl. II 2007, 874.
[3] BFH v. 23.1.1992 – V R 66/85, UR 1992, 202; BMF v. 14.7.2000 – IV D 1 - S 7303a - 5/00, UR 2000, 399; BMF v. 1.11.2001 – IV A 5 - S 1900 - 292/01, BStBl. I 2001, 804 – Rz. 13; FG Nds. v. 22.11.2000 – 5 V 205/99, EFG 2001, 177; *Englisch* in T/L, § 17 Rz. 44; *Klenk* in S/R, § 2 UStG Rz. 180 – "Liebhaberei"; *Korn* in Bunjes, § 2 UStG Rz. 62; vgl. auch BFH v. 6.8.1998 – V R 74/96, BStBl. II 1999, 104; BFH v. 21.9.2000 – IX B 100/00, BFH/NV 2001, 311.

Die einkommensteuerrechtliche Sichtweise muss **bei natürlichen Personen** vom Grundsatz her auch für die umsatzsteuerrechtliche Frage gelten, ob eine unternehmerische Tätigkeit vorliegt. Wird nämlich eine **Tätigkeit** von einer natürlichen Person in einer Weise ausgeübt, die **nicht geeignet** ist, auf Dauer gesehen einen **Überschuss abzuwerfen**, und werden die **Ursachen** des dauernden Verlustes, obwohl abstellbar, **nicht beseitigt**, so spricht das gegen die Gewerblichkeit/Beruflichkeit (wer von einer solchen Tätigkeit leben müsste, würde sie in dieser Weise gar nicht erst beginnen bzw. sofort einstellen). Eine solche Betätigung erfolgt **aus privaten** (nichtunternehmerischen) **Motiven**, d.h. dient der Befriedigung privater Bedürfnisse (Neigungen, Interessen, Hobbys)[1], der **lediglich** der **äußere Schein des Unternehmerischen** gegeben wird. Eine solche Betätigung ist keine wirkliche unternehmerische, d.h. keine „**wirtschaftliche**" bzw. „**berufliche**" **Tätigkeit** (Art. 9 Abs. 1 MwStSystRL).[2] Da der Unternehmerbegriff ein Typusbegriff ist (*Rz. 88*), ist auch bei dieser Abgrenzungsfrage typologisch vorzugehen.

133

Das **österreichische UStG** bestimmt ausdrücklich in § 2 Abs. 5 Nr. 2 öUStG, dass eine Tätigkeit nicht als gewerblich oder beruflich gilt, „die auf Dauer gesehen Gewinne oder Einnahmeüberschüsse nicht erwarten lässt (Liebhaberei)". Hierzu ist die österreichische Liebhabereiverordnung ergangen. Angesichts dieser österreichischen Regelung die – zu Recht – für sich in Anspruch nimmt, mit Art. 9 MwStSystRL zu vereinbaren zu sein, muss der BFH (oder ein Finanzgericht) die Frage dem **EuGH** vorlegen, ob die deutsche gegenteilige h.M. Art. 9 MwStSystRL entspricht.[3] Umgekehrt müsste ein österreichisches Gericht wegen der abweichenden BFH-Auffassung ebenfalls dem EuGH eine entsprechende Frage vorlegen.

134

Die **Blauäugigkeit** und **Lebensfremdheit** der gegenteiligen herrschenden Ansicht in Deutschland kulminiert in Schreiben des **BMF** vom 14.7.2000, in dem es heißt: „Wenn Nachhaltigkeit gegeben ist", kann die Unternehmereigenschaft „auch durch eine – *auf Grund von Dauerverlusten* (sic!) – ertragsteuerrechtlich als Liebhaberei eingestufte Tätigkeit erlangt werden"[4]. Diese Formulierung fordert regelrecht dazu auf, intensiv betriebene Hobbytätigkeiten, bei denen die Ausgaben bzw. Aufwendungen stets höher als die Einnahmen sind und deshalb einkommensteuerrechtlich zutreffend der Privatsphäre zugeordnet werden, als unternehmerisch zu deklarieren und die dauernden Vorsteuerüberschüsse (*Rz. 136*) als Subventionierung des Hobbys zu kassieren. Das Problem lässt sich auch nicht dadurch lösen, dass zwar die Umsätze aus der Liebhaberei besteuert werden, jedoch der Vorsteuerabzug versagt wird.[5] Das ist inkonsequent, denn wenn – fälschlich – die Unternehmereigenschaft bejaht wird, dann müssen auch die damit zusammenhängenden Vorsteuerbeträge abziehbar sein.

135

---

1 Vgl. zur Einkommensteuer BFH v. 31.5.2001 – IV R 81/99, BStBl. II 2002, 277; BFH v. 26.2.2004 – IV R 43/02, BStBl. II 2002, 861; BFH v. 23.5.2007 – X R 33/04, BStBl. II 2007, 874.
2 A.A. *Englisch* in T/L, § 17 Rz. 44.
3 Dazu näher *Stadie* in R/D, § 2 UStG Anm. 475.
4 BMF v. 14.7.2000 – IV D 1 - S 7303a - 5/00, UR 2000, 399 – Tz. 1, zu **Pferdezucht** und Teilnahme an **Pferderennen**; ebenso *Lippross*, 7.8.2.1.2g – S. 984.
5 So *Reiß* in T/L, 20. Aufl., § 14 Rz. 160; *Englisch* in T/L, § 17 Rz. 44.

136 Die einkommensteuerrechtlichen Grundsätze können indes **umsatzsteuerrechtlich nicht uneingeschränkt** übernommen werden, da das Einkommensteuerrecht den Gewinn im Auge hat und verhindern will, dass dauerhafte Verluste aus einer Tätigkeit mit Gewinnen bzw. Überschüssen aus anderen Tätigkeiten einkommensteuermindernd verrechnet werden. Demgegenüber hat die Umsatzsteuer eine völlig andere Zielrichtung und will als indirekte Steuer den Aufwand der Verbraucher belasten. Zu diesem Zweck wird der Unternehmer lediglich als Gehilfe eingeschaltet, der aus dieser Tätigkeit keinen Nachteil erfahren, aber auch keinen Vorteil erlangen darf (*Vorbem. Rz. 20*). Demgemäß folgt aus der einkommensteuerrechtlichen Liebhaberei nicht automatisch auch die umsatzsteuerrechtliche. Vielmehr dürfen die einkommensteuerrechtlichen Liebhabereigrundsätze im Hinblick auf den andersartigen Zweck umsatzsteuerrechtlich **nur insoweit** angewendet werden, als sie der **Verhinderung** der **Subventionierung** von **Hobbys** u.Ä. **durch regelmäßige Vorsteuerüberschüsse** dienen. Somit geht es nur um die Konstellationen, in denen die **vorsteuerbelasteten Ausgaben** bzw. Aufwendungen regelmäßig **höher als** die **umsatzsteuerpflichtigen Einnahmen** sind, so dass ein Vorsteuerüberschuss unschädlich ist, soweit er aus dem Umstand folgt, dass die Einnahmen dem ermäßigten Steuersatz unterliegen.

137 **b)** Wird eine Tätigkeit, die typischerweise auf eine besondere in der Lebensführung begründete Neigung zurückzuführen ist[1], d.h. in den typischen **Hobbybereich** fällt, auf Dauer derart unwirtschaftlich ausgeübt, dass keine Umsatzsteuerüberschüsse anfallen können, so handelt es sich umsatzsteuerrechtlich nicht um eine geschäftliche (*Rz. 90*), mithin um eine nichtunternehmerische (nichtwirtschaftliche) Tätigkeit[2]. Die getätigten Umsätze bezwecken dann lediglich, durch den Vorsteuerabzug die Kosten des Hobbys zu senken (*Beispiele:* Pferdezucht[3], Halten von Rennpferden, Freizeitlandwirtschaft, Erfindertätigkeit[4], erfolglose Schriftstellerei[5], künstlerische[6], sportliche u.ä. Nebentätigkeiten). Allen diesen Betätigungen ist typischerweise gemein, dass sie *neben* einer unselbständigen oder selbständigen *gewerblichen* oder *beruflichen* Tätigkeit ausgeübt werden, aus deren Gewinn bzw. Überschuss der Lebensunterhalt bestritten wird.

138 Demgegenüber haben die **Umsatzsteuersenate** des BFH
   – die **Veranstaltung gelegentlicher Segeltörns** mit einer Segelyacht durch einen Fachschullehrer als unternehmerisch angesehen und die Anwendung der einkommensteuerrechtlichen Liebhabereigrundsätze ausdrücklich abgelehnt[7] (zur Neutralisierung des Vorsteuerabzugs *Rz. 140*);

---

1 So § 6 i.V.m. § 1 Abs. 2 Nr. 2 Österr. LiebhabereiVO.
2 Zu privaten **Photovoltaikanlagen** und **Blockheizkraftwerken** s. *Rz. 109 f.*
3 Vgl. zur ESt. BFH v. 19.7.1990 – IV R 82/89, BStBl. II 1991, 333; BFH v. 27.1.2000 – IV R 33/99, BStBl. II 2000, 227; BFH v. 30.12.2002 – IV B 168/01, BFH/NV 2003, 896; BFH v. 27.11.2008 – IV R 17/06, HFR 2009, 771.
4 Vgl. zur ESt. BFH v. 14.3.1985 – IV R 8/84, BStBl. II 1985, 424.
5 Vgl. zur ESt. BFH v. 23.5.1985 – IV R 84/82, BStBl. II 1985, 515; zur Unternehmereigenschaft des **Schriftstellers** s. *Stadie* in R/D, § 2 UStG Anm. 428 ff.
6 Vgl. zur ESt. BFH v. 6.3.2003 – XI R 46/01, BFH/NV 2003, 994.
7 BFH v. 23.1.1992 – V R 66/85, UR 1992, 202 m. Anm. *Weiß*.

– beim **Betreiben** eines **Pferderennstalls** eine Unternehmereigenschaft für möglich gehalten[1] (zur Neutralisierung des Vorsteuerabzugs *Rz. 140*);

– eine **Pferdezucht** durch eine KG als unternehmerisch angesehen.[2]

Lediglich das **Sammeln** von **Fahrzeugen** in der Erwartung einer Wertsteigerung wurde zu Recht als nichtunternehmerische (nicht wirtschaftliche) Tätigkeit eingestuft.[3]

c) Erfolgt die **Vermietung** eines **einzelnen Gegenstandes**, der zur Gattung solcher Gegenstände gehört, die sich in einem besonders hohen Maße für eine Nutzung im Rahmen der Lebensführung eignen und typischerweise einer besonderen, in der Lebensführung begründeten Neigung entsprechen[4], nicht geschäftsmäßig im o.g. Sinne (*Rz. 135*), so ist sie nicht unternehmerisch.[5] Zu diesen Gegenständen zählen typischerweise solche, die **der Sport- und Freizeitausübung dienen**. Die Vermietung erfolgt nicht geschäftsmäßig, wenn der Gegenstand in größerem Umfang, vornehmlich während der üblichen Urlaubszeiten, für die privaten Zwecke des Vermieters genutzt wird (*Beispiele*: Entsprechende gelegentliche Vermietung einer Ferienwohnung[6], eines Motorbootes[7] bzw. einer Motoryacht[8], einer Segelyacht[9], eines Wohnmobils[10] usw. Die getätigten Umsätze bezwecken auch hier lediglich, durch den Vorsteuerabzug die Kosten der Freizeittätigkeiten zu senken. 139

d) Der **BFH** hat zwar erkannt, dass die Bejahung der Unternehmereigenschaft in diesen Fällen zu einer Subventionierung über den Vorsteuerabzug führt, er ignoriert gleichwohl weiterhin die gesicherte Liebhaberei-Dogmatik des Einkommesteuerrechtsprechung.[11] Er versucht stattdessen weiterhin, den **Vorsteuerabzug** bei den unter **§ 4 Abs. 5 Satz 1 Nr. 4 EStG** fallenden Gegenständen nach 140

---

1 BFH v. 2.7.2008 – XI R 60/06, BStBl. II 2009, 206 = UR 2008, 919; vgl. auch BMF v. 14.7.2000 – IV D 1 - S 7303a - 5/00, UR 2000, 399.
2 BFH v. 12.2.2009 – V R 61/06, BStBl. II 2009, 828 (830) – 3a der Gründe; vgl. auch BMF v. 14.7.2000 – IV D 1 - S 7303a - 5/00, UR 2000, 399.
3 BFH v. 27.1.2011 – V R 21/09, BStBl. II 2011, 524.
4 So § 6 i.V.m. § 1 Abs. 2 Nr. 1 Österr. LiebhabereiVO.
5 FG Hess. v. 24.5.2002 – 6 V 4480/01, EFG 2002, 1267; *Stadie* in R/D, § 2 UStG Anm. 481 ff. m.w.N.
6 Vgl. zur ESt. BFH v. 13.8.1996 – IX R 48/94, BStBl. II 1997, 42.
7 Vgl. zur ESt. BFH v. 28.7.1987 – III R 273/83, BStBl. II 1988, 10.
8 **A.A.** BFH v. 6.8.1998 – V R 74/96, BStBl. II 1999, 104; BFH v. 2.7.2008 – XI R 60/06, BStBl. II 2009, 167.
9 FG Hess. v. 24.5.2002 – 6 V 4480/01, EFG 2002, 1267; a.A. BFH v. 24.8.2000 – V R 9/00, BStBl. II 2001, 76.
10 Nur im Ergebnis ebenso BFH v. 12.12.1996 – V R 23/93, BStBl. II 1997, 368; BFH v. 10.4.1997 – V R 17/94, UR 1998, 144; vgl. auch EuGH v. 26.9.1996 – C-230/94, EuGHE 1996, I-4517 = UR 1996, 418.
11 Möglicherweise will der V. Senat des BFH mit seiner Entscheidung v. 27.1.2011 eine Kehrtwendung einleiten, da er erstmals Einkommensteuer-Rspr. heranzieht, um die Tätigkeit eines Fahrzeugsammlers als eine nichtwirtschaftliche Tätigkeit i.S.d. § 2 Abs. 1 UStG zu qualifizieren, vgl. BFH v. 27.1.2011 – V R 21/09, BStBl. II 2011, 524 – Rz. 28.

§ 15 Abs. 1a (Nr. 1 aF) UStG[1] zu **neutralisieren**.[2] Dabei wird § 4 Abs. 5 Satz 1 Nr. 4 und Satz 2 EStG in zweifacher Hinsicht **fehlerhaft** interpretiert, weil diese Bestimmung nur die Repräsentations- u.ä. Aufwendungen im Auge hat und die genannten Gegenstände nicht etwa auch dann erfasst, wenn mit ihnen die – fälschlich angenommene – Unternehmertätigkeit ausgeübt wird[3] (§ 15 Rz. 376 ff.). Diese Rechtsprechung führt zu dem unhaltbaren Ergebnis, dass zwar die Umsätze zu versteuern sind, aber der Vorsteuerabzug ausgeschlossen ist. Zudem ist sie **willkürlich**, da sie **nur** die Vermietung und das Halten solcher **Gegenstände** erfasst, **die unter § 4 Abs. 5 Satz 1 Nr. 4 EStG fallen**, so dass es in den anderen Fällen von „Liebhaberei-Unternehmen" an einer Vorschrift mangelt, mit deren Hilfe der Vorsteuerabzug korrigiert werden könnte (§ 15 Rz. 315).

## V. Personenvereinigungen, die nur gegenüber ihren Mitgliedern tätig werden

### 1. Allgemeines

141 Nach § 2 Abs. 1 Satz 3 a.E. UStG ist eine nachhaltige Tätigkeit einer Personenvereinigung zur Erzielung von Einnahmen auch dann unternehmerisch, wenn diese nur gegenüber ihren Mitgliedern tätig wird. Das ist mit Hinblick auf den Zweck der Umsatzsteuer folgerichtig. Wenn eine Personenvereinigung nur ihre Mitglieder versorgt, d.h. nur diesen gegenüber Umsätze erbringt, so darf die Unternehmereigenschaft der Personenvereinigung nicht deshalb entfallen, weil die Leistungen nicht auch Dritten angeboten werden. Das Gebot der **Wettbewerbsneutralität** (Vorbem. Rz. 48 ff., 77) verlangt, dass grundsätzlich auch diese Form der Verbraucherversorgung besteuert wird, da anderenfalls konkurrierende Unternehmer benachteiligt wären. Derartige Personenvereinigungen können sowohl *Personengesellschaften* (richtigerweise nicht schlichte Bruchteils-Miteigentümergemeinschaften, Rz. 26 f.), teilrechtsfähige Verbände als auch *juristische Personen* sein. **Urtypen** sind die Einkaufsgenossenschaften (Konsumvereine) und ähnliche **Genossenschaften** (vgl. § 1 Abs. 1 Nr. 5–7 GenG).

### 2. Vereine, Verbände u.Ä.

#### a) Grundsätzliches

142 Nach der früheren Rechtsprechung[4] und der an dieser festhaltenden **Verwaltungsauffassung** soll die Tätigkeit eines **Vereins**, soweit er sich aus Mitgliedsbeiträgen finanziert, grundsätzlich nicht als Erbringung von Leistungen gegenüber den Mitgliedern zu werten sein, so dass die Vereine insoweit nicht als Unternehmer anzusehen seien. Zur Begründung heißt es, die Mitgliedsbeiträge wür-

---

1 Bzw. früher nach § 1 Abs. 1 Nr. 2 Buchst. c UStG aF.
2 Vgl. BFH v. 23.1.1992 – V R 66/85, UR 1992, 202 – Hochseeyacht; BFH v. 6.8.1998 – V R 74/96, BStBl. II 1999, 104 – Motoryacht; BFH v. 24.8.2000 – V R 9/00, BStBl. II 2001, 76; BFH v. 2.7.2008 – XI 60/06, BStBl. II 2009, 167 – Segelyacht; BFH v. 2.7.2008 – XI R 66/06, BStBl. II 2009, 206 – Rennpferd.
3 *Stadie* in R/D, § 2 UStG Anm. 488 f.
4 BFH v. 20.12.1984 – V R 25/76, BStBl. II 1985, 176 (178 f.); BFH v. 8.9.1994 – V R 46/92, BStBl. II 1994, 957; BFH v. 27.7.1995 – V R 40/93, BStBl. II 1995, 753.

den im Gesamtinteresse des Vereins zur Erfüllung der satzungsmäßigen Zwecke erhoben; sie stünden nicht konkreten Leistungen des Vereins gegenüber, weil sie unabhängig davon bemessen würden, in welchem Umfang das Mitglied von den Einrichtungen und Leistungen des Vereins Gebrauch mache. Das Mitglied erbringe seinen Beitrag nicht, um damit eine konkrete Leistung des Vereins oder dessen Leistungsbereitschaft abzugelten. Ein Leistungsaustausch liege nur insoweit vor, als Leistungen des Vereins den Sonderbelangen der einzelnen Mitglieder dienten und diese dafür gesonderte Zahlungen erbrächten.[1]

Diese Sichtweise wird seit Jahrzehnten vom wissenschaftlichen Schrifttum abgelehnt.[2] Sofern die Tätigkeit des Vereins für die Mitglieder zu geldwerten Vorteilen führt, d.h. diesen ein **verbrauchbarer Nutzen** verschafft wird (§ 1 Rz. 10), liegen Leistungen vor, denen die Mitgliedsbeiträge, Aufnahmegebühren, Umlagen u.Ä. als Gegenleistung gegenüberstehen (§ 1 Rz. 19). Die Verfolgung des Satzungszwecks ändert nichts an der Tatsache, dass das Gesamtinteresse lediglich eine **Bündelung gleichgelagerter Einzelinteressen** ist, derenthalben sich die Mitglieder im Verein zusammengeschlossen haben[3] (*Beispiele:* Tennisspieler treten in einen Tennisverein ein, um die Möglichkeit zu erlangen, Tennis spielen zu können; Autofahrer werden Mitglieder eines Automobilclubs, um dessen Dienste in Anspruch zu nehmen). Dass die Beitragshöhe unabhängig vom konkreten Umfang der in Anspruch genommenen Leistungen des Vereins ist, ist für die Frage der Gegenleistung ohne Bedeutung, denn der feste Beitrag ist lediglich ein **pauschaliertes Entgelt**.[4] Diese Auffassung ist zwischenzeitlich durch den **EuGH**[5] und den **BFH**[6] bestätigt worden.

143

### b) Sportvereine

Für die **Sportvereine** ist die Bejahung der Unternehmereigenschaft indes **ohne Auswirkung**, da mit der Aufhebung der gegenteiligen Verwaltungsvorschrift[7] die Einführung einer entsprechenden Steuerbefreiung (vgl. Art. 132 Abs. 1 Buchst. m MwStSystRL) in das Gesetz einhergehen würde. Für die Zwischenzeit kommt zwar eine „Berufung" auf die Steuerpflicht zur Erlangung des Vorsteuerabzugs (bei Investitionen) in Betracht, es ist jedoch damit zu rechnen, dass die Steuerbefreiung rückwirkend (zulässig) eingeführt wird (vgl. § 4 Nr. 22 Rz. 12).

144

---

1 Abschn. 1.4 Abs. 1 und Abschn. 2.10 Abs. 1 UStAE.
2 *Tipke*, SteuerR, 1. Aufl. 1973, S. 308 f. – und folgende Aufl.; *Söhn*, StuW 1975, 164 (168); *Reiß*, StuW 1987, 351; *Stadie*, Vorsteuerabzug, 1989, S. 38 f.; *Englisch* in T/L, § 17 Rz. 66 f., 136 f.
3 *Söhn*, StuW 1975, 164 (168).
4 *Stadie*, Vorsteuerabzug, S. 38 f.; *Stadie* in R/D, § 2 UStG Anm. 222 ff.
5 EuGH v. 21.3.2002 – C-174/00, EuGHE 2002, I-3293 = UR 2002, 320 – Rz. 40 f. – Golfclub.
6 BFH v. 9.8.2007 – V R 27/04, UR 2007, 811 – Flugsportverein; BFH v. 11.10.2007 – V R 69/06, UR 2008, 153 – Golfclub; BFH v. 12.6.2008 – V R 33/05, BStBl. II 2009, 221 – sog. Car-sharing-Verein; BFH v. 7.5.2009 – V B 130/08, BFH/NV 2009, 1470 – Dauer-Camping-Verein; BFH v. 20.3.2014 – V R 4/13, UR 2014, 732 – Radsportverein; vgl. auch BFH v. 18.6.2009 – V R 76/07, UR 2010, 14 – 2a der Gründe.
7 Abschn. 1.4 Abs. 1 Satz 1 UStAE.

### c) Interessenvereinigungen, Berufsverbände

145 Auch Vereine, Zweckverbände und Gesellschaften, die die Funktion einer **Interessenvereinigung** oder eines **Berufsverbandes** wahrnehmen und die **wirtschaftlichen** Interessen der Mitglieder vertreten, erbringen dadurch diesen gegenüber Dienstleistungen und sind deshalb Unternehmer, auch wenn sie sich nur aus gleich hohen Mitgliedsbeiträgen (Umlagen o.Ä.) finanzieren. Die gegenteilige[1] Auffassung der Finanzverwaltung und der früheren Rechtsprechung[2] ist nicht nur aus den o.g. Gründen (Rz. 143), sondern auch unter dem Gesichtspunkt der Wettbewerbsneutralität verfehlt.[3] Der BFH hatte deshalb seine bisherige Auffassung zu Recht aufgegeben[4], folgt jedoch nunmehr der Entscheidung des **EuGH** aus dem Jahre 2009[5], wonach „außer Frage (stehe), dass Tätigkeiten wie die Wahrnehmung der allgemeinen Interessen der Mitglieder" (im Agrarsektor tätige Unternehmen) „durch eine Vereinigung keine der Mehrwertsteuer unterliegende Tätigkeiten" seien[6] (zu kostenumlegenden *Kooperationsgesellschaften* s. Rz. 148 ff.).

146 Solange die Finanzverwaltung bei solchen Vereinigungen, deren **Mitglieder nicht zum Vorsteuerabzug berechtigt** sind, an ihrer Auffassung festhält, stellt sich nicht die Frage, ob die Vereinigungen sich auf die Befreiung nach Art. 132 Abs. 1 Buchst. l MwStSystRL (Verfolgung „gewerkschaftlicher"[7] Ziele) berufen können.[8]

### d) Verfolgung ideeller Zwecke

147 Leistungen des Vereins gegenüber den Mitgliedern können aber **nicht** schon deshalb bejaht werden, weil die Verfolgung des Vereinszwecks in deren Interesse liegt. Dient der Verein der Förderung **rein ideeller Zwecke**, so werden dadurch den Mitgliedern gegenüber keine Leistungen erbracht, soweit ihnen kein geldwerter Nutzen im Sinne eines verbrauchbaren Vorteils (§ 1 Rz. 10) verschafft

---

1 Eine Ausnahme wurde z.B. beim sog. Lohnsteuerhilfe-Verein gemacht, BFH v. 9.5.1974 – V R 128/71, BStBl. II 1974, 530.
2 Abschn. 2.10 Abs. 1 Satz 1 und Abs. 9 (Beispiele 1–4) UStAE; BFH v. 20.12.1984 – V R 25/76, BStBl. II 1985, 176; BFH v. 20.8.1992 – V R 2/88, BFH/NV 1993, 204; BFH v. 8.9.1994 – V R 46/92, BStBl. II 1994, 957.
3 *Stadie* in R/D, § 2 UStG Anm. 232 ff. m.w.N.
4 BFH v. 27.9.2001 – V R 37/01, BFH/NV 2002, 378 – Verbandstätigkeit gegen Beiträge; BFH v. 29.10.2008 – XI R 59/07, UR 2009, 167 – Verein zur Förderung der X-Perle; BFH v. 18.6.2009 – V R 76/07, UR 2010, 14 – Forstbetriebsgemeinschaft; vgl. auch FG Hess. v. 30.4.2002 – 6 K 642/01, EFG 2002, 1063 – Verein zur Beratung geschädigter Kapitalanleger; FG Münster v. 6.10.2009 – 15 K 1318 U, EFG 2010, 272 – Selbsthilfeeinrichtung zur Beratung und Betreuung von Schweineproduzenten; FG München v. 26.11.2009 – 14 K 4217/06, DStRE 2011, 625 – Verein zur Förderung der touristischen Internetwirtschaft; zu älterer, die Unternehmereigenschaft zumeist ablehnender Rspr. s. *Stadie* in R/D, § 2 UStG Anm. 239 f.
5 EuGH v. 12.2.2009 – C-515/07, EuGHE 2009, I-839 = UR 2009, 1999 – Rz. 34 i.V.m. Rz. 8.
6 BFH v. 24.9.2014 – V R 54/13, juris.
7 Der Begriff umfasst nach Ansicht des EuGH auch die Interessen von Unternehmern; vgl. EuGH v. 12.11.1998 – C-149/97, EuGHE 1998, I-7623 = UR 1999, 209.
8 Ausführlicher *Stadie* in R/D, § 2 UStG Anm. 235 ff.

wird¹ (*Beispiele:* Verein zur Förderung der Sicherheit im Straßenverkehr; zur Verbreitung politischer, religiöser oder ähnlicher ideologischer Gedanken; Verein zur Förderung eines Studentenheims, von Künstlern, Universitätsbibliotheken usw.).

### 3. Kostenumlegende Kooperationsgesellschaften u.Ä.

Werden die Kosten einer BGB-Gesellschaft, die von Dritten Leistungen bezieht, welche **ausschließlich** den **Gesellschaftern zugute kommen**, auf diese umgelegt, so fragt sich, ob die Gesellschaft dadurch Unternehmer wird, indem sie mit der „Weitergabe" der bezogenen Leistungen an die Gesellschafter Leistungen gegen Entgelt erbringt. Der Unternehmereigenschaft einer solchen Gesellschaft müsste vom Grundsatz her entgegenstehen, dass sie **nur** ihre **Kosten umlegt** (vgl. *Rz. 129 f.*). Andererseits scheint aus Art. 132 Abs. 1 Buchst. f MwStSystRL, wonach Dienstleistungen von „selbständigen Zusammenschlüssen von Personen" steuerfrei sein können, wenn „diese Zusammenschlüsse von ihren Mitgliedern lediglich die genaue Erstattung des jeweiligen Anteils an den gemeinsamen Kosten fordern", der Schluss zu ziehen sein, dass ein solcher Zusammenschluss stets Unternehmer ist. Es ist indes wie folgt zu differenzieren:

148

Beschränkt sich der Zweck der Gesellschaft darauf, **lediglich** den gemeinsamen **Bezug** von Leistungen **und** deren **gemeinsame Nutzung** durch die Gesellschafter zu organisieren, so handelt es sich um eine schlichte kooperative Gesellschaft, die – da sie keine eigene wirtschaftliche Tätigkeit ausführt – vom Grundsatz her nicht Unternehmer sein kann.² Empfänger der von den Dritten bezogenen Leistungen sind unmittelbar die Gesellschafter als Gläubiger der gemeinsam bezogenen Leistungen (§ 432 BGB) und als Gesamtschuldner der Gegenleistung (§ 427 BGB). Bei der **Kostenumlage** handelt es sich dann lediglich um den internen Ausgleich zwischen den Gesamtschuldnern nach § 426 Abs. 1 BGB. Ein etwaiger **Vorsteuerabzug** käme mithin **anteilig** bei den einzelnen **Gesellschaftern** in Betracht (*§ 15 Rz. 68, 263*). Entsprechendes gilt bei Wohnungseigentümer- und *Teileigentümergemeinschaften* (*§ 4 Nr. 13 Rz. 2 f.*).

149

Der **gemeinsame Erwerb** oder das gemeinsame **Anmieten** eines Gegenstandes, der von den Gesellschaftern jeweils abwechselnd oder in Teilen allein genutzt wird und dessen Kosten nach einem festen Schlüssel oder nach dem Umfang der jeweiligen Nutzung umgelegt werden, führt folglich grundsätzlich nicht zur Annahme eines zwischengeschalteten Unternehmers in Gestalt der BGB-Gesellschaft.³ Ebenso wenig ist von einem zwischengeschalteten Unternehmer auszugehen, wenn **Ehegatten gemeinsam** einen Gegenstand anmieten oder erwer-

150

---

1 Ausführlich *Stadie* in R/D, § 2 UStG Anm. 225 f. m.w.N.
2 Vgl. *Reiß*, BB 1987, 448 (450 ff.); *Stadie*, Vorsteuerabzug, S. 35 f., 70 f.; BFH v. 1.10.1998 – V R 31/98, UR 1999, 36 = BStBl. II 2008, 497; ferner BFH v. 28.11.2002 – V R 18/01, BStBl. II 2003, 443.
3 Vgl. BFH v. 1.10.1998 – V R 31/98, BStBl. II 2008, 497 = UR 1999, 36; BFH v. 28.11.2002 – V R 18/01, BStBl. II 2003, 443; FG München v. 24.1.2013 – 14 K 2068/11, EFG 2013, 894 – gemeinschaftlicher Erwerb eines Mähdreschers bzw. gemeinschaftliche Errichtung einer Lagerhalle durch Landwirte zur gemeinsamen Nutzung.

ben, den **nur einer** von ihnen **nutzt**.¹ Auch die schlichte **Büro-** oder **Praxisgemeinschaft** von Freiberuflern oder Gewerbetreibenden, die lediglich gemeinsam angemietete Räume, Büromaschinen usw. nutzen, ist, selbst wenn die Kosten nach dem jeweiligen Umfang der Nutzung umgelegt werden, kein Unternehmer.²

151  Anders ist es selbst dann nicht, wenn die „Gemeinschaft" (BGB-Gesellschaft) eigenes Personal unterhält und damit gegenüber den Gesellschaftern eine eigene Wertschöpfung erbringt. Auch in einem solchen Fall beschränkt sich das Entgelt auf eine Kostenerstattung, so dass die Gesellschaft, da sie selbst nicht Verbraucherversorgung betreibt, mangels der Möglichkeit, einen Überschuss zu erzielen, nicht wirtschaftlich tätig ist (vgl. *Rz. 129 f.*). Aus **Art. 132 Abs. 1 Buchst. f MwStSystRL** folgt nichts Gegenteiliges. Diese Vorschrift enthält lediglich eine **Klarstellung** der **Nichtsteuerbarkeit** dieser Dienstleistungen, da die Unternehmereigenschaft (Steuerpflichtigen-Eigenschaft) die Ausübung einer wirtschaftlichen Tätigkeit (Art. 9 Abs. 1 MwStSystRL), d.h. die Möglichkeit zur Erzielung eines Überschusses voraussetzt.

152  Allerdings gebietet der **Vereinfachungsgedanke**, dass **bei vorsteuerabzugsberechtigten Gesellschaftern** des Zusammenschlusses dieser als Unternehmer angesehen wird. Da eine derart **vorgeschaltete Gesellschaft** lediglich für die unternehmerischen Zwecke der Gesellschafter tätig wird, erhält ihre Tätigkeit dadurch ein unternehmerisches Gepräge. Die Unternehmereigenschaft der Gesellschafter strahlt auf diese Gesellschaft aus, so dass nach der Verkehrsauffassung auch die Tätigkeit der Gesellschaft wegen ihrer **Hilfsfunktion** einen gewerblichen/beruflichen Charakter hat. Mit dieser Sichtweise wird erreicht, dass der Zusammenschluss die vielfältigen von ihm bezogenen Leistungen zeitabschnittsweise gebündelt als eigene Leistungen an die Gesellschafter weitergeben kann, welche die ihnen berechnete Steuer dann als Vorsteuer abziehen können. Anderenfalls müssten die Gesellschafter die jeweils bei dem Zusammenschluss angefallenen Vorsteuern anteilig abziehen (§ 15 Rz. 68, 263), was einen erheblichen Verwaltungsaufwand mit sich brächte. (s. auch § 4 Nr. 13 Rz. 2 f. zur **Teileigentümergemeinschaft** nach dem **WEG**). Da die Unternehmer nur als zwangsverpflichtete Gehilfen des Staates tätig werden, verlangt der Verhältnismäßigkeitgrundsatz, den Beteiligten ein **Wahlrecht** zuzugestehen, ob sie die zwischengeschaltete Gesellschaft als Unternehmer behandeln.³

153  Soweit die **Gesellschafter nicht zum Vorsteuerabzug berechtigt** sind, bleibt es bei dem Grundsatz, dass ein Zusammenschluss, welcher nur die Kosten weiterberechnet, nicht Unternehmer ist (*Rz. 148 f.*). § 4 Nr. 14 Buchst. d UStG ist des-

---

1 BFH v. 7.11.2000 – V R 49/99, BStBl. II 2008, 493 = UR 2001, 118; BFH v. 1.2.2001 – V R 79/99, BStBl. II 2008, 495 = UR 2001, 251; BFH v. 16.5.2002 – V R 15/00, BFH/NV 2002, 1346; BFH v. 6.10.2005 – V R 40/01, BStBl. II 2007, 13; EuGH v. 21.4.2005 – C-25/03, EuGHE 2005, I-3123 = BStBl. II 2007, 24 = UR 2005, 324.
2 Vgl. BFH v. 15.9.1995 – V B 59/95, BFH/NV 1996, 439.
3 *Stadie* in R/D, Vor §§ 4–9 UStG Anm. 34 ff., § 2 UStG Anm. 507.

halb überflüssig.[1] Folglich stellt sich entgegen BFH[2] auch nicht die Frage, ob sich nicht unter diese Vorschrift fallende Zusammenschlüsse auf Art. 132 Abs. 1 Buchst. f MwStSystRL berufen können.

Die **Rechtsprechung** hat die Unternehmereigenschaft bei folgenden Gesellschaften und Vereinigungen bejaht (unkritische Aufzählung):[3] 154

- von Einzelhändlern gebildete **Werbegemeinschaft**[4];
- „**Bürogemeinschaft**" von Verbänden[5];
- **kommunale Datenverarbeitungsgesellschaft**[6];
- BGB-Gesellschaft, die **Grundbesitz der Gesellschafter verwaltet**[7];
- **Verwaltungs- und Organisationsgemeinschaft** von Versicherungsvereinen a.G.[8];
- **Beratungsgesellschaft** zur **Unterstützung** der **Mitgliedsbanken**[9];
- **Zusammenschluss** von **Betriebskrankenkassen** zu einer Genossenschaft zur Erbringung von **Datenverarbeitungs-** und **Organisationsleistungen** gegenüber den Genossen[10];
- **GmbH** mit dem Zweck, ein **Vergütungssystem für** ihre **Gesellschafter** (Krankenhausträger) zu entwickeln und zu pflegen[11];
- Forstbetriebsgemeinschaft[12];
- **kommunale GmbH**, die der Werbung und **Öffentlichkeitsarbeit** dient und deren Kosten von der Stadt getragen werden[13];
- **Selbsthilfeeinrichtung** zur **Beratung** und Betreuung von Schweineproduzenten[14];
- **Wasser- und Bodenverband** mit **Maschinenpark zur Nutzung durch** die **Mitglieder**[15].

### 4. Zuschussfinanzierte Gesellschaften

Eine zum Zwecke der **Forschung** gegründete Gesellschaft, deren Tätigkeit ausschließlich durch **Zuschüsse** der **Gesellschafter** finanziert wird, soll nach Auf- 155

---

1 Bejahung der Unternehmereigenschaft bei von Ärzten gebildeten Praxis- oder Laborgemeinschaften mit eigenen Personal- und Materialkosten durch BFH v. 20.4.1972 – V R 110/71, BStBl. II 1972, 656; BFH v. 28.9.1988 – X R 29/82, BFH/NV 1989, 743; BFH v. 21.6.1990 – V R 94/85, UR 1991, 48.
2 BFH v. 30.4.2009 – V R 3/08, UR 2009, 639 – 4b cc der Gründe; BFH v. 23.4.2009 – V R 5/07, UR 2009, 762 – 3 der Gründe.
3 Weitere Nachweise bei *Stadie* in R/D, § 2 UStG Anm. 505.
4 BFH v. 4.7.1985 – V R 107/76, BStBl. II 1986, 153 – mit verfehlten Differenzierungen nach dem Maßstab der Kostenumlage.
5 BFH v. 27.9.2001 – V R 37/01, BFH/NV 2002, 378.
6 FG Nds. v. 25.6.1981 – V 162/79, EFG 1982, 207.
7 BFH v. 15.9.1995 – V B 59/95, BFH/NV 1996, 439; BFH v. 18.4.1996 – V R 123/93, BStBl. II 1996, 387.
8 Vgl. FG Nürnberg v. 15.2.1979 – V 179/71, EFG 1979, 416.
9 FG Münster v. 6.9.1995 – 15 K 4659/92, EFG 1995, 231.
10 BFH v. 23.4.2009 – V R 5/07, UR 2009, 762.
11 BFH v. 5.12.2007 – V R 60/05, BStBl. II 2009, 486.
12 BFH v. 18.6.2009 – V R 76/07, UR 2010, 14.
13 FG Hamburg v. 5.3.1986 – II 144/83, EFG 1986, 522.
14 FG Münster v. 6.10.2009 – 15 K 1318/05, EFG 2010, 272.
15 Vgl. FG Düsseldorf v. 14.2.1996 – 5 K 595/90, EFG 1996, 678; FG Hess. v. 19.3.2004 – 6 V 2351/03, EFG 2004, 1873.

fassung der Finanzverwaltung nicht Unternehmer sein, weil die Zuschüsse nicht das Entgelt für Leistungen der Gesellschaft seien.[1] Entsprechendes soll gelten, wenn Gesellschaften mit **ähnlichen Aufgaben** (*Verwaltungsvereinfachung, Klärung von Grundsatzfragen, Marktbeobachtungen usw.*) ausschließlich „Zuschüsse", „Aufwendungsersatz" o.Ä. seitens der Gesellschafter erhalten.[2] Diese Auffassung ist nur im Ergebnis zutreffend, nicht aber in der Begründung. Die Gesellschaft erbringt gegenüber den Gesellschaftern sonstige Leistungen, weil ihnen wirtschaftliche Vorteile verschafft werden, für die sie, da es auf die Bezeichnung der Gegenleistung nicht ankommt, die Zuschüsse, Aufwendungsersatz o.Ä. (vgl. *§ 1 Rz. 77*) aufwenden (die *Rz. 143* u. *145* gelten entsprechend). Gleichwohl sind diese Gesellschaften nicht Unternehmer. Die Unternehmereigenschaft setzt die Ausübung einer wirtschaftlichen Tätigkeit (Art. 9 Abs. 1 MwStSystRL), d.h. die Möglichkeit zur Erzielung eines Überschusses (Erwirtschaftung eines Mehrwerts) voraus (vgl. *Rz. 130, 148*). Das ist bei diesen Gesellschaften nicht der Fall, da sie nur ihre Kosten ersetzt erhalten. Aus Art. 132 Abs. 1 Buchst. f MwStSystRL folgt nichts Gegenteiliges, da diese Vorschrift nur für den Fall vorgesehen ist, dass ein Mitgliedstaat diese Gesellschaften als Unternehmer ansehen sollte (vgl. *Rz. 152*).

156  Soweit die **Gesellschafter zum Vorsteuerabzug berechtigt** sind, muss ihnen entweder die Befugnis zustehen, die anteilig auf sie entfallenden Vorsteuern der Gesellschaft abzuziehen (*§ 15 Rz. 68, 263*), oder aber die Gesellschaft auf Antrag als Unternehmer zu behandeln (**Wahlrecht**; *Rz. 152*), weil anderenfalls die Gesellschafter als Unternehmer in Höhe der bei der Gesellschaft nicht abziehbaren Vorsteuern über die (entsprechend höheren) Zuschüsse belastet würden.

157  Der **BFH** hat hingegen eine GmbH, welche ausschließlich für ihre Gesellschafter gegen **Aufwendungsersatz** tätig wird, als **Unternehmer** angesehen[3]. Soweit die **Gesellschafter** nicht Unternehmer oder **nicht** zum **Vorsteuerabzug berechtigt** sind, soll nach Auffassung des BFH eine Berufung auf die **Steuerbefreiung** nach Art. 132 Abs. 1 Buchst. f MwStSystRL in Betracht kommen, wenn dadurch keine Wettbewerbsverzerrungen einträten.[4] Diese können sich m.E. nicht ergeben.[5]

## VI. Gesellschafter

### 1. Gesellschafter von Personengesellschaften

#### a) Allgemeines, Erbringung von Beiträgen

158  Die Gesellschafter einer Personengesellschaft, die unternehmerisch tätig ist, sind nicht allein auf Grund ihrer Gesellschaftereigenschaft Unternehmer. Un-

---

1 Abschn. 2.10 Abs. 1 Satz 3 UStAE.
2 Vgl. Abschn. 2.10 Abs. 9 Beispiel 5 UStAE; ebenso BFH v. 20.4.1988 – X R 3/82, BStBl. II 1988, 792 – Marktbeobachtungs-GmbH.
3 BFH v. 5.12.2007 – V R 60/05, BStBl. II 2009, 486 = UR 2008, 616 – von Krankenkassen gegründete GmbH mit dem Zweck der Entwicklung und Pflege eines Vergütungssystems bei Krankenhäusern.
4 BFH v. 5.12.2007 – V R 60/05, BStBl. II 2009, 486 = UR 2008, 616; BFH v. 23.4.2009 – V R 5/07, UR 2009, 762.
5 Vgl. *Stadie* in R/D, Vor §§ 4–9 UStG Anm. 28 f.

ternehmer ist allein die Gesellschaft (vgl. Rz. 24), so dass deren Umsätze – anders als die Einkünfte nach § 15 Abs. 1 Nr. 2 EStG – nicht anteilig den Gesellschaftern zuzurechnen sind (zur Ausstrahlung der Unternehmereigenschaft der Gesellschaft auf die Gesellschafter s. Rz. 165 ff.). Die Gesellschafter können jedoch **neben der Gesellschaft** eigenständig die Unternehmereigenschaft erlangen, auch wenn sie ihre Umsätze **ausschließlich gegenüber der Gesellschaft** erbringen (Rz. 162 f.)

Die Gesellschafter haben die vereinbarten **Beiträge** zu leisten (§ 705 BGB). Diese können auch in der Leistung von Diensten bestehen (§ 706 Abs. 3 BGB). Sind Sachen beizutragen, so müssen diese nicht zwingend in das gemeinschaftliche Eigentum (Gesamthandseigentum) übergehen (arg. § 706 Abs. 2 Satz 1 BGB), so dass auch die bloße Überlassung zur Nutzung in Betracht kommt. Entsprechendes gilt für die Personenhandelsgesellschaften (§ 105 Abs. 2 HGB) und die Partnerschaften (§ 1 Abs. 4 PartGG). Soweit die Beiträge nicht in Geld bestehen, erbringt der Gesellschafter zwar regelmäßig Lieferungen bzw. sonstige Leistungen (Ausnahme entgegen BFH: Geschäftsführung, Rz. 160), diesen stehen jedoch nicht stets Gegenleistungen gegenüber. Die Beteiligung am Gewinn ist nicht Gegenleistung für die Beiträge, sondern ist Ausfluss der Gesellschafterstellung (§ 1 Rz. 81). Bei Sacheinlagen liegt zwar eine Gegenleistung vor (§ 1 Rz. 94), doch die Erbringung der Sacheinlage als solche ist nicht unternehmerisch. **Allein durch** die **Leistung der Beiträge** wird der Gesellschafter mithin **nicht zum Unternehmer**; gleichwohl ist ihm richtigerweise die Unternehmereigenschaft der Gesellschaft für Zwecke des Abzugs der mit den Beitragsleistungen zusammenhängenden Vorsteuern zuzurechnen (Rz. 165 f.). 159

### b) Geschäftsführung

Mit der **Geschäftsführung** i.S.d. §§ 709 f. BGB, §§ 114 f., 164 HGB und der Tragung des Haftungsrisikos erbringt der Gesellschafter schon keine Leistungen (§ 1 Rz. 36 f.). Die gegenteilige Auffassung des BFH[1], wonach – da der Gesellschafter sowohl als natürliche Person als auch als GmbH bei einer GmbH & Co. KG grundsätzlich selbständig tätig ist (Rz. 52) – regelmäßig steuerpflichtige Umsätze vorliegen sollen (zum Entgelt s. § 1 Rz. 38), verkennt nicht nur den umsatzsteuerrechtlichen Leistungsbegriff, sondern **verstößt** insbesondere auch **gegen** das **Gebot** der **Rechtsformneutralität**.[2] Ist die Personengesellschaft nicht oder nicht zum vollen Vorsteuerabzug berechtigt, so führt die auf die Geschäftsführungsvergütung entfallende Umsatzsteuer im Umfang ihrer Nichtabziehbarkeit zu einem Kostenfaktor (§ 1 Rz. 39). Dadurch tritt ein Wettbewerbsnachteil gegenüber einem **Einzelunternehmer** ein. Dasselbe gilt im Vergleich mit der **Kapitalgesellschaft**, weil bei dieser die Geschäftsführervergütung nicht der Umsatzsteuer unterliegt (vgl. Rz. 81). Die zusätzliche Umsatzsteuerbelastung der Personengesellschaft resultiert mithin allein aus ihrer Rechtsform. Das verstößt gegen den Gleichbehandlungsgrundsatz in Gestalt des Gebotes der Rechtsformneutralität der Besteuerung (Vorbem. Rz. 48 f., 77). Darin dürfte auch der Grund 160

---

1 BFH v. 6.6.2002 – V R 43/01, BStBl. II 2003, 36; BFH v. 3.3.2011 – V R 24/10, BStBl. II 2011, 950; dem folgend Abschn. 1.6 Abs. 3 Satz 6 i.V.m. Abs. 4 UStAE.
2 Stadie, UR 2011, 569.

für die weiter geltende **Protokollerklärung** zu Art. 4 der 6. MwStSystRL a.F. (*Rz. 9*) zu sehen sein, wonach es den Mitgliedstaaten freisteht, u.a. „Geschäftsführer" u.ä. Personen nicht der Mehrwertsteuer zu unterwerfen. Die verfehlte gegenteilige Entscheidung des BFH war deshalb auch nicht, wie dieser annahm, gemeinschaftsrechtlich geboten.

161 Von der **Geschäftsführung**, die nur Gesellschafter erbringen können, sind von den Gesellschaftern für die Gesellschaft ausgeführte **Geschäftsbesorgungsleistungen** i.S.d. § 675 BGB **zu unterscheiden**, die auch jeder Dritte durchführen kann[1] (*Rz. 162*). Auch die Tätigkeit als **Liquidator ist**, da sie auch von Nichtgesellschaftern ausgeübt werden kann (§ 146 Abs. 1 und 2 HGB) eine schlichte Geschäftsbesorgung i.S.d. §§ 675 ff. BGB und damit unternehmerisch.[2]

**c) Umsätze gegenüber der Gesellschaft**

162 Umsätze zwischen Gesellschafter und Gesellschaft liegen nur insoweit vor, als konkrete Leistungen des Gesellschafters nicht durch die Beteiligung an einem etwaigen Gewinn mittelbar „abgegolten" werden, sondern auf der Grundlage eines **Austauschverhältnisses** gegen **gesonderte Gegenleistung** erbracht werden. Es müssen Leistungen vorliegen, die auch von Nichtgesellschaftern (Dritten) gegenüber der Gesellschaft ausgeführt werden könnten.[3] Dem steht nicht entgegen, dass die Vereinbarung darüber im Gesellschaftsvertrag enthalten ist.[4] Das Entgelt kann auch auf dem Gesellschafterkapitalkonto gutgeschrieben werden.[5]

163 Bei der **Überlassung von Gegenständen** an die Gesellschaft zur Nutzung gegen gesonderte Vergütung können **Miet- o.ä. Verträge** vorliegen, die auch bei der Überlassung nur eines einzelnen Gegenstandes zur Unternehmereigenschaft des Gesellschafters führen können (*Rz. 114*).

164 Der Annahme eines Mietvertrages soll nach der Rechtsprechung nicht entgegenstehen, dass lediglich eine **Pauschalvergütung** vereinbart wird[6] oder dass der überlassene Gegenstand innerhalb der Gesellschaft **ausschließlich durch** den **überlassenden Gesellschafter genutzt** und der Mietzins auf der Grundlage der tatsächlichen **Kosten berechnet** wird.[7] Ein Mietvertrag soll nur dann nicht vorliegen, wenn der Gesellschafter für den gelegentlichen Einsatz eines eigenen Ge-

---

1 Solche – und nicht Geschäftsführungstätigkeiten i.S.d. §§ 709 f. BGB, §§ 114 f., 164 HGB – lagen übrigens der Entscheidung des BFH zugrunde, mit der die Rspr.-Änderung zur Geschäftsführungstätigkeit eingeleitet wurde! Vgl. BFH v. 6.6.2002 – V R 43/01, BStBl. II 2003, 36.
2 BFH v. 8.11.1995 – V R 8/94, BStBl. II 1996, 176.
3 So zutreffend noch BFH v. 5.5.1994 – V R 76/92, UR 1995, 304; BFH v. 24.8.1994 – XI R 74/93, BStBl. II 1995, 150.
4 BFH v. 5.5.1994 – V R 76/92, UR 1995, 304 – gesellschaftsvertraglich vereinbarte **Architektenleistungen** gegenüber einer Grundstücksverwertungsgesellschaft, welche nach der HOAI abgerechnet wurden; BFH v. 24.8.1994 – XI R 74/93, BStBl. II 1995, 150 – Tätigkeit eines Kommanditisten im **Beirat** der KG.
5 BFH v. 18.12.2008 – V R 73/07, BStBl. II 2009, 612 – 4 der Gründe.
6 BFH v. 16.3.1993 – XI R 44/90, BStBl. II 1993, 529; vgl. BFH v. 16.3.1933 – XI R 52/90, BStBl. 1993, 562.
7 BFH v. 16.3.1993 – XI R 45/90, BStBl. 1993, 530.

genstandes für Zwecke der Gesellschaft lediglich die Kosten erstattet erhält.[1] Die Annahme von Mietverträgen ist gekünstelt und erklärt sich als **„Hilfskonstruktion"**[2] nur vor dem Hintergrund, dass der BFH dem Gesellschafter den Vorsteuerabzug hinsichtlich des Gegenstandes verschaffen will. Diese gedankliche Krücke hilft jedoch nicht weiter, wenn der Gegenstand unentgeltlich überlassen wird und ein Mietvertrag sich auch beim besten Willen nicht konstruieren lässt oder der Gesellschafter andere Aufwendungen im Interesse der Gesellschaft tätigt, obwohl alle Fälle gleichgelagert sind. Eine dem Gesetzeszweck und dem Gleichheitssatz gerecht werdende Lösung lässt sich nur erreichen, wenn die Unternehmereigenschaft der Gesellschaft den Gesellschaftern insoweit zugerechnet wird (Rz. 165).

### d) Mittelbare Unternehmereigenschaft

Tätigen die **Gesellschafter** im eigenen Namen **Aufwendungen im Interesse** (für Zwecke) **der Gesellschaft**, d.h. nehmen sie Lieferungen oder Dienstleistungen in Anspruch, die im wirtschaftlichen Zusammenhang mit ihren Beiträgen oder der unternehmerischen Tätigkeit der Gesellschaft stehen, und geben sie die bezogenen Leistungen bzw. deren Nutzungen nicht mittels Umsätzen im Rahmen eigener unternehmerischer Tätigkeit an die Gesellschaft weiter, so verlangt der Gesetzeszweck, dass hinsichtlich dieser Aufwendungen der **Vorsteuerabzug** in Betracht kommt. Soweit der Gesellschafter die **Kosten nicht von** der **Gesellschaft erstattet** erhält, scheitert ein Vorsteuerabzug bei dieser schon daran, dass sie nicht mit der Umsatzsteuer belastet ist (§ 15 Rz. 3; zur Frage, ob sie anderenfalls als Leistungsempfänger in Betracht käme, s. § 15 Rz. 77 f., 87). Eine **teleologische Auslegung** des § 15 Abs. 1 UStG und des § 2 Abs. 1 UStG gebietet, dass die **Unternehmereigenschaft der Gesellschaft** hinsichtlich derjenigen Aufwendungen, die die Gesellschafter für Zwecke des Unternehmens tragen, **auf den Gesellschafter ausstrahlt** und ihm gleichsam als **Mitunternehmer** insoweit die Unternehmereigenschaft der Gesellschaft **für Zwecke des Vorsteuerabzugs** zuzurechnen ist (ausführlich dazu und zur **gegenteiligen BFH-** und **widersprüchlichen EuGH**-Rechtsprechung § 15 Rz. 44 ff.). 165

Ist der **Gesellschafter bereits** auf Grund einer eigenen, unmittelbaren gewerblichen oder beruflichen Tätigkeit **Unternehmer**, so gehört folglich die Gesellschafterstellung bei einer unternehmerisch tätigen Personengesellschaft mit zu seinem Unternehmen i.S.d. § 2 Abs. 1 Satz 2 UStG[3] (dazu Rz. 186 ff.; zum sog. **Sonderbetriebsvermögen** auch § 3 Rz. 74; § 15 Rz. 45). 166

Bei **Beendigung** einer **einzelunternehmerischen Tätigkeit** und **Eintritt in** eine **Gesellschaft** darf aus den oben genannten Gründen entgegen der Auffassung des BFH[4] keine Entnahme derjenigen **Wirtschaftsgüter** angenommen werden, die 167

---

1 BFH v. 9.9.1993 – V R 88/88, BStBl. II 1994, 56; BFH v. 9.6.1994 – V R 108/93, UR 1994, 333.
2 *Wagner*, UVR 1999, 296.
3 Zust. *Wäger*, UR 2012, 911 (916).
4 BFH v. 21.5.2014 – V R 20/13, UR 2014, 769; BFH v. 21.12.1989 – V R 184/84, UR 1990, 212; BFH v. 29.8.1991 – V B 113/91, BStBl. II 1992, 267; BFH v. 27.2.1995 – V B 54/94, BFH/NV 1995, 835.

der Gesellschaft zur Nutzung **überlassen** oder vom Gesellschafter für deren unternehmerische Zwecke verwendet werden, da die Wirtschaftsgüter nicht dem privaten Konsum dienen.

## 2. Gesellschafter von Kapitalgesellschaften

168 Für die Gesellschafter von Kapitalgesellschaften haben die vorangegangenen Ausführungen (*Rz. 165 ff.*) entsprechend zu gelten, da auch für diese der **Grundsatz der Neutralität** (*Vorbem. Rz. 48 f., 77*) verlangt, dass sie von den Vorsteuern auf Aufwendungen, die sie für Zwecke der Gesellschaft tätigen, entlastet werden. Anderenfalls müsste die Gesellschaft einen höheren Gewinn als ein Einzelunternehmer erzielen, damit die bei den Gesellschaftern angefallene Umsatzsteuerbelastung kompensiert wird. Die Aufwendungen der Gesellschafter dienen nicht dem privaten Verbrauch. Auf die **Rechtsform der Gesellschafter** kann es nicht ankommen, so dass es ohne Belang ist, ob der jeweilige Gesellschafter eine natürliche Person, eine Personengesellschaft oder eine juristische Person jedweder Art (Kapitalgesellschaft, Verein, Stiftung, juristische Person des öffentlichen Rechts) ist. **Demgegenüber** hat der **EuGH** unter Missachtung des sonst von ihm beachteten Grundsatzes der Neutralität des Mehrwertsteuersystems entschieden, dass eine geschäftsleitende **Holding** als beherrschender Gesellschafter von Kapitalgesellschaften **nicht** als Unternehmer („Steuerpflichtiger") anzusehen sei und keinen Vorsteuerabzug habe; diese Rechtsprechung ist verfehlt (*Rz. 70 ff.*).

## VII. Personelle Zurechnung der Unternehmertätigkeit
### 1. Maßgeblichkeit des Außenverhältnisses

169 **a)** Die Zurechnung der unternehmerischen Tätigkeit zu einem unternehmerfähigen Gebilde (*Rz. 20 ff.*) richtet sich grundsätzlich danach, wer Berechtigter und Verpflichteter aus den den Leistungen **zugrunde liegenden Rechtsverhältnissen** ist[1], so dass regelmäßig allein das **Auftreten nach außen** (Außenverhältnis) maßgebend ist.[2] Es gilt dasselbe wie bei der Zurechnung einzelner Umsätze (dazu § 1 Rz. 67 ff.).

Eine **rückwirkende** Übertragung auf eine andere Person ist **nicht** möglich[3], da die Tatbestandsverwirklichung durch eine Person nicht durch Vertrag einer anderen Person zugerechnet werden kann (zu Umwandlungen s. *Rz. 249*).

---

1 Vgl. BFH v. 13.3.1987 – V R 33/79, BStBl. II 1987, 524; BFH v. 28.11.1990 – V R 31/85, BStBl. II 1991, 381; BFH v. 21.4.1994 – V R 105/91, BStBl. II 1994, 671; BFH v. 16.8.2001 – V R 34/01, UR 2002, 213.
2 Vgl. BFH 30.7.1990 – V B 48/90, BFH/NV 1991, 62; BFH v. 26.10.1992 – V B 54/92, BFH/NV 1993, 757; BFH v. 20.2.2001 – V B 191/00, BFH/NV 2001, 1152; BFH v. 29.1.2008 – V B 201/06, BFH/NV 2008, 827 – Bordell; FG München v. 28.7.2011 – 14 K 2824/09, EFG 2012, 373 – Glücksspielgeräte in Spielhallen; FG BW v. 19.12.2013 – 1 K 1939/12, EFG 2014, 790 – Internetversteigerung über ebay.
3 Vgl. BayLfSt v. 17.2.2012 – S 7104.1.1 - 9/2 St 33, UR 2012, 329.

Auch bei **Ehegatten** bestimmt sich nach dem Auftreten nach außen, welchem 170
der Ehegatten eine unternehmerische Tätigkeit zuzurechnen ist oder ob eine
aus beiden Ehegatten gebildete Gesellschaft Unternehmer ist.[1]

**b)** Auf das Außenverhältnis kommt es auch bei der Frage an, ob bei einer **Per-** 171
**sonengesellschaft** jeweils die **Gesellschafter** oder nur die Gesellschaft oder neben dieser auch die Gesellschafter Unternehmer sind[2] oder ob, wenn eine Personengruppe verschiedene Tätigkeiten ausübt, mehrere Personengesellschaften und damit mehrere Unternehmer entstehen oder ob sämtliche Aktivitäten in Gestalt nur einer Gesellschaft vorgenommen werden.[3]

Insbesondere bei Zusammenschlüssen von Freiberuflern finden sich die Begriffe 172
„**Gemeinschaftspraxis**" und „**Praxisgemeinschaft**". Von einer Gemeinschaftspraxis spricht man üblicherweise, wenn sich mehrere Freiberufler zur gemeinsamen Berufsausübung auf gemeinsame Rechnung zusammenschließen und die Gesellschaft auch nach außen unter einer gemeinsamen Bezeichnung („Namen") auftritt. Davon ist die Praxisgemeinschaft zu unterscheiden, bei der sich mehrere Unternehmer in einer BGB-Gesellschaft zusammenschließen, die sich auf das gemeinsame Nutzen von Räumen, Apparaten und Personal beschränkt (zu der Frage, ob diese Gesellschaft mit der Kostenumlage Umsätze gegenüber den Gesellschaftern erbringt, s. *Rz. 150 f.*). Umsätze erbringen die jeweiligen Einzelunternehmer, da sie nach außen im eigenen Namen gegenüber ihren Mandanten, Patienten usw. auftreten.

Werden von einem Rechtsanwalt, Steuerberater o.ä. Einzelunternehmer Ange- 173
stellte oder freie **Mitarbeiter** wie Partner **im Briefkopf** genannt, so entsteht dadurch keine Sozietät (BGB-Gesellschaft). Unternehmer und Zurechnungsadressat der Umsätze und Rechnungen bleibt der Praxisinhaber.[4] Entsprechendes gilt bei einer **Sozietät**[5] (zur Zurechnung der *Insolvenzverwaltertätigkeit* eines angestellten Anwalts oder eines Gesellschafters s. *Rz. 176*).

Eine Personengesellschaft, die **einkommensteuerrechtlich nicht** als sog. **Mit-** 174
**unternehmerschaft** i.S.d. § 15 Abs. 1 Nr. 2 Satz 1 EStG anzuerkennen ist (z.B. Familien-KG), so dass die Einkünfte ausschließlich (weiterhin) dem Komplementär (bisherigem Alleininhaber) zuzurechnen sind, ist gleichwohl als zivilrechtlich wirksames Gebilde umsatzsteuerrechtliches Zurechnungssubjekt, wenn sie nach außen aufgetreten ist und unter ihrer Firma die Umsätze bewirkt

---

1 BFH v. 25.7.1968 – V 150/65, BStBl. II 1968, 731; BFH v. 1.7.1987 – I R 297/83, UR 1989, 86; BFH v. 12.10.2006 – V R 36/04, BStBl. II 2007, 485. Zur Vermietung mehrerer Grundstücke durch Miteigentümer-Ehegatten s. *Rz. 29*.
2 Vgl. BFH v. 13.3.1987 – V R 33/79, BStBl. II 1987, 524; BFH v. 8.11.1995 – XI R 63/94, BStBl. II 1996, 114 (117 f.); BFH v. 24.2.2000 – V R 23/99, BStBl. II 2000, 302; BFH v. 16.8.2001 – V R 34/01, UR 2002, 213.
3 Vgl. BFH v. 21.7.1993 – X R 113/91, BFH/NV 1994, 221; BFH v. 28.4.1994 – V R 80/91, BFH/NV 1995, 557.
4 OFD Erfurt v. 26.11.1997 – S 7104 A - 12 - St 341, UR 1998, 201; OFD Hannover v. 17.11.1998 – S 7104 - 385 - StH 542, S 7104 - 148 - StO 355, UR 1999, 262.
5 OFD Hannover v. 17.11.1998 – S 7104 - 385 - StH 542, S 7104 - 148 - StO 355, UR 1999, 262.

hat.[1] Umgekehrt ist bei einer sog. **atypischen stillen Gesellschaft**, bei der der stille Gesellschafter einkommensteuerrechtlich als sog. Mitunternehmer anzusehen ist (§ 15 Abs. 1 Nr. 2 i.V.m. § 20 Abs. 1 Nr. 4 Satz 1 Halbs. 2 EStG), nicht diese, sondern der Inhaber des Handelsgewerbes, der nach außen auftritt (§ 230 Abs. 2 HGB), der Unternehmer[2] (s. auch *Rz. 24 u. 79*).

175 **c)** Sind **bei mehreren** (Personen- und/oder Kapital-)**Gesellschaften die Gesellschafter identisch** und **im gleichen Verhältnis beteiligt**, so hatte die **frühere Rechtsprechung** die jeweilige Unternehmertätigkeit der Gesellschaften im Wege wirtschaftlicher Betrachtungsweise der *dahinterstehenden Gesellschaftergruppe* zugerechnet.[3] Entsprechendes galt für eine Einmann-GmbH und ihren Alleingesellschafter.[4] Diese Rechtsprechung zur sog. **Unternehmereinheit** ist vom BFH zu Recht **aufgegeben** worden,[5] weil sie nicht mit dem Wortlaut des § 2 UStG zu vereinbaren war und vor allem die hinter den Gesellschaften stehende Gruppe verfahrens-, haftungs- und vollstreckungsrechtlich nicht fassbar wäre.[6]

176 **d)** Wird ein **angestellter** Rechtsanwalt als **Insolvenzverwalter** tätig, so sollen nach Auffassung der Finanzverwaltung dessen Umsätze der „Kanzlei" (sic! Gemeint ist wohl: dem Inhaber der „Kanzlei", d.h. dem Arbeitgeber) zuzurechnen sein.[7] Entsprechendes soll für andere angestellte Personen, wie z.B. Steuerberater gelten.[8] Das ist unhaltbar[9], da die Zurechnung von Umsätzen sich allein nach dem Außenverhältnis richtet (*Rz. 169*). Für diese abweichende Zurechnung fehlt die Rechtsgrundlage. Gleichermaßen verfehlt ist die Auffassung, dass Entsprechendes gelte, wenn der Insolvenzverwalter als **Gesellschafter** „an der Kanzlei (sic!) beteiligt" sei.[10] Der Rechtsanwalt als Gesellschafter der Sozietät erhält das Amt des Insolvenzverwalters in seiner Person übertragen. Und da er auch als solcher gegenüber dem Schuldner und dem Insolvenzgericht auftritt, sind seine Dienstleistungen ihm als Unternehmer zuzurechnen.[11] Für eine abweichende Zurechnung fehlt die Rechtsgrundlage. Nach Auffassung der Finanzverwaltung rechnet die „Kanzlei" im eigenen Namen über diese Umsätze mit ihrer eigenen Steuernummer ab. Gemeint ist wohl, dass in dieser Weise **abzurechnen** sei. Auch das ist unhaltbar. Insolvenzrechtlich muss das Insolvenzgericht eine derartige Abrechnung zurückweisen, da sie nicht vom Insolvenzverwalter er-

---

1 BFH v. 18.12.1980 – V R 142/73, BStBl. II 1981, 408; BFH v. 13.3.1987 – V R 33/79, BStBl. II 1987, 524; *Stadie* in R/D, § 2 UStG Anm. 562.
2 BFH v. 27.5.1982 – V R 110, 111/81, BStBl. II 1982, 678.
3 Zuletzt BFH 10.3.1977 – V R 105, 106/72, BStBl. II 1977, 521 m.w.N.
4 BFH v. 26.4.1973 – V R 40/71, BStBl. II 1973, 549.
5 Der BFH hatte zeitweilig die Unternehmenseinheit (*Rz. 186*) mit der Unternehmereinheit verwechselt; BFH v. 9.12.2010 – V R 22/10, BStBl. II 2011, 996 – Rz. 28; BFH v. 24.11.2011 – V R 13/11, BStBl. II 2012, 298 – Rz. 11.
6 BFH v. 16.11.1978 – V R 22/73, BStBl. II 1979, 347; BFH v. 30.11.1978 – V R 29/73, BStBl. II 1979, 352; BFH v. 8.2.1979 – V R 114/74, BStBl. II 1979, 358; vgl. auch BFH v. 30.11.2000 – V R 169/00, BFH/NV 2001, 656; BFH v. 19.5.2005 – V R 31/03, BStBl. II 2005, 671 – 2b cc; *Stadie* in R/D, § 2 UStG Anm. 615 m.w.N.
7 BMF v. 28.7.2009 – IV B 8 - S 7100/08/10003, BStBl. I 2009, 864.
8 OFD Frankfurt a.M. v. 20.1.2010 – S 7104 A - 81 - St 110, UR 2010, 921.
9 Ausführlich *Stadie* in R/D, § 2 UStG Anm. 568 ff.
10 BMF v. 28.7.2009 – IV B 8 - S 7100/08/10003, BStBl. I 2009, 864.
11 Vgl. FG Hess. v. 4.1.2007 – 6 V 1450/06, EFG 2007, 548.

folgt ist. Umsatzsteuerrechtlich läge ein Fall des § 14c Abs. 2 UStG vor. Richtigerweise hat der Insolvenzverwalter mit Umsatzsteuerausweis abzurechnen.

### 2. Unternehmensführung durch Vertreter, Amtswalter, Treuhänder u.ä. Personen

a) Das Handeln eines (echten) Vertreters ist dem Vertretenen zuzurechnen (§ 164 Abs. 1 BGB). Das gilt sowohl für die **gewillkürte** (auf Grund einer *Vollmacht*) als auch für die **gesetzliche** Vertretung. Wird ein Unternehmen im Namen eines Minderjährigen oder einer anderen geschäftsunfähigen oder in der Geschäftsfähigkeit beschränkten Person durch einen gesetzlichen Vertreter (*Eltern, Vormund, Pfleger*) betrieben, so ist mithin der Vertretene und nicht der Vertreter Unternehmer. 177

Beim Handeln **unter fremdem Namen** liegt keine Vertretung vor. Unternehmer ist der Handelnde, nicht der Namensinhaber, auch wenn dieser mit der Verwendung seines Namens einverstanden ist.[1] Als fremder Name kommt **auch** die Firma einer juristischen Person, insbesondere einer **GmbH** in Betracht[2] (s. auch Rz. 183). 178

b) Bei der Führung eines Unternehmens durch einen **Insolvenzverwalter, Zwangsverwalter** oder **Nachlassverwalter** ist Unternehmer nicht der Amtsinhaber (Amtswalter), sondern der Eigentümer der Vermögensmasse, da dieser durch das Handeln des Amtswalters wie bei der Vertretung berechtigt und verpflichtet wird, so dass dem Inhaber sämtliche Umsätze des Verwalters zuzurechnen sind[3] und entgegen BFH bei Insolvenzeröffnung nicht etwa ein Fall des § 16 Abs. 3 UStG vorliegt (*§ 16 Rz. 8*; zur getrennten Festsetzung s. *§ 18 Rz. 7*). Für die Tätigkeit eines **Testamentsvollstreckers** gilt dasselbe.[4] 179

c) Wird ein Unternehmen durch einen **Treuhänder**, d.h. von einer Person zwar im **eigenen Namen**, aber für Rechnung des sog. Treugebers geführt, so stellt sich die Frage, ob diese unternehmerische Tätigkeit dem Treuhänder oder dem Treugeber zuzurechnen ist. Das Treuhandverhältnis kann nach außen **offengelegt** oder **verdeckt** sein. In letzterem Fall wird der Treuhänder, wenn der Geschäftsherr als „Hintermann" im Geheimen bleiben will, auch „**Strohmann**" genannt. Für die Zurechnung der Tätigkeit ist das jedoch ohne Bedeutung. 180

Für die Zurechnung der Tätigkeit beim Treugeber könnte sprechen, dass der Unternehmerbegriff ein Typusbegriff ist (*Rz. 88*) und deshalb nicht verlangt, dass die Leistungen im eigenen Namen erbracht werden. Da der Treuhänder für 181

---

1 BFH v. 15.7.1987 – X R 19/80, BStBl. II 1987, 746 (752); BFH v. 21.4.1994 – V R 105/91, BStBl. II 1994, 671; vgl. auch BFH v. 26.4.2001 – V R 50/99, UR 2001, 391; FG BW v. 8.9.2004 – 12 K 22/02, DStRE 2005, 388.
2 Vgl. BFH v. 21.4.1994 – V R 105/91, BStBl. II 1994, 671.
3 Vgl. BFH v. 20.2.1986 – V R 16/81, BStBl. II 1986, 579; BFH v. 11.10.1990 – V R 75/85, BStBl. II 1991, 191; BFH v. 10.4.1997 – V R 26/96, BStBl. II 1997, 552; BFH v. 28.6.2000 – V R 87/99, BStBl. II 2000, 639; BFH v. 18.10.2001 – V R 44/00, BStBl. II 2002, 171; BFH v. 29.1.2009 – V R 67/07, BStBl. II 2009, 1029 – 2b der Gründe.
4 BFH v. 11.10.1990 – V R 75/85, BStBl. II 1991, 191.

Rechnung des Treugebers tätig wird, verwirklicht der Treugeber die wesensbestimmenden Merkmale des Unternehmers in seiner Person. Gleichwohl ist der **Treugeber** abweichend vom Einkommensteuerrecht **nicht** als **Unternehmer** i.S.d. § 2 Abs. 1 UStG anzusehen.[1] Während das Einkommensteuerrecht die Leistungsfähigkeit in Gestalt der Vermögensmehrung auf Grund wirtschaftlicher Betätigungen besteuern will, so dass dort das Ergebnis der Unternehmertätigkeit dem Treugeber zuzurechnen ist, hat das Umsatzsteuerrecht jedoch nicht den Unternehmer im Auge. Dieser fungiert lediglich als Gehilfe (Steuereinsammler) des Staates (*Rz. 1*). Mithin ist als Unternehmer derjenige anzusehen, der die Umsatzsteuer als Teil der **Gegenleistungen** für die erbrachten Leistungen **vereinnahmt** und die Umsatzsteuer abführen kann. Das ist der **Treuhänder**. Für eine abweichende Zurechnung der Tätigkeit besteht aus umsatzsteuerrechtlicher Sicht kein Anlass. Auch bei konzessionsgebundenen Tätigkeiten sind die Umsätze dem **Konzessionsinhaber** zuzurechnen.[2]

182  Diese Wertung wird **durch** die **Bestimmungen** des § 3 Abs. 3 und Abs. 11 UStG **über** die **Lieferungs-** bzw. **Dienstleistungskommission bestätigt**. Bei der Kommission hat die Mittelsperson (der Kommissionär) eine Treuhänderstellung inne, weil sie für Rechnung des Auftraggebers tätig wird. Wenn nach diesen Bestimmungen die einzelnen gegenüber Dritten ausgeführten Lieferungen und Dienstleistungen dem Kommissionär (Mittelsperson) als eigene Umsätze zugerechnet werden, obwohl sie für Rechnung des Hintermanns erbracht werden, so kann für eine dauerhafte Tätigkeit dieser Art in Gestalt eines umfassenden Treuhandverhältnisses („Dauerkommission") nichts anderes gelten. Aus § 3 Abs. 3 und 11 UStG folgt mithin, dass es auf das Auftreten nach außen ankommt.

183  Nach Auffassung des **BFH** sollen die der Mittelsperson zuzurechnenden Dienstleistungen indes nach § 3 Abs. 11 UStG zugleich **auch** dem **Hintermann** zuzurechnen sein.[3] Diese Rechtsfolge gibt die Vorschrift (wie erst recht § 3 Abs. 3 UStG für Lieferungen) nicht her (*Beispiel:* Bierverkauf in der vom Strohmann geführten Gaststätte). Sie ist auch nicht vom Zweck des Umsatzsteuergesetzes gefordert, so dass es nicht nötig ist, den in § 3 Abs. 3 und Abs. 11 UStG enthaltenen Gedanken in diesem Sinne auszuweiten. Hat der Hintermann für das Unternehmen (der Mittelsperson) Leistungen in Anspruch genommen, so muss folglich der **Vorsteuerabzug** der Mittelsperson zustehen. Hätte nämlich diese die Leistungen im eigenen Namen bezogen, so stünde ihr der Vorsteuerabzug zu, obwohl sie einen Aufwendungsersatzanspruch gegenüber dem Hintermann hätte.

---

1  Nur im Ergebnis ebenso BFH v. 11.10.1990 – V R 75/85, BStBl. II 1991, 191; BFH v. 28.1.1999 – V R 4/98, BStBl. II 1999, 628; BFH v. 31.1.2002 – V B 108/01, BStBl. II 2004, 622 = UR 2002, 275; BFH v. 12.8.2009 – XI R 48/07, UR 2010, 423; BFH v. 10.11.2010 – XI R 15/09, BFH/NV 2011, 867; BGH v. 12.12.1996 – IX ZR 214/95, BGHZ 134, 212 = UR 1997, 427; BGH v. 29.1.2014 – 1 StR 469/13, wistra 2014, 190; *Reiß*, StuW 1987, 351 (360); *Schön*, USt-Kongress-Bericht 1991/92, Köln 1992, S. 138 ff.
2  BFH v. 29.6.1990 – V B 29/90, BFH/NV 1993, 95; BFH v. 20.2.2004 – V B 152/03, BFH/NV 2004, 833 – Gaststätten; BFH v. 22.9.2005 – V R 52/01, BStBl. II 2006, 278 – Spielkasino.
3  BFH v. 22.9.2005 – V R 52/01, BStBl. II 2006, 278 – Spielkasino; BFH v. 12.5.2011 – V R 25/10, BFH/NV 2011, 1541 – Handelsvertreterstrohmann.

Es kann keinen Unterschied ausmachen, wer die Leistungen bezogen hat; allein entscheidend darf sein, dass diese mit dem Unternehmen zusammenhängen. Folglich ist es auch ohne Belang, dass die Mittelsperson nicht in der Rechnung genannt ist (vgl. zur entsprechenden Problematik beim wirtschaftlichen Leistungsempfänger *§ 15 Rz. 76 ff.*).

Anders liegt es, wenn der „**Strohmann**" keine Treuhänderfunktion hat, sondern lediglich einem anderen gestattet hat, unter seinem Namen tätig zu werden. In diesem Fall handelt der andere unter fremdem Namen, um seine Identität zu verschleiern; er ist der Unternehmer[1] *(Rz. 178)*. Auf die Erkennbarkeit für die Leistungsempfänger kommt es für die Zurechnung der Unternehmertätigkeit nicht an[2]; diese ist nur von Bedeutung für den Vorsteuerabzug *(Rz. 185)*. Folglich ist insbesondere eine sog. **Schein-GmbH** oder sog. **Briefkasten-GmbH** als Rechtsmantel ohne eigenen Geschäftsbetrieb mangels Erbringung eigener Umsätze kein Unternehmer.[3] Die unter ihrem Namen ausgeführte Unternehmertätigkeit ist dem Hintermann (z.B. bei einer sog. Einmann-GmbH)[4] oder den Hintermännern (Gesellschafter als BGB-Gesellschaft) zuzurechnen.[5]

184

Von der Frage, wer als Unternehmer die Umsatzsteuer aus den erbrachten Umsätzen schuldet (§ 13a Abs. 1 Nr. 1 UStG), ist die **Frage zu unterscheiden**, wer für **Zwecke des Vorsteuerabzugs** aus der Sicht der Leistungsempfänger als leistender Unternehmer anzusehen ist. Nur diese Frage beantwortet sich nach dem Außenverhältnis. Das wird von der herrschenden Meinung verkannt.[6] Aus der Sicht der Leistungsempfänger ist leistender Unternehmer diejenige Person, die als Vertragspartner aufgetreten ist. Das ist die *Schein-* bzw. *Briefkasten-GmbH*, sofern der Leistungsempfänger nicht erkennen konnte, dass diese nur zum Schein (zur Verschleierung der Identität) vorgeschoben worden war und in Wahrheit ein Dritter unter ihrem Namen gehandelt hatte.[7] Eine solche Sichtweise gebietet der im Rechtsstaatsprinzip (Verhältnismäßigkeitsgrundsatz, *Vorbem. Rz. 26*) wurzelnde **Vertrauensschutz**. Folglich reicht es für den Vorsteuerabzug des gutgläubigen Leistungsempfängers aus, dass die vorgeschobene GmbH in der Rechnung als Leistender genannt ist; sie ist aus der Sicht des § 15 Abs. 1 Satz 1 Nr. 1 UStG als leistender Unternehmer anzusehen *(§ 15 Rz. 190 ff.)*.

185

---

1 Vgl. BGH v. 22.5.2003 – 5 StR 520/02, UR 2003, 535; BFH v. 31.1.2002 – V B 108/01, BStBl. II 2004, 622 = UR 2002, 275.
2 Das übersieht der BFH v. 31.1.2002 – V B 108/01, BStBl. II 2004, 622 = UR 2002, 275; BFH v. 26.6.2003 – V R 22/02, BFH/NV 2004, 233; BFH v. 17.10.2003 – V B 111/02, BFH/NV 2004, 235; BFH v. 12.8.2009 – XI R 48/07, UR 2010, 423.
3 Vgl. BFH v. 13.7.1994 – XI R 97/92, UR 1995, 96; s. aber auch BFH v. 31.1.2002 – V B 108/01, BStBl. II 2004, 622 = UR 2002, 275.
4 Vgl. FG München v. 29.3.2012 – 14 K 3020/10, EFG 2012, 1697.
5 Vgl. FG München v. 29.3.2012 – 14 K 3020/10, EFG 2012, 1697.
6 Vgl. z.B. BFH v. 31.1.2002 – V B 108/01, BStBl. II 2004, 622 = UR 2002, 275; BFH v. 26.6.2003 – V R 22/02, BFH/NV 2004, 233; BFH v. 17.10.2003 – V B 111/02, BFH/NV 2004, 235; BFH v. 18.2.2009 – V R 82/07, BStBl. II 2009, 876 – 2a dd [a.E.].
7 Insoweit im Ergebnis zutreffend auch BFH v. 31.1.2002 – V B 108/01, BStBl. II 2004, 622 = UR 2002, 275; BFH v. 26.6.2003 – V R 22/02, BFH/NV 2004, 233; BFH v. 17.10.2003 – V B 111/02, BFH/NV 2004, 235.

## E. Das Unternehmen (Abs. 1 Satz 2)

### I. Unternehmenseinheit

186 Das Unternehmen umfasst die gesamte gewerbliche oder berufliche Tätigkeit des Unternehmers (§ 2 Abs. 1 Satz 2 UStG). Daraus folgt, dass **ein Unternehmer** stets **nur ein Unternehmen** haben kann. Übt der Unternehmer **mehrere Tätigkeiten** aus, die jeweils für sich betrachtet nach § 2 Abs. 1 Satz 1 i.V.m. Satz 3 UStG (bei juristischen Personen des öffentlichen Rechts § 2 Abs. 1 Satz 1 i.V.m. Abs. 3 UStG) als gewerblich oder beruflich, d.h. als unternehmerisch anzusehen sind, so bilden diese eine Einheit (Grundsatz der **Unternehmenseinheit**)[1].

187 In der **Richtlinie** findet sich eine derartige Aussage nicht ausdrücklich. Allerdings wird an mehreren Stellen der Begriff „sein Unternehmen" verwendet (z.B. in Art. 16–18, 21 und 26 MwStSystRL). Daraus folgt zwingend, dass auch die Richtlinie vom Grundsatz der Unternehmenseinheit ausgeht. Indes verwendet der EuGH neuerdings einer weiter gefassten Begriff des Unternehmens (vgl. *Rz. 197*).

188 Dem Unternehmer entspricht mithin das Unternehmen. Der Unternehmer kann zwar mehrere „Betriebe", aber nur ein Unternehmen haben. Diese Rechtsfolge ist unabhängig davon, ob die Tätigkeiten einen sachlichen Bezug zueinander haben. Sie gilt auch für juristische Personen des öffentlichen Rechts. Sämtliche Betriebe i.S.d. § 2 Abs. 3 UStG (*Rz. 360 ff.*) einer solchen juristischen Person bilden ebenfalls nur ein Unternehmen.[2] **Unerheblich** ist es deshalb, ob die Tätigkeiten **ertragsteuerrechtlich** als **verschiedene „Betriebe"** zu behandeln oder verschiedenen Einkunftsarten zuzuordnen sind. Übt z.B. eine Person eine gewerbliche, eine freiberufliche und eine landwirtschaftliche Tätigkeit aus und ist außerdem noch Vermieter eines Grundstücks, so besteht umsatzsteuerrechtlich nach § 2 Abs. 1 Satz 2 UStG nur ein Unternehmen, obwohl einkommensteuerrechtlich vier verschiedene Einkunftsarten vorliegen.

189 Durch § 2 Abs. 1 Satz 2 UStG wird nur das Unternehmen beschrieben. Welche Umsätze im konkreten Fall dazu gehören, bestimmt sich anhand des Kriteriums **„im Rahmen des Unternehmens"** (§ 1 Abs. 1 Nr. 1 UStG). Danach können auch gelegentliche Umsätze, die für sich gesehen die Unternehmereigenschaft nicht begründen würden, steuerbar sein, wenn sie im wirtschaftlichen Zusammenhang mit der unternehmerischen Tätigkeit i.S.d. § 2 UStG stehen (*§ 1 Rz. 100*).

190 Der Grundsatz der Unternehmenseinheit i.S.d. § 2 Abs. 1 Satz 2 UStG gilt unabhängig davon, ob die Tätigkeiten im **Inland oder Ausland** ausgeübt werden. Die inländische Betriebsstätte (feste Niederlassung) eines im Ausland ansässigen Unternehmers bildet deshalb kein eigenständiges Unternehmen, sondern bleibt unselbständiger Unternehmensteil.[3] Entsprechendes gilt im umgekehrten Fall,

---

[1] Der BFH verwechselte zeitweilig die Unternehmenseinheit mit der sog. Unternehmereinheit (*Rz. 175*); BFH v. 9.12.2010 – V R 22/10, BStBl. II 2011, 996 – Rz. 28; BFH v. 24.11.2011 – V R 13/11, BStBl. II 2012, 298 – Rz. 11.

[2] BFH v. 18.8.1988 – V R 194/83, BStBl. II 1988, 932; BFH v. 17.3.2010 – XI R 17/08, UR 2010, 943 – Rz. 36; Abschn. 2.11 Abs. 2 UStAE.

[3] Vgl. EuGH v. 23.3.2006 – C-210/04, EuGHE 2006, I-2804 = UR 2006, 331. Gleichwohl soll nach Ansicht des EuGH (EuGH v. 17.9.2014 – C-7/13, UR 2014, 847) eine Zweigniederlassung einer ausländischen Hauptniederlassung Mitglied einer Mehrwertsteuergrup-

so dass auch eine im Ausland belegene **Betriebsstätte (feste Niederlassung/ Zweigniederlassung)** eines im Inland ansässigen Unternehmers unselbständiger Teil seines Unternehmens bleibt (zum Grundsatz der Unternehmenseinheit bei der sog. Organschaft s. *Rz. 302 f., 339 f., 346, 348*).

Aus § 2 Abs. 1 Satz 2 UStG folgt, dass **jede Person** bzw. jedes Gebilde mit ihren bzw. seinen unternehmerischen Tätigkeiten ein **eigenes Unternehmen** betreibt, auch wenn die Tätigkeiten mit denen einer beherrschten Gesellschaft oder eines beherrschenden Gesellschafters im wirtschaftlichen Zusammenhang stehen. Eine **Zusammenfassung** kann sich **nur im Falle der sog. Organschaft** nach § 2 Abs. 2 Nr. 2 UStG ergeben (*Rz. 252 ff.*). 191

Aus dem Grundsatz der Unternehmenseinheit ergeben sich folgende **Konsequenzen**: 192

- **Gegenstandsbewegungen** zwischen verschieden Unternehmensteilen (Betrieben, Zweigniederlassungen) führen – auch wenn einkommensteuerrechtlich eine Entnahme gegeben ist oder der Gegenstand in das Ausland gelangt – **nicht** zu einer **Entnahme** i.S.d. § 3 Abs. 1b Nr. 1 UStG, da die Gegenstände nicht für Zwecke, die außerhalb des Unternehmens liegen, entnommen werden (bei derartigen Gegenstandsbewegungen zwischen den Gebieten zweier Mitgliedstaaten kann lediglich der Fall des innergemeinschaftlichen Verbringens i.S.d. § 1a Abs. 2 bzw. des § 3 Abs. 1a UStG eintreten; dazu *§ 1a Rz. 15 ff.; § 3 Rz. 51 ff.*).

- **Dienstleistungsähnliche Wertabgaben** i.S.d. § 3 Abs. 9a UStG zwischen Unternehmensteilen können ebenfalls **nicht** vorliegen, weil sie nicht für Zwecke erfolgen, die außerhalb des Unternehmens liegen.

- Die Verwendung eines Gegenstandes in einem anderen Unternehmensteil kann lediglich bei einer **Verwendungsänderung** i.S.d. § 15a UStG oder des § 17 Abs. 2 Nr. 5 UStG zu einer **Berichtigung des Vorsteuerabzugs** nach diesen Vorschriften führen (s. auch *§ 3 Rz. 71*).

- Für die Bestimmung des **Gesamtumsatzes** nach § 19 Abs. 3 UStG oder nach § 23a Abs. 2 UStG ist auf die gesamte unternehmerische Tätigkeit abzustellen.

- Für das Unternehmen ist hinsichtlich der in Deutschland steuerbaren Umsätze grundsätzlich (Ausnahmen: Zwangsverwaltung eines Grundstücks und ggf. Insolvenz, *§ 18 Rz. 7*) **nur eine Umsatzsteuererklärung** abzugeben, für die folglich auch nur ein Finanzamt zuständig ist (§ 21 Abs. 1 AO).

Der Grundsatz der **Unternehmenseinheit** wird durch ein **Insolvenzverfahren** nicht berührt[1] (*§ 16 Rz. 8*), auch dann nicht, wenn der Schuldner daneben einer eigenständigen unternehmerischen Tätigkeit nachgeht.[2] 193

---

pe, d.h. „Person" i.S.d. Art. 11 MwStSystRL und Empfänger von Dienstleistungen der Hauptniederlassung sein können, für die die Mehrwertsteuergruppe dann Steuerschuldner nach Art. 196 MwStSystRL sei. Das erschließt sich nicht (*Rz. 340*).

1 BFH v. 9.12.2010 – V R 22/10, BStBl. II 2011, 996 – Rz. 28; BFH v. 24.11.2011 – VR 13/11, BStBl. II 2012, 298 – Rz. 11; BFH v. 8.3.2012 – V R 24/11, BStBl. II 2012, 466 – Rz. 22.
2 *Stadie* in R/D, § 18 UStG Anh. 2 Anm. 312 ff. – Insolvenz.

194 Ebenso wenig wird die Unternehmenseinheit dadurch aufgehoben, dass für **bestimmte Unternehmensteile besondere Besteuerungsformen** oder -regeln angewendet werden können, insbesondere für

- von der Buchführungspflicht befreite Betriebe die Besteuerung nach vereinnahmten Entgelten (§ 20 Abs. 1 Satz 1 Nr. 2 i.V.m. Satz 2 UStG);
- bestimmte Berufs- und Gewerbezweige die Vorsteuerpauschalierung (§ 23 UStG i.V.m. §§ 69, 70 UStDV);
- land- und forstwirtschaftliche Betriebe die Besteuerung nach Durchschnittsätzen (§ 24 UStG) oder
- für Gebrauchtwarenumsätze eines Händlers die Differenzbesteuerung (§ 25a UStG).

## II. Nichtunternehmerischer Bereich

195 Aus § 2 Abs. 1 Satz 2 UStG folgt, dass jeder Unternehmer einen **nichtunternehmerischen Bereich** haben kann. Das gilt nicht nur für natürliche Personen, bei denen auf Grund ihrer privaten Existenz ein solcher Bereich stets gegeben ist, sondern auch für andere Unternehmer unabhängig von der Rechtsform. Folglich haben auch Personengesellschaften, **juristische Personen** und andere Unternehmergebilde einen nichtunternehmerischen Bereich, soweit sie nicht gewerblich oder beruflich i.S.d. § 2 Abs. 1 bzw. 3 UStG tätig sind.[1] Unerheblich ist, dass diese Gebilde keinen „Privatbereich" wie eine natürliche Person haben, denn es geht bei der Abgrenzung der unternehmerischen von der nichtunternehmerischen Sphäre um die Eingrenzung desjenigen Bereichs, in dem durch unmittelbare oder mittelbare Erbringung von Umsätzen i.S.d. § 1 Abs. 1 Nr. 1 UStG Verbraucherversorgung erfolgt. Sowenig wie es eine Unternehmereigenschaft kraft Rechtsform gibt (*Rz. 63*), sowenig folgt aus dem Umstand, dass eine **Gesellschaft** usw. teilweise unternehmerisch tätig ist, dass dadurch der gesamte Bereich der Gesellschaft usw. zum Unternehmen wird. Die **Abgrenzung** des unternehmerischen vom nichtunternehmerischen Bereich ist **für alle Unternehmer gleich** welcher Rechtsform einheitlich nach dem Maßstab des § 2 Abs. 1 Satz 2 UStG vorzunehmen.

196 **Beispiele**

(1) Eine GmbH fungiert als sog. **gemischte Holding**, d.h. sie ist z.T. geschäftsleitend (eingreifend) gegenüber den beherrschten Gesellschaften tätig, während sie bei den Minderheitsbeteiligungen diese lediglich verwaltet. Soweit die GmbH geschäftsleitend tätig ist, ist sie Unternehmer (*Rz. 70 ff.*), während die schlichte Beteiligungsverwaltung (*Rz. 68*) ihr nichtunternehmerischer Bereich bzw. in der Sprache des EuGH der nichtwirtschaftliche Tätigkeitsbereich ist.

(2) Eine **juristische Person des öffentlichen Rechts** ist mit einem Betrieb i.S.d. § 2 Abs. 3 UStG (*Rz. 351*) gewerblich tätig. Der übrige Bereich – sog. Hoheitsbereich, ggf. Vermögensverwaltung (*Rz. 365*) – ist der nichtunternehmerische bzw. nichtwirtschaftliche Bereich der jPdöR.

---

[1] BFH v. 20.12.1984 – V R 25/76, BStBl. II 1985, 176; BFH v. 14.4.2008 – XI B 171/07, BFH/NV 2008, 1215 – gemeinnützige Körperschaft; BFH v. 29.6.2010 – V B 160/08, BFH/NV 2010, 1876 – gemeinnützige Körperschaft.

Beginn und Ende der Unternehmereigenschaft § 2

Der **EuGH** verwendet neuerdings einen weiter gefassten Begriff des Unternehmens, welches nicht nur **wirtschaftliche**, sondern auch **nichtwirtschaftliche** Tätigkeiten umfasse.[1] Das ist von Bedeutung für den Vorsteuerabzug (*§ 15 Rz. 154 ff.*), den Anwendungsbereich der Entnahmetatbestände (*§ 3 Rz. 69, 165*) und die Einlageproblematik (vgl. *§ 15a Rz. 113*). 197

Gelangen Gegenstände vom unternehmerischen in den nichtunternehmerischen Bereich (**Entnahme**) oder erfolgen **dienstleistungsähnliche Wertabgaben** von diesem für jenen Bereich, so ist der Tatbestand des § 1 Abs. 1 Nr. 1 i.V.m. § 3 Abs. 1b Nr. 1 bzw. i.V.m. § 3 Abs. 9a UStG verwirklicht, weil die Gegenstände **für Zwecke, die außerhalb des Unternehmens liegen**, entnommen oder verwendet werden. Im umgekehrten Fall (**Einlage**) ist entgegen der h.M. in analoger Anwendung des § 15a UStG bzw. des § 10 Abs. 4 Satz 1 Nr. 2 UStG eine anteilige Vorsteuerentlastung zu gewähren (*§ 15a Rz. 126 ff.*). 198

## F. Beginn und Ende der Unternehmereigenschaft

### I. Beginn

#### 1. Allgemeines

Die Frage nach dem Beginn der Unternehmereigenschaft stellt sich aus zwei verschiedenen Blickwinkeln. Aus der Sicht der **Steuerbarkeit von Umsätzen** geht es um das Problem, ab wann Leistungen von einem Unternehmer (im Rahmen des Unternehmens) erbracht werden. Für den **Vorsteuerabzug** geht es darum, ab wann Leistungen bereits „für das Unternehmen" i.S.d. § 15 Abs. 1 UStG bezogen werden. Entsprechendes gilt, wenn ein Unternehmer seinen **Tätigkeitsbereich erweitern** will. Die nachfolgenden Ausführungen gelten dann **sinngemäß**. 199

Die Unternehmereigenschaft beginnt bereits mit den ersten nach außen erkennbaren, auf eine Unternehmertätigkeit i.S.d. § 2 Abs. 1 bzw. 3 UStG gerichteten Aktivitäten[2] und nicht erst mit den ersten Umsätzen. Sie wird folglich bereits mit **Vorbereitungshandlungen** begründet.[3] Alle Leistungen, die im Zusammenhang mit der nachfolgenden bzw. geplanten eigentlichen unternehmerischen Tätigkeit stehen, erfolgen bereits für das Unternehmen i.S.d. § 15 Abs. 1 UStG. Diese Auslegung wird durch den Zweck des Vorsteuerabzugs, die Wettbewerbs- 200

---

1 Vgl. EuGH v. 12.2.2009 – C-515/07, EuGHE 2009, I-839 = UR 2009, 199 – Rz. 39.
2 Das ist **nicht** der Fall bei Aufwendungen einer Gemeinde für eine Olympiabewerbung; FG Schl.-Holst. v. 25.3.2010 – 4 K 194/06, EFG 2011, 386; oder bei einer **GmbH**, die nur mit **Entwicklungstätigkeiten** im Gesundheitswesen betraut ist und im Zeitpunkt der in Anspruch genommenen Leistungen nicht geplant hatte, Umsätze zu erbringen; vgl. FG Berlin-Bdb. v. 21.3.2013 – 5 K 5274/11, EFG 2013, 1265.
3 EuGH v. 14.2.1985 – 268/83, EuGHE 1985, 655 = UR 1985, 199; EuGH v. 29.2.1996 – C-110/94, EuGHE 1996, I-857 = BStBl. II 1996, 655; EuGH v. 21.3.2000 – C-110/98 bis C-147/98, EuGHE 2000, I-1577 = UR 2000, 208 – Rz. 45; EuGH v. 8.6.2000 – C-400/98, EuGHE 2000, I-4321 = BStBl. II 2003, 452 – Rz. 34; EuGH v. 3.3.2005 – C-32/03, EuGHE 2005, I-1599 = UR 2005, 433 – Rz. 22; EuGH v. 29.11.2012 – C-257/11, UR 2013, 224 – Rz. 26 f.; BFH v. 17.9.1998 – V R 28/98, BStBl. II 1999, 146; BFH v. 18.11.1999 – V R 22/99, BStBl. II 2000, 241; BFH v. 8.3.2001 – V R 24/98, BStBl. II 2003, 430 = UR 2001, 214; BFH v. 26.1.2006 – V R 74/03, BFH/NV 2006, 1164; Abschn. 2.6 Abs. 1 UStAE.

neutralität der Umsatzsteuer zu gewährleisten, gefordert. Die Unternehmer müssen danach vollständig von der im Rahmen ihrer (geplanten) unternehmerischen Tätigkeit anfallenden Vorsteuern (sofern keine speziellen Abzugsverbote bestehen) entlastet werden[1], da diese anderenfalls zu Kosten würden, die die Preisgestaltung und damit die Wettbewerbssituation am Markt beeinflussen würden.

201 Folglich begründen auch solche Vorbereitungsmaßnahmen, die der **Prüfung** dienen, **ob überhaupt ein Unternehmen betrieben werden soll**, bereits die Unternehmereigenschaft[2], so dass auch schon die Einholung von *Marktanalysen, Gutachten, Rentabilitätsstudien*[3] u.Ä. für das Unternehmen i.S.d. § 15 Abs. 1 UStG erfolgt. Die zugrunde liegenden Leistungen dienen nicht dem privaten Letztverbrauch, sondern werden für unternehmerische Zwecke eingeholt.

Eine **Ausbildung** ist hingegen noch **keine** Vorbereitungsphase einer nach Bestehen der Prüfung beabsichtigten unternehmerischen Tätigkeit.[4]

202 **Schlägt** eine bislang nicht als unternehmerisch zu wertende **Betätigung** (insbesondere sog. **Liebhaberei**, *Rz. 132 ff.*) **in** eine **Unternehmertätigkeit um**, so bleibt die bisherige Betätigung nichtunternehmerisch und wird nicht rückwirkend in eine unternehmerische Vorbereitungsphase umqualifiziert.[5]

### 2. Gründung von Gesellschaften

203 Die bei der Gründung einer (als Unternehmer geplanten) **Personengesellschaft** anfallenden Aufwendungen berechtigen unter den weiteren Voraussetzungen des § 15 UStG zum Vorsteuerabzug (*§ 15 Rz. 34*). Werden die Ausgaben von den Gesellschaftern getragen, so steht ihnen der Vorsteuerabzug zu (*§ 15 Rz. 44 ff.*). Zwischen einer **Personenhandelsgesellschaft** und einer in der **Vorbereitungsphase** vorhergehenden **BGB-Gesellschaft** besteht Identität, so dass auch die von dieser bezogenen Leistungen für das Unternehmen der späteren Handelsgesellschaft ausgeführt werden.

204 Bei **Kapitalgesellschaften** ist im Gründungsstadium nach deutschem Recht zwischen Vorgründungsgesellschaft und Vorgesellschaft zu unterscheiden.[6] Die sog. **Vorgesellschaft**, auch bei einer sog. Einmann-GmbH, besteht zwischen Feststellung der Satzung bzw. Abschluss des Gesellschaftsvertrages und Eintragung der Kapitalgesellschaft in das Handelsregister. Ihr vorhergehen kann – nicht bei ei-

---

[1] EuGH v. 14.2.1985 – 268/83, EuGHE 1985, 655 = UR 1985, 199; *Stadie*, Vorsteuerabzug, S. 54.
[2] *Stadie*, DStjG 13 (1990), S. 179, 190 f.; EuGH v. 29.2.1996 – C-110/94, EuGHE 1996, I-857 = BStBl. II 1996, 655.
[3] EuGH v. 29.2.1996 – C-110/94, EuGHE 1996, I-857 = BStBl. II 1996, 655; Abschn. 2.6 Abs. 2 UStAE.
[4] Vgl. BFH v. 15.3.1993 – V R 18/89, BStBl. II 1993, 561 – Studium; BFH v. 17.9.1998 – V R 28/98, BStBl. II 1999, 146 – Schulung als Rundfunkermittler; BFH v. 19.12.2002 – V B 164/01, UR 2003, 392 – Steuerfachgehilfe; BFH v. 13.11.2003 – V B 121/02, BFH/NV 2004, 540 – ...-Prüfer.
[5] *Stadie* in R/D, § 2 UStG Anm. 633 m. Beispielen.
[6] Vgl. BGH v. 7.5.1984 – II ZR 276/83, BGHZ 91, 148 (150); *K. Schmidt* in Scholz, GmbHG, § 11 GmbHG Rz. 144 ff.

ner Einmann-GmbH – die sog. **Vorgründungsgesellschaft** in Gestalt einer BGB-Gesellschaft.

Zwischen der **Vorgesellschaft** und der später durch Eintragung entstandenen Kapitalgesellschaft besteht Identität[1] (analog § 202 UmwG). Folglich ist die Vorgesellschaft wegen der späteren (geplanten) unternehmerischen Tätigkeit der Kapitalgesellschaft als Unternehmer anzusehen[2], sofern sie nicht schon auf Grund eigener Tätigkeit Unternehmer ist.[3] Zum Vorsteuerabzug hinsichtlich der Notariatsgebühren s. *§ 15 Rz. 37*. Kommt es nicht zur Eintragung, setzten jedoch die Gründer ihre unternehmerische Tätigkeit fort (sog. **unechte Vorgesellschaft**), so liegt eine Personengesellschaft vor, was indes aus der Sicht des § 2 UStG ohne Bedeutung ist. 205

Zwischen einer **Vorgründungsgesellschaft** (BGB-Gesellschaft) und der nachfolgenden Vorgesellschaft bzw. Kapitalgesellschaft besteht zwar nach deutschem Zivilrecht **keine Identität**, so dass ein etwaiger Vermögensübergang im Wege der Einzelübertragung erfolgen muss[4], gleichwohl ist der Vorgründungsgesellschaft – bei einer geplanten Ein-Mann-Kapitalgesellschaft dem Gründer – für Zwecke des Vorsteuerabzugs die Unternehmereigenschaft zuzusprechen, indem ihr die (geplante) unternehmerische Tätigkeit der angestrebten Kapitalgesellschaft zugerechnet wird (*§ 15 Rz. 38*). Die spätere **Übertragung** des Vermögens **auf** die **Kapitalgesellschaft** (Vorgesellschaft) ist als sog. **Geschäftsveräußerung** zu werten, so dass die Kapitalgesellschaft (Vorgesellschaft) als „Rechtsnachfolgerin" i.S.d. § 1 Abs. 1a UStG anzusehen ist.[5] 206

### 3. Gescheiterte Unternehmensgründung

Scheitert ein geplantes Unternehmen i.S.d. § 2 Abs. 1 UStG bereits in der Vorbereitungsphase, weil es nicht zur (geschäftsmäßigen) Ausführung von Umsätzen kommt, so **entfällt** die insbesondere für den Vorsteuerabzug bedeutsame **Unternehmereigenschaft nicht rückwirkend**.[6] 207

---

1 *K. Schmidt* in Scholz, GmbHG, § 11 GmbHG Rz. 133 f.; BFH v. 18.3.2010 – IV R 88/06, BStBl. II 2010, 991 – Rz. 18. Auf dasselbe läuft es hinaus, wenn man mit dem BGH von Gesamtrechtsnachfolge ausgeht; BGH v. 9.3.1981 – II ZR 54/80, BGHZ 80, 129 (140); BGH v. 24.10.1988 – II ZR 176/88, BGHZ 105, 300 (303 f.).
2 Vgl. BFH v. 9.3.1978 – V R 90/74, BStBl. II 1978, 486; FG Saarl. v. 22.8.1991 – 2 K 7/87, EFG 1991, 762.
3 Vgl. BFH v. 29.8.2012 – XI R 40/10, BFH/NV 2013, 182 – Rz. 21.
4 BGH v. 7.5.1984 – II ZR 276/83, BGHZ 91, 148 (151); BGH v. 25.10.2000 – VIII ZR 306/99, NJW-RR 2001, 1042.
5 *Stadie* in R/D, § 2 UStG Anm. 644; BFH v. 15.7.2004 – V R 84/99, BStBl. II 2005, 155.
6 *Söhn*, StuW 1976, 1 (25); *Stadie*, Vorsteuerabzug, S. 55; *Stadie*, DStJG 13 (1990), S. 179, 186 f.; *Reiß*, UR 1995, 383; EuGH v. 29.2.1996 – C-110/94, EuGHE 1996, I-857 = BStBl. II 1996, 655 – Rz. 17 ff.; EuGH v. 15.1.1998 – C-37/95, EuGHE 1998, I-1 = UR 1998, 149 – Rz. 19; EuGH v. 8.6.2000 – C-400/98, EuGHE 2000, I-4321 = BStBl. II 2003, 452 = UR 2000, 329; EuGH v. 3.3.2005 – C-32/03, EuGHE 2005, I-1599 = UR 2005, 433 – Rz. 22; jetzt auch BFH v. 22.2.2001 – V R 77/96, BStBl. II 2003, 426 = UR 2001, 260; BFH v. 8.3.2001 – V R 24/98, BStBl. II 2003, 430 = UR 2001, 214; BFH v. 22.3.2001 – V R 46/00, BStBl. II 2003, 433 = UR 2001, 360.

208 Erforderlich ist, dass die Absicht, eine unternehmerische Tätigkeit auszuüben, durch **objektive Anhaltspunkte** belegt ist.[1] Werden nachträglich Tatsachen, die das Gegenteil belegen, bekannt, so kann das Finanzamt die Festsetzung der Vorsteuervergütung nach § 164 Abs. 2 bzw. § 173 Abs. 1 AO aufheben.[2] Vor allem bei solchen behaupteten Unternehmensvorbereitungen, die Tätigkeiten betreffen, die typischerweise private Lebensführung sind bzw. die Vermietung eines Gegenstandes beinhalten sollten, der typischerweise privat angeschafft wird, d.h. bei denen **typischerweise „Liebhaberei"** anzunehmen wäre (*Rz. 132 ff.*), ist der Nachweis erforderlich, dass die geplante Tätigkeit geschäftsmäßig ausgeführt werden sollte. Dieser Nachweis wird im Regelfall nicht erbracht werden können, weil die Art der Tätigkeit bzw. des Gegenstandes nach der Lebenserfahrung prima facie dagegen spricht.

209 Ferner muss schlüssig dargelegt werden, dass die **Kleinunternehmergrenze** des § 19 Abs. 1 UStG überschritten worden wäre bzw. der gescheiterte Unternehmer auf die Kleinunternehmerbefreiung nach § 19 Abs. 2 UStG verzichtet hätte (dazu *§ 19 Rz. 34 ff.*). Hinsichtlich des Vorsteuerabzugsverbots nach § 15 Abs. 2 UStG bei bestimmten **steuerfreien Umsätzen** ist auf die beabsichtigte Verwendung abzustellen.[3] Wären die geplanten Umsätze grundsätzlich steuerfrei, so soll es nach Auffassung des BFH ausreichen, dass beabsichtigt gewesen war, auf die Steuerfreiheit nach § 9 UStG zu verzichten; das ist verfehlt (*§ 15 Rz. 463 ff.*).

210 Die für das geplante Unternehmen erworbenen und von der Vorsteuer entlasteten Gegenstände (Wirtschaftsgüter) gehören zum „Unternehmen". Werden sie anschließend für private oder andere nichtunternehmerische Zwecke verwendet, so wird folglich der **Entnahmetatbestand** (§ 1 Abs. 1 Nr. 1 i.V.m. § 3 Abs. 1b UStG) verwirklicht. Werden die Gegenstände veräußert, so finden die **Lieferungen im Rahmen des Unternehmens** (§ 1 Abs. 1 Nr. 1 UStG) statt (*Rz. 221 f.*).

## II. Ende der Unternehmereigenschaft

### 1. Einstellung der Tätigkeit

211 Die Unternehmereigenschaft endet mit der endgültigen **Einstellung** der von § 2 Abs. 1 UStG geforderten gewerblichen oder beruflichen Tätigkeit.[4] Demgegenüber soll nach h.M. die Unternehmereigenschaft erst enden, wenn alle Rechtsbeziehungen abgewickelt sind, die mit dem aufgegebenen Unternehmen zusammenhängen.[5] Es ist jedoch nicht mehr mit dem Wortsinn des § 2 Abs. 1 Satz 1 UStG zu vereinbaren, eine Person, die keine auf Umsatzerbringung ausgerichtete Tätigkeit mehr „ausübt", noch als Unternehmer anzusehen. Auch Art. 18

---

1 EuGH v. 8.6.2000 – C-400/98, EuGHE 2000, I-4321 = BStBl. II 2003, 452 = UR 2000, 329 – Rz. 34.
2 Vgl. auch Abschn. 2.6 Abs. 3 Satz 2 UStAE.
3 *Stadie*, DStJG 13 (1990), S. 179, 209 f.; vgl. auch EuGH v. 8.6.2000 – C-400/98, EuGHE 2000, I-4321 = BStBl. II 2003, 452 = UR 2000, 329.
4 So noch zutreffend BFH v. 22.6.1989 – V R 37/84, BStBl. II 1989, 913 (915); BFH 21.12.1989 – V R 184/84, UR 1990, 212.
5 BFH v. 21.4.1993 – XI R 50/90, BStBl. II 1993, 696; BFH v. 19.11.2009 – V R 16/08, BStBl. II 2010, 319 – 2a aa der Gründe; BFH v. 13.1.2010 – V R 24/07, BStBl. II 2011, 241 = UR 2010, 489 – Rz. 26; Abschn. 2.6 Abs. 6 Satz 3 UStAE.

Buchst. c MwStSystRL, der von der „Aufgabe" der „wirtschaftlichen Tätigkeit" spricht, erlaubt keine derartig weitgehende Auslegung. Vielmehr kann auch „Aufgabe" nur im Sinne des endgültigen Einstellens der Tätigkeit verstanden werden. Die ehemalige **Unternehmereigenschaft** kann jedoch noch **nachwirken** (*Rz. 221 ff.*).

Entsprechendes gilt, wenn ein Unternehmer sein **Unternehmen** i.S.d. § 2 Abs. 1 Satz 2 UStG (*Rz. 186 ff.*) lediglich **einschränkt**, indem er von mehreren Tätigkeiten eine Tätigkeit einstellt, die für sich gesehen die Voraussetzungen des § 2 Abs. 1 Sätze 1 und 3 bzw. Abs. 3 UStG erfüllt. Die nachfolgenden Ausführungen gelten für diesen Fall sinngemäß. 212

Die Unternehmereigenschaft endet noch nicht mit der Einstellung der sog. werbenden Tätigkeit. Auch die planmäßige **Abwicklung** des Unternehmens durch Ausverkauf (**Liquidation**) ist noch unternehmerisch. Hingegen liegt keine unternehmerische Tätigkeit mehr vor, wenn lediglich noch Forderungen eingezogen werden[1] oder Umsätze nur noch dadurch anzunehmen sind, dass Gläubiger ihnen zur Sicherheit übereignete Gegenstände veräußern; gleichwohl sind die umsatzsteuerrechtlichen Folgen noch dem ehemaligen Unternehmer zuzurechnen (*Rz. 221 ff.*). 213

Die Einstellung der unternehmerischen Tätigkeit ist nicht bereits dann gegeben, wenn **nur vorübergehend keine Umsätze** bewirkt werden. Es müssen vielmehr Anhaltspunkte dafür vorliegen, dass die auf Umsatzerbringung gerichtete Tätigkeit endgültig aufgegeben worden ist.[2] Auch wenn zeitweilig keine Umsätze ausgeführt werden, liegt keine Beendigung der unternehmerischen Tätigkeit, sondern nur ein **ruhendes Unternehmen** vor, wenn sich aus den Umständen die Absicht des Unternehmers ergibt, das Unternehmen weiterzuführen oder in absehbarer Zeit wieder aufleben zu lassen.[3] Auf die Gründe oder Ursachen für das zeitweilige Ruhen kommt es nicht an. Auch bei **Saisongeschäften**, die nur wenige Tage im Jahr ausgeübt werden, beginnt die Unternehmertätigkeit nicht in jedem Jahr neu[4] (s. auch zur entsprechenden Problematik im Rahmen des § 19 Abs. 3 Satz 3 UStG; *§ 19 Rz. 22 f.*). 214

Mit **Eröffnung des Insolvenzverfahrens** oder mit der Anordnung der **Zwangsverwaltung** endet nicht die Unternehmereigenschaft; das Handeln des Verwalters wird vielmehr dem Vermögensinhaber zugerechnet (*Rz. 179*). 215

Wird eine **Gesellschaft** oder Genossenschaft **aufgelöst** (§§ 726, 728 BGB; § 131 HGB; § 262 AktG; § 60 GmbHG; §§ 78 ff. GenG), so endet damit nicht zugleich 216

---

1 Vgl. BFH v. 27.10.1993 – XI R 86/90, BStBl. II 1994, 274 (277) – zu § 19 Abs. 3 Satz 3 UStG.
2 BFH v. 13.12.1963 – V 77/61 U, BStBl. III 1964, 90; BFH v. 23.7.1964 – V 62/62 U, BStBl. III 1964, 538; BFH v. 22.6.1989 – V R 37/84, BStBl. II 1989, 913 (915); BFH v. 15.3.1993 – V R 18/89, BStBl. II 1993, 561; BFH v. 20.1.2010 – XI R 13/08, UR 2010, 452.
3 BFH v. 13.12.1963 – V 77/61 U, BStBl. III 1964, 90; vgl. auch BFH v. 21.12.1989 – V R 184/84, UR 1990, 212; BFH v. 20.1.2010 – XI R 13/08, UR 2010, 452.
4 Vgl. BFH v. 13.12.1963 – V 77/61 U, BStBl. III 1964, 90; *Stadie* in R/D, § 2 UStG Anm. 662 f. m. Beispielen.

die Unternehmereigenschaft. Insbesondere die Umsätze auf Grund der anschließenden **Liquidation** bzw. **Realteilung** (Tauschvorgänge, § 1 Rz. 94) erfolgen noch im Rahmen des Unternehmens (Rz. 213).

217 Mit dem **Tod** des Unternehmers endet seine Unternehmereigenschaft (Rz. 226; zum Übergang umsatzsteuerrechtlicher Positionen auf den oder die Erben s. Rz. 231 ff.). Mit der **Veräußerung des Unternehmens** einschließlich der **Einbringung** in eine Gesellschaft endet ebenfalls die Unternehmereigenschaft des Veräußerers (zum Übergang umsatzsteuerrechtlicher Positionen auf den Erwerber gem. § 1 Abs. 1a UStG s. § 1 Rz. 125, 150 ff.; zur mittelbaren Unternehmereigenschaft des Gesellschafters s. Rz. 165 ff.). Bei „Umwandlung" einer BGB-Gesellschaft in eine Personenhandelsgesellschaft und umgekehrt besteht Identität zwischen den Gesellschaften. Gleiches gilt bei **formwechselnden Umwandlungen** nach §§ 190 ff. UmwG (Rz. 250). In den Fällen der **Verschmelzung**, der **Spaltung** und der **Vermögensübertragung** nach dem UmwG sowie der Übernahme des Vermögens einer Personengesellschaft durch einen Gesellschafter tritt Gesamtrechtsnachfolge ein (Rz. 247 bzw. 251).

218 Gegenstände (Wirtschaftsgüter), die nicht im Rahmen der Abwicklung entgeltlich veräußert werden, sind grundsätzlich im Zeitpunkt der Beendigung (Aufgabe) des Unternehmens **entnommen** und unterliegen der Besteuerung nach § 1 Abs. 1 Nr. 1 i.V.m. § 3 Abs. 1b UStG (§ 3 Rz. 61).[1] Bei Beendigung einer einzelunternehmerischen Tätigkeit und **Eintritt in** eine **Gesellschaft** darf entgegen BFH[2] keine Entnahme derjenigen **Wirtschaftsgüter** angenommen werden, die der Gesellschaft fortan zur Nutzung **überlassen** oder vom Gesellschafter für deren unternehmerische Zwecke verwendet werden (Rz. 167).

219 Werden hingegen einzelne Gegenstände **zurückgehalten**, um sie bei passender Gelegenheit zu veräußern, so endet zwar die Unternehmereigenschaft, die Gegenstände sind jedoch nicht als entnommen anzusehen, sondern bleiben umsatzsteuerrechtlich verhaftet (Rz. 222).

220 Der Besteuerung als **Entnahme steht nicht entgegen**[3], dass die Ermächtigung des **Art. 18 Buchst. c MwStSystRL** von Deutschland nicht umgesetzt worden ist. Danach können die Mitgliedstaaten einer Lieferung gegen Entgelt den Besitz von Gegenständen durch einen Steuerpflichtigen oder seinen Rechtsnachfolger bei Aufgabe seiner der Steuer unterliegenden wirtschaftlichen Tätigkeit gleichstellen. Aus dieser Ermächtigung folgt nicht im Umkehrschluss, dass die Entnahme bei Aufgabe der Tätigkeit nicht unter Art. 16 MwStSystRL und damit nicht unter § 3 Abs. 1b UStG subsumiert werden darf. Die Bestimmung des Art. 18 Buchst. c MwStSystRL hat nur klarstellende Funktion[4], da der beschriebene Tatbestand den der Entnahme erfüllt. Zudem steht es den Mitgliedstaaten

---

1 Vgl. zur Vorgängervorschrift § 1 Abs. 1 Nr. 2 Buchst. a UStG a.F. (sog. Eigenverbrauch) BFH v. 16.9.1987 – X R 51/81, BStBl. II 1988, 205; BFH v. 21.12.1989 – V R 184/84, UR 1990, 212.
2 BFH v. 21.5.2014 – V R 20/13, UR 2014, 769; BFH v. 21.12.1989 – V R 184/84, UR 1990, 212; BFH v. 29.8.1991 – V B 113/91, BStBl. II 1992, 267; BFH v. 27.2.1995 – V B 54/94, BFH/NV 1995, 835.
3 A.A. *Nieskens* in R/D, § 3 UStG Anm. 1194.
4 Vgl. EuGH v. 8.5.2013 – C-142/12, UR 2013, 503 – Rz. 25 ff.

frei, wie sie Richtlinien umsetzen (Art. 288 Abs. 3 AEUV). Die Umsetzung muss nicht durch eine ausdrückliche Gesetzesvorschrift erfolgen, sondern kann auch durch Auslegung vorhandener Bestimmungen geschehen.[1]

## 2. Nachwirkungen der Unternehmereigenschaft

Die Unternehmereigenschaft endet zwar mit der Einstellung (Aufgabe) der gewerblichen oder beruflichen Tätigkeit; das schließt jedoch nicht aus, dass an die ehemalige Unternehmereigenschaft oder an die vormalige Zuordnung von Gegenständen (Wirtschaftsgütern) zum Unternehmen Rechtsfolgen anknüpfen. Das Gesetzesziel kann es gebieten, dass die **Unternehmereigenschaft nachwirkt** bzw. dass die vormaligen **Unternehmensgegenstände** weiterhin **im umsatzsteuerrechtlichen Nexus verbleiben**. M.a.W.: Die **Rechtsfolgen**, die an die während der Unternehmereigenschaft verwirklichten Sachverhalte anknüpfen, sind unabhängig davon, ob die Unternehmereigenschaft noch fortbesteht. Die diesbezüglichen Verpflichtungen oder Berechtigungen, die nach dem Wortlaut der einzelnen Normen nur „Unternehmer" **treffen**, gelten **auch** für den **ehemaligen Unternehmer**[2] (und dessen Rechtsnachfolger, *Rz. 231 ff.*).

**Gegenstände** (Wirtschaftsgüter), die **zurückgehalten** worden waren, um sie bei passender Gelegenheit zu veräußern, **bleiben** weiterhin **umsatzsteuerrechtlich gebunden** (verhaftet), sofern für sie ein Vorsteuerabzug vorgenommen worden war. Der Gesetzeszweck, den Letztverbrauch zu besteuern, verlangt, dass, wenn solche Gegenstände das Unternehmen verlassen, eine Umsatzsteuerbelastung durch die Besteuerung nach § 1 Abs. 1 Nr. 1 UStG, bei einer **Entnahme** i.V.m. § 3 Abs. 1b UStG, hergestellt wird. Das Gesetzesziel gebietet deshalb, dass solche Gegenstände als von einem „Unternehmer im Rahmen des Unternehmens" (§ 1 Abs. 1 Nr. 1 UStG) geliefert angesehen werden.[3] Dasselbe gilt, wenn **sicherungsübereignete Gegenstände** vom Gläubiger **verwertet** werden und damit Lieferungen des Sicherungsgebers anzunehmen sind (dazu *§ 3 Rz. 29*).[4]

**Ändert** sich nachträglich die **Bemessungsgrundlage** für steuerpflichtige Umsätze (z.B. durch nachträgliche Minderung), so kann die Steuer vom ehemaligen Unternehmer nach § 17 Abs. 1 Satz 1 UStG berichtigt werden. Wird **nachträglich** die Gegenleistung **vereinnahmt**, für die die Steuer nach § 17 Abs. 2 Nr. 1 UStG wegen **Uneinbringlichkeit** berichtigt worden war, so wird die Steuer erneut vom ehemaligen Unternehmer geschuldet.[5] Entsprechendes gilt, wenn bei Umsätzen, die der sog. **Ist-Versteuerung** (§ 20 UStG) unterliegen, die Gegenleistung **nachträglich** vereinnahmt wird.

**Nach Beendigung** der unternehmerischen Tätigkeit können noch **abziehbare Vorsteuerbeträge** anfallen, sofern Leistungen bezogen werden, die noch im sach-

---

1 Vgl. auch BFH v. 13.1.2010 – V R 24/07, BStBl. II 2011, 241 = UR 2010, 489 – Rz. 32.
2 Zu einer **gelöschten Kapitalgesellschaft** und einer Personengesellschaft in Liquidation s. *Stadie* in R/D, § 2 UStG Anm. 675 m.w.N.
3 Zust. *Englisch* in T/L, § 17 Rz. 49. Nur im Ergebnis ebenso BFH v. 20.7.1995 – V R 121/93, BFH/NV 1996, 270; BFH v. 19.10.1995 – V R 128/93, UR 1996, 265.
4 Im Ergebnis ebenso BFH v. 9.12.1993 – V R 108/91, BStBl. II 1994, 483.
5 *Stadie* in R/D, § 17 UStG Anm. 417 i.V.m. Anm. 77 f.

lichen Zusammenhang mit der ehemaligen unternehmerischen Tätigkeit stehen[1] (§ 15 Rz. 176 f.).

225 Durch die ehemalige Unternehmereigenschaft begründete **Verpflichtungen** sind auch noch nach Einstellung der Tätigkeit zu erfüllen. Das gilt nicht nur für öffentlich-rechtliche Steuererklärungs-, Aufbewahrungs- u.ä. Pflichten, sondern auch für die zivilrechtliche Verpflichtung zur **Erteilung von Rechnungen**. Auch eine sog. Gutschrift i.S.d. § 14 Abs. 2 Sätze 3 f. UStG kann noch dem ehemaligen Unternehmer erteilt werden. Ebenso können **Gestaltungsrechte** (z.B. nach § 9 UStG oder nach § 19 Abs. 2 UStG) noch vom ehemaligen Unternehmer nachträglich ausgeübt werden.

## G. Gesamtrechtsnachfolge

### I. Von Todes wegen

#### 1. Allgemeines

226 Mit dem Tode des Unternehmers endet dessen **Unternehmereigenschaft**. Diese ist als solche auch **nicht vererblich**. Der Erbe wird nur dann zum Unternehmer, wenn er die Voraussetzungen des § 2 Abs. 1 UStG in seiner Person verwirklicht, d.h. selbst eine unternehmerische Tätigkeit ausübt.[2] Davon zu unterscheiden sind umsatzsteuerrechtliche Nachwirkungen der Unternehmereigenschaft des Erblassers, die den Erben treffen (Rz. 231 ff.).

227 Der Erbe wird allerdings schon mit einer **kurzzeitigen Fortführung** Unternehmer, da es auf die Tätigkeit ankommt und diese nach dem Gesamtbild unter Berücksichtigung der bisherigen Tätigkeit des Erblassers als unternehmerisch anzusehen ist. Unabhängig davon ist die **Veräußerung des Unternehmensvermögens** in einem Akt eine typische unternehmerische Tätigkeit[3] (so dass der Tatbestand des § 1 Abs. 1a UStG – sog. Geschäftsveräußerung im Ganzen – verwirklicht wird). Dasselbe gilt, wenn der Erbe das Unternehmen durch **Einzelverkäufe** liquidiert. Doch selbst wenn man die Unternehmereigenschaft verneinen würde, wären die Veräußerungen steuerbar (Rz. 29). Bestand die unternehmerische „Tätigkeit" des Erblassers in der Erbringung von Duldungsleistungen in Gestalt von **Nutzungsüberlassungen** (Rz. 115 ff.), so wird der Erbe, der als Gesamtrechtsnachfolger in diese Rechtsverhältnisse eintritt, ohne weiteres Zutun zum Unternehmer.

228 Wird die der **Erbeinsetzung** zugrunde liegende letztwillige Verfügung erfolgreich **angefochten** oder wird später ein neueres Testament aufgefunden, so wird die Unternehmereigenschaft des vermeintlichen Erben nicht rückwirkend dem wahren Erben zugerechnet. Da die Unternehmereigenschaft an die *Tätigkeit* i.S.d. § 2 Abs. 1 UStG und nicht an das Eigentum der dafür verwendeten Gegen-

---

[1] Vgl. EuGH v. 3.3.2005 – C-32/03, EuGHE 2005, I-1599 = UR 2005, 433.
[2] BFH v. 19.11.1970 – V R 14/67, BStBl. II 1971, 121; BFH v. 13.1.2010 – V R 24/07, BStBl. II 2011, 241; *Stadie*, Vorsteuerabzug, S. 51; *Birkenfeld*, UR 1992, 29 (35); a.A. *Jakob*, Rz. 143 u. 341.
[3] A.A. BGH v. 23.11.1995 – IX ZR 225/94, UR 1996, 190; OFD Frankfurt a.M. v. 27.6.1996 – S 7172 A - 7 - St IV 22, UR 1997, 72.

stände anknüpft, bleibt der **vermeintliche Erbe** für die Zeit seiner Betätigung der Unternehmer, dem die Umsätze usw. unabhängig von zivilrechtlichen Herausgabeansprüchen zuzurechnen sind. Eine Tätigkeit kann auch steuerrechtlich nicht rückgängig gemacht werden.[1] Auf die Herausgabe des Unternehmensvermögens ist § 1 Abs. 1a UStG (Nichtsteuerbarkeit der sog. Geschäftsveräußerung) anzuwenden.

Das Vermögen des Erblassers einschließlich der Verbindlichkeiten geht beim Tod als Ganzes kraft Gesetzes uno actu auf den Erben über (**Gesamtrechtsnachfolge**, §§ 1922, 1967 BGB). Dasselbe gilt im Falle des Eintritts der Nacherbfolge; die Erbschaft geht ebenfalls im Wege der Gesamtrechtsnachfolge auf den Nacherben über (§ 2139 BGB). Hierbei handelt es sich um umsatzsteuerrechtlich irrelevante Vorgänge. Der Vermögensübergang tritt kraft Gesetzes im Zeitpunkt des Todes ein, so dass **keine Leistungen** des Erblassers vorliegen (*§ 1 Rz. 43*). Es handelt sich deshalb auch nicht um eine unentgeltliche Übereignung i.S.d. § 1 Abs. 1a UStG, da diese ein Rechtsgeschäft voraussetzt[2]; ein Eigentumsübergang kraft Gesetzes ist keine „Übereignung". 229

Nichts anderes gilt, wenn die Erbeinsetzung auf **Testament** oder **Erbvertrag** beruht. Die gegenteilige Auffassung, dass in diesen Fällen sogar ein Leistungsaustausch i.S.d. § 1 Abs. 1 Nr. 1 UStG vorliegen könne, wenn die Erbeinsetzung mit Vermächtnissen oder Auflagen (Ausgleichszahlungen) beschwert sei[3], übersieht, dass auch in diesen Fällen das Vermögen kraft Gesetzes (§ 1922 BGB) übergeht; die letztwillige Verfügung bestimmte lediglich den Empfänger. Es liegen weder Leistungen des Erblassers noch Gegenleistungen des Erben vor.[4] 230

### 2. Übergang umsatzsteuerrechtlicher Verhältnisse

**a)** Das in den **§§ 1922, 1967 BGB** niedergelegte **Gesamtrechtsnachfolgeprinzip** erfasst nicht nur im Privatrecht begründete vermögenswerte Rechte und Pflichten, sondern als allgemeiner, **rechtsgebietsübergreifender Grundsatz** auch solche des öffentlichen Rechts[5] und damit auch des Steuerrechts.[6] Entgegen verbreiteter Auffassung[7] ist nicht **§ 45 Abs. 1 AO**[8] einschlägig[9], denn diese Vorschrift re- 231

---

1 Vgl. *Stadie*, Allg. SteuerR, Rz. 229 ff.
2 Im Ergebnis ebenso *Husmann* in R/D, § 1 UStG Anm. 1094 f. – Lfg. 127 August 2006; *Englisch* in T/L, § 17 Rz. 181; a.A. *Jakob*, Rz. 143 und 341.
3 *Birkenfeld*, UR 1992, 29 (36); *Husmann* in R/D, § 1 UStG Anm. 220 – Lfg. 115 August 2003.
4 *Stadie* in R/D, § 2 UStG Anm. 696; zust. *Tehler* in R/K/L, § 1 UStG Rz. 489.
5 *Stadie*, DVBl. 1990, 501 m.w.N.; zust. *Marotzke* in Staudinger, BGB, § 1992 BGB Rz. 351; vgl. auch BVerwG v. 16.3.2006 – 7 C 3/05, NVwZ 2006, 928 (930 f.).
6 *Stadie*, Allg. SteuerR, Rz. 323.
7 BFH v. 24.8.1989 – IV 65/88, BStBl. II 1990, 2; BFH v. 13.1.1993 – X R 53/91, BStBl. II 1993, 346 (347 f.); BFH v. 12.11.1997 – X R 83/94, BStBl. II 1998, 148; BFH v. 5.5.1999 – XI R 1/97, BStBl. II 1999, 653; BFH v. 15.3.2000 – X R 130/97, BStBl. II 2001, 530 (535); BFH v. 17.12.2007 – GrS 2/04, BStBl. II 2008, 608 (611); BFH v. 21.10.2008 – X R 44/05, BFH/NV 2009, 375; BFH v. 26.1.2011 – VIII R 14/10, BFH/NV 2011, 1512; *Seer* in T/L, § 6 Rz. 12.
8 Bzw. dessen Vorgängervorschrift § 8 StAnpG.
9 Unklar BFH v. 13.1.2010 – V R 24/07, BStBl. II 2011, 241 – Rz. 23 f.; BFH v. 15.6.2011 – XI R 10/11, BFH/NV 2011, 1722 – die sowohl § 1922 BGB als auch § 45 AO nennen.

gelt **nicht**, wann eine Gesamtrechtsnachfolge vorliegt, sondern bestimmt lediglich: „Bei Gesamtrechtsnachfolge ...", so dass § 45 AO an die vorgegebenen Gesamtrechtsnachfolgetatbestände insbesondere des Zivilrechts und die diese beherrschenden Prinzipien anknüpft und nur steuerrechtlich klarstellt, dass es sich bei Steuerschulden nicht um höchstpersönliche, nicht übergangsfähige Positionen handelt und der Übergang auch nicht von der vorherigen Festsetzung durch Verwaltungsakt abhängt.[1]

232 Das Prinzip der Gesamtrechtsnachfolge (Universalsukzession) besagt, dass der Erbe grundsätzlich in alle nachfolgefähigen vermögenswerten (mit Ausnahme der höchstpersönlichen) Rechtsbeziehungen des Erblassers von Gesetzes wegen eintritt. Der **Übergang** der vermögenswerten Rechtsbeziehungen erfolgt **in** der **jeweiligen materiell-rechtlichen** und **verfahrensrechtlichen**[2] **Ausgestaltung**, die das Recht oder die Verpflichtung im Zeitpunkt der Gesamtrechtsnachfolge hatte. Gegenüber dem Erblasser ergangene **Steuer- und Steuervergütungsfestsetzungen** wirken demgemäß auch gegenüber dem Erben (**Drittwirkung** gem. § 166 AO).

233 Zu den vermögenswerten Rechten zählen auch **unfertige**, noch **nicht voll entwickelte Rechtslagen** (Positionen) und Anwartschaften. Sie können sich in der Person des Rechtsnachfolgers in derselben Weise vollenden, wie dies beim Fortbestehen des Rechtsvorgängers möglich gewesen wäre. In gleicher Weise sind als „Verbindlichkeiten" auch solche unfertigen Rechtslagen zu verstehen, die sich zu einer vermögenswerten Verpflichtung entwickeln können. Es handelt sich um **potenzielle Verpflichtungen**, bei denen ein wesentliches Merkmal im Zeitpunkt der Gesamtrechtsnachfolge bereits gelegt war, aber erst durch Hinzutreten weiterer Umstände die Verpflichtungen in der Person des Erben (Rechtsnachfolgers) entstehen.[3]

234 Folglich gehen auch **Gegenstände** (Wirtschaftsgüter) **in** der jeweiligen **steuerrechtlichen** Einbindung („**Verhaftung**"), wie sie beim Erblasser bestanden hat, **auf** den **Erben über**.[4] **Merkmale** und **Eigenschaften** des jeweiligen Gegenstandes, die nach Hinzutreten weiterer Umstände einen Steueranspruch begründen, erhöhen oder mindern, wirken als Merkmale einer unfertigen Steuerrechtslage (**Tatbestandsvorwirkungen**) zu Lasten bzw. zugunsten des Erben.[5]

235 **b)** War dem Erblasser die **Vorsteuer** für einen Gegenstand vergütet worden, so traf ihn eine **potenzielle Rückzahlungsverpflichtung** für den Fall, dass der Gegenstand für Zwecke außerhalb des Unternehmens entnommen oder verwendet wird. Die Rückgängigmachung des Vorsteuerabzugs ist vom Gesetz lediglich technisch als Entnahmebesteuerung (§ 3 Abs. 1b bzw. Abs. 9a UStG) ausgestaltet. Diese potenzielle Rückzahlungsverpflichtung geht – unabhängig davon, in welcher Weise die Erbeinsetzung erfolgte – auf den Erben über. **Führt** der **Erbe**

---

1 Ausführlich *Stadie* in R/D, § 2 UStG Anm. 699.
2 Dazu näher *Stadie*, Allg. SteuerR, Rz. 339 ff.
3 *Stadie*, Allg. SteuerR, Rz. 325 ff. m.w.N.
4 Zust. *Englisch* in T/L, § 17 Rz. 51; im Ergebnis ebenso BFH v. 13.1.2010 – V R 24/07, BStBl. II 2011, 241 – Rz. 30.
5 *Stadie*, Allg. SteuerR, Rz. 328.

das **Unternehmen nicht fort** und verwendet er die Gegenstände auch nicht für eine bereits bestehende eigene unternehmerische Tätigkeit, sondern für eigene oder fremde private Zwecke, so verwirklicht er folglich mit Beendigung der Unternehmensbindung den **Entnahmetatbestand**[1] (§ 1 Abs. 1 Nr. 1 i.V.m. § 3 Abs. 1b UStG; *§ 3 Rz. 61*). Der Entnahmebesteuerung steht nicht entgegen, dass Art. 18 Buchst. c MwStSystRL nicht ausdrücklich in Gesetzesform in das deutsche Recht übernommen worden ist (*Rz. 220*).

Demgegenüber soll nach vereinzelter Auffassung[2] der **Erblasser**, wenn er die Erbeinsetzung durch **letztwillige Verfügung** vorgenommen hat, den Entnahmetatbestand, wohl in der Sekunde des Todes, verwirklichen. Damit würde gesetzeszielwidrig eine Umsatzsteuerbelastung der Gegenstände eintreten, wenn der Erbe das Unternehmen fortführt oder einzelne Gegenstände in seinem Unternehmen verwendet. 236

Die **Kleinunternehmerbefreiung** nach § 19 Abs. 1 UStG ist auf den Erben nicht anzuwenden, da er nicht als Unternehmer besteuert wird, sondern ihn lediglich Nachwirkungen der Unternehmertätigkeit des Erblassers treffen. 237

Auch die potenzielle Rückzahlungsverpflichtung hinsichtlich der Vorsteuer nach § 15a UStG (**Vorsteuerberichtigung**) geht, unabhängig davon, ob er das Unternehmen fortführt[3], auf den Erben über, d.h. er erwirbt die Wirtschaftsgüter mit der Einbindung nach § 15a UStG, wie sie beim Erblasser begründet worden war, auch wenn er das Unternehmen nicht fortführt. Er setzt mithin die nach § 15a UStG bestehende Rechtslage hinsichtlich aller vom Erblasser begründeten Merkmale (Vorsteuervolumen, Verwendungsverhältnisse, Verwendungsbeginn) fort[4]; der Berichtigungszeitraum läuft bei ihm weiter (*§ 15a Rz. 173* m. Beispiel. Entsprechendes gilt für den umgekehrten Fall des potenziellen nachträglichen Vorsteuervergütungsanspruchs nach § 15a UStG.). Die gegenteilige Auffassung des BMF führt zu einer durch nichts zu rechtfertigenden Subventionierung des Erben.[5] 238

**Veräußert** der Erbe **Gegenstände**, die beim Erblasser von der Vorsteuer entlastet worden waren, so verlangt das Gesetzesziel, dass die Gegenstände nicht unversteuert in den Letztverbrauch gelangen. Die Unternehmensbindung (umsatzsteuerliche „Verhaftung") ist auf den Erben übergegangen (*Rz. 221, 234 ff.*), so dass die Gegenstände **noch im Rahmen des Unternehmens** (§ 1 Abs. 1 Nr. 1 UStG) veräußert werden.[6] Die aus der Vorsteuerentlastung erwachsene potenzielle Rückzahlungsverpflichtung hätte sich beim Erblasser nur dann nicht aktualisiert, wenn die Gegenstände steuerpflichtig veräußert worden wären. Mit 239

---

1 *Reiß*, StuW 1987, 351 (357); *Reiß* StVj 1989, 103 (126); *Stadie*, Vorsteuerabzug, S. 52; *Stadie* in R/D, § 2 UStG Anm. 705 f.; **a.A.** *Birkenfeld*, UR 1992, 28 (37); *Husmann* in FS Flick, S. 293, 302.
2 *Birkenfeld*, UR 1992, 28 (36).
3 **A.A.** Abschn. 15a.10 Satz 1 Nr. 2 Satz 2 UStAE.
4 *Reiß*, StVj 1989, 103 (127); *Stadie*, Vorsteuerabzug, S. 52; FG Rh.-Pf. v. 18.3.2003 – 2 K 2550/00, DStRE 2003, 1467; **a.A.** *Husmann* in FS Flick, S. 293, 300, 303.
5 Dazu das Beispiel bei *Stadie* in R/D, § 2 UStG Anm. 709.
6 Ebenso *Reiß*, StVj 1989, 103 (126); *Jakob*, Rz. 342; *Englisch* in T/L, § 17 Rz. 51; BFH v. 13.1.2010 – V R 24/07, BStBl. II 2011, 241 – Rz. 22 u. 31.

dieser umsatzsteuerrechtlichen Einbindung sind die Gegenstände auf den Erben übergegangen.[1] Da die Veräußerung als im Rahmen des Unternehmens ausgeführt anzusehen und steuerpflichtig ist (§ 19 UStG ist nicht anzuwenden, Rz. 237), trifft den Erben die Pflicht zur **Rechnungserteilung** nach § 14 UStG. Umgekehrt berechtigen mit den Veräußerungen zusammenhängende Vorsteuern den Erben zum **Vorsteuerabzug**.[2]

240 c) Hinsichtlich der vom Erblasser ausgeführten Umsätze bestimmen sich **Steuerbefreiungen, Steuersätze** und **Steuerberechnung** nach den Verhältnissen beim Erblasser im Zeitpunkt der Umsatzausführung.[3] Dasselbe gilt für die Anwendbarkeit des § 19 UStG und der §§ 23 und 24UStG[4], da der Erbe nicht als Unternehmer mit eigenen Umsätzen besteuert wird, sondern ihn lediglich die Nachwirkungen der Unternehmertätigkeit des Erblassers treffen. Die **Umsatzsteuerschulden** gehen mithin in ihrer jeweiligen Ausgestaltung auf den Erben über, auch wenn sie gesetzestechnisch i.S.d. § 13 UStG noch nicht entstanden sind.[5] Unerheblich ist deshalb, wenn bei der sog. Ist-Versteuerung (§ 13 Abs. 1 Nr. 1 Buchst. b UStG) die **Vereinnahmung der Gegenleistung** erst durch den Erben erfolgt.[6] **Änderungen der Bemessungsgrundlagen** (§ 17 Abs. 1 UStG), die erst nach dem Erbfall eintreten, sind – auch hier unabhängig davon, ob er das Unternehmen fortführt – beim Erben zu berücksichtigen. Entsprechendes gilt für die nach § 17 Abs. 2 UStG gleichgestellten Ereignisse.

241 Bei Leistungen, die für das Unternehmen des Erblassers ausgeführt worden waren, geht der **Anspruch auf Vergütung der Vorsteuer** nach § 15 UStG auf den Erben über, unabhängig davon, ob er das Unternehmen fortführt oder nicht.[7] Entsprechendes gilt für den aus § 14 UStG erwachsenen **Anspruch** auf Erteilung einer ordnungsgemäßen **Rechnung**. Umgekehrt geht auch die **Verpflichtung** des Erblassers zur Erteilung von Rechnungen für Umätze des Erblassers auf den Erben über. Es handelt sich um eine vermögenswerte Verpflichtung, da sie bei Nichterfüllung einen Schadensersatzanspruch bzw. ein Zurückbehaltungsrecht des Vertragspartners nach sich zieht.[8]

242 Auch hinsichtlich der **Steuererklärungspflichten** gilt der Erbe als „Unternehmer" i.S.d. §§ 18 ff. UStG.[9]

### 3. Miterbengemeinschaft, Erbauseinandersetzung

243 Bei mehreren Erben wird der Nachlass **Gesamthandsvermögen** der Miterben (§ 2032 BGB). Die obigen Ausführungen zum Alleinerben gelten entsprechend.[10]

---

1 Stadie in R/D, § 2 UStG Anm. 710.
2 OFD Frankfurt a.M. v. 19.5.2011 – S 7104 A - 43 - St 110, UR 2011, 956.
3 Reiß, StVj 1989, 103 (124).
4 Zust. Husmann in FS Flick, S. 293, 300.
5 BFH v. 13.1.2010 – V R 24/07, BStBl. II 2011, 241 – Rz. 28; a.A. Seer in T/L, § 6 Rz. 22.
6 Stadie in R/D, § 2 UStG Anm. 712 m.w.N.
7 Reiß, StVj 1989, 103 (124); OFD Frankfurt a.M. v. 19.5.2011 – S 7104 A - 43 - St 110, UR 2011, 956.
8 Vgl. Stadie in R/D, § 14 UStG Anm. 175, 186, 196.
9 Vgl. BFH v. 13.1.2010 – V R 24/07, BStBl. II 2011, 241 – Rz. 27.
10 Vgl. auch BFH v. 13.1.2010 – V R 24/07, BStBl. II 2011, 241 – Rz. 30 f.

Die umsatzsteuerrechtlichen Nachwirkungen des Unternehmens des Erblassers treffen die **Miterbengemeinschaft**. Führen die Miterben in Form der gemeinsamen Verwaltung des Nachlasses das Unternehmen fort, so wird die Miterbengemeinschaft in Gestalt einer konkludenten BGB-Gesellschaft Unternehmer (Rz. 30).

Soll das Unternehmen auf Grund einer **Teilungsanordnung** des Erblassers **nur von einem Miterben** erworben werden und wird es vom Erbfall an von ihm in seinem Namen und auf eigene Rechnung betrieben, so ist dieser von Anfang an Unternehmer, und nicht die Miterbengemeinschaft.[1] 244

Wird im Rahmen der **Auseinandersetzung** unter den Miterben das gesamte Unternehmen oder ein gesondert geführter Betrieb auf einen (oder mehrere Miterben) übertragen, so ist eine nichtsteuerbare sog. *Geschäftsveräußerung* i.S.d. § 1 Abs. 1a UStG gegeben. Werden die übrigen Miterben durch Unternehmensgegenstände abgefunden, so verwirklicht der fortführende Miterbe, nicht die Miterbengemeinschaft, den Entnahmetatbestand.[2] 245

Bei der **Zerschlagung** des Unternehmens im Wege der **Realteilung** verwirklicht die Miterbengemeinschaft hinsichtlich der vorsteuerentlasteten Wirtschaftsgüter nicht den Tatbestand der Entnahme.[3] Vielmehr ist die Aufgabe der gesamthänderischen Mitberechtigung als **Gegenleistung** anzusehen, so dass – auch wenn die Miterbengemeinschaft das Unternehmen nicht fortgeführt hatte (Rz. 239) – entgeltliche Umsätze i.S.d. § 1 Abs. 1 Nr. 1 UStG vorliegen[4], wenn diese Tauschvorgänge als steuerbar angesehen werden (dazu § 1 Rz. 84 ff.). Zur Gegenleistung zählen jedenfalls (auch) Ausgleichszahlungen. 246

## II. Umwandlungen u.Ä.

**1.** Bei der **Verschmelzung** von Rechtsträgern (§§ 2, 3 UmwG) geht mit der Eintragung der Verschmelzung in das Handelsregister das Vermögen des übertragenden Rechtsträgers einschließlich der Verbindlichkeiten auf den übernehmenden Rechtsträger über und der übertragende Rechtsträger erlischt (§ 20 Abs. 1 Nr. 1 und 2, § 36 Abs. 1 UmwG). Ebenso erfolgt bei der **Spaltung** (§§ 123, 124 UmwG) mit der Eintragung der Übergang des Vermögens des übertragenden Rechtsträgers, bei Abspaltung und Ausgliederung der abgespaltenen oder ausgegliederten Teile des Vermögens, einschließlich der Verbindlichkeiten „jeweils als Gesamtheit" auf die übernehmenden bzw. neuen Rechtsträger (§§ 131 Abs. 1, 135 Abs. 1 UmwG). Auch im Falle der **Vermögensübertragung** (§§ 174, 175 UmwG) geht mit deren Eintragung das Vermögen der übertragenden Gesellschaft einschließlich der Verbindlichkeiten auf den übernehmenden Rechtsträger über (§§ 176 247

---

1 Vgl. BFH v. 22.11.1962 – V 164/60, HFR 1963, 274; *Stadie* in R/D, § 2 UStG Anm. 721 f.
2 *Birkenfeld*, UR 1992, 29 (36); a.A. *Englisch* in T/L, § 17 Rz. 129.
3 A.A. *Englisch* in T/L, § 17 Rz. 130; ebenso für den Fall, dass das Unternehmen zuvor fortgeführt worden war, *Birkenfeld*, UR 1992, 29 (37); *Husmann* in FS Flick, S. 293, 306.
4 *Reiß* in T/L, 20. Aufl., § 14 Rz. 40; *Tehler* in R/K/L, § 1 UStG Rz. 500; **a.A.** *Birkenfeld*, UR 1992, 29 (37); *Husmann* in R/D, § 1 UStG Anm. 560 – „Erbauseinandersetzung" (Lfg. 115 August 2003).

Abs. 3, 177 Abs. 2 UmwG). Hierbei handelt es sich – nach der Rechtsprechung jedoch nicht bei Abspaltung und Ausgliederung[1] – um Fälle der **Gesamtrechtsnachfolge**, bei der Spaltung um eine **partielle** Gesamtrechtsnachfolge, weil kraft Gesetzes das Vermögen (oder ein Teilvermögen) einschließlich der Verbindlichkeiten uno actu auf ein anderes Rechtssubjekt übergeht[2] (s. auch *§ 1 Rz. 138*).

248 Folglich ist **auch umsatzsteuerrechtlich** von einer Gesamtrechtsnachfolge auszugehen.[3] Die frühere Rechtsprechung hatte demgegenüber noch für die Verschmelzung und die übertragende Umwandlung nach altem Umwandlungsrecht einen Leistungsaustausch angenommen.[4] Diese Ansicht verkannte vor allem, dass der alte Rechtsträger untergeht und der neue Rechtsträger erst eine logische Sekunde später entsteht, so dass es an dem Erfordernis des Leistenden und des Leistungsempfängers mangelt (Ausnahme: Verschmelzung durch Aufnahme) und es deshalb ohne Belang ist, dass die Rechtsfolge des Vermögensüberganges durch einem Gesellschafterbeschluss oder einen Vertrag ausgelöst worden war.[5] Diese Vorgänge fallen folglich entgegen verbreiteter Auffassung nicht unter § 1 Abs. 1a UStG (sog. Geschäftsveräußerung; s. *§ 1 Rz. 125, 127, 138*). Zudem besteht auch keinerlei Anlass, die beschriebenen Vorgänge unter diese Vorschrift zu zwängen und als „Übereignungen" oder „Einbringungen" zu werten, weil die Rechtsfolgen dieser Vorschrift sich schon aus dem Gesamtrechtsnachfolgeprinzip ergeben. Die zur Gesamtrechtsnachfolge **von Todes wegen** entwickelten **Grundsätze** (*Rz. 231 ff.*) gelten mithin **entsprechend**. Die Anwendung des § 1 Abs. 1a UStG (sog. **Geschäftsveräußerung**) auf die Umwandlungsfälle würde zudem bewirken, dass, anders als bei der Gesamtrechtsnachfolge[6], **keine verfahrensrechtliche Drittwirkung** nach § 166 AO einträte.[7] Der Erwerber wäre nicht an die gegenüber dem Rechtsvorgänger ergangenen Steuerfestsetzungen oder Steuervergütungsfestsetzungen (dazu auch *§ 1 Rz. 153*) gebunden. Das kann nicht dem Willen des Gesetzgebers entsprechen.

249 Die ertragsteuerrechtlich zulässige **Rückwirkung** der Umwandlung bei Einbringung eines Betriebes in eine Kapitalgesellschaft (§ 20 Abs. 6 UmwStG) ist umsatzsteuerrechtlich **unbeachtlich**, da die Unternehmereigenschaft und die Zu-

---

1 BGH v. 6.12.2000 – XII ZR 219/98, NJW 2001, 1217; BFH v. 7.8.2002 – I R 99/00, BStBl. II 2003, 835; BFH v. 23.3.2005 – III R 20/03, BStBl. II 2006, 432; BFH v. 5.11.2009 – IV R 29/08, GmbHR 2010, 163; a.A. BAG v. 11.3.2008 – 3 AZR 358/06, BAGE 126, 120 = GmbHR 2008, 1326.
2 Vgl. *Grünewald* in Lutter, UmwG, § 20 UmwG Rz. 7; *Teichmann* in Lutter, UmwG, § 131 UmwG Rz. 1 f.; BFH v. 21.10.1985 – GrS 4/84, BStBl. II 1986, 230; BFH v. 31.5.2005 – I R 68/03, BStBl. II 2006, 380 (383); BFH v. 22.11.2011 – VII R 22/11, BFH/NV 2012, 344.
3 So jetzt auch für die **Verschmelzung** BFH v. 9.8.2007 – V R 27/04, UR 2007, 811; BFH v. 15.10.2009 – XI R 52/06, BStBl. II 2010, 869; BFH v. 19.12.2013 – V R 6/12, UR 2014, 572 – Rz. 40 i.V.m. Rz. 46.
4 Vgl. BFH v. 22.4.1971 – V R 86/67, BStBl. II 1971, 657; BFH v. 22.4.1976 – V R 54/71, BStBl. II 1976, 518; BFH v. 13.3.1986 – V R 155/75, BFH/NV 1986, 500.
5 Vgl. *Tipke*, DB 1968, Beilage 17, 1; *Schaumburg*, StuW 1973, 15; *Seer*, DStR 1988, 367; *B. Schwarz*, UR 1994, 185.
6 Dazu *Stadie*, Allg. Steuerrecht, 2003, Rz. 339 f.
7 *Stadie* in R/D, § 2 UStG Anm. 768 f.

rechnung von Umsätzen usw. nicht zur rechtsgeschäftlichen Disposition der Beteiligten stehen.¹

**2.** Im Falle des schlichten **Formwechsels** nach §§ 190 ff. UmwG (z.B. *Umwandlung einer Personengesellschaft in eine Kapitalgesellschaft*) findet kein Vermögensübergang statt, vielmehr besteht der formwechselnde Rechtsträger in der in dem Umwandlungsbeschluss bestimmten Rechtsform weiter (§ 202 Abs. 1 Nr. 1 UmwG), so dass keine Gesamtrechtsnachfolge vorliegt.² 250

**3.** Scheiden der vorletzte oder alle Gesellschafter bis auf den letzten aus einer **Personengesellschaft** aus und **übernimmt** der **letzte Gesellschafter** das **Gesellschaftsvermögen**, so wandelt sich das bisherige Gesamthandseigentum in Alleineigentum des letzten Gesellschafters um. Hierbei handelt es sich um einen Fall der **Anwachsung** analog § 738 Abs. 1 Satz 1 BGB, woraus folgt, dass eine Gesamtrechtsnachfolge kraft Gesetzes eintritt.³ Die zur Gesamtrechtsnachfolge von Todes wegen geltenden Grundsätze greifen auch bei diesem Vermögensübergang ein. Ein solcher Fall liegt auch vor, wenn aus **Miteigentum Alleineigentum** wird (*§ 15a Rz. 85*). 251

## H. Organschaft (Abs. 2 Nr. 2)

### I. Allgemeines

#### 1. Bedeutung

Wenn eine **juristische Person** nach dem Gesamtbild der tatsächlichen Verhältnisse finanziell, wirtschaftlich und organisatorisch in das Unternehmen des Organträgers eingegliedert ist, so liegen die Voraussetzungen einer sog. Organschaft (§ 2 Abs. 2 Nr. 2 Satz 1 UStG) vor. Art. 11 MwStSystRL erlaubt es den Mitgliedstaaten, im Inland ansässige Personen, die zwar rechtlich unabhängig, aber durch gegenseitige finanzielle, wirtschaftliche und organisatorische Beziehungen eng miteinander verbunden sind, zusammen als einen Steuerpflichtigen zu behandeln (*Rz. 260 ff.*; zur Frage, ob die Rechtsfolgen kraft Gesetzes oder nur auf Antrag eintreten, s. *Rz. 269 ff.*). 252

Mit der **Bezeichnung** „Organschaft"[4] hat das Gesetz eine Begriffsschöpfung des RFH übernommen.[5] Diese Bezeichnung ist mehr als **unglücklich**. Unter „Organ" versteht die übrige Rechtsordnung eine Person oder eine Institution, die für eine Gesellschaft, juristische Person oder ein anderes Gebilde deren Willen 253

---

1 BFH v. 10.12.2008 – XI R 1/08, BStBl. II 2009, 1026 (1029); OFD Frankfurt a.M. v. 11.2.1994 – S 7104 A - 52 - St IV/10, UR 1994, 284; OFD Saarbrücken v. 25.4.1994 – S 7104 A - 38 - St 241, UR 1994, 409; OFD Erfurt v. 21.7.1997 – S 7104 A - 11 - St 34, DStR 1997, 1810.
2 Vgl. BFH v. 18.8.2005 – V R 50/04, BStBl. II 2006, 101 – 2 der Gründe.
3 BGH v. 19.5.1960 – II ZR 72/59, BGHZ 32, 307 (315); BGH v. 9.7.1968 – V ZR 80/66, BGHZ 50, 307; BGH v. 12.6.2008 – III ZR 38/07, MDR 2008, 1033 m.w.N.; *Ulmer/Schäfer* in MünchKomm/BGB, § 738 BGB Rz. 11 m.w.N.; vgl. auch BFH v. 18.9.1980 – V R 175/74, BStBl. II 1981, 293.
4 Auch die §§ 14 ff. KStG und § 2 Abs. 2 Satz 2 GewStG verwenden diesen Begriff.
5 Zur Geschichte dieser Rechtsfigur BFH v. 17.7.1952 – V 17/52 S, BStBl. III 1952, 234; *Stadie* in R/D, § 2 UStG Anm. 800 f.

bildet und für diese/dieses handelt (vgl. Art. 20 Abs. 2 Satz 2, Art. 93 Abs. 1 Nr. 1 GG; §§ 63 ff. BVerfGG; Art. 13 EUV). Der Begriff „Organschaft" ist seit jeher in der Verbindung „Selbstorganschaft" (dazu auch Rz. 80) und „Fremd- bzw. Drittorganschaft" besetzt.[1]

254 Aus der Nichtselbständigkeit der eingegliederten Gesellschaft (üblicherweise **Organgesellschaft**[2] genannt) folgt, dass sie nicht Unternehmerin ist. Die weitere und entscheidende Rechtsfolge lässt sich nur aus dem Begriff „eingegliedert" und aus § 2 Abs. 2 Nr. 2 Satz 3 UStG ableiten, woraus zu schließen ist, dass die Organgesellschaft – trotz fortbestehender Selbständigkeit im Zivilrecht und sonstigen öffentlichen Recht – grundsätzlich umsatzsteuerrechtlich als **unselbständiger Teil des Unternehmens des Organträgers** anzusehen ist. Daraus folgt, dass innerhalb des Organkreises grundsätzlich keine „Umsätze" stattfinden und die Außenumsätze, Leistungsbezüge und Vorsteuerbeträge der Organgesellschaft dem **Organträger zuzurechnen** sind (zu den Einzelheiten Rz. 302 ff.).

255 Die **Wirkungen** der Organschaft beschränken sich auf die umsatzsteuerrechtlichen Beziehungen **zwischen** den **Beteiligten** des **Organkreises** und auf deren **Umsatzsteuerrechtsverhältnisse** zum **Steuergläubiger**. Das Vorliegen eines Organschaftsverhältnisses ist ohne Auswirkungen auf die Rechtsbeziehungen der Beteiligten zu Dritten (Rz. 305 ff.). **Gegenüber Dritten** ist die **Organgesellschaft** folglich als **Unternehmer** anzusehen, was insbesondere im Rahmen der §§ 14 und 15 UStG für den Vorsteuerabzug der Dritten von Bedeutung ist (dazu § 14 Rz. 39, 41, 76). Auch wird entgegen BFH die **Qualifizierung** der **Umsätze** gegenüber Dritten als steuerfrei oder steuerpflichtig nicht berührt (Rz. 312 ff.).

256 Die **Bedeutung** der sog. Organschaft lag im alten Umsatzsteuersystem ohne Vorsteuerabzug (dazu Vorbem. Rz. 4). Dieses Rechtsinstitut war 1934 kodifiziert worden, um der Tendenz in der Wirtschaft (insbesondere im Handel und in der verarbeitenden Industrie) entgegen zu wirken, durch Fusionen (Verschmelzungen) von Unternehmen Wirtschaftsstufen einzusparen; diese Wirkung sollte schon bei einer Mehrheitsbeteiligung an einem anderen Unternehmen eintreten.

257 **Mit** der **Einführung des Vorsteuerabzugs** (1968) verlor die Regelung ihre wirtschaftspolitische Rechtfertigung und wurde **überflüssig**: Bei Umsätzen zwischen verbundenen vorsteuerabzugsberechtigten Unternehmen ist es wegen des Vorsteuerabzugs im Ergebnis ohne Auswirkung, ob Organschaft besteht oder nicht. Liegt eine solche nicht vor, so wird bei Umsätzen innerhalb einer Unternehmerkette die jeweilige Umsatzsteuerbelastung durch den Vorsteuerabzug beim Erwerber wieder beseitigt und nur der letzte Umsatz bleibt endgültig mit Umsatzsteuer belastet. Besteht zwischen den Beteiligten Organschaft, so tritt dasselbe Ergebnis ein. Der Vorteil besteht allein darin, dass nicht jeweils Umsatzsteuer an das Finanzamt abgeführt werden muss, welche die nachfolgende Gesellschaft als Vorsteuer wieder vergütet erhielte, so dass bei den Organgesellschaften die Verwaltungsarbeit im Verhältnis zum Finanzamt entfällt. Nur aus letzterem

---

1 Vgl. Ulmer/Schäfer in MünchKomm/BGB, § 709 BGB Rz. 5 f.; Reuter in MünchKomm/BGB, § 26 BGB Rz. 2 f.
2 So ausdrücklich § 14 KStG.

Grund, nämlich „zur Vermeidung unnötiger Verwaltungsarbeit in der Wirtschaft"[1] wurde die Vorschrift beibehalten. Sie hat mithin lediglich einen **Vereinfachungszweck**[2], so dass dieser schon aus nationaler Sicht der einzige Auslegungsmaßstab sein darf.[3] Auch **Art. 11 MwStSystRL**[4] hat lediglich die Verwaltungsvereinfachung im Auge *(Rz. 260)*.

**Vorteile** entstehen durch die Organschaft **bei Umsätzen innerhalb des Organkreises**, wenn **einer der Beteiligten nicht zum Vorsteuerabzug berechtigt** ist und die Umsätze zwischen ihnen ohne Organschaft steuerpflichtig wären.[5] Diese **Wettbewerbsvorteile** resultieren letztlich nicht aus der Organschaftsregelung, sondern aus der Bestimmung des § 15 Abs. 2 Nr. 1 UStG über die Nichtabziehbarkeit von Vorsteuern bei der Erbringung steuerfreier Umsätze, denn sie träten auch ein, wenn die Beteiligten fusionieren oder der Unternehmer mit steuerfreien Umsätzen die bislang von Dritten in Anspruch genommenen steuerpflichtigen Vorleistungen im eigenen Unternehmen erbringt. Folglich **verstoßen** die mit der Organschaftsregelung verbundenen Wettbewerbsvorteile auch **nicht gegen** den **Gleichheitssatz** (Art. 3 Abs. 1 GG).[6] Ebenso wenig kann die Begründung eines Organschaftsverhältnisses, in welcher Gestalt auch immer, ein Missbrauch i.S.d. § 42 AO sein[7], denn die sich daraus ergebenden Vorteile träten in gleicher Weise auch bei einer durch die Rechtsordnung gebilligten Fusion ein.[8]

258

Der wesentliche **Nachteil** der Organschaftsregelung besteht – neben der Notwendigkeit des zivilrechtlichen Ausgleichs[9] für die Steuerzahlungen und erlangten Vorsteuerbeträge – für den beherrschenden Gesellschafter (Organträger) darin, dass er die Umsatzsteuer, die auf die Umsätze der Organgesellschaft entfällt, schuldet *(Rz. 310)*.[10] Das Rechtsinstitut der Organschaft wird deshalb vom Finanzamt mit Unterstützung des BFH als **Haftungsinstrument** bemüht, um bei zahlungsunfähigen Kapitalgesellschaften die auf deren Umsätze entfallende Steuer beim beherrschenden Gesellschafter einfordern zu können, auch wenn zuvor keine Organschaft praktiziert worden war und auch unabhängig davon, ob die Organgesellschaft entsprechende Beträge an den Organträger abgeführt hatte[11].

259

---

1 Bericht des FinAussch. von 1967 zu BT-Drucks. V/1581 – Einzelbegr. zu § 2 UStG.
2 So auch BFH v. 7.12.2006 – V R 2/05, BStBl. II 2007, 848; BGH v. 29.1.2013 – II ZR 91/11, GmbHR 2013, 318 – Rz. 12.
3 *Stadie* in R/D, § 2 UStG Anm. 820.
4 Dazu näher *Stadie* in R/D, § 2 UStG Anm. 788 ff.
5 Dazu näher *Stadie* in R/D, § 2 UStG Anm. 967 ff. m. Beispielen.
6 Vgl. BFH v. 19.10.1995 – V R 71/93, UR 1996, 266 (268); BFH v. 3.4.2003 – V R 63/01, BStBl. II 2004, 434 (436); beachte ferner EuGH v. 20.11.2003 – C-8/01, EuGHE 2003, I-13769 = UR 2004, 82 – Rz. 70 ff.
7 Vgl. BFH v. 19.10.1995 – V R 71/93, UR 1996, 266 (268); sowie BFH v. 20.1.2992 – V R 80/85, BFH/NV 1993, 133.
8 *Stadie* in R/D, § 2 UStG Anm. 974.
9 Dazu BGH v. 22.10.1992 – IX ZR 244/91, BGHZ 120, 50; BGH v. 29.1.2013 – II ZR 91/11, GmbHR 2013, 318; *Stadie* in R/D, § 2 UStG Anm. 993 f.
10 Die Organgesellschaft haftet für diese Steuer nach § 73 AO; dazu näher *Stadie* in R/D, § 18 UStG Anh. 1 Anm. 57 ff. – Haftung.
11 BFH v. 14.3.2012 – XI R 28/09, BFH/NV 2012, 1493.

Im Falle der **Betriebsaufspaltung** haftet der beherrschende Gesellschafter allerdings zumeist schon nach § 74 AO, da er wesentlich beteiligt ist.[1]

## 2. Unionsrechtliche Grundlagen

260 Art. 11 Abs. 1 MwStSystRL erlaubt es jedem Mitgliedstaat, nach Konsultation des Mehrwertsteuerausschusses „in seinem Gebiet[2] ansässige Personen, die zwar rechtlich[3] unabhängig, aber durch gegenseitige finanzielle, wirtschaftliche und organisatorische Beziehungen eng miteinander verbunden sind, zusammen als einen Steuerpflichtigen zu behandeln" (sog. **Mehrwertsteuer-Gruppe**[4]). Die Vorschrift bezweckt – wie § 2 Abs. 2 Nr. 2 UStG (*Rz. 257*) – die **Verwaltungsvereinfachung**.[5]

261 Die Behandlung als ein Steuerpflichtiger setzt voraus, dass **ein Mitglied** der Mehrwertsteuergruppe **Zurechnungsadressat** der steuerrechtlichen Pflichten und Rechte ist. Eine nationale Umsetzung des Art. 11 MwStSystRL setzt deshalb zwingend Regelungen voraus, wonach nur dem einzigen Steuerpflichtigen iS dieser Vorschrift eine Umsatzsteuer-Identifikationsnummer erteilt werden darf, damit eindeutig bestimmt werden kann, wem die **Umsätze zuzurechnen** sind, und auch nur dieser Steuerpflichtige befugt ist, **Steuererklärungen abzugeben**.[6]

262 Der EuGH spricht zuweilen von einer „**Verschmelzung**" zu einem Steuerpflichtigen.[7] Dieser Begriff ist **missverständlich**, weil bei einer Verschmelzung die bisherigen Rechtsträger untergehen und auf den neuen Rechtsträger im Wege der Gesamtrechtsnachfolge alle Rechte und Pflichten übergehen (vgl. *Rz. 247*), während bei einer Gruppenbesteuerung die beteiligten Rechtsträger fortbestehen und nicht einmal die bisherigen umsatzsteuerrechtlichen Positionen auf die Mehrwertsteuergruppe übergehen. In den anderen Sprachfassungen wird zu Recht kein der Verschmelzung entsprechender Begriff verwendet.[8] Der BFH hat

---

1 Dazu *Stadie* in R/D, § 18 UStG Anh. 1 Anm. 75 ff. – Haftung.
2 In der Beschränkung auf im Inland ansässige Personen durch Art. 11 Abs. 1 MwStSystRL wird vereinzelt ein Verstoß gegen die **Niederlassungsfreiheit** des Art. 49 AEUV gesehen; vgl. *Reiß*, Umsatzsteuer-Kongress-Bericht 2010, S. 195; *Birkenfeld*, UR 2010, 198 (202 f.); *Widmann*, UR 2012, 32 (34); *Englisch* in T/L, § 17 Rz. 64; kritisch dazu *Stadie* in R/D, § 2 UStG Anm. 810.
3 Diese Formulierung ist verwunderlich, denn die Behandlung dieser Personen „als einen Steuerpflichtigen" führt zu Einschränkungen der steuer*rechtlichen* Unabhängigkeit. Hier spiegelt sich als Freud'sche Fehlleistung die weit verbreitete Sichtweise von „Steuern und Recht" wider. Gemeint kann nur die zivilrechtliche Unabhängigkeit sein.
4 Vgl. Mitteilung der EU-Kommission v. 2.7.2009, KOM (2009) 325 = UR 2009, 632; EuGH v. 9.4.2013 – C-85/11, UR 2013, 418; EuGH v. 25.4.2013 – C-480/10, UR 2013, 433.
5 EuGH v. 9.4.2013 – C-85/11, UR 2013, 419 – Rz. 47 f.; EuGH v. 25.4.2013 – C-480/10, UR 2013, 433 – Rz. 37; Mitteilung der EU-Kommission v. 2.7.2009, KOM (2009) 325 = UR 2009, 632 – Tz. 2.
6 EuGH v. 22.5.2008 – C-162/07, EuGHE 2008, I-4019 = UR 2008, 534 – Rz. 19 f.
7 EuGH v. 22.5.2008 – C-162/07, EuGHE 2008, I-4019 = UR 2008, 534 – Rz. 19; EuGH v. 17.9.2014 – C-7/13, UR 2014, 847 – Rz. 29; ebenso Mitteilung der EU-Kommission v. 2.7.2009, KOM (2009) 325 = UR 2009, 632 – Tz. 3.2.
8 So heißt es beispielsweise in der englischen Fassung „thus closely linked" und in der französischen „l'assimilation à un assujetti". Im Englischen wird die Verschmelzung als „merger", im Französischen als „fusion" bezeichnet.

gleichwohl den Begriff der Verschmelzung vom EuGH zur Beschreibung der Organschaftswirkungen übernommen (Rz. 303).

Art. 11 MwStSystRL wird vom EuGH als eine Norm verstanden, deren Umsetzung den Erlass einer nationalen Regelung voraussetzt, die es im Inland ansässigen **Personen**, die eng mit einander verbunden sind, „gestattet, […] als ein Steuerpflichtiger behandelt zu werden"[1]. Des Weiteren spricht der EuGH von den Voraussetzungen, die Mutter- oder Tochtergesellschaft erfüllen müssen, „um in den **Genuss dieser Regelung** kommen zu können"[2], und dass die Mitgliedstaaten **nicht** die Möglichkeit haben, den Wirtschaftsteilnehmern „**weitere Bedingungen**" für die Bildung einer Mehrwertsteuergruppe „**aufzubürden**"[3]. Ferner müssen die Personen „**nachweisen**", dass die „**Inanspruchnahme** eines Systems von vereinfachter Erklärung und Zahlung der Mehrwertsteuer" **nicht ausschließlich von** dem **Wunsch getragen** ist, einen Steuervorteil zu erlangen.[4] Alle diese Formulierungen lassen nur den Schluss zu, dass der EuGH Art. 11 MwStSystRL als eine Vereinfachungsregelung im Interesse der verbundenen Unternehmen versteht und folglich davon ausgeht, dass die nationale Regelung **nur auf Antrag** der beteiligten Unternehmen anzuwenden ist.

263

Die Mitgliedstaaten können auch **Nichtsteuerpflichtigen** gestatten, **Mitglieder** einer Gruppe i.S.d. Art. 11 MwStSystRL zu sein, da die Vorschrift von „Personen" und nicht von Steuerpflichtigen spricht.[5] Die Anwesenheit solcher Personen kann nach Auffassung des EuGH unabdingbar sein, wenn sie allein die engen Beziehungen herstellen, die auf finanzieller, wirtschaftlicher und organisatorischer Ebene zwischen den diese Gruppe bildenden Personen bestehen müssen, damit sie zusammen als ein Steuerpflichtiger behandelt werden.[6]

264

Ein Anwendungsfall ist zum einen die sog. **Zwischenholding**, welche selbst **nicht unternehmerisch** tätig ist, aber an unternehmerisch tätigen Gesellschaften beteiligt ist und damit die Erfüllung der Eingliederungskriterien zwischen diesen Gesellschaften und dem beherrschenden Gesellschafter „vermittelt" (vgl. Rz. 290). Auch könnte eine als **nicht steuerpflichtig** angesehene **Holdinggesellschaft** mit ihren Tochtergesellschaften eine Mehrwertsteuergruppe bilden und dadurch bewirken, dass zwischen diesen **Schwestergesellschaften** keine steuerbaren Umsätze vorliegen.

265

Ferner hat der EuGH in seiner Entscheidung vom 9.4.2013 unwidersprochen die Auffassung Irlands wiedergegeben, dass durch die Zusammenfassung einer geschäftsleitenden Holdinggesellschaft mit ihren Tochtergesellschaften zu einer **Mehrwertsteuergruppe** i.S.d. Art. 11 MwStSystRL der **Holding** der **Vorsteuerabzug** gewährt wird, „so als sei das Unternehmen als eine einzige Person strukturiert", da anderenfalls das Recht auf Vorsteuerabzug „wegen der Art und Weise, in der die Einheit gesellschaftsrechtlich strukturiert sei, zu verweigern"

266

---

1 EuGH v. 22.5.2008 – C-162/07, EuGHE 2008, I-4019 = UR 2008, 534 – 1. Satz des Tenors, Rz. 23.
2 EuGH v. 22.5.2008 – C-162/07, EuGHE 2008, I-4019 = UR 2008, 534 – Rz. 24.
3 EuGH v. 25.4.2013 – C-480/10, UR 2013, 423 – Rz. 35 a.E.
4 EuGH v. 22.5.2008 – C-162/07, EuGHE 2008, I-4019 = UR 2008, 534 – Rz. 30.
5 EuGH v. 9.4.2013 – C-85/11, UR 2013, 418 – eine irische Regelung betreffend.
6 EuGH v. 9.4.2013 – C-85/11, UR 2013, 418 – Rz. 48.

wäre.¹ Das legt die Annahme des EuGH nahe, dass bei Einbeziehung der Holding in eine Mehrwertsteuergruppe die Abziehbarkeit der Vorsteuern der Holding möglich wäre. Allerdings kann aus dieser EuGH-Entscheidung aufgrund des eindeutigen § 2 Abs. 2 Nr. 2 UStG keine Verpflichtung zur Einbeziehung eines Nichtunternehmers resultieren.² In der EuGH-Entscheidung dürfte indes die Aufforderung an den nationalen Gesetzgeber liegen, durch entsprechende Änderung des § 2 Abs. 2 Nr. 2 UStG die verfehlte bisherige Rechtsprechung zur Nichtabziehbarkeit der Vorsteuern der Holding zu unterlaufen, soweit die Beteiligten im Inland ansässig sind.

267 Nach Ansicht des EuGH soll eine **Zweigniederlassung** einer **ausländischen Hauptniederlassung** (Kapitalgesellschaft) trotz ihrer Unselbständigkeit Mitglied einer Mehrwertsteuergruppe, d.h. „Person" i.S.d. Art. 11 MwStSystRL und Empfänger von Dienstleistungen der Hauptniederlassung sein können, für die dann die Mehrwertsteuergruppe Steuerschuldner nach Art. 196 MwStSystRL sei.³ Das ist schon angesichts des eindeutigen Wortlauts des Art. 11 Abs. 1 MwStSystRL, der rechtlich unabhängige Personen verlangt, nicht nachvollziehbar, denn eine Zweigniederlassung als schlichter Unternehmensteil kann mangels rechtlicher Handlungsfähigkeit keine rechtlichen Beziehungen zu den übrigen Mitgliedern der Mehrwertsteuergruppe haben und folglich als solche nicht Mitglied einer solchen Gruppe sein. Der EuGH sah sich wohl durch den Wortlaut des Art. 11 MwStSystRL an dem nahe liegenden Schluss gehindert, dass eine Person, die nur mit einem Teil des Unternehmens im Inland ansässig ist, auch nur insoweit (entsprechend § 2 Abs. 2 Nr. 2 Satz 2 UStG) Mitglied der Mehrwertsteuergruppe ist, und vergewaltigt statt dessen den klaren Wortlaut des Art. 11 MwStSystRL und Grundprinzipien des Mehrwertsteuerrechts. Zwischen einer Kapitalgesellschaft und seiner Niederlassung können, unabhängig von der Ansässigkeit, keine Rechtsbeziehungen bestehen, so dass zwischen diesen keine Leistungen (Umsätze) erbracht werden können. „Dienstleistungen" der Niederlassung an die Mehrwertsteuergruppe sind Dienstleistungen der ausländischen Kapitalgesellschaft, für die diese der Steuerschuldner ist, da sie aufgrund der Niederlassung im Inland als hier ansässig anzusehen ist (Art. 192a MwStSystRL), so dass die Mehrwertsteuergruppe nicht als Steuerschuldner nach Art. 196 MwStSystRL in Betracht kommt.

268 Art. 11 MwStSystRL würde es erlauben, auch **Personengesellschaften** als „Personen" zu verstehen[4], was im Ergebnis von der früheren, 1979 aufgegebenen BFH-Rechtsprechung zum organschaftsähnlichen Verhältnis (Rz. 58) bewirkt worden war. Aus Art. 11 MwStSystRL folgt indes nicht, dass Personengesellschaften sich auf diese Vorschrift berufen und verlangen können, als Organgesellschaft behandelt zu werden.[5] Da die Bestimmung keine zwingenden Vorgaben enthält,

---

1 EuGH v. 9.4.2013 – C-85/11, UR 2013, 419 – Rz. 32. Ebenso in diesem Sinne Generalanwalt *Jääskinen*, Schlussantrag v. 27.11.2012, http://curia.europa.eu – Rz. 51.
2 Vgl. BMF v. 5.5.2014 – IV D 2 - S 7105/11/10001, BStBl. I 2014, 82 – Tz. I.
3 EuGH v. 17.9.2014 – C-7/13, UR 2014, 847.
4 Vgl. EuGH v. 27.1.2000 – C-23/98, EuGHE 2000, I-419 = UR 2000, 121 – Rz. 20 f., zu einer BGB-Gesellschaft.
5 Vgl. BFH v. 11.12.2013 – XI R 17/11, BStBl. II 2014, 417 = UR 2014, 313 – Rz. 80, EuGH-Vorlage, Az. C-108/14; BFH v. 11.12.2013 – XI R 38/12, BStBl. II 2014, 428 = UR 2014,

sondern eine schlichte Ermächtigungsvorschrift ist, kann sich der Anspruch auf Gleichbehandlung nur aus dem nationalen Verfassungsrecht ergeben.[1] Es ist allerdings nicht anzunehmen, dass das Bundesverfassungsgericht einen derartigen Anspruch bejahen würde.[2]

### 3. Wahlrecht?

Nach dem Wortlaut des § 2 Abs. 2 Nr. 2 UStG träten die Rechtsfolgen der Organschaft mit der Verwirklichung der Eingliederungsmerkmale zwingend ein; ein Wahlrecht ist nicht vorgesehen. Der **BFH** hat ein solches **Wahlrecht** auch unter Berufung auf den seiner Ansicht nach **klaren Wortlaut** der Norm **verneint**.[3] Der **zwingende Eintritt der Rechtsfolge** entsprach jedoch nicht dem wirklichen Willen des Gesetzgebers und war zudem von Beginn an in mehrfacher Hinsicht verfassungswidrig. Er ist auch **nicht durch** die Ermächtigung des Art. 11 MwStSystRL gedeckt. Das ergibt sich aus Folgendem:

269

Mit der Einführung des Vorsteuerabzugs war der **ursprüngliche Zweck** der Organschaft **entfallen**; sie war lediglich auf Wunsch der Wirtschaft aus Gründen der **Verwaltungsvereinfachung** beibehalten worden (*Rz. 256 f.*).[4] Ein **Haftungszweck** (*Rz. 259*) war offensichtlich vom Gesetzgeber nicht gewollt, da er weder in der Gesetzesbegründung von 1934 noch in der von 1967 anklingt. Das vom **BFH** bejahte **Einstehenmüssen** des beherrschenden Gesellschafters für Umsatzsteuerschulden der beherrschten Gesellschaft hat indes eine gravierende materiell-rechtliche Wirkung und ist nicht etwa nur eine Verwaltungsvereinfachung. Wenn aber das Rechtsinstitut der Organschaft vom Gesetzgeber **nur im Interesse der Unternehmen** im Gesetz **beibehalten** wurde, so muss es diesen überlassen bleiben, ob sie von der Regelung Gebrauch machen, oder wegen der Nachteile davon Abstand nehmen. Zudem besitzt der beherrschende Gesellschafter regelmäßig nicht die *rechtliche* Möglichkeit, sich Kenntnis von den ihm zuzurechnenden Besteuerungsgrundlagen der beherrschten Gesellschaft zu verschaffen, da weder das Zivilrecht noch das Steuerrecht dem Organträger einen Auskunftsanspruch geben. Wenn aber der beherrschende Gesellschafter seine steuerrechtliche Anmeldungsverpflichtung nach § 18 UStG insoweit nicht erfüllen kann, so darf auch nicht angenommen werden, dass der Gesetzgeber ihm eine solche auferlegen will. Schon die **Entstehungsgeschichte** und der vom Gesetzgeber verfolgte **Zweck** zwingen mithin dazu, im Wege **teleologischer Reduktion** der Norm dem beherrschenden Gesellschafter ein Wahlrecht einzuräumen, ob er bei Vorliegen der Voraussetzungen die Organschaftsregelung zum Zwecke der

270

---

323 – Rz. 85, EuGH-Vorlage, Az. C-109/14; *Reiß* in R/K/L, § 2 UStG Rz. 98.16; aA *Michel*, DB 2014, 639; wohl auch *Birkenfeld*, UR 2014, 120 (124); *Wäger* in FS Schaumburg, 2009, S. 1189 (1193 f.).

1 *Hummel*, UR 2010, 207 (212 f.).
2 *Stadie* in R/D, § 2 UStG Anm. 839 ff.
3 BFH v. 17.1.2002 – V R 37/00, BStBl. II 2002, 373 (376); BFH v. 28.12.2002 – V B 126/02, BFH/NV 2003, 515; BFH v. 29.10.2008 – XI R 74/07, BStBl. II 2009, 256; BFH v. 22.4.2010 – V R 9/09, UR 2010, 579 – Rz. 11; ebenso *Reiß* in R/K/L, § 2 UStG Rz. 98.7, 120.1; *Englisch* in T/L, § 17 Rz. 64.
4 Vgl. auch BFH v. 7.12.2006 – V R 2/05, BStBl. II 2007, 848; BGH v. 29.1.2013 – II ZR 91/11, GmbHR 2013, 318 – Rz. 12.

Verwaltungsvereinfachung anwenden und damit die Möglichkeit der „Haftung" in Kauf nehmen will oder nicht.

**271** Es darf außerdem nicht angenommen werden, dass der Gesetzgeber gegen den Grundsatz der **Rechtsformneutralität** der Besteuerung, der sich aus Art. 3 Abs. 1 GG (Gleichbehandlungsgebot) ergibt (*Vorbem. Rz. 48, 77*), verstoßen will. Es träte nämlich eine **Ungleichbehandlung** ein, wenn § 2 Abs. 2 Nr. 2 Satz 1 UStG automatisch eine „**Haftung**" des beherrschenden Gesellschafters einer juristischen Person für deren Umsatzsteuerschulden bewirken würde (wenn die wirtschaftliche und organisatorische Eingliederung gegeben ist), während eine solche „Haftung" **nicht** eintritt, wenn die beherrschte Gesellschaft eine Personengesellschaft, z.B. eine **GmbH & Co. KG**, ist, da § 2 Abs. 2 Nr. 2 UStG bei belastenden Rechtsfolgen als Organgesellschaft eine juristische Person verlangt. Das BVerfG[1] hat zu Recht entschieden, dass die Rechtsform, in der ein Unternehmer tätig wird, kein hinreichender Differenzierungsgrund für eine Umsatzsteuerbelastung ist. Das hat auch dann zu gelten, wenn die Belastung dadurch eintritt, dass ein zivilrechtlicher Rückgriffsanspruch des Organträgers gegenüber der Organgesellschaft wegen deren Insolvenz nicht durchsetzbar ist. Die Verneinung des Wahlrechts mittels einer Interpretation des § 2 Abs. 2 Nr. 2 Satz 1 UStG als zwingend wirkende „Haftungsvorschrift" würde zu einer willkürlichen, weil sachlich nicht zu rechtfertigenden, Ungleichbehandlung des beherrschenden Gesellschafters einer juristischen Personen gegenüber dem beherrschenden Gesellschafter einer Personengesellschaft führen. Daher ist davon auszugehen, dass der Gesetzgeber nicht Art. 3 Abs. 1 GG verletzen, sondern vielmehr dem § 2 Abs. 2 Nr. 2 Satz 1 UStG eine verfassungskonforme Rechtsfolge beimessen wollte.

**272** Eine **Ungleichbehandlung** träte ferner im **Verhältnis zu im Ausland ansässigen Organträgern** hinsichtlich der inländischen Tochtergesellschaften ein. Da nach § 2 Abs. 2 Nr. 2 Satz 2 UStG die Organschaftswirkungen den im Ausland ansässigen beherrschenden Gesellschafter nicht treffen (*Rz. 349*), wäre der im Inland ansässige beherrschende Gesellschafter gegenüber einem solchen Wettbewerber benachteiligt, wenn die „Haftung" auf Grund der Organschaftsregelung automatisch einträte. Auch für diese Ungleichbehandlung gibt es keinen sachlichen Grund. Beide Gesellschafter verwirklichen die gleichen Sachverhalte, denn sie betätigen sich mittels der inländischen Tochtergesellschaften, die im Inland steuerpflichtige Umsätze bewirken. Die Rechtsfolge, dass der im Inland ansässige, nicht jedoch der im Ausland ansässige beherrschende Gesellschafter für die daraus resultierende Umsatzsteuer einzustehen hätte, wäre **willkürlich**. Bei Ablehnung eines Wahlrechts ist der beherrschende Gesellschafter von Kapitalgesellschaften, denen gegenüber die Eingliederungskriterien des § 2 Abs. 2 Nr. 2 Satz 1 UStG bestehen, zur Vermeidung der „Haftung" für die Umsatzsteuer der inländischen Tochtergesellschaften, **gezwungen**, entweder seine **Geschäftsleitung** (Konzernspitze) in das Ausland zu verlegen **oder** aber die **Tochtergesellschaften in das Ausland** zu **verlagern**. Dieser Zwang verstößt in beiden Fällen gegen die Grundrechte aus Art. 2 Abs. 1 und Art. 12 Abs. 1 GG (Handlungs- und

---

[1] BVerfG v. 10.11.1999 – 2 BvR 2861/93, BVerfGE 101, 151 = BStBl. II 2000, 160 = UR 1999, 498; vgl. auch BVerfG v. 21.6.2006 – 2 BvL 2/99, BVerfGE 116, 164 – Rz. 118.

Berufsfreiheit), nämlich das Recht, im Inland eine Gesellschaft gründen zu können.

Nach Auffassung des **BFH**[1] soll sich auch aus Art. 11 MwStSystRL „**zweifelsfrei**"[2] ergeben, dass kein Wahlrecht vorgesehen werden müsse. Das ist schon verblüffend, denn das vom BFH bejahte Einstehenmüssen des beherrschenden Gesellschafters für Umsatzsteuerschulden der beherrschten Gesellschaft hat eine gravierende materiell-rechtliche Wirkung und kann nicht ensthaft auf diese Vorschrift gestützt werden, die ebenfalls nur die Verwaltungsvereinfachung im Auge hat (*Rz. 257, 260*). Auch wird vom BFH verkannt, dass nach der Rechtsprechung des **EuGH** der Grundsatz der **steuerlichen Neutralität** es verbietet, Wirtschaftsteilnehmer in Abhängigkeit von ihrer Rechtsform unterschiedlichen umsatzsteuerrechtlichen Regeln zu unterwerfen (*Vorbem. Rz. 78*). Nach Art. 11 MwStSystRL dürfen nämlich nur im Inland ansässige Personen zusammen als ein Steuerpflichtiger behandelt werden. Wie zuvor beschrieben, kann die Zusammenfassung somit dadurch vermieden werden, dass das herrschende Unternehmen bzw. die beherrschten Gesellschaften in das Ausland verlegt werden. Folglich würde der EuGH, wenn er sich nicht bereits eindeutig geäußert hätte (*Rz. 263*), Art. 11 MwStSystRL auch wegen des Gebotes der Neutralität einschränkend dahin auslegen, dass ein Mitgliedstaat von der Ermächtigung nur dann Gebrauch machen darf, wenn eine Benachteiligung der von der Vorschrift erfassten im Inland ansässigen Personen gegenüber anderen, im Ausland ansässigen Wettbewerbern ausgeschlossen ist. Das würde bedeuten, dass die Mitgliedstaaten eine Zusammenfassung mehrerer Personen zu einem Steuerpflichtigen nur mit deren Zustimmung vorsehen dürfen. 273

Vor allem aber darf die **Steuerschuldnerschaft** des Organträgers erst und **nur insoweit** eintreten, **als** der Organträger die entsprechenden **Steuerbeträge** von der Organgesellschaft **erhalten** hat. Da der Unternehmer als zwangsverpflichteter Gehilfe nur Steuereinnehmer für Rechnung des Staates ist (*Vorbem. Rz. 20*), was nunmehr auch der BFH erkannt hat[3], ist es verfassungsrechtlich nicht zu rechtfertigen, den Organträger – unabhängig von der Verfassungswidrigkeit des Soll-Prinzips bei den eigenen Umsätzen (*Vorbem. Rz. 43 ff., § 13 Rz. 9 ff.*) – zur Vorfinanzierung der Steuer für die Umsätze der Organgesellschaften, auch soweit für diese die sog. Ist-Versteuerung gilt, zu zwingen. Die gegenteilige Sichtweise ist willkürlich und nicht mit dem Verhältnismäßigkeitsgebot zu vereinbaren, da es **für** die **Haftung keinen rechtfertigenden sachlichen Grund** gibt. Die Tatsache, dass dem Organträger ein zivilrechtlicher **Ausgleichsanspruch** gegenüber der Organgesellschaft zusteht (*Rz. 310*), **reicht nicht aus**, denn das abstrakte Bestehen dieses Anspruchs bedeutet noch nicht, dass der Organträger tatsächlich über die Steuerbeträge verfügt und diese an das Finanzamt weiterleiten kann. Die rechtliche Durchsetzbarkeit des Ausgleichsanspruchs kann ggf. Jahre dauern bzw. die tatsächliche Durchsetzbarkeit kann an einer zwischenzeitlich eingetreten Insolvenz der Organgesellschaft scheitern. Die Rechtswirkungen der Organschaft 274

---
1 BFH v. 17.1.2002 – V R 37/00, BStBl. II 2002, 373 (376); BFH v. 29.10.2008 – XI R 74/07, BStBl. II 2009, 256.
2 Kritisch dazu auch *Birkenfeld*, UR 2010, 198 (201 f.).
3 BFH v. 8.8.2013 – V R 18/13, UR 2013, 785 – Rz. 28; BFH v. 19.3.2014 – V B 14/14, BFH/NV 2014, 999 – Rz. 18.

dürfen folglich auch aus diesen verfassungsrechtlichen Gründen nur dann eintreten, wenn der beherrschende Gesellschafter diese Risiken durch die Wahl der Organschaft in Kauf nimmt.

275 Auch übersieht der BFH, dass der **Übergang der Ansprüche auf Vergütung der** bei den Organgesellschaften angefallenen **Vorsteuern** auf den Organträger (*Rz. 315*), soweit diese nicht mit Umsatzsteuer bezüglich der Umsätze der Organgesellschaften zu verrechnen sind, zu einer **Schmälerung** des **Vermögens** dieser Gesellschaften zugunsten des beherrschenden Gesellschafters führt.[1] Eine derartige Rechtsfolge greift in die **Eigentumsrechte der Minderheitsgesellschafter** ein und verstößt deshalb gegen Art. 14 GG. Ein der *Gesellschaft* zustehender zivilrechtlicher Ausgleichsanspruch (*Rz. 315*) reicht zur Kompensierung nicht aus. Der Schutz der Minderheitsgesellschafter verlangt vielmehr einen finanziellen Ausgleich, wie ihn das Aktienrecht bei einem Beherrschungs- oder Gewinnabführungsvertrag deshalb zwingend vorsieht (ein solcher Vertrag, der einen derartigen Ausgleichsanspruch für die Minderheitsgesellschafter nicht enthält, ist nichtig, § 304 Abs. 3 AktG!). Solange das Umsatzsteuergesetz keinen entsprechenden Ausgleichsanspruch vorsieht oder nicht wenigstens bestimmt, dass die Vorsteuerüberschüsse den Organgesellschaften zustehen, darf § 2 Abs. 2 Nr. 2 UStG auch nicht gegen den Willen der Minderheitsgesellschafter angewendet werden. Beantragt der beherrschende Gesellschafter die Anwendung der Organschaftsbestimmungen, so setzt das mithin voraus, dass er den Minderheitsgesellschaftern einen entsprechenden Ausgleichsanspruch zusagt. Bei Verneinung eines Wahlrechts wäre insoweit **zumindest** eine **teleologische Reduktion** der Rechtsfolgen des § 2 Abs. 2 Nr. 2 UStG in der Weise geboten, dass die Vorsteuerüberschüsse der Organgesellschaft verbleiben und nicht dem Organträger zugerechnet werden dürfen.

276 Nach alledem ergibt sich als **Befund**, dass der Gesetzgeber das ab 1968 überflüssig gewordene Rechtsinstitut der umsatzsteuerrechtlichen Organschaft ausschließlich im Interesses der Unternehmer beibehalten hat. Zudem würde eine zwingende „Haftung" in mehrfacher Hinsicht gegen Grundrechte der Verfassung verstoßen, so dass auch nicht angenommen werden darf, dass der heimliche Wille des Gesetzgebers auf diese Rechtsfolge gerichtet war. Jedenfalls aber war zur Vermeidung einer verfassungswidrigen Rechtsfolge die Norm von Anfang an verfassungskonform dergestalt einengend zu interpretieren, dass die Wirkungen der Organschaft nur auf **Antrag** des beherrschenden Gesellschafters eintreten.

Das **Bundesverfassungsgericht** wird eine Verfassungsbeschwerde oder eine Richtervorlage diesbezüglich jedoch nicht annehmen. Wenn nämlich ein Mitgliedstaat eine auf die Ermächtigung des Art. 11 MwStSystRL gestützte Regelung erlässt, dann muss sie den Rahmen der Ermächtigung einhalten, zu der auch die Frage zählt, ob die Bildung einer Mehrwertsteuergruppe einen Antrag voraussetzt. Darüber aber kann nur der EuGH befinden, so dass nur eine Vorlage an diesen in Betracht kommt. Einer solchen bedarf es jedoch nicht mehr, weil die Äußerungen des EuGH **Äußerungen eindeutig** sind (*Rz. 263*). Dass der **BFH** trotz der klaren Aussagen des EuGH „**keinen sachlichen Grund**" sah, von seiner ge-

---

[1] Vgl. *Reiß*, StuW 1979, 343 (345 f.).

genteiligen ständigen Rechtsprechung abzuweichen[1], befreit jedoch die Finanzgerichte nicht von ihrer **Verpflichtung zu** einer **unionsrechtskonformen Anwendung** des nationalen Rechts in Gestalt der **teleologischen Reduktion** des § 2 Abs. 2 Nr. 2 UStG[2], so dass § 2 Abs. 2 Nr. 2 Satz 1 UStG entsprechend richtlinienkonform anzuwenden ist.

Aus dem alleinigen Zweck der Organschaft, der Verwaltungsvereinfachung zu dienen (*Rz. 257, 260*), folgt, dass die **Wahl nicht** mit **Rückwirkung** ausgeübt werden und ein Widerruf nur für die Zukunft gelten kann. Die „Wahl" bedarf aus Gründen der Rechtsklarheit einer entsprechenden **Genehmigung** des Finanzamts, welche nur erteilt werden darf, wenn eine Zustimmung der Minderheitsgesellschafter der potenziellen Organgesellschaft vorliegt. 277

## II. Organträger

Organträger kann **jedes unternehmerfähige Gebilde** (*Rz. 20 ff.*), d.h. insbesondere eine natürliche Person[3], juristische Person oder Personengesellschaft sein, auch eine juristische Person des öffentlichen Rechts.[4] 278

Der Organträger muss ein[5] **Unternehmer** sein. Fraglich ist, ob er *unmittelbar* eine eigene unternehmerische Tätigkeit ausüben muss. Die Frage ist von Bedeutung, wenn ein Gesellschafter (natürliche Person oder **Holding**) mehrere Tochtergesellschaften beherrscht. Können auf Umsätze zwischen diesen Gesellschaften die Organschaftsregeln angewendet werden? Der **BFH** verlangt unter Berufung auf die Holding-Rechtsprechung des EuGH (*Rz. 70*), dass der Organträger **auf Grund eigener Umsätze** Unternehmer ist.[6] Der BFH hat die Aussage zwar für eine juristische Person des öffentlichen Rechts getroffen und die Frage für eine juristische Person des Privatrechts offengelassen[7], die Frage kann jedoch nur einheitlich beantwortet werden. Für die Annahme der vom BFH geforderten **eigenen Umsätze** reicht es aus, dass diese **ausschließlich gegenüber** der bzw. einer **Organgesellschaft** erbracht werden[8], d.h. nicht steuerbar sind.[9] 279

---

1 BFH v. 29.10.2008 – XI R 74/07, BStBl. II 2009, 256 – Tz. 1c.
2 In diesem Sinne bereits *Stadie*, UR 2008, 540; aA *Klenk*, HFR 2013, 544 f.; *Reiß* in R/K/L, § 2 UStG Rz. 98.7 f.; *Wäger*, UVR 2013, 205 (211).
3 Nicht etwa „Einzelfirma"; so aber BFH v. 22.10.2009 – V R 14/08, BStBl. II 2011, 988 = UR 2010, 268 – Rz. 1.
4 BFH v. 9.10.2002 – V R 64/99, BStBl. II 2003, 375; BFH v. 18.6.2009 – V R 4/08, BStBl. II 2010, 310; BFH v. 20.8.2009 – V R 30/06, BStBl. II 2010, 863; Abschn. 2.8 Abs. 2 Satz 6, Abschn. 2.11 Abs. 20 Sätze 3 und 7 UStAE.
5 Eine sog. **Mehrmütterorganschaft** ist ausgeschlossen; BFH v. 30.4.2009 – V R 3/08, BStBl. II 2013, 873 = UR 2009, 639; Abschn. 2.8 Abs. 3 Satz 2 UStAE; dazu näher *Stadie* in R/D, § 2 UStG Anm. 835.
6 BFH v. 9.10.2002 – V R 64/99, BStBl. II 2003, 375 (377 f.); BFH v. 7.7.2005 – V R 78/03, BStBl. II 2005, 849 (851).
7 Vgl. BFH v. 22.5.2003 – V R 94/01, BStBl. II 2003, 954.
8 BFH v. 9.10.2002 – V R 64/99, BStBl. II 2003, 375 (378); BFH v. 22.5.2003 – V R 94/01, BStBl. II 2003, 954; BFH v. 7.7.2005 – V R 78/03, BStBl. II 2005, 849; BFH v. 29.1.2009 – V R 67/07, BStBl. II 2009, 1029; BFH v. 22.10.2009 – V R 14/08, BStBl. II 2011, 988 = UR 2010, 268 – Rz. 32.
9 A.A. *Englisch* in T/L, § 17 Rz. 62.

280 Die herrschende Auffassung übersieht, dass der Unternehmerbegriff ein Typusbegriff ist, der auch eine mittelbare unternehmerische Betätigung über die beherrschte Gesellschaft erfasst, so dass auch ein beherrschender Gesellschafter einer Kapitalgesellschaft als **mittelbarer** Unternehmer anzusehen ist (vgl. *Rz. 165 ff.*) und mithin wegen des vom Gesetz verfolgten Vereinfachungszwecks (*Rz. 257, 260*) als Organträger in Betracht kommen muss. Art. 11 MwStSystRL lässt eine derartige Auslegung zu, da die Mitgliedstaaten auch **Nichtsteuerpflichtigen** gestatten können, **Mitglieder** einer Gruppe i.S.d. Art. 11 MwStSystRL zu sein, denn die Vorschrift spricht von „Personen" und nicht von Steuerpflichtigen (*Rz. 264 f.*).[1] Nach Auffassung des BMF soll daraus keine Verpflichtung zur Einbeziehung eines Nichtunternehmers resultieren.[2]

### III. Organgesellschaft

281 Organgesellschaften sind nach dem Gesetzeswortlaut **nur juristische Personen** im herkömmlichen nationalen Sinne, so dass Personengesellschaften nicht i.S.d. Vorschrift einem anderen Unternehmen eingegliedert sein können.[3]

In der **Nichteinbeziehung** einer **Personengesellschaft** scheint indes ein Verstoß gegen den Gleichbehandlungsgrundsatz (Gebot der Rechtsformneutralität) zu liegen[4], der dann zu einer verfassungskonformen Auslegung des § 2 Abs. 2 Nr. 2 UStG zwänge, so dass die Personengesellschaft als „juristische Person" im Sinne der Vorschrift – allerdings nicht zu Lasten der Betroffenen – zu verstehen wäre.[5] Diese Auffassung, die **ohnehin nur** für **atypische, d.h. kapitalistisch strukturierte Personengesellschaften** insbesondere in Gestalt einer **GmbH & Co. KG** in Betracht käme, da nur bei solchen Personengesellschaften eine finanzielle und organisatorische „Eingliederung" in das Unternehmen eines beherrschenden Gesellschafters möglich ist, berücksichtigt nicht, dass der Steuergesetzgeber zur **Typisierung** befugt ist und sich hinsichtlich der Differenzierungen bei den Rechtsfolgen auf die typischen Rechtsformen beschränken darf.[6] Die Beteiligten haben es nach der insoweit zutreffenden Rechtsprechung des BVerfG in der Hand, die für sie günstigste Rechtsform zu wählen. Hinzu kommt, dass der Gesetzgeber mit den Organschaftsregeln lediglich Vereinfachungszwecke verfolgt (*Rz. 257, 260*), welche in besonderem Maße zur Typisierung berechtigen, und diese Regeln zudem richtigerweise nicht zwingend, sondern nur auf Antrag der Beteiligten anzuwenden sind (*Rz. 270 ff.*). Es ist nicht anzunehmen, dass das BVerfG einen Anspruch auf Einbeziehung einer Personengesellschaft bejahen würde.[7] Eine unionsrechtskonforme Auslegung kommt schon deshalb nicht in

---

1 EuGH v. 9.4.2013 – C-85/11, UR 2013, 418 – eine irische Regelung betreffend.
2 BMF v. 5.5.2014 – IV D 2 - S 7105/11/10001, BStBl. I 2014, 82 – Tz. I.
3 So im Ergebnis BFH v. 19.5.2005 – V R 31/03, BStBl. II 2005, 671 (674). Auch die Finanzverwaltung ist dieser Auffassung; aus Abschn. 2.8 Abs. 2 Satz 1 UStAE folgt nichts Gegenteiliges; *Stadie* in R/D, § 2 UStG Anm. 838.
4 So *Birkenfeld*, UR 2008, 2 (5 f.); *Birkenfeld*, UR 2010, 199 (202), *Thietz-Bartram*, DB 2009, 1784 (1787 f.); *Hummel*, UR 2010, 207 (209 ff.); FG München v. 13.3.2013 – 3 K 235/10, EFG 2013, 1434 – Rev.-Az. V R 25/13; kurzzeitig (2. Aufl.) auch der *Verf*.
5 *Hummel*, UR 2010, 207 (211 ff.).
6 Vgl. nur BVerfG v. 15.1.2008 – 1 BvL 2/04, BVerfGE 120, 1 – Rz. 116 ff.; BVerfG v. 17.11.2009 – 1 BvR 2192/05, BVerfGE 125, 1 – Rz. 87.
7 Ausführlich dazu *Stadie* in R/D, § 2 UStG Anm. 839 ff.

Betracht, weil Art. 11 MwStSystRL keine zwingenden Vorgaben enthält[1], so dass Deutschland die Organschaftsregelung auch abschaffen könnte. Demgemäß verneint auch der **BFH** ein Berufungsrecht[2], nicht zuletzt wohl auch deshalb, weil anderenfalls ein Wahlrecht bestünde[3], welches dieser bekanntlich ablehnt (Rz. 269).

Als **juristische Personen** kommen regelmäßig nur solche **des Privatrechts** in Betracht. Bei juristischen Personen des *öffentlichen* Rechts ist prinzipiell mangels eines Grundkapitals keine finanzielle Eingliederung möglich.[4] Anders ist es nur bei **Anstalten** des **öffentlichen Rechts**, wenn durch Gesetz zur Annäherung an Kapitalgesellschaften Stammkapital und eine Art „Gesellschaftsversammlung" vorgesehen ist (*Beispiel*: Landesbanken). Ansonsten können nur **Kapitalgesellschaften** Organgesellschaften sein, da nur bei ihnen eine Mehrheitsbeteiligung möglich ist. Diese kann auch bereits dann Organgesellschaft sein, wenn sie eine unternehmerische Tätigkeit erst vorbereitet.[5] Eine **Vorgesellschaft** ist mit der nachfolgenden Kapitalgesellschaft identisch (Rz. 205) und deshalb bereits als juristische Person i.S.d. § 2 Abs. 2 Nr. 2 UStG anzusehen.[6]

282

Nach Ansicht des EuGH[7] soll eine **Zweigniederlassung** einer ausländischen Hauptniederlassung Mitglied einer Mehrwertsteuergruppe, d.h. „Person" i.S.d. Art. 11 MwStSystRL und Empfänger von Dienstleistungen der Hauptniederlassung sein können (Rz. 267). Diese verfehlte Auffassung (Rz. 340) ist angesichts des eindeutigen Wortlauts des § 2 Abs. 2 Nr. 2 UStG für die Auslegung des nationalen Rechts ohne Bedeutung.

283

## IV. Eingliederungsmerkmale

### 1. Allgemeines, Gesamtbild

Das Gesetz verlangt für das Vorliegen einer sog. Organschaft, dass die juristische Person nach dem Gesamtbild der tatsächlichen Verhältnisse finanziell, wirtschaftlich und organisatorisch in das Unternehmen des Organträgers **eingegliedert** ist (§ 2 Abs. 2 Nr. 2 Satz 1 UStG). Damit wird eine **Unterordnung** umschrieben[8], denn die Rechtsfolge des Vorliegens der Eingliederungsmerkmale ist die umsatzsteuerrechtliche Unselbständigkeit der juristischen Person. Maßgebend ist mithin letztlich, dass die juristische Person dem Willen eines Unternehmers

284

---

1 A.A. FG München v. 13.3.2013 – 3 K 235/10, EFG 2013, 1434 – Rev.-Az. V R 25/13.
2 BFH v. 11.12.2013 – XI R 17/11, BStBl. II 2014, 417 – Rz. 80; BFH v. 11.12.2013 – XI R 38/12, BStBl. II 2014, 428 – Rz. 85.
3 BFH v. 11.12.2013 – XI R 17/11, BStBl. II 2014, 417 – Rz. 82 f.; BFH v. 11.12.2013 – XI R 38/12, BStBl. II 2014, 428 – Rz. 87 f.
4 Vgl. BFH v. 20.12.1973 – V R 87/70, BStBl. II 1974, 311.
5 BFH v. 17.1.2002 – V R 37/00, BStBl. II 2002, 373.
6 BFH v. 9.3.1978 – V R 90/74, BStBl. II 1978, 486.
7 EuGH v. 17.9.2014 – C-7/13, UR 2014, 847.
8 Insoweit zutreffend BFH v. 22.4.2010 – V R 9/09, BStBl. II 2011, 597 – Rz. 20; BFH v. 7.7.2011 – V R 53/10, BStBl. II 2013, 218 = UR 2011, 943 – Rz. 17; BFH v. 8.8.2013 – V R 18/13, UR 2013, 785 – Rz. 23 m.w.N.

derart unterordnet ist, dass sie **keinen eigenen Willen** hat[1], d.h. wirtschaftlich gesehen als dessen Betriebsabteilung fungiert.

285 Aus dem Umstand, dass Art. 11 MwStSystRL keine „Eingliederung" und auch keine „Unterordnung" erwähnt, folgt nichts Gegenteiliges, da diese Vorschrift eine enge Verbundenheit aufgrund „gegenseitiger finanzieller Beziehungen" verlangt, die nur in einer Kapitalmehrheit zum Ausdruck kommen kann. Demgemäß geht auch der **EuGH** zu Recht von „**untergeordneten Personen**"[2] aus, da der Vereinfachungszweck der Gruppenbesteuerung einen beherrschenden Gesellschafter erfordert, der Zurechnungsadressat der die Gruppe betreffenden Rechte und Pflichten ist und von der Finanzbehörde belangt werden kann (vgl. *Rz. 261*). Der **EuGH** spricht zuweilen von einer „**Verschmelzung**" zu einem Steuerpflichtigen.[3] Dieser Begriff ist **missverständlich**, weil bei einer Verschmelzung Gesamtrechtsnachfolge einträte, die indes nicht in Betracht kommt. In den anderen Sprachfassungen wird demgemäß zu Recht kein der Verschmelzung entsprechender Begriff verwendet (*Rz. 262*). Der **BFH** hat gleichwohl den Begriff der Verschmelzung vom EuGH zur Beschreibung der Organschaftswirkungen übernommen (*Rz. 303*).

286 Die Voraussetzungen der umsatzsteuerrechtlichen Organschaft decken sich nicht mit denen der körperschaftsteuerrechtlichen und gewerbesteuerrechtlichen Organschaft. Insbesondere ist, anders als nach § 14 Satz 1 bzw. § 17 KStG für die körperschaftsteuerrechtliche und nach § 2 Abs. 2 Satz 2 GewStG für die gewerbesteuerrechtliche Organschaft, für die umsatzsteuerrechtliche Organschaft **kein Gewinnabführungsvertrag erforderlich**.

287 Ob die Eingliederungskriterien erfüllt sind, bestimmt sich „nach dem **Gesamtbild der tatsächlichen Verhältnisse**" (§ 2 Abs. 2 Nr. 2 Satz 1 UStG). Daraus soll nach der Rechtsprechung folgen, dass nicht alle Eingliederungsmerkmale gleichermaßen ausgeprägt sein müssen. Trete auf einem der drei Gebiete die Eingliederung weniger stark in Erscheinung bzw. sei sie nicht vollkommen, so könne gleichwohl Organschaft vorliegen, wenn sich die Eingliederung deutlich auf den beiden anderen Gebieten zeige.[4] Es reiche jedoch nicht aus, dass die Eingliederung nur in Beziehung auf zwei der genannten Merkmale bestehe.[5]

288 Hierbei handelt es sich um Leerformeln. **Unverzichtbares Merkmal** ist auf jeden Fall die **finanzielle Eingliederung**. Diese liegt entweder vor oder nicht, so dass es keine unvollkommene finanzielle Eingliederung geben kann. Der Mangel der fi-

---

1 So noch § 2 Abs. 2 Nr. 2 UStG 1934/1951.
2 EuGH v. 22.5.2008 – C-162/07, EuGHE 2008, I-4019 = UR 2008, 534 – Rz. 19.
3 EuGH v. 22.5.2008 – C-162/07, EuGHE 2008, I-4019 = UR 2008, 534 – Rz. 19; ebenso EuGH v. 17.9.2014 – C-7/13, UR 2014, 847 – Rz. 29.
4 BFH v. 20.2.1992 – V R 80/95, BFH/NV 1993, 133; BFH v. 16.8.2001 – V R 34/01, BFH/NV 2002, 223 (225); BFH v. 3.4.2003 – V R 63/01, BStBl. II 2004, 434; BFH v. 1.4.2004 – V R 24/03, BStBl. II 2004, 905; BFH v. 19.5.2005 – V R 31/03, BStBl. II 2005, 671; BFH v. 5.12.2007 – V R 26/06, BStBl. II 2008, 451; BFH v. 10.6.2010 – V R 62/09, UR 2010, 907.
5 BFH v. 18.12.1996 – XI R 25/94, BStBl. II 1997, 441; BFH v. 19.5.2005 – V R 31/03, BStBl. II 2005, 671 (674); BFH v. 5.12.2007 – V R 26/06, BStBl. II 2008, 451; BFH v. 3.4.2008 – V R 76/05, BStBl. II 2008, 905.

nanziellen Beherrschung kann nicht durch die Vollkommenheit der wirtschaftlichen und organisatorischen Eingliederung ausgeglichen werden. Die Gesamtbildbetrachtung kann sich insoweit nur auf die Möglichkeit einer mittelbaren finanziellen Eingliederung (*Rz. 290 f.*) beziehen. Bei einer unmittelbaren finanziellen Eingliederung ist die wirtschaftliche Eingliederung stets gegeben (*Rz. 295*). Die organisatorische Eingliederung wird richtigerweise auf Grund der finanziellen Beherrschung vermutet (*Rz. 299*).[1] Diese Erkenntnisse liegen offensichtlich auch der Neufassung des § 14 KStG zugrunde, der für die körperschaftsteuerrechtliche Organschaft nur noch das Vorliegen einer finanziellen Eingliederung der Kapitalgesellschaft verlangt, d.h. gegenüber den alten Fassungen auf die wirtschaftliche und organisatorische Eingliederung verzichtet.

## 2. Finanzielle Eingliederung

Eine finanzielle Eingliederung verlangt nicht, dass dem beherrschenden Gesellschafter sämtliche Anteile an der beherrschten Gesellschaft gehören. Erforderlich ist lediglich die **entscheidende kapitalmäßige Beteiligung**, die es nach Satzung oder Gesellschaftsvertrag ermöglicht, im Rahmen der Willensbildung der Gesellschaft durch Mehrheitsbeschlüsse den eigenen Willen durchzusetzen.[2] Entsprechen die Beteiligungsverhältnisse nicht den Stimmrechtsverhältnissen, so kommt es auf die – ggf. von der Satzung geforderte qualifizierte – **Mehrheit der Stimmrechte** an[3] (so ausdrücklich § 14 Abs. 1 Satz 1 Nr. 1 KStG). Die Beteiligungen **Minderjähriger** sind einem Elternteil auch dann nicht zuzurechnen, wenn dieser alleiniger gesetzlicher Vertreter ist, da er das Vermögen des Kindes in dessen wohlverstandenem Interesse, welches nicht stets dem eigenem entsprechen muss, zu verwalten hat. Durch einen **Beherrschungs-** und/oder **Gewinnabführungsvertrag** tritt keine finanzielle Eingliederung ein.[4]

289

Da auf das Gesamtbild der Verhältnisse abzustellen ist (*Rz. 287*), kann die finanzielle Eingliederung einer Gesellschaft auch durch eine **mittelbare Beteiligung über Tochtergesellschaften** (auch in Kombination aus unmittelbarer und mittelbarer Beteiligung) gegeben sein. Die **zwischengeschaltete Gesellschaft** muss **nicht unternehmerisch** tätig sein[5] (dazu auch *Rz. 280*). Sie wird dann jedoch nicht Bestandteil des Organkreises.[6]

290

---

1 Nach neuerer Auffassung des BFH kommt es „insbesondere" auf die finanzielle und die organisatorische Eingliederung an; BFH v. 8.8.2013 – V R 18/13, UR 2013, 785 – Rz. 23.
2 BFH v. 6.5.2010 – V R 26/09, BStBl. II 2010, 1114 – Rz. 26; BFH v. 1.12.2010 – XI R 43/08, BStBl. II 2011, 600 – Rz. 28; BFH v. 7.7.2011 – V R 53/10, BStBl. II 2013, 218 = UR 2011, 943 – Rz. 19; BFH v. 8.8.2013 – V R 18/13, UR 2013, 785 – Rz. 24. Abschn. 2.8 Abs. 5 Satz 1 UStAE.
3 BFH v. 20.1.1999 – XI R 69/97, BFH/NV 1999, 1136; BFH v. 22.11.2001 – V R 50/00, BStBl. II 2002, 167; BFH v. 19.5.2005 – V R 31/03, BStBl. II 2005, 671 (674); BFH v. 22.4.2010 – V R 9/09, BStBl. II 2011, 597 = UR 2010, 579 = Rz. 12; Abschn. 2.8 Abs. 5 Satz 2 UStAE.
4 BFH v. 1.12.2010 – XI R 43/08, BStBl. II 2011, 600 – Rz. 32.
5 Abschn. 2.8 Abs. 5 Satz 4 UStAE.
6 Abschn. 2.8 Abs. 5 Satz 5, Abs. 10a Satz 6 UStAE.

**Beispiel**[1]

Die H-GmbH ist an der A-AG und an der B-AG jeweils mehrheitlich beteiligt. Die A-AG hält 30 %, die B-AG hält 25 % der Anteile der C-GmbH. Die C-GmbH ist der H-GmbH mittelbar finanziell eingegliedert, da diese über die jeweils von ihr beherrschten Gesellschaften A-AG und B-AG über 55 % der Stimmanteile bei der C-GmbH verfügt.

291 **Als zwischengeschaltete Gesellschaft** kommt auch eine **kapitalistisch strukturierte Personengesellschaft** – unabhängig von der Frage, ob eine solche Organgesellschaft sein kann (*Rz. 281*) – in Betracht.

292 Eine finanzielle Eingliederung durch eine **mittelbare Beteiligung über einen oder mehrere Gesellschafter** des potenziellen Organträgers soll nach Auffassung des BFH nicht möglich sein, weil ein übereinstimmendes Abstimmungsverhalten in beiden Gesellschaften nicht möglich sei[2] (zur GmbH & Co. KG s. *Rz. 301*).

### 3. Wirtschaftliche Eingliederung

293 Eine wirtschaftliche Eingliederung kann schon dann vorliegen, wenn zwischen dem Organträger und der Organgesellschaft ein wirtschaftlicher Zusammenhang besteht. Ihre Tätigkeiten müssen sich lt. Rechtsprechung fördern und ergänzen, d.h. **in das wirtschaftliche Gesamtkonzept des Organträgers eingegliedert** sein[3], was auch der Fall sei, wenn die Tätigkeit des Organträgers diejenige der Organgesellschaft fördere[4], selbst wenn sie sich auf Umsätze gegenüber dieser beschränke (*Beispiel*: Vermietung des Betriebsgrundstücks).[5] Die Organgesellschaft braucht nicht unmittelbar für den Organträger tätig zu sein[6] und kann auch in einem anderen Wirtschaftszweig agieren.[7] Letzteres entspricht dem Vereinfachungszweck der Norm (*Rz. 257, 260*). Damit nicht zu vereinbaren ist die **neuerdings** vom **BFH**[8] geforderte „**Verflechtung**".

294 Eine wirtschaftliche Eingliederung kann schon dann gegeben sein, wenn sich die beherrschte Gesellschaft noch im **Stadium** der **Vorbereitungshandlungen** befindet.[9]

---

1 Zu weiteren Beispielen s. *Stadie* in R/D, § 2 UStG Anm. 867 f.
2 Vgl. BFH v. 22.4.2010 – V R 9/09, BStBl. II 2011, 597 = UR 2010, 579; BFH v. 1.9.2010 – XI S 6/10, UR 2010, 905; BFH v. 10.6.2010 – V R 62/09, UR 2010, 907; BFH v. 6.5.2010 – V R 24/09, BFH/NV 2011, 76; BFH v. 1.12.2010 – XI R 43/08, BStBl. II 2011, 600.
3 Vgl. BFH v. 17.1.2002 – V R 37/00, BStBl. II 2002, 373; BFH v. 3.4.2003 – V R 63/01, BStBl. II 2004, 434; BFH v. 29.10.2008 – XI R 74/07, BStBl. II 2009, 256; BFH v. 18.6.2009 – V R 4/08, BStBl. II 2010, 310; BFH v. 20.8.2009 – V R 30/06, BStBl. II 2010, 863.
4 BFH v. 3.4.2003 – V R 63/01, BStBl. II 2004, 434; BFH v. 20.8.2009 – V R 30/06, BStBl. II 2010, 863.
5 BFH v. 6.5.2010 – V R 26/09, BStBl. II 2010, 1114 – Rz. 28 f.
6 BFH v. 9.9.1993 – V R 124/89, BStBl. II 1994, 129; BFH v. 20.8.2009 – V R 30/06, BStBl. II 2010, 863.
7 BFH v. 9.9.1993 – V R 124/89, BStBl. II 1994, 129; BFH v. 3.4.2003 – V R 63/01, BStBl. II 2004, 434.
8 BFH v. 20.8.2009 – V R 30/06, BStBl. II 2010, 863 = UR 2009, 800 – Leitsatz und 2c aa; BFH v. 6.5.2010 – V R 26/09, BStBl. II 2010, 1114 – Rz. 28; BFH v. 7.7.2011 – V R 53/10, BStBl. II 2013, 218 = UR 2011, 943 – Rz. 21.
9 BFH v. 17.1.2002 – V R 37/00, BStBl. II 2002, 373.

Keine wirtschaftliche Eingliederung soll nach Auffassung des BFH bestehen, wenn den entgeltlichen Leistungen des beherrschenden Gesellschafters für die unternehmerische Tätigkeit der Gesellschaft nur **unwesentliche Bedeutung** zukomme.[1] Der Sinn dieser Einschränkung erschließt sich nicht.[2] **Richtigerweise folgt**, auch wegen des Vereinfachungszwecks der Vorschrift (*Rz. 257, 260*), **aus der finanziellen** Eingliederung die **wirtschaftliche** (und regelmäßig auch die organisatorische, *Rz. 299*) **Eingliederung**[3], so dass das **Merkmal** der wirtschaftlichen Eingliederung letztlich **überflüssig** ist. Die beherrschte Gesellschaft dient per se dem wirtschaftlichen Gesamtkonzept des herrschenden Gesellschafters, da er die wirtschaftliche Ausrichtung der Gesellschaft bestimmt. Deshalb ist richtigerweise auch bei einem **beherrschenden Gesellschafter ohne eigene unmittelbare unternehmerische Tätigkeit**, insbesondere bei der sog. **Holding** (*Rz. 70 ff.*), die wirtschaftliche Eingliederung der beherrschten Gesellschaft in sein entgegen der Rechtsprechung anzunehmendes mittelbares Unternehmen (*Rz. 280*) zu bejahen.

295

Im Falle einer sog. **Betriebsaufspaltung**, bei der der eine Kapitalgesellschaft beherrschende Gesellschafter (nicht ausreichend ist nach neuerer Rechtsprechung grundsätzlich die Beherrschung durch mehrere als Personengesellschaft verbundene Gesellschafter, s. *Rz. 292*[4]) dieser eine wesentliche Betriebsgrundlage, zumeist das Betriebsgrundstück, entgeltlich zur Nutzung überlässt und dadurch die Unternehmereigenschaft erlangt (*Rz. 115 ff.*), ist eine wirtschaftliche Eingliederung zu bejahen.[5] Die wirtschaftliche Eingliederung ist bereits deshalb gegeben, weil die Tätigkeit der sog. Betriebsgesellschaft zum wirtschaftlichen Konzept des beherrschenden Gesellschafters gehört, wie das Schlagwort der „Betriebsaufspaltung" plastisch beschreibt. Letztlich folgt jedoch auch hier die wirtschaftliche Eingliederung schon aus der finanziellen Eingliederung (*Rz. 295*).

296

Verneinte man richtigerweise das Eingreifen der Organschaftsregelung wegen des fehlenden Antrags (*Rz. 276*), so träfe den beherrschenden Gesellschafter statt der Schuldnerschaft die **Haftung** nach **§ 74 AO** wegen der Überlassung der wesentlichen Betriebsgrundlage (*Rz. 259 a.E.*).

---

[1] BFH v. 18.6.2009 – V R 4/08, BStBl. II 2010, 310 – 3a bb der Gründe; BFH v. 20.8.2009 – V R 30/06, BStBl. II 2010, 863 – 2c aa der Gründe; BFH v. 6.5.2010 – V R 26/09, BStBl. II 2010, 1114 – Rz. 28 f.; BFH v. 7.7.2011 – V R 53/10, BStBl. II 2013, 218 = UR 2011, 943 – Rz. 21; vgl. auch BFH v. 29.10.2008 – XI R 74/07, BStBl. II 2009, 256 – 1b cc der Gründe: „mehr als nur unerhebliche Beziehungen"; Abschn. 2.8 Abs. 6 Satz 3 UStAE.
[2] Dazu *Stadie* in R/D, § 2 UStG Anm. 882.
[3] **A.A.** BFH v. 20.9.2006 – V R 78/03, UR 2007, 302; BFH v. 5.12.2007 – V R 26/06, BStBl. II 2008, 451; BFH v. 3.4.2008 – V R 76/05, BStBl. II 2008, 905; Abschn. 2.8 Abs. 1 Satz 4 UStAE.
[4] Vgl. BFH v. 22.4.2010 – V R 9/09, BStBl. II 2011, 597 = UR 2010, 579; BFH v. 1.9.2010 – XI S 6/10, UR 2010, 905; BFH v. 10.6.2010 – V R 62/09, UR 2010, 907; BFH v. 6.5.2010 – V R 24/09, BFH/NV 2011, 76.
[5] BFH v. 3.4.2003 – V R 63/01, BStBl. II 2004, 434; BFH v. 29.1.2009 – V R 67/07, BStBl. II 2009, 1029; BFH v. 22.10.2009 – V R 14/08, UR 2010, 268 – Rz. 38.

### 4. Organisatorische Eingliederung

297 Die organisatorische Eingliederung liegt nach der Rechtsprechung vor, wenn **sichergestellt** ist, **dass** in der beherrschten Gesellschaft nicht nur eine abweichende Willensbildung nicht möglich ist[1], sondern der **Wille** des beherrschenden Gesellschafters in der laufenden Geschäftsführung auch tatsächlich **durchgesetzt** werden kann.[2]

298 Eine organisatorische Eingliederung ist stets bei Vorliegen eines **Beherrschungsvertrages** (§ 291 AktG) oder bei Eingliederung einer Aktiengesellschaft i.S.d. § 319 AktG gegeben, da die beherrschende bzw. die Hauptgesellschaft berechtigt ist, dem Vorstand der beherrschten bzw. eingegliederten Gesellschaft Weisungen zu erteilen (§ 308 bzw. § 323 AktG). Eine organisatorische Eingliederung ist ferner jedenfalls bei **Personalunion** der **Geschäftsführer**[3] oder bei **Einsetzung** von **Mitarbeitern**[4] des Organträgers als Geschäftsführer der Organgesellschaft gegeben. Sind für eine Organ-GmbH **mehrere einzelvertretungsberechtigte Geschäftsführer** bestellt, so soll es nach Auffassung des BFH „ausreichen", dass zumindest einer von ihnen auch Geschäftsführer der Organträger-GmbH sei, der Organträger über ein umfassendes Weisungsrecht gegenüber der Geschäftsführung der Organ-GmbH verfüge und zur Bestellung und Abberufung aller Geschäftsführer der Organ-GmbH berechtigt sei.[5]

299 Maßgebend ist jedoch das Gesamtbild der „tatsächlichen" Verhältnisse (*Rz. 287*), so dass die **faktische Beherrschung** der Gesellschaft ausreicht. Die aktienrechtliche **Vermutung**, dass eine Gesellschaft von einem Mehrheitsgesellschafter abhängig ist und deshalb von diesem beherrscht wird (§ 17 Abs. 2 AktG), ist **entgegen** der Auffassung des **BFH**[6] auch für die steuerrechtliche Wertung heranzuziehen.[7] Die Annahme einer faktischen Beherrschung setzt deshalb nicht notwendigerweise formelle Gesellschafterbeschlüsse, schriftliche Richtlinien o.Ä. voraus. Aus der finanziellen Beherrschung folgt deshalb regelmäßig zugleich die

---

1 So bislang BFH v. 5.12.2007 – V R 26/06, BStBl. II 2008, 451 = UR 2008, 259; BFH v. 3.4.2008 – V R 76/05, BStBl. II 2008, 905 m.w.N.; vgl. auch Abschn. 2.8 Abs. 7 Satz 2 UStAE.
2 BFH v. 8.8.2013 – V R 18/13, UR 2013, 785 – Rz. 27 ff.
3 BFH v. 19.10.1995 – V R 71/93, UR 1996, 265; BFH v. 17.1.2002 – V R 37/00, BStBl. II 2002, 373; BFH v. 3.4.2008 – V R 76/05, UR 2008, 905.
4 Nach Auffassung des BFH muss es sich um „leitende" Mitarbeiter handeln, vgl. BFH v. 20.8.2009 – V R 30/06, BStBl. II 2010, 863 – 2b der Gründe; BFH v. 28.10.2010 – V R 7/10, BStBl. II 2011, 391 – Rz. 23; BFH v. 7.7.2011 – V R 53/10, BStBl. II 2013, 218 = UR 2011, 943 – Rz. 26. Das ist nicht nachvollziehbar, da es allein darauf ankommt, *dass* der Wille des beherrschenden Gesellschafters durchgesetzt wird, so dass es ausreicht, wenn ein beliebiger Mitarbeiter des beherrschenden Gesellschafters als Geschäftsführer eingesetzt wird; dazu näher *Stadie* in R/D, § 2 UStG Anm. 894; vgl. auch Abschn. 2.8 Abs. 9 UStAE; *Dodenhoff*, UR 2014, 337.
5 BFH v. 7.7.2011 – V R 53/10, BStBl. II 2013, 218 = UR 2011, 943 – Rz. 24; BFH v. 8.8.2013 – V R 18/13, UR 2013, 785 – Rz. 26.
6 BFH v. 5.12.2007 – V R 26/06, BStBl. II 2008, 451; BFH v. 3.4.2008 – V R 76/05, BStBl. II 2008, 905; ebenso Abschn. 2.8 Abs. 7 Satz 5 UStAE.
7 Vgl. *Crezelius* in Forster/Grunewald/Lutter/Semler (Hrsg.), Aktien- und Bilanzrecht, Festschrift für Bruno Kropff, Düsseldorf 1997, S. 37 ff.; FG Berlin v. 13.5.1998 – 6 K 6294/93, EFG 1999, 93; *Stadie* in R/D, § 2 UStG Anm. 896; *Binnewies*, GmbHR 2008, 333.

organisatorische Beherrschung.[1] Eine Vermutung ist widerlegbar.[2] Die organisatorische Eingliederung entfällt z.B. bereits mit Bestellung eines vorläufigen Insolvenzverwalters für die finanziell beherrschte Gesellschaft (Rz. 326).

### 5. Typische GmbH & Co. KG

Fraglich ist, ob bei einer *typischen* **GmbH & Co. KG** zwischen KG und der Komplementär-GmbH ein Eingliederungsverhältnis besteht, wenn die – verfehlte – Auffassung des BFH zugrunde gelegt wird, wonach die Geschäftsführung die GmbH zur Unternehmerin mache (Rz. 160). Die Frage ist von praktischer Relevanz, wenn die KG nicht oder nicht zum vollen Vorsteuerabzug berechtigt ist, weil dann bei Bejahung eines Organschaftsverhältnisses die vom BFH angenommenen Geschäftsführungsleistungen nichtsteuerbare Innenleistungen (Rz. 308 f.) wären. Die Eingliederung der GmbH in die KG scheint auf den ersten Blick nicht vorzuliegen, weil die GmbH als Komplementärin, die kraft Gesetzes selbständig die Geschäfte der KG zu führen hat (§ 161 Abs. 2 i.V.m. § 114 HGB), nicht dem Willen der KG unterworfen sein kann, da gerade sie diesen Willen bildet[3], so dass die GmbH nicht organisatorisch eingegliedert wäre.[4] Das wäre jedoch eine rein formale, zivilrechtliche Sichtweise. Bei einer **Gesamtbildbetrachtung** (Rz. 287) ist die organisatorische Eingliederung anzunehmen, da allein durch die Konstruktion der *typischen* GmbH & Co. KG stets und zwingend „organisatorisch" sichergestellt ist, dass in der GmbH der Wille der KG ausgeführt wird[5], denn die Kommanditisten sind die Gesellschafter der GmbH und stellen deren Geschäftsführer, so dass sie letztlich in der GmbH ihren eigenen Willen bilden. Die wirtschaftliche Eingliederung ergibt sich aus dem beschriebenen Zweck der GmbH und folgt zudem auch aus der 100 %igen finanziellen Eingliederung (Rz. 295), die **mittelbar** über die Kommanditisten, d.h. die Gesellschafter des Organträgers besteht.

300

Die gegenteilige Auffassung des **BFH**, dass eine mittelbare finanzielle Beherrschung über die Gesellschafter nicht in Betracht komme, weil ein übereinstimmendes Abstimmungsverhalten in beiden Gesellschaften nicht gewährleistet sei (Rz. 292), ist bei einer typischen GmbH & Co. KG nicht angebracht, weil deren Wesensmerkmal die Gesellschafter- und Beteiligungsidentität ist und das Konstrukt nur bei übereinstimmendem Abstimmungsverhalten in beiden Gesellschaften funktioniert. Demgegenüber soll nach Auffassung der **Finanzverwaltung** eine Organschaft nur bei einer sog. **Einheits-GmbH & Co. KG** anzunehmen sein, wenn nämlich die KG Alleingesellschafterin der GmbH sei, weil nur dann sichergestellt sei, dass ihr Wille auch in der GmbH durchgesetzt werde.[6] **Richtigerweise** stellen sich diese Fragen jedoch gar nicht, weil die **Geschäftsführung** der GmbH für die KG **keine unternehmerische Tätigkeit** darstellt (Rz. 160). Anderenfalls ist die Differenzierung seitens der Finanzverwaltung ein Verstoß gegen das Gebot der **Rechtsformneutralität**.

301

---

1 A.A. BFH v. 3.4.2008 – V R 76/05, BStBl. II 2008, 905.
2 Dazu näher Stadie in R/D, § 2 UStG Anm. 897.
3 Vgl. BFH v. 14.12.1978 – V R 85/74, BStBl. II 1979, 288.
4 So weiterhin BFH v. 19.9.2011 – XI B 85/10, BFH/NV 2012, 283.
5 Vgl. *Zugmaier*, INF 2003, 309 (312); *Birkenfeld* in B/W, § 44 Rz. 461 f.
6 Abschn. 2.8 Abs. 2 Satz 5 UStAE.

## V. Rechtsfolgen

### 1. Organgesellschaft als Unternehmensteil des Organträgers

302 Die Organgesellschaft ist grundsätzlich als **Teil des Unternehmens** (§ 2 Abs. 1 Satz 2 UStG) **des Organträgers** anzusehen, wie wenn sie nur einer seiner Betriebe (Tätigkeitsbereiche) wäre (*Rz. 254 i.V.m. Rz. 186*), mit der Folge, dass ihre Umsätze und Leistungsbezüge grundsätzlich dem Organträger zuzurechnen sind (*Rz. 310 f., 315 ff.*). Das gilt jedoch nur für die im Inland gelegenen Teile der Organgesellschaft (§ 2 Abs. 2 Nr. 2 Sätze 2 und 3 UStG, *Rz. 336*). Das sog. Organschaftsverhältnis besteht nur im **Innenverhältnis** zwischen den Beteiligten und hat deshalb keinerlei Außenwirkung; **gegenüber Dritten** ist die **Organgesellschaft** auch umsatzsteuerrechtlich als **Unternehmer** anzusehen (*Rz. 305*).

303 Die Organschaft führt auch **nicht** annäherungsweise zu einer **Verschmelzung** der Beteiligten, weil bei einer Verschmelzung die bisherigen Rechtsträger untergehen und auf den neuen Rechtsträger im Wege der Gesamtrechtsnachfolge alle Rechte und Pflichten übergehen, während bei einer Organschaft die beteiligten Rechtsträger fortbestehen. Der BFH hat gleichwohl den Begriff der „Verschmelzung" aus einer insoweit fehlerhaften Übersetzung einer EuGH-Entscheidung (*Rz. 262*) zur Beschreibung der Organschaftswirkungen übernommen.[1] Es bleibt zu hoffen, dass der BFH aus diesem Begriff keine falschen Schlussfolgerungen zieht.

304 Die umsatzsteuerrechtliche Eingliederung beschränkt sich entgegen dem Wortlaut des § 2 Abs. 2 Nr. 2 Satz 1 UStG, wonach stets die gesamte juristische Person eingegliedert wäre, nur auf den **unternehmerischen Tätigkeitsbereich der Organgesellschaft**.[2] Auch das folgt aus § 2 Abs. 2 Nr. 2 Sätze 2 und 3 UStG, wonach sich die Wirkungen auf die im Inland gelegenen *Unternehmensteile* beschränken. Es kann nicht angenommen werden, dass diese Regelung nur dann gelten soll, wenn zum Organkreis auch ein im Ausland gelegener Unternehmensteil gehört. Folglich sind Umsätze – einschließlich der unentgeltlichen Wertabgaben als fiktiv entgeltliche Umsätze i.S.d. § 3 Abs. 1b oder Abs. 9a UStG – des Organträgers für den nichtunternehmerischen Bereich der Organgesellschaft keine nichtsteuerbaren Innenleistungen.[3]

### 2. Beschränkung auf das Innenverhältnis

305 Die **zivilrechtliche Selbständigkeit** der umsatzsteuerrechtlich eingegliederten juristischen Person bleibt **unberührt**, so dass die zivilrechtlichen Beziehungen zwischen den Beteiligten des Organkreises und erst recht die der Organgesellschaft zu Dritten keine Veränderungen erfahren. Lediglich für *umsatzsteuer-*

---

1 BFH v. 7.7.2011 – V R 53/10, BStBl. II 2013, 218 = UR 2011, 943 – Rz. 17; BFH v. 14.3.2012 – XI R 28/29, BFH/NV 2012, 1493 – Rz. 27; BFH v. 8.8.2013 – V R 18/13, UR 2013, 785 – Rz. 22; BFH v. 11.12.2013 – XI R 17/11, BStBl. II 2014, 417 = UR 2014, 313 – Rz. 50, EuGH-Vorlage, Az. C-108/14; BFH v. 11.12.2013 – XI R 38/12, BStBl. II 2014, 428 = UR 2014, 323 – Rz. 55, EuGH-Vorlage, Az. C-109/14; BFH v. 19.3.2014 – V B 14/14, BFH/NV 2014, 999 – Rz. 18.
2 Abschn. 2.8 Abs. 1 Satz 5 UStAE.
3 *Stadie* in R/D, § 2 UStG Anm. 932 f. m. Beispiel.

*rechtliche* Zwecke wird die Eigenständigkeit der juristischen Person im Verhältnis zum Organträger, und nur zu diesem, beiseite geschoben. Die Organschaft wirkt entgegen neuerer Ansicht des BFH[1] (s. auch *Rz. 312 ff.*) nur im Innenverhältnis, d.h. nur zwischen den Beteiligten des Organkreises und betrifft nur das Umsatzsteuerrechtsverhältnis zum Steuergläubiger (vertreten durch das Finanzamt). Die Organschaft hat **keinerlei Außenwirkung**, da Dritte nicht erkennen können, ob eine Gesellschaft von einem anderen beherrscht wird und ob auch die übrigen Voraussetzungen einer Organschaft vorliegen.

**Im Verhältnis zu Dritten** ist eine **Organgesellschaft** auch umsatzsteuerrechtlich „ganz normal" als **Unternehmer** anzusehen.[2] Folglich ist sie der Leistende und Unternehmer i.S.d. § 15 Abs. 1 Satz 1 Nr. 1 UStG und gem. § 14 Abs. 2 UStG verpflichtet, **Rechnungen** auszustellen, in der sie als **leistender Unternehmer** (§ 14 Abs. 4 Satz 1 Nr. 1 UStG) anzugeben ist (*§ 14 Rz. 39, 76*). Bezieht eine Organgesellschaft Leistungen, so ist sie der **Leistungsempfänger** und mithin in der Rechnung zu benennen (§ 14 Abs. 4 Satz 1 Nr. 1 UStG), welche den Organträger zum Vorsteuerabzug berechtigen kann (*§ 15 Rz. 74*). 306

Die Organschaft verändert **nur** die **personelle Zurechnung** der (gegenüber Dritten erbrachten) Umsätze der Organgesellschaften hinsichtlich der Steuerschuldnerschaft (*Rz. 310*), nicht aber deren Qualifizierung. Folglich hat die Organschaft entgegen der Auffassung des XI. Senats insbesondere **keine Auswirkungen auf die Steuerbefreiungen**, weder hinsichtlich der Umsätze der Organgesellschaften noch der des Organträgers (*Rz. 312 ff.*). 307

### 3. Nichtsteuerbarkeit der Innenleistungen

Entgeltliche **Leistungen zwischen den Beteiligten** des Organkreises (auch zwischen Organgesellschaften) führen grundsätzlich nicht zu steuerbaren Umsätzen i.S.d. § 1 Abs. 1 Nr. 1 UStG, da sie innerhalb des Unternehmens (*Rz. 302*) erfolgen, so dass aus umsatzsteuerrechtlicher Sicht der Leistungsempfänger fehlt. Ebensowenig wird bei unentgeltlichen **Wertabgaben** zwischen den Beteiligten der Tatbestand des § 3 Abs. 1b oder Abs. 9a UStG verwirklicht, da keine Zwecke außerhalb des Unternehmens vorliegen. Diese Leistungen zwischen den Beteiligten werden vom Gesetz als „**Innenleistungen**" bezeichnet (§ 2 Abs. 2 Nr. 2 Satz 2 UStG). Sie sind umsatzsteuerrechtlich insoweit genauso unbeachtlich (nicht steuerbar) wie Vorgänge innerhalb eines Einzelunternehmens (auf Abrechnungen mit Umsatzsteuerausweis über solche Innenleistungen ist folglich § 14c UStG nicht anzuwenden, *§ 14c Rz. 11*). 308

---

1 BFH v. 29.10.2008 – XI R 74/07, BStBl. II 2009, 256 – 2d der Gründe; BFH v. 6.5.2010 – V R 26/09, BStBl. II 2010, 1114 – Rz. 31.
2 Schlicht abwegig ist deshalb die Aussage des V. Senats des BFH, dass es sich bei der Firma der Organgesellschaft um eine „zusätzliche Firmenbezeichnung des Organträgers" handele; BFH v. 28.10.2010 – V R 7/10, BStBl. II 2011, 391 – Rz. 19; vgl. auch *Reiß* in R/K/L, § 2 UStG Rz. 101.5 a.E. Die Firma eines Kaufmanns, hier der Gesellschaft, ist sein bzw. ihr Name im Geschäftsverkehr (§ 17 HGB) und nicht etwa bei einer Gesellschaft eine zusätzliche „Firmenbezeichnung" des beherrschenden Gesellschafters!

309 Aus dem Grundsatz der Unternehmenseinheit (*Rz. 302*) folgt, dass Innenleistungen auch dann anzunehmen sind, wenn eine **Organgesellschaft gegenüber** dem **Organträger** Leistungen erbringt, die **für** dessen **außerunternehmerische Zwecke** erfolgen.[1] Allerdings darf bei diesen Leistungen einer Organgesellschaft die Annahme von Innenleistungen nicht dazu führen, dass unversteuerter Letztverbrauch eintritt. Folglich sind diese Leistungen als solche, die für Zwecke erfolgen, welche außerhalb des Unternehmens liegen, d.h. als (dem Organträger zuzurechnende) **Entnahmen** i.S.d. § 3 Abs. 1b oder Abs. 9a UStG zu behandeln.

### 4. Zurechnung der Umsätze

310 Die Aussage des § 2 Abs. 2 Nr. 2 Satz 2 UStG, dass die Wirkungen der Organschaft auf Innenleistungen „beschränkt" seien, ist verfehlt. Es kann nicht Wille des Gesetzes sein, dass Rechtsfolgen nur hinsichtlich der Leistungen zwischen den Beteiligten eintreten sollen. Aus dem Umstand, dass die Tätigkeiten der Organgesellschaften grundsätzlich zum Unternehmen des Organträgers zählen (*Rz. 302*), folgt, dass auch die während des Bestehens der Organschaft ausgeführten **Umsätze** der Organgesellschaften gegenüber Dritten sowie die unentgeltlichen Leistungen i.S.d. § 3 Abs. 1b und 9a UStG und die übrigen „Umsätze" nach § 1 Abs. 1 Nr. 4 und 5 UStG dem **Organträger zugerechnet** werden.[2] Der Organträger wird – unbeschadet eines etwaigen **zivilrechtlichen Ausgleichsanspruchs**[3] – **Schuldner** der darauf entfallenden (einschließlich der nach § 14c UStG geschuldeten, *§ 14c Rz. 19*) Umsatzsteuer[4], sofern nicht der Leistungsempfänger die Steuer nach § 13b UStG schuldet.

311 **Solange** indes das **Wahlrecht** für die sog. Organschaft **nicht anerkannt** wird, darf die Steuerschuldnerschaft des Organträgers jedenfalls bei **teleologischer Reduktion** der Rechtsfolgen des § 2 Abs. 2 Nr. 2 UStG nur insoweit eintreten, als die **Organgesellschaft** dem Organträger die entsprechenden **Steuerbeträge zur Verfügung gestellt hat** (*Rz. 274*).

### 5. Qualifizierung der Umsätze

312 Die **Qualifizierung** der von der Organgesellschaft ausgeführten **Umsätze** gegenüber Dritten als steuerfrei oder steuerpflichtig usw. wird durch die Organschaft nicht berührt, so dass insbesondere die Umsätze des Organträgers und der Organgesellschaft insoweit nicht als Einheit angesehen werden dürfen. Die gegenteilige Auffassung des BFH[5] hat mit dem Vereinfachungszweck, den die Organ-

---

1 BFH v. 20.8.2009 – V R 30/06, BStBl. II 2010, 863 = UR 2009, 800 – 2c ee (3) der Gründe.
2 BFH v. 9.9.1993 – V R 124/89, BStBl. II 1994, 129; BFH v. 21.6.2001 – V R 68/00, BStBl. II 2002, 255 (257); BFH 3.4.2003 – V R 63/01, BStBl. II 2004, 434; BFH v. 19.5.2005 – V R 31/03, BStBl. II 2005, 671; BFH v. 29.10.2008 – XI R 74/07, BStBl. II 2009, 256 (259); BFH v. 14.3.2012 – XI R 28/09, BFH/NV 2012, 1493 – Rz. 24.
3 Dazu BGH v. 22.10.1992 – IX ZR 244/91, BGHZ 120, 50 = MDR 1993, 394; BGH v. 29.1.2013 – II ZR 91/11, GmbHR 2013, 318 – Rz. 12; zust. BFH v. 19.3.2014 – V B 14/14, BFH/NV 2014, 999 – Rz. 20; *Stadie* in R/D, § 2 UStG Anm. 994.
4 Vgl. BFH v. 14.3.2012 – XI R 28/09, BFH/NV 2012, 1493 – Rz. 24.
5 BFH v. 29.10.2008 – XI R 74/07, BStBl. II 2009, 256; BFH v. 6.5.2010 – V R 26/09, BStBl. II 2010, 1114 – Rz. 31.

schaft bzw. Gruppenbesteuerung ausschließlich verfolgen (*Rz. 257, 260*), nichts mehr zu tun.[1]

Die Fiktion eines Unternehmens durch § 2 Abs. 2 Nr. 2 UStG hat folglich insbesondere   313

- richtigerweise nicht zur Folge, dass bei einer **Lieferung** eines **Grundstücks** und anschließender **Bebauung durch verschiedene Beteiligte** des **Organkreises** eine einheitliche, zur Gänze (nach § 4 Nr. 9 Buchst. a UStG) steuerfreie Lieferung eines bebauten Grundstücks vorliegt (*§ 4 Nr. 9 Rz. 10*)[2];
- nicht zur Folge, dass eine **Lieferung** und eine **Dienstleistung** durch verschiedene Beteiligte des Organkreises zu einer Werklieferung zusammengefasst werden.

Darüber hinaus hat die Fiktion auch   314

- keinen Einfluss auf den **Umfang** der „**Einrichtungen**" i.S.d. § 4 Nr. 14 ff. UStG, die von den Beteiligten des Organkreises betrieben werden[3];
- keinen Einfluss auf die Qualifizierung der **Organgesellschaft** (Kapitalgesellschaft) als **Gewerbebetrieb kraft Rechtsform** i.S.d. § 24 Abs. 2 Satz 3 UStG, wenn die Umsätze des **Organträgers** als **Landwirt** (natürliche Person, Personengesellschaft) den Durchschnittsätzen nach § 24 UStG unterliegen;[4]
- keine Bedeutung für die Frage, ob bei einer Veräußerung eines vermieteten Grundstücks eine sog. **Geschäftsveräußerung** im Ganzen nach § 1 Abs. 1a UStG vorliegt[5] (*§ 1 Rz. 135*);
- nicht zur Folge, dass bei **Veräußerung** der **Anteilsmehrheit an** der **Organgesellschaft** eine Geschäftsveräußerung i.S.d. § 1 Abs. 1a UStG anzunehmen ist, wenn der Erwerber ebenfalls ein Organschaftsverhältnis zu dieser Gesellschaft begründen will[6] (s. auch *§ 1 Rz. 132*).

## 6. Zurechnung der Leistungsbezüge und Vorsteuern

Auch die **Leistungsbezüge** der Organgesellschaft sind umsatzsteuerrechtlich dem Organträger zuzurechnen, so dass nicht nur eine etwaige **Steuerschuldnerschaft** des **Leistungsempfängers** (insbesondere in den Fällen des § 13b UStG) auf den Organträger übergeht, sondern auch – unbeschadet eines etwaigen **zivilrechtlichen Ausgleichsanspruchs**[7] der Organgesellschaft – der **Vorsteuerabzug** gem. § 15 UStG grundsätzlich dem Organträger zusteht.[8] Bei Verneinung eines   315

---

1 Ausführliche Kritik bei *Stadie* in R/D, § 2 UStG Anm. 954 ff.
2 A.A. BFH v. 29.10.2008 – XI R 74/07, BStBl. II 2009, 256.
3 Vgl. BFH v. 22.5.2003 – V R 94/01, BStBl. II 2003, 954; OFD Frankfurt a.M. v. 16.2.2010 – S 7170 A - 85 - St 112, UR 2010, 629.
4 OFD Koblenz v. 1.9.1989 – S 7527 A - St 51 1, 51 2, 51 3, UR 1990, 30.
5 A.A. BFH v. 6.5.2010 – V R 26/09, BStBl. II 2010, 1114.
6 A.A. BFH v. 27.1.2011 – V R 38/09, BStBl. II 2012, 68 = UR 2011, 307.
7 Dazu BGH v. 29.1.2013 – II ZR 91/11, GmbHR 2013, 318 = DStR 2013, 478 – Rz. 13 ff.; zust. BFH v. 19.3.2014 – V B 14/14, BFH/NV 2014, 999 – Rz. 20; *Stadie* in R/D, § 2 UStG Anm. 994.
8 BFH v. 19.10.1995 – V R 71/93, UR 1996, 266; BFH v. 17.1.2002 – V R 37/00, BStBl. II 2002, 373 (375); BFH v. 3.4.2003 – V R 63/01, BStBl. II 2004, 434 = UR 2003, 394.

Wahlrechts (*Rz. 269 ff.*) wäre insoweit **zumindest** eine **teleologische Reduktion** der Rechtsfolgen des § 2 Abs. 2 Nr. 2 UStG in der Weise geboten, dass die Vorsteuerüberschüsse der Organgesellschaft verbleiben und nicht dem Organträger zugerechnet werden dürfen.

316 Die Bezeichnung der **Organgesellschaft** in der **Rechnung** als Leistungsempfänger ist allein zutreffend, da nur die Organgesellschaft einen Anspruch auf Erteilung der Rechnung hat und § 14 Abs. 4 Satz 1 Nr. 1 UStG folglich auf den Leistungsempfänger im zivilrechtlichen Sinne abstellt (*§ 14 Rz. 41 und 76*). Die Zurechnung der Leistungsbezüge und die damit verbundene Vorsteuerabzugsberechtigung betrifft grundsätzlich nur die während des Bestehens der Organschaft bezogenen Leistungen (zur Abgrenzung im Einzelnen bei Beginn und Ende des Organschaftsverhältnisses *Rz. 319 ff.*).[1]

317 Die **Abziehbarkeit der Vorsteuern** gem. § 15 Abs. 1a–4 UStG richtet sich nach der **Verwendung** der bezogenen Leistungen (und der anderen Bezüge i.S.d. § 15 Abs. 1 Nr. 2–5 UStG) durch den Unternehmer, d.h. **nach den Außenumsätzen des Organkreises**, in die die bezogenen Leistungen in Form der Weitergabe durch Innenleistungen einfließen oder einfließen sollten[2]; Entsprechendes gilt für die Frage der **Änderung der Verwendungsverhältnisse** i.S.d. § 15a UStG, insbesondere auch bei Beginn oder Beendigung des Organschaftsverhältnisses (*Rz. 323, 335*). Erbringt der Organträger Innenleistungen gegenüber einer Organgesellschaft, so richtet sich die Abziehbarkeit der diesen Innenleistungen zuzurechnenden Vorsteuerbeträge nach den Umsätzen der Organgesellschaft gegenüber Dritten.[3]

318 Erbringt eine sog. **geschäftsleitende Holding** entgeltliche Dienstleistungen gegenüber den beherrschten Gesellschaften, so neigt der XI. Senat des BFH für den Fall der Organschaft zu der Auffassung, dass dann nicht nur die diesen Dienstleistungen zuzurechnenden Vorsteuerbeträge abziehbar seien, sondern dass sich die Abziehbarkeit der gesamten Vorsteuern der Holding als Organträger dann nach den Ausgangsumsätzen der Tochtergesellschaften (Organgesellschaften) richte (*Rz. 77*).

## VI. Beginn der Organschaft

319 Die Rechtsfolgen der Organschaft treten nach dem Wortlaut des § 2 Abs. 2 Nr. 2 UStG zwingend ein, wenn die genannten Eingliederungsmerkmale gegeben sind. Richtigerweise muss jedoch noch ein Antrag hinzukommen (*Rz. 269 ff.*). Voraussetzung für den Beginn der Organschaft ist, anders als nach § 14 Abs. 1 Satz 1 Nr. 1 KStG, nicht, dass die Eingliederungsmerkmale zu Beginn des Kalenderjahres vorgelegen haben. **Bei Verneinung** eines **Wahlrechts** treten die Rechtswirkungen der Organschaft folglich **unabhängig von** der **Kenntnis** der Beteiligten in dem Zeitpunkt ein, in dem die Eingliederungsmerkmale erfüllt sind, so dass

---

1 Zur Haftung der Organgesellschaft nach § 73 Satz 2 AO für Vorsteuerberichtigungsbeträge s. *Stadie* in R/D, § 18 UStG Anh. 1 Anm. 69 ff. – Haftung.
2 BFH v. 12.5.2003 – V B 211/02, 220/02, BStBl. II 2003, 784; BFH v. 29.10.2008 – XI R 74/07, BStBl. II 2009, 256 (259); *Stadie* in R/D, § 2 UStG Anm. 963 ff. m. Beispielen.
3 Vgl. BFH v. 29.10.2008 – XI R 74/07, BStBl. II 2009, 256 (259); BFH v. 13.11.2013 – XI R 2/11, BFH/NV 2014, 467.

die Regeln noch **nachträglich** rückwirkend – was mit dem Vereinfachungszweck der Organschaft (*Rz. 257, 260.*) nicht zu vereinbaren ist – angewendet werden können[1], solange die betreffenden Steuerfestsetzungen noch nicht bestandskräftig sind. Hingegen kommt eine rückwirkende Begründung der Organschaft durch rückdatierte oder rückbezogene Verträge nicht in Betracht.[2]

Durch die Begründung der Organschaft verliert die Organgesellschaft ihre rechtliche Selbständigkeit nicht und bleibt Steuerrechtssubjekt. Umsatzsteuerverbindlichkeiten und -forderungen, die bereits vor Beginn der Organschaft durch vollständige Verwirklichung des Gesetzestatbestandes begründet waren (auf die Zufälligkeiten der rechtstechnischen Entstehung nach § 13 UStG kommt es nicht an), gehen deshalb nicht auf den Organträger über. **Umsätze**, die die spätere Organgesellschaft **vor Beginn des Organschaftsverhältnisses** ausgeführt hatte, sind folglich dieser auch dann noch als eigene zuzurechnen, wenn der Zeitpunkt der Steuerentstehung i.S.d. § 13 UStG erst nach Beginn des Organschaftsverhältnisses liegt. Die spätere Organgesellschaft wird Schuldnerin der Steuer, weil Zurechnungsgegenstand bei der Organschaft die Tätigkeit (Umsatzerbringung) ist. Ebenso steht der späteren Organgesellschaft noch der **Vorsteuerabzug** zu, wenn die **Leistung vor Beginn** des Organschaftsverhältnisses, die Rechnung jedoch erst danach **einging**. Folglich ist die **Organgesellschaft** insoweit **noch** als **Unternehmer** anzusehen. Das gilt auch für Umsätze zwischen den späteren Beteiligten des Organkreises. 320

Für **unfertige Steuerrechtslagen und potenzielle Rückzahlungsverpflichtungen**, bei denen die vollständige Tatbestandsverwirklichung erst nach Beginn des Organschaftsverhältnisses eintritt, ist entgegen der bislang hier vertretenen Auffassung **nicht** die (partielle) Heranziehung des Rechtsnachfolgegedankens geboten. Ebenso wenig ist die sinngemäße Anwendung des § 1 Abs. 1a UStG[3] angebracht. Das folgt aus dem Zweck der Organschaft, welcher lediglich in der Vereinfachung besteht (*Rz. 257, 260*). Da die Organgesellschaft nicht ihre rechtliche Selbständigkeit verliert und Steuerrechtssubjekt bleibt, treten nach den allgemeinen Grundsätzen die **Nachwirkungen** der **ehemaligen Unternehmertätigkeit** in der Person der Organgesellschaft ein und diese bleibt auch insoweit Unternehmer. Es gibt keinen sachlichen Grund, diese Nachwirkungen den Organträger treffen zu lassen, weil das finanzielle Ausgleichsansprüche nach sich zöge und keine Vereinfachung, sondern eine Verkomplizierung bewirken würde. 321

Insbesondere für **Wirtschaftsgüter** (Gegenstände) der Organgesellschaft hat das zur Folge, dass deren umsatzsteuerrechtliche Einbindung, wie sie vor Beginn des Organschaftsverhältnisses bestand, fortwirkt. Mithin bleibt für die Steuerbarkeit bzw. Steuerpflicht einer späteren **Entnahme** oder **Lieferung** die bisherige Verwendung bzw. Vorsteuerabzugsberechtigung (§ 4 Nr. 28 bzw. § 3 Abs. 1b Satz 2 UStG) vor Beginn der Organschaft maßgebend. Diese Umsätze sind noch der Organgesellschaft zuzurechnen, weil eine daraus resultierende Steuer die Vorsteuerentlastung bei der Organgesellschaft neutralisiert. 322

---

1 Zur **Anrechnung** von **Steuerzahlungen** der Organgesellschaft beim Organträger s. *Stadie* in R/D, § 2 UStG Anm. 981 ff.
2 BFH v. 30.4.2009 – V R 3/08, BStBl. II 2013, 873 = UR 2009, 639 – 2b bb der Gründe.
3 So BFH v. 12.5.2003 – V B 211/02, 220/02, BStBl. II 2003, 784.

323 Entsprechendes gilt für die **Anwendung des § 15a UStG**. Auch insoweit bleibt die umsatzsteuerrechtliche Einbindung als potenzielle Rückzahlungsverpflichtung **in der Person der Organgesellschaft** bestehen. Der Berichtigungszeitraum läuft weiter, das Vorsteuerberichtigungsvolumen bleibt maßgebend und die ursprünglichen **Verwendungsverhältnisse** sind zu berücksichtigen. Die weitere Verwendung bestimmt sich nach den Ausgangsumsätzen des Organkreises, für die das Wirtschaftsgut letztlich verwendet wird[1] (*Rz. 317*). **Schuldner** bzw. **Gläubiger** des Berichtigungsbetrages i.S.d. § 15a UStG ist **entgegen** der Auffassung des **BFH**[2] aus den o.g. Gründen nicht der Organträger, sondern die Organgesellschaft, da sie zuvor die Vorsteuer vergütet erhalten hatte bzw. mit dieser belastet war. Anderenfalls träte eine Vermögensverschiebung ein, welche nicht mit dem Vereinfachungszweck des § 2 Abs. 2 Nr. 2 UStG zu vereinbaren wäre.

## VII. Ende der Organschaft

324 Das Organschaftsverhältnis endet, wenn die Eingliederungsmerkmale nicht mehr gegeben sind, die juristische Person durch Umwandlung wegfällt oder die – richtigerweise erforderliche (*Rz. 269 ff.*) – Wahl der Organschaft (mit Wirkung für die Zukunft) widerrufen wird.

325 Mit der **Eröffnung des Insolvenzverfahrens** über das Vermögen der **Organgesellschaft** endet das Organschaftsverhältnis. Bislang wurde das damit begründet, dass, sofern nicht Eigenverwaltung angeordnet war, die Verwaltungs- und Verfügungsbefugnis über das Vermögen der Gesellschaft auf den Insolvenzverwalter übergeht und folglich die organisatorische Eingliederung entfällt.[3] Der BFH knüpft nunmehr vom Ansatz her zutreffend an den Umstand an, dass, auch im Fall der Eigenverwaltung, der zivilrechtliche **Ausgleichsanspruch** (*Rz. 310*) des Organträgers in der Insolvenz der Organgesellschaft **nicht mehr durchsetzbar** ist, weil er nicht zu einer Masseverbindlichkeit führt.[4]

326 Das Organschaftsverhältnis endet bereits vorher bei Bestellung eines **vorläufigen Insolvenzverwalters.** Das gilt nicht nur dann, wenn diesem die Verwaltungs- und Verfügungsbefugnis (§ 22 Abs. 1 InsO) zusteht (sog. **starker** vorläufiger Verwalter)[5], sondern auch dann, wenn lediglich angeordnet ist, dass Verfügungen des Schuldners nur mit Zustimmung des vorläufigen Verwalters wirksam sein sollen (§ 21 Abs. 2 Nr. 2 Alt. 2 InsO; sog. **schwacher** vorläufiger Verwalter)[6], weil auch in letzterem Fall die Möglichkeit des Organträgers zur Durchsetzung sei-

---

1 Vgl. BFH v. 12.5.2003 – V B 211/02, 220/02, BStBl. II 2003, 784.
2 BFH v. 12.5.2003 – V B 211/02, 220/02, BStBl. II 2003, 784.
3 Vgl. BFH v. 13.3.1997 – V R 96/97, BStBl. II 1997, 580; BFH v. 28.1.1999 – V R 32/98, BStBl. II 1999, 258; BFH v. 21.6.2001 – V R 68/00, BStBl. II 2002, 255; BFH v. 1.4.2004 – V R 24/03, BStBl. II 2004, 905.
4 BFH v. 19.3.2014 – V B 14/14, UR 2014, 431 – Rz. 34 ff.
5 So bislang BFH v. 1.4.2004 – V R 24/03, BStBl. II 2004, 905; BFH v. 29.1.2009 – V R 67/07, BStBl. II 2009, 1029; BFH v. 22.10.2009 – V R 14/08, BStBl. II 2011, 988 = UR 2010, 268 – Rz. 35.
6 So jetzt i.E. zutreffend, wenn auch mit fehlerhafter Begründung (dazu *Stadie* in R/D, § 2 UStG Anm. 1013), BFH v. 8.8.2013 – V R 18/13, UR 2013, 785; BFH v. 3.7.2014 – V R 32/13, UR 2014, 986 = BFH/NV 2014, 1867.

nes Willens aufgrund des Zustimmungsvorbehalts beschränkt ist und kein Über-/Unterordnungsverhältnis mehr besteht.

Wird die **Eröffnung** des Insolvenzverfahrens mangels Masse bei der Organgesellschaft **abgelehnt**, so kann die Eingliederung der vermögenslosen Gesellschaft und damit ein Organschaftsverhältnis noch fortbestehen. 327

Mit der Eröffnung des Insolvenzverfahrens über das Vermögen des **Organträgers** sollte nach bisheriger Schrifttumsauffassung das Organschaftsverhältnis regelmäßig nicht enden, da sich lediglich die personelle Zuständigkeit für die Willensbildung beim Organträger geändert habe.[1] Der BFH hat nunmehr zutreffend ausgeführt, dass auch bei Eröffnung des Insolvenzverfahrens über das Vermögen des Organträgers das Organschaftsverhältnis nicht mehr fortbesteht.[2] Das Finanzamt könnte nämlich die Umsatzsteuer für die Umsätze der Tochtergesellschaft – bei Annahme eines Fortbestands des Organschaftsverhältnisses – nicht durch Steuerbescheid gegenüber dem Organträger festsetzen, weil diese Steuer nicht aus der Verwaltung, Verwertung oder Verteilung (§ 55 Abs. 1 Nr. 1 InsO) der Insolvenzmasse des Organträgers resultiert.[3] Daran ändert sich auch nichts, wenn sowohl über das Vermögen des Organträgers und der Organgesellschaft das Insolvenzverfahren eröffnet wird, so dass es auch unerheblich ist, wenn für beide derselbe Insolvenzverwalter bestellt wird.[4] 328

**Entsteht** (i.S.d. § 13 UStG) die **Umsatzsteuer** für Umsätze (einschließlich Teilleistungen), die die Organgesellschaft ausgeführt hatte, **erst nach Beendigung des Organschaftsverhältnisses**, so ist diese nicht mehr dem ehemaligen Organträger zuzurechnen. Zurechnungsgegenstand der Organschaft ist zwar die Tätigkeit (Umsatzerbringung), da die Organschaft jedoch lediglich die Vereinfachung bezweckt (*Rz. 257, 260*), ist Schuldner nach Wegfall der Organschaftsvoraussetzungen nach der Grundregel wieder derjenige, der die Steuer als Teil des Preises vereinnahmt. 329

Geht für eine Leistung, die die Organgesellschaft bezogen hatte, die **Rechnung erst nach Beendigung** des Organschaftsverhältnisses ein, so steht der **Vorsteuerabzug** entgegen BFH[5] nicht dem ehemaligen Organträger, sondern der ehemaligen Organgesellschaft zu, da diese als Vertragspartner des Leistenden die Gegenleistung schuldet, folglich mit der darin enthaltenen Umsatzsteuer belastet und demgemäß von dieser zu entlasten ist.[6] 330

Bei nach Beendigung des Organschaftsverhältnisses eintretenden **Minderungen der Bemessungsgrundlage** (von Umsätzen der ehemaligen Organgesellschaft) und den diesen gleichgestellten Fällen nach § 17 UStG steht der sich aus der Umsatzsteuerberichtigung ergebende **Erstattungsanspruch** dem ehemaligen Or- 331

---

1 *Widmann*, Stbg. 1998, 537 (539); *Klenk* in S/R, § 2 UStG Rz. 135. Auch der *Verf.* hatte bislang diese Ansicht vertreten.
2 BFH v. 19.3.2014 – V B 14/14, UR 2014, 431 – Rz. 28 ff.
3 BFH v. 19.3.2014 – V B 14/14, UR 2014, 431 – Rz. 31.
4 BFH v. 19.3.2014 – V B 14/14, UR 2014, 431 – Rz. 41.
5 BFH v. 13.5.2009 – XI R 84/07, BStBl. II 2009, 868.
6 Ausführlich *Stadie* in R/D, § 2 UStG Anm. 1038 ff.

ganträger zu, da die vorherige Umsatzsteuerzahlung auf seine Rechnung (§ 37 Abs. 2 AO) erfolgt war.

332 **Vorsteuerberichtigungsansprüche** nach § 17 UStG, insbesondere wegen **Uneinbringlichkeit** gegen die ehemalige Organgesellschaft gerichteter Forderungen, treffen den ehemaligen Organträger, wenn dieser den Vorsteuerabzug vorgenommen hatte[1], weil es sich bei dem Rückforderungsanspruch um einen Erstattungsanspruch i.S.d. § 37 Abs. 2 Satz 2 AO handelt (*§ 17 Rz. 11*), so dass sich dieser gegen den Empfänger der ursprünglichen Steuervergütung (Leistungsempfänger i.S.d. § 37 Abs. 2 Satz 1 AO) richtet. Das gilt entgegen der Ansicht des BFH[2] auch dann, wenn die Uneinbringlichkeit erst nach Beendigung des Organschaftsverhältnisses eingetreten ist.[3]

333 Die mit der Beendigung des Organschaftsverhältnisses eintretende Trennung in verschiedene Unternehmen führt nicht zu einer Entnahme der **Wirtschaftsgüter**, sofern sie weiterhin unternehmerisch verwendet werden. Da die sog. Organschaft umsatzsteuerrechtlich vergleichbare Wirkungen wie eine Fusion (Verschmelzung) – obwohl sie keine ist (*Rz. 303*) – hervorruft, müssen bei Beendigung eines Organschaftsverhältnisses dieselben Rechtsfolgen wie bei Rückgängigmachung einer Fusion im Wege der Abspaltung oder Ausgliederung (§ 123 Abs. 2 und 3 UmwG) eintreten. Verneinte man in diesen Fällen trotz des § 131 Abs. 1 Nr. 1 UmwG das Vorliegen einer partiellen Gesamtrechtsnachfolge (vgl. *Rz. 247 f.*), so wäre man gezwungen, § 1 Abs. 1a Satz 3 UStG (dazu *§ 1 Rz. 138, 150 ff.*) sinngemäß anzuwenden, um weitgehend die Wirkung einer beschränkten **Rechtsnachfolge** zu erreichen.[4] Eine verfahrensrechtliche **Drittwirkung** (§ 166 AO) träte dann jedoch nicht, was dem Vereinfachungszweck (*Rz. 257, 260*) der Organschaft diametral entgegenstünde.

334 Danach gehen die **unfertigen Steuerrechtslagen**, soweit sie das Vermögen der Organgesellschaft betreffen, auf diese über und vollenden sich ggf. bei ihr (vgl. *Rz. 231 ff.*). Das bedeutet insbesondere für Wirtschaftsgüter (Gegenstände), die der ehemaligen Organgesellschaft gehören, dass die umsatzsteuerrechtliche Einbindung, wie sie zu Zeiten der Organschaft bestanden hatte, bei der ehemaligen Organgesellschaft fortwirkt. Folglich bleibt für die Steuerbarkeit bzw. Steuerpflicht einer späteren Lieferung oder Entnahme die bisherige Verwendung bzw. die Vorsteuerabzugsberechtigung während des Organschaftsverhältnisses maßgebend.

335 Entsprechendes gilt für die **Vorsteuerberichtigung** nach § 15a UStG. Auch insoweit gehen die umsatzsteuerrechtlichen Verhältnisse nach dem Gesamtrechtsnachfolgegedanken bzw. in entsprechender Anwendung des § 15a Abs. 10 UStG auf die ehemalige Organgesellschaft über. Hatte der Organträger den Vorsteuerabzug vorgenommen, so schuldet m.E. er den Rückzahlungsbetrag.[5]

---

1 BFH v. 6.6.2002 – V R 22/01, UR 2002, 429; a.A. wohl BFH v. 22.10.2009 – V R 14/08, BStBl. II 2011, 988 = UR 2010, 268.
2 BFH v. 7.12.2006 – V R 2/05, BStBl. II 2007, 848; BFH v. 5.12.2008 – V B 101/07, BFH/NV 2009, 432; BFH v. 22.10.2009 – V R 14/08, BStBl. II 2011, 988 = UR 2010, 268 – Rz. 29.
3 *Stadie* in R/D, § 2 UStG Anm. 1045.
4 *Stadie* in R/D, § 2 UStG Anm. 1022 ff.
5 Str.; Nachw. bei *Stadie* in R/D, § 2 UStG Anm. 1048.

## VIII. Beschränkung der Organschaftswirkungen auf das Inland
### 1. Grundsätze

Nach dem Wortlaut des § 2 Abs. 2 Nr. 2 Satz 2 UStG sind die Wirkungen der Organschaft auf Innenleistungen zwischen den **im Inland** (§ 1 Abs. 2 Satz 1 UStG)[1] **gelegenen Unternehmensteilen** beschränkt; diese Unternehmensteile sind als ein Unternehmen zu behandeln (§ 2 Abs. 2 Nr. 2 Sätze 2 und 3 UStG). Hat der Organträger seine Geschäftsleitung im Ausland, gilt der wirtschaftlich bedeutendste Unternehmensteil im Inland als Unternehmer (§ 2 Abs. 2 Nr. 2 Satz 4 UStG). Die Formulierung des § 2 Abs. 2 Nr. 2 Satz 2 UStG, dass die Wirkungen der Organschaft sich auf „Innenleistungen" beschränken, ist verfehlt (Rz. 310).[2] Richtigerweise ist die Vorschrift in dem Sinne zu lesen, dass sich die Wirkungen der Organschaft auf die im Inland gelegenen Unternehmensteile beschränken. Diese Beschränkung der Organschaftswirkungen auf die im Inland gelegenen Unternehmensteile des Organkreises (nach Art. 11 MwStSystRL dürfen nur im Inland ansässige Personen zusammen als ein Steuerpflichtiger behandelt werden) dient der **Verwirklichung** des **Bestimmungslandprinzips** vor allem innerhalb der EU, weil dadurch bei grenzüberschreitenden Leistungen weitgehend sichergestellt ist, dass die Umsatzsteuerbelastung in dem Land erfolgt, in dem die Leistungen verbraucht werden.[3]

336

Die Kriterien der „im Inland gelegenen Unternehmensteile" sind richtlinienkonform zu bestimmen. Nach Art. 11 MwStSystRL können nur „**im Inland ansässige Personen**" zusammen als ein Steuerpflichtiger behandelt werden. Die Ansässigkeitsmerkmale ergeben sich aus Art. 44 MwStSystRL, so dass auf den **Sitz der wirtschaftlichen Tätigkeit** und auf eine **feste Niederlassung** (nicht auf eine beliebige Betriebsstätte i.S.d. § 12 AO[4]) abzustellen ist. Eine Person kann folglich nicht nur mit dem Sitz ihrer wirtschaftlichen Tätigkeit (§ 3a Rz. 26), sondern auch mit einer festen Niederlassung (§ 3a Rz. 30 ff.) im Inland ansässig sein, so dass eine Person sowohl im Ausland als auch im Inland ansässig sein kann.

337

Das bedeutet, dass eine Person mit dem Sitz ihrer wirtschaftlichen Tätigkeit im Inland nur insoweit im Inland ansässig ist, als die wirtschaftliche Tätigkeit nicht durch feste Niederlassungen im Ausland ausgeübt wird. Ebenso ist eine Person mit dem Sitz der wirtschaftlichen Tätigkeit im Ausland **insoweit** im Inland ansässig, **als sie hier** eine **feste Niederlassung** unterhält (s. aber Rz. 340). Im Inland gelegene Unternehmensteile sind mithin solche, die dem inländischen Sitz der wirtschaftlichen Tätigkeit oder einer inländischen festen Niederlassung zuzurechnen sind.

338

Ob Organschaft zwischen im Ausland und im Inland ansässigen Unternehmen besteht, richtet sich nach § 2 Abs. 2 Nr. 2 Satz 1 UStG. Folglich kann auch durch einen im Ausland ansässigen Organträger ein Organschaftsverhältnis mit

339

---

1 Folglich sind in einem **Freihafen** ansässige Tochtergesellschaften nicht einzubeziehen; FG Hamburg v. 6.8.2014 – 2 K 189/13, juris.
2 Vgl. auch BFH v. 19.10.1995 – V R 71/93, UR 1996, 266.
3 Siehe dazu das **Beispiel** bei Stadie in R/D, § 2 UStG Anm. 1051.
4 Widersprüchlich Abschn. 2.9 Abs. 2 und 3 UStAE.

im Inland ansässigen Gesellschaften begründet werden (Klarstellung durch § 2 Abs. 2 Nr. 2 Satz 4 UStG). **Nur** die **Wirkungen der Organschaft** zwischen Organträger und Organgesellschaft werden durch § 2 Abs. 2 Nr. 2 Satz 2 UStG **beschränkt**. Der **Begriff des Unternehmens** i.S.d. § 2 Abs. 1 Satz 2 UStG wird **nicht berührt**[1], so dass der Umfang des – isoliert gesehen – Unternehmens des jeweiligen Organträgers oder der jeweiligen Organgesellschaft nicht verändert wird. Im **Ausland gelegene Unternehmensteile** bleiben folglich unselbständige Teile des Organträgers bzw. der Organgesellschaft, dem bzw. der sie zivilrechtlich zuzurechnen sind; sie werden lediglich von den Wirkungen der Organschaft ausgenommen. Somit bleiben richtigerweise entgegen EuGH (*Rz. 340*) grenzüberschreitende Vorgänge innerhalb des – isoliert gesehen – Unternehmens des Organträgers oder der Organgesellschaft nicht steuerbare innerunternehmerische Vorgänge nach § 2 Abs. 1 Satz 2 UStG[2] (*Rz. 188, 190*).

340 Demgegenüber soll nach Ansicht des **EuGH** eine **Zweigniederlassung** einer **ausländischen Hauptniederlassung** (Kapitalgesellschaft) trotz ihrer Unselbständigkeit Mitglied einer Mehrwertsteuergruppe, d.h. „Person" i.S.d. Art. 11 MwStSystRL und Empfänger von Dienstleistungen der Hauptniederlassung sein können, für die dann die Mehrwertsteuergruppe Steuerschuldner nach Art. 196 MwStSystRL sei.[3] Das ist schon angesichts des eindeutigen Wortlauts des Art. 11 Abs. 1 MwStSystRL, der rechtlich unabhängige Personen verlangt, nicht nachvollziehbar, denn eine Zweigniederlassung als schlichter Unternehmensteil kann mangels rechtlicher Handlungsfähigkeit nicht Mitglied einer solchen Gruppe sein. Eine Person, die nur mit einem Teil des Unternehmens im Inland ansässig ist, ist auch nur insoweit (entsprechend § 2 Abs. 2 Nr. 2 Satz 2 UStG) Mitglied der Mehrwertsteuergruppe (*Rz. 267*). Zwischen einer Kapitalgesellschaft und seiner Niederlassung können, unabhängig von der Ansässigkeit, keine Rechtsbeziehungen bestehen, so dass zwischen diesen keine Leistungen (Umsätze) erbracht werden können. „Dienstleistungen" der Niederlassung an die Mehrwertsteuergruppe sind Dienstleistungen der ausländischen Kapitalgesellschaft, für die diese der Steuerschuldner ist, da sie aufgrund der Niederlassung im Inland als hier ansässig anzusehen ist (Art. 192a MwStSystRL), so dass die Mehrwertsteuergruppe nicht als Steuerschuldner nach Art. 196 MwStSystRL in Betracht kommt.

341 Die **im Inland gelegenen Unternehmensteile** der Organschaft (des Organkreises) sind nach § 2 Abs. 2 Nr. 2 Satz 3 UStG gesondert als **ein Unternehmen** zu behandeln. **Im Übrigen** stehen sich die **Beteiligten** des Organkreises mit ihren im Ausland belegenen Teilen **getrennt als Leistende und Leistungsempfänger** gegenüber, so dass eine Organgesellschaft insoweit Unternehmer ist.

342 Für die **Zurechnung** der Umsätze, die von der Organschaft erfasst werden, gelten dieselben wirtschaftlichen Kriterien, die im Rahmen der Ortsbestimmung nach § 3a Abs. 1 Satz 2 UStG (vgl. *§ 3a Rz. 133*) maßgebend sind. Für die Zurechnung von Leistungsbezügen (vgl. § 3a Abs. 2 Satz 2 UStG) ist ebenfalls eine wirtschaftliche Zuordnung nach Maßgabe der Verwendung vorzunehmen (vgl. § 3a

---

1 Abschn. 2.9 Abs. 2 und 8 UStAE.
2 **A.A.** EuGH v. 17.9.2014 – C-7/13, UR 2014, 847.
3 EuGH v. 17.9.2014 – C-7/13, UR 2014, 847.

Organschaft                                                                 § 2

*Rz. 27 f.)*; die Grundsätze zu § 15 Abs. 2–4 UStG (dazu *§ 15 Rz. 433 ff., 472 ff.)* gelten entsprechend.¹

Die Regelung des § 2 Abs. 2 Nr. 2 Satz 3 UStG führt dazu, dass der mit Geschäftsleitung im Inland ansässige Organträger über **zwei Unternehmen** verfügt, wenn er eine feste Niederlassung im Ausland und zugleich eine Organgesellschaft im Inland hat. Hat der Organträger seine Geschäftsleitung nicht im Inland (§ 2 Abs. 2 Nr. 2 Satz 4 UStG), so kann eine Organgesellschaft mit Ansässigkeit im Inland ein weiteres Unternehmen haben *(Rz. 345)*. Diese Trennung gilt jedoch nicht im Verhältnis zwischen dem ausländischen Unternehmensteil des Organträgers und seinem inländischen Unternehmensteil, der zum Unternehmen i.S.d. § 2 Abs. 2 Nr. 2 Satz 3 UStG gehört, und ebenfalls nicht zwischen entsprechenden Teilen einer Organgesellschaft, da es insoweit bei dem Grundsatz des § 2 Abs. 1 Satz 2 UStG bleibt *(Rz. 339)*. Insoweit überlagern sich das „ausländische" Unternehmen des Organträgers bzw. der Organgesellschaft und das inländische Unternehmen i.S.d. § 2 Abs. 2 Nr. 2 Satz 3 UStG. 343

**Leistet** der im Inland ansässige **Organträger mittels** eines **ausländischen Unternehmensteils** an eine **inländische Organgesellschaft**, so liegen gem. § 2 Abs. 2 Nr. 2 Satz 2 UStG steuerbare Umsätze vor *(Rz. 342)*; *Leistungsempfänger* ist die *Organgesellschaft*. Hinsichtlich des Vorsteuerabzugs greifen indes die Organschaftswirkungen ein, da die Organgesellschaft zum inländischen Unternehmen des Organträgers gehört. Folglich steht der *Vorsteuerabzug* grundsätzlich dem *Organträger* zu *(Rz. 315)*. 344

Auch **Leistungen einer inländischen Organgesellschaft an** einen **ausländischen Unternehmensteil des Organträgers** führen nach o.g. Grundsatz zu steuerbaren Umsätzen. Deren Wirkungen sind jedoch dem Organträger zuzurechnen.² 345

**Im Ausland belegene Unternehmensteile** (Sitz der wirtschaftlichen Tätigkeit [„Hauptniederlassung"] oder Niederlassungen) von Organgesellschaften rechnen nicht zum Unternehmen des Organkreises (§ 2 Abs. 2 Nr. 2 Satz 3 UStG). Sie bleiben jeweils **Teil des Unternehmens der Organgesellschaft** i.S.d. § 2 Abs. 1 Satz 2 UStG, zu dem auch die inländischen Teile ungeachtet des Umstandes gehören, dass sie zugleich Teil des Unternehmens des Organträgers sind *(Rz. 302)*. „Leistungen" zwischen einem ausländischen und einem inländischen Teil der Organgesellschaft sind deshalb grundsätzlich (Ausnahme: innergemeinschaftliches Verbringen i.S.d. § 1 Abs. 1 Nr. 5 i.V.m. § 1a Abs. 2 UStG bzw. des § 3 Abs. 1a UStG) entgegen EuGH nichtsteuerbare Vorgänge *(Rz. 339 f.)*. Im Verhältnis zum inländischen Organkreis, mit Ausnahme des Betriebsteils der Organgesellschaft, gelten die allgemeinen Regeln. 346

**Beispiele**

Von der im Ausland belegenen festen Niederlassung der Organgesellschaft T1 (mit Geschäftsleitung im Inland) werden

(1) Gegenstände auf Dauer zum inländischen Betriebsteil der Organgesellschaft verbracht;

---

1 *Stadie* in R/D, § 2 UStG Anm. 1074 m. Beispiel.
2 *Stadie* in R/D, § 2 UStG Anm. 1080 f. m. Beispielen.

(2) entgeltliche sonstige Leistungen i.S.d. § 3a Abs. 2 UStG gegenüber dem inländischen Unternehmensteil des Organträgers und der im Inland ansässigen Organgesellschaft T2 erbracht.

(1) Es handelt sich um einen grundsätzlich nichtsteuerbaren Vorgang innerhalb des Unternehmens (§ 2 Abs. 1 Satz 2 UStG) der Organgesellschaft T1. Gelangt der Gegenstand aus dem übrigen Gemeinschaftsgebiet in das Inland, so ist allerdings der Tatbestand des innergemeinschaftlichen Erwerbs nach § 1 Abs. 1 Nr. 5 i.V.m. § 1a Abs. 2 UStG erfüllt.

(2) Es handelt sich nicht um Innenleistungen i.S.d. § 2 Abs. 2 Nr. 2 Satz 2 UStG, da die im Ausland belegene feste Niederlassung der Organgesellschaft T1 nicht zum Organkreis gehört. Der Ort der sonstigen Leistungen ist nach § 3a Abs. 2 UStG im Inland. Die Umsätze sind steuerbar und steuerpflichtig. Schuldner der Umsatzsteuer ist die T1 und nicht der Leistungsempfänger nach § 13b Abs. 1 i.V.m. Abs. 5 UStG, weil die T1 im Inland ansässig ist.

## 2. Geschäftsleitung des Organträgers im Ausland

347 Hat der Organträger seine Geschäftsleitung im Ausland, so *gilt* hinsichtlich des Unternehmens i.S.d. § 2 Abs. 2 Nr. 2 Satz 3 UStG *(Rz. 342)* der **wirtschaftlich bedeutendste Unternehmensteil im Inland** als der **Unternehmer** (§ 2 Abs. 2 Nr. 2 Satz 4 UStG). Der Zweck dieser Fiktion liegt darin, im Interesse der Finanzverwaltung die Steuerpflichtigeneigenschaft auf eine im Inland ansässige und damit leichter „greifbare" Gesellschaft zu verlagern. Die Formulierung, dass ein Unternehmensteil als Unternehmer gelten soll, ist indes verfehlt *(Rz. 349)*.

348 **Geschäftsleitung** ist der Mittelpunkt der geschäftlichen Oberleitung (§ 10 AO), welcher dem **Sitz der wirtschaftlichen Tätigkeit** i.S.d. Art. 44 MwStSystRL entspricht (vgl. *§ 3a Rz. 26*). Die Finanzverwaltung stellt statt dessen fehlerhaft auf die „Ansässigkeit" des Organträgers im Ausland ab[1] und übersieht damit, dass ein Unternehmer im Ausland ansässig sein (§§ 8, 9 und 11 AO), aber gleichwohl die Geschäftsleitung im Inland haben kann und dann auch im Inland ansässig ist. Bei einem solchen Organträger würden sich die Aussagen der Finanzverwaltung in Abschn. 2.9 UStAE gegenseitig blockieren.

349 Als **wirtschaftlich bedeutendster Unternehmensteil** kommen nach dem Wortlaut des § 2 Abs. 2 Nr. 2 Satz 4 UStG alle im Inland belegenen Unternehmensteile des Organkreises in Betracht, so dass dieser eine Zweigniederlassung des Organträgers, eine mit Geschäftsleitung im Inland ansässige Organgesellschaft oder die Zweigniederlassung einer im Ausland mit Geschäftsleitung ansässigen Organgesellschaft sein könnte.[2] Zweigniederlassungen – und erst recht andere Betriebsstätten[3] – können jedoch nicht Träger von Rechten und Pflichten sein und deshalb auch nicht als Unternehmer fingiert werden. Dafür kommen nur Personen und andere unternehmerfähige Gebilde *(Rz. 20 f.)* in Betracht.[4] Die verfehlt formulierte Bestimmung muss deshalb zumindest wie folgt gelesen werden: „... gilt der **Träger** des wirtschaftlich bedeutendsten Unternehmensteils ..." Demgemäß kommen **nur Organgesellschaften** als Unternehmer i.S.d. § 2 Abs. 2 Nr. 2 Satz 4 UStG in Betracht. Voraussetzung ist, dass sie ihre Ge-

---
1 Abschn. 2.9 Abs. 7 Sätze 1 und 2 UStAE.
2 Vgl. Abschn. 2.9 Abs. 7 Sätze 3 ff. UStAE.
3 So aber Abschn. 2.9 Abs. 7 Sätze 3 ff. UStAE.
4 *Stadie* in R/D, § 2 UStG Anm. 1089 f.; *Reiß* in R/K/L, § 2 UStG Rz. 128.1.

schäftsleitung im Inland haben. Folglich bleibt entgegen dem Wortlaut der Organträger Unternehmer hinsichtlich des inländischen Unternehmens i.S.d. § 2 Abs. 2 Nr. 2 Satz 3 UStG, wenn keine Organgesellschaft ihre Geschäftsleitung im Inland hat. Auf den wirtschaftlich bedeutendsten Unternehmensteil kommt es nur an, wenn mehrere Organgesellschaften mit Geschäftsleitung im Inland ansässig sind. Richtigerweise hätte § 2 Abs. 2 Nr. 2 Satz 4 UStG formulieren müssen: *„... gilt die im Inland mit Geschäftsleitung ansässige Organgesellschaft, bei mehreren die wirtschaftlich bedeutendste, als der Unternehmer".*

Über die wirtschaftlich bedeutendste Organgesellschaft soll eine **Verständigung** mit den beteiligten Finanzämtern möglich sein.[1] Das ist mit der Gesetzmäßigkeit der Besteuerung nur dann zu vereinbaren, wenn die Organschaftsregeln nur auf Antrag (*Rz. 276*) anzuwenden sind.

350

## I. Juristische Personen des öffentlichen Rechts als Unternehmer (Abs. 3)

### I. Allgemeines

Juristische Personen des öffentlichen Rechts sind unternehmerfähig, so dass auch sie Unternehmer sein können (*Rz. 36*). Ihre Unternehmereigenschaft würde sich mithin ebenfalls nach § 2 Abs. 1 UStG richten. Demgegenüber enthält § 2 Abs. 3 Satz 1 UStG die **Einschränkung**, dass juristische Personen des öffentlichen Rechts (jPdöR) nur **im Rahmen ihrer Betriebe gewerblicher Art** (§ 1 Abs. 1 Nr. 6, § 4 KStG) und ihrer **land- und forstwirtschaftlichen Betriebe** gewerblich oder beruflich tätig sind. Das bedeutet, dass nicht jede unternehmerische Tätigkeit i.S.d. § 2 Abs. 1 UStG eine jPdöR zum Unternehmer macht bzw. zu deren Unternehmen gehört. Die **Prüfungsreihenfolge** ist mithin dergestalt, dass in einem ersten Schritt zu fragen ist, ob die Tätigkeit unternehmerisch i.S.d. § 2 Abs. 1 Sätze 1 und 3 UStG ist, und in einem zweiten Schritt dann zu klären ist, ob diese unternehmerische Tätigkeit einen Betrieb gewerblicher Art i.S.d. § 4 KStG oder einen land- oder forstwirtschaftlichen Betrieb darstellt.[2] Im Ergebnis führt die Einschränkung durch § 2 Abs. 3 Satz 1 UStG vor allem zu einer **faktischen Befreiung** der sog. **Vermögensverwaltung** in Gestalt der Nutzungsüberlassung von unbeweglichem Vermögen (str., *Rz. 365 f.*). Zur Frage, ob und inwieweit Art. 13 MwStSystRL das nach dem nationalen Recht gefundene Ergebnis beeinflusst, s. *Rz. 354*.

351

Für bestimmte Tätigkeiten von jPdöR normiert § 2 Abs. 3 Satz 2 UStG, dass sie auch dann als unternehmerische Tätigkeiten gelten, wenn die Voraussetzungen des Satzes 1 nicht gegeben sind. Hierbei handelt es sich lediglich um **Klarstellungen** (*Rz. 389*).

In **§ 4 KStG** heißt es (soweit im Rahmen des § 2 Abs. 3 UStG von Bedeutung):

352

„(1) Betriebe gewerblicher Art von juristischen Personen des öffentlichen Rechts im Sinne des § 1 Abs. 1 Nr. 6 sind vorbehaltlich des Absatzes 5 alle Einrichtungen, die einer nach-

---

[1] Abschn. 2.9 Abs. 7 Satz 4 UStAE.
[2] *Stadie* in R/D, § 2 UStG Anm. 1101; vgl. auch BFH v. 28.10.2004 – V R 19/04, BFH/NV 2005, 725.

haltigen wirtschaftlichen Tätigkeit zur Erzielung von Einnahmen außerhalb der Land- und Forstwirtschaft dienen und die sich innerhalb der Gesamtbetätigung der juristischen Person wirtschaftlich herausheben. Die Absicht, Gewinn zu erzielen, und die Beteiligung am allgemeinen wirtschaftlichen Verkehr sind nicht erforderlich.

(2) ...

(3) Zu den Betrieben gewerblicher Art gehören auch Betriebe, die der Versorgung der Bevölkerung mit Wasser, Gas, Elektrizität oder Wärme, dem öffentlichen Verkehr oder dem Hafenbetrieb dienen.

(4) Als Betrieb gewerblicher Art gilt die Verpachtung eines solchen Betriebs.

(5) Zu den Betrieben gewerblicher Art gehören nicht Betriebe, die überwiegend der Ausübung der öffentlichen Gewalt dienen (Hoheitsbetriebe). Für die Annahme eines Hoheitsbetriebes reichen Zwangs- oder Monopolrechte nicht aus."

353 Demgegenüber bestimmt **Art. 13 Abs. 1 MwStSystRL**, dass Staaten, Länder, Gemeinden und sonstige Einrichtungen des öffentlichen Rechts nicht als Steuerpflichtige gelten, „**soweit sie** die Tätigkeiten ausüben oder Leistungen erbringen, die ihnen **im Rahmen der öffentlichen Gewalt** obliegen" (Art. 13 Abs. 1 Unterabs. 1 MwStSystRL). Das gilt nach Art. 13 Abs. 1 Unterabs. 2 MwStSystRL jedoch **nicht**, „**sofern** eine Behandlung als Nichtsteuerpflichtige zu **größeren Wettbewerbsverzerrungen** führen würde". Unabhängig davon gelten „in jedem Fall" als unternehmerische Tätigkeiten von Einrichtungen des öffentlichen Rechts die in **Anhang I** MwStSystRL aufgeführten Tätigkeiten, sofern deren Umfang „**nicht unbedeutend ist**" (Art. 13 Abs. 1 Unterabs. 3 MwStSystRL). Tätigkeiten der öffentlichen Einrichtungen, die insbesondere nach den Art. 132–136 MwStSystRL von der Steuer **befreit** sind (insbesondere die Vermietung von Immobilien als sog. Vermögensverwaltung [Rz. 365 f.], können als Tätigkeiten behandelt werden, die den Einrichtungen im Rahmen der öffentlichen Gewalt obliegen (**Art. 13 Abs. 2 MwStSystRL**).[1]

354 Die von § 2 Abs. 3 Satz 1 UStG aus Gründen der **Verwaltungsvereinfachung**[2] vorgenommene **Anknüpfung an** den **körperschaftsteuerrechtlichen Begriff** des Betriebes gewerblicher Art durch den Klammerzusatz „(§ 1 Abs. 1 Nr. 6, § 4 des Körperschaftsteuergesetzes)" verbietet es, diesen Begriff umsatzsteuerrechtlich auszulegen. Maßgebend ist entgegen BFH allein, wie der Begriff **nach ertragsteuerrechtlicher Teleologie und Gesetzessystematik** zu verstehen ist. Die darin liegende teilweise Befreiung der jPdöR ist zwar rechtspolitisch verfehlt, da sich die Umsatzbesteuerung der öffentlichen Hand nach den Zielen der Umsatzsteuer richten sollte (Rz. 361)[3], der Gesetzeswortlaut ist jedoch eindeutig. Folglich ist der Begriff **entgegen BFH**[4] und damit insoweit auch § 2 Abs. 3 UStG **keiner**

---

1 Das muss nach Auffassung des EuGH in Gestalt einer ausdrücklichen gesetzlichen Regelung erfolgen; vgl. EuGH v. 4.6.2009 – C-102/08, EuGHE 2009, I-4629 = UR 2009, 484. Eine solche Regelung liegt jedoch entgegen EuGH und BFH seit jeher vor (Rz. 365).
2 *Stadie* in R/D, § 2 UStG Anm. 1120.
3 *Stadie* in R/D, § 2 UStG Anm. 1121 f.
4 BFH v. 9.11.2002 – V R 64/99, BStBl. II 2003, 375 (377); BFH v. 27.2.2003 – V R 78/01, BStBl. II 2004, 431 (433); BFH v. 20.12.2007 – V R 70/05, BStBl. II 2008, 454; BFH v. 20.8.2009 – V R 70/05, UR 2009, 884; BFH v. 15.4.2010 – V R 10/09, UR 2010, 646; BFH v. 2.9.2010 – V R 23/09, BFH/NV 2011, 458; BFH v. 2.3.2011 – XI R 65/07, UR 2011, 657; BFH v. 1.12.2001 – V R 1/11, UR 2012, 363; BFH v. 14.3.2012 – XI R 8/10, BFH/NV 2012, 1667.

richtlinienkonformen Auslegung zugänglich[1], so dass § 4 KStG **nicht** etwa „Bestandteil des Umsatzsteuerrechts"[2] ist. Der BFH ignoriert damit insbesondere den eindeutigen gesetzgeberischen Willen, die sog. *Vermögensverwaltung* durch die Bezugnahme des § 2 Abs. 3 Satz 1 UStG auf § 4 Abs. 1 KStG von der Besteuerung auszuschließen (dazu *Rz. 365 f.*).

## II. Juristische Personen des öffentlichen Rechts

Die Einschränkungen des § 2 Abs. 3 Satz 1 UStG gelten nur für juristische Personen des öffentlichen Rechts (auch als ausländische, internationale und supranationale Gebilde). Dazu gehören die *rechtsfähigen Körperschaften, Stiftungen* und *Anstalten* des öffentlichen Rechts (vgl. § 89 BGB). 355

Natürliche Personen, Personengesellschaften und juristische Personen des Privatrechts, die als sog. **Beliehene** öffentlich-rechtliche Aufgaben wahrnehmen (*Beispiele:* Notare, Bezirksschornsteinfegermeister, öffentlich bestellte Vermessungsingenieure, amtlich anerkannte Sachverständige und Prüfer für den Kraftfahrzeugverkehr) fallen nach dem eindeutigen Wortlaut **nicht** unter diese Vorschrift.[3] Dasselbe gilt für **Kapitalgesellschaften**, an denen mehrheitlich oder ausschließlich eine oder mehrere **jPdöR** als **Gesellschafter** beteiligt sind.

Hat eine jPdöR eine ihr obliegende **Aufgabe auf** eine **Kapitalgesellschaft übertragen**, die diese im eigenen Namen gegenüber den Bürgern ausführt, so besteht das Leistungsverhältnis unmittelbar zwischen der Kapitalgesellschaft und den Bürgern, auch wenn die Aufgabenübertragung öffentlich-rechtlich nicht zulässig ist.[4] Folglich sind die Leistungen nicht der jPdöR zuzurechnen. 356

**Körperschaften** des öffentlichen Rechts sind rechtsfähige, mitgliedschaftlich organisierte Verwaltungseinheiten, die Aufgaben der öffentlichen Verwaltung erfüllen. Sie entstehen grundsätzlich durch staatlichen Hoheitsakt und zwar in der Regel durch Gesetz oder auf Grund eines Gesetzes. 357

Zu ihnen zählen namentlich

- Gebietskörperschaften: Bund, Länder, Gemeinden, Gemeindeverbände, Landkreise, Landschaftsverbände u.Ä.;
- berufsspezifische Kammern und Innungen;
- Träger der Sozialversicherung, wie z.B. Krankenkassen; Berufsgenossenschaften, Versicherungsanstalten sowie Kassenärztliche Vereinigungen;
- Hochschulen;
- Wasser- und Bodenverbände, sonstige Zweckverbände.

---

1 Vgl. *Reiß*, StuW 1994, 323 (324); *Stadie* in R/D, § 2 UStG Anm. 1150 ff.; zust. *Englisch* in T/L, § 17 Rz. 56; a.A. *Seer/Wendt*, DStR 2001, 825 (832).
2 So aber BFH v. 15.4.2010 – V R 10/09, UR 2010, 646 – Rz. 17; vgl. auch BFH v. 20.8.2009 – V R 30/06, BStBl. II 2010, 863 = UR 2009, 800; BFH v. 17.3.2010 – XI R 17/08, UR 2010, 943 – Rz. 27 u. 31.
3 Vgl. BFH v. 18.1.1995 – XI R 71/93, BStBl. II 1995, 559 m.w.N.; BFH v. 13.7.2006 – V R 40/04, BStBl. II 2006, 938 (941); BFH v. 2.9.2010 – V R 23/09, BFH/NV 2011, 458 – Rz. 34.
4 BFH 28.2.2002 – V R 19/01, BStBl. II 2003, 950 = UR 2002, 365; BMF v. 10.12.2003 – IV B 7 - S 7106 -100/03, BStBl. I 2003, 785.

Zu den Körperschaften des öffentlichen Rechts zählen herkömmlicherweise auch die **Religionsgemeinschaften** i.S.d. Art. 140 GG i.V.m. Art. 137 Abs. 5 WRV, obwohl sie nicht vom Staat geschaffen wurden und weder staatliche Aufgaben wahrnehmen noch staatliche Gewalt ausüben.

358 Eine **Anstalt** des öffentlichen Rechts ist ein zur Rechtsperson des öffentlichen Rechts erhobener Bestand von sächlichen und persönlichen Verwaltungsmitteln, der einem besonderen öffentlichen Zweck auf Dauer zu dienen bestimmt ist.

Dazu zählen insbesondere

– bestimmte Geldinstitute, wie z.B. die Deutsche Bundesbank, die Kreditanstalt für Wiederaufbau, Landesbanken und kommunale Sparkassen; öffentliche Bausparkassen;
– Feuerversicherungsanstalten;
– Rundfunkanstalten; Landesanstalten für privaten Rundfunk;
– Bundesanstalten, z.B. für Landwirtschaft und Ernährung, für den Güterverkehr, für landwirtschaftliche Marktordnung.

Häufig werden unselbständige Einrichtungen von Körperschaften des öffentlichen Rechts als „**Anstalten**" bezeichnet, obwohl sie nur Abteilungen bzw. Betriebe (sog. **Eigenbetriebe**) der Körperschaft sind (*Beispiele*: Badeanstalten, Strafanstalten, Krankenanstalten). Sie können nicht Träger von Rechten und Pflichten und folglich auch nicht Unternehmer sein. Ihr Handeln ist der Körperschaft zuzurechnen, deren unselbständiger Teil sie sind.

359 **Stiftungen** des öffentlichen Rechts sind die auf einem Stiftungsakt eines Trägers öffentlicher Gewalt oder auf einem Gesetz beruhenden oder nach öffentlichem Recht anerkannten Verwaltungseinheiten, die mit einem Kapital- oder Sachbestand für einen öffentlichen Stiftungszweck tätig werden. (*Beispiele*: Stiftung „Preußischer Kulturbesitz"; Stiftung „Mutter und Kind".

### III. Betrieb gewerblicher Art

#### 1. Allgemeines

360 Die Definition des Betriebes gewerblicher Art durch § 4 Abs. 1 KStG hat für die Umsatzsteuer nur insoweit normative Aussagekraft, als sie § 2 Abs. 1 UStG einschränkt. Da die Grundaussage des § 4 Abs. 1 Satz 1 KStG, dass eine nachhaltige wirtschaftliche Tätigkeit zur Erzielung von Einnahmen vorliegen muss, bereits elementare Voraussetzung des Unternehmerbegriffs nach § 2 Abs. 1 UStG ist (*Rz. 59 ff., 83 ff.*), ist dieses Merkmal nach der Gesetzessystematik nicht erst im Rahmen des § 2 Abs. 3 Satz 1 UStG i.V.m. § 4 Abs. 1 KStG zu prüfen (*Rz. 351*). Ohne umsatzsteuerrechtlichen Belang ist auch § 4 Abs. 1 Satz 2 KStG, da die dort als unbeachtlich genannten Merkmale (Gewinnerzielungsabsicht, Teilnahme am allgemeinen wirtschaftlichen Verkehr) schon nach dem allgemeinen Unternehmerbegriff nicht erforderlich sind (*Rz. 129 ff., 141*). Die Anknüpfung an den körperschaftsteuerrechtlichen Begriff des Betriebes gewerblicher Art verbietet es, diesen Begriff umsatzsteuerrechtlich auszulegen, so dass allein maßgebend ist, wie dieser Begriff **nach ertragsteuerrechtlicher Teleologie und Geset-**

zessystematik zu verstehen ist. Folglich ist der Begriff entgegen der Auffassung des BFH auch **keiner richtlinien-konformen Auslegung** zugänglich (*Rz. 354*).

Die von § 2 Abs. 3 Satz 1 UStG vorgenommene **Anknüpfung an** den **körperschaftsteuerrechtlichen Begriff** des Betriebes gewerblicher Art (*Rz. 354*) ist **verfehlt**, da es aus umsatzsteuerrechtlicher Sicht nicht um die Besteuerung der jPdöR, sondern um die Besteuerung der Verbraucher geht. Dafür ist die Rechtsform der Gehilfen (*Vorbem. Rz. 20*) des Steuergläubigers bei der Verbraucherbesteuerung völlig ohne Belang. Auch jPdöR müssten deshalb nach den allgemeinen Regeln ohne Einschränkungen als Unternehmer behandelt werden. Maßgebend dürfte allein sein, ob sie Leistungen gegen Entgelt bringen. Dieses Ergebnis wird bei richtiger Interpretation des § 4 KStG weitgehend erreicht (vgl. *Rz. 364, 369 ff., 376, 378*).  361

Der von § 4 Abs. 1 Satz 1 KStG verwendete Begriff der „**Einrichtung**" ist ohne rechtlichen Aussagewert, da dem Gesetz keinerlei Anhaltspunkte für eine Eingrenzung dieses Begriffes entnommen werden können. Entsprechend § 14 Satz 1 AO, der für den wirtschaftlichen „Geschäftsbetrieb" lediglich eine „Tätigkeit" verlangt, ist eine nachhaltige wirtschaftliche Tätigkeit zur Erzielung von Einnahmen stets eine Einrichtung im Sinne des Gesetzes.[1]  362

Auch die von § 4 Abs. 1 Satz 1 KStG geforderte Voraussetzung, dass die Einrichtung sich „innerhalb der Gesamtbetätigung der juristischen Person **wirtschaftlich herausheben**" müsse, ist eine **unbeachtliche Leerformel**, da dem Gesetz ebenfalls keine Anhaltspunkte entnommen werden können, was darunter zu verstehen ist. Die **Finanzverwaltung** verlangt gleichwohl, dass die Tätigkeit von einigem Gewicht sein müsse, was im Regelfall bei einem Jahresumsatz von 30 678 € der Fall sein soll, wenn die jPdöR nicht unmittelbar zu anderen Unternehmen *in Wettbewerb* trete.[2] Der Umsatz ist jedoch kein Merkmal des wirtschaftlichen Heraushebens innerhalb der Gesamtbetätigung der jPdöR; zudem lässt sich dem Gesetz kein Anhaltspunkt dafür entnehmen, warum gerade diese Grenze gelten soll.[3] Eine nachhaltige wirtschaftliche Tätigkeit hebt sich per se innerhalb der Gesamtbetätigung der jPdöR heraus.[4] Des Weiteren muss die jPdöR zu Beginn ihrer Tätigkeit wissen, ob sie unternehmerisch tätig ist, damit sie bei ihrer Preisgestaltung die Umsatzsteuer berücksichtigen kann.[5] Schlicht nicht nachvollziehbar ist ferner, was die Frage des Wettbewerbs damit zu tun hat, ob sich die Betätigung „innerhalb" der juristischen Person heraushebt.  363

---

1 Vgl. BFH v. 15.4.2010 – V R 10/09, UR 2010, 646 – Rz. 28; ferner zur KSt. BFH v. 3.2.2010 – I R 8/09, BStBl. II 2010, 502 – Rz. 11.
2 Abschn. 2.11 Abs. 4 UStAE i.V.m. R 6 Abs. 5 KStR 2004.
3 Vgl. BFH v. 25.10.1989 – V R 111/85, BStBl. II 1990, 868.
4 Im Ergebnis ebenso XI. Senat des BFH v. 17.3.2010 – XI R 17/08, UR 2010, 943 – Rz. 33; widersprüchlich V. Senat des BFH v. 15.4.2010 – V R 10/09, UR 2010, 646 – Rz. 29; BFH v. 1.12.2011 – V R 1/11, UR 2012, 363 – Rz. 17, einerseits; andererseits BFH v. 3.3.2011 – V R 23/10, BStBl. II 2012, 74 – Rz. 24; BFH v. 10.11.2011 – V R 41/10, UR 2012, 272 – Rz. 18; BFH v. 13.2.2014 – V R 5/13, juris – Rz. 16; vgl. auch FG Düsseldorf v. 29.9.1999 – 5 K 1480/96 U, UVR 2000, 262; FG Nds. v. 22.3.2010 – 16 K 11189/08, EFG 2010, 1263.
5 *Stadie* in R/D, § 2 UStG Anm. 1261; zust. BRH, BT-Drucks. 15/4081, 14.

364 Der Betrieb gewerblicher Art wird von § 4 Abs. 1 Satz 1 KStG mit einer nachhaltigen **wirtschaftlichen Tätigkeit** außerhalb der Land- und Forstwirtschaft umschrieben. Wirtschaftliche Tätigkeiten sind jedoch nicht nur ihrer Art nach gewerbliche, sondern neben den ausdrücklich ausgeschlossenen land- und forstwirtschaftlichen auch noch weitere, ihrer Art nach berufliche Tätigkeiten. Der Wortlaut der Vorschrift ist folglich widersprüchlich. Nach der Begründung zu § 1 Abs. 1 Nr. 6 KStG 1934 soll ein Betrieb gewerblicher Art vorliegen, wenn die Betätigung das *äußere Bild eines Gewerbebetriebes* biete.[1] Das sich aus Art. 3 Abs. 1 GG ergebende Gebot der **Wettbewerbsneutralität der Besteuerung** verlangt jedoch, dass alle nachhaltigen wirtschaftlichen Tätigkeiten besteuert werden und dem Merkmal „gewerblicher Art" keine eingrenzende Funktion zukommen darf, denn anderenfalls wären konkurrierende privatrechtlich organisierte Betriebe durch die Besteuerung benachteiligt. Der Betrieb gewerblicher Art muss deshalb grundsätzlich im Sinne des **wirtschaftlichen Geschäftsbetriebs** nach § 14 AO verstanden werden[2], mit dessen Definition § 4 Abs. 1 KStG, vom ausdrücklichen Ausschluss der land- und forstwirtschaftlichen Tätigkeiten abgesehen, übereinstimmt. Dieser umfasst auch Tätigkeiten, die **ihrer Art nach** nicht gewerblich, sondern **beruflich** i.S.d. § 18 EStG sind.[3]

## 2. Ausklammerung der Vermögensverwaltung?

365 Die wesentliche Bedeutung des § 4 Abs. 1 KStG liegt im Ausschluss der sog. Vermögensverwaltung *(Rz. 99, 116 u. 121; § 12 Rz. 69 f.)* aus den unternehmerischen Tätigkeiten i.S.d. § 2 UStG. Das folgt zum einen aus der zu § 14 AO fast deckungsgleichen Formulierung, der die Vermögensverwaltung ausdrücklich ausnimmt und des Weiteren im Umkehrschluss aus § 4 Abs. 4 KStG, der die **Verpachtung eines Betriebes gewerblicher Art** als einen solchen fingiert.[4] Da die Verpachtung eines Betriebes Vermögensverwaltung ist (§ 14 Satz 3 AO, § 21 Abs. 1 Nr. 1 und 2 EStG), wäre die Fiktion des § 4 Abs. 4 KStG nicht erforderlich, wenn die Vermögensverwaltung unter den Begriff des Betriebes gewerblicher Art nach § 4 Abs. 1 KStG fiele.

366 Folglich ist **entgegen** neuerer Auffassung des **BFH**[5] insbesondere die **Vermietung** oder Verpachtung von **Grundstücken** und gleichgestellten Wirtschaftsgütern, sofern sie nicht durch die Erbringung zusätzlicher Leistungen oder durch die Überlassung an ständig und kurzfristig wechselnde Nutzer nach dem Gesamtbild der Tätigkeit einen gewerblichen Charakter hat[6], bei juristischen Personen des öf-

---

1 RStBl. 1935, 81 (82).
2 *Stadie* in R/D, § 2 UStG Anm. 1218.
3 So auch im Ergebnis BFH v. 30.11.1989 – I R 19/87, BStBl. II 1990, 246 – zu einer Körperschaft des öffentlichen Rechts, die eine auf sie als Alleinerbin übergegangene Steuerberaterkanzlei kurzfristig weiterführte.
4 Dazu näher *Stadie* in R/D, § 2 UStG Anm. 1440 ff.
5 BFH v. 20.8.2009 – V R 70/05, UR 2009, 884; BFH v. 15.4.2010 – V R 10/09, UR 2010, 646; BFH v. 14.3.2012 – XI R 8/10, BFH/NV 2012, 1667.
6 *Beispiele* aus der früheren Rspr: Betrieb eines bewachten Parkplatzes, BFH v. 22.9.1976 – I R 102/74, BStBl. II 1976, 793; Betrieb eines Campingplatzes, BFH v. 6.10.1982 – I R 7/79, BStBl. II 1983, 80; Vermietung einer Mehrzweckhalle, BFH v. 28.11.1991 – V R 95/86, BStBl. II 1992, 569; Betrieb eines Parkhauses, BFH v. 10.12.1992 – V R 3/88, BStBl. II 1993, 380.

fentlichen Rechts abweichend von § 2 Abs. 1 UStG (*Rz. 131*) keine unternehmerische Tätigkeit.[1] Der BFH missachtet den eindeutigen gesetzgeberischen Willen (*Rz. 354*).[2] Mithin ist den jPdöR richtigerweise mangels Steuerbarkeit vor allem die **Möglichkeit verbaut, auf** die **Steuerfreiheit** i.S.d. § 4 Nr. 12 Satz 1 UStG nach § 9 UStG **zu verzichten**, um den Vorsteuerabzug aus den Herstellungskosten der vermieteten Gebäude zu erlangen. Die Finanzverwaltung folgt indes der neuen Auffassung des BFH.[3]

## IV. Sog. Hoheitsbetriebe

### 1. Grundsätzliches

Zu den Betrieben gewerblicher Art gehören nach § 4 Abs. 5 Satz 1 KStG nicht Betriebe, die überwiegend der Ausübung der öffentlichen Gewalt dienen (Hoheitsbetriebe). Für die Annahme eines Hoheitsbetriebes **reichen** jedoch **Zwangs- oder Monopolrechte nicht aus** (§ 4 Abs. 5 Satz 2 KStG). Hierbei soll es sich nach Auffassung der Bundesregierung um eine Klarstellung handeln, weil sich der Betrieb gewerblicher Art und der Hoheitsbetrieb wesensmäßig gegenseitig ausschließen.[4] Das ist richtig, gleichwohl bleibt das **Problem der Abgrenzung.** Dieses ergibt sich nur, wenn die Unternehmereigenschaft dem Grunde nach besteht, d.h. die Voraussetzungen des § 2 Abs. 1 UStG erfüllt sind (*Rz. 351*). Elementares Merkmal der Unternehmertätigkeit ist die Erbringung von Leistungen gegen Entgelt (*Rz. 62*); was namentlich dann nicht der Fall ist, wenn eine jPdöR gebührenpflichtige Amtshandlungen vornimmt (*Rz. 379*). 367

**Keine Ausübung der öffentlichen Gewalt** liegt vor, **wenn** eine jPdöR **in den Formen des Privatrechts** tätig wird.[5] Sie hat sich dann auf die Ebene der Gleichordnung begeben, was die Annahme der Ausübung öffentlicher Gewalt ausschließt. Dass eine jPdöR, auch wenn sie verwaltungsprivatrechtlich handelt, öffentlich-rechtlichen Bindungen unterworfen ist, macht ihr Handeln nicht zur Ausübung öffentlicher Gewalt. 368

Aber auch dann, wenn staatliche Organe **auf öffentlich-rechtlicher Grundlage** handeln, liegt **nicht stets Ausübung öffentlicher Gewalt** vor. Hierfür könnte zwar sprechen, dass der Begriff „öffentliche Gewalt" in Art. 19 Abs. 4 GG und Art. 93 Abs. 1 Nr. 4a GG bzw. „Ausübung hoheitlicher Befugnisse" in Art. 33 Abs. 4 GG weit zu verstehen ist und jedes Handeln staatlicher Organe auf öffentlich-rechtlicher Grundlage und selbst die Wahrnehmung von öffentlichen 369

---

1 Folglich liegt entgegen EuGH die von ihm geforderte ausdrückliche gesetzliche Regelung vor; EuGH v. 4.6.2009 – C-102/08, EuGHE 2009, I-4629 = UR 2009, 484.
2 Ausführlich *Stadie* in R/D, § 2 UStG Anm. 1222 ff.; zust. *Englisch* in T/L, § 17 Rz. 58.
3 Vgl. OFD Nds. v. 26.1.2011 – S 7106 - 283 - St 171, DStR 2011, 525.
4 Reg.-Begr. zu § 4 Abs. 5 KStG 1977, BT-Drucks. 7/1470, 337.
5 Vgl. EuGH v. 17.10.1989 – 231/87, 129/88, EuGHE 1989, 3233 = UR 1991, 77; EuGH v. 15.5.1990 – C-4/89, EuGHE 1990, I-1869 = UR 1991, 225; EuGH v. 14.12.2000 – C-446/98, EuGHE 2000, I-11435 = UR 2001, 108; BFH v. 9.10.2002 – V R 64/99, BStBl. II 2003, 375 (377); BFH v. 22.9.2005 – V R 28/03, BStBl. II 2006, 280 (282); BFH v. 20.8.2009 – V R 30/06, BStBl. II 2010, 863 (867); BFH v. 17.3.2010 – XI R 17/08, UR 2010, 943 – Rz. 27; BFH v. 3.3.2011 – V R 23/10, BStBl. II 2012, 74 = UR 2011, 617; BFH v. 10.11.2011 – V R 41/10, UR 2012, 272.

Aufgaben in privatrechtlicher Form erfasst[1], eine derartige Interpretation entspräche jedoch nicht dem Willen des Gesetzgebers. Wenn nämlich die Wahrnehmung öffentlicher Aufgaben stets Ausübung der öffentlichen Gewalt i.S.d. § 4 Abs. 5 KStG wäre, so liefe damit § 1 Nr. 6 KStG und folglich auch § 2 Abs. 3 UStG leer; denn die Wahrnehmung öffentlicher Aufgaben ist ein Wesensmerkmal der jPdöR, so dass stets § 4 Abs. 5 Satz 1 KStG erfüllt wäre und es nie zu einer Besteuerung der jPdöR kommen könnte. Zudem sollen nach § 4 Abs. 5 Satz 2 KStG nicht einmal Zwangs- und Monopolrechte für die Annahme eines Hoheitsbetriebes ausreichen. Damit wird deutlich, dass das **Kriterium** der Ausübung der öffentlichen Gewalt i.S.d. § 4 Abs. 5 KStG **nicht nach** dem **herkömmlichen Verständnis im Öffentlichen Recht** bestimmt werden darf[2] und von einem weitaus engeren Inhalt des Begriffes auszugehen ist (verfehlt ist deshalb die Entscheidung des BVerfG aus 1971[3], wonach die öffentlich-rechtlichen **Rundfunkanstalten** nicht unternehmerisch seien, weil sie öffentliche Gewalt i.S.d. § 2 Abs. 3 UStG ausübten[4]).

370 Mithin ist es auch **unerheblich**, ob die Gegenleistung als öffentlich-rechtliche Abgabe, d.h. als **Gebühr** oder als **Beitrag** erhoben wird.[5]

371 Bei der Abgrenzung ist das Gleichbehandlungsgebot des Art. 3 Abs. 1 GG in Gestalt des Grundsatzes der **Wettbewerbsneutralität** zu berücksichtigen, der es verbietet, durch die Nichtbesteuerung der öffentlichen Hand Wettbewerbsnachteile für konkurrierende Private eintreten zu lassen (*Vorbem. Rz. 46*). § 2 Abs. 3 UStG i.V.m. § 4 KStG muss deshalb **verfassungskonform** ausgelegt werden, so dass Ausübung der öffentlichen Gewalt nicht angenommen werden darf, wenn private Unternehmer auf demselben Gebiet tätig sind oder tätig sein könnten. Die Herstellung von Wettbewerbsgleichheit zwischen öffentlichen und privaten Betrieben ist jedoch schon das Ziel des Gesetzgebers bei der Einfügung des § 1 Abs. 1 Nr. 6 KStG gewesen[6], so dass sich bereits danach das Gebot einer wettbewerbsneutralen Auslegung der Norm ergibt.

372 Folglich kann der Wettbewerber eine auf Besteuerung der jPdöR gerichtete **Konkurrentenklage** erheben und zuvor **vom Finanzamt Auskunft** über das Ob und Wie der Umsatzbesteuerung der jPdöR **verlangen** (vgl. *Vorbem. Rz. 49*).[7]

---

1 Vgl. *Sachs* in Sachs, GG, Art. 19 GG Rz. 117 f.; *Jarass/Pieroth*, GG, Art. 19 GG Rz. 42.
2 Vgl. BFH v. 28.1.1988 – V R 112/86, BStBl. II 1988, 473 (476); BFH v. 21.9.1989 – V R 89/85, BStBl. II 1990, 95; *Selmer/L. Schulze-Osterloh*, DÖV 1978, 381 (383 f.).
3 BVerfG v. 27.7.1971 – 2 BvF 1/68, 2 BvR 702/68, BVerfGE 31, 314 = BStBl. II 1971, 567.
4 Ausführlich *Stadie* in R/D, § 2 UStG Anm. 1382 ff. m.w.N. Der BFH spricht gleichwohl von „hoheitlichem Programmauftrag" und „hoheitlicher Aufgabenstellung", s. BFH v. 10.12.2009 – XI R 62/06, BStBl. II 2010, 436 – Rz. 1 u. 19.
5 BFH v. 28.1.1988 – V R 112/86, BStBl. II 1988, 473 (476); BFH v. 21.9.1989 – V R 89/85, BStBl. II 1990, 95; BFH v. 23.10.1996 – I R 1–2/94, BStBl. II 1997, 139 (141); BFH v. 8.1.1998 – V R 32/97, BStBl. II 1998, 410 (412).
6 Vgl. Reg.-Begr. zum Entwurf des KStG 1977, BT-Drucks. 7/1470 – zu § 4 Abs. 1 KStG.
7 Vgl. FG Sa.-Anh. v. 10.2.2003 – 1 K 30456/99, EFG 2003, 910; EuGH v. 8.6.2006 – C-430/04, EuGHE 2006, I-4999 = UR 2006, 459; BFH v. 5.10.2006 – VII R 24/03, BStBl. II 2007, 243; BFH v. 26.1.2012 – VII R 4/11, BStBl. II 2012, 541.

Auch wenn tatsächlich keine Wettbewerber vorhanden sind, verlangt Art. 3 Abs. 1 GG eine Besteuerung, damit nicht durch die Nichtbesteuerung das Entstehen von privater Konkurrenz erschwert wird und Marktzugangsschranken errichtet werden. Insoweit ist auch der **potenzielle Wettbewerber** geschützt. Das gilt nur dann nicht, wenn die jPdöR ein gesetzlich gewährtes **Monopol** hat. Davon zu unterscheiden ist die Frage, ob das Monopol verfassungsgemäß oder mit dem EU-Recht zu vereinbaren ist. Selbst wenn das zu verneinen wäre, stellt sich bis zur Aufhebung des Monopols nicht die verfassungsrechtliche Frage nach der Umsatzbesteuerung der jPdöR.

373

Nach der ständigen **Rechtsprechung** des RFH und des KSt-Senats des BFH zu § 4 Abs. 5 KStG soll Ausübung der öffentlichen Gewalt vorliegen, wenn der jPdöR eine Tätigkeit „**eigentümlich und vorbehalten**" ist.[1] Das soll bereits dann der Fall sein, wenn die Tätigkeit der jPdöR als Pflichtaufgabe übertragen ist.[2] Diese Sichtweise ist seit der Geltung des 1977 eingeführten § 4 Abs. 5 Satz 2 KStG **verfehlt**, denn danach reichen Zwangs- und Monopolrechte für die Annahme eines Hoheitsbetriebes nicht mehr aus. Diese sind aber gerade die wesentlichen Merkmale öffentlich-rechtlicher Pflichtaufgaben. Letztere kann es ohne Erstere nicht geben. Dem Staat eigentümlich und vorbehalten sind nur die klassischen Staatsaufgaben, insbesondere die der polizei- und ordnungsrechtlichen Gefahrenabwehr, der Strafverfolgung und der Steuererhebung. Diese Tätigkeiten sind aber ohnehin keine wirtschaftlichen Tätigkeiten i.S.d. § 4 Abs. 1 KStG, so dass die Abgrenzungsformel ins Leere laufen muss.

374

Die Rechtsprechung hat ihre zuvor genannte Formel mehrfach dahin interpretiert, dass eine Tätigkeit dann nicht mehr der öffentlichen Hand eigentümlich und vorbehalten sei, wenn die öffentliche Hand in größerem Umfang Aufgaben wahrnehme, wie sie auch Privatpersonen ausübten, und dadurch in **Wettbewerb** zur privaten Wirtschaft trete.[3] Das ist richtig, aber überflüssig, da eine Tätigkeit, die auch von Privaten ausgeübt wird, nicht dem Staat vorbehalten ist. Zudem kommt es nach § 4 Abs. 5 Satz 2 KStG gar nicht auf den Wettbewerb an, denn danach kann ein Hoheitsbetrieb selbst dann zu verneinen sein, wenn die jPdöR ein Monopol hat.

375

Da nach § 4 Abs. 5 Satz 2 KStG ein Betrieb gewerblicher Art auch dann vorliegen kann, wenn die jPdöR ein Monopol hat, d.h. **kein Wettbewerb möglich** ist, und mit Zwangsrechten ausgestattet ist, bleibt für die Annahme eines Hoheitsbetriebes kein Raum mehr. Wenn eine mit Zwangsrechten ausgestattete jPdöR nach dem Gesetz bei der Erbringung ihrer Leistungen selbst dann nicht in Ausübung der öffentlichen Gewalt tätig ist, wenn sie ein Monopol hat, so folgt daraus, dass **§ 4 Abs. 5 KStG** insoweit **leerläuft**. Eine Einrichtung, die eine wirt-

376

---

[1] Gutachten des RFH v. 9.7.1937 – V D 1/37, RStBl. 1937, 1306; RFH v. 2.7.1938 – GrS D 5/38, RStBl. 1938, 743; BFH v. 22.9.1976 – I R 102/74, BStBl. II 1976, 793; BFH v. 14.3.1990 – I R 156/87, BStBl. II 1990, 866; BFH v. 23.10.1996 – I R 1–2/94, BStBl. II 1997, 139; BFH v. 25.1.2005 – I R 63/03, BStBl. II 2005, 501; BFH v. 7.11.2007 – I R 52/06, BStBl. II 2009, 248; BFH v. 29.10.2008 – I R 51/07, BStBl. II 2009, 1022.
[2] BFH v. 23.10.1996 – I R 1–2/94, BStBl. II 1997, 139.
[3] Vgl. BFH v. 30.6.1988 – V R 79/84, BStBl. II 1988, 910; BFH v. 21.9.1989 – V R 89/85, BStBl. II 1990, 95; BFH v. 14.3.1990 – I R 156/87, BStBl. II 1990, 866.

schaftliche Tätigkeit ausübt, nicht mit Zwangsrechten ausgestattet ist und kein Monopol hat, aber gleichwohl der Ausübung der öffentlichen Gewalt dient, ist nicht denkbar. Ob ein Betrieb gewerblicher Art vorliegt, bestimmt sich mithin ausschließlich positiv an Hand der Merkmale des § 4 Abs. 1 KStG „wirtschaftliche Tätigkeit zur Erzielung von Einnahmen".

377 Der V. (USt-)Senat des **BFH** wendete in den letzten Jahren trotz des klaren Gesetzesbefehls in § 2 Abs. 3 Satz 1 UStG den § 4 Abs. 5 KStG nicht mehr an, sondern „legt(e)" entgegen dem klaren Wortlaut den § 2 Abs. 3 Satz 1 UStG richtlinienkonform „aus". Maßgebend sei auf Grund der EuGH-Rechtsprechung zu Art. 13 MwStSystRL, ob die **Einrichtung** des öffentlichen Rechts **im Rahmen der eigens für sie geltenden öffentlich-rechtlichen Regelungen** handele. Die Tätigkeit sei nur dann unternehmerisch, wenn die Nichtbesteuerung zu **größeren Wettbewerbsverzerrungen** führen würde.[1] Dieses Kriterium soll sich nach derzeitiger Erkenntnis des V. Senats nunmehr unmittelbar aus dem Begriff des Hoheitsbetriebes i.S.v. § 4 Abs. 5 Satz 1 KStG ergeben.[2]

378 Dem Merkmal „**überwiegend**" in § 4 Abs. 5 Satz 1 KStG kommt keine konstitutive Bedeutung zu. Dieses Merkmal ist nicht im quantitativen, sondern im qualitativen Sinne zu verstehen und verlangt eine Bewertung der Tätigkeit.[3] Stellt sich eine Tätigkeit im Kern als Verfolgung eines übergeordneten öffentlichen Interesses und primär nicht als Erbringung von Leistungen gegenüber den Betroffenen dar, weil **in erster Linie eine originär hoheitliche Aufgabe** erfüllt wird, so dient sie „*überwiegend der Ausübung der öffentlichen Gewalt*". Es liegen schon keine Leistungen im umsatzsteuerrechtlichen Sinne vor. Dazu zählen nur solche Tätigkeiten, die im **polizei- und ordnungsrechtlichen Bereich** per se dem Staat vorbehalten sind und nicht privatisiert werden können. Solche Betätigungen hingegen, die auch von Privaten erbracht werden können, die jedoch vom Staat an sich gezogen worden sind, um die ordnungsgemäße Erledigung der Aufgaben sicherzustellen, dienen insoweit zwar öffentlichen Interessen und damit im weiteren Sinne der Ausübung öffentlicher Gewalt, bei ihnen steht jedoch bei wertender Betrachtung der **Dienstleistungscharakter** im **Vordergrund**.[4] Die zunehmende Privatisierung traditionell von der öffentlichen Hand wahrgenommener Dienstleistungsbereiche bestätigt das.

379 Einrichtungen, die überwiegend der Ausübung der öffentlichen Gewalt dienen, sind insbesondere Verwaltungsbereiche, die **gebührenpflichtige Amtshandlungen** vornehmen. Die **Verwaltungsgebühren** für derartige *Genehmigungen, Bescheinigungen* usw. werden zwar von den Kommunalabgabengesetzen (KAG) als „Gegenleistung für eine besondere Leistung" der jPdöR bezeichnet, gleichwohl liegen keine Leistungen im umsatzsteuerrechtlichen Sinne vor, weil dem Bürger

---

1 BFH v. 9.10.2002 – V R 64/99, BStBl. II 2003, 375; BFH v. 1.3.2011 – V R 78/01, BStBl. II 2004, 431; BFH v. 22.9.2005 – V R 28/03, BStBl. II 2006, 280; BFH v. 3.7.2008 – V R 40/04, BStBl. II 2009, 208; BFH v. 10.11.2011 – V R 41/10, UR 2012, 272 – Betrieb einer Sport- und Freizeithalle.
2 BFH v. 15.4.2010 – V R 10/09, UR 2010, 646 – Rz. 43; BFH v. 1.12.2011 – V R 1/11, UR 2012, 363.
3 *Stadie* in R/D, § 2 UStG Anm. 1294 ff. m.w.N.
4 *Stadie* in R/D, § 2 UStG Anm. 1300 ff.

kein geldwerter Vorteil in Gestalt eines verbrauchbaren Nutzens (*§ 1 Rz. 9*) verschafft wird. Dieser erhält zwar im weiteren Sinne einen Vorteil, weil sein Vorhaben erst mit der Genehmigung, Bescheinigung usw. zulässig bzw. möglich wird, dieser Vorteil wird ihm jedoch nicht vom Staat verschafft, weil die Handlungsfreiheit grundgesetzlich gewährleistet ist. Der Staat prüft deshalb lediglich, ob übergeordnete Allgemeininteressen entgegenstehen und wird deshalb ausschließlich im öffentlichen Interesse zur Wahrung der öffentlichen Sicherheit tätig. Die zu entrichtende Gebühr ist nicht die Gegenleistung für die erteilte Genehmigung usw., sondern stellt lediglich einen Ausgleich für die Kosten der Verwaltungstätigkeit als solche dar, die der Antragsteller ausgelöst hat.

Anders ist es bei **Entsorgungseinrichtungen**, bei denen aus gesundheits- und anderen polizeilichen Zwecken ein *Anschluss-* bzw. *Benutzungszwang* besteht und **Benutzungsgebühren** erhoben werden. Das ändert jedoch nichts am Dienstleistungscharakter (*Rz. 378*). **Versorgungsbetriebe** sind kraft ausdrücklicher Regelung Betriebe gewerblicher Art (§ 4 Abs. 3 KStG).[1]   380

## 2. Einzelfälle[2]

**Abfallentsorgung** ist nach Auffassung der Finanzverwaltung eine hoheitliche und damit nichtunternehmerische Tätigkeit.[3] Für den Hausmüll folgt die Nichtsteuerbarkeit m.E. aus Art. 98 Abs. 2 i.V.m. Anhang III Kategorie 18 MwSt-SystRL.[4]   381

Die Durchführung der **Abwasserentsorgung** gegen satzungsmäßige Gebühren stellt nach verfehlter Auffassung[5] des BFH einen Hoheitsbetrieb i.S.d. § 4 Abs. 5 KStG dar, so dass die Tätigkeit gem. § 2 Abs. 3 Satz 1 UStG nicht unternehmerisch sei.[6] Die Fragestellung entfällt, wenn die Tätigkeit von der Gemeinde auf eine **Kapitalgesellschaft** ausgelagert worden ist, weil deren Tätigkeit zwingend unternehmerisch ist[7] (s. auch *Rz. 356*).   382

---

1 Dazu näher *Stadie* in R/D, § 2 UStG Anm. 1305 ff.; ferner BFH v. 2.3.2011 – XI R 65/07, UR 2011, 657 – Trink- und Gebrauchswasser.
2 Zu weiteren s. *Stadie* in R/D, § 2 UStG Anm. 1409 ff.
3 Abschn. 2.11 Abs. 4 Satz 2 UStAE i.V.m. R 10 Abs. 6 KStR; ebenso für die Körperschaftsteuer des I. Senat des BFH v. 23.10.1996 – I R 1–2/94, BStBl. II 1997, 139; vgl. auch BFH v. 3.4.2012 – I R 22/11, BFH/NV 2012, 1334 – Rz. 9 – „möglicherweise". Der V. Senat hat die Frage für die Umsatzsteuer bislang dahinstehen lassen; vgl. BFH v. 2.12.1999 – V B 81/99, UR 2000, 111; BFH v. 28.2.2002 – V R 19/01, BStBl. II 2003, 950 = UR 2002, 365.
4 *Stadie* in R/D, § 2 UStG Anm. 1339 f.
5 Zur Kritik *Stadie* in R/D, § 2 UStG Anm. 1345 ff.
6 BFH v. 8.1.1998 – V R 32/97, BStBl. II 1998, 410; BFH v. 1.7.2004 – V R 64/02, BFH/NV 2005, 252 (255); vgl. auch BFH v. 9.10.2002 – V R 64/99, BStBl. II 2003, 375 (378); FG Hamburg v. 30.12.2009, DStRE 2010, 1004.
7 BFH v. 20.12.2001 – V R 81/99, BStBl. II 2003, 950 = UR 2002, 365. Zu den Leistungsbeziehungen zwischen jPdöR und der Kapitalgesellschaft s. OFD Frankfurt a.M. v. 13.3.2007 – S 7106 A - 1/80 - St 11, UR 2007, 629. Die Überlassung des Abfalls an Letztere durch Erstere ist entgegen der Auffassung der Finanzverwaltung keine hoheitliche Tätigkeit.

383 **Feuerbestattungen (Krematorien)** stellen keine Hoheitsbetriebe dar.[1] Hingegen soll das **herkömmliche Bestattungswesen** von den Gemeinden und Kirchen als Aufgabe der öffentlichen Gewalt wahrgenommen werden.[2]

384 **Parkplätze** und **Tiefgaragen** „dienen dem öffentlichen Verkehr" (§ 4 Abs. 3 KStG) und sind Betriebe gewerblicher Art, auch wenn die jPdöR sich der Handlungsform des öffentlichen Rechts (Satzung) bedient.[3]

**Parkuhren** und **Parkscheinautomaten** nach der StVO sollten hingegen nach bisheriger Auffassung des V. Senats des BFH in Ausübung der öffentlichen Gewalt betrieben werden.[4] Es handelt sich indes, wie der V. Senat noch 1992 ausdrücklich festgestellt hatte, wie bei Parkhäusern um einen **Verkehrsbetrieb i.S.d. § 4 Abs. 3 KStG**, da auch die „Bereitstellung von Parkräumen, die mit Parkuhren versehen sind" und „von jedermann benutzt werden können", dem öffentlichen Verkehr im Sinne dieser Vorschrift dient.[5] Auch war übersehen worden, dass die umliegenden **Parkhäuser** einen **Wettbewerbsnachteil** haben. Zudem gibt es keinen Grund, derartige Gebühren als Gegenleistung für eine Verbraucherversorgung nicht zu besteuern (*Rz. 370*). Der V. Senat des BFH ist nunmehr dieser Kritik gefolgt.[6]

385 **Öffentliche Toilettenanlagen** sollen nach verfehlter Auffassung des I. Senats des BFH einen Hoheitsbetrieb darstellen.[7]

386 **Standplatzüberlassung** auf Wochen-, Jahr- oä. **Märkten**. Der BFH unterscheidet danach, ob den Marktbeschickern eine öffentlich-rechtliche Sondernutzung an der dem öffentlichen Verkehr gewidmeten Straßen- oder Marktfläche eingeräumt würden oder ob die Gemeinde das Recht auf Sondernutzung als Veranstalterin und Eigentümerin der Flächen selbst in Anspruch nehme und den Marktbeschickern lediglich Standplätze überlasse. In der ersten Fallgestaltung liege eine hoheitliche Tätigkeit vor. Die bloße Überlassung von Standflächen sei hingegen keine hoheitliche Tätigkeit und erfolge im Rahmen eines Betriebes gewerblicher Art.[8] Diese Differenzierung ist fehlerhaft, weil die Zufälligkeit der Ausgestaltung des Nutzungsverhältnisse (öffentlich-rechtlich oder zivilrechtlich) darüber entscheidet, ob der Aufwand des Leistungsempfängers der Steuer

---

1 Vgl. EuGH v. 8.6.2006 – C-430/04, EuGHE 2006, I-4999 = UR 2006, 459; ferner zur KSt. BFH v. 29.10.2008 – I R 51/07, BStBl. II 2009, 1022.
2 BFH v. 26.5.1977 – V R 15/74, BStBl. II 1977, 813; BFH v. 14.4.1983 – V R 3/79, BStBl. II 1983, 491; BFH v. 2.7.1986 – I R 38/80, BFH/NV 1987, 810.
3 BFH v. 10.12.1992 – V R 3/88, BStBl. II 1993, 380; BFH v. 1.12.2011 – V R 1/11, UR 2012, 363; ferner BFH v. 8.11.1989 – I R 187/85, BStBl. II 1990, 242; R 10 Abs. 4 Satz 2 KStR 2004; vgl. auch EuGH v. 14.12.2000 – C-446/98, EuGHE 2000, I-11435 = UR 2001, 108 m. Anm. *Widmann*; EuGH v. 16.9.2008 – C-288/07, EuGHE 2008, I-7203 = UR 2008, 816.
4 BFH v. 27.2.2003 – V R 78/01, BStBl. II 2004, 431.
5 BFH v. 10.12.1992 – V R 3/88, BStBl. II 1993, 380 (381 f.).
6 BFH v. 1.12.2011 – V R 1/11, UR 2012, 363.
7 BFH v. 7.11.2007 – I R 52/06, BStBl. II 2009, 248.
8 BFH v. 22.10.2009 – V 33/08, UR 2010, 368 – Rz. 27 f.; BFH v. 3.3.2010 – V R 23/10, BStBl. II 2012, 74 = UR 2011, 617 – Rz. 23 u. 25; BFH v. 13.2.2014 – V R 5/13, UR 2014, 566.

unterliegt. Allerdings ist nach neuerer Auffassung des BFH die **Standplatzvermietung** in **vollem Umfang** gem. § 4 Nr. 12 Buchst. a UStG **steuerfrei**; Serviceleistungen, wie insbesondere Stromversorgung und Reinigung sollen nur Nebenleistungen sein[1] (s. auch *§ 4 Nr. 12 Rz. 23*).

**Tierkörperbeseitigung** ist keine Ausübung der öffentlichen Gewalt.[2]  387

## V. Land- und forstwirtschaftlicher Betrieb

Ein land- und forstwirtschaftlicher Betrieb stellt keinen Betrieb gewerblicher Art dar (§ 4 Abs. 1 Satz 1 KStG), so dass er ausdrücklich in § 2 Abs. 3 Satz 1 UStG genannt werden musste. Seine Merkmale bestimmen sich nach § 24 Abs. 2 UStG. Die **Verpachtung** eines land- oder forstwirtschaftlichen Betriebs ist wie ein solcher zu behandeln.[3]  388

## VI. Einzelregelungen

Nach § 2 Abs. 3 Satz 2 UStG gelten die aufgezählten Tätigkeiten als unternehmerische Tätigkeiten, auch wenn die Voraussetzungen des § 2 Abs. 3 Satz 1 UStG nicht gegeben sind. Hierbei handelt es sich lediglich um **Klarstellungen**, da diese Tätigkeiten wegen des Charakters der Verbraucherversorgung ohnehin keine Ausübung der öffentlichen Gewalt i.S.d. § 4 Abs. 5 KStG darstellen und schon deshalb Betriebe gewerblicher Art i.S.d. § 4 Abs. 1 KStG sind.[4]  389

## VII. Das Unternehmen der jPdöR

Der Umfang des Unternehmens der jPdöR bestimmt sich nach § 2 Abs. 1 Satz 2 UStG (*Rz. 186 ff.*). Danach umfasst das Unternehmen die gesamte gewerbliche und berufliche Tätigkeit des Unternehmers. Alle unternehmerischen Tätigkeiten der jPdöR – mit Ausnahme teilrechtsfähiger Sondervermögen (*Rz. 36 a.E.*) – stellen **ein Unternehmen** dar[5], unabhängig davon, ob körperschaftsteuerrechtlich verschiedene Betriebe vorliegen (*Rz. 186 f.*). Auch ein Betrieb gewerblicher Art und ein land- und forstwirtschaftlicher Betrieb bilden zwingend ein Unternehmen.  390

Der übrige Tätigkeitsbereich der jPdöR ist der **nichtunternehmerische Bereich**, zu dem nicht nur die hoheitlichen Gebiete, sondern auch solche wirtschaftlichen Betätigungen gehören, welche nicht von § 2 Abs. 3 UStG erfasst werden, insbesondere richtigerweise die Vermögensverwaltung (*Rz. 365 f.*). Diese nicht-  391

---

1 BFH v. 13.2.2014 – V R 5/13, UR 2014, 566.
2 BFH v. 2.9.2010 – V R 23/09, BFH/NV 2011, 458 – Rz. 35; BGH v. 1.10.2009 – VII ZR 183/08, UR 2010, 737 – Rz. 22, 26.
3 Vgl. *Reiß* in R/K/L, § 2 UStG Rz. 170; a.A. BFH v. 21.2.1980 – V R 113/73, BStBl. II 1980, 613.
4 Zu Einzelheiten *Stadie* in R/D, § 2 UStG Anm. 1460 ff.; zu Vermessungs- und Katasterbehörden auch Abschn. 2.11 Abs. 7 ff. UStAE.
5 BFH v. 18.8.1988 – V R 194/83, BStBl. II 1988, 932; Abschn. 2.11 Abs. 2 UStAE.

unternehmerischen Tätigkeitsbereiche können nicht (zwecks Erlangung des Vorsteuerabzugs) dem Unternehmen zugeordnet werden.[1]

**392** **Wertabgaben** des Unternehmens an den nichtunternehmerischen Bereich können zu **Entnahmen** i.S.d.es § 3 Abs. 1b UStG und zu **Nutzungsentnahmen** i.S.d. § 3 Abs. 9a UStG führen (*§ 3 Rz. 61 ff.* bzw. *166 ff.*). Bei der **Erweiterung des unternehmerischen Bereichs** kommt ein nachträglicher Vorsteuerabzug bei Anlagegegenständen nach dem **Einlagegedanken** in Betracht (*§ 15a Rz. 126 ff.*).

## § 2a
## Fahrzeuglieferer

**Wer im Inland ein neues Fahrzeug liefert, das bei der Lieferung in das übrige Gemeinschaftsgebiet gelangt, wird, wenn er nicht Unternehmer im Sinne des § 2 ist, für diese Lieferung wie ein Unternehmer behandelt. Dasselbe gilt, wenn der Lieferer eines neuen Fahrzeugs Unternehmer im Sinne des § 2 ist und die Lieferung nicht im Rahmen des Unternehmens ausführt.**

*EU-Recht*
Art. 9 Abs. 2 MwStSystRL.

1 Die Vorschrift ist aus sich selbst heraus nicht verständlich. Sie scheint auf Grund ihrer Formulierung („wie ein Unternehmer zu behandeln") und Platzierung im Gesetz den § 2 UStG zu ergänzen. Das ist jedoch nur vordergründig und technisch der Fall. Die Vorschrift erhält ihren **Sinn** erst im Zusammenspiel mit § 4 Nr. 1 Buchst. b i.V.m. § 6a und § 15 Abs. 3 Nr. 1 und Abs. 4a UStG (*Rz. 2*). Mit kaum zu überbietender Umständlichkeit in der Gesetzestechnik wird erreicht, dass auch bei **Lieferungen von „neuen" Fahrzeugen** i.S.d. § 1b UStG insbesondere **durch Privatpersonen** in das übrige Gemeinschaftsgebiet eine **Entlastung** dieser Fahrzeuge **von** der deutschen **Umsatzsteuer** stattfindet. Mit diesem Regelungswerk korrespondiert eine entsprechende Erwerbsbesteuerung im Bestimmungsland (Art. 2 Abs. 1 Buchst. b MwStSystRL; vgl. für den umgekehrten Fall § 1 Abs. 1 Nr. 5 i.V.m. § 1a Abs. 1 und 5 bzw. § 1b UStG).

2 Diese Entlastung wird **gesetzestechnisch** dadurch erreicht, dass die Lieferungen durch Privatpersonen und gleichgestellte Personen (*Rz. 5*) in das System des Umsatzsteuergesetzes gezwängt werden, indem durch die **Unternehmerfiktion** für die jeweilige Fahrzeuglieferung ein **steuerbarer Umsatz** i.S.d. § 1 Abs. 1 Nr. 1 UStG **konstruiert** wird, der **steuerfrei** ist (§ 4 Nr. 1 Buchst. b i.V.m. § 6a UStG) und zur (begrenzten) **Vergütung** der auf den ursprünglichen Erwerb fallenden Umsatzsteuer als **Vorsteuer** führt (§ 15 Abs. 3 Nr. 1 i.V.m. Abs. 4a UStG). Diese **Gesetzestechnik** ist ein Beispiel für extreme **Bürgerferne** des Gesetzgebers und für eine unnötige, kaum noch zu überbietende **Kompliziertheit** des Gesetzes **bei**

---
[1] BFH v. 26.4.1990 – V R 166/84, BStBl. II 1990, 799; BFH v. 11.6.1997 – XI R 65/95, BStBl. II 1999, 420.

der **Umsetzung eines einfachen Gedankens**.[1] Es ist dem Bürger kaum verständlich zu machen, dass ein privater Verkauf erst als steuerbarer Umsatz fingiert wird, um ihn dann sogleich für zwingend steuerfrei zu erklären.

Die Lieferung des Fahrzeuges muss **im Inland** erfolgen. Das ist gem. § 3 Abs. 6 UStG der Fall, wenn der Lieferer es zum bereits feststehenden Abnehmer (Erwerber) befördert oder versendet oder der Erwerber das Fahrzeug abholt. Das Fahrzeug muss ferner „**bei**" der Lieferung in das übrige Gemeinschaftsgebiet gelangen. Dieses Merkmal ist weit auszulegen (*§ 1b Rz. 3*). Erfasst werden auch die Fälle, in denen das Fahrzeug vor dem Gelangen in das übrige Gemeinschaftsgebiet **von** einem **Dritten** im Auftrag des Erwerbers **bearbeitet** wird (*§ 1a Rz. 14*) oder der Erwerber das Fahrzeug abholt aber nicht umgehend in das übrige Gemeinschaftsgebiet befördert, sondern z.B. zuvor seinen Urlaub o.Ä. im Inland verbringt (dazu näher *§ 1a Rz. 13*). Dem gleichzustellen ist der Fall, in dem der Erwerber kurz **vor** seiner **beruflichen Rückkehr** in einen anderen Mitgliedstaat in Deutschland das Fahrzeug erwirbt, unter einem Überführungskennzeichen (o.Ä.) zulässt und **hier kurzfristig nutzt**.[2]   3

Durch die Vorschrift wird ein Nichtunternehmer, der ein neues Fahrzeug i.S.d. § 1b UStG unter den zuvor genannten Voraussetzungen liefert, für diese Lieferung wie ein Unternehmer behandelt (**Satz 1**). Mit dieser **Fiktion** wird erreicht, dass die Tatbestandsmerkmale des § 1 Abs. 1 Nr. 1 UStG „**Unternehmer**" und (im Zusammenwirken mit Satz 2) „**im Rahmen seines Unternehmens**" als gegeben gelten und mithin ein steuerbarer Umsatz vorliegt, wenn die Lieferung gegen Entgelt erfolgt. Die Fiktion gilt nur **punktuell** für die jeweilige Lieferung eines neuen Fahrzeuges.   4

**Dasselbe** soll gelten, wenn der Lieferer zwar **Unternehmer** i.S.d. § 2 UStG ist, die Lieferung aber **nicht im Rahmen des Unternehmens** ausführt (**Satz 2**). Gemeint ist, dass der Unternehmer für eine solche Lieferung wie ein Nichtunternehmer behandelt wird, der unter Satz 1 fällt.[3] Kleinunternehmer i.S.d. § 19 Abs. 1 UStG, die eine solche Lieferung im Rahmen ihres Unternehmens ausführen, werden insoweit ebenfalls wie eine Privatperson, die unter § 2a UStG fällt, behandelt (§ 19 Abs. 4 UStG).   5

# § 3
# Lieferung, sonstige Leistung

**(1)** Lieferungen eines Unternehmers sind Leistungen, durch die er oder in seinem Auftrag ein Dritter den Abnehmer oder in dessen Auftrag einen Dritten be-

---

1 Zu einem Vorschlag für eine eher verständliche Regelung s. *Stadie* in R/D, § 15 UStG Anm. 1432.
2 Vgl. OFD München v. 22.8.2001 – S 7103b - 5 St 435, UR 2002, 184; ferner BFH v. 28.9.2006 – V R 65/03, BStBl. II 2007, 672 – 2d.
3 *Stadie* in R/D, § 2a UStG Anm. 16.

fähigt, im eigenen Namen über einen Gegenstand zu verfügen (Verschaffung der Verfügungsmacht).

(1a) Als Lieferung gegen Entgelt gilt das Verbringen eines Gegenstands des Unternehmens aus dem Inland in das übrige Gemeinschaftsgebiet durch einen Unternehmer zu seiner Verfügung, ausgenommen zu einer nur vorübergehenden Verwendung, auch wenn der Unternehmer den Gegenstand in das Inland eingeführt hat. Der Unternehmer gilt als Lieferer.

(1b) Einer Lieferung gegen Entgelt werden gleichgestellt

1. die Entnahme eines Gegenstands durch einen Unternehmer aus seinem Unternehmen für Zwecke, die außerhalb des Unternehmens liegen;
2. die unentgeltliche Zuwendung eines Gegenstands durch einen Unternehmer an sein Personal für dessen privaten Bedarf, sofern keine Aufmerksamkeiten vorliegen;
3. jede andere unentgeltliche Zuwendung eines Gegenstands, ausgenommen Geschenke von geringem Wert und Warenmuster für Zwecke des Unternehmens.

Voraussetzung ist, dass der Gegenstand oder seine Bestandteile zum vollen oder teilweisen Vorsteuerabzug berechtigt haben.

(2) (weggefallen)

(3) Beim Kommissionsgeschäft (§ 383 des Handelsgesetzbuchs) liegt zwischen dem Kommittenten und dem Kommissionär eine Lieferung vor. Bei der Verkaufskommission gilt der Kommissionär, bei der Einkaufskommission der Kommittent als Abnehmer.

(4) Hat der Unternehmer die Bearbeitung oder Verarbeitung eines Gegenstands übernommen und verwendet er hierbei Stoffe, die er selbst beschafft, so ist die Leistung als Lieferung anzusehen (Werklieferung), wenn es sich bei den Stoffen nicht nur um Zutaten oder sonstige Nebensachen handelt. Das gilt auch dann, wenn die Gegenstände mit dem Grund und Boden fest verbunden werden.

(5) Hat ein Abnehmer dem Lieferer die Nebenerzeugnisse oder Abfälle, die bei der Bearbeitung oder Verarbeitung des ihm übergebenen Gegenstands entstehen, zurückzugeben, so beschränkt sich die Lieferung auf den Gehalt des Gegenstands an den Bestandteilen, die dem Abnehmer verbleiben. Das gilt auch dann, wenn der Abnehmer an Stelle der bei der Bearbeitung oder Verarbeitung entstehenden Nebenerzeugnisse oder Abfälle Gegenstände gleicher Art zurückgibt, wie sie in seinem Unternehmen regelmäßig anfallen.

(5a) Der Ort der Lieferung richtet sich vorbehaltlich der §§ 3c, 3e, 3f und 3g nach den Absätzen 6 bis 8.

(6) Wird der Gegenstand der Lieferung durch den Lieferer, den Abnehmer oder einen vom Lieferer oder vom Abnehmer beauftragten Dritten befördert oder versendet, gilt die Lieferung dort als ausgeführt, wo die Beförderung oder Versendung an den Abnehmer oder in dessen Auftrag an einen Dritten beginnt. Befördern ist jede Fortbewegung eines Gegenstands. Versenden liegt vor, wenn jemand die Beförderung durch einen selbständigen Beauftragten ausführen oder besorgen lässt. Die Versendung beginnt mit der Übergabe des Gegenstands an

den Beauftragten. Schließen mehrere Unternehmer über denselben Gegenstand Umsatzgeschäfte ab und gelangt dieser Gegenstand bei der Beförderung oder Versendung unmittelbar vom ersten Unternehmer an den letzten Abnehmer, ist die Beförderung oder Versendung des Gegenstands nur einer der Lieferungen zuzuordnen. Wird der Gegenstand der Lieferung dabei durch einen Abnehmer befördert oder versendet, der zugleich Lieferer ist, ist die Beförderung oder Versendung der Lieferung an ihn zuzuordnen, es sei denn, er weist nach, dass er den Gegenstand als Lieferer befördert oder versendet hat.

(7) Wird der Gegenstand der Lieferung nicht befördert oder versendet, wird die Lieferung dort ausgeführt, wo sich der Gegenstand zur Zeit der Verschaffung der Verfügungsmacht befindet. In den Fällen des Absatzes 6 Satz 5 gilt Folgendes:

1. Lieferungen, die der Beförderungs- oder Versendungslieferung vorangehen, gelten dort als ausgeführt, wo die Beförderung oder Versendung des Gegenstands beginnt.

2. Lieferungen, die der Beförderungs- oder Versendungslieferung folgen, gelten dort als ausgeführt, wo die Beförderung oder Versendung des Gegenstands endet.

(8) Gelangt der Gegenstand der Lieferung bei der Beförderung oder Versendung aus dem Drittlandsgebiet in das Inland, gilt der Ort der Lieferung dieses Gegenstands als im Inland gelegen, wenn der Lieferer oder sein Beauftragter Schuldner der Einfuhrumsatzsteuer ist.

(8a) (weggefallen)

(9) Sonstige Leistungen sind Leistungen, die keine Lieferungen sind. Sie können auch in einem Unterlassen oder im Dulden einer Handlung oder eines Zustands bestehen. In den Fällen der §§ 27 und 54 des Urheberrechtsgesetzes führen die Verwertungsgesellschaften und die Urheber sonstige Leistungen aus.

(9a) Einer sonstigen Leistung gegen Entgelt werden gleichgestellt

1. die Verwendung eines dem Unternehmen zugeordneten Gegenstands, der zum vollen oder teilweisen Vorsteuerabzug berechtigt hat, durch einen Unternehmer für Zwecke, die außerhalb des Unternehmens liegen, oder für den privaten Bedarf seines Personals, sofern keine Aufmerksamkeiten vorliegen; dies gilt nicht, wenn der Vorsteuerabzug nach § 15 Absatz 1b ausgeschlossen oder wenn eine Vorsteuerberichtigung nach § 15a Absatz 6a durchzuführen ist;

2. die unentgeltliche Erbringung einer anderen sonstigen Leistung durch den Unternehmer für Zwecke, die außerhalb des Unternehmens liegen, oder für den privaten Bedarf seines Personals, sofern keine Aufmerksamkeiten vorliegen.

(10) Überlässt ein Unternehmer einem Auftraggeber, der ihm einen Stoff zur Herstellung eines Gegenstands übergeben hat, an Stelle des herzustellenden Gegenstands einen gleichartigen Gegenstand, wie er ihn in seinem Unternehmen aus solchem Stoff herzustellen pflegt, so gilt die Leistung des Unternehmers als Werkleistung, wenn das Entgelt für die Leistung nach Art eines Werklohns unabhängig vom Unterschied zwischen dem Marktpreis des empfangenen Stoffs und dem des überlassenen Gegenstands berechnet wird.

(11) Wird ein Unternehmer in die Erbringung einer sonstigen Leistung eingeschaltet und handelt er dabei im eigenen Namen, jedoch für fremde Rechnung, gilt diese Leistung als an ihn und von ihm erbracht.

(11a)[1] Wird ein Unternehmer in die Erbringung einer sonstigen Leistung, die über ein Telekommunikationsnetz, eine Schnittstelle oder ein Portal erbracht wird, eingeschaltet, gilt er im Sinne von Absatz 11 als im eigenen Namen und für fremde Rechnung handelnd. Dies gilt nicht, wenn der Anbieter dieser sonstigen Leistung von dem Unternehmer als Leistungserbringer ausdrücklich benannt wird und dies in vertraglichen Vereinbarungen zwischen den Parteien zum Ausdruck kommt. Diese Bedingung ist erfüllt, wenn

1. in den vom jedem an der Erbringung beteiligten Unternehmer ausgestellten oder verfügbar gemachten Rechnungen die sonstige Leistung im Sinne des Satzes 2 und der Erbringer dieser Leistung angegeben sind;
2. in den dem Leistungsempfänger ausgestellten oder verfügbar gemachten Rechnungen die sonstige Leistung im Sinne des Satzes 2 und der Erbringer dieser Leistung angegeben sind.

Die Sätze 2 und 3 finden keine Anwendung, wenn der Unternehmer hinsichtlich der Erbringung der sonstigen Leistung im Sinne des Satz 2

1. die Abrechnung gegenüber dem Leistungsempfänger autorisiert,
2. die Erbringung der sontigen Leistung genehmigt oder
3. die allgemeinen Bedingungen der Leistungserbringung festlegt.

Die Sätze 1 bis 4 gelten nicht, wenn der Unternehmer lediglich Zahlungen in Bezug auf die erbrachte sonstige Leistung im Sinne des Satzes 2 abwickelt und nicht an der Erbringung dieser sonstigen Leistung beteiligt ist.

(12) Ein Tausch liegt vor, wenn das Entgelt für eine Lieferung in einer Lieferung besteht. Ein tauschähnlicher Umsatz liegt vor, wenn das Entgelt für eine sonstige Leistung in einer Lieferung oder sonstigen Leistung besteht.

*EU-Recht*

Art. 14–17, 23–26, 28, 31–32, 36, 168a Abs. 1 Satz 2 MwStSystRL;

Art. 6, 8, 9, 9a MwSt-DVO.

*VV*

Abschn. 1a.2, 3.1–3.15 UStAE.

| | | | |
|---|---|---|---|
| **A. Vorbemerkungen, Überblick** | 1 | 2. Ähnliche „Sachen" (Wirtschaftsgüter) | 7 |
| **B. Lieferung (Abs. 1)** | | 3. Gebäude, Gebäudeteile | 11 |
| I. Allgemeines | 3 | III. Verfügungsmacht | |
| II. Gegenstand | | 1. Allgemeines | 16 |
| 1. Körperlicher Gegenstand | 6 | 2. Verschaffung | 24 |

---

[1] Eingefügt m. Wirkung v. 1.1.2015 durch Gesetz v. 25.7.2014.

3. Trotz Eigentums keine Verfügungsmacht .................. 26
   a) Treuhandeigentum ......... 27
   b) Sicherungseigentum ........ 28
   c) Nutzungsvorbehalt (Rücküberlassung) ............... 30
4. Verfügungsmacht ohne Eigentum....................... 33
   a) Eigentumsvorbehalt ........ 34
   b) Sog. Leasing, Mietkauf ...... 35
   c) Eigenbesitz ............... 38
   d) Gefahrtragung bei Untergang des Gegenstandes .......... 39
   e) Grundstücksübergabe ....... 40
5. Gebäude auf fremdem Grund und Boden, Einbauten ......... 41
IV. Reihengeschäft, Streckengeschäft ..................... 45

**C. Verbringen eines Gegenstandes in das übrige Gemeinschaftsgebiet (Abs. 1a)**................ 51

**D. Entnahmen und unentgeltliche Lieferungen (Abs. 1b)**
  I. Normzweck ................. 56
  II. Gegenstandsentnahmen (Satz 1 Nr. 1)
   1. Merkmale .................. 61
   2. Vorsteuerentlasteter Gegenstand (Satz 2), Umfang der Entnahme ................... 64
   3. Zwecke außerhalb des Unternehmens .................. 68
   4. Zerstörung im Rahmen nichtunternehmerischer Verwendung ....................... 72
   5. Zeitliche Grenze ............. 74
  III. Zuwendungen an das Personal (Nr. 2)..................... 76
  IV. Unentgeltliche Lieferungen an Dritte (Nr. 3)
   1. Allgemeines ................ 79
   2. Zuwendungen .............. 84
   3. Unentgeltliche Lieferungen an Unternehmer ................ 92
   4. Ausnahmen ................ 95

**E. Kommissionsgeschäfte (Abs. 3)**
  I. Zweck der Sonderregelung ..... 97

  II. Verkaufskommission ........ 98
  III. Einkaufskommission ........ 101

**F. Werklieferung (Abs. 4)**
  I. Allgemeines ................. 105
  II. Abgrenzung von der sog. Werkleistung .................... 108
  III. Verbindung mit dem Grund und Boden .................. 112

**G. Sog. Gehaltslieferung (Abs. 5)**.. 113

**H. Ort der Lieferung (Abs. 5a–8)**
  I. Allgemeines, Überblick ....... 115
  II. Beförderungs- und Versendungslieferungen (Abs. 6)
   1. Grundsätze ................. 121
   2. Reihengeschäft, Streckengeschäft
     a) Allgemeines ............... 129
     b) Beförderung oder Versendung durch den ersten Unternehmer .............. 135
     c) Abholfälle ................ 137
  III. Lieferungen ohne Beförderung oder Versendung (Abs. 7)
   1. Grundsatz .................. 144
   2. Fiktionen beim Reihengeschäft 147
  IV. Sog. Einfuhrlieferung (Abs. 8) .. 148

**I. Sonstige Leistungen (Abs. 9)**
  I. Allgemeines ................. 151
  II. Abgrenzung von der Lieferung . 154
  III. Fiktionen sonstiger Leistungen bei Urhebern und Verwertungsgesellschaften (Abs. 9 Satz 3)... 160

**J. Nutzungsentnahmen und unentgeltliche Dienstleistungen (Abs. 9a)**
  I. Normzweck, Allgemeines ..... 161
  II. Nutzungsentnahmen (Nr. 1)
   1. Verwendung eines Gegenstandes für unternehmensfremde Zwecke..................... 164
   2. Unentgeltliche Überlassung an Dritte ..................... 174

3. Unentgeltliche Überlassung an das Personal .................. 177
III. Unentgeltliche andere sonstige Leistungen (Nr. 2) ............. 180
K. Sog. Umtauschmüllerei (Abs. 10) ..................... 187
L. Sog. Dienstleistungskommission (Abs. 11 und 11a)
  I. Allgemeines .................. 189
  II. Sog. Dienstleistungseinkauf.... 191
  III. Sog. Dienstleistungsverkauf.... 194

M. Zusammengesetzte Leistungen
  I. Verbot der Aufteilung einer einheitlichen Leistung
    1. Grundsatz ................... 197
    2. Ausnahmen.................. 200
  II. Primat der Hauptleistung (Unselbständigkeit der Nebenleistung)............... 202
  III. Gemischte Leistungen ........ 205
N. Tausch und tauschähnlicher Umsatz (Abs. 12) ............. 208

## A. Vorbemerkungen, Überblick

1 Die Vorschrift enthält in der Mehrzahl der Absätze **Definitionen und Fiktionen** der Lieferung und der sonstigen Leistung. In § 3 Abs. 1a, 1b und 9a UStG wird darüber hinaus auch noch die Entgeltlichkeit fingiert, um die genannten Vorgänge in das Schema von Umsätzen nach § 1 Abs. 1 Nr. 1 UStG zu pressen. Das ist hinsichtlich § 3 Abs. 1b und 9a UStG sehr gekünstelt (s. *§ 1 Rz. 1*). Die Fiktion des § 3 Abs. 1a UStG ist sogar fehlplatziert, da sie ihren alleinigen Sinn durch die Steuerbefreiung des § 6a Abs. 2 UStG erfährt (*Rz. 51*) und deshalb dort hingehört. In § 3 Abs. 5a bis 8 UStG wird der Ort der Lieferung festgelegt, der der Übersichtlichkeit halber in einem eigenen Paragraphen geregelt sein sollte. § 3 Abs. 12 UStG enthält eine Definition, die ausschließlich im Zusammenhang mit § 10 Abs. 2 UStG steht und deshalb dort angesiedelt sein müsste, richtigerweise jedoch wie diese Vorschrift leerläuft (*Rz. 207*).

2 Das Gesetz **unterscheidet Lieferungen** und **sonstige Leistungen** (die Richtlinie spricht in Art. 2 Abs. 1 Buchst. c i.V.m. Art. 24 ff. MwStSystRL von Dienstleistungen; dazu auch *Rz. 151*). Nach § 3 Abs. 9 Satz 1 UStG sind sonstige Leistungen solche Leistungen, die keine Lieferungen sind. Ist eine Leistung (*§ 1 Rz. 7 ff.*) zu bejahen, so sind indes die Kriterien der Lieferung nur dann zu prüfen, wenn an die Einordnung als Lieferung oder sonstige Leistung **unterschiedliche Rechtsfolgen** (insbesondere hinsichtlich der Steuerbarkeit auf Grund unterschiedlicher Bestimmungen über den Ort der Leistung oder hinsichtlich des Steuersatzes) geknüpft sind. Anderenfalls kann die **Abgrenzung** dahinstehen und es reicht aus, von einer Leistung zu sprechen. Ist eine Lieferung zu verneinen, so ist die Leistung eine sonstige Leistung. Es gibt allerdings **Sonderregelungen**, wonach statt einer Lieferung eine sonstige Leistung (§ 3 Abs. 10 UStG) oder statt einer sonstigen Leistung eine Lieferung (§ 3 Abs. 3 UStG) fingiert wird.

## B. Lieferung (Abs. 1)

### I. Allgemeines

3 Nach § 3 Abs. 1 UStG liegt eine Lieferung (eines Unternehmers) vor, wenn einem anderen die **Verfügungsmacht** an einem **Gegenstand** verschafft wird (im Er-

gebnis ebenso Art. 14 Abs. 1 MwStSystRL). Die Erwähnung des Unternehmers in § 3 Abs. 1 UStG ist überflüssig und irritierend, denn die Lieferungsdefinition trifft auch auf die Übertragung der Verfügungsmacht an einem Gegenstand durch einen Nichtunternehmer zu. Wird keine Verfügungsmacht an Gegenständen verschafft, so kann sich die Frage der Lieferung nicht stellen.[1]

Die Verschaffung der Verfügungsmacht an einem Gegenstand ist jedoch nur dann als Lieferung zu behandeln, wenn sie **nicht** lediglich **Nebenleistung** zu **einer sonstigen Leistung** als Hauptleistung ist und deren Schicksal teilt (*Rz. 202 ff.*). Ebenfalls **keine Lieferung** liegt vor, 4

- wenn bei der Leistung zwar Verfügungsmacht an einem Gegenstand verschafft wird, der *wirtschaftliche Gehalt* der Leistung sich jedoch als *Dienstleistung* darstellt, weil der **Gegenstand lediglich** das **Ergebnis der** Dienstleistung (*Rz. 155*) oder den **Anspruch auf** die **Dienstleistung** (*Rz. 158*) **verkörpert** oder
- bei einer **gemischten Leistung**, die aus Lieferungs- und Dienstleistungselementen besteht, das Lieferungselement hinter dem **Dienstleistungselement** zurücktritt, weil letzteres der **Gesamtleistung** das **Gepräge gibt** (*Rz. 205 f.*).

Eine **Sonderregelung** stellt § 3 Abs. 10 UStG dar, wonach trotz Verschaffung der Verfügungsmacht keine Lieferung vorliegen soll, sondern eine sonstige Leistung fingiert wird (*Rz. 187 f.*). Keine (Rück-)Lieferung ist trotz (Rück-)Verschaffung der Verfügungsmacht gegeben, wenn eine **Lieferung rückgängig** gemacht wird (§ 17 *Rz. 73*).

Die Verschaffung der Verfügungsmacht muss laut § 3 Abs. 1 UStG nicht durch den Lieferer, sondern kann auch **durch einen Dritten** erfolgen. Ebenso wenig muss danach der Abnehmer (Vertragspartner, Lieferungsempfänger, Erwerber) selbst die Verfügungsmacht erlangen, denn diese kann in seinem Auftrag auch **einem Dritten** verschafft werden (*Rz. 45*). Es liegen dann, obwohl in diesem Fall nach dem Wortlaut des § 3 Abs. 1 UStG nur einmal die Verfügungsmacht verschafft wird (*Rz. 46*), zwei Lieferungen vor. Ein solches **Reihengeschäft** oder **Streckengeschäft** kann auch aus mehr als drei Beteiligten bestehen, so dass auch mehr als zwei Lieferungen (durch einmalige Verschaffung der Verfügungsmacht) gleichzeitig ausgeführt werden können. Die Lieferungen finden dann jeweils zwischen denjenigen Personen statt, zwischen denen entsprechende Schuldverhältnisse bestehen (dazu *Rz. 49 f. m. Beispielen*). 5

## II. Gegenstand

### 1. Körperlicher Gegenstand

Das Umsatzsteuergesetz definiert den Begriff des Gegenstandes nicht. Dem Art. 14 Abs. 1 MwStSystRL ist zu entnehmen, dass unter diesem nur ein **körperlicher Gegenstand** (Sache im Sinne des deutschen Zivilrechts) zu verstehen ist. *Nichtkörperliche* Gegenstände, die nicht unter die Fiktion des Art. 15 Abs. 2 MwStSystRL (*Rz. 7*) fallen, insbesondere *Urheberrechte* und *Patentrechte*, werden mittels *Dienstleistung* (sonstige Leistung) übertragen (arg. § 3a Abs. 4 Satz 2 6

---

[1] Vgl. den demgemäß überflüssigen Art. 8 MwSt-DVO.

Nr. 1 UStG, Art. 25 Buchst. a, Art. 59 Buchst. a MwStSystRL). Die Übertragung eines *Gesellschaftsanteils* (nicht im Falle des Ersterwerbs, § 4 Nr. 8 Rz. 25 f.) ist als „Dienstleistung" (sonstige Leistung) zu werten[1], da neben der vermögensmäßigen Beteiligung ein Bündel von Rechten übertragen wird.

## 2. Ähnliche „Sachen" (Wirtschaftsgüter)

7   Ein Gegenstand ist auch das **Miteigentum**, da es einen ideellen Bruchteil eines körperlichen Gegenstandes darstellt, so dass die Übertragung des Miteigentumsanteils keine sonstige Leistung[2], sondern eine Lieferung ist.[3] Anderenfalls wäre die Übertragung des Miteigentums an einem **Grundstück** nicht steuerfrei nach § 4 Nr. 9 Buchst. a UStG und der Erwerber nicht Steuerschuldner nach § 13b UStG (*§ 4 Nr. 9 Buchst. a Rz. 18*; zur Bestellung und Übertragung eines Erbbaurechts s. *§ 4 Nr. 9 Buchst. a Rz. 11*).

8   Nach Art. 15 Abs. 1 MwStSystRL gelten **Elektrizität, Gas, Wärme, Kälte** und „ähnliche Sachen" als Gegenstände (vgl. zu Elektrizität und Gas auch § 3g UStG). Diese Fiktion trägt dem Umstand Rechnung, dass derartige „Sachen" im Wirtschaftsleben wie körperliche Gegenstände behandelt werden. Folglich sind als „ähnliche Sachen" und damit als Gegenstände **alle Wirtschaftsgüter** (*Rz. 11 f.*) anzusehen, die im Verkehr **wie Sachen behandelt** werden.[4] Das sind solche Gegenstände, die untergehen oder sich verschlechtern können und bei denen sich mithin die Frage der Gefahrtragung (*Rz. 39 i.V.m. § 1 Rz. 33*) ergeben kann.

9   Die Frage, ob der sog. **Firmen-** bzw. **Geschäftswert** als ähnliche Sache Gegenstand einer Lieferung[5] oder einer sonstigen Leistung[6] ist, stellt sich nicht, da dieser Wert nicht gesondert übertragbar ist, sondern seine Übertragung nur im Rahmen einer sog. Geschäftsveräußerung möglich ist und diese nicht steuerbar ist (§ 1 Abs. 1a UStG; dazu auch *§ 4 Nr. 28 Rz. 7 Fn. 3*).

10  **Lieferansprüche** bzw. **Gewichtsguthaben** bei Edelmetallen oder entsprechende Zertifikate sind jeweils Gegenstand einer Lieferung und werden nicht durch sonstige Leistungen (Dienstleistungen) übertragen.[7] Das folgt aus § 25c Abs. 1

---

1 Vgl. auch Abschn. 3.5 Abs. 8 UStAE.
2 So aber BFH v. 27.4.1994 – XI R 91, 92/92, BStBl. II 1994, 826; BFH v. 27.4.1994 – XI R 85/92, BStBl. II 1995, 30; *Birkenfeld* in B/W, § 66 Rz. 321, § 94 Rz. 161; Abschn. 3.5 Abs. 3 Nr. 2 UStAE; offen gelassen von BFH v. 2.7.2014 – XI R 4/13, BFH/NV 2014, 1913 – Rz. 35; BFH v. 28.8.2014 – V R 49/13, UR 2014, 974 – Rz. 22 f.
3 *Lippross*, UR 2002, 496 (497); *Stadie*, Umsatzsteuerrecht, 2005, Rz. 7.6; *Englisch* in T/L, § 17 Rz. 100; *Frye* in R/D, § 6a UStG Rz. 138; *Heuermann* in S/R, § 3 UStG Rz. 43, 312; FG Bln.-Bdb v. 9.10.2014 – 5 K 5225/12, EFG 2015, 166 – Rev.-Az. V R 53/14; vgl. auch BFH v. 6.9.2007 – V R 41/05, BStBl. II 2008, 65; BFH v. 22.11.2007 – V R 5/06, BStBl. II 2008, 445 – jeweils Übertragung von Miteigentum als Lieferung im Rahmen einer sog. Geschäftsveräußerung.
4 Vgl. BFH v. 4.6.1987 – V B 56/86, BStBl. II 1987, 795; BFH v. 8.11.1995 – XI R 63/94, BStBl. II 1996, 114 (116 f.) m.w.N.; BFH v. 5.12.1997 – V B 17/97, BFH/NV 1998, 888.
5 So BFH v. 21.12.1988 – V R 24/87, BStBl. II 1989, 430; BFH v. 25.2.1993 – V R 35/89, BStBl. II 1993, 641; BFH v. 5.12.1997 – V B 17/97, BFH/NV 1998, 888.
6 So nunmehr Abschn. 3.2 Abs. 4 Satz 2 UStAE.
7 A.A. BFH v. 22.6.1967 – V 185/63, BStBl. III 1967, 662; BFH v. 25.10.1990 – V R 20/85, BStBl. II 1991, 193.

UStG (bzw. Art. 346 MwStSystRL). Die Übertragung eines **Inhaberpapiers** (z.B. Eintrittskarte) stellt umsatzsteuerrechtlich eine Dienstleistung dar (*Rz. 158*). Auch bei der **Übertragung** eines **Vertragsverhältnisses** wird kein Gegenstand übertragen, sondern eine sonstige Leistung erbracht[1] (s. auch § 1 Rz. 29).

### 3. Gebäude, Gebäudeteile

Der Gesetzeszweck verlangt insbesondere im Hinblick auf die Korrektur eines Vorsteuerabzugs (*Rz. 12*) bei **Bauten auf fremdem Grund und Boden** oder **Einbauten** in ein fremdes Gebäude, dass, wenn der jeweilige Bau (Einbau) zivilrechtlich wesentlicher Bestandteil des Grundstücks (bzw. des Gebäudes) wird (*Rz. 41 ff.*), ein **Wirtschaftsgut** als Gegenstand i.S.d. § 3 Abs. 1 und Abs. 1b UStG anzunehmen ist, sofern, wie regelmäßig, ein Wegnahmerecht oder Wertersatzanspruch gegenüber dem Grundstückseigentümer (bzw. Gebäudeeigentümer) besteht. Es liegt zwar kein körperlicher Gegenstand vor, der dem Hersteller der Bauten zuzurechnen ist, aber ein Wirtschaftsgut (Vermögensgegenstand i.S.d. HGB), welches im Wirtschaftsleben wie eine „ähnliche Sache" behandelt wird. In dem **Wegnahmerecht** des Mieters (§ 539 Abs. 2 BGB), des Pächters (§ 581 Abs. 2 i.V.m. § 539 Abs. 2 BGB) und der sonstigen Besitzer (§ 997 BGB) oder dem vertraglichen oder gesetzlichen **Entschädigungsanspruch** (z.B. nach § 951 Abs. 1 i.V.m. § 812 BGB) des Mieters oder Pächters, des Ehegatten bei Bauten auf dem Grundstück des anderen Ehegatten usw. spiegeln sich Wert und wirtschaftliche Substanz (*Rz. 22*) des Baus (der Einbauten) wieder. Sie zeigen, dass das Bauwerk dem Hersteller „gehört", weil dieser und nicht der Eigentümer das Risiko des Verlustes und der Wertminderung des Bauwerks trägt und ihm allein eventuelle Wertsteigerungen zugutekommen.[2] Entsprechendes gilt, wenn ein **Miteigentümer** auf dem gemeinsamen Grundstück ein Gebäude o.Ä. errichtet, Einbauten vornimmt usw.

11

Dass das Gesetz insbesondere auch **für Zwecke** der unmittelbaren oder mittelbaren **Korrektur** des **Vorsteuerabzugs** nicht den zu engen Begriff des körperlichen Gegenstandes, sondern den des Wirtschaftsgutes im Auge hat, bestätigt § 15a UStG, der ausdrücklich von „Wirtschaftsgut" (ebenso § 19 Abs. 1 Satz 2 UStG) spricht (vgl. auch Art. 187 Abs. 1 MwStSystRL: „Investitionsgut"), welches „veräußert" bzw. „geliefert" werden kann (§ 15a Abs. 8 UStG). Insbesondere im Hinblick auf eine Vorsteuerkorrektur ist es folglich im Rahmen des § 3 Abs. 1 bzw. Abs. 1b UStG (*Gegenstand* einer Lieferung bzw. Entnahme[3]) geboten, eine an § 15a UStG orientierte Auslegung des Begriffes Gegenstand vorzunehmen, d.h. diesen als Wirtschaftsgut zu verstehen, welches im Wirtschaftsleben wie eine Sache behandelt wird. Auch der BFH geht in ständiger

12

---

1 Vgl. BFH v. 16.4.2008 – XI R 54/06, BStBl. II 2008, 772; EuGH v. 22.10.2009 – C-242/08, EuGHE 2009, I-10099 = UR 2009, 891.
2 Vgl. BFH v. 28.7.1993 – I R 88/92, BStBl. II 1994, 164; BFH v. 11.6.1997 – XI R 77/96, BStBl. II 1997, 774; BFH v. 14.5.2002 – VIII R 30/98, BStBl. II 2002, 741 (743); BFH v. 20.11.2003 – III R 4/02, BStBl. II 2004, 305; *Stadie*, Allg. SteuerR, Rz. 218; ferner BFH v. 18.7.1001 – X R 15/01, BStBl. II 2002, 278; BFH v. 18.7.2001 – X R 23/99, BStBl. II 2002, 281.
3 Vgl. BFH v. 26.4.1995 – XI R 5/94, BStBl. II 1996, 248 – Entnahme des Wirtschaftsgutes „Gebäudeumbau".

Rechtsprechung – jedoch ohne Begründung und insbesondere ohne den Begriff „Gegenstand" bzw. „Wirtschaftsgut" zu verwenden – davon aus, dass der Besteller des Bauwerks Verfügungsmacht an diesem erlangt.[1]

13 Folglich liegt die Lieferung eines Gegenstandes i.S.d. § 3 Abs. 1 UStG vor, wenn ein **Mieter** oder **Pächter** nach Beendigung des Nutzungsverhältnisses vom Eigentümer eine Entschädigung für das errichtete Gebäude oder die Einbauten (keine Scheinbestandteile) erhält. Durch die feste Verbindung mit dem Grund und Boden war zwar der Eigentümer des Grundstücks Eigentümer der zur Herstellung der Halle eingebauten Gegenstände geworden (§ 946 i.V.m. § 94 BGB), wenn es sich nicht um Scheinbestandteile handelte (*Rz. 42*). Auf Grund des Wegnahmerechts oder des an dessen Stelle tretenden Wertersatzanspruchs (*Rz. 11*) gegenüber dem Eigentümer war dem Mieter oder Pächter das Wirtschaftsgut Gebäude bzw. Einbauten zuzurechnen, so dass dieser und nicht der Grundstückseigentümer Verfügungsmacht im Zeitpunkt der Herstellung bzw. des Einbaus erlangt hatte (s. auch *Rz. 43*). Wenn der Mieter oder Pächter bei Räumung des Grundstücks nicht von seinem Wegnahmerecht Gebrauch macht, geht die Verfügungsmacht auf den Eigentümer über, so dass in diesem Zeitpunkt eine Lieferung des Mieters (Pächters) an den Eigentümer vorliegt, der die Entschädigung als Gegenleistung (*§ 1 Rz. 77*) gegenübersteht. Wird auf diese verzichtet, so liegt ein Fall der unentgeltlichen Lieferung i.S.d. § 3 Abs. 1b UStG vor (s. auch *Rz. 44 a.E.*).

14 Entsprechendes gilt, wenn ein **Ehegatte** für ein auf dem Grundstück des anderen Ehegatten im eigenen Namen und auf eigene Rechnung errichtetes Gebäude nach dessen Räumung vom anderen Ehegatten eine Entschädigung für den Restwert des Gebäudes erhält. Der andere Ehegatte war zwar nach § 946 i.V.m. § 94 BGB sogleich Eigentümer des Gebäudes geworden, da dieses wesentlicher Bestandteil seines Grundstücks wurde, er hatte jedoch bei Fertigstellung noch nicht die Verfügungsmacht i.S.d. § 3 Abs. 1 UStG erlangt, weil der Bauherr-Ehegatte auf Grund seines Wegnahmerechts bzw. des Entschädigungsanspruchs die Verfügungsmacht an dem Wirtschaftsgut „Gebäude" behielt. Der von ihm hinsichtlich der Herstellungskosten des Gebäudes vorgenommene Vorsteuerabzug war solange gesetzeszielkonform, wie das Gebäude von ihm für unternehmerische Zwecke genutzt wurde. In dem Moment jedoch, in dem diese Verwendung endet, muss eine anteilige Umsatzsteuerbelastung herbeigeführt werden, damit kein umsatzsteuerunbelasteter Endverbrauch eintritt. Es ist deshalb im Zeitpunkt der Räumung eine Verschaffung der Verfügungsmacht, d.h. eine Lieferung des „Gegenstandes" Gebäude durch den einen Ehegatten an den anderen anzunehmen, da dieser nunmehr zur zivilrechtlichen Hülle auch den Wert und die wirtschaftliche Substanz des Gebäudes erhält. Dass die Lieferung nicht freiwillig erfolgte, ist ohne Belang (*§ 1 Rz. 44 ff.*). Der Lieferung steht die Entschädigung als Gegenleistung gegenüber.

15 Auch im Falle der **Beendigung der unternehmerischen Nutzung** der zuvor bezeichneten Ehegattenbauten wird das Wirtschaftsgut als Gegenstand i.S.d. § 3 Abs. 1b Satz 1 Nr. 1 UStG entnommen. Damit wird gesetzeszielkonform er-

---

[1] Vgl. BFH v. 26.2.1976 – V R 132/73, BStBl. II 1976, 309; BFH v. 11.12.1986 – V R 57/76, BStBl. II 1987, 233; BFH v. 24.11.1992 – V R 80/87, BFH/NV 1993, 634; BFH v. 12.11.1997 – XI R 83/96, BFH/NV 1998, 749.

Lieferung (Abs. 1) § 3

reicht, dass beim Übergang des vorsteuerentlasteten Gebäudes in den nichtunternehmerischen Bereich eine Umsatzsteuernachbelastung erfolgt.

## III. Verfügungsmacht

### 1. Allgemeines

a) Im **Regelfall** entspricht die Verfügungsmacht derjenigen, die der Eigentümer innehat, d.h. Verschaffung der Verfügungsmacht bedeutet im Allgemeinen Übertragung des Eigentums.[1] Bei beweglichen Sachen erfolgt die **Eigentumsübertragung** nach den §§ 929–931 BGB, bei unbeweglichen Sachen (Grundstücken und gleichgestellten Gegenständen) nach § 873 BGB (zum Eigentumserwerb kraft Gesetzes s. *Rz. 24*). 16

Die Übereignung einer **beweglichen** Sache vollzieht sich regelmäßig dadurch, dass sich der bisherige Eigentümer und der Erwerber über den Eigentumsübergang **einigen** und ersterer letzterem die **Sache übergibt**, d.h. den unmittelbaren Besitz verschafft (§ 929 Satz 1 BGB). Ist der Erwerber bereits im Besitz der Sache, so genügt die Einigung über den Eigentumsübergang (§ 929 Satz 2 BGB). Bei einem **Seeschiff**, das nicht im Schiffsregister eingetragen ist, bedarf es nicht der Übergabe, wenn die Beteiligten sich darüber einig sind, dass das Eigentum sofort übergehen soll (§ 929a Abs. 1 BGB). Bei im Schiffsregister eingetragenen **Binnenschiffen** und Seeschiffen ist die Einigung und die Eintragung im Register erforderlich (§§ 2 und 3 SchiffsRG). 17

Befindet sich die Sache bei einem **Lagerhalter**, **Frachtführer** oder Verfrachter, so kann die Übergabe der Sache durch die **Übergabe** eines sog. **Traditionspapieres** (Orderlagerschein, Ladeschein oder Konnossement) ersetzt werden (§§ 363, 448, 475c, 475g, 650 HGB). 18

Soll der bisherige Eigentümer im Besitz der Sache bleiben, so erfolgt die Übereignung dadurch, dass sich die Beteiligten über den Eigentumsübergang einigen und ein sog. **Besitzmittlungsverhältnis** (Miete, Pacht, Verwahrung u.Ä.) vereinbaren (§ 930 BGB), so dass der bisherige Eigentümer den Gegenstand nunmehr nicht mehr als Eigen-, sondern als Fremdbesitzer (d.h. als Mieter, Pächter usw.) nutzt. 19

Ist der Eigentümer nur mittelbarer Besitzer, weil er den Gegenstand z.B. an einen anderen vermietet oder in Verwahrung gegeben hat, so erfolgt die Übereignung durch die Einigung über den Eigentumsübergang und die **Abtretung des Herausgabeanspruchs** (§ 931 BGB). Das gilt auch bei der Lieferung einer **verpfändeten Sache**, so dass entgegen § 10 Abs. 2 Satz 1 UStG keine „Rechte" mittels einer sonstigen Leistung übertragen, sondern der Gegenstand geliefert wird.[2] 20

Die Übereignung eines **Grundstücks** oder eines gleichgestellten Gegenstandes erfordert die Einigung über den Eigentumsübergang und die Eintragung im 21

---
1 Vgl. BFH v. 21.4.2005 – V R 11/03, BStBl. II 2007, 63 m.w.N. = UR 2006, 17; BFH v. 1.2.2007 – V R 41/04, UR 2007, 339.
2 A.A. *Lippross*, 5.3.1 – S. 812.

Grundbuch (§§ 873, 925 BGB). Eine Lieferung i.S.d. § 3 Abs. 1 UStG liegt jedoch schon (Rz. 40) bzw. erst (Rz. 30) bei Besitzübergabe vor.

22 **b)** Das Besteuerungsziel des Gesetzes, den Aufwand für den Verbrauch von Gütern zu besteuern, verlangt jedoch, nicht auf die Erlangung der formalen Eigentümerposition, sondern darauf abzustellen, ob jemand über die **wirtschaftliche Substanz** verfügen kann. Demgemäß formuliert auch **Art. 14 Abs. 1 MwStSystRL**, dass die Übertragung der „Befähigung, **wie ein Eigentümer**" über den Gegenstand „zu verfügen", maßgebend ist, so dass es nicht auf die Eigentumsübertragung in den im anwendbaren nationalen Recht vorgesehenen Formen ankommt.[1] Folglich kann trotz Übertragung des formalen Eigentums nach den jeweiligen nationalen Bestimmungen eine Verschaffung der Verfügungsmacht zu verneinen sein, wenn der Erwerber auf Grund vertraglicher Bindungen nicht uneingeschränkt über den Gegenstand verfügen kann (Rz. 26 ff.). Umgekehrt kann eine Verschaffung der Verfügungsmacht (schon) zu bejahen sein, obwohl (noch) kein Eigentum übertragen worden ist (Rz. 33 ff.). Das deckt sich mit den in § 39 Abs. 2 Nr. 1 AO zum Ausdruck kommenden Wertungen.

Maßgebend ist, ob dem anderen wirtschaftlich der volle **Wert** des Gegenstandes (Wirtschaftsgutes) **zuzurechnen** ist. Der **BFH** fordert in ständiger Rechtsprechung die Übertragung von Substanz, Wert und Ertrag.[2] Die Übertragung des **Ertrags** eines Gegenstandes kann indes nicht Voraussetzung für die Verschaffung der Verfügungsmacht an einem Gegenstand sein, da der Ertrag das Ergebnis der bisherigen Nutzung des Gegenstandes ist; in Betracht kommt nur die Möglichkeit zur zukünftigen Ertragsziehung. Wem jedoch die Substanz und damit der Wert des Gegenstandes zuzurechnen ist, der erzielt automatisch auch den Ertrag des Gegenstandes.

23 **Verfehlt** ist es, von „**wirtschaftlichem Eigentum**" zu sprechen[3], da dieser Begriff den irrigen Eindruck vermittelt, dass das Steuerrecht einen eigenen, vom Zivilrecht abweichenden Eigentumsbegriff habe.[4] Das Steuerrecht stellt jedoch (von § 1 Abs. 1 GrEStG abgesehen) in seinen Tatbeständen auf „Eigentum" gerade nicht ab. Vor allem aber darf der Begriff nicht als Gegensatz zum „rechtlichen" Eigentum verstanden werden.[5] Auch das sog. wirtschaftliche Eigentum wäre, wollte man diesen verfehlten Begriff verwenden, dann rechtliches, nämlich *steuerrechtliches* Eigentum als Gegensatz zum zivilrechtlichen!

---

1 Vgl. auch EuGH v. 21.4.2005 – C-25/03, EuGHE 2005, I-3123 = BStBl. II 2007, 24 = UR 2005, 324 – Rz. 64 m.w.N.; EuGH v. 15.12.2005 – C-63/04, EuGHE 2005, I-11087 = UR 2006, 418 – Rz. 62; EuGH v. 3.6.2010 – C-237/09, EuGHE 2010, I-4985 = UR 2010, 624 – Rz. 24; EuGH v. 18.7.2013 – C-78/12, UR 2014, 475 – Rz. 33 ff.
2 BFH v. 7.5.1987 – V R 56/79, BStBl. II 1987, 582; BFH v. 29.9.1987 – X R 13/81, BStBl. II 1988, 153; BFH v. 21.7.1994 – V R 114/91, BStBl. II 1994, 878 (880); BFH v. 16.3.2000 – V R 44/99, BStBl. II 2000, 361; BFH v. 9.2.2006 – V R 22/03, BStBl. II 2006, 727; BFH v. 21.4.2005 – V R 11/03, BStBl. II 2007, 63 (66); BFH v. 16.4.2008 – XI R 56/06, BStBl. II 2008, 909; BFH v. 13.1.2011 – V R 12/08, BStBl. II 2012, 61 = UR 2011, 295 – Rz. 48.
3 So aber z.B. BFH v. 15.6.1999 – VII R 3/97, BStBl. II 2000, 46 (53); *Lippross*, 2.3.4.1 – S. 163.
4 *Stadie*, Allg. SteuerR, Rz. 213.
5 So aber z.B. BFH v. 1.10.1970 – V R 49/70, BStBl. II 1971, 34 (36); BFH v. 4.2.1998 – XI R 35/97, BStBl. II 1998, 542; *Reiß* in T/L, 20. Aufl. 2010, § 14 Rz. 19; *Nieskens* in R/D, § 3 UStG Anm. 820.

## 2. Verschaffung

Mit dem Begriff „Verschaffung" (bzw. „Übertragung" in Art. 14 Abs. 1 MwSt-SystRL) wird lediglich der typische Fall der Übertragung der Verfügungsmacht erwähnt. Aus ihm folgt **nicht**, dass eine Lieferung **nur** bei einem **freiwilligen Übergang** der Verfügungsmacht anzunehmen ist, wie bereits § 1 Abs. 1 Nr. 1 Satz 2 UStG (*§ 1 Rz. 44 ff.*) bestätigt. Über die dort genannten Konstellationen der zwangsweisen Lieferungen auf Grund behördlicher Anordnung oder **kraft Gesetzes** (z.B. Enteignung und **Zwangsversteigerung**) hinaus ist eine „Verschaffung" der Verfügungsmacht richtigerweise auch in den Fällen der **Zerstörung** oder des **Diebstahls** einer Sache anzunehmen (*§ 1 Rz. 56 ff.*). 24

Im Hinblick darauf, dass „Gegenstand" im Sinne von Wirtschaftsgut zu verstehen ist, welches im Wirtschaftsleben wie eine Sache behandelt wird (*Rz. 11*), muss in den Fällen, in denen überhaupt kein Eigentum an einem Gegenstand, sondern lediglich ein **wirtschaftlicher Wert** übertragen wird, die Verschaffung der Verfügungsmacht entsprechend interpretiert werden (*Rz. 11*). Beim **Abriss** eines **Gebäudes** im Interesse eines anderen wird diesem die wirtschaftliche Substanz verschafft (*Rz. 159*). 25

## 3. Trotz Eigentums keine Verfügungsmacht

Da es für die Verschaffung der Verfügungsmacht darauf ankommt, dass einem anderen die wirtschaftliche *Substanz*, d.h. die Befähigung übertragen wird, wie ein Eigentümer über den Gegenstand (das Wirtschaftsgut) zu verfügen (*Rz. 22*), liegt eine Verschaffung der Verfügungsmacht trotz Übertragung (Erlangung) des Eigentums nicht vor, wenn der Erwerber auf Grund vertraglicher oder anderer rechtlicher Bindungen nicht die uneingeschränkte, sondern **nur** die **formale Eigentümerstellung** erlangt. 26

### a) Treuhandeigentum

So ist die Eigentumsübertragung zu treuen Händen keine Verschaffung der Verfügungsmacht (arg. § 39 Abs. 2 Nr. 1 Satz 2 Alt. 1 AO), weil der **Treuhänder** auf Grund des Treuhandvertrages den Gegenstand nicht wie ein Eigentümer nach Belieben nutzen kann, sondern die Eigentümerstellung ausschließlich im Interesse des Treugebers ausüben muss.[1] Eine **Ausnahme** bildet die Lieferungsfiktion bei der **Verkaufskommission** nach § 3 Abs. 3 UStG (*Rz. 98 ff.*). 27

### b) Sicherungseigentum

Auch bei der sog. **Sicherungsübereignung** erlangt der Sicherungsnehmer mit dem Eigentum nicht Verfügungsmacht an dem Gegenstand (arg. § 39 Abs. 2 Nr. 1 Satz 2 Alt. 2 AO, § 246 Abs. 1 Satz 2 HGB), weil er auf Grund der schuldrechtlichen Sicherungsabrede nicht wie ein Eigentümer über den Gegenstand verfügen darf. Es handelt sich um eine besondere Form des Treuhandverhältnisses, weil das Sicherungseigentum im wirtschaftlichen Ergebnis nur *pfandrechts-* 28

---

1 *Stadie*, Allg. SteuerR, Rz. 219.

*ersetzende Wirkung* hat. Wert und Substanz des Gegenstandes sind weiterhin dem Sicherungsgeber zuzurechnen, da mit Tilgung der gesicherten Schuld der Sicherungsnehmer (Kreditgeber) auf Grund der Sicherungsabrede zur Rückübertragung des Gegenstandes verpflichtet ist.

29 Im Falle der **Verwertung** des Sicherungsgutes durch den Sicherungsnehmer im Wege der Veräußerung an einen Dritten soll nach der ständigen Rechtsprechung des BFH nicht nur eine Lieferung des Sicherungsnehmers an den Dritten, sondern zugleich auch eine Lieferung des Sicherungsgebers an den Sicherungsnehmer vorliegen[1] (Theorie der **Doppellieferung**). Diese Sichtweise verkennt, dass der Sicherungsnehmer lediglich die Verwertungsbefugnis erlangt hat und damit nicht die *uneingeschränkte* Verfügungsmacht auf ihn übergegangen ist. Denn er darf sich lediglich aus dem Veräußerungserlös im Umfang seiner Kreditforderung befriedigen und muss den übersteigenden Betrag an den Sicherungsgeber auskehren, so dass nicht etwa der Wert und die Substanz des Gegenstandes vollständig dem Sicherungsnehmer zustehen. Folglich könnte allein nach den Kriterien des § 3 Abs. 1 UStG keine Lieferung des Sicherungsgebers an den Sicherungsnehmer angenommen werden. Allerdings hat der Gesetzgeber in § 13b Abs. 2 Nr. 2 UStG diese Rechtsprechung zugrunde gelegt, so dass diese Vorschrift als Fiktion zu verstehen ist (*§ 13b Rz. 72*). Zudem muss seit 2004 auf Grund der Neufassung des § 3 Abs. 11 UStG (*Rz. 189 ff.*) davon ausgegangen werden, dass generell beim Handeln im eigenen Namen für fremde Rechnung die zwischengeschaltete Person als Leistungsempfänger und Leister anzusehen ist, so dass die Fiktion des § 3 Abs. 3 UStG (*Rz. 97 ff.*) nunmehr zu **verallgemeinern** und nicht nur auf echte Kommissionsgeschäfte, sondern auf **alle** Lieferungen im eigenen Namen für fremde Rechnung durch **Treuhänder** u.Ä. anzuwenden ist.[2]

Erfolgt die **Verwertung** (Lieferung an einen Dritten) **durch** den **Sicherungsgeber** im eigenen Namen für Rechnung des Sicherungsnehmers, so wird der Sicherungsgeber als Treuhänder („Kommissionär" i.S.d. § 3 Abs. 3 UStG) tätig (**Dreifachlieferung**).[3] Diese gekünstelt erscheinende Konstruktion ist durch den Zweck des § 13b Abs. 1 Satz 1 Nr. 2 UStG (*§ 13b Rz. 71*) geboten.

### c) Nutzungsvorbehalt (Rücküberlassung)

30 Eine Verschaffung der Verfügungsmacht liegt trotz Eigentumsübertragung ebenfalls (noch) nicht vor, wenn der ehemalige Eigentümer **auf Grund** eines bereits bei der Übertragung **vorbehaltenen unentgeltlichen Rechtsverhältnisses** (*Leihe, Vorbehaltsnießbrauch o.Ä.*) – oder weil bei einem Grundstück die Besitzübergabe noch nicht erfolgt ist (*Rz. 40*) – den Gegenstand **weiterhin nutzt**. In diesem

---

1 BFH v. 20.7.1978 – V R 2/75, BStBl. II 1978, 684; BFH v. 9.3.1995 – V R 102/89, BStBl. II 1995, 564; BFH v. 16.4.1997 – XI R 87/96, BStBl. II 1997, 585 (587) m.w.N.; BFH v. 6.10.2005 – V R 20/04, BStBl. II 2006, 931; BFH v. 30.3.2006 – V R 93/03, BStBl. II 2006, 933; BFH v. 23.7.2009 – V R 27/07, BStBl. II 2010, 859.

2 Vgl. auch BFH v. 6.10.2005 – V R 20/04, BStBl. II 2006, 931; BFH v. 30.3.2006 – V R 93/03, BStBl. II 2006, 933.

3 BFH v. 6.10.2005 – V R 20/04, BStBl. II 2006, 931; BFH v. 30.3.2006 – V R 93/03, BStBl. II 2006, 933; BFH v. 23.7.2009 – V R 27/07, BStBl. II 2010, 859.

Fall ist die wirtschaftliche Substanz noch nicht auf den Erwerber übergegangen[1], weil diesem noch nicht der Ertrag des Gegenstandes zusteht (vgl. *Rz. 22*). Die Verfügungsmacht wird erst mit Beendigung der unentgeltlichen Nutzung – bzw. bei einem Grundstück mit der Besitzübergabe – verschafft (vgl. auch *Rz. 90*).

**Anders** liegt es regelmäßig bei einer **entgeltlichen Nutzung** durch den ehemaligen Eigentümer (**Rückvermietung** o.Ä.). In einem solchen Fall ist im Allgemeinen die Verfügungsmacht auf den Erwerber übergegangen, da dieser mit der Vermietung bzw. Verpachtung den Gegenstand wirtschaftlich nutzt, d.h. den Ertrag aus diesem zieht.[2] 31

Eine Verschaffung der Verfügungsmacht liegt jedoch von vornherein dann **nicht** vor, wenn es sich bei der „Rückvermietung" um eine „Mietkaufgestaltung" handelt, weil nämlich nach Ablauf der Mietzeit das Eigentum an den ursprünglichen Eigentümer zurück fallen soll. Da dieser („Mieter/Mietkäufer") weiterhin die Gefahr (das Risiko) des zufälligen Untergangs des Gegenstandes und auch die Kosten der Instandhaltung trägt und das Eigentum auch nur für die Dauer der „Rückvermietung" übergehen soll, ist die wirtschaftliche Substanz (*Rz. 22*) nie auf den „Erwerber/Vermieter" übertragen worden. Die Einräumung des Eigentums hat bei einer solchen Konstellation nur Sicherungsfunktion, da der wirtschaftliche Gehalt des Vorgangs sich als schlichte Kreditgewährung darstellt.[3] Folglich erbringt der „Erwerber" auch keine sonstige Leistung in Gestalt der Vermietung. (Im Wirtschaftsleben findet sich für diese Gestaltung zunehmend die mehr als überflüssige Bezeichnung „**sale-and-lease-back**", die den wirtschaftlichen Gehalt des Vorgangs als schlichte Finanzierung des Erwerbs solcher Gegenstände vernebeln soll.) 32

### 4. Verfügungsmacht ohne Eigentum

Da es für die Verschaffung der Verfügungsmacht darauf ankommt, dass einem anderen die **wirtschaftliche Substanz** verschafft wird, d.h. regelmäßig die Befähigung übertragen wird, wie ein Eigentümer über den Gegenstand zu verfügen (*Rz. 22*), kann eine Lieferung auch (schon) dann vorliegen, wenn das Eigentum (noch) nicht übergegangen ist.[4] 33

#### a) Eigentumsvorbehalt

Bei einem Verkauf unter Eigentumsvorbehalt (§ 449 BGB) ist eine Lieferung nicht erst bei Eigentumsübergang, sondern bereits bei Besitzverschaffung (Übergabe) anzunehmen, da der Käufer ab diesem Zeitpunkt die Gefahr (das Risiko) 34

---

1 BFH v. 20.7.1995 – V R 121/93, BFH/NV 1996, 270; BFH v. 13.11.1997 – V R 66/96, UR 1998, 101; vgl. auch BFH v. 6.12.1979 – V R 87/72, BStBl. II 1980, 279 (281); BFH v. 18.11.1999 – V R 13/99, BStBl. II 2000, 153.
2 Vgl. BFH v. 6.12.1979 – V R 87/72, BStBl. II 1980, 279.
3 BFH v. 9.2.2006 – V R 22/03, BStBl. II 2006, 727; FG Münster v. 22.11.2013 – 5 K 1251/11, EFG 2014, 679; Abschn. 3.5 Abs. 7 UStAE; ausführlich *D. Hummel*, UR 2007, 757.
4 Vgl. BFH v. 14.3.2007 – V B 150/05, UR 2007, 538; BFH v. 13.1.2011 – V R 12/08, BStBl. II 2012, 61 = UR 2011, 295 – Rz. 48.

des zufälligen Untergangs trägt (§ 446 Satz 1 BGB), d.h. trotz des Verlustes den vollständigen Kaufpreis zahlen muss. Folglich ist dem Käufer schon ab der Übergabe die wirtschaftliche Substanz und der Wert des Gegenstandes zuzurechnen, da sich in der **Gefahrtragung** widerspiegelt, dass ihm der Gegenstand schon im Zeitpunkt der Besitzverschaffung „gehört". Die Bestätigung findet sich in Art. 14 Abs. 2 Buchst. b Alt. 2 MwStSystRL[1] sowie in § 39 Abs. 2 Nr. 1 Satz 1 AO[2] (vgl. auch § 246 Abs. 1 Satz 2 HGB). Die Lieferung ist demgemäß schon im Zeitpunkt der Besitzübergabe erfolgt[3] (zur Steuerentstehung s. *§ 13 Rz. 17*).

Macht der Verkäufer wegen Zahlungsverzuges des Käufers von seinem Rücktrittsrecht Gebrauch, so führt die Rückgabe des Gegenstandes nicht zu einer Rücklieferung, sondern zu einer **Rückgängigmachung** des Umsatzes (*§ 17 Rz. 73*).

**b) Sog. Leasing, Mietkauf**

35 Handelt es sich bei einem sog. **Leasing**-Vertrag nicht nur um einen modifizierten Mietvertrag, sondern ist der Vertrag dergestalt angelegt, dass der sog. Leasingnehmer wirtschaftlich („praktisch") den Gegenstand „kauft", so ist ihm dieser *von Anbeginn* an zuzurechnen. Ein solcher Fall liegt vor, wenn die Summe der vereinbarten Mietzinsraten die Anschaffungs- oder Herstellungskosten, die sonstigen Kosten und den Gewinnzuschlag des sog. Leasinggebers abdeckt[4] (sog. **Finanzierungsleasing**) und der Vertrag über die gewöhnliche Nutzungsdauer des Gegenstandes läuft **oder** der Gegenstand **speziell** auf den sog. Leasingnehmer **zugeschnitten** ist. Dem steht es gleich, wenn nach Ablauf des Vertrages der sog. Leasingnehmer ein Optionsrecht auf Erwerb des Gegenstandes hat und der aufzuwendende Betrag so gering ist, dass bereits zu Beginn des Vertrages die gesicherte Annahme besteht, dass der sog. Leasingnehmer das Optionsrecht ausüben wird.[5] Entsprechendes gilt bei sog. **Mietkaufverträgen**, wenn der Mieter auf Grund der Vertragsbedingungen vernünftigerweise (die Einräumung eines Ankaufsrechts allein reicht deshalb nicht aus) nach Ablauf des Vertrages von seinem Ankaufsrecht Gebrauch machen wird.[6] Anderenfalls liegt eine Lieferung erst mit Ausübung der Kaufoption vor; die vorhergehende sonstige Leistung in Gestalt der Vermietung wird dann nicht rückgängig gemacht[7] (zur Rückvermietung [„sale-and-lease-back"] s. *Rz. 32*).

---

1 Danach gilt als Lieferung die Übergabe eines Gegenstandes auf Grund eines Vertrages, der den Ratenverkauf eines Gegenstandes mit der Klausel vorsieht, dass das Eigentum spätestens mit Zahlung der letzten fälligen Rate erworben wird.
2 Vgl. *Stadie*, Allg. SteuerR, Rz. 216; s. auch BFH v. 1.10.1970 – V R 49/70, BStBl. II 1971, 34 (36).
3 Vgl. BFH v. 1.2.2007 – V R 41/04, UR 2007, 339.
4 Vgl. auch EuGH v. 16.2.2012 – C-118/11, UR 2012, 230 – Rz. 38 ff.
5 BFH v. 1.10.1970 – V R 49/70, BStBl. II 1971, 34; vgl. auch BFH v. 26.1.1970 – IV R 144/66, BStBl. II 1970, 264; BFH v. 8.8.1990 – X R 149/88, BStBl. II 1991, 70.
6 BFH v. 27.1.1955 – V 198/54 U, BStBl. III 1955, 94; BFH v. 16.4.2008 – XI R 56/06, BStBl. II 2008, 909; vgl. auch BFH v. 8.8.1990 – X R 149/88, BStBl. II 1991, 70 (72); BFH v. 12.9.1991 – III R 233/90, BStBl. II 1992, 182; BFH v. 9.12.1999 – III R 74/97, BStBl. II 2001, 311 (314).
7 A.A. *Jakob*, Rz. 294; vgl. auch Abschn. 3.5 Abs. 6 Satz 1 Nr. 2 Satz 4 UStAE.

In beiden Fallgruppen ist der Gegenstand **von Anbeginn** dem sog. **Leasingnehmer** bzw. **Mietkäufer** zuzurechnen, da dieser i.S.d. § 39 Abs. 2 Nr. 1 Satz 1 AO „im Regelfall" den Eigentümer für die gewöhnliche Nutzungsdauer von der Einwirkung ausschließen kann, weil, selbst wenn das Eigentum nicht erworben wird, der Herausgabeanspruch des Eigentümers praktisch ohne Wert ist. Entscheidend ist jedoch, dass dem sog. Leasingnehmer bzw. Mietkäufer auf Grund der Summe der zu zahlenden Raten der Wert und die Substanz (wirtschaftlicher Verbrauch) des Gegenstandes zuzurechnen sind und er mithin von der Übergabe des Gegenstandes an wie ein Eigentümer über diesen verfügt (zur Steuerentstehung nach dem Soll-Prinzip s. *§ 13 Rz. 17*; zum Vorsteuerabzug des sog. Leasingnehmers s. *§ 15 Rz. 273 i.V.m. § 17 Rz. 56*).

36

Die Frage, ob bei Leasing-Gestaltungen *umsatzsteuerrechtlich* Verfügungsmacht verschafft worden ist, richtet sich **nicht** etwa **nach einkommensteuerrechtlichen Grundsätzen**[1], da das Einkommensteuergesetz schon keinerlei Aussagen zur Zurechnung enthält, sondern diese sich aus § 39 AO ergeben. Vor allem aber ist im Hinblick auf grenzüberschreitende Vorgänge zwecks Vermeidung divergierender Rechtsfolgen eine richtlinienkonforme Auslegung des umsatzsteuerrechtlichen Lieferungsbegriffes geboten.[2]

37

Auch **Art. 14 Abs. 2 Buchst. b Alt. 1 MwStSystRL** ist nicht einschlägig. Nach dieser Bestimmung gilt als Lieferung die Übergabe eines Gegenstandes auf Grund eines Vertrages, der die Vermietung eines Gegenstandes während eines bestimmten Zeitraums vorsieht, mit der Klausel, dass das Eigentum spätestens mit Zahlung der letzten fälligen Rate erworben wird. Diese Formulierung ergibt keinen Sinn, da bei einer derartigen Klausel kein Mietvertrag, sondern der in der zweiten Alternative dieser Vorschrift erwähnte Ratenkauf vorliegt. Vermutlich soll mit der Erwähnung des Begriffes „Vermietung" keine rechtliche Würdigung vorgenommen, sondern lediglich klargestellt werden, dass auch diejenigen Fälle erfasst werden, in denen die Beteiligten das Vertragsverhältnis falsch mit „Vermietung" bezeichnet haben. Art. 14 Abs. 2 Buchst. b Alt. 1 MwStSystRL betrifft mithin nur den Ratenkauf mit Eigentumsvorbehalt (*Rz. 34*). Für die vorgenannten Fälle ist die Vorschrift *nicht einschlägig*, da die zugrunde liegenden Vertragsverhältnisse gerade keine ausdrückliche Klausel enthalten, dass das Eigentum spätestens mit Zahlung der letzten Rate übergeht.

### c) Eigenbesitz

Beim Eigenbesitz ist das Wirtschaftsgut dem Eigenbesitzer zuzurechnen (§ 39 Abs. 2 Nr. 1 Satz 2 Alt. 3 AO). Entsprechend § 872 BGB ist Eigenbesitzer, wer ein Wirtschaftsgut **als ihm gehörig besitzt**. Erfasst wird z.B. der Besitz des Diebes, wenn dieser Schadenersatz wegen Untergang der Sache leistet (dieser Fall ist entgegen h.M. als Lieferung gegen Entgelt anzusehen, *§ 1 Rz. 56 ff.*), sowie der Besitz des Erwerbers von **Diebesgut**, der auch bei Gutgläubigkeit kein Eigentum erlangen kann (§ 935 BGB). Er wird befähigt, wenn auch rechtswidrig, über

38

---

1 So aber Abschn. 3.5 Abs. 5 Satz 2 UStAE; *Jakob*, Rz. 295, 460 – Fn. 255; vgl. auch *Heidner* in Bunjes, § 3 UStG Rz. 76.
2 Vgl. *Stadie* in R/D, Einf. Anm. 754; ferner Sachverhalt des EuGH v. 22.12.2010 – C-277/09, EuGHE 2010, I-13805 = UR 2011, 222.

die Substanz des Gegenstandes wie ein Eigentümer zu verfügen[1] (bei Rückgabe des Gegenstandes an den Eigentümer liegt eine Rückgängigmachung der Lieferung vor; § 17 Abs. 2 Nr. 3 UStG). Gleiches gilt bei solchen Konstellationen, in denen sich nachträglich herausstellt, dass die **Eigentumsübertragung unwirksam** war. Der Erwerber hat den Gegenstand als ihm gehörig erworben, so dass ihm mit der Übergabe Verfügungsmacht verschafft worden war (Entsprechendes ergibt sich auch aus § 41 Abs. 1 Satz 1 AO[2]).

### d) Gefahrtragung bei Untergang des Gegenstandes

39 Kann das Eigentum nicht mehr übergehen, weil der Gegenstand während des **Annahmeverzugs** des Käufers oder **auf** dem **Transport untergegangen** ist und hat der Käufer gleichwohl den Kaufpreis zu zahlen (sog. Gefahrtragung), so ist damit die wirtschaftliche Substanz (Verfügungsmacht) auf ihn übergegangen (*§ 1 Rz. 33*).[3] Lag hingegen die Transportgefahr beim Verkäufer, wie z.B. beim Verbrauchsgüterkauf (§ 474 Abs. 2 BGB), so folgt nicht etwa aus der Fiktion des § 3 Abs. 6 Satz 1 UStG, dass trotz des Untergangs der Ware eine Lieferung vorliegt.[4] Diese Vorschrift bestimmt lediglich den Ort einer Lieferung, wenn eine solche tatsächlich vorliegt (*Rz. 120*).

### e) Grundstücksübergabe

40 Bei Übertragung eines Grundstücks ist die Verfügungsmacht bereits mit Übergabe des Grundstücks verschafft, weil ab diesem Zeitpunkt die Gefahr der zufälligen Verschlechterung auf den Käufer übergegangen ist (§ 446 Satz 1 BGB). Auf die zusätzliche Eintragung einer Auflassungsvormerkung oder die Beantragung der Eigentumsumschreibung kommt es m.E. nicht an[5], da diese nur der Sicherung des Eigentumserwerbs dient, indem sie den Käufer vor vertragswidrigen Verfügungen über das Grundstück schützt. Nach § 39 Abs. 2 Nr. 1 Satz 1 AO ist für die wirtschaftliche Zurechnung auf den Regelfall abzustellen. Im Regelfall wird sich ein Verkäufer jedoch vertragstreu verhalten. Die Übergabe kann durch die Einräumung des *mittelbaren* Besitzes ersetzt werden, wenn dies durch ein *entgeltliches* Nutzungsverhältnis erfolgt (*Rz. 30 f.*).[6] Allerdings ist der Zeitpunkt der Lieferung bei einem Grundstück letztlich ohne Belang, weil die Steuer bei einer steuerpflichtigen Lieferung beim Erwerber als Steuerschuldner entgegen dem Wortlaut des § 13b Abs. 2 UStG richtigerweise erst mit Zahlung des Kaufpreises entsteht (*§ 13b Rz. 134*) und zudem unabhängig davon der zum vollem Vorsteuerabzug berechtigte Erwerber (wegen § 9 UStG der Regelfall) die Steuer

---

1 Zust. BFH v. 8.9.2011 – V R 43/10, BStBl. II 2014, 203 = UR 2012, 312 – Rz. 20.
2 Vgl. *Stadie*, Allg. SteuerR, Rz. 229.
3 Ferner *Reiß* in T/L, 20. Aufl., § 14 Rz. 56; *D. Hummel*, UR 2007, 757 (761 f.).
4 So aber BFH v. 21.4.1993 – XI R 102/90, BStBl. II 1993, 731 (734) – zur Vorgängervorschrift § 3 Abs. 7 Satz 1 UStG a.F.; *Lippross*, UR 2008, 495.
5 A.A. *Heuermann/Martin* in S/R, § 3 UStG Rz. 84; unklar BFH v. 11.1.1990 – V R 156/84, UR 1990, 355; BFH v. 20.7.1995 – V R 121/93, BFH/NV 1996, 270; BFH v. 15.6.1999 – VII R 3/97, BStBl. II 2000, 46 (53); *Nieskens* in R/D, § 3 UStG Anm. 750 – in der Regel.
6 Unklar BFH v. 6.12.1979 – V R 87/72, BStBl. II 1980, 279; BFH v. 11.1.1990 – V R 156/84, UR 1990, 355; BFH v. 15.6.1999 – VII R 3/97, BStBl. II 2000, 46 (53).

zeitgleich mit dem entsprechenden Vorsteuerbetrag nach § 15 Abs. 1 Satz 1 Nr. 4 UStG verrechnen kann.

### 5. Gebäude auf fremdem Grund und Boden, Einbauten

Bei beweglichen Sachen, die mit einem Grundstück (oder Gebäude) *fest verbunden* werden, tritt ein gesetzlicher Eigentumserwerb nach § 946 i.V.m. § 94 BGB ein, wenn sie *wesentliche Bestandteile des Grundstücks* (bzw. Gebäudes, wenn dieses nicht wesentlicher Bestandteil des Grundstücks ist) werden. Obwohl sich in diesem Fall das Eigentum an dem Grundstück bzw. Gebäude auch auf die eingebauten Sachen erstreckt, ist nicht stets zugleich von einem Übergang der Verfügungsmacht auf den Grundstücks- oder Gebäudeeigentümer auszugehen.[1] Auch hier ist maßgebend, ob dieser die wirtschaftliche Substanz (*Rz. 22*) erlangt. Die Problematik ergibt sich insbesondere dann, wenn ein anderer **auf fremdem Grund und Boden** ein **Bauwerk** errichtet oder in einem Gebäude **Einbauten** vornimmt. Eine feste Verbindung mit dem Grund und Boden oder mit einem Gebäude führt allerdings nicht in jedem Fall dazu, dass das Eigentum am errichteten Bauwerk bzw. an den eingebauten Sachen kraft Gesetzes auf den Eigentümer des Grund und Bodens oder des Gebäudes übergeht. 41

Werden derartige Bauten nämlich in Ausübung eines **dinglichen Rechts** (z.B. Erbbaurecht Nießbrauch, Dienstbarkeit) von dem Berechtigten mit dem Grundstück fest verbunden, so werden sie nur **Scheinbestandteile** des Grundstücks (§ 95 Abs. 1 Satz 2 BGB) und bleiben selbständige Gegenstände und damit Wirtschaftsgüter des Nutzungsberechtigten. Entsprechendes gilt für Einbauten in ein Gebäude (§ 95 Abs. 2 BGB). Dasselbe gilt, wenn ein nur schuldrechtlich Berechtigter (**Mieter** oder **Pächter**) derartige Bauten oder Einbauten nur „**zu einem vorübergehenden Zweck**" errichtet oder einfügt (§ 95 Abs. 1 Satz 1 BGB). Eine solche Gestaltung ist insbesondere gegeben, wenn die **Lebensdauer** (Verwendungs-, Nutzungsdauer) der Bauten **länger** als die Laufzeit des Miet- oder Pachtverhältnisses ist und nach dessen Ablauf der Mieter bzw. Pächter verpflichtet ist, den ursprünglichen Zustand wiederherzustellen, d.h. die **Bauten zu entfernen** hat.[2] 42

Nur wenn diese Voraussetzungen nicht vorliegen, werden die Bauten bzw. Einbauten auf Grund der festen Verbindung zivilrechtlich **wesentliche Bestandteile** des Grundstücks bzw. Gebäudes. **Gleichwohl** ist dem Hersteller (**Mieter**, Pächter usw., **Ehegatte**, Gesellschaft usw.) auf Grund des *Wegnahmerechts* oder eines *Entschädigungsanspruchs* regelmäßig **ein eigenes Wirtschaftsgut** („Gebäude" bzw. „Einbauten") zuzurechnen (*Rz. 11*), so dass trotz des gesetzlichen Eigentumserwerbs nicht automatisch dem Grundstücks- bzw. Gebäudeeigentümer (Vermieter, Verpächter, anderer Ehegatte, Gesellschafter usw.) die Verfügungsmacht an den eingefügten Gegenständen verschafft wird. Entsprechendes gilt, wenn ein **Miteigentümer** auf dem gemeinsamen Grundstück ein Gebäude o.Ä. errichtet, Einbauten vornimmt usw. 43

---

[1] BFH v. 24.11.1992 – V R 80/87, BFH/NV 1993, 634; BFH v. 20.2.1997 – V B 161/96, UR 1998, 184.
[2] Vgl. BFH v. 4.12.1970 – VI R 157/68, BStBl. II 1971, 165 (167); BFH v. 28.7.1993 – I R 88/92, BStBl. II 1994, 164.

44 Eine *sofortige* **Verschaffung der Verfügungsmacht** in Gestalt der Weiterlieferung durch den Hersteller (Reihengeschäft) an den Grundstücks- bzw. Gebäudeeigentümer liegt folglich nur dann vor, wenn dieser auch Wert und Substanz (*Rz. 22*) der Bauten erlangt. Das ist insbesondere dann der Fall,

- wenn der Mieter (Pächter o.Ä.) schon bei Beginn des Nutzungsverhältnisses auf sein Wegnahmerecht verzichtet, weil der Grundstückseigentümer ihm die **Herstellungskosten erstattet** oder diese mit dem Miet- oder Pachtzins **verrechnet** werden[1]; oder

- wenn von vornherein auf die Ausübung des Wegnahmerechts und eine Entschädigung **verzichtet** wird (Fall der unentgeltlichen Lieferung i.S.d. § 3 Abs. 1b UStG bzw. von vornherein keine Lieferung für das Unternehmen; vgl. *§ 15 Rz. 104*).

Zur Lieferung bei **Beendigung** des **Nutzungsverhältnisses** s. *Rz. 11 ff.*

### IV. Reihengeschäft, Streckengeschäft

45 Die Verschaffung der Verfügungsmacht muss nicht, wie sich aus § 3 Abs. 1 UStG ergibt (*Rz. 5*), durch den Lieferer, sondern kann auch **durch einen Dritten** erfolgen[2] (vgl. auch *§ 1 Rz. 72*). Ebenso wenig muss nach dem Wortlaut dieser Vorschrift der Abnehmer (Lieferungsempfänger, Erwerber) selbst die Verfügungsmacht erlangen, denn diese kann in seinem Auftrag auch **einem Dritten** verschafft werden. In beiden Fällen spricht man – trotz der unerklärlichen Streichung des Begriffs im Gesetz zum 1.1.1997 (*Rz. 46*) – weiterhin von einem „Reihengeschäft"[3] (zivilrechtlich zumeist Streckengeschäft oder Kettengeschäft genannt), auch wenn ein rechtlicher Erkenntnisgewinn aus diesem Begriff[4] nicht folgt. Es liegen dann **zwei Lieferungen** vor (zu mehr als drei Beteiligten s. *Rz. 50*). Die Lieferungen finden jeweils zwischen denjenigen Personen statt, zwischen denen entsprechende Schuldverhältnisse bestehen, so dass nicht etwa der erste Beteiligte an den letzten in der Reihe liefert, obwohl er (wie es § 3 Abs. 1 UStG annimmt) diesem die Verfügungsmacht verschafft.

46 § 3 Abs. 1 UStG geht davon aus, dass bei einem Reihengeschäft **nur einmal** die **Verfügungsmacht verschafft** wird.[5]

Das wird der Grund dafür gewesen sein, dass § 3 **Abs. 2** UStG **a.F.** bis 1996 bestimmte, dass die Lieferung an den letzten Abnehmer gleichzeitig als Lieferung eines jeden Unternehmers in der Reihe gilt. Diese sich auf eine reine Klarstellung beschränkende Bestimmung ist gleichwohl fast durchgängig fehlinterpretiert worden.[6] Sie war deshalb zum 1.1.1997 gestrichen worden, um wegen des

---

1 Vgl. BFH v. 24.11.1992 – V R 80/87, BFH/NV 1993, 634; BMF v. 23.7.1986 – IV A 2 - S 7100 - 75/86, BStBl. I 1986, 432 – Beispiele 1 und 7; *Nieskens* in R/D, § 3 UStG Anm. 834.
2 Anders § 3 Abs. 1 öUStG (ebenso noch § 3 Abs. 1 UStG 1951).
3 Die **MwStSystRL** verwendet den Begriff im 38. Erwägungsgrund.
4 Ein Reihengeschäft ist im Übrigen **auch bei Dienstleistungen** möglich und liegt begrifflich immer dann vor, wenn ein Unternehmer eine Dienstleistung durch einen Subunternehmer erbringt.
5 BFH v. 31.7.1996 – XI R 74/95, BStBl. II 1997, 157.
6 Dazu näher *Stadie*, UR 1995, 379 (380 f.) m.w.N.

von ihr ausdrücklich verwendeten Begriffes „Reihengeschäft" zukünftig eine „Assoziation zum bisherigen Recht zu vermeiden"[1]. Das ist nicht nachvollziehbar, denn die einzige Rechtsfolge, die § 3 Abs. 2 UStG deklaratorisch aussprach, nämlich, dass nicht nur der letzte Unternehmer an den letzten Abnehmer, sondern auch die vorhergehenden Unternehmer an ihre jeweiligen Abnehmer liefern, ergab sich seit je her und ergibt sich weiterhin aus § 3 Abs. 1 UStG.[2]

Die dem § 3 Abs. 1 UStG zugrunde liegende Annahme, dass bei einem Reihengeschäft nur einmal die Verfügungsmacht verschafft wird, **widerspricht** der h.M. im deutschen **Zivilrecht**, die von einer zweimaligen (bzw. mehrmaligen) Eigentumsübertragung ausgeht.[3] Entsprechendes hat **richtigerweise auch für das Umsatzsteuerrecht** zu gelten, denn dem zweiten (wie auch jedem weiteren) Lieferer ist die Verfügungsmacht für eine logische Sekunde zuzurechnen, da auch er über die wirtschaftliche Substanz (*Rz. 22*) des Gegenstandes verfügt, indem er seinen Vorlieferer anweist, den Gegenstand seinem Abnehmer auszuhändigen. Das entspricht Art. 14 Abs. 1 MwStSystRL, denn auch der zweite (bzw. jede weitere) Lieferer verfügt wie ein Eigentümer über den Gegenstand.

Der **EuGH** hat sich **noch nicht** zu einem derartigen Reihengeschäft, sondern, was auch vom BFH übersehen wird[4], nur zu solchen Konstellationen geäußert, bei der der Abnehmer einer Lieferung den Gegenstand bei seinem Lieferer abholte und sodann zu seinem Abnehmer beförderte (*Rz. 142*). Hierbei handelt es sich um zwei durch nichts miteinander verknüpfte Lieferungen (*Rz. 140*). 47

**Dritte** können auf der Liefererseite wie auch auf der Abnehmerseite eingeschaltet werden. Dritte i.S.d. § 3 Abs. 1 UStG sind nach dem klaren Wortlaut der Vorschrift nur Personen, die **Verfügungsmacht verschaffen** bzw. **erhalten**, d.h. ihrerseits eine Lieferung gegenüber demjenigen tätigen, in dessen Auftrag sie als Dritter handeln, bzw. eine Lieferung von demjenigen erhalten, dessen Dritter sie sind. **Keine Dritten** sind folglich solche Personen, die *nur zeitweilig den (Fremd-)Besitz* an dem Gegenstand als **Lagerhalter (Verwahrer), Handelsvertreter, Frachtführer** oder **Spediteure** haben[5] oder aber als Arbeitnehmer, d.h. als sog. Besitzdiener (§ 855 BGB) auf Seiten der Beteiligten tätig sind (zum Begriff des „Dritten" i.S.d. § 3 Abs. 6 Satz 1 UStG s. *Rz. 126 f.*). 48

**Beispiel** 49
Unternehmer A verkauft an B Ware, die dieser an C weiterverkauft hat. Auf entsprechende Vereinbarung hin versendet A unter Einschaltung des Spediteurs S die Ware unmittelbar an C.

A hat dem Dritten C die Verfügungsmacht verschafft, jedoch an B (Abnehmer) geliefert, indem er in dessen „Auftrag" dem C die Verfügungsmacht verschafft hat (§ 3 Abs. 1 UStG). B ist Abnehmer des A, weil zwischen diesen beiden ein Kaufvertrag besteht.

---

1 Reg.-Begr. zum UStÄndG 1997, BR-Drucks. 390/96 – zu Art. 16 Nr. 2 Buchst. a.
2 § 3 Abs. 2 UStG aF war deshalb nicht etwa richtlinienwidrig; so aber *Heuermann/Martin* in S/R, § 3 UStG Rz. 465.
3 Vgl. BGH v. 9.11.1998 – II ZR 144/97, NJW 1999, 425; *Bassenge* in Palandt, § 929 BGB Rz. 20 m.w.N.
4 Vgl. BFH v. 28.5.2013 – XI R 11/09, UR 2013, 756; ferner BFH v. 11.8.2011 – V R 3/10, UR 2011, 909.
5 A.A. *Martin* in S/R, § 3 UStG Rz. 156 f.; *Jakob*, Rz. 267; *Lippross*, 2.3.5 – S. 186 f.; *Nieskens* in R/D, § 3 UStG Anm. 940.

B hat an C geliefert, indem in seinem Auftrag ein Dritter (A) dem C die Verfügungsmacht verschafft hat (§ 3 Abs. 1 UStG). C ist der Abnehmer des B, weil zwischen beiden ein Kaufvertrag besteht. Es finden also zwei Lieferungen statt (weil zwei Kaufverträge vorliegen), bei denen nur einmal die Verfügungsmacht verschafft wird. Der eingeschaltete Spediteur hat als zeitweiliger Besitzer nie Verfügungsmacht gehabt und konnte sie deshalb auch nicht verschaffen, so dass er kein Dritter i.S.d. § 3 Abs. 1 UStG ist. Richtigerweise bedarf es der Konstruktion des Dritten in § 3 Abs. 1 UStG nicht, denn B verschafft dem C Verfügungsmacht (Rz. 46).

50 Ein Reihengeschäft (Streckengeschäft) kann auch zwischen **mehr als drei Beteiligten** erfolgen, so dass auch mehr als zwei Lieferungen durch einmalige Verschaffung der Verfügungsmacht (so § 3 Abs. 1 UStG) gleichzeitig zwischen den jeweiligen Vertragspartnern ausgeführt werden können.

**Beispiel**

Wie vorhergehendes Beispiel, nur dass C die Ware an D weiterverkauft hat und folglich A auf Weisung („im Auftrag") der B und C unmittelbar dem D die Verfügungsmacht verschafft.

In dieser Konstellation liegen drei Lieferungen vor. A liefert an B, dieser an C und jener an D. A hat (in der Sprache des § 3 Abs. 1 UStG) an seinen Abnehmer B geliefert, indem er in dessen Auftrag und zugleich im Auftrag von dessen Abnehmer C dem Dritten („Vierten") D (Dritter des Dritten auf der Abnehmerseite) die Verfügungsmacht verschafft hat (§ 3 Abs. 1 UStG). B liefert an C, indem in seinem Auftrag der A dem D im Auftrag des C die Verfügungsmacht verschafft. A ist bei Betrachtung dieser Lieferung Dritter auf der Liefererseite und D ist Dritter auf der Abnehmerseite. C liefert an D, indem in seinem Auftrag und im Auftrag des B der A dem D die Verfügungsmacht verschafft (A ist Dritter des Dritten auf der Liefererseite).

## C. Verbringen eines Gegenstandes in das übrige Gemeinschaftsgebiet (Abs. 1a)

51 Nach § 3 Abs. 1a UStG gilt das Verbringen eines Gegenstandes des Unternehmens aus dem Inland in das übrige Gemeinschaftsgebiet durch einen Unternehmer zu seiner Verfügung, ausgenommen zu einer nur vorübergehenden Verwendung (auch wenn der Unternehmer den Gegenstand in das Inland eingeführt hat), als Lieferung gegen Entgelt; der Unternehmer gilt als Lieferer. Der **Sinn** dieser **Fiktion** ergibt sich allein aus § 4 Nr. 1 Buchst. b i.V.m. § 6a Abs. 2 UStG, denn danach ist diese **fiktive** innergemeinschaftliche **Lieferung steuerfrei**. Die Definition des Verbringens ist deshalb in § 3 UStG völlig **fehlplaziert** und hätte in § 6a Abs. 2 UStG angesiedelt werden müssen. Mit der Steuerbefreiung ist wie bei der tatsächlichen innergemeinschaftlichen Lieferung ein **Vorsteuerabzug** verbunden (§ 15 Abs. 3 Nr. 1 Buchst. a UStG), sofern der Gegenstand nicht bereits, wie im Regelfall, von der Vorsteuer entlastet war. Die Fiktion einer entgeltlichen Lieferung durch § 3 Abs. 1a UStG ist das **Pendant** zu § 1a Abs. 2 UStG, welcher für den **umgekehrten Fall** einen **innergemeinschaftlichen Erwerb** gegen Entgelt fingiert. Hinsichtlich der Einzelheiten gelten deshalb die diesbezüglichen **Ausführungen** (§ 1a Rz. 34 ff.) **entsprechend**.

52 Der **Zweck** dieses umständlichen Regelungswerkes liegt in der Verwirklichung des Bestimmungslandprinzips, denn mit der **Befreiung** und dem Vorsteuerabzug **im Ursprungsland** korrespondiert die **Erwerbsbesteuerung im anderen Mitglied-**

staat (vgl. Art. 2 Abs. 1 Buchst. b i.V.m. Art. 17, 21 und 23[1] MwStSystRL[2]). Von Bedeutung ist dieses Regelungswerk allerdings grundsätzlich nur dann, wenn der Unternehmer nicht oder nicht zum vollen Vorsteuerabzug berechtigt ist (dazu näher § 6a Rz. 49 f. m. Beispiel), da er anderenfalls die Steuer auf den innergemeinschaftlichen Erwerb im Bestimmungsland als Vorsteuer abziehen kann (vgl. Art. 168 Buchst. d MwStSystRL). Das Regelungswerk ist ferner von Bedeutung, wenn im Ursprungsland, aber nicht im Bestimmungsland ein spezielles Vorsteuerabzugsverbot gilt (§ 1a Rz. 36).

Der Gegenstand muss **zur Verfügung des Unternehmers** in das übrige Gemeinschaftsgebiet verbracht werden; der Unternehmer muss somit bei Beginn und am Ende des Verbringens die Verfügungsmacht (i.S.d. § 3 Abs. 1 UStG) haben. Der Tatbestand ist folglich **nicht** verwirklicht, **wenn** die Verbringung zum Zweck einer **Lieferung** geschieht (§ 1a Rz. 38). Das ist zum Einem der Fall, wenn die Beförderung oder Versendung an einen Abnehmer erfolgt, der auch die Gefahr trägt, denn dann hat dieser die Verfügungsmacht bereits im Inland erlangt (Rz. 39). Für diese Lieferung kommt bereits die Befreiung nach § 6a Abs. 1 UStG unmittelbar in Betracht.[3] 53

Darüber hinaus ist ein Verbringen entgegen h.M. auch dann zu verneinen, wenn der Gegenstand in das übrige Gemeinschaftsgebiet versendet oder befördert wird, um ihn „dort", z.B. als **Kommissionsware** oder von einem **Auslieferungs-** oder **Konsignationslager** aus zu liefern (vgl. § 1a Rz. 39). Soweit Weiterlieferungen erfolgen, liegt deren Ort richtigerweise nicht „dort", sondern nach dem Vereinfachungszweck des Art. 32 Satz 1 MwStSystRL/§ 3 Abs. 6 Satz 1 UStG (Rz. 124) im Ursprungsland, so dass der Lieferer im Zeitpunkt der jeweiligen Weiterlieferungen die Steuerbefreiung der innergemeinschaftlichen Lieferung (§ 6a Abs. 1 UStG) in Anspruch nehmen kann (§ 6a Rz. 3 u. Rz. 13) und der jeweilige Erwerber den innergemeinschaftlichen Erwerb im anderen Mitgliedstaat zu versteuern hat.[4] 54

Der Tatbestand des Verbringens ist – wie auch beim innergemeinschaftlichen Erwerb (§ 1a Abs. 2 UStG) – nur dann verwirklicht, wenn der Gegenstand **nicht** nur zu einer **vorübergehenden Verwendung** in das übrige Gemeinschaftsgebiet gelangt (§ 3 Abs. 1a UStG). Die entsprechenden Ausführungen zu § 1a Abs. 2 UStG (§ 1a Rz. 43 ff.) gelten folglich sinngemäß. 55

---

1 Aus welchen Bestimmungen sich die Steuerbarkeit des Erwerbs im Falle des Verbringens ergeben soll, ist unklar.
2 Entspricht § 1 Abs. 1 Nr. 5 i.V.m. § 1a Abs. 2 UStG für den umgekehrten Fall.
3 Abweichend davon wird von den EU-Mitgliedstaaten zugelassen, dass Unternehmer, die regelmäßig an eine größere Zahl von Abnehmern mittels Beförderung, nicht Versendung (BMF v. 21.11.2012 – IV D 3 - S 7103-a/12/10002, BStBl. I 2012, 1229), liefern, in Abstimmung mit den beteiligten Finanzbehörden der beiden Mitgliedstaaten die jeweiligen Vorgänge als Verbringen behandeln, (statt der Abnehmer) im Bestimmungsland innergemeinschaftliche Erwerbe anmelden und zugleich Lieferungen an die jeweiligen Abnehmer versteuern (§ 1a Rz. 38).
4 *Frye*, UR 2013, 889 (899, 901 f.).

## D. Entnahmen und unentgeltliche Lieferungen (Abs. 1b)

### I. Normzweck

56 Bei unentgeltlichen Lieferungen wird grundsätzlich die Entgeltlichkeit, in Fällen der Entnahme von Gegenständen sogar die Lieferung fingiert (§ 3 Abs. 1b UStG). Mit der **Fiktion** der Leistung gegen Entgelt bzw. des Entgelts wird erreicht, dass die Vorgänge unter den Grundtatbestand des § 1 Abs. 1 Nr. 1 UStG fallen und zu „Umsätzen" führen; das ist gekünstelt (dazu *§ 1 Rz. 1*). Die Regelung des § 3 Abs. 1b UStG enthält deshalb keinen vollständigen Besteuerungstatbestand. Der **Zweck** der Bestimmung liegt in der Sicherstellung der **Besteuerung des Letztverbrauchs** durch **Neutralisierung** (Berichtigung) **eines** nach § 15 UStG[1] vorgenommenen **Vorsteuerabzugs.**[2] Das ergibt sich aus einer Gesamtschau der § 3 Abs. 1b Satz 2, Abs. 9a Nr. 1, § 4 Nr. 28, § 15a Abs. 3 Satz 2, Abs. 6a und Abs. 8 sowie § 17 Abs. 2 Nr. 5 UStG bzw. der Art. 16, 18, 26 Abs. 1 Buchst. a, Art. 136, 168 Abs. 1 Unterabs. 2, Art. 187 und 188 MwStSystRL.

57 Der Zweck liegt deshalb entgegen BFH[3] nicht in der vollständigen Gleichstellung des Unternehmers mit einer Privatperson. Folglich sind auch keine **fiktiven Lieferungen** des Unternehmers an sich selbst der wahre Besteuerungsgrund; sie stellen **nur** das **besteuerungstechnische Vehikel** zur Berichtigung des Vorsteuerabzugs dar. Insbesondere liegt auch der Zweck der Regelungen nicht darin, als Bemessungsgrundlage den Wert anzusetzen, den die Leistung hätte, wenn sie von einem anderen Unternehmer bezogen würde, denn das UStG will wie die MwStSystRL die **tatsächlichen Aufwendungen** und nicht eine fiktive Vermögensverwendung des Verbrauchers besteuern (*§ 10 Rz. 97 ff.*). § 3 Abs. 1b UStG (Art. 16 MwStSystRL) verfolgt wie § 15a UStG (Art. 187 MwStSystRL) die Berichtigung eines vorgenommenen Vorsteuerabzugs. Beide Vorschriften bedienen sich lediglich verschiedener Gesetzestechniken. Da nicht die Technik, sondern der Gesetzeszweck maßgebend ist, muss § 3 Abs. 1b UStG bzw. Art. 16 MwStSystRL – wie auch die Bestimmung des § 10 Abs. 4 Satz 1 Nr. 1 UStG bzw. Art. 74 MwStSystRL zur Bemessungsgrundlage (*§ 10 Rz. 99 f.*) – durch eine entsprechende **Auslegung mit § 15a** UStG bzw. Art. 187 MwStSystRL **abgestimmt** werden[4] (s. auch *Rz. 69*).

58 Es ist anzunehmen, dass auch der **EuGH** das so sehen würde, da er zu Art. 18 Buchst. a MwStSystRL, wonach ebenso wie nach Art. 16 MwStSystRL eine entgeltliche Lieferung fingiert werden kann, ausgeführt hat: „(Bei) der Gleichstellung mit einer entgeltlichen Lieferung gem. Art. 18 MwStSystRL und der Berichtigung gem. Art. 187 MwStSystRL [entspricht § 15a UStG] (handelt es sich) um **zwei Mechanismen**, die die **gleiche** wirtschaftliche **Wirkung** haben, nämlich

---

1 Nicht etwa dient die Entnahmebesteuerung in Deutschland auch der Berichtigung eines im Ausland vorgenommenen Vorsteuerabzugs; so aber *Tehler*, UVR 2014, 29.
2 Vgl. EuGH v. 8.3.2001 – C-415/98, EuGHE 2001, I-1831 = UR 2001, 149 – Rz. 42 m.w.N.; **a.A.** BFH v. 12.12.2012 – XI R 3/10, UR 2013, 460 – Rz. 24.
3 BFH v. 12.12.2012 – XI R 3/10, UR 2013, 460 – Rz. 24.
4 A.A. 3. Senat des FG Thür. v. 11.8.2010 – 3 K 180/09, EFG 2010, 2122; *Reiß*, UR 2013, 148 (157); zweifelnd 2. Senat des FG Thür. v. 9.6.2009 – 2 V 109/09, EFG 2009, 1681; vgl. auch *Englisch* in T/L, § 17 Rz. 156.

einen Steuerpflichtigen zur *Zahlung von Beträgen* zu zwingen, die den *Vorsteuerabzügen entsprechen*, zu deren Vornahme er nicht berechtigt war."[1]

Eine entgeltliche Lieferung wird nicht dadurch zu einer unentgeltlichen i.S.d. § 3 Abs. 1b UStG, dass die vereinbarte **Gegenleistung nicht erbracht** wird. Da der Anspruch auf die Gegenleistung bestehen bleibt (zum **Verzicht auf die Gegenleistung** s. *§ 17 Rz. 32 f.*), ist die Leistung weiter „gegen (ein vereinbartes) Entgelt" erfolgt.[2] War die Steuer bereits nach dem Soll-Prinzip entrichtet worden, so ist sie nach § 17 Abs. 2 Nr. 1 UStG zu berichtigen. 59

**Schuldner** der Umsatzsteuer ist auch bei den unentgeltlichen Lieferungen (§ 3 Abs. 1b Satz 1 Nr. 2 und 3 UStG) der Unternehmer (§ 13a Abs. 1 Nr. 1 UStG). Diese werden mithin den Entnahmen des Unternehmers gleich gestellt. Das ist konsequent, weil die Umsatzsteuer den Aufwand der Verbraucher besteuern will, diese bei unentgeltlichen Lieferungen jedoch nichts aufwenden. 60

Der **Ort** dieser „Umsätze" soll sich nach § 3f UStG bestimmen und beim Unternehmen bzw. der Betriebsstätte liegen, von der aus die Lieferung ausgeführt wird. Diese Regelung läuft jedoch leer, weil sich die Frage nach dem Ort gar nicht stellt, sondern der Vorgang, weil es sich nur um die Berichtigung eines nach § 15 UStG vorgenommenen Vorsteuerabzugs handeln kann, stets per se in Deutschland steuerbar ist (*§ 3f Rz. 2 ff.*); zur Anwendbarkeit von **Steuerbefreiungen** s. *Vor §§ 4–9 Rz. 28 f.*

## II. Gegenstandsentnahmen (Satz 1 Nr. 1)

### 1. Merkmale

Nach § 3 Abs. 1b Satz 1 Nr. 1 UStG wird einer Lieferung gegen Entgelt gleichgestellt die **Entnahme** eines Gegenstandes aus dem Unternehmen für Zwecke außerhalb des Unternehmens. Eine solche Entnahme liegt typischerweise vor, wenn der Gegenstand **auf Dauer**[3] (die zeitweilige Nutzungsentnahme wird von § 3 Abs. 9a Nr. 1 UStG erfasst, *Rz. 165*) nicht mehr im Unternehmen, sondern für außerunternehmerische („private") Zwecke des Unternehmers verwendet werden soll (zum **Untergang** während einer nicht unternehmerischen Verwendung s. *Rz. 72*). Der Tatbestand kann auch bei (Teil-)**Aufgabe des Unternehmens**[4] und auch noch nach Beendigung des Unternehmens durch den **Gesamtrechtsnachfolger** (insbesondere Erben) verwirklicht werden (*§ 2 Rz. 235*). 61

Da die Entnahme der Lieferung gegen Entgelt gleich gestellt wird, liegt eine Gegenstandsentnahme i.S.d. § 3 Abs. 1b Satz 1 Nr. 1 UStG folglich nur vor, wenn bei einer entsprechenden Leistung gegenüber einem anderen eine Lieferung ge- 62

---

1 EuGH v. 29.4.2004 – C-487/01 und C-7/02, EuGHE 2004, I-5337 = UR 2004, 302 – Rz. 90, zu den Vorgängervorschriften (Anpassung des Zitats an die MwStSystRL; Hervorhebungen durch den Verf.); ebenso EuGH v. 14.9.2006 – C-72/05, EuGHE 2006, I-8297 = BStBl. II 2007, 32 = UR 2006, 638 – Rz. 35.
2 Vgl. BFH v. 22.6.1989 – V R 37/84, BStBl. II 1989, 913; BFH v. 21.5.1992 – V R 23/88, BFH/NV 1993, 131; BFH v. 16.2.1994 – XI R 65/89, BFH/NV 1994, 832; *Stadie* in R/D, § 17 UStG Anm. 358.
3 BFH v. 16.9.1987 – X R 51/81, BStBl. II 1988, 205.
4 Vgl. EuGH v. 8.5.2013 – C-142/12, UR 2013, 503 – Rz. 25 ff.

geben wäre. Der **Begriff des Gegenstandes** ist vom Grundsatz her derselbe wie bei der Lieferung (*Rz. 6 ff.*) und umfasst z.B. auch Eintrittskarten (*Rz. 10, 158 a.E.*) sowie Wirtschaftsgüter in Gestalt von **Bauten auf fremdem Grund und Boden** und Einbauten in fremde Gebäude (*Rz. 11 ff.*).[1] Darüber hinaus können auch Grundstücks- bzw. **Gebäudeteile** entnommen werden.[2] Bei einem Vorgang, der einem Dritten gegenüber als **Werklieferung** anzusehen wäre, ist Gegenstand der Entnahme nicht das Ergebnis der fiktiven Werklieferung[3]; vielmehr beschränkt sich der Umfang auf die vorsteuerentlasteten Einzelteile (*Rz. 68*). Entsprechendes gilt bei fiktiven Werkleistungen (*Rz. 183 a.E.*).

63 Die Entnahme setzt die **Zugehörigkeit** des Gegenstandes **zum Unternehmen** voraus. Diese richtet sich nicht nach Handelsrecht oder Einkommensteuerrecht.[4] Bei einem Gegenstand, der sowohl unternehmerisch als auch nichtunternehmerisch verwendet werden soll, muss der Unternehmer beim Erwerb eine **Zuordnungsentscheidung** treffen (dazu näher § 1 Rz. 105 ff.; § 15 Rz. 165 ff.). Hat er lediglich einen (realen oder ideellen) **Teil des Gegenstandes** dem Unternehmen zugeordnet, so kann auch nur dieser Teil entnommen werden.[5]

### 2. Vorsteuerentlasteter Gegenstand (Satz 2), Umfang der Entnahme

64 Die **Steuerbarkeit** der Entnahme – wie auch der unentgeltlichen Lieferung nach § 3 Abs. 1b Satz 1 Nr. 2 oder 3 UStG – setzt voraus, dass der **Gegenstand** oder seine Bestandteile (*Rz. 67*) **zum** vollen oder teilweisen **Vorsteuerabzug „berechtigt"** haben (§ 3 Abs. 1b **Satz 2** UStG). Darin kommt der von der Regelung verfolgte Zweck der Neutralisierung des bei Erwerb des Gegenstandes vorgenommenen Vorsteuerabzugs zum Ausdruck. Gemeint ist der Vorsteuerabzug i.S.d. § 15 UStG. Folglich liegt kein Fall des § 3 Abs. 1b Satz 1 UStG vor, wenn ein Gegenstand entnommen (oder einem anderen zugewendet) wird, der nicht wenigstens anteilig beim Erwerb von deutscher Umsatzsteuer entlastet worden war. Eine Entlastung liegt auch dann vor, wenn der Gegenstand im Wege der **Naturalrestitution** von einem vorsteuerabzugsberechtigten Schädiger[6] oder durch **Tausch**[7], bei dem richtigerweise kein Vorsteuerabzug vorgenommen wurde (§ 15 Rz. 264), erlangt worden war.

65 War der Vorsteuerabzug irrtümlich nicht vorgenommen worden und kann er aus verfahrensrechtlichen Gründen nicht mehr nachgeholt werden, so ist § 3 Abs. 1b Satz 2 UStG entgegen seinem Wortlaut („berechtigt") nicht erfüllt, da es wegen des Gesetzeszwecks (*Rz. 56*) nicht auf die materielle Berechtigung, sondern auf die **tatsächliche Vornahme** ankommt. Folglich ist umgekehrt der Tatbestand verwirklicht, wenn der Vorsteuerabzug zwar rechtswidrig war, aber nach den Re-

---

1 Vgl. auch BFH v. 14.5.2008 – XI R 60/07, BStBl. II 2008, 721 – öffentliche Straße.
2 Vgl. BFH v. 18.1.2012 – XI R 13/10, BFH/NV 2012, 1012 – Rz. 22.
3 A.A. wohl BFH v. 18.1.2912 – XI R 13/10, BFH/NV 2012, 1012 – Rz. 22.
4 Insoweit zutreffend BFH v. 18.1.2912 – XI R 13/10, BFH/NV 2012, 1012.
5 EuGH v. 4.10.1995 – C-291/92, EuGHE 1995, I-2775 = BStBl. II 1996, 392 = UR 1995, 485 – Rz. 28.
6 *Stadie* in R/D, § 15 UStG Anm. 237.
7 *Stadie* in R/D, § 15 UStG Anm. 671 i.V.m. 674.

geln der AO nicht mehr korrigiert werden kann.¹ Gegenstände von **Land- und Forstwirten**, die unter § 24 Abs. 1 UStG fallen, sind nicht von der Vorsteuer entlastet (*§ 24 Rz. 41*).

Bei Entnahmen von Gegenständen, die **ausschließlich für steuerfreie Umsätze** (i.S.d. § 4 Nr. 8–27 UStG) **verwendet** worden waren, bedarf es nicht der Heranziehung der Steuerbefreiung des § 4 Nr. 28 UStG, weil die Entnahme schon nicht nach § 3 Abs. 1b Satz 2 UStG steuerbar ist. Bei nur teilweisem Vorsteuerabzug liegt nicht nur eine teilweise, sondern eine vollständige Entnahme vor, bei der zum Ausgleich **nachträglich** ein **anteiliger Vorsteuerabzug** gewährt wird (§ 15a Abs. 8 UStG; *§ 15a Rz. 73, 82*). 66

Bei der Entnahme eines Gegenstandes, der selbst nicht von der Vorsteuer entlastet worden war, in den aber nachträglich **Bestandteile** eingefügt wurden, die zum Vorsteuerabzug berechtigten, beschränkt sich die Entnahmebesteuerung auf diese Bestandteile.² Das BMF hat eine **Bagatellgrenze** von 20 % der Anschaffungskosten des Wirtschaftsguts, max. 1000 € festgesetzt, bis zu der eine Besteuerung nicht vorzunehmen ist.³ Der Wert von **Werkleistungen** (*Beispiele:* Karosserie- und Lackierungsarbeiten bei einem Kfz), die zur Werterhöhung des entnommenen Gegenstandes geführt hatten, wird nicht von § 3 Abs. 1b UStG erfasst. Indes kommt eine Berichtigung des Vorsteuerabzugs nach § 15a Abs. 3 Satz 2 UStG in Betracht (*§ 15a Rz. 105 f.*). 67

Auch bei einem Vorgang, der gegenüber einem anderen eine **Werklieferung** darstellen würde, ist im Hinblick auf den Gesetzeszweck, einen Vorsteuerabzug zu neutralisieren (*Rz. 56*), der **Umfang der Entnahme** auf die *vorsteuerentlasteten* Elemente (Gegenstände) der Werklieferung zu beschränken⁴, so dass die Dienstleistungselemente des eigenen Unternehmens nicht einzubeziehen sind. Das deckt sich mit dem Wortlaut der Vorschrift, der von der Entnahme von „Gegenständen" und nicht von „Werklieferungen" spricht.⁵ Folglich beschränkt sich bei der Entnahme eines selbst hergestellten Gegenstandes die Entnahme auf das Material, so dass insbesondere die Lohnkosten und die weiteren nicht vorsteuerentlasteten Kosten nicht in die Bemessungsgrundlage (§ 10 Abs. 4 Nr. 1 UStG) einbezogen werden dürfen. Dieser Gedanke kommt auch in § 3 Abs. 1b Satz 2 UStG („Bestandteile zum Vorsteuerabzug berechtigt haben") zum Ausdruck (s. *Rz. 67*). Gleiches gilt bei anderen gemischten Vorgängen, die Dritten gegenüber als Werkleistungen anzusehen wären (*Rz. 183*).

---

1 A.A. BFH v. 23.10.2014 – V R 11/12, BFH/NV 2015, 288 – zu § 3 Abs. 9a UStG (*Rz. 169*): Berichtigung nach § 15a UStG (vgl. *§ 15a Rz. 139*).
2 EuGH v. 17.5.2001 – C-322/99 und C-323/99, EuGHE 2001, I-4049 = UR 2001, 293; BFH v. 18.10.2001 – V R 106/98, BStBl. II 2002, 551; Abschn. 3.3 Abs. 2 und 3 UStAE.
3 Abschn. 3.3 Abs. 4 UStAE.
4 A.A. Abschn. 3.3 Abs. 7 UStAE.
5 Vgl. auch EuGH v. 25.5.1993 – C-193/91, EuGHE 1993, I-2615 = UR 1993, 309 – Rz. 14, wonach der Begriff „Verwendung eines Gegenstandes" *eng auszulegen* ist und nur die Verwendung des Gegenstandes selbst umfasst, so dass *Nebenleistungen* im Zusammenhang mit dieser Verwendung *nicht* unter Art. 26 Buchst. a MwStSystRL fallen. Entsprechendes hat für die Auslegung des Art. 16 MwStSystRL zu gelten.

### 3. Zwecke außerhalb des Unternehmens

68 § 3 Abs. 1b Satz 1 Nr. 1 UStG betrifft nur die Entnahme durch den Unternehmer **für** seine **eigenen nichtunternehmerischen** (privaten) Zwecke. Unentgeltliche Lieferungen (Zuwendungen) an Dritte fallen, soweit diese nicht Arbeitnehmer sind (§ 3 Abs. 1b Satz 1 Nr. 2 UStG), unter § 3 Abs. 1b Satz 1 Nr. 3 UStG (*Rz. 81 ff.*). Letztlich kann die Frage jedoch dahinstehen, da die Rechtsfolgen gleich sind. **Zwecke**, die außerhalb des Unternehmens liegen, sind solche, die dem **nichtunternehmerischen Bereich** des Unternehmers dienen. Entnahmen liegen folglich bei der Überführung in den „**privaten**" Bereich einer natürlichen Person vor und nach bisherigem Verständnis darüber hinaus auch dann, wenn ein Gegenstand bei **einer Personengesellschaft, Kapitalgesellschaft, juristischen Person des öffentlichen Rechts**[1] oder einem ähnlichen Gebilde auf Dauer aus dem unternehmerischen Bereich in den nichtunternehmerischen Bereich (dazu § 2 Rz. 195) verbracht wird.[2] Das gilt auch bei **Aufgabe der unternehmerischen Tätigkeit** (*§ 2 Rz. 217 f.*), sofern damit nicht eine Geschäftsveräußerung i.S.d. § 1 Abs. 1a UStG einhergeht (*Rz. 94*).

69 Der **EuGH** hat nun allerdings zum Begriff der Verwendung eines Gegenstandes „für **unternehmensfremde Zwecke**" i.S.d. Art. 26 MwStSystRL entschieden, dass diese **nicht** bei der Verwendung für **nichtwirtschaftliche Tätigkeiten** (dazu § 15 Rz. 156) vorlägen.[3] Nichts anderes kann dann bei der Entnahme des Gegenstandes „für unternehmensfremde Zwecke" i.S.d. Art. 16 MwStSystRL gelten. Danach kommen bei nichtnatürlichen Personen und gleichgestellten Gebilden Entnahmen nicht in Betracht, wenn Gegenstände aus dem unternehmerischen Bereich auf Dauer in den nichtwirtschaftlichen Bereich überführt werden. Die erforderliche Korrektur des Vorsteuerabzugs erfolgt mithin dann nicht über § 3 Abs. 1b Satz 1 Nr. 1 UStG[4], sondern über § 15a UStG (entspricht Art. 187 ff. MwStSystRL), was nur sachgerecht ist (vgl. *Rz. 57*).

70 Die Bestellung eines **unentgeltlichen Nießbrauchs** an einem bebauten Grundstück führt zur Beendigung der unternehmerischen Tätigkeit, die mit dem Gebäude ausgeübt wurde, und mithin zu einer Entnahme des Grundstücks auf Dauer (welche zu einer Berichtigung des Vorsteuerabzugs nach § 15a Abs. 8 UStG führen kann; *§ 15a Rz. 73, 82*), sofern nicht lediglich ein Ruhen der unternehmerischen Tätigkeit anzunehmen ist[5] (letzterenfalls wäre eine unentgeltliche Überlassung i.S.d. § 3 Abs. 9a UStG gegeben; *Rz. 174 f.*).

71 **Keine Entnahme** für Zwecke außerhalb des Unternehmens liegt vor, wenn ein Gegenstand **von einem Unternehmensteil** (Betrieb) **in einen anderen** Unternehmensteil auf Dauer verbracht wird, denn der Gegenstand bleibt innerhalb des Unternehmens. Das gilt auch, wenn der aufnehmende Unternehmensteil im Ausland liegt (*§ 2 Rz. 190*); davon zu unterscheiden ist der Tatbestand des innergemeinschaftlichen Verbringens i.S.d. § 3 Abs. 1a UStG, der einen anderen

---

1 Vgl. BFH v. 10.3.94 – V R 91/91, BFH/NV 1995, 451 – Entnahme von Wasser durch Gemeinde aus ihrem Wasserwerk für hoheitliche Zwecke.
2 Abschn. 3.2 Abs. 1 Satz 2 UStAE.
3 EuGH v. 12.2.2009 – C-515/07, EuGHE 2009, I-839 = UR 2009, 199 – Rz. 34 ff.
4 A.A. *Wäger*, DStR 2011, 433 (436).
5 Vgl. BFH v. 16.9.1987 – X R 51/81, BStBl. II 1988, 205; *Stadie*, Vorsteuerabzug, S. 241.

Zweck verfolgt (dazu *Rz. 51*). Entsprechendes gilt, wenn der Gegenstand im Rahmen eines inländischen **Organkreises** (*§ 2 Rz. 302 ff.*) vom Organträger an eine Organgesellschaft und umgekehrt oder zwischen zwei Organgesellschaften auf Dauer überlassen wird. In allen diesen Fällen kann aber gleichwohl eine Vorsteuerberichtigung nach § 15a UStG in Betracht kommen, wenn sich die für den Vorsteuerabzug maßgeblichen Verwendungsverhältnisse geändert haben.

**Keine Entnahme**, sondern eine entgegen h.M. richtigerweise nicht steuerbare entgeltliche Lieferung ist auch die **Einlage** des Gegenstandes **in eine Gesellschaft**; das Vorsteuerberichtigungsvolumen geht auf diese über (*§ 1 Rz. 94*). Eine Entnahme ist ebenfalls nicht gegeben, wenn der Gegenstand in das ertragsteuerrechtlich sog. **Sonderbetriebsvermögen** des Unternehmers bei einer Personengesellschaft überführt und weiterhin vom Unternehmer für eigene unternehmerische Zwecke verwendet wird.[1] Nichts anderes hat zu gelten, wenn der Gegenstand für eigene unternehmerische Zwecke der Personengesellschaft genutzt wird (*§ 2 Rz. 166 i.V.m. § 2 Rz. 192*).[2]

### 4. Zerstörung im Rahmen nichtunternehmerischer Verwendung

Entgegen dem Wortlaut der Vorschrift („Entnahme ... für Zwecke, die ...") ist bei verbrauchsteuerkonformer Auslegung für die Entnahme **kein** entsprechender **Wille** zu fordern.[3] Ein **finales Element** widerspräche (wie bei der Lieferung, *§ 1 Rz. 46 f.*) dem Zweck der Vorschrift, den Vorsteuerabzug bei tatsächlich eingetretenem Letztverbrauch zu neutralisieren. Mit dem Begriff der „Entnahme" ist lediglich der typische Fall genannt, der jedoch aus Gleichbehandlungsgründen die Erfassung auch der atypischen Fälle durch den Gesetzestatbestand verlangt. Folglich ist auch bei einer Zerstörung eines Gegenstandes im Rahmen einer nichtunternehmerischen Verwendung (*Beispiel:* **Totalschaden** bei einer **Privatfahrt** mit einem Fahrzeug, welches dem Unternehmen zugeordnet war) entgegen der h.M.[4] eine Entnahme anzunehmen, da in Höhe des „Wertes" (i.S.d. § 15a UStG; s. *§ 10 Rz. 99 f.*) des Gegenstandes ein Verbrauch für nichtunternehmerische Zwecke erfolgt ist. Entsprechendes ist bei einem **Diebstahl** anzunehmen.[5] Das gilt unabhängig davon, ob den Unternehmer ein Verschulden trifft. Nur diese Interpretation stellt die Besteuerung des Letztverbrauchs sicher. 72

Bei einer **Beschädigung** auf Grund nichtunternehmerischer Verwendung ist die Reparatur nicht für das Unternehmen ausgeführt (*§ 15 Rz. 132*). Wird der Gegenstand nicht repariert, so ist von einer Entnahme in Höhe der Differenz des Zeitwertes vor (begrenzt durch das Berichtigungsvolumen nach § 15a UStG, vgl. *§ 10 Rz. 100*) und des Zeitwerts nach der Beschädigung auszugehen. 73

---

1 Vgl. BFH v. 18.1.2012 – XI R 13/10, BFH/NV 2012, 1012.
2 A.A. BFH v. 21.5.2014 – V R 20/13, BStBl. II 2014, 1029.
3 A.A. BFH v. 18.1.2012 – XI R 13/10, BFH/NV 2012, 1012; ferner zur Vorgängervorschrift des § 1 Abs. 1 Nr. 2 Buchst. a UStG a.F. BFH v. 3.11.1983 – V R 4/73, BStBl. II 1984, 169; BFH v. 2.10.1986 – V R 91/78, BStBl. II 1987, 44; BFH v. 26.4.1995 – XI R 5/94, BStBl. II 1996, 248.
4 Abschn. 3.3 Abs. 6 UStAE; BFH v. 28.2.1980 – V R 138/72, BStBl. II 1980, 309 (311); vgl. auch BFH v. 28.6.1995 – XI R 66/94, BStBl. II 1995, 850.
5 So zutreffend für die ESt. BFH v. 18.4.2007 – XI R 60/04, BStBl. II 2007, 762; vgl. auch BFH v. 9.12.2003 – VI R 185/97, BStBl. II 2004, 491.

## 5. Zeitliche Grenze

**74** § 3 Abs. 1b UStG (wie auch Art. 16 MwStSystRL) enthält nach seinem Wortlaut keine **zeitliche Grenze**. Danach müsste die Entnahme eines Gegenstandes auch noch nach Jahrzehnten (mit ggf. gestiegenem Wert) besteuert werden. Die zeitliche Grenze ist jedoch § 15a UStG (entspricht Art. 187 und 188 MwStSystRL) zu entnehmen (*Rz. 57*). Aus dieser Vorschrift folgt, dass eine Entnahme nach Ablauf des Berichtigungszeitraums von 5 bzw. 10 Jahren nicht mehr steuerbar ist[1], weil der Gegenstand als „verbraucht" gilt. Das ergibt sich aus Folgendem: Bei der Entnahme eines Gegenstandes, der ausschließlich zur Ausführung von Umsätzen verwendet wurde, die den Vorsteuerabzug nach § 15 Abs. 2 UStG ausschlossen, findet eine Besteuerung der Entnahme nicht statt (§ 3 Abs. 1b Satz 2 UStG) und folglich auch keine Berichtigung des Vorsteuerabzugs (§ 15a Abs. 8 UStG, *§ 15a Rz. 82*). Der Gegenstand wird demgemäß mit der ursprünglichen Umsatzsteuerbelastung in den Privatbereich überführt. War der Gegenstand nur zum Teil für Umsätze verwendet worden, die zum Vorsteuerabzug berechtigten, erfolgt eine Vorsteuerberichtigung nur, wenn die Entnahme innerhalb des Berichtigungszeitraums geschah (§ 15a Abs. 8 i.V.m. Abs. 1 UStG; entspricht Art. 188 Abs. 1 Unterabs. 1 MwStSystRL), was nur heißen kann, dass **nach Ablauf des Berichtigungszeitraums** auch die **Entnahme nicht mehr besteuert** werden darf (*§ 15a Rz. 8*). Für die Entnahme von Gegenständen, die vollen Umfangs vorsteuerentlastet sind, muss dasselbe gelten, da anderenfalls die Besteuerung der Entnahme nach Ablauf des Berichtigungszeitraums des § 15a UStG von dem Zufall abhinge, ob der Gegenstand zuvor zum Teil oder vollen Umfangs für steuerpflichtige Zwecke verwendet wurde. Das wäre willkürlich und nicht mit dem Gleichbehandlungsgrundsatz zu vereinbaren (s. auch *§ 15a Rz. 7*). Diese Erkenntnis ist auch von Bedeutung für die Bemessungsgrundlage, d.h. für die Auslegung des § 10 Abs. 4 Satz 1 Nr. 1 UStG, der nicht mit § 15a UStG abgestimmt ist (*§ 10 Rz. 99 f.*).

**75 Beispiele**

Der Unternehmer entnimmt einen Pkw aus seinem Unternehmen, den er für 50 000 € + USt.

a) vor 4 Jahren neu erworben und von Beginn an zur Hälfte für steuerpflichtige und zur Hälfte für steuerfreie Umsätze, die den Vorsteuerabzug ausschließen, verwendet hatte; im Zeitpunkt der Entnahme beträgt der Wert des Fahrzeugs 15 000 € (ohne USt.);

b) vor 6 Jahren mit vollem Vorsteuerabzug erworben hatte und der jetzt noch einen Restwert von 10 000 € (ohne USt.) hat.

Im Falle a ist die Entnahme steuerbar, da der Gegenstand beim Erwerb zum anteiligen Vorsteuerabzug (§ 15 Abs. 4 i.V.m. Abs. 2 Satz 1 Nr. 1 UStG) berechtigt hatte. Sie müsste nach dem Gesetzeswortlaut mit dem Zeitwert des Gegenstandes (§ 10 Abs. 4 Nr. 1 UStG) in Höhe von 15 000 € besteuert werden; richtigerweise sind $\frac{1}{5}$ von 50 000 € = 10 000 € anzusetzen (*§ 10 Rz. 99 f.*). Nach § 15a Abs. 8 i.V.m. Abs. 1 und 5 UStG (*§ 15a Rz. 82 ff.*) erhält der Unternehmer, da der entnommene Gegenstand nur zur Hälfte vorsteuerentlastet ist, einen nachträglichen Vorsteuerabzug in Höhe von einem Zehntel (50 % von $\frac{1}{5}$) der beim Erwerb angefallenen Umsatzsteuer (800 €).

Im Falle b ist die Entnahme richtigerweise nicht steuerbar, da der Berichtigungszeitraum nach § 15a Abs. 1 Satz 1 UStG von 5 Jahren abgelaufen ist.

---

1 A.A. 3. Senat des FG Thür. v. 11.8.2010 – 3 K 180/09, EFG 2010, 2122; zweifelnd 2. Senat des FG Thür. v. 9.6.2009 – 2 V 109/09, EFG 2009, 1681.

## III. Zuwendungen an das Personal (Nr. 2)

Bei der unentgeltlichen **Zuwendung** eines Gegenstandes durch einen Unternehmer **an** sein **Personal** für dessen privaten Bedarf wird die Entgeltlichkeit der Lieferung und damit die Steuerbarkeit nach § 1 Abs. 1 Nr. 1 UStG fingiert, sofern keine Aufmerksamkeit (*Rz. 78*) vorliegt (§ 3 Abs. 1b Satz 1 Nr. 2 UStG). Die Vorschrift soll den vom Unternehmer bei Anschaffung des Gegenstandes vorgenommenen Vorsteuerabzug (§ 3 Abs. 1b Satz 2 UStG; *Rz. 56, 64*) – welcher unzulässig ist, wenn bereits beim Erwerb die unentgeltliche Weitergabe an das Personal feststand (*§ 15 Rz. 104*) – neutralisieren, da der Arbeitnehmer Verbraucher des Gegenstandes ist. Die Ausführungen zum Umfang der Entnahme nach § 3 Abs. 1b Satz 1 Nr. 1 UStG (*Rz. 67 f.*) gelten entsprechend. 76

Eine Zuwendung liegt nur dann vor, wenn die Lieferung unentgeltlich erfolgt, d.h. **keine Gegenleistung** anzunehmen ist. Als diese kommt eine anteilige Arbeitsleistung in Betracht, wenn eine regelmäßige Lieferung als Barlohnersatz ausdrücklich oder stillschweigend vereinbart ist (*§ 1 Rz. 91 f.*). Allerdings sind derartige Tauschvorgänge richtigerweise nicht steuerbar (*§ 1 Rz. 87 ff.*), so dass stets von unentgeltlichen Leistungen auszugehen ist (*§ 1 Rz. 93*). 77

**Keine Zuwendung** ist gegeben, wenn der Vorteil des Arbeitnehmers lediglich der Reflex eines **überwiegend eigenbetrieblich motivierten** Verhalten des Arbeitgebers ist (*§ 1 Rz. 14*; dazu auch unten *Rz. 180 a.E.*).

Eine **Aufmerksamkeit** ist anzunehmen, wenn zu einem persönlichen Ereignis des Arbeitnehmers ein geringwertiges Geschenk getätigt wird oder Getränke und Genussmittel zum Verzehr im Betrieb überlassen werden.[1] 78

## IV. Unentgeltliche Lieferungen an Dritte (Nr. 3)

### 1. Allgemeines

Auch bei **jeder anderen unentgeltlichen Zuwendung**, d.h. unentgeltlichen Lieferung eines Gegenstandes, ausgenommen Geschenke von geringem Wert (*Rz. 95*) und Warenmuster (*Rz. 96*) für Zwecke des Unternehmens, wird die Entgeltlichkeit der Lieferung fingiert (§ 3 Abs. 1b Satz 1 Nr. 3 UStG). Voraussetzung ist auch hier, dass der Gegenstand oder seine Bestandteile zum vollen oder teilweisen Vorsteuerabzug berechtigt haben (§ 3 Abs. 1b Satz 2 UStG). Die Ausführungen zum sachlichen **Umfang** (*Rz. 62 ff.*) und zur **zeitlichen Begrenzung** des Entnahmetatbestandes (*Rz. 74 f.*) gelten entsprechend. 79

Aus dem zweiten Satzteil der Vorschrift („für Zwecke des Unternehmens") folgt, dass es **unerheblich** ist, ob die unentgeltliche Lieferung aus **nicht unternehmerischen** (privaten) **oder** aus **unternehmerischen Gründen** geschieht.[2] Besteuerungsgrund ist die Unentgeltlichkeit. Das ist sachgerecht, da in beiden Fällen einem anderen ein verbrauchbarer Wert zugewendet wird, so dass zur Ver- 80

---

[1] Vgl. Abschn. 1.8 Abs. 3 UStAE.
[2] EuGH v. 27.4.1999 – C-48/97, EuGHE 1999, I-2323 = UR 1999, 278 – Rz. 22 f., zum insoweit widersprüchlichen Wortlaut des Art. 16 MwStSystRL; BFH v. 14.5.2008 – XI R 60/07, BStBl. II 2008, 721; BFH v. 12.12.2012 – XI R 36/10, UR 2013, 375 – Rz. 44.

meidung eines unversteuerten Letztverbrauchs der Vorsteuerabzug neutralisiert werden muss.[1] Auch auf die Art der Verwendung durch den Erwerber kommt es nicht an. Der Tatbestand ist folglich auch dann verwirklicht, wenn der **Empfänger Unternehmer** ist und den erworbenen Gegenstand für Zwecke verwendet, die zum Vorsteuerabzug berechtigten (*Rz. 92*; zur Vorsteuerentlastung beim Erwerber *Rz. 93*).

81 Die Vorschrift des § 3 Abs. 1b Satz 1 Nr. 3 UStG greift nur dann ein, wenn der Gegenstand anfänglich **nicht für Zuwendungszwecke** (Geschenkzwecke) **angeschafft** (oder hergestellt) worden war. Anderenfalls ist der Vorsteuerabzug schon beim Erwerb ausgeschlossen (so dass die Voraussetzung des Satzes 2 nicht erfüllt ist): Dient die Zuwendung *nichtunternehmerischen* Zwecken, so ist § 15 Abs. 1 Satz 1 Nr. 1 UStG nicht erfüllt[2] (nicht „für das Unternehmen"; *§ 15 Rz. 104*), dient sie *unternehmerischen* Zwecken, so ist der Vorsteuerabzug (grundsätzlich) nach § 15 Abs. 1a UStG i.V.m. § 4 Abs. 5 Nr. 1 EStG ausgeschlossen (*§ 15 Rz. 357*). Handelt es sich um ein Geschenk von geringem Wert im Sinne dieser Bestimmung, so ist zwar der Vorsteuerabzug gegeben, § 3 Abs. 1b Nr. 3 UStG greift jedoch nicht ein, weil dieser Tatbestand ebenfalls derartige Geschenke von geringem Wert ausschließt (*Rz. 95*).

82 War der Gegenstand anfänglich nicht für Zuwendungszwecke erworben worden, so greift die Vorschrift ohne Einschränkungen ein, wenn das Geschenk für *nichtunternehmerische* Zwecke getätigt wird, da die Bagatellgrenze („Geschenke von geringem Wert") dann nicht gilt (*Rz. 95*). Erfolgt die Zuwendung **aus unternehmerischen Gründen**, so konkurriert die Vorschrift mit § 17 Abs. 2 Nr. 5 i.V.m. § 15 Abs. 1a UStG i.V.m. § 4 Abs. 5 Nr. 1 EStG. Da **§ 17 Abs. 2 Nr. 5** UStG die systematisch „sauberere" Vorschrift ist, weil sie dem Gesetzeszweck entsprechend nur die Berichtigung des Vorsteuerabzugs bewirkt (während das bei § 3 Abs. 1b UStG nur durch eine teleologische Reduktion des § 10 Abs. 4 Nr. 1 UStG erreicht wird; s. *§ 10 Rz. 97 ff.*) und zudem bei der Frage, ob die Bagatellgrenze überschritten ist, sachgerecht auch Geschenke von Dienstleistungen einbezieht, ist sie **lex specialis** (s. *§ 17 Rz. 84*). Folglich läuft bei unternehmerisch veranlassten Geschenken § 3 Abs. 1b Nr. 3 UStG leer.[3]

83 Die Vorschrift kann **nicht** dadurch **umgangen** werden, dass eine **geringfügige Gegenleistung** vereinbart wird.[4] Der Gesetzeszweck (Besteuerung des Endverbrauchs) verlangt, dass dann die Mindest-Bemessungsgrundlage nach § 10 Abs. 5 UStG anzuwenden ist. Das unter den Kosten liegende Entgelt führt dazu, dass der Empfänger der Leistung als „nahestehende" Person im Sinne der Vorschrift anzusehen ist (*§ 10 Rz. 122*).

---

[1] Vgl. FG BW v. 17.6.2008 – 1 K 21/05, EFG 2008, 1498. Das verkennen: *Nieskens* in R/D, § 3 UStG Anm. 1260; *Völlmeke*, BFH/PR 2008, 438 – wonach die Vorschrift eine dem deutschen Rechtsverständnis bislang fremde Vorschrift sei.
[2] Ebenso BFH v. 13.1.2011 – V R 12/08, BStBl. II 2012, 61 = UR 2011, 295.
[3] **A.A.** Abschn. 3.3 Abs. 10 Satz 8 UStAE; FG BW v. 17.6.2008 – 1 K 21/05, EFG 2008, 1498.
[4] A.A. *Lipross*, 2.6.6 – S. 338; FG BW v. 17.6.2008 – 1 K 21/05, EFG 2008, 1498.

## 2. Zuwendungen

Zur Tatbestandsverwirklichung ist eine unentgeltliche Zuwendung, d.h. eine Lieferung Voraussetzung, für die **keine Gegenleistung** in Geld, **auch nicht** als Entgelt **eines Dritten** i.S.d. § 10 Abs. 1 Satz 3 UStG[1] (dazu *§ 10 Rz. 56 ff.*)[2], erbracht wird (zu Sachleistungen als Gegenleistung s. *Rz. 88*). Eine Zuwendung erfordert eine Bereicherung des Empfängers (dazu *Rz. 86*). Die Steuerbarkeit entfällt bei Geschenken von geringem Wert (*Rz. 95*) und bei der Zuwendung von Warenmustern (*Rz. 96*) für Zwecke des Unternehmens. 84

Unter die Vorschrift fällt **jede**[3] **unentgeltliche Lieferung** (Zuwendung, Schenkung) an fremde oder nahestehende Personen (auch Unternehmer, *Rz. 92 ff.*) und folglich **auch** die Zuwendung **an Gesellschafter** usw. Die Vorschrift soll den vom Unternehmer bei Anschaffung des Gegenstandes vorgenommenen Vorsteuerabzug (§ 3 Abs. 1b Satz 2 UStG, *Rz. 64*) neutralisieren, um der Gefahr des unversteuerten Letztverbrauchs zu begegnen. Bei einer Verneinung des Vorrangs von § 17 Abs. 2 Nr. 5 UStG (*Rz. 82*) würden von der Vorschrift auch **Geschenke an Kunden** (zu Werbe- o.ä. Zwecken), Lieferungen anlässlich von **Preisausschreiben**, Einlösungen von **Gutscheinen**[4] u.Ä. sowie **Sachspenden** an Vereine u.ä. Institutionen erfasst werden.[5] 85

Eine unentgeltliche Lieferung (Zuwendung) setzt eine **Bereicherung** des Empfängers voraus. Das ist nicht der Fall bei der Abgabe von Verkaufskatalogen, Anzeigenblättern u.Ä., die der Werbung dienen.[6] Ebenso wenig liegt eine (unentgeltliche) Lieferung vor, wenn der Unternehmer einem anderen (Unternehmer) Gegenstände **im vorrangig eigenen Interesse** überlässt und die Gegenstände nach ihrer Verwendung keinen Gebrauchswert mehr haben[7], so dass der Nutzen (überwiegend) im eigenen Unternehmen verbleibt (*Beispiel:* Hersteller überlässt Einzelhändler für den Vertrieb seiner Produkte Verkaufshilfen, -ständer u.Ä.). 86

**Keine** Zuwendung, d.h. keine unentgeltliche Lieferung liegt bei einer **Zugabe** zu einer entgeltlichen Leistung vor[8] (*Beispiele:* Lieferung unberechneter Mehrstücke; von Autozubehör beim Autokauf; Gewährung einer **Sachprämie** bei Abschluss eines längerfristigen Mobilfunknetzbenutzungsvertrages oder eines Zeitungs- bzw. Zeitschriftenabonnements[9]). Die Lieferung derartiger Gegenstände erweitert den Umfang der eigentlichen entgeltlichen Lieferung oder Dienstleis- 87

---

1 Vgl. BFH v. 18.3.2010 – V R 12/09, UR 2010, 622.
2 *Beispiel*: Erhöhte Provisionszahlungen des Mobilfunkanbieters an Vermittler bei „Zugabe" von Mobilfunkgeräten an Kunden des Mobilfunkanbieters; BFH v. 16.10.2013 – XI R 39/12, BStBl. II 2014, 1024 = UR 2013, 962.
3 Nach Ansicht des BFH müsse diese „zielgerichtet" sein, vgl. BFH v. 14.5.2008 – XI R 60/07, BStBl. II 2008, 721. Der Sinn dieser Einschränkung erschließt sich nicht. Möglicherweise soll sie lediglich zum Ausdruck bringen, dass Unentgeltlichkeit nicht dadurch eintritt, dass die vereinbarte Gegenleistung objektiv uneinbringlich wird (vgl. § 17 Rz. 46).
4 Vgl. EuGH v. 27.4.1999 – C-48/97, EuGHE 1999, I-2323 = UR 1999, 278.
5 Abschn. 3.3 Abs. 10 Satz 9 UStAE.
6 Dazu näher Abschn. 3.3 Abs. 14 UStAE.
7 I.E. ebenso Abschn. 3.3 Abs. 15 UStAE.
8 Abschn. 3.3 Abs. 19 f. UStAE.
9 Vgl. Abschn. 3.3 Abs. 20 Gedankenstriche 1 und 2 UStAE.

tung (s. auch § 17 Rz. 19). Eine unentgeltliche Lieferung liegt auch nicht im Falle einer Ersatzlieferung im Rahmen der **Gewährleistung** oder **Kulanz** o.Ä. vor; sie ist Teil der ursprünglichen entgeltlichen Lieferung.

Keine Leistungen liegen vor, wenn Maßnahmen **vorrangig im eigenen unternehmerischen Interesse** erfolgen, obwohl die Maßnahmen zugleich **anderen Personen** zugutekommen (§ 1 Rz. 14).[1]

88 Eine Zuwendung ist begrifflich ebenfalls nicht gegeben, wenn der Lieferung eine Sachleistung, insbesondere eine **Dienstleistung** des **Empfängers gegenübersteht** (tauschähnlicher Vorgang; *Beispiele:* **Sachprämien** für Vermittlungsleistungen von Altkunden oder für besondere Verkaufserfolge des Personals).[2] Gleiches gilt, wenn mit der Lieferung des Gegenstandes **Bestechungs**-, „Schmier"- o.ä. **Zwecke** verfolgt werden, weil dann der Empfänger ebenfalls dafür Leistungen erbringt (§ 1 Rz. 16). In diesen Fällen soll die Lieferung des Gegenstandes nach h.M. als normaler entgeltlicher Umsatz i.S.d. § 1 Abs. 1 Nr. 1 UStG zu versteuern sein (§ 1 Rz. 84; zur Bemessungsgrundlage § 10 Rz. 80 ff.). Richtigerweise ist ein solcher tauschähnlicher Vorgang jedoch nicht steuerbar (§ 1 Rz. 87 ff.), so dass, wenn der Empfänger nicht zum Vorsteuerabzug berechtigt ist, **von einer unentgeltlichen Lieferung** i.S.d. § 3 Abs. 1 Satz 1 Nr. 3 UStG **auszugehen ist**.[3]

89 Wird ein Gegenstand zwar an eine andere Person unentgeltlich übereignet, aber auf Grund eines bei Übereignung vorbehaltenen *unentgeltlichen* Rechtsverhältnisses (Leihe, **Nießbrauchsvorbehalt** o.Ä.) **weiterhin** unverändert **im Unternehmen genutzt**, so bedarf der Wortlaut im Hinblick auf den Zweck der Norm der teleologischen Reduktion. Der vom Gesetz verwendete Begriff der „Zuwendung" ist verfehlt, da er dazu verleitet, ihn mit der zivilrechtlichen Schenkung, d.h. mit der unentgeltlichen Eigentumsübertragung gleichzusetzen. Maßgebend ist vielmehr, ob eine Lieferung i.S.d. § 3 Abs. 1 UStG vorliegt, die einerseits nicht notwendig die Eigentumsübertragung verlangt und andererseits trotz Eigentumsübertragung nicht stets gegeben ist (*Rz. 33 ff. bzw. 26 ff.*). Es kommt deshalb, wie bei der Entnahme (*Rz. 61*), richtigerweise darauf an, ob die Substanz des Gegenstandes noch im Unternehmen genutzt wird oder auf den anderen übergegangen ist[4] (Art. 16 MwStSystRL formuliert deshalb plastischer: „Entnahme ... aus seinem Unternehmen ... für unternehmensfremde Zwecke"). Da der Gegenstand beim Empfänger nicht für private Zwecke genutzt, sondern weiterhin vom Unternehmer verwendet wird, wäre die Neutralisierung des Vorsteuerabzugs verfehlt. Der Tatbestand des § 3 Abs. 1b Satz 1 Nr. 3 UStG ist folglich erst dann erfüllt, wenn der Gegenstand nicht mehr bzw. nicht mehr unentgeltlich für Zwecke seines Unternehmens genutzt wird.[5]

---

1 A.A. FG Düsseldorf v. 23.5.2014 – 1 K 1552/13, EFG 2014, 1631 – zu einem unentgeltlichen Ausbau von Räumlichkeiten, die Ärzte von einem Dritten gemietet haben, und zur Überlassung von Praxiseinrichtungen durch einen Apotheker, um die Ärzte an diesem Standort zu halten.
2 Vgl. Abschn. 3.3 Abs. 20 Gedankenstriche 3 und 4 UStAE.
3 *Stadie* in R/D, § 15 UStG Anm. 672 i.V.m. 675.
4 Vgl. BFH v. 26.4.1995 – XI R 5/94, BStBl. II 1996, 248.
5 Vgl. *Stadie*, Vorsteuerabzug, S. 242; ferner BFH v. 18.9.1999 – V R 13/99, BStBl. II 2000, 153.

Bei einer **Rückvermietung** o.Ä. ist hingegen eine Lieferung anzunehmen, weil 90
dann die Substanz auf den Erwerber übergegangen ist, wie sich in der Vermietung zeigt (*Rz. 31*). Der Erwerber verwendet dann den Gegenstand für eigene unternehmerische Zwecke.[1]

Demgemäß ist auch die **Übertragung** des **Miteigentums** an einem Gegenstand 91
entgegen h.M.[2] keine unentgeltliche Lieferung (und auch nicht etwa eine sonstige Leistung, *Rz. 8*), wenn der Gegenstand, und damit der Miteigentumsanteil, unentgeltlich weiterhin im Unternehmen verwendet wird. Erfolgt die anschließende unternehmerische Verwendung (Vermietung o.Ä.) durch die Gemeinschaft (Gesellschaft), so kann bei einem Gebäude eine nichtsteuerbare sog. Geschäftsveräußerung vorliegen (§ 1 Abs. 1a UStG; *§ 1 Rz. 139*; vgl. auch *§ 15a Rz. 84*).

### 3. Unentgeltliche Lieferungen an Unternehmer

§ 3 Abs. 1b Satz 1 Nr. 3 UStG betrifft nach dem eindeutigen Wortlaut (auch des 92
Art. 16 MwStSystRL) **auch unentgeltliche Lieferungen** jeder Art **an Unternehmer**.[3] Das ist entgegen verbreiteter Auffassung sachgerecht, weil es der Zweck des Gesetzes und das zugrunde liegende Mehrwertsteuersystem erfordern (s. auch *Rz. 80*). Es ist auch nicht etwa dann inkonsequent und systemwidrig[4], wenn der Zuwendungsempfänger den Gegenstand für Zwecke verwendet, die zum Vorsteuerabzug berechtigten, d.h. kein Letztverbrauch vorliegt. Wenn Gesetz und Richtlinie sich für das Allphasen-System entschieden haben und folglich entgeltliche Lieferungen selbst dann besteuern, wenn diese an vorsteuerabzugsberechtigte Unternehmer erfolgen, so muss dies in gleicher Weise bei unentgeltlichen Lieferungen gelten. Bei allen Gegenständen, welche das Unternehmen auf Dauer verlassen, wird durch die Besteuerung, unabhängig von der Verwendung beim Empfänger, die Umsatzsteuerbelastung für die Gegenstände hergestellt. Das ist der **grundlegende Gedanke des Mehrwertsteuersystems** (*Vorbem. Rz. 8*), der auf dem Umstand beruht, dass der abgebende Unternehmer häufig gar nicht beurteilen kann, ob der Gegenstand vom Erwerber vollen Umfangs oder überhaupt für Zwecke verwendet wird, die zum Vorsteuerabzug berechtigen. Vor allem aber wird **übersehen**, dass im Falle der Nichtbesteuerung der Leistung insbesondere bei Wirtschaftsgütern eine eventuell notwendig werdende **Nachversteuerung wegen Änderung der Nutzung**/Verwendung beim Empfänger nach § 3 Abs. 1b oder Abs. 9a UStG bzw. nach § 15a UStG **nicht möglich wäre**.

---

1 Vgl. BFH v. 2.10.1986 – V R 91/78, BStBl. II 1987, 44 (47); Abschn. 3.3 Abs. 8 Satz 1 UStAE.
2 BFH v. 27.4.1994 – XI R 85/92, BStBl. II 1995, 30; Abschn. 15a.2 Abs. 6 Nr. 3 Buchst. c UStAE.
3 Abschn. 3.3 Abs. 10 Satz 6 UStAE; vgl. auch BFH v. 6.3.2008 – V B 140/06, BFH/NV 2008, 1007.
4 So aber *Reiß* Rz. 151 – S. 136; *Lippross*, 2.6.6 – S. 338; *Heuermann/Martin* in S/R, § 3 UStG Rz. 372 f.; *Jachmann/Thiesen*, DStZ 2002, 355; vgl. auch *W. Widmann*, UR 2000, 19 (20 f.).

93 Die ggf. gebotene **Entlastung** von der Steuer kann deshalb sowohl bei entgeltlichen als auch bei unentgeltlichen Umsätzen nur beim Empfänger in Gestalt des Vorsteuerabzugs erfolgen. Konsequenterweise muss deshalb der Empfänger, wenn ihm der Lieferer die geschuldete Umsatzsteuer in Rechnung gestellt hat (wozu er zwar nicht verpflichtet, aber befugt ist, *§ 14 Rz. 49*), berechtigt sein, den **Vorsteuerabzug** unter den weiteren Voraussetzungen des § 15 UStG vorzunehmen. Gesetz und Richtlinie sind in diesem Sinne auszulegen[1] (dazu näher *§ 15 Rz. 257 f., § 15a Rz. 178*).

94 Die unentgeltliche Übereignung ist **nicht** steuerbar, wenn sie, insbesondere als sog. **vorweggenommene Erbfolge**, im Rahmen einer sog. **Geschäftsveräußerung** stattfindet. Eine solche liegt vor, wenn ein Unternehmen oder ein gesondert geführter Betrieb im ganzen übereignet wird (§ 1 Abs. 1a UStG). Das kann auch bei einem einzelnen Gegenstand in Gestalt eines **vermieteten Grundstücks** der Fall sein (*§ 1 Rz. 135*). Zur Übertragung des **Miteigentums** s. *Rz. 91*.

### 4. Ausnahmen

95 Von der Besteuerung ausgenommen werden Geschenke von geringem Wert und die Abgabe von Warenmustern für Zwecke des Unternehmens (§ 3 Abs. 1b Satz 1 Nr. 3 Halbs. 2 UStG). Als **Geschenke von geringem Wert** sind aus Vereinfachungsgründen solche anzusehen, deren Anschaffungs- oder Herstellungskosten die Grenze des § 4 Abs. 5 Nr. 1 EStG (35 €) nicht überschreiten.[2] Sofern die **Grenze überschritten** wird, ist bei Geschenken aus unternehmerischem Anlass **bereits** der **Vorsteuerabzug** nach § 15 Abs. 1a UStG **ausgeschlossen**, so dass die Lieferung nicht zu besteuern ist (§ 3 Abs. 1b Satz 2 UStG). Bei Geschenken, die für Zwecke außerhalb des Unternehmens erfolgen, gilt die Bagatellgrenze zwar nicht[3], allerdings ist der Vorsteuerabzug schon wegen der Zweckbestimmung nicht gegeben. § 3 Abs. 1b Satz 1 Nr. 3 UStG greift mithin in den Fällen ein, in denen der **Gegenstand anfänglich für Nicht-Geschenke-Zwecke erworben** worden war. Bei Geschenken aus unternehmerischen Gründen konkurriert die Vorschrift mit § 17 Abs. 2 Nr. 5 UStG (*Rz. 82; § 17 Rz. 84*).

96 Die Abgabe von **Warenmustern** wird nicht erfasst, wenn sie für Zwecke des Unternehmens erfolgt, d.h. der Werbung dient. Ein Warenmuster ist ein Probeexemplar eines Produkts, durch das dessen Absatz gefördert werden soll.[4] Hierzu zählen auch Probierpackungen, die im Lebensmitteleinzelhandel an Letztverbraucher abgegeben werden.[5]

---

1 Das verkennen Abschn. 3.2 Abs. 2 Satz 5 UStAE; *Nieskens* in R/D, § 3 UStG Anm. 1261 m.w.N.
2 Abschn. 3.3 Abs. 12 Satz 1 UStAE; vgl. auch BFH v. 12.12.2012 – XI R 36/10, BStBl. II 2013, 416.
3 Unklar Abschn. 3.3 Abs. 11 UStAE.
4 Dazu näher EuGH v. 30.9.2010 – C-581/08, EuGHE 2010, I-8607 = UR 2010, 816 – Werbe-CD; BFH v. 12.12.2012 – XI R 36/10, UR 2013, 375; Abschn. 3.3 Abs. 13 UStAE.
5 Abschn. 3.3 Abs. 13 Satz 6 UStAE.

## E. Kommissionsgeschäfte (Abs. 3)

### I. Zweck der Sonderregelung

§ 3 Abs. 3 UStG enthält Sonderregelungen für die Verkaufskommission und die Einkaufskommission bei der Lieferung von **Gegenständen**. Beim Kommissionsgeschäft kauft oder verkauft der *Kommissionär* Gegenstände **für Rechnung eines anderen** (des *Kommittenten*, d.h. des Auftraggebers) **im eigenen Namen** (§ 383 HGB). Dabei handelt es sich um eine besondere Form der Geschäftsbesorgung (§ 675 BGB), für die der Kommissionär eine Vergütung erhält (vgl. § 396 HGB). Daraus müsste umsatzsteuerrechtlich folgen, dass der Kommissionär sonstige Leistungen (Dienstleistungen) erbrächte und nur seine Provision zu versteuern hätte. Das würde dazu führen, dass keine **Eigengeschäfte**, sondern Kommissionsgeschäfte vereinbart würden, wenn die Abnehmer nicht zum Vorsteuerabzug berechtigt sind. Zur **Gleichstellung** enthält deshalb § 3 Abs. 3 Satz 1 UStG die **Fiktion**, dass zwischen Kommissionär und Kommittent (Auftraggeber) **Lieferungen** vorliegen. Bei der Verkaufskommission gilt folglich der Kommissionär als Abnehmer, bei der Einkaufskommission der Kommittent (§ 3 Abs. 3 Satz 2 UStG). Darüber hinaus verlangt der Normzweck die Fiktion der **Gegenleistung** (*Rz. 99 f.*, *103 f.*). Der „Kommissionär" im Sinne der Vorschrift muss nicht gewerbsmäßig als solcher tätig werden[1], d.h. derartige Geschäfte können auch von jedem anderen Unternehmer als **Hilfsgeschäfte** erbracht werden (s. auch *Rz. 98*). Für den „Verkauf" und den „Einkauf" von Dienstleistungen (sog. **Dienstleistungskommission**) enthält § 3 Abs. 11 UStG entsprechende Fiktionen.

97

### II. Verkaufskommission

Im Falle der Verkaufskommission ist die Fiktion der Lieferung erforderlich, weil in der Ermächtigung, Eigentum im eigenen Namen zu übertragen (§ 185 Abs. 1 BGB), noch keine Verschaffung der Verfügungsmacht im umsatzsteuerrechtlichen Sinne (§ 3 Abs. 1 UStG) liegt, da auf den Kommissionär nur die zivilrechtliche Rechtsmacht, nicht aber die wirtschaftliche Substanz übergeht. Aus dem Zweck der **Fiktion** des § 3 Abs. 3 UStG folgt, dass eine **Lieferung** des **Kommittenten** an den **Kommissionär** erst und nur dann vorliegt, wenn der Kommissionär an den Abnehmer liefert[2] (zum Ort der Lieferung *Rz. 54*). Entgegen dem zu engen Wortlaut der Vorschrift ist diese nicht nur auf Kommissionsgeschäfte im Sinne des HGB, sondern auf **alle Lieferungen im eigenen Namen für fremde Rechnung** anzuwenden (vgl. *Rz. 29 a.E.*). Folglich liegt ein Fall des § 3 Abs. 3 UStG auch vor, wenn ein sog. **Sicherungsgeber** das Sicherungsgut im eigenen Namen, aber für Rechnung des sog. Sicherungsnehmers veräußert (eine logische Sekunde zuvor hatte der Sicherungsgeber erst einmal an den Sicherungsnehmer geliefert; **Dreifachumsatz**; *Rz. 29*).

98

Aus der **Fiktion** der Lieferung des Kommittenten an den Kommissionär folgt notwendigerweise, dass auch die **Gegenleistung** abweichend von der zivilrecht-

99

---

[1] BFH v. 6.10.2005 – V R 20/04, BStBl. II 2006, 931; vgl. auch BFH v. 30.3.2006 – V R 9/03, BStBl. II 2006, 933.
[2] BFH v. 25.11.1986 – V R 102/78, BStBl. II 1987, 278; Abschn. 3.1 Abs. 3 Satz 7, Abschn. 3.12 Abs. 2 Satz 4 UStAE.

lichen Rechtslage fingiert werden muss. Der Vorgang muss konsequenterweise so gesehen werden, als hätte der Kommissionär für die Lieferung an ihn den herauszugebenden Verkaufspreis abzüglich seiner Provision i.S.d. § 10 Abs. 1 Satz 2 UStG aufgewendet.

100 **Beispiel**

Unternehmer U beauftragt Kommissionär K, im eigenen Namen einen Gegenstand zu **verkaufen**; vom Verkaufspreis soll K 10 % als Provision erhalten. K veräußert für 11 900 €, so dass er nach Abzug seiner Provision von 1190 € an U 10 710 € auszahlt.

K liefert an den Abnehmer, da er im eigenen Namen Eigentum überträgt und damit dem Abnehmer Verfügungsmacht verschafft (§ 3 Abs. 1 UStG i.V.m. §§ 929, 185 Abs. 1 BGB). Dass K als Kommissionär zivilrechtlich gegenüber dem U (Kommittenten) mit dem Verkauf eine Dienstleistung (Geschäftsbesorgung) erbringt, ist umsatzsteuerrechtlich ohne Bedeutung. Vielmehr wird fingiert, dass U an den K geliefert hat. In der Ermächtigung, Eigentum im eigenen Namen zu übertragen, liegt noch keine Verschaffung der Verfügungsmacht im umsatzsteuerrechtlichen Sinne (§ 3 Abs. 1 UStG), da damit nur die zivilrechtliche Befugnis zur Übertragung auf einen anderen, nicht aber die volle Eigentümerstellung auf den K übergeht. Gegenleistung für die fiktive Lieferung des U ist der Betrag von 10 710 €, da K diesen Betrag dafür aufwendet (Entgelt gem. § 10 Abs. 1 Satz 2 UStG mithin 9000 €).

## III. Einkaufskommission

101 Bei der Einkaufskommission liegt die Bedeutung der Vorschrift entgegen ihrem Wortlaut **nicht** in der **Fiktion** der **Lieferung**. Eine solche ist überflüssig, da dem Kommissionär vom Verkäufer Verfügungsmacht verschafft wird und dieser die Verfügungsmacht dem Kommittenten überträgt, so dass schon nach § 3 Abs. 1 UStG eine Lieferung vorliegt.

102 Der **Unterschied zur Verkaufskommission** zeigt sich bei der Betrachtung der Folgen, die eintreten, wenn der Kommissionär gegen seinen Kommissionsvertrag verstößt. Bei der Verkaufskommission kann der ursprüngliche Eigentümer auf Grund der „treuhänderischen Bindung" (Kommissionsvertrag) des Eigentums Schadensersatz in Form des wirtschaftlichen Wertes der Sache verlangen. Der Einkaufskommissionär dagegen erwirbt vom Verkäufer kein treuhänderisch gebundenes Eigentum. Eine **Verletzung des Kommissionsvertrages** führt dann auch nur dazu, dass der Kommittent einen Schadenersatz allenfalls in Form eines Vermögensschadens (entgangener Gewinn, Verzögerungsschaden) nicht aber als Wertersatz bzgl. der betreffenden Sache geltend machen kann. Dies zeigt, dass die wirtschaftliche Substanz der Sache noch nicht auf den Kommittenten übergegangen ist. Letztendlich hat der Einkaufskommissionär im Gegensatz zum Verkaufskommissionär keine andere Stellung als ein Zwischenhändler, der sich durch einen Kaufvertrag über eine noch nicht selbst erworbene Sache einem Käufer zur Lieferung verpflichtet hat.

103 Die **Bedeutung** des § 3 Abs. 3 UStG liegt deshalb bei der Einkaufskommission zum einen darin, dass die zivilrechtlich anzunehmende Geschäftsbesorgung umsatzsteuerrechtlich für unbeachtlich erklärt wird, und zum anderen in der **Fiktion** des vom Kommittenten an den Kommissionär zu zahlenden **Aufwendungsersatzes** als **Teil der Gegenleistung**, wenngleich das im Gesetzeswortlaut nicht zum Ausdruck kommt. Diese Interpretation ergibt sich jedoch aus dem Norm-

zweck.[1] Die zivilrechtlich für die Geschäftsbesorgung zu zahlende Provision ist deshalb umsatzsteuerrechtlich nicht die Gegenleistung für eine sonstige Leistung, sondern Teil der Gegenleistung für die Lieferung des Kommissionärs.

**Beispiel** 104

Unternehmer U beauftragt Kommissionär K, im eigenen Namen einen Gegenstand für Rechnung des U **einzukaufen**. Als Provision soll K 10 % des Einkaufspreises erhalten. K kauft für 11 900 € ein, übereignet U den Gegenstand in Erfüllung von dessen Herausgabeanspruch (gem. § 667 BGB) und erhält von diesem als Aufwendungsersatz 11 900 € und die Provision in Höhe von 1190 €.

Zwischen K und U wird durch § 3 Abs. 3 UStG eine Lieferung fingiert, was allerdings überflüssig ist, da K vom Verkäufer Eigentum erworben hatte und dieses dem U überträgt, so dass schon nach § 3 Abs. 1 UStG eine Lieferung gegeben ist. Die Bedeutung des § 3 Abs. 3 UStG liegt deshalb insoweit vielmehr in der Fiktion des Aufwendungsersatzes als Teil der Gegenleistung für die Lieferung. Die zivilrechtlich als Provision einer Geschäftsbesorgung anzusehenden 1190 € sind umsatzsteuerrechtlich nicht die Gegenleistung für eine sonstige Leistung, sondern ebenfalls Teil der Gegenleistung für die Lieferung. Gegenleistung für die Lieferung des K an U ist mithin die Summe von 11 900 € und 1190 €, d.h. der Betrag von 13 090 € (Entgelt i.S.d. § 10 Abs. 1 Satz 2 UStG folglich 11 000 €).

## F. Werklieferung (Abs. 4)

### I. Allgemeines

Bei der **Be-** oder **Verarbeitung eines** fremden **Gegenstandes**, bei der der Unternehmer selbst beschaffte Stoffe verwendet, handelt es sich um eine gemischte Leistung mit Lieferungs- und Dienstleistungselementen, sofern nicht die Leistungen getrennt zu betrachten sind (dazu *Rz. 207*). Für den Fall, dass es sich um eine einheitliche Leistung handelt, bedarf es der Einordnung als Lieferung oder sonstige Leistung, **wenn** sich daran **unterschiedliche Rechtsfolgen** knüpfen. Für die dann erforderliche **Abgrenzung** enthält § 3 Abs. 4 UStG eine ausdrückliche Regelung. Danach ist die Bearbeitung oder Verarbeitung eines Gegenstandes, bei der der Unternehmer Stoffe verwendet, die er selbst beschafft[2], als Lieferung anzusehen, wenn es sich bei den Stoffen **nicht nur** um **Zutaten** oder **sonstige Nebensachen** handelt; diese Lieferung heißt dann Werklieferung (§ 3 Abs. 4 Satz 1 UStG). Auf eine Werklieferung sind die **Regeln für Lieferungen** anzuwenden. 105

Stellen die verwendeten Stoffe hingegen nur Zutaten oder Nebensachen dar, so folgt daraus im Umkehrschluss, dass es sich bei der gemischten Leistung um eine sonstige Leistung (Dienstleistung) handelt.[3] Diese wird üblicherweise **Werk-** 106

---

1 Insoweit zutreffend *Schön*, UR 1988, 1 ff.
2 Wird hingegen eine Maschine aus Teilen zusammengebaut, die sämtlich vom Auftraggeber zur Verfügung gestellt werden, so liegt mangels Verschaffung der Verfügungsmacht eine Dienstleistung vor; die Frage der Lieferung kann sich nicht stellen. Art. 8 MwSt-DVO ist eine überflüssige Klarstellung, die zudem noch zu einem falschen Umkehrschluss verleiten kann (s. die folgende *Fn.*).
3 Art. 8 MwSt-DVO bestimmt, dass beim Zusammenbau einer Maschine eine Dienstleistung vorliegt, wenn „alle" Teile vom Empfänger zur Verfügung gestellt werden. Daraus scheint im Umkehrschluss zu folgen, dass keine Dienstleistung, also eine Lieferung vorliegt, wenn auch nur ein beliebiges Teil, nicht einmal ein wesentliches, vom zusammenbauenden Unternehmer gestellt wird. Diese Sichtweise wäre indes absurd, da der wirtschaftliche Gehalt des Vorgangs eine Dienstleistung bleibt (*Rz. 108*).

leistung genannt. Präziser müsste es heißen „Werkleistungen **im engeren Sinne**", denn eine Vielzahl anderer sonstiger Leistungen stellt auch Werkleistungen dar, weil sie ebenfalls auf Grund eines Werkvertrages (§ 631 BGB) erbracht werden, wenn ein Erfolg und nicht nur Dienste (§ 611 BGB) geschuldet werden. Die Definition der Werkleistung im engeren Sinne ergibt sich nicht etwa aus § 3 Abs. 10 UStG[1]; diese Vorschrift stellt lediglich für einen bestimmten Fall klar, dass eine solche vorliegt (*Rz. 187*).

107 Mit „**Verwendung**" ist gemeint, dass die „verwendeten" Stoffe mit dem be- oder verarbeiteten Gegenstand verbunden werden und damit dem Auftraggeber geliefert werden (*Beispiel:* Beim Verzinken fremder Eisengegenstände wird vom Unternehmer eigenes Zink verwendet. Das Eigentum an dem Zink geht auf den Auftraggeber über, so dass das Zink, isoliert gesehen, geliefert wird. Der Verzinkungsvorgang als solcher ist eine Dienstleistung).

## II. Abgrenzung von der sog. Werkleistung

108 Nach dem Wortlaut des § 3 Abs. 4 Satz 1 UStG würde es für die Annahme einer Werklieferung ausreichen, wenn der Unternehmer nur **einen von mehreren Hauptstoffen**[2] und der Auftraggeber die übrigen Hauptstoffe stellt.[3] Das **widerspricht** schon der **Verkehrsauffassung** und ist auch nicht mit der **EuGH-Rechtsprechung** (*Rz. 205*) zur Beurteilung gemischter Leistungen zu vereinbaren.[4] Die **Kriterien** „Hauptstoffe" und „Nebensachen" sind zur Abgrenzung nur dann geeignet, wenn sie in der Weise interpretiert werden, dass es auf das Gewicht der Dienstleistung beim Be- oder Verarbeitungsvorgang ankommt. Die Einordnung der Leistung richtet sich deshalb danach, ob das **Lieferungselement oder** das **Dienstleistungselement im Vordergrund** steht (überwiegt), d.h. den wirtschaftlichen Gehalt (das Wesen) der gemischten Leistung ausmacht (*Rz. 205*). § 3 Abs. 4 UStG ist folglich richtlinienkonform (trotz des Art. 8 Abs. 1 MwSt-DVO) in der Weise zu interpretieren, dass die „Verwendung" von Gegenständen als die Lieferung von „Nebensachen" anzusehen ist, wenn die Stofflieferung gegenüber der Bedeutung der Dienstleistung zurücktritt, so dass eine sonstige Leistung (Werkleistung) vorliegt. Umgekehrt ist von einer Lieferung auszugehen, wenn der wirtschaftliche Gehalt (Kern) der Leistung in der Verschaffung der Verfügungsmacht an den Gegenständen liegt und das Dienstleistungselement zurücktritt.[5]

109 Die **Abgrenzung** kann allerdings in den meisten Fällen **dahinstehen**, weil die Rechtsfolgen bei der überwiegenden Zahl der Sachverhalte sowohl bei der An-

---

1 So aber BMF v. 4.9.2009 – IV B 9 - S 7117/08/10001, BStBl. I 2009, 1005 – Rz. 49; *Birkenfeld* in B/W, § 74 Rz. 631; *Wäger* in S/R, § 3a UStG Rz. 185.
2 Aus Art. 8 Abs. 1 MwSt-DVO würde indes im Umkehrschluss folgen, dass es nicht einmal ein Hauptstoff sein müsse; das kann aber offensichtlich nicht gewollt sein (s. vorhergehende *Fn.*).
3 So BFH v. 3.12.1970 – V R 122/67, BStBl. II 1971, 355; Abschn. 3.8 Abs. 1 Satz 2 UStAE; *Nieskens* in R/D, § 3 UStG Anm. 2641.
4 *Heuermann/Martin* in S/R, § 3 UStG Rz. 436.
5 Im Ergebnis ebenso BFH v. 9.6.2005 – V R 50/02, BStBl. II 2006, 98 – orthopädische Zurichtung von Konfektionsschuhen als Dienstleistung; EuGH v. 29.3.2007 – C-111/05, EuGHE 2007, I-2697 = UR 2007, 420 – Lieferung und Verlegung eines Seekabels.

Werklieferung (Abs. 4)　　　　　　　　　　　　　　　　　　　　§ 3

nahme einer Werklieferung als auch einer sonstigen Leistung (Werkleistung) im Ergebnis gleich sind:

- Bei Arbeiten an einem **Grundstück** oder **Gebäude** ist der Ort der Leistung sowohl bei Annahme einer Werklieferung als auch im Falle einer sog. Werkleistung nach § 3 Abs. 7 Satz 1 UStG (*Rz. 145*) bzw. nach § 3a Abs. 3 Nr. 1 UStG dort, wo das Grundstück belegen ist.
- Bei der Bearbeitung oder Verarbeitung eines **beweglichen** Gegenstandes, der **im Inland verbleibt**, ist der Ort in beiden Fällen nach § 3 Abs. 6 Satz 1 oder Abs. 7 Satz 1 bzw. nach § 3a Abs. 3 Nr. 3 Buchst. c Satz 1 UStG (wenn der Auftraggeber kein im Ausland ansässiger Unternehmer ist) im Inland.
- Ist der leistende **Unternehmer außerhalb des Gemeinschaftsgebiets ansässig**, so kommt es für die Steuerschuldnerschaft des Leistungsempfängers nach § 13b Abs. 1 Nr. 1 UStG ebenfalls nicht auf die Abgrenzung an, da von dieser Vorschrift sowohl die Werklieferung als auch die sonstige Leistung erfasst wird.
- **Gelangt** der im Inland bearbeitete oder verarbeitete **Gegenstand** anschließend **in** einen **anderen Mitgliedstaat** und hat der Auftraggeber seine **Umsatzsteuer-Identifikationsnummer** eines anderen Mitgliedstaates verwendet, so wird der Umsatz in beiden Fällen nicht im Inland besteuert: Handelt es sich um eine *Werklieferung*, so ist diese nach § 4 Nr. 1 Buchst. b i.V.m. § 6a Abs. 1 UStG steuerfrei. Handelt es sich um eine *Werkleistung*, so ist deren *Ort* nach § 3a Abs. 2 UStG im anderen Mitgliedstaat.
- Gelangt der bearbeitete oder verarbeitete Gegenstand **vom übrigen Gemeinschaftsgebiet in das Inland** und hat der Auftraggeber seine deutsche **Umsatzsteuer-Identifikationsnummer** verwendet, so wird der Umsatz in beiden Fällen im Inland besteuert. Handelt es sich um eine *Werklieferung*, so hat der Auftraggeber einen *innergemeinschaftlichen Erwerb* zu versteuern (§ 1 Abs. 1 Nr. 5 i.V.m. § 1a UStG). Handelt es sich um eine *Werkleistung*, so ist deren *Ort* nach § 3a Abs. 2 UStG im Inland.
- Gelangt der bearbeitete oder verarbeitete Gegenstand **vom Drittlandsgebiet** in das Inland, so wird die Einfuhrumsatzsteuer in beiden Fällen nach der durch die Veredelung eingetretenen Wertsteigerung bemessen (§ 11 Abs. 2 UStG).

Die **Abgrenzung** ist **erforderlich**, wenn der bearbeitete oder verarbeitete **Gegenstand** vom Inland **in das Drittlandsgebiet gelangt**, richtigerweise jedoch nur dann, wenn die „verwendeten" (gelieferten) Gegenstände nicht gesondert berechnet werden (*Rz. 111*). Handelt es sich um eine Werklieferung, so ist diese grundsätzlich nach § 4 Nr. 1 Buchst. a i.V.m. § 6 UStG steuerfrei, während das bei einer sog. Werkleistung gegenüber einem Nichtunternehmer (anderenfalls ist der Ort nach § 3a Abs. 2 UStG im Drittlandsgebiet) nur dann der Fall ist, wenn der be- oder verarbeitete Gegenstand zu diesem Zwecke vom Auftraggeber in das Gemeinschaftsgebiet eingeführt oder hier erworben wurde (§ 7 Abs. 1 UStG).　　110

Die **Abgrenzungsfrage** stellt sich richtigerweise ohnehin dann **nicht, wenn** die gelieferten („verwendeten") **Gegenstände** und die Dienstleistung **gesondert berechnet** werden, wie insbesondere bei **Reparaturen**. Dann ist m.E. nicht von ei-　　111 ner einheitlichen Leistung auszugehen; vielmehr sind die Dienstleistung und die Lieferungen als selbständige Leistungen getrennt zu betrachten (s. auch Rz. 207). Das Zusammenzwängen zu einer einheitlichen Leistung ist gekünstelt, da sich dessen Wesen nicht bestimmen ließe und die gelieferten Gegenstände insbesondere auch vom Auftraggeber hätten gestellt werden können. **Demgegenüber** soll es bei der Reparatur von beweglichen Gegenständen nach Auffassung der **Finanzverwaltung** „aus Vereinfachungsgründen" darauf ankommen, ob die Lohn- oder ob die Materialkosten überwiegen.[1] Das führt zu **willkürlichen Ergebnissen** (§ 7 Rz. 12 Beispiel).

### III. Verbindung mit dem Grund und Boden

112 Die Aussage des § 3 Abs. 4 Satz 1 UStG soll auch gelten, wenn die Gegenstände mit dem Grund und Boden fest verbunden werden (§ 3 Abs. 4 Satz 2 UStG).[2] Damit wird klargestellt, dass abweichend von § 946 i.V.m. § 94 Abs. 1 BGB der **Grund und Boden** nicht als alleinige Hauptsache gilt, d.h. beim **Einbau von Materialien** sind diese nicht schon deshalb Nebensachen (so dass deren Einbau eine sonstige Leistung wäre), weil sie wesentliche Bestandteile des Grundstücks werden.[3] Entsprechendes hat zu gelten, wenn Gegenstände mit einem **Gebäude** fest verbunden werden (§ 94 Abs. 2 BGB), welches selbst nicht wesentlicher Bestandteil des Grundstücks ist (dazu Rz. 42). Die Vorschrift ist jedoch überflüssig, weil es auf die Unterscheidung zwischen Hauptstoffen und Nebensachen bei richtlinienkonformer Interpretation nicht ankommt (Rz. 108).

### G. Sog. Gehaltslieferung (Abs. 5)

113 Hat ein Abnehmer dem Lieferer die Nebenerzeugnisse oder Abfälle, die bei der Be- oder Verarbeitung des ihm übergebenen Gegenstandes entstehen, zurückzugeben, so **beschränkt sich die Lieferung auf** den **Gehalt** des Gegenstandes **an den Bestandteilen**, die dem Abnehmer verbleiben (§ 3 Abs. 5 Satz 1 UStG). Das gilt auch dann, wenn der Abnehmer an Stelle der bei der Be- oder Verarbeitung entstehenden Nebenerzeugnisse oder Abfälle Gegenstände gleicher Art zurückgibt, wie sie in seinem Unternehmen regelmäßig anfallen (§ 3 Abs. 5 Satz 2 UStG). Diese Bestimmung ist Ausdruck der wirtschaftlichen Betrachtungsweise und ist in seinem Satz 1 nur klarstellend. Die **Bedeutung** der Vorschrift liegt in Satz 2, denn gäbe es diesen nicht, so müssten zwei Lieferungen (Tausch) nebst einer Zuzahlung angenommen werden, was, wenn mit der h.M. von der Steuerbarkeit des Tausches (§ 1 Rz. 84) ausgegangen wird, Auswirkungen insbesondere im Rahmen des § 24 UStG – Besteuerung der Landwirte nach Durchschnittssätzen hätte. Allerdings ist richtigerweise der Tauschvorgang nicht steuerbar (§ 1 Rz. 87 ff.), so dass das zutreffende Ergebnis sich ohnehin schon dadurch ein-

---

1 Abschn. Abschn. 3.8 Abs. 6 Satz 6 UStAE.
2 Nach Art. 14 Abs. 3 MwStSystRL kann die Erbringung bestimmter Bauleistungen als Lieferung angesehen werden.
3 Demgegenüber soll nach Ansicht des BFH im Rahmen des § 3 Abs. 4 Satz 2 UStG bei einer Gebäuderrichtung die feste Verbindung mit Grund und Boden an die Stelle der Be- oder Verarbeitung eines fremden Gegenstandes treten; BFH v. 22.8.2013 – V R 37/10, BStBl. II 2014, 128 – Rz. 37. Das erschließt sich nicht.

stellt, dass nur die Zuzahlung besteuert wird. Auch Satz 2 der Vorschrift ist folglich richtigerweise nur klarstellend.

**Beispiele** 114

Ein Landwirt (L) liefert Milch an eine Molkerei (M) und erhält anschließend die entsprechende Menge Magermilch aus zuvor verarbeiteter Milch *anderer Landwirte* zurück sowie eine Zahlung für das „gelieferte" Fett. Der Umfang der Lieferung des L beschränkt sich nach § 3 Abs. 5 UStG auf den Fettgehalt der von ihm gelieferten Milch. Gäbe es diese Vorschrift nicht, so läge eine Lieferung des L hinsichtlich der Vollmilch vor, der eine Lieferung der M in Gestalt der Magermilch und die Zahlung für das Fett gegenüberstünde (Tausch mit Zuzahlung), so dass beide Unternehmer nach h.M. diese Umsätze zu versteuern hätten. Richtigerweise ist indes nicht erst nach § 3 Abs. 5 UStG, sondern schon nach dem elementaren Grundsatz, dass steuerpflichtiges Entgelt nur Geldzahlungen sein dürfen, nur die Lieferung des Fettes zu versteuern.

Entsprechendes gilt z.B. bei Lieferungen des Zuckergehalts von Zuckerrüben, des Stärkegehalts von Kartoffeln, des Ölgehalts von Raps oder des Schwefelgehalts von Schwefelkies.

## H. Ort der Lieferung (Abs. 5a–8)

### I. Allgemeines, Überblick

Die „**Steuerbarkeit**" eines Umsatzes verlangt, dass dieser „im Inland" ausgeführt wird (§ 1 Abs. 1 Nr. 1 Satz 1 UStG). Maßgebend ist, ob der **Ort** der Leistung nach den einschlägigen Bestimmungen **im Inland** ist oder nach § 1 Abs. 3 UStG als in diesem ausgeführt gilt. Ob der Ort einer **Lieferung** im Inland liegt, bestimmt sich nach einem **komplizierten Regelwerk** (§ 3 Abs. 5a i.V.m. Abs. 6–8 und §§ 3c, 3e bis 3g UStG). Auf die Ansässigkeit des die Lieferungen erbringenden Unternehmers kommt es dabei nicht an. 115

Bei vollständiger und zutreffender Umsetzung der Vorgaben der Richtlinie führen einheitliche Regeln über den Ort der Lieferungen dazu, dass **Doppelbesteuerungen**[1] **und Nichtbesteuerungen** von Umsätzen im Verhältnis der Mitgliedsstaaten der EU zueinander **vermieden** werden. Voraussetzung dafür ist, dass die in der EG-Richtlinie verwendeten Begriffe von den nationalen Regelungen übernommen und von den Mitgliedstaaten einheitlich interpretiert werden. Daraus folgt, dass die Begriffe nicht nach dem nationalen Rechtsverständnis, sondern gemeinschaftsrechtlich ausgelegt werden. 116

Der Ort einer Lieferung bestimmt sich vorbehaltlich der §§ 3c, 3e, 3f und 3g UStG nach § 3 Abs. 6 bis 8 UStG (§ 3 Abs. 5a UStG). Die §§ 3c, 3e und 3g UStG enthalten **Spezialregelungen** und gehen mithin den allgemeinen Bestimmungen des § 3 Abs. 6–8 UStG vor. § 3f UStG regelt den Ort bei unentgeltlichen Leistungen; diese Bestimmung läuft allerdings leer. § 3 Abs. 8 UStG hat nur Bedeutung bei Lieferungen, die aus einem Drittland in das Inland gelangen (*Rz. 148*). Die **Grundregeln** zum Ort der Lieferung sind deshalb in **§ 3 Abs. 6 und 7** UStG enthalten. 117

Während die Regelungen zum Ort der sonstigen Leistungen überwiegend bezwecken, dass diese dem Land zugeordnet werden, in dem der mutmaßliche Ver- 118

---

1 Zur Lösung von **Doppelbesteuerungskonflikten** s. *Stadie* in R/D, Einf. Anm. 744 ff.

brauch der jeweiligen Dienstleistung stattfindet, ist das bei den Vorschriften zum Ort der Lieferungen nur beschränkt der Fall. Insbesondere bei Exportlieferungen, deren Ort nach der Grundregel des § 3 Abs. 6 Satz 1 UStG im Inland liegt, wird das sog. **Bestimmungsland**-Prinzip erst durch eine **Steuerbefreiung** verwirklicht (§ 4 Nr. 1 i.V.m. § 6 und § 6a UStG).

119 Bezüglich des **Reihengeschäfts** sind die zum 1.1.1997 eingefügten Regelungen des § 3 Abs. 6 Satz 5 i.V.m. Abs. 7 Satz 2 Nr. 2 UStG **sachwidrig** (*Rz. 131 f.*; zur Vereinbarkeit mit der Rechtsprechung des EuGH zu innergemeinschaftlicher Warenbewegungen s. *Rz. 134 f.*). § 3 Abs. 6 Satz 6 UStG ist eine „Regelung" für ein Scheinproblem und läuft deshalb leer (*Rz. 139 ff.*).

120 § 3 Abs. 6 bis 8 UStG enthalten lediglich Aussagen zum Ort einer Lieferung. Das ergibt sich eindeutig aus § 3 Abs. 5a UStG („Der Ort der Lieferung richtet sich [...] nach den Absätzen 6 bis 8") sowie aus der ausdrücklichen Kapitelüberschrift zu den Art. 31 ff. MwStSystRL („Ort der Lieferung"). Alle diese Bestimmungen gehen mit keiner Silbe auf den Zeitpunkt ein. Der **Zeitpunkt** der Lieferung bestimmt sich entsprechend Art. 63 MwStSystRL allein danach, wann die Lieferung bewirkt, d.h. die Verfügungsmacht verschafft wird (s. auch § 13 Rz. 16). Bei einer Versendungs- oder Beförderungslieferung richtet sich mithin der Zeitpunkt der Ausführung der Lieferung danach, wann dem Abnehmer Verfügungsmacht i.S.d. § 3 Abs. 1 UStG (bzw. des Art. 14 Abs. 1 MwStSystRL) verschafft worden ist, und nicht nach § 3 Abs. 6 und 7 UStG.[1] Diese Vorschriften bestimmen den Ort der Lieferung, *wenn* eine solche vorliegt, nicht etwa fingieren sie eine solche und deren Zeitpunkt.[2] Die Klarstellung ergibt sich aus § 3 Abs. 7 Satz 1 UStG („*dort* ausgeführt, *wo* sich der Gegenstand *zur Zeit* der Verschaffung der Verfügungsmacht befindet"). Ob und wann eine Lieferung vorliegt, bestimmt sich danach, wer die Gefahr des Untergangs der Ware während des Transportes ab welchem Zeitpunkt trägt (dazu *§ 1 Rz. 33* und oben *Rz. 39*). Das gilt folglich auch bei Reihengeschäften.

## II. Beförderungs- und Versendungslieferungen (Abs. 6)

### 1. Grundsätze

121 Wird der Gegenstand der Lieferung befördert oder versendet, so gilt die Lieferung grundsätzlich dort als ausgeführt, wo die **Beförderung oder Versendung** an den Abnehmer oder in dessen Auftrag an einen Dritten **beginnt**. Dabei kann die Beförderung oder Versendung durch den Lieferer, den Abnehmer oder einen vom Lieferer oder vom Abnehmer beauftragten Dritten erfolgen (§ 3 Abs. 6 Satz 1 UStG). Erfasst wird folglich **auch** der **Abholfall** (der Abnehmer befördert oder versendet an sich selbst oder an einen Dritten).

122 § 3 Abs. 6 Satz 1 UStG scheint § 447 BGB nachgebildet zu sein, wonach grundsätzlich die Gefahr bei Übergabe an den Versendungsbeauftragten auf den Käufer

---

1 A.A. insoweit BFH v. 6.12.2007 – V R 24/05, BStBl. II 2009, 490 = UR 2008, 334.
2 *Reiß* in T/L, 20. Aufl. 2010, § 14 Rz. 56; *Frye*, UR 2013, 889 (892 ff.); nur im Ergebnis ebenso BFH v. 6.12.2007 – V R 24/05, BStBl. II 2009, 490 = UR 2008, 334; a.A. *Grube*, MwStR 2014, 772; *Nieskens* in R/D, § 13 UStG Anm. 1137; *Heuermann/Martin* in S/R, § 3 UStG Rz. 459; *Lippross*, 2.3.6.3 – S. 193 f.

übergeht. In einem solchen Fall bedarf es indes nicht der Regelung des § 3 Abs. 6 Satz 1 UStG (bzw. des Art. 32 Satz 1 MwStSystRL), denn wenn die **Transportgefahr** beim **Käufer** liegt, wäre der Ort der Lieferung auch schon nach dem Gedanken des § 3 Abs. 7 Satz 1 UStG (bzw. des Art. 31 MwStSystRL) dort, wo die Verfügungsmacht verschafft, nämlich der Gegenstand der Transportperson übergeben und damit die Lieferung bewirkt wird.

Nach dem Wortlaut („gilt die Lieferung ... als ausgeführt") würde die Vorschrift auch dann eingreifen, wenn die Transportgefahr beim Verkäufer liegt und die Ware während der Beförderung untergeht. Dann aber stellt sich die Frage nach dem Ort einer Lieferung gar nicht, da diese mangels Verschaffung der Verfügungsmacht nicht ausgeführt worden ist (*Rz. 39*; *§ 1 Rz. 33*; *§ 13 Rz. 16*) und mithin kein Umsatz vorliegt (zum Fall der Gefahrtragung durch den Käufer beim Untergang der Ware s. *Rz. 39*).

Fraglich ist deshalb allein, ob sich der Ort der Lieferung auch dann nach § 3 Abs. 6 Satz 1 UStG bestimmt, wenn die Ware beim Käufer ankommt, dieser jedoch wegen der vom **Verkäufer** getragenen **Transportgefahr** erst mit Übergabe und Billigung die Verfügungsmacht erlangt, so dass auch erst dann die Lieferung ausgeführt worden ist. Für die Anwendung des § 3 Abs. 6 Satz 1 UStG spricht schon der Umstand, dass anderenfalls diese Bestimmung überflüssig wäre (*Rz. 122*). Vor allem aber verlangt der **Vereinfachungszweck** der Vorschrift i.V.m. den **Befreiungsvorschriften** (§ 4 Nr. 1 i.V.m. §§ 6, 6a UStG) diese Sichtweise. Kommt es nach der Versendung oder Beförderung in das Bestimmungsland dort zu einer Lieferung, bewirkt § 3 Abs. 6 Satz 1 UStG, dass der Ort dieser Lieferung im Ursprungsland ist und die Lieferung unter den Voraussetzungen des § 4 Nr. 1 i.V.m. § 6 oder § 6a UStG steuerfrei ist, so dass der Lieferer seine umsatzsteuerrechtlichen Pflichten im Ursprungsland erfüllen kann.[1]

123

§ 3 Abs. 6 Satz 1 UStG spricht von der Beförderung oder Versendung „**an den Abnehmer**". Daraus soll nach h.M. folgen, dass die Regelungen des § 3 Abs. 6 UStG nur dann eingreifen, wenn der Abnehmer bei Beginn der Beförderung oder bei Übergabe an den Beauftragten schon feststeht[2], d.h. ein Liefergeschäft bereits abgeschlossen ist und die Beförderung bzw. Versendung von Beginn an zur Erfüllung dieses Vertrages erfolgt. Der Wortlaut der Vorschrift zwingt indes nicht zu dieser Auslegung, so dass entsprechend dem **Vereinfachungszweck** der Vorschrift (*Rz. 123*) der Abnehmer noch nicht feststehen muss und auch noch nach dem Beginn der Versendung oder Beförderung gefunden werden kann[3], so dass der Transport zu einem **potentiellen Abnehmer** ausreicht. Wird Ware in das Ausland/Inland versendet oder befördert und der – unter § 6 oder § 6a UStG fallende – Abnehmer erst dort bzw. hier gefunden (z.B. beim Transport auf ein **Auslieferungslager**) oder wird das Liefergeschäft erst dort bzw. hier abgeschlossen[4] (z.B. beim Transport zu einem **Konsignationslager** [dazu auch *Rz. 54* sowie § 1a

124

---

1 *Frye*, UR 2013, 889 (891 f.).
2 BFH v. 30.7.2008 – XI R 67/07, BStBl. II 2009, 552 = UR 2008, 847; *Englisch* in T/L, § 17 Rz. 402; *Heumann/Martin* in S/R, § 3 UStG Rz. 461; Abschn. 3.12 Abs. 3 Satz 3 UStAE.
3 *Frye*, UR 2013, 889 (898 f.).
4 Folglich stellt sich die Frage nicht, wenn schon eine endgültige Lieferung vorliegt, weil der Abnehmer bereits die Gefahr des Untergangs der Ware trägt und lediglich die Fälligkeit des Kaufpreises erst mit Entnahme aus dem Lager eintreten soll und der Lieferer

*Rz. 11]* oder nach einer **unaufgeforderter Zusendung**), so ist der Ort der Lieferung folglich nach § 3 Abs. 6 Satz 1 UStG bzw. Art. 32 Satz 1 MwStSystRL am Beginn der Warenbewegung und nicht erst im Ausland bzw. im Inland.

Entsprechendes gilt bei **Kommissionsware**[1] oder einem **Kauf auf Probe**[2] o.Ä. In allen diesen Fällen gebietet es der Vereinfachungszweck der Vorschrift, dass, *wenn* es zu einer Lieferung kommt, der Ort am Beginn der Versendung oder Lieferung liegt, so dass der Lieferer seine steuerrechtlichen Pflichten im Inland erfüllen kann.[3] Der Zeitpunkt der Lieferung bestimmt sich hingegen nach dem Zeitpunkt der Verschaffung der Verfügungsmacht (*Rz. 120; § 13 Rz. 16*).

125 Erforderlich ist ferner, dass der **„Gegenstand der Lieferung"** befördert oder versendet wird. Aus dem zuvor Gesagten folgt, dass das auch der spätere Vertragsgegenstand, d.h. der Gegenstand der erst nach dem Beginn der Beförderung erfolgten Lieferung sein kann.[4] Der Gegenstand der Lieferung (das vertraglich geschuldete Objekt) wird hingegen nicht befördert oder versendet, wenn bei einer Werklieferung (*Rz. 105 ff.*) nicht das **fertige Werk** transportiert wird, sondern z.B. nur Einzelteile, die am Bestimmungsort vom Lieferer (oder in dessen Auftrag durch Dritte) zusammengebaut werden müssen. Dann bestimmt sich der Ort der Lieferung nach § 3 Abs. 7 Satz 1 UStG[5] (*Rz. 145*). Entsprechendes gilt, wenn der Gegenstand am Bestimmungsort vom Lieferer (oder durch einen von ihm beauftragten Dritten) zu **installieren** oder zu **montieren** ist.[6] Diese Auslegung widerspricht zwar dem Vereinfachungszweck des § 3 Abs. 6 Satz 1 UStG (Art. 32 Abs. 1 MwStSystRL) ist jedoch aufgrund des verfehlten Art. 36 MwStSystRL zwingend (zur **Bearbeitung** des Gegenstandes **im Bestimmungsland** im Auftrag des Lieferers s. *§ 1a Rz. 14* und *§ 6a Rz. 31*).

126 **Befördern** ist jede Fortbewegung eines Gegenstandes (§ 3 Abs. 6 Satz 2 UStG), auch mit eigener Kraft.[7] **Versenden** liegt vor, wenn jemand die Beförderung durch einen selbständigen Beauftragten ausführen (d.h. durch einen Frachtführer o.Ä.) oder besorgen (d.h. durch einen Spediteur, vgl. § 453 Abs. 1 HGB) lässt. Die Versendung beginnt mit der Übergabe des Gegenstandes an den Beauftragten (§ 3 Abs. 6 Sätze 3 bis 4 UStG). Es können **mehrere Beauftragte** hintereinandergeschaltet sein, sofern bei der Übergabe an den ersten Beauftragten alles Erforderliche getan ist, um den Gegenstand an den bereits feststehenden Abnehmer gelangen zu lassen.[8]

127 Die Beförderung oder Versendung kann auch **durch** einen vom Lieferer oder Abnehmer beauftragten **Dritten** erfolgen. Die Erwähnung des „Dritten" ist aller-

---

sich das Eigentum bis zur vollständigen Zahlung vorbehalten hat; insoweit im Ergebnis zutreffend FG Hess. v. 13.6.2014 – 1 K 108/11, EFG 2014, 1719.
1 A.A. *Nieskens* in R/D, § 3 UStG Anm. 2594.
2 A.A. BFH v. 30.7.2008 – XI R 67/07, BStBl. II 2009, 552 = UR 2008, 847.
3 Ausführlich zu alledem *Frye*, UR 2013, 889 – mit weiteren Konstellationen.
4 *Frye*, UR 2013, 889 (897).
5 Vgl. auch den überflüssigen Art. 36 MwStSystRL.
6 Vgl. Abschn. 3.12 Abs. 4 UStAE.
7 Abschn. 3.12 Abs. 2 Satz 2 UStAE; BFH v. 20.12.2006 – V R 11/06, BStBl. II 2007, 424; BFH v. 28.9.2006 – V R 65/03, BStBl. II 2007, 672.
8 Vgl. BFH v. 30.7.2008 – XI R 67/07, BStBl. II 2009, 552; Abschn. 3.12 Abs. 3 UStAE.

Ort der Lieferung (Abs. 5a–8) §3

dings überflüssig, denn wenn ein solcher mit der Beförderung oder Versendung beauftragt wird, dann ist es selbstverständlich, dass diese dem Auftraggeber zuzurechnen ist. Richtigerweise müsste unter dem Dritten i.S.d. § 3 Abs. 6 Satz 1 UStG der in § 3 Abs. 1 UStG erwähnte Dritte, d.h. der Vorlieferer, der im Auftrag des Lieferers dem Abnehmer Verfügungsmacht verschafft (*Rz. 45*), verstanden werden. Diese Deutung kommt indes wegen der Sonderregelung für Reihengeschäfte durch § 3 Abs. 6 Satz 5 UStG nicht in Betracht (s. *Rz. 130*).

**Frachtführer** und **Spediteure** sind nach der Systematik des § 3 Abs. 6 UStG keine „beauftragten Dritten" i.S.d. § 3 Abs. 6 Satz 1 UStG, sondern „selbständig Beauftragte" i.S.d. § 3 Abs. 6 Satz 3 UStG. Nach den Vorstellungen der Gehilfen des Gesetzgebers kann nur derjenige Dritte gemeint sein, der keine Verfügungsmacht hat, d.h. nicht gleichzeitig liefert, sondern zur Erbringung von Dienstleistungen nur zeitweiligen Besitz an dem Gegenstand hatte (Lohnveredler, Lagerhalter u.Ä.). Dass auch diese die Warenbewegung veranlassen können, ist jedoch mehr als selbstverständlich.

Die Beförderung oder Versendung muss nicht zum Abnehmer, sondern kann auch **zu einem Dritten** erfolgen („an den Abnehmer oder in dessen Auftrag an einen Dritten"). Hierbei kann es sich sowohl um einen Dritten i.S.d. § 3 Abs. 1 UStG, d.h. um den Abnehmer des Abnehmers (*Rz. 45 f.*), als auch um einen Dritten handeln, der lediglich zeitweiligen Besitz erhält (z.B. Lohnveredler oder Lagerhalter). Deren Erwähnung ist jedoch ebenfalls mehr als überflüssig. 128

**Beispiel**

Unternehmer F aus Frankreich bestellt lackierte Bleche bei Unternehmer A in Österreich mit dem Auftrag, diese unmittelbar zu dem Lagerhalter B in Belgien zu transportieren. A lässt die von ihm gestellten Rohbleche von D in Deutschland lackieren und danach von D zu B nach Belgien transportieren. D beauftragt zu diesem Zweck den Spediteur S, der mit dem Transport einen Frachtführer betraut.

A liefert an F. Der Ort der Lieferung ist in Deutschland, da der von A beauftragte Dritte D den Gegenstand der Lieferung zu dem von A's Abnehmer F genannten Dritten B versendet und der Beginn der Versendung in Deutschland ist. D versendet, da er die Beförderung durch den selbständigen Beauftragten S besorgen lässt (§ 3 Abs. 6 Sätze 1, 3 und 4 UStG).

## 2. Reihengeschäft, Streckengeschäft

### a) Allgemeines

Schließen mehrere Unternehmer über denselben Gegenstand Umsatzgeschäfte ab und erfüllen sie diese Geschäfte dadurch, dass der erste Unternehmer dem letzten Abnehmer in der Reihe unmittelbar die Verfügungsmacht verschafft (d.h. nicht in dem Fall, in dem ein mittlerer Unternehmer den Gegenstand abholt und zu seinem Abnehmer verbringt), so spricht man – auch nach Wegfall des ohnehin stets überflüssig gewesenen § 3 Abs. 2 UStG – von einem Reihengeschäft (*Rz. 45 f.*). In diesem Fall liegen nach § 3 Abs. 1 UStG so viele Lieferungen vor, wie Umsatzgeschäfte getätigt werden (*Rz. 50*). 129

Zur Festlegung der Orte der Lieferungen bestimmt § 3 Abs. 6 Satz 5 UStG, dass, wenn der Gegenstand bei der Beförderung oder Versendung unmittelbar vom ersten Unternehmer an den letzten Abnehmer gelangt, die **Beförderung oder Ver-** 130 sendung des Gegenstandes **nur einer der Lieferungen zuzuordnen** sei. Aus § 3 Abs. 6 Satz 1 UStG würde demgegenüber (richtigerweise) folgen, dass in dem Fall der Beförderung oder Versendung durch den ersten Unternehmer in der Reihe der Ort aller Lieferungen am Beginn der Beförderung oder Versendung wäre, denn für die folgenden Lieferer wäre er ein beauftragter Dritter. Entsprechendes würde bei der Abholung durch den letzten Abnehmer gelten; er wäre aus der Sicht des ersten Lieferers ein von seinem Abnehmer beauftragter Dritter. § 3 Abs. 6 Satz 5 UStG ordnet statt dessen an (auch für den Abholfall, *Rz. 137*), dass nur für eine der Lieferungen in der Reihe sich der Ort nach § 3 Abs. 6 Satz 1 UStG anhand der Beförderung oder Versendung bestimmen soll. Das ganze, nachfolgend näher beschriebene **Konstrukt** ist allerdings vollständig **verfehlt**, weil es den **Vereinfachungszweck** (*Rz. 123*) der Ortsbestimmungen **missachtet** und zudem dem gedanklich ersten Lieferer nicht stets die unerlässliche **sofortige** und **eindeutige Bestimmung** des **Ortes** seiner Lieferung und der damit zusammenhängenden **Steuerbefreiung** oder Steuerpflicht ermöglicht (vgl. *Rz. 134*). **Jede Lieferung** ist **richtigerweise** sowohl hinsichtlich des Ortes als auch hinsichtlich einer etwaigen Steuerbefreiung **isoliert**, d.h. unabhängig von den anderen Lieferungen zu **betrachten** (*Rz. 134 f.*; *§ 6a Rz. 35 ff.*).

131 Für die **übrigen Lieferungen** in der Reihe soll aus § 3 Abs. 6 Satz 5 UStG hingegen folgen, dass sie nicht als Beförderungs- oder Versendungslieferungen anzusehen seien. Ihr Ort soll sich nach § 3 Abs. 7 Satz 2 UStG bestimmen (*Rz. 147*). Die Verknüpfung des Satzes 2 mit dem vorhergehenden Satz 1 ist allerdings verfehlt, denn auch bei diesen Lieferungen wird der Gegenstand befördert oder versendet. Das Gesetz hätte deshalb – wenn man davon absieht, dass das ganze Konstrukt verfehlt ist – mit einer Fiktion arbeiten und bestimmen müssen, dass bei diesen Lieferungen der Gegenstand nicht als befördert oder versendet gilt. Bei ihnen soll, wie sich aus § 3 Abs. 7 Satz 2 UStG ergibt, **gedanklich** davon auszugehen sein, dass sie der Beförderungs- oder Versendungslieferung **vorangehen** oder **folgen**. Es könnte sich lediglich um eine **Fiktion** (juristische, logische Sekunde) handeln, denn (nicht nur nach § 3 Abs. 1 UStG) werden alle Lieferungen zwangsläufig gleichzeitig ausgeführt (*Rz. 45, 47*), so dass sie nicht etwa, wie es § 3 Abs. 7 Satz 2 UStG fehlerhaft formuliert, tatsächlich „vorangehen" bzw. „folgen".

Das BMF hat für diese Lieferungen den Begriff **„ruhende Lieferungen"** geprägt[1], der vom überwiegenden Schrifttum[2] und nunmehr auch vom BFH[3] unkritisch übernommen worden ist. Diese Begriffsschöpfung ist – wie auch die häufig zu findende Bezeichnung für die unter § 3 Abs. 6 Satz 1 UStG fallende Lieferung als „**bewegte** Lieferung"[4] bzw. die von § 3 Abs. 7 Satz 1 UStG erfasste Lieferung als „unbewegte" Lieferung[5] – nicht nur sprachlich mehr als schief, sondern aus den

---

1 Abschn. 3.14 Abs. 2 Satz 4 UStAE.
2 *Birkenfeld* in B/W, § 64 Rz. 106; *Englisch* in T/L, § 17 Rz. 426; *Heuermann/Martin* in S/R, § 3 UStG Rz. 449, 483; *Leonard* in Bunjes, § 3 UStG Rz. 221; *Reiß*, Rz. 76 – S. 60 f.; *Wäger* in B/W, § 108 Rz. 45.
3 BFH v. 11.8.2011 – V R 3/10, UR 2011, 909 – Rz. 29.
4 *Heuermann/Martin* in S/R, § 3 UStG Rz. 448; *Reiß*, Rz. 76 – S. 60 ff.; *Treiber* in S/R, § 6 UStG Rz. 152; *Nieskens* in R/D, § 3 UStG Anm. 1871, 1881 ff., 1910 – „warenbewegte", und „nicht warenbewegte"; *Lipross*, 2.3.6.6.1 – S. 200; *Englisch* in T/L, § 17 Rz. 426 – „bewegliche".
5 *Englisch* in T/L, § 17 Rz. 403.

zuvor genannten Gründen auch sachlich schlicht falsch, weil der Gegenstand bei allen Lieferungen befördert oder versendet wird.

Die Notwendigkeit dieser (zum 1.1.1997 getroffenen) **Neuregelung** soll sich nach Auffassung der Bundesregierung[1] aus Art. 32 Unterabs. 1 MwStSystRL[2] ergeben, weil dieser für derartige Fälle nur eine Beförderungs- oder Versendungslieferung annehme. Das ist **unverständlich**, denn Art. 32 Unterabs. 1 MwStSystRL bestimmt (wie der inhaltlich im Wesentlichen identische § 3 Abs. 7 UStG aF bis 1996): „Wird der Gegenstand vom Lieferer, vom Erwerber oder von einer dritten Person versandt oder befördert, gilt als Ort der Lieferung der Ort, an dem sich der Gegenstand zum Zeitpunkt des Beginns der Versendung oder Beförderung an den Erwerber befindet." Aus der Sicht des zweiten (und auch der ggf. folgenden Lieferer) ist der erste Lieferer eine „dritte Person", deren Befördern oder Versenden mithin auch ihm (bzw. ihnen) zuzurechnen ist. (Dass die Ware nicht körperlich zum „Erwerber" gelangen muss, sondern auf seine Weisung auch zu einem Dritten (Abnehmer) verbracht werden kann, ist eine pure Selbstverständlichkeit; *Rz. 45 f.*). Anderenfalls gäbe es für die weiteren Lieferungen keinen Ort, denn Art. 31 MwStSystRL, der den Fall erfasst, dass „der Gegenstand nicht versandt oder befördert" wird, kann nach dem eindeutigen Wortlaut nicht greifen. Demgegenüber meint die Bundesregierung, dass die Aussage des § 3 Abs. 7 Satz 2 UStG der Regelung des Art. 31 MwStSystRL[3] entspreche.[4] Das ist **nicht nachvollziehbar**, da bei allen Lieferungen im Reihengeschäft der Gegenstand der Lieferung jeweils befördert oder versendet wird[5]; denn wie soll er sonst zum jeweiligen Abnehmer bzw. dessen Abnehmer, der für ihn erwirbt, gelangen? Alle Lieferungen im Reihengeschäft fallen deshalb nach dem klaren Wortlaut unter Art. 32 Unterabs. 1 MwStSystRL.[6]

132

Der **EuGH** hat sich noch nicht zum Reihengeschäft, sondern nur zu zwei nacheinander erfolgenden, getrennten Lieferungen geäußert (*Rz. 142*) und dabei für den Fall der **innergemeinschaftlichen Warenbewegung** entschieden, dass nur der Ort derjenigen Lieferung, die zur steuerbefreiten innergemeinschaftlichen Versendung oder Beförderung führe und mit der ein innergemeinschaftlicher Erwerb einhergehe, sich nach Art. 32 Unterabs. 1 MwStSystRL bestimme; bei der nachfolgenden bzw. vorangehenden Lieferung liege keine Versendung oder Beförderung vor.[7] Eine Begründung wird nicht gegeben. Das Ergebnis ist – abgesehen davon, dass es in sämtlichen Entscheidungen nicht um ein Reihengeschäft ging – aus den zuvor genannten Gründen nicht nachvollziehbar. Auch hat der EuGH

133

---

1 Reg.-Begr., BR-Drucks. 390/96 – zu § 3 Abs. 6 Sätze 5 und 6 UStG; ebenso *Birkenfeld* in B/W, § 64 Rz. 6 f.
2 Genauer: aus der Vorgängerregelung Art. 8 Abs. 1 Buchst. a Satz 1 der 6. EG-Richtlinie.
3 Entspricht Art. 8 Abs. 1 Buchst. b der 6. EG-Richtlinie.
4 Reg.-Begr., BR-Drucks. 390/96 – zu § 3 Abs. 6 Sätze 5 und 6 UStG; ebenso *Heuermann/ Martin* in S/R, § 3 UStG Rz. 500 f.
5 So auch ausdrücklich Art. 141 Buchst. c MwStSystRL, der davon spricht, dass der Gegenstand „unmittelbar an die Person, für die (der mittlere Unternehmer) die anschließende Lieferung bewirkt, versandt oder befördert" wird.
6 Vgl. *Wäger*, UR 2001, 1 (4 f.).
7 EuGH v. 6.4.2006 – C-245/04, EuGHE 2006, I-3227 = UR 2006, 342 – Rz. 38, 50 f.; EuGH v. 16.12.2010 – C-430/09, EuGHE 2010, I-13354 = UR 2011, 176 – Rz. 23 ff.; EuGH v. 27.9.2012 – C-587/10, UR 2012, 833 – Rz. 31 ff.

nicht erklärt, was der Ort einer Lieferung mit der Frage der Steuerbefreiung zu tun hat.

134 Das ganze **Konstrukt** des § 3 Abs. 6 Satz 5 i.V.m. Abs. 7 Satz 2 UStG leidet nicht nur unter den beschriebenen, mit der Realität nicht zu vereinbarenden Annahmen und Begriffen (*Rz. 131 f.*), sondern enthält den **elementaren Fehler**, dass es dem gedanklich ersten Lieferer in der Reihe **nicht** stets die notwendige **sofortige** und **eindeutige Bestimmung** des **Ortes** seiner Lieferung und der damit zusammenhängenden **Steuerbefreiung** oder Steuerpflicht ermöglicht. Denn die **Beachtung** der **Regeln** des **§ 3 Abs. 6 Satz 5 i.V.m. Abs. 7 Satz 2 UStG setzt** in bestimmten Konstellationen die **Kenntnis voraus, dass** überhaupt ein **Reihengeschäft** vorliegt, nämlich mehrere Unternehmer über denselben Gegenstand Umsatzgeschäfte abgeschlossen haben. Der (jeweilige) **Lieferer** ist jedoch schon **nicht** verpflichtet, diesbezüglich **Ermittlungen** anzustellen, und sein **Abnehmer** muss ihm erst recht **nicht mitteilen**[1], ob und an wen er den Gegenstand weiterliefert oder ob der Gegenstand z.B. nur vorübergehend zum Zwecke der Be- oder Verarbeitung, der Einlagerung, Vermietung o.Ä. zu einem Dritten zu transportieren ist (s. im Einzelnen § 6a Rz. 41 m. Beispielen). Ebenso wenig vermag es einzuleuchten, weshalb der Ort einer Lieferung davon abhängen soll, ob der Lieferer den Gegenstand von einem Dritten bezogen oder ob der Gegenstand vom einen Lagerhalter o.Ä. ob sich der Gegenstand bei einem Lagerhalter oder einer ähnlichen Person befindet, die im Auftrag des Lieferers den Gegenstand zum Abnehmer versendet oder befördert. Alles das ist hinsichtlich der Ermittlungs- und Mitteilungspflichten **unverhältnismäßig** und hinsichtlich der Rechtsfolgen **willkürlich**.

Die Beteiligten können sich mithin stets darauf beschränken, ihre eigene Lieferung zu betrachten. Es geht demgemäß nicht an, dass die Finanzverwaltung später nach Erlangung der Kenntnis, dass ein Reihengeschäft vorliegt, unter Anwendung der Regeln des § 3 Abs. 6 Satz 5 UStG (und damit auch Satz 6) i.V.m. § 3 Abs. 7 Satz 2 UStG zum Nachteil des Lieferers von einem anderen Ort ausgeht.[2] Diese **Regeln** müssen folglich **leerlaufen**. Die MwStSystRL kennt zu Recht kein Reihengeschäft. Richtigerweise sind die **Lieferungen** jeweils **getrennt** zu betrachten und deren Ort jeweils nach § 3 Abs. 6 Satz 1 UStG zu bestimmen. Auch die Anwendbarkeit einer Steuerbefreiung ist für jede Lieferung unabhängig von den anderen Lieferungen zu beurteilen.

Will man **gleichwohl** die Regeln des § 3 Abs. 6 Satz 5 UStG (und damit auch Satz 6) i.V.m. § 3 Abs. 7 Satz 2 UStG beachten, so gilt bei Zugrundelegung der BMF-Auffassung Folgendes (Zu den Auswirkungen dieser Vorschriften auf die Steuerbefreiung für innergemeinschaftliche Lieferungen s. *§ 6a Rz. 35 ff. m. Beispielen*):

### b) Beförderung oder Versendung durch den ersten Unternehmer

135 In § 3 Abs. 6 Satz 5 UStG fehlt die Aussage, welcher der Lieferungen die Beförderung oder Versendung zuzuordnen ist. Nach Auffassung des BMF soll § 3

---

1 So aber BFH v. 25.2.2015 – XI R 30/13, UR 2015, 402.
2 Wie im Sachverhalt von BFH v. 11.8.2011 – V R 3/10, UR 2011, 909.

Abs. 6 Satz 5 UStG dergestalt verstanden werden, dass bei der Beförderung oder Versendung durch den **ersten Unternehmer** in der Reihe diese nach § 3 Abs. 6 Satz 1 UStG **seiner Lieferung zuzuordnen** sei.[1] Die (allenfalls gedanklich) „**folgenden**" Lieferungen (*Rz. 131*) würden dann dort als ausgeführt gelten, wo die Beförderung oder Versendung endet (§ 3 Abs. 7 Satz 2 Nr. 2 UStG). Diese Rechtsfolge **verstößt gegen** den offensichtlichen **Vereinfachungszweck** des Art. 32 Satz 1 MwStSystRL (§ 3 Abs. 6 Satz 1 UStG), der zusammen mit der Steuerbefreiung bewirkt, dass der Lieferer seine umsatzsteuerrechtlichen Pflichten im Ursprungsland erfüllen kann (*Rz. 123; § 6a Rz. 35*).

Richtigerweise sind zwecks **richtlinienkonformer Anwendung** die **Lieferungen** jeweils **getrennt** zu betrachten und deren Ort jeweils nach § 3 Abs. 6 Satz 1 UStG (Art. 32 Satz 1 MwStSystRL) zu bestimmen, da es auch nicht einzuleuchten vermag, weshalb der Ort einer Lieferung davon abhängig sein soll, ob der Gegenstand von einem Dritten (Vorlieferer) bezogen oder vom einen Lager des Lieferers oder von einem Beauftragten, der den Gegenstand bearbeitet hat, geholt wird. Dafür gibt es keinen sachlichen Grund, so dass die Differenzierung willkürlich ist und gegen den **unionsrechtlichen Gleichbehandlungsgrundsatz** verstößt.

**Beispiel** 136
Unternehmer A aus Österreich bestellt Ware bei Unternehmer D1 aus Deutschland, der sie seinerseits bei D2 aus Deutschland ordert. D2 versendet vereinbarungsgemäß die Ware unmittelbar zu A durch den von ihm beauftragten Spediteur.
Der Ort der Lieferung des D2 an D1 ist nach Auffassung des BMF zu § 3 Abs. 6 Satz 5 i.V.m. Sätzen 1 und 4 UStG am Beginn der Versendung, d.h. in Deutschland. Der Ort der Lieferung des D1 an A soll nach § 3 Abs. 7 Satz 2 Nr. 2 UStG in Österreich liegen, da dort die Versendung endet.[2] Die verfehlte Regelung führt dazu, dass entgegen dem Vereinfachungszweck der Ortsbestimmung D1 in Österreich die Lieferung versteuern muss, weil § 3 Abs. 8 öUStG in gleicher Weise ausgelegt wird.
Richtigerweise sind die Lieferungen getrennt zu betrachten und deren Ort jeweils nach § 3 Abs. 6 Satz 1 UStG zu bestimmen. Folglich ist auch der Ort der Lieferung des D1 an A am Beginn der Versendung in Deutschland.
*Abwandung:*
D1 hat die Ware bei dem Lagerhalter D2 eingelagert. Der von D1 beauftragte Spediteur lässt die Ware von D2 zu A befördern.
Der Ort der Lieferung des D1 an A ist nach § 3 Abs. 6 Satz 1 UStG in Deutschland. Das zeigt, dass es willkürlich wäre, den Ort der Lieferung davon abhängig zu machen, ob die Ware von einem Vorlieferanten oder von einem Lagerhalter zum Abnehmer gelangt.

#### c) Abholfälle

**aa)** § 3 Abs. 6 Satz 5 UStG erfasst nicht nur den Fall der Beförderung oder Versendung durch den ersten Unternehmer in der Reihe, sondern auch die **Abholung durch den letzten** (zur Abholung durch einen mittleren s. *Rz. 139 ff.*) **Abnehmer**, denn die Bestimmung spricht davon, dass der Gegenstand bei der Beförderung oder Versendung unmittelbar vom ersten Unternehmer an den letzten Abnehmer gelangt. 137

---
1 Abschn. 3.14 Abs. 8 Satz 1 u. Abs. 13 Beispiel a UStAE; so bereits Reg.-Begr., BR-Drucks. 390/96 – zu § 3 Abs. 6 Sätze 5 und 6 UStG.
2 Abschn. 3.14 Abs. 6 UStAE *Beispiel*.

138  In § 3 Abs. 6 UStG fehlt eine ausdrückliche Aussage dazu, welcher Lieferung im Falle der Abholung die Beförderung oder Versendung zugerechnet werden soll. Wenn § 3 Abs. 6 Satz 5 UStG einen Sinn haben soll, so kann das, wie § 3 Abs. 7 Satz 2 Nr. 1 UStG bestätigt, nur heißen, dass bei der Abholung durch den letzten Abnehmer die von ihm durchgeführte **Beförderung oder Versendung** der Lieferung an ihn, d.h. der **Lieferung durch den letzten Lieferer** in der Reihe, **zuzuordnen** ist.[1] Nur sie gilt als Beförderungs- oder Versendungslieferung. Auch der Ort der gedanklich vorangehenden Lieferungen ist dort, wo die Beförderung oder Versendung durch den letzten Abnehmer nach § 3 Abs. 6 Sätze 1 bis 4 UStG beginnt. Denn nach § 3 Abs. 7 Satz 2 Nr. 1 UStG gelten diese (gedanklich vorangehenden) Lieferungen dort als ausgeführt, wo die Beförderung oder Versendung beginnt. Im Ergebnis ist mithin im Falle der Abholung **bei allen Lieferungen** der **Ort identisch**. Diese Rechtsfolge würde sich bereits aus § 3 Abs. 6 Satz 1 UStG ergeben (*Rz. 130*), so dass das umständliche Regelungswerk mithin insoweit **überflüssig** ist.

**Beispiel**

Unternehmer A1 aus Österreich bestellt bei Unternehmer A2 aus Österreich Ware, die dieser seinerseits bei D in Deutschland ordert. A1 holt die Ware vereinbarungsgemäß bei D ab.

Der Ort der Lieferung des A2 an A1 ist nach § 3 Abs. 6 Satz 5 i.V.m. Satz 1 UStG in Deutschland, da dort die Beförderung durch den Abnehmer A1 beginnt und diese der Lieferung des A2 zuzuordnen ist. Der Ort der gedanklich vorangehenden Lieferung des D an A2 ist ebenfalls in Deutschland. Sie gilt nach § 3 Abs. 6 Satz 5 UStG nicht als Versendungslieferung, so dass sich der Ort nach § 3 Abs. 7 Satz 2 Nr. 1 UStG bestimmt und dort ist, wo die Beförderung beginnt, d.h. ebenfalls bei D in Deutschland. Nach verfehlter Auffassung des BMF soll diese Lieferung nicht nach § 6a UStG steuerfrei sein (*§ 6a Rz. 37 f.*).

Richtigerweise bestimmt sich der Ort beider Lieferungen nach § 3 Abs. 6 Satz 1 UStG und ist jeweils am Beginn der Beförderung. Ob die Steuerbefreiung nach § 6a UStG eingreift, ist für beide Lieferungen gesondert zu betrachten.

139  **bb)** Von § 3 Abs. 6 Satz 5 UStG soll, wie sich aus § 3 Abs. 6 Satz 6 UStG ergibt, auch die Konstellation erfasst werden, dass nicht der letzte Abnehmer, sondern der **mittlere Unternehmer** den Gegenstand beim ersten Unternehmer **abholt** und von dort zum letzten Abnehmer befördert oder versendet. In diesem Fall mir drei Beteiligten, bei dem schon **kein Reihengeschäft** vorliegt[2] – ein solches kann allenfalls insoweit gegeben sein, wie dem mittleren Unternehmer mehr als ein weiterer Beteiligter voran geht oder folgt – befördert bzw. versendet der mittlere Unternehmer **sowohl als Lieferer** an seinen Abnehmer (bzw. an dessen Abnehmer) **als auch** i.S.d. § 3 Abs. 6 Satz 1 UStG **als Abnehmer** des vorhergehenden Lieferers. Im ersten Fall ist die Beförderung bzw. Versendung seiner Lieferung zuzurechnen, im zweiten Fall der Lieferung seines Belieferers. Aus § 3 Abs. 6 Satz 5 UStG scheint hingegen zu folgen, dass auch bei dieser Konstellati-

---

1 Ebenso bislang Abschn. 3.14 Abs. 8 Satz 2 UStAE; differenzierend BFH v. 25.2.2015 – XI R 15/14, UR 2015, 391.
2 Das verkennen BFH v. 28.5.2013 – XI R 11/09, UR 2013, 756; BFH v. 11.8.2011 – V R 3/10, UR 2011, 909; BFH v. 25.2.2015 – XI R 15/14, UR 2015, 391; FG Münster v. 16.1.2014 – 5 K 3930/10, EFG 2014, 682 – Rev.-Az. XI R 12/14; sowie u.a. *Reiß* in T/L, 20. Aufl. 2010, § 14 Rz. 57; *Leonard* in Bunjes, § 3 UStG Rz. 204; *Heuermann/Martin* in S/R, § 3 UStG Rz. 479; *Nieskens* in R/D, § 3 UStG Anm. 2201 ff.

Ort der Lieferung (Abs. 5a–8) § 3

on nur eine Beförderungs- oder Versendungslieferung vorliegen soll, so dass es der Entscheidung bedürfte, welche der beiden Lieferungen das wäre. Der Gesetzgeber wollte das (scheinbare) Problem mit § 3 Abs. 6 Satz 6 UStG lösen, der bestimmt, dass in diesem Fall die Beförderung oder Versendung der Lieferung an den „mittleren" Unternehmer (der scheinbaren Reihe) als Abnehmer zuzuordnen sei, es sei denn, er weise nach, dass er den Gegenstand als Lieferer befördert oder versendet habe. Doch schon der Wortlaut der Vorschrift gibt **keinen Sinn**, denn er knüpft tatbestandlich zwingend an die Voraussetzungen des § 3 Abs. 6 Satz 5 UStG an („dabei"). Dieser verlangt indes gerade, dass der Gegenstand an den letzten Abnehmer befördert oder versendet wird, d.h. es muss feststehen, dass der „mittlere" Unternehmer den Gegenstand als Lieferer befördert oder versendet. Ist diese Voraussetzung hingegen nicht gegeben, so bedarf es der Regelung des § 3 Abs. 6 Satz 6 UStG nicht, da die spätere Lieferung nicht von § 3 Abs. 6 Satz 5 UStG erfasst wird, weil der Gegenstand dann nicht „unmittelbar" vom ersten Unternehmer an den letzten Abnehmer gelangt. Ist ein Fall des § 3 Abs. 6 Satz 5 UStG gegeben, d.h. steht fest, dass der mittlere Unternehmer an den letzten Abnehmer auch als Lieferer befördert oder versendet, so läuft die Regelung des § 3 Abs. 6 Satz 6 Halbs. 2 UStG („es sei denn, er weist nach") ebenfalls leer, da nichts nachzuweisen ist (die Vorschrift kann deshalb auch **nicht** als **Wahlrecht** verstanden werden[1]).

Es handelt sich bei § 3 Abs. 6 Satz 6 UStG um eine selten **dämliche Regelung**, die ein **Scheinproblem** konstruiert. Wenn ein Abnehmer den Gegenstand bei seinem Lieferer abholt und sogleich, weil er den Gegenstand schon weiterverkauft hat, zu seinem Abnehmer befördert oder versendet, so liegen zwei **getrennt zu betrachtende Lieferungen** vor, die in keinerlei Hinsicht miteinander verknüpft sind (außer durch die zufällige Gestaltung, dass der Abnehmer den Gegenstand der Lieferung nicht erst zu seinem Unternehmen, sondern sogleich zu seinem Abnehmer befördern lässt). Es ist deshalb schlicht unsinnig, dass – wie aus § 3 Abs. 6 Satz 6 UStG folgen soll – die beiden Lieferungen unter § 3 Abs. 6 Satz 5 UStG fallen sollen. **Richtigerweise** ist auf **beide Lieferungen** jeweils § 3 **Abs. 6 Satz 1** UStG anzuwenden. Hinzu kommt, dass es **für den ersten Lieferer** völlig **ohne Belang** ist, **ob** sein **Abnehmer** den Gegenstand überhaupt **weiterliefert** oder ob der Gegenstand nur zum Zwecke der Bearbeitung, Zwischenlagerung o.Ä. zum einem Dritten transportiert wird (vgl. *Rz. 134*; im Einzelnen *§ 6a Rz. 41* m. Beispielen).

140

Nach Auffassung des **BMF**[2] soll hingegen „regelmäßig" davon ausgegangen werden können, dass der mittlere Unternehmer die Beförderung oder Versendung in seiner Eigenschaft als Lieferer getätigt habe, wenn er unter der Umsatzsteuer-Identifikationsnummer des Mitgliedstaates auftrete, in dem die Warenbewegung beginnt, und wenn er auf Grund der mit seinem Vorlieferanten und seinem Auftraggeber vereinbarten **Lieferkonditionen** Gefahr und Kosten der Beförderung oder Versendung übernommen habe.[3] Alles das ist schon ohne jeglichen Bezug

141

---

1 So aber *Leonard* in Bunjes, § 3 UStG Rz. 204; *Heuermann/Martin* in S/R, § 3 UStG Rz. 480; *Reiß* in T/L, 20. Aufl. 2010, § 14 Rz. 57 a.E.; *Nieskens* in R/D, § 3 UStG Anm. 1915; *Birkenfeld* in B/W, § 64 Rz. 96 ff.
2 Abschn. 3.14 Abs. 10 UStAE.
3 Ebenso *Leonard* in Bunjes, § 3 UStG Rz. 204.

zum Gesetzeswortlaut. Auch ist völlig unklar, was – wenn der Gegenstand beim Abnehmer der zweiten Lieferung ankommt (Rz. 122) – die Fragen der Gefahr- und Kostentragung mit der Bestimmung des Ortes der Lieferung zu tun haben. Die Äußerung des BMF ist zudem auch insofern unsinnig, weil, wenn der Abnehmer der ersten Lieferung die Ware abholt, er stets die Beförderungsgefahr tragen wird, so dass eine andere Konstellation gar nicht vorkommen wird.

142 Der **EuGH** hat für eine derartige Konstellation zwar insoweit zutreffend festgestellt, dass **zwei aufeinanderfolgende Lieferungen**, auch wenn sie zu einer einzigen Bewegung von Gegenständen führen, als eine nach der anderen erfolgt anzusehen sind[1], daraus müsste indes zwingend folgen, dass jede Lieferung bezüglich des Orts gesondert zu betrachten ist. Der EuGH verknüpft dann jedoch nicht nachvollziehbar die Frage nach dem Ort der beiden Lieferungen mit der Frage, welche der beiden Lieferungen eine steuerbefreite innergemeinschaftliche Lieferung sei. Habe der erste Erwerber die Verfügungsmacht an dem Gegenstand bereits im Ursprungsland erlangt und bereits vor Beginn der Beförderung auf den zweiten Erwerber übertragen, so könne die innergemeinschaftliche Beförderung nicht mehr der ersten Lieferung zugerechnet werden.[2] Für die Bestimmung des Ortes der Lieferung ist das allerdings ohne Belang, denn der Ort der ersten Lieferung ist unabhängig davon im Ursprungsland, sei es nach Art. 31 MwStSystRL (= § 3 Abs. 7 Satz 1 UStG) oder nach Art. 32 Satz 1 MwStSystRL (= § 3 Abs. 6 Satz 1 UStG). Auch übersieht der EuGH dabei, dass es für die Bestimmung des Ortes einer Lieferung **ohne Bedeutung** ist, **was** der **Abnehmer nach** der **Abholung mit** dem **Gegenstand macht**, d.h. ob er diesen zu seinem Abnehmer oder zu einem Lagerhalter o.Ä. befördert.

143 Zudem ist der **Lieferer** diesbezüglich **nicht** zu **Nachforschungen** verpflichtet; auch kann es zur Bestimmung des Ortes (und der davon abhängigen Anwendbarkeit der Steuerbefreiung) nicht auf den Zufall der Kenntnis des Lieferers ankommen, ob sein Abnehmer den Gegenstand bereits an einen Dritten weiterveräußert hat[3]; ebenso wenig ist der Abnehmer verpflichtet, seinem Belieferer mitzuteilen, ob und an wen er den Gegenstand weiterliefert oder ob er den Gegenstand z.B. nur zum Zwecke der Bearbeitung o.Ä. zum einem Dritten transportieren lässt (Rz. 134). Die Sichtweise des EuGH verstößt deshalb in eklatanter Weise gegen die Prämisse des Art. 131 MwStSystRL, wonach die Mitgliedstaaten die Pflicht „zur **Gewährleistung** einer korrekten und **einfachen** [sic!] **Anwendung** dieser **Befreiungen**" trifft. Der jeweilige **Lieferer**, der nur als **Gehilfe** des **Staates** bei der Umsatzbesteuerung der Verbraucher fungiert (Vorbem. Rz. 20), darf unter Beachtung des Verhältnismäßigkeitsgrundsatzes keine

---

1 EuGH v. 6.4.2006 – C-245/04, EuGHE 2006, I-3227 = UR 2006, 342 – Rz. 38; EuGH v. 16.12.2010 – C-430/09, EuGHE 2010, I-13335 = UR 2011, 176 – Rz. 23 f.; EuGH v. 27.9.2012 – C-587/10, UR 2012, 833 – Rz. 31 ff.
2 EuGH v. 27.9.2012 – C-587/10, UR 2012, 833 – Rz. 32 u. 37; EuGH v. 16.12.2010 – C-430/09, EuGHE 2010, I-13335 = UR 2011, 176 – Rz. 33; dem folgend BFH v. 28.5.2013 – XI R 11/09, UR 2013, 756 – Rz. 56; BFH v. 25.2.2015 – XI R 30/13, UR 2015, 402; BFH v. 25.2.2015 – XI R 15/14, UR 2015, 391.
3 So aber zu § 6 UStG FG Münster v. 16.1.2014 – 5 K 3930/10, EFG 2014, 682 – Rev.-Az. XI R 12/14.

unzumutbaren Risiken, d.h. solche, denen er nicht begegnen kann, tragen[1] und muss deshalb bezüglich der **Preisvereinbarung** und der **Rechnungsausstellung sofort beurteilen** können, wo der Ort seiner Lieferung ist und ob diese steuerbefreit ist (dazu auch § 6a Rz. 42 ff.).

**Beispiel**

Unternehmer D2 aus Deutschland hat Ware bei D1 aus Deutschland bestellt, der sie seinerseits bei F in Frankreich ordert. D1 lässt die Ware durch einen Spediteur bei F abholen und von dort zu D2 befördern.

Beide Lieferungen haben nichts miteinander zu tun und sind jeweils für sich zu betrachten. Der Ort der Lieferung des F an D1 ist nach § 3 Abs. 6 Satz 1 UStG in Frankreich, da der Abnehmer (D1) den Gegenstand der Lieferung nach Deutschland versendet. Der Ort der Lieferung des D1 an D2 ist ebenfalls nach § 3 Abs. 6 Satz 1 UStG in Frankreich, da D1 den Gegenstand zu seinem Abnehmer D2 versendet. § 3 Abs. 6 Satz 6 UStG läuft leer.

Nach den vom EuGH aufgestellten Regeln müsste der Ort der Lieferung des F an D1 grundsätzlich nach Art. 32 Satz 1 MwStSystRL bzw. § 3 Abs. 6 Satz 1 UStG in Frankreich liegen. Sofern D1 bereits vor Beginn der Versendung dem D2 die Verfügungsmacht verschafft habe, soll sich hingegen der Ort dieser Lieferung nach § 3 Abs. 6 Satz 1 UStG (Art. 32 Satz 1 MwStSystRL) bestimmen. Das ist dann der Fall, wenn – wie regelmäßig – der Abnehmer (hier D2) die Transportgefahr trägt (*Rz. 122*). Die Differenzierung seitens des EuGH ist jedoch willkürlich, weil der Ort der Lieferung des F an D1 und die daran geknüpften Rechtsfolgen nicht davon abhängen dürfen, zu welchem Zweck der D1 den Gegenstand abholt. Zudem ist der Lieferer nicht zu Nachforschungen und der Abnehmer nicht zu entsprechenden Mitteilungen verpflichtet.

Zu der Frage, für welche Lieferung(en) die **Steuerbefreiung** nach § 6a UStG in Betracht kommt, s. *§ 6a Rz. 42 ff.*

## III. Lieferungen ohne Beförderung oder Versendung (Abs. 7)

### 1. Grundsatz

Wird der Gegenstand der Lieferung nicht durch den Lieferer oder Abnehmer befördert oder versendet, so ist nach § 3 Abs. 7 **Satz 1** UStG der Ort der Lieferung dort, wo sich der Gegenstand zur Zeit der Verschaffung der Verfügungsmacht befindet. Es ist mithin zu fragen, **wann** die **Verfügungsmacht** verschafft wurde und **wo** der **Gegenstand** zu diesem Zeitpunkt war. Da auch die Abholung durch den Abnehmer unter § 3 Abs. 6 UStG fällt (Ausnahme: der Abnehmer transportiert den Gegenstand nicht, sondern verbraucht ihn sogleich an Ort und Stelle), werden von § 3 Abs. 7 Satz 1 UStG bei der Lieferung beweglicher Sachen nur wenige Gestaltungen erfasst.

144

§ 3 Abs. 7 Satz 1 UStG gilt entgegen h.M. auch dann **nicht**, wenn der **Verkäufer** die **Transportgefahr** trägt **oder** die Beförderung oder Versendung zu einem noch **nicht feststehenden Abnehmer** (z.B. auf ein sog. **Konsignationslager**) oder zu einem **Kommissionär** erfolgt. Entsprechendes gilt beim **Kauf auf Probe** u.ä. Konstellationen. Der Ort der jeweiligen Lieferung ist auch in diesen Fällen nach § 3 Abs. 6 Satz 1 UStG am Beginn der Beförderung oder Versendung des (späteren) Gegenstands der Lieferung an den (späteren) Abnehmer (*Rz. 123 ff.*).

---

1 Vgl. EuGH v. 21.2.2008 – C-271/06, EuGHE 2008, I-771 = UR 2008, 508 – Rz. 21.

145 Unter § 3 Abs. 7 Satz 1 UStG fällt neben der **Grundstückslieferung** insbesondere eine **Werklieferung**, bei der nicht das fertige Werk versendet oder befördert, sondern erst vor Ort die Verfügungsmacht am fertigen Gegenstand der Lieferung verschafft wird (*Rz. 125*). Erstreckt sich der Gegenstand nicht nur auf das Inland, so ist die Lieferung nur anteilig im Inland steuerbar.[1]

146 Auch die Fälle, in denen die **Übergabe** des Gegenstandes durch Vereinbarung eines **Besitzmittlungsverhältnisses** (*Rz. 19*) oder durch **Abtretung** des **Herausgabeanspruchs** (*Rz. 20*) ersetzt wird, werden von § 3 Abs. 7 Satz 1 UStG erfasst. Ferner ist unter diese Vorschrift die Konstellation zu subsumieren, bei der die Übergabe des Liefergegenstandes durch die Übergabe eines sog. **Traditionspapieres** (Lagerschein, Ladeschein, Konnossement, *Rz. 18*) ersetzt wird.

**Beispiel**

Über vom Verkäufer in Südamerika verschiffte Ware ist ein Konnossement ausgestellt. Dieses wird dem Käufer K1 nach Hamburg übersandt. Dort wird die Ware einige Tage später von K1 an K2 in der Weise verkauft, dass K2 das Konnossement und K1 einen Scheck erhält. Zu diesem Zeitpunkt kämpft die Ware auf dem Frachtschiff vor den Azoren mit einem Sturm. Eine Woche später verkauft K2 die Ware unter Übergabe des Konnossements an K3 aus Moskau. Zu diesem Zeitpunkt befindet sich die Ware im Freihafen von Bremerhaven.

Bei beiden Lieferungen befand sich die Ware im Zeitpunkt der jeweiligen Lieferungen (§ 929 BGB i.V.m. § 650 HGB: Übergabe des Konnossements) nicht im Inland, sondern auf dem Atlantik bzw. im Freihafen Bremerhaven (*§ 1 Rz. 158*), so dass die Lieferungen jeweils nicht im Inland steuerbar sind. Das ist sachgerecht, da die Ware nicht im Inland verbraucht wird. Wenn die Ware vom Freihafen Bremerhaven nach Moskau gelangt, wird Russland bei der Einfuhr russische Einfuhrumsatzsteuer erheben.

## 2. Fiktionen beim Reihengeschäft

147 Bei einem **Reihengeschäft** gilt der Gegenstand für diejenigen Lieferungen, denen nach § 3 Abs. 6 Satz 5 UStG die Beförderung oder Versendung nicht zuzuordnen ist, nicht als befördert oder versendet (*Rz. 130 ff.*). § 3 Abs. 7 Satz 2 UStG bestimmt deshalb, dass der Ort der Lieferung einer (gedanklich) vorangegangenen Lieferung dort ist, wo die Warenbewegung beginnt (§ 3 Abs. 7 Satz 2 Nr. 1 UStG), bzw. für die (gedanklich) folgenden Lieferungen dort sein soll, wo die Warenbewegung endet (§ 3 Abs. 7 Satz 2 Nr. 2 UStG). Erstere Bestimmung ist überflüssig (*Rz. 138 ff.*), letztere ist verfehlt und dürfte nicht mit dem Unionsrecht zu vereinbaren sein (*Rz. 135*).

## IV. Sog. Einfuhrlieferung (Abs. 8)

148 Abweichend von § 3 Abs. 6 Satz 1 UStG bestimmt § 3 Abs. 8 UStG, dass bei einer Beförderung oder Versendung des Gegenstandes der Lieferung **aus** dem sog. **Drittlandsgebiet**, d.h. dem Nichtgemeinschaftsgebiet (§ 1 Abs. 2a Satz 3 UStG), in das Inland der Ort der Lieferung als im Inland gelegen gilt, wenn der **Lieferer** oder sein **Beauftragter** Schuldner der Einfuhrumsatzsteuer ist. Ist hingegen der Abnehmer oder sein Beauftragter Schuldner der Einfuhrumsatzsteuer, so bleibt es bei der Regelung des § 3 Abs. 6 Satz 1 UStG, d.h. der Ort der Lieferung ist im

---

1 Vgl. EuGH v. 29.3.2007 – C-111/05, EuGHE 2007, I-2697 = UR 2007, 420 – Kabel.

Drittlandsgebiet. Der **Ort** der Lieferung ist mithin an die **Schuldnerschaft** bei der **Einfuhrumsatzsteuer** (*Rz. 150*) gekoppelt.

Die **Vorschrift** soll mit der Verlagerung des Ortes in das Inland **bewirken**, dass der Umsatz mit der Steuer belastet wird, die bei einer vergleichbaren echten inländischen Lieferung anfiele, weil die Einfuhrumsatzsteuer an der Grenze möglicherweise nach einem niedrigeren Gegenstandswert (Zollwert, vgl. § 11 Abs. 1 UStG) bemessen worden ist[1] oder die Einfuhr steuerfrei ist.[2] 149

Die Regelung wäre ferner für die Abziehbarkeit der Einfuhrumsatzsteuer als Vorsteuer von Bedeutung und deshalb Hilfsnorm zu § 15 Abs. 1 Satz 1 Nr. 2 UStG, wenn die verfehlte Annahme zugrunde gelegt würde, dass die Fiktion des § 3 Abs. 6 Satz 1 UStG, wonach die Lieferung bereits bei Beginn des Transportes als ausgeführt gilt, nicht nur den Ort, sondern auch den Zeitpunkt der Lieferung betreffe (*Rz. 120*) und des Weiteren auch im Rahmen des § 15 Abs. 1 Satz 1 Nr. 2 UStG zu berücksichtigen sei.[3] Wenn für den Fall, dass der Lieferer die Transportgefahr trägt, der Zeitpunkt der Lieferung fehlerhaft mit dessen Ort auf den Beginn der Beförderung gelegt wird, obwohl erst mit Übergabe des Gegenstandes an den Abnehmer feststeht, ob überhaupt eine Lieferung vorliegt (*Rz. 39*), so ist die Regelung des § 3 Abs. 8 UStG in der Tat für die Abziehbarkeit der Einfuhrumsatzsteuer erforderlich (s. *§ 15 Rz. 296 f.*).

**Schuldner** der **Einfuhrumsatzsteuer** ist gem. § 13a Abs. 2 i.V.m. § 21 Abs. 2 UStG i.V.m. Art. 201 Abs. 3 ZK der Anmelder der Ware, d.h. derjenige, der im eigenen Namen die Zollanmeldung abgibt oder in dessen Namen diese berechtigt (also mit Vollmacht[4]) abgegeben wird.[5] Das hängt von den vereinbarten Lieferkonditionen ab. Von einer Schuldnerschaft i.S.d. § 3 Abs. 8 UStG ist auch dann auszugehen, wenn die Einfuhr nach § 5 UStG **befreit** ist.[6] 150

## I. Sonstige Leistungen (Abs. 9)

## I. Allgemeines

Eine sonstige Leistung ist eine Leistung, die keine Lieferung ist (§ 3 Abs. 9 Satz 1 UStG). Demgegenüber bestimmt Art. 24 Abs. 1 MwStSystRL, dass als **Dienstleistung** jede Leistung „gilt", die keine Lieferung eines Gegenstandes i.S.d. Art. 5 MwStSystRL ist. Diese Fiktion wurde offensichtlich wegen der Verwendung des Begriffes „Dienstleistung" gewählt, weil es mit dem Sprach- 151

---

1 Vgl. Abschn. 3.13 Abs. 2 UStAE.
2 Letzterenfalls soll die Vorschrift bewirken, dass nicht durch künstliche Verlagerung des Lieferortes in das Drittlandsgebiet eine nur für die Einfuhr geltende Befreiung ausgenutzt werden kann; vgl. BFH v. 21.3.2007 – V R 32/05, BStBl. II 2008, 153 = UR 2007, 768.
3 So BFH v. 24.4.1980 – V R 52/73, BStBl. II 1980, 615 (617); BFH v. 12.9.1991 – V R 118/87, BStBl. II 1991, 937 – zur Vorgängervorschrift § 3 Abs. 7 Satz 1 UStG aF.
4 Zur Vollmachtserteilung im Rahmen von AGB FG München v. 20.2.2013 – 3 K 3346/10, EFG 2013, 1437 – Rev.-Az. XI R 17/13; FG München v. 20.2.2013 – 3 K 2222/10, EFG 2013, 970 – Rev.-Az. XI R 18/13.
5 Vgl. dazu BFH v. 21.3.2007 – V R 32/05, BStBl. II 2008, 153 = UR 2007, 768; BMF v. 1.2.2008 – IV A 5 - S 7114/07/0002 – DOK 2008/0036071, BStBl. I 2008, 295.
6 BFH v. 21.3.2007 – V R 32/05, BStBl. II 2008, 153 = UR 2007, 768.

gebrauch nicht zu vereinbaren wäre, darunter alle sonstigen Leistungen fallen zu lassen. Durch § 3 Abs. 9 Satz 3, Abs. 10 und Abs. 11 UStG werden sonstige Leistungen fingiert.

152 Die Aussage des § 3 Abs. 9 Satz 1 UStG muss noch mit der Einschränkung versehen werden, dass die Leistung auch **nicht** als **unselbständige Nebenleistung einer Lieferung** anzusehen ist (und auch nicht, wie im Falle der Kommission nach § 3 Abs. 3 UStG, beiseitegeschoben wird; dazu *Rz. 97*). Liegt eine **Leistung** vor (dazu *§ 1 Rz. 10 ff.*), die keine Nebenleistung ist (*Rz. 202 ff.*) und nicht von § 3 Abs. 3 UStG erfasst wird, so hat mithin – **sofern** die **Rechtsfolgen unterschiedlich** sind, je nachdem, ob eine Lieferung oder sonstige Leistung vorliegt – eine **Negativabgrenzung von** der **Lieferung** zu geschehen (*Rz. 154 ff.*).

153 Durch § 3 Abs. 9 **Satz 2** UStG wird klargestellt, dass die sonstige Leistung auch in einem **Unterlassen** oder im **Dulden** einer Handlung oder eines Zustandes bestehen kann. Das ergibt sich bereits aus dem Begriff der Leistung, die als Verschaffung eines „verbrauchbaren" Vorteils (geldwerten Nutzens) zu verstehen ist (*§ 1 Rz. 10*), welche durch jedwedes aktives oder passives Verhalten erfolgen kann (zu **Fallgruppen** mit **Beispielen** s. *§ 1 Rz. 22 ff.*).

Demgegenüber sprechen Art. 25 Buchst. b und Art. 59 Abs. 1 Buchst. d MwStSystRL fälschlich von der „Verpflichtung", eine Handlung zu unterlassen oder eine Handlung oder einen Zustand zu dulden. Das Eingehen einer derartigen Verpflichtung führt noch nicht zu einer Leistung, d.h. verschafft noch keinen geldwerten Vorteil, sondern erst die Erfüllung der Verpflichtung (*§ 1 Rz. 22*).

## II. Abgrenzung von der Lieferung

154 **1. Sofern** die **Rechtsfolgen unterschiedlich** sind[1], je nachdem, ob eine Lieferung oder sonstige Leistung vorliegt, muss zur Bestimmung der sonstigen Leistung eine **Negativabgrenzung von** der **Lieferung** erfolgen (*Rz. 151*). **Keine Lieferung** liegt vor, wenn

– bei der Leistung **keine Verschaffung** der **Verfügungsmacht** an einem Gegenstand i.S.d. § 3 Abs. 1 UStG erfolgt (dazu *Rz. 6 ff.*; zum Geldwechseln s. *§ 1 Rz. 28 Fn. 3*) oder

– zwar bei der Leistung Verfügungsmacht an einem Gegenstand verschafft wird, der **wirtschaftliche Gehalt** der Leistung jedoch nicht in einer Lieferung besteht, sondern sich als **Dienstleistung** darstellt, weil der **Gegenstand** lediglich das **Ergebnis** der **Dienstleistung** (*Rz. 155 ff.*) oder den **Anspruch auf** die **Dienstleistung verkörpert** (*Rz. 158*) oder

– zwar eine **gemischte Leistung** aus Lieferungs- und Dienstleistungselementen besteht, das Lieferungselement jedoch hinter dem **Dienstleistungselement** zurücktritt, weil Letzteres der **Gesamtleistung** das **Gepräge gibt** (*Rz. 205*).

Ist die Leistung danach keine Lieferung, so ist sie eine sonstige Leistung (§ 3 Abs. 9 Satz 1 UStG), sofern sie **nicht Nebenleistung** einer Lieferung ist (*Rz. 202*) oder nach § 3 Abs. 3 UStG als Lieferung gilt (*Rz. 97 ff.*).

---

1 Zu zwischenstaatlichen **Doppelbesteuerungskonflikten** s. *Stadie* in R/D, Einf. Anm. 744 ff.

**2.** Wird bei einer Leistung Verfügungsmacht an einem Gegenstand verschafft, so ist diese für die umsatzsteuerrechtliche Einordnung der Leistung ohne Bedeutung, wenn der **wirtschaftliche Gehalt** der Leistung nicht in der Lieferung des Gegenstandes, sondern in der Erbringung einer **Dienstleistung** zum Ausdruck kommt. Das ist insbesondere dann der Fall, wenn der **Gegenstand lediglich** das **Ergebnis** der individuellen **Dienstleistung** (oder eines Teiles davon) **verkörpert**. Maßgebend ist die Verkehrsauffassung. 155

Werden **geistige Schöpfungen, künstlerische**, unterhaltende u.ä. **Darbietungen oder Informationen auf** einem **körperlichen Medium** (Papier, Buch, CD, DVD u.Ä.) **gespeichert**, so ist zu unterscheiden zwischen einer **speziell** (*individuell*) für den jeweiligen Leistungsempfänger auf dessen Auftrag hin erbrachten Leistung und Leistungen für eine unbestimmte Zahl von Interessenten in Gestalt der Veräußerung von Kopien einer gespeicherten Schöpfung, Information bzw. Darbietung. Nur im ersten Fall liegt eine sonstige Leistung vor, deren Ergebnis lediglich auf einem Gegenstand gespeichert ist.[1] 156

**Beispiele**
(1) Bei der Übergabe eines Gutachtens, einer Konstruktionszeichnung usw. auf Papier ist Gegenstand (Inhalt) der Leistung nicht die Lieferung des Papiers, sondern die Gutachtenerstellung, die Konstruktionszeichnung usw. als geistige Dienstleistung, deren Ergebnis lediglich auf Papier festgehalten ist.[2]
(2) Demgegenüber erbringt der **Künstler**, der ein **Bild** malt, nach der Verkehrsauffassung keine Dienstleistung, so dass das fertige Bild nicht das Ergebnis einer solchen, sondern eine **Lieferung** ist, da es dem Auftraggeber nur auf das Werk als solches ankommt und das Bild im Wirtschaftsleben als Gegenstand gehandelt wird.

Hingegen handelt es sich bei der **Veräußerung von Vervielfältigungen**, die auf einem körperlichen Medium gespeichert sind und zu einer zeitlich unbegrenzten Nutzung berechtigen, nach der Verkehrsauffassung um **Lieferungen**, weil diese Vervielfältigungen im Wirtschaftsleben wie Waren be- und gehandelt werden.[3] Entsprechendes gilt für die **Fertigung** von **Kopien** (Reprografien) von Dokumenten des Auftraggebers.[4]

Die speziell für einen Auftraggeber entwickelte, auf einer CD o.Ä. gespeicherte **(Individual-)Software** ist das Ergebnis einer sonstigen Leistung; hingegen wird die Veräußerung von sog. **Standard-Software**, die auf einem körperlichen Medium gespeichert ist, wie die Veräußerung von Büchern von der Verkehrsauffassung als die Lieferung von Gegenständen (Waren) angesehen.[5] Hingegen handelt es sich bei der Überspielung von Software auf elektronischem Wege (insbesonde- 157

---

1 Vgl. BFH v. 14.2.1974 – V R 129/70, BStBl. II 1974, 261.
2 BFH v. 18.5.1956 – V 276/55 U, BStBl. III 1956, 198.
3 Vgl. BFH v. 13.5.2009 – XI R 75/07, BStBl. II 2009, 865 – „Verkauf" von Kontaktlisten an eine unbestimmte Anzahl von Interessenten.
4 EuGH v. 11.2.2010 – C-88/09, EuGHE 2010, I-1049 = UR 2010, 230; a.A. BFH v. 26.9.1991 – V R 33/87, BStBl. II 1992, 313.
5 Vgl. BFH v. 13.3.1997 – V R 13/96, BStBl. II 1997, 372; Abschn. 3.5 Abs. 2 Nr. 8 UStAE; *H.-F. Lange*, UR 2000, 409 (412); a.A. *Nieskens* in R/D, § 3 UStG Anm. 590 – „Datenverarbeitung".

re über das Internet) stets um sonstige Leistungen (vgl. auch Anhang II Nr. 2 MwStSystRL).

158  3. Wird auf einem Gegenstand (körperlichen Medium) der **Anspruch auf** eine **Dienstleistung dokumentiert** und mit ihm ggf. dessen Übertragung ermöglicht, so ist nach der Verkehrsauffassung der wirtschaftliche Gehalt der Leistung nicht die Lieferung des Gegenstandes, sondern die Dienstleistung. Die Ausgabe eines **Berechtigungsscheines** oder **Inhaberpapiers** (Flugschein, Fahrkarte, Eintrittskarte o.Ä.) stellt folglich keine Lieferung dar; das Papier verkörpert (dokumentiert) vielmehr den Anspruch auf Erbringung der verbrieften Dienstleistung und ermöglicht in bestimmten Fällen auch dessen Übertragung auf einen Dritten. Entsprechendes gilt für **Telefonkarten**[1] u.ä. Karten, die die Vorauszahlung der Gegenleistung für die betreffenden elektronischen Dienstleistungen und den Anspruch auf deren Erbringung dokumentieren.

Die **Übertragung** des Inhaberpapiers ist deshalb umsatzsteuerrechtlich ebenfalls eine sonstige Leistung, auch insoweit, als die Übertragung des Papiers als solche zivilrechtlich nach den §§ 929 ff. BGB erfolgt, denn der Leistungsinhalt liegt in der Verschaffung des mit dem Inhaberpapier verbrieften Anspruchs. Auch Art. 33a MwSt-DVO sieht in der Veräußerung von **Eintrittskarten** Dienstleistungen[2] (*§ 3a Rz. 59, 78*; zur Differenzbesteuerung in analoger Anwendung des § 25a UStG s. *§ 25a Rz. 8*).

159  4. Beim **Abriss** eines **Gebäudes** im Interesse eines anderen (regelmäßig Gemeinde) wird dem anderen die wirtschaftliche Substanz des Gebäudes verschafft, so dass eine Lieferung und keine sonstige Leistung[3] vorliegt (von Bedeutung für die Anwendung des § 4 Nr. 28 UStG). Nach Auffassung des BFH soll indes, wenn Zahlender der „Restwertentschädigung" und der Abbruchkosten eine Gemeinde sei, überhaupt keine Leistung anzunehmen sein[4] (s. auch *§ 1 Rz. 41*).

### III. Fiktionen sonstiger Leistungen bei Urhebern und Verwertungsgesellschaften (Abs. 9 Satz 3)

160  Bei der sog. **Bibliotheksabgabe** (§ 27 UrhG) und der sog. **Leerkassettenabgabe** (§ 54 UrhG), die von Verwertungsgesellschaften in Wahrnehmung der Rechte der Urheber erhoben werden, wird – ähnlich wie bei der sog. Dienstleistungskommission (*Rz. 189 ff.*) – jeweils fingiert, dass die Verwertungsgesellschaften gegenüber den abgabepflichtigen Nutzern bzw. Herstellern sonstige Leistungen und gleichzeitig die Urheber gegenüber den Verwertungsgesellschaften sonstige Leistungen erbringen (§ 3 Abs. 9 Satz 3 UStG).[5]

---

1 BMF v. 24.12.2012 – IV D 2 – S 7100/08/10004, BStBl. I 2012, 947; vgl. auch EuGH v. 3.5.2012 – C-520/10, BStBl. II 2012, 756.
2 Vgl. BFH v. 3.6.2009 – XI R 34/08, BStBl. II 2010, 857 = UR 2009, 843.
3 So aber BFH v. 26.4.1995 – XI R 75/94, BStBl. II 1995, 746.
4 BFH v. 26.10.2010 – V R 10/00, UR 2001, 60.
5 Dazu näher *Birkenfeld* in B/W, § 66 Rz. 111 ff.; *Rabe*, UR 1993, 186.

## J. Nutzungsentnahmen und unentgeltliche Dienstleistungen (Abs. 9a)

### I. Normzweck, Allgemeines

Bei unentgeltlichen sonstigen Leistungen wird grundsätzlich die Entgeltlichkeit, in Fällen der Verwendung von Gegenständen (Nutzungsentnahme) sogar die Leistung fingiert (§ 3 Abs. 9a UStG). Mit der **Fiktion** der sonstigen Leistung gegen Entgelt bzw. des Entgelts wird erreicht, dass die Vorgänge unter den Grundtatbestand des § 1 Abs. 1 Nr. 1 UStG fallen und zu „Umsätzen" führen (was gekünstelt ist; dazu *§ 1 Rz. 1*). Die Regelung des § 3 Abs. 9a UStG enthält deshalb keinen vollständigen Besteuerungstatbestand. Der **Zweck** der Bestimmung liegt wie der des § 3 Abs. 1b UStG in der Sicherstellung der **Besteuerung des Letztverbrauchs** durch **Neutralisierung** (Berichtigung) **eines** nach § 15 UStG[1] **vorgenommenen Vorsteuerabzugs** *(Rz. 56)*.[2] Aus § 3 Abs. 9a Nr. 2 UStG (und Art. 26 Abs. 1 Buchst. b MwStSystRL) folgt nichts Gegenteiliges *(Rz. 181)*. Der Zweck der Norm liegt deshalb nicht in der vollständigen Gleichstellung des Unternehmers mit einer Privatperson. Folglich sind auch keine **fiktiven Dienstleistungen** des Unternehmers an sich selbst der wahre Besteuerungsgrund; sie stellen **nur das besteuerungstechnische Vehikel** zur Berichtigung des Vorsteuerabzugs dar. Insbesondere liegt auch der Zweck der Regelungen nicht darin, als Bemessungsgrundlage den Wert anzusetzen, den die sonstige Leistung hätte, wenn sie von einem anderen Unternehmer bezogen würde *(§ 10 Rz. 102)*.

161

**Schuldner** der Umsatzsteuer ist auch bei den unentgeltlichen sonstigen Leistungen (§ 3 Abs. 9a Nr. 2 UStG) der Unternehmer (§ 13a Abs. 1 Nr. 1 UStG). Diese werden mithin den Nutzungsentnahmen des Unternehmers gleichgestellt. Das ist konsequent, weil die Umsatzsteuer den Aufwand der Verbraucher besteuern will, diese bei unentgeltlichen Leistungen jedoch nichts aufwenden.

162

Der **Ort** dieser „Umsätze" soll sich nach § 3f UStG bestimmen und beim Unternehmen bzw. bei der Betriebsstätte liegen, von der aus die sonstige Leistung ausgeführt wird. Diese Regelung läuft jedoch leer, weil sich die Frage nach dem Ort gar nicht stellt, sondern der Vorgang stets in Deutschland zu besteuern ist *(§ 3f Rz. 2 ff.)*. Zur Anwendbarkeit von **Steuerbefreiungen** s. *Vor § 4–9 Rz. 26 ff.* Die **Bemessungsgrundlage** ergibt sich aus § 10 Abs. 4 Nr. 2 und 3 UStG.

Eine entgeltliche sonstige Leistung wird nicht dadurch zu einer unentgeltlichen i.S.d. § 3 Abs. 9a UStG, dass die vereinbarte **Gegenleistung nicht erbracht** wird. Da der Anspruch auf die Gegenleistung bestehen bleibt (zum **Verzicht auf** die **Gegenleistung** s. *§ 17 Rz. 31 f.*), ist die Leistung weiterhin „gegen (ein vereinbartes) Entgelt" erfolgt.[3] War die Steuer bereits nach dem Soll-Prinzip entrichtet worden, so ist sie nach § 17 Abs. 2 Nr. 1 UStG zu berichtigen.

163

---

1 Nicht etwa dient die Entnahmebesteuerung in Deutschland der Berichtigung eines im Ausland vorgenommenen Vorsteuerabzugs; so aber *Tehler*, UVR 2014, 29.
2 Vgl. EuGH v. 8.3.2001 – C-415/98, EuGHE 2001, I-1839 = UR 2001, 149 – Rz. 42 ff. m.w.N.
3 Vgl. BFH v. 22.6.1989 – V R 37/84, BStBl. II 1989, 913; BFH v. 21.5.1992 – V R 23/88, BFH/NV 1993, 131; BFH v. 16.2.1994 – XI R 65/89, BFH/NV 1994, 832; *Stadie* in R/D, § 17 UStG Anm. 358 f.

## II. Nutzungsentnahmen (Nr. 1)

### 1. Verwendung eines Gegenstandes für unternehmensfremde Zwecke

164 a) Nach § 3 Abs. 9a Nr. 1 Alt. 1 UStG wird einer sonstigen Leistung gegen Entgelt gleichgestellt die **Verwendung** eines dem Unternehmen zugeordneten Gegenstandes, der zum vollen oder teilweisen Vorsteuerabzug berechtigt hat, für Zwecke, die außerhalb des Unternehmens liegen. Damit wird die **zeitweilige** Verwendung von Gegenständen für diese Zwecke erfasst (**Nutzungsentnahme**), während die auf Dauer angelegte Verwendung dieser Art zu einer Entnahme gem. § 3 Abs. 1b Satz 1 Nr. 1 UStG führt (*Rz. 61*).

**Zwecke**, die außerhalb des Unternehmens liegen, sind solche, die dem **nichtunternehmerischen Bereich** des Unternehmers dienen. Nutzungsentnahmen liegen folglich bei der Verwendung des Gegenstandes im „privaten" Bereich einer natürlichen Person vor und nach bisherigem Verständnis darüber hinaus auch dann, wenn der Gegenstand bei **einer Personengesellschaft, Kapitalgesellschaft, juristischen Person des öffentlichen Rechts**[1] oder einem ähnlichen Gebilde im nichtunternehmerischen Bereich (dazu *§ 2 Rz. 195*) verwendet wird.[2]

165 Der **EuGH** hat nun allerdings entschieden, dass eine Verwendung eines Gegenstandes „für **unternehmensfremde Zwecke**" i.S.d. Art. 26 MwStSystRL **nicht** bei der Verwendung für **nichtwirtschaftliche Tätigkeiten** (dazu *§ 15 Rz. 156*) gegeben sei.[3] Danach kommen bei nichtnatürlichen Personen und gleichgestellten Gebilden die Versteuerung der Nutzungsentnahmen nicht in Betracht, wenn Gegenstände von vornherein für wirtschaftliche und nichtwirtschaftliche Tätigkeiten verwendet oder zeitweilig auch im nichtwirtschaftlichen Bereich eingesetzt werden. Die erforderliche Korrektur des Vorsteuerabzugs erfolgt dann mithin nicht über § 3 Abs. 9a Nr. 1 UStG[4], sondern im ersten Fall durch eine Beschränkung des Vorsteuerabzugs nach § 15 Abs. 1 UStG (*§ 15 Rz. 154*), im zweiten Fall über § 15a UStG (entspricht Art. 187 ff. MwStSystRL), was nur sachgerecht ist (vgl. *Rz. 173*).

166 **Keine** Verwendung für **Zwecke außerhalb** des **Unternehmens** liegt vor, wenn ein Gegenstand **von einem Unternehmensteil (Betrieb) in einen anderen** Unternehmensteil verbracht wird. Der Gegenstand bleibt innerhalb des Unternehmens, auch wenn der aufnehmende Unternehmensteil im Ausland liegt (*§ 2 Rz. 192*). Entsprechendes gilt, wenn der Gegenstand im Rahmen eines inländischen **Organkreises** (*§ 2 Rz. 302 ff.*) vom Organträger an eine Organgesellschaft und umgekehrt oder zwischen zwei Organgesellschaften auf Dauer überlassen wird. In allen diesen Fällen kann aber gleichwohl eine Vorsteuerberichtigung nach § 15a UStG in Betracht kommen, wenn sich die für den Vorsteuerabzug maßgeblichen Verwendungsverhältnisse geändert haben.

---

1 Insbesondere bei der zeitweiligen Verwendung eines dem unternehmerischen Bereich („Betrieb gewerblicher Art") zugeordneten Gegenstandes durch eine juristische Person des öffentlichen Rechts im sog. hoheitlichen Bereich (*Beispiel*: Nutzung des gemeindlichen Schwimmbades durch die gemeindliche Schule); dazu Abschn. 3.4 Abs. 6 UStAE mit allerdings unzutreffenden Ausnahmen in den Sätzen 3 und 4.
2 Abschn. 3.2 Abs. 1 Satz 2 UStAE.
3 EuGH v. 12.2.2009 – C-515/07, EuGHE 2009, I-839 = UR 2009, 199 – Rz. 34 ff.
4 A.A. *Wäger*, DStR 2011, 433 (436).

Die Verwendung eines Fahrzeuges für **Fahrten zwischen Wohnung und Unternehmen** erfolgt **nicht** für Zwecke außerhalb des Unternehmens, da diese Fahrten nicht privater Natur sind, sondern nur wegen des Unternehmens erfolgen (*§ 15 Rz. 130*).[1]

167

b) Voraussetzung ist, dass der **Gegenstand dem Unternehmen zugeordnet** ist (dazu, insbesondere auch zur Zuordnung nichtunternehmerisch genutzter **Gebäudeteile** *§ 1 Rz. 106 ff.; § 15 Rz. 165 ff.*). Dem Unternehmen zugeordnet ist ein Gegenstand nicht nur, wenn er vom Unternehmer durch Anschaffung oder Herstellung erworben, sondern auch dann, wenn er lediglich **angemietet** (geleast) ist.[2] Der Wortlaut lässt diese Auslegung zu, wodurch gewährleistet ist, dass die Fälle der Privatnutzung eigener und gemieteter Gegenstände gleichbehandelt werden. Zum selben Ergebnis würde die Anwendung des § 15a Abs. 4 UStG führen (dazu *§ 15a Rz. 27* i.V.m. *Rz. 62, 64*).

168

Der von der Regelung verfolgte Zweck der Neutralisierung des bei Erwerb des Gegenstandes vorgenommenen Vorsteuerabzugs (*Rz. 161*) kommt in § 3 Abs. 9a Nr. 1 UStG zum Ausdruck, der – wie § 3 Abs. 1a Satz 2 UStG bei der Entnahme – verlangt, dass der **Gegenstand zum** vollen oder teilweisen **Vorsteuerabzug berechtigt hat**. Entgegen dem Wortlaut reicht nicht die „Berechtigung" aus, vielmehr ist erforderlich, dass der Vorsteuerabzug auch vorgenommen worden war (*Rz. 65*). Folglich ist der Tatbestand des § 3 Abs. 9a Nr. 1 UStG nicht erfüllt, wenn ein Gegenstand für außerunternehmerische Zwecke verwendet wird, der nicht wenigstens anteilig beim Erwerb von deutscher Vorsteuer entlastet worden war.[3] Aus dem Zweck der Nutzungsentnahmebesteuerung ergibt sich ferner, dass die „**Berechtigung**" im Sinne der Vorschrift **nicht** die **materielle**, sondern die bestandskräftige formelle Vorsteuerabzugsberechtigung meint. Kann ein fehlerhafter Vorsteuerabzug nicht mehr nach den Regeln der AO rückgängig gemacht werden, so ist mithin der Tatbestand der Vorschrift entgegen BFH[4] verwirklicht (*§ 10 Rz. 113*). Nach Ansicht des BFH soll statt dessen eine Berichtigung nach § 15a UStG (vgl. *§ 15a Rz. 139*) erfolgen.

169

War beim Erwerb des Gegenstandes **nur** ein **teilweiser Vorsteuerabzug** gegeben, so scheint nachträglich ein anteiliger Vorsteuerabzug gem. § 15a UStG zu gewähren zu sein (sofern die Verwendung für außerunternehmerische Zwecke nicht bereits beim erstmaligen Vorsteuerabzug berücksichtigt worden war), da die Verwendung steuerpflichtig ist, so dass eine Änderung der Verwendungsverhältnisse vorliegt. Da jedoch ohnehin bei der Bemessungsgrundlage (§ 10 Abs. 4 Satz 1 Nr. 2 UStG) von den Vorsteuerbeträgen i.S.d. § 15a UStG auszugehen ist (*§ 10 Rz. 109 f.*), ist der Umstand des nur teilweisen Vorsteuerabzugs sogleich bei der Bemessungsgrundlage zu berücksichtigen.[5]

170

---

1 BFH v. 5.6.2014 – XI R 36/12, BStBl. II 2015, 43.
2 Vgl. Abschn. 15.2 Abs. 21 Nr. 2 Buchst. a Sätze 1 und 2 UStAE; **a.A.** *Englisch* in T/L, § 17 Rz. 172; *Nieskens* in R/D, § 3 UStG Anm. 1520 ff.; *Heuermann/Martin* in S/R, § 3 UStG Rz. 608; BFH v. 23.9.1993 – V R 87/89, BStBl. II 1994, 200; FG Hess. v. 21.11.2005 – 6 K 1058/03, EFG 2006, 614 – Telefonanlage.
3 A.A. *Nieskens* in R/D, § 3f UStG Anm. 13 – Beispiel.
4 BFH v. 23.10.2014 – V R 11/12, UR 2015, 271.
5 Vgl. OFD Nds. v. 8.10.2012 – S 7109 - 22 - St 171, UR 2013, 441.

171 Eine Berechtigung zum Vorsteuerabzug hat nicht bestanden, wenn ein **Gebäude** teilweise **zur Ausführung steuerfreier Umsätze** i.S.d. § 15 Abs. 2 Satz 1 Nr. 1 i.V.m. § 4 Nr. 8 ff. UStG und teilweise für private Wohnzwecke (oder andere nichtunternehmerische Zwecke) verwendet wird und das Gebäude vollständig dem Unternehmen zugeordnet worden war. Folglich ist die Verwendung für die privaten Zwecke gar nicht steuerbar i.S.d. § 3 Abs. 9a Nr. 1 UStG[1] und kann deshalb auch nicht nach der verfehlten EuGH-Rechtsprechung (*§ 4 Nr. 12 Rz. 27 f.*) steuerpflichtig sein.

172 War der verwendete Gegenstand ohne Berechtigung zum Vorsteuerabzug erworben worden, so ist der Tatbestand des § 3 Abs. 9a Nr. 1 UStG entgegen seinem Wortlaut gleichwohl verwirklicht, soweit es um die **Verwendung eingebauter Teile** und der für den Gegenstand in Anspruch genommenen **Dienstleistungen** geht, für die der Vorsteuerabzug vorgenommen worden war. Der Zweck der Vorschrift (*Rz. 161*) verlangt eine solche Auslegung, die mit dem möglichen Wortsinn zu vereinbaren ist[2]; der Heranziehung des § 15a Abs. 3 Satz 1 UStG (dazu *§ 15a Rz. 21 f.*) bedarf es nicht. In die Bemessungsgrundlage sind nach § 10 Abs. 4 Nr. 2 UStG dann nur die entsprechenden Kosten („Ausgaben") einzubeziehen (*§ 10 Rz. 114*).

173 c) § 3 Abs. 9a Nr. 1 UStG selbst enthält keine **zeitliche Grenze**. Diese ergibt sich jedoch, wie auch im Falle der Entnahme nach § 3 Abs. 1b Nr. 1 UStG (*Rz. 74 f.*), aus § 15a UStG. Nach Ablauf des Berichtigungszeitraums von 5 bzw. 10 Jahren gilt der Gegenstand als „verbraucht", so dass auch über die Besteuerung der Nutzungsentnahme nach § 3 Abs. 9a Nr. 1 UStG keine „Berichtigung" eines vorgenommenen Vorsteuerabzugs mehr erfolgen darf. Das ergibt sich aus Folgendem: Wird ein Gegenstand, der bislang ausschließlich für Umsätze verwendet worden war, die den Vorsteuerabzug ausschließen, nunmehr zeitweilig für außerunternehmerische Zwecke verwendet, so ist der Tatbestand des § 3 Abs. 9a Nr. 1 UStG nicht erfüllt, weil der Gegenstand beim Erwerb nicht von der Vorsteuer entlastet worden war (*Rz. 169*). Folglich findet auch keine Berichtigung des Vorsteuerabzugs statt. Wird ein Gegenstand, der beim Erwerb teilweise von der Vorsteuer entlastet worden war, weil er zum Teil für steuerfreie Umsätze verwendet wird (die den Vorsteuerabzug ausschließen), nunmehr zeitweilig für Zwecke außerhalb des Unternehmens verwendet, so wird der Vorsteuerabzug nur berichtigt, wenn der Berichtigungszeitraum des § 15a Abs. 1 UStG noch nicht abgelaufen ist. Das bedeutet, dass die Besteuerung der Nutzungsentnahme nach § 3 Abs. 9a Nr. 1 UStG unzulässig ist, wenn der **Berichtigungszeitraum abgelaufen** ist, weil dann die entsprechende anteilige Vorsteuer nicht mehr korrigiert wird. Daraus folgt der zwingende Schluss, dass generell die Nutzungsentnahme hinsichtlich des Gegenstandes als solchem nicht mehr besteuert werden darf, wenn der Berichtigungszeitraum abgelaufen ist (s. auch *§ 15a Rz. 7*). Damit korrespondiert, dass auch für die **Bemessungsgrundlage** nach § 10 Abs. 4 Nr. 2 UStG die sich aus § 15a UStG ergebenden Beträge zugrunde zu le-

---

1 Abschn. 3.4 Abs. 7 UStAE; BFH v. 8.10.2008 – XI R 58/07, BStBl. II 2009, 394; BFH v. 11.3.2009 – XI R 69/07, BStBl. II 2009, 496.
2 Vgl. EuGH v. 27.6.1989 – 50/88, EuGHE 1989, I-1925 = UR 1989, 373 – Rz. 29, zu (den Vorgängervorschriften der) Art. 26 Abs. 1 Buchst. a und Art. 75 MwStSystRL.

Nutzungsentnahmen und unentgeltliche Dienstleistungen (Abs. 9a) § 3

gen sind (§ 10 Rz. 107 ff.). Folglich sind nach Ablauf des Berichtigungszeitraums nur noch die laufenden Kosten einzubeziehen.

## 2. Unentgeltliche Überlassung an Dritte

Aus Art. 26 Abs. 1 Buchst. a MwStSystRL („allgemein für unternehmensfremde Zwecke") folgt, dass **alle Verwendungen** eines dem Unternehmen zugeordneten Gegenstandes für unternehmensfremde Zwecke von § 3 Abs. 9a Nr. 1 UStG erfasst werden, d.h. **auch** solche, die als unentgeltliche (willentliche[1]) **Überlassungen an Dritte** Dienstleistungen darstellen und deshalb eigentlich unter § 3 Abs. 9a Nr. 2 UStG (Art. 26 Abs. 1 Buchst. b MwStSystRL) fallen würden (die vorhergehenden Ausführungen gelten mithin auch für diese Überlassungen). 174

**Beispiele**
- unentgeltliche Überlassung einer Maschine an einen anderen Unternehmer (*Rz. 176*);
- unentgeltliche Überlassung von Geräten u.Ä. an gemeinnützige Einrichtungen usw.

Für Dritte in Gestalt der **Gesellschafter** einer Personengesellschaft oder einer Kapitalgesellschaft gebietet das zudem der Grundsatz der **Rechtsformneutralität** (dazu *Vorbem. Rz. 48 f., 77 ff.*). Folglich trifft insbesondere bei der Pkw-Überlassung an Gesellschafter durch eine Gesellschaft nicht § 3 Abs. 9a Nr. 2 UStG zu (was von Bedeutung ist, wenn nicht die hier vertretene restriktive Interpretation dieser Vorschrift zugrunde gelegt wird; dazu *Rz. 181 ff.*), so dass dieselbe Bemessungsgrundlage (§ 10 Abs. 4 Satz 1 Nr. 2 UStG; *§ 10 Rz. 112*) wie bei der Verwendung durch einen Einzelunternehmer anzuwenden ist. 175

**Beispiel**
Zeitweilige Verwendung eines zum Unternehmen gehörenden Fahrzeugs für private Zwecke eines Personengesellschafters oder eines beherrschenden Gesellschafters einer Kapitalgesellschaft.

Die unentgeltliche Überlassung **an Dritte** erfolgt stets für **Zwecke, die außerhalb des Unternehmens** liegen. Das gilt entgegen h.M.[2] auch, wenn die Überlassung **aus eigenen unternehmerischen Motiven (Werbung** o.Ä.) geschieht (*Beispiel:* Ein Zigarettenhersteller überlässt dem Gewinner eines Preisausschreibens einen Geländewagen für eine Saharadurchquerung). Auch in diesem Fall wird dem Dritten ein verbrauchbarer Nutzen zugewendet, so dass zur Vermeidung eines unversteuerten Letztverbrauchs der Vorsteuerabzug grundsätzlich neutralisiert werden muss. Die entsprechende Auslegung der „unternehmensfremden Zwecke" i.S.d. Art. 16 MwStSystRL (vgl. *Rz. 80*) durch den EuGH[3] hat in gleicher Weise für das gleichlautende Kriterium des Art. 26 Abs. 1 MwStSystRL zu gelten. Lediglich bis zur Bagatellgrenze des § 15 Abs. 1a UStG i.V.m. § 4 Abs. 5 Satz 1 Nr. 1 EStG hat keine Versteuerung zu erfolgen (*§ 17 Rz. 86*). 176

---
1 BFH v. 8.10.2008 – XI R 66/07, BFH/NV 2009, 616; vgl. auch BFH v. 14.5.2008 – XI R 60/07, BStBl. II 2008, 721.
2 BFH v. 11.12.2003 – V R 48/02, BStBl. II 2006, 384 = UR 2004, 203 – unter II 5 der Gründe; Abschn. 3.4 Abs. 1 Satz 3 UStAE.
3 EuGH v. 27.4.1999 – C-48/97, EuGHE 1999, I-2323 = UR 1999, 278 – Rz. 23 f.; vgl. auch BFH v. 14.5.2008 – XI R 60/07, BStBl. II 2008, 721.

Ohne Belang ist, ob der **Dritte Unternehmer** ist[1] (*Rz. 80, 92*) und den Gegenstand ür sein Unternehmen verwendet (zum **Vorsteuerabzug** bei diesem *§ 15 Rz. 257 f.*; *§ 15a Rz. 182*).

### 3. Unentgeltliche Überlassung an das Personal

177 Auch die Verwendung eines vorsteuerentlasteten Gegenstandes **für** den privaten **Bedarf des Personals** wird einer sonstigen Leistung gegen Entgelt gleich gestellt, sofern keine Aufmerksamkeiten vorliegen (§ 3 Abs. 9a Nr. 1 Alt. 2 UStG). In diesem Fall ist zwar regelmäßig eine sonstige Leistung (Nutzungsüberlassung) des Unternehmers gegenüber dem Arbeitnehmer gegeben, so dass der Sachverhalt auch von § 3 Abs. 9a Nr. 2 UStG erfasst würde, § 3 Abs. 9a Nr. 1 UStG hat jedoch als lex specialis Vorrang (*Rz. 174*).

178 Erfolgt die Überlassung des Gegenstandes vorrangig **im eigenen Interesse** des Unternehmers, so führt der Umstand, dass auch der Arbeitnehmer daraus ein Nutzen zieht, nicht dazu, dass diesem gegenüber eine Leistung erbracht wird (*Beispiele:* Überlassung eines Werkstattwagens an einen Arbeitnehmer für Heimfahrten, damit dieser am nächsten Tag früher bei den Kunden sein kann[2], Abholung der Arbeitnehmer an der Wohnung aus zwingenden betrieblichen Interessen[3]; s. auch *Rz. 180 a.E.* sowie *§ 1 Rz. 14*).

179 § 3 Abs. 9a Nr. 1 UStG betrifft nach herkömmlicher Auffassung nur die Fälle der **unentgeltlichen** Überlassung des Gegenstandes. Liegt eine Gegenleistung in Gestalt einer anteiligen Arbeitsleistung gegenüber, so fällt der Vorgang nach h.M. unmittelbar unter § 1 Abs. 1 Nr. 1 UStG (tauschähnlicher Umsatz; *§ 1 Rz. 91 ff.*), was von Bedeutung für die Bemessungsgrundlage sein kann (dazu *§ 10 Rz. 86*). Das ist insbesondere bei der dauerhaften Überlassung eines Fahrzeugs an Arbeitnehmer (sog. **Firmenwagen**) für Privatfahrten der Fall (*§ 1 Rz. 92*). Von § 3 Abs. 9a Nr. 1 UStG wird deshalb nach h.M. nur die **gelegentliche Überlassung** eines Kraftfahrzeugs[4] und anderer Gegenstände erfasst. Richtigerweise ist indes diese Vorschrift stets anzuwenden.[5]

### III. Unentgeltliche andere sonstige Leistungen (Nr. 2)

180 Nach § 3 Abs. 9a Nr. 2 UStG wird ferner einer sonstigen Leistung gegen Entgelt die **unentgeltliche Erbringung** einer anderen **sonstigen Leistung** für Zwecke außerhalb des Unternehmens oder für den privaten Bedarf des Personals (mit Ausnahme von Aufmerksamkeiten) gleichgestellt (*Beispiel:* Freiflüge für Arbeitnehmer einer Fluggesellschaft). Die Vorschrift betrifft auch unentgeltliche Dienstleistungen gegenüber (anderen) Dritten. **Nicht** von § 3 Abs. 9a Nr. 2

---

1 Vgl. auch BFH v. 6.3.2008 – V B 140/06, BFH/NV 2008, 1007; a.A. BFH v. 11.12.2003 – V R 48/02, UR 2004, 203 = BStBl. II 2006, 384 – unter II 5 der Gründe.
2 Vgl. BFH v. 16.12.1999 – V R 43/99, BFH/NV 2000, 994.
3 BFH v. 9.7.1998 – V R 105/92, BStBl. II 1998, 635; BFH v. 10.6.1999 – V R 104/98, BStBl. II 1999, 582; BFH v. 11.5.2000 – V R 73/99, BFH/NV 2000, 1314; vgl. auch EuGH v. 16.10.1997 – C-258/95, EuGHE 1997, I-5577 = UR 1998, 61.
4 Vgl. dazu BMF v. 27.8.2005 – IV B 7 - S 7300 - 70/04, BStBl. I 2004, 864 – Tz. 4.2.2.1.
5 *Stadie*, UR 2009, 745 (748).

UStG, sondern von § 3 Abs. 9a Nr. 1 UStG werden sonstige Leistungen in Gestalt der **Überlassung von Gegenständen** an Arbeitnehmer, Gesellschafter und andere Dritte erfasst *(Rz. 174 ff.)*.¹
**Keine unentgeltliche Leistung** liegt vor, wenn der Vorteil des Arbeitnehmers lediglich der Reflex eines **überwiegend eigenbetrieblich motivierten Verhaltens des Arbeitgebers** ist *(§ 1 Rz. 14)*.² Das ist **nicht** der Fall bei einem **Betriebsausflug**³; die dafür bezogenen Leistungen berechtigen, sofern es sich nicht um sog. Aufmerksamkeiten handelte, allerdings schon nicht zum Vorsteuerabzug⁴ *(§ 15 Rz. 104, 120)*.

Aus Art. 26 Abs. 1 Buchst. b MwStSystRL, der von „Dienstleistungen durch den Steuerpflichtigen für seinen privaten Bedarf" spricht, scheint zu folgen, dass § 3 Abs. 9a Nr. 2 UStG uneingeschränkt auch **fiktive sonstige Leistungen** in Gestalt von Wertabgaben des Unternehmens **für den nichtunternehmerischen (privaten) Bereich des Unternehmers** im Auge hat (sofern es nicht um die Verwendung von Gegenständen i.S.d. § 3 Abs. 9a Nr. 1 UStG geht), die bei der Erbringung gegenüber anderen Personen sonstige Leistungen (Dienstleistungen) wären.⁵ Des Weiteren scheint die Vorschrift auch alle unentgeltlichen sonstigen Leistungen zu erfassen. Sie bedarf jedoch im Hinblick auf den offensichtlichen Zweck der Vorschrift, zur Vermeidung eines unversteuerten Letztverbrauchs einen vorgenommenen Vorsteuerabzug zu neutralisieren *(Rz. 161)*, der **teleologischen Reduktion**.⁶ Die Vorschrift hat **entgegen** der **h.M.**⁷ **nicht** das Ziel, den Unternehmer **mit** einer **Privatperson gleichzustellen**, die die entsprechende Dienstleistung mit Umsatzsteuer belastet erhielte. Denn dann wäre nicht verständlich, wieso der Unternehmer bei der Verwendung von Unternehmensgegenständen nicht auch wie ein Mieter behandelt wird und einen fiktiven Mietzins versteuern muss, sondern die Bemessungsgrundlage auf die ihm selbst entstandenen vorsteuerentlasteten Kosten beschränkt ist (§ 10 Abs. 4 Nr. 2 UStG). Es kann nicht Wille des Gesetzes und der Richtlinie sein, in dem einen Fall von einer Fiktion auszugehen, im anderen Fall aber nicht. Das wäre willkürlich, da ein sachlicher Grund für die Differenzierung nicht erkennbar wäre.

181

Folglich sind im Wege teleologischer Reduktion solche Wertabgaben aus dem Anwendungsbereich der Vorschrift **auszuklammern**, die der Unternehmer als **Arbeitsleistungen auch ohne weiteres** (legal) **von Privaten beziehen könnte**⁸, denn anderenfalls wäre der Unternehmer schlechter gestellt als der Nichtunter-

182

---

1 Vgl. EuGH v. 19.7.2012 – C-334/10, UR 2012, 726 – Rz. 39.
2 *Beispiel*: Beköstigung von Arbeitnehmern während einer Arbeitssitzung; vgl. EuGH v. 11.12.2008 – C-371/07, EuGHE 2008, I-9549 = UR 2009, 60 – Rz. 56 ff.
3 BFH v. 31.3.2010 – V B 112/09, UR 2010, 584; BFH v. 6.5.2010 – V R 17/10, BStBl. II 2012, 53 = UR 2011, 313.
4 BFH v. 6.5.2010 – V R 17/10, BStBl. II 2012, 53 = UR 2011, 313.
5 So BFH v. 18.5.1993 – V R 134/89, BStBl. II 1993, 885 – zu § 1 Abs. 1 Nr. 2 Buchst. b UStG a.F.; ferner Abschn. 3.4 Abs. 1 Satz 2 und Abs. 5 UStAE.
6 Das verkennt BFH v. 7.10.2010 – V R 4/10, UR 2011, 626 – Rz. 24, 34.
7 BFH v. 18.5.1993 – V R 134/89, BStBl. II 1993, 885 (887); *Englisch* in T/L, § 17 Rz. 155; *Nieskens* in R/D, § 3 UStG Anm. 1325.
8 A.A. *Heuermann/Martin* in S/R, § 3 UStG Rz. 655; *Nieskens* in R/D, § 3 UStG Anm. 1325.

nehmer, der die entsprechende Dienstleistung von Privat bezieht. Entsprechendes gilt für **Dritten gegenüber erbrachte derartige Dienstleistungen.**

**Beispiel**

Einsatz des betrieblichen Gärtners im Privatgarten des Unternehmers oder eines Gesellschafters. Der Unternehmer bzw. der Gesellschafter hätte diese Dienstleistung auch von einem als Arbeitnehmer privat angestellten Gärtner ohne Umsatzsteuerbelastung beziehen können. Dieselbe Wirkung wäre eingetreten, wenn mit dem betrieblichen Gärtner im Arbeitsvertrag vereinbart wäre, dass dieser einen bestimmten Teil seiner Arbeit für den Privatgarten des Unternehmers bzw. Gesellschafters zu erbringen habe. Insoweit wäre die Dienstleistung gar nicht erst für das Unternehmen bezogen worden und hätte folglich auch nicht als Dienstleistung des Unternehmens für unternehmensfremde Zwecke weitergegeben werden können. Eine Besteuerung nach § 3 Abs. 9a Nr. 2 UStG darf nicht erfolgen[1], weil kein Vorsteuerabzug zu neutralisieren ist und die Belastung mit Umsatzsteuer zudem willkürlich wäre, weil sie vom Zufall, welche Gestaltung gewählt wurde, abhinge.

183  Auszuscheiden sind ferner aus Gleichbehandlungsgründen solche Dienstleistungen, die der **Unternehmer statt durch** einen **Arbeitnehmer auch selbst hätte erbringen können**, da in letzterem Fall mangels Kosten („Ausgaben" i.S.d. § 10 Abs. 4 Nr. 3 UStG) keine Besteuerung einträte.[2]

**Beispiel**

Ein Rechtsanwalt lässt durch einen bei ihm angestellten Rechtsanwalt einen Rechtsstreit für eine nahestehende Person führen, ohne dieser Gebühren zu berechnen. Diese unentgeltliche Dienstleistung darf entgegen dem Wortlaut des Art. 26 Abs. 1 Buchst. b MwStSystRL und des § 3 Abs. 9a Nr. 2 UStG nicht besteuert werden, da es nicht von der Zufälligkeit abhängen kann, ob der Unternehmer die Dienstleistung selbst erbringt oder durch einen Mitarbeiter ausführen lässt, denn im ersteren Fall träte eine Besteuerung mangels Ausgaben nicht ein.

184  Bei einer sog. **Werkleistung** (*Rz. 108 f.*) ist folglich nur die Materialentnahme bzw. -lieferung nach § 3 Abs. 1b UStG (*Rz. 68*) zu besteuern.[3] Wird bei einer anderen unentgeltlichen Dienstleistung ein umsatzsteuerentlasteter Gegenstand verwendet, so ist richtigerweise nur die Verwendung (*Rz. 165 ff.*) zu besteuern.

**Beispiel**

Der Unternehmer lässt durch eigene Arbeitnehmer seines Handwerksbetriebes in seinem Privathaus eine Reparatur durchführen, bei der vorsteuerentlastete Materialien aus dem Unternehmen verwendet werden. Unabhängig davon, ob der Vorgang als Werklieferung oder Werkleistung einzustufen ist (dazu *Rz. 105 ff.*), darf nur die Entnahme der Gegenstände nach § 3 Abs. 1b Satz 1 Nr. 1 UStG besteuert werden, da hinsichtlich der Arbeitsleistung kein Vorsteuerabzug zu neutralisieren ist.

185  Die Vorschrift kann nach alledem richtigerweise **nur** die **Weitergabe** solcher **Dienstleistungen** im Auge haben, die **von** einem **anderen Unternehmer** für das Unternehmen erbracht, aber ganz oder teilweise für Zwecke außerhalb des Unternehmens verwendet werden, und für die der **Vorsteuerabzug** vorgenommen

---

1 A.A. BFH v. 18.5.1993 – V R 134/89, BStBl. II 1993, 885 – zu § 1 Abs. 1 Nr. 2 Buchst. b UStG a.F.; Abschn. 3.4 Abs. 5 UStAE; *Englisch* in T/L, § 17 Rz. 155.
2 Insoweit zutreffend auch *Englisch* in T/L, § 17 Rz. 174.
3 A.A. Abschn. 3.3 Abs. 5 Satz 2 UStAE; *Englisch* in T/L, § 17 Rz. 155.

worden ist.¹ Im Regelfall wird insoweit allerdings schon der Vorsteuerabzug ausgeschlossen sein, weil die Dienstleistung von vornherein nicht für das Unternehmen bezogen wird.

Zwecke außerhalb des Unternehmens liegen entgegen der Auffassung der Finanzverwaltung (*Rz. 176*) auch dann vor, wenn „eingekaufte" Ansprüche auf Dienstleistungen **aus unternehmerischen Motiven** (Werbung u.Ä.) unentgeltlich weitergegeben werden.² Da auch in diesem Fall dem Dritten ein verbrauchbarer Nutzen zugewendet wird, muss zur Vermeidung eines unversteuerten Letztverbrauchs der Vorsteuerabzug neutralisiert werden (*Beispiel:* Erbringung von Reiseleistungen durch Dritte an die Gewinner eines Preisausschreibens o.Ä.). Soweit der Zweck der Dienstleistung, wie regelmäßig, schon schon bei deren Bezug feststeht, ist indes der **Vorsteuerabzug** schon nach **§ 15 Abs. 1a UStG i.V.m. § 4 Abs. 5 Satz 1 Nr. 1 EStG ausgeschlossen**, da unter Geschenken im Sinne der letztgenannten Vorschrift auch unentgeltlich erbrachte Dienstleistungen zu verstehen sind (*§ 15 Rz. 364*). Bei der Überlassung von **Eintrittskarten** für kulturelle, sportliche u.ä. Veranstaltungen an Kunden gilt Entsprechendes.

### K. Sog. Umtauschmüllerei (Abs. 10)

Überlässt ein Unternehmer einem Auftraggeber, der ihm einen Stoff zur Herstellung eines Gegenstandes übergeben hat, an Stelle des herzustellenden Gegenstandes einen gleichartigen Gegenstand, wie er ihn in seinem Unternehmen aus solchen Stoffen herzustellen pflegt, so *gilt* die Leistung des Unternehmers *als Werkleistung*, wenn das Entgelt (richtig: die **Gegenleistung**) für die Leistung **nach Art eines Werklohns** unabhängig vom Unterschied zwischen dem Marktpreis des empfangenen Stoffes und dem des überlassenen Gegenstandes berechnet wird (§ 3 Abs. 10 UStG). Die Vorschrift **stellt klar** (es handelt sich deshalb nicht um eine Fiktion³, so dass sich die Frage nach der Vereinbarkeit mit der Richtlinie nicht stellt⁴), dass ein bei oberflächlicher Sicht anzunehmender **Tauschvorgang mit Zuzahlung**, der nach herkömmlichem, aber ohnehin verfehlten Verständnis (*§ 1 Rz. 84 ff.*) steuerbar wäre, entsprechend dem wirtschaftlichen Gehalt des Vorgangs als eine **sonstige Leistung** (Be- oder Verarbeitung eines Gegenstandes) **anzusehen ist**.

Die Vorschrift enthält nicht etwa die Definition der Werkleistung⁵ i.e.S., nämlich einer gemischten Leistung, bei der das Dienstleistungselement überwiegt, sondern fingiert lediglich für einen bestimmten Tauschvorgang mit Zuzahlung eine Werkleistung i.w.S., nämlich im Sinne des zivilrechtlichen Werkvertrages

---

1 A.A. BFH v. 7.10.2010 – V R 4/10, UR 2011, 626 – Rz. 24 ff. – zu § 1 Abs. 1 Nr. 2 Buchst. b UStG a.F.; *Englisch* in T/L, § 17 Rz. 174 a.E.
2 Vgl. EuGH v. 27.4.1999 – C-48/97, EuGHE 1999, I-2323 = UR 1999, 278 – Rz. 22 f., zu den „unternehmensfremden Zwecken" i.S.d. Art. 16 MwStSystRL (vgl. *Rz. 176*). Für das gleich lautende Kriterium des Art. 26 MwStSystRL kann nichts anderes gelten.
3 *Heuermann/Martin* in S/R, § 3 UStG Rz. 705; a.A. BFH v. 15.12.1966 – V 103/65, BStBl. III 1967, 235.
4 A.A. *Leonard* in Bunjes, § 3 UStG Rz. 292.
5 So aber BMF v. 4.9.2009 – IV B 9 - S 7117/08/10001, BStBl. I 2009, 1005 – Rz. 49; *Birkenfeld* in B/W, § 74 Rz. 631; *Wäger* in S/R, § 3a UStG Rz. 185.

(§ 631 BGB). Der Begriff der Werkleistung i.e.S. ergibt sich vielmehr im Umkehrschluss aus § 3 Abs. 4 Satz 1 UStG (*Rz. 106*).

188 **Praktische Bedeutung** hat die Regelung, wenn fehlerhaft von der Steuerbarkeit des Tausches ausgegangen wird, in den Fällen, in denen der Auftraggeber nicht oder nicht zum vollen Vorsteuerabzug berechtigt ist, wie insbesondere bei Landwirten, die unter § 24 Abs. 1 UStG fallen.

**Beispiel**[1]

Ein Landwirt bringt zu einem Mühlenbetrieb Weizen und erhält gegen Bezahlung eines Mahllohnes eine der angelieferten Weizenmenge entsprechende Menge Weizenmehl aus fremdem Weizen. Gäbe es die Vorschrift nicht, so müsste von zwei Umsätzen ausgegangen werden: Der Lieferung des Landwirtes und seiner Zahlung des Mahllohnes stünde die Lieferung des Weizenmehls gegenüber (Tausch mit Zuzahlung). Statt dessen wird der Vorgang auf seinen wirtschaftlichen Gehalt reduziert und so gewertet, wie wenn der Landwirt seinen Weizen zum Mahlen gebracht und der Mühlenbetrieb eine Dienstleistung ausgeführt hätte.

## L. Sog. Dienstleistungskommission (Abs. 11 und 11a)
### I. Allgemeines

189 Wird ein Unternehmer in die Erbringung einer sonstigen Leistung eingeschaltet und handelt er dabei im eigenen Namen, jedoch für fremde Rechnung, *gilt* diese Leistung als an ihn und von ihm erbracht (§ 3 Abs. 11 UStG). Diese Regelung dehnt in Umsetzung des Art. 28 MwStSystRL den Gedanken, der § 3 Abs. 3 UStG für die Lieferungskommission (*Rz. 97 ff.*) zugrunde liegt, auf die Zwischenschaltung eines Geschäftsbesorgers (sog. Dienstleistungskommissionärs) bei der „*Erbringung*" von sonstigen Leistungen *gegenüber Dritten* (sog. „**Verkaufskommission" bei Dienstleistungen**) bzw. bei der „*Erbringung*" von sonstigen Leistungen *durch Dritte* (Bezug von Leistungen, sog. „**Einkaufskommission" bei Dienstleistungen**, Besorgungsleistung) aus.

190 Die Vorschrift greift nur ein, wenn die eingeschaltete Person **im eigenen Namen** – d.h. nicht nur als Vertreter eines der Beteiligten beim Vertragsabschluss – auftritt, nämlich als Vertragspartner des Dritten diesem gegenüber die Leistung ausführt bzw. sie von diesem bezieht. Auch der Vermittler (Makler) wird folglich nicht erfasst (zur verfehlten Formulierung des Art. 33a MwSt-DVO s. *Rz. 194*), da er lediglich die Beteiligten einer sonstigen Leistung zusammenführt, aber nicht in die *Erbringung* dieser Leistung eingeschaltet ist. Die eingeschaltete Person muss ferner **auf fremde Rechnung** tätig werden, d.h. nach dem zugrunde liegenden Vertragsverhältnis mit dem Auftraggeber nach der Dienstleistungsausführung zur **Herausgabe des Erlangten** (abzüglich der Provision) verpflichtet sein bzw. beim Bezug einer Dienstleistung einen **Aufwendungsersatzanspruch** haben. Zivilrechtlich erbringt die eingeschaltete Person mithin gegenüber seinem Auftraggeber eine **Geschäftsbesorgung** (§ 675 i.V.m. §§ 667, 670 BGB). Nicht unter § 3 Abs. 11 UStG fällt die Einschaltung eines Subunternehmers durch einen Auftragnehmer, weil dieser die Leistung selbst schuldet und sie deshalb durch den Dritten auf eigene Rechnung erbringen lässt.

---

1 Zu weiteren Beispielen s. *Birkenfeld* in B/W, § 68.

Für die Einschaltung Dritter bei der Erbringung sonstiger Leistungen über ein **Telekommunikationsnetz**, eine Schnittstelle oder ein Portal enthält § 3 Abs. 11a UStG eine **Sonderregelung** (*Rz. 196*).

## II. Sog. Dienstleistungseinkauf

§ 3 Abs. 11 UStG bewirkt, dass beim Dienstleistungseinkauf die **Geschäftsbesorgungsleistung** umsatzsteuerrechtlich nicht als solche, sondern von der Art her **wie die eingekaufte Dienstleistung behandelt** wird („gilt die Leistung als an ihn und von ihm erbracht"). Das führt insbesondere dazu, dass eine für die „eingekaufte" (besorgte) Dienstleistung geltende **Steuerbefreiung** auch die fiktive Dienstleistung der eingeschalteten Person (Dienstleistungskommissionär) erfasst, weil Steuerbefreiungen den Endverbrauchern zugutekommen sollen (vgl. *Vor §§ 4–9 Rz. 8*; zu Postdienstleistungen s. *§ 4 Nr. 11b Rz. 3*). **Eigenschaften** der Beteiligten, wie insbesondere die Unternehmer- oder Nichtunternehmereigenschaft bei der **Ortsbestimmung** nach § 3a und § 3b UStG, werden hingegen von der Fiktion nicht betroffen.

191

**Beispiel**

192

Der in den Niederlanden ansässige Spediteur (S) hat für seinen in Österreich ansässigen Auftraggeber A die Beförderung von Gegenständen aus Deutschland

a) in die Schweiz,

b) nach Belgien

zu besorgen. Er erteilt im eigenen Namen dem Frachtführer F den Auftrag, die Beförderung durchzuführen.

Der Ort der Beförderungsleistung des F ist in beiden Fällen, da er seine Leistung gegenüber einem Unternehmer (S) erbringt, nach § 3a Abs. 2 UStG in den Niederlanden. Für die Leistung des S kommt es darauf an, ob der Auftraggeber A die Leistung für sein Unternehmen bezieht. Ist das der Fall, dann ist der Ort nach § 3a Abs. 2 UStG in Österreich. Andernfalls bestimmt sich der Ort im Falle a nach § 3b Abs. 1 Satz 3 UStG bzw. im Falle b nach § 3b Abs. 3 UStG. Die Regelung des § 3 Abs. 11 UStG ist wegen des personenbezogenen Merkmals (Unternehmer/Nichtunternehmer) nicht anwendbar.

Aus der Fiktion des § 3 Abs. 11 UStG folgt ferner, dass, wie im entsprechenden Fall des § 3 Abs. 3 UStG (*Rz. 103*), die **Gegenleistung** für die sonstige Leistung des Geschäftsbesorgers nicht nur seine Vergütung, sondern auch den Aufwendungsersatz (Bezahlung des Dritten) umfasst.[1]

193

## III. Sog. Dienstleistungsverkauf

**1.** Beim sog. Dienstleistungsverkauf bewirkt § 3 Abs. 11 UStG in Umsetzung des Art. 28 MwStSystRL, dass die **Leistungsrichtung** bei der sonstigen Leistung zwischen der eingeschalteten Person (Geschäftsbesorger) und ihrem Auftraggeber **umgekehrt** wird. Zivilrechtlich erbringt der sog. Leistungskommissionär eine Dienstleistung gegenüber seinem Auftraggeber, umsatzsteuerrechtlich wird er stattdessen so behandelt, als hätte er die Dienstleistung, die er im eigenen Namen für fremde Rechnung gegenüber Dritten erbringt, eine logische Sekunde

194

---

1 Im Ergebnis ebenso FG Hamburg v. 11.12.2013 – 2 K 267/12, EFG 2014, 588 – Rev.-Az. XI R 4/14, zum sog. Postkonsolidierer.

zuvor von seinem Auftraggeber erhalten („gilt diese Leistung als an ihn und von ihm erbracht"). Art. 33a Alt. 1 MwSt-DVO bezeichnet die in den „Vertrieb" eingeschaltete Person als „Vermittler", was zu weiterer Begriffsverwirrung führt (§ 3a Rz. 70).

Die **Fiktion** des § 3 Abs. 11 UStG gilt nur für die **Leistung**, nicht für personenbezogene Merkmale der an der Leistungserbringung Beteiligten. § 3 Abs. 11 UStG bewirkt ferner wie § 3 Abs. 3 UStG (Rz. 99), dass der Betrag, den der Leistungskommissionär an seinen Auftraggeber auskehrt, als **Gegenleistung** für die fiktive sonstige Leistung anzusehen ist.

**Beispiele**

(1) T legt als **Treuhänder** gegen Provision fremde Gelder im eigenen Namen bei inländischen Banken an.[1] T erbringt, da er die Gelder im eigenen Namen anlegt, gegenüber den Banken Umsätze in Gestalt der Kreditgewährung, die steuerfrei sind (§ 4 Nr. 8 Buchst. a UStG). Die Geschäftsbesorgung des T gegenüber seinen Auftraggebern wird nach § 3 Abs. 11 UStG umsatzsteuerrechtlich ignoriert; stattdessen werden sonstige Leistungen der Auftraggeber in Gestalt von Kreditgewährungen an T fingiert, die ebenfalls steuerfrei sind (§ 4 Nr. 8 Buchst. a UStG). T muss folglich seine Provision nicht der Umsatzsteuer unterwerfen.

(2) Ferienwohnungseigentümer E beauftragt die V-GmbH, seine **Wohnung** im *eigenen* Namen an Feriengäste zu **vermieten**.[2] V erhält eine Provision.
Die jeweils kurzfristige Vermietung durch V an Feriengäste ist steuerpflichtig nach § 4 Nr. 12 Satz 2 Alt. 1 UStG. Die von § 3 Abs. 11 UStG fingierte Vermietung des E an V bewirkt, dass E als Unternehmer anzusehen ist (§ 2 Rz. 114). Diese Vermietung ist zwar nicht steuerpflichtig nach § 4 Nr. 12 Satz 2 UStG[3], E kann jedoch auf die Steuerbefreiung nach § 9 Abs. 1 i.V.m. Abs. 2 UStG verzichten, so dass er zum Vorsteuerabzug hinsichtlich der die Wohnung betreffenden Leistungen berechtigt ist.

(3) **Vertrieb** von **Eintrittskarten** im eigenen Namen für den Veranstalter (so Art. 33a Alt. 1 MwSt-DVO).

**195** Bei **Einschaltung eines Strohmannes** sollen nach Auffassung des BFH die diesem zuzurechnenden Umsätze nach § 3 Abs. 11 UStG zugleich auch dem Hintermann (Treugeber) zuzurechnen sein.[4] Diese vom Zweck des Gesetzes ohnehin nicht geforderte Rechtsfolge gibt die Vorschrift nicht her (§ 2 Rz. 182 f.).

**196** 2. Bei Einschaltung eines Unternehmers bei der Erbringung sonstiger Leistungen **über** ein **Telekommunikationsnetz**, eine Schnittstelle oder ein Portal bestimmt § 3 Abs. 11a UStG mit Wirkung ab 2015, dass dieser grundsätzlich als im Sinne von Absatz 11 als im eigenen Namen und für fremde Rechnung handelnd gilt (Satz 1). § 3 Abs. 11a Sätze 2 bis 4 UStG enthalten Ausnahmen und Gegenausnahmen. Diese Regelung ist Art. 9a MwSt-DVO nachgebildet, deren Kriterien ebenfalls nur den allgemeinen Zurechnungsgrundsatz (§ 1 Rz. 67) konkretisieren. Zu dieser branchenspezifischen Regelung, die man kürzer hätte fassen kön-

---

1 Fall nach BFH v. 31.1.2002 – V R 40/41/00, UR 2002, 268; vgl. auch BFH v. 28.11.2001 – V R 6/02, BFH/NV 2003, 517; Abschn. 3.15 Abs. 7 Beisp. 4 UStAE.
2 Fall nach BFH v. 29.8.2002 – V R 8/02, BStBl. II 2004, 320 = UR 2002, 600; s. Abschn. 3.15 Abs. 7 Beispiel 1–3 UStAE.
3 A.A. Abschn. 3.15 Abs. 6 Beispiel 3 UStAE.
4 BFH v. 22.9.2005 – V R 52/01, BStBl. II 2006, 278; BFH v. 12.5.2011 – V R 25/10, BFH/NV 2011, 1541; ebenso Abschn. 32 Abs. 2 Satz 5 UStAE.

nen, gibt es eine ausführliche Regierungsbegründung[1], die sich erfahrungsgemäß alsbald als BMF-Schreiben wieder findet. Der Unternehmer muss bei der Erbringung eingeschaltet sein, d.h. an der Erbringung der elektronischen Dienstleistung beteiligt sein. Das ist nicht der Fall, wenn der eingeschaltete Unternehmer sich lediglich auf die Abwicklung des Zahlungsvorgangs beschränkt.

Die bis 2014 geltende Vereinfachungsfiktion des **§ 45h Abs. 4 TKG** bei Dienstleistungen, die über das Telekommunikationsnetz eines Teilnehmernetzbetreibers erbracht werden, betraf nicht die Leistungsbeziehungen, so dass kein Fall des § 3 Abs. 11 UStG vorliegt und damit weder Art noch Ort der Dienstleistungen (vgl. auch *§ 3a Rz. 114 a.E.*) verändert werden. Entgegen seinem zu weit gefassten Wortlaut befasst sich § 45h Abs. 4 TKG entsprechend der Überschrift „Rechnungsinhalt, Teilzahlungen" und der Gesetzesbegründung[2] lediglich mit Rechnungsgestaltung und Inkassobefugnis des Teilnehmernetzbetreibers und den Ausschluss der Wirkungen des § 14c UStG[3], so dass sich die Frage der Unionsrechtswidrigkeit nicht stellt.[4]

## M. Zusammengesetzte Leistungen
### I. Verbot der Aufteilung einer einheitlichen Leistung
#### 1. Grundsatz

Ein aus mehreren Leistungselementen bestehendes, aber **wirtschaftlich als einheitliche Leistung** anzusehendes, von einem Unternehmer erbrachtes **Leistungsbündel** darf grundsätzlich **nicht künstlich** in einzelne Leistungen **zerlegt** werden.[5] Eine solche Leistung ist vielmehr regelmäßig hinsichtlich der **Steuerbarkeit**, der **Steuerpflicht** und des **Steuersatzes** einheitlich zu behandeln (zu Reiseleistungen s. § 25 Abs. 1 Satz 2 UStG). Maßgebend für die Frage, ob eine einheitliche Leistung vorliegt, oder ob mehrere selbständige Leistungen anzunehmen sind, sind die Verkehrsauffassung und die Gesamtumstände im Einzelfall.[6]

197

---

1 BT-Drucks. 18/1529 – zu Art. Nr. 1.
2 BT-Drucks. 16/3635: „Absatz 4 betrifft das Abrechnungsverfahren".
3 *Stadie* in R/D, § 3a UStG Anm. 106; in diesem Sinne wohl auch FG Sachs. v. 7.3.2013 – 6 K 1450/10, UR 2013, 791 (793).
4 A.A. *Maunz/Wobst*, UR 2013, 773.
5 BFH v. 9.6.2005 – V R 50/02, BStBl. II 2006, 98; BFH v. 24.1.2008 – V R 12/05, BStBl. II 2009, 60 = UR 2008, 308; EuGH v. 27.9.2012 – C-392/11, UR 2012, 964 – Rz. 18.
6 Vgl. EuGH v. 25.2.1999 – C-349/96, EuGHE 1999, I-973 = UR 1999, 254 – Rz. 29; EuGH v. 27.10.2005 – C-41/04, EuGHE 2005, I-9433 = UR 2006, 20 – Rz. 19 f., Sicht des „Durchschnittsverbrauchers"; EuGH v. 29.3.2007 – C-111/05, EuGHE 2007, I-2697 = UR 2007, 420 – Rz. 23; EuGH v. 11.2.2010 – C-88/09, EuGHE 2010, I-1049 = UR 2010, 230 – Rz. 19 ff.; EuGH v. 10.3.2011 – C-497/99, C-499/99, C-501/99, C-502/99, EuGHE 2011, I-1457 = BStBl. II 2013, 256 = UR 2011, 272 – Rz. 53; EuGH v. 27.9.2012 – C-392/11, UR 2012, 964 – Rz. 15 ff.; EuGH v. 17.1.2013 – C-224/11, UR 2013, 262 – Rz. 30 ff.; EuGH v. 27.6.2013 – C-155/12, UR 2013, 708 – Rz. 20 ff.; BFH v. 31.5.2001 – V R 97/98, BStBl. II 2001, 658; BFH v. 6.12.2007 – V R 66/05, BStBl. II 2008, 638; BFH v. 24.1.2008 – V R 12/05, BStBl. II 2009, 60; BFH v. 15.10.2009 – XI R 52/06, BStBl. II 2010, 869.

Die Vereinbarung eines **Gesamtpreises** ist lediglich ein Indiz für eine einheitliche Leistung.[1]

198 **Beispiele**

(1) Die **stundenweise Überlassung** einer **Sportanlage** ist nicht aufzuteilen in eine (nach § 4 Nr. 12 UStG steuerfreie) Vermietung des Grundstücks bzw. Gebäudes und in (steuerpflichtige) weitere Leistungen, sondern ist als einheitliche (steuerpflichtige) gemischte Dienstleistung anzusehen[2] (vgl. auch *§ 4 Nr. 12 Rz. 20 u. 40*).

(2) Eine **Grabpflegeleistung** ist eine einheitliche sonstige Leistung und nicht aufzuteilen in eine Dienstleistung und eine Lieferung von Blumen u.Ä. (zum ermäßigten Steuersatz; s. aber *Rz. 204*).[3]

(3) Bei sog. **Mailing-Aktionen**, bei denen der Beauftragte Drucksachen herstellt, adäquate Adressen beschafft, Drucksachen versendet, die Rücklaufergebnisse auswertet und den Auftraggeber berät, liegt eine einheitliche Dienstleistung vor.[4]

(4) Eine **Varieté-/Theatershow**, bei der ein mehrgängiges **Menü** (sog. **Dinner-Show**) serviert wird, ist eine als Einheit anzusehendes Dienstleistungsbündel, das nicht aufteilbar ist, so dass nicht die Bühnenvorführung mit einem geschätzten Entgeltsanteil dem ermäßigten Steuersatz nach § 12 Abs. 2 Nr. 7 Buchst. a UStG unterliegt.[5]

199 Keine einheitliche Leistung kommt (anders als im Grunderwerbsteuerrecht[6]) in Betracht, wenn **mehrere Unternehmer** tätig werden, auch wenn diese Leistungen sich ergänzen oder sogar gegenseitig bedingen. Diese Leistungen sind grundsätzlich, sofern durch die Aufspaltung auf verbundene Gesellschaften keine *missbräuchliche* Gestaltung i.S.d. § 42 AO vorliegt[7], gesondert zu betrachten.[8] Das gilt auch für Vermittlungsleistungen.[9]

## 2. Ausnahmen

200 Besteht das Leistungsbündel aus Dienstleistungs- und Lieferungselementen und werden die **gelieferten Gegenstände gesondert berechnet**, so ist richtigerweise nicht von einer einheitlichen Leistung auszugehen, da die Annahme einer einheitlichen Leistung dann gekünstelt wäre (*Rz. 207*).

---

1 Vgl. EuGH v. 25.2.1999 – C-349/96, EuGHE 1999, I-973 = UR 1999, 254 – Rz. 31; EuGH v. 2.12.2010 – C-276/09, EuGHE 2010, I-12359 = UR 2011, 261 – Rz. 29; EuGH v. 10.3.2011 – C-497/99, C-499/99, C-501/99, C-502/99, EuGHE 2011, I-1457 = BStBl. II 2013, 256 = UR 2011, 272 – Rz. 57.
2 Vgl. EuGH v. 18.1.2001 – C-150/99, EuGHE 2001, I-493 = UR 2001, 153; BFH v. 31.5.2001 – V R 97/98, BStBl. II 2001, 658.
3 BFH v. 21.6.2001 – V R 80/99, BStBl. II 2003, 810 = UR 2001, 446; BFH v. 26.8.2004 – V B 196/03, V S 6/04, BFH/NV 2004, 1677.
4 BFH v. 15.10.2009 – XI R 52/06, BStBl. II 2010, 869.
5 BFH v. 10.1.2013 – V R 31/10, BStBl. II 2013, 352; BFH v. 28.10.2014 – V B 92/14, juris.
6 Vgl. BFH v. 16.9.1992 – II R 75/89, BStBl. II 1993, 197; BFH v. 23.11.1994 – II R 53/94, BStBl. II 1995, 331 m.w.N.; ferner *§ 4 Nr. 9 Buchst. a Rz. 14*.
7 Vgl. EuGH v. 21.2.2008 – C-425/06, EuGHE 2008, I-897 = UR 2008, 461; ferner *Stadie*, Allg. SteuerR, Rz. 241.
8 Vgl. BFH v. 18.4.2007 – V B 157/05, BFH/NV 2007, 1544.
9 Vgl. BFH v. 18.4.2007 – V B 157/05, BFH/NV 2007, 1544.

Eine Ausnahme gilt ferner dann, wenn sich das aus einer **speziellen** gesetzlichen **Regelung** ergibt.[1]

201

**Beispiele**

– Bei einer grenzüberschreitenden Personenbeförderung ist nur der auf das Inland entfallende Teil der Beförderungsleistung steuerbar (§ 3b Abs. 1 Satz 2 UStG). Entsprechendes gilt bei einer nichtinnergemeinschaftlichen Beförderung von Gegenständen, wenn der Empfänger kein Unternehmer ist (§ 3b Abs. 1 Satz 3 UStG).

– Bei der Lieferung oder Entnahme eines nur z.T. dem Unternehmen zugeordneten Grundstücks ist auch nur der entsprechende Teil der Lieferung steuerbar (*§ 1 Rz. 109*).

– Bei Veräußerung eines Grundstücks mit sog. Betriebsvorrichtungen gilt die Steuerbefreiung nicht für den Teil des Umsatzes, der auf letztere entfällt (§ 4 Nr. 9 Buchst. a UStG i.V.m. § 2 Abs. 1 Nr. 1 GrEStG; *§ 4 Nr. 9 Buchst. a Rz. 22*); zur entsprechenden Fragestellung bei der Vermietung s. *§ 4 Nr. 12 Rz. 38 ff.*).

– Beschränkung des Verzichts nach § 9 Abs. 1 oder 2 UStG (dazu *§ 9 Rz. 20 ff.*).

– Aufteilung „gemischter" Beherbergungsleistungen nach § 12 Abs. 2 Nr. 11 Satz 2 UStG; die Rechtsprechung geht indes davon aus, dass die Verpflegungsleistungen Nebenleistungen zu den Übernachtungsleistungen seien (*§ 12 Rz. 108*).

## II. Primat der Hauptleistung (Unselbständigkeit der Nebenleistung)

Der Gedanke der **Einheitlichkeit** der Leistung greift auch hinsichtlich der Nebenleistungen. Eine Lieferung unterliegt nur dann den Regeln über Lieferungen, wenn sie eine selbständige Leistung ist, d.h. nicht als unselbständige Nebenleistung zu einer sonstigen Leistung anzusehen ist und das Schicksal der Hauptleistung teilt.[2] Entsprechendes gilt für eine sonstige Leistung; auch sie ist nur als solche zu behandeln, wenn sie nicht unselbständige Nebenleistung einer Lieferung ist. Eine derartige **Nebenleistung**[3] liegt nach der Rechtsprechung vor, wenn sie für den Leistungsempfänger keinen eigenen Zweck hat, sondern lediglich das Mittel darstellt, um die Hauptleistung unter „optimalen" Bedingungen in Anspruch zu nehmen.[4] Maßgebend ist die Verkehrsauffassung im Einzelfall; die Vereinbarung eines Gesamtpreises ist lediglich ein Indiz für das Vorliegen einer unselbständigen Nebenleistung (zu gemischten Leistungen s. *Rz. 205 f.*). Nebenleistungen teilen das Schicksal der Hauptleistung hinsichtlich der Steuerbarkeit, der Steuerpflicht (vgl. zur Vermietung *§ 4 Nr. 12 Rz. 13*) und des Steuersatzes.

202

---

1 Vgl. EuGH v. 6.7.2006 – C-251/05, EuGHE 2006, I-6269 = UR 2006, 582.
2 Gleichwohl liegt isoliert gesehen eine Lieferung vor; das verkennt BFH v. 17.4.2008 – V R 39/05, BFH/NV 2008, 1712 – Aushändigung einer Broschüre bei einem Seminar.
3 Der Begriff „Nebenleistungen" ist vom EuGH allerdings auch für mit der Ausbildung „eng verbundene" Leistungen Dritter i.S.d. Art. 132 Abs. 1 Buchst. i MwStSystRL verwendet worden; EuGH v. 14.6.2007 – C-434/05, EuGHE 2007, I-4793 = UR 2007, 587 – Rz. 28 f.
4 EuGH v. 25.2.1999 – C-349/96, EuGHE 1999, I-973 = UR 1999, 254 – Rz. 30; EuGH v. 3.7.2001 – C-380/99, EuGHE 2001, I-5163 = UR 2001, 346 – Rz. 20; EuGH v. 11.2.2010 – C-88/09, EuGHE 2010, I-1049 = UR 2010, 230 – Rz. 24; EuGH v. 10.3.2011 – C-497/99, C-499/99, C-501/99, C-502/99, EuGHE 2011, I-1457 = BStBl. II 2013, 256 = UR 2011, 272 – Rz. 54; EuGH v. 27.9.2012 – C-392/11, UR 2012, 964 – Rz. 17; EuGH v. 27.6.2013 – C-155/12, UR 2013, 708 – Rz. 22; BFH v. 4.7.2002 – V R 41/01, UR 2003, 23; BFH v. 16.1.2003 – V R 16/02, BStBl. II 2003, 445; BFH v. 13.1.2011 – V R 63/09, BStBl. II 2011, 461 – Rz. 22 m.w.N.

203 **Nebenleistungen** sind z.B.
- bei einer Lieferung die Beförderung oder der **Versand** des Gegenstandes zum Empfänger[1] sowie die **Versicherung** (die Verschaffung von Versicherungsschutz ist ansonsten nach § 4 Nr. 10 Buchst. b UStG steuerfrei) des Gegenstandes (arg. Art. 78 Buchst. b MwStSystRL); das gilt m.E. jedoch nur, wenn die Gegenleistung dafür nicht besonders berechnet wird (*Rz. 203*)[2];
- **Bereitstellung unterschiedlicher Zahlungsmöglichkeiten**[3] (s. auch *§ 10 Rz. 53*);
- Aushändigung von **Broschüren** bei einem **Seminar**[4];
- beim Kfz-**Ölwechsel** das Ablassen und Entsorgen des Altöls[5] (zum Ölwechsel bei einer Kfz-Inspektion s. *Rz. 207*);
- bei einer **Seebestattung** die notwendige Beförderung der Urnen und der Trauergäste[6];
- bei einer **Schiffspauschalreise** die Gewährung der Unterkunft und Verpflegung zur Hauptleistung Personenbeförderung[7];
- die bei einer **Stadtrundfahrt** mit dem einheitlichen Beförderungsentgelt abgegoltene Möglichkeit zur **Teilnahme** an **Führungen** zu Sehenswürdigkeiten[8];
- nach der **Rspr.** auch die **Verpflegungsleistungen** zur **Beherbergung**[9]; es greift jedoch das Aufteilungsgebot nach § 12 Abs. 2 Nr. 11 UStG (*§ 12 Rz. 108*).

204 **Keine Nebenleistung** liegt vor, wenn die **Gegenleistung besonders berechnet** wird, weil dann eine eigenständige Leistung gegeben ist[10] (vgl. auch Art. 78 Satz 2 MwStSystRL), die auch separat oder von Dritten erbracht werden könnte. Als **eigenständige Leistungen** zu behandeln sind folglich z.B.
- die **Verschaffung** einer **Reparaturkostenversicherung** gegen Aufpreis durch den Händler bei einer Neu- oder Gebrauchtwagenlieferung[11];
- die **Kreditgewährung** durch den Warenlieferanten[12] oder Dienstleistungserbringer in Gestalt der **Stundung** der Forderung auf die Gegenleistung. Gleiches gilt bei der Finanzierung eines Bauvorhabens durch den Werkunternehmer.[13] Die Eigenständigkeit die-

---

1 Vgl. BFH v. 20.5.1965 – V 32/63 U, BStBl. III 1965, 497; EuGH v. 3.7.2001 – C-380/99, EuGHE 2001, I-5163 = UR 2001, 346 – Rz. 21.
2 A.A. Abschn. 10.1 Abs. 3 Satz 12 UStAE.
3 EuGH v. 2.12.2010 – C-276/09, EuGHE 2010, I-12359 = UR 2011, 262.
4 BFH v. 17.4.2008 – V R 39/05, BFH/NV 2008, 1712.
5 BFH v. 30.9.1999 – V R 77/98, BStBl. II 2000, 14.
6 BFH v. 15.9.1994 – XI R 51/91, UR 1995, 305.
7 BFH v. 1.8.1996 – V R 58/94, BStBl. II 1997, 160; BFH v. 19.9.1996 – V R 129/93, BStBl. II 1997, 164; BFH v. 2.3.2011 – XI R 25/09, BStBl. II 2011, 737 – Hochseeangelreise.
8 A.A. BFH v. 30.6.2011 – V R 44/10, BStBl. II 2011, 1003.
9 BFH v. 15.1.2009 – V R 9/06, BStBl. II 2010, 433; BFH v. 24.4.2013 – XI R 3/11, BStBl. II 2014, 86 – Rz. 48 u. Rz. 57; BFH v. 21.11.2013 – V R 33/10, UR 2014, 310; BFH v. 20.3.2014 – V R 25/11, UR 2014, 710.
10 Vgl. EuGH v. 16.4.2015 – C-42/14, http://curia.europa.eu, ECLI:EU:C:2015:229; EuGH v. 11.6.2009 – C-572/07, EuGHE 2009, I-4983 = UR 2009, 557 – Rz. 22 ff.
11 BFH v. 9.10.2002 – V R 67/01, BStBl. II 2003, 378; BFH v. 16.1.2003 – V R 16/02, BStBl. II 2003, 445.
12 Vgl. BFH v. 18.12.1980 – V B 24/80, BStBl. II 1981, 197; BFH v. 6.10.1988 – V R 124/83, UR 1989, 156 (157); EuGH v. 27.10.1993 – C-281/91, EuGHE 1993, I-5405 = UR 1994, 73.
13 BFH v. 13.11.2013 – XI R 24/11, UR 2014, 693.

ser Leistung hängt nicht etwa davon ab, dass der Jahreszinssatz in der Vereinbarung über die Stundung genannt ist[1];
- die **Getränkelieferung** in **Filmtheatern**[2] und **Restaurationsleistungen** bei Theater- und Kabarettvorstellungen[3]; **Zusatzverpflegung** an Bord von **Flugzeugen**[4];
- die **Energie-** und **Wasserlieferungen** sowie die Abfallentsorgung (gesondert berechnete) durch **Vermieter**[5];
- die **Reinigung** der **Gemeinschaftsräume** (gesondert berechnete) durch **Wohnungsvermieter**[6];
- **Vermietungsleistungen** und gesondert berechnete **Pflegeleistungen**[7];
- das **Einpflanzen** von **Pflanzen** durch den **Lieferer**[8];
- **Seminarleistungen** und **Verpflegung**[9];
- die **Versendung** des Liefergegenstandes gegen besonders berechnetes Entgelt[10] (*Rz. 203*; zur Steuerbefreiung bei Versendungen mit Unternehmern i.S.d. § 4 Nr. 11b UStG s. *§ 4 Nr. 11b Rz. 3*);
- die **Versicherung** des **Leasingobjekts**[11];
- die **Einräumung** eines **elektronischen Zugangs** zu einem sog. E-Paper oder E-Book bei Abgabe der gedruckten Zeitung bzw. des gedruckten Buchs; das soll nach Auffassung des BMF auch bei Vereinbarung eines Gesamtpreises gelten.[12]

## III. Gemischte Leistungen

**1.** Enthält eine wirtschaftlich als Einheit zu sehende Leistung (*Rz. 197*) **Dienstleistungs- und Lieferungselemente**, die **nicht** im Verhältnis von **Haupt- und Nebenleistung** (*Rz. 202*) zueinander stehen, so ist die einheitliche Leistung **entweder** Lieferung **oder** sonstige Leistung. Die **Abgrenzung** richtet sich danach, ob nach der Verkehrsauffassung das Lieferungselement oder das Dienstleistungselement im Vordergrund steht (überwiegt), d.h. den **wirtschaftlichen Gehalt** (das Wesen) der Leistung ausmacht.[13]

205

---

1 Zust. BFH v. 13.11.2013 – XI R 24/11, UR 2014, 693 – Rz. 63; a.A. Abschn. 3.11 Abs. 2 Nr. 2 UStAE.
2 BFH v. 1.6.1995 – V R 90/93, UR 1996, 63.
3 BFH v. 14.5.1998 – V R 85/97, BStBl. II 1999, 145 = UR 1998, 422; BFH v. 21.4.2005 – V R 6/03, BStBl. II 2005, 899; BFH v. 18.8.2005 – V R 20/03, UR 2006, 24.
4 BFH v. 27.2.2014 – V R 14/13, BStBl. II 2014, 869.
5 EuGH v. 16.4.2015 – C-42/14, http://curia.europa.eu, ECLI:EU:C:2015:229; **a.A.** BFH v. 15.1.2009 – V R 91/07, BStBl. II 2009, 615; Abschn. 4.12.1 Abs. 5 Satz 3 UStAE.
6 EuGH v. 11.6.2009 – C-572/07, EuGHE 2009, I-4983 = UR 2009, 557.
7 BFH v. 4.5.2011 – XI R 35/10, BStBl. II 2011, 836.
8 BFH v. 25.6.2009 – V R 25/07, BStBl. II 2010, 239.
9 BFH v. 7.10.2010 – V R 12/10, BStBl. II 2011, 303.
10 A.A. Abschn. 10.1 Abs. 3 Satz 12 UStAE.
11 EuGH v. 17.1.2013 – C-224/11, UR 2013, 262.
12 BMF v. 2.6.2014 – IV D 2 - S 7200/13/10005, UR 2014, 585.
13 Vgl. EuGH v. 17.5.2001 – C-322/99, C-323/99, EuGHE 2001, I-4940 = UR 2001, 293 – Rz. 62; EuGH v. 27.10.2005 – C-41/04, EuGHE 2005, I-9433 = UR 2006, 20 – Rz. 27 f.; EuGH v. 29.3.2007 – C-111/05, EuGHE 2007, I-2697 = UR 2007, 420 – Rz. 38 ff.; EuGH v. 10.3.2011 – C-497/09, C-499/99, C-501/99, C-502/99, EuGHE 2011, I-1457 = BStBl. II 2013, 256 = UR 2011, 272 – Rz. 62; BFH v. 9.10.2002 – V R 5/02, BStBl. II 2004, 470 m.w.N. = UR 2003, 143.

**Beispiele**

– Angelerlaubnis in Verbindung mit der Lieferung lebender Fische als einheitliche Leistung, die als sonstige Leistung zu werten ist[1];
– Grabpflegeleistung als einheitliche (*Rz. 198*) sonstige Leistung, weil das Dienstleistungselement gegenüber der Lieferung der dabei verwendeten Pflanzen überwiegt.[2]

Eine **spezielle Regelung** enthält § 3 Abs. 4 UStG für die Abgrenzung der **Werklieferung** von der sog. **Werkleistung** (*Rz. 108 ff.*).

206  2. Die **Abgabe von Speisen und Getränken** zum sofortigen Verzehr kann eine **Lieferung** darstellen, aber auch als eine **sonstige Leistung** (Dienstleistung) anzusehen sein. Letzteres ist nach Auffassung des EuGH der Fall, wenn von einer gemischten Leistung auszugehen ist, bei der das Dienstleistungselement „bei weitem" überwiegt[3], was bei den typischen **Restaurationsumsätzen** in Gaststätten, Restaurants und Hotels anzunehmen sei.[4] Für die Abgrenzung kommt es auf das Gewicht der Dienstleistungselemente an (vgl. Art. 6 Abs. 1 MwSt-DVO).[5] Diese überwiegen nicht bei der Abgabe frisch zubereiteter Speisen oder Nahrungsmittel zum sofortigen Verzehr an **Imbissständen** oder -wagen oder in **Kino-Foyers**, wenn die einfache, **standardisierte Zubereitung** und die **Bereitstellung behelfsmäßiger Vorrichtungen**, die einer beschränkten Zahl von Kunden den Verzehr an Ort und Stelle erlaubt, eine rein untergeordnete Nebenleistung ist.[6] Hingegen ist bei einem sog. **Partyservice** von Dienstleistungen auszugehen, sofern nicht lediglich Standardspeisen ohne zusätzliches Dienstleistungselement geliefert werden oder die Lieferung der Speisen dominiert.[7] Entsprechendes gilt bei einem sog. **Mahlzeitendienst**[8], bei der **Schulspeisung**[9] und bei der Zubereitung der Speisen in **Heimen**.[10] Die Beförderung der Speisen und/oder Getränke

---

1 BFH v. 4.7.2002 – V R 41/01, UR 2003, 23.
2 BFH v. 21.6.2001 – V R 80/99, BStBl. II 2003, 810 = UR 2001, 447; BFH v. 26.8.2004 – V B 196/03, V S 6/04, BFH/NV 2004, 1677.
3 EuGH v. 2.5.1996 – C-231/94, EuGHE 1996, I-2395 = BStBl. II 1998, 282 = UR 1996, 220; EuGH v. 10.3.2011 – C-497/09, C-499/09, C-501/99, C-502/99, EuGHE 2011, I-1457 = BStBl. II 2013, 256 = UR 2011, 272 – Rz. 64.
4 EuGH v. 2.5.1996 – C-231/94, EuGHE 1996, I-2395 = BStBl. II 1998, 282 = UR 1996, 220; EuGH v. 10.3.2011 – C-497/09, C-499/99, C-501/99, C-502/99, EuGHE 2011, I-1457 = BStBl. II 2013, 256 = UR 2011, 272 – Rz. 64 f., 69.
5 Dazu näher Abschn. 3.6 UStAE.
6 EuGH v. 10.3.2011 – C-497/09, C-499/99, C-501/99, C-502/99, EuGHE 2011, I-1457 = BStBl. II 2013, 256 = UR 2011, 272 – Rz. 74. Nachfolgeentscheidungen dazu BFH v. 30.6.2011 – V R 35/08, BStBl. II 2013, 244 = UR 2011, 696; BFH v. 30.6.2011 – V R 18/10, BStBl. II 2013, 246 = UR 2011, 699; BFH v. 8.6.2011 – XI R 37/08, BStBl. II 2013, 238 = UR 2012, 34 – jeweils Abgabe standardisiert zubereiteter Speisen an Imbissstand; BFH v. 30.6.2011 – V R 3/07, BStBl. II 2013, 241 = UR 2012, 37 – Popcornlieferung in Kinos.
7 EuGH v. 10.3.2011 – C-497/09, C-499/99, C-501/99, C-502/99, EuGHE 2011, I-1457 = BStBl. II 2013, 256 = UR 2011, 272; BFH v. 23.11.2011 – XI R 6/08, BStBl. II 2013, 253 = UR 2012, 150.
8 BFH v. 10.8.2006 – V R 55/04, BStBl. II 2007, 480.
9 BFH v. 10.8.2006 – V R 38/05, BStBl. II 2007, 482.
10 BFH v. 12.10.2011 – V R 66/09, BStBl. II 2013, 250 = UR 2012, 101 – Pflegeheim; BFH v. 22.12.2011 – V R 47/10, BFH/NV 2012, 812 – Kindergarten.

ist ein unbeachtliches Dienstleistungselement (Art. 6 Abs. 2 MwSt-DVO). Ist eine sonstige Leistung zu verneinen, so handelt es sich um eine Lieferung von Nahrungsmitteln zum Mitnehmen, die dem ermäßigten Steuersatz unterliegen kann (§ 12 Abs. 2 Nr. 1 i.V.m. Anlage 2 UStG).

3. Werden die **gelieferten Gegenstände gesondert berechnet**, so ist nicht von einer einheitlichen Leistung (*Rz. 197*) auszugehen; vielmehr sind die Dienstleistung und die Lieferungen als selbständige Leistungen getrennt zu betrachten.[1] Das Zusammenzwängen zu einer einheitlichen Leistung ist gekünstelt, da sich dessen Wesen nicht bestimmen lässt und die gelieferten Gegenstände auch vom Auftraggeber hätten gestellt werden können.[2]

207

**Beispiel**
Eine Kfz-Inspektion mit Ölwechsel, Filterwechsel, Austausch der Zündkerzen usw. soll nach Auffassung des BFH eine einheitliche sonstige Leistung darstellen, die nicht in eine Dienstleistung und eine Lieferung von Öl und Zündkerzen aufzuteilen sei.[3] Werden diese Gegenstände, wie üblich, gesondert berechnet, so liegen jedoch richtigerweise separate Lieferungen vor.

## N. Tausch und tauschähnlicher Umsatz (Abs. 12)

In § 3 Abs. 12 UStG finden sich Definitionen des Tausches und des tauschähnlichen Umsatzes. Danach liegt ein Tausch vor, wenn das Entgelt für eine Lieferung in einer Lieferung besteht (§ 3 Abs. 12 Satz 1 UStG). Ein tauschähnlicher Umsatz liegt vor, wenn das Entgelt bei einer sonstigen Leistung in einer Lieferung oder sonstigen Leistung besteht (§ 3 Abs. 12 Satz 2 UStG). Da die jeweilige Leistung zugleich Entgelt für die andere Leistung ist, wird von § 3 Abs. 12 Satz 2 UStG auch der Fall erfasst, in dem das Entgelt bei einer Lieferung in einer sonstigen Leistung besteht. Geht man mit der herkömmlichen Sicht von der Steuerbarkeit dieser Vorgänge aus, so ist das „Entgelt" i.S.d. § 1 Abs. 1 Nr. 1 UStG und nicht i.S.d. § 10 Abs. 1 Satz 2 UStG gemeint und mithin als Gegenleistung zu verstehen (Klarstellung durch § 10 Abs. 2 Satz 3 UStG).

208

Die Aussagen des § 3 Abs. 12 UStG sind reine **Definitionen**, die keinen Bezug zu den übrigen Bestimmungen des § 3 UStG haben und deshalb hier fehlplatziert sind. Sie sind, bei fehlerhafter Annahme der Steuerbarkeit und Steuerpflicht dieser Vorgänge, lediglich für § 10 Abs. 2 Satz 2 UStG von Bedeutung und hätten deshalb dort angesiedelt sein müssen (zu Einzelfällen s. *§ 1 Rz. 85 ff.* und *§ 10 Rz. 82 ff.*).

---

1 Vgl. BFH v. 9.10.2002 – V R 5/02, BStBl. II 2004, 470 = UR 2003, 143; BFH v. 25.6.2009 – V R 25/07, BStBl. II 2010, 239.
2 Vgl. EuGH v. 11.6.2009 – C-572/07, EuGHE 2009, I-4983 = UR 2009, 557 – Rz. 22 ff.
3 Vgl. BFH v. 30.9.1999 – V R 77/98, BStBl. II 2000, 14; BFH v. 18.10.2001 – V R 106/98, BStBl. II 2002, 551 – 3c bb der Gründe.

## § 3a
## Ort der sonstigen Leistung

(1) Eine sonstige Leistung wird vorbehaltlich der Absätze 2 bis 8 und der §§ 3b, 3e und 3f an dem Ort ausgeführt, von dem aus der Unternehmer sein Unternehmen betreibt. Wird die sonstige Leistung von einer Betriebsstätte ausgeführt, gilt die Betriebsstätte als der Ort der sonstigen Leistung.

(2) Eine sonstige Leistung, die an einen Unternehmer für dessen Unternehmen ausgeführt wird, wird vorbehaltlich der Absätze 3 bis 8 und der §§ 3b, 3e und 3f an dem Ort ausgeführt, von dem aus der Empfänger sein Unternehmen betreibt. Wird die sonstige Leistung an die Betriebsstätte eines Unternehmers ausgeführt, ist stattdessen der Ort der Betriebsstätte maßgebend. Die Sätze 1 und 2 gelten entsprechend bei einer sonstigen Leistung an eine ausschließlich nicht unternehmerisch tätige juristische Person, der eine Umsatzsteuer-Identifikationsnummer erteilt worden ist, und bei einer sonstigen Leistung an eine juristische Person, die sowohl unternehmerisch als auch nicht unternehmerisch tätig ist; dies gilt nicht bei sonstigen Leistungen, die ausschließlich für den privaten Bedarf des Personals oder eines Gesellschafters bestimmt sind.[1]

(3) Abweichend von den Absätzen 1 und 2 gilt:

1. Eine sonstige Leistung im Zusammenhang mit einem Grundstück wird dort ausgeführt, wo das Grundstück liegt. Als sonstige Leistungen im Zusammenhang mit einem Grundstück sind insbesondere anzusehen:

    a) sonstige Leistungen der in § 4 Nr. 12 bezeichneten Art,

    b) sonstige Leistungen im Zusammenhang mit der Veräußerung oder dem Erwerb von Grundstücken,

    c) sonstige Leistungen, die der Erschließung von Grundstücken oder der Vorbereitung, Koordinierung oder Ausführung von Bauleistungen dienen.

2. Die kurzfristige Vermietung eines Beförderungsmittels wird an dem Ort ausgeführt, an dem dieses Beförderungsmittel dem Empfänger tatsächlich zur Verfügung gestellt wird. Als kurzfristig im Sinne des Satzes 1 gilt eine Vermietung über einen ununterbrochenen Zeitraum

    a) von nicht mehr als 90 Tagen bei Wasserfahrzeugen,

    b) von nicht mehr als 30 Tagen bei anderen Beförderungsmitteln.

    Die Vermietung eines Beförderungsmittels, die nicht als kurzfristig im Sinne des Satzes 2 anzusehen ist, an einen Empfänger, der weder ein Unternehmer ist, für dessen Unternehmen die Leistung bezogen wird, noch eine nicht unternehmerisch tätige juristische Person, der eine Umsatzsteuer-Identifikationsnummer erteilt worden ist, wird an dem Ort erbracht, an dem der Empfänger seinen Wohnsitz oder Sitz hat. Handelt es sich bei dem Beförderungsmittel um ein Sportboot, wird abweichend von Satz 3 die Vermietungsleistung an dem Ort ausgeführt, an dem das Sportboot dem Empfänger tatsächlich zur Verfügung gestellt wird, wenn sich auch der Sitz, die Ge-

---

[1] Satz 3 neugefasst mit Wirkung vom 30.6.2013.

schäftsleitung oder eine Betriebsstätte des Unternehmers, von wo aus diese Leistung erbracht wird, an diesem Ort befindet.[1]

3. Die folgenden sonstigen Leistungen werden dort ausgeführt, wo sie vom Unternehmer tatsächlich erbracht werden:

   a) kulturelle, künstlerische, wissenschaftliche, unterrichtende, sportliche, unterhaltende oder ähnliche Leistungen, wie Leistungen im Zusammenhang mit Messen und Ausstellungen, einschließlich der Leistungen der jeweiligen Veranstalter sowie die damit zusammenhängenden Tätigkeiten, die für die Ausübung der Leistungen unerlässlich sind, an einen Empfänger, der weder ein Unternehmer ist, für dessen Unternehmen die Leistung bezogen wird, noch eine nicht unternehmerisch tätige juristische Person, der eine Umsatzsteuer-Identifikationsnummer erteilt worden ist,

   b) die Abgabe von Speisen und Getränken zum Verzehr an Ort und Stelle (Restaurationsleistung), wenn diese Abgabe nicht an Bord eines Schiffs, in einem Luftfahrzeug oder in einer Eisenbahn während einer Beförderung innerhalb des Gemeinschaftsgebiets erfolgt,

   c) Arbeiten an beweglichen körperlichen Gegenständen und die Begutachtung dieser Gegenstände für einen Empfänger, der weder ein Unternehmer ist, für dessen Unternehmen die Leistung ausgeführt wird, noch eine nicht unternehmerisch tätige juristische Person, der eine Umsatzsteuer-Identifikationsnummer erteilt worden ist.

4. Eine Vermittlungsleistung an einen Empfänger, der weder ein Unternehmer ist, für dessen Unternehmen die Leistung bezogen wird, noch eine nicht unternehmerisch tätige juristische Person, der eine Umsatzsteuer-Identifikationsnummer erteilt worden ist, wird an dem Ort erbracht, an dem der vermittelte Umsatz als ausgeführt gilt.

5. Die Einräumung der Eintrittsberechtigung zu kulturellen, künstlerischen, wissenschaftlichen, unterrichtenden, sportlichen, unterhaltenden oder ähnlichen Veranstaltungen, wie Messen und Ausstellungen, sowie die damit zusammenhängenden sonstigen Leistungen an einen Unternehmer für dessen Unternehmen oder an eine nicht unternehmerisch tätige juristische Person, der eine Umsatzsteuer-Identifikationsnummer erteilt worden ist, wird[2] an dem Ort erbracht, an dem die Veranstaltung tatsächlich durchgeführt wird.

(4) Ist der Empfänger einer der in Satz 2 bezeichneten sonstigen Leistungen weder ein Unternehmer, für dessen Unternehmen die Leistung bezogen wird, noch eine nicht unternehmerisch tätige juristische Person, der eine Umsatzsteuer-Identifikationsnummer erteilt worden ist, und hat er seinen Wohnsitz oder Sitz im Drittlandsgebiet, wird die sonstige Leistung an seinem Wohnsitz oder Sitz ausgeführt. Sonstige Leistungen im Sinne des Satzes 1 sind:

1. die Einräumung, Übertragung und Wahrnehmung von Patenten, Urheberrechten, Markenrechten und ähnlichen Rechten;

---

1 Sätze 3 und 4 angefügt mit Wirkung vom 30.6.2013.
2 Richtig wohl: „werden".

2. die sonstigen Leistungen, die der Werbung oder der Öffentlichkeitsarbeit dienen, einschließlich der Leistungen der Werbungsmittler und der Werbeagenturen;

3. die sonstigen Leistungen aus der Tätigkeit als Rechtsanwalt, Patentanwalt, Steuerberater, Steuerbevollmächtigter, Wirtschaftsprüfer, vereidigter Buchprüfer, Sachverständiger, Ingenieur, Aufsichtsratsmitglied, Dolmetscher und Übersetzer sowie ähnliche Leistungen anderer Unternehmer, insbesondere die rechtliche, wirtschaftliche und technische Beratung;

4. die Datenverarbeitung;

5. die Überlassung von Informationen einschließlich gewerblicher Verfahren aund Erfahrungen;

6. *[Fassung bis 30.12.2014]*

   a) die sonstigen Leistungen der in § 4 Nr. 8 Buchstabe a bis h und Nr. 10 bezeichneten Art sowie die Verwaltung von Krediten und Kreditsicherheiten,

   *[Fassung ab 31.12.2014[1]]*

   a) Bank- und Finanzumsätze, insbesondere der in § 4 Nummer 8 Buchstabe a bis h bezeichneten Art und die Verwaltung v on Krediten und Kreditsicherheiten, sowie Versicherungsumsätze der in § 4 Nummer 10 bezeichneten Art,

   b) die sonstigen Leistungen im Geschäft mit Gold, Silber und Platin. Das gilt nicht für Münzen und Medaillen aus diesen Edelmetallen;

7. die Gestellung von Personal;

8. der Verzicht auf Ausübung eines der in Nummer 1 bezeichneten Rechte;

9. der Verzicht, ganz oder teilweise eine gewerbliche oder berufliche Tätigkeit auszuüben;

10. die Vermietung beweglicher körperlicher Gegenstände, ausgenommen Beförderungsmittel;

11. *[ab 2015 aufgehoben[2]]* die sonstigen Leistungen auf dem Gebiet der Telekommunikation;

12. *[ab 2015 aufgehoben[3]]* die Rundfunk- und Fernsehdienstleistungen;

13. *[ab 2015 aufgehoben[4]]* die auf elektronischem Weg erbrachten sonstigen Leistungen;

14. die Gewährung des Zugangs zum Erdgasnetz, zum Elektrizitätsnetz oder zu Wärme- oder Kältenetzen und die Fernleitung, die Übertragung oder Vertei-

---

1 Neu gefasst mit Wirkung vom 31.12.2014 durch Art. 10 Nr. 1 i.V.m. Art. 16 Abs. 1 des Gesetzes v. 22.12.2014.
2 Aufgehoben mit Wirkung vom 1.1.2015 durch Art. 9 Nr. 2 Buchst. a i.V.m. Art. 28 Abs. 5 des Gesetzes v. 25.7.2014.
3 Aufgehoben mit Wirkung vom 1.1.2015 durch Art. 9 Nr. 2 Buchst. a i.V.m. Art. 28 Abs. 5 des Gesetzes v. 25.7.2014.
4 Aufgehoben mit Wirkung vom 1.1.2015 durch Art. 9 Nr. 2 Buchst. a i.V.m. Art. 28 Abs. 5 des Gesetzes v. 25.7.2014.

Ort der sonstigen Leistung § 3a

lung über diese Netze sowie die Erbringung anderer damit unmittelbar zusammenhängender sonstiger Leistungen.

(5) *[Fassung bis 2014]* Ist der Empfänger einer in Absatz 4 Satz 2 Nr. 13 bezeichneten sonstigen Leistung weder ein Unternehmer, für dessen Unternehmen die Leistung bezogen wird, noch eine nicht unternehmerisch tätige juristische Person, der eine Umsatzsteuer-Identifikationsnummer erteilt worden ist, und hat er seinen Wohnsitz oder Sitz im Gemeinschaftsgebiet, wird die sonstige Leistung abweichend von Absatz 1 dort ausgeführt, wo er seinen Wohnsitz oder Sitz hat, wenn die sonstige Leistung von einem Unternehmer ausgeführt wird, der im Drittlandsgebiet ansässig ist oder dort eine Betriebsstätte hat, von der die Leistung ausgeführt wird.

(5) *[Fassung ab 2015[1]]* Ist der Empfänger einer der in Satz 2 bezeichneten sonstigen Leistungen

1. kein Unternehmer, für dessen Unternehmen die Leistung bezogen wird,
2. keine ausschließlich nicht unternehmerisch tätige juristische Person, der eine Umsatzsteuer-Identifikationsnummer erteilt worden ist,
3. keine juristische Person, die sowohl unternehmerisch als auch nicht unternehmerisch tätig ist, bei der die Leistung nicht ausschließlich für den privaten Bedarf des Personals oder eines Gesellschafters bestimmt ist,

wird die sonstige Leistung an dem Ort ausgeführt, an dem der Leistungsempfänger seinen Wohnsitz, seinen gewöhnlichen Aufenthaltsort oder seinen Sitz hat. Sonstige Leistungen im Sinne des Satzes 1 sind:

1. die sonstigen Leistungen auf dem Gebiet der Telekommunikation;
2. die Rundfunk- und Fernsehdienstleistungen;
3. die auf elektronischem Weg erbrachten sonstigen Leistungen.

(6) Erbringt ein Unternehmer, der sein Unternehmen von einem im Drittlandsgebiet liegenden Ort aus betreibt,

1. eine in Absatz 3 Nr. 2 bezeichnete Leistung oder die langfristige Vermietung eines Beförderungsmittels,
2. eine in Absatz 4 Satz 2 Nummer 1 bis 10 bezeichnete sonstige Leistung an eine im Inland ansässige juristische Person des öffentlichen Rechts oder
3. eine in Absatz 5 Satz 2 Nummer 1 und 2 [*bis 2014*[2]: Absatz 4 Satz 2 Nr. 11 und 12] bezeichnete Leistung,

ist diese Leistung abweichend von Absatz 1, Absatz 3 Nummer 2, Absatz 4 Satz 1 oder Absatz 5[3] als im Inland ausgeführt zu behandeln, wenn sie dort ge-

---

1 Neu gefasst mit Wirkung vom 1.1.2015 durch Art. 9 Nr. 2 Buchst. b i.V.m. Art. 28 Abs. 5 des Gesetzes v. 25.7.2014.
2 Geändert mit Wirkung vom 1.1.2015 durch Art. 9 Nr. 2 Buchst. c i.V.m. Art. 28 Abs. 5 des Gesetzes v. 25.7.2014. Redaktionelle Richtigstellung durch Art. 9 Nr. 1 des Gesetzes v. 22.12.2014.
3 Bis 2014: „Absatz 1, Absatz 3 Nr. 2 oder Absatz 4 Satz 1"; geändert mit Wirkung vom 1.1.2015 durch Art. 9 Nr. 2 Buchst. c i.V.m. Art. 28 Abs. 5 des Gesetzes v. 25.7.2014.

nutzt oder ausgewertet wird. Wird die Leistung von einer Betriebsstätte eines Unternehmers ausgeführt, gilt Satz 1 entsprechend, wenn die Betriebsstätte im Drittlandsgebiet liegt.

(7) Vermietet ein Unternehmer, der sein Unternehmen vom Inland aus betreibt, kurzfristig ein Schienenfahrzeug, einen Kraftomnibus oder ein ausschließlich zur Beförderung von Gegenständen bestimmtes Straßenfahrzeug, ist diese Leistung abweichend von Absatz 3 Nr. 2 als im Drittlandsgebiet ausgeführt zu behandeln, wenn die Leistung an einen im Drittlandsgebiet ansässigen Unternehmer erbracht wird, das Fahrzeug für dessen Unternehmen bestimmt ist und im Drittlandsgebiet genutzt wird. Wird die Vermietung des Fahrzeugs von einer Betriebsstätte eines Unternehmers ausgeführt, gilt Satz 1 entsprechend, wenn die Betriebsstätte im Inland liegt.

(8) Erbringt ein Unternehmer eine Güterbeförderungsleistung, ein Beladen, Entladen, Umschlagen oder ähnliche mit der Beförderung eines Gegenstandes im Zusammenhang stehende Leistungen im Sinne des § 3b Absatz 2, eine Arbeit an beweglichen körperlichen Gegenständen oder eine Begutachtung dieser Gegenstände, eine Reisevorleistung im Sinne des § 25 Absatz 1 Satz 5 oder eine Veranstaltungsleistung im Zusammenhang mit Messen und Ausstellungen, ist diese Leistung abweichend von Absatz 2 als im Drittlandsgebiet ausgeführt zu behandeln, wenn die Leistung dort genutzt oder ausgewertet wird. *[bis 2014:]* Erbringt ein Unternehmer eine sonstige Leistung auf dem Gebiet der Telekommunikation, ist diese Leistung abweichend von Absatz 1 als im Drittlandsgebiet ausgeführt zu behandeln, wenn die Leistung dort genutzt oder ausgewertet wird. Die Sätze 1 und 2 gelten *[Fassung ab 2015:]* Satz 1 gilt nicht, wenn die dort genannten Leistungen in einem der in § 1 Absatz 3 genannten Gebiete tatsächlich ausgeführt werden.[1]

*EU-Recht*

Art. 43–47, 53, 54 Abs. 1 und Abs. 2 Buchst. b, Art. 55–56, 58 (ab 2015 in geänderter Fassung) und 59 MwStSystRL;

Art. 3, 6, 7, 10–13, 17–41 MwSt-DVO (Art. 7, 18 und 24 ab 2015 in geänderter Fassung); ab 2015 ferner Art. 6a, 6b, 9a, 13a, 24a–24f, 31c und 33a, ab 2017 auch Art. 13b und 31a MwSt-DVO.

*VV*

Abschn. 3a.1–3a.16 UStAE.

| | |
|---|---|
| **A. Überblick, Allgemeines** ........ 1 | II. Unternehmer (Sätze 1, 2 und 3 Halbs. 1 Alt. 2) |
| **B. Unternehmer und juristische Personen als Empfänger (Abs. 2)** | 1. Glaubhaftmachung („Nachweis") der Unternehmereigenschaft ................ 17 |
| I. Allgemeines ................ 13 | |

---

[1] Satz 2 aufgehoben und der bisherige Satz 3 neu gefasst mit Wirkung vom 1.1.2015 durch Art. 9 Nr. 2 Buchst. d i.V.m. Art. 28 Abs. 5 des Gesetzes v. 25.7.2014.

2. Leistung für das Unternehmen . 19
3. Unternehmenssitz ............ 26
4. Betriebsstätte (feste Niederlassung)........................ 27

III. Nichtunternehmerische juristische Personen mit USt-IdNr. (Satz 3 Halbs. 1 Alt. 1) ......... 33

C. **Einzelne sonstige Leistungen (Abs. 3)**

I. Vorbemerkungen.............. 36
II. Leistungen im Zusammenhang mit einem Grundstück (Nr. 1) .. 37
III. Vermietung eines Beförderungsmittels (Nr. 2)
 1. Kurzfristige Vermietung (Nr. 2 Sätze 1 und 2) ........... 46
 2. Langfristige Vermietung an Nichtunternehmer (Nr. 2 Sätze 3 und 4)................ 50
IV. Kulturelle, unterhaltende u.ä. Leistungen an Nichtunternehmer (Nr. 3 Buchst. a)........... 51
V. Restaurationsleistungen (Nr. 3 Buchst. b).............. 61
VI. Arbeiten an beweglichen Gegenständen und deren Begutachtung (Nr. 3 Buchst. c)....... 62
VII. Vermittlungsleistungen (Nr. 4) . 68
VIII. Einräumung von Eintrittsberechtigungen und damit zusammenhängende sonstige Leistungen gegenüber Unternehmern (Nr. 5) .............. 73

D. **Bestimmte sonstige Leistungen an Nichtunternehmer im Drittlandsgebiet (Abs. 4)**

I. Allgemeines ................. 82
II. Ansässigkeit im Drittlandsgebiet ..................... 87
III. Die einzelnen Leistungen (Abs. 4 Satz 2)
 1. Allgemeines, Abgrenzung...... 89
 2. Einräumung, Übertragung, Wahrnehmung sowie Verzicht auf die Ausübung von Schutz- u.ä. Rechten (Nr. 1 und Nr. 8) .. 91

3. Leistungen auf dem Gebiet der Werbung (Nr. 2) .............. 95
4. Leistungen bestimmter Freiberufler, Beratungs- und ähnliche Leistungen (Nr. 3) ............ 96
5. Datenverarbeitung (Nr. 4) ..... 104
6. Überlassung von Informationen (Nr. 5) ................... 105
7. Bank-, Finanz- und Versicherungsumsätze (Nr. 6).......... 108
8. Gestellung von Personal (Nr. 7) ...................... 111
9. Verzicht, ganz oder teilweise eine unternehmerische Tätigkeit auszuüben (Nr. 9)......... 112
10. Vermietung beweglicher Gegenstände (Nr. 10).......... 113
11. Telekommunikationsleistungen (Nr. 11 *[bis 2014]*)......... 114
12. Rundfunk- und Fernsehdienstleistungen (Nr. 12 *[bis 2014]*) ................. 115
13. Auf elektronischem Weg erbrachte sonstige Leistungen (Nr. 13 *[bis 2014]*) ............ 117
14. Zugangsgewährung zu Energienetzen und damit verbundene Dienstleistungen (Nr. 14)...... 123

E. **Telekommunikations-, Rundfunk- und elektronisch erbrachte Dienstleistungen (Abs. 5 idF ab 2015)** ........... 124

F. **Übrige sonstige Leistungen an Nichtunternehmer (Abs. 1)**

I. Allgemeines, Abgrenzungen ... 126
II. Einzelfälle .................. 135

G. **Ansässigkeit des leistenden Unternehmers im Drittlandsgebiet**

I. Elektronische Dienstleistungen (Abs. 5 a.F.) ................. 136
II. Vermietung von Beförderungsmitteln (Abs. 6 Nr. 1) ........ 139
III. Juristische Person des öffentlichen Rechts als Leistungsempfänger (Abs. 6 Nr. 2)....... 140

IV. Telekommunikations-, Rundfunk- und Fernsehdienstleistungen (Abs. 6 Nr. 3) .......... 141

H. **Verlagerung des Ortes in das Drittlandsgebiet**

I. Ansässigkeit des Mieters bestimmter Transportfahrzeuge im Drittland (Abs. 7) .......... 142

II. Bestimmte Dienstleistungen gegenüber inländischen Unternehmern (Abs. 8 Satz 1 und Satz 3 a.F., Satz 2 n.F.) ........ 143

III. Telekommunikationsleistungen gegenüber Nichtunternehmern (Abs. 8 Sätze 2 und 3 a.F.) 149

## A. Überblick, Allgemeines

1   Die 2009 wesentlich veränderte und 2010 erneut (durch Änderung des § 3a Abs. 3 Nr. 3 Buchst. a UStG und des § 3a Abs. 4 Nr. 14 UStG sowie durch Einfügung des § 3a Abs. 3 Nr. 5 und Abs. 8 UStG) modifizierte Vorschrift ist auf sonstige Leistungen anzuwenden, die nach dem 31.12.2009 bzw. 31.12.2010 ausgeführt werden (§ 27 Abs. 1 UStG).[1] Mit Wirkung vom 30.6.2013 ist zum Zwecke der Umsetzung des Art. 56 MwStSystRL n.F. der § 3a Abs. 3 Nr. 2 UStG durch Anfügung der Sätze 3 und 4 geändert worden; ferner ist § 3a Abs. 2 Satz 3 UStG zwecks Klarstellung neu gefasst worden.[2] Mit Wirkung vom 31.12.2014 ist § 3a Abs. 4 Satz 2 Nr. 6 Buchst. a UStG neu gefasst worden.[3] Zum 1.1.**2015** sind zur Umsetzung des Art. 58 MwStSystRL n.F. in § 3a Abs. 4 Satz 2 die Nummern 11 bis 13 aufgehoben, der Absatz 5 neu gefasst und die Absätze 6 und 8 geändert worden.[4]

Die richtlinienkonforme Auslegung der Vorschrift wird in zunehmendem Maße durch Bestimmungen der MwSt-DVO determiniert.

2   Regelungen zum Ort der sonstigen Leistungen dienen (wie die Regeln zum Ort der Lieferung) der territorialen Zuordnung[5] der Leistungen und damit der Bestimmung der **Steuerbarkeit** oder Nichtsteuerbarkeit der Umsätze. Sie präzisieren als **Hilfsnormen** das Tatbestandsmerkmal des § 1 Abs. 1 Nr. 1 UStG „im Inland" (*§ 1 Rz. 5 i.V.m. Rz. 114*). Derartige Regelungen finden sich nicht nur in § 3a UStG, sondern ergänzend auch noch in den §§ 3b, 3e und 3f UStG sowie in § 25 Abs. 1 Satz 4 UStG (Spezialregelung für Reiseleistungen gegenüber Nichtunternehmern). § 3b UStG i.V.m. §§ 2–7 UStDV betrifft bestimmte Beförderungsleistungen und damit zusammenhängende Dienstleistungen, § 3e UStG bezieht sich auf Restaurationsleistungen an Bord von Beförderungsmitteln und § 3f UStG enthält (leerlaufende) Regelungen für unentgeltliche sonstige Leistungen. § 3a UStG bestimmt mithin den Ort bei allen übrigen sonstigen Leistungen. Befindet sich der Ort der sonstigen Leistungen nach diesen Regeln im In-

---

1 I.V.m. Art. 7 Nr. 2 i.V.m. Art. 39 Abs. 39 Gesetz v. 19.12.2008 bzw. i.V.m. Art. 4 Nr. 4 i.V.m. Art. 32 Abs. 5 Gesetz v. 8.12.2010.
2 Art. 10 Nr. 2 i.V.m. Art. 31 Abs. 1 Gesetz v. 26.6.2013.
3 Neu gefasst mit Wirkung vom 31.12.2014 durch Art. 10 Nr. 1 i.V.m. Art. 16 Abs. 1 des Gesetzes v. 22.12.2014.
4 Art. 9 Nr. 2 Buchst. d i.V.m. Art. 28 Abs. 5 des Gesetzes v. 25.7.2014.
5 Zu zwischenstaatlichen **Doppelbesteuerungskonflikten** *Stadie* in R/D, Einf. Anm. 746 ff.

land, obwohl der mutmaßliche Verbrauch im Ausland („Bestimmungsland") stattfindet, so wird die Rechtsfolge nur **in Ausnahmefällen durch** eine **Steuerbefreiung** (insbesondere § 4 Nr. 1 Buchst. a i.V.m. § 7 und § 4 Nr. 3 und 5 UStG) **korrigiert.**

§ 3a **Abs. 1** UStG ist (entsprechend Art. 45 MwStSystRL) als Grundregel formuliert. Danach scheint der Ort grundsätzlich dort zu sein, von wo aus der leistende Unternehmer sein Unternehmen betreibt oder wo die Betriebsstätte (im Sinn einer festen Niederlassung, *Rz. 26 ff.*) belegen ist, der die sonstige Leistung zuzurechnen ist. Da jedoch die Absätze 2 bis 8 (neben den §§ 3b, 3e und 3f UStG) für die weit überwiegende Zahl von sonstigen Leistungen Sonderregelungen enthalten, wird das Verhältnis von Regel und Ausnahme umgekehrt, so dass es sich bei § 3a Abs. 1 UStG nur um eine **scheinbare Grundregel** handelt. Tatsächlich fungiert diese Bestimmung nur als **Auffangnorm** bei denjenigen sonstigen Leistungen gegenüber **Nichtunternehmern,** für die es keine gesonderte Regelung gibt. § 3a UStG ist deshalb schlecht aufgebaut. Besser wäre es gewesen, wenn die Aussage des § 3a Abs. 1 UStG an das Ende der Vorschrift gestellt worden wäre. Folglich wird § 3a Abs. 1 UStG erst zum Schluss behandelt (*Rz. 126 ff.*) 3

§ 3a **Abs. 1** UStG **widerspricht** mit der Anknüpfung an die Ansässigkeit des leistenden Unternehmers dem **Verbrauchsort- („Bestimmungsland"-)Prinzip.** Diese Regelung ist indes insoweit geboten, als anderenfalls bei Leistungsempfängern, welche *im Gemeinschaftsgebiet* ansässig sind, die Verlagerung des Ortes in den Mitgliedstaat der Ansässigkeit als mutmaßlichem Ort des Verbrauchs dazu führen würde, dass die Dienstleistungen praktisch nicht besteuert würden (*Rz. 8 u. Rz. 86*). 4

§ 3a **Abs. 2** UStG verwirklicht hingegen das **Verbrauchsortprinzip,** indem der Ort bei Dienstleistungen an einen Unternehmer für dessen **Unternehmen** sowie an nichtunternehmerische **juristische Personen mit Umsatzsteuer-Identifikationsnummer** zum Empfänger verlegt wird. Damit muss, wenn der Ort im Gemeinschaftsgebiet liegt und der leistende Unternehmer nicht im Inland ansässig ist, die Steuerschuldnerschaft des Leistungsempfängers einhergehen, da anderenfalls die Besteuerung im Gemeinschaftsgebiet nicht sichergestellt wäre (*Rz. 14*). Unverständlich ist, dass der Ort nicht auch bei Dienstleistungen für den nichtunternehmerischen Bereich beim Unternehmer liegt (*Rz. 19*). 5

Die Regelungen des § 3a **Abs. 3** UStG[1] enthalten **kein gemeinsames Prinzip,** da der Ort zum Teil in das Land des mutmaßlichen Verbrauchs und zum Teil in das Land des Tätigwerdens gelegt wird. Bei der Mehrheit dieser Dienstleistungen lässt sich allenfalls als gemeinsamer Nenner feststellen, dass sie nicht aus der Ferne erbracht, sondern vor Ort ausgeführt und dort regelmäßig auch verbraucht werden. Innerhalb der Gemeinschaft kann das zur Nichtbesteuerung führen[2] (vgl. z.B. *Rz. 38*). 6

---

1 Entsprechend Art. 46, 47, 53, 54 Abs. 1 und Abs. 2 Buchst. b, Art. 55 und 56 MwStSystRL.
2 Vgl. *Stadie* in R/D, § 3a UStG Anm. 14 u. 55 ff.

7 Dem § 3a **Abs. 4** UStG[1] liegt das klare Konzept zugrunde, den Ort in den dort genannten Fällen in das **Land** des mutmaßlichen Verbrauchs zu legen, wenn der **Empfänger** der Dienstleistung **im Drittlandsgebiet ansässig** ist (*Rz. 83 ff.*). Bei einem Unternehmer (welcher die Leistung für sein Unternehmen bezieht) oder einer juristischen Person mit Umsatzsteuer-Identifikationsnummer als Empfänger folgt das bereits aus § 3a Abs. 2 UStG.

8 **Beispiele**

Ein Rechtsanwalt berät in seiner Kölner Kanzlei oder im Urlaub auf Mauritius

(1) einen Unternehmer oder eine juristische Person mit USt-IdNr. aus (d.h. mit Ansässigkeit in) Frankreich,

(2) einen Unternehmer aus den USA,

(3) eine Privatperson aus Russland,

(4) eine Privatperson aus Österreich.

Der Ort der Beratungsleistung ist in den Fällen 1 und 2 nach § 3a Abs. 2 UStG in Frankreich bzw. in den USA, da der Empfänger jeweils Unternehmer bzw. eine solchen gleichgestellte juristische Person mit USt-IdNr. ist. Im Falle 3 ist der Ort der in § 3a Abs. 4 Satz 2 Nr. 3 UStG genannten Beratungsleistung nach § 3a Abs. 4 Satz 1 UStG in Russland, weil der Empfänger im Drittlandsgebiet ansässig ist, und im Falle 4 nach § 3a Abs. 1 UStG in Deutschland.

In den Fällen 1–3 ist der Ort verbrauchsteuerkonform im Lande des mutmaßlichen Verbrauchs der sonstigen Leistung (Verbrauchsortprinzip). Im Falle 1 ist die Besteuerung im zur Gemeinschaft gehörenden Land des mutmaßlichen Verbrauchs dadurch sichergestellt, dass der Empfänger als Unternehmer bzw. juristische Person mit USt-IdNr. (aufgrund unionseinheitlicher Vorgabe des Art. 196 MwStSystRL) Schuldner der französischen Umsatzsteuer ist (im umgekehrten Fall griffe die deutsche Regelung des § 13b Abs. 1 i.V.m. Abs. 5 Satz 1 UStG).

Im Fall 4 wird der Grundsatz des Verbrauchsortprinzips durchbrochen, weil anderenfalls die Besteuerung innerhalb der Gemeinschaft nicht sichergestellt wäre. Wäre der Ort auch in diesem Fall in Österreich, so würde im Regelfall die Besteuerung in Österreich nicht durchgeführt werden, da der Vorgang den dortigen Behörden so gut wie nie bekannt würde. Doch selbst wenn das per Zufall geschähe, wäre die Besteuerung des Unternehmers aus Deutschland nur im Wege der Amtshilfe möglich. Die Besteuerung in Deutschland erfolgt zwar im falschen Land der Union, sie findet aber wenigstens statt (im Regelfall).

9 Durch § 3a **Abs. 5** UStG i.d.F. **bis 2014** wird der Ort von **auf elektronischem Weg** erbrachten Dienstleistungen, welche **von im Drittlandsgebiet ansässigen Unternehmern** ausgeführt werden, in den Mitgliedstaat gelegt, in dem der Empfänger ansässig ist. § 3a Abs. 5 UStG i.d.F. **ab 2015** legt den Ort bei **Telekommunikations-, Rundfunk- und auf elektronischem Weg erbrachten Dienstleistungen** unabhängig von der Ansässigkeit des Unternehmers **generell** dorthin, **wo der Leistungsempfänger ansässig** ist. Ist der Empfänger Unternehmer (welcher die Leistung für sein Unternehmen bezieht) oder eine juristische Person mit Umsatzsteuer-Identifikationsnummer, so folgt das bereits aus § 3a Abs. 2 UStG. Auch nach § 3a **Abs. 6–8** UStG befindet sich bei bestimmten sonstigen Leistungen der Ort in dem Land, wo die jeweilige Leistung (mutmaßlich) verbraucht („genutzt oder ausgewertet") wird (*Rz. 136 ff.*).

---

1 Entsprechend Art. 59 MwStSystRL.

Enthält eine als Einheit zu sehende (dazu § 3 Rz. 197) sonstige Leistung **verschiedene Dienstleistungselemente (Leistungsbündel, komplexe Leistung**[1]), die für sich gesehen jeweils unter verschiedene Regelungen des § 3a UStG (und/oder des § 3b bzw. § 3e UStG) fallen würden, so bestimmt sich der Ort der sonstigen Leistung, wenn kein Dienstleistungselement dominiert und der Gesamtleistung als Hauptleistung das Gepräge gibt, grundsätzlich nach § 3a Abs. 1 UStG[2] (zu Beispielen s. *Rz. 135*). Ist der Empfänger hingegen Unternehmer, der die Leistung für sein Unternehmen bezieht, oder eine nicht unternehmerisch tätige juristische Person mit USt-IdNr., so richtet sich für derartige komplexe Leistungen der Ort nach § 3a Abs. 2 UStG. Das gilt auch, wenn für die einzelnen Leistungsteile **Subunternehmer** eingeschaltet werden.[3]

10

Die Bestimmung des Ortes bei sonstigen Leistungen hängt somit von **Eigenschaften** (Unternehmer, Nichtunternehmer) und **Umständen** (Ansässigkeit; Nutzung im Inland oder Drittland als Voraussetzung nach § 3a Abs. 6 ff. UStG, s. *Rz. 140 ff.*) auf Seiten des Empfängers ab. Nach dem Gesetzeswortlaut scheint es auch insoweit allein auf die objektive Lage anzukommen, so dass das Risiko der Fehleinschätzung zu Lasten des Unternehmers ginge. Es wäre jedoch verfehlt, wenn der im Inland ansässige Unternehmer seine Annahme, dass der Ort abweichend von § 3a Abs. 1 UStG nicht im Inland liegt, nach den Regeln über die objektive Beweislast „nachweisen"[4] müsste. Den Unternehmer treffen **keine Nachforschungspflichten** (s. aber Art. 20 Satz 2, Art. 22 und Art. 24 ff. MwStDVO). Da der Unternehmer nur zwangsverpflichteter Gehilfe des Staates bei der Besteuerung der Verbraucher ist (*Vorbem. Rz. 20*), ist es für ihn **unzumutbar**, das **Risiko der zutreffenden Besteuerung** seiner Umsätze zu tragen. Vielmehr obliegt es dem Leistungsempfänger (Auftraggeber), dem leistenden Unternehmer glaubhaft die Voraussetzungen dafür darzulegen, dass der Ort nicht im Inland liegt, wenn sich das nicht bereits aus den äußeren Umständen ergibt (s. auch *Rz. 17 ff.*).

11

Steht im Zeitpunkt einer **Anzahlung** der Ort der Dienstleistung noch nicht fest, so ist vorerst ebenfalls von der Regel des § 3a Abs. 1 UStG auszugehen[5]; eine ggf. erforderliche Korrektur der Besteuerung erfolgt in entsprechender Anwendung des § 17 Abs. 2 Nr. 2 UStG (*§ 17 Rz. 64* a.E.).

Wird ein selbständiger **Erfüllungsgehilfe** in der Weise bei der Erbringung einer Leistung eingeschaltet, dass er für seinen Auftraggeber als dessen Hilfsperson bei der Ausführung der von diesem geschuldeten Leistung mitwirkt und diese ganz oder teilweise (als sog. **Subunternehmer**) ausführt[6], bestimmt sich der Ort der vom Erfüllungsgehilfen erbrachten sonstigen Leistung nach der Art dieser

12

---
1 So EuGH v. 25.1.2001 – C-429/97, EuGHE 2001, I-637 = UR 2001, 265.
2 Vgl. BFH v. 26.3.1992 – V R 16/88, BStBl. II 1992, 929; BFH v. 5.6.2003 – V R 25/02, BStBl. II 2003, 734; BFH v. 1.12.2010 – XI R 27/09, BStBl. II 2011, 458; BFH v. 13.1.2011 – V R 63/09, BStBl. II 2011, 461 – Rz. 22; *Stadie* in R/D, § 3a UStG Anm. 91 ff., 612.
3 EuGH v. 25.1.2001 – C-429/97, EuGHE 2001, I-637 = UR 2001, 265 – Abfallentsorgung.
4 So aber Abschn. 3a.2 Abs. 9 Sätze 1 und 6 ff., Abs. 11 UStAE.
5 Vgl. BFH v. 8.9.2011 – V R 42/10, BStBl. II 2012, 248.
6 „Reihengeschäft" bei sonstigen Leistungen. Der Begriff ist allerdings überflüssig.

Leistung und ist unabhängig von dem Ort der sonstigen Leistung, die sein Auftraggeber mit Hilfe des Subunternehmers ausführt.[1]

## B. Unternehmer und juristische Personen als Empfänger (Abs. 2)
### I. Allgemeines

13 Sonstige Leistungen, die an einen Unternehmer **für** dessen **Unternehmen** ausgeführt werden, werden grundsätzlich (zu Ausnahmen *Rz. 16*) an dem Ort ausgeführt, von dem aus der jeweilige Empfänger sein Unternehmen betreibt (§ 3a Abs. 2 Satz 1 UStG). Wird die sonstige Leistung an „die Betriebsstätte" (*Rz. 26 ff.*) des Empfängers ausgeführt, ist stattdessen (Art. 44 Satz 2 MwSt-SystRL: „jedoch") der Ort der „**Betriebsstätte**" maßgebend (Satz 2). Entsprechendes gilt bei sonstigen Leistungen an eine nicht unternehmerisch tätige **juristische Person**, der eine **Umsatzsteuer-Identifikationsnummer** erteilt worden ist (Satz 3).

14 Mit diesen Regelungen wird, wenn leistender Unternehmer und Leistungsempfänger in verschiedenen Staaten ansässig sind, das **Verbrauchsort-** („**Bestimmungsland-**")**Prinzip** verwirklicht. Damit muss dann, wenn der Ort im Gemeinschaftsgebiet liegt, die **Steuerschuldnerschaft** des **Leistungsempfängers** einhergehen, da anderenfalls die Besteuerung im Gemeinschaftsgebiet nicht sichergestellt wäre. Folgerichtig bestimmt Art. 196 MwStSystRL, dass der Steuerpflichtige oder die nicht steuerpflichtige juristische Person mit einer MwSt-IdNr., für den bzw. die eine Dienstleistung nach Art. 44 MwStSystRL (entspricht § 3a Abs. 2 UStG) erbracht wird, die Steuer schuldet, wenn die Dienstleistung von einem nicht in diesem Mitgliedstaat ansässigen Steuerpflichtigen erbracht wird. Art. 196 MwStSystRL ist von § 13b Abs. 1 i.V.m. Abs. 5 Satz 1 Halbs. 1 UStG umgesetzt worden (*§ 13b Rz. 14 ff.*). Für vorsteuerabzugsberechtigte Unternehmer bewirkt die Regelung zudem, dass die Vergütung der Steuer nicht mehr im anderen Mitgliedstaat beantragt werden muss.

15 Das **Junktim** zwischen Art. 44 und Art. 196 MwStSystRL verlangt zur Vermeidung von Doppelbesteuerungen und Nichtbesteuerungen bei Dienstleistungen zwischen Beteiligten, welche im Gemeinschaftsgebiet ansässig sind, eine **übereinstimmende Auslegung** und **korrespondierende Anwendung** beider Normen und damit auch des § 3a Abs. 2 UStG und des § 13b Abs. 1 i.V.m. Abs. 5 Satz 1 UStG.[2]

16 Die Regelungen des § 3a Abs. 2 UStG gelten vorbehaltlich der **Absätze 3 bis 8** und der **§§ 3b, 3e und 3f** UStG, d.h. deren Ortsbestimmungen **gehen vor**. Folglich bestimmt sich der Ort bei

– sonstigen Leistungen im **Zusammenhang mit einem Grundstück** nach § 3a Abs. 3 Nr. 1 UStG;

– **kurzfristigen Vermietungen** von **Beförderungsmitteln** nach § 3a Abs. 3 Nr. 2, Abs. 6 Satz 1 Nr. 1 oder Abs. 7 UStG;

---
[1] Vgl. Abschn. 3a.15 UStAE; *Stadie* in R/D, § 3a UStG Anm. 98 f.; FG Hess. v. 25.5.2010 – 6 K 1173/07, EFG 2011, 182.
[2] *Stadie* in R/D, § 3a UStG Anm. 122.

– **Restaurationsleistungen** nach § 3a Abs. 3 Nr. 3 Buchst. b oder § 3e UStG;
– der **Einräumung** von **Eintrittsberechtigungen** und damit **zusammenhängenden Leistungen** nach § 3a Abs. 3 Nr. 5 UStG;
– bestimmten sonstigen Leistungen, deren **tatsächliche Ausführung im Drittland** erfolgt, nach § 3a Abs. 8 UStG;
– **Personenbeförderungen** nach § 3b Abs. 1 Sätze 1 und 2 UStG und
– **unentgeltlichen Leistungen** nach (dem allerdings leerlaufenden) § 3f UStG.

## II. Unternehmer (Sätze 1, 2 und 3 Halbs. 1 Alt. 2)

### 1. Glaubhaftmachung ("Nachweis") der Unternehmereigenschaft

Den leistenden Unternehmer treffen keine Nachforschungspflichten zum Status seines Auftraggebers (*Rz. 11*). Vielmehr obliegt es dem Leistungsempfänger (Auftraggeber), dem leistenden Unternehmer glaubhaft die Voraussetzungen dafür darzulegen, dass der Ort abweichend von § 3a Abs. 1 UStG bzw. Art. 45 MwStSystRL nicht im Inland bzw. Ansässigkeitsstaat des leistenden Unternehmers liegt.

17

Bei einem in der Gemeinschaft ansässigen Leistungsempfänger reicht die **Mitteilung** einer **Umsatzsteuer-Identifikationsnummer** eines anderen Mitgliedstates aus, lt. Art. 18 Abs. 1 Buchst. a MwSt-DVO jedoch nur, wenn die Nummer vom BZSt bestätigt worden war.[1] Letzteres ist unverhältnismäßig, da der Unternehmer nur zwangsverpflichteter Gehilfe des Staates ist (*Vorbem. Rz. 20*). Eine derartige Überprüfungspflicht besteht nur, wenn Zweifel an der Gültigkeit der Nummer bestehen.

Bei einem außerhalb der Gemeinschaft ansässigen Leistungsempfänger muss sich der Unternehmer eine **Bescheinigung** der für diesen zuständigen ausländischen Steuerbehörde über dessen Unternehmereigenschaft oder eine diesbezügliche Steuernummer oder einen **anderen Nachweis** vorlegen lassen (Art. 18 Abs. 3 MwSt-DVO).

Ist der Leistungsempfänger gleichwohl objektiv kein Unternehmer, so genießt der leistende Unternehmer **Vertrauensschutz** (*Vorbem. Rz. 26*). Der Vertrauensschutz ist unmittelbar im Festsetzungsverfahren zu beachten.[2] Bei Nichtverwendung einer USt-IdNr. durch den in einem anderen Mitgliedstaat ansässigen Auftraggeber kann davon ausgegangen werden, dass dieser kein Unternehmer ist (Art. 18 Abs. 2 MwSt-DVO).

Aus den Art. 18 Abs. 1 Buchst. b und Abs. 2 Unterabs. 1 **MwSt-DVO** ("keine gegenteiligen Informationen"[3], Art. 20 Satz 3 sowie aus Art. 55 Satz 1 MwSt-DVO folgt, dass bei einem in einem anderen Mitgliedstaat ansässigen Leistungsempfänger die Mitteilung der **USt-IdNr. keine zwingende Voraussetzung** für die Anwendung des § 3a Abs. 2 UStG, Art. 44 MwStSystRL sein, sondern der „**Nach-**

18

---

[1] Ebenso Abschn. 3a.2 Abs. 9 Sätze 4 und 5 UStAE.
[2] Vgl. *Wäger* in S/R, § 3a UStG Rz. 70.
[3] Dazu FG Saarl. v. 7.11.2013 – 1 K 1307/11, EFG 2014, 381 (383).

weis" (richtig: die **Glaubhaftmachung**) der Unternehmereigenschaft auch **auf andere Weise** erfolgen können soll.

Das **widerspricht** allerdings dem eindeutigen **Konzept** der **MwStSystRL**, wonach der leistende Unternehmer nicht nur in seiner Rechnung (Art. 226 Nr. 4 MwStSystRL, § 14a Abs. 1 UStG), sondern vor allem in der **Zusammenfassenden Meldung** die USt-IdNr. des Auftraggebers (Leistungsempfängers) angeben muss (Art. 264 Abs. 1 Buchst. b MwStSystRL, § 18a Abs. 7 Nr. 3 UStG). Die **Erfüllung** dieser **Mitwirkungspflicht** müsste danach Voraussetzung für die Anwendung des § 3a Abs. 2 UStG, Art. 44 MwStSystRL sein, damit das **Junktim** zwischen Ortsverlagerung und der notwendig damit korrespondierenden **Steuerschuldnerschaft** des **Leistungsempfängers** (*Rz. 14 f.*) prinzipiell gewährleistet, d.h. (zumindest theoretisch) sichergestellt ist, dass der Mitgliedstaat des Leistungsempfängers diesen als Steuerschuldner (entsprechend Art. 196 MwStSystRL, § 13b UStG) heranziehen kann (vgl. zur entsprechenden Problematik bei der Steuerfreiheit der innergemeinschaftlichen Lieferung *§ 6a Rz. 24 f.*). Wenn ein Unternehmer Dienstleistungen für sein Unternehmen aus einem anderen Mitgliedstaat ohne Verwendung einer MwSt-IdNr. bezieht und nicht zugleich mitteilt, dass er aber eine solche beantragt hat (Art. 18 Abs. 1 Buchst. b MwSt-DVO), lässt das nur den Schluss zu, dass er sich der Besteuerung entziehen will. Solange jedoch die Aussagen der genannten MwSt-DVO-Bestimmungen nicht vom EuGH korrigiert worden sind (*Vorbem. Rz. 65*), muss es dabei bleiben, dass die Mitteilung der USt-IdNr. nicht zwingende Voraussetzung für die Anwendung des § 3a Abs. 2 UStG ist. Die Aussagen des **BMF** dazu sind **widersprüchlich**.[1]

## 2. Leistung für das Unternehmen

19  Nach dem Wortlaut des § 3a Abs. 2 Satz 1 UStG reicht nicht aus, dass der Leistungsempfänger Unternehmer ist, es muss vielmehr hinzukommen, dass die Leistung auch für sein Unternehmen bezogen wird. Diese nur teilweise durch Art. 44 MwStSystRL („an einen Steuerpflichtigen, der als solcher handelt") vorgegebene **Einschränkung** (dazu näher *Rz. 24*) ist vom Gesetzeszweck her **verfehlt**. Sind leistender Unternehmer und Leistungsempfänger in verschiedenen Mitgliedstaaten ansässig, so verlangt das Verbrauchsortprinzip die Verlagerung des Ortes in den Mitgliedstaat, in dem der Leistungsempfänger ansässig ist, welcher dann nach Art. 196 MwStSystRL, § 13b UStG Steuerschuldner wäre. Diese Rechtsfolge wäre auch insofern sachgerecht und zumutbar, da der Leistungsempfänger ohnehin schon als Unternehmer umsatzsteuerrechtliche Pflichten zu erfüllen hat, so dass er diese erst recht auch als Verbraucher in eigener Sache erfüllen könnte (s. auch *§ 13b Rz. 120*). Hinzu kommt, dass der leistende Unternehmer häufig nicht beurteilen kann, ob bzw. in welchem Umfang der Empfänger die Dienstleistung für sein Unternehmen bezieht. Diese **Ungewissheit** darf nicht zu seinen Lasten gehen, da er nur Gehilfe des Staates ist (*Vorbem. Rz. 20*). Folglich ist ihm, da ihn keine Nachforschungspflichten treffen, **Vertrauensschutz** zu gewähren (*Vorbem. Rz. 26*). Bei berechtigten Zweifeln muss bzw. kann der leistende Unternehmer davon ausgehen, dass die Dienstleistung nicht für das Unternehmen des Auftraggebers ausgeführt wird. Es obliegt dann die-

---

1 Vgl. Abschn. 3a.2 Abs. 9 Satz 2, 8 und 9 UStAE.

sem, das Gegenteil glaubhaft zu machen. Durch § 3a Abs. 2 Satz 3 Halbs. 1 Alt. 2 UStG ist die Aussage des Satzes 1 für juristische Personen weitgehend entfallen (Rz. 24 f.).

Hat der Leistungsempfänger dem Auftragnehmer eine USt-IdNr. mitgeteilt, so kann dieser **regelmäßig** davon ausgehen, dass die Leistung für dessen unternehmerischen Bereich bezogen wird, sofern nicht die Art der erbrachten Leistung dagegen spricht (Art. 19 Satz 2 MwSt-DVO).[1] Das **BMF** zählt einen **Katalog** von Dienstleistungen auf, die ihrer Art nach mit hoher Wahrscheinlichkeit nicht für das Unternehmen bestimmt sind.[2] Dieser Katalog kann nur Kopfschütteln hervorrufen, da wohl bei keinem der Beispiele ein Bezug zum Unternehmen denkbar ist. Deshalb ist es auch **absurd**, wenn das BMF als ausreichende Information für eine unternehmerische Verwendung eine entsprechende Erklärung des Leistungsempfängers[3] ansieht. Lediglich bei solchen Dienstleistungen, die auf Grund ihrer Art **Zweifel aufkommen** lassen können, ist eine vom Dienstleistungsempfänger abgegebene Erklärung über die von diesem beabsichtigte Verwendung in Betracht zu ziehen. Der Dienstleistungserbringer genießt **Vertrauensschutz** (Anm. 115), wenn die Erklärung glaubhaft erscheint. 20

Ohne Bedeutung ist es, wenn die Dienstleistung **zum Teil** auch **für private Zwecke** bestimmt ist (Art. 19 Satz 3 MwSt-DVO).

Eine **Mitteilung** der USt-IdNr. liegt auch dann vor, wenn diese auf dem Auftragsschreiben formular- bzw. standardmäßig aufgedruckt ist. Die gegenteilige Auffassung der Finanzverwaltung[4] ist wirklichkeitsfremd. Die USt-IdNr. kann auch noch nach Durchführung der sonstigen Leistung **nachträglich mitgeteilt** werden.[5] Rückwirkung tritt entgegen der Auffassung der Finanzverwaltung[6] nicht ein, vielmehr ist § 17 Abs. 1 Satz 7 UStG als Ausdruck eines allgemeinen umsatzsteuerrechtlichen Grundsatzes (§ 17 Rz. 90) anzuwenden. 21

Nimmt der Mitgliedstaat der Ansässigkeit des Empfängers diesen als Steuerschuldner in Anspruch, so ist ihm auf Grund der Verwendung seiner USt-IdNr. der Einwand genommen, dass er die Dienstleistung für private Zwecke bzw. nicht für sein Unternehmen bezogen habe, so dass sich der Ort nicht nach Art. 44 Satz 1 i.V.m. Art. 43 Nr. 1 MwStSystRL bzw. § 3a Abs. 2 Satz 1 UStG bestimme (**venire contra factum proprium**; § 13b Rz. 19). Ob die Dienstleistung für das Unternehmen bezogen wurde, ist dann beim Vorsteuerabzug (§ 15 Abs. 1 Satz 1 Nr. 4 UStG, Art. 168 Buchst. a MwStSystRL) zu klären. 22

Umkehrt gilt, dass, wenn der in einem Mitgliedstaat ansässige Auftraggeber **keine USt-IdNr. mitgeteilt** hat, zu vermuten ist, dass die Dienstleistung **nicht für sein Unternehmen** bezogen wird (vgl. Art. 19 Satz 2 MwSt-DVO). Will der Auftraggeber die Verlagerung des Ortes in seinen Ansässigkeitsstaat erreichen, so muss er zur Widerlegung dieser Vermutung eine USt-IdNr. nachreichen (Rz. 20).

---

1 Insoweit zutreffend Abschn. 3a.2 Abs. 9 Satz 4 UStAE.
2 Abschn. 3a.2 Abs. 11a Satz 4 i.V.m. Satz 1 UStAE.
3 Abschn. 3a.2 Abs. 11a Satz 3 UStAE.
4 Abschn. 3a.2 Abs. 10 Satz 5 UStAE.
5 Insoweit zutreffend Abschn. 3a.2 Abs. 10 Satz 6 UStAE.
6 Abschn. 3a.2 Abs. 9 Satz 8, Abs. 10 Satz 6 UStAE; ebenso FG Köln v. 16.10.2012 – 8 K 2753/08, EFG 2013, 168.

23  Bei **im Drittlandsgebiet Ansässigen** darf der Unternehmer nach Auffassung des BMF auf eine Erklärung des Auftraggebers, dass die Dienstleistung für sein Unternehmen bezogen wird, vertrauen[1], wenn diese Erklärung plausibel erscheint (sofern das nicht, wie insbesondere in den Fällen des § 3a Abs. 4 UStG, dahinstehen kann).

24  **Art. 43 Nr. 1 MwStSystRL** fingiert, dass ein Steuerpflichtiger, der **auch „Tätigkeiten"** ausführt oder „Umsätze" bewirkt, die **nicht steuerbar** sind, „**in Bezug auf alle** an ihn erbrachten **Dienstleistungen** als **Steuerpflichtiger**" gilt. **Art. 19 Satz 1 MwSt-DVO** bestimmt[2] einschränkend, dass die Regelungen für Dienstleistungen an Steuerpflichtige **nicht** auf Dienstleistungen Anwendung finden, die von Steuerpflichtigen ausschließlich **zum privaten Gebrauch einschließlich** des Gebrauchs durch ihr **Personal** empfangen werden. Mithin besteht eine Diskrepanz zwischen § 3a Abs. 2 Satz 1 UStG und Art. 43 Nr. 1 MwStSystRL, da nichtsteuerbare Tätigkeiten (im Inland)[3] aus der Sicht des deutschen UStG zum nichtunternehmerischen Bereich gehören. Diese **Diskrepanz** wird zwar weitgehend durch die an die Mitteilung einer USt-IdNr. geknüpfte Vermutung und den damit verbundenen Vertrauensschutz (*Rz. 18*) beseitigt, bliebe jedoch bei Dienstleistungen von im Drittlandsgebiet ansässigen Unternehmern bestehen. Sie wird indes durch eine richtlinienkonforme Auslegung beseitigt.

Nach der **Neufassung** des § 3a **Abs. 2 Satz 3 Halbs. 1 Alt. 2** UStG sollen nunmehr die Sätze 1 und 2 auch bei einer sonstigen Leistung an eine **juristische Person** (*Rz. 32*), die sowohl **unternehmerisch** als **auch nichtunternehmerisch** tätig ist, grundsätzlich entsprechend gelten (sofern die sonstigen Leistungen nicht ausschließlich für den privaten Bedarf des Personals oder eines Gesellschafters bestimmt sind).[4] Diese Aussage ergibt keinen Sinn, da eine juristische Person, die sowohl unternehmerisch als auch nichtunternehmerisch tätig ist, ohnehin schon von den Sätzen 1 und 2 erfasst wird[5]; es **fehlt** der **Zusatz** „wenn die Leistung **für den nichtunternehmerischen Tätigkeitsbereich** bestimmt ist". Die Einschränkung, dass das nicht gilt für sonstige Leistungen, die ausschließlich für den **privaten Bedarf** des **Personals** oder eines **Gesellschafters** bestimmt sind, geht zwar bezüglich des Gesellschafters über Art. 19 Satz 1 MwSt-DVO hinaus, ist jedoch eine zutreffende Umsetzung des 4. Erwägungsgrundes der Änderungs-Richtlinie 2008/8/EG.[6] Hierbei handelt es sich nur um eine Klarstellung, da derartige Leistungen nicht für den unternehmerischen Bereich und auch nicht für den Bereich nichtunternehmerischer „*Tätigkeiten*" (Art. 43 Nr. 1 MwStSystRL) bestimmt sein können. Soweit der Leistende die Verwendung seiner Dienst-

---

1 Abschn. 3a.2 Abs. 11a Satz 3 UStAE.
2 Entsprechend Erwägungsgrund 4 der Änderungs-Richtlinie 2008/8/EG.
3 Mit Ausnahme solcher Tätigkeiten, die, wie z.B. sog. Geschäftsveräußerungen, dem Grunde nach zu steuerbaren Umsätzen führen würden; in diesem Sinne auch Abschn. 3a.2 Abs. 8 Satz 2 UStAE.
4 Damit werde eine EU-einheitliche Auslegung der Art. 43 Nr. 1 und Art. 44 MwStSystRL umgesetzt; Begr. zum Entw. AmtshilfeRLUmsG zu Art. 7 Nr. 1 Buchst. a, BT-Drucks. 17/12375.
5 Die gegenteilige Auffassung von Abschn. 3a.2 Abs. 13 UStAE a.F. war nicht nachvollziehbar.
6 *Stadie* in R/D, § 3a UStG Anm. 168 i.V.m. Anm. 165.

leistung für diese Personen nicht erkennen kann, genießt er Vertrauensschutz (*Rz. 19 a.E.*).

Mit dieser Neufassung des § 3a Abs. 2 Satz 3 UStG ist zwischen **natürlichen Personen** als Unternehmern und juristischen Personen als Unternehmern zu unterscheiden, weil sich danach nur bei Letzteren der Ort der Leistungen für nichtunternehmerische Tätigkeitsbereiche nach § 3a Abs. 2 Satz 1 bestimmen soll. Diese Diskrepanz lässt sich nicht durch eine richtlinienkonforme Auslegung des § 3a Abs. 2 Satz 1 UStG beseitigen, indem zum „Unternehmen" auch nichtsteuerbare Tätigkeitsbereiche gezählt werden, da der Begriff des Unternehmens durch § 2 Abs. 1 Satz 2 UStG eindeutig als die gesamte gewerbliche und berufliche Tätigkeit des Unternehmers eingegrenzt ist. 25

Dass die Rechtsfolge der Ortsverlagerung bei natürlichen Personen nicht gilt, führt zwar zu einer **Ungleichbehandlung** natürlicher Personen und juristischer Personen, eine unternehmerische juristische Person, welche sich gegen die Anwendung des § 3a Abs. 2 Satz 3 Halbs. 1 Alt. 2 UStG und damit gegen die Steuerschuldnerschaft nach § 13b Abs. 1 i.V.m. Abs. 5 UStG bei nicht für ihr Unternehmen bezogenen Dienstleistungen wehren will, kann die Ungleichbehandlung allerdings schon deshalb nicht verhindern, weil das BVerfG insoweit nicht mehr zuständig ist (*Vorbem. Rz. 55 ff.*). Der EuGH kann keinen Verstoß gegen das Unionsrecht feststellen, weil die Inanspruchnahme der juristischen Person den Richtlinienvorgaben entspricht und diese auch nicht gegen primäres Unionsrecht verstoßen, weil nach der Richtlinie auch natürliche Personen als Steuerpflichtige zu erfassen sind, so dass danach der Gleichbehandlungsgrundsatz gewahrt ist. Es kann lediglich die Kommission von Deutschland eine Anpassung des § 3a Abs. 2 UStG verlangen.

### 3. Unternehmenssitz

Das Unternehmen wird dort betrieben, wo der **Sitz der wirtschaftlichen Tätigkeit** ist (Art. 44 Satz 1 MwStSystRL), d.h. dort, wo die Handlungen zur zentralen Verwaltung vorgenommen, nämlich die wesentlichen Entscheidungen zur allgemeinen Leitung des Unternehmens getroffen werden (Art. 10 Abs. 1 und 2 MwSt-DVO; dem entspricht § 10 AO: Mittelpunkt der geschäftlichen Oberleitung). Das Vorliegen einer Postanschrift allein ist ohne Bedeutung (vgl. Art. 10 Abs. 3 MwSt-DVO), so dass eine fiktive Ansiedlung in Form einer „Briefkastenfirma" oder „Strohfirma" unbeachtlich ist.[1] Der Sitz der wirtschaftlichen Tätigkeit kann sich auch am Wohnsitz oder gewöhnlichen Aufenthaltsort (dazu Art. 12 und 13 MwSt-DVO) des Unternehmers befinden, so dass die Aussage des Art. 44 Satz 3 MwStSystRL überflüssig ist, da sich in Ermangelung eines gesonderten Sitzes der wirtschaftlichen Tätigkeit dieser sich per se am Wohnsitz oder gewöhnlichen Aufenthaltsort befindet (*§ 13b Rz. 49*). Der leistende Unternehmer kann sich bezüglich der Ansässigkeit des Leistungsempfängers **an** dessen **USt-IdNr. orientieren** (vgl. Art. 20 Satz 3 MwSt-DVO). 26

---

1 EuGH v. 28.6.2007 – C-73/06, EuGHE 2007, I-5655 = UR 2007, 654.

## 4. Betriebsstätte (feste Niederlassung)

27 Die sonstige Leistung ist „jedoch" (Art. 44 Satz 2 MwStSystRL)[1] an eine – die Formulierung des § 3a Abs. 2 Satz 2 UStG „an die" ist verfehlt, da der Unternehmer mehrere Betriebsstätten haben kann[2] – **Betriebsstätte** (im Sinne einer festen Niederlassung, Rz. 30) ausgeführt, wenn sie dieser zuzuordnen ist, d.h. in dieser für deren Zwecke verwendet wird. Dass eine Betriebsstätte (bzw. feste Niederlassung) nicht im zivilrechtlichen Sinne Auftraggeber und Leistungsempfänger sein kann, ist unerheblich, da es nur auf die **Verwendung** der Leistung ankommt. Deshalb ist es auch ohne Belang, ob die Betriebsstätte den Auftrag „erteilt" bzw. die sonstige Leistung bezahlt hat (a.A. Art. 22 Abs. 1 Unterabs. 2 MwSt-DVO). Bei teilweiser Verwendung durch eine Betriebsstätte kommt entgegen BMF[3] eine **Aufteilung** auf das Stammhaus und die Betriebsstätte bzw. auf mehrere in Betracht.[4]

28 Die Frage, ob die Dienstleistung für das sog. Stammhaus oder für eine „Betriebsstätte" des Auftraggebers erbracht wird, berührt den leistenden Unternehmer nicht, wenn beide Unternehmensteile des Auftraggebers nicht im Ansässigkeitsstaat des leistenden Unternehmers belegen sind, da dann der Auftraggeber die Steuer als Leistungsempfänger schuldet (Art. 196 MwStSystRL, § 13b Abs. 1 i.V.m. Abs. 5 UStG). Die Frage ist für den Auftraggeber von Bedeutung, wenn beide Unternehmensteile in verschiedenen Mitgliedstaaten belegen sind, da die Antwort bestimmt, in welchem Mitgliedstaat er die Steuer schuldet. Ist hingegen einer der für die Zuordnung in Betracht kommenden Unternehmensteile im Ansässigkeitsstaat des leistenden Unternehmers belegen, so berührt auch ihn die **Zuordnungsfrage**, da er die Steuer schuldet, wenn die Dienstleistung für den in seinem Ansässigkeitsstaat belegenen Unternehmensteil erbracht wird.

29 Die Leistung darf m.E. **nur dann** als für eine **Betriebsstätte**/feste Niederlassung ausgeführt angesehen werden, **wenn** der Auftraggeber **deren USt-IdNr. mitgeteilt** hat (a.A. Art. 22 Abs. 1 Unterabs. 2 MwSt-DVO), weil nur so die Besteuerung im anderen Mitgliedstaat sichergestellt ist (durch Angabe der USt-IdNr. in der Zusammenfassenden Meldung erfährt der andere Mitgliedstaat von dem Vorgang). Anderenfalls wird der Unternehmer vom Sitz der wirtschaftlichen Tätigkeit des Leistungsempfängers als Ort ausgehen (vgl. Art. 22 Abs. 1 Unterabs. 3 MwSt-DVO).

Soweit der leistende Unternehmer nicht beurteilen kann, ob die Dienstleistung für einen im **Inland oder** für einen im **Drittland** belegenen Unternehmensteil ausgeführt wurde, darf er auf glaubhafte Angaben seines Auftraggebers vertrauen.

---

[1] Aufgrund des eindeutigen Wortlauts der Vorschrift besteht nicht etwa trotz der dahin gehenden, verwirrenden Formulierungen des EuGH v. 16.10.2014 – C-605/12, UR 2014, 937 – Rz. 53 ff., ein Wahlrecht der Behörde, statt des Sitzes der festen Niederlassung den Sitz der wirtschaftlichen Tätigkeit als Ort der Dienstleistung anzusehen; *Stadie* in R/D, § 3a UStG Anm. 194.
[2] Zutreffend hingegen Art. 44 Satz 1 MwStSystRL: „eine" feste Niederlassung.
[3] Abschn. 3a.2 Abs. 6 UStAE.
[4] *Stadie* in R/D, § 3a UStG Anm. 216.

Der **Begriff** der Betriebsstätte i.S.d. § 3a UStG bestimmt sich nicht nach § 12   30
AO[1], denn danach wäre Betriebsstätte jede feste Geschäftseinrichtung oder Anlage, die der Tätigkeit eines Unternehmens dient. Diese weit gefasste Definition ist nicht mit den Formulierungen des § 3a Abs. 1 Satz 2 und Abs. 2 Satz 2 UStG bzw. der Art. 44 Satz 2 und Art. 45 Satz 2 MwStSystRL zu vereinbaren. Danach muss die Betriebsstätte bzw. **feste Niederlassung** eine Einrichtung sein, „an" die bzw. „von" der die Dienstleistung „ausgeführt" bzw. „erbracht wird". Demgemäß muss die Niederlassung einen hinreichenden Grad an **Beständigkeit** sowie eine Struktur aufweisen, die von der **personellen** und **technischen Ausstattung** her erlaubt, Dienstleistungen für den eigenen Bedarf zu empfangen und zu verwenden bzw. Dienstleistungen zu erbringen (Art. 11 MwSt-DVO).[2] Diese Umschreibung ist auf die „Betriebsstätte" i.S.d. § 3a UStG zu übertragen, so dass die meisten Regelbeispiele des § 12 Satz 2 AO nicht die Voraussetzungen einer festen Niederlassung erfüllen. Der Begriff der Betriebsstätte i.S.d. § 3a UStG ist folglich **richtlinienkonform** i.S.d. Art. 11 MwSt-DVO zu verstehen.[3] Eine handelsregisterliche Eintragung als Zweigniederlassung ist nicht erforderlich.[4]

Die personelle und/oder technische **Ausstattung** muss dem **Träger der Niederlassung** (Auftraggeber) als „eigene" **zur Verfügung stehen**.[5] Das Personal muss in Vertragsverhältnissen mit diesem stehen[6] und die technische Ausstattung muss im Eigentum des Trägers der Niederlassung stehen oder aber von diesem aufgrund von Miet- o.ä. Verträgen im wesentlichen allein genutzt werden. Wird die personelle und/oder technische **Ausstattung** des **Dienstleistungserbringers** dem Auftraggeber für die Dauer der zu empfangenden Dienstleistungen zur Verfügung gestellt, so begründet der Auftraggeber dadurch keine feste Niederlassung.[7]

Aus dem Umstand, dass Art. 11 MwSt-DVO in seinen Absätzen 1 und 2 zwischen einer Dienstleistungen empfangenden und einer Dienstleistungen erbringenden Niederlassung unterscheidet, folgt **nicht**, dass eine feste Niederlassung auch dann anzunehmen ist, wenn sie nur Dienstleistungen empfängt, d.h. nur **passiv** ist und sich auf die Repräsentation, Akquisition, sog. Callcenteraktivitäten u.Ä. beschränkt.[8] So hat der EuGH zutreffend entschieden, dass eine feste Einrichtung, die nur dazu verwendet wird, für das Unternehmen Tätigkeiten vorbereitender Art oder **Hilfstätigkeiten** vorzunehmen, keine feste Niederlassung ist.[9] Erforderlich ist **vielmehr**, wie der EuGH zu Art. 44 MwStSystRL und Art. 11 MwSt-DVO klargestellt hat, dass die Niederlassung Dienstleistungen

---

1 Widersprüchlich (weiterhin) Abschn. 3a.1 Abs. 3 Sätze 1 und 2 UStAE.
2 Vgl. auch EuGH v. 16.10.2014 – C-605/12, UR 2014, 937.
3 Im Ergebnis auch Abschn. 3a.1 Abs. 3 Sätze 2 und 3 UStAE; BFH v. 30.6.2011 – V R 37/09, BFH/NV 2011, 2129.
4 BFH v. 8.9.2010 – XI R 15/08, BFH/NV 2011, 661; a.A. wohl BFH v. 5.6.2014 – V R 50/13, BStBl. II 2014, 813 – Rz. 22.
5 Vgl. BFH v. 30.6.2011 – V R 37/09, BFH/NV 2011, 2129.
6 „Eigenes Personal"; EuGH v. 17.7.1997 – C-190/95, EuGHE 1997, I-4383 = UR 1998, 185 – Rz. 19; EuGH v. 7.5.1998 – C-390/96, EuGHE 1998, I-2553 = UR 1998, 343 – Rz. 26 f.
7 EuGH v. 16.10.2014 – C-605/12, UR 2014, 937 – Rz. 63 i.V.m. Rz. 61.
8 A.A. *Monfort*, UR 2012, 341; *Monfort*, DStR 2014, 2173.
9 EuGH v. 28.6.2007 – C-73/06, EuGHE 2007, I-5655 = UR 2007, 654 – Rz. 56.

„**für ihre wirtschaftliche Tätigkeit**" empfangen und verwenden,[1] d.h. eine eigene wirtschaftliche Tätigkeit ausüben muss.[2]

31 Eine feste Niederlassung setzt m.E. eine **feste Verbindung mit** der **Erdoberfläche** voraus, so dass ein **Schiff**, welches Beförderungszwecken dient, keine feste Niederlassung ist bzw. sich auf diesem keine solche befinden kann.[3] Das schließt es nicht aus, die Einrichtung eines Unternehmers auf einem Seeschiff, auf dem er tätig ist, im Rahmen des Art. 44 Satz 1 MwStSystRL bzw. des § 3a Abs. 2 Satz 2 UStG *wie* eine feste Niederlassung zu behandeln, da der Verbrauch der ihm gegenüber *erbrachten* (und dort verbrauchten) Dienstleistungen nicht im Gemeinschaftsgebiet erfolgt (zum umgekehrten Fall s. *Rz. 134*).

32 **Subunternehmer** stellen keine Betriebsstätte bzw. feste Niederlassung des Hauptunternehmers dar. Dasselbe gilt für **Agenten** (Vertreter, Vermittler). Eine **Tochtergesellschaft** sollte nach früherer Auffassung des EuGH als feste Niederlassung der Muttergesellschaft anzusehen sein, wenn sie als Agent (Vertreter) für diese auf vertraglicher Grundlage als bloße Hilfsperson der Muttergesellschaft handelt.[4] Diese Sichtweise verkannte, dass eine Tochtergesellschaft aufgrund ihrer rechtlichen Selbständigkeit als juristische Person keine Niederlassung der Muttergesellschaft (des beherrschenden Gesellschafters) sein kann. Der EuGH scheint an seiner Auffassung auch nicht mehr festhalten zu wollen.[5]

### III. Nichtunternehmerische juristische Personen mit USt-IdNr. (Satz 3 Halbs. 1 Alt. 1)

33 Wird eine sonstige Leistung an eine ausschließlich **nichtunternehmerisch** tätige juristische Person erbracht, welcher eine **USt-IdNr.** „erteilt" (*Rz. 35*) worden ist, so gelten die Sätze 1 und 2 des § 3a Abs. 2 UStG hinsichtlich der Rechtsfolgen entsprechend (§ 3a Abs. 2 Satz 3 Halbs. 1 Alt. 1 UStG). Diese Bestimmung geht auf Art. 43 Nr. 2 MwStSystRL zurück, wonach eine nicht steuerpflichtige juristische Person mit Mehrwertsteuer-Identifikationsnummer als Steuerpflichtiger gilt. Das bedeutet, dass der Ort der gegenüber einer derartigen juristischen Person erbrachten Dienstleistung dort ist, wo sie ihre Tätigkeit ausübt (vgl. *Rz. 26*) bzw. die feste Niederlassung (*Rz. 30*) belegen ist, der gegenüber die Dienstleistung erbracht wird (Art. 13a MwSt-DVO ist entsprechend anzuwenden). Das gilt nicht für Dienstleistungen, die ausschließlich für den privaten Bedarf des Personals (Art. 19 Satz 1 MwSt-DVO) oder eines Gesellschafters (Klarstellung durch § 3a Abs. 2 Satz 3 Halbs. 2 UStG) erbracht werden. Soweit der Leistende die Verwendung seiner Dienstleistung für diese Personen nicht erkennen kann, genießt er Vertrauensschutz (*Rz. 19 a.E.*).

---

1 EuGH v. 16.10.2014 – C-605/12, UR 2014, 937.
2 Ausführlich *Stadie* in R/D, § 3a UStG Anm. 51 f. m. *Beispielen*.
3 Vgl. BFH v. 26.6.1996 – XI R 18/94, BStBl. II 1998, 278; a.A. wohl EuGH v. 4.7.1985 – 168/84, EuGHE 1985, I-2251 = UR 1985, 226 – Fährschiff; unklar auch EuGH v. 2.5.1996 – C-231/94, EuGHE 1996, I-2395 = BStBl. II 1998, 282 = UR 1996, 220 – Rz. 17 f., Fährschiff; offen gelassen von BFH v. 19.11.1998 – V R 30/98, BStBl. II 1999, 108.
4 EuGH v. 20.2.1997 – C-260/95, EuGHE 1997, I-1005 = UR 1997, 179 – Rz. 25 ff.
5 Vgl. EuGH v. 25.10.2012 – C-318/11 und C-319/11, UR 2012, 931 – Rz. 47 ff.

Juristische Personen im Sinne der Vorschrift sind sowohl solche des **privaten** als auch des **öffentlichen** Rechts (dazu *§ 2 Rz. 355 ff.*). Juristische Personen des Privatrechts sind **nicht im nationalen Sinne** zu verstehen, sondern in einem gemeinschaftsrechtlichen Sinne zu begreifen. Das gebietet die richtlinienkonforme Auslegung, welche ein einheitliches Verständnis der Begriffe verlangt. Dieses kann nur bedeuten, dass als juristische Personen alle **Personenvereinigungen** und anderen unternehmerfähigen Gebilde (*§ 2 Rz. 24 ff.*) unabhängig davon, ob sie nach nationalem Recht rechtsfähig sind oder nicht, zu verstehen sind, welche nach außen als Unternehmer auftreten. Folglich sind insbesondere auch **Personengesellschaften** (namentlich BGB-Gesellschaft, Partnerschaftsgesellschaft, OHG, KG) als juristische Person im Sinne dieser Vorschrift zu behandeln.[1]   34

Es reicht entgegen dem Wortlaut der Vorschrift (wie auch des Art. 43 Nr. 2 und des Art. 196 MwStSystRL: „mit MwSt-IdNr.") nicht aus, dass der juristischen Person eine **USt-IdNr.** „erteilt" worden ist. Hinzukommen muss, dass diese auch dem in einem anderen Mitgliedstaat ansässigen leistenden Unternehmer **mitgeteilt** wurde (Art. 18 Abs. 2 MwSt-DVO)[2], so dass die Dienstleistung „unter" dieser Nummer „an" die juristische Person „erbracht wurde" (§ 18a Abs. 7 Satz 1 Nr. 3 Buchst. a UStG, Art. 264 Abs. 1 Buchst. b MwStSystRL).[3] **Erteilt** ist nur eine vom jeweiligen Mitgliedstaat rechtmäßig erteilte USt-IdNr. Allerdings muss der leistende Unternehmer entgegen Art. 18 Abs. 1 Buchst. a MwSt-DVO nicht automatisch stets eine **Bestätigung** nach § 18e UStG einholen, sondern nur dann, wenn Zweifel hinsichtlich der Gültigkeit bestehen müssen. Ist das nicht der Fall, so genießt der leistende Unternehmer **Vertrauensschutz** (*Vorbem. Rz. 26; § 6a Rz. 89 f.*). Auf die Mitteilung der USt-IdNr. kommt es nur dann **nicht** an, wenn der **Dienstleistungserbringer im Drittland** ansässig ist, weil diesen die Meldepflichten nach Art. 262 ff. MwStSystRL nicht treffen.   35

## C. Einzelne sonstige Leistungen (Abs. 3)

### I. Vorbemerkungen

In den von Absatz 3 genannten Fällen bestimmt sich der Ort „abweichend von den Absätzen 1 und 2". Das gilt auch dann, wenn der Empfänger im Drittlandsgebiet ansässig ist. Auch auf den Status des Empfängers (Unternehmer oder Nichtunternehmer) käme es nach dem Wortlaut in keinem Fall an. Allerdings ist der einleitende Satzteil unscharf formuliert, denn § 3a Abs. 3 Nr. 3 Buchst. a und c und Nr. 4 UStG verlangen, dass der Empfänger weder ein Unternehmer, für dessen Unternehmen die Leistung ausgeführt wird, noch eine juristische Person ist, der eine Umsatzsteuer-Identifikationsnummer erteilt worden ist, so dass anderenfalls Absatz 2 doch vorgeht. Der **Vorrang vor Absatz 1 ist nicht stets sachgerecht**. Wenn nämlich der leistende Unternehmer nicht in demselben Mitgliedstaat ansässig ist, in dem der Ort der Dienstleistung nach Absatz 3 ist, so   36

---

1 *Stadie* in R/D, § 3a UStG Anm. 247 ff.
2 Abschn. 3a.2 Abs. 7 Satz 3 UStAE.
3 Ferner Art. 226 Nr. 4 MwStSystRL: „MwSt-IdNr ..., unter der der ... Dienstleistungsempfänger ... eine Dienstleistung ... erhalten hat".

wird regelmäßig die Dienstleistung nicht besteuert werden, weil der zuständige Mitgliedstaat nichts von der Dienstleistung erfahren wird.

## II. Leistungen im Zusammenhang mit einem Grundstück (Nr. 1)

37 **1.** Der Ort einer sonstigen Leistung im Zusammenhang mit einem Grundstück ist – unabhängig vom Status des Auftraggebers (Unternehmer, Nichtunternehmer) – dort, wo das Grundstück liegt (§ 3a Abs. 3 Nr. 1 Satz 1 UStG). Damit wird zwar das **Verbrauchsortprinzip** verwirklicht, weil diese sonstigen Leistungen am Belegenheitsort des Grundstücks „verbraucht" werden, es besteht dann jedoch, wenn der leistende Unternehmer im Ausland ansässig ist und der Leistungsempfänger insbesondere als Nichtunternehmer nicht Steuerschuldner nach § 13b UStG ist, die **Gefahr der Nichtbesteuerung**.

38 Der **Grundstücksbegriff** bestimmt sich nicht nach dem deutschen Zivilrecht, sondern ist unionseinheitlich, d.h. richtlinienkonform zu interpretieren (*Vorbem. Rz. 63*)[1] und entspricht dem der Art. 12, 135 Abs. 1 Buchst. k und l, Art. 168a Abs. 1, Art. 187 Abs. 1 Unterabs. 3 und Art. 199 Abs. 1 MwStSystRL.[2] Ab 2017 wird das Grundstück von Art. 13b MwSt-DVO definiert. Grundstück ist auch ein fest abgegrenztes Gelände, welches von **Wasser** überflutet ist.[3]

Bei **Gebäuden** oder derartigen Bauwerken kommt es nicht darauf an, ob sie als wesentliche Bestandteile i.S.d. § 94 BGB anzusehen sind (dazu *§ 3 Rz. 41 ff.*), sondern allein darauf, ob – dem Gesetzeszweck (*Rz. 37*) entsprechend – eine **feste Verbindung** mit dem Grund und Boden besteht, die nicht leicht beseitigt werden kann.[4] Demgemäß ist nur die tatsächliche Unbeweglichkeit von Bedeutung, so dass es nach zutreffender Auffassung des EuGH nicht auf die Untrennbarkeit ankommt.[5]

Demgegenüber sollen nach Auffassung des BMF (ebenso ab 2017 Art. 13b Buchst. c und d MwSt-DVO) neben den **wesentlichen Bestandteilen** eines Gebäudes, ohne die dieses **unvollständig** ist[6], im Übrigen nur auf Dauer **in** einem **Gebäude** oder Bauwerk installierte **Maschinen** oder **Ausstattungsgegenstände**, die **nicht ohne** Zerstörung oder **Veränderung** des **Gebäudes** oder Bauwerks **bewegt werden können**, zum Grundstück zählen.

---

1 Vgl. EuGH v. 16.1.2003 – C-315/00, EuGHE 2003, I-563 = UR 2003, 86 – Rz. 25 f.; BFH v. 23.9.2010 – XI R 18/08, BStBl. II 2010, 313 – Rz. 18; jetzt auch Abschn. 3a.3 Abs. 2 Satz 2 UStAE.
2 Vgl. EuGH v. 16.1.2003 – C-315/00, EuGHE 2003, I-563 = UR 2003, 86 – Rz. 34.
3 EuGH v. 3.3.2005 – C-428/02, EuGHE 2005, I-1527 = UR 2005, 458 – Rz. 34, Schiffsliegeplatz; EuGH v. 7.9.2006 – C-166/05, EuGHE 2006, I-7749 = UR 2006, 632 – Rz. 20, Flussabschnitt; EuGH v. 15.11.2012 – C-532/11, BStBl. II 2013, 891 = UR 2013, 30 – Rz. 21; vgl. auch Abschn. 3a.3 Abs. 2 Satz 3 Gedankenstrich 2 UStAE (= Art. 13b Buchst. b MwSt-DVO [ab 2017]) – „unter dem Meeresspiegel".
4 Vgl. EuGH v. 16.1.2003 – C-315/00, EuGHE 2003, I-563 = UR 2003, 86; EuGH v. 15.11.2012 – C-532/11, BStBl. II 2013, 891 = UR 2013, 30 – Rz. 23; Abschn. 3a.3 Abs. 2 Satz 3 Gedankenstrich 2 UStAE (= Art. 13b Buchst. b MwSt-DVO [ab 2017]).
5 EuGH v. 15.11.2012 – C-532/11, UR 2013, 30 – Rz. 23.
6 Abschn. 3a.3 Abs. 2 Satz 3 Gedankenstrich 3 UStAE, der § 94 Abs. 2 BGB entspricht.

Ob die zuletzt genannten Gegenstände „als Grundstück" i.S.d. Art. 13b Buchst. d MWSt-DVO gelten, ist allerdings **ohne Bedeutung, wenn** es nicht um Dienstleistungen für diese, sondern um die **Vermietung** o.ä. Nutzungsüberlassungen dieser **auf dem Grundstück** stationär verbleibenden Gegenstände geht; diese werden von § 3a Abs. 3 Nr. 1 UStG (Art. 47 MwStSystRL) erfasst (Rz. 45).

**2.** Sonstige Leistungen im Zusammenhang mit einem Grundstück sind „ins- 39 besondere"

**a)** Dienstleistungen der in § 4 Nr. 12 UStG bezeichneten Art (§ 3a Abs. 3 Nr. 1 **Satz 2 Buchst. a** UStG), d.h. Vermietungen und **Verpachtungen** und diesen gleichgestellte Nutzungsüberlassungen (dazu § 4 Nr. 12 Rz. 18 ff.)[1], einschließlich der **steuerpflichtigen** Fälle des § 4 Nr. 12 Satz 2 UStG, da der Zusammenhang mit dem Grundstück unabhängig davon ist, ob die Vermietung steuerfrei oder steuerpflichtig ist. Zu diesen zählen u.a. die Vermietung von **Plätzen** für das **Abstellen** von Fahrzeugen, die kurzfristige Vermietung **auf Campingplätzen** (so ausdrücklich auch Art. 47 MwStSystRL) und die Überlassung von **Wochenmarkt-Standplätzen** an Markthändler.[2] Bei kurzfristigen **Beherbergungen** (§ 4 Nr. 12 Rz. 31) ist der Zusammenhang mit dem Grundstück auch bei den Verpflegungsleistungen anzunehmen.[3]

Auf die **Bezeichnung** der Nutzungsüberlassung kommt es nicht an. Art. 47 MwStSystRL spricht allgemein von der Einräumung von Rechten zur Nutzung von Grundstücken. Das Grundstück muss nicht im Eigentum des Überlassenden stehen, so dass auch eine **Untervermietung** u.Ä. erfasst wird.

**b)** Sonstige Leistungen im **Zusammenhang mit** der **Veräußerung oder** dem **Er- 40 werb** von Grundstücken (**Buchst. b**). Das ist namentlich bei den diesbezüglichen sonstigen Leistungen der **Grundstücksmakler, Sachverständigen** (beide sind in Art. 47 MwStSystRL ausdrücklich genannt) und **Notare** einschließlich der Beurkundung von Grundpfandrechtsbestellungen[4] der Fall, selbst wenn die zugrunde liegende Transaktion letztendlich nicht stattfindet (vgl. Art. 31a Abs. 2 Buchst. q MwSt-DVO). Der notwendige Zusammenhang soll **nicht** bei der sonstigen **Rechtsberatung** (z.B. wegen der Gewährleistung bei Grundstücksmängeln) bestehen, sofern diese nicht mit der Übertragung von Rechten an Grundstücken zusammenhängt.[5] Nach Auffassung des BMF soll bei der Veröffentlichung von **Immobilienanzeigen**, z.B. durch Zeitungen, keine sonstige Leistung i.S.d. § 3a Abs. 3 Nr. 1 UStG vorliegen.[6] Dem ist nicht zu folgen, soweit es sich um eine **Verkaufsanzeige** handelt, da ein unmittelbarer Zusammenhang mit der Veräußerung eines konkreten Grundstücks besteht.[7]

---

1 Vgl. Abschn. 3a.3 Abs. 9 Nr. 1 UStAE.
2 BFH v. 24.1.2008 – V R 12/05, BStBl. II 2009, 60 = UR 2008, 308; BFH v. 13.2.2014 – V R 5/13, UR 2014, 566.
3 BFH v. 21.11.2013 – V R 33/10, UR 2014, 310; BFH v. 20.3.2014 – V R 25/11, UR 2014, 710.
4 Abschn. 3a.3 Abs. 7 Satz 1 a.E., Abs. 9 Nr. 7 UStAE; ab 2017 auch Art. 31a Abs. 2 Buchst. q MwSt-DVO.
5 Abschn. 3a.3 Abs. 10 Nr. 7 UStAE; ab 2017 auch Art. 31a Abs. 3 Buchst. h MwSt-DVO.
6 Abschn. 3a.3 Abs. 10 Nr. 5 UStAE; ebenso *Birkenfeld* in B/W, § 74 Rz. 141.
7 Ebenso *Martin* in Sölch/Ringleb, UStG, § 3a UStG Rz. 81 – Lfg. 56, Oktober 2006.

41 c) **Sonstige Leistungen**, die der **Erschließung** von Grundstücken oder der **Vorbereitung**, Koordinierung[1] oder der **Ausführung** von **Bauleistungen** dienen (**Buchst. c**).[2] Dazu zählen insbesondere die Leistungen der **Architekten**, Ingenieure und **Handwerker**[3] einschließlich **Wartungs-, Renovierungs- und Reparaturarbeiten** an einem Gebäude oder an Gebäudeteilen.[4] Die **Installation** oder Montage von **Maschinen** oder **Ausstattungsgegenständen** sowie deren **Wartung**, Reparatur und Überwachung fällt nur dann unter die Vorschrift, wenn diese Gegenstände **wesentliche Bestandteile** des Grundstücks sind, d.h. nicht ohne Zerstörung oder Veränderung des Gebäudes bewegt werden können.[5]

Der Ort der Bauleistungen, die von einem **Subunternehmer** für den Bausleistungen ausführenden Hauptunternehmer erbracht werden, ist auch am Belegenheitsort des Grundstücks und bestimmt sich auch dann nicht nach § 3a Abs. 2 UStG, wenn der Hauptunternehmer in einem anderen Mitgliedstaat ansässig ist und eine USt-IdNr. gegenüber dem Subunternehmer verwendet. Der Wortlaut des § 3a Abs. 3 Nr. 1 UStG ist eindeutig, da es nur auf den Zusammenhang mit dem Grundstück ankommt.[6] Folglich müsste auch die **Personalgestellung** für die Ausführung von Bauleistungen unter die Vorschrift fallen (ob aus Art. 199 Abs. 1 Buchst. b MwStSystRL Gegenteiliges folgen soll, ist unklar).

42 3. Die Aufzählung in § 3a Abs. 3 Nr. 1 Satz 2 UStG ist keine abschließende („insbesondere"), so dass über die **Generalklausel** des Satzes 1 weitere Dienstleistungen erfasst werden. Der „Zusammenhang mit einem Grundstück" muss nach Auffassung der Finanzverwaltung[7] eng sein. Dieses Kriterium hilft jedoch nicht weiter. Erforderlich ist ein unmittelbarer bzw. ein „hinreichend **direkter**"[8] (ab 2017 auch Art. 31a Abs. 1 Satz 1 MwSt-DVO) **sachlicher Zusammenhang**, der eine wertende Zuordnung verlangt.[9] In Betracht kommen **Dienstleistungen gegenüber** dem **Besitzer** des **Grundstücks** oder in sonstiger Weise für dieses (*Rz. 44*) sowie **Dienstleistungen** gegenüber Dritten **mit Hilfe des Grundstücks** (*Rz. 45*).

---

1 Bei Dienstleistungen zur Vorbereitung und Koordinierung von Bauleistungen spricht Art. 47 MwStSystRL in der deutschen Fassung abweichend z.B. von den englischen und französischen Fassungen nicht von einem Zusammenhang mit einem Grundstück („... sowie von Dienstleistungen zur ..."). Das ist indes nicht von Bedeutung.
2 Dazu Abschn. 3a.3 Abs. 8 UStAE.
3 Dazu näher Abschn. 3a.3 Abs. 8 UStAE.
4 Abschn. 3a.3 Abs. 8 Satz 2 Nr. 1, Abs. 9 Nr. 5 UStAE; ab 2017 auch Art. 31a Abs. 2 Buchst. k und l MwSt-DVO.
5 Abschn. 3a.3 Abs. 8 Satz 2 Nr. 2, Abs. 9 Nr. 6 UStAE; ab 2017 auch Art. 31a Abs. 2 Buchst. m und n MwSt-DVO.
6 Vgl. auch BFH v. 28.8.2014 – V R 7/14, UR 2014, 951 – Einbau einer Betriebsvorrichtung durch einen Subunternehmer für den Lieferanten der Anlage.
7 Abschn. 3a.3 Abs. 3 UStAE.
8 So EuGH v. 7.9.2006 – C-166/05, EuGHE 2006, I-7749 = UR 2006, 632 – Rz. 23 f.; EuGH v. 27.10.2011 – C-530/09, EuGHE 2011, I-10675 = UR 2011, 894 – Rz. 30; EuGH v. 27.6.2013 – C-155/12, UR 2013, 708 – Rz. 32; vgl. auch EuGH v. 3.9.2009 – C-37/08, EuGHE 2009, I-7533 = UR 2009, 887 – Rz. 36; BFH v. 8.9.2011 – V R 42/10, BStBl. II 2012, 248 – Rz. 30; ab 2017 auch Art. 31a Abs. 1 Satz 1 MwSt-DVO.
9 *Stadie* in R/D, § 3a UStG Anm. 303 ff.

Die **Vermittlung** von Leistungen im Zusammenhang mit einem Grundstück  43
wird von der Vorschrift grundsätzlich nicht erfasst, da § 3a Abs. 2 oder Abs. 3
Nr. 4 UStG einschlägig ist (in Art. 46 MwStSystRL ist Art. 47 MwStSystRL
nicht als Ausnahme genannt). Etwas anderes gilt nur für die **Grundstücksmakler**, da sie ausdrücklich in Art. 47 MwStSystRL erwähnt sind. Auch die Vermittlung **langfristiger Vermietungen** fällt darunter[1] (arg. Art. 31 MwSt-DVO; ab 2017
auch Art. 31a Abs. 2 Buchst. p i.V.m. Abs. 3 Buchst. d MwSt-DVO).

Wird die **sonstige Leistung** für das Grundstück selbst erbracht oder ist sie auf  44
dieses selbst gerichtet, so soll lt. **Art. 31a Abs. 1 Satz 2 Buchst. b MwSt-DVO** (ab
2017) für einen hinreichend direkten Zusammenhang mit dem Grundstück erforderlich sein, dass der **Zweck** der Dienstleistung in „**rechtlichen oder physischen Veränderungen an dem Grundstück**" besteht. Diese erhebliche Einschränkung des Art. 47 MwStSystRL erschließt sich nicht. Verwunderlich ist zudem,
dass bei einigen der in Art. 31a Abs. 2 MwSt-DVO aufgezählten Beispiele **nicht
erkennbar** ist, inwiefern insbesondere grundstücksbezogene **Sicherheitsdienste**
(Buchst. b), die **Bewertung** von Grundstücken zu Versicherungszwecken oder
zur Ermittlung des Grundstückswerts für die Bewertung von Gefahren und
Schäden in Streitfällen (Buchst. g), die **Wartung** oder **Reinigung** von Gebäuden
(Buchst. k) und die **Verwaltung** des Grundstücks (Buchst. o) zu derartigen Veränderungen führen können. Richtigerweise kann nur erforderlich sein, dass sie
die Dienstleistungen **auf** die **Nutzung** oder **Unterhaltung**[2] **des Grundstücks beziehen**, d.h. für diese Zwecke verwendet werden, was bei den genannten Fällen
– neben denen der **Bebauung, Veräußerung** oder des **Erwerbs** (*Rz. 40 f.*) – der Fall
ist, soll hingegen bei **Beratungsleistungen** der Rechtsanwälte bei z.B. Baumängeln, Mietstreitigkeiten sowie bei Abfassung eines Mietvertrages **nicht** zutreffen.[3] Das erschließt sich nicht, weil derartige Dienstleistungen[4] am Belegenheitsort des Grundstücks „verbraucht" werden.

Bei der **Installation**, Montage, **Reparatur, Wartung u.Ä.** von **Maschinen** und **Ausstattungsgegenständen** müssen diese lt. Art. 31a Abs. 2 Buchst. m und n i.V.m.
Abs. 3 Buchst. f MwSt-DVO als Grundstück gelten[5], was bedeutet, dass sie auf
Dauer installiert sind und **nicht ohne Veränderung des Gebäudes bewegt** werden
können (Art. 13b Buchst. d MwSt-DVO; *Rz. 38*). Diese Einengung dürfte sich
wohl vor dem Hintergrund erklären, dass derartige Gegenstände als bewegliche
Gegenstände unter § 3a Abs. 3 Buchst. c UStG (Art. 54 Abs. 2 Buchst. b MwStSystRL) fallen sollen, so dass der Ort von Arbeiten an diesen Gegenständen und
deren Begutachtung nur dann am Belegenheitsort des Grundstücks liegt, wenn
der Auftraggeber die Dienstleistung nicht für sein Unternehmen bezieht oder eine juristische Person mit USt-IdNr. ist, und sich anderenfalls der Ort nach § 3a
Abs. 2 UStG bestimmt.

---

1 Abschn. 3a.3 Abs. 9 Nr. 2 UStAE.
2 Dazu näher Abschn. 3a.3 Abs. 9 Nr. 4–6 UStAE.
3 Vgl. Abschn. 3a.3 Abs. 10 Nr. 7 a.E. UStAE; ab 2017 auch Art. 31a Abs. 2 Buchst. o MwSt-DVO.
4 Nicht hingegen Steuerberatungsleistungen; vgl. FG Saarl. v. 7.11.2013 – 1 K 1307/11, EFG 2014, 381.
5 Ebenso Abschn. 3a.3 Abs. 8 Nr. 2 und Abs. 9 Nr. 6 UStAE.

45 Wird eine **sonstige Leistung mit Hilfe des Grundstücks** erbracht, so muss die **Gebrauchsüberlassung im Vordergrund** stehen, den **Kern** der Leistung ausmachen. Nach Art. 31a Abs. 1 Satz 1 Buchst. a MwSt-DVO muss die Dienstleistung von einem Grundstück „abgeleitet" sein und dieses „einen wesentlichen Bestandteil der Dienstleistung darstellen" und **zentral** und **wesentlich** für die erbrachte Dienstleistung sein.[1] Bei einer **einheitlichen** (gemischten, komplexen) sonstigen Leistung, die aus **mehreren Elementen** besteht und auch das Element einer Grundstücksüberlassung enthält, ist maßgebend, ob die „Nutzung oder Auswertung" des Grundstücks (oder seiner Bestandteile) den Kern der Leistung ausmacht. Das ist z.B. bei **Werbeleistungen**, selbst wenn sie die Nutzung eines Grundstücks einschließen, nicht der Fall.[2]

Werden **bewegliche Gegenstände**, die **auf dem Grundstück**, wie wenn sie unbewegliche Gegenstände wären, **Dritten zur dortigen Nutzung überlassen**, so erfolgen diese steuerpflichtigen[3] Dienstleistungen im Zusammenhang mit dem Grundstück (§ 3a Abs. 3 Nr. 1 UStG; Art. 47 MwStSystRL), obwohl bewegliche Gegenstände nicht unter den Begriff des Grundstücks fallen. Die Vermietung von **Wohnwagen**, Wohncontainern u.Ä., die ausschließlich zum **stationären Gebrauch** als **Wohnung** o.Ä. verwendet werden, so dass sie ihre Funktion als Beförderungsmittel verloren haben, ist folglich als Vermietung im Zusammenhang mit einem Grundstück anzusehen[4], weil die **Überlassung nur im Zusammenhang mit dem Grundstück**, d.h. nicht ohne dieses **möglich** ist. Dasselbe gilt für Schiffe, die nicht mehr als Beförderungsmittel, sondern auf einem Liegeplatz befestigt als **Wohnschiffe** fungieren.[5] Insoweit geht auch **Art. 31a Abs. 2 Buchst. i MwSt-DVO** (ab 2017) bei dem „Zurverfügungstellen von Unterkünften [...] in Ferienlagern oder **auf** einem als **Campingplatz** hergerichteten Gelände" von einem hinreichenden Zusammenhang mit dem Grundstück aus, obwohl die Unterkünfte nicht Bestandteile des Grundstücks sind.

Bei der **Überlassung** von **Standflächen** im Verbund mit der Erbringung von damit zusammenhängenden Diensten auf **Messen** und **Ausstellungen** geht das BMF nicht mehr von einer Grundstücksüberlassung i.S.d. § 3a Abs. 3 Nr. 1 UStG, sondern von einer sog. Veranstaltungsleistung aus, die unter § 3a Abs. 2 oder Abs. 3 Nr. 3 Buchst. a UStG fällt, wenn neben der Standflächenüberlassung noch mindestens drei weitere Leistungen erbracht werden.[6] Die Errichtung und Bereitstellung eines Messestandes durch einen Dritten ist ebenfalls keine sonstige Leistung im Zusammenhang mit einem Grundstück.[7]

---

1 Diese Formulierung geh auf entsprechende Äußerungen des EuGH zurück; vgl. EuGH v. 7.9.2006 – C-166/05, EuGHE 2006, I-7749 = UR 2006, 632 – Rz. 25; EuGH v. 27.6.2013 – C-155/12, UR 2013, 708 – Rz. 35 (übernommen von Abschn. 3a.3 Abs. 3a UStAE).
2 Abschn. 3a.3 Abs. 10 Nr. 10 UStAE; (ab 2017) auch Art. 31a Abs. 3 Buchst. c MwSt-DVO.
3 EuGH v. 3.7.1997 – C-60/96, EuGHE 1997, I-3827 = UR 1997, 443; vgl. auch EuGH v. 16.1.2003 – C-315/00, EuGHE 2003, I-563 = UR 2003, 86 – Rz. 31.
4 Vgl. Abschn. 3a.3 Abs. 5 Sätze 2 ff. UStAE.
5 Vgl. BFH v. 7.3.1996 – V R 29/95, BStBl. II 1996, 341.
6 Abschn. 3a.4 Abs. 2 Sätze 3 ff. UStAE; vgl. auch (ab 2017) Art. 31a Abs. 3 Buchst. e MwSt-DVO.
7 EuGH v. 27.10.2011 – C-530/09, EuGHE 2011, I-10675 = BStBl. II 2012, 160 = UR 2011, 894.

Eine **Lagerleistung** wird nur dann erfasst, wenn dem Empfänger ein Recht auf die Nutzung eines ausdrücklich bestimmten Grundstücks(-teils) gewährt wird.[1]

## III. Vermietung eines Beförderungsmittels (Nr. 2)

### 1. Kurzfristige Vermietung (Nr. 2 Sätze 1 und 2)

Bei einer kurzfristigen Vermietung eines Beförderungsmittels ist der Ort der Dienstleistung grundsätzlich dort, wo dieses Beförderungsmittel dem Mieter tatsächlich **zur Verfügung gestellt** wird (§ 3a Abs. 3 Nr. 2 Satz 1 UStG; dazu auch Art. 40 MwSt-DVO). Zur-Verfügung-Stellen ist nicht Verschaffen der Verfügungsmacht i.S.d. § 3 Abs. 1 UStG, sondern die Übergabe zur Gebrauchsüberlassung auf Zeit. Wo das Beförderungsmittel genutzt wird, ist ohne Bedeutung (**Ausnahme** nach § 3a **Abs. 6 Nr. 1** UStG bei Ansässigkeit des Vermieters im Drittlandsgebiet; *Rz. 139*). Auf den Status des Mieters (**Unternehmer** oder **Nichtunternehmer**) kommt es nicht an (**Ausnahme** nach § 3a **Abs. 7** UStG bei bestimmten Beförderungsmitteln, die von im Drittlandsgebiet ansässigen Unternehmern dort genutzt werden; *Rz. 142*). 46

Der Ort **langfristiger** Vermietungen bestimmt sich hingegen, je nach dem Status des Empfängers, nach § 3a Abs. 2 UStG oder nach § 3a Abs. 3 Nr. 2 Sätze 3 und 4 UStG (*Rz. 50*; bis 2012 nach § 3a Abs. 1 UStG).

**Beförderungsmittel** sind **Fahrzeuge und sonstige Ausrüstungen und Vorrichtungen**, die zur Beförderung von Gegenständen oder Personen von einem Ort an einen anderen konzipiert wurden und von Fahrzeugen gezogen oder geschoben werden können und die normalerweise zur Beförderung von Gegenständen oder Personen konzipiert und **tatsächlich** geeignet sind (Art. 38 Abs. 1 MwSt-DVO[2]; zu einzelnen Beförderungsmitteln s. Absatz 2[3]). **Container** sind keine Beförderungsmittel im Sinne der Vorschrift (Art. 38 Abs. 3 MwSt-DVO). 47

Die Beförderung ist auch dann Hauptzweck, wenn für den Mieter nicht die Beförderung, sondern die **Sportausübung** oder das **Vergnügen** im Vordergrund steht.[4] Maßgebend ist nicht die abstrakte Eignung als Beförderungsmittel, so dass Wohnwagen u.ä. Fahrzeuge, die nur zum stationären Gebrauch bestimmt sind, keine Beförderungsmittel sind. Die Vermietung solcher Gegenstände fällt unter § 3a Abs. 3 Nr. 1 UStG (*Rz. 38 a.E.*).

Unter Vermietung ist die **entgeltliche Gebrauchsüberlassung** eines Gegenstandes auf Zeit zu verstehen, bei der der Mieter jede andere Person von der Nutzung 48

---

1 EuGH v. 27.6.2013 – C-155/12, UR 2013, 708; (ab 2017) auch Art. 31a Abs. 2 Buchst. h MwSt-DVO.
2 Vgl. auch EuGH v. 15.11.2012 – C-532/11, BStBl. II 2013, 891 = UR 2013, 30 – Rz. 31 ff.
3 Sowie Abschn. 3a.5 Abs. 3 UStAE; ferner BFH v. 8.11.2011 – XI B 58/11, BFH/NV 2012, 282 – Rennsportfahrzeug.
4 Vgl. EuGH v. 15.3.1989 – 51/88, EuGHE 1989, 767 = UR 1989, 184 – Rz. 19, Hochseesegelyacht; BFH v. 8.11.2011 – XI B 58/11, BFH/NV 2012, 282; BFH v. 2.1.2014 – XI B 48/13, BFH/NV 2014, 733 – Rz. 25, Rennsportfahrzeug.

ausschließen kann.¹ Auf die **Bezeichnung** des Vertragsverhältnisses (z.B. als Leasing) kommt es nicht an. Maßgebend ist allein, ob die Gebrauchsüberlassung im Vordergrund steht. Die Vermietung eines Beförderungsmittels kann auch dann vorliegen, wenn vom Vermieter zusätzlich **Personal gestellt** wird und das Fahrzeug von diesem nach Weisung des Leistungsempfängers zu bedienen ist (*Beispiel:* Vermietung einer Yacht mit Besatzung).² Hingegen liegt eine Beförderungsleistung³ vor, deren Ort sich nach § 3b UStG bestimmt, wenn der Unternehmer die Beförderung über eine bestimmte Strecke schuldet⁴ (vgl. auch *§ 3b Rz. 2*).

49 Als **kurzfristig** im Sinne dieser Vorschrift gilt grundsätzlich eine Vermietung über einen ununterbrochenen Zeitraum von nicht mehr als 30 Tagen, bei Wasserfahrzeugen von nicht mehr als 90 Tagen (Satz 2). Maßgebend ist m.E. der anfänglich vereinbarte Vermietungszeitraum, da der Vermieter bei seiner Preiskalkulation den Ort der Vermietung und damit den maßgebenden Steuersatz kennen muss.⁵

### 2. Langfristige Vermietung an Nichtunternehmer (Nr. 2 Sätze 3 und 4)

50 Die langfristige Vermietung, d.h. eine solche, die nicht kurzfristig i.S.d. Satzes 2 (*Rz. 49*) ist, an einen Empfänger, der nicht unter § 3a Abs. 2 UStG fällt, d.h. weder ein Unternehmer ist, für dessen Unternehmen die Leistung bezogen wird, noch eine nicht unternehmerisch tätige juristische Person ist, der eine USt-IdNr. erteilt worden ist, wird grundsätzlich an dem Ort erbracht, an dem der **Empfänger** seinen **Wohnsitz** (richtlinienkonform i.S.d. Art. 12 und 13 MwSt-DVO) oder als juristische Person den **Sitz** (i.S.d. Art. 13a Buchst. a MwSt-DVO) hat (§ 3a Abs. 3 Nr. 2 Satz 3 UStG); das ist unabhängig davon, wo die Nutzung stattfindet. Wird das Beförderungsmittel durch einen im Drittlandsgebiet ansässigen Unternehmer zur langfristigen Nutzung im Inland vermietet, bestimmt sich der Leistungsort nach § 3a Abs. 6 Satz 1 Nr. 1 UStG (*Rz. 139*).

Handelt es sich bei dem langfristig vermieteten Beförderungsmittel um ein **Sportboot**⁶, so wird die Vermietungsleistung davon abweichend an dem Ort ausgeführt, an dem das Sportboot dem Empfänger tatsächlich **zur Verfügung gestellt** (vgl. *Rz. 46*) wird, sofern sich auch der Sitz – richtigerweise kommt es auf den Sitz der wirtschaftlichen Tätigkeit (Art. 56 Abs. 2 Unterabs. 2 MwStSystRL) an (vgl. *§ 13b Rz. 51*) –, die Geschäftsleitung oder eine Betriebsstätte (*Rz. 30*) des Unternehmers, von wo aus diese Leistung tatsächlich erbracht wird, an diesem Ort befindet (§ 3a Abs. 3 Nr. 2 Satz 4 UStG).

---

1 Vgl. BFH v. 6.12.2012 – V R 36/11, BFH/NV 2013, 994. Dazu kann auch die entgeltliche Überlassung **an Arbeitnehmer** des Unternehmers zählen; Abschn. 3a.5 Abs. 4 UStAE; zur unentgeltlichen Überlassung s. *§ 3f Rz. 8*.
2 Vgl. Abschn. 3a.5 Abs. 3 UStAE; FG München v. 26.10.2001 – 14 V 2856/01, EFG 2002, 354.
3 Zur Abgrenzung von der Beförderungsleistung im Einzelnen *Stadie* in R/D, § 3a UStG Anm. 332.
4 Vgl. BFH v. 8.9.2011 – V R 5/10, BStBl. II 2012, 620; BFH v. 6.12.2012 – V R 36/11, BFH/NV 2013, 994; BFH v. 20.2.2013 – XI R 12/11, BStBl. II 2013, 645.
5 Zu Einzelheiten Art. 39 MwSt-DVO; Abschn. 3a.5 Abs. 1 Sätze 2 ff. UStAE.
6 Dazu Abschn. 3a.5 Abs. 12 UStAE.

## IV. Kulturelle, unterhaltende u.ä. Leistungen an Nichtunternehmer (Nr. 3 Buchst. a)

Kulturelle, künstlerische, wissenschaftliche, unterrichtende, sportliche, unterhaltende oder **ähnliche Leistungen**, wie Leistungen im **Zusammenhang mit Messen und Ausstellungen**, einschließlich der Leistungen der jeweiligen **Veranstalter** (Rz. 55) sowie der damit **zusammenhängenden Tätigkeiten**, die für die Ausübung der Leistungen unerlässlich (dazu Rz. 57) sind, an einen Empfänger, der weder ein Unternehmer ist, für dessen Unternehmen die Leistung bezogen wird (Rz. 16 ff.), noch eine nichtunternehmerisch tätige juristische Person mit USt-IdNr. ist (Rz. 31 ff.), werden dort ausgeführt, **wo** sie vom Unternehmer **tatsächlich erbracht (ausgeübt**[1]**)** werden (§ 3a Abs. 3 Nr. 3 Buchst. a UStG[2]). Wird die sonstige Leistung für das Unternehmen des Empfängers oder für eine juristische Person mit USt-IdNr. erbracht, so bestimmt sich der Ort nach § 3a Abs. 2 UStG oder (bei der Einräumung von Eintrittsberechtigungen u.Ä.) nach § 3a Abs. 3 Nr. 5 UStG (Rz. 73 ff.). 51

Den aufgezählten Tätigkeiten ist gemein, dass sie **typischerweise im Rahmen von** punktuellen **Veranstaltungen** gegenüber einer Vielzahl von Leistungsempfängern erbracht werden, so dass sie am **Veranstaltungsort** bewirkt werden.[3] Leistungen über das **Internet** werden folglich nicht erfasst.

**Wissenschaftliche** Leistungen, die von § 3a Abs. 3 Nr. 3 Buchst. a UStG erfasst werden, sind richtigerweise nur solche, die **auf Veranstaltungen** (Rz. 51) in Gestalt von Vorträgen, Teilnahme an Diskussionen u.Ä. erbracht werden. Die **Erstellung** eines wissenschaftlichen **Gutachtens** wird deshalb **nicht** von der Vorschrift erfasst[4], sondern fällt als Beratung unter § 3a Abs. 1 oder Abs. 4 Satz 1 i.V.m. Satz 2 Nr. 3 UStG (Rz. 100). Nach h.M. soll es demgegenüber für die Abgrenzung darauf ankommen, ob das Gutachten für den Empfänger eine konkrete Entscheidungshilfe darstelle.[5] Abgesehen davon, dass dieses der Gutachtenersteller zumeist gar nicht beurteilen könnte und somit im Unklaren über die Steuerbarkeit seines Umsatzes bliebe, was nicht Wille des Gesetz- bzw. Richtliniengebers sein kann, ergibt das vor allem auch keinen Sinn, weil jedes Gutachten eine Entscheidungshilfe und damit eine Beratung darstellt. Entsprechendes gilt für **Labor-** und ähnliche **Analyseleistungen**.[6] 52

**Ähnliche Leistungen** sind solche, die im Rahmen einer punktuellen „Veranstaltung" (Rz. 51) erbracht werden.[7] Sie müssen kein besonderes Niveau ha- 53

---

1 So Art. 54 Abs. 1 MwStSystRL.
2 Neufassung der Vorschrift mit Wirkung vom 1.1.2011 (Rz. 1).
3 Vgl. EuGH v. 9.3.2006 – C-114/05, EuGHE 2006, I-2427 = UR 2006, 350 – Rz. 23 f.; EuGH v. 7.10.2010 – C-222/09, EuGHE 2010, I-9277 = UR 2010, 854 – Rz. 24; EuGH v. 27.10.2011 – C-530/09, EuGHE 2011, I-10675 = UR 2011, 894 – Rz. 23; BFH v. 6.11.2002 – V R 57/01, BFH/NV 2003, 827 (829).
4 Stadie in R/D, § 3a UStG Anm. 85 f. – Febr. 2008 (jetzt Anm. 352 f.); zust. Englisch, DStJG 32 (2009), S. 165, 229 f.; Wäger in S/R, § 3a UStG Rz. 161.
5 Abschn. 3a.6 Abs. 5 UStAE; Korn in Bunjes, § 3a UStG Rz. 60; Birkenfeld in B/W, § 74 Rz. 336; unklar Lippross, 2.4.4.3.3.1d – S. 264.
6 A.A. FG BW v. 30.11.2000 – 14 K 124/99, EFG 2001, 531.
7 Vgl. BFH v. 6.11.2002 – V R 57/01, BFH/NV 2003, 827 (829); EuGH v. 9.3.2006 – C-114/05, EuGHE 2006, I-2427 = UR 2006, 350 – Rz. 19 ff.

ben.[1] Bei **Seminar**- und ähnlichen Veranstaltungen (sog. Workshops usw.) liegt vom Schwergewicht her eine unterrichtende bzw. ähnliche und keine beratende Tätigkeit i.S.d. § 3a Abs. 4 Nr. 3 UStG vor.[2] Auch mit **Geldspielautomaten** in Spielhallen werden nach Ansicht des EuGH unterhaltungsähnliche Leistungen erbracht.[3] Diese Sichtweise ist indes gekünstelt; richtigerweise ist § 3a Abs. 1 UStG anzuwenden. **Reiseleiter** erbringen keine ähnliche Leistung im Sinne der Vorschrift.[4]

54 Leistungen im Zusammenhang mit **Messen und Ausstellungen** sind nicht nur die Einräumung von Eintrittsberechtigungen, sondern können auch Leistungen der **Veranstalter gegenüber Ausstellern**[5] sein, welche keine Unternehmer sind (*Beispiel*: private Anbieter auf Flohmärkten).

55 **Veranstalter** ist, wer die Künstler, Sportler usw. im eigenen Namen engagiert hat und damit deren Leistungen im eigenen Namen gegenüber den Teilnehmern der Veranstaltung erbringt. Unerheblich ist es, ob der Veranstalter für Rechnung eines Dritten (eigentlicher Veranstalter) handelt.[6]

56 Die mit den Leistungen der Künstler usw. oder den Leistungen der Veranstalter **zusammenhängenden Tätigkeiten**, können auch eigenständige Leistungen sein, die, auch **von Dritten, gegenüber** den **Besuchern** oder Teilnehmern (die keine Unternehmer sind) der Veranstaltung erbracht werden.[7] Eine enge Sichtweise, welche nur Leistungen erfassen würde, die gegenüber den Künstlern usw. oder den Veranstaltern ausgeführt werden, müsste dazu führen, dass die Vorschrift insoweit leerliefe, da derartige Leistungen stets unter § 3a Abs. 2 UStG fallen. Für die weite Auslegung spricht auch, dass bei im Ausland ansässigen Unternehmern diese sonstigen Leistungen dann nicht von § 3a Abs. 1 UStG erfasst, sondern am Veranstaltungsort besteuert werden.

57 Das auf den EuGH[8] zurückgehende Merkmal „**unerlässlich**" ist nicht zu beachten. Der Zweck der Regelung, die mit der jeweiligen Veranstaltung konkret zusammenhängenden Dienstleistungen am Veranstaltungsort zu besteuern, spricht gegen eine derartige Einengung. Demgemäß wurde bei den späteren Fassungen der Richtlinienbestimmungen[9] die EuGH-Definition jeweils nicht übernommen, was schon zeigt, dass § 3a Abs. 3 Nr. 3 Buchst. a UStG insoweit **nicht mehr richtlinienkonform** ist. Auch der nationale Gesetzgeber hat bei dem neu eingefügten § 3a Abs. 3 Nr. 5 UStG, der nur noch von „damit zusammenhängen-

---

1 EuGH v. 9.3.2006 – C-114/05, EuGHE 2006, I-2427 = UR 2006, 350 – Rz. 19.
2 A.A. FG Köln v. 8.12.2004 – 5 K 6581/03, EFG 2005, 734.
3 EuGH v. 12.5.2005 – C-452/03, EuGHE 2005, I-3947 = UR 2005, 443; Abschn. 3a.6 Abs. 6 UStAE.
4 BFH v. 23.9.1993 – V R 132/89, BStBl. II 1994, 272; FG München v. 19.7.2007 – 14 K 2688/06, EFG 2007, 1643.
5 EuGH v. 9.3.2006 – C-114/05, EuGHE 2006, I-2427 = UR 2006, 350.
6 Mit § 3 Abs. 11 UStG hat das nichts zu tun; a.A. *Langer/Budde*, DStR 2011, 656 (659).
7 Vgl. EuGH v. 27.10.2011 – C-530/09, EuGHE 2011, I-10675 = UR 2011, 894.
8 EuGH v. 26.9.1996 – C-324/94, EuGHE 1996, I-4595 = UR 1997, 58.
9 Art. 52 Buchst. a MwStSystRL a.F. (2007–2009), Art. 53 MwStSystRL a.F. (2010), Art. 54 Abs. 1 MwStSystRL n.F.

den" sonstigen Leistungen spricht, die EuGH-Einschränkung nicht mehr übernommen. Für den Zusammenhang ist vielmehr allein darauf abzustellen, ob die betreffende Dienstleistung sich auf die konkrete künstlerische, unterhaltende usw. Veranstaltung bezieht und typischerweise am Veranstaltungsort „verbraucht" wird.[1]

Bei dieser Sichtweise werden auch Leistungsbündel, bei denen als Teile eines „**Pakets**" vom Veranstalter mit der Eintrittsberechtigung zusammen z.B. Beförderungsleistungen zum Veranstaltungsort und die Hotelunterbringung „verkauft" werden, von der Vorschrift erfasst (vgl. Rz. 81). Diese Leistungen sind zwar keine Nebenleistungen (§ 3 Rz. 203), sondern eigenständige Leistungen, sind aber mit den Leistungen des Veranstalters zusammenhängende Leistungen, so dass sie einen gemeinsamen Ort haben. Das dient auch der Vereinfachung. 58

Zu den mit den Leistungen der Künstler bzw. des Veranstalters zusammenhängenden Tätigkeiten zählt lt. Art. 33a MwSt-DVO[2] auch der **Vertrieb** von vom Veranstalter erworbenen **Eintrittskarten**. Die Vorschrift meint mit der in der ersten Alternative verwendeten, verfehlten Formulierung „Vermittler, der im eigenen Namen, aber für Rechnung des Veranstalters handelt"(Rz. 70), eine Person i.S.d. Art. 28 MwStSystRL, d.h. einen sog. Dienstleistungsverkaufskommissionär i.S.d. § 3 Abs. 11 UStG (dazu § 3 Rz. 194). Art. 33a MwSt-DVO (2. Alternative) versteht auch den **Händler**, der auf eigene Rechnung handelt, als Dienstleistenden, obwohl die Übertragung von Eintrittskarten als solche zu Lieferungen führen müsste (Rz. 78), und wendet auf ihn Art. 54 Abs. 1 MwStSystRL (entspricht § 3a Abs. 3 Nr. 3 Buchst. a UStG) an. Das ist zutreffend, weil der Leistungsinhalt in der Verschaffung des mit der Eintrittskarte verbrieften Rechts auf Zutritt zu der Veranstaltung und damit auf Inanspruchnahme der Dienstleistung des Veranstalters besteht. Art. 33a MwSt-DVO bewirkt mithin, dass auch der Ort des Vertriebs der Eintrittskarten am Ort der Veranstaltung, d.h. am Ort des Verbrauchs ist. 59

Bei **online gebuchten Eintrittskarten** ist nicht etwa § 3a Abs. 5 UStG einschlägig (Klarstellung durch Art. 7 Abs. 3 Buchst. t MwSt-DVO).

Die zuvor genannten, unter § 3a Abs. 3 Nr. 3 Buchst. a UStG fallenden sonstigen Leistungen werden dort ausgeführt, wo der Unternehmer die **Leistung** tatsächlich **erbringt**, d.h. den Teilnehmern der Veranstaltung darbietet. Ohne Belang ist deshalb, wo die **Vorbereitungshandlungen**, Proben o.Ä. stattfinden.[3] Bei den „**Paket**"-Leistungen (Rz. 58) folgt aus dem Vereinfachungszweck, dass der Ort aller Leistungen am Veranstaltungsort ist. Als „Ort" kommt wohl auch ein **fahrendes Schiff** in Betracht.[4] 60

---

1 In diesem Sinne auch EuGH v. 27.10.2011 – C-530/09, EuGHE 2011, I-10675 = UR 2011, 894 – Rz. 23 ff.
2 Ebenso Abschn. 3a.6 Abs. 2 Satz 2 UStAE.
3 A.A. FG Nds. v. 8.10.2009 – 16 K 10092/07, EFG 2010, 363 – Ort der Erstellung des Vortragsmanuskripts!
4 Bejahend BMF v. 12.3.2002 – IV D 1 - S 7117 - 9/02, BStBl. I 2002, 288 – für ein Seeschiff.

## V. Restaurationsleistungen (Nr. 3 Buchst. b)

61 Sind bei der Abgabe von Speisen und Getränken zum Verzehr an Ort und Stelle (Restaurationsleistungen) sonstige Leistungen anzunehmen (§ 3 Rz. 206), so werden sie, wenn sie **nicht an Bord** eines **Beförderungsmittels** (Schiffs, Luftfahrzeugs oder Eisenbahn) innerhalb des Gemeinschaftsgebiets erfolgen[1], dort ausgeführt, wo sie tatsächlich erbracht werden (§ 3a Abs. 3 Nr. 3 Buchst. b UStG). Anderenfalls gilt der Abgangsort des Beförderungsmittels im Gemeinschaftsgebiet als Ort der sonstigen Leistung (§ 3e UStG).

## VI. Arbeiten an beweglichen Gegenständen und deren Begutachtung (Nr. 3 Buchst. c)

62 Bei Arbeiten an beweglichen körperlichen Gegenständen und bei Begutachtung dieser Gegenstände ist der Ort dieser sonstigen Leistungen dort, wo sie vom Unternehmer jeweils tatsächlich erbracht werden, wenn der **Auftraggeber weder** ein Unternehmer ist, **für** dessen **Unternehmen** die Leistung ausgeführt wird (*Rz. 18 ff.*), **noch** eine nichtunternehmerische **juristische Person** ist, der eine **Umsatzsteuer-Identifikationsnummer** erteilt (*Rz. 31 ff.*) worden ist (§ 3a Abs. 3 Nr. 3 Buchst. c UStG). Anderenfalls bestimmt sich der Ort nach § 3a Abs. 2 UStG, d.h. nach der Ansässigkeit des Auftraggebers.

63 **Bewegliche Gegenstände** sind solche, die nicht mit einem Grundstück oder Gebäude als deren Bestandteile (Art. 34 MwSt-DVO) fest verbunden sind, d.h. nicht unter § 3a Abs. 3 Nr. 1 UStG (*Rz. 38*) fallen. Körperliche Gegenstände sind nicht nur feste, sondern auch flüssige oder gasförmige Sachen, die im Raum abgrenzbar, d.h. insbesondere in Behältern gefangen sind, und damit Gegenstand einer Lieferung sein können (vgl. auch Art. 15 Abs. 1 MwStSystRL; *§ 3 Rz. 8*). Als Gegenstände im Sinne des UStG sind auch lebende **Tiere** anzusehen.[2]

64 „Arbeiten an" beweglichen Gegenständen sind **nicht nur körperliche Eingriffe**[3] in diese, sondern liegen auch dann vor, wenn der Gegenstand nicht be- oder verarbeitet wird, sondern lediglich **Objekt der Arbeiten** ist.[4] Nicht erforderlich ist das Verändern des Gegenstandes.[5] Folglich werden auch das schlichte Zusammensetzen (Zusammenbauen) von Gegenständen[6], das Reinigen, das Warten von Maschinen[7] sowie die Vernichtung von Gegenständen erfasst. Arbeiten an beweglichen Gegenständen liegen auch in den Fällen der sog. Umtauschmüllerei (§ 3 Abs. 10 UStG) vor.

---

1 Dazu näher Art. 35–37 MwSt-DVO.
2 BFH v. 16.1.2014 – V R 26/13, BStBl. II 2014, 350 – Rz. 24.
3 So aber wohl EuGH v. 6.3.1997 – C-167/95, EuGHE 1997, I-1195 = UR 1997, 217 – Rz. 16.
4 Das ist nicht der Fall bei Maßnahmen, die als Heilbehandlungen anzusehen sind, BFH v. 29.6.2011 – XI R 52/07, UR 2011, 818 – Knorpelzellenvermehrung; Entsprechendes gilt für tiermedizinische Analysen, BFH v. 10.11.2010 – V R 40/09, BFH/NV 2011, 1026.
5 A.A. Abschn. 3a.6 Abs. 11 Satz 2 UStAE.
6 Art. 34 MwSt-DVO.
7 Abschn. 3a.6 Abs. 11 Satz 3 UStAE; vgl. auch BFH v. 30.9.1999 – V R 77/98, BStBl. II 2000, 14; BFH v. 13.1.2011 – V R 63/09, BStBl. II 2011, 461 – Rz. 30.

"Verwendet" (§ 3 Rz. 107) der Unternehmer bei den Arbeiten an dem Gegenstand selbst beschaffte Stoffe, die mit dem Gegenstand verbunden werden (und nicht gesondert berechnet werden, da anderenfalls eine getrennt zu sehende Lieferung vorläge, § 3 Rz. 200, 207), so handelt es sich bei der **gemischten Leistung** um eine sonstige Leistung im Sinne der Vorschrift (sog. Werkleistung, § 3 Rz. 106), wenn das *Lieferungselement zurücktritt*, weil das Dienstleistungselement der einheitlichen Leistung das Gepräge gibt (§ 3 Rz. 108 ff.; s. aber auch Art. 8 und Art. 34 MwSt-DVO). Der **Abgrenzung** von der Werklieferung (§ 3 Abs. 4 UStG) bedarf es jedoch nicht, denn läge eine solche vor, so wäre der Ort der Lieferung ebenfalls nach § 3 Abs. 6 Satz 1 oder Abs. 7 Satz 1 UStG dort, wo das Werk fertiggestellt worden war. 65

Der Ort dieser sonstigen Leistungen ist dort, wo sie vom Unternehmer jeweils **tatsächlich erbracht** werden. Das ist nicht dort, wo der Unternehmer für die betreffende sonstige Leistung ausschließlich oder zum wesentlichen Teil tätig wird (so noch § 3a Abs. 2 Nr. 3 Buchst. c Satz 1 UStG a.F.), sondern dort, wo der geschuldete Leistungserfolg eintritt (vgl. Art. 52 MwStSystRL a.F.: "tatsächlich *bewirkt*" wird). Das ist dort, wo sich der bearbeitete Gegenstand nach **Abschluss der Bearbeitung** befindet. Das Handeln von **Subunternehmern** ist dem Unternehmer zuzurechnen, welcher den Auftrag zur Bearbeitung erhalten hat. 66

Bei der **Begutachtung**[1] eines Gegenstandes liegt entgegen h.M.[2] der Ort der Tätigkeit nicht dort, wo der Gutachter das schriftliche Gutachten abfasst, da dieser Ort willkürlich wäre, sondern dort, wo sich der zu begutachtende Gegenstand nach Abschluss der Begutachtung befindet.[3] 67

## VII. Vermittlungsleistungen (Nr. 4)

Eine Vermittlungsleistung wird, wenn der Auftraggeber (Empfänger) **weder** ein **Unternehmer** ist, für dessen Unternehmen die Leistung bezogen wird (*Rz. 18 ff.*), **noch** eine nicht unternehmerisch tätige **juristische Person** mit Umsatzsteuer-Identifikationsnummer ist (*Rz. 31 ff.*), an dem Ort erbracht, an dem der vermittelte Umsatz als ausgeführt gilt (§ 3a Abs. 3 Nr. 4 UStG); anderenfalls bestimmt sich der Ort nach § 3a Abs. 2 UStG. § 3a Abs. 3 Nr. 4 UStG ist grundsätzlich auch auf Vermittlungsleistungen **im Zusammenhang** mit einem **Grundstück** anzuwenden; § 3a Abs. 3 Nr. 1 UStG ist nur für die Grundstücksmakler lex specialis (*Rz. 43*). 68

Unter „**Vermittlung**" ist im deutschen Sprachgebrauch die Herbeiführung der Abschlussbereitschaft des Vertragspartners des unmittelbaren oder mittelbaren Auftraggebers zu verstehen; dazu gehört auch der Nachweis der Gelegenheit zum Abschluss eines Vertrages. Auftraggeber kann sowohl der Empfänger als auch der Erbringer der vermittelten Leistung sein (Klarstellung durch Art. 30 69

---

1 Dazu zählen nicht tiermedizinische Analysen, BFH v. 10.11.2010 – V R 40/09, BFH/NV 2011, 1026.
2 *Birkenfeld* in B/W, § 74 Rz. 652; *Korn* in Bunjes, § 3a UStG Rz. 70; *Lippross*, 2.4.4.5.2b – S. 281.
3 *Stadie* in R/D, § 3a UStG Anm. 433; zust. *Englisch*, DStJG 32 (2009), S. 165, 232 f.

MwSt-DVO). Zu einem Vertragsschluss muss es nicht kommen[1] (das steht allerdings im Widerspruch zu Art. 30 MwSt-DVO). Keine Vermittlung ist bei anderen Hilfsdiensten gegeben.[2]

Der Vermittler ist typischerweise ein **Makler**, der lediglich den Vertragsschluss vorbereitet und die Vertragsparteien zusammenführt, welche dann den Vertrag schließen. Er kann jedoch auch *zusätzlich* als **Vertreter** für seinen Auftraggeber fungieren und den Vertrag in dessen Namen abschließen.

70  Demgegenüber spricht Art. 46 MwStSystRL (ebenso Art. 30 MwSt-DVO) von „Vermittlern, die *im Namen* und für Rechnung Dritter handeln" (Entsprechende Formulierungen verwenden Art. 153 MwStSystRL, Art. 30 und Art. 31 MwSt-DVO). Daraus müsste nach deutschem Zivilrechtsverständnis geschlossen werden, dass die Person nicht nur als schlichter Vermittler (ohne Abschlussvollmacht), sondern zugleich auch als Vertreter handeln muss, denn ein schlichter Vermittler handelt nicht im Namen des Auftraggebers und nicht für dessen Rechnung, da sein Handeln keine Rechtsfolgen in der Person des Auftraggebers eintreten lässt.[3] Es ergäbe jedoch keinen Sinn, wenn nur der Vertreter erfasst würde, so dass angenommen werden muss, dass die Formulierung nicht nur den Vermittler mit Vertretungsmacht, sondern auch den schlichten Vermittler im Auge hat (so auch Art. 135 Abs. 1 Buchst. a MwStSystRL). Vermutlich soll mit dem Relativsatz „die im Namen und für Rechnung Dritter handeln" nur **klargestellt** werden, dass „Vermittler" im weiteren Sinne, die **im eigenen Namen**, aber für fremde Rechnung handeln, **nicht** erfasst werden. Das sind solche Mittelspersonen, die als sog. **Dienstleistungskommissionäre** (Art. 28 MwStSystRL, entspricht § 3 Abs. 11 UStG), d.h. als **Geschäftsbesorger** eine sonstige Leistung im eigenen Namen für fremde Rechnung „einkaufen".

Allerdings heißt es nun doch tatsächlich in **Art. 33a MwSt-DVO**: „Vertreibt ein **Vermittler**[4], der im *eigenen* Namen, aber für Rechnung des Veranstalters handelt [...] Eintrittskarten für Veranstaltungen". Diese Umschreibung deckt sich mit der des Art. 28 MwStSystRL, so dass aus der Sicht der MwSt-DVO nunmehr Personen i.S.d. Art. 28 MwStSystRL auch „Vermittler" sein sollen, was noch mehr zur **sprachlichen Verwirrung** beiträgt[5], denn dann fielen selbst die Lieferungskommissionäre unter diesen Begriff, obwohl gerade die Tätigkeiten der Dienstleistungs- und Lieferungskommissionäre nicht von Art. 46 MwStSystRL erfasst werden.

---

1 Vgl. EuGH v. 21.6.2007 – C-453/05, EuGHE 2007, I-5083 = UR 2007, 617.
2 Vgl. EuGH v. 3.3.2005 – C-472/03, EuGHE 2005, I-1719 = UR 2005, 201; EuGH v. 21.6.2007 – C-453/05, EuGHE 2007, I-5083 = UR 2007, 617 – Rz. 23 a.E., Rz. 38 a.E.
3 Verfehlt ist deshalb (weiterhin) die Definition der „Vermittlung" in Abschn. 3a.7 Abs. 1 Satz 1 und Abschn. 4.5.1 Abs. 1 Satz 1 UStAE.
4 Auch die englische und die französische Fassung des Art. 33a MwSt-DVO sprechen von dem gleichfalls in Art. 46 MwStSystRL und Art. 30 und 31 MwSt-DVO verwendeten Begriff des „intermediary" bzw. „intermédiaire".
5 Der XI. Senat des **BFH** unterscheidet zwischen Vermittlungen im eigenen Namen und für eigene Rechnung und solchen im Namen und für Rechnung Dritter und hat offengelassen, ob nur letztere unter § 3a Abs. 3 Nr. 4 UStG, Art. 46 MwStSystRL fallen; BFH v. 12.12.2012 – XI R 30/10, BStBl. II 2013, 348 – Rz. 49. Das ergibt **keinen Sinn**, da es bei einer Vermittlungstätigkeit diesen Gegensatz nicht geben kann.

**Unverständlich** ist Art. 46 MwStSystRL durch die Formulierung „Dienstleistung an einen Nichtsteuerpflichtigen, die von einem Vermittler im Namen und für Rechnung eines Dritten". Wer soll der Dritte sein, da der Nichtsteuerpflichtige der Leistungsempfänger (Auftraggeber) ist? Art. 30 MwSt-DVO korrigiert diesen Fehler und stellt klar, dass der den Auftrag erteilende Nichtsteuerpflichtige, d.h. der Empfänger der Vermittlungsleistung, sowohl der Empfänger als auch der Erbringer der vermittelten Dienstleistung sein kann.

Der **EuGH** verwendet bei der Definition der Vermittlung zu Recht nicht die verfehlte Formel des Art. 46 MwStSystRL von der Vermittlung „im Namen und für Rechnung eines Dritten", sondern umschreibt sie mit einer **Mittlertätigkeit**, „die u.a. darin bestehen kann, einer Vertragspartei die Gelegenheit zum Abschluss eines Vertrages nachzuweisen, mit der anderen Partei Kontakt aufzunehmen oder im Namen und für Rechnung des Kunden über die Einzelheiten der gegenseitigen Leistungen zu verhandeln, wobei Zweck diese Tätigkeit ist, das Erforderliche zu tun, damit zwei Parteien einen Vertrag schließen, ohne dass der Vermittler ein Eigeninteresse an seinem Inhalt hat"¹. Demzufolge hängt die Vermittlungstätigkeit nicht notwendig vom Bestehen eines Vertragsverhältnisses zwischen dem Vermittler und einer der Parteien des vermittelten Vertrages ab, so dass auch ein **Untervermittler** als Subunternehmer des Hauptvermittlers unter den Begriff des Vermittlers fallen kann.² 71

Die Vermittlungsleistung wird an dem **Ort** erbracht, an dem der **vermittelte Umsatz** als **ausgeführt** gilt. Maßgebend sind mithin die Regeln über den Ort der vermittelten Lieferung, der sonstigen Leistung oder des vermittelten innergemeinschaftlichen Erwerbs. Kommt es nicht zu einem Umsatz oder **betrifft** die Vermittlung einen Vertrag, dessen Durchführung **keinen Umsatz** (Leistung gegen Entgelt) darstellt, so richtet sich der Ort der Vermittlungsleistung nach § 3a Abs. 1 UStG.³ 72

## VIII. Einräumung von Eintrittsberechtigungen und damit zusammenhängende sonstige Leistungen gegenüber Unternehmern (Nr. 5)

**1.** Der mit Wirkung ab 2011 (Rz. 1) zum Zwecke der Umsetzung des Art. 53 MwStSystRL eingefügte § 3a Abs. 3 Nr. 5 UStG soll sonstige Leistungen an einen **Unternehmer** für dessen Unternehmen oder an eine nicht unternehmerisch tätige **juristische Person**, der eine Umsatzsteuer-Identifikationsnummer erteilt worden ist, betreffend die Einräumung von **Eintrittsberechtigungen** sowie die **damit zusammenhängenden Dienstleistungen** für **kulturelle**, **unterhaltende** oder 73

---

1 EuGH v. 21.6.2007 – C-453/05, EuGHE 2007, I-5083 = UR 2007, 617 – Rz. 28; EuGH v. 13.12.2001 – C-235/00, EuGHE 2001, I-10237 = UR 2002, 84 – Rz. 39; EuGH v. 5.7.2012 – C-259/11, UR 2012, 672 – Rz. 27.
2 EuGH v. 21.6.2007 – C-453/05, EuGHE 2007, I-5083 = UR 2007, 617 – Rz. 29 i.V.m. Rz. 38.
3 BFH v. 1.9.1994 – XI B 21/94, BFH/NV 1995, 458 – sog. Joint-Venture-Vertrag; BFH v. 16.3.2003 – V B 47/02, BFH/NV 2003, 830 – Partnerschaft; BFH v. 12.12.2012 – XI R 30/10, BStBl. II 2013, 348 – Vereinsmitgliedschaft; vgl. auch EuGH v. 27.5.2004 – C-68/03, EuGHE 2004, I-5879 = UR 2004, 355 – Rz. 21.

ähnliche Veranstaltungen wie **Messen** und **Ausstellungen** erfassen. Der Ort befindet sich dann **abweichend von § 3a Abs.** 2 UStG dort, **wo** die **Veranstaltung** tatsächlich **durchgeführt** wird.

74 Die **Gesetzesfassung**[1] bringt das allerdings nicht mit der gebotenen Klarheit zum Ausdruck. Mehrdeutig wird die Vorschrift zum einen dadurch, dass die „damit zusammenhängenden sonstigen Leistungen" sich auch auf die genannten Veranstaltungen beziehen könnten und die Ortsregelung des § 3a Abs. 3 Nr. 5 UStG dann alle gegenüber Unternehmer erbrachten Dienstleistungen, welche Veranstaltungen betreffen, erfassen würde; das widerspräche jedoch Art. 53 MwStSystRL (*Rz. 79*). **Mehrdeutig** ist die Vorschrift ferner deshalb, weil der Satzteil „an einen Unternehmer …" sich auch nur auf die zuvor genannten sonstigen Leistungen und nicht zugleich auf die Einräumung der Eintrittsberechtigung beziehen könnte. Auch das widerspräche dem eindeutigen Wortlaut des Art. 53 MwStSystRL, so dass § 3a Abs. 3 Nr. 5 UStG richtlinienkonform auszulegen ist.

75 Der **Sinn** dieser von Absatz 2 (bzw. von Art. 44 MwStSystRL), d.h. von der Grundregel abweichenden Sonderregelung des Absatzes 3 Nummer 5 (bzw. des Art. 53 MwStSystRL) erschließt sich wohl aus dem Umstand, dass eine Differenzierung danach, ob der Besucher im Einzelfall eine USt-IdNr. verwendet, so dass die Grundregel des Absatzes 2 (bzw. Art. 44 MwStSystRL) anzuwenden wäre, praktisch nicht durchführbar, jedenfalls aber dem Veranstalter nicht zuzumuten wäre. Damit geht einher, dass Art. 196 MwStSystRL in den Fällen des Art. 53 MwStSystRL keine Steuerschuldnerschaft des Leistungsempfängers vorschreibt, wenn der veranstaltende Unternehmer nicht im Mitgliedsstaat des Veranstaltungsortes ansässig ist. Demgemäß bestimmt § 13b Abs. 6 Nr. 4 UStG, dass die anderenfalls nach § 13b Abs. 2 Nr. 1 i.V.m. Abs. 5 UStG gegebene Steuerschuldnerschaft bei der Einräumung von Eintrittsberechtigungen für Messen, Ausstellungen und Kongresse nicht eintritt. Das dient der **Vereinfachung**, weil der **Veranstalter** unabhängig von seiner eigenen Ansässigkeit und **unabhängig vom Status** der **Besucher** sämtliche Einräumungen der Eintrittsberechtigungen im Mitgliedstaat des Veranstaltungsortes anzumelden hat. Bei Nichtunternehmern (genauer: Leistungsempfängern, die nicht unter § 3a Abs. 2 UStG, Art. 44 MwStSystRL fallen) ergibt sich das aus § 3a Abs. 3 Nr. 3 Buchst. a UStG, Art. 54 Abs. 1 MwStSystRL, bei Unternehmern (genauer: Leistungsempfängern, die unter § 3a Abs. 2 UStG, Art. 44 MwStSystRL fallen) ist der Ort unabhängig von ihrer Ansässigkeit nach § 3a Abs. 3 Nr. 5 UStG, Art. 53 MwStSystRL ebenfalls am Veranstaltungsort.

76 Der **Anwendungsbereich** der Vorschrift dürfte sich im Wesentlichen auf die Einräumung der Eintrittsberechtigungen zu **Messen** und **Ausstellungen** beschränken. Kulturelle, künstlerische, sportliche, unterhaltende und ähnliche Veranstaltungen werden nicht zu unternehmerischen Zwecken besucht, sondern dienen privaten Zwecken (so dass die Aufzählung in Art. 32 Abs. 2 Buchst. a und b MwSt-DVO unverständlich ist). Bei **wissenschaftlichen** und **unterrichten-**

---

1 In der es zudem am Ende der Vorschrift statt „*wird* an dem Ort erbracht" richtig „*werden* an dem Ort erbracht" heißen muss, da der Ort für mehrere Dienstleistungen geregelt werden soll.

den Veranstaltungen kann hingegen auch ein unternehmerischer Zweck in Betracht kommen. Für **wissenschaftliche Gutachten**, deren Ort sich richtigerweise auch schon nicht nach § 3a Abs. 3 Nr. 3 Buchst. a UStG a.F. bestimmte (vgl. *Rz. 52*), steht nunmehr fest, dass jedenfalls dann, wenn sie gegenüber Unternehmern oder juristischen Personen erbracht werden, der Ort sich nach § 3a Abs. 2 UStG richtet, da es sich nicht um eine Eintrittsberechtigung zu einer wissenschaftlichen Veranstaltung handelt.

Die Vorschrift hat nur die schlichte Einräumung von Eintrittsberechtigungen an **Besucher** im Auge. Bei Ausstellern auf Messen und ähnlichen Veranstaltungen ist die in der Überlassung von Standflächen zwingend zugleich enthaltene Gewährung der Zugangsberechtigung nicht gesondert als Einräumung der Eintrittsberechtigung zu sehen, so dass auch die Überlassung von Standflächen durch die Veranstalter und die von diesen erbrachten üblichen Nebenleistungen keine sonstigen Leistungen im Sinne dieser Vorschrift sind. Sie fallen unter Absatz 2 (zum Eingreifen des § 3a Abs. 3 Nr. 1 UStG s. *Rz. 45*). 77

Die „**Einräumung**" der Eintrittsberechtigung könnte nur durch den Veranstalter erfolgen, denn eine „Einräumung" der Eintrittsberechtigung wäre nur die erstmalige **Ausgabe** der Eintrittskarte dar, nicht deren Weiterveräußerung. Allerdings spricht Art. 53 MwStSystRL nicht von „Einräumung", sondern von einer „Dienstleistung [...] betreffend die Eintrittsberechtigung". Diese offene Formulierung erfasst auch deren entgeltliche Weitergabe. Demgemäß spricht **Art. 33a MwSt-DVO** neutral vom „**Vertrieb**" von Eintrittskarten in Gestalt der Weiterveräußerung. Der mögliche Wortsinn des Begriffs „Einräumung" § 3a Abs. 3 Nr. 5 UStG erlaubt es, diesen in richtlinienkonformer Auslegung als „Dienstleistung [...] betreffend die Eintrittsberechtigung" im Sinne von Ausgabe durch den Veranstalter und Weitergabe durch Erwerber zu verstehen. Art. 33a Alt. 1 MwSt-DVO meint mit der verfehlten Formulierung „**Vermittler**, der im eigenen Namen, aber für Rechnung des Veranstalters handelt", eine Person iS des Art. 28 MwStSystRL, d.h. einen sog. Dienstleistungskommissionär i.S.d. § 3 Abs. 11 UStG (*§ 3 Rz. 194*). Art. 33a Alt. 2 MwSt-DVO betrachtet auch den **Händler** von Eintrittskarten als Dienstleistenden und wendet auf ihn ebenfalls Art. 53 MwSt-SystRL an.[1] Der Umstand, dass aus zivilrechtlicher Sicht bei der Übertragung von Eintrittskarten keine Dienstleistungen, sondern Lieferungen vorliegen, weil das Recht aus dem Papier dem Recht an dem Papier folgt (§ 807 BGB), dieses nach sachenrechtlichen Regeln (§§ 929 ff. BGB) übertragen wird und mit dem Untergang dieses Inhaberpapiers auch die Berechtigung, welche durch das Papier verkörpert wird, entfällt, so dass diese zivilrechtlich insoweit wie Sachen zu behandeln sind[2], steht dem nicht entgegen. Die Charakterisierung als Dienstleistungen ergibt sich daraus, dass der umsatzsteuerrechtliche Leistungsinhalt in der Verschaffung des mit der Eintrittskarte verbrieften Rechts auf Zutritt zu der Veranstaltung und damit auf Inanspruchnahme der Dienstleistung des Veranstalters besteht. Art. 33a MwSt-DVO bewirkt mithin, dass auch der Ort des 78

---

1 Ebenso Abschn. 3a.6 Abs. 2 Satz 2 UStAE. In diesem Sinne auch bereits BFH v. 3.6.2009 – XI R 34/08, BStBl. II 2010, 857 = UR 2009, 843; FG Rh.-Pf. v. 5.2.2002 – 4 V 1751/00, EFG 2002, 720.
2 Vgl. *Hey/Hoffsümmer*, UR 2005, 641.

Vertriebs der Eintrittskarten am Ort der Veranstaltung, d.h. am Ort des Verbrauchs ist.

Die **„echte"** (schlichte) **Vermittlung** von Eintrittskarten fällt hingegen nicht unter § 3a Abs. 3 Nr. 5 UStG (vgl. Art. 33 Satz 2 MwSt-DVO: „bloße Vermittlungsleistung im Zusammenhang mit dem Verkauf von Eintrittskarten"), sondern unter § 3a Abs. 2 UStG[1], so dass deren Ort dort ist, wo der Auftraggeber ansässig ist.

79   2. Die **„damit zusammenhängenden"** sonstigen Leistungen beziehen sich auf die Einräumung der Eintrittsberechtigung und nicht auf die Veranstaltungen, da die Vorschrift richtlinienkonform auszulegen ist und Art. 53 MwStSystRL vom Ort einer Dienstleistung betreffend die „Eintrittsberechtigung sowie die damit zusammenhängenden Dienstleistungen" spricht (ebenso Art. 33 Satz 1 MwSt-DVO). Folglich erfasst § 3a Abs. 3 Nr. 5 UStG **nicht** solche **Dienstleistungen**, die **gegenüber** den **Veranstaltern** erbracht werden. Der Ort dieser Dienstleistungen bestimmt sich regelmäßig nach § 3a Abs. 2 UStG.

80   Soweit der Veranstalter die Dienstleistungen unter **Einschaltung anderer Unternehmer**, d.h. durch **Subunternehmer** erbringt (erbringen lässt), ändert das nichts am Charakter und damit am Ort der Leistungen, weil die Leistungen der Subunternehmer dem Veranstalter als eigene zugerechnet werden. Die mit der Einräumung der Eintrittsberechtigung zusammenhängenden sonstigen Leistungen können indes auch **von Dritten** erbracht werden, die **auf der Veranstaltung im eigenen Namen gegenüber** den **Besuchern** oder Ausstellern tätig werden (z.B. Garderoben- oder Toilettendienste[2]).

81   Als mit der Eintrittsberechtigung zusammenhängende Dienstleistungen kommen m.E. auch solche Leistungen in Betracht, die als **Teile eines „Pakets"** mit der Eintrittsberechtigung zusammen **vom Veranstalter** „verkauft" werden, wie insbesondere **Beförderungsleistungen, Gestellung von Fahrzeugen** und die **Hotelunterbringung**.[3] Die Hotelunterbringung ist zwar keine Nebenleistung zur Einräumung der Eintrittsberechtigung, so dass sich der Ort der Unterbringungsleistung isoliert gesehen nach Art. 47 MwStSystRL (§ 3a Abs. 3 Nr. 1 UStG) richten würde; Art. 53 MwStSystRL, § 3a Abs. 3 Nr. 5 UStG sind jedoch leges speciales gegenüber diesen Vorschriften.

## D. Bestimmte sonstige Leistungen an Nichtunternehmer im Drittlandsgebiet (Abs. 4)

### I. Allgemeines

82   Wird eine der in § 3a Abs. 4 Satz 2 Nr. 1 bis Nr. 14 (ab 2015: Nr. 1 bis 10, Nr. 14) UStG bezeichneten sonstigen Leistungen (*Rz. 89 ff.*) gegenüber einem Empfänger (Auftraggeber) erbracht, der weder ein Unternehmer, für dessen Unternehmen die Leistung bezogen wird (*Rz. 18 ff.*), noch eine nicht unternehmerisch tätige juristische Person mit USt-IdNr. (*Rz. 31 ff.*) ist (oder anders gewendet:

---

1 Vgl. Abschn. 3a.6 Abs. 13 Satz 7 UStAE.
2 Art. 33 Satz 2 MwSt-DVO.
3 Ebenso Abschn. 3a.6 Abs. 13 Satz 4 UStAE.

### Bestimmte sonstige Leistungen an Nichtunternehmer im Drittlandsgebiet (Abs. 4) § 3a

**Nichtunternehmer**, Unternehmer, der die Leistung **nicht für** sein **Unternehmen** bezieht, oder juristische Person ohne USt-IdNr. ist), und der im Drittlandsgebiet ansässig ist, so wird die sonstige Leistung an seinem Wohnsitz oder Sitz (*Rz. 87 f.*) ausgeführt. Damit wird insoweit in den meisten Fällen das **Verbrauchsort-** („Bestimmungsland-")**Prinzip** verwirklicht (*Rz. 85 f.*). Diese Regelung gilt indes nicht für alle sonstigen Leistungen, sondern nur für die in § 3a Abs. 4 Satz 2 UStG aufgezählten. Für die übrigen gilt entweder Absatz 1, Absatz 3 oder (ab 2015) Absatz 5.

Werden die in § 3a Abs. 4 Satz 2 Nr. 11 und 12 (ab 2015: Abs. 5 Satz 1 Nr. 1 und 2) UStG bezeichneten Telekommunikations-, Rundfunk- und Fernsehdienstleistungen von einem im Drittlandsgebiet ansässigen Unternehmer erbracht, so ist deren Ort abweichend von § 3a Abs. 4 Satz 1 (ab 2015: Abs. 5) UStG im Inland, wenn die Leistungen hier genutzt oder ausgewertet werden (§ 3a Abs. 6 Nr. 3 UStG, *Rz. 141*). 83

Ist der Leistungsempfänger **Unternehmer** (oder juristische Person) im o.g. Sinne, so bestimmt sich der Ort der in § 3a Abs. 4 Satz 2 UStG genannten Dienstleistungen nach Absatz 2, d.h. nach dem Unternehmenssitz (Sitz, *Rz. 100*) oder dem Ort der Betriebsstätte (festen Niederlassung), womit ebenfalls das Verbrauchsortprinzip verwirklicht wird und zumeist dasselbe Ergebnis eintritt. Allerdings ist dann insbesondere bei natürlichen Personen die Ansässigkeit des Unternehmens und nicht des Unternehmers maßgebend. Befindet sich das Unternehmen im Gemeinschaftsgebiet, so ist es ohne Bedeutung, wenn der Wohnsitz des Unternehmers im Drittlandsgebiet belegen ist (*Beispiel*: Unternehmen des Leistungsempfängers in Lörrach, Wohnsitz in Basel). 84

§ 3a Abs. 4 UStG verfolgt in Umsetzung des Art. 59 MwStSystRL das **Verbrauchsort-** („Bestimmungsland-")**Prinzip**, d.h. das Ziel, den Ort in das Land zu legen, in dem der Empfänger ansässig ist und mithin typischerweise die Leistung genutzt oder verwertet, d.h. „verbraucht" wird. Dieses Prinzip kommt jedoch bis 2014 nur insoweit zum Tragen, als der Empfänger **außerhalb** der **Gemeinschaft** ansässig ist. 85

Ist der **nichtunternehmerische** und nicht unter § 3a Abs. 2 UStG fallende **Leistungsempfänger** hingegen **im Gemeinschaftsgebiet ansässig**, so wird das **Verbrauchsortprinzip** grundsätzlich **nicht** angewendet, soweit die Gefahr der Nichtbesteuerung besteht. Die Erhebung der Steuer im Land des mutmaßlichen Verbrauchs ist nämlich nur dann gewährleistet, wenn der Leistungsempfänger Schuldner der Steuer ist, was bei den in der Vorschrift genannten Empfängern nicht der Fall ist. Das Verbrauchsortprinzip wird dann durch das vorrangige Ziel, die Besteuerung im Gemeinschaftsgebiet sicherzustellen, verdrängt. Der Ort bestimmt sich dann grundsätzlich nach § 3a Abs. 1 UStG. Damit erfolgt zwar die Besteuerung nicht im richtigen Land, aber es ist wenigstens prinzipiell die Besteuerung gewährleistet, wenn der leistende Unternehmer in der Gemeinschaft ansässig ist, da dieser dann der Kontrolle durch die Steuerverwaltung in seinem Ansässigkeitsstaat unterliegt (oder jedenfalls unterliegen könnte). Wäre stattdessen der Ort auch in diesem Fall im Bestimmungsland, so würde die dortige Steuerverwaltung regelmäßig nicht erfahren, dass in ihrem Land ein im übrigen Gemeinschaftsgebiet ansässiger Unternehmer eine sonstige Leistung ausgeführt 86 hat (s. Beispiel *Rz. 8*). Ab 2015 gilt das Verbrauchsortprinzip gleichwohl[1] bei den in § 3a Abs. 5 Satz 2 UStG genannten sonstigen Leistungen (bis 2014: Absatz 4 Satz 2 Nr. 11 bis 13 UStG) auch bei innerhalb der Gemeinschaft ansässigen Nichtunternehmern (*Rz. 124*).

## II. Ansässigkeit im Drittlandsgebiet

87 § 3a Abs. 4 Satz 1 UStG stellt für die Ansässigkeit des Empfängers auf dessen Wohnsitz bzw. Sitz ab. Demgegenüber knüpft Art. 59 MwStSystRL an den Ort, an dem der Nichtsteuerpflichtige ansässig ist oder seinen Wohnsitz oder seine gewöhnlichen Aufenthaltsort hat. Die Richtlinie spricht mithin von **Ansässigkeit** nur bei juristischen Personen, während der deutsche Sprachgebrauch auch bei natürlichen Personen den Begriff der Ansässigkeit verwendet.[2] Bei einer natürlichen Person ist auf ihren **Wohnsitz** als örtlichen Mittelpunkt des Lebens (vgl. Art. 12 und 13 MwSt-DVO) abzustellen. Da den Unternehmer indes **keine Nachforschungspflichten** treffen (*Rz. 11*), kann er regelmäßig auf die Angaben im Pass, Personalausweis o.Ä. abstellen und zum Nachweis eine Kopie davon aufbewahren (arg. Art. 147 Abs. 2 Unterabs. 1 Satz 1 MwStSystRL, da für sonstige Leistungen diesbezüglich nichts anderes als für Lieferungen gelten kann). Die Bestimmungen der Art. 12 und 13 MwSt-DVO wie auch die zusätzlichen Aussagen von Abschn. 3a.1 Abs. 1 Sätze 12 und 13 UStAE sind deshalb verfehlt. Wie soll der Unternehmer das Vorliegen der genannten Voraussetzungen überprüfen?

88 Bei **juristischen Personen**, Personengesellschaften und sonstigen Personenvereinigungen bzw. Vermögensmassen ist deren **Sitz** maßgebend. Das ist nicht der statuarische Sitz i.S.d. § 11 AO, sondern in Anlehnung an Art. 13a Buchst. a MwSt-DVO der Ort der zentralen Verwaltung. Hat die juristische Person usw. mit Verwaltungssitz im Drittlandsgebiet indes eine feste Niederlassung im Gemeinschaftsgebiet, für welche die sonstige Leistung erbracht wird, so ist von einer Ansässigkeit im Gemeinschaftsgebiet auszugehen (Art. 24 Buchst. a MwSt-DVO), und § 3a Abs. 4 UStG ist nicht anwendbar. Entsprechendes gilt im umgekehrten Fall.

## III. Die einzelnen Leistungen (Abs. 4 Satz 2)
### 1. Allgemeines, Abgrenzung

89 Zu den sonstigen Leistungen i.S.d. § 3a Abs. 4 Satz 1 UStG zählen die von Satz 2 abschließend aufgezählten Dienstleistungen. Wird eine Dienstleistung vom Wortlaut mehrerer Nummern des Satzes 2 erfasst, so bedarf es der **Abgrenzung** nur dann, wenn das für die Anwendung des § 3a Abs. 5 UStG (*Rz. 136 ff.*) oder des § 3a Abs. 6 Nr. 2 und 3 UStG (*Rz. 140 f.*) von Bedeutung ist.

90 Bei einer als Einheit zu sehenden **komplexen** (gemischten) **Leistung** (*Rz. 10*), die sich **aus mehreren Dienstleistungselementen** zusammensetzt, die bei isolierter Sicht nicht sämtlich unter § 3a Abs. 4 Satz 2 UStG fallen, bestimmt sich der Ort

---

[1] Vgl. *W. Widmann*, MwStR 2014, 495 (500).
[2] Vgl. nur § 2 Abs. 1 Satz 1, § 6 Abs. 1 Satz 2 Nr. 2 und § 16 Abs. 1 AStG.

nach § 3a Abs. 1 UStG, sofern nicht ein Dienstleistungselement der Gesamtleistung das Gepräge gibt, so dass dieses für die Ortsbestimmung maßgebend ist.

## 2. Einräumung, Übertragung, Wahrnehmung sowie Verzicht auf die Ausübung von Schutz- u.ä. Rechten (Nr. 1 und Nr. 8)

**a)** Als sonstige Leistungen i.S.d. § 3a Abs. 4 Satz 1 UStG gelten gem. § 3a Abs. 4 Satz 2 **Nr. 1** UStG die Einräumung, Übertragung und Wahrnehmung von **Patenten, Urheberrechten, Markenrechten** und ähnlichen Rechten. 91

Als Letztere kommen insbesondere vergleichbare Rechte wie das **Recht am eigenen Bild, Gebrauchsmuster- und Geschmacksmusterrechte** sowie das Verlagsrecht in Betracht. Gemeinsames Merkmal dieser Rechte ist die alleinige Befugnis des Inhabers, das jeweilige Recht zu nutzen, zu verwerten und andere davon auszuschließen.[1] Es ist indes kaum vorstellbar, dass diese Rechte Nichtunternehmern eingeräumt werden.

**Ähnliche Rechte** sind auch subjektive **öffentliche Rechte** in Gestalt von **Konzessionen** (Erlaubnissen) sowie vergleichbare dingliche und **schuldrechtlich begründete Rechtspositionen**, soweit sich diese nicht auf Grundstücke beziehen (vgl. *Rz. 39*). 92

Der Begriff der **Einräumung** bezieht sich nur auf das Verlagsrecht, auf Konzessionen und auf andere vertraglich begründbare Rechte. „**Übertragung**" ist die Vollrechtsübertragung, so dass die Einräumung von Nutzungs-, Verwertungs-, Lizenz- u.ä. Rechten (mit Ausnahme des Verlagsrechts) nicht unter § 3a Abs. 4 Satz 2 Nr. 1 UStG, sondern unter § 3a Abs. 4 Satz 2 Nr. 8 UStG fällt (*Rz. 94*). Die **Wahrnehmung** eines Urheberrechts oder eines verwandten Schutzrechts liegt vor, wenn ein Unternehmer für Rechnung des Inhabers des Rechts zur Wahrung von dessen Interessen tätig wird[2], z.B. als sog. Verwertungsgesellschaft (vgl. § 3 Abs. 9 Satz 3 UStG; *§ 3 Rz. 160*). 93

**b)** Nach § 3a Abs. 4 Satz 2 **Nr. 8** UStG[3] zählt auch der **Verzicht auf** die **Ausübung der** in § 3a Abs. 4 Satz 2 Nr. 1 UStG bezeichneten **Rechte** zu den sonstigen Leistungen i.S.d. Satzes 1. Hierbei handelt es sich um eine Duldungsleistung (vgl. *§ 1 Rz. 23*), indem der Inhaber des geschützten Rechts gegenüber dem Vertragspartner auf seine mit dem Urheberrecht usw. verbundene absolute Befugnis verzichtet, jeden von der Nutzung, Verwertung usw. auszuschließen. Die Vorschrift regelt insbesondere die **Einräumung von Nutzungs-, Verwertungs-, Lizenz- u.ä. Rechten**, die nicht unter § 3a Abs. 4 Satz 2 Nr. 1 UStG fällt, da nicht das gesamte Recht übertragen wird.[4] 94

---

1 Vgl. §§ 6, 139 PatG, §§ 11, 15, 97 UrhG, §§ 14, 15 MarkenG, § 1 GeschmMG, §§ 8, 9 VerlG.
2 Vgl. § 1 Abs. 1 UrhWG.
3 I.E. ebenso Art. 59 Abs. 1 Buchst. d MwStSystRL, der allerdings fehlerhaft (vgl. *§ 3 Rz. 153*) auf die *Verpflichtung*, das Recht nicht wahrzunehmen, abstellt.
4 Das verkennt (weiterhin) Abschn. 3a.9 Abs. 2 Satz 1 i.V.m. Abschn. 3a.6 Abs. 4 Satz 2 UStAE.

### 3. Leistungen auf dem Gebiet der Werbung (Nr. 2)

95 Sonstige Leistungen i.S.d. § 3a Abs. 4 Satz 1 UStG sind ferner alle Dienstleistungen, die der Werbung oder der Öffentlichkeitsarbeit dienen, einschließlich der Leistungen der Werbungsmittler und der Werbeagenturen (§ 3a Abs. 4 Satz 2 Nr. 2 UStG), d.h. alle Leistungen auf dem Gebiet der Werbung (Art. 59 Abs. 1 Buchst. b MwStSystRL). Maßgebend ist die **Art der Dienstleistungen**, so dass Dienstleistungen auf dem Gebiet der Werbung[1] nicht nur dann vorliegen, wenn sie dem Werbetreibenden unmittelbar als Auftraggeber gegenüber erbracht werden, sondern auch dann, wenn sie von einem Dritten im eigenen Namen in Auftrag gegeben werden, der sie dem Werbetreibenden berechnet[2], so dass die Leistungen dem Werbetreibenden nur mittelbar (indirekt) zugutekommen.[3] Dann liegt ohnehin ein Fall des § 3 Abs. 11 UStG vor, dessen Anwendung zum selben Ergebnis führt (s. *§ 3 Rz. 119*). Die Erwähnung der **Werbungsmittler** und **Werbeagenturen** in § 3a Abs. 4 Satz 2 Nr. 2 UStG ist überflüssig.[4] Sog. Mailing-Aktionen (*§ 3 Rz. 198*) sollen nach Auffassung des BFH als komplexe Leistungen (*Rz. 90*) nicht unter diese Bestimmung fallen.[5]

### 4. Leistungen bestimmter Freiberufler, Beratungs- und ähnliche Leistungen (Nr. 3)

96 Zu den sonstigen Leistungen i.S.d. § 3a Abs. 4 Satz 1 UStG zählen des Weiteren die Dienstleistungen aus der Tätigkeit als **Rechtsanwalt**, Patentanwalt, Steuerberater, Steuerbevollmächtigter, Wirtschaftsprüfer, vereidigter Buchprüfer, **Sachverständiger**, Ingenieur, **Aufsichtsratsmitglied** (dazu *§ 2 Rz. 82*), Dolmetscher und **Übersetzer** sowie **ähnliche** Leistungen, insbesondere die **rechtliche, wirtschaftliche** und **technische Beratung** (§ 3a Abs. 4 Satz 2 Nr. 3 UStG).

97 Bei entsprechenden Leistungen im Zusammenhang mit einem **Grundstück** kann sich der Ort nach § 3a Abs. 3 Nr. 1 UStG bestimmen (vgl. *Rz. 40 f.*), bei der **Begutachtung** eines beweglichen Gegenstandes hat § 3a Abs. 3 Nr. 3 Buchst. c UStG **Vorrang**. Werden die Beratungsleistungen auf elektronischem Wege erbracht, so hat § 3a Abs. 4 Satz 1 Nr. 13 UStG keinen Vorrang (*Rz. 119, 121* und *124*).

98 Eine Leistung erfolgt „**aus der Tätigkeit als ...**", wenn sie **berufstypisch** ist.[6] Auf die **Rechtsform** des Unternehmers, der die Leistung erbringt, kommt es nicht an, obwohl das Gesetz Berufe aufzählt. Der Gleichheitssatz in Gestalt des Grundsatzes der Wettbewerbsneutralität/Rechtsformneutralität (*Vorbem. Rz. 46, 48, 77*)

---

1 Dazu näher *Stadie* in R/D, § 3a UStG Anm. 502 ff.
2 EuGH v. 15.3.2001 – C-108/00, EuGHE 2001, I-2361 = UR 2001, 204.
3 EuGH v. 5.6.2003 – C-438/01, EuGHE 2003, I-5617 = UR 2003, 344.
4 Vgl. *Stadie* in R/D, § 3a UStG Anm. 512 f.
5 BFH v. 15.10.2009 – XI R 52/06, BStBl. II 2010, 869.
6 BFH v. 5.6.2003 – V R 25/02, BStBl. II 2003, 734. Der EuGH meint dasselbe, wenn er verlangt, dass die Leistung hauptsächlich und gewöhnlich im Rahmen eines der aufgeführten Berufe erbracht wird; EuGH v. 16.9.1997 – C-145/96, EuGHE 1997, I-4857 = UR 1998, 17 – Rz. 16; EuGH v. 6.12.2007 – C-401/06, EuGHE 2007, I-10609 = UR 2008, 117.

gebietet die Auslegung, dass auch Personen- und **Kapitalgesellschaften**, die die berufstypischen Leistungen durch **angestellte Berufsträger** ausführen, sonstige Leistungen „aus der Tätigkeit als ..." erbringen.

Bei **Rechtsanwälten** (und auch bei Steuerberatern[1], Wirtschaftsprüfern[2] usw.) zählt die **Insolvenzverwaltung, Zwangsverwaltung** oder **Testamentsvollstreckung nicht** zu den berufstypischen Tätigkeiten[3] und stellt auch keine ähnliche Beratungsleistung dar.[4] Nach Auffassung des EuGH soll dazu auch nicht die Leistung eines Rechtsanwalts als **Schiedsrichter** zählen[5]; das überzeugt nicht.[6] Schadensregulierer erbringen keine rechtsanwaltsähnlichen Leistungen.[7] 99

Der Begriff des **Sachverständigen** ist im Sinne eines Beraters zu verstehen und kann jedes beliebige Gebiet betreffen. Erfasst werden auch die Anfertigung von **Gutachten** wissenschaftlicher (*Rz. 52*) und sonstiger Art, Wirtschaftlichkeitsprüfungen, chemische **Untersuchungen**[8], **Forschungs- und Entwicklungsarbeiten** eines **Ingenieurs**[9] u.Ä. Die Anpassung von Software ist eine ingenieursähnliche Leistung.[10] 100

**Ähnliche Leistungen** sind zum einen Leistungen, deren Schwergewicht auf der **Beratung** liegt. Die Beratung kann **jedes Gebiet** betreffen[11], d.h. sie muss nicht rechtlicher, wirtschaftlicher oder technischer Natur sein.[12] Beratung ist auch die **Stellung von Anträgen**.[13] Eine spezielle berufliche Qualifikation ist nicht erforderlich. Folglich wird auch die Erteilung von **Empfehlungen zur Kapitalanlage**[14], die Erstellung von **Horoskopen**[15] und die **Personalberatung**[16] erfasst. 101

Ähnliche Leistungen können auch dann vorliegen, wenn keine Beratungsleistung im Vordergrund steht („insbesondere ... Beratung"), sie müssen dann jedoch **einer der** in Art. 59 Buchst. c MwStSystRL **aufgezählten Tätigkeiten** ähn- 102

---

1 BFH v. 3.4.2008 – V R 62/05, BStBl. II 2008, 900.
2 BFH v. 5.6.2003 – V R 25/02, BStBl. II 2003, 734.
3 Vgl. BFH v. 12.12.2001 – XI R 56/00, BFH/NV 2002, 447.
4 Vgl. BFH v. 5.6.2003 – V R 25/02, BStBl. II 2003, 734; BFH v. 3.4.2008 – V R 62/05, BStBl. II 2008, 900; EuGH v. 6.12.2007 – C-401/06, EuGHE 2007, I-10609 = UR 2008, 117 – Testamentsvollstreckung.
5 EuGH v. 16.9.1997 – C-145/96, EuGHE 1997, I-4857 = UR 1998, 17 – Rz. 17, 22.
6 Dazu näher *Stadie* in R/D, § 3a UStG Anm. 522.
7 BFH v. 20.7.2012 – V B 82/11, BStBl. II 2012, 809.
8 Abschn. 3a.9 Abs. 12 UStAE.
9 EuGH v. 7.10.2010 – C-22/09, EuGHE 2010, I-9277 = UR 2010, 854.
10 EuGH v. 27.10.2005 – C-41/04, EuGHE 2005, I-9433 = UR 2006, 20 – Rz. 39 f.
11 Art. 56 Abs. 1 Buchst. c MwStSystRL erwähnt ausdrücklich den „Berater".
12 FG Hamburg v. 21.8.2007 – 6 K 253/05, EFG 2008, 80.
13 Vgl. Art. 8 MwSt-DVO a.F. (Beantragung von Steuervergütungen i.S.d. § 59 UStDV).
14 Zust. *Wäger* in S/R, § 3a UStG Rz. 220; a.A. FG Hamburg v. 2.3.2005 – VI 231/03, EFG 2005, 1308.
15 Übersehen von FG Hess. v. 21.2.1990 – 6 K 395/84, EFG 1990, 601; FG Köln v. 22.11.2007 – 15 K 3601/04, EFG 2008, 419.
16 FG Hamburg v. 21.8.2007 – 6 K 253/05, EFG 2008, 80; BFH v. 18.6.2009 – V R 57/07, BStBl. II 2010, 83; BFH v. 18.6.2009 – V R 34/08, BFH/NV 2010, 69.

**lich** sein[1], so dass es nicht ausreicht, dass es sich um eine freiberufliche Tätigkeit handelt.[2]

103 **Notare** erbringen mit der Beurkundung von Rechtsvorgängen keine Beratungsleistungen, da die Beratung vor der Beurkundung der Leistung des Notars nicht das Gepräge gibt. Der Ort ihrer Leistungen bestimmt sich deshalb grundsätzlich nach § 3a Abs. 1 oder Abs. 2 UStG, sofern nicht die Beurkundungen im Zusammenhang mit einem Grundstück stehen (Abs. 3 Nr. 1, *Rz. 41*). Beratungsleistungen liegen nur bei der Betreuung auf dem Gebiet der vorsorgenden Rechtspflege vor, insbesondere bei der Anfertigung von Urkundsentwürfen und der Beratung der Beteiligten gem. § 24 Abs. 1 BNotO.[3]

### 5. Datenverarbeitung (Nr. 4)

104 Eine sonstige Leistung i.S.d. § 3a Abs. 4 Satz 1 UStG ist auch die Datenverarbeitung (§ 3a Abs. 4 Satz 2 Nr. 4 UStG). Die Datenverarbeitung muss den wirtschaftlichen Gehalt der Dienstleistung darstellen und darf nicht lediglich technisches Hilfsmittel bei der Erbringung der eigentlichen Dienstleistung sein.[4] Zur Erstellung und Überlassung von Datenverarbeitungsprogrammen s. *Rz. 105*.

### 6. Überlassung von Informationen (Nr. 5)

105 Auch die Überlassung von Informationen ist eine sonstige Leistung i.S.d. § 3a Abs. 4 Satz 1 UStG (§ 3a Abs. 4 Satz 2 Nr. 5 UStG). Es ist ohne Belang, welcher Art die Informationen sind und in welcher Weise sie erlangt werden. Die Informationen über (gewerbliche) Verfahren und Erfahrungen sind ausdrücklich erwähnt. Zu eng ist die Auffassung, dass sie ihrer Art nach geeignet sein müssen, technisch oder wirtschaftlich verwendet zu werden.[5] Eine solche Beschränkung lässt sich dem Gesetz und der Richtlinie nicht entnehmen, so dass die Informationen **jedweder Art** sein können und nicht etwa erweisbare Tatsachen darstellen müssen.[6] Sie können dem Empfänger **für jeden beliebigen Zweck** dienen.[7]

106 Sind die Informationen *urheberrechtlich* oder ähnlich geschützt, so kann die Überlassung unter § 3a Abs. 4 Satz 2 Nr. 8 UStG fallen (*Rz. 94*). Einer **Abgrenzung** bedarf es nicht, da die Rechtsfolgen gleich sind. Das gilt auch für das Verhältnis zur *Beratungsleistung* i.S.d. § 3a Abs. 4 Satz 2 Nr. 3 UStG. Die Überlassung von Informationen in Form einer **Unterrichtsveranstaltung** fällt unter § 3a Abs. 3 Nr. 3 Buchst. a UStG (*Rz. 49* und *53*).

---

1 EuGH v. 16.9.1997 – C-145/96, EuGHE 1997, I-4857 = UR 1998, 17 – Rz. 20, verneint für Universitätsprofessor des Rechts als Schiedsrichter bei der Internationalen Handelskammer; EuGH v. 6.12.2007 – C-401/06, EuGHE 2007, I-10609 = UR 2008, 117 – Rz. 38; BFH v. 5.6.2003 – V R 25/02, BStBl. II 2003, 734.
2 EuGH v. 6.3.1997 – C-145/96, EuGHE 1997, I-1195 = UR 1997, 217 – Rz. 20, Tierarzt; vgl. auch BFH v. 10.11.2010 – V R 40/09, BFH/NV 2011, 1026.
3 Abschn. 3a.9 Abs. 11 UStAE.
4 Vgl. BFH v. 30.5.1996 – V B 24/96, BFH/NV 1997, 71.
5 So Abschn. 3a.9 Abs. 16 Satz 5 UStAE.
6 So aber FG Hess. v. 21.2.1990 – 6 K 395/84, EFG 1990, 601; FG Köln v. 22.11.2007 – 15 K 3601/04, EFG 2008, 419 (422).
7 Zu Einzelheiten *Stadie* in R/D, § 3a UStG Anm. 542 ff.

Die **Erstellung** eines **nicht standardisierten Datenverarbeitungsprogramms** (sog. Individual-Software) nach den speziellen Anforderungen des Auftraggebers ist eine sonstige Leistung in Gestalt der Überlassung von Informationen. Hingegen sind die Überlassung von Standardprogrammen und Aktualisierungen auf einem Datenträger als Lieferungen anzusehen (§ 3 Rz. 157). Werden Standard- oder Individualprogramme auf elektronischem Wege übertragen, so fallen diese sonstigen Leistungen unter § 3a Abs. 4 Satz 2 Nr. 13 UStG bzw. ab 2015 unter § 3a Abs. 5 Satz 2 Nr. 3 UStG (i.V.m. Anhang II MwStSystRL und Art. 7 Abs. 2 Buchst. f MwSt-DVO; *Rz. 121* und *124*).

107

### 7. Bank-, Finanz- und Versicherungsumsätze (Nr. 6)

Zu den sonstigen Leistungen i.S.d. § 3a Abs. 4 Satz 1 UStG zählen ebenfalls die in § 3a Abs. 4 Satz 2 Nr. 6 **Buchst. a** UStG genannten **Bank- und Finanzumsätze** (die allerdings auch von anderen Unternehmern erbracht werden können), insbesondere der in § 4 Nr. 8 Buchst. a bis h UStG bezeichneten Art. Hinzu kommen die sonstigen Leistungen in Gestalt der **Verwaltung** von **Krediten** und **Kreditsicherheiten** sowie die **Versicherungsdienstleistungen** der in § 4 Nr. 10 UStG bezeichneten Art.

108

Die Frage des Ortes scheint sich mithin insbesondere im Falle des § 15 Abs. 3 Nr. 2 Buchst. b UStG zu stellen[1], richtigerweise jedoch nicht, weil diese Vorschrift den Art. 169 Buchst. c MwStSystRL nicht zutreffend umgesetzt hat.[2] (*§ 15 Rz. 430*).

Erfasst werden **auch** solche Leistungen, die zwar in § 4 Nr. 8 Buchst. a bis h UStG „bezeichnet", aber **von der Steuerbefreiung ausgenommen** sind[3], wie z.B. die **Einziehung von Forderungen** (§ 4 Nr. 8 Buchst. c UStG; *§ 4 Nr. 8 Rz. 20*) oder die **Verwahrung** und **Verwaltung von Wertpapieren**. Auch die **Vermögensverwaltung** (sog. Portfolio-Management u.Ä.) und andere Finanzdienstleistungen zählen zu den Bank- und Finanzumsätzen. Bis 2014 ergab sich das aus einer Zusammenschau von § 3a Abs. 4 Satz 2 Nr. 3 und Nr. 6 Buchst. a UStG unter § 3a Abs. 4 Satz 1 UStG.[4] Die Neufassung des § 3a Abs. 4 Satz 2 Nr. 6 Buchst. a UStG stellt das nunmehr klar.

109

Die ferner von § 3a Abs. 4 Satz 2 Nr. 6 **Buchst. b** UStG genannten sonstigen Leistungen im **Geschäft mit Gold, Silber und Platin** (mit Ausnahme von Münzen und Medaillen) betreffen nur die **Vermittlung** der genannten Geschäfte und die **Verwaltung** von **Edelmetallbeständen. Nicht** unter die Vorschrift fällt auch die **Veräußerung** von **Gewichtsguthaben**, die Übertragung von **Miteigentumsanteilen** an einem Edelmetallbestand und die Ausgabe von Goldzertifikaten[5], da es sich hierbei entgegen der Rechtsprechung nicht um sonstige Leistungen, sondern um **Lieferungen** handelt (*§ 3 Rz. 7* und *10*).

110

---

1 So BFH v. 19.5.2010 – XI R 6/09, BStBl. II 2011, 831 = UR 2010, 821.
2 Dazu *Stadie* in R/D, § 3a UStG Anm. 552.
3 Abschn. 3a.9 Abs. 17 Satz 2 UStAE.
4 I.E. ebenso BFH v. 11.10.2007 – V R 22/04, BStBl. II 2008, 993; BFH v. 11.10.2012 – V R 9/10, BStBl. II 2014, 279 = UR 2013, 56; EuGH v. 19.7.2012 – C-44/11, BStBl. II 2012, 945; Abschn. 3a.9 Abs. 17 Satz 3 UStAE.
5 *Stadie* in R/D, § 3a UStG Anm. 558.

## 8. Gestellung von Personal (Nr. 7)

111 Eine sonstige Leistung i.S.d. § 3a Abs. 4 Satz 1 UStG ist auch die Gestellung von Personal (§ 3a Abs. 4 Satz 2 Nr. 7 UStG). Diese liegt vor, wenn ein Unternehmer bei ihm angestellte[1] Arbeitskräfte einem anderen zeitweise überlässt, wobei das Arbeitsverhältnis zum „Verleiher" fortbestehen oder unterbrochen sein kann. Es kommt auch nicht darauf an, ob die Arbeitnehmerüberlassung den Gegenstand des Unternehmens ausmacht. Ohne Bedeutung ist auch, ob die Personalgestellung gesetzlich erlaubt ist und wie und wo die Arbeitskräfte eingesetzt werden. **Keine** Personalgestellung im Sinne der Vorschrift ist gegeben, wenn **zugleich** eine **technische Ausrüstung** o.Ä. **mitüberlassen** wird; es handelt sich dann um ein Leistungsbündel, das unter § 3a Abs. 1 UStG fällt (*Rz. 129*).

## 9. Verzicht, ganz oder teilweise eine unternehmerische Tätigkeit auszuüben (Nr. 9)[2]

112 Zu den sonstigen Leistungen i.S.d. § 3a Abs. 4 Satz 1 UStG zählt ferner der Verzicht, ganz oder teilweise eine gewerbliche oder berufliche Tätigkeit auszuüben (§ 3a Abs. 4 Satz 2 Nr. 9 UStG). Es handelt sich um eine sonstige Leistung in Gestalt des Unterlassens (vgl. *§ 1 Rz. 23*). Die Formulierung „gewerbliche oder berufliche" Tätigkeit ist § 2 Abs. 1 UStG entnommen und als unternehmerische Tätigkeit im Sinne dieser Vorschrift zu verstehen[3], so dass nicht nur typische gewerbliche oder berufliche Tätigkeiten erfasst werden (vgl. *§ 2 Rz. 87 ff.*). Der Verzicht kann sich sowohl darauf beziehen, jedwede unternehmerische Tätigkeit zu unterlassen („**ganz**"; zur Unternehmereigenschaft in diesem Fall *§ 2 Rz. 123 f.*), als auch sich darauf beschränken, nur bestimmte Umsätze nicht auszuführen oder in einem bestimmten Gebiet nicht tätig zu werden („**teilweise**").

## 10. Vermietung beweglicher Gegenstände (Nr. 10)

113 Eine sonstige Leistung i.S.d. § 3a Abs. 4 Satz 1 UStG ist ferner die Vermietung beweglicher körperlicher Gegenstände, **ausgenommen Beförderungsmittel** (§ 3a Abs. 4 Satz 2 Nr. 10 UStG). Bei der Vermietung von Beförderungsmitteln an Nichtunternehmer bestimmt sich der Ort nach § 3a Abs. 3 Nr. 2 UStG (*Rz. 46*) oder nach § 3a Abs. 6 Nr. 1 UStG (*Rz. 139*). Unter Vermietung ist die entgeltliche **Gebrauchsüberlassung** eines Gegenstandes auf Zeit zu verstehen. Auf die Bezeichnung des Vertragsverhältnisses (z.B. als Leasing) kommt es nicht an (*Rz. 48*). Maßgebend ist allein, ob die Gebrauchsüberlassung **im Vordergrund** steht. Die Vermietung **unbeweglicher** Gegenstände fällt unter § 3a Abs. 3 Nr. 1 UStG.

---

1 Nach Auffassung des EuGH soll die Vorschrift auch Selbständige erfassen; EuGH v. 26.1.2012 – C-218/10, UR 2012, 175. Das ergibt jedoch keinen Sinn, da entweder eine Vermittlung (Art. 46 MwStSystRL, § 3a Abs. 3 Nr. 4 UStG) oder ein Fall des Art. 28 MwStSystRL, § 3 Abs. 11 UStG vorliegt; *Stadie* in R/D, § 3a UStG Anm. 560.

2 Zu Nr. 8 s. *Rz. 89*.

3 I.E. ebenso Art. 59 Buchst. d MwStSystRL, der zwar nur von einer „beruflichen" Tätigkeit spricht, während Art. 9 MwStSystRL die unternehmerische Tätigkeit als „wirtschaftliche" bezeichnet, gleichwohl ist davon auszugehen, dass auch Art. 59 Buchst. d MwStSystRL jede unternehmerische Tätigkeit im Auge hat.

## 11. Telekommunikationsleistungen (Nr. 11 *[bis 2014]*)

Zu den sonstigen Leistungen i.S.d. § 3a Abs. 4 Satz 1 UStG zählen bis 2014 des Weiteren die sonstigen Leistungen auf dem Gebiet der Telekommunikation (§ 3a Abs. 4 Satz 2 Nr. 11 UStG a.F.). Als diese gelten gem. Art. 24 Abs. 2 MwSt-SystRL Dienstleistungen zum Zweck der Übertragung, Ausstrahlung oder des Empfangs von Signalen, Schrift, Bild und Ton oder Informationen jeglicher Art über Draht, Funk, optische oder sonstige elektromagnetische Medien, einschließlich der damit im Zusammenhang stehenden Abtretung oder Einräumung von Nutzungsrechten an Einrichtungen zur Übertragung, Ausstrahlung oder zum Empfang, einschließlich der Bereitstellung des Zugangs zu globalen Informationsnetzen.[1] **Nicht** zu den Telekommunikationsdienstleistungen zählen die – regelmäßig von Dritten – mit Hilfe dieser erbrachten sonstigen Leistungen (sog. **Inhaltsleistungen**), insbesondere in Gestalt des Datenaustausches, der Beratung, Informationsverschaffung, Unterhaltung u.Ä.[2] Die Fiktion des **§ 45h Abs. 4 TKG** (aufgehoben mit Wirkung vom 1.1.2015[3]) betraf nicht die Leistungsbeziehungen, so dass kein Fall des § 3 Abs. 11 UStG vorlag (*§ 3 Rz. 195*) und damit sich weder die Art noch der Ort der Dienstleistungen veränderten. Diese Wirkung ist erst durch die Einfügung des **§ 3 Abs. 11a UStG** (zum 1.1.2015) erreicht worden, wonach (entsprechend Art. 9a MwSt-DVO) ein Unternehmer, der in die Erbringung einer sonstigen Leistung über ein Telekommunikationsnetz, eine Schnittstelle oder ein Portal eingeschaltet wird, regelmäßig i.S.v. § 3 Abs. 11 UStG als im eigenen Namen und für fremde Rechnung handelnd gilt.

114

Ab 2015 ist § 3a Abs. 4 Satz 2 Nr. 11 UStG weggefallen. Telekommunikationsleistungen werden nunmehr von § 3a Abs. 5 UStG erfasst (*Rz. 124 f.*).

## 12. Rundfunk- und Fernsehdienstleistungen (Nr. 12 *[bis 2014]*)

Auch Rundfunk- und Fernsehdienstleistungen stellen bis 2014 sonstige Leistungen i.S.d. § 3a Abs. 4 Satz 1 UStG dar (§ 3a Abs. 4 Satz 2 Nr. 12 UStG a.F.). Hierbei (der Begriff „Rundfunk" umfasst den Begriff „Fernsehfunk"[4]) handelt es sich um Dienstleistungen in Gestalt der für die Allgemeinheit und zum zeitgleichen Empfang bestimmten Veranstaltungen und Verbreitungen von Angeboten in Bewegtbild oder Ton entlang eines Sendeplans unter Benutzung elektromagnetischer Schwingungen.[5] Unter Rundfunk- und Fernsehdienstleistungen sind nicht die (elektronischen) Übertragungsvorgänge selbst (Übertragung von Signalen) zu verstehen, da diese bereits unter § 3a Abs. 4 Satz 2 Nr. 11 UStG (Telekommunikationsdienstleistungen) fallen, sondern allein die **inhaltlichen Leistungen** (Darbietung der Sendungen). Nicht zu den Rundfunk- und Fernsehdienstleistungen zählen auch technische Dienstleistungen Dritter bei der Vorbereitung oder Erbringung dieser sonstigen Leistungen.

115

---

1 Ausführlich dazu Abschn. 3a.10 Abs. 2 UStAE.
2 Vgl. Abschn. 3a.10 Abs. 3 UStAE.
3 Art. 22 i.V.m. Art. 28 Abs. 5 des Gesetzes v. 25.7.2014 (sog. Kroatien-StAnpG).
4 Auch Art. 6b MwSt-DVO spricht zutreffend nur noch von Rundfunkdienstleistungen, denn auch die Übertragung von Fernsehsendungen erfolgt per Rundfunk.
5 Vgl. § 2 Abs. 1 Satz 1 Rundfunkstaatsvertrag. Die umständliche Umschreibung durch Art. 6b MwSt-DVO dürfte dasselbe meinen; vgl. auch Abschn. 3a.11 Abs. 1 UStAE.

Ab 2015 ist die Vorschrift weggefallen. Rundfunk- und Fernsehdienstleistungen werden nunmehr von § 3a Abs. 5 UStG erfasst (*Rz. 124 f.*).

116 § 3a Abs. 4 Satz 2 Nr. 12 UStG geht der Nummer 5 (Überlassung von Informationen) als lex specialis vor. Die **Abgrenzung** kann nicht dahinstehen, wenn der leistende Unternehmer im Drittlandsgebiet ansässig ist, denn nur im Falle des § 3a Abs. 4 Satz 2 Nr. 12 UStG findet eine Verlagerung des Ortes in das Inland nach § 3a Abs. 6 Satz 2 Nr. 3 UStG statt (*Rz. 141*). Die Einräumung oder Übertragung von Sende- und Verwertungsrechten fällt unter § 3a Abs. 4 Satz 2 Nr. 1 bzw. Nr. 8 UStG. Sofern die Rundfunk- oder Fernsehdienstleistungen auf elektronischem Wege erbracht werden, soll § 3a Abs. 4 Satz 2 Nr. 13 UStG nach Auffassung des BMF vorrangig sein, wenn die Verbreitung ausschließlich über das Internet oder ein ähnliches elektronisches Netz erfolgt.[1]

### 13. Auf elektronischem Weg erbrachte sonstige Leistungen (Nr. 13 *[bis 2014]*)

117 Zu den sonstigen Leistungen i.S.d. § 3a Abs. 4 Satz 1 UStG zählen bis 2014 des Weiteren auch die auf elektronischem Weg erbrachten Dienstleistungen (§ 3a Abs. 4 Satz 2 Nr. 13 UStG a.F.). Die genaue Bestimmung dieser Leistungen ist erforderlich, da eine Vielzahl von Dienstleistungen auf elektronischem Wege erbracht werden kann, die Vorschrift aber offensichtlich nicht alle erfassen will (*Rz. 119 f.*). Ab 2015 ist die Vorschrift weggefallen. Auf elektronischem Weg erbrachten Dienstleistungen werden nunmehr von § 3a Abs. 5 UStG erfasst (*Rz. 124*).

118 § 3a Abs. 4 Satz 2 Nr. 13 UStG ist richtlinienkonform auszulegen. **Art. 59 Buchst. k MwStSystRL** nennt indes **Beispiele** in **Anhang II MwStSystRL**, aus denen sich **keine gemeinsamen Merkmale** ableiten lassen, da die Beispiele keinen gemeinsamen Nenner haben. Während die in Anhang II Nr. 1 MwStSystRL genannten Dienstleistungen nur auf elektronischem Wege erfolgen können, gilt das für die in Anhang II Nr. 2–4 MwStSystRL aufgezählten Dienstleistungen nicht, da sie auch auf anderem Wege erbracht werden können: sog. Software kann auf einer CD, DVD o.Ä. bereitgestellt werden, Bilder, Texte und andere Informationen können auf Papier o.Ä. übermittelt werden, Fernunterrichtsleistungen können auf Papier erbracht werden, Musik, Filme usw. können auf körperlichen Speichermedien übermittelt werden usw. Ferner heißt es in Art. 59 Buchst. k MwStSystRL, dass zu den elektronisch erbrachten Dienstleistungen „unter anderem" die in Anhang II MwStSystRL genannten Dienstleistungen zählen, so dass auch deshalb keine richtlinienkonforme Auslegung möglich wäre. Durch Art. 7 MwSt-DVO sind allerdings weitgehend sachgerechte Einschränkungen vorgenommen worden (*Rz. 121*), so dass diese als Auslegungsmaßstäbe herauszuziehen sind.

119 Die Erbringung einer Dienstleistung erfolgt auf elektronischem Wege, wenn der eigentliche Leistungsvorgang erst **mit Zugang der elektronischen Daten** beim Empfänger abgeschlossen ist (ggf. in dessen Empfangseinrichtung, so dass er sie abrufen kann) und damit erst der **Leistungserfolg** beim Empfänger eintritt. Das

---
1 Abschn. 3a.11 Abs. 2 Satz 1 UStAE.

gälte nicht nur für Dienstleistungen, die per Internet o.Ä. erbracht werden, sondern für alle Dienstleistungen, die mittels eines beliebigen elektronischen Mediums (Telefon, Fax, SMS usw.) ausgeführt werden. Demgegenüber soll nach Art. 7 Abs. 1 MwSt-DVO erforderlich sein, dass es sich um Dienstleistungen handelt, die über das **Internet** oder ein ähnliches elektronisches Netz erbracht werden, deren Erbringung auf Grund ihrer Art im Wesentlichen automatisiert und nur mit minimaler menschlicher Beteiligung erfolgt und ohne Informationstechnologie nicht möglich wäre. Der zweite Teil dieser Formulierung ist weitgehend nicht nachvollziehbar, da eine Dienstleistung stets auch dann ausschließlich von Menschen erbracht wird, wenn sie mittels programmierter Rechner erfolgt[1] und Informationstechnologie auch dann angewendet wird, wenn Informationen usw. auf mechanischem Wege übermittelt werden. Gemeint ist wohl die Technologie der Informationsverbreitung mittels digitaler elektronischer Netze. Ferner ist die Beschränkung auf die Automatisierung der Leistung in dieser Allgemeinheit weder dem Wortlaut noch dem Zweck der Vorschrift zu entnehmen. Richtig ist indes, dass eine **einschränkende Anwendung der Norm geboten** ist, wenn gleichartige Dienstleistungen sowohl auf elektronischem Wege als auch auf andere Art und Weise erbracht werden können und sich bei Anwendung des § 3a Abs. 5 UStG ein anderer Ort ergäbe (*Rz. 121*).

Ist eine sonstige Leistung (Dienstleistung) bereits an einem anderen Ort erbracht (ausgeführt), d.h. ist der Leistungserfolg bereits eingetreten, und wird **lediglich** dem Empfänger das **Ergebnis** auf elektronischem Wege **übermittelt**, so ist die Leistung nicht auf elektronischem Weg erbracht.[2] 120

Während ansonsten – dem Charakter der Umsatzsteuer als Verbrauchsteuer entsprechend – nur der Inhalt der jeweiligen Dienstleistung für ihre umsatzsteuerrechtliche Qualifizierung von Bedeutung ist, kommt es hier für die Ortsbestimmung **sachwidrig** auf die **Art der Erbringung** an. § 3a Abs. 4 Satz 2 Nr. 13 UStG müsste danach insbesondere dessen Nummer 2 (*Werbungsleistungen*), Nummer 3 (*Beratungs- und ähnliche Leistungen*) und Nummer 5 (*Überlassung von Informationen*) vorgehen. Das schlichte Abstellen auf die Art der Erbringung kann jedoch **gegen** das **Gleichbehandlungsgebot verstoßen**, wenn inhaltsgleiche Leistungen je nach der Art der Erbringung auf Grund des § 3a Abs. 5 UStG unterschiedlich besteuert werden. Können inhaltsgleiche, d.h. miteinander konkurrierende Dienstleistungen sowohl auf elektronischem Wege als auch auf andere („herkömmliche") Weise erbracht werden, so fordert mithin eine am *Gleichbehandlungsgebot* orientierte gemeinschaftsrechtskonforme Auslegung (Reduktion) der Norm, dass sie nicht anzuwenden ist, wenn bei Erbringung der Dienstleistung auf nichtelektronischem Wege der Ort nicht im Inland läge. Folglich beschränkt sich der Anwendungsbereich des § 3a Abs. 4 Satz 2 Nr. 13 UStG und damit auch der des § 3a Abs. 5 UStG auf solche Dienstleistungen, die 121

---

[1] Das verkennen BFH v. 14.5.2008 – V B 227/07, BFH/NV 2008, 1371; FG Köln v. 14.5.2014 – 9 K 3338/09, juris – Rev.-Az. XI R 29/14.
[2] Klarstellend heißt es dazu in Art. 59 Buchst. k Satz 2 MwStSystRL a.F. und in Art. 58 Satz 2 MwStSystRL n.F.: „Kommunizieren der Dienstleistungserbringer und Dienstleistungsempfänger über E-Mail miteinander, bedeutet dies allein noch nicht, dass die erbrachte Dienstleistung eine elektronisch erbrachte Dienstleistung wäre."

wesensgemäß nur auf elektronischem Wege, d.h. über ein elektronisches Netz erbracht werden können.

In **Anhang II MwStSystRL** sind fünf **Fallgruppen** „*exemplarisch*" aufgelistet, welche durch Art. 7 Abs. 2 Buchst. f i.V.m. Anhang I MwSt-DVO präzisiert werden.

122 **Nicht** unter § 3a Abs. 4 Satz 2 Nr. 13 UStG fallen auf elektronischem Wege erbrachte Dienstleistungen, die mit demselben Inhalt auch auf andere (herkömmliche) Weise erbracht werden können.

Dazu zählen z.B.

- **Beratungsleistungen**; diese können statt auf elektronischem Wege auch auf andere Weise erbracht werden, so dass es bei der Zuordnung zu § 3a Abs. 4 Satz 2 Nr. 3 UStG bleibt (vgl. Art. 7 Abs. 3 Buchst. i MwSt-DVO); das gilt auch für die Erstellung von **Horoskopen** u.Ä. per Internet[1];
- **Rundfunk-** und **Fernsehdienstleistungen** i.S.d. § 3a Abs. 4 Satz 2 Nr. 12 UStG (Art. 7 Abs. 3 Buchst. a MwSt-DVO);
- **Telekommunikationsdienstleistungen** i.S.d. § 3a Abs. 4 Satz 2 Nr. 11 UStG (Art. 7 Abs. 3 Buchst. b, Buchst. q und s MwSt-DVO).

Ferner müssten dazu richtigerweise auch zählen

- **Fernunterrichtsleistungen** (entgegen Art. 7 Abs. 2 Buchst. f i.V.m. Anhang I Nr. 5 MwSt-DVO), da eine Konkurrenzsituation mit Fernunterricht über herkömmliche Medien (*Rz. 121*) besteht;
- **Versteigerungen** über das **Internet** (entgegen Art. 7 Abs. 2 Buchst. d MwSt-DVO).

### 14. Zugangsgewährung zu Energienetzen und damit verbundene Dienstleistungen (Nr. 14)

123 Sonstige Leistungen i.S.d. § 3a Abs. 4 Satz 1 UStG sind schließlich auch die Gewährung des Zugangs zu Erdgas-, Elektrizitäts-, Wärme- und Kältenetzen und die Fernleitung, die Übertragung oder Verteilung über diese Netze sowie die Erbringung anderer damit unmittelbar zusammenhängender sonstiger Leistungen (§ 3a Abs. 4 Satz 2 Nr. 14 UStG). Dazu gehören z.B.[2] die Gewährung oder das Bereithalten von Speicherkapazität.

## E. Telekommunikations-, Rundfunk- und elektronisch erbrachte Dienstleistungen (Abs. 5 idF ab 2015)

124 Fällt der Empfänger von sonstigen Leistungen auf dem Gebiet der Telekommunikation, von Rundfunk- und Fernsehdienstleistungen oder von auf elektronischem Weg erbrachten sonstigen Leistungen nicht unter § 3a Abs. 2 UStG (dazu *Rz. 13 ff.*) – die umständliche Wiederholung der Voraussetzungen dieser Vorschrift in Gestalt von z.T. doppelten Verneinungen durch § 3a Abs. 5 Satz 1 UStG erschließt sich deshalb (auch hier) nicht –, d.h. ist er insbesondere eine **Privatperson**[3], dann wird die sonstige Leistung ab 2015 an dem Ort ausgeführt,

---

1 A.A. BFH v. 14.5.2008 – V B 227/07, BFH/NV 2008, 1371.
2 Zu Einzelheiten Abschn. 3a.13 UStAE.
3 Nach Art. 18 Abs. 2 Unterabs. 2 MwSt-DVO gilt ein Dienstleistungsempfänger als Nichtsteuerpflichtiger, solange er nicht seine individuelle USt-IdNr. mitgeteilt hat.

an dem der Leistungsempfänger seinen Wohnsitz, seinen gewöhnlichen Aufenthaltsort oder (bei juristischen Personen) seinen Sitz hat (§ 3a Abs. 5 UStG). Die bisherige Anknüpfung an die Ansässigkeit des Leistungsempfängers im Drittlandsgebiet durch § 3a Abs. 4 Satz 1 i.V.m. Satz 2 Nr. 11 bis 13 UStG entfällt mithin ab 2015, so dass die Regelung fortan auch für im Gemeinschaftsgebiet ansässige Empfänger gilt. Zur Umsetzung des Art. 58 MwStSystRL n.F. stellen die Art. 24a und 24b MwSt-DVO **Vermutungen** auf, die widerlegt werden können (Art. 24d i.V.m. Art. 24f MwSt-DVO).

§ 3a Abs. 5 UStG knüpft nunmehr, anders als § 3a Abs. 4 UStG, für die **Ansässigkeit** der natürlichen Personen nicht nur an den Wohnsitz, sondern auch an den gewöhnlichen Aufenthaltsort an. Damit übernimmt das UStG erstmalig die Kriterien der Richtlinie (Art. 58 und 59 MwStSystRL), die gem. Art. 12 und 13 MwSt-DVO zu bestimmen sind. Die Ansässigkeit der juristischen Personen richtet sich nach Art. 13a MwSt-DVO.

Bei Telekommunikations- und Rundfunkdienstleistungen, die vom Drittlandsgebiet aus erbracht werden, ist für die Verlagerung des Ortes in das Inland zusätzlich erforderlich, dass die Leistung dort auch ausgenutzt oder ausgewertet wird (§ 3a Abs. 6 UStG; *Rz. 141*).

Erbringt ein Unternehmer neben der Beherbergung in der **Hotel**- oder einer ähnlichen Branche Dienstleistungen i.S.d. § 3a Abs. 5 UStG, so gelten diese für Zwecke der Ortsbestimmung als an dem Beherbergungsort erbracht (Art. 31c MwSt-DVO).

Zur Bestimmung der sonstigen Leistungen auf dem Gebiet der Telekommunikation, der Rundfunk- und Fernsehdienstleistungen[1] und der auf elektronischem Weg erbrachten sonstigen Leistungen können die **Erläuterungen zu § 3a Abs. 4 Satz 2 Nr. 11 bis 13** UStG **[i.d.F. bis 2014]** (*Rz. 114 ff.*) herangezogen werden.

125

§ 3 **Abs. 11a** UStG (eingefügt zum 1.1.2015) bestimmt entsprechend Art. 9a MwSt-DVO, dass ein **Unternehmer**, der **in die Erbringung** einer sonstigen Leistung **über** ein **Telekommunikationsnetz**, eine Schnittstelle oder ein Portal **eingeschaltet** wird, regelmäßig i.S.v. § 3 Abs. 11 UStG als im eigenen Namen und für fremde Rechnung handelnd gilt (*§ 3 Rz. 196*).

## F. Übrige sonstige Leistungen an Nichtunternehmer (Abs. 1)

### I. Allgemeines, Abgrenzungen

Bei den nicht in § 3a Abs. 2 bis 8 UStG und in §§ 3b, 3e und 3f UStG bezeichneten sonstigen Leistungen bestimmt sich der Ort nach § 3a Abs. 1 UStG, d.h. nach der **Ansässigkeit** des leistenden **Unternehmers**. Nach dem **Gesetzesaufbau** erscheint dieser Absatz 1 als Grundregel; da jedoch für die weit überwiegende Zahl der sonstigen Leistungen die genannten Sonderbestimmungen gelten, stellt die Vorschrift lediglich einen **Auffangtatbestand** dar (*Rz. 3*).

126

---

1 Art. 6b MwSt-DVO spricht zutreffend nur noch von Rundfunkdienstleistungen, denn auch die Übertragung von Fernsehsendungen erfolgt per Rundfunk.

127 Unter § 3a Abs. 1 UStG fallen (nur) diejenigen sonstigen Leistungen **an Nichtunternehmer**, an Unternehmer, welche die Leistung nicht für ihr Unternehmen beziehen, und an juristische Personen ohne USt-IdNr. (*Rz. 130*), die **nicht** erfasst werden von

- § 3a Abs. 3 UStG, d.h. keine

    - sonstigen Leistungen im **Zusammenhang mit einem Grundstück** (§ 3a Abs. 3 Nr. 1 UStG),
    - **Vermietungen** von **Beförderungsmitteln** (§ 3a Abs. 3 Nr. 2 UStG),
    - **kulturellen, unterhaltenden** und **ähnlichen Leistungen** (§ 3a Abs. 3 Nr. 3 Buchst. a UStG),
    - **Restaurationsleistungen** außerhalb von Beförderungsmitteln (§ 3a Abs. 3 Nr. 3 Buchst. b UStG),
    - **Arbeiten** an oder Begutachtungen von beweglichen **Gegenständen** (§ 3a Abs. 3 Nr. 3 Buchst. c UStG) oder
    - **Vermittlungsleistungen** (§ 3a Abs. 3 Nr. 4 UStG)

    sind, und ferner auch nicht erfasst werden von

- § 3a Abs. 4 UStG (**Bestimmte sonstige Leistungen** gegenüber im **Drittlandsgebiet Ansässigen**; *Rz. 82 ff.*),
- § 3a Abs. 5 UStG aF (bis 2014: von **Drittlandsunternehmer** auf **elektronischem Weg erbrachte Leistungen**; *Rz. 136 ff.*),
- § 3a Abs. 5 UStG nF (ab 2015: sonstige Leistungen auf dem Gebiet der **Telekommunikation**, **Rundfunk-** und **Fernsehdienstleistungen** sowie **auf elektronischem Weg erbrachte** sonstige Leistungen; *Rz. 124 f.*)
- § 3a Abs. 6 Nr. 1 UStG (**langfristige Vermietung** eines **Beförderungsmittels** durch **Drittlandsunternehmer**; *Rz. 139*),
- § 3a Abs. 6 Nr. 2 UStG (bestimmte **sonstige Leistungen** eines **Drittlandsunternehmers** gegenüber einer **inländischen jPdöR**; *Rz. 140*),
- § 3a Abs. 6 Nr. 3 UStG (**Telekommunikations-** und **Rundfunkleistungen** eines **Drittlandsunternehmers**; *Rz. 141*),
- § 3a Abs. 8 Sätze 2 und 3 UStG (**Telekommunikationsleistungen**, die **im Drittland genutzt** werden; *Rz. 149*),
- § 3b Abs. 1 Sätze 1 und 2 UStG (**Personenbeförderungen**),
- § 3e UStG (**Restaurationsleistungen an Bord** eines Beförderungsmittels) und
- § 3f UStG (**unentgeltliche Leistungen**; die Vorschrift ist allerdings nicht anzuwenden; *§ 3f Rz. 1 ff.*).

128 Die Regelungen des § 3a Abs. 1 UStG (bzw. des Art. 45 MwStSystRL) **widersprechen** mit der Anknüpfung an die Ansässigkeit des leistenden Unternehmers dem **Verbrauchsortprinzip**, d.h. dem **Idealziel** der Umsatzbesteuerung, die Leistungen dort zu besteuern, wo sie mutmaßlich verbraucht werden (vgl. Art. 59a MwStSystRL: „… *wenn (dort) die tatsächliche Nutzung oder Auswertung erfolgt*", sowie § 3a Abs. 6 Satz 1 a.E. UStG: „… *wenn sie dort genutzt oder aus-*

*gewertet wird"*). Die Regelung des § 3a Abs. 1 UStG ist indes insoweit schlicht auf Grund fiskalischer **Praktikabilitätserwägungen** geboten, da anderenfalls bei im Gemeinschaftsgebiet ansässigen Leistungsempfängern die Verlagerung des Ortes in das Bestimmungsland dazu führen würde, dass die Dienstleistungen regelmäßig („praktisch") nicht besteuert würden (dazu *Rz. 8*, *Rz. 86* und *Rz. 124*). § 3a Abs. 1 UStG (bzw. Art. 45 MwStSystRL) schießt allerdings insoweit **über das Ziel hinaus**, als danach auch bei **Ansässigkeit** des Leistungsempfängers im **Drittlandsgebiet** die sonstige Leistung im Gemeinschaftsgebiet zu besteuern ist, obwohl sie hier nicht verbraucht wird. Es erschließt sich nicht, weshalb die Richtlinie nur bei den Leistungen nach § 3a Abs. 4 UStG das Verbrauchsortprinzip verwirklicht.

Enthält eine als Einheit zu sehende (dazu *§ 3 Rz. 197*) sonstige Leistung **verschiedene Dienstleistungselemente** (**Leistungsbündel, komplexe Leistung**[1]), die für sich gesehen jeweils unter verschiedene Regelungen des § 3a (und/oder des § 3b bzw. § 3e UStG) fallen würden, so bestimmt sich der Ort der sonstigen Leistung, wenn kein Dienstleistungselement dominiert und der Gesamtleistung als Hauptleistung das Gepräge gibt, nach § 3a Abs. 1 UStG (*Rz. 10*; zu Beispielen s. *Rz. 135*). 129

§ 3a Abs. 1 UStG hat als Grundvoraussetzung („vorbehaltlich der Absätze 2 ..."), dass die sonstige Leistung nicht für einen Empfänger ausgeführt wird, der unter § 3a Abs. 2 UStG fällt, d.h. **nicht** an einen Unternehmer **für** dessen **Unternehmen** (*Rz. 16 ff.*) und auch **nicht** an eine **juristische Person**, der eine **USt-IdNr.** erteilt worden ist (*Rz. 31 ff.*), erbracht wird. 130

Der Ort ist grundsätzlich dort, von wo aus der Unternehmer sein Unternehmen betreibt (§ 3a Abs. 1 Satz 1 UStG), d.h. am **Sitz der wirtschaftlichen Tätigkeit** (Art. 45 Satz 1 MwStSystRL), nämlich dort, wo die wesentlichen geschäftlichen Entscheidungen getroffen werden (*Rz. 25*). Wird die sonstige Leistung von einer **Betriebsstätte** ausgeführt (*Rz. 132*), so gilt die Betriebsstätte als Ort der sonstigen Leistung (§ 3a Abs. 1 Satz 2 UStG).[2] Das gilt auch, wenn der Sitz bzw. die Betriebsstätte im Drittlandsgebiet belegen ist, so dass dann die Besteuerung nicht im Gemeinschaftsgebiet stattfindet, obwohl hier die sonstige Leistung verbraucht wird.[3] Lediglich in Ausnahmefällen wird der Ort in das Inland verlagert (*Rz. 136 ff.*). 131

Der Begriff der Betriebsstätte ist nicht gem. § 12 AO zu bestimmen, sondern richtlinienkonform im Sinne einer **festen Niederlassung** (Art. 45 Satz 2 MwStSystRL; Art. 11 Abs. 2 MwSt-DVO) zu verstehen (dazu näher *Rz. 30*). Der Unternehmer muss über die feste Einrichtung eine **nicht nur vorübergehende Verfügungsbefugnis** haben, so dass es nicht ausreicht, wenn vom Auftraggeber für 132

---

1 So EuGH v. 25.1.2001 – C-429/97, EuGHE 2001, I-637 = UR 2001, 265.
2 Art. 45 Satz 3 MwStSystRL bestimmt, dass sich in Ermangelung eines Sitzes oder einer festen Niederlassung der Ort nach dem Wohnsitz oder dem üblichen Aufenthaltsort des Steuerpflichtigen richte. Das ist jedoch überflüssig, denn wenn der Steuerpflichtige keinen gesonderten Sitz seiner wirtschaftlichen Tätigkeit hat, dann befindet sich dieser automatisch an seinem Wohnsitz oder gewöhnlichen Aufenthaltsort.
3 Vgl. *Stadie* in R/D, § 3a UStG Anm. 645.

die Dauer jeweils zu erbringender Dienstleistungen die persönlichen und sächlichen Mittel zur Verfügung gestellt werden.[1]

Unter den Begriff der festen Niederlassung fällt **nicht** eine **Tochtergesellschaft**, auch wenn sie als bloße Hilfsperson fungiert (Rz. 32); ebenso wenig ein **Subunternehmer**[2] oder **Vermittler** bzw. **Agent**.[3] Ein sog. Internet-Server stellt keine Betriebsstätte im Sinne einer festen Niederlassung dar, weil es an der personellen Ausstattung (Rz. 30) mangelt.[4]

133 Die sonstige Leistung wird von einer Betriebsstätte (im Sinne einer festen Niederlassung) ausgeführt, wenn die Leistungserbringung ihr **zuzuordnen** ist, nämlich durch Mitarbeiter der Betriebsstätte erfolgt, d.h. angeboten und „verkauft"[5] wird. Dass die Betriebsstätte nicht Vertragspartner der Leistungsempfänger wird, ist ohne Belang, da es nur um die territoriale Zuordnung der sonstigen Leistung geht. Sofern diese einer Betriebsstätte zuzurechnen ist, befindet sich der Ort der Leistung zwingend dort (§ 3a Abs. 1 Satz 2 UStG).

134 Ein **Schiff** kann eigentlich keine Betriebsstätte im Sinne einer festen Niederlassung sein bzw. auf ihm kann sich keine solche befinden (Rz. 31). Wird ein Unternehmer jedoch auf einem Schiff tätig und werden seine sonstigen Leistungen dort verbraucht (Beispiele: Leistungen der Friseure, Kosmetiker, Masseure usw. auf einem Kreuzfahrtschiff), so verlangt der Gesetzeszweck, den Unternehmer entgegen der überholten[6] Auffassung des EuGH[7] (Restaurant auf einem Fährschiff) so zu behandeln, als hätte er dort eine feste Niederlassung.[8]

## II. Einzelfälle

135 Als **Beispiele** für sonstige Leistungen, die unter § 3a Abs. 1 UStG fallen, sind zu nennen:
- **Abfallentsorgung** in Gestalt des Einsammelns, Sortierens, Beförderns und Beseitigens als *komplexe* Leistung (Rz. 8), auch wenn für einzelne Leistungsteile Subunternehmer eingesetzt werden[9];
- **Bestattungsleistungen**, soweit sie eine einheitliche Dienstleistung darstellen (Art. 28 MwSt-DVO). Die **Überführung** des Leichnams **in das Ausland** ist regelmäßig eine gesonderte Beförderungsleistung.[10] Bei einer **Seebestattung** ist die Beförderungsleistung nur eine Nebenleistung[11];

---

1 BFH v. 30.6.2011 – V R 37/09, BFH/NV 2011, 2129.
2 Vgl. BFH v. 10.12.1998 – V R 49/97, BFH/NV 1999, 839.
3 FG BW v. 9.7.2012 – 9 K 2091/11, EFG 2013, 334.
4 Reg.-Begr. zu § 3a Abs. 3a UStG aF, BT-Drucks. 15/287.
5 Vgl. zu Reiseleistungen EuGH v. 20.2.1997 – C-73/95, EuGHE 1997, I-1005 = UR 1997, 179 – Rz. 22.
6 *Stadie* in R/D, § 3a UStG Anm. 70 – S. 28 Fn. 1.
7 EuGH v. 2.5.1996 – C-231/94, EuGHE 1996, I-2395 = BStBl. II 1998, 282 = UR 1996, 220.
8 Im Ergebnis ebenso Abschn. 3a.1 Abs. 3 Sätze 6 und 7 UStAE.
9 EuGH v. 25.1.2001 – C-429/97, EuGHE 2001, I-637 = UR 2001, 265.
10 BFH v. 24.2.2005 – V R 26/03, BFH/NV 2005, 1395; FG Bln.-Bdb. v. 9.2.2012 – 7 V 7394/11, EFG 2012, 1194.
11 BFH v. 15.9.1994 – XI R 51/91, UR 1995, 305.

- **Mitgliederwerbung** für Vereine; es liegt keine Vermittlung i.S.d. § 3a Abs. 3 Nr. 4 UStG vor, wenn kein Umsatz (dazu *§ 2 Rz. 142 ff., 147*) vermittelt wird (*Rz. 72*);
- Beurkundungs- und Beglaubigungsleistungen der **Notare**, sofern kein Zusammenhang mit einem Grundstück besteht (*Rz. 40*). Bei Tätigkeiten auf dem Gebiet der vorsorgenden Rechtspflege liegen Beratungsleistungen i.S.d. § 3a Abs. 4 Satz 2 Nr. 3 UStG vor (*Rz. 103*);
- **Reiseleistungen**, die nicht für das Unternehmen des Empfängers ausgeführt werden (§ 25 Abs. 1 Satz 4 UStG). Anderenfalls bestimmt sich der Ort nach der jeweiligen Art der erbrachten Reiseleistung[1];
- Dienstleistungen der **Reiseleiter**; sie sind keine ähnlichen Leistungen i.S.d. § 3a Abs. 3 Nr. 3 Buchst. a UStG[2];
- **Renservice** für Amateurfahrer[3];
- Dienstleistungen der **Schiedsrichter** (*Rz. 99*);
- bei **Schiffspauschalreisen** steht die Beförderung im Vordergrund, die die Gewährung von Unterkunft und Verpflegung als Nebenleistung (*§ 3 Rz. 203*) mit einschließt: der Ort bestimmt sich nach § 3b Abs. 1 UStG[4];
- Veranstaltung von **Sportreisen**. Auch wenn keine Reisevorleistungen in Anspruch genommen werden (anderenfalls bestimmte sich der Ort nach § 25 Abs. 1 Satz 4 i.V.m. § 3a Abs. 1 UStG), bestimmt sich der Ort dieser *komplexen* Leistung (*Rz. 129*) nach § 3a Abs. 1 UStG[5];
- Leistungen der **Sporttrainer** sind keine ähnlichen Leistungen i.S.d. § 3a Abs. 3 Nr. 3 Buchst. a UStG[6], sondern fallen als *komplexe* Leistungen (*Rz. 129*) unter § 3a Abs. 1 UStG;
- **treuhänderische Verwaltung** von Vermögenswerten.[7] Entsprechendes gilt für die **Insolvenzverwaltung** sowie für die **Testamentsvollstreckung** (*Rz. 99*). Bei Finanzanlagen im eigenen Namen handelt es sich um eine Dienstleistungskommission i.S.d. § 3 Abs. 11 UStG, so dass eine Leistung i.S.d. § 3a Abs. 4 Satz 2 Nr. 6 UStG vorliegt und der Ort sich bei im Drittlandsgebiet ansässigen Empfängern nicht nach § 3a Abs. 1 UStG, sondern nach § 3a Abs. 4 Satz 1 UStG richtet. Entsprechendes gilt für die (bankmäßige) **Vermögensverwaltung** im fremden Namen (sog. Portfoliomanagement; *Rz. 109*).

## G. Ansässigkeit des leistenden Unternehmers im Drittlandsgebiet

### I. Elektronische Dienstleistungen (Abs. 5 a.F.)

Ist der **Empfänger** einer auf elektronischem Wege erbrachten sonstigen Leistung (i.S.d. § 3a Abs. 4 Satz 2 Nr. 13 UStG i.d.F. bis 2014; dazu *Rz. 112 ff.*) weder ein Unternehmer, für dessen Unternehmen die Leistung bezogen wird (*Rz. 16 ff.*), noch eine nicht unternehmerisch tätige juristische Person mit USt-IdNr. (*Rz. 31 ff.*), und hat er seinen **Wohnsitz** (*Rz. 87*) oder Sitz (*Rz. 88*) im **Gemeinschaftsgebiet**, so wird die sonstige Leistung abweichend von § 3a Abs. 1 UStG

136

---

1 Vgl. Abschn. 25.1 Abs. 2 UStAE.
2 Vgl. BFH v. 23.9.1993 – V R 132/89, BStBl. II 1994, 272; FG München v. 19.7.2007 – 14 K 2688/06, EFG 2007, 1643.
3 BFH v. 1.12.2010 – XI R 27/09, BStBl. II 2011, 458.
4 BFH v. 1.8.1996 – V R 58/94, BStBl. II 1997, 160; BFH v. 19.9.1996 – V R 129/93, BStBl. II 1997, 164; BFH v. 2.3.2011 – XI R 25/09, BStBl. II 2011, 737 – Hochseeangelfahrt.
5 FG München v. 29.11.2001 – 14 K 3554/97, EFG 2002, 353.
6 A.A. *Beiser*, UVR 2004, 48.
7 BFH v. 29.1.1998 – V R 67/96, BStBl. II 1998, 413.

dort ausgeführt, wo er seinen Wohnsitz oder Sitz hat, wenn die sonstige Leistung von einem **Unternehmer** erbracht wird, **der im Drittlandsgebiet** ansässig ist oder dort eine Betriebsstätte hat, von der die Leistung ausgeführt wird (§ 3a Abs. 5 UStG). Diese Regelung ist von der Idee her sachgerecht, da sie den Ort der Dienstleistung in den Mitgliedstaat verlegt, wo der Verbrauch stattfindet. Allerdings ist die **Besteuerung nur sichergestellt**, wenn der **Leistungsempfänger** eine **juristische Person** ist, da diese dann Steuerschuldner ist (§ 13b Abs. 2 Nr. 1 i.V.m. Abs. 5 Satz 1 UStG).

137 Die Vorschrift (wie auch Art. 58 MwStSystRL a.F.) ist hinsichtlich der Ansässigkeitskriterien **fehlerhaft** und zudem äußerst umständlich **formuliert**. Der Konditionalsatzteil hätte kürzer wie folgt formuliert werden können: „*wenn der Ort der sonstigen Leistung bei Anwendung des Absatzes 1 im Drittlandsgebiet läge*"[1]. Ab 2015 gilt § 3a Abs. 5 UStG n.F., wonach es nicht mehr auf die Ansässigkeit des Unternehmers ankommt *(Rz. 124 f.)*.

138 Die Regelung kann wegen der Steuersatzunterschiede zu einem **Wettbewerbsnachteil** für ausschließlich im Inland (Gemeinschaftsgebiet) ansässige Unternehmer gegenüber solchen Unternehmern führen, die im Drittlandsgebiet in Gestalt einer Zweigniederlassung oder Tochtergesellschaft ansässig sind und von dort die Dienstleistungen erbringen.[2]

## II. Vermietung von Beförderungsmitteln (Abs. 6 Nr. 1)

139 Wird die kurzfristige oder langfristige Vermietung *(Rz. 46 a.E.)* eines Beförderungsmittels *(Rz. 47)* von einem im Drittlandsgebiet ansässigen Unternehmer ausgeführt und wird das Fahrzeug **im Inland genutzt**, so ist der Ort dieser Dienstleistung abweichend von § 3a Abs. 1 oder Abs. 3 Nr. 2 UStG im Inland (§ 3a Abs. 6 Satz 1 Nr. 1 i.V.m. Satz 2 UStG). Damit wird das Verbrauchsortprinzip verwirklicht. Wird das Beförderungsmittel sowohl im Inland als auch im Ausland genutzt, so ist maßgebend, ob die überwiegende Nutzung im Inland stattfindet.

## III. Juristische Person des öffentlichen Rechts als Leistungsempfänger (Abs. 6 Nr. 2)

140 Ist der die Dienstleistung erbringende **Unternehmer im Drittlandsgebiet** ansässig, so führt, wenn der Empfänger der Leistung im Gemeinschaftsgebiet ansässig ist, die Anwendung des § 3a Abs. 1 UStG dazu, dass die Leistung nicht im Gemeinschaftsgebiet besteuert wird, obwohl sie dort verbraucht wird. Nach § 3a Abs. 6 Satz 1 Nr. 2 i.V.m. Satz 2 UStG wird deshalb **bei** den in § 3a Abs. 4 Satz 2 Nr. 1 bis 10 UStG bezeichneten sog. **Katalogleistungen**, wenn der Leistungsempfänger eine im Inland ansässige juristische Person des öffentlichen Rechts (dazu § 2 Rz. 355 ff.) ist, der Ort abweichend von § 3a Abs. 1 UStG (wenn die jPdöR nämlich nicht Unternehmer ist und sie auch keine USt-IdNr. hat; anderenfalls träte die Rechtsfolge bereits nach § 3a Abs. 2 UStG ein) in das Inland verlegt, so-

---

[1] Ausführlich *Stadie* in R/D, § 3a UStG Anm. 654 ff.
[2] Ausführlich *Stadie* in R/D, § 3a UStG Anm. 657 f.

fern die jeweilige **Leistung im Inland genutzt** oder ausgewertet wird.[1] Diese Regelung erklärt sich vor dem Hintergrund, dass juristische Personen des öffentlichen Rechts nach § 13b Abs. 2 Nr. 1 i.V.m. Abs. 5 Satz 1 UStG als Leistungsempfänger Steuerschuldner sind, so dass die Besteuerung prinzipiell sichergestellt ist, weil bei ihnen davon ausgegangen werden kann, dass sie ihren steuerrechtlichen Pflichten nachkommen (sofern sie diese kennen).

## IV. Telekommunikations-, Rundfunk- und Fernsehdienstleistungen (Abs. 6 Nr. 3)

Bei **Telekommunikationsdienstleistungen** (i.S.d. § 3a Abs. 4 Satz 2 Nr. 11 UStG a.F./Abs. 5 Satz 2 Nr. 1 n.F.) und **Rundfunk- und Fernsehdienstleistungen** (i.S.d. § 3a Abs. 4 Satz 2 Nr. 12 UStG a.F./Abs. 5 Satz 2 Nr. 2 n.F.), welche von einem im Drittland ansässigen Unternehmer erbracht werden, wird der Ort abweichend von § 3a Abs. 1 und Abs. 4 Satz 1 [a.F.] bzw. Abs. 5 [n.F.] UStG in das Inland verlagert, wenn diese Leistungen hier genutzt oder ausgewertet werden (§ 3a Abs. 6 Satz 1 Nr. 3 i.V.m. Satz 2 UStG). Die Versteuerung im Inland hängt aber weitgehend vom guten Willen der **im Drittlandsgebiet ansässigen** Unternehmer ab, sofern nicht eine juristische Person Leistungsempfänger und damit Steuerschuldner ist (§ 13b Abs. 2 Nr. 1 i.V.m. Abs. 5 Satz 1 UStG).   141

## H. Verlagerung des Ortes in das Drittlandsgebiet

## I. Ansässigkeit des Mieters bestimmter Transportfahrzeuge im Drittland (Abs. 7)

Bei der **kurzfristigen** Vermietung eines **Schienenfahrzeuges, Kraftomnibusses** oder eines ausschließlich zur Beförderung von Gegenständen bestimmten **Straßenfahrzeuges** durch einen im Inland ansässigen Vermieter **an** einen im Drittlandsgebiet ansässigen **Unternehmer** für dessen Unternehmen ist der Ort abweichend von § 3a Abs. 3 Nr. 2 UStG nicht im Inland, sondern im Drittlandsgebiet, wenn das Fahrzeug dort genutzt wird (§ 3a Abs. 7 UStG). Bei einer *langfristigen* Vermietung ist der Ort bereits nach § 3a Abs. 2 UStG im Drittlandsgebiet.   142

## II. Bestimmte Dienstleistungen gegenüber inländischen Unternehmern (Abs. 8 Satz 1 und Satz 3 a.F., Satz 2 n.F.)

Werden   143

- **Güterbeförderungsleistungen,**
- damit **zusammenhängende Leistungen** i.S.d. § 3b Abs. 2 UStG (d.h. dort genannt sind),
- **Arbeiten an oder Begutachtungen von beweglichen Gegenständen,**
- **Reisevorleistungen** (i.S.d. § 25 Abs. 1 Satz 5 UStG) oder
- **Veranstaltungsleistungen im Zusammenhang mit Messen und Ausstellungen**

---

1 Zu Beispielen Abschn. 3a.14 Abs. 3 UStAE.

im Drittlandsgebiet „genutzt oder ausgewertet", so sind diese Leistungen grundsätzlich **abweichend von Absatz 2** als im Drittlandsgebiet ausgeführt zu behandeln (§ 3a Abs. 8 Satz 1 UStG).

144 Die Vorschrift beruht auf der Ermächtigung des Art. 59a Buchst. a MwStSystRL und dient ausweislich dieser Vorschrift der **Vermeidungen** von **Doppelbesteuerungen**, wenn der Drittstaat bei seiner Umsatzbesteuerung den Ort dieser Leistungen in seinem Gebiet sieht. Die Vorschrift greift indes **generell** ein, d.h. auch dann, wenn keine Doppelbesteuerung einträte. Zugleich geht es um die partielle **Umsetzung** des **Verbrauchsortprinzips**.

Die Vorschrift kann nur dann eingreifen, wenn der **Ort** der Dienstleistung **nach § 3a Abs. 2 UStG im Inland läge**. Läge der Ort nach dieser Regel (und Art. 44 MwStSystRL) in einem anderen Mitgliedstaat, so kann das deutsche Gesetz nicht in die Besteuerungshoheit und das Wahlrecht des anderen Mitgliedstaates nach Art. 59a Buchst. a MwStSystRL eingreifen.

145 Die Formulierung „im Drittlandsgebiet **genutzt oder ausgewertet**" meint nur solche Dienstleistungen, die **mit** ihrer **tatsächlichen Ausführung** (arg. Satz 3 a.F./Satz 2 n.F.) sogleich **vor Ort real verbraucht** werden.[1] Bei diesen besteht die Gefahr einer Doppelbesteuerung, weil es nahe liegt, dass der Staat, in welchem sie tatsächlich ausgeführt werden, diese ebenfalls einer Umsatzsteuer unterwirft. Das ist bei den genannten Güterbeförderungs- und damit zusammenhängenden Leistungen sowie Reisevorleistungen der Fall, die im Drittlandsgebiet tatsächlich (real, physisch) aus- bzw. durchgeführt und damit zugleich vom Empfänger (Auftraggeber) tatsächlich genutzt oder ausgewertet werden. Wird die Dienstleistung nur **teilweise** im Drittlandsgebiet tatsächlich durchgeführt, was wohl nur bei Beförderungen vorkommen kann, so ist nicht im Sinne einer Entweder-oder-Betrachtung auf das Überwiegen abzustellen. Vielmehr wird nur der auf das Drittlandsgebiet entfallende Teil der Dienstleistung von der Vorschrift erfasst (arg. § 3b Abs. 1 UStG).

146 Diese Gleichsetzung von tatsächlicher Ausführung mit tatsächlicher Nutzung und Auswertung gilt auch bei der **Begutachtung** von beweglichen **Gegenständen**, da die Dienstleistung in der Abgabe des Gutachtens, d.h. in der Information des Empfängers besteht und sich damit verbraucht. Das trifft indes nur dann zu, wenn die Abgabe des Gutachtens am Ort der Begutachtung erfolgt.

147 Bei **Arbeiten an** beweglichen **Gegenständen läuft** die **Regelung** indes **leer**. Betreffen sie einen Gegenstand des **Anlagevermögens**, so werden die Arbeiten an diesem über die Dauer der Nutzung des bearbeiteten (veränderten) Gegenstands genutzt (bzw. ausgewertet). Folglich muss dieser Gegenstand auf Dauer im Drittlandsgebiet verbleiben. Dann aber würde er einer dort belegenen festen Niederlassung (Betriebsstätte) zuzuordnen sein, so dass die **Dienstleistung für** die **feste Niederlassung** erbracht würde und der Ort gem. Art. 44 Satz 2 MwStSystRL, § 3a Abs. 2 Satz 2 UStG im Drittlandsgebiet läge und sich die Frage der Verlagerung des Ortes nicht mehr stellen würde. Bei Arbeiten an Gegenständen des **Umlaufvermögens** kann die Nutzung oder Auswertung im Drittlandsgebiet

---

1 Vgl. auch Abschn. 3a.14 Abs. 5 Satz 2 a.E. UStAE.

ebenfalls nur erfolgen, wenn der Gegenstand einer dort belegenen festen Niederlassung zuzuordnen ist. Dann aber ist der Ort der Dienstleistung ebenfalls bereits im Drittlandsgebiet.

Die Regelung des § 3a Abs. 8 Satz 1 UStG soll **nicht** gelten, wenn die Dienstleistungen in einem der in § 1 Abs. 3 UStG genannten Gebieten, d.h. **in den Freihäfen oder** in den sog. **Wattenmeeren, tatsächlich ausgeführt werden** (§ 3a Abs. 8 Satz 3 a.F./Satz 2 n.F. UStG). Diese Gebiete gehören zum staatsrechtlichen Inland, so dass keine Gefahr einer Doppelbesteuerung durch einen anderen Staat besteht. Folglich bleibt es bei der Anwendung des § 3a Abs. 2 UStG und der Ort der Dienstleistung wird nicht vom Inland in die genannten Gebiete verlagert (*Beispiele*: Güterbeförderung im Freihafen für einen im Inland ansässigen Auftraggeber; Personenbeförderung im Wattenmeer für ein im Inland ansässiges Touristikunternehmen).

148

## III. Telekommunikationsleistungen gegenüber Nichtunternehmern (Abs. 8 Sätze 2 und 3 a.F.)

Bei einer sonstigen Leistung auf dem Gebiet der Telekommunikation ist diese Leistung **abweichend von § 3a Abs. 1** UStG als im Drittland ausgeführt zu behandeln, wenn die Leistung dort genutzt oder ausgewertet wird (§ 3a Abs. 8 Satz 2 UStG i.d.F. bis 2014). Es geht mithin um Telekommunikationsleistungen **gegenüber Nichtunternehmern**, die **im Inland** oder im übrigen Gemeinschaftsgebiet – und nicht im Drittlandsgebiet, da anderenfalls sich der Ort nicht nach § 3a Abs. 1 UStG, sondern nach § 3a Abs. 4 Satz 1 i.V.m. Satz 2 Nr. 11 UStG a.F. bestimmen würde – **ansässig** sind. Die Ortsverlagerung tritt nicht ein, wenn die Dienstleistung in den in § 1 Abs. 3 UStG genannten Gebieten (Freihäfen, sog. Wattenmeer) in Anspruch genommen wird (§ 3a Abs. 8 Satz 3 UStG). Vermutlich soll es in erster Linie um Dienstleistungen der im Inland ansässigen **Mobilfunkanbieter** gegenüber in Deutschland ansässigen Reisenden während ihres Aufenthaltes in Drittländern gehen, weil regelmäßig diese Dienstleistungen auch dort besteuert werden. Auf Grund der Neuregelung durch § 3a Abs. 5 UStG (*Rz. 124 f.*) bedarf es der Sonderregelung nicht mehr.

149

# § 3b
# Ort der Beförderungsleistungen und der damit zusammenhängenden sonstigen Leistungen

(1) Eine Beförderung einer Person wird dort ausgeführt, wo die Beförderung bewirkt wird. Erstreckt sich eine solche Beförderung nicht nur auf das Inland, fällt nur der Teil der Leistung unter dieses Gesetz, der auf das Inland entfällt. Die Sätze 1 und 2 gelten entsprechend für die Beförderung von Gegenständen, die keine innergemeinschaftliche Beförderung eines Gegenstands im Sinne des Absatzes 3 ist, wenn der Empfänger weder ein Unternehmer, für dessen Unternehmen die Leistung bezogen wird, noch eine nicht unternehmerisch tätige juristi-

sche Person ist, der eine Umsatzsteuer-Identifikationsnummer erteilt worden ist. Die Bundesregierung kann mit Zustimmung des Bundesrates durch Rechtsverordnung zur Vereinfachung des Besteuerungsverfahrens bestimmen, dass bei Beförderungen, die sich sowohl auf das Inland als auch auf das Ausland erstrecken (grenzüberschreitende Beförderungen),

1. kurze inländische Beförderungsstrecken als ausländische und kurze ausländische Beförderungsstrecken als inländische angesehen werden;
2. Beförderungen über kurze Beförderungsstrecken in den in § 1 Abs. 3 bezeichneten Gebieten nicht wie Umsätze im Inland behandelt werden.

(2) Das Beladen, Entladen, Umschlagen und ähnliche mit der Beförderung eines Gegenstands im Zusammenhang stehende Leistungen an einen Empfänger, der weder ein Unternehmer ist, für dessen Unternehmen die Leistung bezogen wird, noch eine nicht unternehmerisch tätige juristische Person ist, der eine Umsatzsteuer-Identifikationsnummer erteilt worden ist, werden dort ausgeführt, wo sie vom Unternehmer tatsächlich erbracht werden.

(3) Die Beförderung eines Gegenstands, die in dem Gebiet eines Mitgliedstaates beginnt und in dem Gebiet eines anderen Mitgliedstaates endet (innergemeinschaftliche Beförderung eines Gegenstands), an einen Empfänger, der weder ein Unternehmer ist, für dessen Unternehmen die Leistung bezogen wird, noch eine nicht unternehmerisch tätige juristische Person, der eine Umsatzsteuer-Identifikationsnummer erteilt worden ist, wird an dem Ort ausgeführt, an dem die Beförderung des Gegenstands beginnt.

§ 2 UStDV
Verbindungsstrecken im Inland

Bei grenzüberschreitenden Beförderungen ist die Verbindungsstrecke zwischen zwei Orten im Ausland, die über das Inland führt, als ausländische Beförderungsstrecke anzusehen, wenn diese Verbindungsstrecke den nächsten oder verkehrstechnisch günstigsten Weg darstellt und der inländische Streckenanteil nicht länger als 30 Kilometer ist. Dies gilt nicht für Personenbeförderungen im Linienverkehr mit Kraftfahrzeugen. § 7 bleibt unberührt.

§ 3 UStDV
Verbindungsstrecken im Ausland

Bei grenzüberschreitenden Beförderungen ist die Verbindungsstrecke zwischen zwei Orten im Inland, die über das Ausland führt, als inländische Beförderungsstrecke anzusehen, wenn der ausländische Streckenanteil nicht länger als zehn Kilometer ist. Dies gilt nicht für Personenbeförderungen im Linienverkehr mit Kraftfahrzeugen. § 7 bleibt unberührt.

§ 4 UStDV
Anschlussstrecken im Schienenbahnverkehr

Bei grenzüberschreitenden Personenbeförderungen mit Schienenbahnen sind anzusehen:

1. als inländische Beförderungsstrecken die Anschlussstrecken im Ausland, die von Eisenbahnverwaltungen mit Sitz im Inland betrieben werden, sowie Schienenbahnstrecken in den in § 1 Abs. 3 des Gesetzes bezeichneten Gebieten;
2. als ausländische Beförderungsstrecken die inländischen Anschlussstrecken, die von Eisenbahnverwaltungen mit Sitz im Ausland betrieben werden.

### § 5 UStDV
### Kurze Straßenstrecken im Inland

Bei grenzüberschreitenden Personenbeförderungen im Gelegenheitsverkehr mit Kraftfahrzeugen sind inländische Streckenanteile, die in einer Fahrtrichtung nicht länger als zehn Kilometer sind, als ausländische Beförderungsstrecken anzusehen. § 6 bleibt unberührt.

### § 6 UStDV
### Straßenstrecken in den in § 1 Abs. 3 des Gesetzes bezeichneten Gebieten

Bei grenzüberschreitenden Personenbeförderungen mit Kraftfahrzeugen von und zu den in § 1 Abs. 3 des Gesetzes bezeichneten Gebieten sowie zwischen diesen Gebieten sind die Streckenanteile in diesen Gebieten als inländische Beförderungsstrecken anzusehen.

### § 7 UStDV
### Kurze Strecken im grenzüberschreitenden Verkehr mit Wasserfahrzeugen

(1) Bei grenzüberschreitenden Beförderungen im Passagier- und Fährverkehr mit Wasserfahrzeugen, die sich ausschließlich auf das Inland und die in § 1 Abs. 3 des Gesetzes bezeichneten Gebiete erstrecken, sind die Streckenanteile in den in § 1 Abs. 3 des Gesetzes bezeichneten Gebieten als inländische Beförderungsstrecken anzusehen.

(2) Bei grenzüberschreitenden Beförderungen im Passagier- und Fährverkehr mit Wasserfahrzeugen, die in inländischen Häfen beginnen und enden, sind

1. ausländische Streckenanteile als inländische Beförderungsstrecken anzusehen, wenn die ausländischen Streckenanteile nicht länger als zehn Kilometer sind, und

2. inländische Streckenanteile als ausländische Beförderungsstrecken anzusehen, wenn

   a) die ausländischen Streckenanteile länger als zehn Kilometer und
   
   b) die inländischen Streckenanteile nicht länger als 20 Kilometer sind.

Streckenanteile in den in § 1 Abs. 3 des Gesetzes bezeichneten Gebieten sind in diesen Fällen als inländische Beförderungsstrecken anzusehen.

(3) Bei grenzüberschreitenden Beförderungen im Passagier- und Fährverkehr mit Wasserfahrzeugen für die Seeschifffahrt, die zwischen ausländischen Seehäfen oder zwischen einem inländischen Seehafen und einem ausländischen Seehafen durchgeführt werden, sind inländische Streckenanteile als ausländische Beförderungsstrecken anzusehen und Beförderungen in den in § 1 Abs. 3 des Gesetzes bezeichneten Gebieten nicht wie Umsätze im Inland zu behandeln.

(4) Inländische Häfen im Sinne dieser Vorschrift sind auch Freihäfen und die Insel Helgoland.

(5) Bei grenzüberschreitenden Beförderungen im Fährverkehr über den Rhein, die Donau, die Elbe, die Neiße und die Oder sind die inländischen Streckenanteile als ausländische Beförderungsstrecken anzusehen.

*EU-Recht*

Art. 48–52, 54 Abs. 2 Buchst. a MwStSystRL.

*VV*

Abschn. 3b.1–3b.4 UStAE.

| | | | |
|---|---|---|---|
| A. Allgemeines | 1 | II. Übrige Beförderungen (Abs. 1 Sätze 3 und 4) | 6 |
| B. Personenbeförderungen (Abs. 1 Sätze 1, 2 und 4) | 2 | III. Sonstige Leistungen im Zusammenhang mit der Beförderung eines Gegenstandes (Abs. 2) | 7 |
| C. Beförderung von Gegenständen für Nichtunternehmer | | | |
| I. Innergemeinschaftliche Beförderungen (Abs. 3) | 5 | | |

## A. Allgemeines

1 Die Vorschrift enthält in § 3b **Abs. 1 Sätze 1 und 2** UStG die Regeln für den Ort der **Personenbeförderungsleistungen** sowohl gegenüber **Unternehmern** (so dass § 3a Abs. 2 UStG zurücktritt) als auch gegenüber **Nichtunternehmern**. Die **übrigen Bestimmungen** der Vorschrift (mit Ausnahme der *Verordnungsermächtigung* des § 3b Abs. 1 Satz 4 UStG für *Vereinfachungsvorschriften*, die auch für die Personbeförderungen gilt) betreffen die Beförderung von **Gegenständen** für **Nichtunternehmer** (welche keine juristischen Personen mit USt-IdNr. sind) und Unternehmer, die die Leistung nicht für ihr Unternehmen beziehen, da diese Bestimmungen jeweils die Einschränkung „Empfänger weder ein Unternehmer, für dessen Unternehmen die Leistung bezogen wird, noch eine nicht unternehmerisch tätige juristische Person ist, der eine USt-IdNr. erteilt worden ist" enthält. Die Formulierung des § 3a Abs. 2 Satz 1 UStG „vorbehaltlich (…) der §§ 3b (, …)" ist deshalb unglücklich, da der Vorbehalt nur für die Regelungen des § 3b Abs. 1 Sätze 1, 2 und 4 UStG gilt.

## B. Personenbeförderungen (Abs. 1 Sätze 1, 2 und 4)

2 Eine Beförderungsleistung liegt vor, wenn die Fortbewegung von Personen (oder Gegenständen) geschuldet wird, d.h. keine Vermietung eines Beförderungsmittels (dazu *§ 3a Rz. 48*) vorliegt, diese Tätigkeit den Hauptzweck der Leistung darstellt und nicht Teil einer komplexen Leistung (*§ 3a Rz. 10*) ist. Letzteres ist nicht schon dann der Fall, wenn während der Fahrt zusätzliche Annehmlichkeiten geboten werden.[1] Für den Ort einer Personenbeförderungsleistung bestimmt § 3b Abs. 1 Satz 1 UStG als **Grundsatz**, dass diese dort ausgeführt wird, wo die Beförderung bewirkt wird. Erstreckt sich die Personenbeförderung nicht nur auf das Inland, so ist **nur der Teil** der Leistung steuerbar, **der auf** das **Inland entfällt** (§ 3b Abs. 1 Satz 2 UStG). Ist ein **Gesamtpreis** für die Beförderung vereinbart, so ist dieser mithin zur Bestimmung der Gegenleistung und des Entgelts (§ 10 Abs. 1 Satz 2 UStG) entsprechend den **Streckenanteilen** für den steuerbaren Teil aufzuteilen.[2]

3 Bei einer Beförderung mit einem Seeschiff insbesondere bei einer **Schiffspauschalreise** sind die Gewährung von **Unterkunft** und **Verpflegung** und die Erbrin-

---

[1] BFH v. 2.3.2011 – XI R 25/09, BStBl. II 2011, 737; BFH v. 8.9.2011 – V R 5/10, BStBl. II 2012, 620 – Rz. 20.
[2] Dazu näher Abschn. 3b.1 Abs. 6 UStAE.

gung anderer Dienstleistungen **Nebenleistungen** (*§ 3 Rz. 203*) zur Personenbeförderung.[1]

§ 3b Abs. 1 Satz 4 UStG enthält eine **Ermächtigung**, bei Beförderungen, die sich sowohl auf das Inland als auch auf das Ausland erstrecken (**grenzüberschreitende Beförderungen**), durch Rechtsverordnung **Vereinfachungen** bei **kurzen inländischen** oder **ausländischen Beförderungsstrecken** vorzusehen. § 3b Abs. 1 Satz 4 UStG enthält des Weiteren zugleich eine **Legaldefinition** der grenzüberschreitenden Beförderung (von Bedeutung z.B. für § 4 Nr. 3 Buchst. a UStG).  4

Von der Ermächtigung ist in Gestalt des § 2 UStDV (*Verbindungsstrecken* im Inland), § 3 UStDV (Verbindungsstrecken im Ausland), § 4 UStDV (*Anschlussstrecken* im Schienenbahnverkehr), § 5 UStDV (*kurze Straßenstrecken* im Inland), § 6 UStDV (Straßenstrecken in den Freihäfen) und des § 7 UStDV (*kurze Strecken* im grenzüberschreitenden Verkehr mit *Wasserfahrzeugen*) Gebrauch gemacht worden.[2]

## C. Beförderung von Gegenständen für Nichtunternehmer

### I. Innergemeinschaftliche Beförderungen (Abs. 3)

Bei der Beförderung eines Gegenstandes, die in dem Gebiet von zwei verschiedenen Mitgliedstaaten beginnt und endet (innergemeinschaftliche Beförderung eines Gegenstandes), bestimmt § 3b Abs. 3 UStG, dass der Ort dieser sonstigen Leistung dort ist, wo die **Beförderung des Gegenstandes beginnt**.[3] Voraussetzung ist, dass der Empfänger (Auftraggeber) weder ein Unternehmer ist, für dessen Unternehmen die Dienstleistung bezogen wird (*§ 3a Rz. 19 ff.*), noch eine nicht unternehmerisch tätige juristische Person mit USt-IdNr. (*§ 3a Rz. 33 ff.*) ist (anderenfalls gilt § 3a Abs. 2 UStG). Da eine solche Beförderung nicht steuerfrei ist, erfolgt die Steuerbelastung mithin im Herkunfts- (Ursprungs-)land des beförderten Gegenstandes. Für **Spediteure** gilt nach § 3 Abs. 11 UStG Entsprechendes (*§ 3 Rz. 192*).  5

### II. Übrige Beförderungen (Abs. 1 Sätze 3 und 4)

Bei nicht innergemeinschaftlichen Güterbeförderungen für Nichtunternehmer sind die für **Personenbeförderungen** geltenden Ortsbestimmungen (§ 3b Abs. 1 Sätze 1 und 2 UStG, *Rz. 2*) **entsprechend** anzuwenden (§ 3b Abs. 1 Satz 3 UStG). Auch die Verordnungsermächtigung des § 3b Abs. 1 Satz 4 UStG und damit die **Vereinfachungen** der §§ 2–7 UStDV (*Rz. 3*) sind anzuwenden. Bei Güterbeförderungen an Unternehmer für deren Unternehmen und juristische Personen mit USt-IdNr. bestimmt sich der Ort nach § 3a Abs. 2 UStG. Für die Leistungen der **Spediteure** gilt Entsprechendes (*§ 3 Rz. 192*).  6

---

1 Vgl. BFH v. 1.8.1996 – V R 58/94, BStBl. II 1997, 160; BFH v. 19.9.1996 – V R 129/93, BStBl. II 1997, 164; BFH v. 2.3.2011 – XI R 25/09, BStBl. II 2011, 737; Abschn. 3b.1 Abs. 17 Satz 3 UStAE.
2 Dazu näher Abschn. 3b.1 Abs. 7 ff. UStAE.
3 Dazu näher Abschn. 3b.3 u. 3b.4 UStAE.

### III. Sonstige Leistungen im Zusammenhang mit der Beförderung eines Gegenstandes (Abs. 2)

7 Sonstige Leistungen, die das **Beladen, Entladen, Umschlagen** oder **ähnliche** mit der Beförderung eines Gegenstandes im Zusammenhang stehende Tätigkeiten zum Inhalt haben (zur Vermittlung s. *§ 3a Rz. 68 ff.*), werden, sofern sich der Ort nicht nach § 3a Abs. 2 UStG richtet *(Rz. 1)*, dort ausgeführt, wo sie vom Unternehmer tatsächlich erbracht werden (§ 3b Abs. 2 UStG). Werden diese Dienstleistungen hingegen vom befördernden Unternehmer erbracht, so teilen sie als Nebenleistung der Güterbeförderung deren Schicksal.[1]

## § 3c
## Ort der Lieferung in besonderen Fällen

(1) Wird bei einer Lieferung der Gegenstand durch den Lieferer oder einen von ihm beauftragten Dritten aus dem Gebiet eines Mitgliedstaates in das Gebiet eines anderen Mitgliedstaates oder aus dem übrigen Gemeinschaftsgebiet in die in § 1 Abs. 3 bezeichneten Gebiete befördert oder versendet, so gilt die Lieferung nach Maßgabe der Absätze 2 bis 5 dort als ausgeführt, wo die Beförderung oder Versendung endet. Das gilt auch, wenn der Lieferer den Gegenstand in das Gemeinschaftsgebiet eingeführt hat.

(2) Absatz 1 ist anzuwenden, wenn der Abnehmer

1. nicht zu den in § 1a Abs. 1 Nr. 2 genannten Personen gehört oder

   a) ein Unternehmer ist, der nur steuerfreie Umsätze ausführt, die zum Ausschluss vom Vorsteuerabzug führen, oder

   b) ein Kleinunternehmer ist, der nach dem Recht des für die Besteuerung zuständigen Mitgliedstaates von der Steuer befreit ist oder auf andere Weise von der Besteuerung ausgenommen ist, oder

   c) ein Unternehmer ist, der nach dem Recht des für die Besteuerung zuständigen Mitgliedstaates die Pauschalregelung für landwirtschaftliche Erzeuger anwendet, oder

   d) eine juristische Person ist, die nicht Unternehmer ist oder die den Gegenstand nicht für ihr Unternehmen erwirbt,

   und als einer der in den Buchstaben a bis d genannten Abnehmer weder die maßgebende Erwerbsschwelle überschreitet noch auf ihre Anwendung verzichtet. Im Fall der Beendigung der Beförderung oder Versendung im Gebiet eines anderen Mitgliedstaates ist die von diesem Mitgliedstaat festgesetzte Erwerbsschwelle maßgebend.

(3) Absatz 1 ist nicht anzuwenden, wenn bei dem Lieferer der Gesamtbetrag der Entgelte, der den Lieferungen in einen Mitgliedstaat zuzurechnen ist, die maßgebliche Lieferschwelle im laufenden Kalenderjahr nicht überschreitet und im

---
[1] Abschn. 3b.2 Abs. 3 UStAE.

vorangegangenen Kalenderjahr nicht überschritten hat. Maßgebende Lieferschwelle ist

1. im Fall der Beendigung der Beförderung oder Versendung im Inland oder in den in § 1 Abs. 3 bezeichneten Gebieten der Betrag von 100 000 Euro;
2. im Fall der Beendigung der Beförderung oder Versendung im Gebiet eines anderen Mitgliedstaates der von diesem Mitgliedstaat festgesetzte Betrag.

(4) Wird die maßgebende Lieferschwelle nicht überschritten, gilt die Lieferung auch dann am Ort der Beendigung der Beförderung oder Versendung als ausgeführt, wenn der Lieferer auf die Anwendung des Absatzes 3 verzichtet. Der Verzicht ist gegenüber der zuständigen Behörde zu erklären. Er bindet den Lieferer mindestens für zwei Kalenderjahre.

(5) Die Absätze 1 bis 4 gelten nicht für die Lieferung neuer Fahrzeuge. Absatz 2 Nr. 2 und Absatz 3 gelten nicht für die Lieferung verbrauchsteuerpflichtiger Waren.

*EU-Recht*

Art. 33–35 MwStSystRL;

Art. 14 MwSt-DVO.

*VV*

Abschn. 3c.1 UStAE.

| | | | |
|---|---|---|---|
| A. Normzweck, Allgemeines (Abs. 1)..................... | 1 | C. Überschreiten der Lieferschwelle (Abs. 3) ............. | 5 |
| B. Abnehmer unterliegt nicht der Erwerbsbesteuerung (Abs. 2)..................... | 3 | D. Option (Abs. 4) ............... | 7 |
| | | E. Ausnahmen (Abs. 5) .......... | 8 |

## A. Normzweck, Allgemeines (Abs. 1)

Die Vorschrift enthält eine **Durchbrechung** des in § 3 Abs. 6 Satz 1 UStG aufgestellten Grundsatzes, wonach der Ort einer Lieferung am Beginn der Beförderung oder Versendung liegt. Für bestimmte Lieferungen, bei denen der Gegenstand auf Veranlassung des Lieferers, d.h. nicht in Abholfällen, aus dem Gebiet eines Mitgliedstaates in das Gebiet eines anderen Mitgliedstaates (oder aus dem übrigen Gemeinschaftsgebiet in die in § 1 Abs. 3 UStG bezeichneten Gebiete) gelangt, verlagert sich der **Ort** der Lieferung an das **Ende** der **Beförderung** oder **Versendung** (§ 3c Abs. 1 UStG), d.h. in das Bestimmungsland. Voraussetzung ist, dass der Abnehmer ein **privater** oder diesem **gleichgestellter Abnehmer** i.S.d. § 3c Abs. 2 UStG ist (*Rz. 3 f.*), d.h. nicht der sog. Erwerbsbesteuerung unterliegt, und der **Lieferer** eine sog. **Lieferschwelle überschreitet** (§ 3c Abs. 3 UStG; *Rz. 5 f.*) bzw. für die Besteuerung im Bestimmungsland **optiert** (§ 3c Abs. 4 UStG). 1

Mit dieser komplizierten Regelung soll verhindert werden, dass vor allem **Versandhändler**, die ihre Waren aus Mitgliedsländern versenden, in denen der Steuersatz niedriger als im Bestimmungsland ist, dadurch Wettbewerbsvorteile ge- 2 genüber den dort ansässigen Händlern erlangen (vgl. Art. 34 Abs. 2 Unterabs. 1 MwStSystRL). Die Vorschrift stellt also eine Durchbrechung des ansonsten bei Lieferungen in das übrige Gemeinschaftsgebiet an private und gleichgestellte Abnehmer geltenden Prinzips der Besteuerung im Ursprungsland dar. Durch die **Verlagerung** des Ortes **in das Bestimmungsland** wird der Umsatz dort steuerbar und muss, da keine Steuerbefreiung eingreift, nach dem Recht dieses Staates versteuert werden. Die Vorschrift hat zwar primär den Versandhandel im Auge, gleichwohl kann sie auf jeden Unternehmer Anwendung finden, der unter den genannten Voraussetzungen Gegenstände in ein anderes Mitgliedsland befördert oder versendet.

## B. Abnehmer unterliegt nicht der Erwerbsbesteuerung (Abs. 2)

3   Grundvoraussetzung ist, dass der **Abnehmer** die Voraussetzungen des § 3c Abs. 2 UStG erfüllt, d.h. **nicht** der sog. **Erwerbsbesteuerung** unterliegt. Das ist zum einen der Fall, wenn er nicht zu den in § 1a Abs. 1 Nr. 2 UStG genannten Personen gehört (§ 3c Abs. 2 Nr. 1 UStG), d.h. kein Unternehmer ist, oder den Gegenstand **nicht für** sein **Unternehmen** erwirbt oder keine juristische Person ist. Das trifft ferner zu, wenn der Abnehmer zwar zu diesen Personen zählt, aber von der Erwerbsbesteuerung im Bestimmungsland ausgenommen ist, weil er als **anomaler Unternehmer** nur steuerfreie Umsätze ausführt, welche nicht zum Vorsteuerabzug berechtigen, Kleinunternehmer ist oder den Gegenstand zur Ausführung land- und forstwirtschaftlicher Umsätze verwendet oder **juristische Person** ist und **nicht** die deutsche **Erwerbsschwelle überschreitet** (entspricht § 1a Abs. 3 UStG) und nicht für die Erwerbsbesteuerung im Bestimmungsland optiert hat (§ 3c Abs. 2 Nr. 2 Satz 1 UStG). Bei einer Lieferung nach einem anderen Mitgliedstaat ist die dortige Erwerbsschwelle maßgebend (§ 3c Abs. 2 Nr. 2 Satz 2 UStG).

4   Diese Voraussetzungen sind für den Lieferer nicht nachprüfbar. Er kann deshalb davon ausgehen, dass der Abnehmer nicht der Erwerbsbesteuerung unterliegt, wenn dieser bei der Bestellung **keine Umsatzsteuer-Identifikationsnummer** eines anderen Mitgliedstaates **angegeben** hat. Hat der Abnehmer zwar eine solche Nummer angegeben, kann der Gegenstand aber offensichtlich nicht für das Unternehmen des Abnehmers bestimmt sein, so gehört er nicht zum Personenkreis des § 1a Abs. 1 Nr. 2 UStG.

## C. Überschreiten der Lieferschwelle (Abs. 3)

5   Weitere Voraussetzung ist, dass der Lieferer bei Beendigung der Beförderung oder Versendung **im Inland** die jährliche Lieferschwelle von **100 000 €**, bzw. bei entsprechender Warenbewegung **in** einen **anderen Mitgliedstaat** die maßgebende **Lieferschwelle des** jeweiligen **Empfängerstaates**[1] **überschreitet** (§ 3c Abs. 3 UStG).

6   Sie ist überschritten, wenn der Gesamtbetrag der Entgelte i.S.d. § 10 Abs. 1 UStG (Preise abzüglich Umsatzsteuer), der den Lieferungen in einen Mitgliedstaat zuzurechnen ist, im vorangegangenen Kalenderjahr den maßgebenden Be-

---

1 Zu den Lieferschwellen der einzelnen Länder s. Abschn. 3c.1 Abs. 3 UStAE.

trag überstiegen hat oder im laufenden Kalenderjahr übersteigt (§ 3c Abs. 3 Satz 1 UStG). Die Verlagerung des Lieferungsorts tritt ein, **sobald** die Lieferschwelle im laufenden Kalenderjahr **überschritten** wird.[1] Bei der Bestimmung des Gesamtbetrags der Entgelte sind die Lieferungen an solche Abnehmer nicht mit zu berücksichtigen, die nicht unter § 3c Abs. 2 UStG fallen, d.h. die der Erwerbsbesteuerung unterliegen.[2]

## D. Option (Abs. 4)

Überschreitet der Lieferer nicht die sog. Lieferschwelle des Empfängerlandes, so bleibt es bei der Ortsbestimmung des § 3 Abs. 6 Satz 1 UStG und, da diese Lieferungen nicht steuerbefreit sind, bei der für private Abnehmer eingreifenden Besteuerung im Ursprungsland. Der Lieferer kann allerdings bei Nichtüberschreiten der Lieferschwelle auf die Anwendung des § 3c Abs. 3 UStG verzichten, d.h. zur Besteuerung im Bestimmungsland **optieren**. Das ergibt allerdings nur dann Sinn, wenn der Steuersatz dort niedriger ist. Der gegenüber der zuständigen Behörde zu erklärende Verzicht bindet den Unternehmer mindestens für zwei Jahre (§ 3c Abs. 4 UStG).

7

## E. Ausnahmen (Abs. 5)

Die Bestimmungen des § 3c Abs. 1 bis 4 UStG gelten **nicht** für die **Lieferungen neuer Fahrzeuge** i.S.d. § 1b UStG (§ 3c Abs. 5 Satz 1 UStG), da bei diesen stets die Erwerbsbesteuerung im Bestimmungsland stattfindet (§ 1 Abs. 1 Nr. 5 i.V.m. § 1a Abs. 5, § 1b UStG). Entsprechendes gilt für die Lieferung **verbrauchsteuerpflichtiger Waren** an die in § 3c Abs. 2 Nr. 2 UStG genannten Personen, da diese solche Waren unabhängig vom Überschreiten einer Erwerbsschwelle stets der Erwerbsbesteuerung zu unterwerfen haben (§ 3c Abs. 5 Satz 2 und § 1a Abs. 5 UStG).

8

# § 3d
# Ort des innergemeinschaftlichen Erwerbs

**Der innergemeinschaftliche Erwerb wird in dem Gebiet des Mitgliedstaates bewirkt, in dem sich der Gegenstand am Ende der Beförderung oder Versendung befindet. Verwendet der Erwerber gegenüber dem Lieferer eine ihm von einem anderen Mitgliedstaat erteilte Umsatzsteuer-Identifikationsnummer, gilt der Erwerb so lange in dem Gebiet dieses Mitgliedstaates als bewirkt, bis der Erwerber nachweist, dass der Erwerb durch den in Satz 1 bezeichneten Mitgliedstaat besteuert worden ist oder nach § 25b Abs. 3 als besteuert gilt, sofern der erste Abnehmer seiner Erklärungspflicht nach § 18a Absatz 7 Satz 1 Nummer 4 nachgekommen ist.**

---
1 Art. 14 MwSt-DVO; Abschn. 3c.1 Abs. 3 Satz 5 UStAE.
2 *Reiß* in R/D, § 3c UStG Anm. 65; *Birkenfeld* in B/W, § 84 Rz. 142; *Martin* in S/R, § 3c UStG Rz. 20.

*EU-Recht*

Art. 40–42 MwStSystRL.

Art. 16 MwSt-DVO.

*VV*

Abschn. 3d.1 UStAE.

| | |
|---|---|
| A. Grundsatz (Satz 1) . . . . . . . . . . . . . 1 | B. Verwendung einer Umsatzsteuer-Identifikationsnummer eines anderen Mitgliedstaates (Satz 2) . 4 |

## A. Grundsatz (Satz 1)

1   Der innergemeinschaftliche Erwerb nach § 1 Abs. 1 Nr. 5 UStG ist nur dann steuerbar, wenn er **im Inland** erfolgt. § 3d UStG bestimmt deshalb den „Ort" dieses Umsatzes. Nach seinem Satz 1 wird der innergemeinschaftliche Erwerb in dem Gebiet desjenigen Mitgliedstaates bewirkt, in dem sich der Gegenstand am Ende der Beförderung oder Versendung befindet. **Zweck** der Regelung ist es, die Steuereinnahmen in den Mitgliedstaat zu verlagern, in dem der Endverbrauch der gelieferten Gegenstände erfolgt.[1] Endet die Warenbewegung in Deutschland, so ist der innergemeinschaftliche Erwerb mithin steuerbar, wenn die Beförderung im Inland i.S.d. § 1 Abs. 2 Satz 1 UStG endet.

Das **Ende der Beförderung oder Versendung** ist dort, wo der Gegenstand bestimmungsgemäß hingelangt. Endet die Beförderung in den in § 1 Abs. 3 UStG bezeichneten Gebieten, insbesondere in einem **Freihafen**, so tritt Steuerbarkeit unter den dort genannten Voraussetzungen (§ 1 Abs. 3 Nr. 1 und 7 UStG) ein.

2   Wird der Gegenstand im Auftrag des Abnehmers **von einem anderen Unternehmer im Ursprungsland be- oder verarbeitet** und danach von diesem versendet oder befördert, so ist maßgebend, wo diese Beförderung oder Versendung endet. Diese Auslegung ist im Hinblick darauf geboten, dass der Lieferer die Steuerbefreiung der innergemeinschaftlichen Lieferung auch in diesem Fall in Anspruch nehmen kann (vgl. zum umkehrten Fall § 6a Abs. 1 Satz 2 UStG), mit der ein innergemeinschaftlicher Erwerb seines Abnehmers korrespondieren muss. Erfolgt die Be- oder Verarbeitung in einem dritten Mitgliedstaat, so bedarf es dieser Interpretation nicht, d.h. es kann dahinstehen, ob die Beförderung oder Versendung bereits dort endet, denn auch in diesem Fall muss der Erwerber den innergemeinschaftlichen Erwerb versteuern, da der Gegenstand in einen anderen Mitgliedstaat gelangt ist.

3   Eine Beförderung liegt auch dann vor, wenn der **Erwerber** den Gegenstand **abholt** (§ 3 Abs. 6 Satz 1 UStG) und dieser mit eigener Kraft fortbewegt wird (*§ 3 Rz. 123*). Verbringt der Erwerber in diesem Fall den Gegenstand nicht unmittelbar in das Bestimmungsland, sondern verbleibt dieser vorerst noch im Ursprungsland, z.B. anlässlich des Urlaubs oder einer Geschäftsreise, so endet die

---

[1] Vgl. EuGH v. 22.4.2010 – C-536/08 u. C-539/08, EuGHE 2010, I-3581 = UR 2010, 418 – Rz. 30; EuGH v. 16.12.2010 – C-430/09, EuGHE 2010, I-13335 = UR 2011, 176 – Rz. 43.

Beförderung nicht schon am derzeitigen Aufenthaltsort, sondern erst am Ort des Unternehmens oder eines anderen bestimmungsgemäßen Verbleibs.¹ Auch insoweit ist eine mit § 1a Abs. 1 Nr. 1 und § 6a Abs. 1 Nr. 1 UStG abgestimmte Auslegung erforderlich (s. *§ 1a Rz. 13* und *§ 6a Rz. 11*). Bei registrierungspflichtigen **Fahrzeugen** ist das Ende der Beförderung (Bestimmungsland) dort, wo dieses in ein **Register** eingetragen wird.²

## B. Verwendung einer Umsatzsteuer-Identifikationsnummer eines anderen Mitgliedstaates (Satz 2)

Verwendet der Erwerber gegenüber dem Lieferer eine ihm von einem anderen Mitgliedstaat erteilte USt-IdNr., so gilt der Erwerb **so lange** auch (*Rz. 6*) in dem Gebiet dieses Mitgliedstaates als bewirkt, bis der Erwerber die Besteuerung im Bestimmungsland **nachweist** (§ 3d Satz 2 Alt. 1 UStG). Von **praktischer Relevanz** ist diese Regelung auch dann, wenn der Erwerber hinsichtlich des Gegenstandes zum vollen Vorsteuerabzug berechtigt ist, da entgegen dem Wortlaut des § 15 Abs. 1 Satz 1 Nr. 3 UStG die auf Grund des § 3d Satz 2 UStG entstandene Steuer **nicht** als **Vorsteuer** verrechenbar ist (*§ 15 Rz. 317*). 4

Entsprechendes gilt beim innergemeinschaftlichen Dreiecksgeschäft, bis der Erwerber nachweist, dass der Erwerb nach § 25b Abs. 3 UStG als besteuert gilt, sofern der erste Abnehmer seiner Erklärungspflicht nach § 18a Abs. 7 Satz 1 Nr. 4 nachgekommen ist (§ 3d Satz 2 Alt. 2 UStG).

Der **Zweck** des § 3d Satz 2 UStG liegt darin, die Besteuerung der Erwerbe wenigstens innerhalb der EU sicherzustellen. Da der Lieferer in seiner sog. Zusammenfassenden Meldung u.a. die USt-IdNr. jedes Erwerbers, die diesem in einem anderen Mitgliedstaat erteilt worden ist und unter der die innergemeinschaftliche Warenlieferungen an ihn ausgeführt worden sind, anzugeben hat (Art. 264 Abs. 1 Buchst. b MwStSystRL sowie § 18a Abs. 7 Satz 1 Nr. 1 Buchst. a UStG) und diese Informationen auf Grund der Verordnung über die Zusammenarbeit der Finanzbehörden (*Vorbem. Rz. 61*) in das Land gelangt, das die Nummer erteilt hat, ist die Besteuerung in diesem Land gewährleistet. Demgegenüber können die Finanzbehörden des Bestimmungslandes die in ihrem Gebiet verwirklichten Erwerbstatbestände nur auf Grund konkreter Prüfungen im Einzelfall erfahren. 5

§ 3d Satz 2 Halbs. 1 UStG ist keine Ausnahmeregelung, die die Grundaussage des Satzes 1 verdrängt. Das **Besteuerungsrecht des Bestimmungslandes bleibt unberührt**.³ Der Ort ist **auflösend bedingt** nur solange im anderen Land, wie der Erwerber nicht die Besteuerung im erstgenannten Land bzw. die Voraussetzungen des § 25b Abs. 3 UStG nachgewiesen hat. Dadurch wird eine zweifache Besteuerung vermieden. Hat der Erwerber den **Nachweis** erbracht, so wird die nach § 3d Satz 2 UStG erfolgte Besteuerung im Inland gem. § 17 Abs. 2 Nr. 4 i.V.m. Abs. 1 UStG ohne Rückwirkung (§ 17 Abs. 1 Satz 7 UStG) wieder rückgängig gemacht. 6

---

1 Vgl. BFH v. 26.9.2006 – V R 65/03, BStBl. II 2007, 672; EuGH v. 18.11.2010 – C-84/09, EuGHE 2010, I-11684 = UR 2011, 103.
2 Vgl. FG Nds. v. 26.1.2006 – 5 K 161/02, EFG 2006, 769 – Segelyacht; bestätigt durch BFH v. 20.12.2006 – V R 11/06, BStBl. II 2007, 424; Abschn. 3d.1 Abs. 1 UStAE.
3 Vgl. Art. 41 MwStSystRL: „unbeschadet".

## § 3e
## Ort der Lieferungen und Restaurationsleistungen während einer Beförderung an Bord eines Schiffs, in einem Luftfahrzeug oder in einer Eisenbahn

(1) Wird ein Gegenstand an Bord eines Schiffs, in einem Luftfahrzeug oder in einer Eisenbahn während einer Beförderung innerhalb des Gemeinschaftsgebiets geliefert oder dort eine sonstige Leistung ausgeführt, die in der Abgabe von Speisen und Getränken zum Verzehr an Ort und Stelle (Restaurationsleistung) besteht, gilt der Abgangsort des jeweiligen Beförderungsmittels im Gemeinschaftsgebiet als Ort der Lieferung oder der sonstigen Leistung.

(2) Als Beförderung innerhalb des Gemeinschaftsgebiets im Sinne des Absatzes 1 gilt die Beförderung oder der Teil der Beförderung zwischen dem Abgangsort und dem Ankunftsort des Beförderungsmittels im Gemeinschaftsgebiet ohne Zwischenaufenthalt außerhalb des Gemeinschaftsgebiets. Abgangsort im Sinne des Satzes 1 ist der erste Ort innerhalb des Gemeinschaftsgebiets, an dem Reisende in das Beförderungsmittel einsteigen können. Ankunftsort im Sinne des Satzes 1 ist der letzte Ort innerhalb des Gemeinschaftsgebiets, an dem Reisende das Beförderungsmittel verlassen können. Hin- und Rückfahrt gelten als gesonderte Beförderungen.

*EU-Recht*

Art. 37, Art. 57 MwStSystRL.

Art. 15 MwSt-DVO.

*VV*

Abschn. 3e.1 UStAE.

1 Bei **Lieferungen** und **Restaurationsleistungen** (*Rz. 3*) an Bord der genannten Beförderungsmittel **während** einer **Beförderung innerhalb** des **Gemeinschaftsgebietes** wird der **Abgangsort** des Beförderungsmittels im Gemeinschaftsgebiet **als Ort** der Lieferungen bzw. sonstigen Leistungen **fingiert** (§ 3e Abs. 1 UStG). Damit werden Schwierigkeiten und Konflikte zwischen den Mitgliedstaaten bei der Besteuerung dieser Leistungen verhindert[1], da bei Anwendung des anderenfalls eingreifenden § 3 Abs. 7 Satz 1 bzw. § 3a Abs. 3 Nr. 3 Buchst. b UStG der Ort jeweils dort wäre, wo sich das Beförderungsmittel gerade im Zeitpunkt der Lieferung befindet.

2 Als typische Gegenstände von **Lieferungen**, die unter § 3e UStG fallen, sind zu nennen Zigaretten, Alkoholika, Parfüms und Kosmetikartikel sowie Nahrungs- und Genussmittel, deren Abgabe nicht zu einer sonstigen Leistung führt (*Rz. 3*),

---

1 EuGH v. 15.9.2005 – C-58/04, EuGHE 2005, I-8219 = BStBl. II 2007, 150 = UR 2005, 543 – Rz. 22.

wie z.B. die Abgabe von Snacks, Süßigkeiten und Getränken an Bord eines Flugzeugs.[1] Die Gegenstände müssen nicht zur Mitnahme von Bord bestimmt sein.[2]

Die Abgabe von Speisen und Getränken zum Verzehr an Ort und Stelle (Restaurationsleistungen) führt regelmäßig zu **sonstigen Leistungen** (*§ 3 Rz. 206*). Wenn es sich um eigenständige sonstige Leistungen handelt (*Beispiele:* Restaurationsleistungen im Speisewagen einer Eisenbahn oder im Speisesaal eines Fährschiffes), so gilt auch für sie der Abgangsort als Ort der sonstigen Leistung. Sind sie hingegen **Nebenleistungen** zur Beförderungsleistung (*Beispiele:* Verpflegung auf einem Kreuzfahrtschiff[3] oder in einem Flugzeug[4]), so bestimmt sich der Ort nach § 3b Abs. 1 UStG.

Der Ort **anderer sonstiger Leistungen** an Bord der genannten Beförderungsmittel bestimmt sich nach § 3a UStG. Der Ort einer unterhaltenden o.ä. Leistung i.S.d. § 3a Abs. 3 Nr. 3 Buchst. a UStG kann auf einem fahrenden Schiff sein (vgl. *§ 3a Rz. 60*). Zur Frage, ob ein fahrendes Schiff eine feste Niederlassung sein bzw. auf ihm sich eine solche befinden kann, s. *§ 3a Rz. 29 und 134*).

Die Vorschrift erfasst nur Lieferungen und Restaurationsleistungen **während** einer Beförderung innerhalb des Gemeinschaftsgebietes (§ 3e Abs. 1 UStG). Als **Beförderung innerhalb des Gemeinschaftsgebietes** gilt die Beförderung oder der Teil der Beförderung zwischen dem Abgangsort und dem Ankunftsort des Beförderungsmittels im Gemeinschaftsgebiet **ohne Zwischenaufenthalt** außerhalb des Gemeinschaftsgebiets (§ 3e Abs. 2 Satz 1 UStG). Maßgebend ist die Reisestrecke des Beförderungsmittels, nicht die der beförderten Personen (Art. 15 MwSt-DVO). Dass die Strecke teilweise durch Drittlandsgebiet führt, ist unerheblich, solange dort kein Zwischenaufenthalt stattfindet. Erfolgt hingegen ein solcher im Drittlandsgebiet, ohne dass noch ein Zwischenaufenthalt im Gemeinschaftsgebiet stattfindet, so bestimmt sich der Ort nach § 3 Abs. 7 Satz 1 bzw. § 3a Abs. 3 Nr. 3 Buchst. b UStG, d.h. danach, auf bzw. über welchem Gebiet sich der Gegenstand der Lieferung bzw. Restauration gerade befindet (*Beispiel:* Flug Berlin – Madrid mit Zwischenaufenthalt in Zürich). Wird hingegen ein weiterer Zwischenaufenthalt im Gemeinschaftsgebiet getätigt, so liegt ein **Teil der Beförderung** i.S.d. § 3e UStG im Gemeinschaftsgebiet.

**Beispiel**

Eisenbahnbeförderung Mailand – Basel – Frankfurt – Amsterdam. Zwischen Frankfurt und Amsterdam liegt eine Beförderung innerhalb des Gemeinschaftsgebietes vor. Frankfurt ist Abgangsort i.S.d. § 3e Abs. 2 Satz 2 UStG. Für Lieferungen und Restaurationsleistungen zwischen Frankfurt und Amsterdam ist Frankfurt der Ort dieser Leistungen nach § 3e UStG.

**Abgangsort** im Sinne der Vorschrift ist der erste Ort innerhalb des Gemeinschaftsgebietes, an dem Reisende einsteigen können (§ 3e Abs. 2 Satz 2 UStG). **Ankunftsort** im Sinne der Vorschrift ist der letzte Ort innerhalb des Gemein-

---

1 BFH v. 27.2.2014 – V R 14/13, BStBl. II 2014, 869.
2 BFH v. 2.2.2010 – XI B 36/09, BFH/NV 2010, 1500.
3 Vgl. BFH v. 19.9.1996 – V R 129/93, BStBl. II 1997, 164.
4 Nicht gesondert berechnete Lieferungen von Snacks, Süßigkeiten und Getränken; BFH v. 27.2.2014 – V R 14/13, BStBl. II 2014, 869.

schaftsgebietes, an dem Reisende das Beförderungsmittel verlassen können (§ 3e Abs. 2 Satz 3 UStG). Diese Orte müssen nicht den Beginn bzw. das Ende der Beförderung darstellen, d.h. diese Punkte können jeweils im Drittlandsgebiet liegen, sofern im Gemeinschaftsgebiet zwei Zwischenaufenthalte (als Abgangsort und Ankunftsort im Sinne der Vorschrift) aufeinanderfolgen. **Hin-** und **Rückfahrt** gelten als gesonderte Beförderungen (§ 3e Abs. 2 Satz 4 UStG).

7 Ein **Zwischenaufenthalt** liegt bei einer **Schiffsreise** auch dann vor, wenn das Schiff sich in einem Hafen eines Drittlandes aufhält und die Reisenden das Schiff, und sei es nur für kurze Zeit, verlassen können; nicht erforderlich ist, dass eine Reise dort begonnen oder beendet werden kann.[1] Lieferungen und Restaurationsleistungen während eines solchen Zwischenaufenthalts unterliegen dem Besteuerungsrecht des Drittlandes.[2]

# § 3f
# Ort der unentgeltlichen Lieferungen und sonstigen Leistungen

**Lieferungen im Sinne des § 3 Abs. 1b und sonstige Leistungen im Sinne des § 3 Abs. 9a werden an dem Ort ausgeführt, von dem aus der Unternehmer sein Unternehmen betreibt. Werden diese Leistungen von einer Betriebsstätte ausgeführt, gilt die Betriebsstätte als Ort der Leistungen.**

*EU-Recht*

–

*VV*

Abschn. 3f.1 UStAE.

| | |
|---|---|
| A. Allgemeines, Normzweck ..... 1 | C. Nutzungsentnahmen und unentgeltliche sonstige Leistungen .......... 6 |
| B. Entnahmen und unentgeltliche Lieferungen .................. 2 | |

## A. Allgemeines, Normzweck

1 Unentgeltliche Lieferungen und diesen gleichgestellte Entnahmen i.S.d. § 3 Abs. 1b UStG sowie sonstige Leistungen i.S.d. § 3 Abs. 9a UStG werden an dem Ort ausgeführt, von dem aus der Unternehmer sein Unternehmen betreibt (§ 3f Satz 1 UStG). Werden sie von einer Betriebsstätte ausgeführt, so gilt diese als Ort der Leistungen (§ 3f Satz 2 UStG). § 3f UStG ist die (scheinbar notwendige) Konsequenz aus dem Umstand, dass Entnahmen und unentgeltliche Leistungen

---

1 Vgl. EuGH v. 15.9.2005 – C-58/04, EuGHE 2005, I-8219 = BStBl. II 2007, 150 = UR 2005, 543.
2 Vgl. BFH v. 20.12.2005 – V R 30/02, BStBl. II 2007, 139 = UR 2006, 347.

in das Korsett von „Umsätzen" nach § 1 Abs. 1 Nr. 1 UStG gezwungen worden sind, indem sie durch § 3 Abs. 1b und Abs. 9a UStG als entgeltliche Leistungen fingiert werden. Folglich scheint es erforderlich zu sein, für die Erfüllung des Tatbestandsmerkmales „im Inland" den Ort dieser (fiktiven) Leistungen zu regeln.

Demgegenüber enthält die **Richtlinie keine gesonderten Bestimmungen** für den Ort der unentgeltlichen Leistungen, so dass sich der Ort auch bei diesen nach Art. 31 und 32 MwStSystRL (entspricht § 3 Abs. 6 Satz 1 bzw. § 3 Abs. 7 Satz 1 UStG) bzw. Art. 43 ff. MwStSystRL (entsprechen § 3a und § 3b UStG) bestimmen müsste. Bei richtiger Sichtweise stellt sich indes die Frage nach dem Ort der unentgeltlichen Leistungen und Entnahmen überhaupt nicht (*Rz. 4*)[1], so dass § 3f UStG überflüssig und zudem fehlerhaft ist (*Rz. 2, 6*).

## B. Entnahmen und unentgeltliche Lieferungen

Voraussetzung der Besteuerung der fiktiven und realen unentgeltlichen Lieferungen ist, dass der Gegenstand ganz oder teilweise von der **Vorsteuer** entlastet worden ist (§ 3 Abs. 1b Satz 2 UStG). Da es sich bei dieser um **deutsche**, d.h. vom deutschen Staat vergütete Umsatzsteuer handeln muss[2] und die Besteuerung nach § 3 Abs. 1b UStG gesetzestechnisch eine Vorsteuerberichtigung darstellt (*§ 3 Rz. 56 f.*), folgt daraus **zwingend**, dass derartige unentgeltliche Lieferungen per se **in Deutschland** zu besteuern sind (Beispiel *§ 6 Rz. 46*). Die Frage nach dem Ort der unentgeltlichen Lieferung kann sich mithin gar nicht stellen[3], so dass die Bestimmungen des § 3f UStG hinsichtlich der unentgeltlichen Lieferungen überflüssig sind, soweit sie dieselbe Rechtsfolge bewirken.

Soweit § 3f Satz 2 UStG auf die **Betriebsstätte** abstellt, bedarf die Bestimmung der restriktiven Auslegung. Wird nämlich ein vorsteuerentlasteter Gegenstand zu einer *vorübergehenden* Verwendung in eine ausländische Betriebsstätte verbracht und dort, ohne dass das zuvor beabsichtigt war, verschenkt oder entnommen, so ist diese unentgeltliche Lieferung nicht etwa der ausländischen Betriebsstätte zuzurechnen, sondern dem inländischen Unternehmen, da der Abzug der deutschen Vorsteuer zu berichtigen ist. Bei teleologischer Auslegung ist unter Betriebsstätte **nur die inländische** zu verstehen.

Aus der **Richtlinie** folgt nichts Gegenteiliges, da Art. 31 und 32 MwStSystRL auf unentgeltliche Lieferungen nicht anzuwenden sind. Unterschiedliche Rechtsfolgen ergeben sich zwar regelmäßig nicht, weil der Beginn der Versendung oder Beförderung zum unentgeltlichen Erwerber bzw. die Verschaffung der Verfügungsmacht im Allgemeinen am Ort des Unternehmens bzw. der Betriebsstätte (im Sinne einer festen Niederlassung, *§ 3a Rz. 28*) erfolgen wird. Beginnt jedoch

---

1 A.A. *Englisch* in T/L, § 17 Rz. 161.
2 Nicht etwa darüber die Entnahmebesteuerung in Deutschland der Berichtigung eines im Ausland vorgenommenen Vorsteuerabzugs; so aber *Tehler*, UVR 2014, 29.
3 Ebenso *Klenk* in S/R, § 3f UStG Rz. 3; *Hummel* in Mössner, Rz. 13.433; in diesem Sinne für Entnahmen auch BFH v. 19.2.2014 – XI R 9/13, BStBl. II 2014, 597; **a.A.** *Reiß* in T/L, 20. Aufl., § 14 Rz. 82; *Englisch* in T/L, § 17 Rz. 161; FG München v. 1.12.2010 – 3 K 1286/07, EFG 2011, 1022.

die Beförderung oder Versendung des unentgeltlich gelieferten Gegenstandes zum Erwerber **im Ausland** (*Beispiel:* Nach einer Messe im Ausland wird dort ein Gegenstand, der von der Umsatzsteuer eines Mitgliedstaates entlastet worden war, an einen Erwerber verschenkt, der den Gegenstand in den Mitgliedstaat zurückbringt und dort nutzt), so wäre nach dem Wortlaut des Art. 32 Unterabs. 1 MwStSystRL der Ort nicht im betreffenden Mitgliedstaat. Die Folge wäre, dass die Entlastung von der Vorsteuer nicht von dem Mitgliedstaat rückgängig gemacht werden könnte, der die Vorsteuer vergütet hatte. Das kann nicht dem Willen des Richtliniengebers entsprechen. Es muss deshalb angenommen werden, dass die Richtlinie als selbstverständlich davon ausgeht, dass der nationale Gesetzgeber zu einer Regelung befugt ist, mit der die in seinem Land erfolgte Vorsteuerentlastung bei unentgeltlichen Lieferungen **unabhängig von** den Regeln des **Art. 31 und 32** MwStSystRL stets zu neutralisieren ist (sofern keine Steuerbefreiung anzuwenden ist; dazu *§ 6 Rz. 45 ff.*; *§ 6a Rz. 45 ff.*).

5   War der unentgeltlich gelieferte bzw. entnommene Gegenstand **auf Dauer in** einen **anderen Mitgliedstaat verbracht** und damit der Tatbestand des § 3 Abs. 1a UStG erfüllt worden, so war die steuerliche Verknüpfung mit dem Inland beseitigt worden, weil im anderen Mitgliedstaat der innergemeinschaftliche Erwerb zu versteuern war (entspricht § 1a Abs. 2 UStG). Dadurch ist die ursprüngliche Vorsteuerentlastung bei der Anschaffung im Inland bedeutungslos geworden, so dass der Tatbestand des § 3 Abs. 1b UStG bei einer späteren unentgeltlichen Lieferung nicht mehr verwirklicht werden kann. Das Besteuerungsrecht steht nunmehr dem anderen Mitgliedstaat entsprechend Art. 16 MwStSystRL zu.

## C. Nutzungsentnahmen und unentgeltliche sonstige Leistungen

6   Auch bei der in § 3 Abs. 9a Nr. 1 UStG (bzw. Art. 26 Abs. 1 Buchst. a MwStSystRL) angesprochenen **Verwendung eines Gegenstandes** ist Voraussetzung der Besteuerung, dass der Gegenstand zum Vorsteuerabzug berechtigt hat, so dass diese Bestimmung die teilweise Rückgängigmachung des Vorsteuerabzugs bei nichtunternehmerischer Verwendung des Gegenstandes bezweckt. Die Besteuerung kann folglich nur demjenigen Mitgliedstaat zustehen, der den Vorsteuerabzug gewährt hatte.[1] Folglich muss die Besteuerung in den Fällen des § 3 Abs. 9a Nr. 1 UStG zwangsläufig in Deutschland geschehen, so dass sich die Frage des Ortes in diesem Fall gar nicht stellt.[2] § 3f UStG ist nicht nur überflüssig, sondern insofern auch fehlerhaft formuliert, als es nicht auf die Ansässigkeit des Unternehmers ankommen kann und insbesondere die Betriebsstätte nur eine inländische sein kann. Aus der Fiktion der Entgeltlichkeit durch § 3 Abs. 9a Nr. 1 UStG (bzw. Art. 26 Abs. 1 MwStSystRL) folgt auch **nicht**, dass bei einer Überlassung eines beweglichen Gegenstandes an Dritte von einer **fiktiven Ver-**

---

[1] A.A. *Nieskens* in R/D, § 3f UStG Anm. 13 – Privatnutzung eines ansonsten jeweils kurzfristig vermieteten Ferienhauses in den Niederlanden, welches von der niederländischen Umsatzsteuer entlastet worden war, durch den in Deutschland ansässigen Vermieter.

[2] I.E. ebenso *Klenk* in S/R, § 3f UStG Rz. 3; vgl. auch *Korn* in Bunjes, § 3f UStG Rz. 1; a.A. *Reiß* in T/L, 20. Aufl., § 14 Rz. 82; *Englisch* in T/L, § 17 Rz. 161.

mietung des Gegenstandes auszugehen ist[1], so dass nicht § 3a Abs. 1, Abs. 3 Nr. 2 oder Abs. 4 Nr. 11 UStG anzuwenden ist.

**Wo** die **unternehmensfremde Verwendung** tatsächlich **stattfindet**, ist **ohne Belang**. Zwar erfolgt bei einer Verwendung des Gegenstandes im Ausland kein Verbrauch im Inland, so dass insoweit die Rückgängigmachung des Vorsteuerabzugs nicht geboten wäre, eine Überprüfung seitens der deutschen Finanzbehörden ist jedoch nicht möglich. Die Besteuerung durch einen anderen Mitgliedstaat kommt nur bei der dauerhaften Verbringung des Gegenstandes nach dort i.S.d. § 3 Abs. 1a UStG in Betracht, weil nur dann diesem die Besteuerung der nichtunternehmerischen Verwendung zusteht (vgl. *Rz. 5*). 7

Für die in § 3 Abs. 9a Nr. 2 UStG (bzw. Art. 26 Abs. 1 Buchst. b MwStSystRL) genannten **unentgeltlichen Dienstleistungen** gilt, wenn darunter richtigerweise nur die Weitergaben von umsatzsteuerentlasteten Dienstleistungen verstanden werden (*§ 3 Rz. 181 ff.*), ebenfalls, dass die Versteuerung in dem Mitgliedstaat zu erfolgen hat, der den Vorsteuerabzug gewährt hat. Wird z.B. einem **jenseits der Grenze wohnhaften Arbeitnehmer** ein Fahrzeug überlassen, so ist mithin der in Deutschland vorgenommene Vorsteuerabzug in Deutschland zu neutralisieren. 8

Soweit der unternehmensfremden Verwendung **Vorsteuer** zuzurechnen ist, die **in einem anderen Mitgliedstaat vergütet** worden war (§ 18g UStG iVm. RL 2008/9/EG), ist die unternehmensfremde Verwendung – unabhängig davon, wo sie erfolgte – im anderen Mitgliedstaat entsprechend Art. 2 Abs. 1 Buchst. c iVm. Art. 26 MwStSystRL zu versteuern. 9

# § 3g
# Ort der Lieferung von Gas, Elektrizität, Wärme oder Kälte

(1) Bei einer Lieferung von Gas über das Erdgasnetz, von Elektrizität oder von Wärme oder Kälte über Wärme- oder Kältenetze an einen Unternehmer, dessen Haupttätigkeit in Bezug auf den Erwerb dieser Gegenstände in deren Lieferung besteht und dessen eigener Verbrauch dieser Gegenstände von untergeordneter Bedeutung ist, gilt als Ort dieser Lieferung der Ort, an dem der Abnehmer sein Unternehmen betreibt. Wird die Lieferung an die Betriebsstätte eines Unternehmers im Sinne des Satzes 1 ausgeführt, so ist stattdessen der Ort der Betriebsstätte maßgebend.

(2) Bei einer Lieferung von Gas über das Erdgasnetz, von Elektrizität oder von Wärme oder Kälte über Wärme- oder Kältenetze an andere als die in Absatz 1 bezeichneten Abnehmer gilt als Ort der Lieferung der Ort, an dem der Abnehmer die Gegenstände tatsächlich nutzt oder verbraucht. Soweit die Gegenstände von diesem Abnehmer nicht tatsächlich genutzt oder verbraucht werden, gelten sie als an dem Ort genutzt oder verbraucht, an dem der Abnehmer seinen Sitz, eine

---

1 Vgl. EuGH v. 8.5.2003 – C-269/00, EuGHE 2003, I-4101 = UR 2003, 288.

Betriebsstätte, an die die Gegenstände geliefert werden, oder seinen Wohnsitz hat.

**(3) Auf Gegenstände, deren Lieferungsort sich nach Absatz 1 oder Absatz 2 bestimmt, sind die Vorschriften des § 1a Abs. 2 und § 3 Abs. 1a nicht anzuwenden.**

*EU-Recht*
Art. 17 Abs. 2 Buchst. d, Art. 38–39 MwStSystRL.

*VV*
Abschn. 1.7 Abs. 1, Abschn. 3g.1 UStAE.

| | |
|---|---|
| A. Allgemeines .................. 1 | D. Lieferung an andere Abnehmer (Abs. 2) ..................... 16 |
| B. Lieferungsmodalitäten ........ 3 | E. Klarstellungen (Abs. 3) ........ 19 |
| C. Lieferungen an Wiederverkäufer (Abs. 1) ..................... 11 | |

## A. Allgemeines

1   Bei der **Lieferung**[1] von Gas über das Erdgasnetz (d.h. nicht in Gasflaschen o.Ä.), von Elektrizität oder von Wärme oder Kälte über Wärme- oder Kältenetze passen die Ortsbestimmungen des § 3 Abs. 6 und 7 UStG nicht, weil bei diesen unkörperlichen Gegenständen (§ 3 Rz. 8) im Falle der Lieferung von Elektrizität über ein Netz keine Beförderung oder Versendung erfolgt oder, soweit diese Energien befördert oder versendet werden, „äußerst schwierig ist", den Ort der Lieferung zu bestimmen.[2] Durch § 3g UStG wird deshalb ein Ort fingiert, mit dem das **Empfängerort-Prinzip** verwirklicht wird. Mit den Regelungen geht (entsprechend Art. 195 bzw. Art. 199a Abs. 1 Buchst. e MwStSytRL) zur Verhinderung von Umsatzsteuerbetrug einher, dass bei **Nichtansässigkeit** des **Lieferers** im Inland der **Abnehmer** die **Steuer schuldet**, wenn er **Unternehmer** ist (§ 13b Abs. 2 Nr. 5 Buchst. a i.V.m. Abs. 5 Satz 1 Halbs. 2 UStG), bei Lieferungen von **Erdgas an Unternehmer**, die ihrerseits Erdgas über das Netz liefern, oder von **Elektrizität zwischen zwei Wiederverkäufern** ist der Abnehmer auch dann Schuldner der Steuer ist, **wenn** der Lieferer **im Inland ansässig** ist (§ 13b Abs. 2 Nr. 5 Buchst. b iVm. Abs. 5 Satz 3 und 4 UStG).

2   Zur Ortsbestimmung **unterscheidet** die Vorschrift **nach Merkmalen des Abnehmers**, d.h. danach, ob die Lieferung an einen **Wiederverkäufer** oder an **andere Abnehmer** bewirkt wird. **Abnehmer** der Lieferung ist derjenige, welcher nach dem zugrunde liegenden Vertrag die Lieferung verlangen kann und die Gegenleistung schuldet. Das gilt auch, wenn eine **Organgesellschaft** Käufer ist[3] (s. auch *Rz. 14*); demgegenüber soll diese Sichtweise nach Auffassung des BMF nur dann gelten,

---
1 Nicht sonstige Leistung; so aber BFH v. 19.11.2014 – V R 41/13, DB 2015, 357 – Rz. 17.
2 Vgl. den 19. Erwägungsgrund zur MwStSystRL.
3 *Stadie* in R/D, § 3g UStG Anm. 54.

wenn es um die Steuerschuldnerschaft des Leistungsempfängers nach § 13b Abs. 2 Nr. 5 Buchst. b UStG geht, d.h. bei im Inland ansässigen Lieferern.[1]

## B. Lieferungsmodalitäten

Insbesondere bei Gas und Elektrizität zeigt sich besonders deutlich, dass Verfügungsmacht nicht mit tatsächlicher Sachherrschaft gleichzusetzen ist, sondern derjenige die Verfügungsmacht innehat, dem die **wirtschaftliche Substanz** (der Wert, § 3 Rz. 22) des Liefergegenstandes zuzurechnen ist. Die tatsächliche Sachherrschaft ist nur in den Fällen gegeben, in denen die Energie in Behältern, Akkumulatoren o.Ä. gespeichert ist. Sobald diese Energie dann jedoch in ein Verteilungsnetz eingespeist wird, „vermischt" und „vermengt" sie sich mit der bereits im **Netz** befindlichen Energie, so dass beim Abnehmer nicht die vom ersten Lieferer (Hersteller) eingespeiste Energie, sondern nur eine entsprechende Menge der nämlichen Energie „ankommt". Und das gilt auch nur insoweit, als die Energie vom Abnehmer verbraucht wird. Dem Abnehmer wird nur die **Befugnis** eingeräumt, die Menge der gekauften **Energie dem Netz zu entnehmen**, so dass dieser „anonyme" Energie erhält. Soweit die Energie **gehandelt** wird, liegen sogar (sofern die Energie vom Abnehmer nicht zuvor gespeichert worden war) nur **virtuelle Lieferungen** in Gestalt der Übertragung der Befugnis, eine bestimmte Menge von Energie dem Netz zu entnehmen, vor. Gleichwohl liegen Lieferungen und nicht etwa sonstige Leistungen iS des § 3 Abs. 9 UStG vor. 3

Im Falle eines **Kettengeschäfts**[2] erfolgt für jede Lieferung die Ortbestimmung gesondert nach § 3g Abs. 1 oder 2 UStG. 4

Abnehmer und Lieferer sind auch **Kommissionäre** (§ 3 Abs. 3 UStG; § 3 Rz. 97 ff.). Dazu zählen auch sog. **Strombörsen**, soweit sie im eigenen Namen Strom an- und verkaufen.[3] 5

Bei **Erdgas** wird nur die Lieferung über das Erdgasnetz erfasst, so dass die Lieferung von **in Behältern** u.Ä. gespeichertes Gas nicht unter § 3g UStG fällt. Entgegen dem Wortlaut der Vorschrift aber entsprechend ihrem Zweck wird die Lieferung von in **Batterien** gespeicherter **Elektrizität** nicht erfasst, weil diese als körperliche Gegenstände unter § 3 Abs. 6–8 UStG fallen. 6

Eine Lieferung von **Elektrizität** von einem Anlagenbetreiber iS des Erneuerbare-Energien-Gesetzes (EEG) an den vergütungspflichtigen Netzbetreiber liegt im Falle der **sog. kaufmännisch-bilanziellen (rechnerischen) Einspeisung** gem. § 4 Abs. 5 EEG auch dann vor, wenn der Verbrauch tatsächlich innerhalb eines Netzes erfolgt, das kein Netz für die allgemeine Versorgung ist und das vom Anlagenbetreiber selbst oder einem Dritten, der kein Netzbetreiber ist, betrieben wird.[4] 7

---

1 Abschn. 13b.3a Abs. 3 UStAE.
2 Dazu *Stadie* in R/D, § 3g UStG Anm. 44.
3 *Stadie* in R/D, § 3g UStG Anm. 20.
4 Abschn. 2.5 Abs. 2 UStAE.

8  Die Abgabe von Energie durch einen Übertragungsnetzbetreiber im Rahmen des sog. **Bilanzkreis-** oder **Regelzonenausgleichs** vollzieht sich nicht als eigenständige Lieferung, sondern im Rahmen einer sonstigen Leistung.[1]

9  Gibt ein **Energieversorger** seine am Markt nicht mehr absetzbaren **überschüssigen Kapazitäten** in Verbindung **mit** einer **Zuzahlung ab**, um sich eigene höhere Aufwendungen für das Zurückfahren der eigenen Produktionsanlagen zu ersparen, so erbringt der Abnehmer eine **sonstige Leistung**[2], für die die Zuzahlung das Entgelt bildet. Der **Ort** dieser sonstigen Leistung ist beim Lieferer (§ 3a Abs. 2 Satz 1 UStG).

10  Keine Lieferung liegt bei der Zuleitung von sog. **Pumpstrom** an ein Pumpspeicherwerk vor; vielmehr erbringt dessen Betreiber eine sonstige Leistung in Gestalt der „Verwahrung" der Elektrizität.[3]

## C. Lieferungen an Wiederverkäufer (Abs. 1)

11  Im Falle der Lieferung an einen **Wiederverkäufer**, d.h. an einen Unternehmer, dessen **Haupttätigkeit** in Bezug auf den Erwerb dieser Gegenstände in deren Lieferung (nämlich im Wiederverkauf) besteht und dessen eigener Verbrauch dieser Gegenstände von untergeordneter Bedeutung ist, gilt als Ort dieser Lieferung der Ort, an dem der Abnehmer sein Unternehmen betreibt. Wird die Lieferung an die Betriebsstätte des Abnehmers ausgeführt, so soll stattdessen der Ort der Betriebsstätte maßgebend sein (§ 3g Abs. 1 UStG). Diese Formulierungen hinsichtlich des Ortes sind § 3a Abs. 2 Sätze 1 und 2 UStG entnommen und mithin in gleicher Weise auszulegen. Bei richtlinienkonformer Auslegung ist auf den Sitz der wirtschaftlichen Tätigkeit bzw. auf eine feste Niederlassung abzustellen (dazu näher § 3a Rz. 26 ff.).

12  Allerdings kommt eine Lieferung „an" eine Betriebsstätte (feste Niederlassung) grundsätzlich nicht in Betracht[4], weil diese unkörperliche Gegenstände weder erwerben noch weiterliefern kann.[5] Die Erwähnung der **Betriebsstätte** in § 3g UStG[6] **läuft** deshalb weitgehend **leer** (*Ausnahmen*: insbesondere Weiterlieferung von Erdgas, welches in Tanks, und von Elektrizität, welche in einem Pumpspeicherwerk „zwischengelagert" sind).

13  Die **Haupttätigkeit** muss nur **in Bezug auf den Erwerb** der genannten Energie in deren (Weiter)Lieferung bestehen. Der erwerbende Unternehmer kann mithin **daneben** noch **andere Tätigkeiten**, die nichts mit dem Energiehandel zu tun haben müssen, ausüben.

---

1 Abschn. 1.7 Abs. 1 Satz 1, Abschn. 13b.3a Abs. 6 Nr. 4 UStAE.
2 Abschn. 1.7 Abs. 1 Satz 3, Abschn. 13b.3a Abs. 6 Nr. 1 UStAE.
3 BFH v. 12.5.1993 – XI R 56/90, BStBl. II 1993, 847.
4 A.A. Abschn. 3g.1 Abs. 4 UStAE.
5 Dazu näher *Stadie* in R/D, § 3g UStG Anm. 87 ff.; vgl. auch *Birkenfeld* in B/W, § 88 Rz. 95.
6 Bzw. der festen Niederlassung in Art. 38 und 39 MwStSystRL.

Zum **eigenen Verbrauch** zählt entgegen BMF[1] nicht der Verbrauch im Unternehmen einschließlich der in- und ausländischen Betriebsstätten, sondern nur die Entnahme für außerunternehmerische Zwecke und unentgeltliche Lieferungen (§ 3 Abs. 1b UStG) an nahestehende Gesellschaften.[2] Im Falle eines **Organschaftsverhältnisses** (§ 2 Abs. 2 Nr. 2 UStG) ist nur der eigene Verbrauch des Lieferungsempfängers (auch Organgesellschaft; Rz. 2) maßgebend.[3] Nach Auffassung des BMF soll das nur dann gelten, wenn es um die Steuerschuldnerschaft des Leistungsempfängers nach § 13b Abs. 2 Nr. 5 Buchst. b UStG geht, d.h. bei im Inland ansässigen Lieferern.[4] Diese Einschränkungen erschließen sich nicht. Zum eigenen Verbrauch zählen auch unentgeltlichen Lieferungen an andere Mitglieder des Organkreises.

14

Der eigene Verbrauch ist lt. BMF **von untergeordneter Bedeutung**, wenn dieser 5 % der erworbenen Menge im Schnitt der drei vorangegangenen Kalenderjahre nicht überschritten hat.[5] Dabei sind die einzelnen Bereiche „Gas", „Elektrizität" usw. jeweils für sich zu betrachten. Bei Aufnahme der Tätigkeit ist auf eine Prognose am Beginn abzustellen. Die Frage nach der **Bagatellgrenze** ist indes nur dann von **Bedeutung**, wenn der Abnehmer den eigenen Verbrauch auch außerhalb des Inlandes tätigt, denn anderenfalls wäre der Ort der Lieferung auch nach § 3g Abs. 2 UStG dort, wo er nach § 3g Abs. 1 UStG wäre.

15

## D. Lieferung an andere Abnehmer (Abs. 2)

Bei der Lieferung an **andere Abnehmer** gilt als Ort der Lieferung der Ort, an dem der Abnehmer die Gegenstände tatsächlich nutzt oder verbraucht (§ 3g Abs. 2 Satz 1 UStG), so dass der Ort im Regelfall dort ist, wo sich der **Zähler** des Abnehmers befindet.[6] Andere Abnehmer sind solche, die nicht Wiederverkäufer i.S.d. § 3g Abs. 1 UStG sind, d.h. Unternehmer, die die Energie für den eigenen Verbrauch beziehen, Wiederverkäufer, die die Bagatellgrenze (Rz. 15) überschreiten, und Nichtunternehmer. Erfolgt der Verbrauch **zum Teil im Ausland** durch eine dortige Betriebsstätte, so ist der Ort der Lieferung insoweit im Ausland.

16

Soweit die Gegenstände von diesem Abnehmer nicht tatsächlich genutzt oder verbraucht werden (z.B. beim **Weiterverkauf von Überkapazitäten**), gelten sie als an dem Ort genutzt oder verbraucht, an dem der Abnehmer seinen Sitz, eine Betriebsstätte, an die die Gegenstände geliefert werden, oder seinen Wohnsitz hat (§ 3g Abs. 2 Satz 2 UStG). Diese Anknüpfungspunkte für die Ansässigkeit des Abnehmers sind in Anlehnung an Art. 39 Abs. 2 Satz 2 MwStSystRL auszulegen (§ 3a Rz. 25 ff., 87 f.). Auch hier allerdings kommt für den Ort der Lieferung eine Betriebsstätte regelmäßig nicht in Betracht, weil diese solche Energie grundsätzlich nicht weiterverkaufen kann (Rz. 12).

17

---

1 Abschn. 3g.1 Abs. 2 Satz 3 UStAE.
2 *Stadie* in R/D, § 3g UStG Anm. 74; aA *Wäger*, UStB 2004, 424; *Martin* in S/R, § 3g UStG Rz. 6: nur unternehmerischer Verbrauch.
3 *Stadie* in R/D, § 3g UStG Anm. 85; a.A. *Lippross*, S. 214 – 2.3.8.c.
4 Abschn. 13b.3a Abs. 3 UStAE.
5 Abschn. 3g.1 Abs. 2 und 3 UStAE.
6 Abschn. 3g.1 Abs. 5 Satz 2 UStAE.

18  Die Regelung des § 3g Abs. 2 Satz 2 UStG betrifft nicht den **Ort** der **Weiterlieferung**. Dieser bestimmt sich nach den Merkmalen des jeweiligen Erwerbs i.S.d. § 3g Abs. 1 oder 2 UStG.

## E. Klarstellungen (Abs. 3)

19  Aus der Fiktion des Ortes der Lieferung beim Abnehmer folgt, dass in den Fällen des § 3g UStG **kein Verbringen** i.S.d. § 1a Abs. 2 UStG bzw. des § 3 Abs. 1a UStG gegeben sein kann (Klarstellung durch § 3g Abs. 3 UStG).

Weitere Klarstellungen: Die **Steuerbefreiungen** nach § 4 Nr. 1 i.V.m. § 6 und § 6a UStG für Ausfuhrlieferungen und innergemeinschaftliche Lieferungen kommen **nicht** in Betracht, da diese die Steuerbarkeit der Lieferung im Ursprungsland voraussetzen. Aus demselben Grunde kann den Erwerber nicht die Verpflichtung zur Versteuerung des innergemeinschaftlichen Erwerbs treffen. Stattdessen wird der Erwerber, wenn er Unternehmer ist, Schuldner der Umsatzsteuer (§ 13b Abs. 2 Nr. 5 i.V.m. Abs. 5 Satz 1 Halbs. 2 UStG). Die Einfuhr dieser Energie ist steuerfrei (§ 5 Abs. 1 Nr. 6 UStG).

## Zweiter Abschnitt
## Steuerbefreiungen und Steuervergütungen

## Vor §§ 4–9

| | |
|---|---|
| **A. Allgemeines, Systematik des zweiten Abschnitts**............ 1 | 3. Weitere Befreiungen nach Art. 132 MwStSystRL?........ 18 |
| **B. Zweiteilung der Steuerbefreiungen**.................... 6 | **C. Teilweise Steuerbefreiung**..... 23 |
| I. Steuerbefreiungen mit Vorsteuerabzug.................... 7 | **D. Konkurrenzen**................ 24 |
| II. Steuerbefreiungen ohne Vorsteuerabzug | **E. Steuerbefreiungen bei unentgeltlichen Leistungen**......... 26 |
| 1. Zwecke, Wirkungen........... 8 | **F. Steuerbefreiungen für Umsätze an NATO-Streitkräfte**........ 28 |
| 2. „Enge" Auslegung der Befreiungsvorschriften?............. 15 | |

## A. Allgemeines, Systematik des zweiten Abschnitts

Der zweite Abschnitt des Gesetzes betrifft nach seiner Überschrift „Steuerbefreiungen und Steuervergütungen". In diesem Abschnitt sind jedoch nicht alle Steuerbefreiungen aufgeführt. **Weitere Steuerbefreiungen** enthalten 1

– § 25 Abs. 2 UStG (für bestimmte **Reiseleistungen**),
– § 25c Abs. 1 UStG (Umsätze von **Anlagegold**) und
– die in § 26 Abs. 5 UStG bezeichneten Vorschriften (Umsätze gegenüber **Streitkräften** anderer Vertragsparteien der NATO usw., *Rz. 30 ff.*).

Auch die **Kleinunternehmerregelung** des § 19 UStG stellt eine (umsatzabhängige) Steuerbefreiung dar (*Rz. 5*).

Die **Überschrift** ist hinsichtlich der „**Steuervergütungen**" mehr als **irritierend**, 2 da damit der Eindruck erweckt wird, als würde in diesem Abschnitt der gesamte, komplexe Bereich der Steuervergütungen, insbesondere der Vergütung der Vorsteuern an Unternehmer u.Ä. behandelt. In § 4a UStG wird hingegen **lediglich** ein **Sonderfall** geregelt, nämlich die Vergütung der Umsatzsteuer an gemeinnützige u.ä. Einrichtungen bei Gegenständen, die in das Drittlandsgebiet gelangen und dort zu humanitären u.ä. Zwecken verwendet werden. Die das Mehrwertsteuersystem prägende eigentliche Steuervergütung an **Unternehmer** in Gestalt des „**Vorsteuerabzugs**" und der **Vergütung an nicht im Inland ansässige Unternehmer** ist hingegen in den §§ 14, 15 und 15a UStG sowie in § 18 Abs. 9 UStG geregelt. Die Überschrift des zweiten Abschnitts spiegelt mithin die Unkenntnis der Gehilfen des Gesetzgebers von der Systematik des deutschen allgemeinen Steuerrechts wieder. Zudem ist § 4a UStG im zweiten Abschnitt völlig fehl platziert, da sein Regelungsgehalt keinerlei Beziehung zu den hier zu findenden Steuerbefreiungen hat. Die Vorschrift ist ein **Fremdkörper** in diesem Abschnitt und hätte richtigerweise im sechsten Abschnitt (**Sonderregelungen**) untergebracht werden müssen. Dem ist zwar nunmehr der Gesetzgeber mit der Platzierung der Vergütung der Umsatzsteuer an ERIC-Konsortien in § 26 Abs. 4 UStG (*§ 26 Rz. 13 ff.*) gefolgt, dann aber hätte zugleich die Regelung des § 4a UStG mit dorthin verlagert und die Überschrift des zweiten Kapitels um die Steuervergütungen gekürzt werden müssen.

3   Auch die Bestimmung des § 9 UStG zur Möglichkeit des Verzichts auf bestimmte Steuerbefreiungen ist in diesem Abschnitt **falsch platziert**. Da der **Verzicht** auf eine Steuerbefreiung seinen Sinn ausschließlich in der Erlangung des Vorsteuerabzugs und der Beseitigung der Wirkungen des § 15 Abs. 2 Satz 1 Nr. 1 UStG hat, hätten die Aussagen des § 9 UStG deshalb in § 15 UStG angesiedelt werden müssen.

4   Ein steuerbarer Umsatz, d.h. ein solcher, der den Tatbestand des § 1 Abs. 1 Nr. 1 UStG erfüllt, ist steuerpflichtig, wenn er nicht steuerbefreit ist. Eine **Steuerbefreiung** ist nach der Gesetzessystematik mithin **nur** dann zu prüfen, **wenn** ein **steuerbarer** Umsatz i.S.d. § 1 Abs. 1 Nr. 1 UStG, d.h. die Leistung eines Unternehmers im Inland gegen Entgelt im Rahmen seines Unternehmens vorliegt. Von der **Wirkung** her gesehen ist die gesetzestechnische Differenzierung ohne Belang, da es im Ergebnis keinen Unterschied macht, ob die Leistung schon **nicht steuerbar** ist (weil sie z.B. nicht im Rahmen des Unternehmens erfolgt oder der Ort nicht im Inland ist), oder ob sie zwar steuerbar, aber **steuerfrei** ist. In beiden Fällen entsteht keine (deutsche) Umsatzsteuer (zur Verwirklichung des Bestimmungslandprinzips bedient sich das Gesetz mal dieser und mal jener Technik; *Rz. 7*). Entsprechendes gilt für die „Umsätze" der Einfuhr (§ 1 Abs. 1 Nr. 4 UStG) und des innergemeinschaftlichen Erwerbs (§ 1 Abs. 1 Nr. 5 UStG).

5   Von den im Gesetz ausdrücklich als solchen bezeichneten Befreiungen sind weitere **„Ausnahmen" von der Besteuerung** zu unterscheiden, die materiell, d.h. im Ergebnis wie Steuerbefreiungen wirken. Beim sog. Kleinunternehmer wird die „geschuldete Umsatzsteuer ... nicht erhoben" (§ 19 Abs. 1 Satz 1 UStG); hierbei handelt es sich materiell um eine Steuerbefreiung (*§ 19 Rz. 1, 4*).[1] Für den innergemeinschaftlichen Erwerb bestimmen § 1a Abs. 3 und § 1c UStG, dass unter den genannten Voraussetzungen ein innergemeinschaftlicher Erwerb „nicht vorliegt", obwohl die Merkmale des Grundtatbestands verwirklicht sind (vgl. auch Art. 3 MwStSystRL). Wie eine teilweise Befreiung wirkt auch die **Beschränkung der Bemessungsgrundlage** bei der Differenzbesteuerung nach § 25 Abs. 3 und § 25a Abs. 3 UStG. Auch die auf der Grundlage des § 26 Abs. 3 UStG getroffenen Regelungen (*§ 26 Rz. 9 ff.*) sind im Ergebnis Steuerbefreiungen.

## B. Zweiteilung der Steuerbefreiungen

6   Die Steuerbefreiungen für Umsätze i.S.d. § 1 Abs. 1 Nr. 1 UStG lassen sich in **zwei Gruppen** einteilen:

---

1 Die Art. 282 ff. MwStSystRL sprechen ausdrücklich von „Steuerbefreiung".

– Steuerbefreiungen **mit Vorsteuerabzug** (§ 4 Nr. 1–7 UStG; hinzukommen noch § 25 Abs. 2, § 25c Abs. 4 UStG und die in § 26 Abs. 5 UStG bezeichneten Vorschriften) und

– Steuerbefreiungen **ohne Vorsteuerabzug** (§ 4 Nr. 8 ff. UStG; dieselbe Wirkung hat die Kleinunternehmerbefreiung nach § 19 Abs. 1 UStG).

Diese Unterscheidung ergibt sich aus § 15 Abs. 2 und 3 UStG. Nach § 15 Abs. 2 Satz 1 Nr. 1 UStG ist der Vorsteuerabzug bei Bezügen von Gegenständen und sonstigen Leistungen, die zur Ausführung steuerfreier Umsätze verwendet werden, grundsätzlich ausgeschlossen. Davon werden nach § 15 Abs. 3 Nr. 1 Buchst. a UStG insbesondere solche Umsätze ausgenommen, die nach § 4 Nr. 1–7 UStG und den weiteren genannten Bestimmungen steuerfrei sind. Bei diesen erhält der Unternehmer mithin trotz der Steuerfreiheit der Umsätze die mit ihnen zusammenhängenden Vorsteuern vergütet. Für bestimmte Steuerbefreiungen ohne Vorsteuerabzug sieht § 9 UStG zur Vermeidung von Wettbewerbsnachteilen die Möglichkeit des Verzichtes auf die Steuerbefreiung vor, wenn der Umsatz für das Unternehmen des Empfängers erfolgt.

Bei den Steuerbefreiungen für die „Umsätze" (§ 1 Abs. 1 Nr. 4 und 5 UStG) **innergemeinschaftlicher Erwerb** (§ 4b UStG) und **Einfuhr** (§ 5 UStG) ergibt sich die Frage des Vorsteuerabzugs in diesem Sinne nicht, da diesen „Umsätzen" (*§ 1 Rz. 1*) keine Vorsteuern zuzurechnen sind (§ 15 Abs. 2 Satz 2 UStG; *§ 15 Rz. 434*).

## I. Steuerbefreiungen mit Vorsteuerabzug

Die Steuerbefreiungen mit Vorsteuerabzug haben weitgehend die **Verwirklichung des Bestimmungslandprinzips** im Auge. Zur Umsetzung dieses Prinzips bedient sich das Gesetz (wie auch die MwStSystRL) indes **unterschiedlicher Techniken:** Zuweilen wird schon der Ort eines Umsatzes in das Bestimmungsland (Ort des mutmaßlichen Verbrauchs) gelegt (*Beispiele:* § 3a Abs. 2, 4, 7 und 8 UStG; § 3 Abs. 7 Satz 2 Nr. 2 UStG; § 3c UStG), so dass der Umsatz gar nicht erst steuerbar ist (auch in diesen Fällen ist der Vorsteuerabzug gleichwohl nicht ausgeschlossen, wenn die Umsätze bei Steuerbarkeit zum Vorsteuerabzug berechtigen würden; arg. § 15 Abs. 2 Satz 1 Nr. 2 UStG). Nur wenn der Ort des Umsatzes im Inland ist, weil keine der zuvor genannten oder ähnlichen Vorschriften eingreift, wird das Bestimmungslandprinzip (Verbrauchsortprinzip) – soweit es gelten soll, was nicht stets der Fall ist (vgl. nur die Ortsbestimmungen des § 3a Abs. 1 UStG sowie die Versagung der Steuerbefreiung bei Lieferung an Privatpersonen nach § 6a Abs. 1 Nr. 2 UStG) – erst dadurch verwirklicht, dass der steuerbare Umsatz unter eine Steuerbefreiung fällt (insbesondere nach § 4 Nr. 1 i.V.m. §§ 6, 6a oder § 7 UStG).

7

## II. Steuerbefreiungen ohne Vorsteuerabzug

### 1. Zwecke, Wirkungen

a) Die Steuerbefreiungen ohne Vorsteuerabzug (§ 4 Nr. 8 ff. UStG) verfolgen die unterschiedlichsten **Zwecke**, die zumeist auf sozialem, kulturellem u.ä. Gebiet liegen. Insbesondere die Befreiungen nach § 4 Nr. 9 und 10 UStG sollen eine Doppelbelastung mit zwei gleichartigen Steuern ausschließen. Bei den Befrei-

8

ungen nach § 4 Nr. 8 UStG ist der Zweck weitgehend nicht erkennbar[1] (zu den einzelnen Zwecken s. die Erläuterungen zu *§ 4 Nr. 8 ff.*). Es handelt sich fast durchgängig um tätigkeits-, d.h. **umsatzbezogene** (*objektive*) Steuerbefreiungen im Interesse der Verbraucher. Personenbezogene (*subjektive*) Befreiungen widersprechen dem Zweck der auf Abwälzung angelegten Umsatzsteuer und stellen deshalb Fremdkörper im Gesetz dar (vgl. zur Steuerbefreiung der Blinden *§ 4 Nr. 19 Rz. 1*). Von der Wirkung her führt auch die „Nichterhebung" der Steuer bei den sog. Kleinunternehmern nach § 19 Abs. 1 Satz 1 UStG zu einer Steuerbefreiung (*Rz. 5*), welche allerdings Bagatellfunktion hat (*§ 19 Rz. 1*).

9  Bei diesen Steuerbefreiungen ist der **Vorsteuerabzug** grundsätzlich – sofern kein wirksamer Verzicht auf die Steuerbefreiung vorliegt (§ 9 UStG) – ausgeschlossen (§ 15 Abs. 2, § 19 Abs. 1 Satz 4 a.E. UStG). Die Folge ist, dass die Umsatzsteuerbeträge, die auf den Eingangsleistungen lasten, für den Unternehmer zu Kosten werden, die er auf den Leistungsempfänger **abzuwälzen** versuchen wird. Das wird, wenn es sich um auf der **Endstufe** befreite, d.h. um Umsätze gegenüber den Verbrauchern (oder gegenüber nicht zum Vorsteuerabzug berechtigten Unternehmern) handelt, im Regelfall gelingen, da alle konkurrierenden Unternehmer unter die Steuerbefreiung fallen und die Umsatzsteuerbelastung aus den Eingangsleistungen zumeist in etwa gleich hoch sind (vgl. auch *Rz. 14*).

Der „**steuerfreie**" Umsatz ist also nicht im vollen Umfang von der Umsatzsteuer befreit, sondern bleibt **mit heimlicher Steuer belastet** (sog. *unechte* Steuerbefreiung). Die **Entlastungswirkung** der Steuerbefreiung beschränkt sich auf die **Wertschöpfung** des Unternehmers, dessen Umsatz von der Steuer befreit ist, so dass im Ergebnis nur eine – im Verhältnis zum Regelsteuersatz – **Ermäßigung** der Besteuerung bewirkt wird, deren Höhe von dem Umfang der Vorsteuerbeträge abhängt.

10  Wird der steuerfreie Umsatz von einem Unternehmer zur Ausführung eigener steuerpflichtiger Umsätze bezogen, so kommt es zur sog. **Nachholwirkung** des Allphasensystems. Da auf jeder Stufe der gesamte Umsatz, d.h. die gesamte Gegenleistung und nicht nur der Mehrwert der Steuer unterliegt, wird die Steuer auf den steuerfreien Vorumsatz nacherhoben. Eine weitere *denkbare* Folge kann sein, dass, soweit die Abwälzung der nicht abziehbaren Vorsteuern gelingt, Steuer auf Steuer erhoben wird (*Steuerkumulierung*). Letzteres ist jedoch reine Theorie, weil sich nicht feststellen lässt, ob die Abwälzung stattfindet oder ob der Unternehmer die nichtabziehbaren Vorsteuern nicht in seinen Preis einkalkulieren konnte, d.h. selbst tragen musste.

11  b) Die Versagung des Vorsteuerabzugs soll nach verbreiteter Ansicht einen **Systembruch** darstellen.[2] Diese Behauptung ist als solche ohne jeglichen *rechtlichen* Aussagewert, denn dem Gesetzgeber bleibt es grundsätzlich überlassen, inwieweit er das von ihm selbst aufgestellte System durchbricht; der „System-

---

1 Ausführlich dazu *Stadie* in R/D, Vor §§ 4–9 UStG Anm. 71 ff.
2 *Söhn*, StuW 1976, 1 (24 ff.); *Reiß* in T/L, 20. Aufl. 2010, § 14 Rz. 170; *Englisch* in T/L, § 17 Rz. 208; *Birkenfeld* in B/W, § 91 Rz. 26; *Wagner* in S/R, § 15 UStG Rz. 649; vgl. auch *Seer* in Seer (Hrsg.), Umsatzsteuer im Europäischen Binnenmarkt (DStJG 32), Köln 2009, S. 502 f.

bruch" ist dann Teil des Systems. M.a.W.: Der Ausschluss des Vorsteuerabzugs bei den Steuerbefreiungen nach § 4 Nr. 8 ff. UStG bzw. Art. 132–135 MwSt-SystRL ist als Subsystem Bestandteil des von der Richtlinie und dem Umsatzsteuergesetz gewählten Besteuerungssystems. Die These vom Systembruch gewänne nur dann **rechtliche Relevanz**, wenn dieser einen Verstoß gegen den Gleichheitssatz darstellen würde. Das wäre der Fall, wenn die nichtabziehbaren Vorsteuern oder deren unterschiedliche Höhe zu gravierenden Wettbewerbsnachteilen führen würden.[1]

Auszuscheiden sind von vornherein solche Steuerbefreiungen, die auf einer **Zwischenstufe** (bei Umsätzen gegenüber vorsteuerabzugsberechtigten Abnehmern) eintreten. Die ggf. durch die Steuerbefreiung sich ergebenden Wettbewerbsnachteile (dazu näher *§ 9 Rz. 7 ff.*) können in allen wesentlichen Fällen, insbesondere bei der *Vermietung* oder *Veräußerung* von bebauten *Grundstücken*, durch einen **Verzicht auf die Steuerbefreiung** nach § 9 UStG vermieden werden. Deshalb liegen insoweit auch alle Ausführungen zur sog. *Nachholwirkung* und zur *Kumulierungswirkung*[2] des Allphasensystems neben der Sache. 12

Auch das gleichwohl immer noch anzutreffende Beispiel, in dem ein **Händler** auf der Zwischenstufe **steuerfrei** an einen Einzelhändler liefert[3], ist deshalb – abgesehen davon, dass diese seltene Konstellation nur bei einem Blinden (§ 4 Nr. 19 UStG) oder bei einem Kleinunternehmer (vgl. *§ 19 Rz. 34*) gegeben sein kann, weil ansonsten das UStG keine erwähnenswerten Steuerbefreiungen ohne Vorsteuerabzug für *Lieferungen* kennt – **realitätsfern**, weil der blinde Zwischenhändler bzw. der Kleinunternehmer stets auf die Steuerbefreiung nach § 9 Abs. 1 UStG bzw. nach § 19 Abs. 2 UStG verzichten wird (vgl. auch *§ 9 Rz. 11*).

Bei denjenigen Steuerbefreiungen, die **nicht in § 9 Abs. 1 UStG aufgezählt** sind, weil sie Umsätze betreffen, die typischerweise nicht gegenüber Unternehmern erbracht werden, liegt, wenn der Umsatz im Einzelfall atypisch gegenüber einem (vorsteuerabzugsberechtigten) Unternehmer erbracht wird (*Beispiel*[4]: Ein selbständiger Arzt führt nach § 4 Nr. 14 UStG steuerfreie Untersuchungen der Arbeitnehmer eines Unternehmens aus) **kein** beachtenswerter **Wettbewerb** vor. Zudem ist der Gesetzgeber zu Typisierungen befugt, so dass keine Erweiterung des Anwendungsbereichs des § 9 UStG verfassungsrechtlich – die Möglichkeit zum Verzicht ist von der Richtlinie nicht zwingend vorgeschrieben (*§ 9 Rz. 2*) – geboten ist. 13

Eine gleichheitssatzwidrige Wettbewerbsbeeinträchtigung könnte folglich nur dadurch eintreten, dass Konkurrenten mit zwingend steuerfreien (weil nicht in § 9 UStG genannt) Umsätzen gegenüber nicht vorsteuerabzugsberechtigten Empfängern **in unterschiedlicher Höhe** mit nicht abziehbaren **Vorsteuern** belastet sind. Derartige Wettbewerbssituationen sind jedoch nicht erkennbar, weil 14

---

1 Unklar *Englisch* in T/L, § 17 Rz. 207 ff.
2 Vgl. *Birkenfeld* in B/W, § 91 Rz. 27; *Reiß* in T/L, 20. Aufl. 2010, § 14 Rz. 170; *Englisch* in T/L, § 17 Rz. 206.
3 Vgl. *Reiß* in T/L, 20. Aufl. 2010, § 14 Rz. 170; *Birkenfeld* in B/W, § 91 Rz. 27; *Treiber* in S/R, § 4 UStG Rz. 8; *Heidner* in Bunjes, § 4 UStG Rz. 10 – Beispiel.
4 Zu einem weiteren Beispiel *Englisch* in T/L, § 17 Rz. 206.

bei den betreffenden Umsätzen **kein echter Wettbewerb** besteht oder die **Nachteile unwesentlich** sind, so dass, da der Gesetzgeber zudem Praktikabilitätserwägungen berücksichtigen darf, kein Verstoß gegen den Gleichheitssatz vorliegt[1] (dass die unterschiedliche Vorsteuerbelastung im Kreditgewerbe nicht als wesentlich angesehen wird, zeigt die Tatsache, dass die Kreditinstitute von dem Verzicht auf die Steuerbefreiung auch dann, wenn es möglich wäre, nämlich bei Umsätzen gegenüber Unternehmern, so gut wie keinen Gebrauch machen). Soweit die nicht abziehbaren Vorsteuern gleich hoch sind, kann keine Benachteiligung eintreten, weil alle Umsätze derselben Art unter die Steuerbefreiung fallen und die konkurrierenden Unternehmer mithin gleichmäßig mit nichtabziehbaren Vorsteuerbeträgen belastet sind.

### 2. „Enge" Auslegung der Befreiungsvorschriften?

15 Nach Auffassung des **EuGH** sollen die von Art. 132 und 135 MwStSystRL umschriebenen Steuerbefreiungen **eng** auszulegen sein, da sie Ausnahmen von dem allgemeinen Grundsatz darstellten, dass jede Dienstleistung, die ein Steuerpflichtiger gegen Entgelt erbringe, der Umsatzsteuer (Mehrwertsteuer) unterliege.[2] Das widerspricht den Zielen der Richtlinie, die mit den einzelnen Befreiungen jeweils bestimmte Zwecke verfolgt. Diese müssen bei der Auslegung der jeweiligen Befreiungsvorschrift berücksichtigt werden. Wenn hingegen die Steuerbefreiungen „eng" auszulegen wären, so könnte das nur heißen: wortlautgetreu, so dass eine teleologische, d.h. an den Zielen und Zwecken der Befreiungsvorschrift orientierte Interpretation ausgeschlossen wäre und der Grundsatz der Gleichbehandlung wirtschaftlich gleicher, aber in den Mitgliedstaaten zivilrechtlich unterschiedlich normierter Vorgänge nicht berücksichtigt werden dürfte. Das wäre unhaltbar, da es den elementarsten Regeln der Gesetzesauslegung widerspräche.

16 Die Aussage des EuGH ist deshalb als stereotype Leerformel **verfehlt**. Sie ist auch vom Gericht in zunehmendem Maße dann nicht berücksichtigt worden, wenn anderenfalls das angestrebte Ergebnis („[praktische] Wirkung"[3]) nicht erreicht werden kann. **Richtig** ist Folgendes: Vor Anwendung einer Steuerbefreiung ist deren Zweck als Auslegungsmaßstab (*Rz. 15*) zu ermitteln. Dieser **Zweck** und der Gleichbehandlungsgrundsatz können es gebieten, den zu engen Wortlaut **weit** auszulegen (wie das Beispiel Nießbrauch als „Vermietung" i.S.d. Art. 132 Abs. 1 Buchst. l MwStSystRL zeigt; *§ 4 Nr. 12 Rz. 10*). Demgemäß heißt

---

1 Ausführlich *Stadie* in R/D, Einf. Anm. 464 ff.
2 EuGH v. 18.11.2004 – C-284/03, EuGHE 2004, I-11237 = UR 2005, 24 – Rz. 17; EuGH v. 6.7.2006 – C-18/05, EuGHE 2006, I-6199 = UR 2007, 67 – Rz. 26; EuGH v. 11.12.2008 – C-407/07, EuGHE 2008, I-9615 = UR 2009, 52 – Rz. 30; EuGH, UR 2011, 462 – Rz. 45; EuGH v. 5.7.2012 – C-259/11, UR 2012, 672 – Rz. 20; EuGH v. 15.11.2012 – C-174/11, UR 2013, 35 – Rz. 22 m.w.N.; EuGH v. 21.2.2013 – C-18/12, UR 2013, 338 – Rz. 19 m.w.N.; EuGH v. 13.3.2014 – C-366/12, UR 2014, 271 – Rz. 26.
3 EuGH v. 18.10.2007 – C-97/06, EuGHE 2007, I-8755 = UR 2007, 895 – Rz. 22; EuGH v. 15.11.2012 – C-174/11, UR 2013, 35 – Rz. 22 m.w.N.; EuGH v. 21.2.2013 – C-18/12, UR 2013, 338 – Rz. 19; vgl. auch EuGH v. 14.6.2007 – C-445/05, EuGHE 2007, I-4841 = UR 2007, 592 – Rz. 18; EuGH v. 11.12.2008 – C-407/07, EuGHE 2008, I-9615 = UR 2009, 52 – Rz. 30.

es nunmehr zuweilen auch zutreffend, dass die Begriffe nach den Zielsetzungen und der Systematik der Richtlinie auszulegen sind, wobei insbesondere der Normzweck der Steuerbefreiung zu berücksichtigen ist.[1] Die verfehlte These von der engen Auslegung sollte deshalb vom EuGH aufgegeben werden.

Der Zweck kann folglich andererseits verlangen, dass die Vorschrift **wortlautgetreu**, d.h. „**eng**" angewendet wird, wenn es keinen sachlichen Grund gibt, ihren Geltungsbereich auf andere Sachverhalte auszudehnen. Das hat insbesondere für solche Befreiungen zu gelten, deren Zweck nicht zu erkennen ist (*Beispiel*: Art. 135 Abs. 1 Buchst. a–g MwStSystRL; dazu *§ 4 Nr. 8 Rz. 2 ff.*).

Umgekehrt sind **Ausnahmen** von den Steuerbefreiungen „**nicht eng**" auszulegen, wie der EuGH (insoweit) zutreffend festgestellt hat (vgl. *§ 4 Nr. 12 Rz. 30*). 17

### 3. Weitere Befreiungen nach Art. 132 MwStSystRL?

Einige der in Art. 132 Abs. 1 MwStSystRL genannten Befreiungen sind **vom deutschen Umsatzsteuergesetz** gar nicht oder nur zum Teil **übernommen** worden. Hinsichtlich der Auswirkungen ist zu **differenzieren**: 18

a) Zuweilen sind Steuerbefreiungen zwar nicht vom Gesetz, aber von der Finanzverwaltung **faktisch** (zum Teil) **umgesetzt** worden. Dazu zählen die Steuerbefreiungen nach

– Art. 132 Buchst. l MwStSystRL für Dienstleistungen und eng damit verbundene Lieferungen, die **Einrichtungen** ohne Gewinnstreben, welche **politische, gewerkschaftliche, religiöse, patriotische, weltanschauliche, philanthropische oder staatsbürgerliche Ziele** verfolgen, ihren Mitgliedern in deren gemeinsamen Interesse gegen einen satzungsmäßig festgelegten Beitrag erbringen, vorausgesetzt, dass diese Befreiung nicht zu Wettbewerbsverzerrungen führt, und

– Art. 132 Abs. 1 Buchst. m MwStSystRL für bestimmte in engem Zusammenhang mit **Sport und Körperertüchtigung** stehende Dienstleistungen, die Einrichtungen ohne Gewinnstreben an Personen erbringen, die Sport oder Körperertüchtigung ausüben.

Diese Befreiungen sind von der Finanzverwaltung faktisch in weiten Teilen dadurch umgesetzt worden, dass die Tätigkeiten derartiger Einrichtungen, die typischerweise in Gestalt von **Vereinen** auftreten, als **nicht steuerbar** angesehen werden, soweit sie **gegenüber** den **Mitgliedern** erfolgen (dazu näher *§ 2 Rz. 142 ff.*).

b) Zu einigen **weiteren Steuerbefreiungen** der Richtlinie haben der **BFH** und ihm folgend auch einige Finanzgerichte entschieden, dass die Unternehmer sich auch **ohne** eine zuvor ergangene **Entscheidung** des **EuGH** zum Anwendungsvorrang (*Vorbem. Rz. 69 ff.*) auf die Befreiungen **berufen** können, soweit diese inhaltlich als unbedingt und hinreichend genau „erscheinen", so **z.B.** zu 19

---

1 EuGH v. 18.11.2004 – C-284/03, EuGHE 2004, I-11237 = UR 2005, 24 – Rz. 18; EuGH v. 3.3.2005 – C-428/02, EuGHE 2005, I-1527 = UR 2005, 458 – Rz. 28; EuGH v. 16.10.2008 – C-253/07, EuGHE 2008, I-7821 = UR 2008, 854 – Rz. 17; EuGH v. 21.2.2013 – C-18/12, UR 2013, 338 – Rz. 20.

- Art. 132 Abs. 1 Buchst. f MwStSystRL (kostenumlegende Gesellschaft zum gemeinsamen Bezug von Leistungen; „Kostenteilungsvereinbarung"[1])[2]; die Vorschrift läuft indes leer (§ 2 Rz. 151);
- Art. 132 Abs. 1 Buchst. g MwStSystRL[3] (dazu auch § 4 Nr. 18 Rz. 24);
- Art. 132 Abs. 1 Buchst. i MwStSystRL[4] (dazu auch § 4 Nr. 23 Rz. 10 f.);
- Art. 132 Abs. 1 Buchst. m MwStSystRL[5] (dazu auch § 4 Nr. 22 Rz. 12 f.);
- Art. 132 Abs. 1 Buchst. n MwStSystRL[6].

20 Diese **Rechtsprechung verstößt gegen Art. 20 Abs. 3 und Art. 100 Abs. 1 GG** (*Vorbem. Rz. 72 f.*). Rechtsmethodologisch kann, wenn eine richtlinienkonforme Auslegung (*Vorbem. Rz. 62*) ausscheidet, lediglich eine Rechtsfortbildung in Gestalt der **Analogie** einer UStG-Befreiungsvorschrift oder deren teleologische Extension (*Vorbem. Rz. 63*) in Betracht kommen. Die dafür erforderliche Lücke wird indes im Allgemeinen zu verneinen sein, soweit die Bundesregierung bei ihren UStG-Änderungsentwürfen betont hat, dass die Änderungen die Richtlinienvorgaben umsetzen.

21 Eine Steuerbefreiung darf zudem dann **nicht nachträglich gewährt** werden, **wenn** der Unternehmer seine Umsätze als steuerpflichtig behandelt und die Steuer auf die Leistungsempfänger **abgewälzt**, **aber** später **nicht** an diese **zurückgezahlt** hatte.[7] Die nachträgliche Steuerbefreiung würde dann zu einer durch nichts gerechtfertigten Bereicherung (Subvention) des Unternehmers führen. Der § 17 UStG zugrunde liegende Gedanke (vgl. *§ 17 Rz. 67 u. Rz. 70*) gilt auch hier. Solange der abgewälzte Steuerbetrag nicht zurückgezahlt worden ist, **mangelt** es aufgrund der Funktion des Untenehmers als Gehilfen bei der indirekten Besteuerung der Verbraucher (*Vorbem. Rz. 19 f.*) streng genommen schon an der **Klagebefugnis** (*Vorbem. Rz. 29; § 18 Rz. 77*).

22 Auch kommt der Anwendungsvorrang einer Steuerbefreiung nur zugunsten des einzelnen in Betracht, so dass eine mittelbare Wirkung **zu Lasten Dritter** ausgeschlossen ist (*Vorbem. Rz. 71*). Die gegenteilige Auffassung des XI. Senats des BFH, wonach bei Berufung auf eine Steuerbefreiung für Dienstleistungen die spätere Lieferung der dafür verwendeten Gegenstände rückwirkend nach § 4

---

1 So Mitt. EU-Komm., UR 2009, 632 – Tz. 2 a.E.
2 BFH v. 23.4.2009 – V R 5/07, UR 2009, 762 – Zusammenschluss von Krankenkassen; vgl. auch BFH v. 5.12.2007 – V R 60/05, BStBl. II 2009, 486 = UR 2008, 616.
3 BFH v. 18.8.2005 – V R 71/03, BStBl. II 2006, 143; BFH v. 1.2.2007 – V R 34/05, UR 2007, 425 – Legasthenietherapeutin; BFH v. 8.6.2011 – XI R 22/09, UR 2011, 821 – betreutes Wohnen.
4 BFH v. 19.5.2005 – V R 32/03, BStBl. II 2005, 900; BFH v. 28.9.2006 – V R 57/05, UR 2007, 108 – Vermietungs- und Verpflegungsleistungen der Studentenwerke; BFH v. 24.1.2008 – V R 3/05, UR 2008, 552 – Ballettstudio.
5 BFH v. 19.2.2004 – V R 39/02, BStBl. II 2004, 672 – Pensionspferdehaltung durch Pferdesportverein; BFH v. 3.4.2008 – V R 74/07, UR 2008, 698; BFH v. 2.3.2011 – XI R 21/09, UR 2011, 589 – Golfverein.
6 BFH v. 18.2.2010 – V R 28/08, BStBl. II 2010, 876 – Orchestermusiker.
7 Wie z.B. in den Fällen des BFH v. 24.1.2008 – V R 3/05, BStBl. II 2012, 267 = UR 2008, 552; BFH v. 3.4.2008 – V R 74/07, UR 2008, 698; weitere Nachweise zur BFH- und EuGH-Rechtsprechung bei *Stadie* in R/D, § 18 UStG Anm. 401 ff.

Nr. 28 UStG steuerfrei werde, so dass beim Erwerber der Vorsteuerabzug rückwirkend entfalle, ist grob fehlerhaft, da sie nicht mit der o.g. EuGH-Rechtsprechung und der diese billigenden BVerfG-Rechtsprechung zu vereinbaren ist. Demgemäß bestimmt sich die gesetzlich geschuldete Steuer i.S.d. § 15 Abs. 1 Satz 1 Nr. 1 Satz 1 UStG nach dem UStG, demzufolge die Lieferung des Gegenstandes und die zuvor erfolgten Verwendungsumsätze unverändert steuerpflichtig sind (*§ 15 Rz. 243 f.*).

## C. Teilweise Steuerbefreiung

Eine wirtschaftlich als Einheit zu sehende Leistung ist auch umsatzsteuerrechtlich grundsätzlich einheitlich zu beurteilen (**Einheitlichkeit der Leistung**). Eine solche Leistung (der Umsatz) darf nicht künstlich in verschiedene Leistungselemente aufgespalten werden, sondern ist regelmäßig hinsichtlich der **Steuerbarkeit**, der **Steuerpflicht** und des **Steuersatzes** einheitlich zu behandeln (*§ 3 Rz. 197*). Dieser Grundsatz erfährt nicht nur auf der Ebene der Steuerbarkeit (*Beispiel:* Lieferung eines nur zum Teil dem Unternehmen zugeordneten Grundstücks mit der Folge, dass auf die Grundstückslieferung auch nur hinsichtlich des steuerbaren Teils die Steuerbefreiung des § 4 Nr. 9 Buchst. a UStG angewendet werden kann; *§ 4 Nr. 9 Rz. 2*), sondern auch bei den Steuerbefreiungen **Durchbrechungen**, soweit sich aus der jeweiligen Befreiungsvorschrift ergibt, dass diese nur auf einen **Teil des Umsatzes** anzuwenden ist.

23

**Beispiele**
- Ausklammerung der sog. **Betriebsvorrichtungen** aus der Steuerbefreiung für die **Lieferung** (§ 4 Nr. 9 Buchst. a UStG i.V.m. § 2 Abs. 1 Nr. 1 GrEStG) von Grundstücken (*§ 4 Nr. 9 Rz. 22*); zur entsprechenden Frage bei der **Vermietung** s. *§ 4 Nr. 12 Rz. 38 ff.*
- Die Möglichkeit, **auf** eine **Steuerbefreiung** zu **verzichten**, kann zwingend nach § 9 Abs. 2 UStG auf einen Teil des Umsatzes beschränkt sein; davon zu unterscheiden ist die Beschränkung des Verzichts durch den Unternehmer auf einen Teil des Umsatzes nach § 9 Abs. 1 UStG (*§ 9 Rz. 20*).
- Eine **Reiseleistung** kann teilweise („soweit") steuerfrei sein (§ 25 Abs. 2 UStG; *§ 25 Rz. 24*).

## D. Konkurrenzen

Ein Umsatz kann unter mehrere Steuerbefreiungen fallen. Es fragt sich dann, ob die Steuerbefreiungen mit Vorsteuerabzug (insbesondere nach § 4 Nr. 1–7 UStG und nach den in § 26 Abs. 5 UStG bezeichneten Abkommen; *Rz. 33*) Vorrang gegenüber den Befreiungen ohne Vorsteuerabzug (nach § 4 Nr. 8 ff. UStG) haben, oder ob diese vorgehen.

24

Nach Auffassung des **EuGH**[1] haben die den Vorsteuerabzug ausschließenden Befreiungen nach Art. 132 MwStSystRL (bestimmte dem Gemeinwohl dienende Tätigkeiten) als „spezifischere" Regelungen Vorrang gegenüber den in Art. 169 Buchst. b MwStSystRL genannten „allgemeineren" Befreiungen bei innergemeinschaftlichen Umsätzen insbesondere in Gestalt innergemeinschaftlicher Lieferungen nach Art. 138 MwStSystRL, welche den Vorsteuerabzug zu-

---
1 EuGH v. 7.12.2006 – C-240/05, EuGHE 2006, I-11479 = UR 2007, 98 – Rz. 43 f.

lassen.¹ Der **BFH**² folgt dem EuGH. Das **BMF** hat die Aussage des EuGH auch auf Ausfuhrlieferungen ausgedehnt.³

25 Im Verhältnis der in § 4 Nr. 8–28 UStG genannten Befreiungen untereinander geht die **speziellere** vor. Das gilt namentlich für die **verzichtsfähigen** Befreiungen (§ 9 Abs. 1 UStG) im Verhältnis zu der nicht verzichtsfähigen Befreiung nach § 4 Nr. 28 UStG.⁴ So geht z.B. bei der Lieferung eines Grundstücks, das bislang zur Ausführung von Umsätzen verwendet wurde, die nach § 4 Nr. 8–27 UStG steuerfrei sind, die Steuerbefreiung nach § 4 Nr. 9 Buchst. a UStG der nach § 4 Nr. 28 UStG vor, so dass auf die Steuerbefreiung nach § 9 UStG verzichtet werden kann.

## E. Steuerbefreiungen bei unentgeltlichen Leistungen

26 Bei unentgeltlichen Leistungen, die nach § 1 Abs. 1 Nr. 1 i.V.m. § 3 Abs. 1b oder Abs. 9a UStG steuerbar sind, ist hinsichtlich der Anwendbarkeit der Steuerbefreiungen auf den **Zweck** der **jeweiligen Befreiungsvorschrift** abzustellen. Aus dem Umstand, dass diese unentgeltlichen Leistungen als fiktiv entgeltliche unter § 1 Abs. 1 Nr. 1 UStG fallen und deshalb von dem **Einleitungssatz** des § 4 UStG in vollem Umfang erfasst zu sein scheinen, darf nicht geschlossen werden, dass ohne weiteres auf alle unentgeltlichen Leistungen stets die Steuerbefreiungen anzuwenden sind. Vielmehr ist bei jeder einzelnen Befreiungsvorschrift zu fragen, ob deren Zweck auch für den unentgeltlichen Vorgang zutrifft.

27 Das gilt insbesondere bei den Befreiungen nach § 4 Nr. 8–27 UStG (zur Anwendbarkeit der Befreiung nach § 4 Nr. 9 Buchst. a UStG auf die unentgeltliche Lieferung oder **Entnahme** eines Grundstücks s. *§ 4 Nr. 9 Buchst. a Rz. 25 f.*, zur Anwendbarkeit der Befreiung nach § 4 Nr. 12 UStG auf die **Privatnutzung** von **Gebäudeteilen** s. *§ 4 Nr. 12 Rz. 27 f.*). Für die **unentgeltliche Ausfuhrlieferung** und die unentgeltliche Lohnveredelung an Gegenständen der Ausfuhr ist die Geltung der Steuerbefreiungen durch § 6 Abs. 5 und § 7 Abs. 5 UStG ausdrücklich ausgeschlossen; das ist verfehlt (*§ 6 Rz. 45 f.* und *§ 7 Rz. 17 f.*). Zur Anwendung der Steuerbefreiung des § 6a UStG auf **unentgeltliche innergemeinschaftliche Lieferungen** s. *§ 6a Rz. 45 ff.*

## F. Steuerbefreiungen für Umsätze an NATO-Streitkräfte

28 Nach Art. 67 Abs. 3 NATO-ZAbk⁵ sind **Lieferungen** und **sonstige Leistungen an** diese **Truppen** oder ihr **ziviles Gefolge** steuerfrei, wenn sie von einer amtlichen

---

1 Zur Kritik an dieser EuGH-Entscheidung durch *Reiß*, UR 2007, 565; *Achatz* in FS Reiß, 2008, S. 169; *Lippross* in FS Reiß, 2008, S. 195. Meine bisherige ebenfalls ablehnende Auffassung habe ich aufgegeben.
2 BFH v. 22.8.2013 – V R 30/12, BStBl. II 2014, 133.
3 Vgl. z.B.: Abschn. 4.11b.1 Abs. 14, Abschn. 4.17.1 Abs. 4, Abschn. 4.28.1 Abs. 6, Abschn. 6.1 Abs. 7 und Abschn. 15.13 Abs. 5 UStAE. Der BFH hat das offengelassen; BFH v. 22.8.2013 – V R 30/12, BStBl. II 2014, 133.
4 FG Nürnberg v. 30.7.1991 – II 107/89, UR 1993, 259.
5 Zusatzabkommen zu dem Abkommen zwischen den Parteien des Nordatlantikvertrages über die Rechtsstellung ihrer Truppen hinsichtlich der in Deutschland stationierten ausländischen Truppen, BGBl. II 1961, 1183 (1218).

Beschaffungsstelle der Truppe oder des zivilen Gefolges in Auftrag gegeben werden und für den Gebrauch oder den Verbrauch durch die Truppe, das zivile Gefolge, ihre Mitglieder oder deren Angehörige bestimmt sind.[1]

Nach Artikel 14 Absatz 2 Buchstabe b und d des Abkommens zwischen der Bundesrepublik Deutschland und dem Obersten **Hauptquartier der Alliierten Mächte**, Europa, über die besonderen Bedingungen für die Einrichtung und den Betrieb internationaler militärischer Hauptquartiere in Deutschland[2] sind Lieferungen und sonstige Leistungen an ein Hauptquartier, die von diesem in Auftrag gegeben werden und für den Gebrauch oder den Verbrauch durch das **Hauptquartier** oder durch das **Personal** (sofern dieses nicht im Inland gewöhnlich ansässig ist) oder deren Angehörige bestimmt sind, steuerfrei. Das gilt auch, wenn deutsche Behörden Beschaffungen oder Baumaßnahmen für ein Hauptquartier durchführen (Buchstabe d). 29

Nach Artikel III Nummer 1 des Abkommens zwischen der Bundesrepublik Deutschland und den **Vereinigten Staaten von Amerika** über die von der Bundesrepublik zu gewährenden Abgabenvergünstigungen für die von den Vereinigten Staaten im Interesse der gemeinsamen Verteidigung geleisteten Ausgaben[3] sind Lieferungen und sonstige Leistungen an Stellen der Vereinigten Staaten oder von diesen bezeichneter Regierungen, die die **Verteidigungsausgaben** der Vereinigten Staaten berühren, steuerfrei. 30

Hierbei handelt es sich um die „**in § 26 Abs. 5 bezeichneten Steuerbefreiungen**", welche den **Vorsteuerabzug** nicht ausschließen (§ 15 Abs. 3 Nr. 1 Buchst. a und Nr. 2 Buchst. a UStG). **Weitergehende Befreiungen** für Umsätze an NATO-Vertragsparteien ergeben sich aus § 4 Nr. 7 Buchst. a und b UStG. Diese speziellen Befreiungen gehen den allgemeinen, wie z.B. der der Vermietung (§ 4 Nr. 12 UStG), vor (*Rz. 24*). 31

# § 4 Nr. 1 und 2
# Steuerbefreiungen bei Lieferungen und sonstigen Leistungen

**Von den unter § 1 Abs. 1 Nr. 1 fallenden Umsätzen sind steuerfrei:**

1. a) die Ausfuhrlieferungen (§ 6) und die Lohnveredelungen an Gegenständen der Ausfuhr (§ 7),

   b) die innergemeinschaftlichen Lieferungen (§ 6a);

2. die Umsätze für die Seeschifffahrt und für die Luftfahrt (§ 8);

---

1 Dazu näher BMF v. 22.12.2004 – IV A 6 - S 7492 - 13/04, BStBl. I 2004, 1200; auch BFH v. 14.4.2010 – XI R 12/09, BStBl. II 2011, 138.
2 BGBl. II 1969, 1997 (2009).
3 BGBl. II 1955, 823.

§ 4 Nr. 3 Steuerbefreiungen bei Lieferungen und sonstigen Leistungen

*EU-Recht*
Art. 138, 139 Abs. 1 Unterabs. 2, Art. 146 Abs. 1 Buchst. a, b und d, Art. 147, 148, 155 und 156 MwStSystRL.

*VV*
Abschn. 4.1.1 und 4.2.1 UStAE.

1 Nach § 4 Nr. 1 und 2 UStG sind die **Ausfuhrlieferungen** (§ 6 UStG), die **Lohnveredelungen** an Gegenständen der Ausfuhr (§ 7 UStG), die **innergemeinschaftlichen Lieferungen** (§ 6a UStG) und die **Umsätze für** die Seeschifffahrt und für die **Luftfahrt** (§ 8 UStG) steuerfrei.

Die eigentlich keinen Sinn ergebende Zweiteilung des § 4 Nr. 1 UStG in die Buchstaben a und b lässt sich nur dadurch erklären, dass die in Buchstabe a genannten Befreiungen Gegenstände betreffen, welche in das Drittlandsgebiet gelangen, während bei den innergemeinschaftlichen Lieferungen die Gegenstände in das übrige Gemeinschaftsgebiet verbracht werden.

2 Die Vorschriften sind **unvollständige Normen**, da sie lediglich die Rechtsfolge der Steuerfreiheit der nur schlagwortartig genannten Umsätze aussprechen, während die **tatbestandliche Präzisierung** erst **durch** die **§§ 6, 6a, 7 oder 8** UStG erfolgt, welche (wenn von den Verordnungsermächtigungen abgesehen wird) ihrerseits keine vollständigen Rechtsnormen sind, da sie fast nur Begriffe definieren, aber keine Rechtsfolgen aussprechen (§ 6a Abs. 4 UStG hätte deshalb richtigerweise in § 4 Nr. 1 Buchst. b UStG platziert werden müssen, da es um die Rechtsfolge „steuerfrei" geht). Die eigentlichen Befreiungsvorschriften sind demgemäß § 4 Nr. 1 bzw. Nr. 2 UStG, welche deshalb vom Gesetz, wenn auf diese Befreiungen Bezug genommen wird, zumeist auch nur genannt werden (*Beispiele*: § 4 Nr. 5 Buchst. a, § 15 Abs. 3 und § 24 Abs. 1 Satz 2 UStG; Ausnahmen: § 19 Abs. 1 Satz 4, § 25a Abs. 5 und 7 Nr. 3 UStG). Das genaue Zitat im Einzelfall muss indes lauten: Der Umsatz ist steuerfrei nach (z.B.) „§ 4 Nr. 1 Buchst. a i.V.m. § 6 Abs. 1 Nr. 1 UStG".

# § 4 Nr. 3
# Steuerbefreiungen bei Lieferungen und sonstigen Leistungen

**Von den unter § 1 Abs. 1 Nr. 1 fallenden Umsätzen sind steuerfrei:**

...

**3. die folgenden sonstigen Leistungen:**

a) die grenzüberschreitenden Beförderungen von Gegenständen, die Beförderungen im internationalen Eisenbahnfrachtverkehr und andere sonstige Leistungen, wenn sich die Leistungen aa) unmittelbar auf Gegenstände der Ausfuhr beziehen oder auf eingeführte Gegenstände beziehen, die im externen Versandverfahren in das Drittlandsgebiet befördert werden, oder

bb) auf Gegenstände der Einfuhr in das Gebiet eines Mitgliedstaates der Europäischen Union beziehen und die Kosten für die Leistungen in der Bemessungsgrundlage für diese Einfuhr enthalten sind. Nicht befreit sind die Beförderungen der in § 1 Abs. 3 Nr. 4 Buchstabe a bezeichneten Gegenstände aus einem Freihafen in das Inland,

b) die Beförderungen von Gegenständen nach und von den Inseln, die die autonomen Regionen Azoren und Madeira bilden,

c) sonstige Leistungen, die sich unmittelbar auf eingeführte Gegenstände beziehen, für die zollamtlich eine vorübergehende Verwendung in den in § 1 Abs. 1 Nr. 4 bezeichneten Gebieten bewilligt worden ist, wenn der Leistungsempfänger ein ausländischer Auftraggeber (§ 7 Abs. 2) ist.

Dies gilt nicht für sonstige Leistungen, die sich auf Beförderungsmittel, Paletten und Container beziehen.

Die Vorschrift gilt nicht für die in den Nummern 8, 10 und 11 bezeichneten Umsätze und für die Bearbeitung oder Verarbeitung eines Gegenstands einschließlich der Werkleistung im Sinne des § 3 Abs. 10. Die Voraussetzungen der Steuerbefreiung müssen vom Unternehmer nachgewiesen sein. Das Bundesministerium der Finanzen kann mit Zustimmung des Bundesrates durch Rechtsverordnung bestimmen, wie der Unternehmer den Nachweis zu führen hat;

### § 20 UStDV
### Belegmäßiger Nachweis bei steuerfreien Leistungen, die sich auf Gegenstände der Ausfuhr oder Einfuhr beziehen

(1) Bei einer Leistung, die sich unmittelbar auf einen Gegenstand der Ausfuhr bezieht oder auf einen eingeführten Gegenstand bezieht, der im externen Versandverfahren in das Drittlandsgebiet befördert wird (§ 4 Nr. 3 Satz 1 Buchstabe a Doppelbuchstabe aa des Gesetzes), muss der Unternehmer durch Belege die Ausfuhr oder Wiederausfuhr des Gegenstands nachweisen. Die Voraussetzung muss sich aus den Belegen eindeutig und leicht nachprüfbar ergeben. Die Vorschriften über den Ausfuhrnachweis in den §§ 9 bis 11 sind entsprechend anzuwenden.

(2) Bei einer Leistung, die sich auf einen Gegenstand der Einfuhr in das Gebiet eines Mitgliedstaates der Europäischen Gemeinschaft bezieht (§ 4 Nr. 3 Satz 1 Buchstabe a Doppelbuchstabe bb des Gesetzes), muss der Unternehmer durch Belege nachweisen, dass die Kosten für diese Leistung in der Bemessungsgrundlage für die Einfuhr enthalten sind.

(3) Der Unternehmer muss die Nachweise im Geltungsbereich des Gesetzes führen.

### § 21 UStDV
### Buchmäßiger Nachweis bei steuerfreien Leistungen, die sich auf Gegenstände der Ausfuhr oder Einfuhr beziehen

Bei einer Leistung, die sich auf einen Gegenstand der Ausfuhr, auf einen Gegenstand der Einfuhr in das Gebiet eines Mitgliedstaates der Europäischen Gemeinschaft oder auf einen eingeführten Gegenstand bezieht, der im externen Versandverfahren in das Drittlandsgebiet befördert wird (§ 4 Nr. 3 Satz 1 Buchstabe a des Gesetzes), ist § 13 Abs. 1 und Abs. 2 Nr. 1 bis 4 entsprechend anzuwenden. Zusätzlich soll der Unternehmer aufzeichnen:

1. bei einer Leistung, die sich auf einen Gegenstand der Ausfuhr bezieht oder auf einen eingeführten Gegenstand bezieht, der im externen Versandverfahren in das Drittlandsgebiet befördert wird, dass der Gegenstand ausgeführt oder wiederausgeführt worden ist;
2. bei einer Leistung, die sich auf einen Gegenstand der Einfuhr in das Gebiet eines Mitgliedstaates der Europäischen Gemeinschaft bezieht, dass die Kosten für die Leistung in der Bemessungsgrundlage für die Einfuhr enthalten sind.

*EU-Recht*

Art. 142, Art. 144, Art. 146 Abs. 1 Buchst. e MwStSystRL;

Art. 46 MwSt-DVO.

*VV*

Abschn. 4.3.1–4.3.6 UStAE.

| | |
|---|---|
| A. Allgemeines ................. 1 | C. Ausnahmen (Satz 2).......... 14 |
| B. Grenzüberschreitende Güterbeförderungen und andere Dienstleistungen bei Ausfuhr, Durchfuhr und Einfuhr (Satz 1 Buchst. a, aa und bb)........... 8 | D. Nachweise (Satz 3 und 4)...... 16 |

## A. Allgemeines

1 Die Vorschrift befreit insbesondere **grenzüberschreitende Güterbeförderungen** und andere **sonstige Leistungen**, die sich unmittelbar auf Gegenstände der **Ausfuhr, Durchfuhr** oder **Einfuhr** beziehen (§ 4 Nr. 3 Satz 1 Buchst. a Doppelbuchst. aa und bb UStG).

Ferner sind befreit

– die Beförderungen von Gegenständen nach und von den Inseln (autonomen Regionen) Azoren und Madeira (§ 4 Nr. 3 Satz 1 Buchst. b UStG) und

– die sonstigen Leistungen, die sich unmittelbar auf zu einer **vorübergehenden Verwendung eingeführte Gegenstände** (mit Ausnahme von Beförderungsmitteln, Paletten und Containern) eines ausländischen Auftraggebers (i.S.d. § 7 Abs. 2 UStG) beziehen (§ 4 Nr. 3 Satz 1 Buchst. c Sätze 1 und 2 UStG).

2 Die Frage der Steuerbefreiung stellt sich nur, wenn bzw. soweit die sonstigen Leistungen **steuerbar** sind, weil der Ort nach § 3a oder § 3b UStG im Inland liegt. Es muss sich um **eigenständige** Dienstleistungen handeln, die **nicht Nebenleistungen** zu anderen Leistungen (Hauptleistungen) sind, da anderenfalls für die Frage einer Steuerbefreiung die jeweilige andere Leistung maßgebend ist.

Nach Auffassung der Finanzverwaltung soll der Fahrzeugtransport beim Auto-im-Reisezug-Verkehr eine **Nebenleistung** zur **Personenbeförderung** sein und deshalb nicht von der Steuerbefreiung nach § 4 Nr. 3 UStG erfasst werden.[1] Das ist

---

1 Abschn. 4.3.1 Abs. 1 Sätze 4 und 5 UStAE.

nur vom Ergebnis her zutreffend. Es handelt sich dabei nicht um eine Nebenleistung (§ 3 Rz. 202), sondern um eine eigenständige Güterbeförderung. Indes liegt kein Gegenstand der Ausfuhr vor, weil das Fahrzeug nur vorübergehend das Inland verlässt und bei der Rückkehr nicht der Einfuhrbesteuerung unterliegt (Rz. 3).

Der **Zweck** dieser Steuerbefreiung liegt in der Umsetzung des **Bestimmungslandprinzips** (Vor §§ 4–9 Rz. 7; § 15 Rz. 356), soweit es um sonstige Leistungen geht, die sich auf Gegenstände der Ausfuhr oder Durchfuhr (§ 4 Nr. 3 Satz 1 Buchst. a Doppelbuchst. aa UStG) oder der vorübergehenden Einfuhr (§ 4 Nr. 3 Satz 1 Buchst. c UStG) beziehen. Da diese Gegenstände nicht im Gemeinschaftsgebiet „verbraucht" werden und auf dem ausländischen Markt angeboten werden (oder dorthin zurückkehren), darf deren Preis auch nicht durch die Umsatzsteuer des Ursprungslandes auf die mit dem Gegenstand zusammenhängenden Dienstleistungen beeinflusst werden. Daraus folgt, dass von einem **„Gegenstand der Ausfuhr"** nicht ausgegangen werden darf, wenn der Gegenstand nur zu einer vorübergehenden Verwendung in das Drittland verbracht wird (vgl. Rz. 2 a.E.). 3

Dienstleistungen **gegenüber** Zoll- **o.ä. Behörden**, die mit der Grenzabfertigung befasst sind, und Dienstleistungen, die nur die bei der Ausfuhr eingesetzten **Beförderungsmittel** betreffen, beziehen sich **nicht** unmittelbar auf Gegenstände der Ausfuhr.[1] 4

Bei Dienstleistungen, die sich auf Gegenstände der **Einfuhr** beziehen, dient die Befreiung (§ 4 Nr. 3 Satz 1 Buchst. a Doppelbuchst. bb UStG) der **Vereinfachung**, da durch die Einbeziehung der Kosten in die Bemessungsgrundlage der EUSt die Dienstleistungen auf diese Weise mit der Umsatzsteuer belastet werden. 5

**Vermittlungen** dieser Dienstleistungen wie auch der die Gegenstände betreffenden Lieferungen sind grundsätzlich steuerfrei nach § 4 Nr. 5 Buchst. a UStG. Soweit das nicht der Fall ist, kann die Befreiung nach § 4 Nr. 3 Buchst. a Doppelbuchst. bb UStG in Betracht kommen.[2] 6

Dienstleistungen, welche sich auf Gegenstände des **innergemeinschaftlichen Warenverkehrs** beziehen, sind nicht steuerbefreit (Ausnahmen: § 4 Nr. 3 Satz 1 Buchst. b UStG), auch wenn die Lieferung selbst nach § 4 Nr. 1 Buchst. b i.V.m. § 6a UStG steuerfrei ist. 7

## B. Grenzüberschreitende Güterbeförderungen und andere Dienstleistungen bei Ausfuhr, Durchfuhr und Einfuhr (Satz 1 Buchst. a, aa und bb)

Befreit sind grenzüberschreitende **Beförderungen** von Gegenständen, die Beförderung im internationalen Eisenbahnfrachtverkehr[3] und **andere sonstige Leistungen**, die sich unmittelbar auf Gegenstände der Ausfuhr oder der Durchfuhr (eingeführte Gegenstände, die im externen Versandverfahren in das Drittlands- 8

---
1 Vgl. BFH v. 27.2.2008 – XI R 55/07, BFH/NV 2008, 1211.
2 Vgl. Abschn. 4.3.3 Abs. 1 Nr. 6 UStAE.
3 Dazu Abschn. 4.3.2 Abs. 2 UStAE.

gebiet befördert werden) beziehen (§ 4 Nr. 3 Satz 1 Buchst. a Doppelbuchst. aa UStG). Entsprechendes gilt ferner unter weiteren Voraussetzungen für Dienstleistungen, welche sich auf Gegenstände der Einfuhr beziehen (§ 4 Nr. 3 Satz 1 Buchst. a Doppelbuchst. bb UStG; *Rz. 12*).

9 **Grenzüberschreitende Beförderungen** sind nach der Legaldefinition des § 3b Abs. 1 Satz 4 UStG solche, die sich sowohl auf das Inland als auch das Ausland erstrecken, so dass darunter auch Beförderungen vom Inland in einen *Freihafen* (§ 1 Abs. 2 Satz 2 UStG) und umgekehrt fallen. Darüber hinaus greift die Steuerbefreiung ihrem Zweck (sowie Art. 146 Abs. 1 Buchst. e MwStSystRL) entsprechend **auch** bei solchen grenzüberschreitenden Beförderungen im Zusammenhang mit einer Ausfuhr oder einer Einfuhr, bei denen das **Inland nicht berührt** wird, der Ort jedoch nach § 3a Abs. 2 UStG im Inland liegt.[1]

Beförderungsleistungen und die anderen in Betracht kommenden Dienstleistungen erbringt auch der vom Auftragnehmer eingeschaltete **Subunternehmer** (*Beispiel:* **Unterfrachtführer**).[2] Für (echte) **Spediteure**, die derartige Dienstleistungen besorgen, gelten die Befreiungsvorschriften des § 4 Nr. 3 UStG gem. § 3 Abs. 11 UStG (vgl. *§ 3 Rz. 191 f.*).

10 Diese Dienstleistungen müssen sich nur unmittelbar auf Gegenstände der Ausfuhr, Durchfuhr oder Einfuhr „**beziehen**". Das bedeutet, dass z.B. ein **Frachtführer**, welcher nur über eine grenzüberschreitende **Teilstrecke im Gemeinschaftsgebiet** befördert, gleichwohl eine steuerbefreite Beförderungsleistung erbringt, wenn der Gegenstand dann weiter in das Drittland befördert wird.[3] **Andere** sonstige **Leistungen** müssen nur einen unmittelbaren Zusammenhang mit den Gegenständen haben, nicht aber notwendig deren Beförderung dienen.[4]

11 Gegenstände der **Ausfuhr** oder **Durchfuhr** sind Gegenstände, welche in das **Drittlandsgebiet** gelangen. Dazu zählen auch solche, welche vor der Ausfuhr be- oder verarbeitet werden (arg. § 6 Abs. 1 Satz 2, § 7 UStG).[5] Ob für den Lieferer oder den sog. Lohnveredler eine Steuerbefreiung in Betracht kommt, ist ohne Belang. Nicht erforderlich ist, dass der Gegenstand im Drittlandsgebiet verbleibt.[6] Steht indes bereits bei Beginn der Beförderung fest, dass der Gegenstand **nur vorübergehend** dort verbleibt und in das Inland zurückkehrt, so handelt es sich nicht um eine Ausfuhr, weil dann der Zweck der Steuerbefreiung nicht erfüllt ist (*Rz. 3*).

12 Bei grenzüberschreitenden Beförderungen von Gegenständen der **Einfuhr** (in das Gemeinschaftsgebiet) und den anderen sonstigen Leistungen, welche sich auf diese Gegenstände beziehen, ist Voraussetzung der Steuerbefreiung, dass die Kosten für die jeweilige Dienstleistung in der **Bemessungsgrundlage** für die Einfuhr **enthalten** sind (§ 4 Nr. 3 Satz 1 Buchst. a Doppelbuchst. bb Satz 1 i.V.m. § 11 Abs. 3 Nr. 3 und 4 UStG).[7] Das soll nach Auffassung der Finanzverwaltung

---

1 Abschn. 4.3.2 Abs. 1 Satz 5 UStAE.
2 Vgl. Abschn. 4.3.2 Abs. 4 UStAE.
3 Abschn. 4.3.4 Abs. 8 UStAE.
4 BFH v. 10.11.2010 – V R 27/09, BStBl. II 2011, 557.
5 Abschn. 4.3.4 Abs. 3 UStAE.
6 Abschn. 4.3.4 Abs. 1 Satz 4 UStAE.
7 Dazu näher Abschn. 4.3.3 Abs. 2, 7 und 8 UStAE m. Beispielen.

auch dann der Fall sein, wenn die Einfuhr nach § 5 UStG (z.B. bei Umzugs- oder Messegut) befreit ist.[1]

**Nicht** befreit sind die **Beförderungen** von **Gegenständen**, welche sich in einem bewilligten **Freihafen-Veredelungsverkehr** (dazu § 12b EUStBV) oder in einer besonders zugelassenen **Freihafenlagerung** (dazu § 12a EUStBV) befunden haben, vom Freihafen in das Inland (§ 4 Nr. 3 Satz 1 Buchst. a Doppelbuchst. bb Satz 2 i.V.m. § 1 Abs. 3 Nr. 4 Buchst. a UStG). 13

## C. Ausnahmen (Satz 2)

Die Vorschrift gilt nicht für die in § 4 Nr. 8, 10 und 11 UStG bezeichneten Dienstleistungen (§ 4 Nr. 3 Satz 2 Halbs. 1 UStG). Für diese Kredit-, **Bank- und Finanz- und Versicherungsdienstleistungen** ist mithin § 4 Nr. 3 Satz 1 UStG nicht die speziellere Befreiungsvorschrift, so dass es beim Ausschluss des Vorsteuerabzugs nach § 15 Abs. 2 Nr. 1 UStG bleibt und nicht § 15 Abs. 3 Nr. 1 Buchst. a UStG eingreift. Damit wird erreicht, dass der Vorsteuerabzug bei diesen Dienstleistungen **nur unter** den **engeren Voraussetzungen** des § 15 Abs. 3 Nr. 1 Buchst. b oder Nr. 2 Buchst. b UStG in Betracht kommt. Darüberhinaus soll die Steuerbefreiung nach § 4 Nr. 3 UStG auch bei den nach § 4 Nr. 11b UStG befreiten Umsätzen zurücktreten[2] (vgl. *Vor §§ 4–9 Rz. 24*). 14

Die Steuerbefreiung des § 4 Nr. 3 UStG gilt ferner nicht für die **Be- oder Verarbeitung eines Gegenstandes** (§ 4 Nr. 3 Satz 2 Halbs. 2 UStG). Diese Dienstleistung kann jedoch nach § 4 Nr. 1 Buchst. a i.V.m. § 7 UStG steuerfrei sein. 15

## D. Nachweise (Satz 3 und 4)

Für den vom Unternehmer zu erbringenden Nachweis der Voraussetzungen der Steuerbefreiung kann das BMF durch Rechtsverordnung bestimmen, wie der Nachweis zu führen ist (§ 4 Nr. 3 Sätze 3 und 4 UStG). Das ist in Gestalt der §§ 20 und 21 UStDV geschehen, welche einen **Beleg-**[3] und einen **Buchnachweis**[4] vorschreiben. 16

# § 4 Nr. 4
# Steuerbefreiungen bei Lieferungen und sonstigen Leistungen

**Von den unter § 1 Abs. 1 Nr. 1 fallenden Umsätzen sind steuerfrei:**

...

**4. die Lieferungen von Gold an Zentralbanken;**

---

1 Abschn. 4.3.3 Abs. 2 Satz 4 UStAE.
2 Abschn. 4.3.5 Abs. 1 Satz 1, Abschn. 4.11b.1 Abs. 14 UStAE.
3 Dazu Abschn. 4.3.3 Abs. 3–6 u. Abschn. 4.3.4 Abs. 4–8 UStAE.
4 Dazu Abschn. 4.3.6 UStAE.

*EU-Recht*

Art. 152 MwStSystRL.

*VV*

Abschn. 4.4.1 UStAE.

1   Die Lieferung von Gold an Zentralbanken ist steuerfrei (§ 4 Nr. 4 UStG). Gleiches gilt für den innergemeinschaftlichen Erwerb und die Einfuhr (§ 4b Nr. 2 bzw. § 5 Abs. 1 Nr. 2 UStG). Zu den Zentralbanken zählen nicht nur die Europäische Zentralbank und die Deutsche Bundesbank, sondern auch die entsprechenden Währungsbehörden anderer Staaten. Nicht erforderlich ist, dass das gelieferte Gold in das Ausland gelangt[1], so dass es auch z.B. auf Grund eines Verwahrungsvertrages mit der Zentralbank im Inland verbleiben kann. Wird das Gold in das Drittlandsgebiet verbracht, so kommt bereits die Befreiung der Ausfuhrlieferung (§ 4 Nr. 1 i.V.m. § 6 UStG) in Betracht.

2   Der **Zweck** dieser Befreiung liegt in der Vermeidung einer Umsatzsteuerbelastung des Goldes, welches bei den Zentralbanken nicht die Funktion eines Verbrauchsgutes hat, sondern währungspolitischen Zwecken dient. Da Zentralbanken das Gold mithin nicht für unternehmerische Zwecke verwenden, kann die Entlastung nur beim Lieferer erfolgen.

3   Bei der Lieferung von **Anlagegold** geht die Befreiung des § 25c UStG vor.[2]

# § 4 Nr. 4a
# Steuerbefreiungen bei Lieferungen und sonstigen Leistungen

**Von den unter § 1 Abs. 1 Nr. 1 fallenden Umsätzen sind steuerfrei:**

...

**4a. die folgenden Umsätze:**

a) die Lieferungen der in der Anlage 1 bezeichneten Gegenstände an einen Unternehmer für sein Unternehmen, wenn der Gegenstand der Lieferung im Zusammenhang mit der Lieferung in ein Umsatzsteuerlager eingelagert wird oder sich in einem Umsatzsteuerlager befindet. Mit der Auslagerung eines Gegenstands aus einem Umsatzsteuerlager entfällt die Steuerbefreiung für die der Auslagerung vorangegangene Lieferung, den der Auslagerung vorangegangenen innergemeinschaftlichen Erwerb oder die der Auslagerung vorangegangene Einfuhr; dies gilt nicht, wenn der Gegenstand im Zusammenhang mit der Auslagerung in ein anderes Umsatzsteuerlager im Inland eingelagert wird. Eine Auslagerung ist die end-

---

1 Abschn. 4.4.1 Satz 3 UStAE.
2 Abschn. 4.4.1 Satz 4 UStAE.

gültige Herausnahme eines Gegenstands aus einem Umsatzsteuerlager. Der endgültigen Herausnahme steht gleich der sonstige Wegfall der Voraussetzungen für die Steuerbefreiung sowie die Erbringung einer nicht nach Buchstabe b begünstigten Leistung an den eingelagerten Gegenständen,

b) die Leistungen, die mit der Lagerung, der Erhaltung, der Verbesserung der Aufmachung und Handelsgüte oder der Vorbereitung des Vertriebs oder Weiterverkaufs der eingelagerten Gegenstände unmittelbar zusammenhängen. Dies gilt nicht, wenn durch die Leistungen die Gegenstände so aufbereitet werden, dass sie zur Lieferung auf der Einzelhandelsstufe geeignet sind.

Die Steuerbefreiung gilt nicht für Leistungen an Unternehmer, die diese zur Ausführung von Umsätzen verwenden, für die die Steuer nach den Durchschnittssätzen des § 24 festgesetzt ist. Die Voraussetzungen der Steuerbefreiung müssen vom Unternehmer eindeutig und leicht nachprüfbar nachgewiesen sein. Umsatzsteuerlager kann jedes Grundstück oder Grundstücksteil im Inland sein, das zur Lagerung der in Anlage 1 genannten Gegenstände dienen soll und von einem Lagerhalter betrieben wird. Es kann mehrere Lagerorte umfassen. Das Umsatzsteuerlager bedarf der Bewilligung des für den Lagerhalter zuständigen Finanzamts. Der Antrag ist schriftlich zu stellen. Die Bewilligung ist zu erteilen, wenn ein wirtschaftliches Bedürfnis für den Betrieb des Umsatzsteuerlagers besteht und der Lagerhalter die Gewähr für dessen ordnungsgemäße Verwaltung bietet;

Anlage 1
(zu § 4 Nr. 4a)
Liste der Gegenstände, die der Umsatzsteuerlagerregelung unterliegen können

| Lfd. Nr. | Warenbezeichnung | Zolltarif (Kapitel, Position, Unterposition) |
|---|---|---|
| 1 | Kartoffeln, frisch oder gekühlt | Position 0701 |
| 2 | Oliven, vorläufig haltbar gemacht (z.B. durch Schwefeldioxid oder in Wasser, dem Salz, Schwefeldioxid oder andere vorläufig konservierend wirkende Stoffe zugesetzt sind), zum unmittelbaren Genuss nicht geeignet | Unterposition 0711 20 |
| 3 | Schalenfrüchte, frisch oder getrocknet, auch ohne Schalen oder enthäutet | Positionen 0801 und 0802 |
| 4 | Kaffee, nicht geröstet, nicht entkoffeiniert, entkoffeiniert | Unterpositionen 0901 11 00 und 0901 12 00 |
| 5 | Tee, auch aromatisiert | Position 0902 |
| 6 | Getreide | Positionen 1001 bis 1005, 1007 00 und 1008 |
| 7 | Rohreis (Paddy-Reis) | Unterposition 1006 10 |
| 8 | Ölsamen und ölhaltige Früchte | Positionen 1201 00 bis 1207 |

| Lfd. Nr. | Warenbezeichnung | Zolltarif (Kapitel, Position, Unterposition) |
|---|---|---|
| 9 | Pflanzliche Fette und Öle und deren Fraktionen, roh, auch raffiniert, jedoch nicht chemisch modifiziert | Positionen 1507 bis 1515 |
| 10 | Rohzucker | Unterpositionen 1701 11 und 1701 12 |
| 11 | Kakaobohnen und Kakaobohnenbruch, roh oder geröstet | Position 1801 00 00 |
| 12 | Mineralöle (einschließlich Propan und Butan sowie Rohöle aus Erdöl) | Positionen 2709 00, 2710, Unterpositionen 2711 12 und 2711 13 |
| 13 | Erzeugnisse der chemischen Industrie | Kapitel 28 und 29 |
| 14 | Kautschuk, in Primärformen oder in Platten, Blättern oder Streifen | Positionen 4001 und 4002 |
| 15 | Chemische Halbstoffe aus Holz, ausgenommen solche zum Auflösen; Halbstoffe aus Holz, durch Kombination aus mechanischem und chemischem Aufbereitungsverfahren hergestellt | Positionen 4703 bis 4705 00 00 |
| 16 | Wolle, weder gekrempelt noch gekämmt | Position 5101 |
| 17 | Silber, in Rohform oder Pulver | aus Position 7106 |
| 18 | Gold, in Rohform oder als Pulver, zu nicht monetären Zwecken | Unterpositionen 7108 11 00 und 7108 12 00 |
| 19 | Platin, in Rohform oder als Pulver | aus Position 7110 |
| 20 | Eisen- und Stahlerzeugnisse | Positionen 7207 bis 7212, 7216, 7219, 7220, 7225 und 7226 |
| 21 | Nicht raffiniertes Kupfer und Kupferanoden zum elektrolytischen Raffinieren; raffiniertes Kupfer und Kupferlegierungen, in Rohform; Kupfervorlegierungen; Draht aus Kupfer | Positionen 7402 00 00, 7403, 7405 00 00 und 7408 |
| 22 | Nickel in Rohform | Position 7502 |
| 23 | Aluminium in Rohform | Position 7601 |
| 24 | Blei in Rohform | Position 7801 |
| 25 | Zink in Rohform | Position 7901 |
| 26 | Zinn in Rohform | Position 8001 |
| 27 | Nichteisenmetalle, ausgenommen Waren daraus und Abfälle und Schrott | aus Positionen 8101 bis 8112 |

Die Gegenstände dürfen nicht für die Lieferung auf der Einzelhandelsstufe aufgemacht sein.

*EU-Recht*

Art. 156, Art. 157, Art. 159 MwStSystRL.

*VV*

Abschn. 4.4a.1 UStAE i.V.m. BMF-Schr. v. 28.1.2004 – IV D 1 - S 7157 - 4, BStBl. I 2004, 242.

| | |
|---|---|
| A. Lieferung von Gegenständen in ein oder in einem Umsatzsteuerlager (Satz 1 Buchst. a Satz 1) . 1 | C. Leistungen im Zusammenhang mit eingelagerten Gegenständen (Satz 1 Buchst. b) ......... 10 |
| B. Steuerpflicht bei Auslagerung u.Ä. (Satz 1 Buchst. a Sätze 2–4). 6 | |

## A. Lieferung von Gegenständen in ein oder in einem Umsatzsteuerlager (Satz 1 Buchst. a Satz 1)

Die **Lieferung** von in der **Anlage 1** UStG bezeichneten Gegenständen an einen Unternehmer für dessen Unternehmen ist **steuerfrei, wenn** der jeweilige Gegenstand im Zusammenhang mit der Lieferung **in** ein **Umsatzsteuerlager** eingelagert wird oder sich in einem solchen befindet (§ 4 Nr. 4a Satz 1 Buchst. a Satz 1 UStG). Entsprechendes gilt, wenn ein solcher Gegenstand unmittelbar nach einer Einfuhr oder einem innergemeinschaftlichen Erwerb in ein Umsatzsteuerlager verbracht wird (§ 5 Abs. 1 Nr. 4 bzw. § 4b Nr. 2 i.V.m. § 4 Nr. 4a Satz 1 Buchst. a Satz 1 UStG). Die Steuerbefreiung gilt nicht für Lieferungen an Land- oder Forstwirte, welche unter § 24 Abs. 1 Satz 1 UStG fallen (§ 4 Nr. 4a Satz 2 UStG). **Mit** der **Auslagerung** des Gegenstandes **entfällt** die **Steuerbefreiung** für die der Auslagerung vorangegangene Lieferung, den der Auslagerung vorangegangenen innergemeinschaftlichen Erwerb oder die der Auslagerung vorangegangene Einfuhr (§ 4 Nr. 4a Satz 1 Buchst. a Satz 2 UStG; *Rz. 6 ff.*). 1

Der **Zweck** dieser Regelungen liegt in der Vereinfachung, weil, solange der Gegenstand sich im Lager befindet und mithin weder unmittelbar noch mittelbar für die Verbraucherversorgung verwendet wird, keine Umsatzsteuer entsteht. Folglich kann der Gegenstand beliebig oft ohne die ansonsten nach dem Mehrwertsteuersystem erforderliche jeweilige Umsatzsteuer- Be- und Entlastung gehandelt werden. Steuer fällt erst an, wenn der Gegenstand das Lager verlässt. 2

Die Steuerbefreiung kommt nur bei den in der Anlage 1 UStG bezeichneten Gegenständen[1] in Betracht, welche **nicht für die Lieferung auf der Einzelhandelsstufe aufgemacht** sein dürfen (Anlage 1 Satz 2 UStG). Eine derartige Aufmachung liegt vor, wenn der Gegenstand sich in einer handelsüblichen Verpackung befindet und/oder ohne weitere Be- oder Verarbeitung an einen Endverbraucher geliefert werden kann.[2] 3

Der Gegenstand der Lieferung befindet sich auch dann im Umsatzsteuerlager, wenn mittels Übergabe eines **Lagerscheines** oder durch **Abtretung** des verbrieften oder unverbrieften **Herausgabeanspruchs** (*§ 3 Rz. 10, 18* u. *20*) geliefert wird 4

---
1 Dazu näher BMF v. 28.1.2004 – IV D 1 - S 7157 - 4, BStBl. I 2004, 242 – Anlage 1.
2 BMF v. 28.1.2004 – IV D 1 - S 7157 - 4, BStBl. I 2004, 242 – Tz. 2.

oder wenn ein **Miteigentumsanteil** (§ 3 Rz. 7) – nicht etwa nur bei Edelmetallen[1] – veräußert wird.

5 Das **Umsatzsteuerlager** bedarf der Bewilligung des zuständigen Finanzamts (dazu § 4 Nr. 4a Sätze 4–8 UStG).[2] Den **Lagerhalter** treffen **Aufzeichnungspflichten** hinsichtlich der eingelagerten Gegenstände (§ 22 Abs. 4c Satz 1 UStG) sowie des Auslagerers (Rz. 9).

## B. Steuerpflicht bei Auslagerung u.Ä. (Satz 1 Buchst. a Sätze 2–4)

6 Mit der Auslagerung des Gegenstandes entfällt die Steuerbefreiung für die der Auslagerung vorangegangene Lieferung, den der Auslagerung vorangegangenen innergemeinschaftlichen Erwerb oder die der Auslagerung vorangegangene Einfuhr, sofern nicht der Gegenstand sogleich in ein anderes Umsatzsteuerlager verbracht wird (§ 4 Nr. 4a Satz 1 Buchst. a Satz 2 UStG). Erfolgt die Auslagerung durch den **Abnehmer** einer Lieferung, indem dieser den Gegenstand aus dem Umsatzsteuerlager des Lieferers **abholt**, so wird die der Auslagerung vorhergehende, zunächst (nach § 4 Nr. 4a Satz 1 Buchst. a Satz 1 UStG) steuerfreie Lieferung (Verschaffung der Verfügungsmacht durch Einigung und Besitzverschaffung bzw. Abtretung des Herausgabeanspruchs, s. Rz. 4) steuerpflichtig.[3] Die Auslagerung ist dem **Abnehmer zuzurechnen**, so dass dieser **Schuldner** der **Steuer** ist (§ 13a Abs. 1 Nr. 6 UStG). Hierbei handelt es sich um einen – neben den Tatbeständen des § 13b UStG und des § 25b UStG – weiteren Fall der **Steuerschuldnerschaft** des **Leistungsempfängers**. Die Steuer entsteht mit Ablauf des Voranmeldungszeitraums der Auslagerung (§ 13 Abs. 1 Nr. 9 UStG). Wird die Lieferung für das Unternehmen des Abnehmers ausgeführt, so ist dieser zum „Abzug" der von ihm geschuldeten Steuer als Vorsteuer nach § 15 Abs. 1 Satz 1 Nr. 5 UStG berechtigt.

7 Erfolgt die Auslagerung **durch** den **Lieferer**, der den Gegenstand an den Abnehmer befördert oder versendet, so schuldet er die Steuer für die der Auslagerung eine logische Sekunde vorhergehende, zunächst (nach § 4 Nr. 4a Satz 1 Buchst. a Satz 1 UStG) steuerfreie Lieferung (sofern der Abnehmer die Transportgefahr trägt, so dass die Lieferung bereits mit Beginn der Versendung oder Beförderung ausgeführt ist, vgl. § 3 Rz. 122), welche mit der Auslagerung steuerpflichtig wird. Die Auslagerung ist dem **Lieferer** zuzurechnen, so dass dieser **Schuldner der Steuer** ist (§ 13a Abs. 1 Nr. 6 UStG).[4] Da es sich um eine Lieferung des Unternehmers nach § 1 Abs. 1 Nr. 1 UStG handelt, ergibt sich die Steuerschuldnerschaft auch aus § 13a Abs. 1 Nr. 1 UStG.[5] Das Konkurrenzverhältnis muss nicht aufgelöst werden, da sich keine unterschiedlichen Rechtsfolgen ergeben.

---

1 So aber wohl BMF v. 28.1.2004 – IV D 1 - S 7157 - 4, BStBl. I 2004, 242 – Tz. 14.
2 Dazu näher BMF v. 28.1.2004 – IV D 1 - S 7157 - 4, BStBl. I 2004, 242 – Tz. 6 ff.
3 Vgl. BMF v. 28.1.2004 – IV D 1 – S 7157 - 4, BStBl. I 2004, 242 – Tz. 28 f. i.V.m. Beispiel 12.
4 Vgl. BMF v. 28.1.2004 – IV D 1 - S 7157 - 4, BStBl. I 2004, 242 – Tz. 28 f. i.V.m. Beispiel 11.
5 Nur diese Vorschrift ist einschlägig lt. RegE StÄndG 2003, BT-Drucks. 15/1562 – zu Art. 4 Nr. 2, zu Nr. 12c; *Birkenfeld* in B/W, § 177 Rz. 12.

Eine **Auslagerung** ist die endgültige Herausnahme des Gegenstandes aus einem  8
Umsatzsteuerlager (§ 4 Nr. 4a Satz 1 Buchst. a Satz 3 UStG). Der Auslagerung
**gleichgestellt** ist der sonstige **Wegfall** der **Voraussetzungen** für die Steuerbefreiungen (z.B. Widerruf der Bewilligung des Steuerlagers)[1] sowie die **Erbringung** einer nicht nach § 4 Nr. 4a Satz 1 Buchst. b UStG begünstigten **Dienstleistung**
(*Rz. 10*) an den eingelagerten Gegenständen (§ 4 Nr. 4a Satz 1 Buchst. a Satz 4
UStG). Steuerschuldner ist derjenige Unternehmer, dem dieser Sachverhalt zuzurechnen ist (§ 13a Abs. 1 Nr. 6 UStG).

Der Lagerhalter muss Name, Anschrift und die **inländische USt-IdNr.** des Auslagerers **aufzeichnen** (§ 22 Abs. 4c Satz 2 UStG). Die Nichtbeachtung dieser Aufzeichnungsverpflichtung führt zur Haftung des Lagerhalters für die Steuer (§ 13a Abs. 1 Nr. 6 UStG). Der Lagerhalter wird deshalb den Gegenstand nur an eine Person herausgeben, welche über eine gültige USt-IdNr. verfügt oder sich anderenfalls Sicherheit in Höhe der mutmaßlichen Steuer leisten lassen (*§ 13a Rz. 10*).  9

### C. Leistungen im Zusammenhang mit eingelagerten Gegenständen (Satz 1 Buchst. b)

Steuerbefreit sind Leistungen, die mit der Lagerung, der Erhaltung, der Verbesserung der Aufmachung und Handelsgüte oder der Vorbereitung des Vertriebs oder Weiterverkaufs der eingelagerten Gegenstände unmittelbar zusammenhängen, sofern die Gegenstände dadurch **nicht** so **aufbereitet** werden, dass sie **zur Lieferung auf** der **Einzelhandelsstufe** geeignet sind (§ 4 Nr. 4a Satz 1 Buchst. b Sätze 1 und 2 UStG). Zu den Leistungen, die mit der Lagerung zusammenhängen, zählen insbesondere die Dienstleistungen des Lagerhalters. Die Steuerbefreiung gilt nicht für Leistungen an Land- oder Forstwirte, welche unter § 24 Abs. 1 Satz 1 UStG fallen (§ 4 Nr. 4a Satz 2 UStG).  10

## § 4 Nr. 4b
## Steuerbefreiungen bei Lieferungen und sonstigen Leistungen

**Von den unter § 1 Abs. 1 Nr. 1 fallenden Umsätzen sind steuerfrei:**

...

4b. die einer Einfuhr vorangehende Lieferung von Gegenständen, wenn der Abnehmer oder dessen Beauftragter den Gegenstand der Lieferung einführt. Dies gilt entsprechend für Lieferungen, die den in Satz 1 genannten Lieferungen vorausgegangen sind. Die Voraussetzungen der Steuerbefreiung müssen vom Unternehmer eindeutig und leicht nachprüfbar nachgewiesen sein;

---

1 Vgl. BMF v. 28.1.2004 – IV D 1 - S 7157 - 4, BStBl. I 2004, 242 – Tz. 2.

§ 4 Nr. 5      Steuerbefreiungen bei Lieferungen und sonstigen Leistungen

*VV*

Abschn. 4.4.1 UStAE i.V.m. BMF-Schr. v. 28.1.2004 – IV D 1 - S 7157 - 4, BStBl. I 2004, 242.

1    Steuerfrei ist die einer Einfuhr vorangehende Lieferung von Gegenständen, wenn der Abnehmer oder dessen Beauftragter den Gegenstand der Lieferung einführt (§ 4 Nr. 4b Satz 1 UStG). Da eine Lieferung nur steuerfrei sein kann, wenn ihr Ort im Inland liegt, scheint diese Regelung keinen Sinn zu ergeben. Einfuhr ist jedoch nicht der tatsächliche Vorgang des Verbringens in das Inland, sondern auf Grund der eigentümlichen Formulierung des § 1 Abs. 1 Nr. 4 UStG die Überführung des Gegenstandes „im Inland" in den sog. einfuhrumsatzsteuerrechtlich freien Verkehr (*§ 1 Rz. 122 f.*). Folglich können bis dahin im Inland steuerbare Lieferungen durchgeführt werden, die sämtlich (§ 4 Nr. 4b Satz 2 UStG) nicht besteuert werden müssen, da die Belastung des Gegenstandes mit Umsatzsteuer sich nach den Regeln für die anschließende Einfuhr richtet. Die Steuerbefreiung für die vorangehenden Lieferungen gilt folglich selbst dann, wenn die Einfuhr gem. § 5 UStG steuerfrei ist.[1] Nach § 4 Nr. 4b UStG sind mithin alle **Lieferungen** von Nichtgemeinschaftswaren, welche sich **in** einem **zollrechtlichen Nichterhebungsverfahren**[2] befinden. Der **Zweck** der Steuerbefreiung liegt folglich in der **Vereinfachung**.

## § 4 Nr. 5
## Steuerbefreiungen bei Lieferungen und sonstigen Leistungen

**Von den unter § 1 Abs. 1 Nr. 1 fallenden Umsätzen sind steuerfrei:**

...

5. die Vermittlung

    a) der unter die Nummer 1 Buchstabe a, Nummern 2 bis 4b und Nummern 6 und 7 fallenden Umsätze,

    b) der grenzüberschreitenden Beförderungen von Personen mit Luftfahrzeugen oder Seeschiffen,

    c) der Umsätze, die ausschließlich im Drittlandsgebiet bewirkt werden,

    d) der Lieferungen, die nach § 3 Abs. 8 als im Inland ausgeführt zu behandeln sind.

**Nicht befreit ist die Vermittlung von Umsätzen durch Reisebüros für Reisende. Die Voraussetzungen der Steuerbefreiung müssen vom Unternehmer nachgewiesen sein. Das Bundesministerium der Finanzen kann mit Zustim-**

---

[1] BMF v. 28.1.2004 – IV D 1 - S 7157 - 4, BStBl. I 2004, 242 – Tz. 56.
[2] Dazu näher BMF v. 28.1.2004 – IV D 1 - S 7157 - 4, BStBl. I 2004, 242 – Tz. 64 ff.

mung des Bundesrates durch Rechtsverordnung bestimmen, wie der Unternehmer den Nachweis zu führen hat;

§ 22 UStDV
Buchmäßiger Nachweis bei steuerfreien Vermittlungen

(1) Bei Vermittlungen im Sinne des § 4 Nr. 5 des Gesetzes ist § 13 Abs. 1 entsprechend anzuwenden.

(2) Der Unternehmer soll regelmäßig Folgendes aufzeichnen:
1. die Vermittlung und den vermittelten Umsatz;
2. den Tag der Vermittlung;
3. den Namen und die Anschrift des Unternehmers, der den vermittelten Umsatz ausgeführt hat;
4. das für die Vermittlung vereinbarte Entgelt oder bei der Besteuerung nach vereinnahmten Entgelten das für die Vermittlung vereinnahmte Entgelt und den Tag der Vereinnahmung.

*EU-Recht*
Art. 153, Art. 370 i.V.m. Anhang X Teil A Nr. 4 MwStSystRL.

*VV*
Abschn. 4.5.1–4.5.4 UStAE.

| | | | |
|---|---|---|---|
| A. Allgemeines .................. | 1 | D. Vermittlung von Umsätzen im Drittlandsgebiet (Satz 1 Buchst. c) .................. | 9 |
| B. Vermittlung von Ausfuhrlieferungen, Einfuhren, damit zusammenhängender Dienstleistungen u.Ä. (Satz 1 Buchst. a)... | 4 | E. Vermittlung sog. Einfuhrlieferungen (Satz 1 Buchst. d) ...... | 12 |
| C. Vermittlung von grenzüberschreitenden Personenbeförderungen (Satz 1 Buchst. b) ..... | 6 | F. Ausnahme: Reisebüroleistungen für Reisende (Satz 2) ....... | 13 |

## A. Allgemeines

Die Vorschrift befreit weitgehend alle Vermittlungen von solchen steuerfreien Umsätzen, bei denen der Vorsteuerabzug nach § 15 Abs. 3 Nr. 1 Buchst. a UStG gegeben ist, sowie weitere „grenzüberschreitende" Vermittlungen. Die Steuerbefreiung soll zumeist das **Bestimmungslandprinzip** (auch) hinsichtlich der Vermittlungsleistungen verwirklichen (soweit das nicht schon durch die Ortsbestimmungen des § 3a Abs. 2 Nr. 4 Satz 1 oder Abs. 4 Nr. 10 i.V.m. Abs. 3 UStG erreicht wird) oder **Vereinfachungszwecken** dienen. **Ausgenommen** sind vor allem die Vermittlungen **innergemeinschaftlicher** Umsätze (*Rz. 5*) sowie von Umsätzen durch Reisebüros für Reisende (§ 4 Nr. 5 Satz 2 UStG; *Rz. 13*).  1

Der **Begriff der Vermittlung** erfasst sowohl die Tätigkeit des **Maklers**, der lediglich die Vertragsparteien zusammenführt, welche dann den Vertrag schließen, als auch die des **Vertreters**, der mit entsprechender Vollmacht den Vertrag im Namen seines Auftraggebers abschließt (dazu näher *§ 3a Rz. 69 ff.*). Unsinnig ist  2

§ 4 Nr. 5 Steuerbefreiungen bei Lieferungen und sonstigen Leistungen

deshalb die Formulierung in Abschn. 4.5.1 Abs. 1 UStAE, wonach die Vermittlungsleistung ein Handeln in fremdem Namen und für fremde Rechnung erfordere (ebenso Art. 46 Abs. 1 und Art. 153 Abs. 1 MwStSystRL), aber eine Vermittlungsvollmacht ausreiche. Ein Vermittler, welcher nur als Makler, Bote o.Ä. fungiert, gibt keine Willenserklärungen im fremden Namen ab. Das trifft nur auf den Vertreter (Agenten) zu. Ebenso wenig gibt es eine „Vermittlungsvollmacht."

3 Von der Vermittlungsleistung sind die **Kommissionsleistung** i.S.d. § 3 Abs. 3 UStG und die **Besorgungsleistung** (sog. Dienstleistungskommission) i.S.d. § 3 Abs. 11 UStG zu unterscheiden, bei denen der Beauftragte die besorgten („vermittelten") Lieferungen bzw. Dienstleistungen im eigenen Namen erbringt und bezieht (vgl. *§ 3 Rz. 97 u. Rz. 190*). Bei diesen Leistungen sind die jeweiligen, für die „eigentlichen" Leistungen geltenden Befreiungen unmittelbar oder auf Grund der Fiktionen des § 3 Abs. 3 bzw. Abs. 11 UStG anzuwenden. Auch **Reiseveranstalter** sind keine Vermittler, da sie die Reiseleistungen im eigenen Namen erbringen (§ 25 Abs. 1 Satz 1 UStG). Eine Steuerfreiheit ihrer Leistungen kann sich nach § 25 Abs. 2 UStG ergeben.

## B. Vermittlung von Ausfuhrlieferungen, Einfuhren, damit zusammenhängender Dienstleistungen u.Ä. (Satz 1 Buchst. a)

4 Steuerfrei ist die Vermittlung der unter § 4 Nr. 1 Buchst. a, Nr. 2 bis 4b und Nr. 6 und 7 UStG fallenden Umsätze (§ 4 Nr. 5 Satz 1 Buchst. a UStG), d.h. **insbesondere**

- der **Ausfuhrlieferungen** und sog. Lohnveredelungen an Gegenständen der Ausfuhr (§ 4 Nr. 1 Buchst. a UStG),
- der Umsätze für die Seeschifffahrt und die Luftfahrt (§ 4 Nr. 2 UStG),
- der **grenzüberschreitenden Güterbeförderungen** und anderer **Dienstleistungen**, welche sich auf Gegenstände der **Ausfuhr**, Durchfuhr und **Einfuhr** beziehen (§ 4 Nr. 3 UStG).

5 **Nicht** befreit sind die Vermittlungen von **innergemeinschaftlichen Lieferungen**, da § 4 Nr. 1b UStG nicht in § 4 Nr. 5 Satz 1 Buchst. a UStG genannt ist. Ebenso wenig sind die Vermittlungen von **Güterbeförderungen** u.ä. innergemeinschaftlichen Umsätzen befreit.

## C. Vermittlung von grenzüberschreitenden Personenbeförderungen (Satz 1 Buchst. b)

6 Steuerbefreit ist ferner die Vermittlung der grenzüberschreitenden Beförderungen von Personen mit **Luftfahrzeugen** und **Seeschiffen** (§ 4 Nr. 5 Satz 1 Buchst. b UStG), sofern die Vermittlung nicht durch Reisebüros für Reisende erfolgt (§ 4 Nr. 5 Satz 2 UStG), d.h. dieser die Provision zu zahlen hat *(Rz. 13)*. Die Befreiung dieser Vermittlungsleistungen dient der Vereinfachung und ist auch bei der Vermittlung einer Beförderung im Luftverkehr nicht davon abhängig, dass diese auf Grund einer Anordnung nach § 26 Abs. 3 UStG steuerfrei ist.

Eine **grenzüberschreitende** Beförderung, d.h. eine solche, die sich sowohl auf das Inland als auch auf das Ausland erstreckt (§ 3b Abs. 1 Satz 4 UStG), liegt auch dann vor, wenn die Vereinfachungen gem. §§ 3–7 UStDV dazu führen, dass inländische als ausländische Streckenanteile und umgekehrt anzusehen sind.[1] 7

Für den „Verkauf" von **Flugscheinen** durch Reisebüros sieht Abschn. 4.5.3 USt- 8 AE eine umständliche „**Vereinfachungsregelung**"[2] für verschiedene Sachverhalte vor, die nach Auffassung der Finanzverwaltung „Elemente eines Eigengeschäfts (Veranstalterleistung) sowie eines Vermittlungsgeschäfts enthalten"[3] Das ergibt **keinen Sinn**, da es nur ein Entweder-Oder gibt. Die Beförderungsleistung wird entweder von der Fluggesellschaft gegenüber dem Reisenden im eigenen Namen oder von dem „Reisebüro" im eigenen Namen erbracht, welches sich dann der Fluggesellschaft als Subunternehmer bedient. Nur im ersten Fall ist das Reisebüro Vermittler (Vertreter). Maßgebend ist, wem gegenüber der Reisende den Anspruch auf Beförderung hat.

## D. Vermittlung von Umsätzen im Drittlandsgebiet (Satz 1 Buchst. c)

Steuerfrei ist des Weiteren grundsätzlich die Vermittlung von **Umsätzen**, die 9 ausschließlich **im Drittlandsgebiet** bewirkt werden (§ 4 Nr. 5 Satz 1 Buchst. c UStG). Maßgebend ist, ob sich der Ort der vermittelten Lieferung oder sonstigen Leistung im Drittlandsgebiet befindet. Da indes der Ort einer Vermittlungsleistung sich nach der Grundregel des § 3a Abs. 3 Nr. 4 UStG ebenfalls am Ort des vermittelten Umsatzes befindet, d.h. schon nicht steuerbar ist, hat die Befreiung nur dann Bedeutung, wenn der Ort der Vermittlungsleistung nach § 3a Abs. 2 UStG (Auftraggeber ist Unternehmer oder juristische Person mit USt-IdNr.) im Inland oder Gemeinschaftsgebiet ist.

Bei **Pauschalreisen** i.S.d. § 25 UStG ist deren Ort dort, wo der Reiseveranstalter 10 ansässig ist (§ 25 Abs. 1 Satz 4 UStG). Ist das im Inland, so ist folglich die Vermittlung auch dort erbracht (§ 3a Abs. 3 Nr. 4 UStG) und selbst dann nicht steuerfrei, wenn die Pauschalreise im Ausland stattfindet und steuerfrei (§ 25 Abs. 2 UStG) ist. § 4 Nr. 5 UStG ist jedoch auf die Vermittlung derjenigen (Teile von) Reiseleistungen anzuwenden, die nicht unter § 25 UStG fallen, weil der Reiseveranstalter sie mit eigenen Mitteln erbringt (§ 25 Rz. 18), oder der Empfänger Unternehmer ist.

Bei der Vermittlung einer im Drittlandsgebiet bewirkten Lieferung, welche einer 11 **Einfuhr** zugrunde liegt, wird die Steuerbefreiung wieder neutralisiert, weil die Kosten der Vermittlung in die Bemessungsgrundlage der Einfuhrumsatzsteuer einbezogen werden (§ 11 Abs. 3 Nr. 3 UStG).

## E. Vermittlung sog. Einfuhrlieferungen (Satz 1 Buchst. d)

Steuerbefreit ist schließlich die Vermittlung von sog. Einfuhrlieferungen, die 12 nach § 3 Abs. 8 UStG als im Inland ausgeführt zu behandeln sind (§ 4 Nr. 5

---
1 Abschn. 4.5.1 Abs. 4 UStAE.
2 Abschn. 4.5.3 Abs. 2 Satz 1 UStAE.
3 Abschn. 4.5.3 Abs. 1 Satz 4 UStAE.

Satz 1 Buchst. d UStG). Bei einer Lieferung aus dem Drittlandsgebiet in das Inland ist die Lieferung – je nachdem, ob der Lieferer oder der Abnehmer Schuldner der Einfuhrumsatzsteuer ist – entweder (im ersten Fall) nach § 3 Abs. 8 UStG im Inland steuerbar (§ 3 Rz. 148) oder (anderenfalls) nicht steuerbar, weil der Ort der Lieferung nach der Grundregel des § 3 Abs. 6 Satz 1 UStG im Drittlandsgebiet liegt (§ 3 Rz. 121). Im letzteren Fall ist auch der Ort der Vermittlungsleistung nach § 3a Abs. 2 Nr. 4 Satz 1 UStG im Drittlandsgebiet und schon nicht steuerbar. Die Befreiung nach § 4 Nr. 5 Satz 1 Buchst. d UStG bewirkt, dass auch die Vermittlung einer unter § 3 Abs. 8 UStG fallenden Lieferung nicht mit Umsatzsteuer belastet wird.

### F. Ausnahme: Reisebüroleistungen für Reisende (Satz 2)

13 **Nicht** befreit ist die Vermittlung von Umsätzen durch Reisebüros **für Reisende** (§ 4 Nr. 5 Satz 2 UStG). Diese Vorschrift betrifft nur diejenigen Fälle, in denen ein Vertragsverhältnis zum Reisenden besteht, d.h. das Reisebüro diesem eine Provision für die Vermittlungsleistungen berechnet.[1] Soweit Reisebüros ihre Vermittlungsleistungen nicht gegenüber den Reisenden, sondern gegenüber den Reiseveranstaltern, Hotels, Beförderungsunternehmen usw. erbringen, weil sie von diesen die Provision erhalten, gelten die Bestimmungen des § 4 Nr. 5 Satz 1 Buchst. b und c UStG (Rz. 6 ff.).

14 Auf die **Bezeichnung** des Unternehmer als „Reisebüro" kommt es nicht an.[2] Maßgebend ist allein, ob es sich um die Vermittlung von unter § 4 Nr. 5 Satz 1 UStG fallenden Reiseleistungen für Reisende handelt. Reiseveranstalter sind keine Vermittler, da sie die Reiseleistungen im eigenen Namen erbringen (§ 25 Abs. 1 Satz 1 UStG). Eine Steuerfreiheit ihrer Leistungen kann sich nach § 25 Abs. 2 UStG ergeben.

# § 4 Nr. 6
# Steuerbefreiungen bei Lieferungen und sonstigen Leistungen

**Von den unter § 1 Abs. 1 Nr. 1 fallenden Umsätzen sind steuerfrei:**

...

6. **die Lieferungen und sonstigen Leistungen der Eisenbahnen des Bundes auf Gemeinschaftsbahnhöfen, Betriebswechselbahnhöfen, Grenzbetriebsstrecken und Durchgangsstrecken an Eisenbahnverwaltungen mit Sitz im Ausland,**
   a) (weggefallen)
   b) die Lieferungen von eingeführten Gegenständen an im Drittlandsgebiet, ausgenommen Gebiete nach § 1 Abs. 3, ansässige Abnehmer, soweit für

---

1 Dazu Abschn. 4.5.2 UStAE.
2 Abschn. 4.5.2 Abs. 5 Sätze 2 und 3 UStAE.

die Gegenstände zollamtlich eine vorübergehende Verwendung in den in § 1 Abs. 1 Nr. 4 bezeichneten Gebieten bewilligt worden ist und diese Bewilligung auch nach der Lieferung gilt. Nicht befreit sind die Lieferungen von Beförderungsmitteln, Paletten und Containern,

c) Personenbeförderungen im Passagier- und Fährverkehr mit Wasserfahrzeugen für die Seeschifffahrt, wenn die Personenbeförderungen zwischen inländischen Seehäfen und der Insel Helgoland durchgeführt werden,

d) die Abgabe von Speisen und Getränken zum Verzehr an Ort und Stelle im Verkehr mit Wasserfahrzeugen für die Seeschifffahrt zwischen einem inländischen und ausländischen Seehafen und zwischen zwei ausländischen Seehäfen. Inländische Seehäfen im Sinne des Satzes 1 sind auch die Freihäfen und Häfen auf der Insel Helgoland;

*EU-Recht*
Zu Buchst. a: Art. 394 MwStSystRL; zu Buchst. c: Art. 161 MwStSystRL.

*VV*
Abschn. 4.6.1 und 4.6.2 UStAE.

Die Vorschrift enthält ein **Konvolut** von Befreiungen für unterschiedliche Tatbestände, die in keinem inneren Zusammenhang stehen. Die unionsrechtlichen **Grundlagen** sind weitgehend unklar und für die Befreiung nach Buchstabe e ersichtlich nicht gegeben.[1]  1

Befreit sind zum einen die Leistungen der **Eisenbahnen** des Bundes auf den genannten Bahnhöfen, Grenzbetriebsstrecken[2] und Durchgangsstrecken an Eisenbahnverwaltungen mit Sitz im Ausland (§ 4 Nr. 6 **Buchst. a** UStG). Bei diesen Leistungen handelt es sich insbesondere um die Überlassungen von Anlagen und Räumen, um Personalgestellungen und um Lieferungen von Betriebsstoffen, Schmierstoffen und Energie.[3] Die Vorschrift[4] dient der **Vereinfachung**, da die Leistungsempfänger stets zum Vorsteuerabzug berechtigt sind und ihnen deshalb bei Steuerpflicht der genannten Umsätze die Steuer nach § 18 Abs. 9 UStG zu vergüten wäre. Auf die Rechtsform der Beteiligten kommt es nicht an. „Eisenbahnverwaltungen" sind auch Eisenbahngesellschaften.  2

Ferner ist die Lieferung von eingeführten **Gegenständen** an **Abnehmer**, welche im **Drittlandsgebiet** (mit Ausnahme der Gebiete i.S.d. § 1 Abs. 3 UStG) **ansässig** sind, befreit, sofern für diese Gegenstände eine **vorübergehende Verwendung** bewilligt worden ist (§ 4 Nr. 6 **Buchst. c** UStG). Diese Befreiung dient (wie § 4 Nr. 3 Satz 1 Buchst. c UStG) der **Vereinfachung** und ist eine Ausprägung des **Bestimmungslandprinzips**.  3

---
[1] Vgl. BFH v. 27.2.2014 – V R 14/13, BStBl. II 2014, 869 – Rz. 26.
[2] Dazu BFH v. 4.7.2013 – V R 33/11, BStBl. II 2013, 937.
[3] Abschn. 4.6.1 UStAE.
[4] Als § 4 Nr. 5 bereits im UStG von 1967 enthalten.

4  Befreit sind des Weiteren die **Personenbeförderungen** mit **Wasserfahrzeugen** für die Seeschifffahrt (*§ 8 Rz. 4 ff.*) zwischen inländischen Seehäfen und der Insel **Helgoland** (§ 4 Nr. 6 Buchst. d UStG).

5  Befreit ist schließlich die Abgabe von **Speisen und Getränken** zum Verzehr an Ort und Stelle auf **Seeschiffen** zwischen inländischen und ausländischen und zwischen ausländischen Seehäfen einschließlich Freihäfen und Helgoland (§ 4 Nr. 6 **Buchst. e** UStG). Nach Auffassung des BMF werden von der Befreiung nur solche Umsätze erfasst, welche als Dienstleistungen gelten (dazu *§ 3 Rz. 206*), so dass die **Lieferung** von Speisen und Getränken nicht befreit sein soll.[1] Das gibt der Wortlaut nicht her und lässt sich auch nicht aus § 3e Abs. 1 UStG ableiten. Folglich werden auch Lieferungen, die zum sofortigen Verzehr, d.h. nicht nach ihrer Verpackung zur Mitnahme nach Verlassen des Schiffs bestimmt sind, erfasst. Die Befreiung ist mangels Lücke und zudem wegen ihrer Unionsrechtswidrigkeit nicht analog auf die Restaurationsumsätze an Bord von Flugzeugen anzuwenden.[2]

# § 4 Nr. 7
# Steuerbefreiungen bei Lieferungen und sonstigen Leistungen

**Von den unter § 1 Abs. 1 Nr. 1 fallenden Umsätzen sind steuerfrei:**

...

7. die Lieferungen, ausgenommen Lieferungen neuer Fahrzeuge im Sinne des § 1b Abs. 2 und 3, und die sonstigen Leistungen

   a) an andere Vertragsparteien des Nordatlantikvertrags, die nicht unter die in § 26 Abs. 5 bezeichneten Steuerbefreiungen fallen, wenn die Umsätze für den Gebrauch oder Verbrauch durch die Streitkräfte dieser Vertragsparteien, ihr ziviles Begleitpersonal oder für die Versorgung ihrer Kasinos oder Kantinen bestimmt sind und die Streitkräfte der gemeinsamen Verteidigungsanstrengung dienen,

   b) an die in dem Gebiet eines anderen Mitgliedstaates stationierten Streitkräfte der Vertragsparteien des Nordatlantikvertrags, soweit sie nicht an die Streitkräfte dieses Mitgliedstaates ausgeführt werden,

   c) an die in dem Gebiet eines anderen Mitgliedstaates ansässigen ständigen diplomatischen Missionen und berufskonsularischen Vertretungen sowie deren Mitglieder und

   d) an die in dem Gebiet eines anderen Mitgliedstaates ansässigen zwischenstaatlichen Einrichtungen sowie deren Mitglieder.

---

1 Abschn. 4.6.2 UStAE.
2 BFH v. 27.2.2014 – V R 14/13, BStBl. II 2014, 869 – Rz. 27.

Der Gegenstand der Lieferung muss in den Fällen des Satzes 1 Buchstabe b bis d in das Gebiet des anderen Mitgliedstaates befördert oder versendet werden. Für die Steuerbefreiungen nach Satz 1 Buchstabe b bis d sind die in dem anderen Mitgliedstaat geltenden Voraussetzungen maßgebend. Die Voraussetzungen der Steuerbefreiungen müssen vom Unternehmer nachgewiesen sein. Bei den Steuerbefreiungen nach Satz 1 Buchstabe b bis d hat der Unternehmer die in dem anderen Mitgliedstaat geltenden Voraussetzungen dadurch nachzuweisen, dass ihm der Abnehmer eine von der zuständigen Behörde des anderen Mitgliedstaates oder, wenn er hierzu ermächtigt ist, eine selbst ausgestellte Bescheinigung nach amtlich vorgeschriebenem Muster aushändigt. Das Bundesministerium der Finanzen kann mit Zustimmung des Bundesrates durch Rechtsverordnung bestimmen, wie der Unternehmer die übrigen Voraussetzungen nachzuweisen hat;

*EU-Recht*

Art. 151 MwStSystRL.

Art. 49–51 i.V.m. Anhang II MwSt-DVO.

*VV*

Abschn. 4.7.1 UStAE.

| | |
|---|---|
| A. Allgemeines .................. 1 | E. Umsätze an im Gebiet eines anderen Mitgliedstaates ansässige zwischenstaatliche Einrichtungen (Satz 1 Buchst. d) .......... 7 |
| B. Umsätze an andere Vertragsparteien der NATO (Satz 1 Buchst. a) ................... 2 | |
| C. Umsätze an im Gebiet eines anderen Mitgliedstaates stationierte Streitkräfte (Satz 1 Buchst. b) .................. 3 | F. Weitere Voraussetzungen (Sätze 2, 3 und 5) ............. 9 |
| D. Umsätze an im Gebiet eines anderen Mitgliedstaates ansässige Botschaften und Konsulate (Satz 1 Buchst. c) ............. 5 | |

## A. Allgemeines

Die Vorschrift befreit Umsätze an 1

— **andere Vertragsparteien der NATO** (§ 4 Nr. 7 Satz 1 Buchst. a UStG),

— NATO-**Gaststreitkräfte in anderen EU-Mitgliedstaaten** (§ 4 Nr. 7 Satz 1 Buchst. b UStG),

— in anderen EU-Mitgliedstaaten ansässige **diplomatische Missionen** usw. (§ 4 Nr. 7 Satz 1 Buchst. c UStG),

— in anderen EU-Mitgliedstaaten ansässige **zwischenstaatliche Einrichtungen** (§ 4 Nr. 7 Satz 1 Buchst. d UStG).

Die Befreiungen gelten nicht für Lieferungen neuer Fahrzeuge i.S.d. § 1b Abs. 2 und 3 UStG, da diese stets der Erwerbsbesteuerung unterliegen (Art. 2 Abs. 1 Buchst. b Ziff. ii MwStSystRL) und deshalb bereits die Steuerbefreiung nach § 6a Abs. 1 Satz 1 Nr. 2 Buchst. c UStG eingreift.

Für die Befreiungen nach § 4 Nr. 7 Satz 1 Buchst. b–d UStG müssen die **weiteren Voraussetzungen** von § 4 Nr. 7 Sätze 2, 3 und 5 UStG erfüllt sein (*Rz. 9 f.*). Durch Rechtsverordnung kann bestimmt werden, wie die übrigen Voraussetzungen nachzuweisen sind (§ 4 Nr. 7 Satz 6 UStG).

## B. Umsätze an andere Vertragsparteien der NATO (Satz 1 Buchst. a)

2   Umsätze an andere Vertragsparteien der NATO, welche nicht unter die in § 26 Abs. 5 UStG bezeichneten Steuerbefreiungen (*Vor §§ 4–9 Rz. 30 ff.*) fallen, sind steuerfrei, wenn die Umsätze für den Gebrauch oder Verbrauch durch die Streitkräfte dieser Vertragsparteien, ihr ziviles Begleitpersonal oder für die Versorgung ihrer Kasinos oder Kantinen bestimmt sind und die Streitkräfte der gemeinsamen Verteidigungsanstrengung dienen (§ 4 Nr. 7 Satz 1 Buchst. a UStG).[1] Die Vorschrift zielt zum einen auf die Lieferung von **Rüstungsgegenständen** an andere Vertragsparteien der NATO ab. Gelangen diese in das Drittlandsgebiet, so kommt schon die Steuerbefreiung der Ausfuhrlieferung (§ 4 Nr. 1 Buchst. a i.V.m. § 6 UStG) in Betracht. Darüber hinaus soll die Befreiung nach § 4 Nr. 7 Satz 1 Buchst. a UStG insbesondere **wehrtechnische Gemeinschaftsprojekte** begünstigen, bei denen der **Generalunternehmer** im **Inland** ansässig ist.[2]

## C. Umsätze an im Gebiet eines anderen Mitgliedstaates stationierte Streitkräfte (Satz 1 Buchst. b)

3   Umsätze an die **in dem Gebiet** eines **anderen EG-Mitgliedstaates stationierten** (Gast-)**Streitkräfte** der NATO-Vertragsparteien sind steuerfrei, soweit sie **nicht** an die Streitkräfte **dieses Mitgliedstaates** ausgeführt werden (§ 4 Nr. 7 Satz 1 Buchst. b UStG). Die anderen Mitgliedstaaten unterliegen nicht der Erwerbsbesteuerung im Gastland (Art. 3 Abs. 1 Buchst. a i.V.m. Art. 151 MwStSystRL). Befreit sind danach **auch** die Umsätze an **deutsche Streitkräfte**, die in einem anderen Mitgliedstaat stationiert sind. Werden Gegenstände, welche steuerfrei an deutsche Streitkräfte geliefert worden waren, später in das Inland verbracht, so greift die Erwerbsbesteuerung ein (§ 1c Abs. 2 UStG).

4   Die Steuerbefreiung setzt voraus, dass der Auftrag von der amtlichen **Beschaffungsstelle** der Streitkräfte erteilt wurde.[3] Darüber hinaus müssen die **weiteren Voraussetzungen** von § 4 Nr. 7 Sätze 2, 3 und 5 UStG erfüllt sein (*Rz. 9*).

---

[1] Das ist nicht bei der Abwrackung von Schiffen der Fall; vgl. EuGH v. 26.4.2012 – C-225/11, UR 2012, 554.
[2] Abschn. 4.7.1 Abs. 1 UStAE.
[3] Abschn. 4.7.1 Abs. 3 UStAE.

## D. Umsätze an im Gebiet eines anderen Mitgliedstaates ansässige Botschaften und Konsulate (Satz 1 Buchst. c)

Umsätze an die in dem Gebiet eines **anderen EG-Mitgliedstaates** ansässigen ständigen **diplomatischen Missionen** und **berufskonsularischen Vertretungen** sowie deren Mitglieder sind steuerfrei (§ 4 Nr. 7 Satz 1 Buchst. c UStG), wenn die weiteren Voraussetzungen von § 4 Nr. 7 Sätze 2, 3 und 5 UStG erfüllt sind (*Rz. 9*). 5

Umsätze an **im Inland** ansässige derartige Einrichtungen sind steuerpflichtig. Die **Vergütung** der Steuer an diese erfolgt nach Maßgabe der **UStErstV**[1] durch das Bundeszentralamt für Steuern. 6

## E. Umsätze an im Gebiet eines anderen Mitgliedstaates ansässige zwischenstaatliche Einrichtungen (Satz 1 Buchst. d)

Umsätze an die in dem Gebiet eines anderen EG-Mitgliedstaates ansässige zwischenstaatliche Einrichtungen sowie deren Mitglieder sind steuerfrei (§ 4 Nr. 7 Satz 1 Buchst. d UStG), wenn die weiteren Voraussetzungen von § 4 Nr. 7 Sätze 2, 3 und 5 UStG erfüllt sind (*Rz. 9*). 7

Umsätze an **im Inland** ansässige derartige Einrichtungen sind steuerpflichtig. Die **Vergütung** der Steuer an diese erfolgt nach Maßgabe der jeweiligen **Abkommen**, **Übereinkommen**, Protokolle usw. in Verbindung mit den dazu ergangenen Gesetzen oder Verordnungen.[2] 8

## F. Weitere Voraussetzungen (Sätze 2, 3 und 5)

In den Fällen des § 4 Nr. 7 Satz 1 Buchst. b–d UStG sind weitere Voraussetzungen zu erfüllen. Bei einer Lieferung muss der Gegenstand **in das Gebiet des anderen Mitgliedstaates verbracht** werden (§ 4 Nr. 7 Satz 2 UStG). Für die Steuerbefreiung sind die **in** dem **anderen Mitgliedstaat** geltenden **Voraussetzungen** maßgebend (§ 4 Nr. 7 Satz 3 UStG), d.h. der andere Mitgliedstaat bestimmt, welche Kriterien erfüllt sein müssen und in welchem Umfang die Steuerbefreiung für Umsätze an auf seinem Gebiet stationierte Streitkräfte bzw. ansässige Einrichtungen in Betracht kommt. Der Nachweis hat durch eine **Bescheinigung** zu geschehen (§ 4 Nr. 7 Satz 5 UStG).[3] 9

Nach Auffassung der Finanzverwaltung kann die Steuerbefreiung nur für Leistungsbezüge (sic!) gewährt werden, die noch für **mindestens sechs Monate** zum Gebrauch oder Verbrauch im übrigen Gemeinschaftsgebiet bestimmt sind.[4] Der Sinn dieser Aussage („noch") ist nicht erkennbar. Möglicherweise ist gemeint, dass bei Lieferung eines Gegenstandes dieser mindestens sechs Monate im Gemeinschaftsgebiet genutzt werden soll. 10

---

1 Dazu *Stadie* in R/D, Vor §§ 4–9 UStG Anm. 158 ff.
2 Dazu näher *Stadie* in R/D, Vor §§ 4–9 UStG Anm. 162 ff.
3 Dazu Abschn. 4.7.1 Abs. 6 UStAE und BMF v. 23.6.2011 – IV D 3 - S 7158b/11/10001, BStBl. I 2011, 677 – i.V.m. Art. 51 und Anhang II MwSt-DVO.
4 Abschn. 4.7.1 Abs. 5 Satz 3 UStAE.

## § 4 Nr. 8
## Steuerbefreiungen bei Lieferungen und sonstigen Leistungen

Von den unter § 1 Abs. 1 Nr. 1 fallenden Umsätzen sind steuerfrei:

...

8. a) die Gewährung und die Vermittlung von Krediten,

   b) die Umsätze und die Vermittlung der Umsätze von gesetzlichen Zahlungsmitteln. Das gilt nicht, wenn die Zahlungsmittel wegen ihres Metallgehalts oder ihres Sammlerwerts umgesetzt werden,

   c) die Umsätze im Geschäft mit Forderungen, Schecks und anderen Handelspapieren sowie die Vermittlung dieser Umsätze, ausgenommen die Einziehung von Forderungen,

   d) die Umsätze und die Vermittlung der Umsätze im Einlagengeschäft, im Kontokorrentverkehr, im Zahlungs- und Überweisungsverkehr und das Inkasso von Handelspapieren,

   e) die Umsätze im Geschäft mit Wertpapieren und die Vermittlung dieser Umsätze, ausgenommen die Verwahrung und die Verwaltung von Wertpapieren,

   f) die Umsätze und die Vermittlung der Umsätze von Anteilen an Gesellschaften und anderen Vereinigungen,

   g) die Übernahme von Verbindlichkeiten, von Bürgschaften und anderen Sicherheiten sowie die Vermittlung dieser Umsätze,

   h) die Verwaltung von Investmentfonds im Sinne des Investmentsteuergesetzes und die Verwaltung von Versorgungseinrichtungen im Sinne des Versicherungsaufsichtsgesetzes,

   i) die Umsätze der im Inland gültigen amtlichen Wertzeichen zum aufgedruckten Wert;

   j) (weggefallen)

   k) (weggefallen)

*EU-Recht*

Art. 135 Abs. 1 Buchst. b–h MwStSystRL;

Art. 45 MwSt-DVO.

*VV*

Abschn. 4.8.1–4.8.14 UStAE.

| | | | |
|---|---|---|---|
| A. Allgemeines | 1 | C. Umsätze und die Vermittlung von Umsätzen von Zahlungsmitteln (Buchst. b) | 16 |
| B. Gewährungen und Vermittlung von Krediten (Buchst. a) | 8 | | |

| | |
|---|---|
| D. Umsätze im Geschäft mit Forderungen (Buchst. c) .......... 18 | H. Übernahme von Verbindlichkeiten und Sicherheiten (Buchst. g) .................. 29 |
| E. Umsätze im Einlagengeschäft und Zahlungsverkehr (Buchst. d).................... 21 | I. Verwaltung von Investmentfonds und Versorgungseinrichtungen (Buchst. h) ........... 31 |
| F. Umsätze im Geschäft mit Wertpapieren (Buchst. e)........... 22 | J. Umsätze amtlicher Wertzeichen (Buchst. i).............. 32 |
| G. Umsätze von Gesellschaftsanteilen und deren Vermittlung (Buchst. f) .................. 25 | |

## A. Allgemeines

I. Die Vorschrift befreit insbesondere die **Gewährung** und die **Vermittlung** von **Krediten** (§ 4 Nr. 8 Buchst. a UStG) sowie weitere **banktypische Umsätze** einschließlich ihrer Vermittlung (§ 4 Nr. 8 Buchst. b–e und g UStG). Ausdrücklich **ausgenommen** ist das sog. **Depotgeschäft** (§ 4 Nr. 8 Buchst. e UStG). Ferner sind die Umsätze und die Vermittlung von **Anteilen** an Gesellschaften und anderen Vereinigungen (§ 4 Nr. 8 Buchst. f UStG) sowie die **Verwaltung** von **Investmentvermögen** durch Kapitalanlagegesellschaften u.Ä. befreit (§ 4 Nr. 8 Buchst. h UStG). Einen **Fremdkörper** bildet die Befreiung nach § 4 Nr. 8 Buchst. i UStG (Umsätze amtlicher Wertzeichen). 1

Der **Zweck** dieser Befreiungen erschließt sich nicht. Zuweilen heißt es, dass die genannten Vorgänge, wie insbesondere die Kreditgewährung, typischerweise nicht selbst zu einem privaten Verbrauch führen[1] bzw. ein bloßes Hin- und Herbewegen von Kapital statt eines steuerwürdigen Endverbrauchs darstellen würden.[2] Damit wird verkannt, dass die Umsatzsteuer nicht nur den unmittelbaren Konsum realer Güter besteuern will, sondern den Aufwand der Bürger für Güter und Dienstleistungen jedweder Art im Auge hat. Die **typischen Tätigkeiten** der **Kreditinstitute** und der Vermittler sind derartige **verbrauchbare Dienstleistungen** (*§ 1 Rz. 10, 27*), für die die Empfänger Geld aufwenden. Folglich stellen die in § 4 Nr. 8 UStG genannten Befreiungen insoweit nicht etwa nur die Nichtsteuerbarkeit klar. Anderenfalls hätte das Gesetz auch keinen Verzicht auf die Steuerbefreiung (§ 9 Abs. 1 UStG) vorgesehen. **Klarstellungen** der **Nichtsteuerbarkeit** finden sich hingegen in § 4 Nr. 8 Buchst. b, c, e und f UStG (*Rz. 16, 18, 22, 25*). 2

Der deutsche **Gesetzgeber** hatte 1967 von der an sich notwendigen Besteuerung aller Bankumsätze insbesondere „aus technischen Gründen"[3], die wohl in der Vereinfachung liegen sollen[4], abgesehen. Diese Vereinfachungsgründe sind indes nicht erkennbar. Lt. **EuGH** sollen mit der Steuerbefreiung von Finanzgeschäften die Schwierigkeiten bei der Bestimmung der Bemessungsgrundlage und der Hö- 3

---

1 *Reiß* in T/L, 20. Aufl. 2010, § 14 Rz. 91.
2 *Heidner* in Bunjes, § 4 Nr. 8 UStG Rz. 2.
3 Reg.-Begr. zum UStG 1967, BT-Drucks. IV/1590 – zu § 4 Nr. 7.
4 Vgl. Bericht des Finanzausschusses zu BT-Drucks. V/1581 – zu § 4 Nr. 8.

he der abzugsfähigen Vorsteuern beseitigt werden.[1] Das erschließt sich so nicht. Dass bei der Befreiung der Kreditgewährung auch soziale Gründe eine Rolle spielen sollen[2], ist ebenso wenig nachvollziehbar.[3] Über eine Leerformel hinausgehende „Erwägungen"[4] der Richtliniengeber (zu Art. 13 Teil B Buchst. d und e der 6. EG-Richtlinie aF bzw. Art. 135 Abs. 1 Buchst. b–h MwStSystRL) sind nicht bekannt.

4 Rationale Gründe für die in der Vorschrift genannten Steuerbefreiungen sind mithin nicht erkennbar.[5] Folglich sind die genannten **Begriffe** (insbesondere die „Gewährung und die Vermittlung von Krediten") **eng** zu verstehen, da es **mangels** eines **Zwecks** der Vorschrift **keinen Maßstab für** eine über den Wortlaut hinausgehende **Auslegung** gibt.

5 Die meisten der genannten Umsätze sind zwar auf Kreditinstitute zugeschnitten, sie können jedoch nicht nur von ihnen erbracht werden, so dass die Steuerbefreiung auch für **entsprechende Umsätze anderer Unternehmer** in Betracht kommt.[6] (*Beispiel:* **Stundung** des **Kaufpreises** aus einer Lieferung gegen Zinsen. Diese Kreditgewährung ist keine unselbständige Nebenleistung zur steuerpflichtigen Lieferung, sondern eine **eigenständige** sonstige Leistung i.S.d. § 4 Nr. 8 Buchst. a UStG.[7]).

**Differenz**- und ähnliche **Geschäfte**, die lediglich auf eine Ausgleichszahlung gerichtet sind, führen zu keinem verbrauchbaren Vorteil und sind mangels Leistungserbringung (§ 1 *Rz. 10 u. Rz. 28*) schon nicht steuerbar[8] (s. auch *Rz. 19*).

6 Mit diesen Steuerbefreiungen ist grundsätzlich der **Ausschluss des Vorsteuerabzugs** verbunden (§ 15 Abs. 2 UStG); Ausnahmen ergeben sich aus § 15 Abs. 3 Nr. 1 Buchst. b und Nr. 2 Buchst. b UStG in bestimmten Fällen von Drittlandsbeziehungen. Bei den Steuerbefreiungen nach § 4 Nr. 7 Buchst. a–g UStG kann,

---

1 EuGH v. 19.4.2007 – C-455/05, EuGHE 2007, I-3225 = UR 2007, 379 – Rz. 24; EuGH v. 10.3.2011 – C-540/09, EuGHE 2011, I-1509 = UR 2011, 751 – Rz. 21; EuGH v. 12.6.2014 – C-461/12, UR 2014, 856 – Rz. 30; dem folgend BFH v. 30.11.2011 – X R 19/10, BStBl. II 2011, 772 – Rz. 38.
2 So Bericht des Finanzausschusses zu BT-Drucks. V/1581 – Allg., 4d.
3 EuGH v. 19.4.2007 – C-455/05 EuGHE 2007, I-3225 = UR 2007, 379 – Rz. 24; EuGH v. 22.10.2009 – C-242/08, EuGHE 2009, I-10099 = UR 2009, 891 – Rz. 49; dem folgend BFH v. 30.11.2011 – X R 19/10, BStBl. II 2011, 772 – Rz. 39. Lt. EuGH soll indes mit der Steuerbefreiung eine Erhöhung der Kosten der Verbraucherkredite vermieden werden. Das dürfte wohl kaum der Beweggrund für die Steuerbefreiung sein.
4 Im Vorschlag der Kommission für die 6. EG-Richtlinie heißt es lediglich, dass diese Steuerbefreiungen „aus für alle Mitgliedstaaten gültigen allgemeinpolitischen Erwägungen gerechtfertigt erscheinen (sic!)"; EG-Bulletin Beil. 11/1973, 16 = BT-Drucks. 7/913, 43 – zu Art. 14.
5 Ausführlich dazu *Stadie* in R/D, Vor §§ 4–9 UStG Anm. 71 ff.
6 Vgl. EuGH v. 27.10.1993 – C-281/91, EuGHE 1993, I-5405 – Rz. 13 f. = UR 1994, 73 – Kurzfassung; BFH v. 27.8.1998 – V R 84/97, BStBl. II 1999, 106.
7 Vgl. BFH v. 18.12.1980 – V B 24/80, BStBl. II 1981, 197; BFH v. 6.10.1988 – V R 124/83, UR 1989, 156 (157); EuGH v. 27.10.1993 – C-281/91, EuGHE 1993, I-5405 – Rz. 13 f. = UR 1994, 73 – Kurzfassung; FG Berlin-Bdb. v. 14.6.2012 – 7 K 7320/08, EFG 2012, 1964.
8 Vgl. BMF v. 19.12.1989 – IV A 3 - S 7160 - 55/89, UR 1990, 63; *Dahm/Hamacher*, DStR 2012, 2409; a.A. *Wäger*, DStR 2012, 1830 (1835 ff.).

wenn die Leistung für das Unternehmen des Empfängers erbracht wird, **auf** die **Steuerfreiheit verzichtet** werden (§ 9 Abs. 1 UStG).

**II.** Der Begriff der „**Vermittlung**" ist innerhalb des UStG und der MwStSystRL einheitlich.[1] Zur Vermittlung zählt auch und vor allem die **Vertretung** beim Abschluss der den befreiten Dienstleistungen zugrunde liegenden Verträge (zum Begriff der Vermittlung ausführlich *§ 3a Rz. 69 ff.*). Sog. **Untervermittler** sind ebenfalls als Vermittler anzusehen (*Rz. 15*). Auch der **Nachweis** von potenziellen **Interessenten** ist als Vermittlung zu verstehen.[2] **Keine Vermittlung** bewirkt, wer lediglich einen Teil der mit einem zu vermittelnden Vertragsverhältnis verbundenen Sachbearbeitung übernimmt[3], einem mit dem Vertrieb von Gesellschaftsanteilen oder anderen Finanzprodukten betrauten Unternehmer Abschlussvertreter zuführt und diese betreut[4] oder eine Vermittlungsorganisation aufbaut oder leitet.[5] Ebenso wenig erfüllen bloße Beratungstätigkeiten den Begriff der Vermittlung.[6]

7

Kein „Vermittler" ist zwar der sog. **Dienstleistungskommissionär**, welcher im *eigenen* Namen (für fremde Rechnung) tätig wird; die Befreiungsvorschriften des § 4 Nr. 8 UStG können indes nach § 3 Abs. 11 UStG auf seine Dienstleistungen anwendbar sein (*§ 3 Rz. 189 f., 194 ff.*).

## B. Gewährungen und Vermittlung von Krediten (Buchst. a)

Die Gewährung eines Kredites ist eine Dienstleistung (*Rz. 2*) in Gestalt der vorübergehenden **Überlassung** von **Kapital** zur zeitweiligen Nutzung[7] (Typus Darlehen). Das ist auch bei der **Einlage** eines **stillen Gesellschafters** anzunehmen. Eine Kreditgewährung liegt auch in der Dienstleistung der **Pfandleiher** gegenüber den Verpfändern.[8]

8

Einer Kreditgewährung ist die **Kreditbereitschaft** gleichzustellen.[9] Hingegen sind die bei Nichtinanspruchnahme eines zugesagten Darlehens zu zahlenden **Nichtabnahmeentschädigungen** oder bei vorzeitiger Rückzahlung anfallenden **Vorfälligkeitsentschädigungen** Schadensersatz und nicht das Entgelt für Leistungen des Kreditinstituts, da dem Zahlenden kein geldwerter Vorteil verschafft

9

---

1 A.A. das BMF, welches (ohne Begründung) zwischen dem Begriff der Vermittlung i.S.d. § 3a Abs. 3 Nr. 4 UStG und des § 4 Nr. 5 UStG einerseits und des § 4 Nr. 8 UStG andererseits unterscheidet; vgl. Abschn. 3a.7 Abs. 1, Abschn. 4.5.1 Abs. 1 und Abschn. 4.8.1 UStAE.
2 BFH v. 28.5.2009 – V R 7/08, BStBl. II 2010, 80; EuGH v. 5.7.2012 – C-259/11, UR 2012, 672 – Rz. 27; Abschn. 4.8.1 Abs. 1 Satz 4 UStAE.
3 Abschn. 4.8.1 Abs. 1 Satz 5 UStAE; vgl. auch EuGH v. 13.12.2001 – C-235/00, EuGHE 2001, I-10237 = UR 2002, 84 – Rz. 40.
4 BFH v. 23.10.2002 – V R 68/01, BStBl. II 2003, 618; vgl. auch BFH v. 30.10.2008 – V R 44/07, BStBl. II 2009, 554.
5 BFH v. 6.12.2007 – V R 66/05, BStBl. II 2008, 638; BFH v. 20.12.2007 – V R 62/06, BStBl. II 2008, 641.
6 Abschn. 4.8.1 Abs. 1 Satz 7 UStAE.
7 Vgl. EuGH v. 29.4.2004 – C-77/01, EuGHE 2004, I-4295 = UR 2004, 292 – Rz. 65, 69.
8 BFH v. 9.7.1970 – V R 32/70, BStBl. II 1970, 645; Abschn. 4.8.2 Abs. 5 UStAE.
9 BFH v. 20.1.1955 – V 246/54 U, BStBl. III 1955, 82; Abschn. 4.8.2 Abs. 1 Satz 3 UStAE.

wurde (§ 1 Rz. 49); anderenfalls wären die Leistungen steuerfrei nach § 4 Nr. 8 Buchst. a UStG.[1]

**Banktechnische Dienstleistungen** Dritter gegenüber Kreditinstituten im Zusammenhang mit Kreditvergaben (sog. **Kreditfabriken**) sind steuerpflichtige Dienstleistungen.

10 Die **Kreditgewährung** durch Lieferanten oder Dienstleistungserbringer in Gestalt der **Stundung** der Forderung auf die Gegenleistung ist eine **eigenständige** sonstige Leistung und nicht Teil der eigentlichen Leistung (§ 3 Rz. 204). Gleiches gilt bei der **Finanzierung** eines **Bauvorhabens durch** den **Bauunternehmer**.[2] Die Eigenständigkeit dieser Leistung hängt nicht etwa davon ab, dass der Jahreszinssatz in der Vereinbarung über die Stundung genannt ist.[3]

Eine Kreditgewährung ist auch dann anzunehmen, wenn sich ein Geldschuldner den Kredit zwangsweise verschafft, indem er seine Schuld erst verspätet begleicht und deshalb **Verzugszinsen** zu zahlen hat. Er erlangt einen geldwerten Vorteil, so dass von einer sonstigen Leistung gegen Entgelt auszugehen ist (§ 1 Rz. 58), auf deren Steuerfreiheit mithin nach § 9 UStG verzichtet werden kann. Folglich liegt richtigerweise kein Fall des § 14c UStG vor, wenn einem anderen Unternehmer Verzugszinsen mit Umsatzsteuer in Rechnung gestellt werden.

11 Wird ein **Skonto** oder ein Barzahlungsrabatt nicht in Anspruch genommen, so ist dieser Betrag richtigerweise die Gegenleistung für eine steuerfreie Kreditgewährung. Demgegenüber soll es sich nach Auffassung des BFH bei diesem Betrag um einen Teil der Gegenleistung für die eigentliche Lieferung oder Dienstleistung handeln.[4] Dem entspricht es, dass nach ganz h.M. die Inanspruchnahme des Skontos zu einer Minderung der Bemessungsgrundlage dieses Umsatzes führen soll (§ 10 Rz. 38). Diese Sichtweise verkennt, dass es keinen Unterschied ergeben darf, ob ein Barpreis mit Zielzinsen oder ein Zielpreis mit Skontomöglichkeit bei Barzahlung vereinbart wird. Wirtschaftlich gleiche Sachverhalte sind auch steuerrechtlich gleich zu behandeln. So hat auch der EuGH[5] festgestellt, dass es gegen den Grundsatz der Gleichbehandlung verstoßen würde, wenn ein Käufer für einen von seinem Lieferanten gewährten Kredit Steuern zahlen müsste, während ein Käufer, der einen Kredit bei der Bank oder einem anderen Kreditgeber in Anspruch nehmen würde, insoweit von der Steuer befreit wäre. Dieser Gedanke hat auch für das Skonto und den Barzahlungsrabatt zu gelten, denn der Käufer usw. hätte sich einen Kredit bei einer Bank besorgen und dann bar bezahlen können.

Da der Kaufpreis (die Gegenleistung) grundsätzlich sofort fällig ist, handelt es sich bei dem Skonto mithin um die Differenz zwischen Barpreis und Zielpreis, d.h. um den **Preis für die Kreditnutzung** bzw. die Vorfinanzierung des Kaufprei-

---

1 So BFH v. 20.3.1980 – V R 32/76, BStBl. II 1980, 538.
2 BFH v. 13.11.2013 – XI R 24/11, UR 2014, 693.
3 Zust. BFH v. 13.11.2013 – XI R 24/11, UR 2014, 693 – Rz. 63; a.A. Abschn. 3.11 Abs. 2 Nr. 2 UStAE.
4 BFH v. 28.1.1993 – V R 43/89, BStBl. II 1993, 360; BFH v. 29.4.1993 – V R 64/91, BFH/NV 1994, 416; ebenso Abschn. 3.11 Abs. 5 UStAE.
5 EuGH v. 27.10.1993 – C-281/91, EuGHE 1993, I-5405 – Rz. 14 = UR 1994, 73 – Kurzfassung.

ses, deren Möglichkeit dem Abnehmer (Käufer) eingeräumt wird. Richtigerweise ist deshalb im Skonto- bzw. Barzahlungsrabattbetrag die Gegenleistung für eine steuerfreie Kreditgewährung zu sehen. Folglich ist auch Gegenleistung für die Warenlieferung usw. stets von vornherein der Barpreis, unabhängig davon, ob das Skonto o.Ä. in Anspruch genommen wird (*§ 10 Rz. 38 a.E.*).

Beim sog. **Kreditkartengeschäft** soll nach Auffassung des **EuGH** das Kreditkartenunternehmen dem Vertragsunternehmen (Verkäufer usw.) gegenüber eine Dienstleistung erbringen, die sich aus verschiedenen Komponenten zusammensetze (Zahlungsgarantie, Förderung der Geschäftstätigkeit u.Ä.), ohne dass sich der EuGH dazu geäußert hat, ob und inwieweit diese Dienstleistung dann steuerfrei ist.[1] Diese Sichtweise entspricht nicht den wirtschaftlichen Gegebenheiten. **Richtigerweise** erbringt das Kreditkartenunternehmen eine Dienstleistung gegenüber dem Kunden (Karteninhaber) in Gestalt der Kreditgewährung und Zahlungsabwicklung, die steuerfrei nach § 4 Nr. 8 Buchst. a und d UStG ist. Die Gegenleistung liegt in dem Zahlungsabschlag, den das Kreditkartenunternehmen gegenüber dem Vertragsunternehmen (Verkäufer usw.) – als Minderung der Bemessungsgrundlage i.S.d. § 17 Abs. 1 UStG des Warenumsatzes usw. – zugunsten des Käufers usw. (Karteninhabers) vornimmt und für die Kreditgewährung behält.[2]     12

Beim sog. **echten Factoring** erwirbt der sog. Factor *werthaltige* Forderungen aus Warenlieferungen oder anderen Umsätzen anderer Unternehmer (der. sog. Anschlusskunden) unter Übernahme des Ausfallrisikos. Hierbei kann es sich um Dienstleistungen des sog. Factors gegenüber den sog. Anschlusskunden handeln (*§ 1 Rz. 18*); die Gegenleistung liegt dann regelmäßig in der Differenz zwischen Nennbetrag der Forderung und dem Ankaufspreis (*§ 10 Rz. 30*). Anders ist es bei sog. **zahlungsgestörten Forderungen**, wenn die Differenz zwischen dem Nennwert der Forderung und dem Kaufpreis keine Dienstleistung des Erwerbers gegenüber dem Abtretenden abgilt, sondern der Kaufpreis den Schätzwert der Forderungen widerspiegelt.[3] Beim Erwerb nicht zahlungsgestörter Forderungen soll die Dienstleistung des sog. Factors nach Auffassung des **EuGH** im Kern die **Einziehung der Forderung** sein, so dass die Ausnahme von der Steuerbefreiung nach Art. 135 Abs. 1 Buchst. d MwStSystRL (bzw. § 4 Nr. 8 Buchst. c UStG; *Rz. 20*) zutreffe und die Dienstleistung **steuerpflichtig** sei.[4] Das entspricht nicht den wirtschaftlichen Gegebenheiten, da das Schwergewicht der Dienstleistung in der Vorfinanzierung der Forderungen liegt, so dass **richtigerweise** von einer steuerfreien **Kreditgewährung** auszugehen ist. Die **Finanzverwaltung** nimmt eine solche an, wenn die Forderung in mehreren Raten zu zahlen oder insgesamt nicht vor Ablauf eines Jahres nach der Übertragung fällig ist.[5]     13

---

1 EuGH v. 27.10.1993 – C-281/91, EuGHE 1993, I-2871 = UR 1994, 72 – Kurzfassung; vgl. auch EuGH v. 15.5.2001 – C-34/99, EuGHE 2001, I-3833 = UR 2001, 308 – Rz. 27.
2 *Stadie* in R/D, § 17 UStG Anm. 162 f.
3 EuGH v. 27.10.2011 – C-93/10, EuGHE 2011, I-10791 = UR 2011, 933; BFH v. 26.1.2012 – V R 18/08, UR 2012, 359; BFH v. 4.7.2013 – V R 8/10, UR 2014, 8.
4 EuGH v. 26.6.2003 – C-305/01, EuGHE 2003, I-6729 = BStBl. II 2004, 688 = UR 2003, 399; ihm folgend BFH v. 4.9.2003 – V R 34/99, BStBl. II 2004, 667; BFH v. 15.5.2012 – XI R 28/10, UR 2012, 719.
5 Abschn. 2.4 Abs. 4 Satz 6 UStAE.

14 Für das sog. **unechte Factoring**, bei dem der sog. Anschlusskunde weiterhin das Ausfallrisiko trägt, so dass es sich bei der Auszahlung des Forderungsbetrages erst recht nur um eine Bevorschussung handelt, hat dasselbe zu gelten, so dass entgegen BFH[1] ebenfalls von einer steuerfreien Kreditgewährung auszugehen ist.

Die vorausgehenden Ausführungen (*Rz. 13 f.*) treffen auch auf das zum selben wirtschaftlichen Ergebnis führende sog. **Forfaitieren** von Forderungen, insbesondere im Überseehandel, zu.

15 Eine steuerfreie **Vermittlung** von Krediten i.S.d. § 4 Nr. 8 Buchst. a UStG führt aus, wer die künftigen Vertragsparteien unmittelbar oder mittelbar zusammenführt und/oder für diese als Vertreter den Kreditvertrag abschließt[2] (s. zum Begriff der Vermittlung *Rz. 7* sowie *§ 3a Rz. 69 ff.*). Auf die Bezeichnung der Gegenleistung (Provision) kommt es nicht an[3], da der Charakter der Tätigkeit maßgebend ist.[4] Nicht erforderlich ist, dass es tatsächlich zum Abschluss eines Vertrages kommt.[5] Eine sog. **Untervermittlung**, bei der ein **Subunternehmer** Dienstleistungen (Informationsverschaffung, Vorbereitung der Kreditverträge usw.) im Zusammenhang mit der Kreditvermittlung gegenüber dem Hauptvermittler erbringt, fällt ebenfalls unter die Befreiung.[6]

## C. Umsätze und die Vermittlung von Umsätzen von Zahlungsmitteln (Buchst. b)

16 Steuerfrei sind die Umsätze und die Vermittlung der Umsätze von gesetzlichen Zahlungsmitteln (§ 4 Nr. 8 Buchst. b Satz 1 UStG). Den „Umsätzen" von gesetzlichen Zahlungsmitteln liegen allerdings überhaupt keine Leistungen zugrunde, soweit es sich nur um den Tausch von Geld gegen Geld handelt, da Geld selbst nicht verbrauchbar ist. Eine verbrauchbare Dienstleistung liegt nur in dem **Umtausch** (Wechseln von Devisen; *§ 1 Rz. 28 Fn. 3*; zutreffend jetzt § 43 Nr. 3 UStDV nF) oder in der Vermittlung des Geldtausches.

17 Lediglich dann, wenn die Zahlungsmittel wegen ihres **Metallgehalts** oder ihres **Sammlerwerts** umgesetzt werden, kommt ihnen ein Gebrauchsnutzen zu, so dass steuerbare Lieferungen vorliegen. Für diese wie auch deren Vermittlung gilt die Steuerbefreiung nicht (§ 4 Nr. 8 Buchst. b Satz 2 UStG; zum *Steuersatz* bei

---

1 BFH v. 10.12.1981 – V R 75/76, BStBl. II 1982, 200 – Bündel verschiedener steuerfreier und steuerpflichtiger Leistungen; vgl. auch BFH v. 15.5.2012 – XI R 28/10, UR 2012, 719 – Rz. 35.
2 EuGH v. 13.12.2001 – C-235/00, EuGHE 2001, I-10237 = UR 2002, 84 – Rz. 39; BFH v. 26.1.1995 – V R 9/93, BStBl. II 1995, 427; BFH v. 9.10.2003 – V R 5/03, BStBl. II 2003, 958.
3 Vgl. BFH v. 8.5.1980 – V R 126/76, BStBl. II 1980, 618 – zum sog. Zins-Packing.
4 Zur Einbeziehung sog. Kontinuitätsprovisionen s. BFH v. 19.4.2007 – V R 31/05, UR 2007, 646; BayLfSt. v. 19.12.2007 – S 7160e - 5 St 35 N, UR 2008, 126.
5 BFH v. 3.11.2005 – V R 21/05, BStBl. II 2006, 282.
6 Dazu näher EuGH v. 21.6.2007 – C-453/05, EuGHE 2007, I-5083 = UR 2007, 617; BFH v. 20.12.2007 – V R 52/06, BStBl. II 2008, 641; BFH v. 28.5.2009 – V R 7/08, BStBl. II 2010, 80.

Lieferungen s. § 12 Abs. 2 Nr. 1 i.V.m. Anlage 2 Nr. 54 Buchst. b UStG). Bei **Goldmünzen** kommt indes die Befreiung nach § 25c UStG in Betracht.

## D. Umsätze im Geschäft mit Forderungen (Buchst. c)

Umsätze „im Geschäft mit" Forderungen und Handelspapieren meinen **nicht** 18 die **Abtretung** (Veräußerung) von **Geldforderungen**[1], da damit dem Empfänger mangels Verschaffung eines geldwerten („verbrauchbaren") Nutzens – er erhält lediglich einen Anspruch auf Zahlung von Geld – keine Leistung im umsatzsteuerrechtlichen Sinne erbracht wird (*§ 1 Rz. 29*), so dass schon **kein steuerbarer Vorgang** gegeben ist.[2] Das gilt auch für die Übertragung von Wechseln, Schecks u.Ä. (§ 43 Nr. 1 und 2 UStDV ergeben deshalb keinen Sinn; *§ 15 Rz. 493*). Die Steuerbefreiung kann deshalb nur die Übertragung von **Nicht-Geldforderungen**[3] (Sachleistungsansprüche) meinen. Dazu zählen indes **nicht** die Forderungen, welche auf Lieferung von Gegenständen gerichtet sind (**Warenforderungen**), weil die Abtretung einer solchen Forderung bei deren Erfüllung zur Lieferung der Gegenstände im Reihengeschäft führt (Klarstellung durch Art. 135 Abs. 1 Buchst. f MwStSystRL: „sonstige Wertpapiere ... mit Ausnahme von Warenpapieren"). Erfasst werden folglich nur Forderungen, welche auf die Erbringung von **Dienstleistungen** gerichtet sind. Umsätze im Geschäft mit Forderungen usw. sind deshalb weitgehend nur die **Leistungen Dritter** – die **Vermittlung** ist allerdings gesondert erwähnt – im Zusammenhang mit solchen Geschäften. Die Vermittlung von Dienstleistungen selbst (*Beispiel:* Vertrieb von Mobilfunkguthabenkarten) ist steuerpflichtig.[4]

**Optionsgeschäften** im **Warentermingeschäft** in Gestalt von reinen **Differenz-** 19 **geschäften** liegen entgegen der h.M. keine umsatzsteuerbaren Leistungen zugrunde, da kein verbrauchbarer Vorteil, sondern nur ein etwaiger Geldvorteil verschafft wird (vgl. *§ 1 Rz. 10, 28, 30 ff., 49*), so dass sie nicht steuerfrei[5], sondern schon nicht steuerbar sind (s. auch *Rz. 5 a.E.*). Folglich führt die **Vermittlung** dieser „Geschäfte" zu steuerpflichtigen Dienstleistungen, da sie unter keine Bestimmung des § 4 Nr. 8 UStG fallen und diese Vorschrift zudem eng auszulegen ist (*Rz. 4*).

Ausdrücklich ausgeschlossen ist die **Einziehung von Forderungen**.[6] Diese Dienst- 20 leistung ist mithin steuerpflichtig. Eine Einziehung von Forderungen soll nach

---

1 A.A. BFH v. 15.7.1997 – V B 122/96, UR 1998, 421; BFH v. 13.11.2004 – V R 79/01, BStBl. II 2004, 375 – 2c bb; Abschn. 2.4 Abs. 3 Satz 5, Abschn. 4.8.4, Abschn. 15.18 Abs. 3 f. UStAE; *Philipowski* in R/D, § 4 Nr. 8 UStG Anm. 169; *Heidner* in Bunjes, § 4 Nr. 8 UStG Rz. 20; *Wäger* in S/R, § 4 Nr. 8 UStG Rz. 130 i.V.m. Rz. 35.
2 A.A. BFH v. 30.3.2011 – XI R 19/10, BStBl. II 2011, 772; BFH v. 25.4.2013 – XI B 123/12, BFH/NV 2013, 1273 – zur Abtretung von Zahlungsansprüchen nach der EU (GAP)-Agrarreform.
3 Demgegenüber sprach § 4 Nr. 8 Buchst. f UStG aF (bis 2001) unsinnigerweise ausdrücklich (nur) von Geldforderungen.
4 Vgl. BMF v. 3.12.2001 – IV B 7 - S 7100 - 292/01, BStBl. I 2001, 1010.
5 So aber BFH v. 30.3.2006 – V R 19/02, BStBl. II 2007, 68; Abschn. 4.8.4 Abs. 5 Satz 2 UStAE.
6 Zum Begriff EuGH v. 28.10.2010 – C-175/09, EuGHE 2010, I-10701 = UR 2011, 265 – Rz. 28 ff.

unzutreffender Auffassung des EuGH und des BFH beim sog. **Factoring** von werthaltigen (nicht zahlungsgestörten) Forderungen vorliegen; richtigerweise handelt es sich dabei um eine Kreditgewährung (*Rz. 13 f.*).

### E. Umsätze im Einlagengeschäft und Zahlungsverkehr (Buchst. d)

21  Die Umsätze und die Vermittlung dieser Dienstleistungen im **Einlagengeschäft**[1], im **Kontokorrentverkehr**[2], im Zahlungs- und Überweisungsverkehr und das Inkasso von Handelspapieren sind steuerfrei (§ 4 Nr. 8 Buchst. d UStG).

Umsätze im **Überweisungsverkehr** liegen nur dann vor, wenn die erbrachten Dienstleistungen, ohne Nebenleistung zu sein[3], eine Übertragung von Geldern bewirken und zu rechtlichen und finanziellen Änderungen führen[4] (so die umständliche und zu Fehlinterpretationen führende Umschreibung des EuGH, welche weitere Vorlagen provoziert[5]).

Die Erbringung von **Hilfsdiensten** insbesondere in Gestalt EDV-technischer Leistungen von Rechenzentren o.Ä. oder elektronischer Nachrichtenübermittlungsdienste für die mit der Überweisung beauftragte Bank o.Ä. zählen **nicht** zu den Umsätzen im Überweisungsverkehr.[6] Da der Zweck der Befreiungsvorschrift nicht erkennbar ist, besteht kein Anlass, diese weit auszulegen (*Rz. 4*). Folglich werden auch die Dienstleistungen eines **Geldautomatenbetreibers** gegenüber Banken nicht erfasst.[7]

### F. Umsätze im Geschäft mit Wertpapieren (Buchst. e)

22  Steuerfrei sind die Umsätze im Geschäft mit Wertpapieren und die Vermittlung dieser Umsätze, ausgenommen die Verwahrung und Verwaltung von Wertpapieren (§ 4 Nr. 8 Buchst. e UStG). Einer Definition des Begriffs **Wertpapiere** und der **Abgrenzung** von den Gesellschaftsanteilen i.S.d. § 4 Nr. 8 Buchst. f UStG bedarf es **nicht**, da deren **Übertragung**[8] entweder **schon nicht steuerbar**, jedenfalls aber steuerfrei ist. Die Übertragung von solchen Wertpapieren, welche auf Auszahlung eines *Geldbetrages* gerichtet sind, ist schon keine Leistung im umsatzsteu-

---

1 Dazu Abschn. 4.8.5 UStAE. Auch negativen Einlagezinsen liegen Dienstleistungen im Einlagegeschäft zugrunde; *Philipowski*, MwStR 2014, 823.
2 Dazu Abschn. 4.8.7 Abs. 1 UStAE; zur Vermittlung FG Rh.-Pf. v. 21.12.2006 – 4 K 2638/01, EFG 2007, 715.
3 Vgl. EuGH v. 2.10.2010 – C-276/09, EuGHE 2010, I-12359 = UR 2011, 261 – Bereitstellung besonderer Zahlungsmöglichkeiten für die Entrichtung des Entgelts.
4 EuGH v. 5.6.1997 – C-2/95, EuGHE 1997, I-3017 = UR 1998, 64 – Rz. 66; EuGH v. 13.12.2001 – C-235/00, EuGHE 2001, I-10237 = UR 2002, 84 – Rz. 26; EuGH v. 28.7.2011 – C-350/10, EuGHE 2011, I-7359 = UR 2011, 747; BFH v. 13.7.2006 – V R 57/04, BStBl. II 2007, 19.
5 Das vor allem deshalb, weil der EuGH nebulös von der „Verantwortung" des eingeschalteten Rechenzentrums spricht.
6 EuGH v. 5.6.1997 – C-2/95, EuGHE 1997, I-3017 = UR 1998, 64 – Rz. 66; EuGH v. 13.12.2001 – C-235/00, EuGHE 2001, I-10237 = UR 2002, 84 – Rz. 26; BFH v. 13.7.2006 – V R 57/04, BStBl. II 2007, 19; BFH v. 12.6.2008 – V R 32/06, BStBl. II 2008, 777.
7 A.A. FG Rh.-Pf. v. 23.10.2014 – 6 K 1465/12, EFG 2015, 588.
8 Die Frage, ob durch Lieferung oder sonstige Leistung (so BMF v. 30.11.2006 – IV A 5 - S 7100 - 167/05, BStBl. I 2006, 793), kann dahinstehen.

errechtlichen Sinne (§ 1 Rz. 29). Umsätze im Geschäft mit Wertpapieren sind vornehmlich die Dienstleistungen im **Emissionsgeschäft**[1] (nicht die Emission selbst, *Rz. 26*) und beim **Optionsgeschäft**[2] mit Wertpapieren.

Eine **Vermittlung** (dazu *Rz. 7*) von Wertpapierumsätzen liegt nicht bei Dienstleistungen vor, die sich auf die Erteilung von Informationen über ein Finanzprodukt und/oder die Annahme und Bearbeitung der Anträge auf Zeichnung der Wertpapiere beschränken.[3] 23

**Nicht** befreit ist die **Verwahrung** und die **Verwaltung** von Wertpapieren (§ 4 Nr. 8 Buchst. e Halbs. 2 UStG), d.h. das sog. **Depotgeschäft**[4] und die Überlassung eines **Bankschließfaches**. Letztere ist auch nicht steuerfrei nach § 4 Nr. 12 UStG (arg. Art. 135 Abs. 2 Buchst. d MwStSystRL). Die **Vermögensverwaltung** (sog. Portfolioverwaltung) ist entgegen früherer Auffassung des BFH[5] nicht befreit[6], da es keinen sachlichen Grund gibt, die Steuerbefreiungen nach § 4 Nr. 8 UStG über ihren Wortlaut hinaus auszudehnen (*Rz. 4*). 24

## G. Umsätze von Gesellschaftsanteilen und deren Vermittlung (Buchst. f)

Die Umsätze (zur Vermittlung s. *Rz. 28*) von Anteilen[7] an Gesellschaften und anderen Vereinigungen sind steuerfrei (§ 4 Nr. 8 Buchst. f UStG). Es handelt sich letztlich nur um die **Klarstellung** der **Nichtsteuerbarkeit**, da diese „Umsätze" – im Gegensatz zu deren Vermittlung (*Rz. 28*) – selbst zu keiner Verbraucherversorgung (vgl. § 1 Rz. 10) führen[8] (zur Übertragung sämtlicher Anteile durch den Alleingesellschafter s. § 1 Rz. 132 ff.; zum **Vorsteuerabzug** bei Dienstleistungen im Zusammenhang mit der Veräußerung der Anteile s. § 15 Rz. 446 f.). 25

Bei **Gründung** der Gesellschaft oder **Aufnahme weiterer Gesellschafter** (**Kapitalerhöhung**) tätigt die Gesellschaft hingegen keine Umsätze gegenüber den Gesellschaftern.[9] Das gilt erst recht bei der „Ausgabe" von **stillen Beteiligungen**.[10] 26

---

1 Vgl. Abschn. 4.8.8 Abs. 2 UStAE; ferner EuGH v. 10.3.2011 – C-540/09, EuGHE 2011, I 1509 = UR 2011, 751 – Übernahmegarantie.
2 Vgl. Abschn. 4.8.8 Abs. 1 UStAE.
3 EuGH v. 13.12.2001 – C-235/00, EuGHE 2001, I-10237 = UR 2002, 84.
4 Dazu näher Abschn. 4.8.9 UStAE.
5 BFH v. 11.10.2007 – V R 22/04, BStBl. II 2008, 993.
6 Abschn. 4.8.9 Abs. 2 UStAE; so jetzt auch BFH v. 11.10.2012 – V R 9/10, UR 2013, 57 = BStBl. II 2014, 279, im Anschluss an EuGH v. 19.7.2012 – C-44/11, BStBl. II 2012, 945.
7 Auf die Art der Vermögenswerte, die hinter diesen Anteilen stehen, kommt es nicht an; vgl. EuGH v. 5.7.2012 – C-259/11, UR 2012, 672.
8 Das verkennt der EuGH v. 29.10.2009 – C-29/08, EuGHE 2009, I-10413 = UR 2010, 107; EuGH v. 5.7.2012 – C-259/11, UR 2012, 672; ihm folgend BFH v. 27.1.2011 – V R 38/09, BStBl. II 2012, 68 = UR 2011, 307.
9 *Stadie* in Woerner (Hrsg.), Umsatzsteuer in nationaler und europäischer Sicht (DStJG 13), Köln 1990, S. 179, 188 f.; *Reiß*, UR 1996, 357 (361 f.); BFH v. 1.7.2004 – V R 32/00, BStBl. II 2004, 1022; EuGH v. 26.5.2005 – C-465/03, EuGHE 2005, I-4357 = UR 2005, 382; Abschn. 1.6 Abs. 2 UStAE.
10 *Philipowski* in R/D, § 4 Nr. 8 UStG Anm. 392; nur im Ergebnis ebenso BFH v. 18.11.2004 – V R 16/03, BStBl. II 2005, 503.

Der **Vorsteuerabzug** bezüglich der mit der Gründung der Gesellschaft oder der Aufnahme weiterer Gesellschafter verbundenen Ausgaben bestimmt sich, da sie im wirtschaftlichen Zusammenhang mit der (zukünftigen) Tätigkeit der Gesellschaft stehen, wie bei den übrigen Gemeinkosten ausschließlich nach der Verknüpfung mit dieser (§ 15 Rz. 440).

27 Beim **Ausscheiden eines Gesellschafters** liegt ebenso wenig eine nach § 4 Nr. 8 Buchst. f UStG steuerfreie „Rückgabe" des Gesellschaftsanteils an die Gesellschaft vor.[1]

28 Eine steuerfreie **Vermittlung** (Rz. 7) verlangt nach dem Gesetzeswortlaut, dass sie sich auf „Umsätze" von Anteilen an Gesellschaften und anderen Vereinigungen bezieht. Das hätte zur Folge, dass die Vermittlung beim Ersterwerb nicht steuerfrei wäre, weil dieser nicht zu einem Umsatz führt (Rz. 26). Demgegenüber spricht Art. 135 Abs. 1 Buchst. f MwStSystRL von der Vermittlung, die sich auf Aktien, Anteile an Gesellschaften und Vereinigungen bezieht, so dass § 4 Nr. 8 Buchst. f UStG richtlinienkonform auszulegen ist.[2] Keine Anteile an Vereinigungen sind **Vereinsmitgliedschaften** (sofern sie nicht mit einer Kapitalbeteiligung verbunden sind[3]), so dass deren Vermittlung **nicht** steuerbefreit ist.[4] Eine **stille Beteiligung** ist zwar kein Gesellschaftsanteil, aber eine Art Kreditgewährung, so dass deren Vermittlung unter § 4 Nr. 8 Buchst. a UStG fällt. Keine Vermittlung von Umsätzen von Gesellschaftsanteilen ist die Anwerbung und Ausbildung von Vermittlern[5] oder die Erbringung von Marketing- und Werbungsleistungen.[6]

## H. Übernahme von Verbindlichkeiten und Sicherheiten (Buchst. g)

29 Steuerfrei ist die Übernahme von Verbindlichkeiten, von Bürgschaften und anderen Sicherheiten sowie die Vermittlung dieser Umsätze (§ 4 Nr. 8 Buchst. g UStG). Der steuerbare Vorgang ist das **Eingehen** der **Verpflichtung** für eine bestimmte Zeit, wenn dafür eine Provision o.Ä. gezahlt wird (auf die Bezeichnung kommt es nicht an), nicht das tatsächliche Einstehen für die Verbindlichkeit. Der Vergütung für die **Haftung** eines **Gesellschafters** einer Personengesellschaft liegt schon keine Leistung zugrunde (§ 1 Rz. 37). Demgegenüber soll es sich nach Auffassung der Finanzverwaltung um eine steuerpflichtige Leistung handeln.[7]

30 Verbindlichkeiten im Sinne der Vorschrift sind nur **Geldverbindlichkeiten**, nicht Dienstleistungsverpflichtungen.[8]

---

1 A.A. *Birkenfeld* in B/W, § 93 Rz. 481.
2 Vgl. Abschn. 4.8.10 Abs. 4 UStAE.
3 Beispiel: Golfclubmitgliedschaft, die an einen KG-Anteil gekoppelt ist.
4 So auch im Ergebnis BFH v. 27.5.1995 – V R 40/93, BStBl. II 1995, 753; a.A. *von Stuhr/Walz*, UR 2010, 553.
5 BFH v. 20.12.2007 – V R 62/06, BStBl. II 2008, 641; BFH v. 30.10.2008 – V R 44/07, BStBl. II 2009, 554.
6 BFH v. 6.12.2007 – V R 66/05, BStBl. II 2008, 638.
7 Abschn. 4.8.12 Abs. 2 Satz 2 UStAE.
8 EuGH v. 19.4.2007 – C-455/05, EuGHE 2007, I-3225 = UR 2007, 379.

Demgemäß kommen als andere Sicherheiten auch nur auf Geldzahlung gerichtete **Garantie- o.ä. Verpflichtungen** in Betracht.[1] Die **Garantiezusage** eines **Autohändlers**, durch die der Käufer seiner Wahl einen Reparaturanspruch gegenüber dem Händler oder einen Reparaturkostenersatzanspruch gegenüber einem Versicherer erhält, ist folglich steuerpflichtig.[2]

## I. Verwaltung von Investmentfonds und Versorgungseinrichtungen (Buchst. h)

Steuerfrei ist die Verwaltung von Investmentfonds i.S. des **Investmentsteuergesetzes**[3] und die Verwaltung von **Versorgungseinrichtungen** im Sinne des VAG[4] (§ 4 Nr. 8 Buchst. h UStG). Nicht zu der Verwaltung im Sinne dieser Vorschrift zählt die Tätigkeit der Depotbanken[5] (s. auch *Rz. 24*). 31

## J. Umsätze amtlicher Wertzeichen (Buchst. i)

Die Umsätze der im Inland gültigen amtlichen Wertzeichen zum aufgedruckten Wert sind steuerfrei (§ 4 Nr. 8 Buchst. i UStG). Das gilt auch, wenn die Wertzeichen zu einem Preis veräußert werden, der unter dem aufgedruckten Wert liegt.[6] Da ein gültiges Postwertzeichen einen Anspruch auf Beförderung gegenüber der Post „verbrieft", ist sein „Verkauf" durch den Ersterwerber m.E. nicht die Lieferung des Papiers[7], sondern die Abtretung dieses Beförderungsanspruchs, so dass gleichsam eine Besorgung einer Beförderungsleistung i.S.d. § 3 Abs. 11 UStG vorliegt. Sofern die Beförderung durch die Deutsche Post AG steuerfrei ist (§ 4 Nr. 11b UStG), ist auch deren Besorgung nach § 3 Abs. 11 UStG steuerfrei, und die Befreiung nach § 4 Nr. 8 Buchst. i UStG ist überflüssig. 32

Werden die Wertzeichen zu einem höheren als dem aufgedruckten Wert veräußert, so handelt es sich um die steuerpflichtige Lieferung von **Sammlermarken**. 33

---

1 Vgl. BFH v. 14.12.1989 – V R 125/84, BStBl. II 1990, 401; BFH v. 24.1.1991 – V R 19/87, BStBl. II 1991, 539; BFH v. 22.10.1992 – V R 53/89, BStBl. II 1993, 318.
2 BFH v. 10.2.2010 – XI R 49/07, BStBl. II 2010, 1109.
3 Bis 17.1.2014: Investmentvermögen nach dem Investmentgesetz; vgl. dazu ausführlich Abschn. 4.8.13 Abs. 1–19, 21 UStAE; ferner BFH v. 11.4.2013 – V R 51/10, BStBl. II 2013, 877; EuGH v. 7.3.2013 – C-275/11, UR 2013, 293 = BStBl. II 2013, 900.
4 Dazu Abschn. 4.8.13 Abs. 20 UStAE.
5 EuGH v. 4.5.2006 – C-169/04, EuGHE 2006, I-4027 = UR 2006, 352; Abschn. 4.8.13 Abs. 19 UStAE.
6 Abschn. 4.8.14 UStAE.
7 So aber Art. 135 Abs. 1 Buchst. h MwStSystRL; BFH v. 21.6.1990 – V R 94/85, UR 1991, 48.

## § 4 Nr. 9
## Steuerbefreiungen bei Lieferungen und sonstigen Leistungen

**Von den unter § 1 Abs. 1 Nr. 1 fallenden Umsätzen sind steuerfrei:**

...

9. a) die Umsätze, die unter das Grunderwerbsteuergesetz fallen,
   b) die Umsätze, die unter das Rennwett- und Lotteriegesetz fallen. Nicht befreit sind die unter das Rennwett- und Lotteriegesetz fallenden Umsätze, die von der Rennwett- und Lotteriesteuer befreit sind oder von denen diese Steuer allgemein nicht erhoben wird;

*EU-Recht*
Art. 135 Abs. 1 Buchst. i–k, Art. 371 i.V.m. Anhang X Teil B Nr. 9 MwStSystRL;
Art. 13b MwSt-DVO (ab 2017).

*VV*
Abschn. 4.9.1 und 4.9.2 UStAE.

| | | | |
|---|---|---|---|
| **A. Gemeinsames** | 1 | III. Begriff des Grundstücks | 18 |
| **B. Umsätze, die unter das Grunderwerbsteuergesetz fallen (Buchst. a)** | | IV. Entnahme eines Grundstücks | 25 |
| | | **C. Umsätze, die unter das Rennwett- und Lotteriegesetz fallen (Buchst. b)** | 27 |
| I. Allgemeines | 2 | | |
| II. Grundstückslieferungen | 6 | | |

## A. Gemeinsames

1 Die Vorschrift befreit die unter das Grunderwerbsteuergesetz (GrEStG) fallenden Umsätze (§ 4 Nr. 9 Buchst. a UStG) und die nach dem Rennwett- und Lotteriegesetz besteuerten Umsätze (§ 4 Nr. 9 Buchst. b UStG).

Der **Zweck** der Befreiungen liegt darin, die Belastung dieser Umsätze mit zwei gleichartigen Steuern zu vermeiden[1], da es sich sowohl bei der Grunderwerbsteuer als auch bei der Steuer nach dem Rennwett- und Lotteriegesetz um besondere Umsatzsteuern (vulgo: „Verkehrsteuern") handelt.

---

[1] Vgl. Bericht d. Finanzaussch. zu BT-Drucks. V/1581 – Allg., 4d, sowie Einzelbegr. zu § 4 Nr. 9 UStG.

## B. Umsätze, die unter das Grunderwerbsteuergesetz fallen (Buchst. a)

### I. Allgemeines

**Steuerbare** Umsätze, die unter das Grunderwerbsteuergesetz (GrEStG) fallen, sind grundsätzlich steuerfrei (§ 4 Nr. 9 Buchst. a UStG). Ist ein Grundstück nur mit einem **Teil** dem Unternehmen zugeordnet (*§ 1 Rz. 106*), so ist nur die Lieferung dieses Teils im Rahmen des Unternehmens und damit steuerbar (*§ 1 Rz. 109*). Ein steuerbarer Umsatz liegt **nicht** vor, wenn eine Grundstückslieferung Teil einer **Geschäftsveräußerung** im Ganzen i.S.d. § 1 Abs. 1a UStG ist oder als eine solche zu werten ist (*§ 1 Rz. 135*).

Der **Zweck** dieser Befreiung liegt darin, die Belastung mit zwei gleichartigen Steuern zu vermeiden, weil die Grunderwerbsteuer eine besondere Umsatzsteuer auf Grundstücks- und Gebäudelieferungen ist.[1] Die Steuerbefreiung kann indes bei Lieferungen an vorsteuerabzugsberechtigte Unternehmer zu Nachteilen für den liefernden Unternehmer führen (*§ 9 Rz. 9*), der deshalb unter den Voraussetzungen des § 9 UStG auf die Steuerfreiheit des Umsatzes **verzichten** kann, so dass dieser steuerpflichtig wird. **Steuerschuldner** ist dann der **Erwerber** (§ 13b Abs. 2 Nr. 3 i.V.m. Abs. 5 Satz 1 UStG).

Nach Art. 135 Abs. 1 Buchst. j und k MwStSystRL dürfen die Mitgliedstaaten grundsätzlich nur die Lieferung von Gebäuden und Grundstücken befreien, die nicht unter Art. 12 Abs. 1 Buchst. a oder b MwStSystRL fallen, d.h. keine Neubauten oder Baugrundstücke darstellen. Auf Grund der „Übergangsbestimmung" des Art. 371 i.V.m. Anhang X Teil B Nr. 9 MwStSystRL gilt diese Einschränkung jedoch nicht, so dass Deutschland alle **Lieferungen** von Grundstücken befreien darf. Obwohl § 4 Nr. 9 Buchst. a UStG an „Umsätze, die unter das GrEStG fallen", anknüpft, dürfte diese Bestimmung **mit** der **Richtlinie übereinstimmen**, da der Grundstücksbegriff der Richtlinie (dazu Art. 13b MwStDVO ab 2017) sich mit dem des GrEStG decken dürfte (*Rz. 18 ff.*) und **sonstige Leistungen** bei richtlinienkonformer Auslegung von § 4 Nr. 9 Buchst. a UStG nicht erfasst werden[2] (vgl. auch *Rz. 10 f.*).

Die Umsatzsteuerbefreiung ist nicht davon abhängig, dass der Vorgang vom Grunderwerbsteuergesetz besteuert wird. Der Umsatz „**fällt**" auch dann „**unter das Grunderwerbsteuergesetz**", wenn dessen Steuerbefreiungen („Steuervergünstigungen") nach §§ 3 ff. GrEStG eingreifen[3] (Umkehrschluss aus § 4 Nr. 9 Buchst. b Satz 2 UStG), da sonst die nicht anfallende Grunderwerbsteuer (i.H.v. zzt. 3,5 %) durch zzt. 19 % Umsatzsteuer ersetzt würde, was dem Sinn der Grunderwerbsteuerbefreiung zuwiderliefe. Zudem würde anderenfalls – soweit es sich nicht um die in Art. 12 Abs. 1 MwStSystRL bezeichneten Objekte (*Rz. 3*) handelt – gegen Art. 135 Abs. 1 Buchst. j oder k MwStSystRL verstoßen.

---

1 Vgl. *Stadie* in R/D, Einf. Anm. 782 ff.
2 Ebenso, aber ohne Begr., BFH v. 28.7.2011 – V R 28/09, BStBl. II 2014, 406 = UR 2011, 855 – Rz. 23.
3 Vgl. *Englisch* in T/L, § 17 Rz. 226.

## II. Grundstückslieferungen

6   1. Unter das **Grunderwerbsteuergesetz** fallen Lieferungen, die die Erfüllung der in § 1 GrEStG aufgezählten, sich auf inländische Grundstücke (*Rz. 13*) beziehenden Rechtsvorgänge[1] bewirken. Während das GrEStG die Steuerentstehung bereits an das schuldrechtliche Verpflichtungsgeschäft (insbesondere Kaufvertrag) oder gleichgestellte Rechtsvorgänge (§ 1 GrEStG) knüpft, entsteht die Umsatzsteuer grundsätzlich erst mit Ausführung der Lieferung (§ 13 Abs. 1 Nr. 1 Buchst. a UStG). Derartige **Rechtsvorgänge** sind insbesondere ein Kaufvertrag oder ein anderes Rechtsgeschäft, das den Anspruch auf Übereignung begründet (§ 1 Abs. 1 Nr. 1 GrEStG), sowie diesen gleichgestellte Rechtsvorgänge, wozu auch das *Meistgebot* im Zwangsversteigerungsverfahren zählt (§ 1 Abs. 1 Nr. 4 GrEStG).

7   Bei der **Zwangsversteigerung** eines Grundstücks erlangt der Ersteher mit dem Zuschlag (§ 90 ZVG) das Eigentum und damit die Verfügungsmacht i.S.d. § 3 Abs. 1 UStG (*§ 3 Rz. 24*). Darin liegt eine Lieferung des Vollstreckungsschuldners an den Ersteher[2], denn nach § 1 Abs. 1 Nr. 1 Satz 2 UStG entfällt die Steuerbarkeit eines Umsatzes nicht, wenn dieser nach gesetzlicher Vorschrift als ausgeführt gilt (*§ 1 Rz. 45*). Im Zwangsversteigerungsverfahren unterliegt das Meistgebot der GrEStG (§ 1 Abs. 1 Nr. 4 GrEStG). Folglich fällt die mit dem Zuschlag bewirkte Lieferung unter das GrEStG und ist demnach, soweit sie nicht Betriebsvorrichtungen (*Rz. 22*) oder Zubehör (*Rz. 24*) betrifft, nach § 4 Nr. 9 Buchst. a UStG steuerfrei. Auch auf diese Steuerbefreiung kann nach § 9 UStG verzichtet werden (dazu auch *§ 9 Rz. 34*).

8   Der Grunderwerbsteuer unterliegen auch Rechtsvorgänge, die es ohne Begründung eines Anspruchs auf Übereignung einem anderen rechtlich oder **wirtschaftlich** ermöglichen, ein inländisches **Grundstück** auf eigene Rechnung zu **verwerten** (§ 1 Abs. 2 GrEStG).[3] Diese Vorschrift ist eine Spezialregelung zu § 39 Abs. 2 Nr. 1 AO, meint jedoch dasselbe[4], so dass in diesen Fällen auch umsatzsteuerrechtlich Lieferungen vorliegen.

9   Umsatzsteuerfrei, weil unter das GrEStG fallend, sind folglich z.B. auch solche Grundstücksüberlassungen auf der Grundlage von gemischten Verträgen mit Elementen (insbesondere) des Miet- und des Kaufvertrages, vor allem also von sog. **Mietkauf-Verträgen** oder entsprechenden sog. **Leasing-Gestaltungen**, bei denen bereits bei Übergabe des Grundstücks nach der Zurechnungsregel des § 39 Abs. 2 Nr. 1 Satz 1 AO eine Lieferung anzunehmen ist. Das ist der Fall, wenn bereits bei Beginn des Vertrages die gesicherte Annahme **besteht**, dass es nicht nur um eine Gebrauchsüberlassung geht, sondern es sich, wirtschaftlich gesehen, um die Übertragung der Substanz des Grundstücks handelt, so dass davon aus-

---

[1] Dazu *Klenk* in R/D, § 4 Nr. 9 UStG Anm. 22 ff.; *Englisch* in T/L, § 18 Rz. 11 ff.; *Birkenfeld* in B/W, § 94 Rz. 41 ff.
[2] BFH v. 19.12.1985 – V R 139/76, BStBl. II 1986, 500; BFH v. 21.3.2002 – V R 62/01, BStBl. II 2002, 559; BFH v. 28.7.2011 – V R 28/09, BStBl. II 2014, 406 = UR 2011, 855 – Rz. 19 f.
[3] Dazu BFH v. 3.5.1973 – II R 37/68, BStBl. II 1973, 709; BFH v. 26.7.2000 – II R 33/98, BFH/NV 2001, 206; BFH v. 3.9.2008 – XI R 54/07, BStBl. II 2009, 499 (501 f.).
[4] Vgl. *Reiß* in T/L, 20. Aufl. 2010, § 15 Rz. 19.

zugehen ist, dass der Mieter bzw. sog. Leasingnehmer von dem eingeräumten Optionsrecht zum Erwerb (Kaufrecht) Gebrauch machen wird (*§ 3 Rz. 35 f.*).[1]

Der **Verzicht auf** ein durch Vormerkung gesichertes **Ankaufsrecht** ist eine Dienstleistung (vgl. *§ 1 Rz. 54*) und wird deshalb nicht von § 1 Abs. 2 GrEStG erfasst, so dass sie **nicht** steuerfrei nach § 4 Nr. 9 Buchst. a UStG ist.[2]   10

**2.** Unter das Grunderwerbsteuergesetz soll nach Auffassung des GrESt-Senats des BFH auch die **Bestellung eines Erbbaurechts** gegen laufenden Erbbauzins fallen.[3] Das wird durch § 9 Abs. 2 UStG bestätigt, der ausdrücklich von der *„Bestellung* und Übertragung von Erbbaurechten *(§ 4 Nr. 9 Buchst. a)"* spricht. Allerdings geht diese Bestimmung andererseits wegen der Gleichsetzung mit den in § 4 Nr. 12 Buchst. a bis c UStG bezeichneten Umsätzen zutreffend davon aus, dass es sich bei der Bestellung eines Erbbaurechts umsatzsteuerrechtlich nicht um eine Lieferung handelt (das gilt nur für die Übertragung eines auf Grund des Erbbaurechts errichteten Gebäudes), sondern vielmehr erst bei Vollzug des Erbbaurechts eine sonstige Leistung in Gestalt der Nutzungsüberlassung[4] – Dauerleistung in Form von Teilleistungen[5] (*§ 13 Rz. 19 ff.*) – vorliegt.[6]   11

Diese **Diskrepanz** zwischen **grunderwerbsteuerrechtlicher** und **umsatzsteuerrechtlicher** Sichtweise müsste indes aus nationaler Sicht für die Interpretation des § 4 Nr. 9 Buchst. a UStG ohne Belang sein, denn die Vorschrift spricht von „Umsätzen", die unter das Grunderwerbsteuergesetz fallen und würde danach auch sonstige Leistungen erfassen. **Art. 135 Abs. 1 Buchst. j und k MwStSystRL** sehen jedoch **nur** die Befreiung von **Lieferungen** vor. Folglich fällt, da § 4 Nr. 9 Buchst. a UStG richtlinienkonform ausgelegt werden muss, die dauernde Nutzungsüberlassung (sonstige Leistung, Dienstleistung) in Gestalt der „Bestellung" eines Erbbaurechts nicht unter § 4 Nr. 9 Buchst. a UStG.[7] Gleichwohl ist der Vorgang steuerbefreit, da er von § 4 Nr. 12 Satz 1 Buchst. c UStG (und von

---

1 Vgl. zur Grunderwerbsteuer BFH v. 17.1.1996 – II R 47/93, BFH/NV 1996, 579; *Birkenfeld* in B/W, § 94 Rz. 221 ff.; *Klenk* in R/D, § 4 Nr. 9 Buchst. a UStG Anm. 66.5.
2 BFH v. 3.9.2008 – XI R 54/07, BStBl. II 2009, 499.
3 BFH v. 28.11.1967 – II R 37/66, BStBl. II 1968, 223; BFH v. 24.2.1982 – II R 4/81, BStBl. II 1982, 625; BFH v. 18.8.1993 – II R 10/90, BStBl. II 1993, 766; Bemessungsgrundlage der GrESt soll danach der Kapitalwert der jährlichen Erbbauzinsen sein.
4 Bis 1979 war die Bestellung des Erbbaurechts zutreffend noch in § 4 Nr. 12 Buchst. c UStG 1967/1973 der Vermietung gleichgestellt. Die verfehlte Streichung erfolgte durch das UStG 1980 offensichtlich zwecks Umsetzung der o.g. BFH-Entscheidung (BFH v. 28.11.1967 – II R 37/66, BStBl. II 1968, 223) zum GrEStG; vgl. RegE UStG 1979, BT-Drucks. 8/1779 – zu § 4 Nr. 12.
5 Wird der Erbbaurechtszins als **Einmalbetrag** im Voraus geleistet, so liegen gleichwohl Teilleistungen vor. Der Einmalbetrag stellt weitgehend ein Darlehn dar (vgl. *§ 13 Rz. 34*).
6 Ebenso BFH v. 20.4.1988 – X R 4/80, BStBl. II 1988, 744; EuGH v. 4.12.1990 – C-186/89, EuGHE 1990, I-4363 = UR 1992, 141; ferner zur einkommensteuerrechtlichen Behandlung BFH v. 20.1.1983 – IV R 158/80, BStBl. II 1983, 413; BFH v. 17.4.1985 – I R 132/81, BStBl. II 1985, 617; BFH v. 24.10.1990 – X R 43/89, BStBl. II 1991, 175; BFH v. 11.12.2003 – IV R 42/02, BFH/NV 2004, 580; BFH v. 23.9.2003 – IX R 65/02, BStBl. II 2005, 159; BFH v. 20.9.2006 – IX R 17/04, BStBl. II 2007, 112 m.w.N.
7 **A.A.** *Klenk* in R/D, § 4 Nr. 9 UStG Anm. 105; *Mößlang* in S/R, § 13b UStG Rz. 30; *Heidner* in Bunjes, § 4 Nr. 9 UStG Rz. 7; *Lippross*, 3.2.13c (S. 599); *Englisch* in T/L, § 17 Rz. 212; Abschn. 4.9.1 Abs. 2 Nr. 1, Abschn. 13b.1 Abs. 2 Satz 1 Nr. 5 UStAE.

Art. 135 Abs. 1 Buchst. l MwStSystRL) erfasst wird (*§ 4 Nr. 12 Rz. 20*). Von **Bedeutung** ist die Unterscheidung im Hinblick auf § 13b Abs. 2 Nr. 3 UStG, der letzterenfalls (bei einem Verzicht nach § 9 UStG) nicht eingreift (vgl. *§ 13b Rz. 78*).[1]

12 **3.** Ist **Vertragsgegenstand** ein **Grundstück mit** einem **noch zu erstellenden** oder zu sanierenden **Gebäude** oder ein Miteigentumsanteil mit einer zu erstellenden oder zu **sanierenden Eigentumswohnung** (sog. *Bauträgermodell*), so handelt es sich um eine **einheitliche Lieferung**, welche unter das GrEStG fällt und umsatzsteuerfrei ist.[2] Das gilt auch für gesondert vereinbarte **Zusatzleistungen** („Sonderwünsche").[3] Nach Auffassung des **BFH** soll die Einheitsbetrachtung umsatzsteuerrechtlich **auch** bei zwei **getrennten Verträgen** gelten (Vertrag über die Lieferung eines unbebauten Grundstücks nebst Vertrag über die Errichtung eines Gebäudes durch den Grundstückslieferer).[4] Hierzu besteht aus umsatzsteuerrechtlicher Sicht kein Anlass. Auch führt diese Auffassung zu willkürlichen Differenzierungen. (Wie groß muss der Zeitabstand zwischen den beiden Verträgen sein, damit von getrennten Umsätzen auszugehen ist?) Die verfehlte Einheitsbetrachtung verlangt, dass der Verzicht auf die Steuerbefreiung auf die Gebäudelieferung beschränkt werden kann (*§ 9 Rz. 23*). Erbringt der Grundstückslieferer lediglich Architektenleistungen oder andere **bauvorbereitende Leistungen** für das durch einen Dritten zu errichtende Gebäude, so fallen diese nicht unter die Vorschrift.[5]

13 Ein derartiger, als Einheit zu sehender Umsatz ist entgegen der Auffassung des BFH[6] ebenfalls nicht gegeben, wenn die Gesamtleistung auf mehrere durch **Organschaft** (§ 2 Abs. 2 Nr. 2 UStG) verbundene Unternehmer mittels getrennter Verträge verteilt ist, da die Organschaft nur die personelle Zurechnung von Umsätzen, nicht aber deren Qualifizierung als steuerfrei oder steuerpflichtig verändern kann (*§ 2 Rz. 313*).[7]

14 **4. Nicht** unter das Grunderwerbsteuergesetz fallen, d.h. umsatzsteuerpflichtig sind hingegen **Bauleistungen** u.ä. Leistungen eines **Dritten** im Zusammenhang mit der Errichtung eines Gebäudes, **auch wenn** sie *grunderwerbsteuerrechtlich* als *Teile* eines einheitlichen, auf den Erwerb eines bebauten Grundstücks gerichteten Vertragswerks anzusehen sind und deshalb **grunderwerbsteuerrechtlich**[8] in

---

1 A.A. Abschn. 13b.1 Abs. 2 Satz 1 Nr. 5 UStAE.
2 *Klenk* in R/D, § 4 Nr. 9 UStG Anm. 37 ff.; OFD Hannover v. 27.6.2006 – S 7162 - 25 - StO 173, UR 2007, 201 – Tz. 3; OFD Frankfurt a.M. v. 10.9.2010 – S 7162 A - 8 - St 112, UR 2011, 518 – Tz. 1.
3 BFH v. 24.1.2008 – V R 42/05, BStBl. II 2008, 697.
4 BFH v. 19.3.2009 – V R 50/07, BStBl. II 2010, 78.
5 Vgl. BFH v. 24.2.2000 – V R 89/98, BStBl. II 2000, 278; BGH 14.4.2011 – 1 StR 112/11, wistra 2011, 269.
6 BFH v. 29.10.2008 – XI R 74/07, BStBl. II 2009, 256; BFH v. 6.5.2010 – V R 26/09, BStBl. II 2010, 1114 – Rz. 31.
7 Ausführliche Kritik bei *Stadie* in R/D, § 13b UStG Anm. 309 ff.; vgl. auch Klenk in S/R, § 9 UStG Rz. 221.
8 Dazu BFH v. 27.10.1999 – II R 17/99, BStBl. II 2000, 34; BFH v. 16.1.2002 – II R 16/00, BStBl. II 2002, 431 m.w.N.; BFH v. 28.3.2012 – II R 57/10, BStBl. II 2012, 920; BFH v. 27.9.2012 – II R 7/12, BStBl. II 2013, 86 m.w.N.; BFH v. 19.6.2013 – II R 3/12, BStBl. II 2013, 965 – Rz. 10 ff.

die **Bemessungsgrundlage** der **Grundstückslieferung einbezogen** werden.[1] Die dadurch eintretende Doppelbelastung mit Umsatzsteuer und Grunderwerbsteuer ist prinzipiell sachgerecht, denn sie träte auch ein, wenn der Erwerber ein bebautes Grundstück erworben hätte[2], so dass kein Verstoß gegen Art. 3 Abs. 1 GG vorliegt.[3]

5. Nach § 1 Abs. 5 GrEStG sollen auch bei dem **Tausch** von Grundstücken für beide Vertragsteile unter das Grunderwerbsteuergesetz fallende Erwerbsvorgänge vorliegen. Das hätte zur Folge, dass, wenn beide Beteiligte Unternehmer sind und jeweils auf die Steuerfreiheit der Grundstückslieferungen verzichten würden, diese auch der Umsatzsteuer unterlägen und beide Erwerber jeweils die Umsatzsteuer nach § 13b UStG schulden würden.

Das ist **schon grunderwerbsteuerrechtlich unhaltbar.** Die beiden Erwerber der jeweils getauschten Grundstücke erlangen keine Liquidität in Geld, um die Steuer zu entrichten. Es wäre ein offensichtlicher **Verstoß gegen** das verfassungsrechtliche **Übermaßverbot, wenn** sie gezwungen sein sollen, etwaige vorhandene Geldmittel zu verwenden oder anderenfalls das soeben erworbene Grundstück zu verkaufen oder einen Kredit aufzunehmen, um die Steuer bezahlen zu können. Da sich beim jeweiligen Erwerber die Leistungsfähigkeit tatsächlich nicht erhöht hat, träte mit der Besteuerung eine **konfiskatorische Wirkung** ein.[4]

Aus denselben Gründen darf der Vorgang **auch nicht** der **Umsatzsteuer** unterliegen (*§ 1 Rz. 87 ff.*). Der Einwand, dass der jeweilige Erwerber mit der Steuer wegen der zeitgleichen Vorsteuerverrechnung nach § 15 Abs. 1 Satz 1 Nr. 4 UStG (*Rz. 20*) nicht belastet werde, greift zu kurz. Voraussetzung dafür, dass tatsächlich keine Belastung eintritt, ist nämlich, dass das erworbene Grundstück zehn Jahre lang ausschließlich zur Ausführung von Umsätzen verwendet wird, die zum Vorsteuerabzug berechtigen, da anderenfalls eine **Vorsteuerberichtigung** nach § 15a, § 17 Abs. 2 Nr. 5 UStG oder nach § 3 Abs. 1b bzw. Abs. 9a UStG erfolgen und damit zu einer anteiligen Steuerbelastung führen würde. Richtigerweise geht das jeweilige Berichtigungsvolumen einschließlich des Rechtsberichtigungszeitraums auf den Erwerber **in analoger Anwendung des § 15a Abs. 10 UStG** über.[5]

6. Unter das Grunderwerbsteuergesetz fällt ferner **nicht** die **unmittelbare Weiterlieferung eines Gebäudes** durch einen Mieter oder Pächter an den Grundstückseigentümer (Vermieter oder Verpächter), das der Nutzungsberechtigte **auf dem fremden Boden** hat errichten lassen (dazu *§ 3 Rz. 43 f.*). Vom wirtschaftlichen Gehalt des Vorgangs her gesehen ist der Mieter bzw. Pächter mit einem Bauunternehmer zu vergleichen, der für den Grundstückseigentümer durch Sub-

---

1 BFH v. 7.2.1991 – V R 53/85, BStBl. II 1991, 737; BFH v. 10.9.1992 – V R 99/88, BStBl. II 1993, 316; BFH v. 3.9.2008 – XI R 54/07, BStBl. II 2009, 499 (501); Abschn. 4.9.1 UStAE.
2 *Stadie* in R/D, Einf. Anm. 787 f.; ebenso BFH v. 27.9.2012 – II R 7/12, BStBl. II 2013, 86 – Rz. 17; a.A. *Reiß* in T/L, 20. Aufl. 2010, § 15 Rz. 10; *Englisch* in T/L, § 18 Rz. 61.
3 BVerfG v. 11.1.1988 – 1 BvR 391/87, UR 1988, 280; vgl. auch BVerfG v. 27.12.1991 – 2 BvR 72/90, BStBl. II 1992, 212.
4 *Stadie* in R/D, Einf. Anm. 781.
5 *Stadie* in R/D, § 15 UStG Anm. 671.

unternehmer ein Gebäude errichten lässt und folglich keine Verwertungsbefugnis i.S.d. § 1 Abs. 2 GrEStG an dem Gebäude erlangt (vgl. *Rz. 8*), die er weiter übertragen könnte.[1]

## III. Begriff des Grundstücks

18   1. Der Begriff des Grundstücks im Sinne des Grunderwerbsteuergesetzes bestimmt sich nach dem Zivilrecht (§ 2 Abs. 1 Satz 1 GrEStG). Erfasst wird danach auch die Übertragung des **Miteigentums** (§ 2 Abs. 3 Satz 2 GrEStG), auch in Verbindung mit **Wohnungs-** oder **Teileigentum** (§ 2 Abs. 3 Satz 2 GrEStG i.V.m. §§ 1, 3 und 7 WEG). Bei der Übertragung des Miteigentums handelt es sich entgegen h.M. um eine Lieferung und nicht etwa eine sonstige Leistung (*§ 3 Rz. 7*). Anderenfalls dürfte der Umsatz nicht unter § 4 Nr. 9 Buchst. a UStG fallen, weil die Richtlinie nur die Befreiung von Grundstückslieferungen erlaubt (*Rz. 4*). Auch wäre der Erwerber nicht Steuerschuldner nach § 13b UStG, da die Richtlinie auch hierfür eine Grundstückslieferung verlangt (Art. 199 Abs. 1 Buchst. c MwStSystRL).

19   Den Grundstücken werden **Erbbaurechte** gleichgestellt (§ 2 Abs. 2 Nr. 1 GrEStG, § 11 ErbbauRG; zur *Bestellung* eines Erbbaurechts s. *Rz. 11*), ebenso **Gebäude[2] auf fremdem Boden** (§ 2 Abs. 2 Nr. 2 GrEStG; s. aber *Rz. 17*), dinglich gesicherte *Sondernutzungsrechte* i.S.d. § 15 WEG und des § 1010 BGB (§ 2 Abs. 2 Nr. 3 GrEStG) und das *Gebäudeeigentum* im Beitrittsgebiet (§ 288 Abs. 4 und § 292 Abs. 3 ZGB-DDR i.V.m. Art. 233 § 3 Abs. 1 EGBGB).

20   Diese Ausdehnung auf grundstücksgleiche Rechte entspricht dem **gemeinschaftsrechtlichen Grundstücksbegriff**, da Art. 15 Abs. 2 Buchst. a und b MwStSystRL es erlaubt, Rechte an Grundstücken als körperliche Gegenstände zu behandeln, was nur bedeuten kann, dass sie dann auch wie Grundstücke zu betrachten sind.

21   Zum Grundstück gehören auch dessen **wesentliche Bestandteile** (§§ 93, 94 BGB). Deren ertragsteuerrechtliche oder handelsrechtliche Einordnung als selbständige Wirtschaftsgüter (Vermögensgegenstände) ist ohne Belang.

Lieferungen von **Zubehör** (§ 97 BGB) und anderem **Inventar**, welches nicht zu den wesentlichen Bestandteilen des Grundstücks gehört, stellen keine unselbständigen Nebenleistungen zur Grundstückslieferung dar[3], sondern sind als eigenständige Lieferungen per se steuerpflichtig und werden demgemäß nicht von § 13b UStG erfasst.

22   **2. Nicht** unter das GrEStG fallen hingegen gem. § 2 Abs. 1 Satz 2 Nr. 1 GrEStG wesentliche Bestandteile des Grundstücks in Gestalt von Maschinen und sons-

---

1 BFH v. 24.11.1992 – V R 80/87, BFH/NV 1993, 634; vgl. auch BMF v. 23.7.1986 – IV A 2 - S 7100 - 76/86, BStBl. I 1986, 43 – Tz. F I i.V.m. C II 1 i.V.m. H Beispiele 1 und 7; *Klenk* in R/D, § 4 Nr. 9 Buchst. a UStG Anm. 65 f.
2 Nicht dazu zählen Straßenbauwerke, BFH v. 14.5.2008 – XI R 60/07, BStBl. II 2008, 721 – 2e der Gründe; und Abwasseranlagen, BFH v. 22.7.2010 – V R 14/09, BStBl. II 2012, 428 = UR 2011, 57 – Rz. 28.
3 FG München v. 16.4.2013 – 2 K 3443/10, juris.

tigen Vorrichtungen aller Art, die zu einer Betriebsanlage gehören (sog. **Betriebsvorrichtungen**, vgl. § 4 Nr. 12 Satz 2 UStG, *§ 4 Nr. 12 Rz. 38 f.*). Abweichend vom Grundsatz der einheitlichen Behandlung einer Leistung (*§ 3 Rz. 197*) ist mithin der Teil der steuerbaren Lieferung, der sich auf die sog. Betriebsvorrichtungen erstreckt, steuerpflichtig (*Vor §§ 4–9 Rz. 23 f.*). Insoweit ist der Erwerber nicht Steuerschuldner nach § 13b UStG, weil dieser Teil der Lieferung nicht unter das GrEStG fällt (*§ 13b Rz. 80*).

Art. 135 Abs. 1 Buchst. j MwStSystRL enthält keine derartige Einschränkung. Eine solche findet sich zwar in Art. 135 Abs. 2 Satz 1 Buchst. c MwStSystRL für die Vermietung, es ist jedoch unklar, ob daraus geschlossen werden muss, dass die **Richtlinie** „auf Dauer eingebaute Vorrichtungen und Maschinen" generell wie bewegliche Sachen behandelt sehen will, oder ob das wortlautgetreu nur für deren Vermietung, nicht aber auch für deren Lieferung gelten soll. Sachgerecht ist es, sie (schon im Hinblick auf die unterschiedliche zivilrechtliche Beurteilung in den Mitgliedstaaten) generell wie bewegliche Sachen zu behandeln. Zudem zwingt die Ermächtigung des Art. 371 MwStSystRL (*Rz. 4*), welche ersichtlich Deutschland die Beibehaltung der bisherigen Steuerbefreiung (§ 4 Nr. 9 Buchst. a UStG 1967) ermöglichen soll, nicht dazu, die Lieferung sämtlicher Grundstücksteile als steuerfrei zu behandeln. Ab 2017 sind zwar Ausstattungsgegenstände und Maschinen, die auf Dauer in einem Gebäude oder einem Bauwerk installiert sind und die nicht bewegt werden können, ohne das Gebäude oder das Bauwerk zu zerstören oder zu verändern, als Grundstücksteile anzusehen (Art. 13b Buchst. d MwSt-DVO[1]), das ändert jedoch nichts an der klaren Aussage des § 2 Abs. 1 Satz 2 Nr. 1 GrEStG.

23

**3.** Bei der **Zwangsversteigerung** eines Grundstücks werden vom Zuschlag auch diejenigen beweglichen Gegenstände, auf welche sich bei einem Grundstück die Hypothek erstreckt (§ 20 Abs. 2, § 90 Abs. 2 ZVG), d.h. auch die Erzeugnisse und Bestandteile sowie das **Zubehör** (§ 97 BGB) im Umfang des § 1120 BGB erfasst. Da sie jedoch nicht zum Grundstück i.S.d. § 2 Abs. 1 Satz 1 GrEStG gehören (*Rz. 21*), fällt ihre Lieferung insoweit nicht unter das GrEStG, so dass sie zwingend steuerpflichtig ist. Der Erwerber ist insoweit nicht Steuerschuldner nach § 13b UStG (*§ 13b Rz. 80*).

24

## IV. Entnahme eines Grundstücks

**1.** Bei einer **unentgeltlichen Lieferung** (Schenkung) eines von der Umsatzsteuer entlasteten Grundstücks oder Gebäudes (§ 3 Abs. 1b Satz 1 Nr. 2 und 3 i.V.m. Satz 2 UStG) fällt der Umsatz nach dem eindeutigen Wortlaut unter das GrEStG, da die **Schenkung** ein Rechtsgeschäft ist, das einen Anspruch auf Übereignung des Grundstücks begründet (§ 1 Abs. 1 Nr. 1 GrEStG). Folglich ist dieser Umsatz nach § 4 Nr. 9 Buchst. a UStG steuerfrei.[2] Dass der Rechtsvorgang nach § 3 Nr. 2 GrEStG grunderwerbsteuerfrei ist, ist ohne Belang (*Rz. 5*). Aus Art. 135 Abs. 1 Buchst. j und k MwStSystRL folgt nichts Gegenteiliges, denn danach ist die „Lieferung", also auch die unentgeltliche, von Gebäuden, Gebäudeteilen und

25

---

1 I.V.m. Art. 3 DVO Nr. 1042/213, ABl. EU Nr. L 284/2013, 1.
2 Vgl. BFH v. 20.12.2005 – V R 14/04, BStBl. II 2012, 424 = UR 2006, 337 m. Anm. *Stadie*; a.A. *Klenk* in R/D, § 4 Nr. 9 UStG Anm. 119.3.

Grundstücken steuerfrei. Folglich ist die Vorsteuer, sofern die Schenkung vor Ablauf von zehn Jahren nach der erstmaligen Verwendung erfolgte, nach § 15a Abs. 8 UStG zu berichtigen (*§ 15a Rz. 82 ff.*).

26  2. Die **Entnahme** (§ 3 Abs. 1b Satz 1 Nr. 1 i.V.m. Satz 2 UStG) eines Grundstücks (Gebäudes) oder eines Teils desselben durch den Unternehmer für seine eigenen privaten (nichtunternehmerischen) Zwecke fällt nicht unter das GrEStG. Die Steuerbefreiung des § 4 Nr. 9 Buchst. a UStG ist jedoch entsprechend anzuwenden.[1] Das folgt aus dem Gebot der richtlinienkonformen Anwendung des nationalen Rechts. Nach Art. 16 MwStSystRL wird auch die Entnahme als eine entgeltliche Lieferung fingiert und fällt deshalb ebenfalls unter die Steuerbefreiung nach Art. 135 Abs. 1 Buchst. j und k MwStSystRL. Letzteres gilt zwar nicht für die in Art. 12 MwStSystRL bezeichneten Neubauten und Baugrundstücke, die Steuerpflicht dieser Lieferungen führt jedoch im Ergebnis zur selben Belastung wie die Berichtigung der vollständigen Vorsteuer nach § 15a UStG.

## C. Umsätze, die unter das Rennwett- und Lotteriegesetz fallen (Buchst. b)

27  Steuerfrei sind die Umsätze, die unter das Rennwett- und Lotteriegesetz (RennwLottG) fallen, sofern sie nicht nach diesem Gesetz befreit sind oder von ihnen die danach zu erhebende Steuer allgemein nicht erhoben wird (§ 4 Nr. 9 Buchst. b Sätze 1 und 2 UStG). Mit dieser Einschränkung ist sichergestellt, dass die Vorgänge einer der beiden Steuerarten unterliegen. Unter die Rennwettsteuer fallen die Wetten am **Totalisator** und beim **Buchmacher** (§§ 10, 11 RennwLottG) sowie im Inland veranstaltete **öffentliche Lotterien, Ausspielungen** und sog. **Oddsetwetten** (§ 17 RennwLottG). **Nicht** dazu zählen **Unterhaltungsspiele** und **Glücksspiele** mit Geldeinsatz[2], welche auch nicht nach Art. 135 Abs. 1 Buchst. i MwStSystRL zu befreien sind.[3]

28  **Vermittler** von Wetten und Lotterien und andere Personen, die nicht selbst Wetten abschließen oder Ausspielungen veranstalten, sondern dabei nur Hilfsdienste erbringen, fallen nicht unter das Rennwett- und Lotteriegesetz und erbringen folglich keine umsatzsteuerfreien Dienstleistungen.[4] Dagegen ist auf die **Besorgung** solcher Veranstaltungen im *eigenen* Namen für fremde Rechnung (insbesondere durch einen sog. **Strohmann** für den sog. Hintermann) § 3 Abs. 11 UStG anzuwenden.[5]

---

1 Abschn. 4.9.1 Abs. 2 Nr. 6 UStAE; vgl. zur Entnahme nach § 1 Abs. 1 Nr. 2 Buchst. a UStG aF BFH v. 2.10.1986 – V R 91/78, BStBl. II 1987, 44; BFH v. 16.9.1987 – X R 51/81, BStBl. II 1988, 205 (207); BFH v. 18.11.1999 – V R 13/99, BStBl. II 2000, 153 (154 f.).
2 BFH v. 1.9.2010 – V R 32/09, BStBl. II 2011, 300; BFH v. 10.11.2010 – X I R 79/07, BStBl. II 2011, 311.
3 EuGH v. 10.6.2010 – C-58/09, EuGHE 2010, I-5189 = UR 2010, 494; EuGH v. 24.10.2013 – C-440/12, UR 2013, 866 – auch zur Bemessungsgrundlage.
4 Vgl. EuGH v. 13.7.2006 – C-89/05, EuGHE 2006, I-6813 = UR 2006, 521; Abschn. 4.9.2 Abs. 2 UStAE.
5 Vgl. BFH v. 22.9.2005 – V R 52/01, BStBl. II 2006, 278; a.A. Abschn. 4.9.2 Abs. 3 Sätze 3 und 4 UStAE.

## § 4 Nr. 10
## Steuerbefreiungen bei Lieferungen und sonstigen Leistungen

Von den unter § 1 Abs. 1 Nr. 1 fallenden Umsätzen sind steuerfrei:

...

10. a) die Leistungen auf Grund eines Versicherungsverhältnisses im Sinne des Versicherungsteuergesetzes. Das gilt auch, wenn die Zahlung des Versicherungsentgelts nicht der Versicherungsteuer unterliegt,

    b) die Leistungen, die darin bestehen, dass anderen Personen Versicherungsschutz verschafft wird;

*EU-Recht*
Art. 135 Abs. 1 Buchst. a MwStSystRL.

*VV*
Abschn. 4.10.1 und 4.10.2 UStAE.

| A. Leistungen auf Grund eines Versicherungsverhältnisses (Buchst. a) .................. 1 | B. Verschaffung von Versicherungsschutz (Buchst. b) ....... 5 |
|---|---|

## A. Leistungen auf Grund eines Versicherungsverhältnisses (Buchst. a)

Umsatzsteuerfrei sind die Leistungen auf Grund eines Versicherungsverhältnisses im Sinne des Versicherungsteuergesetzes (§ 4 Nr. 10 Buchst. a Satz 1 UStG). Der **Zweck** dieser Befreiung liegt in der Vermeidung einer Mehrfachbesteuerung mit zwei gleichartigen Steuern.[1] Allerdings gilt die Befreiung auch dann, wenn die Zahlung des Versicherungsentgelts nicht der Versicherungsteuer unterliegt (§ 4 Nr. 10 Buchst. a Satz 2 UStG). Dazu zählen die nach § 1 Abs. 2 bis 4 VersStG nicht steuerbaren Leistungen („Auslandsgeschäfte") und die nach § 4 VersStG befreiten Leistungen (die Leistungen der gesetzlichen Träger der Sozialversicherung fallen zudem unter § 4 Nr. 15 UStG). Mit der Befreiung ist grundsätzlich der Ausschluss vom Vorsteuerabzug verbunden (§ 15 Abs. 2 UStG). Ausnahmen ergeben sich nach § 15 Abs. 3 Nr. 1 Buchst. b und Nr. 2 Buchst. b UStG in bestimmten Fällen der Drittlandsberührung. Auf die Steuerfreiheit kann nicht nach § 9 UStG verzichtet werden.

1

Bei einem Versicherungsverhältnis (**Versicherungsumsatz**[2] i.S.d. Art. 135 Abs. 1 Buchst. a MwStSystRL) verpflichtet sich der Versicherer, dem Versicherten ge-

2

---
1 Reg.-Begr. zu § 4 Nr. 8 UStG-E 1967, BT-Drucks. IV/1590; BFH v. 9.10.2002 – V R 67/01, BStBl. II 2003, 378; vgl. auch EuGH v. 25.2.1999 – C-349/96, EuGHE 1999, I-973 = UR 1999, 254 – Rz. 23.
2 Einschließlich Rückversicherung.

gen vorherige Zahlung einer Prämie beim Eintritt des Versicherungsfalles die bei Vertragsschluss vereinbarte (Geld- oder Sach-)„Leistung" zu erbringen.[1] Die umsatzsteuerbare sonstige **Leistung** (Dienstleistung) des Versicherers liegt mithin in der **Gewährung** von **Versicherungsschutz** (Dauerleistung). Bei Eintritt des Versicherungsfalles ist die Auszahlung der Versicherungssumme als reine Geldzahlung schon keine Leistung im umsatzsteuerrechtlichen Sinne (§ 1 Rz. 28).[2] Lediglich wenn statt dieser eine **Sachleistung** (Lieferung oder Dienstleistung; *Beispiele:* Besorgung der Reparatur oder Überführung des versicherten Gegenstandes, Pannenhilfe) erbracht wird, ist auch diese als unentgeltliche Leistung (§ 3 Abs. 1b Nr. 3 bzw. Abs. 9a Nr. 2 UStG) steuerfrei.[3]

3 Leistungen des **Versicherungsnehmers** an den Versicherer werden von der Befreiungsvorschrift **nicht** erfasst. Sie könnten zwar nach dem Wortlaut der Vorschrift als Leistungen auf Grund eines Versicherungsverhältnisses verstanden werden, das widerspräche jedoch schon dem Zweck der Vorschrift (Rz. 1). Zudem muss die Vorschrift EG-Richtlinien-konform ausgelegt werden, da Art. 135 Abs. 1 Buchst. a MwStSystRL nur die „Versicherungsumsätze" nennt. Folglich liegt bei **Herausgabe** des **beschädigten Gegenstandes** durch den Versicherungsnehmer, wenn der Gegenstand zu dessen Unternehmen gehörte, eine grundsätzlich steuerpflichtige Lieferung (Gegenleistung: Entschädigungszahlung) vor[4], sofern nicht § 4 Nr. 28 UStG eingreift. Die **Weiterlieferung** des Gegenstandes **durch den Versicherer** ist eine typisch unternehmerische Tätigkeit, erfolgt deshalb im Rahmen des Unternehmens und folglich steuerpflichtig[5] (ggf. nach Maßgabe des § 25a UStG).

4 Die Erbringung von **Dienstleistungen für** ein **Versicherungsunternehmen** im Zusammenhang mit der Durchführung von Versicherungsverträgen ist nicht nach § 4 Nr. 10 oder § 4 Nr. 11 UStG (*§ 4 Nr. 11 Rz. 5*) befreit.[6] Die Umsätze der **Versicherungsvertreter** und Versicherungsmakler („Vermittler") werden hingegen von § 4 Nr. 11 UStG erfasst. Die **Übertragung** von **Versicherungsverträgen** ist nicht befreit.[7]

---

1 EuGH v. 25.2.1999 – C-349/96, EuGHE 1999, I-973 = UR 1999, 254 – Rz. 17; EuGH v. 20.11.2003 – C-8/01, EuGHE 2003, I-13711 = UR 2004, 82 – Rz. 39; EuGH v. 7.12.2006 – C-13/06, EuGHE 2006, I-11563 = UR 2007, 182 – Rz. 11 f.; EuGH v. 22.10.2009 – C-242/08, EuGHE 2009, I-10099 = BStBl. II 2011, 559 = UR 2009, 891 – Rz. 34.
2 A.A. *Klenk* in R/D, § 4 Nr. 10 UStG Anm. 59.
3 Vgl. EuGH v. 25.2.1999 – C-349/96, EuGHE 1999, I-973 = UR 1999, 254 – Rz. 18; EuGH v. 7.12.2006 – C-13/06, EuGHE 2006, I-11563 = UR 2007, 182 – Automobilklub; insoweit auch zutreffend *Klenk* in R/D, § 4 Nr. 10 UStG Anm. 47 ff.
4 Unklar *Klenk* in R/D, § 4 Nr. 10 UStG Anm. 76; a.A. *Heidner* in Bunjes, § 4 Nr. 10 UStG Rz. 8.
5 Vgl. *Klenk* in R/D, § 4 Nr. 10 UStG Anm. 50.
6 EuGH v. 20.11.2003 – C-8/01, EuGHE 2003, I-13711 = UR 2004, 82; EuGH v. 3.3.2005 – C-472/03, EuGHE 2005, I-1719 = UR 2005, 201; BFH v. 24.4.2013 – XI R 7/11, BStBl. II 2013, 648 – zu Verwaltungsaufgaben gegen sog. Führungsprovisionen bei einer sog. offenen Mitversicherung.
7 EuGH v. 22.10.2009 – C-242/08, EuGHE 2009, I-10099 = BStBl. II 2011, 559 = UR 2009, 891.

## B. Verschaffung von Versicherungsschutz (Buchst. b)

Steuerbefreit sind auch die Leistungen, die darin bestehen, dass anderen Personen Versicherungsschutz verschafft wird (§ 4 Nr. 10 Buchst. b UStG).[1] Eine Dienstleistung in Gestalt der Verschaffung von Versicherungsschutz liegt vor, wenn der Unternehmer als Versicherungsnehmer mit einem Versicherer (Versicherungsunternehmen) einen **Versicherungsvertrag zugunsten** eines oder mehrerer **Dritten** (Versicherter) abschließt[2], so dass dieser/diese gegenüber dem Versicherer einen Anspruch auf „Leistung" der Versicherungssumme hat/haben. Die steuerbare Dienstleistung der *Verschaffung* des Versicherungsschutzes erbringt der erstgenannte Unternehmer gegenüber dem Dritten, während die (nach § 4 Nr. 10 Buchst. a UStG steuerfreie) *Gewährung* des Versicherungsschutzes durch den Versicherer gegenüber dem Versicherungsnehmer erfolgt.

Bei der Verschaffung von Versicherungsschutz schließt der Unternehmer den Versicherungsvertrag mit dem Versicherer im eigenen Namen für eigene Rechnung ab. Er ist mithin nicht **Vertreter** („Vermittler") der Dritten (z.B. Arbeitnehmer), da er nicht in deren Namen Versicherungsverträge abschließt. Das Ergebnis bleibt allerdings gleich, da auch bei dieser Konstellation steuerfreie Umsätze nach § 4 Nr. 11 UStG vorliegen.

Eine *Besorgung* von Versicherungsschutz i.S.d. § 3 Abs. 11 UStG ist m.E. nicht denkbar[3]; allerdings würde die Anwendung dieser Vorschrift i.V.m. § 4 Nr. 10 Buchst. a UStG zum selben Ergebnis wie § 4 Nr. 10 Buchst. b UStG führen.

**Beispiele** für Verschaffung von Versicherungsschutz

- „**Direktversicherung**" (**Gruppenversicherung**) der **Arbeitnehmer** durch den Arbeitgeber[4];
- Kfz-Haftpflichtversicherung[5] oder Schadensversicherung des Mieters (sog. **Leasingnehmers**) durch den Vermieter (sog. Leasinggeber)[6];
- „**Garantie-Versicherung**" des Gebrauchtwagenverkäufers zugunsten des Käufers[7]; keine Steuerfreiheit indes bei Wahlrecht zwischen Reparaturanspruch gegenüber Händler und Kostenersatzanspruch gegenüber Versicherer;[8]
- **Kreditkartenversicherung**[9];
- **Reiserücktrittskostenversicherung** des Reiseveranstalters für die Reisenden[10];

---

1 Auch das sind „Versicherungsumsätze" i.S.d. Art. 135 Abs. 1 Buchst. a MwStSystRL; vgl. EuGH v. 25.2.1999 – C-349/96, EuGHE 1999, I-973 = UR 1999, 254 – Rz. 22; EuGH v. 22.10.2009 – C-242/08, EuGHE 2009, I-10099 = BStBl. II 2011, 559 = UR 2009, 891 – Rz. 35; EuGH v. 17.1.2013 – C-224/11, UR 2013, 262 – Rz. 59.
2 BFH v. 9.10.2002 – V R 67/01, BStBl. II 2003, 378.
3 A.A. wohl EuGH v. 17.1.2013 – C-224/11, UR 2013, 262 – Rz. 63.
4 *Klenk* in R/D, § 4 Nr. 10 UStG Anm. 111, 114.
5 A.A. FG Rh.-Pf. v. 14.9.2006 – 6 K 1584/04, EFG 2007, 797.
6 EuGH v. 17.1.2013 – C-224/11, UR 2013, 262.
7 BFH v. 9.10.2002 – V R 67/01, BStBl. II 2003, 378; vgl. auch BFH v. 16.1.2003 – V R 16/02, BStBl. II 2003, 445.
8 BFH v. 10.2.2010 – XI R 49/07, BStBl. II 2010, 1109.
9 Vgl. EuGH v. 25.2.1999 – C-349/96, EuGHE 1999, I-973 = UR 1999, 254.
10 BFH v. 13.7.2006 – V R 24/02, BStBl. II 2006, 935.

§ 4 Nr. 11 Steuerbefreiungen bei Lieferungen und sonstigen Leistungen

- „Besorgung" einer gesondert berechneten **Transportversicherung**[1] bei Versendung auf Gefahr des Käufers usw; wird sie nicht gesondert berechnet, liegt eine Nebenleistung zur Lieferung vor (*§ 3 Rz. 203*).

8 **Vereinbart** ein **Arbeitgeber**, ein **Verein**, Berufsverband o.Ä. (Unternehmer) mit einem Versicherer **lediglich**, dass die Arbeitnehmer bzw. Mitglieder die Befugnis erlangen, mit dem Versicherer Verträge zu **günstigeren Konditionen** abzuschließen (sog. **unechte Gruppenversicherung**) und erhält der Unternehmer für die Abwicklung der Verträge und das Inkasso eine Provision vom Versicherer, so liegt darin zwar keine Verschaffung von Versicherungsschutz, da die Arbeitnehmer bzw. Mitglieder keinen Anspruch gegenüber dem Versicherer erlangen, aber m.E. eine Maklertätigkeit i.S.d. § 4 Nr. 11 UStG, da die Provision letztlich für die Zuführung von Versicherungsnehmern gezahlt wird.[2]

# § 4 Nr. 11
# Steuerbefreiungen bei Lieferungen und sonstigen Leistungen

**Von den unter § 1 Abs. 1 Nr. 1 fallenden Umsätzen sind steuerfrei:**

...

**11. die Umsätze aus der Tätigkeit als Bausparkassenvertreter, Versicherungsvertreter und Versicherungsmakler;**

*EU-Recht*

Art. 135 Abs. 1 Buchst. a MwStSystRL.

*VV*

Abschn. 4.11 UStAE.

1 Die Umsätze aus der Tätigkeit als **Bausparkassenvertreter**, **Versicherungsvertreter** und **Versicherungsmakler** sind steuerfrei (§ 4 Nr. 11 UStG). Die Vorschrift fällt dadurch aus dem Rahmen, dass sie als einzige im UStG die präzise zivilrechtliche Unterscheidung zwischen Vertreter und Makler verwendet (dazu *§ 3a Rz. 70*), während sich ansonsten im Gesetz durchgängig der unscharfe Laienbegriff „Vermittlung" findet (vgl. § 3a Abs. 3 Nr. 4, § 4 Nr. 5 und Nr. 8 UStG). Das Merkwürdige ist, dass auch die EG-Richtlinie in gleicher Weise formuliert (vgl. Art. 46, Art. 153 und Art. 135 Abs. 1 Buchst. b–f MwStSystRL einerseits, Art. 135 Abs. 1 Buchst. a MwStSystRL andererseits).

---

1 Unklar Abschn. 4.10.2 Abs. 1 Satz 4 UStAE.
2 **A.A.** Abschn. 4.10 Abs. 2 Sätze 4 f. UStAE; FG Köln v. 3.8.1999 – 9 K 3734/96, EFG 2000, 42; *Heidner* in Bunjes, § 4 Nr. 10 UStG Rz. 9.

Der Bausparkassenvertreter ist als solcher in Art. 135 MwStSystRL nicht genannt, weil er ein Vermittler im Einlagengeschäft und ggf. der Kreditgewährung ist und deshalb schon unter Art. 135 Abs. 1 Buchst. b bzw. d MwStSystRL fällt. Nach der Protokollerklärung 5 zu Art. 13 der 6. EG-Richtlinie aF[1] werden die Tätigkeiten der Bausparkassenvertreter von Art. 13 Teil B Buchst. d der 6. EG-Richtlinie (= Art. 135 Abs. 1 Buchst. b–f MwStSystRL) erfasst.

Der **Zweck** der Vorschrift soll darin liegen zu verhindern, dass die Versicherungsgesellschaften und Bausparkassen nur unselbständige (angestellte) Vertreter beschäftigen, was vom Gesetzgeber befürchtet wurde, wenn die selbständigen Vertreter mit ihren Dienstleistungen steuerpflichtig wären, so dass die nicht zum Vorsteuerabzug berechtigten Versicherungsgesellschaften und Bausparkassen mit der ihnen berechneten Umsatzsteuer belastet wären.[2]   2

Aus der Formulierung „aus der Tätigkeit als ..." (bzw. des Art. 135 Abs. 1 Buchst. a MwStSystRL: „Dienstleistungen, die von Versicherungsmaklern und -vertretern erbracht werden") folgt, dass die Befreiung nur für solche Dienstleistungen gilt, die für den Beruf **charakteristisch (typisch)** sind.[3] Das sind nur die **Vertretungs**- bzw. Vermittlungs- (Makler-)**Tätigkeiten** in Bezug auf **Versicherungsverträge** und **Bausparverträge**, d.h. solche Tätigkeiten, die darin bestehen, „Kunden zu suchen und diese mit dem Versicherer" (bzw. der Bausparkasse) „zusammen zu bringen".[4] Auf die Begriffsbestimmungen der §§ 92 und 93 HGB kommt es nicht an[5], da die Begriffe richtlinienkonform auszulegen sind. Allerdings umschreiben diese HGB-Vorschriften die typischen Tätigkeiten dieser Berufe.   3

Auf die **Rechtsform**, in der die Tätigkeit ausgeübt wird, kommt es nicht an. Auch kann die Tätigkeit **nebenberuflich** erfolgen.[6]   4

Auch die Tätigkeit eines **Untervertreters** (-maklers) kann nach der Rechtsprechung unter die Befreiungsvorschrift fallen, da diese zulässt, die Tätigkeit eines Versicherungsvertreters in verschiedene Dienstleistungen aufzuteilen, so dass der Untervertreter nicht in unmittelbarer Verbindung zu einer der Vertragsparteien steht[7] (zur Vereinbarkeit mit Art. 46 MwStSystRL und Art. 30 MwSt-DVO s. *§ 3a Rz. 71*).   5

---

1 Abgedruckt in R/D, Bd. VIII „EG-Richtlinien", zu Art. 13 der 6. EG-Richtlinie aF.
2 Vgl. Bericht d. FinAussch. zu BT-Drucks. V/1581 – Allg., Nr. 4 Buchst. d (Abs. 4).
3 BFH v. 26.1.1995 – V R 9/93, BStBl. II 1995, 427; BFH v. 9.7.1998 – V R 62/97, BStBl. II 1999, 253; BFH v. 14.8.2006 – V B 65/04, BFH/NV 2007, 114; vgl. auch EuGH v. 20.11.2003 – C-8/01, EuGHE 2003, I-13711 = UR 2004, 82 – Rz. 44 ff.; EuGH v. 3.3.2005 – C-472/03, EuGHE 2005, I-1719 = UR 2005, 201 – Rz. 33 ff.
4 EuGH v. 3.3.2005 – C-472/03, EuGHE 2005, I-1719 = UR 2005, 201 – Rz. 36; BFH v. 14.8.2006 – V B 65/04, BFH/NV 2007, 114; BFH v. 30.10.2008 – V R 44/07, BStBl. II 2009, 554; BFH v. 24.7.2014 – V R 9/13, BFH/NV 2014, 1783.
5 BFH v. 6.9.2007 – V R 50/05, BStBl. II 2008, 829.
6 Vgl. Abschn. 4.11.1 Abs. 2 Sätze 1–3 UStAE.
7 EuGH v. 3.4.2008 – C-124/07, EuGHE 2008, I-2101 = UR 2008, 389; BFH v. 28.5.2009 – V R 7/08, BStBl. II 2010, 80 = UR 2009, 846.

6 Aus dem Tätigkeitsbezug der Steuerbefreiung, welche **eng** auszulegen ist[1], folgt, dass diese **nicht gilt** für z.B.
- die Vermittlung von **Hausbauverträgen** durch Bausparkassenvertreter[2];
- die **Bewertung**[3] oder die Abwicklung[4] von **Schäden** für Versicherungsgesellschaften;
- **Hilfsdienste** für Versicherungsgesellschaften[5];
- Tätigkeit eines **Werbeagenten**, der Kundendaten zur Vorbereitung eines Versicherungsabschlusses erhebt[6];
- nach h.M. eine sog. unechte Gruppenversicherung (§ 4 Nr. 10 Rz. 8).

7 Nach Auffassung des BFH, der die Finanzverwaltung gefolgt ist, sollen zur berufstypischen Tätigkeit eines Versicherungsvertreters oder Bausparkassenvertreters auch die Tätigkeiten der sog. Bezirksdirektoren, Generalvertreter u.Ä. gehören, die im sog. **Strukturvertrieb** gegen erfolgsabhängige Provision (sog. **Superprovision**) die Betreuung, Überwachung und Schulung von selbständigen „nachgeordneten" Vertretern (Vermittlern) zum Inhalt haben, welche ausschließlich in einem Vertragsverhältnis zur Versicherungsgesellschaft oder Bausparkasse stehen. Nach dem wirtschaftlichen Ergebnis würden diese Personen wie echte Generalvertreter mit eigenem Vertreterstab tätig, weil jedes Vertragsangebot durch ihre Hände laufe.[7] Das mag zwar im Hinblick auf den vom deutschen Gesetzgeber verfolgten Zweck der Befreiungsvorschrift (Rz. 2) konsequent sein, es ist jedoch zu bezweifeln, ob der EuGH das im Hinblick auf seine Formel von „im Großen und Ganzen eigenständige(n) Ganze(n) ..., das die spezifischen und wesentlichen Funktionen einer Vermittlungsleistung erfüllt"[8] auch so sehen würde.[9]

# § 4 Nr. 11a
# Steuerbefreiungen bei Lieferungen und sonstigen Leistungen

Von den unter § 1 Abs. 1 Nr. 1 fallenden Umsätzen sind steuerfrei:

...

11a. die folgenden vom 1. Januar 1993 bis zum 31. Dezember 1995 ausgeführten Umsätze der Deutschen Bundespost TELEKOM und der Deutsche Telekom AG:

---

1 EuGH v. 3.3.2005 – C-472/03, EuGHE 2005, I-1719 = UR 2005, 201 – Rz. 24.
2 BFH v. 29.3.1994 – V B 131/93, UR 1995, 308.
3 EuGH v. 20.11.2003 – C-8/01, EuGHE 2003, I-13711 = UR 2004, 82.
4 Vgl. BFH 14.8.2006 – V B 65/04, BFH/NV 2007, 114.
5 EuGH v. 3.3.2005 – C-472/03, EuGHE 2005, I-1719 = UR 2005, 201; Abschn. 4.11.1 Abs. 2 Satz 9 UStAE.
6 BFH v. 6.9.2007 – V R 50/05, BStBl. II 2008, 829.
7 BFH v. 9.7.1998 – V R 62/97, BStBl. II 1999, 253; BFH v. 10.6.1999 – V R 10/98, BStBl. II 1999, 686; vgl. auch BFH v. 30.10.2008 – V R 44/07, BStBl. II 2009, 554 (557); Abschn. 4.11.1 Abs. 2 Sätze 6–8 UStAE.
8 EuGH v. 21.6.2007 – C-453/05, EuGHE 2007, I-5083 = UR 2007, 617 – Rz. 36.
9 Vgl. dazu und zu weiteren Fragestellungen instruktiv *Wäger*, UR 2008, 391.

a) die Überlassung von Anschlüssen des Telefonnetzes und des diensteintegrierenden digitalen Fernmeldenetzes sowie die Bereitstellung der von diesen Anschlüssen ausgehenden Verbindungen innerhalb dieser Netze und zu Mobilfunkendeinrichtungen,

b) die Überlassung von Übertragungswegen im Netzmonopol des Bundes,

c) die Ausstrahlung und Übertragung von Rundfunksignalen einschließlich der Überlassung der dazu erforderlichen Sendeanlagen und sonstigen Einrichtungen sowie das Empfangen und Verteilen von Rundfunksignalen in Breitbandverteilnetzen einschließlich der Überlassung von Kabelanschlüssen;

§ 4 Nr. 11a UStG befreite die genannten, in der Zeit vom 1.1.1993 bis 31.12.1995  1
ausgeführten Umsätze der TELEKOM und der Deutschen **Telekom AG**. Die Vorschrift ist durch Zeitablauf hinfällig geworden.

## § 4 Nr. 11b
## Steuerbefreiungen bei Lieferungen und sonstigen Leistungen

Von den unter § 1 Abs. 1 Nr. 1 fallenden Umsätzen sind steuerfrei:

...

11b. Universaldienstleistungen nach Artikel 3 Absatz 4 der Richtlinie 97/67/EG des Europäischen Parlaments und des Rates vom 15. Dezember 1997 über gemeinsame Vorschriften für die Entwicklung des Binnenmarktes der Postdienste der Gemeinschaft und die Verbesserung der Dienstequalität (ABl. L 15 vom 21.1.1998, S. 14, L 23 vom 30.1.1998, S. 39), die zuletzt durch die Richtlinie 2008/6/EG (ABl. L 52 vom 27.2.2008, S. 3) geändert worden ist, in der jeweils geltenden Fassung. Die Steuerbefreiung setzt voraus, dass der Unternehmer sich entsprechend einer Bescheinigung des Bundeszentralamtes für Steuern gegenüber dieser Behörde verpflichtet hat, flächendeckend im gesamten Gebiet der Bundesrepublik Deutschland die Gesamtheit der Universaldienstleistungen oder einen Teilbereich dieser Leistungen nach Satz 1 anzubieten. Die Steuerbefreiung gilt nicht für Leistungen, die der Unternehmer erbringt

a) auf Grund individuell ausgehandelter Vereinbarungen oder

b) auf Grund allgemeiner Geschäftsbedingungen zu abweichenden Qualitätsbedingungen oder zu günstigeren Preisen als den nach den allgemein für jedermann zugänglichen Tarifen oder als den nach § 19 des Postgesetzes vom 22. Dezember 1997 (BGBl. I S. 3294), das zuletzt durch Artikel 272 der Verordnung vom 31. Oktober 2006 (BGBl. I S. 2407) geändert worden ist, in der jeweils geltenden Fassung, genehmigten Entgelten;

*EU-Recht*

Art. 132 Abs. 1 Buchst. a MwStSystRL.

*VV*

Abschn. 4.11b.1 UStAE.

1 Die zum 1.7.2010 völlig neugefasste Vorschrift enthält nicht mehr nur eine dem Zweck der Umsatzsteuer widersprechende subjektive Befreiung (*Vor §§ 4–9 Rz. 8*) für bestimmte dem Postwesen dienende Dienstleistungen der Deutschen Post AG, sondern kommt nunmehr als objektive Befreiung für alle Unternehmer in Betracht, die bestimmte **Postuniversaldienstleistungen** nach Art. 3 Abs. 4 Richtlinie 97/67/EG – umgesetzt durch § 11 PostG in Verbindung mit der Post-Universaldienstleistungsverordnung (PUDLV)[1] – erbringen (§ 4 Nr. 11b Satz 1 UStG) und sich gegenüber dem BZSt verpflichtet haben[2], **flächendeckend** im gesamten Bundesgebiet die Gesamtheit der **Universaldienstleistungen** oder einen **Teilbereich**[3] davon anzubieten (§ 4 Nr. 11b Satz 2 UStG).

2 Die Steuerbefreiung gilt **nicht** für Dienstleistungen, denen **individuell ausgehandelte Vereinbarungen** zugrunde liegen (§ 4 Nr. 11b Satz 3 Buchst. a UStG)[4] oder die **auf Grund allgemeiner Geschäftsbedingungen** zu **abweichenden Qualitätsbedingungen** oder zu **günstigeren Preisen** als den nach den allgemeinen für jedermann zugänglichen Tarifen oder als den nach § 19 PostG genehmigten Entgelten erbracht werden (§ 4 Nr. 11b Satz 3 Buchst. b UStG).[5]

3 Werden für die **Versendung** von **Waren** Postdienstleistungen steuerfrei nach § 4 Nr. 11b UStG in Anspruch genommen und **dem Erwerber gesondert berechnet**, so erbringt der Lieferer mit der Versendung eine **gesonderte Dienstleistung**, die nicht das Schicksal der Lieferung teilt (*§ 3 Rz. 204*). Diese sonstige Leistung ist als sog. **Besorgungsleistung** nach § 3 Abs. 11 iVm. § 4 Nr. 11b Satz 1 UStG **steuerfrei** (sofern keine Ausnahme nach Satz 3 eingreift). Der Lieferer erfüllt zwar nicht die Voraussetzungen des § 4 Nr. 11b UStG, da diese Steuerbefreiung jedoch den Verbrauchern zugute kommen soll, muss § 3 Abs. 11 UStG in diesem Sinne ausgelegt werden (*§ 3 Rz. 191*).

---

1 Dazu im Einzelnen Abschn. 4.11b.1 Abs. 2, 3, 5 und 9 UStAE. **Förmliche Zustellungen** sind nach Auffassung des BMF nicht als Universaldienstleistungen i.S.d. Art. 3 Abs. 4 Richtlinie 97/67/EG anzusehen; Abschn. 4.11b Abs. 8 UStAE; ebenso OLG Düsseldorf v. 6.2.2013 – VII-Verg 32/12, VergabeR 2013, 469; *Jacobs*, UR 2012, 621; aA FG BW v. 26.4.2011 – 9 V 3795/10, EFG 2011, 1368; LG Hamburg v. 16.9.2010 – 327 O 507/10, juris.
2 Dazu Abschn. 4.11b.1 Abs. 10 UStAE.
3 Dazu Abschn. 4.11b.1 Abs. 4 UStAE.
4 Dazu Abschn. 4.11b.1 Abs. 6 UStAE.
5 Dazu Abschn. 4.11b.1 Abs. 7 UStAE.

## § 4 Nr. 12
## Steuerbefreiungen bei Lieferungen und sonstigen Leistungen

Von den unter § 1 Abs. 1 Nr. 1 fallenden Umsätzen sind steuerfrei:

...

12. a) die Vermietung und die Verpachtung von Grundstücken, von Berechtigungen, für die die Vorschriften des bürgerlichen Rechts über Grundstücke gelten, und von staatlichen Hoheitsrechten, die Nutzungen von Grund und Boden betreffen,

    b) die Überlassung von Grundstücken und Grundstücksteilen zur Nutzung auf Grund eines auf Übertragung des Eigentums gerichteten Vertrags oder Vorvertrags,

    c) die Bestellung, die Übertragung und die Überlassung der Ausübung von dinglichen Nutzungsrechten an Grundstücken.

    Nicht befreit sind die Vermietung von Wohn- und Schlafräumen, die ein Unternehmer zur kurzfristigen Beherbergung von Fremden bereithält, die Vermietung von Plätzen für das Abstellen von Fahrzeugen, die kurzfristige Vermietung auf Campingplätzen und die Vermietung und die Verpachtung von Maschinen und sonstigen Vorrichtungen aller Art, die zu einer Betriebsanlage gehören (Betriebsvorrichtungen), auch wenn sie wesentliche Bestandteile eines Grundstücks sind;

*EU-Recht*

Art. 135 Abs. 1 Buchst. l und Abs. 2 MwStSystRL;

Art. 13b MwSt-DVO (ab 2017).

*VV*

Abschn. 4.12.1–4.12.11 UStAE.

| | | | |
|---|---|---|---|
| A. Allgemeines | 1 | E. Nicht: Verträge besonderer Art | 20 |
| B. Begriff des Grundstücks | 4 | F. Privatnutzung und unentgeltliche Überlassung von Gebäudeteilen | 27 |
| C. Vermietung und Verpachtung (Satz 1 Buchst. a) | | G. Ausnahmen von der Steuerbefreiung | |
| I. Begriff | 7 | I. Allgemeines | 30 |
| II. Nebenleistungen | 13 | II. Kurzfristige Beherbergung (Satz 2 Alt. 1) | 31 |
| III. Gemischte Verträge | 15 | | |
| D. Andere Nutzungsüberlassungen (Satz 1 Buchst. b und c) | 17 | | |

III. Vermietung von Fahrzeugstellplätzen (Satz 2 Alt. 2) .......... 32

IV. Kurzfristige Vermietung auf Campingplätzen (Satz 2 Alt. 3).. 35

V. Vermietung von Betriebsvorrichtungen (Satz 2 Alt. 4) ...... 38

## A. Allgemeines

1 Die **Vermietung** und **Verpachtung** von **Grundstücken** u.Ä. (*Rz. 4 ff.*) ist grundsätzlich steuerfrei (§ 4 Nr. 12 Satz 1 Buchst. a UStG). Der Vermietung und Verpachtung werden andere Vorgänge der Nutzungsüberlassung von Grundstücken gleichgestellt (§ 4 Nr. 12 Satz 1 Buchst. b und c UStG); diese Bestimmungen sind, sofern sie überhaupt einen Sinn ergeben, lediglich deklaratorisch (*Rz. 18*). § 4 Nr. 12 Satz 2 UStG enthält **Ausnahmen** (*Rz. 30 ff.*).

2 Der **Zweck** dieser Befreiung liegt vorrangig in der Begünstigung der Wohnraummieten[1], ohne dass jedoch deshalb die Vermietung von Grundstücken, die nicht Wohnzwecken dienen, von der Befreiung ausgeschlossen ist (bei diesen kommt ein Verzicht auf die Steuerbefreiung nach § 9 UStG in Betracht). Demgegenüber hieß es im Regierungsentwurf zum UStG 1967[2] noch, dass die Besteuerung aller Verpachtungen und Vermietungen von Grundstücken die Erfassung aller privaten Verpächter und Vermieter voraussetze, die damit verbundene Verwaltungsarbeit jedoch in keinem Verhältnis zum steuerlichen Erfolg stehe. In der Begründung des Kommissionsentwurfs zur 6. EG-Richtlinie (a.F.) heißt es zu Artikel 14 der 6. EG-Richtlinie a.F., dass die Vermietung von Grundstücken in den Mitgliedstaaten aus technischen, wirtschaftlichen und sozialen Gründen im Allgemeinen steuerbefreit ist.[3] Da Steuerbefreiungen generell „eng" (EuGH) auszulegen sind (*Vor §§ 4–9 Rz. 15 ff.*) und der Zweck der Befreiung von Grundstücksüberlassungen, soweit es nicht um Wohnraum geht, nicht erkennbar ist, ist in **Grenzfällen** im Zweifel von der **Steuerpflicht** auszugehen.

3 Die Auslegung der Begriffe „Vermietung und Verpachtung" und „Grundstück" richtet sich nicht nach dem deutschen Zivilrecht.[4] Diese sind vielmehr wegen der gebotenen richtlinienkonformen Auslegung (*Vorbem. Rz. 62 ff.*) in dem Sinne zu verstehen, wie die entsprechenden Begriffe des Art. 135 Abs. 1 Buchst. l MwStSystRL **unionsrechtlich** zu **definieren** sind.[5] Das gilt auch für den Grundstücksbegriff, obwohl § 4 Nr. 12 UStG ersichtlich auf das deutsche Zivilrecht zugeschnitten ist. Die erwähnten „Berechtigungen" und „staatlichen Hoheitsrechte" können jedoch als Klarstellung dessen verstanden werden, was sich aus dem gemeinschaftsrechtlichen Grundstücksbegriff ergibt.

---

1 Vgl. Begr. d. FinAussch. zu BT-Drucks. V/1581 – Allg. 4.d, sowie zu § 4 Nr. 12.
2 BT-Drucks. IV/1590 – zu § 4 Nr. 9.
3 BT-Drucks. 7/913, S. 43.
4 A.A. Abschn. 4.12.1 Abs. 1 Satz 2 UStAE.
5 EuGH v. 16.1.2003 – C-315/00, EuGHE 2003, I-563 = UR 2003, 86 – Rz. 25 f.; EuGH v. 18.11.2004 – C-284/03, EuGHE 2004, I-11237 = UR 2005, 24 – Rz. 16; EuGH v. 15.11.2012 – C-532/11, BStBl. II 2013, 891 = UR 2013, 30 – Rz. 17; BFH v. 7.7.2011 – V R 41/09, BStBl. II 2014, 73 = UR 2011, 867 – Rz. 19; BFH v. 8.11.2012 – V R 15/12, BStBl. II 2013, 455 – Rz. 29.

## B. Begriff des Grundstücks

Der Grundstücksbegriff des § 4 Nr. 12 UStG bestimmt sich nicht nach dem nationalen Zivilrecht, sondern ist unionsrechtlich zu definieren (*Rz. 3*). Er ist zudem innerhalb der Richtlinie (insbesondere in Art. 12, Art. 47, Art. 135 Abs. 1 Buchst. k–l, Art. 187 Abs. 1 Unterabs. 3 MwStSystRL) einheitlich zu interpretieren[1] und ist als **Gegensatz** zu den **beweglichen Sachen** zu verstehen.[2] Als Grundstück ist auch ein fest abgegrenztes Gelände anzusehen, welches von **Wasser** überflutet ist[3], folglich auch **Boots-** und **Schiffsliegeplätze**[4] einschließlich ortsfest vertäuter Hausboote[5] sowie Wasserläufe (Flussabschnitte).[6] Ab 2017 wird der **Grundstücksbegriff** der Richtlinie durch **Art. 13b MwSt-DVO** definiert.

4

Ob ein **Gebäude** nach deutschem Zivilrechtsverständnis wesentlicher Bestandteil ist oder nicht (dazu *§ 3 Rz. 41 ff.*), ist ohne Belang. Der Grundstücksbegriff erfasst auch alle Gebäude, die nicht leicht demontiert und versetzt werden können.[7] Folglich werden Wohncontainer und Wohnwagen, die zum stationären Gebrauch als Wohnungen und nicht mehr als Beförderungsmittel verwendet werden, nicht erfasst, so dass deren Vermietung steuerpflichtig ist.[8] Entsprechendes gilt für Baubuden, Kioske, Tribünen und ähnliche Einrichtungen[9] (zu in Gebäuden **eingefügten Sachen** als deren Bestandteile s. § 13b Buchst. c und d MwSt-DVO; zu sog. **Betriebsvorrichtungen** s. *Rz. 38 ff.*).

5

Als Grundstücke sind auch die in § 4 Nr. 12 Satz 1 Buchst. a UStG genannten grundstücksgleichen Rechte („Berechtigungen, für die die Vorschriften des bürgerlichen Rechts über Grundstücke") zu verstehen, die nach dem Zivilrecht wie Grundstücke behandelt werden (*Beispiel:* **Erbbaurecht**, vgl. *§ 4 Nr. 9 Rz. 18*), da auch deren Vermietung dem Mieter die zeitlich begrenzte Befugnis verschafft, das Grundstück, an dem das Recht des Vermieters besteht, zu gebrauchen (*Rz. 7 f.*; zur *Bestellung* eines Erbbaurechts s. *Rz. 20*). Das **Wohnungseigentum** fällt als Miteigentum unmittelbar unter den Grundstücksbegriff (*§ 15a Rz. 44*). Letztlich kommt es auf die zivilrechtliche Einordnung nicht an, da allein maßgebend ist, dass ein Grundstück (Gebäude/Gebäudeteil) zur Nutzung überlassen wird. Auf Grund welcher Rechtsstellung das geschieht, ist ohne Belang.

6

---

1 Vgl. EuGH v. 16.1.2003 – C-315/00, EuGHE 2003, I-563 = UR 2003, 86 – Rz. 34.
2 Vgl. EuGH v. 16.1.2003 – C-315/00, EuGHE 2003, I-563 = UR 2003, 86 – Rz. 29 ff.
3 EuGH v. 3.3.2005 – C-428/02, EuGHE 2005, I-1527 = UR 2005, 458; EuGH v. 7.9.2006 – C-166/05, EuGHE 2006, I-7749 = UR 2006, 632; EuGH v. 6.12.2007 – C-451/06, EuGHE 2007, I-10637 = UR 2008, 266 – Rz. 19; EuGH v. 15.11.2012 – C-532/11, BStBl. II 2013, 891 = UR 2013, 30 – Rz. 21.
4 EuGH v. 3.3.2005 – C-428/02, EuGHE 2005, I-1527 = UR 2005, 458; BFH v. 8.10.1991 – V R 46/88, BStBl. II 1992, 368 (370); vgl. auch BFH v. 7.3.1996 – V R 29/95, BStBl. II 1996, 341.
5 EuGH v. 15.11.2012 – C-532/11, BStBl. II 2013, 891 = UR 2013, 30.
6 Vgl. EuGH v. 7.9.2006 – C-166/05, EuGHE 2006, I-7749 = UR 2006, 632.
7 EuGH v. 16.1.2003 – C-315/00, EuGHE 2003, I-563 = UR 2003, 86 – Rz. 32 ff.; EuGH v. 15.11.2012 – C-532/11, BStBl. II 2013, 891 = UR 2013, 30 – Rz. 23; vgl. auch Abschn. 3a.3 Abs. 2 Satz 3 Gedankenstrich 2 UStAE (= Art. 13b Buchst. b MwSt-DVO [ab 2017]).
8 EuGH v. 3.7.1997 – C-60/97, EuGHE 1997, I-3827 = UR 1997, 443.
9 Abschn. 4.12.1 Abs. 4 Satz 2 UStAE.

## C. Vermietung und Verpachtung (Satz 1 Buchst. a)
### I. Begriff

7 Die **Vermietung** oder **Verpachtung** eines Grundstücks (*Rz. 4 ff.*) ist die zeitlich begrenzte Einräumung des Rechts, das Grundstück zu gebrauchen und andere, einschließlich des Vermieters bzw. Verpächters, davon auszuschließen.[1] Dabei soll nach Auffassung des EuGH die Dauer der Grundstücksnutzung ein Hauptelement eines Mietvertrages bilden.[2] Mit dieser schiefen Formulierung ist wohl lediglich gemeint, dass die Dauer der Grundstücksnutzung den Mietpreis (Mietzins, Miete) bestimmt[3], so dass auch die *kurzzeitige* Überlassung eines Grundstücks eine Vermietung sein kann.[4] Die Dauer muss indes nicht bei Vertragsabschluss festgelegt sein.[5] Die Vermietung eines Grundstücks liegt auch dann vor, wenn nur eine **Teilfläche** oder nur das **Gebäude** oder ein **Gebäudeteil** (Wohnung) vermietet wird.[6]

Keine Vermietung (oder Verpachtung) der Grundstücks- bzw. Gebäudefläche ist die *Verwahrung* oder *Lagerung* von Gegenständen auf dieser. Keine Gebrauchsüberlassung soll nach Ansicht des BFH bei der dauerhaften **Duldung ökologischer Ausgleichsmaßnahmen** gegeben sein.[7]

8 Der Vermieter oder Verpächter muss nicht Eigentümer des Grundstücks sein, so dass auch die Nutzungsüberlassung durch den Besitzer von der Vorschrift erfasst wird (*Beispiel:* **Untervermietung**). Ob der Besitz rechtmäßig oder unrechtmäßig ist, spielt keine Rolle (vgl. § 40 AO). Eine Vermietung liegt auch bei der Überlassung im Rahmen einer sog. **Dienstleistungskommission** (§ 3 Abs. 11 UStG) vor (*§ 3 Rz. 194 f.*).

---

[1] EuGH v. 4.10.2001 – C-326/99, EuGHE 2001, I-6831 = UR 2001, 484 – Rz. 54 f.; EuGH v. 9.10.2001 – C-108/99, EuGHE 2001, I-7257 = UR 2001, 494 – Rz. 21; EuGH v. 12.6.2003 – C-275/01, EuGHE 2003, I-5965 = UR 2003, 348 – Rz. 25; EuGH v. 18.11.2004 – C-248/03, EuGHE 2004, I-11237 = UR 2005, 24 – Rz. 19; EuGH v. 3.3.2005 – C-428/02, EuGHE 2005, I-1527 = UR 2005, 458 – Rz. 30; EuGH v. 16.12.2010 – C-270/09, EuGHE 2010, I-13179 = UR 2011, 462 – Rz. 46; BFH v. 27.9.2007 – V R 73/05, BFH/NV 2008, 252; BFH v. 24.1.2008 – V R 12/05, BStBl. II 2009, 60 = UR 2008, 308; BFH v. 7.7.2011 – V R 41/09, BStBl. II 2014, 73 = UR 2011, 867 – Rz. 19; vgl. auch Abschn. 4.12.1 Abs. 2 Satz 1 UStAE.

[2] EuGH v. 18.1.2001 – C-150/99, EuGHE 2001, I-493 = UR 2001, 153 – Rz. 27.

[3] Vgl. EuGH v. 12.9.2000 – C-359/97, EuGHE 2000, I-6355 = UR 2000, 518 – Rz. 68 f.

[4] Abschn. 4.12.1 Abs. 2 Satz 7 UStAE.

[5] EuGH v. 18.11.2004 – C-248/03, EuGHE 2004, I-11237 = UR 2005, 24 – Rz. 22.

[6] Abschn. 4.12.1 Abs. 3 Satz 2 UStAE; vgl. auch EuGH v. 12.2.1998 – C-346/95, EuGHE 1998, I-481 = UR 1998, 189; EuGH v. 16.1.2003 – C-315/00, EuGHE 2003, I-563 = UR 2003, 86.

[7] BFH v. 8.11.2012 – V R 15/12, BStBl. II 2013, 455; BFH v. 21.2.2013 – V R 10/12, BFH/NV 2013, 1635; BFH v. 28.5.2013 – XI R 32/11, UR 2014, 264; vgl. auch FG Düsseldorf v. 23.5.2014 – 1 K 4581/12, EFG 2014, 1519 – Duldung der Ersatzaufforstung eines Waldes.

Auf die **Bezeichnung** des Rechtsverhältnisses kommt es **nicht** an.[1] Maßgebend ist vielmehr der objektive Inhalt des Vorgangs, d.h., ob die **Überlassung** des Grundstücks für eine bestimmte Zeit **gegen** eine **Vergütung** vorliegt.[2]

9

Ein Pachtvertrag ist demgemäß auch bei einem als **Abbauvertrag** oder **Ausbeutevertrag**[3] genannten Vertrag gegeben, wonach der Grundstückseigentümer einem anderen gestattet, die im Grundstück vorhandenen Bodenschätze (Sand, Kies, Kalk, Torf usw.) abzubauen.[4] Ebenso ist die Überlassung eines Grundstücks zur **Ablagerung** von **Abfällen** (z.B. Überlassung eines Steinbruchs zur Auffüllung mit Klärschlamm) als Vermietung anzusehen[5] (zur Überlassung von **Standplätzen/-flächen** u.Ä. s. *Rz. 22 f.*).

Auch die Überlassung in Gestalt der Einräumung eines **dinglichen Nutzungsrechts**, wie z.B. eines **Nießbrauchs**, wird bei teleologischer Auslegung vom Begriff der Vermietung erfasst.[6] Das galt und gilt auch für § 4 Nr. 12 Satz 1 Buchst. a UStG. Die Bestimmungen des § 4 Nr. 12 Satz 1 Buchst. b und c UStG sind – sofern sie Nutzungsüberlassungen betreffen (*Rz. 18 f.*) – aus den zuvor genannten Gründen nur deklaratorisch (*Rz. 17*).

10

Da es auf den Inhalt der sonstigen Leistung (Dienstleistung) und nicht auf deren Bezeichnung ankommt, handelt es sich selbst bei der **vorzeitigen Auflösung eines Mietvertrages** im Interesse des *Vermieters* um eine steuerfreie Vermietungsleistung i.S.d. § 4 Nr. 12 Satz 1 UStG, weil dem Vermieter mit der vorzeitigen Rückgabe wieder die Möglichkeit verschafft wird, sein Grundstück zu nutzen.[7] Im umgekehrten Fall der vorzeitigen Auflösung im Interesse des *Mieters* liegt entgegen der Rechtsprechung schon keine Leistung vor (§ 1 Rz. 53), so dass sich die Frage der Steuerbefreiung gar nicht stellt.

11

Auch ein **Miteigentumsanteil** kann vermietet werden, indem ein **Miteigentümer** dem **anderen** die Alleinnutzung des Grundstücks oder eines Teiles davon gestattet.[8] Das soll indes nach neuerer Erkenntnis des V. Senats des BFH insoweit nicht möglich sein, als Eheleute auf dem ihnen gemeinsam gehörenden Grundstück ein Gebäude errichtet haben und der eine Ehegatte das Gebäude seinem Unternehmen für Vorsteuerabzugszwecke zugeordnet habe. Der andere Ehegatte könne seinen Miteigentumsanteil nicht mehr vermieten, weil dem

12

---

1 EuGH v. 16.12.2010 – C-270/09, EuGHE 2010, I-13179 = UR 2011, 462 – Rz. 46 a.E. Das Rechtsverhältnis kann auch **öffentlich-rechtlich** sein; vgl. EuGH v. 25.10.2007 – C-174/06, EuGHE 2007, I-9359 = UR 2007, 892.
2 Vgl. EuGH v. 4.10.2001 – C-326/99, EuGHE 2001, I-6831 = UR 2001, 484 – Rz. 55; EuGH v. 25.10.2007 – C-174/06, EuGHE 2007, I-9359 = UR 2007, 892 – Rz. 33 f.; EuGH v. 16.12.2010 – C-270/09, EuGHE 2010, I-13179 = UR 2011, 462 – Rz. 46 a.E.
3 Vgl. § 581 i.V.m. § 99 BGB: „Früchte" als „bestimmungsgemäße Ausbeute".
4 Vgl. BFH v. 27.11.1969 – V 160/65, BStBl. II 1970, 138; BFH v. 28.6.1973 – V R 7/72, BStBl. II 1973, 717; Abschn. 4.12.4 Abs. 1 UStAE.
5 Abschn. 4.12.4 Abs. 2 UStAE.
6 EuGH v. 4.10.2001 – C-326/99, EuGHE 2001, I-6831 = UR 2001, 484 – Rz. 54 ff.
7 Im Ergebnis ebenso EuGH v. 15.12.1993 – C-63/92, EuGHE 1993, I-6697 = BStBl. II 1995, 480; a.A. *Heidner* in Bunjes, § 4 Nr. 12 UStG Rz. 13 – Rechtsverzicht, der indes den wirtschaftlichen Gehalt des Vorgangs außer Acht lässt.
8 So noch zutreffend BFH v. 27.4.1994 – XI R 91, 92/92, BStBl. II 1994, 826 (829) – 3. der Gründe.

nutzenden Ehegatten dieser Anteil aufgrund der Zuordnung zu seinem Unternehmen „umsatzsteuerrechtlich bereits geliefert worden" sei.[1] Das ist nicht nachvollziehbar (s. auch § 15 Rz. 86), weil der andere Ehegatte Miteigentümer bleibt, so dass das Gebäude hälftig an ihn geliefert wurde und folglich selbst mit seiner Einwilligung die Zuordnung als Gegenstand einer Lieferung zum Unternehmen des nutzenden Ehegatten nicht möglich wäre. Die Vermietung ist hingegen die Einräumung der Möglichkeit, die fremde Gebäudehälfte im Rahmen des Unternehmens zu nutzen (vgl. § 1 Rz. 25).

**Dritten gegenüber** kommt hingegen nur die Vermietung des Grundstücks als solches oder eines realen Teils davon durch die Gesamtheit der Miteigentümer in Betracht, die folglich nach *außen* als BGB-Gesellschaft (§§ 705 ff. BGB) handelt (die §§ 741 ff. BGB betreffen nur das *Innenverhältnis* der Miteigentümer; § 2 Rz. 28).

## II. Nebenleistungen

13 Die Steuerfreiheit der Vermietung des Grundstücks erfasst nach Ansicht der Finanzverwaltung auch die üblichen „Nebenleistungen" des Vermieters in Gestalt der Lieferung von Wasser, Wärme und Strom[2], nicht jedoch von Heizgas und Heizöl.[3] Das gilt jedoch nur dann, wenn diese o.ä. Nebenleistungen keine eigenständigen Lieferungen oder Dienstleistungen sind, weil sie **nicht**, auch nicht pauschal, **gesondert berechnet** werden[4] (§ 3 Rz. 202), d.h. mit dem Mietzins abgegolten sind. Die Steuerbefreiung der Vermietung erstreckt sich auch auf mitvermietete **Einrichtungsgegenstände**[5] (s. auch Rz. 40 zu sog. Betriebsvorrichtungen).

14 Zahlt der Mieter **Schadensersatz** wegen der **Beschädigung** des **Grundstücks** (Gebäudes), so ist von einem Leistungsaustausch auszugehen (§ 1 Rz. 60 ff.). Die Leistung des Vermieters ist keine Nebenleistung zur Vermietung. Das ist m.E. entgegen der Auffassung der BFH[6] auch dann nicht der Fall, wenn die Beschädigung bei der Errichtung von Vorrichtungen des Mieters eintritt, die dieser zur Nutzung des Grundstücks benötigt.

---

1 BFH v. 7.7.2011 – V R 41/09, BStBl. II 2014, 73 = UR 2011, 867 = – Rz. 20 ff. – unter Heranziehung verfehlter (§ 15 Rz. 86) Äußerungen des EuGH v. 21.4.2005 – C-25/03, EuGHE 2005, I-3123 = BStBl. II 2007, 24 = UR 2005, 324.
2 Abschn. 4.12.1 Abs. 5 Satz 3 UStAE („in der Regel"); vgl. auch BFH v. 15.1.2009 – V R 91/07, BStBl. II 2009, 615.
3 Abschn. 4.12.1 Abs. 6 Satz 1 UStAE.
4 Vgl. EuGH v. 16.4.2015 – C-42/14, http://curia.europa.eu, ECLI:EU:C:2015:229 – zu Energie- und Wasserlieferungen sowie zur Abfallentsorgung; EuGH v. 11.6.2009 – C-572/07, EuGHE 2009, I-4983 = UR 2009, 557 – Rz. 22 ff.; ferner BFH v. 20.8.2009 – V R 21/08, UR 2010, 263 – Rz. 17; BFH v. 4.5.2011 – XI R 35/10, BStBl. II 2011, 836.
5 BFH v. 20.8.2009 – V R 21/08, UR 2010, 263; BFH v. 4.5.2011 – XI R 35/10, BStBl. II 2011, 836; BFH v. 8.8.2013 – V R 7/13, BFH/NV 2013, 1952 – Rz. 16; FG Nds. v. 13.2.2014 – 5 K 282/12, juris – Rev.-Az. V R 37/14; a.A. Abschn. 4.12.1 Abs. 6 Satz 2 UStAE – „in der Regel nicht".
6 BFH v. 11.11.2004 – V R 30/04, BStBl. II 2005, 802 – Flurschäden bei der Errichtung von Strommasten.

## III. Gemischte Verträge

Liegt ein gemischter Vertrag vor, der sowohl die Merkmale einer Vermietung als auch die Merkmale eines anderen Vertragstypus enthält (zu komplexen Dienstleistungen s. *Rz. 20 ff.*), ohne dass das eine hinter dem anderen zurücktritt, so ist von **mehreren Leistungen** auszugehen, die nicht im Verhältnis von Haupt- und Nebenleistung zueinander stehen, und die einheitliche **Gegenleistung** im Wege der Schätzung **aufzuteilen**. Die Steuerbefreiung nach § 4 Nr. 12 UStG gilt für den Teil, der auf die Grundstücksüberlassung entfällt.[1]  15

Ein gemischter Vertrag liegt bei der Gewährung von „**Kost und Logis**" an Arbeitnehmer vor[2]; allerdings ist dieser richtigerweise als tauschähnlicher Vorgang nicht steuerbar (*§ 1 Rz. 87 f.*). Ein gemischter Vertrag kann auch bei einem Vertrag über die Aufnahme in ein **Altenheim** oder **Pflegeheim** anzunehmen sein, solange die pflegerische Betreuung und Versorgung die Raumüberlassung nicht überlagert. **Anderenfalls** liegt eine einheitliche Leistung auf der Grundlage eines **Vertrages besonderer Art** (*Rz. 20*) vor, die nach § 4 Nr. 16 UStG steuerfrei sein kann[3], sofern nicht, wie im Falle einer vom Mietvertrag getrennten Pflegevereinbarung, von zwei **gesondert** zu betrachtenden **Leistungen** auszugehen ist.[4]  16

## D. Andere Nutzungsüberlassungen (Satz 1 Buchst. b und c)

Die Bestimmungen des § 4 Nr. 12 Satz 1 Buchst. b und c UStG wollen weitere Formen der Nutzungsüberlassung erfassen. Sie gehen auf die frühere, verfehlte ständige Rechtsprechung der Umsatzsteuersenate[5] des BFH zurück, wonach die Begriffe „Vermietung und Verpachtung" i.S.d. § 4 Nr. 12 UStG ausschließlich nach bürgerlichem Recht zu beurteilen seien.[6] Bei einer am Zweck des § 4 Nr. 12 Satz 1 Buchst. a UStG orientieren Auslegung ist es indes selbstverständlich, dass das Gesetz, obwohl es mit den Begriffen „Vermietung und Verpachtung" nur die typischen Fälle der Nutzungsüberlassung genannt hat, im Hinblick auf den Gleichbehandlungsgrundsatz auch die atypischen Fälle erfassen will.[7] Die Aussagen des § 4 Nr. 12 Satz 1 Buchst. b und c UStG sind folglich nur **deklaratorisch** (s. auch *Rz. 9 f.*), sofern sie überhaupt einen Sinn haben.  17

Befreit ist die **Überlassung** von Grundstücken und Grundstücksteilen zur Nutzung **auf Grund eines auf Übertragung des Eigentums gerichteten** Vertrages oder  18

---

1 Vgl. BFH v. 7.4.1960 – V 143/58 U, BStBl. III 1960, 261; BFH v. 25.4.1968 – V 120/64, BStBl. II 1969, 94; BFH v. 9.12.1993 – V R 38/91, BStBl. II 1994, 585.
2 BFH v. 13.9.1988 – V R 46/83, BStBl. II 1988, 1021; BFH v. 9.12.1993 – V R 38/91, BStBl. II 1994, 585.
3 Abschn. 4.12.6 Abs. 2 Nr. 12 UStAE; BFH v. 21.4.1993 – XI R 55/90, BStBl. II 1994, 266.
4 Vgl. BFH v. 4.5.2011 – XI R 35/10, BStBl. II 2011, 836.
5 Hingegen hatte ein Einkommensteuersenat des BFH schon 1978 entschieden, dass der entsprechende Begriff des § 21 Abs. 1 Nr. 1 EStG auch den Nießbrauch erfasst; vgl. BFH v. 27.6.1978 – VIII R 54/74, BStBl. II 1979, 332.
6 BFH v. 25.3.1971 – V R 96/67, BStBl. II 1971, 473 m.w.N.; zuletzt noch BFH v. 30.5.1994 – V R 83/92, BStBl. II 1994, 775; vgl. auch BFH v. 16.5.1995 – XI R 70/94, BStBl. II 1995, 750.
7 In diesem Sinne auch BFH BFH v. 8.11.2012 – V R 15/12, BStBl. II 2013, 455 – Rz. 32 f.; BFH v. 28.5.2013 – XI R 32/11, UR 2014, 264 – Rz. 58.

Vorvertrages (§ 4 Nr. 12 Satz 1 Buchst. b UStG). Voraussetzung ist, dass die für die Nutzung geleisteten Zahlungen keine Raten für den späteren Eigentumserwerb sind, da anderenfalls von Anbeginn eine Lieferung des Grundstücks vorläge (*§ 4 Nr. 9 Rz. 8 f.*). Das ist bei der ersten Alternative („auf Grund eines auf Übertragung des Eigentums gerichteten Vertrages") stets der Fall.[1] Die Vorschrift kann deshalb nur für die zweite Alternative („auf Grund eines ... Vorvertrages") klarstellen, dass die für die Zeit bis zur Übergabe des Grundstücks auf Grund eines Kaufvertrages gegebene entgeltliche **Nutzungsüberlassung** steuerfrei ist.

19 Steuerfrei sind ferner die Bestellung, die Übertragung und die Überlassung der Ausübung von **dinglichen Nutzungsrechten** an Grundstücken (§ 4 Nr. 12 Satz 1 Buchst. c UStG). Dingliche Nutzungsrechte sind insbesondere der **Nießbrauch** (§ 1030 BGB), die **Grunddienstbarkeit**[2] (§ 1018 BGB), die *beschränkt persönliche Dienstbarkeit* (§ 1090 BGB) sowie das *Dauerwohnrecht* und *Dauernutzungsrecht* (§ 31 WEG). Auch das **Erbbaurecht** gehört hierzu, soweit es ein Nutzungsrecht gewährt.[3] Die Formulierung „Bestellung" ergibt indes keinen Sinn. Nicht die Bestellung ist die sonstige Leistung, sondern das auf Grund des eingeräumten Rechts dauernde **Dulden** der **Nutzung** des **Grundstücks** (vgl. zum Erbbaurecht auch *§ 4 Nr. 9 Rz. 11*).

## E. Nicht: Verträge besonderer Art

20 Bei einer gemischten (komplexen), als **Einheit** zu sehenden Leistung, die auch Elemente der Nutzungsüberlassung hinsichtlich eines Grundstücks (Gebäudes, Gebäudeteiles) enthält, kommt die Steuerbefreiung nach § 4 Nr. 12 UStG nur dann in Betracht, wenn die Überlassung des Grundstücks im Vordergrund steht, d.h. den Kern der gemischten Leistung ausmacht. Eine Vermietung eines Grundstücks liegt hingegen dann nicht vor, wenn dieses zwar zur Erbringung der Leistung im weiteren Sinne mitverwendet wird, der **wirtschaftliche Gehalt** der sonstigen Leistung jedoch **nicht** in der **Überlassung** des **Grundstücks-** bzw. Gebäudeteils liegt, diese vielmehr nur „Mittel zur Durchführung"[4] der eigentlichen Leistung ist.

21 Letzteres ist z.B.[5] bei der **kurzzeitigen** (insbesondere stundenweisen) **Überlassung** von Sport-, sog. Fitness- o.ä. **Einrichtungen** der Fall[6]. Anders liegt es bei der **dauerhaften Überlassung** der gesamten **Anlage** oder eines Teils davon an einen

---

1 Unklar Abschn. 4.12.7 UStAE.
2 Beispiele: Recht, über das Grundstück eine Strom-, Gas- o.ä. **Leitung** zu legen; vgl. BFH v. 11.11.2004 – V R 30/04, BStBl. II 2005, 802; BFH v. 14.3.2012 – XI R 8/10, BFH/NV 2012, 1667 – Rz. 32; **Wegerecht**, BFH v. 11.11.2004 – V R 30/04, BStBl. II 2005, 802; BFH v. 24.2.2005 – V R 45/02, BStBl. II 2007, 61 = UR 2005, 547.
3 Vgl. zur ESt. BFH v. 20.9.2006 – IX R 17/04, BStBl. II 2007, 112 – Erbbauzins Einnahmen aus Vermietung und Verpachtung.
4 EuGH v. 12.6.2003 – C-275/01, EuGHE 2003, I-5965 = UR 2003, 348 – Rz. 30.
5 Weiteres *Beispiel:* Pferdepension; FG Köln v. 22.1.2008 – 6 K 2707/03, EFG 2008, 1829.
6 BFH v. 31.5.2001 – V R 97/98, BStBl. II 2001, 658; BFH v. 24.1.2008 – V R 12/05, BStBl. II 2009, 60; BFH v. 11.3.2009 – XI R 71/07, BStBl. II 2010, 209; Abschn. 4.12.11 Abs. 1 UStAE; vgl. auch EuGH v. 18.1.2001 – C-150/99, EuGHE 2001, I-493 = UR 2001, 153 – Rz. 26 f. – Golfspiel; BFH v. 26.4.2002 – V B 168/01, BFH/NV 2002, 1345; BFH v.

Betreiber¹ (vgl. auch *Rz. 40*), sofern nicht die Überlassung des Grundstücks mit verschiedenen aktiven Dienstleistungen verbunden ist, auf die der wesentliche Teil der Vergütung entfällt².

Auch die Überlassung von (Stand-)Flächen bei **Ausstellungen**, Messen, Festen u.ä. **Veranstaltungen** ist aus diesem Grund keine Vermietung i.S.v. § 4 Nr. 12 UStG³, sondern eine steuerpflichtige Dienstleistung⁴, selbst dann, wenn keine weiteren Leistungen erbracht werden.⁵ Anders liegt es bei der **Überlassung** derartiger Flächen an den Veranstalter der Messe, Ausstellung usw. 22

Bei der Überlassung von **Standflächen** auf **Wochenmärkten**, Jahrmärkten u.Ä., deren Charakter als Verkaufsmarkt überwiegt, sollte nach früherer Auffassung des BFH ein gemischter Vertrag (*Rz. 15*) vorliegen; der größere Teil der Leistung sollte auf die Grundstücksüberlassung entfallen.⁶ Nunmehr nimmt der **BFH** ausschließlich eine Vermietung an;⁷ Serviceleistungen, wie insbesondere Stromversorgung und Reinigung sollen nur unselbständige Nebenleistungen sein.⁸ Beide Sichtweisen erscheinen gekünstelt, da es den Marktbeschickern im Kern nicht um die Überlassung (Nutzung) einer Grundstücksfläche, sondern um die Verschaffung (Erlangung) der Möglichkeit geht, ihre Waren usw. anbieten zu können. M.E. ist deshalb auch in diesen Fällen von einem Vertrag besonderer Art auszugehen, bei dem auch nicht teilweise eine Befreiung nach § 4 Nr. 12 UStG in Betracht kommt. 23

Auch bei der Überlassung von **Hauswänden** oder **Dachflächen** eines Hauses **zu Reklamezwecken** oder die Erlaubnis zum **Aufstellen** von **Werbevorrichtungen** auf privatem oder öffentlichen Grund ist der Kern der Dienstleistung nicht die Überlassung von Gebäudeteilen zur Nutzung, sondern die Verschaffung der Werbemöglichkeit.⁹ Entsprechendes gilt m.E. bei der Überlassung von Standorten für **Funkfeststationen**.¹⁰ 24

Ebenso tritt bei der Gestattung der **Aufstellung von Automaten** o.Ä. in einem Gebäude die Grundstücksüberlassung in den Hintergrund und ist nur Mittel 25

---

17.12.2014 – XI R 16/11, UR 2015, 261 – kurzzeitige Überlassung von Räumen zur Prostitution.
1 BFH v. 17.12.2008 – XI R 23/08, BStBl. II 2010, 208 = UR 2009, 423.
2 Vgl. EuGH v. 22.1.2015 – C-55/14, UR 2015, 347 – Überlassung eines Fußballstadions.
3 A.A. BFH v. 7.3.1995 – XI R 56/94, BFH/NV 1995, 1027 – 2b der Gründe.
4 Vgl. Abschn. 4.12.6 Abs. 2 Nr. 1–3 UStAE m.w.N.
5 Vgl. EuGH v. 9.3.2006 – C-114/05, EuGHE 2006, I-2427 = UR 2006, 350.
6 BFH v. 7.4.1960 – V 143/58 U, BStBl. III 1960, 261; BFH v. 25.4.1968 – V 120/64, BStBl. II 1969, 94; ebenso bislang Abschn. 80 Abs. 3 UStR 2008.
7 BFH v. 24.1.2008 – V R 12/05, BStBl. II 2009, 60 = UR 2008, 308; BFH v. 13.2.2014 – V R 5/13, UR 2014, 566.
8 BFH v. 13.2.2014 – V R 5/13, UR 2014, 566.
9 Vgl. BFH v. 23.10.1957 – V 153/55 U, BStBl. III 1957, 457; BFH v. 31.7.1962 – I 283/61 U, BStBl. III 1962, 476; Abschn. 4.12.6 Abs. 2 Nr. 6 und 7 UStAE.
10 A.A. OFD Frankfurt a.M. v. 15.10.2012 – S 7168 A - 44 - St 112, UR 2013, 520.

zum Zweck, so dass der Kern der Dienstleistung in der Verschaffung der Verkaufsmöglichkeit usw. liegt.[1]

26 Entsprechendes gilt bei der Vermietung von **Schließfächern**, für die durch Art. 135 Abs. 2 Buchst. d MwStSystRL die Steuerfreiheit ausdrücklich ausgeschlossen ist. Auch wenn die Schließfächer fest mit einem Gebäude verbunden sind, liegt der Kern der Dienstleistung nicht in der Überlassung eines Gebäudeteils, sondern in der des Schließfaches, welches auch Teil einer größeren *beweglichen* Anlage sein könnte, die Kraft ihrer Schwere auf dem Boden unverrückbar lastet und damit die gleiche Sicherheit bietet.

## F. Privatnutzung und unentgeltliche Überlassung von Gebäudeteilen

27 I. Nach Auffassung des EuGH soll die **Privatnutzung** eines Teiles eines Gebäudes, welches insgesamt dem Unternehmen zugeordnet ist, nicht steuerfrei sein, weil dieser Vorgang keine Vermietung sei und die Befreiungsvorschrift auch nicht entsprechend angewendet werden könne, da Art. 135 MwStSystRL eng auszulegen sei.[2] Diese Entscheidung, bei der der EuGH ausschließlich auf den Wortlaut abstellt, ist verfehlt, weil der Zweck der Befreiungsvorschrift und des Art. 168 MwStSystRL, § 15 Abs. 1 UStG missachtet wird. Die Entscheidung führt dazu, dass die Verwendung i.S.d. § 3 Abs. 9a UStG (Art. 26 Abs. 1 Buchst. a MwStSystRL) ein steuerpflichtiger Umsatz ist und verschaffte damit dem Steuerpflichtigen (Unternehmer) die Möglichkeit, seine private Wohnung bei vor dem 1.1.2011 begonnener (*Rz. 28*) Herstellung des Gebäudes vorerst vollen Umfangs von der Vorsteuer zu entlasten. Voraussetzung war lediglich, dass sich die Wohnung in einem Gebäude befand, welches – in Deutschland zu wenigstens 10 % (§ 15 Abs. 1 Satz 2 UStG)[3] – für Umsätze verwendet wurde, die zum Vorsteuerabzug berechtigten[4] (s. auch *§ 3 Rz. 171*), denn dann kann nach ebenfalls verfehlter Gesetzeslage und EuGH-Rechtsprechung das ganze Gebäude dem Unternehmen zugeordnet werden mit der Folge, dass der volle Vorsteuerabzug vorgenommen werden konnte (*§ 15 Rz. 166*).

28 Das ist eine **Ungleichbehandlung** gegenüber denjenigen Personen, die ihr Haus oder ihre Wohnung nicht einem Unternehmen zuordnen können und folglich die Umsatzsteuer, die bei der Herstellung des Gebäudes anfiel, nicht als Vorsteuer vergütet erhalten.[5] Die EuGH-Entscheidung verstößt mithin gegen den Zweck des Art. 168 MwStSystRL, § 15 Abs. 1 UStG, den Privatverbrauch nicht

---

1 Vgl. EuGH v. 12.6.2003 – C-275/01, EuGHE 2003, I-5965 = UR 2003, 348 – Rz. 30.
2 EuGH v. 8.5.2003 – C-269/00, EuGHE 2003, I-4101 = BStBl. II 2004, 378 = UR 2003, 288 – Rz. 48 ff.; EuGH v. 14.9.2006 – C-72/05, EuGHE 2006, I-8297 = BStBl. II 2007, 32 = UR 2006, 638 – Rz. 45; EuGH v. 29.3.2012 – C-436/10, UR 2012, 712; EuGH v. 18.7.2013 – C-210/11 u. C-211/11, UR 2014, 404 – Rz. 26 f. Der BFH folgte dem; BFH v. 24.7.2003 – V R 39/99, BStBl. II 2004, 371 = UR 2003, 539; BFH v. 8.10.2008 – XI R 58/07, BStBl. II 2009, 394 (396).
3 Nach Auffassung des EuGH gibt es nicht einmal diese Bagatellgrenze, EuGH v. 11.7.1991 – C-97/90, EuGHE 1991, I-3795 = UR 1991, 291 – Rz. 35.
4 Abschn. 3.4 Abs. 7 Satz 2 UStAE; BFH v. 8.10.2008 – XI R 58/07, BStBl. II 2009, 394 (396); BFH v. 11.3.2009 – XI R 69/07, BStBl. II 2009, 496.
5 *Stadie*, UR 2004, 597 (598 f.).

von der Umsatzsteuer zu entlasten[1] und ist willkürlich.[2] Zwar wird der Vorsteuerabzug in den folgenden Jahren durch die Versteuerung der Privatnutzung nach Art. 2 Abs. 1 Buchst. a i.V.m. Art. 26 Abs. 1 Buchst. a MwStSystRL bzw. nach § 1 Abs. 1 Nr. 1 i.V.m. § 3 Abs. 9a Nr. 1 UStG sukzessive wieder neutralisiert, es bleibt jedoch ein erheblicher Zinsvorteil. Der entscheidende Fehler des EuGH ist indes seine Rechtsprechung, wonach ein Gebäude auch hinsichtlich der nichtunternehmerisch genutzten Teile dem Unternehmen zugeordnet werden darf (*§ 1 Rz. 104*). Um deren Folgen für den Vorsteuerabzug zu vermeiden, hätte der EuGH die private Verwendung analog Art. 135 Abs. 1 Buchst. l MwStSystRL für steuerfrei erklären müssen, weil dann wegen der steuerfreien Verwendung kein Vorsteuerabzug in Betracht gekommen wäre. Die EU und der nationale Gesetzgeber haben diese verfehlte EuGH-Rechtsprechung durch die Beschränkung des Vorsteuerabzugs mittels **Einfügung** des Art. 168a MwStSystRL bzw. des **§ 15 Abs. 1b** UStG mit Wirkung vom 1.1.2011 (§ 27 Abs. 16 UStG) zur Makulatur gemacht (*§ 15 Rz. 387 ff.*).

**II.** Aus der Begründung der o.g. EuGH-Entscheidung, wonach Art. 135 Abs. 1 Buchst. l MwStSystRL dem Begriff der Vermietung entsprechend die Zahlung eines Mietzinses verlange[3], muss geschlossen werden, dass auch auf die **unentgeltliche Überlassung** an Dritte die Steuerbefreiung nicht entsprechend anzuwenden ist.[4] Das ist aus den zuvor genannten Gründen sachwidrig. Die unentgeltliche Überlassung wird jedoch ebenfalls von Art. 168a MwStSystRL, § 15 Abs. 1b UStG erfasst (*§ 15 Rz. 400*). 29

## G. Ausnahmen von der Steuerbefreiung
### I. Allgemeines

§ 4 Nr. 12 Satz 2 UStG bestimmt für vier Fallgruppen Ausnahmen von der grundsätzlichen Steuerbefreiung, so dass diese (steuerbaren) Umsätze steuerpflichtig sind. Da Steuerbefreiungen Ausnahmen von dem allgemeinen Grundsatz darstellen, dass jede Dienstleistung der Umsatzsteuer unterliegen soll (*Vor §§ 4–9 Rz. 15*), sind folglich **Ausnahmen** von den Befreiungen **nicht eng** auszulegen.[5] 30

### II. Kurzfristige Beherbergung (Satz 2 Alt. 1)

Nicht befreit – sondern dem ermäßigten Steuersatz unterliegend (§ 12 Abs. 2 Nr. 11 UStG) – ist die Vermietung von Wohn- und Schlafräumen, die ein Unter- 31

---

1 Ebenso *Reiß*, UR 2003, 428 (439 ff.).
2 Der EuGH hat mit abwegigen Argumenten versucht, diese Ungleichbehandlung zu rechtfertigen; EuGH v. 23.4.2009 – C-460/07, EuGHE 2009, I-3251 = UR 2009, 410 – Rz. 55 ff. Dazu *Stadie* in R/D, § 15 UStG Anm. 1127.
3 EuGH v. 8.5.2003 – C-269/00, EuGHE 2003, I-4101 = BStBl. II 2004, 378 = UR 2003, 288 – Rz. 49; ebenso EuGH v. 18.7.2013 – C-210/11, MwStR 2013, 544 – Rz. 26.
4 Ebenso FG Nds. v. 22.8.2013 – 16 K 313/1, juris – Rev.-Az. V R 56/13; vgl. auch Abschn. 3.4 Abs. 7 Satz 3 UStAE.
5 EuGH v. 12.2.1998 – C-346/95, EuGHE 1998, I-481 = UR 1998, 189 – Rz. 19; EuGH v. 3.3.2005 – C-428/02, EuGHE 2005, I-1527 = UR 2005, 458 – Rz. 43; BFH v. 30.3.2006 – V R 52/06, BStBl. II 2006, 731 – 3 der Gründe.

nehmer zur kurzfristigen Beherbergung[1] von Fremden[2] bereithält (§ 4 Nr. 12 Satz 2 Alt. 1 UStG).

Maßgebend für die Frage, ob ein Bereithalten für eine kurzfristige oder eine auf Dauer angelegte Überlassung vorliegt, ist nicht die tatsächliche Dauer, sondern die aus den Gesamtumständen abzuleitende **Absicht** des Vermieters.[3] Von einer Absicht zur kurzfristigen Beherbergung ist auszugehen, wenn diese **nicht länger als sechs Monate** dauern soll.[4] Dieser Zeitraum leitet sich aus § 9 Satz 2 Halbs. 1 AO ab[5], wonach bei einem zeitlich zusammenhängenden Aufenthalt von mehr als 6 Monaten von einem nicht mehr nur vorübergehenden, sondern von einem gewöhnlichen Aufenthalt auszugehen ist.[6] Daraus folgt, dass der Mieter dann den Raum als Wohnung i.S.d. § 8 AO (wohnsitzbegründend) innehat[7], so dass der Zweck der Steuerbefreiung (*Rz. 2*) gegeben ist. Abzustellen ist auf den **jeweiligen Raum**.[8] Wird dieser sowohl zur kurzfristigen als auch zur langfristigen Beherbergung bereitgehalten, so sind alle Umsätze steuerpflichtig.[9]

### III. Vermietung von Fahrzeugstellplätzen (Satz 2 Alt. 2)

32 Nicht befreit ist ferner die Vermietung von **Plätzen** für das **Abstellen** von Fahrzeugen (§ 4 Nr. 12 Satz 2 Alt. 2 UStG). Auf die Zeitdauer der Vermietung kommt es nicht an. Der Mieter muss die Flächen nicht selbst zum Abstellen von Fahrzeugen nutzen.[10]

33 Die **Stellplätze** können sich nicht nur zu Lande im Freien oder in einem Gebäude (z.B. Parkhaus oder Einzelgarage), sondern auch zu Wasser befinden. **Fahrzeuge** sind Beförderungsmittel im weitesten Sinne (allerdings mit Ausnahme von

---

1 Das ist nicht der Fall bei der Zimmervermietung in einem Bordell; BFH v. 22.8.2013 – V R 18/12, BStBl. II 2013, 1058; und bei der kurzfristigen Überlassung von Wohnungen an Prostituierte zur Berufsausübung; BFH v. 19.2.2014 – XI R 1/12, BFH/NV 2014, 1398; FG Hamburg v. 7.5.2014 – 2 K 293/13, juris, Rev.-Az. BFH V R 30/14 – Stundenhotel.
2 Dazu zählen auch eigene Arbeitnehmer; BFH v. 8.8.2013 – V R 7/13, BFH/NV 2013, 1952 – Rz. 18.
3 BFH v. 25.1.1996 – V R 6/95, UR 1997, 181; BFH v. 6.8.1998 – V R 26/98, BFH/NV 1999, 84 m.w.N.; BFH v. 8.8.2013 – V R 7/13, BFH/NV 2013, 1952 – Rz. 17; vgl. auch Abschn. 4.12.1 Abs. 1 Satz 2 UStAE.
4 BFH v. 27.10.1993 – XI R 69/70, BFH/NV 1994, 744; BFH v. 6.8.1998 – V R 26/98, BFH/NV 1999, 84. Diese Auslegung ist mit Art. 135 Abs. 2 Unterabs. 1 Buchst. a MwStSystRL zu vereinbaren; EuGH v. 12.2.1998 – C-346/95, EuGHE 1998, I-481 = UR 1998, 189 – Rz. 25.
5 Vgl. Abschn. 4.12.9 Abs. 1 Satz 2 UStAE; s. auch BFH v. 18.1.1973 – V B 47/72, BStBl. II 1973, 426.
6 Vgl. auch Art. 15 Abs. 2 Buchst. a OECD-MA (183 Tage).
7 Vgl. BFH v. 30.8.1989 – I R 215/85, BStBl. II 1989, 956.
8 Vgl. BFH v. 27.10.1993 – XI R 69/90, UR 1995, 20; BFH v. 9.12.1993 – V R 38/91, BStBl. II 1994, 585; Abschn. 4.12.9 Abs. 2 Satz 1 UStAE.
9 BFH v. 20.4.1988 – X R 5/82, BStBl. II 1988, 795.
10 BFH v. 30.3.2006 – V R 52/05, BStBl. II 2006, 731 – Vermietung eines Grundstücks mit angelegten Parkplätzen an eine Gemeinde, die diese fortan mit Parkscheinautomaten betreibt.

Tieren), welche sich mit eigener oder fremder Hilfe fortbewegen.[1] Stellplätze sind folglich auch **Bootsliege-** bzw. **Lagerplätze** zu Wasser bzw. an Land.[2]

Der Ausschluss von der Steuerbefreiung greift dann nicht, wenn der Stellplatz **zusammen mit** einem Gebäude oder einer **Wohnung** vermietet wird. Es handelt sich dann um eine **einheitliche** steuerfreie Grundstücksvermietung. Das soll nach h.M. auch gelten, wenn für die Vermietung des Stellplatzes ein gesondertes Entgelt berechnet wird, und selbst dann gegeben sein, wenn dieses in einem gesonderten Vertrag geregelt wird.[3] Anders ist es jedenfalls bei der Vermietung von Stellplätzen an die Mieter von Büroräumen, wenn die Fläche der jeweils vermieteten Büros und die Zahl der an die jeweiligen Mieter überlassenen Stellplätze in keinem festen Verhältnis zueinander stehen.[4]

34

## IV. Kurzfristige Vermietung auf Campingplätzen (Satz 2 Alt. 3)

Nicht befreit – sondern dem ermäßigten Steuersatz unterliegend (§ 12 Abs. 2 Nr. 11 UStG) – ist auch die kurzfristige Vermietung *auf* (nicht: von) Campingplätzen (§ 4 Nr. 12 Satz 2 Alt. 3 UStG). Die Finanzverwaltung stellt – offensichtlich in Anlehnung an § 9 Satz 2 Halbs. 1 AO (*Rz. 31*) – zu Recht auch hier auf die **Sechsmonatsfrist** ab[5], so dass die Vermietung kurzfristig ist, wenn sie **nicht ansässigkeitsbegründend** ist. Maßgebend ist allerdings entgegen der Auffassung der Finanzverwaltung grundsätzlich nicht die **tatsächliche Dauer** der Überlassung[6], sondern, wie bei der parallelen Frage zur Beherbergung (*Rz. 31*), die vereinbarte Laufzeit[7], weil der Vermieter bei Abschluss des Vertrages wissen muss, ob er die Miete mit oder ohne Umsatzsteuer kalkulieren muss.

35

Die Regelung ist mit Art. 135 Abs. 2 Unterabs. 1 Buchst. a MwStSystRL zu vereinbaren[8], da es sich bei Campingplätzen um „Sektoren mit ähnlicher Zielsetzung" wie das „Hotelgewerbe" handelt, für welches bereits der EuGH die Sechsmonatsfrist als **richtlinienkonform** angesehen hat (*Rz. 31*).

36

Ist die Vermietung steuerfrei, so erfasst die Steuerfreiheit auch die Entgelte für die als Nebenleistung anzusehende Überlassung der üblichen **Gemeinschaftseinrichtungen**[9], nach Auffassung des BFH auch die gesondert berechnete Lieferung von **Strom**[10] (s. auch *Rz. 13*). Keine Nebenleistungen zur Vermietung sind

37

---

1 Vgl. Abschn. 4.12.2 Abs. 2 UStAE; EuGH v. 3.3.2005 – C-428/02, EuGHE 2005, I-1527 = UR 2005, 458 – Rz. 44.
2 EuGH v. 3.3.2005 – C-428/02, EuGHE 2005, I-1527 = UR 2005, 458.
3 EuGH v. 13.7.1989 – C-173/88, EuGHE 1989, 2763 = UR 1991, 42; BFH v. 28.2.2006 – V B 175/04, BFH/NV 2006, 1169; BFH v. 28.6.2007 – V B 12/06, BFH/NV 2007, 2363; Abschn. 4.12.2 Abs. 3 Sätze 4 ff. UStAE m. Beispielen.
4 FG Nds. v. 9.11.2005 – 16 K 517/04, DStRE 2006, 1018; NZB abgewiesen, BFH v. 28.6.2006 – V B 12/06, UR 2007, 938.
5 Vgl. Abschn. 4.12.3 Abs. 2 Satz 1 UStAE.
6 Abschn. 4.12.3 Abs. 2 UStAE m. Beispielen.
7 BFH v. 25.1.1996 – V R 6/95, UR 1997, 181; BFH v. 6.8.1998 – V R 26/98, BFH/NV 1999, 84 m.w.N.; vgl. auch EuGH v. 12.2.1998 – C-346/95, EuGHE 1998, I-481 = UR 1998, 189: „wenn anzunehmen ist, dass diese Laufzeit der Absicht der Parteien entspricht".
8 BFH v. 13.2.2008 – XI R 51/06, BStBl. II 2009, 63 = UR 2008, 781.
9 Abschn. 4.12.3 Abs. 3 UStAE.
10 BFH v. 15.1.2009 – V R 91/07, BStBl. II 2009, 615.

die Überlassungen von Betriebsvorrichtungen (*Rz. 38 f.*) zur alleinigen Nutzung[1] und die Überlassungen von Sportgeräten, Sportanlagen, Badeeinrichtungen u.Ä.[2]

## V. Vermietung von Betriebsvorrichtungen (Satz 2 Alt. 4)

38 Ebenfalls nicht steuerbefreit ist die Vermietung und Verpachtung von **Maschinen** und sonstigen **Vorrichtungen** aller Art, die zu einer Betriebsanlage gehören (Betriebsvorrichtungen), auch wenn sie wesentliche Bestandteile eines Grundstücks sind (§ 4 Nr. 12 Satz 2 Alt. 4 UStG). Derartige Betriebsvorrichtungen werden im Steuerrecht generell als selbständige Wirtschaftsgüter behandelt[3], vor allem deshalb, weil das steuerrechtliche Schicksal nicht von dem Zufall abhängen darf, ob die Gegenstände beweglich oder (wegen der festen Verbindung mit dem Grundstück bzw. Gebäude) unbeweglich sind, obwohl ihre Funktion dieselbe ist (s. aber *§ 15a Rz. 47*).

39 Der **Begriff** der Betriebsvorrichtung i.S.d. § 4 Nr. 12 Satz 2 UStG ist nicht etwa in Anlehnung an die Kriterien zu bestimmen, die für das Bewertungsrecht entwickelt worden sind, welches dieselbe Umschreibung enthält (vgl. § 68 Abs. 2 Nr. 2 BewG).[4] Die Auslegung hat sich vielmehr an der von Art. 135 Abs. 2 Buchst. c MwStSystRL vorgegebenen Formulierung („auf Dauer eingebaute Vorrichtungen[5] und Maschinen"; ähnlich Art. 13b Buchst. d MwSt-DVO) zu orientieren.[6] Da Ausnahmen von Steuerbefreiungen nicht eng auszulegen sind (*Rz. 30*), zählen zu den Vorrichtungen nicht etwa nur solche, die einem Gewerbebetrieb unmittelbar dienen.[7] Aus der Formulierung „**auf Dauer eingebaut**" folgt nicht im Umkehrschluss, dass die Vermietung von nur vorübergehend eingebauten Vorrichtungen steuerfrei sein soll. Vielmehr sind diese schon nicht als Teile des Grundstücks, sondern als bewegliche Sachen zu behandeln, deren Vermietung ohnehin steuerpflichtig ist.

40 Die Steuerbefreiung entfällt m.E. jedoch nur dann, wenn die Betriebsvorrichtungen **gesondert vermietet** werden. Werden sie hingegen zusammen mit dem Grundstück oder Gebäude überlassen, so handelt es sich um einen einheitlichen wirtschaftlichen Vorgang, so dass grundsätzlich die Steuerfreiheit der Grundstücksvermietung auch die Überlassung der Betriebsvorrichtungen um-

---

1 BFH v. 28.5.1998 – V R 19/96, BStBl. II 2010, 307 = UR 1998, 388 – Versorgungseinrichtung auf Mobilheimstellplatz.
2 Abschn. 4.12.3 Abs. 4 UStAE.
3 Vgl. *Stadie*, Allg. SteuerR, Rz. 211.
4 So aber BFH v. 16.10.1980 – V R 51/76, BStBl. II 1981, 228; Abschn. 4.12.10 Satz 2 UStAE.
5 Dazu gehört nicht der Obstbaumbestand eines Grundstücks; BFH v. 12.5.2011 – V R 50/10, BFH/NV 2011, 873.
6 Andererseits bestimmt Art. 13b Buchst. d MwSt-DVO ab 2017, dass „Ausstattungsgegenstände und Maschinen, die auf Dauer in einem Gebäude oder einem Bauwerk installiert sind und die nicht bewegt werden können, ohne das Gebäude oder das Bauwerk zu zerstören oder zu verändern", als Grundstücksteile gelten. Diese Regelung kann m.E. nicht die Aussage des Art. 135 Abs. 2 Buchst. c MwStSystRL einschränken (*Vorbem. Rz. 65*).
7 So aber Abschn. 4.12.10 Satz 6 UStAE.

fasst.¹ Der einheitliche Umsatz ist mithin nicht in einen steuerfreien und einen steuerpflichtigen Teil aufzuspalten. Dafür spricht auch Art. 135 Abs. 2 Satz 1 Buchst. c MwStSystRL. Demgegenüber nehmen die **Rechtsprechung** und die **Finanzverwaltung** bei der Vermietung einer **Sportanlage an** einen **Betreiber** eine penible Aufteilung in eine steuerfreie Vermietung des Grundstücks und eine steuerpflichtige Vermietung der Betriebsvorrichtungen vor.² Entsprechendes soll bei der Vermietung anderer Räumlichkeiten (**Veranstaltungsräume**) mit Betriebsvorrichtungen gelten, wenn die Betriebsvorrichtungen für die vorgesehene Art der Nutzung benötigt werden.³

Wenn die Überlassung der Betriebsvorrichtungen den wirtschaftlichen Gehalt der Vermietung bestimmt, kann die **Überlassung** des **Grundstücks**/Gebäudes **Nebenleistung** zur insgesamt steuerpflichtigen Vermietung der Betriebsvorrichtungen sein.⁴  41

# § 4 Nr. 13
# Steuerbefreiungen bei Lieferungen und sonstigen Leistungen

**Von den unter § 1 Abs. 1 Nr. 1 fallenden Umsätzen sind steuerfrei:**

...

13. die Leistungen, die die Gemeinschaften der Wohnungseigentümer im Sinne des Wohnungseigentumsgesetzes in der im Bundesgesetzblatt Teil III, Gliederungsnummer 403-1, veröffentlichten bereinigten Fassung, in der jeweils geltenden Fassung an die Wohnungseigentümer und Teileigentümer erbringen, soweit die Leistungen in der Überlassung des gemeinschaftlichen Eigentums zum Gebrauch, seiner Instandhaltung, Instandsetzung und sonstigen Verwaltung sowie der Lieferung von Wärme und ähnlichen Gegenständen bestehen;

*EU-Recht*

–

---

1 Vgl. EuGH v. 13.7.1989 – C-173/88, EuGHE 1989, 2763 = UR 1991, 42 – Rz. 14 ff., zur parallelen Fragestellung bei der Vermietung eines Gebäudes zusammen mit einer Garage.
2 BFH v. 17.12.2008 – XI R 23/08, BStBl. II 2010, 208 = UR 2009, 423 – Turnhalle; BFH v. 11.3.2009 – XI R 71/07, BStBl. II 2010, 209 – Sportanlage; Abschn. 4.12.11 Abs. 2 und 3 UStAE; vgl. auch BFH v. 28.5.1998 – V R 19/96, BStBl. II 2010, 307 = UR 1998, 388. Demgegenüber soll die Vermietung einer Sporthalle an eine Kommune für den Schulsport insgesamt steuerfrei sein, wenn die Mitvermietung der Betriebsvorrichtungen nicht prägend ist; BFH v. 7.5.2014 – V B 94/13, BFH/NV 2014, 1242.
3 Abschn. 4.12.11 Abs. 4 UStAE; BMF, Schr. v. 17.4.2003 – IV B 7 - S 7100 - 77/03, BStBl. I 2003, 279; a.A. FG München v. 23.10.2012 – 2 K 3457/09, EFG 2013, 247.
4 Vgl. BFH v. 4.3.2011 – V B 51/10, BFH/NV 2011, 1035.

## § 4 Nr. 13     Steuerbefreiungen bei Lieferungen und sonstigen Leistungen

*VV*
Abschn. 4.13.1 UStAE.

1   Nach § 4 Nr. 13 UStG sind die Leistungen, die die Gemeinschaften der Wohnungseigentümer (im Sinne des WEG) an die Wohnungseigentümer und Teileigentümer erbringen, steuerfrei, soweit die Leistungen in der **Überlassung des gemeinschaftlichen Eigentums** zum Gebrauch, seiner Instandhaltung, Instandsetzung und sonstigen **Verwaltung** sowie der **Lieferung** von **Wärme** und **ähnlichen** Gegenständen bestehen. Die Vorschrift hat kein Pendant in der Richtlinie, könnte sich jedoch, wenn es darauf ankäme, was nicht der Fall ist (*Rz. 3*), auf die 7. Protokollerklärung zu Art. 13 der 6. EG-Richtlinie aF[1] stützen.

2   Die **Gemeinschaft** der Wohnungseigentümer ist keine schlichte Bruchteilsgemeinschaft, sondern einem Verein (Verband) ähnlich und ist deshalb teilrechtsfähig und folglich **unternehmerfähig** (*§ 2 Rz. 15*). Sie *kann* demgemäß ihren Mitgliedern gegenüber Leistungen erbringen, d.h. **steuerbare Umsätze** i.S.d. § 1 Abs. 1 Nr. 1 UStG tätigen. Das soll nach Auffassung der **Finanzverwaltung** bei den in § 4 Nr. 13 UStG genannten Leistungen der Fall sein. Die **Gegenleistung** soll in den umgelegten Kosten liegen.[2] Bei dieser Prämisse verhindert die Steuerbefreiung, dass von der Gemeinschaft (vertreten durch den Verwalter) von Dritten in Anspruch genommene (nicht steuerbare oder steuerfreie) Leistungen (z.B. Versicherungen, Müllabfuhr) durch die Zwischenschaltung der Gemeinschaft mit Umsatzsteuer belastet werden.

Soweit **Teileigentum** zur Ausführung steuerpflichtiger Umsätze verwendet wird, bedarf es dann hinsichtlich der Leistungen der Gemeinschaft („Umlage der Kosten") des **Verzichts** auf die Steuerbefreiung nach § 9 UStG, um den Teileigentümern den Vorsteuerabzug zu verschaffen. Insoweit ist dann auch die Gemeinschaft hinsichtlich der bezogenen Leistungen anteilig (§ 15 Abs. 4 UStG) zum Vorsteuerabzug berechtigt.

3   Die Finanzverwaltung **übersieht**, dass durch eine schlichte Kostenumlage grundsätzlich nicht die Unternehmereigenschaft begründet werden kann, da diese eine wirtschaftliche Tätigkeit, nämlich die Möglichkeit zur Erzielung eines Überschusses voraussetzt (*§ 2 Rz. 104 ff.*). **Soweit** allerdings **Teileigentümer** vorsteuerabzugsberechtigte Unternehmer sind, gebietet es der **Vereinfachungszweck**, die Gemeinschaft insoweit als Unternehmer zu behandeln (**Wahlrecht**; *§ 2 Rz. 108*). Die Leistungen sind dann insoweit als steuerbar und steuerpflichtig anzusehen, so dass es des Verzichts auf die Steuerbefreiung (§ 9 UStG) nicht bedarf. § 4 Nr. 13 UStG enthält **im Übrigen** nur eine **Klarstellung** der **Nichtsteuerbarkeit**, soweit die Wohnungseigentümer nicht zum Vorsteuerabzug berechtigt sind.

4   § 4 Nr. 13 UStG gilt **nicht** für die Dienstleistungen des **Verwalters** gegenüber den einzelnen Wohnungseigentümern.[3]

---

1 Abgedruckt in R/D, Bd. VIII, zu Art. 13 der 6. EG-Richtlinie aF, S. 6/3.
2 Vgl. Abschn. 4.13.1 Abs. 2 UStAE.
3 FG Sachs. v. 14.1.2009 – 2 K 1725/06, EFG 2009, 1344.

## § 4 Nr. 14
## Steuerbefreiungen bei Lieferungen und sonstigen Leistungen

Von den unter § 1 Abs. 1 Nr. 1 fallenden Umsätzen sind steuerfrei:

...

14. a) Heilbehandlungen im Bereich der Humanmedizin, die im Rahmen der Ausübung der Tätigkeit als Arzt, Zahnarzt, Heilpraktiker, Physiotherapeut, Hebamme oder einer ähnlichen heilberuflichen Tätigkeit durchgeführt werden. Satz 1 gilt nicht für die Lieferung oder Wiederherstellung von Zahnprothesen (aus Unterpositionen 9021 21 und 9021 29 00 des Zolltarifs) und kieferorthopädischen Apparaten (aus Unterposition 9021 10 des Zolltarifs), soweit sie der Unternehmer in seinem Unternehmen hergestellt oder wiederhergestellt hat;

b) Krankenhausbehandlungen und ärztliche Heilbehandlungen einschließlich der Diagnostik, Befunderhebung, Vorsorge, Rehabilitation, Geburtshilfe und Hospizleistungen sowie damit eng verbundene Umsätze, die von Einrichtungen des öffentlichen Rechts erbracht werden. Die in Satz 1 bezeichneten Leistungen sind auch steuerfrei, wenn sie von

   aa) zugelassenen Krankenhäusern nach § 108 des Fünften Buches Sozialgesetzbuch,

   bb) Zentren für ärztliche Heilbehandlung und Diagnostik oder Befunderhebung, die an der vertragsärztlichen Versorgung nach § 95 des Fünften Buches Sozialgesetzbuch teilnehmen oder für die Regelungen nach § 115 des Fünften Buches Sozialgesetzbuch gelten,

   cc) Einrichtungen, die von den Trägern der gesetzlichen Unfallversicherung nach § 34 des Siebten Buches Sozialgesetzbuch an der Versorgung beteiligt worden sind,

   dd) Einrichtungen, mit denen Versorgungsverträge nach den §§ 111 und 111a des Fünften Buches Sozialgesetzbuch bestehen,

   ee) Rehabilitationseinrichtungen, mit denen Verträge nach § 21 des Neunten Buches Sozialgesetzbuch bestehen,

   ff) Einrichtungen zur Geburtshilfe, für die Verträge nach § 134a des Fünften Buches Sozialgesetzbuch gelten,

   gg) Hospizen, mit denen Verträge nach § 39a Abs. 1 des Fünften Buches Sozialgesetzbuch bestehen, oder

   hh) Einrichtungen, mit denen Verträge nach § 127 in Verbindung mit § 126 Absatz 3 des Fünften Buches Sozialgesetzbuch über die Erbringung nichtärztlicher Dialyseleistungen bestehen,[1]

---

[1] Eingefügt m.W.v. 1.1.2015 durch Gesetz v. 22.12.2014.

erbracht werden und es sich ihrer Art nach um Leistungen handelt, auf die sich die Zulassung, der Vertrag oder die Regelung nach dem Sozialgesetzbuch jeweils bezieht, oder

ii) von Einrichtungen nach § 138 Abs. 1 Satz 1 des Strafvollzugsgesetzes erbracht werden;

c) Leistungen nach den Buchstaben a und b, die von

aa) Einrichtungen, mit denen Verträge zur hausarztzentrierten Versorgung nach § 73b des Fünften Buches Sozialgesetzbuch oder zur besonderen ambulanten ärztlichen Versorgung nach § 73c des Fünften Buches Sozialgesetzbuch bestehen, oder

bb) Einrichtungen nach § 140b Abs. 1 des Fünften Buches Sozialgesetzbuch erbracht werden, mit denen Verträge zur integrierten Versorgung nach § 140a des Fünften Buches Sozialgesetzbuch bestehen,

erbracht werden;[1]

d) sonstige Leistungen von Gemeinschaften, deren Mitglieder Angehörige der in Buchstabe a bezeichneten Berufe oder Einrichtungen im Sinne des Buchstaben b sind, gegenüber ihren Mitgliedern, soweit diese Leistungen für unmittelbare Zwecke der Ausübung der Tätigkeiten nach Buchstabe a oder Buchstabe b verwendet werden und die Gemeinschaft von ihren Mitgliedern lediglich die genaue Erstattung des jeweiligen Anteils an den gemeinsamen Kosten fordert;

e) die zur Verhütung von nosokomialen Infektionen und zur Vermeidung der Weiterverbreitung von Krankheitserregern, insbesondere solcher mit Resistenzen, erbrachten Leistungen eines Arztes oder einer Hygienefachkraft, an in Buchstabe a, b und d genannte Einrichtungen, die diesen dazu dienen, ihre Heilbehandlungsleistungen ordnungsgemäß unter Beachtung der nach dem Infektionsschutzgesetz und den Rechtsverordnungen der Länder nach § 23 Absatz 8 des Infektionsschutzgesetzes bestehenden Verpflichtungen zu erbringen;[2]

*EU-Recht*
Art. 132 Abs. 1 Buchst. b, c und f, Art. 133 und 134 MwStSystRL.

*VV*
Abschn. 4.14.1–4.14.9 UStAE.

| | |
|---|---|
| **A. Allgemeines** .................. 1 | II. Heilbehandlungen ............ 13 |
| **B. Heilbehandlungen im Rahmen heilberuflicher Tätigkeiten (Buchst. a)** | III. Ausnahme: Lieferung von Zahnersatz (Satz 2) .......... 19 |
| I. Heilberufliche Tätigkeiten ..... 5 | |

---

1 Buchst. c neu gefasst mit Wirkung vom 1.7.2013 durch Gesetz v. 26.6.2013.
2 Buchst. e angefügt mit Wirkung vom 1.7.2013 durch Gesetz v. 26.6.2013.

C. **Krankenhausbehandlungen und ärztliche Heilbehandlungen durch anerkannte Einrichtungen (Buchst. b)**

I. Allgemeines ................. 22

II. Krankenhausbehandlungen und ärztliche Heilbehandlungen .... 23

III. Einrichtungen des öffentlichen Rechts (Satz 1) ............... 24

IV. Andere anerkannte Einrichtungen (Satz 2)
1. Allgemeines ................. 26
2. Begriff der „Einrichtung" ...... 28
3. In Betracht kommende Einrichtungen
   a) Zugelassene Krankenhäuser (Doppelbuchst. aa) .......... 31
   b) Zentren für ärztliche Heilbehandlung und Diagnostik (Doppelbuchst. bb) ........ 33
   c) Heilbehandlungen für Unfallversicherer (Doppelbuchst. cc) ................ 35

d) Vorsorge- und Rehabilitationseinrichtungen (Doppelbuchst. dd und ee) .......... 36
e) Einrichtungen zur Geburtshilfe (Doppelbuchst. ff.) ..... 37
f) Hospize (Doppelbuchst. gg).. 38
g) Nichtärztliche Dialyseleistungen (Doppelbuchst. hh) .. 39
h) Einrichtungen im Strafvollzug (Doppelbuchst. ii) ...... 40

4. Ausschluss einrichtungsfremder Leistungen (Satz 2 Halbs. 2) 41

V. Mit der Heilbehandlung eng verbundene Umsätze ......... 42

D. **Besorgung von Heilbehandlungen (Buchst. c)** ............ 51

E. **Praxis- und Apparategemeinschaften u.ä. Zusammenschlüsse (Buchst. d)** ........... 52

F. **Infektionshygienische Leistungen (Buchst. e)** ............... 59

## A. Allgemeines

Die zum 1.1.2009 erheblich umgestaltete und um die Regelungen des § 4 Nr. 16 Buchst. a bis c UStG a.F. erweiterte Vorschrift ist in ihrem Wortlaut in weiten Teilen an die Formulierungen des Art. 132 Abs. 1 Buchst. b, c und f MwStSystRL angepasst worden. Befreit sind die Umsätze von **Heilbehandlungen** im Bereich der Humanmedizin, die im Rahmen der Ausübung der Tätigkeit als Arzt oder einer ähnlichen **heilberuflichen Tätigkeit** durchgeführt werden (§ 4 Nr. 14 Buchst. a UStG), sowie **Krankenhausbehandlungen** und ärztliche Heilbehandlungen durch anerkannte **Einrichtungen** (§ 4 Nr. 14 Buchst. b UStG), die Leistungen von Einrichtungen der sog. integrierten Versorgung (§ 4 Nr. 14 Buchst. c UStG), die sonstigen Leistungen von **Gemeinschaften** aus Angehörigen der in § 4 Nr. 14 Buchst. a und b UStG bezeichneten Berufe und Einrichtungen gegenüber ihren Mitgliedern (§ 4 Nr. 14 Buchst. d UStG) sowie **infektionshygienische Leistungen** (§ 4 Nr. 14 Buchst. e UStG). Nicht befreit ist die Lieferung von Zahnersatz (§ 4 Nr. 14 Buchst. a Satz 2 UStG; *Rz. 19*). 1

Nur die Heilbehandlungen im Bereich der **Humanmedizin** sind befreit. Folglich sind tierärztliche Leistungen, auch durch Humanmediziner, nicht befreit, während ein **Tierarzt**, welcher Leistungen erbringt, die der Behandlung von Menschen dienen, insoweit unter § 4 Nr. 14 UStG fallen kann.[1] 2

---

1 Vgl. BFH v. 9.9.1983 – V R 94/89, UR 1994, 468.

3   Der **Zweck** der Steuerbefreiung nach § 4 Nr. 14 UStG liegt darin, die Kosten der Heilbehandlungen nicht mit (direkter) Umsatzsteuer zu belasten, um sie damit dem Einzelnen, der sie in Anspruch nehmen könnte, zugänglicher zu machen[1], d.h. den Endverbraucher von der Umsatzsteuer auf Heilbehandlungsleistungen zu entlasten.[2]

4   Die Begriffe „**Heilbehandlungen im Bereich der Humanmedizin**" i.S.d. § 4 Nr. 14 Buchst. a UStG (entspricht Art. 132 Abs. 1 Buchst. c MwStSystRL) und „**ärztliche Heilbehandlungen**" der Einrichtungen i.S.d. § 4 Nr. 14 Buchst. b UStG (entspricht Art. 132 Abs. 1 Buchst. b MwStSystRL) meinen dasselbe.[3] Da die von den Einrichtungen i.S.d. § 4 Nr. 14 Buchst. b Satz 2 UStG erbrachten ärztlichen Heilbehandlungen nur unter den dort genannten engeren Voraussetzungen steuerfrei sind und insbesondere unter „**Einrichtungen**" auch **natürliche Personen** fallen, bedarf es der **Abgrenzung** der Befreiung nach § 4 Nr. 14 Buchst. a UStG von der des § 4 Nr. 14 **Buchst. b Satz 2** UStG, soweit es um ärztliche Heilbehandlungen geht. Die Abgrenzung der beiden Vorschriften soll sich nach Ansicht des **EuGH** nach dem **Ort der Erbringung** der Leistungen richten.[4] Das ergibt keinen Sinn und ist zudem entgegen dem EuGH[5] ein Verstoß gegen das Gleichbehandlungsgebot.[6] Richtigerweise ist § 4 Nr. 14 **Buchst. b** UStG **lex specialis** für **komplexe** Heilbehandlungen mit wesentlichen Zusatzleistungen vor allem in Gestalt der Unterbringung und Versorgung (s. auch *Rz. 32* a.E.). Gesondert abgerechnete ärztliche Heilbehandlungen fallen unter § 4 Nr. 14 Buchst. a UStG (s. auch *Rz. 30*).

## B. Heilbehandlungen im Rahmen heilberuflicher Tätigkeiten (Buchst. a)

### I. Heilberufliche Tätigkeiten

5   Steuerbefreit sind die Umsätze bei der Heilbehandlung im Bereich der Humanmedizin, die im Rahmen der Ausübung der Tätigkeit als **Arzt**, **Zahnarzt**[7], **Heilpraktiker**[8], **Physiotherapeut** (Krankengymnast)[9], **Hebamme**[10] oder einer

---

1 Vgl. EuGH v. 10.9.2002 – C-141/00, EuGHE 2002, I-6833 = UR 2002, 513 – Rz. 29; EuGH v. 6.11.2003 – C-45/01, EuGHE 2003, I-12911 = BStBl. II 2004, 681 = UR 2003, 584 – Rz. 43; EuGH v. 8.6.2006 – C-106/05, EuGHE 2006, I-5123 = UR 2006, 464 – Rz. 25; EuGH v. 14.12.2006 – C-401/05, EuGHE 2006, I-12121 = UR 2007, 104 – Rz. 34.
2 Vgl. BFH v. 13.4.2000 – V R 78/99, UR 2000, 436; BFH v. 12.10.2004 – V R 54/03, BStBl. II 2005, 106.
3 Vgl. EuGH v. 6.11.2003 – C-45/01, EuGHE 2003, I-12911 = UR 2003, 584 – Rz. 48; EuGH v. 8.6.2006 – C-106/05, EuGHE 2006, I-5123 = UR 2006, 464 – Rz. 27.
4 EuGH v. 6.11.2003 – C-45/01, EuGHE 2003, I-12911 = UR 2003, 584 – Rz. 47; EuGH v. 8.6.2006 – C-106/05, EuGHE 2006, I-5123 = UR 2006, 464 – Rz. 22; ebenso RegE JStG 2009, BR-Drucks. 545/08, 116 – Begr. zu Art. 7 Nr. 2 Buchst. b.
5 Vgl. EuGH v. 8.6.2006 – C-106/05, EuGHE 2006, I-5123 = UR 2006, 464 – Rz. 44 ff.
6 I.E. ebenso BFH v. 15.3.2007 – V R 55/03, BStBl. II 2008, 31.
7 Einschließlich Dentist; Abschn. 4.14.3 Abs. 9 UStAE.
8 Dazu Abschn. 4.14.4 Abs. 1 UStAE.
9 Dazu Abschn. 4.14.4 Abs. 2 UStAE.
10 Dazu Abschn. 4.14.4 Abs. 3 UStAE.

ähnlichen heilberuflichen Tätigkeit (*Rz. 10 f.*) durchgeführt werden (§ 4 Nr. 16 Buchst. a Satz 1 UStG). Die Befreiung gilt nur für Heilbehandlungen durch Personen, die die erforderliche Qualifikation besitzen.[1]

1. Heilberufliche Tätigkeiten werden auch erbracht, soweit der Unternehmer diese durch **angestellte** Heilberufler[2] oder sog. **freie Mitarbeiter** („Subunternehmer") ganz oder teilweise ausführen lässt, da ihm deren Handeln zuzurechnen ist. Die Leistungen der freien Mitarbeiter sind dann ebenfalls steuerfreie heilberufliche Tätigkeiten[3], da auch sie „im Rahmen der Ausübung der Tätigkeit als Arzt, ... durchgeführt werden". Die Umsätze (Leistungen) müssen mithin **nicht** selbst **gegenüber** den **Patienten abgerechnet** werden, sondern können auch gegenüber anderen Heilberuflern, Krankenkassen, Rehabilitationszentren[4] usw. als Leistungsempfänger ausgeführt werden.[5]   6

Der Wortlaut der Vorschrift, welcher Umsätze „im Rahmen der Ausübung der **Tätigkeit als Arzt**" usw. verlangt, legt auf den ersten Blick nahe, dass nur solche Unternehmer befreit sein sollen, welche selbst die entsprechende Berufsqualifikation haben. Ein derartiges Verständnis würde indes verkennen, dass die heilberuflichen Leistungen im Interesse der Verbraucher nicht mit Umsatzsteuer belastet (*Rz. 3*), d.h. die Heilbehandlungen befreit und nicht etwa die Berufsträger begünstigt werden sollen. Folglich muss der Praxisinhaber nicht selbst Heilberufler sein, so dass auch bei **Fortführung** der Praxis **durch** den oder die **Erben mit Hilfe** eines **angestellten Heilberuflers** die Steuerbefreiung gilt[6] und diese nicht erst im Wege eines sog. Billigkeitserlasses nach § 163 Satz 1 AO zu gewähren ist.[7]   7

Die **Rechtsform**, in welcher die heilberuflichen Dienstleistungen erbracht werden, ist ohne Bedeutung. Die Steuerbefreiung kann demgemäß auch eine **Personengesellschaft**[8] oder eine **juristische Person** (GmbH[9], Stiftung[10] u.Ä.) für ihre Umsätze in Gestalt der Heilbehandlung in Anspruch nehmen, wenn sie diese   8

---

1 BFH v. 2.9.2010 – V R 47/09, BStBl. II 2011, 195; BFH v. 8.8.2013 – V R 8/12, UR 2013, 951 – Rz. 19 f.
2 BFH v. 1.4.2004 – V R 54/98, BStBl. II 2004, 681; BFH v. 22.4.2004 – V R 1/98, BStBl. II 2004, 849; BFH v. 26.9.2007 – V R 54/05, BStBl. II 2008, 262.
3 Vgl. BFH v. 25.11.2004 – V R 44/02, BStBl. II 2005, 190; BFH v. 8.8.2013 – V R 8/12, UR 2013, 951 – Rz. 18; Abschn. 4.14.4 Abs. 9 Satz 2, 4.14.5 Abs. 10 Satz 2 UStAE.
4 Dazu auch Abschn. 4.14.4 Abs. 9 Satz 2 UStAE.
5 BFH v. 25.11.2004 – V R 44/02, BStBl. II 2005, 190; BFH v. 7.7.2005 – V R 23/04, BStBl. II 2005, 904; BFH v. 15.3.2007 – V R 55/03, BStBl. II 2008, 31; BFH v. 2.9.2010 – V R 47/09, BStBl. II 2011, 195 – Rz. 19.
6 Ebenso *Tehler*, UR 2000, 235 (242); *Hölzer* in R/D, § 4 Nr. 14 UStG Anm. 86 a.E.
7 Vgl. *Stadie*, Allg. SteuerR, Rz. 304 f.
8 BFH v. 26.9.2007 – V R 54/05, BStBl. II 2008, 262.
9 EuGH v. 10.9.2002 – C-141/00, EuGHE 2002, I-6833 = UR 2002, 513 – Pflegedienst-GmbH; BFH v. 4.3.1998 – XI R 53/96, BStBl. II 2000, 13 = UR 1998, 279; BFH v. 22.4.2004 – V R 1/98, BStBl. II 2004, 849; BFH v. 15.3.2007 – V R 55/03, BStBl. II 2008, 31.
10 EuGH v. 6.11.2003 – C-45/01, EuGHE 2003, I-12911 = UR 2003, 584; BFH v. 1.4.2004 – V R 54/98, BStBl. II 2004, 681 – Stiftung für klinische Psychologie.

durch angestellte oder selbständige Heilberufler erbringt.[1] Die **Gesellschafter** müssen **nicht** die erforderliche **Qualifikation** haben.[2]

9 Eine Heilbehandlung im Bereich der Humanmedizin setzt nicht nur voraus, dass heilberufliche Leistungen vorliegen, sondern auch, dass sie von Personen erbracht werden, die die erforderlichen beruflichen **Befähigungsnachweise** besitzen.[3] Vom Vorliegen eines entsprechenden Befähigungsnachweises ist jedoch regelmäßig bereits dann auszugehen, wenn der jeweilige Unternehmer oder seine Berufsgruppe **durch** die zuständigen Stellen der gesetzlichen **Krankenkassen** nach § 124 Abs. 2 SGB V **zugelassen** ist[4] (arg. § 27 Abs. 1a UStG) oder die Leistungen in den **Leistungskatalog** der gesetzlichen Krankenkassen **aufgenommen** worden sind.[5] Das Fehlen einer berufsrechtlichen Regelung ist für sich allein kein Hinderungsgrund für die Befreiung.[6]

10 **2.** Von der Rechtsprechung bzw. Finanzverwaltung sind als **ähnliche heilberufliche Tätigkeiten** anerkannt worden z.B.[7] die Tätigkeiten der

- Altenpfleger (Behandlungspfleger)[8]; Krankenpfleger, Krankenschwestern[9] (die Grundpflege kann unter § 4 Nr. 16 UStG fallen);
- Dentalhygieniker[10];
- Diätassistenten[11];
- Diplompsychologen auf dem Gebiet der psychotherapeutischen Behandlung[12];
- Ergotherapeuten[13];
- Ernährungsberater (Diplom-Oecotrophologen), soweit im Rahmen einer medizinischen Behandlung tätig[14];

---

1 Vgl. auch Abschn. 4.14.7 Abs. 1 Satz 4 UStAE.
2 BFH v. 26.9.2007 – V R 54/05, BStBl. II 2008, 262; unklar BFH v. 15.3.2007 – V R 55/03, BStBl. II 2008, 31 – 1a der Gründe.
3 EuGH v. 10.9.2002 – C-141/00, EuGHE 2002, I-6833 = UR 2002, 513 – Rz. 2 ff.; EuGH v. 6.11.2003 – C-45/01, EuGHE 2003, I-12911 = BStBl. II 2004, 681 = UR 2003, 584 – Rz. 50; BFH v. 12.8.2004 – V R 18/02, BStBl. II 2005, 227; BFH v. 11.11.2004 – V R 34/02, BStBl. II 2005, 316; BFH v. 26.9.2007 – V R 54/05, BStBl. II 2008, 262.
4 Abschn. 4.14.4 Abs. 8 Satz 3 UStAE – „Indiz"; BFH v. 12.8.2004 – V R 18/02, BStBl. II 2005, 227 – „grundsätzlich".
5 BFH v. 12.8.2004 – V R 18/02, BStBl. II 2005, 227; BFH v. 11.11.2004 – V R 34/02, BStBl. II 2005, 316; BFH v. 30.4.2009 – V R 6/07, BStBl. II 2009, 679.
6 Vgl. BVerfG v. 29.10.1999 – 2 BvR 1264/90, BVerfGE 101, 132 = BStBl. II 2000, 155 = UR 1999, 494; BVerfG v. 10.11.1999 – 2 BvR 1820/92, BStBl. II 2000, 158; BFH v. 11.11.2004 – V R 34/02, BStBl. II 2005, 316; Abschn. 4.14.4 Abs. 8 Satz 1 UStAE.
7 Zu weiteren s. *Hölzer* in R/D, § 4 Nr. 14 UStG Anm. 140 – ABC.
8 EuGH v. 10.9.2002 – C-141/00, EuGHE 2002, I-6833 = UR 2002, 513; BFH v. 22.4.2004 – V R 1/98, BStBl. II 2004, 849.
9 Abschn. 4.14.4 Abs. 11 UStAE.
10 BFH v. 25.11.2004 – V R 44/02, BStBl. II 2005, 106.
11 Abschn. 4.14.4 Abs. 11 UStAE.
12 EuGH v. 6.11.2003 – C-45/01, EuGHE 2003, I-12911 = UR 2003, 584; BFH v. 12.10.2004 – V R 54/03, BStBl. II 2004, 681; vgl. auch EuGH v. 27.4.2006 – C-443/04, C-444/04, EuGHE 2006, I-3617 = UR 2006, 587.
13 Abschn. 4.14.4 Abs. 11 UStAE.
14 BFH v. 10.3.2005 – V R 54/04, BStBl. II 2005, 669; BFH v. 7.7.2005 – V R 23/04, BStBl. II 2005, 904.

- Funktionsdiagnostische Assistenten[1];
- Fußreflexzonenmasseure;[2]
- Heilpädagogen, soweit die Behandlung an der Krankheit und deren Ursachen ansetzt und nicht nur deren Auswirkungen abmildern soll[3];
- Logopäden[4];
- Masseure und medizinische Bademeister[5];
- medizinisch-technische Assistenten[6];
- Orthoptisten[7];
- Podologen (medizinische Fußpfleger)[8], soweit es um medizinisch indizierte (*Rz. 13 ff.*) Behandlungen geht[9];
- Rettungsassistenten[10];
- Sprachheilpädagogen/-therapeuten[11].

Diese Personen, die eine Ausbildung in einem nichtärztlichen Heil- und Gesundheitsfachberuf absolviert haben, verfügen im Regelfall bereits dann über die erforderliche Berufsqualifikation, wenn sie die nach dem jeweiligen Berufszulassungsgesetz vorgesehene staatliche **Prüfung** mit Erfolg **abgelegt** haben.[12]

**Nicht** anerkannt sind z.B.

- Diplomsportlehrer auf dem Gebiet der Rückenschulung[13];
- Heileurythmisten[14];
- Kosmetiker[15];
- Krankenpflegehelfer[16] (m.E. überholt);
- Legasthenietherapeuten (sofern nicht im Rahmen einer medizinischen Behandlung tätig)[17]; nach Auffassung des BFH soll jedoch eine Berufung auf die Befreiung nach Art. 132 Abs. 1 Buchst. g MwStSystRL in Betracht kommen (*§ 4 Nr. 18 Rz. 24*);

---

1 Abschn. 4.14.4 Abs. 11 UStAE.
2 FG BW v. 17.7.2007 – 1 K 490/04, EFG 2007, 1910.
3 BFH v. 1.2.2007 – V R 64/05, UR 2007, 428.
4 Abschn. 4.14.4 Abs. 11 UStAE.
5 Dazu, insbesondere zu den befreiten Tätigkeiten, im Einzelnen näher Abschn. 4.14.4 Abs. 11 und 13 UStAE.
6 Abschn. 4.14.4 Abs. 11 UStAE.
7 Abschn. 4.14.4 Abs. 11 UStAE.
8 Abschn. 4.14.4 Abs. 11 UStAE; BFH v. 7.2.2013 – V R 22/12, BStBl. II 2014, 126.
9 BFH v. 1.10.2014 – XI R 13/14, juris.
10 Abschn. 4.14.4 Abs. 11 UStAE.
11 Abschn. 4.14.4 Abs. 11 UStAE.
12 Abschn. 4.14.4 Abs. 11 Satz 2 UStAE.
13 Vgl. BFH v. 30.4.2009 – V R 6/07, BStBl. II 2009, 679; BFH v. 14.10.2010 – V B 152/09, BFH/NV 2011, 326.
14 BFH v. 11.11.2004 – V R 34/02, BStBl. II 2005, 316; BFH v. 8.3.2012 – V R 30/09, BStBl. II 2012, 623.
15 BFH v. 2.9.2010 – V R 47/09, BStBl. II 2011, 195.
16 BFH v. 26.8.1993 – V R 45/89, BStBl. II 1993, 887.
17 BFH v. 18.8.2005 – V R 71/03, BStBl. II 2006, 143; BFH v. 1.2.2007 – V R 34/05, UR 2007, 425.

- Logotherapeuten (nichtärztliche)[1];
- Vitalogisten[2].

## II. Heilbehandlungen

13 Nicht alle Umsätze im Rahmen der Ausübung der Tätigkeit als Arzt oder ähnlichem Heilberufler, sondern nur solche, die Heilbehandlungen darstellen, sind befreit. Hierzu zählen alle Tätigkeiten, die zum Zwecke der **Diagnose**, der Befunderhebung, der **Behandlung** und, soweit möglich, der Heilung von **Krankheiten** oder **Gesundheitsstörungen** für **bestimmte Patienten** ausgeführt werden.[3] Dazu zählen z.B. auch (**arg.** § 4 Nr. 14 **Buchst. b Satz 1** UStG)

- vorbeugende Maßnahmen und Untersuchungen (, **Vorbeugung, Vorsorge**)[4];
- **Befunderhebungen** durch **Laborärzte**[5];
- Leistungen zur medizinischen **Rehabilitation**[6];
- die **Geburtshilfe** und
- **Hospizleistungen**;
- Herauslösen von **Knorpelzellen** und anschließende Vermehrung zur **Reimplantation** zu therapeuischen Zwecken.[7] Nach Auffassung des BMF soll die Steuerfreiheit ab 2009 nur unter den Voraussetzungen des § 4 Nr. 14 Buchst. b UStG (*Rz. 22 ff.*) in Betracht kommen[8];
- **Hippotherapie**[9];
- Leistungen für die **Krankenhaushygiene**[10] (seit 1.7.2013 ausdrücklich durch § 4 Nr. 14 Buchst. e UStG geregelt, *Rz. 59*);
- im Rahmen der **hausarztzentrierten** oder der **besonderen ambulanten ärztlichen Versorgung** nach §§ 73b, 73c SGB V erbrachte heilberufliche Leistungen[11] (seit 1.7.2013 ausdrücklich von § 4 Nr. 14 Buchst. c, Doppelbuchst. aa UStG erfasst; *Rz. 51*).

14 Für die konkreten Leistungen aus der Tätigkeit von Gesundheitsfachberufen kommt die Steuerbefreiung grundsätzlich nur dann in Betracht, wenn sie **aufgrund ärztlicher Verordnung** bzw. einer Verordnung eines Heilpraktikers oder

---

1 BFH v. 23.8.2007 – V R 38/04, BStBl. II 2008, 37.
2 BFH v. 1.12.2011 – V R 58/09, BFH/NV 2012, 1186.
3 EuGH v. 6.11.2003 – C-45/01, EuGHE 2003, I-12911 = UR 2003, 584 – Rz. 48; EuGH v. 8.6.2006 – C-106/05, EuGHE 2006, I-5123 = UR 2006, 464 – Rz. 27; BFH v. 25.11.2004 – V R 44/02, BStBl. II 2005, 190; BFH v. 30.6.2005 – V R 1/02, BStBl. II 2005, 675; BFH v. 7.7.2005 – V R 23/04, BStBl. II 2005, 904; BFH v. 13.7.2006 – V R 7/05, BStBl. II 2007, 412.
4 Vgl. auch EuGH v. 8.6.2006 – C-106/05, EuGHE 2006, I-5123 = UR 2006, 464 – Rz. 29 m.w.N.; BFH v. 13.7.2006 – V R 7/05, BStBl. II 2007, 412; BFH v. 26.8.2014 – XI R 19/12, UR 2015, 16 – Raucherentwöhnungsseminar.
5 FG Hamburg v. 23.10.2013 – 2 K 349/12, EFG 2014, 383 – Rev.-Az. BFH XI R 48/13.
6 Vgl. auch BFH v. 25.11.2004 – V R 44/02, BStBl. II 2005, 190; BFH v. 7.7.2005 – V R 23/04, BStBl. II 2005, 904 (906).
7 Vgl. EuGH v. 18.11.2010 – C-156/09, EuGHE 2010, I-11733 = UR 2011, 215; BFH v. 29.6.2011 – XI R 52/07, BStBl. II 2013, 971 = UR 2011, 818.
8 BMF v. 20.11.2013 – IV D 3 - S 7170/11/10005, BStBl. I 2013, 1581.
9 BFH v. 30.1.2008 – XI R 53/06, BStBl. II 2008, 647.
10 BFH v. 18.8.2011 – V R 27/10, UR 2011, 902.
11 RegE JStG 2009, BR-Drucks. 545/08, 116 – Begr. zu Art. 7 Nr. 2 Buchst. b.

im Rahmen einer Vorsorge- oder einer Rehabilitationsmaßnahme durchgeführt werden.[1]

Die Heilbehandlungen sind auch dann steuerfrei, wenn Entgelte berechnet werden, die die **Erstattungsobergrenzen** der Ersatzkassen oder Versicherungen **überschreiten** oder überhaupt keine Kostenerstattung erfolgt bzw. kein Versicherungsschutz besteht.[2]

**Keine** Heilbehandlungen sind z.B.

- **Schönheitsoperationen** (ästhetisch-plastische Leistungen), die nicht ärztlich indiziert sind, d.h. nicht der Behandlung einer organischen oder psychischen Krankheit oder einer anderen Gesundheitsstörung dienen[3];
- kosmetische Fußpflege[4] und andere **kosmetische** Leistungen (*Rz. 12*);
- **Massageleistungen** zur Steigerung des **Wohlbefindens**[5];
- Eingriffe zur **Empfängnisverhütung** (regelmäßig nicht)[6];
- Therapien unter Verwendung von Kinesiologie u.Ä.[7];
- verkehrstherapeutische Maßnahmen zur Wiedererlangung der Fahrzerlaubnis[8];
- Leistungen eines Ponyhofs[9];
- Yoga-Kurse[10].

**Nicht** der Heilbehandlung dienen solche **Gutachten** für **Dritte** (insbesondere Versicherer, Behörden, Gerichte), die diese benötigen, um Entscheidungen treffen zu können, welche Rechtswirkungen erzeugen[11], wie z.B.

- anthropologisch-erbbiologische **Untersuchungen** im Rahmen eines Vaterschaftsprozesses[12];
- psychologische Gutachten zu Fragen des Sorge- und Umgangsrechts[13];

---

1 Abschn. 4.14.1 Abs. 4 Satz 8 f. UStAE unter Hinweis auf BFH v. 7.7.2005 – V R 23/04, BStBl. II 2005, 904; vgl. auch BFH v. 30.1.2008 – XI R 53/06, BStBl. II 2008, 647; BFH v. 1.10.2014 – XI R 13/14, BFH/NV 2015, 451.
2 RegE JStG 2009, BR-Drucks. 545/08, 117 – Begr. zu Art. 7 Nr. 2 Buchst. b; vgl. auch BFH v. 30.1.2008 – XI R 53/06, BStBl. II 2008, 647.
3 Vgl. BFH v. 15.7.2004 – V R 27/03, BStBl. II 2004, 862; BFH v. 7.10.2010 – V R 17/09, UR 2011, 662; EuGH v. 21.3.2013 – C-91/12, UR 2013, 335; BFH v. 19.6.2013 – V S 20/13, BFH/NV 2013, 1643; BFH v. 4.12.2014 – V R 33/12, UR 2015, 232; BFH v. 4.12.2014 – V R 16/12, UR 2015, 225; Abschn. 4.14.6 Abs. 3 Nr. 6 UStAE; zu Abgrenzungsproblemen *Heidner*, UR 2013, 641 (648 f.).
4 BFH v. 1.10.2014 – XI R 13/14, BFH/NV 2015, 451.
5 BFH v. 28.9.2007 – V B 7/06, UR 2008, 428.
6 FG Hess. v. 16.11.2006 – 6 K 1378/06, EFG 2007, 1561; FG Nds. v. 18.10.2007 – 5 K 282/06, EFG 2008, 339; a.A. *Lippross*, UR 2008, 690. Zu medizinisch nicht indizierten Schwangerschaftsabbrüchen *Seibert*, DStR 2008, 1621; *Lippross*, UVR 2009, 108.
7 FG Münster v. 21.10.2008 – 15 K 3848/04 U, EFG 2009, 617.
8 FG Hamburg v. 24.2.2009 – 6 K 122/07, EFG 2009, 1161.
9 BFH v. 26.11.2014 – XI R 25/13, BFH/NV 2015, 531.
10 Vgl. BFH v. 4.10.2012 – XI B 46/12, BFH/NV 2013, 273.
11 EuGH v. 20.11.2003 – C-212/01, EuGHE 2003, I-12911 = UR 2004, 70 – Rz. 43; EuGH v. 20.11.2003 – C-307/01, EuGHE 2003, I-13989 = UR 2004, 75 – Rz. 60 f.
12 EuGH v. 14.9.2000 – C-384/98, EuGHE 2000, I-6795 = UR 2000, 432.
13 BFH v. 30.3.2011 – XI R 30/09, BStBl. II 2011, 613 – Rz. 26.

- Gutachten zum Gesundheitszustand einer Person zwecks Gewährung einer **Invaliditätspension**[1] oder eines **Rentenanspruchs**[2];
- Gutachten für die Vorbereitung eines etwaigen **Haftungsprozesses** wegen Körperverletzung, ärztlicher Kunstfehler u.Ä.[3];
- **Alkoholgutachten**, Gutachten über das **Sehvermögen** u.Ä.[4];
- Gutachten zur **Pflegebedürftigkeit** (Pflegestufen)[5].

Ärztliche **Untersuchungen** u.Ä. im Auftrag von **Arbeitgebern** oder **Versicherern** fallen nur dann unter die Steuerbefreiung, wenn sie in erster Linie der Krankheitsvorbeugung und -erkennung sowie der Beobachtung des Gesundheitszustandes der Arbeit- oder Versicherungsnehmer dienen.[6] Folglich sind **arbeitsmedizinische** Untersuchungen, die keine Einstellungsuntersuchungen darstellen, steuerfrei.[7]

17 **Keine** Heilbehandlungen sind ferner z.B.
- die **Teilnahme an Studien** über die Wirkung von Medikamenten im Auftrag von Pharmaunternehmen[8];
- **Datenüberlassung** an Tumordatenbank[9];
- sog. **Supervisionsleistungen**[10];
- die Mitarbeit in ärztlichen **Standesorganisationen** (s. aber § 4 Nr. 26 UStG);
- **Lehr-, Vortrags-** und **schriftstellerische Tätigkeiten**[11];
- Dienstleistungen ärztlicher **Verrechnungsstellen**[12].

Soweit dazu auch die **Vermietung** von medizinischen u.ä. Apparaten durch einen Heilberufler[13] (die *Lieferung* ist steuerfrei nach § 4 Nr. 28 UStG) und die Gestattung der **Mitbenutzung** von **OP-Räumen**[14] zählen sollen, steht das im Widerspruch zu der Auslegung der mit der Krankenhausbehandlung „eng verbundenen Umsätze" i.S.d. § 4 Nr. 14 Buchst. b Satz 1 UStG durch die Finanzverwaltung, wonach derartige Dienstleistungen durch Einrichtungen im Sinne dieser Vorschrift steuerfrei sein sollen (*Rz. 46*).

---

1 EuGH v. 20.11.2003 – C-212/01, EuGHE 2003, I-12911 = UR 2004, 70.
2 EuGH v. 20.11.2003 – C-307/01, EuGHE 2003, I-13989 = UR 2004, 75; BFH v. 15.7.2004 – V R 27/03, BStBl. II 2004, 862; BFH v. 31.7.2007 – V B 98/06, BStBl. II 2008, 35.
3 EuGH v. 20.11.2003 – C-307/01, EuGHE 2003, I-13989 = UR 2004, 75; BFH v. 15.7.2004 – V R 27/03, BStBl. II 2004, 862.
4 Abschn. 4.14.1 Abs. 5 Nr. 6 UStAE.
5 BFH v. 8.10.2008 – V R 32/07, BStBl. II 2009, 429.
6 EuGH v. 20.11.2003 – C-307/01, EuGHE 2003, I-13989 = UR 2004, 75 – Rz. 67.
7 BFH v. 13.7.2006 – V R 7/05, BStBl. II 2007, 412; BMF v. 4.5.2007 – IV A 5 - S 7199/07/0011, BStBl. I 2007, 481.
8 BMF v. 8.11.2001 – IV D 1 - S 7170 - 201/01, BStBl. I 2001, 826; a.A. FG Bdb. v. 29.6.2006 – 1 K 1377/04, EFG 2006, 1544; *Ammann*, UR 2013, 111.
9 FG Berlin-Bdb. v. 18.6.2013 – 5 K 5412/11, EFG 2013, 1714 – Rev.-Az. BFH XI R 31/13.
10 BFH v. 30.6.2005 – V R 1/02, BStBl. II 2005, 675.
11 Abschn. 4.14.1 Abs. 5 Nr. 1 bis 3 UStAE.
12 EuGH v. 2.12.2010 – C-276/09, EuGHE 2010, I-12359 = UR 2011, 265.
13 FG Bdb. v. 29.6.2006 – 1 K 1377/04, EFG 2006, 1544.
14 FG Rh.-Pf. v. 12.5.2011 – 6 K 1128/09, EFG 2011, 2109 – Rev.-Az. BFH XI R 15/11.

Auch die gesonderte **Lieferung** von medizinischen **Hilfsmitteln**, wie z.B. von 18
Kontaktlinsen und Schuheinlagen, fällt nicht unter den Begriff der Heilbehandlung.[1] Eine gegenteilige Auslegung würde gegen das Gebot der Wettbewerbsneutralität verstoßen, da derartige Lieferungen auch durch Nichtheilberufler erfolgen können. Lieferungen werden nur dann erfasst, wenn sie mit der Heilbehandlung **untrennbar** verbunden, nämlich bei dieser unbedingt notwendig sind[2] (zu Lieferungen von **Medikamenten seitens** eines **Krankenhauses** an Patienten eines dort selbständig ambulant tätigen Arztes s. *Rz. 49*).[3]

### III. Ausnahme: Lieferung von Zahnersatz (Satz 2)

Von der Steuerbefreiung für zahnärztliche Leistungen sind die Lieferung oder 19
Wiederherstellung von **Zahnprothesen**[4] und **kieferorthopädischen Apparaten**[5] ausgenommen, soweit sie der Unternehmer in seinem Unternehmen hergestellt oder wiederhergestellt hat (§ 4 Nr. 14 Buchst. a Satz 2 UStG). Diese Ausnahme von der Steuerbefreiung widerspricht zwar Art. 132 Abs. 1 Buchst. e MwStSystRL, ist jedoch durch Art. 370 i.V.m. Anhang X Teil A Nr. 1 MwStSystRL gedeckt. Folglich sind auch entsprechende Leistungen der Zahntechniker nicht steuerfrei. Sie unterliegen jeweils dem ermäßigten Steuersatz (§ 12 Abs. 2 Nr. 6 UStG).

Regelmäßig keine Lieferung selbsthergestellter kieferorthopädischer **Apparate** 20
liegt vor, wenn diese im Rahmen einer kieferorthopädischen Behandlung einer Fehlbildung des Kiefers **überlassen** werden.[6]

Wird der Zahnersatz von einem Zahntechniker geliefert oder wiederhergestellt, 21
so liegt beim Zahnarzt hinsichtlich der Kosten ein sog. **durchlaufender Posten** vor, wenn der Auftrag im Namen des Patienten erteilt worden war (*§ 10 Rz. 70 ff.*). Anderenfalls handelt es sich um eine steuerpflichtige Weiterlieferung, die zum Vorsteuerabzug berechtigt, was auf dasselbe hinausläuft.

## C. Krankenhausbehandlungen und ärztliche Heilbehandlungen durch anerkannte Einrichtungen (Buchst. b)

### I. Allgemeines

Steuerbefreit sind auch Krankenhausbehandlungen und ärztliche Heilbehand- 22
lungen sowie damit eng verbundene Umsätze (*Rz. 42 ff.*) durch Einrichtungen des öffentlichen Rechts (§ 4 Nr. 14 Buchst. b Satz 1 UStG) und durch privatrechtliche Einrichtungen unter den Voraussetzungen des § 4 Nr. 14 Buchst. b Satz 2 UStG (*Rz. 26 ff.*). Die Regelungen in § 4 Nr. 14 Buchst. b UStG ersetzen in

---

1 Abschn. 4.14.1 Abs. 5 Nr. 4 UStAE.
2 EuGH v. 23.2.1988 – 353/85, EuGHE 1988, 817 = UR 1989, 313 – Rz. 33, 35; EuGH v. 13.3.2014 – C-366/12, UR 2014, 271 – Rz. 33.
3 Unklar EuGH v. 13.3.2014 – C-366/12, UR 2014, 271.
4 Aus Unterpositionen 9021 21 und 9021 29 ZT; dazu näher BFH v. 28.11.1996 – V R 23/95, UR 1997, 182 = BStBl. II 1999, 251; Abschn. 4.14.3 Abs. 3 UStAE.
5 Aus Unterposition 9021 10 ZT.
6 BFH v. 23.10.1997 – V R 36/96, BStBl. II 1998, 584; Abschn. 4.14.3 Abs. 8 UStAE.

Anlehnung an die Formulierung des Art. 132 Abs. 1 Buchst. b MwStSystRL die bis 2008 geltenden Bestimmungen des § 4 Nr. 16 Buchst. a bis c UStG a.F.

## II. Krankenhausbehandlungen und ärztliche Heilbehandlungen

23 Krankenhausbehandlungen umfassen stationäre ärztliche Heilbehandlungen sowie die Unterbringung und Versorgung der Patienten. Der Begriff der ärztlichen Heilbehandlungen deckt sich mit dem Begriff der Heilbehandlungen im Bereich der Humanmedizin i.S.d. § 4 Nr. 14 Buchst. a UStG (*Rz. 4, 13 ff.*) und schließt auch die **Diagnostik, Befunderhebung, Vorsorge, Rehabilitation, Geburtshilfe** und **Hospizleistungen** mit ein (Klarstellung durch § 4 Nr. 14 Buchst. b Satz 1 UStG). Von der Befreiung werden auch die „damit eng verbundene(n) Umsätze" erfasst (*Rz. 42 ff.*).

## III. Einrichtungen des öffentlichen Rechts (Satz 1)

24 Werden die Krankenhausbehandlungen und ärztlichen Heilbehandlungen sowie die damit eng verbundenen Umsätze von Einrichtungen des öffentlichen Rechts[1] betrieben, so sind diese ohne weitere Voraussetzungen steuerfrei (§ 4 Nr. 14 Buchst. b Satz 1 UStG). Das gilt nach dem eindeutigen Wortlaut **nicht** für Einrichtungen, welche von **Gesellschaften** betrieben werden, deren sämtliche Anteile von jPdöR gehalten werden.[2] Auch für diese Gesellschaften müssen die zusätzlichen Voraussetzungen des § 4 Nr. 14 Buchst. b Satz 2 UStG hinzukommen.

25 Der **Grund** für die Begünstigung der Einrichtungen des öffentlichen Rechts dürfte darin zu sehen sein, dass bei diesen davon ausgegangen wird, dass sie die Kriterien des § 4 Nr. 14 Buchst. b Satz 2 UStG erfüllen werden, weil sie ohne Gewinnstreben tätig sind.[3] Das kann indes zu einem **Wettbewerbsvorteil** gegenüber privatrechtlich organisierten Einrichtungen führen, welche nicht unter § 4 Nr. 14 Buchst. b Satz 2 UStG fallen. Deren Benachteiligung verstieße nur dann nicht gegen das Gleichbehandlungsgebot, wenn man in der Förderung der öffentlich-rechtlichen Einrichtungen fälschlich einen sachlichen Differenzierungsgrund sehen wollte. Soweit Art. 132 Abs. 1 Buchst. b und g MwStSystRL eine Unterscheidung in dieser Weise zu entnehmen wäre, könnte darin keine Rechtfertigung gesehen werden, das es sich bei Richtlinien um einfaches Unionsrecht handelt, welches an den Grundrechten des primären Unionsrechts zu messen ist.

---

1 Der Begriff „Einrichtungen des öffentlichen Rechts" ist Art. 132 Abs. 1 Buchst. b MwStSystRL entnommen worden und bewirkt keinen Unterschied gegenüber dem von § 4 Nr. 16 Buchst. a UStG verwendeten Begriff „juristische Personen des öffentlichen Rechts", da unselbständige Einrichtungen stets einer juristischen Person des öffentlichen Rechts zuzurechnen sind (§ 2 Rz. 358). Was die Gehilfen des Gesetzgebers veranlasst hat, in den gleichzeitig geänderten Nr. 14 und Nr. 16 des § 4 UStG unterschiedliche Begriffe zu verwenden, erschließt sich allerdings nicht.
2 Abschn. 4.14.7 Abs. 5 Satz 3 UStAE; *Hölzer* in R/D, § 4 Nr. 14 UStG Anm. 156; a.A. *Heidner* in Bunjes, § 4 Nr. 14 UStG Rz. 68.
3 Vgl. *Tehler*, UVR 2005, 289 (294).

## IV. Andere anerkannte Einrichtungen (Satz 2)

### 1. Allgemeines

Krankenhausbehandlungen und ärztliche Heilbehandlungen, welche von Einrichtungen des Privatrechts erbracht werden, sind nur dann steuerfrei, wenn sie von den in § 4 Nr. 14 Buchst. b Satz 2 Doppelbuchst. aa bis hh UStG genannten Einrichtungen erbracht werden und wenn es sich bei diesen Leistungen ihrer Art nach um solche handelt, auf die sich die Zulassung, der Vertrag oder die Regelung nach dem Sozialgesetzbuch bezieht (§ 4 Nr. 14 Buchst. b Satz 2 Halbs. 2 UStG; *Rz. 40 f.*). 26

**Einrichtungen** des **Privatrechts**, welche ärztliche Heilbehandlungen durchführen, aber **nicht** die **Voraussetzungen** des § 4 Nr. 14 Buchst. b Satz 2 UStG **erfüllen**, sind nach dem Gesetzeswortlaut von der Steuerbefreiung ausgeschlossen. Das ist, soweit die ärztlichen **Heilbehandlungen gesondert abgerechnet** werden, ein Verstoß gegen den Gleichbehandlungsgrundsatz, so dass insoweit § 4 Nr. 14 Buchst. a UStG anzuwenden ist (*Rz. 30*). 27

### 2. Begriff der „Einrichtung"

Der Begriff der **Einrichtung**, der auch von § 4 Nr. 16, 20 bis 24 UStG und auch von der EG-Richtlinie (nicht nur von Art. 132 Abs. 1 Buchst. b MwStSystRL, sondern fast durchgängig von Art. 132 bis 134 MwStSystRL) verwendet wird, ist wegen des Gebotes der **Rechtsformneutralität** rein sachlich-funktional zu verstehen, so dass als **Träger** jedes unternehmerfähige Gebilde (dazu *§ 2 Rz. 20 ff.*) in Betracht kommt und mithin nicht nur eine juristische Person oder Personengesellschaft, sondern **auch** eine **natürliche Person** eine solche Einrichtung betreiben kann.[1] 28

Aus Vorstehendem folgt dann aber, dass eine „Einrichtung" nicht mehr als eine **abgegrenzte Funktionseinheit** voraussetzt.[2] Damit wird indes die Abgrenzung der Befreiungsvorschriften des § 4 Nr. 14 Buchst. a und b UStG bzw. Art. 132 Abs. 1 Buchst. c und b MwStSystRL unmöglich. 29

Das zeigt sich auch in den Judikaten des EuGH, der einmal eine Stiftung, welche mit angestellten Psychologen psychotherapeutische Leistungen in einer von ihr unterhaltenen **Ambulanz** erbrachte, **nicht** als Einrichtung i.S.d. Art. 132 Abs. 1 Buchst. b MwStSystRLansah, sondern die Leistungen als Heilbehandlungen i.S.d. Art. 132 Abs. 1 Buchst. c MwStSystRL würdigte[3], und ein anderes Mal eine **Labor-GmbH** ohne weiteres als **Einrichtung** i.S.d. Art. 132 Abs. 1 Buchst. b MwStSystRL verstand.[4] Der EuGH scheint das Problem noch nicht erkannt zu haben.

---

1 EuGH v. 7.9.1999 – C-216/97, EuGHE 1999, I-4947 = UR 1999, 419; EuGH v. 3.4.2003 – C-144/00, EuGHE 2003, I-2921 = BStBl. II 2003, 679 – Rz. 24; RegE JStG 2009, BR-Drucks. 545/08, 117 – Begr. zu Art. 7 Nr. 2 Buchst. b; Abschn. 4.14.5 Abs. 5 Satz 2 UStAE.
2 EuGH v. 7.9.1999 – C-216/97, EuGHE 1999, I-4947 = UR 1999, 419 – Rz. 18; EuGH v. 3.4.2003 – C-144/00, EuGHE 2003, I-2921 = BStBl. II 2003, 679 – Rz. 24.
3 EuGH v. 6.11.2003 – C-45/01, EuGHE 2003, I-12911 = BStBl. II 2004, 681 = UR 2003, 584; ebenso BFH v. 1.4.2004 – V R 54/98, BStBl. II 2004, 681.
4 EuGH v. 8.6.2006 – C-106/05, EuGHE 2006, I-5123 = UR 2006, 464.

30 Da als abgegrenzte Funktionseinheit auch jede **Arztpraxis** anzusehen ist und somit stets auch zugleich ein „Zentrum für ärztliche Heilbehandlung" i.S.d. § 4 Nr. 14 Buchst. b Satz 2 Doppelbuchst. bb UStG, Art. 132 Abs. 1 Buchst. b MwStSystRL ist, kann die Abgrenzung dieser Vorschriften von § 4 Nr. 14 Buchst. a UStG, Art. 132 Abs. 1 Buchst. c MwStSystRL sich nicht nach dem Vorliegen einer „Einrichtung" und damit entgegen der Rechtsprechung nicht nach dem Ort der erbrachten Leistungen richten (*Rz. 4*). Als **sachlicher Differenzierungsgrund** kommt nur in Betracht, danach zu unterscheiden, ob die heilberuflichen Leistungen (ärztlichen Heilbehandlungen) **gesondert abgerechnet** werden **oder integrierender Teil einer komplexen Leistung** der Einrichtung sind (*Rz. 32*).

### 3. In Betracht kommende Einrichtungen

#### a) Zugelassene Krankenhäuser (Doppelbuchst. aa)

31 Nach § 108 SGB V **zugelassene** Krankenhäuser[1] sind solche, die

- landesrechtlich als Hochschulkliniken anerkannt sind,
- in den Krankenhausplan eines Landes aufgenommen sind oder
- einen Versorgungsvertrag mit den Landesverbänden der Krankenkassen und den Verbänden der Ersatzkassen abgeschlossen haben.

Danach **nicht zugelassene Krankenhäuser** führen folglich, sofern sie keine Einrichtungen des öffentlichen Rechts sind (*Rz. 24*), mit ihren Krankenhausbehandlungen einschließlich der ärztlichen Heilbehandlungsleistungen steuerpflichtige Umsätze aus.[2] Diese Verknüpfung der Steuerbefreiung mit der Zulassung nach § 108 SGB V stellt die Steuerbefreiung für die Leistungen der Krankenhäuser unter einen sozialversicherungsrechtlichen Bedarfsvorbehalt, der nicht **Art. 132 Abs. 1 Buchst. b MwStSystRL** entnommen werden kann. Nach Auffassung des BFH sollen sich private Krankenhäuser grundsätzlich auf diese Bestimmung berufen können.[3]

32 Unabhängig davon ist es aber jedenfalls insoweit nicht mit dem Neutralitätsgrundsatz (*Vorbem. Rz. 77*)/Gleichbehandlungsgebot zu vereinbaren, als ärztliche Heilbehandlungen stets steuerfrei sein sollen, da es nicht auf den Ort der Erbringung ankommen kann. Folglich ist zumindest auf **gesondert abgerechnete** (*Rz. 30*) **ärztliche Leistungen** des Krankenhauses § 4 Nr. 14 Buchst. a UStG anzuwenden.[4]

---

1 Dazu Abschn. 4.14.5 Abs. 2 ff. UStAE.
2 RegE JStG 2009, BR-Drucks. 545/08, 118 – Begr. zu Art. 7 Nr. 2 Buchst. b. Der Bundesrat hatte die BReg. mit Beschluss v. 19.12.2008 (BR-Drucks. 896/08) aufgefordert, zur Vermeidung einer Schlechterstellung gegenüber der Rechtslage bis 2008 durch eine rückwirkende gesetzliche Regelung weiterhin Krankenhäuser, die die Voraussetzungen des § 4 Nr. 16 Buchst. b UStG a.F. erfüllen, zu befreien. Die Finanzverwaltung hat lediglich eine eingeschränkte **Billigkeitsregelung** erlassen; abgedruckt bei *Hölzer* in R/D, § 4 Nr. 14 UStG Anm. 195; dazu auch *Sterzinger*, UR 2013, 525.
3 BFH v. 23.10.2014 – V R 20/14, UR 2015, 235; vgl. auch FG BW v. 28.11.2012 – 14 K 2883/10, EFG 2013, 558 = UR 2013, 531 – Rev. BFH XI R 8/13; FG Schl.-Holst. v. 17.7.2013 – 4 K 104/12, EFG 2013, 1884 – Rev.-Az. BFH XI R 38/13.
4 Unklar Abschn. 4.14.5 Abs. 4 Satz 2 UStAE: „in einer Vielzahl sonstiger Krankenhausleistungen eingebettete Heilbehandlungsleistungen".

Gleiches hat entgegen der Auffassung der Bundesregierung[1] auch für einen **Arzt mit eigenem Krankenhaus** zu gelten. Die gesondert abgerechneten ärztlichen Leistungen sind nach § 4 Nr. 14 Buchst. a UStG steuerfrei.[2] Werden die ärztlichen Leistungen des das Krankenhaus betreibenden Arztes hingegen nicht gesondert abgerechnet, so sind sie Teil der *Gesamtleistung Krankenhausbehandlung* und eine Aufteilung dieser komplexen Leistung hat nicht zu erfolgen.[3]

### b) Zentren für ärztliche Heilbehandlung und Diagnostik (Doppelbuchst. bb)

Die spezifischen Leistungen von Zentren für ärztliche Heilbehandlung und Diagnostik oder Befunderhebung sind steuerfrei, wenn die Einrichtungen an der **vertragsärztlichen Versorgung** nach § 95 SGB V teilnehmen oder für sie die Regelungen nach § 115 SGB V gelten (§ 4 Nr. 14 Buchst. b Satz 2 Doppelbuchst. bb UStG).[4] Unter die erste Gruppe können insbesondere **medizinische Versorgungszentren**, sog. **Praxiskliniken** u.ä. Einrichtungen fallen[5] (zu klinischen Chemikern und Laborärzten *Rz. 34*). Von der zweiten Gruppe werden z.B. **Hochschulambulanzen**, Psychiatrische Institutsambulanzen uns Sozialpädiatrische Zentren (§§ 117–119 SGB V) erfasst.[6]

33

Der Begriff „**Zentrum**" ist aus Art. 132 Abs. 1 Buchst. b MwStSystRL übernommen worden und als „Einrichtung" zu verstehen, welche auch von einer **natürlichen Person** betrieben werden kann (*Rz. 28*). Folglich sind nach dieser Bestimmung, sofern die Voraussetzungen nach § 4 Nr. 14 Buchst. b Satz 2 Doppelbuchst. bb UStG (*Rz. 33*) erfüllt sind, auch die Umsätze aus der Tätigkeit als **Laborarzt** oder als **klinischer Chemiker** befreit. Letzterer übt eine der laborärztlichen ähnliche Tätigkeit aus. Die diesen Beruf ausübende Person bedarf der Anerkennung durch die Deutsche Gesellschaft für Klinische Chemie e.V.[7]

34

### c) Heilbehandlungen für Unfallversicherer (Doppelbuchst. cc)

Einrichtungen, die von Trägern der gesetzlichen Unfallversicherung nach § 34 SGB VII an der Versorgung beteiligt worden sind, sind solche Einrichtungen, denen die Unfallversicherungsträger die Durchführung von Heilbehandlungen ganz oder zum Teil übertragen haben.[8]

35

### d) Vorsorge- und Rehabilitationseinrichtungen (Doppelbuchst. dd und ee)

Von § 4 Nr. 14 Buchst. b Satz 2 Doppelbuchst. dd UStG werden die Einrichtungen erfasst, mit denen Versorgungsverträge nach den §§ 111 und 111a SGB V be-

36

---

1 RegE JStG 2009, BR-Drucks. 545/08, 116 f. – Begr. zu Art. 7 Nr. 2 Buchst. b.
2 A.A. zu § 4 Nr. 14 Satz 3 UStG a.F. wohl BFH v. 18.3.2004 – V R 53/00, BStBl. II 2004, 677 – Rz. 8 a.E.
3 Unklar BFH v. 18.3.2004 – V R 53/00, BStBl. II 2004, 677 – Rz. 8 a.E.
4 Dazu näher Abschn. 4.14.5 Abs. 5 ff. UStAE.
5 Abschn. 4.14.5 Abs. 10 ff. UStAE.
6 Abschn. 4.14.5 Abs. 13 UStAE.
7 Abschn. 4.14.5 Abs. 8 UStAE.
8 Vgl. Abschn. 4.14.5 Abs. 14 UStAE.

stehen, nämlich Vorsorge- oder Rehabilitationseinrichtungen bzw. Einrichtungen des Müttergenesungswerks oder gleichartige Einrichtungen.[1] Hinzu kommen medizinische Rehabilitationseinrichtungen, mit denen Verträge nach § 21 SGB IX bestehen (§ 4 Nr. 14 Buchst. b Satz 2 Doppelbuchst. ee UStG).[2]

### e) Einrichtungen zur Geburtshilfe (Doppelbuchst. ff.)

37 Die Steuerbefreiung betrifft Einrichtungen zur Geburtshilfe, für die Verträge nach § 134a SGB V (Hebammenhilfe und ambulante Entbindungen in von Hebammen geleiteten Geburtshäusern) gelten. Die Steuerbefreiung umfasst jedoch auch die Leistungen der stationären Geburtshilfe, welche von § 134a SGB V nicht erfasst werden, unabhängig von einer sozialversicherungsrechtlichen Abrechnungsfähigkeit dieser Leistungen.[3] Das folgt daraus, dass § 4 Nr. 14 Buchst. b Satz 2 Doppelbuchst. ff. UStG nicht verlangt, dass alle Leistungen von § 134a SGB V erfasst werden.[4] Vielmehr müssen diese lediglich ihrer *Art* nach solche sein, auf die sich die Verträge nach § 134a SGB V beziehen (*Rz. 40*). Die Art dieser Leistungen ist die Geburtshilfe.

### f) Hospize (Doppelbuchst. gg)

38 Hospize, mit denen Verträge nach § 39a Abs. 1 SGB V bestehen, erbringen **stationäre** Leistungen der Sterbebegleitung. **Ambulante** Hospizleistungen können als ähnliche heilberufliche Leistungen i.S.d. § 4 Nr. 14 Buchst. a UStG steuerfrei sein.[5] Anderenfalls kommt die Befreiung nach § 4 Nr. 16 Buchst. e UStG für ambulante Pflegeleistungen in Betracht.

### g) Nichtärztliche Dialyseleistungen (Doppelbuchst. hh)

39 Einrichtungen, mit denen Verträge nach § 127 i.V.m. § 126 Abs. 3 SGB V über die Erbringung nichtärztlicher Dialyseleistungen bestehen, tätigen diese Leistungen steuerfrei.[6] Das dient der Gleichstellung mit nach § 95 SGB V zugelassen ärztlichen Dialysezentren i.S.d. Doppelbuchstaben bb.

### h) Einrichtungen im Strafvollzug (Doppelbuchst. ii)

40 Einrichtungen nach § 138 Abs. 1 Satz 1 StVollzG sind psychiatrische Krankenhäuser und Erziehungsanstalten, denen im Wege der Beleihung die Durchführung des Maßregelvollzugs übertragen ist. Die Steuerbefreiung umfasst neben den ärztlichen Behandlungsleistungen auch die Unterbringung, Verpflegung und Verwahrung der in diesen Einrichtungen untergebrachten Personen.[7]

---

1 Abschn. 4.14.5 Abs. 15 ff. UStAE.
2 Abschn. 4.14.5 Abs. 18 UStAE.
3 RegE JStG 2009, BR-Drucks. 545/08, 118 – Begr. zu Art. 7 Nr. 2 Buchst. b.
4 Vgl. Abschn. 4.14.5 Abs. 19 Satz 4 UStAE.
5 Abschn. 4.14.5 Abs. 22 UStAE.
6 § 4 Nr. 14 Buchst. b Satz 2 Doppelbuchstabe ii eingefügt m.W.v. 1.1.2015 durch Gesetz v. 22.12.2014.
7 Abschn. 4.14.5 Abs. 23 UStAE.

## 4. Ausschluss einrichtungsfremder Leistungen (Satz 2 Halbs. 2)

Die Krankenhausbehandlungen und ärztlichen Heilbehandlungen, welche von den in § 4 Nr. 14 Buchst. b Satz 2 Doppelbuchst. aa bis hh UStG genannten Einrichtungen erbracht werden, sind nur steuerfrei, wenn es sich **ihrer Art nach** um solche Leistungen handelt, auf die sich die Zulassung, der Vertrag oder die Regelung nach dem Sozialgesetzbuch bezieht (§ 4 Nr. 14 Buchst. b Satz 2 Halbs. 2 UStG). Damit soll zum Ausdruck gebracht werden, dass die Steuerbefreiung für **einrichtungsfremde Leistungen ausgeschlossen** ist. So soll z.B. eine Einrichtung i.S.d. § 4 Nr. 14 Buchst. b Satz 2 Doppelbuchst. dd UStG keine steuerfreien Krankenhausbehandlungen erbringen können, wenn sie nicht auch zugleich als Krankenhaus nach § 108 SGB V zugelassen ist.[1]   41

Andererseits müssen die Leistungen nicht von den in den § 4 Nr. 14 Buchst. b Satz 2 Doppelbuchst. aa bis hh UStG genannten Verträgen erfasst werden, sondern sie müssen den in diesen Verträgen geregelten Leistungen nur ihrer Art nach entsprechen. Folglich sind nicht nur Leistungen an Sozialversicherte steuerfrei, sondern **auch** die entsprechenden Leistungen **gegenüber privat** oder gar nicht **Versicherten**[2] (s. auch *Rz. 13*). Ferner sind z.B. auch *stationäre* Geburtshilfen durch die in § 4 Nr. 14 Buchst. b Satz 2 Doppelbuchst. ff. UStG genannten Einrichtungen steuerfrei (*Rz. 37*).

## V. Mit der Heilbehandlung eng verbundene Umsätze

§ 4 Nr. 14 Buchst. b Satz 1 a.E. UStG befreit auch die mit den Krankenhausbehandlungen und den ärztlichen Heilbehandlungen „eng verbundenen Umsätze". Dieses sollen nach Auffassung der **Finanzverwaltung** solche Umsätze sein, die für die jeweilige Einrichtung nach der Verkehrsauffassung typisch und unerlässlich sind, regelmäßig und allgemein beim laufenden Betrieb vorkommen und damit unmittelbar oder mittelbar zusammenhängen.[3] Diese Formel ist im ersten Teil zutreffend, da sie mit dem Kriterium „**unerlässlich**" die Vorgabe des Art. 134 Buchst. a MwStSystRL berücksichtigt. Hingegen steht das Merkmal „mittelbar zusammenhängend" im Widerspruch dazu, weil für die Einrichtung unerlässliche Umsätze nicht nur mittelbar mit dieser zusammenhängen können. Vermutlich soll sich das „mittelbar" auf Leistungen gegenüber anderen heilberuflichen Einrichtungen oder Heilberuflern beziehen (dazu *Rz. 46*).   42

Das Merkmal lässt sich nur anhand des Zwecks der Steuerbefreiung präzisieren, welcher darin liegt, die Kosten der Heilbehandlungen, der Pflege usw. zu senken (*Rz. 3*). Folglich können mit der Heilbehandlung eng verbundene Umsätze nur solche sein, welche der **Heilbehandlung**, der **Pflege** oder einem gleichgestellten Zweck **dienen**, und die, wenn sie steuerpflichtig wären, den Zugang zur ärztlichen Heilbehandlung usw. durch höhere Kosten versperren könnten.[4]   43

---

1 Abschn. 4.14.5 Abs. 24 UStAE.
2 Abschn. 4.14.5 Abs. 25 UStAE.
3 Abschn. 4.14.6 Abs. 1 Satz 1 UStAE.
4 Vgl. EuGH v. 11.1.2001 – C-76/99, EuGHE 2001, I-249 = UR 2001, 62 – Rz. 23; EuGH v. 1.12.2005 – C-394/04, C-395/04, EuGHE 2005, I-10373 = UR 2006, 171 – Rz. 23, 25.

44 Nach Auffassung des EuGH müssen die mit der Heilbehandlung eng verbundenen Umsätze i.S.d. Art. 132 Abs. 1 Buchst. b MwStSystRL **Nebenleistungen** zur Heilbehandlung sein, d.h. keinen eigenen Zweck erfüllen, sondern das Mittel darstellen, um die Hauptdienstleistungen des Erbringers unter optimalen Bedingungen in Anspruch zu nehmen.[1] Sie müssen „naturgemäß" im Rahmen der Heilbehandlung erbracht werden und im Prozess der Erbringung dieser Dienstleistungen zur Erreichung der damit verfolgten therapeutischen Ziele „**unentbehrlich**" („unerlässlich" i.S.d. Art. 134 Buchst. a MwStSystRL) sein.[2] Hinzukommen muss, dass diese Leistungen **nicht** im Wesentlichen dazu bestimmt sind, der Einrichtung zusätzliche Einnahmen im **Wettbewerb mit gewerblichen Unternehmen** zu verschaffen (Art. 134 Buchst. b MwStSystRL).[3]

45 Dienstleistungen, die vorrangig den **Komfort** und das **Wohlbefinden** der Patienten verbessern sollen, wie z.B. die Zurverfügungstellung eines Telefons oder eines Fernsehgerätes und die Unterbringung und Verpflegung von Begleitpersonen, fallen folglich nicht unter die Steuerbefreiung.[4]

46 Fraglich ist, ob die unerlässlichen (unentbehrlichen) „Nebenleistungen" zu Heilbehandlungen usw. gehören müssen, die durch die Einrichtung selbst erbracht werden, oder ob es ausreicht, wenn diese Heilbehandlungen durch andere Einrichtungen oder selbständige Heilberufler durchgeführt werden. Die Finanzverwaltung geht von Letzterem aus und befreit auch die **Überlassung von** medizintechnischen **Geräten** und die **Gestellung** von **medizinischem Personal** an andere Einrichtungen und Heilberufler.[5] Das ist im Hinblick auf den Zweck der Befreiung (Rz. 3) grundsätzlich sachgerecht[6], darf jedoch nicht zum Nachteil gewerblicher Medizingerätevermieter oder gewerblicher Personalgestellungs- bzw. Vermittlungsunternehmen führen.

47 Die Erstellung gesondert berechneter **Gutachten** durch **Heilberufler** der Einrichtungen ist steuerfrei, wenn das Gutachten der Heilbehandlung dient (Rz. 30, 32).[7] Dazu zählen nicht Blutalkoholuntersuchungen und andere Gutachten für gerichtliche Zwecke oder behördliche Zwecke (Rz. 16).

48 Zu den eng mit der Heilbehandlung verbundenen Umsätzen können auch **Lieferungen** gehören (arg. Art. 132 Abs. 1 Buchst. b i.V.m. Art. 134 MwStSyst-

---

1 EuGH v. 6.11.2003 – C-45/01, EuGHE 2003, I-12911 = BStBl. II 2004, 681 = UR 2003, 584 – Rz. 34; EuGH v. 1.12.2005 – C-394/04, C-395/04, EuGHE 2005, I-10373 = UR 2006, 171 – Rz. 18 f.; EuGH v. 10.6.2010 – C-262/08, EuGHE 2010, I-5053 = UR 2010, 526 – Rz. 39 f.
2 EuGH v. 1.12.2005 – C-394/04, C-395/04, EuGHE 2005, I-10373 = UR 2006, 171 – Rz. 25 ff.; EuGH v. 10.6.2010 – C-262/08, EuGHE 2010, I-5053 = UR 2010, 526 – Rz. 40 a.E.
3 EuGH v. 1.12.2005 – C-394/04, C-395/04, EuGHE 2005, I-10373 = UR 2006, 171 – Rz. 32 ff.
4 EuGH v. 1.12.2005 – C-394/04, C-395/04, EuGHE 2005, I-10373 = UR 2006, 171; BFH v. 26.8.2010 – V R 5/08, BStBl. II 2011, 296 – Rz. 33.
5 Abschn. 4.14.6 Abs. 2 Nr. 4–6 UStAE.
6 Vgl. BFH v. 18.1.2005 – V R 35/02, BStBl. II 2005, 507; BFH v. 25.1.2006 – V R 46/04, BStBl. II 2006, 481; FG Nds. v. 23.4.2009 – 16 K 10069/07, EFG 2009, 1419.
7 Abschn. 4.14.6 Abs. 2 Nr. 8 UStAE.

RL).[1] Während **gesondert** zu betrachtende **Lieferungen** nicht von § 4 Nr. 14 Buchst. a UStG, Art. 132 Abs. 1 Buchst. c MwStSystRL erfasst werden, da sie keine „Heilbehandlungen" zu sein vermögen (*Rz. 18*), können Lieferungen unter bestimmten Voraussetzungen von der Befreiung des § 4 Nr. 14 Buchst. b UStG als eng mit der Heilbehandlung usw. verbundene Umsätze erfasst werden. Sie müssen indes „Nebenleistungen" im o.g. Sinne (*Rz. 44*) sein und nicht im Wettbewerb mit entsprechenden Lieferungen gewerblicher Unternehmen stehen (Art. 134 Buchst. b MwStSystRL).

Folglich fällt die Lieferung von **Körperersatzstücken** und orthopädischen **Hilfsmitteln** durch den Krankenhausbetreiber unter die Befreiung, wenn diese unmittelbar mit einer Heilbehandlung im Zusammenhang stehen[2], d.h. „unerlässlich" sind. **Nicht** befreit ist grundsätzlich[3] die gesondert berechnete Lieferung von **Arzneimitteln**.[4]

49

Die Lieferung von Gegenständen des **Anlagevermögens** ist zwar nicht steuerfrei nach § 4 Nr. 14 UStG[5], fällt aber unter § 4 Nr. 28 UStG, wenn die Gegenstände ausschließlich für steuerfreie Umsätze verwendet worden waren.

50

## D. Besorgung von Heilbehandlungen (Buchst. c)

Steuerfrei sind auch die Leistungen nach § 4 Nr. 14 Buchst. a und b UStG, die von **Einrichtungen** zur **hausarztzentrierten Versorgung** nach § 73b SGB V oder zur **besonderen ambulanten ärztlichen Versorgung** nach § 73c SGB V (Buchst. c **Doppelbuchst. aa**) oder von Einrichtungen nach § 140b Abs. 1 SGB V zur **integrierten Versorgung** nach § 140a SGB V (Buchst. c **Doppelbuchst. bb**) erbracht werden. Danach sind insbesondere steuerfrei die Leistungen von Trägern, die nicht selbst Versorger sind, sondern eine Versorgung durch dazu berechtigte Leistungserbringer anbieten.[6]

51

Das gilt gem. § 3 Abs. 11 UStG auch für **zwischengeschaltete Gesellschaften**, welche derartige Versorgungsleistungen im eigenen Namen besorgen („einkaufen") und weitergeben.[7] Nicht befreit sind Steuerungs-, Koordinierungs- u.ä. Leistungen, die von einer (zu diesem Zwecke gegründeten) Gesellschaft gegenüber einer Krankenkasse erbracht werden.[8]

---

1 Vgl. auch EuGH v. 6.11.2003 – C-45/01, BStBl. II 2004, 681, EuGHE 2003, I-12911 = UR 2003, 584 = BStBl. II 2004, 681 – Rz. 47.
2 Abschn. 4.14.6 Abs. 2 Nr. 3 UStAE.
3 Zu Lieferungen von Medikamenten seitens eines Krankenhauses an Patienten eines dort selbständig ambulant tätigen Arztes s. EuGH v. 13.3.2014 – C-366/12, UR 2014, 271; BFH v. 24.9.2014 – V R 19/11, UR 2015, 57.
4 Dazu näher Abschn. 4.14.6 Abs. 3 Nr. 2 bis 4 UStAE.
5 A.A. Abschn. 4.14.6 Abs. 2 Nr. 7 UStAE.
6 Dazu näher Abschn. 4.14.9 UStAE.
7 In diesem Sinne auch Abschn. 4.14.9 Abs. 6 Satz 1–3 UStAE.
8 Abschn. 4.14.9 Abs. 6 Satz 4 und 5 UStAE.

## E. Praxis- und Apparategemeinschaften u.ä. Zusammenschlüsse (Buchst. d)

52 **Mehrere Heilberufler** können sich (wie andere Berufe auch) zur gemeinsamen Berufsausübung zusammenschließen und ihre Leistungen auf **gemeinsame Rechnung** erbringen. Dieses gemeinsame Tätigwerden kann in Gestalt einer **Personengesellschaft** (BGB-Gesellschaft, Partnerschaftsgesellschaft) oder in Form einer Kapitalgesellschaft (insbesondere GmbH) erfolgen. **Unternehmer** (§ 2 Abs. 1 UStG) ist dann die Gesellschaft, welche die heilberuflichen Leistungen unter ihrem Namen erbringt. Eine solche Gesellschaft wird häufig **Gemeinschaftspraxis** genannt.

53 Von einer derartigen gemeinsamen Leistungserbringung gegenüber den Patienten ist ein Zusammenschluss von Heilberuflern zu **unterscheiden**, welcher sich auf das gemeinsame Nutzen von Räumen, Apparaten und Personal beschränkt und üblicherweise **Praxisgemeinschaft oder Apparategemeinschaft** genannt wird. Die heilberuflichen Umsätze erbringt der **jeweilige Heilberufler** als **Unternehmer** gegenüber seinen Patienten usw. im eigenen Namen.

Die Praxis- bzw. Apparategemeinschaft *kann* ebenfalls Unternehmer sein, sofern sie Umsätze gegenüber ihren Mitgliedern oder Dritten erbringt (*Rz. 56 f.*); Entsprechendes gilt bei derartigen **Zusammenschlüssen von Einrichtungen** i.S.d. § 4 Nr. 14 Buchst. b UStG (z.B. zum Zwecke der Operationssaal- oder Großgeräteüberlassung einschließlich des Personals) oder bei Zusammenschlüssen von diesen Einrichtungen mit Heilberuflern (dazu auch *Rz. 60*). Bei Bejahung der Unternehmereigenschaft des Zusammenschlusses kommt für bestimmte Umsätze nach § 4 Nr. 14 Buchst. d UStG eine Steuerbefreiung in Betracht.

54 **Steuerfrei** sind danach die sonstigen Leistungen von „**Gemeinschaften**", deren **Mitglieder** Angehörige der **in** § 4 Nr. 14 **Buchst. a** UStG **bezeichneten Berufe** oder **Einrichtungen** i.S.d. § 4 Nr. 14 Buchst. b UStG sind, gegenüber ihren Mitgliedern, soweit diese Leistungen für unmittelbare Zwecke der Ausübung der Tätigkeiten nach § 4 Nr. 14 Buchst. a oder b UStG verwendet werden und die Gemeinschaft von ihren Mitgliedern **lediglich** die **genaue Erstattung** der jeweiligen Anteile an den gemeinsamen **Kosten** fordert (§ 4 Nr. 14 **Buchst. d** UStG). Diese Bestimmung ist bis auf die Beschränkung auf Personen und Einrichtungen, die unter § 4 Nr. 14 UStG fallen, wörtlich aus Art. 132 Abs. 1 Buchst. f MwStSystRL übernommen worden. Ihr **Zweck** soll darin liegen, die Rationalisierung (Kostensenkung) von Vorbereitungshandlungen, Hilfstätigkeiten u.Ä. im Bereich der Heilbehandlung durch Auslagerung auf Gemeinschaftseinrichtungen (Zusammenschlüsse) von Heilberuflern und anderen Einrichtungen des Gesundheitswesens nicht dadurch zu beeinträchtigen, dass die Personalkosten zusätzlich mit Umsatzsteuer belastet werden.[1] Diese Umsatzsteuerbelastung würde nicht anfallen, wenn die Arbeiten durch eigenes Personal des jeweiligen Mitglieds des Zusammenschlusses erbracht würden (hingegen würde die Umsatzsteuer auf die übrigen Kosten auch anfallen, wenn die einzelnen Mitglieder die Leistungen Dritter selbst unmittelbar in Anspruch genommen hätten).

---

1 Vgl. RegE JStG 2009, BR-Drucks. 545/08, 119 – Begr. zu Art. 7 Nr. 2 Buchst. b.

Praxis- und Apparategemeinschaften u.ä. Zusammenschlüsse (Buchst. d) **§ 4 Nr. 14**

Letztlich soll mithin auch diese Befreiung dem Zweck dienen, die Kosten der Heilbehandlung nicht durch Umsatzsteuerbeträge zu erhöhen (*Rz. 3*).

§ 4 Nr. 14 Buchst. d UStG geht – fehlerhaft (*Rz. 57*) – davon aus, dass derartige Gemeinschaften Unternehmer sind. Deren sonstigen Leistungen sollen steuerfrei sein, soweit sie **für unmittelbare Zwecke** der Ausübung der Tätigkeiten nach § 4 Nr. 14 Buchst. a oder b UStG verwendet werden. Das ist der Fall, wenn die Leistungen in die Heilbehandlungen als solche gegenüber den Patienten eingehen (*Beispiele:* Laboruntersuchungen, Röntgenaufnahmen), **nicht** jedoch bei **Verwaltungsleistungen** in Gestalt der Buchführung, Honorarabrechnungen (ärztliche Verrechnungsstelle), Rechtsberatung u.Ä.[1] 55

Voraussetzung der Steuerbefreiung soll ferner sein, dass **alle Gesellschafter** („Mitglieder" der „Gemeinschaft") Angehörige der in § 4 Nr. 14 Buchst. a UStG bezeichneten Berufe oder Einrichtungen i.S.d. § 4 Nr. 14 Buchst. b UStG sind. Folglich wäre die Mitgliedschaft von Unternehmern mit steuerpflichtigen Umsätzen, wie insbesondere von Tierärzten, schädlich.[2] Andererseits müssen die Mitglieder der „Gemeinschaft" nicht alle jeweils Angehörige der in § 4 Nr. 14 Buchst. a UStG bezeichneten Berufe sein oder sich nur aus Einrichtungen i.S.d. § 4 Nr. 14 Buchst. b UStG rekrutieren. Folglich können auch derartige **Einrichtungen zusammen mit Berufsträgern** i.S.d. § 4 Nr. 14 Buchst. a UStG eine „Gemeinschaft" i.S.d § 4 Nr. 14 Buchst. d UStG bilden (z.B. Ärzte und Krankenhäuser).[3] 56

Der oben (*Rz. 53*) beschriebene, üblicherweise „Praxisgemeinschaft" oder „Apparategemeinschaft" genannte **Zusammenschluss** kann eine schlichte (Miteigentümer-)Gemeinschaft (§§ 741 ff. BGB) oder eine BGB-Gesellschaft (§§ 705 ff. BGB) sein. Dieser Zusammenschluss ist nicht automatisch Unternehmer, sondern nur dann, wenn er Umsätze, d.h. Leistungen gegen Entgelt erbringt. Nur in diesem Fall stellt sich die Frage nach der Anwendung der Steuerbefreiung. Beschränkt sich die Gemeinsamkeit auf das **gemeinsame Nutzen** von (gemieteten oder zu Miteigentum erworbenen) medizinischen Apparaten und Büromaschinen, so liegt lediglich eine **schlichte Gemeinschaft** i.S.d. §§ 741 ff. BGB vor, die mangels eigener Handlungsfähigkeit schon **nicht Unternehmer** sein kann (*§ 2 Rz. 26 f.*). 57

Anders ist es auch dann nicht, wenn die „Gemeinschaft" sich nicht auf den gemeinsamen Bezug von Leistungen beschränkt, sondern **mittels eigenen Personals** eine eigenständige Leistungstätigkeit in Gestalt einer „**Wertschöpfung**" erbringt. In diesem Fall liegt zwar eine BGB-Gesellschaft vor, welche gleichwohl dadurch nicht **Unternehmer** wird, weil wegen der Beschränkung auf die Kostenerstattung eine Überschuss nicht erzielt werden *kann*, so dass keine wirtschaftliche Tätigkeit als elementare Voraussetzung der Unternehmereigenschaft vorliegt (*§ 2 Rz. 151*).[4] § 4 Nr. 14 Buchst. d UStG enthält mithin wie Art. 132 Abs. 1 Buchst. f MwStSystRL richtigerweise nur eine **Klarstellung** der **Nichtsteuerbar-** 58

---

1 Abschn. 4.14.8 Abs. 3 UStAE.
2 A.A. zu § 4 Nr. 14 Satz 2 aF *Bunjes*, UR 1987, 316.
3 RegE JStG 2009, BR-Drucks. 545/08, 119 – Begr. zu Art. 7 Nr. 2 Buchst. b.
4 A.A. BFH v. 21.6.1990 – V R 94/85, UR 1991, 48.

keit der Dienstleistungen der zwischengeschalteten „Gemeinschaft"[1], so dass sich auch für andere Zusammenschlüsse von Unternehmern mit steuerfreien, nicht zum Vorsteuerabzug berechtigenden Umsätzen entgegen BFH[2] nicht die Frage der Berufbarkeit auf Art. 132 Abs. 1 Buchst. f MwStSystRL stellt.

### F. Infektionshygienische Leistungen (Buchst. e)

59 Steuerfrei sind ferner die zur Verhütung von nosokomialen Infektionen und zur Vermeidung der Weiterverbreitung von Krankheitserregern, insbesondere solcher mit Resistenzen, erbrachten Leistungen eines Arztes oder einer Hygienefachkraft an in Buchstabe a, b und d genannte Einrichtungen, die diesen dazu dienen, ihre Heilbehandlungsleistungen ordnungsgemäß unter Beachtung der nach dem Infektionsschutzgesetz und den dazu ergangenen Rechtsverordnungen bestehenden Verpflichtungen zu erbringen (§ 4 Nr. 14 Buchst. e UStG[3]). Bereits zuvor waren infektionshygienische Leistungen von Ärzten gegenüber anderen Ärzten und Krankenhäusern vom BFH als steuerfrei angesehen worden.[4]

## § 4 Nr. 15
## Steuerbefreiungen bei Lieferungen und sonstigen Leistungen

Von den unter § 1 Abs. 1 Nr. 1 fallenden Umsätzen sind steuerfrei:

...

15. die Umsätze der gesetzlichen Träger der Sozialversicherung, der gesetzlichen Träger der Grundsicherung für Arbeitsuchende nach dem Zweiten Buch Sozialgesetzbuch sowie der gemeinsamen Einrichtungen nach § 44b Abs. 1 des Zweiten Buches Sozialgesetzbuch, der örtlichen und überörtlichen Träger der Sozialhilfe sowie der Verwaltungsbehörden und sonstigen Stellen der Kriegsopferversorgung einschließlich der Träger der Kriegsopferfürsorge

   a) untereinander,

   b) an die Versicherten, die Bezieher von Leistungen nach dem Zweiten Buch Sozialgesetzbuch, die Empfänger von Sozialhilfe oder die Versorgungsberechtigten. Das gilt nicht für die Abgabe von Brillen und Brillenteilen einschließlich der Reparaturarbeiten durch Selbstabgabestellen der gesetzlichen Träger der Sozialversicherung;

---

1 Ausführlich *Stadie* in R/D, § 2 UStG Anm. 442 ff.
2 BFH v. 23.4.2009 – V R 5/07, UR 2009, 762 – unter 3 der Gründe; BFH v. 30.4.2009 – V R 3/08, BStBl. II 2013, 873 = UR 2009, 639 – unter 4b cc der Gründe.
3 Buchst. e angefügt mit Wirkung vom 1.7.2013 durch Gesetz v. 26.6.2013.
4 BFH v. 18.8.2011 – V R 27/10, UR 2011, 902; vgl. auch BFH v. 5.11.2014 – XI R 11/13, UR 2015, 180 – zu einer Hygienefachkraft.

*EU-Recht*
Art. 131 Abs. 1 Buchst. g, Art. 133 und 134 MwStSystRL.

*VV*
Abschn. 4.15.1 UStAE.

Die Vorschrift befreit die Umsätze der **gesetzlichen Träger** und Einrichtungen der Sozialversicherung, der Sozialhilfe und der weiteren aufgezählten Bereiche der Sozialfürsorge und der sozialen Sicherheit.[1] Die Befreiung **bezweckt** wie die übrigen Befreiungsvorschriften auf diesem Gebiet (z.B. § 4 Nr. 18 UStG) die Kostendämpfung im Interesse der Versicherten, Versorgungsberechtigten usw. Befreit sind zum einen die Umsätze der **Einrichtungen untereinander** (§ 4 Nr. 15 Buchst. a UStG; *Rz. 5*). Ferner sind die **Umsätze** der genannten Einrichtungen **an die Versicherten, Versorgungsberechtigten** usw. grundsätzlich steuerfrei (§ 4 Nr. 15 Buchst. b **Satz 1** UStG). Diese Befreiung läuft jedoch in weiten Teilen leer, weil die eigentliche Tätigkeit der Einrichtungen zumeist schon nicht unternehmerisch ist.    1

Lediglich die Träger der **Sozialversicherung** erbringen Dienstleistungen gegenüber den Versicherten in Gestalt des **Versicherungsschutzes** (vgl. *§ 4 Nr. 10 Rz. 2*), denen die Beiträge der Versicherten und des Arbeitgebers als Gegenleistung gegenüberstehen. Nur insoweit sind diese Einrichtungen mit ihrer eigentlichen Tätigkeit **Unternehmer** und ihre Umsätze sind steuerfrei nach § 4 Nr. 15 Buchst. b Satz 1 UStG. Die Kostenübernahmen stellen schon keine Leistungen im umsatzsteuerrechtlichen Sinne dar, weil den Versicherten kein verbrauchbarer Vorteil verschafft wird (vgl. *§ 1 Rz. 10, 30*).    2

Auch für die **Sachleistungen**, d.h. die unentgeltlichen Lieferungen und Dienstleistungen (§ 3 Abs. 1b Satz 1 Nr. 3 bzw. Abs. 9a Nr. 2 UStG), der Träger der **Sozialversicherung** an die Versicherten gilt grundsätzlich die Steuerbefreiung. Von der Steuerbefreiung **ausgenommen** sind die Abgaben von **Brillen** und Brillenteilen einschließlich der Reparatur durch die Selbstabgabestellen der gesetzlichen Träger der Sozialversicherung (§ 4 Nr. 15 Buchst. b **Satz 2** UStG).    3

Die **übrigen Einrichtungen** erbringen gegenüber den Empfängern ihrer Zuwendungen, soweit diese „Leistungen" in Geld bestehen, schon keine Leistungen im umsatzsteuerrechtlichen Sinne (*§ 1 Rz. 10, 28*); soweit sie Sachleistungen (Lieferungen oder Dienstleistungen) gewähren, zu denen sie kraft Gesetzes verpflichtet sind, steht diesen kein Entgelt (keine Gegenleistung) gegenüber. In beiden Fällen wird dadurch **nicht** die Unternehmereigenschaft begründet (*§ 2 Rz. 39 f.*). Insoweit läuft die Steuerbefreiung nach § 4 Nr. 15 Buchst. b UStG leer.    4

Die Befreiung soll auch für die Umsätze der **Einrichtungen untereinander** gelten (§ 4 Nr. 15 Buchst. **a** UStG). Insoweit können die Einrichtungen unternehmerisch tätig sein, wenn sie nicht nur gelegentlich entgeltliche Lieferungen oder Dienstleistungen gegenüber anderen Einrichtungen erbringen. Nach dem Wort-    5

---

1 Dazu näher *Schuhmann* in R/D, § 4 Nr. 15 UStG Anm. 7 ff.

laut der Vorschrift wären diese Umsätze unabhängig davon, ob die Leistungen sozialen Inhalts sind, steuerfrei. Das widerspräche jedoch dem Zweck der Vorschrift wie auch des Art. 132 Abs. 1 Buchst. g MwStSystRL. Folglich sind nur die eng mit den jeweiligen sozialen Aufgaben der genannten Einrichtungen verbundenen Dienstleistungen und Lieferungen untereinander steuerfrei, sofern keine andere Befreiungsvorschrift, wie z.B. § 4 Nr. 12 UStG (Vermietung), eingreift.

6 Die Vorschrift (§ 4 Nr. 15 Buchst. a UStG) ist auf einen **Zusammenschluss** von Einrichtungen der genannten Arten **analog** anzuwenden, wenn er nur gegenüber seinen Mitgliedern tätig ist. Demgegenüber soll nach Auffassung des BFH Art. 132 Abs. 1 Buchst. f MwStSystRL (dazu *Vor §§ 4–9 Rz. 20; § 4 Nr. 14 Rz. 58*) greifen, wenn lediglich die Kosten erstattet werden und keine Wettbewerbsverzerrungen eintreten.[1]

## § 4 Nr. 15a
## Steuerbefreiungen bei Lieferungen und sonstigen Leistungen

**Von den unter § 1 Abs. 1 Nr. 1 fallenden Umsätzen sind steuerfrei:**

...

**15a.** die auf Gesetz beruhenden Leistungen der Medizinischen Dienste der Krankenversicherung (§ 278 SGB V) und des Medizinischen Dienstes der Spitzenverbände der Krankenkassen (§ 282 SGB V) untereinander und für die gesetzlichen Träger der Sozialversicherung und deren Verbände und für die Träger der Grundsicherung für Arbeitsuchende nach dem Zweiten Buch Sozialgesetzbuch sowie die gemeinsamen Einrichtungen nach § 44b des Zweiten Buches Sozialgesetzbuch;

*EU-Recht*
Art. 131 Abs. 1 Buchst. g, Art. 133 und 134 MwStSystRL.

1 Die **Medizinischen Dienste** der **Krankenversicherung** erbringen gegenüber den Krankenkassen Begutachtungsleistungen und werden gegenüber den Krankenkassen und deren Verbänden auch beratend tätig. Der Medizinische Dienst der **Spitzenverbände** der Krankenkassen fördert die wirksame Durchführung der Aufgaben und die Zusammenarbeit der Medizinischen Dienste der Krankenversicherung. Soweit diese Tätigkeiten auf Gesetz beruhen und umsatzsteuerbare sonstige Leistungen gegen Entgelt darstellen, wie insbesondere bei vergüteten **Begutachtungen**, sind sie steuerfrei.

---

1 BFH v. 23.4.2009 – V R 5/07, UR 2009, 762.

Umsatzsteuerfrei sind **nur** die Leistungen der genannten Medizinischen **Dienste** 2
**selbst** gegenüber den genannten Einrichtungen. Auch müssen diese Leistungen
**auf** dem **Gesetz beruhen.** Darüber hinaus auf vertraglicher Grundlage erbrachte
Leistungen sind deshalb nicht nach dieser Vorschrift steuerfrei. Die Befreiung
gilt aus diesen Gründen nicht für Unternehmer, die im Auftrag des Medizinischen Dienstes tätig werden.[1]

## § 4 Nr. 15b
## Steuerbefreiungen bei Lieferungen und sonstigen Leistungen

Von den unter § 1 Abs. 1 Nr. 1 fallenden Umsätzen sind steuerfrei:

...

15b. Eingliederungsleistungen nach dem Zweiten Buch Sozialgesetzbuch, Leistungen der aktiven Arbeitsförderung nach dem Dritten Buch Sozialgesetzbuch und vergleichbare Leistungen, die von Einrichtungen des öffentlichen Rechts oder anderen Einrichtungen mit sozialem Charakter erbracht werden. Andere Einrichtungen mit sozialem Charakter im Sinne dieser Vorschrift sind Einrichtungen,

   a) die nach § 178 des Dritten Buches Sozialgesetzbuch zugelassen sind,

   b) die für ihre Leistungen nach Satz 1 Verträge mit den gesetzlichen Trägern der Grundsicherung für Arbeitsuchende nach dem Zweiten Buch Sozialgesetzbuch geschlossen haben oder

   c) die für Leistungen, die denen nach Satz 1 vergleichbar sind, Verträge mit juristischen Personen des öffentlichen Rechts, die diese Leistungen mit dem Ziel der Eingliederung in den Arbeitsmarkt durchführen, geschlossen haben.

*EU-Recht*
Art. 132 Abs. 1 Buchst. g MwStSystRL.

*VV*

–

Die zum 1.1.2015[2] eingefügte Vorschrift dient der Umsetzung des Art. 132 1
Abs. 1 Buchst. g MwStSystRL im Bereich der **Arbeitsförderung.** Die genannten Leistungen werden regelmäßig von den Agenturen für Arbeit bzw. den Trägern der Grundsicherung für Arbeitsuchende bezahlt.

---
1 BFH v. 28.6.2000 – V R 72/99, BStBl. II 2000, 554; BFH v. 8.10.2008 – V R 32/07, BStBl. II 2009, 429 – Gutachten eines Krankenpflegers bzw. einer Krankenschwester über Pflegebedürftigkeit von Versicherten.
2 Art. 9 Nr. 3 Buchst. a i.V.m. Art. 28 Abs. 5 des Gesetzes v. 25.7.2014.

2  Der Begriff der **Einrichtungen** umfasst unabhängig von der Rechts- oder Organisationsform des Leistungserbringers sowohl **natürliche** als auch **juristische Personen** (vgl. *§ 4 Nr. 14 Rz. 28 f.*). Nicht ausreichend ist, dass der Unternehmer lediglich als Subunternehmer für eine anerkannte Einrichtung tätig wird, es sei denn er erfüllt selbst die Voraussetzungen der Vorschrift.[1]

3  Als „Verträge" im Sinne der Buchstaben b und c des Satzes 2 der Vorschrift kommen auch **Zuwendungsbescheide** in Betracht.[2]

## § 4 Nr. 16
## Steuerbefreiungen bei Lieferungen und sonstigen Leistungen

**Von den unter § 1 Abs. 1 Nr. 1 fallenden Umsätzen sind steuerfrei:**

...

16. die mit dem Betrieb von Einrichtungen zur Betreuung oder Pflege körperlich, geistig oder seelisch hilfsbedürftiger Personen eng verbundenen Leistungen, die von

   a) juristischen Personen des öffentlichen Rechts,

   b) Einrichtungen, mit denen ein Vertrag nach § 132 des Fünften Buches Sozialgesetzbuch besteht,

   c) Einrichtungen, mit denen ein Vertrag nach § 132a des Fünften Buches Sozialgesetzbuch, § 72 oder § 77 des Elften Buches Sozialgesetzbuch besteht oder die Leistungen zur häuslichen Pflege oder zur Heimpflege erbringen und die hierzu nach § 26 Abs. 5 in Verbindung mit § 44 des Siebten Buches Sozialgesetzbuch bestimmt sind,

   d) Einrichtungen, die Leistungen der häuslichen Krankenpflege oder Haushaltshilfe erbringen und die hierzu nach § 26 Abs. 5 in Verbindung mit den §§ 32 und 42 des Siebten Buches Sozialgesetzbuch bestimmt sind,

   e) Einrichtungen, mit denen eine Vereinbarung nach § 111 des Neunten Buches Sozialgesetzbuch besteht,

   f) Einrichtungen, die nach § 142 des Neunten Buches Sozialgesetzbuch anerkannt sind,

   g) Einrichtungen, soweit sie Leistungen erbringen, die landesrechtlich als niedrigschwellige Betreuungsangebote nach § 45b des Elften Buches Sozialgesetzbuch anerkannt sind,

   h) Einrichtungen, mit denen eine Vereinbarung nach § 75 des Zwölften Buches Sozialgesetzbuch besteht,

---

1 Vgl. BFH v. 8.11.2007 – V R 2/06, BStBl. II 2008, 634.
2 BT-Drucks. 18/1529, Reg.-Begr. zu Art. 8 Nr. 2 Buchst. a.

i) Einrichtungen, mit denen ein Vertrag nach § 8 Absatz 3 des Gesetzes zur Errichtung der Sozialversicherung für Landwirtschaft, Forsten und Gartenbau über die Gewährung von häuslicher Krankenpflege oder Haushaltshilfe nach den §§ 10 und 11 des Zweiten Gesetzes über die Krankenversicherung der Landwirte, § 10 des Gesetzes über die Alterssicherung der Landwirte oder nach § 54 Absatz 2 des Siebten Buches Sozialgesetzbuch besteht,

j) Einrichtungen, die aufgrund einer Landesrahmenempfehlung nach § 2 der Frühförderungsverordnung als fachlich geeignete interdisziplinäre Frühförderstellen anerkannt sind,

k) Einrichtungen, die als Betreuer nach § 1896 Absatz 1 des Bürgerlichen Gesetzbuchs bestellt worden sind, sofern es sich nicht um Leistungen handelt, die nach § 1908i Absatz 1 im Verbindung mit § 1835 Abs. 3 des Bürgerlichen Gesetzbuchs vergütet werden, oder

l) Einrichtungen, bei denen im vorangegangenen Kalenderjahr die Betreuungs- oder Pflegekosten in mindestens 25 Prozent der Fälle von den gesetzlichen Trägern der Sozialversicherung oder der Sozialhilfe oder der für die Durchführung der Kriegopferversorgung zuständigen Versorgungsverwaltung einschließlich der Träger der Kriegsopferfürsorge ganz oder zum überwiegenden Teil vergütet worden sind,

erbracht werden. Leistungen im Sinne des Satzes 1, die von Einrichtungen nach den Buchstaben b bis l erbracht werden, sind befreit, soweit es sich ihrer Art nach um Leistungen handelt, auf die sich die Anerkennung, der Vertrag oder die Vereinbarung nach Sozialrecht oder die Vergütung jeweils bezieht;

*EU-Recht*

Art. 132 Abs. 1 Buchst. g i.V.m. Art. 133 und 134 MwStSystRL.

*VV*

Abschn. 4.16.1–4.16.6 UStAE.

| | | | |
|---|---|---|---|
| A. Allgemeines | 1 | II. Anerkannte Einrichtungen (Satz 1 Buchst. b–k) | 10 |
| B. Betreuung und Pflege hilfsbedürftiger Personen | 3 | III. Sonstige Einrichtungen (Satz 1 Buchst. l) | 12 |
| C. Juristische Personen des öffentlichen Rechts (Satz 1 Buchst. a) | 6 | IV. Ausschluss einrichtungsfremder Leistungen (Satz 2) | 19 |
| D. Einrichtungen des Privatrechts I. Allgemeines | 8 | E. Mit dem Betrieb der Einrichtung eng verbundene Umsätze | 21 |

## A. Allgemeines

Die Vorschrift befreit die mit dem Betrieb von Einrichtungen zur **Betreuung** oder **Pflege körperlich, geistig** oder **seelisch hilfsbedürftiger Personen** eng verbunde- 1 nen Leistungen. Wenn der Träger keine jPdöR ist (§ 4 Nr. 16 Satz 1 Buchst. a UStG), müssen diese Einrichtungen **bestimmte Voraussetzungen** (§ 4 Nr. 16 Satz 1 Buchst. a bis l und Satz 2 UStG) erfüllen. Die Vorschrift soll Art. 132 Abs. 1 Buchst. g i.V.m. Art. 133 und 134 MwStSystRL umsetzen.

2   Der **Zweck** dieser Befreiung liegt in der Begünstigung der von den genannten Einrichtungen erbrachten, eng mit der Sozialfürsorge und der sozialen Sicherheit verbundenen Leistungen, um die Kosten für die Sozialversicherungsträger bzw. den Betroffenen zu senken und sie damit dem Einzelnen, der sie in Anspruch nehmen könnte, zugänglicher zu machen.[1] Begünstigt werden jedoch zugleich auch die genannten Einrichtungen, die juristische Personen des öffentlichen Rechts oder nach § 4 Nr. 16 Satz 1 Buchst. b bis l UStG anerkannte Einrichtungen sind, da nur die von diesen erbrachte Leistungen auf sozialem Gebiet befreit sind (s. auch *Rz. 7*).

## B. Betreuung und Pflege hilfsbedürftiger Personen

3   **Hilfsbedürftig** sind Personen, die aufgrund ihres körperlichen, geistigen oder seelischen Zustands der Betreuung oder Pflege bedürfen, weil sie krank, behindert oder von einer Behinderung bedroht sind. Das trifft auch auf Personen zu, bei denen ein Grundpflegebedarf oder eine erhebliche Einschränkung der Alltagskompetenz besteht.[2]

4   Die **Betreuungs-** oder **Pflegeleistungen** können ambulant oder stationär (vorübergehend oder nur dauerhaft) erbracht werden. Betreuung oder Pflege beinhaltet Hilfsleistungen bei den gewöhnlichen und regelmäßig wiederkehrenden Verrichtungen des täglichen Lebens. Sie kann sich auf Dienstleistungen bei der hauswirtschaftlichen Versorgung beschränken, aber auch ein Bündel von Dienstleistungen und bei teilstationärer oder stationärer Aufnahme auch die Unterbringung und Verpflegung umfassen.[3] Begünstigt sind darüber hinaus auch Dienstleistungen zur Betreuung behinderter oder von Behinderung bedrohter Menschen, insbesondere Leistungen der Rehabilitation, wie z.B. heilpädagogische Leistungen zur Früherkennung und Frühförderung behinderter Kinder. Betreuungsleistungen können auch Leistungen zum Erwerb praktischer Kenntnisse und Fähigkeiten sein.[4]

5   Die Leistungen von **Altenwohnheimen** fallen nicht unter § 4 Nr. 16 UStG, wenn bei diesen, wie regelmäßig, nur eine steuerfreie Vermietung (§ 4 Nr. 12 UStG) vorliegt. Werden daneben Betreuungs- und Pflegeleistungen erbracht, so können diese nach § 4 Nr. 16 UStG steuerfrei sein.[5]

---

1 Vgl. Ber. FinAussch. BT-Drucks. 16/11108, 45 – zu Art. 7 Nr. 4 Buchst. c JStG 2009, zu § 4 Nr. 16 UStG; EuGH v. 26.5.2005 – C-498/03, EuGHE 2005, I-5123 = UR 2005, 453 – Rz. 30, zu Art. 132 Abs. 1 Buchst. g MwStSystRL; BFH v. 23.10.2003 – V R 24/10 – BStBl. II 2004, 89; BFH v. 19.3.2013 – XI R 45/10, UR 2013, 551 – zu § 4 Nr. 16 Buchst. d UStG a.F.
2 Abschn. 4.16.1 Abs. 4 UStAE.
3 Abschn. 4.16.1 Abs. 6 f. UStAE.
4 Dazu näher Ber. FinAussch. BT-Drucks. 16/11108, 46 – zu Art. 7 Nr. 4 Buchst. c JStG 2009, zu § 4 Nr. 16 UStG.
5 Vgl. Abschn. 4.16.4 Abs. 5 UStAE.

## C. Juristische Personen des öffentlichen Rechts (Satz 1 Buchst. a)

Werden die Umsätze von juristischen Personen des öffentlichen Rechts betrieben, so sind sie ohne weitere Voraussetzungen steuerfrei (§ 4 Nr. 16 Satz 1 Buchst. a UStG). Das gilt nach dem eindeutigen Wortlaut **nicht** für Einrichtungen, welche von **Gesellschaften** betrieben werden, deren sämtliche Anteile von jPdöR gehalten werden.[1] Auch für diese Gesellschaften müssen die zusätzlichen Voraussetzungen von § 4 Nr. 16 Satz 1 Buchst. b bis k und Satz 2 UStG hinzukommen. 6

Der **Grund** für die Begünstigung der Einrichtungen des öffentlichen Rechts dürfte darin zu sehen sein, dass bei diesen davon ausgegangen wird, dass sie die qualitativen Kriterien für die Anerkennung nach Sozialrecht i.S.d. § 4 Nr. 16 Satz 1 Buchst. b bis l UStG erfüllen. Sie erhalten indes die Befreiung auch dann, wenn das nicht der Fall ist. Das kann zu einem Wettbewerbsvorteil gegenüber privatrechtlich organisierten Einrichtungen führen, welche nicht diese Kriterien erfüllen (vgl. dazu *§ 4 Nr. 14 Rz. 25*). 7

## D. Einrichtungen des Privatrechts
### I. Allgemeines

Ist Träger (Betreiber) der Einrichtung keine juristische Person des öffentlichen Rechts, d.h. eine solche des Privatrechts, so muss die jeweilige Einrichtung die **Voraussetzungen von** § 4 Nr. 16 **Satz 1 Buchst. b bis l** und **Satz 2** UStG (*Rz. 19*) erfüllen. 8

Der Begriff der **Einrichtung** ist wegen des Gebotes der Rechtsformneutralität rein sachlich-funktional zu verstehen, so dass als Träger jedes unternehmerfähige Gebilde (dazu *§ 2 Rz. 9 ff.*) in Betracht kommt und mithin nicht nur eine juristische Person (insbesondere ein **Verein**) oder Personengesellschaft, sondern **auch** eine **natürliche Person** eine solche Einrichtung betreiben kann (*§ 4 Nr. 14 Rz. 28*). Der Begriff Einrichtung enthält keine rechtlich relevante Eingrenzung, so dass auch eine natürliche Person oder eine Familie, welche eine pflege- und betreuungsbedürftige Person aufnimmt, eine Einrichtung im Sinne der Vorschrift darstellt.[2] 9

### II. Anerkannte Einrichtungen (Satz 1 Buchst. b–k)

Bei privatrechtlichen Einrichtungen, welche unter § 4 Nr. 16 Satz 1 Buchst. b–k UStG fallen, d.h. als dort genannte Einrichtung anerkannt sind oder mit denen ein dort genannter Vertrag bzw. eine dort genannte Vereinbarung besteht oder die zur Erbringung der genannten Pflegeleistungen bestimmt sind, sind die mit der Betreuung oder Pflege hilfsbedürftiger Personen eng verbundenen Leistungen (*Rz. 21 ff.*) unter der weiteren Voraussetzung des § 4 Nr. 16 Satz 2 UStG (*Rz. 19 f.*) steuerfrei. Sofern es auf den Abschluss der genannten Verträge oder 10

---
1 Vgl. Abschn. 4.16.1 Abs. 3 Satz 3 UStAE; a.A. *Heidner* in Bunjes, § 4 Nr. 16 UStG Rz. 8.
2 Vgl. Abschn. 4.16.1 Abs. 3 Satz 2 UStAE.

## § 4 Nr. 16  Steuerbefreiungen bei Lieferungen und sonstigen Leistungen

Vereinbarungen ankommt, ist der **Umfang** der nach diesen Verträgen erbrachten Leistungen ohne Bedeutung.[1]

11 Anerkannte Einrichtungen sind Einrichtungen,

- die Leistungen der **Haushaltshilfe** auf Grund eines Vertrages nach § 132 SGB V erbringen (§ 4 Nr. 16 Satz 1 Buchst. b UStG);
- die Leistungen zur **häuslichen Krankenpflege** auf Grund eines Vertrages mit Krankenkassen nach § 132a SGB V erbringen (§ 4 Nr. 16 Satz 1 Buchst. c UStG);
- zur **ambulanten** oder **stationären Pflege**, mit denen ein Versorgungsvertrag nach § 72 SGB XI besteht (§ 4 Nr. 16 Satz 1 Buchst. c UStG);
- die (als Einzelperson) Leistungen zur **häuslichen Pflege** und zur **hauswirtschaftlichen Versorgung** erbringen und mit denen die zuständige Pflegekasse einen Vertrag nach § 77 SGB XI geschlossen hat (§ 4 Nr. 16 Satz 1 Buchst. c UStG);
- die Leistungen zur **häuslichen Pflege** oder zur **Heimpflege** gem. § 26 Abs. 5 i.V.m. § 44 SGB VII erbringen (§ 4 Nr. 16 Satz 1 Buchst. c UStG);
- die Leistungen der **häuslichen Krankenpflege** oder **Haushaltshilfe** gem. § 26 Abs. 5 i.V.m. §§ 32 und 42 SGB VII, § 16 KVLG 1989, § 53 Abs. 2 Nr. 1 i.V.m. § 10 ALG oder nach § 143e Abs. 4 Nr. 2 i.V.m. § 54 Abs. 2 SGB VII erbringen (§ 4 Nr. 16 Satz 1 Buchst. d und i UStG);
- die als **Integrationsfachdienste** im Auftrag von Integrationsämtern oder Rehabilitationsträgern bei der Unterstützung Schwerbehinderter im Arbeitsleben nach § 111 SGB IX tätig werden (§ 4 Nr. 16 Satz 1 Buchst. e UStG)[2];
- die als **Werkstätten für behinderte Menschen** und deren angegliederte Betreuungseinrichtungen, auch als Zusammenschlüsse, nach § 142 SGB IX anerkannt sind (§ 4 Nr. 16 Satz 1 Buchst. f UStG)[3];
- soweit sie Leistungen erbringen, die nach Landesrecht als sog. **niedrigschwellige Betreuungsangebote** nach § 45b SGB XI anerkannt sind (§ 4 Nr. 16 Satz 1 Buchst. g UStG)[4];
- mit denen Vereinbarungen nach § 75 SGB XII mit den Trägern der **Sozialhilfe** bestehen (§ 4 Nr. 16 Satz 1 Buchst. h UStG)[5];
- die als **interdisziplinäre Frühförderstellen** im Rahmen der medizinischen Rehabilitation und Heilpädagogik auf der Grundlage einer Landesrahmenempfehlung nach § 2 FrühförderungsVO anerkannt sind (§ 4 Nr. 16 Satz 1 Buchst. j UStG)[6];
- die als **Betreuer** nach § 1896 Abs. 1 BGB bestellt worden sind, sofern es sich nicht um nach § 1908i Abs. 1 i.V.m. § 1835 Abs. 3 BGB vergütete Leistungen

---

1 Vgl. Abschn. 4.16.1 Abs. 8 f. UStAE.
2 Dazu Abschn. 4.16.5 Abs. 7 f. UStAE.
3 Dazu Abschn. 4.16.5 Abs. 9 ff. UStAE.
4 Dazu Abschn. 4.16.5 Abs. 12 f. UStAE.
5 Dazu Abschn. 4.16.5 Abs. 14 f. UStAE.
6 Dazu Abschn. 4.16.5 Abs. 17 ff. UStAE.

handelt (§ 4 Nr. 16 Satz 1 Buchst. k[1] UStG; zu **Vormündern** und **Ergänzungspflegern** s. *§ 4 Nr. 25 Rz. 10*).[2] § 1835 Abs. 3 BGB betrifft Leistungen, die zum Gewerbe oder Beruf des Betreuers gehören, wie z.b. Dienstleistungen eines Rechtsanwalts oder Steuerberaters gegenüber dem Betreuten; diese Leistungen sind steuerpflichtig und auch nicht nach § 4 Nr. 26 UStG steuerfrei (*§ 4 Nr. 26 Rz. 40*).

## III. Sonstige Einrichtungen (Satz 1 Buchst. l)

§ 4 Nr. 16 Satz 1 Buchst. l UStG enthält einen **Auffangtatbestand**. Er erfasst die Dienstleistungen der **Altenheime**[3] (nicht reiner Altenwohnheime, *Rz. 5*), **Haushaltshilfeleistungen**[4], sofern diese nicht schon unter § 4 Nr. 16 Satz 1 Buchst. b, d oder i UStG fallen, **häusliche Pflege**[5], sofern diese nicht schon unter § 4 Nr. 16 Satz 1 Buchst. c oder i UStG fällt, und **sonstige** Betreuungs- oder Pflegeleistungen.[6] Danach ist bei Einrichtungen, welche nicht unter § 4 Nr. 16 Satz 1 Buchst. b bis k UStG fallen, Voraussetzung der Steuerbefreiung, dass bei ihnen im vorangegangenen Kalenderjahr die Betreuungs- oder Pflegkosten in mindestens **25 Prozent**[7] **der Fälle von** den gesetzlichen Trägern der **Sozialversicherung** oder der **Sozialhilfe** oder **Kriegsopferversorgung** bzw. -fürsorge ganz oder zum überwiegenden Teil **vergütet** worden sind.[8]

12

Der EuGH sieht in einer solchen **Mindestgrenze** grundsätzlich keinen Verstoß gegen das den Mitgliedstaaten durch Art. 132 Abs. 1 Buchst. g MwStSystRL eingeräumte Ermessen bei der Anerkennung der Einrichtungen.[9] Indes führt diese 25 %-Grenze zu willkürlichen Ergebnissen und verstößt gegen den Gleichbehandlungsgrundsatz und zudem gegen die Berufsausübungsfreiheit (*Rz. 15*). Das Ermessen der Mitgliedstaaten kann sich richtigerweise nur auf qualitative Merkmale der Einrichtungen beziehen. Die Anknüpfung an die 25 %-Grenze bedeutet, dass die Befreiung eine **Fallbeilwirkung** hat, weil sie zur Gänze entfällt, wenn nur 24,99 % der Leistungen die geforderte Voraussetzung erfüllen. Das führt entgegen der Auffassung des BVerfG[10] zu **willkürlichen** Rechtsfolgen für

13

---

1 Eingefügt durch das AmtshilfeRLUmsG mit Wirkung vom 1.7.2013. Für die Zeit davor sollen sich lt. BFH Betreuungsvereine und Berufsbetreuer unmittelbar auf Art. 132 Abs. 1 Buchst. g MwStSystRL berufen können; BFH v. 17.2.2009 – XI R 67/06, BStBl. II 2013, 967; BFH v. 25.4.2013 – V R 7/11, BStBl. II 2013, 976; BFH v. 16.10.2013 – XI R 19/11, BFH/NV 2014, 190.
2 Dazu Abschn. 4.16.5 Abs. 20 UStAE.
3 Dazu Abschn. 4.16.4 Abs. 1 UStAE.
4 Abschn. 4.16.5 Abs. 3 Satz 2 UStAE.
5 Abschn. 4.16.5 Abs. 5 Satz 1 a.E. UStAE.
6 Dazu Abschn. 4.16.5 Abs. 20 UStAE.
7 Die durch das AmtshilfeRLUmsG zum 1.7.2013 erfolgte Herabsenkung von 40 % auf 25 % geschah im Hinblick auf die weitere Verbreitung der Anwendung des Persönlichen Budgets (§ 17 SGB IX); vgl. RegE JStG 2013, BR-Drucks. 302/12 – Begr. zu Art. 9 Nr. 3 Buchst. b Doppelbuchst. aa.
8 Dazu Abschn. 4.16.3 Abs. 2 ff. UStAE.
9 EuGH v. 8.6.2006 – C-106/05, EuGHE 2006, I-5123 = UR 2006, 464 – Rz. 53 f.; vgl. auch EuGH v. 15.11.2012 – C-174/11, UR 2013, 35 – Rz. 35 ff.
10 BVerfG v. 31.5.2007 – 1 BvR 1316/04, UR 2007, 737 – zur 40 %-Grenze des § 4 Nr. 16 Buchst. b UStG a.F.

die betroffenen Unternehmer und ist ein **Verstoß** gegen den **Gleichbehandlungsgrundsatz (Wettbewerbsneutralität)**. Auch der EuGH scheint das Problem nicht sehen zu wollen.

14 **Beispiele**

(1) Der Betreiber eines Altenheims erbringt zu 25 % im Kalenderjahr Leistungen i.S.d. § 4 Nr. 16 Satz 1 Buchst. l UStG.

(2) Der Betreiber eines Altenheims erbringt nur zu 24,99 % im Kalenderjahr derartige Leistungen.

(3) Ein kirchliches Altenheim nimmt nur Privatzahler auf.

Im Fall (1) sind *alle* Umsätze des *nächsten* Jahres *steuerfrei*, auch wenn dann nur noch Privatzahler aufgenommen werden.

Im Fall (2) sind *alle* Umsätze des *nächsten* Jahres *steuerpflichtig*, selbst wenn 100 % der Umsätze die in § 4 Nr. 16 Satz 1 Buchst. l UStG genannten Voraussetzungen erfüllen, d.h. nach dem Gesetzzweck begünstigt werden sollen. Wäre der Betreiber eine Körperschaft, die die Voraussetzungen des § 4 Nr. 18 UStG erfüllt, so wäre die Umsätze unabhängig von einer Prozentgrenze steuerfrei (*Rz. 17*).

Im Fall (3) sind, da der Träger eine jPdöR ist, alle Umsätze steuerfrei (§ 4 Nr. 16 Satz 1 Buchst. a UStG), obwohl nach dem Gesetzeszweck keine der aufgenommenen Personen begünstigt werden soll.

Der Unternehmer im Fall (2) erleidet einen **Wettbewerbsnachteil** gegenüber dem erstgenannten Unternehmer und den kirchlichen Altenpflegeheimen. Ferner haben Letztere gegenüber den privaten Heimen einen Wettbewerbsvorteil. Diese unterschiedlichen Rechtsfolgen sind **willkürlich**, da sie durch keine sachlichen Erwägungen zu rechtfertigen sind.[1] Entsprechendes gilt für andere Pflegeeinrichtungen i.S.d. § 4 Nr. 16 Satz 1 Buchst. l UStG. Die Vorschrift verstößt gegen den Gleichbehandlungsgrundsatz i.S.d. Art. 3 Abs. 1 GG und des Unionsrechts.

15 Die Prozentgrenze ist (wie das Beispiel zeigt) auch insofern **unhaltbar**, als durch die Aufnahme eines weiteren Privatzahlers die Grenze überschritten werden würde mit der Folge, dass im folgenden Kalenderjahr sämtliche Leistungen steuerpflichtig wären.[2] Die Einrichtung wäre gezwungen, den **Interessenten abzuweisen**, was auch aus der Sicht des Art. 12 Abs. 1 GG (Berufsausübungsfreiheit) verfassungswidrig wäre. Diese Fallbeilwirkung ist ferner insoweit willkürlich, da ihr dadurch ausgewichen werden kann, dass die Einrichtung **in zwei Einrichtungen aufgeteilt wird**.

16 Schlichtweg **absurd** im Hinblick auf den Befreiungszweck ist vor allem auch die Anknüpfung an die Verhältnisse des **vorangegangenen Kalenderjahres**. Wurde im Jahre 1 die 25 %-Grenze nicht unterschritten, so sind nach dem Gesetz im Jahre 2 automatisch alle Umsätze steuerfrei, auch wenn in diesem Jahr alle Leistungen gegenüber Privatzahlern erbracht werden, die nach dem Gesetzeszweck nicht begünstigt sein sollen. Umgekehrt sind im Jahre 3 dann alle Umsätze steuerpflichtig, auch wenn in diesem Jahr alle Leistungen die Voraussetzungen der

---

1 Vgl. *Tehler*, UVR 2005, 289; ferner *Schmidbauer/Wittstock*, UR 2005, 297.
2 Vgl. *Tehler*, UVR 2005, 289 (292).

Vorschrift erfüllen, d.h. gegenüber Personen erbracht werden, die nach dem Gesetzeszweck begünstigt sein sollten. Diese Rechtsfolgen sind **willkürlich**, da sie nicht[1] mit Praktikabilitätserwägungen zu rechtfertigen sind. Der **EuGH** ist dem insoweit gefolgt und hat entschieden, dass eine derartige Vereinfachungsregelung nicht durch das nach Art. 131 MwStSystRL bestehende Ermessen gedeckt ist.[2]

**Allein sachgerecht** ist es nach alledem, die Steuerbefreiung auf diejenigen Umsätze zu beschränken, welche die in § 4 Nr. 16 Satz 1 Buchst. l UStG genannten Voraussetzungen erfüllen.[3] Eine derartige Beschränkung wäre nach Art. 133 Buchst. c MwStSystRL zulässig und wäre auch verfassungsrechtlich unbedenklich.

Werden unter § 4 Nr. 16 Satz 1 Buchst. l UStG fallende Leistungen von Körperschaften erbracht, die einem **Wohlfahrtsverband** als Mitglied **angeschlossen** sind, so kann die Steuerbefreiung nach § 4 Nr. 18 UStG eingreifen, ohne dass die 25 %-Grenze der erstgenannten Vorschrift erreicht sein muss. Der **EuGH** hat hierzu entschieden, dass Art. 132 Abs. 1 Buchst. g MwStSystRL eine deratige Differenzierung zwischen Einrichtungen des Privatrechts, die mit Gewinnerzielungsabsicht, und solchen, die ohne Gewinnerzielungsabsicht handeln, nicht erlaubt.[4] 17

Liegen bei einer komplexen **Heimaufnahmeleistung** die Voraussetzungen des § 4 Nr. 16 UStG nicht vor, so kann diese zum Teil steuerfrei nach § 4 Nr. 12 UStG sein, wenn die **Raumüberlassung** nicht bei pflegebedürftigen Personen hinter die medizinische und pflegerische Betreuung zurücktritt (vgl. *§ 4 Nr. 12 Rz. 16*). 18

## IV. Ausschluss einrichtungsfremder Leistungen (Satz 2)

Die Betreuungs- und Pflegeleistungen, welche von den in § 4 Nr. 16 Satz 1 Buchst. b bis l UStG genannten Einrichtungen erbracht werden, sind nur steuerfrei, soweit es sich ihrer Art nach um Leistungen handelt, auf die sich die Anerkennung, der Vertrag oder die Vereinbarung nach dem Sozialrecht oder die Vergütung jeweils bezieht (§ 4 Nr. 16 Satz 2 UStG). Damit soll wohl zum Ausdruck gebracht werden, dass die Steuerbefreiung für **einrichtungsfremde Leistungen** auf dem Gebiet der Betreuung und Pflege **ausgeschlossen** ist (vgl. *§ 4 Nr. 14 Rz. 40*). Ein Unternehmer kann indes mit seiner Einrichtung/seinen Einrichtungen unter **verschiedene Buchstaben** des Satzes der Vorschrift fallen. 19

---

1 So aber BFH v. 24.1.2008 – V R 54/06, BStBl. II 2008, 643.
2 EuGH v. 15.11.2012 – C-174/11, UR 2013, 35 – Rz. 38 ff.; Nach Ansicht des XI. Senats des BFH kann sich der Unternehmer auf diese EuGH-Entscheidung zwecks unmittelbarer Anwendung des Art. 132 Abs. 1 Buchst. g MwStSystRL berufen; BFH v. 19.3.2013 – XI R 47/07, UR 2013, 556.
3 Unklar BFH v. 19.3.2013 – XI R 47/07, UR 2013, 556 – Rz. 38.
4 EuGH v. 15.11.2012 – C-174/11, UR 2013, 35 – Rz. 58 f.; nach Auffassung des BFH kann sich der Unternehmer auf diese EuGH-Entscheidung zwecks unmittelbarer Anwendung des Art. 132 Abs. 1 Buchst. g MwStSystRL berufen; BFH v. 19.3.2013 – XI R 45/10, UR 2013, 551 – Rz. 54 ff.

20 Andererseits müssen die Leistungen nicht von den in § 4 Nr. 16 Satz 1 Buchst. b bis l UStG genannten Verträgen usw. erfasst werden, sondern sie müssen den in diesen Verträgen usw. geregelten Leistungen nur **ihrer Art nach** entsprechen. Folglich sind nicht nur Leistungen an Sozialversicherte usw. steuerfrei, sondern **auch** die entsprechenden Leistungen **gegenüber privat** oder gar nicht **Versicherten**.

### E. Mit dem Betrieb der Einrichtung eng verbundene Umsätze

21 § 4 Nr. 16 UStG befreit die mit dem Betrieb der genannten Einrichtungen „eng verbundenen Umsätze" (ebenso Art. 132 Abs. 1 Buchst. b und g MwStSystRL). Die Vorschrift begünstigt **nicht** den **Betreiber**, so dass nicht etwa – erst recht nicht im Falle einer sog. Organschaft – alle seine Umsätze steuerfrei sind.[1]

22 Das Merkmal „mit dem Betrieb eng verbundene" Umsätze lässt sich nur anhand des Zwecks der Steuerbefreiung, welcher darin liegt, die Kosten der Betreuung und der Pflege zu senken (*Rz. 2*), präzisieren. Folglich können mit dem Betrieb der Einrichtung eng verbundene Umsätze nur solche sein, welche der **Betreuung** und der **Pflege dienen**, und die, wenn sie steuerpflichtig wären, den Zugang dazu durch höhere Kosten versperren könnten.[2]

23 Nach Auffassung des EuGH müssen die (mit einer Heilbehandlung) eng verbundenen Umsätze (i.S.d. Art. 132 Abs. 1 Buchst. b MwStSystRL) **Nebenleistungen** (zur Heilbehandlung) sein, d.h. keinen eigenen Zweck erfüllen, sondern das Mittel darstellen, um die Hauptdienstleistungen des Erbringers unter optimalen Bedingungen in Anspruch zu nehmen.[3] Sie müssen „naturgemäß" im Rahmen der (Heil-)Behandlung erbracht werden und im Prozess der Erbringung dieser Dienstleistungen zur Erreichung der damit verfolgten Ziele „**unentbehrlich**" („unerlässlich" i.S.d. Art. 134 Buchst. a MwStSystRL) sein.[4] Hinzukommen muss, dass diese Leistungen **nicht** im Wesentlichen dazu bestimmt sind, der Einrichtung zusätzliche Einnahmen im **Wettbewerb mit gewerblichen Unternehmen** zu verschaffen (Art. 134 Buchst. b MwStSystRL).[5] Diese Grundsätze gelten auch im Rahmen des Art. 132 Abs. 1 Buchst. g MwStSystRL und damit im Rahmen des § 4 Nr. 16 UStG.[6]

24 Dienstleistungen, die vorrangig den **Komfort** und das **Wohlbefinden** der betreuten oder gepflegten Personen verbessern sollen, wie z.B. die Zurverfügungstellung eines Telefons oder eines Fernsehgerätes und die **Unterbringung** und Ver-

---

[1] BFH v. 22.5.2003 – V R 94/01, BStBl. II 2003, 954.
[2] Vgl. EuGH v. 11.1.2001 – C-76/99, EuGHE 2001, I-249 = UR 2001, 62 – Rz. 23; EuGH v. 1.12.2005 – C-394/04, C-395/04, EuGHE 2005, I-10373 = UR 2006, 171 – Rz. 23, 25.
[3] EuGH v. 6.11.2003 – C-45/01, EuGHE 2003, I-12911 = UR 2003, 584 – Rz. 34; EuGH v. 1.12.2005 – C-394/04, C-395/04, EuGHE 2005, I-10373 = UR 2006, 171 – Rz. 18 f.
[4] EuGH v. 1.12.2005 – C-394/04, C-395/04, EuGHE 2005, I-10373 = UR 2006, 171 – Rz. 25 ff.
[5] Vgl. EuGH v. 1.12.2005 – C-394/04, C-395/04, EuGHE 2005, I-10173 = UR 2006, 171 – Rz. 32 ff.
[6] Vgl. Abschn. 4.16.6 Abs. 3 Nr. 1 UStAE.

pflegung von **Begleitpersonen**, fallen folglich grundsätzlich nicht unter die Steuerbefreiung.[1] Gleiches gilt für den Betrieb einer Cafeteria, eines Kiosks usw.[2]

## § 4 Nr. 17
## Steuerbefreiungen bei Lieferungen und sonstigen Leistungen

**Von den unter § 1 Abs. 1 Nr. 1 fallenden Umsätzen sind steuerfrei:**

...

17. a) die Lieferungen von menschlichen Organen, menschlichem Blut und Frauenmilch,

    b) die Beförderungen von kranken und verletzten Personen mit Fahrzeugen, die hierfür besonders eingerichtet sind;

*EU-Recht*
Art. 132 Abs. 1 Buchst. d und p MwStSystRL.

*VV*
Abschn. 4.17.1 und 4.17.2 UStAE.

Steuerfrei ist die **Lieferung** von **menschlichen Organen**[3], menschlichem **Blut** und **Frauenmilch** (§ 4 Nr. 17 **Buchst. a** UStG). Nicht unter die Befreiung fallen aus Mischungen von humanem Blutplasma hergestellte Plasmapräparate.[4] Für die Steuerbefreiung der Lieferung von Frauenmilch ist deren vorherige Bearbeitung (Behandlung) ohne Bedeutung.[5] **Dienstleistungen** im Zusammenhang mit den Lieferungen sind **nicht** befreit.[6]  1

Steuerfrei ist ferner die **Beförderung** von **kranken** und verletzten **Personen** mit Fahrzeugen, die hierfür besonders eingerichtet sind (§ 4 Nr. 17 **Buchst. b** UStG). Als derartige **Fahrzeuge** kommen auch Luft- und Wasserfahrzeuge in Betracht. Sie müssen nach ihrer gesamten Bauart und Ausstattung **speziell** für die Beförderung verletzter oder kranker, einschließlich schwerbehinderter[7] Personen **hergerichtet** sein, d.h. dem **Typus** Krankenfahrzeug entsprechen.[8] Dafür spricht,  2

---

1 Vgl. EuGH v. 1.12.2005 – C-394/04, C-395/04, EuGHE 2005, I-10173 = UR 2006, 171; Abschn. 4.16.6 Abs. 3 Nr. 2 UStAE.
2 Vgl. Abschn. 4.16.6 Abs. 1 UStAE.
3 Dazu *Husmann* in R/D, § 4 Nr. 17 UStG Anm. 20 f.
4 Abschn. 4.17.1 Abs. 2 UStAE.
5 Abschn. 4.17.1 Abs. 3 UStAE.
6 BFH v. 18.3.2004 – V R 101/01, BStBl. II 2004, 798 (800) – Mitwirkung beim Blutspendedienst.
7 BFH v. 12.8.2004 – V R 45/03, BStBl. II 2005, 314.
8 Vgl. BFH v. 12.8.2004 – V R 45/03, BStBl. II 2005, 314; Abschn. 4.17.2 Abs. 1 und 2 Satz 1 UStAE.

dass Art. 132 Abs. 1 Buchst. p MwStSystRL verlangt, dass die Beförderungen von „ordnungsgemäß anerkannten *Einrichtungen*" durchgeführt werden, womit nur solche Einrichtungen gemeint sein können, welche mit typischen Krankenfahrzeugen üblicherweise nur derartige Beförderungen durchführen. Serienmäßige Personenkraftwagen, die lediglich mit blauem Rundumlicht und Einsatzhorn ausgerüstet sind, erfüllen diese Voraussetzung nicht.[1] Andererseits ist es unschädlich, wenn das Fahrzeug zum Zwecke einer anderweitigen Verwendung umgerüstet werden kann[2]; für diesen Fall sind die Voraussetzungen für jede einzelne Fahrt nachzuweisen.[3]

3 Befreit ist die Dienstleistung der Beförderung, **unabhängig** davon, wer **Auftraggeber** ist.[4] Unter die Steuerbefreiung fällt auch das Vorhalten von Rettungsfahrzeugen und Personal.[5]

## § 4 Nr. 18
## Steuerbefreiungen bei Lieferungen und sonstigen Leistungen

**Von den unter § 1 Abs. 1 Nr. 1 fallenden Umsätzen sind steuerfrei:**
...
18. die Leistungen der amtlich anerkannten Verbände der freien Wohlfahrtspflege und der der freien Wohlfahrtspflege dienenden Körperschaften, Personenvereinigungen und Vermögensmassen, die einem Wohlfahrtsverband als Mitglied angeschlossen sind, wenn

   a) diese Unternehmer ausschließlich und unmittelbar gemeinnützigen, mildtätigen oder kirchlichen Zwecken dienen,

   b) die Leistungen unmittelbar dem nach der Satzung, Stiftung oder sonstigen Verfassung begünstigten Personenkreis zugute kommen und

   c) die Entgelte für die in Betracht kommenden Leistungen hinter den durchschnittlich für gleichartige Leistungen von Erwerbsunternehmen verlangten Entgelten zurückbleiben.

   Steuerfrei sind auch die Beherbergung, Beköstigung und die üblichen Naturalleistungen, die diese Unternehmer den Personen, die bei den Leistungen nach Satz 1 tätig sind, als Vergütung für die geleisteten Dienste gewähren;

---

1 BFH v. 16.11.1989 – V R 9/85, BStBl. II 1990, 255.
2 BFH v. 12.8.2004 – V R 45/03, BStBl. II 2005, 314; dazu auch *Husmann* in R/D, § 4 Nr. 17 UStG Anm. 41 f.
3 Abschn. 4.17.2 Abs. 2 Satz 2 UStAE.
4 Vgl. BFH v. 18.1.1995 – XI R 71/93, BStBl. II 1995, 559; Abschn. 4.17.2 Abs. 4 UStAE.
5 Vgl. Abschn. 4.17.2 Abs. 6 UStAE.

## § 23 UStDV[1]
### Amtlich anerkannte Verbände der freien Wohlfahrtspflege

Die nachstehenden Vereinigungen gelten als amtlich anerkannte Verbände der freien Wohlfahrtspflege:

1. Evangelisches Werk für Diakonie und Entwicklung e.V.;
2. Deutscher Caritasverband e.V.;
3. Deutscher Paritätischer Wohlfahrtsverband – Gesamtverband e.V.;
4. Deutsches Rotes Kreuz e.V.;
5. Arbeiterwohlfahrt Bundesverband e.V.;
6. Zentralwohlfahrtsstelle der Juden in Deutschland e.V.;
7. Deutscher Blinden- und Sehbehindertenverband e.V.;
8. Bund der Kriegsblinden Deutschlands e.V.;
9. Verband Deutscher Wohltätigkeitsstiftungen e.V.;
10. Bundesarbeitsgemeinschaft Selbsthilfe von Menschen mit Behinderung und chronischer Erkrkankung und ihren Angehörigen e.V.;
11. Sozialverband VdK Deutschland e.V.;
12. Arbeiter-Samariter-Bund Deutschland e.V.

*EU-Recht*

Art. 132 Abs. 1 Buchst. g i.V.m. Art. 133 und 134 MwStSystRL.

*VV*

Abschn. 4.18.1 UStAE.

| | |
|---|---|
| A. Allgemeines ................. 1 | D. Entgeltsbeschränkung (Satz 1 Buchst. c) ................... 18 |
| B. Begünstigte Unternehmer (Satz 1 Buchst. a) ............. 3 | E. Sachleistungen an das Personal (Satz 2) ..................... 22 |
| I. Der Wohlfahrtspflege dienende Verbände und ihre Mitglieder... 4 | F. Unmittelbare Anwendung des Art. 132 Abs. 1 Buchst. g MwStSystRL? ................ 24 |
| II. Verfolgung steuerbegünstigter Zwecke (Buchst. a) ........... 9 | |
| C. Leistungen gegenüber dem lt. Satzung begünstigten Personenkreis (Satz 1 Buchst. b) ..... 13 | |

## A. Allgemeines

Die Vorschrift befreit unter bestimmten Voraussetzungen die Leistungen der **Verbände** der freien **Wohlfahrtspflege** und der ihnen **angeschlossenen Körperschaften** u.Ä. gegenüber den satzungsmäßig begünstigen Personen (§ 4 Nr. 18 Satz 1 UStG) sowie die Sachleistungen an das dabei mitwirkende Personal (§ 4 Nr. 18 Satz 2 UStG). „**Freie**" Wohlfahrtspflege wird neben den gesetzlich berufe- 1

---

[1] Nummer 1 neu gefasst und Nummer 12 angefügt m.W.v. 30.12.2014 durch VO v. 22.12.2014.

nen Trägern der Sozialhilfe durch private Träger wahrgenommen. Der **Zweck** der Befreiungsvorschrift (§ 4 Nr. 18 Satz 1 UStG), welche zum Teil Art. 132 Abs. 1 Buchst. g MwStSystRL umsetzt, liegt in der Begünstigung der Leistungen auf sozialem Gebiet, um die Kosten für diese zu senken und sie damit dem Einzelnen, der sie in Anspruch nehmen könnte, zugänglicher zu machen (vgl. *§ 4 Nr. 16 Rz. 2*). Hinzukommen muss allerdings, dass die Leistungen durch Einrichtungen der Wohlfahrtspflege erbracht werden, so dass letztlich eine Begünstigung dieser Einrichtungen zu Lasten anderer Unternehmer vorliegt, die die gleichen Leistungen erbringen (zur Rechtfertigung s. *Rz. 16*). Der Zweck der Befreiung nach § 4 Nr. 18 Satz 2 UStG ist nicht erkennbar; diese findet auch keine Grundlage in der Richtlinie (*Rz. 22*).

2   Die Vorschrift orientiert sich in ihrer Diktion an den **Begriffen** des sog. **Gemeinnützigkeitsrechts** der Abgabenordnung („Steuerbegünstigte Zwecke"), so dass, obwohl die Vorschrift keine unmittelbare Bezugnahme auf die §§ 51 ff. AO enthält, die Begriffe im Sinne dieser Bestimmungen zu interpretieren sind. Das ergibt sich nicht direkt aus § 51 Satz 1 AO, weil § 4 Nr. 18 UStG die Steuerbefreiung nicht lediglich an die ausschließliche und unmittelbare Verfolgung gemeinnütziger, mildtätiger oder kirchlicher Zwecke knüpft und außerdem nur ein „Dienen" verlangt wird.

## B. Begünstigte Unternehmer (Satz 1 Buchst. a)

3   Die Steuerbefreiung (nach dieser Vorschrift) kommt nur für die Leistungen der amtlich anerkannten **Verbände** der freien Wohlfahrtspflege (§ 4 Nr. 18 Satz 1 Alt. 1 UStG) und der der freien Wohlfahrtspflege dienenden Körperschaften (*Rz. 4*), die einem **Wohlfahrtsverband** als **Mitglied** angeschlossen sind (§ 4 Nr. 18 Satz 1 Alt. 2 UStG), in Betracht – das aber auch nur dann, wenn diese Unternehmer ausschließlich und unmittelbar gemeinnützigen, mildtätigen oder kirchlichen Zwecken dienen (§ 4 Nr. 18 Satz 1 Buchst. a UStG). Nach Auffassung des BFH soll darüber hinaus eine unmittelbare Berufung auf Art. 132 Abs. 1 Buchst. g MwStSystRL in Betracht kommen (*Rz. 24*).

### I. Der Wohlfahrtspflege dienende Verbände und ihre Mitglieder

4   **Verbände:** Nach Auffassung der Finanzverwaltung sollen **nur** die in **§ 23 UStDV** aufgeführten Vereinigungen **amtlich anerkannte** Verbände der freien Wohlfahrtspflege sein.[1] Das widerspricht schon dem eindeutigen Wortlaut des § 23 UStDV, welcher lediglich bei den aufgezählten Verbänden unterstellt („gelten als amtlich anerkannte Verbände"), dass sie der freien Wohlfahrtspflege dienen, es jedoch nicht ausschließt, dass auch andere Verbände von der zuständigen Behörde, d.h. „amtlich", anerkannt werden. Zudem wäre eine Verordnungsregelung mit einem derartigen Inhalt wohl nicht durch die Ermächtigung des § 26 Abs. 1 Satz 1 UStG gedeckt.[2] Zu den amtlich anerkannten Verbänden zählen nicht nur

---

[1] Abschn. 4.18.1 Abs. 1 UStAE; ebenso *Oelmaier* in S/R, § 4 Nr. 18 UStG Rz. 11; *Heidner* in Bunjes, § 4 Nr. 18 UStG Rz. 4.
[2] Vgl. auch BFH v. 1.12.2010 – XI R 46/08, UR 2011, 348 – Rz. 32; *Hölzer* in R/D, § 4 Nr. 18 UStG Anm. 13.

deren Spitzenverbände, sondern auch deren unselbständige **Untergliederungen**, so dass bei diesen die gesonderte Prüfung, ob sie der freien Wohlfahrtspflege dienen, entfällt.[1]

**Verbandsmitglieder:** Begünstigt können auch Körperschaften, Personenvereinigungen und Vermögensmassen (entsprechend § 51 Satz 2 AO nachfolgend: „**Körperschaften**") sein, die der freien Wohlfahrtspflege dienen (*Rz. 6*) und einem **Wohlfahrtsverband als Mitglied angeschlossen** sind. Zur Erfüllung einer solchen **Verbandsmitgliedschaft** reicht eine **mittelbare** Mitgliedschaft in der Weise aus, dass die Körperschaft zwar nicht unmittelbar selbst Mitglied eines Wohlfahrtsverbandes ist, aber einem Mitglied eines solchen Verbandes als Mitglied angeschlossen ist.[2] Aus Gründen der Rechtsformneutralität ist von einer mittelbaren Mitgliedschaft m.E. ebenfalls bei einer **GmbH** auszugehen, deren sämtliche **Gesellschafter** die zuvor genannten Voraussetzungen erfüllen.[3] Die Mitgliedschaft kann *nicht rückwirkend* begründet werden (arg. § 41 Abs. 1 Satz 1 AO[4]). Natürliche Personen oder Personengesellschaften kommen nach dem eindeutigen Wortlaut der Vorschrift nicht in Betracht. 5

Die einem Verband der freien Wohlfahrtspflege als Mitglieder angeschlossenen Körperschaften müssen auch tatsächlich der freien **Wohlfahrtspflege dienen**, so dass die Mitgliedschaft in einem anerkannten Verband nicht ausreicht.[5] Da sich § 4 Nr. 18 UStG an den Begriffen der §§ 51 ff. AO orientiert (*Rz. 2*), ist der Begriff der Wohlfahrtspflege als die planmäßige, zum Wohle der Allgemeinheit und nicht des Erwerbs wegen ausgeübte Sorge für notleidende oder gefährdete Mitmenschen zu verstehen, wobei die Sorge sich auf das gesundheitliche, sittliche, erzieherische oder wirtschaftliche Wohl erstrecken und Vorbeugung oder Abhilfe bezwecken kann (§ 66 Abs. 2 AO). 6

Der Wohlfahrtspflege dienen auch 7

– **Altenheime**[6];
– **Behindertenwerkstätten**, soweit es um die Betreuung, Beköstigung, Beherbergung und Beförderung der Behinderten geht;[7]
– nach Auffassung der Finanzverwaltung **Mensa-** und Cafeteriabetriebe gemeinnütziger Studentenwerke mit den Umsätzen gegenüber Studenten.[8] Das soll selbst für die Abgabe von alkoholischen Getränken gelten, wenn damit nur das Warenangebot ergänzt

---

1 BFH v. 15.6.1988 – V R 137/83, UR 1989, 241; *Hölzer* in R/D, § 4 Nr. 18 UStG Anm. 17.
2 Abschn. 4.18.1 Abs. 4 UStAE.
3 A.A. *Hölzer* in R/D, § 4 Nr. 18 UStG Anm. 21; vgl. auch OFD Frankfurt a.M. v. 5.3.2008 – S 7100 A - 144 - St 11, UR 2008, 754; OFD Frankfurt a.M. v. 26.10.2012 – S 7175 A - 6 - St 112, UR 2013, 560.
4 *Stadie*, Allg. SteuerR, Rz. 237.
5 BFH v. 15.6.1988 – V R 137/83, UR 1989, 241.
6 BFH v. 20.11.1969 – V R 40/66, BStBl. II 1970, 190; Abschn. 4.18.1 Abs. 8 UStAE.
7 Abschn. 4.18.1 Abs. 11 UStAE; FG Hamburg v. 27.10.2004 – VII 52/00, EFG 2005, 406; vgl. auch BFH v. 15.6.1988 – V R 137/83, UR 1989, 241; BFH v. 6.10.1988 – V R 105/85, UR 1989, 243.
8 Abschn. 4.18.1 Abs. 9 UStAE; dazu auch *Hölzer* in R/D, § 4 Nr. 18 UStG Anm. 46; offengelassen vom BFH v. 28.9.2006 – V R 57/05, BStBl. II 2007, 846.

werde und der Anteil am Gesamtumsatz 5 % von diesem nicht überschreitet.[1] Mit dem Gesetzeszweck hat das nichts mehr zu tun.

8 **Nicht** der Wohlfahrtspflege dienen z.B.

- **Krankenfahrten**[2];
- sog. **Kolpinghäuser**[3];
- die Umsätze der **Behindertenwerkstätten gegenüber Dritten**[4] (diese Umsätze unterliegen jedoch regelmäßig dem ermäßigten Steuersatz nach § 12 Abs. 2 Nr. 8 UStG; § 12 Abs. 2 Rz. 89);
- die **Kantinen**- bzw. **Mensaumsätze gegenüber Dritten** (einschließlich eigenen Mitarbeitern des Verbandes bzw. Mitgliedes).

## II. Verfolgung steuerbegünstigter Zwecke (Buchst. a)

9 Der Verband oder das Mitglied muss ausschließlich und unmittelbar gemeinnützigen, mildtätigen oder kirchlichen Zwecken dienen (§ 4 Nr. 18 Satz 1 Buchst. a UStG). Folglich ist es nicht erforderlich, dass der jeweilige Unternehmer ausschließlich der Wohlfahrtspflege dient, vielmehr kann er daneben auch andere gemeinnützige, mildtätige oder kirchliche Zwecke verfolgen. Nach dem Wortlaut der Vorschrift wären dann alle Umsätze steuerfrei. Das widerspräche jedoch dem Zweck dieser Steuerbefreiung[5] und dem Gebot richtlinienkonformer Auslegung. Folglich können **nur** solche gemeinnützigen, mildtätigen und kirchlichen **Leistungen** von der Steuerbefreiung nach dieser Vorschrift erfasst werden, die zum weiteren Bereich **der Wohlfahrtspflege** (Art. 132 Abs. 1 Buchst. g MwStSystRL: Sozialfürsorge und soziale Sicherheit) gehören.[6]

10 Ob der Unternehmer diesen steuerbegünstigten Zwecken ausschließlich und unmittelbar dient, richtet sich nach den **§§ 52 bis 63 AO** (Rz. 2).[7] Die §§ 64 bis 68 AO – mit Ausnahme der Definitionsnorm des § 66 Abs. 2 AO (Rz. 6) – sind nicht von Bedeutung.[8] Ein **wirtschaftlicher Geschäftsbetrieb** (§ 14 AO), welcher kein Zweckbetrieb ist, steht der Steuerbefreiung nicht entgegen.[9] § 64 Abs. 1 AO setzt für die gegenteilige Rechtsfolge voraus, dass das Umsatzsteuergesetz die Steuerbefreiung insoweit ausschließt. Das ist indes nicht der Fall, denn § 4 Nr. 18 UStG enthält, anders als § 12 Abs. 2 Nr. 8 Buchst. a Satz 2 UStG, eine derartige Aussage nicht.

11 **Ausschließlichkeit** liegt vor, wenn die Körperschaft nur ihre steuerbegünstigten satzungsmäßigen Zwecke verfolgt (§ 56 AO). Diese Voraussetzung bleibt auch bei Unterhalten eines wirtschaftlichen Geschäftsbetriebes (§ 14 AO), welcher

---

1 Abschn. 4.18.1 Abs. 9 Satz 2 UStAE.
2 Abschn. 4.18.1 Abs. 12 Satz 2 i.V.m. Abschn. 12.9 Abs. 4 Nr. 3 Satz 3 UStAE.
3 Abschn. 4.18.1 Abs. 10 UStAE.
4 Abschn. 12.9 Abs. 4 Nr. 4 Satz 2 UStAE.
5 Vgl. BFH v. 27.8.1998 – V R 45/97, BFH/NV 1999, 524.
6 Vgl. *Hölzer* in R/D, § 4 Nr. 18 UStG Anm. 53 a.E.
7 Ausführlich dazu *Seer* in T/K, §§ 52 ff. AO; AEAO zu §§ 52 ff.; ferner *Hölzer* in R/D, § 4 Nr. 18 UStG Anm. 32 ff.
8 A.A. Abschn. 4.18.1 Abs. 2 UStAE; *Oelmaier* in S/R, § 4 Nr. 18 UStG Rz. 18.
9 Ebenso BFH v. 15.9.2011 – V R 16/11, UR 2012, 112 – Rz. 17; BFH v. 8.8.2013 – V R 13/12, UR 2014, 225 – Rz. 40.

kein Zweckbetrieb (§§ 65–68 AO) ist, erfüllt[1] (Umkehrschluss aus § 12 Abs. 2 Nr. 8 Buchst. a UStG und § 64 Abs. 1 AO). Das Gebot der Ausschließlichkeit wäre nach dem Wortlaut des § 4 Nr. 18 UStG i.V.m. § 56 AO jedoch dann verletzt, wenn mit dem wirtschaftlichen Geschäftsbetrieb auch andere als gemeinnützige, mildtätige oder kirchliche Zwecke verfolgt werden. Allerdings **widerspricht** das dem **Zweck** der **Steuerbefreiung**, welche die Umsätze und nicht den Unternehmer im Auge hat (*Rz. 2*). Folglich dürfte die Steuerfreiheit der Umsätze auf dem Gebiet der Wohlfahrtspflege (Sozialfürsorge, sozialen Sicherheit) nicht daran scheitern, dass der Unternehmer auch andere als gemeinnützige usw. Zwecke verfolgt. Der Wortlaut der Vorschrift ist jedoch eindeutig und damit keiner richtlinienkonformen Auslegung zugänglich. Ein Berufungsrecht bestünde erst nach einer ausdrücklichen Feststellung des EuGH, dass das Merkmal der Ausschließlichkeit nicht mit Art. 132 Abs. 1 Buchst. g i.V.m. Art. 134 MwStSystRL zu vereinbaren ist (*Vorbem. Rz. 72 ff.*).

Der **Unmittelbarkeit** der Zweckverfolgung steht nicht entgegen, wenn sich die Körperschaft selbständiger Dritter bedient, welche als „**Hilfspersonen**" für die Körperschaft handeln (§ 57 Abs. 1 Satz 2 AO).[2] Ein **Dach-** oder **Spitzenverband** wird durch die in ihm zusammengefassten Körperschaften unmittelbar tätig (§ 57 Abs. 2 AO). Diese Unmittelbarkeitsfiktion soll nach Auffassung des BFH nicht für die Unmittelbarkeit i.S.d. § 4 Nr. 18 Satz 1 Buchst. b UStG gelten (*Rz. 15*). 12

## C. Leistungen gegenüber dem lt. Satzung begünstigten Personenkreis (Satz 1 Buchst. b)

Die Leistungen müssen dem nach der Satzung, Stiftung oder sonstigen Verfassung begünstigten Personenkreis **unmittelbar zugutekommen** (§ 4 Nr. 18 Satz 1 Buchst. b UStG). Aus der Formulierung „zugutekommen" folgt, dass die begünstigten Personen nicht unmittelbare Leistungsempfänger (Vertragspartner) sein müssen.[3] 13

I. Demgemäß liegt ein unmittelbares Zugutekommen auch dann vor, wenn sich eine Wohlfahrtseinrichtung einer **anderen Wohlfahrtseinrichtung als Erfüllungsgehilfe** bedient, d.h. Erstere die ihr obliegende Leistungsverpflichtung unmittelbar durch Letztere erbringen lässt. Auch die Leistung der als Erfüllungsgehilfe fungierenden Wohlfahrtseinrichtung kommt dann dem begünstigten Personenkreis unmittelbar zugute.[4] 14

II. Nach Auffassung des **BFH** soll die Voraussetzung des unmittelbaren Zugutekommens **nicht** erfüllt sein, wenn die Leistungen einer Körperschaft der Wohl- 15

---

1 Vgl. *Hölzer* in R/D, § 4 Nr. 18 UStG Anm. 37.
2 Für diese Subunternehmer in Gestalt natürlicher Personen kommt die Steuerbefreiung nach § 4 Nr. 18 UStG nicht in Betracht. Zur Frage der Berufbarkeit auf Art. 132 Abs. 1 Buchst. g MwStSystRL (*Rz. 24*) s. BFH v. 8.11.2007 – V R 2/06, UR 2008, 229.
3 Vgl. BFH v. 15.9.2011 – V R 16/11, UR 2012, 112 – Behindertenfahrdienst im Auftrag gemeinnütziger Körperschaften; BFH v. 8.8.2013 – V R 13/12, UR 2014, 225.
4 Vgl. BFH v. 8.8.2013 – V R 13/12, UR 2014, 225 – Notfalldienst für Kassenärztliche Vereinigung.

fahrtspflege an eine andere Wohlfahrtseinrichtung **lediglich** als **Eingangsleistungen** in die vom Leistungsempfänger an den genannten Personenkreis zu erbringenden Leistungen eingehen[1], denn die Befreiungsvorschrift bezwecke nicht die Förderung mehrstufiger Wohlfahrtsorganisationen.[2]

Folglich sollen lt. BFH nicht von der Steuerbefreiung nach § 4 Nr. 18 UStG erfasst werden,

- **Arzneimittellieferungen** einer Krankenhausapotheke an Krankenhäuser anderer Träger der Wohlfahrtspflege[3];
- **Wäschereileistungen** eines Krankenhauses an Krankenhäuser anderer Träger[4];
- **Lieferungen** von **zentral eingekauftem Ausrüstungsbedarf** durch einen Dachverband an die Landesverbände[5];
- **Raumüberlassungen**, **Personalgestellungen**[6] u.Ä. zwischen zwei Einrichtungen der Wohlfahrtspflege[7];
- Übernahme von **Geschäftsführungs-** und **Verwaltungsleistungen**[8];
- **Mitwirkungen beim Blutspendedienst**[9].

Es soll lediglich die Steuerermäßigung nach § 12 Abs. 2 Nr. 8 Buchst. a UStG in Betracht kommen, wenn die Voraussetzungen eines Zweckbetriebes erfüllt sind.

16 Diese **Rechtsprechung** wird zwar dem Wortlaut, nicht aber dem Zweck der Vorschrift gerecht, welcher auf die Umsatzsteuerentlastung der Kosten der Bürger bei Inanspruchnahme sozialer Leistungen abzielt (*Rz. 2*). Vor diesem Hintergrund hat es ohne Bedeutung zu sein, wie die der Wohlfahrtspflege dienenden Verbände und Körperschaften organisiert und strukturiert sind. Die o.g. Rechtsprechung verhindert eine sachgerechte Arbeitsteilung und zwingt zu Fusionen. Ob das mit dem Grundrecht der negativen Vereinigungsfreiheit (Art. 9 GG; dazu *Vorbem. Rz. 48*) zu vereinbaren ist, muss bezweifelt werden. Eine sachgerechte Auslegung der Norm in Anlehnung an § 4 Nr. 15 Buchst. a und § 4 Nr. 15a UStG, die ausdrücklich die Umsätze der dort genannten Einrichtungen „untereinander" befreien, hätte sich aufdrängen müssen. Diese Rechtsprechung des BFH ist auch im Hinblick auf Art. 132 Abs. 1 Buchst. g MwStSystRL **bedenklich**, welcher lediglich eine „enge Verbindung" der Leistungen mit der Sozialfürsorge verlangt, was m.E. zu bejahen ist, wenn der leistende Unternehmer seinerseits eine anerkannte Einrichtung mit sozialem Charakter ist.

---

1 BFH v. 7.11.1996 – V R 34/96, BStBl. II 1997, 366; BFH v. 18.3.2004 – V R 101/01, BStBl. II 2004, 798; BFH v. 29.1.2009 – V R 46/06, BStBl. II 2009, 560; BFH v. 30.4.2009 – V R 3/08, BStBl. II 2013, 873 = UR 2009, 639 – 4a bb der Gründe.
2 BFH v. 7.11.1996 – V R 34/96, BStBl. II 1997, 366.
3 BFH v. 18.10.1990 V R 76/89, BStBl. II 1991, 268; ebenso Abschn. 4.18.1 Abs. 13 Satz 1 UStAE.
4 BFH v. 18.10.1990 – V R 35/85, BStBl. II 1991, 157; ebenso Abschn. 4.18.1 Abs. 13 Satz 3 UStAE.
5 BFH v. 15.10.1997 – II R 94/94, BFH/NV 1998, 150.
6 A.A. insoweit BMF v. 1.12.1995 – IV C 4 - S 7172 - 55/95, UR 1996, 31; vgl. auch BFH v. 15.9.2011 – V R 16/11, UR 2012, 112 – Rz. 15.
7 BFH v. 7.11.1996 – V R 34/96, BStBl. II 1997, 366.
8 BFH v. 7.11.1996 – V R 34/96, BStBl. II 1997, 366; BFH v. 29.1.2009 – V R 46/06, BStBl. II 2009, 560; vgl. auch Abschn. 4.18.1 Abs. 6 Satz 2 UStAE.
9 BFH v. 18.3.2004 – V R 101/01, BStBl. II 2004, 798.

**III.** Aus den zuvor genannten Gründen ist ein unmittelbares Zugutekommen **entgegen** der Auffassung des **BFH**[1] auch dann anzunehmen, wenn der zivilrechtliche **Leistungsempfänger** die **Leistungen unverändert an** den **begünstigten Personenkreis „weitergibt"**. Vom Befreiungszweck der Vorschrift her (Rz. 2) hat es ohne Bedetung zu sein, ob die begünstigten Personen unmittelbare Vertragspartner sind oder ob eine Dritte Person als Geschäftsbesorger o.Ä. (§ 3 Abs. 11 UStG) zwischengeschaltet ist. Der BFH ist zu diesem Ergebnis nur durch die – unzulässige – unmittelbare Anwendung von Art. 132 Abs. 1 Buchst. g MwStSystRL gelangt (Rz. 24).

17

## D. Entgeltsbeschränkung (Satz 1 Buchst. c)

Voraussetzung der Steuerbefreiung ist schließlich, dass die Entgelte für die in Betracht kommenden Leistungen hinter dem **durchschnittlich** für **gleichartige Leistungen** von **Erwerbsunternehmen** verlangten Entgelten **zurückbleiben** (§ 4 Nr. 18 Satz 1 Buchst. c UStG; sog. **Abstandsgebot**). Der **Zweck** dieser Regelung liegt nicht etwa darin, Wettbewerbsverzerrungen zu Lasten umsatzsteuerpflichtiger gewerblicher Unternehmen zu verhindern[2], denn der Vorteil aus der Umsatzsteuerbefreiung vergrößert den Wettbewerbsvorteil noch.[3] Der Zweck dieser Bestimmung liegt deshalb in der Beschränkung der Befreiung auf solche Leistungen, die nicht in erster Linie der Gewinnerzielung, sondern der Unterstützung hilfsbedürftiger Personen dienen, d.h. auf typischerweise gemeinnützige und wohltätige Leistungen. Nicht begünstigt sollen mithin solche Umsätze sein, welche nach kaufmännischen Gesichtspunkten kalkuliert werden.[4] Andererseits ist es auch nicht erforderlich, dass nur die Kosten berechnet werden, da auch Einrichtungen sozialen Charakters mit Gewinnerzielungsabsicht handeln dürfen, wie sich im Umkehrschluss aus Art. 133 Buchst. a MwStSystRL ergibt.[5]

18

§ 4 Nr. 18 Satz 1 Buchst. c UStG ist indes nach seinem Wortlaut insoweit nicht mit Art. 133 Satz 1 Buchst. c MwStSystRL vereinbar, als danach ein **Preisvergleich nur bei behördlich nicht genehmigten Entgelten** zulässig ist.[6] Dieses Manko kann jedoch im Wege teleologischer Reduktion der Vorschrift beseitigt werden.[7]

19

Für den bei den nicht genehmigten Entgelten erforderlichen Vergleich ist das **Entgelt** nicht i.S.d. § 1 Abs. 1 Nr. 1 UStG, d.h. nicht als Gegenleistung zu verste-

20

---

1 BFH v. 8.6.2011 – XI R 22/09, UR 2011, 821.
2 So aber OFD Koblenz v. 31.7.2002 – S 7175 A - St 44 2, UR 2002, 485.
3 Ausführlich *Hüttemann*, UR 2006, 441 (445).
4 *Hüttemann*, UR 2006, 441 (444 f.).
5 Vgl. EuGH v. 26.5.2005 – C-498/03, EuGHE 2005, I-4427 = UR 2005, 453; EuGH v. 15.11.2012 – C-174/11, UR 2013, 35 – Rz. 57 f. – zu Art. 132 Abs. 1 Buchst. g MwStSystRL.
6 BFH v. 17.2.2009 – XI R 67/06, BStBl. II 2013, 967 = UR 2009, 352 – zu Betreuervergütungen.
7 So im Ergebnis auch Abschn. 4.18.1 Abs. 15 Satz 1 UStAE. Demgegenüber soll nach Ansicht des BFH eine Berufung auf die entsprechenden Vorschriften der Richtlinie erforderlich sein (dazu Rz. 24), vgl. BFH v. 17.2.2009 – XI R 67/06, BStBl. II 2013, 967 = UR 2009, 352.

hen, da anderenfalls zwei verschiedene Größen verglichen würden.¹ Zur Herstellung der Vergleichbarkeit darf regelmäßig kein voller Abschlag in Höhe der Umsatzsteuer (19 %) vorgenommen werden, da dem Vorteil der Steuerbefreiung der Nachteil des fehlenden Vorsteuerabzugs gegenübersteht, so dass der tatsächliche Umsatzsteuervorteil von der Höhe der umsatzsteuerbelasteten Kosten im konkreten Fall abhängt (vgl. *Vor §§ 4–9 Rz. 9*). Das Gesetz enthält keine konkreten Anhaltspunkte für den **Umfang** des erforderlichen **Zurückbleibens** der Entgelte hinter denen gewerblicher Unternehmer (ebenso wenig Art. 133 Unterabs. 1 Buchst. c Halbs. 2 MwStSystRL). Folglich reicht ein noch so geringfügiges Zurückbleiben aus. Der von der Finanzverwaltung² geforderte Preisunterschied von mindestens 10 % ist willkürlich und entbehrt der gesetzlichen Grundlage.

21 Beim **Fehlen gleichartiger Leistungen** von Erwerbsunternehmen läuft nach dem klaren Wortlaut das Kriterium des § 4 Nr. 18 Satzes 1 Buchst. c UStG leer. Nicht etwa ist in diesem Fall darauf abzustellen, ob das geforderte Entgelt sich an den Selbstkosten orientiert.³ Zudem zeigt der Umstand, dass es gewerbliche Wettbewerber nicht gibt, ohnehin, dass auf diesem Gebiet hinreichende Gewinne nicht zu erzielen sind.⁴

### E. Sachleistungen an das Personal (Satz 2)

22 Steuerfrei sind auch die **Beherbergung**, **Beköstigung** und die **üblichen Naturalleistungen**, die die nach § 4 Nr. 18 Satz 1 UStG begünstigten Unternehmer (*Rz. 3 ff.*) den Personen, die bei den Leistungen nach § 4 Nr. 18 Satz 1 UStG tätig sind, als Vergütung für die geleisteten Dienste gewähren (§ 4 Nr. 18 Satz 2 UStG). Ob diese Befreiung⁵ eine Grundlage in der EG-Richtlinie findet, da derartige Leistungen nur schwerlich als eng mit der Sozialfürsorge und der sozialen Sicherheit verbunden angesehen werden können⁶, kann dahinstehen, da diese tauschähnlichen Vorgänge ohnehin richtigerweise nicht steuerbar sind (*§ 1 Rz. 87 ff.*).

23 Die genannten Leistungen müssen nach Auffassung der Finanzverwaltung „**für**" die geleisteten Dienste, d.h. **neben** dem *vereinbarten* **Barlohn** gewährt und nicht nur auf diesen angerechnet werden.⁷

---

1 Nur im Ergebnis ebenso BFH v. 17.2.2009 – XI R 67/06, BStBl. II 2013, 967 = UR 2009, 352.
2 OFD Koblenz v. 31.7.2002 – S 7175 A - St 44 2, UR 2002, 485.
3 So aber OFD Koblenz v. 31.7.2002 – S 7175 A - St 44 2, UR 2002, 485; OFD Düsseldorf v. 13.5.2005 – Kurzinfo Umsatzsteuer Nr. 10, UR 2005, 516; *Hölzer* in R/D, § 4 Nr. 18 UStG Anm. 73; *Hüttemann*, UR 2006, 441 (446 f.).
4 Vgl. BFH v. 8.8.2013 – V R 13/12, UR 2014, 225 – Rz. 39.
5 Der Sinn der Befreiung soll in der Vereinfachung liegen, nämlich in der Vermeidung der sonst notwendigen Aufteilung der Vorsteuern; Bericht d. FinAussch., zu BT-Drucks. V/1581 – zu § 4 Nr. 18 UStG.
6 A.A. *Oelmaier* in S/R, § 4 Nr. 18 UStG Rz. 41.
7 Abschn. 4.18.1 Abs. 7 UStAE.

## F. Unmittelbare Anwendung des Art. 132 Abs. 1 Buchst. g MwStSystRL?

Nach Auffassung des **BFH** sollen sich „Einrichtungen", zu denen auch **natürliche Personen** zählen können (vgl. *§ 4 Nr. 16 Rz. 9*), welche vom Staat als Einrichtungen mit sozialem Charakter – insbesondere durch Übernahme von Kosten seitens der Sozialversicherungen – anerkannt worden seien, und Leistungen erbringen, die mit der **Fürsorge** oder der **sozialen Sicherheit** verbunden seien, unmittelbar auf Art. 132 Abs. 1 Buchst. g MwStSystRL berufen können.[1] Das ist, solange nicht der EuGH ein entsprechendes Versäumnis des deutschen Gesetzgebers zum Ausdruck gebracht hat, ein Verstoß gegen Art. 20 Abs. 3 GG, da der BFH ansonsten nicht befugt ist, ein Parlamentsgesetz zu missachten (*Vorbem. Rz. 72 f.*).

24

## § 4 Nr. 18a
## Steuerbefreiungen bei Lieferungen und sonstigen Leistungen

Von den unter § 1 Abs. 1 Nr. 1 fallenden Umsätzen sind steuerfrei:

...

18a. die Leistungen zwischen den selbständigen Gliederungen einer politischen Partei, soweit diese Leistungen im Rahmen der satzungsgemäßen Aufgaben gegen Kostenerstattung ausgeführt werden;

*EU-Recht*

–

Die Vorschrift will die Leistungen zwischen den selbständigen Gliederungen einer politischen Partei befreien, soweit diese Leistungen im Rahmen der satzungsgemäßen Aufgaben gegen Kostenerstattung ausgeführt werden. Die (zum 1.1.1992 eingefügte) Vorschrift dient, soweit sie überhaupt anwendbar ist und nicht leer läuft, der **Vereinfachung**. Wären die von der Vorschrift erfassten Leistungen gegen Kostenerstattung steuerpflichtig, so stünde der Steuer auf die Kosten regelmäßig ein gleich hoher Vorsteuerabzug auf Grund der Kosten gegenüber, so dass sich zumeist kein erheblicher Unterschied gegenüber der Steuerfreiheit der Leistungen, bei der nach § 15 Abs. 2 UStG kein Vorsteuerabzug hinsichtlich der Kosten besteht, ergäbe. Das setzt allerdings voraus, dass richti-

1

---

1 BFH v. 22.4.2004 – V R 1/98, BStBl. II 2004, 849 – Grundpflege und hauswirtschaftliche Versorgung pflegebedürftiger Personen; BFH v. 18.8.2005 – V R 71/03, BStBl. II 2006, 143; BFH v. 1.2.2007 – V R 34/05, UR 2007, 425 – Legasthenietherapeut; BFH v. 1.2.2007 – V R 64/05, UR 2007, 428 – Heilpädagoge; BFH v. 1.12.2010 – XI R 46/08, UR 2011, 348 – Haus-Notruf-Dienst; BFH v. 8.6.2011 – XI R 22/09, UR 2011, 821 – „Betreutes Wohnen" durch gemeinnützigen Verein; vgl. auch BFH v. 8.11.2007 – V R 2/06, BStBl. II 2008, 634.

gerweise auch § 10 Abs. 4 Satz 1 Nr. 3 UStG dergestalt ausgelegt wird, dass als Kosten („Ausgaben") nur die vorsteuerentlasteten in die Bemessungsgrundlage einbezogen werden (dazu *§ 10 Rz. 118*), so dass nach § 10 Abs. 5 UStG auch nur diese anzusetzen wären (*§ 10 Rz. 126*) und nichts anderes gelten würde, wenn als Entgelt die Kosten vereinbart wären. Unter dieser Prämisse ist § 4 Nr. 18a UStG auch nicht wegen fehlender Entsprechung in der EG-Richtlinie[1] gemeinschaftsrechtswidrig. Allerdings wird regelmäßig schon die Unternehmereigenschaft zu verneinen sein, so dass die Vorschrift nur eine **Klarstellung** der **Nichtsteuerbarkeit** enthält (*Rz. 5*).

2   Politische Parteien (§ 2 PartG) sind regelmäßig nichtrechtsfähige Vereine (§ 54 BGB), welche sich in Gebietsverbände gliedern (§ 7 PartG). § 4 Nr. 18a UStG meint mit den „selbständigen Gliederungen" diese Gebietsverbände und die Partei an sich. Die Frage der Steuerfreiheit von Leistungen zwischen diesen Gliederungen kann sich nur stellen, wenn **steuerbare Vorgänge** vorliegen, d.h. die Gliederungen unternehmerfähig sind, nämlich in der Lage sind, Leistungen zu empfangen und zu erbringen.

3   Die **Unternehmerfähigkeit** setzt voraus (*§ 2 Rz. 9 u. 18*), dass die jeweilige selbständige Gliederung als nichtrechtsfähige Personenvereinigung oder als Vermögensmasse materiell „steuerpflichtig" (§ 34 Abs. 1 und § 267 Satz 1 AO) und damit verfahrensrechtlich beteiligtenfähig (arg. § 79 Abs. 1 Nr. 3 AO) sein kann. Die Personenvereinigung bzw. Vermögensmasse muss ein „einer juristischen Person ähnliches Gebilde" sein (arg. § 58 Abs. 2 Satz 1 FGO, § 267 Satz 2 AO).[2] Das gilt uneingeschränkt nur für die Partei („Parteizentrale") und ihre Gebietsverbände der jeweils höchsten Stufe, denn nur diesen kommt stets die Aktiv- und Passivlegitimation zu (§ 3 PartG). Darüber hinaus können jedoch auch Untergliederungen als rechtlich selbständig anzusehen sein.[3]

4   **Im Rahmen der satzungsmäßigen Aufgaben** können insbesondere folgende Leistungen unter die Steuerbefreiung fallen: Personalgestellung, Übernahme von Buchhaltungsarbeiten u.Ä., Überlassung von Kraftfahrzeugen, Büromaschinen u.Ä.

5   Das regelmäßige Erbringen von Dienstleistungen auf Kostenbasis begründet jedoch grundsätzlich schon **nicht** die **Unternehmereigenschaft**, weil keine wirtschaftliche Tätigkeit vorliegt (vgl. *§ 2 Rz. 130*), so dass die Vorschrift insoweit ohnehin nur die **Nichtsteuerbarkeit** der Vorgänge **klarstellt**. Auch der **EuGH** hat die von einer Landesorganisation einer Partei erbrachten Leistungen im Bereich der Öffentlichkeitsarbeit, der Werbung und der Informationstätigkeit für untergeordnete Bezirks- und Ortsorganisationen nicht als wirtschaftliche Tätigkeit angesehen.[4]

---

1 Entgegen *Heidner* ist nicht Art. 132 Abs. 1 Buchst. l MwStSystRL einschlägig, da diese Regelung nur die Leistungen an die Mitglieder betrifft, vgl. *Heidner* in Bunjes, § 4 Nr. 18a UStG vor Rz. 1.
2 *Stadie*, Allg. SteuerR, Rz. 156.
3 Vgl. *Heinrichs* in Palandt, Einf. v § 21 BGB Rz. 21 f. m.N.
4 EuGH v. 6.10.2009 – C-267/08, EuGHE 2009, I-9781 = UR 2009, 760.

Inwieweit bei den politischen Parteien selbständige Gliederungen anzunehmen und mithin Leistungen zwischen ihnen möglich sind, kann im Anwendungsbereich des § 4 Nr. 18a UStG **dahinstehen**. Sind derartige Leistungen zu bejahen und erfolgen sie im Rahmen einer unternehmerischen Tätigkeit, so sind sie zwar steuerbar, aber steuerfrei nach § 4 Nr. 18a UStG. Anderenfalls sind die Vorgänge nicht steuerbar, was auf dasselbe hinausläuft. **Fehlt** der Gliederung die **Unternehmerfähigkeit** *(Rz. 3)*, so kann sie nicht Leistungsempfänger bzw. Leistender sein, so dass es sich bei den „Leistungen" um interne Vorgänge innerhalb der Gesamtpartei handelt, die schon **nicht steuerbar** sind. 6

**Soweit** die Gegenleistung **nicht nur** in einer Kostenerstattung besteht, ist die jeweilige Leistung nicht nach § 4 Nr. 18a UStG steuerfrei. 7

## § 4 Nr. 19
## Steuerbefreiungen bei Lieferungen und sonstigen Leistungen

**Von den unter § 1 Abs. 1 Nr. 1 fallenden Umsätzen sind steuerfrei:**

...

19. a) die Umsätze der Blinden, die nicht mehr als zwei Arbeitnehmer beschäftigen. Nicht als Arbeitnehmer gelten der Ehegatte, der eingetragene Lebenspartner, die minderjährigen Abkömmlinge, die Eltern des Blinden und die Lehrlinge. Die Blindheit ist nach den für die Besteuerung des Einkommens maßgebenden Vorschriften nachzuweisen. Die Steuerfreiheit gilt nicht für die Lieferungen von Energieerzeugnissen im Sinne des § 1 Abs. 2 und 3 des Energiesteuergesetzes und Branntweinen, wenn der Blinde für diese Erzeugnisse Energiesteuer oder Branntweinabgaben zu entrichten hat, und für Lieferungen im Sinne der Nummer 4a Satz 1 Buchstabe a Satz 2,

    b) die folgenden Umsätze der nicht unter Buchstabe a fallenden Inhaber von anerkannten Blindenwerkstätten und der anerkannten Zusammenschlüsse von Blindenwerkstätten im Sinne des § 5 Abs. 1 des Blindenwarenvertriebsgesetzes vom 9. April 1965 (BGBl. I S. 311):

        aa) die Lieferungen von Blindenwaren und Zusatzwaren im Sinne des Blindenwarenvertriebsgesetzes,

        bb) die sonstigen Leistungen, soweit bei ihrer Ausführung ausschließlich Blinde mitgewirkt haben;

*EU-Recht*
Art. 371 i.V.m. Anhang X Teil B Nr. 5 MwStSystRL.

*VV*
Abschn. 4.19.1, 4.19.2 UStAE.

§ 4 Nr. 19      Steuerbefreiungen bei Lieferungen und sonstigen Leistungen

    A. Allgemeines .................. 1  
    B. Umsätze der Blinden (Buchst. a)   3  
    C. Umsätze der Blindenwerkstätten (Buchst. b) .............. 7

## A. Allgemeines

1   Steuerbefreit sind grundsätzlich die Umsätze der Blinden mit nicht mehr als zwei Arbeitnehmern (§ 4 Nr. 19 Buchst. a UStG) und der anerkannten Blindenwerkstätten (§ 4 Nr. 19 Buchst. b UStG). Diese **personenbezogene** Steuerbefreiung führt bei Umsätzen gegenüber Privaten sowie nicht vorsteuerabzugsberechtigten Abnehmern zu einer **Subvention**, da die blinden Unternehmer den gleichen Preis wie die sehenden Konkurrenten verlangen können, aber Umsatzsteuer nicht abführen müssen. Der Vorteil ist abhängig von der Höhe der Wertschöpfung (dasselbe gilt für die Steuerbefreiung der Kleinunternehmer, vgl. § 19 Rz. 11 f.). Eine Steuerbefreiung mit einer solchen Wirkung ist ein **Fremdkörper** in einem Gesetz, welches auf Überwälzung der Steuer angelegt ist und deshalb Vergünstigungen für einzelne Unternehmergruppen nicht enthalten dürfte; system- und zweckgerecht sind nur Vergünstigungen im Interesse der Verbraucher. Der **Wettbewerbsvorteil** gegenüber sehenden Konkurrenten wurde vom Gesetzgeber als unbedeutend angesehen.[1] Bei Umsätzen **gegenüber** vorsteuerabzugsberechtigten **Unternehmern** schlägt die Befreiung in einen Nachteil um, so dass nach § 9 Abs. 1 UStG ein **Verzicht** auf die Steuerbefreiung möglich ist (§ 9 Rz. 11).

2   Titel IX MwStSystRL („Steuerbefreiungen") sieht für Blinde und Blindenwerkstätten keine Befreiung vor. Art. 371 i.V.m. Anhang X Teil B Nr. 5 MwStSystRL erlaubt jedoch die Beibehaltung dieser Befreiung. Das ändert allerdings nichts an der **Verfassungswidrigkeit** dieser Befreiung, weil der Maßstab für die Subventionierung willkürlich ist und auch der Wettbewerbsvorteil gegenüber Sehenden nicht stets unbedeutend ist. Der Umfang des Vorteils hängt von der Höhe der Umsätze und der Höhe der Wertschöpfung ab und kann deshalb erheblich sein; auch sind das keine sachlichen Kriterien für die finanzielle Unterstützung der Blinden. Die Vorschrift verstößt deshalb gegen Art. 3 Abs. 1 GG.

## B. Umsätze der Blinden (Buchst. a)

3   Die Umsätze der Blinden, die nicht mehr als zwei Arbeitnehmer beschäftigen, sind grundsätzlich steuerfrei (§ 4 Nr. 19 Buchst. a Satz 1 UStG). Die **Blindheit** ist nach den für die Besteuerung des Einkommens maßgebenden Vorschriften „nachzuweisen" (§ 4 Nr. 19 Buchst. a Satz 3 UStG), d.h. durch den bzw. die in § 65 Abs. 2 EStDV genannte(n) Ausweis bzw. Bescheinigung.

4   Das Merkmal „**nicht mehr als zwei Arbeitnehmer**" wird von der Finanzverwaltung nicht wortwörtlich genommen, sondern im übertragenen Sinne auf die Summe der Beschäftigungszeiten bezogen. Folglich können auch mehr als zwei

---

[1] Vgl. Reg.-Begr. zum UStG 1967, BT-Drucks. IV/1590 – Allg., VI.4; Bericht des Fin-Aussch. zu BT-Drucks. V/1581 – Allg., 4d; kritisch zu Recht BFH v. 4.2.1971 – V R 86/70, BStBl. II 1971, 430.

Arbeitnehmer als Teilzeitkräfte beschäftigt sein, wenn die Summe ihrer Arbeitszeiten nicht größer ist als die von zwei Vollzeitkräften.[1]

Als **Arbeitnehmer** gelten **nicht** der Ehegatte, der eingetragene Lebenspartner, die minderjährigen Abkömmlinge, die Eltern des Blinden und die Lehrlinge (§ 4 Nr. 19 Buchst. a Satz 2 UStG). Der Begriff „Abkömmling" bestimmt sich nach dem BGB (§ 1924 Abs. 1 i.V.m. § 1589 BGB). 5

Die Steuerfreiheit gilt **nicht** für die Lieferung von Mineralölen und Branntweinen, wenn der Blinde für diese Erzeugnisse **Mineralölsteuer** oder **Branntweinabgaben** zu entrichten hat[2] (§ 4 Nr. 19 Buchst. a Satz 4 Halbs. 1 UStG). Des Weiteren entfällt die Steuerbefreiung bei Lieferungen i.S.d. § 4 Nr. 4a Satz 1 Buchst. a Satz 2 UStG (§ 4 Nr. 19 Buchst. a Satz 4 UStG), d.h. bei Auslagerungen aus einem sog. **Steuerlager**. 6

## C. Umsätze der Blindenwerkstätten (Buchst. b)

Steuerbefreit sind ferner bestimmte Umsätze der nicht unter § 4 Nr. 19 Buchst. a UStG fallenden Inhaber von **anerkannten Blindenwerkstätten** und der anerkannten **Zusammenschlüsse** von Blindenwerkstätten. Die Anerkennung bestimmt sich nach § 5 Abs. 1 BliwaG (§ 4 Nr. 19 Buchst. b UStG). Blindenwerkstätten sind **Betriebe**, in denen ausschließlich Blindenwaren hergestellt werden und in denen bei der Herstellung Sehende nur mit Hilfs- oder Nebenarbeiten beschäftigt werden.[3] 7

Befreit sind die **Lieferungen** von **Blindenwaren** und Zusatzwaren im Sinne des Blindenwarenvertriebsgesetzes (§ 4 Nr. 19 Buchst. b Doppelbuchst. aa UStG). Die Blindenwaren müssen nicht in der eigenen Blindenwerkstatt hergestellt werden.[4] Befreit sind ferner sonstige Leistungen, soweit bei ihrer Ausführung ausschließlich Blinde mitgewirkt haben (§ 4 Nr. 19 Buchst. b Doppelbuchst. bb UStG). Die übrigen Umsätze sind nicht nach § 4 Nr. 19 Buchst. b UStG befreit. Die Lieferung von Gegenständen des sog. Anlagevermögens, welche ausschließlich zur Erbringung der nach dieser Vorschrift befreiten Umsätze verwendet wurden, ist allerdings steuerfrei nach § 4 Nr. 28 Alt. 2 UStG. 8

# § 4 Nr. 20
# Steuerbefreiungen bei Lieferungen und sonstigen Leistungen

**Von den unter § 1 Abs. 1 Nr. 1 fallenden Umsätzen sind steuerfrei:**

...

---
1 Abschn. 4.19.1 Abs. 2 UStAE.
2 Dazu näher Abschn. 4.19.1 Abs. 3 UStAE.
3 Abschn. 4.19.2 Abs. 1 UStAE.
4 Abschn. 4.19.2 Abs. 2 Satz 2 UStAE.

20. a) die Umsätze folgender Einrichtungen des Bundes, der Länder, der Gemeinden oder der Gemeindeverbände: Theater, Orchester, Kammermusikensembles, Chöre, Museen, botanische Gärten, zoologische Gärten, Tierparks, Archive, Büchereien sowie Denkmäler der Bau- und Gartenbaukunst. Das Gleiche gilt für die Umsätze gleichartiger Einrichtungen anderer Unternehmer, wenn die zuständige Landesbehörde bescheinigt, dass sie die gleichen kulturellen Aufgaben wie die in Satz 1 bezeichneten Einrichtungen erfüllen. Steuerfrei sind auch die Umsätze von Bühnenregisseuren und Bühnenchoreographen an Einrichtungen im Sinne der Sätze 1 und 2, wenn die zuständige Landesbehörde bescheinigt, dass deren künstlerische Leistungen diesen Einrichtungen unmittelbar dienen. *[Aufgehoben m.W.v. 1.1.2015: Für die Erteilung der Bescheinigung gilt § 181 Absatz 1 und 5 der Abgabenordnung entsprechend.]* Museen im Sinne dieser Vorschrift sind wissenschaftliche Sammlungen und Kunstsammlungen,

b) die Veranstaltung von Theatervorführungen und Konzerten durch andere Unternehmer, wenn die Darbietungen von den unter Buchstabe a bezeichneten Theatern, Orchestern, Kammermusikensembles oder Chören erbracht werden;

*EU-Recht*
Art. 132 Abs. 1 Buchst. n i.V.m. Art. 133 und 134 MwStSystRL.

*VV*
Abschn. 4.20.1–4.20.5 UStAE.

| | | | |
|---|---|---|---|
| A. Allgemeines | 1 | I. Solokünstler | 7 |
| B. Kulturelle Einrichtungen des Staates (Buchst. a Sätze 1 und 4) | | II. Bescheinigung | 10 |
| I. Begünstigte Einrichtungen | 3 | D. Veranstalter von Theatervorführungen und Konzerten (Buchst. b) | 14 |
| II. Begünstigte Umsätze | 5 | | |
| C. Gleichartige Einrichtungen anderer Unternehmer (Buchst. a Sätze 2 und 3) | 6 | | |

## A. Allgemeines

1 Die Vorschrift befreit insbesondere die – im weiteren Sinne – kulturellen **Dienstleistungen** der aufgezählten Einrichtungen der Gebietskörperschaften (§ 4 Nr. 20 Buchst. a Satz 1 UStG), gleichartiger Einrichtungen anderer Unternehmer (§ 4 Nr. 20 Buchst. a Satz 2 UStG) **und** die Dienstleistungen der **Veranstalter** von Theatervorführungen und Konzerten (§ 4 Nr. 20 Buchst. b UStG). Werden die Voraussetzungen der Vorschrift nicht erfüllt, so kann der ermäßigte Steuersatz in Betracht kommen (§ 12 Abs. 2 Nr. 7 Buchst. a UStG).

**Zweck:** Der Steuerbefreiung der Einrichtungen (§ 4 Nr. 20 Buchst. a UStG) liegt 2
die Erwägung des Gesetzgebers zugrunde, dass diese in erheblichem Umfang
staatlich subventioniert werden und bei einer Steuerpflicht dieser kulturellen
Dienstleistungen die Eintrittspreise vermutlich nicht erhöht werden könnten,
so dass die Subventionen aufgestockt werden müssten.[1] Allerdings liegt der
Zweck der Befreiungen (ohne Vorsteuerabzug) stets in der Begünstigung der Verbraucher (*Vor §§ 4–9 Rz. 8*). Folglich besteht auch der Zweck dieser Befreiung darin, den Preis für die kulturellen Leistungen nicht durch die Umsatzsteuer zu
erhöhen[2] (was sich dann bezüglich der Einrichtungen auf das Subventionsvolumen auswirkt). Ob die Einrichtungen tatsächlich subventioniert werden, ist ohne Bedeutung.[3] Entsprechendes gilt auch für die Befreiung der Veranstalter (§ 4
Nr. 20 Buchst. b UStG), die ohnehin nicht suventioniert werden.

## B. Kulturelle Einrichtungen des Staates (Buchst. a Sätze 1 und 4)

### I. Begünstigte Einrichtungen

Begünstigt sind zum einen (§ 4 Nr. 20 Buchst. a Satz 1 UStG) die Umsätze (*Rz. 5*) 3
der **Gebietskörperschaften** (Bund, Länder, Gemeinden, Gemeindeverbänden) mit
folgenden „Einrichtungen":

– **Theater**[4], auch Musical-Theater[5];

– **Orchester**, Kammermusikensembles, **Chöre**, d.h. Musiker- und Gesangsgruppen, die aus mindestens zwei Personen bestehen[6] (zu Solisten s. *Rz. 7*); auf
 die Art der Musik kommt es nicht an, so dass auch Unterhaltungsmusik erfasst wird;

– botanischen **Gärten**, zoologischen Gärten, **Tierparks**[7];

– **Museen**, d.h. wissenschaftliche Sammlungen und Kunstsammlungen (§ 4
 Nr. 20 Buchst. a Satz 4 UStG)[8], **Archive**, **Büchereien** sowie

– **Denkmäler** der Bau- und Gartenbaukunst[9].

Träger einer solchen Einrichtung kann nach Auffassung des BFH auch eine Kapitalgesellschaft (insbesondere **GmbH**) sein, deren **Anteile** ausschließlich von
einer **Gebietskörperschaft** gehalten werden[10], so dass für die Steuerfreiheit der 4

---

1 Bericht d. FinAussch., zu BT-Drucks. V/1581, 5 – Allg., 4d [a.E.]; vgl. auch BFH v. 24.2.2000 – V R 23/99, BStBl. II 2000, 302 (304); BFH v. 21.11.2013 – V R 33/10, UR 2014, 310 – Rz. 15.
2 Vgl. *Grams*, UR 1995, 41.
3 BVerwG v. 31.7.2008 – 9 B 80.07, UR 2009, 25 – Rz. 9.
4 Dazu BVerwG v. 31.7.2008 – 9 B 80.07, UR 2009, 25; Abschn. 4.20.1 Abs. 1 und 2 UStAE.
5 BFH v. 18.8.2005 – V R 20/03, BStBl. II 2005, 910.
6 Abschn. 4.20.2 Abs. 1 Satz 1 UStAE.
7 Dazu näher Abschn. 4.20.4 UStAE.
8 Dazu näher Abschn. 4.20.3 Abs. 1 bis 3 UStAE; VG Frankfurt a.M. v. 27.6.2012 – 6 K 2133/11, NJW 2013, 807; OVG NW v. 31.7.2013 – 14 A 457/13, DVBl. 2013, 1533.
9 Dazu Abschn. 4.20.3 Abs. 4 UStAE.
10 BFH v. 18.5.1988 – X R 11/82, BStBl. II 1988, 799.

Umsätze keine behördliche Bescheinigung i.S.d. § 4 Nr. 20 Buchst. a Satz 2 UStG (*Rz. 6*) erforderlich ist.

## II. Begünstigte Umsätze

5  Befreit sind die „**Umsätze**" dieser Einrichtungen. Darunter fallen nicht nur die eigentlichen kulturellen Dienstleistungen, sondern auch alle anderen **typischen** Lieferungen und sonstigen Leistungen dieser Einrichtungen einschließlich der **üblicherweise damit verbundenen** „**Nebenleistungen**"[1] (nicht im umsatzsteuerrechtlichen Sinne[2]; dazu *§ 3 Rz. 202 ff.*). Hierzu zählen z.B. die Aufbewahrung der Garderobe, Verkauf von Programmen, Katalogen, Führern, Ansichtskarten u.Ä., soweit sie die Einrichtung betreffen.[3] Die Abgabe von **Speisen** und **Getränken** an die Besucher gehört dazu **nicht**.[4] Bei einer Veranstaltung, die aus einer **Einheit** von **künstlerischen** und **kulinarischen Elementen** besteht, liegt eine einheitliche sonstige Leistung vor, die nicht aufteilbar und zur Gänze steuerpflichtig ist.[5]

## C. Gleichartige Einrichtungen anderer Unternehmer (Buchst. a Sätze 2 und 3)

6  Das Gleiche gilt für die Umsätze anderer Unternehmer mit **gleichartigen Einrichtungen**, wenn die zuständige Landesbehörde **bescheinigt** (*Rz. 10 ff.*), dass sie die **gleichen kulturellen Aufgaben** wie die in § 4 Nr. 20 Buchst. a Satz 1 UStG bezeichneten Einrichtungen (*Rz. 3*) **erfüllen** (§ 4 Nr. 20 Buchst. a Satz 2 UStG). Das Gesetz verlangt mithin zwei sich zum Teil überschneidende Gleichartigkeitsprüfungen durch **zwei** verschiedene **Behörden**. Die Entscheidung über die Gleichartigkeit der *Einrichtung* steht dem Finanzamt zu.[6]

## I. Solokünstler

7  **Einzelne natürliche Personen** (Solokünstler) ließen sich zwar unter den Begriff „Einrichtungen" subsumieren, gleichwohl werden sie nicht von der Vorschrift erfasst, da das Gesetz ersichtlich nur typischerweise subventionsbedürftige Einrichtungen im Auge hat, worunter einzelne natürliche Personen nicht fallen können[7]; zudem ist es den Begriffen der Chöre, Orchester und Kammermusik-

---

1 BFH v. 18.5.1988 – X R 11/82, BStBl. II 1988, 799; BFH v. 14.5.1998 – V R 85/97, BStBl. II 1999, 145; BFH v. 21.4.2005 – V R 6/03, BStBl. II 2005, 899.
2 So aber BFH v. 14.5.1998 – V R 85/97, BStBl. II 1999, 145; BFH v. 18.8.2005 – V R 20/03, BStBl. II 2005, 910.
3 Dazu näher Abschn. 4.20.1 Abs. 3 Satz 3, Abschn. 4.20.3 Abs. 3, Abschn. 4.20.4 Abs. 2 und 3 UStAE.
4 BFH v. 21.4.2005 – V R 6/03, BStBl. II 2005, 899; BFH v. 18.8.2005 – V R 20/03, BStBl. II 2005, 910; BFH v. 7.12.2009 – XI B 52/09, UR 2010, 315.
5 Abschn. 4.20.1 Abs. 3 Satz 5 UStAE.
6 BFH v. 3.5.1989 – X R 20/82, BStBl. II 1989, 815; BFH v. 19.5.1993 – V R 110/88, BStBl. II 1993, 779 (782); BVerwG v. 11.10.2006 – 10C 4,06, UR 2007, 304; BVerwG v. 11.10.2006 – 10C 7.05, UR 2007, 307.
7 So zutreffend BFH v. 14.12.1995 – V R 13/95, BStBl. II 1996, 386; BFH v. 24.2.2000 – V R 23/99, BStBl. II 2000, 302.

ensembles wesensimmanent, dass eine Mehrzahl von Personen tätig ist.[1] Aus der **EuGH**-Entscheidung vom 3.4.2003[2], wonach der Begriff der anderen ... anerkannten Einrichtungen des Art. 132 Abs. 1 Buchst. n MwStSystRL als Einzelkünstler auftretende Solisten nicht ausschließt, folgt nichts Gegenteiliges, da auf Grund des eindeutigen Willens des deutschen Gesetzgebers keine richtlinienkonforme Auslegung möglich ist. Aus der EuGH-Entscheidung soll sich indes nach Auffassung des BFH[3] **ein Berufungsrecht** eines einzelnen **Orchestermusikers** mit der Folge eines Anwendungsvorrangs (dazu *Vorbem.* Rz. 72 ff.) der Richtlinienbestimmung ergeben. Die **Finanzverwaltung** folgt dem für einzelne Orchestermusiker und **Dirigenten**.[4]

Bei Bejahung eines solchen Berufungsrechts kann sich die Steuerbefreiung nur auf die Auftrittsleistungen und **nicht** auf **andersartige Leistungen** wie z.B. Abhaltung sog. Autogrammstunden, Teilnahme an Diskussionsrunden, Vorträge, urheberrechtliche Leistungen, Gutachten, Teilnahme an Prüfungen usw. erstrecken.[5]

8

Kein einem Theater gleichartiger Einzelkünstler ist ein **Dramaturg**[6] oder ein **Regisseur**.[7] Mit der Einfügung des § 4 Nr. 20 Buchst. a Satz 3 UStG werden indes **Bühnenregisseure** sowie **Bühnenchoreographen** an Einrichtungen im Sinne der Sätze 1 (*Rz.* 3) und 2 (*Rz.* 6) mit Wirkung vom 1.7.2013 befreit.[8] Nicht befreit sind deren Leistungen gegenüber anderen Auftraggebern sowie die Leistungen anderer Regisseure. Ebenso wenig kommt eine erweiternde Auslegung für andere Berufsgruppen in Betracht.[9] Damit müsste dann allerdings konsequenterweise die Befreiung der einzelnen Orchestermusiker und der Dirigenten (*Rz.* 7) entfallen.

9

## II. Bescheinigung

Die zuständige Landesbehörde entscheidet (nur) darüber, ob die gleichartige Einrichtung (*Rz.* 6) die gleichen kulturellen Aufgaben wie die in § 4 Nr. 20 Buchst. a Satz 1 UStG bezeichneten Einrichtungen erfüllt (§ 4 Nr. 20 Buchst. a Satz 2 UStG). Der Unternehmer kann durch Nichtbeibringung der Bescheinigung einen faktischen Verzicht auf die Steuerbefreiung zwecks Erlangung des Vorsteuerabzugs bei Investitionen erreichen. Deshalb soll nach der **Rechtsprechung** die für die Erteilung der **Bescheinigung** zuständige Landesbehörde nicht nur vom

10

---

1 BFH v. 18.2.2010 – V R 28/08, BStBl. II 2010, 876.
2 EuGH v. 3.4.2003 – C-144/00, EuGHE 2003, I-2921 = BStBl. II 2003, 679 = UR 2003, 248.
3 BFH v. 18.2.2010 – V R 28/08, BStBl. II 2010, 876; ebenso bereits BGH v. 18.6.2003 – 5 StR 169/00, UR 2003, 545.
4 Abschn. 4.20.2 Abs. 1 Satz 2 UStAE; vgl. auch FG Rh.-Pf. v. 6.5.2008 – 6 K 1666/06, DStRE 2008, 1392.
5 OFD Düsseldorf v. 13.11.2003 – S 7177, UR 2004, 43.
6 VG Hamburg v. 28.2.2013 – 7 K 105/11, juris.
7 BFH v. 4.5.2011 – XI R 44/08, BStBl. II 2014, 200 = UR 2011, 859.
8 Art. 10 Nr. 3 Buchst. d i.V.m. Art. 31 Abs. 4 Gesetz v. 26.6.2013.
9 RegE JStG 2013, BR-Drucks. 302/12 – Begr. zu Art. 9 Nr. 3 Buchst. d.

Unternehmer, sondern auch **von Amts wegen** eingeschaltet werden können.[1] In letzterem Falle erfolgt die Bescheinigung gegenüber dem Finanzamt. Diese Auslegung mag zwar mit dem Wortlaut des § 4 Nr. 20 Buchst. a Satz 2 UStG zu vereinbaren sein, dürfte jedoch dem Wortlaut des Art. 132 Abs. 1 Buchst. n MwStSystRL widersprechen, wonach die Einrichtung vom Mitgliedstaat „anerkannt" worden sein muss, was nach üblichem Sprachgebrauch einen Antrag der Einrichtung voraussetzt. Hinzu kommt, dass nach Auffassung des EuGH die Befreiungen eng auszulegen sind (*Vor §§ 4–9 Rz. 15*), so dass zumindest die Frage dem EuGH hätte vorgelegt werden müssen.

11 Unabhängig davon ist jedenfalls eine **Rückwirkung**, d.h. eine rückwirkende Berücksichtigung[2] der Bescheinigung – diese soll nach Auffassung des V. Senats des BFH ein **Grundlagenbescheid** i.S.d. § 170 Abs. 10 i.V.m. § 175 Abs. 1 Satz 1 Nr. 1 AO sein[3], was der Gesetzgeber mi der zeitweiligen Einfügung des Satzes 3 a.F. (bis 31.12.2014: Satz 4) in § 4 Nr. 20 Buchst. a UStG bestätigt hatte (*Rz. 12*) – rechtsstaatlich unhaltbar[4], da sie in abgeschlossene Sachverhalte eingreift und zudem dem Finanzamt ein Wahlrecht einräumt. Der Unternehmer muss für die Kalkulation seiner Preise vor Ausführung der Umsätze die umsatzsteuerrechtliche Belastung kennen. Folglich kann die **vom Finanzamt beantragte Bescheinigung** allenfalls für die Zukunft wirken, so dass **§ 17 Abs. 1 Satz 7 UStG**, welcher einen allgemeinen umsatzsteuerrechtlichen Grundsatz zum Ausdruck bringt (*§ 17 Rz. 90*), und **§ 27 Abs. 1 Satz 1 UStG**, da die Bescheinigung wie eine Gesetzesänderung wirkt, entsprechend anzuwenden sind.[5] Das BVerfG hat angedeutet, dass es unter dem Gesichtspunkt des Vertrauensschutzes geboten sein kann, die Umsätze erst ab dem Zeitpunkt der Ausstellung der Bescheinigung als steuerfrei zu behandeln.[6] Der BFH ignorierte diesen klaren Hinweis des BVerfG und reagierte 2009 auf entsprechende Kritik seitens des BVerwG[7] mit einer nichtssagenden Floskel[8], nämlich mit einer Behauptung, die mit einer anderen Behauptung „begründet" wird (welche zudem ebenfalls die Frage des Vertrauensschutzes berührt).[9] Mit seiner Entscheidung vom 21.2.2013, die im Ergebnis zu einer entsprechenden Anwendung des § 181 Abs. 5 AO (*Rz. 12*) führte, trug der V. Senat entgegen seiner Behauptung[10] den Bedenken des BVerwG nicht Rech-

---

1 BFH v. 6.12.1994 – V B 52/94, BStBl. II 1995, 913; BFH v. 24.9.1988 – V R 3/98, BStBl. II 1999, 147; BVerwG v. 4.5.2006 – 10 C 10.05, UR 2006, 517; ebenso Abschn. 4.20.5 i.V.m. Abschn. 4.21.5 Abs. 2 Satz 1 UStAE.
2 So BFH v. 6.12.1994 – V B 52/94, BStBl. II 1995, 913; BFH v. 24.9.1988 – V R 3/98, BStBl. II 1999, 147; BFH v. 20.8.2009 – V R 25/08, BStBl. II 2010, 15; BFH v. 18.2.2010 – V R 28/08, BStBl. II 2010, 876 – Rz. 26; BFH v. 21.2.2013 – V R 27/11, BStBl. II 2013, 529.
3 BFH v. 20.8.2009 – V R 25/08, BStBl. II 2010, 15; BFH v. 21.2.2013 – V R 27/11, BStBl. II 2013, 529.
4 Ebenso BFH v. 15.9.1994 – XI R 101/92, BStBl. II 1995, 912.
5 Ausführlich *Stadie* in R/D, Vor §§ 4–9 UStG Anm. 109 ff. m.w.N.
6 BVerfG v. 29.8.2006 – 1 BvR 1673/06, UR 2007, 464 (467).
7 BVerwG v. 11.10.2006 – 10C 4.06, UR 2007, 304; BVerwG v. 11.10.2006 – 10C 7.05, UR 2007, 307.
8 BFH v. 20.8.2009 – V R 25/08, BStBl. II 2010, 15 (18 a.E.).
9 *Stadie*, UR 2011, 125 (135).
10 BFH v. 21.2.2013 – V R 27/11, BStBl. II 2013, 529 – Rz. 33.

nung, da dieses grundsätzliche Bedenken hinsichtlich jeglicher Rückwirkung geäußert hatte.

Nach dem (mit Wirkung vom 1.1.2011 eingefügten und zum 1.1.2015 wieder aufgehobenen) § 4 Nr. 20 Buchst. a Satz 4 (ursprünglich Satz 3) UStG sollte für die Erteilung der Bescheinigung **§ 181 Abs. 1 und 5 AO entsprechend** gelten.[1] Das ist indes eine reine **Augenwischerei**, da die **Rückwirkung** dadurch nur unwesentlich **begrenzt** wird und weiterhin noch für viele Jahre eintreten kann und deshalb unverändert verfassungswidrig ist.[2] Daran ändert die Streichung des Satzes 4 wegen der gleichzeitigen Einfügung eines Satzes 2 in § 171 Abs. 10 AO zum 1.1.2015, wonach die Ablaufhemmung des Grundlagenbescheides nur eintrete, wenn dieser vor Ablauf der Festsetzungsfrist beantragt worden ist, nichts. 12

Eine vom **leistenden Unternehmer beantragte Bescheinigung** hat ebenfalls in analoger Anwendung der § 17 Abs. 1 Satz 7 und § 27 Abs. 1 Satz 1 UStG **keine Rückwirkung**. Zudem entsteht schon kein Erstattungsanspruch in analoger Anwendung des § 17 Abs. 2 Nr. 3 UStG, soweit die festgesetzte (angemeldete) **Steuer** für die bislang als steuerpflichtig behandelten Umsätze auf die Leistungsempfänger **abgewälzt** worden ist. Voraussetzung ist nämlich die Rückzahlung des Steuerbetrags an die Leistungsempfänger (*§ 17 Rz. 79 i.V.m. Rz. 70*); das hat der BFH[3] übersehen. Auf dasselbe läuft es hinaus, wenn mangels Beschwer schon die Klagebefugnis verneint wird (dazu *§ 18 Rz. 77*). 13

## D. Veranstalter von Theatervorführungen und Konzerten (Buchst. b)

Steuerbefreit ist auch die Veranstaltung von Theatervorführungen und Konzerten durch andere Unternehmer, wenn die Darbietungen von den unter § 4 Nr. 20 Buchst. a Satz 1 UStG bezeichneten Theatern, Orchestern, Kammermusikensembles oder Chören erbracht werden (§ 4 Nr. 20 Buchst. b UStG). Das gilt auch, wenn mehrere Veranstalter tätig werden, so dass bei **Tourneeveranstaltungen** die Steuerbefreiung sowohl dem Tourneeveranstalter als auch dem örtlichen Veranstalter zustehen kann.[4] 14

Ein Veranstalter handelt im eigenen Namen **auf eigene Rechnung** (s. auch *§ 3a Rz. 55*), d.h. trägt das Risiko der Veranstaltung, und bedient sich dabei des Theaters, Orchesters usw. gleichsam als *Subunternehmer*.[5] Er erbringt keine Besorgungsleistung i.S.d. § 3 Abs. 11 UStG, weil er nicht für *fremde* Rechnung (eines oder mehrerer Auftraggeber) tätig wird; gleichwohl kann auf eine Besorgungsleistung die Steuerbefreiung anzuwenden sein. Er unterscheidet sich ferner vom 15

---

1 Dazu Abschn. 4.20.5 UStAE aF; BMF v. 20.8.2012 – IV D 3 - S 7177/07/10001-02, BStBl. I 2012, 877.
2 Ausführlich dazu *Stadie*, UR 2011, 125 (133 f.).
3 Vgl. BFH v. 24.1.2008 – V R 3/05, BStBl. II 2012, 267 = UR 2008, 552; BFH v. 21.2.2013 – V R 27/11, BStBl. II 2013, 529.
4 Abschn. 4.20.1 Abs. 4 und Abschn. 4.20.2 Abs. 2 UStAE.
5 Vgl. BFH v. 21.11.2013 – V R 33/10, UR 2014, 310 – Touristikunternehmen, das sämtliche Eintrittskarten einer Theatervorführung erwirbt und gegenüber den Reisenden als Veranstalter auftritt.

*Agenten* (Vertreter), da er nicht im fremden Namen handelt (dazu § 3a Rz. 70 f.). Ein Händler von Eintrittskarten ist kein Veranstalter.[1]

## § 4 Nr. 21
## Steuerbefreiungen bei Lieferungen und sonstigen Leistungen

**Von den unter § 1 Abs. 1 Nr. 1 fallenden Umsätzen sind steuerfrei:**

...

21. a) die unmittelbar dem Schul- und Bildungszweck dienenden Leistungen privater Schulen und anderer allgemein bildender oder berufsbildender Einrichtungen,

   aa) wenn sie als Ersatzschulen gemäß Artikel 7 Abs. 4 des Grundgesetzes staatlich genehmigt oder nach Landesrecht erlaubt sind oder

   bb) wenn die zuständige Landesbehörde bescheinigt, dass sie auf einen Beruf oder eine vor einer juristischen Person des öffentlichen Rechts abzulegende Prüfung ordnungsgemäß vorbereiten,

   b) die unmittelbar dem Schul- und Bildungszweck dienenden Unterrichtsleistungen selbständiger Lehrer

   aa) an Hochschulen im Sinne der §§ 1 und 70 des Hochschulrahmengesetzes und öffentlichen allgemein bildenden oder berufsbildenden Schulen oder

   bb) an privaten Schulen und anderen allgemein bildenden oder berufsbildenden Einrichtungen, soweit diese die Voraussetzungen des Buchstabens a erfüllen;

*EU-Recht*

Art. 132 Abs. 1 Buchst. i und j i.V.m. Art. 133 und 134 MwStSystRL.

Art. 44 MwSt-DVO.

*VV*

Abschn. 4.21.1–4.21.5 UStAE.

| | |
|---|---|
| **A. Allgemeines** .................. 1 | II. Allgemeinbildende oder berufsbildende Einrichtungen (Doppelbuchst. bb) ............ 3 |
| **B. Private Bildungseinrichtungen (Bucht. a)** | |
| I. Ersatzschulen (Doppelbuchst. aa) .................. 2 | **C. Lehrer an Bildungseinrichtungen (Buchst. b)** ............... 10 |

---

[1] *Hey/Hofsümmer*, UR 2005, 461.

## A. Allgemeines

Die Vorschrift befreit die unmittelbar dem Schul- und Bildungszweck dienenden Leistungen staatlich anerkannter **privater Bildungseinrichtungen** (§ 4 Nr. 21 Buchst. a UStG) und der selbständigen **Lehrer an Bildungseinrichtungen** (§ 4 Nr. 21 Buchst. b UStG). **Zweck** dieser Steuerbefreiung ist es, die Dienstleistungen der im Schul- und Bildungsbereich tätigen Einrichtungen, weil diese dem Gemeinwohl dienen, von der Umsatzsteuer freizustellen. Nicht etwa soll damit zugleich auch eine Gleichbehandlung privater und öffentlicher Schulen erreicht werden, weil Letztere als sog. Hoheitsbetriebe nach § 2 Abs. 3 UStG nicht der Umsatzsteuer unterlägen.[1] Diese Annahme ist unzutreffend, weil sich, soweit die Ausbildung an öffentlichen Schulen, wie regelmäßig, unentgeltlich ist, die Frage der Gleichbehandlung schon nicht stellen kann, und weil der entgeltliche Unterricht (Beispiel: Studiengebühren an Universitäten) durch öffentlich-rechtliche Körperschaften nicht etwa hoheitlich i.S.d. § 2 Abs. 3 UStG ist, wie die Existenz privatrechtlich organisierter Konkurrenz zeigt (*§ 2 Rz. 369 ff.*). Die entgeltlichen Ausbildungsleistungen durch **öffentlich-rechtliche Einrichtungen** sind vielmehr nach § 4 Nr. 22 UStG steuerfrei (*§ 4 Nr. 22 Rz. 5*).

1

## B. Private Bildungseinrichtungen (Bucht. a)

### I. Ersatzschulen (Doppelbuchst. aa)

Die unmittelbar dem Schul- und Bildungszweck dienenden Leistungen privater Ersatzschulen, welche nach Art. 7 Abs. 4 GG staatlich genehmigt oder nach Landesrecht erlaubt sind, sind steuerfrei (§ 4 Nr. 21 Buchst. a Doppelbuchst. aa UStG).

2

### II. Allgemeinbildende oder berufsbildende Einrichtungen (Doppelbuchst. bb)

Steuerbefreit sind auch die unmittelbar dem Schul- und Bildungszweck dienenden Leistungen anderer allgemeinbildender oder berufsbildender Einrichtungen, wenn die zuständige **Landesbehörde bescheinigt**, dass sie **auf** einen **Beruf oder** eine vor einer juristischen Person des öffentlichen Rechts abzulegende, d.h. **staatliche, Prüfung** ordnungsgemäß **vorbereiten** (§ 4 Nr. 21 Buchst. a Doppelbuchst. bb UStG).

3

Auf die **Rechtsform** des Trägers der Einrichtung kommt es nicht an[2] (vgl. *§ 4 Nr. 14 Rz. 28*). Maßgebend ist, ob die **Tätigkeiten**, d.h. die **Dienstleistungen**, ihrer Art nach den genannten Zwecken unmittelbar dienen. Folglich kann die Steuerbefreiung auch für Unternehmer in Betracht kommt, die gleichsam als **Subunternehmer** für eine Einrichtung diese Aufgaben übernehmen.[3]

4

---

1 So aber BFH v. 27.8.1998 – V R 73/97, BStBl. II 1999, 376; BFH v. 18.12.2003 – V R 62/02, BStBl. II 2004, 252; BVerwG v. 12.6.2013 – 9 C 4/12, BVerwGE 147, 1 – Rz. 9.
2 Abschn. 4.21.2 Abs. 1 Sätze 5 und 6 UStAE.
3 Vgl. BFH v. 10.6.1999 – V R 84/98, BStBl. II 1999, 578.

5   Zu den **allgemeinbildenden** oder **berufsbildenden** Einrichtungen gehören auch Fernlehrinstitute, Fahrlehrerausbildungsstätten, Heilpraktikerschulen, Nachhilfeeinrichtungen[1] für Schüler und Studenten (Repetitorien).[2] Nach Auffassung des BVerwG soll die Berufsvorbereitung auch die Leistungen von Bildungsträgern umfassen, die der **beruflichen Orientierung** dienen.[3] **Nicht** zu den allgemein- oder berufsbildenden Einrichtungen gehören z.B. Jagdschulen[4], Musiklehrer[5] und sog. Integrationsfachdienste i.S.d. §§ 109 ff. SGB IX.[6]

Bei einer **Ballettschule**[7] oder einer **Kampfsportschule**[8] soll eine Berufung auf Art. 132 Abs. 1 Buchst. i MwStSystRL in Betracht kommen, wenn die Leistungen **nicht** der bloßen **Freizeitgestaltung** dienen. Die Bescheinigung der zuständigen Landesbehörde (*Rz. 9*) ist ein Indiz dafür, dass Letzteres der Fall ist.[9]

6   Bei **Ausbildungs-**, **Fortbildungs-** und **Umschulungsmaßnahmen** im Sinne des Sozialgesetzbuchs geht die Finanzverwaltung davon aus, dass die Dienstleistungen der geförderten Einrichtungen steuerfrei i.S.d. § 4 Nr. 21 Buchst. a UStG sind[10] (zu Fortbildungsmaßnahmen durch **staatliche Einrichtungen** für **eigene Bedienstete** s. *Rz. 14*). Auf die **Dauer** der Maßnahme kommt es nicht an (Art. 44 Satz 2 MwSt-DVO).

7   **Fahrschulen** sind grundsätzlich nicht allgemein- oder berufsbildend tätig.[11] Eine Steuerbefreiung nach § 4 Nr. 21 Buchst. a Doppelbuchst. bb UStG kann jedoch insoweit in Betracht kommen, als es um **bestimmte Fahrerlaubnisklassen** geht.[12] Hingegen sollen nach Auffassung des BFH Kurse über **Sofortmaßnahmen am Unfallort** nach Art. 132 Abs. 1 Buchst. i MwStSystRL steuerfrei sein.[13] Das ist zwar rechtspolitisch begrüßenswert, verstößt jedoch gegen Art. 20 Art. 3 GG (*Vorbem. Rz. 72 f.*).

8   **Unmittelbar** den Schul- oder Bildungszwecken dient auch die **Gestellung von Lehrkräften** von begünstigten Einrichtungen untereinander.[14] Die Lieferung von

---

1 Dazu auch OFD Frankfurt a.M. v. 19.12.2006 – S 7179 A - 7 - St 112, UR 2007, 549; BVerwG v. 3.12.1976 – VII C 73.75, BStBl. II 1977, 333.
2 Abschn. 4.21.2 Abs. 1 Satz 1 UStAE.
3 BVerwG v. 12.6.2013 – 9 C 4/12, BVerwGE 147, 1 – Testverfahren an öffentlichen Schulen.
4 BFH v. 18.12.2003 – V R 62/02, BStBl. II 2004, 252; Abschn. 4.21.2 Abs. 7 UStAE.
5 **A.A.** BFH v. 3.5.1989 – V R 83/84, BStBl. II 1989, 815.
6 Abschn. 4.21.2 Abs. 4 UStAE.
7 BFH v. 24.1.2008 – V R 3/05, BStBl. II 2012, 267 = UR 2008, 552; Abschn. 4.21.2 Abs. 8 UStAE.
8 BFH v. 28.5.2013 – XI R 35/11, BStBl. II 2013, 879.
9 BFH v. 24.1.2008 – V R 3/05, BStBl. II 2012, 267 = UR 2008, 552; Abschn. 4.21.4 Abs. 1a UStAE.
10 Abschn. 4.21.2 Abs. 3 UStAE. Diesbezügliche Vermittlungsleistungen Dritter sind nicht befreit; auch eine Berufung auf Art. 132 Abs. 1 Buchst. j MwStSystRL kommt nicht in Betracht; FG-Schl.-Holst. v. 17.7.2013 – 4 K 32/11, EFG 2013, 1616 – Rev. XI R 35/13.
11 BFH v. 14.3.1974 – V R 54/73, BStBl. II 1974, 527.
12 Dazu näher Abschn. 4.21.2 Abs. 6 UStAE.
13 BFH v. 10.1.2008 – V R 52/06, UR 2008, 276; BFH v. 28.1.2009 – XI R 77/07, BFH/NV 2009, 1676.
14 Vgl. EuGH v. 14.6.2007 – C434/05, EuGHE 2007, I-4793 = UR 2007, 587.

**Lehr- und Lernmaterial** fällt nur dann unter die Steuerbefreiung, wenn es von der Bildungseinrichtung nur für die eigenen Zwecke entworfen ist und bei Dritten nicht bezogen werden kann.[1] Unterbringungs- und **Verpflegungsleistungen** dienen **nicht** unmittelbar den Schul- und Bildungszwecken[2] und können deshalb nur unter den Voraussetzungen des § 4 Nr. 23 UStG steuerfrei sein. Auch eine ausbildungsbegleitende sozialpädagogische Betreuung dient nicht unmittelbar den Ausbildungszwecken; diese sollen jedoch nach Auffassung des BFH nach Art. 132 Abs. 1 Buchst. i i.V.m. Art. 134 MwStSystRL steuerfrei sein.[3] Das verstößt gegen Art. 20 Abs. 3 GG (*Vorbem. Rz. 72 f.*).

Die erforderliche **Bescheinigung** durch die zuständige[4] Landesbehörde bestätigt nur, *dass* die Einrichtung auf einen Beruf oder eine staatliche Prüfung ordnungsgemäß vorbereitet. Unerheblich ist deshalb, ob sich die Teilnehmer tatsächlich darauf vorbereiten.[5] Die Bescheinigung ist für die Einrichtung desjenigen Unternehmers auszustellen, welcher die Steuerbefreiung in Anspruch nehmen will. Das gilt auch, wenn dieser im Rahmen eines sog. Franchisevertrages tätig ist.[6] Die Bescheinigung soll nach abzulehnender Rechtsprechung auch vom Finanzamt beantragt werden und Rückwirkung haben können (dazu näher § 4 Nr. 20 *Rz. 10 ff.*). 9

## C. Lehrer an Bildungseinrichtungen (Buchst. b)

Steuerbefreit sind auch die unmittelbar dem Schul- und Bildungszweck dienenden Unterrichtsleistungen von Lehrern an **Hochschulen** i.S.d. §§ 1 und 70 HRG und **öffentlichen** allgemeinbildenden oder berufsbildenden Schulen (§ 4 Nr. 21 Buchst. b Doppelbuchst. aa UStG) oder an **privaten Schulen** und anderen allgemeinbildenden oder berufsbildenden **Einrichtungen**, soweit diese die Voraussetzungen des § 4 Nr. 21 Buchst. a UStG (*Rz. 3–7, 13*) erfüllen (§ 4 Nr. 21 Buchst. b Doppelbuchst. bb UStG).[7] Der **Zweck** dieser Befreiung dürfte aus der Sicht des nationalen Gesetzgebers darin liegen zu verhindern, dass Schulen und Einrichtungen umsatzsteuerrechtliche Nachteile haben, wenn sie statt angestellter Lehrkräfte **selbständige** Lehrer beschäftigen. 10

Der Begriff „Lehrer" erfasst nach Auffassung des **BMF**[8] nicht nur natürliche Personen, sondern auch Personengesellschaften und juristische Personen. Demgegenüber muss nach Ansicht des BFH die Leistung **persönlich** ausgeführt und kann nicht durch einen selbständigen Beauftragten erbracht werden.[9] 11

---

1 BFH v. 12.12.1985 – V R 15/80, BStBl. II 1986, 499; Abschn. 4.21.4 Abs. 2 UStAE.
2 BFH v. 17.3.1981 – VIII R 149/76, BStBl. II 1981, 746; vgl. auch BFH v. 7.10.2010 – V R 12/10, BStBl. II 2011, 303 – zu § 4 Nr. 22 Buchst. a UStG.
3 BFH v. 21.3.2007 – V R 28/04, UR 2007, 687.
4 Dazu auch Abschn. 4.21.5 Abs. 3 UStAE.
5 BFH v. 3.5.1989 – V R 83/84, BStBl. II 1989, 815; FG Düsseldorf v. 24.11.2006 – 1 K 530/03 U, EFG 2007, 462; Abschn. 4.21.4 Abs. 1 Satz 6 UStAE.
6 Abschn. 4.21.5 Abs. 3 Satz 3 UStAE.
7 Zum Nachweis Abschn. 4.21.3 Abs. 3 ff. UStAE.
8 Abschn. 4.21.3 Abs. 1 Sätze 2 und 3 UStAE.
9 BFH v. 23.8.2007 – V R 10/05, UR 2007, 854.

12 Die Äußerungen des **EuGH** zum „**Privatlehrer**" i.S.d. Art. 132 Abs. 1 Buchst. j MwStSystRL sind unklar und widersprüchlich. In einer Entscheidung aus 2007 hieß es, dass der Lehrer „für eigene Rechnung und in eigener Verantwortung" tätig werde.[1] Das ist unverständlich, da diese Voraussetzung die Selbständigkeit umschreibt (§ 2 Rz. 28), mithin Merkmal des „Steuerpflichtigen" (Art. 9 Abs. 1 MwStSystRL) ist und folglich nicht Kriterium einer logisch nachrangig zu prüfenden Steuerbefreiung sein kann. Von dieser Auffassung ist der EuGH dann zwar in seiner Entscheidung vom 28.1.2010 wieder abgerückt[2], er hat jedoch nunmehr für erneute Verwirrung gesorgt. Während es in der erstgenannten Entscheidung noch (insoweit) zutreffend hieß, dass der Privatlehrer seine Unterrichtsleistungen auch als „freier Mitarbeiter" an einer Bildungseinrichtung erbringen könne[3], findet sich jetzt die Aussage, dass der Umstand, dass der Lehrer nicht Träger der Bildungseinrichtung ist, an der er den Unterricht erteilt, die Möglichkeit ausschließe, den Lehrer als Privatlehrer anzusehen.[4] Das müsste bedeuten, dass der Begriff des Privatlehrers i.S.d. Art. 132 Abs. 1 Buchst. j MwStSystRL eng im traditionellen Sinne zu verstehen wäre[5] und § 4 Nr. 21 Buchst. b UStG die Richtlinie nicht zutreffend umgesetzt hätte. Dafür spricht auch die Feststellung des EuGH, dass die in der deutschen Fassung des Art. 132 Abs. 1 Buchst. j MwStSystRL zu findende Formulierung „Schul- und Hochschulunterricht" als „**Unterrichtseinheiten, die sich auf Schul- und Hochschulunterricht beziehen**", zu lesen sei.[6]

13 „**Unterricht**" setzt nicht voraus, dass die Tätigkeit von einer gewissen Dauer und Regelmäßigkeit ist. Auch einzelne **Vorträge** fallen deshalb unter die Befreiung[7], da die **Dauer** der Schulungsmaßnahmen unerheblich ist (Art. 44 Satz 2 MwSt-DVO).

14 Bei **Fortbildungsmaßnahmen**, welche **staatliche Einrichtungen** (insbesondere Behörden) für die **eigenen Bediensteten** durchführen, sind diese Einrichtungen nach Auffassung des BMF[8] als allgemein- bzw. berufsbildende anzusehen.[9] Entsprechendes müsste dann für Fortbildungsmaßnahmen öffentlich-rechtlicher **Berufskammern** für ihre Mitglieder gelten.[10] Die **Dozenten** können sich jedenfalls nicht auf Art. 132 Abs. 1 Buchst. j MwStSystRL berufen.[11]

---

1 EuGH v. 14.6.2007 – C-445/05, EuGHE 2007, I-4841 = UR 2007, 592.
2 EuGH v. 28.1.2010 – C-473/08, EuGHE 2010, I-907 = UR 2010, 174 – Rz. 45 ff.
3 In diesem Sinne hatte auch der BFH den EuGH verstanden; BFH v. 27.9.2007 – V R 75/03, UR 2007, 941.
4 EuGH v. 28.1.2010 – C-473/08, EuGHE 2010, I-907 = UR 2010, 174 – Rz. 52 ff.
5 A.A. *Philipowski*, UR 2010, 161 (166) – für den Fall des nur gelegentlichen Tätigwerdens an einer Bildungseinrichtung.
6 EuGH v. 28.1.2010 – C-473/08, EuGHE 2010, I-907 = UR 2010, 174 – Rz. 21 ff.
7 A.A. Abschn. 4.21.3 Abs. 2 Satz 5 UStAE.
8 BMF v. 30.12.1996 – IV C 4 - S 7179 - 21/96, UR 1997, 74.
9 A.A. *Heidner* in Bunjes, § 4 Nr. 21 UStG Rz. 17.
10 Unklar BFH v. 17.4.2008 – V R 58/05, UR 2008, 581; FG Köln v. 3.7.2013 – 5 K 2618/09, UR 2013, 831.
11 BFH v. 17.4.2008 – V R 58/05, UR 2008, 581; FG Köln v. 3.7.2013 – 5 K 2618/09, UR 2013, 831.

Bei **Supervisionen**, die sich als Unterrichtseinheiten auf Schul- und Hochschul- 15
unterricht beziehen, soll sich der Privatlehrer nach Ansicht des BFH auf Art. 132
Abs. 1 Buchst. j MwStSystRL berufen können.[1] Sogar der Betreiber einer **privaten Schwimmschule** soll sich auf Art. 132 Abs. 1 Buchst. j MwStSystRL berufen können.[2]

## § 4 Nr. 22
## Steuerbefreiungen bei Lieferungen und sonstigen Leistungen

Von den unter § 1 Abs. 1 Nr. 1 fallenden Umsätzen sind steuerfrei:

...

22. a) die Vorträge, Kurse und anderen Veranstaltungen wissenschaftlicher oder belehrender Art, die von juristischen Personen des öffentlichen Rechts, von Verwaltungs- und Wirtschaftsakademien, von Volkshochschulen oder von Einrichtungen, die gemeinnützigen Zwecken oder dem Zweck eines Berufsverbandes dienen, durchgeführt werden, wenn die Einnahmen überwiegend zur Deckung der Kosten verwendet werden,

b) andere kulturelle und sportliche Veranstaltungen, die von den in Buchstabe a genannten Unternehmern durchgeführt werden, soweit das Entgelt in Teilnehmergebühren besteht;

*EU-Recht*
Art. 132 Abs. 1 Buchst. i, m und n i.V.m. Art. 133 und 134 MwStSystRL.

*VV*
Abschn. 4.22.1 und 4.22.2 UStAE.

| | |
|---|---|
| A. Allgemeines .................. 1 | C. Andere kulturelle und sportliche Veranstaltungen (Buchst. b) ................... 7 |
| B. Veranstaltungen wissenschaftlicher oder belehrender Art (Buchst. a) | D. Unmittelbare Anwendung des Art. 132 Abs. 1 Buchst. m MwStSystRL? |
| I. Begünstigte Einrichtungen ..... 3 | I. Mitgliedsbeiträge bei Sportvereinen u.ä. Einrichtungen ...... 12 |
| II. Wissenschaftliche oder belehrende Veranstaltungen ......... 5 | II. Gesonderte Dienstleistungen .. 13 |
| III. „Verwendung" der Einnahmen . 6 | |

---
1 BFH v. 20.3.2014 – V R 3/13, UR 2014, 569.
2 BFH v. 5.6.2014 – V R 19/13, UR 2014, 735; FG Köln v. 31.5.2010 – 4 V 312/10, EFG 2010, 1461.

## A. Allgemeines

1 Befreit sind unter bestimmten Voraussetzungen die von Bildungseinrichtungen in Gestalt von Veranstaltungen wissenschaftlicher oder belehrender Art erbrachten Dienstleistungen (§ 4 Nr. 22 Buchst. a UStG). Diese Steuerbefreiung überschneidet sich z.T. mit der des § 4 Nr. 21 Buchst. a UStG. Befreit sind ferner die in Gestalt anderer kultureller und sportlicher Veranstaltungen insbesondere von gemeinnützigen Vereinen erbrachten **Dienstleistungen gegenüber** den **Teilnehmern** (§ 4 Nr. 22 Buchst. b UStG). Die Richtlinienvorgaben, insbesondere die des Art. 132 Abs. 1 Buchst. m MwStSystRL, sind nur beschränkt umgesetzt worden (*Rz. 12 f.*).

2 Die **Beherbergung** und/oder **Verpflegung** der Teilnehmer (insbesondere bei Seminaren oder Fachtagungen) ist nicht von der Steuerbefreiung mit umfasst, so dass ein Pauschalentgelt aufzuteilen ist.[1] Bei Jugendlichen kann allerdings § 4 Nr. 23 UStG eingreifen.

## B. Veranstaltungen wissenschaftlicher oder belehrender Art (Buchst. a)

### I. Begünstigte Einrichtungen

3 Steuerbefreit können nur die Veranstaltungen von juristischen Personen des öffentlichen Rechts (*§ 2 Rz. 355 ff.*), von Verwaltungs- und Wirtschaftsakademien, von **Volkshochschulen**[2] oder von **Einrichtungen** sein, die **gemeinnützigen Zwecken** i.S.d. § 52 AO oder dem Zweck eines **Berufsverbandes** dienen. Berufsverbände sind insbesondere Gewerkschaften, Arbeitgeberverbände sowie Zusammenschlüsse von Angehörigen bestimmter Berufe (z.B. Anwaltsverein).[3]

4 Die **Vortragenden** (Dozenten) bei diesen Veranstaltungen werden **nicht** von der Vorschrift erfasst.[4] Natürliche Personen könnten zwar als „Einrichtungen" verstanden werden (vgl. *§ 4 Nr. 16 Rz. 12*), doch dienen sie als solche keinen gemeinnützigen Zwecken oder dem Zweck eines Berufsverbandes.[5] Ihre Dienstleistungen können nur nach § 4 Nr. 21 Buchst. b UStG steuerfrei sein.[6]

### II. Wissenschaftliche oder belehrende Veranstaltungen

5 Begünstigt sind die Vorträge, Kurse und anderen Veranstaltungen wissenschaftlicher oder belehrender Art. Bei richtlinienkonformer Auslegung entsprechend Art. 132 Abs. 1 Buchst. i MwStSystRL sind derartige Veranstaltungen solche, die als **Erziehung** von Kindern und Jugendlichen, als **Schul-** oder **Hochschulunter-**

---

1 Abschn. 4.22.1 Abs. 3 Satz 5 UStAE; BFH v. 7.10.2010 – V R 12/10, BStBl. II 2011, 303; BFH v. 8.3.2012 – V R 14/11, BStBl. II 2012, 630 – Rz. 10 (allerdings im Widerspruch zum 2. LS, der von „steuerfreien" Seminaren [eines gemeinnützigen Vereins, obwohl es sich um eine GmbH handelte] spricht).
2 Dazu Abschn. 4.22.1 Abs. 1 UStAE.
3 Vgl. BFH v. 28.1.1988 – V R 48/85, UR 1989, 245.
4 Abschn. 4.22.1 Abs. 3 Satz 3 UStAE.
5 BFH v. 12.5.2005 – V B 146/03, BStBl. II 2005, 714.
6 Abschn. 4.22.1 Abs. 3 Sätze 3 f. UStAE.

richt, als Ausbildung, **Fortbildung** oder **berufliche Umschulung** zu qualifizieren sind.[1] Dazu zählt nach Auffassung der Finanzverwaltung auch die Erteilung von **Sportunterricht**. Dieser soll steuerfrei sein, soweit er von einem Sportverein im Rahmen eines sog. Zweckbetriebes i.S.d. § 67a AO durchgeführt werde, selbst wenn der Sportunterricht Nichtmitgliedern erteilt werde.[2] Die Durchführungen von Prüfungen ist nur dann begünstigt, wenn die Einrichtung auch den vorhergehenden Unterricht erteilt hat.[3] **Nicht** als Veranstaltung belehrender Art ist ein **Tanzkurs** anzusehen, da dieser vorrangig der **Freizeitbeschäftigung** der Teilnehmer dient.[4] Ein **Fahrsicherheitstraining** soll **hingegen** nach Auffassung des BFH unter § 4 Nr. 22 Buchst. a UStG fallen können.[5]

### III. „Verwendung" der Einnahmen

Voraussetzung der Steuerbefreiung nach § 4 Nr. 22 Buchst. a UStG soll sein, dass „die Einnahmen überwiegend zur Deckung der Kosten verwendet werden". Der Sinn dieser Gesetzesaussage erschließt sich nicht nur wegen des Begriffes „Verwendung" nicht. Die Finanzverwaltung kann mit der seit 1926 bestehenden Gesetzesformulierung[6] offensichtlich auch nichts anfangen, denn sie hat sich nie dazu geäußert. Nicht gemeint sein kann, dass die Einnahmen mehr als die Hälfte der Kosten abdecken müssen[7], denn das ist etwas völlig anderes als „verwenden". Nach Auffassung des BFH werden die Einnahmen überwiegend zur Deckung der Kosten verwendet, wenn sie zumindest zur Hälfte zur Deckung der Kosten dienen.[8] Das hieße, dass ein Gewinn (Überschuss) von 50 % in unbegrenzter Höhe erzielt werden dürfte, was ersichtlich nicht zu rechtfertigen ist. Der Wortlaut lässt aber keine restriktive Auslegung zu. Eine teleologische Reduktion käme nur nach Maßgabe des Art. 134 Buchst. b MwStSystRL in Betracht, wenn unmittelbarer Wettbewerb mit gewerblichen Unternehmern besteht.

6

### C. Andere kulturelle und sportliche Veranstaltungen (Buchst. b)

Andere kulturelle und sportliche Veranstaltungen, die von den unter § 4 Nr. 22 Buchst. a UStG genannten Unternehmern (*Rz. 3*) durchgeführt werden, sind steuerfrei, *soweit* das Entgelt in Teilnehmergebühren (*Rz. 11*) besteht (§ 4 Nr. 22 Buchst. b UStG).

7

---

1 BFH v. 27.4.2006 – V R 53/04, BStBl. II 2007, 16; Abschn. 4.22.1 Abs. 2 UStAE.
2 Abschn. 4.22.1 Abs. 4 UStAE; offen gelassen von BFH v. 27.4.2006 – V R 53/04, BStBl. II 2007, 16.
3 OFD Frankfurt a.M. v. 14.8.2003 – S 7180 A - 17 - St I 23, UR 2004, 100.
4 BFH v. 27.4.2006 – V R 53/04, BStBl. II 2007, 16; Abschn. 4.22.1 Abs. 4 Satz 2 UStAE.
5 Vgl. BFH v. 10.7.2012 – V B 33/12, BFH/NV 2012, 1676 – AdV.
6 § 3 UStDB 1926 = § 4 UStDB 1934 = § 47 Ziff. 2 UStDB 1951 = 4 Nr. 24 UStG 1951 idF d. 11. UStÄndG 1961. Statt „überwiegend" hieß es lediglich „vorwiegend".
7 So aber *Kraeusel* in R/K/L, § 4 Nr. 22 UStG Rz. 35.
8 BFH v. 7.10.2010 – V R 12/10, BStBl. II 2011, 303 – Rz. 19; BFH v. 10.7.2012 – V B 33/12, BFH/NV 2012, 1676 – Rz. 35; so auch bereits *Weiß* in Eckhard/Weiß, UStG, 1975, § 4 Nr. 22 UStG Rz. 25.

8 Als andere **kulturelle** Veranstaltung kommen z.B. Musikwettbewerbe und Trachtenfeste in Betracht.[1] Keine kulturellen Veranstaltungen sind Tanzkurse.[2]

9 **Sportliche „Veranstaltungen"** sind, obwohl die Formulierung nach Auffassung des BFH an die entsprechende Formulierung des § 67a AO anknüpfen soll[3], nicht nur die organisatorischen Maßnahmen eines Sportvereins[4], die es aktiven Sportlern ermöglichen, Sport[5] zu treiben.[6] Bei richtlinienkonformer Auslegung entsprechend Art. 132 Abs. 1 Buchst. m MwStSystRL ist vielmehr lediglich die Erbringung von in engem Zusammenhang mit Sport und Körperertüchtigung stehenden Dienstleistungen durch eine **Einrichtung** (*§ 4 Nr. 14 Rz. 28*) an Personen zu fordern, die Sport oder Körperertüchtigung ausüben, so dass eine Beschränkung der Steuerbefreiung auf organisiert, planmäßig oder mit dem Ziel der Teilnahme an Sportwettkämpfen ausgeübte sportliche Betätigungen unzulässig ist.[7]

**Nicht** ausreichend ist es, wenn **lediglich** die **Nutzung** von **Sportanlagen** gestattet wird[8] (s. auch *Rz. 12*), eine **Sportstätte vermietet** oder deren Vermietung organisiert wird.[9] Zu sportlichen „Veranstaltungen" zählen auch **nicht Sonderleistungen für einzelne Personen**[10] (Beispiel: Einzeltraining[11]). Auch **Tanzkurse**[12], **Pferderennen**[13] und das Betreiben einer Pferdepension[14] sind keine sportlichen Veranstaltungen.

10 **Sportreisen** sind als sportliche Veranstaltungen anzusehen, wenn die sportliche Betätigung wesentlicher und notwendiger Bestandteil der Reise ist (z.B. Reise

---

1 Abschn. 4.22.2 Abs. 1 UStAE.
2 BFH v. 27.4.2006 – V R 53/04, BStBl. II 2007, 16.
3 BFH v. 11.10.2007 – V R 69/06, UR 2008, 153 – 2b aa der Gründe.
4 So aber BFH v. 25.7.1996 – V R 7/95, BStBl. II 1997, 154; BFH v. 30.3.2000 – V R 30/99, BStBl. II 2000, 705; BFH v. 27.4.2006 – V R 53/04, BStBl. II 2007, 16; BFH v. 11.10.2007 – V R 69/06, UR 2008, 153 – 2b aa der Gründe; BFH v. 20.11.2008 – V B 264/07, UR 2009, 318; BFH v. 2.3.2011 – XI R 21/09, UR 2011, 589.
5 Dazu allgemein EuGH v. 21.3.2013 – C-18/12, UR 2013, 338 – Rz. 17 ff.; s. auch FG München v. 8.10.2009 – 10 K 37/94/06, EFG 2010, 367 – Gymnastikkurse.
6 Vgl. BFH v. 5.8.2010 – V R 54/09, BStBl. II 2011, 191.
7 EuGH v. 21.3.2013 – C-18/12, UR 2013, 338 – Rz. 23 f.
8 BFH v. 25.7.1996 – V R 7/95, BStBl. II 1997, 154 – Fallschirmsport; BFH v. 30.3.2000 – V R 30/99, BStBl. II 2000, 705; BFH v. 18.8.2011 – V R 64/09, HFR 2012, 784 – Eisbahn; BFH v. 9.8.2007 – V R 27/04, UR 2007, 811 – Flugplatz; BFH v. 11.10.2007 – V R 69/06, UR 2008, 153 – Golfplatz; BFH v. 20.3.2014 – V R 4/13, UR 2014, 732 – Rz. 15.
9 BFH v. 5.8.2010 – V R 54/09, BStBl. II 2011, 191 – Rz. 17.
10 BFH v. 25.7.1996 – V R 7/95, BStBl. II 1997, 154 (156); BFH v. 11.10.2007 – V R 69/06, UR 2008, 153; Abschn. 4.2.2 Abs. 4 UStAE.
11 BFH v. 2.3.2011 – XI R 21/09, UR 2011, 589 – Golftraining; es soll indes die Berufung auf Art. 132 Abs. 1 Buchst. m MwStSystRL in Betracht kommen (*Rz. 12*).
12 BFH v. 27.4.2006 – V R 53/04, BStBl. II 2007, 16.
13 FinMin. NW v. 4.10.1988 – S 7180 - 6 - V - C 2, UR 1989, 132.
14 BFH v. 16.10.2013 – XI R 34/11, UR 2014, 481; allerdings soll eine Berufung auf Art. 132 Abs. 1 Buchst. m MwStSystRL in Betracht kommen (s.u. *Rz. 13*).

zum Wettkampfort) und nicht die Erholung und das Vergnügen der Teilnehmer im Vordergrund stehen.[1]

**Teilnehmergebühren** sind Beträge, welche gezahlt werden, um an den Veranstaltungen *aktiv* teilnehmen zu können (z.b. Startgelder, Meldegelder; zu Mitgliedsbeiträgen s. *Rz. 12*). Eintrittsgelder für Zuschauer fallen demgemäß nicht unter die Befreiung.[2]   11

## D. Unmittelbare Anwendung des Art. 132 Abs. 1 Buchst. m MwStSystRL?

### I. Mitgliedsbeiträge bei Sportvereinen u.ä. Einrichtungen

Den **Mitgliedsbeiträgen** bei Sportvereinen u.ä. Einrichtungen liegen steuerbare **Dienstleistungen** des Vereins gegenüber den Mitgliedern zugrunde (*§ 2 Rz. 99*). Die Steuerbefreiung nach § 4 Nr. 22 Buchst. b UStG ist dem BFH zufolge nicht anwendbar, da die Ermöglichung des Sporttreibens für die Mitglieder auch bei extensiver Auslegung nicht als sportliche Veranstaltung (*Rz. 9*) verstanden werden könne.[3] Demgegenüber folgt aus Art. 132 Abs. 1 Buchst. m MwSt-SystRL, dass solche Dienstleistungen steuerfrei sein sollen.[4] Einer Berufung auf diese Vorschrift bedarf es – abgesehen davon, dass ein derartiges Recht nicht besteht, solange wie sich der EuGH nicht konkret zu dieser Frage geäußert hat (*Vorbem. Rz. 72 ff.*) – nicht, da die von der Finanzverwaltung bislang angenommene Nichtsteuerbarkeit (*§ 2 Rz. 98*) der Sportvereinstätigkeit gegenüber den Mitgliedern zum selben Ergebnis führt.   12

Der Sportverein kann sich zwar auch umgekehrt auf eine nach dem Wortlaut des UStG bestehende Steuerpflicht berufen[5], um den **Vorsteuerabzug** aus Investitionen zu erlangen, muss jedoch damit rechnen, dass eine dem Art. 132 Abs. 1 Buchst. m MwStSystRL entsprechende Steuerbefreiung rückwirkend eingeführt wird und der Vorsteuerabzug grundsätzlich wieder rückgängig zu machen ist. Vertrauensschutz besteht nicht, da es sich um die Wiederherstellung der ursprünglichen Rechtslage handelt.[6]

### II. Gesonderte Dienstleistungen

Auch solche Dienstleistungen der Sportvereine u.ä. Einrichtungen, für die jeweils **gesonderte** Entgelte in Gestalt von **Nutzungsgebühren** o.Ä. erhoben wer-   13

---

1 Abschn. 4.22.2 Abs. 3 UStAE; OFD Rheinland v. 6.2.2006 – S 7419 - 1000 - St 4, UR 2007, 153; vgl. auch BFH v. 25.7.1996 – V R 7/95, BStBl. II 1997, 154 (156) – c der Gründe.
2 Abschn. 4.22.2 Abs. 5 UStAE; vgl. auch BFH v. 25.7.1996 – V R 7/95, BStBl. II 1997, 154 (156) – c der Gründe; FG München v. 15.5.2006 – 7 K 4052/03, EFG 2006, 1362.
3 BFH v. 11.10.2007 – V R 69/06, UR 2008, 153 – Golfverein; **a.A.** FG München v. 10.4.2014 – 14 K 1495/12, EFG 2014, 1436 – Schützenverein.
4 EuGH v. 21.3.2002 – C-174/00, EuGHE 2002, I-3293 = UR 2002, 320.
5 BFH v. 11.10.2007 – V R 69/06, UR 2008, 153; a.A. FG Nürnberg v. 11.9.2007 – II 238/04, DStRE 2008, 500.
6 Dazu näher *Stadie* in R/D, § 2 UStG Anm. 228.

den, fallen unter Art. 132 Abs. 1 Buchst. m MwStSystRL.[1] Nach Auffassung des BFH soll eine Berufung auf diese Bestimmung in Betracht kommen[2] (s. aber *Vorbem. Rz. 72 ff.*). Unabhängig davon ist **fraglich**, ob **natürliche Personen** als **Einrichtungen** ohne Gewinnstreben i.S. dieser Bestimmung angesehen werden können.[3]

## § 4 Nr. 23
## Steuerbefreiungen bei Lieferungen und sonstigen Leistungen

**Von den unter § 1 Abs. 1 Nr. 1 fallenden Umsätzen sind steuerfrei:**

...

23. die Gewährung von Beherbergung, Beköstigung und der üblichen Naturalleistungen durch Einrichtungen, wenn sie überwiegend Jugendliche für Erziehungs-, Ausbildungs- oder Fortbildungszwecke oder für Zwecke der Säuglingspflege bei sich aufnehmen, soweit die Leistungen an die Jugendlichen oder an die bei ihrer Erziehung, Ausbildung, Fortbildung oder Pflege tätigen Personen ausgeführt werden. Jugendliche im Sinne dieser Vorschrift sind alle Personen vor Vollendung des 27. Lebensjahres. Steuerfrei sind auch die Beherbergung, Beköstigung und die üblichen Naturalleistungen, die diese Unternehmer den Personen, die bei den Leistungen nach Satz 1 tätig sind, als Vergütung für die geleisteten Dienste gewähren. Die Sätze 1 bis 3 gelten nicht, soweit eine Leistung der Jugendhilfe des Achten Buches Sozialgesetzbuch erbracht wird;

*EU-Recht*
Art. 132 Abs. 1 Buchst. h und i i.V.m. Art. 133 und 134 MwStSystRL.

*VV*
Abschn. 4.23.1 UStAE.

| | |
|---|---|
| A. Voraussetzungen und Anwendungsbereich der Vorschrift .... 1 | B. Unmittelbare Anwendung des Art. 132 Abs. 1 Buchst. h oder i MwStSystRL? ................ 10 |

---

1 EuGH v. 19.12.2013 – C-495/12, UR 2014, 192 – Golfgreenfee; vgl. auch EuGH v. 16.10.2008 – C-253/07, EuGHE 2008, I-7821 = UR 2008, 854.
2 BFH v. 19.2.2004 – V R 39/02, BStBl. II 2004, 672; BFH v. 16.10.2013 – XI R 34/11, UR 2014, 481 – jeweils Pensionspferdehaltung; BFH v. 3.4.2008 – V R 74/07, UR 2008, 698 – Golfbälle, Greenfee; BFH v. 2.3.2011 – XI R 21/09, UR 2011, 589 – Golfunterricht; vgl. auch BFH v. 9.8.2007 – V R 27/04, UR 2007, 811.
3 Vgl. FG Nürnberg v. 22.1.2013 – 2 K 534/11, EFG 2013, 1270 – Rev.-Az. XI R 25/13.

## A. Voraussetzungen und Anwendungsbereich der Vorschrift

**I.** Steuerbefreit sind die **Beherbergung**, **Beköstigung** und die üblichen Naturalleistungen durch Einrichtungen, die überwiegend **Jugendliche** für Erziehungs-, Bildungs- u.ä. **Zwecke** aufnehmen; befreit sind nicht nur diese Leistungen gegenüber den Jugendlichen, sondern auch gegenüber den Erziehern, Ausbildern usw. (§ 4 Nr. 23 Satz 1 UStG). Der Begriff „Einrichtungen" umfasst auch natürliche Personen (*§ 4 Nr. 16 Rz. 9*). **Jugendliche** im Sinne dieser Vorschrift sind alle Personen vor Vollendung des 27. Lebensjahres (§ 4 Nr. 23 Satz 2 UStG). 1

Der Unternehmer muss die Jugendlichen **zu den** genannten **Zwecken** „**aufnehmen**", d.h. zu den Kindern und Jugendlichen ein **Obhuts- und Betreuungsverhältnis** begründen, in dessen Rahmen er auf die aufgenommenen Personen planmäßig erzieherisch o.ä. einwirken kann und soll.[1] Die Beherbergung und Beköstigung während kurzfristiger **Urlaubsaufenthalte** oder **Fahrten**, die von **Sport-** und **Freizeitangeboten** geprägt sind, stellen keine Aufnahme zu Erziehungs-, Ausbildungs- oder Fortbildungszwecken dar.[2] Eine **ambulante** psychotherapeutische Betreuung wird ebenfalls nicht von der Vorschrift erfasst.[3] 2

Der Unternehmer muss die **Erziehungszwecke** usw. zwar nicht allein **verfolgen**; es reicht aber nicht aus, dass sie lediglich von einem Dritten verfolgt werden.[4] Wer **nur** Leistungen in Form der **Unterbringung** und **Verköstigung** der Kinder und Jugendlichen im Zusammenhang mit der Erziehung und Ausbildung durch andere gewährt, fällt **nicht** unter die Befreiungsvorschrift.[5] Das gilt auch für Reiseleistungen[6] und die Veranstaltung von sog. High-School- oder College-Programmen.[7] 3

Demgegenüber soll es nach Auffassung der **Finanzverwaltung** ausreichen, dass der Unternehmer konkrete Erziehungs-, Ausbildungs- oder Fortbildungszwecke, z.B. in seiner Satzung, festschreibt und den Leistungsempfänger vertraglich verpflichtet, sich im Rahmen seines Aufenthaltes an diesen pädagogischen Grundsätzen zu orientieren. Der Unternehmer erbringe auch in diesen Fällen, zumindest **mittelbar**, Leistungen im Sinne der Vorschrift, die über Beherbergungs- und Verpflegungsleistungen hinausgingen.[8] Das **widerspricht** nicht nur dem Gesetzeswortlaut, sondern auch der **Richtlinie**, die Einrichtungen mit sozialem Cha- 4

---

1 BFH v. 28.9.2000 – V R 26/99, BStBl. II 2001, 691.
2 BFH v. 12.5.2009 – V R 35/07, BStBl. II 2009, 1032 – Kanutouren; BFH v. 30.7.2008 – V R 66/06, BStBl. II 2010, 507 = UR 2009, 241 – Ferienbauernhof; Abschn. 4.23.1 Abs. 2 Satz 13 UStAE; vgl. auch BGH v. 6.7.2006 – IX ZR 88/02, UR 2007, 217 – Reiterhof.
3 FG Nds. v. 28.9.2006 – 16 K 76/05, EFG 2007, 1047; allerdings soll Art. 132 Abs. 1 Buchst. h MwStSystRL anzuwenden sein (*Rz. 10 f.*).
4 BFH v. 28.9.2000 – V R 26/99, BStBl. II 2001, 691; BFH v. 19.5.2005 – V R 32/03, BStBl. II 2005, 900; BFH v. 28.9.2006 – V R 57/05, UR 2007, 108.
5 BFH v. 28.9.2000 – V R 26/99, BStBl. II 2001, 691; BFH v. 12.2.2009 – V R 47/07, BStBl. II 2009, 677 – Schulförderverein; vgl. auch BFH v. 12.5.2009 – V R 35/07, BStBl. II 2009, 1032; BFH v. 21.11.2013 – V R 11/11, UR 2014, 372 – Rz. 23; ferner BFH v. 26.7.1979 – V B 15/79, BStBl. II 1979, 721 – Kantinenpächter; BFH v. 26.4.1990 – V R 55/85, UR 1991, 54.
6 BFH v. 21.11.2013 – V R 11/11, UR 2014, 372.
7 BFH v. 1.6.2006 – V R 104/01, BStBl. II 2007, 142.
8 Abschn. 4.23.1 Abs. 2 Sätze 4 bis 6 UStAE.

rakter bzw. mit Erziehungsaufgaben betraute Einrichtungen verlangt (Art. 131 Abs. 1 Buchst. h und i MwStSystRL).[1]

5 Das Merkmal „**überwiegend**" ist unbeachtlich[2], da die Steuerbefreiung im Interesse der Jugendlichen bzw. der Träger der Ausbildungskosten besteht. D.h. die Leistungen werden von der Umsatzsteuer befreit, und nicht die Unternehmer, die die Leistungen erbringen, begünstigt. Auch Art. 131 Abs. 1 Buchst. h und i MwStSystRL ist rein tätigkeitsbezogen formuliert.

6 Die Befreiung ist nicht an die Beherbergung der Jugendlichen geknüpft, so dass von der Vorschrift auch **Kindergärten**, **Kindertagesstätten** u.Ä. erfasst werden, wenn die Aufnahme für einen längeren Zeitraum erfolgt, so dass von einem Erziehungszweck auszugehen ist.

7 Zur Erziehung, Aus- oder Fortbildung gehört auch die körperliche Ertüchtigung, so dass die Vorschrift auch bei **Sportlehrgängen** in Betracht kommt. Nach dem Wortlaut der Vorschrift würde das selbst bei solchen für **Berufssportler** gelten.[3] Eine derartige Auslegung widerspräche jedoch dem Gesetzes- und EG-Richtlinienzweck, da die Vorschrift(en) soziale Zwecke im Auge haben, nämlich nur „dem Gemeinwohl dienende Tätigkeiten" (Überschrift vor Art. 132 MwStSystRL) befreien wollen.

8 II. Steuerfrei sollen auch die in § 4 Nr. 23 Satz 1 UStG genannten Leistungen sein, die der Unternehmer den Personen, welche bei der Erbringung der Leistungen gegenüber den Jugendlichen mitwirken, als Vergütung für die geleisteten Dienste gewährt (**Satz 3**), d.h. die Gewährung von **Kost** und **Logis** für das **Personal**. Diese Leistungen sind jedoch richtigerweise schon nicht steuerbar (dazu § 4 Nr. 18 Rz. 22 f.).

9 III. Die Befreiung nach § 4 Nr. 23 UStG **gilt nicht**, soweit eine Leistung der **Jugendhilfe** des SGB VIII erbracht wird (**Satz 4**). Die Leistungen nach § 2 Abs. 2 SGB VIII und die Inobhutnahme nach § 42 SGB VIII sind unter den Voraussetzungen des § 4 Nr. 25 UStG steuerfrei.[4]

## B. Unmittelbare Anwendung des Art. 132 Abs. 1 Buchst. h oder i MwStSystRL?

10 Die Rechtsprechung wendet auf bestimmte Dienstleistungen, die von § 4 Nr. 23 UStG nicht erfasst werden, die Befreiung nach Art. 132 Abs. 1 Buchst. i MwStSystRL an. So sollen nach Auffassung des BFH die **kurzfristigen Vermietungen** durch **Studentenwerke** an Studenten wie auch an Bedienstete, welche in den Studentenwohnheimen tätig sind[5], sowie die **Verpflegungsleistungen** an Studenten und Bedienstete der Studentenwerke[6] **mit dem Hochschulunterricht eng**

---

1 Vgl. BFH v. 28.9.2000 – V R 26/99, BStBl. II 2001, 691.
2 Vgl. BFH v. 24.5.1989 – V R 127/84, BStBl. II 1989, 912; Abschn. 4.23.1 Abs. 1 Satz 2 UStAE; a.A. *Heidner* in Bunjes, § 4 Nr. 23 UStG Rz. 8.
3 So in der Tat Abschn. 4.23.1 Abs. 4 Satz 3 UStAE.
4 Abschn. 4.23.1 Abs. 6 UStAE.
5 BFH v. 19.5.2005 – V R 32/03, BStBl. II 2005, 900.
6 BFH v. 28.9.2006 – V R 57/05, BStBl. II 2007, 846.

verbundene Dienstleistungen im Sinne dieser Vorschrift sein, so dass sich die Studentenwerke auf diese Befreiung berufen könnten. Der BFH bezieht sich in beiden Fällen auf den vom EuGH festgestellten Zweck dieser Befreiung, wonach der Zugang zum Hochschulunterricht nicht durch höhere Kosten versperrt werden soll, die entstünden, wenn dieser oder die mit ihm eng verbundenen Dienstleistungen und Lieferungen der Mehrwertsteuer unterworfen wären.[1] Da der EuGH sich indes zu den konkreten Fragestellungen noch nicht geäußert hat, d.h. ein Berufungsrecht auf den Anwendungsvorrang der Richtlinienbestimmung insoweit noch nicht begründet hat, stellen (auch) diese BFH-Entscheidungen eine **Missachtung** des **Gesetzes** und damit Verstöße gegen das Gewaltenteilungsprinzip der Verfassung (Art. 20 Abs. 3 GG) dar (*Vorbem. Rz. 72 ff.*). Hinzu kommt, dass der EuGH Art. 132 Abs. 1 Buchst. i MwStSystRL vermutlich nicht in dem vom BFH angenommenen Sinne auslegen würde, da Wohnen und Essen nichts mit dem Hochschulstudium zu tun haben, sondern auch Nichtstudenten wohnen und essen müssen, so dass die Kosten dafür nicht den Zugang zum Hochschulstudium erschweren. Das BMF wendet beide Urteile zu Recht nicht an.[2]

Das Niedersächsische FG hat auf **ambulante** psychotherapeutische **Betreuungen** Art. 132 Abs. 1 Buchst. h MwStSystRL angewendet.[3] Das ist aus dem zuvor genannten Grund unzulässig.

11

# § 4 Nr. 24
# Steuerbefreiungen bei Lieferungen und sonstigen Leistungen

**Von den unter § 1 Abs. 1 Nr. 1 fallenden Umsätzen sind steuerfrei:**

...

24. die Leistungen des Deutschen Jugendherbergswerkes, Hauptverband für Jugendwandern und Jugendherbergen e.V., einschließlich der diesem Verband angeschlossenen Untergliederungen, Einrichtungen und Jugendherbergen, soweit die Leistungen den Satzungszwecken unmittelbar dienen oder Personen, die bei diesen Leistungen tätig sind, Beherbergung, Beköstigung und die üblichen Naturalleistungen als Vergütung für die geleisteten Dienste gewährt werden. Das Gleiche gilt für die Leistungen anderer Vereinigungen, die gleiche Aufgaben unter denselben Voraussetzungen erfüllen;

*EU-Recht*
Art. 132 Abs. 1 Buchst. h i.V.m. Art. 133 und 134 MwStSystRL.

---

[1] EuGH v. 20.6.2002 – C-287/00, EuGHE 2002, I-5811 = UR 2002, 316 – Rz. 47.
[2] BMF v. 27.9.2007 – IV A 6 - S 7175/07/0003, BStBl. I 2007, 768.
[3] FG Nds. v. 28.9.2006 – 16 K 76/05, EFG 2007, 1047.

§ 4 Nr. 25 Steuerbefreiungen bei Lieferungen und sonstigen Leistungen

*VV*
Abschn. 4.24.1 UStAE.

1 Die Befreiung gilt nicht nur für die Leistungen des Deutschen Jugendherbergswerkes, Hauptverband für Jugendwandern und Jugendherbergen e.V., einschließlich der diesem Verband angeschlossenen Einrichtungen und Jugendherbergen, sondern **auch** für die Leistungen **anderer Vereinigungen**, die die gleichen Aufgaben unter denselben Voraussetzungen erfüllen (§ 4 Nr. 24 Satz 2 UStG).[1] Begünstigt sind auch die Leistungen der **Pächter** und der sog. Herbergseltern.[2]

2 Befreit sind nur die Leistungen (Dienstleistungen und Lieferungen), die den **Satzungszwecken unmittelbar dienen**[3] (§ 4 Nr. 24 Satz 1 Alt. 1 UStG) oder **Kost- und Logisgewährung** gegenüber dem **Personal** darstellen (§ 4 Nr. 24 Satz 1 Alt. 2 UStG; dazu *§ 4 Nr. 18 Rz. 22 f.*).

# § 4 Nr. 25
# Steuerbefreiungen bei Lieferungen und sonstigen Leistungen

Von den unter § 1 Abs. 1 Nr. 1 fallenden Umsätzen sind steuerfrei:
...

25. Leistungen der Jugendhilfe nach § 2 Abs. 2 des Achten Buches Sozialgesetzbuch und die Inobhutnahme nach § 42 des Achten Buches Sozialgesetzbuch, wenn diese Leistungen von Trägern der öffentlichen Jugendhilfe oder anderen Einrichtungen mit sozialem Charakter erbracht werden. Andere Einrichtungen mit sozialem Charakter im Sinne dieser Vorschrift sind

    a) von der zuständigen Jugendbehörde anerkannte Träger der freien Jugendhilfe, die Kirchen und Religionsgemeinschaften des öffentlichen Rechts sowie die amtlich anerkannten Verbände der freien Wohlfahrtspflege,

    b) Einrichtungen, soweit sie

        aa) für ihre Leistungen eine im Achten Buch Sozialgesetzbuch geforderte Erlaubnis besitzen oder nach § 44 oder § 45 Abs. 1 Nr. 1 und 2 des Achten Buches Sozialgesetzbuch einer Erlaubnis nicht bedürfen,

        bb) Leistungen erbringen, die im vorangegangenen Kalenderjahr ganz oder zum überwiegenden Teil durch Träger der öffentlichen Jugendhilfe oder Einrichtungen nach Buchstabe a vergütet wurden oder

---

1 Dazu Abschn. 4.24.1 Abs. 5 UStAE.
2 Abschn. 4.24.1 Abs. 1 Nr. 3 und 4 UStAE.
3 Dazu Abschn. 4.24.1 Abs. 2 und 3 UStAE.

cc) Leistungen der Kindertagespflege erbringen, für die sie nach § 23 Absatz 3 des Achten Buches Sozialgesetzbuch geeignet sind.[1]

Steuerfrei sind auch

a) die Durchführung von kulturellen und sportlichen Veranstaltungen, wenn die Darbietungen von den von der Jugendhilfe begünstigten Personen selbst erbracht oder die Einnahmen überwiegend zur Deckung der Kosten verwendet werden und diese Leistungen in engem Zusammenhang mit den in Satz 1 bezeichneten Leistungen stehen,

b) die Beherbergung, Beköstigung und die üblichen Naturalleistungen, die diese Einrichtungen den Empfängern der Jugendhilfeleistungen und Mitarbeitern in der Jugendhilfe sowie den bei den Leistungen nach Satz 1 tätigen Personen als Vergütung für die geleisteten Dienste gewähren,

c) Leistungen, die von Einrichtungen erbracht werden, die als Vormünder nach § 1773 des Bürgerlichen Gesetzbuchs oder als Ergänzungspfleger nach § 1909 des Bürgerlichen Gesetzbuchs bestellt worden sind, sofern es sich nicht um Leistungen handelt, die nach § 1835 Absatz 3 des Bürgerlichen Gesetzbuchs vergütet werden;

*EU-Recht*
Art. 132 Abs. 1 Buchst. h i.V.m. Art. 133 und 134 MwStSystRL.

*VV*
Abschn. 4.25.1 und 4.25.2 UStAE.

| | | | |
|---|---|---|---|
| A. Allgemeines | 1 | D. Beherbergung und Beköstigung (Satz 3 Buchst. b) | 9 |
| B. Leistungen der Jugendhilfe (Sätze 1 und 2) | 2 | E. Leistungen von Vormündern und Ergänzungspflegern (Satz 3 Buchst. c) | 10 |
| C. Kulturelle und sportliche Veranstaltungen (Satz 3 Buchst. a) | 8 | | |

## A. Allgemeines

Die Befreiung gilt für die **Leistungen der Jugendhilfe** im Sinne des SGB VIII durch **Träger der öffentlichen Jugendhilfe** (Jugendämter und Landesjugendämter) und andere **Einrichtungen mit sozialem Charakter** (§ 4 Nr. 25 Sätze 1 und 2 UStG) sowie für bestimmte, im engen Zusammenhang mit der Jugendhilfe stehende **kulturelle** und **sportliche Veranstaltungen** (§ 4 Nr. 25 Satz 3 Buchst. a UStG) und für bestimmte **Beherbergungs-** und **Verpflegungsleistungen** (§ 4 Nr. 25 Satz 3 Buchst. b UStG).  1

---

[1] Satz 2 Buchstabe b Doppelbuchstabe cc mit Wirkung vom 31.7.2014 neugefasst durch Gesetz v. 25.7.2014.

## B. Leistungen der Jugendhilfe (Sätze 1 und 2)

2 Steuerbefreit sind die Leistungen der Jugendhilfe nach § 2 Abs. 2 SGB VIII, d.h. Dienstleistungen insbesondere auf dem Gebiet der **Jugendarbeit**, der **Jugendsozialarbeit** und des erzieherischen Kinder- und Jugendschutzes, der Förderung der Erziehung in der Familie, der Förderung von Kindern in **Tageseinrichtungen** und in der Tagespflege, in Gestalt der **Erziehungshilfe**, der **Hilfe** für seelisch behinderte Kinder und Jugendliche und der Hilfe für Volljährige. Steuerbefreit sind ferner Dienstleistungen in Gestalt der **Inobhutnahme** nach § 42 SGB VIII.

3 Zu anderen **Einrichtungen mit sozialem Charakter** gehören zum einen gem. § 4 Nr. 25 Satz 2 Buchst. a UStG von der zuständigen Behörde anerkannte **Träger der freien Jugendhilfe**, die **Kirchen** und öffentlich-rechtlichen Religionsgemeinschaften sowie die amtlich anerkannten **Verbände der freien Wohnfahrtspflege** (dazu § 23 UStDV; s. § 4 Nr. 18 UStG).

4 Ferner zählen zu den anderen Einrichtungen mit sozialem Charakter **auch Einrichtungen**, *soweit* sie die Voraussetzungen des § 4 Nr. 25 Satz 2 Buchst. b UStG erfüllen. Gemeint ist: Die Leistungen anderer Einrichtungen in Gestalt der Jugendhilfe sind steuerfrei, soweit sie die Voraussetzungen erfüllen. Die Einrichtungen können auch durch **natürliche Personen** betrieben werden (*§ 4 Nr. 16 Rz. 9*).

5 Steuerfrei sind die Leistungen, soweit die Einrichtungen eine **Erlaubnis** nach dem SGB VIII besitzen **oder** einer solchen **nicht bedürfen** (§ 4 Nr. 25 Satz 2 Buchst. b Doppelbuchst. aa UStG). Zu letzteren Einrichtungen gehören insbesondere **Jugendfreizeit-** und **Jugendausbildungseinrichtungen**, Jugendherbergen, Schullandheime und der Schulaufsicht unterliegende Schülerheime.

6 Steuerfrei sind ferner die **Leistungen**, die im vorangegangenen Kalenderjahr ganz oder überwiegend durch Träger der öffentlichen Jugendhilfe oder durch Einrichtungen i.S.d. § 4 Nr. 25 Satz 2 Buchst. a UStG (*Rz. 3*) **vergütet** wurden (§ 4 Nr. 25 Satz 2 Buchst. b Doppelbuchst. bb UStG). Es kommt nicht auf die einzelne Leistung, sondern auf die Gesamtheit der Leistungen der Jugendhilfe an. Kostenbeteiligungen, z.B. der Eltern der Jugendlichen, sollen nach Auffassung der Finanzverwaltung nicht berücksichtigt werden.[1]

7 Steuerfrei sind auch die Leistungen der **Kindertagespflege**, für die die Einrichtungen nach § 24 Abs. 5 SGB VIII vermittelt werden *können* (Fassung des § 4 Nr. 25 Satz 2 Buchst. b Doppelbuchst. cc UStG bis zum 30.7.2014), d.h. die Einrichtung muss nur die Voraussetzungen der **Vermittelbarkeit** erfüllen, aber nicht im Einzelfall vermittelt worden sein. nach der Neufassung der Vorschrift zum 31.7.2014 muss die Einrichtung nach § 23 Abs. 3 SGB VIII **geeignet** sein. Die Steuerbefreiung greift mithin auch in den Fällen ein, in denen die Leistungen „privat" nachgefragt werden.[2]

---

[1] Abschn. 4.25.1 Abs. 2 Nr. 2 Buchst. c UStAE.
[2] Abschn. 4.25.1 Abs. 2 Nr. 2 Buchst. d UStAE.

## C. Kulturelle und sportliche Veranstaltungen (Satz 3 Buchst. a)

Befreit ist auch die Durchführung von kulturellen und sportlichen Veranstaltungen, wenn  8

- die Darbietungen **von** den von der Jugendhilfe **begünstigten Personen** (Jugendliche und ggf. Eltern[1]) **selbst erbracht** werden oder
- die **Einnahmen überwiegend zur Deckung** der **Kosten** verwendet werden (dazu § 4 Nr. 22 Rz. 6)

und diese Leistungen in **engem Zusammenhang mit den in § 4 Nr. 25 Satz 1 UStG bezeichneten Leistungen** (Rz. 2) stehen (§ 4 Nr. 25 Satz 3 Buchst. a UStG). Das ist z.B. beim Betrieb einer Cafeteria, einer Diskothek oder von Filmvorführungen, sofern diese öffentlich zugänglich sind, nicht der Fall.

## D. Beherbergung und Beköstigung (Satz 3 Buchst. b)

Befreit sind ferner die Beherbergung, Beköstigung und die üblichen Naturalleistungen, die diese Einrichtungen (nicht Dritte) den Empfängern der Jugendhilfeleistungen (wozu auch die Eltern zählen können[2] und Mitarbeitern in der Jugendhilfe (§ 4 Nr. 25 Satz 3 Buchst. b Alt. 1 UStG) gewähren. Befreit ist auch die Unterbringung und Verpflegung der bei den Leistungen nach § 4 Nr. 25 Satz 1 UStG (Rz. 2) tätigen Personen, die als (zusätzliche) Vergütung für die geleisteten Dienste gewährt werden (§ 4 Nr. 25 Satz 3 Buchst. b Alt. 2 UStG). Allerdings sind diese Leistungen richtigerweise schon nicht steuerbar dazu § 4 Nr. 18 Rz. 22).  9

## E. Leistungen von Vormündern und Ergänzungspflegern (Satz 3 Buchst. c)

Steuerbefreit sind des weiteren Leistungen, die von Einrichtungen erbracht werden, welche als Vormünder (§ 1773 BGB) oder als Ergänzungspfleger (§ 1909 BGB) bestellt worden sind, sofern es sich nicht um Leistungen handelt, die nach § 1835 Abs. 3 BGB vergütet werden (§ 4 Nr. 25 Satz 3 Buchst. c UStG; zu Betreuern s. *§ 4 Nr. 16 Rz. 11*).[3] § 1835 Abs. 3 BGB betrifft Leistungen, die zum Gewerbe oder Beruf des Vormunds oder Ergänzungspflegers gehören, wie z.B. Dienstleistungen eines Rechtsanwalts oder Steuerberaters; diese Leistungen sind steuerpflichtig und auch nicht nach § 4 Nr. 26 UStG steuerfrei (*§ 4 Nr. 26 Rz. 40*). **Andere Pfleger** werden nicht von § 4 Nr. 25 UStG erfasst, können jedoch bei nicht berufsmäßiger Ausübung der Tätigkeit unter § 4 Nr. 26 UStG fallen (*§ 4 Nr. 26 Rz. 40*).  10

---

1 Abschn. 4.25.2 Abs. 2 UStAE.
2 Abschn. 4.25.2 Abs. 4 UStAE.
3 Dazu Abschn. 4.25.2 Abs. 5–9 UStAE.

## § 4 Nr. 26
## Steuerbefreiungen bei Lieferungen und sonstigen Leistungen

Von den unter § 1 Abs. 1 Nr. 1 fallenden Umsätzen sind steuerfrei:

...

26. die ehrenamtliche Tätigkeit,

    a) wenn sie für juristische Personen des öffentlichen Rechts ausgeübt wird oder

    b) wenn das Entgelt für diese Tätigkeit nur in Auslagenersatz und einer angemessenen Entschädigung für Zeitversäumnis besteht;

*EU-Recht*

Protokollerklärung zu Art. 4 der 6. EG-Richtlinie aF[1] (= Art. 9 ff. MwStSystRL).

*VV*

Abschn. 4.26.1 UStAE.

| | |
|---|---|
| **A. Allgemeines** | **II. Beschränktes Entgelt** |
| I. Vereinbarkeit mit der Richtlinie ........ 1 | 1. Allgemeines ............... 17 |
| II. Steuerbarkeit der Tätigkeit ..... 2 | 2. Auslagenersatz ............... 21 |
| 1. Dienstleistungen gegen Entgelt . 3 | 3. Entschädigung für Zeitversäumnis .................... 22 |
| 2. Unternehmereigenschaft ...... 5 | **C. Tätigkeiten für juristische Personen des öffentlichen Rechts (Buchst. a)** .................. 29 |
| III. Relevanz der Steuerbefreiung... 6 | |
| IV. Zweck der Befreiung .......... 8 | **D. Tätigkeiten für sonstige Personen und Einrichtungen (Buchst. b)** .................. 35 |
| **B. Begriff der ehrenamtlichen Tätigkeit** | |
| I. Merkmale .................... 12 | |

## A. Allgemeines
### I. Vereinbarkeit mit der Richtlinie

1 Die Vorschrift befreit die ehrenamtliche Tätigkeit für juristische Personen des öffentlichen Rechts (§ 4 Nr. 26 Buchst. a UStG) und mit Einschränkungen auch für andere Einrichtungen (§ 4 Nr. 26 Buchst. b UStG). Diese Steuerbefreiung findet zwar keine Entsprechung in EG-Richtlinien, kann sich jedoch auf eine **Protokollerklärung zu Art. 4 der 6. EG-Richtlinie aF (jetzt Art. 9 ff. MwStSystRL)**

---

1 Abgedruckt in R/D, Bd. VIII „EG-Richtlinien". Diese Protokollerklärung von 1977 gilt lt. Protokollerkl. v. 28.11.2006 fort; vgl. BMF v. 11.1.2007 – IV A 2 - S 7056 - 6/07, UR 2007, 178 – Anl. 2.

stützen.¹ Danach steht es den Mitgliedstaaten frei, Personen, die ehrenamtliche Tätigkeiten ausüben, nicht der Mehrwertsteuer zu unterwerfen. Der BFH hat Zweifel, ob das auch für § 4 Nr. 26 Buchst. b UStG gilt, da die Protokollerklärung nur dahin gehend verstanden werden könne, dass bestimmte „öffentlichrechtlich geprägte Tätigkeiten" von der Besteuerung ausgenommen werden dürften.² Dafür gibt die Protokollerklärung jedoch keinen Anhaltspunkt.³ Jedenfalls aber ist die Norm als Befreiungsvorschrift angesichts ihres schwer erkennbaren Zwecks (Rz. 8 ff.) „eng" auszulegen (Vor §§ 4–9 Rz. 15 ff.).⁴

## II. Steuerbarkeit der Tätigkeit

Die Steuerbefreiung eines Umsatzes setzt dessen Steuerbarkeit i.S.d. § 1 Abs. 1 Nr. 1 UStG voraus. Die Ausübung der ehrenamtlichen Tätigkeit muss mithin zu (im Inland erbrachten) **Dienstleistungen** (sonstigen Leistungen) im umsatzsteuerrechtlichen Sinne führen, welche **gegen Entgelt** erfolgen und die **Unternehmereigenschaft** begründen (s. aber Rz. 6) bzw. für sich gesehen begründen würden (Rz. 5), wenn die Person schon auf Grund einer anderen Tätigkeit Unternehmer ist. In Betracht kommt auch, dass die Tätigkeit im Rahmen eines bestehenden Unternehmens gelegentlich als „**Nebenumsatz**" (vgl. § 1 Rz. 95, 98), d.h. als Ausfluss des eigentlichen Berufs ausgeübt wird (Beispiel: ehrenamtliche Tätigkeit für die eigene Berufskammer).    2

### 1. Dienstleistungen gegen Entgelt

Eine ehrenamtliche Tätigkeit kann nur steuerbar sein, wenn sie zu **sonstigen Leistungen**/Dienstleistungen (gegen Entgelt) im umsatzsteuerrechtlichen Sinne führt, d.h. dem Leistungsempfänger ein verbrauchbarer Vorteil verschafft wird (dazu § 1 Rz. 10). Das ist nicht automatisch der Fall und insbesondere bei den klassischen ehrenamtlichen Tätigkeiten für juristische Personen des öffentlichen Rechts weitgehend zu verneinen (Rz. 30 f.).    3

**Entgelt**: „Auslagenersatz" (Rz. 21) und „Entschädigungen für Zeitversäumnis" (Rz. 22 f.) bilden die Gegenleistung (das „Entgelt") für die Tätigkeit, da sie nur wegen dieser gezahlt werden, d.h. diese abgelten sollen, die **Angemessenheit nicht erforderlich** ist⁵ und es auf die Bezeichnung nicht ankommt (§ 1 Rz. 77).    4

---

1 *Wachweger*, 6. Richtlinie zur Harmonisierung der Umsatzsteuern in den Europäischen Gemeinschaften, Bonn 1976, S. 27 – Anm. zu Art. 4 Abs. 1–3 der 6. EG-Richtlinie, S. 81 – abschließende Bem. zu Art. 13 Teil B der 6. EG-Richtlinie (*Wachweger* war der deutsche Vertreter bei den Beratungen zur 6. EG-Richtlinie); a.A. *Oelmeier* in S/R, § 4 Nr. 26 UStG Rz. 4; offengelassen von BFH v. 20.8.2009 – V R 32/08, BStBl. II 2010, 88 – 2e der Gründe; BFH v. 19.4.2012 – V R 31/11, BFH/NV 2012, 1831 – Rz. 30.
2 BFH v. 23.7.2009 – V R 20/08, BStBl. II 2010, 88.
3 Siehe *Wachweger*, 6. Richtlinie zur Harmonisierung der Umsatzsteuern in den Europäischen Gemeinschaften, Bonn 1976, S. 27 – Anm. zu Art. 4 Abs. 1–3 der 6. EG-Richtlinie, S. 81 – abschließende Bem. zu Art. 13 Teil B der 6. EG-Richtlinie.
4 Insoweit zutreffend BFH v. 20.8.2009 – V R 32/08, BStBl. II 2010, 88 – 2e der Gründe; BFH v. 19.4.2012 – V R 31/11, BFH/NV 2012, 1831 – Rz. 30.
5 Vgl. BFH v. 1.3.1990 – V B 141/89, StRK UStG 1967 § 2 Abs. 1 R. 37.

## 2. Unternehmereigenschaft

5 Die selbständig ausgeübte ehrenamtliche Tätigkeit kann auf Grund des Dauermomentes **unternehmerisch** sein (*§ 2 Rz. 113*). Die Unternehmereigenschaft verlangt keine Gewinnerzielungsabsicht (§ 2 Abs. 1 Satz 3 UStG). Voraussetzung einer unternehmerischen (gewerblichen oder beruflichen) Tätigkeit ist allerdings des Weiteren, dass es sich um eine **wirtschaftliche** Tätigkeit (Art. 9 MwStSystRL) handelt, d.h. sie derart angelegt ist, dass ein Überschuss erzielt werden *kann* (*§ 2 Rz. 98*). Wird lediglich *Auslagenersatz* (*Rz. 21*) erlangt, so ist mithin eine eigenständige unternehmerische Tätigkeit zu verneinen. Damit von einer solchen gesprochen werden kann, muss m.E. eine über den Auslagenersatz hinausgehende Zahlung hinzukommen.

## III. Relevanz der Steuerbefreiung

6 Ist die ehrenamtliche Tätigkeit die **einzige unternehmerische Tätigkeit** i.S.d. § 2 UStG, so könnte sich die Frage der Steuerbefreiung nach § 4 Nr. 26 UStG nur dann stellen, wenn die **Kleinunternehmergrenze** von 17 500 € überschritten ist, weil bis zu dieser Umsatzgrenze die Steuer ohnehin nicht erhoben wird (§ 19 Abs. 1 UStG), so dass die Tätigkeit schon danach steuerfrei ist. Allerdings ist nicht erst beim Überschreiten dieser Grenze eine ehrenamtliche Tätigkeit zu verneinen (*Rz. 27 f.*).

7 Folglich stellt sich die Frage nach der Anwendung der Vorschrift nur bei solchen ehrenamtlich Tätigen, die **bereits** auf Grund einer **anderen Tätigkeit Unternehmer** sind und deren **Umsätze bei** der **Ermittlung** der **Umsatzgrenze** (Gesamtumsatz) des Kleinunternehmers **nicht** nach § 19 Abs. 3 Satz 1 Nr. 1 UStG als steuerfrei **ausscheiden**.

## IV. Zweck der Befreiung

8 Der **Zweck** der Befreiung erschließt sich nicht. Er kann entgegen der h.M. **nicht** etwa darin liegen, die ehrenamtliche Tätigkeit in der Weise zu fördern, d.h. die **Person** des Ehrenamtlichen dadurch zu **begünstigen**, dass seine Tätigkeit, weil sie viel Opfer an Zeit und Arbeitskraft verlange, nicht auch noch mit Umsatzsteuer belastet wird.[1] Auch wenn das vermutlich das Motiv des Gesetzgebers 1967 gewesen war[2], wofür auch spricht, dass der Finanzausschuss des Bundestages eine Betragsgrenze (1200 DM) vorgeschlagen hatte[3], so beruht dieses doch auf einer grundlegenden **Fehleinschätzung** des **Zwecks** der **Umsatzsteuer** und der Umsatzsteuerbefreiungen. Da die Umsatzsteuer die Belastung der Verbraucher bezweckt, können auch die **tätigkeitsbezogenen Steuerbefreiungen** stets nur die Entlastung des Verbrauchers im Auge haben (*Vor §§ 4–9 Rz. 8*). Das gilt

---

1 So aber *Kulmsee* in R/K/L, § 4 Nr. 26 UStG Rz. 7 u. Rz. 30 a.E.; *Hünnekens* in H/M, § 4 Nr. 26 UStG Rz. 3.
2 Vgl. zur Entstehungsgeschichte der Vorschrift und zu den abstrusen Argumenten für die Einführung der Vorschrift bei der Beratung im Bundestag *A. Schmidt*, UR 1968, 259; *Weiß* in Eckhardt/Weiß, UStG, 1975, § 4 Nr. 26 UStG Rz. 2 f.; BFH v. 4.4.1974 – V R 70/73, BStBl. II 1974, 528.
3 BT-Drucks. V/1581 – Entwurf zu § 4 Nr. 26 UStG.

auch für § 4 Nr. 26 UStG, da dieser die ehrenamtliche Tätigkeit von der Umsatzsteuer befreit. Empfänger der ehrenamtlich erbrachten Dienstleistungen sind jedoch regelmäßig nicht die Letztverbraucher (zu Ausnahmen: *Rz. 40*), sondern juristische Personen des öffentlichen Rechts oder ähnliche Institutionen, welche häufig ihrerseits Tätigkeiten (ggf. als umsatzsteuerbare Dienstleistungen) gegenüber den Verbrauchern erbringen und dann die auf sie abgewälzten Umsatzsteuerbeträge als Teil ihres „Preises" an die Verbraucher weitergeben.

Eine **Befreiung**, welche **auf** einer **Vorstufe** wirkt und mit dem Ausschluss des Vorsteuerabzugs verbunden ist, ergibt **keinen Sinn**. Ist der **Leistungsempfänger** ein zum **Vorsteuerabzug** berechtigter Unternehmer, so würde eine solche Befreiung bewirken, dass der Leistungsempfänger unter Verstoß gegen das **Neutralitätsprinzip** des Mehrwertsteuersystems (*Vorbem. Rz. 46, 78*) mit der beim leistenden Unternehmer (hier dem ehrenamtlich Tätigen) nicht abziehbaren Vorsteuer als Teil des Aufwendungsersatzes belastet würde. Da nicht anzunehmen ist, dass der Gesetzgeber eine richtlinienwidrige Bestimmung erlassen wollte, ist die Vorschrift folglich **richtlinienkonform restriktiv** dergestalt **auszulegen**, dass sie nicht anzuwenden ist[1], wenn der Leistungsempfänger zum Vorsteuerabzug berechtigt ist. Zudem kann von einem Ehrenamt nur bei einer Tätigkeit auf (öffentlichem oder) sozialem Gebiet gesprochen werden (*Rz. 13 f.*), was nicht der Fall sein kann, wenn der Empfänger ein vorsteuerabzugsberechtigter Unternehmer ist. 9

Ist der **Leistungsempfänger** hinsichtlich der bezogenen ehrenamtlichen Dienstleistungen **nicht** zum **Vorsteuerabzug** berechtigt und kein Letztverbraucher, so muss die Vorschrift zwar angewendet werden, ihr **Zweck** ist jedoch auch insoweit **nicht zu erkennen**. Er kann nicht darin liegen, die Vorsteuerbelastung beim Leistungsempfänger und damit die von diesem auf die Letztverbraucher abgewälzte Umsatzsteuer zu verringern, weil dann *alle* Leistungen an juristische Personen des öffentlichen Rechts und ähnliche Institutionen, die nicht steuerbare oder steuerfreie Tätigkeiten gegenüber Letztverbrauchern ausführen, steuerbefreit sein müssten. Aus diesem Grund kann der Sinn der Vorschrift (§ 4 Nr. 26 Buchst. a UStG) auch nicht darin zu suchen sein, die Umsatzsteuerbelastung der öffentlichen Hand zu verringern (was zudem nicht erreicht würde, weil dann die Steuer in gleicher Höhe auf der Einnahmenseite ausfiele). 10

Der **Sinn** des § 4 Nr. 26 UStG kann allenfalls darin liegen, den ehrenamtlich Tätigen (welcher nicht unter § 19 Abs. 1 UStG fällt) wegen seines altruistischen Dienstes nicht mit umsatzsteuerrechtlichen Pflichten (Steueranmeldungs-, Aufzeichnungs- u.ä. Pflichten) zu belasten und mithin die **Bereitschaft** zum Dienst an der Allgemeinheit **nicht durch** derartige **bürokratische Hemmnisse zu schmälern**. Diese Befreiung – mit dem Charakter einer **Bagatellgrenze** (vgl. *Rz. 20 ff.*) – ist mithin eine Befreiung sui generis, welche nicht die ehrenamtliche Tätigkeit oder deren Empfänger vor der Belastung mit Umsatzsteuer, sondern den Ehrenamtlichen vor der Belastung mit bürokratischen Pflichten als Gehilfe des Staates (*Vorbem. Rz. 20*) bewahren will. 11

---

1 A.A. noch BFH v. 27.7.1972 – V R 33/72, BStBl. II 1972, 844 – Einkaufsgenossenschaft; BFH v. 4.5.1994 – XI R 86/92, BStBl. II 1994, 773 – kommunale Versorgungs- und Verkehrsgesellschaft mbH.

## B. Begriff der ehrenamtlichen Tätigkeit
### I. Merkmale

12 Nach Auffassung des EuGH sind Steuerbefreiungen **eng auszulegen**. Das ist zwar in dieser Allgemeinheit unzutreffend (*Vor §§ 4–9 Rz. 15 ff.*), gilt aber jedenfalls für Steuerbefreiungen, deren Sinn nicht erkennbar ist. Folglich ist die Vorschrift restriktiv auszulegen und nur auf Tätigkeiten anzuwenden, die im wahrsten Sinne des Wortes „ehrenamtlich" sind. Als **ehrenamtlich** ist eine Tätigkeit anzusehen, die in einem **Gesetz**[1] als solche bezeichnet wird, **nach allgemeinem** Sprachgebrauch als solche zu verstehen ist oder, so der BFH (*Rz. 14*), die vom materiellen Begriff der Ehrenamtlichkeit umfasst wird.[2] Dass die Beteiligten (Parteien) eine Betätigung als ehrenamtlich bezeichnen, reicht nicht aus.[3] Ebenso wenig ist die entsprechende Einschätzung durch die Rechtsaufsichtsbehörde der juristischen Person des öffentlichen Rechts oder durch diese selbst von Bedeutung.[4]

13 Eine ehrenamtliche Tätigkeit kann nur eine **natürliche Person** ausüben.[5] Der Begriff der ehrenamtlichen Tätigkeit ist ein **Typusbegriff**, welcher nicht durch eine subsumtionsfähige Definition erfassbar ist, sondern eine wertende Zuordnung verlangt (vgl. zum Typusbegriff *§ 2 Rz. 88*). Nach Sprachgebrauch und allgemeinem Verständnis[6] ist das Ehrenamt die Wahrnehmung eines **öffentlichen Amtes** (Ehrenamt i.e.S.: „Amt") oder einer **sozialen Aufgabe** (Ehrenamt i.w.S.) ohne „Bezüge" („Besoldung")[7], ggf. aber mit Aufwandsentschädigung.

14 Ehrenamtlichkeit setzt zwar **nicht** die **Gemeinnützigkeit** (i.S.d. §§ 51 ff. AO) des Adressaten der Tätigkeit voraus[8], verlangt **aber** die Verfolgung **sozialer u.ä. Zwecke** durch diesen. Der **BFH** dürfte dasselbe meinen, wenn er vom **materiellen Begriff** der **Ehrenamtlichkeit** spricht, welcher das **Fehlen** eines eigennützigen **Erwerbsstrebens**, die fehlende Hauptberuflichkeit (dazu *Rz. 16*) und den **Einsatz für** eine **fremdnützig bestimmte Einrichtung** voraussetzt.[9] Die typischen Betätigungsfelder finden sich in der kommunalen und sozialversicherungsrechtlichen

---

1 Nicht Satzung einer jPdÖR (Sparkassenverband); a.A. FG Saarl. v. 4.8.2014 – 1 K 1481/12, EFG 2015, 339 – Rev.-Az. V R 45/14.
2 Insoweit zutreffend BFH v. 14.5.2008 – XI R 70/07, BStBl. II 2008, 912; BFH v. 20.8.2009 – V R 32/08, BStBl. II 2010, 88; BFH v. 19.4.2012 – V R 31/11, BFH/NV 2012, 1831 – Rz. 20.
3 Insoweit zutreffend BFH v. 4.4.1974 – V R 70/73, BStBl. II 1974, 528.
4 Vgl. BFH v. 29.6.2000 – V R 28/99, BStBl. II 2000, 597 (599) a.E.; a.A. FG Schl.-Holst. v. 17.3.1977 – III 248/74 (IV), EFG 1977, 459.
5 Abschn. 4.26.1 Abs. 1 Satz 1 UStAE.
6 Vgl. *Brockhaus*, Enzyklopädie, 21. Aufl. 2006, „Ehrenamt".
7 Vgl. BFH v. 14.5.2008 – XI R 70/07, BStBl. II 2008, 912; BFH v. 20.8.2009 – V R 32/08, BStBl. II 2010, 88 – „Fehlen eigennützigen Erwerbsstrebens".
8 BFH v. 25.1.2011 – V B 144/09, BFH/NV 2011, 863; insoweit zutreffend auch BFH v. 4.5.1994 – XI R 86/92, BStBl. II 1994, 773 (775).
9 Vgl. BFH v. 14.5.2008 – XI R 70/07, BStBl. II 2008, 912; BFH v. 20.8.2009 – V R 32/08, BStBl. II 2010, 88; BFH v. 19.4.2012 – V R 31/11, BFH/NV 2012, 1831 – Rz. 28; ebenso Abschn. 4.26.1 Abs. 1 Satz 2 und 3 UStAE.

Selbstverwaltung, in der Justiz und bei Selbsthilfeeinrichtungen im genossenschaftlichen Bereich sowie im Verbands- oder Vereinsbereich.[1]

Aus dem Begriff „Amt" folgt, dass der ehrenamtlichen Tätigkeit typischerweise eine **Bestellung** bzw. **Berufung** in das „Ehren"-Amt durch die jPdöR bzw. die privatrechtlich organisierte Einrichtung vorangeht. Nur bei einer ehrenamtlichen Tätigkeit im unmittelbaren Interesse einer natürlichen Person, wie im Falle der Vormundschaft oder Betreuung, erfolgt die Bestellung durch eine jPdöR, nämlich durch das Land in Gestalt des Vormundschaftsgerichts.) Die Tätigkeit für die Institution bzw. natürliche Person ist auf eine gewisse Dauer angelegt. Der ehrenamtlich Tätige handelt im Namen oder jedenfalls an Stelle der Institution, die ihn berufen hat, bzw. der natürlichen Person. 15

Eine ehrenamtliche Tätigkeit wird **nicht beruflich**, sondern „**nebenbei**" („nebenberuflich", vgl. § 3 Nr. 26 und 26a EStG) ausgeübt (fehlende Haptberuflichkeit[2]). Das Wesen der ehrenamtlichen Tätigkeit **schließt** es deshalb **aus**, dass Dienstleistungen erbracht werden, die **mit gleichem Inhalt auch im Rahmen des** eigentlichen **Berufes** ausgeübt werden können[3] (*Beispiele*: Mitwirkung eines Rechtsanwalts bei einem Rechtsberatungsdienst[4]; kostenlose Beratung von Existenzgründern durch Unternehmensberater im Auftrag eines öffentlich-rechtlichen Kreditinstituts[5]). Das gilt vor allem auch deshalb, weil anderenfalls eine Abgrenzung von den Fällen, in denen der Unternehmer nicht aus altruistischen Motiven auf eine angemessene Vergütung verzichtet, sondern aus Gründen der Situation auf dem Dienstleistungsmarkt, d.h. aus Wettbewerbsgründen niedrige Vergütungen hinnehmen muss, nicht möglich ist. Anders liegt es, wenn die beruflichen Erfahrungen durch **gelegentlichen Unterricht** an einer Berufsschule o.Ä. weitergegeben werden.[6] 16

## II. Beschränktes Entgelt

### 1. Allgemeines

Dem Ehrenamt ist vor allem eigentümlich, dass die erbrachten Dienstleistungen **nicht leistungsbezogen vergütet** (abgegolten) werden[7] (*Rz. 13*), so dass sie häufig mit der missverständlichen Bezeichnung „unentgeltlich" verknüpft werden.[8] § 4 Nr. 26 Buchst. b UStG zufolge wird neben dem **Auslagenersatz** (*Rz. 21*) lediglich eine **Entschädigung für Zeitversäumnis** (*Rz. 22 ff.*) gezahlt. 17

1 Vgl. BFH v. 25.1.2011 – V B 144/09, BFH/NV 2011, 863.
2 Vgl. BFH v. 16.4.2008 – XI R 68/07, BFH/NV 2008, 1368; BFH v. 14.5.2008 – XI R 70/07, BStBl. II 2008, 912; BFH v. 20.8.2009 – V R 32/08, BStBl. II 2010, 88.
3 Abschn. 4.26.1 Abs. 3 UStAE; BFH v. 4.5.1994 – XI R 86/92, BStBl. II 1994, 773; FG Schl.-Holst. v. 17.3.1977 – III 248/74 (IV), EFG 1977, 459.
4 Abschn. 4.26.1 Abs. 3 UStAE; BFH v. 16.4.2008 – XI R 68/07, BFH/NV 2008, 1368; BFH v. 14.5.2008 – XI R 70/07, BStBl. II 2008, 912.
5 OFD Frankfurt a.M. v. 14.8.2002 – S 7185 A - 11 - St I 22, UR 2003, 307.
6 A.A. OFD Koblenz v. 2.7.1984 – S 7185 A - St 313, UR 1984, 242.
7 Insoweit zutreffend BFH v. 4.4.1974 – V R 70/73, BStBl. II 1974, 528.
8 Vgl. Begr. zum RegE VwVfG, BT-Drucks. 7/910, 93 – zu §§ 81 ff. VwVfG; BFH v. 16.12.1987 – X R 7/82, BStBl. II 1988, 384; BFH v. 4.5.1994 – XI R 86/92, BStBl. II 1994, 773; FG Rh.-Pf. v. 17.10.2001 – 3 K 1668/01, DStRE 2002, 241; BVerwG v. 23.4.1998 – 2 C 19/97, BVerwGE 106, 324; BVerwG v. 27.9.2012 – 2 B 92/11, NVwZ-RR 2013, 58.

18 Demgegenüber scheint aus dem **Vergleich** von § 4 Nr. 26 Buchst. **a** UStG **und** § 4 Nr. 26 Buchst. **b** UStG im Wege des Umkehrschlusses zu folgen, dass eine Tätigkeit, welche **für eine juristische Person des öffentlichen Rechts** ausgeübt wird, auch dann noch ehrenamtlich sein kann, wenn das Entgelt nicht nur in Auslagenersatz und einer angemessenen Entschädigung für Zeitversäumnis besteht[1] – so in der Tat früher der BFH, wonach die Steuerfreiheit **unabhängig** von der **Höhe** des **Entgelts** schon durch die Tatsache gerechtfertigt werde, dass die Tätigkeit im öffentlich-rechtlichen Bereich ausgeübt werde.[2] Diese Sichtweise ergäbe indes schon keinen Sinn (*Rz. 10*). Zudem könnte dann nicht mehr von einem Ehrenamt gesprochen werden, so dass sich, da die Vorschrift eng auszulegen ist (*Rz. 1 u. 11*), eine derartige Interpretation verbietet. Inzwischen ist der **BFH** davon wohl **abgerückt**.[3]

19 Die **widersprüchliche Formulierung** der Vorschrift erklärt sich allein aus dem Umstand, dass der Gesetzgeber die „ehrenamtlichen" Tätigkeiten der Bürgermeister, Stadträte, Landräte usw. vor der Umsatzsteuer bewahren wollte.[4] Dabei wurde jedoch **übersehen**, dass diese Tätigkeiten, sofern sie überhaupt wegen der Höhe der Vergütung als ehrenamtlich angesehen werden könnten, schon **nicht** zu **Dienstleistungen** im umsatzsteuerrechtlichen Sinne führen, da es sich um einen **Dienst gegenüber** der **Allgemeinheit** handelt und dem Staat kein verbrauchbarer Vorteil verschafft wird (vgl. *§ 1 Rz. 40*). Folglich handelt es sich bei der Regelung des § 4 Nr. 26 **Buchst. a** UStG lediglich um eine **Klarstellung** der **Nichtsteuerbarkeit** für die erwähnten Tätigkeiten im sog. hoheitlichen Bereich, so dass die Bestimmung insoweit **leerläuft** (*Rz. 31*).

20 Die Frage, ob von einer ehrenamtlichen Tätigkeit überhaupt noch gesprochen werden kann, wenn nicht nur Auslagenersatz und eine angemessene Entschädigung für Zeitverlust gezahlt werden, kann indes dahinstehen, da jedenfalls eine ehrenamtliche Tätigkeit, welche eine umsatzsteuerbare Dienstleistung darstellt, nach § 4 Nr. 26 UStG nur **steuerfrei** ist, *wenn lediglich Auslagenersatz und eine* **angemessene Entschädigung** für Zeitverlust gezahlt werden. Es handelt sich auch **nicht** um einen **Freibetrag** dergestalt, dass nur der darüber hinausgehende Betrag steuerpflichtig wäre[5] („wenn", nicht: „soweit").

## 2. Auslagenersatz

21 Auslagenersatz ist der Ausgleich der im Zusammenhang mit der ehrenamtlichen Tätigkeit angefallenen **Ausgaben** (für Fahrten, Verpflegung, Übernachtung usw.) und **Kosten** (einschließlich anteiliger Abschreibung bei Verwendung eines

---

1 In diesem Bereich findet sich häufig die Bezeichnung „Aufwandsentschädigung", welche auch einen Verdienstausfall umfassen und zudem den tatsächlichen Aufwand des Empfängers übersteigen kann (vgl. § 3 Nr. 12 Satz 2 EStG).
2 BFH v. 4.4.1974 – V R 70/73, BStBl. II 1974, 528; vgl. auch FG Schl.-Holst. v. 17.3.1977 – III 248/74 (IV), EFG 1977, 459.
3 Vgl. BFH v. 29.6.2000 – V R 28/99, BStBl. II 2000, 597 (599 a.E.); i.V.m. FG Berlin v. 19.1.1999 – VII 486/95, EFG 1999, 627.
4 Vgl. *A. Schmidt*, UR 1968, 259; *Weiß* in Eckhardt/Weiß, UStG, 1975, § 4 Nr. 26 UStG Rz. 3; BFH v. 4.4.1974 – V R 70/73, BStBl. II 1974, 528.
5 Abschn. 4.26.1 Abs. 4 Satz 2 UStAE.

eigenen Gegenstandes, insbesondere eines Kraftfahrzeuges), d.h. der „Aufwendungen" und nicht nur der *baren* Auslagen.[1] Der Ersatz muss nicht in Höhe der tatsächlich angefallenen Beträge, sondern kann auch in **pauschalierter** (typisierter) Weise (Tagegelder, Kilometergelder usw.) erfolgen, sofern die Beträge nicht überhöht sind und zu einer verkappten Vergütung führen. Wird allerdings nur ein solcher Auslagenersatz gezahlt, so liegt m.E. schon keine unternehmerische Tätigkeit vor (*Rz. 5*).

### 3. Entschädigung für Zeitversäumnis

§ 4 Nr. 26 Buchst. b UStG verlangt, dass neben einem etwaigen Auslagenersatz 22 lediglich eine Entschädigung für Zeitversäumnis gezahlt wird, welche „angemessen" sein muss. Aus der Verwendung des Wortes „nur" folgt, dass es sich dabei nicht um eine Mindestgrenze, sondern um eine Obergrenze handelt, was sich indes bereits aus dem Wesen der ehrenamtlichen Tätigkeit ergibt. Der angemessene Betrag ist kein Freibetrag, so dass, wenn die Angemessenheit überschritten wird, die „Entschädigung" in vollem Umfang steuerpflichtig ist (*Rz. 20*). Allerdings lässt sich nicht nur die **Angemessenheit** nicht bestimmen, sondern auch die Formulierung „Entschädigung für Zeitversäumnis" gibt Rätsel auf. Da die Zeit als solche keinen materiellen Wert hat, kann ihre Versäumnis nicht in Geld entschädigt werden. Es handelt sich deshalb um eine **Leerformel**.

Nach Auffassung des **BMF** soll sich die Angemessenheit der Entschädigung nach 23 den Verhältnissen des Einzelfalls beurteilen.[2] Dieser Ansatz verlangt **Maßstäbe** und **Anknüpfungspunkte**, die indes vom BMF **nicht** (mehr) **genannt** werden. Bei bis März 2012 ausgeübten Tätigkeiten sollte insbesondere die berufliche Stellung des ehrenamtlich Tätigen und sein Verdienstausfall zu berücksichtigen gewesen sein.[3] Diese Kriterien waren unhaltbar, denn die Anknüpfung an die berufliche Stellung des ehrenamtlich Tätigen und den Verdienstausfall[4] wäre eine leistungsbezogene Vergütung, welche mit dem Wesen der ehrenamtlichen Tätigkeit als uneigennützigem Dienst nicht zu vereinbaren wäre[5] (*Rz. 13 u. 17*)[6]. Al-

---

1 So aber *Kulmsee* in R/K/L, § 4 Nr. 26 UStG Rz. 29.
2 Abschn. 4.26.1 Abs. 4 Satz 2 UStAE.
3 Abschn. 4.26.1 Abs. 4 Satz 3 UStAE aF; ähnlich FG Schl.-Holst. v. 17.3.1977 – III 248/74 (IV), EFG 1977, 459; FG Hamburg v. 25.7.2006 – 3 K 66/06, EFG 2007, 453.
4 Es wäre zudem **willkürlich** (Verstoß gegen Art. 3 Abs. 1 GG), bei zwei Personen, welche die gleiche Tätigkeit über dieselbe Zeitdauer ausüben und gleich hohe „Entschädigungen" für ihre Zeitversäumnis erhalten, unterschiedliche Rechtsfolgen anzunehmen, nämlich die Steuerfreiheit für die eine Person zu bejahen, weil sie in ihrem Beruf einen hohen Stundensatz hat, für die andere Person jedoch zu verneinen, weil sie in ihrem Beruf für einen niedrigen Stundensatz arbeitet oder überhaupt keinen Beruf ausübt, so dass bei ihr die Entschädigung unangemessen hoch wäre. Eine derartige Sichtweise beruht auf der verfehlten Annahme, dass die Steuerbefreiung die Begünstigung der Person des Ehrenamtlichen bezwecke (*Rz. 8*). Das verkennt *Kulmsee* in R/K/L, § 4 Nr. 26 UStG Rz. 30, wonach der ehrenamtliche Tätige benachteiligt würde, wenn nicht der volle Verdienstausfall berücksichtigt werden dürfte.
5 Vgl. *Weiß* in Eckhardt/Weiß, UStG, 1975, § 4 Nr. 26 UStG Rz. 25; BFH v. 14.5.2008 – XI R 70/07, BStBl. II 2008, 912 (915) – 3b der Gründe; FG Rh.-Pf. v. 17.10.2001 – 3 K 1668/01, DStRE 2002, 241.
6 Demgegenüber bestimmt § 85 i.V.m. § 81 VwVfG, dass der in einem **Verwaltungsverfahren** ehrenamtlich Tätige einen Anspruch auf Ersatz seines Verdienstausfalles hat. Das

lerdings spricht das BMF **weiterhin** von einer „**Vergütung**" für die ehrenamtliche Tätigkeit und allen Ernstes von einer „regelmäßig" (was sind die Ausnahmen?) angemessen „Entschädigung in Höhe von bis zu 50 € je Tätigkeitsstunde".[1] Eine Entschädigung ist jedoch weniger als eine Vergütung oder Entlohnung. Dem BMF geht es mithin unter Verstoß gegen den Wortlaut der Vorschrift, deren Zweck ohnehin nicht erkennbar ist (*Rz. 8 ff.*), um die Angemessenheit einer „Vergütung". Schlicht unverständlich ist zudem der Stundensatz von 50 €. Dieser kann nicht ernsthaft mit dem materiellen Begriff der Ehrenamtlichkeit vereinbart werden, der das Fehlen eigennützigen Erwerbsstrebens voraussetzt (*Rz. 14*). Das BMF geht folglich weiterhin von verfehlten Annahme aus, dass die Steuerbefreiung die Begünstigung der Person des Ehrenamtlichen bezwecke (*Rz. 8*).

24  Gleiches gilt für die vom **BMF**[2] aufgestellte absolute **Obergrenze** für die gesamten ehrenamtlichen Tätigkeiten in Höhe von **17 500 € im Jahr**. Werde hingegen eine vom tatsächlichen Zeitaufwand unabhängige pauschale Vergütung gezahlt, so soll die Befreiung auch für einen Auslagenersatz oder eine Entschädigung für Zeitaufwand entfallen.[3] Diese absolute Obergrenze von 17 500 €, die sich ersichtlich aus § 19 Abs. 1 UStG übernommen worden ist, ist ebenso wie der Stundensatz verfehlt. Für die angemessene Entschädigung für Zeitversäumnis i.S.d. § 4 Nr. 26 Buchst. b UStG darf es bezüglich der aufgewendeten Zeit keine Obergrenze geben, denn anderenfalls würde das soziale Engagement einer anderweitig finanziell abgesicherten Person, die ihren alleinigen Lebensinhalt darin sieht, sich vollständig („von morgens bis abends") ehrenamtlich für gemeinnützige Zwecke gegen eine geringfügige „Vergütung", d.h. ohne eigennütziges Erwerbsstreben, aufzuopfern, von der Befreiung ausgeschlossen, wenn die Obergrenze überschritten würde. Die Obergrenze musste vom BMF auch nur wegen des verfehlten Stundensatzes von 50 € gezogen werden.

25  **Ergebnis**: Die **Angemessenheitsgrenze** lässt sich nicht beziffern. Richtigerweise handelt es sich bei dem Merkmal „nur ... angemessene(n) Entschädigung für Zeitversäumnis" überhaupt nicht um ein subsumtionsfähiges Tatbestandsmerkmal, sondern lediglich um ein *charakteristisches* Merkmal des Typusbegriffs (*Rz. 13*), mit dem umschrieben werden soll, dass dem Typus der ehrenamtlichen Tätigkeit immanent ist, dass keine leistungsbezogene Vergütung gezahlt wird (*Rz. 17*). Eine Berücksichtigung des Verdienstausfalles kommt deshalb jedenfalls aus *umsatzsteuerrechtlicher* Sicht nicht in Betracht.[4]

26  Keine Entschädigung für Zeitversäumnis mehr, sondern eine **leistungsbezogene Vergütung** liegt vor, wenn die „Entschädigung" o.Ä. sich nach der **Art, Bedeutung und Zahl der** erbrachten **Einzeltätigkeiten** richtet.[5]

---

  ist für die hier anstehenden umsatzsteuerrechtlichen Fragen jedoch ohne Bedeutung, weil die Mitwirkung in Verwaltungsverfahren nicht zu Dienstleistungen im umsatzsteuerrechtlichen Sinne führt (*Rz. 19*), so dass die Entschädigungen nach § 85 VwVfG schon nicht umsatzsteuerbar sind.
1 Abschn. 4.26.1 Abs. 4 Satz 3 UStAE.
2 Abschn. 4.26.1 Abs. 4 Satz 2 UStAE.
3 Abschn. 4.26.1 Abs. 5 Satz 1 UStAE.
4 A.A. *Oelmeier* in S/R, § 4 Nr. 26 UStG Rz. 27.
5 Vgl. BFH v. 4.4.1974 – V R 70/73, BStBl. II 1974, 528; **a.A.** BFH v. 16.12.1987 – X R 7/82, BStBl. II 1988, 384 – Nebentätigkeit als Brandkassenschätzer.

Mangels Bestimmbarkeit des Wertes der versäumten Zeit und der **Angemessen-** 27
**heitsgrenze** durch den Rechtsanwender kann die angemessene Entschädigung
nur durch den **Gesetzgeber** festgelegt werden. Da eine unmittelbare Aussage
fehlt[1], liegt es nahe, die neuen Regelungen des Gesetzes über die Entschädigung
ehrenamtlicher Richter und Zeugen (**Justizvergütungs**- und -entschädigungs-
gesetz, JVEG) als Maßstab entsprechend heranzuziehen.[2] Dieses Gesetz unterscheidet zwischen „Entschädigung für Zeitversäumnis" (§§ 16 und 20 JVEG)
und „Entschädigung für Verdienstausfall" (§§ 18 und 22 JVEG). Da der Zweck
der Befreiung nach § 4 Nr. 26 UStG nicht erkennbar ist (*Rz. 8 ff.*) und die Vorschrift deshalb eng auszulegen ist (*Rz. 1*), umfasst mithin eine Entschädigung
für Zeitversäumnis im Sinne dieser Vorschrift keinerlei Entschädigung für Verdienstausfall. Demgemäß beträgt die angemessene Entschädigung für Zeitversäumnis höchstens 5 € je Stunde (§ 16 JVEG). Aus einer weiteren Äußerung des
neueren Gesetzgebers folgt keine abweichende Sichtweise. Nach § 1835a Abs. 1
BGB erhält der **nicht berufsmäßig**[3] tätige **Vormund** oder **Einzelbetreuer** für jede Vormundschaft bzw. Betreuung eine pauschalierte Aufwandsentschädigung,
welche für ein Jahr dem Neunzehnfachen dessen entspricht, was einem Zeugen
als Höchstbetrag der Entschädigung für eine Stunde versäumter Arbeitszeit (§ 22
JVEG) gewährt werden kann (*Rz. 40*). Dieser Jahresbetrag beträgt derzeit 323 €
(19 × 17 €) und belegt ebenfalls, dass die Grenze sehr niedrig anzusetzen ist. Sie
dürfte bei 500 € liegen (arg. **§ 31a Abs. 1 BGB**[4] für Vorstandstätigkeit in einem
Verein).[5]

Die **Rechtsprechung** hat die Angemessenheit **nicht bemängelt** bei Jahresbeträ- 28
gen von 720 DM für das Jahr 1969[6], von 4640 DM für das Jahr 1972[7] und von
3000 DM (250 DM pro Aufsichtsratssitzung) für ein Jahr um 1985[8] (allerdings
lagen in allen drei Fällen mangels eines öffentlichen Amtes bzw. sozialen Bezugs gar keine ehrenamtlichen Tätigkeiten vor; vgl. *Rz. 38*). Nicht nur die Angemessenheit, sondern die ehrenamtliche Tätigkeit überhaupt wurden **verneint**
bei einem „Honorar" von 44 000 DM[9], von 150 000 DM[10], von 10 000 €[11], von
8000 €[12] und von 24 000 €[13].

---

1 Der Finanzausschuss des Bundestages hatte 1967 die Grenze von 1200 DM pro Jahr vorgeschlagen; BT-Drucks. V/1581 – Entwurf zu § 4 Nr. 26 UStG.
2 Vgl. *Lange*, HFR 2000, 832; FG Rh.-Pf. v. 17.10.2001 – 3 K 1668/01, DStRE 2002, 241;
 BFH v. 16.4.2008 – XI R 68/07, BFH/NV 2008, 1368; BFH v. 19.4.2012 – V R 31/11, BFH/
 NV 2012, 1831 – Rz. 29.
3 Dazu § 1 Abs. 1 Vormünder- und BetreuervergütungsG.
4 Die 2009 durch Gesetz zur Begrenzung der Haftung von ehrenamtlich tätigen Vereins-
 vorständen eingefügte Vorschrift orientierte sich an dem damals von § 3 Nr. 26a EStG
 genannten Betrag von 500 €, der zwischenzeitlich allerdings auf 720 € angehoben worden ist. Bis zu einer derart geringen Vergütung soll die Vorstandstätigkeit als ehrenamtlich zu verstehen sein; vgl. BT-Drucks. 16/357 – zu Nr. 1 Buchst. b.
5 Vgl. BFH v. 25.1.2011 – V B 144/09, BFH/NV 2011, 863.
6 BFH v. 27.7.1972 – V R 33/72, BStBl. II 1972, 844.
7 BFH v. 16.12.1987 – X R 7/82, BStBl. II 1988, 384.
8 BFH v. 4.5.1994 – XI R 86/92, BStBl. II 1994, 773.
9 BFH v. 29.6.2000 – V R 28/99, BStBl. II 2000, 597.
10 FG Rh.-Pf. v. 17.10.2001 – 3 K 1668/01, DStRE 2002, 241.
11 FG Hamburg v. 25.7.2006 – 3 K 66/06, EFG 2007, 453.
12 BFH v. 16.4.2008 – XI R 68/07, BFH/NV 2008, 1368.
13 Vgl. BFH v. 19.4.2012 – V R 31/11, BFH/NV 2012, 1831.

## C. Tätigkeiten für juristische Personen des öffentlichen Rechts (Buchst. a)

29 Juristische Personen des öffentlichen Rechts (jPdöR) sind **Körperschaften, Anstalten** und **Stiftungen** des öffentlichen Rechts (*§ 2 Rz. 355 ff.*). Nach dem Wortlaut des Buchst. a sind Zahlungen für ehrenamtliche Tätigkeiten bei diesen Institutionen ohne weitere Voraussetzungen und auch der Höhe nach unbeschränkt steuerfrei. Eine **Beschränkung der Höhe** nach ergibt sich indes aus dem Wesen der ehrenamtlichen Tätigkeit (*Rz. 17*).

30 Ferner gilt die Befreiung nach § 4 Nr. 26 Buchst. a UStG nur für solche ehrenamtlichen Tätigkeiten, welche für den **nichtunternehmerischen Bereich** der jPdöR erbracht werden.[1] Die Begründung des BFH, dass anderenfalls eine Benachteiligung der ehrenamtlichen Tätigkeiten, welche gegenüber gewerblichen Unternehmen des Privatrechts erfolgt, einträte, beruht allerdings auf der fehlerhaften Annahme, dass die Befreiungsvorschrift die Person des Ehrenamtlichen begünstigen wolle (*Rz. 8*). Gleichwohl bleibt die Aussage richtig, da die jPdöR mit ihrem unternehmerischen Bereich nicht gegenüber privatrechtlich organisierten Wettbewerbern einen Steuervorteil haben darf. (Allerdings ist die gesamte Vorschrift des § 4 Nr. 26 UStG schon nicht auf ehrenamtliche Tätigkeiten gegenüber vorsteuerabzugsberechtigten Unternehmern anzuwenden; *Rz. 9*.) Nicht zum Vorsteuerabzug berechtigte „Betriebe" der jPdöR hätten einen Vorteil, wenn ihnen gegenüber erbrachte ehrenamtliche Tätigkeiten uneingeschränkt steuerfrei wären. Derartige ehrenamtliche Tätigkeiten können deshalb ebenfalls nur unter den Voraussetzungen des § 4 Nr. 26 Buchst. b UStG steuerfrei sein. Das gilt auch, wenn die ehrenamtliche Tätigkeit für eine jPdöR als solche erbracht wird (*Beispiel:* Mitgliedschaft im Aufsichtsgremium; vgl. *Rz. 34*), welche **teilweise unternehmerisch** tätig ist.

31 Von § 4 Nr. 26 Buchst. a UStG können folglich nur die ehrenamtlichen Tätigkeiten erfasst werden, welche ausschließlich für den sog. **hoheitlichen** oder sonstigen **nichtunternehmerischen Bereich** der jPdöR erbracht werden. Das war auch das Motiv bei der Zweiteilung der Vorschrift in die widersprüchlichen Regelungen von § 4 Nr. 26 Buchst. a und b UStG. Der Gesetzgeber wollte mit der Bestimmung des § 4 Nr. 26 Buchst. a UStG die ehrenamtlichen Tätigkeiten der **Bürgermeister, Stadträte,** Landräte usw. vor der Umsatzsteuer bewahren.[2] Abgesehen davon, dass wegen der Höhe der Vergütungen schon keine ehrenamtlichen Tätigkeiten vorliegen (*Rz. 17, 22 ff.*), war vor allem auch die Annahme fehlerhaft, dass sie überhaupt umsatzsteuerbar seien. Übersehen wurde, dass sie ausschließlich der Allgemeinheit zugutekommen (**Dienst gegenüber** der **Allgemeinheit**). Es liegen deshalb überhaupt **keine Leistungen im umsatzsteuerrechtlichen Sinne** vor, weil der jPdöR („dem Staat") kein verbrauchbarer, marktfähiger Vorteil (Nutzen) verschafft wird (vgl. *§ 1 Rz. 40*). § 4 Nr. 26 Buchst. a UStG enthält deshalb lediglich die **Klarstellung**[3] der **Nichtsteuerbarkeit** der o.g. Vorgänge. Diese Bestimmung **läuft** mithin insoweit **leer.**

---

1 BFH v. 4.4.1974 – V R 70/73, BStBl. II 1974, 528; Abschn. 4.26.1 Abs. 2 UStAE.
2 Vgl. *A. Schmidt*, UR 1968, 259; *Weiß* in Eckhardt/Weiß, UStG, 1975, § 4 Nr. 26 UStG Rz. 3; BFH v. 4.4.1974 – V R 70/73, BStBl. II 1974, 528.
3 Vgl. *A. Schmidt*, UR 1968, 259.

Ehrenamtliche Tätigkeit § 4 Nr. 26

**Keine Leistungen** im umsatzsteuerrechtlichen Sinn erbringen aus den zuvor genannten Gründen (so dass sich die Frage nach der Anwendung des § 4 Nr. 26 UStG gar nicht stellt), die **Bürgermeister**[1], Gemeinderäte usw., **Abgeordneten**[2] und die ehrenamtlichen **Richter** (Schöffen, Geschworene usw.).[3] Entsprechendes hat für **Vorstandsmitglieder** einer **Berufskammer** (der Architekten, Handwerker, Steuerberater, Rechtsanwälte usw.) oder einer **kassenärztlichen Vereinigung**[4] zu gelten (vgl. *§ 2 Rz. 80*). 32

Unter § 4 Nr. 26 Buchst. a UStG können mithin nur solche Tätigkeiten (für den **hoheitlichen** oder sonstigen **nichtunternehmerischen Bereich**) fallen, die als sonstige **Leistungen** (Dienstleistungen) **im umsatzsteuerrechtlichen Sinne** zu verstehen sind und die Unternehmereigenschaft begründen können (*Rz. 5*). Dazu zählen z.B. die 33

– Mitwirkung in beratenden Ausschüssen, **Kommissionen**[5] usw.
– Mitwirkung an der **öffentlichen Rechtsberatung** durch pensionierte Richter[6] (nicht: Rechtsanwälte, *Rz. 16*);
– Erteilung von **Unterricht**[7] (s. aber *Rz. 16*);
– Mitwirkung in staatlichen **Prüfungsausschüssen**[8].

Die Mitwirkung in den **Aufsichtsgremien** der **Rundfunk- und Fernsehanstalten** fällt nicht unter § 4 Nr. 26 Buchst. a UStG[9], da diese öffentlich-rechtlichen Anstalten richtigerweise vollen Umfangs unternehmerisch (*§ 2 Rz. 371*), jedenfalls aber z.T. unternehmerisch (Werbung) tätig sind. Sie fällt auch nicht unter § 4 Nr. 26 Buchst. b UStG, da die gesamte Befreiungsvorschrift nicht anwendbar ist, wenn der Empfänger der ehrenamtlichen Dienstleistungen zum Vorsteuerabzug berechtigt ist (*Rz. 9*). Dies ist der Fall, da die Fernseh- und Rundfunkanstalten bei richtiger Sichtweise steuerpflichtige Dienstleistungen erbringen. 34

## D. Tätigkeiten für sonstige Personen und Einrichtungen (Buchst. b)

Die ehrenamtliche Tätigkeit für Institutionen, welche keine jPdöR sind, oder für natürliche Personen ist steuerfrei, wenn das Entgelt für diese Tätigkeit **nur** in **Auslagenersatz** *und* einer **angemessenen Entschädigung** für **Zeitversäumnis** (*Rz. 21 ff.*) besteht (§ 4 Nr. 26 Buchst. b UStG). Diese „Einschränkung" ist nur **klarstellend**, weil sie ohnehin selbstverständlich, nämlich wesenbestimmendes 35

---

1 *Stadie* in R/D, § 2 UStG Anm. 300.
2 *Stadie* in R/D, § 2 UStG Anm. 267; vgl. auch BT-Drucks. 7/5531, 9 – I A 5e.
3 Vgl. OFD Frankfurt a.M. v. 14.7.2014 – S 7100 A - 234 - St 110, MwStR 2014, 1924; a.A. BFH v. 16.12.1987 – X R 7/82, BStBl. II 1988, 384 (386).
4 A.A. BFH v. 14.5.2008 – XI R 70/07, BStBl. II 2008, 912 – unter 1a bb der Gründe; zutreffend noch BFH v. 4.11.1982 – V R 4/77, BStBl. II 1983, 156.
5 Vgl. BFH v. 29.6.2000 – V R 28/99, BStBl. II 2000, 597 – Parteivermögenskommission; FG Schl.-Holst. v. 17.3.1977 – III 248/74 (IV), EFG 1977, 459 – sog. Enquete-Kommission des Bundestages.
6 USt-Ref. Länder, UR 1980, 187.
7 A.A. OFD Koblenz v. 2.7.1984 – S 7185 A - St 313, UR 1984, 242 – Handwerkskammer.
8 Vgl. BFH v. 29.6.2000 – V R 28/99, BStBl. II 2000, 597 (599).
9 A.A. OFD Erfurt v. 11.1.1994 – S 2248 A - 03 - St 32, StEK EStG § 3 Nr. 605.

Merkmal der ehrenamtlichen Tätigkeit ist (Rz. 17). Wird diese Grenze überschritten, so entfällt die Steuerbefreiung zur Gänze (Rz. 20 a.E.).

36 Als Empfänger dieser nach § 4 Nr. 26 Buchst. b UStG steuerfreien Tätigkeiten kommen nicht nur **privatrechtlich organisierte Einrichtungen**, unabhängig davon, ob sie unternehmerisch oder nichtunternehmerisch tätig sind, sondern auch **jPdöR mit** ihrem **unternehmerischen Bereich** in Betracht (Rz. 30). Voraussetzung ist jedoch, dass sie **nicht zum** vollen **Vorsteuerabzug berechtigt** sind, weil anderenfalls die gesamte Vorschrift nicht anzuwenden ist (Rz. 9).

37 Die Mitwirkung im **Aufsichtsrat, Beirat, Verwaltungsrat** o.Ä. einer **Gesellschaft** ist grundsätzlich keine ehrenamtliche Tätigkeit i.S.d. § 4 Nr. 26 UStG.[1] Mangels Erkennbarkeit des Zwecks der Befreiung (Rz. 8 u. 10), ist die Vorschrift eng auszulegen (Rz. 11). Da diese ohnehin nicht anzuwenden ist, wenn der Adressat der Tätigkeit zum vollen Vorsteuerabzug berechtigt ist (Rz. 9), kann dahinstehen, ob, wie der BFH[2] meint, bei **Versorgungs-** und **Verkehrsgesellschaften** der **Kommunen** (sog. **Eigengesellschaften**), weil sie der öffentlichen Daseinsvorsorge dienen, ehrenamtliche Tätigkeiten in Betracht kommen. Diese Gesellschaften erbringen steuerpflichtige Umsätze und sind deshalb zum vollen Vorsteuerabzug berechtigt. Lediglich dann, wenn die Gesellschaft soziale Zwecke verfolgt, kann sich mithin die Frage der Steuerbefreiung nach § 4 Nr. 26 UStG stellen.

38 Entsprechendes gilt für derartige Tätigkeiten bei **Genossenschaften**. Diese sind ihrem Grundgedanken nach zwar gemeinschaftliche Selbsthilfeeinrichtungen, so dass die Aufsichtsratstätigkeit unter die Steuerbefreiung fallen könnte. Diese Tätigkeit wird jedoch weder im GenG als ehrenamtliche bezeichnet noch vom Sprachgebrauch her als solche verstanden. Bei **Volksbanken** – Entsprechendes gilt für **Sparkassen** (jPdöR, Rz. 36) – kommt hinzu, dass sie im Wettbewerb mit anderen Geschäftsbanken stehen und auch keine fremdnützig bestimmte Einrichtung (Rz. 14) sind.[3] Das gilt erst recht für Handelsgenossenschaften[4], die zudem auch zum Vorsteuerabzug berechtigt sind (Rz. 9, 36). Allerdings ist bei Genossenschaften, wie bei Aktiengesellschaften, der **Aufsichtsrat gesetzlich vorgeschrieben**, so dass die Leistungen, für die die Vergütungen gezahlt werden, schon nicht steuerbar sind (§ 2 Rz. 82).[5]

39 Für einen sog. nicht wirtschaftlichen **Verein**, d.h. einen solchen, dessen Zweck nicht auf einen wirtschaftlichen Geschäftsbetrieb gerichtet ist (§ 21 BGB), kann eine ehrenamtliche Tätigkeit i.S.d. § 4 Nr. 26 UStG auch dann ausgeübt werden, wenn dieser nicht die Kriterien der Gemeinnützigkeit i.S.d. §§ 51 ff. AO erfüllt (Rz. 14). Dient ein solcher Verein allerdings den **wirtschaftlichen Interessen** seiner **Mitglieder**, so kommt eine ehrenamtliche Tätigkeit für diesen nicht in Be-

---
1 Vgl. FG Hamburg v. 25.7.2006 – 3 K 66/06, EFG 2007, 453.
2 BFH v. 4.5.1994 – XI R 86/92, BStBl. II 1994, 773; ebenso Abschn. 4.26.1 Abs. 1 Satz 4 UStAE.
3 BFH v. 20.8.2009 – V R 32/08, BStBl. II 2010, 88; vgl. auch LFD Thür. v. 9.5.2012 – S 7185 A - 04 - A5.17, DStR 2012, 2340; BayLfSt v. 17.1.2013 – S 7185.1.1 - 2/4 St 33, UR 2013, 283; BayLfSt v. 25.3.2013 – S 7185.1.1 - 2/6 St 33, UR 2013, 560.
4 Durch das zuvor genannte Urteil überholt ist die gegenteilige Auffassung des BFH v. 27.7.1972 – V R 33/72, BStBl. II 1972, 844.
5 Das verkennt FG Nds. v. 30.11.2010 – 16 K 29/10, DStRE 2012, 370.

tracht, weil der Verein nicht als fremdnützig bestimmte Einrichtung (*Rz. 14*) angesehen werden kann.¹

Die von einem **Vormund, Ergänzungspfleger** oder **Betreuer** erbrachten Leistungen sind seit dem 1.7.2013 grundsätzlich steuerfrei (§ 4 Nr. 16 Satz 1 Buchst. k, § 4 Nr. 25 Satz 3 Buchst. c UStG). Die ausgeschlossenen Leistungen, welche nach § 1835 Abs. 3 BGB vergütet werden, betreffen Leistungen, die zum Gewerbe oder Beruf des Vormunds, Ergänzungspflegers oder Betreuers gehören, wie z.B. Dienstleistungen eines Rechtsanwalts oder Steuerberaters, und sind deshalb auch nicht nach § 4 Nr. 26 UStG steuerfrei. Die Leistungen **anderer Pfleger** fallen nicht unter § 4 Nr. 16 oder 4 Nr. 25 UStG, können aber bei **nicht berufsmäßiger Ausübung** der Tätigkeit steuerfrei nach § 4 Nr. 26 UStG sein.²  40

Eine **Vortragstätigkeit** kann schon deshalb keine ehrenamtliche Tätigkeit sein, weil auch im weitesten Sinne kein „Amt" (*Rz. 15*) ausgeübt wird³ (zu **Unterricht** *Rz. 33*).  41

Die Nebentätigkeit eines **Schadensschätzers** bei einer **Brandkasse** ist schon deshalb nicht ehrenamtlich, weil die Brandkasse als Versicherungsunternehmen keine fremdnützig bestimmte Einrichtung (*Rz. 14*) ist.⁴  42

# § 4 Nr. 27
# Steuerbefreiungen bei Lieferungen und sonstigen Leistungen

**Von den unter § 1 Abs. 1 Nr. 1 fallenden Umsätzen sind steuerfrei:**

...

27. a) *[Fassung ab 2015]* die Gestellung von Personal durch religiöse und weltanschauliche Einrichtungen für die in Nummer 14 Buchstabe b, in den Nummern 16, 18, 21, 22 Buchstabe a sowie in den Nummern 23 und 25 genannten Tätigkeiten und für Zwecke geistigen Beistands,

    a) *[Fassung bis 2014]* die Gestellung von Mitgliedern geistlicher Genossenschaften und Angehörigen von Mutterhäusern für gemeinnützige, mildtätige, kirchliche oder schulische Zwecke,

    b) die Gestellung von land- und forstwirtschaftlichen Arbeitskräften durch juristische Personen des privaten oder des öffentlichen Rechts für land- und forstwirtschaftliche Betriebe (§ 24 Abs. 2) mit höchstens drei Voll-

---

1 Vgl. BFH v. 14.5.2008 – XI R 70/07, BStBl. II 2008, 912 (915) – der die Ehrenamtlichkeit eines **Präsidenten** eines **Industrieverbandes** erst am Umfang der Tätigkeit und der Höhe der Vergütung scheitern ließ.
2 Vgl. BFH v. 19.4.2012 – V R 31/11, BFH/NV 2012, 1831 – **Nachlasspfleger**.
3 Vgl. FG Nürnberg v. 24.1.1989 – II 191/82, EFG 1989, 541; s. auch BFH v. 1.3.1990 – V B 141/89, StRK UStG 1967 § 2 Abs. 1 R. 37.
4 Vgl. BFH v. 4.4.1974 – V R 70/73, BStBl. II 1974, 528; a.A. allerdings BFH v. 16.12.1987 – X R 7/82, BStBl. II 1988, 384.

arbeitskräften zur Überbrückung des Ausfalls des Betriebsinhabers oder dessen voll mitarbeitenden Familienangehörigen wegen Krankheit, Unfalls, Schwangerschaft, eingeschränkter Erwerbsfähigkeit oder Todes sowie die Gestellung von Betriebshelfern an die gesetzlichen Träger der Sozialversicherung;

*EU-Recht*
Art. 132 Abs. 1 Buchst. g und k MwStSystRL.

*VV*
Abschn. 4.27.1, 4.27.2 UStAE.

| | |
|---|---|
| A. Allgemeines .................. 1 | C. Gestellung von land- und forstwirtschaftlichen Arbeitskräften (Buchst. b Alt. 1)............. 6 |
| B. Gestellung von Personal durch religiöse und weltanschauliche Einrichtungen (Buchst. a) .................... 2 | D. Gestellung von Betriebshelfern (Buchst. b Alt. 2).............. 8 |

## A. Allgemeines

1   Die Vorschrift befreit die Gestellung von Personal zu bestimmten sozialen Zwecken. Gleichwohl ist der **Zweck** der Befreiung in zwei der drei Fallgruppen nicht zu erkennen bzw. widerspricht dem Ziel der Befreiungen im Umsatzsteuerrecht (*Rz. 2 u. 7*). Die Gestellung von Personal ist eine sonstige Leistung mit Dauercharakter. Sie kann bei gewerblichem Umfang die Unternehmereigenschaft begründen bzw. im Rahmen eines bestehenden Unternehmens erfolgen und ist (bei Ausführung im Inland) grundsätzlich steuerpflichtig.

## B. Gestellung von Personal durch religiöse und weltanschauliche Einrichtungen (Buchst. a)

2   Nach der **bis 2014** geltenden Fassung ist die Gestellung von **Mitgliedern** geistlicher Genossenschaften und **Angehörigen** von Mutterhäusern für gemeinnützige, mildtätige, kirchliche oder schulische Zwecke (§ 4 Nr. 27 Buchst. a UStG) befreit. Der **Zweck** dieser Befreiung soll in der Gleichstellung der genannten Einrichtungen, welche privatrechtlich organisiert sind, mit denjenigen Einrichtungen, die kirchliche Körperschaften des öffentlichen Rechts sind, liegen, bei denen die Personalgestellung dieser Art schon nicht steuerbar sei, weil insoweit kein Betrieb gewerblicher Art i.S.d. § 2 Abs. 3 UStG gegeben sei.[1]

Dabei wird verkannt, dass schon die letztere Annahme zu einer gesetzeszweckwidrigen **personenbezogenen Steuerbefreiung** führt und damit einen **Verstoß gegen** den in Art. 3 Abs. 1 GG fundierten Grundsatz der **Wettbewerbsneutralität** bewirkt, weil die Personalgestellung durch private Wettbewerber steuerpflichtig ist. Die Steuerbefreiung nach § 4 Nr. 27 Buchst. a UStG verstärkt diesen Verstoß. Allerdings entspricht die Befreiung nach § 4 Nr. 27 Buchst. a UStG und die

---
1   Vgl. RegE UStG 1979, BT-Drucks. 8/1779 = BR-Drucks. 145/78 – Begr. zu § 4 Nr. 27.

von der Finanzverwaltung praktizierte Nichtsteuerbarkeit bei öffentlich-rechtlich organisierten Einrichtungen dem Art. 132 Abs. 1 Buchst. k MwStSystRL. Das ändert zwar nichts an der Verfassungswidrigkeit, da jedoch das BVerfG Gemeinschaftsrecht nicht mehr an den Grundrechten misst (*Vorbem. Rz. 54 ff.*), kann die genannte Bestimmung nur vom EuGH als Verstoß gegen den gemeinschaftsrechtlichen Grundsatz der Wettbewerbsneutralität für unwirksam erklärt werden.

Nach Auffassung der Finanzverwaltung sind unter „Mitgliedern" bzw. „Angehörigen" der genannten Einrichtungen auch Personen zu verstehen, die lediglich **Arbeitnehmer** dieser Einrichtungen sind.[1] Diese Auslegung ist zwar kaum mit dem Wortlaut des § 4 Nr. 27 Buchst. a UStG zu vereinbaren, trägt jedoch dem Wortlaut des Art. 132 Abs. 1 Buchst. k MwStSystRL Rechnung, welcher von „Gestellung von Personal" spricht, was nach üblichem Verständnis auch die Arbeitnehmerüberlassung erfasst.[2]  3

Empfänger der Personalgestellung muss keine Körperschaft i.S.d. § 51 AO sein, lediglich die **gemeinnützigen, mildtätigen und kirchlichen Zwecke** bestimmen sich nach den §§ 52–54 AO.[3] Typische Beispiele sind die Gestellung von Schwestern und Pflegern an Krankenhäuser, Pflege- und Altenheime. Schulische Zwecke werden insbesondere bei der Gestellung von **Lehrern**, nicht notwendig für Religionsunterricht, verfolgt.[4]  4

**Die ab 2015** geltende Fassung[5], die weitgehend an die Formulierung des Art. 132 Abs. 1 Buchst. k MwStSystRL angepasst worden ist, befreit ebenfalls die Gestellung von Personal durch **religiöse** und **weltanschauliche Einrichtungen** für die in der Vorschrift genannten steuerbefreiten, regelmäßig dem Gemeinwohl dienenden Tätigkeiten und für Zwecke geistigen Beistands und gilt danach insbesondere bei Personalgestellungen für Zwecke der Krankenhausbehandlung, der ärztlichen Heilbehandlung in Krankenanstalten, der Sozialfürsorge und der sozialen Sicherheit, der Kinder- und Jugendbetreuung, der Erziehung, des Schul- und Hochschulunterrichts sowie der Aus- und Fortbildung. Die Gestellung von **Lehrern** kommt für den Unterricht jeder Art, nicht notwendig für Religionsunterricht, in Betracht.  5

## C. Gestellung von land- und forstwirtschaftlichen Arbeitskräften (Buchst. b Alt. 1)

Steuerfrei ist die Gestellung von land- und forstwirtschaftlichen Arbeitskräften durch juristische Personen des privaten oder des öffentlichen Rechts **für land- und forstwirtschaftliche Betriebe** i.S.d. § 24 Abs. 2 UStG mit höchstens drei Vollarbeitskräften zur Überbrückung des **Ausfalls** des **Betriebsinhabers** oder des-  6

---

1 Abschn. 4.27.1 Abs. 1 UStAE a.F.
2 Vgl. EuGH v. 26.1.2012 – C-218/10, UR 2012, 175 – zu Art. 59 Buchst. f MwStSystRL; FG Rh.-Pf. v. 27.11.2008 – 6 K 2348/07, EFG 2009, 441.
3 Vgl. Abschn. 4.27.1 Abs. 2 Satz 1 und 2 UStAE a.F.
4 Abschn. 4.27.1 Abs. 2 Satz 4 und 5 UStAE a.F.
5 Art. 9 Nr. 3 Buchst. b i.V.m. Art. 28 Abs. 5 des Gesetzes v. 25.7.2014.

sen voll **mitarbeitenden Familienangehörigen** wegen Krankheit o.Ä. (§ 4 Nr. 27 Buchst. b Alt. 1 UStG).

7   Diese Befreiung **bezweckt**, dass kleinere pauschalierende land- und forstwirtschaftliche Betriebe in einem derartigen Fall nicht mit Umsatzsteuer belastet werden, da sie nicht zum Vorsteuerabzug berechtigt sind (§ 24 Abs. 1 Satz 4 UStG). Das Gesetz hat vor allem ländliche **Selbsthilfeeinrichtungen** (Betriebshilfs- und Dorfhelferinnendienste) im Auge. Im Hinblick auf diesen Zweck der Vorschrift ist es allerdings unverständlich, weshalb die Rechtsform der **juristischen Person** (insbesondere eingetragener Verein oder Genossenschaft) gefordert und damit die Personalgestellung durch Einzelunternehmer und Personengesellschaften von der Befreiung ausgeschlossen wird. Das ist ein **Verstoß** gegen den Grundsatz der Wettbewerbsneutralität (**Rechtsformneutralität**; dazu *Vorbem. Rz. 48 u. 77*) und ist auch nicht mit Art. 132 Abs. 1 Buchst. g MwStSystRL zu vereinbaren[1], der lediglich eine „Einrichtung" verlangt, welche begrifflich auch natürliche Personen, Personengesellschaften u.Ä. umfasst (*§ 4 Nr. 16 Rz. 9*). Andererseits muss die **Einrichtung sozialen Charakter** haben.

### D. Gestellung von Betriebshelfern (Buchst. b Alt. 2)

8   Steuerfrei ist auch die Gestellung von Betriebshelfern (bei Haushaltshilfen kommt § 4 Nr. 16 UStG in Betracht) **an** die gesetzlichen **Träger** der **Sozialversicherung** (§ 4 Nr. 27 Buchst. b Alt. 2 UStG).[2] Hierbei ist die Rechtsform des Unternehmers ohne Belang.

Der **Sinn** dieser Befreiung ist nicht erkennbar. Da die gesetzlichen Träger der Sozialversicherung ihrerseits steuerfreie Leistungen gegenüber den Versicherten erbringen (§ 4 Nr. 18 Buchst. a UStG) und nicht zum Vorsteuerabzug berechtigt sind, ist unverständlich, warum gerade die Gestellung von Betriebshelfern und nicht grundsätzlich jede Leistung an die Träger der gesetzlichen Sozialversicherung steuerbefreit ist, um deren Umsatzsteuerbelastung zu verringern. Allerdings wäre eine derartige allgemeine Befreiung nicht mit Art. 132 Abs. 1 Buchst. g MwStSystRL vereinbar, welche die Befreiung von eng mit der sozialen Sicherheit verbundenen Umsätzen nur dann erlaubt, wenn diese von Einrichtungen mit sozialem Charakter erbracht werden.

# § 4 Nr. 28
# Steuerbefreiungen bei Lieferungen und sonstigen Leistungen

**Von den unter § 1 Abs. 1 Nr. 1 fallenden Umsätzen sind steuerfrei:**

...

---

1 Ebenso *Klenk* in S/R, § 4 Nr. 27 UStG Rz. 2.
2 Dazu näher Abschn. 4.27.2 Abs. 4 und 5 UStAE.

**28.** die Lieferungen von Gegenständen, für die der Vorsteuerabzug nach § 15 Abs. 1a ausgeschlossen ist oder wenn der Unternehmer die gelieferten Gegenstände ausschließlich für eine nach den Nummern 8 bis 27 steuerfreie Tätigkeit verwendet hat.

*EU-Recht*

Art. 136 MwStSystRL.

*VV*

Abschn. 4.28.1 UStAE.

| | | | |
|---|---|---|---|
| A. Allgemeines | 1 | C. Lieferung von „steuerfrei verwendeten" Gegenständen (Alt. 2) | 12 |
| B. Lieferung von Gegenständen i.S.d. § 4 Abs. 5 EStG (Alt. 1) | 9 | D. Analoge Anwendung | 17 |

## A. Allgemeines

Die Vorschrift befreit die Lieferung von Gegenständen, für die der Vorsteuerabzug nach § 15 Abs. 1a UStG ausgeschlossen ist (*Rz. 9 ff.*) oder die ausschließlich für eine nach § 4 Nr. 8 bis 27 UStG steuerfreie Tätigkeit verwendet wurden (*Rz. 12 ff.*), bei der also der Vorsteuerabzug nach § 15 Abs. 2 UStG (und § 15 Abs. 3 UStG) ausgeschlossen ist. Die Regelung bezweckt die **Verhinderung** einer „Doppelbesteuerung"[1], d.h. die Vermeidung einer **Doppelbelastung** mit Umsatzsteuer, da die auf Grund des Vorsteuerabzugsverbotes nicht abziehbare Steuer, welche beim Ersterwerb angefallen war, in den Preis des Gegenstandes bei Weiterlieferung eingegangen ist. 1

Indes würde diese Doppelbelastung, wenn es die Befreiungsvorschrift nicht gäbe, durch die Vorsteuerberichtigung nach § 15a Abs. 8 und 9 UStG verhindert werden, indem die auf den Restberichtigungszeitraum entfallende anteilige Vorsteuer bei einer steuerpflichtigen Lieferung nachträglich vergütet würde (vgl. *§ 15a Rz. 73 ff., 93*). Die Befreiungsvorschrift dient mithin letztlich der **Vereinfachung**, indem auf die Vorsteuerberichtigung verzichtet wird.[2] Sie bewirkt, dass die Gegenstände mit der Restumsatzsteuer belastet, die rechnerisch in ihrem **Restwert** enthalten ist, veräußert werden (zur Behandlung des Umsatzes als steuerpflichtig bei Lieferung an einen vorsteuerabzugsberechtigten Unternehmer s. *Rz. 6*). Die Vorschrift ist Ausdruck eines systemtragenden Gedankens und ist deshalb über ihren Wortlaut hinaus zu **verallgemeinern** und auf gleichgelagerte Fälle analog anzuwenden (*Rz. 17 f.*). 2

---

1 Vgl. EuGH v. 6.7.2006 – C-18/05 u. C-155/05, EuGHE 2006, I-6199 = UR 2007, 67 – Rz. 29.
2 Begr. RegE UStG 1979, BT-Drucks. 8/1779 – zu § 4 Nr. 28; BFH v. 26.4.1995 – XI R 75/94, BStBl. II 1995, 746; BFH v. 16.5.2012 – XI R 24/10, BStBl. II 2013, 53 – Rz. 31.

3   Bei einer **Entnahme** oder **unentgeltlichen Lieferung** bedarf es der Steuerbefreiung – wie auch der Vorsteuerberichtigung (s. aber *Rz. 6 a.E.*) – nicht, weil diese (fiktive) Lieferung schon nicht steuerbar ist (§ 3 Abs. 1b Satz 2 UStG).

4   Die Vorschrift betrifft **nur** die Lieferung von Gegenständen (Wirtschaftsgütern, *Rz. 7*) des sog. **Anlagevermögens**, d.h. solchen, die der Unternehmer zuvor im Unternehmen „verwendet hat". Bei Gegenständen des sog. **Umlaufvermögens** (sofern im Rahmen des § 4 Nr. 28 UStG überhaupt vorkommend) ist die Lieferung hingegen regelmäßig steuerpflichtig. Dem Umstand, dass kein Vorsteuerabzug vorgenommen worden war, wird dadurch Rechnung getragen, dass die **Differenzbesteuerung** (sofern kein Hilfsgeschäft vorliegt; vgl. *§ 25a Rz. 12*) nach § 25a UStG erfolgt. Das gilt auch, wenn ehemaliges Anlagevermögen in Umlaufvermögen umgewandelt wird (vgl. *Rz. 19*; *§ 25a Rz. 18*).

5   Ein **Verzicht** auf die Befreiung bei Lieferungen an vorsteuerabzugsberechtigte Unternehmer ist von § 9 UStG nicht vorgesehen.[1] Etwas anderes gilt nur dann, wenn eine spezielle Befreiung eingreift, auf die nach § 9 UStG verzichtet werden kann, wie insbesondere bei Grundstücken (§ 4 Nr. 9 Buchst. a UStG; s. *Vor §§ 4–9 Rz. 27*).

6   Aber auch in den Fällen des § 4 Nr. 28 UStG muss es dem Unternehmer zur Vermeidung eines Wettbewerbsnachteils erlaubt sein, die **Lieferung** an einen zum Vorsteuerabzug berechtigten Abnehmer **als steuerpflichtig** zu **behandeln**. Der Neutralitätsgrundsatz (*Vorbem. Rz. 77*) gebietet eine derartige einengende Auslegung der Vorschrift (**teleologische Reduktion**), so dass der Unternehmer dann einen nachträglichen anteiligen Vorsteuerabzug nach § 15a Abs. 8 UStG[2] erlangt und den Gegenstand zu einem entsprechend niedrigeren Nettopreis liefern kann. Die Versagung der Verzichtsmöglichkeit würde außerdem zu willkürlichen Unterschieden bei der Besteuerung führen. Hätte nämlich der Unternehmer den Gegenstand vor der Lieferung kurzzeitig geringfügig zur Ausführung von Umsätzen verwendet, die zum Vorsteuerabzug berechtigen, so wäre die Lieferung steuerpflichtig und eine Vorsteuerberichtigung nach § 15a Abs. 8 UStG möglich. Für den Fall einer *unentgeltlichen* Lieferung an einen Unternehmer sieht § 15a Abs. 11 Nr. 2 UStG zudem die Möglichkeit vor, die Restumsatzsteuer (*Rz. 2*) in Gestalt des Vorsteuerberichtigungsvolumens auf den Erwerber zu übertragen, damit jener sie ggf. als Vorsteuer abziehen kann (*§ 15a Rz. 177 ff.*).

7   Aus dem Zusammenspiel von § 4 Nr. 28 UStG und § 15a Abs. 8 UStG (*Rz. 2*) folgt, dass der „**Gegenstand**" im Sinne von „**Wirtschaftsgut**" zu verstehen ist (vgl. *§ 3 Rz. 8 ff.*; *§ 15a Rz. 10 ff.*). Das ist insbesondere bei der Lieferung von **Bauten auf fremdem Grund und Boden** oder **Einbauten** in einem fremden Gebäude (*§ 3 Rz. 11 ff.*) oder von **immateriellen** Gütern[3] des Anlagevermögens von

---

1 Auch Art. 137 MwStSystRL erwähnt Art. 136 MwStSystRL nicht.
2 Bzw. Art. 188 MwStSystRL.
3 Vgl. zum **Firmen-**, Geschäfts- und **Praxiswert** für die Zeit vor Einführung des § 1 Abs. 1a UStG BFH v. 21.12.1988 – V R 24/87, BStBl. II 1989, 430; BFH v. 25.2.1993 – V R 35/89, BStBl. II 1993, 641; BFH v. 5.12.1997 – V B 17/97, BFH/NV 1998, 88. Dieser ist nicht gesondert übertragbar, sondern Teil des Unternehmens und kann nur zusammen mit diesem übertragen werden. Demgegenüber meint das BMF nunmehr unter Hinweis auf EuGH v. 22.10.2009 – C-242/08, EuGHE 2009, I-10099 = BStBl. II 2011, 559, wonach

Bedeutung. Sofern deren Übertragung als sonstige Leistung angesehen wird, ist § 4 Nr. 28 UStG nach seinem Zweck (*Rz. 1*) anwendbar. Demgegenüber soll nach Auffassung des BFH[1] die Vorschrift nicht auf sonstige Leistungen anzuwenden sein. In dem vom BFH entschiedenen Fall lag allerdings eine Lieferung vor (Gebäudeabbruch, *§ 3 Rz. 25, 159*). Jedenfalls aber muss die Vorschrift nach ihrem Zweck auf den **Gebäudeabbruch** bei Annahme einer sonstigen Leistung analog angewendet werden.

Aus dem Zusammenspiel von § 4 Nr. 28 UStG und § 15a Abs. 8 UStG ergibt sich des Weiteren, dass **nach Ablauf des Berichtigungszeitraums** die Veräußerung eines nicht oder nicht vollständig von der Steuer entlasteten Gegenstandes **nicht mehr steuerpflichtig** ist, auch wenn die Voraussetzungen des § 4 Nr. 28 UStG nach dessen Wortlaut nicht vorliegen (*§ 15a Rz. 8*; vgl. auch *§ 3 Rz. 74; § 10 Rz. 100*).

8

## B. Lieferung von Gegenständen i.S.d. § 4 Abs. 5 EStG (Alt. 1)

Die Lieferung von Gegenständen (Wirtschaftsgütern), für die der Vorsteuerabzug nach § 15 Abs. 1a UStG ausgeschlossen war, weil für sie beim Erwerb bestimmte **einkommensteuerrechtliche Abzugsverbote** galten, insbesondere die Lieferung von **Gästehäusern** (§ 4 Abs. 5 Nr. 3 EStG) und **Segel- oder Motorjachten** (§ 4 Abs. 5 Nr. 4 EStG), ist zwar steuerbar, aber steuerfrei (§ 4 Nr. 28 Alt. 1 UStG).

9

Voraussetzung ist, dass im Zeitpunkt der Lieferung die gesamten auf den Gegenstand entfallenden Vorsteuern nicht abziehbar waren.[2] War der Vorsteuerabzug nur **zum Teil** ausgeschlossen, sei es bei Erwerb des Gegenstandes (Fall des § 4 Abs. 5 Nr. 7 EStG „soweit"; vgl. *§ 15 Rz. 376 ff.*) oder sei es wegen geänderter Verwendung (dazu *§ 17 Rz. 81 ff.*), ist die Lieferung – innerhalb des Berichtigungszeitraums (*Rz. 8*) – nicht steuerfrei, so dass eine Berichtigung des Vorsteuerabzugs nach § 15a Abs. 8 UStG zu erfolgen hat. War der **Vorsteuerabzug fälschlich** vorgenommen worden, so ist, wenn die betreffende Steuervergütungsfestsetzung („Steuerfestsetzung") nicht mehr geändert werden kann, die Lieferung steuerpflichtig. Umgekehrt ist die Lieferung steuerfrei, wenn fälschlich kein Vorsteuerabzug vorgenommen worden war und die betreffende Steuerfestsetzung nicht mehr geändert werden kann (s. auch *Rz. 17*).

10

Die Steuerbefreiung gilt auch für solche – innerhalb des Berichtigungszeitraums (*Rz. 8*) gelieferte – Gegenstände, die **vor dem 31.3.1999 erworben** worden waren und für die der Vorsteuerabzug wieder nach § 1 Abs. 1 Nr. 2 Buchst. c UStG aF (bis 31.3.1999) und anschließend nach § 15a UStG bzw. nach § 17 Abs. 2 Nr. 5 i.V.m. § 15 Abs. 1a UStG (*§ 17*

11

---

die Übertragung von Lebensrückversicherungsverträgen eine sonstige Leistung sei, dass das auch für die Übertragung des Firmenwerts gelte; Abschn. 3.1 Abs. 4 Satz 2 UStAE. Das ist zwar abwegig, weil Verträge anders als der Firmenwert (*§ 3 Rz. 9*) gesondert übertragen werden können, die Frage kann indes dahinstehen, weil die Übertragung nach § 1 Abs. 1a UStG nicht steuerbar ist (*Rz. 16*).

1 BFH v. 26.4.1995 – XI R 75/94, BStBl. II 1995, 746; ebenso Abschn. 4.28.1 Abs. 1 Satz 3 UStAE.
2 Abschn. 4.28.1 Abs. 3 UStAE.

§ 4 Nr. 28      Steuerbefreiungen bei Lieferungen und sonstigen Leistungen

*Rz. 81 ff.*) neutralisiert worden war, d.h. im Ergebnis keine Vorsteuerentlastung erfolgt war.[1]

## C. Lieferung von „steuerfrei verwendeten" Gegenständen (Alt. 2)

12    Auch die entgeltliche (*Rz. 3*), nicht unter § 1 Abs. 1a UStG fallende (*Rz. 16*) Lieferung von Gegenständen (Wirtschaftsgütern, *Rz. 7*), die ausschließlich **für Tätigkeiten verwendet** worden waren, die **nach § 4 Nr. 8 bis 27 UStG steuerfrei** sind (§ 4 Nr. 28 Alt. 2 UStG), so dass der Vorsteuerabzug bei Erwerb der Gegenstände nach § 15 Abs. 2 UStG ausgeschlossen war, ist von der Steuer befreit.[2] Diese Steuerbefreiung dient ebenfalls der Vereinfachung, weil anderenfalls, wenn die Lieferung steuerpflichtig wäre, nachträglich die anteilige Vorsteuer zu vergüten wäre (*Rz. 2*). Die Formulierung „nach den Nummern 8 bis 27 steuerfreie Tätigkeit" muss nach Maßgabe des Primärzweckes der Vorschrift, eine Doppelbelastung der Gegenstände mit Umsatzsteuer zu verhindern (*Rz. 1*), ausgelegt werden.

13    So folgt aus dem Zweck der Vorschrift zum einen, dass die Umsätze, für die der Gegenstand verwendet worden ist, **nicht steuerbar** sein müssen, sondern dass es ausreicht, dass sie bei Steuerbarkeit nach § 4 Nr. 8 bis 27 UStG steuerfrei wären. Folglich kann der Vorsteuerabzug auch nach § 15 Abs. 2 Satz 1 Nr. 2 UStG ausgeschlossen sein. Demgemäß verwendet das Gesetz (wie auch die Richtlinie) zu Recht den unpräzisen Begriff „Tätigkeit" (nur ein Umsatz, nicht aber eine Tätigkeit kann steuerfrei sein), womit angedeutet werden soll, dass die in den genannten Befreiungsvorschriften beschriebenen Tätigkeiten gemeint sind, unabhängig davon, ob sie im Inland oder im Ausland ausgeübt werden.[3]

14    Andererseits reicht es entgegen dem Wortlaut der Vorschrift nicht aus, wenn die Umsätze, für die die Gegenstände verwendet worden waren, nach § 4 Nr. 8 bis 27 UStG steuerfrei sind bzw. wären. Vielmehr muss hinzukommen, dass der Vorsteuerabzug auch tatsächlich nach § 15 Abs. 2 UStG ausgeschlossen ist, ohne dass eine **Ausnahme** nach § 15 Abs. 3 UStG eingreift. Folglich ist die Lieferung von Gegenständen, für die der Vorsteuerabzug nach § 15 Abs. 3 Nr. 1 Buchst. b UStG (Verwendung insbesondere für **Kreditleistungen** und **Versicherungen** für **Gegenstände**, die **in das Drittlandsgebiet ausgeführt** werden) oder nach § 15 Abs. 3 Nr. 2 Buchst. b UStG (Verwendung insbesondere für **Kreditleistungen** und **Versicherungen** gegenüber im Drittlandsgebiet ansässigen Leistungsempfängern) gewährt wird, nicht nach § 4 Nr. 28 UStG steuerfrei.[4]

15    Voraussetzung ist, dass wegen der Art der Verwendung für den Gegenstand keinerlei Vorsteuerabzug vorgenommen werden konnte („ausschließlich"). War hingegen ein **anteiliger Vorsteuerabzug** nach § 15 Abs. 4 UStG erfolgt, so ist die Lieferung des Gegenstandes (grundsätzlich) **steuerpflichtig** und der Vorsteuer-

---

1 Vgl. Abschn. 4.28.1 Abs. 4 und 5 UStAE.
2 § 4 Nr. 28 UStG ist eine zutreffende Umsetzung des Art. 136 MwStSystRL, der nicht auch die Lieferung von Gegenständen *an* Unternehmer befreien will, welche die genannten steuerfreien Umsätze ausführen; EuGH v. 6.7.2006 – C-18/05 u. C-155/05, EuGHE 2006, I-6199 = UR 2007, 67.
3 Vgl. *Schlegel*, UR 2002, 118.
4 Vgl. *Schlegel*, UR 2002, 118.

abzug ist nach § 15a Abs. 8 UStG zu berichtigen. Bei einer **geringfügigen Verwendung** (im Umfang von höchstens 5 v.H.) für Umsätze, die nicht nach § 4 Nr. 8 bis 27 UStG steuerfrei sind, verzichtet die Finanzverwaltung aus Vereinfachungsgründen auf die Besteuerung, wenn der anteilige Vorsteuerabzug nicht vorgenommen worden ist.[1]

Ist die Lieferung Teil einer sog. **Geschäftsveräußerung** nach § 1 Abs. 1a UStG, so ist die Lieferung schon **nicht steuerbar**, so dass sich die Frage nach der Anwendbarkeit des § 4 Nr. 28 UStG nicht stellt (*§ 1 Rz. 126*).[2]      16

## D. Analoge Anwendung

Aus dem **Zweck** der Vorschrift, die Lieferung von Gegenständen des sog. Anlagevermögens (nicht des sog. Umlaufvermögens, *Rz. 4*) und gleichgestellter Wirtschaftsgüter (Investitionsgüter), bei denen ein Vorsteuerabzug nicht in Betracht kam, nicht der Steuer zu unterwerfen, folgt, dass es weder auf den Rechtsgrund noch auf die Ursache des **nicht vorgenommenen Vorsteuerabzugs** ankommen kann. Das wird durch § 3 Abs. 1b Satz 2 UStG bestätigt, wonach eine Entnahme oder unentgeltliche Lieferung nicht steuerbar ist, wenn für den Gegenstand kein Vorsteuerabzug vorgenommen war. Folglich ist § 4 Nr. 28 UStG Ausdruck eines systemtragenden Gedankens der Umsatzsteuer und deshalb über seinen Wortlaut hinaus zu **verallgemeinern** und **analog** anzuwenden. Demgemäß ist eine entgeltliche Lieferung nicht nur in den von der Vorschrift ausdrücklich genannten Fällen, sondern **entgegen** der Ansicht des **BFH**[3] generell stets dann nicht steuerpflichtig, wenn kein Vorsteuerabzug vorgenommen worden war (vgl. *§ 1 Rz. 111 f.*). Das gilt auch bei Gegenständen, für die kein Vorsteuerabzug nach § 19 Abs. 1, § 23 oder § 24 UStG zulässig war.      17

Eine analoge – nicht unmittelbare[4] – Anwendung des § 4 Nr. 28 UStG gilt auch bei der Lieferung von Gegenständen, für die wegen der **Berufung auf** eine **Befreiung** nach der **MwStSystRL** der Vorsteuerabzug nicht in Anspruch genommen oder rückgängig gemacht worden war. Die Vorschrift ist nur analog und auch nur aus der Sicht des Lieferers anzuwenden, weil es ausschließlich um das **Steuerrechtsverhältnis** des **Lieferers zum Steuergläubiger** geht, so dass aus der Berufung auf eine Befreiung nach der Richtlinie auch nur folgt, dass der *Lieferer* unter die Befreiung nach Art. 135 Buchst. a MwStSystRL[5] fällt. Bezüglich des Vorsteuerabzugs des Erwerbers bleibt es bei der Rechtslage nach dem UStG, so dass es sich entgegen BFH um gesetzlich geschuldete Steuer i.S.d. § 15 Abs. 1 Satz 1 Nr. 1 UStG handelt (*§ 15 Rz. 243*).      18

---

1 Abschn. 4.28.1 Abs. 2 UStAE.
2 Siehe auch *Rz. 7 Fn. 3*.
3 Vgl. zur Veräußerung eines ohne Vorsteuerabzug erworbenen Fahrzeuges BFH v. 31.1.2002 – V R 61/96, BStBl. II 2003, 813; BFH v. 2.3.2006 – V R 35/04, BStBl. II 2006, 675; BFH v. 29.6.2011 – XI R 15/10, BStBl. II 2011, 839. Dem BFH ist nicht einmal die Frage in den Sinn gekommen, ob § 4 Nr. 28 UStG analog anzuwenden ist; ebenso nicht dem FG BW v. 16.2.2011 – 1 K 4834/08, EFG 2011, 1284.
4 So aber BFH v. 16.5.2012 – XI R 24/10, BStBl. II 2013, 52; BFH v. 24.4.2013 – XI R 9/11, UR 2013, 716.
5 Zuvor Art. 13 Teil B Buchst. c der 6. EG-Richtlinie.

19 Aus der Entscheidung des **EuGH** vom 8.12.2005[1] folgt nichts anderes, da sie sich lediglich auf die Auslegung des Art. 136 Buchst. a MwStSystRL (entspricht § 4 Nr. 28 Alt. 2 UStG) bezieht und diese Vorschrift schon deshalb nicht einschlägig sein konnte, weil es um die Lieferung von ehemaligem Anlagevermögen als nunmehr Umlaufvermögen ging, auf die ohnehin die Differenzbesteuerung nach Art. 311 ff. MwStSystRL (entspricht § 25a UStG) anzuwenden ist (*Rz. 4*).

## § 4a
## Steuervergütung

(1) Körperschaften, die ausschließlich und unmittelbar gemeinnützige, mildtätige oder kirchliche Zwecke verfolgen (§§ 51 bis 68 der Abgabenordnung), und juristischen Personen des öffentlichen Rechts wird auf Antrag eine Steuervergütung zum Ausgleich der Steuer gewährt, die auf der an sie bewirkten Lieferung eines Gegenstands, seiner Einfuhr oder seinem innergemeinschaftlichen Erwerb lastet, wenn die folgenden Voraussetzungen erfüllt sind:

1. Die Lieferung, die Einfuhr oder der innergemeinschaftliche Erwerb des Gegenstands muss steuerpflichtig gewesen sein.
2. Die auf die Lieferung des Gegenstands entfallende Steuer muss in einer nach § 14 ausgestellten Rechnung gesondert ausgewiesen und mit dem Kaufpreis bezahlt worden sein.
3. Die für die Einfuhr oder den innergemeinschaftlichen Erwerb des Gegenstands geschuldete Steuer muss entrichtet worden sein.
4. Der Gegenstand muss in das Drittlandsgebiet gelangt sein.
5. Der Gegenstand muss im Drittlandsgebiet zu humanitären, karitativen oder erzieherischen Zwecken verwendet werden.
6. Der Erwerb oder die Einfuhr des Gegenstands und seine Ausfuhr dürfen von einer Körperschaft, die steuerbegünstigte Zwecke verfolgt, nicht im Rahmen eines wirtschaftlichen Geschäftsbetriebs und von einer juristischen Person des öffentlichen Rechts nicht im Rahmen eines Betriebs gewerblicher Art (§ 1 Abs. 1 Nr. 6, § 4 des Körperschaftsteuergesetzes) oder eines land- und forstwirtschaftlichen Betriebs vorgenommen worden sein.
7. Die vorstehenden Voraussetzungen müssen nachgewiesen sein.

Der Antrag ist nach amtlich vorgeschriebenem Vordruck zu stellen, in dem der Antragsteller die zu gewährende Vergütung selbst zu berechnen hat.

(2) Das Bundesministerium der Finanzen kann mit Zustimmung des Bundesrates durch Rechtsverordnung näher bestimmen,

1. wie die Voraussetzungen für den Vergütungsanspruch nach Absatz 1 Satz 1 nachzuweisen sind und
2. in welcher Frist die Vergütung zu beantragen ist.

---
1 EuGH v. 8.12.2005 – C-280/04, EuGHE 2005, I-10683 = UR 2006, 360 – Rz. 24 f.

### § 24 UStDV
### Antragsfrist für die Steuervergütung und Nachweis der Voraussetzungen

(1) Die Steuervergütung ist bei dem zuständigen Finanzamt bis zum Ablauf des Kalenderjahres zu beantragen, das auf das Kalenderjahr folgt, in dem der Gegenstand in das Drittlandsgebiet gelangt. Ein Antrag kann mehrere Ansprüche auf die Steuervergütung umfassen.

(2) Der Nachweis, dass der Gegenstand in das Drittlandsgebiet gelangt ist, muss in der gleichen Weise wie bei Ausfuhrlieferungen geführt werden (§§ 8 bis 11).

(3) Die Voraussetzungen für die Steuervergütung sind im Geltungsbereich des Gesetzes buchmäßig nachzuweisen. Regelmäßig sollen aufgezeichnet werden:

1. die handelsübliche Bezeichnung und die Menge des ausgeführten Gegenstands;
2. der Name und die Anschrift des Lieferers;
3. der Name und die Anschrift des Empfängers;
4. der Verwendungszweck im Drittlandsgebiet;
5. der Tag der Ausfuhr des Gegenstands;
6. die mit dem Kaufpreis für die Lieferung des Gegenstands bezahlte Steuer oder die für die Einfuhr oder den innergemeinschaftlichen Erwerb des Gegenstands entrichtete Steuer.

*EU-Recht*

Art. 146 Abs. 1 Buchst. c und Abs. 2 i.V.m. Art. 140 Buchst. a und Art. 143 Buchst. a MwStSystRL.

*VV*

Abschn. 4a.1–4a.5 UStAE.

| | | | |
|---|---|---|---|
| A. Allgemeines............... | 1 | C. Voraussetzungen............ | 3 |
| B. Vergütungsberechtigte........ | 2 | D. Verfahren.................. | 10 |

## A. Allgemeines

Die Vorschrift regelt die Vergütung der Umsatzsteuer an gemeinnützige u.ä. **Körperschaften**, welche auf Gegenständen lastet, die **im Drittlandsgebiet zu humanitären, karitativen oder erzieherischen Zwecken** (§ 4a Abs. 1 Satz 1 Nr. 5 UStG) **verwendet** werden. 1

Die Bestimmung ist im 2. Abschnitt des Gesetzes völlig **fehlplatziert** und hätte in den 6. Abschnitt (Sonderregelungen) gehört. Sie suggeriert zudem mit ihrer **fehlerhaften Überschrift**, dass von ihr sämtliche Fälle der Steuervergütung im UStG behandelt werden, obwohl sie nur einen **Sonderfall** betrifft. Zu einer Steuervergütung führt vor allem der Vorsteuerabzug nach § 15 Abs. 1 Satz 1 Nr. 1 UStG (*§ 16 Rz. 29*). Andererseits enthält die Vorschrift fast (weil die sonstigen Leistungen nicht erfasst werden) eine Legaldefinition der Steuervergütung: „(...) zum Ausgleich der Steuer gewährt, die auf der (...) Lieferung eines Gegenstandes (...)[1] lastet (...)."

---

1 Soweit es um die bei der Einfuhr oder dem innergemeinschaftlichen Erwerb angefallene Umsatzsteuer geht, stellt deren Auszahlung zwar eine Erstattung dar (*§ 16 Rz. 30*). Aus

## B. Vergütungsberechtigte

**2** Vergütungsberechtigt sind **Körperschaften**, die ausschließlich und unmittelbar gemeinnützige, mildtätige oder kirchliche Zwecke verfolgen (**steuerbegünstigte Zwecke** i.S.d. §§ 51–68 AO) und **juristische Personen des öffentlichen Rechts** (zu diesen s. *§ 2 Rz. 254 ff.*). Zu Ersteren gehören insbesondere auch die in § 23 UStDV aufgeführten amtlich anerkannten Verbände der freien Wohlfahrtspflege. Zu den Körperschaften zählen auch die übrigen Personenvereinigungen und Vermögensmassen im Sinne des KStG (§ 51 Satz 2 AO).

## C. Voraussetzungen

**3** Der Erwerb oder die Einfuhr des Gegenstandes und seine Ausfuhr dürfen von der Körperschaft nicht im Rahmen eines wirtschaftlichen Geschäftsbetriebes bzw. von der juristischen Person des öffentlichen Rechts nicht im Rahmen eines Betriebes gewerblicher Art oder eines land- und forstwirtschaftlichen Betriebes, d.h. **nicht im Rahmen ihres Unternehmens** i.S.d. § 2 Abs. 3 Satz 1 UStG, vorgenommen worden sein. Letztere Einschränkung ergibt sich daraus, dass Unternehmer die Umsatzsteuer bei der Ausfuhr bereits im Wege des Vorsteuerabzugs vergütet erhalten (§ 15 Abs. 1 i.V.m. Abs. 3 Nr. 1 Buchst. a i.V.m. § 4 Nr. 1 Buchst. a i.V.m. § 6 UStG).

Hingegen ist der **Sinn** der **Beschränkung** auf den **wirtschaftlichen Geschäftsbetrieb** nicht erkennbar, da Körperschaften, die steuerbegünstigte Zwecke verfolgen, auch außerhalb eines solchen unternehmerisch im Sinne des UStG tätig sein können. Vermutlich soll allerdings mit der Formulierung ebenfalls zum Ausdruck gebracht werden, dass der Gegenstand nicht im Rahmen des Unternehmens erworben und ausgeführt worden sein darf. Völlig unverständlich ist dann allerdings die Aussage der Finanzverwaltung, dass die Ausfuhr im Rahmen eines **Zweckbetriebes** dem Anspruch auf Vergütung nicht entgegenstehe[1], denn auch ein Zweckbetrieb ist ein wirtschaftlicher Geschäftsbetrieb (§ 64 Abs. 1 AO a.E., § 65 AO).

**4** Die **Lieferung** des Gegenstandes (im Inland) an den Vergütungsberechtigten (§ 4a Abs. 1 Satz 1 Halbs. 1 UStG: „an sie bewirkten Lieferung") muss „**steuerpflichtig**" gewesen sein (§ 4a Abs. 1 Satz 1 Nr. 1 UStG). Gemeint ist, dass sie besteuert („belastet") worden ist, so dass der Erwerb von einem Nichtunternehmer (Privaten) oder Kleinunternehmer nicht zu einer Vergütung berechtigt. Dass die Lieferung an diese steuerpflichtig war, ist ohne Belang.[2] Die Steuer muss in einer nach § 14 UStG ausgestellten, d.h. in einer ordnungsgemäßen **Rechnung** ausgewiesen sein. Vergütet wird nur die objektiv für den Umsatz entstandene Steuer.[3] Die Steuer muss als Teil des Kaufpreises **mitbezahlt** worden sein (§ 4a Abs. 1 Satz 1 Nr. 2 UStG). Das ist eine pure Selbstverständlichkeit, da die Steuervergütung eine Belastung mit der Steuer verlangt.

---

§ 4a UStG sowie weiteren Vorschriften des UStG folgt indes, dass auch diese Ansprüche wie Vergütungsansprüche zu behandeln sind (*§ 18 Rz. 14*).
1 Abschn. 4a.2 Abs. 8 UStAE.
2 Abschn. 4a.2 Abs. 1 Satz 3 UStAE.
3 Vgl. Abschn. 4a.2 Abs. 2 UStAE.

Auch unentgeltliche Lieferungen von Unternehmern können steuerpflichtig sein (§ 1 Abs. 1 Nr. 1 i.V.m. § 3 Abs. 1b Satz 1 Nr. 3 UStG), gleichwohl werden derartige **Sachspenden** nicht begünstigt[1], da die Vorschrift einen entgeltlichen Erwerb verlangt (§ 4a Abs. 1 Satz 1 Nr. 2 UStG: „Kaufpreis bezahlt"). Indes kann das sachgerechte Ergebnis dadurch erreicht werden, dass nach der entgeltlichen Lieferung der Verkäufer den Kaufpreis als Geldspende zahlt.

Auch die **Einfuhr** oder der **innergemeinschaftliche Erwerb** des Gegenstandes muss steuerpflichtig gewesen sein (§ 4a Abs. 1 Satz 1 Nr. 1 UStG) und die dafür geschuldete Steuer muss entrichtet worden sein.

Der Gegenstand muss in das **Drittlandsgebiet gelangt** sein (§ 4a Abs. 1 Satz 1 Nr. 4 UStG) und darf **zuvor nicht** nur nicht **im Inland**[2], sondern auch im übrigen **Gemeinschaftsgebiet nicht genutzt** worden sein. Eine entsprechende Anwendung des § 15a UStG ist nicht vorgesehen, wäre aber angebracht.

Der ausgeführte Gegenstand muss im Drittlandsgebiet zu **humanitären, karitativen** oder **erzieherischen Zwecken**[3] verwendet[4] werden (§ 4a Abs. 1 Satz 1 Nr. 5 UStG). Die Verwendung muss nicht durch den Antragsteller selbst, sondern kann auch durch eine andere Institution im Drittland erfolgen.[5] Die Gegenstände brauchen nicht für Gruppen von Menschen verwendet zu werden, sondern können **auch** an **Einzelpersonen** versendet werden.[6]

Länger verwendbare Gegenstände müssen nicht bis zum Ende ihrer Nutzungsdauer im Drittland verbleiben. Auch ist keine Mindestverwendungsdauer vorgesehen. Werden die Gegenstände **wiedereingeführt**, so sind sie keine einfuhrumsatzsteuerfreien Rückwaren (§ 12 Satz 1 Nr. 3 EUStBV).

## D. Verfahren

Die Vergütung ist nach amtlich vorgeschriebenem Vordruck zu beantragen, in dem die beantragte („zu gewährende") Vergütung **selbst zu berechnen** ist (§ 4a Abs. 1 Satz 2 UStG).[7] Auf diese Steuervergütung ist die **Abgabenordnung** anzuwenden (§ 1 Abs. 1 Satz 1 AO). Gleichwohl handelt es sich nicht um eine Steuervergütungsanmeldung i.S.d. § 168 Satz 2 AO (vgl. zur entsprechenden Fragestellung bei dem Antrag auf Steuervergütung nach § 18 Abs. 9 UStG *§ 18 Rz. 148 u. 155*).

Ist der Antragsteller Unternehmer, so ist das **Finanzamt zuständig**, von dessen Bezirk aus er sein Unternehmen betreibt (§ 21 Abs. 1 Satz 1 AO). Ist er kein Unternehmer, so ist das Finanzamt zuständig, in dessen Bezirk sich seine Geschäftsleitung befindet (§ 21 Abs. 2 Halbs. 1 i.V.m. § 20 Abs. 1 AO). Auf den Sitz

---

1 Abschn. 4a.2 Abs. 1 Satz 2 UStAE.
2 So aber Abschn. 4a.2 Abs. 9 UStAE.
3 Dazu Abschn. 4a.2 Abs. 6 und 7 UStAE.
4 Dazu Abschn. 4a.2 Abs. 4 und 5 UStAE.
5 Abschn. 4a.2 Abs. 4 Sätze 2 und 3 UStAE.
6 Abschn. 4a.2 Abs. 7 UStAE.
7 Dazu Abschn. 4a.4 Abs. 1 UStAE.

kommt es deshalb entgegen der Ansicht der Bundesregierung[1] grundsätzlich nicht an (Ausnahme: Fall des § 20 Abs. 2 AO).

12 **Antragsfrist:** Die Steuervergütung ist bis zum Ablauf des Kalenderjahres zu beantragen, das auf das Kalenderjahr folgt, in dem der Gegenstand in das Drittlandsgebiet gelangt (§ 24 Abs. 1 UStDV). Das ist nicht der Fall, solange der Gegenstand sich in einer zugelassenen **Freihafenlagerung** (Freihäfen sind Drittlandsgebiet, § 1 Abs. 2a Satz 3 UStG) befindet.[2] Bei unverschuldeter Versäumung der Frist kommt Wiedereinsetzung in den vorigen Stand in Betracht (§ 110 AO).

13 Da der Antrag keine Steuervergütungsanmeldung darstellt (*Rz. 10*), führt die Auszahlung der Steuervergütung nicht zu einer konkludenten Zustimmung i.S.d. § 168 Satz 2 AO, so dass die Steuervergütung stets durch **Steuervergütungsbescheid** festzusetzen ist (§ 155 Abs. 4 i.V.m. Abs. 1 Satz 1 AO; vgl. *§ 18 Rz. 155* a.E.).

14 Der Nachweis der Voraussetzungen (§ 4a Abs. 1 Satz 1 Nr. 7 UStG) verlangt einen **Ausfuhrnachweis**, welcher in gleicher Weise wie bei einer Ausfuhrlieferung, d.h. nach Maßgabe der §§ 8 bis 11 UStDV (*§ 6 Rz. 33 ff.*) geführt werden muss (§ 24 Abs. 2 UStDV). Darüber hinaus müssen die Voraussetzungen der Steuervergütung auch noch buchmäßig durch **Aufzeichnungen** „nachgewiesen" werden (§ 24 Abs. 3 UStDV).[3]

15 **Mindert** sich die auf die Lieferung usw. entfallende Umsatzsteuer (z.B. durch Herabsetzung des Kaufpreises), so verringert sich nachträglich der Steuervergütungsanspruch und dem Finanzamt (genauer: Steuergläubiger) steht ein Erstattungsanspruch (Rückforderungsanspruch) zu (§ 37 Abs. 2 Satz 2 AO). Dieser kann erst nach Herabsetzung der ursprünglichen Steuervergütungsfestsetzung verwirklicht (fällig) werden (§ 218 Abs. 1 Satz 1 AO).[4] Demgegenüber geht die Bundesregierung davon aus, dass der Minderungsbetrag in den nächsten Antrag auf Steuervergütung „anzugeben" sei[5], was wohl heißen soll, dass er zu verrechnen sei. Richtigerweise besteht eine strafbewehrte Anzeigepflicht (§ 153 Abs. 2 i.V.m. § 370 Abs. 1 Nr. 2 AO) und hat das Finanzamt den ursprünglichen Steuervergütungsbescheid zu korrigieren (§ 155 Abs. 4 i.V.m. § 173 Abs. 1 Nr. 1 AO).[6]

---

1 Abschn. 4a.4 Abs. 2 Satz 1 UStAE.
2 Abschn. 4a.4 Abs. 2 Satz 4 UStAE.
3 Dazu näher Abschn. 4a.3 Abs. 2 UStAE.
4 *Stadie*, Allg. SteuerR, Rz. 285 i.V.m. Rz. 274 u. 281.
5 Abschn. 4a.4 Abs. 1 Satz 2 UStAE.
6 Vgl. *Stadie*, Allg. SteuerR, Rz. 622.

## § 4b
## Steuerbefreiung beim innergemeinschaftlichen Erwerb von Gegenständen

Steuerfrei ist der innergemeinschaftliche Erwerb
1. der in § 4 Nr. 8 Buchstabe e und Nr. 17 Buchstabe a sowie der in § 8 Abs. 1 Nr. 1 und 2 bezeichneten Gegenstände;
2. der in § 4 Nr. 4 bis 4b und Nr. 8 Buchstabe b und i sowie der in § 8 Abs. 2 Nr. 1 und 2 bezeichneten Gegenstände unter den in diesen Vorschriften bezeichneten Voraussetzungen;
3. der Gegenstände, deren Einfuhr (§ 1 Abs. 1 Nr. 4) nach den für die Einfuhrumsatzsteuer geltenden Vorschriften steuerfrei wäre;
4. der Gegenstände, die zur Ausführung von Umsätzen verwendet werden, für die der Ausschluss vom Vorsteuerabzug nach § 15 Abs. 3 nicht eintritt.

*EU-Recht*
Art. 3 Abs. 1 Buchst. a i.V.m. Art. 148, Art. 140 MwStSystRL.

*VV*
Abschn. 4b.1 UStAE.

Steuerfrei ist der unter § 3d Satz 1 UStG fallende[1] innergemeinschaftliche Erwerb (§ 1 Abs. 1 Nr. 5 UStG) bei bestimmten Gegenständen, deren **Lieferung im Inland steuerfrei wäre** (§ 4b Nr. 1 und 2 UStG; *Rz. 3 f.*), sowie bei Gegenständen, deren **Einfuhr steuerfrei wäre** (§ 4b Nr. 3 UStG; *Rz. 5*) oder die zur Ausführung von steuerfreien Umsätzen verwendet werden, für die der Ausschluss vom Vorsteuerabzug nach § 15 Abs. 3 UStG nicht eintritt (§ 4b Nr. 4 UStG; *Rz. 6*). Von diesen ausdrücklichen Steuerbefreiungen sind Ausnahmen von der Besteuerung des innergemeinschaftlichen Erwerbs nach § 1a Abs. 3 und § 1c Abs. 1 UStG zu unterscheiden, welche indes dieselbe Wirkung wie eine Befreiung haben. 1

Für vorsteuerabzugsberechtigte **Erwerber** ist es **ohne** materielle **Bedeutung**, ob der innergemeinschaftliche Erwerb (i.S.d. § 3d Satz 1 UStG) steuerfrei oder steuerpflichtig ist, da im letzteren Fall die entstandene Steuer stets sogleich mit sich selbst als Vorsteuer verrechnet werden kann (§ 15 Abs. 1 Satz 1 Nr. 3 UStG; *§ 15 Rz. 316*), so dass ebenfalls keinerlei Belastung der Liquidität eintritt. 2

Steuerfrei ist der innergemeinschaftliche Erwerb der in § 4 Nr. 8 Buchst. e UStG (Wertpapiere) und § 4 Nr. 17 Buchst. a UStG (**menschliche Organe, menschliches Blut, Frauenmilch**) sowie der in § 8 Abs. 1 Nr. 1 und 2 UStG (**Seeschiffe, Ausrüstungsgegenstände** für diese) bezeichneten Gegenstände (§ 4b **Nr. 1** UStG). Als **Wertpapiere** kommen nur **Sammlerobjekte** in Betracht, da gültige Wertpapiere keinen Ge- oder Verbrauchsnutzen haben, sondern lediglich Ansprüche 3

---
1 Bay LfSt, Vfg. v. 2.4.2012 – S 7196.1.1 - 3/2 St 33, DStR 2012, 861.

verbriefen, aber selbst nicht Gegenstand einer Lieferung und damit auch nicht eines Erwerbs sein können.

4   Steuerfrei ist auch der innergemeinschaftliche Erwerb der in § 4 Nr. 4 bis 4b UStG und in § 4 Nr. 8 Buchst. b und i UStG sowie der in § 8 Abs. 2 Nr. 1 und 2 UStG bezeichneten Gegenstände unter den dort genannten Voraussetzungen (§ 4b **Nr. 2** UStG). Steuerfrei ist mithin der innergemeinschaftliche Erwerb von

- Gold durch Zentralbanken (§ 4 Nr. 4 UStG),
- Gegenständen zur Einlagerung in ein Steuerlager (i.S.d. § 4 Nr. 4a UStG),
- Gegenständen, die sich in einem zollrechtlichen Nichterhebungsverfahren (i.S.d. § 4 Nr. 4b UStG) befinden,
- gesetzlichen Zahlungsmitteln, welche nicht wegen ihres Metallgehalts oder Sammlerwertes umgesetzt werden (§ 4 Nr. 8 Buchst. b UStG),
- im Inland gültigen amtlichen Wertzeichen (§ 4 Nr. 8 Buchst. i UStG) und
- von **Luftfahrzeugen** (i.S.d. § 8 Abs. 2 Nr. 1 UStG) sowie von **Ausrüstungsgegenständen** für diese (§ 8 Abs. 2 Nr. 2 UStG).

Die erwähnten **Zahlungsmittel** und **Wertzeichen** sind schon keine Liefergegenstände und deshalb auch keine Gegenstände, die dem innergemeinschaftlichen Erwerb unterliegen können. Die „Befreiung" ist insofern nur **deklaratorisch**.

5   Steuerfrei ist ferner der innergemeinschaftliche Erwerb solcher Gegenstände, deren **Einfuhr steuerfrei wäre** (§ 4b Nr. 3 UStG). Die jeweiligen Befreiungen ergeben sich insbesondere aus § 5 UStG und aus der EUStBV. Die Befreiungen nach § 5 UStG und nach § 4b UStG überschneiden sich mehrfach. Von Bedeutung sind vor allem die Befreiungen nach der **EUStBV** (abgedruckt zu § 5 UStG).

6   Steuerfrei ist schließlich der innergemeinschaftliche Erwerb solcher Gegenstände, die **zur Ausführung von Umsätzen verwendet** werden, für die der **Ausschluss vom Vorsteuerabzug** nach § 15 Abs. 3 UStG **nicht** eintritt (§ 4b **Nr. 4** UStG). Die Vorschrift ist überflüssig, da die Steuer in diesen Fällen bei einer Steuerpflicht des innergemeinschaftlichen Erwerbs sogleich mit sich selbst verrechnet werden könnte (Rz. 2).


# § 5
# Steuerbefreiungen bei der Einfuhr

(1) Steuerfrei ist die Einfuhr

1. der in § 4 Nr. 8 Buchstabe e und Nr. 17 Buchstabe a sowie der in § 8 Abs. 1 Nr. 1, 2 und 3 bezeichneten Gegenstände;

2. der in § 4 Nr. 4 und Nr. 8 Buchstabe b und i sowie der in § 8 Abs. 2 Nr. 1, 2 und 3 bezeichneten Gegenstände unter den in diesen Vorschriften bezeichneten Voraussetzungen;

3. der Gegenstände, die von einem Schuldner der Einfuhrumsatzsteuer im Anschluss an die Einfuhr unmittelbar zur Ausführung von innergemeinschaftlichen Lieferungen (§ 4 Nummer 1 Buchstabe b, § 6a) verwendet werden; der Schuldner der Einfuhrumsatzsteuer hat zum Zeitpunkt der Einfuhr

  a) seine im Geltungsbereich dieses Gesetzes erteilte Umsatzsteuer-Identifikationsnummer oder die im Geltungsbereich dieses Gesetzes erteilte Umsatzsteuer-Identifikationsnummer seines Fiskalvertreters und

  b) die im anderen Mitgliedstaat erteilte Umsatzsteuer-Identifikationsnummer des Abnehmers mitzuteilen sowie

  c) nachzuweisen, dass die Gegenstände zur Beförderung oder Versendung in das übrige Gemeinschaftsgebiet bestimmt sind;

4. der in der Anlage 1 bezeichneten Gegenstände, die im Anschluss an die Einfuhr zur Ausführung von steuerfreien Umsätzen nach § 4 Nr. 4a Satz 1 Buchstabe a Satz 1 verwendet werden sollen; der Schuldner der Einfuhrumsatzsteuer hat die Voraussetzungen der Steuerbefreiung nachzuweisen;

5. der in der Anlage 1 bezeichneten Gegenstände, wenn die Einfuhr im Zusammenhang mit einer Lieferung steht, die zu einer Auslagerung im Sinne des § 4 Nr. 4a Satz 1 Buchstabe a Satz 2 führt, und der Lieferer oder sein Beauftragter Schuldner der Einfuhrumsatzsteuer ist; der Schuldner der Einfuhrumsatzsteuer hat die Voraussetzungen der Steuerbefreiung nachzuweisen;

6. von Erdgas über das Erdgasnetz oder von Erdgas, das von einem Gastanker aus in das Erdgasnetz oder ein vorgelagertes Gasleitungsnetz eingespeist wird, von Elektrizität oder von Wärme oder Kälte über Wärme- oder Kältenetze.

(2) Das Bundesministerium der Finanzen kann durch Rechtsverordnung, die nicht der Zustimmung des Bundesrates bedarf, zur Erleichterung des Warenverkehrs über die Grenze und zur Vereinfachung der Verwaltung Steuerfreiheit oder Steuerermäßigung anordnen

1. für Gegenstände, die nicht oder nicht mehr am Güterumsatz und an der Preisbildung teilnehmen;

2. für Gegenstände in kleinen Mengen oder von geringem Wert;

3. für Gegenstände, die nur vorübergehend ausgeführt worden waren, ohne ihre Zugehörigkeit oder enge Beziehung zur inländischen Wirtschaft verloren zu haben;

4. für Gegenstände, die nach zollamtlich bewilligter Veredelung in Freihäfen eingeführt werden;

5. für Gegenstände, die nur vorübergehend eingeführt und danach unter zollamtlicher Überwachung wieder ausgeführt werden;

6. für Gegenstände, für die nach zwischenstaatlichem Brauch keine Einfuhrumsatzsteuer erhoben wird;

7. für Gegenstände, die an Bord von Verkehrsmitteln als Mundvorrat, als Brenn-, Treib- oder Schmierstoffe, als technische Öle oder als Betriebsmittel eingeführt werden;

8. für Gegenstände, die weder zum Handel noch zur gewerblichen Verwendung bestimmt und insgesamt nicht mehr wert sind, als in Rechtsakten des Rates der Europäischen Union oder der Europäischen Kommission über die Verzollung zum Pauschalsatz festgelegt ist, soweit dadurch schutzwürdige Interessen der inländischen Wirtschaft nicht verletzt werden und keine unangemessenen Steuervorteile entstehen. Es hat dabei Rechtsakte des Rates oder der Kommission der Europäischen Gemeinschaften zu berücksichtigen.

(3) Das Bundesministerium der Finanzen kann durch Rechtsverordnung, die nicht der Zustimmung des Bundesrates bedarf, anordnen, dass unter den sinngemäß anzuwendenden Voraussetzungen von Rechtsakten des Rates der Europäischen Union oder der Europäischen Kommission über die Erstattung oder den Erlass von Einfuhrabgaben die Einfuhrumsatzsteuer ganz oder teilweise erstattet oder erlassen wird.

### § 1 EUStBV
### Allgemeines

(1) Einfuhrumsatzsteuerfrei ist, vorbehaltlich der §§ 1a bis 10, die Einfuhr von Gegenständen, die nach Kapitel I und III der Verordnung (EWG) Nr. 918/83 des Rates vom 28. März 1983 über das gemeinschaftliche System der Zollbefreiungen (ABl. EG Nr. L 105 S. 1, Nr. L 274 S. 40, 1984 Nr. L 308 S. 64, 1985 Nr. L 256 S. 47, 1986 Nr. L 271 S. 31), die zuletzt durch die Verordnung (EG) Nr. 274/2008 vom 17. März 2008 (ABl. EU Nr. L 85 S. 1) geändert worden ist, zollfrei eingeführt werden können, in entsprechender Anwendung dieser Vorschriften sowie der Durchführungsvorschriften dazu; ausgenommen sind die Artikel 29 bis 31, 45, 52 bis 59b, 63a und 63b der Verordnung (EWG) Nr. 918/83.

(1a) Im Sinne dieser Verordnung gilt als Zollkodex die Verordnung (EWG) Nr. 2913/92 des Rates vom 12. Oktober 1992 zur Festlegung des Zollkodex der Gemeinschaften (ABl. EG Nr. L 302 S. 1, 1993 Nr. L 79 S. 84, 1996 Nr. L 97 S. 387), zuletzt geändert durch die Verordnung (EG) Nr. 2700/2000 des Europäischen Parlaments und des Rates vom 16. November 2000 (ABl. EG Nr. L 311 S. 17), in der jeweils geltenden Fassung. Im Sinne dieser Verordnung gilt als Durchführungsverordnung zum Zollkodex die Verordnung (EWG) Nr. 2454/93 der Kommission vom 2. Juli 1993 mit Durchführungsvorschriften zu der Verordnung (EWG) Nr. 2913/92 des Rates vom 12. Oktober 1992 zur Festlegung des Zollkodex der Gemeinschaften (ABl. EG Nr. L 253 S. 1, 1994 Nr. L 268 S. 32, 1996 Nr. L 180 S. 34, 1997 Nr. L 156 S. 59, 1999 Nr. L 111 S. 88), zuletzt geändert durch die Verordnung (EG) Nr. 1335/2003 der Kommission vom 25. Juli 2003 (ABl. EU Nr. L 187 S. 16), in der jeweils geltenden Fassung.

(2) Einfuhrumsatzsteuerfrei ist, vorbehaltlich des § 11, die vorübergehende Einfuhr von Gegenständen, die

1. nach den Artikeln 137 bis 144 des Zollkodex frei von Einfuhrabgaben im Sinne des Artikels 4 Nr. 10 des Zollkodex eingeführt werden können oder die

2. gelegentlich und ohne gewerbliche Absicht eingeführt werden, sofern der Verwender hinsichtlich dieser Gegenstände nicht oder nicht in vollem Umfang nach § 15 Abs. 1 Nr. 2 des Gesetzes zum Vorsteuerabzug berechtigt ist,

in sinngemäßer Anwendung der genannten Vorschriften sowie der Durchführungsvorschriften dazu; ausgenommen sind die Vorschriften über die vorübergehende Verwendung bei teilweiser Befreiung von Einfuhrabgaben im Sinne des Artikels 4 Nr. 10 Zollkodex.

(2a) Einfuhrumsatzsteuerfrei ist, vorbehaltlich des § 12, die Einfuhr der Gegenstände, die nach den Artikeln 185 bis 187 Zollkodex als Rückwaren frei von Einfuhrabgaben im Sinne des Artikels 4 Nr. 10 Zollkodex eingeführt werden können, in sinngemäßer Anwendung dieser Vorschriften sowie der Durchführungsvorschriften dazu. Die Steuerfreiheit gilt auch für die Gegenstände, die in Artikel 185 Abs. 2 Buchstabe b Zollkodex aufgeführt sind.

(3) Einfuhrumsatzsteuerfrei ist ferner die Einfuhr der Gegenstände, die nach den §§ 12, 14 bis 22 der Zollverordnung vom 23. Dezember 1993 (BGBl. I S. 2449) in der jeweils geltenden Fassung frei von Einfuhrabgaben im Sinne des Artikels 4 Nr. 10 Zollkodex eingeführt werden können, in sinngemäßer Anwendung dieser Vorschriften.

### § 1a EUStBV
### Sendungen von geringem Wert

Die Einfuhrumsatzsteuerfreiheit für Sendungen von Waren mit geringem Wert im Sinne des Artikels 27 der Verordnung (EWG) Nr. 918/83 ist auf Waren beschränkt, deren Gesamtwert 22 Euro je Sendung nicht übersteigt.

### § 2 EUStBV
### Investitionsgüter und andere Ausrüstungsgegenstände

Die Einfuhrumsatzsteuerfreiheit für Investitionsgüter und andere Ausrüstungsgegenstände (Artikel 32 bis 38 der in § 1 Abs. 1 genannten Verordnung) ist ausgeschlossen für Gegenstände, die

1. ganz oder teilweise zur Ausführung von Umsätzen verwendet werden, die nach § 15 Abs. 2 und 3 des Gesetzes den Vorsteuerabzug ausschließen,
2. von einer juristischen Person des öffentlichen Rechts für ihren nichtunternehmerischen Bereich eingeführt werden oder
3. von einem Unternehmer eingeführt werden, der die Vorsteuerbeträge nach Durchschnittssätzen (§§ 23 und 24 des Gesetzes) ermittelt.

### § 3 EUStBV
### Landwirtschaftliche Erzeugnisse

Die Einfuhrumsatzsteuerfreiheit für bestimmte landwirtschaftliche Erzeugnisse (Artikel 39 bis 42 der in § 1 Abs. 1 genannten Verordnung) gilt auch für reinrassige Pferde, die nicht älter als sechs Monate und im Drittlandsgebiet von einem Tier geboren sind, das im Inland oder in den österreichischen Gebieten Jungholz und Mittelberg befruchtet und danach vorübergehend ausgeführt worden war.

### § 4 EUStBV
### Gegenstände erzieherischen, wissenschaftlichen oder kulturellen Charakters

Die Einfuhrumsatzsteuerfreiheit für Gegenstände erzieherischen, wissenschaftlichen oder kulturellen Charakters im Sinne der Artikel 50 und 51 der in § 1 Abs. 1 genannten Verordnung ist auf die von den Buchstaben B der Anhänge I und II der Verordnung erfaßten Einfuhren beschränkt. Die Steuerfreiheit für Sammlungsstücke und Kunstgegenstände (Artikel 51 der Verordnung) hängt davon ab, daß die Gegenstände

1. unentgeltlich eingeführt werden oder
2. nicht von einem Unternehmer geliefert werden; als Lieferer gilt nicht, wer für die begünstigte Einrichtung tätig wird.

### § 5 EUStBV
### Tiere für Laborzwecke

Die Einfuhrumsatzsteuerfreiheit für Tiere für Laborzwecke (Artikel 60 Abs. 1 Buchstabe a und Abs. 2 der in § 1 Abs. 1 genannten Verordnung) hängt davon ab, daß die Tiere unentgeltlich eingeführt werden.

### § 6 EUStBV
### Gegenstände für Organisationen der Wohlfahrtspflege

(1) Die Einfuhrumsatzsteuerfreiheit für lebenswichtige Gegenstände (Artikel 65 Abs. 1 Buchstabe a der in § 1 Abs. 1 genannten Verordnung) hängt davon ab, daß die Gegenstände unentgeltlich eingeführt werden.

(2) Die Einfuhrumsatzsteuerfreiheit für Gegenstände für Behinderte (Artikel 70 bis 78 der in § 1 Abs. 1 genannten Verordnung) hängt davon ab, daß die Gegenstände unentgeltlich eingeführt werden. Sie hängt nicht davon ab, daß gleichwertige Gegenstände gegenwärtig in der Gemeinschaft nicht hergestellt werden. Die Steuerfreiheit ist ausgeschlossen für Gegenstände, die von Behinderten selbst eingeführt werden.

### § 7 EUStBV
### Werbedrucke

(1) Die Einfuhrumsatzsteuerfreiheit für Werbedrucke (Artikel 92 Buchstabe b der in § 1 Abs. 1 genannten Verordnung) gilt für Werbedrucke, in denen Dienstleistungen angeboten werden, allgemein, sofern diese Angebote von einer in einem anderen Mitgliedstaat der Europäischen Gemeinschaften ansässigen Person ausgehen.

(2) Bei Werbedrucken, die zur kostenlosen Verteilung eingeführt werden, hängt die Steuerfreiheit abweichend von Artikel 93 Buchstabe b und c der in § 1 Abs. 1 genannten Verordnung nur davon ab, daß die in den Drucken enthaltenen Angebote von einer in einem anderen Mitgliedstaat der Europäischen Gemeinschaften ansässigen Person ausgehen.

### § 8 EUStBV
### Werbemittel für den Fremdenverkehr

Die Einfuhrumsatzsteuerfreiheit für Werbematerial für den Fremdenverkehr (Artikel 108 Buchstabe a und b der in § 1 Abs. 1 genannten Verordnung) gilt auch dann, wenn darin Werbung für in einem Mitgliedstaat der Europäischen Gemeinschaften ansässigen Unternehmen enthalten ist, sofern der Gesamtanteil der Werbung 25 vom Hundert nicht übersteigt.

### § 9 EUStBV
### Amtliche Veröffentlichungen, Wahlmaterialien

Einfuhrumsatzsteuerfrei ist die Einfuhr der amtlichen Veröffentlichungen, mit denen das Ausfuhrland und die dort niedergelassenen Organisationen, öffentlichen Körperschaften und öffentlich-rechtlichen Einrichtungen Maßnahmen öffentlicher Gewalt bekanntmachen, sowie die Einfuhr der Drucksachen, die die in den Mitgliedstaaten der Europäischen Gemeinschaften als solche offiziell anerkannten ausländischen politischen Organisationen anläßlich der Wahlen zum Europäischen Parlament oder anläßlich nationaler Wahlen, die vom Herkunftsland aus organisiert werden, verteilen.

### § 10 EUStBV
### Behältnisse und Verpackungen

(1) Die Einfuhrumsatzsteuerfreiheit von Verpackungsmitteln (Artikel 110 der in § 1 Abs. 1 genannten Verordnung) hängt davon ab, daß ihr Wert in die Bemessungsgrundlage für die Einfuhr (§ 11 des Gesetzes) einbezogen wird.

(2) Die Steuerfreiheit nach Absatz 1 gilt auch für die Einfuhr von Behältnissen und befüllten Verpackungen, wenn sie für die mit ihnen gestellten oder in ihnen verpackten Waren üblich sind oder unabhängig von ihrer Verwendung als Behältnis oder Verpackung keinen dauernden selbständigen Gebrauchswert haben.

### § 11 EUStBV
### Vorübergehende Verwendung

**(1)** Artikel 572 Abs. 1 der Durchführungsverordnung zum Zollkodex gilt mit der Maßgabe, daß die hergestellten Gegenstände aus dem Zollgebiet der Gemeinschaft auszuführen sind.

**(2)** In den Fällen des § 1 Abs. 2 Nr. 2 beträgt die Verwendungsfrist längstens sechs Monate; sie darf nicht verlängert werden.

**(3)** Werden die in Artikel 576 der Durchführungsverordnung zum Zollkodex bezeichneten Gegenstände verkauft, so ist bei der Ermittlung der Bemessungsgrundlage von dem Kaufpreis auszugehen, den der erste Käufer im Inland oder in den österreichischen Gebieten Jungholz und Mittelberg gezahlt oder zu zahlen hat.

**(4)** Auf die Leistung einer Sicherheit für die Einfuhrumsatzsteuer kann verzichtet werden.

### § 12 EUStBV
### Rückwaren

Die Einfuhrumsatzsteuerfreiheit von Rückwaren (Artikel 185 bis 187 Zollkodex) ist ausgeschlossen, wenn der eingeführte Gegenstand

1. vor der Einfuhr geliefert worden ist,

2. im Rahmen einer steuerfreien Lieferung (§ 4 Nr. 1 des Gesetzes) ausgeführt worden ist oder

3. im Rahmen des § 4a des Gesetzes von der Umsatzsteuer entlastet worden ist.

Satz 1 Nr. 2 gilt nicht, wenn derjenige, der die Lieferung bewirkt hat, den Gegenstand zurückerhält und hinsichtlich dieses Gegenstandes in vollem Umfang nach § 15 Abs. 1 Nr. 2 des Gesetzes zum Vorsteuerabzug berechtigt ist.

### § 12a EUStBV
### Freihafenlagerung

**(1)** Einfuhrumsatzsteuerfrei ist die Einfuhr von Gegenständen, die als Gemeinschaftswaren ausgeführt und in einem Freihafen vorübergehend gelagert worden sind. Die Steuerfreiheit hängt davon ab, daß die nachfolgenden Vorschriften eingehalten sind.

**(2)** Die Lagerung bedarf einer besonderen Zulassung; sie wird grundsätzlich nur zugelassen, wenn im Freihafen vorhandene Anlagen sonst nicht wirtschaftlich ausgenutzt werden können und der Freihafen durch die Lagerung seinem Zweck nicht entfremdet wird. Für die Zulassung ist das von der Oberfinanzdirektion dafür bestimmte Hauptzollamt zuständig. Der Antrag auf Zulassung ist vom Lagerhalter schriftlich zu stellen. Die Zulassung wird schriftlich erteilt.

**(3)** Die Gegenstände sind vor der Ausfuhr zu gestellen und mit dem Antrag anzumelden, die Ausfuhr in den Freihafen zollamtlich zu überwachen. Unter bestimmten Voraussetzungen und Bedingungen kann zugelassen werden, daß die Gegenstände ohne Gestellung ausgeführt werden.

**(4)** Für die Wiedereinfuhr der Gegenstände wird eine Frist gesetzt; dabei werden die zugelassene Lagerdauer und die erforderlichen Beförderungszeiten berücksichtigt. Die Zollstelle erteilt dem Antragsteller einen Zwischenschein und überwacht die Ausfuhr.

**(5)** Die Gegenstände dürfen im Freihafen nur wie zugelassen gelagert werden. Die Lagerdauer darf ohne Zustimmung des Hauptzollamts nach Absatz 2 Satz 2 nicht überschritten werden. Die Frist für die Wiedereinfuhr der Gegenstände darf nur aus zwingendem Anlaß überschritten werden; der Anlaß ist nachzuweisen.

**(6)** Für die Überführung der Gegenstände in den freien Verkehr nach der Wiedereinfuhr ist der Zwischenschein als Steueranmeldung zu verwenden.

## § 12b EUStBV
### Freihafen-Veredelung

(1) Einfuhrumsatzsteuerfrei ist die Einfuhr von Gegenständen, die in einem Freihafen veredelt worden sind, sofern die bei der Veredelung verwendeten Gegenstände als Gemeinschaftswaren ausgeführt worden sind. Anstelle der ausgeführten Gegenstände können auch Gegenstände veredelt werden, die den ausgeführten Gegenständen nach Menge und Beschaffenheit entsprechen. Die Steuerfreiheit hängt davon ab, daß die nachfolgenden Vorschriften eingehalten sind.

(2) Die Freihafen-Veredelung bedarf einer Bewilligung; sie wird nur erteilt, wenn der Freihafen dadurch seinem Zweck nicht entfremdet wird. Für die Bewilligung ist die von der Oberfinanzdirektion dafür bestimmte Zollstelle zuständig. Der Antrag auf Bewilligung ist vom Inhaber des Freihafenbetriebs schriftlich zu stellen. Die Bewilligung wird schriftlich erteilt; sie kann jederzeit widerrufen werden. In der Bewilligung wird bestimmt, welche Zollstelle die Veredelung überwacht (überwachende Zollstelle), welcher Zollstelle die unveredelten Gegenstände zu gestellen sind und bei welcher Zollstelle der Antrag auf Überführung der veredelt eingeführten Gegenstände in den freien Verkehr zu stellen ist.

(3) Die unveredelten Gegenstände sind vor der Ausfuhr zu gestellen und mit dem Antrag anzumelden, sie für die Freihafen-Veredelung zur Ausfuhr abzufertigen. Wenn die zollamtliche Überwachung anders als durch Gestellung gesichert erscheint, kann die überwachende Zollstelle unter bestimmten Voraussetzungen und Bedingungen zulassen, dass die unveredelten Gegenstände durch Anschreibung in die Freihafen-Veredelung übergeführt werden; die Zulassung kann jederzeit widerrufen werden.

(4) Die Zollstelle sichert die Nämlichkeit der unveredelten Gegenstände, sofern die Veredelung von Gegenständen, die den ausgeführten Gegenständen nach Menge und Beschaffenheit entsprechen, nicht zugelassen ist. Sie erteilt dem Veredeler einen Veredelungsschein, in dem die zur Feststellung der Nämlichkeit getroffenen Maßnahmen und die Frist für die Einfuhr der veredelten Gegenstände vermerkt werden.

(5) Der Antrag auf Überführung der veredelten Gegenstände in den freien Verkehr ist vom Veredeler bei der in der Bewilligung bestimmten Zollstelle zu stellen.

## § 13 EUStBV
### Fänge deutscher Fischer

(1) Einfuhrumsatzsteuerfrei ist die Einfuhr von Fängen von Fischern, die in der Bundesrepublik Deutschland wohnen und von deutschen Schiffen aus auf See fischen, sowie die aus diesen Fängen auf deutschen Schiffen hergestellten Erzeugnisse.

(2) Die Steuerfreiheit hängt davon ab, daß die Gegenstände auf einem deutschen Schiff und für ein Unternehmen der Seefischerei eingeführt werden. Sie ist ausgeschlossen, wenn die Gegenstände vor der Einfuhr geliefert worden sind.

## § 14 EUStBV
### Erstattung oder Erlaß

(1) Die Einfuhrumsatzsteuer wird erstattet oder erlassen in den in den Artikeln 235 bis 242 Zollkodex bezeichneten Fällen in sinngemäßer Anwendung dieser Vorschriften und der Durchführungsvorschriften dazu.

(2) Die Erstattung oder der Erlaß hängt davon ab, daß der Antragsteller hinsichtlich der Gegenstände nicht oder nicht in vollem Umfang nach § 15 Abs. 1 Nr. 2 des Gesetzes zum Vorsteuerabzug berechtigt ist. Satz 1 gilt nicht für die Fälle des Artikels 236 Zollkodex.

## § 15 EUStBV
### Absehen von der Festsetzung der Steuer

Die Einfuhrumsatzsteuer wird nicht festgesetzt für Gegenstände, die nur der Einfuhrumsatzsteuer unterliegen, wenn sie weniger als 10 Euro beträgt und nach § 15 Abs. 1 Nr. 2 des Gesetzes als Vorsteuer abgezogen werden könnte.

*EU-Recht*
Art. 143 MwStSystRL.
Richtlinie 2009/132/EG v. 19.10.2009, ABl. EU Nr. L 292/2009, 5; Richtlinie 2007/74/EG v. 20.12.2007, ABl. EU Nr. L 346/2007, 6; Richtlinie 2006/79/EG v. 5.10.2006, ABl. EU Nr. L 286/2006, 15; VO (EG) 1186/2009 v. 16.11.2009, ABl. EU Nr. L 324/2009, 23.

Die Vorschrift enthält in § 5 Abs. 1 UStG unmittelbar geltende **Steuerbefreiungen** bei der Einfuhr, in § 5 Abs. 2 UStG Verordnungsermächtigungen zur Einführung von Steuerbefreiungen und Ermäßigungen und in § 5 Abs. 3 UStG eine **Verordnungsermächtigung** zur Regelung der Erstattung oder des Erlasses der Einfuhrumsatzsteuer. Sofern die EUSt als **Vorsteuer abziehbar** ist (§ 15 Abs. 1 Satz 1 Nr. 2 UStG), ist es letztlich **ohne Bedeutung, ob** die Einfuhr **steuerfrei** oder steuerpflichtig ist, da die EUSt sogleich abziehbar ist und Liquiditätsnachteile praktisch nicht eintreten (§ 16 Abs. 2 Satz 1UStG). In bestimmten Fällen ist aus Vereinfachungsgründen von vornherein die Steuerbefreiung gegeben, wenn die anderenfalls entstehende EUSt vollen Umfangs als Vorsteuer abziehbar wäre (vgl. § 5 Abs. 1 Nr. 3 UStG, *Rz. 4*; § 2 Nr. 1, § 12 Satz 2 und § 15 EUStBV).  1

Steuerfrei ist die Einfuhr der in § 4 Nr. 8 Buchst. e UStG (Wertpapiere) und § 4 Nr. 17 Buchst. a UStG (**menschliche Organe, menschliches Blut, Frauenmilch**) sowie der in § 8 Abs. 1 Nr. 1 bis 3 UStG (**Seeschiffe, Ausrüstungs- und Versorgungsgegenstände** für diese) bezeichneten Gegenstände (§ 5 **Abs. 1 Nr. 1** UStG). Als **Wertpapiere** kommen nur Sammelobjekte in Betracht, da gültige Wertpapiere keinen Ge- oder Verbrauchsnutzen haben, sondern lediglich Ansprüche verbriefen, aber selbst nicht Gegenstand einer Lieferung und damit auch nicht einer Einfuhr sein können.  2

Steuerfrei ist die Einfuhr der in § 4 Nr. 4 UStG und in § 4 Nr. 8 Buchst. b und i UStG sowie der in § 8 Abs. 2 Nr. 1 bis 3 UStG bezeichneten Gegenstände unter den dort genannten Voraussetzungen (§ 5 **Abs. 1 Nr. 2** UStG). Steuerfrei ist mithin die Einfuhr von Gold für Zentralbanken, von gesetzlichen Zahlungsmitteln, welche nicht wegen ihres Metallgehalts oder Sammlerwertes umgesetzt werden, von im Inland gültigen amtlichen Wertzeichen und von **Luftfahrzeugen** für insbesondere entgeltliche **grenzüberschreitende** Beförderungen sowie von **Ausrüstungs-** und **Versorgungsgegenständen**. Die erwähnten **Zahlungsmittel** und **Wertzeichen** sind schon keine Liefergegenstände und deshalb auch keine Gegenstände, die der EUSt unterliegen können. Die „Befreiung" ist insofern nur **deklaratorisch**.  3

Steuerfrei ist ferner die Einfuhr von Gegenständen, die **vom Schuldner** der ansonsten anfallenden EUSt im Anschluss an die Einfuhr unmittelbar zur **Ausführung von innergemeinschaftlichen Lieferungen** (§ 4 Nr. 1 Buchst. b i.V.m. § 6a UStG) verwendet werden (§ 5 **Abs. 1 Nr. 3 Halbs. 1** UStG).[1] Das dient der Vereinfachung, da die EUSt anderenfalls als Vorsteuer abziehbar wäre (§ 15 Abs. 1  4

---
1 Ob Schuldner und Importeur identisch sein müssen, hat der BFH offen gelassen; vgl. BFH v. 14.3.2012 – XI R 28/09, BFH/NV 2012, 1491.

Satz 1 Nr. 2 i.V.m. Abs. 2 Satz 2, Abs. 3 Nr. 1 Buchst. a und § 4 Nr. 1 Buchst. b UStG).

Zum Zeitpunkt der Einfuhr sind die inländische USt-IdNr. des Einführers und die im anderen Mitgliedstaat erteilte USt-IdNr. des Abnehmers mitzuteilen. Ferner muss nachgewiesen werden, dass die Gegenstände zur Beförderung oder Versendung in das übrige Gemeinschaftsgebiet bestimmt sind (§ 5 **Abs. 1 Nr. 3 Halbs. 2 UStG**). Aus dieser Bestimmung folgt nicht, dass das Gesetz davon ausgeht, dass die Verwendung ihrer USt-IdNr. durch die Beteiligten zwingende Voraussetzung für die Inanspruchnahme der Steuerbefreiung der innergemeinschaftlichen Lieferung nach § 6a UStG ist (vgl. *§ 6a Rz. 26*).

5 Aus Vereinfachungsgründen steuerfrei ist des Weiteren die Einfuhr der in der Anlage 1 UStG bezeichneten Gegenstände, welche **in ein Steuerlager** eingebracht werden sollen (§ 5 **Abs. 1 Nr. 4** UStG). Ausreichend ist die entsprechende Absicht, so dass die Steuerbefreiung auch dann greift, wenn der Gegenstand bereits vor der Einlagerung geliefert wird. Steuerfrei ist auch die Einfuhr, die im **Zusammenhang mit** einer steuerpflichtigen Lieferung steht, welche zu einer **Auslagerung** (i.S.d. § 4 Nr. 4a Satz 1 Buchst. a Satz 2 UStG) führt (§ 5 **Abs. 1 Nr. 5** UStG).

6 Steuerfrei ist schließlich auch die Einfuhr von **Erdgas** über das Erdgasnetz oder mittels eines Gastankers, von **Elektrizität** oder von Wärme oder Kälte über entsprechende Netze (§ 5 **Abs. 1 Nr. 6** UStG), weil der Ort der der Einfuhr zugrunde liegenden steuerpflichtigen Lieferung nach § 3g UStG im Inland ist, so dass diese Lieferung mit ihrem wirklichen Wert der Umsatzsteuer unterliegt (und die EUSt ohnehin stets abziehbar wäre). Schuldner der Steuer ist entweder der Erwerber, wenn er Unternehmer ist (§ 13b Abs. 2 Nr. 5 i.V.m. Abs. 5 Satz 1 Halbs. 2, Satz 3 oder 4 UStG), oder anderenfalls der Lieferer.

7 Auf der Grundlage der **Verordnungsermächtigungen** der § 5 **Abs. 2 und 3** UStG sind die §§ 1 bis 15 EUStBV (**Einfuhrumsatzsteuer-Befreiungsverordnung**) ergangen (§ 16 EUStBV betrifft das Inkrafttreten). Sie nimmt dabei mit § 1 EUStBV im Wesentlichen auf die **gemeinschaftsrechtlichen Zollbefreiungen** Bezug und modifiziert diese in den §§ 1a bis 12 EUStBV.

# § 6
# Ausfuhrlieferung

(1) Eine Ausfuhrlieferung (§ 4 Nr. 1 Buchstabe a) liegt vor, wenn bei einer Lieferung

1. der Unternehmer den Gegenstand der Lieferung in das Drittlandsgebiet, ausgenommen Gebiete nach § 1 Abs. 3, befördert oder versendet hat oder

2. der Abnehmer den Gegenstand der Lieferung in das Drittlandsgebiet, ausgenommen Gebiete nach § 1 Abs. 3, befördert oder versendet hat und ein ausländischer Abnehmer ist oder

3. der Unternehmer oder der Abnehmer den Gegenstand der Lieferung in die in § 1 Abs. 3 bezeichneten Gebiete befördert oder versendet hat und der Abnehmer

   a) ein Unternehmer ist, der den Gegenstand für sein Unternehmen erworben hat und dieser nicht ausschließlich oder nicht zum Teil für eine nach § 4 Nr. 8 bis 27 steuerfreie Tätigkeit verwendet werden soll, oder

   b) ein ausländischer Abnehmer, aber kein Unternehmer ist und der Gegenstand in das übrige Drittlandsgebiet gelangt.

Der Gegenstand der Lieferung kann durch Beauftragte vor der Ausfuhr bearbeitet oder verarbeitet worden sein.

(2) Ausländischer Abnehmer im Sinne des Absatzes 1 Satz 1 Nr. 2 und 3 ist

1. ein Abnehmer, der seinen Wohnort oder Sitz im Ausland, ausgenommen die in § 1 Abs. 3 bezeichneten Gebiete, hat, oder

2. eine Zweigniederlassung eines im Inland oder in den in § 1 Abs. 3 bezeichneten Gebieten ansässigen Unternehmers, die ihren Sitz im Ausland, ausgenommen die bezeichneten Gebiete, hat, wenn sie das Umsatzgeschäft im eigenen Namen abgeschlossen hat.

Eine Zweigniederlassung im Inland oder in den in § 1 Abs. 3 bezeichneten Gebieten ist kein ausländischer Abnehmer.

(3) Ist in den Fällen des Absatzes 1 Satz 1 Nr. 2 und 3 der Gegenstand der Lieferung zur Ausrüstung oder Versorgung eines Beförderungsmittels bestimmt, so liegt eine Ausfuhrlieferung nur vor, wenn

1. der Abnehmer ein ausländischer Unternehmer ist und

2. das Beförderungsmittel den Zwecken des Unternehmens des Abnehmers dient.

(3a) Wird in den Fällen des Absatzes 1 Satz 1 Nr. 2 und 3 der Gegenstand der Lieferung nicht für unternehmerische Zwecke erworben und durch den Abnehmer im persönlichen Reisegepäck ausgeführt, liegt eine Ausfuhrlieferung nur vor, wenn

1. der Abnehmer seinen Wohnort oder Sitz im Drittlandsgebiet, ausgenommen Gebiete nach § 1 Abs. 3, hat und

2. der Gegenstand der Lieferung vor Ablauf des dritten Kalendermonats, der auf den Monat der Lieferung folgt, ausgeführt wird.

(4) Die Voraussetzungen der Absätze 1, 3 und 3a sowie die Bearbeitung oder Verarbeitung im Sinne des Absatzes 1 Satz 2 müssen vom Unternehmer nachgewiesen sein. Das Bundesministerium der Finanzen kann mit Zustimmung des Bundesrates durch Rechtsverordnung bestimmen, wie der Unternehmer die Nachweise zu führen hat.

(5) Die Absätze 1 bis 4 gelten nicht für die Lieferungen im Sinne des § 3 Abs. 1b.

### § 8 UStDV
### Grundsätze für den Ausfuhrnachweis bei Ausfuhrlieferungen

(1) Bei Ausfuhrlieferungen (§ 6 des Gesetzes) muss der Unternehmer im Geltungsbereich des Gesetzes durch Belege nachweisen, dass er oder der Abnehmer den Gegenstand der Lieferung in das Drittlandsgebiet befördert oder versendet hat (Ausfuhrnachweis). Die Voraussetzung muss sich aus den Belegen eindeutig und leicht nachprüfbar ergeben.

(2) Ist der Gegenstand der Lieferung durch Beauftragte vor der Ausfuhr bearbeitet oder verarbeitet worden (§ 6 Abs. 1 Satz 2 des Gesetzes), so muss sich auch dies aus den Belegen nach Absatz 1 eindeutig und leicht nachprüfbar ergeben.

### § 9 UStDV
### Ausfuhrnachweis bei Ausfuhrlieferungen in Beförderungsfällen

(1) Hat der Unternehmer oder der Abnehmer den Gegenstand der Lieferung in das Drittlandsgebiet befördert, hat der Unternehmer den Ausfuhrnachweis durch folgenden Beleg zu führen:

1. bei Ausfuhranmeldung im elektronischen Ausfuhrverfahren nach Artikel 787 der Durchführungsverordnung zum Zollkodex mit der durch die zuständige Ausfuhrzollstelle auf elektronischem Weg übermittelten Bestätigung, dass der Gegenstand ausgeführt wurde (Ausgangsvermerk);

2. bei allen anderen Ausfuhranmeldungen durch einen Beleg, der folgende Angaben zu enthalten hat:

    a) den Namen und die Anschrift des liefernden Unternehmers,

    b) die Menge des ausgeführten Gegenstands und die handelsübliche Bezeichnung,

    c) den Ort und den Tag der Ausfuhr sowie

    d) eine Ausfuhrbestätigung der Grenzzollstelle eines Mitgliedstaates, die den Ausgang des Gegenstands aus dem Gemeinschaftsgebiet überwacht.

Hat der Unternehmer statt des Ausgangsvermerks eine von der Ausfuhrzollstelle auf elektronischem Weg übermittelte alternative Bestätigung, dass der Gegenstand ausgeführt wurde (Alternativ-Ausgangsvermerk), gilt diese als Ausfuhrnachweis.

(2) Bei der Ausfuhr von Fahrzeugen im Sinne des § 1 Absatz 2 Satz 1 Nummer des Gesetzes, die zum bestimmungsgemäßen Gebrauch im Straßenverkehr einer Zulassung bedürfen, muss

1. der Beleg nach Absatz 1 auch die Fahrzeug-Identifikationsnummer im Sinne des § 6 Absatz 5 Nummer 5 der Fahrzeug-Zulassungsverordnung enthalten und

2. der Unternehmer zusätzlich über eine Bescheinigung über die Zulassung, die Verzollung oder die Einfuhrbesteuerung im Drittland verfügen.

Satz 1 Nummer 2 gilt nicht in den Fällen, in denen das Fahrzeug mit einem Ausfuhrkennzeichen ausgeführt wird, wenn aus dem Beleg nach Satz 1 Nummer 1 die Nummer des Ausfuhrkennzeichens ersichtlich ist, oder in denen das Fahrzeug nicht im Sinne der Fahrzeug-Zulassungsverordnung vom 3. Februar 2011 (BGBl. I S. 139), die durch Artikel 3 der Verordnung vom 10. Mai 2012 (BGBl. I S. 1086) geändert worden ist, in der jeweils geltenden Fassung auf öffentlichen Straßen in Betrieb gesetzt worden ist und nicht auf eigener Achse in das Drittland ausgeführt wird.

(3) An die Stelle der Ausfuhrbestätigung nach Absatz 1 Satz 1 Nummer 2 Buchstabe d tritt bei einer Ausfuhr im gemeinsamen oder gemeinschaftlichen Versandverfahren oder bei einer Ausfuhr mit Carnets TIR, wenn diese Verfahren nicht bei einer Grenzzollstelle beginnen, eine Ausfuhrbestätigung der Abgangsstelle. Diese Ausfuhrbestätigung wird nach Eingang des Beendigungsnachweises für das Versandverfahren erteilt, sofern sich aus ihr die Ausfuhr ergibt.

(4) Im Sinne dieser Verordnung gilt als Durchführungsverordnung zum Zollkodex die Verordnung (EWG) Nr. 2454/93 der Kommission vom 2. Juli 1993 mit Durchführungsvorschriften zu der Verordnung (EWG) Nr. 2913/92 des Rates zur Festlegung des Zollkodex der Gemeinschaften (ABl. L 253 vom 11.10.1993, S. 1), die zuletzt durch die Verordnung (EU) Nr. 1063/2010 (ABl. L 307 vom 23.11.2010, S. 1) geändert worden ist, in der jeweils geltenden Fassung.

### § 10 UStDV
### Ausfuhrnachweis bei Ausfuhrlieferungen in Versendungsfällen

(1) Hat der Unternehmer oder der Abnehmer den Gegenstand der Lieferung in das Drittlandsgebiet versendet, hat der Unternehmer den Ausfuhrnachweis durch folgenden Beleg zu führen:

1. bei Ausfuhranmeldung im elektronischen Ausfuhrverfahren nach Artikel 787 der Durchführungsverordnung zum Zollkodex mit dem Ausgangsvermerk;
2. bei allen anderen Ausfuhranmeldungen:
   a) mit einem Versendungsbeleg, insbesondere durch handelsrechtlichen Frachtbrief, der vom Auftraggeber des Frachtführers unterzeichnet ist, mit einem Konnossement, mit einem Einlieferungsschein für im Postverkehr beförderte Sendungen oder deren Doppelstücke, oder
   b) mit einem anderen handelsüblichen Beleg als den Belegen nach Buchstabe a, insbesondere mit einer Bescheinigung des beauftragten Spediteurs; dieser Beleg hat folgende Angaben zu enthalten:
      aa) den Namen und die Anschrift des Ausstellers des Belegs sowie das Ausstellungsdatum,
      bb) den Namen und die Anschrift des liefernden Unternehmers und des Auftraggebers der Versendung,
      cc) die Menge und die Art (handelsübliche Bezeichnung) des ausgeführten Gegenstands,
      dd) den Ort und den Tag der Ausfuhr oder den Ort und den Tag der Versendung des ausgeführten Gegenstands in das Drittlandsgebiet,
      ee) den Empfänger des ausgeführten Gegenstands und den Bestimmungsort im Drittlandsgebiet,
      ff) eine Versicherung des Ausstellers des Belegs darüber, dass die Angaben im Beleg auf der Grundlage von Geschäftsunterlagen gemacht wurden, die im Gemeinschaftsgebiet nachprüfbar sind, sowie
      gg) die Unterschrift des Ausstellers des Belegs.

Hat der Unternehmer statt des Ausgangsvermerks einen Alternativ-Ausgangsvermerk, gilt dieser als Ausfuhrnachweis.

(2) Bei der Ausfuhr von Fahrzeugen im Sinne des § 1 Absatz 2 Satz 1 Nummer des Gesetzes, die zum bestimmungsgemäßen Gebrauch im Straßenverkehr einer Zulassung bedürfen, muss

1. der Beleg nach Absatz 1 auch die Fahrzeug-Identifikationsnummer enthalten und
2. der Unternehmer zusätzlich über eine Bescheinigung über die Zulassung, die Verzollung oder die Einfuhrbesteuerung im Drittland verfügen.

Satz 1 gilt nicht in den Fällen, in denen das Fahrzeug mit einem Ausfuhrkennzeichen ausgeführt wird, wenn aus dem Beleg nach Satz 1 Nummer 1 die Nummer des Ausfuhrkennzeichens ersichtlich ist, oder in denen das Fahrzeug nicht im Sinne der Fahrzeug-Zulassungsverordnung vom 3. Februar 2011 (BGBl. I S. 139), die durch Artikel 3 der Verordnung vom 10. Mai 2012 (BGBl. I S. 1086) geändert worden ist, in der jeweils geltende Fassung auf öffentlichen Straßen in Betrieb gesetzt worden ist und nicht auf eigener Achse in das Drittland ausgeführt wird.

(3) Ist eine Ausfuhr elektronisch angemeldet worden und ist es dem Unternehmer nicht möglich oder nicht zumutbar, den Ausfuhrnachweis nach Absatz 1 Satz 1 Nummer 1 zu führen, kann dieser die Ausfuhr mit den in Absatz 1 Satz 1 Nummer 2 genannten Belegen nachweisen. In den Fällen nach Satz 1 muss der Beleg zusätzlich zu den Angaben nach Absatz 1 Satz 1 Nummer 2 die Versendungsbezugsnummer der Ausfuhranmeldung nach Artikel 796c Satz 3 der Durchführungsverordnung zum Zollkodex (Movement Reference Number – MRN) enthalten.

(4) Ist es dem Unternehmer nicht möglich oder nicht zumutbar, den Ausfuhrnachweis nach Absatz 1 Satz 1 Nummer 2 zu führen, kann er die Ausfuhr wie in Beförderungsfällen nach § 9 Absatz 1 Satz 1 Nummer 2 nachweisen.

## § 11 UStDV
### Ausfuhrnachweis bei Ausfuhrlieferungen in Bearbeitungs- und Verarbeitungsfällen

(1) Hat ein Beauftragter den Gegenstand der Lieferung vor der Ausfuhr bearbeitet oder verarbeitet, hat der liefernde Unternehmer den Ausfuhrnachweis durch einen Beleg nach § 9 oder § 10 zu führen, der zusätzlich folgende Angaben zu enthalten hat:

1. den Namen und die Anschrift des Beauftragten,
2. die Menge und die handelsübliche Bezeichnung des Gegenstands, der an den Beauftragten übergeben oder versendet wurde,
3. den Ort und den Tag der Entgegennahme des Gegenstands durch den Beauftragten sowie
4. die Bezeichnung des Auftrags sowie die Bezeichnung der Bearbeitung oder Verarbeitung, die vom Beauftragten vorgenommen wurde.

(2) Haben mehrere Beauftragte den Gegenstand der Lieferung bearbeitet oder verarbeitet, hat der liefernde Unternehmer die in Absatz 1 genannten Angaben für jeden Beauftragten, der die Bearbeitung oder Verarbeitung vornimmt, zu machen.

## § 12 UStDV
### Ausfuhrnachweis bei Lohnveredelungen an Gegenständen der Ausfuhr

Bei Lohnveredelungen an Gegenständen der Ausfuhr (§ 7 des Gesetzes) sind die Vorschriften über die Führung des Ausfuhrnachweises bei Ausfuhrlieferungen (§§ 8 bis 11) entsprechend anzuwenden.

## § 13 UStDV
### Buchmäßiger Nachweis bei Ausfuhrlieferungen und Lohnveredelungen an Gegenständen der Ausfuhr

(1) Bei Ausfuhrlieferungen und Lohnveredelungen an Gegenständen der Ausfuhr (§§ 6 und 7 des Gesetzes) hat der Unternehmer im Geltungsbereich des Gesetzes die Voraussetzungen der Steuerbefreiung buchmäßig nachzuweisen. Die Voraussetzungen müssen eindeutig und leicht nachprüfbar aus der Buchführung zu ersehen sein.

(2) Der Unternehmer hat regelmäßig Folgendes aufzuzeichnen:

1. die Menge des Gegenstands der Lieferung oder die Art und den Umfang der Lohnveredelung sowie die handelsübliche Bezeichnung einschließlich der Fahrzeug-Identifikationsnummer bei Fahrzeugen im Sinne des § 1b Absatz 2 des Gesetzes,
2. den Namen und die Anschrift des Abnehmers oder Auftraggebers,
3. den Tag der Lieferung oder der Lohnveredelung,
4. das vereinbarte Entgelt oder bei der Besteuerung nach vereinnahmten Entgelten das vereinnahmte Entgelt und den Tag der Vereinnahmung,

5. die Art und den Umfang einer Bearbeitung oder Verarbeitung vor der Ausfuhr (§ 6 Absatz 1 Satz 2, § 7 Absatz 1 Satz 2 des Gesetzes),
6. den Tag der Ausfuhr sowie
7. in den Fällen des § 9 Absatz 1 Satz 1 Nummer 1, des § 10 Absatz 1 Satz 1 Nummer 1 und des § 10 Absatz 3 die Movement Reference Number – MRN.

(3) In den Fällen des § 6 Absatz 1 Satz 1 Nummer 1 des Gesetzes, in denen der Abnehmer kein ausländischer Abnehmer ist, hat der Unternehmer zusätzlich zu den Angaben nach Absatz 2 aufzuzeichnen:
1. die Beförderung oder Versendung durch ihn selbst sowie
2. den Bestimmungsort.

(4) In den Fällen des § 6 Absatz 1 Satz 1 Nummer 3 des Gesetzes hat der Unternehmer zusätzlich zu den Angaben nach Absatz 2 aufzuzeichnen:
1. die Beförderung oder Versendung,
2. den Bestimmungsort sowie
3. in den Fällen, in denen der Abnehmer ein Unternehmer ist, auch den Gewerbezweig oder Beruf des Abnehmers und den Erwerbszweck.

(5) In den Fällen des § 6 Absatz 1 Satz 1 Nummer 2 und 3 des Gesetzes, in denen der Abnehmer ein Unternehmer ist und er oder sein Beauftragter den Gegenstand der Lieferung im persönlichen Reisegepäck ausführt, hat der Unternehmer zusätzlich zu den Angaben nach Absatz 2 auch den Gewerbezweig oder Beruf des Abnehmers und den Erwerbszweck aufzuzeichnen.

(6) In den Fällen des § 6 Absatz 3 des Gesetzes hat der Unternehmer zusätzlich zu den Angaben nach Absatz 2 Folgendes aufzuzeichnen:
1. den Gewerbezweig oder Beruf des Abnehmers sowie
2. den Verwendungszweck des Beförderungsmittels.

...

### § 17 UStDV
### Abnehmernachweis bei Ausfuhrlieferungen im nichtkommerziellen Reiseverkehr

In den Fällen des § 6 Absatz 3a des Gesetzes hat der Beleg nach § 9 zusätzlich folgende Angaben zu enthalten:
1. den Namen und die Anschrift des Abnehmers sowie
2. eine Bestätigung der Grenzzollstelle eines Mitgliedstaates, die den Ausgang des Gegenstands der Lieferung aus dem Gemeinschaftsgebiet überwacht, dass die nach Nummer 1 gemachten Angaben mit den Eintragungen in dem vorgelegten Pass oder sonstigen Grenzübertrittspapier desjenigen übereinstimmen, der den Gegenstand in das Drittlandsgebiet verbringt.

*EU-Recht*

Art. 131, 146 Abs. 1 Buchst. a und b, Art. 147, 155 und 156 MwStSystRL.

Art. 12, 13, 47 und 48 MwSt-DVO.

*VV*

Abschn. 3.14 Abs. 14, Abschn. 6.1–6.12 UStAE.

| | | | |
|---|---|---|---|
| A. Allgemeines | 1 | VI. Reihengeschäft | 25 |
| B. Voraussetzungen der Steuerbefreiung (Abs. 1 und 2) | | C. Einschränkungen | |
| I. Beförderung oder Versendung durch Lieferer (Abs. 1 Satz 1 Nr. 1) | 8 | I. Ausrüstung oder Versorgung eines Beförderungsmittels (Abs. 3) | 28 |
| II. Transport durch den Abnehmer (Abs. 1 Satz 1 Nr. 2) | 11 | II. Ausfuhr im persönlichen Reisegepäck (Abs. 3a) | 29 |
| III. Transport in einen Freihafen oder das sog. Küstenmeer (Abs. 1 Satz 1 Nr. 3) | 14 | D. Nachweisvoraussetzungen (Abs. 4 i.V.m. §§ 8 ff. UStDV) | |
| | | I. Allgemeines | 30 |
| IV. Vorherige Be- oder Verarbeitung durch Dritte (Abs. 1 Satz 2) | 15 | II. Ausfuhrnachweis | 33 |
| | | III. Sog. Buchnachweis | 42 |
| V. Ausländischer Abnehmer (Abs. 2) | 17 | E. Unentgeltliche Lieferungen (Abs. 5) | 45 |

## A. Allgemeines

1 Die Vorschrift definiert in § 6 Abs. 1 bis 3a UStG die Ausfuhrlieferung i.S.d. § 4 Nr. 1 Buchst. a UStG, welcher bestimmt, dass eine solche steuerfrei ist. § 6 Abs. 4 UStG enthält eine Verordnungsermächtigung, wonach durch Rechtsverordnung bestimmt werden kann, wie die Voraussetzungen der Steuerbefreiung nachzuweisen sind. § 6 Abs. 5 UStG ordnet an, dass § 6 Abs. 1 bis 4 UStG nicht für unentgeltliche Lieferungen gelten sollen. Die Vorschrift ist **Hilfsnorm** zu § 4 Nr. 1 Buchst. a UStG, da sie selbst keine Rechtsfolge ausspricht und die Steuerfreiheit sich erst aus letztgenannter Vorschrift ergibt. Die eigentliche Befreiungsvorschrift ist demgemäß diese, welche deshalb vom Gesetz, wenn auf sie Bezug genommen wird, zumeist auch nur genannt wird (s. *§ 4 Nr. 1 und 2 Rz. 2*). Das genaue Zitat der Rechtsnormen, aus denen sich im Einzelfall die Rechtsfolge der Steuerfreiheit ergibt, muss indes z.B. lauten: Der Umsatz ist steuerfrei nach „§ 4 Nr. 1 Buchst. a i.V.m. § 6 Abs. 1 Nr. 1 UStG".

2 Diese Befreiung verwirklicht entsprechend dem Wesen der Umsatzsteuer als Verbrauchsteuer, wonach nur der Verbrauch von Gegenständen im Inland zu besteuern ist[1], das weltweit praktizierte **Bestimmungslandprinzip**. Mit der Befreiung im Ursprungsland korrespondiert im Regelfall eine Besteuerung im Bestimmungsland in Gestalt einer Einfuhrumsatzsteuer. Der **Zweck** dieser Steuerbefreiung im Ursprungsland liegt in der **Schaffung gleicher Wettbewerbsbedingungen** für die Exportwaren gegenüber den konkurrierenden heimischen Waren im Bestimmungsland. Um eine **vollständige Entlastung von deutscher Umsatzsteuer** zu gewährleisten, erhält der Exporteur auch die den Lieferungen **zuzurechnenden Vorsteuern vergütet** (§ 15 Abs. 3 Nr. 1 Buchst. a UStG; s. auch

---

[1] Vgl. EuGH v. 2.8.1993 – C-111/92, EuGHE 1993, I-4677 = UR 1994, 47 – Rz. 20, wonach Art. 146 Abs. 1 Buchst. a und b MwStSystRL „verhindern (soll), dass die Verbraucher aus Nichtmitgliedstaaten Mehrwertsteuer zahlen müssen".

§ 15 Rz. 424). Gegen das Bestimmungslandprinzip verstößt die Auffassung des EuGH, dass **andere Befreiungen**, welche den Vorsteuerabzug ausschließen, **Vorrang** hätten (*Vor §§ 4–9 Rz. 24*).[1]

§ 6 UStG (i.V.m. § 4 Nr. 1 Buchst. a UStG) befreit nur die Lieferungen (einschließlich des Verbringens durch den Abnehmer) **in das Drittlandsgebiet**, während die Steuerbefreiung für Lieferungen in das übrige Gemeinschaftsgebiet in § 6a UStG (i.V.m. § 4 Nr. 1 Buchst. b UStG) geregelt ist, welcher nur noch eingeschränkt das Bestimmungslandprinzip verfolgt (*§ 6a Rz. 2*). Der Umstand, dass bei der Beförderung oder Versendung in das Drittlandsgebiet der Gegenstand durch das übrige Gemeinschaftsgebiet bewegt wird, ist ohne Belang. 3

Die Frage nach der Steuerbefreiung stellt sich nur dann, wenn die Lieferung steuerbar ist, d.h. der **Ort der Lieferung** nach den Regeln des § 3 Abs. 6 i.V.m. Abs. 7 UStG **im Inland** ist. 4

Eine Lieferung ist auch im Falle der **Werklieferung** (§ 3 Abs. 4 UStG) gegeben. Gegenstand der Lieferung ist dann das Ergebnis dieser Werklieferung, welches in das Drittlandsgebiet gelangen muss. Steht bei einer Bearbeitung, insbesondere bei einer **Reparatur**, oder Verarbeitung eines Gegenstandes des Auftraggebers hingegen das Dienstleistungselement im Vordergrund, so liegt trotz der Lieferung von Material (Zutaten, Nebensachen) eine **sonstige Leistung** (sog. Werkleistung) vor (*§ 3 Rz. 108*), für die die Steuerbefreiung nach § 7 UStG in Betracht kommt (*§ 7 Rz. 6*). Wird allerdings das Material gesondert berechnet, so ist m.E. insoweit von einer gesonderten Lieferung auszugehen (*§ 3 Rz. 111; § 7 Rz. 12*), für welche die Steuerbefreiung nach § 6 UStG eingreifen kann. 5

**Drittlandsgebiet** im Sinne des Umsatzsteuergesetzes ist das Gebiet, das nicht Gemeinschaftsgebiet ist (§ 1 Abs. 2a Satz 3 UStG); es lässt sich also nur durch eine Negativabgrenzung bestimmen. Das *Gemeinschaftsgebiet* umfasst das deutsche Inland i.S.d. § 1 Abs. 2 Satz 1 UStG, so dass die deutschen **Freihäfen**, die sog. Wattenmeere, Büsingen und die Insel Helgoland danach Drittlandsgebiet sind, und das Gebiet der übrigen Mitgliedstaaten der Europäischen Gemeinschaft, die nach dem Gemeinschaftsrecht als Inland dieser Mitgliedstaaten gelten (§ 1 Abs. 2a Satz 1 UStG). 6

Die Steuerbefreiung ist nicht zu versagen, wenn die Lieferung in das Ausland gegen ein **Ausfuhrverbot** (z.B. nach dem Außenwirtschaftsgesetz) verstößt. Das folgt nach Auffassung des EuGH daraus, dass das Umsatzsteuersystem der EU auf dem Grundsatz der steuerlichen Wertneutralität beruhe.[2] Dem ist im Ergebnis zuzustimmen, da der verbotswidrig ausgeführte Gegenstand nicht im Inland verbraucht wird und es dem Staat unbenommen bleibt, Verstöße gegen Ausfuhrverbote durch andere finanzielle Sanktionen zu ahnden.[3] 7

---

1 Abschn. 6.1 Abs. 7 UStAE folgt dem EuGH allerdings.
2 EuGH v. 2.8.1993 – C-111/92, EuGHE 1993, I-4677 = UR 1994, 47.
3 Insoweit zutreffend EuGH v. 2.8.1993 – C-111/92, EuGHE 1993, I-4677 = UR 1994, 47 – Rz. 24.

## B. Voraussetzungen der Steuerbefreiung (Abs. 1 und 2)
### I. Beförderung oder Versendung durch Lieferer (Abs. 1 Satz 1 Nr. 1)

8   Befördert oder versendet der **liefernde Unternehmer** oder ein von ihm beauftragter Dritter den Gegenstand[1] in das Drittlandsgebiet (Rz. 6) – mit Ausnahme der in § 1 Abs. 3 UStG bezeichneten Gebiete (Rz. 14) – so ist nicht erforderlich, dass der Abnehmer im Drittlandsgebiet ansässig ist (§ 6 Abs. 1 Satz 1 Nr. 1 UStG); Voraussetzung ist lediglich, dass der Gegenstand in das Drittlandsgebiet gelangt, so dass der Abnehmer auch im Inland ansässig sein kann.[2]

9   **Befördern** ist jede Fortbewegung eines Gegenstandes (§ 3 Abs. 6 Satz 2 UStG). **Versenden** liegt vor, wenn jemand die Beförderung durch einen selbständigen Beauftragten ausführen (d.h. durch einen *Frachtführer* befördern) oder besorgen (d.h. durch einen *Spediteur* in dessen Namen veranlassen) lässt (§ 3 Abs. 6 Satz 3 UStG; § 3 Rz. 123). Eine Beförderung oder Versendung durch den Lieferer liegt auch dann vor, wenn diese **durch** einen anderen von ihm **beauftragten Dritten** erfolgt.

10  **Untergang des Gegenstandes**: Nach dem Wortlaut des § 6 Abs. 1 UStG läge eine Ausfuhr nur dann vor, wenn der Gegenstand tatsächlich in das Drittlandsgebiet gelangt, so dass die Steuerbefreiung nach § 4 Nr. 1 Buchst. a UStG zu versagen wäre, wenn der Gegenstand das Drittlandsgebiet nicht erreicht, sondern während des Transportes im Inland oder bei der Durchfuhr im übrigen Gemeinschaftsgebiet untergeht.[3] Das widerspräche indes dem Zweck der Befreiungsvorschrift (Rz. 2); demgemäß verlangt Art. 146 Abs. 1 Buchst. a MWStSystRL auch nur, dass der Gegenstand „nach Orten" außerhalb des Gemeinschaftsgebiets transportiert wird. Da der Gegenstand nicht im Inland verbraucht worden ist, muss die Lieferung so behandelt werden, als sei der Gegenstand in das Drittlandsgebiet gelangt; die Ausführungen zu § 6a UStG gelten entsprechend (§ 6a Rz. 16 f.).

### II. Transport durch den Abnehmer (Abs. 1 Satz 1 Nr. 2)

11  Befördert oder versendet der Abnehmer oder ein von ihm beauftragter Dritter den Gegenstand der Lieferung („**Abholung**") in das Drittlandsgebiet (Rz. 6) – mit Ausnahme der in § 1 Abs. 3 UStG bezeichneten Gebiete (Rz. 14) –, so ist erforderlich, dass es sich bei ihm um einen **ausländischen Abnehmer** (Rz. 17 ff.) handelt (§ 6 Abs. 1 Satz 1 Nr. 2 UStG). Eine Beförderung oder Versendung durch den Abnehmer liegt auch dann vor, wenn diese **durch** einen von ihm **beauftragten Dritten** erfolgt. Das kann z.B. ein mit der Be- oder Verarbeitung des Gegenstandes beauftragter Unternehmer, ein Lagerhalter oder eine inländische Tochtergesellschaft des Abnehmers[4] sein.

---

1  Zu einem Sarg bei einer Überführungsleistung s. FG Berlin-Bdb. v. 9.2.2012 – 7 V 7394/11, EFG 2012, 1194.
2  Vgl. Abschn. 6.1 Abs. 1 UStAE.
3  So *Tehler* in R/D, § 6 UStG Anm. 220; *Treiber* in S/R, § 6 UStG Rz. 35.
4  Vgl. FG Münster v. 21.3.2000 – 15 K 1421/97 U, UR 2001, 113.

Der Gegenstand kann vor der Ausfuhr be- oder verarbeitet worden sein (*Rz. 15*) 12
oder seine **Selbständigkeit**, z.B. durch **Verbindung mit** einem **anderen Gegenstand** (*Beispiel*: Einbau in einen Pkw; s. Beispiel zu § 7 *Rz. 12*), **verloren** haben.
Auch ein **Implantat** im eigenen Körper kann „Gegenstand" einer Ausfuhrlieferung sein, da dieses nicht im Inland „verbraucht" wird.[1]

Das Gesetz verlangt **nicht**, dass nach der Abholung des Gegenstandes der Lieferung dieser sofort bzw. innerhalb einer **Frist** in das Drittlandsgebiet befördert 13
oder versendet wird[2], was sich auch im Umkehrschluss aus § 6 Abs. 3a Nr. 2
UStG ergibt. Folglich kann die Steuerbefreiung auch noch längere Zeit nach
dem Zeitpunkt der Lieferung (Abholung) in Anspruch genommen werden, wenn
die Ausfuhrbestätigung vorgelegt worden ist. Eine zeitweilige Nutzung im Inland oder im übrigen Gemeinschaftsgebiet ist unschädlich (vgl. *§ 6a Rz. 17*).[3]
Die Steuerbefreiung tritt entgegen der h.M. nicht rückwirkend ein, sondern entsprechend § 17 Abs. 1 Satz 7 UStG erst in dem Voranmeldungszeitraum, in dem
die Voraussetzungen nachgewiesen worden sind (*Rz. 41*).

## III. Transport in einen Freihafen oder das sog. Küstenmeer (Abs. 1 Satz 1 Nr. 3)

Wird der Gegenstand durch den Lieferer oder den Abnehmer in die in § 1 Abs. 3 14
UStG bezeichneten Gebiete (Freihäfen, sog. Küstenmeere, *§ 1 Rz. 158 f.*) befördert oder versendet, so muss hinzukommen, dass der **Abnehmer**

– den Gegenstand **für sein Unternehmen** erworben (dazu *§ 15 Rz. 100 ff.*) hat
  und der Gegenstand **nicht** ganz oder zum Teil für nach § 4 Nr. 8 bis 27 UStG
  steuerfreie **Umsätze**, die den **Vorsteuerabzug ausschließen**, verwendet werden
  soll (§ 6 Abs. 1 Satz 1 Nr. 3 Buchst. a UStG) oder

– ein **ausländischer** Abnehmer (*Rz. 17*), aber kein Unternehmer ist und der Gegenstand anschließend **in das übrige Drittlandsgebiet** gelangt (§ 6 Abs. 1
  Satz 1 Nr. 3 Buchst. b UStG). Mit dem Merkmal „kein Unternehmer" ist gemeint, dass der Abnehmer zwar Unternehmer sein kann, aber der Gegenstand
  **nicht für das Unternehmen** erworben wird.

## IV. Vorherige Be- oder Verarbeitung durch Dritte (Abs. 1 Satz 2)

Der Steuerbefreiung steht nicht entgegen, dass der Gegenstand von einem oder 15
mehreren Dritten („Beauftragten") **vor der Ausfuhr be- oder verarbeitet** wird (§ 6
Abs. 1 Satz 2 UStG). Diese sonstige Leistung (sog. Werkleistung, *§ 3 Rz. 106*)
kann sowohl im Inland als auch im übrigen Gemeinschaftsgebiet erfolgen. Der
Auftrag muss nicht durch den Abnehmer, sondern kann auch durch einen ihm
folgenden Abnehmer erteilt worden sein.[4] Die Beförderung oder Versendung
durch den beauftragten Dritten ist seinem Auftraggeber, d.h. dem Abnehmer der
Lieferung, zuzurechnen (*Rz. 11*).

---

[1] A.A. FG Saarl. v. 1.6.2011 – 1 V 1139/11, EFG 2011, 2111.
[2] Vgl. EuGH v. 18.11.2010 – C-84/09, EuGHE 2010, I-11645 = UR 2011, 103 – zu Art. 138 Abs. 1 MwStSystRL (entspricht § 6a Abs. 1 UStG).
[3] Vgl. Abschn. 7.1 Abs. 6 Satz 3 UStAE: vor der Ausfuhr genutzt und repariert.
[4] Abschn. 6.1 Abs. 5 Satz 2 UStAE.

16 **Beispiel**

N mit Sitz in Norwegen kauft bei H in Hamburg Rohmaterial ein und weist H an, dieses an D in Dresden zu versenden, der das Rohmaterial zu Fertigwaren verarbeitet und dann an N versendet.

Für H kommt die Steuerbefreiung nach § 6 Abs. 1 Nr. 2 UStG in Betracht, da N als ausländischer Abnehmer den Gegenstand nach der Verarbeitung in das Drittlandsgebiet versendet. Die Versendung durch D ist aus der Sicht des § 6 Abs. 1 Nr. 2 UStG dem N als Abnehmer zuzurechnen, da D in seinem Auftrag als Dritter den verarbeiteten Gegenstand in das Drittlandsgebiet versendet. Für D kommt die Steuerbefreiung nach § 7 Abs. 1 Satz 1 Nr. 1 UStG in Betracht.

## V. Ausländischer Abnehmer (Abs. 2)

17 **Ausländischer Abnehmer** ist nach dem Gesetzeswortlaut

– ein Abnehmer, der seinen **Wohnort** oder **Sitz** im **Ausland**, ausgenommen die in § 1 Abs. 3 UStG bezeichneten Gebiete, hat (§ 6 Abs. 2 Satz 1 Nr. 1 UStG), oder

– eine **Zweigniederlassung** eines im Inland oder in den in § 1 Abs. 3 UStG bezeichneten Gebieten (*Rz. 14*) ansässigen Unternehmers, die ihren Sitz **im Ausland**, ausgenommen die bezeichneten Gebiete, hat, wenn sie das Umsatzgeschäft „im eigenen Namen abgeschlossen" (*Rz. 22*) hat (§ 6 Abs. 2 Satz 1 Nr. 2 UStG).

18 **Ausland** im Sinne des UStG ist das Gebiet, das nicht Inland i.S.d. UStG ist (§ 1 Abs. 2 Satz 2 UStG). Der ausländische Abnehmer muss mithin nicht im Drittlandsgebiet, sondern kann auch im übrigen Gemeinschaftsgebiet ansässig sein.

19 Der Begriff des **Wohnorts** ist nicht mit dem des Wohnsitzes i.S.d. § 8 AO identisch, denn eine Person kann nur einen Wohnort i.S.d. § 6 UStG, jedoch mehrere Wohnsitze i.S.d. § 8 AO haben. Wohnort i.S.d. § 6 UStG ist vielmehr der Wohnsitz oder gewöhnliche Aufenthaltsort (Art. 147 Abs. 2 MwStSystRL), d.h. der im Melderegister eingetragene Wohnsitz bzw., wenn dieser nicht die tatsächlichen Gegebenheiten widerspiegelt, der Ort, an dem die Person aufgrund persönlicher und beruflicher Bindungen gewöhnlich lebt (Art. 12 i.V.m. Art. 13 MwSt-DVO). Personen, insbesondere **Arbeitnehmer**, welche lediglich zur Durchführung eines Auftrages im Inland wohnen, haben grundsätzlich auch bei längerem Aufenthalt keinen Wohnort im Inland.[1] Entsprechendes gilt für **Touristen**.[2] Besitzt der Empfänger eine Aufenthaltserlaubnis für Deutschland, so ist regelmäßig davon auszugehen, dass er hier seinen Wohnort hat.[3]

20 Personen, welche ihren **Wohnort** vom Inland in das Ausland **(zurück-)verlegen** (z.B. Gastarbeiter, Diplomaten, Mitglieder ausländischer Stationierungskräfte) sollen nach h.M. ihren Wohnort noch **bis zur tatsächlichen Ausreise** (Grenzübergang) im Inland haben.[4]

---

[1] BFH v. 31.7.1975 – V R 52/74, BStBl. II 1976, 80; Abschn. 6.3 Abs. 3 Nr. 5 UStAE.
[2] Abschn. 6.3 Abs. 3 Nr. 3 UStAE.
[3] Vgl. FG Nürnberg v. 14.8.2007 – II 122/2004, DStRE 2008, 953.
[4] BFH v. 14.12.1994 – XI R 70/93, BStBl. II 1995, 515; Abschn. 6.3 Abs. 2 Sätze 9 und 10, Abs. 3 Nr. 2, 4 und 6 UStAE.

Den **Sitz** hat eine Körperschaft, Personenvereinigung oder Vermögensmasse an dem Ort, der durch Gesetz, Gesellschaftsvertrag, Satzung, Stiftungsgeschäft bestimmt ist (§ 11 AO). Diese Definition kann indes (auch wenn das vom ursprünglichen Gesetzgeber vermutlich gewollt war) nicht im Rahmen des § 6 UStG herangezogen werden, da der Lieferer das Vorliegen dieser Voraussetzungen nicht beurteilen kann. Der Begriff ist vielmehr richtlinienkonform auszulegen. Art. 146 Abs. 1 Buchst. b MwStSystRL stellt auf die **Ansässigkeit** ab, welche sich nach dem **Sitz der** (wirtschaftlichen) **Tätigkeit** oder dem Ort einer **festen Niederlassung** richtet (arg. Art. 44 und Art. 58 MwStSystRL; dazu *§ 3a Rz. 26 ff.; § 13b Rz. 51 ff.*). 21

Das von § 6 Abs. 2 Satz 1 Nr. 2 UStG aufgestellte Erfordernis, wonach die **Zweigniederlassung** (der Begriff entspricht dem der festen Niederlassung[1]) das „**Umsatzgeschäft im eigenen Namen**" abgeschlossen haben muss, ergibt keinen Sinn. Eine Zweigniederlassung (vgl. § 13 HGB) als rechtlich unselbständige Funktionseinheit besitzt keine eigene Rechtsfähigkeit und kann deshalb keine Verträge im eigenen Namen abschließen[2], sondern handelt stets im Namen ihres Rechtsträgers (*§ 2 Rz. 21*). Sie kann lediglich im Vertrag als Empfänger ausgewiesen werden (vgl. Art. 22 Abs. 1 Satz 2 MwSt-DVO). Gemeint ist deshalb, dass die Zweigniederlassung (feste Niederlassung) den Gegenstand für ihre Zwecke bezieht (vgl. Art. 21 Satz 2 MwSt-DVO: „für den eigenen Bedarf verwendet"), d.h. die Lieferung an sie ausgeführt wird (vgl. § 3a Abs. 2 Satz 2 UStG), so dass die Bestellung ihr wirtschaftlich zuzurechnen ist. 22

Aus § 6 Abs. 2 Satz 1 Nr. 2 UStG folgt **nicht**, dass **an die eigene Zweigniederlassung** „geliefert" werden kann. Das Verbringen eines Gegenstandes zu dieser in das Drittlandsgebiet ist vielmehr ein umsatzsteuerrechtlich irrelevanter Vorgang (s. auch *Rz. 46 f.*). 23

Eine **Zweigniederlassung im Inland** oder in den in § 1 Abs. 3 UStG bezeichneten Gebieten ist kein ausländischer Abnehmer (§ 6 Abs. 2 Satz 2 UStG). Der Sinn dieser Bestimmung ist nicht zu erkennen und kann allenfalls in der Klarstellung liegen. – Eine **im Ausland** ansässige **Tochtergesellschaft** einer im Inland ansässigen Person fällt unter § 6 Abs. 2 Nr. 1 UStG. 24

## VI. Reihengeschäft

Bei einem Reihengeschäft, bei dem der **erste Unternehmer** in der Reihe den Gegenstand an den letzten Abnehmer befördert oder versendet, ist nur der Ort der ersten Lieferung im Inland; die Orte der übrigen Lieferungen sind im Bestimmungsland (*§ 3 Rz. 135 f.*) und damit schon nicht steuerbar. Für die erste Lieferung kommt die Steuerbefreiung nach § 6 Abs. 1 Nr. 1 UStG in Betracht. 25

---

1 A.A. *Robisch* in Bunjes, § 6 UStG Rz. 11. Dieser übersieht des Weiteren, dass eine Organgesellschaft, die es ohnehin im Ausland nicht geben kann (§ 2 Abs. 2 Nr. 2 Satz 2 UStG) keine Zweigniederlassung sein kann, weil sie als Tochtergesellschaft ein selbständiges Rechtssubjekt ist (*Rz. 24*).
2 So aber *Wäger* in B/W, § 109 Rz. 83.

26 Wird der Gegenstand hingegen vom **letzten Abnehmer** in das Drittlandsgebiet befördert oder versendet (**Abholung**) mit der Folge, dass alle Lieferungen steuerbar sind (*§ 3 Rz. 137 f.*), kommt die Steuerbefreiung nach dem klaren Wortlaut des § 6 Abs. 1 Nr. 2 UStG entgegen der h.M.[1] für all diejenigen Lieferer in Betracht, deren Abnehmer ausländische i.S.d. § 6 Abs. 2 UStG sind. Folglich kann auch die erste Lieferung steuerfrei sein, wenn deren Abnehmer ein ausländischer ist, denn eine Versendung durch den Abnehmer i.S.d. § 6 Abs. 1 Nr. 2 UStG liegt auch dann vor, wenn dieser sie durch einen Dritten, hier seinen Abnehmer, besorgen lässt. Aus der Fiktion des § 3 Abs. 6 Satz 5 UStG, wonach die Beförderung oder Versendung nur einer Lieferung zuzuordnen ist, folgt entgegen der h.M. nichts anderes. Diese Fiktion gilt nur für die Ortsbestimmung, nicht jedoch im Rahmen des § 6 UStG, der nach seinem klaren Wortlaut auf den tatsächlichen Vorgang des Beförderns oder Versendens abstellt. Die gegenteilige Auffassung verkennt darüber hinaus auch die Ratio dieser Steuerbefreiung (*Rz. 2*), da der Gegenstand der Lieferung in das Drittlandsgebiet gelangt, d.h. nicht im Inland verbraucht wird, so dass die Steuerpflicht der Lieferung dem Zweck der Umsatzsteuer widerspricht. Das wäre nicht weiter von Bedeutung, da die Steuerbelastung des Abnehmers durch den Vorsteuerabzug wieder kompensiert wird, führt jedoch in dieser Konstellation zu einem unnötigen Verwaltungsaufwand für einen zwischengeschalteten ausländischen Lieferer, da dieser sich die deutsche Vorsteuer in Deutschland vergüten lassen muss. Die Auffassung der h.M. verstößt mithin nicht nur gegen den **Wortlaut** und den **Zweck** des § 6 Abs. 1 Satz 1 Nr. 2 UStG, sondern insbesondere auch noch gegen den **Verhältnismäßigkeitsgrundsatz**, da dem Unternehmer als zwangsverpflichtetem Gehilfen des Staates (*Vorbem. Rz. 20*) ein nicht erforderlicher Verwaltungs- und Kostenaufwand für die Vergütung der Vorsteuer auferlegt wird.

27 **Beispiele**

(1) R aus Russland hat bei Unternehmer D1 aus Deutschland Ware bestellt, der sie seinerseits bei D2 aus Deutschland einkauft. Vereinbarungsgemäß lässt R die Ware bei D2 abholen und nach Russland befördern.

D1 und D2 tätigen jeweils steuerbare Lieferungen (§ 3 Abs. 6 Satz 5 i.V.m. Satz 1 bzw. § 3 Abs. 7 Satz 2 Nr. 1 UStG; s. *§ 3 Rz. 137 f.*). Die Lieferung des D2 ist steuerpflichtig, da D1 kein ausländischer Abnehmer ist. Die Lieferung des D1 ist steuerfrei nach § 4 Nr. 1 Buchst. a i.V.m. § 6 Abs. 1 Nr. 2 und Abs. 2 UStG, da sein Abnehmer den Gegenstand in das Drittlandsgebiet versendet hat und ein ausländischer Abnehmer ist.

(2) Wie (1), nur dass der mittlere Unternehmer (jetzt A statt D1; D statt D2) in Österreich ansässig ist, welcher ansonsten keine Umsätze in Deutschland tätigt. Auch die Lieferung des D ist richtigerweise nach § 6 Abs. 1 Satz 1 Nr. 2 UStG steuerfrei, da sein Abnehmer A ein ausländischer ist und den Gegenstand durch seinen Abnehmer R in das Drittlandsgebiet versendet. Die gegenteilige Auffassung führt dazu, dass A hinsichtlich der von D in Rechnung gestellten Umsatzsteuer in Deutschland die Vergütung der Vorsteuer im Verfahren nach § 18 Abs. 9 UStG gesondert geltend machen muss.

---

1 Abschn. 6.1 Abs. 4 i.V.m. Abschn. 3.14 Abs. 14 UStAE; FG Münster v. 16.1.2014 – 3 K 3930/10, EFG 2014, 682 – Rev.-Az. XI R 12/14; *Tehler* in R/D, § 6 UStG Anm. 172, 401; *Treiber* in S/R, § 6 UStG Rz. 32.

## C. Einschränkungen
### I. Ausrüstung oder Versorgung eines Beförderungsmittels (Abs. 3)

Ist der Gegenstand der Lieferung zur Ausrüstung oder Versorgung eines Beförderungsmittels[1] bestimmt[2] und wird er vom ausländischen Abnehmer abgeholt oder vom Lieferer oder Abnehmer in eines der in § 1 Abs. 3 UStG bezeichneten Gebiete (Fälle des § 6 Abs. 1 Satz 1 Nr. 2 und 3 UStG) verbracht, so ist zusätzliche Voraussetzung einer steuerbefreite Ausfuhrlieferung, dass der **Abnehmer** ein ausländischer Unternehmer ist und das Beförderungsmittel den Zwecken seines Unternehmens dient (§ 6 Abs. 3 UStG). Der Abnehmer muss mithin **Unternehmer** sein und entsprechend § 6 Abs. 2 UStG **im Ausland** ansässig sein. Das Beförderungsmittel muss **überwiegend unternehmerischen** Zwecken dienen.[3] Wird der Ausrüstungsgegenstand im Rahmen einer **Werklieferung** (§ 3 Abs. 4 UStG) geliefert, so soll nach Auffassung des BMF § 6 Abs. 3 UStG nicht einschlägig sein.[4]

28

### II. Ausfuhr im persönlichen Reisegepäck (Abs. 3a)

Wird der Gegenstand der Lieferung nicht für unternehmerische Zwecke erworben und durch den Abnehmer **im persönlichen Reisegepäck** (§ 17 UStDV: *im nichtkommerziellen Reiseverkehr*) ausgeführt[5], so liegt eine steuerbefreite Ausfuhrlieferung nur dann vor, wenn der Abnehmer seinen Wohnort oder Sitz im Drittlandsgebiet, ausgenommen Gebiete nach § 1 Abs. 3 UStG, hat und der Gegenstand **vor Ablauf des dritten Kalendermonats**, der auf den Monat der Lieferung folgt, ausgeführt wird (§ 6 Abs. 3a UStG). Bei Überschreiten der Fristdauer kommt nicht etwa die Anwendung des § 110 AO in Betracht, da diese Vorschrift nur Verfahrensfristen betrifft, so dass es bei der Steuerpflicht bleibt.

29

## D. Nachweisvoraussetzungen (Abs. 4 i.V.m. §§ 8 ff. UStDV)
### I. Allgemeines

Die Voraussetzungen der Steuerbefreiung sind vom Unternehmer, welcher die Steuerbefreiung in Anspruch nimmt, nachzuweisen (§ 6 Abs. 4 Satz 1 UStG). Die MwStSystRL enthält keine konkreten Vorgaben, sondern überlässt es den Mitgliedstaaten, die Bedingungen zur Gewährleistung einer korrekten und einfachen Anwendung der Befreiung und zur Verhinderung von Steuerhinterziehung, Steuerumgehung oder Missbrauch festzulegen (Art. 131 MwStSystRL). § 6 Abs. 4 Satz 2 UStG ermächtigt demgemäß das BMF, durch Rechtsverordnung zu bestimmen, wie die Nachweise zu führen sind. Von dieser Ermächtigung ist durch die §§ 8–11, 13 und § 17 UStDV Gebrauch gemacht worden. Verlangt werden ein **Ausfuhrnachweis** in Gestalt eines Beleges (§§ 8–11, 17 UStDV) und ein sog. **Buchnachweis** (§ 13 Abs. 1 bis 6 UStDV). Weitergehende belegmäßige

30

---

1 Ein nicht fahrbereites Fahrzeug bleibt ein Beförderungsmittel; FG Sachs. v. 17.11.2005 – 3 K 29/08, EFG 2006, 530.
2 Dazu näher Abschn. 6.4 Abs. 1 UStAE; *Tehler* in R/D, § 6 UStG Anm. 431 ff.
3 *Lippross*, 3.2.1.5.c – S. 519; *Tehler* in R/D, § 6 UStG Anm. 463 f. m.w.N.
4 Abschn. 6.4 Abs. 1 Sätze 3 f. UStAE.
5 Dazu Abschn. 6.11 UStAE.

Nachweise können nicht gefordert werden, so dass für das Vorliegen der **übrigen Voraussetzungen** der Steuerbefreiung die **allgemeinen Regeln** gelten.[1] Bestehen Zweifel, dass der **Abnehmer** ein **ausländischer** ist, so ist eine Kopie des Reisepasses o.Ä. vorzulegen.[2]

31 Die von den §§ 8–11, 13 und 17 UStDV geforderten „Nachweise" sind keine materiell-rechtlichen Voraussetzungen der Steuerbefreiung. Die frühere gegenteilige Auffassung des BFH[3] verstieß insoweit gegen den **Zweck** der Steuerbefreiung und den Verhältnismäßigkeitsgrundsatz[4], als sowohl der sog. Buchnachweis als auch der Belegnachweis keinen Selbstzweck haben, sondern „Beweis" erbringen sollen. Der BFH geht jetzt nur noch von schlichten Beweismitteln aus.[5] Allerdings wirken gesetzlich vorgeschriebene, **formalisierte Nachweise** gleichsam wie Tatbestandsmerkmale der Steuerbefreiung, d.h. sie sind „**Bedingungen**", unter denen die Steuerbefreiung angewandt wird (Art. 131 MwStSystRL), *wenn* der „Nachweis" auf diese Weise geführt wird; die Nachholung dieser „Nachweise" (Bedingungen) hat dann entgegen BFH keine Rückwirkung (*Rz. 39 f.*). Zutreffend ist die Rechtsprechungsänderung hingegen, soweit sie den Nachweis, dass die Voraussetzungen der Steuerbefreiung vorliegen, auch auf andere Weise zulässt (*Rz. 41*).

32 Bei **gefälschten Ausfuhrbelegen** sollte nach früherer Auffassung des BFH kein Vertrauensschutz in Betracht kommen, da § 6a Abs. 4 UStG nicht entsprechend anwendbar sei.[6] Diese Auffassung, die davon ausging, dass Vertrauensschutz gesetzlich geregelt sein müsse, verstieß gegen den verfassungsrechtlich und unionsrechtlich fundierten Verhältnismäßigkeitsgrundsatz, der es gebietet, **Vertrauensschutz** zu gewähren, wenn der lediglich als Gehilfe des Staates fungierende Unternehmer (*Vorbem. Rz. 20 ff.*) die Richtigkeit der vorgelegten Belege nicht überprüfen kann und keinen Anlass zu Zweifeln hat.[7] Das Risiko der zutreffenden Besteuerung hat dann der Staat zu tragen; nicht etwa fällt es unter das allgemeine Unternehmerrisiko.[8] Demzufolge haben der EuGH und nunmehr auch der BFH entschieden, dass die Steuerbefreiung nicht versagt werden darf, wenn der Lieferer die Fälschung des Ausfuhrnachweises nicht hat erkennen können.[9]

Allerdings soll nach Auffassung des **BFH** die Steuerbefreiung nur im sog. **Billigkeitsverfahren** erfolgen können[10], weil, anders als bei innergemeinschaftlichen Lieferungen, eine gesetzliche Regelung fehle und § 6a Abs. 4 Satz 1 UStG wegen untrennbarer Verknüpfung mit § 6a Abs. 4 Satz 2 UStG nicht analog angewendet

---

1 BFH v. 23.4.2009 – V R 84/07, BStBl. II 2010, 509 = UR 2009, 717.
2 Vgl. BFH v. 7.4.2000 – V B 176/99, BFH/NV 2000, 1370.
3 Zuletzt BFH v. 26.11.2001 – V B 88/00, BFH/NV 2002, 551.
4 Vgl. EuGH v. 27.9.2007 – C-146/05, EuGHE 2007, I-7861 = UR 2007, 813.
5 BFH v. 28.5.2009 – V R 23/08, BStBl. II 2010, 517 = UR 2009, 714; BFH v. 19.11.2009 – V R 8/09, UR 2010, 416; BFH v. 28.8.2014 – V R 16/14, UR 2014, 893 = BStBl. II 2015, 46.
6 BFH v. 6.5.2004 – V B 101/03, BStBl. II 2004, 748; vgl. auch Antwort der BReg. auf eine kleine Anfrage 2004, BT-Drucks. 15/3289 – zu Frage 5.
7 *Dietlein*, UR 2004, 531; *Stadie*, Umsatzsteuerrecht, 2005, Rz. 10.24.
8 So aber allen Ernstes die BReg. noch im Jahre 2004, BT-Drucks. 15/3289 – zu Frage 5.
9 EuGH v. 21.2.2008 – C-271/06, EuGHE 2008, I-771 = UR 2008, 508; BFH v. 30.7.2008 – V R 7/03, UR 2009, 161 = BStBl. II 2010, 1075; BFH v. 19.11.2009 – V R 8/09, UR 2010, 416.
10 Ebenso Abschn. 6.5 Abs. 6 UStAE.

werden könne.¹ Das ist **verfehlt**, weil das Gebot des Vertrauensschutzes ein Grundsatz des Verfassungsrechts und des primären Unionsrechts ist, welcher folglich nicht der einfachgesetzlichen Normierung bedarf,² sondern unabhängig davon gilt, so dass sich die Frage der analogen Anwendung des § 6a Abs. 4 Satz 1 UStG gar nicht stellt. Demgemäß ist eine **teleologische Reduktion des § 6 Abs. 1 UStG** vorzunehmen, so dass der Vertrauensschutz **unmittelbar bei** der **Festsetzung** der Steuer zu berücksichtigen ist.³ Die vom BFH für erforderlich gehaltene abweichende Festsetzung der Steuer in einem gesonderten Verfahren nach § 163 Satz 1 i.V.m. Satz 3 AO ergibt keinen Sinn, weil auch nach Auffassung des BFH kein Ermessen besteht.⁴

## II. Ausfuhrnachweis

Der Unternehmer muss durch **eindeutige** und **leicht nachprüfbare Belege** nachweisen, dass er oder sein Abnehmer den Gegenstand der Lieferung in das Drittlandsgebiet befördert oder versendet hat (§ 8 Abs. 1 UStDV). Im Falle der Bearbeitung oder Verarbeitung des Gegenstandes (*Rz. 15*) „muss" sich auch „dies" aus den Unterlagen des liefernden Unternehmers ergeben (§ 8 Abs. 2 UStDV; dazu *Rz. 35*). 33

Wird der Gegenstand der Lieferung **durch** den **Lieferer** oder durch den **Abnehmer** in das Drittlandsgebiet **befördert**, so hat der Unternehmer einen elektronischen **Ausgangsvermerk** bei einer Ausfuhranmeldung im zwingend vorgeschriebenen **elektronischen Ausfuhrverfahren**⁵ oder anderenfalls (Ausfall der IT-Systeme oder Fälle von geringer Bedeutung)⁶ eine **Ausfuhrbestätigung** nach näherer Maßgabe des § 9 UStDV vorweisen. Im Falle der **Versendung** (*Rz. 10*) muss der Nachweis durch einen elektronischen **Ausgangsvermerk** bei einer Ausfuhranmeldung im **elektronischen Ausfuhrverfahren**⁷ oder anderenfalls einen **Versendungsbeleg** (inbesondere *Frachtbrief*, welcher vom Auftraggeber des Frachtführers unterzeichnet sein muss⁸) oder eine Bescheinigung des Spediteurs (o.Ä.) i.S.d. § 10 UStDV geführt werden.⁹ 34

Im Falle der **Bearbeitung** oder **Verarbeitung** durch einen **Beauftragten** des Abnehmers (*Rz. 15*) „hat" der Ausfuhrnachweis des liefernden Unternehmers noch die **zusätzlichen Angaben** nach § 11 UStDV zu enthalten.¹⁰ Diese Angaben sind in- 35

---

1 BFH v. 30.7.2008 – V R 7/03, BStBl. II 2010, 1075 = UR 2009, 161; BFH v. 19.11.2009 – V R 8/09, UR 2010, 416.
2 So aber *Reiß*, Rz. 168 – S. 150.
3 FG Berlin-Bdb. v. 4.6.2013 – 5 V 5022/13, EFG 2014, 73.
4 Insoweit zutreffend BFH v. 30.7.2008 – V R 7/03, BStBl. II 2010, 1075 = UR 2009, 161; BFH v. 19.11.2009 – V R 8/09, UR 2010, 416.
5 Dazu näher Abschn. 6.2 und 6.6 UStAE.
6 Dazu Abschn. 6.6 Abs. 1 Nr. 1 Buchst. c UStAE.
7 Dazu Abschn. 6.7 i.V.m. Abschn. 6 Abs. 6 Abs. 1 Nr. Buchst. a und b UStAE.
8 Die gegenteilige Auffassung des BFH (BFH v. 17.2.2011 – V R 28/10, UR 2011, 779), wonach ein CMR-Frachtbrief nicht vom Auftraggeber unterzeichnet sein müsse, ist durch § 10 Abs. 1 Satz 1 Nr. 2 Buchst. a UStDV nF ab 2012 Makulatur geworden.
9 Dazu näher Abschn. 6.7 und Abschn. 6.9 Abs. 2 ff. UStAE.
10 Dazu näher Abschn. 6.8 UStAE.

des nur zu machen, soweit sie dem Lieferer bekannt sind; eine Erkundigungspflicht besteht nicht.

36 Wird der Gegenstand durch den Abnehmer **im persönlichen Reisegepäck** ausgeführt (Rz. 29), so soll der Ausfuhrnachweis neben den Angaben nach § 9 UStDV[1] noch die zusätzlichen Angaben nach § 17 UStDV (**Abnehmernachweis**[2]) enthalten.[3] Das gilt auch bei sog. Duty-Free-Verkäufen auf Flughäfen.[4]

37 Die §§ 9 ff. UStDV sind anders als in der alten Fassung nicht mehr als Sollvorschriften formuliert („hat der Unternehmer"; Ausnahme § 10 Abs. 4 UStDV); das ändert jedoch nichts daran, dass der Unternehmer die Ausfuhr auch **auf anderem Wege nachweisen** kann. Anderenfalls wären die §§ 9 ff. UStDV nicht durch die Ermächtigung des § 6 Abs. 4 UStG gedeckt, da ein Gesetz nur zu verfassungskonformen Verordnungen ermächtigen will. Folglich sind die Bestimmungen der §§ 9 ff. UStDV nur insoweit durch die Ermächtigung gedeckt, als sie den Verhältnismäßigkeitsgrundsatz beachten. Entscheidend ist entgegen BMF, dass das **Gelangen** des **Gegenstandes in** das **Drittlandgebiet** nachgewiesen wird (Rz. 41). Ist der Gegenstand vorher untergegangen (Rz. 7), so muss nachgewiesen werden, dass er sich auf dem Weg dorthin befand.

38 Die für den Ausfuhrnachweis geforderte **handelsübliche Bezeichnung** des Ausfuhrgegenstandes (§ 9 Abs. 1 Nr. 2, § 10 Abs. 1 Nr. 2 Buchst. b Doppelbuchst. cc bzw. § 11 Abs. 1 Nr. 2 UStDV)[5] dient, anders als im Rahmen des § 15 Abs. 1 Nr. 1 i.V.m. § 14 Abs. 4 Satz 1 Nr. 5 UStG (§ 14 Rz. 87), der **Identifizierung** des ausgeführten Gegenstandes der Lieferung. Hierfür reicht nach Auffassung der Finanzverwaltung die Angabe von Gattungsbezeichnungen aus[6], so dass die Nennung von Marken- und Typbezeichnungen, geschweige denn die Angabe von Gerätenummern[7], nicht erforderlich wäre.[8] Das wird indes dem Identifizierungszweck des Nachweises nicht gerecht. Folglich ist handelsüblich im Sinne dieser Vorschriften nur eine Bezeichnung, welche eine genauere Spezifikation der Gegenstände darstellt.[9]

---

1 Dazu näher Abschn. 6.11 Abs. 2 bis 5, 10 UStAE.
2 Ein eingescannter Beleg soll nicht ausreichen nach Auffassung des FG München v. 19.5.2010 – 3 K 1180/08, EFG 2010, 1934.
3 Dazu näher Abschn. 6.11 Abs. 6 bis 10 UStAE.
4 BFH v. 3.11.2005 – V R 63/02, BStBl. II 2006, 337.
5 Dass in jeder dieser Vorschriften (wie auch in § 17a und § 17c UStDV bei Lieferungen i.S.d. § 6a UStG) eine andere Formulierung gewählt worden ist, lässt sich nur auf Schlampigkeit zurückführen.
6 Vgl. Abschn. 6.10 Abs. 5 Satz 1 u. Abschn. 6.11 Abs. 4 UStAE.
7 Dass diese nicht anzugeben sind, ergibt sich indes im Umkehrschluss aus § 9 Abs. 2 und § 10 Abs. 2 UStDV, wonach nur bei Straßenfahrzeugen auch die Fahrzeug-Identifikationsnummer anzugeben ist.
8 Die Frage ist durch den BFH noch nicht geklärt; vgl. BFH v. 6.4.2006 – V B 22/06, HFR 2006, 1023.
9 Vgl. FG München v. 24.2.2011 – 14 K 1641/10, EFG 2011, 1659; FG BW v. 30.10.2006 – 9 V 40/06, EFG 2007, 464; vgl. aber auch FG Köln v. 17.10.2007 – 4 K 3349/05, EFG 2008, 336.

Der Ausfuhrnachweis kann **nachgeholt** werden, nach Auffassung des BFH allerdings nur bis zum Schluss der letzten mündlichen Verhandlung vor dem FG.[1] Der **BFH** geht mithin davon aus, dass **Rückwirkung** eintritt. Selbst bei Zugrundelegung dieser Ansicht dürfte die in der Rechnung ausgewiesene Steuer entgegen der Auffassung der Finanzverwaltung[2] nicht etwa zur Rechtsfolge des § 14c UStG führen, da die Steuer wegen der anfänglichen Steuerpflicht zu Recht ausgewiesen worden war (*§ 14c Rz. 6 u. 37*).[3] 39

**Richtigerweise** ist bei nachträglicher Vorlage des Ausfuhrnachweises der in § 17 Abs. 1 Satz 7 UStG zum Ausdruck kommende **allgemeine Rechtsgrundsatz** anzuwenden, so dass keine Rückwirkung eintritt (*§ 17 Rz. 90*), die Steuerentstehung des Jahres der Lieferung gar nicht berührt wird und die Nachholung zeitlich unbegrenzt möglich ist. Die Steuerbefreiung tritt deshalb richtigerweise erst im Moment der Nachholung der „Bedingung" i.S.d. Art. 131 MwStSystRL (*Rz. 31*) ein, so dass auch ein Erstattungsanspruch erst dann (ex nunc) entsteht.[4] 40

Von dem „Nachweis" durch den formalisierten Ausfuhrnachweis i.S.d. §§ 9 ff. UStDV ist der Nachweis durch **andere Beweismittel** zu unterscheiden. Steht aufgrund der objektiven Beweislage fest, dass der **Gegenstand in das Drittlandsgebiet gelangt** ist, so greift trotz Nichterfüllung der Nachweispflichten in der von den §§ 9 ff. UStDV vorgeschriebenen Form die Steuerbefreiung.[5] Hierfür können Feststellungen der deutschen oder einer ausländischen Finanzverwaltung berücksichtigt werden.[6] Demgegenüber soll nach Auffassung des **BMF** der Ausfuhrnachweis abweichend von den §§ 9–11 UStDV nur in besonders begründeten Ausnahmefällen, z.B. bei Funktionsstörungen der elektronischen Systeme der Zollverwaltung, zulässig sein und erfordern, dass sich aus der Gesamtheit der Belege die Ausfuhr eindeutig ergibt und die buchmäßig nachzuweisenden Voraussetzungen eindeutig aus der Buchführung zu ersehen sind.[7] 41

### III. Sog. Buchnachweis

Nach § 13 Abs. 1 UStDV muss der Unternehmer die Voraussetzungen der Steuerbefreiung im staatsrechtlichen Inland eindeutig und leicht nachprüfbar „buchmäßig nachweisen". Das ergibt **keinen Sinn**, da die Voraussetzungen der Steuerbefreiung nur durch Beweismittel nachgewiesen werden können, Eintragungen des Unternehmers in seinen Büchern aber **nichts beweisen** können (mit Ausnahme der Eintragung als solcher). Dass es sich nur um schlichte **Aufzeichnun-** 42

---

1 Vgl. BFH v. 28.2.1980 – V R 118/76, BStBl. II 1980, 415; BFH v. 14.12.1994 – XI R 70/93, BStBl. II 1995, 515 (517); BFH v. 28.8.2014 – V R 16/14, UR 2014, 893 = BStBl. II 2015, 46 – Rz. 10; ebenso Abschn. 6.5 Abs. 3 UStAE; ferner BFH v. 30.3.2006 – V R 47/03, BStBl. II 2006, 634 – zur entsprechenden Fragestellung im Rahmen des § 6a UStG.
2 Abschn. 6.12 i.V.m. Abschn. 14c.1 Abs. 7 UStAE; ebenso *Lippross*, 3.2.1.6.2c – S. 521.
3 Unklar BFH v. 30.3.2006 – V R 47/03, BStBl. II 2006, 634 – zur entsprechenden Fragestellung im Rahmen des § 6a UStG.
4 Vgl. auch *Stadie* in R/D, § 17 UStG Anm. 301.
5 BFH v. 28.5.2009 – V R 23/08, BStBl. II 2010, 517 = UR 2009, 714; BFH v. 19.11.2009 – V R 8/09, BStBl. II 2010, 416; BFH v. 28.8.2014 – V R 16/14, UR 2014, 893 = BStBl. II 2015, 46 – Rz. 14.
6 BFH v. 28.5.2009 – V R 23/08, BStBl. II 2010, 517 = UR 2009, 714 – 4b der Gründe.
7 Abschn. 6.5 Abs. 1 Sätze 5–7 UStAE.

gen (ergänzend zu denen des § 22 UStG) handeln soll, ergibt sich dann auch jeweils aus § 6 Abs. 2 bis 6 UStG („aufzuzeichnen"). § 13 UStDV ist gleichwohl durch die Ermächtigung des § 6 Abs. 4 Satz 2 UStG gedeckt; anderenfalls wäre § 22 Abs. 6 Nr. 1 UStG die Ermächtigungsgrundlage, da falsche Bezeichnungen unschädlich sind.

43　Die Aufzeichnungen sollen die von § 13 Abs. 2 bis 6 UStDV geforderten **Angaben** enthalten.[1] Nach dem Wortlaut des § 13 Abs. 2 Nr. 1 UStDV ist grundsätzlich nur die Menge des Gegenstands der Lieferung aufzuzeichnen, denn die handelsübliche Bezeichnung einschließlich der Fahrzeug-Identifikationsnummer wird nur bei Fahrzeugen i.S.d. § 1b UStG gefordert. Das dürfte allerdings nicht gewollt sein, so dass die handelsübliche Bezeichnung (dazu *Rz. 38*) bei allen Gegenständen aufzuzeichnen ist.

44　Der „Buchnachweis" soll nach Auffassung des BFH bis zu dem **Zeitpunkt** zu führen sein, zu dem die Umsatzsteuer-Voranmeldung für die Ausfuhrlieferung abzugeben sei.[2] Berichtigungen oder Ergänzungen könnten nur bis zum Schluss der letzten mündlichen Verhandlung vor dem FG und auch nur dann erfolgen, wenn das Steueraufkommen nicht gefährdet oder die Steuererhebung nicht gefährdet werde.[3] Erfolgt keine rechtzeitige Erbringung oder zulässige Berichtigung des Buchnachweises, so führt das indes nicht automatisch zur Versagung der Steuerbefreiung. Eine solche Rechtsfolge verstieße gegen den Zweck der Steuerbefreiung (*Rz. 2*) und wäre deshalb **unverhältnismäßig** (*Rz. 31*). Dies gilt um so mehr, als mit Aufzeichnungen des Unternehmers ohnehin kein Nachweis geführt werden kann (*Rz. 42*). Steht fest, dass der Gegenstand in das Drittlandsgebiet gelangt ist und sind auch die übrigen Voraussetzungen des § 6 UStG erfüllt, so darf die Steuerbefreiung nicht wegen fehlender buchmäßiger Aufzeichnung des Vorgangs versagt werden[4] (*Rz. 41*).

## E. Unentgeltliche Lieferungen (Abs. 5)

45　Die Steuerbefreiung der Ausfuhrlieferung gilt nicht bei Lieferungen i.S.d. § 3 Abs. 1b UStG (§ 6 Abs. 5 UStG).[5] Für die Entnahme i.S.d. § 3 Abs. 1b Satz 1 Nr. 1 UStG käme die Steuerbefreiung ohnehin nicht in Betracht[6], weil die Tatbestände des § 6 UStG eine echte Lieferung an einen Abnehmer verlangen und kein

---

1　Dazu näher Abschn. 6.10 Abs. 5 bis 8 und Abschn. 6.11 Abs. 11 UStAE.
2　BFH v. 28.5.2009 – V R 23/08, BStBl. II 2010, 517 = UR 2009, 714; vgl. auch Abschn. 6.10 Abs. 3 UStAE.
3　BFH v. 28.5.2009 – V R 23/08, BStBl. II 2010, 517 = UR 2009, 714 – 3b der Gründe.
4　So jetzt auch BFH v. 28.5.2009 – V R 23/08, BStBl. II 2010, 517 = UR 2009, 714.
5　Das entspricht einem Beschluss des BFH (BFH v. 5.10.1993 – V B 58/93, UR 1994, 158), der meinte, dass keine Lieferung im Rahmen des Unternehmens vorliege, da bei der Entnahme die Lieferung im nichtunternehmerischen Bereich erfolge. Der BFH, wie auch jetzt BFH v. 19.2.2014 – XI R 9/13, BStBl. II 2014, 597 – Rz. 26, verwechselte die Tatbestandsmerkmale „im Rahmen seines Unternehmens" und „für Zwecke, die außerhalb des Unternehmens liegen", denn geschähe die Lieferung nicht im Rahmen des Unternehmens, so wäre sie schon nicht steuerbar, da kein Gegenstand des Unternehmens vorläge.
6　A.A. insoweit BFH v. 19.2.2014 – XI R 9/13, BStBl. II 2014, 597 – Rz. 26. Der BFH kommt erst auf dem Umweg über Art. 146 Abs. 1 MwStSystRL zu diesem Ergebnis – Rz. 40 ff.

Verbringen (i.S.d. § 6a Abs. 2 UStG) kennen. Das ist zur Vermeidung von Missbräuchen (Nichtdeklarierung der Wiedereinfuhr) sachgerecht. Bei unentgeltlichen Lieferungen **an Dritte** i.S.d. § 3Abs. 1b Satz 1 Nr. 3 UStG kann § 6 Abs. 5 UStG hingegen dem **Bestimmungslandprinzip** widersprechen, da der Gegenstand nicht im Ursprungsland verbraucht wird (*Rz. 2*).[1]
Wenn, wie der EuGH zutreffend ausführt, Art. 146 Abs. 1 Buchst. a und b MwStSystRL „verhindern (soll), dass die Verbraucher aus Nichtmitgliedstaaten Mehrwertsteuer zahlen müssen"[2], so muss diese Vorschrift auch unentgeltliche Lieferungen erfassen.[3] Zwar spricht Art. 146 Abs. 1 Buchst. a MwStSystRL vom „Verkäufer", was die Annahme einer entgeltlichen Lieferung nahelegt; es ist indes auch die Interpretation möglich, dass die Richtlinie nur den typischen Fall der Ausfuhrlieferung erwähnt, ohne damit den atypischen ausschließen zu wollen. Der Zweck der Befreiung spricht für diese Auslegung. Allerdings erlaubt es Art. 131 MwStSystRL den Mitgliedstaaten, Bedingungen aufzustellen, um die Verhinderung von Steuerhinterziehung, Steuerumgehung und Missbrauch zu gewährleisten.

Bei einer unentgeltlichen Lieferung an eine **nahestehende Gesellschaft** im Drittlandsgebiet führt die Versagung der Steuerbefreiung zu einem **Verstoß** gegen den verfassungsrechtlich wie auch unionsrechtlich gebotenen Grundsatz der **Rechtsformneutralität** (*Vorbem. Rz. 48, 77*). Während nämlich die unentgeltliche Lieferung an eine Tochtergesellschaft, die wirtschaftlich dieselbe Funktion wie eine unselbständige Zweigniederlassung (feste Niederlassung) hat, zu einer Umsatzsteuerbelastung führen würde, da der Ort im Inland liegt (*§ 3f Rz. 8*), tritt bei einem Verbringen des nämlichen Gegenstandes zu einer Niederlassung eine solche Belastung nicht ein, weil der Gegenstand innerhalb des Unternehmens bleibt (*§ 2 Rz. 192*). Die Regelung des § 6 Abs. 5 UStG verstößt mithin gegen das Gebot der Rechtsformneutralität[4], da die Umsatzsteuerbelastung nicht von dem Rechtskleid abhängig sein darf, in dem der Unternehmer seine wirtschaftliche Tätigkeit ausübt. Eine formal zivilrechtlich selbständige Tochtergesellschaft hat wirtschaftlich gesehen dieselbe Funktion wie eine Zweigniederlassung (feste Niederlassung). 46

**Beispiel**
Der Unternehmer liefert unentgeltlich eine vorsteuerentlastete Maschine an eine im Drittlandsgebiet ansässige 100 %ige Tochtergesellschaft, die den Gegenstand für eigene unternehmerische Zwecke verwendet.
Es handelt sich um eine unentgeltliche Zuwendung i.S.d. § 3 Abs. 1b Satz 1 Nr. 3 UStG (*§ 3 Rz. 92*), die, da der Ort im Inland liegt (*§ 3f Rz. 2*) und die Organschaftsregelung nicht eingreift (§ 2 Abs. 2 Nr. 2 Satz 2 UStG), zu einem steuerbaren Umsatz (§ 1 Abs. 1 Nr. 1 UStG) führt. Die Versagung der Steuerbefreiung durch § 6 Abs. 5 UStG bewirkt, dass die Maschine mit deutscher Umsatzsteuer belastet wird, obwohl ihr Wert nicht im Inland verbraucht wird.
Hätte der Unternehmer hingegen statt einer rechtlich selbständigen Tochtergesellschaft eine rechtlich unselbständige Zweigniederlassung (feste Niederlassung) im Drittlands-

---

1 Vgl. *Tehler* in R/D, § 6 UStG Anm. 781.
2 EuGH v. 2.8.1993 – C-111/92, EuGHE 1993, I-4677 = UR 1994, 47 – Rz. 20.
3 A.A. FG München v. 1.12.2010 – 3 K 1286/07, EFG 2011, 1022 (1025).
4 Zust. *Tehler* in R/D, § 6 UStG Anm. 783.

gebiet, so bildete diese einen Teil seines Unternehmens, so dass die Verbringung der Maschine – trotz Gelangens in das Drittlandsgebiet – keine Entnahme wäre, da der Gegenstand das Unternehmen nicht verließe (§ 2 Rz. 192; § 3 Rz. 71) und folglich keine Umsatzsteuerbelastung einträte. Die Regelung des § 6 Abs. 5 UStG verstößt mithin gegen den verfassungsrechtlich und unionsrechtlich gebotenen Grundsatz der Rechtsformneutralität, da die Umsatzsteuerbelastung nicht von dem Rechtskleid abhängig sein darf, in dem der Unternehmer seine wirtschaftliche Tätigkeit ausübt.

## § 6a
## Innergemeinschaftliche Lieferung

(1) Eine innergemeinschaftliche Lieferung (§ 4 Nr. 1 Buchstabe b) liegt vor, wenn bei einer Lieferung die folgenden Voraussetzungen erfüllt sind:

1. Der Unternehmer oder der Abnehmer hat den Gegenstand der Lieferung in das übrige Gemeinschaftsgebiet befördert oder versendet;

2. der Abnehmer ist

   a) ein Unternehmer, der den Gegenstand der Lieferung für sein Unternehmen erworben hat,

   b) eine juristische Person, die nicht Unternehmer ist oder die den Gegenstand der Lieferung nicht für ihr Unternehmen erworben hat, oder

   c) bei der Lieferung eines neuen Fahrzeugs auch jeder andere Erwerber

   und

3. der Erwerb des Gegenstands der Lieferung unterliegt beim Abnehmer in einem anderen Mitgliedstaat den Vorschriften der Umsatzbesteuerung.

Der Gegenstand der Lieferung kann durch Beauftragte vor der Beförderung oder Versendung in das übrige Gemeinschaftsgebiet bearbeitet oder verarbeitet worden sein.

(2) Als innergemeinschaftliche Lieferung gilt auch das einer Lieferung gleichgestellte Verbringen eines Gegenstands (§ 3 Abs. 1a).

(3) Die Voraussetzungen der Absätze 1 und 2 müssen vom Unternehmer nachgewiesen sein. Das Bundesministerium der Finanzen kann mit Zustimmung des Bundesrates durch Rechtsverordnung bestimmen, wie der Unternehmer den Nachweis zu führen hat.

(4) Hat der Unternehmer eine Lieferung als steuerfrei behandelt, obwohl die Voraussetzungen nach Absatz 1 nicht vorliegen, so ist die Lieferung gleichwohl als steuerfrei anzusehen, wenn die Inanspruchnahme der Steuerbefreiung auf unrichtigen Angaben des Abnehmers beruht und der Unternehmer die Unrichtigkeit dieser Angaben auch bei Beachtung der Sorgfalt eines ordentlichen Kaufmanns nicht erkennen konnte. In diesem Fall schuldet der Abnehmer die entgangene Steuer.

## § 17a UStDV[1]
### Nachweis bei innergemeinschaftlichen Lieferungen in Beförderungs- und Versendungsfällen

(1) Bei innergemeinschaftlichen Lieferungen (§ 6a Absatz 1 des Gesetzes) hat der Unternehmer im Geltungsbereich dieser Verordnung durch Belege nachzuweisen, dass er oder der Abnehmer den Gegenstand der Lieferung in das übrige Gemeinschaftsgebiet befördert oder versendet hat. Die Voraussetzung muss sich aus den Belegen eindeutig und leicht nachprüfbar ergeben.

(2) Als eindeutig und leicht nachprüfbar nach Absatz 1 gilt insbesondere ein Nachweis, der wie folgt geführt wird:

1. durch das Doppel der Rechnung (§§ 14 und 14a des Gesetzes) und
2. durch eine Bestätigung des Abnehmers, dass der Gegenstand der Lieferung in das übrige Gemeinschaftsgebiet gelangt ist (Gelangensbestätigung), die folgende Angaben zu enthalten hat:

   a) den Namen und die Anschrift des Abnehmers,

   b) die Menge des Gegenstands der Lieferung und die handelsübliche Bezeichnung einschließlich der Fahrzeug-Identifikationsnummer bei Fahrzeugen im Sinne des § 1b Absatz 2 des Gesetzes,

   c) im Fall der Beförderung oder Versendung durch den Unternehmer oder im Fall der Versendung durch den Abnehmer den Ort und den Monat des Erhalts des Gegenstands im übrigen Gemeinschaftsgebiet und im Fall der Beförderung des Gegenstands durch den Abnehmer den Ort und den Monat des Endes der Beförderung des Gegenstands im übrigen Gemeinschaftsgebiet,

   d) das Ausstellungsdatum der Bestätigung sowie

   e) die Unterschrift des Abnehmers oder eines von ihm zur Abnahme Beauftragten. Bei einer elektronischen Übermittlung der Gelangensbestätigung ist eine Unterschrift nicht erforderlich, sofern erkennbar ist, dass die elektronische Übermittlung im Verfügungsbereich des Abnehmers oder des Beauftragten begonnen hat.

Die Gelangensbestätigung kann als Sammelbestätigung ausgestellt werden. In der Sammelbestätigung können Umsätze aus bis zu einem Quartal zusammengefasst werden. Die Gelangensbestätigung kann in jeder die erforderlichen Angaben enthaltenden Form erbracht werden; sie kann auch aus mehreren Dokumenten bestehen, aus denen sich die geforderten Angaben insgesamt ergeben.

(3) In folgenden Fällen kann der Unternehmer den Nachweis auch durch folgende andere Belege als die in Absatz 2 Nummer 2 genannte Gelangensbestätigung führen:

1. bei der Versendung des Gegenstands der Lieferung durch den Unternehmer oder Abnehmer:

   a) durch einen Versendungsbeleg, insbesondere durch

   aa) einen handelsrechtlichen Frachtbrief, der vom Auftraggeber des Frachtführers unterzeichnet ist und die Unterschrift des Empfängers als Bestätigung des Erhalts des Gegenstands der Lieferung enthält,

   bb) ein Konnossement oder

   cc) Doppelstücke des Frachtbriefs oder Konnossements,

   b) durch einen anderen handelsüblichen Beleg als den Belegen nach Buchstabe a, insbesondere mit einer Bescheinigung des beauftragten Spediteurs, der folgende Angaben zu enthalten hat:

---

[1] Ab 1.10.2013 geltende Fassung.

aa) den Namen und die Anschrift des mit der Beförderung beauftragten Unternehmers sowie das Ausstellungsdatum,

bb) den Namen und die Anschrift des liefernden Unternehmers sowie des Auftraggebers der Versendung,

cc) die Menge des Gegenstands der Lieferung und dessen handelsübliche Bezeichnung,

dd) den Empfänger des Gegenstands der Lieferung und den Bestimmungsort im übrigen Gemeinschaftsgebiet,

ee) den Monat, in dem die Beförderung des Gegenstands der Lieferung im übrigen Gemeinschaftsgebiet geendet hat,

ff) eine Versicherung des mit der Beförderung beauftragten Unternehmers, dass die Angaben in dem Beleg auf Grund von Geschäftsunterlagen gemacht wurden, die im Gemeinschaftsgebiet nachprüfbar sind, sowie

gg) die Unterschrift des mit der Beförderung beauftragten Unternehmers.

Bei einer elektronischen Übermittlung des Belegs an den liefernden Unternehmer ist eine Unterschrift des mit der Beförderung beauftragten Unternehmers nicht erforderlich, sofern erkennbar ist, dass die elektronische Übermittlung im Verfügungsbereich des mit der Beförderung beauftragten Unternehmers begonnen hat,

c) durch eine schriftliche oder elektronische Auftragserteilung und ein von dem mit der Beförderung Beauftragten erstelltes Protokoll, das den Transport lückenlos bis zur Ablieferung beim Empfänger nachweist, oder

d) in den Fällen von Postsendungen, in denen eine Belegnachweisführung nach Buchstabe c nicht möglich ist: durch eine Empfangsbescheinigung eines Postdienstleisters über die Entgegennahme der an den Abnehmer adressierten Postsendung und den Nachweis über die Bezahlung der Lieferung;

2. bei der Versendung des Gegenstands der Lieferung durch den Abnehmer durch einen Nachweis über die Entrichtung der Gegenleistung für die Lieferung des Gegenstands von einem Bankkonto des Abnehmers sowie durch eine Bescheinigung des beauftragten Spediteurs, die folgende Angaben zu enthalten hat:

a) den Namen und die Anschrift des mit der Beförderung beauftragten Unternehmers sowie das Ausstellungsdatum,

b) den Namen und die Anschrift des liefernden Unternehmers sowie des Auftraggebers der Versendung,

c) die Menge des Gegenstands der Lieferung und die handelsübliche Bezeichnung,

d) den Empfänger des Gegenstands der Lieferung und den Bestimmungsort im übrigen Gemeinschaftsgebiet,

e) eine Versicherung des mit der Beförderung beauftragten Unternehmers, den Gegenstand der Lieferung an den Bestimmungsort im übrigen Gemeinschaftsgebiet zu befördern, sowie

f) die Unterschrift des mit der Beförderung beauftragten Unternehmers;

3. bei der Beförderung im gemeinschaftlichen Versandverfahren in das übrige Gemeinschaftsgebiet durch eine Bestätigung der Abgangsstelle über die innergemeinschaftliche Lieferung, die nach Eingang des Beendigungsnachweises für das Versandverfahren erteilt wird, sofern sich daraus die Lieferung in das übrige Gemeinschaftsgebiet ergibt;

4. bei der Lieferung verbrauchsteuerpflichtiger Waren:

a) bei der Beförderung verbrauchsteuerpflichtiger Waren unter Steueraussetzung und Verwendung des IT-Verfahrens EMCS (Excise Movement and Control System – EDV-gestütztes Beförderungs- und Kontrollsystem für verbrauchsteuerpflichtige

Innergemeinschaftliche Lieferung § 6a

Waren) durch die von der zuständigen Behörde des anderen Mitgliedstaates validierte EMCS-Eingangsmeldung,

b) bei der Beförderung verbrauchsteuerpflichtiger Waren des steuerrechtlich freien Verkehrs durch die dritte Ausfertigung des vereinfachten Begleitdokuments, das dem zuständigen Hauptzollamt für Zwecke der Verbrauchsteuerentlastung vorzulegen ist;

5. bei der Lieferung von Fahrzeugen, die durch den Abnehmer befördert werden und für die eine Zulassung für den Straßenverkehr erforderlich ist, durch einen Nachweis über die Zulassung des Fahrzeugs auf den Erwerber im Bestimmungsmitgliedstaat der Lieferung.

Der Beleg nach Satz 1 muss bei der Lieferung eines Fahrzeugs im Sinne des § 1b Absatz 2 des Gesetzes zusätzlich dessen Fahrzeug-Identifikationsnummer enthalten. In den Fällen von Satz 1 Nummer 1 gilt Absatz 2 Nummer 2 Satz 2 bis 4 entsprechend. Bestehen in den Fällen des Satzes 1 Nummer 2 begründete Zweifel, dass der Liefergegenstand tatsächlich in das übrige Gemeinschaftsgebiet gelangt ist, hat der Unternehmer den Nachweis nach Absatz 1 oder mit den übrigen Belegen nach den Absätzen 2 oder 3 zu führen.

### § 17b UStDV
### Nachweis bei innergemeinschaftlichen Lieferungen in Bearbeitungs- oder Verarbeitungsfällen

Ist der Gegenstand der Lieferung vor der Beförderung oder Versendung in das übrige Gemeinschaftsgebiet durch einen Beauftragten bearbeitet oder verarbeitet worden (§ 6a Absatz 1 Satz 2 des Gesetzes), hat der Unternehmer dies durch Belege eindeutig und leicht nachprüfbar nachzuweisen. Der Nachweis ist durch Belege nach § 17a zu führen, die zusätzlich die in § 11 Absatz 1 Nummer 1 bis 4 bezeichneten Angaben enthalten. Ist der Gegenstand durch mehrere Beauftragte bearbeitet oder verarbeitet worden, ist § 11 Absatz 2 entsprechend anzuwenden.

### § 17c UStDV
### Buchmäßiger Nachweis bei innergemeinschaftlichen Lieferungen

(1) Bei innergemeinschaftlichen Lieferungen (§ 6a Absatz 1 und 2 des Gesetzes) hat der Unternehmer im Geltungsbereich des Gesetzes die Voraussetzungen der Steuerbefreiung einschließlich der ausländischen Umsatzsteuer-Identifikationsnummer des Abnehmers buchmäßig nachzuweisen. Die Voraussetzungen müssen eindeutig und leicht nachprüfbar aus der Buchführung zu ersehen sein.

(2) Der Unternehmer hat Folgendes aufzuzeichnen:

1. den Namen und die Anschrift des Abnehmers,
2. den Namen und die Anschrift des Beauftragten des Abnehmers bei einer Lieferung, die im Einzelhandel oder in einer für den Einzelhandel gebräuchlichen Art und Weise erfolgt,
3. den Gewerbezweig oder Beruf des Abnehmers,
4. die die Menge des Gegenstands der Lieferung und dessen handelsübliche Bezeichnung einschließlich der Fahrzeug-Identifikationsnummer bei Fahrzeugen im Sinne des § 1b Absatz 2 des Gesetzes,
5. den Tag der Lieferung,
6. das vereinbarte Entgelt oder bei der Besteuerung nach vereinnahmten Entgelten das vereinnahmte Entgelt und den Tag der Vereinnahmung,
7. die Art und den Umfang einer Bearbeitung oder Verarbeitung vor der Beförderung oder der Versendung in das übrige Gemeinschaftsgebiet (§ 6a Absatz 1 Satz 2 des Gesetzes),
8. die Beförderung oder Versendung in das übrige Gemeinschaftsgebiet sowie
9. den Bestimmungsort im übrigen Gemeinschaftsgebiet.

(3) In den einer Lieferung gleichgestellten Verbringungsfällen (§ 6a Absatz 2 des Gesetzes) hat der Unternehmer Folgendes aufzuzeichnen:

1. die Menge des verbrachten Gegenstands und seine handelsübliche Bezeichnung einschließlich der Fahrzeug-Identifikationsnummer bei Fahrzeugen im Sinne des § 1b Absatz 2 des Gesetzes,
2. die Anschrift und die Umsatzsteuer-Identifikationsnummer des im anderen Mitgliedstaat belegenen Unternehmensteils,
3. den Tag des Verbringens sowie
4. die Bemessungsgrundlage nach § 10 Absatz 4 Satz 1 Nummer 1 des Gesetzes.

(4) Werden neue Fahrzeuge an Abnehmer ohne Umsatzsteuer-Identifikationsnummer in das übrige Gemeinschaftsgebiet geliefert, hat der Unternehmer Folgendes aufzuzeichnen:

1. den Namen und die Anschrift des Erwerbers,
2. die handelsübliche Bezeichnung des gelieferten Fahrzeugs einschließlich der Fahrzeug-Identifikationsnummer,
3. den Tag der Lieferung,
4. das vereinbarte Entgelt oder bei der Besteuerung nach vereinnahmten Entgelten das vereinnahmte Entgelt und den Tag der Vereinnahmung,
5. die in § 1b Absatz 2 und 3 des Gesetzes genannten Merkmale,
6. die Beförderung oder Versendung in das übrige Gemeinschaftsgebiet sowie
7. den Bestimmungsort im übrigen Gemeinschaftsgebiet.

§ 74a UStDV
Übergangsvorschriften

...

(3) Für bis zum 30. September 2013 ausgeführte innergemeinschaftliche Lieferungen kann der Unternehmer den Nachweis der Steuerbefreiung gemäß den §§ 17a bis 17c in der am 31. Dezember 2011 geltenden Fassung führen.

*EU-Recht*

Art. 131, 138 und 139 Abs. 1 Unterabs. 2 MwStSystRL.

*VV*

Abschn. 1a.2 Abs. 2 Satz 1 und 2, Abs. 3 bis 14, Abschn. 3.14 Abs. 2 Satz 1 bis 5, Abs. 13, Abschn. 6a.1–6a.8 UStAE.

**A. Allgemeines** .................. 1

**B. Voraussetzungen der innergemeinschaftlichen Lieferung (Abs. 1 Satz 1)**

I. Beförderung oder Versendung in das übrige Gemeinschaftsgebiet (Nr. 1)

1. Allgemeines .................. 11
2. Untergang des Gegenstands während des Transports ........ 16

II. Abnehmervoraussetzungen (Nr. 2) ....................... 18

III. „Unterliegen" der Besteuerung in einem anderen Mitgliedstaat (Nr. 3) ....................... 22

**C. Sonderfälle**

I. Vorherige Be- oder Verarbeitung des Gegenstandes durch Dritte (Abs. 1 Satz 2) ................ 29

II. Lieferung neuer Fahrzeuge (Abs. 1 Satz 1 Nr. 2 Buchst. c)... 32
III. Reihengeschäft .............. 34
IV. Unentgeltliche Lieferung ...... 45
D. Verbringen eines Gegenstandes in das übrige Gemeinschaftsgebiet (Abs. 2)................ 48
E. Nachweis der Voraussetzungen (Abs. 3 i.V.m. §§ 17a–17c UStDV)
I. Allgemeines................. 54
II. Belegnachweis
1. Rechnungsdoppel und Gelangensbestätigung o.Ä. .......... 61
2. Nachholung ................ 76
III. Sog. Buchnachweis
1. Allgemeines ................ 78
2. Umsatzsteuer-Identifikationsnummer des Abnehmers ...... 80
3. Aufzeichnung weiterer Angaben ....................... 83
IV. Alternative: Vollbeweis ....... 85
F. Vertrauensschutz (Abs. 4)
I. Behandlung des Umsatzes als steuerfrei (Satz 1) ............ 87
II. Abnehmer als Steuerschuldner (Satz 2) ..................... 98

## A. Allgemeines

Die Vorschrift definiert in § 6a Abs. 1 und 2 UStG die innergemeinschaftliche Lieferung i.S.d. § 4 Nr. 1 Buchst. b UStG, welcher bestimmt, dass eine solche steuerfrei ist. § 6a Abs. 3 UStG enthält eine Verordnungsermächtigung, mittels deren durch Rechtsverordnung bestimmt werden kann, wie die Voraussetzungen der Steuerbefreiung nachzuweisen sind, und § 6a Abs. 4 UStG eine Vertrauensschutzregelung. § 6a UStG ist mit seinen Absätzen 1 bis 3 **Hilfsnorm** zu § 4 Nr. 1 Buchst. b UStG, da die Vorschrift insoweit selbst keine Rechtsfolge ausspricht und die Steuerfreiheit sich erst aus letztgenannter Vorschrift ergibt. Die eigentliche Befreiungsvorschrift ist demgemäß § 4 Nr. 1 Buchst. b UStG, welche deshalb vom Gesetz, wenn auf sie Bezug genommen wird, zumeist auch nur genannt wird (s. *§ 4 Nr. 1 und 2 Rz. 2*). Das genaue Zitat der Rechtsnormen, aus denen sich im Einzelfall die Rechtsfolge der Steuerfreiheit ergibt, muss indes z.B. lauten: Der Umsatz ist steuerfrei nach „§ 4 Nr. 1 Buchst. b i.V.m. § 6a Abs. 1 UStG". Die Vertrauensschutzregelung des § 6a Abs. 4 UStG hätte als Rechtsfolgenaussage richtigerweise bei § 4 Nr. 1b UStG angesiedelt werden müssen. 1

Diese Befreiung verwirklicht bei Lieferungen (und dem nach § 6a Abs. 2 UStG gleichgestellten Verbringen) von Gegenständen **in das übrige Gemeinschaftsgebiet** (§ 1 Abs. 2a Satz 1 Halbs. 2 UStG) insbesondere an **Unternehmer** und gleichgestellte juristische Personen als Erwerber das sog. **Bestimmungslandprinzip**.[1] Das entspricht dem Wesen der Umsatzsteuer als Verbrauchsteuer, wonach nur der Verbrauch von Gegenständen im Inland zu besteuern ist. Anders als bei Ausfuhrlieferungen (§ 6 UStG) ist die Befreiung bei Lieferungen an private und gleichgestellte Abnehmer grundsätzlich ausgeschlossen (*Rz. 18 u. 23*), so dass insoweit innerhalb der EU trotz unterschiedlicher Steuersätze und fortbestehender nationaler Ertragshoheiten das Ursprungslandprinzip verwirklicht ist. 2

---

[1] Vgl. EuGH v. 27.9.2007 – C-184/05, EuGHE 2007, I-7897 = UR 2007, 782 – Rz. 22; EuGH v. 27.9.2007 – C-146/05, EuGHE 2007, I-7861 = UR 2007, 813 – Rz. 22; EuGH v. 22.4.2010 – C-536/08 u. C-539/08, EuGHE 2010, I-3581 = UR 2010, 418 – Rz. 30.

3 Der **Zweck** der Steuerbefreiung im Ursprungsland liegt zum einen in der **Schaffung gleicher Wettbewerbsbedingungen** für die Exportwaren gegenüber den konkurrierenden heimischen Waren im Bestimmungsland. Um eine **vollständige Entlastung von deutscher Umsatzsteuer** zu gewährleisten, erhält der Exporteur auch die den Lieferungen zuzurechnenden **Vorsteuern vergütet** (§ 15 Abs. 3 Nr. 1 Buchst. a UStG; s. auch *§ 15 Rz. 424*). Daneben bewirkt die Steuerbefreiung, dass bei Erwerbern, die nicht oder nicht vollständig zum Vorsteuerabzug berechtigt sind, durch die Erwerbsbesteuerung (*Rz. 4*) die Steuer im Mitgliedstaat des Verbrauchs erhoben wird.

Des Weiteren treten durch die Steuerbefreiung wesentliche **Vereinfachungen** ein. Soweit die **Erwerber** zum Vorsteuerabzug berechtigt sind, könnte diese zwar bei Nichtgeltung der Steuerbefreiung die ihnen von den Lieferern in Rechnung gestellte Steuer im Ursprungsland vergütet erhalten, dort nicht ansässige Erwerber müssten dann jedoch das umständliche sog. Vergütungsverfahren nach Maßgabe der Richtlinie 2008/9/EG (*§ 18 Rz. 125 ff.*) wählen. Die Steuerbefreiung bewirkt hingegen, dass die Erwerber ihre umsatzsteuerrechtlichen Rechte und Pflichten im Bestimmungsland, in dem sie regelmäßig ansässig sein werden, wahrnehmen bzw. erfüllen können. Die Vereinfachung für die **Lieferer** liegt im Zusammenwirken mit den entsprechend auszulegenden Ortsbestimmungen des § 3 Abs. 6 und 7 UStG (*Rz. 12 f.*) darin, dass sie ihre umsatzsteuerrechtlichen Pflichten im Ursprungsland erfüllen können.

4 Mit der Befreiung im Ursprungsland korrespondiert eine **Besteuerung** im anderen Mitgliedstaat (**Bestimmungsland**) in Gestalt des sog. **innergemeinschaftlichen Erwerbs** (Art. 2 Abs. 1 Buchst. b MwStSystRL).[1] Dieses **Korrespondenzprinzip** gebietet eine abgestimmte Auslegung der betreffenden Vorschriften, um die Besteuerung im Bestimmungsland prinzipiell sicherzustellen (vgl. *§ 1a Rz. 3*).

5 Auch wenn es in Art. 138 Abs. 1 und in Art. 2 Abs. 1 Buchst. b MwStSystRL (und ebenso in § 6a Abs. 1 und § 1a Abs. 1 UStG) nicht expressis verbis zum Ausdruck kommt, sondern nur unscharf gefordert wird, dass die Beteiligten „als Steuerpflichtige handeln" müssen, so zeigen doch andere Vorschriften hinreichend deutlich, dass **elementares Vehikel** zur prinzipiellen Gewährleistung des Korrespondenzprinzips die **Verwendung** ihrer **USt-IdNr.** durch die Beteiligten ist (Art. 214 Abs. 1, Art. 226 Nr. 3 und 4, Art. 238 Abs. 3 i.V.m. Art. 20 und 138 sowie Art. 262 Buchst. a und b i.V.m. Art. 264 Abs. 1 Buchst. a und b MwStSystRL).[2] Nur durch die **Angabe** der USt-IdNr. des Erwerbers **in** der sog. **Zusammenfassenden Meldung** erfährt der Mitgliedstaat des Abnehmers, dass dieser einen innergemeinschaftlichen Erwerb zu versteuern hat. Folglich ist grundsätzliche Voraussetzung für die Inanspruchnahme der Steuerbefreiung durch den Lieferer, dass er seine Lieferung ordnungsgemäß in seine Zusammenfassende Meldung aufgenommen hat (*Rz. 24 f.*). Die Steuerbefreiung ist indes nicht da-

---

1 Vgl. EuGH v. 6.4.2006 – C-245/04, EuGHE 2006, I-3227 = UR 2006, 342 – Rz. 29; EuGH v. 27.9.2007 – C-409/04, EuGHE 2007, I-7797 = UR 2007, 774 – Rz. 24; EuGH v. 7.12.2010 – C-285/09, EuGHE 2010, I-12605 = BStBl. II 2011, 846 – Rz. 37 f.
2 Dem entsprechen insbesondere § 27a Abs. 1, § 14a Abs. 3 und § 18a Abs. 1 i.V.m. Abs. 7 Nr. 1 UStG.

Allgemeines § 6a

von abhängig, dass beim Erwerber der innergemeinschaftliche Erwerb tatsächlich besteuert wird (*Rz. 22*).

Ein **entsprechendes** Korrespondenzprinzip gilt **bei Dienstleistungen** (Art. 44 i.V.m. Art. 196 MwStSystRL, § 3a Abs. 2 i.V.m. § 13b Abs. 1 und 5 UStG; *§ 3a Rz. 15 u. § 13b Rz. 17*).

Eine Lieferung ist auch im Falle der **Werklieferung** (§ 3 Abs. 4 UStG) gegeben. „Gegenstand der Lieferung", d.h. Vertragsgegenstand (*§ 3 Rz. 125*), ist dann das Ergebnis dieser Werklieferung, welches in das übrige Gemeinschaftsgebiet gelangen muss. Bei einer sog. **Montagelieferung** in einem anderen Mitgliedstaat ist Gegenstand der Lieferung allerdings das fertige Werk, so dass der Ort der Lieferung im anderen Mitgliedstaat ist (*§ 3 Rz. 125*) und die Frage der Steuerbefreiung sich nicht stellt. Das Verbringen der Materialien fällt nicht unter § 6a Abs. 2 UStG (*Rz. 48 i.V.m. § 1a Rz. 41*). 6

Steht bei einer Bearbeitung oder Verarbeitung eines Gegenstandes des Auftraggebers hingegen das **Dienstleistungselement im Vordergrund**, so liegt trotz der Lieferung von Material (Zutaten, Nebensachen) eine **sonstige Leistung** (sog. Werkleistung) vor (*§ 3 Rz. 108*), für die keine Steuerbefreiung vorgesehen ist. Wird allerdings das **Material gesondert berechnet**, so ist m.E. insoweit von einer gesonderten Lieferung auszugehen (*§ 3 Rz. 111*), für welche die Steuerbefreiung nach § 4 Nr. 1 Buchst. b i.V.m. § 6a UStG in Betracht kommt. 7

Die Steuerbefreiung ist **ausgeschlossen** bei Lieferungen von Kleinunternehmern (§ 19 Abs. 1 Satz 4 UStG) und bei Lieferungen, die der **Differenzbesteuerung** unterliegen (§ 25a Abs. 5 Satz 2 und Abs. 7 Nr. 3 UStG). 8

Nach Auffassung des **EuGH** sollen darüber hinaus **Steuerbefreiungen ohne Vorsteuerabzug Vorrang** gegenüber der Steuerbefreiung nach § 6a UStG haben[1] (dazu auch *Vor §§ 4–9 Rz. 24*). Die Finanzverwaltung folgt dem jedoch und gewährt die Steuerbefreiung nach § 6a UStG nicht bei Lieferungen, die auch unter § 4 Nr. 17 UStG (menschliche Organe, Blutkonserven), § 4 Nr. 19 UStG (Lieferungen durch Blinde), § 4 Nr. 28 UStG (Gegenstände, bei denen der Vorsteuerabzug ausgeschlossen war) oder § 25c UStG (Anlagegold) fallen.[2]

Die **Erteilung** einer **Rechnung** i.S.d. §§ 14 und 14a UStG, in der u.A. **auf die Steuerbefreiung hinzuweisen** ist (§ 14 Abs. 4 Satz 1 Nr. 8 UStG), gehört nach dem klaren Wortlaut des § 6a UStG **nicht** zu den Voraussetzungen der Steuerbefreiung.[3] Zwar kann nach § 17a Abs. 2 Nr. 1 UStDV der „Nachweis", dass der Gegenstand in das übrige Gemeinschaftsgebiet gelangt ist, insbesondere durch das Doppel einer solchen Rechnung in Verbindung mit anderen Belegen geführt werden (*Rz. 61*); hierbei handelt es sich jedoch ohnehin um keine zwingende materiell-rechtliche Voraussetzung der Steuerbefreiung (*Rz. 59, 75*), so dass der Nachweis auch auf andere Weise erbracht werden kann (*Rz. 85*). Zudem wäre 9

---

1 Vgl. EuGH v. 7.12.2006 – C-240/05, EuGHE 2006, I-11479 = UR 2007, 98 – Rz. 43 f.
2 Abschn. 4.17.1 Abs. 4, Abschn. 4.19.1 Abs. 4, Abschn. 4.19.2 Abs. 3, Abschn. 4.28.1 Abs. 6, Abschn. 6a.1 Abs. 2a und Abschn. 25c.1 Abs. 7 UStAE.
3 BFH v. 30.3.2006 – V R 47/03, BStBl. II 2006, 634; BFH v. 1.2.2007 – V R 41/04, UR 2007, 339 (343); BFH v. 12.5.2011 – V R 46/10, BStBl. II 2011, 957.

die Verknüpfung der Steuerfreiheit mit der Erteilung einer solchen Rechnung – auch wenn das sachgerecht wäre[1] – nicht durch § 6a Abs. 3 UStG gedeckt, denn diese ermächtigt nur dazu, durch Rechtsverordnung zu bestimmen, wie der *Nachweis* der Voraussetzungen der Steuerbefreiung zu führen ist. Die Rechnung hat indes keinerlei Nachweis- oder Indizfunktion für das Gelangen des Gegenstandes über die Grenze. Die Nichtausstellung einer ordnungsgemäßen Rechnung ist lediglich eine Ordnungswidrigkeit (§ 26a Abs. 1 Nr. 1 UStG).

10 **Behandeln** die Beteiligten die Lieferung (ggf. vorerst) **als steuerpflichtig** (faktisches Wahlrecht) und weist der Lieferer demgemäß die geschuldete Umsatzsteuer in der Rechnung aus, so liegt richtigerweise kein Fall des § 14c UStG vor (auch nicht, wenn die Nachweise über die Steuerfreiheit später erbracht werden; *Rz. 76*) und der Erwerber ist, wenn die übrigen Voraussetzungen des § 15 UStG vorliegen, zum Vorsteuerabzug berechtigt. Ist der Erwerber nicht im Inland ansässig und liegen die Voraussetzungen des § 59 UStDV vor, so kann er die **Vergütung** der **Steuer** nach § 18 Abs. 9 UStG verlangen. Zwar bestimmt Art. 4 Buchst. b Richtlinie 2008/9/EG (s. auch Art. 171 Abs. 3 Buchst. b MwStSystRL), dass das Vergütungsverfahren nicht anzuwenden ist bei Lieferungen, welche von der Steuer befreit sind oder gem. Art. 138 MwStSystRL (entspricht § 4 Nr. 1 Buchst. b i.V.m. § 6a UStG) befreit werden können, wenn die Gegenstände durch die Erwerber abgeholt werden. Diese Beschränkung ist jedoch nicht vom UStG übernommen worden und kann auch nicht im Wege der „Auslegung" des § 18 Abs. 9 UStG hinein interpretiert werden.

## B. Voraussetzungen der innergemeinschaftlichen Lieferung (Abs. 1 Satz 1)

### I. Beförderung oder Versendung in das übrige Gemeinschaftsgebiet (Nr. 1)

#### 1. Allgemeines

11 Voraussetzung ist zum einen, dass der liefernde **Unternehmer** (oder sog. *Fahrzeuglieferer* i.S.d. § 2a UStG; s.u. *Rz. 25*) oder in seinem Auftrag ein Dritter **oder** der **Abnehmer (Abholung)** oder in seinem Auftrag ein Dritter den Gegenstand der Lieferung in das übrige Gemeinschaftsgebiet **befördert** oder **versendet** (§ 6a Abs. 1 Satz 1 Nr. 1 UStG). Erforderlich ist lediglich, dass der Gegenstand der Lieferung, d.h. der Vertragsgegenstand als das vertraglich geschuldete Objekt (*§ 3 Rz. 125*) bei der Beförderung oder Versendung in einen anderen Mitgliedstaat gelangt (zum vorherigen Untergang *Rz. 16 f.*; zum guten Glauben an die Gelangensbestätigung des Abnehmers s. *Rz. 95*), so dass der **Abnehmer** auch im Inland oder im Drittlandsgebiet **ansässig** sein kann. Ebenso wenig muss der Lieferer im Inland ansässig sein. Der Gegenstand ist nur dann in das übrige Gemeinschaftsgebiet befördert oder versendet worden, wenn dort das **Ende** der **Beförderung** oder Versendung ist (arg. § 3d Satz 1 UStG, Art. 40 MwStSystRL), d.h. der Ge-

---

[1] Eine solche Verknüpfung wäre im Hinblick auf die Erwerbsbesteuerung im anderen Mitgliedstaat de lege ferenda angebracht, damit der Erwerber auf Grund der Rechnungsangaben davon ausgehen muss, dass der Lieferer die Voraussetzungen des Art. 2 Abs. 1 Buchst. b Ziff. i MwStSystRL erfüllt.

Beförderung oder Versendung in das übrige Gemeinschaftsgebiet    § 6a

genstand, sofern er nicht auf dem Transport untergeht (*Rz. 16 f.*) nicht nur das Ursprungsland verlassen hat, sondern auch **im Bestimmungsland** ankommt.[1] Der **Transport** kann auch **durch Drittlandsgebiet** erfolgen.

Die Frage nach der Steuerbefreiung stellt sich nur dann, wenn die Lieferung steuerbar ist, d.h. der **Ort der Lieferung** nach den Regeln des § 3 Abs. 6 (ggf. i.V.m. Abs. 7) UStG **im Inland** (Ursprungsland) ist (dazu *§ 3 Rz. 121 ff.*). Anders als bei Dienstleistungen durch § 3a UStG wird bei Lieferungen das Bestimmungslandprinzip (Verbrauchsortprinzip) grundsätzlich nicht bereits durch die Verlagerung des Ortes, sondern erst durch die Steuerbefreiung verwirklicht. Der **Zweck** der Steuerbefreiung nach § 6a UStG (bzw. Art. 138 MwStSystRL) verlangt bei Gegenständen, die in einen anderen Mitgliedstaat befördert oder versendet werden, eine **Auslegung** der Vorschrift, die das Bestimmungslandprinzip optimal und möglichst einfach gewährleistet. Der **Vereinfachungszweck** der Vorschrift erfordert, dass auch die Ortsbestimmungen des § 3 Abs. 6 und 7 UStG (bzw. Art. 31 und 32 Satz 1 MwStSystRL) in der Weise interpretiert werden, dass der Lieferer seine umsatzsteuerrechtlichen Pflichten im Ursprungsland erfüllen kann (s. auch *§ 3 Rz. 123*).    12

Der Ort der Lieferung ist deshalb entgegen der h.M. auch dann nach § 3 Abs. 6 UStG im Inland, wenn der **Verkäufer** die **Transportgefahr** trägt **oder** die Beförderung oder Versendung zu einem noch **nicht** endgültig **feststehenden Abnehmer** (z.B. auf ein sog. **Konsignationslager**)[2] oder zu einem **Kommissionär** erfolgt. Entsprechendes gilt beim **Kauf auf Probe** u.ä. Fällen. Der Ort der erst im Bestimmungsland ausgeführten Lieferung wird in diesen Fällen am Beginn der Beförderung oder Versendung des späteren Gegenstands der Lieferung an den potentiellen Abnehmer fingiert („gilt"). Das folgt aus dem Vereinfachungszweck des § 3 Abs. 6 Satz 1 UStG, der in Verbindung mit § 6a Abs. 1 UStG bewirkt, dass der Lieferer seine umsatzsteuerrechtlichen Pflichten im Ursprungsland erfüllen kann (*§ 3 Rz. 123 f.*; zur korrespondierenden Fragestellung beim innergemeinschaftlichen Erwerb s. *§ 1a Rz. 8 ff.*).    13

**Befördern** ist jede Fortbewegung eines Gegenstandes (§ 3 Abs. 6 Satz 2 UStG). **Versenden** liegt vor, wenn jemand die Beförderung durch einen selbständigen Beauftragten ausführen (d.h. durch einen *Frachtführer* befördern) oder besorgen (d.h. durch einen *Spediteur* in dessen Namen veranlassen) lässt (§ 3 Abs. 6 Satz 3 UStG; *§ 3 Rz. 123*). Eine Beförderung oder Versendung durch den Lieferer ist auch dann gegeben, wenn diese **durch** einen anderen von ihm **beauftragten Dritten** erfolgt.    14

Eine Beförderung oder Versendung durch den **Abnehmer** liegt auch dann vor, wenn diese **durch** einen von ihm **beauftragten Dritten** erfolgt. Das kann z.B. **sein Abnehmer** (sog. Reihengeschäft) oder ein mit der Be- oder Verarbeitung des Gegenstandes beauftragter Unternehmer (vgl. *Rz. 29*) sein. Auch bei einer **Kom-**

---

1 Vgl. FG Nürnberg v. 14.5.2013 – 2 K 568/11, EFG 2013, 1273.
2 Die Frage stellt sich nicht, wenn bereits eine endgültige Lieferung vorliegt und lediglich die Fälligkeit des Kaufpreises erst mit Entnahme aus dem Lager eintreten soll und der Lieferer sich das Eigentum bis zur vollständigen Zahlung vorbehalten hat; insoweit im Ergebnis zutreffend FG Hess. v. 13.6.2014 – 1 K 108/11, EFG 2014, 1719.

bination aus Beförderung/Versendung durch den **Lieferer** und durch den **Abnehmer** (sog. **gebrochener Transport**) kommt die Steuerbefreiung in Betracht.[1]

15 Das Gesetz verlangt für den Fall der Abholung durch den Abnehmer **nicht**, dass der Gegenstand der Lieferung sofort bzw. innerhalb einer **Frist** in das übrige Gemeinschaftsgebiet befördert oder versendet werden muss.[2] Folglich kann die Steuerbefreiung auch noch einige Zeit nach dem Zeitpunkt der Lieferung (Abholung) in Anspruch genommen werden, wenn das Gelangen in einen anderen Mitgliedstaat und die übrigen Voraussetzungen des § 6a UStG nachgewiesen werden. Eine zeitweilige Nutzung, Lagerung oder Bearbeitung (vgl. *Rz. 29*) im Inland oder im Drittlandsgebiet ist unschädlich. Die Steuerbefreiung tritt m.E. nicht rückwirkend ein, sondern entsprechend § 17 Abs. 1 Satz 7 UStG erst in dem Voranmeldungszeitraum, in dem die Voraussetzungen nachgewiesen worden sind (*Rz. 77*).

## 2. Untergang des Gegenstands während des Transports

16 Geht der Gegenstand während des Transports zum Abnehmer unter, so stellt sich die Frage, unter welchen Voraussetzungen der Lieferer gleichwohl die Steuerbefreiung in Anspruch nehmen kann. Die Fragestellung ergibt sich nur für den Fall, dass der **Abnehmer die Transportgefahr (Preisgefahr)** trägt, dh. trotz Untergangs der Ware zur Zahlung des Kaufpreises verpflichtet ist und somit so behandelt wird, als hätte er die wirtschaftliche Substanz des Gegenstands, d.h. die Lieferung erhalten (*§ 3 Rz. 39*). Beim Untergang des Gegenstandes **nach** dem **Überschreiten** der **Grenze** zum **Bestimmungsmitgliedstaat** ist der Gegenstand bei einer Lieferung in das übrige Gemeinschaftsgebiet gelangt und mithin der Tatbestand des § 6a Abs. 1 Satz 1 Nr. 1 UStG verwirklicht; dieser verlangt schon nach seinem Wortlaut nicht, dass der Abnehmer (oder in seinem Auftrag ein Dritter) den unmittelbaren Besitz erlangt.

Beim Untergang des Gegenstandes **vor dem Gelangen in** den **Bestimmungsmitgliedstaat** wäre nach dem Wortlaut der Tatbestand des § 6a UStG nicht verwirklicht. Das hätte zur Folge, dass der Lieferer mit der Umsatzsteuer des Ursprungslandes belastet wäre, sofern es ihm nicht gelänge, diese auf den Käufer abwälzen. Dieses umsatzsteuerrechtliche Ergebnis entspräche nicht dem Willen des Gesetzes und der Richtlinie, da der liefernde Unternehmer als Gehilfe des Staates bei der Besteuerung der Verbraucher nicht so behandelt werden darf, als wäre er der Verbraucher des untergegangenen Gegenstandes. Beim Untergang des Gegenstandes während des Transports findet ohnehin **kein Verbrauch** des Gegenstandes im Ursprungsland **durch** den **Lieferer** oder Käufer statt.[3]

Art. 138 Abs. 1 MwStSystRL verlangt demgemäß auch lediglich, dass die Gegenstände „nach Orten" innerhalb der Gemeinschaft versandt oder befördert werden. Diese Formulierung umfasst neben dem typischen Vorgang, bei dem der Gegenstand auch im Bestimmungsmitgliedstaat ankommt, **auch** den **atypische**

---

1 FG Sachs. v. 24.5.2011 – 6 K 2176/09, EFG 2011, 2112.
2 Vgl. EuGH v. 18.10.2010 – C-84/09, EuGHE 2010, I-11684 = UR 2011, 103.
3 So auch *Wäger* in B/W, § 108 Rz. 48; aA *Tehler* in R/K/L, § 1a Rz. 20.1; *Sterzinger* in B/W, § 37 Rz. 117; *Frye* in R/D, § 6a Anm. 199 ff. m.w.N.

Vorgang, der nach den Wertungen der Richtlinie gleichzubehandeln ist. Der typische Ablauf einer inergemeinschaftlichen Lieferung ist, dass der Gegenstand im Bestimmungsmitgliedstaat ankommt; die Tatbestände der Steuerbefreiung und des korrespondierenden innergemeinschaftlichen Erwerbs sind dann erfüllt. Sie stellen nicht darauf ab, ob anschließend auch ein realer Verbrauch stattfindet. Folglich ändert der sofortige Untergang des Gegenstandes im Bestimmungsmitgliedstaat nichts an der Verwirklichung der genannten Tatbestände. Der Abnehmer wird so behandelt, als hätte er den Gegenstand im Bestimmungsland verbraucht, und für den Lieferer bleibt es bei der Steuerbefreiung. Dann aber wäre es **willkürlich, nach** den **Zufälligkeiten** des Ortes des Untergangs **zu differenzieren**. Ein Verbrauch im Ursprungsland liegt in allen Fällen nicht vor, so dass diese gleich zu behandeln sind und es geboten ist, auf das Gebiet des beabsichtigten Verbrauchs, d.h. des Bestimmungsmitgliedstaates abzustellen. Der Vorgang ist so zu sehen, als läge ein Gelangen in den Bestimmungsmitgliedstaat vor, wenn der Gegenstand während des bestimmungsgemäßen Transports dorthin untergeht (zur parallelen Fragestellung beim innergemeinschaftlichen Erwerb nach § 1a Abs. 1 Nr. 1 UStG bzw. Art. 2 Abs. 1 Buchst. b MwStSystRL s. *§ 1a Rz. 21 f.*).

Der **EuGH** geht zwar in mehreren Entscheidungen zum innergemeinschaftlichen Handel davon aus, dass der Gegenstand den Liefermitgliedstaat physisch verlassen haben muss,[1] es ging dabei jedoch jeweils um Fälle, in denen der Gegenstand nicht untergegangen war und der Lieferer die Steuerbefreiung auch dann in Anspruch nehmen wollte, obwohl der vom Erwerber abgeholte Gegenstand entgegen seinen Angaben nicht in einen anderen Mitgliedstaat befördert worden war. Die Äußerungen des EuGH betreffen mithin den Regelfall, in dem der Gegenstand existent geblieben ist und verbraucht werden kann. Für den Fall, dass der Gegenstand ordnungsgemäß zum Abnehmer im anderen Mitgliedstaat auf den Weg gebracht worden war, aber während des Transports untergegangen war, kann es hingegen aus den o.g. Gründen **nicht von Bedeutung** sein, dass der Untergang erst nach dem Verlassen des Ursprungslands erfolgte. Ein solcher Gegenstand, der schon während des Transports im Ursprungsland untergeht, kann dort nicht bestimmungsgemäß verbraucht werden. Hinzu kommt, dass sich häufig nicht feststellen lässt, ob die Ware vor oder nach Überschreiten der Grenze untergegangen ist.

Problematisch ist auch nicht die **Abholung** eines **Fahrzeugs** auf eigener Achse o.Ä., wenn dieses dabei untergeht. Die **Überführungsfahrt** ist zwar ein Gebrauch des Fahrzeugs, der eigentliche Gebrauch sollte jedoch erst im Bestimmungsland erfolgen. Die Abholung durch den Erwerber in Gestalt des Beförderns ist von Art. 138 Abs. 1 und von Art. 20 Abs. 1 MwStSystRL ausdrücklich vorgesehen und die Beförderung eines Fahrzeugs auf eigener Achse, eigenem Kiel usw. ist nicht ausgeschlossen. Demgemäß hat auch der EuGH zutreffend entschieden, dass die **beabsichtigte Endverwendung** des Gegenstands für die Frage maßgebend

17

---

1 EuGH v. 27.9.2007 – C-409/04, EuGHE 2007, I-7797 = UR 2007, 774 – Rz. 42; EuGH v. 27.9.2007 – C-184/05, EuGHE 2007, I-7897 = UR 2007, 782 – Rz. 23; EuGH v. 10.10.2010 – C-84/09, EuGHE 2010, I-11645 = UR 2011, 103 – Rz. 27; EuGH v. 16.12.2010 – C-430/09, EuGHE 2010, I-13354 = UR 2011, 176 – Rz. 29; vgl. auch EuGH v. 27.9.2012 – C-587/10, UR 2012, 832 – Rz. 30.

ist[1], in welchem Mitgliedstaat die Besteuerung des innergemeinschaftlichen Erwerbs zu erfolgen hat und selbst eine **mehrmonatige Nutzung** des Fahrzeugs **im Liefermitgliedstaat** unschädlich sein kann.[2] Folglich steht der Untergang des Fahrzeugs im Liefermitgliedstaat bei der Überführungsfahrt, ja selbst bei einer zeitweiligen **Freizeitverwendung**[3], grundsätzlich auch nicht der Steuerbefreiung entgegen.

## II. Abnehmervoraussetzungen (Nr. 2)

18 Der **Abnehmer** muss – soweit es nicht um die Lieferung eines neuen Fahrzeuges geht (§ 6a Abs. 1 Satz 1 Nr. 2 Buchst. c UStG; *Rz. 31*) – zum einen entweder ein **Unternehmer** sein, der den Gegenstand **für sein Unternehmen** erworben hat, oder eine **juristische Person**, die nicht Unternehmer ist oder den Gegenstand nicht für ihr Unternehmen erworben hat (§ 6a Abs. 1 Satz 1 Nr. 2 Buchst. a und b UStG). Diese Voraussetzungen decken sich mit denen des § 1a Abs. 1 Nr. 2 UStG (s. deshalb *§ 1a Rz. 9 ff.*).

19 Der Lieferer kann nicht immer zweifelsfrei beurteilen, ob der Abnehmer die vom Gesetz aufgestellten Voraussetzungen erfüllt. **Nachforschungspflichten** bestehen **nicht**; zudem könnten Recherchen des Lieferers auch keine verbindliche Klärung bewirken. Andererseits darf er nicht blindlings auf die Angaben des Abnehmers vertrauen, da das objektive Vorliegen der Abnehmerkriterien tatbestandliche Voraussetzung der Steuerbefreiung ist. Dieses Dilemma versucht § 6a Abs. 4 UStG zu lösen. Danach wird dem Unternehmer das **Risiko der Fehleinschätzung** genommen, wenn er die Unrichtigkeit der Angaben des Abnehmers auch bei Beachtung der Sorgfalt eines ordentlichen Kaufmanns nicht erkennen konnte (*Rz. 87 ff.*).

20 Von der **Unternehmereigenschaft** des Abnehmers kann im Regelfall ausgegangen werden, wenn dieser gegenüber dem Lieferer mit seiner gültigen **USt-IdNr.** aufgetreten ist[4], sofern sich keine Zweifel aufdrängen (*Rz. 89 ff.*). Entsprechendes muss für den Nachweis gelten, dass der Abnehmer eine juristische Person ist.[5] Maßgebend sind die Verhältnisse **im Zeitpunkt der Lieferung**. Die spätere Löschung des Abnehmers im Unternehmerverzeichnis des anderen Mitgliedstaates ist ohne Belang, wenn die USt-IdNr. gem. § 18e UStG bestätigt worden war[6] (s. auch *Rz. 92*).

21 Die Voraussetzung, dass die Gegenstände **für das Unternehmen** erworben werden, kann der Lieferer als gegeben ansehen, wenn sich aus der Art und Menge

---

1 EuGH v. 10.10.2010 – C-84/09, EuGHE 2010, I-11645 = UR 2011, 103 – Rz. 51 a.E. sowie 1. LS a.E.
2 EuGH v. 10.10.2010 – C-84/09, EuGHE 2010, I-11645 = UR 2011, 103.
3 Vgl. EuGH v. 10.10.2010 – C-84/09, EuGHE 2010, I-11645 = UR 2011, 103 – Rz. 16.
4 Reg.-Begr. UStBMG, BT-Drucks. 12/2463 – zu § 6a Abs. 4 UStG; Abschn. 6a.1 Abs. 12 UStAE.
5 So auch Abschn. 6a.1 Abs. 14 Satz 4 UStAE.
6 BFH v. 7.12.2006 – V R 52/03, BStBl. II 2007, 420 – 2b der Gründe; BFH v. 8.11.2007 – V R 72/05, BStBl. II 2009, 55 – 1b der Gründe; EuGH v. 6.9.2012 – C-273/11, UR 2012, 796.

der erworbenen Gegenstände keine Zweifel an der unternehmerischen Verwendung ergeben.[1] Die Angabe der USt-IdNr. durch den Erwerber berechtigt deshalb nicht stets zu dem Schluss, dass der Gegenstand für unternehmerische Zwecke erworben wird. In Zweifelsfällen muss der Unternehmer sich eine **schriftliche Bestätigung** des Abnehmers geben lassen (*Rz. 93*).

### III. „Unterliegen" der Besteuerung in einem anderen Mitgliedstaat (Nr. 3)

Des Weiteren muss der **Erwerb** des Gegenstandes beim Abnehmer in einem anderen Mitgliedstaat den „**Vorschriften der Umsatzbesteuerung unterliegen**" (§ 6a Abs. 1 Satz 1 Nr. 3 UStG). Während die MwStSystRL nur die Vorschriften über die Erwerbsbesteuerung im Auge hat (vgl. Art. 139 Abs. 1 Unterabs. 2 MwStSystRL), stellt diese weiter gefasste Formulierung des § 6a UStG sicher, dass die Steuerbefreiung auch dann in Betracht kommt, wenn der andere Mitgliedstaat die erbrachte Leistung nicht als Lieferung, sondern als Dienstleistung i.S.d. Art. 44 MwStSystRL wertet und den Empfänger als Steuerschuldner entsprechend Art. 196 MwStSystRL heranzieht. Dass der Erwerber (Empfänger) **tatsächlich besteuert** wird, ist **nicht Voraussetzung** der Steuerbefreiung.[2] Ein derartiges Junktim wäre auch unverhältnismäßig.

22

Allerdings unterliegt nicht jeder Unternehmer und nicht jede juristische Person stets den Vorschriften der Erwerbsbesteuerung. Art. 139 Abs. 1 MwStSystRL bestimmt demgemäß, dass die Steuerbefreiung nicht für Lieferungen an Kleinunternehmer, Unternehmer mit ausschließlich steuerfreien, den Vorsteuerabzug ausschließenden Umsätzen und an pauschalierende Land- und Forstwirte gilt, wenn deren Erwerbe gem. Art. 3 Abs. 1 MwStSystRL (entspricht § 1a Abs. 3 UStG) nicht besteuert werden. **Nachforschungspflichten** des Lieferers bestehen jedoch **nicht**. Folglich kann der Lieferer regelmäßig davon ausgehen, dass der Abnehmer/Empfänger der (Erwerbs-)Besteuerung unterliegt, wenn er unter einer ihm in einem anderen Mitgliedstaat erteilten USt-IdNr. aufgetreten ist.[3] **De facto** wird damit im Regelfall die **Angabe** der **USt-IdNr.** eines anderen Mitgliedstaates durch den Abnehmer wegen ihrer Glaubhaftmachungsfunktion in Verbindung mit dem Vertrauensschutz für den Lieferer zum „**Tatbestandsmerkmal**" der Vorschrift (siehe auch *Rz. 80*). Allerdings treffen den Unternehmer Sorgfaltspflichten, so dass er nicht blindlings der verwendeten USt-IdNr. vertrauen darf (*Rz. 81, 90*).

23

Die mit der Steuerbefreiung korrespondierende **Besteuerung** im anderen Mitgliedstaat (**Bestimmungsland**) in Gestalt des sog. **innergemeinschaftlichen Erwerbs** (**Korrepondenzprinzip**, *Rz. 4*) gebietet nicht nur eine **abgestimmte Auslegung** der betreffenden Vorschriften, um die **Besteuerung im Bestimmungsland**

24

---

1 Abschn. 6a.1 Abs. 13 UStAE. Bei 5 Kisten Wein sollen derartige Zweifel allerdings nicht gegeben sein; vgl. Abschn. 6a.1 Abs. 16 UStAE – Beispiel 2.
2 Abschn. 6a.1 Abs. 18 Satz 3 UStAE; BFH v. 8.11.2007 – V R 72/05, BStBl. II 2009, 55 – 1a der Gründe; BFH v. 27.2.2014 – V R 21/11, BStBl. II 2014, 501 – Rz. 18; BFH v. 26.11.2014 – XI R 37/12, BFH/NV 2015, 358 – Rz. 62, ferner BFH v. 21.1.2015 – XI R 5/13, UR 2015, 265 – Rz. 24.
3 Abschn. 6a.1 Abs. 18 UStAE.

prinzipiell **sicherzustellen**. Darüber hinaus kommt in mehreren Vorschriften der MwStSystRL und des UStG hinreichend deutlich zum Ausdruck, dass **elementares Vehikel zur Verwirklichung** dieses **Korrespondenzprinzips** die **Verwendung** ihrer USt-IdNr. durch die Beteiligten ist (Art. 214 Abs. 1, Art. 226 Nr. 3 und 4, Art. 238 Abs. 3 i.V.m. Art. 20 und 138 sowie Art. 262 Buchst. a und b i.V.m. Art. 264 Abs. 1 Buchst. a und b MwStSystRL; dem entsprechen namentlich § 27a Abs. 1, § 14a Abs. 3 und § 18a Abs. 1 i.V.m. Abs. 7 Nr. 1 UStG). Die prinzipielle Sicherstellung der Besteuerung im anderen Mitgliedstaat ist nur durch die Übermittlung der USt-IdNr. des Erwerbers gewährleistet. Nur durch die **Angabe** der USt-IdNr. des Erwerbers **in** der sog. **Zusammenfassenden Meldung** des Lieferers erfährt der Mitgliedstaat des Abnehmers, dass dieser einen innergemeinschaftlichen Erwerb zu versteuern hat. Auch aus Art. 41 MwStSystRL, § 3d Satz 2 UStG folgt, dass Richtlinie und Gesetz davon ausgehen, dass der Lieferer die USt-IdNr. des Erwerbers in seiner Zusammenfassenden Meldung anzugeben hat.

25   Damit das von der Richtlinie angestrebte **Besteuerungssystem** funktioniert, ist es folglich vom Prinzip her zwingend notwendig, dass die Lieferer vollständige und ordnungsgemäße Zusammenfassende Meldungen abgeben und die Nichterfüllung dieser Verpflichtung effektiv sanktioniert wird. Das ist entgegen BMF[1] nur dann der Fall, wenn **grundsätzliche Voraussetzung** für die Inanspruchnahme der Steuerbefreiung durch den Lieferer ist, dass er die betreffende Lieferung ordnungsgemäß in seine **Zusammenfassende Meldung** gem. § 18a UStG aufgenommen hat. Da das mit hinreichender Deutlichkeit in Richtlinie und Gesetz zum Ausdruck kommt, ist es geboten, die Formulierung des § 6a Abs. 1 Nr. 3 UStG („unterliegt beim Abnehmer in einem anderen Mitgliedstaat den Vorschriften der Umsatzbesteuerung") bzw. des Art. 138 Abs. 1 i.V.m. Art. 139 Abs. 1 Unterabs. 2 MwStSystRL („Steuerpflichtige [...], deren innergemeinschaftliche Erwerbe [...] der Mehrwertsteuer unterliegen") **nicht nur abstrakt** im Sinne eines rein materiell-rechtlichen Prinzips zu verstehen, sondern das „Unterliegen" der Erwerbsbesteuerung derart **konkret** zu deuten, dass der Lieferer die ihm obliegende **Mitwirkungspflicht** zur Sicherstellung der Besteuerung des Erwerbers in Gestalt der Meldepflicht nach § 18a UStG erfüllt. Anderenfalls ist die Steuerbefreiung (vorerst[2]) nicht zu gewähren.[3]

26   Andererseits verlangt die Richtlinie die Verwendung einer USt-IdNr. durch den Abnehmer zu Recht **nicht** als **zwingende Voraussetzung** (conditio sine qua non) der Steuerbefreiung.[4] Kann nämlich der Lieferer **nachweisen**, dass sein Abnehmer den **innergemeinschaftlichen Erwerb versteuert hat**, so verstieße es gegen

---

1 Lt. Abschn. 6a Abs. 18 UStAE soll die Voraussetzung des § 6a Abs. 1 Satz 1 Nr. 3 UStG erfüllt sein, wenn der Abnehmer gegenüber dem Lieferer mit seiner gültigen USt-IdNr. auftritt.
2 Vgl. auch Abschn. 3a.2 Abs. 9 Satz 8 UStAE, wonach es für den endgültigen Nachweis der Ortsverlagerung bei sonstigen Leistungen der Vorlage der dem Leistungsempfänger erteilten USt-IdNr. bedürfe.
3 A.A. Frye in R/D, § 6a Anm. 391 f.
4 Vgl. EuGH v. 6.9.2012 – C-273/11, UR 2012, 796 – Rz. 59 f.; EuGH v. 27.9.2012 – C-587/10, UR 2012, 833 – Rz. 49 ff.; auch EuGH v. 9.10.2014 – C-492/13, UR 2014, 943 – Rz. 35.

den Zweck der Regelung und das Übermaßverbot, da die Mitteilung der USt-IdNr. keinen Selbstzweck hat, dem Lieferer die Steuerbefreiung zu versagen. Demgegenüber meint der EuGH, dass der Lieferer nicht zu diesem Nachweis verpflichtet sei, sondern es ausreiche, wenn er belegen könne, dass sein (**im Drittland ansässiger**) Erwerber (s. *Rz. 44* m. Beispiel) über keine USt-IdNr. verfüge, aber als Unternehmer gehandelt habe.[1] Damit **missachtet** der **EuGH** das **Korrespondenzprinzip** (*Rz. 24*). Richtigerweise muss der Lieferer zur Sicherstellung der Besteuerung im Gemeinschaftsgebiet den Umsatz solange als steuerpflichtig behandeln, d.h. dem Erwerber Umsatzsteuer berechnen, wie dieser nicht eine – ggf. zu überprüfende – USt-IdNr. mitgeteilt *oder* nachgewiesen hat, dass er den innergemeinschaftlichen Erwerb im Bestimmungsland versteuert hat. Erst dann darf der Lieferer in analoger Anwendung des § 17 UStG (*Rz. 77; § 17 Rz. 89 f.*) den Umsatz als steuerfrei behandeln und dem Erwerber den Teil des Kaufpreises in Höhe der Umsatzsteuer erstatten. Der EuGH übersieht, dass anderenfalls die Erwerbsbesteuerung im Bestimmungsland nicht sichergestellt wäre, weil der betreffende Mitgliedstaat dann keine Handhabe hat, den Erwerber ohne Kenntnis von dessen MwSt-IdNr. zur Steuer heranzuziehen. Der EuGH meint vermutlich, dass, wenn der Erwerber ein Unternehmer ist, wegen des Vorsteuerabzugs die Erwerbsbesteuerung im Bestimmungsland nicht erforderlich sei, und übersieht damit, dass wegen einer späteren Entnahme des Gegenstandes (Art. 16 MwStSystRL) oder späteren Änderung der Verwendung (Art. 185 i.V.m. 187 f. MwStSystRL) für eine Berichtigung des Vorsteuerabzugs die Erwerbssteuer durch eine Rechnung oder durch deren Aufzeichnung festgehalten sein muss.

Nach zutreffender Auffassung des EuGH greift die **Steuerbefreiung** für eine innergemeinschaftliche Lieferung **nicht** ein, wenn der Lieferer die **Identität** seines **Abnehmers verschleiert**, um diesem die Hinterziehung der geschuldeten Umsatzsteuer zu ermöglichen.[2] Das von Richtlinie und Gesetz angestrebte Junktim zwischen Steuerbefreiung und Erwerbsbesteuerung (*Rz. 3, 24 f.*) verlangt, dass derjenige, der die Steuerbefreiung in Anspruch nehmen will, die ihm zumutbaren „Nachweise" (wahrheitsgemäße Informationen) erbringt, welche es dem anderen Mitgliedstaat ermöglichen, die Erwerbsbesteuerung beim Abnehmer durchzuführen. 27

Allerdings ist die Steuerbefreiung im Nachhinein zu gewähren, wenn der Lieferer nachweisen kann, dass im Bestimmungsland die **Erwerbsbesteuerung nachgeholt** worden ist. In einem solchen Fall ist die **Steuer** in entsprechender Anwendung des § 17 Abs. 1 Satz 7 UStG zu **berichtigen** (*§ 17 Rz. 89*). 28

---

1 Vgl. EuGH v. 27.9.2012 – C-587/10, UR 2012, 833 – Rz. 55 u. 58, der BFH folgt dem; BFH v. 21.1.2015 – XI R 5/13, UR 2015, 265.
2 EuGH v. 7.12.2010 – C-285/09, EuGHE 2010, I-12605 = BStBl. II 2011, 846 = UR 2011, 15; dem folgend BFH v. 17.2.2011 – V R 30/10, BStBl. II 2011, 769; BFH v. 11.8.2011 – V R 50/09, UR 2011, 916; BFH v. 11.8.2011 – V R 19/10, BStBl. II 2012, 156; BGH v. 20.11.2011 – 1 StR 41/09, BGHSt 57, 32 = NJW 2011, 3797; dazu auch BVerfG v. 16.6.2011 – 2 BvR 542/09, UR 2011, 775.

## C. Sonderfälle

### I. Vorherige Be- oder Verarbeitung des Gegenstandes durch Dritte (Abs. 1 Satz 2)

29 **1.** Der Steuerbefreiung steht nicht entgegen, dass der Gegenstand der Lieferung **im Auftrag des Abnehmers**[1] durch einen oder mehrere Dritte („**Beauftragte**") vor dem Transport in das übrige Gemeinschaftsgebiet **be- oder verarbeitet** wird (§ 6a Abs. 1 Satz 2 UStG). Hierbei handelt es sich lediglich um eine **Klarstellung**, da schon aus § 6a Abs. 1 Satz 1 Nr. 1 UStG nicht folgt, dass zwischen dem Gegenstand der Lieferung und dem transportierten Gegenstand Identität bestehen muss[2] und das Gesetz für das Gelangen des Liefergegenstandes in einen anderen Mitgliedstaat keine Befristung vorsieht (*Rz. 16*). Befördert oder versendet der Beauftragte den Gegenstand zum Abnehmer, so ist ein Befördern oder Versenden durch den Abnehmer i.S.d. § 6a Abs. 1 Satz 1 Nr. 1 UStG gegeben (*Rz. 15*). Die Be- oder Verarbeitung muss nicht im Inland, sondern kann auch in einem anderen Mitgliedstaat oder im Drittlandsgebiet erfolgen.[3]

30 **Beispiele**

Der in Frankreich ansässige Unternehmer F bestellt unter Verwendung seiner französischen USt-IdNr. bei dem in Leipzig ansässigen Unternehmer L Rohmaterial, das dieser weisungsgemäß zu dem in a) Bochum, b) Österreich bzw. c) der Schweiz ansässigen Unternehmer W versendet, der daraus im Auftrag des F Halbfertigerzeugnisse herstellt und diese anschließend zu F versendet.

L kann die Steuerbefreiung nach § 6a Abs. 1 UStG in Anspruch nehmen, da der Abnehmer F die Gegenstände (durch W) in das übrige Gemeinschaftsgebiet versendet (§ 6a Abs. 1 Satz 1 Nr. 1 UStG) und die Bearbeitung durch W unschädlich ist (§ 6a Abs. 1 Satz 2 UStG). Maßgebend ist nur, dass der behandelte Gegenstand letztendlich in einen anderen Mitgliedstaat gelangt. Folglich ist ohne Belang, wo die Be- oder Verarbeitung stattfindet. *Ergänzung:* Der Ort der sonstigen Leistung des W ist nach § 3a Abs. 2 UStG bzw. entsprechend Art. 44 MwStSystRL in Frankreich.

31 **2.** Bei einer Bearbeitung des Gegenstandes **im Auftrag des Lieferers im Bestimmungsland** soll sich nach Auffassung des EuGH der Ort der Lieferung dort befinden, weil der Gegenstand der Lieferung (der fertige Gegenstand) nicht vom Ursprungsland aus befördert oder versendet worden sei.[4] Damit wird der Vereinfachungszweck des Art. 32 Abs. 1 MwStSystRL (§ 3 Abs. 6 Satz 1 UStG) verkannt (vgl. *§ 1a Rz. 7, 14* und *§ 3 Rz. 125*) und nicht gesehen, dass der in einem anderen Mitgliedstaat ansässige Erwerber regelmäßig nicht erfährt, ob und wo der Lieferer den Gegenstand bearbeiten lässt, und mithin der Erwerber regel-

---

1 Erfolgt die Be- oder Verarbeitung im Auftrag des **Lieferers**, so wird nicht der „Gegenstand der Lieferung", sondern eine Vorstufe be- oder verarbeitet. Gegenstand der Lieferung, d.h. Vertragsgegenstand (*Rz. 9*; *§ 3 Rz. 125*) ist der fertig hergestellte Gegenstand. Die Frage, ob auch eine Beauftragung i.S.d. § 6a Abs. 1 Satz 2 UStG durch den Lieferer erfolgen kann, kann sich deshalb gar nicht stellen. Davon zu unterscheiden ist die Bearbeitung des Gegenstandes im Auftrag des Lieferers **im Bestimmungsland** (*Rz. 31*).
2 A.A. *Frye* in R/D, § 6a Anm. 424. Wäre die Auffassung zutreffend, dass § 6a Abs. 1 Satz 2 UStG konstitutiv sei, so wäre die Vorschrift nicht von der MwStSystRL gedeckt.
3 Abschn. 6a.1 Abs. 19 Satz 2 UStAE; a.A. bezüglich des Drittlands *Treiber* in S/R, § 6a UStG Rz. 67.
4 EuGH v. 2.10.2014 – C-446/13, UR 2014, 928 – Rz. 27.

mäßig von einer inergemeinschaftlichen Lieferung und damit von seiner Verpflichtung, den innergemeinschaftlichen Erwerb zu versteuern, ausgeht.

## II. Lieferung neuer Fahrzeuge (Abs. 1 Satz 1 Nr. 2 Buchst. c)

Bei der Lieferung neuer Fahrzeuge (i.S.d. § 1b UStG) ist die Steuerbefreiung als innergemeinschaftliche Lieferung nicht davon abhängig, dass der Erwerber bestimmte Voraussetzungen erfüllt (§ 6a Abs. 1 Satz 1 Nr. 2 Buchst. c UStG: „jeder andere Erwerber"). Der **Erwerber** muss mithin nicht unter § 6a Abs. 1 Satz 1 Nr. 2 Buchst. a oder b UStG fallen, d.h. er kann **auch Nichtunternehmer** oder ein Unternehmer sein, welcher das Fahrzeug nicht für sein Unternehmen erwirbt. Darüber hinaus werden auf der **Liefererseite Nichtunternehmer** nach § 2a Satz 1 UStG als Unternehmer fingiert. Ist der Lieferer zwar Unternehmer, erfolgt die Lieferung jedoch nicht im Rahmen des Unternehmens, so wird durch den verkorkst formulierten § 2a Satz 2 UStG ebenfalls die **Steuerbarkeit** i.S.d. § 1 Abs. 1 Nr. 1 UStG **fingiert** (*§ 2a Rz. 2*). 32

Das scheint keinen **Sinn** zu ergeben, denn warum wird durch eine Fiktion ein Vorgang für steuerbar erklärt, der dann sogleich nach § 6a UStG steuerfrei ist? Mit der Qualifizierung als steuerfreie Lieferung eines Unternehmers (auch bei Kleinunternehmern, § 19 Abs. 4 UStG) wird erreicht, dass bei Lieferungen privater neuer Fahrzeuge der Vorsteuerabzug nach § 15 Abs. 3 Buchst. a UStG (i.V.m. § 15 Abs. 4a UStG) erlangt wird, so dass die Fahrzeuge vorsteuerentlastet in das Bestimmungsland gelangen und dort der Erwerbsbesteuerung unterliegen (Art. 2 Abs. 1 Buchst. b Ziff. ii MwStSystRL; vgl. für den umgekehrten Fall § 1a Abs. 1 i.V.m. Abs. 5 Satz 1 und § 1b UStG). Das gesamte Regelungswerk ist ein Musterbeispiel für die Unfähigkeit der Gehilfen des Gesetzgebers, einen einfachen Gedanken verständlich umzusetzen (dazu auch *§ 2a Rz. 2*). 33

## III. Reihengeschäft

Im Falle des Reihengeschäfts liegen **mehrere Lieferungen** vor (*§ 3 Rz. 45 u. 50*), die jeweils **gesondert** zu betrachten sind. 34

**1. Versendet** oder **befördert** der **erste Unternehmer** in der Reihe den Gegenstand an den letzten Abnehmer, so ist nach dem Gesetzeswortlaut nur der Ort seiner Lieferung im Inland (§ 3 Abs. 6 Satz 5 i.V.m. § 3 Abs. 7 Satz 2 Nr. 2 UStG). Für diese steuerbare Lieferung kommt die Steuerbefreiung nach § 6a UStG in Betracht. Voraussetzung ist u.a. nach § 6a Abs. 1 Satz 1 Nr. 3 UStG, dass die Lieferung beim Abnehmer in einem anderen Mitgliedstaat den Vorschriften der Umsatzbesteuerung unterliegt (*Rz. 22 ff.*). 35

Die Anordnung des § 3 Abs. 7 Satz 2 Nr. 2 UStG, dass der **Ort** der gedanklich **folgenden Lieferung im Bestimmungsland** liegt[1], ist verfehlt, weil der zweite Lieferer, wenn er seine steuerrechtlichen Pflichten erfüllen will, seinem Abnehmer Umsatzsteuer berechnen, dort eine Steuererklärung abgeben und die Steuer entrichten muss. Diese Rechtsfolge **missachtet den Vereinfachungszweck** des § 3 Abs. 6 Satz 1 UStG und des Art. 32 Satz 1 MwStSystRL, der zusammen mit der 36

---

1 Abschn. 3.14 Abs. 13 UStAE.

Steuerbefreiung bewirken soll, dass der Lieferer seine umsatzsteuerrechtlichen Pflichten im Ursprungsland erfüllen kann (§ 3 Rz. 123), **und** verstößt zudem gegen das **unionsrechtliche Willkürverbot** (§ 3 Rz. 135 f.).

**Beispiel**

Unternehmer H aus Hamburg bestellt Ware bei dem in München ansässigen Unternehmer M. Dieser versendet die Ware auf Weisung des H zu dessen Abnehmer B (Unternehmer) in Belgien. Alle Beteiligten haben eine USt-IdNr. ihres Landes verwendet.

M liefert an H, dieser an B. Der Ort der Lieferung des M ist nach § 3 Abs. 6 Satz 5 UStG im Inland. Die steuerbare Lieferung des M ist auch steuerpflichtig, da zwar eine Versendungslieferung i.S.d. § 6a Abs. 1 Nr. 1 UStG vorliegt, aber die Voraussetzung des § 6a Abs. 1 Satz 1 Nr. 3 UStG nicht erfüllt ist.[1] M kann mangels Verwendung einer ausländischen USt-IdNr. durch H nicht den Nachweis erbringen, dass dieser mit dem Erwerb in einem anderen Mitgliedstaat den Vorschriften der Umsatzbesteuerung unterliegt (Rz. 22 ff.).

Die Lieferung des H an B ist nach dem Gesetzeswortlaut nicht steuerbar, weil der Ort nach § 3 Abs. 7 Satz 2 Nr. 2 UStG in Belgien ist, so dass H seine Lieferung dort versteuern müsste. Das verstößt in eklatanter Weise gegen den Vereinfachungszweck des Art. 32 Abs. 1 i.V.m. Art. 138 Abs. 1 MwStSystRL (Rz. 35). Richtigerweise ist auch der Ort der Lieferung des H nach § 3 Abs. 6 Satz 1 UStG in Deutschland und es kommt die Steuerbefreiung nach § 6a UStG in Betracht (Rz. 40).

37 **2.** Wird der Gegenstand durch den **letzten Abnehmer** befördert oder versendet (**Abholung**), so ist der Ort aller Lieferungen im Inland (§ 3 Rz. 138 i.V.m. Rz. 147), so dass für alle Lieferungen die Steuerbefreiung nach § 6a UStG Anwendung finden kann. **Demgegenüber** soll nach Auffassung des **BMF**[2] die Steuerbefreiung nur für diejenige Lieferung gelten, der nach § 3 Abs. 6 Satz 5 UStG die Beförderung oder Versendung zuzurechnen sei, d.h. für die Lieferung an den letzten Abnehmer (dazu § 3 Rz. 138). Diese Sichtweise verstößt zum einen schon gegen den klaren Gesetzeswortlaut, der auf den *tatsächlichen* Vorgang der Beförderung oder Versendung des Gegenstandes durch den Unternehmer oder Abnehmer abstellt (§ 6a Abs. 1 Satz 1 Nr. 1 UStG), was auch durch den Abnehmer des Abnehmers geschehen kann. Ferner **verstößt** diese Auslegung des § 6a UStG **gegen** das **Bestimmungslandprinzip** (Rz. 2) und den **Vereinfachungszweck** der Steuerbefreiung (Rz. 7) und führt damit zu einer überflüssigen und sachwidrigen **Verkomplizierung** der Besteuerung im Binnenmarkt. Die Konsequenz ist nämlich, dass die (gedanklich) erste(n) Lieferung(en) entgegen dem Gesetzes- und Richtlinienzweck steuerpflichtig ist (sind), so dass der (ein) **Abnehmer**, wenn er **nicht im Inland ansässig** ist, regelmäßig gezwungen ist, das **Vorsteuervergütungsverfahren** (§ 18 Abs. 9 UStG; Richtlinie 2008/9/EG) in Anspruch zu nehmen.

38 **Beispiel**

Unternehmer B1 aus Belgien bestellt bei dem Unternehmer B2 aus Belgien eine Maschine. Dieser ordert sie seinerseits bei dem Unternehmer D in Deutschland. B1 holt die Maschine bei D ab und befördert sie nach Belgien. Alle Beteiligten treten unter der USt-IdNr. ihres Ansässigkeitsstaates auf.

---

1 Abschn. 3.14 Abs. 13 UStAE *Beispiel d.*
2 Abschn. 6a.1 Abs. 2 i.V.m. Abschn. 3.14 Abs. 13 UStAE *Beispiel* d. Das Schrifttum folgt dem unkritisch; vgl. nur *Heuermann/Martin* in S/R, § 3 UStG Rz. 479; *Leonard* in Bunjes, § 3 UStG Rz. 203, 207; *Nieskens* UR 1997, 1.

D liefert an B2, dieser an B1. Der Ort der Lieferung des B2 ist nach § 3 Abs. 6 Satz 5 UStG im Inland. Der Ort der Lieferung des D an B2 ist nach § 3 Abs. 7 Satz 2 Nr. 1 UStG ebenfalls im Inland. Nach Auffassung des BMF soll nur die Lieferung des B2 an B1 eine Beförderungslieferung sein, für die die Steuerbefreiung nach § 4 Nr. 1 Buchst. b i.V.m. § 6a UStG in Betracht kommt.[1] Hingegen soll die Lieferung des D an B2 keine Beförderungslieferung i.S. des § 6a UStG und mithin nicht steuerfrei sein. Das ist verfehlt. B2 hat als Abnehmer durch den B1 (als seinen Abnehmer) den Gegenstand in das übrige Gemeinschaftsgebiet befördert.

Dass nach § 3 Abs. 6 Satz 5 UStG nur die Lieferung des B2 als Beförderungs- oder Versendungslieferung gilt, kann – abgesehen davon, dass jede Lieferung gesondert zu betrachten ist und diese Lieferung schon deshalb ebenfalls unter § 3 Abs. 6 Satz 1 UStG fallen muss (*§ 3 Rz. 138*) – lediglich für die Ortsbestimmung von Bedeutung sein und ist nach dem klaren Wortlaut des § 6a UStG, der nicht auf die Fiktionen des § 3 Abs. 6 Satz 5 i.V.m. Abs. 7 Satz 2 UStG Bezug nimmt, ohne Belang. D kann auf Grund der Verwendung der belgischen USt-IdNr. durch seinen Abnehmer B2 davon ausgehen, dass dieser in Belgien der Erwerbsbesteuerung unterliegt (*Rz. 22 ff.*). Die verfehlte Auffassung des BMF führt hingegen dazu, dass B2 wegen der von D in Rechnung gestellten Steuer in Deutschland das Vorsteuervergütungsverfahren betreiben muss. Das widerspricht dem Vereinfachungszweck der Steuerbefreiung.

Das ganze Konstrukt der Ortsbestimmungen des § 3 Abs. 6 Satz 5 i.V.m. Abs. 7 Satz 2 UStG leidet nicht nur unter **fehlerhaften Annahmen** (*§ 3 Rz. 131 ff.*), sondern enthält vor allem den **grundlegenden Fehler**, dass es dem gedanklich ersten Lieferer in der Reihe **nicht** die sofortige und **eindeutige Bestimmung** des **Ortes** seiner Lieferung und der damit zusammenhängenden **Steuerbefreiung** oder Steuerpflicht ermöglicht und damit gegen die Prämisse des Art. 131 MwStSystRL („einfache Anwendung dieser Befreiungen") verstößt. Denn die Beachtung der Regel des § 3 Abs. 6 Satz 5 UStG setzt die Kenntnis voraus, dass überhaupt ein Reihengeschäft vorliegt, nämlich mehrere Unternehmer über denselben Gegenstand Umsatzgeschäfte abgeschlossen haben. Der **Lieferer** ist jedoch diesbezüglich **nicht** zu **Nachforschungen** verpflichtet, ebenso wenig wie der Abnehmer ihm mitteilen muss, ob und an wen er den Gegenstand weiterliefert oder ob er den Gegenstand z.B. nur zum Zwecke der Bearbeitung o.Ä. zum einem Dritten transportieren lässt. Ebenso wenig vermag es einzuleuchten, weshalb der Ort einer Lieferung davon abhängig sein soll, ob der Gegenstand von einem Vorlieferanten bezogen oder von einem Lager geholt wird. Alles das ist **unverhältnismäßig** und **willkürlich** (*§ 3 Rz. 134*).

39

Die Beteiligten können sich mithin richtigerweise stets darauf beschränken, ihre eigene Lieferung zu betrachten, so dass insbesondere der Lieferer davon ausgehen darf, dass **kein Reihengeschäft** vorliegt und diesbezüglich **Vertrauensschutz** genießt. Die **Regeln des § 3 Abs. 6 Satz 5 i.V.m. Abs. 7** UStG **und** die daran geknüpfte **Beschränkung** der **Steuerbefreiung** müssen folglich **leerlaufen** (s. bereits *§ 3 Rz. 134*). Richtigerweise sind die **Lieferungen** jeweils **getrennt** zu betrachten und deren Ort jeweils nach § 3 Abs. 6 Satz 1 UStG zu bestimmen. Die MwStSystRL kennt zu Recht kein Reihengeschäft. Auch die Anwendbarkeit einer **Steuerbefreiung** ist für jede Lieferung **unabhängig von** den **anderen Lieferungen** zu beurteilen. Es geht folglich nicht an, dass die Finanzverwaltung später nach Erlangung der Kenntnis, dass ein Reihengeschäft vorliegt, unter Anwendung der Regeln des § 3 Abs. 6 Satz 5 UStG i.V.m. § 3 Abs. 7 Satz 2 UStG zum

40

---

1 Abschn. 6a.1 Abs. 2 i.V.m. Abschn. 3.14 Abs. 13 Beispiel d UStAE.

Nachteil des Lieferers von einem anderen Ort ausgeht und die Steuerbefreiung versagt, welche bei isolierter Betrachtung seiner Lieferung zu gewähren ist.

41 **Beispiel**

A bestellt unter Mitteilung seiner österreichischen USt-IdNr. bei dem im Inland ansässigen D einen Gegenstand und teilt diesem mit, dass die Ware von der von ihm beauftragten Person X abgeholt und nach Österreich verbracht werde.

Die Person X kann

a) ein Unternehmer sein, der den Gegenstand für A be- oder verarbeiten soll,

b) ein Lagerhalter sein, der den Gegenstand für A vorübergehend einlagern soll,

c) ein Abnehmer des A sein oder

d) ein Arbeitnehmer des A oder ein Frachtführer sein, der die Ware zu A oder einer der unter a bis c genannten Personen befördern soll.

D hat keinen Anlass, bei A nachzufragen (wie auch dieser nicht verpflichtet ist mitzuteilen), in welcher Funktion der X die Ware abholt, und händigt sie diesem aus.

In allen Fällen hat D an A geliefert. Der Ort seiner Lieferung ist nach § 3 Abs. 6 Satz 1 UStG im Inland. Wenn A dem D eine ordnungsgemäße Gelangensbestätigung i.S.d. § 17a Abs. 2 Nr. 2 UStDV (*Rz. 63 ff.*) übermittelt, kann D die Steuerbefreiung nach § 6a UStG in Anspruch nehmen.

Erfährt die Finanzverwaltung später, dass X die Ware als Abnehmer des A abgeholt hat, so darf diese nicht unter Anwendung des § 3 Abs. 6 Satz 5 i.V.m. Abs. 7 Satz 2 Nr. 1 UStG nur die Lieferung des A an X als innergemeinschaftliche Lieferung ansehen (*Rz. 37 i.V.m. § 3 Rz. 138*) und dem D die Steuerbefreiung versagen. Dieser genießt Vertrauensschutz (*Rz. 40*).

42 **3. Kein Reihengeschäft** – auf das es allerdings ohnehin richtigerweise nicht ankommt (*Rz. 39 f.*) – liegt vor[1], wenn nicht der letzte Abnehmer, sondern ein **mittlerer Unternehmer** den Gegenstand beim ersten Unternehmer **abholt und** von dort **zum letzten Abnehmer** befördert oder **versendet**. Aus § 3 Abs. 6 Satz 6 UStG folgt nichts Gegenteiliges. Bei dieser Vorschrift handelt es sich um eine selten dämliche Regelung, die ein weiteres **Scheinproblem** konstruiert. Wenn ein Abnehmer den Gegenstand bei seinem Lieferer abholt und sogleich, weil er den Gegenstand schon weiterverkauft hat, zu seinem Abnehmer befördert oder versendet, so liegen – wie allerdings richtigerweise auch beim Reihengeschäft (*Rz. 40*) – zwei **getrennt zu betrachtende Lieferungen** vor, die in keinerlei Hinsicht miteinander verknüpft sind, außer durch die zufällige Gestaltung, dass der Abnehmer den Gegenstand der Lieferung nicht erst zu seinem Unternehmen, sondern sogleich zu seinem Abnehmer befördern lässt (*§ 3 Rz. 139 f.*). Für beide Lieferungen kann deshalb die Steuerbefreiung nach § 6a Abs. 1 UStG in Betracht kommen. Hinzu kommt, dass es **für den ersten Lieferer** völlig **ohne Belang** ist, **ob** sein **Abnehmer** den Gegenstand überhaupt **weiterliefert** oder ob er den Gegenstand nur zum Zwecke der Bearbeitung, Zwischenlagerung o.Ä. zum einem Dritten transportiert (*Rz. 39, 41*).

43 Der **EuGH** hat für eine derartige Konstellation zwar insoweit zutreffend festgestellt, dass zwei aufeinanderfolgende Lieferungen vorliegen, dann jedoch da-

---

1 Das verkennen BFH v. 28.5.2013 – XI R 11/09, UR 2013, 756; BFH v. 11.8.2011 – V R 3/10, UR 2011, 909; BFH v. 25.2.2015 – XI R 15/14, UR 2015, 391; sowie u.a. *Reiß* in T/L, 20. Aufl. 2010, § 14 Rz. 57; *Leonard* in Bunjes, § 3 UStG Rz. 204; *Heuermann/Martin* in S/R, § 3 UStG Rz. 479; *Nieskens* in R/D, § 3 UStG Anm. 2201 ff.

raus nicht die Folgerung gezogen, dass jede Lieferung bezüglich des Orts gesondert zu betrachten sei, sondern die Frage nach dem Ort der beiden Lieferungen mit der Frage verknüpft, welche der beiden Lieferungen eine steuerbefreite innergemeinschaftliche Lieferung sei. Habe der erste Erwerber die Verfügungsmacht an dem Gegenstand bereits im Ursprungsland erlangt und bereits vor Beginn der Beförderung auf den zweiten Erwerber übertragen, so könne die innergemeinschaftliche Beförderung nicht mehr der ersten Lieferung zugerechnet werden.[1] Das **erschließt sich nicht**, denn der Ort der ersten Lieferung ist unabhängig davon im Ursprungsland, sei es nach Art. 31 MwStSystRL (= § 3 Abs. 7 Satz 1 UStG) oder nach Art. 32 Satz 1 MwStSystRL (= § 3 Abs. 6 Satz 1 UStG). Vor allem aber übersieht der EuGH, dass es für die Bestimmung des Ortes einer Lieferung und für die Anwendbarkeit der Steuerbefreiung ohne Bedeutung ist, was der abholende Abnehmer mit dem Gegenstand macht, d.h. ob er diesen zu seinem Abnehmer oder zu einem Lagerhalter o.Ä. befördert (Rz. 41). Auch bleibt es das Geheimnis des EuGH, wie der transportierende Abnehmer seinem Abnehmer zuvor die Verfügungsmacht verschaffen haben konnte.[2]

Gleichermaßen **verfehlt** ist die Aussage des EuGH, dass die Beantwortung der Frage, welcher Lieferung die innergemeinschaftliche Beförderung zuzurechnen sei, von einer **umfassenden Würdigung aller besonderen Umstände** abhänge, die die Feststellung ermögliche, welche Lieferung alle Voraussetzungen für eine innergemeinschaftliche Lieferung erfülle.[3] Der **Lieferer** ist jedoch diesbezüglich **nicht** zu **Nachforschungen** verpflichtet; auch kann es zur Bestimmung des Ortes und der davon abhängigen Anwendbarkeit der Steuerbefreiung nicht auf den Zufall der Kenntnis des Lieferers ankommen, ob sein Abnehmer den Gegenstand bereits an einen Dritten weiterveräußert hat[4]; ebenso wenig ist der Abnehmer verpflichtet, seinem Belieferer mitzuteilen, ob und an wen er den Gegenstand weiterliefert[5] oder ob er den Gegenstand z.B. nur zum Zwecke der Bearbeitung o.Ä. zum einem Dritten transportieren lässt. Gleichermaßen vermag es nicht einzuleuchten, weshalb der Ort einer Lieferung davon abhängig sein soll, ob der Gegenstand von einem Vorlieferanten bezogen oder von einem Lager geholt wird (Rz. 39). Die Sichtweise des EuGH verstößt deshalb in eklatanter Weise gegen die Prämisse des Art. 131 MwStSystRL, wonach die Mitgliedstaaten die Pflicht „zur **Gewährleistung** einer korrekten und **einfachen** [sic!] **Anwendung** dieser **Befreiungen**" trifft. Der jeweilige **Lieferer**, der nur als **Gehilfe** des **Staates** bei der Umsatzbesteuerung der Verbraucher fungiert (Vorbem. Rz. 20), darf unter Beach-

---

1 EuGH v. 27.9.2012 – C-587/10, UR 2012, 833 – Rz. 32 ff.; EuGH v. 16.12.2010 – C-430/09, EuGHE 2010, I-13335 = UR 2011, 176. Dem folgend BFH v. 28.5.2013 – XI R 11/09, UR 2013, 756 – Rz. 56; BFH v. 25.2.2015 – XI R 15/14, UR 2015, 391.
2 Entsprechende Zweifel klingen wohl auch beim BFH (BFH v. 28.5.2013 – XI R 11/09, UR 2013, 756 – Rz. 72–78) an.
3 EuGH v. 27.9.2012 – C-587/10, UR 2012, 833 – Rz. 32; EuGH v. 16.12.2010 – C-430/09, EuGHE 2010, I-13335 = UR 2011, 176 – Rz. 27.
4 So aber BFH v. 25.2.2015 – XI R 30/13, UR 2015, 402; BFH v. 25.2.2015 – XI R 15/14, UR 2015, 391.
5 Das verkennt auch BFH v. 25.2.2015 – XI R 15/14, UR 2015, 391.

tung des Verhältnismäßigkeitsgrundsatzes keine unzumutbaren Risiken, d.h. solche, denen er nicht begegnen kann, tragen[1] und muss deshalb bezüglich der **Preisvereinbarung** und der **Rechnungsausstellung sofort beurteilen** können, ob seine Lieferung steuerbefreit ist.

44 Ist der mittlere Unternehmer **im Drittlandsgebiet ansässig** und versendet er den Gegenstand in einen anderen Mitgliedstaat, so soll nach Auffassung des EuGH für eine Lieferung an ihn die Steuerbefreiung auch dann in Betracht kommen, wenn er keine ihm vom einem anderen Mitgliedstaat erteilte **USt-IdNr.** verwendet. Es soll genügen, wenn der Lieferer belegen könne, dass sein Abnehmer (der mittlere Unternehmer) als Unternehmer gehandelt habe.[2] Das kann indes nicht ausreichen (*Rz. 26*).

**Beispiel**

Unternehmer D aus Deutschland veräußert eine Maschine an Unternehmer A aus den USA, der sie seinerseits an den Unternehmer SF aus Finnland weiterveräußert hat. A versendet die Maschine von Deutschland nach Finnland. A hat D keine USt-IdNr. mitgeteilt.

Die Lieferung des D an A ist steuerbar (§ 3 Abs. 6 Satz 1 UStG). Die Inanspruchnahme der Steuerbefreiung nach § 6a UStG soll nach Auffassung des EuGH ohne Mitteilung einer USt-IdNr. des Abnehmers in Betracht kommen, wenn der Lieferer nachweise, dass der Abnehmer als Unternehmer gehandelt habe.

## IV. Unentgeltliche Lieferung

45 Die Steuerbefreiung nach § 4 Nr. 1 Buchst. b i.V.m. § 6a Abs. 1 UStG gilt nicht bei unentgeltlichen Lieferungen an die in § 6a Abs. 1 Satz 1 Nr. 2 UStG genannten Abnehmer (z.B. an eine **Tochtergesellschaft**). Die Vorschrift verlangt zwar nach ihrem Wortlaut keine entgeltliche Lieferung, es kommt jedoch nicht die mit der Steuerbefreiung korrespondierende Erwerbsbesteuerung im anderen Mitgliedstaat in Betracht (*§ 1a Rz. 32*). Andererseits verlangt das der Richtlinie zugrunde liegende System des Grenzausgleichs, dass der Gegenstand **im Ursprungsland entlastet und im Bestimmungsland belastet** wird. Da der Erwerber mangels Aufwandes nicht belastet werden kann, ist ein **Verbringen** des Gegenstandes i.S.d. § 6a Abs. 2 UStG (*Rz. 48 ff.*) in den anderen Mitgliedstaat anzunehmen, dem dann eine steuerpflichtige unentgeltliche Lieferung folgt. Wird der Gegenstand dort für zum Vorsteuerabzug berechtigende Umsätze verwendet, so muss dem Erwerber die Möglichkeit des Vorsteuerabzugs verschafft werden.

46 **Beispiel**

Ein in Deutschland ansässiger Unternehmer U befördert eine vorsteuerentlastete, 2 Jahre alte Maschine

a) zu seiner unselbständigen Niederlassung in Tschechien, wo die Maschine auf Dauer verbleiben soll;

b) zu seiner Tochtergesellschaft T in Österreich, deren Alleingesellschafter er ist, und übereignet sie dieser.

---

1 Vgl. EuGH v. 21.2.2008 – C-271/06, EuGHE 2008, I-771 = UR 2008, 508 – Rz. 21.
2 EuGH v. 27.9.2012 – C-587/10, UR 2012, 833. Dem folgend BFH v. 28.5.2013 – XI R 11/09, UR 2013, 756.

a) Es handelt sich um ein sog. innergemeinschaftliches Verbringen gem. § 6a Abs. 2 UStG, welches steuerfrei nach § 4 Nr. 1 Buchst. b UStG ist. In Tschechien hat die Erwerbsbesteuerung zu erfolgen. Die entstandene Steuer kann dort als Vorsteuer gegengerechnet werden. Eine Umsatzsteuerbelastung tritt nicht ein.

b) Es liegt zwar *wirtschaftlich* der gleiche Sachverhalt vor, die *zivilrechtliche* Selbständigkeit der T bedeutet jedoch umsatzsteuerrechtlich, dass wegen des Eigentumswechsels der U an die T unentgeltlich[1] liefert. Daraus darf jedoch nicht folgen, dass in Deutschland eine Entnahme zu besteuern ist. Vielmehr muss der Gegenstand von der deutschen Steuer entlastet und in Österreich belastet werden. Wird der Gegenstand dort für Zwecke verwendet, die zum Vorsteuerabzug berechtigen, so muss U der T den Vorsteuerabzug verschaffen können.

Im Falle einer unentgeltlichen Lieferung, bei der der Gegenstand durch den Lieferer oder den Erwerber in einen anderen Mitgliedstaat versendet oder befördert wird, ist der Vorgang mithin so zu sehen, als hätte der Lieferer den Gegenstand erst anschließend dort unentgeltlich an den Erwerber (Art. 16 MwStSystRL) geliefert. Folglich ist der Tatbestand des **Verbringens** (§ 3 Abs. 1a UStG) beim Lieferer verwirklicht. Damit einher geht die **Steuerbefreiung** im Ursprungsland (§ 6a Abs. 2 UStG), welche zum Vorsteuerabzug berechtigt (*Rz. 46*), sofern der Gegenstand noch nicht von der Steuer entlastet gewesen sein sollte. Die für den innergemeinschaftlichen Erwerb im anderen Mitgliedstaat enstehende Steuer wird mit Vorsteuer in gleicher Höhe verrechnet (Art. 168 Buchst. c MwStSystRL = § 15 Abs. 1 Satz 1 Nr. 3 UStG). Die für die **nachfolgende unentgeltliche Lieferung** im anderen Mitgliedstaat anfallende Steuer muss dem Erwerber vom Lieferer in „Rechnung" gestellt werden können, so dass richtigerweise dieser zum Vorsteuerabzug berechtigt sein muss (vgl. zum umgekehrten Fall § 15 Rz. 257 f.), sofern er die weiteren Voraussetzungen dafür erfüllt.

47

## D. Verbringen eines Gegenstandes in das übrige Gemeinschaftsgebiet (Abs. 2)

Nach § 3 Abs. 1a UStG gilt das Verbringen eines Gegenstandes des Unternehmens aus dem Inland in das übrige Gemeinschaftsgebiet durch einen Unternehmer zu seiner Verfügung, ausgenommen zu einer nur vorübergehenden Verwendung (auch wenn der Unternehmer den Gegenstand in das Inland eingeführt hat), als Lieferung gegen Entgelt; der Unternehmer gilt als Lieferer. Diese **fiktive Lieferung** ist steuerfrei nach § 4 Nr. 1 Buchst. b i.V.m. § 6a Abs. 2 UStG. Damit ist wie bei der tatsächlichen innergemeinschaftlichen Lieferung ein **Vorsteuerabzug** verbunden (§ 15 Abs. 3 Nr. 1 Buchst. a UStG), sofern der Gegenstand nicht bereits, wie im Regelfall, von der Vorsteuer entlastet war. Die Fiktion des § 3 Abs. 1a UStG bildet das **Pendant** zu **§ 1a Abs. 2** UStG, welcher für den *umgekehrten Fall* einen innergemeinschaftlichen Erwerb gegen Entgelt fingiert. Hinsichtlich der **Einzelheiten** gelten deshalb die diesbezüglichen Ausführungen (§ 1a Rz. 34 ff.) entsprechend.

48

Der **Zweck** dieser Regelung liegt in der Verwirklichung des Bestimmungslandprinzips, denn mit der durch § 4 Nr. 1 Buchst. b i.V.m. § 6a Abs. 2 UStG aus-

49

---

1 Auch wenn man Entgeltlichkeit auf Grund der Erhöhung des Werts der GmbH-Anteile annähme, träte keine Änderung ein, weil Tauschvorgänge richtigerweise wie unentgeltliche Vorgänge zu behandeln sind (vgl. *§ 1 Rz. 87 ff.*).

gesprochenen **Befreiung** mit Vorsteuerabzug **im Ursprungsland** korrespondiert die **Erwerbsbesteuerung im anderen Mitgliedstaat** (vgl. Art. 2 Abs. 1 Buchst. b i.V.m. Art. 23 i.V.m. Art. 17 Abs. 1 MwStSystRL = § 1 Abs. 1 Nr. 5 i.V.m. § 1a Abs. 2 UStG für den umgekehrten Fall), so dass nach dem offensichtlichen Willen des Gesetzgebers das Unterliegen der Erwerbsbesteuerung auch beim Verbringen Tatbestandsmerkmal der Steuerbefreiung ist.[1] Von praktischer Relevanz ist dieses Regelungswerk allerdings grundsätzlich nur dann, wenn der Unternehmer nicht oder nicht zum vollen Vorsteuerabzug berechtigt ist, da er anderenfalls die Steuer auf den innergemeinschaftlichen Erwerb im Bestimmungsland als Vorsteuer abziehen kann (Art. 168 Buchst. c MwStSystRL).

**Beispiel**

Eine in Deutschland ansässige Bank verbringt eine zuvor 1 Jahr hier im Stammhaus genutzte EDV-Anlage auf Dauer in ihre Zweigniederlassung nach Dänemark.

Bei der Anschaffung hatte die Bank keinen Vorsteuerabzug gehabt (§ 15 Abs. 2 Nr. 1 i.V.m. § 4 Nr. 8 UStG). Mit der Verwirklichung des Verbringenstatbestandes nach § 3 Abs. 1a UStG greift die Steuerbefreiung des § 4 Nr. 1 Buchst. b i.V.m. § 6a Abs. 2 UStG ein, die dazu führt, dass nunmehr die Vorsteuerabzugsberechtigung nach § 15 Abs. 3 Nr. 1 Buchst. a UStG eintritt mit der Folge, dass nach § 15a Abs. 8 UStG – die fiktive Lieferung gegen Entgelt i.S.d. § 3 Abs. 1a UStG ist als „Veräußerung" anzusehen (*§ 15a Rz. 81*) – i.V.m. § 15a Abs. 1, 5 und 9 UStG die Bank ⅘ der ursprünglichen Vorsteuern nachträglich vergütet erhält. In Dänemark hat die Bank den innergemeinschaftlichen Erwerb mit dem dortigen, **höheren Steuersatz** zu versteuern (entsprechend Art. 2 Abs. 1 Buchst. b i.V.m. Art. 17 Abs. 1 MwStSystRL).[2] Die darauf entfallende Steuer ist von der Bank, sofern sie auch mit der dänischen Zweigniederlassung nur steuerfreie Umsätze i.S.d. Art. 135 Abs. 1 Buchst. b ff. MwStSystRL (entspricht § 4 Nr. 8 UStG) tätigt, d.h. die Anlage nicht „für Zwecke besteuerter Umsätze verwendet" (vgl. Art. 168 MwStSystRL), nicht als Vorsteuer abziehbar (entspricht im umgekehrten Fall § 15 Abs. 2 Nr. 1 UStG).

50 Das Regelungswerk ist ferner von Bedeutung, wenn im Ursprungsland, aber nicht im Bestimmungsland, ein **spezielles Vorsteuerabzugsverbot** (gem. Art. 176 Unterabs. 2 MwStSystRL) gilt (vgl. *§ 1a Rz. 36*).

51 Der Gegenstand muss **zur Verfügung des Unternehmers** in das übrige Gemeinschaftsgebiet verbracht werden; der Unternehmer muss somit bei Beginn und am Ende des Verbringens die Verfügungsmacht (i.S.d. § 3 Abs. 1 UStG) haben.[3] Der Tatbestand ist folglich **nicht** verwirklicht, **wenn** die Verbringung zum Zweck einer **Lieferung** geschieht. Das ist zum einen der Fall, wenn die Beförderung oder Versendung an einen feststehenden Abnehmer erfolgt, der auch die Gefahr trägt, denn dann hat dieser die Verfügungsmacht bereits im Inland erlangt hat (*§ 3 Rz. 122*). Für diese Lieferung kommt bereits unmittelbar die Befreiung nach § 6a Abs. 1 UStG in Betracht.[4]

---

1 A.A. Frye in R/D, § 6a UStG Anm. 468 f.
2 Bemessungsgrundlage ist der Wiederbeschaffungspreis für die gebrauchte Anlage (entsprechend Art. 76 MwStSystRL; vgl. für den umgekehrten Fall § 10 Abs. 4 Nr. 1 UStG).
3 Vgl. Abschn. 1a.2 Abs. 4 UStAE.
4 Abweichend davon wird von den EU-Mitgliedstaaten zugelassen, dass Unternehmer, die regelmäßig an eine größere Zahl von Abnehmern mittels Beförderung, nicht Versendung (BMF v. 21.11.2012 – IV D 3 - S 7103 - a/12/10002, BStBl. I 2012, 1229) liefern, in Abstimmung mit den beteiligten Finanzbehörden der beiden Mitgliedstaaten die jeweiligen Vorgänge als Verbringen behandeln, (statt der Abnehmer) im Bestimmungsland in-

Darüber hinaus ist ein Verbringen entgegen h.M. auch dann zu verneinen, wenn 52
der Gegenstand in das übrige Gemeinschaftsgebiet versendet oder befördert
wird, um ihn „dort", z.B. als **Kommissionsware** oder von einem **Auslieferungs-**
oder **Konsignationslager** aus zu liefern (vgl. *§ 1a Rz. 39*). Soweit dann Weiterlieferungen erfolgen, liegt deren Ort richtigerweise nicht „dort", sondern nach
dem Vereinfachungszweck des Art. 32 Satz 1 MwStSystRL, § 3 Abs. 6 Satz 1
UStG im Inland (*§ 3 Rz. 124*), so dass der Lieferer im Zeitpunkt der jeweiligen
Weiterlieferungen die Steuerbefreiung der innergemeinschaftlichen Lieferung
(§ 6a Abs. 1 UStG) in Anspruch nehmen kann (*Rz. 7*) und folglich nicht dieser,
sondern der jeweilige Erwerber den innergemeinschaftlichen Erwerb im anderen
Mitgliedstaat zu versteuern hat.[1]

Der Tatbestand des Verbringens ist – wie auch beim innergemeinschaftlichen 53
Erwerb (§ 1a Abs. 2 UStG) – nur dann verwirklicht, wenn der Gegenstand nicht
nur zu einer **vorübergehenden Verwendung** in das übrige Gemeinschaftsgebiet
gelangt (§ 3 Abs. 1a UStG). Die entsprechenden Ausführungen zu § 1a Abs. 2
UStG (*§ 1a Rz. 43 f.*) gelten folglich sinngemäß. War ein Gegenstand **ursprünglich nur zum Zwecke der vorübergehenden Verwendung** in das übrige Gemeinschaftsgebiet verbracht worden, wird er dort jedoch geliefert oder verbleibt er
hier auf Dauer zur Nutzung, so ist der Tatbestand zu dem Zeitpunkt verwirklicht, in dem der Gegenstand **geliefert** wird[2] oder die äußeren Umstände auf ein
dauerndes Verbleiben schließen lassen; eine Rückwirkung tritt nicht ein (arg.
§ 17 Abs. 1 Satz 7 UStG[3]; dazu *§ 17 Rz. 89*). Gleiches gilt, wenn der Gegenstand
im übrigen Gemeinschaftsgebiet **zerstört**, gestohlen usw. wird.[4]

## E. Nachweis der Voraussetzungen (Abs. 3 i.V.m. §§ 17a–17c UStDV)

## I. Allgemeines

Die Voraussetzungen der innergemeinschaftlichen Lieferung nach § 6a Abs. 1 54
oder 2 UStG sind vom liefernden Unternehmer nachzuweisen, wenn er die Steuerbefreiung in Anspruch nehmen will (§ 6a Abs. 3 Satz 1 UStG). Daraus folgt
nicht etwa, dass der Unternehmer das Vorliegen sämtlicher von § 6a Abs. 1
UStG geforderter Voraussetzungen zur Überzeugung des Finanzamts bzw. Fi-
nanzgerichts nachweisen muss und die Nichtbeweisbarkeit der Voraussetzungen oder deren Nichtvorliegen stets zu seinen Lasten geht. Den Unternehmer
trifft **keine Beweislast**, da eine derartige Sichtweise verkennen würde, dass der
Unternehmer nur zwangsverpflichteter **Gehilfe des Staates** ist (*Vorbem. Rz. 20*),
so dass er nur solche Risiken tragen darf, die in seiner Einflusssphäre liegen,
und ihn nur zumutbare „Nachweis"-Pflichten treffen dürfen (Grundsatz der
**Verhältnismäßigkeit**).[5] Hinzu kommt, dass den **Abnehmer**, der die Steuerfreiheit der Lieferung begehrt, die **Obliegenheit** trifft, im eigenen Interesse dafür zu

---

nergemeinschaftliche Erwerbe anmelden und zugleich Lieferungen an die jeweiligen Abnehmer versteuern (*§ 1a Rz. 38*).
1 *Frye*, UR 2013, 889 (899, 901 f.).
2 BFH v. 21.5.2014 – V R 34/13, UR 2014, 774.
3 Sowie Art. 17 Abs. 3 MwStSystRL; ebenso BFH v. 21.5.2014 – V R 34/13, UR 2014, 774.
4 Abschn. 1a.2 Abs. 11 Sätze 2 und 3 UStAE.
5 Vgl. EuGH v. 9.10.2014 – C-492/13, UR 2014, 943 – Rz. 26 ff.

sorgen, dass dem Lieferer die geeigneten **Belege** vorliegen, mit denen dieser die Voraussetzungen der Steuerbefreiung „nachweisen" kann. Folglich besteht für den **Lieferer** im eigenen Interesse die Obliegenheit, durch vorläufige **Vereinbarung** eines **Preises zzgl. Umsatzsteuer** den Abnehmer zur **Beibringung** der Belege zu **veranlassen**. Für die Richtigkeit der Belege trifft den Unternehmer grundsätzlich keine Verantwortung, so dass ihm **Vertrauensschutz** zu gewähren ist, wenn für ihn kein Anlass bestand, die Richtigkeit der Angaben und Belege seines Vertragspartners zu bezweifeln (Abs. 4; *Rz. 87 ff.*).

55 Die **MwStSystRL** enthält **keine konkreten Vorgaben**, sondern überlässt es den Mitgliedstaaten, die Bedingungen zur Gewährleistung einer korrekten und einfachen Anwendung der Befreiung und zur Verhinderung von Steuerhinterziehung, Steuerumgehung oder Missbrauch festzulegen (Art. 131 MwStSystRL).[1] Da indes die Steuerbefreiung voraussetzt, dass der Abnehmer in einem anderen Mitgliedstaat der Erwerbsbesteuerung unterliegt und mithin deshalb richtigerweise im Regelfall auch die Übermittlung der USt-IdNr. mittels der **Zusammenfassenden Meldung** verlangt (*Rz. 24 ff.*), ist deren ordnungsgemäße Abgabe ein Teil des „Nachweises".

56 § 6a **Abs. 3** Satz 2 UStG **ermächtigt** im Übrigen das BMF, durch Rechtsverordnung zu bestimmen, wie der „Nachweis" zu führen ist. Von dieser Ermächtigung ist durch die **§§ 17a–c UStDV** Gebrauch gemacht worden. Erforderlich ist danach ein **Belegnachweis** (§§ 17a und 17b UStDV)[2] und ein sog. **buchmäßiger Nachweis** in Form von Aufzeichnungen (§ 17c UStDV).

57 Nach Auffassung des **BFH** soll der Unternehmer grundsätzlich die Steuerbefreiung bereits dann in Anspruch nehmen können, wenn er die nach § 6a Abs. 3 UStG i.V.m. §§ 17a ff. UStDV bestehenden „Nachweispflichten" erfüllt.[3] Damit wird zum einen das Tatbestandsmerkmal des Unterliegens der Erwerbsbesteuerung (§ 6a Abs. 1 Nr. 3 UStG) und die elementare Bedeutung der USt-IdNr. **übersehen**. Richtigerweise muss die Übermittlung der USt-IdNr. des Abnehmers im Wege der **Zusammenfassenden Meldung** hinzukommen (*Rz. 55*). Des Weiteren muss der **Erwerb** des Gegenstandes **für das Unternehmen** erfolgen (§ 6a Abs. 1 Satz 1 Nr. 2 UStG). Aus der Mitteilung der USt-IdNr. durch den Abnehmer kann nicht stets darauf geschlossen werden, dass der Gegenstand für das Unternehmen verwendet werden soll (*Rz. 21*), so dass mit der Aufzeichnung der USt-IdNr. noch nicht die Voraussetzung des § 6a Abs. 1 Satz 1 Nr. 2 UStG „nachgewiesen" ist.

58 Um **Beweismittel** handelt es sich – abgesehen davon, dass den Unternehmer ohnehin keine Beweislast trifft (*Rz. 54*) – bei den von den §§ 17a–17c UStDV gefor-

---

1 Vgl. auch EuGH v. 27.9.2007 – C-146/05, EuGHE 2007, I-7861 = UR 2007, 813 – Rz. 24; EuGH v. 9.10.2014 – C-492/13, UR 2014, 943 – Rz. 27.
2 Mit Wirkung vom 1.10.2013 ist **§ 17a UStDV geändert worden**. Für bis dahin ausgeführte Lieferungen kann der „Nachweis" gemäß der am 31.12.2011 geltenden Fassung geführt werden (§ 74a Abs. 3 UStDV), sofern der Unternehmer nicht die vom 1.1.2012 bis 30.9.2013 geltende Fassung anwendet.
3 BFH v. 12.5.2009 – V R 65/09, BStBl. II 2010, 511 = UR 2009, 719 – 2b aa der Gründe; BFH v. 17.2.2011 – V R 30/10, BStBl. II 2011, 769 – Rz. 19; BFH v. 12.5.2011 – V R 46/10, BStBl. II 2011, 957 – Rz. 14; BFH v. 25.4.2013 – V R 28/11, BStBl. II 2013, 656 – Rz. 20.

derten „Nachweisen" **nicht**. Das von § 17a Abs. 2 Nr. 1 UStDV geforderte Doppel der Rechnung kann allenfalls die Ausstellung einer Rechnung, hingegen auch nicht im Entferntesten beweisen, dass der Gegenstand in das übrige Gemeinschaftsgebiet gelangt ist. Ebenso wenig können die von § 17c UStDV geforderten Aufzeichnungen nachweisen, dass die Voraussetzungen der Steuerbefreiung vorliegen (sie beweisen nur, dass Aufzeichnungen geführt worden sind). Lediglich die von § 17a Abs. 2 Nr. 2 UStDV geforderte **Gelangensbestätigung** durch den Abnehmer oder der an deren Stelle tretende andere Beleg (Abs. 3) haben **Indizwirkung**. Bei Unrichtigkeit gelten diese Belege allerdings als Nachweis, wenn der Unternehmer auf die Richtigkeit vertrauen durfte (§ 6a Abs. 4 UStG).

Belegnachweis und „Buchnachweis" sind **keine materiell-rechtlichen Voraussetzungen** der Steuerbefreiung, denn Belege und Aufzeichnungen haben keinen Selbstzweck. Allerdings sind sie entgegen BFH auch nicht nur schlichte Nachweise.[1] Vielmehr handelt es sich um gesetzlich vorgesehene **formalisierte „Nachweise"**, die gleichsam wie Tatbestandsmerkmale der Steuerbefreiung wirken, d.h. sie sind die „**Bedingungen**", unter denen die Steuerbefreiung angewandt wird (Art. 131 MwStSystRL), *wenn* der „Nachweis" auf diese Weise geführt wird. Das ist von Bedeutung für die Nachholung dieser Nachweise, die entgegen BFH keine Rückwirkung hat (*Rz. 76 f.*). Statt mit den „Nachweisen" i.S.d. §§ 17a–17c UStDV kann der **Nachweis**, dass die Voraussetzungen der Steuerbefreiung vorliegen, auch **auf andere Weise** geführt werden (*Rz. 85 ff.*). 59

Von den Beleg- und Buch-„Nachweisen" in der von den §§ 17a–17c UStDV geforderten Form sind **weitere Belege** zu unterscheiden, die sich der Unternehmer **im eigenen Interesse** von seinem Abnehmer vorsorglich vorlegen lassen sollte, soweit die Angaben des Abnehmers oder der von ihm beauftragten Personen nicht frei von Zweifeln sind (*Beispiele*: Glaubhaftmachung der unternehmerischen Verwendung des Gegenstandes; Nachweis der Bevollmächtigung des Beauftragten des Abnehmers). 60

## II. Belegnachweis

### 1. Rechnungsdoppel und Gelangensbestätigung o.Ä.

Der Unternehmer hat durch **eindeutige** und **leicht nachprüfbare Belege** (auch papierlose) „nachweisen", dass er oder sein Abnehmer den Gegenstand der Lieferung in das übrige Gemeinschaftsgebiet befördert oder versendet hat (§ 17a Abs. 1 UStDV). Im Falle der Bearbeitung oder Verarbeitung des Gegenstandes (*Rz. 29*) „muss" sich auch „dies" aus den Unterlagen des liefernden Unternehmers ergeben (§ 17b UStDV; *Rz. 73*). Als eindeutig und leicht nachprüfbar gilt insbesondere ein „Nachweis", der durch das **Doppel** der **Rechnung** i.S.d. §§ 14, 14a UStG und durch eine **Gelangensbestätigung** des Abnehmers geführt wird (§ 17a Abs. 2 Nr. 1 und 2 UStDV). 61

---

1 BFH v. 6.12.2007 – V R 59/03, BStBl. II 2009, 57; BFH v. 8.11.2007 – V R 72/05, BStBl. II 2009, 55; BFH v. 12.5.2009 – V R 65/09, BStBl. II 2010, 511; BFH v. 12.5.2011 – V R 46/10, BStBl. II 2011, 957 – Rz. 14, 25; BFH v. 25.4.2013 – V R 28/11, BStBl. II 2013, 656 – Rz. 20; vgl. auch zu § 6 UStG § 6 Rz. 31.

62 Das Doppel der **Rechnung** muss u.a. auch den Hinweis auf die Steuerbefreiung (§ 14 Abs. 4 Satz 2 Nr. 8 UStG)[1] und die Angabe der USt-IdNr. der Beteiligten (§ 14a Abs. 3 UStG) enthalten. Allerdings ist nicht ersichtlich, was damit, außer der Tatsache, *dass* eine Rechnung mit diesen Angaben ausgestellt worden ist, „nachgewiesen" werden soll. Für die Behauptung des Unternehmers, dass der Gegenstand in das übrige Gemeinschaftsgebiet verbracht worden ist, bildet die Rechnung nicht einmal ein Indiz. Fehlt in dieser der Hinweis auf die Steuerfreiheit, so ist das zwar insofern unschädlich, als der Hinweis keine materiell-rechtliche Voraussetzung der Steuerbefreiung ist (*Rz. 11*), ohne eine ordnungsgemäße Rechnung kann der Unternehmer jedoch nicht den formalisierten „Nachweis" gem. § 17a UStDV führen.[2]

63 Die Gelangensbestätigung ist die **Bestätigung des Abnehmers** gegenüber dem Unternehmer oder dem mit der Beförderung beauftragten selbständigen Dritten, dass der Gegenstand der Lieferung in das übrige Gemeinschaftsgebiet gelangt ist (§ 17a Abs. 2 Nr. 2 Satz 1 UStDV). Die Gelangensbestätigung muss die in § 17a Abs. 2 Nr. 2 Satz 1UStDV genannten **Angaben** des Abnehmers enthalten.[3]

64 Das Verlangen eines derartigen Belegs ist auch bei Abnehmern, welche nicht im Inland ansässig sind, rechtlich **unproblematisch**. Die Vorschrift legt den Abnehmern keine Verpflichtung, sondern nur eine Obliegenheit in eigener Sache auf. Will der Abnehmer die Verlagerung der Besteuerung vom Ursprungsland in einen anderen Mitgliedstaat erreichen, so muss er dem Lieferer seine USt-IdNr. mitteilen und die Gelangensbestätigung oder einen gleichgestellten Beleg (*Rz. 69 ff.*) übersenden, um dem Lieferer zu ermöglichen, die Lieferung als steuerfrei zu behandeln. Anderenfalls erwirbt er den Gegenstand als privater Abnehmer (*Rz. 3*).

65 Nach dem Wortlaut des § 17a Abs. 2 Nr. 2 Satz 1 Buchst. b UStDV ist grundsätzlich nur die **Menge** des **Gegenstands** der Lieferung anzugeben, denn lediglich bei Fahrzeugen i.S.d. § 1b UStG ist die handelsübliche Bezeichnung (einschließlich der Fahrzeug-Identifikationsnummer) aufzuzeichnen. Das ist allerdings nicht gewollt, wie § 17a Abs. 3 Nr. 1 Buchst. b Doppelbuchst. cc und § 17c Abs. 2 Nr. 4 UStDV zeigen („und dessen handelsübliche Bezeichnung"), so dass bei allen Gegenständen auch die **handelsübliche Bezeichnung** (dazu *§ 6 Rz. 38*) anzugeben ist.[4]

Die für den Belegnachweis geforderte handelsübliche Bezeichnung des Gegenstands der Lieferung dient, anders als im Rahmen des § 15 Abs. 1 Nr. 1 i.V.m. § 14 Abs. 4 Satz 1 Nr. 5 UStG (*§ 14 Rz. 87*), der **Identifizierung** des Gegenstandes der innergemeinschaftlichen Lieferung. Nach Auffassung der Finanzverwaltung zur gleichen Fragestellung im Rahmen des § 6 UStG (*§ 6 Rz. 38*) soll die Angabe

---

[1] Dazu BFH v. 26.11.2014 – XI R 37/12, BFH/NV 2015, 358 – Rz. 32 ff.
[2] BFH v. 30.6.2006 – V R 47/03, BStBl. II 2006, 634; BFH v. 12.5.2011 – V R 46/10, BStBl. II 2011, 957; BFH v. 15.2.2012 – XI R 42/10, BFH/NV 2012, 1188; BFH v. 14.11.2012 – XI R 8/11, BFH/NV 2013, 596 – Rz. 44.
[3] Zur Form Abschn. 6a.4 Abs. 5 UStAE.
[4] Die Neufassungen der §§ 9–11, 13, 17a und 17c UStDV enthalten jeweils unterschiedliche Formulierungen im Zusammenhang mit der Menge und der handelsüblichen Bezeichnung. Diese Unabgestimmtheit lässt sich nur durch Schlampigkeit erklären.

von Gattungsbezeichnungen ausreichen[1], so dass die Nennung von Marken- und Typbezeichnungen, geschweige denn die Angabe von Gerätenummern[2], nicht erforderlich wäre.[3] Das wird indes dem Identifizierungszweck des Nachweises nicht gerecht. Folglich ist handelsüblich im Sinne dieser Vorschriften nur eine Bezeichnung, welche eine genauere Spezifikation der Gegenstände darstellt.[4]

Der **Abnehmer** (Vertragspartner des Lieferers) kann sich bei dieser Wissenserklärung **durch** einen **zur Abnahme Beauftragten „vertreten"** lassen (§ 17a Abs. 2 Satz 1 Buchst. e UStDV). Das kann, wenn die Beförderung auftragsgemäß zu einem Dritten erfolgt, auch dieser sein. Als ein solcher kommt neben einem zeitweiligen Besitzer (Lagerhalter oder mit der Bearbeitung des Gegenstandes **Beauftragter**, *Rz. 29*) auch der **Abnehmer** des **Abnehmers** (nicht nur bei einem Reihengeschäft) in Betracht (*Rz. 15*).[5]  66

Bei einer **Abholung** durch einen Beauftragten des Abnehmers, insbesondere bei Pkw gegen Barzahlung, bestehen – auch hinsichtlich eines Vertrauensschutzes (*Rz. 87 f., 95 f.*) – gesteigerte Sorgfaltspflichten bezüglich der Identität des angeblichen Abnehmers oder der behaupteten Beauftragung der abholenden Person.[6]  67

Die Gelangensbestätigung kann als **Sammelbestätigung** ausgestellt werden und Umsätze aus bis zu einem Quartal zusammenfassen (§ 17a Abs. 2 Nr. 2 Sätze 2 und 3 UStDV).[7]  68

Bei der **Versendung** (*Rz. 14 f.*) **durch** den **Lieferer** oder den **Abnehmer** kann der Nachweis statt durch eine Gelangensbestätigung auch durch **andere Belege**, insbesondere durch einen **Versendungsbeleg** (Frachtbrief oder Konnossement), durch einen anderen handelsüblichen Belege (insbesondere **Spediteursbescheinigung**), durch ein vom Beförderungsbeauftragten erstelltes lückenloses **Transportprotokoll** oder durch eine **Empfangsbescheinigung** eines **Postdienstleisters** geführt werden (§ 17a Abs. 3 Nr. 1 Buchst. a–d UStDV)[8].  69

Im Falle der Versendung **durch** den **Abnehmer** kommt darüber hinaus der Nachweis durch eine **Bankkontozahlung** in Verbindung mit einer **Spediteursbescheinigung** und einer Frachtführerbestätigung in Betracht (§ 17a Abs. 3 Nr. 2 UStDV).[9]  70

---

1 Vgl. Abschn. 6.10 Abs. 5 Satz 1 u. Abschn. 6.11 Abs. 4 UStAE.
2 Dass diese nicht anzugeben sind, ergibt sich indes im Umkehrschluss aus § 17a Abs. 2 Nr. 2 Buchst. b, Abs. 3 Satz 2 und § 17c Abs. 4 Nr. 2 UStDV, wonach nur bei neuen Fahrzeugen auch die Fahrzeug-Identifikationsnummer anzugeben ist.
3 Die Frage ist durch den BFH noch nicht geklärt; vgl. BFH v. 6.4.2006 – V B 22/06, HFR 2006, 1023, zu § 6a UStG.
4 Vgl. jeweils zu § 6a UStG FG München v. 24.2.2011 – 14 K 1641/10, EFG 2011, 1659; FG BW v. 30.10.2006 – 9 V 40/06, EFG 2007, 464; vgl. aber auch FG Köln v. 17.10.2007 – 4 K 3349/05, EFG 2008, 336.
5 Vgl. Abschn. 6a.4 Abs. 2 UStAE.
6 Vgl. BFH v. 14.11.2012 – XI R 17/12, BStBl. II 2013, 407; BFH v. 25.4.2013 – V R 28/11, BStBl. II 2013, 656.
7 Dazu näher Abschn. 6a.4 Abs. 4 UStAE.
8 Dazu näher Abschn. 6a.5 Abs. 1–8 UStAE.
9 Dazu näher Abschn. 6a.5 Abs. 9 UStAE.

71 Bei einer Beförderung im sog. gemeinschaftlichen Versandverfahren kann der Nachweis auch durch eine Bestätigung der Abgangsstelle geführt werden (§ 17a Abs. 3 Nr. 3 UStDV).

72 Im Falle der **Bearbeitung** oder **Verarbeitung** durch einen **Beauftragten** des Abnehmers (*Rz. 29*) muss der Unternehmer dies durch Belege mit den **zusätzlichen Angaben** nach § 11 UStDV nachweisen (§ 17b UStDV).

73 Um den **Erhalt** der Gelangensbestätigung oder eines anderen Beleges sicherzustellen, sollte der Lieferer insbesondere in Fällen der Beförderung durch einen unbekannten Abnehmer einen Bruttopreis vereinbaren oder eine **Sicherheit in Höhe der Umsatzsteuer** verlangen. Der gesonderte Ausweis der Steuer in der Bruttorechnung führt nicht zur Anwendung des § 14c UStG (*Rz. 76*).

Ist die Gelangensbestätigung oder ein anderer Beleg **falsch**, bestand für den Lieferer jedoch kein Anlass, an der Richtigkeit zu zweifeln, so ist der **gute Glaube** entsprechend § 6a Abs. 4 UStG **geschützt** (*Rz. 94*).

74 Ist der **Gegenstand** vor dem Gelangen in das Bestimmungsland **untergegangen**, ist der von § 17a UStDV ausnahmslos geforderte Nachweis, dass der Gegenstand in das Bestimmungsland gelangt ist, nicht mit den Wertungen der Richtlinie zu vereinbaren (*Rz. 17*) und nicht durch die Ermächtigung des Art. 131 MwStSystRL gedeckt ist. Folglich kann sich die rigide Fassung des § 17a UStDV auch nicht auf die Ermächtigung des **§ 6a Abs. 3 UStG** berufen, da diese ebenfalls **richtlinienkonform** ausgelegt werden muss und demgemäß nur zum Erlass einer UStDV-Vorschrift befugt, die den Vorgaben der Richtlinie entspricht. Somit kann § 17a UStDV dergestalt richtlinienkonform reduziert werden, dass diese Bestimmung nur anwendbar ist, wenn der Gegenstand nicht auf dem Transport untergegangen ist. Anderenfalls ist **lediglich** der **Nachweis** zu erbringen, dass der Gegenstand an die Versendungs- oder Beförderungsperson **zum Zwecke des Transports** in das Bestimmungsland **übergeben** worden war.

75 Von dem „Nachweis" durch den formalisierten Belegnachweis i.S.d. § 17a und 17b UStDV ist der Nachweis durch **andere Beweismittel** zu unterscheiden. Steht aufgrund der objektiven Beweislage fest, dass der **Gegenstand in** einen **anderen Mitgliedstaat gelangt** bzw. auf dem Weg dorthin untergegangen ist, so kann trotz Nichterfüllung der Nachweispflichten in der von den §§ 17a ff. UStDV vorgeschriebenen Form die Steuerbefreiung in Betracht kommen (*Rz. 85 ff.*).

## 2. Nachholung

76 Der Belegnachweis kann grundsätzlich **nachgeholt** werden, nach Auffassung des BFH allerdings nur bis zum Schluss der letzten mündlichen Verhandlung vor dem FG.[1] Der **BFH** geht mithin davon aus, dass **Rückwirkung** eintritt. Selbst bei Zugrundelegung dieser Ansicht führt die in der Rechnung ausgewiesene Steuer

---

[1] BFH v. 30.3.2006 – V R 47/03, BStBl. II 2006, 634; BFH v. 1.2.2007 – V R 41/04, UR 2007, 339 (342).

nicht etwa zur Rechtsfolge des § 14c UStG[1], da die Steuer wegen der anfänglichen Steuerpflicht zu Recht ausgewiesen worden war (§ 14c Rz. 6 u. 37).[2]

**Richtigerweise** liegt bei Nachholung oder nachträglicher Vervollständigung der von § 17a Abs. 2 UStDV geforderten Belege die nachträgliche Erfüllung des formalisierten Nachweises, d.h. der „Bedingung" i.S.d. Art. 137 MwStSystRL (Rz. 59) vor, der wie eine nachträgliche Verwirklichung eines Tatbestandsmerkmal zu behandeln ist. Folglich ist der in § 17 Abs. 1 Satz 7 UStG zum Ausdruck kommende, **allgemeine Rechtsgrundsatz** anzuwenden, so dass **keine Rückwirkung** eintritt (§ 17 Rz. 90), die Steuerentstehung des Jahres der Lieferung gar nicht berührt wird und die Nachholung zeitlich unbegrenzt möglich ist. Die Steuerbefreiung tritt deshalb richtigerweise erst im Moment der Nachholung ein, so dass auch ein Erstattungsanspruch erst dann (ex nunc) entsteht.[3]   77

## III. Sog. Buchnachweis

### 1. Allgemeines

Nach § 17c Abs. 1 UStDV hat der Unternehmer die Voraussetzungen der Steuerbefreiung einschließlich der ausländischen USt-IdNr. des Abnehmers eindeutig und leicht nachprüfbar im Geltungsbereich des Gesetzes, d.h. im staatsrechtlichen Inland „buchmäßig nachzuweisen". Das ergibt **keinen Sinn**, da die Voraussetzungen der Steuerbefreiung nur durch Beweismittel nachgewiesen werden können, Eintragungen des Unternehmers in seinen Büchern aber **nichts beweisen** können (mit Ausnahme der Eintragung als solcher). Dass es sich nur um schlichte **Aufzeichnungen** (ergänzend zu denen des § 22 UStG) handeln soll, ergibt sich dann auch jeweils aus § 17c Abs. 2 bis 4 UStDV („aufzuzeichnen"). § 17c UStDV ist gleichwohl durch die Ermächtigung des § 6a Abs. 3 Satz 2 UStG gedeckt; anderenfalls wäre § 22 Abs. 6 Nr. 1 UStG die Ermächtigungsgrundlage, da falsche Bezeichnungen unschädlich sind. Nach Auffassung des BFH soll der Buchnachweis Hinweise und Bezugnahmen auf die Belege erfordern, so dass die Belege Bestandteil des Buchnachweises seien und beide eine Einheit bildeten.[4] Die Bedeutung dieser Aussage bleibt im Dunklen.   78

Der „Buchnachweis" ist als schlichte Aufzeichnung keine materiell-rechtliche Voraussetzung für die Steuerbefreiung. Steht fest, dass der Gegenstand in das übrige Gemeinschaftsgebiet gelangt ist oder ist davon auszugehen (Rz. 17, 94), sind auch die übrigen **Voraussetzungen des § 6a** UStG **erfüllt** und hat der Unternehmer die richtige USt-IdNr. des Abnehmers in der Zusammenfassenden Meldung (§ 18a UStG) angegeben (Rz. 24 f.), so darf die Steuerbefreiung nicht wegen fehlender buchmäßiger Aufzeichnung des Vorgangs versagt werden (Rz. 59).   79

---

1 So aber das BMF, BR-Drucks. 628/11 – zu § 17a UStDV.
2 Unklar BFH v. 30.3.2006 – V R 47/03, BStBl. II 2006, 634.
3 Vgl. auch *Stadie* in R/D, § 17 UStG Anm. 301.
4 BFH v. 7.12.2006 – V R 52/03, BStBl. II 2007, 420.

## 2. Umsatzsteuer-Identifikationsnummer des Abnehmers

80 Neben den Angaben nach § 17c Abs. 2–4 UStDV (*Rz. 83 f.*) müssen die Aufzeichnungen auch die USt-IdNr. des Abnehmers (sofern es sich nicht um einen privaten Abnehmer eines neuen Fahrzeuges handelt) enthalten (§ 17c Abs. 1 Satz 1 UStDV). Nach zeitweiliger Auffassung des BFH sollte die Aufzeichnung der vom Abnehmer verwendeten USt-IdNr. materiell-rechtliche Voraussetzung der Steuerbefreiung sein.[1] Diese Auffassung ist inzwischen aufgegeben worden (*Rz. 59*). Eine derartige Verknüpfung der Steuerbefreiung mit der Verwendung einer USt-IdNr. durch den Abnehmer im Sinne einer conditio sine qua non würde auch gegen den Verhältnismäßigkeitsgrundsatz (Übermaßverbot) verstoßen und wäre somit nicht von der Ermächtigungsgrundlage des § 6a Abs. 3 Satz 2 UStG gedeckt (*Rz. 85*). Zwar ergibt sich aus einer Zusammenschau mehrerer Vorschriften der MwStSystRL bzw. des UStG die Funktion und Bedeutung der USt-IdNr. bei innergemeinschaftlichen Lieferungen, denn der Nachweis des Abnehmers und seiner USt-IdNr. dient der Sicherstellung der Besteuerung des innergemeinschaftlichen Erwerbs im anderen Mitgliedstaat (*Rz. 24*). Wenn indes der Lieferer nachweisen kann, dass der Abnehmer den innergemeinschaftlichen Erwerb versteuert hat, so muss ihm die Steuerbefreiung auch dann gewährt werden, wenn er die USt-IdNr. des Abnehmers nicht aufgezeichnet hat (*Rz. 26*). Aufzeichnungen haben keinen Selbstzweck. Folglich kann auch die **Aufzeichnung nicht materiell-rechtliche Voraussetzung** der Steuerbefreiung sein.

81 Davon zu unterscheiden ist die **Überprüfung** der **Richtigkeit** der USt-IdNr. des Abnehmers, wenn der Lieferer sich auf die **Indizwirkung** der Nummer verlassen muss (*Rz. 20, 23*). Auch wenn den Unternehmer grundsätzlich keine Nachforschungspflichten treffen (*Rz. 23*), so darf er doch nicht blindlings auf die Richtigkeit der genannten USt-IdNr. vertrauen. Da das Zusammenspiel von Steuerbefreiung im Ursprungsland und innergemeinschaftlichem Erwerb im Bestimmungsland mit der Übermittlung der zutreffenden USt-IdNr. an die Behörden des Bestimmungslandes (§ 18a Abs. 7 Nr. 1 Buchst. a UStG) praktisch steht und fällt (*Rz. 24 f.*), obliegt dem Lieferer nach Auffassung des BMF stets, richtigerweise nur bei angebrachten Zweifeln (*Rz. 90*), die Verpflichtung, sich die Richtigkeit der ihm vom Abnehmer genannten USt-IdNr. durch das Bundeszentralamt für Steuern **bestätigen** zu lassen (§ 18e Nr. 1 UStG). Das ist dem Unternehmer auch zuzumuten.

82 Für den Fall des **Verbringens** verlangt § 17c Abs. 3 Nr. 2 UStDV die Aufzeichnung der USt-IdNr. des im anderen Mitgliedstaat belegenen **Unternehmensteils**. Diese Bestimmung ist nicht durch die Ermächtigung des § 6a Abs. 3 UStG gedeckt, weil diese nur zu richtlinienkonformen UStDV-Regelungen ermächtigt und Art. 17 Abs. 1 MwStSystRL für die Verwirklichung des Verbringenstatbestandes in einen anderen Mitgliedstaat nicht einen dort belegenen Unternehmensteil des verbringenden Unternehmers voraussetzt.[2] Bei richtlinienkonformer Aus-

---

[1] BFH v. 2.4.1997 – V B 159/96, UR 1997, 224; vgl. auch BFH v. 5.2.2004 – V B 180/03, BFH/NV 2004, 988.
[2] Die Vorlage des FG München v. 4.12.2014 – 14 K 1511/14, EFG 2015, 516 – EuGH-Az. C-24/15, geht deshalb ins Leere.

legung meint § 17c Abs. 3 Nr. 2 UStDV mithin nur die Aufzeichnung einer etwaigen USt-IdNr.

### 3. Aufzeichnung weiterer Angaben

Die Aufzeichnungen „müssen" ferner die von § 17c Abs. 2 bis 4 UStDV geforderten **Angaben** enthalten. Im Regelfall sollen die in § 17c Abs. 2 UStDV (zur handelsüblichen Bezeichnung s. *§ 6 Rz. 38*), beim Verbringen (i.S.d. § 6a Abs. 2 UStG) die in § 17c Abs. 3 UStDV und bei der Lieferung neuer Fahrzeuge an Abnehmer ohne USt-IdNr. die in § 17c Abs. 4 UStDVG genannten Angaben aufgezeichnet werden. 83

Der Unternehmer kann die Aufzeichnungen nur führen, soweit er Kenntnis von den geforderten Angaben hat. Allerdings muss er sich über Namen und Anschrift des Abnehmers und ggf. auch über Namen und Anschrift von dessen Beauftragten (§ 17c Abs. 2 Nr. 1 und 2 UStDV) vergewissern. **Nachforschungspflichten** bestehen ansonsten **nicht**; sie wären auch unzumutbar, da der Unternehmer nur zwangsverpflichteter Gehilfe des Steuergläubigers ist (*Vorbem. Rz. 20*). Ebenso wenig trägt er das Risiko der Richtigkeit der Aufzeichnungen, so dass er sich grundsätzlich auch nicht über die Richtigkeit der Angaben vergewissern muss. 84

## IV. Alternative: Vollbeweis

Die Bestimmungen der §§ 17a UStDV sind Sollvorschriften (§ 17a Abs. 2 UStDV: „insbesondere"). Die §§ 17b und 17c UStDV sind ebenfalls in diesem Sinne zu verstehen. Zwingende Vorgaben verstießen gegen den Verhältnismäßigkeitsgrundsatz. Wenn die „Nachweise" nur auf die geforderte Weise geführt werden könnten, wären die §§ 17a–17c UStDV nicht durch die Ermächtigung des § 6 Abs. 3 UStG gedeckt, da ein Gesetz nur zu verfassungskonformen Verordnungen ermächtigen will. Folglich sind die Bestimmungen der §§ 17a ff. UStDV nur insoweit zu beachten, als sie dem Verhältnismäßigkeitsgrundsatz entsprechen. Von dem formalisierten „Nachweis" ist mithin der Nachweis durch **andere** (echte) **Beweismittel** zu unterscheiden. 85

**Steht aufgrund** der **objektiven Beweislage fest**, dass die **Voraussetzungen des § 6a Abs. 1 UStG erfüllt** sind, so kann trotz Nichterfüllung der Nachweispflichten in der von den §§ 17a ff. UStDV beschriebenen Form grundsätzlich[1] die Steuerbefreiung eingreifen.[2]

---

1 Ausnahme: Verschleierung des Erwerbers; EuGH v. 7.12.2010 – C-285/09, EuGHE 2010, I-12605 = BStBl. II 2011, 846; BFH v. 17.2.2011 – V R 30/10, BStBl. II 2011, 769.
2 Vgl. EuGH v. 27.9.2007 – C-146/05, EuGHE 2007, I-7861 = BStBl. II 2009, 78 = UR 2007, 813 – Rz. 31; BFH v. 6.12.2007 – V R 59/03, BStBl. II 2009, 57 = UR 2008, 186; BFH v. 8.11.2007 – V R 72/05, BStBl. II 2009, 55; BFH v. 12.5.2009 – V R 65/09, BStBl. II 2010, 511 – unter 2b bb der Gründe; BFH v. 12.5.2011 – V R 46/10, BStBl. II 2011, 957 – Rz. 14; BFH v. 14.11.2012 – XI R 17/12, BStBl. II 2013, 407 – Rz. 22; BFH v. 25.4.2013 – V R 28/11, BStBl. II 2013, 656 – Rz. 20; BFH v. 21.5.2014 – V R 34/13, BStBl. II 2014, 914 – Rz. 43 ff.; BFH v. 24.7.2014 – V R 44/13, BStBl. II 2014, 955 – Rz. 19; vgl. auch Abschn. 6a.2 Abs. 6 Sätze 4–7 UStAE.

Entsprechendes hat zu gelten, wenn die von §§ 17a ff. UStDV geforderten „Nachweise" nur **teilweise** vorliegen.[1]

86 Der Beweis, dass der Gegenstand in das übrige Gemeinschaftsgebiet gelangt ist, muss vom Unternehmer erbracht werden. Das **Finanzamt** ist **nicht verpflichtet**, von Amts wegen **zu ermitteln** und z.B. ein entsprechendes Auskunftsersuchen an die Behörden des oder in Betracht kommenden Mitgliedstaaten zu richten.[2]

## F. Vertrauensschutz (Abs. 4)
### I. Behandlung des Umsatzes als steuerfrei (Satz 1)

87 Hat der Unternehmer eine Lieferung als steuerfrei behandelt, obwohl die Voraussetzungen nach § 6a Abs. 1 UStG nicht vorliegen, so ist der Umsatz gleichwohl als steuerfrei anzusehen, wenn die Inanspruchnahme der Steuerbefreiung auf **unrichtigen Angaben des Abnehmers** beruht und der Unternehmer die Unrichtigkeit dieser Angaben auch bei Beachtung der **Sorgfalt eines ordentlichen Kaufmanns** nicht erkennen konnte (§ 6a Abs. 4 Satz 1 UStG). In diesem Fall schuldet der Abnehmer die entgangene Steuer (§ 6a Abs. 4 Satz 2 i.V.m. § 13a Abs. 1 Nr. 3 UStG).

88 § 6a Abs. 4 Satz 1 UStG ist Ausdruck des verfassungsrechtlich (wie auch unionsrechtlich) fundierten **Verhältnismäßigkeitsgrundsatzes**. Das Übermaßverbot gebietet es, dem lediglich als zwangsverpflichteten Gehilfen des Staates (*Vorbem. Rz. 20*) fungierenden Unternehmer Vertrauensschutz hinsichtlich solcher vom Erwerber behaupteten Tatsachen zu gewähren, deren Vorliegen der Unternehmer nach den Umständen nicht überprüfen musste bzw. die er auf dem vom Gesetz vorgesehenen Weg überprüft hat (vgl. *Vorbem. Rz. 26*). Diese Vertrauensschutzregelung beruht deshalb nicht etwa auf der Protokollerklärung zu Art. 28c Teil A der 6. EG-Richtlinie (a.F., jetzt Art. 138 MwStSystRL)[3] oder auf der Rechtsprechung des EuGH.[4] Vertrauensschutz (Rechtssicherheit) als Ausdruck des Verhältnismäßigkeitsgrundsatzes, welcher sämtliches staatliches Handeln begrenzt[5], wäre auch zu gewähren, wenn es § 6a Abs. 4 Satz 1 UStG nicht gäbe[6] (vgl. *§ 6 Rz. 32*). Vertrauensschutz des Lieferers ist demgemäß unabhängig davon, ob der Abnehmer die von ihm geschuldete Steuer entrichtet.

---

1 Vgl. BFH v. 12.5.2009 – V R 65/09, BStBl. II 2010, 511 – 2b bb der Gründe; BFH v. 17.2.2011 – V R 30/10, BStBl. II 2011, 769 – Rz. 19.
2 Vgl. EuGH v. 27.9.2007 – C-184/05, EuGHE 2007, I-7897 = BStBl. II 2009, 83 = UR 2007, 782; Abschn. 6a.2 Abs. 3 Sätze 1 ff. UStAE.
3 So aber *Robisch* in Bunjes, § 6a UStG Rz. 81.
4 So aber BFH v. 12.5.2011 – V R 46/10, BStBl. II 2011, 957 – Rz. 29; BFH v. 14.11.2012 – XI R 8/11, BFH/NV 2013, 596 – Rz. 62; BFH v. 25.4.2013 – V R 10/11, BFH/NV 2013, 1453 – Rz. 29.
5 Vgl. EuGH v. 27.9.2007 – C-409/04, EuGHE 2007, I-7797 = UR 2007, 774 – Rz. 45, 48 ff.; EuGH v. 9.10.2014 – C-492/13, UR 2014, 943 – Rz. 27 ff.
6 Vgl. EuGH v. 27.9.2007 – C-409/04, EuGHE 2007, I-7797 = UR 2007, 774 – Rz. 66; EuGH v. 16.12.2010 – C- 430/09, EuGHE 2010, I-13335 = UR 2011, 176 – Rz. 38; EuGH v. 6.9.2012 – C-273/11, UR 2012, 796 – Rz. 49 f.; ferner EuGH v. 21.2.2008 – C-271/06, EuGHE 2008, I-771 = UR 2008, 508 – Rz. 26 f.; *Frye* in R/D, § 6a UStG Anm. 804.

Vertrauensschutz (Abs. 4) § 6a

Die **Rechtsprechung** hat sich bis heute noch **nicht eindeutig** zu der Frage geäußert, **ob** der Lieferer, wenn der Abnehmer ihm gegenüber die **USt-IdNr.** eines anderen Mitgliedstaates verwendet, im Regelfall davon ausgehen kann, dass der Abnehmer Unternehmer bzw. eine nichtunternehmerische juristische Person ist, der/die den Vorschriften der Erwerbsbesteuerung in einem anderen Mitgliedsland unterliegt (*Rz. 17, 21*), oder ob er **regelmäßig** oder sogar ausnahmslos die Gültigkeit dieser Nummer zu **überprüfen** hat. Das **BMF** geht davon aus, dass die USt-IdNr. im Zeitpunkt des Umsatzes gültig sein muss[1], was nur heißen kann, dass der Lieferer eine **Bestätigung** der Nummer beim **Bundeszentralamt für Steuern** nach § 18e Nr. 1 UStG **ausnahmslos für jeden** einzelnen **Umsatz** einholen muss.[2] Diese Sichtweise wird von **Art. 18 Abs. 1 Buchst. a MwSt-DVO** bestätigt, wonach der Unternehmer bei einem Dienstleistungsempfänger davon ausgehen kann, dass dieser den Status eines Steuerpflichtigen hat, wenn er seine MwSt-IdNr. mitgeteilt hat und der Unternehmer die Bestätigung der Gültigkeit der Nummer sowie des Namens und der zugehörigen Anschrift erlangt hat. Für innergemeinschaftliche Lieferungen kann dann nichts anderes gelten. 89

Eine derartig rigide Sichtweise **verstößt** indes **gegen** den **Verhältnismäßigkeitsgrundsatz** als Bestandteil des primären Unionsrechts (eine EU-Verordnung als Sekundärrecht muss sich daran messen lassen). Eine angemessene Risikoverteilung zwischen Steuergläubiger und den Unternehmern als seinen zwangsverpflichteten Gehilfen (*Vorbem. Rz. 20*) bedeutet m.E., dass der Unternehmer nicht automatisch bei jedem Umsatz die Gültigkeit der Nummer zu überprüfen hat, sondern nur dann, wenn er **Zweifel** haben muss, ob die Nummer rechtmäßig erteilt worden ist oder noch gültig ist. In einem solchen Fall gebietet es die Sorgfaltspflicht des Unternehmers, eine **Bestätigung** der Nummer beim **Bundeszentralamt für Steuern** nach § 18e Nr. 1 UStG einzuholen. Zweifel sind insbesondere dann angebracht, wenn der Unternehmer seinen Geschäftspartner nicht bereits auf Grund bestehender Geschäftsbeziehungen kennt[3] und wenn Art und Umfang der Lieferung keinen sicheren Rückschluss auf die Unternehmereigenschaft zulassen. Nicht etwa muss der Unternehmer bei nachfolgenden Umsätzen mit demselben Vertragspartner jeweils erneut die USt-IdNr. abfragen. 90

Nach Auffassung des **BFH** soll allerdings zweifelhaft sein, **ob** § 6a Abs. 4 UStG auch den **guten Glauben an die Richtigkeit** der vom Abnehmer genannten USt-IdNr. umfasst, weil unklar sei, ob es sich dabei um eine „Angabe" über die Voraussetzungen nach § 6a Abs. 1 UStG handele.[4] Diese **Zweifel** sind nicht verständlich, denn mit der Angabe der Nummer macht der Erwerber die konkludente Aussage, Unternehmer zu sein und in dem anderen Mitgliedstaat der Erwerbsbesteuerung zu unterliegen. Unabhängig davon ist § 6a Abs. 4 UStG jedenfalls im Hinblick auf den gebotenen Vertrauensschutz weit auszulegen. Selbst wenn es diese Vorschrift nicht gäbe, würde der **Verhältnismäßigkeitsgrundsatz** (Übermaßverbot) es gebieten (*Rz. 88*), dem Unternehmer Vertrauens- 91

---

1 Vgl. Abschn. 6a.1 Abs. 12, 13, 14 Satz 4 und Abs. 18 Satz 1 UStAE.
2 Auch Abschn. 6a.7 Abs. 2 Satz 2 und Abschn. 6a.8 Abs. 6 Satz 1 UStAE müssen wohl in diesem Sinne verstanden werden.
3 Vgl. BFH v. 2.4.1997 – V B 159/96, UR 1997, 224; FG Hess. v. 5.1.2001 – 6 V 4543/00, EFG 2003, 890.
4 BFH v. 2.4.1997 – V B 159/96, UR 1997, 224.

schutz hinsichtlich solcher vom Erwerber behaupteten Tatsachen zu gewähren, deren Vorliegen der Unternehmer nach den Umständen nicht überprüfen musste bzw. die er auf dem vom Gesetz vorgesehen Weg überprüft hat (*Rz. 90*).

92  Hatte der Lieferer keinen berechtigten Anlass, an der Richtigkeit der angegebenen Nummer zu zweifeln, oder hatte er eine entsprechende Bestätigung nach § 18e UStG erhalten, so ist sein guter Glaube nach § 6a Abs. 4 UStG geschützt, wenn sich herausstellt, dass die Nummer **unrichtig** war oder dem Abnehmer **nicht hätte erteilt werden dürfen**, weil dieser nicht (mehr) Unternehmer ist[1] (s. auch *Rz. 20*). Das Risiko falscher Angaben hat dann der Staat zu tragen (sofern es diesem nicht gelingt, den Erwerber nach § 6a Abs. 4 Satz 2 UStG in Anspruch zu nehmen).

93  Werden **Gegenstände** geliefert, die nach Art und/oder Menge **üblicherweise nicht für das Unternehmen** des Abnehmers bestimmt sein können, so genügt der Unternehmer seiner Sorgfaltspflicht nur, wenn er sich vom Abnehmer schriftlich glaubhaft darlegen lässt, dass die Verwendung für unternehmerische Zwecke erfolgt.[2]

94  Vertrauensschutz soll nach Auffassung des **BFH nur** dann in Betracht kommen, wenn der **Unternehmer** seinen **Nachweispflichten** nach den §§ 17a ff. UStDV formell **vollständig nachgekommen** sei.[3] Diese Sichtweise ist **zu eng**, weil auch nach der Rechtsprechung diese Nachweise nicht erforderlich sind, wenn objektiv feststeht, dass der Gegenstand in das übrige Gemeinschaftsgebiet gelangt ist (*Rz. 85*). Vertrauensschutz kann in einem derartigen Fall z.B. in Betracht kommen, wenn der Abnehmer hinsichtlich der unternehmerischen Verwendung des Gegenstandes falsche Angaben gemacht hat.

95  Wenn der Abnehmer den Gegenstand entgegen seiner Gelangensbestätigung **nicht in** das übrige **Gemeinschaftsgebiet befördert** hat, darf – obwohl in diesem Fall der Verbrauch des Gegenstandes durch den Abnehmer im Inland stattfindet – dieser Umstand grundsätzlich nicht zu Lasten des Lieferers gehen[4], der nur als zwangsverpflichteter Gehilfe des Staates fungiert (*Vorbem. Rz. 20*). Für ihn ist das Tatbestandsmerkmal des § 6a Abs. 1 Satz 1 Nr. 1 UStG „Beförderung in das übrige Gemeinschaftsgebiet" als erfüllt anzusehen, wenn er gutgläubig ist.[5] Die Vertrauensschutzregelung des § 6a Abs. 4 UStG ist auch auf diese Konstellation anzuwenden.

---

1 Vgl. *Frye* in R/D, § 6a UStG Anm. 823; FG Hess. v. 5.1.2001 – 6 V 4543/00, EFG 2003, 890; FG Münster v. 5.2.2004 – 15 V 5805/03 U, EFG 2004, 1172; FG Nds. v. 17.8.2004 – 5 V 84/04, EFG 2004, 1876; ferner EuGH v. 9.10.2014 – C-492/13, UR 2014, 943 – Rz. 36.
2 Vgl. BMF-Pressemitteilung 15/93 v. 15.2.1993, UR 1993, 116. Bei 5 Kisten Wein soll das allerdings nicht erforderlich sein; vgl. Abschn. 6a.1 Abs. 16 UStAE – Beispiel 2.
3 BFH v. 12.5.2009 – V R 65/09, BStBl. II 2010, 511 – 5b der Gründe; BFH v. 12.5.2011 – V R 46/10, BStBl. II 2011, 957 – Rz. 30; BFH v. 14.11.2012 – XI R 17/12, BStBl. II 2013, 407 – Rz. 33; BFH v. 25.4.2013 – V R 28/11, BStBl. II 2013, 656 – Rz. 21; ebenso Abschn. 6a.8 Abs. 1 Satz 3 u. Abs. 5 Satz 2 UStAE.
4 Vgl. EuGH v. 27.9.2007 – C-409/04, EuGHE 2007, I-7797 = UR 2007, 774.
5 Vgl. EuGH v. 9.10.2014 – C-492/13, UR 2014, 943.

Bei einer **Abholung** durch einen Beauftragten des Abnehmers, insbesondere bei 96
Pkw gegen Barzahlung, bestehen gesteigerte Sorgfaltspflichten bezüglich der
Identität des angeblichen Abnehmers oder der behaupteten Beauftragung der abholenden Person.[1]

Vertrauensschutz besteht – unter der verfehlten Prämisse, dass beim **Reihen-** 97
**geschäft** die Steuerbefreiung nur für diejenige Lieferung in Betracht kommen
soll, deren **Ort** sich nach § 3 Abs. 6 Satz 5 UStG bestimmt (*Rz. 37*) – auch dann,
wenn der erste Lieferer aufgrund falscher Angaben seines Abnehmers davon ausging, dass das für seine Lieferung zutreffe.[2]

## II. Abnehmer als Steuerschuldner (Satz 2)

Erhält der Lieferer aufgrund der unrichtigen Angaben des Abnehmers Vertrau- 98
ensschutz, so schuldet der Abnehmer die entgangene Steuer gegenüber dem
deutschen Steuergläubiger (§ 6a Abs. 4 Satz 2 i.V.m. § 13a Abs. 1 Nr. 3 UStG).
Der Abnehmer wird so gestellt, wie wenn der Lieferer den Umsatz, wie es der
objektiven Rechtslage entspräche, zutreffend als steuerpflichtig behandelt und
dem Abnehmer die Umsatzsteuer berechnet hätte. Er soll mithin vom Gesetz
mit der **Steuer direkt belastet** werden, so dass es sich folglich nicht um eine Haftungsschuld (*§ 13a Rz. 8*), sondern um einen weiteren Fall der direkten Umsatzbesteuerung beim Verbraucher handelt, die zweifelsohne zulässig ist (vgl. *Vorbem. Rz. 19*).[3]

# § 7
# Lohnveredelung an Gegenständen der Ausfuhr

(1) Eine Lohnveredelung an einem Gegenstand der Ausfuhr (§ 4 Nr. 1 Buchstabe a) liegt vor, wenn bei einer Bearbeitung oder Verarbeitung eines Gegenstands der Auftraggeber den Gegenstand zum Zweck der Bearbeitung oder Verarbeitung in das Gemeinschaftsgebiet eingeführt oder zu diesem Zweck in diesem Gebiet erworben hat und

1. der Unternehmer den bearbeiteten oder verarbeiteten Gegenstand in das Drittlandsgebiet, ausgenommen Gebiete nach § 1 Abs. 3, befördert oder versendet hat oder

2. der Auftraggeber den bearbeiteten oder verarbeiteten Gegenstand in das Drittlandsgebiet befördert oder versendet hat und ein ausländischer Auftraggeber ist oder

---

1 Vgl. BFH v. 14.11.2012 – XI R 17/12, BStBl. II 2013, 407; BFH v. 25.4.2013 – V R 28/11, BStBl. II 2013, 656.
2 Vgl. BFH v. 11.8.2011 – V R 3/10, UR 2011, 909 – Rz. 29.
3 Vgl. auch EuGH v. 27.9.2007 – C-409/04, EuGHE 2007, I-7797 = UR 2007, 774 – Rz. 67; EuGH v. 16.12.2010 – C-430/09, EuGHE 2010, I-13335 = UR 2011, 176 – Rz. 38.

3. der Unternehmer den bearbeiteten oder verarbeiteten Gegenstand in die in § 1 Abs. 3 bezeichneten Gebiete befördert oder versendet hat und der Auftraggeber

   a) ein ausländischer Auftraggeber ist oder

   b) ein Unternehmer ist, der im Inland oder in den bezeichneten Gebieten ansässig ist und den bearbeiteten oder verarbeiteten Gegenstand für Zwecke seines Unternehmens verwendet.

Der bearbeitete oder verarbeitete Gegenstand kann durch weitere Beauftragte vor der Ausfuhr bearbeitet oder verarbeitet worden sein.

(2) Ausländischer Auftraggeber im Sinne des Absatzes 1 Satz 1 Nr. 2 und 3 ist ein Auftraggeber, der die für den ausländischen Abnehmer geforderten Voraussetzungen (§ 6 Abs. 2) erfüllt.

(3) Bei Werkleistungen im Sinne des § 3 Abs. 10 gilt Absatz 1 entsprechend.

(4) Die Voraussetzungen des Absatzes 1 sowie die Bearbeitung oder Verarbeitung im Sinne des Absatzes 1 Satz 2 müssen vom Unternehmer nachgewiesen sein. Das Bundesministerium der Finanzen kann mit Zustimmung des Bundesrates durch Rechtsverordnung bestimmen, wie der Unternehmer die Nachweise zu führen hat.

(5) Die Absätze 1 bis 4 gelten nicht für die sonstigen Leistungen im Sinne des § 3 Abs. 9a Nr. 2.

§ 12 UStDV
Ausfuhrnachweis bei Lohnveredelungen an Gegenständen der Ausfuhr

Bei Lohnveredelungen an Gegenständen der Ausfuhr (§ 7 des Gesetzes) sind die Vorschriften über die Führung des Ausfuhrnachweises bei Ausfuhrlieferungen (§§ 8 bis 11) entsprechend anzuwenden.

§ 13 UStDV
Buchmäßiger Nachweis bei Ausfuhrlieferungen und Lohnveredelungen an Gegenständen der Ausfuhr

(1) Bei Ausfuhrlieferungen und Lohnveredelungen an Gegenständen der Ausfuhr (§§ 6 und 7 des Gesetzes) hat der Unternehmer im Geltungsbereich des Gesetzes die Voraussetzungen der Steuerbefreiung buchmäßig nachzuweisen. Die Voraussetzungen müssen eindeutig und leicht nachprüfbar aus der Buchführung zu ersehen sein.

(2) Der Unternehmer hat regelmäßig Folgendes aufzuzeichnen:

1. die Menge des Gegenstands der Lieferung oder die Art und den Umfang der Lohnveredelung sowie die handelsübliche Bezeichnung einschließlich der Fahrzeug-Identifikationsnummer bei Fahrzeugen im Sinne des § 1b Absatz 2 des Gesetzes,

2. den Namen und die Anschrift des Abnehmers oder Auftraggebers,

3. den Tag der Lieferung oder der Lohnveredelung,

4. das vereinbarte Entgelt oder bei der Besteuerung nach vereinnahmten Entgelten das vereinnahmte Entgelt und den Tag der Vereinnahmung,

5. die Art und den Umfang einer Bearbeitung oder Verarbeitung vor der Ausfuhr (§ 6 Absatz 1 Satz 2, § 7 Absatz 1 Satz 2 des Gesetzes),

6. den Tag der Ausfuhr sowie

7. in den Fällen des § 9 Absatz 1 Satz 1 Nummer 1, des § 10 Absatz 1 Satz 1 Nummer 1 und des § 10 Absatz 3 die Movement Reference Number – MRN.

(3) In den Fällen des § 6 Absatz 1 Satz 1 Nummer 1 des Gesetzes, in denen der Abnehmer kein ausländischer Abnehmer ist, hat der Unternehmer zusätzlich zu den Angaben nach Absatz 2 aufzuzeichnen:

1. die Beförderung oder Versendung durch ihn selbst sowie
2. den Bestimmungsort.

(4) In den Fällen des § 6 Absatz 1 Satz 1 Nummer 3 des Gesetzes hat der Unternehmer zusätzlich zu den Angaben nach Absatz 2 aufzuzeichnen:

1. die Beförderung oder Versendung,
2. den Bestimmungsort sowie
3. in den Fällen, in denen der Abnehmer ein Unternehmer ist, auch den Gewerbezweig oder Beruf des Abnehmers und den Erwerbszweck.

...

(7) In den Fällen des § 7 Absatz 1 Satz 1 Nummer 1 des Gesetzes, in denen der Auftraggeber kein ausländischer Auftraggeber ist, ist Absatz 3 entsprechend anzuwenden. In den Fällen des § 7 Absatz 1 Satz 1 Nummer 3 Buchstabe b des Gesetzes ist Absatz 4 entsprechend anzuwenden.

*EU-Recht*
Art. 146 Abs. 1 Buchst. d MwStSystRL.

*VV*
Abschn. 7.1–7.4 UStAE.

| | | |
|---|---|---|
| **A. Allgemeines** ................ 1 | III. Gelangen des Gegenstandes in das Drittlandsgebiet .......... 13 | |
| **B. Voraussetzungen der Steuerbefreiung (Abs. 1–3)** | **C. Nachweisvoraussetzungen (Abs. 4)** ..................... 16 | |
| I. Be- oder Verarbeitung eines Gegenstandes................ 8 | **D. Unentgeltliche Dienstleistung (Abs. 5)** ..................... 17 | |
| II. Einfuhr oder Erwerb im Gemeinschaftsgebiet zum Zwecke der Bearbeitung ....... 10 | | |

## A. Allgemeines

Die Vorschrift definiert in § 7 Abs. 1 bis 3 UStG die Lohnveredelung an Gegenständen der Ausfuhr i.S.d. § 4 Nr. 1 Buchst. a UStG, welcher bestimmt, dass eine solche steuerfrei ist. § 7 Abs. 4 UStG enthält eine Verordnungsermächtigung, wonach durch Rechtsverordnung bestimmt werden kann, wie die Voraussetzungen der Steuerbefreiung nachzuweisen sind. § 7 Abs. 5 UStG ordnet an, dass § 7 Abs. 1 bis 4 UStG nicht für unentgeltliche sonstige Leistungen gelten sollen. § 7 UStG ist **Hilfsnorm** zu § 4 Nr. 1 Buchst. a UStG, da er selbst keine Rechtsfolge ausspricht und die Steuerfreiheit sich erst aus letztgenannter Vorschrift ergibt. Die eigentliche Befreiungsvorschrift ist demgemäß § 4 Nr. 1 Buchst. a UStG, welche deshalb vom Gesetz, wenn auf sie Bezug genommen wird, zumeist auch nur genannt wird (s. § 4 Nr. 1 und 2 Rz. 2). Das genaue Zitat der Rechtsnormen, aus denen sich im Einzelfall die Rechtsfolge der Steuerfreiheit ergibt, muss indes z.B. lauten: Der Umsatz ist steuerfrei nach „§ 4 Nr. 1 Buchst. a i.V.m. § 7 Abs. 1 Nr. 1 UStG".

2  Die Bezeichnung „**Lohnveredelung** an Gegenständen der Ausfuhr" umschreibt schlagwortartig die Dienstleistung (gegen „Lohn") in Gestalt der Be- oder Verarbeitung („Veredelung") eines Gegenstandes, welcher zu diesem Zwecke eingeführt oder erworben worden war und danach wie bei einer Ausfuhr in das Drittlandsgebiet gelangt. Da es nicht auf das Ergebnis der Dienstleistung, insbesondere nicht auf eine „Veredelung" ankommen kann, spricht die Richtlinie zutreffend statt von Lohnveredelungen in Übereinstimmung mit Art. 54 Abs. 2 Buchst. b MwStSystRL neutral von „Dienstleistungen in Form von Arbeiten an beweglichen körperlichen Gegenständen" (Art. 146 Abs. 1 Buchst. d MwStSystRL). Mithin ist für die Auslegung der Begriffe „Bearbeitung" und „Verarbeitung" (auch) die Rechtsprechung des EuGH zu Art. 54 Abs. 2 Buchst. b MwStSystRL zu beachten.

3  Diese Befreiung verwirklicht entsprechend dem Wesen der Umsatzsteuer als Verbrauchsteuer, wonach nur der Verbrauch im Inland zu besteuern ist, das sog. **Bestimmungslandprinzip** auch bei Dienstleistungen an Gegenständen, welche in das Drittlandsgebiet gelangen. Mit der Befreiung im Ursprungsland korrespondiert im Regelfall eine Besteuerung im Bestimmungsland in Gestalt einer Einfuhrumsatzsteuer auf den (veredelten) Gegenstand. Der **Zweck** dieser Steuerbefreiung im Ursprungsland liegt in der **Schaffung gleicher Wettbewerbsbedingungen** für die inländischen Dienstleister gegenüber den konkurrierenden Dienstleistern im Bestimmungsland. Um eine **vollständige Entlastung von deutscher Umsatzsteuer** zu gewährleisten, erhält der Unternehmer auch die seiner sonstigen Leistung **zuzurechnenden Vorsteuern vergütet** (§ 15 Abs. 3 Nr. 1 Buchst. a UStG; s. auch § 15 Rz. 424).

4  § 7 UStG (i.V.m. § 4 Nr. 1 Buchst. a UStG) befreit nur die genannten Dienstleistungen an Gegenständen, die **in das Drittlandsgebiet** (dazu § 6 Rz. 6) gelangen. Der Umstand, dass bei der Beförderung oder Versendung in das Drittlandsgebiet der Gegenstand durch das übrige Gemeinschaftsgebiet bewegt wird, ist ohne Belang. Die Steuerbefreiung setzt die Steuerbarkeit des Umsatzes voraus. Ist der **Auftraggeber** ein **im Drittlandsgebiet** mit Stammhaus oder fester Niederlassung **ansässiger Unternehmer**, so ist der **Ort** der Dienstleistung bereits nach § 3a Abs. 2 UStG im Drittlandsgebiet, wenn die Dienstleistung für den im Drittland belegenen Unternehmensteil erfolgt, so dass der Umsatz schon nicht steuerbar ist. Die Steuerbefreiung ist deshalb nur noch von Bedeutung bei **im Inland ansässigen Unternehmern** (und juristischen Personen mit USt-IdNr.) **als Auftraggebern** (zur Bedeutung des § 3a Abs. 8 UStG s. § 3a Rz. 147) sowie bei **Nichtunternehmern**, bei denen der Ort nach § 3a Abs. 3 Nr. 3 Buchst. c UStG im Inland ist.

Für entsprechende Dienstleistungen an Gegenständen, die bestimmungsgemäß in das übrige Gemeinschaftsgebiet gelangen, besteht keine Steuerbefreiung. Es kann allerdings der Auftraggeber, wenn er Unternehmer ist, durch Verwendung der USt-IdNr. eines anderen Mitgliedstaates den Ort der sonstigen Leistung, welcher grundsätzlich dort ist, wo die Be- oder Verarbeitung des Gegenstandes im Wesentlichen stattfindet, in den betreffenden Mitgliedstaat verlagern (§ 3a Abs. 2 UStG; *§ 3a Rz. 17*) und damit die gleiche Wirkung herbeiführen. Damit ist dann allerdings die Steuerschuldnerschaft des Auftraggebers verbunden (Art. 196 i.V.m. Art. 44 MwStSystRL).

Die Be- oder Verarbeitung eines Gegenstandes des Auftraggebers kann auch zu einer Lieferung führen. Das ist der Fall, wenn der Unternehmer dabei eigene Gegenstände einfügt, welche nicht nur Nebensachen oder Zutaten einer komplexen, einheitlichen Leistung darstellen, die als Dienstleistung anzusehen wäre, sondern das Wesen der komplexen Leistung bestimmen, so dass von einer sog. **Werklieferung** (§ 3 Abs. 4 UStG) auszugehen ist. In diesem Fall bestimmt sich die Steuerbefreiung nach § 4 Nr. 1 Buchst. a i.V.m. § 6 UStG (*§ 6 Rz. 5*). Steht bei einer Bearbeitung oder Verarbeitung eines Gegenstandes des Auftraggebers hingegen das Dienstleistungselement im Vordergrund, so liegt trotz der Lieferung von Material (Zutaten, Nebensachen) eine **sonstige Leistung** (sog. **Werkleistung**) vor (*§ 3 Rz. 106 u. 108*), für die die Steuerbefreiung nach § 7 UStG in Betracht kommt. Die **Abgrenzung** ist dann von **Bedeutung**, wenn der bearbeitete oder verarbeitete Gegenstand vom Auftraggeber nicht zu diesem Zwecke in das Gemeinschaftsgebiet eingeführt oder hier erworben wurde (*Rz. 10 ff.*), weil das im Rahmen des § 6 UStG ohne Bedeutung ist.

Die Abgrenzungsproblematik ergibt sich vor allem bei **Reparaturen**. Das BMF geht aus Vereinfachungsgründen davon aus, dass eine Werklieferung vorliegt, wenn der Entgeltsteil, der auf das bei der Reparatur verwendete Material entfällt, mehr als die Hälfte des für die Reparatur berechneten Gesamtentgelts beträgt.[1] Das führt zu willkürlichen Ergebnissen (*Rz. 12 Beispiel*). Wenn allerdings das **Material gesondert berechnet** wird, dann ist m.E. insoweit von einer gesonderten Lieferung auszugehen (*§ 3 Rz. 111*), für welche die Steuerbefreiung nach § 6 UStG in Betracht kommt.

Nach dem Wortlaut des § 7 Abs. 1 UStG läge eine „Ausfuhr" des veredelten Gegenstandes nur dann vor, wenn dieser tatsächlich in das Drittlandsgebiet gelangt. Folglich wäre die Steuerbefreiung nach § 4 Nr. 1 Buchst. a UStG zu versagen, wenn der **Gegenstand** das Drittlandsgebiet nicht erreicht, sondern während des Transportes im Inland oder bei der Durchfuhr im übrigen Gemeinschaftsgebiet **untergeht**. Das widerspräche indes dem Zweck der Befreiungsvorschrift (*Rz. 3*). Da die an dem Gegenstand erbrachte Dienstleistung nicht im Inland verbraucht worden ist, muss sie so behandelt werden, als sei sie mit dem Gegenstand in das Drittlandsgebiet gelangt (vgl. *§ 6 Rz. 10 u. 13 sowie § 6a Rz. 16 f.*).

## B. Voraussetzungen der Steuerbefreiung (Abs. 1–3)
## I. Be- oder Verarbeitung eines Gegenstandes

Die vom Gesetz geforderte Bearbeitung oder Verarbeitung des Gegenstandes muss **nicht** zu dessen **Veränderung** führen. Dem Gesetzeszweck (*Rz. 3*) entspre-

---

1 Abschn. 7.4 Abs. 1 Satz 3 i.V.m. Abschn. 3.8 Abs. 6 Satz 7 UStAE.

chend und wegen des Gebotes richtlinienkonformer Auslegung ist lediglich Voraussetzung, dass **Arbeiten an dem Gegenstand** (Art. 146 Abs. 1 Buchst. d MwStSystRL) erfolgen (dazu *§ 3a Rz. 64*). Dazu gehört z.B. auch die Wartung oder Reinigung eines Kraftfahrzeuges.[1] Darüber hinaus wird m.E. auch die den Arbeiten an einem Gegenstand gleichgestellte (§ 3a Abs. 3 Nr. 3 Buchst. c UStG, Art. 54 Abs. 2 Buchst. b MwStSystRL) **Begutachtung** eines solchen von der Steuerbefreiung erfasst, da auch diese Dienstleistung im Bestimmungsland (Drittlandsgebiet) verbraucht wird.

9   Erhält der Auftraggeber nicht seinen **Gegenstand**, sondern einen **gleichartigen** i.S.d. § 3 Abs. 10 UStG **zurück**, so liegt auch dann eine Dienstleistung i.S.d. § 7 Abs. 1 UStG an einem Gegenstand des Auftraggebers vor (§ 7 **Abs. 3** UStG).

## II. Einfuhr oder Erwerb im Gemeinschaftsgebiet zum Zwecke der Bearbeitung

10  Der Gegenstand, an dem Arbeiten ausgeführt worden sind, muss vom Auftraggeber der Dienstleistung zwecks Durchführung dieser Arbeiten im Gemeinschaftsgebiet **erworben** oder **eingeführt** worden sein.[2] Die Einfuhr muss lediglich zu diesem Zwecke vom Auftraggeber veranlasst worden sein, so dass eine Einfuhr durch den Auftraggeber auch dann vorliegt, wenn der Gegenstand **vom Auftragnehmer** oder dessen Beauftragten **abgeholt** wird.[3]

11  Keine Einfuhr zum Zwecke von Arbeiten an dem Gegenstand liegt vor, wenn dieser zu einem **anderen Zweck** in das Gemeinschaftsgebiet gelangt ist, wie z.B. bei **Einreise mit** einem Kraftfahrzeug oder anderen **Beförderungsmittel** zu **Urlaubszwecken**, welches unerwartet repariert werden muss.[4]

12  **Beispiel**

Der in Norwegen ansässige N muss auf der Rückfahrt aus dem Italienurlaub in Hamburg seinen Pkw reparieren lassen. Werkstattunternehmer W berechnet für die ausgewechselten Teile 500 € und an Lohnkosten (a) 300 €, alternativ (b) 600 €. Kann W den Umsatz (die Umsätze als steuerfrei behandeln, wenn der Wagen anschließend in das Drittlandsgebiet gelangt?

Nach Auffassung des BMF, der von einer einheitlichen Leistung ausgeht, soll das davon abhängen, ob diese Leistung als Werklieferung oder als sog. Werkleistung anzusehen sei. Für Erstere kommt die Steuerfreiheit der Auslieferung (§ 4 Nr. 1 Buchst. a i.V.m. § 6 Abs. 1 Nr. 2 und Abs. 2 Nr. 1 UStG, *§ 6 Rz. 5, 11, 13 f., 17 ff.*) in Betracht. Handele es sich hingegen um eine Werkleistung, so sei eine Steuerbefreiung nach § 7 UStG ausgeschlossen, weil das Fahrzeug nicht zum Zwecke der Bearbeitung in das Gemeinschaftsgebiet eingeführt worden sei. Das BMF stellt für die Abgrenzung darauf ab, ob die Lohn- oder die Materialkosten überwiegen (*Rz. 6*). Danach läge im Fall a eine steuerfreie Werklieferung vor (sofern die übrigen Voraussetzungen des § 6 UStG erfüllt sind) und im Fall b eine steuerpflichtige Werkleistung vor. Die **Ergebnisse** sind **willkürlich**. Richtigerweise ist in beiden Fällen von einer gesonderten Lieferung der eingebauten Teile, auf die die Steuerbefreiung nach § 6 UStG angewendet werden kann, und von einer steuerpflichtigen Werkleistung auszugehen (*§ 3 Rz. 111*).

---

1 BFH v. 30.9.1999 – V R 77/98, BStBl. II 2000, 14 (16); Abschn. 7.3 Abs. 3 Satz 1 UStAE.
2 Dazu Abschn. 7.1 Abs. 2 ff. UStAE.
3 Vgl. Abschn. 7.1 Abs. 2 Satz 4 UStAE.
4 Vgl. Abschn. 7.1 Abs. 6 UStAE.

## III. Gelangen des Gegenstandes in das Drittlandsgebiet

Der bearbeitete oder verarbeitete Gegenstand muss **in das Drittlandsgebiet** befördert oder versendet werden (zum Untergang während des Transports s. *Rz. 7*). Die dafür von § 7 Abs. 1 Satz 1 Nr. 1 bis 3 UStG aufgestellten **Anforderungen entsprechen** im Ergebnis denen des § 6 Abs. 1 Satz 1 Nr. 1 bis 3 UStG bei **Ausfuhrlieferungen** (dazu *§ 6 Rz. 9 ff.*). Die von § 7 Abs. 2 UStG aufgestellten Voraussetzungen für die Annahme eines **ausländischen Auftraggebers** entsprechen denen des § 6 Abs. 2 UStG für den ausländischen Abnehmer (*§ 6 Rz. 17 ff.*).

13

Ein eingeführter Gegenstand muss nicht in das Herkunftsland gelangen, sondern kann in ein beliebiges **anderes Drittland** verbracht werden. Gelangt der Gegenstand in das übrige Gemeinschaftsgebiet, so greift keine Steuerbefreiung ein. Es entfällt allerdings die Steuerbarkeit, wenn der Auftraggeber Unternehmer ist und eine Umsatzsteuer-Identifikationsnummer eines anderen Mitgliedstaates verwendet (*Rz. 4*).

14

Der be- oder verarbeitete Gegenstand muss nicht sogleich in das Drittlandsgebiet gelangen (vgl. *§ 6 Rz. 13*). Er kann zudem **durch weitere Beauftragte** vor der Ausfuhr **be- oder verarbeitet** werden (§ 7 **Abs. 1 Satz 2** UStG). Bei diesen Beauftragten kann es sich um Beauftragte des Auftraggebers oder eines folgenden Auftraggebers handeln.[1]

15

## C. Nachweisvoraussetzungen (Abs. 4)

Die Voraussetzungen der Steuerbefreiung sind vom Unternehmer, welcher die Steuerbefreiung in Anspruch nimmt, nachzuweisen (§ 7 Abs. 4 Satz 1 UStG). § 7 Abs. 4 Satz 2 UStG ermächtigt das BMF, durch Rechtsverordnung zu bestimmen, wie die Nachweise zu führen sind. Von dieser Ermächtigung ist durch die §§ 12 und 13 UStDV Gebrauch gemacht worden. Verlangt werden ein **Ausfuhrnachweis** in Gestalt eines Beleges, auf den die §§ 8–11 UStDV entsprechend anzuwenden sind (§ 12 UStDV)[2] und ein sog. **Buchnachweis** (§ 13 Abs. 1, 2 und 7 i.V.m. Abs. 3 und 4 UStDV).[3] Die Ausführungen zum Nachweis bei Ausfuhrlieferungen (*§ 6 Rz. 30 ff.*) gelten entsprechend.

16

## D. Unentgeltliche Dienstleistung (Abs. 5)

Bei einer sonstigen Leistung i.S.d. § 3 Abs. 9a Nr. 2 UStG gilt die **Steuerbefreiung nicht** (§ 7 Abs. 5 UStG). Diese Regelung **widerspricht** dem **Bestimmungslandprinzip**, da die Dienstleistung nicht im Inland (Ursprungsland) verbraucht wird. Sie verstößt auch gegen Art. 146 Abs. 1 Buchst. d MwStSystRL, der nur von Dienstleistungen spricht und damit auch die unentgeltlichen umfasst.

17

Ferner liegt bei einer unentgeltlichen Dienstleistung an eine **nahestehende Gesellschaft** im Drittlandsgebiet ein **Verstoß** gegen den verfassungsrechtlich wie auch unionsrechtlich gebotenen Grundsatz der **Rechtsformneutralität** (*Vorbem.*

18

---

1 Abschn. 7.1 Abs. 7 UStAE.
2 Dazu näher Abschn. 7.2 UStAE.
3 Dazu näher Abschn. 7.3 UStAE.

Rz. 48 u. 77) vor. Während bei einer unentgeltlichen Dienstleistung gegenüber einer im Drittlandsgebiet ansässigen Tochtergesellschaft nach § 7 Abs. 5 UStG eine endgültige Umsatzsteuerbelastung eintritt, da der Ort im Inland liegt (§ 3f Rz. 8), ist das nicht der Fall, wenn der Gegenstand für eine unselbständige Zweigniederlassung (§ 2 Rz. 137) im Drittlandsgebiet be- oder verarbeitet wird, obwohl eine Tochtergesellschaft wirtschaftlich dieselbe Funktion wie eine unselbständige Zweigniederlassung hat. Die Regelung des § 7 Abs. 5 UStG verstößt mithin gegen das Gebot der Rechtsformneutralität, da die Umsatzsteuerbelastung nicht von dem Rechtskleid abhängig sein darf, in dem der Unternehmer seine wirtschaftliche Tätigkeit ausübt (vgl. zur entsprechenden Problematik bei unentgeltlichen Lieferungen § 6 Rz. 45 ff.).

# § 8
# Umsätze für die Seeschifffahrt und für die Luftfahrt

(1) Umsätze für die Seeschifffahrt (§ 4 Nr. 2) sind:

1. die Lieferungen, Umbauten, Instandsetzungen, Wartungen, Vercharterungen und Vermietungen von Wasserfahrzeugen für die Seeschifffahrt, die dem Erwerb durch die Seeschifffahrt oder der Rettung Schiffbrüchiger zu dienen bestimmt sind (aus Positionen 8901 und 8902 00, aus Unterposition 8903 92 10, aus Position 8904 00 und aus Unterposition 8906 90 10 des Zolltarifs);

2. die Lieferungen, Instandsetzungen, Wartungen und Vermietungen von Gegenständen, die zur Ausrüstung der in Nummer 1 bezeichneten Wasserfahrzeuge bestimmt sind;

3. die Lieferungen von Gegenständen, die zur Versorgung der in Nummer 1 bezeichneten Wasserfahrzeuge bestimmt sind. Nicht befreit sind die Lieferungen von Bordproviant zur Versorgung von Wasserfahrzeugen der Küstenfischerei;

4. die Lieferungen von Gegenständen, die zur Versorgung von Kriegsschiffen (Unterposition 8906 10 00 des Zolltarifs) auf Fahrten bestimmt sind, bei denen ein Hafen oder ein Ankerplatz im Ausland und außerhalb des Küstengebiets im Sinne des Zollrechts angelaufen werden soll;

5. andere als die in den Nummern 1 und 2 bezeichneten sonstigen Leistungen, die für den unmittelbaren Bedarf der in Nummer 1 bezeichneten Wasserfahrzeuge, einschließlich ihrer Ausrüstungsgegenstände und ihrer Ladungen, bestimmt sind.

(2) Umsätze für die Luftfahrt (§ 4 Nr. 2) sind:

1. die Lieferungen, Umbauten, Instandsetzungen, Wartungen, Vercharterungen und Vermietungen von Luftfahrzeugen, die zur Verwendung durch Unternehmer bestimmt sind, die im entgeltlichen Luftverkehr überwiegend grenzüberschreitende Beförderungen oder Beförderungen auf ausschließlich im Ausland gelegenen Strecken und nur in unbedeutendem Umfang nach § 4

Nummer 17 Buchstabe b steuerfreie, auf das Inland beschränkte[1] Beförderungen durchführen;

2. die Lieferungen, Instandsetzungen, Wartungen und Vermietungen von Gegenständen, die zur Ausrüstung der in Nummer 1 bezeichneten Luftfahrzeuge bestimmt sind;
3. die Lieferungen von Gegenständen, die zur Versorgung der in Nummer 1 bezeichneten Luftfahrzeuge bestimmt sind;
4. andere als die in den Nummern 1 und 2 bezeichneten sonstigen Leistungen, die für den unmittelbaren Bedarf der in Nummer 1 bezeichneten Luftfahrzeuge, einschließlich ihrer Ausrüstungsgegenstände und ihrer Ladungen, bestimmt sind.

(3) Die in den Absätzen 1 und 2 bezeichneten Voraussetzungen müssen vom Unternehmer nachgewiesen sein. Das Bundesministerium der Finanzen kann mit Zustimmung des Bundesrates durch Rechtsverordnung bestimmen, wie der Unternehmer den Nachweis zu führen hat.

§ 18 UStDV
Buchmäßiger Nachweis bei Umsätzen für die Seeschifffahrt und für die Luftfahrt

Bei Umsätzen für die Seeschifffahrt und für die Luftfahrt (§ 8 des Gesetzes) ist § 13 Abs. 1 und 2 Nr. 1 bis 4 entsprechend anzuwenden. Zusätzlich soll der Unternehmer aufzeichnen, für welchen Zweck der Gegenstand der Lieferung oder die sonstige Leistung bestimmt ist.

*EU-Recht*

Art. 148 u. 150 MwStSystRL.

*VV*

Abschn. 8.1–8.3 UStAE.

| | | | |
|---|---|---|---|
| A. Allgemeines | 1 | II. Versorgung von Kriegsschiffen (Nr. 4) | 8 |
| B. Umsätze für die Seeschifffahrt (Abs. 1) | | C. Umsätze für die entgeltliche internationale Luftfahrt (Abs. 2) | 9 |
| I. Umsätze für die Erwerbsseeschifffahrt und die Schifffahrt zur Rettung Schiffbrüchiger (Nr. 1–3, 5) | 4 | D. Aufzeichnungspflichten (Abs. 3) | 13 |

## A. Allgemeines

Die Vorschrift definiert in § 8 Abs. 1 und 2 UStG die Umsätze für die Seeschifffahrt und für die Luftfahrt i.S.d. § 4 Nr. 2 UStG, welcher bestimmt, dass diese steuerfrei sind. § 8 Abs. 3 UStG enthält eine Verordnungsermächtigung, mittels deren durch Rechtsverordnung bestimmt werden kann, wie die Voraussetzungen der Steuerbefreiung nachzuweisen sind. § 8 UStG ist **Hilfsnorm** zu § 4 Nr. 2 UStG, da er selbst keine Rechtsfolge ausspricht und die Steuerfreiheit sich erst

1

---

1 Geändert mit Wirkung vom 1.7.2013 durch das AmtshilfeRLUmsG.

aus letztgenannter Vorschrift ergibt. Die eigentliche Befreiungsvorschrift ist demgemäß diese, welche deshalb vom Gesetz, wenn auf sie Bezug genommen wird, zumeist auch nur genannt wird (s. *§ 4 Nr. 1 und 2 Rz. 2*). Das genaue Zitat der Rechtsnormen, aus denen sich im Einzelfall die Rechtsfolge der Steuerfreiheit ergibt, muss indes z.B. lauten: Der Umsatz ist steuerfrei nach „§ 4 Nr. 2 i.V.m. § 8 Abs. 1 Nr. 1 UStG".

2 Diese Befreiung der Umsätze für die Seeschifffahrt und die Luftfahrt fällt aus dem Rahmen des Mehrwertsteuersystems mit Vorsteuerabzug, da sie eine **Vorstufenbefreiung** darstellt. Sie dient der **Vereinfachung**.[1] Weil die in der Vorschrift genannten Seeschiffe, Luftfahrzeuge usw. durchgängig von Unternehmern zur Ausführung steuerpflichtiger Umsätze oder aber zur Ausführung nicht steuerbarer bzw. steuerfreier Umsätze verwendet werden, die gleichwohl jeweils zum Vorsteuerabzug berechtigten (§ 15 Abs. 3 Nr. 1 Buchst. a bzw. Nr. 2 Buchst. a UStG), werden die Umsätze von vornherein als steuerfrei behandelt, damit die Abnehmer nicht ständig Vorsteuervergütungen hinsichtlich der anderenfalls in Rechnung gestellten Steuern geltend machen müssen.

3 Die Befreiung gilt grundsätzlich **nur** für die genannten Umsätze, die **unmittelbar** gegenüber Unternehmern der Seeschifffahrt oder des Luftverkehrs ausgeführt werden, d.h. nicht für entsprechende Umsätze auf vorhergehenden Stufen sowie vorhergehender Lieferer im Reihengeschäft. Nicht nur die in § 8 Abs. 1 Nr. 5 und Abs. 2 Nr. 4 UStG genannten sonstigen Leistungen, bei denen das ausdrücklich bestimmt ist, sondern grundsätzlich alle Leistungen müssen unmittelbar gegenüber den Betreibern der Fahrzeuge erbracht werden[2] (s. auch *Rz. 7 u. 12*). Die Unmittelbarkeit ist **nicht** erforderlich **bei Lieferungen** dieser Fahrzeuge **an Vermieter**, welche diese Fahrzeuge ausschließlich an Betreiber i.S. des § 8 Abs. 1 Nr. 1 bzw. Nr. 2 UStG überlassen.[3] Allerdings ist das Unmittelbarkeitserfordernis ohnehin bei Leistungen an Unternehmer auf vorhergehenden Stufen materiell ohne Auswirkung, da sie vorsteuerabzugsberechtigt sind (§ 15 Abs. 3 Nr. 1 Buchst. a i.V.m. § 4 Nr. 2 UStG).

## B. Umsätze für die Seeschifffahrt (Abs. 1)

### I. Umsätze für die Erwerbsseeschifffahrt und die Schifffahrt zur Rettung Schiffbrüchiger (Nr. 1–3, 5)

4 Steuerfrei sind **Lieferungen**, Umbauten, Instandsetzungen, **Wartungen**, Vercharterungen[4] und **Vermietungen** von **Wasserfahrzeugen** für die Seeschifffahrt, die

---

1 Reg.-Begr. zum Entwurf des UStG 1979, BT-Drucks. 8/1779 – zu § 4 Nr. 2 und zu § 8 Abs. 2; zuvor bereits Bericht des Finanzausschusses zum UStG 1967, BT-Drucks. V/1581 – zu § 4 Nr. 4 UStG aF (entspricht § 4 Nr. 2 UStG). Vgl. auch EuGH v. 19.7.2012 – C-33/11, UR 2012, 873 – Rz. 44 f., 54 ff.
2 Vgl. EuGH v. 26.6.1990 – C-185/89, EuGHE 1990, I-2561 = UR 1991, 352; EuGH v. 14.9.2006 – C-181/04 bis C-183/04, EuGHE 2006, I-8167 = UR 2007, 268 – Rz. 22–24; BFH v. 6.12.2001 – V R 23/01, BStBl. II 2002, 257; Abschn. 8.1 Abs. 1 UStAE.
3 Vgl. EuGH v. 19.7.2012 – C-33/11, UR 2012, 873; Abschn. 8.1 Abs. 1 Satz 2 i.V.m. Abschn. 8.2 Abs. 1 UStAE.
4 Teil- oder Vollvercharterung; EuGH v. 18.10.2007 – C-97/06, EuGHE 2007, I-8755 = UR 2007, 895.

dem **Erwerb** durch die Seeschifffahrt[1] oder der **Rettung Schiffbrüchiger** zu dienen bestimmt sind[2] (§ 8 Abs. 1 Nr. 1 UStG). Nicht dem Erwerb durch die Seeschifffahrt dienen Wasserfahrzeuge, die hoheitlichen, wissenschaftlichen o.ä. Zwecken dienen.

Auch **Wassersportfahrzeuge** dienen nicht dem Erwerb durch die Seeschifffahrt, wenn diese vermietet oder verchartert werden.[3] Etwas anderes folgt m.E. auch nicht aus Art. 148 Buchst. c i.V.m. Buchst. a MwStSystRL. Zwar ist nach dem Wortlaut dieser Bestimmung die Vercharterung von Schiffen, die auf hoher See für gewerbliche Zwecke eingesetzt werden, steuerbefreit, diese Voraussetzungen sind jedoch bei der Vermietung oder Vercharterung von Wassersportfahrzeugen nicht erfüllt, auch wenn es sich dabei um eine gewerbliche Tätigkeit handelt. Die Befreiungsvorschrift hat ersichtlich nur die typischen gewerblichen Tätigkeiten auf hoher See im Auge, bei denen eine Privatnutzung des Wasserfahrzeugs durch den Unternehmer regelmäßig nicht vorkommt. Das ist indes bei Wassersportfahrzeugen typischerweise der Fall.

Steuerfrei sind auch die **Lieferungen, Instandsetzungen, Wartungen** und **Vermietungen** von Gegenständen, die zur **Ausrüstung** der in § 8 Abs. 1 Nr. 1 UStG bezeichneten Wasserfahrzeuge bestimmt sind (§ 8 Abs. 1 Nr. 2 UStG)[4], sowie **Lieferungen** von Gegenständen, die zur **Versorgung** der in § 8 Abs. 1 Nr. 1 UStG bezeichneten **Wasserfahrzeuge** bestimmt sind[5], mit **Ausnahme** des **Bordproviants** für die Küstenschifferei[6] (§ 8 Abs. 1 Nr. 3 UStG).

Befreit sind ferner weitere **Dienstleistungen**, die für den **unmittelbaren Bedarf** der in § 8 Abs. 1 Nr. 1 UStG bezeichneten Wasserfahrzeuge, einschließlich ihrer Ausrüstungsgegenstände und ihrer Ladungen, bestimmt sind (§ 8 Abs. 1 Nr. 5 UStG).[7] Leistungsempfänger muss der Betreiber des Fahrzeuges sein (*Rz. 3*). Folglich sind Dienstleistungen an Wasser- und Schifffahrtsbehörden auch dann nicht befreit, wenn sie letztlich der Seeschifffahrt zugutekommen.[8] Nicht zu den Leistungen für den unmittelbaren Bedarf zählen Vermittlungsleistungen[9]; diese können jedoch nach § 4 Nr. 5 UStG steuerfrei sein.

---

1 Dazu näher Abschn. 8.1 Abs. 1 und 2 UStAE; vgl. auch EuGH v. 14.9.2006 – C-181/04 bis C-183/04, EuGHE 2006, I-8167 = UR 2007, 268; EuGH v. 22.12.2010 – C-116/10, EuGHE 2010, I-14187 = UR 2011, 694 – Hochseevergnügungsreise.
2 Aus Positionen 8901 und 8902 00, aus Unterposition 8903 9210, aus Position 8904 00 und aus Unterposition 8906 9010 ZT.
3 BFH v. 13.2.1992 – V R 140/90, BStBl. II 1992, 573 – hochseegängige Segelyacht; vgl. auch EuGH v. 22.12.2010 – C-116/10, EuGHE 2010, I-14187 = UR 2011, 694 – Hochseevergnügungsreise.
4 Dazu näher Abschn. 8.1 Abs. 3 UStAE.
5 Dazu näher Abschn. 8.1 Abs. 4 UStAE. Nicht darunter fällt Dialysematerial für ein Kreuzfahrtschiff; FG Hamburg v. 13.2.2013 – 5 K 20/11, EFG 2013, 1274 – Rev.-Az. XI R 20/13.
6 Dazu näher Abschn. 8.1 Abs. 5 UStAE.
7 Dazu näher Abschn. 8.1 Abs. 7 UStAE; zu Personalgestellungen auch FG Hamburg v. 10.2.2009 – 2 K 268/06, EFG 2009, 1067.
8 BFH v. 6.12.2001 – V R 23/01, BStBl. II 2002, 257 – Unterhalten einer Lotseneinrichtung im Auftrag der Behörde; FG Hamburg v. 29.8.2007 – 5 K 198/06, EFG 2008, 174.
9 Abschn. 8.1 Abs. 8 UStAE.

## II. Versorgung von Kriegsschiffen (Nr. 4)

8   Steuerbefreit sind auch die Lieferungen zur Versorgung von Kriegsschiffen **für Fahrten**, bei denen ein Hafen oder Ankerplatz **außerhalb** des staatsrechtlichen **Inlands** angelaufen werden soll (§ 8 Abs. 1 Nr. 4 UStG).[1]

## C. Umsätze für die entgeltliche internationale Luftfahrt (Abs. 2)

9   Steuerfrei sind die **Lieferungen, Umbauten,** Instandsetzungen, **Wartungen,** Vercharterungen und **Vermietungen** von Luftfahrzeugen, die zur Verwendung durch Unternehmer bestimmt sind, die im **entgeltlichen Luftverkehr überwiegend grenzüberschreitende** Beförderungen **oder** Beförderungen auf ausschließlich **im Ausland** gelegenen Strecken durchführen (§ 8 Abs. 2 Nr. 1 UStG). Bei im Ausland ansässigen Luftverkehrsunternehmen wird davon ausgegangen, dass sie diese Voraussetzungen der Befreiung erfüllen, bei im Inland ansässigen, wenn sie in einer vom **BMF** herausgegebenen **Liste**[2] aufgeführt sind.[3]

10  Hinzu kommen muss, dass dieser Unternehmer, d.h. der Leistungsempfänger, nur in unbedeutendem Umfang nach § 4 Nr. 17 Buchst. b UStG steuerfreie, auf das Inland beschränkte Beförderungen (**Krankentransporte**) durchführt (§ 8 Abs. 2 Nr. 1 a.E. UStG). Diese zum 1.7.2013 geänderte Fassung soll bewirken, dass Luftfahrtunternehmen, die in nicht unbedeutendem Umfang[4] rein inländische Krankentransporte ausführen, hinsichtlich der Vorbezüge nicht besser gestellt sind als andere Unternehmer, die entsprechende Beförderungen i.S.d. § 4 Nr. 17 Buchst. b UStG mit Land- o.ä. Fahrzeugen durchführen.[5] Diese Voraussetzungen beziehen sich auf den die Leistung empfangenden Unternehmer, nicht auf den konkreten Einsatz des betreffenden Flugzeuges.[6]

11  Steuerbefreit sind ferner die **Lieferungen, Instandsetzungen, Wartungen** und **Vermietungen** von Gegenständen, die zur **Ausrüstung**, sowie die Lieferungen von Gegenständen, die zur **Versorgung**[7] der in § 8 Abs. 2 Nr. 1 UStG bezeichneten Luftfahrzeuge bestimmt sind (§ 8 Abs. 2 Nr. 2 und 3 UStG).

Es muss sich mithin um die Ausrüstung oder Versorgung von Luftfahrzeugen handeln, welche zu den in § 8 Abs. 2 Nr. 1 UStG beschriebenen Zwecken (*Rz. 9*) verwendet werden.

12  Befreit sind ferner weitere **Dienstleistungen**, die für den **unmittelbaren Bedarf** der in § 8 Abs. 2 Nr. 1 UStG bezeichneten Luftfahrzeuge, einschließlich ihrer Ausrüstungsgegenstände und ihrer Ladungen, bestimmt sind (§ 8 Abs. 2 Nr. 4 UStG).[8] Leistungsempfänger muss der Betreiber des Fahrzeuges sein (*Rz. 3*). Folglich sind Dienstleistungen an Luftaufsichtsbehörden auch dann nicht be-

---

1 Dazu näher Abschn. 8.1 Abs. 6 i.V.m. Abs. 4 UStAE.
2 Zuletzt BMF v. 6.1.2015 – IV D 3 - S 7155-a/14/10001, BStBl. I 2015, 120 – Stand: 1.1.2015.
3 Dazu näher Abschn. 8.2 Abs. 3 Sätze 5 bis 7 i.V.m. Abs. 4 und 5 UStAE.
4 Abschn. 8.2 Abs. 2 UStAE: Zu mehr als 1 % der Flüge im Personverkehr.
5 Vgl. Begr. zu Art. 9 Nr. 4 JStG-RegE 2013, BR-Drucks. 302/12.
6 Abschn. 8.2 Abs. 3 Satz 4 UStAE.
7 Dazu Abschn. 8.2 Abs. 6 i.V.m. Abschn. 8.1 Abs. 4 UStAE.
8 Dazu näher Abschn. 8.2 Abs. 6 und 7 UStAE.

freit, wenn sie letztlich der Luftfahrt zugute kommen.[1] Nicht zu den Leistungen für den unmittelbaren Bedarf zählen Vermittlungsleistungen[2]; diese können jedoch nach § 4 Nr. 5 UStG steuerfrei sein.

## D. Aufzeichnungspflichten (Abs. 3)

Die Voraussetzungen der Steuerbefreiung sind vom Unternehmer, welcher die Steuerbefreiung in Anspruch nimmt, nachzuweisen (§ 8 Abs. 3 Satz 1 UStG). § 8 Abs. 3 Satz 2 UStG ermächtigt das BMF, durch Rechtsverordnung zu bestimmen, wie die Nachweise zu führen sind. Von dieser Ermächtigung ist durch § 18 UStDV Gebrauch gemacht worden. Danach sind Aufzeichnungen als sog. **Buchnachweis** in entsprechender Anwendung der Bestimmungen des § 13 Abs. 1 und 2 Nr. 1 bis 4 UStDV zu führen. Die Ausführungen zum Nachweis bei Ausfuhrlieferungen (*§ 6 Rz. 42 ff.*) gelten entsprechend. Ferner soll der Unternehmer aufzeichnen, für welchen Zweck der Gegenstand der Lieferung oder die sonstige Leistung bestimmt ist (§ 18 Satz 2 UStDV).[3]

13

# § 9
# Verzicht auf Steuerbefreiungen

(1) Der Unternehmer kann einen Umsatz, der nach § 4 Nr. 8 Buchstabe a bis g, Nr. 9 Buchstabe a, Nr. 12, 13 oder 19 steuerfrei ist, als steuerpflichtig behandeln, wenn der Umsatz an einen anderen Unternehmer für dessen Unternehmen ausgeführt wird.

(2) Der Verzicht auf Steuerbefreiung nach Absatz 1 ist bei der Bestellung und Übertragung von Erbbaurechten (§ 4 Nr. 9 Buchstabe a), bei der Vermietung oder Verpachtung von Grundstücken (§ 4 Nr. 12 Satz 1 Buchstabe a) und bei den in § 4 Nr. 12 Satz 1 Buchstabe b und c bezeichneten Umsätzen nur zulässig, soweit der Leistungsempfänger das Grundstück ausschließlich für Umsätze verwendet oder zu verwenden beabsichtigt, die den Vorsteuerabzug nicht ausschließen. Der Unternehmer hat die Voraussetzungen nachzuweisen.

(3) Der Verzicht auf Steuerbefreiung nach Absatz 1 ist bei Lieferungen von Grundstücken (§ 4 Nr. 9 Buchstabe a) im Zwangsversteigerungsverfahren durch den Vollstreckungsschuldner an den Ersteher bis zur Aufforderung zur Abgabe von Geboten im Versteigerungstermin zulässig. Bei anderen Umsätzen im Sinne von § 4 Nummer 9 Buchstabe a kann der Verzicht auf Steuerbefreiung nach Absatz 1 nur in dem gemäß § 311b Absatz 1 des Bürgerlichen Gesetzbuchs notariell zu beurkundenden Vertrag erklärt werden.

---

1 Abschn. 8.2 Abs. 7 Nr. 3 UStAE; vgl. auch BFH v. 6.12.2001 – V R 23/01, BStBl. II 2002, 257.
2 Abschn. 8.2 Abs. 7 Nr. 1 UStAE.
3 Dazu Abschn. 8. Abs. 2 UStAE.

## § 9 Verzicht auf Steuerbefreiungen

*EU-Recht*
Art. 137 i.V.m. Art. 391 i.V.m. Art. 371 i.V.m. Anhang X Teil B Nr. 5 und Nr. 9 MwStSystRL.

*VV*
Abschn. 9.1, 9.2 UStAE.

| | |
|---|---|
| A. Allgemeines, Zweck .......... 1 | II. Zustimmung bei Steuerschuldnerschaft des Leistungsempfängers ................... 33 |
| B. Umsatz für das Unternehmen des Empfängers ............. 15 | III. Form des Verzichts |
| C. Unentgeltliche Leistungen .... 18 | 1. Regelfall ................. 35 |
| D. Beschränkung auf einen Teil des Umsatzes | 2. Grundstücks- u.ä. Lieferungen (Abs. 3 Satz 2) ........... 37 |
| I. Allgemeines ................ 20 | IV. Zeitliche Begrenzung? |
| II. Grundstück, Gebäude ....... 22 | 1. Grundsätzliches .......... 41 |
| E. Vermietung u.Ä. (Abs. 2) ..... 24 | 2. Grundstücks- u.ä. Lieferungen (Abs. 3) ................. 44 |
| F. Durchführung des Verzichts | V. Rückgängigmachung des Verzichts .................... 46 |
| I. Allgemeines ................ 31 | |

### A. Allgemeines, Zweck

1 Bei bestimmten steuerfreien Umsätzen kann der Unternehmer grundsätzlich den jeweiligen Umsatz als steuerpflichtig behandeln, wenn der Umsatz an einen anderen Unternehmer für dessen Unternehmen ausgeführt wird (§ 9 Abs. 1 UStG). Einschränkungen ergeben sich aus § 9 Abs. 2 UStG (*Rz. 24 ff.*) und scheinbar aus § 9 Abs. 3 Satz 1 UStG (*Rz. 44*). Mit der Behandlung des Umsatzes als steuerpflichtig erlangt der leistende Unternehmer den Vorsteuerabzug, weil das Abzugsverbot des § 15 Abs. 2 Nr. 1 UStG dann nicht eingreift. Die Vorschrift des § 9 UStG erhält ihren **Sinn** einzig und allein durch die Existenz des § 15 Abs. 2 Nr. 1 UStG und hätte daher eigentlich in § 15 UStG hinter dessen Absatz 3 angesiedelt werden müssen (zum **Zweck** des Verzichts *Rz. 6 ff.*).

2 Die Regelungen des § 9 UStG entsprechen den Ermächtigungen des Art. 137 i.V.m. Art. 391 i.V.m. Art. 371 i.V.m. Anhang X Teil B Nr. 5 und Nr. 9 MwStSystRL. Nach Art. 137 Abs. 2 MwStSystRL können die Mitgliedstaaten den Umfang des Optionsrechts einschränken und die Modalitäten seiner Ausübung bestimmen.

3 **Kleinunternehmer** und pauschalierende **Land- und Forstwirte** können nicht auf die Steuerbefreiungen verzichten (§ 19 Abs. 1 Satz 4 bzw. § 24 Abs. 1 Satz 2 Halbs. 2 UStG), sofern sie nicht zuvor auf die Anwendung des § 19 Abs. 1 bzw. des § 24 Abs. 1 nach § 19 Abs. 2 bzw. § 24 Abs. 4 UStG verzichtet haben.

Allgemeines, Zweck § 9

Verzichtsfähige Umsätze sind  4

– **Kreditgewährungen**, Umsätze im Bankwesen u.Ä. (§ 4 Nr. 8 Buchst. a bis g UStG);
– Lieferungen von **Grundstücken** und Gebäuden, die unter das Grunderwerbsteuergesetz fallen (§ 4 Nr. 9 Buchst. a UStG);
– **Vermietung** und Verpachtung von Grundstücken (§ 4 Nr. 12 UStG);
– Leistungen der **Wohnungseigentümergemeinschaften** (§ 4 Nr. 13 UStG; dazu *§ 4 Nr. 13 Rz. 2 f.*);
– Umsätze der **Blinden** und Blindenwerkstätten (§ 4 Nr. 19 UStG).

Bei den **übrigen Steuerbefreiungen** ist ein Verzicht nach § 9 UStG auch dann  5
nicht möglich, wenn der Umsatz atypischerweise gegenüber einem zum Vorsteuerabzug berechtigten Unternehmer erbracht wird (*Vor §§ 4–9 Rz. 13*; zum Verzicht bei einer nach § 4 Nr. 28 UStG steuerfreien Lieferung s. *§ 4 Nr. 28 Rz. 6*). Hat der Unternehmer bei einem nicht verzichtsfähigen steuerfreien Umsatz Steuer in der Rechnung gesondert ausgewiesen, so schuldet er diese nach § 14c Abs. 1 UStG (*§ 14c Rz. 35*; zum Vorsteuerabzug des Leistungsempfängers s. *§ 15 Rz. 247 ff.*). Zur Frage, ob das Finanzamt den **faktischen Verzicht** des Unternehmers auf die Steuerbefreiungen nach § 4 Nr. 20 Buchst. a, Nr. 21 Buchst. b und Nr. 25 UStG durch **Nichtbeibringung** der erforderlichen **Bescheinigung** dadurch unterlaufen kann, dass es die Bescheinigung bei der zuständigen Behörde mit Rückwirkung beantragt, s. *§ 4 Nr. 20 Rz. 11 f.*

Zum **Zweck** des Verzichts auf die Steuerbefreiung finden sich die unterschied-  6
lichsten Erklärungsversuche.[1] Nach st. Rechtsprechung des **BFH**[2] soll der Verzicht im Interesse des Leistungsempfängers vorgesehen sein, um diesem den Vorsteuerabzug zu verschaffen. Damit wird verkannt, dass der Leistungsempfänger durch den Verzicht auf die Steuerbefreiung durch den Vorsteuerabzug keinen Vorteil (sondern allenfalls einen Nachteil) erhält, da die als Vorsteuer abziehbare Umsatzsteuer in gleicher Höhe den Kaufpreis, Mietzins usw. erhöht hat (*Rz. 13*).

Ein **Nachteil** kann sich daraus ergeben, dass ein Erwerber, wenn er ein Grundstück steuerpflichtig erwirbt, dieses wegen der drohenden Vorsteuerberichtigungspflicht nach § 15a UStG über einen Zeitraum von 10 Jahren zur Ausführung von Umsätzen verwenden muss, die zum Vorsteuerabzug berechtigen. Anderenfalls muss er die abgezogene Vorsteuer anteilig zurückzahlen, die erheblich höher sein kann als die beim Veräußerer im Falle der Steuerfreiheit der Lieferung angefallene nichtabziehbare Vorsteuer, welche im Kaufpreis auf den Erwerber abgewälzt worden wäre (s. auch *Rz. 10*).

---

1 Zu den Erklärungsversuchen im Schrifttum s. die Nachweise bei *Stadie* in R/D, § 15 UStG Anm. 1173.
2 BFH v. 6.6.1991 – V R 70/89, BStBl. II 1991, 866 (868); BFH v. 24.2.1994 – V R 80/92, BStBl. II 1994, 487 m.w.N.; BFH v. 8.9.1994 – V R 27/93, BFH/NV 1995, 743; BFH v. 28.11.2002 – VII R 41/01, BStBl. II 2003, 337 (339); BFH v. 27.3.2003 – V R 33/02, BFH/NV 2003, 1224; BFH v. 16.12.2003 – VII R 77/00, UR 2004, 238 (240).

7 Der Zweck des Verzichts liegt richtigerweise allein in der **Verhinderung von Wettbewerbsnachteilen**.[1] Die Steuerfreiheit kann nämlich bei den in § 9 Abs. 1 UStG genannten Umsätzen, die gegenüber vorsteuerabzugsberechtigten Unternehmern ausgeführt werden, durch den Ausschluss des Vorsteuerabzugs zu Beeinträchtigungen im Wettbewerb führen. Diese Beeinträchtigungen sind **auf** zwei **unterschiedlichen Ebenen** möglich:

8 Bei den in § 4 Nr. 8 Buchst. a bis g UStG genannten Umsätzen ist wegen unterschiedlich hoher Vorsteuerbeträge, die mit diesen Umsätzen zusammenhängen, eine Wettbewerbsbeeinträchtigung der einzelnen Kreditinstitute untereinander denkbar. Dieser Nachteil wird jedoch offensichtlich nicht als bedeutsam empfunden, weil die **Kreditinstitute** weitgehend von der Verzichtsmöglichkeit keinen Gebrauch machen. Andererseits ist ohnehin zweifelhaft, ob diese Wettbewerbssituation der Anlass für den Gesetzgeber war, den Banken die Verzichtsmöglichkeit zu geben, denn diese Situation besteht auch gegenüber Nichtunternehmern. Dann allerdings bleibt der Zweck des Verzichts völlig im Dunkeln.

9 Bei der **Lieferung** (§ 4 Nr. 9 Buchst. a UStG) und der **Vermietung** oder Verpachtung (§ 4 Nr. 12 Satz 1 UStG) von **Grundstücken** liegt der Zweck des Verzichts indes nicht vorrangig in der Beseitigung von Wettbewerbsbeeinträchtigungen unter den Verkäufern bzw. unter den Vermietern auf Grund unterschiedlich hoher Vorsteuerbeträge, da diese bei konkurrierenden Objekten in etwa gleich hoch sein werden. Die **Wettbewerbssituation** besteht vielmehr **zwischen** dem **potenziellen Verkäufer** und dem **potenziellen Käufer** bzw. dem **potenziellen Vermieter** und dem **potenziellen Mieter**. Ein vorsteuerabzugsberechtigter Unternehmer, der langfristig ein Gebäude benötigt und überlegt, ob er dieses anmieten, kaufen oder selbst errichten soll, würde sich im Regelfall dafür entscheiden, das Gebäude auf eigenem Grundstück selbst herzustellen, weil er dann sämtliche damit zusammenhängende Vorsteuern abziehen könnte. Würde er hingegen ein entsprechendes, für ihn hergestelltes Gebäude steuerfrei anmieten oder kaufen, so wäre er mit den beim Vermieter bzw. Verkäufer nicht abziehbaren Vorsteuern, die in der Summe der Mietzinszahlungen bzw. in den Kaufpreis einkalkuliert wären, belastet. Der Verzicht auf die Steuerbefreiung soll folglich der **Gefahr der Ausschaltung**, der potenzielle Vermieter und Verkäufer auf dem Markt gewerblicher Immobilien ausgesetzt wären, begegnen.

10 Entsprechendes gilt für die **Lieferung** oder Vermietung **von weniger als zehn Jahre alten Gebäuden**, die zuvor für Umsätze verwendet worden waren, die zum Vorsteuerabzug berechtigten. Der Verzicht auf die Steuerbefreiung **vermeidet** die ansonsten erforderliche **Vorsteuerberichtigung** nach § 15a UStG.

Deshalb müsste es vom Gesetzeszweck her ausreichen, wenn der Veräußerer dem Erwerber lediglich die bei Steuerfreiheit der Lieferung nach § 15a UStG zurückzuzahlende Umsatzsteuer in Rechnung stellt. Unverständlicherweise sieht § 15a Abs. 11 Nr. 2 UStG eine entsprechende Verordnungsermächtigung nur für den Fall einer *unentgeltlichen* Übertragung vor (dazu *§ 15a Rz. 179 f.*).

---

1 In diesem Sinne jetzt wohl auch BFH v. 6.5.2004 – V R 73/03, BStBl. II 2004, 856 (858).

Die Befreiung nach § 4 Nr. 19 UStG führt für den **Blinden** (bzw. die Blinden- 11
werkstatt), wenn er (bzw. sie) die Leistung gegenüber einem vorsteuerabzugsberechtigten Empfänger erbringt, zu einem Wettbewerbsnachteil gegenüber dem
sehenden Konkurrenten, da er mit der nicht abziehbaren Vorsteuer belastet
bleibt (dasselbe gilt für den Kleinunternehmer nach § 19 Abs. 1 UStG; s. *§ 19
Rz. 34*). Diese Benachteiligung wird durch den Verzicht auf die Steuerbefreiung
vermieden. Darüber hinaus ist der Verzicht im Regelfall auch dann zweckmäßig, wenn der Empfänger die Leistung zwar für sein Unternehmen bezieht,
aber nicht zum Vorsteuerabzug berechtigt ist, soweit dieser die Leistung bei einem sehenden Konkurrenten ebenfalls nur mit Umsatzsteuer belastet beziehen
könnte.[1]

Der **Zweck** des Verzichts auf die Steuerbefreiung liegt nach alledem allein in der 12
Beseitigung der beschriebenen Wettbewerbsnachteile beim leistenden Unternehmer, indem ihm der Abzug der Vorsteuer ermöglicht wird, die er anderenfalls mangels Abwälzbarkeit selbst tragen müsste. Dieser Zweck ist bei der **Auslegung** des § 9 UStG der alleinige **Maßstab**.

Aus diesem alleinigen Zweck des Verzichts folgt zwingend die Notwendigkeit, 13
dass dem Empfänger – sofern dieser nicht, wie bei einer Grundstückslieferung,
nach § 13b UStG Steuerschuldner würde – die durch den Verzicht begründete
Umsatzsteuer in Rechnung gestellt wird (*Rz. 36*). Dieser ist mit der **zusätzlichen
Berechnung der Steuer**, die mithin zu einer Preiserhöhung führt, nur dann einverstanden, wenn der Steuerbetrag in einer ordnungsgemäßen Rechnung nach
§ 14 UStG gesondert ausgewiesen ist, so dass er ihn als Vorsteuer vergütet erhält
und die vordergründige Preiserhöhung ihn nicht belastet (im Regelfall wird der
Leistungsempfänger verlangen, an dem Vorteil des leistenden Unternehmers zu
partizipieren, der aus der Abziehbarkeit der Vorsteuern bzw. der Nichtvorsteuer-
berichtigung resultiert). Ein Verzicht kommt folglich praktisch nur in Frage,
wenn bzw. soweit der Leistungsempfänger zum Vorsteuerabzug berechtigt ist.

Nach Auffassung des BFH soll ein **fiktiver Verzicht bei beabsichtigten**, aber 14
nicht ausgeführten **Umsätzen** in Betracht kommen. Das ist in mehrfacher Hinsicht verfehlt und verkennt vor allem den Zweck des Verzichts (ausführlich *§ 15
Rz. 463 ff.*).

## B. Umsatz für das Unternehmen des Empfängers

Der Verzicht auf die Steuerbefreiung setzt voraus, dass der Umsatz an einen an- 15
deren Unternehmer für dessen Unternehmen ausgeführt wird (§ 9 Abs. 1 UStG).
Nicht erforderlich ist, dass die Lieferung oder sonstige Leistung vom Empfänger
zur Ausführung von Umsätzen verwendet wird, die zum **Vorsteuerabzug** berechtigen. Diese Voraussetzung entspricht zwar dem **Zweck** des Verzichts (*Rz. 7 ff.*)
und ergibt sich deshalb im Regelfall von selbst; bei der Vermietung und ähnlichen Nutzungsüberlassungen von Neubauten könnte sich indes ein Verzicht
auch gegenüber nichtvorsteuerabzugsberechtigten Leistungsempfängern „rechnen" (*Rz. 25*). Zur Vermeidung dieses Missbrauchs des Verzichts verlangt § 9
Abs. 2 UStG, dass in derartigen Fällen der Verzicht nur zulässig ist, soweit der

---
1 Zu einem Rechenbeispiel s. *Stadie* in R/D, Vor §§ 4–9 UStG Anm. 102.

Leistungsempfänger das Grundstück für Umsätze verwendet, die zum Vorsteuerabzug berechtigen (*Rz. 24 ff.*).

16 Soweit es nicht um die Vermietung usw. von Grundstücken geht, d.h. in den nicht von § 9 Abs. 2 UStG erfassten Fällen, bedarf es der **Prüfung**, ob bzw. inwieweit der Umsatz für das Unternehmen des Empfängers ausgeführt wird, **nicht**, weil der Empfänger mit dem Verzicht und der damit verbundenen zusätzlichen Berechnung von Umsatzsteuer nur dann einverstanden ist, wenn er diese als Vorsteuer abziehen kann (*Rz. 13*).

17 **Anderer Unternehmer** i.S.d. § 9 Abs. 1 UStG ist der **Leistungsempfänger** i.S.d. § 9 Abs. 2 Satz 1 UStG. Dieser bestimmt sich nach denselben Merkmalen, die auch für den Leistungsempfänger i.S.d. § 15 Abs. 1 UStG gelten (dazu *§ 15 Rz. 62 ff.*).

**Beispiel**

Vermietung eines Gebäudes an die Eheleute M und F, von denen M das gesamte Gebäude für sein Unternehmen nutzt.

Alleiniger Leistungsempfänger i.S.d. § 15 Abs. 1 UStG ist richtigerweise M, wenn er den gesamten Mietzins trägt (vgl. *§ 15 Rz. 71 u. 85*). Aber auch soweit er ihn nicht selbst trägt, ist zwischen Eheleuten von einer Zuwendung des Vorsteuervolumens auszugehen (vgl. *§ 15a Rz. 183 ff.*), so dass M auch insoweit als Leistungsempfänger anzusehen ist. Nach Auffassung des **BFH** soll bei einer solchen Konstellation der nutzende Ehegatte (hier M) nur zur Hälfte Leistungsempfänger sein, so dass der Vermieter auch nur insoweit auf die Steuerfreiheit verzichten könne.[1] Nach völlig verfehlter Ansicht der **Finanzverwaltung** soll die Gemeinschaft der Eheleute Leistungsempfänger sein, so dass mangels deren Unternehmereigenschaft überhaupt kein Verzicht zulässig sein soll.[2]

## C. Unentgeltliche Leistungen

18 Auch bei unentgeltlichen Leistungen, die für das Unternehmen des Empfängers ausgeführt werden, käme nach dem Wortlaut des § 9 Abs. 1 UStG ein Verzicht in Betracht, denn die unentgeltliche Leistung ist ein „Umsatz" (§ 1 Abs. 1 Nr. 1 i.V.m. § 3 Abs. 1b Satz 1 Nr. 2 bzw. Abs. 9a Nr. 2 UStG; s. *§ 1 Rz. 1*), der nach einer der in § 9 Abs. 1 UStG genannten Bestimmungen steuerfrei sein kann (zur Steuerfreiheit der unentgeltlichen Grundstückslieferung s. *§ 4 Nr. 9 Rz. 25*, der der unentgeltlichen Grundstücksüberlassung s. *§ 4 Nr. 12 Rz. 29*). Allerdings trifft der Zweck des Verzichts, den leistenden Unternehmer vor Wettbewerbsnachteilen zu schützen (*Rz. 7 ff.*), bei einer unentgeltlichen Leistung nicht zu, so dass die Vorschrift restriktiv zu interpretieren ist und unentgeltliche Leistungen nicht erfasst werden.[3] Entsprechendes gilt bei verbilligten Leistungen, bei denen die sog. Mindest-Bemessungsgrundlage nach § 10 Abs. 5 Nr. 1 UStG anzuwenden ist.

19 Das **Problem** der unentgeltlichen Leistung liegt vielmehr darin, dass insbesondere bei der steuerfreien unentgeltlichen Übereignung oder Überlassung (wenn

---

1 BFH v. 1.2.2001 – V R 79/99, BStBl. II 2008, 495 = UR 2001, 251.
2 BMF v. 9.5.2008 – IV A 5 - S 7300/07/0017, BStBl. I 2008, 675.
3 A.A. Abschn. 3.2 Abs. 2 Satz 4 UStAE; *Lippross*, 3.3.2.c – S. 703; *Heuermann* in S/R, § 3 Rz. 391.

man sie entgegen EuGH richtigerweise als steuerfrei ansieht, § 4 Nr. 12 Rz. 29) eines Grundstücks, welches der Leistungsempfänger für Zwecke verwendet, die zum Vorsteuerabzug berechtigen, beim Leistenden der Vorsteuerabzug nach § 15a UStG zu berichtigen ist, obwohl keine vorsteuerabzugsschädliche Verwendung stattfindet. Sachgerecht ist es deshalb, die Vorsteuerberichtigung dadurch rückgängig zu machen, dass dem Leistungsempfänger in Höhe dieses Betrages der Vorsteuerabzug gewährt wird. Eine derartige Möglichkeit sieht § 15a Abs. 11 Nr. 2 UStG vor (*§ 15a Rz. 179 ff.*).

## D. Beschränkung auf einen Teil des Umsatzes
### I. Allgemeines

Entgegen dem Wortlaut des § 9 Abs. 1 UStG muss bzw. darf der Unternehmer nicht den ganzen Umsatz als steuerpflichtig behandeln. Entsprechendes gilt bei **Teilleistungen**, die vom Gesetz den Umsätzen gleichgestellt werden (*§ 13 Rz. 23*). Darüber hinaus kann der Verzicht abweichend vom Grundsatz der Einheitlichkeit der Leistung auf einen **Teil des Umsatzes** (der Teilleistung) beschränkt werden, ohne dass dafür die Gegenleistung vertraglich aufgeteilt sein muss.[1] 20

Nach Auffassung des **BFH**[2] soll, wenn auf die Steuerfreiheit der Vermietung verzichtet worden war, der Verzicht auch die **Abfindungszahlung** des Mieters für die vorzeitige Vertragsbeendigung umfassen. Das ist in zweifacher Hinsicht **unzutreffend**. Es liegt insoweit schon keine Leistung vor (*§ 1 Rz. 49 u. 53*), so dass sich die Frage nach dem Verzicht gar nicht stellt. Selbst wenn es anders wäre, bestimmte der Unternehmer den Umfang des Verzichts. Zudem geböte auch der Zweck des Verzichts (*Rz. 7 u. 9*) nicht die vom BFH getroffene Auslegung. 21

### II. Grundstück, Gebäude

Die Beschränkung des Verzichts auf einen Teil des Umsatzes ergibt sich bei einer **Grundstückslieferung** schon aus dem Umstand, dass, wenn das Grundstück nur zum Teil dem Unternehmen zugeordnet ist, der Umsatz dann auch nur insoweit steuerbar ist (*§ 1 Rz. 108 f.*). Entsprechendes gilt, wenn der **Leistungsempfänger** ein **geliefertes** oder **gemietetes Grundstück** nur **zum Teil** für Zwecke verwendet, die zum Vorsteuerabzug berechtigen und er deshalb nur insoweit mit einem Verzicht und entsprechender zusätzlicher In-Rechnung-Stellung von Umsatzsteuer bzw. mit einer entsprechenden Steuerschuldnerschaft (§ 13b UStG) einverstanden ist. Die Bestätigung findet sich in § 9 Abs. 2 Satz 1 UStG („soweit", *Rz. 29*). 22

Bei der Lieferung eines bebauten Grundstücks soll **nach** Ansicht des **EuGH** eine **Beschränkung** des Verzichts **auf** den Teil der Lieferung, der das **Gebäude** betrifft, **nicht** zulässig sein, weil sich aus Art. 12 Abs. 1 Buchst. a MwStSystRL ergebe, 23

---

1 *Stadie*, Vorsteuerabzug, S. 189 ff.; BFH v. 28.2.1996, BStBl. II 1996, 459; BFH v. 26.6.1996 – XI R 43/90, BStBl. II 1997, 98; Abschn. 9.1 Abs. 6 UStAE.
2 BFH v. 26.3.1998 – XI B 73/97, BFH/NV 1998, 1381; zust. *Birkenfeld* in B/W, § 113 Rz. 166.

dass Gebäude und Grund und Boden stets als Einheit anzusehen seien.[1] Damit wird der **Zweck** des **Verzichts verkannt**, da nur hinsichtlich der auf die Gebäudeherstellungskosten entfallenden, andernfalls nicht abziehbaren Vorsteuern die Ausschaltungsgefahr (*Rz. 9*) besteht, und bewirkt, dass völlig **sinnwidrig** auch der auf den Grund und Boden entfallende Kaufpreisanteil der Umsatzsteuer unterliegt. Die EuGH-Auffassung führt zudem zu **willkürlichen** Ergebnissen und bewirkt genau das, was der Verzicht auf die Steuerbefreiung eigentlich verhindern soll, nämlich die Benachteiligung der Anbieter von Neubauten.[2]

## E. Vermietung u.Ä. (Abs. 2)

24 Bei der Vermietung von Grundstücken und gleichgestellten **Nutzungsüberlassungen** i.S.d. § 4 Nr. 12 Satz 1 UStG (s. *§ 4 Nr. 12 Rz. 17 ff.*) einschließlich solcher auf Grund eines Erbbaurechts (dazu *§ 4 Nr. 9 Rz. 11*) muss zu den Voraussetzungen des § 9 Abs. 1 UStG noch hinzukommen, dass der Leistungsempfänger das Grundstück ausschließlich **für Umsätze verwendet** oder zu verwenden beabsichtigt, **die** den **Vorsteuerabzug nicht ausschließen** (§ 9 Abs. 2 UStG). Diese Einschränkung ergibt sich bereits aus dem Zweck des Verzichts auf die Steuerbefreiung (*Rz. 9*), so dass es sich letztlich nur um eine **Klarstellung** handelt. § 9 Abs. 2 UStG gilt nicht bei Vermietung u.Ä., auf die die in § 26 Abs. 5 UStG bezeichneten Befreiungen als leges speciales anzuwenden sind (dazu *Vor §§ 4–9 Rz. 33*).

Die Vorschrift hat seit 1985 **unterschiedliche Fassungen** gehabt. **Übergangsregelungen** enthält § 27 Abs. 2 UStG.

25 Die Vorschrift soll insbesondere die sog. **Zwischenvermietung** im *Wohnungsbau* und anderen Bereichen, bei denen die letztendlichen Nutzer nicht Unternehmer sind (z.B. *Kommunen*), zur Erlangung des gesetzeszweckwidrigen Vorsteuerabzugs verhindern.

**Beispiel**

E hat ein Wohngebäude für 1 Mio. € + 190 000 € USt. hergestellt. Er vermietet dieses für insgesamt 80 000 € jährlich an eine GmbH, die die Wohnungen an Wohnungssuchende für insgesamt 90 000 € jährlich weiter vermietet.

Nach § 9 Abs. 1 UStG könnte E auf die Steuerfreiheit der Vermietung gegenüber der GmbH verzichten, da diese mit der Weitervermietung Unternehmer ist. Er müsste dann zwar aus den erzielten 80 000 € Miete 19/119 = rd. 12 773 € Umsatzsteuer an das Finanzamt abführen, jedoch nur 10 Jahre lang, weil dann der Berichtigungszeitraum nach § 15a UStG abgelaufen wäre, so dass er danach steuerfrei – direkt an die Wohnungssuchenden, weil die zwischengeschaltete GmbH ihren „Sinn" verloren hätte – vermieten könnte. E hätte auf Grund der steuerpflichtigen Vermietung sofort den Vorsteuerabzug in Höhe von 190 000 €, dem lediglich 10 × rd. 12 773 € = rd. 127 730 € zu zahlende Umsatzsteuer entgegenstünden. Hinzu kämen nicht unbeträchtliche Zinsen und Zinseszinsen auf die 190 000 €. Diese *Subventionierung* widerspräche dem Zweck des Verzichts auf die Steuerbefreiung. Deshalb bestimmt § 9 Abs. 2 UStG, dass der Verzicht in diesen u.ä. Fällen nicht zulässig ist, weil die GmbH das angemietete Gebäude zur Ausführung steuerfreier Vermie-

---

[1] EuGH v. 8.6.2000 – C-400/98, EuGHE 2000, I-4321 = BStBl. II 2003, 452 = UR 2000, 329.
[2] Ausführliche Kritik bei *Stadie* in R/D, § 13b UStG Anm. 328 ff. mit Rechenbeispiel.

tungsumsätze verwendet, die den Vorsteuerabzug nach § 15 Abs. 2 Nr. 1 UStG ausschließen.

Diese Konstruktionen wie auch die im Folgenden beschriebenen sind ohnehin schon **missbräuchliche** rechtliche **Gestaltungen** i.S.d. § 42 Abs. 1 AO[1], da es einen anderen Grund für diese wirtschaftlich unsinnigen und gekünstelten Konstruktionen als die Erlangung des Vorsteuerabzugs nicht gibt. Das wird ganz augenscheinlich dadurch belegt, dass es vor Einführung des Vorsteuerabzugs (1968) diese Gestaltungen nicht gab, sie – bei Anerkennung durch die Finanzverwaltung – nach Ablauf des Berichtigungszeitraums des § 15a UStG aufgehoben wurden und seit Wirksamwerden des § 9 Abs. 2 UStG nicht mehr gewählt werden. 26

Ferner sollen durch § 9 Abs. 2 UStG Konstruktionen erfasst werden, in denen **nicht zum Vorsteuerabzug berechtigte Unternehmer** (z.B. Kreditinstitute, *Versicherungsgesellschaften, Ärzte, Krankenhausbetreiber*) für ihre Zwecke benötigte **Gebäude** nicht selbst herstellen, sondern **durch** nur für den Umgehungszweck gegründete **Gesellschaften** oder **nahestehende** natürliche **Personen errichten lassen** (so dass ebenfalls schon § 42 AO eingreift[2]) und **von diesen** dann zu einem niedrigen Mietzins **anmieten**. Diese Gesellschaften bzw. Personen könnten nach § 9 Abs. 1 UStG auf die Steuerfreiheit verzichten, da die Mieter Unternehmer sind, so dass sie den Vorsteuerabzug aus den Herstellungskosten hätten, denen lediglich die geringere Umsatzsteuer für eine zehn Jahre lang steuerpflichtige Vermietung gegenüberstünde.[3] Nach § 9 Abs. 2 UStG ist indes der Verzicht unzulässig, da die Mieter (Kreditinstitute, Versicherungsgesellschaften, Ärzte usw.) die angemieteten Gebäude für steuerfreie Umsätze (§ 4 Nr. 8, § 4 Nr. 10 Buchst. a bzw. § 4 Nr. 14 UStG) verwenden, die den Vorsteuerabzug ausschließen (§ 15 Abs. 2 Nr. 1 UStG). 27

Nach Auffassung des BMF schließt § 9 Abs. 2 UStG nicht den Verzicht bei Vermietungen usw. **an Unternehmer** aus, die zwar steuerpflichtige Umsätze ausführen, aber die abziehbaren Vorsteuern **nach Durchschnittssätzen** berechnen (§§ 23, 23a UStG) oder die Umsätze nach den Durchschnittssätzen für land- und forstwirtschaftliche Betriebe (§ 24 Abs. 1 UStG) versteuern.[4] Das widerspricht dem Zweck des Verzichts (*Rz. 9*)[5], da bei Vermietungen an diese Leistungsempfänger kein Wettbewerbsnachteil droht. Bei den **Land- und Forstwirten** wird das besonders deutlich, da sie überhaupt keinen Vorsteuerabzug i.S.d. § 15 UStG erhalten, sondern der in Höhe der jeweiligen Umsätze pauschalierte „Vorsteuerabzug" nur das rechtstechnische Vehikel für eine Scheinbesteuerung und eine Subventionierung der Land- und Forstwirte ist (*§ 24 Rz. 1 f.*).[6] Die Vorschrift des § 9 Abs. 2 UStG verbietet auch einen Verzicht bei Vermietungen an sog. **Kleinunternehmer**[7], da diese nicht zum Vorsteuerabzug berechtigt sind (§ 19 Abs. 1 Satz 4 28

---

1 Zusammenfassung der Rspr. durch BFH v. 14.5.1992 – V R 12/88, BStBl. II 1992, 931.
2 Zusammenfassung der Rspr. durch BFH v. 9.11.2006 – V R 43/04, BStBl. II 2007, 344.
3 Vgl. den Sachverhalt im Urt. des BFH v. 9.11.2006 – V R 43/04, BStBl. II 2007, 344.
4 Abschn. 9.2 Abs. 2 Satz 1 UStAE.
5 Vgl. auch FG BW v. 26.1.2005 – 12 K 493/00, EFG 2005, 761; FG BW v. 7.2.2013 – 12 K 4855/09, EFG 2013, 731 – Fall des § 42 AO.
6 Vgl. auch *Schüler-Täsch*, MwStR 2013, 540 (543).
7 Insoweit zutreffend Abschn. 9.2 Abs. 2 Satz 2 UStAE; FG BW v. 17.5.2002 – 14 V 37/01, EFG 2002, 1126.

UStG) und mithin ebenfalls die bezogene Leistung für Umsätze verwenden, die den Vorsteuerabzug ausschließen.

29 Der Verzicht ist unzulässig, „**soweit**" der Leistungsempfänger das Grundstück „**ausschließlich**" für vorsteuerabzugsschädliche Umsätze verwendet. Damit wird zum einen klargestellt, dass hinsichtlich der Grundstücksüberlassung ein **teilweiser Verzicht** (nur) in dem Umfang in Betracht kommt, wie („soweit") das Grundstück (Gebäude, Räume) vom Leistungsempfänger für Zwecke eingesetzt wird, die zum Vorsteuerabzug berechtigen.[1] Zum anderen bringt das Gesetz mit dem Zusatz „ausschließlich" zum Ausdruck, dass der Teil des Grundstücks (Gebäudes), für dessen Vermietung usw. auf die Steuerfreiheit verzichtet werden soll, dann insoweit vollen Umfangs für Umsätze verwendet werden muss, die den Vorsteuerabzug zulassen. Die Teilflächen müssen eindeutig bestimmbar sein.[2]

Die Finanzverwaltung wendet diese Kriterien auch in solchen Fällen an, in denen ein Missbrauch des Verzichts (*Rz. 26 f.*) nicht vorliegen kann, nämlich bei Vermietungen an fremde Unternehmer. Sie sieht lediglich eine **Bagatellgrenze** von 5 % vor, bis zu der vorsteuerschädliche Umsätze des Leistungsempfängers einem Verzicht nicht entgegenstehen sollen.[3]

30 Die Regelung des § 9 Abs. 2 Satz 2 UStG bezüglich einer **Nachweispflicht** ist **unverhältnismäßig**, soweit es um die **Vermietung an** einen **fremden Mieter** geht. Der Vermieter kann die Voraussetzungen des § 9 UStG bei der Überlassung des Grundstücks an fremde Personen nicht überprüfen, so dass ihn keine „Nachweispflicht" treffen darf.[4] Eine Bestätigung des Mieters ist ausreichend.[5] Eine „Nachweispflicht" ist vor allem aber auch **realitätsfern**, weil der Mieter, da er gleichwohl keinen vollen Vorsteuerabzug haben soll[6], selbst in dem Bagatellfall nicht mit einem vollen Verzicht einverstanden sein bzw. vereinbaren wird, dass am Jahresende der Verzichtsumfang an die tatsächlichen Verwendungsverhältnisse angepasst wird. Folglich kann sich die Problematik gar nicht ergeben, so dass auch nicht erkennbar ist, welche Härten, wie die Bundesregierung meint, mit der Bagatellregelung vermieden würden. In der Praxis muss mithin der Umfang des Verzichts nach Ablauf eines bestimmten Zeitraums von den Beteiligten festgelegt werden. Ist der Mieter o.Ä. trotz fehlender Vorsteuerabzugsberechtigung mit der Inrechnungstellung der Umsatzsteuer einverstanden, so ist das ein Indiz dafür, dass er eine nahe stehende Person ist.

---

1 Maßgebend ist die objektive Rechtslage und nicht eine davon abweichende Steuerfestsetzung gegenüber dem Leistungsempfänger; BFH v. 11.3.2009 – XI R 71/07, BStBl. II 2010, 209.
2 BFH v. 24.4.2014 – V R 27/13, BStBl. II 2014, 732.
3 Abschn. 9.2 Abs. 3 UStAE m. Beispielen; vgl. auch OFD Karlsruhe v. 5.4.2011 – S 7198, UR 2011, 520.
4 Das verkennt FG Köln v. 13.8.2007 – 5 K 1866/05, EFG 2008, 174.
5 Insoweit zutreffend Abschn. 9.2 Abs. 4 Satz 3 UStAE.
6 Abschn. 9.2 Abs. 3 Satz 3 UStAE.

## F. Durchführung des Verzichts
## I. Allgemeines

Da die Möglichkeit zum Verzicht auf die Steuerbefreiung ausschließlich im Interesse des leistenden Unternehmers vorgesehen ist (*Rz. 7*), steht die Entscheidung, ob und inwieweit er auf die Steuerbefreiung verzichtet, in seinem **Ermessen** (Würde der Leistungsempfänger durch den Verzicht Steuerschuldner nach § 13b UStG, so muss regelmäßig seine Zustimmung hinzukommen, *Rz. 33 f.*). Die Frage einer *zivilrechtlichen Verpflichtung* des Leistenden gegenüber dem Leistungsempfänger zur Vornahme des Verzichts kann sich deshalb – mit Ausnahme der Wohnungseigentümergemeinschaft gegenüber Mitgliedern – entgegen verbreiteter Auffassung gar nicht stellen.[1] Gegenstand einer Vereinbarung kann allein die Frage sein, ob Umsatzsteuer zusätzlich geschuldet wird. 31

Haben die Parteien einen Preis zuzüglich Umsatzsteuer vereinbart, so kann der Leistungsempfänger gem. § 14 Abs. 2 Satz 1 i.V.m. Abs. 4 Nr. 8 UStG eine **Rechnung** mit gesondertem Ausweis der Steuer verlangen (in dem Ausweis der Steuer liegt zugleich konkludent der Verzicht auf die Steuerbefreiung, *Rz. 36*). Solange der Leistungsempfänger den Gesamtpreis noch nicht entrichtet hat, kann er bis zum Erhalt einer ordnungsgemäßen Rechnung ein **Zurückbehaltungsrecht** in Höhe des Steuerbetrages ausüben (§ 14 Rz. 38). 32

## II. Zustimmung bei Steuerschuldnerschaft des Leistungsempfängers

**Würde** der **Leistungsempfänger** bei einem steuerpflichtigen Umsatz nach **§ 13b UStG Steuerschuldner**, so kann der leistende Unternehmer allenfalls dann einseitig (gegen den Willen des Leistungsempfängers) den Verzicht auf die Steuerbefreiung des Umsatzes erklären und dadurch die (öffentlich-rechtliche) Steuerschuld in der Person des Leistungsempfängers begründen, wenn dieser die Gegenleistung noch nicht entrichtet hat und mithin diese um den geschuldeten Steuerbetrag kürzen kann. (Doch selbst dann bestehen Zweifel, ob der leistende Unternehmer einseitig eine öffentlich-rechtliche Verpflichtung in der Person des Leistungsempfängers begründen kann.) Anderenfalls würde der nachträglich erklärte einseitige Verzicht faktisch (ein Bereicherungsanspruch ist wegen der regelmäßig gegebenen Insolvenz des leistenden Unternehmers ohne Wert) zu einer Erhöhung der Gegenleistung führen, was gegen die Privatautonomie als Ausfluss der Handlungsfreiheit (Art. 2 Abs. 1 GG) verstoßen würde. Nach Entrichtung der Gegenleistung bedarf deshalb der Verzicht auf jeden Fall der **Zustimmung** des Leistungsempfängers (zum Zwangsversteigerungsverfahren *Rz. 34*). 33

Demgegenüber bestimmt § 9 **Abs. 3** Satz 1 UStG für die Lieferung eines Grundstücks im **Zwangsversteigerungsverfahren**, dass der Verzicht nur bis zur Aufforderung zur Abgabe von Geboten im Versteigerungstermin zulässig sei, woraus zu folgen scheint, dass der Vollstreckungsschuldner einseitig den Verzicht erklären und den Ersteher mit der Umsatzsteuer zusätzlich zum Meistgebot belasten 34

---

1 *Stadie* in R/D, Einf. Anm. 963 ff.

könnte.[1] Das verstieße indes eklatant gegen die Handlungsfreiheit, so dass der Vollstreckungsschuldner nicht etwa durch einseitige Erklärung eine öffentlich-rechtliche Schuld des Erstehers begründen kann, von der dieser, wenn er das Grundstück für vorsteuerschädliche Umsätze verwendet, nicht durch den Vorsteuerabzug entlastet würde. Der potenzielle Ersteher müsste die Umsatzsteuerbelastung bei der Höhe seines Gebotes berücksichtigen und wäre damit gegenüber vorsteuerabzugsberechtigten Bietern, welche die zusätzliche Umsatzsteuer prinzipiell nicht belastet, und gegenüber Nichtunternehmern als Bietern, bei denen ein Verzicht nicht in Betracht kommt, in Höhe der Umsatzsteuer benachteiligt. Das wäre auch ein grober Verstoß gegen Art. 3 Abs. 1 GG.[2] Eine verfassungskonforme Auslegung des § 9 Abs. 1 i.V.m. Abs. 3 Satz 1 UStG verlangt mithin, dass der vom Vollstreckungsschuldner erklärte Verzicht nur mit Zustimmung des Erstehers wirksam wird (zum nachträglichen Verzicht s. *Rz. 44*).

Würde der Leistungsempfänger bei einem steuerpflichtigen Umsatz nach § 13b UStG nur deshalb Steuerschuldner, weil der **leistende Unternehmer nicht im Inland** ansässig ist (§ 13b Abs. 5 i.V.m. Abs. 1 und Abs. 2 Nr. 1 UStG) so kann der leistende Unternehmer ebenfalls nur mit Zustimmung des Leistungsempfängers wirksam auf die Steuerfreiheit des Umsatzes verzichten (*Rz. 33*), so dass nicht etwa der Hinweis in der Rechnung auf die behauptete Steuerschuldnerschaft des Leistungsempfängers (Art. 219a Nr. 2 Buchst. a i.V.m. Art. 226 Nr. 11a MwStSystRL) schon als Verzicht wirkt[3]. Das Problem entfällt bei **Vermietungen** allerdings, wenn das im Inland belegene vermietete Grundstück richtigerweise als „Betriebsstätte" iS des § 13b Abs. 7 UStG angesehen wird (*§ 13b Rz. 60*), weil dann der Leistungsempfänger nicht Steuerschuldner ist. Bei sonstigen Leistungen iS des § 4 Nr. 8 UStG (z.B. **Darlehensgewährungen**) dürfte der nicht im Inland ansässige Darlehensgeber keine inländischen Vorsteuerbeträge haben, so dass sich die Notwendigkeit des Verzichts auf die Steuerbefreiung insoweit nicht ergibt.[4]

## III. Form des Verzichts

### 1. Regelfall

35 Der Verzicht auf die Steuerbefreiung wird dadurch ausgeübt, dass der Unternehmer den betreffenden Umsatz als steuerpflichtig behandelt (§ 9 Abs. 1 UStG). Diese **Behandlung als steuerpflichtig** verlangt zwar als solche keine entspre-

---

[1] Vgl. RegE zum StÄndG 2001, BR-Drucks. 399/01 – Begr. zu Art. 14 Nr. 2 (§ 9 Abs. 3 UStG), wonach die zeitliche Begrenzung den Ersteher vor unerwarteten finanziellen Mehrbelastungen schützen solle; ebenso *Birkenfeld* in B/W, § 156 Rz. 72 f.; *Nieskens*, UR 2002, 53 (67 f.); *Hidien*, RIW 2002, 208.

[2] Sind alle Bieter Unternehmer, die das Grundstück jeweils für Zwecke verwenden wollen, die nicht zum Vorsteuerabzug berechtigen, so träte ein verfassungswidriger Eingriff in die durch Art. 14 GG geschützten Vermögenspositionen der Grundpfandgläubiger ein; *Stadie* in R/D, § 13b UStG Anm. 340 f.

[3] So aber *Neeser*, UVR 2013, 31.

[4] Der Verzicht ergäbe jedoch dann Sinn, wenn im Ansässigkeitsstaat des leistenden Unternehmers für die Anwendung einer Art. 169 Buchst. a MwStSystRL entsprechenden Vorschrift ebenso die vom BFH zu § 15 Abs. 2 Satz 1 Nr. 2 UStG vertretene Auffassung vom fiktiven Verzicht (*§ 15 Rz. 421*) gelten würde.

chende Erklärung gegenüber dem Finanzamt[1] (Umkehrschluss aus § 1a Abs. 4 Satz 1, § 19 Abs. 2 Satz 1, § 23 Abs. 3 Satz 1, § 23a Abs. 3 Satz 1 und § 24 Abs. 4 Satz 1 UStG), muss jedoch für den Vorsteuerabzug dem Finanzamt mitgeteilt werden. Nach Auffassung des **BFH** werde der Verzicht regelmäßig dadurch ausgeübt, dass dem Leistungsempfänger Umsatzsteuer gesondert in Rechnung gestellt werde[2]; der Verzicht könne indes auch durch Behandlung des Umsatzes in der Steuererklärung als steuerpflichtig[3] oder in anderer Weise durch schlüssiges Verhalten erklärt werden.[4] Letzteres liegt noch nicht in einer Vertragsbestimmung, wonach Umsatzsteuer zusätzlich zum Entgelt geschuldet werde.[5]

Richtigerweise kann der Verzicht – wenn dadurch der leistende Unternehmer Steuerschuldner würde – nur dadurch wirksam werden, dass für den Umsatz **Steuer in Rechnung gestellt** (oder in einer sog. Gutschrift gem. § 14 Abs. 2 Satz 2 UStG ausgewiesen[6]) wird. Das folgt aus Zweck und Wirkungsweise des Verzichts auf die Steuerbefreiung. Da dieser ausschließlich dazu dient, den leistenden Unternehmer vor Wettbewerbsnachteilen bei Umsätzen gegenüber vorsteuerabzugsberechtigten Abnehmern zu schützen (*Rz. 7, 9*), setzt der Verzicht zwingend voraus, dass dem Abnehmer die durch den Verzicht begründete Umsatzsteuer in Rechnung gestellt wird. Der Abnehmer ist mit der zusätzlichen Berechnung der Steuer, die mithin zu einer Preiserhöhung führt, nur dann einverstanden, wenn diese in einer ordnungsgemäßen Rechnung nach § 14 UStG gesondert ausgewiesen ist, so dass er sie als Vorsteuer vergütet erhält („abziehen kann") und die vordergründige Preiserhöhung ihn nicht belastet (s. auch *Rz. 13*). Bei einem Verzicht, der seinen gesetzlichen Zweck erreichen soll, ist mithin die zusätzliche gesonderte Inrechnungstellung der Steuer conditio sine qua non. Ein Verzicht ohne zusätzliche Inrechnungstellung der Steuer dient nicht der Beseitigung eines Wettbewerbsnachteils und widerspricht damit dem Zweck des Verzichts. 36

### 2. Grundstücks- u.ä. Lieferungen (Abs. 3 Satz 2)

Für die Lieferung von Grundstücken und die anderen **Umsätze, die unter das Grunderwerbsteuergesetz fallen** (§ 4 Nr. 9 Buchst. a UStG) – mit Ausnahme der Lieferung in der Zwangsversteigerung – und bei denen der Erwerber Schuldner der Umsatzsteuer würde (§ 13b Abs. 2 Nr. 3 i.V.m. Abs. 5 Satz 1 UStG), bestimmt § 9 Abs. 3 Satz 2 UStG, dass der Verzicht auf die Steuerbefreiung nur in dem gem. § 311b Abs. 1 BGB **notariell zu beurkundenden Vertrag** erklärt werden könne. 37

---

1 **A.A.** *Reiß* in T/L, 20. Aufl. 2010, § 14 Rz. 177; *W. Widmann*, UR 1995, 401.
2 BFH v. 2.4.1998 – V R 34/97, BStBl. II 1998, 695 – 4a aa; BFH v. 10.12.2009 – XI R 7/08, UR 2010, 691 – Rz. 14; BFH v. 3.4.2013 – V B 64/12, BFH/NV 2013, 1135.
3 BFH v. 1.2.2001 – V R 23/00, BStBl. II 2003, 673 = UR 2001, 253 – 3; ebenso *Englisch* in T/L, § 17 Rz. 230.
4 BFH v. 1.12.1994 – V R 126/92, BStBl. II 1995, 426; BFH v. 16.7.1997 – XI R 94/96, BStBl. II 1997, 670; ebenso Abschn. 9.1 Abs. 3 Satz 6 UStAE.
5 Vgl. BFH v. 6.5.2010 – V R 29/09, BStBl. II 2010, 885 – Rz. 38.
6 Vgl. BFH v. 16.3.1993 – V R 54/92, BStBl. II 1993, 736; BFH v. 26.2.2003 – V B 178/02, BFH/NV 2003, 951.

38  Der **Sinn** dieser Regelung ist **nicht** erkennbar. Vermutlich wird von der verfehlten Annahme ausgegangen, dass der leistende Unternehmer anderenfalls den Leistungsempfänger nachträglich, d.h. nach Entrichtung der Gegenleistung einseitig durch den Verzicht auf die Steuerbefreiung mit der Umsatzsteuer belasten könne. Das widerspräche indes in eklatanter Weise der Privatautonomie, welche es nicht erlaubt, durch einseitige Erklärung die aufzubringende Gegenleistung gegen den Willen des Erwerbers zu erhöhen (*Rz. 33*). Im Anwendungsbereich des § 13b UStG kann folglich **schon nach allgemeinen Grundsätzen** der Verzicht auf die Steuerbefreiung nicht einseitig, sondern **nur mit Zustimmung des Leistungsempfängers** ausgeübt werden, wenn jener die Gegenleistung bereits vollständig entrichtet hatte und diese mithin nicht mehr um den Umsatzsteuerbetrag kürzen könnte. Die Bestimmung des § 9 Abs. 3 Satz 2 UStG ist deshalb, wie die des Satzes 1 (*Rz. 40, 44*), überflüssig; sie enthält auch keine zeitliche Grenze (*Rz. 45*). Die Erklärung des Verzichts wie auch die Zustimmung sind richtigerweise vielmehr **dem Finanzamt gegenüber** abzugeben.

Die Regelung des § 9 Abs. 3 Satz 2 UStG ist nicht nur überflüssig, sondern auch noch höchst **lückenhaft** und damit **unsinnig**, weil zum einen unter § 311b Abs. 1 BGB nur *Eigentumsübertragungen* von Grundstücken fallen, während das Umsatzsteuergesetz Lieferungen erfasst, die nicht notwendig die Übertragung des Eigentums voraussetzen (vgl. *§ 4 Nr. 9 Rz. 8 f.*). Ferner erfasst § 311b Abs. 1 BGB nicht die Übertragung eines Gebäudes auf einem fremden Grundstück, obwohl eine Lieferung vorliegen kann, die nach § 4 Nr. 9 Buchst. a UStG steuerfrei ist (s. *§ 4 Nr. 9 Rz. 18*). Außerdem kann ein Kauf- o.ä. Vertrag über ein inländisches Grundstück auch im Ausland geschlossen werden und unterliegt dann den dortigen Formvorschriften (Art. 11 EGBGB). In allen diesen u.ä. Fällen ist § 9 Abs. 3 Satz 2 UStG deshalb ohnehin unbeachtlich.[1] Die Vorschrift drückt mithin letztlich nur die **Klarstellung** aus, dass der Verzicht in allen Fällen der Grundstückslieferungen i.S.d. § 4 Nr. 9 Buchst. a UStG einer Vereinbarung („Vertrag") bedarf.

39  Haben die Beteiligten **Zweifel, ob** die Grundstücklieferung als **Geschäftsveräußerung im Ganzen** oder als Teil davon nicht steuerbar iS des § 1 Abs. 1a UStG ist (dazu *§ 1 Rz. 135*), so können sie **vorsorglich** für den Fall, dass die Nichtsteuerbarkeit später vom Finanzamt verneint werden sollte, einen Verzicht auf die Steuerbefreiung im notariellen Vertrag erklären.[2] Wird die Nichtsteuerbarkeit später bejaht, so war der Verzicht ins Leere gelaufen. Wird die Nichtsteuerbarkeit später verneint, dann war der Verzicht mit Vertragsschluss wirksam geworden. Dann war die Steuer zwar mit Ablauf des der Ausführung der Grundstückslieferung folgenden Monats entstanden (§ 13b Abs. 2 UStG), sie wird jedoch durch den in gleicher Höhe anfallenden Vorsteuerabzug kompensiert (§ 15 Abs. 1 Satz 1 Nr. 4 UStG).

40  Auch im Falle der **Zwangsversteigerung** eines Grundstücks wird der Verzicht auf die Steuerfreiheit der Lieferung erst mit der Zustimmung des Erstehers wirksam (*Rz. 34*), so dass die Erklärung des leistenden Unternehmers entgegen § 9

---
1 Nach Ansicht der OFD Hannover v. 27.6.2006 – S 7162 - 25 - StO 173, UR 2007, 201 – Tz. 4, soll im Falle der Lieferung eines Gebäudes auf fremdem Grund und Boden aus Billigkeitsgründen ein Verzicht auch ohne notariellen Vertrag zulässig sein!
2 Abschn. 9.1 Abs. 3 Satz 3 UStAE.

Abs. 3 Satz 1 UStG nicht etwa nur im Versteigerungstermin abgegeben werden kann. Sie ist vielmehr wie die Zustimmung des Erstehers dem Finanzamt gegenüber nachträglich (*Rz. 44*) abzugeben.

## IV. Zeitliche Begrenzung?

### 1. Grundsätzliches

Nach dem klaren Wortlaut des § 9 Abs. 1 UStG unterliegt der Verzicht keiner zeitlichen Begrenzung (s. auch *Rz. 45*). Das wird durch den Umkehrschluss aus § 19 Abs. 2 Satz 1, § 23 Abs. 3 Satz 1, § 23a Abs. 3 Satz 1 und § 24 Abs. 4 Satz 1 UStG bestätigt, die für die dort genannten Verzichte ausdrücklich jeweils zeitliche Grenzen vorsehen. Gleichwohl soll nach Auffassung des **BFH** ein Verzicht nur so lange zulässig sein, wie die Steuerfestsetzung (für den leistenden Unternehmer) noch nicht unanfechtbar (dazu *§ 19 Rz. 39*) geworden ist oder[1] noch unter dem Vorbehalt der Nachprüfung (§ 164 AO) steht.[2] Dem liegt die Annahme zugrunde, dass der **Verzicht zurückwirke**.[3] Diese Rechtsprechung ist in mehrfacher Hinsicht abzulehnen. 41

**Fehlerhaft** ist zum einen schon die **Vermengung materiellen Rechts mit** dem **Verfahrensrecht**, da der Verzicht ausschließlich eine materiell-rechtliche Folge bewirkt.[4] Davon zu unterscheiden ist die verfahrensrechtliche Frage, ob diese noch durchsetzbar ist. Wenn der Verzicht, wie der BFH meint, zurückwirken würde, dann wäre er ein rückwirkendes Ereignis, welches nach § 175 Abs. 1 Satz 1 Nr. 2 i.V.m. Satz 2 AO stets zur Änderung der ursprünglichen Steuerfestsetzung führen müsste[5], ohne dass es auf die Anfechtbarkeit o.Ä. ankäme.[6] 42

Vor allem aber **verstößt** die Annahme der **Rückwirkung** auf den Kalendermonat der Leistungsausführung **gegen** den **Zweck des Umsatzsteuergesetzes** und führt zu einem **absurden Ergebnis**, welches einen klaren **Verstoß gegen** das rechtsstaatliche **Rückwirkungsverbot** darstellt. Da der Unternehmer nur als Gehilfe (Steuereinnehmer) des Staates fungiert (*Vorbem. Rz. 20*), darf die Steuerschuld erst entstehen, wenn der Unternehmer den entsprechenden Betrag vereinnahmt hat. Träte bei einem nachträglichen Verzicht Rückwirkung ein, so müsste der 43

---

1 A.A. Abschn. 9.1 Abs. 3 Satz 1 UStAE für einen nach dem 31.10.2010 ausgeübten Verzicht; BMF v. 1.10.2010 – IV D 3 - S 7198/10002, BStBl. I 2010, 768.
2 BFH v. 23.8.1988 – X R 14/82, UR 1990, 151; BFH v. 2.4.1998 – V R 34/97, BStBl. II 1998, 695; BFH v. 28.11.2002 – V R 54/00, BStBl. II 2003, 175.
3 BFH v. 25.1.1996 – V R 42/95, BStBl. II 1996, 338; BFH v. 2.4.1998 – V R 34/97, BStBl. II 1998, 695; BFH v. 1.2.2001 – V R 23/00, BStBl. II 2003, 673 = UR 2001, 253; BFH v. 28.11.2002 – V R 54/00, BStBl. II 2003, 175; BFH v. 5.5.2011 – V R 39/10, BFH/NV 2011, 1475.
4 Das verkennt weiterhin BFH v. 10.12.2008 – XI R 1/08, BStBl. II 2009, 1026 – 3c bb der Gründe: „Verfahrenshandlung".
5 A.A. mit nicht nachvollziehbarer Begründung BFH v. 2.4.1998 – V R 34/97, BStBl. II 1998, 695; BFH v. 28.11.2002 – V R 54/00, BStBl. II 2003, 175; BFH v. 5.5.2011 – V R 39/10, BFH/NV 2011, 1475.
6 Auch fehlte es an einer Steuerfestsetzung, die unanfechtbar werden könnte, wenn der Unternehmer bislang keine Umsatzsteuer schuldete, weil die verzichtsfähigen Umsätze die einzigen sind.

Unternehmer ggf. für Jahre die Steuer „vor"finanzieren[1], obwohl er sie erst mit Ausübung des Verzichts dem Leistungsempfänger in Rechnung gestellt hat und erst ab diesem Zeitpunkt einen Anspruch auf Zahlung des entsprechenden Betrages hat! Damit korrespondierend hat auch der Leistungsempfänger erst ab dem Zeitpunkt der Inrechnungstellung gem. § 15 Abs. 1 Satz 1 Nr. 1 UStG einen Anspruch auf Abzug der Steuer als Vorsteuer (*§ 15 Rz. 205*), so dass vom BFH auch das tragende Prinzip des Mehrwertsteuersystems vom **Gleichgewicht von Steuer und Vorsteuer** in zeitlicher Hinsicht (Art. 167 MwStSystRL) **missachtet** wird. Der BFH verkennt zudem den in § 17 Abs. 1 Satz 7 UStG zum Ausdruck kommenden **allgemeinen Rechtsgrundsatz des Umsatzsteuergesetzes**, wonach **nachträgliche Ereignisse nicht** auf den Besteuerungszeitraum **zurückwirken**, in dem der Umsatz ausgeführt worden war, sondern für denjenigen Besteuerungszeitraum zu berücksichtigen sind, in dem das Ereignis eingetreten ist (*§ 17 Rz. 90*). Folglich entsteht richtigerweise die Steuer entsprechend § 17 Abs. 1 Satz 7 UStG grundsätzlich mit Ablauf des Voranmeldungszeitraums, in dem der Verzicht durch gesonderten Ausweis der Steuer in einer Rechnung wirksam geworden ist, so dass sich die Frage der zeitlichen Begrenzung des Verzichts gar nicht stellt.[2]

## 2. Grundstücks- u.ä. Lieferungen (Abs. 3)

44 Hingegen scheint § 9 Abs. 3 Satz 1 UStG eine zeitliche Grenze für den Verzicht bei Grundstückslieferungen im **Zwangsversteigerungsverfahren** zu enthalten. Der Verzicht ist danach nur zulässig bis zur Aufforderung zur Abgabe von Geboten im Versteigerungstermin. Diese Regelung, die dem Schutz des Erstehers vor unerwarteten finanziellen Mehrbelastungen dienen soll[3], beruht auf der verfehlten Annahme, dass der Vollstreckungsschuldner die Steuerschuld beim Ersteher einseitig begründen könne (*Rz. 34*). Sie führt zu einer Ungleichbehandlung des Vollstreckungsschuldners gegenüber einem Lieferer, der ein Grundstück freihändig veräußert und nicht dieser zeitlichen Beschränkung unterliegt (*Rz. 45*). Auch dem Vollstreckungsschuldner muss es möglich sein, in Absprache mit einem vorsteuerabzugsberechtigten Ersteher die Lieferung noch **nachträglich** als steuerpflichtig zu behandeln, um eine Vorsteuerberichtigung nach § 15a UStG vermeiden zu können.[4] Da es keinen sachlichen Grund für die Ungleichbehandlung gibt, ist diese *willkürlich* und die Vorschrift verstößt gegen Art. 3 Abs. 1 GG.

---

1 Nach Auffassung des BFH sollen entsprechend dem Wortlaut des § 233a AO rückwirkend Zinsen entstehen, die nicht zu erlassen seien; BFH v. 23.10.2003 – V R 2/02, UR 2004, 201 = INF 2004, 81 m. Anm. *W. Wagner* – damaliger Vorsitzender des Umsatzsteuer-Senats des BFH: „schwer zu verstehen"; BFH v. 5.5.2011 – V R 39/10, BFH/NV 2011, 1475.
2 *Stadie* in R/D, § 17 UStG Anm. 556 ff.
3 Vgl. RegE zum StÄndG 2001, BR-Drucks. 399/01 – Begr. zu Art. 14 Nr. 2 (§ 9 Abs. 3 UStG).
4 Das verkennt BFH v. 21.3.2002 – V R 62/01, BStBl. II 2002, 559 – wonach auch schon vor Einfügung des § 9 Abs. 3 Satz 1 UStG ein Verzicht nach dem Verteilungstermin nicht mehr zulässig gewesen sei.

Keine zeitliche Grenze enthält § 9 Abs. 3 Satz 2 UStG.[1] Da der nachträgliche Verzicht eine Erhöhung der Gegenleistung voraussetzt (*Rz. 13*) und damit zu einer **Vertragsänderung** führt, muss auch diese als weiterer „Vertrag" nach § 311b Abs. 1 BGB **beurkundet** werden. Folglich kommt auch noch ein nachträglicher Verzicht in Gestalt einer Vertragsänderung- bzw. Ergänzung in Betracht.

## V. Rückgängigmachung des Verzichts

Ein Verzicht auf die Steuerbefreiung kann – auch teilweise – zurückgenommen (rückgängig gemacht) werden. Nach Auffassung des **BFH** soll die Rückgängigmachung (Rücknahme) des Verzichts – welcher fehlerhaft (*Rz. 42*) als Verfahrenshandlung angesehen wird[2] – nur bis zur **Unanfechtbarkeit der Steuerfestsetzung**, sofern diese nicht aufgrund des Vorbehalts der Nachprüfung nach § 164 AO änderbar ist[3], für das Kalenderjahr möglich sein, in dem der Umsatz ausgeführt worden war[4], so dass auch der Rücknahme **Rückwirkung** beigemessen wird[5], ohne dass allerdings hinsichtlich der *Steuer* ein rückwirkendes Ereignis i.S.d. § 175 Abs. 1 Satz 1 Nr. 2 AO vorliegen soll.[6] Hingegen soll der Vorsteuerabzug beim Leistungsempfänger auf der Grundlage dieser Vorschrift berichtigt werden.[7]

Auch diese Auffassung ist **verfehlt**. Abzulehnen ist schon die vom BFH[8] gezogene Parallele zum Widerruf des Verzichts auf die Kleinunternehmerbefreiung gem. § 19 Abs. 2 Satz 4 UStG. Die Vergleichbarkeit ist nicht gegeben, weil der Verzicht nach § 9 UStG den *einzelnen* Umsatz betrifft, hingegen der Verzicht nach § 19 Abs. 2 Satz 1 UStG sich auf alle Umsätze eines Kalenderjahres bezieht (ebenso § 23 Abs. 3 und § 23a Abs. 3 UStG) und mithin Rechtsklarheit für die Finanzverwaltung verlangt. Da § 9 UStG keinerlei Aussagen zur Rückwirkung und zu den zeitlichen Grenzen des Verzichts und seiner Rücknahme enthält, ist **richtigerweise** deshalb auch hier diejenige Regelung des Gesetzes heranzuziehen, welche nachträglich eintretende Ereignisse bei *einzelnen* Umsätzen im Auge hat. Insoweit ist nämlich **§ 17 Abs. 1 Satz 7 UStG** als Ausdruck eines allgemeinen umsatzsteuerrechtlichen Grundsatzes (*§ 17 Rz. 90*) **entsprechend** an-

---

1 Ebenso FG Nds. v. 22.8.2013 – 16 K 286/12, juris – Rev.-Az. XI R 40/13.
2 BFH v. 10.12.2008 – XI R 1/08, BStBl. II 2009, 1026 – 3c bb der Gründe.
3 BFH v. 19.12.2013 – V R 6/12, UR 2014, 572; BFH v. 19.12.2013 – V R 7/12, UR 2014, 579.
4 BFH v. 30.11.1994 – XI R 84/92, BFH/NV 1995, 665; BFH v. 6.10.2005 – V R 8/04, BFH/NV 2006, 835; BFH v. 10.12.2008 – XI R 1/08, BStBl. II 2009, 1026 – 3c bb (2) der Gründe; BFH v. 10.12.2009 – XI R 7/08, UR 2010, 690 – Rz. 17; vgl. auch Abschn. 9.1 Abs. 4 i.V.m. Abs. 3 Satz 1 UStAE.
5 BFH v. 25.1.1979 – V R 53/72, BStBl. II 1979, 394; BFH v. 25.2.1993 – V R 78/88, BStBl. II 1993, 777; BFH v. 1.2.2001 – V R 23/00, BStBl. II 2003, 673 = UR 2001, 253; BFH v. 18.9.2008 – V R 21/07, BStBl. II 2009, 254 (256); BFH v. 10.12.2009 – XI R 7/08, UR 2010, 690 – Rz. 15; BFH v. 3.4.2013 – V B 64/12, BFH/NV 2013, 1135.
6 BFH v. 30.11.1994 – XI R 84/92, BFH/NV 1995, 665; BFH v. 6.8.1996 – V B 146/97, BFH/NV 1999, 223.
7 BFH v. 6.10.2005 – V R 8/04, BFH/NV 2006, 835; BFH v. 18.9.2008 – V R 21/07, BStBl. II 2009, 254 (256); BFH v. 10.12.2009 – XI R 7/08, UR 2010, 690 – Rz. 15 f.
8 BFH v. 6.8.1996 – V B 146/97, BFH/NV 1999, 223.

zuwenden.¹ Folglich hat die Rücknahme des Verzichts **keine Rückwirkung** und ist zeitlich unbegrenzt möglich. Ihre Rechtsfolgen sind für den Besteuerungszeitraum zu ziehen, in dem die Rücknahme erfolgte. Von der Wirkung her unterscheidet sich die Rücknahme des Verzichts auf die Steuerbefreiung nicht von der Änderung der Bemessungsgrundlage auf null bei einem steuerpflichtigen Umsatz. Der Wegfall der Steuerpflicht ist materiell der Rückgängigmachung des Umsatzes i.S.d. § 17 Abs. 2 Nr. 3 UStG gleichzusetzen. Hinzu kommt, dass der betroffene Unternehmer nicht schlechter gestellt werden darf als derjenige, der einen steuerfreien Umsatz zu Unrecht als steuerpflichtig behandelt und die Steuer gesondert in einer Rechnung ausgewiesen hatte. Dieser kann nämlich auf Grund der ausdrücklichen Verweisung in § 14c Abs. 1 Satz 2 auf § 17 Abs. 1 UStG die Steuer zeitlich unbegrenzt berichtigen (*§ 14c Rz. 46*).

48 Ist der leistende Unternehmer der Steuerschuldner, so erfordert die Rückgängigmachung (Rücknahme) des Verzichts zur Vermeidung der Rechtsfolge des § 14c Abs. 1 UStG die **Berichtigung** des in der Rechnung **gesondert ausgewiesenen Steuerbetrages** gegenüber dem Leistungsempfänger (*§ 14c Rz. 38* i.V.m. *Rz. 44*). Die Zustimmung des Leistungsempfängers zur Rückgängigmachung des Verzichts ist zwar nicht erforderlich, jedoch verlangt der dem § 17 UStG zugrunde liegende Gedanke, demzufolge tatsächlich eine Minderung der Gegenleistung eingetreten sein muss, auch hier, dass der auf den **Steuerbetrag** entfallende Teil der Gegenleistung **an** den **Leistungsempfänger zurückgezahlt** worden ist² (vgl. zur entsprechenden Problematik bei der Berichtigung von zu Unrecht ausgewiesener Steuer *§ 14c Rz. 50 f.*; ferner *§ 17 Rz. 70*). Ist der **Leistungsempfänger Steuerschuldner**, so kann die Rückgängigmachung des Verzichts nur mit Zustimmung des Leistungsempfängers erfolgen, die jedoch nicht der Form des § 311b Abs. 1 BGB (*Rz. 37*) bedarf.³

---

1 *Stadie* in R/D, § 17 UStG Anm. 547 ff.
2 A.A. BFH v. 11.10.2007 – V R 27/05, BStBl. II 2008, 438; BFH v. 10.12.2009 – XI R 7/08, UR 2010, 690 – Rz. 18. Vgl. dazu *von Eichborn*, HFR 2010, 750 – Ergebnis „problematisch"; *Stadie* in R/D, § 15 UStG Anm. 1230 FN 4.
3 A.A. *Birkenfeld*, UR 2013, 126 (130, Fn. 39).

## Dritter Abschnitt
## Bemessungsgrundlagen

### § 10
### Bemessungsgrundlage für Lieferungen, sonstige Leistungen und innergemeinschaftliche Erwerbe

(1) Der Umsatz wird bei Lieferungen und sonstigen Leistungen (§ 1 Abs. 1 Nr. 1 Satz 1) und bei dem innergemeinschaftlichen Erwerb (§ 1 Abs. 1 Nr. 5) nach dem Entgelt bemessen. Entgelt ist alles, was der Leistungsempfänger aufwendet, um die Leistung zu erhalten, jedoch abzüglich der Umsatzsteuer. Zum Entgelt gehört auch, was ein anderer als der Leistungsempfänger dem Unternehmer für die Leistung gewährt. Bei dem innergemeinschaftlichen Erwerb sind Verbrauchsteuern, die vom Erwerber geschuldet oder entrichtet werden, in die Bemessungsgrundlage einzubeziehen. Bei Lieferungen und dem innergemeinschaftlichen Erwerb im Sinne des § 4 Nr. 4a Satz 1 Buchstabe a Satz 2 sind die Kosten für die Leistungen im Sinne des § 4 Nr. 4a Satz 1 Buchstabe b und die vom Auslagerer geschuldeten oder entrichteten Verbrauchsteuern in die Bemessungsgrundlage einzubeziehen. Die Beträge, die der Unternehmer im Namen und für Rechnung eines anderen vereinnahmt und verausgabt (durchlaufende Posten), gehören nicht zum Entgelt.

(2) Werden Rechte übertragen, die mit dem Besitz eines Pfandscheins verbunden sind, so gilt als vereinbartes Entgelt der Preis des Pfandscheins zuzüglich der Pfandsumme. Beim Tausch (§ 3 Abs. 12 Satz 1), bei tauschähnlichen Umsätzen (§ 3 Abs. 12 Satz 2) und bei Hingabe an Zahlungs statt gilt der Wert jedes Umsatzes als Entgelt für den anderen Umsatz. Die Umsatzsteuer gehört nicht zum Entgelt.

(3) (weggefallen)

(4) Der Umsatz wird bemessen

1. bei dem Verbringen eines Gegenstands im Sinne des § 1a Abs. 2 und des § 3 Abs. 1a sowie bei Lieferungen im Sinne des § 3 Abs. 1b nach dem Einkaufspreis zuzüglich der Nebenkosten für den Gegenstand oder für einen gleichartigen Gegenstand oder mangels eines Einkaufspreises nach den Selbstkosten, jeweils zum Zeitpunkt des Umsatzes;

2. bei sonstigen Leistungen im Sinne des § 3 Abs. 9a Nr. 1 nach den bei der Ausführung dieser Umsätze entstandenen Ausgaben, soweit sie zum vollen oder teilweisen Vorsteuerabzug berechtigt haben. Zu diesen Ausgaben gehören auch die Anschaffungs- oder Herstellungskosten eines Wirtschaftsguts, soweit das Wirtschaftsgut dem Unternehmen zugeordnet ist und für die Erbringung der sonstigen Leistung verwendet wird. Betragen die Anschaffungs- oder Herstellungskosten mindestens 500 Euro, sind sie gleichmäßig auf einen Zeitraum zu verteilen, der dem für das Wirtschaftsgut maßgeblichen Berichtigungszeitraum nach § 15a entspricht;

3. bei sonstigen Leistungen im Sinne des § 3 Abs. 9a Nr. 2 nach den bei der Ausführung dieser Umsätze entstandenen Ausgaben. Satz 1 Nr. 2 Sätze 2 und 3 gilt entsprechend.

Die Umsatzsteuer gehört nicht zur Bemessungsgrundlage.

(5) Absatz 4 gilt entsprechend für

1. Lieferungen und sonstige Leistungen, die Körperschaften und Personenvereinigungen im Sinne des § 1 Abs. 1 Nr. 1 bis 5 des Körperschaftsteuergesetzes, nichtrechtsfähige Personenvereinigungen sowie Gemeinschaften im Rahmen ihres Unternehmens an ihre Anteilseigner, Gesellschafter, Mitglieder, Teilhaber oder diesen nahe stehenden Personen sowie Einzelunternehmer an ihnen nahe stehende Personen ausführen;

2. Lieferungen und sonstige Leistungen, die ein Unternehmer an sein Personal oder dessen Angehörige auf Grund des Dienstverhältnisses ausführt,

wenn die Bemessungsgrundlage nach Absatz 4 das Entgelt nach Absatz 1 übersteigt *[zum 31.7.2014 angefügt[1]:]*; der Umsatz ist jedoch höchstens nach dem marktüblichen Entgelt zu bemessen. Übersteigt das Entgelt nach Absatz 1 das marktübliche Entgelt, gilt Absatz 1.

(6) Bei Beförderungen von Personen im Gelegenheitsverkehr mit Kraftomnibussen, die nicht im Inland zugelassen sind, tritt in den Fällen der Beförderungseinzelbesteuerung (§ 16 Abs. 5) an die Stelle des vereinbarten Entgelts ein Durchschnittsbeförderungsentgelt. Das Durchschnittsbeförderungsentgelt ist nach der Zahl der beförderten Personen und der Zahl der Kilometer der Beförderungsstrecke im Inland (Personenkilometer) zu berechnen. Das Bundesministerium der Finanzen kann mit Zustimmung des Bundesrates durch Rechtsverordnung das Durchschnittsbeförderungsentgelt je Personenkilometer festsetzen. Das Durchschnittsbeförderungsentgelt muss zu einer Steuer führen, die nicht wesentlich von dem Betrag abweicht, der sich nach diesem Gesetz ohne Anwendung des Durchschnittsbeförderungsentgelts ergeben würde.

*EU-Recht*

Art. 72–76, 78–80, 83–84 MwStSystRL;

Art. 42 MwSt-DVO.

*VV*

Abschn. 1.8 Abs. 6–18, Abschn. 2.4 Abs. 6–8, Abschn. 2.5 Abs. 8–10, Abschn. 10.1–10.8 UStAE.

| | | |
|---|---|---|
| **A. Überblick, Allgemeines** ....... 1 | 1. Allgemeines ................ | 17 |
| **B. Entgelt (Abs. 1 und 2)** | 2. Mehraufwendungen ......... | 23 |
| I. Grundsätzliches ............. 3 | 3. Zahlungen an Dritte ......... | 26 |
| II. Aufwendungen des Leistungsempfängers für die Leistung (Abs. 1 Satz 2) | 4. Befreiung von einer Verbindlichkeit.................... | 33 |

---

1 Art. 7 Nr. 2 i.V.m. Art. 38 Abs. 1 des Gesetzes v. 25.7.2014.

5. Zahlungskürzungen u.Ä.
   a) Aufrechnung ............... 35
   b) Skonto, Barzahlungsrabatt ... 38
   c) Kreditkartengeschäft u.Ä. ... 40
   d) Wechseldiskontierung ...... 43
   e) „Preisnachlässe" der Vertreter bzw. Vermittler ....... 46
   f) Zwangsrabatte der Arzneimittelhersteller............. 48
6. Weitere Einzelfälle ........... 49
III. Zahlungen u.Ä. von Seiten Dritter (Abs. 1 Satz 3) .......... 56
IV. Rückzahlung an Dritte ........ 67
V. Einbeziehung von Verbrauchsteuern und bestimmten Kosten (Abs. 1 Satz 4 und 5) .... 68
VI. Nicht: Durchlaufende Posten (Abs. 1 Satz 6)................ 70
VII. Übertragung eines Pfandscheines (Abs. 2 Satz 1 und 3) ....... 77
VIII. Tausch- u.ä. Vorgänge, Hingabe an Zahlungs statt (Abs. 2 Satz 2 und 3)
   1. Allgemeines .................. 78

2. Sacheinlage ................. 84
3. Leistungen im Rahmen von Arbeitsverhältnissen.......... 85
4. Teilweiser Tausch, Inzahlungnahme u.Ä. ................ 88

C. **Fiktive Leistungen gegen Entgelt (Abs. 4)**
   I. Verbringen von Gegenständen (Nr. 1 Alt. 1) ................ 93
   II. Entnahmen und unentgeltliche Lieferungen (Nr. 1 Alt. 2) ...... 95
   III. Nutzungsentnahmen (Nr. 2) ... 102
   IV. Unentgeltliche Dienstleistungen (Nr. 3) ................... 118
   V. Ausklammerung der Umsatzsteuer (Satz 2) ................ 119

D. **Sog. Mindest-Bemessungsgrundlage (Abs. 5)**............. 120

E. **Beförderungseinzelbesteuerung (Abs. 6)**..................... 128

## A. Überblick, Allgemeines

Bei steuerpflichtigen Umsätzen bedarf es der in Geld ausgedrückten **Bemessungsgrundlage**, auf welche zur Berechnung der Steuer der jeweilige Steuersatz (§ 12 UStG) anzuwenden ist. Für entgeltliche Umsätze (§ 1 Abs. 1 Nr. 1 UStG) und für den innergemeinschaftlichen Erwerb (§ 1 Abs. 1 Nr. 5 UStG) ist die Bemessungsgrundlage im Allgemeinen das **Entgelt** (§ 10 Abs. 1 Satz 1 UStG). Bei unentgeltlichen Leistungen und Entnahmen soll sich die Bemessungsgrundlage regelmäßig nach dem **Wiederbeschaffungswert** oder den **Ausgaben** bestimmen (§ 10 Abs. 4 UStG). Diese Bemessungsgrundlage soll auch dann in Betracht kommen, wenn bei entgeltlichen Leistungen das Entgelt niedriger als diese ist (§ 10 Abs. 5 UStG, sog. Mindest-Bemessungsgrundlage). In den Fällen der sog. Beförderungseinzelbesteuerung (§ 16 Abs. 5 UStG) tritt an die Stelle des vereinbarten Entgelts ein Durchschnittsbeförderungsentgelt (§ 10 Abs. 6 UStG).

Da bei entgeltlichen Umsätzen als Bemessungsgrundlage nach § 10 Abs. 1 UStG das gesamte Entgelt zugrunde gelegt wird, ist die Bezeichnung der Umsatzsteuer durch die MwStSyst-Richtlinie als **„Mehrwertsteuer" missverständlich** (s. auch *Vorbem. Rz. 14*). Die Bezeichnung suggeriert, dass der Unternehmer nur den vom ihm geschaffenen Mehrwert versteuern müsste, indem er insbesondere bei Lieferungen von der Gegenleistung den Wert des Vorumsatzes abziehen könnte. Dieses Ergebnis wird lediglich durch den Vorsteuerabzug erreicht, der jedoch nicht automatisch vorgenommen werden kann, sondern gem. § 15 Abs. 1 Satz 1

Nr. 1 Satz 2 UStG grundsätzlich nur und erst dann (ohne Rückwirkung), wenn eine ordnungsgemäße Rechnung vorliegt. Anders ist es bei der sog. Differenzbesteuerung, bei der der Vorumsatz abzuziehen ist, so dass von vornherein nur der vom Unternehmer geschaffene Mehrwert besteuert wird (§ 25 Abs. 3 Satz 1 und § 25a Abs. 3 UStG).

## B. Entgelt (Abs. 1 und 2)

### I. Grundsätzliches

3   Bei **entgeltlichen Umsätzen** i.S.d. § 1 Abs. 1 Nr. 1 UStG und beim **innergemeinschaftlichen Erwerb** (§ 1 Abs. 1 Nr. 5 UStG) ist Bemessungsgrundlage grundsätzlich das Entgelt (§ 10 Abs. 1 Satz 1 UStG). **Ausnahmen:** Anwendung der sog. Mindest-Bemessungsgrundlage (§ 10 Abs. 5 UStG; *Rz. 120 ff.*) oder der Differenzbesteuerung bei Reiseleistungen nach § 25 Abs. 3 UStG bzw. bei der Lieferung gebrauchter Gegenstände nach § 25a UStG. Beim innergemeinschaftlichen Erwerb und bei der sog. Auslagerung sind insbesondere die geschuldeten **Verbrauchsteuern** dem Entgelt **hinzuzurechnen** (§ 10 Abs. 1 Sätze 4 und 5 UStG; *Rz. 68 f.*).

4   Das Entgelt ist definiert als alles, was der Leistungsempfänger aufwendet, um die Leistung zu erhalten, jedoch abzüglich der Umsatzsteuer (§ 10 Abs. 1 Satz 2 UStG). Dieser **Entgeltsbegriff** deckt sich – sofern nicht der Leistungsempfänger die Steuer schuldet (*Rz. 22; § 13b Rz. 143*) – nicht mit dem des § 1 Abs. 1 Nr. 1 UStG, der als Gegenleistung im Sinne des Sprachgebrauchs zu verstehen ist (*§ 1 Rz. 74*). Das Entgelt i.S.d. § 10 Abs. 1 UStG ist nämlich eine **rein** umsatzsteuerrechtliche **Rechengröße**. Folglich sind Formulierungen des Gesetzes, die von der „Vereinnahmung des Entgelts" (z.B. in § 13 Abs. 1 Nr. 1 Buchst. a Satz 4 und Buchst. b, § 14 Abs. 4 Satz 1 Nr. 6 und Abs. 5, § 17 Abs. 2 Nr. 1 Satz 2, § 19 Abs. 1 Satz 2 UStG) oder von „vereinbarten Entgelten" (z.B. in § 13 Abs. 1 Nr. 1 Buchst. a Satz 1, § 16 Abs. 1 Satz 1, § 17 Abs. 2 Nr. 1 Satz 1, § 22 Abs. 2 Nr. 1 Satz 1 UStG) sprechen, verfehlt, da das „Entgelt" i.S.d. § 10 Abs. 1 UStG als reine Rechengröße nicht vereinnahmt bzw. vereinbart werden kann. Richtigerweise muss es Vereinnahmung bzw. Vereinbarung der „Gegenleistung" heißen (zutreffend § 13c Abs. 1 Satz 1 UStG: Abtretung des Anspruchs auf die Gegenleistung).

5   Die **Richtlinie** macht diese Fehler nicht, sondern spricht bei der Bemessungsgrundlage zutreffend vom „**Wert der Gegenleistung**" bzw. „Preis" abzüglich Steuer[1], von „Preisnachlässen"[2] bzw. von „Preisminderung"[3].

6   Die Formulierung des § 10 Abs. 1 Satz 2 UStG „**aufwendet**" erklärt sich aus dem Umstand, dass das Gesetz die Steuerberechnung nach „vereinbarten Entgelten" (§ 16 Abs. 1 Satz 1 UStG, sog. **Soll-Versteuerung**) und nach „vereinnahmten Entgelten" (§ 20 Abs. 1 Satz 1 UStG, sog. **Ist-Versteuerung**) kennt, so

---

1 Art. 73 i.V.m. Art. 78 Buchst. a MwStSystRL.
2 Art. 79 Buchst. a MwStSystRL.
3 Art. 226 Nr. 8 MwStSystRL.

dass die Formulierung sowohl die Vergangenheitsform „aufgewendet hat" als auch die Zukunftsform „aufwenden wird (soll)" umfasst.[1] Insbesondere zur Korrektur des Soll-Prinzips bestimmt § 17 UStG, dass bei einer **Änderung der Bemessungsgrundlage** und gleichzustellenden Vorgängen die Steuerberechnung an die tatsächlich getätigte Gegenleistung anzupassen ist.

In der Definition des Entgelts durch § 10 Abs. 1 Satz 2 (und Satz 3) UStG kommt in Verbindung mit § 17 UStG der **Verbrauchsteuercharakter der Umsatzsteuer** (*Vorbem. Rz. 15 ff.*) zum Ausdruck. Da für die Steuerberechnung darauf abgestellt wird, was der Leistungsempfänger und/oder ein Dritter für die Leistung letztendlich aufwenden (Wert der Gegenleistung) abzüglich der nach dem deutschen UStG geschuldeten Umsatzsteuer, wird der **tatsächliche Aufwand** für die erbrachte Leistung besteuert, indem aus diesem Wert die Umsatzsteuer herausgerechnet wird. Dadurch ist ausgeschlossen, dass die deutsche Umsatzsteuer den Unternehmer, der nur als Gehilfe des Staates bei der Besteuerung der Verbraucher tätig wird (*Vorbem. Rz. 20*), belastet. 7

„**Umsatzsteuer**" i.S.d. § 10 Abs. 1 Satz 2 UStG ist die nach dem **deutschen UStG** geschuldete Steuer. Folglich ist beim **innergemeinschaftlichen Erwerb** der fälschlich im anderen Mitgliedstaat als Teil des Preises gezahlte dortige Umsatzsteuerbetrag in die Bemessungsgrundlage einzubeziehen.[2]

Die **Ausklammerung** der **Umsatzsteuer** aus der **Bemessungsgrundlage** (*Rz. 4*) ist indes kein Systemmerkmal der Mehrwertsteuer und auch nicht Ausdruck eines Verbots der doppelten Besteuerung mit Umsatzsteuer.[3] Die Umsatzsteuer könnte auch nach dem Bruttowert der Gegenleistung berechnet werden, wenn der anzuwendende Steuersatz entsprechend niedriger wäre (*Beispiel:* Wenn die Gegenleistung 1190 € beträgt, so entsprechen 19 % des Entgelts von 1000 € einer Steuer i.H.v. 19/119 = rd. 15,97 % von 1190 €, so dass das Gesetz auch bestimmen könnte, dass die Steuer 15,97 vom Hundert der Gegenleistung beträgt). Mit der Vermeidung einer doppelten Besteuerung hat das nichts zu tun; das gilt nur für § 10 Abs. 4 Satz 2 UStG (*Rz. 119*). 8

Das Entgelt bestimmt sich entsprechend dem Verbrauchsteuercharakter der Umsatzsteuer nach den Aufwendungen des Leistungsempfängers (*Rz. 7*). Folglich kommt es **nicht** auf den **objektiven Wert** (gemeinen Wert, Verkehrswert, üblichen Marktpreis) der erbrachten Leistung an.[4] Unterschreitet das Entgelt indes diejenige Bemessungsgrundlage, welche bei einer unentgeltlichen Leistung nach § 10 Abs. 4 UStG anzuwenden wäre, so ist grundsätzlich diese als sog. **Mindest-Bemessungsgrundlage** anzusetzen (§ 10 Abs. 5 UStG; *Rz. 120 ff.*). 9

---

1 Vgl. auch Art. 73 MwStSystRL: Gegenleistung, die der Leistende „erhält oder erhalten soll".
2 FG Saarl. v. 9.5.2011 – 1 K 1609/08, EFG 2011, 2209. Allerdings ist, wenn die zivilrechtliche Anpassung nicht mehr möglich ist, dem Unternehmer Vertrauensschutz nach § 163 AO zu gewähren.
3 So aber *Wagner* in S/R, § 10 UStG Rz. 25.
4 Vgl. auch EuGH v. 16.10.1997 – C-258/95, EuGHE 1997, I-5577 = UR 1998, 61 – Rz. 13 m.w.N.; EuGH v. 3.7.2001 – C-380/99, EuGHE 2001, I-5163 = UR 2001, 346 – Rz. 22.

10 Überschreitet die vereinbarte Gegenleistung den objektiven Wert der Leistung, so ist das für die Umsatzbesteuerung im Allgemeinen unbeachtlich.[1] Auf die Motive oder Ursachen für die Höherbewertung bzw. Fehlbewertung der Leistung kommt es grundsätzlich nicht an. Anders liegt es indes, wenn zwischen nahestehenden Personen eine **überhöhte Gegenleistung** vereinbart wird und die Erhöhung eine unentgeltliche Zuwendung oder verdeckte Gewinnausschüttung darstellt und mithin der den Marktpreis übersteigende Betrag insoweit nicht „für die Leistung", sondern aus anderen Gründen gezahlt wird.[2]

11 Die **Umsatzsteuer** ist (bei Steuerschuldnerschaft des leistenden Unternehmers) **stets** in der nach dem Gesetz entstandenen Höhe rechnerisch als **integraler Bestandteil in der Gegenleistung** („alles, was der Leistungsempfänger aufwendet") enthalten. Hiervon gibt es **keine Ausnahme**.

Das gilt auch im Falle der **Zwangsversteigerung** eines *beweglichen* Gegenstandes (bei einem Grundstück ist der Erwerber Steuerschuldner nach § 13b UStG), so dass die Umsatzsteuer aus dem **Meistgebot** herauszurechnen ist, da es keine Rechtsgrundlage gibt, wonach der Ersteher verpflichtet wäre, die Umsatzsteuer zusätzlich zu tragen.[3]

12 **Auf die subjektiven Vorstellungen** der Beteiligten kommt es **nicht** an (zum *Vertrauensschutz* s. *Rz. 15*). Auch wenn der Leistende

– sich nicht für einen Unternehmer gehalten hat,
– keinen Umsatz angenommen, sondern die Zahlung als Schadensersatz o.Ä. angesehen hat (dazu auch *Rz. 20 i.V.m. § 1 Rz. 77*),
– den Umsatz für steuerfrei gehalten hat,
– einen falschen Steuersatz seiner Preiskalkulation zugrunde gelegt hat,
– von einem falschen Entgelt ausgegangen ist oder
– ein „Schwarzgeschäft" vereinbart hatte,

ist die Steuer in der objektiv nach dem Gesetz entstandenen Höhe in der Gegenleistung enthalten.[4] Das Entgelt ist mithin (bei Steuerschuldnerschaft des leistenden Unternehmers) stets der um die Steuer geminderte Teil der Gegenleistung; der **Steuersatz** ist **nie auf die Gegenleistung** anzuwenden (zur Bemessungsgrundlage bei Steuerschuldnerschaft des Leistungsempfängers s. *§ 13b Rz. 143 ff.*).

13 Es gelten folgende **Brüche** zur Bestimmung des Entgelts bzw. der Steuer: **Entgelt** = 100/119 der Gegenleistung (bzw. 100/107 beim ermäßigten Steuersatz); **Umsatzsteuer** = 19/119 (= 15,97 % der Gegenleistung (bzw. 7/107 = 6,54 %).

---

1 BFH v. 3.3.1988 – V R 183/83, BStBl. II 1989, 205.
2 *Bunjes*, UR 1991, 39; a.A. BFH v. 25.11.1987 – X R 12/81, BStBl. II 1988, 210; BFH v. 10.5.1990 – V R 47/86, BStBl. II 1990, 757 – zur (verdeckten) Gewinnausschüttung.
3 Das verkennen der BGH v. 3.4.2003 – IX Z R 93/02, UR 2003, 295; sowie *Klenk* in S/R, § 9 UStG Rz. 212; *Wagner* in S/R, § 14 UStG Rz. 342.
4 Vgl. auch BFH v. 20.1.1997 – V R 28/95, BStBl. II 1997, 716 (717 f.).

Entgelt (Abs. 1 und 2) § 10

**Beispiel**[1] 14
Der Unternehmer hat Ware verkauft und berechnet dem Kunden

„Ware XYZ 1000 €
+ 7 % USt. 70 €
+ Auslagen für Transport 20 €
                         1090 €"

Die berechneten „Auslagen" für Transportkosten sind Teil der Gegenleistung für die Warenlieferung, da sie kein durchlaufender Posten sind (Rz. 72 f.) und der Transport eine Nebenleistung darstellt, die das Schicksal der Hauptleistung teilt (§ 3 Rz. 203). Der zutreffende Steuersatz soll 19 v.H. sein. „Alles, was der Leistungsempfänger für die Leistung aufwendet" (§ 10 Abs. 1 Satz 2 UStG), sind 1090 €. Das Entgelt beträgt folglich 1090 € × 100/119 = 915,97 €, die Steuer mithin 19 v.H. davon oder 19/119 von 1090 € = 174,03 €. Nicht etwa ist die Steuer mit 19 v.H. von 1020 € (= 193,80 €) zu berechnen, denn der Käufer hat nur 1090 € und nicht 1020 € + 193,80 € = 1213,80 € aufgewendet.

Eine umsatzsteuerrechtliche **Fehleinschätzung** geht als einseitiger Kalkulationsirrtum grundsätzlich zu Lasten des leistenden Unternehmers. Ein zivilrechtlicher Nachforderungsanspruch besteht regelmäßig nicht, denn der vereinbarte Preis wird durch den einseitigen Irrtum des Unternehmers nicht beeinflusst (zur Problematik bei Steuerschuldnerschaft des Leistungsempfängers s. § 13b Rz. 145). Etwas anderes gilt nur dann, wenn bei der Preisvereinbarung eine etwaige Umsatzsteuer berücksichtigt wurde (z.B.: „zzgl. etwaige USt." o.Ä.)[2] oder ein **beiderseitiger** (gemeinsamer) **Irrtum** vorliegt, so dass eine **Vertragsanpassung** in Betracht kommt.[3] Besteht kein zivilrechtlicher Nachforderungsanspruch (zum Fall des vorsteuerabzugsberechtigten Vertragspartners s. § 29 Rz. 7 ff.), so kann, da der Unternehmer nur Gehilfe des Staates bei der Umsatzbesteuerung ist (Vorbem. Rz. 20), unter dem Gesichtspunkt des **Vertrauensschutzes** ein Anspruch (Ermessensreduzierung auf null) auf Nichtfestsetzung (§ 163 Satz 1 AO) der Umsatzsteuer bestehen, sofern bzw. soweit der Leistende in den o.g. Fällen (Rz. 12) nicht von der Steuerpflicht usw. ausgehen oder diese in Betracht ziehen und mithin bei der Vertragsgestaltung berücksichtigen musste (Vorbem. Rz. 21 f.; § 13 Rz. 3). 15

§ 10 Abs. 1 und 2 UStG betreffen nur den **Umfang** des Entgelts bei einem entgeltlichen Umsatz i.S.d. § 1 Abs. 1 Nr. 1 (oder Nr. 5) UStG. Davon zu **unterscheiden** sind die Fragen, **ob** und in welchem Umfang eine **Leistung** vorliegt (dazu § 1 Rz. 10 ff.) bzw. ob der Leistung **überhaupt** eine **Gegenleistung** (Entgelt) gegenübersteht (dazu § 1 Rz. 74 ff.). Diese Fragen werden gerne vermengt. 16

## II. Aufwendungen des Leistungsempfängers für die Leistung (Abs. 1 Satz 2)

### 1. Allgemeines

Entgelt ist alles, was der Leistungsempfänger aufwendet, um die Leistung zu erhalten, abzüglich der Umsatzsteuer (§ 10 Abs. 1 Satz 2 UStG). Folglich soll die vom Leistungsempfänger vertraglich geschuldete Gegenleistung (abzüglich Um- 17

---

1 Siehe auch die Beispiele zu § 14c Rz. 34 ff..
2 Dazu näher Stadie in R/D, Einf. Anm. 905.
3 Stadie in R/D, Einf. Anm. 914 ff.

satzsteuer) bei der vorläufigen Versteuerung nach den vereinbarten Entgelten (*Rz. 6*) die Bemessungsgrundlage bilden. Hiermit werden jedoch nur die typischen Fälle erfasst, d.h. von § 10 Abs. 1 Satz 2 UStG wird nur der **Grundsatz** formuliert. Auf die Aufwendungen des Leistungsempfängers (Vertragspartner des leistenden Unternehmers) kommt es z.B. nicht an, wenn **Vergütungen** o.Ä. **an** einen **nachfolgenden Abnehmer** in der Leistungskette getätigt werden und das zu Lasten des leistenden Unternehmers geht (*Rz. 67*).

18 Die Formulierung des § 10 Abs. 1 Satz 2 UStG ist des Weiteren **zu eng**, denn danach wäre nur zu erfassen, was der Leistungsempfänger nach dem zugrunde liegenden Rechtsverhältnis als Gegenleistung aufwenden muss („um die Leistung zu erhalten"). Das entspräche nicht dem Charakter der Umsatzsteuer als Verbrauchsteuer, die den tatsächlichen Aufwand des Empfängers für die Leistung erfassen will. Dass die mit dem Gesetzesziel nicht kongruente Gesetzesformulierung nicht so gemeint ist, zeigt § 10 Abs. 1 Satz 3 UStG, denn danach sind auch Zahlungen Dritter „für die Leistung" zu berücksichtigen. Auch § 10 Abs. 1 Satz 2 ist UStG folglich so zu lesen: „Entgelt ist alles, was der Leistungsempfänger **für die Leistung aufwendet** (...)". Das entspricht Art. 73 MwStSystRL: „Wert der Gegenleistung ... *für* die(se) Umsätze ...", welcher die **tatsächlich erhaltene Gegenleistung** darstellt, über die der Unternehmer effektiv verfügen kann.[1]

19 Folglich kommt es nur darauf an, dass die Aufwendungen *für die* (wegen der) **Leistung** getätigt werden, unabhängig davon, ob eine rechtliche (vertragliche oder gesetzliche) Verpflichtung[2] bestand oder ob sie freiwillig geschahen. Maßgebend ist allein, ob die Aufwendungen erfolgen, weil die Leistung erbracht wurde oder erbracht werden wird. Die Leistung muss die Aufwendungen ausgelöst haben, d.h. die Aufwendungen müssen ihren Grund in der empfangenen bzw. noch zu empfangenden Leistung finden. Damit werden dann gesetzeszielkonform auch **freiwillige**[3] **Aufwendungen** – zu Sachwerten (Lieferung, sonstige Leistung) s. *Rz. 78 ff.* – sowie Mehraufwendungen neben der vertraglich geschuldeten Gegenleistung (*Rz. 23 ff.*) erfasst (zu Aufwendungen für „Nebenleistungen"/Zusatzleistungen u.Ä. s. *Rz. 53, 74; § 3 Rz. 204*).

20 Auf die **Bezeichnung** und zivil- oder öffentlich-rechtliche Qualifizierung der Aufwendungen kommt es nicht an, so dass auch „**Entschädigungen**", „**Zuschüsse**" (*Rz. 59 ff.*) u.ä. Zahlungen (dazu näher *§ 1 Rz. 77*) die Gegenleistung bilden oder dazu gehören können. Allein maßgebend ist, ob sie für die Leistung gezahlt werden. **Einmalzahlungen bei Dauerleistungen** (Teilleistungen) wie z.B. „*Aufnahmegebühren*"[4] oder Sonderzahlungen (bei einem sog. Leasingverhältnis) zählen **anteilig** zur Gegenleistung für die jeweiligen Teilleistungen. Umgekehrt folgt **nicht zwingend** aus einer gesetzlichen Bezeichnung einer Zahlung als „**Vergütung**", dass diese vollständig als Gegenleistung anzusehen ist. Die Ver-

---

1 Vgl. EuGH v. 19.7.2012 – C-377/11, UR 2012, 803 – Rz. 25 f. m.w.N.
2 Folglich ist beim innergemeinschaftlichen Erwerb auch die fälschlich im anderen Mitgliedstaat als Teil des Preises gezahlte Umsatzsteuer in die Bemessungsgrundlage einzubeziehen (*Rz. 7 a.E.*).
3 Vgl. BFH v. 30.11.1995 – V R 57/94, BStBl. II 1996, 206.
4 BFH v. 11.10.2007 – V R 69/06, UR 2008, 153 (156); FG Hess. v. 19.3.2004 – 6 V 2351/03, EFG 2004, 1873.

Entgelt (Abs. 1 und 2) § 10

gütung nach § 649 Satz 2 BGB nach Kündigung eines Werkvertrages ist nur insoweit Gegenleistung, als sie auf erbrachte Leistungsteile entfällt[1] (vgl. *Rz. 54; § 1 Rz. 50; § 13 Rz. 15; § 17 Rz. 66*).

Nach ganz herrschender, wenn auch unzutreffender Auffassung müssen die Aufwendungen nicht in Geld erfolgen, sondern können auch **ganz** oder **teilweise** aus **Sachleistungen** (Lieferungen oder **Dienstleistungen**) bestehen (*Rz. 78 ff.; Rz. 88 ff.*)

Zu den Aufwendungen des Leistungsempfängers für die Leistungen zählen auch **Zahlungen Dritter**, die diese für den Leistungsempfänger auf Grund eines Zahlungsversprechens o.Ä. tätigen (*Rz. 57*). Gleiches gilt für Zahlungen des Schuldners einer abgetretenen Forderung (*Rz. 58*; zu Dritten i.S.d. § 10 Abs. 1 Satz 3 UStG s. *Rz. 61 ff.*). 21

Im Falle der **Steuerschuldnerschaft** des **Leistungsempfängers** (§ 13b, § 25b UStG) und des **innergemeinschaftlichen Erwerbs** (§ 1 Abs. 1 Nr. 5 UStG) wendet der Leistungsempfänger für die Leistung die an den Leistenden zu entrichtende Gegenleistung (Kaufpreis, Werklohn usw.; dazu auch *Rz. 7 a.E.; § 13b Rz. 154*) und die Zahlung der von ihm geschuldeten Umsatzsteuer an das Finanzamt auf. Folglich ist Entgelt i.S.d. § 10 Abs. 1 Satz 2 UStG in diesem Fall die Gegenleistung (so dass es der Fiktion des § 25b Abs. 4 UStG nicht bedarf). Im Falle des innergemeinschaftlichen Erwerbs kommen zur Bemessungsgrundlage ggf. die Beträge i.S.d. § 10 Abs. 1 Sätze 4 und 5 UStG hinzu (*Rz. 68 f.*). 22

## 2. Mehraufwendungen

Da es nur darauf ankommt, dass die Aufwendungen *für* die (wegen der) Leistung getätigt werden, unabhängig davon, ob eine rechtliche (vertragliche oder gesetzliche) Verpflichtung bestand oder ob sie freiwillig erfolgten (*Rz. 19*), zählen zur Gegenleistung i.S.d. § 10 Abs. 1 Satz 2 UStG auch Mehraufwendungen in Gestalt von Zusatzhonoraren, Gewährung von **Gewinnen** (nach h.M. auch als Sachwerte oder Dienstleistungen; *§ 1 Rz. 84 f.*) an **Handelsvertreter** u.Ä. bei **Verkaufsförderungswettbewerben**[2] u.Ä., **Trinkgeldern** an den Unternehmer selbst[3] u.Ä.[4] 23

**Beispiele**

(1) Die von einem Tankstellenpächter bei einem vom Verpächter (Mineralölgesellschaft) veranstalteten **Verkaufswettbewerb** gewonnene Reise zählt nach Auffassung des BFH mit ihrem Wert i.S.d. § 10 Abs. 2 Satz 2 UStG (*Rz. 79*) zur Gegenleistung für die sonstigen Leis-

---

1 Vgl. BFH v. 28.2.1980 – V R 90/75, BStBl. II 1980, 535; vgl. auch BGH v. 4.7.1996 – VII ZR 227/93, NJW 1996, 3270; BGH v. 22.11.2007 – VII ZR 83/05, UR 2008, 156.
2 BFH v. 28.7.1994 – V R 16/92, BStBl. II 1995, 274; BFH v. 27.1.2011 – V R 7/09, BFH/NV 2011, 1030; BFH v. 27.1.2011 – V R 6/09, BFH/NV 2011, 1733.
3 BFH v. 17.2.1972 – V R 118/71, BStBl. II 1972, 405; vgl. auch BFH v. 1.9.2010 – V R 32/09, BStBl. II 2011, 300 – bei Automatenglücksspiel automatisch einbehaltener Trinkgeldbetrag (Tronc).
4 Vgl. BFH v. 18.1.2007 – V B 39/05, UR 2007, 382 – bei Automatenbenutzung verfallende Münzrestbeträge.

tungen des Pächters, die er als Agent (Vertreter) gegenüber der Mineralölgesellschaft erbracht hat.[1]

(2) **Mahngebühren**, die eine ärztliche Verrechnungsstelle im Rahmen der Einziehung der Honorare für die Ärzte von den Honorarschuldnern erhebt und behält, zählen zur Gegenleistung für die Inkassoleistung.[2]

24 Auch versehentliche **Doppelzahlungen** sollen nach der Rechtsprechung zur Bemessungsgrundlage rechnen (solange sie nicht rückgängig gemacht worden sind), da sie nur wegen der erbrachten Leistung getätigt würden.[3] Dem ist nicht zu folgen, da diese Zahlungen auf einem Irrtum beruhen und demgemäß nicht vom wirklichen Abgeltungswillen getragen sind (§ 17 Rz. 41). Demgegenüber ist bei einem innergemeinschaftlichen Erwerb der fälschlich im anderen Mitgliedstaat als Teil des Preises gezahlte Umsatzsteuerbetrag in die Bemessungsgrundlage einzubeziehen (Rz. 7 a.E.).

25 Nicht als Teil der Gegenleistung sind ferner solche Zahlungen zu erfassen, die zwar im ursächlichen Zusammenhang mit dem Umsatz stehen, d.h. ohne diesen nicht angefallen wären, aber auf einem **daneben** oder zeitlich **danach verwirklichten Sachverhalt** beruhen und deshalb diesem **zuzuordnen** sind. Hierunter fallen vor allem solche Zahlungen des Leistungsempfängers, die wegen der **verspäteten Entrichtung der** Gegenleistung oder der **Verletzung** anderer **vertraglicher Pflichten** erfolgten. Sie werden nicht „für die Leistung" aufgewendet und führen folglich nicht zu einer Erhöhung der Bemessungsgrundlage (§ 17 Rz. 43 ff.; dort auch zu der Frage, ob sie Gegenleistungen für eigenständige weitere Leistungen sind).

### 3. Zahlungen an Dritte

26 Aus der Formulierung „alles, was der **Leistungsempfänger aufwendet**" scheint im Umkehrschluss zu folgen, dass es nicht darauf ankommt, was der Leistende erhält. § 10 Abs. 1 Satz 2 UStG scheint deshalb im Widerspruch zu Art. 73 MwStSystRL zu stehen, wonach die „Gegenleistung ..., die der Lieferer oder Dienstleistende ... erhält", maßgebend ist. Eine Diskrepanz hinsichtlich der Rechtsfolgen zwischen den beiden Formulierungen besteht jedoch nicht, wenn der Begriff „**erhält**" nicht eng im Sinne eines unmittelbaren Geldzuflusses, sondern richtigerweise **wirtschaftlich** im Sinne von „zugutekommt" verstanden wird. Der Aufwand des Leistungsempfängers (bzw. eines Dritten) für die Leistung ist mithin prinzipiell identisch mit dem, was der Leistende „erhält" (zu einer Durchbrechung dieses Prinzips in der Unternehmerkette s. Rz. 67). Darin spiegeln sich nicht nur der Charakter der Steuer als Verbrauchsteuer (Rz. 7), sondern zugleich auch die Funktion des Unternehmers als Gehilfe des Staates („Steuereinsammler", Vorbem. Rz. 20) wieder. Der Unternehmer kann nur diejenige Steuer an den Staat weiterleiten, die er als Teil der Gegenleistung vom Leistungsempfänger erhalten hat.

---

1 BFH v. 28.7.1994 – V R 16/92, BStBl. II 1995, 274.
2 BFH v. 11.5.1995 – V R 86/93, BStBl. II 1995, 613.
3 BFH v. 13.12.1995 – XI R 16/95, BStBl. II 1996, 208; BFH v. 19.7.2007 – V R 11/05, BStBl. II 2007, 966.

Entgelt (Abs. 1 und 2) § 10

Zahlungen, die der Leistungsempfänger auf Grund einer **Abtretung** oder Pfändung der Forderung auf die Gegenleistung oder in anderen Fällen **kraft Gesetzes** an Dritte tätigt, erfolgen mithin **für Rechnung des Leistenden**, so dass dieser auch derartige Zahlungen „erhält". *Beispiele*: Einbehaltung und Abführung von **Abzugsteuern** gem. §§ 48 oder 50a EStG; Zahlung des Bargebots bei der **Zwangsversteigerung** an das Gericht, welches dieses an die Gläubiger des liefernden Unternehmers verteilt; Zahlungen an **Versorgungskassen, Versicherungen u.Ä.** zugunsten des leistenden Unternehmers (**freien Mitarbeiters**)[1], unabhängig davon, ob auf Grund gesetzlicher[2] oder vertraglicher Verpflichtung. 27

Auch im Falle der **Abtretung** der auf die Gegenleistung gerichteten Forderung **unter Nennwert**, bei der der Forderungskäufer das Ausfallrisiko trägt (auch *echtes* **Factoring** genannt, dazu *§ 1 Rz. 17* und *§ 4 Nr. 8 Rz. 13*), gilt der zuvor genannte Grundsatz. Gegenleistung ist nicht, was der Forderungskäufer an den leistenden Unternehmer (beim sog. Factoring auch *Anschlusskunde* genannt) für die Forderung zahlt, sondern auch insoweit bleibt gem. § 10 Abs. 1 Satz 2 UStG maßgebend, was der Leistungsempfänger für die Leistung aufwendet.[3] Auch wenn dieser auf Grund der Abtretung an den Zessionar (Forderungskäufer) zahlt, „erhält" *(Rz. 26)* der leistende Unternehmer diesen Betrag für die von ihm erbrachte, der Forderung zugrunde liegende Leistung. Das ist unabhängig davon, was er vom Forderungskäufer für die Forderung erhalten hat. 28

Nach Auffassung des BFH soll es dem Abtretenden „obliegen", mit dem Forderungserwerber einen **Auskunftsanspruch** hinsichtlich des Umfangs der Zahlung des Leistungsempfängers zu vereinbaren.[4] Das erschließt sich nicht. Soll daraus folgen, dass, wenn der abtretende Unternehmer es versäumt hatte, einen solchen Auskunftsanspruch zu vereinbaren, und sich der Forderungserwerber weigert, den Zahlungsbetrag mitzuteilen, der Unternehmer den Nennbetrag der Forderung zu versteuern hat? Das wäre abwegig, da der Unternehmer nur zwangsverpflichteter Gehilfe des Staates ist (*Vorbem. Rz. 20*) und nur der tatsächliche Aufwand des Leistungsempfängers besteuert werden darf. Richtigerweise hat der Unternehmer den Zahlungsbetrag zu schätzen und das Finanzamt darauf hinzuweisen, dass er den tatsächlichen Zahlungsbetrag nicht in Erfahrung bringen könne. Das Finanzamt wird dann den Forderungskäufer nach § 93 i.V.m. §§ 328 ff. AO zur Auskunft zwingen. 29

Ist der Betrag, den der Forderungskäufer an den abtretenden Unternehmer zahlt, **niedriger als** der **Betrag, den** der **Leistungsempfänger** an den Forderungskäufer **zahlt**, so kann in der Differenz die Gegenleistung für eine vom Forderungskäufer gegenüber dem leistenden Unternehmer erbrachte Dienstleistung (*§ 1 Rz. 18*) liegen. 30
Nach Auffassung des BMF soll die Gegenleistung für diese **Dienstleistung des Forderungskäufers** grundsätzlich in der Differenz zwischen dem Wert der Forde-

---
1 Vgl. BFH v. 9.10.2002 – V R 73/01, BStBl. II 2003, 217.
2 A.A. BFH v. 25.6.2009 – V R 37/08, BStBl. II 2009, 873; BFH v. 19.5.2010 – XI R 35/08, BStBl. II 2010, 1082; dagegen zu Recht *W. Wagner*, UVR 2012, 116.
3 BFH v. 27.5.1987 – X R 2/81, BStBl. II 1987, 739; BFH v. 6.5.2010 – V R 15/09, BStBl. II 2011, 142 = UR 2010, 741.
4 BFH v. 6.5.2010 – V R 15/09, BStBl. II 2011, 142 = UR 2010, 741 – Rz. 16.

rung und dem Ankaufspreis liegen.[1] Diese kann indes nur für die vorläufige Soll-Versteuerung maßgebend sein. Zahlt der Leistungsempfänger weniger als erwartet, so tritt für den Forderungskäufer eine Änderung der Bemessungsgrundlage i.S.d. § 17 Abs. 1 UStG ein. Beim Erwerb sog. zahlungsgestörter Forderungen liegt keine derartige Dienstleistung vor (*§ 1 Rz. 18* a.E.).

31 Ist der **Ankaufspreis** der Forderung **höher als** der **Betrag, den** der **Leistungsempfänger** an den Forderungskäufer **zahlt**, so ist auch in diesem Fall nicht der Ankaufspreis maßgebend, da der Leistungsempfänger diesen Betrag nicht aufgewendet hat. Der Forderungskäufer ist auch nicht Dritter i.S.d. § 10 Abs. 1 Satz 3 UStG, da er nicht für die der Forderung zugrunde liegende Leistung zahlt (*Rz. 61*), sondern den Kaufpreis für die Forderung entrichtet. Soweit der Leistungsempfänger die Forderung nicht begleicht, liegt eine **teilweise Uneinbringlichkeit** der Forderung (§ 17 Abs. 2 Nr. 1 UStG) vor, die zu einer Berichtigung der Steuer, sofern sie zuvor in voller Höhe entsprechend dem Soll-Prinzip entrichtet worden war, berechtigt (*§ 17 Rz. 46 ff.*) und den Leistungsempfänger zur Berichtigung eines, insoweit zu Unrecht (*§ 17 Rz. 54*), vorgenommenen Vorsteuerabzugs verpflichtet.

Die gegenteilige Auffassung[2] missachtet den eindeutigen Gesetzeswortlaut und verkennt, dass der Aufwand des Leistungsempfängers (Verbrauchers) zu besteuern ist. Würde stattdessen das besteuert werden, was der Unternehmer vom Forderungskäufer erhält, so würde, wenn der Aufwand des Leistungsempfängers geringer wäre (oder null betrüge), die Vermögensmehrung beim Unternehmer besteuert, die allein auf den risikobehafteten Forderungsverkauf zurückzuführen ist. Zudem würde der Leistungsempfänger subventioniert, wenn er vorsteuerabzugsberechtigter Unternehmer wäre, weil er dann den Vorsteuerabzug nicht berichtigen müsste, obwohl er mit der Steuer nicht in voller Höhe (oder gar nicht) belastet ist.

32 **Beispiel**

Unternehmer U hat Waren zum Preis von 10 000 € + 1900 € USt. an K geliefert. U verkauft die Forderung an den gewerblichen Forderungskäufer F, der das volle Ausfallrisiko trägt, für 10 710 € und erhält diesen Betrag sogleich ausgezahlt. F gelingt es, die Forderung gegenüber K

a) in voller Höhe,

b) nur in Höhe von 3570 €, bevor K kurz darauf überraschend insolvent wurde,

durchzusetzen.

Im Falle a hat der Leistungsempfänger K 11 900 € durch Zahlung gegenüber F aufgewendet, die U auch erhalten hat, da die Differenz von 1190 € die Gegenleistung für die Dienstleistung des F darstellt. Das Entgelt i.S.d. § 10 Abs. 1 Satz 2 UStG für die Warenlieferung des U beträgt mithin 10 000 €.

Im Falle b hat der Leistungsempfänger K für die ihm gegenüber erbrachte Warenlieferung nur 3570 € durch Zahlung an den F aufgewendet. Das Entgelt für die Lieferung beträgt mithin 100/119 von 3570 € = 3000 €, die U letztlich versteuern muss. Nach dem Prinzip der Soll-Versteuerung hätte U zunächst das „vereinbarte Entgelt" von 10 000 € versteuern

---

1 Abschn. 2.4 Abs. 6 ff. UStAE.
2 *Wagner* in S/R, § 10 UStG Rz. 109 ff.; *Reiß*, RIW 2004, 641 (650).

Entgelt (Abs. 1 und 2) § 10

müssen. Er kann jedoch wegen teilweiser Uneinbringlichkeit der Forderung die Steuer nach § 17 Abs. 2 Nr. 1 Satz 1 UStG berichtigen (zum genauen Zeitpunkt s. *§ 17 Rz. 50 ff.*).

**4. Befreiung von einer Verbindlichkeit**

Auch die Befreiung von einer (Geld-)Verbindlichkeit kommt als (Teil der) Gegenleistung in Betracht, da sie im Ergebnis der **Zahlung** des entsprechenden Betrages an den leistenden Unternehmer **gleichsteht**.[1] Dabei handelt es sich entgegen der Rechtsprechung[2] nicht etwa um einen tauschähnlichen Vorgang (dazu *§ 1 Rz. 84 f.*), denn die Befreiung von einer Geldschuld ist keine Leistung im umsatzsteuerrechtlichen Sinn (*§ 1 Rz. 30*). 33

Bei der **Lieferung** einer **verpfändeten Sache** oder eines gleichgestellten Rechtes durch Abtretung des Herausgabeanspruchs in Gestalt der Übergabe des Pfandscheins (vgl. *§ 3 Rz. 20*) besteht mithin die Gegenleistung aus dem für den **Pfandschein** gezahlten Betrag und dem an den Pfandgläubiger gezahlten Auslösungsbetrag (Pfandsumme). Bei letzterer Zahlung handelt es sich um die Befreiung des Lieferers von seiner Darlehensverbindlichkeit usw. gegenüber dem Pfandgläubiger (Klarstellung durch § 10 Abs. 2 Satz 1 UStG; *Rz. 77*). 34

Bei einer steuerpflichtigen **Grundstückslieferung** zählt, wenn der Erwerber vertraglich die gesamte **Grunderwerbsteuer** „übernommen" hat, diese **nicht** (auch nicht zur Hälfte) zur umsatzsteuerrechtlichen Bemessungsgrundlage (*§ 13b Rz. 151*).

**5. Zahlungskürzungen u.Ä.**

**a) Aufrechnung**

Eine wirksame Aufrechnung (*Verrechnung*) mit einer Gegenforderung hat Tilgungswirkung, so dass in Höhe der Aufrechnung Aufwendungen des Leistungsempfängers vorliegen.[3] Das gilt auch, wenn die Gegenforderung darauf beruht, dass der Leistungsempfänger **Schadensersatz** wegen Verzuges, Verletzung von Nebenpflichten (sog. positive Vertragsverletzung, Begleit- und Mangelfolgeschäden) o.Ä. verlangen kann; die Aufrechnung führt **nicht** zu einer **Minderung** der Gegenleistung und damit der Bemessungsgrundlage (zu Werbeprämien s. *§ 17 Rz. 19*). 35

Gleiches gilt, wenn aus den zuvor genannten Gründen eine Verrechnung mit einer **Vertragsstrafe** stattfindet[4], da sie ebenfalls einen gesonderten Schaden abgelten soll, der nichts mit der Leistung als solcher zu tun hat.[5] 36

---
1 Vgl. BFH v. 2.10.1986 – V R 91/87, BStBl. II 1987, 44 (46); BFH v. 29.2.1996 – V R 28/91, BFH/NV 1996, 857; BFH v. 15.5.1997 – V R 67/94, BStBl. II 1997, 705 (707).
2 BFH v. 29.2.1996 – V R 28/91, BFH/NV 1996, 857; BFH v. 15.5.1997 – V R 67/94, BStBl. II 1997, 705 (707).
3 Vgl. BFH v. 8.5.1980 – V R 126/76, BStBl. II 1980, 618 (620).
4 BFH v. 4.5.1994 – XI R 58/93, BStBl. II 1994, 589; BFH v. 17.12.2009 – V R 1/09, BFH/NV 2010, 1869 – Rz. 24, *Tehler* in R/K/L, § 17 UStG Rz. 37; Abschn. 1.3 Abs. 3 Satz 3, Abschn. 10.3 Abs. 2 Satz 10 UStAE.
5 A.A. *Reiß* in T/L, 20. Aufl. 2010, § 14 Rz. 43 – 2. Beispiel.

37 **Anders** ist es bei Aufrechnung mit einem **Schadensersatzanspruch wegen Mangelhaftigkeit der Leistung selbst**, da eine Minderung auf Grund eines Mangels die Gegenleistung für die mangelhafte Leistung reduziert (vgl. § 441 Abs. 3 BGB) und eine Aufrechnung mit Schadensersatz wegen Mangelhaftigkeit wirtschaftlich nicht anders behandelt werden kann. Auch hier wird für die (mangelhafte) Leistung nur eine verringerte Gegenleistung erbracht, da sich diese Schadensersatzforderung auf den Zustand der Leistung, im Gegensatz zu Schadensersatzansprüchen auf Grund Verzuges etc. (Rz. 35), bezieht.[1]

**b) Skonto, Barzahlungsrabatt**

38 Nach ganz h.M. führt die **Inanspruchnahme eines Skontos** zu einer Minderung der Gegenleistung.[2] Hierfür scheint auch Art. 79 Buchst. a MwStSystRL zu sprechen, wonach „Preisnachlässe durch Skonto für Vorauszahlungen" nicht in die Besteuerungsgrundlage einzubeziehen sind. Bei dem üblichen Skonto handelt es sich indes nicht um einen Betrag, der für eine Vorauszahlung gewährt wird. Da der Kaufpreis usw. grundsätzlich sofort fällig ist, handelt es sich bei dem Skonto vielmehr um die Differenz zwischen Barpreis und Zielpreis, d.h. um den Preis für die Kreditnutzung bzw. Finanzierung des Kaufpreises, die dem Abnehmer eingeräumt wird. Gegenleistung für die Lieferung usw. ist deshalb richtigerweise stets von vornherein der Barpreis, unabhängig davon, ob das Skonto in Anspruch genommen wird.

39 Demgegenüber soll nach Auffassung des **BFH** auch bei **Nichtinanspruchnahme** eines Barzahlungsrabattes dieser Betrag Teil der Gegenleistung für die Warenlieferung usw. und nicht Gegenleistung für eine gesonderte Kreditgewährung sein, weil die Vereinbarung über die Kaufpreisstreckung hinter dem Warenverkauf derart zurücktrete, dass eine einheitliche Warenlieferung anzunehmen sei.[3] Diese Sichtweise verkennt, dass es keinen Unterschied ergeben kann, ob ein Barpreis mit Zielzinsen oder ein Zielpreis mit Barzahlungsrabatt bzw. Skontomöglichkeit angeboten wird. Wirtschaftlich gleiche Sachverhalte sind steuerrechtlich gleich zu behandeln. Hierfür spricht auch die Entscheidung des **EuGH**, wonach es gegen den Grundsatz der Gleichbehandlung verstoßen würde, wenn ein Käufer für einen von seinem Lieferanten gewährten Kredit Steuern zahlen müsste, während ein Käufer, der einen Kredit bei einer Bank oder einem anderen Kreditgeber in Anspruch nehmen würde, insoweit nicht mit Umsatzsteuer belastet würde.[4] **Richtigerweise** ist deshalb im Skonto- bzw. Barzahlungsrabattbetrag die Gegenleistung für eine nach § 4 Nr. 8 Buchst. a UStG steuerfreie Kreditgewährung (§ 4 Nr. 8 Rz. 11) zu sehen.[5] Folglich ist auch Art. 79 Buchst. a MwStSystRL wortlautgetreu nur auf solche Skontobeträge anzuwenden, die für

---

1 *Stadie* in R/D, § 17 UStG Anm. 197; vgl. auch BFH v. 16.1.2003 – V R 72/01, BStBl. II 2003, 620 (622).
2 Abschn. 3.11 Abs. 5, Abschn. 10.3 Abs. 1 Satz 1, Abschn. 17.1 Abs. 3 Satz 2 UStAE; BFH v. 10.3.1983 – V B 46/80, BStBl. II 1983, 389 (391) – obiter dictum; BFH v. 28.1.1993 – V R 43/89, BStBl. II 1993, 360 (362); vgl. auch *Korn* in Bunjes, § 17 UStG Rz. 34.
3 BFH v. 28.1.1993 – V R 43/89, BStBl. II 1993, 360.
4 EuGH v. 27.10.1993 – C-281/91, EuGHE 1993, I-5405 – Rz. 14; Zusammenfassung UR 1994, 73.
5 Zu den Folgerungen *Stadie* in R/D, § 17 UStG Anm. 284.

Entgelt (Abs. 1 und 2) § 10

die Vorauszahlung des Kaufpreises usw. vor Ausführung der Lieferung abgezogen werden, da anderenfalls diese Richtlinienbestimmung gegen den gemeinschaftsrechtlichen Gleichbehandlungsgrundsatz verstoßen würde (zu nachträglich gewährten **Boni**, Rückvergütungen und Rabatten s. *§ 17 Rz. 21*).

### c) Kreditkartengeschäft u.Ä.

Der Zahlungsabzug beim Kreditkartengeschäft, den der Kreditkartenherausgeber bei Zahlungen unter Verwendung seiner Karte gegenüber dem Verkäufer usw. (Vertragsunternehmen) vornimmt, mindert nach Auffassung des **EuGH** nicht die Gegenleistung, die das Vertragsunternehmen gegenüber dem Kunden (Karteninhaber) erbracht hat. Der Kreditkartenherausgeber erbringe vielmehr dem Verkäufer gegenüber eine Dienstleistung, die sich aus verschiedenen Komponenten zusammensetze (u.a. einer Zahlungsgarantie und Förderung der Geschäftstätigkeit des Verkäufers); der Zahlungsabzug sei die Provision dafür.[1] 40

Richtigerweise erbringt der Kreditkartenherausgeber eine Dienstleistung gegenüber dem Karteninhaber (Kunden) in Gestalt der Kreditgewährung und Zahlungsabwicklung. Die Vergütung liegt in dem Zahlungsabschlag, den der Kreditkartenherausgeber mit dem Vertragsunternehmen (Verkäufer usw.) zugunsten des Kunden vereinbart hat. Folglich liegt **richtigerweise** eine Minderung der Bemessungsgrundlage vor, bei der der Zahlungsabschlag nicht an den Kunden weitergegeben, sondern als Provision für die eigene Dienstleistung behalten wird. Im Ergebnis führen indes beide Auffassungen von der Belastungswirkung her gesehen für den Verkäufer usw. (Vertragsunternehmen) zum selben Ergebnis.[2] 41

Verlangt der Lieferer oder Dienstleistende als Bedingung für die Annahme einer Bezahlung mit Kredit- oder Geldkarte, dass der Leistungsempfänger ihm oder einem anderen Unternehmer hierfür einen Betrag entrichtet, und wird der von diesem Empfänger zu zahlende **Gesamtpreis** durch die Zahlungsweise **nicht beeinflusst**, so ist dieser Gesamtbetrag die Gegenleistung für die Lieferung bzw. Dienstleistung (Art. 42 MwSt-DVO). Es liegt mithin kein Entgelt für eine gesonderte steuerfreie Dienstleistung vor, so dass sich die Bemessungsgrundlage für die steuerpflichtige Lieferung bzw. Dienstleistung nicht verringert. 42

### d) Wechseldiskontierung

Der bei der Diskontierung eines Wechsels von dem Kreditinstitut von der Wechselsumme abgezogene Diskontbetrag (Wechselvorzinsen) soll nach Auffassung der Finanzverwaltung die Bemessungsgrundlage des zugrunde liegenden Umsatzes mindern.[3] Sie beruft sich auf ein nicht mehr einschlägiges Urteil des BFH[4] zum alten § 51 UStDB von 1951, welcher bestimmte, dass bei Weitergabe eines Wechsels das Entgelt für die Leistung „in Höhe des bei der Weitergabe verein- 43

---

[1] EuGH v. 25.5.1993 – C-18/92, EuGHE 1993, I-2871 = UR 1994, 72; vgl. auch EuGH v. 15.5.2001 – C-34/99, EuGHE 2001, I-3833 = UR 2001, 308 – Rz. 27.
[2] Dazu näher *Stadie* in R/D, § 17 UStG Anm. 272 f.
[3] Abschn. 10.3 Abs. 6 Satz 1 UStAE.
[4] BFH v. 27.10.1967 – V 206/64, BStBl. II 1968, 128.

nahmten Betrages" als vereinnahmt „gilt". Eine derartige Fiktion kennen weder das heutige Umsatzsteuerrecht noch die EG-Richtlinie, so dass uneingeschränkt der Grundsatz des § 10 Abs. 1 Satz 2 UStG gilt und maßgebend ist, was der Leistungsempfänger aufwendet. Dieser schuldet weiterhin die gesamte Gegenleistung, so dass die Diskontierung des Wechsels als solche im Hinblick auf die Bemessungsgrundlage völlig bedeutungslos ist[1] (s. aber Rz. 44). Die Diskontierung des Wechsels ist lediglich die **Vorfinanzierung** der zugrunde liegenden Forderung (aus der Warenlieferung usw.) durch das Kreditinstitut. Dieses erbringt gegenüber dem Wechseleinreicher (Unternehmer) eine sonstige Leistung in Gestalt der Kreditgewährung, für die der Diskontbetrag und die Spesen die Gegenleistung darstellen.[2] Nicht etwa tätigt der Wechseleinreicher einen Umsatz gegenüber dem Kreditinstitut, indem er an dieses eine Geldforderung bzw. den Wechsel veräußert, denn darin liegt keine Leistung im Sinne des Umsatzsteuerrechts (§ 1 Rz. 29), die mithin auch nicht steuerfrei nach § 4 Nr. 8 Buchst. c UStG sein kann (§ 4 Nr. 8 Rz. 18); das verkennt § 43 Nr. 1 und 2 UStDV[3] (vgl. § 15 Rz. 493).

44 Die Nichtzahlung bei Fälligkeit der Forderung und die stattdessen erfolgte Hereinnahme des Wechsels durch den Unternehmer führt allerdings zur **vorläufigen Uneinbringlichkeit** i.S.d. § 17 Abs. 2 Nr. 1 Satz 1 UStG und damit dazu, dass die Umsatzsteuer vorerst nicht geschuldet wird (§ 17 Rz. 53). Die Steuer entsteht dann erst, wenn der Abnehmer den Wechsel einlöst (§ 17 Rz. 60). Anderenfalls tritt endgültige Uneinbringlichkeit ein.

45 **Reicht** der Unternehmer die Belastung mit den ihm berechneten **Kreditkosten** an seinen Abnehmer **weiter**, so führt das nicht zu einer Erhöhung der Bemessungsgrundlage des eigentlichen Umsatzes (Warenlieferung usw.). Es liegt vielmehr eine selbständige Kreditgewährung gegenüber dem Abnehmer vor, die nach § 4 Nr. 8 Buchst. a UStG steuerfrei ist.

e) „**Preisnachlässe**" **der Vertreter bzw. Vermittler**

46 Der „Preisnachlass", den ein **Handelsvertreter** (Vermittler, Agent) dem Käufer usw. dadurch einräumt, dass er ihm einen Teil seiner Provision zuwendet, ist für den Geschäftsherrn (Verkäufer usw.) keine Entgeltsminderung. Zwischen Käufer und Verkäufer ist keine Minderung des Kaufpreises vereinbart worden, so dass der Käufer usw. den vollen Preis zu zahlen hat.[4] Gleiches gilt, wenn ein **Reisebüro** seinen Kunden „Preisnachlässe" auf die gebuchten Reisen gewährt. Diese Nachlässe mindern nicht die Bemessungsgrundlagen für die von den Reiseveranstaltern erbrachten Reiseleistungen.[5] Anders liegt es nur dann, wenn der Preisnachlass ein echter ist, nämlich mit Zustimmung des Lieferers, Reiseveranstalters usw. erfolgte. In diesem Fall tritt eine Minderung der Bemessungs-

---

1 *Stadie* in R/D, § 17 UStG Anm. 254 m.w.N.; *Wagner* in S/R, § 10 UStG Rz. 100; *Lippross*, 5.9.2.1.c; *Korn* in Bunjes, § 17 UStG Rz. 51.
2 Vgl. auch BFH v. 9.8.1990 – V R 134/85, BStBl. II 1990, 1098.
3 Ebenso fehlerhaft Abschn. 15.18 Abs. 4 UStAE.
4 Abschn. 10.3 Abs. 4 Beispiel 2 UStAE; vgl. auch EuGH v. 19.6.2003 – C-149/01, EuGHE 2003, I-6289 = UR 2003, 456.
5 EuGH v. 19.6.2003 – C-149/01, EuGHE 2003, I-6289 = UR 2003, 456.

grundlage für die vermittelte Leistung ein.¹ Der Vermittler hat die tatsächlich erlangte Provision zu versteuern.

Davon zu unterscheiden ist die **Minderung der Bemessungsgrundlage** für die Leistung des **Handelsvertreters** (Vermittlers u.Ä.). Der BFH hatte bislang zutreffend den vom EuGH entwickelten **Gedanken** zu den Herstellervergütungen (*Rz. 67; § 17 Rz. 26*) als allgemeines Prinzip auch auf die „Preisnachlässe" von Vermittlern u.Ä. übertragen. Ein **Reisebüro** sollte danach als erster Unternehmer in der Kette von Dienstleistungen anzusehen sein, die letztlich als Einheit beim Endverbraucher (Reisekunden) ankommen. Auch in diesem Fall dürfe die dem Staat verbleibende Umsatzsteuer nicht höher sein als der in dem Gesamtbetrag enthaltene Umsatzsteuerbetrag, den der Endverbraucher letztlich aufwendet.² Folglich mindere sich die Bemessungsgrundlage für die Vermittlungsleistung um den (Netto-)"Preisnachlass", der dem Kunden gewährt wurde. Nichts anderes galt lt. BMF für entsprechende Nachlässe durch **Handelsvertreter** (Agenten) bei Lieferungen.³ 47

Diese Sichtweise lässt sich durch den Gedanken untermauern, dass es **keinen Unterschied** ergeben darf, ob eine **Mittelsperson** gegenüber dem Endverbraucher **im eigenen oder im fremden Namen** auftritt. Im ersteren Fall ist sie Verkaufskommissionär i.S.d. § 3 Abs. 3 bzw. des § 3 Abs. 11 UStG und erbringt dem Abnehmer gegenüber eine eigene Leistung, welche nach dem Aufwand des Abnehmers besteuert wird, so dass der Staat ebenfalls nur den darin enthaltenen Steuerbetrag erhält (die vom Kommittenten geschuldete Steuer wird dem Kommissionär, d.h. der Mittelsperson als Vorsteuer vergütet).

Der **BFH** hatte jedoch **Zweifel** an seiner Auffassung bekommen, die der **EuGH bestätigte**⁴; so dass der BFH seine o.g. Ansicht aufgegeben hat.⁵

### f) Zwangsrabatte der Arzneimittelhersteller

Die Abschläge/Rabatte die pharmazeutische Unternehmer nach § 130a SGB V den **gesetzlichen Krankenkassen** auf ihre Abgabepreise in der Weise gewähren, dass die Apotheken den Krankenkassen diesen Abschlag einzuräumen haben und den Betrag dann von den Arzneimittelherstellern erstattet bekommen, führen zu Minderungen der Bemessungsgrundlagen der Lieferungen der Arzneimittelhersteller an die Zwischenhändler oder Apotheken.⁶ 48

Für die Apotheken führen die Erstattungen entgegen BMF⁷ nicht zu einem sog. Entgelt von dritter Seite iS des § 10 Abs. 1 Satz 3 UStG für ihre Lieferungen an

---

1 Vgl. Abschn. 10.3 Abs. 4 Beispiel 1 UStAE.
2 BFH v. 12.1.2006 – V R 3/04, BStBl. II 2006, 479 – mit Zahlenbeispiel; ferner BFH v. 13.7.2006 – V R 46/05, BStBl. II 2007, 186 – Vermittler eines Telefonanbietervertrages; vgl. auch BFH v. 13.3.2008 – V R 70/06, BStBl. II 2008, 997 – Einkaufsgenossenschaft.
3 Abschn. 17.2 Abs. 10 Satz 5 ff. UStAE.
4 EuGH v. 16.1.2004 – C-300/12, UR 2014, 234.
5 BFH v. 27.2.2014 – V R 18/11, UR 2014, 667; BFH v. 3.7.2014 – V R 3/12, UR 2014, 779.
6 Abschn. 10.3 Abs. 7 Satz 1 UStAE; zur Berechnung BFH v. 28.5.2009 – V R 2/08, BStBl. II 2009, 870.
7 Abschn. 10.3 Abs. 7 Satz 3 UStAE.

die Versicherten[1] bzw. die Krankenkassen[2], sondern stellen lediglich Beträge dar, die – vergleichbar durchlaufenden Posten – von den Apotheken, welche gleichsam als gesetzlich angewiesene Treuhänder handeln, weiterzuleiten sind, weil sie kraft Gesetzes den Krankenkassen zu gewähren und sogleich nach § 130a Abs. 1 Satz 2 SGB V den Apotheken von den pharmazeutischen Unternehmen zu erstatten sind.

Nach Auffassung des BMF sollen Zahlungen der Arzneimittelhersteller nach § 1 AMRabG an die **privaten Krankenversicherer** und die Träger der beamtenrechtlichen Beihilfe hingegen nicht zu einer Minderung der Bemessungsgrundlagen der Lieferungen des Herstellers führen, weil diese Zahlungen außerhalb der Lieferkette erfolgten.[3] Diese Sichtweise verkennt, dass die Hersteller als zwangsverpflichtete Gehilfen des Staates entsprechend dem die Umsatzsteuer beherrschenden **Neutralitätsgrundsatz** nur die Umsatzsteuer an den Staat abführen können, die sie letztendlich für ihre Lieferungen vereinnahmt haben (vgl. zu Herstellervergütungen an Endabnehmer *§ 17 Rz. 26 ff.*). Die Zahlungen an die Krankenversicherer sind keine freiwilligen Zahlungen als sog. Entgeltsverwendungen im eigenen Interesse, die im Rahmen der §§ 10 und 17 UStG unbeachtlich sind, sondern erfolgen aufgrund gesetzlicher Verpflichtung in Höhe eines Prozentsatzes der Abgabepreise der jeweiligen Lieferungen. Sie sind ausschließlich wegen der Lieferungen an die Versicherten **öffentlich-rechtlich auferlegte Zwangszahlungen an** die Krankenversicherungen als **Dritte** und mindern deshalb die Bemessungsgrundlagen, weil die Versicherer für ihre Lieferungen nur die um diese Kürzungen erlangten Beträge erhalten haben.[4] Es geht nicht an, dass der Staat im öffentlichen Gemeinwohlinteresse den Arzneimittelherstellern jeweils einen Prozentsatz der vereinbarten Lieferungspreise nimmt, um diesen dann über die Versicherer letztendlich (im Ergebnis) den jeweiligen Versicherten zugutekommen zu lassen.

### 6. Weitere Einzelfälle

49 Für die Lieferung eines **sicherungsübereigneten Gegenstandes** durch den Sicherungsgeber an den Sicherungsnehmer (Kreditgläubiger) außerhalb des Insolvenzverfahrens ergibt sich das Entgelt im Regelfall aus dem Betrag, um den die Darlehensschuld des Sicherungsgebers getilgt wird (dazu näher *§ 13b Rz. 149 f.*).[5] Zur Bemessungsgrundlage der sonstigen Leistung des **Forderungskäufers** beim sog. **Factoring** u.Ä. Gestaltungen s. *Rz. 30*.

50 Bei der Veranstaltung eines **Wettbewerbs** ist als Bemessungsgrundlage für die Gesamtheit der vom Veranstalter gegenüber den Teilnehmern erbrachten Dienstleistungen der **Gesamtbetrag** der Teilnahmegebühren, **Wetteinsätze** o.Ä. anzusetzen, d.h. ohne Abzug der wieder ausgeschütteten Gewinne.[6] Nichts anderes

---

1 Dazu *Stadie* in R/D, § 14 UStG Anm. 326; ebenso *Winter/Kapeller*, MwStR 2013, 109.
2 So BMF v. 14.11.2012 – IV D 2 - S 7200/08/10005, BStBl. I 2012, 1170 – I 1.
3 Abschn. 10.3 Abs. 7 Satz 7 UStAE; ebenso *Korn* in Bunjes, § 17 UStG Rz. 32.
4 I.E. ebenso *Winter/Kapeller*, MwStR 2013, 109.
5 Zur Verwertung **innerhalb eines Insolvenzverfahrens** s. *Stadie* in R/D, § 18 UStG Anh. 2 Anm. 100 ff. – Insolvenz.
6 EuGH v. 17.9.2002 – C-498/99, EuGHE 2002, I-7173 = UR 2002, 510 – Ratewettbewerb; BFH v. 18.5.2005 – V R 42/02, BStBl. II 2007, 137 = UR 2006, 30 – Brieftaubenwette.

Entgelt (Abs. 1 und 2) § 10

gilt hinsichtlich der Einsätze bei **Glücksspielen**. Die gegenteilige BFH-Rechtsprechung, wonach die Gesamtheit der Spieleinsätze abzüglich der ausgezahlten Gewinne anzusetzen sei[1], ist durch die EuGH-Rechtsprechung überholt und deshalb vom BFH aufgegeben worden.[2] Der EuGH hatte einen derartigen Grundsatz zwar zu Umsätzen mit **Geldspielautomaten** mit gesetzlich festgelegtem Umfang der Gewinnauszahlung entwickelt[3], jedoch später betont, dass der Grundsatz nur für diese Konstellation gelte, bei der der Unternehmer wegen des Zwangs zur Gewinnauszahlung niemals über diese Beträge verfügt habe.[4]

Die **Beistellung** von **Material** und/oder **Personal** durch den Auftraggeber führt nicht zu einer Erhöhung der Bemessungsgrundlage.[5] 51

Bei einer Gegenleistung in Form regelmäßig **wiederkehrender Zahlungen** o.Ä. ist entgegen der Rechtsprechung[6] **nicht** etwa der **Kapitalwert** der Berechtigung als Gegenleistung anzusetzen. Vielmehr sind zur Vermeidung einer Vorfinanzierung im Umfang der jeweiligen Zahlungen **Teilleistungen** anzunehmen (*§ 13 Rz. 22 f.*). 52

Gesondert berechnete **Transportversicherungskosten** sind Gegenleistung für eine steuerfreie Verschaffung von Versicherungsschutz (*§ 4 Nr. 10 Rz. 7;* zu **Versandkosten** s. *Rz. 74; § 3 Rz. 204*). **Nachnahmegebühren**, die Empfänger zusätzlich zum Preis der Waren zahlen, gehören zur Gegenleistung für die Lieferungen, da die Empfänger die Waren nur auf diese Weise geliefert bekommen und deshalb auch diese Beträge für die Lieferungen aufwenden.[7] **Umbuchungsgebühren**, die Fluggesellschaften im Falle der Umbuchung von Flügen von den Reisenden erheben, gehören zur Gegenleistung für die Beförderungsleistung.[8] 53

Bei einem **abgebrochenen Werkvertrag** (o.Ä.) über die Errichtung eines **Bauwerks** o.Ä. (durch Kündigung, Aufhebungsvertrag, Erfüllungsablehnung seitens des Insolvenzverwalters usw.) reduziert sich die Leistung auf den erbrachten Teil (*§ 1 Rz. 50; § 13 Rz. 15*). Bemessungsgrundlage ist die Summe der dafür aufgewendeten Zahlungen des Auftraggebers/Bestellers (abzüglich Umsatzsteuer).[9] Hatte dieser mehr als den (nach Vertragspreisen zu bestimmenden[10]) Wert des unfertigen Werks vorausbezahlt, so gehört der Mehrbetrag nicht zur Gegenleistung, 54

---

1 BFH v. 20.1.1997 – V R 20/95, UR 1997, 271 – Backgammon; BFH v. 30.1.1997 – V R 27/95, UR 1997, 272 – Roulett; BFH v. 15.4.1998 – V B 148/97, BFH/NV 1998, 1274 – Pyramidenspiel.
2 BFH v. 18.5.2005 – V R 42/02, BStBl. II 2007, 137 = UR 2006, 30 – 3c der Gründe.
3 EuGH v. 5.4.1994 – C-38/93, EuGHE 1994, I-1679 = BStBl. II 1994, 548 = UR 1994, 308.
4 EuGH v. 17.9.2002 – C-498/99, EuGHE 2002, I-7173 = UR 2002, 510 – Rz. 29 f.
5 BFH v. 6.12.2007 – V R 42/06, BStBl. II 2009, 493 = UR 2008, 263; BFH v. 15.4.2010 – V R 10/08, BStBl. II 2010, 879.
6 Vgl. BFH v. 12.11.1987 – V B 52/86, BStBl. II 1988, 156; BFH v. 28.2.1991 – V R 12/85, BStBl. II 1991, 649; BFH v. 5.11.1998 – V R 45/96, BFH/NV 1999, 835; ebenso Abschn. 10.5 Abs. 1 Satz 10 UStAE; *Reiß* in T/L, 20. Aufl. 2010, § 14 Rz. 137.
7 BFH v. 13.12.1973 – V R 57/72, BStBl. II 1974, 191; vgl. auch EuGH v. 2.12.2010 – C-276/09, EuGHE 2010, I-12359 = UR 2011, 261.
8 BFH v. 16.3.2000 – V R 16/99, BStBl. II 2000, 360.
9 Zu den **insolvenzrechtlichen** Fragestellungen s. *Stadie* in R/D, § 18 UStG Anh. 2 Anm. 128 f. – Insolvenz.
10 Vgl. BFH v. 24.4.1980 – V S 14/79, BStBl. II 1980, 541 (543 f.).

**§ 10**      Bemessungsgrundlage für Lieferungen, sonstige Leistungen u.Ä.

so dass insoweit eine Berichtigung nach § 17 Abs. 2 Nr. 2 UStG in Betracht kommt (*§ 17 Rz. 66*).

55    **Pfandgelder** für **Warenumschließungen** zählen zur Gegenleistung für die Warenlieferungen; die Rückzahlung der „Pfandbeträge" führt zu einer Minderung der Gegenleistung.[1] Die Finanzverwaltung hat Vereinfachungsregeln vorgesehen.[2]
Zu weiteren Einzelfällen s. auch *§ 17 Rz. 17 ff.*

### III. Zahlungen u.Ä. von Seiten Dritter (Abs. 1 Satz 3)

56    Zum Entgelt (richtig: zur Gegenleistung) gehört auch, was **ein anderer** als der Leistungsempfänger dem Unternehmer **für die Leistung gewährt** (§ 10 Abs. 1 Satz 3 UStG).[3] Da im Wert der Gegenleistung die Steuer stets rechnerisch enthalten ist (*Rz. 4 u. 10*), gilt auch insoweit die Einschränkung des Satzes 2: „abzüglich der Umsatzsteuer". Im Falle des § 13b UStG ist der Dritte im Umfang seiner Zahlung Leistungsempfänger und Schuldner der Steuer (*§ 13b Rz. 114*); zum Vorsteuerabzug des Dritten s. *§ 15 Rz. 67, 196*.

57    **1. Keine Fälle** des § 10 Abs. 1 Satz 3 UStG sind **Zahlungen Dritter**, die diese **für den Leistungsempfänger** tätigen. Diese Konstellationen werden schon von Satz 2 der Vorschrift erfasst, weil die Zahlungen für Rechnung des Leistungsempfängers erfolgen und damit diesem **als eigene** Zahlungen **zuzurechnen** sind. Das ist zum einen der Fall, wenn der Dritte auf Grund eines **Rechtsverhältnisses mit dem Leistungsempfänger** zur Zahlung an den Leistenden verpflichtet ist, insbesondere auf Grund eines **Versicherungsvertrages** (*Beispiel:* Der Transportversicherer des Käufers zahlt im Schadensfall unmittelbar an den Lieferer), einer **Schuldübernahme**, eines **Zahlungsversprechens**[4]**, eines teilweisen Provisionsverzichts** des Agenten (Vermittlers/Vertreters) zugunsten des Kunden, einer **Bürgschaft** (dazu auch *§ 17 Rz. 62*) o.Ä. Dasselbe gilt, wenn der Dritte ohne eine solche Verpflichtung die Schuld ganz oder teilweise begleicht und damit dem Leistungsempfänger den Betrag **zuwenden** oder jedenfalls **darlehensweise** gewähren will (*Beispiel:* Ehefrau bezahlt eine Rechnung des Ehemanns).

58    Ebenfalls von § 10 Abs. 1 **Satz 2** UStG und nicht von dessen Satz 3 wird die **Zahlung** eines Dritten als **Schuldner** einer zahlungshalber **abgetretenen Forderung** (z.B. beim verlängerten Eigentumsvorbehalt) erfasst; seine Zahlung gilt als Zahlung des Leistungsempfängers (Zedenten).[5]

---

1 Dazu näher *Schuhmann* in R/D, § 10 UStG Anm. 75; *Stadie* in R/D, § 17 UStG Anm. 277.
2 Abschn. 10.1 Abs. 8 UStAE.
3 Das entspricht Art. 73 MwStSystRL: Wert der Gegenleistung, die der Leistende „für die(se) Umsätze" vom Leistungsempfänger „oder von einem Dritten erhält (...), einschließlich der unmittelbar mit dem Preis dieser Umsätze zusammenhängenden Subventionen".
4 Vgl. EuGH v. 16.1.2003 – C-398/99, EuGHE 2003, I-427 = UR 2003, 89 – beim Händler eingelöster Gutschein des Warenherstellers; BayLfSt, Info. v. 31.7.2009 – S 7200, UR 2009, 823 – staatliche Umwelt-/Abwrackprämie; zur Ausfuhrerstattung s. BFH v. 26.9.2012 – V R 22/11, UR 2013, 342; zu Zahlungen von Grundstückseigentümern an einen Erschließungsträger s. BFH v. 22.7.2010 – V R 14/09, BStBl. II 2012, 428.
5 BFH v. 16.1.2003 – V R 36/01, UR 2003, 497.

Entgelt (Abs. 1 und 2) § 10

Gleichfalls **nicht** um einen Fall des § 10 Abs. 1 Satz 3 UStG handelt es sich, 59
wenn der Zahlung, auch wenn sie fälschlich als „**Zuschuss**" o.Ä. bezeichnet
wird, eine **eigenständige Leistung** des Unternehmers (Zahlungsempfängers) **gegenüber dem Dritten** („Zuschussgeber") zugrunde liegt, so dass die Zahlung Gegenleistung und damit (abzüglich Umsatzsteuer) Bemessungsgrundlage dieses
Umsatzes gem. § 10 Abs. 1 Satz 2 UStG ist.[1]

**Beispiele** 60

(1) „Zuschuss" der Gemeinde für die Errichtung einer Tiefgarage in der Innenstadt verbunden mit der Verpflichtung, einen Teil der Stellplätze der Allgemeinheit zur Verfügung zu stellen. Mit der Zurverfügungstellung der Stellplätze für die Allgemeinheit erbringt der Unternehmer eine sonstige Leistung (Dauerleistung) gegenüber der Gemeinde, der der „Zuschuss" als Gegenleistung i.S.d. § 10 Abs. 1 Satz 2 UStG gegenübersteht.[2]

(2) Ein Apotheker vereinbart mit dem Eigentümer des Nachbargebäudes, dass dieser die Räume zu günstigen Konditionen an einen Arzt vermietet und die Differenz zum erzielbaren Mietzins ersetzt erhält. Der BFH hat in der Zahlung des Apothekers keine Zuzahlung i.S.d. § 10 Abs. 1 Satz 3 UStG, die die Bemessungsgrundlage der (steuerfreien) Vermietung der Räume erhöhe, sondern die Gegenleistung für eine eigenständige sonstige Leistung des Vermieters gegenüber dem Apotheker gesehen, die in der Verschaffung des Vorteils der Ansiedelung eines Arztes neben der Apotheke liege.[3] Das ist gekünstelt. Richtigerweise liegt ein Fall des § 10 Abs. 1 Satz 3 UStG (*Rz. 61*) vor.[4]

**2. Anwendungsfälle:** Eine Zahlung bzw. **Zuzahlung** („Zuschuss") i.S.d. § 10 61
Abs. 1 Satz 3 UStG liegt nur dann vor, wenn diese (dieser) **für** eine **konkrete
Leistung** erfolgt, die dem Leistungsempfänger zugutekommt, und – da anderenfalls die Zahlung von § 10 Abs. 1 Satz 2 UStG erfasst (*Rz. 57 f.*) oder gar nicht zum Entgelt zählen würde (vgl. *§ 17 Rz. 63 a.E.*) – der **Dritte** ein **Interesse an** der **Ausführung der Leistung** hat.[5] Entgegen der Rechtsprechung[6] muss nicht zusätzlich hinzukommen, dass der leistende Unternehmer (Zahlungsempfänger) einen Anspruch auf die (Zu-)Zahlung hat, da auch freiwillige Zahlungen zum

---

1 Dazu *Lippross*, DStZ 2013, 433. Zu Zahlungen der Hersteller/Händler an Finanzierungsinstitute zum Ausgleich von vergünstigten Kredit- bzw. Leasinggeschäften s. Abschn. 3.10 Abs. 6 Nr. 14 UStAE.
2 BFH v. 13.11.1997 – V R 11/97, BStBl. II 1998, 169; FG Düsseldorf v. 28.4.2004 – 5 K 7697/00 U, EFG 2006, 1290.
3 BFH v. 20.2.1992 – V R 107/87, BStBl. II 1992, 705; BFH v. 15.10.2009 – XI R 82/07, BStBl. II 2010, 247.
4 *Stadie* in R/D, § 15 UStG Anm. 1261.
5 Das verkennt BFH v. 19.10.2001 – V R 48/00, BStBl. II 2003, 210 (dazu *§ 17 Rz. 63 a.E.*); i.E. zutreffend, ohne allerdings das Erfordernis des eigenen Interesses zu erwähnen, BFH v. 9.10.2003 – V R 51/02, BStBl. II 2004, 322 (dazu *Rz. 62 Beispiel 3*); BFH v. 22.7.2010 – V R 14/09, BStBl. II 2012, 428 = UR 2011, 57 – Rz. 26.
6 BFH v. 9.10.2003 – V R 51/02, BStBl. II 2004, 322; BFH v. 18.6.2009 – V R 76/07, BFH/NV 2009, 2007 (2009) – „Recht des Zahlungsempfängers (Unternehmers) auf Auszahlung des Zuschusses"; BFH v. 14.5.2008 – XI R 60/07, BStBl. II 2008, 721 (723) – „wenn der Zahlende gegenüber dem Zahlungsempfänger zugleich eine eigene Verpflichtung erfüllt"; BFH v. 26.9.2012 – V R 22/11, UR 2013, 342 – Rz. 14; BFH v. 20.3.2014 – V R 4/13, UR 2014, 732 – Rz. 19; ebenso Abschn. 10.2 Abs. 3 UStAE; vgl. auch EuGH v. 22.11.2001 – C-169/00, EuGHE 2001, I-9115 = UR 2002, 177 – Rz. 13; EuGH v. 15.7.2004 – C-144/02, EuGHE 2004, I-6985 = UR 2004, 625 – Rz. 28 – „das Recht auf Auszahlung der Subvention [muss] dem Begünstigten zusteh[en], wenn er einen steuerbaren Umsatz bewirkt hat".

Entgelt im Sinne des Satzes 2 (*Rz. 19, 23*) und damit auch im Sinne des Satzes 3 gehören können.[1] Der **Dritte** ist **insoweit** richtigerweise als **(mittelbarer) Leistungsempfänger** anzusehen[2], so dass er entgegen der h.M. einen Anspruch auf eine entsprechende Rechnung haben (*§ 14 Rz. 43, 80*) und zum Vorsteuerabzug berechtigt sein kann (*§ 15 Rz. 67, 196*).

Bei dieser Sichtweise kann die **Abgrenzung**, ob ein Fall des § 10 Abs. 1 Satz 3 UStG vorliegt, oder ob der Zahlungsempfänger gegenüber dem Zahlenden eine eigene Leistung erbringt, regelmäßig, sofern kein Unterschied bezüglich Steuersatz oder Steuerbefreiung bzw. Steuerpflicht des Umsatzes besteht[3], **dahinstehen**.

62 **Beispiele für Zuzahlungen i.S.d. § 10 Abs. 1 Satz 3 UStG:**

(1) Beispiel 2 zu *Rz. 60*.

(2) Arbeitgeber B gibt seinen Arbeitnehmern täglich je eine **Essenmarke** im Werte von 2 €, die sie in nahegelegenen Gaststätten einlösen können. Arbeitnehmer A speist in der Gaststätte des G für 7 € und zahlt unter Hingabe einer Essenmarke 5 €. G löst die Essenmarke am Monatsende bei B ein.

G hat gegenüber A eine Leistung in Gestalt der Beköstigung erbracht. A als eigentlicher Leistungsempfänger wendet dafür (i.S.d. § 10 Abs. 1 Satz 2 UStG) 5 € auf. Mit der Einlösung der Essenmarke erhält G von B weitere 2 €, die B dem G für die gegenüber A erbrachte Leistung zahlt und die deshalb die Voraussetzungen des § 10 Abs. 1 Satz 3 UStG erfüllen.[4] B hat einen Anspruch auf Erteilung einer Rechnung i.S.d. § 14 UStG, da auch er als Leistungsempfänger anzusehen ist (*§ 14 Rz. 43*), und ist grundsätzlich zum Vorsteuerabzug berechtigt (*§ 15 Rz. 67, 196*). Allerdings würde bei Geltendmachung des Vorsteuerabzugs dieser wieder durch eine dann zu erfolgende Besteuerung der unentgeltlichen Zuwendung i.S.d. § 3 Abs. 9a Nr. 2 UStG kompensiert werden.

(3) Ein Verein, dessen Mitglieder landwirtschaftliche Unternehmer sind, führt bei seinen Mitgliedsbetrieben jährlich Milchleistungsprüfungen durch. Die Höhe der Vereinsbeiträge richtet sich nach Art und Umfang der durchgeführten **Milchleistungsprüfungen**. Für jede dieser Prüfungen erhält der Verein von einer öffentlichen Stelle einen **Zuschuss** von 10 € pro Jahr und Kuh.

Die Zuschüsse werden für die vom Verein jeweils erbrachten Leistungen gezahlt, weil sich die Höhe nach deren Art und Umfang richtet, die Zuschüsse den Leistungsempfängern unmittelbar zugutekommen[5] und der Zuschussgeber ein eigenes (öffentliches) Interesse an den Milchleistungsprüfungen hat (*Rz. 61*).

(4) Parkhausbetreiber P nimmt sog. **Parkchips** zum Wert von 1 € „in Zahlung", welche Händler H seinen Kunden ab einem bestimmten Einkaufswert gegeben hat. Die Einlösung der Chips durch H ist eine Zuzahlung von Dritter Seite i.S.d. § 10 Abs. 1 Satz 3 UStG für die erbrachten Parkhausleistungen des P gegenüber den Kunden. Bei H führt die **Einlösung**

---

1 Tendenziell In diesem Sinne jetzt wohl auch BFH v. 28.8.2013 – XI R 4/11, BStBl. II 2014, 282 – Rz. 52 – keine Schuldübernahme erforderlich.
2 Ebenso *Englisch*, UR 2014, 461 (467 ff.); **a.A.** Abschn. 10.2 Abs. 3 Satz 3 UStAE. Das verkennt auch BFH v. 28.8.2013 – XI R 4/11, BStBl. II 2014, 282 – anteilige Zahlung eines Profifußballvereins an vom Spieler eingeschalteten Vermittler; vgl. auch BFH v. 16.10.2013 – XI R 39/12, BStBl. II 2014, 1024 = UR 2013, 962.
3 Vgl. BFH v. 18.6.2009 – V R 4/08, BStBl. II 2010, 310 = UR 2009, 793.
4 Vgl. FG Düsseldorf v. 24.4.2009 – 1 K 4135/07 U, EFG 2010, 601 – Zuzahlung des Arbeitgebers an Kantinenpächter pro beköstigten Arbeitnehmer.
5 Vgl. BFH v. 9.10.2003 – V R 51/02, BStBl. II 2004, 322.

Entgelt (Abs. 1 und 2) § 10

entgegen der Auffassung des BFH[1] zu einer Minderung der Bemessungsgrundlage seiner Lieferungen, da er sich zur teilweisen Begleichung einer Geldschuld der Kunden bei P verpflichtet hat und diese wie eine Rückzahlung des Kaufpreises i.H.v. 1 € wirkt.

Die Zahlung eines sog. **Druckkostenzuschusses** eines **Dritten** an einen Verlag ist regelmäßig „Entgelt" von dritter Seite i.S.d. § 10 Abs. 1 Satz 3 UStG für eine Veröffentlichungsleistung des Verlages gegenüber dem Autor[2], kann jedoch auch Gegenleistung für eine entsprechende eigenständige Leistung des Verlages gegenüber dem Dritten sein[3] (zahlt der Autor selbst oder der Dritte im Namen des Autors, so handelt es sich bei dem Druckkostenzuschuss um Entgelt i.S.d. § 10 Abs. 1 Satz 2 UStG für eine Dienstleistung des Verlages; vgl. *§ 12 Rz. 25*). 63

Der Dritte kann **auch die gesamte Gegenleistung** aufwenden[4] (*Beispiele*: **Erstattung von Fahrgeldausfällen** nach dem Schwerbehindertengesetz für die „unentgeltliche" Beförderung von Schwerbehinderten[5]; erhöhte „Provision"-Zahlung des **Mobilfunkunternehmers an Agenten** [„Vermittler"] **für** „unentgeltliche" **Lieferung** eines **Mobilfunkgeräts an Kunden**, der deshalb höhere Gebühren an Mobilfunkunternehmer zahlt[6]). 64

3. **Kein Fall** des § 10 Abs. 1 Satz 3 UStG liegt vor, wenn ein Dritter zwar im Zusammenhang mit einer konkreten Leistung, aber nicht *für* diese, weil er nämlich kein Interesse an der Leistung hat, sondern wegen des **Ausfalls der Forderung** auf die Gegenleistung als Versicherer (insbesondere im Falle der sog. Warenkreditversicherung) o.Ä. zahlen muss oder aus anderen Motiven im Interesse des Leistenden (dazu näher *§ 17 Rz. 63*) zahlt. 65

4. Auch Zahlungen (**Zuschüsse**, insbesondere **aus öffentlichen Kassen**), durch die lediglich eine **aus strukturpolitischen, volkswirtschaftlichen oder allgemeinpolitischen Gründen** erwünschte Tätigkeit des Zahlungsempfängers gefördert werden soll, sind nicht gem. § 10 Abs. 1 Satz 3 UStG anteilig den Bemessungsgrundlagen der von ihm erbrachten Leistungen zuzuschlagen, da diese Zuwendungen nicht für die konkreten Leistungen des Zahlungsempfängers erfolgen. Sie sollen nicht den Empfängern seiner Leistungen, sondern ihm als Unterstützung zugutekommen[7] (vgl. zur parallelen Fragestellung, ob Zahlungen Gegenleistungen für Leistungen des Empfängers sind, *§ 1 Rz. 41 f.*). Derartige **Subventionen** führen nicht, wie es Art. 73 MwStSystRL formuliert, zu „*unmittelbar mit dem Preis (der) Umsätze zusammenhängenden Subventionen*". Dass sich 66

---

1 BFH v. 11.5.2006 – V R 33/03, BStBl. II 2006, 699; ebenso Abschn. 10.3 Abs. 3 UStAE.
2 Vgl. Abschn. 10.2 Abs. 5 Satz 4 Nr. 2 UStAE.
3 Vgl. BFH v. 28.7.1994 – V R 27/92, UR 1995, 68; Abschn. 10.2 Abs. 5 Satz 4 Nr. 3 UStAE.
4 EuGH v. 7.10.2010 – C-53/09 u. C-55/09, EuGHE 2010, I-9216 = UR 2010, 857 – Rz. 56.
5 Vgl. Abschn. 10.2 Abs. 6 Beispiel 1 UStAE; BFH v. 26.6.1986 – V R 93/77, BStBl. II 1986, 723. Zu Ausgleichszahlungen der öffentlichen Hand im Ausbildungsverkehr und bei **Schülerbeförderungen** s. OFD Hannover v. 3.6.2008 – S 7200 - 174 - StO 172, UR 2008, 710.
6 BFH v. 16.10.2013 – XI R 39/12, BStBl. II 2014, 1024 = UR 2013, 962.
7 Vgl. Abschn. 10.2 Abs. 7 und 8 UStAE; BFH v. 13.11.1997 – V R 11/97, BStBl. II 1998, 169; BFH v. 18.12.2008 – V R 38/06, BStBl. II 2009, 749; BFH v. 26.9.2012 – V R 22/11, UR 2013, 342 – Ausfuhrerstattung.

die Subvention auch auf die Preise der subventionierten Unternehmer auswirkt, reicht nicht aus.[1]

Maßgebend für die Einordnung der Zahlung des Dritten als eine solche i.S.d. § 10 Abs. 1 Satz 3 UStG ist, dass sie „für die Leistung" getätigt wird, d.h. vorrangig dem Leistungsempfänger zugutekommen soll und nicht in erster Linie den leistenden Unternehmer unterstützen soll.[2]

### IV. Rückzahlung an Dritte

67 Von den Zahlungen des Leistungsempfängers an Dritte, welche in die Bemessungsgrundlage einzubeziehen sind, sind **Rückzahlungen des** (die Leistung erbracht habenden) **Unternehmers an Dritte** zu unterscheiden, welche die Bemessungsgrundlage mindern. Das ist zum einen bei **Vergütungen des Herstellers** einer Ware **an den letzten Abnehmer** in der Abnehmerkette der Fall (insbesondere Einlösung von auf der Warenverpackung eingedruckten **Gutscheinen** o.Ä. durch den Hersteller gegenüber den Endkunden als Minderung der Bemessungsgrundlagen der Lieferungen des Herstellers an die Groß- bzw. Einzelhändler, obwohl diesen gegenüber keine Minderung der Gegenleistung eintritt). Eine Änderung der Bemessungsgrundlage beim Hersteller (u.ä. Unternehmern) kommt darüber hinaus in allen Fällen in Betracht, in denen den Endabnehmern unter Umgehung der zwischengeschalteten Händler direkt eine Vergütung wegen der Lieferung gewährt wird (ausführlich *§ 17 Rz. 26 ff.*). Das ist z.B. bei Zahlungen auf Grund von Kulanz oder einer **Garantiezusage** wegen eines Mangels der Ware der Fall. **Nicht** dazu zählen Schadensersatz- o.ä. Zahlungen, die einen Mangel*folge*schaden ausgleichen sollen (vgl. *Rz. 35*; zur **Einlösung** von **Parkchips** o.Ä. durch Händler s.o. *Rz. 62 Beispiel 4*; zu Zwangsrabatten der Arzneimittelhersteller s. *§ 17 Rz. 19*).

### V. Einbeziehung von Verbrauchsteuern und bestimmten Kosten (Abs. 1 Satz 4 und 5)

68 Beim **innergemeinschaftlichen Erwerb** sind Verbrauchsteuern, die vom Erwerber geschuldet oder entrichtet werden, in die Bemessungsgrundlage einzubeziehen (§ 10 Abs. 1 Satz 4 UStG), d.h. der vom Erwerber erbrachten Gegenleistung (*Rz. 22*; zur Einbeziehung fälschlich im anderen Mitgliedstaat gezahlter Umsatzsteuer s. *Rz. 7 a.E.*) hinzuzurechnen. Diese Bestimmung dient der **Gleichstellung** mit der Einfuhrumsatzbesteuerung, bei der ebenfalls die Verbrauchsteuern in die Bemessungsgrundlage einzubeziehen sind (§ 11 Abs. 3 Nr. 2 Halbs. 2 UStG) und damit der **Gleichbehandlung** des Gegenstandes mit einem im Inland gelieferten Gegenstand. Hätte der Erwerber den Gegenstand im Inland erworben, so wären diese Verbrauchsteuern vom Lieferer geschuldet und von ihm regelmäßig in den Kaufpreis einkalkuliert worden (vgl. *Rz. 76*).

---

1 BFH v. 9.10.1975 – V R 88/74, BStBl. II 1976, 105 (107); EuGH v. 22.11.2001 – C-184/00, EuGHE 2001, I-9115 = UR 2002, 177 – Rz. 12.
2 Vgl. BFH v. 9.10.1975 – V R 88/74, BStBl. II 1976, 105; BFH v. 8.3.1990 – V R 67/89, BStBl. II 1990, 708.

Entgelt (Abs. 1 und 2) § 10

Bei Lieferungen und dem innergemeinschaftlichen Erwerb im Falle der sog. **Auslagerung** (§ 4 Nr. 4a Satz 1 Buchst. a Satz 2 UStG) sind die Kosten (i.S.d. § 4 Nr. 4a Satz 1 Buchst. b UStG) der Lagerung, der Erhaltung, der Verbesserung der Aufmachung und Handelsgüte und der Vorbereitung des Vertriebs oder Weiterverkaufs der eingelagerten Gegenstände sowie die vom Auslagerer geschuldeten oder entrichteten Verbrauchsteuern in die Bemessungsgrundlage einzubeziehen (§ 10 Abs. 1 Satz 5 UStG). Damit wird sichergestellt, dass bei einer Auslagerung u.Ä. die zu erhebende Steuer derjenigen entspricht, die bei der Besteuerung dieser Umsätze im Inland geschuldet worden wäre.[1] 69

## VI. Nicht: Durchlaufende Posten (Abs. 1 Satz 6)

Nicht zur Gegenleistung gehören die sog. durchlaufenden Posten, d.h. die Beträge, die der Unternehmer **im Namen** und für Rechnung **eines anderen** vereinnahmt und verausgabt (§ 10 Abs. 1 Satz 6 UStG). Hierbei handelt es sich nur um eine **Klarstellung**, denn eine Zahlung, die der leistende Unternehmer vom Leistungsempfänger deshalb erhält, weil er den Betrag für diesen in dessen Namen verauslagt hat oder verauslagen soll, erfolgt nicht für die vom Unternehmer erbrachte (oder zu erbringende) Leistung. 70

Art. 79 Satz 1 Buchst. c MwStSystRL umschreibt die durchlaufenden Posten plastischer als Beträge, die der Steuerpflichtige von den Leistungsempfängern *„als Erstattung der in ihrem Namen und für ihre Rechnung* verauslagten Beträge *erhält"*. Hinzukommen muss nach dieser Bestimmung, dass sie in der Buchführung als durchlaufende Posten behandelt sind. Damit hat der Unternehmer ein **Wahlrecht**, ob er die Beträge bei Leistungen gegenüber vorsteuerabzugsberechtigten Unternehmern aus Vereinfachungsgründen in die Bemessungsgrundlage mit einbezieht oder nicht.[2] Dasselbe hat zu gelten, wenn die Beträge umsatzbesteuerte Leistungen betreffen; auch in diesem Fall kann der Unternehmer sie als Teil der Bemessungsgrundlage behandeln. Aus Art. 79 Satz 2 MwStSystRL folgt dann, dass er in diesem Fall so zu behandeln ist, als sei er der Empfänger der den Beträgen zugrunde liegenden Leistungen und mithin zum **Vorsteuerabzug** berechtigt.[3] 71

Ein durchlaufender Posten kann nur dann vorliegen, wenn der Unternehmer **im Namen**, d.h. als bevollmächtigter **Vertreter** (§ 164 BGB) des Leistungsempfängers die Auslagen gegenüber dem Dritten geleistet hat oder leisten wird. **Schuldner** der Beträge **gegenüber** dem **Dritten** muss mithin der **Leistungsempfänger** sein, weil zwischen ihnen eine entsprechende Rechtsbeziehung besteht, die durch den Unternehmer als Vertreter hergestellt worden ist.[4] Das weitere Merk- 72

---

1 Reg.-Begr. zu StÄndG-E 2003, BR-Drucks. 630/03 – zu Art. 4 Nr. 10 Buchst. a.
2 BFH v. 11.2.1999 – V R 46/98, BStBl. II 2000, 100 (102); BFH v. 11.2.1999 – V R 47/98, BFH/NV 1999, 1137; BFH v. 4.5.2011 – XI R 4/09, BFH/NV 2011, 1736 – Rz. 28; BFH v. 3.7.2014 – V R 1/14, UR 2014, 948 – Rz. 34.
3 A.A. *Wagner* in S/R, § 10 UStG Rz. 237 a.E.
4 Vgl. BFH v. 4.12.1969 – V R 104/66, BStBl. II 1970, 191; BFH v. 11.2.1999 – V R 46/98, BStBl. II 2000, 100; BFH v. 22.4.2010 – V R 26/08, BStBl. II 2010, 883 – Rz. 19; BFH v. 1.9.2010 – V R 32/09, BStBl. II 2011, 300 – Rz. 21; BFH v. 4.5.2011 – XI R 4/09, BFH/NV 2011, 1736.

mal „für Rechnung" des anderen (des Leistungsempfängers) ist überflüssig, denn wer im Namen eines anderen handelt, wird stets auch für dessen Rechnung tätig, weil diesen als Vertretenen die Rechtsfolgen treffen.

**Beispiele**

Verauslagung von

- Gerichtskostenvorschüssen durch Rechtsanwälte[1] bei Klageerhebungen im Namen der Mandanten, welche Schuldner der Gerichtskosten nach dem GKG sind;
- Kfz.-Steuer und Anmeldegebühren durch Autohändler im Namen der Käufer bei Anmeldung der Fahrzeuge[2];
- Gebühren für die Hauptuntersuchung von Kraftfahrzeugen (durch z.B. DEKRA oder TÜV) durch den Werkstattbetreiber[3];
- Visumsgebühren bei der Visumsbeschaffung durch Reiseveranstalter[4].

73 Ein durchlaufender Posten i.S.d. § 10 Abs. 1 Satz 6 UStG liegt folglich nicht schon dann vor, wenn Beträge als „Auslagen", „Aufwendungsersatz" o.Ä. oder umgangssprachlich als durchlaufende Posten bezeichnet werden. Für deren rechtliche Einordnung ist **nicht** die **Bezeichnung** der Beträge maßgebend, sondern allein, ob der Leistungsempfänger oder der leistende Unternehmer Schuldner dieser Beträge gegenüber dem Dritten ist. Ebenso wenig ist es **ausreichend**, dass Beträge **von der wirtschaftlichen Wirkung** her durchlaufende Posten sind[5], weil sie ohne Gewinnaufschlag weiterberechnet werden. Entstehen dem Unternehmer Porto-, Telefon-, Reise- o.ä. Kosten, die er als „**Auslagenersatz**" weiterberechnet, so sind diese folglich keine durchlaufenden Posten, weil der Unternehmer die zugrunde liegenden Leistungen der Dritten (Telekommunikation, Beförderung usw.) im eigenen Namen in Anspruch genommen hatte und mithin Schuldner der Beträge war. **Unschädlich** ist es hingegen, wenn der Unternehmer neben dem Empfänger der Leistung **Gesamtschuldner** ist.[6]

74 Bezieht der Unternehmer Leistungen **im eigenen Namen** aber für **fremde Rechnung** (sog. **Kommission**), so wird er vom Umsatzsteuergesetz so behandelt, als wenn er die „eingekaufte" (besorgte) Leistung als eigene Leistung gegenüber seinem Auftraggeber erbracht hätte (§ 3 Abs. 3 und Abs. 11 UStG), so dass der Ersatz der an den Dritten gezahlten Beträge – der nicht zu durchlaufenden Posten führt, weil der Unternehmer diese im eigenen Namen verausgabt hatte – einen Teil der Gegenleistung bildet (§ 3 Rz. 103).

75 Das Handeln des Unternehmers im Namen seines Leistungsempfängers setzt voraus, dass der Dritte erkennt, dass der Unternehmer nicht im eigenen Namen,

---

1 Zu durchlaufenden Posten bei **Rechtsanwälten** und **Notaren** Abschn. 10.4 Abs. 2 Sätze 4 f., Abs. 3 Satz 2 UStAE. Die vom Rechtsanwalt geschuldete **Aktenversendungspauschale** ist kein durchlaufender Posten; BGH v. 6.4.2011 – IV ZR 232/08, MDR 2011, 758 = NJW 2011, 3041.
2 EuGH v. 1.6.2006 – C-98/05, EuGHE 2006, I-4945 = UR 2007, 272.
3 OFD Frankfurt a.M. v. 24.6.2010 – S 7100 A - 228 - St 110, UR 2010, 784; unklar BFH v. 30.3.2011 – XI R 12/08, BStBl. II 2011, 819.
4 FG Hamburg v. 6.11.2012 – 1 K 52/10, EFG 2013, 410.
5 Vgl. BFH v. 22.4.2010 – V R 26/08, BStBl. II 2010, 883 – Rz. 19.
6 BFH v. 3.7.2014 – V R 1/14, UR 2014, 948 – Rz. 33; Abschn. 10.4 Abs. 4 UStAE.

Entgelt (Abs. 1 und 2) § 10

sondern als echter (unmittelbarer) Vertreter fungiert. Erforderlich ist mithin grundsätzlich, dass der **Dritte** den **Namen** des Vertretenen, d.h. seines vorgeblichen Vertragspartners, **erfährt**.[1] **Ausnahmen** kommen in **Bagatellfällen** in Betracht, insbesondere wenn der Dritte kein Interesse an der Kenntnisnahme hat.[2] Entsprechendes gilt, wenn der Unternehmer als **Vertreter eines Dritten** auftritt (*Beispiel:* Erhebung von sog. Kurtaxe o.Ä. durch ein Hotel bei den Gästen im Namen der Gemeinde[3]).

Keine durchlaufenden Posten sind **Steuern**, Zölle u.ä. Abgaben, die der leistende Unternehmer schuldet und auf den Leistungsempfänger als Kosten regelmäßig über den Preis abwälzt (Klarstellung durch Art. 78 Buchst. a MwStSystRL).[4] Das gilt auch dann, wenn der Unternehmer vor allem bei den besonderen **Verbrauchsteuern** (namentlich bei der Mineralölsteuer) als zwangsverpflichteter Gehilfe des Staates – wie bei der Umsatzsteuer (*Vorbem. Rz. 20*) – diese Steuer nur erhebt und an den Staat weiterleitet. Nach dem eindeutigen Wortlaut des § 10 Abs. 1 Satz 6 UStG liegt kein durchlaufender Posten vor, weil Schuldner dieser indirekten Steuern gegenüber dem Staat der Unternehmer ist, so dass er sie im eigenen Namen vereinnahmt und verausgabt. Das gilt auch für die **Vergnügungsteuer** und andere örtliche Verbrauch- und Aufwandsteuern (zu diesen *Vorbem. Rz. 33*).[5] 76

## VII. Übertragung eines Pfandscheines (Abs. 2 Satz 1 und 3)

Werden Rechte übertragen, die mit dem Besitz eines Pfandscheines verbunden sind, so gilt als vereinbartes Entgelt der Preis des Pfandscheines zuzüglich der Pfandsumme, jedoch abzüglich der Umsatzsteuer (§ 10 Abs. 2 Sätze 1 und 3 UStG). Bei der **Lieferung** einer **verpfändeten Sache** oder eines gleichgestellten Rechtes durch Abtretung des Herausgabeanspruchs in Gestalt der Übergabe des Pfandscheins wird entgegen der Formulierung des § 10 Abs. 2 Satz 1 UStG kein „Recht" übertragen, sondern der Gegenstand geliefert (*§ 3 Rz. 20*). Die Gegenleistung für diese Lieferung besteht aus dem für den Pfandschein gezahlten Betrag und dem an den Pfandgläubiger gezahlten Auslösungsbetrag (Pfandsumme). Bei letzterer Zahlung handelt es sich um die **Befreiung** des Lieferers **von** seiner **Darlehensverbindlichkeit** usw. gegenüber dem Pfandgläubiger (*Rz. 33*). § 10 Abs. 2 Satz 1 UStG stellt mithin nur eine Klarstellung dar. 77

---

1 Vgl. BFH v. 4.12.1969 – V R 104/66, BStBl. II 1970, 191; BFH v. 11.2.1999 – V R 46/98, BStBl. II 2000, 100; BFH v. 4.5.2011 – XI R 4/09, BFH/NV 2011, 1736 – Rz. 17. Zu **Portokosten** von **Werbeagenturen**, sog. **Konsolidierern** u.ä. Einrichtungen s. OFD Frankfurt a.M. v. 31.10.2012 – S 7200 A - 180 - St 111, UR 2013, 599; OFD Nds. v. 24.7.2013 – S 7200 - 280 - St 182, MwStR 2013, 527.
2 Vgl. BFH v. 27.2.1989 – V B 75/88, BFH/NV 1989, 744; BFH v. 11.2.1999 – V R 46/98, BStBl. II 2000, 100 – **Deponiegebühren**; BFH v. 16.3.2000 – V R 44/99, BStBl. II 2000, 361 – Agenturgeschäft mit gebrauchter Kleidung; BFH v. 4.5.2011 – XI R 4/09, BFH/NV 2011, 1736 – Rz. 24; Abschn. 10.4 Abs. 2 Sätze 2 ff. UStAE – Gebühren und andere Abgaben.
3 Vgl. LFD Thür. v. 13.12.2011 – S 7200 A - 75 - A 5.14, UR 2012, 495 – **Kulturförderabgabe** bzw. Übernachtungssteuer.
4 Vgl. BFH v. 22.4.2010 – V R 26/08, BStBl. II 2010, 883.
5 Vgl. BFH v. 22.4.2010 – V R 26/08, BStBl. II 2010, 883.

## VIII. Tausch- u.ä. Vorgänge, Hingabe an Zahlungs statt (Abs. 2 Satz 2 und 3)

### 1. Allgemeines

78  Die von vornherein vereinbarte **Gegenleistung** kann auch ganz oder teilweise (dazu *Rz. 88 f.*) in einer **Lieferung** oder **sonstigen Leistung** (Dienstleistung) bestehen (*§ 1 Rz. 84 f.*). Das Gesetz spricht dann von einem **Tausch** oder tauschähnlichen Vorgang (§ 3 Abs. 12 UStG). Dem steht der Fall gleich, dass statt der ursprünglich vereinbarten Geldleistung eine Lieferung oder sonstige Leistung erbracht wird (**Hingabe an** Zahlungs **statt**). In diesen Fällen muss zur Ermittlung der Bemessungsgrundlage nach dem Gesetzeswortlaut die **Gegenleistung bewertet**, d.h. in Geld ausgedrückt werden. Nach § 10 Abs. 2 Sätze 2 und 3 UStG gilt der Wert jedes Umsatzes abzüglich Umsatzsteuer als Entgelt für den anderen Umsatz. Besteht die Gegenleistung aus einer Lieferung oder sonstigen Leistung, soll folglich deren Wert abzüglich der darin rechnerisch enthaltenen Umsatzsteuer das Entgelt für die zu beurteilende Leistung darstellen.

79  Bei einem reinen Tausch oder tauschähnlichen Vorgang **fließt** mithin **kein Geld**. Gleichwohl soll Umsatzsteuer mit 19/119 bzw. 7/107 des Wertes der Gegenleistung als Geldbetrag geschuldet werden. Damit soll nach der Rechtsprechung einhergehen, dass der leistende Unternehmer zur Ausstellung einer **Rechnung** verpflichtet (bzw. berechtigt) ist, in der er den Wert der Gegenleistung in Entgelt und Umsatzsteuer aufzuschlüsseln hat (§ 14 Abs. 4 Satz 1 Nr. 8 UStG), und der Leistungsempfänger, wenn er seinerseits vorsteuerabzugsberechtigter Unternehmer ist, den ausgewiesenen Steuerbetrag als Vorsteuer vergütet erhält, obwohl er ihn nicht in Gestalt von Geld entrichtet hat (*§ 15 Rz. 264*). Entsprechendes müsste für die Leistung, die der leistende Unternehmer vom Leistungsempfänger erhält, gelten.

80  Diese Sichtweise **verkennt**, dass der Unternehmer nach insoweit zutreffender Auffassung des EuGH als „Steuereinnehmer für Rechnung des Staates [...] nur verpflichtet [ist], die Steuer für Rechnung der Steuerverwaltung *einzuziehen* und sodann an diese *abzuführen*" (*Vorbem. Rz. 20 m.N.*). Bei einem Tauschvorgang vereinnahmt der Unternehmer keine Umsatzsteuer als Teil einer in Geld erbrachten Gegenleistung, so dass er keine „eingezogene" Steuer an das Finanzamt abführen kann. Wird der Unternehmer, obwohl er aus dem Vorgang keine Zahlung von Geld erlangt, gleichwohl gezwungen, Umsatzsteuer für die von ihm erbrachte Lieferung oder Dienstleistung zu zahlen, so muss er diesen Betrag *auf Dauer* aus eigenen Mitteln bestreiten. Eine derartige **Definitivbelastung** des **Unternehmers** verstößt ersichtlich gegen den **Neutralitätsgrundsatz** der Umsatzsteuer. Dieser besagt entsprechend dem o.g. Besteuerungszweck u.a., dass der Staat vom Steuerpflichtigen/Unternehmer keinen Betrag erheben darf, der den vom Endverbraucher *gezahlten* Betrag übersteigt. Aus gutem Grund kennt die **MwStSystRL** deshalb den Tausch oder tauschähnlichen Umsatz **nicht** (ausführlich § 1 Rz. 87 ff.).

81  Aus alledem ergibt sich, dass entgegen der oberflächlichen Rechtsprechung Lieferungen oder Dienstleistungen, soweit sie im Wege des Tausches oder des tauschähnlichen Umsatzes oder der Hingabe an Zahlungs statt erbracht werden,

nicht als entgeltliche Umsätze **steuerbar** sein dürften. Folglich müsste § 10 Abs. 2 Satz 2 i.V.m. § 3 Abs. 12 UStG richtigerweise leerlaufen (zum **Vorsteuerabzug** s. *§ 15 Rz. 264*). Allerdings muss dem EuGH erst einmal das Problem verdeutlich werden (*§ 1 Rz. 90*).

Bei fehlerhafter Annahme der **Steuerbarkeit** des **Tausches** gilt: 82

Wert der Gegenleistung ist, wenn diese in der **Lieferung** von Gegenständen besteht, deren **Verkehrswert** (**Marktwert, gemeiner Wert**). Auch wenn es nicht auf den Wert der erbrachten Leistung ankommt, so muss gleichwohl zur Bewertung der Gegenleistung, wenn andere Anhaltspunkte fehlen, auf die **Aufwendungen** (**Kosten**) abgestellt werden, **die** dem **leistenden Unternehmer** für die Leistung, deren Bemessungsgrundlage zu bestimmen ist, entstanden sind.[1] Es greift dann die **Vermutung** ein, dass die Beteiligten von der **Gleichwertigkeit** der ausgetauschten Leistungen ausgehen.[2] Das gilt regelmäßig auch bei der Bewertung von **Dienstleistungen** (dazu auch *§ 13 Rz. 22 f.*). Soweit der **Wert** nicht ermittelt werden kann, soll er nach Auffassung des BFH zu **schätzen** sein.[3]

Wird **für** eine empfangene **Dienstleistung** eine **Lieferung** erbracht, so bestimmt 83 sich mithin der Wert der Dienstleistung nicht nach dem üblichen Endverkaufspreis des gelieferten Gegenstandes, sondern nach dessen **Einkaufspreis** (*Beispiel:* **Sachprämie** für Werbung neuer Kunden).[4]

### 2. Sacheinlage

Die Vermutung der Gleichwertigkeit (*Rz. 82*) gilt auch bei der **Einbringung eines** 84 **Wirtschaftsgutes** in eine Gesellschaft (Sacheinlage). Hierbei handelt es sich um einen entgeltlichen Vorgang in Gestalt des Tausches, der nach h.M. steuerbar sein soll. Die Gegenleistung liegt in der Erlangung der entsprechenden Vermögensbeteiligung an der Gesellschaft (*§ 1 Rz. 94*). Deren Wert bestimmt sich nicht nach dem Bilanzansatz des Wirtschaftsguts bei der empfangenden Gesellschaft, sondern nach dem Verkehrswert (gemeiner Wert) des eingebrachten Gegenstandes (Wirtschaftsgutes).[5]

### 3. Leistungen im Rahmen von Arbeitsverhältnissen

Die Vermutung der Gleichwertigkeit der ausgetauschten Leistungen (*Rz. 82*) gilt 85 insbesondere auch bei **Arbeitsleistungen** als Gegenleistungen für Sachzuwendungen des Arbeitgebers (dazu *§ 1 Rz. 91 ff.*). Bei Bejahung der Steuerbarkeit ist mithin auf die **Aufwendungen (Kosten)** abzustellen, **die** dem **leistenden Unter-**

---
1 Vgl. BFH v. 28.3.1996 – V R 33/95, UR 1997, 29; BFH v. 10.7.1997 – V R 95/96, BStBl. II 1997, 668; BFH v. 10.6.1999 – V R 87/98, BStBl. II 1999, 580; BFH v. 30.9.1999 – V R 9/97, BFH/NV 2000, 607 (609); BFH v. 1.8.2002 – V R 21/01, BStBl. II 2003, 438; BFH v. 16.4.2008 – XI R 56/06, BStBl. II 2008, 909.
2 Vgl. auch BFH v. 30.9.2008 – XI B 74/08, UR 2008, 922.
3 BFH v. 1.8.2002 – V R 21/01, BStBl. II 2003, 438; BFH v. 16.4.2008 – XI R 56/06, BStBl. II 2008, 909; BFH v. 11.7.2012 – XI R 11/11, UR 2013, 330 – Rz. 35 a.E.
4 Vgl. BFH v. 28.3.1996 – V R 33/95, UR 1997, 29.
5 BFH v. 8.11.1995 – XI R 63/94, BStBl. II 1996, 114 (118); BFH v. 30.9.1999 – V R 9/97, BFH/NV 2000, 607 (609).

nehmer für die Lieferung oder sonstige Leistung, deren Bemessungsgrundlage zu bestimmen ist, **entstanden** sind.[1] Zu den Kosten zählen dann – anders als im Falle der unentgeltlichen Leistungen i.S.d. § 10 Abs. 4 Satz 1 Nr. 2 UStG (*Rz. 112*) – auch solche, die **nicht vorsteuerentlastet** sind, da es um den Wert der Leistung geht.[2]

86 Das BMF lässt es aus Vereinfachungsgründen zu, dass die **lohnsteuerrechtliche** sog. 1-v.H.-des-Listenpreises-Methode (§ 8 Abs. 2 Sätze 2 und 3 i.V.m. § 6 Abs. 1 Nr. 4 Satz 2 EStG) angewendet wird[3], obwohl dieser Wert nicht stets den Aufwendungen des Arbeitgebers (Unternehmers) entspricht (vgl. *Rz. 116*).

**Beispiel**

Der **Geschäftsführer** (oder ein anderer **Arbeitnehmer**) einer GmbH erhält einen **Pkw** der Gesellschaft auf Dauer zur Verfügung gestellt, den er auch **privat nutzen** darf. Hierbei handelt es sich nach h.M. um einen steuerbaren tauschähnlichen Vorgang, bei der der sonstigen Leistung „Pkw-Überlassung" die anteilige Arbeitsleistung (sonstige Leistung) des Geschäftsführers gegenübersteht (§ *1 Rz. 91 f.*). Mangels anderer Anhaltspunkte für die Bewertung der Gegenleistung ist davon auszugehen, dass der Wert den auf die Privatfahrten entfallenden Kosten des Pkw entspricht.[4] Stattdessen kann auch die von der Finanzverwaltung angebotene sog. 1 %-Regelung herangezogen werden.

87 Bei Gewährung freier **Verpflegung, Unterkunft** oder **Wohnung** legt die Finanzverwaltung abweichend vom Gesetz die Werte der **Sozialversicherungsentgeltverordnung** zugrunde[5], obwohl das nicht den Intentionen des Gesetzes entspricht.[6]

### 4. Teilweiser Tausch, Inzahlungnahme u.Ä.

88 Die Gegenleistung kann auch **zum Teil** aus einer Lieferung oder sonstigen Leistung (Dienstleistung) und zum Teil aus einer **Geldzahlung** bestehen. Üblicherweise wird dieser Sachverhalt Tausch oder tauschähnlicher Umsatz „*mit Baraufgabe*" genannt.[7] Diese Bezeichnung ist nicht nur sprachlich unverständlich („-aufgabe"), sondern zudem auch wenig sinnvoll; vor allem dann, wenn die Gegenleistung überwiegend aus Geld besteht. Der Wert der Lieferung oder Dienstleistung soll nach ganz h.M. der Geldzahlung hinzuzurechnen sein (nicht etwa

---

1 Vgl. BFH v. 24.11.1988 – V R 30/83, BStBl. II 1989, 210; BFH v. 10.6.1999 – V R 87/98, BStBl. II 1999, 580; BFH v. 31.7.2008 – V R 74/05, BFH/NV 2009, 226.
2 Vgl. BFH v. 10.6.1999 – V R 87/98, BStBl. II 1999, 580; BFH v. 31.7.2008 – V R 74/05, BFH/NV 2009, 226.
3 Abschn. 15.23 Abs. 11 Satz 1 UStAE. Der BFH billigt das; BFH v. 5.6.2014 – XI R 2/12, UR 2014, 981.
4 BFH v. 10.6.1999 – V R 87/98, BStBl. II 1999, 580.
5 Abschn. 1.8 Abs. 9 ff. UStAE.
6 Vgl. BFH v. 18.7.2002 – V B 112/01, BStBl. II 2003, 675 = UR 2002, 520; m. Hinweis auf RegE StEntlG 1999/2000/2002, BT-Drucks. 14/265, 198.
7 Abschn. 10.5 Abs. 1 Satz 8 UStAE; BFH v. 19.2.2004 – V R 10/03, BStBl. II 2004, 675; BFH v. 21.4.2005 – V R 11/03, BStBl. II 2007, 63 (66); BFH v. 6.12.2007 – V R 42/06, BStBl. II 2009, 493 = UR 2008, 263; BFH v. 15.4.2010 – V R 10/08, BStBl. II 2010, 879; BFH v. 11.7.2012 – XI R 11/11, UR 2013, 330 – Rz. 20; *Lippross*, 5.3.2b – S. 816; *Wagner* in S/R, § 10 UStG Rz. 296; *Korn* in Bunjes, § 10 UStG Rz. 54.

Entgelt (Abs. 1 und 2) **§ 10**

ist der Wert der Sachleistung um den Geldbetrag zu mindern[1]), so dass das Entgelt dann die Summe beider Beträge abzüglich Umsatzsteuer (§ 10 Abs. 1 Satz 2 i.V.m. Abs. 2 Sätze 2 und 3 UStG) sei. Diese Auffassung ist aus denselben Gründen wie zur Steuerbarkeit des Tausches abzulehnen (*§ 1 Rz. 87 ff.*).

Ein häufiger Anwendungsfall ist die **Inzahlungnahme**. 89

**Beispiel**

Autohändler U hat dem Kunden K ein Auto zum sog. Listenpreis von „40 000 € + 7600 € USt. = 47 600 €" verkauft. Dabei wird vereinbart, dass das Altfahrzeug des K mit 11 900 € in Zahlung genommen wird, so dass K 35 700 € in bar zahlt. Dem Händler gelingt es, das Altfahrzeug kurze Zeit später, ohne dass Reparaturen oder andere Wertverbesserungen vorgenommen worden waren, für 9520 € weiterzuverkaufen.

Die Bemessungsgrundlage für die Lieferung des Neufahrzeugs beträgt nach h.M.:[2]

| | |
|---|---:|
| Barzahlung | 35 700 € |
| + Wert des eingetauschten Altfahrzeugs (§ 10 Abs. 2 Satz 2 UStG) | 9 520 € |
| = Wert der Gegenleistung | 45 220 € |
| ./. Umsatzsteuer 19/119 | 7 220 € |
| Bemessungsgrundlage (Entgelt, § 10 Abs. 1 Satz 2) | 38 000 € |

Der wirkliche Wert des Altfahrzeuges ist bei zeitnahem Weiterverkauf anhand des Verkaufserlöses zu bestimmen[3]. Er ergibt sich nicht aus der Differenz zwischen Listenpreis und Barzahlung, da der Listenpreis nicht notwendig den gemeinen, d.h. den wirklichen Wert des gelieferten Gegenstandes widerspiegelt (es handelt sich im vorliegenden Fall um einen verdeckten Preisnachlass im Wege der überhöhten Inzahlungnahme des Altfahrzeugs).

Ist der **Kunde** seinerseits **Unternehmer** und hat er das **Altfahrzeug** im Rahmen 90
seines Unternehmens geliefert, so ist die **Bemessungsgrundlage** für diese Lieferung auf der Grundlage der h.M. wie folgt zu bestimmen: Es handelt sich um einen Tausch, da dieser Lieferung ein Teil der Lieferung des Neufahrzeugs gegenübersteht. Mithin ist der Wert der Neufahrzeuglieferung zu bestimmen.

**Beispiel**

Im o.g. Beispiel entspricht der Wert nicht dem Listenpreis des Neufahrzeugs, da dieses zu dem Preis nicht absetzbar war. Im Beispiel beträgt der gemeine Wert des Neufahrzeugs vielmehr 45 220 €. Davon entfallen 9520 € (= 45 220 € – 35 700 €) auf den Teil des Neufahrzeugs, der der Lieferung des Altfahrzeugs gegenübersteht. Folglich ist die Bemessungsgrundlage für die Lieferung des Altfahrzeugs (gem. § 10 Abs. 2 Sätze 2 und 3 UStG) 8000 €.

**Richtigerweise** hat der Händler indes die Gegenleistung nur insoweit, als sie in 91
Geld besteht, zu versteuern.[4]

---

1 So aber Abschn. 10.5 Abs. 1 Satz 9 UStAE; anders indes Abschn. 10.5 Abs. 4 Satz 2 UStAE.
2 Vgl. Abschn. 10.5 Abs. 4 Sätze 2 ff. UStAE.
3 Das **BMF** erlaubt zur Bestimmung des Wertes eines in Zahlung genommenen Fahrzeuges als großzügige **Vereinfachung** neben der Minderung um **Reparaturkosten** den Abzug eines **Verkaufskostenabschlags** von 15 % des Verkaufserlöses; Abschn. 10.5 Abs. 4 Satz 5 UStAE. Dieser „Wert" darf allerdings entgegen der Ansicht der Finanzverwaltung im Rahmen der Differenzbesteuerung nach § 25a UStG nicht als „Einkaufspreis" angesetzt werden (*§ 25a Rz. 42 f.*).
4 *Stadie*, UR 2009, 745 (748) – Beispiel 2.

**Beispiel**

Im zuvor genannten Beispiel beträgt die Bemessungsgrundlage für die (anteilige) Lieferung folglich 10/119 von 35 700 € = 30 000 €. Ist der Kunde Nichtunternehmer, hat der Händler den Vorsteuerabzug aus dem Erwerb des Neufahrzeugs um 8/38 (= 9520/45 220) zu kürzen. Ist der Kunde hingegen vorsteuerabzugsberechtigter Unternehmer, so ist bei ihm von einem fiktiven Vorsteuerabzug in Höhe dieses Betrages auszugehen, der der Berichtigung analog § 15a Abs. 10 UStG unterliegt.[1]

92 Ein Tausch mit Zuzahlung liegt ebenfalls vor, wenn ein aufbereitetes Austauschteil gegen Lieferung des Altteils und eine Geldzahlung geliefert wird. Für derartige **Austauschverfahren** in der **Kraftfahrzeugwirtschaft** hat die Finanzverwaltung Vereinfachungen vorgesehen.[2] Ein tauschähnlicher Umsatz mit Zuzahlung ist nach Auffassung des BMF anzunehmen, wenn der Entsorger von werthaltigem **Abfall** für seine Dienstleistung die Verwertungsbefugnis für die im Abfall enthaltenen Wertstoffe bekommt und eine Zuzahlung erhält.[3]

## C. Fiktive Leistungen gegen Entgelt (Abs. 4)
### I. Verbringen von Gegenständen (Nr. 1 Alt. 1)

93 Bei dem Verbringen eines Gegenstandes i.S.d. § 1a Abs. 2 und des § 3 Abs. 1a UStG bestimmt sich die Bemessungsgrundlage für den „Umsatz" (§ 1 Abs. 1 Nr. 5 bzw. § 1 Abs. 1 Nr. 1 UStG) nach dem Einkaufspreis zuzüglich der Nebenkosten für den Gegenstand oder für einen gleichartigen Gegenstand oder mangels eines Einkaufspreises nach den Selbstkosten, jeweils zum Zeitpunkt des Umsatzes; die Umsatzsteuer gehört nicht zur Bemessungsgrundlage (§ 10 Abs. 4 Satz 1 Nr. 1 Alt. 1 i.V.m. Satz 2 UStG). Gemeint zu sein scheinen die **Wiederbeschaffungskosten** abzüglich Umsatzsteuer, diese sind **jedoch nicht** anzusetzen (dazu näher Rz. 97 ff.).

94 Im Falle des steuerpflichtigen innergemeinschaftlichen Erwerbs gem. § 1 Abs. 1 Nr. 5 i.V.m. § 1a Abs. 2 UStG ist die Bemessungsgrundlage zwar für die Bestimmung der vom Unternehmer geschuldeten Steuer von Bedeutung, diese ist jedoch vom vorsteuerabzugsberechtigten Unternehmer (d.h. im Regelfall) mit einem Vorsteueranspruch in derselben Höhe zeitgleich zu verrechnen (§ 15 Abs. 1 Satz 1 Nr. 3 UStG), so dass ein Nullsummenspiel gegeben ist. Die genaue Bestimmung der Bemessungsgrundlage ist mithin nur dann von **Bedeutung**, wenn der Unternehmer auf Grund der Verwendung **nicht** oder nicht zum vollen **Vorsteuerabzug** berechtigt ist (vgl. *§ 1a Rz. 17*). Im Falle des (nach § 6a Abs. 2 i.V.m. Abs. 1 UStG) steuerfreien Verbringens (i.S.d. § 3 Abs. 1a UStG) in das übrige Gemeinschaftsgebiet ist die Bemessungsgrundlage in den von § 18a und § 18b UStG geforderten Steuererklärungen anzugeben.

---

1 *Stadie*, UR 2009, 745 (748 ff.).
2 Abschn. 10.5 Abs. 3 UStAE m. Berechnungsbeispielen.
3 Abschn. 10.5 Abs. 2 Satz 5 ff. UStAE; BMF v. 1.12.2008 – IV B 8 - S 7203/07/10002, BStBl. I 2008, 992.

## II. Entnahmen und unentgeltliche Lieferungen (Nr. 1 Alt. 2)

Bei der fiktiven Lieferung gegen Entgelt gem. § 3 Abs. 1b UStG (Entnahme und unentgeltliche Lieferung) sind als Bemessungsgrundlage nach dem Gesetzeswortlaut entsprechend Art. 74 MwStSystRL anzusetzen der **Einkaufspreis** zuzüglich Nebenkosten für den Gegenstand oder für einen gleichartigen Gegenstand oder anderenfalls die Selbstkosten, jeweils zum Zeitpunkt des Umsatzes (d.h. der Entnahme bzw. der unentgeltlichen Lieferung), abzüglich der Umsatzsteuer (§ 10 Abs. 4 Satz 1 Nr. 1 i.V.m. Satz 2 UStG). Das wären folglich die **Wiederbeschaffungskosten** ohne Umsatzsteuer; diese dürfen jedoch nur mit Einschränkungen angesetzt werden (*Rz. 97 ff.*). 95

Beschränkt sich der Umfang der steuerbaren Entnahme auf **Bestandteile** des entnommenen Gegenstandes, weil nur für diese ein Vorsteuerabzugsrecht bestand und mithin der Tatbestand des § 3 Abs. 1b UStG nur insoweit erfüllt ist (*§ 3 Rz. 67*), so sind die „Wiederbeschaffungskosten" der Bestandteile anzusetzen.[1] Das hat auch bei einer **unentgeltlich** erbrachten **Werklieferung** zu gelten (*§ 3 Rz. 67*). 96

Das grundsätzliche Abstellen auf die Wiederbeschaffungskosten **im Zeitpunkt der Entnahme** bzw. der unentgeltlichen Lieferung ist **inkonsequent**, da es bei der Besteuerung dieser Vorgänge lediglich um die Neutralisierung eines vorgenommenen Vorsteuerabzugs geht (*§ 3 Rz. 56*). Der Ansatz der Wiederbeschaffungskosten entspricht einkommensteuerrechtlicher Sichtweise, die bei einer Entnahme die Wertsteigerungen des Wirtschaftsguts während der Dauer der Zugehörigkeit zum Unternehmen erfassen will. Die Übertragung dieses Gedankens auf die Umsatzsteuer ist verfehlt, denn diese ist eine Steuer auf die **tatsächliche Vermögensverwendung** (Aufwendungen, *Vorbem. Rz. 17*) und nicht auf das, was sich selbst versorgende Unternehmer (bzw. der von diesem beschenkte Dritte) im Zeitpunkt der Entnahme für das nämliche Wirtschaftsgut bei Erwerb von einem anderen Unternehmer aufwenden müsste (Wert).[2] Art. 74 MwStSystRL steht deshalb im Widerspruch zu der von **Art. 16 Abs. 1 MwStSystRL** und **§ 3 Abs. 1b Satz 2 UStG** aufgestellten Prämisse, dass der entnommene Gegenstand von der Umsatzsteuer entlastet worden war, so dass entgegen der Auffassung des XI. Senats des BFH[3] nur die **Neutralisierung** des **Vorsteuerabzugs** das Ziel der Richtlinie und damit des § 10 Abs. 4 Satz 1 Nr. 1 UStG sein kann. 97

Der **EuGH** hat sich diesem Auslegungsergebnis mit einem weiteren Schritt genähert. So soll als Einkaufspreis i.S.d. Art. 74 MwStSystRL der „**Restwert**" des Gegenstandes anzusetzen sein, welcher die Wertentwicklung zwischen dem 98

---

1 EuGH v. 17.5.2001 – C-322/99 u. C-323/99, EuGHE 2001, I-4049 = UR 2001, 293; BFH v. 18.10.2001 – V R 106/98, BStBl. II 2002, 551; Abschn. 10.6 Abs. 2 UStAE.
2 *Stadie* in R/D, Einf. Anm. 179 ff., 318.
3 BFH v. 12.12.2012 – XI R 3/10, BStBl. II 2014, 809 = UR 2013, 460 – Rz. 24, wonach der sich selbst versorgende Unternehmer bei einer Entnahme mit der Umsatzsteuer nach Maßgabe der je nach Marktsituation – auf der Handelsstufe des Unternehmers – aktuellen niedrigeren oder höheren Preisen zu belasten sei. Die Selbstkosten seien nur anzusetzen, wenn ein Einkaufspreis nicht zu ermitteln sei (Rz. 22 des Urteils); dazu auch Abschn. 10.6 Abs. 1 Satz 5 UStAE.

Zeitpunkt der Anschaffung und der Entnahme berücksichtigt[1] und folglich **Wertsteigerungen ausschließt**. Damit sind vom EuGH zu Recht die Begriffe „Einkaufspreis" und „Selbstkosten" zum Zeitpunkt der Entnahme für weitgehend nicht anwendbar erklärt worden.[2] Dass dieser Restwert sich nur in Abhängigkeit vom ursprünglich vorgenommenen Vorsteuerabzug bestimmen kann, hatte der EuGH bereits zuvor angedeutet. So führte er zur Bedeutung des Art. 18 Buchst. a MwStSystRL, der neben Art. 16 MwStSystRL ebenfalls in Art. 74 MwStSystRL genannt ist, aus, dass es sich bei der Gleichstellung mit einer entgeltlichen Lieferung gem. Art. 18 Buchst. a MwStSystRL und der Berichtigung gem. Art. 187 MwStSystRL (entspricht § 15a UStG) „um zwei Mechanismen handelt, die die gleiche wirtschaftliche Wirkung haben, nämlich einen Steuerpflichtigen zur *Zahlung* von *Beträgen* zu zwingen, *die* den *Vorsteuerabzügen entsprechen*, zu deren Vornahme er nicht berechtigt war"[3] (Hervorhebungen vom Verf.). Der EuGH wird deshalb, wenn ihm Gelegenheit dazu gegeben wird, Art. 74 MwStSystRL nach Maßgabe des Art. 187 MwStSystRL weiter einschränkend interpretieren.

99 Der uneingeschränkte Ansatz der **Wiederbeschaffungskosten** steht bei **Investitionsgütern** (**Anlagegegenständen**) folglich im **Widerspruch zu § 15a Abs. 1 UStG** (bzw. **Art. 187 Abs. 2 MwStSystRL**), **wonach** bei einer Änderung der Verwendungsverhältnisse **nur** die **auf** das **Wirtschaftsgut entfallenden Vorsteuerbeträge zu berichtigen** sind. Zwischen steuerfreier und nichtunternehmerischer Verwendung besteht nur gesetzestechnisch, nicht jedoch inhaltlich ein Unterschied. Auch ist nicht einzusehen, wieso bei einer Grundstücksentnahme, die steuerfrei ist (§ 4 Nr. 9 Buchst. a UStG), nach § 15a Abs. 8 i.V.m. Abs. 9 UStG (bzw. Art. 188 i.V.m. Art. 187 MwStSystRL) nur die ursprüngliche Vorsteuer zu korrigieren ist, hingegen bei einer steuerpflichtigen Entnahme eines anderen Wirtschaftsguts die Umsatzsteuer für den Wiederbeschaffungswert entrichtet werden soll. Gleichermaßen unverständlich ist, weshalb es bei der Entnahme eines Wirtschaftsguts aus dem steuerfreien Bereich bei der Belastung mit der zeitanteiligen ursprünglichen, nichtabziehbaren Vorsteuer bleibt (mangels Vorsteuerabzug beim Erwerb ist der Tatbestand des § 3 Abs. 1b UStG bzw. des Art. 16 Abs. 1 MwStSystRL nicht erfüllt), hingegen für den Fall der Entnahme aus dem „steuerpflichtigen" Bereich die Umsatzsteuerbelastung sich nach dem Wiederbeschaffungspreis richten soll. Die wortlautgetreue Rechtsfolge des § 10 Abs. 4 Satz 1 Nr. 1 UStG (bzw. des Art. 74 MwStSystRL) wäre deshalb bei Anlagegegenständen (Investitionsgütern) *willkürlich* und wäre nicht mit dem Gleichbehandlungsgrundsatz zu vereinbaren. Dieser gehört zu den ungeschriebenen Grundsätzen des Unionsrechts, so dass Art. 74 MwStSystRL bei wortlautgetreuer Anwendung insoweit gegen höherrangiges Unionsrecht verstieße. Beide Bestimmungen sind mithin im Wege teleologischer Reduktion (der EuGH wird es

---

1 EuGH v. 8.5.2013 – C-142/12, UR 2013, 503 – Rz. 35; ebenso bereits EuGH v. 17.5.2001 – C-322/99 u. C-323/99, EuGHE 2001, I-4049 = UR 2001, 293 – Rz. 80; dem folgend BFH v. 18.10.2001 – V R 106/98, BStBl. II 2002, 551 – LS 4; BFH v. 21.5.2014 – V R 20/13, UR 2014, 769 – Rz. 25 f.
2 A.A. BFH v. 12.12.2012 – XI R 3/10, BStBl. II 2014, 809 = UR 2013, 460.
3 EuGH v. 29.4.2004 – C-487/01 u. C-7/02, EuGHE 2004, I-5337 = UR 2004, 302 – Rz. 90; ebenso EuGH v. 30.3.2006 – C-184/04, EuGHE 2006, I-3039 = UR 2006, 530 – Rz. 29 f.; EuGH v. 14.9.2006 – C-72/05, EuGHE 2006, I-8297 = UR 2006, 638 – Rz. 35 u. 37.

"Auslegung" nennen) im o.g. Sinne zu beschränken. **Bei teilweise privat genutzten Gebäuden** hat der Gesetzgeber dieses Gebot inzwischen **mit § 15a Abs. 8 Satz 2 UStG expressis verbis umgesetzt** (*§ 15a Rz. 123*).

Des Weiteren ist § 3 Abs. 1b UStG (bzw. Art. 16 Abs. 1 MwStSystRL) bei Anlagegegenständen eine **zeitliche Begrenzung** analog § 15a UStG (bzw. Art. 187 u. 188 MwStSystRL) immanent. Da bei der Entnahme i.S.d. § 15a Abs. 8 i.V.m. Abs. 9 UStG das Wirtschaftsgut nach 5 bzw. 10 Jahren umsatzsteuerrechtlich als „verbraucht" gilt, hat bei einer steuerpflichtigen Entnahme Entsprechendes zu gelten (*§ 3 Rz. 74*). Das bedeutet, dass das in sich schlüssige Konzept des § 15a UStG auf die Entnahme von Wirtschaftsgütern des Anlagevermögens (Investitionsgüter) zu übertragen ist (*§ 15a Rz. 8*) und der § 3 Abs. 1b i.V.m. § 10 Abs. 4 Satz 1 Nr. 1 UStG einer **teleologischen Reduktion** des Wortlauts zu unterwerfen ist. Entgegen § 10 Abs. 4 Nr. 1 UStG dürfen analog § 15a Abs. 5 UStG bei **Anlagegegenständen** nur die auf das Wirtschaftsgut entfallenden Vorsteuerbeträge korrigiert werden, indem die **auf den Restberichtigungszeitraum** (analog § 15a Abs. 9 UStG) **entfallende Vorsteuer** zurückzuzahlen ist.[1] Der **Restwert** (*Rz. 98*) ist somit **grundsätzlich nach** der Regel des **§ 15a UStG** zu bestimmen. Bei teilweise privat genutzten **Gebäuden** ist dieses Gebot inzwischen durch § 15a Abs. 8 Satz 2 UStG umgesetzt worden (*§ 15a Rz. 123*). Die Verordnungsermächtigung des § 15a Abs. 11 Nr. 2 UStG stellt seit jeher bei einer nicht unter § 15a Abs. 8 UStG fallenden unentgeltlichen Veräußerung eines Wirtschaftsgutes auch nur auf das Restvorsteuerberichtigungsvolumen ab.

Lediglich dann, wenn die **aktuellen Wiederbeschaffungskosten niedriger** als der nach § 15a UStG bestimmte Restwert sind, sind diese maßgebend.

Bei **anderen Gegenständen** (sog. **Umlaufvermögen**) wäre nach dem Wortlaut des § 10 Abs. 4 Satz 1 Nr. 1 UStG ebenfalls der aktuelle Wiederbeschaffungswert abzüglich Umsatzsteuer (§ 10 Abs. 4 Satz 2 UStG) als Bemessungsgrundlage anzusetzen. Auch diese Bestimmung bedarf indes der teleologischen Reduktion bzw. Auslegung (*Rz. 99 a.E.*), da der Zweck des Art. 16 Abs. 1 MwStSystRL (Neutralisierung des Vorsteuerabzugs) verlangt, auf den Restwert abzustellen, der allenfalls dem ursprünglichen Einkaufspreis bei Anschaffung bzw. den Selbstkosten bei Herstellung entsprechen kann (*Rz. 97 f.*). Auch § 15a Abs. 2 UStG[2] sieht bei Umlaufvermögen (nur) die Berichtigung des Vorsteuerabzugs vor (*§ 15a Rz. 95 ff.*). Bei der Entnahme selbst hergestellter Gegenstände sind folglich die realen Selbstkosten und nicht etwa fiktive höhere Einkaufspreise im Zeitpunkt der Entnahme anzusetzen.[3] Lediglich dann, wenn die **aktuellen Wiederbeschaffungskosten niedriger** als die ursprünglichen Anschaffungs- oder Herstellungskosten sind, sind sie als Bemessungsgrundlage anzusetzen.

### III. Nutzungsentnahmen (Nr. 2)

**1.** Bei der **Verwendung eines** dem Unternehmen zugeordneten **Gegenstandes** für **außerunternehmerische** Zwecke „oder" für den privaten Bedarf des Personals

---

1 *Stadie* in R/D, Einf. Anm. 319 ff.
2 Bzw. Art. 185 Abs. 1 MwStSystRL.
3 Auch das verkennt BFH v. 12.12.2012 – XI R 3/10, UR 2013, 460.

**§ 10**  Bemessungsgrundlage für Lieferungen, sonstige Leistungen u.Ä.

(§ 3 Abs. 9a Nr. 1 UStG; *§ 3 Rz. 165 ff.*) sind nach § 10 Abs. 4 Satz 1 Nr. 2 Satz 1 UStG grundsätzlich die „bei der Ausführung entstandenen **Ausgaben**" als Bemessungsgrundlage anzusetzen. Damit wird das Gesetzesziel deutlich, bei unentgeltlichen Leistungen und Wertabgaben nur den vorgenommenen Vorsteuerabzug zu korrigieren (*§ 3 Rz. 162*) und nicht etwa den sich selbst versorgenden Unternehmer mit einer Privatperson gleichzustellen, die die nämliche Leistung von einem Dritten bezieht.

103 Bis 2004 hieß es sachgerecht „**Kosten**". Die Ersetzung des Begriffs durch „Ausgaben" ergibt wenig Sinn und war überflüssig, auch wenn es sich dabei um die Übernahme des betreffenden Begriffs aus der deutschen Fassung des Art. 75 MwStSystRL handelt, da dessen Bedeutung unklar ist (so heißt es z.B. in der englischen Fassung „full cost").

104 Die Formulierung des § 10 Abs. 4 Satz 1 Nr. 2 Satz 1 UStG ist zu eng, denn danach würden z.B. die fixen, d.h. die nutzungsunabhängigen „Ausgaben" (Kosten), die auch „entstehen", wenn der Gegenstand nicht genutzt wird, nicht erfasst werden. Entsprechend dem Gesetzesziel, die Besteuerung des Letztverbrauchs sicherzustellen, müssen als „entstandene Ausgaben" **alle Kosten** erfasst werden, die der nichtunternehmerischen Nutzung **zuzurechnen** sind. Der mögliche Sinn des Wortes „entstanden" lässt diese Auslegung zu. Folglich sind auch „**Abschreibungen**" zu berücksichtigen, wie § 10 Abs. 4 Satz 1 Nr. 2 Sätze 2 und 3 UStG klarstellt (*Rz. 107*).

105 Allerdings spricht Art. 75 MwStSystRL von den „Ausgaben des Steuerpflichtigen für die Erbringung der Dienstleistung", was die Einbeziehung der fixen Kosten verböte, weil sie nicht „für" die Erbringung der Dienstleistung ausgegeben werden. Eine derartige enge Sichtweise würde jedoch nicht dem Ziel der Richtlinie, nur den unternehmerischen Verbrauch von der Umsatzsteuer zu entlasten, entsprechen. Es ist deshalb anzunehmen, dass der EuGH bei einer Vorlage der Frage in Anlehnung an den Begriff der „Selbstkosten" (Art. 74 MwStSystRL) die Formulierung des Art. 75 MwStSystRL i.S.v. „Kosten", die der Erbringung der Dienstleistung „zuzurechnen sind", auslegen würde. So ist der **EuGH** in einem obiter dictum ohne weiteres davon ausgegangen, dass bei der Ermittlung der Bemessungsgrundlage nach Art. 75 MwStSystRL die „**Ausgaben** heranzuziehen (sind), die – wie die **Abschreibungen** für die Abnutzung des Gegenstands (...) – mit dem Gegenstand selbst verknüpft sind".[1] Der EuGH geht mithin, ohne sich mit dem gegenteiligen Wortlaut auseinanderzusetzen, davon aus, dass die Abschreibungen als wesentlicher Teil der fixen Kosten „Ausgaben" im Sinne der Vorschrift sind.[2]

106 Da der Gesetzeszweck die Erfassung aller **Kosten** verlangt, die der nichtunternehmerischen Nutzung zuzurechnen sind, ist statt des verfehlten Begriffs „Ausgaben" weiterhin von Kosten zu sprechen (s. auch *Rz. 108*). Einzubeziehen sind auch Ausgaben, die durch **Zuschüsse** finanziert worden sind.[3] Die eigene Ar-

---

1 EuGH v. 26.9.1996 – C-230/94, EuGHE 1996, I-4517 = UR 1996, 418 – Rz. 36.
2 In diesem Sinne auch EuGH v. 14.9.2006 – C-72/05, EuGHE 2006, I-8297 = BStBl. II 2007, 32 = UR 2006, 638.
3 Abschn. 10.6 Abs. 3 Satz 7 UStAE.

Fiktive Leistungen gegen Entgelt (Abs. 4) § 10

beitskraft führt nicht zu Ausgaben (Kosten), ebenso wenig gehört ein Gewinnaufschlag dazu. **Nicht** maßgebend sind die bei der **Einkommensteuer** angesetzten Werte für die Nutzungsentnahme[1], da das Einkommensteuerrecht und das Umsatzsteuerrecht unterschiedliche Ziele verfolgen und zudem Art. 75 MwStSystRL eine EG-einheitliche Bemessungsgrundlage bezweckt, die nicht von den etwaigen Besonderheiten der jeweiligen nationalen Einkommensteuerrechte beeinflusst werden darf.

2. Seit Anbeginn **folgt aus § 15a Abs. 1 UStG** und Art. 187 MwStSystRL (= Art. 20 Abs. 2 der 6. EG-Richtlinie a.F.), die **gesetzgeberische Wertung**, dass bei beweglichen Wirtschaftsgütern **typisierend** von einer fünfjährigen und bei unbeweglichen Wirtschaftsgütern von einer zehnjährigen **Nutzungsdauer** auszugehen ist[2], denn die Besteuerung der Nutzungsentnahme ist ebenfalls nichts anderes als die Berichtigung des Vorsteuerabzugs, der beim Erwerb des Gegenstandes vorgenommen worden war. Der Unterschied liegt nur in der Gesetzestechnik, so dass Vorgänge, die vom materiellen Gehalt her gleich sind, auch rechtlich gleich zu behandeln sind (s. auch *§ 15a Rz. 7*). Nach § 15a UStG gilt der Gegenstand nach fünf bzw. zehn Jahren als verbraucht (*§ 3 Rz. 173; § 15a Rz. 8*). Mithin ist auch für die Bestimmung der „Abschreibungen" im Rahmen der Kostenbestimmung nach § 10 Abs. 4 Satz 1 Nr. 2 UStG bei **beweglichen** Wirtschaftsgütern eine **fünfjährige** und bei **unbeweglichen** Wirtschaftsgütern eine **zehnjährige Nutzungsdauer** zugrunde zu legen. Dieses Ergebnis einer systematischen **Auslegung** des Gesetzes und der Richtlinie wird seit 2004 durch § 10 Abs. 4 Satz 1 Nr. 2 Sätze 2 und 3 UStG **klargestellt**. Der EuGH hat das bestätigt.[3] Demgegenüber soll nach Auffassung des BFH diese Rechtslage erst ab 1.7.2004 gelten.[4]

107

Zu den „Ausgaben" gehören auch die **Anschaffungs- oder Herstellungskosten** („Kosten"!) eines Wirtschaftsguts, soweit dieses dem Unternehmen zugeordnet ist und für die Erbringung der sonstigen Leistung verwendet wird (§ 10 Abs. 4 Satz 1 Nr. 2 Satz 2 UStG). Der Begriff „Erbringung" ist Art. 75 MwStSystRL entnommen und erfasst auch die fiktive sonstige Leistung „Verwendung" des Gegenstandes für private Zwecke (i.S.d. § 3 Abs. 9a Nr. 1 UStG).

108

Betragen die Anschaffungs- oder Herstellungskosten mindestens 500 €, sind sie gleichmäßig auf einen Zeitraum zu **verteilen**, der dem für das Wirtschaftsgut maßgeblichen **Berichtigungszeitraum** nach § 15a UStG entspricht (§ 10 Abs. 4 Satz 1 Nr. 2 Satz 3 UStG). Dieser Zeitraum beträgt für bewegliche Wirtschaftsgüter 5 Jahre, für Grundstücke u.Ä. regelmäßig 10 Jahre (§ 15a Abs. 1 i.V.m. Abs. 5 UStG). Aus § 10 Abs. 4 Satz 1 Nr. 2 Satz 3 UStG folgt im Umkehrschluss, dass bei niedrigeren Anschaffungs- oder Herstellungskosten keine Verteilung pro rata temporis erfolgt. Wenn diese **Bagatellregelung** einen Sinn haben soll, so kann sie nur bedeuten, dass eine Berücksichtigung der Kosten nur im Jahr der

109

---

1 A.A. noch BFH v. 28.6.1995 – XI R 66/94, BStBl. II 1995, 850 (852) – zu den Kosten i.S.d. § 10 Abs. 4 Satz 1 Nr. 2 UStG a.F.
2 *Stadie*, UR 1998, 22; *Stadie*, UR 2006, 645.
3 EuGH v. 14.9.206 – C-72/05, EuGHE 2006, I-8297 = BStBl. II 2007, 32 = UR 2006, 638.
4 BFH v. 19.4.2007 – V R 56/04, BStBl. II 2007, 676.

**§ 10** Bemessungsgrundlage für Lieferungen, sonstige Leistungen u.Ä.

Anschaffung oder Herstellung geschehen darf (sofern in diesem Jahr eine Privatnutzung stattfindet).

110 **Nach Ablauf des Berichtigungszeitraums** i.S.d. § 15a UStG sind keine Abschreibungsbeträge **mehr** bei der Ermittlung der Bemessungsgrundlage zu berücksichtigen (der Gegenstand gilt umsatzsteuerrechtlich als „verbraucht"), sondern **nur noch laufende Kosten**.

111 Aus der Anlehnung an § 15a UStG folgt indes, dass entsprechend § 15a Abs. 3 Satz 1 und Abs. 6 UStG auch **nachträgliche Einbauten, Erhaltungsaufwendungen** (dazu *§ 15a Rz. 21 ff.*) und **nachträgliche Anschaffungs- oder** Herstellungskosten wie Wirtschaftsgüter zu behandeln sind, so dass für sie ein eigenständiger Berichtigungszeitraum gilt.

112 3. Es sind nur solche „Ausgaben" (Kosten) einzubeziehen, die **vorsteuerentlastet** sind (§ 10 Abs. 4 Satz 1 Nr. 2 Satz 1 [a.E.] UStG).[1] Das folgt aus dem Zweck der Besteuerung der Nutzungsentnahme, der darin besteht, den vorgenommenen Vorsteuerabzug zu neutralisieren. Demgemäß sind namentlich Versicherungsbeiträge (die zugrunde liegenden Leistungen sind steuerfrei, § 4 Nr. 10 Buchst. a UStG) und Kraftfahrzeugsteuern sowie alle anderen Kosten, denen steuerfreie oder nicht steuerbare Leistungen o.Ä. zugrunde liegen, nicht zu berücksichtigen.

**Beispiel**

Der Unternehmer nutzt einen dem Unternehmen zugeordneten PKW zu 50 % (Jahresdurchschnitt) für nichtunternehmerische Zwecke. Gesamtfahrleistung des Fahrzeugs im Kalenderjahr 20 000 km. Anschaffungskosten des Pkws vor 2 Jahren 60 000 € + USt.; laufende Kosten im Kalenderjahr:

| | |
|---|---|
| Wartung, Reparaturen | 3000 € + USt., |
| Benzin, Öl | 5000 € + USt., |
| Versicherung, Kfz-Steuer | 2000 €. |

Zu den „Ausgaben" i.S.d. § 10 Abs. 4 Satz 1 Nr. 2 UStG zählt zum einen die „Abschreibung". Bei einer Nutzungsdauer von 5 Jahren (analog § 15a Abs. 1 Satz 1 UStG) ergibt sich ein Jahresbetrag von 12 000 €. Hinzu kommen als laufende Kosten 8000 € (ohne USt.). Die Kosten für die Versicherung und die Kfz-Steuer sind nicht zu berücksichtigen, da auf ihnen keine Umsatzsteuer lastet, die vom Unternehmer als Vorsteuer abgezogen werden konnte. Die Bemessungsgrundlage für die Nutzungsentnahme beträgt folglich 50 % von 20 000 € = 10 000 €.

113 Die von § 10 Abs. 4 Satz 1 Nr. 2 Satz 1 UStG geforderte Berechtigung zum Vorsteuerabzug setzt voraus, dass dieser auch tatsächlich vorgenommen worden war (*§ 3 Rz. 169*). Aus dem Zweck der Nutzungsentnahmebesteuerung (*Rz. 112*) folgt ferner, dass die „**Berechtigung**" i.S. der Vorschrift nicht die materielle, sondern die bestandskräftige **formelle** Vorsteuerabzugsberechtigung meint. Kann ein fehlerhafter Vorsteuerabzug nicht mehr nach den Regeln der AO rückgängig

---

1 Eine derartige Einschränkung findet sich zwar nicht in Art. 75 MwStSystRL, ergibt sich jedoch aus dem Zweck der Besteuerung der nichtunternehmerischen Verwendung; *Stadie*, Vorsteuerabzug, S. 18. Der EuGH folgert diese Einschränkung aus Art. 26 Abs. 1 Buchst. a MwStSystRL; EuGH v. 25.5.1993 – C-193/91, EuGHE 1993, I-2615 = BStBl. II 1993, 812 = UR 1993, 309.

Fiktive Leistungen gegen Entgelt (Abs. 4) § 10

gemacht werden, so ist dieser entgegen BFH[1] auch im Rahmen des § 3 Abs. 9a i.V.m. § 10 Abs. 4 Satz 1 Nr. 2 UStG zugrunde zu legen. Nach Ansicht des BFH soll vielmehr eine Berichtigung nach § 15a UStG erfolgen, was indes bei Wirtschaftsgütern und gleichgestellten Aufwendungen (*§ 15a Rz. 17 ff.*) auf das Gleiche hinausläuft.

War der **Gegenstand ohne Vorsteuerabzugsberechtigung erworben** worden, so ist entgegen dem Wortlaut des § 3 Abs. 9a Nr. 1 UStG gleichwohl dessen Tatbestand verwirklicht, soweit es um die Verwendung eingebauter Teile und der **für den Gegenstand in Anspruch genommenen Lieferungen und Dienstleistungen** geht, für die der Vorsteuerabzug vorgenommen worden war (*§ 3 Rz. 172*). In die Bemessungsgrundlage sind dann nur die darauf entfallenden Kosten einzubeziehen.[2]   114

**Unfallkosten** bei einem Kraftfahrzeug sollen nach Auffassung des BFH unabhängig davon, ob sie auf einer unternehmerischen oder privaten Fahrt verursacht worden waren, Teil der jährlichen Gesamtkosten sein und damit in beiden Fällen anteilig in die Bemessungsgrundlage der Privatnutzung nach § 10 Abs. 4 Nr. 2 UStG eingehen.[3] Diese **Sichtweise** des **BFH** ist **unhaltbar**. Der Zweck der Besteuerung der privaten Nutzung verbietet es zum einen, dass in die Bemessungsgrundlage Kosten einbezogen werden, die ausschließlich durch eine unternehmerische Nutzung verursacht wurden und deshalb nur dieser zuzurechnen sind. Umgekehrt sind in die Bemessungsgrundlage für die Besteuerung der Privatnutzung alle Kosten einzubeziehen, die durch die private Nutzung hervorgerufen worden sind und deshalb auch nur dieser – und damit ihr ausschließlich und vollen Umfangs – zuzurechnen sind. Die Umsatzsteuerbelastung der Nutzung von Kraftfahrzeugen und anderen Gegenständen darf im Hinblick auf den Gleichbehandlungsgrundsatz (Willkürverbot) nicht von dem Zufall abhängen, ob der Gegenstand zum Unternehmen gehört oder nicht. (Hätte der Unternehmer den Unfall mit seinem Privatfahrzeug verursacht, so hätte er die Umsatzsteuerbelastung aus der Reparatur vollen Umfangs tragen müssen, wenn es sich um eine Privatfahrt gehandelt hätte. Hätte er hingegen den Unfall mit seinem Privatfahrzeug auf einer unternehmerischen Fahrt verursacht, so hätte er den Vorsteuerabzug in voller Höhe vornehmen können, weil die Reparatur für das Unternehmen ausgeführt worden wäre; *§ 15 Rz. 137*.) Richtigerweise ist hinsichtlich der durch eine Privatfahrt verursachten Reparaturkosten schon kein Vorsteuerabzug gegeben (*§ 15 Rz. 132*), so dass die Kosten auch nicht in die Bemessungsgrundlage nach § 10 Abs. 4 Nr. 2 UStG einzubeziehen sind.   115

Bei einem **Totalschaden** auf einer Privatfahrt ist eine zuvor erfolgte Entnahme des Fahrzeugs anzunehmen (*§ 3 Rz. 72*).

Das BMF lässt es bei der **Privatnutzung** eines **Kraftfahrzeugs** zur **Vereinfachung** zu, dass die **einkommensteuerrechtliche sog. 1-v.H.-des-Listenpreises-Methode** (§ 6 Abs. 1 Nr. 4 Satz 2 bzw. § 8 Abs. 1 Sätze 2 und 3 EStG) auch umsatzsteuer-   116

---
1 BFH v. 23.10.2014 – V R 11/12, UR 2015, 271.
2 Abschn. 15.23 Abs. 5 Nr. 4 UStAE; vgl. auch EuGH v. 27.6.1989 – 50/88, EuGHE 1989, 1925 = UR 1989, 373.
3 BFH v. 28.2.1980 V R 138/72, BStBl. II 1980, 309; BFH v. 28.6.1995 – XI R 66/94, BStBl. II 1995, 850.

rechtlich angewendet wird; für die nicht mit Vorsteuer belasteten Kosten kann dabei ein Abschlag von 20 % vorgenommen werden.[1] Ein solcher Ansatz entspricht indes nicht dem Umsatzsteuergesetz[2], da dieses keine derartige Methode vorsieht, wird jedoch, obwohl sie zu *willkürlichen* Ergebnissen führt, vom BFH als Schätzungsmethode anerkannt.[3] Der **EuGH** hat diese zu Recht als für mit der MwStSystRL unvereinbar erklärt.[4]

117 Nach Auffassung des BFH[5] soll bei der privaten Nutzung eines **Freizeitgegenstandes** nur der Teil der Kosten zu berücksichtigen sein, der zu den Gesamtausgaben im selben Verhältnis stehe wie die Dauer der tatsächlichen Verwendung des Gegenstandes für unternehmerische Zwecke zur Gesamtdauer seiner *tatsächlichen* Verwendung. Diese Sichtweise ist verfehlt, da sie zu einer Subventionierung der Privatnutzung solcher Gegenstände führt.[6] Richtigerweise muss auch für diejenigen Zeiträume, in denen der Gegenstand für private Zwecke jederzeit zur Verfügung steht, von einer Verwendung für außerunternehmerische Zwecke gesprochen werden.[7]

## IV. Unentgeltliche Dienstleistungen (Nr. 3)

118 Bei **unentgeltlichen sonstigen Leistungen** (Dienstleistungen) i.S.d. § 3 Abs. 9a Nr. 2 UStG (*§ 3 Rz. 180*) sind ebenfalls die bei deren Ausführung entstandenen „Ausgaben" (Kosten) anzusetzen (§ 10 Abs. 4 Satz 1 Nr. 3 i.V.m. Satz 2 UStG). Anders als im Falle des § 10 Abs. 4 Satz 1 Nr. 2 UStG wären nach dem Wortlaut auch solche **Kosten** mit einzubeziehen, die **nicht vorsteuerentlastet** sind[8], wie insbesondere Lohnkosten. Diese Rechtsfolge wäre jedoch **systemwidrig** und **willkürlich**. Richtigerweise ist **bereits § 3 Abs. 9a Nr. 2 UStG restriktiv zu interpretieren** (*§ 3 Rz. 181 ff.* mit *Beispielen*; zur Begrenzung auf das marktübliche Entgelt vgl. *Rz. 126*).

## V. Ausklammerung der Umsatzsteuer (Satz 2)

119 Die für den „Umsatz" geschuldete **Umsatzsteuer** gehört nicht zur Bemessungsgrundlage (§ 10 Abs. 4 Satz 2 UStG). Das folgt aus dem Zweck der in § 10 Abs. 4 Satz 1 UStG genannten Tatbestände, welcher darin besteht, einen vorgenommenen Vorsteuerabzug zu neutralisieren. Anderenfalls träte eine Überbelastung

---

1 Abschn. 15.23 Abs. 5 Satz 4 Nr. 1 Buchst. a UStAE.
2 FG München v. 5.3.2013 – 2 K 919/10, juris.
3 BFH v. 19.5.2010 – XI R 32/08, BStBl. II 2010, 1079; BFH v. 5.6.2014 – XI R 2/12, UR 2014, 981; ebenso FG Köln v. 28.8.2012 – 7 K 1780/11, EFG 2013, 176; anders noch BFH v. 11.3.1999 – V R 78/98, UR 1999, 281; BFH v. 13.11.2008 – V R 24/06, HFR 2009, 817; BFH v. 15.9.2011 – V R 12/11, BFH/NV 2012, 457 – Rz. 14.
4 EuGH v. 16.2.2012 – C-594/10, UR 2012, 681 – zur entsprechenden niederländischen Regelung.
5 BFH v. 24.8.2000 – V R 9/00, BStBl. II 2001, 76; ebenso Abschn. 10.6 Abs. 5 UStAE m. Beispiel *Yacht*.
6 Wie das Beispiel der Finanzverwaltung a.a.O. zeigt. Allerdings liegt in dem Beispiel schon gar keine unternehmerische Tätigkeit vor (*§ 2 Rz. 139 f.*), so dass bei Erwerb und Nutzung kein Vorsteuerabzug in Betracht kam, der zu neutralisieren wäre.
7 *Stadie*, UR 1990, 347 (348 a.E.); *Reiß* in T/L, 20. Aufl. 2010, § 14 Rz. 160 a.E.
8 So BFH v. 7.10.2010 – V R 4/10, UR 2011, 626 – Rz. 24 ff.

## D. Sog. Mindest-Bemessungsgrundlage (Abs. 5)

Nach § 10 Abs. 5 UStG gilt bei entgeltlichen Umsätzen in bestimmten Fällen statt des Entgelts die Bemessungsgrundlage nach § 10 Abs. 4 UStG (Wiederbeschaffungskosten bzw. „Ausgaben"), wenn das „vereinbarte" Entgelt i.S.d. § 10 Abs. 1 UStG niedriger ist. Es handelt sich um Fälle, in denen typischerweise ein **Näheverhältnis** zum Leistungsempfänger, d.h. ein **nichtunternehmerisches Motiv** („ein Kaufmann verschenkt nichts") die zu niedrige[1] Gegenleistung ausgelöst hat. Das Gesetz bestimmt deshalb, dass mindestens die Bemessungsgrundlage anzusetzen ist, die nach § 10 Abs. 4 UStG (*Rz. 95 ff.*) bei vollständiger Unentgeltlichkeit gelten würde. 120

Betroffen sind Leistungen von 121

- **Körperschaften** und Personenvereinigungen i.S.d. § 1 Abs. 1 Nr. 1 bis 5 KStG sowie nichtrechtsfähigen Personenvereinigungen (d.h. insbesondere **Personengesellschaften**) **an** ihre Anteilseigner und **Gesellschafter** oder diesen **nahe stehende Personen** (§ 10 Abs. 5 Nr. 1 Alt. 1 UStG); die des Weiteren erwähnten „Gemeinschaften" kommen nicht in Betracht, da sie nicht Unternehmer sein können (§ 2 Rz. 26 ff.);
- **Einzelunternehmern an nahestehende Personen** (§ 10 Abs. 5 Nr. 1 Alt. 2 UStG);
- **Arbeitgebern an das Personal** oder dessen Angehörige (§ 10 Abs. 5 Nr. 2 UStG).

Eine Definition des Begriffs „**nahestehende Person**" (welcher offensichtlich der Rechtsprechung zur verdeckten Gewinnausschüttung im Körperschaftsteuerrecht entnommen worden ist; vgl. auch § 1 Abs. 2 AStG und § 138 InsO) ist überflüssig und zudem auch nicht möglich. Der Definitionsversuch des BMF in Abschn. 10.7 Abs. 1 Satz 2 UStAE ist demgemäß unbrauchbar: Zum einen muss nicht jeder Angehörige eine nahestehende Person sein und zum anderen ist es ohne Belang, ob Beziehungen „eng" sind.[2] Vielmehr indiziert das unter den Kosten i.S.d. § 10 Abs. 4 UStG liegende Entgelt das Näheverhältnis, da ein Unternehmer fremden Personen üblicherweise nichts schenkt bzw. an diese nicht verbilligt leistet. Eine nahestehende Person kann auch eine **Gesellschaft** sein, an der der Gesellschafter oder der Einzelunternehmer beteiligt ist.[3] Letztlich kommt es auf ein Näheverhältnis jedoch nicht an, da grundsätzlich jede unentgeltliche Leistung (*§ 3 Rz. 79 ff., 174 ff.*) und damit grundsätzlich auch jede unter den Kosten liegende verbilligte Lieferung zu besteuern ist (*Rz. 123*). 122

---

1 Ist das **Entgelt** nach Absatz 1 **höher** als das marktübliche Entgelt, so gilt gem. dem zum 31.7.2014 angefügten Satz 2 der Absatz 1. Das ist die pure Selbstverständlichkeit bei einer Steuer, die den Aufwand des Empfängers besteuern will.
2 A.A. FG Münster v. 7.9.2006 – 5 K 754/04 U, EFG 2007, 467.
3 Vgl. FG Münster v. 7.9.2006 – 5 K 754/04 U, EFG 2007, 467; BFH v. 31.3.2008 – XI B 208/06, BFH/NV 2008, 1217.

123 Die Vorschrift ist **überflüssig**. Da Unternehmer üblicherweise nichts verschenken, folgt bereits aus dem Umstand, dass für die Leistung ein Entgelt (Preis ohne Umsatzsteuer) gefordert wird, welches unter den Kosten liegt, die **Vermutung**, dass die **Verbilligung aus Gründen** erfolgt, die **außerhalb des Unternehmens** liegen. Schon aus § 3 Abs. 1b und Abs. 9a i.V.m. § 10 Abs. 4 UStG ergibt sich mithin, dass derartige Leistungen wie voll unentgeltliche zu behandeln sind, da es keinen Unterschied ausmacht[1], ob eine Leistung unentgeltlich oder gegen ein zu geringes, nicht kostendeckendes Entgelt erbracht wird.[2] Die Bestimmung des § 10 Abs. 5 UStG (wie auch die des Art. 80 i.V.m. Art. 72 MwStSystRL) ist mithin bei richtiger Sichtweise nur klarstellend und nicht etwa rechtsbegründend.

124 Die Mindestbemessungsgrundlage muss folglich entgegen der Einschränkung in Art. 80 Abs. 1 Buchst. a MwStSystRL auch auf Umsätze gegenüber vollen Umfangs **vorsteuerabzugsberechtigten Empfängern** angewendet werden, weil – was auch vom EuGH verkannt wird[3] – ggf. beim Leistungsempfänger nach geänderter Verwendung eine Berichtung des Vorsteuerabzugs nach § 15a UStG, Art. 187 ff. MwStSystRL wegen einer steuerfreien Entnahme des verbilligt übertragenen Grundstücks durchzuführen ist.[4] Die Beschränkung des **Art. 80 MwSt-SystRL** auf Umsätze gegenüber nicht zum vollen Vorsteuerabzug berechtigten Empfängern ist **nicht nachvollziehbar**, weil damit genau die Möglichkeit zur Steuerumgehung geschaffen worden ist, der die Vorschrift doch gerade vorbeugen wollte. Die Vorschrift lädt zur legalen Steuerumgehung ein und schafft den **Anreiz** zu einem neuen **Steuersparmodell**.[5]

Allerdings zwingt die Einschränkung in Art. 80 MwStSystRL grundsätzlich nicht zu einer restriktiven Auslegung des § 10 Abs. 5 UStG, weil eine 1978 erteilte Ermächtigung iS des Art. 27 Abs. 1 der 6. EG-Richtlinie 77/388/EWG (jetzt Art. 395 Abs. 1 MwStSystRL) Vorrang hat (Art. 80 Abs. 3 MwStSystRL), obwohl sie nicht veröffentlicht worden war. Der BFH geht davon aus, dass die Ermächtigung wirksam ist.[6] Es bleibt jedoch das **Problem**, dass auch Art. 27 Abs. 1 der 6. EG-Richtlinie 77/388/EWG als Zweck die Vermeidung der Steuerumgehung verlangte und der **EuGH** blauäugig meint, dass bei voller Vorsteuerabzugsberechtigung der Beteiligten kein Risiko der Steuerumgehung bestehen könne.[7] Der **XI. Senat des BFH** hat entschieden, dass die Mindestbemessungsgrundlage **jedenfalls dann nicht** anzuwenden sei, **wenn** der vom Leistungsempfänger vol-

---

1 Das verkennt EuGH v. 20.1.2005 – C-412/03, EuGHE 2005, I-743 = UR 2005, 98; EuGH v. 9.6.2011 – C-285/10, EuGHE 2011, I- 5059 = UR 2012, 440 – Rz. 30.
2 Ausführlich *Stadie* in R/D, Einf. Anm. 309 f.; vgl. auch BFH v. 15.11.2007 – V R 15/06, UR 2008, 556.
3 EuGH v. 26.4.2012 – C-621/10 u. C-129/11, UR 2012, 435 – Rz. 47 f.
4 Ebenso BFH v. 24.1.2008 – V R 39/06, BStBl. II 2009, 786 = UR 2008, 342.
5 Ausführlich dazu *Stadie* in R/D, Einf. Anm. 312 f.; *Stadie* in R/D, § 15 UStG Anm. 643 f. mit anschaulichen **Zahlenbeispielen**.
6 BFH v. 15.11.2007 – V R 15/06, UR 2008, 556; BFH v. 24.1.2008 – V R 39/06, BStBl. II 2009, 786 = UR 2008, 342; BFH v. 27.2.2008 – XI R 50/07, UR 2008, 558. Der EuGH hatte 1997 eine Frage des BFH zur Wirksamkeit der nicht veröffentlichten Ermächtigung nicht beantwortet; EuGH v. 29.5.1997 – C-63/96, EuGHE 1997, I-2847 = BStBl. II 1997, 841 = UR 1997, 301.
7 EuGH v. 26.4.2012 – C-621/10 u. C-129/11, UR 2012, 435 – Rz. 47 f.

len Umfangs in Anspruch genommene Vorsteuerabzug **keiner Vorsteuerberichtigung i.S.d. § 15a UStG unterliegt**.[1]

Aus o.g. Überlegung (Rz. 123) folgt, dass, wie bei unentgeltlichen Leistungen (Rz. 96, 112 ff., 118) **nur** die **vorsteuerbelasteten Werte** bzw. **Kosten** besteuert werden dürfen (arg. § 3 Abs. 1b Satz 2, Abs. 9a Nr. 1 UStG)[2] und bei sog. Aufmerksamkeiten i.S.d. § 3 Abs. 1b Nr. 2 UStG keine Besteuerung zu erfolgen hat.[3] 125

Ist das **Entgelt** (Preis ohne Umsatzsteuer) für eine Dienstleistung **marktüblich**, so soll es nach der Rechtsprechung[4] und nunmehr auch nach dem **zum 31.7.2014 angefügten 2. Halbsatz des § 10 Abs. 5 Satz 1 UStG** bei dem Entgelt als Bemessungsgrundlage bleiben, obwohl die Kosten i.S.d. § 10 Abs. 4 UStG höher sind. Das ist nur dann zutreffend, wenn die gleiche Leistung Dritten gegenüber zum selben Entgelt angeboten wird. Wird hingegen eine **Dienstleistung ausschließlich gegenüber** einer **nahe stehenden Person** erbracht, so wird der Unternehmer, wenn die Kosten höher als das erzielbare Entgelt sind, die Dienstleistung regelmäßig **aus nichtunternehmerischen Gründen** ausführen, weil er **derartige Verlustgeschäfte mit Dritten nicht eingehen würde**.[5] Es geht dann gar nicht um die **Anwendung des § 10 Abs. 5** UStG, da wegen der außerunternehmerischen Zwecke ein **Fall des § 3 Abs. 9a** UStG vorliegt[6], bei dem in die Bemessungsgrundlage gem. § 10 Abs. 4 Satz 1 Nr. 2 bzw. Nr. 3 UStG sämtliche (vorsteuerentlastete) Kosten einzubeziehen sind. Die gegenteilige **Rechtsprechung** und nunmehr auch der **Gesetzgeber verkennen** den elementaren **Zweck** der Umsatzsteuer, den Letztverbrauch zu besteuern. 126

**Beispiel**[7]
Ein Unternehmer lässt Arbeitnehmer durch einen Dritten beköstigen und verlangt von den Arbeitnehmern ein bei Weitem nicht kostendeckendes Entgelt. Das vom Finanzgericht zugrunde gelegte „marktübliche" Entgelt, welches unter den Kosten des Arbeitgebers liegt, kann nicht marktüblich sein, weil er Dritten gegenüber die Beköstigungen nicht zu diesen Preisen erbringen würde. Die verfehlte Sichtweise führt dazu, dass, die Arbeitnehmer teilweise unversteuerten Letztverbrauch erlangen. Richtigerweise muss der Vorsteuerabzug des Arbeitgebers hinsichtlich der bezogenen Leistungen, welche, auch als Gemeinkosten, den Beköstigungen ganz oder anteilig zuzurechnen sind, neutralisiert werden (Rz. 125).

---

1 BFH v. 5.6.2014 – XI R 44/12, UR 2014, 700.
2 Das verkennt FG Berlin v. 15.3.2004 – 8 K 8171/00, EFG 2004, 1712.
3 BFH v. 29.5.2008 – V R 17/07, BFH/NV 2008, 1893.
4 Vgl. EuGH v. 29.5.1997 – C-63/96, EuGHE 1997, I-2847 = BStBl. II 1997, 841 = UR 1997, 301; dem folgend BFH v. 8.10.1997 – XI R 8/86, BStBl. II 1997, 840; BFH v. 7.10.2010 – V R 4/10, UR 2011, 626; BFH v. 19.6.2011 – XI R 8/09, UR 2012, 60.
5 So lag es im Sachverhalt der folgenden Entscheidungen: EuGH v. 29.5.1997 – C-63/96, EuGHE 1997, I-2847 = BStBl. II 1997, 841 = UR 1997, 301; BFH v. 8.10.1997 – XI R 8/86, BStBl. II 1997, 840. Es handelte sich um eine missbräuchliche Zwischenvermietung von Wohnungen an eine nahe stehende Person, bei der zur Erlangung des Vorsteuerabzugs auf die Steuerfreiheit nach § 9 UStG verzichtet wurde, weil es im Streitjahr noch keine dem § 9 Abs. 2 UStG entsprechende Vorschrift (dazu § 9 Rz. 24 ff.) gab.
6 Vgl. *Ruppe/Achatz*, § 1 öUStG Rz. 62; *Stadie*, UR 1995, 379 (380); *Stadie* in R/D, Einf. Anm. 311.
7 Nach FG Münster v. 5.8.2013 – 5 K 3191/10 U, EFG 2013, 2047 – Rev.-Az. BFH XI R 37/13.

Bei einer Lieferung kann sich die Frage nicht ergeben, weil dann auch der marktübliche Wiederbeschaffungswert (*Rz. 95*) *entsprechend* niedrig wäre.[1]

127 Beruht die Verbilligung auf überwiegend **eigenunternehmerischen Gründen**, so ist die höhere Bemessungsgrundlage nicht anzusetzen (*Beispiele:* verbilligte Sammelbeförderung der Arbeitnehmer[2]; verbilligte Überlassung von Arbeitskleidung[3]).

### E. Beförderungseinzelbesteuerung (Abs. 6)

128 Bei der sog. Beförderungseinzelbesteuerung i.S.d. § 16 Abs. 5 UStG wird ein **Durchschnittsbeförderungsentgelt** zugrunde gelegt. Dieses ist nach der Zahl der beförderten Personen und der Zahl der Kilometer der Beförderungsstrecke im Inland (Personenkilometer) zu bemessen (§ 10 Abs. 6 Satz 1 und 2 UStG). Abs. 6 Satz 3 enthält eine entsprechende Verordnungsermächtigung. Das Durchschnittsbeförderungsentgelt muss zu einer Steuer führen, die nicht wesentlich von dem Betrag abweicht, der sich nach dem UStG ohne Anwendung des Durchschnittssatzbeförderungsentgelts ergeben würde (§ 10 Abs. 6 Satz 4 UStG). Durch § 25 UStDV ist der entsprechende Betrag festgesetzt worden.

# § 11
## Bemessungsgrundlage für die Einfuhr

**(1)** Der Umsatz wird bei der Einfuhr (§ 1 Abs. 1 Nr. 4) nach dem Wert des eingeführten Gegenstands nach den jeweiligen Vorschriften über den Zollwert bemessen.

**(2)** Ist ein Gegenstand ausgeführt, in einem Drittlandsgebiet für Rechnung des Ausführers veredelt und von diesem oder für ihn wieder eingeführt worden, so wird abweichend von Absatz 1 der Umsatz bei der Einfuhr nach dem für die Veredelung zu zahlenden Entgelt oder, falls ein solches Entgelt nicht gezahlt wird, nach der durch die Veredelung eingetretenen Wertsteigerung bemessen. Das gilt auch, wenn die Veredelung in einer Ausbesserung besteht und an Stelle eines ausgebesserten Gegenstands ein Gegenstand eingeführt wird, der ihm nach Menge und Beschaffenheit nachweislich entspricht. Ist der eingeführte Gegenstand vor der Einfuhr geliefert worden und hat diese Lieferung nicht der Umsatzsteuer unterlegen, so gilt Absatz 1.

**(3)** Dem Betrag nach Absatz 1 oder 2 sind hinzuzurechnen, soweit sie darin nicht enthalten sind:

1. die im Ausland für den eingeführten Gegenstand geschuldeten Beträge an Einfuhrabgaben, Steuern und sonstigen Abgaben;

---
1 *Beispiel* (nach BFH v. 19.6.2011 – XI R 8/09, UR 2012, 60): Zeitungslieferung an Arbeitnehmer, bei der die Selbstkosten höher als der reguläre Abonnementspreis sind.
2 Vgl. BFH v. 15.11.2007 – V R 15/06, UR 2008, 556.
3 Vgl. BFH v. 15.11.2007 – V R 15/06, UR 2008, 558; BFH v. 29.5.2008 – V R 12/07, UR 2008, 705; BFH v. 29.5.2008 – V R 17/07, BFH/NV 2008, 1893.

2. die auf Grund der Einfuhr im Zeitpunkt des Entstehens der Einfuhrumsatzsteuer auf den Gegenstand entfallenden Beträge an Einfuhrabgaben im Sinne des Artikels 4 Nr. 10 der Verordnung (EWG) Nr. 2913/92 des Rates zur Festlegung des Zollkodex der Gemeinschaften vom 12. Oktober 1992 (ABl. EG Nr. L 302 S. 1) in der jeweils geltenden Fassung und an Verbrauchsteuern außer der Einfuhrumsatzsteuer, soweit die Steuern unbedingt entstanden sind;

3. die auf den Gegenstand entfallenden Kosten für die Vermittlung der Lieferung und die Kosten der Beförderung sowie für andere sonstige Leistungen bis zum ersten Bestimmungsort im Gemeinschaftsgebiet;

4. die in Nummer 3 bezeichneten Kosten bis zu einem weiteren Bestimmungsort im Gemeinschaftsgebiet, sofern dieser im Zeitpunkt des Entstehens der Einfuhrumsatzsteuer bereits feststeht.

(4) Zur Bemessungsgrundlage gehören nicht Preisermäßigungen und Vergütungen, die sich auf den eingeführten Gegenstand beziehen und die im Zeitpunkt des Entstehens der Einfuhrumsatzsteuer feststehen.

(5) Für die Umrechnung von Werten in fremder Währung gelten die entsprechenden Vorschriften über den Zollwert der Waren, die in Rechtsakten des Rates der Europäischen Union oder der Europäischen Kommission festgelegt sind.

*EU-Recht*
Art. 85–88, 91 Abs. 1 MwStSystRL.

| | |
|---|---|
| A. Zollwert (Abs. 1) .............. 1 | D. Preisermäßigungen und Vergütungen (Abs. 4) ............... 10 |
| B. Wiedereinfuhr nach Veredelung in einem Drittlandsgebiet (Abs. 2)....................... 4 | E. Umrechnung fremder Währungen (Abs. 5) ................. 12 |
| C. Hinzurechnungen (Abs. 3) ..... 6 | |

## A. Zollwert (Abs. 1)

Bei der Einfuhr (§ 1 Abs. 1 Nr. 4 UStG) wird der „Umsatz" (*§ 1 Rz. 120*) nach dem Wert des eingeführten Gegenstandes nach den jeweiligen Vorschriften über den **Zollwert** bemessen (§ 11 Abs. 1 UStG). Einer Bemessung, d.h. einer Ermittlung der Bemessungsgrundlage bedarf es nur dann, wenn der „Umsatz" Einfuhr steuerpflichtig ist, d.h. keiner Befreiung (§ 5 UStG) unterliegt. Die Vorschriften über den Zollwert sind unabhängig davon anzuwenden, ob zugleich Zoll zu erheben ist. Ist das nicht der Fall und besteht hinsichtlich der EUSt offensichtlich die Berechtigung zum **Abzug als Vorsteuer** (§ 15 Abs. 1 Satz 1 Nr. 2 UStG), so wird die Zollbehörde von einer exakten Wertbestimmung absehen. 1

**Vorschriften** über den **Zollwert** sind insbesondere die Art. 28–36 ZK (vgl. *Vorbem. Rz. 61*) nebst den Art. 141–181 ZK-DVO. Die Verweisung durch § 11 Abs. 1 UStG bezieht sich auf die „jeweiligen" Vorschriften (dynamische Verweisung), so dass jede Änderung dieser Vorschriften automatisch zu berücksichtigen ist. 2

3  Zollwert ist regelmäßig der sog. **Transaktionswert**, d.h. der für die Ware (Gegenstand) bei einem Verkauf zur Ausfuhr in das Zollgebiet der Gemeinschaft tatsächlich gezahlte oder zu zahlende[1] Preis[2] (Art. 29 Abs. 1 Satz 1 Halbs. 1 ZK), welcher ggf. durch Hinzurechnung und Abzugsposten (Art. 32 und 33 ZK) modifiziert wird. Das entspricht dem **Zweck** der Einfuhrbesteuerung, aus Wettbewerbsgründen die eingeführten Gegenstände in vergleichbarer Höhe wie konkurrierende inländische Waren mit Umsatzsteuer zu belasten und damit zugleich die Besteuerung des Letztverbrauchs im Inland sicherzustellen (*§ 1 Rz. 117*).

## B. Wiedereinfuhr nach Veredelung in einem Drittlandsgebiet (Abs. 2)

4  Ist ein Gegenstand nach der Ausfuhr in einem Drittlandsgebiet für Rechnung des Ausführers veredelt (dazu Art. 114 Abs. 2 Buchst. c Gedankenstriche 1 bis 3 ZK) und für ihn wieder eingeführt worden, so wird als Bemessungsgrundlage bei der Einfuhr grundsätzlich nicht der Zollwert des Gegenstandes, sondern das für die **Veredelung** zu zahlende **Entgelt** oder anderenfalls die durch die Veredelung eingetretene Wertsteigerung angesetzt (§ 11 Abs. 2 Satz 1 UStG). Das dient der **Gleichstellung** mit Gegenständen, welche im Inland instandgesetzt, umgestaltet oder be- oder verarbeitet werden (Art. 88 MwStSystRL). Das gilt auch, wenn die Veredelung in einer Ausbesserung besteht und an Stelle des ausgebesserten ein **äquivalenter** Gegenstand eingeführt wird, welcher dem ausgebesserten nach Menge und Beschaffenheit entspricht (§ 11 Abs. 2 Satz 2 UStG).

5  Diese Regeln gelten nicht, wenn der Gegenstand **vor** der **Wiedereinfuhr** nicht steuerbar oder steuerfrei **geliefert** worden ist, d.h. nicht der deutschen Umsatzsteuer unterlegen hat. In einem derartigen Fall ist der Zollwert nach Absatz 1 zugrunde zu legen (§ 11 Abs. 2 Satz 3 UStG). In dieser Konstellation wäre jedoch ohnehin die Voraussetzung des § 11 Abs. 2 Satz 1 UStG (Wiedereinfuhr durch oder für den Ausführer) nicht erfüllt.

## C. Hinzurechnungen (Abs. 3)

6  Den Werten nach § 11 Abs. 1 UStG (Zollwert) oder § 11 Abs. 2 UStG (Veredelungswert) sind für die Bestimmung der EUSt-Bemessungsgrundlage bestimmte Beträge hinzuzurechnen, soweit sie in diesen nicht schon enthalten sind (§ 11 Abs. 3 Nr. 1–4 UStG). Das dient der **Gleichstellung mit im Inland gelieferten Gegenständen**, da bei diesen derartige Beträge regelmäßig vom Verkäufer in den Kaufpreis einkalkuliert wären (vgl. *§ 10 Rz. 68 f.*).

7  Hinzuzurechnen sind zum einen die **im Ausland** für den eingeführten Gegenstand **geschuldeten** Beträge an Einfuhrabgaben, Steuern und sonstigen **Abgaben** (§ 11 Abs. 3 Nr. 1 UStG). Ein Anwendungsfall ist kaum vorstellbar. Nach dem weltweit praktizierten Bestimmungslandprinzip werden Exportwaren durchgän-

---

[1] Dazu BFH v. 10.11.2006 – VII B 342/05, BFH/NV 2007, 291.
[2] Dazu zählt auch das Aufgeld bei einem ersteigerten Gegenstand; BFH v. 21.9.2011 – VII R 25/10, UR 2012, 63.

gig von Abgaben, welche auf den Waren lasten, befreit. Anderenfalls wären diese Abgaben im Preis des Lieferers einkalkuliert und damit schon im Zollwert nach § 11 Abs. 1 UStG enthalten.

Hinzuzurechnen sind des Weiteren die auf Grund der Einfuhr im Zeitpunkt des Entstehens[1] der EUSt auf den Gegenstand entfallenden Beträge an **Einfuhrabgaben** i.S.d. Art. 4 Nr. 10 ZK und an unbedingt entstandenen **Verbrauchsteuern** mit Ausnahme der EUSt selbst (§ 11 Abs. 3 Nr. 2 UStG). Entstehen später derartige Abgaben oder werden sie unbedingt, so entsteht grundsätzlich eine weitere EUSt (§ 21 Abs. 4 UStG).

Hinzuzurechnen sind schließlich noch die auf den Gegenstand entfallenden Kosten für die „**Vermittlung**" (dazu *§ 3a Rz. 69 f.*) der (der Einfuhr zugrunde liegenden) Lieferung und die Kosten der **Beförderung** sowie **andere sonstige Leistungen** bis zum ersten **Bestimmungsort** im Gemeinschaftsgebiet (§ 11 Abs. 3 Nr. 3 UStG) sowie entsprechende Kosten (insbesondere für den Umschlag und die Beförderung) bis zu einem **weiteren Bestimmungsort** im Gemeinschaftsgebiet, sofern dieser im Zeitpunkt des Entstehens der EUSt bereits feststeht (§ 11 Abs. 3 Nr. 4 UStG).

Mit diesen Bestimmungen korrespondiert § 4 Nr. 3 Satz 1 Buchst. a Doppelbuchst. bb UStG, wonach die grenzüberschreitenden Beförderungen und andere sonstige Leistungen, die sich auf Gegenstände der Einfuhr beziehen, grundsätzlich steuerbefreit sind, wenn die Kosten für diese Leistungen in der Bemessungsgrundlage für die Einfuhr enthalten sind (vgl. *§ 4 Nr. 3 Rz. 12*).

## D. Preisermäßigungen und Vergütungen (Abs. 4)

Zur Bemessungsgrundlage gehören nicht Preisermäßigungen und Vergütungen, die sich auf den eingeführten Gegenstand beziehen und die im Zeitpunkt des Entstehens der EUSt feststehen (§ 11 Abs. 4 UStG). Mit „Vergütungen" sind Rabatte und Rückvergütungen gemeint (Art. 87 Buchst. b MwStSystRL). Hierbei handelt es sich nur um eine **Klarstellung**, da derartige Minderungen schon nicht zum Zollwert i.S.d. § 11 Abs. 1 oder des Wertes i.S.d. § 11 Abs. 2 UStG zählen.

Wird später der Preis ermäßigt oder der Kaufpreis wegen **Rückgängigmachung** des Vertrages, **Zurückweisung** der Ware o.Ä. nicht gezahlt oder zurückgezahlt, so hat eine **Erstattung** bzw. der **Erlass** der EUSt zu erfolgen, sofern nicht der Antragsteller zum Abzug der EUSt als Vorsteuer nach § 15 Abs. 1 Satz 1 Nr. 2 UStG berechtigt ist (§ 21 Abs. 2 UStG sowie § 14 EUStBV i.V.m. Art. 235 ff. ZK). Ist die EUSt gleichwohl erstattet worden, so hat der Unternehmer den Vorsteuerabzug zu berichtigen (§ 17 Abs. 3 UStG).

## E. Umrechnung fremder Währungen (Abs. 5)

Für die Umrechnung von Werten in fremder Währung gelten die entsprechenden Vorschriften über den Zollwert, d.h. Art. 35 ZK i.V.m. Art. 168 bis 172 ZK-DVO.

---

[1] Vgl. dazu BFH v. 22.5.2012 – VII R 50/11, UR 2012, 637 – geschmuggelte Zigaretten; EuGH v. 11.7.2013 – C-273/12, MwStR 2013, 480.

# Vierter Abschnitt
# Steuer und Vorsteuer

## § 12
## Steuersätze

(1) Die Steuer beträgt für jeden steuerpflichtigen Umsatz 19 Prozent der Bemessungsgrundlage (§§ 10, 11, 25 Abs. 3 und § 25a Abs. 3 und 4).

(2) Die Steuer ermäßigt sich auf 7 Prozent für die folgenden Umsätze:

1. die Lieferungen, die Einfuhr und der innergemeinschaftlichen Erwerb der in der Anlage 2 bezeichneten Gegenstände mit Ausnahme der in der Nummer 49 Buchstabe f,[1] den Nummern 53 und 54 bezeichneten Gegenstände [*neugefasst m.W.v. 1.1.2014*[2]];
2. die Vermietung der in der Anlage 2 bezeichneten Gegenstände mit Ausnahme der in der Nummer 49 Buchstabe f,[3] den Nummern 53 und 54 bezeichneten Gegenstände [*neugefasst m.W.v. 1.1.2014*[4]];
3. die Aufzucht und das Halten von Vieh, die Anzucht von Pflanzen und die Teilnahme an Leistungsprüfungen für Tiere;
4. die Leistungen, die unmittelbar der Vatertierhaltung, der Förderung der Tierzucht, der künstlichen Tierbesamung oder der Leistungs- und Qualitätsprüfung in der Tierzucht und in der Milchwirtschaft dienen;
5. (weggefallen)
6. die Leistungen aus der Tätigkeit als Zahntechniker sowie die in § 4 Nr. 14 Buchstabe a Satz 2 bezeichneten Leistungen der Zahnärzte;
7. a) die Eintrittsberechtigung für Theater, Konzerte und Museen sowie die den Theatervorführungen und Konzerten vergleichbaren Darbietungen ausübender Künstler,
    b) die Überlassung von Filmen zur Auswertung und Vorführung sowie die Filmvorführungen, soweit die Filme nach § 6 Abs. 3 Nr. 1 bis 5 des Gesetzes zum Schutze der Jugend in der Öffentlichkeit oder nach § 14 Abs. 2 Nr. 1 bis 5 des Jugendschutzgesetzes vom 23. Juli 2002 (BGBl. I S. 2730, 2003 I S. 476) in der jeweils geltenden Fassung gekennzeichnet sind oder vor dem 1. Januar 1970 erstaufgeführt wurden,
    c) die Einräumung, Übertragung und Wahrnehmung von Rechten, die sich aus dem Urheberrechtsgesetz ergeben,

---

[1] An die Stelle des Kommas gehört wohl ein „und".
[2] Neugefasst durch Art. 10 Nr. 5 i.V.m. Art. 31 Abs. 7 Gesetz v. 26.6.2013.
[3] An die Stelle des Kommas gehört wohl ein „und".
[4] Neugefasst durch Art. 10 Nr. 5 i.V.m. Art. 31 Abs. 7 Gesetz v. 26.6.2013.

d) die Zirkusvorführungen, die Leistungen aus der Tätigkeit als Schausteller sowie die unmittelbar mit dem Betrieb der zoologischen Gärten verbundenen Umsätze;

8. a) die Leistungen der Körperschaften, die ausschließlich und unmittelbar gemeinnützige, mildtätige oder kirchliche Zwecke verfolgen (§§ 51 bis 68 der Abgabenordnung). Das gilt nicht für Leistungen, die im Rahmen eines wirtschaftlichen Geschäftsbetriebs ausgeführt werden. Für Leistungen, die im Rahmen eines Zweckbetriebs ausgeführt werden, gilt Satz 1 nur, wenn der Zweckbetrieb nicht in erster Linie der Erzielung zusätzlicher Einnahmen durch die Ausführung von Umsätzen dient, die in unmittelbarem Wettbewerb mit dem allgemeinen Steuersatz unterliegenden Leistungen anderer Unternehmer ausgeführt werden, oder wenn die Körperschaft mit diesen Leistungen ihrer in den §§ 66 bis 68 der Abgabenordnung bezeichneten Zweckbetriebe ihre steuerbegünstigten satzungsgemäßen Zwecke selbst verwirklicht,

   b) die Leistungen der nichtrechtsfähigen Personenvereinigungen und Gemeinschaften der in Buchstabe a Satz 1 bezeichneten Körperschaften, wenn diese Leistungen, falls die Körperschaften sie anteilig selbst ausführten, insgesamt nach Buchstabe a ermäßigt besteuert würden;

9. die unmittelbar mit dem Betrieb der Schwimmbäder verbundenen Umsätze sowie die Verabreichung von Heilbädern. Das Gleiche gilt für die Bereitstellung von Kureinrichtungen, soweit als Entgelt eine Kurtaxe zu entrichten ist;

10. die Beförderungen von Personen im Schienenbahnverkehr, im Verkehr mit Oberleitungsomnibussen, im genehmigten Linienverkehr mit Kraftfahrzeugen, im Verkehr mit Taxen, mit Drahtseilbahnen und sonstigen mechanischen Aufstiegshilfen aller Art und im genehmigten Linienverkehr mit Schiffen sowie die Beförderungen im Fährverkehr

    a) innerhalb einer Gemeinde oder

    b) wenn die Beförderungsstrecke nicht mehr als 50 Kilometer beträgt;

11. die Vermietung von Wohn- und Schlafräumen, die ein Unternehmer zur kurzfristigen Beherbergung von Fremden bereithält, sowie die kurzfristige Vermietung von Campingflächen. Satz 1 gilt nicht für Leistungen, die nicht unmittelbar der Vermietung dienen, auch wenn diese Leistungen mit dem Entgelt für die Vermietung abgegolten sind;

12. [*angefügt m.W.v. 1.1.2014*[1]] die Einfuhr der in[2] Nummer 49 Buchstabe f,[3] den Nummern 53 und 54 der Anlage 2 bezeichneten Gegenstände;

13. [*angefügt m.W.v. 1.1.2014*[4]] die Lieferung und der innergemeinschaftliche Erwerb der in[5] Nummer 53 der Anlage 2 bezeichneten Gegenstände, wenn die Lieferungen

---
1 Neugefasst durch Art. 10 Nr. 5 i.V.m. Art. 31 Abs. 7 Gesetz v. 26.6.2013.
2 Hier fehlt ein „der" (insoweit richtig die Nummern 1 und 2).
3 Statt des Kommas wäre wohl ein „und" angebracht, denn gemeint ist wohl: „„... der in *der* Nummer 49 Buchstabe f *und* den Nummern ...".
4 Neugefasst durch Art. 10 Nr. 5 i.V.m. Art. 31 Abs. 7 Gesetz v. 26.6.2013.
5 Hier fehlt ein „der" (insoweit richtig die Nummern 1 und 2).

a) vom Urheber der Gegenstände oder dessen Rechtsnachfolger bewirkt werden oder

b) von einem Unternehmer bewirkt werden, der kein Wiederverkäufer (§ 25a Absatz 1 Nummer 1 Satz 2) ist, und die Gegenstände

aa) vom Unternehmer in das Gemeinschaftsgebiet eingeführt wurden,

bb) von ihrem Urheber oder dessen Rechtsnachfolger an den Unternehmer geliefert wurden oder

cc) den Unternehmer zum vollen Vorsteuerabzug berechtigt haben.

## Anlage 2
(zu § 12 Abs. 2 Nr. 1 und 2)

Liste der dem ermäßigten Steuersatz unterliegenden Gegenstände

| Lfd. Nr. | Warenbezeichnung | Zolltarif (Kapitel, Position, Unterposition) |
|---|---|---|
| 1 | Lebende Tiere, und zwar | |
| | a) (aufgehoben)[1] | |
| | b) Maultiere und Maulesel, | aus Position 0101 |
| | c) Hausrinder einschließlich reinrassiger Zuchttiere, | aus Position 0102 |
| | d) Hausschweine einschließlich reinrassiger Zuchttiere, | aus Position 0103 |
| | e) Hausschafe einschließlich reinrassiger Zuchttiere, | aus Position 0104 |
| | f) Hausziegen einschließlich reinrassiger Zuchttiere, | aus Position 0104 |
| | g) Hausgeflügel (Hühner, Enten, Gänse, Truthühner und Perlhühner), | Position 0105 |
| | h) Hauskaninchen, | aus Position 0106 |
| | i) Haustauben, | aus Position 0106 |
| | j) Bienen, | aus Position 0106 |
| | k) ausgebildete Blindenführhunde | aus Position 0106 |
| 2 | Fleisch und genießbare Schlachtnebenerzeugnisse | Kapitel 2 |
| 3 | Fische und Krebstiere, Weichtiere und andere wirbellose Wassertiere, ausgenommen Zierfische, Langusten, Hummer, Austern und Schnecken | aus Kapitel 3 |

---

[1] Anlage 2 Nr. 1 Buchst. a UStG ist mit Wirkung vom 1.7.2012 aufgehoben worden; Art. 2 i.V.m. Art. 5 Abs. 2 des Gesetzes v. 8.5.2012, BGBl. I 2012, 1030.

Steuersätze § 12

| Lfd. Nr. | Warenbezeichnung | Zolltarif (Kapitel, Position, Unterposition) |
|---|---|---|
| 4 | Milch und Milcherzeugnisse; Vogeleier und Eigelb, ausgenommen ungenießbare Eier ohne Schale und ungenießbares Eigelb; natürlicher Honig | aus Kapitel 4 |
| 5 | Andere Waren tierischen Ursprungs, und zwar | |
| | a) Mägen von Hausrindern und Hausgeflügel, | aus Position 0504 |
| | b) (weggefallen) | |
| | c) rohe Knochen | aus Position 0506 |
| 6 | Bulben, Zwiebeln, Knollen, Wurzelknollen und Wurzelstöcke, ruhend, im Wachstum oder in Blüte; Zichorienpflanzen und -wurzeln | Position 0601 |
| 7 | Andere lebende Pflanzen einschließlich ihrer Wurzeln, Stecklinge und Pfropfreiser; Pilzmyzel | Position 0602 |
| 8 | Blumen und Blüten sowie deren Knospen, geschnitten, zu Binde- oder Zierzwecken, frisch | aus Position 0603 |
| 9 | Blattwerk, Blätter, Zweige und andere Pflanzenteile, ohne Blüten und Blütenknospen, sowie Gräser, Moose und Flechten, zu Binde- oder Zierzwecken, frisch | aus Position 0604 |
| 10 | Gemüse, Pflanzen, Wurzeln und Knollen, die zu Ernährungszwecken verwendet werden, und zwar | |
| | a) Kartoffeln, frisch oder gekühlt, | Position 0701 |
| | b) Tomaten, frisch oder gekühlt, | Position 0702 00 00 |
| | c) Speisezwiebeln, Schalotten, Knoblauch, Porree/Lauch und andere Gemüse der Allium-Arten, frisch oder gekühlt, | Position 0703 |
| | d) Kohl, Blumenkohl/Karfiol, Kohlrabi, Wirsingkohl und ähnliche genießbare Kohlarten der Gattung Brassica, frisch oder gekühlt, | Position 0704 |
| | e) Salate (Lactuca sativa) und Chicorée (Cichorium-Arten), frisch oder gekühlt, | Position 0705 |
| | f) Karotten und Speisemöhren, Speiserüben, Rote Rüben, Schwarzwurzeln, Knollensellerie, Rettiche und ähnliche genießbare Wurzeln, frisch oder gekühlt, | Position 0706 |
| | g) Gurken und Cornichons, frisch oder gekühlt, | Position 0707 00 |
| | h) Hülsenfrüchte, auch ausgelöst, frisch oder gekühlt, | Position 0708 |
| | i) anderes Gemüse, frisch oder gekühlt, | Position 0709 |

§ 12          Steuersätze

| Lfd. Nr. | Warenbezeichnung | Zolltarif (Kapitel, Position, Unterposition) |
|---|---|---|
| | j) Gemüse, auch in Wasser oder Dampf gekocht, gefroren, | Position 0710 |
| | k) Gemüse, vorläufig haltbar gemacht (z.B. durch Schwefeldioxid oder in Wasser, dem Salz, Schwefeldioxid oder andere vorläufig konservierend wirkende Stoffe zugesetzt sind), zum unmittelbaren Genuss nicht geeignet, | Position 0711 |
| | l) Gemüse, getrocknet, auch in Stücke oder Scheiben geschnitten, als Pulver oder sonst zerkleinert, jedoch nicht weiter zubereitet, | Position 0712 |
| | m) getrocknete, ausgelöste Hülsenfrüchte, auch geschält oder zerkleinert, | Position 0713 |
| | n) Topinambur | aus Position 0714 |
| 11 | Genießbare Früchte und Nüsse | Positionen 0801 bis 0813 |
| 12 | Kaffee, Tee, Mate und Gewürze | Kapitel 9 |
| 13 | Getreide | Kapitel 10 |
| 14 | Müllereierzeugnisse, und zwar | |
| | a) Mehl von Getreide, | Positionen 1101 00 und 1102 |
| | b) Grobgrieß, Feingrieß und Pellets von Getreide, | Position 1103 |
| | c) Getreidekörner, anders bearbeitet; Getreidekeime, ganz, gequetscht, als Flocken oder gemahlen | Position 1104 |
| 15 | Mehl, Grieß, Pulver, Flocken, Granulat und Pellets von Kartoffeln | Position 1105 |
| 16 | Mehl, Grieß und Pulver von getrockneten Hülsenfrüchten sowie Mehl, Grieß und Pulver von genießbaren Früchten | aus Position 1106 |
| 17 | Stärke | aus Position 1108 |
| 18 | Ölsamen und ölhaltige Früchte sowie Mehl hiervon | Positionen 1201 00 bis 1208 |
| 19 | Samen, Früchte und Sporen, zur Aussaat | Position 1209 |
| 20 | (weggefallen) | |
| 21 | Rosmarin, Beifuß und Basilikum in Aufmachungen für den Küchengebrauch sowie Dost, Minzen, Salbei, Kamillenblüten und Haustee | aus Position 1211 |
| 22 | Johannisbrot und Zuckerrüben, frisch oder getrocknet, auch gemahlen; Steine und Kerne von Früchten sowie andere pflanzliche Waren (einschließlich nichtgerösteter Zichorienwurzeln der Varietät Cichorium intybus sativum) der | |

Steuersätze § 12

| Lfd. Nr. | Warenbezeichnung | Zolltarif (Kapitel, Position, Unterposition) |
|---|---|---|
|  | hauptsächlich zur menschlichen Ernährung verwendeten Art, anderweit weder genannt noch inbegriffen; ausgenommen Algen, Tange und Zuckerrohr | aus Position 1212 |
| 23 | Stroh und Spreu von Getreide sowie verschiedene zur Fütterung verwendete Pflanzen | Positionen 1213 00 00 und 1214 |
| 24 | Pektinstoffe, Pektinate und Pektate | Unterposition 1302 20 |
| 25 | (weggefallen) | |
| 26 | Genießbare tierische und pflanzliche Fette und Öle, auch verarbeitet, und zwar | |
|  | a) Schweineschmalz, anderes Schweinefett und Geflügelfett, | aus Position 1501 00 |
|  | b) Fett von Rindern, Schafen oder Ziegen, ausgeschmolzen oder mit Lösungsmitteln ausgezogen, | aus Position 1502 00 |
|  | c) Oleomargarin, | aus Position 1503 00 |
|  | d) fette pflanzliche Öle und pflanzliche Fette sowie deren Fraktionen, auch raffiniert, | aus Positionen 1507 bis 1515 |
|  | e) tierische und pflanzliche Fette und Öle sowie deren Fraktionen, ganz oder teilweise hydriert, umgeestert, wiederverestert oder elaidiniert, auch raffiniert, jedoch nicht weiterverarbeitet, ausgenommen hydriertes Rizinusöl (sog. Opalwachs), | aus Position 1516 |
|  | f) Margarine; genießbare Mischungen und Zubereitungen von tierischen oder pflanzlichen Fetten und Ölen sowie von Fraktionen verschiedener Fette und Öle, ausgenommen Form- und Trennöle | aus Position 1517 |
| 27 | (weggefallen) | |
| 28 | Zubereitungen von Fleisch, Fischen oder von Krebstieren, Weichtieren und anderen wirbellosen Wassertieren, ausgenommen Kaviar sowie zubereitete oder haltbar gemachte Langusten, Hummer, Austern und Schnecken | aus Kapitel 16 |
| 29 | Zucker und Zuckerwaren | Kapitel 17 |
| 30 | Kakaopulver ohne Zusatz von Zucker oder anderen Süßmitteln sowie Schokolade und andere kakaohaltige Lebensmittelzubereitungen | Positionen 1805 00 00 und 1806 |
| 31 | Zubereitungen aus Getreide, Mehl, Stärke oder Milch; Backwaren | Kapitel 19 |
| 32 | Zubereitungen von Gemüse, Früchten, Nüssen oder anderen Pflanzenteilen, ausgenommen Frucht- und Gemüsesäfte | Positionen 2001 bis 2008 |

| Lfd. Nr. | Warenbezeichnung | Zolltarif (Kapitel, Position, Unterposition) |
|---|---|---|
| 33 | Verschiedene Lebensmittelzubereitungen | Kapitel 21 |
| 34 | Wasser, ausgenommen | |
| | – Trinkwasser, einschließlich Quellwasser und Tafelwasser, das in zur Abgabe an den Verbraucher bestimmten Fertigpackungen in den Verkehr gebracht wird, | |
| | – Heilwasser und | |
| | – Wasserdampf | aus Unterposition 2201 90 00 |
| 35 | Milchmischgetränke mit einem Anteil an Milch oder Milcherzeugnissen (z.B. Molke) von mindestens 75 Prozent des Fertigerzeugnisses | aus Position 2202 |
| 36 | Speiseessig | Position 2209 00 |
| 37 | Rückstände und Abfälle der Lebensmittelindustrie; zubereitetes Futter | Kapitel 23 |
| 38 | (weggefallen) | |
| 39 | Speisesalz, nicht in wässriger Lösung | aus Position 2501 00 |
| 40 | a) handelsübliches Ammoniumcarbonat und andere Ammoniumcarbonate, | Unterposition 2836 99 17 |
| | b) Natriumhydrogencarbonat (Natriumbicarbonat) | Unterposition 2836 30 00 |
| 41 | D-Glucitol (Sorbit), auch mit Zusatz von Saccharin oder dessen Salzen | Unterpositionen 2905 44 und 2106 90 |
| 42 | Essigsäure | Unterposition 2915 21 00 |
| 43 | Natriumsalz und Kaliumsalz des Saccharins | aus Unterposition 2925 11 00 |
| 44 | (weggefallen) | |
| 45 | Tierische oder pflanzliche Düngemittel mit Ausnahme von Guano, auch untereinander gemischt, jedoch nicht chemisch behandelt; durch Mischen von tierischen oder pflanzlichen Erzeugnissen gewonnene Düngemittel | aus Position 3101 00 00 |
| 46 | Mischungen von Riechstoffen und Mischungen (einschließlich alkoholischer Lösungen) auf der Grundlage eines oder mehrerer dieser Stoffe, in Aufmachungen für den Küchengebrauch | aus Unterposition 3302 10 |
| 47 | Gelatine | aus Position 3503 00 |
| 48 | Holz, und zwar | |
| | a) Brennholz in Form von Rundlingen, Scheiten, Zweigen, Reisigbündeln oder ähnlichen Formen, | Unterposition 4401 10 00 |

Steuersätze § 12

| Lfd. Nr. | Warenbezeichnung | Zolltarif (Kapitel, Position, Unterposition) |
|---|---|---|
| | b) Sägespäne, Holzabfälle und Holzausschuss, auch zu Pellets, Briketts, Scheiten oder ähnlichen Formen zusammengepresst | Unterposition 4401 30 |
| 49 | Bücher, Zeitungen und andere Erzeugnisse des graphischen Gewerbes mit Ausnahme der Erzeugnisse, für die Beschränkungen als jugendgefährdende Trägermedien bzw. Hinweispflichten nach § 15 Abs. 1 bis 3 und 6 des Jugendschutzgesetzes in der jeweils geltenden Fassung bestehen, sowie der Veröffentlichungen, die überwiegend Werbezwecken (einschließlich Reisewerbung) dienen, und zwar | |
| | a) Bücher, Broschüren und ähnliche Drucke, auch in Teilheften, losen Bogen oder Blättern, zum Broschieren, Kartonieren oder Binden bestimmt, sowie Zeitungen und andere periodische Druckschriften kartoniert, gebunden oder in Sammlungen mit mehr als einer Nummer in gemeinsamem Umschlag (ausgenommen solche, die überwiegend Werbung enthalten), | aus Positionen 4901, 9705 00 00 und 9706 00 00 |
| | b) Zeitungen und andere periodische Druckschriften, auch mit Bildern oder Werbung enthaltend (ausgenommen Anzeigenblätter, Annoncen-Zeitungen und dergleichen, die überwiegend Werbung enthalten), | aus Position 4902 |
| | c) Bilderalben, Bilderbücher und Zeichen- oder Malbücher, für Kinder, | aus Position 4903 00 00 |
| | d) Noten, handgeschrieben oder gedruckt, auch mit Bildern, auch gebunden, | aus Position 4904 00 00 |
| | e) kartographische Erzeugnisse aller Art, einschließlich Wandkarten, topographischer Pläne und Globen, gedruckt, | aus Position 4905 |
| | f) Briefmarken und dergleichen (z.B. Ersttagsbriefe, Ganzsachen) als Sammlungsstücke | aus Positionen 4907 00 und 9704 00 00 |
| 50[1] | Platten, Bänder, nicht flüchtige Halbleiterspeichervorrichtungen, „intelligente Karten (smart cards)" und andere Tonträger oder ähnliche Aufzeichnungsträger, die ausschließlich die Tonaufzeichnung der Lesung eines Buches enthalten, mit Ausnahme der Erzeugnisse, für die Beschränkungen als jugendgefährdende Trägermedien bzw. Hinweispflichten nach § 15 Absatz 1 bis 3 und 6 des Jugendschutzgesetzes in der jeweils geltenden Fassung bestehen | |

---

1 Eingefügt mWv. 1.1.2015 durch Gesetz v. 25.7.2014.

## § 12

| Lfd. Nr. | Warenbezeichnung | Zolltarif (Kapitel, Position, Unterposition) |
|---|---|---|
| 51 | Rollstühle und andere Fahrzeuge für Behinderte, auch mit Motor oder anderer Vorrichtung zur mechanischen Fortbewegung | Position 8713 |
| 52 | Körperersatzstücke, orthopädische Apparate und andere orthopädische Vorrichtungen sowie Vorrichtungen zum Beheben von Funktionsschäden oder Gebrechen, für Menschen, und zwar | |
| | a) künstliche Gelenke, ausgenommen Teile und Zubehör, | aus Unterposition 9021 31 00 |
| | b) orthopädische Apparate und andere orthopädische Vorrichtungen einschließlich Krücken sowie medizinisch-chirurgischer Gürtel und Bandagen, ausgenommen Teile und Zubehör, | aus Unterposition 9021 10 |
| | c) Prothesen, ausgenommen Teile und Zubehör, | aus Unterpositionen 9021 21, 9021 29 00 und 9021 39 |
| | d) Schwerhörigengeräte, Herzschrittmacher und andere Vorrichtungen zum Beheben von Funktionsschäden oder Gebrechen, zum Tragen in der Hand oder am Körper oder zum Einpflanzen in den Organismus, ausgenommen Teile und Zubehör | Unterpositionen 9021 40 00 und 9021 50 00, aus Unterposition 9021 90 |
| 53 | Kunstgegenstände, und zwar | |
| | a) Gemälde und Zeichnungen, vollständig mit der Hand geschaffen, sowie Collagen und ähnliche dekorative Bildwerke, | Position 9701 |
| | b) Originalstiche, -schnitte und -steindrucke, | Position 9702 00 00 |
| | c) Originalerzeugnisse der Bildhauerkunst, aus Stoffen aller Art | Position 9703 00 00 |
| 54 | Sammlungsstücke, | |
| | a) zoologische, botanische, mineralogische oder anatomische, und Sammlungen dieser Art, | aus Position 9705 00 00 |
| | b) von geschichtlichem, archäologischem, paläontologischem oder völkerkundlichem Wert, | aus Position 9705 00 00 |
| | c) von münzkundlichem Wert, und zwar | |
| | aa) kursungültige Banknoten einschließlich Briefmarkengeld und Papiernotgeld, | aus Position 9705 00 00 |
| | bb) Münzen aus unedlen Metallen, | aus Position 9705 00 00 |
| | cc) Münzen und Medaillen aus Edelmetallen, wenn die Bemessungsgrundlage für die Umsätze dieser Gegenstände mehr als 250 Prozent des unter Zugrundelegung des Feingewichts berechneten Metallwerts ohne Umsatzsteuer beträgt | aus Positionen 7118, 9705 00 00 und 9706 00 00 |

Allgemeines § 12

**30 UStDV Schausteller**
Als Leistungen aus der Tätigkeit als Schausteller gelten Schaustellungen, Musikaufführungen, unterhaltende Vorstellungen oder sonstige Lustbarkeiten auf Jahrmärkten, Volksfesten, Schützenfesten oder ähnlichen Veranstaltungen.

*EU-Recht*

Art. 93–99, Art. 103 und Anhang III MwStSystRL;

Art. 43 MwSt-DVO.

*VV*

Abschn. 12.1–12.11, 12.13–12.16 UStAE.

**A. Allgemeines**
  I. Grundsätzliches ............. 1
  II. Wirkungen der Steuersätze ..... 7
  III. Zusammengesetzte Leistungen . 9
  IV. Änderung des Steuersatzes
    1. Allgemeines ................. 11
    2. Entnahmen und unentgeltliche Leistungen ................... 14

**B. Ermäßigter Steuersatz (Abs. 2)**
  I. Lieferung usw. der in der Anlage 2 bezeichneten Gegenstände (Nr. 1)
    1. Allgemeines ................. 16
    2. Einzelfragen ................ 22
  II. Vermietung der in der Anlage 2 bezeichneten Gegenstände (Nr. 2) ...................... 29
  III. Vieh- und Pflanzenzucht (Nr. 3) 30
  IV. Förderung der Tierzucht (Nr. 4) . 34
  V. Zahnprothetische Leistungen (Nr. 6) ....................... 37
  VI. Kulturelle Veranstaltungen (Nr. 7 Buchst. a) ............. 39
  VII. Überlassung und Vorführung von Filmen (Nr. 7 Buchst. b).... 46
  VIII. Einräumung, Übertragung und Wahrnehmung von Urheberrechten (Nr. 7 Buchst. c)....... 49
  IX. Leistungen der Zirkusunternehmen, Schausteller und Zoos (Nr. 7 Buchst. d) ............. 58
  X. Leistungen gemeinnütziger, mildtätiger und kirchlicher Einrichtungen (Nr. 8)
    1. Allgemeines ................. 63
    2. Zweckbetriebe ............... 72
    3. Leistungen, mit denen steuerbegünstigte Zwecke selbst verwirklicht werden (Buchst. a Satz 3 Alt. 2) ................ 78
    4. Zweckbetriebe, die nicht in erster Linie der Erzielung zusätzlicher Einnahmen dienen (Buchst. a Satz 3 Alt. 1)........ 84
    5. Zusammenschlüsse (Nr. 8 Buchst. b).................... 92
  XI. Schwimm-, Heilbad- u.ä. Leistungen (Nr. 9) ................ 93
  XII. Kurze Beförderungen (Nr. 10) .. 98
  XIII. Beherbergungen, Vermietung von Campingflächen (Nr. 11) .. 105
  XIV. Kunstgegenstände und Sammlungsstücke (Nr. 12 und 13).... 109

**A. Allgemeines**

**I. Grundsätzliches**

Auf die jeweilige für den steuerpflichtigen „Umsatz" (Rz. 5) geltende Bemessungsgrundlage (Rz. 6) ist grundsätzlich der im Zeitpunkt der Steuerentstehung    1

§ 12 Steuersätze

(§ 13 UStG) einschlägige Steuersatz anzuwenden (§ 27 Abs. 1 UStG; s.u. Rz. 11 ff.). Das Gesetz kennt den **allgemeinen** Steuersatz von (zzt.) 19 % (§ 12 Abs. 1 UStG)[1] und den **ermäßigten** Steuersatz von (zzt.) 7 % (§ 12 Abs. 2 UStG).

Darüber hinaus bestimmt § 24 Abs. 1 Satz 1 UStG besondere „Steuersätze" für bestimmte **land- und forstwirtschaftliche** Betriebe, welche jedoch hinsichtlich der typischen land- und forstwirtschaftlichen Umsätze (§ 24 Abs. 1 Satz 1 Nr. 1 und 3 UStG) wegen der jeweils gleich hohen Vorsteuerbeträge (§ 24 Abs. 1 Satz 3 UStG) niemals zu einer Zahllast des Unternehmers führen. Sie sind insoweit keine Steuersätze, sondern **Subventionssätze** (vgl. *§ 24 Rz. 1 ff.*).

2   Der **EU** ist es bis heute nicht gelungen, die Steuersätze zu harmonisieren, geschweige denn zu vereinheitlichen. Es sind lediglich Mindeststeuersätze von 15 v.H. bzw. 5 v.H. festgeschrieben (Art. 97 Abs. 1 und 99 Abs. 1 MwStSystRL). Die Mitgliedstaaten können ermäßigte Steuersätze für die in **Anhang III** MwStSystRL genannten **Kategorien** vorsehen und sogar zwei verschiedene ermäßigte Steuersätze anwenden (Art. 98 MwStSystRL).

3   Die in Anhang III MwStSystRL aufgezählten Kategorien sind vermutlich die Zusammenfassung der von den ursprünglichen Mitgliedstaaten als unverzichtbar angesehenen Ermäßigungen. Demzufolge enthalten die Art. 109 ff. MwStSystRL eine Vielzahl von Ausnahmebestimmungen für später hinzugetretene Mitgliedstaaten.

**In einigen Mitgliedstaaten** besteht die Besonderheit, dass als „ermäßigter" **Steuersatz** ein solcher **von null** beibehalten werden darf (Art. 110 u. 111 MwStSystRL), der dann dazu führt, dass der Umsatz als „besteuert" behandelt wird und zum **Vorsteuerabzug** berechtigt (Art. 168 MwStSystRL). Tatsächlich handelt es sich um steuerfreie Umsätze mit Vorsteuerabzug.

4   Dem **Katalog** des § 12 Abs. 2 UStG über die ermäßigt zu besteuernden Umsätze ist, wie auch dem des Anhangs III MwStSystRL, **kein** in sich geschlossenes **Konzept** zu entnehmen. Zwar liegen den meisten Bestimmungen soziale, kulturelle u.ä. Erwägungen zugrunde, doch bleibt die Frage, warum diese und nicht (auch) andere Umsätze begünstigt werden.[2] Ein **Verstoß gegen den Gleichbehandlungsgrundsatz** kann darin allerdings **nicht** liegen, weil diese und jene Umsätze nicht miteinander konkurrieren.[3] Abgrenzungsprobleme ergeben sich zu einigen Steuerbefreiungen.

Die Bestimmungen über **Steuerermäßigungen** sollen lt. **EuGH** wie die Steuerbefreiungen als Ausnahmevorschriften grundsätzlich „**eng**" auszulegen sein.[4] Das

---
1 Bis 31.12.2006: 16 %.
2 Dazu BRH-Bericht, BR-Drucks. 390/10 = UR 2010, 566; vgl. auch *Englisch*, UR 2011, 401, *W. Widmann*, UR 2011, 421.
3 A.A. wohl *Englisch*, UR 2011, 401 (407 f.) – der zudem die Bevorzugung von Theater- und Museumsbesuchen gegenüber Vergnügungsparkbesuchen als freiheitsrechtlich bedenkliche Bevormundung der Konsumenten empfindet.
4 EuGH v. 18.1.2001 – C-83/99, EuGHE 2001, I-445 = UR 2001, 210 – Rz. 19; EuGH v. 8.5.2003 – C-384/01, EuGHE 2003, I-4395 = UR 2003, 408 – Rz. 28; EuGH v. 18.3.2010 – C-3/09, EuGHE 2010, I-2361 = UR 2010, 315 – Rz. 15; EuGH v. 17.6.2010 – C-492/08, EuGHE 2010, I-5471 = UR 2010, 662 – Rz. 35; vgl. auch BFH v. 12.5.2005 – V R 54/02, BStBl. II 2007, 283; BFH v. 28.8.2014 – V R 24/13, UR 2015, 19 – Rz. 20.

Allgemeines § 12

ergibt jedoch keinen Sinn (vgl. zu der entsprechenden Aussage des EuGH zu den Steuerbefreiungen *Vor §§ 4–9 Rz. 15 f.*)

„**Umsätze**" sind nach der Systematik des Gesetzes die entgeltlichen Leistungen, die Einfuhr und der innergemeinschaftliche Erwerb i.S.d. § 1 Abs. 1 Nr. 1, 4 und 5 UStG. Umsatz ist auch die **Teilleistung** i.S.d. § 13 Abs. 1 Nr. 1 Buchst. a Satz 3 und § 13b Abs. 4 Satz 1 UStG (*§ 13 Rz. 19 ff. u. § 27 Rz. 13*). Zu den Umsätzen i.S.d. § 1 Abs. 1 Nr. 1 UStG zählen auch die fiktiv entgeltlichen Entnahmen und **unentgeltlichen Leistungen** (§ 3 Abs. 1b und Abs. 9a UStG). Zum maßgebenden Steuersatz im Falle der Steuersatzänderung s. *Rz. 11 f.* 5

Der Steuersatz ist auf die **Bemessungsgrundlage** anzuwenden, welche sich für die jeweilige Umsatzart aus § 10 bzw. § 11 UStG (Einfuhr) ergibt. Bei Reiseleistungen bestimmt sich die Bemessungsgrundlage nach § 25 Abs. 3 UStG und bei der sog. Differenzbesteuerung nach § 25a Abs. 3 oder 4 UStG. Bei den entgeltlichen Umsätzen i.S.d. § 1 Abs. 1 Nr. 1 UStG ergibt sich die Bemessungsgrundlage, wenn die Umsatzsteuer vom leistenden Unternehmer geschuldet wird, durch Herausrechnen aus der Gegenleistung (*§ 10 Rz. 11 ff.*); wird die Umsatzsteuer vom Leistungsempfänger geschuldet, so stellt die Gegenleistung die Bemessungsgrundlage dar (*§ 13b Rz. 143 ff.*). 6

## II. Wirkungen der Steuersätze

Die **Begünstigungswirkung** der **Steuerermäßigung** tritt – wie (regelmäßig) auch bei einer Steuerbefreiung (*Vor §§ 4–9 Rz. 8 ff.*) – **nur auf der letzten Stufe** ein (s. aber zur nachträglich eingeführten Ermäßigung nach § 12 Abs. 2 Nr. 11 UStG *Rz. 104*), d.h. nur bei Umsätzen gegenüber Verbrauchern und anderen nicht zum Vorsteuerabzug berechtigten Empfängern. Letztere geben, wenn sie steuerfreie oder nicht steuerbare Leistungen o.Ä. gegenüber den Bürgern erbringen, die Steuerermäßigung im Rahmen ihrer Kostenabwälzung an die Endverbraucher weiter. Findet der ermäßigte Steuersatz auf Umsätze einer **Zwischenstufe** Anwendung, also auf einer vorhergehenden Stufe zwischen vorsteuerabzugsberechtigten Unternehmern, so ist die Ermäßigung **bedeutungslos**, da der Empfänger ohnehin von der jeweiligen Steuerbelastung durch den Vorsteuerabzug entlastet wird. Entsprechendes gilt im umgekehrten Fall. Die Belastung des Endverbrauchers bestimmt sich mithin allein danach, welcher Steuersatz für den Umsatz an ihn gilt. 7

Die Höhe des Vorsteuerabzugs des Unternehmers ist unabhängig davon, ob der allgemeine oder ermäßigte Steuersatz für den Umsatz gilt. In beiden Fällen ist der Unternehmer, da der Umsatz steuerpflichtig ist, zum vollen **Vorsteuerabzug** berechtigt. Im **Vergleich mit** einer **Steuerbefreiung** kann deshalb die Anwendung des ermäßigten Steuersatzes günstiger sein, wenn die Vorsteuern zum allgemeinen Steuersatz (19 %) höher sind als die nach dem Entgelt berechnete Steuer von 7 %. Gleichwohl geht nach dem klaren Gesetzeswortlaut die Steuerbefreiung vor. 8

## III. Zusammengesetzte Leistungen

9   Bei einem nach der Verkehrsanschauung als **einheitliche Leistung** zu sehenden **Leistungsbündel** darf diese Leistung nicht künstlich in mehrere Teile zerlegt werden, auch wenn der eine Teil der Leistung bei isolierter Erbringung einem anderen Steuersatz unterläge. Der anzuwendende Steuersatz bestimmt sich nach demjenigen Leistungsteil, welcher der **Gesamtleistung** das **Gepräge** gibt (*§ 3 Rz. 197 f.*; s. auch unten *Rz. 20*).[1] Entsprechendes gilt bei **Nebenleistungen** (*§ 3 Rz. 202 f.*; s. auch unten *Rz. 19*). Eine **Aufteilung** der einheitlichen Leistung ist **nur** dann vorzunehmen, **wenn** diese **ausdrücklich**, wie im Falle der Beherbergungsleistungen durch § 12 Abs. 2 Nr. 11 Satz 2 UStG (*Rz. 105 ff.*), gesetzlich **vorgesehen** ist.

10  Werden hingegen die im Zusammenhang mit einer Dienstleistung gelieferten Gegenstände **gesondert berechnet**, so ist nicht von einer einheitlichen Leistung auszugehen (*§ 3 Rz. 200, 207*).[2]

Entsprechendes gilt bei Dienstleistungen als „Nebenleistungen" zu Lieferungen oder Dienstleistungen, die gesondert berechnet werden[3] (*§ 3 Rz. 202*; s. auch unten *Rz. 19*).

## IV. Änderung des Steuersatzes

### 1. Allgemeines

11  Bei einer Änderung des Steuersatzes ist der geänderte Steuersatz auf diejenigen Umsätze anzuwenden, die ab dem Inkrafttreten der Gesetzesänderung ausgeführt worden sind (§ 27 Abs. 1 Satz 1 UStG); dies gilt auch für Teilleistungen (*§ 27 Rz. 13*).[4] Maßgebend ist allein der Zeitpunkt der **Ausführung des Umsatzes** bzw. der Teilleistung, so dass die Rechnungserteilung und die Vereinnahmung der Gegenleistung – auch im Falle der sog. Ist-Versteuerung (§ 27 Abs. 1 Satz 2 UStG) – ohne Belang sind (*§ 27 Rz. 8 ff.*; zur Grundstückslieferung s. *§ 27 Rz. 15*).

12  Folglich ist bei der Vereinnahmung der Gegenleistung in Gestalt von **Vorauszahlungen**, Anzahlungen u.Ä. vor Inkrafttreten der Steuersatzänderung die **Steuer zu berichtigen** (vgl. *§ 27 Rz. 23*), wenn die Leistung (Teilleistung) erst danach ausgeführt wird. Die Berichtigung erfolgt – entsprechend dem sich aus § 17 Abs. 1 Satz 7 UStG ergebenden allgemeinen Grundsatz – nicht rückwirkend, sondern für den Voranmeldungszeitraum, in dem die Leistung (Teilleistung) ausgeführt worden ist (§ 27 Abs. 1 Satz 3 UStG). Da es auf den Steuersatz im Zeit-

---

1   Vgl. BFH v. 4.7.2002 – V R 41/01, UR 2003, 23 – Angelerlaubnis in Verbindung mit der Lieferung lebender Fische); BFH v. 21.6.2001 – V R 80/99, BStBl. II 2003, 810 = UR 2001, 447; BFH v. 26.8.2004 – V B 196/03, BFH/NV 2004, 1677 – Grabpflegeleistung in Verbindung mit der Lieferung der dabei verwendeten Pflanzen; BFH v. 9.6.2005 – V R 50/02, BStBl. II 2006, 98 – orthopädische Zurichtung von Konfektionsschuhen.
2   Vgl. BFH v. 9.10.2002 – V R 5/02, BStBl. II 2004, 470 = UR 2003, 143 – getrennte Abrechnung einer ermäßigt besteuerten Saatgutlieferung und einer regelbesteuerten Einsaatleistung; BFH v. 25.6.2009 – V R 25/07, BStBl. II 2010, 239 – getrennte Berechnung von Pflanzen und Einpflanzleistung.
3   Vgl. EuGH v. 11.6.2009 – C-572/07, EuGHE 2009, I-4983 = UR 2009, 557 – Rz. 22 f.
4   Vgl. BMF v. 5.3.2010 – IV D 2 - S 7210/07/100003, BStBl. I 2010, 259 – Rz. 2.

Allgemeines  § 12

punkt der Ausführung des Umsatzes ankommt, ist mithin bei **Änderungen der Bemessungsgrundlage** i.S.d. § 17 UStG und gleichgestellten Ereignissen der alte Steuersatz zugrunde zu legen, wenn der betreffende Umsatz vor Inkrafttreten der Steuersatzänderung ausgeführt worden war.

Beruht die Leistung auf einem Vertrag, der vor dem Inkrafttreten der Steuersatzänderung abgeschlossen worden ist, so kann unter bestimmten Voraussetzungen der eine Vertragsteil von dem anderen einen angemessenen **zivilrechtlichen Ausgleich** der umsatzsteuerlichen **Mehr-** oder **Minderbelastung** verlangen (§ 29 UStG). 13

### 2. Entnahmen und unentgeltliche Leistungen

Zu den „Umsätzen" i.S.d. § 1 Abs. 1 Nr. 1 UStG zählen auf Grund der **Fiktionen** des § 3 Abs. 1b und Abs. 9a UStG auch die **Entnahmen** und **unentgeltlichen Leistungen**. Gleichwohl ist richtigerweise entgegen dem Wortlaut des § 12 Abs. 1 i.V.m. § 27 Abs. 1 Satz 1 UStG nicht der zum Zeitpunkt der Ausführung der Entnahme usw. geltende Steuersatz, sondern jeweils derjenige **Steuersatz** anzuwenden, welcher **beim Bezug** der jeweils entnommenen bzw. weitergegebenen Leistung angewendet worden war.[1] Das folgt aus dem Zweck der Entnahmebesteuerung, welche lediglich wie § 15a UStG die **Neutralisierung** (Berichtigung, „Rückgängigmachung") des **vorgenommenen Vorsteuerabzugs** bewirken soll, wie eine Gesamtschau von § 3 Abs. 1b Satz 2, Abs. 9a Nr. 1, § 4 Nr. 28, § 15a Abs. 3 Satz 2, Abs. 6a und Abs. 8 sowie § 17 Abs. 2 Nr. 5 UStG bzw. von Art. 16 Abs. 1, Art. 18, Art. 26 Abs. 1 Buchst. a, Art. 136, Art. 168a Abs. 1 Unterabs. 2, Art. 187 und 188 MwStSystRL belegt (§ 3 Rz. 56). Die Behandlung dieser Vorgänge durch Fiktionen als **„Umsätze"** ist mithin **nur schlichte Gesetzestechnik**, welche vernebelt, dass es nur um die Neutralisierung des Vorsteuerabzugs geht[2] (s. auch *§ 27 Rz. 20*). 14

Daraus folgt, dass bei Steuersatzänderungen für diese „Umsätze" nicht § 27 Abs. 1 UStG maßgebend ist, sondern im Wege teleologischer Reduktion entgegen der Verwaltungspraxis der **beim Bezug der Leistung zugrunde gelegte Steuersatz** anzuwenden ist.[3] Mithin ist bei der **Entnahme** bzw. unentgeltlichen Lieferung eines Gegenstandes auf die Bemessungsgrundlage nach § 10 Abs. 4 Nr. 1 UStG der Steuersatz anzuwenden, der beim *Erwerb* des Gegenstandes galt.[4] Das ergibt sich nunmehr auch im **Umkehrschluss** aus **§ 26 Abs. 4 Sätze 5 und 6** UStG (*§ 26 Rz. 15*). Bei der **Nutzungsentnahme** bzw. **unentgeltlichen Überlassung** eines Gegenstandes ist hinsichtlich der anteiligen Anschaffungs- oder Herstellungskosten als Teil der Bemessungsgrundlage nach § 10 Abs. 4 Nr. 2 UStG (*§ 10 Rz. 107 ff.*) der Steuersatz anzuwenden, der beim *Erwerb* des Gegenstandes galt. Lediglich für die laufenden Kosten darf der aktuelle Steuersatz gelten. 15

---

1 A.A. BFH v. 2.7.2008 – XI R 60/06, BStBl. II 2009, 167 – II 4e der Gründe.
2 Das verkennt der BFH v. 2.7.2008 – XI R 60/06, BStBl. II 2009, 167 – II 4e der Gründe.
3 *Stadie*, UR 2006, 645; *Hummel* in R/D, § 12 Abs. 2 Nr. 8 UStG Anm. 47 f.; a.A. *W. Widmann*, UR 2007, 13; *Nieskens*, DStJG 32 (2009), S. 279 (288 f.); *Reiß*, UR 2010, 797 (813 f.).
4 Beispiel bei *Stadie* in R/D, Einf. Anm. 296.

## B. Ermäßigter Steuersatz (Abs. 2)
### I. Lieferung usw. der in der Anlage 2 bezeichneten Gegenstände (Nr. 1)
#### 1. Allgemeines

16 Der ermäßigte Steuersatz gilt zum einen für die **Lieferung**, die **Einfuhr** und den **innergemeinschaftlichen Erwerb** der in der **Anlage 2** UStG bezeichneten **Gegenstände** (§ 12 Abs. 2 Nr. 1 UStG). Die dort aufgeführten Gegenstände lassen sich grob wie folgt gruppieren:
- **Lebensmittel**, auch Zubereitungen (vgl. Anlage 2 Nr. 28, 31–33 UStG), mit **Ausnahme** einiger Nahrungsmittel des „**gehobenen**" Bedarfs (vgl. Anlage 2 Nr. 3 und 28 UStG: Langusten, Hummer, Austern und Schnecken, Kaviar); von den Getränken sind nur **Wasser, Milch** und Milchmischgetränke begünstigt (Anlage 2 Nr. 4, 34 und 35 UStG);
- lebende **Tiere, land- und forstwirtschaftliche Erzeugnisse, Futter- und Düngemittel**;
- Gegenstände des **Buch- und Zeitschriftenhandels** und Erzeugnisse des **graphischen Gewerbes** u.Ä. (bis 31.12.2013 auch Kunstgegenstände und Sammlungsstücke; diese fallen nunmehr unter § 12 Abs. 2 Nr. 12 und 13 UStG);
- orthopädische Hilfsmittel.

17 Die Gegenstände („Waren") sind in der Anlage 2 UStG mit Bezugnahme auf den **Zolltarif** aufgeführt. Folglich kommt es für die Auslegung der Bezeichnungen allein auf die zolltariflichen Vorschriften und Begriffe des Gemeinsamen Zolltarifs (GTZ, *Vorbem. Rz. 61*) an.[1]

18 Für Zwecke der Einfuhr ist ausdrücklich eine verbindliche Zolltarifauskunft vorgesehen (Art. 12 Zollkodex). Demgegenüber soll nach Auffassung des **BFH**[2] und des **BMF**[3] für Zwecke der **Lieferung** und des innergemeinschaftlichen Erwerbs **nur** eine „**unverbindliche**" Zolltarifauskunft der zuständigen Zolltechnischen Prüfungs- und Lehranstalten (ZPLA) in Betracht kommen. In die unverbindliche Auskunft soll lt. BMF einerseits ein „Hinweis auf den *zutreffenden* Umsatzsteuersatz" aufzunehmen sein, andererseits aber auf den „*unverbindlichen* Charakter dieser Aussage ebenfalls ausdrücklich hinzuweisen" sein.[4] Das ist zwar typisch für die Finanzverwaltung, ergibt jedoch keinen Sinn. Was soll der Anfragende mit einer Auskunft, wenn diese nicht verbindlich ist? BFH und BMF verkennen, dass der Unternehmer nicht etwa im Interesse der eigenen Besteuerung anfragt, sondern als zwangsverpflichteter Gehilfe des Staates (*Vorbem. Rz. 20*) sich bei diesem erkundigt, in welcher Höhe er im Auftrag und für Rechnung des Staates Umsatzsteuer beim Verbraucher zu erheben hat. Die Auffassungen des BFH und des BMF sind deshalb der glatte Hohn. Der Staat ist verpflichtet, seinem Gehilfen die

---

1 Vgl. BFH v. 8.1.2003 – VII R 11/02, UR 2003, 350; BMF v. 5.8.2004 – IV B 7 - S 7220 - 46/04, BStBl. I 2004, 638 – Tz. 5.
2 BFH v. 20.6.1995 – VII R 17/95, HFR 1996, 23; BFH v. 6.5.1997 – VII R 99/96, UR 1998, 151; vgl. auch BFH v. 24.10.2013 – V R 14/12, BStBl. II 2014, 286 – Rz. 20.
3 Abschn. 12.1 Abs. 1 Satz 3 UStAE.
4 BMF v. 5.8.2004 – IV B 7 - S 7220 - 46/04, BStBl. I 2004, 638 – Tz. 7, 3. Gedankenstrich; dazu auch BMF v. 23.10.2006 – IV A 5 - S 7220 - 71/06, UR 2006, 719.

erforderlichen Auskünfte – und zwar entgegen § 89 Abs. 3 AO gebührenfrei! – zu erteilen, welche dann verbindlich sind (*Vorbem. Rz. 24*). Folglich ist auch eine als unverbindlich bezeichnete Zolltarifauskunft **verbindlich**.

Die Steuerermäßigung umfasst auch die unselbständigen, üblichen **Nebenleistungen** des liefernden Unternehmers (**Verpacken**, **Befördern** oder **Versenden**)[1], m.E. jedoch nur dann, wenn diese **nicht gesondert berechnet** werden (*§ 3 Rz. 202*). Umgekehrt kann aber auch die **Lieferung** der in der Anlage aufgeführten Gegenstände nur **Nebenleistung** (Zutat oder sonstige Nebensache) einer Hauptleistung (Lieferung oder sonstige Leistung) sein, so dass der für die Hauptleistung geltende Steuersatz für die gesamte Leistung gilt (*Rz. 9*). 19

Besteht der Gegenstand der Lieferung aus einer **Zusammenstellung** von **Waren**, die isoliert gesehen verschiedenen Steuersätzen unterlägen, so ist grundsätzlich eine **getrennte** Betrachtung vorzunehmen (*Beispiel*: Kombination von Süßigkeiten und Spielzeug in einer Packung).[2] Der **Pauschalpreis** ist grundsätzlich nach Maßgabe der Einzelverkaufspreise aufzuteilen.[3] Sind die Waren hingegen als Einheit bzw. untrennbares Ganzes zu sehen (*Beispiele*: Schokoladenüberraschungsei; Spaghettigerichtzutaten bestehend aus einer Tüte ungekochtem Spaghetti, einer Tüte geriebenem Parmesan und einer Dose Tomatensoße), so kommt es auf den **charakterbestimmenden Bestandteil** an.[4] Entsprechendes gilt bei **Zugaben**, die nur Kaufanreiz darstellen (*Beispiel*: Zeitschrift mit beigefügter DVD[5]), oder bei Warenumschließungen, die keinen dauernden selbständigen Gebrauchswert haben[6] (*Beispiele*: Mit Süßigkeiten gefüllte Weihnachtsmannstiefel oder Osternester). Anders liegt es bei der **Lieferung** eines Druckerzeugnisses in Verbindung mit dem Zugang zu elektronischen Diensten als **sonstige Leistung** (*Rz. 25 a.E.*). 20

Der ermäßigte Steuersatz gilt nur für die **Lieferung** – sowie für die Vermietung (§ 12 Abs. 2 Nr. 2 UStG) – der aufgezählten Gegenstände. Mithin ist bei **Restaurations- u.ä. Umsätzen**, welche Abgaben von Speisen und Getränken zum sofortigen Verzehr („an Ort und Stelle") darstellen und nach § 3 Abs. 9 UStG als **sonstige Leistungen** anzusehen sind (dazu *§ 3 Rz. 206*), der allgemeine Steuersatz anzuwenden. 21

## 2. Einzelfragen

Das **BMF** hat 2004 in einem umfänglichen **Schreiben** zu den einzelnen Gegenständen der Anlage 2 UStG Stellung genommen.[7] Neben weiteren BMF-Schreiben sind aus der **Rechtsprechung** folgende Entscheidungen zu folgenden Gegenständen (Nummern) zu erwähnen:

---

1 BMF v. 5.8.2004 – IV B 7 - S 7220 - 46/04, BStBl. I 2004, 638 – Tz. 9 f.
2 BMF v. 5.8.2004 – IV B 7 - S 7220 - 46/04, BStBl. I 2004, 638 – Tz. 14; BMF v. 21.3.2006 – IV A 5 - S 7220 - 27/06, BStBl. I 2006, 286 – sog. Kombinationsartikel.
3 BFH v. 3.4.2013 – V B 125/12, BStBl. II 2013, 973 – Spar-„Menü" eines Schnell-„Restaurant"-Betreibers; Abschn. 10.1 Abs. 11 UStAE.
4 Dazu näher BMF v. 5.8.2004 – IV B 7 - S 7220 - 46/04, BStBl. I 2004, 638 – Tz. 11 ff.; vgl. auch BFH v. 23.7.1998 – VII R 36/97, UR 1999, 123 – Notenbuch mit CD.
5 Vgl. FG München v. 30.1.2003 – 14 K 3152/00, EFG 2003, 808.
6 BMF v. 5.8.2004 – IV B 7 - S 7220 - 46/04, BStBl. I 2004, 638 – Tz. 10.
7 BMF v. 5.8.2004 – IV B 7 - S 7220 - 46/04, BStBl. I 2004, 638.

22  **Lebende Tiere** (Nr. 1): Die Lieferung usw. von **Pferden** (Buchst. a) darf **nicht** dem ermäßigten Steuersatz unterworfen werden, da sie nicht, wie es Art. 98 i.V.m. Anhang III MwStSystRL verlangt, üblicherweise für die Zubereitung von Nahrungsmitteln verwendet werden.[1] Das Gesetz ist mit Wirkung vom 1.7.2012 durch Aufhebung der Anlage 2 Nr. 1 Buchst. a UStG geändert worden.

23  **Milch** (Nr. 4): Dazu zählen **nicht Milchersatzprodukte** pflanzlichen Ursprungs; diese können auch nicht als Milchmischgetränke (Nr. 35) angesehen werden.[2]
**Lebensmittelzubereitungen** (Nr. 33): Hierunter fällt **nicht** sog. **Sondennahrung**.[3]

24  **Wasser** (Nr. 34)[4]: Trinkwasserfertigpackungen, die zur Abgabe an Verbraucher bestimmt sind, liegen auch bei größeren, nachfüllbaren **Behältern** für **Getränkeautomaten** u.Ä. vor.[5] Folglich führt bei **Trinkwasser** nur die Lieferung über Leitungen oder aus Großbehältern[6], die nicht zur Abgabe an den Verbraucher bestimmt sind, zum ermäßigten Steuersatz. Das Legen von **Hausanschlüssen** ist nach der Rechtsprechung eine Nebenleistung zur Trinkwasserlieferung.[7] Diese Auffassung ist verfehlt, da derartige Leistungen gesondert berechnet werden und schon deshalb keine Nebenleistungen sind, weil sie auch von Dritten erbracht werden können und dann dem allgemeinen Steuersatz unterliegen.

25  **Druckerzeugnisse** (Nr. 49): Kontaktlisten, die für eine unbestimmte Anzahl von Interessenten hergestellt werden, sind als Druckerzeugnisse anzusehen.[8] Keine Lieferung von Druckerzeugnissen liegt bei sog. Mailingaktionen vor.[9] Der Werbezweck überwiegt nicht bei einem medizinischen Ratgeber, der primär der Patienteninformation- und aufklärung dient.[10] Briefmarken und dergleichen als Sammlungsstücke (Nr. 49 Buchst. f) unterliegen ab 1.1.2014 nur noch bei der Einfuhr dem ermäßigten Steuersatz (§ 12 Abs. 2 Nr. 1 i.V.m. Nr. 12 UStG).

Werden Bücher an den Autor zu einem höheren Preis als dem Ladenpreis verkauft, so handelt es sich bei dem übersteigenden Betrag um einen sog. **Druckkostenzuschuss**, d.h. Entgelt für eine eigenständige sonstige Leistung des Verlages (vgl. *§ 10 Rz. 63*), die **nicht** dem ermäßigten Steuersatz unterliegt.[11]

Der ermäßigte Steuersatz gilt nur für die **Lieferung** von **Büchern** auf physischen Trägern, **nicht** für die „Lieferung" **elektronischer Bücher**.[12] Er gilt auch nicht für

---

1 EuGH v. 12.5.2011 – C-453/09, UR 2011, 827.
2 BFH v. 9.2.2006 – V R 49/04, BStBl. II 2006, 694.
3 BFH v. 24.9.2014 – VII R 54/11, BStBl. II 2015, 169.
4 Dazu ausführlich BMF v. 5.8.2004 – IV B 7 - S 7220 - 46/04, BStBl. I 2004, 638 – Tz. 118 ff.
5 BFH v. 24.8.2006 – V R 17/04, BStBl. II 2007, 146.
6 *Beispiel:* Versorgung der Bevölkerung mit Trinkwasser bei einem Leitungsschaden.
7 BFH v. 8.10.2008 – V R 61/03, BStBl. II 2009, 321; BFH v. 8.10.2008 – V R 27/06, BStBl. II 2009, 325; EuGH v. 3.4.2008 – C-442/05, EuGHE 2008, I-1817 = UR 2008, 432; vgl. auch BGH v. 18.4.2012 – VIII ZR 253/11, UR 2012, 639.
8 BFH v. 13.5.2009 – XI R 75/07, BStBl. II 2009, 865.
9 BFH v. 15.10.2009 – XI R 52/06, BStBl. II 2010, 869.
10 FG Berlin-Bdb. v. 21.3.2013 – 5 K 5106/12, EFG 2013, 1278.
11 A.A. FG Münster v. 12.3.2013 – 15 K 3276/10 U, EFG 2013, 990 – Rev.-Az. XI R 22/13.
12 EuGH v. 5.3.2015 – C-479/13, UR 2015, 305.

die zusätzliche **Einräumung** eines Zugangs zu **elektronischen Diensten** (z.B. sog. E-Paper oder E-Books) als **sonstige Leistung**.¹

**Fahrzeuge für Behinderte** (Nr. 51) sind keine Fahrzeuge, die nur umgebaut worden sind, damit sie von Behinderten benutzt werden können²; zu ihnen zählen auch nicht sog. Elektroscooter.³ 26

**Orthopädische Vorrichtungen** (Nr. 52): Die Lieferung von Gehhilfe-**Rollatoren** wird von der Vorschrift erfasst.⁴ Die orthopädische Zurichtung von Konfektionsschuhen ist eine sonstige Leistung und keine (Werk-)Lieferung, so dass der ermäßigte Steuersatz schon deshalb nicht anzuwenden ist.⁵ Eine Titanwendel ist keine orthopädische Vorrichtung.⁶

**Kunstgegenstände** (Nr. 53): Dazu zählen z.B. nicht Kunstfotografien⁷ und Siebdrucke.⁸ Ein Originalerzeugnis der **Bildhauerkunst** wird nicht dadurch in Frage gestellt, dass es praktischen Zwecken dient (Beispiel: Brunnen, Ausschmückung einer Kirche).⁹ **Nicht** dazu gehören Bildhauerarbeiten, die den Charakter einer **Handelsware** haben, d.h. in einem potenziellen Wettbewerb mit ähnlichen handwerklich hergestellten Erzeugnissen stehen.¹⁰ Das ist der Fall bei individuell angefertigtem Schmuck.¹¹ Andererseits ist eine größere Anzahl handsignierter und nummerierter Reproduktionen von Originalerzeugnissen der Bildhauerkunst unschädlich¹², sofern sich nicht der Originalcharakter des Werks verflüchtigt hat.¹³ Kunstgegenstände i.S.d. Nr. 53 unterliegen ab 1.1.2014 nur noch bei der Einfuhr und bei bestimmten Lieferungen dem ermäßigten Steuersatz (§ 12 Abs. 2 Nr. 1 i.V.m. Nr. 12 bzw. Nr. 13 UStG). 27

**Sammlungsstücke** (Nr. 54): Ein **geschichtlicher Wert** (Buchst. b) kommt diesen zu, wenn sie einen charakteristischen Schritt in der Entwicklung der menschlichen Errungenschaften dokumentieren oder einen Abschnitt dieser Entwicklung veranschaulichen.¹⁴ Eine Museumseignung genügt für sich allein noch nicht. Sammlungsstücke unterliegen ab 1.1.2014 nur noch bei der Einfuhr dem ermäßigten Steuersatz (§ 12 Abs. 2 Nr. 1 i.V.m. Nr. 12 UStG). 28

---

1 BMF v. 2.6.2014 – IV D 2 - S 7200/13/10005, UR 2014, 585; Abschn. 10.1 Abs. 11 UStAE; aber Übergangsfrist bis Ende 2015, BMF v. 7.11.2014 – IV D 2 - S 7200/13/10005, UR 2014, 990.
2 FG Düsseldorf v. 13.5.2003 – 5 K 72/99/00 U, EFG 2003, 1203.
3 FG Nds. v. 31.1.2008 – 14 K 2352/06, EFG 2008, 1076.
4 BMF v. 11.8.2011 – IV D 2 - S 7227/11/10001, BStBl. I 2011, 824.
5 BFH v. 9.6.2005 – V R 50/02, BStBl. II 2006, 98.
6 FG Köln v. 20.1.2010 – 14 K 4094/08, EFG 2010, 988.
7 BFH v. 25.6.1992 – VII R 45/91, UR 1993, 128.
8 BFH v. 14.6.1994 – VII R 104/93, BStBl. II 1994, 777; dazu auch BVerfG v. 14.9.1995 – 1 BvR 1787/94, UR 1996, 97.
9 BFH v. 26.11.1996 – VII R 54/96, UR 1998, 150.
10 BFH v. 8.1.2003 – VII R 11/02, UR 2003, 350 m.w.N.
11 BFH v. 20.2.1990 – VII R 126/89, BStBl. II 1990, 763; BFH v. 28.4.1992 – VII R 92/91, UR 1993, 127; BFH v. 9.12.1993 – V R 89/93, UR 1995, 311.
12 BFH v. 8.1.2003 – VII R 11/02, UR 2003, 350.
13 BFH v. 9.9.2010 – VII B 63/10, BFH/NV 2011, 325.
14 BFH v. 16.7.1996 – VII R 115/95, UR 1997, 226 – zu Orden und Ehrenzeichen; BFH v. 7.7.1998 – VII R 119/96, BStBl. II 1998, 768 – verneint bei Modellvitrinenschrank; BFH v. 19.12.2000 – VII R 30/99, UR 2001, 212 – verneint bei MB 300 SL von 1956.

## II. Vermietung der in der Anlage 2 bezeichneten Gegenstände (Nr. 2)

29  Auch die Vermietung der in der Anlage 2 UStG bezeichneten Gegenstände unterliegt dem ermäßigten Steuersatz (§ 12 Abs. 2 Nr. 2 UStG). Die Vorschrift ist allerdings in dieser Allgemeinheit nicht durch Art. 98 Abs. 1 i.V.m. Anhang III MwStSystRL gedeckt. Unter „Vermietung" ist (unabhängig von der Bezeichnung) die zeitlich begrenzte **Nutzungsüberlassung** zu verstehen. **Beispiele:** Vermietung („Verleihung") von Pferden, Blindenhunden, Pflanzen (zu Dekorationszwecken), Büchern, Kunstgegenständen. Erfasst wird auch die Nutzungsentnahme und die unentgeltliche Überlassung i.S.d. § 3 Abs. 9a UStG.

## III. Vieh- und Pflanzenzucht (Nr. 3)

30  Der ermäßigte Steuersatz gilt auch für die **Aufzucht** und das **Halten** von **Vieh**, die **Anzucht** von **Pflanzen**[1] und die **Teilnahme** an **Leistungsprüfungen** für Tiere (§ 12 Abs. 2 Nr. 3 UStG). Die Steuerermäßigung gilt nur für solche Unternehmer, die mit diesen sonstigen Leistungen nicht nach § 24 UStG „besteuert" werden.

31  Die Vorschrift hat ersichtlich nur Dienstleistungen im **Bereich** der **Landwirtschaft** im Auge. Auch Art. 98 Abs. 2 i.V.m. Anhang III Kategorie 11 MwStSystRL erlaubt nur die Ermäßigung bei Dienstleistungen, „die in der Regel für den Einsatz in der landwirtschaftlichen Erzeugung bestimmt sind." Folglich ist die Vorschrift richtlinienkonform eng auszulegen.[2]

32  Unter „**Vieh**" sind folglich solche Tiere zu verstehen, die als landwirtschaftliche **Nutztiere** in der Anlage 2 Nr. 1 UStG aufgeführt sind; außerdem gehören Pferde dazu. Nicht begünstigt sind mithin die Aufzucht und das Halten anderer Tiere, z.B. von Katzen oder Hunden.[3] Auch das Einstellen und Betreuen von **Reitpferden** fällt **nicht** unter den Begriff „Halten von Vieh".[4] Ebenso wenig werden andere Leistungen der sog. **Pferdepensionen** von der Vorschrift erfasst[5], da diese Pferde nichts mit der landwirtschaftlichen Erzeugung zu tun haben.

33  **Leistungsprüfungen** für Tiere sind folglich auch nur solche für **landwirtschaftliche Nutztiere** und nicht allgemein für Tiere[6], so dass **nicht** etwa auch die Teilnahme an Leistungsprüfungen für **Hunde**, **Katzen** usw. begünstigt ist.[7] Auch die

---

1 Dazu näher Abschn. 12.2 Abs. 4 UStAE.
2 Vgl. BFH v. 22.1.2004 – V R 41/02, BStBl. II 2004, 757.
3 Abschn. 12.2 Abs. 2 UStAE.
4 BFH v. 22.1.2004 – V R 41/02, BStBl. II 2004, 757; BFH v. 23.2.2010 – V B 93/09, UR 2010, 342; BFH v. 13.1.2011 – V R 65/09, BStBl. II 2011, 465 – Rz. 24; BFH v. 30.3.2011 – XI R 26/09, BFH/NV 2011, 1540; BFH v. 10.9.2014 – XI R 33/13, UR 2015, 318.
5 Dazu näher FinMin. NW v. 11.7.2007 – S 7233 - 1 - VA 4, UR 2007, 709; OFD Frankfurt a.M. v. 20.1.2010 – S 7233 A - 3 - St 112, UR 2010, 251.
6 So aber Abschn. 12.2 Abs. 5 UStAE.
7 Insoweit zutreffend *Klenk* in S/R § 12 UStG Rz. 186; a.A. *Heidner* in Bunjes, § 12 UStG Rz. 64.

Teilnahme an **Pferderennen** unterliegt entgegen BMF[1] nicht dem ermäßigten Steuersatz, sofern es sich überhaupt um eine unternehmerische Tätigkeit handelt und nicht als sog. Liebhaberei anzusehen ist (dazu *§ 2 Rz. 132 ff.*).

## IV. Förderung der Tierzucht (Nr. 4)

Die Steuerermäßigung gilt ferner für die Leistungen, die unmittelbar der **Vatertierhaltung**[2], der **Förderung** der **Tierzucht**[3], der künstlichen **Tierbesamung**[4] oder der **Leistungs-** und **Qualitätsprüfung**[5] in der Tierzucht und in der Milchwirtschaft dienen (§ 12 Abs. 2 Nr. 4 UStG). Die Steuerermäßigung gilt nur für solche Unternehmer, die mit diesen Leistungen nicht nach § 24 UStG „besteuert" werden. 34

Die Vorschrift hat (wie § 12 Abs. 2 Nr. 3 UStG) ersichtlich nur Dienstleistungen im **Bereich** der **Landwirtschaft** im Auge. Auch Art. 98 Abs. 2 i.V.m. Anhang III Kategorie 10 MwStSystRL erlaubt nur die Ermäßigung bei **Dienstleistungen**, „die in der Regel für den Einsatz in der landwirtschaftlichen Erzeugung bestimmt sind." Folglich ist die Vorschrift entsprechend restriktiv auszulegen. „**Tiere**" sind demnach nur solche, die als landwirtschaftliche **Nutztiere** verwendet werden, so dass **Reit-** und **Rennpferde**[6] ebenso wie Brieftauben[7] nicht darunter fallen. Die Dienstleistungen müssen **unmittelbar** den genannten Zwecken dienen, so dass allgemeine Gesundheits- u.ä. Maßnahmen wie z.B. **Klauenpflegeleistungen nicht** begünstigt sind.[8] 35

Von der Steuerermäßigung werden auch solche **zusammengesetzten Leistungen** erfasst, welche aus Dienstleistungselementen und Lieferungselementen bestehen und bei denen das **Dienstleistungselement** der jeweiligen Gesamtleistung das **Gepräge** gibt (Beispiele: „Verwendung" von Impfstoffen, Arzneimitteln oder Tiersamen bei den begünstigten Dienstleistungen).[9] 36

## V. Zahnprothetische Leistungen (Nr. 6)

Der ermäßigte Steuersatz gilt auch für die Leistungen aus der Tätigkeit als **Zahntechniker** sowie für die in § 4 Nr. 14 Buchst. a Satz 2 UStG bezeichneten Leistungen der **Zahnärzte** (§ 12 Abs. 2 Nr. 6 UStG). Bei den genannten Leistungen der Zahnärzte handelt es sich um die Lieferungen oder Wiederherstellungen von **Zahnprothesen** und **kieferorthopädischen Apparaten**, welche in ihrem Unternehmen hergestellt oder wiederhergestellt worden sind und von der Steuerbefreiung ausgenommen sind (dazu *§ 4 Nr. 14 Rz. 19*). Die Steuerermäßigung gilt 37

---

1 Abschn. 12.2 Abs. 5 UStAE; ebenso *Klenk* in S/R § 12 UStG Rz. 186 ff.; *Heidner* in Bunjes, § 12 UStG Rz. 64; *Schuhmann* in R/D, § 12 Abs. 2 Nr. 3 UStG Anm. 8.
2 Dazu näher Abschn. 12.3 Abs. 2 UStAE.
3 Dazu näher Abschn. 12.3 Abs. 3 UStAE.
4 Dazu Abschn. 12.3 Abs. 4 UStAE.
5 Dazu näher Abschn. 12.3 Abs. 5 UStAE.
6 A.A. Abschn. 12.3 Abs. 3 Satz 5, Abs. 5 Nr. 5 UStAE.
7 A.A. Abschn. 12.3 Abs. 5 Nr. 6 UStAE.
8 BFH v. 16.1.2014 – V R 26/13, BStBl. II 2014, 350.
9 Vgl. Abschn. 12.3 Abs. 5 UStAE.

für die beschriebenen Leistungen und ist deshalb unabhängig von der Rechtsform des Unternehmers.[1]

38 Leistungen „aus der Tätigkeit als Zahntechniker" sind nur die Herstellung und Wiederherstellung von Zahnprothesen und kieferorthopädischen Apparaten i.S.d. § 4 Nr. 14 Buchst. a Satz 2 UStG. Begünstigt sind auch entsprechende **unentgeltliche** Leistungen i.S.d. § 3 Abs. 1b oder Abs. 9a UStG.[2] Die übrigen Umsätze, insbesondere Lieferungen von **anderen Gegenständen** wie z.B. Beatmungsmasken[3] oder sog. **Hilfsgeschäfte** (Lieferung von Anlagegegenständen, Material, Abfällen usw.) unterliegen dem allgemeinen Steuersatz.

## VI. Kulturelle Veranstaltungen (Nr. 7 Buchst. a)

39 Die Steuerermäßigung gilt auch für die

– Gewährung der **Eintrittsberechtigung** für **Theater, Konzerte** und **Museen** (§ 12 Abs. 2 Nr. 7 Buchst. a Alt. 1 UStG) sowie für

– den Theatervorführungen und Konzerten vergleichbaren **Darbietungen ausübender Künstler** (§ 12 Abs. 2 Nr. 7 Buchst. a Alt. 2 UStG), soweit diese Leistungen nicht nach § 4 Nr. 20 Buchst. a UStG befreit sind. Die Vorschrift ist schlecht formuliert und nicht mit § 4 Nr. 20 UStG abgestimmt.

40 Der Wortlaut der Vorschrift ist zwar mehrdeutig, denn die „Eintrittsberechtigung", d.h. die Gewährung der Eintrittsberechtigung, könnte sich nicht nur auf Theater, Konzerte und Museen beziehen, sondern auch auf die **Darbietungen ausübender Künstler** (§ 12 Abs. 2 Nr. 7 Buchst. a Alt. 2 UStG) erstrecken; eine derartige Auslegung ist jedoch unzulässig. Die Folge wäre nämlich, dass die Leistungen der ausübenden Künstler nur begünstigt wären, wenn sie selbst als Veranstalter auftreten und Eintrittsberechtigungen erteilen, nicht jedoch, wenn sie für einen Veranstalter oder für einen Konzert- oder Theaterbetreiber als Teil des Orchesters oder Ensembles auftreten. Eine derartige Auslegung verstieße gegen den Gleichbehandlungsgrundsatz (Neutralitätsgrundsatz).[4] Folglich ist die Vorschrift im erstgenannten Sinne auszulegen, so dass die den Theatervorführungen und Konzerten vergleichbaren Darbietungen ausübender Künstler unabhängig davon, wer Leistungsempfänger ist, begünstigt sind. Diese Auslegung entspricht auch dem Willen des Gesetzgebers.[5]

41 Ausübende Künstler sind auch **Solokünstler**[6], selbst wenn diese jeweils Veranstalter sind.[7] Als ausübender Künstler im Sinne der Vorschrift ist auch der Di-

---

1 Vgl. Abschn. 12.4 Abs. 1 Sätze 3 und 4 UStAE.
2 Abschn. 12.4 Abs. 1 Satz 1 UStAE.
3 BFH v. 24.10.2013 – V R 14/12, BStBl. II 2014, 286.
4 EuGH v. 23.10.2003 – C-109/02, EuGHE 2003, I-12691 = BStBl. II 2004, 482.
5 Vgl. Begr. RegE EURLUmsG, BT-Drucks. 15/3677 – zu Art. 5 Nr. 8; Ber. Finaussch., BT-Drucks. 15/4050 – zu Art. 5 Nr. 8.
6 EuGH v. 23.10.2003 – C-109/02, EuGHE 2003, I-12691 = BStBl. II 2004, 482; FG Nds. v. 27.5.2010 – 16 K 290/09, EFG 2010, 1936; vgl. auch Abschn. 12.5 Abs. 1 Satz 3 UStAE.
7 Abschn. 12.5 Abs. 2 Satz 2 UStAE; vgl. auch Begr. RegE EURLUmsG, BT-Drucks. 15/3677 – zu Art. 5 Nr. 8; Bericht des FinAussch., BT-Drucks. 15/4050 – zu Art. 5 Nr. 8.

rigent[1], **nicht** jedoch der **Regisseur**[2], Intendant[3], Choreograph[4], **Bühnenbildner**, Tontechniker usw.[5] anzusehen.

Die Begriffe „**Theater**" und „**Museen**" sind nach denselben Merkmalen abzugrenzen wie die entsprechenden Begriffe des § 4 Nr. 20 UStG (s. *§ 4 Nr. 20 Rz. 3*). Ein „**Konzert**" bzw. eine dem Konzert „vergleichbare Darbietung" ist nicht im klassischen Sinne zu verstehen[6] und verlangt auch nicht den Einsatz herkömmlicher Musikinstrumente, sondern kann selbst beim Verfremden und Vermischen von Musik von verschiedenen Tonträgern gegeben sein.[7] 42

Die den **Theatervorführungen vergleichbaren** Darbietungen sind auch Vorführungen von pantomimischen Werken, der Tanzkunst, der Kleinkunst, des Varietees,[8] Puppenspiele und Eisrevuen.[9] Nach Auffassung des BMF sollen dazu jedoch nicht die Darbietungen von typischerweise als Solisten auftretenden Zauberkünstlern, Artisten, Bauchrednern u.Ä. gehören.[10] Das bloße Abspielen von Tonträgern allein ist keine künstlerische Darbietung,[11] jedoch ein Feuerwerkswettbewerb mit darauf abgestimmter Musik.[12] Karnevalveranstaltungen sind keine Theatervorführungen.[13] 43

Eintrittsberechtigungen gewähren auch **Veranstalter**[14] und **Händler** von Eintrittskarten[15], **nicht** jedoch **Tourneeveranstalter**[16], **Vermittler**, Agenten[17], **Gastspieldirektoren**.[18] Im Übrigen ist der Begriff der Gewährung der „Eintrittsberechtigung" weit zu fassen, so dass er auch die Veranstaltung einer kulturellen Darbietung gegenüber *einem* Auftraggeber einschließt.[19] Die Leistungen der Künstler gegenüber dem Veranstalter fallen unter § 12 Abs. 2 Nr. 7 Buchst. a 44

---

1 Abschn. 12.5 Abs. 1 Satz 4 UStAE.
2 BFH v. 4.5.2011 – XI R 44/08, BStBl. II 2014, 200 = UR 2011, 859.
3 OFD Nürnberg v. 13.9.2004 – S 7177 - 56 - St 43, UR 2005, 573.
4 FG Düsseldorf v. 27.1.2010 – 5 K 1072/08 U, EFG 2010, 1079.
5 Abschn. 12.5 Abs. 1 Satz 4 UStAE.
6 Vgl. FG Nds. v. 27.5.2010 – 16 K 290/09, EFG 2010, 1936.
7 Vgl. BFH v. 18.8.2005 – V R 50/04, BStBl. II 2006, 101; Abschn. 12.5 Abs. 2 Sätze 8 und 9 UStAE.
8 BFH v. 10.1.2013 – V R 31/10, BStBl. II 2013, 352 – Rz. 42; sowie BFH v. 26.4.1995 – XI R 20/94, BStBl. II 1995, 519 – Drehorgelspieler mit humoristischen Vorträgen; BFH v. 9.10.2003 – V R 86/01, BFH/NV 2004, 984 – Kampfkunst-Show; BFH v. 19.10.2011 – XI R 40/09, BFH/NV 2012, 798 – männliche Stripgruppe; FG Hamburg v. 28.5.2009 – 1 K 53/08, EFG 2009, 1878 – Autorenlesung; FG Köln v. 30.8.2012 – 12 K 1967/11, EFG 2012, 2248 – Rev.-Az. XI R 35/12 – Autorenlesung.
9 Abschn. 12.5 Abs. 2 Satz 5 UStAE.
10 Abschn. 12.5 Abs. 1 Satz 6 UStAE.
11 Vgl. FG Berlin-Bdb. v. 9.8.2012 – 5 K 5226/10, EFG 2013, 91.
12 BFH v. 30.4.2014 – XI R 34/12, BStBl. II 2015, 166 = UR 2014, 738.
13 FG Rh.-Pf. v. 27.5.2010 – 6 K 1104/09, EFG 2010, 1552.
14 Auch mit Hilfe von Vorverkaufsstellen; BFH v. 3.11.2011 – V R 16/09, BStBl. II 2012, 378.
15 Abschn. 12.5 Abs. 4 Satz 3 UStAE: a.A. *Hey/Hoffsümmer*, UR 2005, 641 (646).
16 Abschn. 12.5 Abs. 4 Satz 2 UStAE.
17 Vgl. Abschn. 12.5 Abs. 4 Satz 4 UStAE.
18 Abschn. 12.5 Abs. 5 UStAE.
19 Vgl. *Ch. Weber*, UR 2005, 588 (590).

Alt. 2 UStG (sofern nicht § 4 Nr. 20 Buchst. a UStG zutrifft), auch wenn die Leistung des Veranstalters gegenüber seinem Auftraggeber nicht begünstigt ist.[1]

45 Die Steuerermäßigung erfasst auch die mit der Eintrittsgewährung verbundenen üblichen **Nebenleistungen** (dazu *§ 4 Nr. 20 Rz. 5*). Eine solche liegt **nicht** bei einem während einer **Varieté-/Theatershow** servierten mehrgängigen **Menü** (sog. Dinner-Show) vor. Vielmehr handelt es sich um ein als **Einheit** zu sehendes Dienstleistungsbündel, das **nicht aufteilbar** ist (*§ 3 Rz. 198*), so dass auch die Bühnenvorführung nicht (mit einem geschätzten Entgeltsanteil) unter § 12 Abs. 2 Nr. 7 Buchst. a UStG fällt, sondern die gesamt Leistung dem Regelsteuersatz unterliegt.[2]

## VII. Überlassung und Vorführung von Filmen (Nr. 7 Buchst. b)

46 Dem ermäßigten Steuersatz unterliegen auch die **Überlassung** von Filmen zur Auswertung und Vorführung sowie die **Filmvorführungen**, sofern die Filme

– entsprechend den genannten **Jugendschutz**-Vorschriften gekennzeichnet sind **oder**

– vor **1970 erstaufgeführt** worden sind (§ 12 Abs. 2 Nr. 7 Buchst. b UStG).

Soweit die Überlassung des Filmes rechtmäßig erfolgt, ergibt sich die Steuerermäßigung bereits aus § 12 Abs. 2 Nr. 7 Buchst. c UStG[3], so dass die vorstehenden Einschränkungen unbeachtlich sind.

47 **Filmvorführung** ist die Darbietung eines Films **gegenüber** einem **Publikum**. Das trifft auf die **Vermietung** von Videokassetten und **DVDs nicht** zu[4], ist auch bei der Ausstrahlung von Filmen im **Abruf-/Bezahlfernsehen nicht** der Fall.[5] Nichts anderes gilt bei Filmvorführungen in **Einzelkabinen**.[6] Die Projektion von Einzelbildern ist keine Filmvorführung, da ein Film aus „bewegten Bildern" (Darstellung von Bewegungsabläufen) besteht.[7]

48 Die Steuerermäßigung erfasst auch die üblichen **Nebenleistungen** zur Filmvorführung. Dazu zählt nicht die Abgabe von Speisen und Getränken.[8]

## VIII. Einräumung, Übertragung und Wahrnehmung von Urheberrechten (Nr. 7 Buchst. c)

49 Auch die Einräumung, Übertragung und Wahrnehmung von **Rechten**, die sich **aus** dem **Urheberrechtsgesetz** (UrhG) ergeben, unterliegen dem ermäßigten Steuersatz (§ 12 Abs. 2 Nr. 7 Buchst. c UStG). Anders als die Ortsbestimmung des

---
1 Abschn. 12.5 Abs. 3 UStAE.
2 Ebenso BFH v. 10.1.2013 – V R 31/10, BStBl. II 2013, 352; BFH v. 28.10.2014 – V B 92/14, juris.
3 Vgl. BFH v. 29.11.1984 – V R 96/84, BStBl. II 1985, 271 (275) – 3a der Gründe.
4 Vgl. BFH v. 29.11.1984 – V R 96/84, BStBl. II 1985, 271.
5 BFH v. 26.1.2006 – V R 70/03, BStBl. II 2006, 387.
6 Vgl. EuGH v. 18.3.2010 – C-3/09, EuGHE 2010, I-2361 = UR 2010, 315 – sog. Peepshow.
7 Vgl. BFH v. 10.12.1997 – XI R 73/96, BStBl. II 1998, 222.
8 BFH v. 7.3.1995 – XI R 46/93, BStBl. II 1995, 429; BFH v. 1.6.1995 – V R 90/93, BStBl. II 1995, 914.

§ 3a Abs. 4 Satz 2 Nr. 1 UStG erfasst § 12 Abs. 2 Nr. 7 Buchst. c UStG nicht Patente, Markenrechte und ähnliche Rechte. Der Grund für die Beschränkung der Steuerermäßigung auf die Rechte aus dem UrhG dürfte darin liegen, dass die anderen Rechte üblicherweise gewerblich genutzt werden, während die Rechte im Sinne des UrhG kulturelle Werke (i.w.S.) betreffen. Ursprünglich sollten nur Werke der Literatur und Musik begünstigt werden.[1]

Das Urheberrecht selbst ist nicht übertragbar (§ 29 Abs. 1 UrhG). Rechte nach dem UrhG können insbesondere in Gestalt von **Nutzungsrechten** und durch **Einwilligungen** und **Vereinbarungen** zu Verwertungsrechten **eingeräumt** werden (§ 29 Abs. 2 UrhG; zur Entschädigung wegen Urheberrechtsverletzung s. *Rz. 57*). Ein Nutzungsrecht kann grundsätzlich nur mit Zustimmung des Urhebers **übertragen** werden (§ 34 UrhG). Die Einräumung bzw. Übertragung dieser Rechte ist per se eine sonstige Leistung (s. auch § 3a Abs. 4 Satz 2 Nr. 1 UStG sowie Anhang III Nr. 9 MwStSystRL), so dass sich die Frage nach der Anwendbarkeit des § 12 Abs. 2 Nr. 7 Buchst. c auf Lieferungen nicht stellt (*Rz. 54*). Wird das **Original** eines Werkes vom Urheber **veräußert**, so räumt er damit im Zweifel dem Erwerber ein Nutzungsrecht nicht ein (§ 44 Abs. 1 UrhG). 50

Die **Wahrnehmung** von Rechten aus dem UrhG liegt vor, wenn jemand für Rechnung des Urhebers oder eines Inhabers von Urheberrechten zur Wahrung von dessen Rechten tätig wird. Sie richtet sich nach dem Gesetz über die Wahrnehmung von Urheberrechten u.Ä. (UrhWahrnG) und erfolgt regelmäßig durch sog. **Verwertungsgesellschaften** (*Beispiele:* GEMA, VG Wort). Sie ist insbesondere auf die Einräumung von Nutzungs- und Einwilligungsrechten und die Geltendmachung von Vergütungsansprüchen gerichtet. 51

**Rechte nach dem** UrhG beziehen sich auf **Werke**, d.h. auf persönliche geistige Schöpfungen **der Literatur, Wissenschaft** und Kunst (§ 1 i.V.m. § 2 UrhG).[2] Folglich kann sich die Frage des ermäßigten Steuersatzes z.B. **nicht** bei der Einräumung von Fernsehübertragungsrechten durch Sportveranstalter stellen.[3] 52

Der **Abgeltung** des sog. **Folgerechts** i.S.d. § 26 UrhG liegt keine Leistung des Urhebers gegenüber dem Veräußerer zugrunde, so dass schon kein Umsatz gegeben ist.[4] Hingegen stellt die **Wahrnehmung** dieses Rechtes durch einen Dritten eine Dienstleistung dar, die dem ermäßigten Steuersatz unterliegt.[5] 53

Voraussetzung für die Anwendung des ermäßigten Steuersatzes ist, dass es sich bei der Einräumung oder Übertragung des Rechts nach dem UrhG um den **we-** 54

---

[1] Vgl. zur Entstehungsgeschichte der Vorschrift *Husmann* in R/D, § 12 Abs. 2 Nr. 7c UStG Anm. 2.
[2] Dazu auch *Husmann* in R/D, § 12 Abs. 2 Nr. 7c UStG Anm. 18 ff.; Abschn. 12.7 Abs. 3 ff. UStAE.
[3] *H.-F. Lange*, UR 2002, 489 (491); vgl. auch Abschn. 12.7 Abs. 23 UStAE; BayLfSt v. 19.6.2007 – S 7240 - 3 St 34 M, UR 2007, 710.
[4] Vgl. Abschn. 1.1 Abs. 21 UStAE; *Hoelscher*, GRUR 1991, 800 (802); *Siebert*, IStR 2005, 809.
[5] *Husmann* in R/D, § 12 Abs. 2 Nr. 7c UStG Anm. 68.

§ 12 (Abs. 2)　　　　　　　　　　　　　　　　　　　　Ermäßigte Steuersätze

sentlichen (eigentlichen) **Inhalt** der **Leistung** handelt.¹ Die **Herstellung** des Werkes geht dann als **Vorstufe** für die eigentliche Leistung in dieser auf.²

**Beispiele**

- Überlassung von **Druck-** oder **Kopiervorlagen** zum Zweck der Vervielfältigung als Einräumung eines Verwertungsrechts³; die Überlassung der Vorlagen ist notwendige Voraussetzung (Nebenleistung) dieser sonstigen Leistung;
- **Übersetzung** von Nachrichtensendungen in die **Gebärdensprache** im Fernsehen⁴;
- Moderation und **Rechteinräumung** an **Sprachwerken** eines **Rundfunkmoderators**⁵;
- Erlaubnis, einen Vortrag o.Ä. **in** einer **Zeitschrift** zu **veröffentlichen** oder eine Lesung **im Rundfunk** (Fernsehen) zu **übertragen**⁶;
- Entwürfe durch **Bühnen-** und **Kostümbildner**⁷.

55　Hingegen unterliegt der Umsatz **nicht** dem ermäßigten Steuersatz, wenn die „Einräumung" eines Nutzungsrechts nach dem UrhG nur **Nebenfolge** (Nebenleistung) der Erbringung der eigentlichen Leistung bzw. dieser **immanent** ist. Das ist der Fall, wenn der Kern der Leistung darin besteht, dass dem Empfänger die bestimmungsgemäße (Be-)Nutzung (Anwendung) des **Werkes** gestattet wird und dessen Vervielfältigung und Verbreitung (Verwertung) nicht im Vordergrund steht.⁸

**Beispiele**

- Leistungen auf dem Gebiet der **Markt-** oder Meinungs**forschung**⁹;
- Erstellung eines **Gutachtens**, einer Studie, einer **Untersuchung** o.Ä.¹⁰;
- Erstellung von Lichtbildern;¹¹
- Tätowierung (sofern es sich überhaupt um ein unter das UrhG fallendes Werk handelt)¹²;
- Übergabe des bereitgehaltenen **Manuskripts** durch (Trauer-)**Redner**¹³.

56　Auch die Überlassung von urheberrechtlich geschützten **Computerprogrammen** unterliegt demzufolge nur dann dem ermäßigten Steuersatz, wenn dem Leis-

---

1　BFH v. 27.9.2001 – V R 14/01, BStBl. II 2002, 114; BFH v. 21.10.2009 – V R 8/08, BFH/NV 2010, 476; vgl. auch Abschn. 12.7 Abs. 1 UStAE.
2　BFH v. 18.8.2005 – V R 42/03, BStBl. II 2006, 44 (46); Abschn. 12.7 Abs. 22 Satz 2 UStAE.
3　Vgl. FG Berlin-Bdb. v. 30.8.2011 – 7 V 7182/11, EFG 2012, 565 – Grafikdesigner.
4　BFH v. 18.8.2005 – V R 42/03, BStBl. II 2006, 44.
5　FG Köln v. 18.10.2006 – 4 K 3006/04, EFG 2007, 1295.
6　*Husmann* in R/D, § 12 Abs. 2 Nr. 7c UStG Anm. 78, 88; Abschn. 12.7 Abs. 13 Satz 5 f. UStAE.
7　BMF v. 7.2.2014 – IV D 2 - S 7240/11/10002, BStBl. I 2014, 273.
8　Vgl. BFH v. 13.3.1997 – V R 13/96, BStBl. II 1997, 372; BFH v. 16.8.2001 – V R 42/99, UR 2002, 133; BFH v. 27.9.2001 – V R 14/01, BStBl. II 2002, 114; BFH v. 25.11.2004 – V R 4/04, BStBl. II 2005, 415; BFH v. 25.11.2004 – V R 5/04, 26/04, BStBl. II 2005, 419.
9　Vgl. Abschn. 12.7 Abs. 1 Satz 4 UStAE.
10　Vgl. Abschn. 12.7 Abs. 14 UStAE; BFH v. 19.11.1998 – V R 19/98, BFH/NV 1999, 836.
11　Vgl. Abschn. 12.7 Abs. 18 Sätze 4 f. UStAE.
12　BFH v. 23.7.1998 – V R 87/97, BStBl. II 1998, 641.
13　BFH v. 21.10.2009 – V R 8/08, BFH/NV 2010, 476.

tungsempfänger die in § 69c Satz 1 Nr. 1 bis 3 UrhG bezeichneten Rechte auf Vervielfältigung und Verbreitung nicht nur als Nebenfolge eingeräumt werden, d.h. die Überlassung nicht vorrangig auf die Anwendung des Programms für die Bedürfnisse des Leistungsempfängers gerichtet ist.[1] Eine Verbreitung im Sinne des Inverkehrbringens liegt auch dann vor, wenn die Überlassung an Konzerngesellschaften erfolgt.[2]

Die Überlassung von **digitalen Informationsquellen** (Datenbanken, elektronischen Zeitschriften u.Ä.) durch **Bibliotheken**[3] u.Ä. sowie das Betreiben einer **Internet-Musikplattform**[4] bewirkt keine Überlassung von Nutzungsrechten.

Bei einer **Entschädigungszahlung** nach § 97 Abs. 2 UrhG wegen **unberechtigter Nutzung** eines Urheberrechts ist von einer sonstigen Leistung des Urhebers auszugehen (§ 1 Rz. 58), die dem ermäßigten Steuersatz unterliegt.

57

## IX. Leistungen der Zirkusunternehmen, Schausteller und Zoos (Nr. 7 Buchst. d)

Die Steuerermäßigung gilt ferner für die **Zirkusvorführungen**, die Leistungen aus der Tätigkeit als **Schausteller** sowie die unmittelbar mit dem **Betrieb** der **zoologischen Gärten** verbundenen Umsätze (§ 12 Abs. 2 Nr. 7 Buchst. d UStG).

**1. Zirkusvorführungen** sind auch die von dem Zirkusunternehmen veranstalteten Tierschauen.[5]

58

Ein Delphinarium erbringt keine Zirkusvorführungen.[6] Begünstigt sind auch die mit Zirkusvorführungen verbundenen üblichen „**Nebenleistungen**" (insbesondere Verkauf von Programmen, Aufbewahrung der Garderobe).[7]

**2.** Als Leistungen aus der Tätigkeit als **Schausteller** gelten Schaustellungen, Musikaufführungen, unterhaltende Vorstellungen oder sonstige Lustbarkeiten auf Jahrmärkten, Volksfesten, Schützenfesten oder ähnlichen Veranstaltungen (§ 30 UStDV).[8] Dazu gehören auch die Leistungen der sog. Schau- und Fahrgeschäfte[9], **nicht** jedoch der **ortsgebundenen Vergnügungsparks** u.Ä.[10]

59

---

1 Vgl. BFH v. 13.3.1997 – V R 13/96, BStBl. II 1997, 372; BFH v. 16.8.2001 – V R 42/99, UR 2002, 133; BFH v. 27.9.2001 – V R 14/01, BStBl. II 2002, 114; BFH v. 25.11.2004 – V R 4/04, BStBl. II 2005, 415; BFH v. 25.11.2004 – V R 25/04, 26/04, BStBl. II 2005, 419.
2 BFH v. 25.11.2004 – V R 25/04, 26/04, BStBl. II 2005, 419.
3 Abschn. 12.7 Abs. 1 Satz 12 UStAE.
4 FG BW v. 20.7.2009 – 9 K 4510/08, EFG 2009, 1879.
5 Abschn. 12.8 Abs. 1 Satz 1 UStAE.
6 BFH v. 20.4.1988 – X R 20/82, BStBl. II 1988, 796.
7 Abschn. 12.8 Abs. 1 Satz 2 UStAE.
8 Dazu FG Berlin-Bdb. v. 13.4.2010 – 5 K 7215/06 B, EFG 2010, 2039; FG Münster v. 5.10.2010 – 15 K 3961/07 U, EFG 2011, 578 (580 f.).
9 Abschn. 12.8 Abs. 2 Satz 5 UStAE.
10 Abschn. 12.8 Abs. 2 Satz 4 UStAE; BFH v. 22.10.1970 – V R 67/70, BStBl. II 1971, 37; BFH v. 22.6.1972 – V R 36/71, BStBl. II 1972, 684; BFH v. 20.4.1988 – X R 20/82, BStBl. II 1988, 796 (798); BFH v. 25.11.1993 – V R 46/91, BFH/NV 1995, 349.

Die Tätigkeit als Schausteller muss indes nicht in eigener Person ausgeübt werden, sondern kann **auch durch** unselbständige oder selbständige **Gehilfen** erbracht werden.[1] Folglich kann die Steuerermäßigung auch bei Eintrittsgeldern in Betracht kommen, die von einer Gemeinde für das von ihr veranstaltete **Dorffest** erhoben werden.[2]

Bei einer **kulinarischen Versorgung** der Gäste als Teil einer Gesamtleistung kommt die Steuerermäßigung nicht in Betracht.[3]

60  3. Die Steuerermäßigung für die Leistungen der **zoologischen Gärten** ist nur dann von Interesse, wenn diese nicht schon nach § 4 Nr. 20 Buchst. a UStG befreit sind. Zoologische Gärten sind auch **Aquarien** und **Terrarien**[4], nicht dagegen Delphinarien.[5]

61  Anders als in § 4 Nr. 20 Buchst. a UStG sind in § 12 Abs. 2 Nr. 7 Buchst. d UStG die **Tierparks** nicht genannt. Daraus soll nach h.M. folgen, dass für diese die Steuerermäßigung nicht in Betracht komme.[6] Tierpark im Sinne des UStG soll nach Auffassung der Finanzverwaltung eine Anlage sein, in der weniger Tierarten als in zoologischen Gärten, diese aber in Herden oder Zuchtgruppen auf großen Flächen gehalten werden.[7] Das ist unhaltbar. Der Sprachgebrauch unterscheidet nicht zwischen Zoo, zoologischem Garten, Tiergarten und Tierpark.[8]. Eine vom allgemeinen Sprachgebrauch abweichende Definition des Tierparks kann nur das Gesetz durch eine Fiktion, nicht aber die Finanzverwaltung vorsehen. Zudem erlaubt Anhang III Kategorie 7 MwStSystRL den ermäßigten Steuersatz bei Eintrittsberechtigungen für „Tierparks (…) sowie ähnliche kulturelle (…) Einrichtungen", so dass die Steuerermäßigung des § 12 Abs. 2 Nr. 7 Buchst. d UStG für zoologische Gärten nur dann richtlinienkonform ist, wenn diese Tierparks oder diesen ähnliche Einrichtungen sind.

62  Unmittelbar mit dem Betrieb der zoologischen Gärten verbundene Umsätze sind nur solche, auf die der Betrieb im eigentlichen Sinne gerichtet ist.[9] Dazu zählen insbesondere die Gewährung des **Eintritts** und damit üblicherweise verbundene **zootypische** „**Nebenleistungen**" (z.B. Verkauf von Wegweisern und Lageplänen, Elefantenreiten). Nicht dazu gehört die Parkplatzgewährung[10] (s. auch § 4 Nr. 20 Rz. 5).

---

1 BFH v. 18.7.2002 – V R 89/01, BStBl. II 2004, 88; BFH v. 5.11.2014 – XI R 42/12, UR 2015, 185.
2 Vgl. BFH v. 5.11.2014 – XI R 42/12, UR 2015, 185.
3 BFH v. 28.10.2014 – V B 92/14, juris.
4 Abschn. 12.8 Abs. 3 Satz 2 UStAE.
5 BFH v. 20.4.1988 – X R 20/82, BStBl. II 1988, 796.
6 Abschn. 12.8 Abs. 3 Satz 3 UStAE; *Klenk* in S/R, § 12 UStG Rz. 335; *Heidner* in Bunjes, § 12 UStG Rz. 140.
7 Abschn. 12.8 Abs. 3 Satz 4 UStAE.
8 Beispiel: „*Hagenbecks Tierpark*" in Hamburg.
9 BFH v. 4.12.1980 – V R 60/79, BStBl. II 1981, 231.
10 Abschn. 12.8 Abs. 4 UStAE.

## X. Leistungen gemeinnütziger, mildtätiger und kirchlicher Einrichtungen (Nr. 8)

### 1. Allgemeines

a) Der ermäßigte Steuersatz gilt auch für die Leistungen der **Körperschaften**, die ausschließlich und unmittelbar gemeinnützige, mildtätige oder kirchliche Zwecke i.S.d. §§ 51 bis 68 AO verfolgen. Das gilt **nicht** für Leistungen, die im Rahmen eines wirtschaftlichen Geschäftsbetriebs ausgeführt werden (§ 12 Abs. 2 Nr. 8 Buchst. a Sätze 1 und 2 UStG). Gemeint ist der **wirtschaftliche Geschäftsbetrieb**, der **kein** sog. **Zweckbetrieb** ist (Rz. 68). Für Leistungen im Rahmen eines solchen Zweckbetriebes gelten die **Einschränkungen** des § 12 Abs. 2 Nr. 8 Buchst. a Satz 3 UStG (Rz. 77). Entsprechendes gilt für die Leistungen von **Zusammenschlüssen** solcher Körperschaften (§ 12 Abs. 2 Nr. 8 Buchst. b UStG; Rz. 92).

63

Der **Zweck** dieser Steuerermäßigung liegt, sofern keine Steuerbefreiung eingreift, in der Begünstigung der betreffenden Körperschaften und damit mittelbar in der Begünstigung der Leistungsempfänger. Allerdings können Steuerermäßigungen, die nicht an den Umsatz, sondern an die Rechtsform oder bestimmte Eigenschaften des Unternehmers anknüpfen, genauso wie Steuerbefreiungen (Vorbem. Rz. 48 u. 78; Vor §§ 4–9 Rz. 8) zu **Wettbewerbsnachteilen** konkurrierender, nicht unter die Vorschrift fallender Unternehmer führen, was nicht mit Art. 3 Abs. 1 GG zu vereinbaren ist. Dem wollen § 65 Nr. 3 AO (Rz. 72) und § 12 Abs. 2 Nr. 8 Buchst. a Satz 3 Alt. 1 UStG vorbeugen (Rz. 77).[1] Indes gelten diese Einschränkungen insbesondere nicht für die Wissenschafts- und Forschungseinrichtungen i.S.d. § 68 Nr. 9 AO (Rz. 79 ff.).

64

Unter **Körperschaften** sind die Körperschaften, Personenvereinigungen und Vermögensmassen im Sinne des **KStG** zu verstehen (§ 51 Satz 2 AO). Dazu zählen nach dem Gesetzeswortlaut auch die Betriebe gewerblicher Art von juristischen Personen **des öffentlichen Rechts** (§ 1 Abs. 1 Nr. 6 KStG), so dass auch deren steuerbare (und steuerpflichtige) Umsätze i.S.d. § 2 Abs. 3 UStG der Steuerermäßigung unterliegen können.[2] Steuersubjekt kann jedoch kein Betrieb sein, so dass richtigerweise die Körperschaft als Träger des Betriebes und Unternehmer Adressat der Steuerermäßigung ist.[3]

65

Ob die Körperschaft **ausschließlich** und **unmittelbar gemeinnützige**, **mildtätige** oder **kirchliche** Zwecke verfolgt, bestimmt sich nach den §§ 52 ff. AO.

**Art. 98 Abs. 2 i.V.m. Anhang III Nr. 15 MwStSystRL** erlaubt den ermäßigten Steuersatz bei Leistungen durch von den Mitgliedstaaten anerkannte gemeinnützige Einrichtungen „**für wohltätige Zwecke** und im Bereich der sozialen Sicherheit". Die Richtlinie stellt mithin auf den Zweck der jeweiligen Leistungen ab[4], während § 12 Abs. 2 Nr. 8 UStG grundsätzlich nach dem Zweck der Ein-

66

---

1 Zum **Auskunftsanspruch** gegenüber dem Finanzamt zwecks Durchsetzung einer Konkurrentenklage s. BFH v. 26.1.2012 – VII R 4/11, BStBl. II 2012, 541, sowie Vorbem. Rz. 49.
2 Vgl. Abschn. 12.9 Abs. 1 Sätze 2 und 3 UStAE.
3 Becker/Volkmann, DStZ 2007, 529.
4 Vgl. EuGH v. 17.6.2010 – C-492/08, EuGHE 2010, I-5471 = UR 2010, 662 – Rz. 43 f.

richtung fragt und lediglich die Umsätze wirtschaftlicher Geschäftsbetriebe und bestimmter Zweckbetriebe ausschließt. Anhang III Nr. 15 MwStSystRL ist mithin enger gefasst, so dass § 12 Abs. 2 Nr. 8 UStG, soweit möglich, entsprechend **eng**[1] **richtlinienkonform auszulegen** ist. Eine derartige Auslegung oder eine über den Wortlaut hinausgehende teleologische Reduktion kommt, soweit ein eindeutig formulierter Wille des Gesetzes entgegensteht (*Vorbem. Rz. 63*), nicht in Betracht[2] (vgl. *Rz. 82, 84*).

67  Daraus folgt u.A., dass der ermäßigte Steuersatz entgegen der Auffassung der Finanzverwaltung[3] nicht für die **unentgeltlichen** Leistungen einschließlich der **Wertabgaben an** den eigenen **nichtunternehmerischen Bereich** in Betracht kommt, da solche Leistungen bzw. „Umsätze" (§ 1 Abs. 1 Nr. 1 i.V.m. § 3 Abs. 1b und Abs. 9a UStG) nicht für wohltätige Zwecke erfolgen.[4] Zu den unentgeltlichen Leistungen zählen auch solche an Gesellschafter[5] und Arbeitnehmer der Einrichtung.

68  **b)** Der ermäßigte Steuersatz gilt **nicht** für Leistungen, die im Rahmen eines wirtschaftlichen Geschäftsbetriebs ausgeführt werden (§ 12 Abs. 2 Nr. 8 Buchst. a Satz 2 UStG). Gemeint ist der **wirtschaftliche Geschäftsbetrieb** i.S.d. § 14 AO. Da jedoch eine unternehmerische Betätigung i.S.d. § 2 Abs. 1 UStG mit Ausnahme der Vermögensverwaltung (*Rz. 69*), für die eine Steuerermäßigung ohnehin nicht in Betracht kommt, stets ein wirtschaftlicher Geschäftsbetrieb ist, ergibt diese Einschränkung keinen Sinn, da danach die Steuerermäßigung stets entfallen müsste. Die Regelung erhält ihren Sinn erst durch § 64 Abs. 1 AO, wonach die „Steuervergünstigung" nur insoweit entfällt, als **kein Zweckbetrieb** (§§ 65 bis 68 AO) vorliegt. Diese grundsätzliche Ausdehnung der Steuerermäßigung auf die Leistungen von Zweckbetrieben (Einschränkungen ergeben sich nur aus Satz 3, *Rz. 78 ff.*) ist **verfehlt**, da das Konstrukt des Zweckbetriebes (§§ 64 ff. AO) auf das Ertragsteuerrecht zugeschnitten ist und die Einnahmen aus diesen Betrieben begünstigen will, weil sie für die Verwirklichung der begünstigten Zwecke verwendet werden (s. auch *Rz. 88*). Die umsatzsteuerrechtliche Ermäßigung will hingegen nur die Verbraucher (Empfänger der Leistungen), nämlich die ihnen gegenüber erbrachten Leistungen begünstigen (*Rz. 7*). Folglich handelt es sich nicht um eine Steuervergünstigung für die Unternehmer (so aber § 64 Abs. 1 AO: „Steuervergünstigung für die [...] Umsätze").

69  Die Umsätze im Rahmen einer **Vermögensverwaltung**, welche nicht zum wirtschaftlichen Geschäftsbetrieb gehört (§ 14 Satz 1 AO), sind grundsätzlich umsatzsteuerfrei (§ 4 Nr. 8 Buchst. a und § 4 Nr. 12 UStG). Bei **unbeweglichem Vermögen** liegt diese in der typischen („reinen") Vermietung und Verpachtung als „passive" Tätigkeit, bei der das unbewegliche Vermögen mit längerfristigen Verträgen **zur dauerhaften Nutzung** überlassen wird und sich auf die Duldung der Nutzung beschränkt. Der Rahmen der Vermögensverwaltung ist hingegen über-

---

1 Vgl. auch BFH v. 29.1.2009 – V R 46/06, BStBl. II 2009, 560 – 2b der Gründe.
2 Vgl. BFH v. 8.3.2012 – V R 14/11, BStBl. II 2012, 630 – Rz. 20, zur richtlinienkonformen Auslegung; a.A. FG Münster v. 10.4.2014 – 5 K 2409/10, EFG 2014, 1521.
3 Abschn. 12.9 Abs. 1 Satz 6 UStAE.
4 Vgl. BFH v. 2.2.2007 – V B 90/05 UR 2007, 383; auch *Klenk* in S/R, § 12 UStG Rz. 406.
5 Vgl. BFH v. 2.2.2007 – V B 90/05, UR 2007, 383.

schritten, wenn die Tätigkeit durch die Erbringung zusätzlicher Leistungen oder durch die Überlassung an ständig und kurzfristig wechselnde Nutzer nach dem Gesamtbild einen gewerblichen Charakter hat (*§ 2 Rz. 99, 116, 121 u. 365 f.*). Diese allgemein anerkannte Unterscheidung ist vom V. Senat des BFH missachtet worden, indem er meinte, dass aus umsatzsteuerrechtlicher Sicht bei kurzfristigen Überlassungen von Sportanlagen durch einen Verein an seine Mitglieder keine Vermögensverwaltung angenommen werden dürfe; eine Vermögensverwaltung i.S.d. § 12 Abs. 2 Nr. 8 Buchst. a Satz 2 UStG i.V.m. §§ 64, 14 AO könne nur eine nichtunternehmerische Tätigkeit sein.[1] Das ist – abgesehen davon, dass es nicht angeht, sich contra legem über einen für das gesamte nationale Steuerrecht geprägten Begriff mittels richtlinienkonformer Auslegung hinwegzusetzen – fehlerhaft, denn die kurzfristige Überlassung von Sportanlagen an ständig wechselnde Nutzer ist nach unstreitiger Ansicht im gesamten Steuerrecht keine Vermögensverwaltung, so dass es sich um Leistungen handelt, die im Rahmen eines wirtschaftlichen Geschäftsbetriebs erbracht werden, so dass sich das BFH aufgeworfene Problem gar nicht ergab.

Werden Vermietungsumsätze gem. § 9 UStG als steuerpflichtig behandelt, so kommt der ermäßigte Steuersatz **nicht** in Betracht, weil diese Dienstleistungen als solche nicht für wohltätige Zwecke erfolgen (*Rz. 66*). Die Frage ist trotz der Vorsteuerabzugsberechtigung des Empfängers von Bedeutung, wenn sich bei diesem später die Verwendung des angemieteten Objekts ändert und der Vorsteuerabzug nach § 15a UStG zu berichtigen ist.

Zur Vermögensverwaltung soll nach Auffassung der Finanzverwaltung auch die **Duldung** von **Werbung**, insbesondere im Rahmen des sog. **Sponsorings**, gehören.[2] Hierbei handelt es sich jedoch nicht um die Nutzung oder Verwaltung des Vermögens, sondern um eine wirtschaftliche Tätigkeit.[3] Nicht jedes passive Verhalten ist automatisch Vermögensverwaltung[4] (*Beispiel:* Unterlassen von Wettbewerb; vgl. *§ 2 Rz. 123*). Ginge man fehlerhaft von Vermögensverwaltung aus, so dass sie nicht vom wirtschaftlichen Geschäftsbetrieb erfasst würde (*Rz. 69*), dürfte gleichwohl bei richtlinienkonformer restriktiver Auslegung die Steuerermäßigung entgegen ihrem Wortlaut nicht greifen, weil diese Dienstleistungen **nicht „für wohltätige Zwecke"** (*Rz. 66*) erfolgen.[5]

Auch das Verwenden eines überlassenen **Werbemobils** ist keine Vermögensverwaltung, sondern eine aktive Werbeleistung.[6] Hierbei handelt es sich indes um einen tauschähnlichen Umsatz, der richtigerweise schon nicht steuerbar ist (*§ 1 Rz. 87 ff.*).[7]

70

---

1 BFH v. 20.3.2014 – V R 4/13, UR 2014, 732 = DStR 2014, 1539 m. Anm. *Heuermann*.
2 Vgl. BMF v. 28.11.2006 – IV A 5 - S 7109 - 14/06, BStBl. I 2006, 791 – Tz. 5 i.V.m. BMF v. 18.2.1998 – IV B 2 - S 2144 - 40/98, BStBl. I 1998, 212 – Tz. 9; OFD Karlsruhe v. 25.9.2012 – USt-Kartei S 7100 - Karte 16, UR 2013, 74; AEAO zu § 64, Nr. 8 ff.; s. auch BFH v. 1.8.2002 – V R 21/01, BStBl. II 2003, 438 (440).
3 Vgl. BFH v. 7.11.2007 – I R 42/06, BStBl. II 2008, 949.
4 *Stadie* in R/D, § 2 UStG Anm. 1237; *Hummel* in R/D, § 12 Abs. 2 Nr. 8 UStG Anm. 107.
5 *Hummel* in R/D, § 12 Abs. 2 Nr. 8 UStG Anm. 93.
6 FG München v. 30.1.2008 – 14 K 161/07, EFG 2008, 1071; im Ergebnis bestätigt durch BFH v. 17.3.2010 – XI R 17/08, UR 2010, 943.
7 *Hummel* in R/D, § 12 Abs. 2 Nr. 8 UStG Anm. 108.

71 **Vereine** sind richtigerweise auch insoweit, als sie **Mitgliederbeiträge** erhalten, grundsätzlich Unternehmer, da den Beiträgen regelmäßig Dienstleistungen gegenüberstehen (*§ 2 Rz. 142 ff.*). Dabei handelt es sich dann um einen wirtschaftlichen Geschäftsbetrieb in Gestalt eines Zweckbetriebes (§ 65 AO). Insbesondere bei **Sportvereinen** käme die Berufung auf die **Steuerbefreiung** des Art. 132 Abs. 1 Buchst. m MwStSystRL in Betracht, allerdings führt die Auffassung der Finanzverwaltung von der Nichtsteuerbarkeit zum selben Ergebnis (*§ 4 Nr. 22 Rz. 12*).

### 2. Zweckbetriebe

72 **Ein Zweckbetrieb** ist **grundsätzlich** nur dann gegeben, wenn der wirtschaftliche Geschäftsbetrieb in seiner Gesamtrichtung dazu dient, die steuerbegünstigten satzungsmäßigen Zwecke der Körperschaft zu verwirklichen, diese Zwecke auch nur durch einen solchen Betrieb erreicht werden können[1] und der Betrieb zu nicht begünstigten Betrieben **nicht** in größerem Umfang in **Wettbewerb** tritt[2], als es bei Erfüllung der steuerbegünstigten Zwecke unvermeidbar ist (§ 65 Nr. 1 bis 3 AO). Allerdings enthalten die §§ 66–68 AO eine Vielzahl von **Fiktionen** von **Zweckbetrieben**, für die die Einschränkungen des § 65 AO, insbesondere von dessen Nr. 3, nicht gelten.[3] Liegt kein Zweckbetrieb vor, so gilt die **Bagatellgrenze** des § 64 Abs. 3 AO *umsatzsteuerrechtlich* **nicht** (s. aber *Rz. 88, 91*).

73 a) **Keinen** Zweckbetrieb begründen z.B. die

- Veräußerung von Erzeugnissen, die in der zweiten Stufe der Blutfraktionierung gewonnen werden, durch **Blutspendedienste** (arg. § 64 Abs. 6 Nr. 3 AO)[4];
- **Krankenfahrten** gemeinnütziger oder mildtätiger Organisationen[5];
- **Zimmervermietung** durch ein **Studentenwerk** an **Nichtstudierende**[6];
- Überlassung von **Werbeflächen**[7] (arg. § 64 Abs. 6 Nr. 1 AO); Betreiben eines **Werbemobils**[8] (s. auch *Rz. 70*);
- Überlassung der **Golfplatznutzung** an Nichtmitglieder gegen sog. Greenfee[9] (s. aber *§ 4 Nr. 22 Rz. 13*);
- Fahrzeugüberlassung durch sog. **Carsharing**-Verein an Mitglieder[10];
- **Geschäftsführungstätigkeiten** für **angeschlossene Vereine**[11];

---

1 Dazu BFH v. 1.8.2002 – V R 21/01, BStBl. II 2003, 438 m.w.N.
2 Dazu BFH v. 30.3.2000 – V R 30/99, BStBl. II 2000, 705; FG München v. 9.6.2005 – 14 K 4580/01, EFG 2005, 1568; BFH v. 18.8.2011 – V R 64/09, HFR 2012, 784, jeweils zum Betreiben einer **Eisbahn**.
3 BFH v. 18.1.1995 – V R 139–142/92, BStBl. II 1995, 446; BFH v. 25.7.1996 – V R 7/95, BStBl. II 1997, 154.
4 Abschn. 12.9 Abs. 4 Nr. 2 UStAE.
5 Abschn. 12.9 Abs. 4 Nr. 3 UStAE.
6 BFH v. 19.5.2005 – V R 32/03, BStBl. II 2005, 900; Abschn. 12.9 Abs. 4 Nr. 7 UStAE.
7 BFH v. 13.3.1991 – I R 8/88, BStBl. II 1992, 101; BFH v. 1.8.2002 – V R 21/01, BStBl. II 2003, 438 – Freiballon.
8 FG Hamburg v. 10.3.2006 – VII 266/04, EFG 2006, 1624.
9 BFH v. 9.4.1987 – V R 150/78, BStBl. II 1987, 659; AEAO zu § 64, Nr. 6.
10 BFH v. 12.6.2008 – V R 33/05, BStBl. II 2009, 221.
11 BFH v. 29.1.2009 – V R 46/06, BStBl. II 2009, 560.

- Verwaltung von **Sporthallen** für eine Gemeinde[1];
- **Karnevalsveranstaltungen**[2].

**Zweckbetriebe** i.S.d. § 65 AO können z.B. sein                                74

- **Abmahnvereine** i.S.d. § 13 Abs. 2 Nr. 3 UWG[3];
- **Hilfsdienste** bei **Blutspendeterminen**[4];
- die Tätigkeiten der **Landessportbünde** im Rahmen der Verleihung der Sportabzeichen und der gemeinnützigen **Sportverbände** bei der Genehmigung von Sportveranstaltungen, der Trikotwerbung sowie der Erteilung von Sportausweisen[5];
- **Pensionspferdehaltung**[6].

**Mensa-** und **Cafeteriabetriebe** gemeinnütziger **Studentenwerke**, welche einem    75
Wohlfahrtsverband angeschlossen sind, werden von der Finanzverwaltung auch
insoweit als Zweckbetrieb angesehen, als sie Speisen- und Getränkeumsätze an
**Nichtstudierende** erbringen[7] (die Umsätze gegenüber Studierenden sind steuerfrei; *§ 4 Nr. 18 Rz. 7*).

Eine **Organgesellschaft** ist nicht schon deshalb gemeinnützig bzw. unterhält      76
nicht schon deshalb einen Zweckbetrieb, weil der Organträger diese Voraussetzungen erfüllt.

**b)** Für die sog. **Katalog-Zweckbetriebe** i.S.d. §§ 66–68 AO, für die das Kriterium 77
des § 65 Nr. 3 AO (Wettbewerb mit anderen Betrieben nur, soweit unvermeidbar) nicht gilt, enthält § 12 Abs. 2 Nr. 8 Buchst. a Satz 3 UStG eine **notwendige
Einschränkung**. Danach gilt die Steuerermäßigung nur, wenn

- der Zweckbetrieb **nicht in erster Linie der Erzielung zusätzlicher Einnahmen** durch die Ausführung von Umsätzen dient, die in unmittelbarem Wettbewerb mit dem allgemeinen Steuersatz unterliegenden Leistungen anderer Unternehmer ausgeführt werden (§ 12 Abs. 2 Nr. 8 Buchst. a Satz 3 **Alt. 1** UStG, *Rz. 84 ff.*), **oder** wenn
- die Körperschaft mit diesen Leistungen ihrer in §§ 66 bis 68 AO bezeichneten Zweckbetriebe ihre **steuerbegünstigten** satzungsmäßen **Zwecke selbst verwirklicht** (§ 12 Abs. 2 Nr. 8 Buchst. a Satz 3 **Alt. 2** UStG, *Rz. 78 ff.*).

Mit diesen **Einschränkungen** soll dem **missbräuchlichen Ausnutzen** des ermäßigten Steuersatzes durch Einrichtungen, welche nach der AO keine Anforderungen an die Art ihrer Umsätze erfüllen müssen – vor allem durch sog. Integrationsprojekte i.S.d. § 132 Abs. 1 SGB IX (*Rz. 90*) –, begegnet werden.[8]
Anderenfalls unterlägen nach dem Wortlaut des § 12 Abs. 2 Nr. 8 Buchst. a Sätze 1 und 2 UStG sämtliche Umsätze, auch wenn sie überwiegend nichts mit

---

1 BFH v. 5.8.2010 – V R 54/09, BStBl. II 2011, 191.
2 FG Rh.-Pf. v. 27.5.2010 – 6 K 1104/09, EFG 2010, 1552.
3 Unklar BFH v. 16.1.2003 – V R 92/01, BStBl. II 2003, 732 (733 f.).
4 FG Düsseldorf v. 8.11.2006 – 5 K 3447/04 U, EFG 2007, 305.
5 Abschn. 12.9 Abs. 4 Nr. 1 UStAE.
6 BFH v. 16.10.2013 – XI R 34/11, UR 2014, 481 – Rz. 66 ff.
7 Abschn. 12.9 Abs. 4 Nr. 6 UStAE; ausführlich und kritisch dazu *Hummel* in R/D, § 12 Abs. 2 Nr. 8 UStG Anm. 140 ff.
8 Dazu näher Abschn. 12.9 Abs. 13 UStAE; kritisch *Leisner*, DB 2007, 1047.

dem sozialen Zweck des Unternehmens zu tun haben, dem ermäßigten Steuersatz (insbesondere Lieferung oder Vermietung von beweglichen Gegenständen an nicht zum Vorsteuerabzug berechtigte Personen).

### 3. Leistungen, mit denen steuerbegünstigte Zwecke selbst verwirklicht werden (Buchst. a Satz 3 Alt. 2)

78 a) Soweit eine Körperschaft mit den Leistungen ihrer in §§ 66–68 AO bezeichneten Zweckbetriebe ihre **steuerbegünstigten Zwecke selbst verwirklicht**, kommt der ermäßigte Steuersatz uneingeschränkt zur Anwendung.

Diese Voraussetzungen liegen bei den **folgenden** Katalog-**Zweckbetrieben** vor[1]:

- **Krankenhäuser** i.S.d. § 67 AO;
- **Sportvereine** mit ihren **Sportveranstaltungen** unter den Voraussetzungen des § 67a AO[2] (zum *Mitgliederbereich Rz. 71*);
- **Kindergärten**, Kinder-, Jugend- und Studentenheime u.ä. Einrichtungen i.S.d. § 68 Nr. 1 Buchst. b AO; – Einrichtungen für **Beschäftigungs-** und **Arbeitstherapie** i.S.d. § 68 Nr. 3 Buchst. b AO;
- Einrichtungen der **Fürsorge** i.S.d. § 68 Nr. 4 und 5 AO;
- **Kulturelle** Einrichtungen und Veranstaltungen i.S.d. § 68 Nr. 7 AO;
- **Volkshochschulen** u.ä. **Weiterbildungseinrichtungen** i.S.d. § 68 Nr. 8 AO; nicht dazu gehören lt. BFH *umsatzsteuerrechtlich* die Beherbergungs- und Beköstigungsleistungen (*Rz. 88*).

79 b) Auch bei den **Wissenschafts-** und **Forschungseinrichtungen** i.S.d. § 68 Nr. 9 Satz 1 AO, d.h. solchen, deren Träger sich überwiegend aus Zuwendungen der öffentlichen Hand oder Dritter oder aus der Vermögensverwaltung finanzieren, liegen die Voraussetzungen der Steuerermäßigung vor.[3] Begünstigt ist auch die **Auftragsforschung** (§ 68 Nr. 9 Satz 2 AO), nicht jedoch die schlichte Anwendung gesicherter wissenschaftlicher Erkenntnisse und die Übernahme von Projektträgerschaften[4] (§ 68 Nr. 9 Satz 3 AO).

80 Zu den Wissenschafts- und Forschungseinrichtungen i.S.d. § 68 Nr. 9 AO zählen auch solche von **staatlichen Hochschulen**, da diese Körperschaften des öffentlichen Rechts als „Träger"[5] solcher Einrichtungen sich überwiegend aus Zuwendungen der öffentlichen Hand usw. finanzieren.[6] Nicht erforderlich ist, dass die Hochschule für den Zweckbetrieb der **Auftragsforschung** eine gesonderte „**Satzung**" i.S.d. § 59 AO erlässt[7], denn nach dieser Vorschrift reicht es nämlich aus, dass sich aus der „sonstigen Verfassung" der Zweck der Betätigung usw. ergibt.

---

1 Dazu näher Abschn. 12.9 Abs. 10 UStAE.
2 Dazu auch Abschn. 12.9 Abs. 6 UStAE; AEAO zu § 67a.
3 Abschn. 12.9 Abs. 10 Nr. 8 UStAE.
4 Dazu BFH v. 30.11.1995 – V R 29/91, BStBl. II 1997, 189 (191) = UR 1996, 195; BMF v. 22.9.1999 – IV C 6 - S 0171 - 97/99, BStBl. I 1999, 944 – Tz. IV 4.
5 A.A. FG Münster v. 10.4.2014 – 5 K 2409/10, EFG 2014, 1521.
6 Insoweit zutreffend Reg.-Begr. JStG 1997, BR-Drucks. 390/96, 89; *Becker/Volkmann*, DStZ 2007, 529.
7 A.A. Reg.-Begr. JStG 1997, BR-Drucks. 390/96, 89; *Strahl*, UR 2002, 374 (376); *Widmann*, UStB 2003, 53 (55); *Becker/Volkmann*, DStZ 2007, 529; offen gelassen von FG Münster v. 7.12.2010 – 15 K 3110/06 U, EFG 2011, 842.

Diese Voraussetzungen des § 59 AO sind bei einer staatlichen Hochschule per se erfüllt, da das jeweilige Hochschulgesetz die Gemeinnützigkeit (§ 52 Abs. 2 Nr. 1 AO) und die weiteren Anforderungen (§ 55 AO) zwingend vorgibt.[1]

Auch die **Unternehmereigenschaft** ist mit der Auftragsforschung gegeben, da stets[2] ein Betrieb gewerblicher Art i.S.d. § 2 Abs. 3 UStG i.V.m. § 4 KStG gegeben ist.[3] Insbesondere liegt kein Hoheitsbetrieb i.S.d. § 4 Abs. 5 KStG vor, weil die Hochschule insoweit auf der Ebene des Privatrechts tätig wird (*§ 2 Rz. 380*). 81

Der ermäßigte Steuersatz für die Wissenschafts- und Forschungseinrichtungen i.S.d. § 68 Nr. 9 AO ist **nicht mit** Art. 98 Abs. 2 i.V.m. Anhang III **MwStSystRL zu vereinbaren**, da dieser in Kategorie 15 den ermäßigten Steuersatz nur für gemeinnützige Einrichtungen zulässt, die für wohltätige Zwecke oder im Bereich der sozialen Sicherheit tätig sind. Die Auftragsforschung für gewerbliche Auftraggeber dient auch bei großzügigster Auslegung nicht „wohltätigen" Zwecken[4], selbst wenn diese als „Gemeinwohl" verstanden würden. Angesichts des eindeutigen Gesetzeswortlauts kommt jedoch eine restriktive Auslegung oder teleologische Reduktion nicht in Betracht (*Rz. 66*).[5] Allerdings ist die Fragestellung nur in den Fällen von Bedeutung, in denen die Auftraggeber nicht zum Vorsteuerabzug berechtigt sind (*Rz. 7*). 82

c) Für die **übrigen Umsätze** des Zweckbetriebs kommt die Steuerermäßigung nur dann in Betracht, wenn der Zweckbetrieb die Voraussetzungen des § 12 Abs. 2 Nr. 8 Buchst. a Satz 3 Alt. 1 UStG (*Rz. 84 ff.*) erfüllt.[6] 83

### 4. Zweckbetriebe, die nicht in erster Linie der Erzielung zusätzlicher Einnahmen dienen (Buchst. a Satz 3 Alt. 1)

Leistungen, mit deren Ausführung selbst **nicht steuerbegünstigte Zwecke verwirklicht** werden (Warenlieferungen und „normale" Dienstleistungen gegenüber Dritten), unterliegen nur dann dem ermäßigten Steuersatz, wenn die Umsätze des Zweckbetriebs *insgesamt* **nicht in erster Linie der Erzielung von Einnahmen dienen**. Das ist zwar **nicht mit** Art. 98 Abs. 2 i.V.m. Anhang III **MwStSystRL zu vereinbaren**, da diese Leistungen nicht wohltätigen Zwecken dienen, angesichts des eindeutigen Gesetzeswortlauts kommt jedoch eine restriktive Auslegung oder teleologische Reduktion nicht in Betracht (*Rz. 66*). 84

a) Zweckbetriebe i.S.d. **§ 65 AO** (*Rz. 72 ff.*) erfüllen die Voraussetzung des § 12 Abs. 2 Nr. 8 Buchst. a Satz 3 Alt. 1 UStG auf Grund der Vorgabe des § 65 Nr. 3 AO per se, so dass der ermäßigte Steuersatz **stets** anzuwenden ist.[7] 85

---

1 *Stadie* in R/D, § 4 Nr. 21a UStG Anm. A 4.
2 A.A. *Olbertz*, BB 1997, 1768 (1772); *Strahl*, UR 2002, 374 (375).
3 *Stadie* in R/D, § 2 UStG Anm. 849 ff., 880 ff.
4 *Stadie* in R/D, § 4 Nr. 21a UStG Anm. 6; *Hummel* in R/D, § 12 Abs. 2 Nr. 8 UStG Anm. 25; a.A. FS Bayern, BR-Drucks. 198/07 – Begr. zu Art. 1.
5 *Hummel* in R/D, § 12 Abs. 2 Nr. 8 UStG Anm. 26; a.A. FG Münster v. 10.4.2014 – 5 K 2409/10, EFG 2014, 1521.
6 Abschn. 12.9 Abs. 8 Satz 8 UStAE.
7 Abschn. 12.9 Abs. 9 Satz 2 UStAE.

86 Entsprechendes gilt für **bestimmte Zweckbetriebe** aus dem **Katalog** der §§ 66–68 AO, die schon auf Grund der dort genannten Einschränkungen die Voraussetzungen des § 12 Abs. 2 Nr. 8 Buchst. a Satz 3 Alt. 1 UStG erfüllen. Dazu gehören[1] Einrichtungen der **Wohlfahrtspflege** i.S.d. § 66 AO, **Altenheime** u.Ä. sowie **Mahlzeitendienste** i.S.d. § 68 Nr. 1 Buchst. a AO. Von der Begünstigung werden auch Leistungen wie „Betreutes Wohnen", „Hausnotrufleistungen", „Betreute Krankentransporte" u.Ä. erfasst.[2]

87 Auch **Selbstversorgungseinrichtungen** i.S.d. § 68 Nr. 2 AO erfüllen auf Grund der Einschränkung durch den 2. Halbsatz stets die Voraussetzung des § 12 Abs. 2 Nr. 8 Buchst. a Satz 3 Alt. 1 UStG. Als andere Einrichtung i.S.d. § 68 Nr. 2 Buchst. b AO ist nicht ein gemeinnütziger Verein anzusehen, der Verwaltungs- und Geschäftsführungsleistungen für Mitgliedsvereine erbringt.[3]

88 Nach Auffassung des BFH sollen bei **Volkshochschulen** u.ä. **Weiterbildungseinrichtungen** i.S.d. § 68 Nr. 8 AO Beherbergungs- und Beköstigungsleistungen im Rahmen eines eigenständigen Zweckbetriebs erbracht werden, mit dem keine steuerbegünstigten Zwecke verwirklicht werden, und diese Umsätze im Wettbewerb mit Hotelbetrieben in erster Linie der Erzielung zusätzlicher Einnahmen dienen.[4] Das widerspricht dem eindeutigen Wortlaut des § 12 Abs. 2 Nr. 8 UStG, der auf die §§ 51–68 AO Bezug nimmt, so dass die Auffassung des BFH, die Zweckbetriebseigenschaft sei umsatzsteuerrechtlich zu bestimmen, eine Missachtung des klaren Gesetzeswortlauts ist. Dass die Anknüpfung an den Zweckbetrieb i.S.d. AO verfehlt ist (*Rz. 68*), berechtigt den BFH nicht, Gesetzgeber zu spielen. Nach dem eindeutigen § 68 Nr. 8 AO ist die Beherbergung und Beköstigung der Teilnehmer als Teil eines einheitlichen Zweckbetriebs zu sehen. Für die Beherbergungsleistungen kommt indes § 12 Abs. 2 Nr. 11 UStG in Betracht.

89 **b)** Die Umsätze des Zweckbetriebs **dienen** nach Auffassung des BMF insgesamt **nicht in erster Linie der Erzielung von Einnahmen**, wenn der Zweckbetrieb sich nicht zu mehr als 50 % aus derartigen Einnahmen finanziere; davon sei auszugehen, wenn der Gesamtumsatz i.S.d. § 19 Abs. 3 UStG gegenüber nicht zum Vorsteuerabzug berechtigten Personen 35 000 € (Bagatellgrenze des § 64 Abs. 3 AO) im Jahr nicht übersteigt.[5] Das ergibt indes keinen Sinn, da sich ein Betrieb nicht aus Einnahmen, sondern nur aus Überschüssen finanzieren kann.

90 Bei **Werkstätten** für **Behinderte** i.S.d. § 68 Nr. 3 Buchst. a AO geht das BMF davon aus, dass der Verkauf der Waren nicht in erster Linie der Erzielung zusätzlicher Einnahmen dient, wenn die Wertschöpfung der verkauften Waren mehr als 10 % des Warenwertes beträgt.[6]

---

1 Abschn. 12.9 Abs. 9 Satz 3 UStAE.
2 Abschn. 12.9 Abs. 10, Sätze 2 ff. UStAE.
3 BFH v. 29.1.2009 – V R 46/06, BStBl. II 2009, 560.
4 BFH v. 8.3.2012 – V R 14/11, BStBl. II 2012, 630: vgl. auch Abschn. 12.9 Abs. 10 Nr. 7 i.V.m. Abs. 11 UStAE.
5 Abschn. 12.9 Abs. 11 Satz 5 UStAE.
6 Abschn. 12.9 Abs. 12 UStAE.

Für **Integrationsprojekte** i.S.d. § 68 Nr. 3 Buchst. c AO hat das BMF einen Katalog von Vermutungen und Anhaltspunkten dafür, dass die Erzielung von Einnahmen im Vordergrund steht, aufgestellt.[1]

Bei **behördlich genehmigten Lotterien und Ausspielungen** (§ 68 Nr. 6 AO) geht die Finanzverwaltung auch bei Überschreiten der Bagatellgrenze (*Rz. 88*) davon aus, dass diese nicht in erster Linie der Erzielung von Einnahmen dienen, wenn der Gesamtpreise der Lose je Lotterie oder Ausspielung den Betrag von 40 000 € nicht überschreiten.[2] 91

### 5. Zusammenschlüsse (Nr. 8 Buchst. b)

Der ermäßigte Steuersatz gilt auch für die Leistungen der **nichtrechtsfähigen Personenvereinigungen** (*Personengesellschaften;* die erwähnten „Gemeinschaften" ergeben keinen Sinn, da diese nicht Unternehmer sein können; *§ 2 Rz. 26 ff.*), deren Gesellschafter ausschließlich Körperschaften i.S.d. § 12 Abs. 2 Nr. 8 Buchst. a UStG sind, wenn die Leistungen, sollten die Körperschaften sie anteilig selbst ausführen, insgesamt nach dieser Vorschrift ermäßigt besteuert würden (§ 12 Abs. 2 Nr. 8 Buchst. b UStG). Die Leistungen müssen mithin sämtlich durch Zweckbetriebe (Ausnahme: Fälle des § 58 Nr. 4 AO) erbracht werden. Soll ein steuerschädlicher wirtschaftlicher Geschäftsbetrieb geführt werden, so muss dafür eine gesonderte Personengesellschaft gebildet werden.[3] 92

## XI. Schwimm-, Heilbad- u.ä. Leistungen (Nr. 9)

Der ermäßigte Steuersatz gilt ferner für die unmittelbar mit dem Betrieb der **Schwimmbäder** verbundenen Umsätze[4] sowie die Verabreichung von **Heilbädern**[5] (§ 12 Abs. 2 Nr. 9 Satz 1 UStG). Die Erteilung von Schwimmunterricht zählt entgegen BMF nicht dazu.[6]

Nach Auffassung des BFH soll auch das Betreiben (**Betriebsführung**) eines Schwimmbades für eine Gemeinde ein unmittelbar mit dem Betrieb des Schwimmbades zusammenhängender Umsatz sein.[7] Das ist mehrfacher Hinsicht verfehlt. Zum einen soll die Steuerermäßigung nur die Leistungen gegenüber den Verbrauchern (Nutzern) begünstigen (*Rz. 7*), was auch die „Verabreichung von Heilbädern" bestätigt (die Betriebsführung einer Heilbadeinrichtung wird zweifelsfrei nicht erfasst), zum anderen darf nach Art. 98 Abs. 2 i.V.m. Anhang III Nr. 14 MwStSystRL nur die „Überlassung von Sportanlagen" begünstigt werden. 93

---

1 Abschn. 12.9 Abs. 13 UStAE; vgl. auch BFH v. 23.2.2012 – V R 59/09, BStBl. II 2012, 544.
2 Abschn. 12.9 Abs. 14 UStAE. Zur vorhergehenden BMF-Regelung s. FG Rh.-Pf. v. 23.2.2012 – 6 K 1868/10, EFG 2012, 1202.
3 Vgl. Abschn. 12.10 UStAE.
4 Dazu näher Abschn. 12.11 Abs. 1 und 2 UStG.
5 Dazu näher Abschn. 12.11 Abs. 3 UStAE.
6 FG Münster v. 26.10.2012 – 5 K 1778/09 U, EFG 2013, 251 – Rev.-Az. XI R 43/12.
7 BFH v. 19.11.2009 – V R 29/08, UR 2010, 336 – Rz. 14; vgl. auch BFH v. 18.6.2009 – V R 4/08, BStBl. II 2010, 310 – 2b bb der Gründe; FG Sachs. v. 16.10.2013 – 2 K 1183/13, EFG 2014, 391. Nicht dazu zählt die Errichtung und der Betrieb eines Schwimmbades für eine Gemeinde; BFH v. 11.2.2010 – V R 30/08, BFH/NV 2010, 2125.

94 Die Steuerermäßigung kommt nur dann in Betracht, wenn diese Dienstleistungen den Kern der jeweiligen Leistung bilden und **nicht** nur Elemente einer zusammengesetzten, **komplexen Leistung** bilden (*Beispiel:* Verschaffung der Möglichkeit, eine Freizeit-Sport-Fitness-Anlage, welche auch ein Schwimmbad enthält, zu einem Pauschalpreis zu nutzen).[1]

95 Die Verabreichung von **Heilbädern** muss **Heilzwecken** oder der Gesundheitsvorsorge dienen, d.h. einer „Thermal*behandlung*" (Anhang III Nr. 17 MwStSystRL) entsprechen.[2] Das trifft nicht auf die Verabreichung eines **Starksolebades** zu[3] und ist auch bei einer Saunabenutzung in einem sog. **Fitnessstudio** o.Ä.[4] **nicht** der Fall.[5] Kosmetischen oder ähnlichen Zwecken dienende UV-Lichtbehandlungen in Bräunungs- und Sonnenstudios werden ebenfalls nicht erfasst.[6]

96 Der ermäßigte Steuersatz gilt auch für die **Bereitstellung** von **Kureinrichtungen**, soweit als Entgelt eine **Kurtaxe** zu entrichten ist (§ 12 Abs. 2 Nr. 9 Satz 2 UStG). Eine Grundlage dafür findet sich allerdings in Anhang III MwStSystRL nicht.

97 Eine Kurtaxe wird üblicherweise in Fremdenverkehrsorten von Kurgästen als Gegenleistung dafür erhoben, dass diesen die Möglichkeit geboten wird, die Einrichtungen und Anlagen, welche zu Heil-, Kur- oder sonstigen Fremdenverkehrszwecken bereitgestellt werden, in Anspruch zu nehmen.[7] Die steuerpflichtige Dienstleistung besteht mithin in der Verschaffung der Möglichkeit („Bereitstellung"), diese Einrichtungen nutzen zu können. Folglich sind die Kurtaxen stets in vollem Umfang der Besteuerung zu unterwerfen, unabhängig davon, ob und inwieweit die Einrichtungen tatsächlich in Anspruch genommen wurden.[8] Auf die Bezeichnung kommt es nicht an, so dass auch **Kurbeiträge** oder **Kurabgaben**, wenn sie Kurtaxen entsprechen, erfasst werden.[9]

## XII. Kurze Beförderungen (Nr. 10)

98 Der ermäßigte Steuersatz gilt gem. § 12 Abs. 2 Nr. 10 UStG auch für bestimmte Beförderungsleistungen (*§ 3b Rz. 2*), die die **Hauptleistung** darstellen und nicht Teil komplexer Leistungen (*§ 3a Rz. 10*) sind, die einem anderen Steuersatz unterliegen (*Rz. 102*). Die Vermietung von Beförderungsmitteln (dazu *§ 3a Rz. 48*) ist keine Beförderungsleistung (*Rz. 103*). Die Vorschrift erfasst mit Ausnahme des Fährverkehrs nur Personenbeförderungen.

---

1 Vgl. BFH v. 8.9.1994 – V R 88/92, BStBl. II 1994, 959; BFH v. 28.9.2000 – V R 14, 15/99, BStBl. II 2001, 78; Abschn. 12.11 Abs. 1 Satz 4 UStAE.
2 BFH v. 12.5.2005 – V R 54/02, BStBl. II 2007, 283.
3 BFH v. 28.8.2014 – V R 24/13, BStBl. II 2015, 194.
4 Vgl. auch BFH v. 6.2.2002 – V B 36/01, BFH/NV 2002, 824 – Männersauna mit Kontaktanbahnung.
5 BFH v. 12.5.2005 – V R 54/02, BStBl. II 2007, 283; BFH v. 24.4.2008 – XI B 231, 232, 233/07, BFH/NV 2008, 1370; **a.A.** Abschn. 12.11 Abs. 4 Sätze 1 und 2 UStAE; BMF v. 20.3.2007 – IV A 5 - S 7243/07/0002, BStBl. I 2007, 307 – ohne auf die zutreffende Begründung des BFH einzugehen.
6 Vgl. BFH v. 18.6.1993 – V R 1/89, BStBl. II 1993, 853.
7 Vgl. § 34 Abs. 2 Satz 1 i.V.m. Abs. 1 Sächs. KAG.
8 Lt. Abschn. 12.11 Abs. 5 Satz 2 UStAE „aus Vereinfachungsgründen".
9 Abschn. 12.11 Abs. 4 Sätze 3 und 4 UStAE.

Die Ermäßigung gilt für die 99
- Beförderung von **Personen** im
  - **Schienenbahnenverkehr**[1],
  - Verkehr mit **Oberleitungsomnibussen**[2],
  - genehmigten **Linienverkehr** mit **Kraftfahrzeugen**[3],
  - Verkehr mit **Taxen**,
  - im Verkehr mit **Drahtseilbahnen** und sonstigen mechanischen **Aufstiegshilfen** aller Art und
  - im genehmigten **Linienverkehr** mit **Schiffen**[4] sowie die
- Beförderungen (von **Personen** und **Gegenständen**) im **Fährverkehr**[5],

jeweils mit der **Einschränkung**, dass die Beförderung

a) **innerhalb** einer **Gemeinde** erfolgt oder[6]

b) außerhalb einer Gemeinde die **Beförderungsstrecke nicht mehr als fünfzig Kilometer** beträgt[7].

Als Personenbeförderungen im **genehmigten**[8] **Linienverkehr** mit Kraftfahrzeugen sind auch **Stadtrundfahrten**[9] sowie bestimmte Beförderungen von **Arbeitnehmern** zwischen Wohnung und Arbeitsstelle **durch** den **Arbeitgeber** mit eigenen Fahrzeugen[10] anzusehen. 100

Die Steuerermäßigung der Beförderung von Person im Verkehr mit **Taxen**[11] setzt entgegen der Auffassung der Finanzverwaltung[12] nicht voraus, dass sie durch den Genehmigungsinhaber mit eigenbetriebenen Taxen erbracht wird.[13] Wird 101

---

1 Dazu Abschn. 12.13 Abs. 2 UStAE.
2 Dazu Abschn. 12.13 Abs. 3 UStAE.
3 Dazu näher Abschn. 12.13 Abs. 4 bis 6 UStAE.
4 Dazu näher Abschn. 12.13 Abs. 10a UStAE.
5 Dazu näher Abschn. 12.13 Abs. 10b UStAE.
6 Diese Unterscheidung hält sich im Rahmen der gesetzgeberischen Typisierungsbefugnisse; BFH v. 19.7.2007 – V R 68/05, BStBl. II 2008, 208.
7 Dazu näher Abschn. 12.14 Abs. 2 bis 4 UStAE; BFH v. 19.4.2012 – V R 35/11, BFH/NV 2012, 1834.
8 Der Genehmigung soll nach Ansicht des FG Bln.-Bdb. Rückwirkung zukommen; FG Berlin-Bdb. v. 17.9.2013 – 7 V 7112/13, EFG 2014, 75. Richtigerweise greift indes der § 17 Abs. 1 Satz 7 UStG zugrunde liegende allgemeine umsatzsteuerrechtliche Grundsatz (*§ 17 Rz. 89 f.*).
9 BFH v. 30.6.2011 – V R 44/10, BStBl. II 2011, 1003.
10 Dazu näher Abschn. 12.15 UStAE.
11 Art. 98 Abs. 1 i.V.m. Anhang III Kategorie 5 MwStSystRL steht der Beschränkung auf Personenbeförderungen mit Taxen und der Nichtbegünstigung von Personenbeförderungen mit sog. **Mietwagen** grundsätzlich nicht entgegen, s. EuGH v. 27.2.2014 – C-454/12 und C-455/12, UR 2014, 490; BFH v. 2.7.2014 – XI R 22/10, UR 2015, 22. Anders kann es sein, wenn von einem Mietwagenunternehmer durchgeführte Krankentransporte auf mit Krankenkassen geschlossenen Sondervereinbarungen beruhen, die gleichermaßen für Taxiunternehmer gelten; BFH v. 2.7.2014 – XI R 39/10, UR 2015, 28.
12 Abschn. 12.13 Abs. 7 Satz 6 UStAE.
13 Vgl. FG BW v. 4.8.2009 – 1 V 1346/09, EFG 2010, 87 – (AdV) für Krankenfahrten.

bei einer Taxifahrt vereinbarungsgemäß **auch** die **Rückfahrt** von dem wartenden Fahrer durchgeführt, so liegt eine als Einheit zu sehende Beförderung vor.[1] Dass bei gesonderter Anforderung einer Rückfahrt der ermäßigte Steuersatz anzuwenden wäre, ist ohne Belang, da das Warten dem Zeitgewinn und der Bequemlichkeit des Fahrgastes dient, so dass zwei unterschiedliche Sachverhalte vorliegen, die nicht gleichgelagert sind. Anders liegt es, wenn zwar bereits bei Beginn der Fahrt die Rückfahrt vereinbart worden, aber eine gesonderte Anfahrt erforderlich ist.[2]

102 Eine Personenbeförderungsleistung (*§ 3b Rz. 2*) i.S.d. § 12 Abs. 2 Nr. 8 UStG muss die Hauptleistung darstellen und darf **nicht Teil** einer **komplexen Leistung** (*Rz. 9*) anderer Art sein, wie z.B. bei einer **Wasserski-Seilbahn**[3], einem **Skilift in** einer **Hallenanlage**[4] oder einer Bergaufbeförderung bei einer **Sommerrodelbahn**[5].

103 Die **Vermietung** von **Beförderungsmitteln** (dazu *§ 3a Rz. 48*) wie z.B. die Überlassung von Draisinen[6] oder die Überlassung von schienengebundenen Schlitten zur Talfahrt[7] ist **keine** Beförderungsleistung.

104 Der ermäßigte Steuersatz erstreckt sich auch auf die **Nebenleistungen** zu einer begünstigten Personenbeförderung, insbesondere in Gestalt der Beförderung des **Reisegepäcks**.[8]

## XIII. Beherbergungen, Vermietung von Campingflächen (Nr. 11)

105 Dem ermäßigten Steuersatz unterliegen auch die Vermietung von Wohn- und Schlafräumen, die ein Unternehmer zur kurzfristigen Beherbergung von Fremden bereithält, sowie die kurzfristige Vermietung von Campingflächen. Das gilt nicht für Leistungen, die nicht unmittelbar der Vermietung dienen, auch wenn diese Leistungen mit dem Entgelt für die Vermietung abgegolten werden (§ 12 Abs. 2 Nr. 1 Sätze 1 und 2 UStG).

Mit dieser ab 2010 geltenden Steuerermäßigung wird – politisch gewollt – das **Beherbergungsgewerbe subventioniert**, weil kein Unternehmer in dieser Branche zum 1.1.2010 seine Zimmerpreise entsprechend herabsetzte, so dass entgegen dem Zweck einer Steuerermäßigung (*Rz. 7*) nicht die Verbraucher begünstigt werden.

Die **Kurzfristigkeit** der Vermietung im Sinne des Satzes 1 entspricht der des § 4 Nr. 12 Satz 2 UStG (s. *§ 4 Nr. 12 Rz. 31 u. 35*).

---

1 BFH v. 24.10.1990 – V B 60/89, UR 1991, 169; FG MV v. 25.9.2001 – 2 K 137/99, EFG 2001, 1625.
2 BFH v. 31.5.2007 – V R 18/05, BStBl. II 2008, 206; BFH v. 19.7.2007 – V R 68/05, BStBl. II 2008, 208; Abschn. 12.14 Abs. 5 UStAE.
3 FG München v. 2.2.2011 – 3 K 2953/10, EFG 2011, 1293.
4 FG Nds v. 19.8.2010 – 16 K 332/09, EFG 2011, 83 – bestätigt durch BFH v. 26.6.2011 – XI B 87/10, BFH/NV 2011, 2128.
5 FG Thür. v. 11.12.2013 – 3 K 506/13, EFG 2014, 593.
6 BFH v. 6.12.2012 – V R 36/11, BFH/NV 2013, 934.
7 BFH v. 20.2.2013 – XI R 12/11, BStBl. II 2013, 645.
8 Dazu Abschn. 12.13 Abs. 11 UStAE.

Die erbrachte Leistung muss unmittelbar der **Beherbergung dienen**. Das soll nach Auffassung des BMF bei **bestimmten "Nebenleistungen" auch** dann der Fall sein, wenn sie **gegen gesondertes Entgelt** erbracht werden.[1] Erfasst wird auch die **Zwischenvermietung an** z.B. **Reiseveranstalter**.[2] Die Überlassung von Räumlichkeiten in sog. **Stundenhotels** dient **nicht** der Beherbergung.[3]   106

Die Steuerermäßigung gilt nicht für Leistungen, die **nicht unmittelbar** der **Vermietung dienen**, auch wenn sie mit dem Entgelt für die Vermietung abgegolten sind (**Satz 2**). Zu derartigen Leistungen zählen namentlich die Verpflegung, die Ermöglichung des Zugangs zu Kommunikationsnetzen, die Getränkeversorgung u.Ä.[4] Wenn diese Leistungen nicht besonders berechnet werden, soll nach Auffassung des **BMF** das Entgelt **aufzuteilen** sein.[5] Für die danach vorzunehmende **Schätzung**[6] sieht das BMF **Vereinfachungen**[7] vor.   107

Die **Gesetzesformulierung** bringt das indes nicht zum Ausdruck und ergibt **keinen Sinn**, denn wenn "Nebenleistungen" mit dem Entgelt für die *Vermietung* "abgegolten" sind, dann lässt sich für sie kein Entgeltsanteil bestimmen. Der Gesetzgeber verkennt, dass, bei Übernachtung mit **Frühstück**, mit "Halb-" oder "**Vollpension**" keine reine Vermietung, sondern ein **gemischter Vertrag** vorliegt, der vornehmlich aus Vermietungs- und Werkvertragselementen besteht; nicht etwa ist die Verpflegung eine Nebenleistung zur Vermietung.[8] Gemeint ist folglich, dass entgegen dem sonst bestehenden Aufteilungsverbot (§ 3 Rz. 197) eine Aufteilung in eine ermäßigt besteuerte Vermietung und eine mit dem Regelsatz zu besteuernde Verpflegungsleistung vorzunehmen ist.[9] Das gilt nicht für die Überlassung von unberechneten **Parkplätzen**.[10]   108

## XIV. Kunstgegenstände und Sammlungsstücke (Nr. 12 und 13)

Die **Einfuhr** der in der Nummer 49 Buchstabe f (**Briefmarken und dergleichen als Sammlungsstücke**) und den Nummern 53 (**Kunstgegenstände**) und 54 (andere **Sammlungsstücke**) der Anlage 2 bezeichneten Gegenstände unterliegt (weiterhin) dem ermäßigten Steuersatz (§ 12 Abs. 2 **Nr. 12** UStG). Bis zum 31.12.2013 ergab sich das aus § 12 Abs. 2 Nr. 1 UStG a.F.   109

Die **Lieferung** und der **innergemeinschaftliche Erwerb** der in Anlage 2 Nr. 53 UStG bezeichneten Gegenstände (**Kunstgegenstände**) wird bei nach dem   110

---

1 Dazu Abschn. 12.16 Abs. 4 UStAE.
2 Abschn. 12.16 Abs. 3 Satz 5 UStAE.
3 Vgl. Abschn. 12.16 Abs. 2 UStAE; BFH v. 22.8.2013 – V R 18/12, BStBl. II 2013, 1058; FG Hamburg v. 7.5.2014 – 2 K 293/13, juris, Rev.-Az. V R 30/14.
4 Dazu im Einzelnen Abschn. 12.16 Abs. 8 Satz 2 UStAE.
5 Abschn. 12.16 Abs. 8 Satz 1 UStAE.
6 Abschn. 12.16 Abs. 11 UStAE.
7 Abschn. 12.16 Abs. 12 UStAE.
8 So aber BFH v. 15.1.2009 – V R 9/06, BStBl. II 2010, 433; BFH v. 24.4.2013 – XI R 3/11, BStBl. II 2014, 86 – Rz. 48 u. 57; BFH v. 21.11.2013 – V R 33/10, UR 2014, 310; BFH v. 20.3.2014 – V R 25/11, UR 2014, 710.
9 Zust. BFH v. 24.4.2013 – XI R 3/11, BStBl. II 2014, 86 – Rz. 50 u. 57.
10 FG Nds. v. 16.1.2014 – 5 K 273/13, juris – Rev.-Az. XI R 11/14.

31.12.2013 ausgeführten Umsätzen nur noch dann ermäßigt besteuert (§ 12 Abs. 2 **Nr. 13** UStG), wenn die Lieferung

1. vom **Urheber** der Gegenstände oder dessen Rechtsnachfolger (*Rz. 111*) bewirkt werden (Nr. 13 **Buchst. a**) oder

2. von einem **Unternehmer** bewirkt wird, der **kein Wiederverkäufer** i.S.d. § 25a Abs. 1 Nr. 1 Satz 2 UStG ist, und die Gegenstände

   – vom Unternehmer in das Gemeinschaftsgebiet **eingeführt** wurde (Nr. 13 **Buchst. b Doppelbuchst. aa**),

   – von ihrem **Urheber** oder dessen Rechtsnachfolger **an** diesen **Unternehmer geliefert** wurde (Nr. 13 Buchst. **b Doppelbuchst. bb**) oder

   – den Unternehmer **zum** vollen **Vorsteuerabzug berechtigt** hat (Nr. 13 Buchst. **b Doppelbuchst. cc**).

Bis zum 31.12.2013 bestand eine generelle Ermäßigung nach § 12 Abs. 2 Nr. 1 UStG a.F.

111 **Urheber** ist derjenige Künstler, der den Kunstgegenstand geschaffen hat. **Rechtsnachfolger** ist grundsätzlich nur der Gesamtrechtsnachfolger (§ 1922 BGB), d.h. der Erbe. Der Einzelrechtsnachfolger kommt nur bei unentgeltlichem Erwerb vom Urheber aufgrund einer Schenkung oder eines Vermächtnisses[1] bzw. beim unentgeltlichen Erwerb des Künstlerunternehmens (§ 1 Abs. 1a UStG) in Betracht. Im Falle des **Buchstaben a** handelt es sich um normale steuerpflichtige Lieferungen. Im Falle des **Buchstaben b Doppelbuchstabe bb** können nur nicht steuerbare oder nach § 19 Abs. 1 UStG steuerfreie Lieferungen gemeint sein, da bei normalen steuerpflichtigen Lieferungen der Erwerber nach Buchstabe b Doppelbuchstabe cc zum Vorsteuerabzug berechtigt ist.

112 Ein Lieferer ist **kein Wiederverkäufer**, wenn er **nicht gewerbsmäßig** mit beweglichen körperlichen Gegenstände handelt oder solche im eigenen Namen öffentlich versteigert (§ 25a Abs. 1 Nummer 1 Satz 2 UStG; dazu *§ 25a Rz. 9 ff.*). Ein Lieferer ist auch dann Wiederverkäufer, wenn er im Rahmen seiner Wiederverkäufertätigkeit nur gelegentlich Kunstgegenstände veräußert.[2] Es muss sich mithin um eine Lieferung handeln, die als sog. **Hilfsgeschäft** (Art. 103 Abs. 2 Buchst. b MwStSystRL: „Gelegenheitslieferung") steuerpflichtig ist.[3] Das ist der Fall, wenn der Kunstgegenstand vom Lieferer als Gegenstand des Anlagevermögens in das Gemeinschaftsgebiet eingeführt und anschließend im Inland steuerpflichtig innergemeinschaftlich erworben oder steuerpflichtig im Inland vom Urheber oder von einem Kunsthändler erworben worden war und der Erwerb demgemäß zum vollen Vorsteuerabzug berechtigt hatte (Buchstabe b Doppelbuchstabe cc).

---

1 Insoweit ebenso BMF v. 18.12.2014 – IV D 2 – S 7246/14/10001, BStBl. I 2015, 44 – Rz. 9.
2 BMF v. 18.12.2014 – IV D 2 - S 7246/14/10001, BStBl. I 2015, 44 – Rz. 11.
3 Ebenso BMF v. 18.12.2014 – IV D 2 - S 7246/14/10001, BStBl. I 2015, 44 – Rz. 12.

## § 13
## Entstehung der Steuer

(1) Die Steuer entsteht

1. für Lieferungen und sonstige Leistungen

   a) bei der Berechnung der Steuer nach vereinbarten Entgelten (§ 16 Abs. 1 Satz 1) mit Ablauf des Voranmeldungszeitraums, in dem die Leistungen ausgeführt worden sind. Das gilt auch für Teilleistungen. Sie liegen vor, wenn für bestimmte Teile einer wirtschaftlich teilbaren Leistung das Entgelt gesondert vereinbart wird. Wird das Entgelt oder ein Teil des Entgelts vereinnahmt, bevor die Leistung oder die Teilleistung ausgeführt worden ist, so entsteht insoweit die Steuer mit Ablauf des Voranmeldungszeitraums, in dem das Entgelt oder das Teilentgelt vereinnahmt worden ist,

   b) bei der Berechnung der Steuer nach vereinnahmten Entgelten (§ 20) mit Ablauf des Voranmeldungszeitraums, in dem die Entgelte vereinnahmt worden sind,

   c) in den Fällen der Beförderungseinzelbesteuerung nach § 16 Abs. 5 in dem Zeitpunkt, in dem der Kraftomnibus in das Inland gelangt,

   d) in den Fällen des § 18 Abs. 4c mit Ablauf des Besteuerungszeitraums nach § 16 Abs. 1a Satz 1, in dem die Leistungen ausgeführt worden sind,

   e) in den Fällen des § 18 Abs. 4e mit Ablauf des Besteuerungszeitraums nach § 16 Abs. 1b Satz 1, in dem die Leistungen ausgeführt worden sind[1];

2. für Leistungen im Sinne des § 3 Abs. 1b und 9a mit Ablauf des Voranmeldungszeitraums, in dem diese Leistungen ausgeführt worden sind;

3. im Fall des § 14c Abs. 1 in dem Zeitpunkt, in dem die Steuer für die Lieferung oder sonstige Leistung nach Nummer 1 Buchstabe a oder Buchstabe b entsteht, spätestens jedoch im Zeitpunkt der Ausgabe der Rechnung;

4. im Fall des § 14c Abs. 2 im Zeitpunkt der Ausgabe der Rechnung;

5. im Fall des § 17 Abs. 1 Satz 6 mit Ablauf des Voranmeldungszeitraums, in dem die Änderung der Bemessungsgrundlage eingetreten ist;

6. für den innergemeinschaftlichen Erwerb im Sinne des § 1a mit Ausstellung der Rechnung, spätestens jedoch mit Ablauf des dem Erwerb folgenden Kalendermonats;

7. für den innergemeinschaftlichen Erwerb von neuen Fahrzeugen im Sinne des § 1b am Tag des Erwerbs;

8. im Fall des § 6a Abs. 4 Satz 2 in dem Zeitpunkt, in dem die Lieferung ausgeführt wird;

9. im Fall des § 4 Nr. 4a Satz 1 Buchstabe a Satz 2 mit Ablauf des Voranmeldungszeitraums, in dem der Gegenstand aus einem Umsatzsteuerlager ausgelagert wird.

---
1 Eingefügt mit Wirkung vom 1.1.2015 durch Art. 9 Nr. 4 i.V.m. Art. 28 Abs. 5 des Gesetzes v. 25.7.2014.

**(2)** Für die Einfuhrumsatzsteuer gilt § 21 Abs. 2.

**(3)** (weggefallen)

*EU-Recht*

Art. 62–71 MwStSystRL.

*VV*

Abschn. 13.1–13.6 UStAE.

| | |
|---|---|
| A. Allgemeines .................. 1 | D. Entnahmen, unentgeltliche Leistungen (Abs. 1 Nr. 2) ...... 41 |
| B. Besteuerung nach vereinbarten Entgelten, sog. Soll-Versteuerung (Abs. 1 Nr. 1 Buchst. a) | E. Unrichtiger oder unberechtigter Steuerausweis (Abs. 1 Nr. 3 und 4) ....................... 44 |
| I. Grundsätzliches .............. 5 | F. Innergemeinschaftlicher Erwerb (Abs. 1 Nr. 6 und 7) .... 48 |
| II. Ausführung der Leistung (Satz 1) ....................... 12 | G. Sonstige Fälle (Abs. 1 Nr. 5, 8 und 9) ..................... 53 |
| III. Teilleistungen (Sätze 2 und 3) .. 19 | H. Einfuhrumsatzsteuer (Abs. 2) .. 58 |
| IV. Vorauszahlungen u.Ä. (Satz 4) .. 27 | I. Annex: Steueransprüche in der Insolvenz ................... 59 |
| C. Besteuerung nach vereinnahmten Entgelten, sog. Ist-Versteuerung (Abs. 1 Nr. 1 Buchst. b) .... 35 | |

## A. Allgemeines

1 Der **Entstehungszeitpunkt** der Steuer ist im Rahmen des Umsatzsteuergesetzes (zur weiteren Bedeutung der Entstehung s. *Rz. 4*) für die Zuordnung der Steuer zu den Besteuerungs- und Voranmeldungszeiträumen von **Bedeutung**. Bei der Berechnung der Steuer für das Kalenderjahr ist von der Summe der Umsätze auszugehen, soweit für sie die Steuer in diesem entstanden ist (§ 16 Abs. 1 Satz 2 UStG); Entsprechendes gilt für den jeweiligen Voranmeldungszeitraum (§ 18 Abs. 1 Satz 2 UStG). Der Entstehungszeitpunkt der Steuer ist nicht nur in § 13 UStG, sondern für bestimmte Umsätze auch in § 13b Abs. 1–4 UStG geregelt. Letztere Bestimmung gilt entgegen ihrem Wortlaut nur, wenn der Leistungsempfänger Steuerschuldner nach § 13b Abs. 5 UStG ist (s. *§ 13b Rz. 8 f.*). Von der Entstehung ist die **Fälligkeit** der Steuer zu **unterscheiden** (dazu *Rz. 9 ff.* sowie *§ 18 Rz. 36 f.*). – Die Entstehung der **Vorsteuer**vergütungsansprüche (vulgo: Erstattungsansprüche) i.S.d. § 15 UStG richtet sich nicht nach § 13 UStG (*§ 16 Rz. 40 f.*).

2 Das Umsatzsteuergesetz kennt – anders als z.B. das Einkommensteuerrecht für die Jahreseinkommensteuer (§ 36 Abs. 1 EStG) – **keine Jahresumsatzsteuer**, die erst mit Ablauf des Kalenderjahres endgültig entstünde. Vielmehr entsteht die Steuer für die Umsätze nach § 13 UStG (von Sonderfällen abgesehen) **endgültig** mit **Ablauf** des jeweiligen **Voranmeldungszeitraums**, auch wenn die Steuer erst verspätet in der Jahresanmeldung bzw. Jahresfestsetzung erfasst wird. Folglich stellt sich die Frage nach der Entstehung der Steuer hinsichtlich des Unter-

schiedsbetrages i.S.d. § 18 Abs. 4 Satz 1 UStG überhaupt nicht. Nicht etwa entsteht, wie der VII. Senat des BFH[1] meint, die Steuer für das Kalenderjahr mit Ablauf des letzten Voranmeldungszeitraums bzw. des Kalenderjahres. Für eine derartige „Auslegung" des Gesetzes besteht kein Anlass, da an sie keine Rechtsfolgen geknüpft wären. Die Jahresberechnung nach § 16 Abs. 1 und 2 UStG bewirkt nämlich nicht, dass die für die einzelnen Voranmeldungszeiträume entstandenen Steuer- bzw. Vorsteuerüberschüsse dergestalt miteinander zu verrechnen wären, dass sie rückwirkend entfielen; die Jahresberechnung dient im Regelfall nur Kontrollzwecken (*§ 16 Rz. 3 u. Rz. 31*). Demgemäß sind auch die Begriffe „Voranmeldungszeitraum" und „Vorauszahlungen" (§ 18 Abs. 1 UStG) verfehlt und das Festhalten des Gesetzgebers an diesen nicht nachvollziehbar (*§ 18 Rz. 11 f.*).

Nach dem Gesetzeswortlaut entsteht die Steuer für die Umsätze zu den in § 13 UStG (bzw. § 13b UStG) genannten Zeitpunkten, wenn die jeweiligen Voraussetzungen für den steuerpflichtigen Umsatz nach dem Umsatzsteuergesetz objektiv vorliegen. Auf die subjektiven Vorstellungen der Beteiligten kommt es danach nicht an. Das kann bei einem **unverschuldeten Irrtum** des Unternehmers über seine Unternehmereigenschaft, die Steuerpflicht des Umsatzes, den Umfang der Bemessungsgrundlage oder die Höhe des Steuersatzes gegen das **Übermaßverbot** als Ausfluss des verfassungs- und unionsrechtlich fundierten Verhältnismäßigkeitsgrundsatzes verstoßen. Da der Unternehmer nur als Gehilfe (Steuereinsammler) des Staates fungiert (*Vorbem. Rz. 20*), darf das Risiko der zutreffenden umsatzsteuerrechtlichen Behandlung der Sachverhalte nicht in unzumutbarer Weise vom Staat auf den zwangsverpflichteten Gehilfen abgeschoben werden. Allerdings muss dieser bei – aus seiner Sicht gegebenen – Zweifelsfällen eine verbindliche Auskunft des Finanzamts einholen oder den Vorgang vorsorglich als steuerpflichtig behandeln (*Vorbem. Rz. 21*). 3

Die **Abgabenordnung** knüpft insbesondere mit den Haftungstatbeständen der §§ 74 und 75 AO (vgl. *§ 13a Rz. 15*) sowie für den Beginn der Festsetzungsfrist (§ 170 Abs. 2 Satz 1 Nr. 1 AO) und den Beginn des Zinslaufes (§ 233a Abs. 2 Satz 1 AO) an die Entstehung der Steuer an. 4

**Insolvenzrechtlich** ist die Entstehung im umsatzsteuerrechtlichen Sinne nur bei Masseverbindlichkeiten von Bedeutung. Anderenfalls geht es um die **Begründetheit** des Steueranspruchs als Insolvenzforderung i.S.d. § 38 InsO, sofern nicht richtigerweise ein Absonderungsrecht für den Steuergläubiger besteht (*Rz. 59 ff.*).

## B. Besteuerung nach vereinbarten Entgelten, sog. Soll-Versteuerung (Abs. 1 Nr. 1 Buchst. a)

### I. Grundsätzliches

**1.** Die Steuer ist bei **entgeltlichen Umsätzen** grundsätzlich **nach vereinbarten Entgelten** zu **berechnen** (§ 16 Abs. 1 Satz 1 UStG; sog. Soll-Versteuerung; Soll-Prinzip). Lediglich in den Fällen des § 20 UStG darf die Berechnung nach verein- 5

---

1 BFH v. 12.10.1999 – VII R 98/98, BStBl. II 2000, 486 (488); BFH v. 11.3.2004 – VII R 19/02, BStBl. II 2004, 967; BFH v. 25.5.2004 – VII R 29/02, BStBl. II 2005, 3 – 4a der Gründe; widersprüchlich BFH v. 7.7.2011 – V R 42/09, UR 2011, 870 – Rz. 26.

nahmten Entgelten erfolgen. Mit „Entgelten" sind nicht diejenigen i.S.d. § 10 Abs. 1 UStG gemeint, da diese als reine umsatzsteuerrechtliche Rechengrößen (*§ 10 Rz. 4*) nicht vereinbart werden können, sondern die Gegenleistungen i.S.d. § 1 Abs. 1 Nr. 1 UStG (s. *§ 1 Rz. 74*).

6 Mit der Steuerberechnung korrespondieren die Regeln über die Steuerentstehung. Diese ist unabhängig davon, ob bzw. in welcher Höhe Steuer in einer Rechnung ausgewiesen ist (vgl. *§ 10 Rz. 12 u. 14*). Im Falle der Soll-Versteuerung entsteht, wenn der leistende Unternehmer Steuerschuldner ist (*Rz. 1*), die Steuer grundsätzlich mit **Ablauf des Voranmeldungszeitraums, in dem** die **Leistungen ausgeführt** worden sind (§ 13 Abs. 1 Nr. 1 Buchst. a Satz 1 UStG); auf die Vereinnahmung der Gegenleistung kommt es danach nicht an (zur Steuerentstehung, wenn der Leistungsempfänger Steuerschuldner ist, s. *§ 13b Rz. 132 ff.*). Die entstandene Steuer soll nach den Vorstellungen des Gesetzes grundsätzlich zehn Tage später **fällig** sein (§ 18 Abs. 1 Satz 4 UStG), was indes schon nicht mit den Regeln der AO zu vereinbaren ist (*§ 18 Rz. 36*).

7 Soweit der Leistung **keine Vereinbarung** zugrunde liegt, sondern diese kraft Gesetzes ausgeführt wird oder als ausgeführt anzusehen ist (*§ 1 Rz. 45 ff., 56 ff.*), findet ebenfalls das Soll-Prinzip Anwendung, da § 16 Abs. 1 Satz 1 UStG nur den Regelfall benennt, ohne damit den atypischen ausschließen zu wollen, und § 20 UStG diesen nicht erfasst.

8 Die Steuerentstehung mit **Ablauf** des Voranmeldungszeitraums gilt auch dann, wenn der Unternehmer von der Abgabe von Voranmeldungen nach § 18 Abs. 2 Satz 2 UStG befreit ist. **Voranmeldungszeitraum** kann nach § 18 Abs. 2 Sätze 1, 2 und 4 oder Abs. 2a Satz 1 UStG das Kalendervierteljahr oder der Kalendermonat sein (dazu *§ 18 Rz. 21 ff.*).

9 **2.** Die Bestimmung des § 18 Abs. 1 Satz 4 UStG, der zufolge die nach dem **Soll** entstandene Steuer zehn Tage nach Ablauf des Voranmeldungszeitraums, in dem der Umsatz ausgeführt worden ist, **fällig** sein soll, unabhängig davon, ob die Gegenleistung bis dahin eingegangen ist, steht insoweit im **diametralen Gegensatz** zum **Zweck** der **Umsatzsteuer**. Diese will als allgemeine, indirekte Verbrauchsteuer den Aufwand des jeweiligen Empfängers der Leistung belasten (*Vorbem. Rz. 15 ff.*). Die Unternehmer haben folglich als zwangsverpflichtete Gehilfen des Staates nur die Funktion von Steuereinsammlern (*Vorbem. Rz. 20*). Müssen sie ihre Umsätze nach dem Soll versteuern, so werden sie zur **Vorfinanzierung** der Steuer gezwungen, soweit ihre Kunden die Gegenleistung nicht bis zum Fälligkeitstermin der Steuer entrichtet haben.

10 Der Zwang zur **Vorfinanzierung** der Steuer zugunsten des Staates durch das sog. Soll-Prinzip führt zu einem Eingriff in die allgemeine Handlungsfreiheit (Art. 2 Abs. 1 GG) bzw. die Berufsausübungsfreiheit (Art. 12 Abs. 1 GG) des Unternehmers. Ein solcher Eingriff ist **verfassungs-** und **unionsrechtswidrig**, weil er gegen den Verhältnismäßigkeitsgrundsatz[1] verstößt (*Vorbem. Rz. 44*). Dieses Prinzip verlangt für staatliches Handeln, dass belastende Maßnahmen zur Erreichung eines Gesetzesziels geeignet, erforderlich und angemessen sein müssen. Die Steu-

---

1 Dazu bereits *Stadie*, UR 2004, 136 (140).

ererhebung beim Unternehmer vor Vereinnahmung des Preises ist schon nicht geeignet, jedenfalls aber **nicht erforderlich**, um den Gesetzeszweck zu erreichen. Das mildere und einfachere, gleich wirksame Mittel ist die Besteuerung der jeweils tatsächlich vereinnahmten Gegenleistungen (s. *Vorbem. Rz. 44 f.*).

Zur Vermeidung der Verfassungswidrigkeit der Regeln über die Soll-Versteuerung ist das Gesetz **verfassungskonform auszulegen**, indem (vorläufige) **Uneinbringlichkeit** i.S.d. **§ 17 Abs. 2 Nr. 1 Satz 1** UStG als Nichtvereinnahmung der Gegenleistung im Zeitpunkt der Fälligkeit der Steuer verstanden wird (*§ 17 Rz. 53*). Folglich ist die nach dem Gesetzeswortlaut entstandene Steuer gar nicht erst in die Steuerberechnung für den betreffenden Voranmeldungszeitraum einzubeziehen und nicht abzuführen, wenn zum **Zeitpunkt der** an sich nach dem Gesetzeswortlaut eintretenden Fälligkeit der Steuer die Gegenleistung noch nicht vereinnahmt worden ist. Dasselbe Ergebnis tritt durch eine **verfassungskonforme Reduktion des § 18 Abs. 1 Satz 4** UStG ein (*§ 18 Rz. 37*). Art. 206 Satz 2 MwStSystRL erlaubt es den Mitgliedstaaten, den Zeitpunkt der Fälligkeit der Steuer zu bestimmen. 11

## II. Ausführung der Leistung (Satz 1)

Die Steuer entsteht grundsätzlich mit Ablauf des Voranmeldungszeitraums, in dem die Leistung ausgeführt worden ist (§ 13 Abs. 1 Nr. 1 Buchst. a Satz 1 UStG), sofern keine Teilleistungen vorliegen (*Rz. 19 ff.*) und soweit nicht die Gegenleistung ganz oder zum Teil in einem früheren Voranmeldungszeitraum vereinnahmt worden ist (*Rz. 27 ff.*). Auf den Zeitpunkt der **Rechnungserteilung** kommt es **nicht** an, erst recht **nicht** auf die **Vereinnahmung** der Gegenleistung. 12

Die Leistung ist ausgeführt, wenn sie „bewirkt" (Art. 63 MwStSystRL) worden ist. Das ist der Fall, wenn (sofern die Leistung auf vertraglicher Grundlage erbracht wird) das nach dem Vertrag **geschuldete Verhalten**, von unwesentlichen Mängeln abgesehen, erfolgt ist, indem dem Vertragspartner der geschuldete Leistungsinhalt verschafft worden ist. Das gilt nicht nur bei **sonstigen Leistungen**[1], sondern auch bei **Lieferungen**. Entsprechendes gilt bei einer Leistung, die nicht auf vertraglicher Grundlage erfolgt (dazu *§ 1 Rz. 44 ff., 56 ff.*); sie ist ausgeführt („bewirkt"), wenn der andere den Vorteil, dessen Verschaffung die Leistung ausmacht (*§ 1 Rz. 10, 57 ff., 62*), empfangen hat. 13

Eine **Lieferung** ist zu dem Zeitpunkt ausgeführt, in dem dem Abnehmer die Verfügungsmacht an dem Gegenstand verschafft worden ist (dazu *§ 3 Rz. 16 ff.*). Das ist bei einer **Werklieferung** (*§ 3 Rz. 105 ff.*) regelmäßig der Zeitpunkt der **Abnahme**[2] des fertigen, allenfalls mit nur unwesentlichen Mängeln versehenen Werks. Eine solche liegt konkludent auch in der Ingebrauchnahme des Werkes.[3] Entsprechendes gilt bei sog. **Werkleistungen**. Wird die Abnahme zu Unrecht ver- 14

---
1 Vgl. zur **Vermittlung** und **Vertretung** FG Köln v. 3.11.2005 – 10 K 1294/02, EFG 2006, 226; sowie BMF v. 11.8.2006 – IV A 5 - S 7210 - 23/06, BStBl. I 2006, 477 – Rz. 40 f.
2 Vgl. BFH v. 9.11.2006 – V R 9/04, BStBl. II 2007, 285 (288) – 2b der Gründe.
3 Vgl. Abschn. 13.2 Nr. 1 Satz 5 UStAE; OFD Karlsruhe v. 19.9.2005 – USt-Kartei S 7270 - Karte 2, UR 2006, 302 – Tz. 1.

weigert oder hinausgezögert, so ist die Werklieferung zu dem Zeitpunkt ausgeführt, zu dem die Abnahme redlicherweise hätte erfolgen müssen.

15 Bei einer **vorzeitigen Beendigung** eines Werkvertrages durch Kündigung beschränkt sich der Lieferungsumfang auf das unfertige Werk, wenn dieses beim Auftraggeber verbleibt; die Lieferung ist dann im Zeitpunkt der Kündigung ausgeführt. Entsprechendes gilt im Falle der **Insolvenz** des Unternehmers oder Auftraggebers bei Ablehnung der weiteren Erfüllung des Vertrages seitens des Insolvenzverwalters. Die Lieferung beschränkt sich auf das **unfertige Werk**, welches im Zeitpunkt der Insolvenzeröffnung ausgeführt worden ist[1] (vgl. auch *§ 1 Rz. 50*). Entsprechendes gilt bei sog. **Werkleistungen**.

16 Bei einer **Versendungs- oder Beförderungslieferung** bestimmt sich der Zeitpunkt der Ausführung der Lieferung ebenfalls danach, ob und wann dem Abnehmer Verfügungsmacht i.S.d. § 3 Abs. 1 UStG verschafft worden ist[2], und nicht nach § 3 Abs. 6 und 7 UStG. Diese Vorschriften bestimmen nach ihrem klaren Wortlaut sowie dem des § 3 Abs. 5a UStG nur den Ort der Lieferung, *wenn* eine solche vorliegt[3], nicht etwa fingieren sie eine solche und deren Zeitpunkt.[4] Ob und wann eine Lieferung vorliegt, bestimmt sich danach, wer die Gefahr des Untergangs der Ware während des Transportes ab welchem Zeitpunkt trägt (*§ 1 Rz. 33* u. *§ 3 Rz. 39* u. *120*). Es widerspräche dem Gesetzeszweck, eine Steuer nach § 13 Abs. 1 Nr. 1 Buchst. a Satz 1 UStG entstehen zu lassen, die dann auch fällig würde (§ 18 Abs. 1 Satz 3 und 4 i.V.m. § 16 Abs. 1 Satz 3 UStG), obwohl der Käufer mangels Gefahrtragung nicht den Kaufpreis zu zahlen hat. Schlicht abwegig ist es vor allem, in einem solchen Fall den Verkäufer auf die nachträgliche[5] Berichtigung der Steuer wegen „Uneinbringlichkeit" (sic!) der Gegenleistung i.S.d. § 17 Abs. 2 Nr. 1 UStG zu verweisen.[6] Diese Grundsätze gelten auch bei **Reihengeschäften**.[7] Bei einem **Kauf auf Probe** wird die Verfügungsmacht erst im Zeitpunkt der Billigung durch den Käufer verschafft.[8]

---

1 Vgl. BFH v. 2.2.1978 – V R 128/76, BStBl. II 1978, 483 (485); BFH v. 28.2.1980 – V R 90/75, BStBl. II 1980, 535 (537); BFH v. 24.4.1980 – V S 14/79, BStBl. II 1980, 541; BFH v. 30.4.2009 – V R 1/06, BStBl. II 2010, 138 (141); BGH v. 22.11.2007 – VII ZR 83/05, BGHZ 175, 267 = UR 2008, 156; Abschn. 3.9 UStAE.
2 Vgl. BFH v. 1.2.2007 – V R 41/04, UR 2007, 339.
3 Insoweit zutreffend Abschn. 3.12 Abs. 7 Satz 2 UStAE.
4 So aber Abschn. 13.1 Abs. 2 Satz 2 UStAE; *Nieskens* in R/D, § 13 UStG Anm. 136 ff.; *Heuermann/Martin* in S/R, § 3 UStG Rz. 459; *Lippross*, 2.3.6.3 – S. 193; *Grube*, MwStR 2014, 772.
5 *Beispiel*: Der Verkäufer, welcher die Versendungsgefahr trägt, versendet die Ware am 31.3. Diese geht am 2.4. durch höhere Gewalt unter, so dass der Käufer den Kaufpreis nicht zu entrichten hat. Der Verkäufer hätte nach der verfehlten, o.g. Auffassung einen ausgeführten Umsatz mit der vereinbarten Gegenleistung für den VAZ März anzumelden und die Steuer am 10.4. zu entrichten. Er könnte die Steuer erst mit der folgenden Voranmeldung berichtigen. Ist sein VAZ das Kalendervierteljahr, müsste er ein Vierteljahr warten.
6 So ausdrücklich *Heuermann/Martin* in S/R, § 3 UStG Rz. 459.
7 A.A. *Nieskens* in R/D, § 13 UStG Anm. 141 ff.; *Birkenfeld* in B/W, § 151 Rz. 41.
8 BFH v. 6.12.2007 – V R 24/05, BStBl. II 2009, 490 = UR 2008, 334; Abschn. 13.1 Abs. 6 UStAE; *Birkenfeld*, UR 2006, 80 (85); *Hummel*, UR 2007, 757.

Ist bei einem **Ratenkauf**, einem sog. **Mietkauf** oder einem sog. **Leasingverhältnis** der Gegenstand von Anbeginn dem Käufer bzw. sog. Leasingnehmer zuzurechnen mit der Folge, dass (schon) eine **Lieferung** vorliegt, so ist diese mit Übergabe der Sache ausgeführt (*§ 3 Rz. 34 f.*). Folglich stellt sich die vereinbarte Gegenleistung für die Lieferung als **Summe aller** zu erbringenden Raten-, „Miet-" bzw. „Leasing"-**Zahlungen** einschließlich der Sonderzahlungen dar.[1] Die Steuer entsteht mithin nach Maßgabe dieser Gegenleistung mit Ablauf des Voranmeldungszeitraums der Lieferung, was, wenn sie auch dann schon geschuldet würde, zu einem erheblichen Vorfinanzierungseffekt führen würde. Richtigerweise ist indes hinsichtlich der noch ausstehenden **Raten** von **vorläufiger Uneinbringlichkeit** i.S.d. § 17 Abs. 2 Nr. 1 Satz 1 UStG auszugehen, so dass die Raten letztlich nach dem sog. **Ist-Prinzip** zu versteuern sind (*§ 17 Rz. 56*). Entsprechendes gilt auch für den Vorsteuerabzug des Erwerbers (*§ 17 Rz. 54*).

17

Eine **Grundstückslieferung** ist regelmäßig mit der Übergabe ausgeführt (*§ 3 Rz. 40*). Allerdings entsteht die Steuer entgegen dem Wortlaut des § 13b Abs. 2 UStG richtigerweise erst mit Zahlung des Kaufpreises (*§ 13b Rz. 134*).

18

### III. Teilleistungen (Sätze 2 und 3)

1. Bei Teilleistungen entsteht die Steuer nicht erst mit Ausführung der gesamten Leistung, sondern bereits mit Ablauf des Voranmeldungszeitraums, in dem die Teilleistung ausgeführt worden ist (§ 13 Abs. 1 Nr. 1 Buchst. a Satz 2 i.V.m. Satz 1 UStG). Teilleistungen liegen vor, wenn **für bestimmte Teile** einer wirtschaftlich teilbaren Leistung das „**Entgelt**" (richtig: die Gegenleistung) **gesondert vereinbart** wird (§ 13 Abs. 1 Nr. 1 Buchst. a Satz 3 UStG). Typischer Fall ist die Erbringung einer Gesamtleistung sukzessive (in Teilen) und die Vereinbarung, dass für die jeweiligen Teile der Leistung eine entsprechende anteilige Gegenleistung gesondert geschuldet ist. Der Umfang der Gesamtleistung und der Gesamtgegenleistung muss nicht feststehen (*Beispiel:* **Dauerschuldverhältnisse**, deren Laufzeit ungewiss ist und die durch Kündigung beendet werden).[2]

19

Art. 64 Abs. 1 MwStSystRL ist offener formuliert, denn danach „gelten" Leistungen, „die zu aufeinander folgenden Abrechnungen oder Zahlungen Anlass" geben, „jeweils als mit Ablauf des Zeitraums bewirkt, auf den sich diese Abrechnungen oder Zahlungen beziehen". Das ergibt allerdings keinen Sinn, weil die jeweiligen „Lieferungen ... und Dienstleistungen" ohnehin mit Ablauf des Zeitraums, auf den sie sich beziehen, bewirkt wurden. Auf eine **Vereinbarung** kommt es nach Art. 64 Abs. 1 MwStSystRL **nicht** an, so dass das „Anlass-Geben" objektiv zu sehen ist und sich nicht nach den subjektiven Vorstellungen der Beteiligten bestimmt. § 13 Abs. 1 Nr. 1 Buchst. a Satz 3 UStG ist entsprechend extensiv auszulegen.[3] Folglich können **Teilleistungen** auch noch **nach-**

20

---

1 BFH v. 1.10.1970 – V R 49/70, BStBl. II 1971, 34 (36).
2 Vgl. BMF v. 11.8.2006 – IV A 5 - S 7210 - 23/06, BStBl. I 2006, 477 – Rz. 24.
3 A.A. FG Berlin-Bdb. v. 12.3.2014 – 7 K 7163/11, EFG 2014, 1248. Im hier vertretenen Sinne, wenn auch mit verfehlter Heranziehung des BewG, BFH v. 28.2.1991 – V R 12/85, BStBl. II 1991, 649 – der bei einem Nießbrauch an einem Grundstück gegen ein zinsloses Darlehen ohne weiteres jeweils den Jahreswert der Kapitalüberlassung der Umsatzsteuer

träglich vereinbart werden, bei **Steuersatzerhöhungen** entgegen der Auffassung des BMF[1] auch noch nach dem Stichtag (*§ 27 Rz. 13*).

2.1 Die einzelnen Teilleistungen werden von § 13 Abs. 1 Nr. 1 Buchst. a Satz 2 UStG wie eigenständige Leistungen (Umsätze) behandelt, weil sie auch jeweils Gegenstand einer gesonderten Vereinbarung sein, d.h. auch als eigenständige Leistungen hätten erbracht werden können. Folglich kann die Abgrenzung dahinstehen, ob im Einzelfall von einem Vertrag mit mehreren Leistungsteilen (ein Umsatz mit mehreren Teilleistungen) oder von einem Bündel mehrerer Verträge (mehrerer Umsätze) auszugehen ist. Dem liegt der **Gedanke** zugrunde, dass bei der Soll-Versteuerung der Zeitpunkt der Steuerentstehung nicht von dem Zufall abhängen darf (Gleichbehandlungsgrundsatz), ob durch einen Vertrag eine Gesamtleistung (ein Umsatz) vereinbart wird, dessen Teile jedoch sukzessive abgerechnet und abgegolten werden, oder ob über die Teile jeweils sukzessive gesonderte Verträge geschlossen werden, so dass jeweils gesonderte Umsätze gegeben sind. Mithin kommt eine Teilleistung in Betracht, wenn ihr Inhalt Gegenstand eines separaten Schuldverhältnisses (Vertrages) sein könnte.

**Beispiele**[2]

(1) In einem **Mietvertrag** sind monatliche Mietzinszahlungen vereinbart. Die monatlichen Nutzungsüberlassungen stellen Teilleistungen dar, weil für sie die entsprechenden Gegenleistungen gesondert vereinbart sind. Sie sind mit Ablauf des jeweiligen Monats ausgeführt.[3]

(2) Ein **Bauunternehmer** hat sich verpflichtet, zu sog. Einheitspreisen die Maurer- und Betonarbeiten sowie den Innen- und Außenputz bei einem zu errichtenden Bauwerk auszuführen. Es ist vereinbart, dass die Maurer- und Betonarbeiten gesondert abgenommen und abgerechnet werden. Es handelt sich um eine Teilleistung (dazu auch *§ 27 Rz. 14*), da sie einen Teil einer wirtschaftlich teilbaren Leistung (Ausführung der gesamten Werklieferung des Bauunternehmers) darstellt, für den die Gegenleistung gesondert vereinbart ist. Diese Teilleistung der Werklieferung ist mit Abnahme (*Rz. 14*; s. aber auch *§ 27 Rz. 14*) der Maurer- und Betonarbeiten ausgeführt. Entsprechendes gilt für die später ausgeführten Putzarbeiten.

2.2 **2.** Wird **gegen gestreckte Zahlungen** (Raten, Renten o.Ä.) nur scheinbar **einmal** eine **Verpflichtung eingegangen** oder ein **Recht übertragen**, so ist eine **Dauerleistung** in Gestalt von **Teilleistungen** anzunehmen. Der Gesetzeszweck verlangt, entsprechend den jeweiligen Zahlungsabschnitten von der konkludenten Vereinbarung von Teilleistungen auszugehen, da für die Dauer der Zahlungen sukzessive Vorteile in Gestalt der Einhaltung der Verpflichtung bzw. der Möglichkeit, das Recht auszuüben, verschafft werden. Die **gegenteilige Sichtweise** des BFH, die zukünftigen Zahlungen zu kapitalisieren und den **Kapitalwert** als einmalige Gegenleistung anzusehen (*Rz. 23*), würde zu einer ggf. jahrzehntelangen Vorfinanzierung der Steuer führen, was im diametralen Gegensatz zum Zweck der Umsatzsteuer und der Funktion des Unternehmers (*Vorbem. Rz. 20*) stünde.

---

unterwarf und mithin von Teilleistungen ausgegangen sein muss; vgl. auch Abschn. 10.5 Abs. 1 Satz 11 UStAE.

1 BMF v. 11.8.2006 – IV A 5 - S 7210 - 23/06, BStBl. I 2006, 477 – Rz. 21 und 25; vgl. auch BFH v. 9.3.2006 – V B 77/05, BFH/NV 2006, 1530.
2 Zu weiteren Beispielen s. *Nieskens* in R/D, § 13 UStG Anm. 145; Abschn. 13.4 UStAE.
3 Vgl. BFH v. 9.9.1993 – V R 42/91, BStBl. II 1994, 269; ferner BFH v. 18.4.2013 – V R 19/12, BStBl. II 2013, 842.

Diese Auslegung wird auch von **Art. 64 Abs. 1 MwStSystRL** gefordert, wonach Dienstleistungen, die „zu aufeinander folgenden" Abrechnungen oder „Zahlungen Anlass geben", jeweils mit Ablauf des Zeitraums als bewirkt gelten, auf den sich diese Abrechnungen oder Zahlungen beziehen. Auf eine **Vereinbarung** kommt es danach **nicht** an (*Rz. 19*).

Gleichwohl hat der **BFH** beim Übergang einer sog. **Milchquote** auf den Pächter eine einmalige Leistung angenommen und eine Dauerleistung verneint[1], die jährlichen Zahlungen kapitalisiert und den **Kapitalwert** nach Maßgabe des BewG[2] als umsatzsteuerrechtliche Gegenleistung i.S. des § 10 Abs. 1 Satz 2 UStG der Besteuerung zugrunde gelegt.[3] Richtigerweise liegt auch in der „Überlassung" der Milchquote für die Dauer des Pachtvertrages eine andauernde (fortwährende) Zuwendung eines Vorteils. Bei dieser Dauerleistung ist für den auf jedes Jahr entfallenden Teil die Gegenleistung („das Entgelt") in Gestalt der jährlichen Zahlung als gesondert vereinbart anzusehen.[4]

3. Keine Teilleistungen liegen vor, wenn zwar vor oder während der Ausführung der Gesamtleistung Zahlungen zu erbringen sind, diese jedoch nicht bestimmten Teilen der Gesamtleistung zuzuordnen sind, sondern lediglich **Abschlagszahlungen** (Vorauszahlungen) auf die Gesamtgegenleistung darstellen. Während bei einer Teilleistung die Steuer schon mit deren Ausführung entsteht, unterliegen die Abschlagszahlungen der sog. Ist-Versteuerung (*Rz. 27 ff.*).

4. Im umgekehrten Fall, in dem für eine **Dauerleistung** zu deren Beginn ein **Einmalbetrag** gezahlt wurde, sind entsprechend Art. 64 Abs. 1 MwStSystRL (*Rz. 20*) Teilleistungen anzunehmen.[5] Der Einmalbetrag ist nicht als Vorauszahlung i.S.d. § 13 Abs. 1 Nr. 1 Buchst. a Satz 4 UStG zu verstehen; vielmehr liegt ein Darlehen vor mit der Befugnis, dieses sukzessive um die jeweiligen Teilleistungsentgelte nach Ausführung der jeweiligen Teilleistungen zu kürzen (vgl. *Rz. 34*). Entsprechendes gilt für den Zinsvorteil bei **zinslosen** oder **zinsgünstigen Darlehen** als Gegenleistung, wenn fehlerhaft (*§ 1 Rz. 87 ff.*) insoweit von einem steuerbaren tauschähnlichen Vorgang ausgegangen wird.[6]

5. Die **Behandlung** der Teilleistungen **wie eigenständige Leistungen (Umsätze)** ist vom Umsatzsteuergesetz zwar nur für die Steuerentstehung vorgesehen, aus dem zugrunde liegenden Gedanken, dass es keinen Unterschied ausmachen kann, ob eine Gesamtleistung, d.h. nur ein Umsatz vereinbart wird, dessen Teile

23

24

25

26

---

1 BFH v. 17.3.1994 – V R 39/92, BStBl. II 1994, 538.
2 Ebenso BFH v. 12.11.1987 – V B 52/86, BStBl. II 1988, 156; BFH v. 28.2.1991 – V R 12/85, BStBl. II 1991, 649; Abschn. 10.5 Abs. 1 Satz 10 UStAE.
3 BFH v. 5.11.1998 – V R 45/96, BFH/NV 1999, 835 – Rz. 19.
4 Insoweit zutreffend BFH v. 28.2.1991 – V R 12/85, BStBl. II 1991, 649 – Besteuerung der jeweiligen Jahresleistung, was bedeutet, dass von Teilleistungen ausgegangen wurde.
5 Das verkennt BFH v. 11.2.2010 – V R 30/08, BFH/NV 2010, 2125 – Errichtung und Betrieb eines Schwimmbades für 10 Jahre gegen einen im Voraus entrichteten Einmalbetrag der Gemeinde.
6 Ebenso BFH v. 12.11.1987 – V B 52/86, BStBl. II 1988, 156 – marktunüblich niedrig verzinstes Darlehen als Gegenleistung für Übernahme der Verpflichtung von Grundstückseigentümern zur Schaffung von Kfz-Stellplätzen durch Parkhausbetreiber; BFH v. 28.2.1991 – V R 12/85, BStBl. II 1991, 649 – zinsloses Darlehen als Tauschgegenleistung für Nießbrauchseinräumung; Abschn. 10.5 Abs. 1 Satz 10 UStAE.

gesondert abgerechnet werden, oder ob über die Teile gesonderte Verträge abgeschlossen werden, so dass mehrere Umsätze vorliegen (*Rz. 20*), folgt indes, dass dieser **Grundsatz für das gesamte Umsatzsteuerrecht** gilt.[1] Folglich ist stets dann, wenn eine Regelung von einer Lieferung, sonstigen Leistung oder einem Umsatz spricht, diese Vorschrift auch auf Teilleistungen anzuwenden (Beispiele: § 14 und § 15 UStG). Das gilt insbesondere **auch** bei **Änderungen des Gesetzes**; „Umsätze" i.S.d. § 27 Abs. 1 Satz 1 UStG sind auch Teilleistungen (s. auch *§ 27 Rz. 13*).

### IV. Vorauszahlungen u.Ä. (Satz 4)

27 Wird die Gegenleistung oder ein Teil davon vor Ausführung der Leistung oder Teilleistung vereinnahmt (zur Vereinnahmung *Rz. 36 ff.*), so entsteht die Steuer insoweit bereits mit Ablauf des Voranmeldungszeitraums der Vereinnahmung (§ 13 Abs. 1 Nr. 1 Buchst. a Satz 4 UStG), sofern nicht die Leistung bzw. Teilleistung noch in demselben Voranmeldungszeitraum ausgeführt wird (so dass die Steuer bereits nach Satz 1 oder 2 entsteht). Betroffen sind insbesondere **Anzahlungen, Abschlagszahlungen** und **Vorauszahlungen** (sofern kein Darlehen vorliegt, *Rz. 34*) für noch zu erbringende, fest **vereinbarte**[2] Leistungen, auch wenn die Zahlungen freiwillig erfolgen. Die Leistung ist auch dann vereinbart, wenn der Zahlungsempfänger von vornherein nicht vorhatte, die Leistung zu erbringen und der Zahlende das nicht erkennen konnte[3] (vgl. *§ 15 Rz. 277*).

28 **Beispiele**

(1) Ein Mieter von Gewerberäumen leistet einen sog. **verlorenen Baukostenzuschuss**. Hierbei handelt es sich um die Vorauszahlung eines Teils des Mietzinses für die Dauer des Mietverhältnisses.

(2) Der Mieter (oder sog. Leasingnehmer) eines beweglichen Gegenstandes entrichtet eine **Sonderzahlung**. Auch hierbei handelt es sich um eine Vorauszahlung eines Teils des gesamten Mietzinses für die Dauer des Mietverhältnisses (s. auch *§ 27 Rz. 26*).

(3) Mit dem Erwerb eines **Gutscheins** für eine bestimmte Leistung wird eine Vorauszahlung erbracht[4]; nicht etwa, so aber der EuGH, stellt bereits die Ausgabe des Gutscheins die Leistung dar (*§ 1 Rz. 28*). Mit dem Erwerb einer aktivierten **Guthabenkarte** im Mobilfunkbereich wird eine Vorauszahlung für zu erbringende Telekommunikationsleistungen des Kartenherausgebers getätigt.[5]

29 **Entgegen** der ganz h.M.[6] dürfen nur **Zahlungen** (so zutreffend der korrespondierende § 15 Abs. 1 Satz 1 Nr. 1 Satz 3 UStG) erfasst werden, **nicht** auch **Lieferungen** oder **sonstige Leistungen** als voraus entrichtete Gegenleistungen für noch zu erbringende Leistungen **im Rahmen eines** vereinbarten **Tausches oder** einer **tauschähnlichen Leistung** (*§ 1 Rz. 87 ff.*).

---

1 Vgl. Abschn. 12.1 Abs. 4 UStAE.
2 Vgl. EuGH v. 21.2.2006 – C-419/02, EuGHE 2006, I-1685 = UR 2006, 289; EuGH v. 13.3.2014 – C-107/13, UR 2014, 705 – Rz. 36; BFH v. 24.8.2006 – V R 16/05, BStBl. II 2007, 340.
3 A.A. FG Münster v. 3.4.2014 – 5 K 383/12, EFG 2014, 877.
4 OFD Karlsruhe v. 25.8.2011 – USt-Kartei S 7270 - Karte 3, UR 2012, 123.
5 Vgl. BMF v. 3.12.2001 – IV B 7 - S 7100 - 292/01, BStBl. I 2001, 1010.
6 Abschn. 13.5 Abs. 2 UStAE; EuGH v. 19.12.2012 – C-549/11, UR 2013, 215; BFH v. 17.3.2010 – XI R 17/08, UR 2010, 943; BFH v. 15.4.2010 – V R 10/08, BStBl. II 2010, 879.

**Beispiel**

Der Käufer eines Neufahrzeuges mit einer Lieferzeit von drei Monaten gibt bereits bei Vertragsabschluss ein **Altfahrzeug in Zahlung**. Mit der Erlangung der Verfügungsmacht an dem Altfahrzeug wird zwar ein Teil der Gegenleistung (anteiliger Tausch) vereinnahmt, in dem Wert des Fahrzeugs ist jedoch keine Steuer enthalten, die an das Finanzamt abgeführt werden kann. Dementsprechend sind richtigerweise Tauschvorgänge generell nicht steuerbar (*§ 1 Rz. 87 ff.*).

Der **Zweck** der Regelung liegt nicht etwa in der Beseitigung von Zinsvorteilen beim Unternehmer, die dieser aufgrund der voraus entrichteten Gegenleistung anderenfalls hätte[1], denn das wäre blanker Zynismus des Gesetzgebers angesichts des Umstandes, dass die Unternehmer ansonsten nach dem Soll-Prinzip durchgängig die Steuer vorfinanzieren müssen. Die Vorschrift dient vielmehr der **Herstellung** des **Gleichgewichts** von Steuerentrichtung und etwaigem **Vorsteuerabzug** bei den Beteiligten. Da der Zweck des Umsatzsteuergesetzes eine sofortige Entlastung des vorsteuerabzugsberechtigten Unternehmers von der Umsatzsteuer verlangt (Neutralität der Steuer, *§ 15 Rz. 2*), ist der zahlende Unternehmer (wenn er vorsteuerabzugsberechtigt ist) nach § 15 Abs. 1 Satz 1 Nr. 1 Satz 3 UStG bei Vorliegen einer entsprechenden Rechnung zum Vorsteuerabzug hinsichtlich des in der Zahlung enthaltenen Steuerbetrages berechtigt (*Rz. 31*). Die Regelung des § 13 Abs. 1 Nr. 1 Buchst. a Satz 4 UStG ist mithin die notwendige Konsequenz aus der Bestimmung des § 15 Abs. 1 Satz 1 Nr. 1 Satz 3 UStG. Sie ist deshalb nicht etwa ein Systemverstoß und eine unzulässige Kombinierung von Soll- und Ist-Prinzip[2], sondern im Gegenteil – abgesehen davon, dass ein System kein Selbstzweck ist – die sachgerechte Umsetzung des Neutralitätsgedankens und zudem die Anwendung der allein mit dem Wesen der Umsatzsteuer zu vereinbarenden Ist-Besteuerung.

30

**§ 13 Abs. 1 Nr. 1 Buchst. a Satz 4** UStG betrifft diesem Zweck entsprechend nur **Zahlungen vor Ausführung** einer vereinbarten Leistung und führt zu einer **vorläufigen Besteuerung**. Demgemäß kann Steuer **entgegen BFH**[3] nicht etwa auch dann nach § 13 Abs. 1 Nr. 1 Buchst. a Satz 4 UStG entstehen, wenn die **Nichtausführung** der Leistung dem Zahlenden **bereits bei Zahlung bekannt** war. Eine derartige Zahlung erfolgt nicht für eine noch auszuführende Leistung, sondern kann nur eine andere, erbrachte Leistung abgelten oder Schadensersatz darstellen. § 17 Abs. 2 Nr. 2 UStG kann demgemäß entgegen BFH bei einer derartigen Zahlung nicht einschlägig sein (*§ 17 Rz. 64*).

Der Zahlungsempfänger ist verpflichtet, dem Zahlenden eine **Rechnung** mit gesondertem Ausweis der im Zahlungsbetrag rechnerisch enthaltenen Steuer zu erteilen (§ 14 Abs. 5 Satz 1 i.V.m. Abs. 4 UStG; dazu *§ 14 Rz. 26*), damit dieser ggf. den Vorsteuerabzug vornehmen kann (§ 15 Abs. 1 Satz 1 Nr. 1 Satz 3 UStG; dazu *§ 15 Rz. 275 ff.*). Ein vorsteuerabzugsberechtigter Unternehmer wird deshalb Zahlungen vor Ausführung der Leistung (Teilleistung) erst nach Erhalt einer entsprechenden Rechnung tätigen.

31

---

1 So aber BFH v. 21.6.2001 – V R 68/00, BStBl. II 2002, 255; *Nieskens* in R/D, § 13 UStG Anm. 305.
2 So aber *Nieskens*, in R/D, § 13 Anm. 305.
3 BFH v. 15.9.2011 – V R 36/09, BStBl. II 2012, 365 – Rz. 17.

32  Hat sich bis zur Ausführung der Leistung bzw. Teilleistung (Rz. 23) der **Steuersatz geändert**, so ist die Steuer für den Voranmeldungszeitraum, in dem die Leistung (Teilleistung) ausgeführt worden ist, zu berichtigen (§ 27 Abs. 1 Sätze 2 und 3 UStG).

**Beispiele**

In den vorhergehenden Beispielen (1) und (2) zu *Rz. 28* sind mithin die Vorauszahlungen (Baukostenzuschuss bzw. sog. Leasing-Sonderzahlung) auf die Dauer des Mietverhältnisses zu verteilen.[1] Für die jeweiligen auf die Steuersatzänderung folgenden Voranmeldungszeiträume ist dann entsprechend den auf diese jeweils entfallenden Anteilen der Vorauszahlung die Steuer zu berichtigen. Entsprechendes gilt im Beispiel (3) zu *Rz. 28*.

33  Kommt es **nicht** zur **Ausführung** der **Leistung** bzw. der Teilleistung, so ist die Steuer (wie auch der vorgenommene Vorsteuerabzug beim Zahlenden) nach Rückgewähr der Zahlung zu berichtigen (§ 17 Abs. 2 Nr. 2 UStG; dazu näher *§ 17 Rz. 64 ff.*). Entsprechendes gilt, wenn die bei Anzahlung anzunehmende **Steuerpflicht** des Umsatzes im Zeitpunkt der Ausführung der Leistung **nicht** mehr **zutrifft**.[2]

34  Bei einer **Einmalzahlung** für eine Vielzahl von **Leistungen** oder Teilleistungen, die über einen **längeren Zeitraum** zu erbringen sind, kann statt einer Vorauszahlung ein **Darlehen** vorliegen mit der Befugnis, dieses sukzessive um die jeweiligen Gegenleistungen nach Ausführung der entsprechenden Leistungen zu kürzen[3] (*Beispiel:* Erbbaurechtszins als Einmalbetrag, vgl. *§ 4 Nr. 9 Rz. 11* Fn. 5).

## C. Besteuerung nach vereinnahmten Entgelten, sog. Ist-Versteuerung (Abs. 1 Nr. 1 Buchst. b)

35  Die Berechnung der Steuer nach vereinnahmten „Entgelten" (richtig: Gegenleistungen, *Rz. 5*) ist nach dem verfehlten § 16 Abs. 1 Satz 1 UStG die **Ausnahme**, obwohl diese Methode die Regel sein müsste (*Rz. 9 ff.*). Sie kann – nach Genehmigung durch das Finanzamt – vom Unternehmer nur dann vorgenommen werden, wenn und soweit die Voraussetzungen des § 20 UStG erfüllt sind. Insoweit entsteht die Steuer mit Ablauf des Voranmeldungszeitraums, in dem die Gegenleistung vereinnahmt worden ist (§ 13 Abs. 1 Nr. 1 Buchst. b UStG). Die Gegenleistung kann zwar auch aus Sachleistungen (Lieferung oder sonstige Leistung) bestehen (Tausch), eine Steuer entsteht entgegen h.M. jedoch insoweit nicht (*§ 1 Rz. 87 ff.*).

36  Eine **Vereinnahmung** der Gegenleistung (oder von Teilen davon) liegt vor, wenn der Unternehmer darüber wirtschaftlich verfügen kann. Eine wirksame **Aufrechnung** mit einer Gegenforderung führt mithin zur Vereinnahmung der Hauptforderung. Es tritt keine Rückwirkung auf den Zeitpunkt (vgl. § 389 BGB) ein, zu welchem die Forderungen erstmals hätten aufgerechnet werden können.[4]

---

1 Vgl. BFH v. 19.5.1988 – V R 102/83, BStBl. II 1988, 848.
2 Vgl. BFH v. 8.9.2011 – V R 42/10, BStBl. II 2012, 248.
3 Vgl. BFH v. 21.6.2001 – V R 80/99, UR 2001, 446.
4 *Nieskens* in R/D, § 13 UStG Anm. 361 „Aufrechnung"; Abschn. 13.6 Abs. 1 Satz 12 UStAE.

Die **Abtretung** einer **Forderung** des **Leistungsempfängers** bewirkt – unabhängig 37
davon, ob sie erfüllungshalber oder an Erfüllungs statt erfolgt – als solche beim
leistenden Unternehmer noch keine Vereinnahmung; diese tritt erst mit Zahlung des Dritten ein[1], weil bis dahin der Leistungsempfänger nichts i.S.d. § 10
Abs. 1 Satz 2 UStG aufgewendet und der leistende Unternehmer noch keine Liquidität zur Abführung des Steuerbetrags erlangt hat (s. auch *Rz. 39*).

**Zahlungen Dritter** führen nur dann zur Vereinnahmung der Gegenleistung, 38
wenn sie für den Leistungsempfänger (*§ 10 Rz. 57*; *§ 17 Rz. 62*) oder für die Leistung (§ 10 Abs. 1 Satz 3 UStG) erfolgen (*§ 10 Rz. 61 f.*; vgl. auch *§ 17 Rz. 63*). Bei
Hereinnahme eines **Wechsels** tritt Vereinnahmung folglich erst mit **Einlösung**
durch den sog. Akzeptanten und nicht schon bei **Diskontierung** durch ein Kreditinstitut ein.[2] Dieses zahlt nicht für den Leistungsempfänger, sondern gewährt
mit der Diskontierung dem leistenden Unternehmer einen Kredit (*§ 10 Rz. 43*).

Hat der leistende Unternehmer seine Forderung auf die Gegenleistung gegen 39
Entgelt **abgetreten** (verkauft; sog. **Factoring**), so liegt in der Erlangung des Kaufpreises für die Forderung keine Vereinnahmung der Gegenleistung, sondern lediglich eine Vorfinanzierung (eines Teils) der Forderung. Da maßgebend ist, was
der Leistungsempfänger aufwendet, erfolgt die Vereinnahmung der Gegenleistung erst im Zeitpunkt der Zahlung des Schuldners (Leistungsempfängers) und
auch nur in Höhe seiner Zahlung (*§ 10 Rz. 28 ff.*).

**Unterschlagungen** oder **Diebstähle** durch Arbeitnehmer u.Ä. ändern nichts an 40
der vorherigen Vereinnahmung durch den Unternehmer. Da dieser jedoch nur
zwangsverpflichteter Gehilfe des Staates ist (*Vorbem. Rz. 20*), muss ihm die
Steuer nach § 163 AO erlassen werden, wenn Unterschlagung oder Diebstahl
zweifelsfrei nachgewiesen sind.

## D. Entnahmen, unentgeltliche Leistungen (Abs. 1 Nr. 2)

Für Leistungen i.S.d. § 3 Abs. 1b und 9a UStG entsteht die Steuer mit Ablauf 41
des Voranmeldungszeitraums, in dem diese Leistungen ausgeführt worden sind
(§ 13 Abs. 1 Nr. 2 UStG). Eine **Entnahme** (§ 3 Abs. 1b Satz 1 Nr. 1 UStG) ist ausgeführt, wenn der Gegenstand dergestalt dem nichtunternehmerischen Bereich
zugeführt ist, dass er auf Dauer nicht mehr dem Unternehmen dienen soll. Eine
**unentgeltliche Lieferung** (Zuwendung, § 3 Abs. 1b Satz 1 Nr. 2 und 3 UStG) ist
ausgeführt, wenn der Dritte die Verfügungsmacht an dem Gegenstand erlangt
hat. Eine unentgeltliche sonstige Leistung ist ausgeführt, wenn dem Dritten der
Vorteil verschafft worden ist.

Im Fall der **Verwendung eines Unternehmensgegenstandes** i.S.d. § 3 Abs. 9a 42
Nr. 1 UStG (Nutzungsentnahme; auch in Gestalt der Überlassung an Dritte, *§ 3
Rz. 174*) ist diese mit der *jeweiligen* Nutzung des Gegenstandes für außerunter-

---

[1] Vgl. BFH v. 16.1.2003 – V R 36/01, UR 2003, 497; BFH v. 6.5.2010 – V R 15/09, BStBl. II 2011, 142 – Rz. 18; **a.A.** Abschn. 13.6 Abs. 1 Sätze 10 und 11 UStAE; *Lippross*, 8.1.3.1 – S. 1080; *Wagner* in S/R, § 13 UStG Rz. 54; *Nieskens* in R/D, § 13 UStG Anm. 361 „Abtretung".
[2] Zust. *Michel* in B/W, § 224 Rz. 29.

nehmerische Zwecke ausgeführt. Folglich entsteht die Steuer mit Ablauf des jeweiligen Voranmeldungszeitraums, in dem der Gegenstand entsprechend verwendet wurde. Das gilt auch für die nichtunternehmerische Verwendung von **Kraftfahrzeugen**. Deren Besteuerung mit einem geschätzten Jahreswert ist eine grobe Vereinfachung, die mit dem Gesetz nicht zu vereinbaren ist.

43 Problematisch scheint die Entstehung bei der durchgängig nichtunternehmerischen **Nutzung von Gebäudeteilen** zu sein, die nach verfehlter EuGH-Auffassung steuerpflichtig ist (*§ 4 Nr. 12 Rz. 27 f.*). Ginge man von einer (fiktiven) sonstigen Leistung aus, die erst mit Beendigung der nichtunternehmerischen Nutzung ausgeführt wäre, so entstünde bis dahin nach dem Wortlaut des § 13 Abs. 1 Nr. 2 UStG keine Steuer. Von Teilleistungen (*Rz. 19 ff.*) kann schon deshalb nicht ausgegangen werden[1], weil sie von der Vorschrift nicht erwähnt werden. Zudem wäre der Weg, eine Vermietung mit monatlichen Mietzinszahlungen zu fingieren, durch die EuGH-Entscheidung verbaut, wonach die Fiktion einer Vermietung unzulässig sei.[2] Die Annahme einer durchgängigen fiktiven sonstigen Leistung ist indes nicht angebracht, da die Entscheidung, die Gebäudeteile privat zu nutzen, tagtäglich neu getroffen wird, so dass auch insoweit der zuvor genannte Grundsatz (*Rz. 42*) gilt.

## E. Unrichtiger oder unberechtigter Steuerausweis (Abs. 1 Nr. 3 und 4)

44 Bei den Regelungen des § 14c Abs. 1 und 2 UStG handelt es sich vom materiellen Gehalt her gesehen um eine vorläufige **Gefährdungshaftung** des Rechnungsausstellers als Einstehenmüssen für eine fremde Schuld, nämlich für die Verpflichtung des Rechnungsempfängers zur Rückzahlung des zu Unrecht vorgenommenen Vorsteuerabzugs (*§ 14c Rz. 2 f.*). Diese Haftungsschuld wird indes vom Gesetz als **Steuerschuld** bezeichnet (§§ 14c i.V.m. § 13 Abs. 1 Nr. 3 und 4 und § 13a Abs. 1 Nr. 1 und 4 UStG), so dass sie auch als solche **zu behandeln** ist, d.h. bei der Steuerberechnung für eine Steuerfestsetzung zu berücksichtigen ist (§ 16 Abs. 1 Satz 4 UStG; *§ 16 Rz. 18*).

45 Die nach **§ 14c Abs. 1** UStG geschuldete „Steuer" (**Mehrbetrag**) soll nach dem Gesetzeswortlaut gem. § 13 Abs. 1 Nr. 3 UStG in dem Zeitpunkt entstehen, in dem die Steuer für die Leistung nach § 13 Abs. 1 Nr. 1 Buchst. a oder Buchst. b UStG entsteht, spätestens jedoch im Zeitpunkt der Ausgabe der Rechnung. Der erste Teil der Bestimmung, der nur die echten Fälle des überhöhten Steuerausweises (*§ 14c Rz. 33 ff.*) im Auge haben kann, geht von der Annahme aus, dass die entsprechende **Rechnung** im **selben Voranmeldungszeitraum erteilt** worden ist, in dem der Umsatz ausgeführt (§ 13 Abs. 1 Nr. 1 Buchst. a UStG) oder bei der sog. Ist-Versteuerung die Gegenleistung vereinnahmt worden war (§ 13 Abs. 1 Nr. 1 Buchst. b UStG). Nur auf diesen Fall ist die erste Alternative anzuwenden. Wird die Rechnung mit dem überhöhten Steuerausweis erst **später** erteilt, so entsteht die Steuer (i.S.d. § 14c Abs. 1 Satz 1 UStG) entgegen dem Wort-

---

[1] A.A. *Wagner* in S/R, § 13 UStG Rz. 83.
[2] EuGH v. 8.5.2003 – C-269/00, EuGHE 2003, I-4101 = BStBl. II 2004, 378 = UR 2003, 288 – Rz. 48 ff.

laut der Vorschrift erst im Zeitpunkt der **Ausgabe der Rechnung**.[1] Nicht etwa stellt, wie der V. Senat des BFH[2] annimmt, die nachträgliche Rechnungserteilung ein rückwirkendes Ereignis dar, welches auf den Zeitpunkt der Leistung zurückwirke. Diese Sichtweise verstößt gegen den allgemeinen Grundsatz des § 38 AO, wonach die Steuer (erst) mit Verwirklichung des Gesetzestatbestandes entsteht.[3] Das ist der überhöhte Ausweis der Steuer in einer Rechnung. Die Auffassung des V. Senats verstößt deshalb darüber hinaus gegen das rechtsstaatliche **Rückwirkungsverbot** und ist verfassungswidrig. In den **übrigen Fällen** des § 14c Abs. 1 Satz 1 UStG, bei denen keine Steuer nach § 13 Abs. 1 Nr. 1 UStG entsteht, weil die Leistung nicht steuerbar oder nicht steuerpflichtig ist, entsteht die Steuer erst mit der Erteilung der Rechnung.[4]

Die Steuer **entfällt ohne Rückwirkung**, wenn der **Steuerbetrag berichtigt** worden ist (§ 14c Abs. 1 Sätze 2 und 3 i.V.m. § 17 Abs. 1 UStG; dazu näher *§ 14c Rz. 55 ff.*). Die Entstehung der Steuer tritt nach dem eindeutigen Wortlaut des § 13 Abs. 1 Nr. 3 UStG auch dann ein, wenn der Rechnungsaussteller den Steuerbetrag **nicht vereinnahmt** hat. Bei einem **gutgläubigen** Rechnungsaussteller verstößt das jedoch gegen den verfassungsrechtlichen Verhältnismäßigkeitsgrundsatz (Übermaßverbot). Die Steuer ist deshalb abweichend vom Grundsatz des § 17 Abs. 1 Satz 7 UStG rückwirkend zu erlassen (*§ 14c Rz. 69*). 46

Die nach § 14c Abs. 2 Sätze 1 und 2 UStG bei **unberechtigtem Ausweis** in einer Rechnung geschuldete „Steuer" entsteht im Zeitpunkt der Ausgabe der Rechnung (§ 13 Abs. 1 Nr. 4 UStG). Die „Steuerschuld" entfällt durch Berichtigung (§ 14c Abs. 2 Sätze 3 ff. UStG). Hat der Rechnungsaussteller den nach § 14c UStG geschuldeten Steuerbetrag nicht erhalten, so tritt eine endgültige **Ausfallhaftung** nur bei Verschulden ein (*§ 14c Rz. 84 ff.*). 47

## F. Innergemeinschaftlicher Erwerb (Abs. 1 Nr. 6 und 7)

Die Steuer für den innergemeinschaftlichen Erwerb i.S.d. § 1a UStG soll nach dem Gesetzeswortlaut mit Ausstellung der Rechnung, spätestens jedoch mit Ablauf des dem Erwerb folgenden Kalendermonats entstehen (§ 13 Abs. 1 Nr. 6 UStG). Anders als bei der Steuerschuldnerschaft des Leistungsempfängers (§ 13b Abs. 4 Satz 2 UStG) ist keine Regelung für Vorauszahlungen vorgesehen. 48

**Rechnung** im Sinne dieser Bestimmung ist nur eine solche, die die Voraussetzungen des Art. 226 Nr. 3 und 11 MwStSystRL (entspricht § 14 Abs. 4 Satz 1 Nr. 8 und § 14a Abs. 3 UStG) erfüllt, d.h. die Umsatzsteuer-Identifikationsnummern der Beteiligten und den Hinweis auf die Steuerbefreiung der Lieferung enthält und keine Steuer ausweist. Entgegen dem Gesetzeswortlaut kann es nicht auf die Ausstellung, sondern nur auf den *Zugang* der Rechnung ankommen.

---

1 BFH v. 5.6.2014 – XI R 44/12, UR 2014, 700; Abschn. 13.7 Satz 2 UStAE.
2 BFH v. 13.11.2003 – V R 79/01, BStBl. II 2004, 375 (378); BFH v. 24.1.2008 – V R 39/06, BStBl. II 2009, 786 = UR 2008, 342 – zu § 14 Abs. 2 UStG aF.
3 *Reiß*, StuW 1983, 364 (377); *Stadie* in R/D, § 14c UStG Anm. 183; ebenso *Nieskens* in R/D, § 13 UStG Anm. 692; jetzt auch BFH v. 5.6.2014 – XI R 44/12, UR 2014, 700 – Rz. 55.
4 Vgl. BFH v. 8.9.2011 – V R 5/10, BStBl. II 2012, 621 – Rz. 25.

49  Der **Sinn** dieser Entstehungsregelung ist nicht erkennbar. Da die Steuer unabhängig davon entstehen soll, ob die Gegenleistung bereits entrichtet ist, handelt es sich um eine modifizierte Sollbesteuerung beim Leistungsempfänger, die genauso wie die Sollbesteuerung beim leistenden Unternehmer (*Rz. 9 ff.*) gegen das Wesen der Umsatzsteuer verstößt, welche den getätigten Aufwand des Leistungsempfängers für die Leistung belasten will. Insbesondere die als **Grundregel** gemeinte Bestimmung, dass die Steuer mit Ausstellung der Rechnung entstehe, ist schlicht **absurd**, weil danach der Lieferer mit Erteilung der Rechnung vor Ausführung der Lieferung willkürlich die Entstehung der Steuer bei seinem Abnehmer beeinflussen könnte. Die Bestimmung verstößt auch gegen Art. 69 MwStSystRL. Die Steuer dürfte folglich frühestens dann entstehen, wenn die Rechnung ausgestellt und die Lieferung ausgeführt worden ist.

50  Aber auch mit dieser einschränkenden Auslegung führt die Regelung zu einer **Ungleichbehandlung** des nicht oder nicht zum vollen Vorsteuerabzug berechtigten Erwerbers gegenüber einem solchen Abnehmer, der die gleiche Lieferung im Inland bezieht und dann nicht den Tatbestand des innergemeinschaftlichen Erwerbs verwirklicht und folglich nicht Steuerschuldner wird. In diesem Fall wird er mit der Umsatzsteuer als Teil der Gegenleistung erst dann belastet, wenn er diese entrichtet. Für die Ungleichbehandlung ist kein sachlicher Grund erkennbar. Die Vorschrift führt in derartigen Fällen bei wortlautgetreuer Anwendung zu einer Diskriminierung von Waren aus dem übrigen Gemeinschaftsgebiet, so dass die Regelung gegen primäres Unionsrecht (**Diskriminierungsverbot**) verstößt. Diese unionsrechtswidrige Rechtsfolge tritt indes bei sachgerechter Interpretation des § 17 Abs. 1 Satz 5 i.V.m. Abs. 2 Nr. 1 UStG nicht ein.

51  Die Regelungen des § 17 UStG sind auf den innergemeinschaftlichen Erwerb sinngemäß anzuwenden (§ 17 Abs. 1 Satz 5 UStG), so dass auch die Bestimmung des § 17 Abs. 2 Nr. 1 UStG sinngemäß gilt, wonach bei Uneinbringlichkeit die geschuldete Steuer zu berichtigen ist. Auf die Steuerschuldnerschaft des Erwerbers übertragen bedeutet das, dass (vorläufige) „Uneinbringlichkeit" von vornherein gegeben ist, solange (bzw. soweit) von der Nichtzahlung der Gegenleistung auszugehen ist. Da der Zweck des § 17 UStG darin liegt, die Umsatzsteuerbelastung nach dem Aufwand des Leistungsempfängers zu bestimmen (*§ 17 Rz. 1*), folgt aus dieser Vorschrift, dass die Steuer **gar nicht erst entsteht**, wenn schon in dem für die Entstehung maßgeblichen Zeitpunkt feststeht, dass der Leistungsempfänger die geschuldete Gegenleistung nicht entrichten wird. Auf die Ursache oder das Motiv der Nichtzahlung kommt es – abgesehen davon, dass es an der Nachprüfbarkeit scheitern würde – nicht an, so dass nicht nur bei Zahlungsunfähigkeit, sondern auch bei bloßer **Zahlungsunwilligkeit** (Hinauszögern der Zahlung) die Steuer vorerst nicht entsteht. Entsprechendes gilt bei nur teilweiser Zahlung. Die Berücksichtigung des § 17 Abs. 2 Nr. 1 Satz 1 UStG führt mithin dazu, dass die **Entstehungsregel** des § 13 Abs. 1 Nr. 6 UStG **leerläuft** und die Steuer **sachgerecht erst bei Zahlung der Gegenleistung** entsteht (§ 17 Abs. 2 Nr. 1 Satz 2 UStG).

52  Beim innergemeinschaftlichen Erwerb eines **neuen Fahrzeuges** i.S.d. § 1b UStG entsteht die Steuer am Tag des Erwerbs (§ 13 Abs. 1 Nr. 7 UStG). Damit korres-

pondiert bei nicht unter § 1a Abs. 1 Nr. 2 UStG fallenden Erwerbern (*§ 1b Rz. 1*) die sog. Fahrzeugeinzelbesteuerung (§ 16 Abs. 5a i.V.m. § 18 Abs. 5a UStG).

## G. Sonstige Fälle (Abs. 1 Nr. 5, 8 und 9)

Die Steuer entsteht ferner in den Fällen der **Beförderungseinzelbesteuerung** i.S.d. § 16 Abs. 5 UStG in dem Zeitpunkt, in dem der Kraftomnibus in das Inland gelangt (§ 13 Abs. 1 Nr. 1 Buchst. c UStG). 53

Bei einem **nicht im Gemeinschaftsgebiet ansässigen Unternehmer**, welcher im Gemeinschaftsgebiet nur **auf elektronischem Wege Dienstleistungen** erbringt und deren Versteuerung in Deutschland gewählt hat (§ 18 Abs. 4c i.V.m. § 3a Abs. 5 UStG), sowie bei einem im übrigen Gemeinschaftsgebiet ansässiger Unternehmer, der Umsätze nach § 3a Abs. 5 UStG im Inland erbringt und von der Regelung des § 18 Abs. 4e i.V.m. § 3a Abs. 5 UStG Gebrauch macht, entsteht die Steuer mit Ablauf des jeweiligen Kalendervierteljahres (Besteuerungszeitraum i.S.d. § 16 Abs. 1a bzw. Abs. 1b Satz 1 UStG), in dem die Dienstleistungen ausgeführt worden sind (§ 13 Abs. 1 Nr. 1 Buchst. d bzw. Buchst. e UStG). 54

Die „Steuerschuld" (*§ 17 Rz. 37*) des dritten Unternehmers bei der sog. **Zentralregulierung** (§ 17 Abs. 1 Satz 6 UStG) entsteht mit Ablauf des Voranmeldungszeitraums, in dem die Änderung der Bemessungsgrundlage beim Leistungsempfänger eingetreten ist (§ 13 Abs. 1 Nr. 5 UStG). 55

Die Steuerschuld des Abnehmers, welcher durch **unrichtige Angaben** die fälschliche Inanspruchnahme der **Steuerbefreiung** bei einer innergemeinschaftlichen Lieferung durch den gutgläubigen Lieferer ausgelöst hatte (§ 6a Abs. 4 UStG), entsteht mit Ausführung der Lieferung (§ 13 Abs. 1 Nr. 8 UStG). Sie wird indes erst mit Entrichtung der Gegenleistung fällig, weil § 17 Abs. 2 Nr. 1 UStG entsprechend anzuwenden ist. 56

Bei einer **Auslagerung** i.S.d. § 4 Nr. 4a Satz 1 Buchst. a Satz 2 UStG (*§ 4 Nr. 4a Rz. 6 ff.*) entsteht die Steuer mit Ablauf des Voranmeldungszeitraums, in dem die Auslagerung erfolgt (§ 13 Abs. 1 Nr. 9 UStG). Die Entstehung tritt mithin nicht rückwirkend auf den Zeitpunkt der Ausführung der Lieferung, der Einfuhr bzw. des Erwerbs ein; das entspricht dem sich aus § 17 Abs. 1 Satz 7 UStG ergebenden allgemeinen Rechtsgrundsatz (*§ 17 Rz. 90*). 57

## H. Einfuhrumsatzsteuer (Abs. 2)

Für die Einfuhrumsatzsteuer gilt § 21 Abs. 2 UStG (§ 13 Abs. 2 UStG), d.h. die Entstehung richtet sich nach den **zollrechtlichen Vorschriften**. Maßgebend sind mithin Art. 201 ff. ZK. 58

## I. Annex: Steueransprüche in der Insolvenz

**Insolvenzrechtlich** ist die Entstehung im umsatzsteuerrechtlichen Sinne nur insoweit von Belang, als es um Steueransprüche geht, die zu **Masseverbindlichkeiten** (§ 55 InsO) führen und durch Steueranmeldung oder Steuerbescheid fest- 59 gesetzt werden. Anderenfalls geht es um zur Tabelle anzumeldende **Insolvenzforderungen**, die bei Verfahrenseröffnung **begründet** sind (§ 38 InsO).

60 Die „**Begründetheit**" eines Anspruchs i.S.d. § 38 InsO bestimmt sich danach, ob der Rechtsgrund, der den Zahlungsanspruch auslöst, bereits bei Eröffnung des Insolvenzverfahrens gelegt[1], d.h. der den Umsatzsteueranspruch begründende **Tatbestand** vollständig verwirklicht und damit **abgeschlossen** ist.[2] Der Zeitpunkt der Steuerentstehung ist unerheblich.[3] Besteuerungstatbestand ist die Erbringung von Leistungen gegen *erhaltenes* Entgelt, da das UStG nicht etwa die *Erbringung* der Leistung[4], sondern den *Aufwand* des *Empfängers* für die Leistung (*Vorbem. Rz. 17*) besteuern will. Der Besteuerungstatbestand ist bei **vor** der **Verfahrenseröffnung erbrachten Leistungen** folglich **erst mit Vereinnahmung** des Entgelts (der Gegenleistung) verwirklicht und abgeschlossen. Ob die Steuer nach dem sog. Soll oder nach dem sog. Ist umsatzsteuerrechtlich entsteht, ist folglich ohne Belang.[5] Der BFH ist dem für die **Ist-Versteuerung**[6] und im Ergebnis – mit allerdings abweginger Verbiegung des § 17 Abs. 2 Nr. 1 UStG (*§ 17 Rz. 55*) – auch für den Fall der sog. **Soll-Versteuerung**[7] gefolgt. Demgemäß führt die **Vereinnahmung** der Gegenleistung **nach Verfahrenseröffnung durch** den **Insolvenzverwalter** (§ 55 Abs. 1 Nr. 1 InsO), wie auch im **Eröffnungsverfahren** durch einen **vorläufigen** Verwalter (§ 55 Abs. 4 InsO)[8], bezüglich der darin enthaltenen Umsatzsteuer unabhängig von der umsatzsteuerrechtlichen Entstehung zu einer **Masseverbindlichkeit**.[9]

61 Das ist auch nur **sachgerecht**, weil der in der Gegenleistung enthaltene Umsatzsteuerbetrag kein Vermögen des Insolvenzschuldners ist, sondern **Fremdgeld** darstellt, welches von Vornherein zur Weiterleitung an das Finanzamt bestimmt ist[10] (*§ 13a Rz. 5*). Die Umsatzsteuer steht der Masse als Vermögenswert nicht zu (§ 55 Abs. 1 Nr. 3 InsO). Diese gesetzgeberische Wertung kommt seit Jahren in § 13b Abs. 2 Nr. 2 und 3 i.V.m. Abs. 5 und § 13c UStG (*§ 13c Rz. 3*) sowie in § 170 Abs. 2 und § 171 Abs. 2 Satz 3 InsO zum Ausdruck.[11] Die Absurdität der gegenteiligen Sichtweise zeigt sich zudem in den Fällen des § 13b UStG, wenn nicht der Insolvenzschuldner, sondern sein Auftraggeber Schuldner der Umsatzsteuer ist.[12]

---

1 BFH v. 26.8.2003 – VII R 69/03, BStBl. II 2005, 195; BFH v. 16.11.2004 – VII R 75/03, BStBl. II 2006, 193.
2 BFH v. 29.1.2009 – V R 64/07, BStBl. II 2009, 682.
3 BFH v. 29.1.2009 – V R 64/07, BStBl. II 2009, 682; BFH v. 30.4.2009 – V R 1/06, BStBl. II 2010, 138; BFH v. 9.2.2011 – XI R 35/09, BStBl. II 2011, 1000 – Rz. 17.
4 So aber *Onusseit*, ZinsO 2006, 516 (518).
5 Ausführlich *Stadie* in R/D, § 18 UStG Anh. 2 Anm. 64 ff. – Insolvenz.
6 BFH v. 29.1.2009 – V R 64/07, BStBl. II 2009, 682.
7 BFH v. 9.12.2010 – V R 22/10, BStBl. II 2011, 996; vgl. auch BFH v. 24.11.2011 – V R 13/11, BStBl. II 2012, 298 – Rz. 39.
8 BFH v. 24.9.2014 – V R 48/13, UR 2015, 192.
9 A.A. FG Berlin-Bdb. v. 2.4.2014 – 7 K 7337/12, EFG 2014, 1427 – Rev.-Az. XI R 21/14.
10 BGH v. 8.5.2008 – IX ZR 229/06, MDR 2008, 881; BFH v. 29.1.2009 – V R 64/07, BStBl. II 2009, 682.
11 Vgl. BGH v. 29.3.2007 – IX ZR 27/06, UR 2007, 583.
12 Dazu *Stadie* in R/D, § 18 UStG Anh. 2 Anm. 72 f., 82 f. – Insolvenz.

Soweit auch die **Gegenleistung** schon **vor Verfahrenseröffnung vereinnahmt** 62
worden war, ist es allgemeine Auffassung, dass die Umsatzsteuer zu einer Insolvenzforderung führt.[1] Gleiches soll bei **Vorauszahlungen** für nach Verfahrenseröffnung erbrachte Leistungen gelten.[2] Damit wird verkannt, dass auch in diesem Fall der vereinnahmte Umsatzsteuerbetrag „der Masse zur allgemeinen Befriedigung der Gläubiger nicht zusteht"[3], sondern Fremdgeld ist, welches an das Finanzamt weiterzuleiten ist (*Rz. 61*). Folglich ist auf die vom Schuldner vereinnahmten Umsatzsteuerbeträge § 47 InsO anzuwenden, so dass dem Steuergläubiger hinsichtlich dieser Beträge ein **Aussonderungsrecht** zustehen muss. Der auszusondernde Betrag ist solange noch vorhanden, wie das Konto, auf das die Zahlung des Kaufpreises usw. erfolgte, noch eine ausreichende Deckung hat.[4] Dieses Aussonderungsrecht gilt indes nur für solche Umsatzsteuerbeträge, die vom Schuldner für Leistungen gegenüber Dritten gesondert in Rechnung gestellt worden waren.

# § 13a
# Steuerschuldner

**(1) Steuerschuldner ist in den Fällen**

1. des § 1 Abs. 1 Nr. 1 und des § 14c Abs. 1 der Unternehmer;
2. des § 1 Abs. 1 Nr. 5 der Erwerber;
3. des § 6a Abs. 4 der Abnehmer;
4. des § 14c Abs. 2 der Aussteller der Rechnung;
5. des § 25b Abs. 2 der letzte Abnehmer;
6. des § 4 Nr. 4a Satz 1 Buchstabe a Satz 2 der Unternehmer, dem die Auslagerung zuzurechnen ist (Auslagerer); daneben auch der Lagerhalter als Gesamtschuldner, wenn er entgegen § 22 Abs. 4c Satz 2 die inländische Umsatzsteuer-Identifikationsnummer des Auslagerers oder dessen Fiskalvertreters nicht oder nicht zutreffend aufzeichnet.

**(2) Für die Einfuhrumsatzsteuer gilt § 21 Abs. 2.**

*EU-Recht*

Art. 193, 197, 200–203 MwStSystRL.

| | | | |
|---|---|---|---|
| A. Allgemeines | 1 | C. Haftungsschuldner | 12 |
| B. Einzelheiten | 4 | | |

---

1 Nur BFH v. 29.1.2009 – V R 64/07, BStBl. II 2009, 682; BFH v. 9.12.2010 – V R 22/10, BStBl. II 2011, 996; BFH v. 24.11.2011 – V R 13/11, BStBl. II 2012, 298.
2 BFH v. 30.4.2009 – V R 1/06, BStBl. II 2010, 138 – unter 4.
3 BFH v. 29.1.2009 – V R 64/07, BStBl. II 2009, 682 (684) – l. Sp.
4 BGH v. 8.5.2008 – IX ZR 229/06, MDR 2008, 881 = ZIP 2008, 1127.

## A. Allgemeines

1 Die Vorschrift bestimmt den Schuldner der jeweiligen Steuer- bzw. gleichgestellten (*Rz. 9*) Beträge, welche durch Verwirklichung des Grundtatbestandes (§ 1 Abs. 1 Nr. 1 UStG) und der verschiedenen weiteren Tatbestände des Umsatzsteuergesetzes nach § 13 UStG entstehen, sofern bzw. soweit nicht der Leistungsempfänger Steuerschuldner ist (*Rz. 6*). **Teile** der Regelungen, nämlich Abs. 1 Nr. 1 Alt. 2 und Nr. 3–5 UStG sind schlicht **überflüssig**, weil sich der Schuldner schon aus den dort genannten Vorschriften ergibt. So bestimmen bereits § 14c Abs. 1 Satz 1 und Abs. 2 Satz 1 UStG den Rechnungsaussteller, § 6a Abs. 4 Satz 2 UStG den Abnehmer und § 25b Abs. 2 UStG den letzten Abnehmer zum Steuerschuldner.

2 Nicht im Umsatzsteuergesetz geregelt ist die Schuldnerschaft bei **Erstattungsansprüchen** des **Steuergläubigers** (sog. **Rückforderungsansprüche**), welche auf Rückzahlung von Steuervergütungen (dazu *§ 16 Rz. 19 f.*), d.h. Vorsteuerberichtigungsbeträgen i.S.d. § 15a und des § 17 UStG, gerichtet sind. Diese bestimmt sich entgegen h.M. nicht nach § 37 Abs. 2 AO. Das ist von Bedeutung im Falle der Abtretung (*§ 16 Rz. 45 f.*).

3 **Gläubiger** der **Steueransprüche** und der zuvor genannten Erstattungsansprüche ist nicht etwa das zuständige Finanzamt[1] (bzw. Hauptzollamt), denn eine Behörde kann nicht Träger von Rechten und Pflichten sein. Gläubiger ist auch nicht das Bundesland (bzw. der Bund), dessen Behörde das Finanzamt (bzw. das Hauptzollamt) ist, denn die Gläubigerstellung richtet sich nicht nach der Verwaltungshoheit gem. Art. 108 GG (*Vorbem. Rz. 38*), sondern nach der Ertragshoheit gem. Art. 106 GG.[2] Folglich sind bei der Umsatzsteuer als Gemeinschaftsteuer gem. Art. 106 Abs. 3 Satz 1 GG (*Vorbem. Rz. 34*) Bund und Länder zusammen Gläubiger. Da die Umsatzsteuer vom zuständigen Land (Art. 108 Abs. 2 GG) bzw. bei der Einfuhrumsatzsteuer vom Bund (Art. 108 Abs. 1 GG) verwaltet wird, decken sich mithin Gläubigerstellung und Verwaltungskompetenz nicht. Die sich daraus ergebenden Probleme bei der **Aufrechnung** und **Vollstreckung** werden durch § 226 Abs. 4 und § 252 AO beseitigt, indem die Körperschaft, der die zuständige Behörde angehört, d.h. das Land bzw. der Bund als Gläubiger gelten.[3] **Schuldner** der **Steuervergütungsansprüche** nach § 4a und § 15 UStG (**Vorsteueransprüche**) sind aus dem zuvor genannten Grund ebenfalls Bund und Länder zusammen.[4] Probleme bei der **Pfändung** und **Aufrechnung** werden durch die Fiktionen des § 46 Abs. 7 und des § 226 Abs. 4 AO beseitigt.

---

1 So aber BFH v. 15.6.1999 – VII R 3/97, BStBl. II 2000, 46 (54); BFH v. 10.5.2007 – VII R 18/05, BStBl. II 2007, 914 – II 5 der Gründe; BFH v. 2.11.2010 – VII R 62/10, BStBl. II 2011, 439 – Rz. 16.
2 *Stadie*, Allg. SteuerR, Rz. 157 m.w.N.
3 Vgl. BGH v. 6.12.2012 – VII ZR 189/10, MDR 2013, 454 – Rz. 49.
4 *Stadie*, Allg. SteuerR, Rz. 157; a.A. BFH v. 15.6.1999 – VII R 3/97, BStBl. II 2000, 46 (54) – Finanzamt.

## B. Einzelheiten

**I.** Bei der Verwirklichung des **Grundtatbestandes** nach § 1 Abs. 1 Nr. 1 UStG ist Steuerschuldner der **Unternehmer** (§ 13a Abs. 1 **Nr. 1 Alt. 1** UStG), d.h. derjenige, dem der Umsatz bzw. die Leistung zuzurechnen ist (zur Zurechnung *§ 1 Rz. 66 ff.; § 2 Rz. 174 ff.*). Vom Grundtatbestand werden auch die *Gegenstandsentnahmen* nach § 3 Abs. 1b UStG und die *Nutzungsentnahmen* i.S.d. § 3 Abs. 9a UStG erfasst (*§ 1 Rz. 1*). 4

Die Behandlung des Unternehmers als **Schuldner** der Steuer i.S.d. § 37 Abs. 1, § 43 Satz 1, §§ 155 ff., 222 Satz 1 AO vernebelt (soweit es nicht um die Steuer für Entnahmen geht), dass der Unternehmer nur zwangsverpflichteter **Gehilfe des Staates**, d.h. Steuereinnehmer für dessen Rechnung ist (*Vorbem. Rz. 20*). Er schuldet deshalb letztlich keine eigene Steuer, sondern, wie z.B. bei Lohnsteuer und Kapitalertragsteuer, lediglich die **Abführung** der als Teil der Gegenleistung *vereinnahmten* Umsatzsteuerbeträge. Diese sind mithin kein eigenes Vermögen, sondern nur **treuhänderisch** als **Fremdgelder** für den Staat erhobene Beträge. Das ist bei der **Auslegung** *steuerschuldrechtlicher* (vgl. z.B. *§ 13 Rz. 9 ff.*), *haftungsrechtlicher* (s. *Rz. 16*) und *insolvenzrechtlicher* (*§ 13 Rz. 55 ff.*) Vorschriften zu beachten. So kommt auch **keine Stundung** dieser Umsatzsteuer in Betracht; § 222 Satz 4 AO ist analog anzuwenden.[1] 5

§ 13a Abs. 1 Nr. 1 UStG enthält keine Einschränkung für den Fall, dass der **Leistungsempfänger Steuerschuldner** nach § 13b Abs. 5 UStG oder nach § 25b Abs. 2 UStG ist (zu § 13a Abs. 1 Nr. 6 UStG s. *Rz. 10*). Gleichwohl entfällt dann grundsätzlich die Steuerschuldnerschaft des leistenden Unternehmers, so dass **keine Gesamtschuldnerschaft** eintritt. Das ergibt sich im Umkehrschluss aus § 14a Abs. 5 und 7 UStG, die den leistenden Unternehmer zum Hinweis in der Rechnung auf die Steuerschuldnerschaft des Empfängers verpflichten und den Ausweis der Steuer verbieten. Eine **Ausnahme** gilt nur im Zusammenhang mit § 13b UStG im Falle der Mindestbemessungsgrundlage (*§ 13b Rz. 147*). 6

**II.** Im Falle des **innergemeinschaftlichen Erwerbs** nach § 1 Abs. 1 Nr. 5 i.V.m. § 1a bzw. § 1b UStG ist Steuerschuldner der Erwerber (§ 13a Abs. 1 **Nr. 2** UStG). Bei einem sog. innergemeinschaftlichen **Dreiecksgeschäft** i.S.d. § 25b UStG gilt allerdings der innergemeinschaftliche Erwerb des ersten Abnehmers als besteuert (§ 25b Abs. 3 UStG). Die Steuer für dessen Lieferung an den letzten Abnehmer wird abweichend von § 13a Abs. 1 Nr. 1 UStG (*Rz. 4*) von diesem geschuldet (§ 13a Abs. 1 **Nr. 5** i.V.m. § 25b Abs. 2 UStG). 7

**III.** Beruht die unzulässige Inanspruchnahme einer Steuerbefreiung für eine **innergemeinschaftliche Lieferung** durch einen gutgläubigen Unternehmer auf **unrichtigen Angaben** des Abnehmers, so schuldet dieser die Steuer für die steuerpflichtige Lieferung (§ 13a Abs. 1 **Nr. 3** i.V.m. § 6a Abs. 4 Satz 2 UStG). Hierbei handelt es sich um eine echte Steuerschuld des Abnehmers und nicht um eine Art Haftungsschuld, denn Haftung ist das Einstehen für eine fremde Steuerschuld (*Rz. 12*), die wegen des Vertrauensschutzes für den Lieferer nach § 6a Abs. 4 Satz 1 UStG aber nicht besteht. Der Abnehmer wird vielmehr mit der 8

---
1 Vgl. BFH v. 24.3.1998 – I R 120/97, BStBl. II 1999, 3.

Umsatzsteuer auf die Lieferung **direkt** als **Steuerschuldner** in Anspruch genommen (*§ 6a Rz. 98*; zur Entstehung und Fälligkeit der Steuer s. *§ 13 Rz. 55*). Auf ein Verschulden kommt es demgemäß nicht an.

**9** **IV.** Wird in einer **Rechnung** ein **höherer Steuerbetrag**, als er nach dem Gesetz für den Umsatz geschuldet wird, ausgewiesen, so schuldet der Unternehmer, welcher die Rechnung ausgestellt hat, auch den Mehrbetrag (§ 13a Abs. 1 **Nr. 1 Alt. 2** i.V.m. § 14c Abs. 1 Satz 1 UStG). Entsprechendes gilt, wenn jemand in einer Rechnung Steuer ausweist, obwohl er **nicht zum Steuerausweis berechtigt** ist oder keine Leistung ausführt. Er schuldet den ausgewiesenen Betrag (§ 13a Abs. 1 **Nr. 4** i.V.m. § 14c Abs. 2 Sätze 1 und 2 UStG; zur *Organschaft* s. *§ 14c Rz. 26*). Bei einer Gutschrift i.S.d. § 14 Abs. 2 Sätze 2 und 3 UStG ist Schuldner der *Gutschriftsempfänger* (*§ 14c Rz. 29*). Die vom Gesetz als Steuerschuld behandelte Haftungsschuld (*§ 13 Rz. 44*) entfällt durch Berichtigung (§ 14c Abs. 1 Sätze 2 f., Abs. 2 Sätze 3 ff. UStG). Hat der Rechnungsaussteller den nach § 14c UStG geschuldeten Steuerbetrag nicht erhalten, so tritt eine endgültige **Ausfallhaftung** nur bei Verschulden ein (*§ 14c Rz. 69 f.* bzw. *Rz. 83 ff.*).

**10** **V.** Entfällt bei einer **Auslagerung** aus einem Umsatzsteuerlager die Steuerbefreiung für die der Auslagerung vorangegangene Lieferung, den vorangegangenen innergemeinschaftlichen Erwerb oder die vorangegangene Einfuhr (§ 4 Nr. 4a Satz 1 Buchst. a Satz 2 UStG), so ist Steuerschuldner der Auslagerer, d.h. der Unternehmer, dem die Auslagerung zuzurechnen ist (§ 13a Abs. 1 **Nr. 6** Halbs. 1 UStG). Ist dies der **Abnehmer** der Lieferung, welcher den Gegenstand abholt (*§ 4 Nr. 4a Rz. 6*), so handelt es sich um einen weiteren Fall der Steuerschuldnerschaft des Leistungsempfängers. Hat der Lagerhalter entgegen § 22 Abs. 4c Satz 2 UStG die inländische Umsatzsteuer-Identifikationsnummer des Auslagerers oder dessen Fiskalvertreters nicht oder nicht zutreffend aufgezeichnet, so ist auch der **Lagerhalter** als Gesamtschuldner „Steuerschuldner" (§ 13a Abs. 1 Nr. 6 Halbs. 2 UStG). Richtigerweise handelt es sich hierbei um eine **Haftung** (*Rz. 12*), die bei verfassungs- und unionsrechtskonformer Sicht eine schuldhafte Pflichtverletzung (*Rz. 15*) voraussetzt.[1]

**11** **VI.** Für die **Einfuhrumsatzsteuer** gilt § 21 Abs. 2 UStG (§ 13a Abs. 2 UStG), d.h. wer Schuldner ist, bestimmt sich nach den sinngemäß anzuwendenden zollrechtlichen Vorschriften.[2]

## C. Haftungsschuldner

**12** Von der Steuerschuld ist die **Haftungsschuld** zu unterscheiden. Das Steuerrecht kennt das Rechtsinstitut der Haftung als Einstehenmüssen **für fremde Steuerschulden** und steuerrechtliche Rückzahlungsverpflichtungen (und ggf. andere Ansprüche aus dem Steuerschuldverhältnis i.S.d. § 37 AO). Diese Haftung Dritter hat **Sicherungsfunktion** für den Steuergläubiger.[3]

---

[1] Vgl. auch EuGH v. 21.12.2011 – C-499/10, UR 2012, 160.
[2] Dazu näher *Nieskens* in R/D, § 13a UStG Anm. 192 f.
[3] Ausführlich *Stadie* in R/D, § 18 UStG Anh. 1 Anm. 1 ff. – Haftung.

Kein Fall der steuerrechtlichen Haftung ist die zivilrechtliche „Haftung" des 13
Erben nach § 1967 BGB und nach § 27 HGB. Der **Erbe schuldet** als **Gesamtrechtsnachfolger** die „geerbten" Steuern, so dass der gegen ihn gerichtete Anspruch kein Haftungsanspruch, sondern ein Steueranspruch ist. Der Erbe tritt in das Steuerschuldverhältnis in seinem jeweiligen Umfang ein[1] (s. auch § 2 Rz. 231 ff.).

Die Haftung für Umsatzsteuerschulden und gleichgestellte Schulden (*Rz. 17*) 14
kann sich aus der **Abgabenordnung** (§§ 69–75 AO) ergeben, auf Vorschriften aus dem **Zivilrecht** (insbesondere § 25, § 28 oder § 128 HGB) beruhen oder sich auf besondere Vorschriften aus dem **Umsatzsteuergesetz** (§ 13c und § 25d UStG) stützen (s. auch § 13a Abs. 1 Nr. 6 Halbs. 2 UStG, *Rz. 10*)

Steuerrechtliche Haftung als Einstehenmüssen für eine fremde Schuld setzt einen **Zurechnungsgrund** voraus, der die Zahlungspflicht rechtfertigt, da anderenfalls die Haftung gegen das verfassungsrechtliche Willkürverbot verstieße. Der Zurechnungsgrund kann 15

– eine schuldhafte **Pflichtverletzung** sein (*Beispiele*: **Geschäftsführerhaftung** nach § 69 AO, *Rz. 16*; Haftung der Täter oder Teilnehmer einer Steuerhinterziehung nach § 71 AO),

– in der **vermögensmäßigen Beteiligung** an einem **Unternehmen** (Haftung der Organgesellschaft nach § 73 AO[2]; Haftung des wesentlich Beteiligten, insbesondere bei der sog. **Betriebsaufspaltung**, nach § 74 AO[3]; Haftung des **Gesellschafters** einer Personengesellschaft, auch BGB-Gesellschaft[4], nach § 128 HGB) liegen,

– sich aus dem **Erwerb eines Unternehmens** (Haftung des Betriebsübernehmers nach § 75 AO bzw. §§ 25 und 28 HGB)[5] ergeben oder

– in **ungerechtfertigten Vermögensvorteilen** liegen (Beispiel: Haftung des Abtretungsempfängers nach § 13c UStG).

Ein solcher Zurechnungsgrund fehlt bei dem Tatbestand des § 25d UStG (*§ 25d Rz. 5*).

Bei der Haftung der gesetzlichen Vertreter, **Geschäftsführer**, Vereinsvorstände 16
usw. nach § 69 AO[6] soll nach der Rechtsprechung auch hinsichtlich der Umsatzsteuerschulden der Grundsatz der **anteiligen Tilgung** gelten, d.h. die Verpflichtung bestehen, diese Forderungen des Steuergläubigers wie die Forderungen anderer Gläubiger anteilig zu befriedigen.[7] Diese Sichtweise verkennt, dass es sich bei der Umsatzsteuer grundsätzlich nur um eine Abführungsschuld han-

---

1 *Stadie*, Allg. SteuerR, Rz. 147, 337 i.V.m. 321 ff.
2 Dazu *Stadie* in R/D, § 18 UStG Anh. 1 Anm. 57 ff. – Haftung.
3 Dazu *Stadie* in R/D, § 18 UStG Anh. 1 Anm. 75 ff. – Haftung.
4 BFH v. 9.5.2006 – VII R 50/05, BStBl. II 2007, 600.
5 Dazu *Stadie* in R/D, § 18 UStG Anh. 1 Anm. 108 ff. – Haftung.
6 Dazu *Stadie* in R/D, § 18 UStG Anh. 1 Anm. 26 ff. – Haftung.
7 BFH v. 7.11.1989 – VII R 34/87, BStBl. II 1991, 678; BFH v. 21.6.1994 – VII R 34/92, BStBl. II 1995, 230; BFH v. 1.8.2000 – VII R 110/99, BStBl. II 2001, 271; BFH v. 16.12.2003 – VII R 77/00, BStBl. II 2005, 249 – B 4 der Gründe; BFH v. 27.2.2007 – VII R 60/05, BStBl. II 2008, 508.

delt, so dass die treuhänderisch vereinnahmten Beträge wie die Lohnsteuer[1] in voller Höhe abzuführen sind. Anders ist es lediglich bei den als echte eigene Steuer geschuldeten Beträgen, wie insbesondere in den Fällen des § 13b UStG.

17 Die Haftung nach der Abgabenordnung betrifft nicht nur Steueransprüche, sondern insbesondere **auch** Ansprüche aus der **Berichtigung von Vorsteuerabzügen** nach § 17 oder § 15a UStG, welche nach der Systematik des allgemeinen Steuerrechts Ansprüche auf **Erstattung von Steuervergütungen** sind (*Rz. 2*). Diese werden ausdrücklich in § 73 Satz 2, § 74 Abs. 1 Satz 3 und in § 75 Abs. 1 Satz 3 AO als solche genannt. Auch die Haftung nach den §§ 25, 28 und 128 HGB erfasst diese Ansprüche.

18 Die Haftung für **von Anfang an zu Unrecht gewährte Steuervergütungen** (Vorsteuerabzüge) kommt (außerhalb des § 14c, s.o. *Rz. 15*) nach § 69 Abs. 1 AO („Ansprüche aus dem Steuerschuldverhältnis", § 37 Abs. 1 i.V.m. Abs. 2 AO) und nach § 71 AO („zu Unrecht gewährte Steuervorteile") in Betracht.[2] Auch die Haftung nach den §§ 25, 28 und 128 HGB erfasst diese Ansprüche.

19 Primärschuldner (Steuerschuldner usw.) und Haftungsschuldner sind **Gesamtschuldner** (§ 44 Abs. 1 Satz 1 AO). Nachträgliche Zahlungen des Primärschuldners führen wegen der **Akzessorietät** der Haftungsschuld zu deren Erlöschen in entsprechendem Umfang (§ 44 Abs. 2 Satz 1 AO). Die **Inanspruchnahme** des Haftungsschuldners erfolgt nicht durch Steuerbescheid (Ausnahme: Fälle des § 14c UStG; s.o. *Rz. 9*) sondern durch **Haftungsbescheid** (§ 191 AO).[3]

# § 13b
# Leistungsempfänger als Steuerschuldner

(1) Für nach § 3a Absatz 2 im Inland steuerpflichtige sonstige Leistungen eines im übrigen Gemeinschaftsgebiet ansässigen Unternehmers entsteht die Steuer mit Ablauf des Voranmeldungszeitraums, in dem die Leistungen ausgeführt worden sind.

(2) Für folgende steuerpflichtige Umsätze entsteht die Steuer mit Ausstellung der Rechnung, spätestens jedoch mit Ablauf des der Ausführung der Leistung folgenden Kalendermonats:

1. Werklieferungen und nicht unter Absatz 1 fallende sonstige Leistungen eines im Ausland ansässigen Unternehmers;

2. Lieferungen sicherungsübereigneter Gegenstände durch den Sicherungsgeber an den Sicherungsnehmer außerhalb des Insolvenzverfahrens;

---

[1] BFH v. 20.4.1982 – VII R 96/79, BStBl. II 1982, 521; BFH v. 26.7.1988 – VII R 83/87, BStBl. II 1988, 859; BFH v. 1.8.2000 – VII R 110/99, BStBl. II 2001, 271; BFH v. 27.2.2007 – VII R 60/05, BStBl. II 2008, 508.
[2] Zur Haftung der Organgesellschaft nach § 73 AO für zu Unrecht an den Organträger vergütete Vorsteuerbeträge s. *Stadie* in R/D, § 18 UStG Anh. 1 Anm. 69 ff. – Haftung.
[3] Dazu *Loose* in T/K, § 191 AO Rz. 79 ff.; *Stadie* in R/D, § 18 UStG Anh. 1 Anm. 173 ff. – Haftung.

3. Umsätze, die unter das Grunderwerbsteuergesetz fallen;
4. Werklieferungen und sonstige Leistungen, die der Herstellung, Instandsetzung, Instandhaltung, Änderung oder Beseitigung von Bauwerken dienen, mit Ausnahme von Planungs- und Überwachungsleistungen. Nummer 1 bleibt unberührt;
5. Lieferungen
    a) der in § 3g Absatz 1 Satz 1 genannten Gegenstände eines im Ausland ansässigen Unternehmers unter den Bedingungen des § 3g und
    b) von Gas über das Erdgasnetz und von Elektrizität, die nicht unter Buchstabe a fallen;[1]
6. Übertragung von Berechtigungen nach § 3 Nummer 3 des Treibhausgas-Emissionshandelsgesetzes, Emissionsreduktionseinheiten nach § 2 Nummer 20 des Projekt-Mechanismus-Gesetzes und zertifizierten Emissionsreduktionen nach § 2 Nummer 21 des Projekt-Mechanismus-Gesetzes;
7. Lieferungen der in der Anlage 3 bezeichneten Gegenstände;
8. Reinigen von Gebäuden und Gebäudeteilen. Nummer 1 bleibt unberührt;
9. Lieferungen von Gold mit einem Feingehalt von mindestens 325 Tausendstel, in Rohform oder als Halbzeug (aus Position 7108 des Zolltarifs) und von Goldplattierungen mit einem Goldfeingehalt von mindestens 325 Tausendstel (aus Position 7109);
10. Lieferungen von Mobilfunkgeräten, Tablet-Computern und Spielekonsolen sowie von integrierten Schaltkreisen vor Einbau in einen zur Lieferung auf der Einzelhandelsstufe geeigneten Gegenstand, wenn die Summe der für sie in Rechnung zu stellenden Entgelte im Rahmen eines wirtschaftlichen Vorgangs mindestens 5000 Euro beträgt; nachträgliche Minderungen des Entgelts bleiben dabei unberücksichtigt;[2]
11. Lieferungen der in der Anlage 4 bezeichneten Gegenstände[3], wenn die Summe der für sie in Rechnung zu stellenden Entgelte im Rahmen eines wirtschaftlichen Vorgangs mindestens 5000 Euro beträgt; nachträgliche Minderungen des Entgelts bleiben dabei unberücksichtigt.[4]

(3) Abweichend von den Absatz[5] 1 und 2 Nummer 1 entsteht die Steuer für sonstige Leistungen, die dauerhaft über einen Zeitraum von mehr als einem Jahr erbracht werden, spätestens mit Ablauf eines jeden Kalenderjahres, in dem sie tatsächlich erbracht werden.

(4) Bei der Anwendung der Absätze 1 bis 3 gilt § 13 Absatz 1 Nummer 1 Buchstabe a Satz 2 und 3 entsprechend. Wird in den in den Absätzen 1 bis 3 sowie in den in Satz 1 genannten Fällen das Entgelt oder ein Teil des Entgelts vereinnahmt, bevor die Leistung oder die Teilleistung ausgeführt worden ist, entsteht

---
1 Eingefügt m.W.v. 1.9.2013 durch Art. 10 Nr. 6 Buchst. a i.V.m. Art. 31 Abs. 5 Gesetz v. 26.6.2013 i.V.m. BMF-Bekanntmachung, BStBl. I 2013, 1175.
2 Erweiterung der Nummer 10 m.W.v. 1.10.2014 durch Gesetz v. 25.7.2014.
3 Angefügt m.W.v. 1.10.2014 durch Gesetz v. 25.7.2014.
4 Erweiterung m.W.v. 1.1.2015 durch Gesetz v. 22.12.2014.
5 Redaktionelles Versehen des Gesetzgebers; muss wohl lauten „Absätzen".

insoweit die Steuer mit Ablauf des Voranmeldungszeitraums, in dem das Entgelt oder das Teilentgelt vereinnahmt worden ist.

(5)[1] In den in den Absätzen 1 und 2 Nummer 1 bis 3 genannten Fällen schuldet der Leistungsempfänger die Steuer, wenn er ein Unternehmer oder eine juristische Person ist; in den in Absatz 2 Nummer 5 Buchstabe a, Nummer 6, 7, 9 bis 11 genannten Fällen schuldet der Leistungsempfänger die Steuer, wenn er ein Unternehmer ist. *[Bis 30.9.2014:]* In den in Absatz 2 Nummer 4 Satz 1 genannten Fällen schuldet der Leistungsempfänger die Steuer, wenn er ein Unternehmer ist, der Leistungen im Sinne des Absatzes 2 Nummer 4 Satz 1 erbringt. *[Ab 1.10.2014:]* In den in Absatz 2 Nummer 4 Satz 1 genannten Fällen schuldet der Leistungsempfänger die Steuer unabhängig davon, ob er sie für eine von ihm erbrachte Leistung im Sinne des Absatzes 2 Nummer 4 Satz 1 verwendet, wenn er ein Unternehmer ist, der nachhaltig entsprechende Leistungen erbringt; davon ist auszugehen, wenn ihm das zuständige Finanzamt eine im Zeitpunkt der Ausführung des Umsatzes gültige auf längstens drei Jahre befristete Bescheinigung, die nur mit Wirkung für die Zukunft widerrufen oder zurückgenommen werden kann, darüber erteilt hat, dass er ein Unternehmer ist, der entsprechende Leistungen erbringt. Bei den in Absatz 2 Nummer 5 Buchstabe b genannten Lieferungen von Erdgas schuldet der Leistungsempfänger die Steuer, wenn er ein Wiederverkäufer von Erdgas im Sinne des § 3g ist *[bis 30.12.2014: ein Unternehmer ist, der Lieferungen von Erdgas erbringt]*[2]. Bei den in Absatz 2 Nummer 5 Buchstabe b genannten Lieferungen von Elektrizität schuldet der Leistungsempfänger in den Fällen die Steuer, in denen der liefernde Unternehmer und der Leistungsempfänger Wiederverkäufer von Elektrizität im Sinne des § 3g sind. *[Bis 30.9.2014:]* In den in Absatz 2 Nummer 8 Satz 1 genannten Fällen schuldet der Leistungsempfänger die Steuer, wenn er ein Unternehmer ist, der Leistungen im Sinne des Absatzes 2 Nummer 8 Satz 1 erbringt. *[Ab 1.10.2014:]* In den in Absatz 2 Nummer 8 Satz 1 genannten Fällen schuldet der Leistungsempfänger die Steuer unabhängig davon, ob er sie für eine von ihm erbrachte Leistung im Sinne des Absatzes 2 Nummer 8 Satz 1 verwendet, wenn er ein Unternehmer ist, der nachhaltig entsprechende Leistungen erbringt; davon ist auszugehen, wenn ihm das zuständige Finanzamt eine im Zeitpunkt der Ausführung des Umsatzes gültige auf längstens drei Jahre befristete Bescheinigung, die nur mit Wirkung für die Zukunft widerrufen oder zurückgenommen werden kann, darüber erteilt hat, dass er ein Unternehmer ist, der entsprechende Leistungen erbringt. Die Sätze 1 bis 5 gelten auch, wenn die Leistung für den nichtunternehmerischen Bereich bezogen wird. Sind Leistungsempfänger und leistender Unternehmer in Zweifelsfällen übereinstimmend vom Vorliegen der Voraussetzungen des Absatzes 2 Nummer 4, 5 Buchstabe b, Nummer 7 bis 11 ausgegangen, obwohl dies nach Art der Umsätze unter Anlegung objektiver Kriterien nicht zutreffend war, gilt der Leistungsempfänger dennoch als Steuerschuldner, sofern dadurch keine Steuerausfälle entstehen. Die Sätze 1 bis 6 gelten nicht, wenn bei dem Unternehmer, der die Umsätze ausführt, die Steuer nach § 19 Absatz 1 nicht erhoben wird. Die Sätze 1 bis 8 gelten nicht, wenn ein in Absatz 2

---

1 Absatz 5 neugefasst m.W.v. 1.9.2013 durch Gesetz v. 26.6.2013; Absatz 5 Sätze 1, 2 und 5 geändert, Sätze 7 eingefügt und Satz 9 angefügt (alter Satz 7 wird Satz 8), m.W.v. 1.10.2014 durch Gesetz v. 25.7.2014.
2 Geändert durch Gesetz v. 22.12.2014.

Nummer 2, 7 oder 9 bis 11 genannter Gegenstand von dem Unternehmer, der die Lieferung bewirkt, unter den Voraussetzungen des § 25a geliefert wird.

(6) Die Absätze 1 bis 5 finden keine Anwendung, wenn die Leistung des im Ausland ansässigen Unternehmers besteht

1. in einer Personenbeförderung, die der Beförderungseinzelbesteuerung (§ 16 Absatz 5) unterlegen hat,

2. in einer Personenbeförderung, die mit einem Fahrzeug im Sinne des § 1b Absatz 2 Satz 1 Nummer 1 durchgeführt worden ist,[1]

3. in einer grenzüberschreitenden Personenbeförderung im Luftverkehr,

4. in der Einräumung der Eintrittsberechtigung für Messen, Ausstellungen und Kongresse im Inland,

5. in einer sonstigen Leistung einer Durchführungsgesellschaft an im Ausland ansässige Unternehmer, soweit diese Leistung im Zusammenhang mit der Veranstaltung von Messen und Ausstellungen im Inland steht, oder

6. in der Abgabe von Speisen und Getränken zum Verzehr an Ort und Stelle (Restaurationsleistung), wenn diese Abgabe an Bord eines Schiffs, in einem Luftfahrzeug oder in einer Eisenbahn erfolgt.

(7)[2] Ein im Ausland ansässiger Unternehmer im Sinne des Absatzes 2 Nummer 1 und 5 ist ein Unternehmer, der im Inland, auf der Insel Helgoland und in einem der in § 1 Absatz 3 bezeichneten Gebiete weder einen Wohnsitz, seinen gewöhnlichen Aufenthalt, seinen Sitz, seine Geschäftsleitung noch eine Betriebsstätte hat; dies gilt auch, wenn der Unternehmer ausschließlich einen Wohnsitz oder einen gewöhnlichen Aufenthaltsort im Inland, aber seinen Sitz, den Ort der Geschäftsleitung oder eine Betriebsstätte im Ausland hat. Ein im übrigen Gemeinschaftsgebiet ansässiger Unternehmer ist ein Unternehmer, der in den Gebieten der übrigen Mitgliedstaaten der Europäischen Union, die nach dem Gemeinschaftsrecht als Inland dieser Mitgliedstaaten gelten, einen Wohnsitz, seinen gewöhnlichen Aufenthalt, seinen Sitz, seine Geschäftsleitung oder eine Betriebsstätte hat; dies gilt nicht, wenn der Unternehmer ausschließlich einen Wohnsitz oder einen gewöhnlichen Aufenthaltsort in den Gebieten der übrigen Mitgliedstaaten der Europäischen Union, die nach dem Gemeinschaftsrecht als Inland dieser Mitgliedstaaten gelten, aber seinen Sitz, den Ort der Geschäftsleitung oder eine Betriebsstätte im Drittlandsgebiet hat. Hat der Unternehmer im Inland eine Betriebsstätte und führt er einen Umsatz nach Absatz 1 oder Absatz 2 Nummer 1 oder Nummer 5 aus, gilt er hinsichtlich dieses Umsatzes als im Ausland oder im übrigen Gemeinschaftsgebiet ansässig, wenn die Betriebsstätte an diesem Umsatz nicht beteiligt ist. Maßgebend ist der Zeitpunkt, in dem die Leistung ausgeführt wird. Ist es zweifelhaft, ob der Unternehmer diese Voraussetzungen erfüllt, schuldet der Leistungsempfänger die Steuer nur dann nicht, wenn ihm der Unternehmer durch eine Bescheinigung des nach den abgabenrechtlichen Vorschriften für die Besteuerung seiner Umsätze zuständigen Finanzamts nachweist, dass er kein Unternehmer im Sinne der Sätze 1 und 2[3] ist.

---

1 Geändert m.W.v. 1.10.2013 durch Gesetz v. 26.6.2013.
2 Geändert m.W.v. 30.6.2013 durch Gesetz v. 26.6.2013.
3 Redaktionelle Anpassung durch Gesetz v. 25.7.2014.

(8) Bei der Berechnung der Steuer sind die §§ 19 und 24 nicht anzuwenden.

(9) Das Bundesministerium der Finanzen kann mit Zustimmung des Bundesrates durch Rechtsverordnung bestimmen, unter welchen Voraussetzungen zur Vereinfachung des Besteuerungsverfahrens in den Fällen, in denen ein anderer als der Leistungsempfänger ein Entgelt gewährt (§ 10 Absatz 1 Satz 3), der andere an Stelle des Leistungsempfängers Steuerschuldner nach Absatz 5 ist.

(10)[1] Das Bundesministerium der Finanzen kann mit Zustimmung des Bundesrates durch Rechtsverordnung den Anwendungsbereich der Steuerschuldnerschaft des Leistungsempfängers nach den Absätzen 2 und 5 auf weitere Umsätze erweitern, wenn im Zusammenhang mit diesen Umsätzen in vielen Fällen der Verdacht auf Steuerhinterziehung in einem besonders schweren Fall aufgetreten ist, die voraussichtlich zu erheblichen und unwiederbringlichen Steuermindereinnahmen führen. Voraussetzungen für eine solche Erweiterung sind, dass

1. die Erweiterung frühestens zu dem Zeitpunkt in Kraft treten darf, zu dem die Europäische Kommission entsprechend Artikel 199b Absatz 3 der Richtlinie 2006/112/EG des Rates vom 28. November 2006 über das gemeinsame Mehrwertsteuersystem (ABl. L 347 vom 11.12.2006, S. 1) in der Fassung von Artikel 1 Nummer 1 der Richtlinie 2013/42/EU (ABl. L 201 vom 26.7.2013, S. 1) mitgeteilt hat, dass sie keine Einwände gegen die Erweiterung erhebt;

2. die Bundesregierung einen Antrag auf eine Ermächtigung durch den Rat entsprechend Artikel 395 der Richtlinie 2006/112/EG in der Fassung von Artikel 1 Nummer 2 der Richtlinie 2013/42/EG (ABl. L 201 vom 26.7.2013, S. 1) gestellt hat, durch die die Bundesrepublik Deutschland ermächtigt werden soll, in Abweichung von Artikel 193 der Richtlinie 2006/112/EG, die zuletzt durch die Richtlinie 2013/61/EU (ABl. L 353 vom 28.12.2013, S. 5) geändert worden ist, die Steuerschuldnerschaft des Leistungsempfängers für die von der Erweiterung nach Nummer 1 erfassten Umsätze zur Vermeidung von Steuerhinterziehungen einführen zu dürfen;

3. die Verordnung nach neun Monaten außer Kraft tritt, wenn die Ermächtigung nach Nummer 2 nicht erteilt worden ist; wurde die Ermächtigung nach Nummer 2 erteilt, tritt die Verordnung außer Kraft, sobald die gesetzliche Regelung, mit der die Ermächtigung in nationales Recht umgesetzt wird, in Kraft tritt.

Anlage 3
(zu § 13b Absatz 2 Nummer 7)
Liste der Gegenstände im Sinne des § 13b Absatz 2 Nummer 7

| Lfd. Nr. | Warenbezeichnung | Zolltarif (Kapitel, Position, Unterposition) |
| --- | --- | --- |
| 1 | Granulierte Schlacke (Schlackensand) aus der Eisen- und Stahlherstellung | Unterposition 2618 00 00 |
| 2 | Schlacken (ausgenommen granulierte Schlacke), Zunder und andere Abfälle der Eisen- und Stahlherstellung | Unterposition 2619 00 |

---

1 Absatz 10 angefügt m.W.v. 31.12.2014 durch Gesetz v. 22.12.2014.

| Lfd. Nr. | Warenbezeichnung | Zolltarif (Kapitel, Position, Unterposition) |
|---|---|---|
| 3 | Schlacken, Aschen und Rückstände (ausgenommen solche der Eisen- und Stahlherstellung), die Metalle, Arsen oder deren Verbindungen enthalten | Position 2620 |
| 4 | Abfälle, Schnitzel und Bruch von Kunststoffen | Position 3915 |
| 5 | Abfälle, Bruch und Schnitzel von Weichkautschuk, auch zu Pulver oder Granulat zerkleinert | Unterposition 4004 00 00 |
| 6 | Bruchglas und andere Abfälle und Scherben von Glas | Unterposition 7001 00 00 |
| 7 | Abfälle und Schrott von Edelmetallen oder Edelmetallplattierungen; andere Abfälle und Schrott, Edelmetalle oder Edelmetallverbindungen enthaltend, von der hauptsächlich zur Wiedergewinnung von Edelmetallen verwendeten Art | Position 7112 |
| 8 | Abfälle und Schrott, aus Eisen oder Stahl; Abfallblöcke aus Eisen oder Stahl | Position 7204 |
| 9 | Abfälle und Schrott, aus Kupfer | Position 7404 |
| 10 | Abfälle und Schrott, aus Nickel | Position 7503 |
| 11 | Abfälle und Schrott, aus Aluminium | Position 7602 |
| 12 | Abfälle und Schrott, aus Blei | Position 7802 |
| 13 | Abfälle und Schrott, aus Zink | Position 7902 |
| 14 | Abfälle und Schrott, aus Zinn | Position 8002 |
| 15 | Abfälle und Schrott, aus anderen unedlen Metallen | aus Positionen 8101 bis 8113 |
| 16 | Abfälle und Schrott, von elektrischen Primärelementen, Primärbatterien und Akkumulatoren; ausgebrauchte elektrische Primärelemente, Primärbatterien und Akkumulatoren | Unterposition 8548 10 |

Anlage 4 a.F.
(zu § 13b Absatz 2 Nummer 11)[1]
Liste der Gegenstände, für deren Lieferung der Leistungsempfänger die Steuer schuldet

| Lfd. Nr. | Warenbezeichnung | Zolltarif (Kapitel, Position, Unterposition) |
|---|---|---|
| 1 | Selen | Unterposition 2804 90 00 |
| 2 | Silber, in Rohform oder als Halbzeug oder Pulver; Silberplattierungen auf unedlen Metallen, in Rohform oder als Halbzeug | Positionen 7106 und 7107 |

---

1 Anlage 4 angefügt m.W.v. 1.10.2014 durch Gesetz v. 25.7.2014 und geändert m.W.v. 1.1.2015 durch Gesetz v. 22.12.2014.

| Lfd. Nr. | Warenbezeichnung | Zolltarif (Kapitel, Position, Unterposition) |
|---|---|---|
| 3 | Gold, in Rohform oder als Halbzeug oder Pulver, zu nicht monetären Zwecken; Goldplattierungen auf unedlen Metallen oder auf Silber, in Rohform oder als Halbzeug | Unterpositionen 7108 11 00, 7108 12 00 und 7108 13 und Unterposition 7109 00 00 |
| 4 | Platin, in Rohform oder als Halbzeug oder Pulver; Platinplattierungen auf unedlen Metallen, auf Silber oder auf Gold, in Rohform oder als Halbzeug | Position 7110 und Unterposition 7111 00 00 |
| 5 | Roheisen oder Spiegeleisen, in Masseln, Blöcken oder anderen Rohformen; Körner und Pulver aus Roheisen oder Spiegeleisen, Eisen oder Stahl; Eisen- und Stahlerzeugnisse | Positionen 7201, 7205, 7206 bis 7229 |
| 6 | Nicht raffiniertes Kupfer und Kupferanoden zum elektrolytischen Raffinieren; raffiniertes Kupfer und Kupferlegierungen, in Rohform; Kupfervorlegierungen; Pulver und Flitter aus Kupfer; Stangen (Stäbe) und Profile aus Kupfer; Draht aus Kupfer; Bleche und Bänder, aus Kupfer, mit einer Dicke von mehr als 0,15 mm; Folien und dünne Bänder, aus Kupfer (...), mit einer Dicke (ohne Unterlage) von 0,15 mm oder weniger | Unterposition 7402 00 00, Position 7403, Unterposition 7405 00 00 und Positionen 7406 bis 7410 |
| 7 | Nickelmatte, Nickeloxidsinter und andere Zwischenerzeugnisse der Nickelmetallurgie; Nickel in Rohform; Pulver und Flitter aus Nickel; Stangen (Stäbe), Profile und Draht, aus Nickel; Bleche, Bänder und Folien, aus Nickel | Positionen 7501, 7502, Unterposition 7504 00 00, Positionen 7505 und 7506 |
| 8 | Aluminium in Rohform; Pulver und Flitter, aus Aluminium; Stangen (Stäbe) und Profile aus Aluminium; Draht aus Aluminium; Bleche und Bänder, aus Aluminium, mit einer Dicke von mehr als 0,2 mm; Folien und dünne Bänder, aus Aluminium (...) mit einer Dicke (ohne Unterlage) von 0,2 mm oder weniger | Positionen 7601, 7603 bis 7607 |
| 9 | Blei in Rohform; Pulver und Flitter, aus Blei; Bleche, Bänder und Folien, aus Blei | Positionen 7801 und 7804 |
| 10 | Zink in Rohform; Staub, Pulver und Flitter, aus Zink; Stangen (Stäbe), Profile und Draht aus Zink; Bleche, Bänder und Folien, aus Zink | Positionen 7901, 7903 bis 7905 |
| 11 | Zinn in Rohform; Stangen (Stäbe), Profile und Draht aus Zinn; Bleche und Bänder, aus Zinn, mit einer Dicke von mehr als 0,2 mm | Position 8001, Unterpositionen 8003 00 00 und 8007 00 10 |
| 12 | Andere unedle Metalle (einschließlich Stangen (Stäbe), Profile, Draht, Bleche, Bänder und Folien), ausgenommen andere Waren daraus und Abfälle und Schrott | aus Positionen 8101 bis 8112 |
| 13 | Cermets, ausgenommen Waren daraus und Abfälle und Schrott | Position 8113 |

## Anlage 4 n.F.
### (zu § 13b Absatz 2 Nummer 11)

| Lfd. Nr. | Warenbezeichnung | Zolltarif (Kapitel, Position, Unterposition) |
|---|---|---|
| 1 | Silber, in Rohform oder als Halbzeug oder Pulver; Silberplattierungen auf unedlen Metallen, in Rohform oder als Halbzeug | Positionen 7106 und 7107 |
| 2 | Platin, in Rohform oder als Halbzeug oder Pulver; Platinplattierungen auf unedlen Metallen, auf Silber oder auf Gold, in Rohform oder als Halbzeug | Position 7110 und Unterposition 7111 00 00 |
| 3 | Roheisen oder Spiegeleisen, in Masseln, Blöcken oder anderen Rohformen; Körner und Pulver aus Roheisen oder Spiegeleisen; massive stranggegossene, nur vorgewalzte oder vorgeschmiedete Erzeugnisse | Positionen 7201, 7205 und 7206; aus Position 7207; Positionen 7218 und 7224 |
| 4 | Nicht raffiniertes Kupfer und Kupferanoden zum elektrolytischen Raffinieren; raffiniertes Kupfer und Kupferlegierungen, in Rohform; Kupfervorlegierungen; Pulver und Flitter aus Kupfer | Positionen 7402, 7403, 7405 und 7406 |
| 5 | Nickelmatte, Nickeloxidsinter und andere Zwischenerzeugnisse der Nickelmetallurgie; Nickel in Rohform; Pulver und Flitter, aus Nickel | Positionen 7501, 7502 und 7504 |
| 6 | Aluminium in Rohform; Pulver und Flitter, aus Aluminium | Positionen 7601 und 7603 |
| 7 | Blei in Rohform; Pulver und Flitter, aus Blei | Position 7801; aus Position 7804 |
| 8 | Zink in Rohform; Staub, Pulver und Flitter, aus Zink | Positionen 7901 und 7903 |
| 9 | Zinn in Rohform | Position 8001 |
| 10 | Andere unedle Metalle in Rohform oder als Pulver | aus Positionen 8101 bis 8112 |
| 11 | Cermets in Rohform | Unterposition 8113 00 20 |

### § 30a UStDV
### Steuerschuldnerschaft bei unfreien Versendungen

Lässt ein Absender einen Gegenstand durch einen im Ausland ansässigen Frachtführer oder Verfrachter unfrei zum Empfänger der Frachtsendung befördern oder eine solche Beförderung durch einen im Ausland ansässigen Spediteur unfrei besorgen, ist der Empfänger der Frachtsendung an Stelle des Leistungsempfängers Steuerschuldner nach § 13b Absatz 5 des Gesetzes, wenn

1. er ein Unternehmer oder eine juristische Person des öffentlichen Rechts ist,
2. er die Entrichtung des Entgelts für die Beförderung oder für ihre Besorgung übernommen hat und
3. aus der Rechnung über die Beförderung oder ihre Besorgung auch die in Nummer 2 bezeichnete Voraussetzung zu ersehen ist.

Dies gilt auch, wenn die Leistung für den nichtunternehmerischen Bereich bezogen wird.

*EU-Recht*

Art. 64 Abs. 2 Unterabs. 1, Art. 66 Satz 2, Art. 192a, 194–196, 199–199b MwSt-SystRL;

Art. 53 und 54 MwSt-DVO.

*VV*

Abschn. 13b.1–13b.18 UStAE.

| | |
|---|---|
| **A. Allgemeines** ................. 1 | VI. Im Ausland/übrigen Gemeinschaftsgebiet ansässiger Unternehmer (Abs. 7) |
| **B. Umsätze eines im Ausland ansässigen Unternehmers** | 1. Allgemeines ................. 43 |
| I. Vorbemerkungen............. 10 | 2. Ansässigkeitskriterien (Sätze 1 und 2) |
| II. Sonstige Leistungen eines im übrigen Gemeinschaftsgebiet ansässigen Unternehmers gem. § 3a Abs. 2 (Abs. 1) | a) Unbeachtlichkeit des Wohnsitzes .................... 49 |
| | b) Sitz, Geschäftsleitung ...... 51 |
| | c) Betriebsstätte............. 55 |
| 1. Allgemeines, Grundsätzliches.. 14 | 3. Unbeachtlichkeit einer nicht beteiligten Betriebsstätte (Satz 3) ................... 61 |
| 2. Unternehmer als Leistungsempfänger................... 18 | 4. Zeitpunkt (Satz 4) ........... 65 |
| 3. Juristische Personen mit USt-IdNr........................ 22 | 5. Zweifelhaftigkeit (Satz 5)...... 66 |
| 4. Missbräuchliche Verwendung einer USt-IdNr................ 25 | **C. Übrige Tatbestände** |
| III. Übrige sonstige Leistungen und Werklieferungen (Abs. 2 Nr. 1) | I. Lieferung sicherungsübereigneter Gegenstände außerhalb des Insolvenzverfahrens (Abs. 2 Nr. 2)................ 71 |
| 1. Vorbemerkungen............. 26 | |
| 2. Werklieferungen ............. 27 | II. Umsätze, die unter das Grunderwerbsteuergesetz fallen (Abs. 2 Nr. 3)................ 78 |
| 3. Unter § 3a Abs. 2 UStG fallende sonstige Leistungen eines außerhalb des Gemeinschaftsgebiets ansässigen Unternehmers ...... 33 | |
| | III. Bauleistungen (Abs. 2 Nr. 4) |
| 4. Nicht von § 3a Abs. 2 UStG erfasste sonstige Leistungen.... 36 | 1. Allgemeines ................ 81 |
| | 2. Bauleistungen............... 82 |
| IV. Lieferung von Gas, Elektrizität, Kälte oder Wärme (Abs. 2 Nr. 5 Buchst. a) ................... 37 | 3. Leistungsempfänger erbringt seinerseits Bauleistungen (Abs. 5 Satz 2) ............... 86 |
| V. Ausnahmen (Abs. 6) | 4. Im Ausland ansässiger Leistungserbringer (Abs. 2 Nr. 4 Satz 2)..................... 92 |
| 1. Bestimmte Personenbeförderungen (Nr. 1–3)............. 39 | |
| 2. Leistungen im Zusammenhang mit Messen u.Ä. (Nr. 4 und 5) .. 40 | IV. Lieferung von Gas und Elektrizität durch im Inland ansässige Händler an Wiederverkäufer (Absatz 2 Nr. 5 Buchst. b i.V.m. Abs. 5 Satz 3)................ 94 |
| 3. Restaurationsleistungen an Bord von Beförderungsmitteln (Nr. 6)...................... 42 | |

V. Übertragung von Emissionszertifikaten (Abs. 2 Nr. 6) . . . . . . . . . 95
VI. Lieferung von Industrieschrott, Altmetallen und sonstigen Abfallstoffen (Abs. 2 Nr. 7 i.V.m. Anlage 3) . . . . . . . . . . . . . . . 97
VII. Gebäudereinigungen (Abs. 2 Nr. 8) . . . . . . . . . . . . . . . . . . . . . . . 101
VIII. Lieferungen von edlen und unedlen Metallen (Abs. 2 Nr. 9 und Nr. 11 i.V.m. Anlage 4) . . . . . 110
IX. Lieferungen von Mobilfunkgeräten und bestimmten weiteren elektronischen Geräten (Abs. 2 Nr. 10) . . . . . . . . . . . . . . . . . . . . . . 111

**D. Steuerschuldner**

I. Leistungsempfänger
1. Grundsätzliches . . . . . . . . . . . . . . 112
2. Dritte . . . . . . . . . . . . . . . . . . . . . . . 114
3. Mehrere Personen . . . . . . . . . . . . 115

II. Steuerschuldnerschaft (Abs. 5)
1. Unternehmer
a) Grundsatz . . . . . . . . . . . . . . . . 116
b) Beschränkung auf normale Unternehmer? . . . . . . . . . . . . . 117
c) Leistung für den nichtunternehmerischen Bereich . . . . . . . 118
d) Gesellschafter einer unternehmerisch tätigen Gesellschaft . . . . . . . . . . . . . . . . . . . . 120
2. Juristische Personen . . . . . . . . . . 122

III. Vertrauensschutz bei fehlerhafter Annahme der Steuerschuldnerschaft
1. des Leistenden . . . . . . . . . . . . . . 124

2. des Leistungsempfängers (Abs. 5 Satz 7) . . . . . . . . . . . . . . . 125

**E. Steuerberechnung**

I. Entstehung der Steuer (Abs. 1 bis 4)
1. Sonstige Leistungen i.S.d. § 3a Abs. 2 UStG eines im übrigen Gemeinschaftsgebiet ansässigen Unternehmers (Abs. 1, Abs. 4 Satz 1) . . . . . . . . . . . . . . . . 126
2. Übrige Leistungen (Abs. 2, Abs. 4 Satz 1) . . . . . . . . . . . . . . . . 130
3. Dauerleistungen (Abs. 3) . . . . . . 136
4. Vorauszahlungen (Abs. 4 Satz 2) . . . . . . . . . . . . . . . . . . . . . . 138

II. Nichtanwendung der §§ 19 und 24 (Abs. 5 Satz 8, Abs. 8) . . . 140

III. Bemessungsgrundlage
1. Allgemeines . . . . . . . . . . . . . . . . 143
2. Lieferungen sicherungsübereigneter Gegenstände . . . . . . . . 149
3. Umsätze, die unter das Grunderwerbsteuergesetz fallen . . . . . . 151
4. Tausch und tauschähnliche Umsätze . . . . . . . . . . . . . . . . . . . . 153
5. Steuerberechnung nach Entrichtung der gesamten Gegenleistung . . . . . . . . . . . . . . . . . . . . 154
6. Änderungen der Bemessungsgrundlage u.Ä. . . . . . . . . . . . . . . . 158

**F. Verordnungsermächtigungen (Abs. 9, Abs. 10)** . . . . . . . . . . . . . 159

## A. Allgemeines

Schuldner der Umsatzsteuer für steuerpflichtige entgeltliche Umsätze i.S.d. § 1 Abs. 1 Nr. 1 UStG ist regelmäßig der Unternehmer, der die Leistung erbringt oder zu erbringen hat (§ 13a Abs. 1 Nr. 1 UStG). Abweichend davon (weitere Ausnahmen bestimmen § 1 Abs. 1 Nr. 5 i.V.m. § 13a Abs. 1 Nr. 2, § 25b Abs. 2 und § 6a Abs. 4 Satz 2 UStG) wird für verschiedene Umsätze durch § 13b UStG angeordnet, dass unter bestimmten Voraussetzungen nicht der leistende Unternehmer, sondern der Leistungsempfänger, wenn er ein **Unternehmer** ist, Schuldner der Steuer ist (sofern nicht der Leistende Kleinunternehmer ist, bei dem die Steuer nach § 19 Abs. 1 UStG nicht erhoben wird, § 13b Abs. 5 Satz 7 a.F., Satz 8

1

n.F. UStG). In den Fällen des § 13b Abs. 1 und 2 Nr. 1 und 2 UStG[1] gilt das darüber hinaus auch, wenn der Empfänger eine **juristische Person** ist.

2 Die Umsatzsteuer wirkt in diesen Fällen als **direkte Steuer**, welche indes vom Leistungsempfänger, wenn er Unternehmer ist und sie nicht als Vorsteuer abziehen kann, indirekt im Preis weitergegeben wird. Die Steuer wirkt als **endgültige direkte Steuer**, wenn der Leistungsempfänger die Leistung nicht, auch nicht über die Gemeinkosten, weitergibt, was dann der Fall ist, wenn er als Unternehmer die Leistung für seinen nichtunternehmerischen Bereich bezieht (§ 13b Abs. 5 Satz 6 UStG) oder als Nichtunternehmer eine juristische Person ist (vgl. *Rz. 122*).

Die Steuerschuldnerschaft des Leistungsempfängers ähnelt deshalb in ihrer Zwecksetzung nicht der Steuerentrichtungspflicht i.S.d. § 43 Satz 2 AO.[2] Der Leistungsempfänger bezahlt nämlich nicht die Steuer für Rechnung des leistenden Unternehmers, da dieser gerade nicht Steuerschuldner ist (*Rz. 4*), sondern eine **eigene Steuerschuld**. Die Ähnlichkeit zu § 43 Satz 2 AO ist vielmehr genau im umgekehrten Fall gegeben, wenn der leistende Unternehmer als formaler Steuerschuldner nach § 13a Abs. 1 Nr. 1 UStG die Steuer für Rechnung des Leistungsempfängers als Steuerträger (*Vorbem. Rz. 19*) entrichtet.

3 Der **Zweck** der Verlagerung der Steuerschuld auf den Leistungsempfänger liegt in der Sicherstellung der Besteuerung und/oder der Vereinfachung. Die **Sicherstellung** der **Besteuerung** wird dadurch bewirkt, dass anders als bei der Steuerschuldnerschaft des Leistungserbringers die Möglichkeit entfällt, dass der Leistungsempfänger den Vorsteuerabzug vornehmen kann (§ 15 Rz. 184), ohne dass der Leistungserbringer die von ihm geschuldete Steuer an das Finanzamt abführt. Eine **Vereinfachung** tritt dadurch ein, dass nicht im Inland ansässige Leistungserbringer hier keine steuerrechtlichen Pflichten erfüllen müssen.

4 Soweit der Leistungsempfänger Schuldner der Steuer ist, ist von Anfang an eine solche in der Person des leistenden Unternehmers nicht entstanden. Obwohl § 13a Abs. 1 Nr. 1 UStG unverständlicherweise keine Einschränkung hinsichtlich der Fälle des § 13b UStG enthält (*§ 13a Rz. 4*), hat der Gesetzgeber ersichtlich **keine Gesamtschuldnerschaft** im Auge, wie § 14a Abs. 5 UStG bestätigt.

5 Die **Steuerschuldnerschaft** des Leistungsempfängers tritt **kraft Gesetzes** ein, wenn die von der Vorschrift geforderten Voraussetzungen vorliegen (zu Einschränkungen bei der sog. Mindest-Bemessungsgrundlage s. *Rz. 147*). Sie ist folglich **nicht davon abhängig, dass** in der Rechnung der **Hinweis** auf die Steuerschuldnerschaft des Leistungsempfängers enthalten ist[3], zu dem der leistende Unternehmer nach § 14a Abs. 5 UStG verpflichtet ist (zum **Vertrauensschutz** bei fehlerhafter Beurteilung der Steuerschuldnerschaft s. *Rz. 124 f.*).

6 Ist der Leistungsempfänger **Unternehmer** und bezieht er die Leistung für sein Unternehmen, so kann er (sofern kein Vorsteuerabzugsverbot eingreift) die ge-

---

1 Die des Weiteren genannte Nr. 3 läuft leer und Nr. 2 gilt nur für juristische Personen des öffentlichen Rechts (*Rz. 122*).
2 So aber *Englisch* in T/L, § 17 Rz. 31.
3 Abschn. 13b.14 Abs. 1 Satz 4 UStAE.

Allgemeines **§ 13b**

schuldete Steuer, ohne dass es einer Rechnung bedarf, in derselben Voranmeldung, mit der die Steuer anzumelden ist, als Vorsteuer gegen rechnen (§ 15 Abs. 1 Satz 1 Nr. 4 UStG), so dass die Liquidität nicht beeinträchtigt wird (*§ 15 Rz. 320*).

Der **Aufbau** und einige **Inhalte** der Vorschrift sind in wesentlichen Teilen **dilettantisch**. Verfehlt formuliert sind vor allem die Entstehungsregelungen in § 13b Abs. 2–4 UStG (*Rz. 8*). Richtigerweise hätte zudem die Steuerschuldnerschaft als Erstes und die Entstehung der Steuer für diese Fälle erst anschließend geregelt werden müssen. Dilettantisch formuliert ist des Weiteren § 13b Abs. 7 Satz 1 UStG (*Rz. 50*). Sachlich verfehlt ist § 13b Abs. 7 Satz 3 UStG (*Rz. 65*). Die Aussagen des Absatzes 8 hinsichtlich der Kleinunternehmer (*Rz. 141 f.*) wie auch die Verordnungsermächtigung des Absatzes 9 sind überflüssig (*Rz. 159*). 7

Die Bestimmungen des § 13b Abs. 2 UStG zur **Entstehung** der Steuer vermitteln isoliert gesehen den Eindruck, dass diese als Sonderregelungen für alle dort genannten Fälle gelten. Indes ist der Leistungsempfänger nicht stets Steuerschuldner, sondern nur unter den Voraussetzungen des § 13b Abs. 5 UStG. Bei einem nicht im Inland ansässigen leistenden Unternehmer muss hinzukommen, dass der Leistungsempfänger nicht vom Gegenteil ausgehen durfte (§ 13b Abs. 7 Satz 5 UStG, *Rz. 67*). Da § 13b UStG nach seiner Überschrift nur die Steuerschuldnerschaft des Leistungsempfängers im Auge hat, was durch § 13b Abs. 6 UStG („Die Absätze 1 bis 5 finden keine Anwendung, ...") und § 15 Abs. 1 Satz 2 Nr. 4 UStG, der offensichtlich nur die nach § 13b Abs. 5 UStG geschuldete Steuer meint, bestätigt wird, gelten die **Entstehungsregeln** des § 13b **Abs. 2** UStG mithin **z.B. nicht**, wenn 8

– bei Werklieferungen und sonstigen Leistungen eines im Ausland (richtig: nicht im Inland) ansässigen Unternehmers der Leistungsempfänger nicht Steuerschuldner ist, weil er nicht Unternehmer und auch keine juristische Person ist (§ 13b Abs. 5 Satz 1 Halbs. 1 UStG) oder aber keine Zweifel daran haben musste, dass der leistende Unternehmer im Inland ansässig ist;
– bei Lieferungen sicherungsübereigneter Gegenstände i.S.d. § 13b Abs. 2 Nr. 2 UStG der Abnehmer nicht unter § 13b Abs. 5 Satz 1 UStG fällt;
– bei Bauleistungen i.S.d. § 13b Abs. 2 Nr. 4 UStG der Auftraggeber nicht die Voraussetzungen des § 13b Abs. 5 Satz 2 UStG erfüllt, oder
– bei den Energielieferungen i.S.d. § 13b Abs. 2 Nr. 5 UStG der Abnehmer in den Fällen des Buchstaben a nicht von § 13b Abs. 5 Satz 1 UStG oder in den Fällen des Buchstaben b nicht von § 13b Abs. 5 Satz 3 und 4 UStG erfasst wird.

In all diesen Fällen, bei denen der leistende Unternehmer die Steuer schuldet (§ 13a Abs. 1 Nr. 1 UStG), richtet sich deren Entstehung nach § 13 Abs. 1 Nr. 1 UStG.

Aber auch die Entstehungsregeln des § 13b Abs. 1–4 UStG selbst sind absurd und nicht aufeinander abgestimmt; zudem verstoßen sie gegen das Gleichbehandlungsgebot bzw. das unionsrechtliche Diskriminierungsverbot (*Rz. 131 ff.*).

9   Darüber hinaus greift die Steuerschuldnerschaft des Leistungsempfängers **nicht bei unentgeltlichen Leistungen** i.S.d. § 3 Abs. 1b und 9a UStG – sowie grundsätzlich auch nicht hinsichtlich der Mehrsteuer bei der sog. *Mindest*-**Bemessungsgrundlage** (*Rz. 147*) –, da anderenfalls die Regelung zu einem unzulässigen Eingriff in die Privatautonomie führen würde, wenn, wie regelmäßig, der Leistungsempfänger sich nicht zur Tragung der Steuer gegenüber dem Leistenden verpflichtet hat. Zudem knüpft § 13b Abs. 1 Satz 1 UStG an die Ausstellung der „Rechnung" an, wozu in diesen Fällen keine Verpflichtung besteht. Auch hinsichtlich dieser Steuer richtet sich die Entstehung nach § 13 Abs. 1 Nr. 2 UStG.

## B. Umsätze eines im Ausland ansässigen Unternehmers

### I. Vorbemerkungen

10  Die unübersichtlich aufgebaute Vorschrift betrifft mit § 13b **Abs. 5** Satz 1 **i.V.m. Abs. 1** und **Abs. 2 Nr. 1** und **5** Buchst. a UStG bestimmte Lieferungen und sonstige Leistungen von **im übrigen Gemeinschaftsgebiet** bzw. im **Ausland** ansässigen Unternehmern, so dass die Steuerschuldnerschaft des Leistungsempfängers nur unter diesen Voraussetzungen eintritt. Demgegenüber enthalten die übrigen Tatbestände (§ 13b Abs. 2 Nr. 2 bis 4 und 6 bis 10 UStG) diese Einschränkung nicht und greifen mithin unabhängig davon ein, ob der leistende Unternehmer im Inland oder im Ausland ansässig ist. Der Tatbestand des § 13b Abs. 2 Nr. 5 Buchst. b UStG erfasst nur inländische Lieferanten.

11  Die **Umschreibung** des im Ausland bzw. im übrigen Gemeinschaftsgebiet ansässigen Unternehmers erfolgt durch § 13b **Abs. 7** UStG. Die **Ausnahmebestimmungen** des § 13b **Abs. 6** UStG haben Bedeutung für die in § 13b Abs. 1 und Abs. 2 Nr. 1 UStG genannten sonstigen Leistungen. § 13b **Abs. 1 und 2** UStG enthalten nicht nur (überflüssige, *Rz. 126 ff.*) **Entstehungsregeln**, sondern **umschreiben auch** (und darin liegt ihre eigentliche Bedeutung) die **Tatbestände**, bei denen die **Steuerschuldnerschaft** des **Leistungsempfängers** eintreten kann.

12  Die **Unterscheidung** nach im **übrigen Gemeinschaftsgebiet** und im **Ausland** ansässigen Dienstleistungserbringern scheint nur durch die unterschiedlichen Entstehungsregeln des § 13b Abs. 1 und 2 Nr. 1 UStG geboten und, da diese **leerlaufen** (*Rz. 126 ff.*), ohne Bedeutung zu sein. Jedoch ist die Unterscheidung insoweit von Belang, als zwischen Art. 44 und Art. 196 MwStSystRL und damit zwischen § 3a Abs. 2 und § 13b Abs. 1 (und Abs. 5 Satz 1) UStG ein **Junktim** besteht, wenn der **Dienstleistungserbringer im übrigen Gemeinschaftsgebiet** ansässig ist. Das Verbot der Doppelbesteuerung bzw. Nichtbesteuerung innerhalb des Gemeinschaftsgebiets verlangt eine übereinstimmende Auslegung und Anwendung dieser korrespondierenden Normen (**Korrespondenzprinzip**; vgl. *§ 3a Rz. 15*).

13  Der deutsche Gesetzgeber hält beharrlich an der **verfehlten Formulierung „im Ausland ansässig"** fest, obwohl es nicht darauf ankommt, dass der leistende Unternehmer im Ausland, sondern richtigerweise allein darauf, dass er **nicht im** (staatsrechtlichen) **Inland** ansässig ist (*Rz. 44*). Die MwStSystRL spricht (seit 2006) zutreffend von einem Steuerpflichtigen, der nicht in dem Mitgliedstaat ansässig ist, in dem die Steuer geschuldet wird (Art. 194–196 MwStSystRL).

## II. Sonstige Leistungen eines im übrigen Gemeinschaftsgebiet ansässigen Unternehmers gem. § 3a Abs. 2 (Abs. 1)

### 1. Allgemeines, Grundsätzliches

Gem. § 13b Abs. 5 Satz 1 Halbs. 1 i.V.m. Abs. 1 UStG schuldet bei nach § 3a Abs. 2 UStG im Inland steuerpflichtigen sonstigen Leistungen eines im übrigen Gemeinschaftsgebiet ansässigen Unternehmers (*Rz. 43 f.*) abweichend von § 13a Abs. 1 Nr. 1 UStG der Leistungsempfänger die Steuer, wenn er ein **Unternehmer oder** eine **juristische Person** ist. Nach § 3a Abs. 2 UStG werden sonstige Leistungen, die an einen Unternehmer **für** dessen **Unternehmen** ausgeführt werden (§ 13b Abs. 5 Satz 6 UStG kann deshalb in den Fällen des 3a Abs. 2 UStG nicht eingreifen), **grundsätzlich** (zu *Ausnahmen Rz. 15*) an dem Ort ausgeführt, von dem aus der jeweilige Empfänger sein Unternehmen betreibt (§ 3a Abs. 2 Satz 1 UStG). Wird die sonstige Leistung an „die Betriebsstätte" (*Rz. 54 ff.*) des Empfängers ausgeführt, ist stattdessen der Ort der „**Betriebsstätte**" maßgebend (§ 3a Abs. 2 Satz 2 UStG). Entsprechendes gilt bei sonstigen Leistungen an eine nicht unternehmerisch tätige **juristische Person**, der eine **USt-IdNr.** erteilt worden ist (§ 3a Abs. 2 Satz 3 UStG). 14

**Ausnahmen:** Die Regelungen des § 3a Abs. 2 UStG gelten „**vorbehaltlich**" der Absätze 3 bis 8 und der **§§ 3b, 3e und 3f UStG**, dh. deren Ortsbestimmungen gehen vor. Folglich bestimmt sich der Ort bei 15

- sonstigen Leistungen im **Zusammenhang mit einem Grundstück** nach § 3a Abs. 3 Nr. 1 UStG;
- **kurzfristigen Vermietungen** von **Beförderungsmitteln** nach § 3a Abs. 3 Nr. 2 Sätze 1 und 2, Abs. 6 Nr. 1 oder Abs. 7 UStG;
- **Restaurationsleistungen** nach § 3a Abs. 3 Nr. 3 Buchst. b UStG oder bei Erbringung an Bord eines Beförderungsmittels nach § 3e UStG;
- der Einräumung von **Eintrittsberechtigungen** zu **kulturellen, unterhaltenden** und **ähnlichen Veranstaltungen** nach § 3a Abs. 3 Nr. 5 UStG und bei
- **Personenbeförderungen** nach § 3b Abs. 1 Sätze 1 und 2 UStG.

Liegt bei diesen sonstigen Leistungen der Ort nach den genannten Vorschriften im Inland und ist der **Dienstleistungserbringer nicht im Inland ansässig**, so kann der Leistungsempfänger die Steuer nach § 13b Abs. 5 Satz 1 i.V.m. Abs. 2 Nr. 1 UStG schulden (*Rz. 36*).

Werden an sich unter § 3a Abs. 2 UStG fallende Güterbeförderungsleistungen, Dienstleistungen, die im Zusammenhang mit einer Güterbeförderung stehen, Arbeiten an beweglichen Gegenständen, Reisevorleistungen i.S.d. § 25 Abs. 1 Satz 5 UStG oder Veranstaltungsleistungen im Zusammenhang mit Messen und Ausstellungen ausschließlich **im Drittlandsgebiet** (mit Ausnahme der in § 1 Abs. 3 UStG bezeichneten Gebiete, d.h. der Freihäfen und sog. Wattenmeere) erbracht und **verbraucht**, so liegt der Ort abweichend von § 3a Abs. 2 UStG nicht im Inland, sondern im Drittlandsgebiet (§ 3a Abs. 8 Sätze 1 und 3 UStG).

Für **vorsteuerabzugsberechtigte Leistungsempfänger** bewirkt die Verlagerung des Ortes von einem anderen Mitgliedstaat in den Mitgliedstaat seiner Ansässigkeit 16 in Verbindung mit seiner Steuerschuldnerschaft, dass die Vergütung der Vorsteuer nicht in dem anderen Mitgliedstaat beantragt werden muss. Darüber hinaus ist ein Nullsummenspiel gegeben, da die geschuldete Steuer stets sogleich mit einem Vorsteuerbetrag in derselben Höhe verrechnet werden kann (§ 15 Abs. 1 Satz 1 Nr. 4 UStG).

17 Wenn der Ort nach § 3a Abs. 2 UStG, Art. 44 MwStSystRL von dem **Mitgliedstaat** der **Ansässigkeit** des **Dienstleistungserbringers** in das Inland (bzw. einen anderen Mitgliedstaat der EU) verlagert wird, muss damit die **Steuerschuldnerschaft** des **Leistungsempfängers** nach § 13b UStG (bzw. Art. 196 MwStSystRL) einhergehen, da anderenfalls die **Besteuerung** im Gemeinschaftsgebiet nicht sichergestellt wäre. Dieses insoweit bestehende **Junktim** zwischen Art. 44 und Art. 196 MwStSystRL bzw. zwischen § 3a Abs. 2 und § 13b UStG (*§ 3a Rz. 15*) verlangt zur **Vermeidung** von **Doppelbesteuerungen** und **Nichtbesteuerungen** eine **übereinstimmende** Auslegung und Anwendung der Normen (**Korrespondenzprinzip**; *Rz. 12*; zu Einzelheiten *Rz. 18 ff., 24 f.*), sofern keine Ausnahmen nach Abs. 6 (*Rz. 39 ff.*) bestehen. Auch bei **Dienstleistungserbringern**, welche **außerhalb des Gemeinschaftsgebiets ansässig** sind, wird der Ort nach § 3a Abs. 2 UStG in das Inland der hier ansässigen Empfänger verlagert. Die Steuerschuldnerschaft des Empfängers *kann* dann nach § 13b Abs. 2 Nr. 1 i.V.m. Abs. 5 Satz 1 UStG eintreten (*Rz. 33*).

### 2. Unternehmer als Leistungsempfänger

18 **a)** Entgegen dem Wortlaut des § 13b Abs. 5 Satz 1 i.V.m. Abs. 1 UStG tritt die Steuerschuldnerschaft des Leistungsempfängers **nicht nur** dann ein, **wenn** die tatbestandlichen **Voraussetzungen** des § 3a Abs. 2 UStG objektiv erfüllt sind. Da den **leistenden Unternehmer keine Nachforschungspflichten** treffen, sondern dieser grundsätzlich den Angaben des Leistungsempfängers Glauben schenken darf (**Vertrauensschutz**, *§ 3a Rz. 17*), kommt es aus der Sicht des leistenden Unternehmers bei der Bestimmung des Ortes seiner Dienstleistung nach § 3a Abs. 2 UStG, Art. 44 MwStSystRL **nicht** auf die **objektive Rechtslage** an. Er darf davon ausgehen, dass die Dienstleistung **für das Unternehmen des Auftraggebers** erfolgt, wenn dieser das durch entsprechende „Nachweise", regelmäßig durch Mitteilung einer USt-IdNr., **glaubhaft** gemacht hat (dazu näher *§ 3a Rz. 18 ff.*).

19 Das grundsätzliche **Junktim** zwischen Art. 44 und Art. 196 MwStSystRL verlangt dann, dass es **auch für die Steuerschuldnerschaft** des **Leistungsempfängers insoweit nicht** auf die **objektive Rechtslage** ankommt. Hat dieser dem Dienstleistungserbringer **bei der Auftragserteilung** seine **USt-IdNr. mitgeteilt** und nimmt der Mitgliedstaat, in dem der Empfänger ansässig ist, diesen nach § 13b UStG, Art. 196 MwStSystRL als Steuerschuldner in Anspruch, weil der Dienstleistungserbringer die USt-IdNr. des Empfängers in seiner Zusammenfassenden Meldung genannt hatte, so ist dem Empfänger aufgrund der Verwendung der Nummer der **Einwand gegenüber** der **heimischen Finanzbehörde ausgeschlossen**, dass er die Dienstleistung nicht für sein Unternehmen bezogen habe und der Ort deshalb nicht im Inland liege (**venire contra factum proprium**). Entsprechendes gilt, wenn der Leistungsempfänger auf andere Weise dem Dienstleistungserbringer glaubhaft dargelegt hatte, dass er die Leistung für sein Unterneh-

men beziehe. Die Nichtabziehbarkeit der geschuldeten Steuer als Vorsteuer nach § 15 Abs. 1 Satz 1 Nr. 4 UStG wird davon nicht berührt, da es insoweit stets auf die objektive Rechtslage ankommt (§ 15 Rz. 319).

**b) Umgekehrt** darf der **Mitgliedstaat**, in dem der **Empfänger** der Dienstleistung ansässig ist, **nicht einseitig** von der Verwirklichung des Tatbestands des Art. 44 MwStSystRL, § 3a Abs. 2 UStG und damit **von der Steuerschuldnerschaft** nach Art. 196 MwStSystRL, § 13b UStG **ausgehen**, wenn die sonstige **Leistung objektiv für** das **Unternehmen** des **Leistungsempfängers** bestimmt ist, der Dienstleistungserbringer jedoch den Ort in seinem Ansässigkeitsstaat sieht, weil sein Auftraggeber ihm nicht die Voraussetzungen des § 3a Abs. 2 UStG glaubhaft dargelegt hat, und ihm deshalb Umsatzsteuer in Rechnung stellt.[1] Teilt der Dienstleistungsempfänger seine **USt-IdNr. nachträglich** mit, so greift seine Steuerschuldnerschaft als Leistungsempfänger erst dann ein, wenn er die ausländische Steuer zurückerhalten hat. § 17 Abs. 1 Satz 7 UStG gilt dann entsprechend (§ 17 Rz. 90 i.V.m. 67 f. u. 70 f.). 20

Entsprechendes gilt, wenn der Dienstleistungserbringer, **obwohl der Leistungsempfänger** seine **USt-IdNr. mitgeteilt hat,** Umsatzsteuer **(Mehrwertsteuer)** des Mitgliedstaates seiner Ansässigkeit **in der Rechnung** ausgewiesen hat und der Empfänger die Rechnung nicht um den Steuerbetrag gekürzt hat. Der Leistungsempfänger darf nicht als Steuerschuldner in Anspruch genommen werden, weil er als zwangsverpflichteter Gehilfe des Staates nicht das Risiko tragen darf, ob er die ausländische Steuer von dem Dienstleistungserbringer oder von dem anderen Mitgliedstaat erstattet bzw. vergütet erhält. Nichts anderes hat zu gelten, wenn der **Dienstleistungserbringer deutsche Umsatzsteuer** in seiner **Rechnung** ausweist, weil er zwar den Ort nach § 3a Abs. 2 UStG in Deutschland sieht, jedoch fehlerhaft von seiner Steuerschuldnerschaft ausgeht.[2] 21

### 3. Juristische Personen mit USt-IdNr.

Wird eine sonstige Leistung an eine **nichtunternehmerisch** tätige juristische Person erbracht, welcher eine **USt-IdNr. „erteilt"** (Anm. 103 f.) worden ist, so wird der Ort der sonstigen Leistung ebenfalls in das Land der Ansässigkeit der juristischen Person verlagert (§ 3a Abs. 2 Satz 3 UStG). Die daran geknüpfte Steuerschuldnerschaft der juristischen Personen (§ 13b Abs. 5 Satz 1 UStG) dient der Vereinfachung und **rechtfertigt** sich bezüglich der Sicherstellung der Besteuerung aus dem Umstand, dass sie **aufgrund** des Innehabens einer **USt-IdNr. von der Finanzverwaltung kontrolliert werden können.** Deshalb kann der Ort der an sie erbrachten Dienstleistungen in den Mitgliedstaat ihrer Ansässigkeit verlagert werden, weil die Finanzverwaltung durch die Mitteilung der Nummer in der Zusammenfassenden Meldung (Art. 264 Abs. 1 Buchst. b MwStSystRL, § 18a Abs. 7 Nr. 3 Buchst. a UStG) von dem Vorgang erfährt bzw. erfahren kann. 22

Juristische Personen i.S.d. § 3a Abs. 2 Satz 3 UStG sind sowohl solche des **privaten** als auch des **öffentlichen** Rechts (dazu § 2 Rz. 355 ff.). Aus der Sicht des *einfachen* deutschen Rechts wären **nichtrechtsfähige** Körperschaften und andere 23

---
1 Ausführlich *Stadie* in R/D, § 13b UStG Anm. 86 f.
2 Ausführlich *Stadie* in R/D, § 13b UStG Anm. 89 f.

Gebilde (Vermögensmassen) des Privatrechts und andere **Personenvereinigungen** keine juristischen Personen. Allerdings ist, jedenfalls soweit zwingende Vorgaben der Richtlinien umgesetzt werden, der **Begriff** der **juristischen Person** des Privatrechts im Rahmen des § 3a Abs. 2 UStG (*§ 3a Rz. 32*) und damit des § 13b Abs. 1 i.V.m. Abs. 5 Satz 1 UStG **nicht im nationalen** Sinne zu verstehen, **sondern in** einem **unionsrechtlichen Sinne** zu begreifen. Das bedeutet, dass als juristische Personen i.S.d. § 3a Abs. 2 Satz 3 i.V.m. § 13b Abs. 5 Satz 1 UStG alle Personenvereinigungen und sonstige Gebilde zu verstehen sind, die **nach Außen auftreten** (anderenfalls können sie nicht Leistungsempfänger sein), unabhängig davon, ob sie nach nationalem Recht rechtsfähig sind oder nicht.[1] Die „juristische Person" i.S.d. § 3a Abs. 2 Satz 3 UStG deckt sich folglich mit dem **unternehmerfähigen Gebilde** i.S.d. § 2 UStG (dazu *§ 2 Rz. 24 ff.*).

24 Voraussetzung der Ortsverlagerung ist, dass der nichtunternehmerisch tätigen juristischen Person eine USt-IdNr. „**erteilt** worden ist" (§ 3a Abs. 2 Satz 3 UStG). Nach dem Gesetzeswortlaut kommt es mithin auch für die Steuerschuldnerschaft nach § 13b UStG allein darauf an, dass der juristischen Person eine solche Nummer erteilt worden ist. Es muss jedoch nach der Ansässigkeit des Dienstleistungserbringers unterschieden werden. Die Erteilung reicht nur im Fall des § 13b Abs. 2 Nr. 1 UStG, d.h. bei Ansässigkeit des Dienstleistungserbringers außerhalb des Gemeinschaftsgebiets, aus (*Rz. 35*). Im Fall des § 13b Abs. 1 UStG, d.h. wenn der Dienstleistungserbringer in einem anderen Mitgliedstaat ansässig ist, bedarf der Wortlaut des § 3a Abs. 2 Satz 3 UStG (wie auch des Art. 43 Nr. 2 MwStSystRL und des Art. 196 MwStSystRL: „mit einer Mehrwertsteuer-Identifikationsnummer") der **teleologischen Reduktion**. Das **Junktim** zwischen Art. 44 und 196 MwStSystRL (*Rz. 17*) verlangt in diesem Fall für die Verlagerung des Ortes zwingend, dass die juristische Person die **USt-IdNr.** auch dem leistenden Unternehmer **mitgeteilt** hat (vgl. auch Art. 18 Abs. 1 Buchst. a und Abs. 2 MwSt-DVO), so dass die Dienstleistung „unter" dieser Nummer „an" die juristische Person „erbracht wurde" (§ 18a Abs. 7 Satz 1 Nr. 3 Buchst. a UStG, Art. 264 Abs. 1 Buchst. b MwStSystRL; vgl. auch Art. 226 Nr. 4 MwStSystRL: „Mehrwertsteuer-Identifikationsnummer ..., unter der der ... Dienstleistungsempfänger ... eine Dienstleistung ... erhalten hat"). Nur dann darf der im anderen Mitgliedstaat ansässige Dienstleistungserbringer die Dienstleistung als nicht steuerbar behandeln und nur dann ist sichergestellt, dass der Mitgliedstaat, in dem die juristische Person ansässig ist, über die Zusammenfassende Meldung des Dienstleistungserbringers erfährt, dass die juristische Person eine im Inland steuerbare Dienstleistung empfangen hat, so dass er diese als Steuerschuldner in Anspruch nehmen kann.

#### 4. Missbräuchliche Verwendung einer USt-IdNr.

25 Verwendet ein **Nichtunternehmer** die gültige **USt-IdNr. eines Dritten** gegenüber einem in einem anderen Mitgliedstaat ansässigen Dienstleistungserbringer und behandelte dieser, weil er keine Zweifel an der Unternehmereigenschaft des Auftraggebers und der unternehmerischen Verwendung haben musste, die Dienstleistung als nicht steuerbar (zur Verwendung der **eigenen** USt-IdNr. beim

---

1 Ausführlich *Stadie* in R/D, § 13b UStG Anm. 96 ff.

Bezug von Dienstleistungen für den privaten Bedarf s. *Rz. 19*), so kommt nach dem Gesetzeswortlaut eine Inanspruchnahme des Nichtunternehmers als Schuldner der Steuer nach § 13b UStG nicht in Betracht. Allerdings kann auch der Dienstleistungserbringer bei Gutgläubigkeit im Mitgliedstaat seiner Ansässigkeit nicht in Anspruch genommen werden (*§ 3a Rz. 17*). Eine Inanspruchnahme des Auftraggebers dürfte, von den praktischen Problemen abgesehen, schon daran scheitern, dass es an der Rechtsgrundlage (vergleichbar der des § 6a Abs. 4 UStG) mangelt. Jedoch gilt auch hier der Grundsatz des **venire contra factum proprium** (dazu bereits *Rz. 19*). Wer durch die Verwendung einer fremden USt-IdNr. bei einem Unternehmer in einem anderen Mitgliedstaat den Irrtum erregt, selbst Unternehmer zu sein, und dadurch eine Dienstleistung ohne Umsatzsteuerbelastung erlangt, muss sich von seinem Ansässigkeitsstaat so behandeln lassen, als sei er Unternehmer. Folglich schuldet er die Steuer nach § 13b UStG. Entsprechendes hat zu gelten, wenn eine **juristische Person**, welche Nichtunternehmer ist, die gültige USt-IdNr. einer anderen verwendet.[1]

## III. Übrige sonstige Leistungen und Werklieferungen (Abs. 2 Nr. 1)

### 1. Vorbemerkungen

Bei steuerpflichtigen Werklieferungen und nicht unter § 13b Abs. 1 UStG fallenden steuerpflichtigen sonstigen Leistungen eines im Ausland ansässigen Unternehmers schuldet der Leistungsempfänger die Steuer, wenn er ein Unternehmer oder eine juristische Person ist (§ 13b Abs. 2 Nr. 1 i.V.m. Abs. 5 Satz 1 Halbs. 1 UStG); das gilt auch, wenn die Leistung für den nichtunternehmerischen Bereich bezogen wird (§ 13b Abs. 5 Satz 3 UStG). 26

Erfasst werden die folgenden steuerpflichtigen Leistungen:

– **Werklieferungen** eines im Ausland ansässigen Unternehmers (*Rz. 27 ff.*);

– **unter § 3a Abs. 2** UStG **fallende** sonstige Leistungen eines **außerhalb des Gemeinschaftsgebiets ansässigen Unternehmers** (*Rz. 33 ff.*);

– **nicht von § 3a Abs. 2** UStG **erfasste** sonstige Leistungen (*Rz. 15*) eines **im Ausland ansässigen** Unternehmers (*Rz. 36*).

### 2. Werklieferungen

Steuerpflichtige Lieferungen eines im Ausland ansässigen Unternehmers führen – von den Fällen des § 13b Abs. 2 Nr. 2, 3 und 5 UStG abgesehen – nur dann zur Verlagerung der Steuerschuldnerschaft[2], wenn sie die Merkmale einer **Werklieferung** (i.S.d.§ 3 Abs. 4 UStG) erfüllen. Die Beschränkung auf Werklieferungen ist sachgerecht, sofern bei den übrigen Lieferungen eine Umsatzsteuerbelastung entweder bereits durch die Einfuhrumsatzsteuer auf den Zollwert des eingeführten Liefergegenstandes eintritt (§ 1 Abs. 1 Nr. 4 i.V.m. § 11 Abs. 1 UStG) oder vom Abnehmer der innergemeinschaftliche Erwerb zu versteuern ist (§ 1 Abs. 1 Nr. 5 i.V.m. § 1a UStG). Hatte der „ausländische" Unternehmer den Gegenstand 27

---

1 Zu Beispielen s. *Stadie* in R/D, § 13b UStG Anm. 109.
2 Die Steuerschuldnerschaft des Empfängers der Werklieferung ist durch die Ermächtigung des Art. 194 MwStSystRL gedeckt.

im Inland erworben, so ist dieser ebenfalls bereits mit Umsatzsteuer vorbelastet. Bei Werklieferungen hingegen ist die Sicherstellung der Besteuerung erforderlich, weil die im Dienstleistungsanteil liegende regelmäßig erhebliche **Wertschöpfung** anderenfalls nicht erfasst würde.

28  Eine Werklieferung im Sinne des Umsatzsteuergesetzes liegt vor, wenn bei der **Bearbeitung oder Verarbeitung** eines vom Auftraggeber (Leistungsempfänger) gestellten **Gegenstandes** der leistende Unternehmer Stoffe verwendet, die er selbst beschafft hat, und diese nicht nur Zutaten oder sonstige Nebensachen darstellen (§ 3 Abs. 4 Satz 1 UStG). „Verwendung" der Stoffe meint, dass sie in den be- oder verarbeiteten Gegenstand eingehen, d.h. dem Auftraggeber an ihnen Verfügungsmacht verschafft wird (*§ 3 Rz. 107 f.*). Bei dem bearbeiteten Gegenstand kann es sich auch um ein **Grundstück** handeln (§ 3 Abs. 4 Satz 2 UStG), so dass insbesondere auch **Bauarbeiten** an Gebäuden erfasst werden. Die Frage, ob es sich bei den verwendeten Stoffen um Haupt- oder Nebensachen handelt, kann grundsätzlich dahinstehen, denn wenn es sich nur um Zutaten oder sonstige Nebensachen handelt, liegt eine sonstige Leistung (*Werkleistung im engeren Sinne, § 3 Rz. 106*) vor, die ebenfalls von § 13b UStG erfasst wird (*Rz. 30*). Die Qualifizierung der Leistung ist mithin im Rahmen des § 13b UStG ohne Belang, wenn in beiden Fällen der Ort der Leistung (nach § 3 Abs. 7 Satz 1, § 3a Abs. 2 oder § 3a Abs. 3 Nr. 1 UStG) im Inland liegt.

29  **Keine Werklieferung** i.S.d. § 3 Abs. 4 UStG liegt vor, wenn kein Gegenstand des Auftraggebers bearbeitet, sondern der Liefergegenstand ausschließlich aus vom Lieferer beschafften Teilen hergestellt wird. In solchen Fällen liegt eine **„normale" Lieferung** vor.[1] Ist bei einem derartigen im Drittland hergestellten Gegenstand der Ort der Lieferung nach § 3 Abs. 8 UStG im Inland, weil der **Lieferer Schuldner** der **Einfuhrumsatzsteuer** ist, so kann sich die Frage der Anwendbarkeit des § 13b UStG gar nicht stellen, weil überhaupt keine Werklieferung vorliegt, sondern der Gegenstand einer normalen Lieferung versendet oder befördert wurde (s. auch Art. 201 i.V.m. Art. 32 Satz 2 MwStSystRL).

Ebenso wenig liegt eine Werklieferung vor, wenn Gegenstände am Bestimmungsort vom im Ausland ansässigen Lieferer zu installieren oder zu montieren sind (sog. **Montagelieferung**). Der Ort der Lieferung ist aufgrund der eindeutigen Bestimmung des Art. 36 MwStSystRL im Inland, so dass der Erwerber auch keinen innergemeinschaftlichen Erwerb zu versteuern hat (*§ 1a Rz. 15*). Solange § 13b Abs. 2 Nr. 1 UStG nicht auch auf diese Lieferungen ausgedehnt wird, was Art. 194 MwStSystRL zuließe, ist der Lieferer Schuldner der der Umsatzsteuer.

30  Die **Abgrenzung** der **Werklieferung** von der **Werkleistung** (im engeren Sinne, *§ 3 Rz. 106*) ist nach der Gesetzessystematik erforderlich, wenn die **Be- oder Verarbeitung** des Gegenstandes **im übrigen Gemeinschaftsgebiet** erfolgt, der Gegenstand anschließend in das Inland versendet oder befördert wird (und der Leistungsempfänger dem leistenden „ausländischen" Unternehmer eine deutsche **USt-IdNr. mitgeteilt** hat). Handelt es sich um eine Werklieferung, so ist diese zwar nicht im Inland steuerbar, da der Ort im übrigen Gemeinschaftsgebiet liegt

---

[1] Vgl. auch § 651 BGB, wonach auf einen derartigen Vertrag die Regeln des Kaufvertrages und nicht des Werkvertrages anzuwenden sind.

(§ 3 Abs. 6 Satz 1 UStG), der Leistungsempfänger hat jedoch den **innergemeinschaftlichen Erwerb** zu versteuern (§ 1 Abs. 1 Nr. 5 i.V.m. § 1a UStG; s. *§ 1a Rz. 16*). Liegt hingegen eine Werkleistung vor, so ist deren Ort nach § 3a Abs. 2 UStG im Inland, so dass § 13b Abs. 1 oder Abs. 2 Nr. 1 i.V.m. Abs. 5 Satz 1 UStG greift (zur Abgrenzung vgl. *§ 3 Rz. 108 ff.*).

Eine **Abgrenzung** ist indes in der Praxis **ohne Belang**, da es **im Ergebnis** auf **dasselbe** hinausläuft, ob der Leistungsempfänger Steuer für einen innergemeinschaftlichen Erwerb oder für eine ihm gegenüber erbrachte sonstige Leistung schuldet, da auch der Vorsteuerabzug unter identischen Voraussetzungen möglich ist (§ 15 Abs. 1 Satz 1 Nr. 3 und 4; dazu *§ 15 Rz. 315 ff.*). Die Adressatenkreise des § 1a und des § 13b UStG sind zwar nach dem Wortlaut nicht identisch, die Unterschiede entfallen jedoch, wenn der in § 1a Abs. 3 UStG genannte Empfängerkreis eine USt-IdNr. verwendet. Eine Abgrenzung scheint für den Fall erforderlich zu sein, dass der Leistungsempfänger eine natürliche Person ist und die Leistung nicht für sein Unternehmen bezieht, denn insoweit differieren § 1a Abs. 1 Nr. 2 Buchst. a und § 13b Abs. 5 Satz 6 UStG nach ihrem Wortlaut. Der Unterschied entfällt jedoch bei Verwendung einer USt-IdNr. 31

Die Einschränkungen des § 13b Abs. 2 Nr. 4 und Abs. 5 Satz 2 UStG für **Bauleistungen** gelten nicht, da § 13b Abs. 2 Nr. 1 UStG unberührt bleibt (§ 13b Abs. 1 Nr. 4 Satz 2 UStG), d.h. vorgeht. 32

### 3. Unter § 3a Abs. 2 UStG fallende sonstige Leistungen eines außerhalb des Gemeinschaftsgebiets ansässigen Unternehmers

Auch bei **Dienstleistungserbringern**, welche **außerhalb des Gemeinschaftsgebiets ansässig** sind, wird der Ort nach § 3a Abs. 2 UStG in das Inland bei hier ansässigen Empfängern verlagert. Die Steuerschuldnerschaft des Empfängers *kann* dann nach § 13b Abs. 2 Nr. 1 i.V.m. Abs. 5 Satz 1 UStG eintreten[1] (Absatz 1 betrifft nur nach § 3a Abs. 2 UStG steuerpflichtige Leistungen eines im übrigen Gemeinschaftsgebiet ansässigen Unternehmers; *Rz. 14*.). Ein **Junktim** zwischen der Ortsregelung und der Steuerschuldnerschaft besteht **nicht**. Der Ort ist auch dann im Inland, wenn der **Leistungsempfänger** zwar Unternehmer ist, jedoch richtigerweise **nicht der Steuerschuldnerschaft** nach § 13b UStG **unterliegt**, weil seine **Umsätze** vollen Umfangs **steuerfrei** (ohne Vorsteuerabzug) sind oder die Sonderregelungen für **Kleinunternehmer** (§ 19 Abs. 1 UStG) oder für pauschalierende **Landwirte** (§ 24 Abs. 1 UStG) gelten und er nicht über eine USt-IdNr. verfügt (*Rz. 118 f.*). 33

§ 3a Abs. 2 UStG ist ferner unabhängig davon anzuwenden, ob die Dienstleistung **im** außerhalb des Gemeinschaftsgebietes gelegenen **Ansässigkeitsstaat des Dienstleistungserbringers mit** einer **Umsatzsteuer belastet** wird. Ist das der Fall, so kann bei einer durch die Steuerschuldnerschaft nach § 13b UStG eintretenden Doppelbesteuerung ein Ausgleich nur auf zivilrechtlichem Wege erfolgen. 34

Bei **juristischen Personen** ist es entsprechend dem Wortlaut der § 3a Abs. 2 Satz 3 UStG (bzw. des Art. 44 Satz 1 i.V.m. Art. 43 Nr. 2 MwStSystRL) lediglich 35

---

1 Auch insoweit geht es um eine Umsetzung des Art. 196 MwStSystRL.

erforderlich, dass der juristischen Person eine USt-IdNr. „erteilt" worden ist (bzw. eine juristische Person „mit einer" solchen Nummer ist; Art. 43 Nr. 2 und Art. 196 MwStSystRL). Ein Abstellen auf die Verwendung ergäbe auch keinen Sinn, da die USt-IdNr. nur innerhalb der Gemeinschaft ihre Funktion hat. Folglich kommt es insoweit **allein** auf das **Innehaben** der **USt-IdNr.** an. Der **Begriff** der „juristischen Person" ist auch hier **im** weiteren **unionsrechtlichen Sinne** (*Rz. 23*) zu verstehen.

### 4. Nicht von § 3a Abs. 2 UStG erfasste sonstige Leistungen

36 Von § 13b Abs. 2 Nr. 1 UStG werden ferner alle weiteren Dienstleistungen eines im Ausland ansässigen Unternehmers erfasst, deren Ort im Inland liegt.[1] Das können sein (*Rz. 15*):

– sonstige Leistungen im **Zusammenhang mit einem Grundstück** nach § 3a Abs. 3 Nr. 1 UStG;

– **kurzfristige Vermietungen** von **Beförderungsmitteln** nach § 3a Abs. 3 Nr. 2 Sätze 1 und 2, Abs. 6 Nr. 1 oder Abs. 7 UStG;

– Einräumung von **Eintrittsberechtigungen** zu **kulturellen, unterhaltenden** und **ähnlichen Veranstaltungen** nach § 3a Abs. 3 Nr. 5 UStG, sofern es sich nicht um Messen, Ausstellungen und Kongresse handelt (§ 13b Abs. 6 Nr. 4 UStG; *Rz. 40*);

– **Restaurationsleistungen** nach § 3a Abs. 3 Nr. 3 Buchst. b UStG, sofern diese nicht an Bord eines Beförderungsmittels außerhalb des Gemeinschaftsgebiets erfolgt (§ 13b Abs. 6 Nr. 6 UStG; *Rz. 42*).

– **Personenbeförderungen** nach § 3b Abs. 1 Sätze 1 und 2 UStG, sofern nicht die **Einschränkungen** nach § 13b Abs. 6 Nr. 1 bis 3 UStG gelten (*Rz. 39*); sowie

– bei **juristischen Personen des öffentlichen Rechts ohne USt-IdNr.** sog. **Katalogleistungen** i.S.d. § 3a Abs. 4 Satz 2 Nr. 1–10 UStG **eines im Drittlandsgebiet ansässigen Unternehmers** nach § 3a Abs. 6 Nr. 2 UStG.

### IV. Lieferung von Gas, Elektrizität, Kälte oder Wärme (Abs. 2 Nr. 5 Buchst. a)

37 Auch bei Lieferungen von Gas über das Erdgasnetz, von Elektrizität oder von Wärme oder Kälte über Wärme- oder Kältenetze durch einen **im Ausland ansässigen Unternehmer** unter den Bedingungen des § 3g UStG ist der **Leistungsempfänger** Schuldner der Umsatzsteuer, wenn er **Unternehmer** ist (§ 13b Abs. 2 Nr. 5 Buchst. a i.V.m. Abs. 5 Sätze 1 und 6 UStG). Die Formulierung „unter den Bedingungen des § 3g" bedeutet lediglich, dass die Lieferungen über die genannten Netze erfolgen müssen. Dass für die Steuerschuldnerschaft des Leistungsempfängers nach § 13b UStG der **Ort der Lieferung** nach § 3g UStG **im Inland** sein muss, ergibt sich schon aus der Voraussetzung eines steuerpflichtigen Umsatzes (§ 13b Abs. 1 Satz 1 UStG).

---

1 Insoweit ist die Ermächtigungsgrundlage Art. 194 MwStSystRL.

Keine Lieferung gem. § 3g UStG und damit nicht von § 13b Abs. 2 Nr. 5 UStG 38
erfasst ist z.b. die **Elektrizitätslieferung** mittels eines **Speichermediums** (Akkumulator, **Batterie**; *§ 3g Rz. 6*). Überhaupt keine Lieferungen liegen insbesondere bei der Abgabe von **Überkapazitäten** in Verbindung mit einer Zuzahlung und bei der Zuleitung von **Pumpstrom** vor. Vielmehr erbringt der Erwerber bzw. der Speicherer eine sonstige Leistung (*§ 3g Rz. 9 f.*), die indes bei deren Empfänger je nach Ansässigkeit der Beteiligten nach Art. 196 MwStSystRL oder nach § 13b Abs. 1 oder Abs. 2 Nr. 1 UStG zur Steuerschuldnerschaft führen kann.

## V. Ausnahmen (Abs. 6)

### 1. Bestimmte Personenbeförderungen (Nr. 1–3)

Die Absätze 1 bis 5 des § 13b UStG finden keine Anwendung, d.h. der Leistungs- 39
empfänger wird abweichend vom Grundsatz nicht Steuerschuldner, wenn die Leistung des nicht im Inland ansässigen Unternehmers aus einer der in Absatz 6 genannten Personenbeförderung besteht.

Das ist zum einen bei einer Personenbeförderung, die der sog. **Beförderungseinzelbesteuerung** unterlegen hat, der Fall (§ 13b Abs. 6 Nr. 1 UStG). Bei dieser ist die Besteuerung sichergestellt, weil die Steuer unmittelbar für jede einzelne Beförderung mit Kraftomnibussen, die nicht im Inland zugelassen sind, bei Überschreiten einer Grenze zum **Drittlandsgebiet** erhoben wird (§ 16 Abs. 5 UStG). Wird bei der Personenbeförderung keine Grenze zu einem Drittland überschritten, so bleibt es bei der Steuerschuldnerschaft des Leistungsempfängers.

Ferner wird bei einer Personenbeförderung mit einem **Fahrzeug** i.S.d. § 1b Abs. 2 Satz 1 Nr. 1 UStG (insbesondere **Taxi** und **Kraftomnibus**) der Leistungsempfänger nicht zum Steuerschuldner (§ 13b Abs. 6 Nr. 2 UStG).

Auch bei einer **grenzüberschreitenden** Personenbeförderung im **Luftverkehr** wird der Leistungsempfänger nicht zum Steuerschuldner (§ 13b Abs. 6 Nr. 3 UStG). Der Grund für diese Ausnahme dürfte darin liegen, dass vom Leistungsempfänger die Kenntnis derjenigen im Ausland ansässigen Luftfahrtunternehmer, denen die Steuer nach § 26 Abs. 3 UStG erlassen ist, nicht erwartet werden kann.

### 2. Leistungen im Zusammenhang mit Messen u.Ä. (Nr. 4 und 5)

Der Leistungsempfänger wird ebenfalls nicht Steuerschuldner bei der Einräu- 40
mung von **Eintrittsberechtigungen** für **Messen**, **Ausstellungen** und **Kongresse** im Inland (§ 13b Abs. 6 Nr. 4 UStG). Damit wird dem Umstand Rechnung getragen, dass die Bestimmung des jeweiligen Status der Besucher (Nichtunternehmer, Unternehmer, Vertreter einer juristischen Person; vgl. § 3a Abs. 3 Nr. 3 Buchst. a und Nr. 5 UStG) für den Veranstalter unzumutbare Schwierigkeiten bereitet. Ferner dient die Regelung der **Vereinfachung**, weil nunmehr der Veranstalter die gesamten Umsätze anmeldet, anstatt dass dieses durch eine Vielzahl von Teilnehmern (soweit sie die Voraussetzungen des § 13b Abs. 5 UStG erfüllen) erfolgt.[1] Die Ausnahme betrifft **nicht** die Einräumung von Eintritts-

---
1 Vgl. Begr. RegE JStG 2007, BR-Drucks. 622/06 – Zu Artikel 7 Nummer 6 Buchstabe b.

berechtigungen durch im Ausland ansässige Veranstalter zu den **übrigen** in § 3a Abs. 3 Nr. 5 UStG genannten kulturellen, künstlerischen, wissenschaftlichen, unterrichtenden, sportlichen und unterhaltenden **Veranstaltungen**.

Hingegen zählen zur Einräumung der Eintrittsberechtigungen i.S.d. § 13b Abs. 6 Nr. 4 UStG nach Ansicht der Finanzverwaltung auch „**Nebenleistungen**", die mit der Gewährung der Eintrittsberechtigung im Zusammenhang stehen, wie insbesondere **Beförderungsleistungen**, **Fahrzeugvermietungen** oder **Unterbringungen**, wenn diese vom **Veranstalter** zusammen mit der Einräumung der Eintrittsberechtigung als **einheitliche Leistung** erbracht werden.[1] Dabei handelt es sich indes nicht um Nebenleistungen (vgl. *§ 3 Rz. 202*), jedenfalls dann nicht, wenn sie gesondert berechnet werden. Auch gibt der Wortlaut des § 13b Abs. 6 Nr. 4 UStG die Einbeziehung dieser Dienstleistungen nicht her. Andererseits spricht der Vereinfachungszweck der Regelung dafür, diese in Anlehnung an § 3a Abs. 3 Nr. 5 UStG extensiv auszulegen, so dass auch die dort genannten „damit zusammenhängenden sonstigen Leistungen" (*§ 3a Rz. 81*) erfasst werden.

41 Auch bei sonstigen Leistungen von (nicht im Inland ansässigen) **Durchführungsgesellschaften**[2] an **nicht im Inland ansässige Unternehmer** werden Letztere nicht zum Schuldner der Steuer, soweit diese Leistungen im Zusammenhang mit der Veranstaltung von Messen und Ausstellungen im Inland stehen (§ 13b Abs. 6 Nr. 5 UStG).

### 3. Restaurationsleistungen an Bord von Beförderungsmitteln (Nr. 6)

42 Ferner greift die Steuerschuldnerschaft des Leistungsempfängers nicht bei Restaurationsleistungen an Bord von Beförderungsmitteln ein (§ 13b Abs. 6 Nr. 6 UStG).

## VI. Im Ausland/übrigen Gemeinschaftsgebiet ansässiger Unternehmer (Abs. 7)

### 1. Allgemeines

43 § 13b Abs. 7 Sätze 1 und 2 UStG unterscheidet zwischen im Ausland ansässigen und im übrigen Gemeinschaftsgebiet ansässigen Unternehmern. Diese **Unterscheidung** ist **durch** die differierenden, allerdings leer laufenden (*Rz. 127 ff., 134*) Entstehungsregeln des § 13b **Abs. 1 und 2 UStG bedingt**. Ein **im Ausland ansässiger** Unternehmer (i.S.d. § 13b Abs. 2 Nr. 1 und 5 UStG) soll nach der nunmehr seit dem 30.6.2013 geltenden Fassung ein Unternehmer sein, der im Inland, auf der Insel Helgoland und in einem der in § 1 Abs. 3 UStG bezeichneten Gebiete weder einen Wohnsitz, seinen gewöhnlichen Aufenthalt (sic!), seinen Sitz, seine Geschäftsleitung noch eine Betriebsstätte hat (§ 13b Abs. 7 Satz 1 Halbs. 1 UStG).[3] Das soll auch gelten, wenn der Unternehmer ausschließlich einen

---

1 Abschn. 13b.10 Abs. 2 UStAE.
2 Dazu Abschn. 3a.4 Abs. 4 und 5, Abschn. 13b.10 Abs. 3 UStAE.
3 Insoweit ist der in der 2. Aufl. vorgeschlagenen Formulierung bereits gefolgt worden.

Wohnsitz oder einen[1] gewöhnlichen Aufenthaltsort (sic!) im Inland, aber seinen Sitz, den Ort der Geschäftsleitung oder eine Betriebsstätte im Ausland hat (§ 13b Abs. 7 Satz 1 Halbs. 2 UStG). Wenn es aber danach auf den Wohnsitz oder gewöhnlichen Aufenthalt nicht ankommen soll, dann fragt sich, warum diese Kriterien im ersten Halbsatz überhaupt erst genannt werden.

Ein **im übrigen Gemeinschaftsgebiet ansässiger Unternehmer** (i.S.d. § 13b Abs. 1 UStG) soll ein Unternehmer sein, der in den Gebieten der übrigen Mitgliedstaaten der EU, die nach dem Gemeinschaftsrecht als Inland dieser Staaten gelten, einen Wohnsitz, seinen gewöhnlichen Aufenthalt (sic!), seinen Sitz, seine Geschäftsleitung oder eine Betriebsstätte hat; das soll nicht gelten, wenn der Unternehmer ausschließlich einen Wohnsitz oder einen gewöhnlichen Aufenthaltsort (sic!) in den Gebieten der übrigen Mitgliedstaaten der Europäischen Union, die nach dem Gemeinschaftsrecht als Inland dieser Mitgliedstaaten gelten, aber seinen Sitz, den Ort der Geschäftsleitung oder eine Betriebsstätte im Drittlandsgebiet hat. (§ 13b Abs. 7 Satz 2 UStG). Die zuvor genannte Kritik gilt auch hier.

Diese unerklärlich umständlichen Umschreibungen sind nicht nur dilettantisch, sondern sogar auch noch **fehlerhaft**:

Maßgebend ist zum einen nicht, dass der Unternehmer im Ausland oder im übrigen Gemeinschaftsgebiet ansässig ist, sondern dass er **nicht** im Geltungsbereich des Gesetzes, d.h. auf dem **Territorium** der Bundesrepublik **Deutschland** keines der Ansässigkeitskriterien erfüllt. So spricht auch die MwStSystRL nunmehr zutreffend durchgängig von einem Steuerpflichtigen, der nicht in dem Mitgliedstaat ansässig ist, in dem die Steuer geschuldet wird (vgl. Art. 192a, 194–196 MwStSystRL). Es ist deshalb unverständlich, dass der deutsche Gesetzgeber weiterhin in § 13b Abs. 7 UStG an der fehlerhaften Formulierung festhält. Richtigerweise müsste von einem **nicht im Geltungsbereich des Gesetzes** oder von einem nicht im **staatsrechtlichen Inland** – im Falle des § 13b Abs. 1 UStG ergänzt um „aber im übrigen Gemeinschaftsgebiet" – ansässigen Unternehmer gesprochen werden, denn es kommt nicht darauf an, dass der leistende Unternehmer im Ausland ansässig ist. Entscheidend ist allein, dass dieser nicht im staatsrechtlichen Inland ansässig und damit **für den Steuergläubiger schwer oder gar nicht erreichbar** ist. 44

Im Hinblick auf den **Zweck** der Verlagerung der Steuerschuldnerschaft, die Besteuerung sicherzustellen, müsste nicht nur maßgebend sein, ob der leistende Unternehmer für den Steuergläubiger erreichbar ist, sondern vor allem auch, ob dieser im Inland über *Vermögen* verfügt, in das zur Verwirklichung des Steueranspruchs vollstreckt werden könnte. Die für **Art. 194 bis 196 MwStSystRL** maßgebenden Ansässigkeitskriterien stellen darauf jedoch zu Recht nicht ab, da es allein darauf ankommen kann, dass der **Leistungsempfänger**, den keine Nachforschungspflichten treffen, die **Nichtansässigkeit** im Inland **erkennen** kann. Ob der leistende Unternehmer seinen Wohnsitz oder gewöhnlichen Aufenthaltsort im Inland hat, kann der leistende Unternehmer nicht beurteilen. Für die **Ansäs-** 45

---

[1] Eine Person kann nicht mehrere gewöhnliche Aufenthaltsorte (Art. 13 MwSt-DVO) haben.

**sigkeit** kann es folglich nur auf **unternehmensbezogene Kriterien** ankommen *(Rz. 49)*.

46 Der erste Teil des § 13b Abs. 7 UStG könnte folglich weitaus kürzer und damit auch lesbarer formuliert werden. **Vorschlag** für einen kürzeren, **richtlinienkonformen Text** (i.V.m. einer sprachlichen Anpassung des § 3a UStG):

> *„Ein im Ausland ansässiger Unternehmer im Sinne dieser Vorschrift ist ein Unternehmer, der im Inland, auf der Insel Helgoland und in einem der in § 1 Absatz 3 bezeichneten Gebiete weder den Sitz seiner wirtschaftlichen Tätigkeit noch eine feste Niederlassung, die an der Lieferung oder sonstigen Leistung beteiligt ist, hat. Ein solcher Unternehmer ist im übrigen Gemeinschaftsgebiet* [Die Legaldefinition findet sich bereits in § 1 Abs. 2a Satz 1 UStG] *ansässig, wenn er dort den Sitz seiner wirtschaftlichen Tätigkeit oder eine feste Niederlassung hat, von der aus die sonstige Leistung erbracht wird."*

47 Maßgebend ist die **Ansässigkeit** desjenigen **Unternehmers, dem** die **Leistung zuzurechnen** ist (dazu *§ 1 Rz. 66 ff.* und *§ 2 Rz. 174 ff.*). Kommen als leistende Unternehmer nur Personen in Betracht, die jeweils nicht im Inland ansässig sind, so kann die Frage dahinstehen, wer den Umsatz erbringt.[1] War für den Leistungsempfänger nicht erkennbar, dass sein im Inland ansässiger vermeintlicher Vertragspartner nicht der Leistende, sondern lediglich eine Schein- bzw. **Briefkasten-GmbH** oder nur ein **Strohmann** o.Ä. ist, unter dessen Namen ein **im Ausland ansässiger Hintermann** gehandelt hat, so ist er – sofern es sich nicht um Bauleistungen i.S.d. § 13b Abs. 2 Nr. 4 i.V.m. Abs. 5 Satz 2 UStG handelt – nicht Steuerschuldner (§ 13b Abs. 7 Satz 5 UStG), da für ihn keine Zweifel an der Ansässigkeit des Leistenden bestehen *(Rz. 69)*. Den Leistungsempfänger treffen **keine Nachforschungspflichten** hinsichtlich der Frage, wer der wahre leistende Unternehmer ist.

48 Musste der Leistungsempfänger hingegen **Zweifel** haben, ob nicht statt seines im Inland ansässigen (vermeintlichen) Vertragspartners ein im Ausland ansässiger Hintermann der Leistende ist, so muss der Leistungsempfänger sich von seinem im Inland ansässigen Vertragspartner durch eine **Bescheinigung** des für ihn zuständigen Finanzamts nachweisen lassen, dass er der leistende Unternehmer ist (§ 13b Abs. 7 Satz 5 UStG; dazu *Rz. 66 ff.*). Bei **Bauleistungen** (i.S.d § 13b Abs. 2 Nr. 4 UStG) kann jedoch die Steuerschuldnerschaft gleichwohl eingreifen, wenn der Leistungsempfänger seinerseits Bauleistungen erbringt (§ 13b Abs. 5 Satz 2 UStG; *Rz. 88*).

## 2. Ansässigkeitskriterien (Sätze 1 und 2)

### a) Unbeachtlichkeit des Wohnsitzes

49 Für die **Ansässigkeit** i.S.d. Art. 194–196 MwStSystRL kommt es nur auf den **Sitz** der **wirtschaftlichen Tätigkeit** und etwaige **feste Niederlassungen** an. Das folgt aus Art. 44 Satz 3 MwStSystRL und Art. 3 Buchst. a Richtlinie 2008/9/EG *(§ 18 Rz. 127;* ebenso Art. 20 Satz 1 MwSt-DVO), wonach auf den Wohnsitz oder gewöhnlichen Aufenthaltsort nur in Ermangelung eines Sitzes der wirtschaftlichen Tätigkeit abzustellen sei. Allerdings kann es eine solche Konstellation gar

---

[1] Vgl. BFH v. 17.6.2004 – V R 61/00, BStBl. II 2004, 970 – zu §§ 51 ff. UStDV a.F.

nicht geben, da mangels eines gesonderten Sitzes der wirtschaftlichen Tätigkeit dieser sich dann per se am Wohnsitz oder gewöhnlichen Aufenthaltsort befindet (*Rz. 52*). Folglich sind **Wohnsitz** oder gewöhnlicher Aufenthaltsort (Art. 12 und 13 MwSt-DVO) **im Inland ohne Bedeutung**, wenn der leistende Unternehmer mit dem Sitz der **wirtschaftlichen Tätigkeit im Ausland** ansässig ist.[1] Das wird durch Art. 192a MwStSystRL bestätigt, der für die Ansässigkeit im Inland nur auf die Beteiligung einer inländischen festen Niederlassung abstellt. Die Steuerschuldnerschaft des Leistungsempfängers soll mithin selbst dann eintreten, wenn der leistende Unternehmer auf Grund seines Wohnsitzes im Inland nicht nur erreichbar ist, sondern sogar Vermögen im Inland hat. Das ist sachgerecht, weil der Leistungsempfänger nicht beurteilen kann, ob die Person des Unternehmers im Inland ihren Wohnsitz oder gewöhnlichen Aufenthaltsort hat (*Rz. 45*).

Verwundern muss, dass der Gesetzgeber auch mit der Neufassung des § 13b Abs. 7 UStG weiterhin[2] für die Nichtansässigkeit im Inland das kumulative Nichtvorliegen der genannten Kriterien verlangt, obwohl nach der Richtlinie der **Wohnsitz** oder **gewöhnliche Aufenthaltsort** kein Ansässigkeitsmerkmal sein soll (davon zu unterscheiden ist die Frage, ob der Sitz der wirtschaftlichen Tätigkeit dem Wohnsitz entsprechen kann, *Rz. 52*). Dass die Erwähnung des Wohnsitzes und des gewöhnlichen Aufenthaltes bzw. Aufenthaltsortes[3] auch im Rahmen des § 13b UStG **unbeachtlich** ist, soll sich indes aus den jeweiligen zweiten Halbsätzen der Sätze 1 und 2 des Absatzes 7 ergeben, so dass unerklärlich ist, weshalb diese Kriterien dann in den ersten Halbsätzen überhaupt genannt werden (*Rz. 43*). Die Unbeachtlichkeit folgt zudem im Erst-recht-Schluss aus Absatz 7 **Satz 3** (*Rz. 61*), denn wenn für die Ansässigkeit im Inland eine nichtbeteiligte inländische Betriebsstätte unbeachtlich ist, so muss dies erst recht für den Wohnsitz und den gewöhnlichen Aufenthaltsort des leistenden Unternehmers gelten[4], da der Leistungsempfänger noch weniger beurteilen kann, ob eines dieser Ansässigkeitskriterien erfüllt ist. 50

### b) Sitz, Geschäftsleitung

Den **Sitz** hat eine Körperschaft, Personenvereinigung oder Vermögensmasse nach § 11 AO an dem Ort, der durch Gesetz, Gesellschaftsvertrag, Satzung, Stiftungsgeschäft oder dergleichen bestimmt ist. Die Anknüpfung an den Sitz im Sinne der Abgabenordnung ist nicht sachgerecht, da mit einem Sitz im Inland nicht zwingend eine Erreichbarkeit durch die deutsche Finanzverwaltung verbunden ist. Das Merkmal ist vor allem auch **nicht richtlinienkonform**, da nach Art. 44 und 45 MwStSystRL für die Ansässigkeit auf den **Sitz der wirtschaftli-** 51

---

1 Dazu näher *Stadie* in R/D, § 13b UStG Anm. 41 f., 53; vgl. auch EuGH v. 6.10.2011 – C-421/10, EuGHE 2011, I-9309 = UR 2012, 120 – zu Art. 21 Abs. 1 Buchst. b der 6. EG-Richtlinie a.F.
2 Obwohl auf diesen Fehler schon in der 1. Auflage (*Rz. 18.2*) hingewiesen worden war.
3 Das wechselnde Abstellen auf den **gewöhnlichen Aufenthalt** bzw. „einen" **gewöhnlichen Aufenthaltsort** ist, abgesehen davon, dass diese Kriterien unbeachtlich sind, nicht nachvollziehbar. Ersterer kann nur i.S.d. § 9 AO, letzterer Begriff kann nur i.S.v. Art. 13 MwSt-DVO gemeint sein, der indes den Lebensmittelpunkt darstellt, von dem es nicht mehrere geben kann.
4 A.A. *Monfort*, DStR 2009, 297 (302).

**chen Tätigkeit** abzustellen ist.¹ Folglich reicht bei der gebotenen richtlinienkonformen Auslegung des § 13b UStG der formale (statuarische) Sitz nicht aus, um eine Ansässigkeit im Inland zu begründen. Gleichwohl hat der Gesetzgeber auch bei der Neufassung des § 13b Abs. 7 UStG am „Sitz" festgehalten.

52 Der **Ort** der **Geschäftsleitung** ist nach § 10 AO der Mittelpunkt der geschäftlichen Oberleitung. Folglich kommt es darauf an, wo der für die Führung der Geschäfte maßgebliche Wille gebildet wird, was sich nach dem Gesamtbild der tatsächlichen Verhältnisse im Einzelfall richtet. Die Begriffe „Ort der Geschäftsleitung" (§ 10 AO) und „**Sitz der wirtschaftlichen Tätigkeit**" im Sinne der MwStSystRL sind gleichen Inhalts² (s. auch *§ 3a Rz. 25*). Das ist der Ort, an dem die **wesentlichen Entscheidungen zur allgemeinen Leitung** des Unternehmens getroffen und damit die Handlungen zu dessen zentraler Verwaltung vorgenommen werden (Art. 10 MwSt-DVO).

53 Bei einem gewerblichen Unternehmen, welches von einer **natürlichen Person** betrieben wird, ist es möglich, dass der Sitz der wirtschaftlichen Tätigkeit sich am **Wohnsitz** des Inhabers und nicht dort befindet, wo tatsächlich mit Hilfe eigenen Personals oder durch Subunternehmer produziert usw. wird. Vor allem bei Unternehmern, die ihre Geschäfte ausschließlich über elektronische Medien tätigen, kann sich der Sitz ihrer wirtschaftlichen Tätigkeit am Wohnsitz (oder gewöhnlichen Aufenthaltsort) des Steuerpflichtigen/Unternehmers befinden.³ Das verkennen Art. 44 Satz 3, Art. 45 Satz 3 MwStSystRL und Art. 20 Abs. 1 MwSt-DVO („in Ermangelung ...").

54 An den Sitz der wirtschaftlichen Tätigkeit, des Orts der Geschäftsleitung sind dieselben Anforderungen wie an eine feste Niederlassung zu stellen⁴, da Letztere ein Minus gegenüber Ersterer ist. Folglich verlangt auch der Sitz der wirtschaftlichen Tätigkeit einen hinreichenden Grad an **Beständigkeit** (vgl. *Rz. 54* zur festen Niederlassung). Ein **Baucontainer** kommt deshalb grundsätzlich nicht als Sitz der wirtschaftlichen Tätigkeit/Geschäftsleitung in Betracht.⁵

### c) Betriebsstätte

55 Der **Begriff** der Betriebsstätte i.S.d. § 13b UStG (wie auch des § 3a UStG; s. *§ 3a Rz. 28*) bestimmt sich nicht nach § 12 AO. Danach ist Betriebsstätte jede feste Geschäftseinrichtung oder Anlage, die der Tätigkeit eines Unternehmens dient (Satz 1). Diese weitgefasste Definition ist nicht mit der festen Niederlassung, wie sie Art. 45 und 192a sowie auch Art. 44 MwStSystRL als Anknüpfungspunkt verlangen, zu vereinbaren. Danach muss die **feste Niederlassung** eine Einrichtung sein, „von der (...) aus (die Dienstleistung) erbracht wird" (Art. 45 Satz 2 MwStSystRL) bzw. die „an der (Leistung) beteiligt" ist (Art. 192a Buchst. b MwStSystRL). Demgemäß ist Voraussetzung einer festen Niederlassung im Sinne dieser Vorschriften ein hinreichender Grad an **Beständigkeit** sowie eine

---

1 Vgl. BFH v. 22.5.2003 – V R 97/01, BStBl. II 2003, 819.
2 A.A. BFH v. 22.1.2004 – V R 71/01, BStBl. II 2004, 630.
3 Dazu näher *Stadie* in R/D, § 13b UStG Anm. 190 f., 194.
4 Unklar EuGH v. 28.6.207 – C-73/06, EuGHE 2007, I-5655 = UR 2007, 654 – Rz. 58.
5 So aber zu § 10 AO BFH v. 16.12.1998 – I R 138/97, BStBl. II 1999, 437.

Struktur, die von der **personellen** und **technischen Ausstattung** her eine autonome **Erbringung** der **Leistungen** ermöglicht (Art. 53 Abs. 1 und Art. 11 Abs. 2 Buchst. a MwSt-DVO sowie Art. 11 Abs. 1 MwSt-DVO für die feste Niederlassung i.S.d. Art. 44 MwStSystRL). Der Begriff der **Betriebsstätte** i.S.d. § 13b Abs. 7 UStG (wie auch des § 3a UStG) ist folglich **richtlinienkonform als feste Niederlassung** i.S.d. Art. 53 Abs. 1 und Art. 11 MwSt-DVO zu verstehen. Eine handelsregisterliche Eintragung als Zweigniederlassung ist nicht erforderlich.[1]

Die personelle und technische Ausstattung kann auch **von Gesellschaftern** des Unternehmers zur Verfügung gestellt werden. Wird diese Ausstattung hingegen **vom Auftraggeber** für die Dauer der **jeweils** zu erbringenden Dienstleistung **überlassen**, so begründet der Unternehmer dadurch **keine feste Niederlassung**.[2] 56

**Subunternehmer** stellen keine Betriebsstätte bzw. feste Niederlassung des Hauptunternehmers dar. Dasselbe gilt für **Agenten** (Vertreter, Vermittler) und **Tochtergesellschaften**[3] (s. auch *§ 3a Rz. 30*). 57

Eine „**Briefkasten**"-**Niederlassung** bei einem Büroserviceunternehmen u.Ä. ist mangels Ausstattung mit eigenen sachlichen und personellen Mitteln keine Betriebsstätte bzw. feste Niederlassung.[4] Einem sog. **Internet-Server** mangelt es an der personellen Ausstattung, so dass er nicht als feste Niederlassung in Betracht kommt.[5] 58

Entsprechendes gilt für eine **Windkraftanlage**.[6] Wird die Elektrizität, wie regelmäßig, in ein Verteilungsnetz eingespeist, kommt hinzu, dass, dieser Anlage keine konkreten Stromlieferungen zugerechnet werden können, da der Erwerber nicht den von dieser Anlage real produzierten Strom, sondern lediglich aus dem Netz entnommenen „anonymen" Strom erhält (*§ 3g Rz. 3*), so dass, selbst wenn die Anlage als Betriebsstätte angesehen würde, diese nicht i.S.d. § 13b Abs. 7 Satz 3 UStG an dem Umsatz beteiligt wäre (*Rz. 61 f.*).

Eine feste Niederlassung setzt m.E. eine feste Verbindung mit der Erdoberfläche voraus, so dass ein **Schiff**, welches **Beförderungszwecken** dient, keine feste Niederlassung ist bzw. sich auf diesem keine solche befinden kann. (Davon zu unterscheiden ist die Frage, ob auf einem Schiff der Ort einer Dienstleistung sein kann; dazu *§ 3a Rz. 29*.) Dient hingegen ein Schiff nicht mehr Beförderungszwecken, sondern wird es nur noch **stationär genutzt**, so kommt es als feste Niederlassung in Betracht. 59

---

1 Vgl. BFH v. 8.9.2010 – XI R 15/08, BFH/NV 2011, 661; a.A. aber wohl BFH v. 5.6.2014 – V R 50/13, BStBl. II 2014, 813 – Rz. 22.
2 Im Ergebnis ebenso BFH v. 30.6.2011 – V R 37/09, BFH/NV 2011, 2129 – ambulanter Schönheitschirurg, der nach Absprache von verschiedenen Kliniken eingesetzt wird.
3 Die frühere gegenteilige Auffassung des EuGH v. 20.2.1997 – C-260/95, EuGHE 1997, I-1005 = UR 1997, 179 – Rz. 26 ff., hat dieser wohl aufgegeben; vgl. EuGH v. 25.10.2012 – C-318/11 und C-319/11, UR 2012, 931 – Rz. 47 ff.
4 Vgl. FG Saarl. v. 26.6.1997 – 1 K 99/96, UR 1998, 313; EuGH v. 28.6.207 – C-73/06, EuGHE 2007, I-5655 = UR 2007, 654 – Rz. 62; BFH v. 14.5.2008 – XI R 58/06, BStBl. II 2008, 831.
5 Reg.-Begr. zu Art. 7 Nr. 1 Buchst. b StVergAbG (zu § 3a Abs. 3a UStG a.F.), BT-Drucks. 15/287 (= 15/119); *Lange*, UR 2000, 409 (414).
6 A.A. FG Münster v. 5.9.2013 – 5 K 1768/10 U, EFG 2013, 1890 – Rev.-Az. V R 41/13.

60 Ein **vermietetes** oder auf ähnliche Weise vom Eigentümer zur Nutzung überlassenes **Grundstück** ist vom Gesetzeszweck her als feste Niederlassung anzusehen, da die Erfassbarkeit des leistenden Unternehmers (vgl. *Rz. 44 f.*) gegeben ist. Das Merkmal der personellen Ausstattung ist wegen der Besonderheit der Vermietung als Duldungsleistung zu vernachlässigen.[1] Der leistende Unternehmer ist jedoch nur insoweit, d.h. mit den steuerpflichtigen Vermietungsumsätzen (o.Ä.) als im Inland ansässig zu behandeln[2], da bei anderen Umsätzen diese Betriebsstätte bzw. feste Niederlassung nicht an der Erbringung beteiligt ist (§ 13b Abs. 7 Satz 3 UStG; *Rz. 61*).

### 3. Unbeachtlichkeit einer nicht beteiligten Betriebsstätte (Satz 3)

61 Hat der leistende Unternehmer im Inland eine Betriebsstätte, so gilt er gleichwohl nicht als im Inland ansässig hinsichtlich derjenigen Umsätze, an deren Ausführung die **Betriebsstätte** nicht beteiligt ist (§ 13b Abs. 7 Satz 3 UStG). Eine Betriebsstätte begründet mithin (seit 2010) nicht mehr per se die Ansässigkeit des leistenden Unternehmers im Inland. Vielmehr ist für den **jeweiligen Umsatz** darauf abzustellen, ob er von der inländischen Betriebsstätte ausgeführt wird bzw. ob diese an dem Umsatz beteiligt ist. Nur in diesem Fall ist der leistende Unternehmer Steuerschuldner. Diese Regelung dient der **Vereinfachung** und der **Rechtssicherheit**.

62 Während **Art. 192a MwStSystRL** darauf abstellt, ob die Niederlassung an der Leistung „**beteiligt**" ist, sprach § 13b Abs. 7 Satz 2 UStG aF zutreffend von der „Ausführung" des Umsatzes von der Betriebsstätte. Im Rahmen der Neufassung der Vorschrift ist diese jedoch an die Formulierung des Art. 192a MwStSystRL und des Art. 53 MwSt-DVO angepasst worden.

Das Abstellen auf das Beteiligtsein ist **verfehlt**, da dieses Kriterium unpraktikabel ist und zu unlösbaren Abgrenzungsproblemen führt. Die „**Beteiligung**" an dem jeweiligen Umsatz muss deshalb jedenfalls als eine überwiegende verstanden werden. Demgegenüber soll es nach Art. 53 Abs. 2 Unterabs. 1 MwSt-DVO für die Beteiligung „an der Lieferung von Gegenständen oder der Erbringung von Dienstleistungen" maßgebend sein, ob die technische und personelle Ausstattung der Niederlassung genutzt wird „für Umsätze, die mit der Ausführung der steuerbaren Lieferung dieser Gegenstände oder der steuerbaren Erbringung dieser Dienstleistungen vor oder während der Ausführung in diesem Mitgliedstaat notwendig verbunden sind". Diese Formulierung gibt Rätsel auf. Was sollen das für „Umsätze" sein, die mit der Ausführung derjenigen Leistungen verbunden sind, um deren Steuerschuldnerschaft es geht? Es sind jedoch keine „Umsätze" i.S.d. Art. 2 Abs. 1 MwStSystRL gemeint, was sich aus Art. 53 Abs. 2 Unterabs. 2 MwSt-DVO ergibt, welcher anderenfalls mehr als überflüssig wäre. Als „Umsätze" i.S.d. Art. 53 Abs. 2 Unterabs. 1 MwSt-DVO können folglich nur „Tätigkeiten, Maßnahmen oder Verwendungen" gemeint sein.[3] Unabhängig davon ist die Sichtweise des Art. 53 Abs. 2 Unterabs. 1 MwSt-DVO **unpraktikabel** und **le-**

---

1 Ausführlich *Stadie* in R/D, § 13b UStG Anm. 215.
2 Abschn. 13b.11 Abs. 2 Satz 2 f. UStAE.
3 Art. 56 Abs. 1 des Vorschlags der Komm. für eine MwSt-DVO, KOM/2009/0672 endg., sprach noch zutreffend von der „Verwendung" der technischen und personellen Ausstat-

bensfremd, da den Leistungsempfänger **keine Nachforschungspflichten** treffen. Der Leistungsempfänger muss im Zeitpunkt der Entrichtung der Gegenleistung (vgl. *Rz. 65, 129, 134*) wissen, ob er oder sein Vertragspartner Steuerschuldner ist. Wie soll er berücksichtigen, ob die feste Niederlassung „vor Ausführung" der Leistung, d.h. bei Vorbereitungshandlungen, beteiligt war? In Betracht kommen nur Mitwirkungshandlungen, die für den Auftraggeber erkennbar von der Niederlassung vorgenommen werden.

Der Leistungsempfänger wird sich ansonsten nur **an der Rechnung** des Leistenden **orientieren** können. Stammt sie vom außerhalb des Inlands gelegenen Sitz der wirtschaftlichen Tätigkeit oder von einer dortigen festen Niederlassung, so muss der Leistungsempfänger regelmäßig annehmen, dass der leistende Unternehmer nicht im Inland ansässig ist. Will der Leistungsempfänger vom **Gegenteil** ausgehen, so muss er **nachweisen**, dass die (eine) inländische feste Niederlassung an der Leistung beteiligt war. Hat der Leistungserbringer unter der **USt-IdNr. der festen Niederlassung** die Rechnung ausgestellt, so soll die feste Niederlassung bis zum Beweis des Gegenteils als an der Leistung beteiligt anzusehen sein (Art. 53 Abs. 2 Unterabs. 3 MwSt-DVO). 63

§ 13b Abs. 7 Satz 3 UStG, Art. 192a MwStSystRL betrifft nur den Fall der Betriebsstätte bzw. festen Niederlassung im Inland, **nicht** die **umgekehrte Konstellation**, bei der die Leistung von einer im Ausland belegenen festen Niederlassung erbracht wird, der Unternehmer jedoch den **Sitz der wirtschaftlichen Tätigkeit** im Inland hat (Klarstellung durch Art. 54 MwSt-DVO). 64

## 4. Zeitpunkt (Satz 4)

Für die Frage, ob der leistende Unternehmer im Inland ansässig ist, kommt es auf den Zeitpunkt an, in dem die Leistung ausgeführt wird (§ 13b Abs. 7 Satz 4 UStG). Bei Teilleistungen, die wie Leistungen behandelt werden (*§ 13 Rz. 26* i.V.m. *19 ff.*), ist deren Ausführung maßgebend. Bei An- oder Vorauszahlungen besteht damit keine Steuerschuldnerschaft des Leistungsempfängers, wenn der leistende Unternehmer zu diesem Zeitpunkt zwar noch, aber bei Leistungsausführung nicht mehr im Inland ansässig ist (*Rz. 138*). Die Anknüpfung an den Zeitpunkt der **Leistungsausführung** ist deshalb verfehlt. Richtigerweise hätte auf den Zeitpunkt der Erbringung der Gegenleistung abgestellt werden sollen. Allerdings stellen auch die Art. 192a und 194 bis 196 MwStSystRL auf den Zeitpunkt des Bewirkens bzw. Erbringens der Leistung ab. 65

## 5. Zweifelhaftigkeit (Satz 5)

Ist es zweifelhaft, ob der leistende Unternehmer im staatsrechtlichen Inland (*Rz. 43 f.*) ansässig ist, so schuldet der Leistungsempfänger die Steuer nur dann nicht[1], wenn ihm der Unternehmer durch eine **Bescheinigung** (*Rz. 70*) des nach 66

---

tung „zur Ausführung der steuerbaren Lieferung oder Dienstleistung". In diesem Sinne formuliert auch Abschn. 13b.11 Abs. 1 Satz 4 UStAE.
1 Sofern er nicht bei Bauleistungen (*Rz. 81 ff.*) oder Gebäudereinigungen (*Rz. 101 ff.*) die Voraussetzungen des § 13b Abs. 5 Satz 2 UStG erfüllt (*Rz. 86 ff.* bzw. *Rz. 104 ff.*).

den abgabenrechtlichen Vorschriften für die Besteuerung seiner Umsätze zuständigen Finanzamts nachweist, dass er im staatsrechtlichen Inland ansässig ist (§ 13b Abs. 7 Satz 5 UStG). **Druckmittel** zur Beibringung der Bescheinigung ist die Kürzung der vereinbarten Gegenleistung um die möglicherweise geschuldete Steuer.

67 Die **Zweifelhaftigkeit** bestimmt sich nach den subjektiven Verhältnissen und Kenntnissen des Leistungsempfängers.[1] Sie liegt nur dann vor, wenn dieser bei Berücksichtigung der gegebenen Umstände Zweifel hätte haben, d.h. zu Zweifeln führende tatsächliche Umstände hätte kennen und Zweifel begründende Schlussfolgerungen hätte ziehen müssen.[2] Die Zweifelhaftigkeit kann auch in rechtlicher Hinsicht bestehen, z.B. wenn unklar ist, welche Ansässigkeitskriterien maßgebend sind. Entsprechendes gilt, wenn unklar ist, ob der statt des vordergründigen Vertragspartners maßgebende tatsächliche Leistende (Rz. 48) im Inland ansässig ist.[3]

68 Ist der leistende Unternehmer im maßgeblichen Zeitpunkt (Rz. 50) **tatsächlich** im staatsrechtlichen Inland **ansässig**, so schuldet der Leistungsempfänger die Steuer selbst dann nicht, wenn er diesbezüglich Zweifel hatte.[4]

69 War hingegen der leistende Unternehmer zwar nicht im Inland ansässig, ging der Leistungsempfänger jedoch vom Gegenteil aus und musste er diesbezüglich **keine Zweifel** haben, so ist er nicht Steuerschuldner. Aus dem § 13b Abs. 7 Satz 5 UStG zugrunde liegenden Rechtsgedanken in Verbindung mit dem Verhältnismäßigkeitsgrundsatz folgt, dass den Leistungsempfänger als Gehilfen des Staates (Vorbem. Rz. 20) mangels Erkennbarkeit keine steuerrechtliche Pflicht treffen darf, auf die er sich nicht einstellen konnte.[5] Folglich ist in diesem Fall der leistende Unternehmer Schuldner der Steuer (§ 13a Abs. 1 Nr. 1 UStG).

70 Die von der Finanzverwaltung vorgesehene **Bescheinigung** (USt 1 TS) wird regelmäßig für ein Jahr ausgestellt.[6] Folglich kann der Leistungsempfänger darauf vertrauen, dass er bei Umsätzen i.S.d. § 13b Abs. 1 Satz 1 Nr. 1 und 5 Buchst. a UStG, die vom in der Bescheinigung bezeichneten Unternehmer innerhalb des genannten Zeitraums ausgeführt werden, nicht Steuerschuldner ist. Das gilt indes nicht, wenn er weiß, dass die Bescheinigung unrichtig ist oder unrichtig geworden ist, weil dann aus seiner Sicht keine Zweifelhaftigkeit mehr besteht, so dass die Bescheinigung keine Bedeutung mehr hat. Bei einer **gefälschten** Bescheinigung genießt der Leistungsempfänger Vertrauensschutz, wenn er die Fälschung nicht erkennen konnte.

---

1 Vgl. Abschn. 13b.11 Abs. 3 Satz 1 UStAE.
2 Vgl. BFH v. 23.5.1990 – V R 167/84, BStBl. II 1990, 1095; BFH v. 8.8.1991 – V R 50/88, BFH/NV 1992, 344; BFH v. 8.9.2010 – XI R 15/08, BFH/NV 2011, 661 – jeweils zur Vorgängervorschrift § 51 Abs. 3 UStDV a.F.
3 *Stadie* in R/D, § 13b UStG Anm. 247 f.
4 Vgl. BFH v. 9.3.2011 – XI B 47/10, BFH/NV 2011, 1035; BFH v. 1.6.2011 – XI B 104/10, BFH/NV 2011, 1545.
5 Vgl. BFH v. 23.5.1990 – V R 167/84, BStBl. II 1990, 1095 (1097) – r. Sp., zu § 51 Abs. 3 UStDV a.F.
6 Abschn. 13b.11 Abs. 4 UStAE.

## C. Übrige Tatbestände
### I. Lieferung sicherungsübereigneter Gegenstände außerhalb des Insolvenzverfahrens (Abs. 2 Nr. 2)

**1.** Bei der steuerpflichtigen Lieferung sicherungsübereigneter Gegenstände **durch** den **Sicherungsgeber** (Kreditnehmer) **an** den **Sicherungsnehmer** (Kreditgeber) außerhalb des Insolvenzverfahrens ist der Sicherungsnehmer als Lieferungsempfänger grundsätzlich Schuldner der Umsatzsteuer, wenn er **Unternehmer oder juristische Person** des öffentlichen Rechts (*Rz. 124*) ist (§ 13b Abs. 2 Nr. 2 i.V.m. Abs. 5 Satz 1 UStG). Der **Zweck** der Regelung liegt in der Sicherung des Steueranspruchs, da dieser gegenüber dem Sicherungsgeber (Lieferer) außerhalb der Insolvenz (*Rz. 76*) regelmäßig nicht durchsetzbar wäre, der Sicherungsnehmer jedoch gleichwohl den Vorsteuerabzug hätte. 71

Die Vorschrift hat zum einen den Fall im Auge, dass der **Sicherungsnehmer endgültiges Eigentum** erlangt, indem er den Gegenstand wegen der Nichtrückzahlung des Kredits an Erfüllung statt annimmt; in diesem Fall liegt eine Lieferung an ihn vor. Vor allem aber geht es um die Fälle der **Verwertung** des Sicherungsgutes **durch** den **Sicherungsnehmer**, bei der nach der Rechtsprechung des BFH eine Lieferung des Sicherungsnehmers an den Dritten und (eine logische Sekunde zuvor) eine Lieferung des Sicherungsgebers an den Sicherungsnehmer vorliegen soll (**Theorie des Doppelumsatzes**). Da für letztere Annahme die Voraussetzungen des § 3 Abs. 1 UStG nicht erfüllt sind (*§ 3 Rz. 29*), enthält § 13b Abs. 2 Nr. 2 UStG eine **Fiktion** dieser Lieferung. Seit 2004 folgt diese Fiktion auch aus dem Rechtsgedanken des § 3 Abs. 3 und Abs. 11 UStG (*§ 3 Rz. 29 a.E.*). 72

Die Lieferung des Sicherungsgebers an den Sicherungsnehmer tritt erst mit der **Verwertung** des Sicherungsgutes ein (zur Bemessungsgrundlage *Rz. 149 f.*), gleichgültig, ob der Sicherungsnehmer das Sicherungsgut dadurch verwertet, dass er es selbst veräußert, oder dadurch, dass der Sicherungsgeber es für Rechnung des Sicherungsnehmers veräußert.[1] 73

Die Steuerschuldnerschaft des Leistungsempfängers gilt **nicht** bei einer Lieferung unter den Voraussetzungen des § 25a UStG (§ 13b Abs. 5 Satz 9 UStG), weil der Leistungsempfänger in diesen Fällen die für **Differenzbesteuerung** erforderlichen Einkaufspreise nicht kennt.

Der Doppelumsatz ist auch dann anzunehmen, wenn der **Sicherungsgeber im Namen des Gläubigers** (Sicherungsnehmers) veräußert **oder** die Veräußerung **durch** den **Gläubiger** „im Auftrag und für Rechnung des Darlehensnehmers (Sicherungsgebers)" erfolgt.[2] Im zweiten Fall ist allerdings der Staat inzwischen auch durch § 13c UStG gesichert, da der Gläubiger für die Umsatzsteuer aus der abgetretenen Forderung haftet. 74

---
[1] BFH v. 23.7.2009 – V R 27/07, BStBl. II 2010, 859.
[2] BFH v. 17.7.1980 – V R 124/75, BStBl. II 1980, 673; BFH v. 9.3.1995 – V R 102/89, BStBl. II 1995, 564 (566).

**Kein Doppelumsatz** liegt hingegen vor, wenn der Sicherungsgeber mit Zustimmung des Sicherungsnehmers (Gläubigers) den Gegenstand an einen Dritten zur Auswechselung des Sicherungsnehmers veräußert.[1]

75 Erfolgt die **Verwertung durch** den **Sicherungsgeber** im eigenen Namen aber für Rechnung des Sicherungsnehmers, so liegt gleichwohl zuvor (auch) eine Lieferung des Sicherungsgebers an den Sicherungsnehmer vor (**Dreifachlieferung**; § 3 Rz. 29 a.E.).[2]

76 **2. Außerhalb** des **Insolvenzverfahrens** erfolgt die Lieferung des Sicherungsgebers, **wenn** die daraus resultierende Umsatzsteuer **nicht zu Massekosten** führt.[3] Wird nämlich insolvenzbefangenes Vermögen während eines Insolvenzverfahrens geliefert, so werden hinsichtlich der Umsatzsteuer Massekosten (§ 53 i.V.m. § 55 Abs. 1 Nr. 1 InsO) begründet[4], so dass der Steueranspruch regelmäßig befriedigt werden wird und es der Verlagerung der Steuerschuldnerschaft auf den Lieferungsempfänger nicht bedarf.[5] Außerhalb des Insolvenzverfahrens erfolgen deshalb Lieferungen, die **vor Eröffnung** oder **nach Einstellung oder Aufhebung** eines solchen Verfahrens durchgeführt werden.

77 War der Gegenstand **vor Eröffnung** des Insolvenzverfahrens an den Sicherungsnehmer (Kreditgläubiger) **herausgegeben** und erst **nach Eröffnung** des Verfahrens von diesem **veräußert** worden, so erfolgte die nach der Theorie der Doppellieferung anzunehmende Lieferung des Sicherungsgebers an den Sicherungsnehmer erst im Zeitpunkt der Weiterlieferung („Verwertung") durch diesen[6], so dass die Lieferung nicht außerhalb des Insolvenzverfahrens ausgeführt wurde[7]. In diesem Fall ist § 170 Abs. 2 InsO analog anzuwenden, so dass der Sicherungsnehmer (Kreditgläubiger) zur Abführung der Umsatzsteuer an die Masse verpflichtet ist. Die Lücke ergibt sich aus dem bei einer Gesamtschau von § 170 Abs. 2, § 171 Abs. 2 Satz 3 InsO und des § 13b Abs. 2 Nr. 2 i.V.m. Abs. 5 Satz 1 UStG erkennbaren gesetzgeberischen Plan, die Masse nicht mit der Umsatzsteuer zu belasten.[8]

## II. Umsätze, die unter das Grunderwerbsteuergesetz fallen (Abs. 2 Nr. 3)

78 Bei steuerpflichtigen Umsätzen, die unter das Grunderwerbsteuergesetz fallen, ist der Erwerber stets Schuldner der Umsatzsteuer (§ 13b Abs. 2 Nr. 3 i.V.m.

---

1 BFH v. 9.3.1995 – V R 102/89, BStBl. II 1995, 564 (566); BFH v. 23.7.2009 – V R 27/07, BStBl. II 2010, 859; Abschn. 1.2 Abs. 1 Sätze 7 und 8 UStAE.
2 Dazu näher *Stadie* in R/D, § 13b UStG Anm. 256 f. m. Beispiel.
3 Vgl. auch BFH v. 28.11.1997 – V B 90/97, UR 1998, 397.
4 Vgl. zum ehemaligen Konkursverfahren BFH v. 20.7.1987 – V R 2/75, BStBl. II 1978, 684; BFH v. 4.6.1987 – V R 57/79, BStBl. II 1987, 741; BFH v. 21.7.1994 – V R 114/91, BStBl. II 1994, 878 (880); BFH v. 28.11.1997 – V B 90/97, UR 1998, 397.
5 Ebenso FG Düsseldorf v. 13.3.2009 – 1 K 420/06, EFG 2011, 389 (391).
6 BFH v. 21.7.1994 – V R 114/91, BStBl. II 1994, 878 (880); BFH v. 29.10.1998 – V B 38/98, BFH/NV 1999, 680; BFH v. 21.6.2007 – V B 10/06, UR 2007, 933; BFH v. 19.7.2007 – V B 222/06, BStBl. II 2008, 163; BFH v. 1.3.2010 – XI B 34/09, BFH/NV 2010, 1142.
7 BFH v. 19.7.2007 – V B 222/06, BStBl. II 2008, 163 = UR 2007, 820.
8 *Stadie* in R/D, § 13b UStG Anm. 236 und § 18 UStG Anh. 2 Anm. 117 – Insolvenz; zust. BGH v. 29.3.2007 – IX ZR 27/06, UR 2007, 583.

Abs. 5 Satz 1 UStG). Mit der Formulierung knüpft das Gesetz an § 4 Nr. 9 Buchst. a UStG an, wonach derartige Umsätze grundsätzlich steuerfrei sind. Folglich bestimmen sich die von § 13b Abs. 1 Satz 1 Nr. 3 UStG erfassten Umsätze danach, ob sie als **Lieferungen** unter § 4 Nr. 9 Buchst. a UStG fallen (dazu *§ 4 Nr. 9 Rz. 5 ff.*; sonstige Leistungen, z.B. in Gestalt einer Erbbaurechtsbestellung werden nicht erfasst; *§ 4 Nr. 9 Rz. 11*). Diese Umsätze werden nur durch einen wirksamen Verzicht auf die Steuerbefreiung nach § 9 Abs. 1 und 3 UStG (dazu *§ 9 Rz. 33 ff.*) steuerpflichtig (zum Zeitpunkt der Steuerentstehung *§ 13 Rz. 18*). Kein steuerbarer Umsatz liegt vor, wenn die Grundstückslieferung als sog. *Geschäftsveräußerung* i.S.d. § 1 Abs. 1a UStG anzusehen ist (*§ 1 Rz. 135*).

Der **Zweck** der Steuerschuldnerschaft des Erwerbers liegt in der Sicherstellung der Besteuerung der Grundstücksumsätze, weil nicht nur bei Grundstückübertragungen im Rahmen einer Zwangsversteigerung die Gefahr besteht, dass der liefernde Unternehmer nicht zur Entrichtung der anfallenden Umsatzsteuer in der Lage wäre. Auch beim freihändigen Verkauf durch einen illiquiden Eigentümer, insbesondere dann, wenn er auf Druck eines Kreditgebers handelte, würde, wenn der liefernde Unternehmer (wie bis zum 31.3.2004) Steuerschuldner wäre, das Finanzamt „leer ausgehen". Wenn in diesen Fällen nämlich die gesamte Gegenleistung auf Grund einer Abtretung oder Zahlungsanweisung seitens des Verkäufers vom Erwerber an den Kreditgeber gezahlt wird, erhält der Verkäufer keinerlei Liquidität und könnte die Umsatzsteuer nicht an das Finanzamt zahlen. Ist hingegen der Erwerber Steuerschuldner, so ist er berechtigt, die Gegenleistung in Höhe der geschuldeten Steuer zu kürzen. 79

Nicht unter das Grunderwerbsteuergesetz fällt die Lieferung von sog. **Betriebsvorrichtungen** (*§ 4 Nr. 9 Rz. 22*), so dass insoweit Steuerschuldner der liefernde Unternehmer ist.[1] Das ist wenig praktikabel und vermutlich vom Gesetzgeber auch nicht gewollt, der Fehler lässt sich jedoch wegen des eindeutigen Wortlauts nicht durch Auslegung korrigieren.[2] Ebenso wenig erstreckt sich bei der Zwangsversteigerung eines Grundstücks die Steuerschuldnerschaft des Leistungsempfängers auf die Lieferung des **Zubehörs**, obwohl dieses von der Zwangsversteigerung mit erfasst wird (§ 20 Abs. 2, § 90 Abs. 2 ZVG), da die Lieferung des Zubehörs nicht unter das Grunderwerbsteuergesetz fällt (*§ 4 Nr. 9 Rz. 24*). 80

## III. Bauleistungen (Abs. 2 Nr. 4)

### 1. Allgemeines

Bei Bauleistungen ist der Leistungsempfänger Steuerschuldner, wenn dieser nicht nur Unternehmer ist, sondern auch seinerseits Bauleistungen erbringt (§ 13b Abs. 2 Nr. 4 i.V.m. Abs. 5 Satz 2 UStG).[3] Bei diesen Werklieferungen und sons- 81

---

1 Anders war es bis zum 31.3.2004 bei der Zwangsversteigerung; *Stadie* in R/D, § 13b UStG Anm. 284.
2 Unklar *Lippross*, 1183 – 9.4.2.4b.
3 Die Ermächtigung des Art. 199 Abs. 1 Buchst. a MwStSystRL berechtigt dazu, die Steuerschuldnerschaft des Leistungsempfängers nur, wie durch § 13b Abs. 2 Nr. 4 i.V.m. Abs. 5 Satz 2 Halbs. 1 UStG geschehen, für bestimmte Untergruppen wie einzelne Arten von Bauleistungen und für Leistungen an bestimmte Leistungsempfänger vorzusehen; EuGH v. 13.12.2012 – C-395/11, UR 2013, 63.

tigen Leistungen besteht ein Konkurrenzverhältnis zwischen der Nummer 1 und der Nummer 4 des § 13b Abs. 2 UStG, **wenn** der **leistende Unternehmer nicht im Inland ansässig** ist. Da § 13b Abs. 2 Nr. 4 Satz 2 UStG bestimmt, dass die **Nummer 1 unberührt bleibt**, hat diese Vorrang. Das bedeutet, dass, wenn ein nicht im Inland ansässiger Unternehmer Bauleistungen erbringt, für die Steuerschuldnerschaft des Leistungsempfängers die Einschränkungen der Nummer 4 für Planungs- und Überwachungsleistungen (*Rz. 83*) und des § 13b Abs. 5 Satz 2 UStG, wonach der Leistungsempfänger selbst Bauleistungen erbringen muss (*Rz. 86 ff.*), nicht gelten (*Rz. 92 f.*).

## 2. Bauleistungen

82 § 13b Abs. 2 Nr. 4 Satz 1 UStG erfasst **Werklieferungen** (*§ 3 Rz. 105 ff.*)[1] und **sonstige Leistungen**, die der Herstellung, Instandsetzung, Instandhaltung, Änderung oder Beseitigung von Bauwerken dienen, mit Ausnahme von Planungs- und Überwachungsleistungen. Bis auf diese Einschränkung entspricht die Umschreibung der Definition der Bauleistungen durch § 48 Abs. 1 Satz 3 EStG und § 211 Abs. 1 Satz 2 SGB III. **Bauwerke** sind nicht nur Gebäude, sondern auch sämtliche andere irgendwie mit dem Erdboden verbundene oder infolge ihrer eigenen Schwere auf ihm ruhende, aus Bauprodukten hergestellte (bauliche) Anlagen.[2]

83 Zu den **Bauleistungen**[3] zählt **auch** der **Einbau** von **Einrichtungsgegenständen** u.Ä., wenn sie mit einem Gebäude fest verbunden werden[4], nach Auffassung des BFH jedoch nicht sog. **Betriebsvorrichtungen** (dazu *§ 4 Nr. 12 Rz. 38 f.*).[5] Ausdrücklich **ausgeschlossen** sind **Planungs-** und **Überwachungsleistungen** (§ 13b Abs. 2 Nr. 4 Satz 1 Halbs. 2 UStG).[6] **Keine Bauleistungen**[7] sind insbesondere Materiallieferungen, das Vermieten von Baugeräten, die Entsorgung von Bauschutt und reine Gartenarbeiten. Auch reine **Wartungsarbeiten** an Bauwerken oder Teilen davon stellen keine Bauleistungen dar, solange nicht Teile verändert, bearbeitet oder ausgetauscht werden; anderenfalls handelt es sich um eine Instandsetzung bzw. Instandhaltung (**Reparatur**). Eine **Reinigungsleistung** ist dann eine Bauleistung, wenn die zu reinigende Oberfläche verändert, z.B. abgeschliffen oder abgestrahlt wird.[8]

Eine **gemischte Leistung**, die auch Elemente von Bauleistungen enthält, ist als einheitliche Bauleistung zu behandeln, wenn die Elemente der Bauleistungen der Gesamtleistung das Gepräge geben (vgl. *§ 3 Rz. 205*).[9]

---

1 Der Begriff der „Bauleistungen" in Art. 199 Abs. 1 Buchst. a MwStSystRL umfasst auch Werklieferungen i.S.d. § 3 Abs. 4 UStG; EuGH v. 13.12.2012 – C-395/11, UR 2013, 63.
2 Vgl. Abschn. 13b.2 Abs. 1 UStAE.
3 Dazu näher Abschn. 13b.1 Abs. 5 UStAE.
4 Abschn. 13b.2 Abs. 5 Nr. 2 UStAE.
5 BFH v. 28.8.2014 – V R 7/14, UR 2014, 951. Die Montage von **Photovoltaikanlagen** auf Gebäudedächern soll zu Bauleistungen führen; Abschn. 13b.2 Abs. 5 Nr. 11 UStAE; zweifelnd BFH v. 2.7.2014 – XI S 8/14, BFH/NV 2014, 1601.
6 Dazu näher Abschn. 13b.2 Abs. 6 UStAE.
7 Dazu näher Abschn. 13b.2 Abs. 7 UStAE.
8 Abschn. 13b.2 Abs. 5 Nr. 10 UStAE.
9 Vgl. auch Abschn. 13b.2 Abs. 4 UStAE.

Die Finanzverwaltung hat eine **Bagatellgrenze** für Reparatur- und Wartungsarbeiten in Höhe von 500 € (Netto-Entgelt) bestimmt.¹  84

Bauleistungen erbringt auch derjenige, der diese **durch Dritte** ausführen lässt  85
(vgl. *§ 1 Rz. 72*). Folglich erbringen sowohl der sog. **Generalunternehmer** gegenüber seinem Auftraggeber als auch die sog. **Subunternehmer**, die die Bauleistungen unmittelbar ausführen, gegenüber dem Generalunternehmer jeweils derartige Leistungen.² Die **Arbeitnehmerüberlassung** stellt hingegen keine Bauleistung dar, auch wenn die überlassenen Arbeitnehmer für den Entleiher Bauleistungen erbringen.³

### 3. Leistungsempfänger erbringt seinerseits Bauleistungen (Abs. 5 Satz 2)

Abweichend von der Grundregel des § 13b Abs. 5 Satz 1 UStG, wonach der Leistungsempfänger Unternehmer oder juristische Person sein muss, schränkt § 13b  86
Abs. 5 Satz 2 UStG den Kreis der in Betracht kommenden Leistungsempfänger auf Unternehmer ein, die Leistungen i.S.d. § 13b Abs. 2 Nr. 4 Satz 1 UStG erbringen. Der Leistungsempfänger muss mithin **als Unternehmer** ebenfalls steuerpflichtige **Bauleistungen** in Gestalt von Werklieferungen oder sonstigen Leistungen erbringen, die nicht ausschließlich Planungs- oder Überwachungsleistungen darstellen dürfen. Die Regelung zielt vor allem auf die Einschaltung von Subunternehmern im Baugewerbe ab.

Ein **Bauträger** führt in Erfüllung eines Kaufvertrages die Lieferung eines be-  87
bauten Grundstücks bzw. einer Eigentumswohnung (Miteigentumsanteil am Grundstück i.V.m. Sondereigentum an der Wohnung) aus. Hierbei handelt es sich **nicht** um eine **Werklieferung** i.S.d. § 3 Abs. 4 UStG, da der Bauträger keinen fremden Gegenstand, sondern das eigene Grundstück zum Zwecke des Verkaufs bearbeitet, so dass nach § 13b Abs. 5 Satz 2 i.V.m. Abs. 2 Nr. 4 Satz 1 UStG keine Steuerschuldnerschaft eintritt.⁴

**Treuhänder** (insbesondere Sanierungsträger) erbringen, wenn sie Bauleistungen  88
empfangen, ihrerseits gem. § 3 Abs. 3 i.V.m. Abs. 11 UStG (*Rz. 112*) ebenfalls Bauleistungen gegenüber den Treugebern.⁵ Bei einem Leistungsempfänger, der zu einem **Organkreis** gehört, sind die Organschaftswirkungen beiseite zu schieben (*§ 2 Rz. 305 ff.*), so dass es auf die Verhältnisse bei demjenigen ankommt, der die Bauleistungen empfängt.⁶ Eine sog. **Arbeitsgemeinschaft** im Baugewerbe ist Unternehmer⁷ und erfüllt von Anbeginn an die Voraussetzungen des § 13b Abs. 5 Satz 2 UStG.⁸ **Wohnungseigentümergemeinschaften** erbringen, wenn sie

---

1 Abschn. 13b.2 Abs. 7 Nr. 15 UStAE.
2 Vgl. FG Berlin-Bdb. v. 16.5.2013 – 7 K 7345/12, EFG 2013, 1446.
3 Abschn. 13b.2 Abs. 7 Nr. 13 UStAE.
4 BFH v. 22.8.2013 – V R 37/10, BStBl. II 2014, 128; Abschn. 13b.2 Abs. 7 Nr. 17, Abschn. 13b.3 Abs. 8 UStAE.
5 Im Ergebnis ebenso Abschn. 3.15 Abs. 5 UStAE.
6 Vgl. Abschn. 13b.3 Abs. 7 UStAE; *Stadie* in R/D, § 13b UStG Anm. 395.
7 *Stadie* in R/D, § 2 UStG Anm. 447.
8 Abschn. 13b.3 Abs. 6 UStAE.

Bauleistungen für das Gemeinschaftseigentum in Auftrag geben, keine Bauleistungen.[1]

89 Der **Schutz des leistenden Unternehmers** als Gehilfe des Staates (*Vorbem. Rz. 20*) verlangt, dass dieser die Voraussetzungen für den Übergang der Steuerschuld ohne weiteres erkennen kann (Bestimmtheitsgebot und Verhältnismäßigkeitsprinzip).[2] Folglich sind **Umfang** der vom Leistungsempfänger ausgeführten **Bauleistungen** und deren **Anteil** an den insgesamt von ihm erbrachten steuerbaren Umsätzen **ohne Bedeutung**[3], da der leistende Unternehmer nicht beurteilen kann, ob diese Grenze überschritten ist.

90 Der **Schutz des leistenden Unternehmers** soll nach Ansicht des BFH[4] des Weiteren eine einschränkende Auslegung des **bis zum 30.9.2014** geltenden § 13b **Abs. 5 Satz 2** UStG aF dergestalt gebieten, dass es für das Eingreifen der Steuerschuldnerschaft des Leistungsempfängers nicht ausreiche, dass er überhaupt Bauleistungen ausführt, sondern hinzukommen müsse, dass er die an ihn erbrachte Bauleistung seinerseits **zur Erbringung einer derartigen Leistung verwendet**.[5] Nach Auffassung des BMF soll eine derartige Verwendung nur dann vorliegen, wenn die bezogenen Bauleistungen **unmittelbar** mit vom Leistungsempfänger erbrachten Bauleistungen zusammenhängen, so dass die mittelbare Verwendung, z.B. bei Bauleistungen, die für das Bürogebäude des Bauunternehmens bezogen werden, nicht ausreichen soll.[6] Diese Einschränkung ist indes durch den Schutzzweck der Vorschrift nicht geboten. Andererseits soll es bei einer sog. Organschaft ausreichen, wenn die durch ein Mitglied bezogene Bauleistung durch ein anderes Mitglied des Organkreises für eine Bauleistung verwendet wird.[7] Das ist verfehlt, da dieses Mitglied des Organkreises nicht Leistungsempfänger ist. Die Einschränkung durch den BFH führt dazu, dass es entgegen § 13b Abs. 5 Satz 6 UStG nicht ausreicht, wenn die Bauleistungen für den nichtunternehmerischen Bereich erbracht werden (vgl. *Rz. 120*).

Nach Ansicht des **BMF** zu dem bis zum 30.9.2014 geltenden **Absatz 5 Satz 2 a.F.** stehe es dem leistenden Unternehmer „frei", den Nachweis zu führen, dass der Leistungsempfänger ein Unternehmer sei, der die an ihn erbrachte Bauleistung seinerseits zur Erbringung einer derartigen Leistung verwende.[8] Das ist unhaltbar, denn nicht etwa muss der leistende Unternehmer als zwangsverpflichteter Gehilfe des Steuergläubigers „nachweisen", dass sein Auftraggeber die Steuer nach § 13b UStG schuldet. Vielmehr muss dieser im eigenen Interesse dem leis-

---

1 Abschn. 13b.3 Abs. 9 UStAE; *Hummel* in R/D, § 4 Nr. 13 UStG Anm. 176 i.V.m. Anm. 81.
2 In diesem Sinne auch EuGH v. 13.12.2012 – C-395/11, UR 2013, 63 – Rz. 46 f.
3 BFH v. 22.8.2013 – V R 37/10, BStBl. II 2014, 128 – Rz. 48 f.
4 BFH v. 22.8.2013 – V R 37/10, BStBl. II 2014, 128 – Rz. 50 f.; BFH v. 11.12.2013 – XI R 21/11, BStBl. II 2014, 425.
5 Zur Nichtbeanstandung einer einvernehmlich von den Beteiligten gegenteiligen Handhabung für bis zum 14.2.2014 ausgeführte Umsätze BMF v. 8.5.2014 – IV D 3 - S 7279/11/10002-03, BStBl. I 2014, 823 – Tz. II.
6 Abschn. 13b.3 Abs. 10 UStAE.
7 Abschn. 13b.3 Abs. 7 UStAE.
8 Abschn. 13b.3 Abs. 2 Satz 1 UStAE.

tenden Unternehmer den „Nachweis" vorlegen, dass er die Voraussetzungen erfülle. Hierfür ist nach insoweit zutreffender Auffassung des BMF eine entsprechende schriftliche Bestätigung bezüglich des konkreten Bauvorhabens ausreichend.[1]
Legt hingegen der Auftraggeber dem leistenden Unternehmer eine gültige **Freistellungsbescheinigung** nach § 48 EStG vor und erfolgt deren Verwendung ausdrücklich für umsatzsteuerliche Zwecke, soll das nach Ansicht des BMF **nur** als **Indiz** dafür gelten, dass die Voraussetzungen des § 13b Abs. 5 Satz 2 UStG gegeben seien.[2] Das BMF geht mithin ernsthaft davon aus, dass, wenn der Leistungsempfänger objektiv nicht die Voraussetzungen des § 13b Abs. 5 Satz 2 UStG aF erfüllt, vom leistenden Handwerker trotz der diesem vorgelegten gültigen Bescheinigung die Steuer seitens des Finanzamts gefordert werden könne und dieser zusehen müsse, wie er die Steuer beim zumeist insolventen Auftraggeber beitreiben kann. Diese für die Finanzverwaltung typische Sichtweise ist verfehlt, da sie das Risiko auf ihren zwangsverpflichteten Gehilfen abwälzen will, obwohl dieser Vertrauensschutz genießen muss. Richtigerweise ist die BMF-Aussage wie bisher als Vereinfachungsregel zu verstehen, so dass der leistende Unternehmer bei einer gültigen Bescheinigung davon ausgehen kann, dass sein Auftraggeber unter § 13b Abs. 5 Satz 2 UStG a.F. fällt und die Umsatzsteuer schuldet. Damit erlangt der leistende Unternehmer auch in diesem Fall **Vertrauensschutz**. Erbringt der Leistungsempfänger objektiv keine Bauleistungen im og. Umfang, so wäre eine Berufung auf das Nichtvorliegen der Voraussetzung seiner Steuerschuldnerschaft ein **venire contra factum proprium**. Er muss sich als Steuerschuldner behandeln lassen. **Demgegenüber** soll aus **§ 27 Abs. 19 UStG** folgen, dass der Leistungsempfänger die Aufhebung der Steuerfestsetzung und die Erstattung der Steuer verlangen könne (dazu *§ 27 Rz. 48 f.*).

Nach der **ab 1.10.2014** geltenden Fassung des § 13b Abs. 5 Satz 2 UStG schuldet der Leistungsempfänger die Steuer unabhängig davon, ob er sie für eine von ihm erbrachte Leistung im Sinne des Absatzes 2 Nummer 4 Satz 1 verwendet, wenn er ein Unternehmer ist, der nachhaltig entsprechende Bauleistungen erbringt. Folglich ist es **nicht erforderlich**, dass der Leistungsempfänger die bezogene Bauleistung **für** die Erbringung von **Bauleistungen verwendet**, so dass sie auch für den nichtunternehmerischen Bereich erbracht werden können (§ 13b Abs. 5 Satz 6 UStG). Damit hat der Gesetzgeber die frühere BMF-Auffassung im Gesetz verankert.[3] § 13b Abs. 5 Satz 6 UStG soll wie bisher nicht bei juristischen Personen des öffentlichen Rechts gelten, wenn diese Bauleistungen ausschließlich für den hoheitlichen Bereich beziehen.[4] Das widerspricht dem eindeutigen Gesetzeswortlaut. 91

Das Kriterium der nachhaltigen Erbringung[5] von Bauleistungen ist verfehlt, da der leistende Unternehmer nicht beurteilen kann, ob dieses erfüllt ist. Von dem Vorliegen dieses Kriteriums ist indes auszugehen, wenn das zuständige Finanz-

---

1 Abschn. 13b.3 Abs. 2 Satz 2 f. UStAE.
2 Abschn. 13b.3 Abs. 2 Satz 4 UStAE.
3 BT-Drucks. 18/1995, S. 122 f. – zu Art. 8 Nr. 2 Buchst. b Doppelbuchst. bb.
4 Abschn. 13b.3 Abs. 12 Satz 2 UStAE.
5 Dazu näher Abschn. 13b.3 Abs. 2 UStAE.

amt dem Leistungsempfänger eine im Zeitpunkt der Ausführung des Umsatzes gültige auf längstens drei Jahre befristete **Bescheinigung**, die nur mit Wirkung für die Zukunft widerrufen oder zurückgenommen werden kann, darüber erteilt hat, dass er ein Unternehmer ist, der entsprechende Leistungen erbringt. Durch die Bescheinigung[1] wird im Regelfall Rechtssicherheit erreicht.

Diese Bescheinigung kann dem Leistungsempfänger auch **von Amts wegen** erteilt werden.[2] Er ist auch Steuerschuldner, wenn er die Bescheinigung nicht verwendet,[3] so dass er regelmäßig gezwungen ist, sie dem Bauleistungserbringer vorzulegen. Er kann zwar die Rechtmäßigkeit der ihm von Amts wegen erteilten Bescheinigung mit der Begründung anfechten, dass er nicht nachhaltig Bauleistungen erbringe, die **Rücknahme** wirkt jedoch entgegen dem Grundsatz des § 130 Abs. 1 AO **nur für** die **Zukunft** (§ 13b Abs. 5 Satz 2 Halbs. 2 UStG), so dass sich an der Steuerschuldnerschaft des Leistungsempfängers bis zum Zeitpunkt der Rücknahme nichts ändert.

### 4. Im Ausland ansässiger Leistungserbringer (Abs. 2 Nr. 4 Satz 2)

92 § 13b **Abs. 2 Nr. 1** UStG **bleibt unberührt** (§ 13b Abs. 2 Nr. 4 Satz 2 UStG). Damit wird klargestellt, dass die **Einschränkung** des § 13b Abs. 5 Satz 2 UStG **nicht gilt**, wenn der **Dienstleistungserbringer im Ausland ansässig** ist. Ferner werden in einem solchen Fall **auch juristische Personen**, die nicht Unternehmer sind, zum Steuerschuldner (§ 13b Abs. 5 Satz 1 Halbs. 1 UStG).

Hat der Dienstleistungserbringer **im Inland** eine „**Betriebsstätte**" (feste Niederlassung), welcher die Bauleistungen zuzurechnen sind, so gilt er nicht als im Ausland ansässig (§ 13b Abs. 7 Satz 2 UStG), so dass es bei der Einschränkung nach § 13b Abs. 5 Satz 2 UStG bleibt. Eine solche Betriebsstätte muss indes die Voraussetzungen einer festen Niederlassung erfüllen (dazu *Rz. 54 ff.*).

93 Der Leistungsempfänger, welcher keine Bauleistungen erbringt, muss (und kann auch) nicht nachprüfen, ob der Dienstleistungserbringer im Ausland ansässig ist. Hat indes dieser auf seiner Rechnung eine ausländische Anschrift genannt oder enthält die Rechnung zwar eine deutsche Anschrift, aber keine deutsche Steuernummer, so muss der **Leistungsempfänger Zweifel** haben, ob der leistende Unternehmer im Inland mittels einer festen Niederlassung ansässig ist, und sich von diesem eine Bescheinigung des zuständigen Finanzamts über seine Inlandsansässigkeit vorlegen lassen (*Rz. 66 ff.*).

## IV. Lieferung von Gas und Elektrizität durch im Inland ansässige Händler an Wiederverkäufer (Absatz 2 Nr. 5 Buchst. b i.V.m. Abs. 5 Satz 3)

94 Mit Wirkung vom 1.9.2013[4] ist in § 13b Abs. 2 Nr. 5 UStG der Buchstabe b eingefügt worden, wonach auch bei Lieferungen von Gas über das Erdgasnetz und

---

1 **USt 1 TG** gem. BMF v. 1.10.2014 – IV D 3 - S 7279/10/10004, BStBl. I 2014, 1322.
2 BMF v. 1.10.2014 – IV D 3 - S 7279/10/10004, BStBl. I 2014, 1322 – I Abs. 3.
3 Abschn. 13b.3 Abs. 5 Satz 1 UStAE.
4 Art. 10 Nr. 6 i.V.m. Art. 31 Abs. 5 Gesetz v. 26.6.2013.

von Elektrizität **durch im Inland ansässige Unternehmer** der Leistungsempfänger – unter den Voraussetzungen des § 13b Abs. 5 Satz 3 und 4 UStG – die Steuer schuldet.[1] Bei **Erdgaslieferungen** ist nach dem Gesetzeswortlaut nur erforderlich, dass der Abnehmer seinerseits Lieferungen von Erdgas erbringt (§ 13b Abs. 5 Satz 3 UStG), so dass er danach kein Wiederverkäufer i.S.d. § 3g Abs. 1 UStG sein müsste. Da jedoch die Ermächtigung des Art. 199a Abs. 1 Buchst. e MwStSystRL auf **Lieferungen an Wiederverkäufer** beschränkt ist, bedarf § 13b Abs. 5 Satz 3 UStG bei bis zum 30.12.2014 ausgeführten Lieferungen der teleologischer Reduktion[2]; mit der Änderung zum 31.12.2014 wird das klargestellt. Bezüglich der Steuerschuldnerschaft des erworbenen Erdgases ist nicht erforderlich, dass es weitergeliefert wird. Es kann auch für den eigenen unternehmerischen oder nichtunternehmerischen[3] Verbrauch (§ 13b Abs. 5 Satz 6 UStG) bezogen werden.

Bei der Lieferung von **Elektrizität** ist Voraussetzung, dass **beide** Beteiligten **Wiederverkäufer** i.S.d. § 3g UStG (dazu *§ 3g Rz. 11 ff.*) sind (§ 13b Abs. 5 Satz 4 UStG).[4]

## V. Übertragung von Emissionszertifikaten (Abs. 2 Nr. 6)

§ 13b Abs. 2 Nr. 6 UStG i.V.m. § 13b Abs. 5 Satz 1 Halbs. 2 UStG dehnt die Steuerschuldnerschaft des unternehmerischen Leistungsempfängers bei der Übertragung von Emissionszertifikaten auf die Fälle aus, in denen **auch** der **leistende Unternehmer** im **Inland** ansässig ist. Diese Erweiterung beruht auf der Ermächtigung des Art. 199a Abs. 1 Buchst. a MwStSystRL und dient auch hier der Bekämpfung des Umsatzsteuerbetrugs.

95

§ 13b Abs. 2 Nr. 6 UStG erfasst die Übertragung von Berechtigungen nach § 3 Nr. 3 TEHG (Treibhausgas-Emissionshandelsgesetz), Emissionsreduktionseinheiten und zertifizierten Emissionsreduktionen nach § 2 Nr. 20 und 21 ProMechG (Projekt-Mechanismen-Gesetz). Die genannten Emissionszertifikate sind übertragbar (§ 7 Abs. 3 Satz 1 i.V.m. § 16 Abs. 2 TEHG). Die Übertragung der Emissionszertifikate erfolgt durch Einigung und Eintragung auf dem Konto des Erwerbers im Emissionshandelsregister.

Bei der Übertragung dieser Emissionszertifikate handelt es sich um eine **sonstige Leistung** (Dienstleistung), da dem Erwerber die öffentlich-rechtliche Berechtigung verschafft wird, Schadstoffe zu emittieren. Damit ist die sonstige Leistung ausgeführt, so dass es ohne Bedeutung ist, ob und in welchem Umfang von den Emissionsberechtigungen usw. Gebrauch gemacht wird.

96

---

1 Die Regelung beruht auf der Ermächtigung des Art. 199a Abs. 1 Buchst. e MwStSystRL.
2 Vgl. Abschn. 13b.3a Abs. 2 Satz 2 UStAE.
3 Die Einschränkung durch Abschn. 13b. 3a Abs. 4 Satz 2 f. UStAE für juristische Personen des öffentlichen Rechts ist nicht durch den Gesetzeswortlaut gedeckt.
4 Es ist davon auszugehen, dass ein Unternehmer Wiederverkäufer von Erdgas oder Elektrizität ist, wenn eine gültige Bescheinigung des Finanzamts nach dem Vordruck USt 1 TH vorgelegt wird; dazu Abschn. 13b.3a Abs. 2 Satz 6 ff. UStAE.

## VI. Lieferung von Industrieschrott, Altmetallen und sonstigen Abfallstoffen (Abs. 2 Nr. 7 i.V.m. Anlage 3)

97 Die Steuerschuldnerschaft des Leistungsempfängers gilt nach § 13b Abs. 2 Nr. 7 UStG auch für die **Lieferung** der **in** der **Anlage 3 UStG bezeichneten Gegenstände** an Unternehmer (§ 13b Abs. 5 Satz 1 Halbs. 2 UStG).[1] Bei diesen Gegenständen handelt es sich weitestgehend um **Industrieschrott, Altmetalle und andere Abfallstoffe**.

98 Hat der Unternehmer **Zweifel**, ob die gelieferten Gegenstände unter die Anlage 3 UStG, welche auf den Zolltarif Bezug nimmt, fallen[2], sollte der Unternehmer zur Absicherung eine **Zolltarifauskunft** einholen.[3] Diese Auskunft ist entgegen der Auffassung der Finanzverwaltung[4] verbindlich, da der Unternehmer als zwangsverpflichteter Gehilfe des Staates (*Vorbem. Rz. 20*) ausschließlich für dessen Rechnung tätig wird (*§ 12 Rz. 18*).

99 Gehen beide Unternehmer irrtümlich davon aus, dass die Gegenstände unter die Anlage 3 UStG fallen, und wird die Lieferung vom Leistungsempfänger versteuert, so genießt der Lieferer **Vertrauensschutz**.[5] Der Erwerber kann sich nicht im Nachhinein darauf berufen, dass objektiv die Voraussetzungen seiner Steuerschuldnerschaft nicht vorgelegen haben (venire contra factum proprium).

100 Werden die von der Vorschrift erfassten Gegenstände **vermischt** mit anderen Abfällen, die nicht in der Anlage 3 UStG genannt sind, geliefert, so ist nach Auffassung der Finanzverwaltung die Steuerschuldnerschaft des Erwerbers gegeben, wenn die in der Anlage 3 UStG genannten Gegenstände der Mischung den wesentlichen Charakter verleihen.[6] M.E. ist darauf abzustellen, ob sie den Preis für die Mischung erhöht haben.

## VII. Gebäudereinigungen (Abs. 2 Nr. 8)

101 **1.** Die Steuerschuldnerschaft des Leistungsempfängers gilt ferner nach § 13b Abs. 2 Nr. 8 und Abs. 5 Satz 5 UStG für die Reinigung von Gebäuden und Gebäudeteilen[7], sofern der Leistungsempfänger seinerseits derartige Dienstleistungen erbringt. Die Steuerschuldnerschaft ist mithin im Wesentlichen beschränkt auf solche Fälle, in denen **Subunternehmer für Gebäudereiniger** tätig werden.

102 Die **Gebäudereinigung**[8] umfasst nicht nur die Reinigung von Räumen, sondern auch die Hausfassaden- und die Fensterreinigung.[9] **Zubehör** und anderes **Inven-**

---

1 Die Regelung beruht auf der Ermächtigung des Art. 199 Abs. 1 Buchst. d i.V.m. Abs. 2 MwStSystRL.
2 Dazu näher Abschn. 13b.4 Abs. 1 Satz 1 Nr. 1–16, Abs. 3 Sätze 3 und 4 UStAE.
3 Dazu näher Abschn. 13b.4 Abs. 1 Sätze 2 ff. UStAE.
4 Abschn. 13b.4 Abs. 1 Satz 2 UStAE.
5 In diesem Sinne auch Abschn. 13b.8 UStAE.
6 Vgl. Abschn. 13b.4 Abs. 3 Satz 2 UStAE.
7 Die Regelung beruht auf der Ermächtigung des Art. 199 Abs. 1 Buchst. a MwStSystRL („Reinigungs-[...]leistungen im Zusammenhang mit Grundstücken") i.V.m. Art. 199 Abs. 2 MwStSystRL.
8 Dazu näher Abschn. 13b.5 Abs. 2 und 3 UStAE.
9 Abschn. 13b.5 Abs. 2 Nr. 3 UStAE.

tar zählen dazu, wenn dieses **zusammen mit** dem **Gebäude** oder den **Räumen** gereinigt wird.[1] Die Reinigung von **Fußwegen, Terrassen** u.Ä. kann eingeschlossen sein.

Liegt der Gehalt des Reinigungsvorgangs **nicht** nur in der Säuberung, sondern schwergewichtig in der **Veränderung der Oberfläche** (Abschleifen, Abstrahlen o.Ä.) der Gebäudefassade o.Ä., so liegt eine Bauleistung vor, die unter § 13b Abs. 1, Abs. 2 Nr. 1 oder Nr. 4 UStG fallen kann. Die Reinigung neu errichteter Gebäude (**Baugrobreinigung**) ist keine Gebäudereinigung[2], sondern ebenfalls eine Bauleistung im weiteren Sinne.[3] 103

Abweichend von der Grundregel des § 13b Abs. 5 Satz 1 UStG schränkt § 13b Abs. 5 Satz 5 UStG den Kreis der in Betracht kommenden Leistungsempfänger auf Unternehmer ein, die Leistungen i.S.d. § 13b Abs. 2 Nr. 8 Satz 1 UStG erbringen. Der Leistungsempfänger muss mithin **als Unternehmer ebenfalls** steuerpflichtige **Gebäudereinigungsleistungen** ausführen. 104

Ein Unternehmer erbringt auch dann Gebäudereinigungen, wenn er diese **durch Dritte** ausführen lässt. Folglich erbringt auch ein Unternehmer, welcher keine eigenen Reinigungskräfte hat, sondern **ausschließlich** sog. **Subunternehmer** einsetzt, die die Gebäudereinigungsleistungen unmittelbar (real) ausführen, gegenüber seinem Auftraggeber jeweils derartige Leistungen. 105

Der Leistungsempfänger musste nach der zu § 13b **Abs. 5 Satz 5** UStG a.F. vertretenen Auffassung des BMF die bezogenen Reinigungsleistungen **zur Erbringung von Reinigungsleistungen** gegenüber Dritten **verwenden**.[4] Der Leistungsempfänger wurde folglich **nicht** Steuerschuldner, wenn er die Reinigungsleistungen für **eigene** unternehmerische oder nichtunternehmerische **Gebäude** bezog.[5] § 13b Abs. 5 Satz 6 UStG, wonach die Steuerschuldnerschaft auch bei Leistungen, die für den nichtunternehmerischen (privaten) Bereich des Leistungsempfängers bezogen werden, eingreift (*Rz. 120*), lief mithin insoweit leer, weil keine Verwendung für Gebäudereinigungsleistungen vorlag. Nach Auffassung des **BMF** war von der Verwendung zur Erbringung von Gebäudereinigungsleistungen dann auszugehen, wenn der Leistungsempfänger dem leistenden Unternehmer einen im Zeitpunkt der Ausführung des Umsatzes gültigen „**Nachweis**" nach dem Vordruckmuster USt 1 TG vorlegte.[6] 106

Nach der **zum 1.10.2014** erfolgten **Neufassung** des § 13b **Abs. 5 Satz 5** UStG schuldet der Leistungsempfänger die Steuer unabhängig davon, ob er sie für eine von ihm erbrachte Leistung im Sinne des Absatzes 2 Nummer 8 Satz 1 verwendet, wenn er ein Unternehmer ist, der nachhaltig entsprechende Reinigungsleis- 107

---

1 Vgl. Abschn. 13b.5 Abs. 3 Nr. 4 UStAE.
2 Vgl. Statistisches Bundesamt, Klassifikation der Wirtschaftszweige 2008, Bem. zu 81.21.0 u. 81.22.9.
3 A.A. Abschn. 13b.5 Abs. 2 Nr. 5 UStAE für die Bauendreinigung.
4 Abschn. 13b.5 Abs. 4 Satz 1 UStAE a.F. in Befolgung von BFH v. 22.8.2013 – V R 37/10, BStBl. II 2014, 128 (dazu *Rz. 90*).
5 Abschn. 13b.5 Abs. 5 UStAE a.F.
6 Abschn. 13b.5 Abs. 4 Satz 2 UStAE a.F.

tungen erbringt; davon ist auszugehen, wenn ihm das zuständige Finanzamt eine im Zeitpunkt der Ausführung des Umsatzes gültige auf längstens drei Jahre befristete **Bescheinigung**, die nur mit Wirkung für die Zukunft widerrufen oder zurückgenommen werden kann, darüber erteilt hat, dass er ein Unternehmer ist, der entsprechende Leistungen erbringt. Folglich ist es **nicht** mehr **erforderlich**, dass der Leistungsempfänger die bezogene Reinigungsleistung **für** die Erbringung von **Reinigungsleistungen verwendet**. Durch die Bescheinigung[1] wird Rechtssicherheit erreicht. Diese Bescheinigung kann dem Leistungsempfänger auch von Amts wegen erteilt werden[2] (dazu auch *Rz. 91 a.E.*). Er ist auch Steuerschuldner, wenn er die Bescheinigung nicht verwendet[3], so dass er regelmäßig gezwungen ist, sie dem Leistungserbringer vorzulegen.

108   2. **§ 13b Abs. 2 Nr. 1** UStG bleibt **unberührt** (§ 13b Abs. 2 Nr. 8 Satz 2 UStG). Damit wird klargestellt, dass die **Einschränkung** des § 13b Abs. 5 Satz **5 UStG nicht** gilt, **wenn** der **Dienstleistungserbringer im Ausland ansässig** ist. Ferner werden in einem solchen **Fall** auch juristische Personen, die nicht Unternehmer sind, zum Steuerschuldner (§ 13b **Abs. 5 Satz 1 Halbs. 1 UStG**).

Hat der Gebäudereiniger **im Inland** eine „**Betriebsstätte"** (feste Niederlassung), welcher die Gebäudereinigungsleistungen zuzurechnen sind, so gilt er nicht als im Ausland ansässig (§ 13b Abs. 7 Satz 1 UStG), so dass es bei der Einschränkung nach § 13b Abs. 5 Satz 5 UStG bleibt. Eine solche Betriebsstätte muss indes die Voraussetzungen einer festen Niederlassung erfüllen (dazu *Rz. 54 ff.*).

109   Der Leistungsempfänger muss (und kann auch) nicht nachprüfen, ob der Gebäudereiniger im Ausland ansässig ist. Hat indes dieser auf seiner Rechnung eine ausländische Anschrift genannt oder enthält die Rechnung zwar eine deutsche Anschrift, aber keine deutsche Steuernummer, so muss der **Leistungsempfänger Zweifel** haben, ob der Gebäudereiniger im Inland mittels einer festen Niederlassung ansässig ist, und sich von diesem eine Bescheinigung des zuständigen Finanzamts über seine Inlandsansässigkeit vorlegen lassen (*Rz. 66 ff.*).

## VIII. Lieferungen von edlen und unedlen Metallen (Abs. 2 Nr. 9 und Nr. 11 i.V.m. Anlage 4)

110   Die Steuerschuldnerschaft des Leistungsempfängers tritt des Weiteren nach § 13b Abs. 2 Nr. 9 UStG bei der Lieferung von **Gold**[4] mit einem **Feingehalt von mindestens 325 Tausendstel** ein. Mit Wirkung vom 1.10.2014 gilt die Steuerschuldnerschaft des Leistungsempfängers nach § 13b Abs. 2 Nr. 11 UStG auch bei der Lieferung der in der Anlage 4[5] des Gesetzes bezeichneten weiteren **edlen und unedlen Metallen** an Unternehmer (§ 13b **Abs. 5 Satz 1 Halbs. 2 UStG**) ein[6];

---

1 Abschn. 13b.5 Abs. 4 Satz 2 i.V.m. Abschn. 13b.3 Abs. 3 UStAE i.V.m. **USt 1 TG** gem. BMF v. 1.10.2014 – IV D 3 - S 7279/10/10004, BStBl. I 2014, 1322.
2 BMF v. 1.10.2014 – IV D 3 - S 7279/10/10004, BStBl. I 2014, 1322 – I Abs. 3.
3 Abschn. 13b.5 Abs. 4 Satz 2 i.V.m. Abschn. 13b.3 Abs. 5 UStAE.
4 Dazu näher Abschn. 13b.6 UStAE.
5 Dazu näher Abschn. 13b.7a UStAE.
6 Die Regelungen beruhen auf den Ermächtigungen des Art. 198 Abs. 2 bzw. des Art. 199a Abs. 1 Buchst. j MwStSystRL.

ab 1.4.2015 mit der Einschränkung, dass die Summe der für sie anfänglich in Rechnung zu stellenden Entgelte im Rahmen eines wirtschaftlichen Vorgangs[1] **mindestens 5 000 €** beträgt. Es erschließt sich nicht, weshalb die Regelungen nicht zusammengefasst wurden.

## IX. Lieferungen von Mobilfunkgeräten und bestimmten weiteren elektronischen Geräten (Abs. 2 Nr. 10)

§ 13b Abs. 2 Nr. 10 UStG[2] ordnet die Steuerschuldnerschaft des Leistungsempfängers für die an einen Unternehmer (§ 13b Abs. 5 Satz 1 Halbs. 2 UStG) ausgeführten Lieferungen von Mobilfunkgeräten[3], Tablet-Computern und Spielkonsolen[4] sowie von integrierten Schaltkreisen[5] vor Einbau in einen zur Lieferung auf der Einzelhandelsstufe geeigneten Gegenstand an. Voraussetzung ist, dass die Summe der für sie in Rechnung zu stellenden Entgelte im Rahmen eines wirtschaftlichen Vorgangs[6] **mindestens 5 000 €** beträgt; nachträgliche Minderungen des Entgelts bleiben dabei unberücksichtigt.

111

## D. Steuerschuldner

### I. Leistungsempfänger

#### 1. Grundsätzliches

Empfänger der Leistung ist regelmäßig derjenige, der nach dem zugrunde liegenden Rechtsverhältnis, insbesondere als Vertragspartner (Auftraggeber), oder bei der Zwangsversteigerung kraft Gesetzes, die **Gegenleistung schuldet** und mithin diese um die geschuldete Steuer kürzen kann (dazu *Rz. 145*). Leistungsempfänger ist folglich auch derjenige, der die Leistung von einem Dritten (Subunternehmer) als sog. Generalunternehmer bezieht und sie damit zugleich als eigene gegenüber seinem Auftraggeber erbringt oder als **Treuhänder** bzw. **Kommissionär** i.S.d. § 3 Abs. 3 und 11 UStG eingeschaltet ist.

112

Der Leistungsempfänger muss **nicht im Inland ansässig** sein[7], da § 13b UStG keine derartige Einschränkung enthält; die Bestätigung findet sich in § 15 Abs. 4b UStG. Im Hinblick auf den Zweck des § 13b UStG wäre es in einem solchen Fall indes sinnvoller gewesen, Gesamtschuldnerschaft vorzusehen, was Art. 205 MwStSystRL zuließe. Die Steuerschuldnerschaft des Leistungsempfängers hängt grundsätzlich auch nicht davon ab, dass er im Inland für Umsatzsteuerzwecke registriert ist. Allerdings verlangt Art. 195 MwStSystRL für Ener-

113

---

1 Dazu näher Abschn. 13b.7 Abs. 3 UStAE.
2 Die Regelung beruht auf der Ermächtigung des Art. 199a Abs. 1 Buchst. d MwStSystRL.
3 Dazu näher Abschn. 13b.7 Abs. 1 UStAE.
4 Erweiterung um Tablet-Computer und Spielkonsolen m.W.v. 1.10.2014 durch Gesetz v. 25.7.2014; zu diesen Geräten näher Abschn. 13b.7 Abs. 1a und 1b UStAE.
5 Dazu näher Abschn. 13b.7 Abs. 2 UStAE.
6 Dazu näher Abschn. 13b.7 Abs. 3 UStAE.
7 Abschn. 13b.1 Abs. 1 Satz 2 UStAE; BFH v. 6.4.2010 – XI B 1/09, BFH/NV 2010, 2131.

gielieferungen, dass der Empfänger im Inland für Zwecke der Mehrwertsteuer „erfasst" ist.

## 2. Dritte

114  Ein **Dritter** i.S.d. § 10 Abs. 1 Satz 3 UStG (*§ 10 Rz. 61 f.*) ist – auch hinsichtlich des Vorsteuerabzugs (*§ 15 Rz. 67, 195*) – *insoweit* Leistungsempfänger, als er auf Grund eigener Rechtsbeziehungen zum Leistenden eine **Zuzahlung** schuldet, denn nur er kann im Verhältnis zum Leistenden insoweit die Zahlung um die geschuldete Steuer kürzen (vgl. *Rz. 145*). Wäre der Auftraggeber der Leistung auch hinsichtlich der Zahlung des Dritten Schuldner der Steuer, so wäre er, soweit er von der Vereinbarung des Dritten mit dem Leistenden nichts wüsste, nicht in der Lage, seine Zahlung auch um diesen Steuerbetrag zu kürzen, so dass er gegen seinen Willen mit einem zusätzlichen Steuerbetrag belastet wäre, was gegen die Privatautonomie verstoßen würde. Die **Ermächtigung** des § 13b **Abs. 9** UStG ist deshalb nicht nur **überflüssig**, sondern sogar verfehlt (*Rz. 159*). Entsprechendes gilt für die auf dieser Grundlage ergangene Bestimmung des § 30a UStDV, wonach bei einer **unfreien** Versendung nicht der Absender, sondern der Empfänger Schuldner der Steuer sei (§ 30a UStDV; *Rz. 160*).

Bei solchen Zahlungen Dritter, die **für Rechnung des** Auftraggebers erfolgen und als dessen Zahlungen anzusehen sind (*§ 10 Rz. 57*), ist der Auftraggeber vollen Umfangs Leistungsempfänger und Schuldner der Steuer.

## 3. Mehrere Personen

115  Sind mehrere Personen gemeinsam Auftraggeber der Leistung, so ist die Gemeinschaft Leistungsempfänger in Gestalt einer BGB-Gesellschaft, wenn sie **Unternehmer** ist (dazu *§ 2 Rz. 148 ff.*). Anderenfalls sind die Beteiligten jeweils **anteilig** Leistungsempfänger im Umfang der von ihnen getragenen Gegenleistung und, sofern sie Unternehmer sind, grundsätzlich Steuerschuldner.

**Beispiele**

(1) Die Rechtsanwälte A und B betreiben eine Gemeinschaftspraxis in gemieteten Räumen. Sie beziehen eine sonstige Leistung i.S.d. § 13b UStG für die Kanzlei. A und B sind gemeinsam in Gestalt einer BGB-Gesellschaft als Unternehmer tätig, so dass Leistungsempfänger die BGB-Gesellschaft ist.

(2) A und B haben ferner Bauleistungen eines im Ausland ansässigen Unternehmers (§ 13b Abs. 2 Nr. 1 UStG) für das ihnen als Miteigentümer gehörende Wohnhaus bezogen. Den Auftrag hatten sie in beider Namen erteilt. Leistungsempfänger sind jeweils anteilig A und B, nicht die zwischen ihnen bestehende BGB-Gesellschaft, denn diese beschränkt sich auf ihre gemeinsame Rechtsanwaltstätigkeit, so dass die Bauleistungen auch nicht für den nichtunternehmerischen Bereich dieses Unternehmers erbracht wurden.

Da A und B nicht unmittelbar selbst Unternehmer sind, wären sie nach dem Wortlaut des § 13b Abs. 5 UStG nicht Steuerschuldner. Richtigerweise strahlt jedoch die Unternehmereigenschaft der Gesellschaft insoweit jeweils auf die einzelnen Gesellschafter aus (*Rz. 122*). Nichts anderes hat zu gelten, wenn A (oder B) allein für sein Einfamilienhaus Bauleistungen in Anspruch nimmt.

## II. Steuerschuldnerschaft (Abs. 5)

### 1. Unternehmer

**a) Grundsatz**

Die Steuerschuldnerschaft des Leistungsempfängers setzt grundsätzlich voraus, dass dieser Unternehmer ist (§ 13b Abs. 5 UStG); bei bestimmten Umsätzen müssen **weitere Voraussetzungen** hinzukommen (§ 13b **Abs. 5 Sätze 2 bis 5** UStG; *Rz. 86 ff., 94, 104*). In den Fällen des § 13b Abs. 2 Nr. 1 und 2 UStG sind auch juristische Personen, die nicht Unternehmer sind, betroffen (*Rz. 122*). Auf die Ansässigkeit kommt es nicht an (*Rz. 113*).

116

Die Steuerschuldnerschaft des Leistungsempfängers gilt **nicht** bei der Lieferung der in § 13b Abs. 2 Nr. 2, 7 und 9 bis 11 UStG genannten Gegenständen unter den Voraussetzungen des § 25a UStG (§ 13b **Abs. 5 Satz 9** UStG), weil der Leistungsempfänger in diesen Fällen die für **Differenzbesteuerung** erforderlichen Einkaufspreise nicht kennt. Demgemäß soll es sich bei der zum 1.10.2014 eingefügten Bestimmung um eine Klarstellung handeln.[1]

**b) Beschränkung auf normale Unternehmer?**

Nach dem Wortlaut des § 13b Abs. 5 UStG müsste es unerheblich sein, ob die Umsätze des Leistungsempfängers vollen Umfangs **steuerfrei** (ohne Vorsteuerabzug) sind bzw. ob Sonderregelungen für **Kleinunternehmer** (§ 19 Abs. 1 UStG) oder für pauschalierende **Land- und Forstwirte** (§ 24 Abs. 1 UStG) gelten (Klarstellung für Kleinunternehmer durch § 19 Abs. 1 Satz 3 UStG).[2] § 13b Abs. 5 UStG wie auch Art. 194–196 und 199 MwStSystRL bedürfen jedoch der **teleologischen Reduktion** dergestalt, dass die genannten Unternehmer grundsätzlich nicht von der Steuerschuldnerschaft betroffen sind. Das gebietet der Verhältnismäßigkeitsgrundsatz, weil für diesen Personenkreis die **Steuerschuldnerschaft unzumutbar** ist. Wenn das Gesetz und die Richtlinie diese Unternehmer ganz bzw. weitgehend aus der Umsatzbesteuerung herausnehmen und praktisch wie Nichtunternehmer („Privatpersonen") behandeln, dann ist es unzumutbar, sie gleichwohl mit Hilfspflichten bezüglich solcher Leistungen, die sie typischerweise nicht regelmäßig, sondern nur hin und wieder beziehen, zu belasten und die Kenntnis der komplizierten Regeln des Umsatzsteuergesetzes (insbesondere zum Ort der sonstigen Leistungen nach § 3a UStG) zu verlangen (Verstoß gegen das Übermaßverbot[3], Wertungswiderspruch). Die Bestätigung findet sich für Land- und Forstwirte und für Unternehmer mit ausschließlich steuerfreien Umsätzen (ohne Vorsteuerabzug) **unionsrechtlich** in Art. 3 Abs. 1 Buchst. b MwStSystRL, wonach diese Unternehmer grundsätzlich keine innergemeinschaftlichen Erwerbe zu versteuern haben. Da die Pflicht zur Versteuerung des innergemeinschaftlichen Erwerbs von Gegenständen und die Steuerschuldnerschaft beim Empfang von Dienstleistungen materiell-rechtlich im Ergebnis zu

117

---

[1] BT-Drucks. 18/1995, 124 – zu Art. 8 Nr. 2 Buchst. b Doppelbuchst. ee.
[2] So BFH v. 24.7.2013 – XI R 14/11, BStBl. II 2014, 210 – Rz. 26.
[3] So wohl auch *Hidien*, RIW 2002, 208 (213 f.); a.A. FG Rh.-Pf. v. 22.12.2005 – 6 K 1996/02, EFG 2006, 532 – obwohl es sich bei den vom Verfasser dargestellten Bedenken nach Auffassung des Gerichts um „gewichtige Gründe" handele.

keinem Unterschied führt und die Abgrenzung von Werklieferung (Lieferung) und Werkleistung (Dienstleistung) häufig schwierig ist (vgl. *§ 3 Rz. 108*), muss davon ausgegangen werden, dass auch bei Dienstleistungen für den genannten Personenkreis die Steuerschuldnerschaft nach Art. 193 ff. MwStSystRL nicht eintritt. Nach alledem sind § 13b Abs. 5 und § 19 Abs. 1 Satz 3 UStG verfassungskonform und richtlinienkonform restriktiv dergestalt auszulegen, dass die o.g. Personen nur insoweit von der Steuerschuldnerschaft nach § 13b UStG betroffen sind, als sie gegenüber dem nicht im Inland ansässigen Leistenden eine **USt-IdNr.** verwenden.

### c) Leistung für den nichtunternehmerischen Bereich

118 Erforderlich ist lediglich, dass der Leistungsempfänger Unternehmer ist, so dass dieser auch dann Steuerschuldner wird, wenn er die Leistung **für den nichtunternehmerischen Bereich** bezieht (Klarstellung durch § 13b Abs. 5 Satz 6 UStG). Die Regelung ist auch **sachgerecht**, da der Leistungsempfänger schon bei entsprechenden Umsätzen für seinen unternehmerischen Bereich Steuerschuldner ist und ihm selbst unabhängig davon die Steuerschuldnerschaft in Verbindung mit der Anmeldungs- und Abführungspflicht bereits deshalb zuzumuten ist, weil ihn entsprechende Pflichten ohnehin schon als Unternehmer treffen. Zudem geht es insoweit um die direkte Besteuerung des eigenen Verbrauchs und nicht etwa um die Erfüllung von Pflichten in fremden Angelegenheiten, so dass sich die Frage der Zumutbarkeit prinzipiell gar nicht stellt.

119 § 13b Abs. 5 Satz 6 UStG soll nach Auffassung des BMF nicht bei juristischen Personen des öffentlichen Rechts gelten, wenn diese **Bauleistungen** ausschließlich für den **hoheitlichen Bereich** beziehen.[1] Das widerspricht dem eindeutigen Gesetzeswortlaut.

### d) Gesellschafter einer unternehmerisch tätigen Gesellschaft

120 Ist ein Leistungsempfänger zwar nicht selbst Unternehmer, aber **Gesellschafter** einer **Personengesellschaft**, die Unternehmer ist, so strahlt m.E. grundsätzlich deren Unternehmereigenschaft auf den Gesellschafter aus (vgl. auch *§ 2 Rz. 165*), sofern dieser nicht nur einfacher Kommanditist o.Ä. ist. Eine derartige Auslegung hält sich im Rahmen des möglichen Wortsinns und muss im Hinblick auf den Gesetzeszweck und den Gleichheitssatz vorgenommen werden[2], da es willkürlich wäre, wenn eine natürliche Person bei einer für den nichtunternehmerischen Bereich bezogenen Leistung Steuerschuldner wird, wenn sie (Einzel-)Unternehmer ist, nicht jedoch, wenn sie sich mit einer weiteren Person zu einer gemeinsamen unternehmerischen Betätigung zusammenschließt und damit nicht mehr selbst Unternehmer i.S.d. § 2 UStG ist[3] (vgl. das *Beispiel 2* zu *Rz. 115*).

121 Ist der **beherrschende Gesellschafter** einer **Kapitalgesellschaft** nicht selbst Unternehmer, aber die Gesellschaft, so ist es ebenfalls sachgerecht und hält sich

---

1 Abschn. 13b.3 Abs. 12 Satz 2 UStAE.
2 A.A. Abschn. 13b.3 Abs. 11 UStAE.
3 Das verkennt auch FG BW v. 30.3.2007 – 9 K 162/04, EFG 2007, 1913 – zur entsprechenden Problematik beim früheren Abzugsverfahren nach §§ 51 ff. UStDV a.F.

im Rahmen des möglichen Wortsinns der Vorschrift, grundsätzlich die Unternehmereigenschaft der Gesellschaft auf den Gesellschafter ausstrahlen zu lassen und ihn als (mittelbaren) Unternehmer zu behandeln (vgl. auch *§ 2 Rz. 173*). Die steuerrechtlichen Folgen bei wirtschaftlich gleichen Sachverhalten dürfen nicht von dem Zufall abhängen, in welches zivilrechtliche Gewand Personen ihre unternehmerische Betätigung kleiden (*Willkürverbot* und Grundsatz der *Rechtsformneutralität* als Ausprägungen des Gleichheitssatzes).[1]

**Beispiel**

A bezieht für sein privates Wohnhaus von einem im Ausland ansässigen Unternehmer Bauleistungen i.S.d. § 13b Ab. 2 Nr. 1 UStG. A ist

(1) Unternehmer,

(2) Alleingesellschafter und -geschäftsführer einer unternehmerisch tätigen GmbH (oder GmbH & Co. KG).

Im Falle (1) ist A Schuldner der Steuer nach § 13b Abs. 2 Nr. 1 i.V.m. Abs. 5 Satz 1 und 6 UStG, im Falle (2) nach dem Wortlaut dieser Vorschriften nicht, da A nicht Unternehmer i.S.d. § 2 UStG ist (im wirtschaftlichen und im gesellschaftlichen Leben wird er sich indes stets als „Unternehmer" vorstellen). Eine am Gesetzeszweck und am Gleichheitssatz orientierte Auslegung verlangt, die Unternehmereigenschaft der Gesellschaft auf ihn ausstrahlen zu lassen und ihn im Rahmen des § 13b UStG als Unternehmer zu behandeln.

### 2. Juristische Personen

In den Fällen des § 13b Abs. 2 Nr. 1–2[2] UStG sind auch **juristische Personen**[3], die nicht Unternehmer sind, als Leistungsempfänger Steuerschuldner (§ 13b Abs. 5 Satz 1 Halbs. 1 UStG).[4] Damit wird eine Gleichbehandlung mit den Fällen des innergemeinschaftlichen Erwerbs (§ 1a Abs. 1 Nr. 2 Buchst. b UStG) und des innergemeinschaftlichen Dreiecksgeschäfts (§ 25b Abs. 1 Satz 2 UStG) hergestellt. Nichtunternehmerische juristische Personen schulden die Steuer nicht als Gehilfen des Staates, sondern **in eigener Sache, da** sie **Verbraucher** sind. Ihre Steuerschuldnerschaft führt dazu, dass die Steuer bei ihnen zu einer direkten Steuer wird, da sie von denjenigen geschuldet wird, die sie auch treffen soll.

122

Bei den unter **§ 3a Abs. 2 Satz 3** UStG fallenden juristischen Personen gilt der unionsrechtliche Begriff auch im Rahmen des § 13b Abs. 5 Satz 1 UStG, weil es sich um die Umsetzung des Art. 196 MwStSystRL handelt, so dass insbesondere auch nach außen auftretende **Personengesellschaften** als Leistungsempfänger Steuerschuldner sein können (vgl. *§ 3a Rz. 32*).[5]

123

---

1 A.A. Abschn. 13b.3 Abs. 11 UStAE.
2 Im Falle des § 13b Abs. 2 Nr. 3 UStG kann eine juristische Person, welche nicht Unternehmer ist, nicht Steuerschuldner sein, weil eine Grundstückslieferung an sie zwingend steuerfrei ist. Der Verzicht auf die Steuerbefreiung nach § 9 UStG setzt nämlich voraus, dass der Erwerber Unternehmer ist.
3 Im Falle des § 13b Abs. 2 Nr. 2 UStG gilt das jedoch nur juristische Personen des öffentlichen Rechts, da Art. 199 Abs. 1 Buchst. e i.V.m. Abs. 3 Buchst. b MwStSystRL eine entsprechende teleologische Reduktion des § 13b Abs. 5 Satz 1 Halbs. 1 UStG gebietet.
4 Bis zum 30.6.2010 wurden nur juristische Personen des öffentlichen Rechts erfasst.
5 Zu weiteren Fragen im Zusammenhang mit dem Begriff und der Steuerschuldnerschaft der juristischen Person *Stadie* in R/D, § 13b UStG Anm. 523 ff.

## III. Vertrauensschutz bei fehlerhafter Annahme der Steuerschuldnerschaft

### 1. des Leistenden

124 Der Übergang der Steuerschuldnerschaft unterliegt nicht der Disposition der Beteiligten (*Rz. 5*), sondern richtet sich nach dem Gesetz.[1] Allerdings steht auch das verfassungsrechtliche Gebot des Vertrauensschutzes nicht zur Disposition der Rechtsprechung und des einfachen Gesetzgebers. Folglich kann bei fehlerhafter Anwendung oder Nichtanwendung des § 13b UStG **Vertrauensschutz** in Betracht kommen, weil die Beteiligten nur als Gehilfen des Staates fungieren (*Vorbem. Rz. 20*). Hatten diese von der Steuerschuldnerschaft des Leistungsempfängers **keine Kenntnis** oder gingen sie davon aus, dass die Steuerschuldnerschaft des Leistungsempfängers im konkreten Fall nicht vorliege, und behandelten demgemäß den Umsatz **einvernehmlich nach** den **allgemeinen Regeln**, so ist, **wenn** die Beteiligten nach ihren subjektiven Fähigkeit **keine Zweifel haben mussten**, der leistende Unternehmer als Steuerschuldner anzusehen. Hatte dieser die **Umsatzsteuer in** zutreffender Höhe in seiner **Rechnung** ausgewiesen, hatte der Leistungsempfänger die Gegenleistung einschließlich Umsatzsteuer entrichtet und hat der leistende Unternehmer den Umsatzsteuerbetrag an das Finanzamt **abgeführt**, so ist der Umsatz besteuert. Zum selben Ergebnis führt der Grundsatz des § 48 Abs. 1 AO, wonach auch ein Dritter Zahlungen für den Schuldner tätigen kann, s dass die objektiv nach dem Gesetzeswortlaut entstandene Steuerschuldnerschaft des Leistungsempfängers entfällt.[2] Dieser hatte einen Betrag in Höhe der objektiv von ihm geschuldeten Steuer an den Leistungserbringer gezahlt, so dass die Weiterleitung durch diesen an das Finanzamt als vermeintlich eigene Schuld einer Zahlung auf die Steuerschuld des Leistungsempfängers gleichsteht. Da der Gesetzeszweck (Besteuerung des Umsatzes) durch das einvernehmliche Handeln der Beteiligten erreicht worden und die Steuerschuld des Leistungsempfängers erloschen ist, darf das Finanzamt den Leistungsempfänger nicht mehr nach § 13b UStG in Anspruch nehmen. Die Festsetzung der Steuer gegenüber dem leistenden Unternehmer (bzw. dessen Steueranmeldung) ist insoweit rechtmäßig, so dass dieser nicht die Erstattung der gezahlten Steuer erreichen kann. Folglich liegt kein Fall des § 14c UStG vor (*§ 14c Rz. 50*). Zudem würde anderenfalls eine Berichtigung voraussetzen, dass der Umsatzsteuerbetrag zuvor an den Leistungsempfänger zurückgezahlt worden war (*§ 14c Rz. 52*). Der **Leistungsempfänger** ist (unter den weiteren Voraussetzungen des § 15 UStG) zum Abzug der **Vorsteuer** nach § 15 Abs. 1 Satz 1 Nr. 1 (nicht: Nr. 4) UStG berechtigt.[3]

### 2. des Leistungsempfängers (Abs. 5 Satz 7)

125 Entsprechendes hat für den umgekehrten Fall zu gelten. Der Übergang der Steuerschuldnerschaft unterliegt zwar nicht der Disposition der Beteiligten (*Rz. 5*),

---

1 Nur insoweit zutreffend BFH v. 22.8.2013 – V R 37/10, BStBl. II 2014, 128 – Rz. 55; BFH v. 11.12.2013 – XI R 21/11, BStBl. II 2014, 425 – Rz. 34.
2 Das verkennt EuGH v. 6.2.2014 – C-424/12, MwStR 2014, 125.
3 Das verkennt EuGH v. 6.2.2014 – C-424/12, MwStR 2014, 125.

sondern richtet sich nach dem Gesetz[1]; allerdings steht auch das **verfassungsrechtliche Gebot des Vertrauensschutzes** nicht zur Disposition der Rechtsprechung und des einfachen Gesetzgebers. Gingen die Beteiligten gutgläubig von der Steuerschuldnerschaft des Leistungsempfängers aus und führte dieser die Steuer in zutreffender Höhe ab, wäre das Finanzamt aus den zuvor genannten Gründen **nicht** befugt, den **Leistungserbringer** als Steuerschuldner in Anspruch zu nehmen, da auch in diesem Fall der Gesetzeszweck, die Besteuerung des Leistungsempfängers, erfüllt ist.[2] Entsprechend § 48 Abs. 1 AO, wonach auch ein Dritter Zahlungen für den Schuldner tätigen kann, ist die Steuerschuld des Leistungserbringers erloschen. Demgemäß darf auch **entgegen BFH**[3] **nicht** dem **Leistungsempfänger** die von ihm an das Finanzamt gezahlten Steuer mit der Begründung **erstattet** werden, dass er nach dem Gesetzwortlaut nicht zur Zahlung verpflichtet gewesen sei (aus § 27 Abs. 19 UStG folgt für vor dem 15.2.2014 erbrachte Leistungen nichts Gegenteiliges; dazu *§ 27 Rz. 48 f.*). Die Steuer, die er nach dem Gesetzeszweck tragen soll, ist lediglich nicht auf dem Umweg über den leistenden Unternehmer, sondern unmittelbar vom Leistungsempfänger selbst zum Steuergläubiger gelangt. Die Rückabwicklung wäre **purer Formalismus**, weil anderenfalls der erstattete Betrag sogleich an den leistenden Unternehmer weiterzuleiten und von diesem an das Finanzamt abzuführen wäre. Der Gesetzeszweck determiniert auch insoweit das materielle Recht, so dass **keine** Rückabwicklung durch **Änderung** der **Steuerfestsetzung** zu erfolgen hat. Die gegenteilige Auffassung würde zudem dazu führen, dass, wenn der leistende Unternehmer insolvent oder nicht mehr existent ist, der Leistungsempfänger die Leistung ohne Umsatzsteuerbelastung erhalten würde.

Für beide Beteiligten gebietet der **verfassungsrechtliche** Grundsatz der Verhältnismäßigkeit **Vertrauensschutz**. Eine **gesetzliche Regelung** des Vertrauensschutzes ist deshalb nicht erforderlich. Der Gesetzgeber scheint hingegen davon auszugehen, dass Vertrauensschutz eine Frage des einfachen Rechts sei, denn er sieht lediglich für nach dem 30.9.2014 ausgeführte Umsätze eine derartige Vertrauensschutzregelung vor und bestimmt mit § 13b **Abs. 5 Satz 7** UStG **n.F.** für den Fall, dass Leistungsempfänger und leistender Unternehmer **in Zweifelsfällen** übereinstimmend vom Vorliegen der Voraussetzungen des Absatzes 2 Nummer 4, 5 Buchstabe b, Nummer 7 bis 11 ausgegangen sind, obwohl dies nach Art der Umsätze unter Anlegung objektiver Kriterien nicht zutreffend war, der Leistungsempfänger dennoch als Steuerschuldner gilt, sofern dadurch keine Steuerausfälle entstehen. Letzteres soll heißen, dass der Leistungsempfänger den an ihn erbrachten Umsatz in zutreffender Höhe versteuert haben muss.[4] Das ist eine typisch fiskalische Sichtweise, denn wenn dem leistenden Unternehmer **Vertrauensschutz** zu gewähren ist, dann ist ein solcher unabhängig vom Verhalten des Leistungsempfängers. Ob dieser die Steuer abführt, fällt ausschließlich in den Risikobereich des Staates, der sich mit der Regelung des § 13b UStG auch des Leistungsempfängers als Gehilfen des Staates bedient. Folglich gilt die **Ein-**

---

1 Nur insoweit zutreffend BFH v. 22.8.2013 – V R 37/10, BStBl. II 2014, 128 – Rz. 55; BFH v. 11.12.2013 – XI R 21/11, BStBl. II 2014, 425 – Rz. 34.
2 Nur im Ergebnis ebenso bereits Abschn. 13b.8 UStAE a.F. für die Fälle des § 13b Abs. 2 Nr. 5 Buchst. b, Nr. 7, Nr. 8 Satz 1, Nr. 9 und Nr. 10 UStG.
3 BFH v. 22.8.2013 – V R 37/10, BStBl. II 2014, 128.
4 BT-Drucks. 18/1995, 124 – zu Art. 8 Nr. 2, Buchst. b Doppelbuchst. dd.

schränkung des § 13b Abs. 5 Satz 7 UStG n.F. **nicht** (verfassungskonforme Reduktion), **wenn** der leistende Unternehmer nach seinen Fähigkeiten **keine Zweifel haben musste**, dass der Leistungsempfänger Steuerschuldner ist, so dass er auch dann Vertrauensschutz erhält, wenn der Leistungsempfänger die Steuer nicht entrichtet.

Ob ein **Zweifelsfall** vorlag, bestimmt sich nicht nach dem objektiven Maßstab der Zweifelhaftigkeit i.S.d. § 69 Abs. 2 Satz 1 FGO, sondern nach den **subjektiven Verhältnissen** und den Kenntnissen der Beteiligten. Das folgt aus dem Satzteil „obwohl dies nach Art der Umsätze unter Anlegung objektiver Kriterien nicht zutreffend war". Zweifelhaftigkeit liegt somit nur dann vor, wenn die Beteiligten bei Berücksichtigung der gegebenen Umstände Zweifel hätten haben, d.h. zu Zweifeln führende tatsächliche Umstände hätte kennen und Zweifel begründende Schlussfolgerungen hätte ziehen müssen[1] (vgl. auch zur parallelen Problematik im Rahmen des § 13b Abs. 7 Satz 5 UStG *Rz. 67*). Folglich gilt die **Einschränkung** des § 13b Abs. 5 Satz 7 UStG n.F. **nicht**, **wenn** die Beteiligten nach ihren subjektiven Fähigkeit **keine Zweifel haben mussten**, so dass der leistende Unternehmer auch dann Vertrauensschutz erhält, wenn der Leistungsempfänger die Steuer nicht entrichtet hat und auch nicht mehr entrichten kann.

## E. Steuerberechnung
### I. Entstehung der Steuer (Abs. 1 bis 4)
#### 1. Sonstige Leistungen i.S.d. § 3a Abs. 2 UStG eines im übrigen Gemeinschaftsgebiet ansässigen Unternehmers (Abs. 1, Abs. 4 Satz 1)

126 Für nach § 3a Abs. 2 UStG im Inland steuerpflichtige sonstige Leistungen eines im übrigen Gemeinschaftsgebiet ansässigen Unternehmers (*Rz. 43 ff.*) entsteht die Steuer – in Umsetzung des Art. 66 Satz 2 i.V.m. Art. 63 MwStSystRL – grundsätzlich mit Ablauf des Voranmeldungszeitraums, in dem die sonstigen **Leistungen** oder **Teilleistungen** (§ 13b Abs. 4 Satz 1 UStG) **ausgeführt** worden (dazu *§ 13 Rz. 13, 19 ff.*) sind (§ 13b Abs. 1 UStG). Eine frühere Steuerentstehung kann nach § 13b Abs. 3 und 4 UStG eintreten (*Rz. 136 ff.*). Werden derartige Dienstleistungen **hingegen von** einem **im Drittlandsgebiet ansässigen Unternehmer** ausgeführt, so soll die Steuer nach § 13b Abs. 2 Nr. 1 UStG mit Ausstellung der **Rechnung**, spätestens jedoch mit Ablauf des der Ausführung der Leistung folgenden Kalendermonats entstehen (*Rz. 130 ff.*). Der Grund für diese **Differenzierung** soll nach Auffassung der Bundesregierung darin liegen, dass wegen der Meldeverpflichtung nach § 18a Abs. 2 i.V.m. Abs. 8 Satz 2 i.V.m. Abs. 7 Satz 1 Nr. 3 UStG, Art. 263 Abs. 1 Buchst. c i.V.m. Art. 264 Abs. 2 MwStSystRL im Rahmen der Zusammenfassenden Meldung ein einheitlicher Entstehungszeitpunkt erforderlich sei[2]; schon das leuchtet kaum ein.[3]

---

1 Vgl. BFH v. 23.5.1990 – V R 167/84, BStBl. II 1990, 1095; BFH v. 8.8.1991 – V R 50/88, BFH/NV 1992, 344; BFH v. 8.9.2010 – XI R 15/08, BFH/NV 2011, 661 – jeweils zu § 51 Abs. 3 UStDV a.F. als Vorgängervorschrift des § 13b Abs. 7 Satz 5 UStG.
2 Begr. zum RegE v. 1.1.2010, BR-Drucks. 4/10 (= BT-Drucks. 17/506 v. 25.1.2010) – zu Art. 5 Nr. 3 (§ 13b Abs. 1).
3 *Stadie* in R/D, § 13b UStG Anm. 547 f.

Steuerberechnung  § 13b

§ 13b Abs. 1 UStG **verstößt**, wie auch dessen Absatz 2 (*Rz. 134 ff.*), in erschreckender Weise **gegen** das elementare **Ziel** der **Mehrwertsteuer** (Umsatzsteuer), als Verbrauchsteuer den **Aufwand** des Leistungsempfängers zu **belasten** (dazu *Vorbem. Rz. 15, 17*). Da die entstandene Steuer am 10. Tag nach Ablauf des Voranmeldungszeitraums *fällig* sein soll (§ 18 Abs. 1 Sätze 3 und 4 i.V.m. § 16 Abs. 1 Satz 3 UStG), würde bei Befolgung dieser Bestimmungen die Entrichtung des Steuerbetrages an das Finanzamt, wenn bis dahin die Gegenleistung noch nicht entrichtet worden ist, dazu führen, dass beim Leistungsempfänger nicht der *Aufwand* für die Leistung, sondern der *Empfang* der Leistung besteuert würde. Für zum vollen Vorsteuerabzug berechtigte Unternehmer ist das ohne Belang (vgl. *Rz. 6*), einen nicht zum vollen Vorsteuerabzug berechtigten Unternehmer zwingt die Regelung hingegen zur **Vorfinanzierung** der Steuer, was gegen das Übermaßverbot verstößt. Für diese **Sollbesteuerung fehlt** verfassungsrechtlich die **Gesetzgebungskompetenz**.[1]

127

Hinzu kommt, dass § 13b Abs. 1 UStG mit der Fälligkeitsauslösung die im übrigen Gemeinschaftsgebiet ansässigen Unternehmer **gegenüber** konkurrierenden **Unternehmern im Inland benachteiligt**, weil nicht zum vollen Vorsteuerabzug berechtigte Leistungsempfänger sonstige Leistungen nur von im Inland ansässigen Unternehmern beziehen würden, da sie dann mit der Umsatzsteuer erst belastet wären, wenn sie die Gegenleistung entrichten. Art. 66 Satz 2 MwStSystRL verstieße deshalb, soweit mit der Entstehung auch die Fälligkeit verbunden sein sollte, gegen primäres Unionsrecht (Gleichbehandlungsgebot, Diskriminierungsverbot).

128

Allerdings wird der von § 13b Abs. 1 Satz 1 und 2 UStG angeordnete Grundsatz der Sollbesteuerung bei richtiger Auslegung des **§ 17** UStG durch das dieser Norm **zugrunde liegende Prinzip** im Ergebnis wieder beseitigt. Diese Vorschrift ist sinngemäß anzuwenden (§ 17 Abs. 1 Satz 5 UStG), so dass auch die Bestimmung des § 17 Abs. 2 Nr. 1 UStG sinngemäß gilt, wonach bei Uneinbringlichkeit die geschuldete Steuer zu berichtigen ist. Auf die Steuerschuldnerschaft des Leistungsempfängers übertragen bedeutet dies, dass (vorläufige) „Uneinbringlichkeit" von vornherein gegeben ist, solange (bzw. soweit) von der Nichtzahlung durch den Leistungsempfänger auszugehen ist. Da der Zweck des § 17 UStG darin liegt, die Umsatzsteuerbelastung nach dem Aufwand des Leistungsempfängers zu bestimmen (*§ 17 Rz. 1 u. 47*), folgt aus dieser Vorschrift, dass die Steuer **gar nicht erst entsteht** und damit nicht fällig wird, wenn schon in dem für die Entstehung maßgeblichen Zeitpunkt feststeht, dass der Leistungsempfänger die geschuldete Gegenleistung nicht entrichten wird. Auf die Ursache oder das Motiv der Nichtzahlung kommt es – abgesehen davon, dass es an der Nachprüfbarkeit scheitern würde – nicht an, so dass nicht nur bei Zahlungsunfähigkeit, sondern auch bei bloßer **Zahlungsunwilligkeit** (Hinauszögern der Zahlung) die Steuer vorerst nicht entsteht. Entsprechendes gilt bei nur **teilweiser Zahlung**. Die Berücksichtigung des § 17 Abs. 2 Nr. 1 Satz 1 UStG führt mithin dazu, dass die **Entstehungsregeln** des § 13b Abs. 1 Sätze 1 und 2 UStG **leerlaufen** und die Steuer **sachgerecht erst bei Zahlung der Gegenleistung** entsteht (§ 17 Abs. 2 Nr. 1 Satz 2 UStG).

129

---

1 Vgl. *Stadie* in R/D, § 13b UStG Anm. 550.

## 2. Übrige Leistungen (Abs. 2, Abs. 4 Satz 1)

130 Bei den nicht unter § 13b Abs. 1 UStG fallenden Umsätzen soll die Steuer grundsätzlich mit **Ausstellung** der **Rechnung, spätestens** jedoch mit Ablauf des **der Ausführung der Leistung folgenden Kalendermonats** entstehen (§ 13b Abs. 2 UStG). Diese Regelung, welche sich mit der des § 13 Abs. 1 Nr. 6 UStG für den innergemeinschaftlichen Erwerb deckt, gilt unabhängig davon, ob der Leistungsempfänger für seine eigenen Umsätze die Steuer nach vereinbarten oder vereinnahmten Entgelten versteuert. Entsprechendes soll gem. § 13b Abs. 4 Satz 1 UStG für **Teilleistungen** (*§ 13 Rz. 19 ff.*) gelten. Entgegen dem Wortlaut beziehen sich die Entstehungsregelungen des § 13b UStG nicht auf die Fälle, in denen der leistende Unternehmer die Steuer schuldet (*Rz. 8*). Die Steuer entsteht **nicht** in der Person des Leistungsempfängers, **wenn** der Leistende **Kleinunternehmer** ist und die Steuer bei diesem nicht erhoben wird (§ 13b Abs. 5 Satz 8 UStG).

**Rechnung** i.S.d. § 13b Abs. 2 UStG ist nur eine solche, die die Voraussetzungen des § 14a Abs. 5 UStG erfüllt, d.h. den Hinweis auf die Steuerschuldnerschaft der Leistungsempfänger enthält und keine Steuer ausweist. Entgegen dem Gesetzeswortlaut kann es nicht auf die Ausstellung, sondern nur auf den *Zugang* der Rechnung ankommen.

131 Der **Sinn** dieser Entstehungsregelung ist – wie der des § 13b Abs. 1 UStG – nicht erkennbar. Da die Steuer unabhängig davon entstehen soll, ob das Entgelt bereits entrichtet ist, handelt es sich um eine modifizierte Sollbesteuerung beim Leistungsempfänger, die genauso wie die Sollbesteuerung beim leistenden Unternehmer (*§ 13 Rz. 9 ff.*) gegen das Wesen der Umsatzsteuer verstößt, welche den Aufwand des Leistungsempfängers für die Leistung belasten will.[1] Insbesondere die als **Grundregel** gemeinte Bestimmung, dass die Steuer mit Ausstellung der Rechnung entstehe, ist schlicht **absurd**, weil danach der leistende Unternehmer mit Erteilung der Rechnung vor Ausführung der Leistung willkürlich die Entstehung der Steuer bei seinem Auftraggeber beeinflussen könnte. Die Bestimmung verstößt auch gegen Art. 66 Satz 1 Buchst. a MwStSystRL, wonach die Steuerentstehung „spätestens" mit Ausstellung der Rechnung eintreten darf. Schon bei richtlinienkonformer Auslegung kann die Steuer folglich frühestens dann entstehen, wenn die Rechnung ausgestellt und die Leistung ausgeführt worden ist.

132 Aber auch mit dieser einschränkenden Auslegung führt die Regelung zu einer **Ungleichbehandlung** des nicht oder nicht zum vollen Vorsteuerabzug berechtigten Leistungsempfängers gegenüber einem solchen Auftraggeber, der die gleiche Leistung nicht von einem unter § 13b Abs. 2 Nr. 1 oder Nr. 5 Buchst. a UStG fallenden, d.h. von einem im Inland ansässigen Unternehmer bezieht und daher nicht Steuerschuldner wird. In diesem Fall wird er mit der Umsatzsteuer als Teil der Gegenleistung erst dann belastet, wenn er diese entrichtet. Für die Ungleichbehandlung ist kein sachlicher Grund erkennbar. Zur Vermeidung einer solchen ist § 17 Abs. 1 Satz 5 i.V.m. Abs. 2 Nr. 1 UStG sachgerecht zu interpretieren (*Rz. 134*).

---

[1] Demgegenüber hatte die Vorgängervorschrift zum sog. Abzugsverfahren, welches bis 2001 galt, noch zutreffend auf die Entrichtung der Gegenleistung abgestellt; § 51 Abs. 1 i.V.m. § 54 Abs. 1 UStDV a.F.

Die Entstehungsregelung führt bei den in § 13b Abs. 2 Nr. 1 und 5 Buchst. b 133
UStG genannten Umsätzen ferner zu einer **Diskriminierung** der nicht im Inland
ansässigen Unternehmer, da die Gefahr besteht, dass nicht oder nicht zum vollen Vorsteuerabzug berechtigte Leistungsempfänger zur Vermeidung einer eigenen Steuerschuldnerschaft den Auftrag an im Inland ansässige Unternehmer
vergeben. Die Vorschrift verstößt mithin gegen primäres Unionsrecht (Diskriminierungsverbot), so dass es ohne Belang ist, dass Art. 66 MwStSystRL nach seinem Wortlaut eine solche Entstehungsregelung zuließe.

Allerdings wird der von § 13b Abs. 2 UStG angeordnete Grundsatz der Sollbe- 134
steuerung bei richtiger Auslegung des § 17 UStG durch das dieser Norm zugrunde liegende Prinzip im Ergebnis wieder beseitigt. Die Berücksichtigung des § 17
Abs. 2 Nr. 1 Satz 1 i.V.m. Abs. 1 Satz 5 UStG führt dazu, dass die **Entstehungsregel** des § 13b Abs. 2 UStG – wie die des § 13b Abs. 1 UStG – **leerläuft** und die
Steuer **sachgerecht erst bei Zahlung der Gegenleistung** entsteht (*Rz. 127 ff.*).
Folglich kommt es auf den Zeitpunkt der Ausstellung der Rechnung und der
Ausführung der Leistung nicht an (zur *Grundstückslieferung*[1] s. *§ 3 Rz. 40 u.
§ 13 Rz. 18*).

**Umgekehrt** kann die Regelung des § 13b Abs. 2 UStG zu einer **systemwidrigen** 135
**Bevorzugung** des Leistungsempfängers führen, wenn die **Zahlung** bei Ausführung der Leistung erfolgt, aber noch **keine ordnungsgemäße Rechnung** erteilt
worden ist. In diesem Fall ist im Wege eines Erst-recht-Schlusses § 13b Abs. 4
Satz 2 UStG analog anzuwenden (*Rz. 139*).

### 3. Dauerleistungen (Abs. 3)

Abweichend von § 13b Abs. 1 und 2 Nr. 1 UStG soll die Steuer für sonstige Leis- 136
tungen, die **dauerhaft über einen Zeitraum von mehr als einem Jahr** erbracht
werden, **spätestens mit Ablauf eines jeden Kalenderjahrs**, in dem sie tatsächlich
erbracht werden, entstehen (§ 13b Abs. 3 UStG). Diese Regelung soll Art. 64
Abs. 2 MwStSystRL umsetzen und bewirken, dass bei Dauerleistungen zumindest eine jährliche Besteuerung erfolgt, wenn der Leistungsempfänger für diesen
Umsatz Steuerschuldner ist.[2] Die Vorschrift will mithin solche Dauerleistungen
erfassen, bei denen **nicht** schon eine entsprechende zeitabschnittsweise Besteuerung nach den Regeln über **Teilleistungen** (§ 13b Abs. 4 Satz 1 UStG) erfolgt.
Aus der Formulierung „spätestens" mit Ablauf eines jeden Kalenderjahres folgt,
dass die Entstehungsregel nach § 13b Abs. 3 UStG nur dann eingreifen soll,
wenn die Entstehung nicht nach § 13b Abs. 1 oder 2 UStG schon zu einem früheren Zeitpunkt eintritt (*Beispiel*: Die Dauerleistung endet im Lauf eines Kalenderjahres vor dem 1.12. bzw. 1.11.).

Die Bestimmung des § 13b Abs. 3 UStG führt wie die des § 13b Abs. 1 und 2 137
UStG dazu, dass entgegen dem Grundgedanken der Mehrwertsteuer (Umsatzsteuer) nicht der Aufwand des Leistungsempfängers besteuert, dieser vielmehr,

---
1 Bei dieser ist die Frage wegen der regelmäßig gegebenen vollen Vorsteuerabzugsberechtigung des Erwerbers allerdings weitgehend ohne Bedeutung (*Rz. 6*).
2 Begr. zum RegE v. 1.1.2010, BR-Drucks. 4/10 (= BT-Drucks. 17/506 v. 25.1.2010) – zu Art. 5 Nr. 3 (§ 13b Abs. 3).

soweit er nicht zum Vorsteuerabzug berechtigt ist, zur Vorfinanzierung der Steuer gezwungen wird. Dafür **fehlt** die **Gesetzgebungskompetenz** *(Rz. 127)*. Zudem bewirkt die Vorschrift eine „**Ausländer**"**-Diskriminierung** und verstößt deshalb gegen primäres Gemeinschaftsrecht *(Rz. 128, 133)*. Allerdings kommt es auf alles das nicht an, weil nach § 17 Abs. 1 Satz 5 i.V.m. Abs. 2 Nr. 1 UStG die Steuer **richtigerweise erst mit Zahlung der Gegenleistung** entsteht und fällig wird *(Rz. 129, 134)*.

### 4. Vorauszahlungen (Abs. 4 Satz 2)

138 Wird vor Ausführung der Leistung oder Teilleistung eine Voraus- oder Anzahlung getätigt, so entsteht insoweit die Steuer mit Ablauf des Voranmeldungszeitraums, in dem der leistende Unternehmer die Zahlung vereinnahmt hat (§ 13b Abs. 4 Satz 2 UStG). Diese Regelung ist blind aus § 13 Abs. 1 Nr. 1 Buchst. a Satz 4 UStG übernommen worden. Das Abstellen auf die Vereinnahmung durch den leistenden Unternehmer ist unsinnig, da es vom Zweck des Gesetzes her nur auf die *Zahlung* seitens des Leistungsempfängers ankommen kann (für den Vorsteuerabzug stellt § 15 Abs. 1 Satz 1 Nr. 4 Satz 2 UStG zutreffend auf die Zahlung ab). In den Fällen des § 13b Abs. 1 und Abs. 2 Nr. 1 und 5 UStG muss hinzukommen, dass der leistende Unternehmer im Zeitpunkt der Leistungsführung nicht im Inland ansässig ist (§ 13b Abs. 7 Satz 4 UStG; *Rz. 65)*. War das im Zeitpunkt der Vorauszahlung noch nicht der Fall, so tritt grundsätzlich keine Rückwirkung ein.[1] Wird die Leistung später nicht ausgeführt, so ist die Steuer (und Vorsteuer) zu berichtigen (§ 17 Abs. 1 Satz 5 i.V.m. Abs. 2 Nr. 2 UStG).

139 Die **Entstehungsregel** des § 13b Abs. 2 UStG ist **nicht** mit der Anordnung des § 13b Abs. 4 Satz 2 UStG **abgestimmt**, da die aus § 13 Abs. 1 Nr. 1 Buchst. a Satz 4 UStG übernommene sog. Ist-Besteuerung nur im Zusammenspiel mit dem Grundsatz, wonach die Steuer mit Ausführung der Leistung entsteht, Sinn ergibt. Dieser Grundsatz gilt jedoch nach § 13b Abs. 2 UStG gerade nicht. Bei wortlautgetreuer Anwendung könnten ungereimte Ergebnisse eintreten, die im Wege eines Erst-recht-Schlusses durch die analoge Anwendung des § 13b Abs. 4 Satz 2 UStG verhindert werden.[2]

## II. Nichtanwendung der §§ 19 und 24 (Abs. 5 Satz 8, Abs. 8)

140 Die Regeln über die Steuerschuldnerschaft des Leistungsempfängers (§ 13b Abs. 5 Sätze 1 bis 6 UStG) gelten nicht[3], wenn bei dem Unternehmer, der die Umsätze ausführt, die Steuer nach § 19 Abs. 1 UStG nicht erhoben wird (§ 13b Abs. 5 Satz 8 [7 a.F.] UStG). Der die Umsätze ausführende Unternehmer ist der **Leistende**, nicht der Leistungsempfänger. Nach § 19 Abs. 1 Satz 1 UStG wird die Steuer nur bei einem **im Inland ansässigen Kleinunternehmer** nicht erhoben (dazu *§ 19 Rz. 2)*. Bei im Ausland ansässigen Unternehmern ist es für die Steuer-

---
1 *Stadie* in R/D, § 13b UStG Anm. 583 ff.
2 *Stadie* in R/D, § 13b UStG Anm. 586 m. Beispiel.
3 A.A. *Wäger* in B/W, § 156 Rz. 28.

schuldnerschaft des Leistungsempfängers ohne Belang, ob diese Kleinunternehmer sind.[1]

Bei der Berechnung der Steuer sind die §§ 19 und 24 UStG nicht anzuwenden (§ 13b Abs. 8 UStG). Diese Aussagen des Gesetzes sind überflüssig. Dass für **Kleinunternehmer** die von § 19 Abs. 1 Satz 1 UStG vorgesehene „Nichterhebung" der Steuer (Steuerbefreiung) für die nach § 13b UStG geschuldete Steuer nicht gilt, ergibt sich bereits aus § 19 Abs. 1 Satz 3 UStG. Allerdings unterliegen Kleinunternehmer richtigerweise überhaupt nicht der Regelung des § 13b UStG, sofern sie nicht eine USt-IdNr. verwenden (*Rz. 117*). 141

Dass die Durchschnittssatzregelung des § 24 UStG nur für die Umsätze gelten kann, die von **Land- und Forstwirten** ausgeführt werden und für die *diese* Steuerschuldner sind, ergibt sich bereits aus Wortlaut und Zweck des § 24 UStG. Beim Leistungsempfänger, der unter § 24 Abs. 1 UStG fällt, kann – abgesehen davon, dass derartige Personen richtigerweise grundsätzlich gar nicht von § 13b UStG erfasst werden (*Rz. 117*) – sich die Frage der Anwendbarkeit der Pauschalierungsregeln ebenfalls nicht stellen, weil diese nur eigene Umsätze betreffen. 142

## III. Bemessungsgrundlage

### 1. Allgemeines

Die Bemessungsgrundlage ist auch bei der Steuerschuldnerschaft des Leistungsempfängers das **Entgelt** (§ 10 Abs. 1 Satz 1 UStG) und nicht etwa der in der Rechnung des leistenden Unternehmers genannte Betrag.[2] Entgelt ist gem. § 10 Abs. 1 Satz 2 UStG alles, was der Leistungsempfänger aufwendet, um die Leistung zu erhalten, jedoch abzüglich der Umsatzsteuer. Diese Umschreibung ist zu eng, so dass maßgebend ist, was für die Leistung aufgewendet wird (*§ 10 Rz. 18 f.*). Dazu gehört auch die vom Leistungsempfänger geschuldete und an das Finanzamt zu entrichtende Steuer, da auch diese für die Leistung (wegen der Leistung) aufgewendet wird. Folglich stellt im Falle des § 13b UStG die an den leistenden Unternehmer erbrachte oder zu erbringende Gegenleistung das Entgelt i.S.d. § 10 Abs. 1 Satz 2 UStG dar. Zum Entgelt gehören auch Zahlungen Dritter für die Leistung (§ 10 Abs. 1 Satz 3 UStG; dazu *§ 10 Rz. 61*), insoweit wird allerdings der Dritte Schuldner der Steuer (*Rz. 114*). Nicht zum Entgelt zählen sog. durchlaufende Posten (§ 10 Abs. 1 Satz 6 UStG; dazu *§ 10 Rz. 70 ff.*). 143

Für die Steuerentstehung (*Rz. 130 ff.*) soll zwar nach § 16 Abs. 1 Satz 1 UStG das vereinbarte Entgelt maßgebend sein, wegen § 17 Abs. 2 Nr. 1 UStG ist jedoch auf die **tatsächliche Zahlung** abzustellen (*Rz. 129, 134*). Unabhängig davon ist jedenfalls vereinbartes Entgelt die **vereinbarte** – und nicht etwa die vom leistenden Unternehmer mit der Rechnung geforderte[3] – **Gegenleistung**, wenn zwischen den Beteiligten Einigkeit darüber besteht, dass der Leistungsempfänger die Umsatzsteuer zu tragen hat (zur *Zwangsversteigerung* s. *§ 9 Rz. 34 f.*). 144

---

1 Insoweit zutreffend FG München v. 5.6.2014 – 2 K 1726/13, juris.
2 So aber weiterhin Abschn. 13b.13 Abs. 1 Satz 1 und Abschn. 13b.15 Abs. 3 UStAE; ferner *Nieskens*, UR 2002, 53 (58); *Mößlang* in S/R, § 13b UStG Rz. 66.
3 So aber die in *Rz. 143* Fn. 2 Genannten.

145 Haben die Beteiligten hingegen lediglich einen **Bruttobetrag** vereinbart und **keine Abrede** über die zusätzliche Tragung der Umsatzsteuer durch den Leistungsempfänger getroffen, so stellt dieser Betrag entgegen der zuvor genannten h.M. grundsätzlich den Gesamtaufwand i.S.d. § 10 Abs. 1 Satz 2 UStG dar, in der die kraft Gesetzes entstandene Umsatzsteuer als integraler Bestandteil enthalten ist (*§ 10 Rz. 11 ff.*).[1] Das vereinbarte Entgelt beträgt dann gem. § 10 Abs. 1 Satz 2 UStG (zzt.) 100/119 dieses Betrages. Der Leistungsempfänger ist in diesem Fall zivilrechtlich berechtigt, die vereinbarte **Gegenleistung** um den geschuldeten Steuerbetrag (19/119) zu **kürzen**.[2] Etwas **anderes** gilt **nur dann**, wenn der Leistungsempfänger **zivilrechtlich** ganz oder teilweise **zur zusätzlichen Tragung** der Umsatzsteuer **verpflichtet** ist.[3] Diese Frage kann jedoch für die Bestimmung der Bemessungsgrundlage dahinstehen, da es nicht auf die zivilrechtliche Verpflichtung, sondern auf den *tatsächlichen* Aufwand des Leistungsempfängers ankommt (*Rz. 129, 134*). Zur Bemessungsgrundlage nach Entrichtung der gesamten vereinbarten Gegenleistung s. *Rz. 154 ff.*

146 Das Entgelt umfasst ferner die vom Leistungsempfänger einbehaltenen und abgeführten **Abzugssteuern** nach § 50a EStG bei beschränkter Steuerpflicht und nach § 48 EStG[4] bei Bauleistungen, denn die Einkommensteuer wird für Rechnung des leistenden Unternehmers (Schuldner der Einkommensteuer) entrichtet (§ 50a Abs. 5 Satz 2, § 48 Abs. 1 Satz 1 EStG), so dass von einer Zahlung an diesen auszugehen ist (*§ 10 Rz. 27*).

147 Die sog. **Mindestbemessungsgrundlage** (§ 10 Abs. 5 UStG) ist im Rahmen des § 13b UStG grundsätzlich nicht anwendbar[5], da der anderenfalls geschuldete Steuermehrbetrag zu einer gesetzlichen Erhöhung der Gegenleistung und damit zu einem unzulässigen Eingriff in die Privatautonomie führen würde. Die Regelung des § 10 Abs. 5 UStG bezweckt zudem lediglich die Gleichstellung mit den voll unentgeltlichen Leistungen, bei denen der Steuerschuldner stets der leistende Unternehmer ist (*Rz. 9*), weil § 13b UStG nur entgeltliche Umsätze im Auge hat (§ 13b Abs. 1 Satz 1 UStG knüpft an die „Rechnung" an, zu deren Ausstellung der leistende Unternehmer nach § 14a Abs. 5 Satz 1 UStG verpflichtet ist). Folglich ist der leistende Unternehmer Schuldner der Steuer auf die Differenz nach § 13a Abs. 1 Nr. 1 UStG. Die Anwendung der Mindestbemessungsgrundlage kommt nur dann in Betracht, wenn der Leistungsempfänger sich zur Tragung der gesamten Steuer verpflichtet hat oder – was selten der Fall sein dürfte – er die Bemessungsgrundlage nach § 10 Abs. 4 UStG kennt, so dass er die geschuldete Gegenleistung um den Steuerbetrag kürzen kann.

148 Bei einer **Mehrzahl von Leistungsempfängern** (*Rz. 116*) bestimmt sich die Bemessungsgrundlage für den einzelnen Leistungsempfänger nach dem von ihm getragenen Teil des Entgelts.

---

1 Das verkennt FG München v. 5.6.2014 – 2 K 1726/13, juris – Rz. 20.
2 Vgl. *Stadie* in R/D, § 13b UStG Anm. 670 ff.; BGH v. 17.1.2007 – VIII ZR 171/06, UR 2007, 505 – Rz. 23; BAG v. 20.5.2008 – 9 AZR 406/07, UR 2009, 190.
3 Dazu *Stadie* in R/D, § 13b UStG Anm. 678 ff.
4 Zur Unsinnigkeit der von § 48 Abs. 3 EStG verwendeten Begriffe „Gegenleistung" und „Entgelt" s. *Stadie* in R/D, § 13b UStG Anm. 608.
5 A.A. Abschn. 13b.13 Abs. 1 Sätze 4 und 5 UStAE.

Steuerberechnung §13b

## 2. Lieferungen sicherungsübereigneter Gegenstände

Bei der Lieferung eines sicherungsübereigneten Gegenstandes ergibt sich das Entgelt[1] aus dem Betrag, um den die **Darlehensschuld** des Sicherungsgebers getilgt wird. Das ist im Falle der Weiterlieferung durch den Sicherungsnehmer (Rz. 71) der Veräußerungserlös abzüglich der dafür geschuldeten Umsatzsteuer und etwaiger Verwertungskosten.[2] Letztere sind mit dem Nettobetrag anzusetzen, da die Weiterlieferung auch bei Kreditinstituten steuerpflichtig ist (die Steuerbefreiung des § 4 Nr. 8 UStG erfasst nur die dort genannten banktypischen Umsätze), so dass auch diese insoweit zum Vorsteuerabzug berechtigt sind. Wegen der steuerpflichtigen Weiterlieferung besteht auch hinsichtlich der für den Erwerb des Gegenstandes geschuldeten Steuer der Vorsteuerabzug (§ 15 Abs. 1 Satz 1 Nr. 4 UStG), so dass auch dieser Betrag zur Darlehenstilgung verwendet werden muss und mithin zu dem gehört, was der Leistungsempfänger für die Lieferung aufwendet. Folglich ist die Steuer nicht mit 19/119 aus obigem Betrag herauszurechnen, sondern mit 19 v.H. von diesem zu berechnen.[3] Wird bei der Veräußerung durch den Sicherungsnehmer ein die Darlehensschuld übersteigender Netto-**Mehrerlös** erzielt, so ist die Differenz an den Sicherungsgeber auszuzahlen und gehört damit ebenfalls zum Entgelt.

149

**Beispiel**
Eine Bank als Sicherungsnehmer (Kreditgläubiger) veräußert den Gegenstand für 23 800 €. Die Veräußerungskosten betragen 300 € + 57 € USt.

150

Die Lieferung des Sicherungsnehmers ist steuerbar (zumindest als sog. Hilfsgeschäft, § 1 Rz. 100) und steuerpflichtig, so dass er für diese Lieferung an den Dritten (bei einem Steuersatz von 19 v.H.) 3800 € USt. schuldet. Hinsichtlich der Veräußerungskosten ist wegen der steuerpflichtigen Lieferung der Vorsteuerabzug gegeben, so dass nur der Nettobetrag von 300 € abzusetzen ist. Der Sicherungsnehmer wendet mithin zur Darlehenstilgung den Betrag von 19 700 € auf. Dieser ist das Entgelt i.S.d. § 10 Abs. 1 Satz 2 UStG für die Lieferung des Sicherungsgebers an den Sicherungsnehmer, da die vom Sicherungsnehmer nach § 13b UStG geschuldete Steuer sogleich wieder als Vorsteuer nach § 15 Abs. 1 Satz 1 Nr. 4 UStG verrechnet werden kann und mithin dieser Vorsteuerbetrag ebenfalls zu dem gehört, was der Leistungsempfänger insgesamt für die Leistung aufwendet („alles, was ..." i.S.d. § 10 Abs. 1 Satz 2 UStG; Rz. 143).

Gesamtaufwand des Sicherungsnehmers:

| | | |
|---|---|---|
| | 19 700 € | Darlehenstilgung |
| + | 3 743 € | Vorteil aus Vorsteuerabzug |
| | 23 443 € | („alles, was ...") |

× 100/119

= 19 700 € = Entgelt.

---

1 Erfolgt die Lieferung durch den Sicherungsgeber unter den Voraussetzungen des § 25a UStG (Differenzbesteuerung), ist der Sicherungsnehmer nicht Steuerschuldner (§ 13b Abs. 5 Satz 9 UStG).
2 Vgl. BFH v. 31.5.1972 – V R 121/71, BStBl. II 1972, 809; BFH v. 4.6.1987 – V R 57/79, BStBl. II 1987, 741 (743).
3 Würde die Steuer mit 19/119 des für die Darlehenstilgung verbleibenden Veräußerungserlöses berechnet werden, so müsste die sich aus dem Vorsteuerabzug ergebende Bereicherung des Sicherungsnehmers ebenfalls zur Darlehenstilgung verwendet werden und mithin Gegenleistung und Entgelt wieder um diesen Betrag erhöhen.

## 3. Umsätze, die unter das Grunderwerbsteuergesetz fallen

151 Die Umsatzsteuerpflicht berührt nicht die Grunderwerbsteuerpflicht. Bei einer freihändigen steuerpflichtigen Lieferung eines Grundstücks (oder eines Teils davon) zählt, wenn der Erwerber vertraglich die Grunderwerbsteuer „übernommen" hat, die **Grunderwerbsteuer** nicht zur umsatzsteuerrechtlichen Bemessungsgrundlage.[1]

152 Bei einer Lieferung in der **Zwangsversteigerung** (*§ 9 Rz. 34*) ist „vereinbartes" Entgelt i.S.d. § 10 Abs. 1 Satz 2 UStG das Meistgebot bzw. ein Teil desselben, wenn die Lieferung nur zum Teil steuerpflichtig ist.

## 4. Tausch und tauschähnliche Umsätze

153 Besteht die Gegenleistung ausschließlich aus einer Lieferung oder einer sonstigen Leistung (Tausch oder tauschähnlicher Umsatz), so wird der Leistungsempfänger – selbst dann, wenn fehlerhaft von der grundsätzlichen Steuerbarkeit dieser Vorgänge ausgegangen wird (dazu *§ 1 Rz. 87 ff.*) – **nicht** zum Schuldner der Steuer.[2] Bei diesen Umsätzen gilt der Wert der Gegenleistung, d.h. der erhaltenen Lieferung oder sonstigen Leistung abzüglich der Umsatzsteuer als Entgelt (§ 10 Abs. 2 Sätze 2 und 3 UStG; *§ 10 Rz. 78 f.*). Darin spiegelt sich der elementare Grundsatz des Umsatzsteuerrechts wieder, dass die Steuer in der Gegenleistung stets als integraler, untrennbarer Bestandteil enthalten ist (*§ 10 Rz. 4 u. 11*). Wäre der Leistungsempfänger Schuldner der Steuer, so könnte er die Gegenleistung, da diese nicht aus Geld besteht, nicht um die Steuer kürzen und müsste folglich die Steuer noch zusätzlich aufwenden. Das würde, wenn der **Leistungsempfänger nicht** oder nicht zum vollen **Vorsteuerabzug berechtigt** ist, so dass ihn die Steuerschuld wirtschaftlich träfe, zu einer gesetzlich angeordneten Erhöhung der Gegenleistung und damit zu einem unzulässigen Eingriff in die Privatautonomie (Handlungsfreiheit) führen. In den Fällen des § 13b Abs. 1 und Abs. 2 Nr. 1 UStG käme noch die Ungleichbehandlung gegenüber demjenigen Leistungsempfänger hinzu, der die gleiche Leistung im Tausch von einem im Inland ansässigen Unternehmer bezieht. Eine **verfassungs-** und **primärunionsrechtskonforme Auslegung** (Reduktion des Wortlauts) des § 13b UStG führt deshalb dazu, dass die Fälle des Tausches und des tauschähnlichen Umsatzes, unabhängig davon, dass sie ohnehin richtigerweise nicht steuerbar sind, nicht von der Vorschrift erfasst werden.

## 5. Steuerberechnung nach Entrichtung der gesamten Gegenleistung

154 Hat der Leistungsempfänger in Unkenntnis seiner Steuerschuldnerschaft die vereinbarte Gegenleistung in voller Höhe entrichtet, obwohl er zur Kürzung um

---

[1] *Stadie*, Vorsteuerabzug, S. 195 ff.; *Stadie*, Umsatzsteuerrecht, 2005, Rz. 11.20 ff.; so jetzt auch BFH v. 20.12.2005 – V R 14/04, BStBl. II 2012, 424 = UR 2006, 337; BFH v. 9.11.2006 – V R 9/04, BStBl. II, 2007, 285 (288) a.E.; Abschn. 10.1 Abs. 7 Satz 6 UStAE; a.A. weiterhin *Mößlang* in S/R, § 13b UStG Rz. 66.

[2] A.A. Reg.-Entw. StÄndG 2001, BR-Drucks. 399/01, Begr. zu Art. 14 Nr. 4 – zu § 13b Abs. 1 UStG; Abschn. 13b.1 Abs. 2 Satz 2, Abschn. 13b.13 Abs. 1 Satz 2 UStAE.

den Steuerbetrag berechtigt gewesen wäre (*Rz. 145*)[1], und hat der leistende Unternehmer den Steuerbetrag nicht an das Finanzamt abgeführt (*Rz. 124*), so wird die entrichtete Gegenleistung zum Entgelt. Die geschuldete Steuer ist nicht mit 19/119 bzw. 7/107 aus dem Zahlungsbetrag herauszurechnen, obwohl damit genau die Steuer geschuldet würde, die bei Zugrundelegung des vereinbarten Entgelts entstünde. Ein solcher Ansatz verkennt, dass auch die vom Leistungsempfänger geschuldete und an das Finanzamt zu zahlende Steuer zum Gesamtaufwand i.S.d. § 10 Abs. 1 Satz 2 UStG gehört (*Rz. 143*) und folglich die **Bemessungsgrundlage erhöht**. Demgemäß beträgt die geschuldete Steuer 19/119 (usw.) der Summe aus der an den leistenden Unternehmer gezahlten Gegenleistung und der geschuldeten Steuer, so dass sie mit 19 v.H. (usw.) der gezahlten Gegenleistung zu berechnen ist. Dabei ist es ohne Belang, ob die vereinbarte Gegenleistung als ein Betrag dargestellt oder in einen Nettobetrag und (deutsche oder ausländische) Umsatzsteuer aufgegliedert war.[2] Nach Durchsetzung eines zivilrechtlichen Ausgleichsanspruchs mindert sich die Steuerschuld.

**Beispiele** 155

(1) Die vereinbarte Vergütung beträgt 10 000 € und ist vom Leistungsempfänger in voller Höhe an den leistenden Unternehmer entrichtet worden. Würde die Umsatzsteuer (bei einem Steuersatz von 19 v.H.) fehlerhaft mit 19/119 von 10 000 € = 1596,66 € berechnet und entrichtet werden, so hätte der Leistungsempfänger insgesamt 11 596,66 € für die Leistung aufgewendet, so dass nach der Regel des § 10 Abs. 1 Satz 2 UStG die geschuldete Steuer 19/119 davon, d.h. 1851,57 € ausmachen würde. Dann aber hätte der Leistungsempfänger 11 851,57 € aufgewendet, so dass die geschuldete Steuer nunmehr 19/119 davon, d.h. 1892,27 € betrüge. Dann aber ... usw. usw. Nur bei einer Steuerschuld von 1900 €, also 19 % der vereinbarten Vergütung, geht die Rechnung auf, d.h. stimmt die Aussage des § 10 Abs. 1 Satz 2 UStG.

(2) Nichts anderes gilt, wenn die vereinbarte Vergütung „10 000 € + 1900 € USt." beträgt und in voller Höhe (11 900 €) an den leistenden Unternehmer in der fehlerhaften Annahme, dass dieser Steuerschuldner sei, überwiesen worden ist. Die Steuerschuld des Leistungsempfängers beträgt (vorerst, d.h. bis zur Durchsetzung eines zivilrechtlichen Ausgleichsanspruchs) 19 % von 11 900 € = 2261 €.

Entsprechendes gilt, wenn der Leistungsempfänger von der vereinbarten Gegenleistung einen **zu niedrigen Betrag zurückbehalten** hat. 156

**Beispiel**

Hat der Leistungsempfänger von der vereinbarten Vergütung in Höhe von 10 700 € in der Annahme, dass der ermäßigte Steuersatz maßgebend sei, nur einen Betrag von 700 € zurückgehalten und demgemäß 10 000 € an den leistenden Unternehmer überwiesen, ist jedoch der zutreffende Steuersatz 19 v.H., so ist die vorerst geschuldete Steuer nicht 19/119 von 10 700 € (= 1708,40 €), sondern 19 % von 10 000 € (= 1900 €).

Hat der Leistungsempfänger nicht nur seine Steuerschuldnerschaft nach § 13b UStG, sondern auch seine **einkommensteuerrechtliche Abzugsverpflichtung** nach § 48 EStG oder § 50a EStG **missachtet**, so zählt auch der einkommensteuerrechtliche **Haftungsbetrag** (nach § 48a Abs. 3 Satz 1 oder § 50a Abs. 5 Satz 5 EStG) zum Entgelt, da auch dieser Betrag für die Leistung (wegen der Leis- 157

---

1 *Stadie* in R/D, § 13b UStG Anm. 670 ff.
2 Das verkennt FG München v. 5.6.2014 – 2 K 1726/13, juris – Rz. 20.

tung) i.S.d. § 10 Abs. 1 Satz 2 UStG aufgewendet wird (Rz. 156) und mithin – solange kein zivilrechtlicher Regressanspruch durchgesetzt worden ist – nach § 17 Abs. 1 UStG das Entgelt erhöht.[1]

**Beispiel**

Für die Bauleistung eines Handwerkers (ohne Freistellungsbescheinigung) hat der Leistungsempfänger die vereinbarte Gegenleistung von 20 000 € in voller Höhe ausgezahlt. Der Leistungsempfänger haftet nach § 48a Abs. 3 Satz 1 EStG für den Einkommensteuerabzugsbetrag in Höhe von 3000 €, der folglich ebenfalls für die Leistung aufgewendet wird. Bemessungsgrundlage für die Umsatzsteuer ist mithin der Betrag von 23 000 €. Wird der Haftungsbetrag vom leistenden Unternehmer erstattet, so vermindert sich die Bemessungsgrundlage auf 20 000 €.

## 6. Änderungen der Bemessungsgrundlage u.Ä.

158 Die Bestimmungen des § 17 UStG über die Änderung der Bemessungsgrundlage u.Ä. sind auch bei der Steuerschuldnerschaft des Leistungsempfängers sinngemäß zu berücksichtigen (§ 17 Abs. 1 Satz 5 UStG). Folglich sind nicht nur bei einer **Minderung** oder **Erhöhung** der Bemessungsgrundlage, sondern auch in den Fällen des § 17 Abs. 2 Nr. 1–3 UStG (Nichtzahlung, **Nichtausführung** oder **Rückgängigmachung** des Umsatzes) in sinngemäßer Anwendung des § 17 Abs. 1 UStG Steuerschuld und Vorsteuerabzug ohne Rückwirkung (§ 17 Abs. 1 Satz 7 UStG) zu berichtigen. Der Begriff der **Uneinbringlichkeit** i.S.d. § 17 Abs. 2 Nr. 1 Satz 1 UStG ist als Nichtzahlung zu verstehen, so dass die Steuer entgegen § 13b Abs. 1 und 2 UStG erst bei Zahlung entsteht (Rz. 129, 134) und es mithin bei einer am Zweck der Steuer orientierten Auslegung des Gesetzes zu einer „Berichtigung" der Steuer nicht kommt. Die Steuer entsteht richtigerweise erst mit Ablauf des Voranmeldungszeitraums, in dem die Zahlung erfolgt (analog § 17 Abs. 2 Nr. 1 Satz 2 UStG).

## F. Verordnungsermächtigungen (Abs. 9, Abs. 10)

159 § 13b **Abs. 9** UStG enthält eine Ermächtigung, durch Rechtsverordnung „zur Vereinfachung" des Besteuerungsverfahrens zu bestimmen, dass, wenn ein anderer als der Leistungsempfänger ein „Entgelt" gewährt (§ 10 Abs. 1 Satz 3 UStG), der andere an Stelle des Leistungsempfängers Steuerschuldner ist. Diese Ermächtigung ist mehr als **überflüssig**, weil im Falle des § 10 Abs. 1 Satz 3 UStG, in denen ein Dritter etwas für die Leistung aufwendet (ein „Entgelt" als umsatzsteuerrechtliche Rechengröße kann nicht aufgewendet werden; § 10 Rz. 4), dieser insoweit (auch) Leistungsempfänger ist. Das ergibt sich per se aus dem Zweck des § 13b UStG, denn nur derjenige, der die Gegenleistung entrichtet, kann diese um die geschuldete Steuer kürzen (Rz. 114).

160 Auf der Grundlage dieser Verordnungsermächtigung ist § 30a UStDV ergangen, welcher bei **unfreien Versendungen** bestimmt, dass der Empfänger der Frachtsendung an Stelle des Leistungsempfängers Steuerschuldner sei, wenn er die

---

[1] Hingegen wird die „Gegenleistung" i.S.d. § 48 Abs. 3 EStG m.E. nicht durch die Erhöhung des umsatzsteuerrechtlichen Entgelts beeinflusst.

Entrichtung des „Entgelts" übernommen habe und sich das aus der Rechnung ergebe. Das ist aus den zuvor genannten Gründen verfehlt.

§ 13b **Abs. 10** UStG[1] enthält die Ermächtigung, durch Rechtsverordnung unter den genannten Voraussetzungen den **Anwendungsbereich** der Steuerschuldnerschaft des Leistungsempfängers zur Bekämpfung der Steuerhinterziehung **vorläufig** auf **weitere Umsätze** auszudehnen. 161

## § 13c
## Haftung bei Abtretung, Verpfändung oder Pfändung von Forderungen

**(1) Soweit der leistende Unternehmer den Anspruch auf die Gegenleistung für einen steuerpflichtigen Umsatz im Sinne des § 1 Abs. 1 Nr. 1 an einen anderen Unternehmer abgetreten und die festgesetzte Steuer, bei deren Berechnung dieser Umsatz berücksichtigt worden ist, bei Fälligkeit nicht oder nicht vollständig entrichtet hat, haftet der Abtretungsempfänger nach Maßgabe des Absatzes 2 für die in der Forderung enthaltene Umsatzsteuer, soweit sie im vereinnahmten Betrag enthalten ist. Ist die Vollziehung der Steuerfestsetzung in Bezug auf die in der abgetretenen Forderung enthaltene Umsatzsteuer gegenüber dem leistenden Unternehmer ausgesetzt, gilt die Steuer insoweit als nicht fällig. Soweit der Abtretungsempfänger die Forderung an einen Dritten abgetreten hat, gilt sie in voller Höhe als vereinnahmt.**

**(2) Der Abtretungsempfänger ist ab dem Zeitpunkt in Anspruch zu nehmen, in dem die festgesetzte Steuer fällig wird, frühestens ab dem Zeitpunkt der Vereinnahmung der abgetretenen Forderung. Bei der Inanspruchnahme nach Satz 1 besteht abweichend von § 191 der Abgabenordnung kein Ermessen. Die Haftung ist der Höhe nach begrenzt auf die im Zeitpunkt der Fälligkeit nicht entrichtete Steuer. Soweit der Abtretungsempfänger auf die nach Absatz 1 Satz 1 festgesetzte Steuer Zahlungen im Sinne des § 48 der Abgabenordnung geleistet hat, haftet er nicht.**

**(3) Die Absätze 1 und 2 gelten bei der Verpfändung oder der Pfändung von Forderungen entsprechend. An die Stelle des Abtretungsempfängers tritt im Fall der Verpfändung der Pfandgläubiger und im Fall der Pfändung der Vollstreckungsgläubiger.**

*EU-Recht*
Art. 205 i.V.m. Art. 193 MwStSystRL.

*VV*
Abschn. 13c.1 UStAE.

---

1 Angefügt m.W.v. 1.4.2015 durch Gesetz v. 22.12.2014.

## § 13c — Haftung bei Abtretung, Verpfändung oder Pfändung von Forderungen

A. Allgemeines ................. 1
B. Haftungsvoraussetzungen bei Abtretung (Abs. 1)
 I. Abtretung .................. 7
 II. Gegenleistung für steuerpflichtigen Umsatz ................. 11
 III. Festsetzung der Steuer ......... 13
 IV. Nichtentrichtung der Steuer ... 16
 V. Vereinnahmung der Gegenleistung
  1. Formen, Umfang der Vereinnahmung .................... 25
  2. Vereinnahmung bei Abtretung an Dritte (Abs. 1 Satz 3) ....... 31
C. Ausschluss der Haftung bei Zahlungen durch den Abtretungsempfänger (Abs. 2 Satz 4) . 34
D. Verwirklichung des Haftungsanspruchs (Abs. 2) ............ 35
E. Verpfändung, Pfändung (Abs. 3) ..................... 43

## A. Allgemeines

1 Soweit der leistende Unternehmer den Anspruch auf die Gegenleistung für einen steuerpflichtigen Umsatz abgetreten (nach dem 7.11.2003, § 27 Abs. 7 UStG) und die darauf entfallende Umsatzsteuer bei Fälligkeit nicht entrichtet hat, haftet der **Abtretungsempfänger**, wenn er Unternehmer ist, für die in der vereinnahmten Forderung enthaltene Umsatzsteuer (§ 13c Abs. 1 UStG). Entsprechendes gilt in den Fällen der **Verpfändung** und **Pfändung** von Forderungen (§ 13c Abs. 3 UStG).

Im Hinblick auf den Zweck der Vorschrift (*Rz. 2 f.*) ist die **Beschränkung** der Haftenden **auf Unternehmer** nicht nachvollziehbar, auch wenn in der Praxis die Abtretungsempfänger durchweg diesen Status haben. Das muss indes nicht bei der Pfändung der Fall sein (*Beispiel:* Privater Gläubiger pfändet Forderungen des Unternehmers).

2 Der **Zweck** der Haftung liegt in der Vermeidung von Umsatzsteuerausfällen, die entstünden, wenn Unternehmer auf Grund mangelnder Liquidität nicht in der Lage sind, die geschuldete Umsatzsteuer an das Finanzamt zu entrichten, weil die Forderungen – in denen stets jeweils ein Betrag in Höhe der nach dem Gesetz entstandenen Umsatzsteuer enthalten ist (*§ 10 Rz. 4 u. 11*) – von den Abtretungsempfängern eingezogen werden und diese auf Grund verfehlter Zivilrechtsprechung nicht verpflichtet sind, den Umsatzsteuerbetrag an den Unternehmer auszuzahlen.[1] Die Regelung zielt **insbesondere** auf die Fälle der **Sicherungsabtretung** ab, in denen sich ein Kreditgläubiger (Abtretungsempfänger, sog. Zessionar) vom Kreditnehmer (Abtretender, sog. Zedent) zur Sicherung von Krediten einzelne Forderungen oder als sog. Globalzession alle gegenwärtigen und zukünftigen Forderungen in Höhe des Bruttobetrages abtreten lässt.

3 Die Haftung des Abtretungsempfängers für die Umsatzsteuer bei Vereinnahmung der Forderung ist **sachgerecht**, da der leistende Unternehmer wegen des Charakters der Umsatzsteuer als indirekter Steuer nur Gehilfe des Steuergläubigers ist und die Steuer nur für dessen Rechnung vereinnahmt (*Vorbem. Rz. 20*). Folglich ist die Steuer vom Ergebnis her ein durchlaufender Posten und der in

---

[1] Vgl. BGH v. 22.3.1972 – VIII ZR 119/70, BGHZ 58, 292; BGH v. 12.5.1980 – VIII ZR 167/79, BGHZ 77, 139; BGH v. 7.5.1987 – IX ZR 198/85, UR 1987, 296.

Allgemeines **§ 13c**

der Forderung auf die Gegenleistung enthaltene **Umsatzsteuerbetrag kein Vermögenswert des Unternehmers** (Abtretenden)[1], so dass er, was der BGH in seiner früheren, o.g. Rechtsprechung verkannt hatte[2], **nicht zur Sicherung und Befriedigung** des **Gläubigers** (Kreditgebers, Abtretungsempfängers) **dienen darf.** Dieser erlangt mit der Abtretung der Bruttoforderung in Höhe des darin enthaltenen Umsatzsteuerbetrages einen ihm nicht gebührenden und damit nicht zu rechtfertigenden Vermögensvorteil.[3] Die Haftung nach § 13c UStG verlangt deshalb nicht etwa ein Verschulden[4], sondern knüpft lediglich an die schlichte Tatsache an, dass dem Abtretungsempfänger der Umsatzsteueranteil der Forderung nicht gebührt.[5] Die gleiche Wertung hat der Gesetzgeber auch in § 170 Abs. 2 i.V.m. § 171 Abs. 2 Satz 3 InsO und in § 13b Abs. 2 Nr. 2 UStG für die Verwertung von sicherungsübereigneten Gegenständen (dazu *§ 13b Rz. 71 ff.*) zum Ausdruck gebracht. Damit ist den Kreditgläubigern die Möglichkeit, ihr Kreditsicherungsvolumen auf Kosten des Steuergläubigers und damit auf Kosten der Allgemeinheit in Höhe der Umsatzsteuer (derzeit 19 %) auszudehnen, auch bei der Verwertung von Forderungen innerhalb und außerhalb des Insolvenzverfahrens genommen.

Die Haftung erfasst „die **in der Forderung enthaltene Umsatzsteuer**, soweit sie im vereinnahmten Betrag enthalten ist" (§ 13c Abs. 1 Satz 1 UStG). Da indes in einer Forderung keine Umsatzsteuer enthalten sein kann, ist mit dieser „bildhaften Sprache"[6] gemeint, dass für den Betrag – bei einer Teilabtretung anteilig – gehaftet wird, der rechnerisch dem Umsatzsteuerbetrag entspricht, der für den der Forderung zugrunde liegenden steuerpflichtigen Umsatz geschuldet wird[7] (vgl. auch *§ 10 Rz. 11*). Jeder Teil der abgetretenen Forderung und des vereinnahmten Betrags enthält als **integralen Bestandteil** stets und **ausnahmslos** einen rechnerischen Umsatzsteuerbetrag[8], unabhängig davon, ob der leistende Unternehmer einen Umsatzsteuerbetrag als Preisbestandteil kalkuliert hat und ob die Steuer in einer Rechnung ausgewiesen worden ist.[9] Folglich kann die Haftung nicht durch eine Teilabtretung i.V.m. einer Vereinbarung, dass die Umsatzsteuer im anderen, nicht abgetretenen Teil der Forderung enthalten sei, oder durch eine Vereinbarung, dass bei gestreckten Zahlungen die Steuer erst mit dem letzten Teilbetrag mit entrichtet werde, umgangen werden.[10]   **4**

Die Haftung tritt nur ein, wenn der **Abtretende** usw. auch **Steuerschuldner** ist (§ 13c Abs. 1 Satz 1 UStG: „Soweit der leistende Unternehmer ... die Steuer   **5**

---

1 Ebenso FG München v. 22.6.2010 – 14 K 1707/07, EFG 2010, 1937.
2 Zutreffend jetzt aber für die Insolvenz BGH v. 8.5.2008 – IX ZR 229/06, ZIP 2008, 1127 = MDR 2008, 818.
3 Das verkennen u.A. *de Weerth*, NZI 2009, 664; *Reiß*, Rz. 395.
4 *Stadie* in R/D, § 13c UStG Anm. 12; *Leonard* in Bunjes, § 13c UStG Rz. 13; vgl. auch FG Düsseldorf v. 1.3.2013 – 1 K 3492/11 H (U), EFG 2013, 1077.
5 Das verkennt *Wäger*, UR 2012, 125 (137).
6 BGH v. 17.1.2007 – VIII ZR 171/06, BGHZ 170, 311 = UR 2007, 505 – Rz. 18.
7 FG Düsseldorf v. 1.3.2013 – 1 K 3492/11 H (U), EFG 2013, 1077 (1080).
8 Vgl. auch BGH v. 17.1.2007 – VIII ZR 171/06, BGHZ 170, 311 = UR 2007, 505 – Rz. 18; BFH v. 20.3.2013 – XI R 11/12, UR 2013, 910 – Rz. 46.
9 *Stadie* in R/D, Einf. Anm. 900.
10 BGH v. 17.1.2007 – VIII ZR 171/06, BGHZ 170, 311 = UR 2007, 505 – Tz. 18 a.E.

nicht entrichtet"). Schuldet hingegen der Leistungsempfänger die Steuer (§ 13b Abs. 5 UStG), so ist dieser berechtigt, die geschuldete Gegenleistung um einen Betrag in Höhe der Umsatzsteuer, auch gegenüber dem Abtretungsempfänger (§ 404 BGB), zu kürzen (§ 13b Rz. 145).

Bei einer Abtretung durch eine **Organgesellschaft** ist es wegen des Gesetzeszweckes für die Haftung ohne Belang, dass Steuerschuldner und Unternehmer der Organträger (§ 2 Abs. 2 Nr. 2 UStG) ist, d.h. Abtretender und Steuerschuldner auseinanderfallen[1]; zudem wirkt die Organschaft ohnehin nur im Innenverhältnis zwischen den Beteiligten (§ 2 Rz. 302).

6 Die Haftungsvorschrift des § 13c UStG ist mit **Art. 205** i.V.m. Art. 193 MwSt-SystRL zu vereinbaren[2], denn danach kann bestimmt werden, dass eine andere Person als der Steuerschuldner die Steuer „gesamtschuldnerisch" zu entrichten hat. Art. 205 MwStSystRL verlangt für die Haftung nicht stets ein Verschulden. Der Umstand, dass § 13c UStG von „Haftung" spricht, ist ohne Belang, da die deutsche Unterscheidung zwischen Schuldnerschaft und Haftung nur eine nationale Eigenheit der rechtstechnischen Ausgestaltung ist; zudem sind nach § 44 AO Steuerschuldner und Haftender Gesamtschuldner.[3]

## B. Haftungsvoraussetzungen bei Abtretung (Abs. 1)

### I. Abtretung

7 Das Gesetz stellt auf eine „Abtretung" (Übertragung der Forderung auf einen anderen durch Vertrag, § 398 BGB) ab, so dass es ohne Belang ist, welcher Art das zugrunde liegende Verpflichtungsgeschäft (die causa) ist. Die Haftung tritt nach dem Wortlaut folglich nicht nur bei **Sicherungsabtretungen** (Rz. 2; zur sog. **stillen** bzw. **verdeckten** Abtretung s. Rz. 26), auch als **Globalzession** (Vorausabtretung künftiger oder aufschiebend bedingter Forderungen)[4], sondern auch dann ein, wenn die Abtretung *entgeltlich* erfolgte. Letzterenfalls bedarf die Vorschrift jedoch der teleologischen Reduktion (Rz. 9).

Dem eindeutigen Gesetzeszweck zufolge ist es **unerheblich**, ob die Abtretung **wirksam** ist oder ob sie **zulässig** (vgl. § 40 AO) oder z.B. **insolvenzrechtlich** anfechtbar ist. Wird die Abtretung von den Beteiligten als wirksam angesehen, d.h. zahlt der Drittschuldner an den vermeintlichen Zessionar, so besteht dessen Haftung entsprechend § 41 Abs. 1 Satz 1 AO solange, wie die Beteiligten das Ergebnis bestehen lassen.[5] Die Haftung entfällt nur bei Rückzahlung des vereinnahmten Betrags (Rz. 27).

---

[1] A.A. *Haunhorst* in R/K/L, § 13c UStG Rz. 31 f.
[2] Ebenso BFH v. 21.11.2013 – V R 21/12, UR 2014, 436 – Rz. 15; vgl. auch BFH v. 20.3.2013 – XI R 11/12, UR 2013, 910 – Rz. 30.
[3] Vgl. BFH v. 21.11.2013 – V R 21/12, UR 2014, 436 – Rz. 15 f.; ferner BFH v. 24.8.1994 – XI R 94/92, BStBl. II 1995, 188 – zur Haftung des Leistungsempfängers nach § 18 Abs. 8 UStG a.F. i.V.m. § 55 UStDV (Vorgängerregelung zu § 13b UStG).
[4] BFH v. 20.3.2013 – XI R 11/12, UR 2013, 910; BFH v. 21.11.2013 – V R 21/12, UR 2014, 436 – Rz. 16.
[5] BFH v. 21.11.2013 – V R 21/12, UR 2014, 436 – Rz. 35.

Die Vorschrift greift auch ein, wenn lediglich ein **Teil** der Forderung **abgetreten** 8
worden ist („soweit"). Die Haftung erfasst den in der Teilforderung rechnerisch
enthaltenen Steuerbetrag (*Rz. 4*). Das gilt auch dann, wenn der dem leistenden
Unternehmer verbleibende Teil der Forderung den in der gesamten Forderung
enthaltenen Umsatzsteuerbetrag abdeckt.[1]

Die Haftung kann nicht dadurch umgangen werden, dass lediglich der sog. **Nettobetrag** der Forderung **abgetreten** wird, da das nichts daran ändert, dass auch in
diesem dann rechnerisch ein Umsatzsteuerbetrag in Höhe von zzt. 19/119 bzw.
7/107 des „Nettobetrages" enthalten ist (*Rz. 4*)[2]. Zwar kann der leistende Unternehmer in Höhe des Umsatzsteuerbetrages die Forderung bei deren Schuldner
einziehen, doch ist bei einer Forderungsabtretung, die regelmäßig der Kreditsicherung dient, die Wahrscheinlichkeit groß, dass der Abtretende den nicht abgetretenen Teil der Forderung nicht zur Tilgung der betreffenden Steuerschuld verwendet. Angesichts des Zwecks der Regelung (*Rz. 2 f.*) ist es bei typisierender
Betrachtung verhältnismäßig, den Zessionar entsprechend dem Wortlaut bezüglich des im sog. Nettobetrag der Forderung enthaltenen Steuerbetrags haften zu
lassen.[3]

Bei einem **Forderungsverkauf**, insbesondere in Gestalt des sog. echten **Factoring**, 9
der sog. echten *Forfaitierung* (vgl. *§ 4 Nr. 8 Rz. 13 f.* u. *§ 10 Rz. 28*) oder der sog.
*ABS*-Transaktion, bei dem der abtretende Unternehmer den Gegenwert für die
abgetretene Forderung ganz oder teilweise erhalten hat, bedarf die Vorschrift der
einschränkenden Interpretation. Soweit der Forderungskäufer an den abtretenden Unternehmer den Gegenwert der Forderung ausgezahlt hat, verstieße seine
Haftung gegen das *Willkürverbot*, da insoweit der Gesetzeszweck (*Rz. 2 f.*) nicht
zutrifft.[4] Weil der abtretende Unternehmer in entsprechendem Umfang Liquidität zur Entrichtung der anteiligen Umsatzsteuer erhalten hat, besteht kein
rechtfertigender Grund für eine Haftung, so dass diese folglich willkürlich wäre.
Insoweit hat es bei dem Grundsatz zu bleiben, dass das Risiko der Steuererhebung beim Steuergläubiger liegt.

Erfolgte die **Abtretung** lediglich **zum Zweck der Einziehung** der Forderung, so 10
dass der Abtretende das Risiko der Zahlungsunfähigkeit weiterhin trägt – und
eine etwaige Auszahlung des Forderungsbetrages nur eine Bevorschussung (Kreditgewährung) darstellt (sog. **unechtes** Factoring bzw. *unechte Forfaitierung*) –,
so haftet der Abtretungsempfänger grundsätzlich nicht nach § 13c UStG, da ihm
die Forderung wirtschaftlich nicht gehört und er diese *nicht für eigene Rechnung* einzieht. Etwas anderes gilt nur dann, wenn der Abtretungsempfänger den
vereinnahmten Betrag nicht an den Unternehmer abführt.

---

1 Abschn. 13c.1 Abs. 7 UStAE. Meine bislang gegenteilige Auffassung habe ich aufgegeben.
2 Vgl. BFH v. 20.3.2013 – XI R 11/12, UR 2013, 910 – Rz. 46.
3 Vgl. Abschn. 13c.1 Abs. 7 Satz 3 UStAE. Meine bislang gegenteilige Auffassung habe ich aufgegeben.
4 FG Berlin-Bdb. v. 8.5.2008 – 7 B 9161/05 B, EFG 2008, 1519; im Ergebnis ebenso Abschn. 13c.1 Abs. 27 UStAE; offengelassen vom BGH v. 17.1.2007 – VIII ZR 171/06, BGHZ 170, 311 = UR 2007, 505 – Rz. 19.

## II. Gegenleistung für steuerpflichtigen Umsatz

11 Die Abtretung muss den Anspruch auf die Gegenleistung für einen **steuerpflichtigen Umsatz** i.S.d. § 1 Abs. 1 Nr. 1 UStG betreffen. Maßgebend ist die objektive Rechtslage, so dass es nicht auf die subjektive Einschätzung durch die Beteiligten ankommt. Folglich greift die Haftung auch, wenn die Beteiligten die Forderung aus einem **vermeintlich nicht steuerpflichtigen** Umsatz abtreten. Die Haftung wird dadurch nicht berührt, denn § 13c Abs. 1 Satz 1 UStG spricht von der in der Forderung enthaltenen Umsatzsteuer, womit die nach dem Gesetz entstandene gemeint ist. Entsprechendes gilt, wenn von einem zu niedrigen Steuersatz ausgegangen worden war. Andererseits wird nach dem klaren Wortlaut des § 13c UStG nicht die ausschließlich für **nichtsteuerbare** oder **steuerfreie** Umsätze zu Unrecht ausgewiesene Steuer erfasst, die nach § 14c Abs. 1 oder 2 UStG geschuldet wird. Das ist indes nicht sachgerecht, da auch dieser „Steuerbetrag" dem Abtretungsempfänger nicht gebührt (vgl. *Rz. 3*).

12 Ist bei einem steuerpflichtigen Umsatz in der Rechnung ein **höherer Steuerbetrag**, als für diesen nach dem Gesetz geschuldet, ausgewiesen, so umfasst die Haftung auch den nach **§ 14c Abs. 1 Satz 1** UStG geschuldeten **Mehrbetrag**. Das ergibt sich aus dem Zweck der Haftung (*Rz. 2 f.*) und ist durch den Wortlaut gedeckt, denn auch bei dem Mehrbetrag handelt es sich um „Steuer", wie § 16 Abs. 1 Satz 4 UStG bestätigt. Auch der Mehrbetrag gehört zur Gegenleistung. Auf diesen besteht zwar kein zivilrechtlicher Anspruch, darauf kommt es nach dem Zweck des § 13c UStG jedoch nicht an, da auch der Mehrbetrag dem Abtretungsempfänger nicht zusteht (*Rz. 3*).

## III. Festsetzung der Steuer

13 Die Umsatzsteuer muss gegenüber dem leistenden Unternehmer (Abtretenden) festgesetzt sein, d.h. der Umsatzsteuerbetrag, für den gehaftet werden soll, muss in eine Steuerfestsetzung eingegangen sein (§ 13c Abs. 1 Satz 1 UStG: „festgesetzte Steuer, bei deren Berechnung dieser Umsatz berücksichtigt worden ist"). Steuerfestsetzung ist nicht nur ein Jahressteuerbescheid oder ein Vorauszahlungsbescheid, sondern auch eine **Steueranmeldung**, die als Steuerfestsetzung (unter dem Vorbehalt der Nachprüfung) gilt (§ 168 Satz 1 AO; *§ 18 Rz. 45*). Soweit die in der abgetretenen Forderung enthaltene Steuer in einer **Voranmeldung** (*§ 18 Rz. 8 f.*) bzw. einem Vorauszahlungsbescheid) für einen Voranmeldungszeitraum berücksichtigt worden ist, ist entgegen BFH[1] diese und **nicht die Jahresfestsetzung** die von § 13c UStG gemeinte **Festsetzung** (*Rz. 20*).

14 Festgesetzte Steuer ist nicht nur die erstmalig festgesetzte, sondern auch diejenige Steuer, die **nach Berichtigung** der Steuerschuld **wegen Uneinbringlichkeit** der Forderung später wegen nachträglicher Vereinnahmung **erneut** (§ 17 Abs. 2 Nr. 1 Satz 2 UStG) **festgesetzt** worden ist.

15 Vom Erfordernis der Festsetzung gibt es nach dem eindeutigen Wortlaut keine **Ausnahme.** Der Festsetzung bedarf es folglich auch dann, wenn diese sinnlos ist, weil ein Insolvenzverfahren „mangels Masse" nicht eröffnet worden ist oder der

---

[1] BFH v. 21.11.2013 – V R 21/12, UR 2014, 436 – Rz. 18 f.

leistende Unternehmer als Gesellschaft schon erloschen ist. Nach der Systematik der Abgabenordnung wäre hingegen weder die Verwirklichung des Haftungstatbestandes noch der Erlass eines Haftungsbescheides von der vorherigen Festsetzung der Steuer abhängig (arg. § 191 Abs. 3 Satz 4, Abs. 5 Satz 1 Nr. 1 AO).[1] **Während** eines **Insolvenzverfahrens** kommt die Festsetzung durch Bescheid wegen § 251 Abs. 2 Satz 1 AO allerdings nicht in Betracht[2]; die Anmeldung und Eintragung der betreffenden Forderung in die sog. Tabelle hat aber dieselbe Wirkung.[3] Anmeldungen von Umsatzsteuer für **Zeiträume vor Eröffnung** des Insolvenzverfahrens durch einen Insolvenzverwalter haben demgemäß ebenfalls nicht die Wirkung einer Festsetzung nach § 168 Satz 1 AO[4]

## IV. Nichtentrichtung der Steuer

Die festgesetzte Steuer muss **bei Fälligkeit nicht** oder nicht vollständig **entrichtet** worden sein (§ 13c Abs. 1 Satz 1 UStG). Die Fälligkeitsregelung des § 18 Abs. 1 Satz 4 UStG, wonach Vorauszahlungen am 10. Tag nach Ablauf des jeweiligen Voranmeldungszeitraums fällig sind, greift – abgesehen davon, dass sie ohnehin nicht mit der Abgabenordnung zu vereinbaren ist (*§ 18 Rz. 36*) – nicht ein[5], weil § 13c Abs. 1 UStG ausdrücklich die Festsetzung (*Rz. 12*) verlangt. Die Fälligkeit tritt mit Festsetzung (Voranmeldung) ein (*§ 18 Rz. 37*). Bei einer Jahressteuerfestsetzung tritt die Fälligkeit einen Monat nach Bekanntgabe des Steuerbescheides ein (§ 18 Abs. 4 Satz 2 UStG).

16

Ist die **Vollziehung** der Steuerfestsetzung in Bezug auf die in der abgetretenen Forderung enthaltene Umsatzsteuer gegenüber dem leistenden Unternehmer **ausgesetzt** (§ 361 Abs. 2 AO, § 69 Abs. 2 FGO), so gilt die Steuer insoweit als nicht fällig (§ 13c Abs. 1 Satz 2 UStG).

17

Soweit die festgesetzte Umsatzsteuerschuld mit gleichzeitig festgesetzten (*§ 18 Rz. 17 i.V.m. Rz. 15*) **Vorsteuerbeträgen verrechnet** worden ist (§ 16 Abs. 2 Satz 1 UStG; s. *§ 16 Rz. 21, 32*), ist sie erloschen. Die **Tilgungswirkung** ist **keine** quotale, so dass nicht in entsprechendem Umfang die in der Steuerberechnung enthaltene Umsatzsteuer für den der abgetretenen Forderung zugrunde liegenden Umsatz entrichtet worden ist. Vielmehr bezieht sich die Haftung jeweils auf die verbleibende Umsatzsteuerschuld, denn nach § 13c Abs. 2 Satz 3 i.V.m. Satz 1 UStG betrifft die Haftung die nicht entrichtete *festgesetzte* Steuer.

18

**Beispiel**

Unternehmer A schuldet 2000 € Umsatzsteuer aus einer Lieferung an X. Er tritt die zugrunde liegende Forderung in voller Höhe an B ab. Für den betreffenden Voranmeldungs-

---

1 *Stadie* in R/D, § 18 UStG Anh. 1 Anm. 176 – Haftung.
2 BFH v. 24.8.2011 – V R 53/09, BStBl. II 2012, 256; BFH v. 24.11.2011 – V R 13/11, BStBl. II 2012, 298.
3 Vgl. BFH v. 9.12.2010 – V R 22/10, BStBl. II 2011, 996; BFH v. 24.11.2011 – V R 13/11, BStBl. II 2012, 298; Abschn. 13c.1 Abs. 17 Satz 3 f. UStAE.
4 *Stadie* in R/D, § 18 UStG Anh. 2 Anm. 229 i.V.m. Anm. 218 – Insolvenz; vgl. auch BFH v. 24.11.2011 – V R 13/11, BStBl. II 2012, 298 – Rz. 55.
5 A.A. Abschn. 13c.1 Abs. 14 UStAE; *Leonard* in Bunjes, § 13c UStG Rz. 42; wohl auch *Nieskens*, UR 2004, 105 (126).

**§ 13c**  Haftung bei Abtretung, Verpfändung oder Pfändung von Forderungen

zeitraum wird seine gesamte Umsatzsteuerschuld auf 5000 € festgesetzt; gleichzeitig wird ein Vorsteuervergütungsanspruch i.H.v. 2.500 € festgesetzt und verrechnet. Die Verrechnung mit dem Vorsteuervergütungsanspruch führt nicht dazu, dass die Umsatzsteuer aus der abgetretenen Forderung i.H.v. 50 % getilgt wurde und B nur noch für 1000 € haftet, sondern die Haftung des B bleibt in voller Höhe (2000 €) bestehen.

19 **Entsprechendes** gilt, wenn der Umsatzsteuerüberschuss bzw. die Steuerschuld durch Zahlung nur teilweise getilgt werden. Das ist sachgerecht, weil durch die Abtretung der in der Forderung enthaltene Umsatzsteuerbetrag nicht für die Tilgung der Umsatzsteuerschuld zur Verfügung steht und deshalb davon auszugehen ist, dass die Abtretung (und Vereinnahmung durch den Zessionar) ursächlich für die Nichttilgung der Umsatzsteuerschuld durch den Abtretenden ist.

**Beispiel**

Wie vorhergehendes Beispiel. An der Haftung des B würde sich nichts ändern, wenn A 500 € seiner Umsatzsteuerschulden bezahlt. Erst wenn A darüber hinaus zahlt, entfällt eine Haftung des B in dem jeweiligen Umfang.

20 War die in der abgetretenen Forderung enthaltene Steuer bereits in einer **Voranmeldung** erfasst, so ist trotz Verrechnung mit Vorsteuerbeträgen bei richtiger Sichtweise die gesamte Umsatzsteuer des Voranmeldungszeitraums festgesetzt (*§ 18 Rz. 17*). Die in der Voranmeldung zu sehende Festsetzung (bzw. ein an ihre Stelle tretender Vorauszahlungsbescheid) **bleibt** auch nach Ergehen einer Umsatzsteuerjahresfestsetzung für die Frage **maßgebend**, ob die festgesetzte Steuer bei Fälligkeit nicht entrichtet worden ist. Die **gegenteilige Auffassung** des **BFH**[1] verkennt, dass es für die Entstehung der Haftungsschuld nach § 13c Abs. 1 UStG als rein materiell-rechtliche Frage nicht auf das vom BFH aufgeworfene Problem des rein verfahrensrechtlichen Verhältnisses von Vorauszahlungsbescheid und Jahressteuerbescheid ankommt. Die Fälligkeit und der Umfang der Entrichtung werden davon nicht berührt. Die Jahressteuerfestsetzung (Steuerbescheid bzw. Steueranmeldung) ersetzt zwar verfahrensrechtlich grundsätzlich die Voranmeldungen (bzw. Vorauszahlungsbescheide), da diese sich als fiktive Verwaltungsakte verfahrensrechtlich erledigen (§ 124 Abs. 2 AO), ihre in der Vergangenheit eingetretenen materiell-rechtlichen Wirkungen, wie insbesondere die Auslösung der Fälligkeit (§ 18 Abs. 4 Satz 3 UStG), entfallen jedoch nicht (*§ 18 Rz. 69*). Der Jahressteuerbescheid kann nur die Fälligkeit bislang nicht festgesetzter Steuer auslösen (§ 18 Abs. 4 Sätze 1 und 2 UStG). Die die Fälligkeit auslösende Festsetzung durch einen Vorauszahlungsbescheid bzw. Voranmeldung bleibt Grundlage für die Haftung nach § 13c UStG. Deshalb erledigen sich auch entgegen BFH[2] die materiell-rechtliche Wirkung der Vorauszahlungsbescheide nicht etwa durch die Eintragung des Steueranspruchs in die Insolvenztabelle oder durch den Erlass eines Feststellungsbescheides.

21 Ist die **mit der Voranmeldung angemeldete Steuer auch entrichtet** bzw. durch Verrechnung mit Vorsteuern getilgt worden, kann folglich grundsätzlich **keine Haftung** mehr für die **durch Jahressteuerbescheid** (bzw. Anmeldung) **festgesetzte** Steuer eintreten, weil sie keine Haftung „für die in der Forderung enthaltene

---

1 BFH v. 21.11.2013 – V R 21/12, UR 2014, 436 – Rz. 18 f.
2 BFH v. 21.11.2013 – V R 21/12, UR 2014, 436 – Rz. 20.

Umsatzsteuer" (§ 13c Abs. 1 Satz 1 UStG) – denn diese ist vom leistenden Unternehmer entrichtet worden –, sondern für andere Umsatzsteuerbeträge wäre.[1]

**Beispiel**

In der Voranmeldung des Unternehmers A für Januar war ein Umsatzsteuerbetrag von 10 000 €, in dem 5000 € Umsatzsteuer aus an B abgetretenen Forderungen enthalten sind, mit Vorsteuern von 8000 € verrechnet und ein „Umsatzsteuerüberschuss" von 2000 € angemeldet worden. Dieser Betrag ist auch entrichtet worden. Die Umsatzsteuer- und Vorsteuerbeträge für den Voranmeldungszeitraum Januar sind in der für das Kalenderjahr ergangenen Jahressteuerberechnung unverändert berücksichtigt worden. Die sich aus dem Jahressteuerbescheid gegenüber A ergebende Abschlusszahlung von 20 000 € ist nur in Höhe von 15 000 € entrichtet worden, weil A zum Jahresende zahlungsunfähig geworden war.

Eine Haftung des B in Höhe von 5000 € (nach Vereinnahmung der abgetretenen Forderungen) kommt nicht in Betracht. Die den abgetretenen Forderungen zugrunde liegenden Umsätze sind zwar bei der Berechnung der Jahressteuer berücksichtigt worden und die Abschlusszahlung ist in Höhe von 5000 € nicht entrichtet worden, diese Umsatzsteuerschuld resultiert jedoch aus anderen Umsätzen des A. Die Umsatzsteuer aus den an B abgetretenen Forderungen hatte das Finanzamt erhalten. Die mittels der Voranmeldung für Januar festgesetzte und fällige Steuer in Höhe von 10 000 € *(Rz. 18)* ist durch Verrechnung mit den Vorsteuerbeträgen und durch Zahlung von 2000 € entrichtet worden.

Anders ist es nur dann, wenn in der Jahresfestsetzung **Vorsteuerbeträge**, die in der betreffenden Voranmeldung verrechnet worden waren, **nicht berücksichtigt** werden und dadurch für den betreffenden Voranmeldungszeitraum ein höherer Umsatzsteuerüberschuss oder erstmalig ein solcher entsteht. 22

**Beispiel**

Wie vorhergehendes Beispiel *(Rz. 21)*, nur dass bei der Jahresfestsetzung von den in den Voranmeldungszeitraum Januar fallenden Vorsteuern lediglich 5000 € berücksichtigt und sich folglich 23 000 € als Abschlusszahlung ergeben. B haftet in Höhe von 3000 €, weil die für den Voranmeldungszeitraum festgesetzte *(Rz. 20)* Steuer in dieser Höhe nicht entrichtet worden ist.

Bei Anmeldung der Steuer zur **Insolvenztabelle** *(Rz. 15)* soll nach Auffassung der Finanzverwaltung die Fälligkeit nach § 41 Abs. 1 InsO fingiert werden.[2] Richtigerweise verlangt indes schon der Zweck des § 13c UStG, bei Anmeldung der Steuer zur Insolvenztabelle von einer Nichtentrichtung der Steuer bei Fälligkeit auszugehen.[3] 23

Im Falle der **Organschaft** ist deren Wirkung i.S.d. § 2 Abs. 2 Nr. 2 UStG beiseite zu schieben und von selbständigen Unternehmen auszugehen *(Rz. 4)*, wenn der Organträger oder die Organgesellschaft Forderungen aus steuerpflichtigen Umsätzen abgetreten hat. Die beim Organträger festgesetzte Steuer ist mithin für Zwecke des § 13c UStG aufzuteilen. Der Abtretungsempfänger haftet deshalb nur für den Teil, der auf den Zedenten entfällt und nicht anteilig entrichtet worden ist. 24

---

1 I.E. ebenso Abschn. 13c.1 Abs. 13 UStAE.
2 Abschn. 13c.1 Abs. 17 Satz 2 UStAE.
3 *Stadie* in R/D, § 13c UStG Anm. 37.

## V. Vereinnahmung der Gegenleistung

### 1. Formen, Umfang der Vereinnahmung

25 Der Haftungstatbestand kann erst und nur dann verwirklicht sein, wenn die **Forderung** durch den Abtretungsempfänger – ggf. durch einen Dritten (*Rz. 31 ff.*) – **vereinnahmt** worden ist (§ 13c Abs. 1 Satz 1 a.E., Abs. 2 Satz 1 UStG). Vereinnahmung **durch** den **Abtretungsempfänger** setzt voraus, dass dieser die Forderung als Gläubiger geltend gemacht oder der leistende Unternehmer den Schuldner zur Zahlung an den Abtretungsempfänger aufgefordert hat. Ob der Abtretungsempfänger die Forderung zu Recht eingezogen hat, ist ohne Belang[1] (s. auch *Rz. 7 a.E.*).

26 Eine Vereinnahmung durch den Abtretungsempfänger liegt vom wirtschaftlichen Ergebnis her auch dann vor, wenn der leistende Unternehmer bei einer **stillen (verdeckten) Abtretung** die Forderung zwar selbst einzieht[2], die Zahlungen des Schuldners aber auf ein Konto erfolgen, das der leistende Unternehmer bei dem Abtretungsempfänger unterhalten muss, welcher den Geldeingang (die Guthabenforderung)[3] mit einer eigenen Kreditforderung verrechnet, zu deren Sicherung die Forderung abgetreten war. Dem gleichzusetzen ist der Fall, dass der leistende Unternehmer die Forderung einzieht, aber gemäß der der Abtretung zu Grunde liegenden Vereinbarung den **vereinnahmten Forderungsbetrag** einschließlich der Umsatzsteuer an den Zessionar **weiterleitet**.[4]

27 **Zahlt** der **Abtretungsempfänger** den vereinnahmten **Forderungsbetrag** ganz oder teilweise **an den leistenden Unternehmer** (Abtretenden) **zurück**, so entfällt die Haftung insoweit[5] (zur Korrektur des Haftungsbescheids s. *Rz. 41*). Das gilt auch bei einer nach **Anfechtung** der **Abtretung** durch einen **Insolvenzverwalter** erfolgten Rückzahlung an diesen.[6] War die abgetretene Forderung bereits vor Eröffnung des Insolvenzverfahrens vom Abtretungsempfänger vereinnahmt worden, so führt die Rückzahlung an den Insolvenzverwalter richtigerweise zur Aussonderung des Umsatzsteuerbetrages (§ 13 Rz. 58). War die Vereinnahmung erst nach Eröffnung des Insolvenzverfahrens erfolgt, so führt die Rückzahlung an den Insolvenzverwalter hinsichtlich des Umsatzsteuerbetrages zu einer Masseverbindlichkeit (*Rz. 28*).

28 Zieht ein **Insolvenzverwalter** die vom Schuldner zur Sicherung eines Anspruchs abgetretene Forderung ein (§ 166 Abs. 2 InsO), welche vom Forderungsschuldner bei Fälligkeit nicht beglichen worden war, so gehört der Umsatzsteuerbetrag richtigerweise zu den Kosten der Verwertung der Forderung i.S.d. § 170 Abs. 1 i.V.m. § 171 Abs. 2 Satz 3 InsO. Bei zutreffender Sichtweise ist die Forderung

---

[1] Vgl. Abschn. 13c.1 Abs. 21 UStAE.
[2] Vgl. BFH v. 20.3.2013 – XI R 11/12, UR 2013, 910 – Rz. 51.
[3] Zum Überschreiten der Kontoüberziehungsgrenze Abschn. 13c.1 Abs. 24–26, 27 Satz 4 UStAE.
[4] *Stadie* in R/D, § 13c UStG Anm. 48; insoweit ebenso Abschn. 13c.1 Abs. 19 Satz 1, Abs. 23, 24 Nr. 1 UStAE.; a.A. FG Köln v. 29.10.2014 – 3 K 796/11, juris – Rev.-Az. V R 65/14.
[5] BFH v. 21.11.2013 – V R 21/12, UR 2014, 436 – Rz. 35; Abschn. 13c.1 Abs. 29 Satz 1 UStAE.
[6] BFH v. 21.11.2013 – V R 21/12, UR 2014, 436 – Rz. 35.

wegen der Nichtzahlung bei Fälligkeit vorerst uneinbringlich i.S.d. § 17 Abs. 2 Nr. 1 Satz 1 UStG gewesen (*§ 17 Rz. 53*), so dass die Umsatzsteuer erst mit Vereinnahmung (§ 17 Abs. 2 Nr. 1 Satz 2 UStG) als Masseverbindlichkeit (§ 55 Abs. 1 Nr. 2 InsO) entsteht. Der Umsatzsteuerbetrag ist mithin vom Insolvenzverwalter einzubehalten und nicht an den absonderungsberechtigten Gläubiger auszukehren.[1] Folglich haftet der Gläubiger bei richtiger Behandlung des Sachverhalts nicht nach § 13c UStG, da er den Umsatzsteuerbetrag nicht vereinnahmt hat. Die Haftung tritt jedoch dann ein, wenn der Insolvenzverwalter den Umsatzsteuerbetrag an den Gläubiger auskehrt (vgl. *Rz. 26*). Entsprechendes gilt, wenn ein **vorläufiger Insolvenzverwalter** den abgetretenen Forderungsbetrag einzieht und an den Abtretungsempfänger weiterleitet.[2]

Die Haftung erfolgt nur in dem **Umfang**, wie Umsatzsteuer im vereinnahmten Betrag enthalten ist (§ 13c Abs. 1 Satz 1 UStG a.E.). Diese ist je nach Steuersatz stets mit (zzt.) 19/119 bzw. 7/107 Bestandteil des jeweiligen Zahlungsbetrages (*Rz. 8*); nicht etwa wird bei **gestreckter Zahlung** die Steuer erst mit dem letzten Teilbetrag mit entrichtet (arg. § 13 Abs. 1 Nr. 1 Buchst. a Satz 4 UStG).[3] 29

Vereinnahmung liegt auch dann vor, wenn der Abtretungsempfänger gegenüber dem Schuldner der Gegenleistung mit einer eigenen Forderung **aufrechnet**. Gleiches gilt, wenn der Abtretungsempfänger **an** Zahlungs statt eine *Lieferung* oder *Dienstleistung* annimmt. Deren Wert ist dann als vereinnahmter Betrag anzusehen, in dem die Umsatzsteuer enthalten ist (§ 10 Abs. 2 Satz 2 und 3 UStG). 30

## 2. Vereinnahmung bei Abtretung an Dritte (Abs. 1 Satz 3)

Soweit der Abtretungsempfänger die Forderung an einen Dritten abgetreten hat, gilt sie in voller Höhe als vereinnahmt (§ 13c Abs. 1 Satz 3 UStG). Diese Fiktion verstößt gegen das **Übermaßverbot**, da es für sie keinen sachlichen Grund gibt[4], und darf nicht angewendet werden. Die Haftung greift deshalb auch in diesem Fall **erst** und nur dann ein, **wenn** und soweit der **Dritte** die Forderung **vereinnahmt** hat. Das Gesetz verlangt nicht die Vereinnahmung durch den ersten Abtretungsempfänger. 31

Die **Absurdität** der Regelung würde sich anderenfalls besonders deutlich im Falle der Nichtzahlung durch den Schuldner zeigen. Der Unternehmer, der die der Forderung zugrunde liegende Leistung erbracht hatte, könnte die Umsatzsteuerschuld nach § 17 Abs. 2 Nr. 1 UStG (Uneinbringlichkeit) berichtigen, während nach dem Wortlaut des § 13c Abs. 1 Satz 3 UStG die Haftung des Abtretungsempfängers fortbestünde.[5] Allerdings entfällt mit Erlöschen der Umsatzsteuerschuld nach § 17 Abs. 2 Nr. 1 UStG wegen der Akzessorietät der Haftung (*Rz. 36*) dann auch diese. Folglich **läuft § 13c Abs. 1 Satz 3** UStG regelmäßig **leer**. 32

---

1 A.A. insoweit Abschn. 13c.1 Abs. 28 UStAE.
2 BFH v. 20.3.2013 – XI R 11/12, UR 2013, 910 – Rz. 41.
3 BGH v. 17.1.2007 – VIII ZR 171/06, BGHZ 170, 311 = UR 2007, 505 – Rz. 18 a.E.
4 Er kann auch nicht in der Vereinfachung liegen; *Stadie* in R/D, § 13c UStG Anm. 55.
5 So aber in der Tat *Leonard* in Bunjes, § 13c UStG Rz. 32; *Leipold* in S/R, § 13c UStG Rz. 44.

33 Die Vorschrift darf bei verfassungskonformer Interpretation nur als Missbrauchsverhütungsvorschrift verstanden und deshalb nur dann angewendet werden, wenn die Abtretung offensichtlich nur bezwecken soll, die Haftung zu vermeiden, indem dem Finanzamt praktisch die Nachprüfung erschwert wird oder ihm z.B. bei einer **Kettenabtretung** sogar unmöglich gemacht wird zu ermitteln, in welcher Höhe die Forderung vereinnahmt worden ist.

## C. Ausschluss der Haftung bei Zahlungen durch den Abtretungsempfänger (Abs. 2 Satz 4)

34 Die Haftung tritt nicht ein, soweit der Abtretungsempfänger auf die nach § 13c Abs. 1 Satz 1 UStG festgesetzte Steuer Zahlungen i.S.d. § 48 AO geleistet hat (§ 13c Abs. 2 Satz 4 UStG). Die **Bedeutung** des § 13c Abs. 2 Satz 4 UStG liegt darin, dem Zweck der Norm entsprechend klarzustellen, dass die Abführung der Umsatzsteuerbeträge durch den Abtretungsempfänger als Zahlung auf die Steuerschuld abweichend vom Grundsatz (*Rz. 18*) vollen Umfangs seine Haftungsschuld vermindern.[1]

## D. Verwirklichung des Haftungsanspruchs (Abs. 2)

35 Materiell-rechtlich entsteht die Haftungsschuld mit Tatbestandsverwirklichung. Steuerschuldner und Haftungsschuldner sind ab diesem Zeitpunkt – und nicht etwa erst ab Festsetzung der Haftungsschuld[2] – **Gesamtschuldner** (§ 44 Abs. 1 Satz 1 AO). Allerdings sind die Regeln zur Gesamtschuld nur **eingeschränkt** anwendbar (s. auch *Rz. 42*), soweit der Haftungsschuldner nach § 13c UStG nur (wie im Regelfall) anteilig für die festgesetzte Steuer des Steuerabschnitts haftet, so dass zwar seine Zahlungen zum Erlöschen der Steuer in entsprechendem Umfang führen (§ 44 Abs. 2 Satz 1 AO), nicht jedoch nachträgliche Zahlungen des Steuerschuldners auf die festgesetzte Steuer in gleicher Weise zum Erlöschen der Haftungsschuld führen. **Nachträgliche Zahlungen des Steuerschuldners** (insbesondere in Gestalt einer Insolvenzquote oder bei Verrechnung einer nicht verbrauchten Sondervorauszahlung) führen nur insoweit zu einem Erlöschen der Haftungsschuld, als die verbleibende Steuerschuld dadurch niedriger als die ursprüngliche Haftungsschuld wird (vgl. *Rz. 19*).

36 Zwischen Haftungsschuld und Steuerschuld besteht **Akzessorietät**[3], d.h. die Haftungsschuld ist vom Bestehen der Steuerschuld, für die gehaftet wird, abhängig. Die Akzessorietät bezieht sich auf den Steuerbetrag aus der abgetretenen Forderung, der bei der Berechnung der festgesetzten Steuer berücksichtigt worden ist. **Mindert sich** diese **Steuer** oder entfällt sie nach § 17 UStG, so verändert sich in gleichem Umfang die Haftungsschuld. Allerdings ergibt sich das bereits aus dem Umstand, dass insoweit keine Vereinnahmung vorliegt und folglich der

---

[1] Dazu näher *Stadie* in R/D, § 13c UStG Anm. 60.
[2] So aber Abschn. 13c.1 Abs. 39 UStAE; BGH v. 17.1.2007 – VIII ZR 171/06, BGHZ 170, 311 = UR 2007, 505 – Rz. 29.
[3] BFH v. 15.10.1996 – VII R 46/96, BStBl. II 1997, 171; BFH v. 12.10.1999 – VII R 98/98, BStBl. II 2000, 486; *Stadie* in R/D, § 18 UStG Anh. 1 Anm. 150 – Haftung.

Tatbestand des § 13c UStG schon dadurch nicht erfüllt ist (zur Abtretung an Dritte s. *Rz. 32*).

Die Inanspruchnahme des Haftungsschuldners erfolgt durch **Haftungsbescheid** (§ 191 Abs. 1 Satz 1 AO). Dem Zweck der Haftung entsprechend besteht auch **kein Ermessen** hinsichtlich der Inanspruchnahme (§ 13c Abs. 2 Satz 2 UStG), so dass bei Vorliegen der tatbestandlichen Voraussetzungen ein Haftungsbescheid zu ergehen hat. Wird die abgetretene Forderung sukzessive in Teilbeträgen vereinnahmt, so können entsprechend mehrere Teil-Haftungsbescheide ergehen. 37

Der Abtretungsempfänger ist ab dem Zeitpunkt in Anspruch zu nehmen, in dem die festgesetzte Steuer fällig wird, frühestens ab dem Zeitpunkt der Vereinnahmung der abgetretenen Forderung (§ 13c Abs. 2 Satz 1 UStG). Dieser Satz scheint überflüssig zu sein, da er nur die Haftungsvoraussetzungen, welche sich bereits aus § 13c Abs. 1 UStG ergeben, zu wiederholen scheint. Die Bedeutung liegt jedoch darin, dass dem Zweck der Vorschrift entsprechend der **Subsidiaritätsgrundsatz** des § 219 Abs. 1 Satz 1 AO **aufgehoben** wird. Der Abtretungsempfänger kann deshalb sogleich bei Vereinnahmung der Forderung in Anspruch genommen werden, ohne dass die Erfolglosigkeit der Vollstreckung in das Vermögen des Abtretenden nachgewiesen werden muss. Der Haftungsbescheid kann folglich sofort mit einer die Fälligkeit auslösenden Zahlungsaufforderung versehen werden.[1] 38

Die Feststellung des § 13c Abs. 2 Satz 3 UStG, dass die Haftung der **Höhe** nach begrenzt ist auf die im Zeitpunkt der Fälligkeit nicht entrichtete Steuer, wiederholt nur die Grundaussage des § 13c Abs. 1 Satz 1 UStG und ist deshalb überflüssig. 39

Die **Festsetzung** der Steuer gegenüber dem Schuldner ist **nicht verbindlich** gegenüber dem Abtretungsempfänger. Da er nur für den objektiv in den abgetretenen Forderung enthaltenen Umsatzsteuerbetrag haftet (§ 13c Abs. 1 Satz 1 UStG a.E.), sind ihm **Einwendungen gegen** den **Haftungsbescheid** hinsichtlich der Steuerschuld, für die haften soll, nicht genommen. Das folgt zudem auch aus § 166 AO.[2] 40

**Mindert** sich **nach** Erlass des **Haftungsbescheides** die **Steuer** nach § 17 UStG, so ist der **Haftungsbescheid** in entsprechendem Umfang nach § 131 Abs. 1 AO zu **widerrufen**.[3] Gleiches gilt, soweit durch nachträgliche Zahlungen auf die Steuerschuld sich die Haftungsschuld mindert (*Rz. 36*), die Vollziehung der Steuerfestsetzung nachträglich ausgesetzt wird oder der Abtretungsempfänger den Forderungsbetrag an den Abtretenden zurückzahlt (*Rz. 27*). 41

Zahlungen des Abtretungsempfängers auf die Haftungsschuld führen entgegen der Ansicht des BFH und des BGH nicht etwa zu einer **Ausgleichspflicht** des Abtretenden/Zedenten (Steuerschuldners) im Rahmen des zwischen ihnen bestehenden Gesamtschuldverhältnisses (*Rz. 35*) gem. § 426 Abs. 2 Satz 1, Abs. 1 42

---
1 *Stadie* in R/D, § 13c UStG Anm. 71.
2 Dazu *Stadie* in R/D, § 18 UStG Anh. 1 Anm. 265 f. – Haftung; vgl. auch BFH v. 12.1.2011 – XI R 11/08, BStBl. II 2011, 477.
3 Vgl. Abschn. 13c.1 Abs. 40 Satz 3 UStAE.

Satz 1 BGB, weil der Steuerschuldner die Steuer im Verhältnis zum Abtretungsempfänger als „bloßem Haftungsschuldner" allein zu tragen habe.¹ Diese Auffassung **verkennt** die **ratio** des § 13c UStG, denn die Forderung in Höhe der rechnerisch darin enthaltenen Umsatzsteuer gebührt dem Abtretungsempfänger nicht (Rz. 3), so dass dieser nicht etwa nur als „bloßer" Haftungsschuldner zahlt. Er entrichtet vielmehr einen Betrag, der ihm umsatzsteuerrechtlich nie zustand.² Eine Ausgleichspflicht kann sich deshalb nur bei einer entgeltlichen Abtretung aus dem dieser zugrunde liegenden Rechtsverhältnis ergeben.

### E. Verpfändung, Pfändung (Abs. 3)

43 Der Abtretung einer Forderung ist deren Verpfändung und Pfändung gleichgestellt (§ 13c Abs. 3 UStG), so dass der Pfandgläubiger bzw. der Vollstreckungsgläubiger unter denselben Voraussetzungen wie bei einer Abtretung haftet. Das ist sachgerecht, da die Verpfändung bzw. Pfändung die gleiche Wirkung wie die Abtretung hat.³

# § 14
# Ausstellung von Rechnungen

(1) Rechnung ist jedes Dokument, mit dem über eine Lieferung oder sonstige Leistung abgerechnet wird, gleichgültig, wie dieses Dokument im Geschäftsverkehr bezeichnet wird. Die Echtheit der Herkunft der Rechnung, die Unversehrtheit ihres Inhalts und ihre Lesbarkeit müssen gewährleistet werden. Echtheit der Herkunft bedeutet die Sicherheit der Identität des Rechnungsausstellers. Unversehrtheit des Inhalts bedeutet, dass die nach diesem Gesetz erforderlichen Angaben nicht geändert wurden. Jeder Unternehmer legt fest, in welcher Weise die Echtheit der Herkunft, die Unversehrtheit des Inhalts und die Lesbarkeit der Rechnung gewährleistet werden. Dies kann durch jegliche innerbetriebliche Kontrollverfahren erreicht werden, die einen verlässlichen Prüfpfad zwischen Rechnung und Leistung schaffen können. Rechnungen sind auf Papier oder vorbehaltlich der Zustimmung des Empfängers elektronisch zu übermitteln. Eine elektronische Rechnung ist eine Rechnung, die in einem elektronischen Format ausgestellt und empfangen wird.

(2) Führt der Unternehmer eine Lieferung oder eine sonstige Leistung nach § 1 Abs. 1 Nr. 1 aus, gilt Folgendes:

1. führt der Unternehmer eine steuerpflichtige Werklieferung (§ 3 Abs. 4 Satz 1) oder sonstige Leistung im Zusammenhang mit einem Grundstück aus, ist er

---

1 BFH v. 21.11.2013 – V R 21/12, UR 2014, 436 – Rz. 25; BGH v. 17.1.2007 – VIII ZR 171/06, BGHZ 170, 311 = UR 2007, 505 – Rz. 29.
2 Folglich kann auch der Zessionar entgegen BFH nicht gem. § 44 InsO seinen Regressanspruch in der Insolvenz geltend machen, wenn der Steuergläubiger es unterlässt, den Steueranspruch im Insolvenzverfahren geltend zu machen; BFH v. 21.11.2013 – V R 21/12, UR 2014, 436 – Rz. 29.
3 Dazu näher *Stadie* in R/D, § 13c UStG Anm. 76.

verpflichtet, innerhalb von sechs Monaten nach Ausführung der Leistung eine Rechnung auszustellen;

2. führt der Unternehmer eine andere als die in Nummer 1 genannte Leistung aus, ist er berechtigt, eine Rechnung auszustellen. Soweit er einen Umsatz an einen anderen Unternehmer für dessen Unternehmen oder an eine juristische Person, die nicht Unternehmer ist, ausführt, ist er verpflichtet, innerhalb von sechs Monaten nach Ausführung der Leistung eine Rechnung auszustellen. Eine Verpflichtung zur Ausstellung einer Rechung besteht nicht, wenn der Umsatz nach § 4 Nr. 8 bis 28 steuerfrei ist. § 14a bleibt unberührt.

Unbeschadet der Verpflichtungen nach Satz 1 Nr. 1 und 2 Satz 2 kann eine Rechnung von einem in Satz 1 Nr. 2 bezeichneten Leistungsempfänger für eine Lieferung oder sonstige Leistung des Unternehmers ausgestellt werden, sofern dies vorher vereinbart wurde (Gutschrift). Die Gutschrift verliert die Wirkung einer Rechnung, sobald der Empfänger der Gutschrift dem ihm übermittelten Dokument widerspricht. Eine Rechnung kann im Namen und für Rechnung des Unternehmers oder eines in Satz 1 Nr. 2 bezeichneten Leistungsempfängers von einem Dritten ausgestellt werden.

(3) Unbeschadet anderer nach Absatz 1 zulässiger Verfahren gelten bei einer elektronischen Rechnung die Echtheit der Herkunft und die Unversehrtheit des Inhalts als gewährleistet durch

1. eine qualifizierte elektronische Signatur oder eine qualifizierte elektronische Signatur mit Anbieter-Akkreditierung nach dem Signaturgesetz vom 16. Mai 2001 (BGBl. I S. 876), das zuletzt durch Artikel 4 des Gesetzes vom 17. Juli 2009 (BGBl. I S. 2091) geändert worden ist, in der jeweils geltenden Fassung, oder

2. elektronischen Datenaustausch (EDI) nach Artikel 2 der Empfehlung 94/820/EG der Kommission vom 19. Oktober 1994 über die rechtlichen Aspekte des elektronischen Datenaustauschs (ABl. L 338 vom 28.12.1994, S. 98), wenn in der Vereinbarung über diesen Datenaustausch der Einsatz von Verfahren vorgesehen ist, die die Echtheit der Herkunft und die Unversehrtheit der Daten gewährleisten.

(4) Eine Rechnung muss folgende Angaben enthalten:

1. den vollständigen Namen und die vollständige Anschrift des leistenden Unternehmers und des Leistungsempfängers,
2. die dem leistenden Unternehmer vom Finanzamt erteilte Steuernummer oder die ihm vom Bundeszentralamt für Steuern erteilte Umsatzsteuer-Identifikationsnummer,
3. das Ausstellungsdatum,
4. eine fortlaufende Nummer mit einer oder mehreren Zahlenreihen, die zur Identifizierung der Rechnung vom Rechnungsaussteller einmalig vergeben wird (Rechnungsnummer),
5. die Menge und die Art (handelsübliche Bezeichnung) der gelieferten Gegenstände oder den Umfang und die Art der sonstigen Leistung,

6. den Zeitpunkt der Lieferung oder sonstigen Leistung; in den Fällen des Absatzes 5 Satz 1 den Zeitpunkt der Vereinnahmung des Entgelts oder eines Teils des Entgelts, sofern der Zeitpunkt der Vereinnahmung feststeht und nicht mit dem Ausstellungsdatum der Rechnung übereinstimmt,

7. das nach Steuersätzen und einzelnen Steuerbefreiungen aufgeschlüsselte Entgelt für die Lieferung oder sonstige Leistung (§ 10) sowie jede im Voraus vereinbarte Minderung des Entgelts, sofern sie nicht bereits im Entgelt berücksichtigt ist,

8. den anzuwendenden Steuersatz sowie den auf das Entgelt entfallenden Steuerbetrag oder im Fall einer Steuerbefreiung einen Hinweis darauf, dass für die Lieferung oder sonstige Leistung eine Steuerbefreiung gilt,

9. in den Fällen des § 14b Abs. 1 Satz 5 einen Hinweis auf die Aufbewahrungspflicht des Leistungsempfängers, und

10. in den Fällen der Ausstellung der Rechnung durch den Leistungsempfänger oder durch einen von ihm beauftragten Dritten gemäß Absatz 2 Satz 2 die Angabe „Gutschrift".

In den Fällen des § 10 Abs. 5 sind die Nummern 7 und 8 mit der Maßgabe anzuwenden, dass die Bemessungsgrundlage für die Leistung (§ 10 Abs. 4) und der darauf entfallende Steuerbetrag anzugeben sind. Unternehmer, die § 24 Abs. 1 bis 3 anwenden, sind jedoch auch in diesen Fällen nur zur Angabe des Entgelts und des darauf entfallenden Steuerbetrags berechtigt.

(5) Vereinnahmt der Unternehmer das Entgelt oder einen Teil des Entgelts für eine noch nicht ausgeführte Lieferung oder sonstige Leistung, gelten die Absätze 1 bis 4 sinngemäß. Wird eine Endrechnung erteilt, sind in ihr die vor Ausführung der Lieferung oder sonstigen Leistung vereinnahmten Teilentgelte und die auf sie entfallenden Steuerbeträge abzusetzen, wenn über die Teilentgelte Rechnungen im Sinne der Absätze 1 bis 4 ausgestellt worden sind.

(6) Das Bundesministerium der Finanzen kann mit Zustimmung des Bundesrates zur Vereinfachung des Besteuerungsverfahrens durch Rechtsverordnung bestimmen, in welchen Fällen und unter welchen Voraussetzungen

1. Dokumente als Rechnungen anerkannt werden können,

2. die nach Absatz 4 erforderlichen Angaben in mehreren Dokumenten enthalten sein können,

3. Rechnungen bestimmte Angaben nach Absatz 4 nicht enthalten müssen,

4. eine Verpflichtung des Unternehmers zur Ausstellung von Rechnungen mit gesondertem Steuerausweis (Absatz 4) entfällt oder

5. Rechnungen berichtigt werden können.

(7) Führt der Unternehmer einen Umsatz im Inland aus, für den der Leistungsempfänger die Steuer nach § 13b schuldet, und hat der Unternehmer im Inland weder seinen Sitz noch seine Geschäftsleitung, eine Betriebsstätte, von der aus der Umsatz ausgeführt wird oder die an der Erbringung dieses Umsatzes beteiligt ist, oder in Ermangelung eines Sitzes seinen Wohnsitz oder gewöhnlichen Aufenthalt im Inland, so gelten abweichend von den Absätzen 1 bis 6 für die Rechnungserteilung die Vorschriften des Mitgliedstaates, in dem der Unterneh-

mer seinen Sitz, seine Geschäftsleitung, eine Betriebsstätte, von der aus der Umsatz ausgeführt wird, oder in Ermangelung eines Sitzes seinen Wohnsitz oder gewöhnlichen Aufenthalt hat. Satz 2 gilt nicht, wenn eine Gutschrift gemäß Absatz 2 Satz 2 vereinbart worden ist.

### § 31 UStDV
### Angaben in der Rechnung

(1) Eine Rechnung kann aus mehreren Dokumenten bestehen, aus denen sich die nach § 14 Abs. 4 des Gesetzes geforderten Angaben insgesamt ergeben. In einem dieser Dokumente sind das Entgelt und der darauf entfallende Steuerbetrag jeweils zusammengefasst anzugeben und alle anderen Dokumente zu bezeichnen, aus denen sich die übrigen Angaben nach § 14 Abs. 4 des Gesetzes ergeben. Die Angaben müssen leicht und eindeutig nachprüfbar sein.

(2) Den Anforderungen des § 14 Abs. 4 Satz 1 Nr. 1 des Gesetzes ist genügt, wenn sich auf Grund der in die Rechnung aufgenommenen Bezeichnungen der Name und die Anschrift sowohl des leistenden Unternehmers als auch des Leistungsempfängers eindeutig feststellen lassen.

(3) Für die in § 14 Abs. 4 Satz 1 Nr. 1 und 5 des Gesetzes vorgeschriebenen Angaben können Abkürzungen, Buchstaben, Zahlen oder Symbole verwendet werden, wenn ihre Bedeutung in der Rechnung oder in anderen Unterlagen eindeutig festgelegt ist. Die erforderlichen anderen Unterlagen müssen sowohl beim Aussteller als auch beim Empfänger der Rechnung vorhanden sein.

(4) Als Zeitpunkt der Lieferung oder sonstigen Leistung (§ 14 Abs. 4 Satz 1 Nr. 6 des Gesetzes) kann der Kalendermonat angegeben werden, in dem die Leistung ausgeführt wird.

(5) Eine Rechnung kann berichtigt werden, wenn

a) sie nicht alle Angaben nach § 14 Abs. 4 oder § 14a des Gesetzes enthält oder

b) Angaben in der Rechnung unzutreffend sind.

Es müssen nur die fehlenden oder unzutreffenden Angaben durch ein Dokument, das spezifisch und eindeutig auf die Rechnung bezogen ist, übermittelt werden. Es gelten die gleichen Anforderungen an Form und Inhalt wie in § 14 des Gesetzes.

### § 32 UStDV
### Rechnungen über Umsätze, die verschiedenen Steuersätzen unterliegen

Wird in einer Rechnung über Lieferungen oder sonstige Leistungen, die verschiedenen Steuersätzen unterliegen, der Steuerbetrag durch Maschinen automatisch ermittelt und durch diese in der Rechnung angegeben, ist der Ausweis des Steuerbetrags in einer Summe zulässig, wenn für die einzelnen Posten der Rechnung der Steuersatz angegeben wird.

### § 33 UStDV
### Rechnungen über Kleinbeträge

Eine Rechnung, deren Gesamtbetrag 150 Euro nicht übersteigt, muss mindestens folgende Angaben enthalten:

1. den vollständigen Namen und die vollständige Anschrift des leistenden Unternehmers,
2. das Ausstellungsdatum,
3. die Menge und die Art der gelieferten Gegenstände oder den Umfang und die Art der sonstigen Leistung und
4. das Entgelt und den darauf entfallenden Steuerbetrag für die Lieferung oder sonstige Leistung in einer Summe sowie den anzuwendenden Steuersatz oder im Fall einer Steuerbefreiung einen Hinweis darauf, dass für die Lieferung oder sonstige Leistung eine Steuerbefreiung gilt.

## § 14 Ausstellung von Rechnungen

Die §§ 31 und 32 sind entsprechend anzuwenden. Die Sätze 1 und 2 gelten nicht für Rechnungen über Leistungen im Sinne der §§ 3c, 6a und 13b des Gesetzes.

### § 34 UStDV
### Fahrausweise als Rechnungen

(1) Fahrausweise, die für die Beförderung von Personen ausgegeben werden, gelten als Rechnungen im Sinne des § 14 des Gesetzes, wenn sie mindestens die folgenden Angaben enthalten:

1. den vollständigen Namen und die vollständige Anschrift des Unternehmers, der die Beförderungsleistung ausführt. § 31 Abs. 2 ist entsprechend anzuwenden,
2. das Ausstellungsdatum,
3. das Entgelt und den darauf entfallenden Steuerbetrag in einer Summe,
4. den anzuwendenden Steuersatz, wenn die Beförderungsleistung nicht dem ermäßigten Steuersatz nach § 12 Abs. 2 Nr. 10 des Gesetzes unterliegt, und
5. im Fall der Anwendung des § 26 Abs. 3 des Gesetzes einen Hinweis auf die grenzüberschreitende Beförderung von Personen im Luftverkehr.

Auf Fahrausweisen der Eisenbahnen, die dem öffentlichen Verkehr dienen, kann an Stelle des Steuersatzes die Tarifentfernung angegeben werden.

(2) Fahrausweise für eine grenzüberschreitende Beförderung im Personenverkehr und im internationalen Eisenbahn-Personenverkehr gelten nur dann als Rechnung im Sinne des § 14 des Gesetzes, wenn eine Bescheinigung des Beförderungsunternehmers oder seines Beauftragten darüber vorliegt, welcher Anteil des Beförderungspreises auf die Strecke im Inland entfällt. In der Bescheinigung ist der Steuersatz anzugeben, der auf den auf das Inland entfallenden Teil der Beförderungsleistung anzuwenden ist.

(3) Die Absätze 1 und 2 gelten für Belege im Reisegepäckverkehr entsprechend.

*EU-Recht*

Art. 217–240 MwStSystRL.

*VV*

Abschn. 14.1–14.11 UStAE.

**A. Allgemeines**

  I. Überblick .................. 1

  II. Funktion der Rechnung mit gesondert ausgewiesener Steuer .. 4

**B. Verpflichtung zur Ausstellung von Rechnungen**

  I. Gegenüber Unternehmern und juristischen Personen (Abs. 2 Satz 1 Nr. 2 Sätze 2 bis 4) ....... 12

  II. Werklieferungen und Dienstleistungen im Zusammenhang mit einem Grundstück (Abs. 2 Satz 1 Nr. 1) ................. 19

  III. Vorauszahlungen (Abs. 5) ...... 26

  IV. Zivilrechtliche Fragen

    1. Allgemeines ................ 28

    2. Streit über Steuerpflicht oder Steuersatz .................. 31

    3. Zurückbehaltungsrecht ....... 38

  V. Verpflichteter, Anspruchsberechtigter ................. 39

**C. Berechtigung, eine Rechnung mit Ausweis der Steuer auszustellen**

  I. Allgemeines, Grundsatz (Abs. 2 Satz 1 Nr. 2 Satz 1) ........... 44

  II. Rechnungserteilung vor Ausführung der Leistung ......... 45

III. Verbilligte und unentgeltliche Leistungen (Abs. 4 Sätze 2 und 3) .................. 47

**D. Begriff und Formen der Rechnung**

I. Allgemeines (Abs. 1 und 3) ..... 50

II. Ausstellung durch Dritte (Abs. 2 Satz 4) ................. 54

III. Abrechnung durch den Leistungsempfänger (sog. Gutschrift, Abs. 2 Sätze 2 und 3)
1. Allgemeines .................. 55
2. Vorherige Vereinbarung ........ 59
3. Widerspruch
   a) Zweck, Wirkung............ 62
   b) Nach Erhalt der Gegenleistung ..................... 66

IV. Rechnung in Form mehrerer Dokumente
1. Allgemeines .................. 68
2. Abrechnung bei Dauerschuldverhältnissen ................. 69

**E. Erforderliche Angaben in der Rechnung (Abs. 4)**

I. Allgemeines .................. 71

II. Regelangaben (Abs. 4 Satz 1)
1. Bezeichnung des Leistenden und des Leistungsempfängers (Nr. 1)...................... 74
2. Steuernummer (Nr. 2) ......... 82
3. Ausstellungsdatum, Rechnungsnummer (Nr. 3 und Nr. 4) ...................... 84

4. Leistungsbeschreibung (Nr. 5) ...................... 86
5. Zeitpunkt der Leistung oder der Vorauszahlung (Nr. 6)...... 90
6. Entgelt (Nr. 7) ................ 91
7. Steuersatz (Nr. 8) ............. 96
8. Steuerbetrag (Nr. 8) .......... 98
9. Hinweis auf Steuerbefreiung (Nr. 8) ...................... 103
10. Gutschrift (Nr. 10) ........... 105

III. Zusätzlicher Hinweis auf Aufbewahrungspflicht (Nr. 9) ..... 106

IV. Vereinfachungen (§§ 31–34 UStDV)
1. Allgemeines ................. 107
2. Rechnung über Umsätze, die verschiedenen Steuersätzen unterliegen (§ 32 UStDV)...... 108
3. Rechnungen über Kleinbeträge (§ 33 UStDV) ................ 109
4. Fahrausweise und Belege im Reisegepäckverkehr als Rechnungen (§ 34 UStDV) ......... 110

V. Rechnungsinhalt im Falle der sog. Mindestbemessungsgrundlage (Abs. 4 Sätze 2 und 3) ..... 113

**F. Berichtigung der Rechnung** .... 115

**G. Verordnungsermächtigungen (Abs. 6)** ...................... 121

**H. Rechnungsausstellung nach den Vorschriften eines anderen Mitgliedstaates (Abs. 7)** ....... 122

## A. Allgemeines
### I. Überblick

Die schlecht aufgebaute und z.T. auch formulierte Vorschrift regelt in § 14 **Abs. 2 Satz 1** UStG (und § 14 Abs. 5 Satz 1 UStG) die **Verpflichtung** bzw. **Berechtigung** zur Erteilung von Rechnungen für umsatzsteuerrechtliche Zwecke. Die **Kernaussage**, nämlich die Verpflichtung zur Erteilung von Rechnungen an Unternehmer, ist mehr als unglücklich in § 14 **Abs. 2 Satz 1 Nr. 2 Satz 2** UStG versteckt!

§ 14 **Abs. 1** UStG enthält eine **Definition** der Rechnung und i.V.m. **Abs. 3** die **Anforderungen** an deren Echtheit, Unversehrtheit und Lesbarkeit. Gem. § 14

Abs. 2 Sätze 2 und 3 UStG kann eine „Rechnung" statt vom leistenden Unternehmer auch vom **Leistungsempfänger** als sog. **Gutschrift** (der Begriff ist verfehlt; *Rz. 56*) ausgestellt werden. § 14 **Abs. 4** UStG nennt die **erforderlichen Angaben**, welche eine ordnungsgemäße Rechnung enthalten muss. § 14 **Abs. 5** UStG ordnet an, dass bei **Vorauszahlungen** schon vor Ausführung der Leistung eine Rechnung zu erteilen ist. § 14 **Abs. 6** UStG enthält eine **Ermächtigung**, mittels **Rechtsverordnung** Vereinfachungen vorzusehen. § 14 **Abs. 7** UStG bestimmt für einen Unternehmer, der nicht im Inland, sondern in einem anderen Mitgliedstaat ansässig ist, dass die **Rechnungsausstellungsvorschriften** seines **Ansässigkeitsstaates** gelten sollen, **sofern** der **Leistungsempfänger Steuerschuldner** nach § 13b UStG ist.

Darüber hinaus werden **zusätzliche Rechnungserteilungspflichten** bzw. zusätzliche **Rechnungsangaben** in bestimmten Fällen durch **§ 14a** UStG normiert.

2   Unternehmer, die **steuerpflichtige Leistungen** ausführen, sind, wenn sie diese gegenüber anderen Unternehmern für deren Unternehmen erbringen, verpflichtet, Rechnungen mit einem bestimmten **Inhalt**, vornehmlich mit Ausweis der Umsatzsteuer, auszustellen (§ 14 Abs. 2 Satz 1 Nr. 2 Satz 2 Alt. 1 i.V.m. Abs. 4 UStG). Die **Bedeutung** einer solchen Rechnung liegt in erster Linie (*Rz. 4 ff.*; zu den weiteren Zwecken *Rz. 3, 71 ff.*) darin, dass der Leistungsempfänger sie für den **Vorsteuerabzug** benötigt (§ 15 Abs. 1 Satz 1 Nr. 1 Satz 2 UStG). Der in einer ordnungsgemäßen Rechnung gesondert ausgewiesene Steuerbetrag ist grundsätzlich (Ausnahmen: Kleinbetragsrechnungen und Fahrausweise, § 35 i.V.m. §§ 33, 34 UStDV; s. *§ 15 Rz. 199 ff.*) Entstehungsvoraussetzung des Rechts auf Vorsteuerabzug (*§ 15 Rz. 203 f., 269*; *§ 16 Rz. 23*). Die **Verpflichtung** zur Erteilung einer solchen Rechnung ist sowohl **öffentlich-rechtlicher** als auch **zivilrechtlicher Natur** (*Rz. 14*).

3   Darüber hinaus ist der Unternehmer **in weiteren Fällen** zur Ausstellung einer Rechnung mit den Angaben des § 14 Abs. 4 Satz 1 UStG verpflichtet, **obwohl** beim **Empfänger kein Vorsteuerabzug** in Betracht kommt. Das gilt zum einen, wenn der Leistungsempfänger eine **juristische Person** ist, welche nicht Unternehmer ist (§ 14 Abs. 2 Satz 1 Nr. 2 Satz 2 Alt. 2 UStG; *Rz. 13*) oder wenn es sich um Werklieferungen und sonstige **Leistungen im Zusammenhang mit einem Grundstück** handelt (§ 14 Abs. 2 Satz 1 Nr. 1 UStG; *Rz. 19*). Ferner besteht selbst für **Kleinunternehmer** die Verpflichtung zur Ausstellung einer Rechnung, wenn der Leistungsempfänger die Leistung für sein Unternehmen bezieht oder eine juristische Person ist, da in § 19 Abs. 1 Satz 4 UStG die Verpflichtung nach § 14 Abs. 2 UStG nicht ausgenommen ist. Alle diese Verpflichtungen sind (wie des § 14a UStG) durchwegs rein **öffentlich-rechtlicher Natur**, da sie nur **Kontrollzwecken** des Steuergläubigers oder **Mitteilungszwecken** im Zusammenhang mit der Besteuerung des Leistungsempfängers dienen. Der Leistungsempfänger benötigt in diesen Fällen keine Rechnung (zu einer Ausnahme s. *Rz. 104*).

## II. Funktion der Rechnung mit gesondert ausgewiesener Steuer

4   Die **Bedeutung** der Rechnung mit gesondertem Ausweis der Steuer erschließt sich nicht so ohne weiteres. Warum macht das Gesetz mit § 15 Abs. 1 Satz 1 Nr. 1 Satz 2 UStG (sowie die Richtlinie mit Art. 178 Buchst. a MwStSystRL) die

Ausübung des Vorsteuerabzugs davon abhängig, dass der Umsatzsteuerbetrag vom leistenden Unternehmer in seiner Rechnung benannt worden ist (zur Bedeutung der weiteren Rechnungsangaben des § 14 Abs. 4 UStG s. *Rz. 72 ff.*)? Nach Auffassung der **Finanzverwaltung** soll die Rechnung ein Beleg sein, mit dem die Voraussetzungen des Vorsteuerabzugs nachgewiesen würden.[1] Das ist **verfehlt**, denn die Voraussetzungen des Rechts zum Abzug der Vorsteuer richten sich ausschließlich nach dem Gesetz. Die Rechnung beweist lediglich die Inrechnungstellung der Steuer; mehr nicht. Gleichermaßen verfehlt ist deshalb die Auffassung des **EuGH**[2], dass die Rechnung ein Beweismittel dafür sei, dass der Umsatz, auf den sich der Antrag auf Vorsteuerabzug beziehe, tatsächlich stattgefunden habe.[3]

Die Rechnung enthält lediglich die **Mitteilung** von Rechtsansichten und von Tatsachenbehauptungen durch den Rechnungsaussteller. Die mitgeteilten umsatzsteuerrechtlichen **Rechtsansichten** betreffen die eigene Unternehmereigenschaft, das Vorliegen eines Umsatzes, dessen Steuerpflicht, die Höhe des Entgelts, des anzuwendenden Steuersatzes und die Höhe der von ihm seiner Auffassung nach geschuldeten, d.h. als Teil des Preises kalkulierten (insoweit handelt es sich um die Mitteilung einer Tatsache) Steuer (*Rz. 8*). Diese Rechtsansichten des Rechnungsausstellers sind für den Vorsteuerabzug des Rechnungsempfängers ohne Bedeutung, da es für den Vorsteuerabzug nach § 15 UStG auf die objektive Rechtslage ankommt (zum *Vertrauensschutz* beim Vorsteuerabzug s. *§ 15 Rz. 58 ff., 2221 ff., 247 ff.*).

Die **Tatsachenbehauptungen** beziehen sich insbesondere auf Namen und Anschrift der Beteiligten, die eigene Steuernummer bzw. Umsatzsteuer-Identifikationsnummer, das Ausstellungsdatum, die fortlaufende Rechnungsnummer, sowie auf Umfang, Art und Zeitpunkt der Leistung. Für den Nachweis der Vorsteuerabzugsberechtigung sind diese Angaben ohne Bedeutung, da sie keinerlei Nachweis erbringen können.[4] Zur Bedeutung der Angaben i.S.d. § 14 Abs. 4 Satz 1 UStG im Einzelnen s. *Rz. 72 ff.*

Indem das Gesetz mit § 15 Abs. 1 Satz 1 Nr. 1 Satz 2 UStG den Vorsteuerabzug vom Besitz einer nach den §§ 14, 14a UStG ausgestellten Rechnung und damit insbesondere vom gesonderten Ausweis der Steuer abhängig macht, will es das **Gleichgewicht von Steuerschuld und Vorsteuerabzug** gewährleisten. Wäre der Leistungsempfänger berechtigt, die Vorsteuer aus der Gegenleistung herauszurechnen, so entstünde die Gefahr des Ungleichgewichts bei unterschiedlicher Beurteilung der Steuerpflicht, des anzuwendenden Steuersatzes oder der Höhe der Bemessungsgrundlage. Indem der Leistende durch den Ausweis des seiner Ansicht nach geschuldeten Steuerbetrages die Höhe des Vorsteuerabzugs beim Leistungsempfänger begrenzt und er nach § 14c UStG auch zu Unrecht aus-

---

1 Abschn. 15.11 Abs. 1 Satz 1 i.V.m. Satz 2 Nr. 1 UStAE.
2 EuGH v. 5.12.1996 – C-85/95, EuGHE 1996, I-6257 = UR 1997, 144 – Rz. 29. Vgl. auch EuGH v. 15.7.2010 – C-368/09, EuGHE 2010, I-7463 = UR 2010, 693 – Rz. 44 i.V.m. 38 f. („**formell-rechtliche**" Voraussetzung des Vorsteuerabzugs); EuGH v. 1.3.2012 – C-280/10, UR 2012, 366 – Rz. 43 ff. Vgl. auch *Tipke*, UR 1983, 105; *Seer* in T/K, § 162 AO Rz. 28.
3 Vgl. BFH v. 23.10.2014 – V R 23/13, UR 2015, 188 – Rz. 26.
4 Das verkennt Abschn. 15.2 Abs. 18 Satz 1 UStAE.

gewiesene Steuer schuldet, wird prinzipiell das Gleichgewicht gewährleistet. Vom Empfänger kann kein höherer Betrag an Vorsteuer abgezogen werden, als Steuer vom Leistenden geschuldet wird (ist in der Rechnung ein niedrigerer Betrag als vereinbart und objektiv geschuldet ausgewiesen, so kommt für den Empfänger ein Anspruch auf eine entsprechend berichtigte Rechnung in Betracht; *Rz. 29*).

8 Der **Zweck** des gesonderten Steuerausweises in der Rechnung liegt folglich darin, dass der leistende Unternehmer (vorläufig) die Höhe des möglichen Vorsteuerabzugs beim Empfänger auf die vermeintlich von ihm geschuldete Steuer begrenzt, um das Gleichgewicht von Steuer und Vorsteuerabzug zu gewährleisten. Mithin beschränkt sich der Gehalt des gesonderten Steuerausweises in der Rechnung auf die **Mitteilung der Rechtsansicht** des Ausstellers hinsichtlich der umsatzsteuerrechtlichen Einschätzung der erbrachten Leistung, d.h. der **Höhe der** von ihm **vermeintlich geschuldeten** und damit in den Preis einkalkulierten und auf den Leistungsempfänger abgewälzten **Steuer**.[1] Soweit diese Mitteilung zutreffend ist, d.h. der gesetzlichen Verpflichtung entspricht, kann sie nicht mehr geändert oder widerrufen werden (*Rz. 11, 116*).

9 Die in der Rechnung enthaltenen Tatsachenbehauptungen und mitgeteilten Rechtsansichten dienen ferner der Feststellung der Person des **Rechnungsausstellers** und der **Überprüfung** seiner umsatzsteuer- und ertragsteuerrechtlichen Verhältnisse. § 14 UStG enthält den **Zwang** zur umsatzsteuerrechtlichen **Selbsteinschätzung** des Geschäftsvorfalles durch den Unternehmer. Der **Zweck** der Rechnung mit den Angaben des § 14 Abs. 4 UStG liegt folglich auch wesentlich darin, als **Hilfsmittel** bei der **Besteuerung** des **leistenden Unternehmers** zu fungieren, da das Finanzamt des Leistungsempfängers zu sog. Kontrollmitteilungen (§ 194 Abs. 3 AO) an das Finanzamt des Rechnungsausstellers berechtigt ist.

10 Wegen der Koppelung der Ausübung des Vorsteuerabzugs an den **Besitz** einer **Rechnung** iS des § 14 UStG (*Rz. 4*) mit der Folge, dass dieser Besitz einer solchen Rechnung im Zeitpunkt der erstmaligen Geltendmachung **Voraussetzung** des Vorsteuerabzugs nach § 15 Abs. 1 Satz 1 Nr. 1 Satz 2 UStG ist, hat eine derartige Rechnung **ausschließlich** eine **öffentlich-rechtliche Funktion**. Eine ordnungsgemäße Rechnung ist deshalb entgegen EuGH[2] nicht etwa nur eine formellrechtliche Voraussetzung des Vorsteuerabzugs, sondern **Tatbestandsmerkmal** nach § 15 Abs. 1 Satz 1 Nr. 1 Satz 2 UStG und damit **materiell-rechtliche Voraussetzung** des Vorsteuerabzugs (*§ 15 Rz. 178 f., 203 f.*). Die rein öffentlichrechtliche Funktion der Rechnung zeigt sich auch in deren Bedeutung bei der Besteuerung des Rechnungsausstellers (*Rz. 8 f.*). Auch diese Funktion wird nur dann gewährleistet, wenn die Rechnung Tatbestandsmerkmal des Vorsteuerabzugs ist.

---

[1] *Weiß*, BB 1980, 1433 (1436); *Weiß*, UR 1980, 249; *Stadie*, Vorsteuerabzug, S. 104 und 281.
[2] EuGH v. 5.12.1996 – C-85/95, EuGHE 1996, I-6257 = UR 1997, 144 – Rz. 29. Vgl. auch EuGH v. 15.7.2010 – C-368/09, EuGHE 2010, I-7463 = UR 2010, 693 – Rz. 44 i.V.m. 38 f. („**formell-rechtliche**" Voraussetzung des Vorsteuerabzugs); EuGH v. 1.3.2012 – C-280/10, UR 2012, 366 – Rz. 43 ff. Vgl. auch BFH v. 26.9.2012 – V R 9/11, BStBl. II 2013, 346 – Rz. 11.

Damit geht einher, dass die **Verpflichtung** zur **Erteilung** einer ordnungsgemäßen 11
Rechnung i.S.d. § 14 UStG nicht nur eine zivilrechtliche Nebenpflicht, sondern
zugleich auch eine genuin **öffentlich-rechtliche** ist, da sie umsatzsteuerrechtlichen Zwecken dient. Demgemäß bestimmt das Gesetz, dass die Nichterfüllung der sich aus § 14 UStG ergebenden Verpflichtung zur Rechnungserteilung
als Ordnungswidrigkeit mit einem Bußgeld geahndet werden kann (§ 26a Abs. 1
Nr. 1 i.V.m. Abs. 2 UStG).

Aus dem (auch) öffentlich-rechtlichen Charakter der Verpflichtung zur Erteilung
einer ordnungsgemäßen Rechnung ergibt sich, dass die in deren Erfüllung erteilte Rechnung nicht mehr zur Disposition des leistenden Unternehmers steht, soweit der Steuerausweis in der objektiv richtigen Höhe erfolgt ist. Ein Widerruf
des Steuerausweises in der Rechnung hat folglich keine Rechtswirkungen, weil
anderenfalls der leistende Unternehmer sogleich wieder zur Ausstellung einer
Rechnung mit demselben Inhalt verpflichtet wäre. Demgemäß darf das **Finanzamt** eine solche **Rechnungsberichtigung** von vornherein **nicht beachten** (*§ 15
Rz. 214 f.*). Entsprechendes gilt bei einem Widerspruch gegen eine Gutschrift
(*Rz. 66 ff., 116*).

## B. Verpflichtung zur Ausstellung von Rechnungen

### I. Gegenüber Unternehmern und juristischen Personen (Abs. 2 Satz 1 Nr. 2 Sätze 2 bis 4)

Nach § 14 Abs. 2 Satz 1 Nr. 2 Satz 2 UStG ist der Unternehmer bei Ausführung 12
einer Leistung nach § 1 Abs. 1 Nr. 1 UStG verpflichtet, eine Rechnung auszustellen, wenn der **Leistungsempfänger** ein **Unternehmer** ist, der die Leistung
für sein Unternehmen bezieht, oder eine **juristische Person** ist. Die Verpflichtung zur Erteilung einer Rechnung besteht entgegen dem Wortlaut des § 14
Abs. 2 Satz 1 UStG bereits bei **Teilleistungen**, da diese den Leistungen gleichgestellt werden (*§ 13 Rz. 20*).

Bei **steuerfreien Leistungen** i.S.d. § 4 Nr. 8–28 UStG besteht keine Verpflichtung
(Satz 3). Verpflichtungen nach § 14a UStG bleiben unberührt (Satz 4). Bei **Tauschvorgängen** besteht mangels Geldzahlung keine Belastung mit Umsatzsteuer und
folglich richtigerweise entgegen h.M. kein Anspruch auf Erteilung einer Rechnung (*§ 15 Rz. 264*).

Die Einschränkung in § 14 Abs. 2 Satz 1 Nr. 2 Satz 2 UStG, dass gegenüber einem Unternehmer eine Verpflichtung zur Rechnungserteilung nur dann besteht,
wenn der Umsatz **für dessen Unternehmen** ausgeführt wird, ist praktisch bedeutungslos. Der leistende Unternehmer wird, wenn er den Umsatz für steuerpflichtig hält, ohnehin stets auf Verlangen des Empfängers eine Rechnung mit
gesondertem Ausweis der Steuer erteilen. Zudem kann er häufig nicht beurteilen, ob der Empfänger den Umsatz für sein Unternehmen bezieht.

Der Sinn der Verpflichtung, **juristischen Personen** eine Rechnung auch dann zu
erteilen, wenn diese Nichtunternehmer sind, ergibt sich aus dem Umstand, dass
diese unter bestimmten Umständen den innergemeinschaftlichen Erwerb versteuern müssen (Art. 2 Buchst. b Ziff. i i.V.m. Art. 3 MwStSystRL) und dass des-

halb in der Rechnung auf die Steuerfreiheit der innergemeinschaftlichen Lieferung hinzuweisen ist (§ 14 Abs. 4 Satz 1 Nr. 8 UStG).

14 Für den Vorsteuerabzug benötigt der Leistungsempfänger eine ordnungsgemäße Rechnung i.S.d. § 14 UStG (§ 15 Abs. 1 Satz 1 Nr. 1 Satz 2 UStG). Folglich steht diesem grundsätzlich ein **zivilrechtlicher Anspruch** gegenüber dem leistenden Unternehmer auf **Erteilung** einer entsprechenden Rechnung zu (*Rz. 28 ff.*), welcher auch die **Berichtigung** oder **Ergänzung** einer fehlerhaften oder unvollständigen Rechnung mit umfasst (*Rz. 115 ff.*). Unabhängig davon normiert § 14 Abs. 2 Satz 1 UStG **auch** eine **öffentlich-rechtliche Verpflichtung** gegenüber dem Steuergläubiger, die aus der öffentlich-rechtlichen Funktion der Rechnung erwächst (*Rz. 11*), jedoch nicht weiter gehen kann als die entsprechende zivilrechtliche Verpflichtung (*Rz. 28*).

15 Sofern der Leistungsempfänger nicht zum Vorsteuerabzug berechtigt ist und mithin kein Interesse an der Erteilung einer Rechnung i.S.d. § 14 UStG hat, ist die **Verpflichtung** zur Erteilung einer Rechnung ausschließlich **öffentlich-rechtlicher** Natur. Der Sinn dieser Verpflichtung, eine Rechnung auch dann auszustellen, wenn der Leistungsempfänger diese nicht verlangt, liegt in der **Verhinderung von Steuerhinterziehung** (sog. Schwarzarbeit). Die unaufgefordert zu erfüllende Verpflichtung zur Ausstellung einer Rechnung erzieht zu mehr Steuerehrlichkeit, da bei dem Leistungsempfänger häufig nicht erkennbar ist, ob er Unternehmer ist oder ob er die Leistung für sein Unternehmen bezieht. Die **Hemmschwelle** für die Frage, ob eine Rechnung benötigt wird, ist **erhöht**. Mit der Rechnungserteilungspflicht des Unternehmers korrespondiert seine **Aufbewahrungspflicht** hinsichtlich eines Doppels der Rechnung sowie eine Aufbewahrungspflicht des Rechnungsempfängers hinsichtlich des Originals nach § 14b UStG.

16 Die Vorschrift verpflichtet zur „**Ausstellung**" von Rechnungen. Eine Rechnung ist ausgestellt, wenn dem Rechnungsadressaten bzw. dem für diesen handelnden berechtigten Dritten das erstellte Dokument zur Empfangnahme angeboten wird. Lehnt dieser die Annahme ab, so ist die Rechnung gleichwohl „ausgestellt", nicht jedoch „ausgegeben" i.S.d. § 13 Abs. 1 Nr. 3 und 4 UStG. Der Tatbestand des § 14c UStG ist folglich nur dann verwirklicht, wenn das Dokument in den Verkehr gebracht ist (*§ 14c Rz. 24*).

17 Die Verpflichtung ist grundsätzlich **innerhalb von sechs Monaten** nach Ausführung der Leistung bzw. Teilleistung (*Rz. 15*) zu erfüllen (§ 14 Satz 1 Nr. 2 Satz 2 UStG), sofern nicht kürzere Fristen gelten (§ 14a Abs. 1 Satz 2, Abs. 3 Satz 1 UStG). Die 6-Monats-Frist gilt indes **nur** für die **öffentlich-rechtliche Verpflichtung**. Hingegen ist die zivilrechtliche Verpflichtung (*Rz. 28*) Zug um Zug gegen Erhalt der Gegenleistung zu erfüllen, da ansonsten hinsichtlich des Teils der Gegenleistung, die dem Steuerbetrag entspricht, ein Zurückbehaltungsrecht besteht (*Rz. 38*).

18 Die **Nichterfüllung** der *öffentlich-rechtlichen* Verpflichtung zur Ausstellung einer ordnungsgemäßen Rechnung mit den Angaben des § 14 Abs. 4 Satz 1 UStG (und ggf. des § 14a UStG) ist eine **Ordnungswidrigkeit** und kann mit einem Buß-

geld nach § 26a Abs. 1 Nr. 1 UStG geahndet werden. Zur Durchsetzung der *zivilrechtlichen* Verpflichtung s. *Rz. 31 ff.*

## II. Werklieferungen und Dienstleistungen im Zusammenhang mit einem Grundstück (Abs. 2 Satz 1 Nr. 1)

Bei steuerpflichtigen Werklieferungen und sonstigen Leistungen im **Zusammenhang mit einem Grundstück** besteht die Verpflichtung zur Erteilung einer Rechnung auch dann, wenn der Leistungsempfänger kein Unternehmer ist oder die Leistung nicht für sein Unternehmen bezieht (§ 14 Abs. 2 Satz 1 Nr. 1 UStG). Anderenfalls ergibt sich die Verpflichtung bereits aus § 14 Abs. 2 Satz 1 Nr. 2 Satz 2 UStG. 19

Da der Leistungsempfänger kein Interesse an der Erteilung einer Rechnung i.S.d. § 14 UStG hat, ist die **Verpflichtung** zur Erteilung einer Rechnung ausschließlich **öffentlich-rechtlicher** Natur. Der Sinn dieser Verpflichtung, eine Rechnung auch dann auszustellen, wenn der Leistungsempfänger diese nicht verlangt, liegt in der **Verhinderung von Steuerhinterziehung** (sog. Schwarzarbeit). Die **Hemmschwelle** für die Frage, ob eine Rechnung benötigt wird, ist erheblich **erhöht**, da auch eine **Aufbewahrungspflicht** des Rechnungsempfängers hinsichtlich des Originals bzw. einer anderen Unterlage besteht (§ 14b Abs. 1 Satz 5 UStG) und diese Verpflichtung bußgeldbewehrt ist (§ 26a Abs. 1 Nr. 3 UStG). Auf die Aufbewahrungspflicht ist in der Rechnung hinzuweisen (§ 14 Abs. 4 Satz 1 Nr. 9 UStG; *Rz. 106*). 20

Die Verpflichtung ist **innerhalb von sechs Monaten** nach Ausführung der Leistung bzw. Teilleistung (*Rz. 14*) zu erfüllen (§ 14 Abs. 2 Satz 1 Nr. 1 UStG). Eine Rechnung ist **ausgestellt**, wenn dem Rechnungsadressaten bzw. dem für diesen handelnden berechtigten Dritten das erstellte Dokument zur Empfangnahme angeboten wird. Lehnt dieser die Annahme ab, so ist die Rechnung gleichwohl „ausgestellt" (*Rz. 16*).

Eine **Werklieferung** liegt vor, wenn bei der Bearbeitung (oder Verarbeitung) eines Gegenstandes selbst beschaffte Stoffe verwendet werden, die nicht nur Zutaten oder sonstige Nebensachen darstellen (§ 3 Abs. 4 Satz 1 UStG). Das gilt auch dann, wenn die Gegenstände mit dem Grund und Boden verbunden werden (§ 3 Abs. 4 Satz 2 UStG). Unverständlich ist, dass § 14 Abs. 2 Satz 1 Nr. 1 UStG den Klammerzusatz „(§ 3 Abs. 4 Satz 1)" enthält, da es um Werklieferungen im Zusammenhang mit einem Grundstück geht und gerade der Satz 2 des § 3 Abs. 4 UStG klarstellt, dass auch dann, wenn Sachen mit dem Grund und Boden verbunden werden, diese nicht deshalb Nebensachen sind, weil der Grund und Boden als Hauptsache anzusehen wäre. Indes werden solche Leistungen, bei denen die verwendeten Stoffe nur Nebensachen sind (sog. Werkleistungen), von den anschließend erwähnten sonstigen Leistungen erfasst. Der **Abgrenzung** (dazu § 3 *Rz. 108 ff.*) bedarf es deshalb **nicht**. 21

Die Bedeutung des Wortes „Werklieferung" in § 14 Abs. 2 Satz 1 Nr. 1 UStG liegt vielmehr darin, die **reinen Lieferungen**, wie z.B. von Baumaterial, **auszugrenzen**. Erforderlich für das Vorliegen einer Werklieferung ist, dass die gelieferten Gegenstände zwecks Bearbeitung des Grundstücks verwendet werden, 22 d.h. **in den Grund und Boden** oder **in ein Gebäude eingebaut** werden (zum Zubehör und anderen beweglichen Gegenständen, die der Nutzung des Grundstücks dienen, s. *Rz. 25*). Da die Leistung nur im Zusammenhang mit einem Grundstück stehen muss, ist es ohne Belang, ob das Gebäude usw. wesentlicher Bestandteil des Grundstücks ist und/oder ob die Einbauten wesentliche Bestandteile des Grundstücks oder des Gebäudes werden.[1]

23 Die Formulierung „**sonstige Leistung im Zusammenhang mit einem Grundstück**" ist § 3a Abs. 3 Nr. 1 Satz 1 UStG entnommen worden. Folglich kommen als (steuerpflichtige) derartige Leistungen jedenfalls sonstige Leistungen im Zusammenhang mit der **Veräußerung** oder dem **Erwerb** von Grundstücken (§ 3a Abs. 3 Nr. 1 Satz 2 Buchst. b UStG; dazu *§ 3a Rz. 41*) in Betracht sowie solche sonstigen Leistungen, die der **Erschließung** von **Grundstücken** oder der **Vorbereitung** oder der **Ausführung** von **Bauleistungen** dienen (§ 3a Abs. 3 Nr. 1 Satz 2 Buchst. c UStG).[2]

Ferner müssten nach ihrem Wortlaut von der Vorschrift auch **Vermietungsleistungen** (§ 3a Abs. 2, Abs. 3 Nr. 1 Satz 2 Buchst. a UStG), nämlich Vermietungen von Wohn- und Schlafräumen zur kurzfristigen Beherbergung, die Vermietung von Fahrzeugabstellplätzen (auch auf dem Wasser) und die kurzfristige Vermietung von Campingplätzen erfasst werden. Gleichwohl verzichtet die Finanzverwaltung in diesen Fällen auf die Rechnungserteilung.[3]

24 Darüber hinaus kommen **weitere** sonstige Leistungen in Betracht, die im Zusammenhang mit einem Grundstück erbracht werden (arg. § 3a Abs. 3 Nr. 1 Satz 1 UStG: „insbesondere"). Nach Auffassung der Bundesregierung müssen diese sonstigen Leistungen in *engem* Zusammenhang mit dem Grundstück stehen.[4] Das entspricht der Auffassung, die zur Auslegung der entsprechenden Bestimmung des § 3a Abs. 3 Nr. 1 Satz 1 UStG vertreten wird[5], ergibt jedoch keinen rechten Sinn, da es keinen engen oder weiten Zusammenhang mit einem Grundstück gibt. Maßgebend ist vielmehr, ob ein unmittelbarer, direkter **sachlicher Zusammenhang** mit dem Grundstück selbst besteht, es mithin um die Nutzung des Grundstücks als solches geht (*§ 3a Rz. 42*). Zu sonstigen Leistungen im Zusammenhang mit einem Grundstück zählen demnach auch[6] **Reinigungsarbeiten, gärtnerische Leistungen, Wartungsarbeiten** an Grundstücks- oder Gebäudeeinbauten, m.E. jedoch **nicht Haushaltsauflösungen**.[7] Nach Auffassung des BMF[8] sollen die Veröffentlichung von Immobilienanzeigen und die Rechts- und Steuerberatung in Grundstückssachen nicht erfasst werden.

---

1 Insoweit zutreffend Reg.-Begr. BR-Drucks. 155/04 – zu Art. 12 Nr. 1 (zu § 14 Abs. 2 UStG).
2 Vgl. Abschn. 14.2 Abs. 2 f. UStAE.
3 Abschn. 14.1 Abs. 3 Satz 5 UStAE; das steht im Widerspruch zu Abschn. 3a.3 Abs. 4 UStAE.
4 Abschn. 14.2 Abs. 3 Satz 1 UStAE.
5 Abschn. 3a.3 Abs. 3 UStAE.
6 Zu weiteren Beispielen Abschn. 14.2 Abs. 3 Satz 3 UStAE.
7 A.A. Reg.-Begr., BR-Drucks. 155/04, 93 – zu Art. 12 Nr. 1.
8 Abschn. 14.2 Abs. 4 UStAE.

M.E. werden auch Leistungen, die sich auf **Zubehör** (§ 97 BGB) des Grundstücks 25
beziehen, erfasst[1], da es nicht darauf ankommt, ob Sachen wesentliche Bestandteile des Grundstücks (Gebäudes) sind, sondern allein darauf, ob sie dessen Zwecken, d.h. Nutzung dienen. Folglich fallen unter die Vorschrift auch Leistungen, die entsprechende Sachen des Mieters (*Beispiel:* Einbauküche) betreffen.

## III. Vorauszahlungen (Abs. 5)

Nach Vereinnahmung einer Voraus- oder Anzahlung (*§ 13 Rz. 27 ff.*) eines Unter- 26
nehmers ist der Unternehmer ebenfalls zur Ausstellung einer Rechnung verpflichtet (§ 14 Abs. 5 Satz 1 i.V.m. Abs. 2 Satz 1 Nr. 2 Satz 2 UStG; die übrigen von § 14 Abs. 5 Satz 1 i.V.m. Abs. 2 Satz 1 UStG erfassten Konstellationen sind ohne praktische Relevanz). Der **Zweck** der Bestimmung liegt darin, dem Zahlenden sogleich eine Rechnung zu verschaffen, die ihn hinsichtlich des im Zahlungsbetrag enthaltenen Umsatzsteuerbetrages zum Vorsteuerabzug nach § 15 Abs. 1 Satz 1 Nr. 1 Satz 3 UStG berechtigt (*§ 15 Rz. 275 ff.*). Folglich besteht die Verpflichtung auch nur im Umfang der vereinnahmten Zahlung(en) und setzt voraus, dass die zu erbringende Leistung bereits feststeht.[2]

Zur Vermeidung der Rechtsfolge des § 14c Abs. 2 UStG bei Nichtausführung der 27
Leistung muss eine solche Rechnung **als Vorausrechnung erkennbar** sein (*§ 14c Rz. 81*). Wird eine **Endrechnung** erteilt, so muss in dieser zur Vermeidung der Rechtsfolge des § 14c Abs. 1 Satz 1 UStG (*§ 14c Rz. 40*) die **bereits ausgewiesene Steuer abgesetzt** werden (Klarstellung durch § 14 Abs. 5 Satz 2 UStG).

## IV. Zivilrechtliche Fragen

### 1. Allgemeines

Die in § 14 Abs. 2 Satz 1 Nr. 2 Satz 2 UStG normierte Verpflichtung des leisten- 28
den Unternehmers zur Ausstellung von Rechnungen mit den in § 14 Abs. 4 UStG genannten Angaben, insbesondere dem Ausweis von Steuer bei steuerpflichtigen Umsätzen, ist im Kern **zivilrechtlicher Natur**. Soweit der Leistungsempfänger eine solche Rechnung für den Vorsteuerabzug benötigt (§ 15 Abs. 1 Satz 1 Nr. 1 Satz 2 UStG), ergibt sich die Verpflichtung indes bereits aus dem zugrunde liegenden Schuldrechtsverhältnis als zivilrechtliche, aus Treu und Glauben (§ 242 BGB) erwachsende Nebenpflicht, die für die Entlastung des Vertragspartners von der Steuer erforderliche Rechnung auszustellen.[3] Mithin ist § 14 UStG insoweit nur deklaratorisch. Eine konstitutive Wirkung kommt dessen Bestimmungen hingegen zu, wenn die Leistung nicht auf vertraglicher Grund-

---

1 A.A. Reg.-Begr. BR-Drucks. 155/04 – zu Art. 12 Nr. 1 (zu § 14 Abs. 2 UStG); *Birkenfeld* in B/W, § 161 Rz. 52.
2 Vgl. EuGH v. 21.2.2006 – C-419/02, EuGHE 2006, I-1685 = UR 2006, 289; BFH v. 24.8.2006 – V R 16/05, BStBl. II 2007, 340.
3 Vgl. BGH v. 11.12.1974 – VII ZR 186/73, UR 1975, 87; BGH v. 14.1.1980 – II ZR 76/79, UR 1980, 247; BGH v. 24.2.1988 – VIII ZR 64/87, BGHZ 103, 284 (287) = UR 1988, 183; BGH v. 12.12.1996 – IX ZR 214/95, UR 1997, 427 (429); BGH v. 2.11.2001 – V ZR 224/00, UR 2002, 91; BGH v. 8.5.2008 – IX ZR 229/06, MDR 2008, 881; BGH v. 10.3.2010 – VIII ZR 65/09, UR 2010, 627.

lage (vgl. § 1 Rz. 45 ff., 56 ff.) erbracht wird; auch in diesem Fall ist die Verpflichtung zivilrechtlicher Natur.

Bei Leistungen von **juristischen Personen des öffentlichen Rechts** und von **Beliehenen** (§ 2 Rz. 254) soll die Verpflichtung nach Auffassung des BGH hingegen öffentlich-rechtlich sein und vor den Verwaltungsgerichten geltend zu machen sein.[1] Die nachfolgenden Ausführungen zur zivilrechtlichen Verpflichtung müssen dann allerdings entsprechend gelten.

Darüber hinaus enthält § 14 UStG zugleich auch eine **öffentlich-rechtliche Verpflichtung gegenüber** dem **Steuergläubiger** (Rz. 11). Diese kann hinsichtlich des Ausweises von Steuer indes nicht weiter gehen als die zivilrechtliche Verpflichtung, da anderenfalls die öffentlich-rechtliche unzulässig in die Rechtsbeziehungen der Vertragsparteien eingreifen würde (zu ausschließlich öffentlich-rechtlichen Rechnungserteilungspflichten s. Rz. 20, 103 ff.).

29 Die Verpflichtung betrifft die Erteilung einer ordnungsgemäßen Rechnung, welche zum Vorsteuerabzug berechtigt, d.h. „nach den §§ 14, 14a" ausgestellt ist (§ 15 Abs. 1 Satz 1 Nr. 1 Satz 2 UStG). Folglich ergibt sich aus § 14 Abs. 2 Satz 1 UStG auch die zivilrechtliche Verpflichtung zur **Berichtigung** oder **Ergänzung** einer fehlerhaften oder unvollständigen Rechnung. Bei Nichterfüllung dieser Verpflichtung ist, sofern kein **Zurückbehaltungsrecht** (Rz. 38) hinsichtlich des vereinbarten Steuerbetrages mehr in Betracht kommt, **Schadensersatz** in dieser Höhe zu leisten. Die Zusendung einer sog. Gutschrift kann, wenn eine Abrechnung mittels dieser nicht vereinbart war, die begehrte Rechnung nicht ersetzen (Rz. 60).

30 Die Verpflichtung zur Erteilung einer Rechnung, in der die Steuer ausgewiesen ist, **erlischt**, wenn der Unternehmer die **Steuer** wegen **Verjährung** nicht mehr schuldet und der Leistungsempfänger den Umsatzsteuerbetrag als zivilrechtlich nicht mehr geschuldet zurückerhalten hat[2] (vgl. auch § 14c Rz. 45). Davon zu unterscheiden ist die Verjährung des Anspruchs auf Erteilung einer Rechnung.[3]

Der Anspruch auf Erteilung der Rechnung ist vor den **Zivilgerichten** – bzw. in den vom BGH genannten Fällen (Rz. 28) vor den **Verwaltungsgerichten** – geltend zu machen, da sich sowohl der Verpflichtete als auch der Berechtigte nach dem zugrunde liegenden Rechtsverhältnis bestimmen. Die Frage der **personellen Verpflichtung** oder **Berechtigung** als solche ist deshalb keine umsatzsteuerrechtliche, so dass eine **Feststellungsklage vor** dem **Finanzgericht nicht** in Betracht kommt.[4]

### 2. Streit über Steuerpflicht oder Steuersatz

31 Streit über die Verpflichtung, eine Rechnung mit gesondertem Ausweis der Steuer zu erteilen, kann entstehen, wenn der dazu Aufgeforderte der Ansicht ist,

---

[1] BGH v. 29.4.2008 – VIII ZB 61/07, BGHZ 176, 222 = UR 2008, 786; vgl. auch BFH v. 30.3.2011 – XI R 12/08, BStBl. II 2011, 819 – Rz. 32.
[2] *Stadie* in R/D, § 14 UStG Anm. 167.
[3] Dazu *Stadie* in R/D, § 14 UStG Anm. 191 ff.
[4] BFH v. 10.11.2010 – XI R 25/08, BFH/NV 2011, 839; BFH v. 30.3.2011 – XI R 12/08, BStBl. II 2011, 819; *Stadie* in R/D, § 14 Anm. 199.1 f.

Verpflichtung                                                                 § 14

kein Unternehmer (bzw. nur Kleinunternehmer, § 19 Abs. 1 UStG) zu sein, oder meint, dass die von ihm ausgeführte Leistung nicht steuerbar bzw. steuerfrei sei oder dass gar keine Leistung vorliege (weil die Zahlung des Anspruchstellers Schadensersatz sei). Dem gleichgelagert ist der Fall, dass in der Rechnung die Steuer nach Maßgabe eines ermäßigten Steuersatzes ausgewiesen ist, der Anspruchsteller jedoch den Ausweis in Höhe des Regelsteuersatzes begehrt. Regelmäßig kommt es zu einem Streit über die Steuerpflicht erst nach Abwicklung des Umsatzes, weil anderenfalls der Dissens bereits bei Vertragsschluss durch Verwendung einer Klausel („zzgl. etwaige Umsatzsteuer" o.Ä.) berücksichtigt worden wäre. Allerdings ist auch die Konstellation denkbar, dass der Leistungsempfänger von vornherein von der Umsatzsteuerpflicht ausgeht, dies jedoch nicht kundtut und nach Empfang der Leistung vom anderen Teil, der Nichtsteuerpflicht annahm, die Aufschlüsselung des vereinbarten Preises in Entgelt und Umsatzsteuer verlangt, um mittels des Vorsteuerabzugs seinen Nettopreis zu senken.

Nach Auffassung des **Bundesgerichtshofes** soll der Anspruch auf Erteilung einer Rechnung mit Ausweis der Steuer nicht davon abhängen, dass die Parteien ausdrücklich einen Preis inklusive Umsatzsteuer vereinbart haben. Die Beurteilung der steuerrechtlichen Fragen stehe jedoch – insoweit zutreffend (*§ 18 Rz. 80; § 29 Rz. 46 f.*) – nicht den Zivilgerichten zu, so dass bei zweifelhafter Rechtslage eine Klage nur Erfolg haben könne, **wenn** eine **bestandskräftige Steuerfestsetzung** vorliege; bis dahin sei dem Beklagten die Erteilung der Rechnung wegen der möglichen Sanktionen nach § 14c UStG[1] nicht zuzumuten.[2] Entsprechendes gelte, wenn der anzuwendende Steuersatz streitig sei.[3]      32

Als Konsequenz dieser verfehlten (*Rz. 33 ff.*) BGH-Rechtsprechung lässt der **BFH** eine **Feststellungsklage** (§ 41 FGO) beim Finanzgericht zu, mit der die Feststellung erreicht werden könne, dass ein steuerpflichtiger Umsatz vorliege bzw. dieser dem Regelsteuersatz unterliege, auch wenn das Finanzamt gegenteiliger Ansicht sei.[4]

Die Rechtsprechung **verkennt** schon das **Wesen und** die **Funktion der Rechnung**, die bezüglich der Steuerpflicht oder der Höhe des Steuersatzes nur die Mitteilung der Rechtsansicht des Ausstellers beinhaltet (*Rz. 8*). Durch ein Urteil kann nicht die Änderung der Rechtsansicht des Beklagten über die Steuerpflicht oder den anzuwendenden Steuersatz erreicht werden. Würde der Beklagte zur Erteilung einer Rechnung mit Steuerausweis bzw. mit einem höheren als dem von      33

---

1 Früher § 14 Abs. 2 und 3 UStG a.F.
2 BGH v. 24.2.1988 – VIII ZR 64/87, BGHZ 103, 284 = UR 1988, 183; BGH v. 10.11.1988 – VII ZR 137/87, UR 1989, 121; BGH v. 26.6.2014 – VII ZR 247/13, DB 2014, 1674 – Rz. 13. Zweifelnd BGH v. 2.11.2001 – V ZR 224/00, UR 2002, 91 – wonach das Zivilgericht jedenfalls steuerrechtliche Vorfragen abschließend beantworten könnte, wenn deren Beurteilung keinen besonderen Schwierigkeiten begegne; zust. BFH v. 30.3.2011 – XI R 5/09, BFH/NV 2011, 1724; zur Kritik daran *Stadie* in R/D, Einf. Anm. 503 ff.
3 BGH v. 14.1.1980 – II ZR 76/79, UR 1980, 247.
4 BFH v. 10.7.1997 – V R 94/96, BStBl. II 1997, 707; dem folgend FG Sachs. v. 28.6.2001 – 2 K 2261/98, EFG 2001, 1577; FG Sa.-Anh. v. 3.9.2004 – 1 K 2147/03, EFG 2005, 405; FG München v. 15.11.2006 – 3 K 3118/03, EFG 2007, 1115; vgl. auch BFH v. 10.11.2010 – XI R 25/08, BFH/NV 2011, 839.

§ 14 Ausstellung von Rechnungen

ihm genannten Steuerbetrag verurteilt werden, so handelte es sich hierbei um die **Mitteilung der Rechtsansicht** des Gerichtes, nicht des Beklagten. Des Weiteren bildet der Ausweis der Steuer in der Rechnung die **Mitteilung** einer Tatsache, nämlich **der Höhe der** als Teil des Preises vom Rechnungsaussteller **kalkulierten Steuer** (*Rz. 5*). Hat dieser keine Steuer in den Preis einkalkuliert, weil er den Vorgang nicht für steuerpflichtig hielt, so würde er bei einer Verurteilung zum Ausstellen einer Rechnung mit Steuerausweis **zu** einer **wahrheitswidrigen Behauptung gezwungen** werden. Folglich müsste er sogleich wieder diese ihm zuzurechnende Rechnung berichtigen (wozu er berechtigt bleibt, *Rz. 115*), mit der Konsequenz, dass die Wirkung des Urteils wieder entfiele!

34  Vor allem aber **verkennt** die **Rechtsprechung**[1] den **Zweck des Vorsteuerabzugs und** damit des **gesonderten Ausweises der Steuer** in der Rechnung. Der Vorsteuerabzug soll den Empfänger der Rechnung von der Umsatzsteuer, die als Teil des Preises auf der erbrachten Leistung ruht, entlasten (*§ 15 Rz. 2*). Hat der Leistende keine von ihm geschuldete Umsatzsteuer in den Preis einkalkuliert, so wird der Empfänger nicht mit einer solchen belastet und es besteht kein Anlass, ihm einen Anspruch auf Ausstellung einer Rechnung mit Ausweis von Steuer zuzusprechen. **Mangels Belastung mit Umsatzsteuer** ist der Zweck des Vorsteuerabzugs nicht erfüllt. Die Auszahlung des Steuerbetrages würde zu keiner Entlastung von einer Belastung, sondern schlicht zu einer durch nichts gerechtfertigten Subvention führen.

35  Die Rechtsprechung fußt offensichtlich auf der **fehlerhaften Annahme**, dass der Leistungsempfänger schon dann mit der Umsatzsteuer belastet sei, wenn die Steuerpflicht des Umsatzes behördlicherseits festgestellt ist. Dieser Befund seitens des Finanzamtes sagt jedoch über die Belastung des Leistungsempfängers mit Umsatzsteuer überhaupt nichts aus, sondern führt lediglich dazu, dass sein Vertragspartner verpflichtet ist, entgegen seiner Kalkulation Umsatzsteuer an das Finanzamt abzuführen. Nur dieser ist dann mit Umsatzsteuer belastet (zur Nachforderung der Umsatzsteuer vom Leistungsempfänger *Rz. 37*).

36  Ein Vorsteuerabzug ist **nur** dann (bzw. nur in der Höhe) geboten, **wenn** (bzw. wie) **Umsatzsteuer** als Teil des Preises gemeinsame **Geschäftsgrundlage** ist. Vereinbart ein zum Vorsteuerabzug berechtigter Unternehmer einen Preis, ohne festzulegen, dass darin ein bestimmter Umsatzsteuerbetrag enthalten ist, so geht er davon aus, dass der andere nicht Unternehmer ist bzw. keinen steuerpflichtigen Umsatz erbringt und dieser mithin keine Umsatzsteuer in den Preis einkalkuliert hat. Folglich liegt eine stillschweigende Übereinstimmung hinsichtlich der Nichtsteuerpflicht des Geschäfts vor.

Entsprechendes gilt, wenn zweifelhaft ist, ob der leistende Unternehmer vom Regelsteuersatz ausgeht. In diesem Fall muss der Leistungsempfänger bei Vertragsschluss für Klarheit hinsichtlich des anzuwendenden Steuersatzes sorgen. Anderenfalls nimmt er in Kauf, dass in der Rechnung nur die Steuer entsprechend dem ermäßigten Steuersatz ausgewiesen wird, d.h. geht nur von einer Belastung in dieser Höhe aus.

---

[1] Exemplarisch erneut BFH v. 30.3.2011 – XI R 5/09, BFH/NV 2011, 1724; BGH v. 26.6.2014 – VII ZR 247/13, DB 2014, 1674 – Rz. 13.

§ 14 Abs. 2 Satz 1 UStG ist folglich einschränkend dahin gehend zu interpretieren, dass eine **Verpflichtung** zum gesonderten Ausweis der Steuer **nur** (bzw. insoweit) besteht, **wenn** (bzw. als) ein **Steuerbetrag** ausdrücklich (*Beispiele:* „plus 19 % USt.", „inkl. 19 % USt.") oder stillschweigend **vereinbart** war. Sofern das nicht geschehen war, darf dem Leistungsempfänger richtigerweise nicht im Nachhinein ein Anspruch auf Erteilung einer Rechnung mit gesondertem Ausweis der Steuer zugestanden werden[1], wenn er erfährt, dass das Finanzamt den Umsatz bestandskräftig als steuerpflichtig behandelt hat (oder das Finanzgericht auf seinen Antrag die Steuerpflicht festgestellt hat[2]). Liegt eine derartige bestandskräftige Steuerfestsetzung vor, so kann vielmehr richtigerweise der betroffene Unternehmer vom Vertragspartner die **zusätzliche Zahlung** eines Betrages in Höhe **der Umsatzsteuer** (auf den ursprünglich vereinbarten Preis als Entgelt) im Wege ergänzender Vertragsauslegung bzw. wegen Störung der Geschäftsgrundlage verlangen, da beide die Nichtsteuerpflicht des Vorganges angenommen hatten.[3] Nur dann besteht auch eine Verpflichtung zur Erteilung einer entsprechenden Rechnung.

37

### 3. Zurückbehaltungsrecht

Bis zur Erteilung einer ordnungsgemäßen Rechnung i.S.d. § 14 UStG, d.h. einer Rechnung mit den für den Vorsteuerabzug erforderlichen Angaben, hat der Leistungsempfänger ein Zurückbehaltungsrecht nach § 273 Abs. 1 BGB, soweit er die Gegenleistung noch nicht erbracht hat. Nach der Rechtsprechung soll die gesamte Gegenleistung verweigert werden können, nicht nur der Anteil, der dem Betrag der Umsatzsteuer entspricht.[4] Dem ist nicht zu folgen, denn die Verweigerung der gesamten Gegenleistung verstößt gegen Treu und Glauben (arg. § 320 Abs. 2 BGB), da der Nachteil nur in Höhe des nicht als Vorsteuer abziehbaren Betrages besteht. Richtigerweise darf nur der der Umsatzsteuer entsprechende Betrag zurückgehalten werden.[5]

38

## V. Verpflichteter, Anspruchsberechtigter

**1.** Nach dem Wortlaut des § 14 Abs. 2 Satz 1 UStG trifft die **Verpflichtung** zur Ausstellung der Rechnung den „Unternehmer". Das entspricht der **Zivilrechtslage**, da der Unternehmer, der die Leistung ausführt, mit der Rechnung seinen Anspruch auf die Gegenleistung geltend macht und gilt auch, wenn ein Unternehmer als sog. **Strohmann** fungiert.[6]

39

---

1 Das verkennt z.B. auch BFH v. 13.7.2006 – V R 40/04, BStBl. II 2006, 938; BFH v. 3.7.2008 – V R 40/04, BStBl. II 2009, 208.
2 Folglich besteht kein Rechtsschutzbedürfnis („berechtigtes Interesse" i.S.d. § 41 Abs. 1 FGO) für eine derartige Feststellungsklage.
3 Vgl. *Stadie* in R/D, Einf. Anm. 914 ff., § 14 UStG Anm. 181 ff.
4 BGH v. 8.3.2005 – VIII ZB 3/04, MDR 2005, 1068; BGH v. 26.6.2014 – VII ZR 247/13, DB 2014, 1674 – Rz. 13; OLG München v. 25.9.1987 – 7 W 27/91/87, NJW 1988, 270; OLG Rostock v. 12.3.2007 – 3 U 67/06, OLGR Rostock 2007, 726; OLG Düsseldorf v. 15.5.2008 – I-5 U 68/07, BauR 2009, 1616.
5 *Weiß*, UR 1968, 309 (313); *Stadie* in R/D, § 14 UStG Anm. 186 ff.; *Heese*, BB 2006, 1137.
6 BGH v. 10.3.2010 – VIII ZR 65/09, UR 2010, 627.

Bei Umsätzen einer **Organgesellschaft** i.S.d. § 2 Abs. 2 Nr. 2 UStG bleibt die Verpflichtung bei der Organgesellschaft als Vertragspartner des Leistungsempfängers, so dass diese, und **nicht** der **Organträger** als Unternehmer, dem die Umsätze der Organgesellschaft nur im Innenverhältnis zugerechnet werden, verpflichtet ist (*§ 2 Rz. 302, 310*). Gegenüber dem Organträger besteht kein Anspruch. Dieser ist entgegen BFH nicht einmal berechtigt, eine Rechnung im eigenen Namen oder im Namen der Organgesellschaft – sofern diese nicht den Organträger als Dritten (*Rz. 54*) dazu befugt hat – auszustellen, so dass widrigenfalls der Tatbestand des § 14c Abs. 2 UStG erfüllt ist (*§ 14c Rz. 79*). In der Rechnung ist als leistender Unternehmer die Organgesellschaft (*Rz. 76*) mit ihrer Steuernummer (*Rz. 82*) anzugeben.

40 Die zivilrechtliche Verpflichtung endet nicht mit **Einstellung der unternehmerischen Tätigkeit** (*§ 2 Rz. 221, 225*). Nach **Löschung** einer Kapitalgesellschaft ist die Verpflichtung von einem Nachtragsliquidator zu erfüllen.[1] Im Falle der **Gesamtrechtsnachfolge** geht die Verpflichtung auf den Rechtsnachfolger über (*§ 2 Rz. 178*). Bei einer sog. Geschäftsveräußerung im Ganzen (§ 1 Abs. 1a UStG) liegt keine Gesamtrechtsnachfolge vor (*§ 1 Rz. 150 ff.*), so dass die Verpflichtung beim Veräußerer verbleibt.

41 2. Die **personelle Anspruchsberechtigung** richtet sich ebenfalls nach dem zugrunde liegenden Rechtsverhältnis, d.h. der Anspruch auf Erteilung steht demjenigen zu, der als Vertragspartner zivilrechtlich oder auf Grund eines anderen Rechtsverhältnisses die Gegenleistung schuldet(e). Nur er kann die Erfüllung der vertraglichen Nebenpflicht bzw. der aus dem anderen Rechtsverhältnis entspringenden Verpflichtung verlangen (*Rz. 28*), damit er von der in der Gegenleistung enthaltenen Steuer entlastet wird. Das gilt auch in dem Fall, in dem Leistungsempfänger eine **Organgesellschaft** ist, da sie Vertragspartner des leistenden Unternehmers ist. Sie kann mithin nicht verlangen, dass der Organträger (als ggf. Vorsteuerabzugsberechtigter, *§ 2 Rz. 315*; *§ 15 Rz. 74*) in der Rechnung als Leistungsempfänger genannt ist.[2] Zudem läge keine ordnungsgemäße Rechnung i.S.d. § 14 UStG vor, wenn der Organträger als Leistungsempfänger in dieser angegeben wäre (*Rz. 76*). Im Falle der **Gesamtrechtsnachfolge** geht der Anspruch auf den Rechtsnachfolger über (*§ 2 Rz. 241*). Bei einer sog. Geschäftsveräußerung im Ganzen (§ 1 Abs. 1a UStG) liegt keine Gesamtrechtsnachfolge vor (*§ 1 Rz. 150 ff.*), so dass die Berechtigung beim Veräußerer verbleibt.

42 Bei einer **Mehrzahl von Leistungsempfängern** besteht nur ein Anspruch auf Erteilung einer Rechnung an die Gesamtheit (s. auch *Rz. 81*). Eine Mehrzahl von Leistungsempfängern ist gegeben, wenn mehrere Personen **gemeinsam Auftraggeber**, auch in Gestalt einer BGB-Gesellschaft, und Gläubiger der zu erbringen Leistung und Schuldner der Gegenleistung sind[3] (*§ 2 Rz. 149 ff.*; zum Vorsteuerabzug *§ 15 Rz. 68 ff.*). **Anders** liegt es, wenn eine sie verbindende, ggf. nur die

---

[1] Vgl. BFH v. 9.12.1993 – V R 108/91, BStBl. II 1994, 483.
[2] BFH v. 8.2.1979 – V R 114/74, BStBl. II 1979, 358 (361) – II.
[3] Vgl. *Reiß*, BB 1987, 448 (450, 452); *Stadie*, Vorsteuerabzug, S. 70 f.; BFH v. 7.11.2000 – V R 49/99, UR 2001, 118 = BStBl. II 2008, 493; BFH v. 1.2.2001 – V R 79/99, BStBl. II 2008, 495 = UR 2001, 251; BFH v. 28.11.2002 – V R 18/01, BStBl. II 2003, 443; BFH v. 6.10.2005 – V R 40/01, BStBl. II 2007, 13.

Kosten umlegende, BGB-Gesellschaft oder Wohnungseigentümergemeinschaft **Unternehmer** ist (dazu § 2 Rz. 148 f., 152 ff.); dann ist sie der Leistungsempfänger und Anspruchsberechtigter.[1]

Soweit ein **Dritter** i.S.d. § 10 Abs. 1 Satz 3 UStG (*§ 10 Rz. 61 ff.*) einen Teil der Gegenleistung entrichtet, ist er in entsprechendem Umfang mittelbarer Leistungsempfänger (*Rz. 80*). Soweit ein Rechtsverhältnis zwischen ihm und dem Leistenden besteht, entspringt daraus die Berechtigung, eine Rechnung zu fordern; anderenfalls ergibt sich die Verpflichtung aus § 14 Abs. 2 Satz 1 Nr. 2 UStG (*Rz. 14*). In der Rechnung ist entgegen der h.M. die in der Zahlung des Dritten enthaltene Umsatzsteuer auszuweisen (*Rz. 102; § 14c Rz. 80*), damit er von dieser durch den Vorsteuerabzug entlastet werden kann (*§ 15 Rz. 195*).[2] 43

Dem gleichzustellen ist der Fall der **unfreien Versendung**, für den § 40 UStDV lediglich die Vorsteuerabzugsberechtigung des Empfängers der Frachtsendung klarstellt (*§ 15 Rz. 88*). Da mit der Annahme der Frachtsendung die Verpflichtung zur Entrichtung der Frachtkosten entsteht, erwächst aus diesem „Rechtsverhältnis" auch der Anspruch auf Erteilung einer Rechnung.

## C. Berechtigung, eine Rechnung mit Ausweis der Steuer auszustellen

### I. Allgemeines, Grundsatz (Abs. 2 Satz 1 Nr. 2 Satz 1)

Sofern keine Verpflichtung besteht, ist der Unternehmer zur Ausstellung von Rechnungen berechtigt (§ 14 Abs. 2 Satz 1 Nr. 2 Satz 1 UStG). Diese Gesetzesaussage ist überflüssig, da jedermann, insbesondere auch eine Privatperson, berechtigt ist, Rechnungen mit beliebigem Inhalt auszustellen. Die Frage der **Berechtigung** ist lediglich **für den Ausweis von Steuer** von Bedeutung; dazu enthält das Gesetz hingegen keine klare Aussage. Indes muss aus § 14 Abs. 4 Satz 1 Nr. 8 UStG das **Verbot des Steuerausweises** abgeleitet werden, wenn kein steuerpflichtiger Umsatz nach § 1 Abs. 1 Nr. 1 UStG ausgeführt wird. Die Berechtigung entfällt des Weiteren, wenn die geschuldete Steuer wegen **Verjährung** erloschen ist (*§ 14c Rz. 44*). Auch **Kleinunternehmern** fehlt die Berechtigung (*§ 19 Rz. 6*). Entsprechendes gilt, wenn der Leistungsempfänger der Steuerschuldner ist (§ 14a Abs. 5 Satz 3 UStG). In den genannten Fällen wird die in der Rechnung ausgewiesene Steuer nach § 14c Abs. 1 oder Abs. 2 UStG geschuldet (*§ 14c Rz. 44, 75, 49*). Kein Verbot des Steuerausweises enthalten hingegen § 14a Abs. 6 Satz 2 und Abs. 7 Satz 3 UStG für die Fälle der Differenzbesteuerung (*§ 14c Rz. 43*). Zur Berechtigung, bei verbilligten oder unentgeltlichen Leistungen eine Rechnung mit gesondertem Ausweis der Steuer zu erstellen, s. *Rz. 47 ff*. 44

---

1 Vgl. *Reiß*, BB 1987, 448 (450, 452); *Stadie*, Vorsteuerabzug, S. 70 f.; BFH v. 1.10.1998 – V R 31/98, BStBl. II 2008, 497 = UR 1999, 36; BFH v. 16.5.2002 – V R 15/00, BFH/NV 2002, 1346; ferner EuGH v. 21.4.2005 – C-25/03, EuGHE 2005, I-3123 = BStBl. II 2007, 24 = UR 2005, 324 – Rz. 54 f.

2 Das verkennen erneut BFH v. 28.8.2013 – XI R 4/11, UR 2014, 22 – anteilige Zahlung eines Profifußballvereins an vom Spieler eingeschalteten Vermittler; BFH v. 16.10.2013 – XI R 39/12, BStBl. II 2014, 1024 = UR 2013, 962 – Rz. 62, Zahlung eines Mobilfunkanbieters an Vermittler für „kostenlose" Lieferungen von Mobilfunktelefonen an Kunden.

## II. Rechnungserteilung vor Ausführung der Leistung

45 Die Befugnis zum gesonderten Ausweis der Steuer in einer Rechnung entsteht nicht erst nach oder bei Ausführung der Leistung; sie erwächst bereits mit Abschluss des Vertrages, so dass schon **vor Ausführung der Leistung** eine Rechnung erteilt werden darf. Aus § 14 Abs. 5 Satz 1 UStG folgt nicht die Einschränkung, dass das erst und nur insoweit gelte, wenn bzw. als eine Vorauszahlung (Anzahlung) der Gegenleistung erfolgt ist. Diese Bestimmung will nicht die Berechtigung, sondern die *Verpflichtung* zur Rechnungserteilung mit gesondertem Ausweis der Steuer bei Vorauszahlungen regeln (*Rz. 26*), so dass sich die Verweisung auf § 14 Abs. 2 UStG nur auf die dort genannte Verpflichtung bezieht und nicht die Berechtigung einschränken will. Die Bestätigung findet sich in § 15 Abs. 1 Satz 1 Nr. 1 Satz 3 UStG, der davon ausgeht, dass eine Rechnung nicht nur vor Ausführung der Leistung, sondern auch schon vor Vereinnahmung der Vorauszahlung zulässig ist („wenn die Rechnung vorliegt und die Zahlung geleistet worden ist").

46 Der **Zweck** einer solchen Rechnung liegt insbesondere darin, bei Anforderung von **Voraus- oder Anzahlungen** dem Zahlenden sogleich eine Rechnung zu verschaffen, die nach Zahlung zum **Vorsteuerabzug** nach § 15 Abs. 1 Satz 1 Nr. 1 Satz 3 UStG berechtigt. Zur Vermeidung der Rechtsfolge des § 14c Abs. 2 UStG bei Nichtausführung der Leistung muss eine solche Rechnung **als Vorausrechnung erkennbar** sein (*§ 14c Rz. 81*). Wird eine **Endrechnung** erteilt, so muss in dieser die **bereits ausgewiesene Steuer abgesetzt** werden (*Rz. 27*).

## III. Verbilligte und unentgeltliche Leistungen (Abs. 4 Sätze 2 und 3)

47 Für den Fall, dass bei verbilligten Leistungen zwischen nahestehenden Personen die sog. **Mindestbemessungsgrundlage** nach § 10 Abs. 5 UStG anzuwenden ist, bestimmt § 14 Abs. 4 Satz 2 UStG, dass in der Rechnung grundsätzlich – Ausnahme: Leistungen von Land- und Forstwirten, die unter § 24 UStG fallen (§ 14 Abs. 4 Satz 3 UStG) – statt des Entgelts die höhere Bemessungsgrundlage nach § 10 Abs. 4 UStG (*§ 10 Rz. 120 ff.*) und die darauf entfallende Steuer anzugeben „sind".

48 Diese **Verpflichtung** ist unverständlich. Es ist nicht ersichtlich, warum der verbilligt Leistende verpflichtet sein soll, auch den nicht auf den Abnehmer abgewälzten Teil der Steuer in der Rechnung auszuweisen. Die Gesetzesbegründung[1], wonach es zu „systemwidrigen Wettbewerbsnachteilen" in Gestalt der „Steuerkumulierung" führen würde, wenn der Vorsteuerabzug nur bis zur Höhe der auf das Entgelt entfallenden Steuer gegeben wäre, ist **nicht nachvollziehbar**, da der Abnehmer gar nicht mit dem Mehr an Steuer belastet ist. Zudem ist nicht erkennbar, bei wem die Steuerkumulierung bzw. der Wettbewerbsnachteil anderenfalls eintreten würde. Wenn die Gehilfen des Gesetzgebers von der Notwendigkeit des vollen Vorsteuerabzugs beim Leistungsempfänger ausgehen, so verkennen sie die Binsenweisheit, dass ungeschriebenes – weil selbstverständliches – Tatbestandsmerkmal des Vorsteuerabzugs die Belastung mit der Steuer ist (*§ 15 Rz. 3*). Hat sich der Leistungsempfänger nicht zur Tragung der gesamten

---

[1] Reg.-Begr. StRefG-E 1990, BT-Drucks. 11/2157, 190 – zu Art. 12 Nr. 4.

Steuer verpflichtet, so liegt bei ihm hinsichtlich des Mehrbetrages keine Belastung vor, die den Vorsteuerabzug rechtfertigen könnte. Belastet ist vielmehr insoweit der leistende Unternehmer, da er die Steuer durch den zu niedrigen Preis insoweit nicht auf den Empfänger der Leistung abgewälzt hat. § 14 Abs. 4 Satz 2 UStG ist deshalb grundsätzlich **nur** als **Berechtigung** zu verstehen (zum Vorsteuerabzug des Leistungsempfängers *§ 15 Rz. 256 f.*). Die Berechtigung besteht nicht bei Land- und Forstwirten, welche die Durchschnittssätze i.S.d. § 24 UStG anwenden (*Rz. 114*).

Bei **unentgeltlichen Leistungen** scheint im Umkehrschluss aus § 14 Abs. 4 Satz 2 UStG zu folgen, dass die Steuer nicht gesondert in einer „Rechnung" ausgewiesen werden darf.[1] Ein Verstoß dagegen könnte, wenn dieser Schluss zutreffend wäre, allerdings keine Rechtsfolgen nach sich ziehen. Da der Unternehmer nur die Steuer in „Rechnung" stellt, die er nach dem Gesetz schuldet, können weder § 14c Abs. 1 UStG – schon nach seinem Wortlaut – noch § 14c Abs. 2 UStG nach seinem Zweck Anwendung finden, denn es ist kein sachlicher Grund erkennbar, den Rechnungsaussteller die Steuer doppelt schulden zu lassen (s. auch *§ 14c Rz. 54, 74*). Von der Befugnis zur Erteilung einer „Rechnung" ist die Frage nach der Berechtigung des Empfängers der unentgeltlichen Leistung zum Abzug der ausgewiesenen Steuer als Vorsteuer zu unterscheiden (dazu *§ 15 Rz. 258*).

49

## D. Begriff und Formen der Rechnung
### I. Allgemeines (Abs. 1 und 3)

Rechnung ist jedes Dokument, mit dem über eine Lieferung oder sonstige Leistung (oder eine entsprechende Teilleistung, *Rz. 12*) abgerechnet wird, gleichgültig, wie dieses Dokument im Geschäftsverkehr[2] bezeichnet wird (§ 14 Abs. 1 Satz 1 UStG); eine sog. Gutschrift erfordert allerdings, dass diese eine entsprechende Angabe enthält (§ 14 Abs. 4 Satz 1 Nr. 10 UStG; *Rz. 105*). Eine **Unterschrift** ist **nicht** erforderlich[3] (zu einem **Vertrag** als Rechnung s. *Rz. 69*), weil die **Rechnung keine rechtsgeschäftliche Erklärung**[4] ist, sondern lediglich eine Mitteilung der Leistungs- und Preisberechnung darstellt (vgl. § 286 Abs. 3 Satz 1 BGB) und zusätzlich die vom UStG erzwungene Mitteilung von Rechtsansichten und Tatsachenbehauptungen (*Rz. 5 f. u. 8*) enthält, die ebenfalls keinen rechtsgeschäftlichen Charakter haben (zur analogen Anwendung bestimmter Vorschriften über Rechtsgeschäfte zum Schutz des Rechnungsausstellers im Anwendungsbereich des § 14c s. *§ 14c Rz. 25*). Das Dokument kann auch in einer fremden **Sprache** verfasst werden; die Finanzbehörde kann dann allerdings eine Übersetzung verlangen.[5]

50

---

[1] So Abschn. 3.2 Abs. 2 Satz 6 UStAE.
[2] Zur Abrechnung mittels „Kontoauszug" s. BMF v. 14.11.2007 – IV A 5 - S 7280/07/0001, UR 2008, 200.
[3] Klarstellung durch Art. 229 MwStSystRL.
[4] Sofern die Rechnung zivilrechtlich verzugsauslösende Wirkung hat (§ 286 Abs. 3 Satz 1 BGB), ist sie zwar eine rechtsgeschäftsähnliche Erklärung, die jedoch auch insoweit nicht der Unterschrift bedarf.
[5] § 87 Abs. 2 AO und Art. 231 MwStSystRL.

51 Eine Rechnung kann aus **mehreren Dokumenten** bestehen, wenn in einem Dokument alle anderen Dokumente bezeichnet sind, aus denen sich die übrigen Angaben nach § 14 Abs. 4 UStG ergeben (*Rz. 68*). Eine unvollständige Rechnung des Leistenden kann m.E. bei entsprechender Vereinbarung durch eine sog. Gutschrift des Leistungsempfängers ergänzt werden (*Rz. 58*).

52 Rechnungen sind auf **Papier** oder vorbehaltlich der Zustimmung des Empfängers **elektronisch** zu übermitteln (§ 14 Abs. 1 Satz 7 UStG). Eine elektronische Rechnung ist eine Rechnung, die in einem elektronischen Format ausgestellt und empfangen wird (§ 14 Abs. 1 Satz 8 UStG). Die Zustimmung bedarf keiner Form und kann auch konkludent oder nachträglich erfolgen.[1] Eine Fernkopie zu einem Standard-**Telefax**-Gerät ist als eine Übermittlung auf Papier anzusehen.[2]

53 Die Sicherheit der **Identität** des **Rechnungsausstellers**, der **unveränderte Inhalt** der Rechnung und ihre **Lesbarkeit** müssen gewährleistet werden (§ 14 Abs. 1 Sätze 2–6 UStG). Die Echtheit der Herkunft und die Unversehrtheit des Inhalts einer elektronischen Rechnung sind bei Verwendung einer **elektronischen Signatur** oder einem **elektronischen Datenaustausch** unter den Voraussetzungen des § 14 Abs. 3 UStG[3] gewährleistet.

## II. Ausstellung durch Dritte (Abs. 2 Satz 4)

54 Eine Rechnung kann auch im Namen und für Rechnung des leistenden Unternehmers oder des Leistungsempfängers (in diesem Fall als sog. Gutschrift, *Rz. 56 ff.*) von einem Dritten ausgestellt werden (§ 14 Abs. 2 Satz 4 UStG). Dritte sind namentlich unselbständige und selbständige Beauftragte, insbesondere Handelsvertreter (Agenten). Die Abrechnung durch einen Dritten erfolgt „für Rechnung" eines anderen, wenn diesem die Abrechnung zuzurechnen ist, weil er einen entsprechenden **Auftrag**[4] oder eine nachträgliche Genehmigung erteilt hat[5] (von Bedeutung ist das insbesondere dann, wenn bzw. soweit Steuer zu Unrecht ausgewiesen worden ist; dazu *§ 14c Rz. 24 f.*). Keine Dritten sind gesetzliche Vertreter und Personen kraft Amtes, soweit sie in dieser Eigenschaft handeln, da ihr Handeln der vertretenen Person kraft Gesetzes zuzurechnen ist (§§ 34, 35 AO).

## III. Abrechnung durch den Leistungsempfänger (sog. Gutschrift, Abs. 2 Sätze 2 und 3)

### 1. Allgemeines

55 Eine Rechnung im umsatzsteuerrechtlichen Sinne kann auch vom Leistungsempfänger ausgestellt werden (§ 14 Abs. 2 Satz 2 UStG). Die Charakterisierung

---

1 Abschn. 14.4 Abs. 1 UStAE.
2 Vgl. Abschn. 14.4 Abs. 2 Satz 4 UStAE.
3 Dazu näher Abschn. 14.4 Abs. 2 ff. UStAE.
4 Ein solcher liegt nicht vor beim Beschluss des Insolvenzgerichts zur Festsetzung des Vergütungsanspruchs des Insolvenzverwalters; BFH v. 26.9.2012 – V R 9/11, BStBl. II 2013, 346.
5 Dazu näher *Stadie* in R/D, § 14 UStG Anm. 263.

einer Abrechnung durch den Leistungsempfänger als „Rechnung" ist indes unsinnig, da sie dem Sprachgebrauch widerspricht. Gleichermaßen unverständlich ist, dass das Gesetz[1] an der verfehlten, weil ebenfalls **dem Sprachgebrauch widersprechenden, Bezeichnung** „Gutschrift" festhält.[2] Seit Mitte 2013 verlangt § 14 Abs. 4 Satz 1 Nr. 10 UStG eine entsprechende **Angabe in** der **Abrechnung**, die allerdings entgegen dem Gesetzeswortlaut nicht den Begriff „Gutschrift" erfordert, sondern auch eine entsprechende **Umschreibung** erlaubt (*Rz. 105 f.*).

Die **Zweckmäßigkeit** bzw. Notwendigkeit der Abrechnung durch den Leistungsempfänger ist vor allem bei solchen Leistungsbeziehungen gegeben, bei denen **nur** der **Leistungsempfänger** den **Umfang** der erbrachten **Leistung kennt**.    56

**Beispiele**

Abrechnung des Maschinenherstellers gegenüber dem Zulieferer über die aus dem sog. Konsignationslager entnommenen Zuliefererteile; des Schrotthändlers über die Menge des angelieferten edelmetallhaltigen Schrotts; der Energiebörse [als Kommissionär] gegenüber dem Energielieferanten [Kommittent] über die weitergelieferte Energie; des Verlages gegenüber dem Autor; des Lizenznehmers gegenüber dem Lizenzgeber über die von dem Umfang der Inanspruchnahme der Lizenz abhängenden Vergütung; der Molkerei gegenüber den Milch anliefernden Landwirten.

Dieser **Vereinfachungszweck** war der Anlass für die Einführung der umsatzsteuerrechtlichen Gutschrift. Die Möglichkeit der Abrechnung mittels Gutschriften ist, worauf der Gesetzgeber ausdrücklich hingewiesen hatte, „für die Praxis unerlässlich"[3]. Der Anwendungsbereich der Abrechnung mittels Gutschrift ist jedoch nach dem klaren Wortlaut des Gesetzes nicht auf derartige Konstellationen beschränkt, so dass die Beteiligten diese Form der Abrechnung **auch in anderen Fällen** vereinbaren können.

Auf die vom BFH zur Vorgängervorschrift kreierte, seit Anbeginn nicht nachvollziehbare[4] sog. Abrechnungslast[5] kam es und kommt es nicht an.[6] Auch die Finanzverwaltung stellt nicht mehr auf diese ab und weist darauf hin, dass die Beteiligten „frei vereinbaren" können, wer abrechnet.[7]

Mittels Gutschrift kann, allerdings nur bei entsprechender **Vereinbarung**, auch    57
die **unvollständige** oder **fehlerhafte Rechnung** des Leistenden **ergänzt** oder **berichtigt** werden[8] (s. auch *Rz. 68, 69 a.E., 118*). Zum Wirksamwerden einer solchen Gutschrift ist indes der **Zugang** des Dokuments beim Empfänger (Leisten-

---

1 Art. 224 MwStSystRL verwendet zwar bei der Definition der Abrechnung durch den Leistungsempfänger den Begriff zu Recht nicht. Aus unverständlichen Gründen findet er sich jedoch nunmehr in Art. 219a Nr. 2 Buchst. a Satz 2 und Art. 226 Nr. 10a MwStSystRL.
2 Richtigerweise hätte es heißen müssen: „Als Rechnung *gilt* auch eine Abrechnung durch den Leistungsempfänger, wenn ...".
3 Gesetzesentwurf der BReg. v. 21.2.1980, BT-Drucks. 8/3688, 23.
4 Ausführlich dazu *Stadie*, Vorsteuerabzug, S. 119 ff.
5 BFH v. 4.3.1982 – V R 107/79, BStBl. II 1982, 309.
6 A.A. *Nieskens*, UR 2004, 105 (117).
7 Abschn. 14.3 Abs. 2 Satz 1 UStAE.
8 Vgl. BFH v. 7.11.2000 – V R 49/99, BStBl. II 2008, 493 (495) = UR 2001, 118 (120 a.E.): „i.V.m. § 14 Abs. 5 UStG" (a.F., entspricht § 14 Abs. 2 Satz 2 UStG); a.A. Abschn. 14.11 Abs. 2 Satz 1 UStAE.

den) erforderlich („übermittelt" worden sein; arg. § 14 Abs. 2 Satz 3 UStG); allein die Aufgabe zur Post reicht nicht aus.[1] Der Zugang ist conditio sine qua non, da nur dadurch der Leistende vom Inhalt der Gutschrift erfährt und die Möglichkeit erhält, zu widersprechen (Anm. 64). Folglich kann sich der Leistungsempfänger nicht durch die Vereinbarung der Abrechnung mittels Gutschrift gegen das Risiko absichern, dass der **Leistende** bei Feststellung eines Rechnungsmangels **nicht mehr vorhanden** ist und von ihm deshalb keine berichtigte Rechnung mehr erlangt werden kann.[2]

58 Die Möglichkeit zur Ausstellung einer Gutschrift besteht „unbeschadet der Verpflichtung nach Satz 1" (§ 14 Abs. 2 Satz 2 UStG), so dass die zivilrechtliche und öffentlich-rechtliche **Verpflichtung des leistenden Unternehmers** trotz der Vereinbarung, dass der Leistungsempfänger abrechne, **bestehen bleibt**. Die zusätzliche Abrechnung des Leistenden mit Ausweis der Steuer, nachdem der Leistungsempfänger vereinbarungsgemäß mittels entsprechender Gutschrift abgerechnet hat, ist nicht unbeachtlich[3], sondern führt, sofern in der Rechnung kein Widerspruch gegenüber der Gutschrift zu sehen ist (*Rz. 65*), grundsätzlich zur Haftung nach § 14c Abs. 1 UStG (*§ 14c Rz. 39*).

### 2. Vorherige Vereinbarung

59 Die Abrechnung mittels Gutschrift muss „vorher vereinbart" worden sein (§ 14 Abs. 2 Satz 2 a.E. UStG). Dieses Erfordernis soll zusammen mit der Widerspruchsmöglichkeit nach § 14 Abs. 2 Satz 3 UStG (*Rz. 62*) den leistenden Unternehmer vor den Rechtsfolgen des § 14c UStG (*§ 14c Rz. 28 f.*) schützen. Des Weiteren kommt hierin zum Ausdruck, dass der **leistende Unternehmer Herr der Abrechnung bleibt** und damit prinzipiell bestimmt, ob und in welcher Höhe überhaupt ein Vorsteuerabzug beim Leistungsempfänger in Betracht kommt (*Rz. 7*). Verweigert der Leistende die Erteilung einer Rechnung mit gesondertem Ausweis der Steuer (überhaupt oder in der geforderten Höhe), so kann sich mithin der Leistungsempfänger nicht durch Zusendung einer Gutschrift den gewünschten Vorsteuerabzug verschaffen (s. auch *Rz. 62*). Er muss vielmehr Klage auf Erteilung einer Rechnung erheben, die aber nur Erfolg haben kann, wenn die zugrunde liegende Preisvereinbarung „inkl. USt." o.Ä. lautet (*Rz. 37*). Eine Vereinbarung ist auch dann erforderlich, wenn der Leistungsempfänger **gesetzlich** (z.B. nach § 315 BGB; § 87c Abs. 1 HGB; § 384 Abs. 2 HGB; § 24 VerlG) zur Abrechnung **verpflichtet** ist.

60 Der **Sinn** der durch Art. 224 Abs. 1 MwStSystRL vorgegebenen Einschränkung, dass die Vereinbarung „**vorher**" getroffen worden sein muss, ist nicht erkennbar, da damit dem leistenden Unternehmer die Möglichkeit genommen wird, eine ohne Einverständnis übermittelte Abrechnung nachträglich zu genehmigen. Allerdings ist keine Schriftform gefordert, so dass auch eine **mündliche**[4] oder **konkludente Vereinbarung** möglich ist. Das „vorher" bezieht sich auf die Erteilung

---

[1] Vgl. zu § 14 Abs. 5 UStG a.F. BFH v. 15.9.1994 – XI R 56/93, BStBl. II 1995, 275.
[2] A.A. *Wäger*, DStR 2010, 1478 (1479 a.E.); *Martin*, BFH/PR 2010, 389 (390); *Sterzinger*, UR 2010, 700 (701).
[3] A.A. *Nieskens*, UR 2004, 105 (117).
[4] Abschn. 14.3 Abs. 2 Satz 3 UStAE.

der Gutschrift und nicht auf die Ausführung der zugrunde liegenden Leistung, so dass auch danach noch die Abrechnung mittels Gutschrift vereinbart werden kann.

Diese Vereinbarung ist **kein Rechtsgeschäft**. Soweit auf Grund des gesonderten Steuerausweises beim Gutschriftempfänger die **Rechtsfolgen des § 14c** UStG (*§ 14c Rz. 29*) einträten, sind allerdings zu seinem Schutz die Regeln des BGB über Rechtsgeschäfte analog anzuwenden, sofern er den Steuerbetrag nicht vereinnahmt hat (*§ 14c Rz. 25*). **Schweigen** ist keine Zustimmung und kann auch wegen des klaren Gesetzeswortlautes („vorher vereinbart") **nicht** nach den Grundsätzen zum kaufmännischen Bestätigungsschreiben zu einer wirksamen Gutschrift führen. Folglich muss, wenn keine Vereinbarung vorliegt, der leistende Unternehmer einer ihm vom Leistungsempfänger zugesandten Abrechnung nicht widersprechen[1] (s. auch *Rz. 62*).

61

## 3. Widerspruch

### a) Zweck, Wirkung

Die Gutschrift verliert die Wirkung einer Rechnung, sobald der Empfänger der Gutschrift dem ihm übermittelten Dokument widerspricht (§ 14 Abs. 2 Satz 3 UStG). Diese Regelung dient zusammen mit dem Erfordernis der vorherigen Vereinbarung dem **Schutz des Leistenden vor** den **Rechtsfolgen** des **§ 14c** UStG[2], da der Steuerausweis in einer wirksamen Gutschrift dem Gutschriftempfänger zuzurechnen ist (*§ 14c Rz. 28 f.*). Der Widerspruch gegen eine Gutschrift hat dieselbe Funktion wie die Berichtigung einer Rechnung hinsichtlich des nach § 14c UStG geschuldeten Steuerbetrages. Dieser ausschließliche Zweck des Widerspruchs, eine Steuerschuld nach § 14c Abs. 1 oder Abs. 2 Satz 1 UStG zu vermeiden, ist alleiniger Maßstab für die Interpretation des § 14 Abs. 2 Satz 3 UStG und muss deshalb entgegen BFH[3] zu einer Einschränkung des zu weit gehenden Wortlauts dieser Regelung führen (**teleologische Reduktion** der Norm; *Rz. 66 f.*). Nur damit wird die Vorgabe des **Art. 224 Satz 1 MwStSystRL** beachtet, der für die Wirkung einer Gutschrift als Rechnung verlangt, dass „jede Rechnung Gegenstand eines Verfahrens zur Akzeptierung durch den Steuerpflichtigen ist", der die Leistung erbringt (*Rz. 67*). Die Bestimmung des § 14 Abs. 2 Satz 3 UStG hätte als Spezialregelung in § 14c UStG angesiedelt werden müssen.

62

Die **Notwendigkeit** des Widerspruches ergibt sich nur bei wirksamen Gutschriften („verliert die Wirkung einer Rechnung"), so dass einem übersandten Dokument nicht widersprochen werden muss, wenn keine Vereinbarung über diese Abrechnungsform vorliegt.

Wie die Berichtigung nach § 14c Abs. 1 Satz 2 UStG (*§ 14c Rz. 57*) muss auch der Widerspruch nach § 14 Abs. 2 Satz 3 UStG schriftlich erfolgen und dem Gutschriftaussteller **zugehen**. Der Widerspruch muss nicht als solcher bezeichnet sein. Es muss aber zum Ausdruck kommen, dass der Ausweis der Steuer oder ei-

63

---

1 A.A. *Lippross*, 6.2.3 – S. 886; *Birkenfeld* in B/W, § 161 Rz. 142 – im Widerspruch zu Rz. 173.
2 Ebenso *D. Hummel*, UR 2012, 497; *Englisch* in T/L, § 17 Rz. 296.
3 BFH v. 23.1.2013 – XI R 25/11, BStBl. II 2013, 417.

ne andere Angabe nicht anerkannt wird. Der Widerspruch kann auch **durch Erteilung einer Rechnung** geschehen, wenn deutlich wird, dass die Gutschrift ihre Wirkung verlieren soll (*Beispiel:* „Anstelle Ihrer Gutschrift erteilen wir folgende Rechnung."].

64 Eine **Frist** für den Widerspruch sieht das Gesetz **nicht** vor. Die Regeln über das sog. kaufmännische Bestätigungsschreiben, wonach der Empfänger unverzüglich widersprechen muss, wenn er mit dessen Inhalt nicht einverstanden ist, sind, auch wenn die Beteiligten Kaufleute sind, nicht entsprechend anzuwenden.[1] Da der Widerspruch in Funktion und Wirkung der Berichtigung des Steuerbetrags nach § 14c Abs. 1 Satz 2 UStG entspricht, ist er wie diese zwar zeitlich unbegrenzt möglich (*§ 14c Rz. 57*) und unterliegt nicht etwa der allgemeinen Verjährungsfrist des BGB[2], nach Erhalt der Gegenleistung ist jedoch ein Widerspruch gegen eine ordnungsgemäße Gutschrift unbeachtlich (*Rz. 66 ff.*).

65 Ein wirksamer Widerspruch hat zur Folge, dass die Gutschrift ihre **Wirkung vollständig** verliert. Ein **teilweiser Widerspruch** ist nach dem klaren Gesetzeswortlaut **nicht** möglich. **Rückwirkung** tritt **nicht** ein, denn die Gutschrift verliert ihre Wirkung, „sobald" der Empfänger der Gutschrift widerspricht. Das deckt sich mit dem in § 17 Abs. 1 Satz 7 UStG zum Ausdruck kommenden allgemeinen umsatzsteuerrechtlichen Grundsatz, wonach Ereignisse nicht zurückwirken (*§ 17 Rz. 89*; zur Bedeutung des Widerspruchs für die Beseitigung der Rechtsfolgen nach § 14c UStG s. *§ 14c Rz. 30*). Analog § 14c Abs. 1 Satz 2 i.V.m. § 17 Abs. 1 Satz 2 UStG hat der Gutschriftsaussteller einen vorgenommenen Vorsteuerabzug für den Besteuerungszeitraum zu berichtigen, in dem der Widerspruch zugegangen ist[3], entgegen BFH richtigerweise jedoch nur dann, wenn die Gegenleistung noch nicht entrichtet worden war (*Rz. 66 ff.*). War indes der **Vorsteuerabzug** von Anbeginn an **zu Unrecht** erfolgt, soweit z.B. eine überhöhte Steuer in der Gutschrift ausgewiesen war, ist der Vorsteuerabzug insoweit unabhängig von einem Widerspruch ex tunc zu berichtigen (*§ 15 Rz. 237*; vgl. auch *§ 15a Rz. 6*), sofern kein Gutglaubensschutz zu gewähren ist (*§ 15 Rz. 247 ff.*).

**b) Nach Erhalt der Gegenleistung**

66 Nach Auffassung des XI. Senats **BFH** soll ein Widerspruch gegen eine vereinbarungsgemäß erteilte Gutschrift, in der die **Umsatzsteuer in zutreffender Höhe ausgewiesen** ist, dieser die Wirkung einer zum Vorsteuerabzug berechtigenden Rechnung selbst dann nehmen[4], wenn die Gegenleistung bereits in voller Höhe entrichtet worden war[5], so dass der Vorsteuerabzug ex nunc unzulässig werde.[6] Diese oberflächliche Sichtweise **verkennt** zum einen schon, dass eine rechtmäßig erteilte **Gutschrift** eine Rechnung i.S.d. § 14 UStG bzw. des Art. 178

---

1 Vgl. BFH v. 19.5.1993 – V R 110/88, BStBl. II 1993, 779 – zu § 14 Abs. 5 UStG a.F.
2 **A.A.** BFH v. 19.5.1993 – V R 110/88, BStBl. II 1993, 779; *Wagner* in S/R, § 14 UStG Rz. 157 f.
3 Vgl. Abschn. 15.2 Abs. 13 UStAE.
4 Offengelassen v. V. Senat; BFH v. 25.4.2013 – V R 2/13, BFH/NV 2013, 1675 – Rz. 28.
5 BFH v. 23.1.2013 – XI R 25/11, BStBl. II 2013, 417; BFH, Urt. v. 19.5.1993 – V R 110/88, BStBl. II 1993, 779 – zur Vorgängervorschrift § 14 Abs. 5 Satz 4 UStG 1980.
6 BFH, Urt. v. 19.5.1993 – V R 110/88, BStBl. II 1993, 779 (781) – 2a.

Buchst. a MwStSystRL ist, so dass es wie bei einer vom leistenden Unternehmer ausgestellten Rechnung **nur für** die **Ausübung**, d.h. lediglich im Zeitpunkt der Geltendmachung des **Vorsteuerabzugs** auf den Besitz der Gutschrift ankommt und das einmal entstandene Recht auf Vorsteuerabzug weder ex tunc noch ex nunc entfallen kann (*§ 15 Rz. 203 f., 218*), so dass schon deshalb bei einer rechtmäßig erteilten Gutschrift entgegen BFH § 14 Abs. 2 Satz 3 UStG leer läuft.[1] Das deckt sich mit dem **Zweck** des **Widerspruchs** nach § 14 Abs. 2 Satz 3 UStG, welcher lediglich dem Schutz des Leistenden/Gutschriftsempfängers vor den Rechtsfolgen des § 14c Abs. 1 Satz 1 und des Abs. 2 Satz 1 UStG dient (*Rz. 62*).

Eine **ordnungsgemäße Gutschrift** ersetzt die Rechnung, zu deren Erteilung der leistende Unternehmer (auch) öffentlich-rechtlich verpflichtet ist, und bewirkt die **gleiche öffentlich-rechtliche Rechtsfolge wie** eine vom leistenden Unternehmer ausgestellte ordnungsgemäße **Rechnung**. Wegen dieser auch öffentlich-rechtlichen Funktion einer ordnungsgemäßen Gutschrift **steht sie nicht mehr zur Disposition des leistenden Unternehmers** (*Rz. 11*) und das in **§ 14 Abs. 6 Nr. 5 UStG i.V.m. § 31 Abs. 5 Satz 1 UStDV** ausgedrückte **Verbot** der „**Berichtigung**" einer ordnungsgemäßen Rechnung (*Rz. 116*) gilt auch für ordnungsgemäße Gutschriften. Es kann nicht ernsthaft angenommen werden, dass der Gesetzgeber bei Einfügung des § 14 Abs. 6 Nr. 5 UStG und des § 31 Abs. 5 UStDV die Regelung des § 14 Abs. 2 Satz 3 UStG als lex specialis gegenüber diesen Bestimmungen sehen wollte. Dies nicht zuletzt auch deshalb, weil anderenfalls das **Zurückbehaltungsrecht** (*Rz. 38*) des Leistungsempfängers als einziges Druckmittel zur Erlangung einer zum Vorsteuerabzug berechtigenden Rechnung nach Entrichtung der gesamten Gegenleistung **unterlaufen** würde (vgl. auch *§ 15 Rz. 218*). Ein **Widerspruch** gegen eine ordnungsgemäße Gutschrift ist nach Erhalt der Gegenleistung wirkungslos und **darf vom Finanzamt nicht beachtet werden**, weil der Widersprechende (leistende Unternehmer) sowohl öffentlich-rechtlich (*Rz. 11*) als auch zivilrechtlich (*Rz. 14*) verpflichtet bleibt, eine Rechnung gleichen Inhalts auszustellen. **Anderenfalls** würde das Finanzamt, wenn es den Vorsteuerabzug beim Gutschriftsaussteller rückgängig machen würde, **Beihilfe** zur **Schikane** (*Rz. 67*) leisten und den **Staat auf Kosten** des **Gutschriftsausstellers bereichern**. Diese stellt einen groben **Verstoß gegen** den **Verhältnismäßigkeitsgrundsatz** dar, weil die Versagung des Vorsteuerabzugs nach Zahlung der gesamten Gegenleistung für einen steuerpflichtigen Umsatz zur Erreichung des Gesetzeszwecks – Besteuerung der Endverbraucher – schon nicht geeignet, geschweige denn erforderlich, geschweige denn zumutbar (angemessen) ist.[2]

Die verfehlte gegenteilige Entscheidung des XI. Senats des **BFH** bedeutet faktisch das **Ende der umsatzsteuerrechtlichen Gutschrift**. Leistungsempfänger werden zukünftig nicht mehr mit einer Gutschrift abrechnen[3], da sie niemals ausschließen können, dass Vertragspartner irgendwann – der Widerspruch ist nach dem Gesetzeswortlaut zeitlich unbegrenzt möglich – nach Beendigung der Geschäftsbeziehungen aufgrund von Unstimmigkeiten aus reiner Schikane sämtlichen früheren Gutschriften widersprechen. Ein Schadensersatzanspruch

---

1 *D. Hummel*, UR 2012, 497 (500 f.); *Stadie*, UR 2013, 365.
2 Ausführlich *Stadie*, UR 2013, 365.
3 Vgl. *D. Hummel*, UR 2012, 497 (498 l. Sp., 500 l. Sp. oben).

würde nicht weiterhelfen, wenn der leistende Unternehmer in die Insolvenz gegangen ist. Dieses vom XI. Senat bewirkte Ende der Gutschrift missachtet den **vom Gesetzgeber** mit der Gutschrift **verfolgten Vereinfachungszweck** (*Rz. 56*).

Nur die hier vertretene Auslegung entspricht dem **Art. 224 Satz 1 MwStSystRL**, der für die Wirkung einer Gutschrift als Rechnung verlangt, dass „jede Rechnung Gegenstand eines Verfahrens zur Akzeptierung durch den Steuerpflichtigen ist", der die Leistung erbringt. Dieses Erfordernis kann nur den Schutz des Gutschriftempfängers vor der Haftung nach Art. 203 MwStSystRL bezwecken. Einer solchen „Akzeptierung" bedarf es nicht mehr, wenn der leistende Unternehmer/Gutschriftempfänger den Bruttobetrag, d.h. die vereinbarte Gegenleistung einschließlich Umsatzsteuer/Mehrwertsteuer erhalten und den Umsatzsteuerbetrag nicht zurück überwiesen hat. Eine gegenteilige Auslegung des Art. 224 MwStSystRL wäre nicht mit dem Verhältnismäßigkeitsgrundsatz zu vereinbaren. Demgemäß heißt es auch zutreffend in den **Erläuterungen der Kommission** zu den Mehrwertsteuervorschriften für die Rechnungsstellung, dass das Verfahren zur Akzeptierung jeder Rechnung i.S.d. Art. 224 MwStSystRL im Rahmen der vorherigen Vereinbarung verabredet und beschrieben werden oder „durch die Abwicklung der Rechnung oder den Zahlungseingang seitens des Lieferers oder Dienstleistungserbringers belegt werden" kann.[1]

## IV. Rechnung in Form mehrerer Dokumente
### 1. Allgemeines

68 Eine Rechnung kann aus mehreren Dokumenten bestehen, aus denen sich die nach § 14 Abs. 4 UStG (*Rz. 71 ff.*) geforderten Angaben insgesamt ergeben, sofern in einem dieser Dokumente alle anderen Dokumente bezeichnet sind, aus denen sich die übrigen Angaben ergeben (§ 31 Abs. 1 Sätze 1 und 2 Halbs. 2 UStDV).[2] Das gilt auch für Gutschriften, da auch diese „Rechnungen" darstellen. Die Bestimmung erlaubt **auch** eine **Kombination von Rechnung und Gutschrift**, indem die eine Abrechnung die andere ergänzt.[3] Nach § 31 Abs. 1 Satz 2 Halbs. 1 UStDV sind in einem dieser Dokumente „das Entgelt und der darauf entfallende Steuerbetrag *jeweils zusammengefasst* anzugeben". Der Sinn dieser Regelung ist nicht erkennbar. Auch die Bedeutung des Wortes „jeweils" ist nicht ersichtlich. Das Ziel dieser verkorksten Vorschrift erschließt sich erst nach Studium der Gesetzesbegründung; danach soll diese Bestimmung für die **Abrechnung bei Dauerschuldverhältnissen** von Bedeutung sein.[4]

---

[1] Erläuterungen der Kommission vom 5.10.2011 zu den Mehrwertsteuervorschriften für die Rechnungsstellung, zu Gutschriften (Art. 224), Dok.-Kz. B-4.

[2] Nach § 31 Abs. 1 Satz 3 UStDV müssen die Angaben „leicht und eindeutig nachprüfbar sein". Gemeint ist wohl (wie es von den Gehilfen des Gesetzgebers wohl (wie es noch richtig in der alten, bis 2003 geltenden Fassung hieß), dass die Angaben eindeutig sein müssen und eine leichte Nachprüfbarkeit gewährleistet sein muss.

[3] Vgl. BFH v. 7.11.2000 – V R 49/99, BStBl. II 2008, 493 (495) = UR 2001, 118 (120 a.E.): „i.V.m. § 14 Abs. 5 UStG" (a.F., entspricht § 14 Abs. 2 Satz 2 UStG); a.A. Abschn. 14.5 Abs. 1 Sätze 8 und 9 UStAE.

[4] RegE StÄndG 2003, BR-Drucks. 630/03, 82 – Begr. zu Art. 4 Nr. 14 (zu § 14 Abs. 6 UStG).

## 2. Abrechnung bei Dauerschuldverhältnissen

Ist in einem Vertrag über eine Dauerleistung (z.B. **Mietvertrag**), der regelmäßige 69
Zahlungen für bestimmte Zeitabschnitte, d.h. für Teilleistungen (*§ 13 Rz. 21*)
vorsieht, nur das Teilentgelt für den abstrakten Teil der Dauerleistung (Zeitabschnitt) genannt (z.B. „pro Monat"), so kann der Vertrag allein (schon deshalb) nicht als Rechnung angesehen werden, weil nicht über *konkrete* Teilleistungen abgerechnet wird.[1] Da das jeweilige Erstellen von Rechnungen für die einzelnen Zeitabschnitte (Teilleistungen) unzumutbar ist, erlaubt es § 31 Abs. 1 Satz 2 Halbs. 1 UStDV, die Rechnung für die jeweilige Teilleistung in den beiden Dokumenten **Vertrag** (z.B. Mietvertrag) **und** Zahlungsaufforderung oder **Abbuchungs- bzw. Überweisungsbeleg** zu sehen.[2] In diesem Fall handelt es sich um eine Kombination aus Rechnung und Gutschrift (*Rz. 58 a.E., 68*).[3]

Voraussetzung für die Anerkennung als Rechnung i.S.d. § 14 UStG ist allerdings, 70
dass sich auf dem Beleg über den **Zahlungsbetrag** ein **Hinweis auf** den **Vertrag**, der die übrigen Angaben enthält (§ 31 Abs. 1 Satz 2 Halbs. 2 UStDV), und die Angabe des Zeitabschnitts befinden.[4] Die Finanzverwaltung verzichtet auf die Angabe der fortlaufenden Rechnungsnummer (§ 14 Abs. 4 Satz 1 Nr. 4 UStG), wenn der zugrunde liegende Vertrag eine einmalige Nummer enthält.[5] Ist im Mietvertrag der auf das Teilentgelt entfallende Steuerbetrag nicht angegeben, sondern enthält dieser lediglich die Angabe „zzgl. USt.", so muss in dem o.g. Beleg der konkrete Steuerbetrag genannt sein (*Beispiel:* „Miete März 2015 für ABC-Str. 1 lt. Vertrag v. 23.3.2010: 2000 € + 380 € USt. = 2380 €").

## E. Erforderliche Angaben in der Rechnung (Abs. 4)
## I. Allgemeines

Die Rechnung muss **grundsätzlich** die in § 14 Abs. 4 Satz 1 Nr. 1–8 UStG **genannten Angaben** enthalten[6] (zu Vereinfachungen s. *Rz. 107 ff.*). Das gilt auch 71

---

[1] Das verkennen Abschn. 14.1 Abs. 2 UStAE; BFH v. 18.3.1982 – V R 196/81, BStBl. II 1982, 313; BFH v. 4.3.1982 – V R 55/80, BStBl. II 1982, 317; BFH v. 7.7.1988 – X R 66/82, BStBl. II 1988, 1019; BFH v. 1.2.2001 – V R 23/00, UR 2001, 253; BFH v. 11.10.2007 – V R 27/05, BStBl. II 2008, 438 – 1a bb (2); vgl. auch BFH v. 28.5.2009 – V R 11/08, HFR 2010, 156.
[2] Vgl., insoweit zutreffend, BFH v. 4.2.2008 – V B 170/06, BFH/NV 2008, 829 m.w.N.
[3] Vgl. BFH v. 7.11.2000 – V R 49/99, BStBl. II 2008, 493 (495) = UR 2001, 118 (120 a.E.). Demgegenüber „beanstandet" es Abschn. 14.5 Abs. 17 Satz 3 UStAE lediglich nicht, wenn der Zahlungsbeleg vom Leistungsempfänger ausgestellt wird.
[4] Dazu Abschn. 14.1 Abs. 2 Sätze 2 und 3 UStAE; BFH v. 10.1.2013 – XI B 33/12, UR 2013, 588; s. auch BMF v. 26.10.2005 – IV A 5 - S 7280a - 88/05, UR 2006, 367.
[5] Abschn. 14.5 Abs. 12 UStAE.
[6] Bislang unterblieben ist die **Umsetzung** des **Art. 226 Nr. 7a MwStSystRL**, der für den Fall, dass die Steuer beim leistenden Unternehmer nach dem sog. Ist (Art. 66 Buchst. b MwStSystRL) entsteht, in der Rechnung die Angabe „**Besteuerung nach vereinnahmten Entgelten**" verlangt. Das soll der Verwirklichung des seit 1977 bestehenden, nunmehr in Art. 167 MwStSystRL zum Ausdruck kommenden Prinzips dienen, wonach der Vorsteuerabzug entsteht, wenn die abziehbare Steuer entsteht. Die von Art. 226 Nr. 7a MwStSystRL geforderte Angabe bewirkt, dass der Rechnungsempfänger davon Kenntnis erlangt, dass der leistende Unternehmer nach dem sog. Ist versteuert.

bei Rechnungen über Teilleistungen (*Rz. 12*) oder Vorauszahlungen (*Rz. 26*). Da auch eine sog. Gutschrift eine Rechnung i.S.d. § 14 UStG ist (*Rz. 55*), muss auch eine solche Abrechnung die von § 14 Abs. 4 Satz 1 UStG geforderten Angaben einschließlich „Gutschrift" (Nr. 10) enthalten. Darüber hinaus verlangen § 14 Abs. 4 Satz 1 Nr. 9 und § 14a UStG bei bestimmten Umsätzen noch **weitere zusätzliche Angaben**. § 14 Abs. 4 Satz 2 UStG enthält für den Fall der sog. Mindestbemessungsgrundlage entgegen seinem Wortlaut keine zwingende Vorgabe (*Rz. 113*).

72 Der **Zweck** der Angaben nach § 14 Abs. 4 Satz 1 UStG ergibt sich vorrangig aus der Funktion der Rechnung für den Vorsteuerabzug des Rechnungsempfängers. § 15 Abs. 1 Satz 1 Nr. 1 Satz 2 UStG verlangt als materiell-rechtliche **Voraussetzung** (*Rz. 10*) des **Vorsteuerabzugs** bei dessen „Ausübung" den **Besitz** einer **nach § 14 UStG ausgestellten Rechnung** (*§ 15 Rz. 178* und *Rz. 203*; zum Vertrauensschutz bei fehlerhaften Rechnungen s. *§ 15 Rz. 221 ff.*). Indem der Vorsteuerabzug von einer Rechnung mit insbesondere den von § 14 Abs. 4 Satz 1 UStG geforderten Angaben abhängig gemacht wird, erhält die Finanzverwaltung **Informationen über** den leistenden **Unternehmer** und die von ihm ausgeführten **Umsätze**, die seine steuerrechtliche Überprüfung (Überwachung) erleichtern. Des Weiteren wird dieser zur **Mitteilung** seiner **Rechtsansicht**, wie er die Leistung umsatzsteuerrechtlich einschätzt, **gezwungen** (*Rz. 5, 8*), was ebenfalls seiner Besteuerung dienlich sein kann. Mit dem Steuerausweis **begrenzt** der Rechnungsaussteller schließlich die **Höhe des Vorsteuerabzugs** des Leistungsempfängers (*Rz. 7*).

73 Soweit eine Rechnung auf Grund **öffentlich-rechtlicher Verpflichtung** (*Rz. 3*) auch dann ausgestellt werden muss, wenn der Leistungsempfänger keine Rechnung mit den vollständigen Angaben nach § 14 Abs. 4 bzw. § 14a UStG benötigt, weil er nicht vorsteuerabzugsberechtigt ist, dienen die Angaben zumeist nur der **Kontrolle des Rechnungsausstellers**. Bestimmte Angaben sind als **Hinweise für den Leistungsempfänger** gedacht; das ist überwiegend bei den von § 14a UStG geforderten Angaben der Fall.

## II. Regelangaben (Abs. 4 Satz 1)

### 1. Bezeichnung des Leistenden und des Leistungsempfängers (Nr. 1)

74 **a)** Die Rechnung muss grundsätzlich den **vollständigen Namen** und die **vollständige Anschrift** des leistenden Unternehmers und des Leistungsempfängers enthalten (§ 14 Abs. 4 Satz 1 Nr. 1 UStG).[1] Dafür reicht es aus, wenn sich diese Merkmale auf Grund der in die Rechnung aufgenommenen Bezeichnungen **eindeutig** feststellen lassen (§ 31 Abs. 2 UStDV; zur Verwendung von Abkürzungen u.Ä. s. § 31 Abs. 3 UStDV). Name eines Kaufmanns ist (auch) die **Firma** i.S.d. § 17 HGB.[2] Die Angabe eines **Künstlernamens** ist nur dann ausreichend, wenn sich anhand dessen die dahinter stehende Person eindeutig feststellen lässt.[3]

---

1 Dazu FG Berlin-Bdb. v. 27.8.2014 – 7 V 7147/14, EFG 2014, 2096.
2 BFH v. 25.2.2005 – V B 190/03, BFH/NV 2005, 1397.
3 Vgl. BFH v. 17.9.1992 – V R 41/89, BStBl. II 1993, 205.

Maßgebend für die **Anschrift** sind die Verhältnisse im **Zeitpunkt** der Rechnungsausstellung, nicht der Leistungsausführung (s. auch *§ 15 Rz. 228*), obwohl es im Hinblick auf § 3a UStG sachgerecht wäre, wenn das Gesetz auch die Angabe der abweichenden Anschrift im Zeitpunkt der Leistungsausführung verlangen würde.[1]

Das BMF lässt es zu, wenn bei **mehreren Zweigniederlassungen**, Betriebsstätten oder Betriebsteilen eine beliebige von diesen mit ihrer Anschrift genannt wird.[2] Damit wird der Zweck dieser Rechnungsangabe verkannt, der auch darin liegt, der Bestimmung der Steuerbarkeit des Umsatzes zu dienen. Bei sonstigen Leistungen kann der Ort des Umsatzes davon abhängen, welcher „Betriebsstätte" (festen Niederlassung) des Leistenden (§ 3a Abs. 1 Satz 2 UStG) bzw. des Leistungsempfängers (§ 3a Abs. 2 Satz 2 UStG) die Leistung zuzurechnen ist.

75

Im Falle der Organschaft soll nach Auffassung der Bundesregierung der Name und die Anschrift der **Organgesellschaft** angegeben werden „können", wenn der leistende Unternehmer oder der Leistungsempfänger „unter dem Namen" und Anschrift der Organgesellschaft die Leistung erbracht bzw. bezogen habe.[3] Die Bundesregierung geht folglich davon aus, dass eigentlich Name und Anschrift des Organträgers anzugeben seien. Das ist verfehlt, da offensichtlich nicht der Fall des Handelns unter fremdem Namen (dazu *§ 1 Rz. 71; § 15 Rz. 190*) gemeint ist. Der Organträger leistet nicht etwa durch die Organgesellschaft. Schlicht abwegig ist deshalb auch die Aussage des V. Senats des BFH, wonach es sich bei der Firma der Organgesellschaft um eine „zusätzliche Firmenbezeichnung des Organträgers" handele.[4] **Leistende** bleibt die Organgesellschaft[5], dem Organträger werden lediglich die Umsätze zugerechnet (*§ 2 Rz. 255, 310*). Folglich ist auch nur die Organgesellschaft zivilrechtlich verpflichtet, eine Rechnung auszustellen (*Rz. 39*), in der sie ihren Namen und ihre Anschrift anzugeben hat.

76

Entsprechendes gilt, wenn eine Organgesellschaft **Leistungsempfänger** ist. Hier wird die Auffassung der Bundesregierung schlicht absurd, denn der leistende Unternehmer ist nur seinem Vertragspartner gegenüber verpflichtet und wird im Regelfall zudem auch gar nicht wissen, dass sein Vertragspartner einem Organkreis angehört. Eine zivilrechtliche Verpflichtung, statt des Vertragspartners dessen beherrschenden Gesellschafter in der Rechnung zu benennen, gibt es nicht. Eine derartige Rechnung würden den Tatbestand des § 14c Abs. 2 UStG erfüllen (*§ 14c Rz. 79*).

**b) Leistender Unternehmer** i.S.d. § 14 Abs. 1 Satz 4 Nr. 1 UStG ist derjenige, dem die Leistung, über die abgerechnet wird, zuzurechnen ist (dazu *§ 15 Rz. 186 ff.*). Ist nicht der zutreffende Leistende oder eine Scheinanschrift in der Rechnung ge-

77

---

1 Zu der Frage, ob bei zwischenzeitlicher **Sitzverlegung** einer **GmbH** beide Sitze in der Rechnung anzugeben seien, einerseits *Birkenfeld* in B/W, § 163 Rz. 134; andererseits *Stadie* in R/D, § 14 UStG Anm. 296; offengelassen von BFH v. 8.10.2008 – V R 63/07, BFH/NV 2009, 1473 – 1b a.E. der Gründe.
2 Abschn. 14.5 Abs. 4 Satz 2 UStAE.
3 Abschn. 14.5 Abs. 4 Satz 1 UStAE.
4 BFH v. 28.10.2010 – V R 7/10, BStBl. II 2011, 391 – Rz. 19.
5 A.A. *Wagner* in S/R, § 14c UStG Rz. 183.

nannt, so kann es im Rahmen des § 15 Abs. 1 Satz 1 Nr. 1 UStG der **Vertrauensschutz** gebieten, dass der Leistungsempfänger gleichwohl den **Vorsteuerabzug** erhält (*§ 15 Rz. 190 f.*).

78 **c) Leistungsempfänger** i.S.d. § 14 Abs. 1 Satz 4 Nr. 1 UStG (und auch i.S.d. § 13b UStG; s. *§ 13b Rz. 112*) und damit Rechnungsadressat (Klarstellung durch § 14c Abs. 1 Satz 2 UStG, wonach die in der Rechnung unrichtig ausgewiesene Steuer gegenüber dem *„Leistungsempfänger"* zu berichtigen ist) ist derjenige, der nach dem zugrunde liegenden, regelmäßig **zivilrechtlichen** Rechtsverhältnis die Gegenleistung schuldet[1], da er (bei steuerpflichtigen Umsätzen) mit der Steuer (als Teil der Gegenleistung) belastet wird und mithin ggf. von dieser mittels des Vorsteuerabzugs zu entlasten ist. Das kann folglich auch ein **Treuhänder** oder **Strohmann** sein.[2] Die **Eigentumslage** ist für die Bestimmung des Leistungsempfänger **ohne Bedeutung**[3] (*Beispiele*: Gebäude auf fremdem Grund und Boden, Mietereinbauten, Gebäude eines Miteigentümers auf dem gemeinsamen Grundstück).

Die **vollständige Anschrift** des Leistungsempfängers ist auch dann anzugeben, wenn dieser einen Dritten mit der In-Empfangnahme der Rechnung beauftragt hat und der Rechnungsaussteller die Rechnung mit **„z.Hd. von"**, **„c/o"** o.Ä. **an** den **Dritten** sendet.[4]

79 Vom **Leistungsempfänger** i.S.d. § 14 UStG ist derjenige i.S.d. § 15 Abs. 1 Satz 1 Nr. 1 UStG **hinsichtlich des Vorsteuerabzugs zu unterscheiden**. Letzterer ist entgegen der Rechtsprechung wirtschaftlich zu bestimmen. Wird die Leistung von einem Dritten für sein Unternehmen verwendet („verbraucht"), der dem zuvor genannten Leistungsempfänger i.S.d. § 14 Abs. 1 Satz 1 Nr. 4 UStG dessen Aufwand ersetzt, so kommt der Dritte als **wirtschaftlicher** Leistungsempfänger und Vorsteuerabzugsberechtigter in Betracht, wenn kein steuerpflichtiger Umsatz in Gestalt der entgeltlichen Weitergabe der Leistung angenommen werden kann (*§ 15 Rz. 76 ff.*).

80 Soweit ein **Dritter** aus eigenem Interesse an der Leistung die Gegenleistung erbringt (Dritter i.S.d. § 10 Abs. 1 Satz 3 UStG, *§ 10 Rz. 61 ff.*), wird auch er zum Leistungsempfänger, da er insoweit mit der Steuer als Teil der von ihm entrichteten Gegenleistung belastet ist. Derjenige, dem die Leistung unmittelbar zugutekommt, ist unmittelbarer Leistungsempfänger, der Dritte, dessen Zwecken die Leistung ebenfalls dient, ist **mittelbarer Leistungsempfänger** im Umfang der von ihm erbrachten Gegenleistung. Folglich hat er insoweit einen Anspruch auf Erteilung einer Rechnung (*Rz. 43*), in der zur Identifizierung der Leistung auch der unmittelbare Leistungsempfänger zu benennen ist.[5] Hingegen muss in der

---

1 Vgl. BFH v. 7.11.2000 – V R 49/99, BStBl. II 2008, 493 = UR 2001, 118; BFH v. 23.11.2000 – V R 49/00, BStBl. II 2001, 266; BFH v. 30.3.2006 – V R 9/03, BStBl. II 2006, 933; BFH v. 24.8.2006 – V R 16/05, BStBl. II 2007, 340 (342); BFH v. 23.9.2009 – XI R 14/08, BStBl. II 2010, 243.
2 Vgl. BFH v. 18.2.2009 – V R 82/07, BStBl. II 2009, 876.
3 BFH v. 23.9.2009 – XI R 14/08, BStBl. II 2010, 243.
4 Abschn. 14.5 Abs. 3 Satz 1 UStAE.
5 Genau umgekehrt sieht es die Finanzverwaltung bei **Zuzahlungen** der **Versicherten** in der gesetzlichen **Krankenversicherung**; OFD Koblenz v. 2.7.2008 – S 7280 A - St 44 5,

Rechnung gegenüber dem unmittelbaren Leistungsempfänger der Dritte – wie auch dessen Zuzahlung (*Rz. 94*) – nicht genannt werden, weil der Zweck der Rechnung dies nicht erfordert.

Bei einer **Mehrzahl von Leistungsempfängern** (*Rz. 42*) muss nicht jeder Einzelne genannt sein, wenn sich die Leistungsempfänger aus der in die Rechnung aufgenommenen Bezeichnung eindeutig feststellen lassen (§ 31 Abs. 2 UStDV). Eine Sammel- o.ä. **Bezeichnung** (*Beispiel:* „Grundstücksgemeinschaft XY-Straße 5") reicht aus, wenn sich auf Grund dieser die Beteiligten zweifelsfrei bestimmen lassen[1] (zum anteiligen Vorsteuerabzug der Beteiligten s. *§ 15 Rz. 194*). 81

### 2. Steuernummer (Nr. 2)

In der Rechnung muss die dem leistenden Unternehmer vom (deutschen) Finanzamt erteilte **Steuernummer oder** die ihm vom Bundeszentralamt für Steuern erteilte **Umsatzsteuer-Identifikationsnummer** (§ 27a UStG) angegeben werden (§ 14 Abs. 4 Satz 1 Nr. 2 UStG).[2] Auch ein im Ausland ansässiger Unternehmer muss sich folglich bei einer deutschen Finanzbehörde zwecks Erlangung einer solchen Nummer registrieren lassen, um dem Leistungsempfänger eine für den Vorsteuerabzug erforderliche ordnungsgemäße Rechnung verschaffen zu können. 82

Eine **Organgesellschaft** bleibt gegenüber Dritten der leistende Unternehmer (*Rz. 39*), so dass sie grundsätzlich ihre eigene Steuernummer und nicht etwa die des Organträgers anzugeben hat.[3]

Der **Zweck** der Verpflichtung, eine Steuernummer oder USt-IdNr. anzugeben, liegt in der Erleichterung der Erfassung bzw. Kontrolle des leistenden Unternehmers. Bei Umsätzen gegenüber vorsteuerabzugsberechtigten Unternehmern verfolgt die Bestimmung auch den Zwang zum Sich-Registrieren-Lassen, weil der Empfänger eine Rechnung ohne Angabe einer solchen Nummer zurückweisen wird, da er ohne diese keinen Vorsteuerabzug erhält (*§ 15 Rz. 178 i.V.m. 226*). Folglich muss auch bei Abrechnung mittels Gutschrift die entsprechende Nummer des leistenden Unternehmers genannt werden.[4] 83

Nach Auffassung des BFH[5] soll sich aus § 14 Abs. 4 Satz 1 Nr. 2 UStG die **Verpflichtung** des **Finanzamts** ergeben, einer Person auch dann eine **Steuernummer zu erteilen**, wenn das Finanzamt Zweifel an der behaupteten Absicht hat, ein Unternehmen betreiben zu wollen. Die vorläufige Erteilung könne durch einst-

---

UR 2008, 867; OFD Frankfurt a.M. v. 22.1.2010 – S 7280 A - 76 - St 111, UR 2010, 549. Dazu näher *Stadie* in R/D, § 14 UStG Anm. 326.
1 Vgl. BFH v. 27.1.1994 – V R 31/91, BStBl. II 1994, 488; EuGH v. 21.4.2005 – C-25/03, EuGHE 2005, I-3123 = UR 2005, 324 – Rz. 81 ff.; Abschn. 15.2 Abs. 20 Satz 6 ff. UStAE.
2 Zu Einzelheiten s. Abschn. 14.5 Abs. 5 ff. UStAE.
3 *Stadie* in R/D, § 14 UStG Anm. 352 ff.; a.A. Abschn. 14.5 Abs. 7 UStAE; FG Sa.-Anh. v. 30.5.2013 – 6 K 1146/12, juris – Rz. 25.
4 Abschn. 14.5 Abs. 5 Satz 6 UStAE.
5 BFH v. 26.2.2008 – II B 6/08, BFH/NV 2008, 1004; BFH v. 23.9.2009 – II R 66/07, BStBl. II 2010, 712.

weilige Anordnung erzwungen werden.[1] Nur „in offensichtlichen Missbrauchsfällen" könne die Erteilung abgelehnt werden.[2] Das ist verfehlt.[3]

### 3. Ausstellungsdatum, Rechnungsnummer (Nr. 3 und Nr. 4)

84 Die Rechnung muss das **Ausstellungsdatum** und eine Rechnungsnummer enthalten (§ 14 Abs. 4 Satz 1 Nr. 3 und 4 UStG). Als **Rechnungsnummer** fordert das Gesetz eine fortlaufende Nummer mit einer oder mehreren Zahlenreihen, die zur Identifizierung der Rechnung vom Rechnungsaussteller einmalig vergeben wird. „Rechnungsaussteller" ist im Falle der Gutschrift der Gutschriftaussteller und bei einer Abrechnung durch einen Dritten dieser.[4]

85 Der **Zweck** dieser Rechnungsangaben liegt darin, der Kontrolle des leistenden Unternehmers hinsichtlich der vollständigen Erfassung seiner Umsätze zu dienen. Der Vorsteuerabzug durch den Empfänger ist bei einer Rechnung ohne Rechnungsnummer unzulässig (§ 15 Rz. 225), so dass dieser stets eine nummerierte Rechnung verlangen wird. Dieser Zweck der Rechnungsnummer wird durch das BMF **konterkariert**, indem es zulässt, dass für jeden einzelnen Tag ein **neuer Nummernkreis** begonnen wird und auch für verschiedene Filialen u.Ä. **gesonderte Nummernkreise** verwendet werden.[5]

### 4. Leistungsbeschreibung (Nr. 5)

86 Die Rechnung muss ferner die Menge und die **Art** (handelsübliche Bezeichnung) der **gelieferten Gegenstände** oder den Umfang und die **Art der sonstigen Leistung** bezeichnen (§ 14 Abs. 4 Satz 1 Nr. 5 UStG). Dafür können **Abkürzungen**, Buchstaben, Zahlen und andere **Symbole** verwendet werden, wenn ihre Bedeutung in der Rechnung oder anderen Unterlagen, die bei den Beteiligten vorhanden sind, eindeutig festgelegt ist (§ 31 Abs. 3 UStDV). Darüber hinaus kann für die Beschreibung einer Lieferung auf den **Lieferschein** Bezug genommen werden (§ 31 Abs. 1 Satz 1 UStDV)[6], nach Auffassung des BFH auch auf **andere Geschäftsunterlagen**.[7]

87 Die geforderte „handelsübliche Bezeichnung" bezieht sich auf die *Art* der gelieferten Gegenstände und *nicht* mehr, wie die bis 2003 geltende Fassung, auf den *Gegenstand* der Lieferung.[8] Handelsübliche Sammelbezeichnungen sind nach Auffassung des BMF ausreichend, wenn sie die **Bestimmung** des anzuwendenden **Steuersatzes** eindeutig ermöglichen, z.B. Bezeichnungen als Baubeschläge,

---

[1] BFH v. 26.2.2008 – II B 6/08, BFH/NV 2008, 1004.
[2] BFH v. 23.9.2009 – II R 66/07, BStBl. II 2010, 712; dazu auch BMF v. 1.7.2010 – IV D 3 - S 7420/07/10061:002, BStBl. I 2010, 625. In diesem Sinne auch zur Erteilung einer **USt-IDNr.** EuGH v. 14.3.2013 – C-527/11, UR 2013, 392.
[3] Ausführlich dazu *Stadie* in R/D, § 14 UStG Anm. 355 ff.
[4] Abschn. 14.5 Abs. 13 UStAE.
[5] Abschn. 14.5 Abs. 11 Satz 2 UStAE.
[6] Abschn. 14.5 Abs. 1 Satz 11 UStAE.
[7] BFH v. 16.1.2014 – V R 28/13, BStBl. II 2014, 867.
[8] Dazu näher *Stadie* in R/D, § 14 UStG Anm. 382 ff.; vgl. aber Abschn. 14.5 Abs. 15 Satz 2, Abschn. 15.2 Abs. 18 Satz 2 UStAE.

Büromöbel, Kurzwaren, Spirituosen u.Ä.[1] Hinzukommen muss, dass die Bezeichnung die **Überprüfung** des **Vorsteuerabzugs** erlaubt, so dass **allgemeine Angaben** wie z.B. „Geschenkartikel"[2], „aufgestellte Maschinen"[3], „unser gesamter Warenbestand"[4] oder „Büromaterial und Fachliteratur"[5] **nicht ausreichen** (s. auch zu sonstigen Leistungen und gemischten Leistungen *Rz. 89*). Für die Bezeichnung der „Art" der gelieferten Gegenstände ist die Angabe der Fahrgestellnummer bei Fahrzeugen, der Geräte- o.ä. **Nummern** bei technischen Artikeln (z.B. bei Mobiltelefonen)[6] oder z.b. die Ohrmarken von Tieren[7] nicht erforderlich (auch Umkehrschluss aus § 14a Abs. 4 UStG). Bei hochpreisigen Armbanduhren soll nach Auffassung des BFH die Bezeichnung „Armbanduhren" nicht ausreichen[8]; dabei handelt es sich aber um die Angabe der vom Gesetz nur geforderten Bezeichnung der Art der gelieferten Gegenstände (vgl. zu den strengeren Anforderungen beim Ausfuhrnachweis *§ 6 Rz. 38*).

Nach Ansicht des **BMF** soll es bei **sonstigen Leistungen** nicht zu beanstanden sein, wenn **statt** der **Leistungshandlung** der beim Empfänger eintretende **Erfolg** der Handlung bezeichnet wird. Folglich soll es genügen, wenn bei Arbeitnehmerüberlassungen die Gewerke angegeben werden, die mit Hilfe der überlassenen Arbeitskräfte erstellt werden.[9] Das ist schon insofern nicht nachvollziehbar, weil der Erfolg dieser Arbeitnehmerüberlassung nicht etwa die von den Arbeitnehmern erstellten Gewerke sind, sondern der Erfolg der Dienstleistung die Verfügungsmöglichkeit des Entleihers über die Arbeitskräfte ist.[10] Diese **verfehlte Auffassung**, die früher vom **BFH** in einer Vielzahl von Entscheidungen[11] vertreten worden war[12], verstößt zudem gegen den klaren Wortlaut des Gesetzes[13] („Art der sonstigen Leistung") und vor allem auch gegen dessen **Zweck**. Dieser liegt ersichtlich darin, die Überprüfung des Vorsteuerabzugs beim Leistungsempfänger zu erleichtern und der zutreffenden Besteuerung des leistenden Unternehmers zu dienen. Die Art der Leistung bestimmt den Ort und damit ggf. die Steuerbarkeit des Umsatzes.[14] Auch kann sie die Steuerschuldnerschaft i.S.d. § 13b UStG verändern. 88

---

1 So Abschn. 14.5 Abs. 15 Sätze 2–4 UStAE.
2 Im Ergebnis ebenso Abschn. 14.5 Abs. 15 Satz 4 UStAE.
3 BFH v. 3.5.2007 – V B 87/05, BFH/NV 2007, 1550.
4 BFH v. 15.12.2008 – V B 82/08, BFH/NV 2009, 797.
5 Vgl. BFH v. 15.5.2012 – XI R 32/10, BFH/NV 2012, 1836.
6 BMF v. 1.4.2009 – IV B 8 - S 7280-a/07/10004, BStBl. I 2009, 525.
7 EuGH v. 18.7.2013 – C-78/12, UR 2014, 475.
8 BFH v. 29.11.2002 – V B 119/02, UR 2003, 300 – zu § 14 UStG a.F.
9 Abschn. 15.2 Abs. 18 Sätze 5 und 6 UStAE; unter Hinweis auf BFH v. 21.1.1993 – V R 30/88, BStBl. II 1993, 384.
10 Vgl. auch FG Saarl. v. 1.6.2010 – 1 K 1176/07, EFG 2010, 1739.
11 BFH v. 24.9.1987 – V R 50/85, BStBl. II 1988, 688; BFH v. 24.9.1987 – V R 125/86, BStBl. II 1988, 694; BFH v. 21.1.1993 – V R 30/88, BStBl. II 1993, 384; BFH v. 10.8.1992 – V R 123/87, BFH/NV 1995, 831; BFH v. 12.12.1996 – V R 16/96, UR 1998, 386; dem weiterhin folgend FG Hamburg v. 29.1.2014 – 3 V 259/13, juris.
12 Der BFH hatte 2001 – nicht näher begründete – gemeinschaftsrechtliche Zweifel an dieser Auffassung bekommen und deshalb die Frage dem EuGH (BFH v. 22.11.2001 – V R 61/00, UR 2002, 226 [229]) vorgelegt, der diese jedoch nicht zu beantworten brauchte; EuGH v. 1.4.2004 – C-90/02, EuGHE 2004, I-3303 = UR 2004, 367 – Rz. 54.
13 Wie auch des Art. 226 Nr. 6 MwStSystRL.
14 Vgl. die Beispiele bei *Stadie* in R/D, § 14 UStG Anm. 398.1.

89 Um **unzureichende Leistungsbeschreibungen** hinsichtlich Art und Umfang handelt es sich – sofern die Rechnung keine Hinweise auf andere Unterlagen i.S.d. § 31 Abs. 1 und/oder 3 UStDV (*Rz. 68 u. 86*) enthält – nach der Rechtsprechung bei allgemeinen Bezeichnungen wie zB. „Bauarbeiten laut Vertrag und nach gemeinsamem Aufmaß"[1], „Bauleistungen"[2], „Beratungsleistungen"[3], „technische Beratung und technische Kontrolle im Jahr ..."[4], „Renovierungsarbeiten"[5], „zur Deckung Ihrer erhaltenen Anzahlungen"[6], „Qualitätskontrollen"[7].

Die Angabe des **Umfangs** der Dienstleistung fehlt bei Beschreibungen, die sich z.B. beschränken auf „Trockenbauarbeiten", „Fliesenarbeiten" und „Außenputzarbeiten"[8] oder „Personalgestellung – Schreibarbeiten, Porto, EDV".[9]

### 5. Zeitpunkt der Leistung oder der Vorauszahlung (Nr. 6)

90 Grundsätzlich ist auch der **Zeitpunkt** der Lieferung oder sonstigen **Leistung** anzugeben; bei der **Vereinnahmung** einer **Vorauszahlung** (*Rz. 26*) gilt das nur dann, wenn der Zeitpunkt feststeht und nicht mit dem Ausstellungsdatum der Rechnung identisch ist (§ 14 Abs. 4 Satz 1 Nr. 6 UStG). Folglich ist in Rechnungen über ausgeführte Leistungen der Zeitpunkt auch dann anzugeben, wenn er dem Ausstellungsdatum entspricht[10]; die Vereinbarkeit des § 14 Abs. 4 Satz 1 Nr. 6 UStG mit Art. 226 Nr. 7 MwStSysRL ist indes zweifelhaft.[11] Zeitpunkt der Leistung ist der Zeitpunkt ihrer Ausführung (dazu *§ 13 Rz. 12 ff.*). Es reicht indes aus, dass der **Kalendermonat** angegeben wird, in dem die Leistung ausgeführt wird (§ 31 Abs. 4 UStDV).

### 6. Entgelt (Nr. 7)

91 **a)** In der Rechnung ist das Entgelt für die Leistung anzugeben, welches nach **Steuersätzen** und **Steuerbefreiungen aufgeschlüsselt** sein muss (§ 14 Abs. 4 Satz 1 Nr. 7 Halbs. 1 UStG).

Das **Aufschlüsselungsgebot** betrifft nur den seltenen Fall, in dem **ein Umsatz** („die Leistung") verschiedenen Steuersätzen unterliegt (vgl. *§ 12 Rz. 105 ff.*) oder nur z.T. steuerfrei ist. *Beispiele:* Veräußerung oder Vermietung eines Grundstücks einschließlich Betriebsvorrichtungen (*§ 4 Nr. 9a Rz. 22 f.* bzw. *§ 4 Nr. 12 Rz. 38 ff.*) oder teilweiser Verzicht auf eine Steuerbefreiung (dazu *§ 9 Rz. 20 ff.*,

---

1 BFH v. 10.11.1994 – V R 45/93, BStBl. II 1995, 395.
2 BFH v. 14.10.2002 – V B 9/02, BFH/NV 2003, 213.
3 BFH v. 16.12.2008 – V B 228/07, BFH/NV 2009, 620; vgl. auch BFH v. 3.11.2011 – V B 48/11, BFH/NV 2012, 802 – Hinweis auf Beratungsvertrag, der für eine Vielzahl von Beratungsleistungen abgeschlossen war.
4 BFH v. 8.10.2008 – V R 59/07, BStBl. II 2009, 218.
5 BFH v. 29.8.2012 – XI R 40/10, BFH/NV 2013, 182 – Rz. 33.
6 BFH v. 15.5.2012 – XI R 32/10, BFH/NV 2012, 1836.
7 FG Hamburg v. 20.11.2012 – 2 V 264/12, juris.
8 Vgl. BFH v. 5.2.2010 – XI B 31/09, BFH/NV 2009, 962; BFH v. 15.5.2012 – XI R 32/10, BFH/NV 2012, 1836.
9 BFH v. 15.5.2012 – XI R 32/10, BFH/NV 2012, 1836.
10 Abschn. 14.5 Abs. 16 Sätze 2 und 4 UStAE.
11 *Stadie* in R/D, § 14 UStG Anm. 401; zust. FG Nürnberg v. 2.7.2013 – 2 K 360/11, EFG 2013, 1531.

Erforderliche Angaben in der Rechnung (Abs. 4) § 14

29). Bei Abrechnung über **mehrere Umsätze** in einem Dokument ergibt sich die Verpflichtung zur Aufschlüsselung in steuerfreie und steuerpflichtige bzw. unterschiedlichen Steuersätzen unterliegende Umsätze aus § 14 Abs. 2 Satz 1 UStG, der für jeden Umsatz grundsätzlich eine Rechnung mit den Angaben des § 14 Abs. 4 Satz 1 Nr. 7 und 8 UStG verlangt.

**Entgelt** ist nach § 10 Abs. 1 Satz 2 UStG der Wert dessen, was der Leistungsempfänger für die Leistung aufwendet, abzüglich der darin rechnerisch enthaltenen Umsatzsteuer (*§ 10 Rz. 4 f., 11, 13*). Bei **Tauschvorgängen** ist richtigerweise der Wert der nicht in Geld bestehenden Gegenleistung nicht zu berücksichtigen (*Rz. 12 a.E.*).[1] Sofern **durchlaufende Posten** einbezogen werden (*§ 10 Rz. 71*), sind diese als Entgelt anzusehen. Das Entgelt muss nicht in Euro angegeben werden (arg. § 16 Abs. 6 UStG). 92

Im Falle der **verbilligten** oder **unentgeltlichen** Leistung *kann* die Bemessungsgrundlage nach § 10 Abs. 4 UStG angegeben werden (*Rz. 47 ff.*).

Nach Auffassung des BFH soll die **Angabe des Entgelts zwingend** erforderlich sein, so dass es für den Vorsteuerabzug des Empfängers nicht ausreichen soll, wenn nur die Gegenleistung und der darin enthaltene Steuerbetrag angegeben wird[2] (*Beispiel:* „Preis 2000 €, darin enthalten 319,33 € USt."). Der BFH beruft sich auf den EuGH, wonach die von Art. 226 Nr. 8 MwStSystRL geforderte Angabe „Preis [...] ohne Mehrwertsteuer" eine Mindestanforderung an eine Rechnung sei.[3] Der EuGH hatte diese allgemeine Aussage jedoch in ganz anderem Zusammenhang getroffen und offensichtlich die hier zu beurteilende Konstellation gar nicht im Auge. Bei dieser ergibt sich das Entgelt ohne weiteres als Differenz zwischen Bruttobetrag (Preis) und Steuerbetrag, so dass dem Zweck der Rechnung genüge getan ist. Die BFH-Auffassung ist purer Formalismus. 93

Zum Entgelt gehört gem. § 10 Abs. 1 Satz 3 UStG auch die **Zahlung eines Dritten** für die Leistung (*§ 10 Rz. 61 ff.*). Nach dem Wortlaut des § 14 Abs. 1 Satz 4 Nr. 7 UStG ist auch diese Zahlung in der Rechnung anzugeben.[4] Das ergibt indes keinen Sinn, da nicht ersichtlich ist, warum der Rechnungsempfänger darüber informiert werden sollte. Dieser hat nämlich **richtigerweise** keinen Vorsteuerabzug hinsichtlich des auf die Zahlung des Dritten entfallenden Steuerbetrages, welcher folglich auch **nicht** in der Rechnung auszuweisen ist (*Rz. 102*). Davon zu unterscheiden sind solche Zahlungen Dritter, welche für Rechnung des Leistungsempfängers erfolgen und mithin als dessen Zahlungen gelten (*§ 10 Rz. 57 f.*). 94

**b)** Ferner muss jede im **Voraus vereinbarte Minderung** des Entgelts angegeben werden, sofern sie nicht bereits im Entgelt berücksichtigt ist (§ 14 Abs. 4 Satz 1 Nr. 7 Halbs. 2 UStG). Richtigerweise kann es sich nur um bereits verwirklichte Preisminderungen handeln. So heißt es auch in Art. 226 Nr. 8 MwStSystRL, dass 95

---

1 A.A. Abschn. 10.5 UStAE.
2 BFH v. 27.27.2000 – V R 55/99, BStBl. II 2001, 426; BFH v. 6.6.2002 – V R 20/99, BFH/NV 2002, 1620; ebenso Abschn. 15.11 Abs. 4 Satz 1 UStAE.
3 EuGH v. 17.9.1997 – C-141/96, EuGHE 1997, I-5073 = UR 1997, 471 – Rz. 16 f.
4 So auch Abschn. 14.10 Abs. 1 Satz 1 UStAE; BFH v. 22.7.2010 – V R 14/09, BStBl. II 2012, 428 = UR 2011, 57 – Rz. 31.

„jede Preisminderung oder Rückerstattung (anzugeben ist), sofern sie nicht im Preis je Einheit enthalten ist".

Folglich ist **entgegen** der Auffassung des **BMF**[1] **nicht** schon dann **auf Rabatt- oder Bonivereinbarungen hinzuweisen**, wenn diese *bestehen*.[2] Diese sind erst und auch nur dann – zur Vermeidung der Rechtsfolge des § 14c Abs. 1 UStG – zu berücksichtigen, wenn der Rabatt- oder Bonustatbestand *verwirklicht* ist. § 14 Abs. 4 Satz 1 Nr. 7 Halbs. 2 UStG enthält deshalb nur eine Klarstellung.[3] Die Einräumung einer **Skontomöglichkeit** (Beispiel: „2 % Skonto bei Zahlung bis zum ...") muss – unabhängig davon, dass das Skonto richtigerweise entgegen h.M. ohnehin keine Preisminderung darstellt (*§ 10 Rz. 38 f.*) – entgegen der Auffassung des BMF[4] auch deshalb nicht angegeben werden, weil es sich nicht um die *„Vereinbarung* einer Minderung" handelt, denn dem Rechnungsempfänger ist lediglich die *Möglichkeit* zur Inanspruchnahme eingeräumt.

### 7. Steuersatz (Nr. 8)

96 Die Rechnung muss bei einer steuerpflichtigen Leistung des Weiteren den anzuwendenden Steuersatz enthalten (§ 14 Abs. 4 Satz 1 Nr. 8 UStG). Die **Angabe des Steuersatzes** in der Rechnung dient lediglich steuerrechtlichen Überprüfungszwecken und **bewirkt nicht**, dass damit dieser zur Geschäftsgrundlage des Vertrages wird und den leistenden Unternehmer **zivilrechtlich** zu einer Nachforderung berechtigt, wenn vom Finanzamt ein höherer Steuersatz zugrunde gelegt wird. Die Erteilung der Rechnung ist ein einseitiger Vorgang, mit dem der leistende Unternehmer nicht nachträglich die Geschäftsgrundlage verändern kann.[5]

97 Die Formulierung **„anzuwendender"** Steuersatz (ebenso Art. 226 Nr. 9 MwStSystRL) ist unverständlich, da sich der anzuwendende Steuersatz nach dem Gesetz und nicht nach der subjektiven Einschätzung des Rechnungsausstellers richtet. Die Angabe in der Rechnung ist lediglich die Mitteilung seiner Rechtsansicht zu dem anzuwendenden Steuersatz (*Rz. 5*). Richtigerweise muss es deshalb *„angewendeter"* Steuersatz heißen.

### 8. Steuerbetrag (Nr. 8)

98 Von besonderer Bedeutung für den Vorsteuerabzug ist die grundsätzlich erforderliche Angabe des **Steuerbetrages** (§ 14 Abs. 4 Satz 1 Nr. 8 UStG). Zum Zweck des gesonderten Steuerausweises s. *Rz. 8*; zur Aufschlüsselung des Steuerbetrages in einer Rechnung über mehrere Leistungen s. *Rz. 108*. Eine Rechnung, die einen **niedrigeren** als den gesetzlich geschuldeten Steuerbetrag ausweist, erfüllt die Voraussetzungen des § 14 Abs. 4 Satz 1 Nr. 8 UStG.[6] Der Steuerbetrag kann auch in fremder **Währung** angegeben werden (arg. § 16 Abs. 6 UStG). Die Verpflichtung

---
1 Abschn. 14.5 Abs. 19 UStAE, der zudem abwegig davon ausgeht, dass die Vereinbarung Bestandteil der Abrechnung i.S.d. § 31 Abs. 1 UStDV sei.
2 So aber auch FG Münster v. 13.1.2009 – 5 K 5721/04 U, EFG 2009, 795 – Die Rev.-Entscheidung des BFH (BFH v. 10.2.2010 – XI R 3/09, UR 2010, 701) sagt dazu nichts.
3 *Stadie* in R/D, § 14 UStG Anm. 443 ff.
4 Abschn. 14.5 Abs. 19 Satz 13 UStAE; ebenso *W. Wagner* in S/R, § 14 UStG Rz. 347.
5 Vgl. *Stadie* in R/D, § 14 UStG Anm. 452 f.
6 Vgl. BFH v. 28.8.2014 – V R 49/13, UR 2014, 974 – Rz. 37.

zur Angabe des Steuerbetrages besteht nur dann, wenn der Rechnungsempfänger einen entsprechenden zivilrechtlichen Anspruch hat (*Rz. 28 a.E.*).

Die Angabe des Steuerbetrages ist **nicht erforderlich** bei 99

– einer sog. **Kleinbetragsrechnung** und bei **Fahrausweisen**, bei denen die Angabe des Entgelts und des Steuerbetrages in einer Summe ausreicht, sofern der anzuwendende (angewendete) Steuersatz angegeben ist (§ 33 Satz 1 Nr. 4 bzw. § 34 Abs. 1 Satz 1 Nr. 3 und 4 UStDV; *Rz. 109 ff.*);

– Anwendung der **Differenzbesteuerung** i.S.d. § 25 UStG bzw. des § 25a UStG (§ 14a Abs. 6 Satz 2 UStG); hierbei handelt es sich um eine Schutzvorschrift zugunsten des Unternehmers, so dass im Falle des Steuerausweises § 14c UStG nicht eingreift (*§ 14c Rz. 43; § 25a Rz. 54 f.*).

Die Angabe des Steuerbetrages ist **verboten**, wenn

– der **Leistungsempfänger Schuldner** der **Steuer** nach § 13b UStG ist (§ 14a Abs. 5 Satz 3 UStG); verstößt der Unternehmer dagegen, so schuldet er die Steuer nach § 14c Abs. 1 UStG (*§ 14c Rz. 49*);

– die Steuer **verjährt** ist; weist der Unternehmer gleichwohl *erstmals* die Steuer in der Rechnung aus, so haftet er nach § 14c Abs. 1 UStG (*§ 14c Rz. 44 f.*);

– der Unternehmer **Kleinunternehmer** ist (§ 19 Abs. 1 Satz 4 UStG); bei einem Verstoß schuldet er die Steuer nach § 14c Abs. 2 UStG (*§ 14c Rz. 75*).

Der **Steuerbetrag** muss als solcher **gekennzeichnet** sein; die Bezeichnung „Steuer" reicht aus.[1] Das Problem der „Nationalität" des Steuerbetrages ist entfallen, seitdem die Verpflichtung zur Angabe der Steuernummer besteht. Da bei einem in Deutschland steuerbaren Umsatz die deutsche Steuernummer anzugeben ist (*Rz. 82*), kann in einem solchen Fall nur deutsche Steuer gemeint sein. 100

Wird eine Rechnung gegenüber einer **Mehrzahl von Leistungsempfängern** erteilt (*Rz. 80*), so kann in der einheitlichen Rechnung der gesamte Steuerbetrag für die Gesamtleistung angegeben werden. Der auf die einzelnen Leistungsempfänger entfallende Steuerbetrag braucht nicht jeweils gesondert ausgewiesen zu sein, vielmehr ist jeder Beteiligte anteilig zum Vorsteuerabzug berechtigt (*§ 15 Rz. 194*). 101

Bei **Zahlungen Dritter** i.S.d. § 10 Abs. 1 Satz 3 UStG müsste nach dem Wortlaut des § 14 Abs. 4 Satz 1 Nr. 8 UStG auch die auf das entsprechende Entgelt (*Rz. 94*) entfallende Steuer in der Rechnung angegeben sein.[2] Das ergibt jedoch keinen Sinn, weil der Leistungsempfänger über Zuzahlungen Dritter nicht informiert werden muss und er vor allem insoweit kein Recht zum Vorsteuerabzug hat, weil dieser eine Belastung mit der Steuer voraussetzt (*§ 15 Rz. 259, 261*). Würde dem Rechnungsempfänger auch hinsichtlich dieses Betrages der Vorsteuerabzug gewährt, so läge insoweit eine Subvention vor.[3] Der Vorsteuerabzug kann ledig- 102

---

[1] BFH v. 11.12.1997 – V R 56/94, BStBl. II 1998, 367 (368).
[2] So auch in der Tat Abschn. 14.10 Abs. 1 Satz 1 UStAE.
[3] Das verkennen Abschn. 14.10 Abs. 1 Sätze 1 und 2, Abschn. 15.2 Abs. 10 Satz 2 UStAE; BFH v. 22.7.2010 – V R 14/09, BStBl. II 2012, 428 = UR 2011, 57 – Rz. 31; BFH v. 16.10.2013 – XI R 39/12, UR 2013, 962 = BStBl. II 2014, 1024 – Rz. 62.

lich für den Dritten in Betracht kommen (*§ 15 Rz. 195*). Folglich gebietet eine am Zweck der Vorschrift orientierte Auslegung, dass in der Rechnung für den (unmittelbaren) Leistungsempfänger lediglich die von ihm – und ggf. für *seine* Rechnung von Dritten (*§ 10 Rz. 57f.*) – getätigten (zu tätigenden) Zahlungen und der darauf entfallende Steuerbetrag anzugeben sind. Der **Dritte**, der insoweit mittelbarer Leistungsempfänger ist (*Rz. 80*), hat einen Anspruch auf eine gesonderte, eigene Rechnung, in der die von ihm getätigte Zahlung in Entgelt und Steuerbetrag aufgeschlüsselt wird (*Rz. 43*).

### 9. Hinweis auf Steuerbefreiung (Nr. 8)

103 Nach § 14a Abs. 3 UStG ist der Unternehmer bei einer steuerfreien **innergemeinschaftlichen Lieferung** i.S.d. § 6a UStG zur Erteilung einer Rechnung verpflichtet. Er muss dann nach § 14 Abs. 4 Satz 1 Nr. 8 UStG darauf hinweisen, dass für den Umsatz eine Steuerbefreiung gilt. Der Hinweis muss nicht die entsprechende Vorschrift des UStG oder der MwStSystRL nennen.[1] Er erinnert den **Erwerber** daran, dass er die Lieferung der **Erwerbsbesteuerung** (Art. 2 Abs. 1 Buchst. b MwStSystRL) zu unterwerfen hat.[2]

Der Hinweis ist keine zwingende Voraussetzung der Steuerbefreiung, so dass das **Unterlassen** eines solchen Hinweises der Inanspruchnahme der Steuerbefreiung nicht automatisch entgegensteht (*§ 6a Rz. 11*). Eine ordnungsgemäße Rechnung i.S.d. §§ 14, 14a UStG ist allerdings Voraussetzung, wenn der formalisierte „Nachweis" gem. § 17a UStDV geführt werden soll (*§ 6a Rz. 61*).[3]

Das Unterlassen stellt entgegen BMF eine **Ordnungswidrigkeit** dar (§ 26a Abs. 1 Nr. 1 UStG; *§ 26a Rz. 4f.*).

104 Daneben kann eine solche Rechnung für den Erwerber **im anderen Mitgliedstaat für** den **Abzug** der von ihm geschuldeten Erwerbsumsatzsteuer als **Vorsteuer erforderlich** sein. Denn nach Art. 178 Buchst. c MwStSystRL muss der Steuerpflichtige als Erwerber eine nach Art. 226 MwStSystRL ausgestellte Rechnung, die u.a. auch den Hinweis auf die Steuerbefreiung enthalten muss, besitzen (Deutschland hat mit § 15 Abs. 1 Satz 1 Nr. 3 UStG auf das Erfordernis einer solchen Rechnung verzichtet). Soweit die Rechnung im anderen Mitgliedstaat für den Vorsteuerabzug erforderlich ist, handelt es sich nicht nur um eine öffentlich-rechtliche, sondern auch um eine **zivilrechtliche Verpflichtung**, so dass, wenn die Rechnung nicht ordnungsgemäß ist, der Erwerber ein Zurückbehaltungsrecht in Höhe des im anderen Staat möglichen Vorsteuerabzugsbetrages hat (vgl. *Rz. 38*).

### 10. Gutschrift (Nr. 10)

105 Bei Ausstellung einer Rechnung durch den Leistungsempfänger oder einen von ihm Beauftragten muss die Abrechnung die Angabe „Gutschrift" enthalten (§ 14

---

1 Art. 226 Nr. 11 MwStSystRL; dazu auch Abschn. 14.5 Abs. 20 UStAE.
2 Vgl. BFH v. 12.5.2011 – V R 46/10, BStBl. II 2011, 957 – Rz. 23.
3 Vgl. BFH v. 26.11.2014 – XI R 37/12, juris.

Abs. 4 Satz 1 Nr. 10 UStG). Bei dieser Regelung[1] zur Umsetzung einer entsprechenden Vorgabe durch Art. 226 Nr. 10a MwStSystRL handelt es sich insoweit nur um eine Klarstellung, als der Aussteller schon zum Schutz vor der Rechtsfolge des § 14c Abs. 2 UStG deutlich machen wird, dass er nicht über eine eigene Leistung abrechnet (vgl. *§ 14c Rz. 78 f.*). Allerdings dient die Regelung auch dem Schutz des Leistenden, damit dieser ggf. zur Vermeidung der Rechtsfolge des § 14c UStG in seiner Person (*Rz. 62*) die Richtigkeit des Steuerbetrags überprüft. Die Angabe „Gutschrift" ist notwendige Voraussetzung i.S.d. § 15 Abs. 1 Satz 1 Nr. 1 Satz 2 UStG für den Vorsteuerabzug des Leistungsempfängers (Gutschriftausstellers).

Die Angabe muss allerdings, wie auch die gesamte Gutschrift (*Rz. 51 a.E.*), nicht in deutscher **Sprache** erfolgen und kann deshalb auch einen Begriff verwenden, den Art. 226 Nr. 10a MwStSystRL in anderen Amtssprachen enthält.[2] Daraus folgt dann zugleich, dass auch in deutscher Sprache nicht der ohnehin verfehlte (*Rz. 55*) Begriff „Gutschrift" verwendet werden muss, sondern auch **andere Bezeichnungen** wie z.B. „Abrechnung durch Leistungsempfänger/Abnehmer", „Autofaktura", „Selbstberechnung" o.Ä. in Betracht kommen.[3]

### III. Zusätzlicher Hinweis auf Aufbewahrungspflicht (Nr. 9)

Bei privaten Auftraggebern von **Werklieferungen** oder **sonstigen Leistungen im Zusammenhang mit einem Grundstück** (*Rz. 19 ff.*), die die Aufbewahrungspflicht nach § 14b Abs. 1 Satz 5 UStG trifft (*§ 14b Rz. 22 ff.*), muss zusätzlich ein Hinweis auf die **Aufbewahrungspflicht** in der Rechnung enthalten sein (§ 14 Abs. 4 Satz 1 Nr. 9 UStG). Zur Frage, ob das **Unterlassen** des Hinweises zu einer **Ordnungswidrigkeit** führt, s. *§ 26a Rz. 5*. 106

### IV. Vereinfachungen (§§ 31–34 UStDV)

#### 1. Allgemeines

Auf Grund der Ermächtigungen des § 14 Abs. 6 Nr. 2 bis 4 UStG sind durch die §§ 31 bis 34 UStDV mehrere Vereinfachungen bestimmt worden. Die Vereinfachungen nach § 31 Abs. 1 bis 4 UStDV sind bereits in den vorhergehenden Erläuterungen angesprochen worden (zu Rechnungen in Form **mehrerer Dokumente**, insbesondere bei **Dauerschuldverhältnissen** s. *Rz. 68 ff.*). Zur Bedeutung des § 31 Abs. 5 UStDV s. *Rz. 115*. 107

#### 2. Rechnung über Umsätze, die verschiedenen Steuersätzen unterliegen (§ 32 UStDV)

Wird in einer Rechnung über Leistungen, die verschiedenen Steuersätzen unterliegen, der Steuerbetrag **durch Maschinen** automatisch ermittelt und durch die- 108

---

[1] Mit Wirkung vom 30.6.2013 eingefügt. Die Regelung gilt für Abrechnungen über nach dem 29.6.2013 ausgeführte Leistungen und Teilleistungen (§ 27 Abs. 1 Satz 1 UStG; *§ 27 Rz. 28*).
[2] Ebenso Abschn. 14.5 Abs. 24 Satz 2 UStAE.
[3] *Stadie* in R/D, § 14 UStG Anm. 486 f.; im Ergebnis ebenso Abschn. 14.5 Abs. 24 Sätze 3 f. UStAE.

se in der Rechnung angegeben, ist der Ausweis des **Steuerbetrages in einer Summe** zulässig, wenn für die einzelnen Posten der Rechnung der Steuersatz angegeben wird (§ 32 UStDV). Daraus folgt im Umkehrschluss, dass in anderen Fällen die Steuerbeträge gesondert aufzuschlüsseln sind. Das ergibt sich indes bereits aus dem Grundsatz des § 14 Abs. 2 UStG, wonach für jede Lieferung oder sonstige Leistung eine eigenständige Rechnung mit den Angaben des § 14 Abs. 4 Satz 1 UStG zu erstellen ist.

### 3. Rechnungen über Kleinbeträge (§ 33 UStDV)

109 Eine Rechnung, deren **Gesamtbetrag 150 €** nicht übersteigt, muss abweichend von § 14 Abs. 4 Satz 1 UStG nur die in § 33 Satz 1 UStDV genannten Angaben enthalten. Insbesondere kann danach auf die Angabe des Leistungsempfängers, der Steuernummer des leistenden Unternehmers, der Rechnungsnummer des Ausstellers und des Steuerbetrages verzichtet werden. Der Leistungsempfänger ist für den Vorsteuerabzug i.S.d. § 15 UStG berechtigt, den Steuerbetrag nach Maßgabe des angegebenen Steuersatzes aus dem Gesamtbetrag herauszurechnen (§ 35 Abs. 1 UStDV).

Die Vereinfachungen gelten **nicht**, wenn es sich um Rechnungen über Leistungen i.S.d. § 3c, § 6a und § 13b UStG handelt (§ 33 Satz 3 UStDV), weil bei diesen Umsätzen die Angabe des Leistungsempfängers und bestimmte zusätzliche Angaben nach § 14a UStG erforderlich sind.

### 4. Fahrausweise und Belege im Reisegepäckverkehr als Rechnungen (§ 34 UStDV)

110 Fahrausweise[1] einschließlich Zuschlagkarten gelten als Rechnungen i.S.d. § 14 UStG, wenn sie mindestens die in § 34 Abs. 1 und 2 UStDV geforderten Angaben enthalten. Die Angabe des Steuerbetrages ist ebenfalls nicht erforderlich. Selbst der „anzuwendende" Steuersatz muss nicht genannt werden, wenn die Beförderungsleistung dem ermäßigten Steuersatz nach § 12 Abs. 2 Nr. 10 UStG unterliegt (§ 34 Abs. 1 Nr. 4 UStDV). Bei Fahrausweisen der Eisenbahnen im öffentlichen Verkehr kann an Stelle des Steuersatzes die Tarifentfernung angegeben werden (§ 34 Abs. 1 Satz 1 UStDV). Bei Abrufung von Fahrausweisen im sog. **Online-Verfahren** muss ein Papierausdruck mit den Angaben des § 34 UStDV aufbewahrt werden.[2] Zur Bestimmung des abziehbaren Vorsteuerbetrages s. *§ 15 Rz. 201*.

111 Bei Fahrausweisen für **grenzüberschreitende** Beförderungen und im internationalen Eisenbahnverkehr ist zusätzlich eine **Bescheinigung** des Beförderungsunternehmers erforderlich, welcher Anteil des Preises auf die Strecke im Inland entfällt. Ferner ist der anzuwendende Steuersatz anzugeben (§ 34 Abs. 2 UStDV).

112 Für Belege im **Reisegepäckverkehr** gilt Entsprechendes (§ 34 Abs. 3 UStDV).

---

1 Dazu näher Abschn. 14.7 UStAE.
2 Abschn. 14.4 Abs. 5 Nr. 2 UStAE.

## V. Rechnungsinhalt im Falle der sog. Mindestbemessungsgrundlage (Abs. 4 Sätze 2 und 3)

Für die Fälle des § 10 Abs. 5 UStG, d.h. der sog. Mindestbemessungsgrundlage bestimmt § 14 Abs. 4 Satz 2 UStG, dass grundsätzlich § 14 Abs. 4 Satz 1 Nr. 7 und 8 UStG mit der Maßgabe anzuwenden sind, dass die Bemessungsgrundlage für die Leistung (§ 10 Abs. 4 UStG), d.h. deren **Kosten**, und der darauf entfallende Steuerbetrag anzugeben „sind". Eine solche Verpflichtung kann nur bestehen, wenn der Leistungsempfänger die gesamte Steuer auch trägt. Anderenfalls ist der Leistende lediglich **berechtigt**, diese Angaben in die Rechnung aufzunehmen (*Rz. 47 f.*).[1]

113

Die **Berechtigung entfällt**, wenn der Unternehmer § 24 Abs. 1 bis 3 UStG anwendet, d.h. als **Land- oder Forstwirt** der **Durchschnittssatzbesteuerung** unterliegt (§ 14 Abs. 4 Satz 3 UStG).

114

## F. Berichtigung der Rechnung

Der **Rechnungsaussteller** kann das Dokument als dessen Verfasser **grundsätzlich berichtigen** oder **ergänzen**, da es sich bei dem Dokument um ihm zuzurechnende **Mitteilungen** von Tatsachen (Tatsachenbehauptungen) und von Rechtsansichten handelt (*Rz. 5 f.*). Demgegenüber heißt es in § 14 **Abs. 6 Nr. 5** UStG **missverständlich**, dass durch Rechtsverordnung bestimmt werden könne, in welchen Fällen und unter welchen Voraussetzungen Rechnungen berichtigt werden können. Daraus folgt nicht etwa im Umkehrschluss, dass eine Ergänzung oder Berichtigung einer Rechnung nicht zulässig wäre, wenn sie das Gesetz nicht vorgesehen hätte,[2] denn der Unternehmer ist nach § 14 Abs. 2 Satz 1 UStG **zivilrechtlich** und/oder **öffentlich-rechtlich verpflichtet** ist, eine Rechnung mit allen Angaben des § 14 Abs. 4 Satz 1 UStG (und ggf. des § 14a UStG) zu erstellen, was bedeutet, dass er zur Berichtigung oder Ergänzung verpflichtet ist, wenn das Dokument fehlerhaft bzw. unvollständig ist.

115

**Bedeutung** hat vielmehr der in Umsetzung des § 14 Abs. 6 Nr. 5 UStG ergangene § 31 Abs. 5 Satz 1 UStDV, wonach **nur unvollständige oder unzutreffende Angaben** in den Rechnungen **berichtigt werden können**. Rechnungen, die den Anforderungen des § 14 Abs. 1 bis 5 UStG entsprechen, d.h. vollständige und **zutreffende Angaben** enthalten, sind hingegen in Erfüllung der zivilrechtlichen und öffentlich-rechtlichen Verpflichtung nach § 14 Abs. 2 Satz 1 Nr. 2 Satz 2 UStG (*Rz. 14 u. Rz. 11*) erteilt worden und stehen **nicht** mehr zur Dispostion des Ausstellers, weil dieser sogleich wieder zur Ausstellung einer entsprechenden Rechnung verpflichtet wäre. Berichtigungen solcher Rechnungen oder deren vollständiger Widerruf dürfen vom Finanzamt nicht beachtet werden (*§ 15 Rz. 213 ff.*).[3] Entsprechendes hat entgegen dem XI. Senat BFH auch für den Widerspruch gegen eine ordnungsgemäße **Gutschrift** nach Empfang der Gegenleistung zu gelten (*Rz. 66 ff.*).

116

---

1 Zur Rechnungsgestaltung *Stadie* in R/D, § 14 UStG Anm. 497 m. Beispiel.
2 So aber *Englisch*, UR 2008, 466 (467); *Englisch*, UR 2011, 488 (490); *W. Wagner*, UVR 2010, 311 (314).
3 So jetzt auch BFH v. 25.4.2013 – V R 2/13, UR 2013, 968 – Rz. 28.

117 Die Berichtigung oder Ergänzung einer Rechnung verlangt **nicht** die **Ausstellung einer vollständig neuen Rechnung**. Ausreichend ist die Übermittlung eines Dokuments, welches die Berichtigung oder Ergänzung enthält und eindeutig auf die zu korrigierende Rechnung bezogen ist (Klarstellung durch **§ 31 Abs. 5 Satz 2 UStDV**). Die **Bezugnahme** auf die zu berichtigende Rechnung erfolgt im Regelfall durch die Angabe der **Rechnungsnummer**.[1] Wird eine vollständig neue Rechnung erteilt, ohne dass die fehlerhafte Rechnung durch eine „Gutschrift" o.Ä. des Rechnungsausstellers storniert worden war, so darf die neue Rechnung keine neue Rechnungsnummer und auch kein verändertes Rechnungsdatum, welches als Leistungsdatum bezeichnet wird, enthalten; anderenfalls ist der Tatbestand des § 14c Abs. 2 UStG erfüllt.[2] Da die Rechnung keiner Unterschrift bedarf, ist auch für die Berichtigung oder Ergänzung keine erforderlich.[3]

118 Die **Befugnis** zur Ergänzung oder Berichtigung der Rechnung steht nur dem **Aussteller** des unvollständigen oder fehlerhaften Dokuments oder einem von ihm beauftragten Dritten zu. Bei einer Rechnung i.S.d. § 14 Abs. 2 Satz 1 UStG ist mithin **nicht** der **Leistungsempfänger** dazu berechtigt. Dieser kann lediglich mittels einer **Gutschrift**, sofern dies vorher vereinbart worden war (*Rz. 59*), die Berichtigung oder Ergänzung vornehmen. Voraussetzung ist indes der Zugang dieser Gutschrift (*Rz. 57*). Der leistende Unternehmer kann eine Gutschrift durch eine Rechnung i.S.d. § 14 Abs. 2 Satz 1 UStG berichtigen (vgl. *Rz. 63*).

119 Die Berichtigung einer unzutreffenden oder die Ergänzung einer unvollständigen Rechnung **wirkt** richtigerweise **nicht** auf den Zeitpunkt der Ausstellung der fehlerhaften oder unvollständigen Rechnung **zurück**. Das gilt insbesondere auch für den erstmaligen Ausweis der Steuer (str., *§ 15 Rz. 205 ff.*). Davon zu unterscheiden ist der **Vertrauensschutz** bei fehlenden oder fehlerhaften anderen Angaben, wenn der Rechnungsempfänger den Mangel nicht erkennen konnte (*§ 15 Rz. 211* i.V.m. *Rz. 221 ff.*).

120 Wird **erstmals** ein **Steuerbetrag** gesondert ausgewiesen, **nachdem** für die betreffende Steuer die **Verjährung** eingetreten ist, so wird der Tatbestand des § 14c Abs. 1 Satz 1 UStG verwirklicht (*§ 14c Rz. 44*).

## G. Verordnungsermächtigungen (Abs. 6)

121 Das BMF kann mit Zustimmung des Bundesrates zur Vereinfachung des Besteuerungsverfahrens durch Rechtsverordnung die in § 14 Abs. 6 Nr. 1 bis 5 UStG aufgezählten Bestimmungen treffen. Das ist hinsichtlich § 14 Abs. 6 Nr. 1 UStG durch § 34 UStDV (*Rz. 110*), hinsichtlich § 14 Abs. 6 Nr. 2 UStG durch § 31 Abs. 1 UStDV (*Rz. 68 ff.*), hinsichtlich § 14 Abs. 6 Nr. 3 UStG durch § 31 Abs. 2 bis 4, §§ 32–34 UStDV (*Rz. 74, 81, 86, 89, 108 ff.*) und hinsichtlich § 14 Abs. 6 Nr. 4 UStG durch §§ 33, 34 UStDV (*Rz. 109 ff.*) geschehen. Die Ermächtigung des § 14 Abs. 6 Nr. 5 UStG, dass durch Rechtsverordnung bestimmt werden könne, in welchen Fällen und unter welchen Voraussetzungen Rechnungen berichtigt werden können, ist durch § 31 Abs. 5 UStDV umgesetzt worden (*Rz. 115 ff.*).

---

1 Abschn. 14.11 Abs. 1 Satz 4 UStAE.
2 Vgl. FG Saarl. v. 17.1.2013 – 1 K 1362/11, juris – Rz. 37 f.
3 BFH v. 11.10.2007 – V R 27/05, BStBl. II 2008, 438.

## H. Rechnungsausstellung nach den Vorschriften eines anderen Mitgliedstaates (Abs. 7)

Bei einem im Inland ausgeführten Umsatz gelten grundsätzlich die Vorschriften des UStG und damit auch diejenigen über die Rechnungserteilung nach § 14 Abs. 1–6 UStG. Das ist unabhängig von der Staatsangehörigkeit und der Ansässigkeit des Leistungserbringers (§ 1 Abs. 1 Satz 3 UStG). 122

Ist hingegen bei einen Umsatz, für den der **Leistungsempfänger die Steuer** nach § 13b UStG schuldet, der **leistende Unternehmer nicht im Inland ansässig** (zur fehlerhaften Formulierung der Ansässigkeitskriterien s. *§ 13b Rz. 46 u. Rz. 50 ff.*), so gelten abweichend von den Absätzen 1 bis 6 des § 14 UStG für die Erteilung einer Rechnung – nicht Gutschrift – die Vorschriften des Mitgliedstaates, in dem der Unternehmer ansässig ist (§ 14 Abs. 7 UStG[1]; zum umgekehrten Fall s. *§ 14a Abs. 1 Rz. 5*). 123

# § 14a
# Zusätzliche Pflichten bei der Ausstellung von Rechnungen in besonderen Fällen

in der Fassung der G v. 29.6.2013[2] und v. 25.7.2014[3]

(1) Hat der Unternehmer seinen Sitz, seine Geschäftsleitung, eine Betriebsstätte, von der aus der Umsatz ausgeführt wird, oder in Ermangelung eines Sitzes seinen Wohnsitz oder gewöhnlichen Aufenthalt im Inland, und führt er einen Umsatz in einem anderen Mitgliedstaat aus, an dem eine Betriebsstätte in diesem Mitgliedstaat nicht beteiligt ist, so ist er zur Ausstellung einer Rechnung mit der Angabe „Steuerschuldnerschaft des Leistungsempfängers" verpflichtet, wenn die Steuer in dem anderen Mitgliedstaat von dem Leistungsempfänger geschuldet wird und keine Gutschrift gemäß § 14 Absatz 2 Satz 2 vereinbart worden ist. Führt der Unternehmer eine sonstige Leistung im Sinne des § 3a Absatz 2 in einem andern Mitgliedstaat aus, so ist die Rechnung bis zum fünfzehnten Tag des Monats, der auf den Monat folgt, in dem der Umsatz ausgeführt worden ist, auszustellen. In dieser Rechnung sind die Umsatzsteuer-Identifikationsnummer des Unternehmers und die des Leistungsempfängers anzugeben. Wird eine Abrechnung durch Gutschrift gemäß § 14 Absatz 2 Satz 2 über eine sonstige Leistung im Sinne des § 3a Absatz 2 vereinbart, die im Inland ausgeführt wird und für die der Leistungsempfänger die Steuer nach § 13b Absatz 1 und 5 schuldet, sind die Sätze 2 und 3 und Absatz 5 entsprechend anzuwenden.

(2) Führt der Unternehmer eine Lieferung im Sinne des § 3c im Inland aus, ist er zur Ausstellung einer Rechnung verpflichtet.

---

1 Umsetzung von Art. 219a Nr. 2 MwStSystRL.
2 Absatz 1, Absatz 3 Sätze 1 und 2, Absatz 5 und Absatz 6 Satz 1 i.d.F. des Gesetzes v. 29.6.2013. Sie sind auf Umsätze anzuwenden, die nach dem 29.6.2013 ausgeführt werden (§ 27 Abs. 1 UStG). Zur bis zum 29.6.2013 geltenden Fassung s. 2. Auflage.
3 Redaktionelle Anpassung des Absatzes 1 Satz 4 durch Gesetz v. 25.7.2014.

**§ 14a**    Zusätzliche Pflichten bei der Ausstellung von Rechnungen in besonderen Fällen

(3) Führt der Unternehmer eine innergemeinschaftliche Lieferung aus, ist er zur Ausstellung einer Rechnung bis zum fünfzehnten Tag des Monats, der auf den Monat folgt, in dem der Umsatz ausgeführt worden ist, verpflichtet. In der Rechnung sind auch die Umsatzsteuer-Identifikationsnummer des Unternehmers und die des Leistungsempfängers anzugeben. Satz 1 gilt auch für Fahrzeuglieferer (§ 2a). Satz 2 gilt nicht in den Fällen der §§ 1b und 2a.

(4) Eine Rechnung über die innergemeinschaftliche Lieferung eines neuen Fahrzeugs muss auch die in § 1b Abs. 2 und 3 bezeichneten Merkmale enthalten. Das gilt auch in den Fällen des § 2a.

(5) Führt der Unternehmer eine Leistung im Sinne des § 13b Absatz 2 aus, für die der Leistungsempfänger nach § 13b Absatz 5 die Steuer schuldet, ist er zur Ausstellung einer Rechnung mit der Angabe „Steuerschuldnerschaft des Leistungsempfängers" verpflichtet; Absatz 1 bleibt unberührt. Die Vorschrift über den gesonderten Steuerausweis in einer Rechnung nach § 14 Absatz 4 Satz 1 Nummer 8 wird nicht angewendet.

(6) In den Fällen der Besteuerung von Reiseleistungen nach § 25 hat die Rechnung die Angabe „Sonderregelung für Reisebüros" und in den Fällen der Differenzbesteuerung nach § 25a die Angabe „Gebrauchtgegenstände/Sonderregelung", „Kunstgegenstände/Sonderregelung" oder „Sammlungsstücke und Antiquitäten/Sonderregelung" zu enthalten. In den Fällen des § 25 Abs. 3 und des § 25a Abs. 3 und 4 findet die Vorschrift über den gesonderten Steuerausweis in einer Rechnung (§ 14 Abs. 4 Satz 1 Nr. 8) keine Anwendung.

(7) Wird in einer Rechnung über eine Lieferung im Sinne des § 25b Abs. 2 abgerechnet, ist auch auf das Vorliegen eines innergemeinschaftlichen Dreiecksgeschäfts und die Steuerschuldnerschaft des letzten Abnehmers hinzuweisen. Dabei sind die Umsatzsteuer-Identifikationsnummer des Unternehmers und die des Leistungsempfängers anzugeben. Die Vorschrift über den gesonderten Steuerausweis in einer Rechnung (§ 14 Abs. 4 Satz 1 Nr. 8) findet keine Anwendung.

*EU-Recht*

Art. 219a, 220 Nr. 2 und 3, Art. 222, 226 Nr. 4, 11–14 MwStSystRL.

*VV*

Abschn. 14a.1 UStAE.

| | |
|---|---|
| **A. Allgemeines** .................. 1 | III. Sog. Versandhandelslieferungen (Abs. 2) ...................... 7 |
| **B. Einzelheiten** | IV. Innergemeinschaftliche Lieferungen (Abs. 3 und 4) ......... 8 |
| I. Umsätze eines inländischen Unternehmers im übrigen Gemeinschaftsgebiet, bei denen der Leistungsempfänger die Steuer schuldet (Abs. 1 Sätze 1 bis 3) ... 5 | V. Steuerschuldnerschaft des Leistungsempfängers (Abs. 5) ...... 11 |
| | VI. Differenzbesteuerung (Abs. 6) .. 14 |
| II. Gutschrift des Leistungsempfängers als Steuerschuldner bei sonstigen Leistungen i.S.d. § 3a Absatz 2 UStG (Abs. 1 Satz 4) ... 6 | VII. Innergemeinschaftliche Dreiecksgeschäfte (Abs. 7) ......... 16 |

## A. Allgemeines

Bei bestimmten Umsätzen ist der Unternehmer zu **weiteren Angaben** und **Hinweisen** in der Rechnung neben den von § 14 UStG geforderten Angaben verpflichtet. Entgegen der Überschrift enthält § 14a UStG aber nicht nur **zusätzliche Pflichten**, sondern auch **Modifizierungen** bestimmter Regelungen des § 14 UStG und sogar **originäre** Verpflichtungen zur Erteilung von Rechnungen. Soweit eine originäre Verpflichtung durch § 14a UStG begründet wird, schließt sie die nach § 14 Abs. 4 UStG geforderten Angaben mit ein[1], soweit nicht der gesonderte Steuerausweis (§ 14 Abs. 4 Satz 1 Nr. 8 UStG) ausdrücklich ausgeschlossen wird (§ 14a Abs. 5 Satz 2, Abs. 6 Satz 2, Abs. 7 Satz 3 UStG). Rechnung i.S.d. § 14a UStG ist auch eine **Gutschrift** i.S.d. § 14 Abs. 2 Satz 2 und 3 UStG.[2]

1

Die Verpflichtungen sind durchweg **öffentlich-rechtlicher Natur**, da sie zumeist ausschließlich den Zwecken der vom jeweiligen Umsatz betroffenen Steuergläubiger dienen (Hinweis auf steuerrechtliche Pflichten des Rechnungsempfängers, Überprüfung des Rechnungsausstellers). Sie können jedoch auch **zivilrechtlicher** Natur sein, soweit nämlich die Rechnungsangaben **Voraussetzungen** für einen **Vorsteuerabzug** beim Empfänger **in einem anderen Mitgliedstaat** sind (vgl. *Rz. 9*). Für den Vorsteuerabzug nach § 15 UStG enthält § 14a UStG keine zusätzlichen Anforderungen an den Rechnungsinhalt.

2

Die **Nichterfüllung** dieser **öffentlich-rechtlichen Verpflichtungen** hat keine Auswirkungen bei den unmittelbaren Steuerrechtsfolgen, so dass insbesondere die Steuerschuldnerschaft nach § 13b UStG bzw. nach z.B. Art. 196 MwStSystRL auch dann auf den Leistungsempfänger übergeht, wenn der Hinweis in der Rechnung fehlt (*Rz. 12*), und die Steuerbefreiung der innergemeinschaftlichen Lieferung auch dann in Betracht kommt, wenn der Hinweis auf die Steuerbefreiung oder die Angabe der Umsatzsteuer-Identifikationsnummern in der Rechnung fehlt (*Rz. 8 a.E.*).[3] Die Nichtausstellung einer ordnungsgemäßen Rechnung stellt allerdings m.E. eine **Ordnungswidrigkeit** dar (§ 26a Abs. 1 Nr. 1 UStG; *§ 26a Rz. 5*).

3

Soweit § 14a UStG (auch) eine **zivilrechtliche** Verpflichtung enthält, kann die Nichterfüllung eine Schadensersatzverpflichtung wegen der nicht abziehbaren Vorsteuer begründen. Stattdessen kann der Berechtigte auch auf Erteilung einer ordnungsgemäßen Rechnung klagen (*§ 14 Rz. 28 f.*) oder ein Zurückbehaltungsrecht hinsichtlich der Gegenleistung in Höhe des im anderen Mitgliedstaat (*Rz. 2*) möglichen Vorsteuerabzugs ausüben (*§ 14 Rz. 38*).

4

---

1 Abschn. 14a.1 Abs. 1 Satz 4 UStAE.
2 Abschn. 14a.1 Abs. 1 Satz 5 UStAE.
3 Zum buchmäßigen Nachweis der Umsatzsteuer-Identifikationsnummer des Erwerbers s. *§ 6a Rz. 80 f.*, zur Angabe in der Zusammenfassenden Meldung s. *§ 6a Rz. 24 ff.*.

§ 14a  Zusätzliche Pflichten bei der Ausstellung von Rechnungen in besonderen Fällen

## B. Einzelheiten

### I. Umsätze eines inländischen Unternehmers im übrigen Gemeinschaftsgebiet, bei denen der Leistungsempfänger die Steuer schuldet (Abs. 1 Sätze 1 bis 3)

5  Führt ein **im Inland ansässiger** (*§ 13b Rz. 46 u. Rz. 50 ff.*) **Unternehmer in einem anderen Mitgliedstaat** ohne Beteiligung einer dort belegenen Betriebsstätte (arg. Art. 192a MwStSystRL) einen **Umsatz** aus, für den der Empfänger die Steuer schuldet, muss die Rechnung die **Angabe „Steuerschuldnerschaft des Leistungsempfängers"**, nicht notwendig in Deutsch (vgl. *§ 14 Rz. 105*), enthalten (§ 14a Abs. 1 Satz 1 UStG).

Handelt es sich um eine **sonstige Leistung** i.S.d. § 3a Abs. 2 UStG (Art. 44 MwStSystRL), so muss die Rechnung spätestens am fünfzehnten Tag nach Ablauf des Monats, in dem der Umsatz ausgeführt worden ist, ausgestellt werden (§ 14a Abs. 1 Satz 2 UStG). Zudem muss die Rechnung die Angabe der USt-IdNrn. der Beteiligten enthalten (Absatz 1 Satz 3).

§ 14a Abs. 1 UStG setzt **Art. 219a MwStSystRL**[1] um, wonach sich bei der Steuerschuldnerschaft des Leistungsempfängers die Rechnungserteilung nach den Vorschriften des Mitgliedstaates richtet, in dem der leistende Unternehmer ansässig ist. Für den umgekehrten Fall gilt § 14 Abs. 7 Satz 1 UStG (*§ 14 Rz. 123*). Bei Abrechnung mittels Gutschrift bleibt es hingegen bei dem Grundsatz, dass das Recht des Mitgliedstaates anzuwenden ist, in dem der Leistungsempfänger ansässig ist (§ 14 Abs. 7 Satz 2, § 14a Abs. 1 Satz 1 a.E. und Satz 4 UStG).

### II. Gutschrift des Leistungsempfängers als Steuerschuldner bei sonstigen Leistungen i.S.d. § 3a Absatz 2 UStG (Abs. 1 Satz 4)

6  Bei einem Umsatz eines in einem anderen Mitgliedstaat ansässigen Unternehmern gelten für die Abrechnung durch den Leistungsempfänger als Steuerschuldner (§ 13b UStG) mittels sog. **Gutschrift** die Vorschriften des deutschen UStG (§ 14 Abs. 7 Satz 2 UStG). Im Falle einer **sonstigen Leistung** iS des § 3a Abs. 2 UStG sind § 14a Abs. 1 Satz 2 und 3 und Abs. 5 Satz 1 und 3 [richtig: 2] UStG entsprechend anzuwenden (§ 14a Abs. 1 Satz 4 UStG). Folglich ist die Gutschrift bis zum fünfzehnten Tag des Monats, der auf den Monat folgt, in dem der Umsatz ausgeführt worden ist, auszustellen. In der Gutschrift sind die USt-IdNrn. der Beteiligten anzugeben und sie muss die Angabe „**Steuerschuldnerschaft des Leistungsempfängers**" enthalten. Die Vorschrift über den gesonderten Steuerausweis nach § 14 Abs. 4 Satz 1 Nr. 8 UStG ist nicht anzuwenden.

### III. Sog. Versandhandelslieferungen (Abs. 2)

7  Versandhändler u.ä. Unternehmer, die aus dem übrigen Gemeinschaftsgebiet Gegenstände **an Verbraucher und gleichgestellte Abnehmer**, die nicht der Erwerbsbesteuerung unterliegen, liefern (Lieferungen i.S.d. § 3c UStG), sind, sofern sich die Verpflichtung nicht bereits aus § 14 Abs. 2 Satz 1 Nr. 2 Satz 2 UStG

---

1 Art. 219a Nr. 2 Buchst. a i.V.m. Art. 226 Nr. 11a bzw. Art. 222 Abs. 1 MwStSystRL.

ergibt, zur Ausstellung von Rechnungen mit den Angaben des § 14 Abs. 4 UStG verpflichtet (§ 14a Abs. 2 UStG). Der Zweck dieser Bestimmung liegt im Dunkeln.

## IV. Innergemeinschaftliche Lieferungen (Abs. 3 und 4)

**1. Regelangaben:** Bei einer steuerfreien innergemeinschaftlichen Lieferung (§ 4 Nr. 1 Buchst. a i.V.m. § 6a UStG) muss der Unternehmer eine Rechnung bis zum fünfzehnten Tag nach Ablauf des Monats, in dem der Umsatz ausgeführt worden ist[1], ausstellen (§ 14a Abs. 3 Satz 1 UStG). Diese Regelung gilt nur für den Fall des § 6a Abs. 1 Satz 1 Nr. 2 Buchst. c UStG (Lieferung eines neuen Fahrzeugs an einen privaten Abnehmer). In den anderen Fällen ergibt sich die Verpflichtung bereits aus § 14 Abs. 2 Satz 1 Nr. 2 Satz 2 UStG. Die Rechnung muss neben einem **Hinweis auf die Steuerfreiheit** (§ 14 Abs. 4 Satz 1 Nr. 8 UStG; *§ 14 Rz. 103 ff.*) sowohl die **USt-IdNr.** des **leistenden Unternehmers** als auch die des **Leistungsempfängers** enthalten (§ 14a Abs. 3 Satz 2 UStG). Der **Zweck** dieser Angaben liegt darin, den Rechnungsempfänger darauf hinzuweisen, dass mit der Steuerfreiheit der Lieferung die Erwerbsbesteuerung (Art. 2 Abs. 1 Buchst. b MwStSystRL) beim Empfänger korrespondiert. Die Ausstellung einer ordnungsgemäßen Rechnung ist, wenngleich das sachgerecht wäre, nicht Voraussetzung der Steuerfreiheit der Lieferung nach § 6a UStG (*§ 6a Rz. 11*). 8

Die Verpflichtung ist nicht nur öffentlich-rechtlicher, sondern auch **zivilrechtlicher** Natur, wenn im anderen Mitgliedstaat der Abzug der Steuer auf den innergemeinschaftlichen Erwerb als Vorsteuer (anders als in Deutschland, § 15 Abs. 1 Satz 1 Nr. 3 UStG) eine ordnungsgemäße Rechnung voraussetzt, wie es Art. 178 Buchst. c i.V.m. Art. 220 Nr. 3 und Art. 226 MwStSystRL als Regel vorsieht. 9

**2. Lieferung neuer Fahrzeuge:** Eine Rechnung über die innergemeinschaftliche Lieferung eines neuen Fahrzeuges muss auch die in § 1b Abs. 2 und 3 UStG bezeichneten Fahrzeugangaben enthalten (§ 14a Abs. 4 UStG). Hingegen sind etwaige Umsatzsteuer-Identifikationsnummern der Beteiligten nicht anzugeben (§ 14a Abs. 3 Satz 4 UStG). Die Verpflichtung zur Ausstellung einer Rechnung trifft auch die sog. Fahrzeuglieferer i.S.d. § 2a UStG (§ 14a Abs. 3 Satz 3, Abs. 4 Satz 2 UStG). 10

## V. Steuerschuldnerschaft des Leistungsempfängers (Abs. 5)

Führt der Unternehmer eine Leistung aus, für die der Empfänger die Steuer nach § 13b Abs. 2 UStG schuldet, so ist er zur Ausstellung einer Rechnung verpflichtet, die neben den Angaben des § 14 Abs. 4 Satz 1 Nr. 1 bis 7 UStG (*Rz. 13*) zusätzlich die Angabe „**Steuerschuldnerschaft des Leistungsempfängers**" enthält (§ 14a Abs. 5 Satz 1 HS 1 UStG). Absatz 1 bleibt unberührt (Halbsatz 2). 11

Diese **Neufassung** des § 14a Abs. 5 UStG betrifft wegen Art. 219a Nr. 2 Buchst. a MwStSystRL (*Rz. 5*) nur noch inländische Umsätze i.S.d. § 13b Abs. 2 UStG und

---

1 Umsetzung des Art. 222 Satz 1 MwStSystRL.

auch nur solche, bei denen der **leistende Unternehmer nicht in einem anderen Mitgliedstaat ansässig** ist. Ist der leistende Unternehmer hingegen in einem anderen Mitgliedstaat ansässig, insbesondere in den Fällen des **§ 13b Abs. 2 Nr. 1 und 5** UStG, so richtet sich die Verpflichtung (ebenso wie in den Fällen des § 13b Abs. 1 UStG) nach dem Recht des anderen Mitgliedstaates (§ 14 Abs. 7 Satz 1 UStG).

12  Die **Steuerschuld** des Leistungsempfängers nach § 13b UStG entsteht **unabhängig** von diesem Hinweis (*§ 13b Rz. 5*). Er hat lediglich die Funktion, den Rechnungsempfänger darauf aufmerksam zu machen, dass er nach Auffassung des Rechnungsausstellers Steuerschuldner sei. Der Hinweis bewirkt auch nicht etwa zivilrechtlich, dass der Leistungsempfänger die Umsatzsteuer zusätzlich zur vereinbarten Gegenleistung zu tragen hat, da der Rechnungsaussteller nicht mittels der Rechnung einseitig die Gegenleistung erhöhen kann; Schweigen gilt nicht als Zustimmung.

13  Die Vorschrift über den **gesonderten Ausweis der Steuer** in einer Rechnung nach § 14 Abs. 4 Satz 1 Nr. 8 UStG wird nicht angewendet (§ 14a Abs. 5 Satz 2 UStG). Das ergibt sich aus der Natur der Sache, da der Rechnungsaussteller die Steuer nicht schuldet und folglich auch nicht als Teil des Preises abwälzen kann. Mit der Nichtanwendung des § 14 Abs. 4 Satz 1 Nr. 8 UStG entfällt lediglich die *Verpflichtung* zum Ausweis der Steuer nach dieser Vorschrift. Ein **Verbot** ergibt sich erst aus der Formulierung des § 14c Abs. 1 UStG, weil „er" (der Rechnungsaussteller, Leistungserbringer) die in Rechnung gestellte Steuer für den Umsatz nicht schuldet (*§ 14c Rz. 49*). Wird entgegen § 14a Abs. 5 Satz 2 UStG Steuer in der Rechnung ausgewiesen, so berührt das die Steuerschuldnerschaft des Leistungsempfängers nach § 13b UStG nicht. Nach dem Wortlaut des § 14a Abs. 5 Satz 2 UStG entfällt lediglich die Verpflichtung nach § 14 Abs. 4 Satz 1 Nr. 8 UStG zum Ausweis der Steuer, nicht jedoch die Verpflichtung zur Angabe des „anzuwendenden" Steuersatzes. Das ergibt allerdings keinen Sinn.[1]

## VI. Differenzbesteuerung (Abs. 6)

14  In den Fällen der Differenzbesteuerung bei **Reiseleistungen** nach § 25 UStG und bei **Lieferung gebrauchter Gegenstände** nach § 25a UStG ist in der Rechnung auch auf die Anwendung dieser Sonderregelungen hinzuweisen (§ 14a Abs. 6 Satz 1 UStG). Allerdings trifft den Unternehmer eine Verpflichtung zur Erteilung einer Rechnung im Falle des § 25 UStG nur gegenüber juristischen Personen (§ 14 Abs. 2 Satz 1 Nr. 2 Satz 2 UStG) und im Falle des § 25a UStG auch nur unter den Voraussetzungen des § 14 Abs. 2 Satz 1 Nr. 2 Satz 2 UStG.

Die Neufassung des § 14a Abs. 6 Satz 1 UStG verlangt nunmehr im Falle des § 25 UStG die **Angabe** „Sonderregelung für Reisebüros"[2] und im Falle des § 25a UStG die Angabe „Gebrauchtgegenstände/Sonderregelung", „Kunstgegstän-

---

[1] Dazu näher *Stadie* in R/D, § 14a UStG Anm. 50.
[2] Umsetzung des Art. 226 Nr. 13 MwStSystRL. Der aus Art. 306 MwStSystRL übernommene Begriff ist schlicht sinnentstellend, da nach deutschem Sprachverständnis „Reisebüros" gerade nicht unter § 25 UStG fallen (s. auch § 4 Nr. 5 Satz 2 UStG).

de/Sonderregelung" oder (sic!)[1] „Sammlungsstücke und Antiquitäten/Sonderregelung"[2]. Fehlt der Rechnung ein solcher Hinweis, steht das der Anwendung der Differenzbesteuerung nicht entgegen.[3]

Des Weiteren finden die Vorschriften über den **gesonderten Ausweis der Steuer** (§ 14 Abs. 4 Satz 1 Nr. 8 UStG) **keine Anwendung** (§ 14a Abs. 6 Satz 2 UStG). Diese Bestimmung dient dem Schutz des leistenden Unternehmers, damit der Leistungsempfänger aus dem Steuerbetrag keinen Rückschluss auf die Gewinnspanne des leistenden Unternehmers ziehen kann.

15

## VII. Innergemeinschaftliche Dreiecksgeschäfte (Abs. 7)

Bei einem innergemeinschaftlichen Dreiecksgeschäft i.S.d. § 25b Abs. 2 UStG ist in der Rechnung auf das Vorliegen eines solchen und auf die Steuerschuldnerschaft des letzten Abnehmers hinzuweisen (§ 14a Abs. 7 Satz 1 UStG). Hierbei handelt es sich indes um keine Verpflichtung, da es der Unternehmer in der Hand hat, durch die Rechnungsgestaltung nach § 14a Abs. 7 UStG überhaupt erst die Voraussetzungen und damit die Rechtsfolgen des § 25b Abs. 2 und 3 UStG herbeizuführen.

16

Die Formulierung ergibt deshalb **keinen Sinn**. § 14a Abs. 7 Satz 1 UStG und § 25b Abs. 2 Nr. 3 UStG bedingen sich gegenseitig, so dass es ausgereicht hätte, die Aussage ersterer Vorschrift in Letztere aufzunehmen. Gleiches gilt für die Aussage des § 14a Abs. 7 Satz 3 UStG, dass die Vorschriften über den gesonderten Steuerausweis keine Anwendung finden. Wird die Steuer gegenüber dem letzten Abnehmer in der Rechnung ausgewiesen, so ist die Voraussetzung des § 25b Abs. 2 Nr. 3 UStG nicht erfüllt und es liegt kein innergemeinschaftliches Dreiecksgeschäft vor! Sinn ergibt lediglich die Bestimmung, dass die **Umsatzsteuer-Identifikationsnummern** der Beteiligten in der Rechnung anzugeben sind (§ 14a Abs. 7 Satz 2 UStG).

# § 14b
# Aufbewahrung von Rechnungen

(1) Der Unternehmer hat ein Doppel der Rechnung, die er selbst oder ein Dritter in seinem Namen und für seine Rechnung ausgestellt hat, sowie alle Rechnungen, die er erhalten oder die ein Leistungsempfänger oder in dessen Namen und für dessen Rechnung ein Dritter ausgestellt hat, zehn Jahre aufzubewahren. Die Rechnungen müssen für den gesamten Zeitraum die Anforderungen des § 14 Absatz 1 Satz 2 erfüllen. Die Aufbewahrungsfrist beginnt mit dem Schluss des

---

1 Das „oder" müsste bedeuten, dass der Unternehmer die Wahl hätte, welche der drei Bezeichnungen er verwendet. Das ist Unsinn. Die Gehilfen des Gesetzgebers sind nicht in der Lage, die insoweit eindeutige Richtlinie umzusetzen. In Art. 226 Nr. 14 MwStSystRL heißt es zutreffend „bzw."!
2 Umsetzung des Art. 226 Nr. 14 MwStSystRL.
3 Vgl. FG Düsseldorf v. 23.5.2014 – 1 K 2537/12, EFG 2014, 1542.

Kalenderjahres, in dem die Rechnung ausgestellt worden ist; § 147 Abs. 3 der Abgabenordnung bleibt unberührt. Die Sätze 1 bis 3 gelten auch

1. für Fahrzeuglieferer (§ 2a);
2. in den Fällen, in denen der letzte Abnehmer die Steuer nach § 13a Abs. 1 Nr. 5 schuldet, für den letzten Abnehmer;
3. in den Fällen, in denen der Leistungsempfänger die Steuer nach § 13b Absatz 5 schuldet, für den Leistungsempfänger.

In den Fällen des § 14 Abs. 2 Satz 1 Nr. 1 hat der Leistungsempfänger die Rechnung, einen Zahlungsbeleg oder eine andere beweiskräftige Unterlage zwei Jahre gemäß den Sätzen 2 und 3 aufzubewahren, soweit er

1. nicht Unternehmer ist oder
2. Unternehmer ist, aber die Leistung für seinen nichtunternehmerischen Bereich verwendet.

(2) Der im Inland oder in einem der in § 1 Abs. 3 bezeichneten Gebiete ansässige Unternehmer hat alle Rechnungen im Inland oder in einem der in § 1 Abs. 3 bezeichneten Gebiete aufzubewahren. Handelt es sich um eine elektronische Aufbewahrung, die eine vollständige Fernabfrage (Online-Zugriff) der betreffenden Daten und deren Herunterladen und Verwendung gewährleistet, darf der Unternehmer die Rechnungen auch im übrigen Gemeinschaftsgebiet, in einem der in § 1 Abs. 3 bezeichneten Gebiete, im Gebiet von Büsingen oder auf der Insel Helgoland aufbewahren. Der Unternehmer hat dem Finanzamt den Aufbewahrungsort mitzuteilen, wenn er die Rechnungen nicht im Inland oder in einem der in § 1 Abs. 3 bezeichneten Gebiete aufbewahrt. Der nicht im Inland oder in einem der in § 1 Abs. 3 bezeichneten Gebiete ansässige Unternehmer hat den Aufbewahrungsort der nach Absatz 1 aufzubewahrenden Rechnungen im Gemeinschaftsgebiet, in den in § 1 Abs. 3 bezeichneten Gebieten, im Gebiet von Büsingen oder auf der Insel Helgoland zu bestimmen. In diesem Fall ist er verpflichtet, dem Finanzamt auf dessen Verlangen alle aufzubewahrenden Rechnungen und Daten oder die an deren Stelle tretenden Bild- und Datenträger unverzüglich zur Verfügung zu stellen. Kommt er dieser Verpflichtung nicht oder nicht rechtzeitig nach, kann das Finanzamt verlangen, dass er die Rechnungen im Inland oder in einem der in § 1 Abs. 3 bezeichneten Gebiete aufbewahrt.

(3) Ein im Inland oder in einem der in § 1 Abs. 3 bezeichneten Gebiete ansässiger Unternehmer ist ein Unternehmer, der in einem dieser Gebiete einen Wohnsitz, seinen Sitz, seine Geschäftsleitung oder eine Zweigniederlassung hat.

(4) Bewahrt ein Unternehmer die Rechnungen im übrigen Gemeinschaftsgebiet elektronisch auf, können die zuständigen Finanzbehörden die Rechnungen für Zwecke der Umsatzsteuerkontrolle über Online-Zugriff einsehen, herunterladen und verwenden. Es muss sichergestellt sein, dass die zuständigen Finanzbehörden die Rechnungen unverzüglich über Online-Zugriff einsehen, herunterladen und verwenden können.

(5) Will der Unternehmer die Rechnungen außerhalb des Gemeinschaftsgebiets elektronisch aufbewahren, gilt § 146 Abs. 2a der Abgabenordnung.

Allgemeine Aufbewahrungspflicht für Unternehmer § 14b

*EU-Recht*

Art. 241, 244–249 MwStSystRL.

*VV*

Abschn. 14b.1 UStAE.

| | | | |
|---|---|---|---|
| A. Allgemeines .................. | 1 | I. Fahrzeuglieferer (Abs. 1 Satz 4 Nr. 1) ....................... | 21 |
| B. Allgemeine Aufbewahrungspflicht für Unternehmer | | II. Leistungsempfänger als Steuerschuldner (Abs. 1 Satz 4 Nr. 2 und 3) ..................... | 22 |
| I. Adressaten ................. | 3 | | |
| II. Betroffene Rechnungen ........ | 5 | III. Private Empfänger von Werklieferungen und sonstigen Leistungen im Zusammenhang mit einem Grundstück (Abs. 1 Satz 5) ..................... | 23 |
| III. Aufbewahrungsort und -art .... | 11 | | |
| IV. Dauer der Aufbewahrung ...... | 20 | | |
| C. Besondere Aufbewahrungspflichten .................. | 21 | | |

## A. Allgemeines

Die Aufbewahrungspflicht betrifft nicht nur **Unternehmer**, sondern **in bestimmten Fällen auch Nichtunternehmer** (§ 14b Abs. 1 Sätze 4 und 5 UStG; *Rz. 21 ff.*). Sie erfasst bei Unternehmern sowohl **ausgestellte** als auch **erhaltene** Rechnungen i.S.d. § 14 und § 14a UStG, d.h. solche, die sich auf im Inland **steuerbare Umsätze** beziehen. 1

Die Vorschrift regelt nur die Aufbewahrung von Rechnungen für **umsatzsteuerrechtliche Zwecke** (§ 14b Abs. 4 Satz 1 UStG: „Umsatzsteuerkontrolle"). Sie ist insoweit lex specialis gegenüber § 147 AO und § 146 Abs. 2 AO. Mit der Aufbewahrungspflicht korrespondiert regelmäßig eine **Pflicht zur Vorlage** der Rechnungen bei der Finanzbehörde (§ 97 AO) oder im Rahmen einer Außenprüfung (§ 200 Abs. 1 und 2 AO). Die vorsätzliche oder leichtfertige **Verletzung** der Aufbewahrungspflicht ist eine **Ordnungswidrigkeit** (§ 26a Abs. 1 Nr. 2 und 3 UStG). 2

## B. Allgemeine Aufbewahrungspflicht für Unternehmer

### I. Adressaten

Die Aufbewahrungspflicht trifft alle **Unternehmer** (§ 14b Abs. 1 Satz 1 UStG), mithin auch **Kleinunternehmer** (hinsichtlich der Ausgangsrechnungen). Entgegen dem Gesetzeswortlaut sind Rechnung über **steuerfreie** Umsätze nach § 4 Nr. 8 ff. UStG nicht aufzubewahren (*Rz. 6*). 3

Wird eine Leistung gegenüber einer **Mehrzahl von Leistungsempfängern** erbracht, so muss nicht für jeden Einzelnen eine eigene Rechnung ausgestellt werden; vielmehr reicht eine Gesamtrechnung aus (*§ 14 Rz. 42*). Die Aufbewahrung 4 kann mithin durch einen Beteiligten oder einen gemeinsamen Beauftragten (*Rz. 13*) erfolgen.[1]

## II. Betroffene Rechnungen

5   Der Unternehmer hat ein Doppel der Rechnung, die er selbst oder ein Dritter in seinem Namen und für seine Rechnung **ausgestellt** (*Rz. 8*) hat, sowie alle Rechnungen, die er **erhalten** oder die ein Leistungsempfänger oder in dessen Namen und für dessen Rechnung ein Dritter ausgestellt hat, aufzubewahren (§ 14b Abs. 1 Satz 1 UStG). Den Rechnungen werden mithin **Gutschriften**, d.h. Abrechnungen („**Rechnungen**") des Leistungsempfängers (§ 14 Abs. 2 Sätze 2 und 3 UStG) gleichgestellt. Besteht eine Rechnung aus mehreren Dokumenten (§ 31 Abs. 1 UStDV; dazu *§ 14 Rz. 68 ff.*), so sind **alle Teile** der Rechnung aufzubewahren. Entsprechendes gilt bei einer **Rechnungsberichtigung** oder **-ergänzung**.[2]

6   **Ausgangsrechnungen**: Die Aufbewahrungspflicht betrifft zum einen die **Doppel** aller in seinem Namen und für seine Rechnung **ausgestellten** Rechnungen und die ihm vom Leistungsempfänger oder in dessen Namen und für dessen Rechnung von einem Dritten erteilten **Gutschriften** für vom Unternehmer ausgeführte oder noch auszuführende Umsätze. Entgegen dem Gesetzeswortlaut sind Rechnungen über **steuerfreie Umsätze** i.S.d. § 4 Nr. 8 ff. UStG **nicht** (mehr) aufzubewahren, denn wenn solche Rechnungen nicht mehr erteilt werden müssen (§ 14 Abs. 2 Satz 1 Nr. 2 Satz 3 UStG), dann kann auch keine Aufbewahrungspflicht bestehen.

7   Bei Ausgangsrechnungen enthält die Vorschrift nicht nur die Verpflichtung zur Aufbewahrung eines gefertigten Doppels, sondern **auch** die **Verpflichtung**, von jeder ausgestellten Rechnung überhaupt ein **Doppel zu fertigen**. Die gegenteilige Auslegung ergäbe keinen Sinn, denn die Vorschrift könnte dann mit der Behauptung, kein Doppel gefertigt zu haben, unterlaufen werden.[3]

8   **Ausgestellt** ist eine Rechnung, wenn das erstellte Dokument dem Adressaten zur Empfangnahme angeboten wird, auch wenn dieser die Annahme verweigert[4] oder das Papier sogleich vernichtet. Auch das Doppel einer solchen Rechnung ist aufzubewahren.

9   **Eingangsrechnungen**: Die Aufbewahrungspflicht gilt ferner grundsätzlich auch für Rechnungen, die der Unternehmer für ihm gegenüber ausgeführte oder noch auszuführende Umsätze erhalten hat. Dazu zählen als von ihm „ausgestellte Rechnungen" auch sog. **Gutschriften**, die er als Leistungsempfänger erteilt hat. Die Aufbewahrungspflicht gilt **unabhängig** davon, **ob** die Rechnungen für einen **Vorsteuerabzug** verwendet werden (können), da die Aufbewahrungspflicht des Leistungsempfängers den Leistungserbringer veranlassen soll, seine steuerpflichtigen Umsätze zu versteuern. Die Aufbewahrungspflicht für „erhaltene" Rechnungen enthält auch die **Verpflichtung**, eine ausgestellte (*Rz. 8*) Rechnung

---

[1] Vgl. auch Abschn. 14b.1 Abs. 1 Satz 3 UStAE.
[2] Dazu näher *Stadie* in R/D, § 14b UStG Anm. 16.
[3] *Stadie* in R/D, § 14b UStG Anm. 5; a.A. *Kemper*, UR 2014, 673 (676) Fn. 31.
[4] A.A. *Nieskens* in R/D, § 26a UStG Anm. 26.

überhaupt **entgegenzunehmen**, da anderenfalls die Aufbewahrungspflicht umgangen werden könnte.

Eingangsrechnungen sind (sofern es sich nicht um Fälle des § 14b Abs. 1 Satz 4 Nr. 2, 3 oder Satz 5 UStG handelt) entgegen dem Wortlaut (*"alle* Rechnungen, die er erhalten hat") grundsätzlich nur aufzubewahren, wenn sie Leistungen betreffen, die ganz oder zum Teil **für das Unternehmen** bezogen werden (Umkehrschluss aus § 14b Abs. 1 Satz 5 Nr. 2 UStG). Entsprechendes gilt m.E. für den steuerfreien Tätigkeitsbereich des Unternehmers, der nicht zum Vorsteuerabzug berechtigt (arg. § 22 Abs. 3 Satz 1 UStG).

10

## III. Aufbewahrungsort und -art

Hinsichtlich der möglichen Aufenthaltsorte **unterscheidet** die **Vorschrift** danach, ob der zur Aufbewahrung verpflichtete Unternehmer im Inland (§ 1 Abs. 2 Satz 1 UStG) oder in einem der in § 1 Abs. 3 UStG bezeichneten Gebiete (Freihäfen und Gewässer und Watten zwischen Hoheitsgrenze und Strandlinie) ansässig ist (§ 14b Abs. 2 Sätze 1 bis 3 UStG) oder nicht (§ 14b Abs. 2 Sätze 4 bis 6 UStG). Wieso nicht auf das staatsrechtliche Inland (zu dem auch Büsingen und Helgoland gehören) abgestellt wird, ist unerfindlich, da auch diese Orte deutsches Hoheitsgebiet sind. Im Folgenden wird statt von einem im Inland oder in einem der in § 1 Abs. 3 UStG bezeichneten Gebiete ansässigen Unternehmer von einem „**inländischen**" **Unternehmer** und statt von einem nicht im Inland oder in einem der in § 1 Abs. 3 UStG bezeichneten Unternehmer von einem „**ausländischen**" **Unternehmer** gesprochen.

11

Ein **im Inland** oder in einem der in § 1 Abs. 3 UStG bezeichneten Gebiete **ansässiger** Unternehmer ist ein solcher, der in einem dieser Gebiete einen Wohnsitz, seinen Sitz, seine Geschäftsleitung oder eine Zweigniederlassung hat (§ 14b Abs. 3 UStG). Diese Formulierung ist genauso verfehlt wie die weitgehend entsprechende des § 13b Abs. 7 Satz 1 UStG, so dass die genannten Kriterien richtlinienkonform auszulegen sind.[1] Darüber hinaus ist für die von der MwStSystRL (Art. 245 MwStSystRL) geforderte Ansässigkeit der Wohnsitz unbeachtlich, so dass der **Sitz der wirtschaftlichen Tätigkeit** maßgebend ist (*§ 13b Rz. 50 ff.*). Die Zweigniederlassung (der Begriff wurde bis 30.6.2010 auch von § 13b Abs. 4 UStG aF verwendet) ist als **feste Niederlassung** zu verstehen (*§ 3a Rz. 28 ff.*; *§ 13b Rz. 55 ff.*).

12

Die Vorschrift regelt lediglich die **Gebiete**, in denen die Rechnungen aufzubewahren sind. Der Unternehmer ist deshalb nicht verpflichtet, diese am Sitz seiner wirtschaftlichen Tätigkeit oder in seiner festen Niederlassung, d.h. in den Räumen seines Unternehmens aufzubewahren. Die Aufbewahrung kann auch **bei Dritten** erfolgen.

13

„**Inländische**" **Unternehmer** haben die Rechnungen bzw. Doppel grundsätzlich **im Inland** (§ 1 Abs. 2 Satz 1 UStG) oder in einem der in § 1 Abs. 3 UStG bezeichneten Gebiete aufzubewahren (§ 14b Abs. 2 Satz 1 UStG). Handelt es sich um eine **elektronische Aufbewahrung**, die eine vollständige Fernabfrage (Online-Zu-

14

---

1 *Stadie* in R/D, § 14b UStG Anm. 47 f.

griff) der betreffenden Daten und deren Herunterladen und Verwendung gewährleistet, darf der Unternehmer die Rechnungen **auch im übrigen Gemeinschaftsgebiet** (und gleichgestelltem Gebiet), unter den Voraussetzungen des § 146 Abs. 2a AO auch in den Staaten des EWR aufbewahren (§ 14b Abs. 2 Satz 2 und Abs. 5 UStG).[1] Der Unternehmer hat dem zuständigen Finanzamt den **Aufbewahrungsort mitzuteilen**, wenn bzw. soweit er die Rechnungen nicht im Inland aufbewahrt (§ 14b Abs. 2 Satz 3 UStG).

15  Der **„ausländische"** Unternehmer (wozu auch ein in Büsingen oder auf Helgoland ansässiger Unternehmer zählt), hat den Aufbewahrungsort der aufzubewahrenden Rechnungen **im Gemeinschaftsgebiet** (oder diesem gleichgestellten Gebiet) zu bestimmen (§ 14b Abs. 2 Satz 4 UStG). Entgegen dem Wortlaut gilt die Vorschrift nicht für außerhalb des Gemeinschaftsgebiets ansässige Unternehmer.[2]

16  Der Unternehmer ist verpflichtet, dem Finanzamt auf dessen Verlangen alle aufzubewahrenden **Rechnungen** und Daten oder die an deren Stelle tretenden Bild- und Datenträger unverzüglich **zur Verfügung** zu **stellen** (§ 14b Abs. 2 Satz 5 UStG). Kommt der Unternehmer dieser Verpflichtung nicht oder nicht rechtzeitig nach, so kann das Finanzamt verlangen, dass die Rechnungen **im Inland** aufbewahrt werden (§ 14b Abs. 2 Satz 6 UStG). Diese Verpflichtung kann sich nur auf **zukünftig** aufzubewahrende Rechnungen beziehen.

17  Werden die Doppel der Rechnungen im übrigen Gemeinschaftsgebiet elektronisch aufbewahrt, können die zuständigen **Finanzbehörden** diese für Zwecke der Umsatzsteuerkontrolle über **Fernabfrage** (sog. Online-Zugriff) einsehen, herunterladen und verwenden. Es muss sichergestellt sein, dass die Behörden die Rechnungen unverzüglich über Online-Zugriff einsehen, herunterladen und verwenden können (§ 14b Abs. 4 UStG). Das Recht auf den **elektronischen Zugriff im anderen Mitgliedsstaat** ergibt sich aus Art. 249 MwStSystRL.

18  Die Rechnungen müssen für den gesamten Zeitraum der Aufbewahrungsdauer (*Rz. 20*) die Anforderungen des § 14 Abs. 1 Satz 2 UStG erfüllen (§ 14b Abs. 1 Satz 2 UStG), d.h. die Echtheit der Herkunft der Rechnung, die Unversehrtheit ihres Inhalts und ihre Lesbarkeit müssen gewährleistet sein. Daraus folgt bezüglich der Lesbarkeit, dass bei Rechnungen auf sog. Thermopapier diese durch eine nochmalige Kopie auf normalem Papier zu konservieren sind.[3] Bei **elektronisch** übermittelten Rechnungen sind auch die Nachweise über die Echtheit und die Unversehrtheit der Daten aufzubewahren (z.B. eine qualifizierte elektronische Signatur), selbst wenn nach anderen Vorschriften die Gültigkeit dieser Nachweise bereits abgelaufen ist.[4]

19  Nach § 147 Abs. 2 AO können allerdings die Rechnungen auch als Wiedergabe auf einem **Bildträger** oder auf anderen **Datenträgern** aufbewahrt werden, wenn

---

1 Diese Einschränkung verstößt m.E. gegen Art. 247 Abs. 3 MwStSystRL; *Stadie* in R/D, § 14b UStG Anm. 35 f.
2 *Stadie* in R/D, § 14b UStG Anm. 41 f.
3 Abschn. 14b.1 Abs. 5 Sätze 2 f. UStAE.
4 Abschn. 14b.1 Abs. 6 Satz 4 UStAE.

sichergestellt ist, dass die Wiedergabe oder die Daten mit den empfangenen Rechnungen bildlich und mit den ausgestellten Rechnungen inhaltlich übereinstimmen, wenn sie lesbar gemacht werden, während der Dauer der Aufbewahrungsfrist jederzeit verfügbar sind, unverzüglich lesbar gemacht und maschinell ausgewertet werden können.[1] Für **elektronische Aufbewahrungen** im übrigen Gemeinschaftsgebiet muss sichergestellt sein, dass die zuständigen Finanzbehörden die Rechnungen unverzüglich über **Online-Zugriff** einsehen, herunterladen und verwenden können (§ 14b Abs. 4 Satz 2 UStG).

### IV. Dauer der Aufbewahrung

Die Aufbewahrungsdauer beträgt grundsätzlich **zehn Jahre** (§ 14b Abs. 1 Satz 1 UStG). Diese Bestimmung ist trotz ihrer verkorksten Formulierung[2] als Spezialvorschrift gegenüber § 147 Abs. 3 AO gemeint. Etwaige kürzere Aufbewahrungsfristen nach außersteuerlichen Gesetzen berühren deshalb diese umsatzsteuerrechtliche Frist nicht (§ 147 Abs. 3 Satz 2 AO). Die Aufbewahrungsfrist **beginnt** mit dem Schluss des Kalenderjahres, in dem die Rechnung ausgestellt worden ist (§ 14b Abs. 1 Satz 3 Halbs. 1 UStG). Da § 147 Abs. 3 AO unberührt bleibt (§ 14b Abs. 1 Satz 3 Halbs. 2 UStG), tritt eine **Ablaufhemmung** ein, soweit und solange die Rechnung für Steuern von Bedeutung ist, für welche die Festsetzungsfrist noch nicht abgelaufen ist; maßgebend ist allerdings die Regelfestsetzungsfrist von 4 Jahren, da § 169 Abs. 2 Satz 2 AO nicht gilt (§ 147 Abs. 3 Satz 3 AO).

20

## C. Besondere Aufbewahrungspflichten
### I. Fahrzeuglieferer (Abs. 1 Satz 4 Nr. 1)

Die Aufbewahrungspflicht nach § 14b Abs. 1 Satz 1 bis 3 UStG gilt auch für den privaten **Fahrzeuglieferer** i.S.d. § 2a UStG (§ 14b Abs. 1 Satz 4 Nr. 1 UStG) hinsichtlich der in dieser Eigenschaft ausgestellten Rechnungen i.S.d. § 14a Abs. 3 Satz 3 UStG. Die Bestimmungen zu Aufbewahrungsort und -art (§ 14b Abs. 2 bis 5 UStG) sind ebenfalls anzuwenden, da der Fahrzeuglieferer nach § 2a UStG für die jeweilige Lieferung als Unternehmer gilt.

21

### II. Leistungsempfänger als Steuerschuldner (Abs. 1 Satz 4 Nr. 2 und 3)

Die Aufbewahrungspflicht nach § 14b Abs. 1 Satz 1 bis 3 i.V.m. Abs. 2 bis 5 UStG trifft ferner den letzten **Abnehmer** beim innergemeinschaftlichen **Dreiecksgeschäft** (§ 25b UStG), wenn er die Steuer nach § 13a Abs. 1 Nr. 5 UStG schuldet, und den **Leistungsempfänger**, wenn **er** die **Steuer** nach § 13b UStG **schuldet** (§ 14b Abs. 1 Satz 4 Nr. 2 und 3 UStG), bezüglich der in diesen Fällen erhaltenen Rechnungen. Diese Regelungen des § 14b Abs. 1 Satz 4 UStG sind nur von Bedeutung, wenn die Betroffenen **nicht Unternehmer** sind (als juristi-

22

---
1 Vgl. dazu Abschn. 14b.1 Abs. 6 UStAE.
2 Dazu näher *Stadie* in R/D, § 14b UStG Anm. 54.

sche Personen, § 25b Abs. 1 Satz 2, § 13b Abs. 5 Satz 1 Halbs. 1 UStG). Anderenfalls trifft sie die Verpflichtung bereits nach § 14b Abs. 1 Satz 1 UStG.

### III. Private Empfänger von Werklieferungen und sonstigen Leistungen im Zusammenhang mit einem Grundstück (Abs. 1 Satz 5)

23   Eine Aufbewahrungspflicht gilt des Weiteren in den Fällen des § 14 Abs. 2 Satz 1 Nr. 1 UStG, d.h. bei Werklieferungen und sonstigen Leistungen im Zusammenhang mit einem Grundstück, wenn der Leistungsempfänger nicht Unternehmer ist oder aber die Leistung für seinen nichtunternehmerischen („privaten") Bereich verwendet (§ 14b Abs. 1 Satz 5 UStG). Die Aufbewahrungspflicht gilt **nicht** bei Rechnungen über **steuerpflichtige Vermietungen** i.S.d. § 4 Nr. 12 Satz 2 UStG[1], d.h. insbesondere bei der Vermietung von Hotelzimmern, Garagen u.Ä.

24   Der Zweck der Aufbewahrungspflicht, die sog. Schwarzarbeit (Ohne-Rechnung-Geschäfte) zu bekämpfen, kann nicht erreicht werden, weil nach der Vorschrift statt der Rechnung auch ein **Zahlungsbeleg** oder eine **andere beweiskräftige Unterlage** aufbewahrt werden kann (§ 14b Abs. 1 Satz 5 UStG).

25   Werden derartige Leistungen hingegen für das Unternehmen bezogen, so muss zwingend die Rechnung aufbewahrt werden (§ 14b Abs. 1 Satz 1 UStG). Gleiches gilt, wenn, es sich um Bauleistungen i.S.d. § 13b Abs. 2 Nr. 4 UStG handelt, die der Empfänger, der seinerseits in seinem Unternehmen solche Leistungen erbringt, für seinen nichtunternehmerischen Bereich bezieht und deshalb die Steuer nach § 13b Abs. 5 Sätze 2 und 3 UStG schuldet; § 14b Abs. 1 Satz 4 Nr. 3 UStG geht Satz 5 vor.[2]

26   **Andere beweiskräftige Unterlagen** sind solche, durch die sich der Leistende, die Art und der Umfang der ausgeführten Leistung sowie die Gegenleistung bestimmen lassen.[3]

27   Die Aufbewahrungsverpflichtung ist **unabhängig davon, ob** der Rechnungsaussteller auf diese gem. § 14 Abs. 4 Satz 1 Nr. 9 UStG **hingewiesen** hatte.[4] Die Bestimmungen des § 14b Abs. 2 bis 5 UStG zu Ort und Art der Aufbewahrung gelten nach ihrem eindeutigen Wortlaut („Unternehmer") **nicht**, so dass der **Aufbewahrungsort** frei bestimmt werden kann.

28   Die **Aufbewahrungsfrist** beträgt **zwei Jahre**; sie beginnt mit Ablauf des Kalenderjahres, in dem die Rechnung ausgestellt worden ist (§ 14b Abs. 1 Satz 5 i.V.m. Satz 3 UStG). Das gilt auch, wenn statt der Rechnung der Zahlungsbeleg oder die andere Unterlage aufbewahrt wird.

---

1 Abschn. 14b.1 Abs. 4 Satz 5 UStAE.
2 Abschn. 14b.1 Abs. 4 Satz 6 UStAE.
3 Abschn. 14b.1 Abs. 4 Satz 3 UStAE.
4 Abschn. 14b.1 Abs. 4 Satz 4 UStAE.

## § 14c
## Unrichtiger oder unberechtigter Steuerausweis

(1) Hat der Unternehmer in einer Rechnung für eine Lieferung oder sonstige Leistung einen höheren Steuerbetrag, als er nach diesem Gesetz für den Umsatz schuldet, gesondert ausgewiesen (unrichtiger Steuerausweis), schuldet er auch den Mehrbetrag. Berichtigt er den Steuerbetrag gegenüber dem Leistungsempfänger, ist § 17 Abs. 1 entsprechend anzuwenden. In den Fällen des § 1 Abs. 1a und in den Fällen der Rückgängigmachung des Verzichts auf die Steuerbefreiung nach § 9 gilt Absatz 2 Satz 3 bis 5 entsprechend.

(2) Wer in einer Rechnung einen Steuerbetrag gesondert ausweist, obwohl er zum gesonderten Ausweis der Steuer nicht berechtigt ist (unberechtigter Steuerausweis), schuldet den ausgewiesenen Betrag. Das Gleiche gilt, wenn jemand wie ein leistender Unternehmer abrechnet und einen Steuerbetrag gesondert ausweist, obwohl er nicht Unternehmer ist oder eine Lieferung oder sonstige Leistung nicht ausführt. Der nach den Sätzen 1 und 2 geschuldete Steuerbetrag kann berichtigt werden, soweit die Gefährdung des Steueraufkommens beseitigt worden ist. Die Gefährdung des Steueraufkommens ist beseitigt, wenn ein Vorsteuerabzug beim Empfänger der Rechnung nicht durchgeführt oder die geltend gemachte Vorsteuer an die Finanzbehörde zurückgezahlt worden ist. Die Berichtigung des geschuldeten Steuerbetrags ist beim Finanzamt gesondert schriftlich zu beantragen und nach dessen Zustimmung in entsprechender Anwendung des § 17 Abs. 1 für den Besteuerungszeitraum vorzunehmen, in dem die Voraussetzungen des Satzes 4 eingetreten sind.

*EU-Recht*

Art. 203 MwStSystRL.

*VV*

Abschn. 14c.1 und 14c.2 UStAE.

| | |
|---|---|
| **A. Allgemeines** | **C. Unrichtiger Steuerausweis durch Unternehmer (Abs. 1)** |
| I. Zweck und Wirkung der Vorschrift ............ 1 | I. Allgemeines .............. 31 |
| II. Unionsrechtlicher Rahmen .... 6 | II. Fallgruppen (Satz 1) |
| III. Verhältnis zu § 17 ............ 12 | 1. Überhöhter Steuerausweis..... 33 |
| **B. Abrechnung über eine (vorgebliche) Leistung** ............ 15 | 2. Durch Verjährung erloschene Steuer ................... 44 |
| I. Gegenüber einem anderen ..... 16 | 3. Steuerfreie Umsätze ......... 46 |
| II. Notwendiger Inhalt .......... 18 | 4. Steuerschuldnerschaft des Leistungsempfängers ......... 49 |
| III. Personelle Zurechnung ........ 24 | 5. Nichtsteuerbare Leistungen ... 51 |
| IV. Gutschrift .................. 28 | III. Beseitigung der Rechtsfolge (Sätze 2 und 3) |

| | |
|---|---|
| 1. Berichtigung des Steuerbetrages gegenüber dem Leistungsempfänger .................. 55 | **D. Unberechtigter Steuerausweis (Abs. 2)** |
| 2. Beseitigung der Gefährdung des Steueraufkommens? ........... 59 | I. Allgemeines ................ 71 |
| 3. Rückzahlung des Mehrbetrages an den Leistungsempfänger .... 61 | II. Ausweis von Steuer durch Nichtberechtigte ............. 72 |
| 4. Grundsätzlich keine Rückwirkung ..................... 67 | III. Nichtausführung einer Leistung ....................... 78 |
| 5. Haftung des Rechnungsausstellers (§ 71 AO) .............. 70 | IV. Beseitigung der Rechtsfolge (Sätze 3 bis 5) ................ 82 |

## A. Allgemeines
### I. Zweck und Wirkung der Vorschrift

1 Hat der Unternehmer in einer Rechnung einen **höheren** Steuerbetrag, als er nach dem Umsatzsteuergesetz für den Umsatz schuldet, gesondert **ausgewiesen (unrichtiger Steuerausweis)**, so schuldet er auch den Mehrbetrag (§ 14c Abs. 1 Satz 1 UStG). Wer in einer Rechnung einen Steuerbetrag gesondert ausweist, obwohl er zum gesonderten Ausweis der Steuer nicht berechtigt ist **(unberechtigter Steuerausweis)**, schuldet den ausgewiesenen Betrag (§ 14c Abs. 2 Satz 1 UStG). Das Gleiche gilt, wenn jemand wie ein leistender Unternehmer abrechnet und einen Steuerbetrag gesondert ausweist, obwohl er **nicht Unternehmer** ist oder eine **Leistung nicht** ausführt (§ 14c Abs. 2 Satz 2 UStG). Diese **Rechtsfolge** kann unter bestimmten Voraussetzungen durch **Berichtigung** der Steuer wieder **beseitigt** werden (§ 14c Abs. 1 Sätze 2 und 3, Abs. 2 Sätze 3 bis 5 UStG), bei Gutgläubigkeit richtigerweise ohne die gesetzlichen Einschränkungen (*Rz. 60, 83*).

2 Der **Zweck** beider Absätze der Vorschrift liegt darin, einer **Gefährdung des Steueraufkommens** (vgl. § 14c Abs. 2 Sätze 3 und 4 UStG) zu **begegnen**, welche dadurch eintreten kann, dass der Rechnungsempfänger durch den ausgewiesenen Steuerbetrag berechtigt sein (bei Gutgläubigkeit, § 15 Rz. 247 ff.), jedenfalls aber verleitet werden kann (s. auch *Rz. 19*), diesen als Vorsteuer abzuziehen.[1] Die Vorschrift will mithin in beiden Absätzen das **Gleichgewicht von Steuer und Vorsteuerabzug** gewährleisten.[2]

3 Die Tatbestände der Vorschrift sind **als Steuertatbestände formuliert**, denn der Rechnungsaussteller schuldet die ausgewiesenen Steuerbeträge als „Steuerschuldner" (§ 13a Abs. 1 Nr. 1 und 4 UStG), die demgemäß als „Steuer" bezeichnet und behandelt werden (§ 16 Abs. 1 Satz 4, § 18 Abs. 4b UStG). Das ist vom Zweck der Vorschrift her gesehen sachgerecht, obwohl von der Wirkung her eine **Haftung** eintritt. Es handelt sich um das **Einstehenmüssen** für eine **fremde Schuld**, nämlich für die Verpflichtung des Rechnungsempfängers zur Rückzah-

---
[1] BFH v. 17.2.2011 – V R 39/09, BStBl. II 2011, 734 – Rz. 24; BFH v. 25.9.2013 – XI R 41/12, BStBl. II 2014, 135 – Rz. 28; vgl. auch EuGH v. 18.6.2009 – Rs. C-566/07, EuGHE 2009, I-5295 = UR 2009, 647 – Rz. 28 ff. m.w.N.; EuGH v. 11.4.2013 – C-138/12, UR 2013, 432 – Rz. 24.
[2] So auch BFH v. 16.10.2013 – XI R 39/12, UR 2013, 962 – Rz. 57.

lung des zu Unrecht vorgenommenen Vorsteuerabzugs. Hat der Rechnungsaussteller den nach der Vorschrift „geschuldeten" Steuerbetrag nicht erhalten, so darf richtigerweise eine **endgültige Ausfallhaftung nur bei Verschulden** eintreten (*Rz. 60, 69 ff., 83 ff.*).

Indem das Gesetz die Entstehung dieser „Steuerschuld" nicht an einen tatsächlich vom Rechnungsempfänger vorgenommenen Vorsteuerabzug knüpft, formuliert es abstrakte **Gefährdungstatbestände**, deren Verwirklichung nicht einmal davon abhängig ist, ob der Empfänger überhaupt Unternehmer ist. Gegen diese Anknüpfung an die typische Gefährlichkeit der Ausstellung einer Rechnung mit Steuerausweis bestehen keine verfassungsrechtlichen Bedenken, wenn die überschießende Tendenz der Norm durch Berichtigung bzw. „Billigkeitsmaßnahmen" beseitigt werden kann.[1] Das ist der Fall, da die verfassungsrechtlich (*Rz. 8*) vom **Verhältnismäßigkeitsprinzip** (Übermaßverbot) und vom **Willkürverbot** geforderte **Berichtigungsmöglichkeit** bei **Gutgläubigkeit** des Rechnungsausstellers unabhängig davon, ob der Vorsteuerabzug beim Empfänger rückgängig gemacht worden ist, durch eine **verfassungskonforme Reduktion** des § 14c Abs. 2 Satz 3 UStG erreicht werden kann (*Rz. 84 f.*). Hat der gutgläubige Rechnungsaussteller den Steuerbetrag nicht erhalten, so muss darüber hinaus die Steuer (oder die darauf entfallenden Zinsen) **rückwirkend** erlassen werden (*Rz. 69, 87*). 4

Die Vorschrift unterscheidet in den beiden Absätzen zwischen dem „unrichtigen" und dem „unberechtigten" Steuerausweis und knüpft daran grundsätzlich unterschiedliche Rechtsfolgen. Dieser **Differenzierung** kann nur eine Typisierung **nach** dem **Grad der Missbrauchsanfälligkeit** zugrunde liegen.[2] Das ist jedoch angesichts des gemeinsamen Zwecks beider Absätze **kein sachliches Kriterium** und vor allem deshalb **willkürlich**, weil in den Fällen des § 14c Abs. 2 UStG nicht stets ein Missbrauch vorliegt. Wenn nach dieser Bestimmung eine Berichtigung der Steuer nur dann möglich sein soll, wenn die Gefährdung des Steueraufkommens beseitigt worden ist, so verstößt das bei **Gutgläubigkeit** des Rechnungsausstellers gegen den Verhältnismäßigkeitsgrundsatz und das Willkürverbot (*Rz. 84*). **Andererseits** ist es schlicht **unverständlich**, warum die Berichtigungsmöglichkeit in den Fällen des Absatzes 1 grundsätzlich auch bei Bösgläubigkeit gegeben sein soll, ohne dass die Gefährdung des Steueraufkommens entfallen sein muss.[3] Die gebotene Ausfallhaftung wird deshalb in diesem Fall erst durch die Heranziehung der (echten) Haftungsvorschrift des § 71 AO erreicht (*Rz. 70*). 5

## II. Unionsrechtlicher Rahmen

Der **unionsrechtliche Rahmen** beschränkt sich auf die Aussage des **Art. 203 MwStSystRL**, wonach die „Mehrwertsteuer"[4] von jeder Person geschuldet wird, die diese Steuer in einer Rechnung (zum Rechnungsbegriff *Rz. 20*) ausweist. 6

---

1 Vgl. zu § 14 Abs. 3 UStG aF (Vorgängervorschrift des § 14c Abs. 2 UStG) BVerfG v. 5.5.1992 – 2 BvR 271/92, StRK UStG 1980 § 14 R. 14 = INF 1992, 431.
2 Dazu näher *Stadie* in R/D, § 14c UStG Anm. 26 f.
3 Dazu näher *Stadie* in R/D, § 14c UStG Anm. 35 ff.
4 Dazu EuGH v. 6.11.2003 – C-78/02 bis C-80/02, EuGHE 2003, I-13295 = UR 2003, 595 m. Anm. *Stadie* – Rz. 33 ff., 40 f. – wonach „Mehrwertsteuer" i.S. dieser Vorschrift nur

**§ 14c**                                Unrichtiger oder unberechtigter Steuerausweis

7   Für die **Berichtigung** der nach Art. 203 MwStSystRL geschuldeten Steuer sieht die Richtlinie keine Regelungen vor, so dass es grundsätzlich **Sache der Mitgliedstaaten** ist, die Voraussetzungen festzulegen, unter denen zu Unrecht in Rechnung gestellte Steuer berichtigt werden kann.[1] Der EuGH hat allerdings erklärt, dass die Mitgliedstaaten zur Gewährleistung der **Neutralität** der Mehrwertsteuer in ihrem innerstaatlichen Recht vorzusehen hätten, dass jede zu Unrecht in Rechnung gestellte Steuer berichtigt werden könne, wenn der Aussteller der Rechnung seinen guten Glauben nachweise.[2] Habe der Aussteller der Rechnung jedoch die **Gefährdung des Steueraufkommens** rechtzeitig und vollständig **beseitigt**, so müsse die zu Unrecht in Rechnung gestellte Steuer berichtigt werden können, **ohne** dass eine solche Berichtigung vom **guten Glauben** des Ausstellers der betreffenden Rechnung abhängig gemacht werden dürfe[3], da die nach der Vorschrift geschuldete Zahlung **keinen Sanktionscharakter** hat.[4] Wurde hingegen die Gefährdung des Steueraufkommens nicht beseitigt, so dürfe die Berichtigung vom guten Glauben des Rechnungsausstellers abhängig gemacht werden, da anderenfalls eine **Ausfallhaftung** gerechtfertigt sei.[5]

8   Entsprechende Vorgaben folgen allerdings **bereits aus** dem **nationalen Verfassungsrecht**, zu dessen tragenden rechtsstaatlichen Prinzipien seit jeher der Verhältnismäßigkeitsgrundsatz gehört. Diesen eindeutigen unionsrechtlichen wie auch nationalen verfassungsrechtlichen Vorgaben werden die Bestimmungen des § 14c Abs. 1 Satz 3 und Abs. 2 Sätze 3 bis 5 UStG nicht gerecht, da sie nach ihrem Wortlaut die „Gefährdungshaftung" auch bei Gutgläubigkeit bestehen lassen *(Rz. 60, 69, 84)*.

9   Das **Unionsrecht** „verbietet" es nicht, die **Erstattung** der Steuer **abzulehnen**, wenn dies anderenfalls zu einer **ungerechtfertigten Bereicherung** führen würde, weil die **Steuer abgewälzt** worden ist.[6] Das ist der Fall, solange der Rechnungsaussteller den Steuerbetrag nicht an den Rechnungsempfänger zurückgezahlt hat *(Rz. 62 f.)*.

10  Wenn die **Erstattung** des Steuerbetrags **durch den Rechnungsaussteller** „**unmöglich oder übermäßig erschwert wird**" müssen die Mitgliedstaaten nach Auffas-

---

dann gegeben sei, wenn sie für Leistungen berechnete werde, die nach Art. 2 Abs. 1 Buchst. a und c MwStSystRL der Mehrwertsteuer unterliegen.
1 EuGH v. 19.9.2000 – C-454/98, EuGHE 2000, I-6973 = UR 2000, 470 – Rz. 48 f.; EuGH v. 6.11.2003 – C-78/02 bis C-80/02, EuGHE 2003, I-13295 = UR 2003, 595 m. Anm. *Stadie* – Rz. 50; EuGH v. 18.6.2009 – C-566/07, EuGHE 2009, I-5295 = UR 2009, 647 – Rz. 35.
2 EuGH v. 13.12.1989 – C-342/87, EuGHE 1989, I-4227 = UR 1991, 83 – Rz. 18; EuGH v. 18.6.2009 – C-566/07, EuGHE 2009, I-5295 = UR 2009, 647 – Rz. 36.
3 EuGH v. 19.9.2000 – C-454/98, EuGHE 2000, I-6973 = UR 2000, 470 – Rz. 58; EuGH v. 18.6.2009 – C-566/07, EuGHE 2009, I-5295 = UR 2009, 647 – Rz. 37; EuGH v. 11.4.2013 – C-138/12, UR 2013, 432 – Rz. 27.
4 EuGH v. 31.1.2013 – C-642/11, UR 2013, 275 – Rz. 34.
5 EuGH v. 19.9.2000 – C-454/98, EuGHE 2000, I-6973 = UR 2000, 470 – Rz. 58 ff.; EuGH v. 6.11.2003 – C-78/02 bis C-80/02, EuGHE 2003, I-13295 = UR 2003, 595 m. Anm. *Stadie* – Rz. 50.
6 EuGH v. 10.4.2008 – C-309/06, EuGHE 2008, I-2283 = UR 2008, 592 – Rz. 41 f.; EuGH v. 18.6.2009 – C-566/07, EuGHE 2009, I-5295 = UR 2009, 647 – Rz. 48, vgl. auch EuGH v. 6.9.2011 – C-398/09, EuGHE 2011, I-7375 = UR 2012, 326 – Rz. 18 ff.

sung des **EuGH** die erforderlichen Mittel und Verfahrensmodalitäten vorsehen, die es dem Leistungsempfänger ermöglichen, die zu Unrecht in Rechnung gestellte Steuer erstattet zu bekommen.[1] Die Voraussetzung „unmöglich oder übermäßig erschwert" ist indes viel **zu eng**, da der EuGH darunter „inbesondere" den Fall der „Zahlungsunfähigkeit" versteht.[2]

Das **Verfassungsrecht** verlangt, dass dem Rechnungsempfänger bereits dann ein Erstattungsanspruch gegenüber dem Finanzamt zusteht, wenn der Rechnungsaussteller nach einer entsprechenden Aufforderung den Betrag nicht zurückzahlt (Rz. 66). 11

## III. Verhältnis zu § 17

§ 14c UStG greift nur dann Platz, wenn die ausgewiesene **Steuer im Zeitpunkt der Rechnungserteilung unzutreffend** ist. Wird die zu diesem Zeitpunkt gesetzlich geschuldete Steuer ausgewiesen, so kann, wenn später ein **nachträgliches Ereignis** i.S.d. § 17 UStG eintritt, dieses **nicht** im Nachhinein zur Anwendung des § 14c UStG führen, denn der Unternehmer hatte entsprechend seiner ursprünglichen Verpflichtung (bzw. Berechtigung) nach § 14 Abs. 2 Satz 1 UStG die zutreffende Steuer ausgewiesen. Ob eine unrichtige Steuer ausgewiesen ist, kann sich folglich nur nach dem Zeitpunkt der Rechnungserteilung richten, da anderenfalls dem Unternehmer die Verpflichtung nach § 14 Abs. 2 Satz 1 i.V.m. Abs. 4 Satz 1 Nr. 8 UStG nicht zuzumuten wäre. 12

Eine Pflicht zur Berichtigung der Steuer gegenüber dem Empfänger der Rechnung wäre zudem im Anwendungsbereich des § 17 UStG auch nicht erforderlich, da die Ereignisse im Sinne dieser Vorschrift nicht ohne Zutun, jedenfalls aber mit Kenntnis des Rechnungsempfängers/Leistungsempfängers eintreten, so dass er nicht informiert werden muss. Folglich bestimmt auch § 17 Abs. 1 Satz 2 UStG, dass der Leistungsempfänger von sich aus den vorgenommenen Vorsteuerabzug berichtigen muss. **§ 14c und § 17** UStG **schließen sich** mithin **gegenseitig aus**[3], was durch § 14c Abs. 1 Satz 2 und Abs. 2 Satz 5 UStG bestätigt wird, wonach bei Berichtigung des Steuerbetrages § 17 Abs. 1 UStG entsprechend anzuwenden ist, was keinen Sinn ergäbe, wenn die Fälle des § 17 unter § 14c UStG fielen. 13

Zum Anwendungsbereich des § 17 Abs. 2 Nr. 1 UStG zählen auch die Fälle, in denen **Streit über** das Vorliegen einer Gegenleistungsverpflichtung überhaupt oder über die Höhe der geschuldeten **Gegenleistung** besteht.[4] Nicht von § 14c 14

---

[1] EuGH v. 15.3.2007 – C-35/05, EuGHE 2007, I-2425 = UR 2007, 343– Rz. 41 – m. Anm. *Burgmaier*, Anm. *Stadie*, UR 2007, 430; in diesem Sinne auch EuGH v. 18.6.2009 – C-566/07, EuGHE 2009, I-5295 = UR 2009, 647 – Rz. 40; EuGH v. 20.10.2011 – C-94/10, EuGHE 2011, I-13377 = UR 2012, 184 – Rz. 28; EuGH v. 20.10.2011 – C-94/10, EuGHE 2011, I-9963 = HFR 2011, 1393 – Rz. 28; EuGH v. 11.4.2013 – C-138/12, UR 2013, 432 – Rz. 30.
[2] EuGH v. 15.3.2007 – C-35/05, EuGHE 2007, I-2425 = UR 2007, 343 – Rz. 41.
[3] Vgl. BFH v. 12.1.2006 – V R 3/04, BStBl. II 2006, 479 – 2; BFH v. 13.7.2006 – V R 46/05, BStBl. II 2007, 186 – 2; Abschn. 17.1 Abs. 3 Satz 3, Abschn. 17.2 Abs. 6 Satz 4 und Abs. 10 Satz 6 f. UStAE.
[4] Dazu näher *Stadie* in R/D, § 14c UStG Anm. 43.

UStG werden richtigerweise auch diejenigen Konstellationen erfasst, in denen die **Steuerpflicht nachträglich wegfällt**, da auch sie unter § 17 UStG zu subsumieren sind (*Rz. 47, 53*).

## B. Abrechnung über eine (vorgebliche) Leistung

15 Eine **Rechnung** ist ein Dokument, mit dem über eine Lieferung oder sonstige Leistung abgerechnet wird (§ 14 Abs. 1 Satz 1 UStG). Folglich liegt im Falle des § 14c Abs. 2 Satz 2 Alt. 2 UStG keine Rechnung in diesem Sinne, sondern ein **anderes Dokument** vor. Gleichwohl wird nachfolgend vereinfachend von einer „Rechnung" gesprochen.

### I. Gegenüber einem anderen

16 Eine Abrechnung (i.S.d. §§ 14 ff. UStG) kann nur vorliegen, wenn sie gegenüber einem anderen erfolgt, der umsatzsteuerrechtlich Empfänger der (vorgeblichen) Leistung sein kann. Eine Leistung setzt einen Leistenden und einen Leistungsempfänger voraus. „Rechnungen" über sog. **Innenleistungen** („Innenumsätze") zwischen Teilen eines Unternehmens oder des Unternehmers an sich selbst als Privatperson sind folglich keine Rechnungen, sondern unbeachtliche Eigenbelege.

17 Folglich kann auch durch Abrechnungen innerhalb eines **Organkreises** der Tatbestand der Vorschrift nicht verwirklicht werden.[1] Die zivilrechtlich beachtlichen Rechnungen zwischen Organträger und Organgesellschaften oder zwischen diesen sind ohne Belang, weil den Organgesellschaften umsatzsteuerrechtlich durch § 2 Abs. 2 Nr. 2 UStG im Verhältnis zum Organträger die Selbständigkeit genommen wird (*§ 2 Rz. 252, 254 ff.*). Es liegt *ein* Unternehmen vor, so dass umsatzsteuerrechtlich keine Leistungen gegeben sind (§ 2 Abs. 2 Nr. 2 Satz 2 UStG spricht ausdrücklich von „Innenleistungen"). Es mangelt mithin am Leistungsempfänger und die Gefahr des endgültigen Vorsteuerabzugs kann nicht bestehen. Wird vom Organträger der Vorsteuerabzug aus Rechnungen einer Organgesellschaft vorgenommen, so ist dieser schlicht zu berichtigen.

### II. Notwendiger Inhalt

18 Die Tatbestände der Vorschrift können nur verwirklicht werden, wenn das Dokument nach den äußeren Umständen **über** eine (**vermeintliche, vorgebliche**) **Leistung** abrechnen will.[2] Das ist **nicht** der Fall, wenn in einem als solches/m erkennbaren Angebot oder Finanzierungsplan Umsatzsteuer genannt wird.[3]

---

1 Abschn. 14.1 Abs. 4, Abschn. 14c.2 Abs. 2a UStAE; ausführlich *Stadie* in R/D, § 14c UStG Anm. 64 ff.; nur im Ergebnis ebenso BFH v. 28.10.2010 – 7/10, BStBl. II 2011, 391.
2 Zur Nebenkosten-(Betriebskosten-)Abrechnung s. BFH v. 18.5.1988 – XI R 43/81, BStBl. II 1988, 752.
3 Vgl. BFH v. 18.11.1999 – V R 22/99, BStBl. II 2000, 241.

Die Abrechnung i.S.d. § 14c UStG muss kein Dokument sein, das die von § 14 Abs. 4 Satz 1 UStG geforderten Angaben vollständig enthält.[1] Der **Zweck** der Vorschrift, der Gefährdung des Steueraufkommens zu begegnen, gebietet es, ein Abrechnungsdokument ausreichen zu lassen, welches die **elementaren Merkmale einer Rechnung** enthält oder den **Schein einer solchen erweckt** und damit zur Gefährdung des Steueraufkommens geeignet ist, weil der Empfänger durch den gesondert ausgewiesenen Steuerbetrag **zur Vornahme des Vorsteuerabzugs verleitet** werden kann. 19

Aus dem **Rechnungsbegriff** des **Art. 203 MwStSystRL** folgt nichts Gegenteiliges, da sich dieser nicht mit dem der Art. 217 ff. MwStSystRL deckt und nicht sämtliche Rechnungsangaben iS des Art. 226 MwStSystRL verlangt, denn der Begriff der Rechnung und deren Definition durch Art. 217 ff. MwStSystRL betreffen nur Rechnungen, die zum Vorsteuerabzug berechtigen. Die gegenteilige Auffassung[2] übersieht, dass nach Art. 218 die Mitgliedstaaten als Rechnung alle Dokumente „anerkennen", die den Anforderungen der folgenden Vorschriften genügen. Demgemäß enthält Art. 226 MwStSystRL die Anforderungen für nach den Art. 220 und 221 MwStSystRL ausgestellte Rechnungen. Wäre die gegenteilige Auffassung zutreffend, dann liefe Art. 203 MwStSystRL leer, weil Rechnungen iS dieser Vorschrift nur solche sein können, die nicht zum Vorsteuerabzug berechtigen, während Art. 226 MwStSystRL die Anforderungen an gem. Art. 178 Buchst. a MwStSystRL zum Vorsteuerabzug berechtigende Rechnungen beschreibt. 20

Eine **unzureichende Beschreibung** der (vorgeblichen) Leistung steht folglich richtigerweise der Tatbestandsverwirklichung nicht entgegen. Selbst wenn das Dokument **keinerlei Hinweis auf** eine **Leistung** enthält, ist entgegen BFH[3] grundsätzlich eine Abrechnung i.S.d. § 14c UStG anzunehmen, da der Ausweis der Steuer konkludent zum Ausdruck bringt, dass über eine vorgebliche Leistung abgerechnet wird[4] (Ausnahmen *Rz. 18*). Anderenfalls ergäbe die Angabe des Steuerbetrages keinen Sinn, denn dieser ist für den Empfänger nur dann von Interesse, wenn der Rechnungsaussteller als Unternehmer ihm gegenüber eine Leistung erbringt. Zudem wäre der Empfänger der Abrechnung zur Kürzung des Rechnungsbetrages in Höhe des Steuerbetrages berechtigt, wenn keine Leistung vorläge, so dass der Rechnungsaussteller zum Ausdruck bringen will, dass er über eine steuerpflichtige Leistung abrechnet. 21

Folglich sind auch gegenteilige Angaben wie „**Schadensersatz**", „**Entschädigung**", „**Garantiebetrag**" o.Ä. unerheblich, da die Inrechnungstellung von Umsatzsteuer zum Ausdruck bringt, dass dem angeforderten Geldbetrag entgegen der Bezeichnung eine steuerpflichtige Leistung zugrunde liegen soll, was den Empfänger, insbesondere wenn er davon ausgeht, dass eine steuerpflichtige Leistung vorliegt, verleiten kann, den Vorsteuerabzug vorzunehmen. 22

---

1 Abschn. 14c.2 Abs. 1 Satz 3 UStAE; *Frye*, UR 2011, 1; so jetzt auch BFH v. 17.2.2011 – V R 39/09, BStBl. II 2011, 734; BFH v. 20.7.2012 – V B 82/11, BStBl. II 2012, 809 – Rz. 33.
2 *Wagner* in S/R, § 14 UStG Rz. 35; *Korf*, UVR 2012, 109 (110).
3 BFH v. 17.2.2011 – V R 39/09, BStBl. II 2011, 734 – Rz. 25 a.E.; BFH v. 19.11.2014 – V R 29/14, BFH/NV 2015, 706.
4 Zust. *von Harenne*, UR 2015, 169 (172 f.).

23 Ebenso wenig ist, entgegen der Ansicht des BFH[1] und der Finanzverwaltung[2], die **Angabe des Entgelts** erforderlich. Die Angabe des Steuerbetrages reicht für die Gefährdung des Steueraufkommens aus, da ein solches Papier lediglich den Zweck haben kann, dem Empfänger den Vorsteuerabzug zu verschaffen. Aus demselben Grund ist auch die Auffassung[3] abzulehnen, dass die Angabe des Entgelts selbst dann erforderlich sei, wenn **nur** der **Preis und** die **Steuer** genannt sind. Die Gefahr, dass anhand einer solchen Rechnung der Vorsteuerabzug vorgenommen wird, ist kaum geringer als bei Rechnungen, in denen zusätzlich noch das Entgelt genannt ist.

## III. Personelle Zurechnung

24 Die Wirkung einer ausgestellten Rechnung kann erst mit ihrem **Zugang** beim Empfänger oder einem von diesem beauftragten Dritten eintreten. Der Zugang bzw. die „Ausgabe" (§ 13 Abs. 1 Nr. 3 und 4 UStG) bzw. die „Übermittlung" (§ 14 Abs. 1 Satz 2 UStG) muss **mit** dem **Willen des Ausstellers** erfolgen.[4] Dabei reicht es aus, dass der Aussteller in Kauf nimmt, dass der Adressat von dem Papier Gebrauch macht.[5]

25 Wird ein Tatbestand des § 14c UStG verwirklicht, so begründet der unrichtige oder unberechtigte Steuerausweis eine „Steuerschuld". Zum **Schutz** des Rechnungsausstellers müssen hier die Regeln über Willenserklärungen grundsätzlich analog angewendet werden[6], da insoweit der **gesonderte Steuerausweis** einer **geschäftsähnlichen Handlung gleichzustellen** ist.[7] Andererseits darf der Schutz des nicht (voll) Geschäftsfähigen nicht über den Normzweck hinausgehen. Hat der Unternehmer den zu Unrecht ausgewiesenen **Steuerbetrag vereinnahmt**, so kann er sich **nicht** darauf berufen, dass zu seinem **Schutz** § 14c UStG nicht eingreife, weil er im Zeitpunkt der Rechnungserteilung nicht geschäftsfähig gewesen sei.[8] Da er als (vermeintlicher) Gehilfe des Steuergläubigers nur den zu Unrecht vereinnahmten Betrag an das Finanzamt weiterzuleiten hat, trifft ihn keine Belastung, auch wenn ihn das Gesetz als „Schuldner" bezeichnet.[9]

---

1 BFH v. 17.2.2011 – V R 39/09, BStBl. II 2011, 734 – Rz. 25 a.E.; BFH v. 19.11.2014 – V R 29/14, BFH/NV 2015, 706.
2 Abschn. 14c.1 Abs. 1 Satz 3, Abschn. 14c.2 Abs. 1 Satz 4 UStAE.
3 BFH v. 18.1.2001 – V R 83/97, UR 2001, 257; Abschn. 14c.1 Abs. 1 Satz 3, Abschn. 14c.2 Abs. 1 Satz 4 UStAE.
4 Vgl. BFH v. 29.1.1987 – V R 7/78, UR 1987, 364; BFH v. 16.3.1993 – XI R 103/90, BStBl. II 1993, 531.
5 Vgl. BFH v. 4.5.1995 – V R 29/94, BStBl. II 1995, 747.
6 Vgl. BFH v. 21.2.1980 – V R 146/73, BStBl. II 1980, 283 (286); BFH v. 30.1.2003 – V R 98/01, BStBl. II 2003, 498; BFH v. 7.4.2011 – V R 44/09, BStBl. II 2011, 954 – Rz. 14 – zu § 14 Abs. 3 UStG aF.
7 *Stadie* in R/D, § 14c UStG Anm. 107. Die zivilrechtlichen Bestimmungen über Scheingeschäfte und Anfechtung von Willenserklärungen (insbesondere wegen Irrtums) sind hingegen nicht analog anwendbar; *Stadie* in R/D, § 14c UStG Anm. 109.
8 Nur im Ergebnis ebenso zu § 14 Abs. 3 UStG aF BFH v. 30.1.2003 – V R 98/01, BStBl. II 2003, 498.
9 Das wird bestätigt durch den – analog anzuwendenden – § 682 BGB, da eine Parallele zur Geschäftsführung ohne Auftrag (§§ 677 ff. BGB) besteht.

Wird ein Tatbestand des § 14c UStG von einer **Organgesellschaft** durch Erteilung einer Rechnung gegenüber einem Dritten – nicht bei Abrechnungen über Innenleistungen (*Rz. 17*) und nicht bei zutreffender Abrechnung über eigene steuerpflichtige Umsätze (*Rz. 77*) – verwirklicht, so ist Schuldner des Steuerbetrags der Organträger (§ 2 Abs. 2 Nr. 2 UStG), weil die Organgesellschaft Teil seines Unternehmens ist (*§ 2 Rz. 254, 302*) und ihm deshalb auch die Rechtsfolgen des § 14c UStG zuzurechnen sind. 26

Auch **Abrechnungen durch Dritte** können die Tatbestände des § 14c UStG in der Person des in der Abrechnung genannten (vermeintlichen) Unternehmers verwirklichen. Das ist der Fall, wenn der Dritte im Namen und „für Rechnung" (§ 14 Abs. 2 Satz 4 UStG), d.h. im **Auftrag** des (vermeintlichen) Unternehmers gehandelt hat.[1] Die Regeln über die Vollmacht einschließlich der **Anscheins-** und **Duldungsvollmacht** sind entsprechend anzuwenden.[2] 27

## IV. Gutschrift

Als Rechnung i.S.d. § 14c UStG kommt auch eine sog. **Gutschrift** in Betracht, solange der Empfänger dieser vereinbarten Abrechnung nicht widerspricht (§ 14 Abs. 2 Satz 2 und 3 UStG; *§ 14 Rz. 56 ff.*).[3] Voraussetzung ist indes, dass über eine **Leistung eines Unternehmers** abgerechnet wird (§ 14 Abs. 2 Satz 2 UStG). Folglich können wirksame Gutschriften nur die Tatbestände des § 14c Abs. 1 UStG (*Rz. 33 ff.*) und des § 14c Abs. 2 Satz 1 UStG (Abrechnung gegenüber Kleinunternehmer, *Rz. 75*) verwirklichen. „Gutschriften" gegenüber Nichtunternehmern (*Rz. 62*) oder über nicht ausgeführte Leistungen eines Unternehmers (*Rz. 64 f.*) fallen nicht unter § 14c Abs. 2 Satz 2 UStG,[4] weil sie nicht die eindeutigen Voraussetzungen des § 14 Abs. 2 Satz 2 UStG (ebenso Art. 224 MwStSystRL) für eine wirksame Gutschrift (Leistung eines Unternehmers) erfüllen. § 14c Abs. 2 Satz 2 UStG erwähnt eine Abrechnung durch einen Leistungsempfänger o.ä. Person nicht, sondern kennt nach seinem eindeutigen Wortlaut nur eine Abrechnung „wie ein leistender Unternehmer" durch den vermeintlichen Unternehmer oder Leistenden, so dass auch nicht im Wege der Auslegung dieser Vorschrift Abrechnungen durch den (vermeintlichen) Leistungsempfänger in den beiden o.g. Konstellationen einbezogen werden können.[5] Das ist zwar wenig sachgerecht, da die Gefährdung des Steueraufkommens die gleiche wie in den übrigen Fällen ist, eine entsprechende „Auslegung" wäre indes contra legem, so dass der Gesetzgeber handeln muss. 28

**Schuldner** der im Falle einer vereinbarten Gutschrift anfallenden Steuer gem. § 14c UStG ist nach § 13a Abs. 1 Nr. 1 bzw. Nr. 4 UStG der **Empfänger** (leistender Unternehmer), da diesem wegen des Erfordernisses der vorherigen Verein- 29

---

1 Dazu näher *Stadie* in R/D, § 14c UStG Anm. 115 ff.; vgl. auch BFH v. 7.4.2011 – V R 44/09, BStBl. II 2011, 954 – Rz. 15.
2 *Stadie* in R/D, § 14c UStG Anm. 118 f.; zust. BFH v. 7.4.2011 – V R 44/09, BStBl. II 2011, 954 – Rz. 15.
3 Abschn. 14c.1 Abs. 3 UStAE; BFH v. 23.4.1998 – V R 13/92, BStBl. II 1998, 418.
4 A.A. FG Nds. v. 9.10.2013 – 5 K 319/12, EFG 2014, 162 – Rev.-Az. XI R 46/13.
5 A.A. *Wagner* in S/R, § 14c UStG Rz. 156.

barung und des Widerspruchsrechts (§ 14 Abs. 2 Sätze 2 und 3 UStG) die Abrechnung durch den Leistungsempfänger wie eine eigene Abrechnung zuzurechnen ist (*§ 14 Rz. 60*).[1] „Aussteller der Rechnung" i.S.d. § 13a Abs. 1 Nr. 4 UStG ist folglich der Gutschriftsempfänger.[2] Der Ersteller (Verfasser) der „Gutschrift" haftet nach dem eindeutigen Wortlaut des § 14c Abs. 2 Satz 2 UStG nicht.[3] Diese Haftung ergäbe auch keinen Sinn, da beim Ersteller der „Gutschrift" mangels Vorliegens der Voraussetzungen des § 15 Abs. 1 Satz 1 Nr. 1 UStG kein Vorsteuerabzug in Betracht kommt, so dass der gleichwohl vorgenommene Abzug rückgängig zu machen ist.

30 Entgegen dem Wortlaut des § 14 Abs. 2 Satz 3 UStG entfällt nicht stets mit dem **Widerspruch** die Wirkung der Gutschrift. Das wäre, soweit **ein Missbrauch** in Gestalt kollusiven Verhaltens der Beteiligten vorliegt, nicht mit dem Zweck des § 14c Abs. 2 UStG zu vereinbaren. In diesem Fall hat folglich § 14c Abs. 2 Satz 3 UStG (*Rz. 82 f.*) Vorrang, der die Wirkung des Widerspruchs erst eintreten lässt, wenn die Gefährdung des Steueraufkommens beseitigt worden ist.

## C. Unrichtiger Steuerausweis durch Unternehmer (Abs. 1)
### I. Allgemeines

31 Hat der Unternehmer in einer Rechnung für eine Leistung einen höheren Steuerbetrag, als er nach dem Umsatzsteuergesetz für den Umsatz schuldet, gesondert ausgewiesen, schuldet er auch den Mehrbetrag (§ 14c Abs. 1 Satz 1 UStG). Die **Abgrenzung** gegenüber § 14c Abs. 2 Satz 1 UStG hat in typisierender Weise **nach dem Grad der Missbrauchsanfälligkeit** zu geschehen; die daran anknüpfende Differenzierung hinsichtlich der Rechtsfolgen ergibt jedoch wenig Sinn und ist willkürlich (*Rz. 5*), da die von § 14c Abs. 1 UStG erfassten Fälle zwar **typischerweise** auf einem **Irrtum** des Rechnungsausstellers beruhen, der überhöhte Steuerausweis jedoch auch zum Zwecke des Steuerbetrugs erfolgen kann. Die Berichtigung der Steuerschuld wird nach § 14c Abs. 1 Satz 2 UStG grundsätzlich (Ausnahmen: Satz 2) anders als in den Fällen des § 14c Abs. 2 UStG nicht daran geknüpft, dass eine etwaige Gefährdung des Steueraufkommens wieder beseitigt worden ist. Das ist für den Fall der **missbräuchlichen** (bösgläubigen) **Rechnungsausstellung** unverständlich. Allerdings trifft den Rechnungsaussteller als Teilnehmer einer Steuerhinterziehung die Haftung nach § 71 AO (*Rz. 70*). Da andererseits § 14c Abs. 2 Satz 3 UStG verfassungskonform einschränkend dergestalt ausgelegt werden muss, dass er nur bei missbräuchlicher Rechnungserteilung gilt (*Rz. 83 f.*), laufen beide Absätze der Vorschrift letztlich auf dasselbe hinaus.

32 Die **Entscheidung, ob** der Rechnungsaussteller **zu Unrecht Steuer** in seiner Rechnung ausgewiesen hat, trifft für die Steuerschuld des Rechnungsausstellers

---

1 Vgl. auch Abschn. 14.3 Abs. 1 Satz 5 UStAE.
2 Entsprechendes gilt, wenn die Abrechnung mittels Gutschrift zwar nicht vereinbart war, der Empfänger der Gutschrift diese jedoch unterzeichnet und zurücksendet; FG Münster v. 9.9.2014 – 15 K 2469/13, EFG 2014, 2180.
3 A.A. *Lippross*, 6.4.3.5 – S. 627; *Pogodda/von Itter*, MwStR 2013, 18; *Korf*, UR 2013, 448 (451).

nach § 14c Abs. 1 Satz 1 oder Abs. 2 UStG das für diesen zuständige Finanzamt. Demgegenüber ist zur Entscheidung über den **Vorsteuerabzug** des Rechnungsempfängers die für diesen zuständige Finanzbehörde berufen. Die Steuerfestsetzung der erstgenannten Behörde hat keine Bindungswirkung für die abziehbare Vorsteuer (*§ 15 Rz. 245 f.*).

Wird eine Rechnung mit gesondertem Ausweis der Steuer **aufgrund** einer **gerichtlichen Verurteilung** hierzu erteilt (zur Unzulässigkeit eines solchen Urteils s. *§ 14 Rz. 32 ff.*), so verwirklicht der Rechnungsaussteller nicht den Tatbestand des § 14c UStG, da ihm der Ausweis der Steuer insoweit nicht zuzurechnen ist, denn die erzwungene Mitteilung der Rechtsansicht über die auszuweisende Steuer ist nicht eine solche des Unternehmers, sondern die Mitteilung der Rechtsansicht des Gerichts (*§ 14 Rz. 33*).[1]

## II. Fallgruppen (Satz 1)

### 1. Überhöhter Steuerausweis

a) Beim **Grundfall** des überhöhten Steuerausweises ergibt sich die nach dem Gesetz geschuldete Steuer durch die Anwendung des zutreffenden Steuersatzes auf die zutreffende Bemessungsgrundlage. Zur Gegenleistung (Gesamtaufwand i.S.d. § 10 Abs. 1 Satz 2 UStG), aus der die zutreffende Steuer herauszurechnen ist (dazu *§ 10 Rz. 11 ff.*), gehört auch die zu viel berechnete und vom Leistungsempfänger mit entrichtete „Steuer" (deshalb ist es ohne Belang, ob eine sog. Netto- oder eine Bruttopreisvereinbarung getroffen wurde). Folglich ist nicht etwa die zutreffende Steuer anhand des in der Rechnung genannten, falschen Entgelts zu bestimmen.[2] Die Bestimmung des zutreffenden Entgelts ist von **Bedeutung**, wenn es darum geht, ob eine **Umsatzgrenze**, die nach den Entgelten zu bestimmen ist (§ 19 Abs. 3, § 23a Abs. 2 UStG oder § 69 Abs. 3 UStDV), überschritten wird, oder wenn die Vorsteuer nach dem Umsatzschlüssel (§ 15 Abs. 4 Satz 3 UStG) aufgeteilt wird.

33

**Beispiele**
(1) Der vereinbarte Preis beträgt „1000 € + USt.". Die Rechnung lautet

| „Ware XY | 1000,00 € |
|---|---|
| USt. 19 % | 190,00 € |
| Gesamtbetrag | 1190,00 €" |

Der Gesamtbetrag wird vom Rechnungsempfänger gezahlt.

Beträgt der zutreffende Steuersatz 7 %, so beläuft sich die nach § 13 Abs. 1 Nr. 1 i.V.m. § 10 Abs. 1 Satz 2 und § 12 Abs. 2 UStG geschuldete Steuer auf 7/107 von 1190 € („vereinbarte" Gegenleistung bzw. alles, was der Leistungsempfänger aufwendet) = 77,85 € bzw. das Entgelt auf 1112,15 €. Die nach § 14c Abs. 1 UStG geschuldete Steuer beträgt mithin (190,00 € – 77,85 € =) 112,15 € und entspricht der Erhöhung des Entgelts.

34

---

1 Vgl. auch 1. Senat 1. Kammer des BVerfG v. 3.12.2012 – 1 BvR 1747/11, juris – Rz. 6 – Zweifel bezüglich der parallelen Fragestellung bei § 14c Abs. 2 UStG.
2 *Stadie* in R/D, § 14c UStG Anm. 180 ff.; ebenso *Wagner* in S/R, § 14c UStG Rz. 82; BFH v. 23.4.1998 – V R 13/92, BStBl. II 1998, 418; a.A. BFH v. 19.11.2009 – V R 41/08, UR 2010, 265 – Rz. 18 – zur Berechnung der abziehbaren Vorsteuer beim Empfänger (dazu *§ 15 Rz. 241*).

35 (2) Wie Beispiel (1), nur dass der Rechnungsempfänger lediglich 1070 € zahlt.

In diesem Fall bleibt es bei dem vereinbarten Nettopreis als Entgelt, so dass die nach § 13 Abs. 1 Nr. 1 i.V.m. § 10 Abs. 1 Satz 2 UStG geschuldete Steuer 70 € beträgt. Der nach § 14c Abs. 1 UStG geschuldete Mehrbetrag beläuft sich mithin auf 120 €.

36 (3) Eine Rechnung lautet

„Ware XY             1000,00 €
USt. 19 %             190,00 €
Auslagen             1714,29 €
Gesamtbetrag         2904,29 €"

Handelt es sich bei den „Auslagen" entgegen der Annahme des Unternehmers nicht um einen durchlaufenden Posten i.S.d. § 10 Abs. 1 Satz 6 UStG (dazu *§ 10 Rz. 70 ff.*), sondern um einen Teil der Gegenleistung, und ist des Weiteren der zutreffende Steuersatz 7 %, so beläuft sich das zutreffende Entgelt auf 2714,29 €, so dass die Steuer darauf 190 € beträgt. In der Rechnung ist die zutreffende Steuer ausgewiesen und ein Fall des § 14c UStG liegt nicht vor.

37 Bei Rechnungen über **Kleinbeträge** und bei Fahrausweisen (*§ 14 Rz. 109 ff.*) ersetzt die Angabe des Steuersatzes bzw. der Tarifentfernung den gesonderten Ausweis der Steuer (§ 14 Abs. 6 Nr. 3 und 4, § 15 Abs. Abs. 5 Nr. 1 UStG i.V.m. § 35 UStDV). Folglich ist der Tatbestand des § 14c Abs. 1 UStG erfüllt, wenn in den genannten Urkunden ein zu hoher Steuersatz bzw. fälschlich eine Tarifentfernung von mehr als fünfzig Kilometern angegeben ist.[1] Entsprechendes gilt, wenn jemand, der nicht zum Ausweis von Steuer berechtigt ist, in einer Kleinbetragsrechnung den Steuersatz nennt.[2]

38 Der überhöhte Steuerausweis kann insbesondere zurückzuführen sein auf:

- **Rechen-** oder **Schreibfehler**;

- Anwendung eines **zu hohen Steuersatzes** bei der Berechnung des ausgewiesenen Steuerbetrages[3];

- Zugrundelegung einer **zu hohen Bemessungsgrundlage** durch
  - Einbeziehung von **Subventionen** (*§ 10 Rz. 66*), **Schadensersatzbeträgen** u.Ä. (vgl. *§ 17 Rz. 43 f.*);
  - Einbeziehung des Entgelts für eine **Leistung**, die **von** einem **anderen** gegenüber dem Rechnungsempfänger **erbracht** wurde, sofern es sich **nicht** um durchlaufenden **Posten** i.S.d. § 10 Abs. 1 Satz 6 UStG handelt (*§ 10 Rz. 71*);
  - Einbeziehung der **Zuzahlung** eines **Dritten** i.S. des § 10 Abs. 1 Satz 3 UStG[4], d.h. einer solchen, die dieser tätigt, weil er ein eigenes Interesse an der Leistung hat (dazu *§ 10 Rz. 61*; zur **Rechnung gegenüber** dem **Dritten** s. *Rz. 80*);
  - Steuerberechnung nach dem Bruttopreis;

---

1 Abschn. 14c.1 Abs. 2 i.V.m. Abschn. 14c.2 Abs. 1 Sätze 5 und 6 UstAE.
2 BFH v. 25.9.2013 – XI R 41/12, BStBl. II 2014, 198 – Kleinunternehmer.
3 Maßgebend ist die objektive Rechtslage nach dem Umsatzsteuergesetz im Zeitpunkt der Steuerentstehung, so dass der Tatbestand des § 14c Abs. 1 UStG **auch im Falle der späteren Rechtsprechungsänderung**, derzufolge statt des Regelsteuersatzes nunmehr der ermäßigte Steuersatz anwendbar ist, von Anfang an verwirklicht worden war; a.A. OFD Magdeburg v. 1.9.2009 – S 7221 - 20 - St 243, juris – Tz. 3.2.
4 Vgl. BFH v. 16.10.2013 – XI R 39/12, UR 2013, 982 – Rz. 60.

- Nichtberücksichtigung bereits **feststehender Preisminderungen** (*§ 14 Rz. 95*);
- Berechnung eines Gesamtentgelts für **zwei Leistungen**, von denen **jedoch nur eine in** der **Rechnung genannt** ist (*Beispiel:* **Verschleierung** einer **Schmiergeldzahlung** als Gegenleistung für eine gesonderte Bevorzugungsleistung neben der in der Rechnung nur genannten „offiziellen" Dienstleistung[1]);
- überhöhte Bewertung eines in Zahlung genommenen Gegenstandes als Form des **verdeckten Preisnachlasses**, wenn fehlerhaft an der Steuerbarkeit von Tauschvorgängen festgehalten wird (dazu *§ 10 Rz. 89* m. Beispiel)[2].

**b)** Ein Fall des überhöhten Steuerausweises liegt ferner grundsätzlich bei Erteilung **mehrerer Rechnungen** für ein und denselben Umsatz vor, in denen die Summe der Steuerbeträge die für den Umsatz insgesamt geschuldete Steuer übersteigt.[3] Das gilt auch, wenn über einen Umsatz sowohl mittels Rechnung als auch mittels wirksamer **Gutschrift** abgerechnet wird (*§ 14 Rz. 58*). Anders liegt es, wenn – auch ohne Kennzeichnung als Duplikat, Kopie, Zweitschrift o.Ä. – **inhaltlich identische Mehrstücke** derselben **Rechnung** übersandt werden.[4] Besteht eine Rechnung aus mehreren Dokumenten (vgl. *§ 14 Rz. 68 f.*), gilt das für die Dokumente in ihrer Gesamtheit.[5] Inhaltliche Identität verlangt, dass auch dieselbe **Steuernummer** und dasselbe **Rechnungsdatum** enthalten sind. Nicht etwa ist dasselbe Format oder Layout erforderlich. Unerheblich ist auch, wenn das eine Exemplar in Papierform, das andere elektronisch übermittelt wird. 39

Auch mit Erteilung einer **Endrechnung**, in der entgegen § 14 Abs. 5 Satz 2 UStG die Steuerbeträge, die in Rechnungen über **Vorauszahlungen** ausgewiesen sind (*§ 14 Rz. 27*), **nicht abgesetzt** wurden, wird der Tatbestand des § 14c Abs. 1 UStG verwirklicht.[6] Entsprechendes gilt, wenn nach Rechnungen über **einzelne Umsätze** oder **Teilleistungen** eines **Zeitraums** eine abschließende **Gesamtabrechnung** erteilt wird.[7] 40

Schriftstücke, mit denen ersichtlich nicht über die Leistung abgerechnet wird, die vielmehr ausschließlich den **Zahlungsverkehr** betreffen, wie z.B. als solche bezeichnete **Kontoauszüge und Mahnungen**, sind keine Rechnungen, auch wenn sie alle in § 14 Abs. 1 Satz 2 UStG geforderten Angaben enthalten[8]. Wird zum 41

---

1 Vgl. FG Köln v. 20.9.2001 – 10 K 535/96, EFG 2002, 56.
2 Abschn. 10.5 Abs. 5 UStAE.
3 Abschn. 14c.1 Abs. 4 Sätze 1 und 2 UStAE. Zu § 14 Abs. 2 UStG aF offengelassen von BFH v. 27.4.1994 – XI R 54/93, BStBl. II 1994, 718; vgl. aber auch BFH v. 22.3.2001 – V R 11/98, BStBl. II 2004, 313 = UR 2001, 355.
4 Abschn. 14c.1 Abs. 4 Satz 3 UStAE.
5 Abschn. 14c.1 Abs. 4 Satz 4 UStAE.
6 Der BFH hat offengelassen, ob die Steuer nach § 14 Abs. 2 oder Abs. 3 UStG aF (entspricht § 14c Abs. 1 bzw. Abs. 2 UStG) geschuldet wird; BFH v. 11.4.2002 – V R 26/01, BStBl. II 2004, 317 = UR 2002, 338.
7 BMF v. 28.2.2001 – IV B 7 - S 7300 - 8/01, UR 2001, 180; OFD Frankfurt a.M. v. 28.10.2011 – S 7300 A - 131 - St 128, UR 2012, 495.
8 Vgl. Abschn. 14.1 Abs. 1 UStAE.

Zwecke der **Mahnung** eine **zweite Rechnung** übersandt, so muss diese, seitdem die fortlaufende Rechnungsnummer (§ 14 Abs. 4 Satz 1 Nr. 4 UStG) notwendiger Rechnungsbestandteil ist, nicht mehr durch einen Zusatz deutlich werden („Zweite Rechnung", „Zahlungserinnerung" o.Ä.), wenn die Dokumente auch im übrigen inhaltlich identisch sind (Rz. 39). Entsprechendes gilt für eine aus anderen Gründen erteilte **Zweitausfertigung**.

42  **c) Kein Fall** des überhöhten Steuerausweises ist bei **Herstellervergütungen** an den letzten Abnehmer (§ 17 Rz. 26) und bei „Preisnachlässen" der Vermittler und Agenten (§ 10 Rz. 47) gegeben.[1]

Er liegt entgegen der Auffassung der Finanzverwaltung auch nicht bei einer **Wechseldiskontierung** vor, wenn der Unternehmer es unterlasse, den Abnehmer von den Minderungsbeträgen zu unterrichten.[2] Diese Auffassung ist in zweifacher Hinsicht falsch: Es liegt weder eine Minderung der Bemessungsgrundlage i.S.d. § 17 Abs. 1 UStG vor (§ 10 Rz. 43 f.) noch greift in einem solchen Fall § 14c Abs. 1 UStG ein (Rz. 12 f.).

43 Nicht von § 14c UStG wird der Ausweis der Steuer in den Fällen der **Differenzbesteuerung** erfasst, obwohl nach § 14a Abs. 6 Satz 2 bzw. Abs. 7 Satz 3 UStG die Vorschriften über den gesonderten Steuerausweis keine Anwendung finden. Hierbei handelt es sich nach dem klaren Wortlaut nicht um Verbote, sondern lediglich um Vorschriften zum Schutze des Unternehmers (§ 14a Rz. 16). Unabhängig davon ist auch der Zweck des § 14c Abs. 1 UStG (und Absatz 2) nicht erfüllt (Rz. 2), wenn nur die gesetzlich geschuldete Steuer ausgewiesen ist. Die gegenteilige Auffassung der Finanzverwaltung[3] führt dazu, dass die Steuer doppelt geschuldet wird. Das ist ein klarer Verstoß gegen den Verhältnismäßigkeitsgrundsatz (§ 25a Rz. 55 f.).

### 2. Durch Verjährung erloschene Steuer

44 Wird **nach Eintritt der Verjährung** des Anspruchs des Steuergläubigers auf die für einen Umsatz nach § 13 Abs. 1 Nr. 1 oder 2 UStG geschuldete Steuer diese erstmalig in einer Rechnung ausgewiesen, so ist der Tatbestand des § 14c Abs. 1 Satz 1 UStG verwirklicht, weil die für den Umsatz ursprünglich entstandene Steuer nicht (mehr) geschuldet wird.[4] Das ist nicht nur der Fall, wenn die Festsetzungsverjährung nach den §§ 169 ff. AO, sondern auch, wenn die Zahlungsverjährung nach den §§ 228 ff. AO eingetreten ist. Mit dem Eintritt dieser oder jener Verjährung erlischt der Anspruch aus dem Steuerschuldverhältnis (§§ 47, 232 AO), so dass die für den Umsatz bis dahin noch nicht festgesetzte bzw. noch nicht entrichtete Steuer nicht mehr geschuldet wird. Der Rechnungsempfänger ist zwar nach § 15 Abs. 1 Satz 1 Nr. 1 Satz 1 UStG nicht berechtigt, die ausgewiesene Steuer als Vorsteuer abzuziehen, da sie nicht (mehr) „gesetzlich geschuldet" ist, ob ein Erlöschen des Steueranspruchs durch Verjährung eingetre-

---

1 Abschn. 17.2 Abs. 6 Sätze 3 f., Abs. 10 Sätze 6 f. UStAE.
2 Abschn. 10.3 Abs. 4 Satz 4 UStAE.
3 Abschn. 25a.1 Abs. 16 Sätze 2 und 3 UStAE.
4 BFH v. 13.11.2003 – V R 79/01, BStBl. II 2004, 375; Abschn. 14c.1 Abs. 1 Satz 5 Nr. 4 UStAE für die Festsetzungsverjährung.

ten ist, kann der Rechnungsempfänger jedoch zumeist nicht beurteilen. Folglich ist die Anwendung des § 14c Abs. 1 UStG geboten, um der Gefährdung des Steueraufkommens zu begegnen und das Gleichgewicht von Steuer und Vorsteuer zu gewährleisten (*Rz. 2*).

Damit korrespondierend **entfällt** mit Eintritt der Verjährung der **Anspruch** des Leistungsempfängers nach § 14 Abs. 2 Satz 1 Nr. 2 Satz 2 UStG **auf Erteilung** einer **Rechnung**, weil die Umsatzsteuer vom leistenden Unternehmer dem Steuergläubiger nicht mehr geschuldet und folglich auch vom Leistungsempfänger nicht mehr als Teil des Preises geschuldet wird.[1] Mangels Belastung mit der Steuer ist auch kein Vorsteuerabzug zulässig, so dass der Zweck der Rechnung mit Ausweis der Steuer entfallen ist. 45

### 3. Steuerfreie Umsätze

Wird für eine **steuerfreie Leistung** Umsatzsteuer in Rechnung gestellt, so ist dieser Fall unter § 14c Abs. 1 UStG und nicht unter § 14c Abs. 2 UStG zu subsumieren[2], weil regelmäßig kein Missbrauch, sondern zumeist ein Irrtum über die Steuerpflicht vorliegen wird[3]. Es ist mithin ein „höherer" Steuerbetrag, als nach dem Gesetz geschuldet, ausgewiesen. 46

Ist für einen anfänglich steuerpflichtigen Umsatz Steuer gesondert ausgewiesen und wird der Umsatz später steuerfrei, weil die **Voraussetzungen der Steuerfreiheit im Nachhinein nachgewiesen** werden (dazu *§ 6 Rz. 39 f.; § 6a Rz. 76 f.*), so fällt die ausgewiesene Steuer entgegen der Ansicht der Finanzverwaltung[4] nicht unter § 14c Abs. 1 UStG (und erst recht nicht unter § 14c Abs. 2 UStG). Vielmehr ist § 17 Abs. 1 UStG als Ausdruck eines allgemeinen Rechtsgrundsatzes entsprechend anzuwenden, so dass – entgegen der h.M. – in analoger Anwendung des § 17 Abs. 1 Satz 7 UStG **keine Rückwirkung** auf den Zeitpunkt der Umsatzausführung eintritt, sondern die Steuerfreiheit ex nunc wirkt (*§ 17 Rz. 90*). Dem entspricht es, dass § 14c UStG keine Konstellationen erfasst, in denen die im Zeitpunkt der Rechnungsausstellung zutreffende Steuer ausgewiesen ist (*Rz. 12*), da anderenfalls ein **gesetzlicher Wertungswiderspruch** vorläge. 47

Bei einer **Rücknahme** (Rückgängigmachung) **des Verzichts** auf eine Steuerbefreiung gem. § 9 UStG (*§ 9 Rz. 46*) folgt aus § 14c Abs. 1 Satz 3 Alt. 2 UStG, dass ein Fall des unrichtigen Steuerausweises vorliegen soll. Diese Sichtweise, die offensichtlich von einer Rückwirkung der Rücknahme ausgeht, ist aus den zuvor genannten Gründen verfehlt. Richtigerweise ist auch in diesem Fall § 17 Abs. 1 Satz 7 UStG als Ausdruck eines allgemeinen Rechtsgrundsatzes entsprechend anzuwenden (*§ 9 Rz. 47*). Die Bedeutung des verfehlt platzierten § 14c Abs. 1 Satz 3 Alt. 2 UStG liegt deshalb zum einen darin, dass er für die Rücknahme des Verzichts vorschreibt, dass entsprechend § 14c Abs. 1 Satz 2 UStG die Steuer ge- 48

---
1 Vgl. *Stadie* in R/D, Einf. Anm. 923.
2 Vgl. BFH v. 7.5.1981 – V R 126/75, BStBl. II 1981, 547; BFH v. 22.10.1992 – V R 33/90, BStBl. II 1993, 210 (212); BFH v. 13.11.2003 – V R 79/01, BStBl. II 2004, 375; BFH v. 28.5.2009 – V R 11/08, HFR 2010, 156 – zu § 14 Abs. 2 UStG a.F.
3 So zu § 14 Abs. 2 und Abs. 3 UStG aF BFH v. 7.5.1981 – V R 126/75, BStBl. II 1981, 547.
4 Abschn. 14c.1 Abs. 7 UStAE.

genüber dem Rechnungsempfänger berichtigt wird. Das ist sachgerecht, weil der Leistungsempfänger informiert werden muss. Des Weiteren soll die Berichtigung der Steuerschuld davon abhängig gemacht werden, dass – im Falle der missbräuchlichen Rechnungserteilung (*Rz. 81 ff.*) – die Gefährdung des Steueraufkommens beseitigt worden ist.

Die Bestimmung des § 14c Abs. 1 Satz 3 Alt. 2 UStG ist ohne große praktische Relevanz, da sie insbesondere **Grundstückslieferungen** treffen sollte. Bei **nach dem 31.3.2004** ausgeführten Lieferungen wird der Verzicht auf die Steuerbefreiung **nicht mehr** durch den Ausweis der Steuer in der Rechnung ausgeübt, weil der Erwerber Steuerschuldner ist (§ 13b Abs. 2 Nr. 3 i.V.m. Abs. 5 UStG), so dass die – erst zum 1.1.2004 eingeführte – Regelung weitgehend **leerläuft**.

### 4. Steuerschuldnerschaft des Leistungsempfängers

49 Wenn der Leistungsempfänger Steuerschuldner ist (§ 13b Abs. 5 UStG), führt der **Ausweis** der **Steuer durch** den **leistenden Unternehmer** in seiner Rechnung grundsätzlich dazu, dass er den ausgewiesenen Betrag nach § 14c Abs. 1 Satz 1 UStG schuldet[1], da „er" die Steuer für den Umsatz nicht schuldet. Der Sachverhalt ist nicht unter § 14c Abs. 2 Satz 1 UStG zu subsumieren, weil sich aus § 14a Abs. 5 Satz 2 UStG keine generelle persönliche Nichtberechtigung zum Ausweis der Steuer, sondern nur ein umsatzbezogenes Verbot ergibt. Zudem wird regelmäßig kein Missbrauch (vgl. *Rz. 5, 71*) vorliegen, sondern der Steuerausweis auf Unkenntnis beruhen.

50 Haben die Beteiligten in Unkenntnis von der Steuerschuldnerschaft des Leistungsempfängers den Umsatz **einvernehmlich nach den allgemeinen Regeln behandelt**, so war zwar mit dem Ausweis der Steuer in einer Rechnung auch in diesem Fall der Tatbestand des § 14c Abs. 1 UStG nach dessen Wortlaut verwirklicht worden, der Rechnungsaussteller hat jedoch mit der Abführung der Steuer die Schuld beglichen. Eine Berichtigungserklärung gegenüber dem Rechnungsempfänger (Leistungsempfänger) nach § 14c Abs. 1 UStG wäre unbeachtlich und würde nicht zur Berichtigung der Steuer berechtigen. Sie würde zudem die vorherige Rückzahlung des vereinnahmten Steuerbetrages an diesen erfordern (*Rz. 61 ff.*). Im Ergebnis ist der Vorgang so zu behandeln, als hätte der Leistungsempfänger die Steuerschuld nach § 13b UStG erfüllt (*§ 13b Rz. 116*).

### 5. Nichtsteuerbare Leistungen

51 Wird von einem Unternehmer für einen **nicht steuerbaren Umsatz** Steuer in Rechnung gestellt, so ist ebenfalls § 14c Abs. 1 UStG und nicht § 14c Abs. 2 UStG anzuwenden.[2] Auch in diesem Fall wird regelmäßig kein Missbrauch, sondern nur ein Irrtum über die Steuerbarkeit vorliegen. Ein nicht steuerbarer Umsatz ist gegeben, wenn dessen Ort nicht im Inland liegt oder wenn die Leistung

---

1 Abschn. 13b.14 Abs. 1 Satz 5 UStAE.
2 Vgl. Abschn. 14c.1 Abs. 1 Satz 5 Nr. 3 UStAE; ferner zu § 14 Abs. 2 UStG a.F. BFH v. 7.5.1981 – V R 126/75, BStBl. II 1981, 547; BFH v. 22.10.1992 – V R 33/90, BStBl. II 1993, 210 (212); BFH v. 19.9.1996 – V R 41/94, UR 1997, 149 = BStBl. II 1999, 249; BFH v. 13.11.2003 – V R 79/01, BStBl. II 2004, 375.

nicht im Rahmen des Unternehmens (dazu *§ 1 Rz. 95 ff.*) ausgeführt wird (*Rz. 73*). Die Inrechnungstellung von Steuer bei Zahlungen, denen **keine Leistung** zugrunde liegt (**Schadensersatz** o.Ä.), fällt nach dem klaren Wortlaut unter § 14c Abs. 2 Satz 2 UStG (*Rz. 79 f.*); das ist sachwidrig, da im Regelfall kein Missbrauch vorliegt.

Unter § 14c Abs. 1 Satz 1 UStG fällt auch der Ausweis von Steuer im Falle einer sog. **Geschäftsveräußerung** i.S.d. § 1 Abs. 1a UStG (arg. § 14c Abs. 1 Satz 3 UStG). Das ist sachgerecht, da das Inrechnungstellen der Steuer im Regelfall wegen Unkenntnis der Rechtslage oder wegen Zweifeln, ob eine Geschäftsveräußerung vorliegt (vgl. auch *§ 1 Rz. 130*), erfolgte. Damit nicht zu vereinbaren ist die Bestimmung des § 14c Abs. 1 Satz 3 UStG, wonach die Berichtigung der Steuerschuld erst nach Beseitigung der Gefährdung des Steueraufkommens möglich sein soll (dazu *Rz. 81 ff.*). Wenn kein Missbrauch vorliegt, verstößt das gegen den Verhältnismäßigkeitsgrundsatz (*Rz. 60*). 52

Wird eine anfänglich steuerpflichtige sonstige Leistung durch **nachträgliche Mitteilung** einer **ausländischen Umsatzsteuer-Identifikationsnummer** nicht steuerbar (*§ 3a Rz. 20*), so wird dadurch nicht der Tatbestand des § 14c Abs. 1 UStG verwirklicht (*Rz. 47*), sondern es ist § 17 Abs. 1 Satz 7 UStG entsprechend anzuwenden (*§ 17 Rz. 89 f.*). 53

Nach Ansicht der **Finanzverwaltung** soll § 14c Abs. 1 UStG auch den Steuerausweis für nicht steuerbare Leistungen in Gestalt von **unentgeltlichen Leistungen** erfassen.[1] Das ist in zweifacher Hinsicht nicht nachvollziehbar. Zum einen sind unentgeltliche Leistungen steuerbare Leistungen. Vor allem aber darf derjenige, der im Falle einer steuerpflichtigen unentgeltlichen Leistung die Steuer, die auf die Bemessungsgrundlage nach § 10 Abs. 4 UStG entfällt, in einer Rechnung gegenüber dem Leistungsempfänger ausweist, nicht unter § 14c Abs. 1 UStG fallen, da er für die Leistung nur die Steuer ausweist, die er nach dem Gesetz „für den Umsatz" (§ 1 Abs. 1 Nr. 1 i.V.m. § 3 Abs. 1b bzw. Abs. 9a UStG) „schuldet" (ebenso wenig ist der Tatbestand des § 14c Abs. 2 UStG erfüllt; *Rz. 74*). 54

## III. Beseitigung der Rechtsfolge (Sätze 2 und 3)
### 1. Berichtigung des Steuerbetrages gegenüber dem Leistungsempfänger

Die Beseitigung der Rechtsfolge erfordert nach dem Gesetzeswortlaut (sofern kein Fall des Satzes 3 vorliegt; dazu *Rz. 48*) lediglich die **Berichtigung des Steuerbetrages gegenüber** dem **Leistungsempfänger** (§ 14c Abs. 1 Satz 2 UStG). Hinzukommen muss jedoch, wie sich aus dem ausdrücklich für entsprechend anwendbar erklärten § 17 Abs. 1 UStG ergibt, dass der vereinnahmte **Steuerbetrag** an den Leistungsempfänger **zurückgezahlt** worden ist (*Rz. 62 f.*). Liegen diese Voraussetzungen vor, so kann der Unternehmer in entsprechender Anwendung des § 17 Abs. 1 UStG den geschuldeten Steuerbetrag gegenüber dem Finanzamt „berichtigen" (*Rz. 56*), sofern die Berichtigung nicht wegen rückwirkenden Erlasses der Steuer (*Rz. 69*) überflüssig ist. Die Berichtigung gegenüber dem Finanzamt 55

---

1 Abschn. 14c.1 Abs. 1 Satz 5 Nr. 3 UStAE.

führt zu einem **Erstattungsanspruch**[1] i.S.d. § 37 Abs. 2 AO (vgl. *§ 17 Rz. 10*), der in die „Steuerberechnung" gem. § 16 UStG einzubeziehen ist (vgl. *§ 16 Rz. 23*). Bei missbräuchlicher Rechnungserteilung kommt, sofern kein Fall des § 14c Abs. 1 Satz 3 UStG vorliegt, eine Haftung nach § 71 AO in Betracht (*Rz. 70*).

56 Zu **unterscheiden** sind mithin die **Berichtigung** des „**Steuerbetrages**" (§ 14c Abs. 1 Satz 2 UStG) **gegenüber** dem **Rechnungsempfänger** und die Berichtigung des „geschuldeten Steuerbetrages" (§ 17 Abs. 1 Satz 1 UStG) **gegenüber** dem **Finanzamt**. Das Recht zur Berichtigung des Steuerbetrages gegenüber dem Rechnungsempfänger folgt nicht erst aus § 14c Abs. 1 Satz 2 UStG[2], sondern aus dem Umstand, dass es sich bei den Angaben in der Rechnung um Mitteilungen des Ausstellers handelt, die er als deren Urheber grundsätzlich jederzeit berichtigen kann (*§ 14 Rz. 8, 115 ff.*). Davon zu unterscheiden ist die umsatzsteuerrechtliche Folge der Berichtigung für den Rechnungsaussteller; nur darauf bezieht sich § 14c Abs. 1 Sätze 2 und 3 UStG.[3] Die entsprechende Anwendung des § 17 Abs. 1 UStG betrifft demgemäß auch nicht die *Berichtigung* des *Vorsteuerabzugs* beim Rechnungsempfänger (*Rz. 68*).

57 Die Berichtigung des Steuerbetrages ist aus dem zuvor genannten Grund **zeitlich unbegrenzt** möglich.[4] Sie muss nicht in derselben **Form** wie bei der Erteilung der Rechnung geschehen[5] und auch nicht in Gestalt einer vollständig neuen Rechnung erfolgen[6] (Klarstellung durch § 31 Abs. 5 Satz 2 UStDV). Ebenso wenig ist die Berichtigung des Steuerbetrages auf der ursprünglichen Rechnung erforderlich. Eine **gesonderte Mitteilung** reicht aus, die zum Ausdruck bringt, dass der bisherige Steuerausweis auf einen niedrigeren Betrag reduziert oder vollen Umfangs widerrufen wird.[7] Nach dem klaren Wortlaut des § 14c Abs. 1 Satz 2 UStG, der nur die Berichtigung des Steuerbetrages verlangt, ist folglich die **Zurückerlangung des Originals** der Rechnung **nicht** erforderlich.[8]

58 Ist der **Leistungsempfänger nicht mehr existent** oder nicht mehr auffindbar, so kann nach dem Wortlaut des § 14c Abs. 1 Satz 2 UStG dessen Rechtsfolge nicht herbeigeführt werden. Hat indes der Rechnungsaussteller den Mehrbetrag vom Rechnungsempfänger nicht erhalten, so verstieße es gegen das Übermaßverbot, den Rechnungsaussteller den Mehrbetrag weiterhin schulden zu lassen; er muss deshalb die Steuerschuld nach § 17 Abs. 1 Satz 1 UStG berichtigen können, sofern nicht ohnehin wegen Gutgläubigkeit die Steuerschuld rückwirkend zu erlassen ist (*Rz. 69*). Hatte der Rechnungsaussteller hingegen den Mehrbetrag erhalten, so besteht für ihn kein berechtigter Anlass, die nach § 14c Abs. 1 Satz 1 UStG geschuldete Steuer zu berichtigen, da er nicht belastet ist (s. auch *Rz. 62*).

---

1 Nicht: Vergütungsanspruch; so aber BFH v. 4.2.2005 – VII R 20/04, BStBl. II 2010, 55 = UR 2005, 619; BFH v. 15.3.2012 – III R 96/07, BStBl. II 2012, 719.
2 So aber *Korn* in Bunjes, § 14c UStG Rz. 24.
3 Vgl. BFH v. 6.12.2007 – V R 3/06, BStBl. II 2009, 203 = UR 2008, 588.
4 *Stadie* in R/D, § 14c UStG Anm. 203.
5 BFH v. 11.10.2007 – V R 27/05, BStBl. II 2008, 438.
6 A.A. *Korn* in Bunjes, § 14c UStG Rz. 24.
7 Dazu näher *Stadie* in R/D, § 14c UStG Anm. 191 ff. m.w.N.
8 BFH v. 19.9.1996 – V R 41/94, BStBl. II 1999, 249 = UR 1997, 149; BFH v. 11.10.2007 – V R 27/05, BStBl. II 2008, 438 – zu § 14 Abs. 2 UStG a.F.

Der Mehrbetrag verbleibt dann beim Steuergläubiger, für den der Unternehmer die erhöhte Steuer als Gehilfe (*Vorbem. Rz. 20*) erhoben hat.

## 2. Beseitigung der Gefährdung des Steueraufkommens?

Die **Rückgängigmachung des vom Empfänger vorgenommenen Vorsteuerabzugs** ist nach dem klaren Wortlaut des § 14c Abs. 1 UStG grundsätzlich **keine Voraussetzung** für die Berichtigung der Steuerschuld, wie der Umkehrschluss aus § 14c Abs. 1 Satz 3 i.V.m. Abs. 2 Satz 3 UStG bestätigt. Die **gegenteilige Auffassung des** BFH[1] zu § 14 Abs. 2 UStG a.F., wonach eine „richtlinienkonforme Beurteilung" erfordere, dass die Berichtigung nur zugelassen werden dürfe, wenn der Rechnungsaussteller nachgewiesen habe, dass der Vorsteuerabzug nicht vorgenommen, versagt oder rückgängig gemacht worden sei, ist ein klarer Verstoß gegen Art. 20 Abs. 3 GG, wonach die Gerichte an das Gesetz gebunden sind. Der eindeutige Wortlaut der Vorschrift ist nicht auslegbar. Dasselbe gilt für § 14c Abs. 1 UStG. Im Falle der missbräuchlichen Rechnungserteilung tritt allerdings eine Ausfallhaftung nach § 71 AO ein (*Rz. 70*). 59

Lediglich für die Fälle des Steuerausweises bei einer **Geschäftsveräußerung** i.S.d. § 1 Abs. 1a UStG (*Rz. 52*) und der Rückgängigmachung des Verzichts auf eine Steuerbefreiung (*Rz. 48*) bestimmt § 14c **Abs. 1** Satz 3 UStG, dass § 14c Abs. 2 Sätze 3 bis 5 UStG entsprechend gelte. Danach soll der geschuldete Steuerbetrag erst und nur dann berichtigt werden können, wenn die Gefährdung des Steueraufkommens beseitigt worden ist (*Rz. 82*). Diese rigide Regelung ist, wie auch im unmittelbaren Anwendungsbereich des § 14c Abs. 2 UStG, nur **verfassungskonform**, wenn der Rechnungsaussteller **missbräuchlich** gehandelt hat. Bei Gutgläubigkeit würde die „Ausfallhaftung" des Rechnungsausstellers gegen das Übermaß- und Willkürverbot verstoßen (*Rz. 83 f.*). Da beide Fälle des § 14c Abs. 1 Satz 3 UStG von Art. 203 MwStSystRL erfasst werden[2], liegt insoweit auch ein Verstoß gegen das primäre Unionsrecht vor, da der EuGH ebenfalls aus dem Verhältnismäßigkeitsgrundsatz zu Recht die uneingeschränkte Berichtigungsmöglichkeit bei Gutgläubigkeit ableitet (*Rz. 84*). 60

## 3. Rückzahlung des Mehrbetrages an den Leistungsempfänger

Aus der von Absatz 1 Satz 2 angeordneten entsprechenden Anwendung des § 17 Abs. 1 UStG folgt, dass nicht ohne weiteres nach Berichtigung des Steuerbetrages gegenüber dem Rechnungsempfänger der geschuldete Steuerbetrag gem. § 17 Abs. 1 Satz 1 UStG berichtigt werden kann.[3] Vielmehr ist **entgegen BFH**[4] der 61

---

1 BFH v. 22.3.2001 – V R 11/98, BStBl. II 2004, 313 = UR 2001, 355; vgl. auch BFH v. 16.8.2001 – V R 72/00, BFH/NV 2002, 545; BFH v. 11.4.2002 – V R 26/01, BStBl. II 2004, 317 = UR 2002, 338.
2 Vgl. *Stadie* in R/D, § 14c UStG Anm. 6.
3 Das verkennen z.B. BFH v. 4.2.2005 – VII R 20/04, – BStBl. II 2010, 55 = UR 2005, 619; BFH v. 15.3.2012 – III R 96/07, BStBl. II 2012, 719.
4 BFH v. 19.9.1996 – V R 41/94, BStBl. II 1999, 249 = UR 1997, 149 – 2b der Gründe; BFH v. 11.10.2007 – V R 27/05, BStBl. II 2008, 438; ebenso (zur Rückgängigmachung des Verzichts nach § 9 UStG) BFH v. 10.12.2009 – XI R 7/08, UR 2010, 690 – Rz. 18 a.E.; wohl auch BFH v. 25.4.2013 – V R 2/13, BStBl. II 2013, 844 = UR 2013, 968 m. Anm. *Stadie*.

dieser Vorschrift zugrunde liegende Gedanke, der im unmittelbaren Anwendungsbereich des § 17 UStG inzwischen vom BFH anerkannt worden ist, dass eine entsprechende **Minderung der Gegenleistung** (Zahlung) **eingetreten** sein muss (*§ 17 Rz. 20, 67 und 70*), zu berücksichtigen.[1]

62 Hat der Rechnungsaussteller den gesamten Rechnungsbetrag einschließlich des Steuermehrbetrags i.S.d. § 14c Abs. 1 Satz 1 UStG erhalten, so kann er demgemäß die Steuer gegenüber dem Finanzamt erst dann wirksam nach § 17 Abs. 1 Satz 1 UStG berichtigen, wenn er zuvor den **Mehrbetrag dem Rechnungsempfänger zurückgewährt** hat. Es besteht kein Anlass, dem Rechnungsaussteller den Steuerbetrag zu erstatten, solange er diesen nicht an den Rechnungsempfänger zurückgezahlt hat, weil er anderenfalls auf dessen Kosten bereichert wäre.[2] Diese Bereicherung würde zu einer endgültigen, wenn der zivilrechtliche Rückforderungsanspruch[3] des Rechnungsempfängers wegen Insolvenz o.Ä. nicht durchsetzbar ist. Art. 2 Abs. 1 i.V.m. Art. 14 GG verlangen deshalb eine **verfassungskonforme Auslegung** des § 14c Abs. 1 Satz 2 i.V.m. § 17 Abs. 1 Satz 1 UStG im zuvor genannten Sinne, damit eine derartige **Bereicherung** beim Rechnungsaussteller **verhindert** wird und ein dem Gesetzeszweck entsprechender **Interessenausgleich** stattfindet. Das Finanzamt darf mithin den Berichtigungsbetrag an den Rechnungsaussteller nur dann erstatten, wenn die vorherige Rückzahlung an den Rechnungsempfänger oder die Abtretung des Erstattungsanspruchs an diesen nachgewiesen ist (zum Fall der von den Beteiligten nicht erkannten Steuerschuldnerschaft des Leistungsempfängers i.S.d. § 13b UStG s. *Rz. 50*). Diese **Verpflichtung** des Finanzamts zur verfassungskonformen Auslegung folgt aus dem nationalen **Verfassungsrecht**[4], da die Richtlinie für die Berichtigung der Steuer nach Art. 203 MwStSystRL keine Regelungen vorsieht. Der **EuGH** konnte deshalb dazu lediglich feststellen, dass das Unionsrecht es nicht „verbiete", die **Erstattung** der Steuer **abzulehnen**, wenn diese anderenfalls zu einer **ungerechtfertigten Bereicherung** führen würde.[5]

63 Andererseits darf, wenn der Rechnungsaussteller den Mehrbetrag nicht an den Rechnungsempfänger erstattet, auch keine endgültige Bereicherung des Steuergläubigers auf Kosten des Rechnungsempfängers eintreten. Das nationale Verfassungsrecht in Gestalt des Art. 14 GG gebietet die Rückgängigmachung der Bereicherung (*Rz. 66*), so dass, wenn der Rechnungsempfänger dem Grunde nach

---

1 Zust. FG BW v. 30.11.2000 – 14 K 185/99, EFG 2001, 597; FG Nds. v. 25.9.2014 – 5 K 99/13, juris, Rev.-Az. XI R 43/14; *Burgmaier*, UR 2007, 348; *Tehler*, UVR 2012, 238 (241); *Lippross*, MwStR 2013, 757 (766 f.); OFD Karlsruhe v. 25.9.2012 – S 7282, UR 2013, 283; vgl. auch FinMin. NW v. 14.11.2006 – S 7280 - 46 - VA 4, S 0457 - 66/2 - VA 3, DB 2007, 1730 – Tz. 3.
2 Die Berichtigung nach § 14c UStG dient nicht etwa der Finanzierung des Rechnungsausstellers auf Kosten des Rechnungsempfängers; so aber doch tatsächlich *Marchal/Nobereit*, ZInsO 2014, 2308 (2311).
3 Dazu *Stadie* in R/D, Einf. Anm. 923.
4 Das verkennt *Englisch* in Tipke/Lang, Steuerrecht, § 17 Rz. 299 – S. 927 FN 2.
5 Insbesondere EuGH v. 10.4.2008 – C-309/06, EuGHE 2008, I-2283 = UR 2008, 592 – Rz. 41 f.; EuGH v. 18.6.2009 – C-566/07, EuGHE 2009, I-5295 = UR 2009, 647 – Rz. 48; in diesem Sinne ferner EuGH v. 6.9.2011 – C-398/09, EuGHE 2011, I-7375 = UR 2012, 326 – Rz. 18 ff.; EuGH v. 20.10.2011 – C-94/10, EuGHE 2011, I-9963 = HFR 2011, 1393 – Rz. 21 f.; EuGH v. 16.5.2013 – C-191/12, HFR 2013, 654 – Rz. 25.

vorsteuerabzugsberechtigt ist, ihm **entgegen BFH** der **Vorsteuerabzug** in verfassungskonformer Auslegung des § 15 Abs. 1 Satz 1 Nr. 1 UStG solange zusteht, wie der Rechnungsaussteller nicht den Steuerbetrag an ihn zurückgezahlt hat[1] (ausführlich *§ 15 Rz. 247 ff.*). Anderenfalls steht ihm ein **Erstattungsanspruch** gegenüber dem Steuergläubiger zu, der sich auf Rückzahlung des Steuerbetrages richtet (*Rz. 66*). Diese Überlegungen sind auch unionsrechtlich vom **EuGH** dem Grunde nach bestätigt worden. Danach hat der Leistungsempfänger einen unmittelbaren Anspruch gegenüber dem Steuergläubiger, wenn die Rückzahlung durch den Rechnungsaussteller **unmöglich** oder **übermäßig erschwert** ist.[2] Die nähere Bestimmung der Voraussetzungen und die Ausgestaltung des Verfahrens sind mangels unionsrechtlicher Regelungen den Mitgliedstaaten überlassen.[3]

Der **BFH** hat diese EuGH-Rechtsprechung dahin eingeengt, dass es Voraussetzung dieses Vorsteuerabzugs bzw. des Erstattungsanspruchs sei, dass der **Steuerbetrag** vom Rechnungsaussteller an das Finanzamt **abgeführt** worden war.[4] Damit wird **verkannt**, dass nicht etwa der Rechnungsempfänger das Risiko der Nichtweiterleitung zu tragen hat, sondern der Steuergläubiger sich das Fehlverhalten seines Gehilfen (*Vorbem. Rz. 20*) zurechnen lassen muss.[5]

**Beispiel**  64

Die A-GmbH erbringt gegenüber B eine Dienstleistung für 1 Mio. € zuzüglich 190 000 € gesondert berechneter Umsatzsteuer. B zahlt den gesamten Rechnungsbetrag. Die A-GmbH führt die Umsatzsteuer an das Finanzamt ab. Die Parteien waren davon ausgegangen, dass der Umsatz steuerpflichtig sei, objektiv ist er jedoch nicht steuerbar bzw. steuerfrei. Als B davon erfährt, fordert er von der A-GmbH 190 000 € zurück, kann jedoch diesen Anspruch nicht realisieren, weil für die A-GmbH zwischenzeitlich das Insolvenzverfahren eröffnet worden war. Der Insolvenzverwalter berichtigt gleichwohl den Steuerbetrag gegenüber dem Finanzamt und verlangt Auszahlung des Erstattungsanspruchs an die Insolvenzmasse.

Das Finanzamt darf dem Begehren nicht stattgeben, da die Voraussetzung des § 17 Abs. 1 Satz 1 Nr. 1 UStG – Minderung der Gegenleistung durch Rückzahlung des Steuerbetrags an den Rechnungsempfänger – nicht erfüllt ist. Anderenfalls wäre die A-GmbH endgültig auf Kosten des B bereichert.

Ist der B dem Grunde nach vorsteuerabzugsberechtigt, so ist ihm richtigerweise der Vorsteuerabzug zu gewähren (*§ 15 Rz. 247 ff.*). Anderenfalls ist ihm die Steuer gesondert zu erstatten (*Rz. 66*).

Diese Grundsätze gelten auch, wenn ein Fall des § 14c Abs. 1 UStG nur deshalb  65
vorliegt, weil die Beteiligten bei einem steuerpflichtigen Umsatz übersehen hat-

---

1 A.A. FG Köln v. 24.4.2014 – 1 K 2015/10, EFG 2014, 1566 – Rev.-Az. VII R 30/14.
2 EuGH v. 15.3.2007 – C-35/05, EuGHE 2007, I-2425 = UR 2007, 343; EuGH v. 18.6.2009 – C-566/07, EuGHE 2009, I-5295 = UR 2009, 647 – Rz. 40; in diesem Sinne auch EuGH v. 20.10.2011 – C-94/10, EuGHE 2011, I-9963 = HFR 2011, 1393 – Rz. 28; EuGH v. 15.12.2011 – C-427/10, EuGHE 2011, I-13377 = UR 2012, 184 – Rz. 28; EuGH v. 11.4.2013 – C-138/12, UR 2013, 432 – Rz. 30; dazu näher *Stadie* in R/D, § 14c UStG Anm. 216 f. iVm. Rz. 313 ff.
3 EuGH v. 15.3.2007 – C-35/05, EuGHE 2007, I-2425 = UR 2007, 343 – Rz. 37 u. 40.
4 BFH v. 11.10.2007 – V R 27/05, BStBl. II 2008, 438 (443 a.E.); BFH v. 10.12.2008 – XI R 57/06, BFH/NV 2009, 1156 (1158); BFH v. 10.12.2009 – XI R 7/08, UR 2010, 690 – Rz. 28; ebenso FG Saarl. v. 24.4.2013 – 1 K 1156/12, EFG 2013, 1637.
5 *Stadie*, UR 2007, 431; *Englisch*, UR 2008, 466 (468).

ten, dass der **Leistungsempfänger** für den Umsatz **Steuerschuldner** nach § 13b UStG (*Rz. 49*) ist (dazu auch *§ 13b Rz. 5*).

66 Der **Erstattungsanspruch** des **Rechnungsempfängers** gegenüber dem **Steuergläubiger** besteht entgegen BFH (*Rz. 63* a.E.) auch dann, wenn der Rechnungsaussteller den Steuerbetrag nicht an das Finanzamt abgeführt hat, weil sowohl Art. 14 GG als auch das primäre Unionsrecht die Rückgängigmachung der beim Steuergläubiger eingetretenen Bereicherung verlangen. Wenn der Steuergläubiger zur Durchführung einer indirekten Besteuerung die Unternehmer als Verwaltungshelfer (Steuereinnehmer) zwischenschaltet (*Vorbem. Rz. 20*), so kann sich der Staat bei dieser Form der mittelbaren Verwaltung nicht der Grundrechtsbindung entziehen. Der Anspruch auf Erstattung zu viel gezahlter Steuer ist ein vermögenswertes Recht, das als „Eigentum" in den Schutzbereich des Art. 14 GG fällt.[1] Zur Vermeidung einer mithin nicht nur gesetzeszweckwidrigen Rechtsfolge, sondern auch einer verfassungswidrigen Enteignung dieses Anspruchs muss folglich § 37 Abs. 2 AO als Anspruchsgrundlage für einen **Erstattungsanspruch** entsprechend verfassungskonform ausgelegt werden,[2] so dass dieser dem Rechnungsempfänger zusteht[3] (vgl. auch *§ 17 Rz. 68 u. 71* zur entsprechenden Problematik im unmittelbaren Anwendungsbereich des § 17 UStG). Der Erstattungsanspruch entfällt demgemäß nicht, wenn das Finanzamt den Steuerbetrag rechtswidrig (*Rz. 62 a.E.*) an den nichtberechtigten Rechnungsaussteller ausgezahlt hatte.

**4. Grundsätzlich keine Rückwirkung**

67 Die von § 14c Abs. 1 Satz 2 i.V.m. § 17 Abs. 1 UStG vorgesehene „**Berichtigung**" des geschuldeten Steuerbetrages ist **keine Verfahrenshandlung, sondern** meint eine ausschließlich **materiell-rechtliche Wirkung**. Mit Vorliegen der Berichtigungsvoraussetzungen erlischt die geschuldete Steuer und es entsteht ein **Erstattungsanspruch** i.S.d. § 37 Abs. 2 AO (*Rz. 55*), der auf Rückzahlung des abgeführten Steuerbetrages gerichtet ist. Auf Grund des gem. § 14c Abs. 1 Satz 2 UStG entsprechend anzuwendenden § 17 Abs. 1 Satz 7 UStG hat dieses Erlöschen **keine Rückwirkung** (*§ 17 Rz. 5*)[4], da die „Berichtigung" der Steuer für den Voranmeldungszeitraum vorzunehmen ist, in dem die beschriebenen Berichtigungsvoraussetzungen vorliegen.

68 Die „**Berichtigung**" des **Vorsteuerabzugs** des **Rechnungsempfängers** bestimmt sich hingegen nicht nach § 17 Abs. 1 UStG, weil der Vorsteuerabzug nach dem Gesetzeswortlaut von Anfang an nicht den Voraussetzungen des § 15 Abs. 1 Satz 1 Nr. 1 UStG entsprach und rechtswidrig war, so dass die betreffende Steu-

---

1 BVerfG v. 8.10.1985 – 1 BvL 17, 19/83, BVerfGE 70, 278 (285).
2 A.A. FG Köln v. 24.4.2014 – 1 K 2015/10, EFG 2014, 1566 – Rz. 22 („sinnwidrig") – Rev.-Az. VII R 30/14; FG Bln-Bdb. v. 26.06 – 5 K 5148/12, juris – Rev.-Az. XI R 36/14; FG Münster v. 3.9.2014 – 6 K 939/11, EFG 2014, 1934 – Rev.-Az. VII R 42/14.
3 Ausführlich *Stadie* in R/D, § 14c UStG Anm. 313 ff.
4 Vgl. BFH v. 26.1.2012 – V R 18/08, UR 2012, 359 – Rz. 33 f.; ferner zu § 14 Abs. 2 UStG a.F. BFH v. 14.12.1989 – V R 125/84, BStBl. II 1990, 401; BFH v. 4.2.2005 – VII R 20/04, BStBl. II 2010, 55 = UR 2005, 619; BFH v. 19.3.2009 – V R 48/07, BStBl. II 2010, 92 = UR 2009, 534.

erfestsetzung nach den Vorschriften der AO zu korrigieren ist.[1] **Vertrauensschutz** soll nach der Rechtsprechung nicht in Betracht kommen[2]; das ist verfehlt (*§ 15 Rz. 247 ff.*).[3]

Ist der Rechnungsaussteller **gutgläubig** und hat er den **Steuerbetrag nicht vereinnahmt**, so verstieße es gegen den **Verhältnismäßigkeitsgrundsatz** (Übermaßverbot) und das **Willkürverbot**, an der Steuerschuld bis zu deren Berichtigung festzuhalten, da der Unternehmer nur als Gehilfe des Steuergläubigers fungiert (*Vorbem. Rz. 20*). Die Steuer muss, insbesondere im Hinblick auf etwaige Zinsen nach § 233a AO, entgegen dem Grundsatz des § 17 Abs. 1 Satz 7 UStG **rückwirkend** durch abweichende Steuerfestsetzung nach § 163 Satz 1 AO **erlassen** werden. Auf dasselbe läuft der Erlass der entstandenen **Zinsen**[4] hinaus. Das hat auch dann zu gelten, wenn der Rechnungsempfänger (trotz Kürzung der Rechnung um den Steuerbetrag) gleichwohl den Vorsteuerabzug vorgenommen hat.[5] Die Finanzverwaltung sieht eine Rückwirkung nur in den Fällen des § 14c Abs. 2 UStG vor (das ist unverständlich, denn was für diese Vorschrift gilt, muss erst recht für die Fälle des § 14c Abs. 1 UStG gelten) und dies auch nur dann, wenn der Rechnungsempfänger keinen Vorsteuerabzug vorgenommen hat[6] (s. auch Rz. 87). 69

### 5. Haftung des Rechnungsausstellers (§ 71 AO)

Sofern kein Fall des § 14c Abs. 1 Satz 3 UStG (*Rz. 60*) vorliegt, ist es, anders als im Anwendungsbereich des § 14c Abs. 2 UStG, für die Berichtigung der Steuerschuld nicht erforderlich, dass ein vorgenommener Vorsteuerabzug seitens des Rechnungsempfängers beseitigt worden ist. Die **Ausfallhaftung** tritt bei **Bösgläubigkeit** jedoch regelmäßig nach § 71 AO ein. Danach haftet der **Teilnehmer** einer **Steuerhinterziehung** für zu Unrecht gewährte Steuervorteile (§ 370 Abs. 1 Nr. 1 i.V.m. Abs. 4 Satz 2 AO). Bei vorsätzlicher Ausstellung einer unrichtigen Rechnung und vorsätzlicher Geltendmachung des Vorsteuerabzugs ist der Rechnungsempfänger Täter und der Rechnungsaussteller Mittäter oder Gehilfe einer Steuerhinterziehung. 70

## D. Unberechtigter Steuerausweis (Abs. 2)

### I. Allgemeines

§ 14c Abs. 2 Sätze 1 und 2 UStG unterscheidet drei verschiedene Tatbestände des unberechtigten Steuerausweises, nämlich den gesonderten Ausweis in einer Rechnung bzw. anderen Abrechnung 71

- durch eine Person o.Ä. („wer"), die dazu nicht berechtigt ist (§ 14c Abs. 2 Satz 1 UStG),

---

1 Insoweit zutreffend BFH v. 6.12.2007 – V R 3/06, BStBl. II 2009, 203 = UR 2008, 588.
2 BFH v. 11.10.2007 – V R 27/05, BStBl. II 2008, 438; BFH v. 6.12.2007 – V R 3/06, BStBl. II 2009, 203 = UR 2008, 588.
3 Dazu auch *Stadie* in R/D, § 14c UStG Anm. 235 f.
4 Indes abgelehnt von BFH v. 19.3.2009 – V R 48/07, BStBl. II 2010, 92 = UR 2009, 534; vgl. auch BFH v. 21.5.2010 – V B 91/09, BFH/NV 2010, 1619.
5 Dazu auch *Stadie* in R/D, § 14c UStG Anm. 226 ff.
6 Abschn. 14c.2 Abs. 5 Satz 6 UStAE.

– durch einen Nichtunternehmer (§ 14c Abs. 2 Satz 2 Alt. 1 UStG), oder

– durch einen Unternehmer, der aber eine Leistung nicht ausführt (§ 14c Abs. 2 Satz 2 Alt. 2 UStG).

Die Abgrenzung dieser verschiedenen Tatbestandsalternativen voneinander ist letztlich nicht erforderlich, da die Rechtsfolgen gleich sind. Die geschuldete Steuer entsteht mit Ausgabe der Rechnung (§ 13 Abs. 1 Nr. 4 UStG). Die Abgrenzung vom Tatbestand des § 14c Abs. 1 UStG richtet sich in typisierender Weise nach dem Grad der Missbrauchsanfälligkeit. Von § 14c Abs. 2 UStG werden diejenigen Fälle des Steuerausweises erfasst, die **regelmäßig missbräuchlich** erfolgen. Diese Differenzierung ergibt jedoch wenig Sinn (*Rz. 5*). Die Berichtigung der Steuerschuld ist ausnahmslos daran geknüpft, dass eine Gefährdung des Steueraufkommens beseitigt worden ist (§ 14c Abs. 2 Sätze 3 bis 5 UStG). Das verstößt im Falle der **Gutgläubigkeit** gegen den **Verhältnismäßigkeitsgrundsatz** (Übermaßverbot) und das Willkürverbot (*Rz. 83 f.*).

## II. Ausweis von Steuer durch Nichtberechtigte

72 1. Von § 14c Abs. 2 Satz 1 UStG wird erfasst, wer in einer Rechnung einen Steuerbetrag gesondert ausweist, obwohl er zum gesonderten Ausweis der Steuer „nicht berechtigt" ist. Aus § 14c Abs. 2 Satz 2 UStG folgt, dass die Person ein Unternehmer sein muss, der über eine Leistung abrechnet. Eine Nichtberechtigung zum Steuerausweis kann in **personeller** als auch in sachlicher **Hinsicht** bestehen. Letztere, nämlich die auf bestimmte Umsatzarten bezogene Nichtberechtigung bei steuerfreien und nichtsteuerbaren Umsätzen oder wenn der Leistungsempfänger Steuerschuldner ist, fällt indes unter § 14c Abs. 1 UStG, weil im Regelfall keine Missbräuchlichkeit vorliegt (*Rz. 46 ff.*).

73 Demgegenüber soll nach h.M. die Nichtberechtigung zum Ausweis der Steuer bei einem **Umsatz**, der **nicht im Rahmen des Unternehmens** ausgeführt wird, von § 14c Abs. 2 Satz 1 UStG erfasst werden.[1] Auch hierbei handelt es sich jedoch um einen nichtsteuerbaren Umsatz, bei dem im Regelfall der Ausweis der Steuer nicht missbräuchlich, sondern irrtümlich oder vorsichtshalber erfolgte, weil unklar war, ob die Leistung innerhalb oder außerhalb des Unternehmens erbracht wurde. Der Sachverhalt ist deshalb richtigerweise unter § 14c Abs. 1 UStG zu subsumieren.

74 Kein Fall der sachlichen Nichtberechtigung liegt vor, wenn Steuer für eine **unentgeltliche Leistung** ausgewiesen wird. Die unentgeltliche Lieferung oder sonstige Leistung führt auf Grund der Fiktion des § 3 Abs. 1b bzw. Abs. 9a UStG zu einem Umsatz gem. § 1 Abs. 1 Nr. 1 UStG, so dass der Unternehmer nach dem klaren Wortlaut des § 14 Abs. 2 Satz 1 Nr. 2 Satz 1 UStG zur Erteilung einer „Rechnung" mit dem Ausweis der Steuer berechtigt ist. Aus § 14 Abs. 4 Satz 2 UStG (*§ 14 Rz. 49*) folgt nichts Gegenteiliges. Zudem kann es keinen Unterschied ausmachen, ob von vornherein keine Gegenleistung vereinbart wird oder diese im Nachhinein erlassen wird. Entsprechendes gilt, wenn **nachträglich** für eine steuerpflichtige unentgeltliche Leistung ein **Entgelt** vereinbart und darüber

---

[1] Abschn. 14c.2 Abs. 2 Nr. 4 UStAE; sowie BFH v. 17.5.2001 – V R 77/99, BStBl. II 2004, 370 = UR 2001, 399 = – zu § 14 Abs. 3 Satz 1 UStG a.F.

eine Rechnung mit Steuerausweis erteilt wird.[1] In allen diesen Fällen darf § 14c Abs. 2 UStG nicht angewendet werden, weil es keinen sachlichen Grund gibt, den Unternehmer die Steuer zweimal schulden zu lassen. Eine solche Rechtsfolge verstieße gegen das Übermaßverbot.

Eine persönliche Nichtberechtigung besteht für den **Kleinunternehmer**, da nach § 19 Abs. 1 Satz 4 UStG die Vorschrift über den gesonderten Steuerausweis keine Anwendung findet. Der von dieser Bestimmung in Bezug genommene § 14 Abs. 4 UStG regelt zwar nur, welche Angaben Rechnungen enthalten müssen, so dass seine Nichtanwendbarkeit nicht den Ausweis von Steuer verbietet, der Zweck des § 14c UStG verlangt jedoch, § 19 Abs. 1 Satz 4 UStG als Verbot zu verstehen. Da der Kleinunternehmer die Steuer für seine Umsätze „schuldet", diese nur nicht erhoben wird (§ 19 Abs. 1 Satz 1 UStG; dazu *§ 19 Rz. 4 f.*), liegt beim Ausweis der Steuer kein Fall des § 14c Abs. 1 UStG vor, so dass der Sachverhalt unter § 14c Abs. 2 Satz 1 UStG fällt.[2] Der Tatbestand ist auch dann erfüllt, wenn ein Kleinunternehmer in einer sog. **Kleinbetragsrechnung** den **Steuersatz** z.B. in Gestalt der Angabe „inkl. 19 % USt" o.Ä. nennt (vgl. *Rz. 37*).[3] Wird nachträglich auf die Kleinunternehmerbefreiung nach § 19 Abs. 2 UStG verzichtet (*§ 19 Rz. 34 ff.*), so entfällt die Tatbestandsverwirklichung rückwirkend. 75

**2.** Mit der umständlichen Formulierung des § 14c Abs. 2 **Satz 2 Alt. 1** UStG ist der **Nichtunternehmer** gemeint. Nach dem Wortlaut wäre nur der Fall erfasst, dass er über eine (eigene) Leistung abrechnet. Die Rechtsfolge muss jedoch erst recht eintreten, wenn er keine Leistung erbringt. Der Tatbestand ist auch dann verwirklicht, wenn ein Dritter die abgerechnete Leistung ausführt und versteuert[4] oder ein Nichtunternehmer als **Vertreter ohne Vertretungsmacht** eine Rechnung mit Steuerausweis für einen anderen erteilt. 76

Rechnungen einer **Organgesellschaft** über von ihr erbrachte steuerpflichtige Leistungen gegenüber Dritten fallen, obwohl die Organgesellschaft nicht Unternehmer ist und ihre Umsätze dem Organträger zuzurechnen sind, nicht unter § 14c UStG[5], da die Abrechnungsverpflichtung i.S.d. § 14 Abs. 2 UStG und damit die Berechtigung i.S.d. § 14c Abs. 2 UStG bei der Organgesellschaft verblieben ist. Bei der Rechnungserteilung fungiert die Organgesellschaft als Unternehmerin (*§ 14 Rz. 39*). 77

### III. Nichtausführung einer Leistung

Nach dem Wortlaut des § 14c Abs. 2 **Satz 2 Alt. 2** UStG ist der Tatbestand erfüllt, wenn ein Unternehmer in einem Abrechnungsdokument – eine „Rechnung" i.S.d. § 14 Abs. 1 UStG liegt nicht vor, da nicht über eine Leistung abge- 78

---

1 BFH v. 19.11.2009 – V R 41/08, UR 2010, 265 – Rz. 25.
2 Vgl. Reg.-Begr. zu Art. 4 Nr. 17 StÄndG 2003, BR-Drucks. 630/03, 84 – zu § 14c Abs. 2 UStG; Abschn. 14c.2 Abs. 1 Satz 2 UStAE.
3 BFH v. 25.9.2013 – XI R 41/12, BStBl. II 2014, 198.
4 Vgl. BFH v. 21.5.1992 – V R 33/86, BFH/NV 1993, 200 – zu § 14 Abs. 3 UStG a.F.
5 Zust. BFH v. 28.10.2010 – V R 7/10, BStBl. II 2011, 391 – Rz. 19 – zu § 14 Abs. 3 UStG a.F.; *Korn* in Bunjes, UStG, § 14c UStG Rz. 38; a.A. *Wagner* in S/R, § 14c UStG Rz. 183.

rechnet wird – einen Steuerbetrag gesondert ausweist, „obwohl er ... eine ... Leistung nicht ausführt". Gemeint ist jedoch nicht, dass er überhaupt keine Leistungen, sondern dass er die in der Abrechnung **beschriebene Leistung nicht ausführt**.

79 Das gilt insbesondere für

- **Schein-** oder **Gefälligkeitsrechnungen**, auch wenn sie nicht der Vorsteuererschleichung, sondern der Vortäuschung von Kreditfähigkeit gegenüber Banken, Lieferanten usw. dienen sollen[1];
- Abrechnung über eine **fremde Leistung**, die einem anderen zuzurechnen ist (*Beispiele*: Abrechnung des **Organträgers** über Umsätze der Organgesellschaft [*Rz. 77*][2]; Abrechnung des „**Vermittlers**"/Vertreters über die vermittelten Leistungen im eigenen Namen[3]; zur Abrechnung über die Tätigkeit eines **Insolvenzverwalters** durch **Arbeitgeber** oder **Gesellschaft** s. *§ 2 Rz. 176*);
- Abrechnungen über **Schadensersatz** u.Ä., mit dem keine Leistung abgegolten wird (dazu *§ 1 Rz. 48 ff.*);
- Abrechnungen, bei denen die beschriebene Leistung nicht ausgeführt wird und die stattdessen **ausgeführte Leistung sich mit** der **beschriebenen weder der Art noch dem Wesen nach deckt** (*Beispiele*: „Antriebsmotoren" statt „Schrott"[4]; „Süßwaren" statt „Getränke"[5])[6];
- **berichtigende** oder ergänzende **Rechnungen** mit **neuer Rechnungsnummer** und/oder neuem Rechnungsdatum, welches als Leistungsdatum bezeichnet wird, sofern die erste Rechnung nicht ausdrücklich storniert worden war[7];
- Rechnungen, in denen ein **falscher**, nicht nur ungenau beschriebener **Leistungsempfänger** genannt ist; dazu gehört nicht der wirtschaftliche Leistungsempfänger (*§ 15 Rz. 78 ff.*);
- Rechnungen eines **Vertreters ohne Vertretungsmacht**.

80 **Nicht** von § 14c UStG wird erfasst die

- **kaufmännische Gutschrift** über **Minderungen** der **Bemessungsgrundlage** (z.B. Boni) u.ä. Vorgänge i.S. des § 17 UStG[8];
- **Änderung** des **Rechtsträgers** (Umwandlungen u.a. Fälle der **Gesamtrechtsnachfolge**) vor oder nach der Leistungsausführung oder Rechnungsausstellung[9].

---

1 Vgl. zu § 14 Abs. 3 a.F. BFH v. 9.12.1987 – X R 35/82, UR 1988, 187; BFH v. 26.6.1988 – V B 144/88, BFH/NV 1989, 134.
2 *Stadie* in R/D, § 14c UStG Anm. 275; **a.A.** BFH v. 28.10.2010 – V R 7/10, BStBl. II 2011, 391 – Rz. 19; *Wagner* in S/R, § 14c UStG Rz. 183.
3 OFD Frankfurt a.M. v. 28.10.2011 – S 7300 A - 131 - St 128, UR 2012, 495 – Tz. 2 – Reisebüro.
4 Vgl. BFH v. 21.5.1987 – V R 129/78, BStBl. II 1987, 652.
5 Vgl. BFH v. 8.9.1994 – V R 70/91, BStBl. II 1995, 32.
6 Zu weiteren Beispielen Abschn. 14c.2 Abs. 2 Nr. 3 UStAE; *Stadie* in R/D, § 14c UStG Anm. 265 f.
7 FG Saarl. v. 17.1.2013 – 1 K 1362/11, juris.
8 *Stadie* in R/D, § 14c UStG Anm. 273; vgl. auch Abschn. 14.3 Abs. 1 Satz 6 UStAE.
9 Vgl. *D. Hummel*, UR 2011, 531.

Auch die Abrechnung mit Steuerausweis über die **Zuzahlung** eines Dritten i.S.d. § 10 Abs. 1 Satz 3 UStG (*§ 10 Rz. 61 ff.*) gegenüber dem **Dritten** wird entgegen h.M.[1] nicht von § 14c UStG erfasst[2] (zur Einbeziehung der Zuzahlung in die Rechnung gegenüber dem „eigentlichen" Leistungsempfänger s. *Rz. 38*);

Nach dem Wortlaut des § 14c Abs. 2 Satz 2 Alt. 2 UStG wäre der Tatbestand auch dann stets erfüllt, wenn zwar eine Leistung vereinbart war, diese nach Erteilung einer Rechnung aber nicht ausgeführt wird. Der Zweck der Norm gebietet jedoch eine einschränkende Interpretation. Dieser verlangt lediglich, dass eine **im Voraus erteilte Rechnung** nicht den Eindruck erweckt, als werde über eine bereits erbrachte Leistung abgerechnet. Die Rechnung muss folglich zur Vermeidung der Rechtsfolge des § 14c Abs. 2 Satz 2 UStG für den Fall der Nichtausführung der Leistung auf Grund ihrer Aufmachung (z.B. durch die Bezeichnung) oder ihres Inhalts (z.B. durch den Hinweis auf einen erst in der Zukunft liegenden Zeitpunkt der Leistung) eindeutig **als Vorausrechnung erkennbar** sein.[3] 81

## IV. Beseitigung der Rechtsfolge (Sätze 3 bis 5)

Der geschuldete Steuerbetrag kann berichtigt werden, soweit die Gefährdung des Steueraufkommens beseitigt worden ist (§ 14c Abs. 2 Satz 3 UStG). Diese Einschränkung gilt indes nur für den **bösgläubigen** Rechnungsaussteller (*Rz. 84 f.*). Die Berichtigung des geschuldeten Steuerbetrages gegenüber dem Finanzamt, nicht die gegenüber dem Rechnungsempfänger (*Rz. 56, 83 a.E.*), ist dann beim Finanzamt gesondert zu beantragen und erfordert dessen Zustimmung (§ 14c Abs. 2 Sätze 4 und 5 UStG). Wie bei § 14c Abs. 1 UStG folgt aus dem entsprechend anzuwendenden § 17 Abs. 1 UStG (§ 14c Abs. 2 Satz 5 UStG) als weitere Voraussetzung, dass der als **Steuerbetrag** berechnete und vereinnahmte Teil der (vermeintlichen) Gegenleistung **an** den **Rechnungsempfänger zurückgezahlt** worden ist (*Rz. 61 ff.*). 82

Die **Gefährdung des Steueraufkommens** ist nach dem Gesetz **beseitigt**, wenn ein Vorsteuerabzug beim Empfänger der Rechnung nicht durchgeführt oder die geltend gemachte Vorsteuer an die Finanzbehörde zurückgezahlt worden ist (§ 14c Abs. 2 Satz 4 UStG). Nicht erforderlich ist, dass der Rechnungsaussteller das Abrechnungspapier zurückerhält. Selbst die Berichtigung des Steuerbetrages gegenüber dem Rechnungsempfänger wird vom Gesetz nicht verlangt.[4] Alles das ist wenig durchdacht.[5] 83

---

1 BFH v. 16.10.2013 – XI R 39/12, UR 2013, 962 – Rz. 60 f. – Gutschrift; ferner BMF v. 7.6.2012 – IV D 2 - S 7300/07/10001:001, BStBl. I 2012, 621 – III – Zahlung Grundstückseigentümer an Erschließungsträger.
2 *Stadie* in R/D, § 14c UStG Anm. 270.
3 BFH v. 5.2.1998 – V R 65/97, BStBl. II 1998, 415; Abschn. 14c.2 Abs. 2 Nr. 2 Sätze 2 ff. UStAE; *Stadie* in R/D, § 14c UStG Anm. 263 f.
4 Wenn Abschn. 14c.2 Abs. 3 Satz 1 UStAE verlangt, dass der unberechtigte Steuerausweis gegenüber dem Belegempfänger für ungültig erklärt worden ist, so ist das zwar sachgerecht, aber nach dem eindeutigen Wortlaut des Gesetzes nicht erforderlich.
5 Dazu näher *Stadie* in R/D, § 14c UStG Anm. 285, 288, 304.

84 Soweit das Gesetz für die Berichtigung der Steuerschuld auch bei einem **gutgläubigen** Rechnungsaussteller voraussetzt, dass der Vorsteuerabzug beim Rechnungsempfänger rückgängig gemacht worden ist, verstößt das gegen den **Verhältnismäßigkeitsgrundsatz** und das **Willkürgebot**. Der Unternehmer als Rechnungsaussteller fungiert lediglich als Gehilfe des Staates (Steuergläubigers) bei der Erhebung der Umsatzsteuer (*Vorbem. Rz. 20*). Wenn der Staat auch die Umsätze zwischen Unternehmern besteuert und dabei das Mehrwertsteuersystem, d.h. eine Allphasenbesteuerung mit Vorsteuerabzug vorsieht, so hat der Staat die mit diesem System verbundenen Risiken zu tragen. Folglich ist dem eingeschalteten Unternehmer, der meint, einen steuerpflichtigen Umsatz auszuführen und nicht nur Schadensersatz zu erhalten, und deshalb oder aus anderen Gründen in Befolgung einer vermeintlichen Rechtspflicht nach § 14 Abs. 2 Satz 1 i.V.m. Abs. 4 Satz 1 Nr. 8 UStG eine Rechnung mit Ausweis von Umsatzsteuer erteilt, der Schaden des Steuergläubigers nicht zuzurechnen. Das mit dem Mehrwertsteuersystem verbundene Risiko, dass die zwangsverpflichteten Gehilfen die Sachverhalte umsatzsteuerrechtlich falsch würdigen, zu Unrecht Steuer in der Rechnung ausweisen und daraufhin die Rechnungsempfänger zu Unrecht den Vorsteuerabzug vornehmen, hat derjenige zu tragen, der die Gehilfen einsetzt. Die gegenteilige Sichtweise des Gesetzes verstößt gegen den Verhältnismäßigkeitsgrundsatz und das Willkürverbot, die einen belastenden Eingriff nur dann erlauben, wenn dieser dem Betroffenen zuzumuten ist und ein angemessener **Zurechnungsgrund** besteht. Ein solcher liegt nur dann vor, d.h. das Einstehenmüssen des Rechnungsausstellers für den Steuerausfall des Steuergläubigers ist nur dann gerechtfertigt, wenn der Steuerausfall (auch) in den Verantwortungsbereich des Rechnungsausstellers fällt, weil er in vorwerfbarer Weise bei der Schädigung des Steuergläubigers mitgewirkt hat. Das ist der Fall, wenn er beim Ausweis der Steuer **bösgläubig** war, nämlich **missbräuchlich** gehandelt hatte, um dem Rechnungsempfänger die Möglichkeit des Vorsteuerabzugs zu verschaffen.

85 Der Verhältnismäßigkeitsgrundsatz und das Willkürverbot verlangen mithin eine **verfassungskonforme Reduktion des Wortlauts** des § 14c Abs. 2 Sätze 3 und 4 UStG dergestalt, dass eine Rückgängigmachung des Vorsteuerabzugs keine Voraussetzung für die Berichtigung der Steuerschuld ist, wenn der Rechnungsaussteller nicht bösgläubig gehandelt hat[1]; das entspricht der Rechtsprechung des **EuGH**.[2] Der Rechnungsaussteller fällt dann unter das Regime des § 14c Abs. 1 UStG, der die typischerweise nicht missbräuchlichen Konstellationen im Auge hat (*Rz. 31*). Danach setzt die Berichtigung der Steuerschuld die Berichtigung

---

1 Nicht etwa kommt nur eine in das Ermessen der Finanzverwaltung gestellte Billigkeitsentscheidung in Betracht; so aber *Wagner* in S/R, § 14c UStG Rz. 106 a.E. – der allerdings selbst eine solche für nicht angebracht sieht.
2 Danach haben die Mitgliedstaaten zur Gewährleistung der Neutralität der Mehrwertsteuer in ihrem innerstaatlichen Recht vorzusehen, dass jede zu Unrecht in Rechnung gestellte Steuer berichtigt werden kann, wenn der Aussteller der Rechnung seinen guten Glauben nachweist; EuGH v. 13.12.1989 – C-342/87, EuGHE 1989, 4227 = UR 1991, 83 – Rz. 18; bestätigt durch EuGH v. 18.6.2009 – C-566/07, EuGHE 2009, I-5295 = UR 2009, 647 – Rz. 36. Eine Ausfallhaftung kommt nur in Betracht, wenn der Aussteller seinen guten Glauben nicht nachweist; EuGH v. 19.9.2000 – C-454/98, EuGHE 2000, I-6973 = UR 2000, 470 – Rz. 61; vgl. auch EuGH v. 6.11.2003 – C-78/02 bis C-80/02, EuGHE 2003, I-13295 = UR 2003, 595 – Rz. 50.

des Steuerbetrages gegenüber dem Rechnungsempfänger voraus (*Rz. 55*). Der Zustimmung des Finanzamts bedarf es dann entgegen § 14c Abs. 2 Satz 5 UStG nicht.

Mit Vorliegen der Berichtigungsvoraussetzungen entsteht ein Erstattungsanspruch i.S.d. § 37 Abs. 2 AO, wenn der nach § 14c Abs. 2 Satz 1 oder 2 UStG geschuldete Steuerbetrag an das Finanzamt abgeführt worden war; anderenfalls beschränkt sich die Wirkung auf das Erlöschen der Steuerschuld für die Zukunft. Eine **Rückwirkung** auf den Besteuerungszeitraum der Steuerentstehung (Rechnungsausgabe, § 13 Abs. 1 Nr. 4 UStG) tritt grundsätzlich nicht ein.[1] Hat der **gutgläubige** Rechnungsaussteller den **Steuerbetrag nicht erhalten**, so verstieße es allerdings gegen den Verhältnismäßigkeitsgrundsatz (Übermaßverbot), wenn an der Steuerschuld bis zu deren Berichtigung festgehalten würde. Die Steuer ist dann vielmehr abweichend von § 14c Abs. 2 Satz 5 UStG mit **Rückwirkung** nach § 163 Satz 1 AO zu erlassen.[2] Die Finanzverwaltung lässt die Rückwirkung zu Unrecht nur dann zu, wenn der Rechnungsempfänger den Vorsteuerabzug nicht vorgenommen hat.[3]

86

Bei **Bösgläubigkeit** des Rechnungsausstellers bedarf die Berichtigung des geschuldeten Steuerbetrages der **Zustimmung**[4] des Finanzamts; sie ist für den Besteuerungszeitraum vorzunehmen, in dem die Gefährdung des Steueraufkommens beseitigt worden ist (§ 14c Abs. 1 Satz 5 UStG). Hat der Rechnungsempfänger **keinen Vorsteuerabzug** vorgenommen, so gebietet es der Verhältnismäßigkeitsgrundsatz (Übermaßverbot), dass die Steuer **rückwirkend** erlassen wird.[5]

87

Die (etwaige) Verpflichtung zur **Berichtigung** eines vorgenommenen **Vorsteuerabzugs** beim **Rechnungsempfänger** (*§ 15 Rz. 247 ff.*) für das Jahr des Abzugs ist unabhängig davon, ob der Rechnungsaussteller die Voraussetzungen des § 14c Abs. 2 Sätze 2 ff. UStG erfüllt.[6]

88

# § 15
# Vorsteuerabzug

**(1)** Der Unternehmer kann die folgenden Vorsteuerbeträge abziehen:

1. die gesetzlich geschuldete Steuer für Lieferungen und sonstige Leistungen, die von einem anderen Unternehmer für sein Unternehmen ausgeführt worden sind. Die Ausübung des Vorsteuerabzugs setzt voraus, dass der Unternehmer eine nach den §§ 14, 14a ausgestellte Rechnung besitzt. Soweit der gesondert ausgewiesene Steuerbetrag auf eine Zahlung vor Ausführung dieser

---

1 Zust. FG Hamburg v. 6.12.2012 – 3 K 96/12, EFG 2013, 1537.
2 *Stadie* in R/D, § 14c UStG Anm. 306 f.
3 Abschn. 14c.2 Abs. 5 Satz 6 UStAE.
4 Dazu näher *Stadie* in R/D, § 14c UStG Anm. 297 ff.
5 Insoweit zutreffend Abschn. 14c.2 Abs. 4 Satz 6 UStAE.
6 Vgl. BFH v. 6.12.2007 – V R 3/06, BStBl. II 2009, 203 = UR 2008, 588.

Umsätze entfällt, ist er bereits abziehbar, wenn die Rechnung vorliegt und die Zahlung geleistet worden ist;

2. die entstandene[1] Einfuhrumsatzsteuer für Gegenstände, die für sein Unternehmen nach § 1 Abs. 1 Nr. 4 eingeführt worden sind;

3. die Steuer für den innergemeinschaftlichen Erwerb von Gegenständen für sein Unternehmen, wenn der innergemeinschaftliche Erwerb nach § 3d Satz 1 im Inland bewirkt wird[2];

4. die Steuer für Leistungen im Sinne des § 13b Absatz 1 und 2, die für sein Unternehmen ausgeführt worden sind. Soweit die Steuer auf eine Zahlung vor Ausführung dieser Leistungen entfällt, ist sie abziehbar, wenn die Zahlung geleistet worden ist;

5. die nach § 13a Abs. 1 Nr. 6 geschuldete Steuer für Umsätze, die für sein Unternehmen ausgeführt worden sind.

Nicht als für das Unternehmen ausgeführt gilt die Lieferung, die Einfuhr oder der innergemeinschaftliche Erwerb eines Gegenstands, den der Unternehmer zu weniger als 10 Prozent für sein Unternehmen nutzt.

(1a) Nicht abziehbar sind Vorsteuerbeträge, die auf Aufwendungen, für die das Abzugsverbot des § 4 Abs. 5 Satz 1 Nr. 1 bis 4, 7 oder des § 12 Nr. 1 des Einkommensteuergesetzes gilt, entfallen. Dies gilt nicht für Bewirtungsaufwendungen, soweit § 4 Abs. 5 Satz 1 Nr. 2 des Einkommensteuergesetzes einen Abzug angemessener und nachgewiesener Aufwendungen ausschließt.

(1b) Verwendet der Unternehmer ein Grundstück sowohl für Zwecke seines Unternehmens als auch für Zwecke, die außerhalb des Unternehmens liegen, oder für den privaten Bedarf seines Personals, ist die Steuer für die Lieferungen, die Einfuhr und den innergemeinschaftlichen Erwerb sowie für die sonstigen Leistungen im Zusammenhang mit diesem Grundstück vom Vorsteuerabzug ausgeschlossen, soweit sie nicht auf die Verwendung des Grundstücks für Zwecke des Unternehmens entfällt. Bei Berechtigungen, für die die Vorschriften des bürgerlichen Rechts über Grundstücke gelten, und bei Gebäuden auf fremdem Grund und Boden ist Satz 1 entsprechend anzuwenden.

(2) Vom Vorsteuerabzug ausgeschlossen ist die Steuer für die Lieferungen, die Einfuhr und den innergemeinschaftlichen Erwerb von Gegenständen sowie für die sonstigen Leistungen, die der Unternehmer zur Ausführung folgender Umsätze verwendet:

1. steuerfreie Umsätze;

2. Umsätze im Ausland, die steuerfrei wären, wenn sie im Inland ausgeführt würden.

3. *(aufgehoben)*

---

1 Das Wort „entrichtete" ist mit Wirkung vom 30.6.2013 durch „entstandende" ersetzt worden; Art. 10 Nr. 9 Buchst. a i.V.m. Art. 31 Abs. 1 Gesetz v. 26.6.2013, BGBl. I 2013, 1809.
2 Der zweite Satzteil ist mit Wirkung vom 30.6.2013 angefügt worden; Art. 10 Nr. 9 Buchst. a Gesetz v. 26.6.2013, BGBl. I 2013, 1809.

Gegenstände oder sonstige Leistungen, die der Unternehmer zur Ausführung einer Einfuhr oder eines innergemeinschaftlichen Erwerbs verwendet, sind den Umsätzen zuzurechnen, für die der eingeführte oder innergemeinschaftlich erworbene Gegenstand verwendet wird.

(3) Der Ausschluss vom Vorsteuerabzug nach Absatz 2 tritt nicht ein, wenn die Umsätze

1. in den Fällen des Absatzes 2 Satz 1 Nr. 1

   a) nach § 4 Nr. 1 bis 7, § 25 Abs. 2 oder nach den in § 26 Abs. 5 bezeichneten Vorschriften steuerfrei sind oder

   b) nach § 4 Nummer 8 Buchstabe a bis g, Nummer 10 oder Nummer 11[1] steuerfrei sind und sich unmittelbar auf Gegenstände beziehen, die in das Drittlandsgebiet ausgeführt werden;

2. in den Fällen des Absatzes 2 Satz 1 Nr. 2

   a) nach § 4 Nr. 1 bis 7, § 25 Abs. 2 oder nach den in § 26 Abs. 5 bezeichneten Vorschriften steuerfrei wären oder

   b) nach § 4 Nummer 8 Buchstabe a bis g, Nummer 10 oder Nummer 11 Buchstabe a steuerfrei wären und der Leistungsempfänger im Drittlandsgebiet ansässig ist oder diese Umsätze sich unmittelbar auf Gegenstände beziehen, die in das Drittlandsgebiet ausgeführt werden.[2]

(4) Verwendet der Unternehmer einen für sein Unternehmen gelieferten, eingeführten oder innergemeinschaftlich erworbenen Gegenstand oder eine von ihm in Anspruch genommene sonstige Leistung nur zum Teil zur Ausführung von Umsätzen, die den Vorsteuerabzug ausschließen, so ist der Teil der jeweiligen Vorsteuerbeträge nicht abziehbar, der den zum Ausschluss vom Vorsteuerabzug führenden Umsätzen wirtschaftlich zuzurechnen ist. Der Unternehmer kann die nicht abziehbaren Teilbeträge im Wege einer sachgerechten Schätzung ermitteln. Eine Ermittlung des nicht abziehbaren Teils der Vorsteuerbeträge nach dem Verhältnis der Umsätze, die den Vorsteuerabzug ausschließen, zu den Umsätzen, die zum Vorsteuerabzug berechtigen, ist nur zulässig, wenn keine andere wirtschaftliche Zurechnung möglich ist. In den Fällen des Absatzes 1b gelten die Sätze 1 bis 3 entsprechend.

(4a) Für Fahrzeuglieferer (§ 2a) gelten folgende Einschränkungen des Vorsteuerabzugs:

1. Abziehbar ist nur die auf die Lieferung, die Einfuhr oder den innergemeinschaftlichen Erwerb des neuen Fahrzeugs entfallende Steuer.

2. Die Steuer kann nur bis zu dem Betrag abgezogen werden, der für die Lieferung des neuen Fahrzeugs geschuldet würde, wenn die Lieferung nicht steuerfrei wäre.

---

1 Die Worte „oder Nr. 10 Buchstabe a" sind mit Wirkung vom 30.6.2013 durch „Nummer 10 oder Nummer 11" ersetzt worden; Art. 10 Nr. 9 Buchst. b Gesetz v. 26.6.2013, BGBl. I 2013, 1809.
2 Ersetzung der Worte „oder Nr. 10 Buchstabe a" durch „Nummer 10 oder Nummer 11" und Anfügung des zweiten Satzteils mit Wirkung vom 30.6.2013 durch Art. 10 Nr. 9 Buchst. b Gesetz v. 26.6.2013, BGBl. I 2013, 1809.

3. Die Steuer kann erst in dem Zeitpunkt abgezogen werden, in dem der Fahrzeuglieferer die innergemeinschaftliche Lieferung des neuen Fahrzeugs ausführt.

(4b) Für Unternehmer, die nicht im Gemeinschaftsgebiet ansässig sind und die nur Steuer nach § 13b Absatz 5 schulden, gelten die Einschränkungen des § 18 Abs. 9 Sätze 4 und 5 entsprechend.

(5) Das Bundesministerium der Finanzen kann mit Zustimmung des Bundesrates durch Rechtsverordnung nähere Bestimmungen darüber treffen,

1. in welchen Fällen und unter welchen Voraussetzungen zur Vereinfachung des Besteuerungsverfahrens für den Vorsteuerabzug auf eine Rechnung im Sinne des § 14 oder auf einzelne Angaben in der Rechnung verzichtet werden kann,

2. unter welchen Voraussetzungen, für welchen Besteuerungszeitraum und in welchem Umfang zur Vereinfachung oder zur Vermeidung von Härten in den Fällen, in denen ein anderer als der Leistungsempfänger ein Entgelt gewährt (§ 10 Abs. 1 Satz 3), der andere den Vorsteuerabzug in Anspruch nehmen kann, und

3. wann in Fällen von geringer steuerlicher Bedeutung zur Vereinfachung oder zur Vermeidung von Härten bei der Aufteilung der Vorsteuerbeträge (Absatz 4) Umsätze, die den Vorsteuerabzug ausschließen, unberücksichtigt bleiben können oder von der Zurechnung von Vorsteuerbeträgen zu diesen Umsätzen abgesehen werden kann.

§ 35 UStDV
Vorsteuerabzug bei Rechnungen über Kleinbeträge und bei Fahrausweisen

(1) Bei Rechnungen im Sinne des § 33 kann der Unternehmer den Vorsteuerabzug in Anspruch nehmen, wenn er den Rechnungsbetrag in Entgelt und Steuerbetrag aufteilt.

(2) Absatz 1 ist für Rechnungen im Sinne des § 34 entsprechend anzuwenden. Bei der Aufteilung in Entgelt und Steuerbetrag ist der Steuersatz nach § 12 Abs. 1 des Gesetzes anzuwenden, wenn in der Rechnung

1. dieser Steuersatz oder

2. eine Tarifentfernung von mehr als 50 Kilometern

angegeben ist. Bei den übrigen Rechnungen ist der Steuersatz nach § 12 Abs. 2 des Gesetzes anzuwenden. Bei Fahrausweisen im Luftverkehr kann der Vorsteuerabzug nur in Anspruch genommen werden, wenn der Steuersatz nach § 12 Abs. 1 des Gesetzes im Fahrausweis angegeben ist.

§§ 36 bis 39a UStDV

(weggefallen)

§ 40 UStDV
Vorsteuerabzug bei unfreien Versendungen

(1) Lässt ein Absender einen Gegenstand durch einen Frachtführer oder Verfrachter unfrei zu einem Dritten befördern oder eine solche Beförderung durch einen Spediteur unfrei besorgen, so ist für den Vorsteuerabzug der Empfänger der Frachtsendung als Auftraggeber dieser Leistungen anzusehen. Der Absender darf die Steuer für diese Leistungen nicht als Vorsteuer abziehen. Der Empfänger der Frachtsendung kann diese Steuer unter folgenden Voraussetzungen abziehen:

Vorsteuerabzug §15

1. Er muss im Übrigen hinsichtlich der Beförderung oder ihrer Besorgung zum Abzug der Steuer berechtigt sein (§ 15 Abs. 1 Satz 1 Nr. 1 des Gesetzes).
2. Er muss die Entrichtung des Entgelts zuzüglich der Steuer für die Beförderung oder für ihre Besorgung übernommen haben.
3. Die in Nummer 2 bezeichnete Voraussetzung muss aus der Rechnung über die Beförderung oder ihre Besorgung zu ersehen sein. Die Rechnung ist vom Empfänger der Frachtsendung aufzubewahren.

(2) Die Vorschriften des § 22 des Gesetzes sowie des § 35 Abs. 1 und § 63 dieser Verordnung gelten für den Empfänger der Frachtsendung entsprechend.

§§ 41 bis 42 UStDV

(weggefallen)

§ 43 UStDV
Erleichterungen bei der Aufteilung der Vorsteuern

Die den folgenden steuerfreien Umsätzen zuzurechnenden Vorsteuerbeträge sind nur dann vom Vorsteuerabzug ausgeschlossen, wenn sie diesen Umsätzen ausschließlich zuzurechnen sind:

1. Umsätze von Geldforderungen, denen zum Vorsteuerabzug berechtigende Umsätze des Unternehmers zugrunde liegen;
2. Umsätze von Wechseln, die der Unternehmer von einem Leistungsempfänger erhalten hat, weil er den Leistenden als Bürge oder Garantiegeber befriedigt. Das gilt nicht, wenn die Vorsteuern, die dem Umsatz dieses Leistenden zuzurechnen sind, vom Vorsteuerabzug ausgeschlossen sind;
3. sonstige Leistungen, die im Austausch von gesetzlichen Zahlungsmitteln bestehen, Lieferungen von im Inland gültigen amtlichen Wertzeichen sowie Einlagen bei Kreditinstituten, wenn diese Umsätze als Hilfsumsätze anzusehen sind.

*EU-Recht*

Art. 167–169, 173, 176, 178–182 MwStSystRL;

Art. 52 MwSt-DVO.

*VV*

Abschn. 2.10 Abs. 2–9, Abschn. 2.11 Abs. 11, Abschn. 3.11 Abs. 8, Abschn. 13b.15, Abschn. 15.1–15.22 UStAE.

| | |
|---|---|
| **A. Allgemeines** | III. Vorsteuerabzugsberechtigte Unternehmer |
| I. Überblick, Normzweck . . . . . . . . 1 | 1. Allgemeines . . . . . . . . . . . . . . . . . 29 |
| II. Unionsrechtlicher Rahmen | 2. Erweiterter Unternehmerbegriff 32 |
| 1. Allgemeines . . . . . . . . . . . . . . . . . 10 | a) Vorbereitungsphase, Unternehmensgründung . . . . . . . . 33 |
| 2. Entstehung und Umfang des Rechts auf Vorsteuerabzug . . . . . 13 | b) Gescheiterte Unternehmensgründung . . . . . . . . . . . . . . . . . 42 |
| 3. Vorsteueraufteilung . . . . . . . . . . 22 | 3. Gesellschafter als mittelbarer Unternehmer? |
| 4. Einschränkungen des Rechts auf Vorsteuerabzug . . . . . . . . . . . 23 | a) Gesellschafter einer Personengesellschaft . . . . . . . . . . . 44 |
| 5. Einzelheiten der Ausübung . . . . 24 | |

961

b) Gesellschafter einer Kapitalgesellschaft, sog. Holding.... 51
B. **Abziehbarkeit der in Rechnung gestellten Steuer (Abs. 1 Satz 1 Nr. 1)** ....................... 56
   I. Leistung eines anderen Unternehmers
      1. Anderer Unternehmer, Vertrauensschutz ................... 57
      2. Leistung, Vertrauensschutz .... 61
   II. Leistungsempfänger (Abzugsberechtigter)
      1. Grundsatz, Allgemeines ....... 62
      2. Zuzahlung eines Dritten ....... 67
      3. Personenmehrheit ............ 68
      4. Gebäude auf fremdem Grund und Boden, Mietereinbauten u.Ä. ........................ 72
      5. Organschaft .................. 74
      6. Wirtschaftlicher Leistungsempfänger
         a) Grundsätzliches ............ 76
         b) Aufwendungsersatz gegenüber Arbeitnehmern oder Gesellschaftern............ 81
         c) Ehegatte – Ehegattengemeinschaft .................... 84
         d) Gesellschafter – Gesellschaft ..................... 87
         e) Unfreie Versendung......... 88
         f) Reparatur oder Wiederbeschaffung eines Gegenstandes durch den Geschädigten . 90
         g) Ersatz von Rechtsanwalts- u.ä. Kosten................ 91
         h) Weitere Fälle ............... 93
   III. Leistung für das Unternehmen
      1. Allgemeines.................. 100
      2. Sachlicher (wirtschaftlicher) Zusammenhang
         a) Allgemeines .............. 106
         b) Einzelfälle
            aa) Erwerb von Beteiligungen..................... 116
            bb) Kapitalbeschaffung ...... 119
            cc) Verbesserung des Betriebsklimas ............ 120
            dd) Zerstörung oder Verlust vor erstmaliger Verwendung ................... 121
      3. Leistungsbezüge, bei denen sowohl ein Zusammenhang mit dem Unternehmen als auch mit der nichtunternehmerischen Sphäre besteht
         a) Allgemeines ............... 122
         b) Nicht quantifizierbare Zusammenhänge
            aa) Grundsätze ........... 125
            bb) Arbeitszimmer.......... 128
            cc) Bekleidung u.Ä........ 129
            dd) Fahrzeugkosten ....... 130
            ee) Geburtstag u.Ä........ 138
            ff) Öffentliche Anlagen einer jPdöR ........... 139
            gg) Photovoltaikanlage u.Ä........................ 140
            hh) Privatflugerlaubnis .... 141
            ii) Reisekosten .......... 142
            jj) Steuerberatung u.Ä. .... 145
            kk) Verteidigung in Straf- oder Bußgeldverfahren . 146
            ll) Umzugskosten........ 148
            mm) Verwertung von Privatvermögen zur Begleichung betrieblicher Schulden .............. 149
            nn) Zeitschriften, Zeitungen ................... 150
         c) Teilbare Leistungsbezüge
            aa) Allgemeines........... 151
            bb) Zwingende Aufteilung bei Verwendung für nichtwirtschaftliche Tätigkeiten ........... 154
            cc) Aufteilungsmaßstab .... 160
            dd) Zuordnungswahlrecht bei teilweise nichtunternehmerischer Verwendung.................. 165
      4. Nach Beendigung der unternehmerischen Tätigkeit....... 176
   IV. Besitz einer ordnungsgemäßen Rechnung (Nr. 1 Satz 2)
      1. Allgemeines ................. 178
      2. Identität von Rechnungsaussteller und leistendem Unternehmer..................... 186
      3. Mehrzahl von Leistungsempfängern ..................... 193
      4. Rechnungsinhalt bei Zuzahlung Dritter................. 195
      5. Wirtschaftlicher Leistungsempfänger ................... 196

Vorsteuerabzug **§ 15**

6. Organgesellschaft als Leistungsempfänger .................. 198
7. Kleinbetragsrechnung, Fahrausweis u.Ä. (§ 35 i.V.m. §§ 33, 34 UStDV) ............. 199
8. Maßgeblicher Zeitpunkt
   a) „Ausübung" des Vorsteuerabzugs .................... 203
   b) Rückwirkung einer berichtigten Rechnung? .......... 207
   c) Verlust der Rechnung ....... 212
9. Widerruf der ausgewiesenen Steuer nach Empfang der Zahlung
   a) Berichtigung des Steuerbetrages durch den Rechnungsaussteller ............. 213
   b) Widerspruch des Gutschriftempfängers ................ 216
   c) Rücknahme des Verzichts auf die Steuerbefreiung ...... 220
10. Vertrauensschutz bei fehlerhaften Rechnungen
    a) Grundsätzliches ........... 221
    b) Einzelheiten ............... 225
11. Billigkeitsmaßnahme, Schätzung der Vorsteuern ......... 231

V. Gesetzlich geschuldete Steuer
1. Grundsatz .................... 237
2. Entscheidungsbefugte Finanzbehörde ..................... 245
3. Vertrauensschutz bei unrichtigem oder unberechtigtem Steuerausweis ................ 247
4. Vorsteuerabzug bei verbilligten und bei unentgeltlich empfangenen Leistungen ............. 256

VI. Belastung mit der Steuer ....... 259

VII. Zeitpunkt des Vorsteuerabzugs
1. Grundregel ................... 269
2. Vorauszahlungen (Satz 3) ...... 275

**C. Abziehbarkeit der Einfuhrumsatzsteuer (Abs. 1 Satz 1 Nr. 2)**
I. Allgemeines ................... 287
II. Personelle Abzugsberechtigung ..................... 291
1. Einfuhr im Rahmen einer Lieferung
   a) Allgemeines ............... 292

b) Tragung der Transportgefahr 295
c) Abtretung des Herausgabeanspruchs ................ 300
d) Orderlagerschein u.ä. Traditionspapiere .............. 301
e) Annahme-, Abnahmeverweigerung ................ 302
2. Übrige Fälle ................. 304

III. Einfuhr für das Unternehmen
1. Allgemeines ................. 308
2. Nicht: Spediteure, Lagerhalter u.ä. Personen................. 310

IV. Zeitpunkt der Abziehbarkeit... 312

**D. Abziehbarkeit der Steuer für den innergemeinschaftlichen Erwerb (Abs. 1 Satz 1 Nr. 3)** .... 315

**E. Abziehbarkeit der vom Leistungsempfänger geschuldeten Steuer (Abs. 1 Satz 1 Nr. 4)** ..... 318

**F. Abziehbarkeit der für eine Auslagerung geschuldeten Steuer (Abs. 1 Satz 1 Nr. 5)** .......... 323

**G. Mindestumfang unternehmerischer Nutzung bei Gegenständen (Abs. 1 Satz 2)**
I. Allgemeines ................. 330
II. Betroffene Gegenstände ....... 334
III. Mindestnutzung............... 337
IV. Rechtsfolgen bei Über- bzw. Unterschreiten .............. 341

**H. Vorsteuerabzugsverbote**
I. Allgemeines, Begriffliches ..... 347
II. Bei bestimmten einkommensteuerrechtlichen Abzugsverboten (Abs. 1a)
1. Allgemeines ................. 351
2. Aufwendungen für Geschenke
   a) Allgemeines ............... 357
   b) Unentgeltliche Zuwendung, Dienstleistungen........... 362
   c) Freigrenze ................ 365
3. Aufwendungen für Bewirtungen...................... 369
4. Aufwendungen für Gästehäuser .................... 371

963

5. Aufwendungen für Jagd, Fischerei, Segel- oder Motorjachten u.ä. Zwecke .................. 374
6. Die Lebensführung berührende unangemessene Aufwendungen ......................... 379
7. Aufwendungen i.S.d. § 12 Nr. 1 EStG .................. 384

III. Private Grundstücksverwendung (Abs. 1b)
1. Allgemeines, Zweck........... 387
2. Begriff des Grundstücks ....... 393
3. Teilweise Verwendung für Zwecke außerhalb des Unternehmens
   a) Zwecke außerhalb des Unternehmens .................. 398
   b) Teilweise Verwendung ..... 402
4. „Ausgaben" im Zusammenhang mit dem Grundstück ..... 408

IV. Weitere Abzugsverbote ........ 411

**I. Ausschluss des Vorsteuerabzugs bei Verwendung für bestimmte steuerfreie Umsätze (Abs. 2 bis 4)**

I. Allgemeines .................. 414

II. Grundsätzlich vorsteuerabzugsschädliche Umsätze (Abs. 2)
1. Steuerfreie Umsätze (Satz 1 Nr. 1) ...................... 417
2. Entsprechende Umsätze im Ausland (Satz 1 Nr. 2).......... 420

III. Ausnahmen (Abs. 3)
1. Ausfuhrbezogene und ähnliche Umsätze (Nr. 1 Buchst. a, Nr. 2 Buchst. a) .................... 422
2. Finanzierungs- und Versicherungsumsätze, die außerhalb des Gemeinschaftsgebiets verbraucht werden (Nr. 1 Buchst. b, Nr. 2 Buchst. b) .............. 425

IV. Verwendung
1. Wirtschaftliche Zurechnung
   a) Allgemeines ............... 433

   b) Unternehmensgründung, Aufnahme von Gesellschaftern, Umwandlungen....... 440
   c) Förderung steuerpflichtiger Umsätze durch steuerfreie Umsätze .................. 443
   d) Verwendung für unentgeltliche Leistungen ........... 444
   e) Veräußerung von Beteiligungen ..................... 446
   f) Nachträgliche „Verwendung".................... 449
2. Zeitpunkt- oder Zeitraumbetrachtung? .................. 455
3. Verwendungsabsicht
   a) Allgemeines .............. 458
   b) Beabsichtigter, aber nicht verwirklichter Verzicht auf eine Steuerbefreiung........ 463
   c) Nichtverwendung.......... 467

V. Aufteilung der Vorsteuern in Mischfällen (Abs. 4)
1. Allgemeines, Mischfälle ...... 472
2. Wirtschaftliche Zurechnung... 478
3. Erleichterungen bei der Aufteilung von Vorsteuern auf Gemeinkosten
   a) Allgemein................. 492
   b) „Umsätze" von Forderungen und Wechseln .......... 493
   c) Umtausch gesetzlicher Zahlungsmittel und Lieferung amtlicher Wertzeichen ..... 495
   d) Kreditgewährungen als Hilfsumsätze .............. 496

**J. Vorsteuervergütung an sog. Fahrzeuglieferer (Abs. 4a)......** 497

**K. Beschränkungen des Vorsteuerabzugs bei nicht im Gemeinschaftsgebiet ansässigen Unternehmern (Abs. 4b)** ........ 506

**L. Verordnungsermächtigungen (Abs. 5)** .................... 508

## A. Allgemeines
### I. Überblick, Normzweck

Die von anderen Unternehmern **in Rechnung gestellte Umsatzsteuer** für Lieferungen oder sonstige Leistungen kann der Unternehmer (zum erweiterten Unternehmerbegriff der Vorschrift *Rz. 32 ff.*) grundsätzlich als Vorsteuer „abziehen" (dazu *Rz. 5 f.*), sofern bzw. soweit die Leistungen für sein Unternehmen ausgeführt werden (§ 15 Abs. 1 Satz 1 Nr. 1 UStG). Auch die vom Unternehmer **als Leistungsempfänger** (§ 13b UStG) **geschuldete Steuer** für Leistungen, die für sein Unternehmen ausgeführt werden, ist grundsätzlich abziehbar (§ 15 Abs. 1 Satz 1 Nr. 4 UStG). Entsprechendes gilt für die entrichtete **Einfuhrumsatzsteuer** (§ 15 Abs. 1 Satz 1 Nr. 2 UStG), für die beim **innergemeinschaftlichen Erwerb** geschuldete Steuer (§ 15 Abs. 1 Satz 1 Nr. 3 UStG) sowie für die bei einer sog. *Auslagerung* geschuldete Steuer (§ 15 Abs. 1 Satz 1 Nr. 5 UStG).

Der **Zweck** des Vorsteuerabzugs liegt darin, die **Wettbewerbsneutralität** sicherzustellen, indem der „normale" Unternehmer, sofern keine Abzugsverbote bestehen, **von** der **Umsatzsteuer**, die auf den Bezügen für das Unternehmen ruht, sofort (*Rz. 458*) **entlastet** wird.[1] Damit wird erreicht, dass die Umsatzsteuer **nicht** zum **Kostenfaktor für** den Unternehmer wird (**Neutralitätsgrundsatz** des Mehrwertsteuersystems; *Vorbem. Rz. 10, 16, 46, 78*). Bei **Exporten** bewirkt der Vorsteuerabzug eine exakte Entlastung des Preises der Waren von inländischen Umsatzsteuerbeträgen und gewährleistet zusammen mit der Steuerbefreiung der Lieferung bzw. Werkleistung selbst (insbesondere nach § 4 Nr. 1 UStG) und damit zusammenhängender Dienstleistungen (insbesondere nach § 4 Nr. 3 UStG), dass die Waren im Importland (**Bestimmungsland**) gegenüber den dort konkurrierenden Produkten keinen (umsatzsteuerrechtlichen) Wettbewerbsnachteil haben (*Rz. 424*).

Aus dem Entlastungszweck folgt, dass der Vorsteuerabzug nur insoweit in Betracht kommt, als der Leistungsempfänger **mit** der **Steuer belastet** ist oder jedenfalls sein wird. Hierbei handelt es sich um eine ungeschriebene Voraussetzung, da der Vorsteuerabzug **nicht** die **Subventionierung** des Leistungsempfängers bewirken soll (dazu näher *Rz. 259 ff.*).

Nicht abziehbar sind Vorsteuerbeträge, die auf Aufwendungen entfallen, welche bestimmten **einkommensteuerrechtlichen Abzugsverboten** unterliegen (§ 15 Abs. 1a UStG) oder **privat genutzte Grundstücksteile** betreffen (§ 15 Abs. 1b UStG). Werden die bezogenen Gegenstände oder Dienstleistungen zur Ausführung von **steuerfreien Umsätzen** i.S.d. § 4 Nr. 8 ff. UStG verwendet, so ist (sofern nicht schon eines der zuvor genannten Abzugsverbote eingreift) der **Vorsteuerabzug** regelmäßig ebenfalls **ausgeschlossen** (§ 15 Abs. 2 i.V.m. Abs. 3 UStG). Werden diese Bezüge **nur zum Teil** zur Ausführung von Umsätzen verwendet, welche den Vorsteuerabzug nicht zulassen, so ist die Vorsteuer nur teilweise abziehbar (§ 15 Abs. 4 UStG). Werden die Bezüge zur Ausführung von

---

1 Vgl. EuGH st. Rspr.; z.B. EuGH v. 1.4.2004 – C-90/02, EuGHE 2004, I-3303 = UR 2004, 367 – Rz. 39 m.w.N.; EuGH v. 3.3.2005 – C-32/03, EuGHE 2005, I-1599 = UR 2005, 433 – Rz. 25; EuGH v. 26.5.2005 – C-465/03, EuGHE 2005, I-4357 = UR 2005, 382 – Rz. 34 f.; EuGH v. 29.11.2012 – C-257/11, UR 2013, 224 – Rz. 20 ff. m.w.N.

steuerfreien Umsätzen i.S.d. § 4 Nr. 1 bis 7 UStG (u.Ä.) verwendet, so ist der Vorsteuerabzug nicht ausgeschlossen (§ 15 Abs. 3 UStG).

5 Das Gesetz spricht von „**Abzug**" der Vorsteuerbeträge und scheint damit vorauszusetzen, dass der Unternehmer für den betreffenden Voranmeldungszeitraum auch Umsatzsteuer schuldet, von der die Beträge abgezogen werden können. Ein derartiges Junktim besteht indes nicht, so dass auch übersteigende Beträge **vergütet** bzw. **erstattet** werden (*§ 16 Rz. 22*). Mit dem Begriff „Abzug" ist lediglich der technische, rein mathematische Vorgang des **Verrechnens** von Steuerbeträgen und Vorsteuerbeträgen gemeint. Die abziehbaren Vorsteuerbeträge sind deshalb entgegen dem **BFH** nicht etwa „**negative**" Steuerbeträge bzw. **unselbständige Besteuerungsgrundlagen**[1] der Steuerberechnung. Die sich aus § 15 Abs. 1 Satz 1 Nr. 1 bis 5 UStG ergebenden einzelnen Vorsteuerbeträge führen vielmehr in Abhängigkeit davon, wer die Steuer zuvor geschuldet hatte, zu **Steuervergütungs-** oder zu **Steuererstattungsansprüchen** (*§ 16 Rz. 27 ff.*).

6 § 15 UStG regelt ausschließlich die **materiell-rechtliche Seite** des Rechts auf Vorsteuerabzug für den einzelnen Leistungsbezug u.Ä. Wie dieser Vorsteuerabzug durch **Verrechnung** mit für den Voranmeldungszeitraum geschuldeter Steuer vorgenommen wird und wann der Anspruch abgabenrechtlich **entsteht**, richtet sich nach § 18 Abs. 1 Satz 3 i.V.m. § 16 Abs. 2 UStG (*§ 16 Rz. 23, 39 ff.*; dort auch zur **Abtretung** und Pfändung, *§ 16 Rz. 42 ff.*). Diese Verrechnung als rein materiell-rechtlicher Vorgang ändert nichts daran, dass **Ansprüche** aus dem Steuerschuldverhältnis abgabenrechtlich zu ihrer Verwirklichung der vorherigen Festsetzung bedürfen (§ 218 Abs. 1 AO). Folglich sind entgegen der h.M. die entsprechenden Ansprüche **stets festzusetzen** bzw. anzumelden (*§ 18 Rz. 13 ff., 17, 42*). Trotz der unterschiedlichen materiell-rechtlichen Qualifizierung werden die Ansprüche **verfahrensrechtlich** einheitlich den Regeln für **Steuervergütungsansprüche** unterworfen (*§ 18 Rz. 14*). **Nicht im Inland ansässigen Unternehmern**, die hier keine Umsätze tätigen, wird die Vorsteuer in einem **gesonderten Verfahren** vergütet (*§ 18 Rz. 125 ff.*).

7 § 15 UStG (i.V.m. §§ 35, 40 und 43 UStDV) wird **ergänzt** durch § 14 UStG (i.V.m. den §§ 31–34 UStDV), welcher im Wesentlichen die Voraussetzungen für eine ordnungsgemäße **Rechnung** i.S.d. § 15 Abs. 1 Satz 1 Nr. 1 Satz 2 UStG beschreibt. In bestimmten Fällen ist auch § 14a UStG zu beachten (*Rz. 184 f.*). Ausschließlich zu § 15 UStG gehörend ist § 9 UStG (*§ 9 Rz. 1*). Neben den **Abzugsverboten** des § 15 Abs. 1a, Abs. 1b und Abs. 2 UStG finden sich weitere in Einzelbestimmungen (*Rz. 184, 411 f.*) Ferner können noch Abzugsverbote des Ansässigkeitsstaates zu beachten sein (*Rz. 413*). Nach § 23 UStG i.V.m. §§ 69 und 70 UStDV und nach § 23a UStG kommt bei den dort genannten Tätigkeiten bzw. Vereinigungen eine **Pauschalierung** der **Vorsteuern** in Betracht.

---

1 So z.B. BFH v. 17.12.1998 – VII R 47/98, BStBl. II 1999, 423 (425); BFH v. 5.10.2004 – VII R 69/03, BStBl. II 2005, 195 (197); BFH v. 16.11.2004 – VII R 75/03, BStBl. II 2006, 193 (195); BFH v. 16.1.2007 – VII R 7/06, BStBl. II 2007, 745; BFH v. 17.4.2008 – V R 41/06, BStBl. II 2009, 2 – 1b dd; BFH v. 13.5.2009 – XI R 63/07, BStBl. II 2010, 11; BFH v. 24.11.2011 – V R 13/11, BStBl. II 2012, 298 – Rz. 26; BFH v. 14.3.2012 – XI R 6/10, UR 2012, 776.

§ 15 UStG wird ferner ergänzt durch Bestimmungen zur **Berichtigung des Vorsteuerabzugs**. Insbesondere beim Erwerb von **Investitionsgütern** hat nach § 15a UStG eine **Pro-rata-temporis-Berichtigung** des Vorsteuerabzugs zu erfolgen, wenn die für den erstmaligen Vorsteuerabzug als dauerhaft unterstellte Art der Verwendung tatsächlich nicht gleich geblieben ist. Mit dieser ausdrücklich als solche bezeichneten Berichtigung des Vorsteuerabzugs stehen die gleichfalls zu einer Berichtigung eines vorgenommenen Vorsteuerabzugs führenden Rechtsfolgen der **Gegenstands-** und **Nutzungsentnahmebesteuerung** nach § 1 Abs. 1 Nr. 1 i.V.m. § 3 Abs. 1b und Abs. 9a i.V.m. § 10 Abs. 4 UStG in engem Zusammenhang (*§ 3 Rz. 56 f., 161; § 10 Rz. 99 f., 107 ff.; § 15a Rz. 7*). 8

Davon zu unterscheiden ist die Berichtigung des Vorsteuerabzugs nach § 17 UStG wegen **Änderung der Bemessungsgrundlage, Nichtzahlung** der Gegenleistung, **Rückgängigmachung** des Umsatzes u.Ä. Nach § 17 Abs. 2 Nr. 5 UStG ist der Vorsteuerabzug zu berichtigen, wenn Aufwendungen i.S.d. § 15 Abs. 1a UStG getätigt werden. 9

## II. Unionsrechtlicher Rahmen
### 1. Allgemeines

Laut den **Kapitelüberschriften** sind in Art. 167–172 MwStSystRL „**Entstehung und Umfang** des Rechts auf Vorsteuerabzug", in Art. 173–175 MwStSystRL der „**Pro-rata-Satz** des Vorsteuerabzugs", in Art. 176 und 177 MwStSystRL „**Einschränkungen** des Rechts auf Vorsteuerabzug" und in Art. 178–183 MwStSystRL „**Einzelheiten der Ausübung** des Rechts auf Vorsteuerabzug" geregelt. Die Art. 184–192 MwStSystRL betreffen die „**Berichtigung des Vorsteuerabzugs**", welche im Wesentlichen durch § 17 UStG und in § 15a UStG umgesetzt worden sind. 10

Nach **Art. 167 MwStSystRL** soll das Recht auf Vorsteuerabzug entstehen, wenn der Anspruch auf die abziehbare Steuer entsteht. Die „Entstehung" des Steueranspruchs bei Lieferungen und Dienstleistungen ist in Art. 63–66 MwStSystRL geregelt. Diese **Koppelung** der **Entstehung** des Rechts auf **Vorsteuerabzug** an den korrspondierenden **Steueranspruch** ist ein **elementarer Fehler** der Richtlinie, denn sie geht davon aus, dass, wenn in der Person des leistenden Unternehmers Steuer entsteht, der Leistungsempfänger diese in derselben Höhe als Vorsteuer abziehen könne. Demgemäß verpflichtet sie den leistenden Unternehmer stets, eine Rechnung mit der Angabe der von ihm zu entrichtenden Steuer zu erteilen (Art. 220 i.V.m. Art. 226 Nr. 10 MwStSystRL). Diese Sichtweise **verkennt** den **Zweck des Vorsteuerabzugs und** damit **des gesonderten Ausweises der Steuer** in der Rechnung. Der Vorsteuerabzug soll den Empfänger der Rechnung von der Umsatzsteuer, die als Teil des Preises auf der erbrachten Leistung ruht, entlasten. Hat der leistende Unternehmer keine von ihm geschuldete Umsatzsteuer in den Preis einkalkuliert, weil er davon ausging, dass der Vorgang nicht der Umsatzsteuer unterliege, so wird der Empfänger nicht mit einer solchen belastet und es besteht kein Anlass, ihm einen Anspruch auf Abzug von Vorsteuer zu gewähren. Die Auszahlung des vom leistenden Unternehmer geschuldeten Steuerbetrages an den Leistungsempfänger würde zu keiner *Entlastung* von einer *Belastung*, sondern nur zu einer durch nichts gerechtfertigten **Subvention** führen. 11

12  Art. 167 MwStSystRL geht offensichtlich von der **fehlerhaften Annahme** aus, dass der Leistungsempfänger schon dann mit der Umsatzsteuer belastet sei, wenn die Steuerpflicht des Umsatzes behördlicherseits festgestellt ist. Dieser Befund seitens des Finanzamtes sagt jedoch über die *Belastung* des Leistungsempfängers mit Umsatzsteuer überhaupt nichts aus, sondern führt lediglich dazu, dass sein Vertragspartner verpflichtet ist, entgegen seiner Kalkulation Umsatzsteuer an das Finanzamt abzuführen. Nur dieser ist dann mit Umsatzsteuer belastet (!). Ein Vorsteuerabzug ist richtigerweise **nur** dann (bzw. nur in der Höhe) geboten, **wenn** (bzw. wie) **Umsatzsteuer** als Teil des Preises gemeinsame **Geschäftsgrundlage** ist und keine **stillschweigende Übereinstimmung** hinsichtlich der **Nichtsteuerpflicht** des Geschäfts vorliegt. **Entsprechendes** gilt für den ermäßigten **Steuersatz**. Art. 167 MwStSystRL ist im Falle des Art. 168 Buchst. a MwStSystRL folglich einschränkend dahin gehend zu interpretieren, dass ein Recht auf Vorsteuerabzug **nur** insoweit entsteht, als ein **Steuerbetrag** ausdrücklich oder stillschweigend als Teil der Gegenleistung **vereinbart** war. Anderenfalls erwächst dem Leistungsempfänger **nicht im Nachhinein** ein Recht auf **Vorsteuerabzug**, wenn das Finanzamt den Umsatz beim Leistenden bestandskräftig als steuerpflichtig behandelt oder die Anwendbarkeit des allgemeinen Steuersatzes festgestellt hat. Damit geht einher, dass dem Leistungsempfänger schon kein Anspruch auf Erteilung einer **Rechnung** mit Ausweis des vom leistenden Unternehmer geschuldeten Steuerbetrags zustehen darf. Ein Recht auf Vorsteuerabzug darf richtigerweise erst dann – ohne Rückwirkung – entstehen, wenn der leistende Unternehmer vom Leistungsempfänger die **zusätzliche Zahlung** eines Betrages in Höhe der Umsatzsteuer (auf den ursprünglich vereinbarten Preis als Entgelt) erhalten hat.

### 2. Entstehung und Umfang des Rechts auf Vorsteuerabzug

13  a) Nach **Art. 167 MwStSystRL** soll das Recht auf Vorsteuerabzug entstehen, wenn der Anspruch auf die abziehbare Steuer entsteht (zur notwendigen Einschränkung dieser scheinbar voraussetzungslosen Koppelung *Rz. 11 f.*). Art. 63 MwStSystRL zufolge entsteht der Steueranspruch grundsätzlich mit Erbringung der Leistung (sog. **Soll-Prinzip**), die Mitgliedstaaten können jedoch davon abweichend zwischen unterschiedlichen Zeitpunkten wählen und nach Umsätzen und Unternehmergruppen differenzieren (Art. 66 MwStSystRL). Hat ein Mitgliedstaat danach für bestimmte Umsätze oder Unternehmer die sog. **Ist-Versteuerung** (**Art. 66 Buchst. b MwStSystRL**) vorgesehen, so müsste aus Art. 167 MwStSystRL folgen, dass die Leistungsempfänger den Vorsteuerabzug erst nach Bezahlung der Rechnung vornehmen dürften. Dieses **Junktim** ist jedoch **nicht** ohne weiteres **umsetzbar** und wurde vom deutschen Umsatzsteuergesetz bislang auch nicht praktiziert. Art. 167 MwStSystRL formulierte deshalb bislang **lediglich** die **Leitidee**, dass der Vorsteueranspruch nicht vor Entstehung des Steueranspruchs beim Leistenden entstehen soll (**Gleichgewicht** von **Steuer** und **Vorsteuer**).

14  Damit der **Leistungsempfänger** davon **Kenntnis** erlangt, dass beim Rechnungsaussteller die Umsätze nach dem sog. Ist versteuert werden, schreibt nunmehr **Art. 226 Nr. 7a MwStSystRL**[1] für den Fall, dass der Steueranspruch gem. Art. 66

---
1  Eingefügt durch Richtlinie 2010/45/EU v. 13.7.2010, ABl. EU Nr. L 189/2010, 1.

Buchst. b MwStSystRL zum Zeitpunkt des Eingangs der Zahlung entsteht und das Recht auf Vorsteuerabzug demgemäß erst dann entsteht, vor, dass in die Rechnung die Angabe „Besteuerung nach vereinnahmten Entgelten" aufzunehmen ist. Da nach Art. 167 MwStSystRL das Recht auf Vorsteuerabzug ausnahmslos dann entsteht, wenn der Anspruch auf die abziehbare Vorsteuer entsteht, hätte diese zwingende Vorgabe bis zum 31.12.2012 in nationales Recht durch Änderungen des § 14 Abs. 4 Satz 1 und des § 15 Abs. 1 Satz 1 Nr. 1 UStG übernommen worden sein müssen.

Aus Art. 167 MwStSystRL folgt nicht, dass bei einer **verspäteten** Erteilung einer **erstmaligen Rechnung** diese auf den Zeitpunkt der Steuerentstehung zurückwirkt. Vielmehr ergibt sich aus Art. 178 Buchst. a i.V.m. Art. 179 Satz 1 MwStSystRL, dass der Vorsteuerabzug erst für den Steuerzeitraum *ausgeübt* werden kann, in dem die Rechnung vorliegt. In der Frage der **Rückwirkung** einer **berichtigten** oder **ergänzten Rechnung** haben **EuGH**-Entscheidungen für **Verwirrung** gesorgt (dazu näher *Rz. 207 ff.*).

**b) Art. 167a** MwStSystRL[1] erlaubt es den Mitgliedstaaten „im Rahmen einer fakultativen Regelung", bei **Steuerpflichtigen**, welche ihre Umsätze ausschließlich **nach vereinnahmten Entgelten** (Art. 66 Buchst. b MwStSystRL) **versteuern**, vorzusehen, dass sie den **Vorsteuerabzug erst** dann vornehmen dürfen, wenn der leistende Unternehmer die „Mehrwertsteuer erhalten"[2] hat. Die Einfügung des Art. 167a MwStSystRL bestätigt im **Umkehrschluss**, dass Unternehmer, die nach dem sog. Soll versteuern, den Vorsteuerabzug nach Maßgabe der Art. 168 und 178 MwStSystRL auch dann bereits vornehmen dürfen, wenn sie die Rechnung noch nicht bezahlt haben. Nach Auffassung des EuGH soll sich das seit jeher aus der Formulierung des Art. 168 Buchst. a MwStSystRL „geschuldete oder entrichtete Mehrwertsteuer" ergeben, weil sich danach das Recht auf Vorsteuerabzug „nicht nur auf die von ihm entrichtete, sondern auch die geschuldete Mehrwertsteuer bezieht".[3] Das ist grob fehlerhaft, da der Leistungsempfänger, sofern kein Fall der Art. 194 ff. MwStSystRL vorliegt, keine Steuer, sondern die Gegenleistung schuldet, in der lediglich rein rechnerisch ein Betrag in Höhe der vom leistenden Unternehmer geschuldeten Steuer enthalten ist. Die Steuer wird vom leistenden Unternehmer geschuldet, so dass Art. 168 Buchst. a MwStSystRL sich auf die von diesem geschuldete oder entrichtete Steuer bezieht.

**c)** Nach **Art. 168** Buchst. a–e **MwStSystRL** steht dem Unternehmer („Steuerpflichtigen") der Vorsteuerabzug grundsätzlich nur zu, soweit die Gegenstände und Dienstleistungen „**für Zwecke seiner besteuerten Umsätze verwendet werden**". Die Richtlinie trennt mithin nicht, wie § 15 UStG in seinen Absätzen 1

15

16

17

---
1 Eingefügt durch Richtlinie 2010/45/EU v. 13.7.2010, ABl. EU Nr. L 189/2010, 1.
2 Diese ist unverständlich. Der leistende Unternehmer/Steuerpflichtige erhält niemals die „Steuer" vom Leistungsempfänger, da er diese als öffentlich-rechtliche Abgabe dem Staat schuldet. Er erhält vielmehr stets nur die Gegenleistung, in der rein rechnerisch ein Betrag enthalten ist, der dem Betrag entspricht, der als Steuer geschuldet wird. Die Steuer kann – ebenso wie das „Entgelt" i.S.d. § 10 Abs. 1 UStG (*§ 10 Rz. 4*) – nicht vom Leistungsempfänger gezahlt werden. „Steuer" und „Entgelt" sind ausschließlich umsatzsteuerrechtliche Rechengrößen, welche integrale Bestandteile der Gegenleistung bilden.
3 EuGH v. 28.7.2011 – C-274/10, EuGHE 2011, I-7289 = UR 2011, 755 – Rz. 47.

und 2, zwischen den Ebenen (Merkmalen) „für sein Unternehmen" und „Verwendung für steuerfreie Umsätze". Mit den „besteuerten Umsätzen" meint Art. 168 MwStSystRL nur diejenigen Umsätze, die in dem Mitgliedstaat ausgeführt werden, in dem auch die Vorsteuer anfällt. Der Vorsteuerabzug bei Umsätzen im Ausland richtet sich nach Art. 169 Buchst. a MwStSystRL. Den **Buchstaben a** des Art. 168 MwStSystRL setzen § 15 Abs. 1 Satz 1 Nr. 1 und Nr. 4 UStG um. Buchstabe b hat im Umsatzsteuergesetz keine Entsprechung. Die **Buchstaben c** und **d** sind durch § 15 Abs. 1 Satz 1 Nr. 3 UStG, der **Buchstabe e** ist durch die Neufassung des § 15 Abs. 1 Satz 1 Nr. 2 UStG umgesetzt worden.

18 Aus **Art. 168 Buchst. a** MwStSystRL soll nach Auffassung des EuGH folgen, dass das Recht auf Vorsteuerabzug **nur** für diejenige **Steuer** bestehe, die **für** einen der Umsatzsteuer unterworfenen **Umsatz**, dh. nicht ausschließlich deshalb, weil sie in der Rechnung ausgewiesen ist[1], **geschuldet** werde. Diese Beschränkung des Vorsteuerabzugs auf die objektiv nach dem Gesetz geschuldete Steuer ist nicht nur **rechtspolitisch verfehlt**, sondern im Falle der **Gutgläubigkeit** des Rechnungsempfängers auch wegen Verstoßes gegen den Verhältnismäßigkeitsgrundsatz **unionsrechtlich** – wie auch verfassungsrechtlich – **unhaltbar** (*Rz. 247 ff.*).

19 Der Ende 2009 eingefügte **Art. 168a Abs. 1 MwStSystRL** bestimmt, dass **bei einem Grundstück**, welches vom Steuerpflichtigen sowohl für unternehmerische Zwecke als auch für unternehmensfremde Zwecke verwendet wird, höchstens der Teil der Mehrwertsteuer abgezogen werden darf, der auf die Verwendung des Grundstücks für unternehmerische Zwecke des Steuerpflichtigen entfällt. Durch diese Vorschrift wird eine verfehlte EuGH-Rechtsprechung (*Rz. 388*) Makulatur. § 15 Abs. 1b Satz 1 UStG setzt diese Richtlinienvorgabe um.

20 **d) Art. 169** Buchst. a–c **MwStSystRL** regelt, in welchen über den in Art. 168 MwStSystRL genannten hinausgehenden **weiteren Fällen** der Vorsteuerabzug vorgenommen werden kann. Da Art. 168 MwStSystRL nur die Verwendung für Umsätze im Mitgliedstaat des Vorsteuerabzugs erfasst, betrifft Art. 169 **Buchst. a** MwStSystRL auch solche Umsätze, die bei Ausführung im Inland steuerpflichtig wären. Der Vorsteuerabzug ist unabhängig davon, ob die Umsätze im Ausland besteuert werden.[2] Im Umsatzsteuergesetz ergibt sich das aus § 15 Abs. 1 UStG. Bezüglich der Steuerfreiheit ist Art. 169 Buchst. a MwStSystRL durch § 15 Abs. 2 Satz 1 Nr. 2 und Abs. 3 Nr. 2 UStG umgesetzt worden. Art. 169 **Buchst. b** MwStSystRL entspricht § 15 Abs. 3 Nr. 1 Buchst. a UStG, die erste Alternative des **Buchstabens c** entspricht § 15 Abs. 3 Nr. 2 Buchst. b UStG (s. aber *Rz. 430*), und die zweite Alternative des Buchstabens c ist durch § 15 Abs. 3 Nr. 1 Buchst. b UStG umgesetzt worden.

21 **e) Art. 170, 171 und 171a MwStSystRL** enthalten Vorgaben für die „Erstattung der Mehrwertsteuer", dh. für die Vergütung der Vorsteuern an nicht im Inland ansässige Steuerpflichtige, welche in der Richtlinie 2008/9/EG bzw. der sog. 13. MwSt-Richtlinie 86/650/EWG geregelt sind (dazu *§ 18 Rz. 127*). **Art. 172 MwSt-**

---

1 EuGH v. 13.12.1989 – C-342/87, EuGHE 1989, 4227 = UR 1991, 83; EuGH v. 19.9.2000 – C-454/98, EuGHE 2000, I-6973 = UR 2000, 470 – Rz. 53.
2 Vgl. EuGH v. 22.12.2010 – C-277/09, EuGHE 2010, I-13805 = UR 2011, 222.

SystRL betrifft den „Vorsteuerabzug" bei sog. **Fahrzeuglieferern**. Die Umsetzung ist durch **§ 15 Abs. 4a UStG** erfolgt.

### 3. Vorsteueraufteilung

Der darüber hinaus durch Art. 174 und 175 MwStSystRL für die Berechnung des Pro-rata-Satzes i.S.d. Art. 173 Abs. 1 Unterabs. 1 MwStSystRL beschriebene Umsatzschlüssel für die Regelmethode der Vorsteueraufteilung ist sachwidrig. Art. 173 Abs. 2 MwStSystRL erlaubt es deshalb den Mitgliedstaaten, verschiedene andere Methoden zu verwenden. Als Aufteilungsmaßstab kommt danach auch die „Zuordnung der Gesamtheit oder eines Teils der Gegenstände oder Dienstleistungen" in Betracht (Art. 173 Abs. 2 Buchst. c MwStSystRL). Dem entsprechen die Bestimmungen des § 15 Abs. 4 UStG. Mithin ist die **Pro-rata-Regelung** der Art. 174 und 175 MwStSystRL für das deutsche Umsatzsteuerrecht **ohne Bedeutung**[1]; folglich ist auch die Vielzahl der dazu ergangenen EuGH-Entscheidungen ohne Belang.

22

### 4. Einschränkungen des Rechts auf Vorsteuerabzug

**Art. 176 Unterabs. 1** MwStSystRL sieht vor, dass der Rat auf Vorschlag der Kommission festlegt, bei welchen Ausgaben die Mehrwertsteuer nicht abziehbar sein soll (Art. 176 Unterabs. 1 Satz 1 MwStSystRL). Auf jeden Fall soll das für diejenigen Ausgaben gelten, die keinen streng geschäftlichen Charakter haben wie Luxusausgaben, Ausgaben für Vergnügungen und Repräsentationsaufwendungen (Art. 176 Unterabs. 1 Satz 2 MwStSystRL). Bis zum Inkrafttreten derartiger Bestimmungen (entsprechende Vorschläge der Kommission sind bislang stets im Rat gescheitert) kann Deutschland alle **Vorsteuerausschlüsse beibehalten**, die am 1.1.1979 im nationalen Recht vorgesehen waren (Art. 176 Unterabs. 2 MwStSystRL; s. auch *Rz. 356*).

23

### 5. Einzelheiten der Ausübung

**Die Art. 178–183** MwStSystRL bestimmen die Einzelheiten der **Ausübung** des Rechts auf Vorsteuerabzug. Nach Auffassung des **EuGH** regelt Art. 178 MwStSystRL „nur die Ausübung des Rechts auf Vorsteuerabzug, nicht dagegen den Nachweis dieses Rechts nach seiner Ausübung durch den Steuerpflichtigen"[2]. Folglich können die Mitgliedstaaten bei Steuerkontrollen zum Nachweis die Vorlage der Originalrechnung verlangen, und, wenn der Steuerpflichtige sie nicht mehr besitzt, *„andere Beweise* zuzulassen, aus denen sich ergibt, *dass der Umsatz*, auf den sich der Antrag auf Vorsteuerabzug bezieht, *tatsächlich stattgefunden hat"*[3]. Obwohl der von Art. 178 Buchst. a MwStSystRL geforderte **Besitz** einer ordnungsgemäßen **Rechnung** bei Ausübung des Vorsteuerabzugs uner-

24

---

[1] So auch die Regierungsbegr. zum StÄndG 2003, BT-Drucks. 15/1562 = BR-Drucks. 630/03 – Einzelbegr. zu Art. 4 Nr. 18 Buchst. d (zu § 15 Abs. 4 Satz 3 UStG).
[2] EuGH v. 5.12.1996 – C-85/95, EuGHE 1996, I-6257 = UR 1997, 144 – Rz. 26 – zur Vorgängervorschrift Art. 18 der 6. EG-Richtlinie.
[3] EuGH v. 5.12.1996 – C-85/95, EuGHE 1996, I-6257 = UR 1997, 144 – Rz. 29 und 30 (Hervorhebungen durch den Verfasser).

lässlich ist, soll dieser Besitz nach Auffassung des EuGH zu den **formell-rechtlichen Voraussetzungen** des Vorsteuerabzugs zählen.[1] Das erschließt sich zum einen schon deshalb nicht, weil eine Rechnung keinen Beweis darüber erbringen kann, dass die in ihr genannte Leistung auch tatsächlich erbracht worden ist. Und vor allem: Welchen Sinn soll der Besitz einer ordnungsgemäßen Rechnung bei Ausübung des Vorsteuerabzugs haben, wenn es bei einer Steuerkontrolle nur darauf ankommen soll, ob der Umsatz, auf den sich der Vorsteuerabzug bezieht, tatsächlich stattgefunden hat?

25  Der Besitz einer ordnungsgemäßen Rechnung bei Ausübung des Vorsteuerabzugs ist richtigerweise eine **materiell-rechtliche Voraussetzung** des Vorsteuerabzugs. Der **Zweck** der **Verknüpfung** des Rechts auf Vorsteuerabzug **mit** dem **Besitz** einer **ordnungsgemäßen Rechnung** mit den Angaben der Art. 219a ff. MwStSystRL liegt nämlich vorrangig darin, den Finanzbehörden die Möglichkeit zur Prüfung zu verschaffen, ob der leistende Unternehmer den entsprechenden Umsatz versteuert hat (s. auch *§ 14 Rz. 9*). Die Verknüpfung des Vorsteuerabzugs mit dem Besitz einer Rechnung ist erforderlich, weil es im Rahmen des Allphasen-Systems mit Vorsteuerabzug (Mehrwertsteuersystem) kein milderes, aber gleichermaßen effektives Mittel zur **Kontrolle des leistenden Unternehmers** gibt. Mit der von der Richtlinie geforderten Beschreibung der Leistung und der Angabe des Entgelts wird der Rechnungsaussteller zudem zur Mitteilung seiner Rechtsansicht, wie er den Sachverhalt umsatzsteuerrechtlich einschätzt, gezwungen (*§ 14 Rz. 8 f.*). Mit dem Steuerausweis begründet er den möglichen Vorsteuerabzug des Leistungsempfängers und begrenzt ihn zugleich in der Höhe (*§ 14 Rz. 7*). Die Rechnung ist folglich entgegen EuGH (*Rz. 24*) nicht etwa (nur) ein Beweismittel, was sie ohnehin nicht sein kann.

26  Indem der Vorsteuerabzug an den Besitz einer ordnungsgemäßen Rechnung mit den Angaben gem. Art. 226 MwStSystRL geknüpft wird, zwingt das Gesetz den Leistungsempfänger dazu, vor Bezahlung der empfangenen Leistung die Erteilung einer solchen Rechnung zu fordern und bis dahin in Höhe des Steuerbetrages ein Zurückbehaltungsrecht (*§ 14 Rz. 38*) auszuüben. Das Gesetz will mithin den **Leistungsempfänger** als **Gehilfen** der **Finanzbehörden** bei der **Kontrolle** des **leistenden** Unternehmers einschalten. Dieser Zweck wird nur erreicht, wenn der Leistungsempfänger bei Nichterfüllung seiner Obliegenheit und deren Aufdeckung den Vorsteuerabzug mit den entsprechenden Zinsfolgen bis zum Vorliegen einer ordnungsgemäßen Rechnung verliert. Drohte diese nachteilige Folge nicht, so bestünde für den Leistungsempfänger kein Anlass, sich die Mühe zu machen, stets auf einer ordnungsgemäßen Rechnung zu bestehen, da bezüglich der später vom Finanzamt bemängelten Rechnungen lediglich berichtigte Rechnungen nachgereicht werden müssten. Demgemäß kann auch eine **Rückwirkung** der berichtigten oder ergänzten Rechnung **nicht** in Betracht kommen (*Rz. 207 ff.*).

27  Dass der Besitz einer ordnungsgemäßen Rechnung eine ausschließlich **materiell-rechtliche Voraussetzung**, d.h. **Tatbestandsmerkmal** des **Vorsteuerabzugs**

---

[1] EuGH v. 15.7.2010 – C-368/09, EuGHE 2010, I-7467 = UR 2010, 693 – Rz. 44 i.V.m. Rz. 38 f.; EuGH v. 21.10.2010 – C-385/09, EuGHE 2010, I-10385 = UR 2011, 27 – Rz. 47; EuGH v. 1.3.2012 – C-280/10, UR 2012, 360 – Rz. 41 i.V.m. Rz. 43 f.

ist, zeigt sich vor allem auch darin, dass der Rechnungsaussteller mit dem Steuerausweis den möglichen Vorsteuerabzug des Leistungsempfängers begründet und bei einem zu niedrigen Steuerausweis zugleich in der Höhe begrenzt (*§ 14 Rz. 7*). Das ist keine formell-rechtliche Frage, sondern eine materiell-rechtliche. Damit zeigt sich auch, dass die Unterscheidung in der Richtlinie zwischen Entstehung (Art. 167 MwStSystRL) und Ausübung (Art. 178 MwStSystRL) des Vorsteuerabzugs verfehlt ist. Ein Anspruch kann erst dann entstehen, wenn sämtliche Tatbestandsmerkmale erfüllt sind, und dazu gehört beim Vorsteuerabzug eine ordnungsgemäße Rechnung mit ausgewiesener Steuer.

Art. 178 Buchst. c MwStSystRL verlangt zwar für den Abzug der Steuer auf den **innergemeinschaftlichen Erwerb** eine nach Art. 220 ff. MwStSystRL ausgestellte Rechnung, Art. 181 MwStSystRL erlaubt jedoch, wie durch § 15 Abs. 1 Satz 1 Nr. 3 UStG geschehen, eine Abweichung davon. **Art. 179 MwStSystRL** betrifft nicht § 15 UStG, sondern § 16 Abs. 2 UStG. Art. 183 MwStSystRL enthält eine Ermächtigung[1], von der Deutschland keinen Gebrauch gemacht hat. Art. 180 MwStSystRL enthält eine überflüssige Ermächtigung festzulegen, unter welchen Voraussetzungen ein nicht vorgenommener Vorsteuerabzug nachgeholt werden kann. Art. 184 MwStSystRL dürfte dann den Fall des in zu niedriger Höhe vorgenommenen Vorsteuerabzugs meinen. 28

## III. Vorsteuerabzugsberechtigte Unternehmer

### 1. Allgemeines

Für die Verwirklichung steuerbarer und steuerpflichtiger Umsätze ist es unerheblich, welcher **Nationalität** der Unternehmer ist und wo er ansässig ist (Klarstellung durch § 1 Abs. 2 Satz 3 UStG). Damit geht einher, dass auch für den Vorsteuerabzug der Unternehmer die Nationalität und die Ansässigkeit – Letztere grundsätzlich – ohne Bedeutung ist, denn auch § 15 UStG spricht nur vom Unternehmer. Art. 170 i.V.m. Art. 171 Abs. 1 MwStSystRL bestimmen ausdrücklich, dass die Steuer auch an nicht im Gemeinschaftsgebiet ansässige Steuerpflichtige, welche im Inland keine Umsätze erbringen, gem. der sog. 13. EG-Richtlinie zu erstatten ist (dazu *§ 18 Rz. 127*). 29

Die **Nichtansässigkeit** im Inland ist grundsätzlich (Ausnahmen § 15 Abs. 4b UStG, *Rz. 506*, sowie § 18 Abs. 9 Sätze 4 und 5 UStG) nur für das **Verfahren** von Bedeutung, mit dem der „Abzug" der Vorsteuer geltend gemacht wird. Hat der nicht im Inland ansässige Unternehmer im Inland keine Umsätze ausgeführt, so erfolgt die Vorsteuervergütung regelmäßig in dem besonderen Verfahren nach § 18 Abs. 9 UStG i.V.m. §§ 59 ff. UStDV (dazu näher *§ 18 Rz. 125 ff.*). 30

War ein Unternehmer **fehlerhaft als Nichtunternehmer behandelt** worden und ist **Festsetzungsverjährung** für das betreffende Kalenderjahr **eingetreten**, so sind **Vorsteuerbeträge**, die diesem Kalenderjahr zuzurechnen sind, über die jedoch erst **in einem folgenden Jahr** eine ordnungsgemäße Rechnung vorliegt, **nicht abziehbar**. Auch wenn objektiv die Voraussetzungen des § 15 Abs. 1 Satz 1 Nr. 1 31

---

1 Dazu EuGH v. 28.7.2011 – C-274/10, EuGHE 2011, I-7289 = UR 2011, 755.

UStG vorliegen, verstieße doch die Vergütung der Vorsteuer gegen deren Zweck, den Unternehmer zu entlasten, welcher seine Umsätze versteuert.

### 2. Erweiterter Unternehmerbegriff

32  Der **Unternehmerbegriff** des § 15 UStG ist nicht deckungsgleich mit dem des § 2 UStG. Der Entlastungszweck des Vorsteuerabzugs (Rz. 2) verlangt im Rahmen des § 15 UStG und der ihn ergänzenden Vorschriften bei bestimmten Konstellationen einen über den Wortlaut des § 2 Abs. 1 UStG hinausgehenden erweiterten Unternehmerbegriff (zum Übergang von Vorsteuervergütungsansprüchen auf den *Gesamtrechtsnachfolger* eines Unternehmers s. § 2 Rz. 241; zum *Vertrauensschutz* des Leistungsempfängers, wenn dieser nicht erkennen konnte, dass der Leistende *Nichtunternehmer* ist, s. Rz. 58 f.).

#### a) Vorbereitungsphase, Unternehmensgründung

33  **aa)** Der Entlastungszweck des Vorsteuerabzugs verlangt zum einen, dass bereits **Vorbereitungshandlungen** für die spätere unternehmerische Tätigkeit von etwaiger Vorsteuer entlastet werden. Das gilt selbst schon für solche Leistungsbezüge, welche die **Prüfung** betreffen, **ob** ein Unternehmen betrieben (gegründet) oder dessen Tätigkeitsbereich erweitert werden soll (ausführlich dazu § 2 Rz. 199 ff.).

34  **bb)** Nach früher verbreiteter Auffassung soll es sich bei der Gründung einer (als Unternehmen geplanten) **Personengesellschaft** um einen Vorgang handeln, der noch außerhalb des Unternehmens liege und somit den Vorsteuerabzug hinsichtlich der damit zusammenhängenden Aufwendungen ausschließe.[1] Diese Sichtweise verkennt, dass kein Letztverbrauch vorliegt, sondern alle Leistungen, die im Zusammenhang mit der Gründung in Anspruch genommen werden, bereits die Verfolgung unternehmerischer Zwecke betreffen; zudem wird das Gebot der Wettbewerbsneutralität missachtet.[2] Die hier vertretene Auffassung ist durch den **EuGH** bestätigt worden.[3]

35  Werden die **Ausgaben von** den **Gesellschaftern getragen**, so muss ihnen, auch wenn sie nicht Unternehmer sind, der Vorsteuerabzug zustehen (Rz. 44 ff.). Zwischen einer **Personenhandelsgesellschaft** und einer in der **Vorbereitungsphase** vorhergehenden **BGB-Gesellschaft** besteht Identität, so dass auch die von Letzterer bezogenen Leistungen für das Unternehmen der späteren Handelsgesellschaft ausgeführt werden.

36  **cc)** Zwischen einer **Vorgesellschaft** und der späteren **Kapitalgesellschaft** besteht Identität, so dass die Vorgesellschaft wegen der geplanten unternehmerischen Tätigkeit der Kapitalgesellschaft als Unternehmer anzusehen ist (§ 2 Rz. 204 f.).

---

1 *Reiß*, UR 1988, 298 (302 f.); *Birkenfeld*, UR 1992, 29 (32); *Husmann* in R/D, § 1 UStG Anm. 241.
2 *Stadie* in R/D, § 2 UStG Anm. 636; vgl. auch Abschn. 15.21 Abs. 3 UStAE.
3 Vgl. EuGH v. 1.3.2012 – C-280/10, UR 2012, 366 – Rz. 29 u. 35.

Kostenschuldner der **Notariatsgebühren** sind die Gesellschafter, welche die Beurkundung und Eintragung beantragen. Auch wenn sie die Gesellschaftsanteile nicht zur Förderung eines eigenen Unternehmens erwerben, muss ihnen der Vorsteuerabzug (nach Maßgabe der geplanten Umsätze der Gesellschaft) zustehen (Rz. 54 f.), da die Gesellschafter mit der Inanspruchnahme des Notars keine Leistung für den Letztverbrauch bezogen haben. Werden die Kosten von der Kapitalgesellschaft getragen, so hat der Grundsatz der wirtschaftlichen Zurechnung zu gelten (Rz. 76 ff.), so dass die Kapitalgesellschaft zum Vorsteuerabzug berechtigt ist, ohne dass die Rechnung auf die Gesellschaft ausgestellt sein muss[1] (Rz. 196). 37

Zwischen einer **Vorgründungsgesellschaft** (BGB-Gesellschaft) und der nachfolgenden Vorgesellschaft bzw. Kapitalgesellschaft besteht keine Identität (§ 2 Rz. 204, 206). Auf diese zivilrechtliche Sichtweise kommt es jedoch nicht an. Für die Umsatzbesteuerung hat es ohne Belang zu sein, wie die jeweiligen Entwicklungsstufen eines Unternehmens vom nationalen Zivilrecht eingeordnet werden. Der Grundsatz der Neutralität der Umsatzsteuer fordert, auch der Vorgründungsgesellschaft für Zwecke des Vorsteuerabzugs die Unternehmereigenschaft zuzusprechen, indem ihr die (geplante) unternehmerische Tätigkeit der angestrebten Kapitalgesellschaft zugerechnet wird.[2] 38

Wird eine sog. **Akquisitionsgesellschaft** gegründet, deren einziger Zweck im Erwerb einer anderen Gesellschaft (sog. Zielgesellschaft) besteht, und werden die beiden Gesellschaften anschließend verschmolzen, so steht der Vorsteuerabzug aus Beratungs- u.ä. Leistungen, die die Akquisitionsgesellschaft in Anspruch genommen hatte, der aufnehmenden Gesellschaft zu.[3] Haben die Gesellschafter der Akquisitionsgesellschaft die Beratungs- usw. Leistungen empfangen, so kommt der Vorsteuerabzug bei ihnen in Betracht (Rz. 51 ff.).[4] 39

**dd)** Die Vergütung der Vorsteuerbeträge hat für den Voranmeldungszeitraum zu erfolgen, in dem die Voraussetzungen des § 15 Abs. 1 UStG vorliegen. Vermag das Finanzamt noch nicht endgültig zu beurteilen, ob die geplante Tätigkeit unternehmerisch i.S.d. § 2 UStG ist und/oder ob die Vorsteuerbeträge dieser Tätigkeit zugerechnet werden können, so kann, je nach dem Grad der Wahrscheinlichkeit[5], die Steuervergütungsfestsetzung (§ 18 Rz. 62) vorerst **ausgesetzt oder unter dem Vorbehalt der Nachprüfung** bzw. **vorläufig** erfolgen (§ 155 Abs. 4 i.V.m. § 164 bzw. § 165 AO). 40

Bei Vorbereitungshandlungen, die typischerweise für eine **Liebhaberei** und damit gegen eine unternehmerische Tätigkeit sprechen (§ 2 Rz. 133 ff.), ist die beantragte Vergütung der Vorsteuer auszusetzen (§ 155 Abs. 4 i.V.m. § 165 Abs. 1 Satz 4 AO) und abzuwarten, ob die geplante Tätigkeit als unternehmerisch zu 41

---

1 In diesem Sinne auch EuGH v. 1.3.2012 – C-280/10, UR 2012, 366.
2 *Stadie* in R/D, § 2 UStG Anm. 642 ff.; so jetzt auch EuGH v. 29.4.2004 – C-137/02, EuGHE 2004, I-5547 = UR 2004, 362; BFH v. 15.7.2004 – V R 84/99, BStBl. II 2005, 155 = UR 2004, 650; Abschn. 15.2b Abs. 3 Sätze 8 f. UStAE; vgl. EuGH v. 1.3.2012 – C-280/10, UR 2012, 366; *Stadie*, UR 2012, 337.
3 *Stadie* in R/D, § 2 UStG Anm. 646.
4 Vgl. EuGH v. 1.3.2012 – C-280/10, UR 2012, 366; *Stadie*, UR 2012, 337.
5 Vgl. *Stadie*, Allg. SteuerR, Rz. 537 i.V.m. Rz. 509.

werten ist.[1] Eine vorläufige Festsetzung kann zur Sicherung des potentiellen Rückforderungsanspruchs von einer **Sicherheitsleistung** abhängig gemacht werden (*§ 18f Rz. 7*).

### b) Gescheiterte Unternehmensgründung

42  Scheitert ein geplantes Unternehmen bereits in der Vorbereitungsphase, weil es nicht zur (geschäftsmäßigen) Ausführung von Umsätzen kommt, so **entfällt** die für den Vorsteuerabzug angenommene **Unternehmereigenschaft** (*Rz. 33 ff.*) **nicht rückwirkend** (*§ 2 Rz. 207*; zu behaupteten Unternehmensvorbereitungen, die Tätigkeiten betreffen sollten, bei denen **typischerweise „Liebhaberei"** anzunehmen wäre, s. *§ 2 Rz. 208*). Indes muss schlüssig dargelegt werden, dass die **Kleinunternehmergrenze** des § 19 Abs. 1 UStG überschritten worden wäre bzw. der gescheiterte Unternehmer auf die Kleinunternehmerbefreiung nach § 19 Abs. 2 UStG verzichtet hätte (dazu *§ 19 Rz. 34*). Hinsichtlich des Vorsteuerabzugsverbots nach § 15 Abs. 2 UStG bei bestimmten steuerfreien Umsätzen ist auf die beabsichtigte Verwendung abzustellen.

43  Wären die geplanten Umsätze grundsätzlich steuerfrei, so soll es nach Auffassung des **BFH** ausreichen, dass **beabsichtigt** gewesen war, **auf die Steuerfreiheit** nach § 9 UStG zu **verzichten**; das ist verfehlt (*Rz. 463 ff.*). Die für das geplante Unternehmen erworbenen und von der Vorsteuer entlasteten Gegenstände (Wirtschaftsgüter) müssen wieder mit Umsatzsteuer belastet werden (*§ 2 Rz. 210*).

### 3. Gesellschafter als mittelbarer Unternehmer?

#### a) Gesellschafter einer Personengesellschaft

44  Tätigt ein Gesellschafter einer Personengesellschaft im eigenen Namen **Aufwendungen im Interesse** (für Zwecke) **der Gesellschaft**, d.h. nimmt er Dienstleistungen oder Lieferungen in Anspruch, die im wirtschaftlichen Zusammenhang mit seinen Beiträgen oder mit der unternehmerischen Tätigkeit der Gesellschaft stehen, und gibt er die bezogenen Leistungen bzw. deren Nutzungen nicht in Form von Umsätzen nach § 1 Abs. 1 Nr. 1 UStG im Rahmen einer eigenen unternehmerischen Tätigkeit an die Gesellschaft weiter (dazu *§ 2 Rz. 162 ff.*), so verlangt der Gesetzeszweck, dass hinsichtlich dieser Aufwendungen (einkommensteuerrechtlich sog. Sonderbetriebsausgaben) der **Vorsteuerabzug** in Betracht kommt und der Gesellschafter insoweit gleichsam als **Mitunternehmer** (mittelbarer Unternehmer) im Rahmen des § 15 UStG angesehen wird.[2] **Soweit** der Gesellschafter die **Kosten nicht von** der **Gesellschaft erstattet** erhält – anderenfalls ist die Gesellschaft als Leistungsempfänger anzusehen (*Rz. 76 ff., 87*) –, scheitert ein Vorsteuerabzug bei dieser daran, dass sie nicht mit der Umsatzsteuer belastet ist (*Rz. 3*), sofern ihr nicht durch Überlassung der Rechnung die Belastung und damit die Vorsteuerabzugsberechtigung zugewendet wird[3] (vgl. *Rz. 266 f.*). Der **BFH** hat in ständiger Rechtsprechung auch den

---

[1] Vgl. auch Abschn. 2.6 Abs. 3 UStAE.
[2] So bereits *Stadie*, UR 1986, 137.
[3] In diesem Sinne wohl auch EuGH v. 1.3.2012 – C-280/10, UR 2012, 366; dazu *Stadie*, UR 2012, 337 (340 f.).

„Abzug" der Vorsteuer **beim Gesellschafter verneint**[1], da das UStG eine Mitunternehmerschaft nicht kenne.[2]

**Fallgruppen** 45

- Aufwendungen des **geschäftsführenden Gesellschafters** (insbesondere der GmbH bei einer GmbH & Co. KG), wenn richtigerweise entgegen der Ansicht des BFH (§ 2 Rz. 160) insoweit seine unmittelbare Unternehmereigenschaft verneint wird;
- Erwerb von **Gegenständen**, die in das Gesellschaftsvermögen **eingelegt** werden[3];
- Erwerb von **Gegenständen** oder unkörperlichen[4] Wirtschaftsgütern, die der **Gesellschaft** unentgeltlich **zur Nutzung überlassen** werden (ertragsteuerrechtlich bei Personengesellschaften sog. **Sonderbetriebsvermögen**)[5], Entsprechendes gilt bei der **Anmietung** dieser Gegenstände;
- Erwerb oder Anmietung von **Gegenständen** (auch von der Gesellschaft[6]), die ganz oder teilweise vom Gesellschafter **für Zwecke der Gesellschaft verwendet** werden[7] (*Beispiel:* das Mitglied einer Rechtsanwaltssozietät verwendet den eigenen oder angemieteten Pkw für Fahrten zu Gerichten, Mandanten usw., d.h. im Interesse der Gesellschaft, oder zu Fahrten zwischen Wohnung und Kanzlei[8]);
- Tätigung von (anderen) **Reisekosten** für Zwecke der Gesellschaft im eigenen Namen;
- Inanspruchnahme von **Beratungsleistungen** bei Gründung der Gesellschaft oder bei der Veräußerung des Gesellschaftsanteils.

Der BFH verkennt mit seiner gegenteiligen Rechtsprechung den **Zweck des Vorsteuerabzugs**, welcher die **Neutralität** der Umsatzbesteuerung für die Unterneh- 46

---

1 BFH v. 26.1.1984 – V R 65/76, BStBl. II 1984, 231; BFH v. 18.3.1988 – V R 178/83, BStBl. II 1988, 646 = UR 1988, 312 m. Anm. *Stadie*; BFH v. 9.3.1989 – V B 48/88, BStBl. II 1989, 580; vgl. auch BFH v. 15.1.1987 – V R 3/77, BStBl. II 1987, 512; BFH v. 9.6.1994 – V R 108/93, UR 1995, 333; BFH v. 16.5.2002 – V R 16/06, BFH/NV 2002, 1347; BFH v. 6.9.2007 – V R 16/06, BFH/NV 2008, 1710; BFH v. 26.8.2014 – XI R 26/10, UR 2015, 35; ebenso Abschn. 15.20 Abs. 1 Sätze 5–7 UStAE.
2 So BFH v. 18.3.1988 – V R 178/83, BStBl. II 1988, 646; BFH v. 9.3.1989 – V B 48/88, BStBl. II 1989, 580 – 1b aa der Gründe; BFH v. 27.6.1995 – V R 36/94, BStBl. II 1995, 915; BFH v. 6.9.2007 – V R 16/06, BFH/NV 2008, 1710 – Rz. 22.
3 Vorsteuerabzug abgelehnt vom BFH v. 15.1.1987 – V R 3/77, BStBl. II 1987, 512 – Erwerb eines Einzelunternehmens, das in eine Gesellschaft eingebracht wurde.
4 *Beispiel*: Mandantenstamm. Vorsteuerabzug abgelehnt vom EuGH v. 13.3.2014 – C-204/13, UR 2014, 353; dem folgend BFH v. 26.8.2014 – XI R 26/10, UR 2015, 35 (dazu Rz. 47).
5 Vorsteuerabzug abgelehnt vom BFH v. 6.9.2007 – V R 16/06, BFH/NV 2008, 1710 – Grundstücksüberlassung.
6 Vgl. zu dieser Konstellation BFH v. 1.9.2010 – V R 6/10, UR 2011, 254; *Stadie*, UR 2011, 256.
7 Vorsteuerabzug abgelehnt vom BFH v. 26.1.1984, BStBl. II 1984, 231; BFH v. 18.3.1988 – V R 178/83, BStBl. II 1988, 646; BFH v. 9.3.1989 – V B 48/88, BStBl. II 1989, 580; FG Saarl. v. 5.7.2010 – 1 K 2330/06, EFG 2011, 916.
8 Vgl. *Stadie*, UR 2011, 256.

mer bewirken soll (Rz. 2). Aus diesem folgt, dass, wie auch der EuGH[1] kurzzeitig festgestellt hatte, die Gesellschafter hinsichtlich der für Zwecke des gemeinsamen Unternehmens getätigten Aufwendungen in gleicher Weise wie die Gesellschaft von den Vorsteuern zu entlasten sind. Diese Aufwendungen erfolgen nicht etwa für den privaten Verbrauch der Gesellschafter.[2] Eine **teleologische Auslegung** des § 15 Abs. 1 und des § 2 Abs. 1 UStG verlangt deshalb, dass die **Unternehmereigenschaft der Gesellschaft** hinsichtlich derjenigen Aufwendungen, die die Gesellschafter für Zwecke des Unternehmens tätigen, **auf den Gesellschafter** (als sog. **Mitunternehmer**) **ausstrahlt** und ihm *insoweit* die Unternehmereigenschaft der Gesellschaft **für Zwecke des Vorsteuerabzugs** zuzurechnen ist.[3] Der mögliche Wortsinn des § 15 Abs. 1 UStG erlaubt eine derartige Auslegung, so dass es entgegen gelegentlicher Äußerungen des BFH[4] nicht einer ausdrücklichen gesetzlichen Regelung bedarf.

47 Der **EuGH** hatte mit seinem Urteil vom 1.3.2012 in diesem Sinne zur Auslegung der Art. 9 und 168 MwStSystRL entschieden und die Vorsteuerabzugsberechtigung der Gesellschafter bei **Investitionen** vor Gründung der Gesellschaft dem Grunde nach bejaht.[5] Die Entscheidung, die eine Vorlagefrage bezüglich der Vorsteuerabzugsberechtigung der zukünftigen Gesellschaft betrifft, ist von der Leitlinie durchzogen, dass primär die Gesellschafter abzugsberechtigt sein müssen, denn es heißt, dass die Gesellschafter bei Investitionen (Grundstückserwerb), die für die künftige Nutzung durch die Gesellschaft erforderlich sind, „als mehrwertsteuerpflichtig" angesehen werden können und daher grundsätzlich befugt sind, ein „Recht auf Vorsteuerabzug" geltend zu machen.[6] Wenn dem jedoch das nationale Recht entgegenstehe[7], dann müsse „im Ergebnis [...] die Gesellschaft [...] in die Lage versetzt werden", den Vorsteuerabzug vorzunehmen.[8]

Aufgrund dieser eindeutigen Aussagen hatte der XI. Senat des **BFH** dem EuGH die **Frage vorgelegt**, ob die **unentgeltliche Überlassung** eines **entgeltlich erworbenen** unkörperlichen **Wirtschaftsguts** (Mandantenstamm) an die Gesellschaft den Gesellschafter zum Vorsteuerabzug berechtige.[9] Die Frage wurde vom **EuGH** mit Urteil vom 13.3.2014[10], mit oberflächlichen und rabulistischen Aussagen verneint. Diese Entscheidung befasste sich nicht etwa mit der Auslegung der

---

1 EuGH v. 1.3.2012 – C-280/10, UR 2012, 366 – Rz. 31 ff., 38; dazu *Stadie*, UR 2012, 337.
2 So aber der BFH v. 9.3.1989 – V B 48/88, BStBl. II 1989, 580; BFH v. 6.9.2007 – V R 16/06, BFH/NV 2008, 1710.
3 So bereits *Stadie*, UR 1986, 137; *Stadie*, Vorsteuerabzug, S. 47 ff.; ausführlich *Stadie* in R/D, § 2 UStG Anm. 535 ff.; *Stadie*, UR 2012, 337; zust. *Englisch* in T/L, § 17 Rz. 141.
4 Vgl. BFH v. 9.3.1989 – V B 48/88, BStBl. II 1989, 580; BFH v. 16.5.2002 – V R 16/06, BFH/NV 2002, 1347 (1349).
5 EuGH v. 1.3.2012 – C-280/10, UR 2012, 366; dazu *Stadie*, UR 2012, 337; *Wäger*, UR 2012, 911.
6 EuGH v. 1.3.2012 – C-280/10, UR 2012, 366 – Rz. 31 f.
7 Diese eigentlich keinen Sinn ergebende Einschränkung erklärt sich nur vor dem Hintergrund, dass der EuGH die die Vorsteuerabzugsberechtigung der Gesellschaft betreffende Vorlagefrage nicht leer laufen lassen wollte; vgl. *Stadie*, UR 2012, 337 (340).
8 EuGH v. 1.3.2012 – C-280/10, UR 2012, 366 – Rz. 35.
9 BFH v. 20.2.2013 – XI R 26/10, BStBl. II 2013, 464 = UR 2013, 438; Anm. *Stadie*, UR 2013, 514.
10 EuGH v. 13.3.2014 – C-204/13, UR 2014, 353.

Art. 9 und 168 MwStSystRL, sondern meint lediglich, dass sich die Umstände, die den Sachverhalt kennzeichneten, der dem o.g. Urteil zugrunde lag, auf den Sachverhalt wie den des Ausgangsverfahrens nicht übertragen ließen.[1] Auf die die Entscheidung vom 1.3.2012 tragende Aussage, dass die Gesellschafter im Rahmen ihrer wirtschaftlichen Tätigkeit nicht mit den Mehrwertsteuerkosten belastet werden dürfen[2], geht die Entscheidung vom 13.3.2014 mit keiner Silbe ein, obwohl die Belastung des Gesellschafters mit der Mehrwertsteuer aus dem Erwerb des Mandantenstammes in gleicher Weise wie bei einem in die Gesellschaft einzubringenden Grundstück besteht. Die neue Entscheidung kann nur Kopfschütteln hervorrufen, dies nicht zuletzt auch deshalb, weil der EuGH doch tatsächlich der Auffassung zuzuneigen scheint, dass der Kläger des Ausgangsverfahrens den Mandantenstamm selbst im Rahmen seiner Tätigkeit als „Geschäftsführer" der Gesellschaft verwende und die Kosten des Erwerbs zu den allgemeinen Aufwendungen dieser Tätigkeit zu zählen seien und deshalb zum Vorsteuerabzug berechtigten.[3] Dass erstens der Mandantenstamm von der Gesellschaft für *ihre* und nicht etwa vom „Geschäftsführer" für *seine* Tätigkeit verwendet wird und dass zweitens dessen Tätigkeit zudem aus Gründen der Rechtsformneutralität nicht als Erbringung steuerpflichtiger Leistungen angesehen werden darf (*§ 1 Rz. 36, 39; § 2 Rz. 160*), scheint dem EuGH nicht in den Sinn gekommen zu sein. Grob fehlerhaft ist der Hinweis des EuGH, dass es Sache des Gesellschafters sei, die entsprechende zivilrechtliche Gestaltung zu wählen, die den Vorsteuerabzug ermögliche.[4] Diese Sichtweise verstößt gegen den Neutralitätsgrundsatz (*Vorbem. Rz. 48 f.*), da die Umsatzsteuer auf den Erwerb des Mandantenstammes nicht den privaten Konsum betrifft, sondern der Mandantenstamm für ausschließlich unternehmerische Zwecke der Gesellschaft erworben wurde, so dass der Gesellschafter mithin ebenfalls als Gehilfe des Steuergläubigers (*Vorbem. Rz. 20*) tätig wurde, und wegen dieser Gehilfenstellung die Belastungswirkungen der Umsatzsteuer unabhängig von der jeweiligen zivilrechtlichen Gestaltung und den Rechtsprechungs-Kenntnissen der Beteiligten sein müssen.

Der **BFH** ist den grob fehlerhaften Ausführungen des EuGH gefolgt und hält es ebenfalls für möglich, dass der Gesellschafter als „Geschäftsführer" (sic!)[5] den Mandantenstamm selbst im Rahmen seiner unternehmerischen Tätigkeit verwende und die Kosten des Erwerbs zu den allgemeinen Aufwendungen dieser Tätigkeit gehörten.[6] Auch der BFH hat nicht erkannt, dass der Mandantenstamm von der Gesellschaft für *ihre* und nicht etwa vom geschäftsführenden Gesellschafter für *seine* Tätigkeit verwendet wird, die zudem auch nicht als unternehmerische Tätigkeit angesehen werden darf (*§ 1 Rz. 36, 39; § 2 Rz. 160*).

---

1 EuGH v. 13.3.2014 – C-204/13, UR 2014, 353 – Rz. 31 bzw. Rz. 40.
2 EuGH v. 1.3.2012 – C-280/10, UR 2012, 366 – Rz. 32.
3 EuGH v. 13.3.2014 – C-204/13, UR 2014, 353 – Rz. 31 bzw. Rz. 38 a.E. i.V.m. Rz. 20.
4 EuGH v. 13.3.2014 – C-204/13, UR 2014, 353 – Rz. 46.
5 Bei Personengesellschaften handelt es sich um „geschäftsführende Gesellschafter" (§ 713 BGB; § 115 Abs. 2, § 116 Abs. 3 HGB). „Geschäftsführer" gibt es nur bei der GmbH.
6 BFH v. 26.8.2014 – XI R 26/10, UR 2015, 35.

48 Richtigerweise sind deshalb vom Gesellschafter erworbene **Gegenstände**/Wirtschaftsgüter (zur späteren Einlage nach anfänglicher privater nichtunternehmerischer Nutzung s. *§ 15a Rz. 126 ff.*), die in die Gesellschaft eingebracht, der Gesellschaft unentgeltlich zur Nutzung überlassen oder vom Gesellschafter für deren unternehmerische Zwecke verwendet werden, „**für sein Unternehmen**" i.S.d. § 15 Abs. 1 UStG **angeschafft**. Die **Verwendung** i.S.d. § 15 Abs. 2 und 3 UStG bestimmt sich nach den Umsätzen der Gesellschaft. Eine **spätere** (entgeltliche) **Lieferung** (Veräußerung an Dritte) oder **Entnahme** (bzw. unentgeltliche Lieferung) erfolgt dann im Rahmen des Unternehmens (§ 1 Abs. 1 Nr. 1 UStG) des Gesellschafters bzw. aus seinem Unternehmen (§ 1 Abs. 1 Nr. 1 i.V.m. § 3 Abs. 1b UStG). Wird der Gegenstand auch für nichtunternehmerische Zwecke (insbesondere des Gesellschafters) verwendet, so liegt eine **Nutzungsentnahme** i.S.d. § 3 Abs. 9a Nr. 1 UStG vor, die vom Gesellschafter zu versteuern ist.

49 **Sonstige Leistungen**, die der Gesellschafter für Zwecke des Unternehmens der Gesellschaft in Anspruch nimmt (*Beispiele Rz. 45*), sind ebenfalls für das (gedachte) Unternehmen des Gesellschafters i.S.d. § 15 Abs. 1 UStG ausgeführt (*Rz. 48* gilt entsprechend).

50 Soweit der Gesellschafter Aufwendungen tätigt, die (als einkommensteuerrechtliche sog. **Sonderbetriebsausgaben**) unter die in § 15 Abs. 1a UStG genannten einkommensteuerrechtlichen **Abzugsverbote** fallen (*Rz. 351 ff.*), ist der Vorsteuerabzug bei ihm ausgeschlossen oder nach § 17 Abs. 2 Nr. 5 UStG zu berichtigen.

**b) Gesellschafter einer Kapitalgesellschaft, sog. Holding**

51 Für die Gesellschafter von Kapitalgesellschaften haben die vorangegangenen Ausführungen (*Rz. 44 ff.*) entsprechend zu gelten, da auch für diese der Grundsatz der **Neutralität** (*Rz. 2*) verlangt, dass sie von den Vorsteuern auf Aufwendungen, die sie für die unternehmerischen Zwecke der Gesellschaft tätigen, entlastet werden. Anderenfalls müsste die Gesellschaft einen höheren Gewinn als ein Einzelunternehmer erzielen, damit die bei den Gesellschaftern angefallene Umsatzsteuerbelastung kompensiert wird. Da die Aufwendungen der Gesellschafter nicht dem privaten Verbrauch dienen, verstieße die Ablehnung des Vorsteuerabzugs gegen den Grundsatz der **Rechtsformneutralität** (*Vorbem. Rz. 48, 77 ff.*). Auf die **Rechtsform der Gesellschafter** kann es nicht ankommen, so dass es ohne Belang ist, ob der jeweilige Gesellschafter eine natürliche Person, eine Personengesellschaft oder eine juristische Person jedweder Art (Kapitalgesellschaft, Verein, Stiftung, juristische Person des Öffentlichen Rechts) ist.

52 **Demgegenüber** hat der **EuGH** unter Missachtung des sonst von ihm beachteten Grundsatzes der Neutralität des Mehrwertsteuersystems entschieden, dass eine geschäftsleitende **Holding** als beherrschender Gesellschafter von unternehmerisch tätigen Kapitalgesellschaften allein auf Grund dieser Stellung **nicht** als Unternehmer („Steuerpflichtiger") anzusehen sei und keinen Vorsteuerabzug haben könne. Diese Rechtsprechung ist verfehlt (*§ 2 Rz. 71 ff.*).

53 Nach Auffassung des **EuGH** könne die Holding mit der Geschäftsleitung die Unternehmereigenschaft nur durch die **Erbringung von** entgeltlichen administrati-

ven, finanziellen, kaufmännischen und technischen **Dienstleistungen** erlangen; der BFH ist dem gefolgt (*§ 2 Rz. 70*). Die Erbringung solcher Dienstleistungen macht die Holding allerdings **nur insoweit** zum Unternehmer, so dass bei Zugrundelegung der verfehlten Rechtsprechung nicht sämtliche **Vorsteuern** abziehbar wären. Beschränkt die Holding z.B. ihre Dienstleistungen auf die **Beratung**[1] oder die Gewährung von **Darlehen**, so wären nur diese Tätigkeiten unternehmerisch mit der Folge, dass nur insoweit die der Beratung bzw. (bei Verzicht auf die Steuerbefreiung der Kreditgewährung) die der Kreditgewährung[2] zuzurechnenden Vorsteuern abziehbar wären (*Rz. 151*).

**Richtigerweise** ist eine Person (oder Gesellschaft o.Ä.), die eine (oder mehrere) Gesellschaft(en) beherrscht (durch *Mehrheitsbeteiligung* oder *Beherrschungsvertrag*) Steuerpflichtiger/Unternehmer, soweit die Tätigkeiten der beherrschten Gesellschaft(en) unternehmerisch sind. Die Person übt eine wirtschaftliche/unternehmerische Tätigkeit mittelbar durch die beherrschte(n) Gesellschaft(en) aus. Die Ausführungen zum Gesellschafter einer Personengesellschaft (*Rz. 44 ff.*) gelten sinngemäß. Der **Vorsteuerabzug** des beherrschenden Gesellschafters hat sich folglich nach den Umsätzen der beherrschten Gesellschaften zu richten, die dem beherrschenden Gesellschafter (der Holding) für Zwecke des Vorsteuerabzugs zuzurechnen sind. Die Abziehbarkeit der beim **Erwerb** einer **Beteiligung** angefallenen **Vorsteuern** bestimmt sich mithin, auch insoweit entgegen dem EuGH, nach den Umsätzen, die die Gesellschaft, an der die Beteiligung besteht, ausführt (*Rz. 117*). 54

Aus obigen Überlegungen zum Gesellschafter einer Personengesellschaft folgt, dass es auch bei einer Kapitalgesellschaft **nicht** darauf ankommen kann, dass es sich um einen **beherrschenden Gesellschafter** handelt. Allein maßgebend muss sein, dass Leistungen bezogen werden, welche nicht privaten Zwecken des Gesellschafters (o.a. Personen) dienen, sondern für Zwecke der Kapitalgesellschaft in Anspruch genommen werden (vgl. die *Beispiele* zu *Rz. 45*). 55

## B. Abziehbarkeit der in Rechnung gestellten Steuer (Abs. 1 Satz 1 Nr. 1)

Der Unternehmer (*Rz. 29 ff.*) kann die gesetzlich geschuldete Steuer für Lieferungen und sonstige Leistungen, die **von** einem **anderen Unternehmer** (*Rz. 57 ff.*) für sein Unternehmen ausgeführt worden sind, grundsätzlich, d.h., sofern keine Abzugsverbote oder -beschränkungen bestehen, als Vorsteuer abziehen (§ 15 Abs. 1 Satz 1 Nr. 1 Satz 1 UStG). Die Formulierung „**für sein Unternehmen**" enthält **zwei** getrennt zu prüfende **Tatbestandsmerkmale**.[3] Zum Ersten ist zum Vorsteuerabzug nur der Empfänger der Leistung berechtigt („für *sein* Unternehmen"; dazu *Rz. 62 ff.*); zum Zweiten ist Voraussetzung, dass die an ihn ausgeführte Leistung für den unternehmerischen Bereich erfolgt („für sein *Unternehmen*"; dazu *Rz. 100 ff.*). Die „Ausübung" des Vorsteuerabzugs setzt voraus, dass der Unternehmer eine nach den §§ 14, 14a UStG ausgestellte **Rechnung be-** 56

---

1 Vgl. BFH v. 9.2.2012 – V R 40/10, BStBl. II 2012, 844.
2 A.A. wohl *Wäger*, UR 2004, 301 (302).
3 *Stadie*, Vorsteuerabzug, S. 57.

sitzt (§ 15 Abs. 1 Satz 1 Nr. 1 Satz 2 UStG; *Rz. 178 ff.*). Entsprechendes gilt bei geleisteten Vorauszahlungen (§ 15 Abs. 1 Satz 1 Nr. 1 Satz 3 UStG; *Rz. 275 ff.*).

## I. Leistung eines anderen Unternehmers

### 1. Anderer Unternehmer, Vertrauensschutz

57 Die Leistung (Lieferung oder sonstige Leistung) muss von einem anderen Unternehmer (§ 2 UStG) ausgeführt worden sein (§ 15 Abs. 1 Satz 1 Nr. 1 Satz 1 UStG) bzw. werden (im Falle des Satzes 3). Sie muss dem Rechnungsaussteller **zuzurechnen** sein, d.h. zwischen leistendem **Unternehmer** und **Rechnungsaussteller** (Person, der die ausgestellte Rechnung zuzurechnen ist) ist grundsätzlich **Identität** erforderlich (zum Vertrauensschutz *Rz. 190 f.*). Dem Vorsteuerabzug steht nicht entgegen, dass sich der leistende Unternehmer nach Ausführung der Leistung und Rechnungsausstellung dem **Zugriff der Finanzbehörden entzogen** hat[1] (s. auch *Rz. 237* a.E.). Die Unternehmereigenschaft des Leistenden ist im Rechtsstreit des den Vorsteuerabzug begehrenden Unternehmers eigenständig zu prüfen[2] (s. auch *Rz. 245*).

58 Ist der Leistungserbringer kein Unternehmer i.S.d. § 2 UStG, so kann der Verhältnismäßigkeitsgrundsatz (Übermaßverbot) **Vertrauensschutz** gebieten[3], da der die Leistung empfangende Unternehmer als **zwangsverpflichteter Gehilfe des Staates** fungiert. Diese Gehilfenstellung ist nicht nur dann gegeben, wenn der Unternehmer Leistungen gegenüber Endverbrauchern erbringt, sondern **ebenfalls, wenn** er seinerseits **Abnehmer eines** (mutmaßlichen) **Unternehmers** ist und er von der **Vorsteuer** zu entlasten ist (*Vorbem. Rz. 26*). Daraus folgt, dass der Unternehmer keine **unzumutbaren Risiken** tragen darf.[4] Nicht etwa gehört die Frage der Unternehmereigenschaft des Vertragspartners zum Risikobereich des Unternehmers und nicht etwa hat dieser, wie der BFH weiterhin meint[5], die vollständige Feststellungslast für die Voraussetzungen des Vorsteuerabzugs. Somit ist der Unternehmer nicht etwa „generell" verpflichtet „zu prüfen, ob der Aussteller der Rechnung [...] Steuerpflichtiger ist", da es „nämlich grundsätzlich Sache der Steuerbehörden" ist, bei diesem die erforderlichen Kontrollen durchzuführen, weil anderenfalls „die Steuerbehörden ihre eigenen Kontrollaufgaben [...] auf die Steuerpflichtigen übertragen" würden.[6] Eine Erkundigungspflicht besteht nur dann, wenn der Unternehmer über „Anhaltspunkte verfügte, die Unregelmäßigkeiten oder Steuerhinterziehung in der Sphäre des Rechnungs-

---

1 BFH v. 27.6.1996 – V R 51/93, BStBl. II 1996, 620; BFH v. 31.1.2002 – V B 108/01, BStBl. II 2004, 622 (624).
2 BFH v. 19.2.2008 – XI B 205/07, BFH/NV 2008, 1210.
3 Vgl. auch *Heidner*, UR 2002, 445 (451).
4 Vgl. EuGH v. 11.5.2006 – C-384/04, EuGHE 2006, I-4191 = UR 2006, 410 – Rz. 33; EuGH v. 6.7.2006 – C-439/04 u. C-440/04, EuGHE 2006, I-6161 = UR 2006, 594 – Rz. 51.
5 BFH v. 19.4.2007 – V R 48/05, BStBl. II 2009, 315 = UR 2007, 693 – C 3b; BFH v. 12.8.2009 – XI R 48/07, UR 2010, 423 – 1b (a.E.).
6 EuGH v. 21.6.2012 – C-80/11 und C-142/11, UR 2012, 591 – Rz. 61, 62 und 65; EuGH v. 6.9.2012 – C-324/11, UR 2012, 851 – Rz. 42; ebenfalls in diesem Sinne EuGH v. 31.1.2013 – C-643/11, UR 2013, 346 – Rz. 61 und 62.

ausstellers vermuten ließen"[1]. Einer vom BFH behaupteten **Obliegenheit** zur **Nachprüfung**[2] ist der EuGH ausdrücklich **entgegengetreten**.[3]

Folglich kann die Frage nach dem **Vertrauensschutz im Rahmen der Entscheidung nach § 15 Abs. 1 UStG** nicht einfach, wie der BFH[4] meint, mit dem Hinweis, dass die Vorschrift keinen Gutglaubensschutz vorsehe, abgetan werden. Der verfassungs- und unionsrechtlich fundierte Verhältnismäßigkeitsgrundsatz verlangt vielmehr bei einem gutgläubigen Leistungsempfänger eine entsprechende Auslegung der Vorschrift. Der mögliche Wortsinn erlaubt es, als anderen Unternehmer auch eine nach Außen als Unternehmer erscheinende Person anzusehen. Auf dasselbe liefe die analoge Anwendung des § 15 Abs. 1 Satz 1 Nr. 1 Satz 1 UStG hinaus. Der **BFH** meint, rechtsmethodisch diese Wege nicht gehen zu können und will den Vorsteuerabzug als „**Billigkeitsmaßnahme**" nach § 155 Abs. 4 i.V.m. § 163 Satz 1 AO in einem gesonderten Verfahren gewähren.[5] Dieser Weg ist indes **fehlerhaft**, weil es nicht angeht, dass in einem ersten Schritt ein verfassungs- und unionsrechtswidriges Urteil ergeht, welches dann anschließend erst durch eine Billigkeitsmaßnahme korrigiert wird (*Rz. 222*).

59

Vertrauensschutz kommt in Betracht, wenn die nach § 15 Abs. 1 Satz 1 Nr. 1 Satz 2 UStG geforderte Rechnung die Angabe der **Steuernummer** enthält (§ 14 Abs. 4 Satz 1 Nr. 2 UStG). Da in Deutschland keine eigenständige umsatzsteuerliche Steuernummer erteilt wird, kann der Rechnungsempfänger mithin anhand der Steuernummer nicht erkennen, ob der Rechnungsaussteller Unternehmer ist. Da für den Rechnungsempfänger keine Nachforschungspflicht (in Form der Nachfrage beim Finanzamt) besteht, ist sein **guter Glaube** geschützt, wenn nicht offensichtlich ist, dass der Rechnungsaussteller kein Unternehmer ist. Entsprechendes hat zu gelten, wenn eine **fremde** oder **fingierte Umsatzsteuer-Identifikationsnummer** verwendet wird (s. auch *Rz. 226*; bei der Rechnung eines *Kleinunternehmers* gilt Entsprechendes; *Rz. 254*). Hat der Rechnungsaussteller hingegen **keine Steuernummer** oder Umsatzsteuer-Identifikationsnummer verwendet, so kommt **kein Vertrauensschutz** in Betracht. Der Rechnungsempfänger muss (bis zur Vervollständigung der Rechnung) davon ausgehen, dass sein Vertragspartner kein (in Deutschland registrierter) Unternehmer ist[6], so dass er

60

---

1 EuGH v. 21.6.2012 – C-80/11 und C-142/11, UR 2012, 591 – Rz. 66; EuGH v. 6.9.2012 – C-324/11, UR 2012, 851 – Rz. 43.
2 BFH v. 6.12.2007 – V R 61/05, BStBl. II 2008, 695.
3 EuGH v. 31.1.2013 – C-642/11, UR 2013, 275 – Rz. 52 (= 2. LS); EuGH v. 31.1.2013 – C-643/11, UR 2013, 346 – Rz. 64 (= 2. LS): „(...) ist von der Finanzbehörde „anhand objektiver Gesichtspunkte und ohne dass vom Rechnungsempfänger **Nachprüfungen** verlangt werden, die ihm **nicht obliegen** [Hervorhebung durch den Verf.], nachzuweisen, dass der Rechnungsempfänger wusste oder wissen musste, dass (...)". In diesem Sinne auch bereits EuGH v. 21.6.2012 – C-80/11 und C-142/11, UR 2012, 591 – Rz. 49; EuGH v. 6.12.2012 – C-285/11, UR 2013, 195 – Rz. 43.
4 BFH v. 24.4.1986 – V R 110/76, BFH/NV 1987, 745; BFH v. 8.12.1988 – V R 28/84, BStBl. II 1989, 250 m.w.N.; BFH v. 9.7.1998 – V B 143/97, UR 1999, 489; BFH v. 1.2.2001 – V R 6/00, BFH/NV 2001, 941; BFH v. 30.10.2001 – V B 92/01, BFH/NV 2002, 831 – „grundsätzlich"; BFH v. 30.4.2009 – V R 15/07, BStBl. II 2009, 744.
5 Vgl. BFH v. 30.4.2009 – V R 15/07, BStBl. II 2009, 744; BFH v. 12.8.2009 – XI R 48/07, UR 2010, 423 (426 – 1c bb).
6 Eine Freistellungsbescheinigung nach § 48b EStG kann keinen Vertrauensschutz begründen; BFH v. 13.2.2008 – XI B 171/07, BFH/NV 2008, 1216.

berechtigt ist, den Rechnungsbetrag um den Steuerbetrag zu kürzen (*§ 14 Rz. 38*). Übt er dieses Zurückbehaltungsrecht nicht aus, so ist sein Vertrauen nicht schutzwürdig (zum Vertrauensschutz bezüglich der **Identität** von **Rechnungsaussteller** und **Leistendem** s. *Rz. 190 f.*).

## 2. Leistung, Vertrauensschutz

61 Nach dem Gesetzeswortlaut muss objektiv eine Leistung (Lieferung oder sonstige Leistung) vorliegen. Wird für eine Zahlung, die reinen **Entschädigungscharakter** hat, weil ihr **keine Leistung** zugrunde liegt (dazu *§ 1 Rz. 48 ff.*), fälschlich Umsatzsteuer in Rechnung gestellt, so ist allerdings im Regelfall **Vertrauensschutz** zu gewähren[1], weil die umsatzsteuerrechtliche Abgrenzung der Leistung von der Nichtleistung häufig schwierig ist und selbst vom BFH und der Finanzverwaltung nicht beherrscht wird (vgl. *§ 1 Rz. 49 u. 53*). Der Vertrauensschutz ist unabhängig davon, ob der Unternehmer (Rechnungsempfänger) versucht hat, seinen zivilrechtlichen Rückforderungsanspruch[2] gegenüber seinem Vertragspartner durchzusetzen, da der Staat sich das Fehlverhalten seines einen Gehilfen (*Vorbem. Rz. 20*) bei der Rechnungsausstellung im Verhältnis zu seinen weiteren Gehilfen (Rechnungsempfänger) zurechnen lassen muss. Folglich gebietet es der Verhältnismäßigkeitsgrundsatz, dass der Staat das Risiko trägt, die vom Rechnungsaussteller nach § 14c Abs. 2 UStG geschuldete Steuer (*§ 14c Rz. 65*) beitreiben zu können, so dass dem **gutgläubigen Rechnungsempfänger** der Vorsteuerabzug zu gewähren ist (ausführl. *Rz. 255 i.V.m. 247 ff.*).

## II. Leistungsempfänger (Abzugsberechtigter)

### 1. Grundsatz, Allgemeines

62 Zum Abzug der Vorsteuer ist nach § 15 Abs. 1 Satz 1 Nr. 1 Satz 1 UStG derjenige berechtigt, für dessen („sein") Unternehmen die Leistung ausgeführt wird. Leistungsempfänger ist, sofern keine missbräuchliche Gestaltung i.S.d. § 42 AO vorliegt[3], **grundsätzlich** derjenige, der aus dem zugrunde liegenden Rechtsverhältnis, d.h. bei einem Vertragsverhältnis als **Auftraggeber**[4], berechtigt und verpflichtet ist.[5] Ohne Belang ist, ob er für eigene oder fremde Rechnung handelt.[6] Er schuldet die Gegenleistung[7] und wird dadurch mit der Umsatzsteuer belastet,

---

1 A.A. BFH v. 10.12.2008 – XI R 57/06, BFH/NV 2009, 1156.
2 Dazu *Stadie* in R/D, Einf. Anm. 923.
3 Vgl. auch EuGH v. 20.6.2013 – C-653/11, UR 2013, 628.
4 Der Insolvenzschuldner (die „Masse") wird durch das Handeln des Insolvenzverwalters kraft Amtes verpflichtet.
5 Insoweit vom Grundsatz her zutreffend BFH v. 5.10.1995 – V R 113/92, BStBl. II 1996, 11; BFH v. 7.11.2000 – V R 49/99 = BStBl. II 2008, 493 = UR 2001, 118; BFH v. 21.6.2001 – V R 33/99, UR 2002, 96; BFH v. 24.8.2006 – V R 16/05, BStBl. II 2007, 340; BFH v. 18.2.2009 – V R 82/07, BStBl. II 2009, 876; BFH v. 23.9.2009 – XI R 14/08, BStBl. II 2010, 243; BFH v. 30.3.2011 – XI R 12/08, BStBl. II 2011, 819; BFH v. 28.8.2013 – XI R 4/11, BStBl. II 2014, 282.
6 BFH v. 30.3.2011 – XI R 12/08, BStBl. II 2009, 876 – **Treuhänder**; vgl. auch BFH v. 31.1.2002 – V B 108/01, BStBl. II 2004, 622 – II 4b der Gründe.
7 Zur **Vertragsübernahme** *Stadie* in R/D, § 15 UStG Anm. 195 f.

von der er durch den Vorsteuerabzug entlastet werden soll. Insoweit deckt sich der Leistungsempfänger i.S.d. § 15 UStG mit demjenigen, der in § 14 Abs. 4 Satz 1 Nr. 1 UStG zu benennen ist. Allerdings kann der Zweck des § 15 UStG gebieten, den Leistungsempfänger im Sinne dieser Vorschrift abweichend vom Zivilrecht und damit abweichend von § 14 UStG wirtschaftlich zu bestimmen (*Rz. 76 ff.*). Wird die Leistung auf gesetzlicher Grundlage erbracht oder wird die Gegenleistung **kraft Gesetzes** geschuldet (*§ 1 Rz. 45, 47*), so ist Leistungsempfänger der Schuldner der Gegenleistung.[1]

Bei Einbeziehung von **durchlaufenden Posten** in die Bemessungsgrundlage (*§ 10 Rz. 71*) ist der betreffende (zweite) Unternehmer, sofern die Rechnung seitens des Dritten (erster Unternehmer) an ihn – wozu keine Verpflichtung besteht (*§ 14 Rz. 41*) – und nicht an den wahren Leistungsempfänger ausgestellt wird, hinsichtlich der zugrunde liegenden Leistungen als deren Empfänger anzusehen und unter den weiteren Voraussetzungen des § 15 UStG zum Vorsteuerabzug berechtigt.[2] Der wahre Leistungsempfänger ist dann, sofern Unternehmer, ebenfalls unter den weiteren Voraussetzungen des § 15 UStG auf Grund der Rechnung des 2. Unternehmers zum Vorsteuerabzug berechtigt.[3] 63

Die **Eigentumslage** ist für die Bestimmung des Leistungsempfängers **unerheblich**. Der Auftraggeber ist auch dann Leistungsempfänger, wenn er nicht Eigentümer des Lieferungsgegenstandes wird[4], weil ein Dritter kraft Gesetzes das Eigentum erlangt. Maßgebend ist die Erlangung der Verfügungsmacht an dem Gegenstand der Lieferung, d.h. die Erlangung der **wirtschaftlichen Substanz** des Gegenstandes. Lieferungsempfänger ist mithin derjenige, dem wirtschaftlich der volle **Wert** des Gegenstandes (Wirtschaftsgutes) zuzurechnen ist (vgl. *§ 3 Rz. 22, 26*). Das gilt insbesondere bei der Errichtung eines **Gebäudes auf fremdem Grund und Boden**, welches wesentlicher Bestandteil des Grundstücks wird, bei sog. **Mietereinbauten** sowie bei **Bauten eines Miteigentümers** auf dem gemeinsamen Grundstück (*Rz. 72 f.*). 64

Im Falle einer Weiterlieferung des Gegenstandes (Wirtschaftsgutes) im **Reihengeschäft** geht § 3 Abs. 1 UStG davon aus, dass der **mittlere Lieferer** nicht einmal Verfügungsmacht erlangt, gleichwohl ist nach dieser Bestimmung zweifelsfrei, dass er Empfänger einer Lieferung ist (*§ 3 Rz. 46*). 65

Eine **Klage** auf **Feststellung** des Leistungsempfängers gegenüber dem Finanzamt des Leistenden ist unzulässig.[5] Die Frage kann bezüglich der Rechnungserteilung nur von den Zivilgerichten, ggf. von den Verwaltungsgerichten, geklärt werden, da sich der Anspruchsberechtigte insoweit nach dem Zivil- bzw. Verwaltungsrecht richtet (*§ 14 Rz. 28*).[6] Die Frage des ggf. abweichenden *umsatz-* 66

---

[1] Vgl. zur Insolvenzverwaltervergütung BFH v. 20.2.1986 – V R 16/81, BStBl. II 1986, 579; BFH v. 26.9.2012 – V R 9/11, BStBl. II 2013, 346.
[2] *Stadie* in R/D, § 15 UStG Anm. 168; a.A. OFD Frankfurt a.M. v. 24.6.2010 – S 7100 A - 228 - St 110, UR 2010, 784 – TÜV/DEKRA-Gebühren.
[3] BFH v. 11.2.1999 – V R 47/98, BFH/NV 1999, 1137 – 2b der Gründe.
[4] Vgl. BFH v. 23.9.2009 – XI R 14/08, BStBl. II 2010, 243 – II 2a der Gründe.
[5] BFH v. 30.3.2011 – XI R 12/08, BStBl. II 2011, 819.
[6] BFH v. 30.3.2011 – XI R 12/08, BStBl. II 2011, 819.

## 2. Zuzahlung eines Dritten

67 Bei einer Zuzahlung eines Dritten i.S.d. § 10 Abs. 1 Satz 3 UStG (*§ 10 Rz. 61 ff.*) ist dieser entsprechend seiner Zahlung (**mittelbarer**) **Leistungsempfänger**, weil auch ihm die Leistung zugutekommt und er in dem Umfang, in dem er die Gegenleistung aufwendet, mit der darin enthaltenen Umsatzsteuer belastet ist.[1] Schon der Zweck des Vorsteuerabzugs (*Rz. 2*) verlangt eine entsprechende Auslegung des § 15 Abs. 1 Satz 1 Nr. 1 UStG, so dass die Verordnungsermächtigung des § 15 Abs. 5 Nr. 2 UStG überflüssig ist. Als (mittelbarer) Leistungsempfänger hat der Dritte aus dem der Zuzahlung zugrunde liegenden Rechtsverhältnis einen Anspruch auf Erteilung einer Rechnung i.S.d. § 14 UStG hinsichtlich seiner Zuzahlung. In dieser Rechnung muss zur Identifizierung der Leistung auch der unmittelbare Leistungsempfänger, d.h. derjenige, dem die Leistung unmittelbar zugutekommt, benannt sein (*§ 14 Rz. 80*). Dieser hat hinsichtlich der auf die Zuzahlung entfallenden Steuer keinen Vorsteuerabzug (*Rz. 195*; zur unfreien Versendung s. *Rz. 88*).

## 3. Personenmehrheit

68 Haben mehrere Personen gemeinsam eine Leistung in Auftrag gegeben, so liegen grundsätzlich entsprechend der Zahl der Beteiligten mehrere Leistungsempfänger vor[2], auf die die Vorsteuer **anteilig** regelmäßig in dem Umfang entfällt, in dem sie die Gegenleistung tragen (*Rz. 261*; zu den Anforderungen an die Rechnung s. *Rz. 195 f.*). Der Umstand, dass der gemeinsamen Auftragserteilung (wie wohl regelmäßig) eine BGB-Gesellschaft (§ 705 BGB) zugrunde liegt, ändert daran grundsätzlich nichts[3], denn eine BGB-Gesellschaft ist nicht per se Unternehmer.

**Beispiele**

Landwirte erwerben gemeinsam einen Mähdrescher zu Miteigentum und nutzen ihn abwechselnd in ihren jeweiligen Unternehmen. Die Landwirte sind jeweils Leistungsemp-

---

[1] Das verkennen erneut BFH v. 28.8.2013 – XI R 4/11, BStBl. II 2014, 282 – anteilige Zahlung eines Profifußballvereins an vom Spieler eingeschalteten Vermittler; BFH v. 16.10.2013 – XI R 39/12, BStBl. II 2014, 1024 = UR 2013, 962 – Rz. 62, Zahlung eines Mobilfunkanbieters an Vermittler für „kostenlose" Lieferungen von Mobilfunktelefonen an Kunden; wie hier *Englisch*, UR 2014, 461.

[2] Vgl. *Reiß*, BB 1987, 448 (450 ff.); *Stadie*, Vorsteuerabzug, S. 70; BFH v. 1.10.1998 – V R 31/98, UR 1999, 36 = BStBl. II 2008, 497; BFH v. 7.11.2000 – V R 49/99, BStBl. II 2008, 493 = UR 2001, 118; BFH v. 1.2.2001 – V R 79/99, BStBl. II 2008, 495 = UR 2001, 251; BFH v. 28.11.2002 – V R 18/01, BStBl. II 2003, 443; BFH v. 6.10.2005 – V R 40/01, BStBl. II 2007, 13; BFH v. 6.9.2007 – V R 16/06, BFH/NV 2008, 1710; BFH v. 28.8.2014 – V R 49/13, UR 2014, 974; EuGH v. 21.4.2005 – C-25/03, EuGHE 2005, I-3923 = BStBl. II 2007, 23 = UR 2005, 324 – Rz. 54 ff.; vgl. auch Abschn. 15.2b Abs. 1 Satz 8 UStAE.

[3] *H.-F. Lange*, UR 1999, 17.

fänger hinsichtlich der anteiligen Lieferung.[1] Landwirte errichten gemeinschaftlich eine Lagerhalle zur gemeinsamen Nutzung.[2]

Anders liegt es nur dann, wenn diese, ggf. nur die Kosten umlegende und damit den Gesellschaftern gegenüber Umsätze erbringende, BGB-Gesellschaft **Unternehmer** ist (dazu *§ 2 Rz. 148 ff.*); dann ist sie der Leistungsempfänger[3] und erbringt mit der Weitergabe ihrerseits Leistungen an die Gesellschafter.[4] 69

Bei einer sog. **Bauherrengemeinschaft** sind anteilige Leistungsempfänger der Bauhandwerker usw. die einzelnen Bauherren.[5] Eine **Wohnungseigentümergemeinschaft** als solche kann hingegen Unternehmer (*§ 2 Rz. 30*) und folglich Leistungsempfänger sein. 70

Sind mehrere Personen (insbesondere **Ehegatten**) jeweils anteilig Leistungsempfänger, so ist dem Umstand, dass **nur einer** von ihnen (nur ein Ehegatte) **die gesamte Leistung**, insbesondere ein gemeinsam erworbenes oder angemietetes Gebäude für sein Unternehmen **nutzt**, dadurch Rechnung zu tragen, dass ihm die übrigen bzw. der andere Ehegatte in Analogie zu § 15a UStG sukzessive den anteiligen Vorsteuerabzug hinsichtlich des ihm nicht zuzurechnenden Gebäudeteils zuwenden können (*§ 15a Rz. 183 ff.*; s. aber auch unten *Rz. 86*). Hat er auch die gesamte Gegenleistung getragen, so ist er entgegen der Rechtsprechung richtigerweise schon alleiniger Leistungsempfänger (*Rz. 72 i.V.m. 85*). 71

### 4. Gebäude auf fremdem Grund und Boden, Mietereinbauten u.Ä.

Der Auftraggeber wird auch dann Leistungsempfänger, wenn er nicht Eigentümer des Lieferungsgegenstandes wird, weil ein Dritter kraft Gesetzes das Eigentum erwirbt. Maßgebend ist vielmehr die Erlangung der wirtschaftlichen Substanz des Gegenstandes (*Rz. 64*). Bei der Errichtung eines **Gebäudes auf fremdem Grund und Boden** wird mithin der Auftraggeber Empfänger der Leistungen der Handwerker und nicht der Eigentümer des Grundstücks, dessen wesentlicher Bestandteil das Gebäude wird (vgl. *§ 3 Rz. 43*).[6] Dasselbe gilt bei sog. **Mieterein-** 72

---

1 Vgl. BFH v. 1.10.1998 – V R 31/98, BStBl. II 2008, 497 = UR 1999, 36; BFH v. 28.8.2014 – V R 49/13, UR 2014, 974.
2 Vgl. BFH v. 28.11.2002 – V R 18/01, BStBl. II 2003, 443; BFH v. 3.11.2005 – V R 53/03, BFH/NV 2006, 841.
3 Vgl. *Reiß*, BB 1987, 448 (450, 452); *Stadie*, Vorsteuerabzug, S. 70 f.; BFH v. 1.10.1998 – V R 31/98, BStBl. II 2008, 497 = UR 1999, 36; BFH v. 16.5.2002 – V R 15/00, BFH/NV 2002, 1346; EuGH v. 21.4.2005 – C-25/03, EuGHE 2005, I-3123 = BStBl. II 2007, 24 = UR 2005, 324 – Rz. 54 ff.
4 Zur **Vermietung** eines Gebäudes (Grundstücks) durch **Ehegatten-Miteigentümer** s. *Stadie* in R/D, § 15 UStG Anm. 181.
5 Vgl. BFH v. 27.1.1994 – V R 31/91, BStBl. II 1994, 488; BFH v. 21.6.2001 – V R 33/99, BFH/NV 2001, 1619; ausführlich *Stadie* in R/D, § 2 UStG Anm. 502.
6 BFH v. 26.2.1976 – V R 132/73, BStBl. II 1976, 309; BFH v. 11.12.1986 – V R 57/76, BStBl. II 1987, 233; BFH v. 24.11.1992 – V R 80/87, BFH/NV 1993, 634; BFH v. 20.2.1997 – V B 161/96, UR 1998, 184; vgl. auch BMF v. 23.7.1986 – IV A 2 - S 7100 - 76/86, BStBl. I 1986, 432 – Abschn. B.

bauten (vgl. *§ 3 Rz. 43*) sowie bei **Bauten eines Miteigentümers** auf dem gemeinsamen Grundstück.[1]

73 Der Eigentumserwerb seitens des Grundeigentümers bewirkt auch nicht, dass eine sofortige (unmittelbare) **Weiterlieferung** von **Gebäuden, Mietereinbauten** o.Ä. vorliegt. Der Gegenstand der Werklieferungen, d.h. die wirtschaftliche Substanz der Gebäudelieferung, der Mietereinbauten usw. bleibt – als Wirtschaftsgut i.S.d. § 15a UStG (*§ 3 Rz. 11 ff.; § 15a Rz. 14 i.V.m. 45 f.*) – solange im Unternehmen des Auftraggebers, wie das Wirtschaftsgut dort tatsächlich genutzt wird.[2] Anders liegt es, wenn der Mieter (Pächter o.Ä.) schon vor Fertigstellung des Gebäudes usw. auf sein Wegnahmerecht verzichtet und der Grundstückseigentümer ihm die **Herstellungskosten erstattet** oder diese mit dem Miet- oder Pachtzins **verrechnet** werden (*§ 3 Rz. 44*).

### 5. Organschaft

74 Bei einer Leistung gegenüber einer **Organgesellschaft** ist diese Leistungsempfängerin, da sie Auftraggeberin der Leistung ist. Nicht etwa hat der Organträger die Leistung unter dem Namen der Organgesellschaft bezogen.[3] Vielmehr folgt aus § 2 Abs. 2 Nr. 2 UStG, dass die Leistungsbezüge der Organgesellschaft grundsätzlich dem **Organträger** – lediglich für umsatzsteuerrechtliche Zwecke und nicht etwa auch zivilrechtlich – aus der Sicht des § 15 UStG zuzurechnen sind (*§ 2 Rz. 315*), so dass die Leistungen als für sein Unternehmen ausgeführt zu behandeln sind. Deshalb darf in der Rechnung auch nicht der Organträger als Leistungsempfänger angegeben sein (*Rz. 199*).

75 Die Abzugsfähigkeit der Vorsteuern richtet sich in Abhängigkeit von der Verwendung der bezogenen Leistungen nach den Außenumsätzen der Organgesellschaft bzw. des Organkreises (*§ 2 Rz. 315*; zu Besonderheiten bei **Beginn** bzw. **Ende** des Organschaftsverhältnisses s. *§ 2 Rz. 320* bzw. *330 ff.*).

### 6. Wirtschaftlicher Leistungsempfänger

#### a) Grundsätzliches

76 Bei Einschaltung einer Mittelsperson, welche die Leistung **im eigenen Namen** besorgt („einkauft"), mithin zivilrechtlich Auftraggeber[4] gegenüber dem die Leistung erbringenden Unternehmer ist, aber **für fremde Rechnung** handelt, nämlich einen **Aufwendungsersatzanspruch** gegenüber ihrem Auftraggeber hat, verlangt der Entlastungszweck des Vorsteuerabzugs (*Rz. 2*), dass der Auftraggeber der Mittelsperson als Leistungsempfänger i.S.d. § 15 Abs. 1 Satz 1 Nr. 1 UStG anzusehen ist. Zur Bedeutung der **Verordnungsermächtigung** des § 15 Abs. 5 Nr. 2 UStG s. *Rz. 67 u. Rz. 508.*

---

1 Vgl. BFH, BStBl. II 1987, 233; BMF v. 23.7.1986 – IV A 2 - S 7100 - 76/86, BStBl. I 1986, 432 – Abschn. E.
2 BMF v. 23.7.1986 – IV A 2 - S 7100 - 76/86, BStBl. I 1986, 432 – Abschn. C II 2.
3 So aber Abschn. 14.5 Abs. 4 Satz 1 UStAE.
4 Zum **Geschäft für den, den es angeht** s. BFH v. 23.9.2009 – XI R 14/08, BStBl. II 2010, 243 – 2a aa i.V.m. 2b der Gründe; *Stadie* in R/D, § 15 UStG Anm. 197.

Soweit allerdings die **Mittelsperson Unternehmer** ist, führt eine Weitergabe der 77
besorgten Leistung im Rahmen des Unternehmens zu steuerpflichtigen Umsätzen (*Beispiele:* gewerblicher Kommissionär, Spediteur), so dass die Mittelsperson Leistungsempfänger i.S.d. § 15 Abs. 1 Satz 1 Nr. 1 UStG bleibt, da sie ihrerseits gegenüber den Auftraggebern Leistungen erbringt (§ 3 Abs. 3 bzw. Abs. 11 UStG), welche diese zum Vorsteuerabzug berechtigen (zu **durchlaufenden Posten** s. *Rz. 63*).

Schaltet ein Unternehmer beim Bezug von Leistungen eine dritte Person ein, so 78
kann es bei der Auslegung dieser Vorschrift nicht darauf ankommen, ob der Dritte die Leistung im eigenen Namen oder im fremden Namen besorgt. Maßgebend ist nur, dass er *für fremde Rechnung* handelt und die bezogene Leistung dem **Auftraggeber** im Ergebnis zugutekommt, weil dieser die **Gegenleistung trägt**. Der **Leistungsempfänger** ist mithin bei diesen Konstellationen aus der Sicht des Vorsteuerabzugs **wirtschaftlich** zu bestimmen[1], so dass die Leistungsempfänger i.S.d. § 14 und des § 15 UStG nicht identisch sein müssen. Die **gegenteilige** Auffassung der im Folgenden genannten **Rechtsprechung**[2] verkennt den Zweck des § 15 UStG und das Ziel des gemeinsamen Mehrwertsteuersystems, den Unternehmer von der Umsatzsteuer zu entlasten, die auf seinen Kosten ruht.[3] Schon der Wortlaut des § 15 UStG verlangt nicht, dass der Empfänger der Leistung identisch mit dem Leistungsempfänger i.S.d. § 14 Abs. 4 Satz 1 Nr. 1 UStG sein muss. § 15 Abs. 1 Satz 1 Nr. 1 UStG spricht von der Leistung für das Unternehmen und erlaubt deshalb nicht nur, sondern verlangt eine **autonome**, sachgerechte, am Zweck der Vorschrift orientierte **Auslegung**. Folglich ist es dann richtigerweise auch unschädlich, wenn der zivilrechtliche Leistungsempfänger in der **Rechnung** genannt ist (*Rz. 196*).

Der zuvor genannte Grundsatz hat für solche Fälle zu gelten, in denen ein **Dritter** 79
als Nichtunternehmer (*Rz. 77*) Auftraggeber der Leistung ist, aber der wirtschaftliche Leistungsempfänger – ohne dass eine Vertragsübernahme angenommen werden kann – die **Gegenleistung** kraft Gesetzes (dazu *Rz. 90 f.*) oder vertraglich im Innenverhältnis in voller Höhe **trägt** oder aus anderen Gründen an Stelle des Dritten unmittelbar gegenüber dem leistenden Unternehmer entrichtet.

Die vom **BFH** regelmäßig[4] vorgenommene Einschränkung, dass Leistungsemp- 80
fänger „**grundsätzlich**" bzw. „im Allgemeinen" derjenige sei, der aus dem der Leistung zugrunde liegenden Schuldverhältnis als Auftraggeber berechtigt und

---

1 *Friedl*, UR 1987, 65 ff.; *Stadie*, Vorsteuerabzug, S. 65 f.; *Stadie*, DStJG 13 (1990), S. 179 (181 ff.); *Schön*, Umsatzsteuerkongress-Bericht 1991/92, S. 117 (154); vgl. auch *Lange*, UR 1999, 17 (20).
2 Ausdrücklich abgelehnt wird die wirtschaftliche Zurechnung vom BFH v. 20.10.1994 – V R 96/92, BFH/NV 1995, 459.
3 Symptomatisch BFH v. 22.2.2008 – XI B 189/07, BFH/NV 2008, 830 – wonach die „bloße Kostenübernahme für Leistungen, ohne Leistungsempfänger zu sein, (...) nicht zum Vorsteuerabzug" führe. Das ist der klassische Zirkelschluss, denn wer die Kosten übernimmt und die Leistungen, wie im entschiedenen Fall, für eigene Zwecke verwendet, ist aus der Sicht des § 15 UStG als Leistungsempfänger anzusehen!
4 Ausnahme: BFH v. 18.2.2009 – V R 82/07, BStBl. II 2009, 876.

verpflichtet sei[1], ist noch durch keine ausdrückliche Ausnahme ausgefüllt worden. Es heißt lediglich zuweilen, dass ein Dritter Leistungsempfänger sei, wenn die Leistung nicht gegenüber dem nach dem zugrunde liegenden Rechtsverhältnis Berechtigten, sondern **tatsächlich** dem **Dritten** gegenüber **erbracht** werde, der auch die Gegenleistung entrichtet.[2] Was damit gemeint ist, wurde nie erläutert. Diese Formel ist indes nichts anderes als die wirtschaftliche Bestimmung des Leistungsempfängers.[3]

### b) Aufwendungsersatz gegenüber Arbeitnehmern oder Gesellschaftern

81  Der genannte Grundsatz hat zum einen in den Fällen zu gelten, in denen Arbeitnehmer oder Gesellschafter Ausgaben im eigenen Namen für Rechnung des Arbeitgebers bzw. der Gesellschaft tätigen und ihre **Ausgaben** (Aufwendungen, Kosten) **erstattet** bekommen. Zivilrechtliche Leistungsempfänger und damit auch i.S.d. § 14 UStG sind zwar der Arbeitnehmer bzw. der Gesellschafter, aus der Sicht des § 15 Abs. 1 Satz 1 Nr. 1 UStG sind es hingegen der Arbeitgeber bzw. die Gesellschaft. Die Rechtsprechung des **EuGH** zur Kostenerstattung an Arbeitnehmer ist **unklar**.[4] (Erhält ein **Gesellschafter** die Kosten einer für Zwecke der Gesellschaft in Anspruch genommenen Leistung **nicht** von der Gesellschaft **erstattet**, so muss bei ihm der Vorsteuerabzug in Betracht kommen; *Rz. 44 ff.*)

82  Bei der **Schulung von Betriebsräten** durch Dritte ist richtigerweise der Arbeitgeber entgegen der Auffassung des BFH[5] wirtschaftlicher Leistungsempfänger, wenn er den Betriebsräten die Kosten der Schulung ersetzt.

83  Bei **Reiseleistungen** u.Ä. (Fahrtkosten, Übernachtungen, Mehrverpflegungsaufwendungen), die ein **Arbeitnehmer** im eigenen Namen in Anspruch genommen hat, ist der Arbeitgeber **entgegen** der Auffassung der **Finanzverwaltung**[6] wirtschaftlicher Leistungsempfänger, wenn er dem Arbeitnehmer die Kosten erstattet. Für deren Vorsteuerabzug reicht deshalb richtigerweise die auf den Arbeitnehmer ausgestellte Rechnung auch dann aus, wenn die Kleinbetragsgrenze (*Rz. 199*) überschritten wird.[7]

---

1 Vgl. BFH v. 24.6.1999 – V R 99/98, BFH/NV 1999, 1648; BFH v. 21.6.2001 – V R 33/99, UR 2002, 96; BFH v. 7.11.2000 – V R 49/99, BStBl. II 2008, 493 = UR 2001, 118; BFH v. 1.1.2001 – V R 79/99, BStBl. II 2008, 495 = UR 2001, 251; BFH v. 24.8.2006 – V R 16/05, BStBl. II 2007, 340; BFH v. 23.9.2009 – XI R 14/08, BStBl. II 2010, 243.
2 BFH v. 1.6.1989 – V R 72/84, BStBl. II 1989, 677; BFH v. 31.3.1993 – V B 85/92, BFH/NV 1993, 364; BFH v. 24.8.2006 – V R 16/05, BStBl. II 2007, 340 – 2b der Gründe; ebenso Abschn. 15.2b Abs. 1 Satz 13 UStAE.
3 Vgl. *Jakob*, Rz. 830.
4 Vgl. einerseits EuGH v. 8.11.2001 – C-338/98, EuGHE 2001, I-8265 = UR 2001, 544 – Rz. 54 f.; andererseits EuGH v. 10.3.2005 – C-33/03, EuGHE 2005, I-1865 = UR 2005, 334 – Rz. 22; ausführlich dazu *Stadie* in R/D, § 15 UStG Anm. 210.
5 BFH v. 18.1.2001 – V R 83/97, UR 2001, 257 m. abl. Anm. *Stadie*.
6 BMF v. 28.3.2001 – IV B 7 - S 7303a - 20/01, BStBl. I 2001, 251.
7 A.A. wohl auch BFH v. 23.11.2000 – V R 49/00, BStBl. II 2001, 266.

## c) Ehegatte – Ehegattengemeinschaft

Erteilt ein **Ehegatte** einen Auftrag im eigenen Namen, wird die Leistung aber im Unternehmen des **anderen Ehegatten** oder der **Ehegattengemeinschaft** verwendet und bezahlt dieser bzw. diese die Rechnung, so darf der Vorsteuerabzug ebenfalls nicht daran scheitern, dass nicht der Unternehmer die Leistung in Auftrag gegeben hatte. Die **gegenteilige Auffassung** des **BFH**[1] widerspricht dem Entlastungszweck des Vorsteuerabzugs (*Rz. 2*) und dem *Verhältnismäßigkeitsgrundsatz* (Übermaßverbot), da der die Leistung verwendende Unternehmer keinen Anspruch gegenüber dem Leistenden auf Erteilung einer Rechnung hat. Zudem verkennt der BFH das durch Art. 6 Abs. 1 GG geschützte Wesen der Ehe, dem eine strikte Trennung der Leistungsbezüge widerspricht, da die Eheleute nicht streng zwischen „Mein" und „Dein" unterscheiden (dazu näher *§ 15a Rz. 184 f.*). 84

Gleiches hat zu gelten, wenn **Ehegatten** den **Auftrag** gemeinsam erteilt haben, aber **nur ein Ehegatte** als **Unternehmer** die Leistung verwendet und die gesamte Gegenleistung trägt. Die gegenteilige Auffassung des BFH, wonach dem Alleinunternehmer-Ehegatten nur der hälftige Vorsteuerabzug zustehen soll[2], ist mit dem Entlastungszweck des Vorsteuerabzugs nicht zu vereinbaren. Hat der nutzende Ehegatte nicht die gesamte Gegenleistung getragen, so muss er gleichwohl auch hinsichtlich des vom anderen Ehegatten getragenen Teils in analoger Anwendung des § 15a UStG pro rata temporis vorsteuerabzugsberechtigt sein (*§ 15a Rz. 183 ff.*). 85

Beim Erwerb eines **Gebäudes** durch Ehegatten als **Miteigentümer** soll nach Auffassung des EuGH im Falle der Nutzung eines Raumes dem nutzenden Ehegatten der Vorsteuerabzug, der auf den Raum entfällt, zustehen, „sofern der Abzugsbetrag [Anm. d. *Verf.*: gemeint kann nur ‚Nutzungsanteil' sein] nicht über den Miteigentumsanteil (…) hinausgeht"[3]. Das ergibt keinen Sinn, weil Äpfel durch Birnen geteilt werden. Wie soll zudem der Vorsteuerabzug berichtigt werden, wenn die Ehegatten-Miteigentümergemeinschaft aufgelöst wird? Richtigerweise steht dem nutzenden Unternehmer-Ehegatten der anteilige Vorsteuerabzug nach § 15 Abs. 1 UStG nur entsprechend seinem Miteigentumsanteil zu (im entschiedenen Fall folglich nur 25 % von 12 % = 3 %). Hinsichtlich der übrigen Vorsteuer (im entschiedenen Fall 75 % von 12 %) ist richtigerweise § 15a UStG analog anzuwenden (*§ 15a Rz. 183 ff.*). 86

## d) Gesellschafter – Gesellschaft

Auch im Verhältnis zwischen **Gesellschaft und Gesellschafter** ist die Bestimmung des Leistungsempfängers richtigerweise nach wirtschaftlichen Kriterien 87

---

1 BFH v. 1.8.1985 – V S 2/85, BFH/NV 1986, 121; BFH v. 26.11.1987 – V R 85/83, BStBl. II 1988, 158; BFH v. 5.10.1995 – V R 113/92, BStBl. II 1996, 111; BFH v. 23.9.2009 – XI R 14/08, BStBl. II 2010, 243; vgl. auch BFH v. 19.12.1991 – V R 35/87, BFH/NV 1992, 569.
2 BFH v. 7.11.2000 – V R 49/99, BStBl. II 2008, 493 = UR 2001, 118; vgl. auch BFH v. 1.1.2001 – V R 79/99, BStBl. II 2008, 495 = UR 2001, 251; FG Düsseldorf v. 13.12.2013 – 1 K 2947/11 U, EFG 2014, 510 – Rev.-Az. V R 4/14.
3 EuGH v. 21.4.2005 – C-25/03, EuGHE 2005, I-3123 = BStBl. II 2007, 23 = UR 2005, 324; ebenso BFH v. 6.10.2005 – V R 40/01, BStBl. II 2007, 13; BFH v. 7.7.2011 – V R 41/09, BStBl. II 2014, 73 = UR 2011, 867 – Rz. 22; Abschn. 15.2b Abs. 1 Satz 11 UStAE.

geboten. Hat ein Gesellschafter die Leistung im eigenen Namen in Auftrag gegeben, wird diese jedoch von der Gesellschaft, welche auch die Rechnung begleicht, verwendet, so muss dieser **entgegen BFH**[1] der Vorsteuerabzug zustehen.[2] Nichts anderes hat im **umgekehrten Fall**[3] sowie im Verhältnis zwischen **zwei Gesellschaften** zu gelten.

### e) Unfreie Versendung

88  Für die unfreie Versendung enthält § 40 UStDV eine ausdrückliche Klarstellung. Lässt ein Absender einen Gegenstand durch einen Frachtführer oder Verfrachter unfrei zu einem Dritten befördern oder eine solche Beförderung durch einen Spediteur unfrei besorgen, so ist nach dieser Vorschrift für den Vorsteuerabzug der Empfänger der Frachtsendung als Auftraggeber dieser Leistungen anzusehen (§ 40 Abs. 1 Satz 1 UStDV). Diese Bestimmung geht mithin fehlerhaft davon aus, dass der Leistungsempfänger i.S.d. § 15 Abs. 1 Satz 1 Nr. 1 UStG stets der Auftraggeber der Leistung sei, was indes falsch ist (*Rz. 76 ff.*). § 40 UStDV ist deshalb lediglich klarstellend. Unvereinbar mit § 15 Abs. 1 UStG ist die Forderung des § 40 Abs. 1 Satz 3 Nr. 3 i.V.m. Nr. 2 UStDV, dass sich die Übernahme der Gegenleistung durch den Frachtempfänger aus der Rechnung des Frachtführers usw. ergeben müsse.

89  Aus den zuvor genannten Gründen ist auch die Aussage der Finanzverwaltung überflüssig, wonach „aus Vereinfachungsgründen" bei steuerpflichtigen **Güterbeförderungen**, bei denen sich der Ort nach § 3a Abs. 2 UStG richtet, der Rechnungsempfänger als Leistungsempfänger anzusehen sei.[4]

### f) Reparatur oder Wiederbeschaffung eines Gegenstandes durch den Geschädigten

90  Der Leistungsempfänger (i.S.d. § 15 Abs. 1 UStG) ist ferner dann wirtschaftlich zu bestimmen, wenn im Falle der **Reparatur** eines beschädigten oder der **Wiederbeschaffung** eines zerstörten Gegenstandes ein Dritter **Schadensersatz** leistet und der **Geschädigte kein vorsteuerabzugsberechtigter Unternehmer** ist (anderenfalls ist eine Lieferung bzw. sonstige Leistung des geschädigten Unternehmers an den Schädiger anzunehmen; *§ 1 Rz. 60 ff.*). In diesen Fällen ist richtigerweise nicht der Geschädigte, sondern der **Schädiger** der Leistungsempfänger i.S.d. § 15 Abs. 1 Satz 1 Nr. 1 UStG, weil der Geschädigte als zivilrechtlicher Auftraggeber der Leistung die Gegenleistung nicht trägt. Die in Deutschland – anders als z.B. in Österreich[5] – allseits als selbstverständlich praktizierte **gegen-**

---

1 BFH v. 13.9.1984 – V B 10/84, BStBl. II 1985, 21 – Pkw; BFH v. 5.10.1995 – V R 113/92, BStBl. II 1996, 111 – Bauwerk; ebenso FG BW v. 9.6.2004 – 14 K 154/99, EFG 2005, 156 – Datev-Leistungen; FG Nds. v. 26.8.2009 – 16 K 56/09, EFG 2009, 1881 – Waren; Abschn. 15.2a Abs. 3 Satz 4 UStAE.
2 In diesem Sinne jetzt auch EuGH v. 1.3.2012 – C-280/10, UR 2012, 366.
3 *Stadie* in R/D, § 15 UStG Anm. 311; a.A. BFH v. 30.4.2014 – XI R 33/11, MwStR 2014, 553 m. abl. Anm. *D. Hummel* – Gesellschaft trägt anlässlich der Veräußerung eines Gesellschaftsanteils die Kosten der Bewertung und der notariellen Beurkundung.
4 Abschn. 15.7 Abs. 3 UStAE.
5 Dazu *Stadie* in R/D, § 15 UStG Anm. 236.

teilige **Sichtweise** verkennt, dass nicht der Geschädigte, sondern der Schädiger den Verbrauchsvorgang ausgelöst hat und er in Gestalt des Schadensersatzes Einkommen oder Vermögen für die Reparaturleistung bzw. die Wiederbeschaffung des Gegenstandes aufwendet. Der **Schädiger** ist deshalb, wenn er die schädigende Handlung im Rahmen seines Unternehmens vorgenommen hat, richtigerweise zum **Vorsteuerabzug** berechtigt. Die Reparaturleistung bzw. der Ersatzgegenstand werden dann für sein Unternehmen ausgeführt bzw. geliefert, da sie zur Beseitigung des unternehmerisch veranlassten Schadens verwendet werden.

### g) Ersatz von Rechtsanwalts- u.ä. Kosten

Werden die Kosten eines **Rechtsanwalts** bei Geltendmachung eines Anspruchs durch den Gläubiger diesem vom Schuldner ersetzt oder die Kosten eines **Prozessbevollmächtigten** nach den **Kostenvorschriften** der Gerichtsverfahrensordnungen (§ 91 ZPO, § 162 VwGO, § 139 FGO, § 193 SGG) von der unterlegenen Partei erstattet, so ist der Leistungsempfänger aus der Sicht des § 15 Abs. 1 Satz 1 Nr. 1 UStG **entgegen h.M.**[1] ebenfalls wirtschaftlich zu bestimmen. Da der Gläubiger bzw. die obsiegende Partei mit den Kosten letztendlich nicht belastet ist, sondern der **Erstattungsverpflichtete** sie trägt, muss dieser als **Leistungsempfänger** angesehen werden. Folglich ist richtigerweise der zivilrechtliche Auftraggeber des Rechtsanwalts nicht berechtigt (sofern er dem Grunde nach vorsteuerabzugsberechtigter Unternehmer ist), die Vorsteuer abzuziehen, soweit er die Rechtsanwaltskosten erstattet erhält.[2] Der Vorsteuerabzug kann nur für den Erstattungsverpflichteten in Betracht kommen. 91

Mithin **läuft § 104 Abs. 2 Satz 3 ZPO**, wonach bei der Kostenerstattung zur Berücksichtigung von Umsatzsteuerbeträgen die Erklärung des Antragstellers genüge, dass er die Beträge nicht als Vorsteuer abziehen kann, **leer**, weil diese Voraussetzung stets gegeben ist.[3] Die allseits als selbstverständlich angenommene und auch § 104 Abs. 2 Satz 3 ZPO zugrunde liegende **gegenteilige Sichtweise**, wonach der Vorsteuerabzug nur dem zivilrechtlichen Auftraggeber zustehen könne, **verkennt elementare Prinzipien des Umsatzsteuerrechts**.[4] 92

### h) Weitere Fälle

Der o.g. Grundsatz (*Rz. 76 ff.*) hat auch in weiteren Fällen zu gelten, in denen ein **Dritter** Auftraggeber der Leistung ist, aber der wirtschaftliche Leistungsempfänger – ohne dass eine Vertragsübernahme[5] angenommen werden kann – die **Gegenleistung** kraft Gesetzes oder vertraglich im Innenverhältnis in voller Höhe **trägt**. Auch hier ist es ohne Belang, ob dem Dritten die Aufwendungen/Auslagen 93

---

1 BFH v. 6.3.1990 – VII E 9/89, BStBl. II 1990, 584 m.w.N.
2 Das verkennt auch der BGH v. 25.10.2005 – VI ZB 58/04, MDR 2006, 476 – gemeinsamer Prozessbevollmächtigter von Streitgenossen; vgl. auch BGH v. 12.6.2006 – II ZB 21/05, UR 2007, 223 = MDR 2007, 303.
3 Siehe auch *Stadie* in R/D, Einf. Anm. 1003 f.
4 *Stadie* in R/D, § 15 UStG Anm. 242.
5 Dazu *Stadie* in R/D, § 15 UStG Anm. 195 f.

usw. erstattet werden oder ob die Gegenleistung an Stelle des Dritten unmittelbar gegenüber dem leistenden Unternehmer entrichtet wird.

94 Bei der **Prüfung** eines **Eigenbetriebs** einer Gemeinde im Auftrag der Aufsichtsbehörde (Land) durch einen Wirtschaftsprüfer o.Ä. ist die Gemeinde entgegen der h.M.[1] wirtschaftlicher Leistungsempfänger, wenn sie die Gegenleistung für die Prüfung zu tragen hat.

95 Bei **Beurkundung eines GmbH-Vertrages** ist die Gesellschaft, obwohl die beantragenden Gesellschafter Kostenschuldner sind, wirtschaftlicher Leistungsempfänger, wenn sie die Kosten trägt[2] (s. auch *Rz. 37*).

96 Wenn die vor Gericht unterliegende Partei die Kosten eines **vom Gericht beauftragten Sachverständigen** zu tragen hat, so ist sie als Leistungsempfänger i.S.d. § 15 Abs. 1 Satz 1 Nr. 1 UStG anzusehen. Das hat entgegen der Auffassung der Finanzverwaltung[3] auch zu gelten, wenn der Bauherr die Gebührenrechnung des von der Bauaufsichtsbehörde beauftragten **Prüfungsingenieurs** begleicht.

97 Ist bei einer **Ersatzvornahme** (§ 887 ZPO) der Vollstreckungsgläubiger ein zum Vorsteuerabzug berechtigter Unternehmer, so sollen nach **h.M.** die vom Vollstreckungsschuldner zu tragenden Kosten nicht die vom beauftragten Unternehmer berechnete Umsatzsteuer umfassen, wenn der **Vollstreckungsgläubiger** bezüglich des konkreten Vorgangs zum Vorsteuerabzug berechtigt sei.[4] Dem liegt die fehlerhafte Annahme zu Grunde, dass der Vollstreckungsgläubiger als Auftraggeber Leistungsempfänger sei. Das ist jedoch **richtigerweise** der **Vollstreckungsschuldner**, da er die vom beauftragten Unternehmer erbrachte Leistung verbraucht und deren Kosten trägt (vgl. *Rz. 76*). Ist er seinerseits Unternehmer, so kommt folglich bei ihm der Vorsteuerabzug aus der auf den Vollstreckungsgläubiger ausgestellten Rechnung in Betracht (vgl. *Rz. 196*).

98 Beim **Vertrag zugunsten eines Dritten** (§ 328 BGB) kommt der Dritte als Leistungsempfänger in Betracht (*Rz. 266*).[5]

99 Beim sog. **Drittaufwand** oder **abgekürzten Vertragsweg** kommt der Begünstigte/Zuwendungsempfänger als Leistungsempfänger in Betracht (*Rz. 267*).[6]

---

1 BMF v. 22.4.1988 – IV A 2 - S 7100 - 41/88, UR 1988, 198 (296); BFH v. 20.10.1994 – V R 16/92, BFH/NV 1995, 459.
2 Vgl. OFD Saarl. v. 20.4.1995 – S 7104 - 39 - St 241, UR 1996, 27 (28) – Rz. 2.1.2; OFD Frankfurt a.M. 11.7.2006 – S 7104 A - 47 - St 11, UR 2006, 715 – Rz. 2.1.2.
3 BMF v. 11.2.1987 – IV A 1 - S 7283 - 1/87, UR 1987, 148; OFD Koblenz v. 26.6.2000 – S 7283 A - St 442, UR 2001, 180; OFD Frankfurt a.M. v. 14.3.2006 – S 7283 A - 9 - St 1, UR 2007, 40.
4 OLG Hamm v. 29.3.1996 – 12 W 15/95, BauR 1996, 900; *Zöller*, ZPO, § 887 ZPO Rz. 10.
5 Vgl. *Widmann*, UR 1993, 304 (305); ausführlich *Stadie* in R/D, § 15 UStG Anm. 256 f.
6 *Stadie* in R/D, § 15 UStG Anm. 259 ff. m. Beispielen.

## III. Leistung für das Unternehmen

### 1. Allgemeines

Mit dem Erfordernis, dass die Leistung für das Unternehmen ausgeführt wird (§ 15 Abs. 1 Satz 1 Nr. 1 Satz 1 UStG), sollen solche **Leistungen** vom Vorsteuerabzug **ausgeschlossen** werden, die **für Zwecke außerhalb des Unternehmens** bezogen werden. Das sind insbesondere solche, die den **nichtunternehmerischen („privaten") Bereich** betreffen. Aus § 2 Abs. 1 Satz 2 UStG folgt, dass jeder Unternehmer einen **nichtunternehmerischen Bereich** haben kann. Das gilt für alle Unternehmer. Folglich haben auch **Personengesellschaften, juristische Personen** und **andere** Unternehmergebilde einen nichtunternehmerischen Bereich, soweit sie nicht gewerblich oder beruflich i.S.d. § 2 Abs. 1 bzw. 3 UStG tätig sind.[1] Sowenig wie es eine Unternehmereigenschaft kraft Rechtsform gibt (§ 2 Rz. 40), so wenig folgt aus dem Umstand, dass eine Gesellschaft usw. **teilweise unternehmerisch** tätig ist, dass dadurch der gesamte Bereich der Gesellschaft usw. zum Unternehmen wird.[2] Die **Abgrenzung** des unternehmerischen vom nichtunternehmerischen Bereich ist **für alle Unternehmer gleich** welcher Rechtsform einheitlich nach dem Maßstab des § 2 Abs. 1 Satz 2 UStG vorzunehmen (§ 2 Rz. 195).

100

Die MwStSystRL kennt nicht den Begriff des nichtunternehmerischen Bereichs. Der **EuGH** sieht neben den wirtschaftlichen Tätigkeiten die **nichtwirtschaftlichen Tätigkeiten**, welche nicht in den Anwendungsbereich der Mehrwertsteuer fallen[3], **und** den **privaten Bereich** (bei natürlichen Personen). Nichtwirtschaftliche Tätigkeiten sind danach solche, die keine der Mehrwertsteuer (Umsatzsteuer) unterliegende Umsätze (Art. 2 Abs. 1 Buchst. a und c MwStSystRL, § 1 Abs. 1 Nr. 1 UStG) darstellen, weil sie **nicht** in der **entgeltlichen Lieferung** von Gegenständen **oder** Erbringung von **Dienstleistungen** bestehen[4] (dazu auch Rz. 154 ff.). Leistungen für **nichtwirtschaftliche** Tätigkeiten berechtigen zwar (wie solche für den privaten Bereich) nicht zum Vorsteuerabzug, weil sie nicht für Zwecke besteuerter Umsätze (Art. 168 MwStSystRL) verwendet werden, sie sollen indes **nicht stets** Tätigkeiten für „**unternehmensfremde** Zwecke" i.S.d. Art. 26 MwStSystRL seien. Nach Auffassung des EuGH soll es nämlich auch Tätigkeiten, welche nicht in den Anwendungsbereich der Mehrwertsteuer fallen, geben, die nicht als unternehmensfremd betrachtet werden könnten[5]; das BMF folgt dem[6] (kritisch dazu Rz. 155).

101

§ 15 Abs. 1 UStG stellt für die Frage, ob eine Leistung oder Teilleistung für das Unternehmen bezogen wird, grundsätzlich auf die **Verwendungsabsicht** im Zeit-

102

---

1 Vgl. BFH v. 20.12.1984 – V R 25/76, BStBl. II 1985, 176.
2 Vgl. BFH v. 18.11.2004 – V R 16/03, BStBl. II 2005, 503 (506); BFH v. 14.4.2008 – XI B 171/07, BFH/NV 2008, 1215.
3 EuGH v. 13.3.2008 – C-437/06, EuGHE 2008, I-1597 = UR 2008, 344 – Rz. 26; EuGH v. 12.2.2009 – C-515/07, EuGHE 2009, I-839 = UR 2009, 199 – Rz. 36.
4 Vgl. EuGH v. 12.2.2009 – C-515/07, EuGHE 2009, I-839 = UR 2009, 199 – Rz. 34; vgl. auch BFH v. 26.1.2012 – V R 18/08, UR 2012, 359 – Rz. 38 m.w.N.
5 EuGH v. 12.2.2009 – C-515/07, EuGHE 2009, I-839 = UR 2009, 199 – Rz. 38 f.
6 Abschn. 2.3 Abs. 1a UStAE.

**punkt** des Leistungsbezuges ab[1] (s. auch *Rz. 459 f.*). Das gilt entgegen BFH[2] auch, wenn es um den Vorsteuerabzug bei An- oder Vorauszahlungen geht (*Rz. 278*). Beim Bezug mehrerer Leistungen zur **Herstellung** eines Wirtschaftsguts kommt es auf den Zeitpunkt der **Fertigstellung** an.

103 Eine **erstmalige vorübergehende nichtunternehmerische** Verwendung der bezogenen Leistung steht indes der Annahme einer Ausführung für das Unternehmen nicht entgegen, wenn anschließend die bestimmungsgemäße unternehmerische Nutzung erfolgt.[3] Die Tatfrage, ob der Unternehmer einen Gegenstand für Zwecke seiner wirtschaftlichen, dh. unternehmerischen Tätigkeit erworben hat, ist nach Auffassung des EuGH unter Berücksichtigung aller Gegebenheiten des Sachverhalts zu beurteilen, zu denen die **Art** des betreffenden **Gegenstandes** und der zwischen seinem Erwerb und seiner Verwendung für Zwecke der wirtschaftlichen Tätigkeit liegendem **Zeitraum** gehören.[4] Voraussetzung soll sein, dass der Gegenstand im Zeitpunkt des Erwerbs bereits dem **Vermögen des Unternehmens zugeordnet** worden war[5] (dazu *Rz. 168 ff.*), was wohl heißen soll, dass die Absicht der unternehmerischen Verwendung bereits bei Erwerb des Gegenstandes bestanden haben und sich in dieser Zuordnung dokumentieren muss. Eine zwischen Erwerb und erstmaliger unternehmerischer Nutzung liegende nichtwirtschaftliche, insbesondere private Nutzung ist nicht per se schädlich.[6] Der EuGH hat sogar für einen **Gebäudeteil** eine **erstmalige ausschließlich private Nutzung von 2 Jahren** als unschädlich angesehen.[7] Diese Siehweise erklärt sich nur vor dem Hintergrund, dass die Rechtsprechung bei einer Einlage einen nachträglichen Vorsteuerabzug ablehnt (s. *Rz. 105*).

104 Ist beim Erwerb von Gegenständen oder beim Bezug von Dienstleistungen deren **ausschließliche** Verwendung für **private** Zwecke – einschließlich solcher der **Gesellschafter** oder **Arbeitnehmer**, sofern bei diesen keine Aufmerksamkeiten vorliegen (*Rz. 120*) – **oder** für nichtunternehmerisch motivierte[8] **unentgeltli-**

---

1 Vgl. Abschn. 15.2b Abs. 3 Satz 3 UStAE; BFH v. 13.1.2011 – V R 12/08, BStBl. II 2012, 61 = UR 2011, 295; BFH v. 9.10.2010 – V R 17/10, BStBl. II 2012, 53 = UR 2011, 313; s. auch EuGH v. 22.3.2012 – C-153/11, UR 2012, 606.
2 BFH v. 1.12.2010 – XI R 28/08, BStBl. II 2011, 994; ebenso *Englisch* in T/L, § 17 Rz. 330.
3 Abschn. 15.2b Abs. 3 Satz 4 UStAE; vgl. auch BFH v. 20.7.1988 – X R 8/80, BStBl. II 1988, 1012; BFH v. 18.6.1993 – V R 93/88, BFH/NV 1995, 364; EuGH v. 11.7.1991 – C-97/90, EuGHE 1991, I-3795 = UR 1991, 291 – Rz. 19–21; EuGH v. 22.3.2012 – C-153/11, UR 2012, 606; EuGH v. 19.7.2012 – C-334/10, UR 2012, 726; a.A. wohl BFH v. 25.11.2004 – V R 38/03, BStBl. II 2005, 414.
4 EuGH v. 11.7.1991 – C-97/90, EuGHE 1991, I-3795 = UR 1991, 291 – Rz. 21; EuGH v. 8.3.2001 – C-415/98, EuGHE 2001, I-1831 = UR 2001, 149 – Rz. 29; EuGH v. 16.2.2012 – C-118/11, UR 2012, 230 – Rz. 58; EuGH v. 22.3.2012 – C-153/11, UR 2012, 606 – Rz. 41; EuGH v. 19.7.2012 – C-334/10, UR 2012, 726 – Rz. 23.
5 EuGH v. 22.3.2012 – C-153/11, UR 2012, 606 – Rz. 45 sowie Leitsatz.
6 EuGH v. 11.7.1991 – C-97/90, EuGHE 1991, I-3795 = UR 1991, 291 – Rz. 14; EuGH v. 19.7.2012 – C-334/10, UR 2012, 726 – Rz. 31.
7 EuGH v. 19.7.2012 – C-334/10, UR 2012, 726 – Rz. 27 i.V.m. Rz. 16 – zu Wohnräumen ausgebautes Dachgeschoss eines Lagergebäudes; Umbau als eigenständiges Investitionsgut.
8 Bei Geschenken aus unternehmerischen Motiven ist der Vorsteuerabzug nach § 15 Abs. 1a UStG ausgeschlossen, wenn die Grenze des § 4 Abs. 5 Nr. 1 EStG überschritten wird (*Rz. 357 ff.*).

che **Zwecke** beabsichtigt, so erfolgen diese Leistungen nicht für das Unternehmen.[1]

Aus der **Rechtsprechung**:

- unentgeltliche Lieferung von öffentlichen Flächen durch Erschließungsträger an eine Gemeinde[2];
- Betriebsausflug[3];
- Empfehlung privat konsumierter Produkte[4];
- Kantinenbewirtschaftung[5];
- Geschäftsführerwohnung[6].

Keine Leistungen **gegenüber** Arbeitnehmern liegen vor, wenn Maßnahmen **vorrangig im eigenen unternehmerischen Interesse** erfolgen. Entsprechendes hat bei derartigen Maßnahmen zu gelten, die zugleich **anderen Personen** zugutekommen (*§ 1 Rz. 14; § 3 Rz. 77, 87, 178, 180*).

Wird ein Gegenstand, der anfänglich für nichtunternehmerische (private) Zwecke erworben worden war, später auf Dauer für das Unternehmen verwendet, so muss für diesen Fall der **Einlage** entgegen der h.M. ein anteiliger Vorsteuerabzug gem. § 15a UStG in Betracht kommen (*§ 15a Rz. 126 ff.*). Das hat auch zu gelten, wenn der eingelegte Gegenstand von einem Dritten erlangt wird, sowie bei zeitweiliger Nutzung eines privaten Gegenstandes, d.h. bei einer **Nutzungseinlage** (*§ 15a Rz. 130 f.*). 105

## 2. Sachlicher (wirtschaftlicher) Zusammenhang

### a) Allgemeines

Das Verhältniswort (Präposition) „für" verlangt einen **objektiven Zusammenhang** der Leistung mit dem (geplanten) Unternehmen (der unternehmerischen Tätigkeit/den Umsätzen), so dass die subjektive Vorstellung des Unternehmers, er habe die Leistung für sein Unternehmen bezogen, nicht ausreicht. Dieser objektive Zusammenhang muss nicht zweckbezogen (final) gesehen werden, obwohl Art. 168 MwStSystRL davon spricht, dass die bezogenen Leistungen „**für Zwecke**" seiner besteuerten Umsätze verwendet werden. Eine derartige Zweckgerichtetheit zu verlangen, kann jedoch nicht Wille der Richtlinie sein. Ein solchermaßen enger Zusammenhang mit dem Unternehmen als Voraussetzung des Vorsteuerabzugs wäre nicht mit dessen Ziel der Kostenneutralität der Umsatzsteuer (*Rz. 2*) zu vereinbaren. Dieses gebietet, dass auch solche Leistungen als für das Unternehmen bezogen anzusehen sind, die der unternehmerischen Tä- 106

---

1 Vgl. BFH v. 8.10.2014 – V R 56/13, UR 2015, 33; s. aber auch BFH v. 20.1.2010 – XI R 13/08, UR 2010, 452.
2 Vgl. BFH v. 13.1.2011 – V R 12/08, BStBl. II 2012, 61 = UR 2011, 295.
3 Vgl. BFH v. 9.10.2010 – V R 17/10, BStBl. II 2012, 53 = UR 2011, 313; dazu auch Abschn. 15.15 Abs. 2 UStAE – Beispiel 3b.
4 Vgl. BFH v. 20.12.2012 – V R 37/11, BFH/NV 2013, 781.
5 Vgl. BFH v. 29.1.2014 – XI R 4/12, UR 2014, 392.
6 Anders noch BFH v. 20.1.2010 – XI R 13/08, UR 2010, 452 – jahrelanger Verzicht auf Mieteinnahmen.

tigkeit (Umsatzerbringung) zwar nicht dienen, aber gleichwohl mit ihr zusammenhängen. (*Beispiel:* Die Leistung eines Steuerberaters in Gestalt der Erstellung von Umsatzsteuer- und Gewerbesteuererklärungen erfolgt nicht „für Zwecke" des Unternehmens, hängt aber mit diesem zusammen.)

107 Selbst ein **kausaler Zusammenhang** ist **nicht** erforderlich, da der Zweck des Vorsteuerabzugs nicht verlangt, dass die Auftragserteilung durch das Unternehmen ausgelöst worden war. Maßgebend ist allein, dass die Leistung für das Unternehmen **verwendet** wird (werden sollte).[1]

108 Die objektive Verknüpfung der Leistung mit dem Unternehmen ist als **wirtschaftlicher Zusammenhang** zu bezeichnen.[2] Die neuere Rechtsprechung des BFH verwendet diese Umschreibung nicht mehr (*Rz. 86*), obwohl auch das Gesetz in § 15 Abs. 4 Satz 1 UStG („wirtschaftlich zuzurechnen") davon ausgeht und nicht zweifelhaft sein kann, dass der Zurechnungsmaßstab innerhalb des § 15 UStG einheitlich ist, so dass das, was auf der Ebene der Absätze 2 bis 4 gilt, auch bereits auf der Ebene des Absatzes 1 der Vorschrift anzuwenden ist (s. auch *Rz. 151*). Der Zusammenhang einer bezogenen Leistung mit dem (geplanten, bestehenden oder ehemaligen) Unternehmen ist folglich zu bejahen, wenn sie diesem nach wirtschaftlichen Gesichtspunkten **zuzurechnen** ist. Letztlich ist der wirtschaftliche Zusammenhang nichts anderes als der **sachliche Zusammenhang**. Das entspricht der **betrieblichen Veranlassung** i.S.d. § 4 Abs. 4 EStG (*Rz. 115*).

109 Folglich können Leistungen bereits vor Beginn der eigentlichen unternehmerischen Tätigkeit als **Vorbereitungsmaßnahmen** für das geplante Unternehmen bezogen werden (*Rz. 33 ff.*). Der Vorsteuerabzug entfällt nicht, wenn das geplante Unternehmen scheitert (*Rz. 42*). Umgekehrt können Leistungen auch noch **nach Beendigung des Unternehmens** für dieses bezogen werden und zum Vorsteuerabzug berechtigen, wenn sie mit der ehemaligen unternehmerischen Tätigkeit zusammenhängen (*Rz. 176 f.*).

110 Die o.g. Kriterien „objektiv", „wirtschaftlich" und „sachlich" sind nicht im Sinne von kaufmännisch rentabel, wirtschaftlich zweckmäßig, vernünftig, angemessen usw. zu deuten. Besteht ein sachlicher Zusammenhang mit dem Unternehmen, so bestimmt der Unternehmer, welche Leistungen den unternehmerischen Zwecken dienen. **Insoweit** hat der Unternehmer ein **subjektives Bestimmungsrecht**. Das Tatbestandsmerkmal „für sein Unternehmen" will nur den Vorsteuerabzug bei Leistungen ausschließen, die für Zwecke außerhalb des Unternehmens bezogen werden. Folglich sind auch Leistungen für **Fehlmaßnahmen** und andere Leistungen, die objektiv **unzweckmäßig** oder **unangemessen** waren, aber nach den Vorstellungen des Unternehmers geeignet waren, für das Unternehmen ausgeführt[3] (vgl. auch *Rz. 382*).

---

1 *Stadie* in R/D, § 15 UStG Anm. 291.
2 So früher auch BFH v. 26.4.1979 – V R 46/72, BStBl. II 1979, 530; BFH v. 18.12.1986 – V R 176/75, BStBl. II 1987, 350; BFH v. 30.4.1987 – V R 154/78, BStBl. II 1987, 688; BFH v. 19.5.1988 – V R 115/83, BStBl. II 1988, 916 (918); BFH v. 11.11.1993 – V R 52/91, BStBl. II 1994, 335; BFH v. 17.9.1998 – V R 27/96, BFH/NV 1999, 832.
3 Vgl. EuGH v. 15.1.1998 – C-37/95, EuGHE 1998, I-1 = UR 1998, 149.

Aus der Formulierung des Art. 168 MwStSystRL „für Zwecke" der besteuerten 111
„Umsätze *verwendet werden*" folgt für **Fehlmaßnahmen** o.Ä. nichts Gegenteiliges. Im Falle der tatsächlichen Nichtverwendung ist die **beabsichtigte** Verwendung ausreichend und maßgebend.[1] Für den **Verlust** von Gegenständen durch **Zerstörung, Diebstahl** o.Ä. wird das durch Art. 185 Abs. 2 MwStSystRL klargestellt (zur Entnahme s. *§ 3 Rz. 72*).

Nach Auffassung des **EuGH** soll, um eine Verwendung für Zwecke der (besteu- 112
erten) Umsätze i.S.d. Art. 168 MwStSystRL bejahen zu können, grundsätzlich
ein **direkter und unmittelbarer Zusammenhang** zwischen einem Eingangsumsatz und einem oder mehreren bestimmten Ausgangsumsätzen erforderlich
sein. Das sei der Fall, „wenn" die Aufwendungen für die bezogenen Leistungen
zu den **Kostenelementen** der Ausgangsumsätze zählen.[2] Darüber hinaus soll ein
Recht auf Vorsteuerabzug auch bei **allgemeinen Aufwendungen** gegeben sein,
„wenn" diese als Kostenbestandteile direkt und unmittelbar mit der wirtschaftlichen Gesamttätigkeit des Unternehmers zusammenhängen.[3] Der **BFH** hat die
EuGH-Formel übernommen.[4]

Die Adjektive „unmittelbar" und „direkt" sind jedoch nicht zur Abgrenzung ge- 113
eignet, da sie **inhaltslose**, nicht näher präzisierbare[5] **Merkmale** sind, für die der
Maßstab fehlt, mit Hilfe dessen der Zusammenhang zu bestimmen ist. Ließe
man diese Adjektive weg, so veränderte sich der Aussagewert der EuGH-Formel
nicht. Zu den Kriterien, wonach sich bestimmt, ob Aufwendungen zu den Kostenelementen einzelner Umsätze oder aller Umsätze gehören, äußert sich der
EuGH nicht. Seine Formel ist deshalb eine **Leerformel**.

Sie erfasst zudem insbesondere nicht die Bezüge von Leistungen für ein geplan- 114
tes, aber nicht verwirklichtes Unternehmen (*Rz. 42*) und Bezüge, die nach Beendigung des Unternehmens erfolgen (vgl. *Rz. 176 f.*). In diesen atypischen Fällen

---

1 Vgl. EuGH v. 8.6.2000 – C-400/98, EuGHE 2000, I-4321 = BStBl. II 2003, 452 = UR 2000, 329 – Rz. 35; EuGH v. 8.6.2000 – C-396/97, EuGHE 2000, I-4279 = BStBl. II 2003, 446 = UR 2000, 336 – Rz. 37; EuGH v. 8.6.2000 – C-98/98, EuGHE 2000, I-4177 = UR 2000, 341 – Rz. 22 f.
2 Vgl. EuGH v. 8.6.2000 – C-98/98, EuGHE 2000, I-4177 = UR 2000, 341 – Rz. 24; EuGH v. 8.2.2007 – C-435/05, EuGHE 2007, I-1315 = UR 2007, 225 – Rz. 23; EuGH v. 13.8.2008 – C-437/06, EuGHE 2008, I-1597 = UR 2008, 344 – Rz. 27; EuGH v. 29.10.2009 – C-29/08, EuGHE 2009, I-10413 = UR 2010, 107 – Rz. 57 u. 59; EuGH v. 6.9.2012 – C-496/11, UR 2012, 762 – Rz. 37; EuGH v. 21.2.2013 – C-104/12, UR 2013, 220 – Rz. 19.
3 Vgl. EuGH v. 8.2.2007 – C-435/05, EuGHE 2007, I-1315 = UR 2007, 225 – Rz. 24; EuGH v. 29.10.2009 – C-29/08, EuGHE 2009, I-10413 = UR 2010, 107 – Rz. 58 f.; EuGH v. 6.9.2012 – C-496/11, UR 2012, 762 – Rz. 37; EuGH v. 21.2.2013 – C-104/12, UR 2013, 220 – Rz. 20; EuGH v. 18.7.2013 – C-26/12, MwStR 2013, 517; EuGH v. 13.3.2014 – C-204/13, UR 2014, 353 – Rz. 38.
4 BFH v. 6.5.2010 – V R 29/09, BStBl. II 2010, 885 – Rz. 20 ff.; BFH v. 9.12.2010 – V R 17/10, BStBl. II 2012, 53 = UR 2011, 313 – Rz. 14 ff.; BFH v. 27.1.2011 – V R 38/09, BStBl. II 2012, 68 = UR 2011, 307 – Rz. 29 ff.; BFH v. 3.3.2011 – V R 23/10, BStBl. II 2012, 74 = UR 2011, 617 – Rz. 12 ff.; BFH v. 24.4.2013 – XI R 25/10, BStBl. II 2014, 346; BFH v. 26.8.2014 – XI R 26/10, UR 2015, 35; dem folgend BMF, Abschn. 15.2b Abs. 2 Satz 4 UStAE.
5 Vgl. EuGH v. 8.6.2000 – C-98/98, EuGHE 2000, I-4177 = UR 2000, 341 – Rz. 25; EuGH v. 21.2.2013 – C-104/12, UR 2013, 220 – Rz. 21.

hilft ebenfalls nur das Abstellen auf den sachlichen Zusammenhang mit (die wirtschaftliche Zurechnung zu) dem geplanten, bestehenden oder ehemaligen Unternehmen (wirtschaftlichen Tätigkeit) weiter (*Rz. 106 f.*; vgl. auch *Rz. 435, 449 f.*). Der **BFH** hat gleichwohl in seiner neueren Rechtsprechung die EuGH-Formel **übernommen**.[1]

115 Mit der Formulierung „**für sein Unternehmen**" meint das Umsatzsteuergesetz in § 15 Abs. 1 Satz 1 Nr. 1 UStG (Gleiches gilt für die Nummern 2 bis 5) grundsätzlich **dasselbe wie** das Einkommensteuergesetz in § 4 Abs. 4 EStG mit „**durch den Betrieb veranlasst**" (bzw. in § 4 Abs. 1 Satz 2 EStG mit nicht „für betriebsfremde Zwecke"). Zwar ist der einkommensteuerrechtliche Begriff des Betriebes nicht deckungsgleich mit dem des umsatzsteuerrechtlichen Unternehmens, doch in beiden Fällen geht es um die sachliche (wirtschaftliche) Verknüpfung mit dem Unternehmen bzw. Betrieb. Diese Kriterien sind identisch (s. auch *Rz. 126, 384 ff.* zur Bedeutung des § 12 Nr. 1 Satz 2 EStG). Daraus erklärt sich auch, dass es kaum Rechtsprechung zur umsatzsteuerrechtlichen Seite der Fragestellung gibt. Die Praxis orientiert sich an der umfänglichen Kasuistik der einkommensteuerrechtlichen Rechtsprechung.

**b) Einzelfälle**

**aa) Erwerb von Beteiligungen**

116 Der **Erwerb** von **Anteilen** an (anderen) **Gesellschaften** erfolgt für das Unternehmen, wenn die Anteile nicht vorrangig der Vermögensanlage, sondern unternehmensstrategischen Zwecken dienen (*Beispiele*: Beteiligung an Lieferanten oder an Wettbewerbern).[2] Davon zu unterscheiden ist die Frage, ob das Halten von Beteiligungen als solche eine unternehmerische Tätigkeit ist (dazu § 2 Rz. 68; zu einer sog. Akquisitionsgesellschaft s. *Rz. 39*; zur *Veräußerung* von Beteiligungen s. *Rz. 446*).

117 Vorsteuern einer sog. Führungs-**Holding** („Dachgesellschaft") – welche die vom EuGH für die Anerkennung der Unternehmereigenschaft fälschlich geforderten **Dienstleistungen** (§ 2 Rz. 53), insbesondere in Gestalt sog. Managementleistungen, erbringt – aus solchen Dienstleistungen, die im Zusammenhang mit dem Erwerb von Beteiligungen an fortan beherrschten Gesellschaften in Anspruch genommen werden (z.B. **Beratungsleistungen**), sollen nach Auffassung des **EuGH**, da die Kosten für diese Dienstleistungen nicht die Kosten der sog. Managementleistungen unmittelbar belasten, allgemeine Kosten sein, die mit der wirtschaftlichen Gesamttätigkeit des Steuerpflichtigen zusammenhängen. Wenn die Holding deshalb sowohl Umsätze tätige, für die ein Recht auf Vorsteuerabzug bestehe, als auch Umsätze, für die dieses Recht nicht bestehe, so sei der Vorsteuerabzug hinsichtlich der Erwerbskosten nur in entsprechendem Umfang

---

[1] BFH v. 6.5.2010 – V R 29/09, BStBl. II 2010, 885 – Rz. 20 ff.; BFH v. 9.12.2010 – V R 17/10, BStBl. II 2012, 53 = UR 2011, 313 – Rz. 14 ff.; BFH v. 27.1.2011 – V R 38/09, BStBl. II 2012, 68 = UR 2011, 307 – Rz. 29 ff.; BFH v. 3.3.2011 – V R 23/10, BStBl. II 2012, 74 = UR 2011, 617 – Rz. 12 ff.; dem folgend Abschn. 15.2b Abs. 2 Satz 4 UStAE.
[2] Vgl. dazu auch die diffusen, keinen rechten Sinn ergebenden Äußerungen in Abschn. 2.3 Abs. 3 Satz 5 Nr. 2 und Abs. 4 UStAE, zum „Halten" und „Innehaben" einer Beteiligung als unternehmerische Tätigkeit.

gegeben.[1] Das ist schon insofern verwunderlich, als der EuGH zuvor – insoweit zutreffend – festgestellt hatte, dass der Bezug von Dividenden aus Beteiligungen keine wirtschaftliche (unternehmerische) Tätigkeit ist[2], so dass überhaupt keine anderen Ausgangsumsätze neben den sog. Managementleistungen vorliegen.[3]

**Richtigerweise** hat sich der Vorsteuerabzug der Holding nach den Umsätzen der beherrschten Gesellschaften zu bestimmen, die der Holding für Zwecke des Vorsteuerabzugs zuzurechnen sind (*§ 2 Rz. 72*). Die Abziehbarkeit der beim Erwerb solcher Beteiligungen angefallenen Vorsteuern bestimmt sich mithin nach den Umsätzen, die diese Gesellschaften ausführen (*§ 2 Rz. 77*). 118

Erbringt die Holding **entgeltliche Dienstleistungen** gegenüber den beherrschten Gesellschaften, so neigt auch der **XI.** Senat des **BFH** für den Fall der **Organschaft** zu der Auffassung, dass dann nicht nur die diesen Dienstleistungen zuzurechnenden Vorsteuerbeträge abziehbar seien, sondern sich die Abziehbarkeit der gesamten Vorsteuern der Holding als Organträger nach den Ausgangsumsätzen der Tochtergesellschaften (Organgesellschaften) richte.[4]

#### bb) Kapitalbeschaffung

Leistungen, die im Zusammenhang mit einer **Kapitalerhöhung** einer Gesellschaft oder **anderen** Formen der **Kapitalbeschaffung** in Anspruch genommen werden erfolgen für das Unternehmen[5] (zur Aufteilung bei gemischter Verwendung s. *Rz. 163 u. Rz. 491*). Das gilt auch bei der Kapitalbeschaffung durch **Veräußerung von Gegenständen** aus dem **nichtunternehmerischen Bereich**[6], weil die Veräußerung durch den Kapitalbedarf des Unternehmens ausgelöst wurde.[7] Entsprechendes gilt bei der Verwertung von Privatvermögen durch Insolvenzverwalter (*Rz. 148*). 119

#### cc) Verbesserung des Betriebsklimas

Leistungen, welche unentgeltlich an Arbeitnehmer zur Erhaltung oder Verbesserung des Betriebsklimas oder zur Bindung der Arbeitnehmer an den Betrieb weitergegeben werden, erfolgen nicht für das Unternehmen, soweit diese Leistungen den **Arbeitnehmern** einen verbrauchbaren (geldwerten) Vorteil verschaffen (*Rz. 104*). Das gilt nicht, sofern die Weitergabe nur eine **Aufmerksamkeit** (*§ 3 Rz. 78*) darstellt, weil diese auch nicht als unentgeltliche Leistung i.S.d. § 3 120

---

1 EuGH v. 27.9.2001 – C-16/00, EuGHE 2001, I-6663 = UR 2001, 500 – Rz. 32–35; ebenso FG Hess. v. 15.3.2007 – 6 K 1476/02, EFG 2007, 1381; Abschn. 15.22 UStAE.
2 EuGH v. 27.9.2001 – C-16/00, EuGHE 2001, I-6663 = UR 2001, 500 – Rz. 19.
3 Zur weiteren Kritik *Reiß*, RIW 2002, 286 (294); *Stadie* in R/D, § 15 UStG Anm. 306.
4 BFH v. 11.12.2013 – XI R 17/11, BStBl. II 2014, 417 – Rz. 50 – EuGH-Az. C-108/14; BFH v. 11.12.2013 – XI R 38/12, BStBl. II 2014, 428 – Rz. 55 – EuGH-Az. C-109/14.
5 Vgl. EuGH v. 26.5.2005 – C-465/03, EuGHE 2005, I-4357 = UR 2005, 382 – Ausgabe von Aktien; EuGH v. 13.3.2008 – C-437/06, EuGHE 2008, I-1597 = BStBl. II 2008, 727 – Rz. 27 f. – Aktien, stille Beteiligungen; BFH v. 6.5.2010 – V R 29/09, BStBl. II 2010, 885 – Ausgabe von Inhaberschuldverschreibungen.
6 EuGH v. 29.10.2009 – C-29/08, EuGHE 2009, I-10413 = UR 2010, 107 – Rz. 72.
7 Zu Ausgaben der Gesellschaft bei Anteilsveräußerungen von Gesellschaftern s. *Rz. 87*.

Abs. 1b Nr. 2 bzw. des § 3 Abs. 9a UStG versteuert werden müsste, wenn eine Bezug für das Unternehmen angenommen würde.[1]

**dd) Zerstörung oder Verlust vor erstmaliger Verwendung**

121 **Gegenstände**, die vor ihrer erstmaligen Verwendung zerstört oder gestohlen wurden, sind nicht „für Umsätze verwendet" worden. Gleichwohl bleiben sie für das Unternehmen angeschafft, denn der Erwerb war durch die (beabsichtigte) unternehmerische Tätigkeit veranlasst gewesen und ist nicht für einen privaten Verbrauch in Anspruch genommen worden. Eine Verwendung für Umsätze i.S.d. Art. 168 MwStSystRL ist folglich auch dann zu bejahen, wenn ein sachlicher (wirtschaftlicher) Zusammenhang mit den Umsätzen besteht, so dass im Falle der tatsächlichen Nichtverwendung wie bei Fehlmaßnahmen (*Rz. 110 f.*) die **beabsichtigte** Verwendung ausreichend und maßgebend ist.[2] Die Klarstellung ergibt sich aus Art. 185 Abs. 2 Unterabs. 1 MwStSystRL, denn danach unterbleibt in diesen Fällen eine Berichtigung des Vorsteuerabzugs.

**3. Leistungsbezüge, bei denen sowohl ein Zusammenhang mit dem Unternehmen als auch mit der nichtunternehmerischen Sphäre besteht**

**a) Allgemeines**

122 Besteht bei einer in Anspruch genommenen Leistung ein Zusammenhang sowohl mit dem nichtunternehmerischen Bereich (**nichtwirtschaftlicher Tätigkeitsbereich** bzw. „**Privatsphäre**") als auch mit dem Unternehmen (sog. **gemischte Aufwendungen**), so bedarf es der zuordnenden Entscheidung, für welchen Bereich die Leistung bezogen wurde. Als Ergebnis dieser **Zuordnung** kommt in Betracht, dass die Leistung entweder ausschließlich dem Unternehmen bzw. dem nichtunternehmerischen Bereich zugerechnet wird oder aber, dass die Leistung anteilig beiden Bereichen zugeordnet wird und die Vorsteuer entsprechend anteilig abziehbar ist. Die aufteilende Zuordnung setzt nicht die reale Teilbarkeit der bezogenen Leistung voraus, wohl aber einen **Aufteilungsmaßstab**.

123 Ist der Umfang der Verwendung oder Veranlassung des Leistungsbezuges durch das Unternehmen **nicht bestimmbar**, so ist eine sachgerechte Aufteilung nicht möglich. Das ist der Fall, wenn sich die **Veranlassungen** (Zusammenhänge) **überlagern** und **untrennbar miteinander verknüpft** sind. Bei einer solchen nicht quantifizierbaren gemischten Verwendung (Veranlassung, Kausalität, Motivation) kommt eine Aufteilung auch nicht im Wege der Schätzung in Betracht. Eine Schätzung dient nur der Vereinfachung und setzt mithin die grundsätzlich (theoretisch) exakte Bestimmbarkeit des zu Schätzenden voraus. Anderenfalls ist eine **Schätzung nicht** möglich; sie wäre willkürlich. Eine aufteilende Zuordnung für

---

[1] Vgl. BFH v. 9.12.2010 – V R 17/10, BStBl. II 2012, 53 = UR 2011, 313 – Betriebsausflug.
[2] Vgl. EuGH v. 8.6.2000 – C-400/98, EuGHE 2000, I-4321 = BStBl. II 2003, 452 = UR 2000, 329 – Rz. 35; EuGH v. 8.6.2000 – C-396/98, EuGHE 2000, I-4279 = BStBl. II 2003, 446 = UR 2000, 336 – Rz. 37; EuGH v. 8.6.2000 – C-98/98, EuGHE 2000, I-4177 = UR 2000, 342 – Rz. 22 f.

Leistung für das Unternehmen § 15

untrennbar gemischt veranlasste Leistungsbezüge kann in Ermangelung eines Aufteilungsmaßstabes nicht erfolgen.[1]

Diese Betrachtungsweise gilt einheitlich für alle **Unternehmer jedweder Rechtsform**, d.h. sowohl für natürliche Personen, juristische Personen des privaten[2] und des öffentlichen[3] Rechts, Personengesellschaften usw. Eine Leistung ist folglich nicht etwa bei juristischen Personen usw. automatisch zur Gänze für das Unternehmen bezogen. Diese Gebilde haben zwar keinen Privatbereich, können aber einen nichtunternehmerischen (nicht wirtschaftlichen) Bereich haben (§ 2 Rz. 195 ff.). 124

**b) Nicht quantifizierbare Zusammenhänge**

**aa) Grundsätze**

Wenn bei derartigen Leistungsbezügen eine **Aufteilung** mangels eines Maßstabes **nicht möglich** ist, so kommt **nur** ein **Entweder-oder** in Betracht. Der gemischt veranlasste Leistungsbezug ist entweder dem Unternehmen oder dem Privatbereich zuzuordnen. **Regelmäßig** ist eine solche Leistung jedoch **nicht „für das Unternehmen"** ausgeführt, da die gegenteilige Aussage („nicht für das Unternehmen") gleichermaßen zutrifft. Es gibt keine plausible Erklärung dafür, dass eine solche Leistung per se als für das Unternehmen ausgeführt anzusehen sein sollte. 125

**Abzulehnen** sind deshalb frühere Äußerungen des **BFH**, wonach bei sog. gemischten Aufwendungen Leistungen für das Unternehmen zu bejahen seien, wenn „ein hinreichender Zusammenhang" mit dem Unternehmen bestehe bzw. der Verwendung für das Unternehmen nicht „eine nur unwesentliche Bedeutung" zukomme.[4] Diese Sichtweise basiert auf der nicht nachzuvollziehenden Schlussfolgerung, dass, weil das Umsatzsteuergesetz **keine dem § 12 Nr. 1 Satz 2 EStG entsprechende Bestimmung** enthalte, der § 15 Abs. 1 UStG von der umgekehrten Voraussetzung ausgehe.[5] Damit wird verkannt, dass § 12 Nr. 1 Satz 2 EStG nur klarstellende Bedeutung hat[6] und einen allgemeinen Grundsatz zum Ausdruck bringt, der sowohl für das Ertragsteuerrecht als auch für das Umsatzsteuerrecht gilt. Die Erwähnung des § 12 Nr. 1 EStG in § 15 Abs. 1a UStG ist deshalb überflüssig (Rz. 384 f.). **Zwischenergebnis:** Eine nicht quantifizierbare Mitveranlassung durch die Privatsphäre (den nichtunternehmerischen Bereich) 126

---

1 *Reiß*, StuW 1987, 351 (362); *Stadie*, Vorsteuerabzug, S. 83 f.; für die Einkommensteuer *Söhn*, DStJG 3 (1980), S. 13 (35 ff., 57 ff.).
2 Vgl. EuGH v. 13.3.2008 – C-437/06, EuGHE 2008, I-1597 = UR 2008, 344 – Aktiengesellschaft; EuGH v. 12.2.2009 – C-515/07, EuGHE 2009, I-839 = UR 2009, 199 – Verein; BFH v. 14.4.2008 – XI B 171/07, BFH/NV 2008, 1215; BFH v. 29.6.2010 – V B 160/08, BFH/NV 2010, 1877 – Verein.
3 BFH v. 3.3.2011 – V R 23/10, BStBl. II 2012, 74 = UR 2011, 617.
4 BFH v. 12.12.1985 – V R 25/78, BStBl. II 1986, 216; bzw. BFH v. 18.12.1986 – V R 176/75, BStBl. II 1987, 350 (353); BFH v. 30.4.1987 – V R 154/78, BStBl. II 1987, 688.
5 BFH v. 18.12.1986 – V R 176/75, BStBl. II 1987, 350 (353); vgl. auch BFH v. 12.12.1985 – V R 25/78, BStBl. II 1986, 216; BFH v. 30.4.1987 – V R 154/78, BStBl. II 1987, 688; BFH v. 27.10.1993 – XI R 86/90, BStBl. II 1994, 275; BFH v. 15.9.1995 – V R 3/95, UR 1996, 306; ferner BFH v. 13.4.1972 – V R 135/71, BStBl. II 1972, 653.
6 Begr. zu § 12 EStG 1934, RStBl. 1935, 33 (41).

schließt folglich vom Grundsatz her eine Zuordnung des Leistungsbezugs zum Unternehmen aus.[1]

127 Der zuvor entwickelte Grundsatz beruht auf der Prämisse, dass die unternehmerische und die private Mitveranlassung in etwa *gleichwertig* sind. Indes müssen die Veranlassungen, Ursachen bzw. Zusammenhänge gewertet werden. Das Ergebnis dieser qualifizierenden Zuordnung (Wertung) kann sein, dass die **private Mitveranlassung** als **unwesentlich** (unerheblich, von untergeordneter Bedeutung) vernachlässigt wird.[2] Bei dieser Wertung ist es indes geboten, gesellschaftliche Normalitätsvorstellungen und **Typisierungen** einfließen zu lassen.[3] Leistungen, die typischerweise für private Zwecke bezogen werden, sind deshalb auch dann nicht für das Unternehmen ausgeführt, wenn ihre Inanspruchnahme nicht unerheblich von diesem mit veranlasst war. Die private Mitveranlassung ist nur dann unwesentlich, wenn sie bei *typisierender* Betrachtungsweise (der Gegenbeweis durch den Unternehmer im Einzelfall, dass es nämlich in seinem Fall anders läge, ist folglich unbeachtlich!) als unwesentlich vernachlässigt werden kann.

### bb) Arbeitszimmer

128 Aufwendungen für ein sog. Arbeitszimmer o.Ä. in einem Einfamilienhaus o.Ä. sollen nach herrschender Auffassung für das Unternehmen erfolgen.[4] Das ist bei Wohnungen durchschnittlicher Größe lebensfremd, da ein derartiger Raum typischerweise nicht unwesentlich auch für private Zwecke genutzt wird.

### cc) Bekleidung u.Ä.

129 Bekleidung, die **typischerweise privat** getragen wird, wird auch dann nicht für das Unternehmen erworben, wenn der Unternehmer nachweist, dass er sie atypischerweise nur für unternehmerische Zwecke nutzt. Anders ist es nur dann, wenn die Möglichkeit, dass das Kleidungsstück auch mal privat getragen wird, als **unwesentlich** außer Acht gelassen werden kann. Das ist z.B. beim **schwarzen Anzug** des **Leichenbestatters** der Fall.[5]

### dd) Fahrzeugkosten

130 **Fahrten zwischen Wohnung und Unternehmen (Betrieb)** führen nicht zu gemischten Aufwendungen und berechtigen zum vollen Vorsteuerabzug (sofern

---

1 So zutreffend zur Einkommensteuer bereits *Söhn*, DStJG 3 (1980), S. 13 (38, 42, 50, 56); *Söhn*, StuW 1983, 193 (197 f.); vgl. zur Umsatzsteuer auch *Reiß* in T/L, 20. Aufl. 2010, § 14 Rz. 160.
2 Vgl. zur Einkommensteuer *Söhn*, DStJG 3 (1980), S. 13 (73 ff.); GrS des BFH v. 27.11.1978 – GrS 8/77, BStBl. II 1979, 213; BFH v. 21.9.2009 – GrS 1/06, BStBl. II 2010, 672 – Rz. 125.
3 Vgl. zur Einkommensteuer *P. Kirchhof*, DStJG 3 (1980), S. 201 (204 f.).
4 Vgl. EuGH v. 21.4.2005 – C-25/03, EuGHE 2005, I-3123 = UR 2005, 324 – Rz. 52; BFH v. 6.10.2005 – V R 40/01, BStBl. II 2007, 13; Abschn. 3.4 Abs. 7 Satz 3 Beispiel 3, Abschn. 15.6 Abs. 1 Satz 4 UStAE.
5 Zu weiteren Beispielen aus der Einkommensteuer-Rspr. s. *von Beckerath* in Kirchhof, EStG, § 9 EStG Rz. 99.

die übrigen Voraussetzungen des § 15 UStG erfüllt sind). Diese Fahrten sind nicht etwa privat[1], sondern ausschließlich durch das Unternehmen veranlasst[2], da der Unternehmer, wenn er das Unternehmen nicht hätte, nicht dort hinfahren müsste. Entsprechendes gilt für **Familienheimfahrten**. Geschäftsführende **Gesellschafter** sind richtigerweise ebenfalls bezüglich der von ihnen getragenen Aufwendungen für Fahrten zwischen Wohnung und Unternehmen vorsteuerabzugsberechtigt (*Rz. 45*).[3]

Die Herstellung oder Anschaffung einer **Garage** auf oder neben dem Wohngrundstück des Unternehmers erfolgt nicht für das Unternehmen, auch wenn in dieser ein Fahrzeug abgestellt wird, welches dem Unternehmen zugeordnet ist. Eine solche Garage wird typischerweise auch zum Abstellen privater Fahrzeuge und anderer Gegenstände genutzt. Das gilt auch bei einer Doppelgarage und bei einem sog. Carport.[4] 131

Wird ein dem Unternehmen zugeordnetes Fahrzeug anlässlich einer **nichtunternehmerischen Verwendung** (Privatfahrt) beschädigt (zu Zerstörung und Diebstahl s. *§ 3 Rz. 72*), so wird die **Reparaturleistung** nicht für das Unternehmen ausgeführt. Die Zugehörigkeit des beschädigten Gegenstandes zum Unternehmen indiziert noch nicht die unternehmerische Veranlassung der Reparatur.[5] Demgegenüber geht der V. Senat des BFH ohne weiteres vom Gegenteil aus, da er meint, dass die Reparaturkosten Teil der Gesamtkosten des Gegenstandes seien und mithin anteilig in die Bemessungsgrundlage der Privatnutzung nach § 10 Abs. 4 Nr. 2 UStG einflössen.[6] 132

Dem ist nicht zu folgen. Die die Reparatur auslösende Beschädigung erfolgte während der privaten Verwendung, so dass die Reparaturleistung nicht für das Unternehmen ausgeführt wurde. Zwar ist auch das Interesse des Unternehmers an der Wiederherstellung des beschädigten Gegenstandes eine Ursache für die Inanspruchnahme der Reparaturleistung, dieser Zusammenhang wird jedoch **von dem privaten Zusammenhang überlagert** und tritt bei wertender Betrachtung zurück.[7] Die Reparaturleistung wird im nichtunternehmerischen Bereich 133

---

1 So aber *Reiß*, Rz. 346 – S. 306; *Jakob*, Rz. 854 – FN 78; *Englisch* in T/L, § 17 Rz. 334; *Nieskens* in R/D, § 3 UStG Anm. 1742 f., mit dem verfehlten Hinweis auf EuGH v. 16.2.2012 – C-118/11, UR 2012, 230 – Rz. 51. Es wird übersehen, dass Fahrten von Arbeitnehmern mit einem Fahrzeug des Unternehmers regelmäßig Privatfahrten der Arbeitnehmer sind (vgl. *§ 3 Rz. 177 ff.*).
2 BFH v. 5.6.2014 – XI R 36/12, BStBl. II 2015, 43 – Rz. 26, 29; Abschn. 15.6 Abs. 1 Satz 4, Abschn. 15.23 Abs. 2 Satz 2 UStAE.
3 *Stadie*, UR 2011, 256.
4 Vgl. FG Thür. v. 28.7.2004 – IV 396/00, EFG 2006, 75.
5 So zutreffend zur Einkommensteuer für den Diebstahl eines Pkw beim Besuch eines Weihnachtsmarktes BFH v. 18.4.2007 – XI R 60/94, BStBl. II 2007, 762.
6 BFH v. 28.2.1980 – V R 128/72, BStBl. II 1980, 309.
7 Im Ergebnis ebenso für die einkommensteuerrechtliche Zuordnung *Söhn*, DStJG 3 (1980), S. 13 (86 ff. m.w.N.); *Arndt* in Kirchhof/Söhn/Mellinghoff, EStG, § 12 EStG Rz. B 48; BFH v. 17.10.1973 – VI R 395/70, BStBl. II 1974, 185; BFH v. 15.12.1977 – IV R 78/74, BStBl. II 1978, 212. Vgl. zur Umsatzsteuer auch *Reiß*, StuW 1980, 342 (344); *Reiß*, StuW 1984, 175 (179); *Söhn*, DStZ 1987, 367 (374).

verbraucht, da sie die Folge einer privaten Verwendung des Wirtschaftsgutes ist (vgl. auch *§ 10 Rz. 115*).

134 Deshalb ist es auch **ohne Belang**, ob die Beschädigung auf ein Fehlverhalten des Unternehmers oder eines Dritten oder auf **höhere Gewalt** zurückgeht. Hätte der Unternehmer einen fremden Gegenstand genutzt und nach der Beschädigung reparieren lassen, so wäre er mit der Umsatzsteuer auf die Reparaturleistung dem Ziel des Gesetzes entsprechend belastet; bei der Verwendung eines eigenen Gegenstandes für eine private Nutzung kann nichts anderes gelten. Bei einem **Totalschaden** oder einem Diebstahl auf einer Privatfahrt ist folglich entgegen der h.M. eine Entnahme gegeben (*§ 3 Rz. 72 f.*).

135 Wird ein Fahrzeug während einer **unternehmerischen Fahrt** durch **grobfahrlässiges Verhalten** des Unternehmers beschädigt, so sind die **Reparaturkosten** nicht allein deshalb der Privatsphäre zuzuordnen.[1] Entsprechendes gilt für die **Ersatzbeschaffung** eines Fahrzeugs nach einem Totalschaden oder die **Anmietung** eines Fahrzeugs. Nichts anderes gilt bei **anderen Gegenständen**.

136 Bei der **Verwendung** eines **nicht dem Unternehmen zugeordneten Fahrzeugs für unternehmerische Zwecke** sollen nach Auffassung der Rechtsprechung und des BMF nur die unmittelbar und ausschließlich darauf entfallenden Vorsteuerbeträge abziehbar sein (*Rz. 175*). Darüber hinaus muss richtigerweise auch die nachträgliche anteilige Vergütung der auf die Anschaffungskosten entfallenden Vorsteuern nach Maßgabe des § 15a UStG hinzukommen (*§ 15a Rz. 130 f.*).

137 Leistungen zum Zwecke der **Reparatur** oder **Ersatzbeschaffung** eines derartigen Fahrzeugs, welches **auf** einer **unternehmerischen Fahrt beschädigt** oder zerstört wurde, sind grundsätzlich für das Unternehmen ausgeführt[2] (*Rz. 175*). Die Reparatur oder Ersatzbeschaffung wurde durch das Unternehmen ausgelöst und wird damit für dieses verwendet. Das gilt jedoch nur, soweit es um die Wiederherstellung geht; soweit eine über den ursprünglichen Zeitwert hinausgehende **Wertsteigerung** eintritt, erfolgt die Leistung nicht für das Unternehmen. Für **andere Gegenstände** gilt Entsprechendes.

### ee) Geburtstag u.Ä.

138 Bei der Bewirtung von sog. Geschäftsfreunden zum 65. Geburtstag des **Unternehmers** in einer Gaststätte hatte der Umsatzsteuersenat des BFH 1985 einen „hinreichenden Zusammenhang" mit dem Unternehmen gesehen.[3] Diese Entscheidung ist verfehlt, da es sich um den klassischen Fall der doppelten Veranlassung handelt.[4] Auch eine Aufteilung der Kosten kommt nicht in Betracht,

---

1 So auch für die Einkommensteuer BFH v. 28.11.1977 – GrS 2–3/77, BStBl. II 1978, 105 (108 f.); BFH v. 6.4.1984 – VI R 103/79, BStBl. II 1984, 434. Zum **alkoholbedingten** Unfall s. *Stadie* in R/D, § 15 UStG Anm. 338 m.w.N.
2 Abschn. 15.2c Abs. 3 Satz 3 UStAE für Reparaturkosten.
3 BFH v. 12.12.1985 – V R 25/78, BStBl. II 1986, 216.
4 *Reiß* in T/L, 20. Aufl. 2010, § 14 Rz. 168 FN 474; *Stadie* in R/D, § 15 UStG Anm. 369. Ebenso für die Einkommensteuer bzw. Körperschaftsteuer BFH v. 12.12.1968 – IV R 150/68, BStBl. II 1969, 239; BFH v. 24.9.1980 – I R 88/77, BStBl. II 1981, 108; BFH v. 28.11.1991 – I R 13/90, BStBl. II 1992, 359; BFH v. 12.12.1991 – IV R 58/88, BStBl. II 1992,

weil es keinen Aufteilungsmaßstab geben kann (*Rz. 122 ff.*). Entsprechendes gilt für Veranstaltungen zu Ehren eines **Gesellschafters**, **Geschäftsführers** u.ä. Personen.

**ff) Öffentliche Anlagen einer jPdöR**

Dem öffentlichen Verkehr bzw. der Allgemeinheit (Gemeingebrauch) gewidmete Flächen einer Gemeinde können m.E. nicht dem Unternehmen des Betriebes gewerblicher Art (§ 2 Abs. 3 UStG) der Gemeinde zugeordnet werden. Das gilt selbst dann, wenn die Fläche auch unternehmerischen Zwecken dient. Es handelt sich um eine **untrennbar gemischte** Verwendung (*Rz. 123*).[1] Folglich kann ein öffentlicher **Marktplatz**, auf dem die Gemeinde an Markttagen den Marktbeschickern Standflächen entgeltlich überlässt, entgegen der Auffassung des BFH[2] nicht dem Marktbetrieb der Gemeinde zugeordnet werden, so dass die Sanierung bzw. Umgestaltung nicht zum Vorsteuerabzug berechtigt. Entsprechendes gilt für **Fußgängerzonen**[3], **Kurparks**[4], **Strandpromenaden**[5] u.Ä.

139

**gg) Photovoltaikanlage u.Ä.**

Die Errichtung und Unterhaltung einer privaten **Photovoltaikanlage** oder eines **Blockheizkraftwerks** wird von **Rechtsprechung** und **Finanzverwaltung** für den Fall, dass regelmäßig überschüssiger Strom an einen Netzbetreiber geliefert wird, als **unternehmerisch** angesehen (*§ 2 Rz. 109 f.*), so dass danach die dafür in Anspruch genommenen Leistungen für das Unternehmen bezogen werden. Bei Zugrundelegung dieser verfehlten Auffassung stellt sich die Frage, ob und inwieweit Aufwendungen für die **Herstellung** und **Erhaltung** des zu privaten Wohnzwecken (oder zur Erbringung steuerfreier Umsätze) genutzten **Gebäudes**, auf dessen **Dach** sich die Photovoltaikanlage befindet, für das Unternehmen erfolgen. Entgegen BFH[6] ist die Frage schon bezüglich des „ob" zu verneinen, weil es sich um untrennbar gemischte Aufwendungen handelt (*Rz. 123, 125*).

140

**hh) Privatflugerlaubnis**

Der Umstand, dass der Unternehmer aus unternehmerischen Gründen schneller zu geschäftlichen Terminen kommen will, ändert nichts an der Tatsache, dass der Erwerb der Flugerlaubnis *typischerweise* für private Zwecke (Hobby) er-

141

---

524; BFH v. 27.2.1997 – IV R 60/96, BFH/NV 1997, 560; BFH v. 4.11.1998 – IV B 30/98, BFH/NV 1999, 467 m.w.N.
1 Ebenso *Widmann*, BB 2011, 2022; vgl. auch *Widmann*, UR 2012, 417 (426).
2 BFH v. 22.10.2009 – V R 33/08, UR 2010, 368; BFH v. 3.3.2011 – V R 23/10, BStBl. II 2012, 74 = UR 2011, 617.
3 *Widmann*, BB 2011, 2022.
4 Im Ergebnis ebenso BFH v. 26.4.1990 – V R 166/84, BStBl. II 1990, 799; a.A. Abschn. 15.6a Abs. 2 Satz 3 UStAE.
5 Vgl. BFH v. 11.6.1997 – XI R 65/95, BStBl. II 1999, 420.
6 BFH v. 19.7.2011 – XI R 29/10, BStBl. II 2012, 430 – Schuppen; BFH v. 19.7.2011 – XI R 21/10, BStBl. II 2012, 434 – Carport; BFH v. 19.7.2011 – XI R 29/10, BStBl. II 2012, 438 – Dachsanierung.

folgt.[1] Die beabsichtigte wiederholte Mitnahme anderer Personen gegen Entgelt ändert daran nichts.[2]

### ii) Reisekosten

142 Reisekosten des Unternehmens können aus **Fahrtkosten** einschließlich Nebenkosten, **Übernachtungskosten** und aus **Verpflegungskosten** bestehen. Sie können dem Unternehmer auf Grund einer eigenen Geschäftsreise, einer anderen unternehmerischen Fahrt oder auf Grund einer **doppelten Haushaltsführung**, sowie einem Arbeitnehmer des Unternehmens oder einem Gesellschafter bei entsprechenden Reisen (Auswärtstätigkeiten u.Ä.) erwachsen. Bei Übernachtungskosten und Verpflegungskosten handelt es sich zwar um sog. gemischte Aufwendungen, gleichwohl wird die private Mitveranlassung durch die **unternehmerische Veranlassung** verdrängt.[3] Die auf die Reisekosten entfallenden Vorsteuerbeträge sind deshalb (soweit sie nicht unangemessen sind, *Rz. 144*) grundsätzlich uneingeschränkt abziehbar.[4]

143 Das gilt allerdings nur, soweit diese Leistungen nur auf Grund der unternehmerisch veranlassten Reise angefallen sind. Unverständlich ist deshalb, dass die Finanzverwaltung bei **Verpflegungskosten** grundsätzlich, sofern kein Fall der Unangemessenheit vorliegt, die gesamten Vorsteuern zum Abzug zulässt.[5] Richtigerweise muss der Teil der Vorsteuer, der auf die sog. *Haushaltsersparnis* entfällt, ausgenommen werden, da insoweit die Restaurationsleistung nicht für das Unternehmen erfolgt[6]; denn wenn der Unternehmer nicht auswärts tätig gewesen wäre, hätte er gleichwohl essen müssen. Abziehbar dürften deshalb nur die auf die Mehraufwendungen für Verpflegung entfallenden Vorsteuern sein.

144 Auch bei unternehmerischer Veranlassung der Reise dem Grunde nach kann die Abziehbarkeit der Vorsteuern nach § 15 Abs. 1a UStG i.V.m. § 4 Abs. 5 Nr. 7 EStG beschränkt sein, wenn die Aufwendungen **unangemessen** sind (*Rz. 379 ff.*). Zum Vorsteuerabzug bei **Erstattung** von konkreten Reisekosten an **Arbeitnehmer** oder **Gesellschafter**, die diese im eigenen Namen in Anspruch genommen hatten, s. *Rz. 81 ff.*; zum Vorsteuerabzug des Gesellschafters, wenn dieser die Reisekosten selbst trägt, s. *Rz. 44 ff.*

### jj) Steuerberatung u.Ä.

145 Leistungen eines Steuerberaters o.Ä. werden nur hinsichtlich der Erstellung von Jahresabschlüssen, Steuererklärungen, Beratungen, Prozessführungen u.Ä. für

---

1 Zust. FG BW v. 27.10.2011 – 1 K 3969/09, EFG 2012, 1103; *Englisch* in T/L, § 17 Rz. 334; a.A. FG Nürnberg v. 30.10.1979 – II 135/78, EFG 1980, 102; FG München v. 13.7.1988 – III 139/86 U, UR 1990, 251. Wie hier für die entsprechende einkommensteuerrechtliche Frage BFH v. 17.11.1989 – VI R 8/86, BStBl. II 1990, 306; BFH v. 14.2.1992 – VI R 7/89, BFH/NV 1992, 725; BFH v. 9.8.1996 – VI R 38/96, BFH/NV 1997, 107; BFH v. 27.5.2003 – VI R 85/02, BStBl. II 2004, 202.
2 Vgl. FG Münster v. 26.5.2011 – 5 K 1388/09 U, EFG 2011, 1663.
3 Vgl. zu Übernachtungskosten BFH v. 23.11.2010 – V R 49/00, BStBl. II 2001, 266.
4 Vgl. zu Familienheimfahrten Abschn. 15.6 Abs. 1 Satz 4 UStAE.
5 BMF. v. 28.3.2001 – IV B 7 - S 7303a - 20/01, BStBl. I 2001, 251 – Tz. 2a.
6 Ebenso *Reiß*, 299 (Rz. 337); vgl. auch *Jakob*, Rz. 854 FN 78.

sog. betriebliche Steuern (insbes. Umsatzsteuer und Gewerbesteuer) für das Unternehmen ausgeführt. Dazu soll nicht die **Erstellung** von **Erklärungen** zur einheitlichen und gesonderten **Gewinnfeststellung** bei einer **Personengesellschaft** zählen.[1] Diese Kosten gehören jedoch zu den allgemeinen Kosten der wirtschaftlichen (unternehmerischen) Gesamttätigkeit (vgl. *Rz. 112*), da sie allein durch die Rechtsform der unternehmerischen Betätigung bedingt sind.[2] Ein Einzelunterunternehmer, welcher die gleiche Tätigkeit wie eine Personengesellschaft ausübt, muss keine derartige Erklärung abgeben.

**kk) Verteidigung in Straf- oder Bußgeldverfahren**

Die Leistung eines Rechtsanwalts für die Verteidigung in einem **Strafverfahren** ist nach zutreffender Auffassung des EuGH nicht schon deshalb für das Unternehmen ausgeführt, weil die Straftat den Zwecken des Unternehmens dienen sollte. Die Vorwerfbarkeit der Tat beseitigt vielmehr den Zusammenhang mit dem Unternehmen, weil die Anwaltsdienstleistungen dem Schutz der privaten Interessen des Beschuldigten dienen, der wegen in seinem persönlichen Verhalten liegenden Zuwiderhandlungen strafrechtlich verfolgt wird.[3] Das gilt auch für die Abziehbarkeit seitens einer **Gesellschaft**, deren **Geschäftsführer** o.Ä. der Beschuldigte ist.[4]

146

Nichts anderes hat dann für **Ordnungswidrigkeiten** zu gelten, die im Zusammenhang mit der unternehmerischen Tätigkeit begangen wurden (*Beispiele:* Verfolgung wegen Verstoßes gegen die Gewerbeordnung oder Umweltvorschriften, wegen Verkehrsübertretungen bei Geschäftsfahrten, wegen Wettbewerbsverstößen, Einfuhrvergehen u.Ä.).

147

**ll) Umzugskosten**

Kosten für einen Wohnungswechsel stellen gemischte Aufwendungen dar, bei denen die private Mitveranlassung nicht von untergeordneter Bedeutung ist (dazu *Rz. 125 ff.*). Der frühere § 15 Abs. 1a Nr. 3 UStG aF enthielt nur eine Klarstellung[5], so dass aus der Streichung dieser Vorschrift Ende 2006 nichts Gegenteiliges folgt. Das gilt auch für vom Unternehmer getragene Umzugskosten des Personals anlässlich einer Betriebsverlegung.[6]

148

**mm) Verwertung von Privatvermögen zur Begleichung betrieblicher Schulden**

Dienstleistungen, welche im Zusammenhang mit der Verwertung von Privatvermögen in Anspruch genommen werden, sind insoweit für das Unternehmen

149

---

1 BFH v. 13.7.1994 – XI R 55/93, BStBl. II 1994, 907; BFH v. 8.9.2010 – XI R 31/08, BStBl. II 2011, 197; FG Düsseldorf v. 13.12.2004 – 7 Ko 5082/04 KF, EFG 2005, 812; vgl. auch BFH v. 22.4.1998 – XI R 61/97, BStBl. II 1998, 586.
2 *Herbert*, UR 2009, 505.
3 EuGH v. 21.2.2013 – C-104/12, UR 2013, 220 – Rz. 30 – Bestechung; ebenso BFH v. 11.4.2013 – V R 29/10, BStBl. II 2013, 840.
4 EuGH v. 21.2.2013 – C-104/12, UR 2013, 220; ebenso BFH v. 11.4.2013 – V R 29/10, BStBl. II 2013, 840.
5 *Stadie* in R/D, § 15 UStG Anm. 46 m.w.N.
6 BMF v. 5.11.1999 – IV D 1 - S 7314 - 48/99, BStBl. I 1999, 964 – Tz. 3.

bezogen, als mit dem Erlös Schulden des Unternehmens beglichen werden. Das gilt auch für die Tätigkeit des **Insolvenzverwalters**, soweit er Privatvermögen zugunsten betrieblicher Gläubiger verwertet.[1] Der Umstand, dass es sich um Privatvermögen handelt, ist ohne Belang, da die Verwertungstätigkeit nicht dem Privatbereich dient, sondern allein durch das (ehemalige) Unternehmen ausgelöst wird. Obwohl der Erlös dem Unternehmen zugute kommt, bleibt die Veräußerung nicht steuerbar.

**nn) Zeitschriften, Zeitungen**

150 Der Bezug der Zeitschriften „Capital", „Manager-Magazin" u.ä. Blätter erfolgt nicht für das Unternehmen natürlicher Personen, weil diese Zeitschriften zu einem erheblichen Teil Artikel enthalten, die von allgemeinem Interesse sind, so dass die private Veranlassung nicht als unbedeutend angesehen werden kann. Das gilt auch für das „Handelsblatt", die „Financial Times Deutschland" u.ä. Zeitungen. Auch der Bezug von **Wartezimmerliteratur** (Zeitschriftenmappen u.Ä.) erfolgt nicht für das Unternehmen[2], weil diese typischerweise (*Rz. 127*) auch vom Unternehmer und/oder diesem nahe stehenden Personen gelesen werden.

**c) Teilbare Leistungsbezüge**

**aa) Allgemeines**

151 Ist die bezogene Leistung oder Teilleistung **wirtschaftlich teilbar** und soll sie nur zum Teil unternehmerischen Zwecken dienen, so darf sie grundsätzlich auch nur insoweit als für das Unternehmen i.S.d. § 15 Abs. 1 Satz 1 UStG ausgeführt angesehen werden. Dieses **Aufteilungsgebot** gilt uneingeschränkt bei Leistungen und Teilleistungen (*§ 13 Rz. 20 ff.*), die sich **real teilen** lassen. Das ist entgegen der Auffassung der Finanzverwaltung[3] nicht etwa nur bei der **Lieferung** vertretbarer Sachen, sondern stets dann der Fall, wenn eine Lieferung mehrere Gegenstände umfasst, von denen nicht alle für das Unternehmen bestimmt sind. Entsprechendes gilt bei **Dienstleistungen**, die sich nach Nutzungseinheiten aufteilen oder sich auf andere Weise **wirtschaftlich anteilig zurechnen** lassen. Die zur Vorsteueraufteilung nach § 15 Abs. 4 UStG entwickelten Regeln (*Rz. 433, 472 ff.*) gelten auch hier (*Rz. 108*).

152 Bei **Gegenständen** (Wirtschaftsgütern), die dauerhaft (nämlich über den Voranmeldungszeitraum hinaus, zu dem erstmalig der Vorsteuerabzug geltend gemacht werden kann) **gemischt genutzt** werden, ist zu differenzieren: Bei diesen ist eine Aufteilung unproblematisch, **wenn** der **Umfang** der unternehmerischen und nichtunternehmerischen **Nutzung** (Verwendung) im Zeitpunkt des Erwerbs

---

1 FG Nürnberg v. 11.5.2010 – 2 K 1513/2008, EFG 2010, 1843 – die Rev.-Entscheidung des BFH (BFH v. 26.9.2012 – V R 9/11, BStBl. II 2013, 346) äußert sich dazu nicht; FG Köln v. 9.5.2014 – 4 K 2584/13, EFG 2014, 1726 – Rev.-Az. XI R 28/14; a.A. FG München v. 21.4.2010 – 3 K 3736/07, EFG 2011, 1199; OFD Münster, Kurzinfo. v. 15.6.2011 – Umsatzsteuer Nr. 9/2011, UR 2011, 923.
2 FG München v. 12.4.2013 – 14 K 3333/12, juris.
3 Abschn. 15.2c Abs. 2 Nr. 1 Satz 1 UStAE.

des Gegenstandes (für einen gewissen Zeitraum) **feststeht**. Das ist insbesondere bei *Grundstücken* und *Gebäuden* der Fall, bei denen sich das **Nutzungsverhältnis** nach **räumlichen Kriterien bestimmen** lässt, weil die **unternehmerische** und die **nichtunternehmerische** Verwendung jeweils **gleichzeitig** (nebeneinander) erfolgen. Hinzukommen muss die Möglichkeit der **Vorsteuerkorrektur**, wenn sich später das **Nutzungsverhältnis ändert**. Das ist entgegen der Rechtsprechung auch dann (in Gestalt des § 15a UStG) der Fall, wenn sich der Umfang der unternehmerischen Verwendung erhöht (*§ 15a Rz. 126 ff.*; zur Zuordnung des gesamten Gegenstandes zum Unternehmen *Rz. 165 ff.*).

Hingegen ist bei (insbesondere beweglichen) **Gegenständen**, bei denen unternehmerische und nichtunternehmerische **Nutzungen** typischerweise **alternieren**, eine gedankliche **Aufteilung** der den Gegenstand betreffenden Leistungsbezüge insofern problematisch, als sich das Nutzungsverhältnis im Regelfall ständig ändert und mithin der zukünftige Umfang der unternehmerischen Nutzung nicht bestimmbar ist. Eine Aufteilung nach den Verhältnissen im Voranmeldungszeitraum der erstmaligen Verwendung (*Rz. 102 f.*) kann deshalb nur eine vorläufige sein, die in den folgenden Zeiträumen die ständige Anpassung des Vorsteuerabzugs nicht nur nach § 3 Abs. 9a i.V.m. § 10 Abs. 4 Satz 1 Nr. 2 UStG, sondern auch zugunsten des Unternehmers nach § 15a UStG erfordert. 153

**bb) Zwingende Aufteilung bei Verwendung für nichtwirtschaftliche Tätigkeiten**

Der **EuGH** und der ihm folgende **BFH** verlangen **stets** eine **Aufteilung** bei Leistungsbezügen, die sowohl für eine wirtschaftliche als auch **für eine nichtwirtschaftliche Tätigkeit** verwendet werden.[1] „Nichtwirtschaftliche" Tätigkeiten sollen nach Auffassung des EuGH solche sein, die nicht in den Anwendungsbereich der MwStSystRL fallen[2] (*Rz. 156*). **Gleichwohl** soll bei der Verwendung von Leistungsbezügen für derartige Tätigkeiten (zum Begriff *Rz. 157*) keine Verwendung für unternehmensfremde Zwecke i.S.d. Art. 16 und 26 MwStSystRL (= § 3 Abs. 1b und Abs. 9a UStG) vorliegen, so dass die Leistungen „für das Unternehmen" bezogen würden, auch wenn sie nicht zum Vorsteuerabzug berechtigen. **Anders** soll es bei Leistungsbezügen sein, welche auch für **private Zwecke** i.S.d. Art. 16 und 26 MwStSystRL (= § 3 Abs. 1b und Abs. 9a UStG) verwendet werden. Hier soll kein Aufteilungsgebot bestehen[3] (dazu auch *Rz. 166*). 154

---

1 EuGH v. 13.3.2008 – C-437/06, EuGHE 2008, I-1597 = BStBl. II 2008, 727 – Rz. 28 ff.; EuGH v. 12.2.2009 – C-515/07, EuGHE 2009, I-839 = UR 2009, 199 – Rz. 34 ff.; BFH v. 6.5.2010 – V R 29/09, BStBl. II 2010, 885 – Rz. 23; BFH v. 12.1.2011 – XI R 9/08, BStBl. II 2012, 58 = UR 2011, 357 – Rz. 15; BFH v. 3.3.2011 – V R 23/10, BStBl. II 2012, 74 = UR 2011, 617 – Rz. 16; BFH v. 9.2.2012 – V R 40/10, BStBl. II 2012, 844 – Rz. 25 m.w.N.
2 EuGH v. 13.3.2008 – C-437/06, EuGHE 2008, I-1597 = BStBl. II 2008, 727 – Rz. 26; EuGH v. 12.2.2009 – C-515/07, EuGHE 2009, I-839 = UR 2009, 199 – Rz. 36 f.
3 EuGH v. 12.2.2009 – C-515/07, EuGHE 2009, I-839 = UR 2009, 199 – Rz. 32 u. 39; BFH v. 9.12.2010 – V R 17/10, BStBl. II 2012, 53 = UR 2011, 313 – Rz. 24 u. 26; BFH v. 12.1.2011 – XI R 9/08, BStBl. II 2012, 58 = UR 2011, 357 – Rz. 15; BFH v. 12.1.2011 – XI R 10/08, BFH/NV 2011, 860 – Rz. 15; BFH v. 13.1.2011 – V R 12/08, BStBl. II 2012, 61 = UR 2011, 295 – Rz. 32 u. 35; BFH v. 3.3.2011 – V R 23/10, BStBl. II 2012, 74 = UR 2011, 617 – Rz. 17.

155 Der **EuGH** versteht offensichtlich den **Begriff des Unternehmens** in Art. 26 MwStSystRL (wie auch in Art. 16 MwStSystRL) **anders als § 2 Abs. 1 Satz 2 UStG**, wonach das Unternehmen nur die gewerbliche und berufliche Tätigkeit des Unternehmers, d.h. die wirtschaftliche Tätigkeit des Steuerpflichtigen (Art. 9 Abs. 1 MwStSystRL) umfasst. Der EuGH spricht von „Gegenständen und Dienstleistungen (...), die dem *Unternehmen* für die Zwecke anderer als der besteuerten Umsätze des Steuerpflichtigen *zugeordnet* sind"[1]. Unter diesen „nicht besteuerten Umsätzen" versteht der EuGH in seiner Entscheidung vom 12.2.2009 die Wahrnehmung der allgemeinen Interessen ihrer Mitglieder durch eine Vereinigung.[2] Der EuGH versteht mithin den Begriff des Unternehmens **in einem weiter gefassten, rein technisch-organisatorischen (betriebswirtschaftlichen) Sinne**. Diese Interpretation der Richtlinie ist allerdings **nicht mit** dem eindeutigen **Wortlaut** mehrerer **Richtlinienbestimmungen zu vereinbaren** (vgl. nur Art. 17 Abs. 1 MwStSystRL [„Verbringung eines Gegenstandes seines Unternehmens"][3], Art. 18 Buchst. a MwStSystRL [„im Rahmen seines Unternehmens"] und Art. 174 Abs. 2 Buchst. a MwStSystRL), die ersichtlich das **Unternehmen** als den **Bereich** der *wirtschaftlichen* **Tätigkeit** verstehen. Vermutlich hat der EuGH diese Bestimmungen übersehen.[4]

156 **„Nichtwirtschaftliche" Tätigkeiten** sollen nach Auffassung des EuGH solche sein, die nicht in den Anwendungsbereich der MwStSystRL fallen, d.h. nicht auf die Erbringung von Umsätzen, nämlich von entgeltlichen Lieferungen oder Dienstleistungen i.S.d. Art. 2 Abs. 1 Buchst. a und c MwStSystRL, gerichtet sind.[5] Nichtwirtschaftliche Tätigkeiten sind folglich nach der Rechtsprechung, der das BMF folgt[6], z.B.

– der Erwerb und das bloße Halten von Beteiligungen[7] (vgl. auch *Rz. 44*);

– der Bezug von Dividenden[8];

– die Wahrnehmung der allgemeinen Interessen der Mitglieder durch einen teilweise unternehmerisch tätigen Verein[9];

– Tätigkeiten einer gemeinnützigen Körperschaft, soweit sie nicht auf die Erbringung von Umsätzen i.S.d. § 1 Abs. 1 Nr. 1 UStG gerichtet ist[10].

---

1 Hervorhebung durch den Verf.
2 EuGH v. 12.2.2009 – C-515/07, EuGHE 2009, I-839 = UR 2009, 199 – Rz. 39.
3 Dieses Verbringen wird als Lieferung gegen Entgelt fingiert, welche nur dann der Mehrwertsteuer unterliegt, wenn sie der Steuerpflichtige als solcher tätigt (Art. 2 Abs. 1 Buchst. a MwStSystRL). Das wäre aber nicht der Fall, wenn der Gegenstand dem nichtwirtschaftlichen Bereich zugeordnet ist.
4 Zur weiteren Kritik an dieser Entscheidung, zu den mutmaßlichen Motiven des EuGH und zu den Wirkungen s. ausführlich *Stadie* in R/D, § 15 UStG Anm. 402 ff., 412 ff.
5 EuGH v. 13.3.2008 – C-437/06, EuGHE 2008, I-1597 = BStBl. II 2008, 727 – Rz. 26; EuGH v. 12.2.2009 – C-515/07, EuGHE 2009, I-839 = UR 2009, 199 – Rz. 34 f.; EuGH v. 10.9.2014 – C-92/13, UR 2014, 852 – Rz. 25.
6 Abschn. 15.2c Abs. 2 Buchst. a i.V.m. Abschn. 2.3 Abs. 1a Satz 4 UStAE.
7 EuGH v. 27.9.2001 – C-16/00, EuGHE 2001, I-6663 = UR 2001, 500 – Rz. 19 m.N.
8 EuGH v. 27.9.2001 – C-16/00, EuGHE 2001, I-6663 = UR 2001, 500 – Rz. 41 m.N.
9 EuGH v. 12.2.2009 – C-515/07, EuGHE 2009, I-839 = UR 2009, 199 – Rz. 39; BFH v. 6.5.2010 – V R 29/09, BStBl. II 2010, 885 – Rz. 24.
10 Vgl. BFH v. 29.6.2010 – V B 160/08, BFH/NV 2010, 1876 – Eigenforschung.

Zu den nichtwirtschaftlichen Tätigkeiten in diesem Sinne zählen auch die nichtunternehmerischen Tätigkeiten der **jPdöR**.[1]

Die neue Auslegung seitens des EuGH muss nicht nur für Gesellschaften und gleichgestellte Gebilde, sondern für alle Unternehmer und folglich auch für **natürliche Personen** mit **nichtwirtschaftlichen** „**Tätigkeiten**" gelten. Zu diesen zählen indes nur „Tätigkeiten" (*Beispiel*: Vermietung einer Segelyacht als Liebhaberei-Betätigung) und somit **nicht Entnahmen** für den Bereich der privaten Lebensführung (vgl. auch *§ 3a Rz. 24*).[2] 157

Die Entscheidung des EuGH vom 12.2.2009 will m.E. nicht[3] die Möglichkeit der **vollständigen Zuordnung** eines Gegenstandes und anderer Bezüge zum „Unternehmen", wie es der EuGH versteht (*Rz. 155*), sondern nur die Vornahme des vollständigen Vorsteuerabzugs einschränken (*Rz. 154*). Der Umfang des erstmaligen Vorsteuerabzugs bestimmt sich nach den **Verhältnissen bei der erstmaligen Verwendung** (*Rz. 102 f.*), sofern das Verwendungsverhältnis bestimmbar ist, d.h. ein Aufteilungsmaßstab besteht (*Rz. 122 ff.*). 158

Das bedeutet indes nicht, dass eine **spätere Änderung** der Verwendungsverhältnisse (wirtschaftliche – nichtwirtschaftliche Tätigkeiten) sich nicht mehr auswirkt. Das widerspräche dem in den Art. 16, 18, 26 und 187 MwStSystRL zum Ausdruck kommenden Ziel des Mehrwertsteuersystems, wonach ein vorgenommener Vorsteuerabzug in dem Umfang später zu neutralisieren ist, wie ein Gegenstand für nicht besteuerte Zwecke verwendet wird. Deshalb ist ebenso wenig eine **Vorsteuerberichtigung** ausgeschlossen, wenn sich die **Verwendung** des Gegenstandes **für wirtschaftliche Tätigkeiten erhöht**. Folglich kommt insoweit eine Berichtigung des Vorsteuerabzugs nach den Regeln des Art. 187 MwStSystRL, § 15a UStG in Betracht, wenn sich die Verwendungsverhältnisse hinsichtlich der wirtschaftlichen und der nicht wirtschaftlichen Tätigkeiten des Steuerpflichtigen (Unternehmers) ändern.[4] Das ergibt sich auch aus Art. 168a Abs. 1 Unterabs. 2 MwStSystRL, § 15a Abs. 6a UStG. Wenn danach bei einer Änderung des Verhältnisses der unternehmerischen zur unternehmensfremden (privaten) Verwendung eine Vorsteuerberichtigung vorgenommen werden kann, so gilt das **erst recht**, wenn sich das Verhältnis der wirtschaftlichen und der nichtwirtschaftlichen Tätigkeit zueinander ändert (s. auch *§ 15a Rz. 113*). 159

---

1 Vgl. EuGH v. 10.9.2014 – C-92/13, UR 2014, 852; BFH v. 3.3.2011 – V R 23/10, BStBl. II 2012, 74 – Rz. 16 f.; Abschn. 2.3 Abs. 1a Satz 4 UStAE.
2 Im Ergebnis ebenso BFH v. 3.3.2011 – V R 23/10, BStBl. II 2012, 74 = UR 2011, 617 – Rz. 17; BMF, Abschn. 2.3 Abs. 1a Satz 3 UStAE, die jedoch auch Entnahmen und Nutzungsentnahmen als „Tätigkeiten" verstehen.
3 **A.A.** BFH v. 12.1.2011 – XI R 9/08, BStBl. II 2012, 58 = UR 2011, 357 – Rz. 15; BFH v. 19.7.2011 – XI R 29/09, BStBl. II 2012, 430 – Rz. 35 f.; Abschn. 3.4 Abs. 5a Satz 3, Abschn. 15.2c Abs. 2 Satz 1 Nr. 2 Buchst. a UStAE; *Reiß*, UR 2010, 797 (806).
4 Vgl. EuGH v. 23.4.2009 – C-460/07, EuGHE 2009, I-3251 = UR 2009, 410 – Rz. 51, mit dem Hinweis auf den Berichtigungsmechanismus nach Art. 184 ff. MwStSystRL; ferner EuGH v. 10.9.2014 – C-92/13, UR 2014, 852; sowie *Reiß*, UR 2010, 797 (806); *Stadie*, UR 2011, 125 (146). Lt. **BMF** soll eine Berichtigung lediglich aus **Billigkeitsgründen** vorgenommen werden können; Abschn. 15a.1 Abs. 7 UStAE.

### cc) Aufteilungsmaßstab

160 Die Abziehbarkeit der Vorsteuern bestimmt sich danach, inwieweit die Leistungen für Zwecke der besteuerten Umsätze verwendet (Art. 168 MwStSystRL) bzw. für das Unternehmen bezogen (§ 15 Abs. 1 UStG) werden (zur Aufteilung auf der Ebene des § 15 Abs. 2 und 3 UStG s. *Rz. 414 ff.*). Die Festlegung der Methoden und Kriterien zur Aufteilung der Vorsteuerbeträge steht nach Auffassung des EuGH zwar im Ermessen der Mitgliedstaaten, die Berechnungsweise muss jedoch objektiv widerspiegeln, welcher Teil der Eingangsaufwendungen jedem der beiden Tätigkeitsbereiche tatsächlich zuzurechnen sind.[1] Nach Auffassung des **BFH** seien wegen einer Regelungslücke im Umsatzsteuergesetz die Bestimmungen des **§ 15 Abs. 4 UStG entsprechend** anzuwenden.[2] Dieser Vorschrift sind indes nur die Aussagen zu entnehmen, dass die Vorsteuerbeträge **wirtschaftlich zuzurechnen** sind (Satz 1) und dabei eine sachgerechte **Schätzung** zulässig ist (Satz 2). Das ergibt sich allerdings aus der **Natur der Sache** und ist deshalb nur eine Klarstellung, da eine Aufteilung, der keine wirtschaftliche Zuordnung zugrunde läge, sachwidrig wäre. Folglich liegt keine Regelungslücke vor.

161 Die Aufteilung der Vorsteuern hat regelmäßig **nach Maßgabe der zeitlichen und/oder räumlichen Inanspruchnahme** der Leistungsbezüge durch den wirtschaftlichen und durch den nichtwirtschaftlichen Tätigkeitsbereich zu erfolgen. Die **Zuordnungskriterien** sind **dieselben**, welche auch für die **Vorsteuerkorrektur** im Rahmen des Art. 26 i.V.m. Art. 75 MwStSystRL, § 3 Abs. 9a i.V.m. § 10 Abs. 4 Satz 1 Nr. 2 und 3 UStG gelten, denn die danach anzusetzenden „Ausgaben" (richtig: fixe und variable Kosten; *§ 10 Rz. 103 ff.*) für die Erbringung der fiktiven Dienstleistungen sind nichts anderes als die anteiligen Entgelte für die Eingangsleistungen, bei denen die auf sie entfallende Vorsteuer zu korrigieren ist. M.a.W.: Die dem nichtwirtschaftlichen Tätigkeitsbereich zuzuordnenden nicht abziehbaren Vorsteuern decken sich mit der Umsatzsteuer, welche anfiele, wenn die Vorsteuer anfänglich voll abgezogen worden wäre und anschließend nach § 3 Abs. 9a UStG korrigiert würde. Auch die **Berichtigung** des **Vorsteuerabzugs** nach den Art. 187 ff. MwStSystRL bzw. nach § 15a UStG zu Lasten des Unternehmers berücksichtigt die Änderungen der Verwendung der Eingangsleistungen in zeitlicher und/oder räumlicher Hinsicht. Deshalb handelt es sich bei Art. 26 und Art. 187 ff. MwStSystRL um zwei **Mechanismen**, die die **gleiche wirtschaftliche Wirkung** haben.[3]

162 Nach Auffassung des **EuGH** soll **generell** als Aufteilungsmaßstab auch ein **Umsatzschlüssel** in Betracht kommen.[4] Dieser ist indes schon grundsätzlich kein sachgerechter Maßstab und ist **insbesondere beim nichtwirtschaftlichen Tätig-**

---

[1] EuGH v. 13.3.2008 – C-437/06, EuGHE 2008, I-1597 = BStBl. II 2008, 727.
[2] Vgl. BFH v. 3.3.2011 – V R 23/10, BStBl. II 2012, 74; BFH v. 19.7.2011 – XI R 29/10, BStBl. II 2012, 438 – Rz. 38; BFH v. 9.2.2012 – V R 40/10, BStBl. II 2012, 844; dem folgend Abschn. 15.2c Abs. 2 Satz 4, Abs. 8 Satz 1 UStAE.
[3] EuGH v. 30.6.2006 – C-184/04, EuGHE 2006, I-3039 = UR 2006, 530 – Rz. 29 f.; EuGH v. 14.9.2006 – C-72/05, EuGHE 2006, I-8297 = UR 2006, 638 – Rz. 34 f.; dazu auch *Stadie* in R/D, Einf. Anm. 182.
[4] EuGH v. 13.3.2008 – C-437/06, EuGHE 2008, I-1597 = BStBl. II 2008, 727 – Rz. 38; ebenso BFH v. 19.7.2011 – XI R 29/10, BStBl. II 2012, 438 – Rz. 42 f.

keitsbereich, d.h. demjenigen, der nicht in den Anwendungsbereich der MwSt-SystRL fällt (*Rz. 156*), **verfehlt**. Mit einer solchen Tätigkeit werden keine Umsätze[1] erbracht oder aber diese kommen, wie insbesondere bei einer sog. Liebhaberei-Tätigkeit, nicht als sachgerechter Maßstab in Betracht, weil die Umsätze durchgängig geringer als die Eingangsumsätze sind (*Beispiel*: Trabrennstall einer GmbH als sog. Liebhaberei, bei der die Kosten regelmäßig die Einnahmen übersteigen). Allerdings scheint der EuGH den Begriff „Umsatz" in diesem Zusammenhang nicht i.S.v. Art. 1 Abs. 2 i.V.m. Art. 2 Abs. 1 MwStSystRL, sondern in einem weiteren Sinne zu verstehen, da er auch Dividenden als Umsätze bezeichnet.[2]

Leistungen, die im Zusammenhang mit einer Kapitalerhöhung oder anderen Formen der **Kapitalbeschaffung** in Anspruch genommen werden, berechtigen insoweit zum Vorsteuerabzug, als die Aufwendungen der unternehmerischen (wirtschaftlichen) Tätigkeit zuzurechnen sind (*Rz. 119*). Nach Auffassung des **EuGH** sollen als geeignete Aufteilungsmethoden insbesondere ein Investitionsschlüssel oder ein Umsatzschlüssel in Betracht kommen.[3] Die Anwendung eines Investitionsschlüssels kann jedoch sachwidrig sein[4], da das beschaffte Kapital stets das Gesamtkapital erhöht und nicht etwa bestimmten Projekten oder Bereichen zugeordnet werden kann (vgl. auch *Rz. 491* zur parallelen Fragestellung im Rahmen des § 15 Abs. 2 und 4 UStG). Ein Umsatzschlüssel kommt nicht in Betracht, wenn im nichtunternehmerischen Bereich keine „Umsätze" erbracht werden (*Rz. 162*). 163

Bei der Nutzung eines öffentlichen Platzes zu bestimmten Tagen für einen Marktbetrieb sollen die auf die Herstellung und Erhaltung des **Marktplatzes** entfallenden Vorsteuern nach Auffassung des BFH regelmäßig nach der Anzahl der **Nutzungstage** für den Marktbetrieb dem wirtschaftlichen Tätigkeitsbereich der Gemeinde zuzurechnen sein.[5] Das wäre zwar ein sachgerechter Maßstab, es handelt sich jedoch um unteilbare gemischte Aufwendungen (*Rz. 139*). 164

**dd) Zuordnungswahlrecht bei teilweise nichtunternehmerischer Verwendung**

Nach der neueren Rechtsprechung ist zwar bei Leistungsbezügen, welche sowohl für wirtschaftliche als auch für **nichtwirtschaftliche Tätigkeiten** verwendet werden, der Vorsteuerabzug nur anteilig entsprechend der Verwendung für wirtschaftliche Tätigkeiten zulässig (*Rz. 154*), gleichwohl sollen die Leistungsbezüge, weil keine Verwendung für unternehmensfremde Zwecke vorliege, vollen Umfangs dem Unternehmen zugeordnet werden können (*Rz. 158*). Diese Rechtsprechung lässt sich nur durch die **verfehlte Prämisse** (§ *15a Rz. 126 ff.*) er- 165

---

1 Der BFH will bezüglich eines privat genutzten Gebäudeteils ggf. einen fiktiven Vermietungsumsatz ansetzen; BFH v. 19.7.2011 – XI R 29/10, BStBl. II 2012, 438 – Rz. 43 f.
2 Vgl. EuGH v. 13.3.2008 – C-437/06, EuGHE 2008, I-1597 = BStBl. II 2008, 727 – Rz. 12. Völlig abstrus ist die Bezeichnung der „Wahrnehmung der allgemeinen Interessen ihrer Mitglieder" durch eine Vereinigung als „nicht besteuerte Umsätze"; so EuGH v. 12.2.2009 – C-515/07, EuGHE 2009, I-839 = UR 2009, 199 – Rz. 39.
3 EuGH v. 13.3.2008 – C-437/06, EuGHE 2008, I-1597 = BStBl. II 2008, 727 – Rz. 37 f.
4 Vollständig ablehnend BFH v. 18.11.2004 – V R 16/03, BStBl. II 2005, 503.
5 BFH v. 3.3.2011 – V R 23/10, BStBl. II 2012, 74 = UR 2011, 617.

klären, dass anderenfalls bei einer Erweiterung der unternehmerischen Nutzung kein nachträglicher Vorsteuerabzug nach dem Einlagegedanke in Betracht komme.[1] Die vollständige Zuordnung zum Unternehmen ist mithin von **Bedeutung für den Fall einer späteren Ausweitung der Verwendung für wirtschaftliche Tätigkeiten** (vgl. *Rz. 118*), d.h. für die Anwendung des § 15a UStG (zu **Zeitpunkt** und **Form** der **Zuordnungsentscheidung** s. *Rz. 170 ff.; § 15a Rz. 120 ff.*).

166 Werden Leistungsbezüge sowohl für unternehmerische als auch für **private Zwecke** (*Rz. 167*) verwendet, so soll ebenfalls eine vollständige Zuordnung zum Unternehmen zulässig sein. Der **Unterschied** soll darin bestehen, dass grundsätzlich anfänglich sogar der **volle Vorsteuerabzug** in Betracht kommt, welcher dann anschließend im Umfang der Verwendung für private (unternehmensfremde) Zwecke nach Art. 16 oder Art. 26 MwStSystRL (= § 3 Abs. 1b oder Abs. 9a UStG) zu korrigieren sei (*Rz. 154*). Für insbesondere **Gebäude**, mit deren **Herstellung nach dem 31.12.2010 begonnen** wurde, ist der volle Vorsteuerabzug nunmehr **ausgeschlossen** (*Rz. 387 ff.*).

167 Die **private Lebensführung** ist keine nichtwirtschaftliche „Tätigkeit" i.S.d. EuGH-Rechtsprechung (*Rz. 156*). **Private** (unternehmensfremde) **Zwecke** können nicht nur solche des Unternehmers (natürliche Person), sondern auch solche des **Personals** sein (Art. 16 und Art. 26 MwStSystRL; § 3 Abs. 1b und Abs. 9a UStG).[2] Ferner liegt eine Verwendung für private Zwecke auch bei der Verwendung für **Gesellschafter**[3] und Vereinsmitglieder[4] vor.

168 Bei einem eigenen **Gegenstand** (Wirtschaftsgut/Investitionsgut), der sowohl für **unternehmerische** als auch für **private** Zwecke verwendet wird, soll der Unternehmer (ebenfalls) stets ein uneingeschränktes **Zuordnungswahlrecht** haben. Danach kann er den Gegenstand **zur Gänze** dem Unternehmen (EuGH und BFH [§ 1 Rz. 105]: „Unternehmensvermögen"[5]) oder dem Privatbereich zuordnen. Er kann aber auch **nur** den **Teil** des Gegenstands (Wirtschaftsguts), der für unternehmerische Zwecke verwendet wird, dem Unternehmen zuordnen.[6] Demge-

---

1 So jetzt ausdrücklich EuGH v. 23.4.2009 – C-460/07, EuGHE 2009, I-3251 = UR 2009, 410 – Rz. 44 f.
2 Vgl. auch EuGH v. 12.2.2009 – C-515/07, EuGHE 2009, I-839 = UR 2009, 199 – Rz. 32 u. 39; BFH v. 9.12.2010 – V R 17/10, BStBl. II 2012, 53 = UR 2011, 313 – Rz. 24 u. 26; BFH v. 12.1.2011 – XI R 9/08, BStBl. II 2012, 58 = UR 2011, 357 – Rz. 15; BFH v. 13.1.2011 – V R 12/08, BStBl. II 2012, 61 = UR 2011, 295 – Rz. 32 u. 35; BFH v. 3.3.2011 – V R 23/10, BStBl. II 2012, 74 = UR 2011, 617 – Rz. 17.
3 Vgl. BFH v. 12.1.2011 – XI R 9/08, BStBl. II 2012, 58 = UR 2011, 357 – Rz. 26, Gesellschafter einer GmbH.
4 *Reiß*, UR 2010, 797 (808 f.).
5 Das ist verfehlt, da die Mehrwertsteuer (Umsatzsteuer) „Tätigkeiten" (Art. 9 Abs. 1 MwStSystRL) in Form von „Umsätzen" (Art. 2 Abs. 1 MwStSystRL) besteuert und der Vorsteuerabzug sich nach der „Verwendung" der Gegenstände für Zwecke dieser Umsätze richtet (Art. 168 MwStSystRL). Da anders als im Einkommensteuerrecht keine Vermögensveränderungen besteuert werden, ist ein Unternehmensvermögen ohne Bedeutung und kommt es auf die Zuordnung zu einem solchen Vermögen nicht an. Der Gebrauch des Begriffes „Unternehmensvermögen" verleitet nur zu dem Fehler, auf nationale Kriterien der Zugehörigkeit zum Betriebsvermögen abzustellen.
6 EuGH v. 4.10.1995 – C-291/92, EuGHE 1995, I-2775 = BStBl. II 1996, 392; EuGH v. 8.5.2003 – C-269/00, EuGHE 2003, I-4101 = BStBl. II 2004, 378 – Rz. 40 f.; EuGH v.

mäß erfolgt der Erwerb des Gegenstands (Wirtschaftsguts) dann in dem entsprechenden Umfang für bzw. nicht für das Unternehmen.

Diese Rechtsprechung zur Befugnis, den Gegenstand vollständig dem Unternehmen zuzuordnen, lässt sich nur durch die **verfehlte Prämisse** (*§ 15a Rz. 118, 126*) erklären, dass anderenfalls bei einer Erweiterung der unternehmerischen Nutzung kein nachträglicher Vorsteuerabzug nach dem Einlagegedanke in Betracht komme.[1] Die Rechtsprechung erlaubt es, dass ein Gegenstand selbst dann zur Gänze dem Unternehmen zugeordnet und damit als „für das Unternehmen" i.S.d. § 15 Abs. 1 Satz 1 UStG erworben angesehen wird, wenn er **überwiegend für private Zwecke verwendet** werden soll.[2] Nach Auffassung des EuGH[3] soll das uneingeschränkt gelten, nämlich „wie gering auch immer der Anteil der Verwendung für unternehmerische Zwecke sein mag"[4]. Allerdings gilt in Deutschland die Mindestgrenze von 10 v.H. (§ 15 Abs. 1 Satz 2 UStG; *Rz. 330 ff.*). 169

Die **Zuordnung** des gesamten Gegenstands zum Unternehmen muss nach der Rechtsprechung „zeitnah"[5] geschehen. Sie muss nicht schon durch Geltendmachung von Vorsteuerbeträgen in den Voranmeldungen bei Beginn der Herstellung, sondern kann mit der **bis zum 31.5.** des Folgejahres abgegebenen Umsatzsteuer-Jahreserklärung erfolgen.[6] Spätere **Absichtsänderungen** wirken hingegen nicht auf den Zeitpunkt des Leistungsbezugs zurück und können nicht zum nachträglichen Vorsteuerabzug berechtigen.[7] Entsprechendes soll bei der Herstellung (oder Sanierung) eines **Gebäudes** gelten.[8] 170

---

14.7.2005 – C-434/03, EuGHE 2005, I-7037 = UR 2005, 563 – Rz. 23; EuGH v. 14.9.2006 – C-72/05, EuGHE 2006, I-8297 = BStBl. II 2007, 32; EuGH v. 12.2.2009 – C-515/07, EuGHE 2009, I-839 = UR 2009, 199 – Rz. 32; EuGH v. 23.4.2009 – C-460/07, EuGHE 2009, I-3251 = UR 2009, 410 – Rz. 39 f.; EuGH v. 16.2.2012 – C-118/11, UR 2012, 230 – Rz. 53 ff. m.w.N.; EuGH v. 18.7.2013 – C-210/11, C-211/11, UR 2014, 404 – Rz. 21 f.; BFH v. 31.1.2002 – V R 61/96, BStBl. II 2003, 813; BFH v. 8.10.2008 – XI R 58/07, BStBl. II 2009, 394; BFH v. 23.9.2009 – XI R 14/08, BStBl. II 2010, 243; BFH v. 12.1.2011 – XI R 9/08, BStBl. II 2012, 58 = UR 2011, 357 – Rz. 15 u. 27; BFH v. 7.7.2011 – V R 42/09, BStBl. II 2014, 76 = UR 2011, 870; BFH v. 18.4.2012 – XI R 14/10, BFH/NV 2012, 1828; ebenso Abschn. 15.2c Abs. 2 Nr. 2 Buchst. b UStAE.
1 So jetzt ausdrücklich EuGH v. 23.4.2009 – C-460/07, EuGHE 2009, I-3251 = UR 2009, 410 – Rz. 44 f.
2 BFH v. 11.12.1986 – V R 57/76, BStBl. II 1987, 233; BFH v. 25.3.1988 – V R 101/83, BStBl. II 1988, 649; BFH v. 17.12.2008 – XI R 64/06, BFH/NV 2009, 798; BFH v. 18.12.2008 – V R 80/07, UR 2009, 381 – 3 der Gründe; EuGH v. 11.7.1991 – C-97/90, EuGHE 1991, I-3795 = UR 1991, 291 – Rz. 28 ff.
3 EuGH v. 11.7.1991 – C-97/90, EuGHE 1991, I-3795 = UR 1991, 291, Rz. 35.
4 Zur Kritik *Stadie* in R/D, § 15 UStG Anm. 443 f.
5 BFH v. 11.4.2008 – V R 10/07, BStBl. II 2009, 741 – 3d bb der Gründe; BFH v. 7.7.2011 – V R 42/09, BStBl. II 2014, 79 = UR 2011, 870.
6 Vgl. BFH v. 7.7.2011 – V R 42/09, BStBl. II 2014, 79 = UR 2011, 870; BFH v. 7.7.2011 – V R 21/10, BStBl. II 2014, 81 = UR 2012, 449; BFH v. 15.12.2011 – V R 48/10, BFH/NV 2012, 808; BFH v. 18.4.2012 – XI R 14/10, BFH/NV 2012, 1828; BFH v. 11.7.2012 – XI R 17/09, BFH/NV 2013, 266; BFH v. 20.3.2014 – V R 27/12, BFH/NV 2014, 1097.
7 BFH v. 11.4.2008 – V R 10/07, UR 2008, 750 – 3d cc der Gründe; BFH v. 8.10.2008 – XI R 58/07, BStBl. II 2009, 394 (395 f.).
8 BFH v. 7.7.2001 – V R 21/10, BStBl. II 2014, 81 = UR 2012, 449 – Rz. 38.

171 Mit der erfolgreichen **Geltendmachung** des **Vorsteuerabzugs** hinsichtlich der Lieferung eines Gegenstands ist dieser dem Unternehmen **zugeordnet**. Demgegenüber soll nach Ansicht des **BFH** die Geltendmachung bzw. Nichtgeltendmachung **lediglich ein wichtiges Indiz** für bzw. gegen die Zuordnung des Gegenstands sein[1], da auch die bilanzielle und ertragsteuerrechtliche Behandlung ggf. ein Indiz für die umsatzsteuerrechtliche Behandlung sein könne.[2] Das hat indes mit dem Gesetzeszweck rein gar nichts zu tun, da das Umsatzsteuerrecht anders als das Ertragsteuerrecht nicht das Vermögen des Unternehmers besteuern, sondern vielmehr umgekehrt die Umsatzsteuerbelastung von Gegenständen, die zur Ausführung von Umsätzen verwendet werden, über den Vorsteuerabzug beseitigen will. Die Sichtweise des BFH müsste hingegen bedeuten, dass auch bei Nichtgeltendmachung des nach dem Gesetz möglichen Vorsteuerabzugs auf Grund anderer Umstände eine Zuordnung zum Unternehmen[3] bzw. auch bei Geltendmachung des Vorsteuerabzugs eine Nichtzuordnung in Betracht kommen könnte. Das ergäbe jedoch **keinen Sinn**. Würde trotz Nichtgeltendmachung des Vorsteuerabzugs gleichwohl eine Zuordnung zum Unternehmen anzunehmen sein, so wäre die spätere Lieferung dann zwar im Rahmen des Unternehmens erfolgt, aber nicht steuerbar (*§ 1 Rz. 112 f.*). Wäre es umgekehrt trotz erfolgreicher Geltendmachung des Vorsteuerabzugs möglich, dass der Gegenstand nicht dem Unternehmen zuzuordnen ist (auf Grund welcher Umstände?), so wäre eine spätere Lieferung oder Entnahme nicht steuerbar, was ersichtlich dem Richtlinien- und Gesetzeszweck, die Besteuerung des Letztverbrauchs sicherzustellen, widerspräche.

172 Bei Leistungsbezügen, welche einen Gegenstand betreffen, der **nicht** oder **nicht vollständig zum Vorsteuerabzug berechtigt**, weil er ganz oder teilweise insbesondere

– zur Ausführung **steuerfreier Umsätze** verwendet wird (§ 15 Abs. 2 UStG),

– **nichtwirtschaftlichen Tätigkeiten** (*Rz. 156 f.*) dient und/oder

– als Gebäude **auch für private Zwecke verwendet** und von **§ 15 Abs. 1b** UStG erfasst wird,

kann die Zuordnung bezüglich desjenigen Teils, welcher den Vorsteuerabzug ausschließt, nicht durch die Geltendmachung des Vorsteuerabzugs erfolgen. Zu der **Frage**, ob insoweit überhaupt eine **Zuordnung** erforderlich ist und **wie** bejahendenfalls die Entscheidung **bis wann** kund zu tun ist, s. *§ 15a Rz. 118 ff.*

173 Die Zuordnung zum Unternehmen bewirkt bei einem von der Vorsteuer entlasteten Gegenstand, dass dieser auch nach **Beendigung des Unternehmens** noch im umsatzsteuerrechtlichen Nexus verbleibt (*§ 2 Rz. 221*) und deshalb vom ehemaligen Unternehmer oder dessen Gesamtrechtsnachfolger noch steuerpflichtig

---

1 BFH v. 8.10.2008 – XI R 58/07, BStBl. II 2009, 394; BFH v. 7.7.2011 – V R 42/09, BStBl. II 2014, 79 = UR 2011, 870 – Rz. 23; BFH v. 7.7.2001 – V R 21/10, BStBl. II 2014, 81 = UR 2012, 449 – Rz. 23; BFH v. 18.1.2012 – XI R 13/10, BFH/NV 2012, 1012 – Rz. 31.
2 BFH v. 7.7.2011 – V R 42/09, BStBl. II 2014, 79 = UR 2011, 870 – Rz. 23; BFH v. 7.7.2011 – V R 21/10, BStBl. II 2014, 81 = UR 2012, 449 – Rz. 23; BFH v. 18.1.2012 – XI R 13/10, BFH/NV 2012, 1012 – Rz. 31.
3 So BFH v. 2.3.2006 – V R 35/04, BStBl. II 2006, 675 – (fälschliche) Versteuerung der Nutzungsentnahme (!).

geliefert bzw. **entnommen** wird (§ 2 Rz. 222, 235 f., 239). Wird ein Gegenstand **nur teilweise** dem Unternehmen zugeordnet, so treten diese Rechtsfolgen nur in entsprechendem Umfang ein.[1]

Wird ein Gegenstand vollständig dem Unternehmen zugeordnet und mithin für das Unternehmen i.S.d. § 15 Abs. 1 UStG erworben, so können **grundsätzlich** auch alle Leistungen, die der **Unterhaltung** und **Erhaltung** (wesentliche **Ausnahme** entgegen der Auffassung des BFH: Reparatur wegen einer **während** der **Privatnutzung** erfolgten **Beschädigung**, Rz. 132) des Gegenstandes dienen, zur Gänze als für das Unternehmen bezogen angesehen werden.[2] Das müsste entgegen der Rechtsprechung[3] auch bei **gemieteten** („**geleasten**") Gegenständen gelten.[4] Die Korrektur des Vorsteuerabzugs erfolgt über die Besteuerung der **Privatnutzung** nach § 1 Abs. 1 Nr. 1 i.V.m. § 3 Abs. 9a Nr. 1 und § 10 Abs. 4 Satz 1 Nr. 2 UStG.

174

Wird ein **nicht zum Unternehmen gehörender Gegenstand** für unternehmerische Zwecke **genutzt (Nutzungsleinlage)**, so sollen nach der Rechtsprechung nur die auf die Nutzung und Wartung des Gegenstands entfallenden Vorsteuern, soweit sie auf die Verwendung des Gegenstands für unternehmerische Zwecke entfallen, abziehbar sein.[5] Auch nach Auffassung der Finanzverwaltung können nur die Vorsteuerbeträge abgezogen werden, die unmittelbar durch die unternehmerische Verwendung anfallen (z.B. die Steuer für den Bezug von Kraftstoff anlässlich einer betrieblichen Fahrt mit einem privaten Kraftfahrzeug).[6] Richtigerweise ist hinsichtlich der gesamten variablen und fixen Kosten eine „Berichtigung" der auf diese entfallenden Vorsteuerbeträge nach Maßgabe des § 15a UStG vorzunehmen, indem ein entsprechender **anteiliger Vorsteuerabzug** nachträglich gewährt wird (§ 15a Rz. 131; zu Reparatur und Ersatzbeschaffung s. oben Rz. 136 f.).

175

### 4. Nach Beendigung der unternehmerischen Tätigkeit

Der Entlastungszweck des Vorsteuerabzugs verlangt, dass von einem „Unternehmer" i.S.d. § 15 UStG auch dann noch auszugehen ist, wenn dieser die eigentliche unternehmerische Tätigkeit beendet hat, aber noch Leistungen bezieht, die mit der ehemaligen unternehmerischen Tätigkeit sachlich zusammenhängen. Die Aufwendungen für diese Leistungen dienen nicht dem Letzt-

176

---

1 Vgl. zur Lieferung EuGH v. 4.10.1995 – C-291/92, EuGHE 1995, I-2775 = BStBl. II 1996, 392; EuGH v. 8.3.2001 – C-415/98, EuGHE 2001, I-1831 = UR 2001, 149 – Rz. 39; Abschn. 15.2c Abs. 4 Satz 6 UStAE.
2 Vgl. Abschn. 15.2c Abs. 2 Satz 6 UStAE – aus Vereinfachungsgründen.
3 BFH v. 24.1.2008 – V R 12/05, BStBl. II 2009, 60 – 3b; EuGH v. 16.2.2012 – C-118/11, UR 2012, 230; unklar BFH v. 19.5.2010 – XI R 32/08, BStBl. II 2010, 1079 – Rz. 8 i.V.m. Rz. 22.
4 So auch Abschn. 15.2d Abs. 1 Nr. 9 UStAE i.V.m. BMF v. 27.8.2004 – IV B 7 - S 7300 - 70/04, BStBl. I 2004, 864 – Tz. 5.
5 Vgl. EuGH v. 8.3.2001 – C-415/98, EuGHE 2001, I-1831 = UR 2001, 149 – Rz. 33, Pkw; BFH v. 17.12.2008 – XI R 64/06, BFH/NV 2009, 798 – 3c aa der Gründe; BFH v. 10.2.2011 – XI B 98, BFH/NV 2011, 864 – Gebäude.
6 Abschn. 15.2c Abs. 3 Satz 3 UStAE.

verbrauch, so dass sie noch als „für sein Unternehmen" ausgeführt anzusehen sind.¹

**177 Beispiele**

- Nach Beendigung des Unternehmens in Anspruch genommene Steuerberatungsleistungen u.Ä. bezüglich der Unternehmenssteuern²;
- Beitreibung von eigenen Forderungen aus dem ehemaligen Unternehmen bzw. Abwehr von fremden Forderungen durch einen Rechtsanwalt;
- Fortzahlung von Miete, weil der Mietvertrag nicht sofort kündbar ist³;
- Tätigkeit eines Insolvenzverwalters.

## IV. Besitz einer ordnungsgemäßen Rechnung (Nr. 1 Satz 2)

### 1. Allgemeines

178 Die „**Ausübung**" des Vorsteuerabzugs setzt den „Besitz" einer „nach den §§ 14, 14a UStG ausgestellte(n) Rechnung" voraus (§ 15 Abs. 1 Satz 1 Nr. 1 Satz 2 UStG), d.h., es muss als **materiell-rechtliche Voraussetzung**⁴ eine **Rechnung** vorliegen oder vorgelegen haben (*Rz. 212*), die grundsätzlich die von **§ 14 Abs. 4 Satz 1 Nr. 1 bis 8** UStG geforderten Angaben enthält (*Rz. 203*; Ausnahmen *Rz. 199 ff.*). Das gilt auch bei einer nachträglichen Erhöhung der Gegenleistung⁵ (vgl. auch *§ 17 Rz. 40*). Eine Rechnung, die eine **niedrigere** als die gesetzlich geschuldete Steuer ausweist, erfüllt die Voraussetzungen des § 14 Abs. 4 Satz 1 Nr. 8 UStG (*§ 14 Rz. 98*). Auch eine Rechnung mit den Angaben nach § 14 Abs. 4 Satz 2 UStG im Falle der Mindest-Bemessungsgrundlage ist eine Rechnung i.S.d. § 15 Abs. 1 Satz 1 Nr. 1 Satz 2 UStG (*Rz. 256*). § 14a UStG sieht keine zusätzlichen Angaben als Voraussetzung des Vorsteuerabzugs vor.

179 Nach Auffassung des **EuGH** regelt Art. 178 Buchst. a MwStSystRL nur die Ausübung des Rechts auf Vorsteuerabzug, nicht dagegen den Nachweis dieses Rechts nach seiner Ausübung durch den Steuerpflichtigen.⁶ Folglich können die Mitgliedstaaten bei Steuerkontrollen zum Nachweis die Vorlage der Originalrechnung verlangen, und, wenn der Steuerpflichtige sie nicht mehr besitzt, „andere Beweise zuzulassen, aus denen sich ergibt, dass der Umsatz, auf den sich der Antrag auf Vorsteuerabzug bezieht, tatsächlich stattgefunden hat".⁷ Obwohl danach der Besitz einer ordnungsgemäßen Rechnung bei Ausübung des Vorsteu-

---

1 Vgl. auch EuGH v. 3.3.2005 – C-32/03, EuGHE 2005, I-1599 = UR 2005, 433.
2 FG BW v. 7.8.1990 – IX KO 3/90, EFG 1991, 37; FG Schl.-Holst. v. 11.7.1995 – IV 764, 765/93, EFG 1995, 1078; vgl. auch FG Köln v. 6.5.2010 – 10 Ko 4314/08, EFG 2010, 1640.
3 Vgl. EuGH v. 3.3.2005 – C-32/03, EuGHE 2005, I-1599 = UR 2005, 433.
4 BFH v. 1.7.2004 – V R 33/01, BStBl. II 2004, 861 – zu 2 der Gründe; BFH v. 8.10.2008 – V R 63/07, UR 2009, 196 – 1a der Gründe; BFH v. 30.4.2009 – V R 15/07, BStBl. II 2009, 744 – 1a der Gründe; BFH v. 16.1.2014 – V R 28/13, BStBl. II 2014, 867 – Rz. 18; vgl. aber BFH v. 26.9.2012 – V R 9/11, BStBl. II 2013, 346 – Rz. 11.
5 Vgl. BFH v. 19.11.2009 – V R 41/08, UR 2010, 265 – Rz. 27 a.E.
6 EuGH v. 5.12.1996 – C-85/95, EuGHE 1996, I-6257 = UR 1997, 144 – Rz. 26 – zur Vorgängervorschrift Art. 18 der 6. EG-Richtlinie.
7 EuGH v. 5.12.1996 – C-85/95, EuGHE 1996, I-6257 = UR 1997, 144 – Rz. 29 und 30 (Hervorhebungen durch den Verfasser).

erabzugs unerlässlich ist, soll dieser Besitz nach Auffassung des EuGH zu den **formell-rechtlichen Voraussetzungen** des Vorsteuerabzugs zählen.[1] Das ergibt keinen Sinn (vgl. auch *Rz. 180*), so dass der Besitz bei Ausübung des Vorsteuerabzugs eine materiell-rechtliche Voraussetzung ist.

Der **Zweck** der **Verknüpfung** des Rechts auf Vorsteuerabzug **mit** dem **Besitz** einer **ordnungsgemäßen Rechnung** mit den Angaben des § 14 Abs. 4 Satz 1 Nr. 1 bis 8 UStG (und ggf. des § 14a Abs. 1 UStG) liegt nämlich vorrangig darin, dem Finanzamt die Möglichkeit zur Prüfung zu verschaffen, ob der leistende Unternehmer den entsprechenden Umsatz versteuert hat (*§ 14 Rz. 9*). Mit der vom Gesetz geforderten Beschreibung der Leistung und der Angabe des Entgelts wird der Rechnungsaussteller zudem zur Mitteilung seiner Rechtsansicht, wie er den Sachverhalt umsatzsteuerrechtlich einschätzt, gezwungen (*§ 14 Rz. 8 f.*). Mit dem Steuerausweis begründet er den möglichen Vorsteuerabzug des Leistungsempfängers und begrenzt ihn zugleich in der Höhe (*§ 14 Rz. 7*). Die Rechnung ist folglich entgegen EuGH nicht etwa (nur) ein Beweismittel zum Nachweis, dass der Umsatz tatsächlich stattgefunden hat, sondern ihr Besitz bei Ausübung des Vorsteuerabzugs ist ein **Tatbestandsmerkmal**, d.h. eine materiell-rechtliche Voraussetzung des Vorsteuerabzugs. Zudem verkennt der EuGH, dass eine Rechnung nicht etwa den Nachweis über den behaupteten Umsatz zu erbringen vermag[2], sondern nur ihren eigenen Inhalt beweisen kann, nämlich dass der Aussteller die in der Rechnung genannten Behauptungen aufgestellt hat (vgl. *§ 14 Rz. 4 f.*). 180

Der leistende Unternehmer ist grundsätzlich zur Ausstellung einer Rechnung mit den von § 14 Abs. 4 Satz 1 UStG geforderten Angaben nicht nur öffentlich-rechtlich, sondern auf Grund des der Leistung regelmäßig zugrunde liegenden Rechtsverhältnisses auch zivilrechtlich **verpflichtet** (*§ 14 Rz. 11, 28*). Solange der Leistungsempfänger keine ordnungsgemäße Rechnung mit allen erforderlichen Angaben erhalten hat, kann dieser die Entrichtung der Gegenleistung in Höhe des Steuerbetrages verweigern, d.h. insoweit ein **Zurückbehaltungsrecht** ausüben (*§ 14 Rz. 38*). 181

Als „nach § 14 ausgestellte Rechnung" gilt auch eine zwischen den Beteiligten vereinbarte sog. **Gutschrift** des Leistungsempfängers, welchen den Anforderungen des § 14 Abs. 2 Sätze 2 und 3 UStG entspricht. Ferner handelt es sich bei den sog. **Kleinbetragsrechnungen** i.S.d. § 33 UStDV und **Fahrausweisen** i.S.d. § 34 UStDV um nach § 14 UStG ausgestellte Rechnungen (*Rz. 199 ff.*). 182

Eine Rechnung kann aus **mehreren Dokumenten** bestehen, aus denen sich die nach § 14 Abs. 4 UStG geforderten Angaben insgesamt ergeben, sofern in einem dieser Dokumente alle anderen Dokumente bezeichnet sind, aus denen sich die übrigen Angaben ergeben (§ 31 Abs. 1 Sätze 1 und 2 Halbs. 2 UStDV). Das gilt auch für Gutschriften, da auch diese „Rechnungen" darstellen. Die Bestimmung erlaubt auch eine **Kombination von Rechnung und Gutschrift**, indem die eine 183

---

[1] EuGH v. 15.7.2010 – C-368/09, EuGHE 2010, I-7467 = UR 2010, 693 – Rz. 44 i.V.m. Rz. 38 f.; EuGH v. 21.10.2010 – C-385/09, EuGHE 2010, I-10385 = UR 2011, 27 – Rz. 47; EuGH v. 1.3.2012 – C-280/10, UR 2012, 366 – Rz. 41 ff.; EuGH v. 11.12.2014 – C-590/13, UR 2015, 70 – Rz. 41 f.
[2] Vgl. BFH v. 23.10.2014 – V R 23/13, UR 2015, 188 – Rz. 26.

Abrechnung die andere ergänzt.[1] Das gilt insbesondere für Abrechnungen bei **Dauerschuldverhältnissen** in Gestalt der Kombination von Vertrag und Abbuchungs- bzw. Überweisungsbeleg (*§ 14 Rz. 68 ff.*).

184 Ist der **Leistungsempfänger Schuldner** der **Steuer** nach § 13b UStG, hat jedoch der leistende Unternehmer gleichwohl die Steuer in seiner Rechnung ausgewiesen, so liegt keine nach den §§ 14, 14a UStG ausgestellte Rechnung vor, weil die Vorschrift über den gesonderten Steuerausweis in einer Rechnung (§ 14 Abs. 4 Satz 1 Nr. 8 UStG) nicht angewendet wird (§ 14a Abs. 5 Satz 2 UStG). Bei einem Verstoß gegen diese Bestimmung ist folglich keine Rechnung i.S.d. § 15 Abs. 1 Satz 1 Nr. 1 Satz 2 UStG gegeben.[2]

185 Gleiches gilt bei Rechnungen über die Lieferung von Gebrauchtgegenständen zwischen **Wiederverkäufern**, auf die die **Differenzbesteuerung** angewendet wird (§ 25a Abs. 1 Nr. 2 Satz 2 Buchst. b UStG). Wenn gleichwohl Steuer in der Rechnung ausgewiesen wird, so liegt keine nach § 14a UStG ausgestellte Rechnung vor, da gegen § 25a Abs. 6 Satz 2 UStG verstoßen wird (*§ 25a Rz. 24*). Für Rechnungen von **Kleinunternehmern** findet sich die entsprechende Bestimmung in § 19 Abs. 1 Satz 4 UStG, wonach u.a. die Vorschrift über den gesonderten Ausweis der Steuer in einer Rechnung keine Anwendung findet. Folglich ist eine derartige Rechnung mit Ausweis von Steuer keine nach § 14 UStG ausgestellte Rechnung. Für den Rechnungsempfänger kann jedoch Vertrauensschutz in Betracht kommen (*Rz. 254*).

## 2. Identität von Rechnungsaussteller und leistendem Unternehmer

186 Eine ordnungsgemäße Rechnung verlangt u.a. die Angabe des leistenden Unternehmers (§ 14 Abs. 4 Satz 1 Nr. 1 UStG). Folglich müssen Rechnungsaussteller und leistender Unternehmer grundsätzlich identisch sein.[3] Mithin muss in der für den Vorsteuerabzug erforderlichen Rechnung als deren Aussteller prinzipiell derjenige Unternehmer angegeben sein, der tatsächlich die beschriebene Leistung erbracht hat oder zu erbringen hat. Das entspricht dem Kontrollzweck der Rechnung (*Rz. 180*). **Leistender** ist folglich derjenige, welcher nach dem zugrunde liegenden – ggf. konkludent begründeten – Rechtsverhältnis die Leistung zu erbringen hat und die **Gegenleistung fordern kann**.[4] Liegt der Leistung **kein Rechtsverhältnis** zugrunde (*§ 1 Rz. 45, 55 ff.*), so erbringt derjenige die Leistung, dem der Anspruch auf Entschädigung, Aufwendungsersatz o.Ä. zusteht.

187 Auch bei **Ehegatten** bestimmt sich nach dem mit dem Leistungsempfänger abgeschlossenen Rechtsverhältnis, welchem der Ehegatten die Leistung zuzurechnen ist oder ob eine aus beiden Ehegatten gebildete Gesellschaft Unternehmer

---

1 Vgl. BFH v. 7.11.2000 – V R 49/99, UR 2001, 118 (120) a.E.: „i.V.m. § 14 Abs. 5 UStG" (a.F., entspricht § 14 Abs. 2 Satz 2 UStG n.F.); **a.A.** Abschn. 14.5 Abs. 1 Sätze 8 und 9 UStAE.
2 Zum Vertrauensschutz *Stadie* in R/D, § 15 UStG Anm. 814.
3 Vgl. BFH v. 28.1.1999 – V R 4/98, BStBl. II 1999, 628; BFH v. 31.1.2003 – V B 108/01, BStBl. II 2004, 622 = UR 2002, 275 (277); BFH v. 4.9.2003 – V R 9, 10/02, UR 2004, 27 m.w.N.
4 Vgl. BFH v. 28.1.1999 – V R 4/98, BStBl. II 1999, 628; BFH v. 31.1.2003 – V B 108/01, BStBl. II 2004, 622 m.w.N. = UR 2002, 275 (277).

ist und die Leistung erbringt. Die Frage, wer Leistender ist, deckt sich mit der Frage, wer bei Ehegatten als Unternehmer auftritt (dazu *§ 2 Rz. 169*). Auf das zugrunde liegende Rechtsverhältnis kommt es ebenfalls an, wenn es darum geht, ob eine Leistung einer **Gesellschaft** oder einem **Gesellschafter** zuzurechnen ist. Maßgebend ist auch hier, wer nach dem Vertrag o.Ä. zur Leistung verpflichtet ist und die Gegenleistung fordern kann.[1]

Das Handeln eines echten **Vertreters** (mit Vertretungsmacht) – häufig fälschlich „Vermittler" genannt – ist dem **Vertretenen** zuzurechnen (§ 164 Abs. 1 BGB), so dass die in dessen Namen abgeschlossenen Verträge diesen berechtigen und verpflichten und die entsprechenden Leistungen ihm zuzurechnen sind (zum Handeln *unter* fremdem Namen s. *Rz. 190*). Ein Handeln in fremdem Namen kann sich auch aus den Umständen ergeben; es setzt nicht voraus, dass der Name des Vertretenen bei Vertragsschluss genannt wird.[2] Das gilt insbesondere auch bei **Auktionen**. 188

Eine Leistung erbringt auch derjenige, der die für die Leistungsausführung erforderlichen Handlungen nicht selbst (bzw. mittels ihm zuzurechnender Mitarbeiter) vornimmt, sondern sie **durch Dritte** als **selbständige Erfüllungsgehilfen (Subunternehmer)** ausführen lässt.[3] Die Leistung ist ihm und nicht den Erfüllungsgehilfen zuzurechnen, weil er nach dem zugrunde liegenden Rechtsverhältnis den Anspruch auf die Gegenleistung hat (die Erfüllungsgehilfen erbringen ihrerseits Leistungen gegenüber dem Hauptunternehmer als Auftraggeber). Das ist nicht nur bei Lieferungen in Gestalt des Reihengeschäfts der Fall, sondern auch bei Dienstleistungen und Werklieferungen möglich. 189

Beim **Handeln unter fremdem Namen**, bei dem sich der Handelnde nur des fremden Namens zur Verschleierung seiner eigenen Identität bedient, ist die Leistung (wie auch im Zivilrecht) dem Handelnden zuzurechnen.[4] Das gilt auch, wenn Geschäfte „im Namen" einer sog. **Schein-GmbH (Briefkasten-GmbH)**, die keinen eigenen Geschäftsbetrieb unterhält, getätigt werden. Allerdings verlangt der im Verfassungsrecht und Gemeinschaftsrecht wurzelnde Verhältnismäßigkeitsgrundsatz (Übermaßverbot, Zumutbarkeitsgebot) **Vertrauensschutz** für den Leistungsempfänger, wenn der wahre Leistende verschleiert wurde. Aus der Sicht des Leistungsempfängers (Rechnungsempfängers) ist leistender Unternehmer diejenige Person, die als Vertragspartner aufgetreten ist, sofern der Leistungsempfänger **nicht erkennen konnte**, dass diese Person – insbesondere als GmbH oder sog. Ltd. – nur zum Schein (zur Verschleierung der Identität) vorgeschoben worden ist und in Wahrheit ein Dritter (Hintermann) unter ihrem Namen gehandelt hat. Folglich reicht es für den Vorsteuerabzug des gutgläubigen Leistungsempfängers aus, dass die vorgeschobene Person in der Rechnung 190

---

1 Vgl. BFH v. 13.3.1987 – V R 33/79, BStBl. II 1987, 524 – Rechtsanwaltssozietät; BFH v. 24.2.2000 – V R 23/99, BStBl. II 2000, 302 – Musiker; BFH v. 16.8.2001 – V R 67/00, UR 2002, 213 – Tankreinigungstrupp.
2 BFH v. 16.3.2000 – V R 44/99, BStBl. II 2000, 361 m.w.N. – Verkäufe für „Einlieferer" in sog. Secondhand-Läden.
3 BFH v. 31.1.2002 – V B 101/01, BStBl. II 2004, 622 = UR 2002, 275 (277).
4 Vgl. BFH v. 16.3.2000 – V R 44/99, BStBl. II 2000, 361; BFH v. 4.9.2003 – V R 9, 10/02, UR 2004, 27 m.w.N.

als Leistender genannt ist; sie ist aus der Sicht des § 15 Abs. 1 Satz 1 Nr. 1 UStG als leistender Unternehmer anzusehen.

**191** Der **BFH** kommt zum selben Ergebnis, wenn er judiziert, dass auch ein Strohmann leistender Unternehmer sein könne und dieser nur dann unbeachtlich sei, wenn der Leistungsempfänger wisse oder davon ausgehen müsse, dass das Geschäft mit dem **Strohmann** nur zum Schein abgeschlossen werde, weil dieser keine eigene Verpflichtung übernehmen wolle und das Vertragsverhältnis mit dem Hintermann zustande komme.[1] Daraus folgt im Umkehrschluss, dass, wenn der Leistungsempfänger die Strohmanneigenschaft seines Gegenübers nicht erkennen musste, dieser als Leistender i.S.d. § 14 Abs. 4 Satz 1 Nr. 1 i.V.m. § 15 Abs. 1 Satz 1 Nr. 1 Satz 2 UStG anzusehen ist.[2] Demgegenüber soll nach Auffassung des BFH eine Obliegenheit des Leistungsempfängers bestehen, sich über die Richtigkeit der Rechnungsangaben zu vergewissern.[3] Das ist aus o.g. Gründen (*Rz. 190*) unhaltbar (*Rz. 247 ff.*; s. aber *Rz. 60*).

**192** Wird ein **angestellter** Rechtsanwalt (oder Steuerberater) als **Insolvenzverwalter** tätig, so sollen nach Auffassung der Finanzverwaltung dessen Umsätze dem Arbeitgeber zuzurechnen sein; Entsprechendes soll für **Gesellschafter** gelten, so dass deren Umsätze der Sozietät zuzurechnen seien.[4] Das ist unhaltbar, da Unternehmer und damit auch Leistender der Insolvenzverwalter ist (*§ 2 Rz. 176*). Folglich ist die von der Finanzverwaltung[5] geforderte Abrechnung der „Kanzlei" über diese Umsätze im eigenen Namen keine ordnungsgemäße Rechnung, sondern ein Fall des § 14c Abs. 2 UStG.

### 3. Mehrzahl von Leistungsempfängern

**193** Bei einer Mehrzahl von Leistungsempfängern (*Rz. 68 ff.*) besteht grundsätzlich nur ein Anspruch auf Erteilung einer Rechnung an die Gesamtheit. Folglich kann nur einer der Beteiligten im **Besitz** der Rechnung sein, so dass es ausreicht, wenn die Übrigen über eine Kopie verfügen. Eine Sammel- o.ä. **Bezeichnung** der Beteiligten in der Rechnung reicht aus, wenn sich auf Grund dieser die beteiligten Leistungsempfänger eindeutig feststellen lassen (§ 31 Abs. 2 UStDV; *§ 14 Rz. 81*).[6]

**194** In der Rechnung muss **nicht** der auf jeden Beteiligten entfallende **anteilige Steuerbetrag** genannt sein. Das ist schon nicht erforderlich[7]; zudem kennt der Rech-

---

[1] BFH v. 31.1.2002 – V B 108/01, BStBl. II 2004, 622 = UR 2002, 275 (277); BFH v. 26.6.2003 – V R 22/02, BFH/NV 2004, 233; BFH v. 7.7.2005 – V R 60/03, BFH/NV 2006, 139; BFH v. 12.8.2009 – XI R 48/07, UR 2010, 423.
[2] Vgl. auch BFH v. 19.4.2007 – V R 48/04, BStBl. II 2009, 315 = UR 2007, 693.
[3] BFH v. 6.12.2007 – V R 61/05, BStBl. II 2008, 695; vgl. auch BFH v. 30.4.2009 – V R 15/07, BStBl. II 2009, 744.
[4] BMF v. 28.7.2009 – IV B 8 – S 7100/08/10003, BStBl. I 2009, 864.
[5] BMF v. 28.7.2009 – IV B 8 – S 7100/08/10003, BStBl. I 2009, 864.
[6] Vgl. Abschn. 15.2a Abs. 3 Sätze 7 ff. UStAE; ferner BFH v. 27.1.1994 – V R 31/91, BStBl. II 1994, 488; EuGH v. 21.4.2005 – C-25/03, EuGHE 2005, I-3123 = BStBl. II 2007, 24 = UR 2005, 324 – Rz. 81 f.
[7] Vgl. EuGH v. 21.4.2005 – C-25/03, EuGHE 2005, I-3123 = UR 2005, 324 – Rz. 81 ff.; BFH v. 6.10.2005 – V R 40/01, BStBl. II 2007, 13.

Besitz einer ordnungsgemäßen Rechnung §15

nungsaussteller die Verteilung nicht. Mithin ist jeder Beteiligte hinsichtlich des auf ihn entfallenden **Anteils am Steuerbetrag** vorsteuerabzugsberechtigt.[1] Der Vorsteuerabzug kommt regelmäßig in dem **Verhältnis** in Betracht, wie die Beteiligten die Gegenleistung tragen (*Rz. 263*). Eine **gesonderte und einheitliche Feststellung** der auf die Beteiligten entfallenden Vorsteuerbeträge gem. § 1 Abs. 2 der VO zu § 180 Abs. 2 AO ist **nicht** zwingend erforderlich[2] und würde insbesondere wegen der zeitlichen Verzögerung eines solchen Verfahrens gegen das Gebot der sofortigen Abziehbarkeit (vgl. *Rz. 2*) der Vorsteuer verstoßen.

### 4. Rechnungsinhalt bei Zuzahlung Dritter

Bei Zuzahlungen Dritter i.S.d. § 10 Abs. 1 Satz 3 UStG (*§ 10 Rz. 61 ff.*) muss entgegen dem Wortlaut des § 14 Abs. 4 Satz 1 Nr. 8 UStG nicht auch die auf diesen Teil des Entgelts entfallende Steuer in der Rechnung angegeben sein, da insoweit der Leistungsempfänger nicht mit der Steuer belastet ist (*§ 14 Rz. 102*). Würde dem Rechnungsempfänger auch insoweit der Vorsteuerabzug gewährt, so läge eine Subvention seitens des Staates vor (*Rz. 259, 261*).[3] Der **Vorsteuerabzug** kann lediglich für den **Dritten** in Betracht kommen, der insoweit mittelbarer Leistungsempfänger ist (*Rz. 67*). Er muss, wenn er vorsteuerabzugsberechtigter Unternehmer ist, von der Steuer, die in seiner Zuzahlung enthalten ist, entlastet werden, wenn die Zuzahlung aus unternehmerischen Gründen erfolgte. Er hat folglich richtigerweise einen Anspruch auf eine gesonderte, **eigene Rechnung** i.S.d. § 14 UStG, in der die von ihm getätigte Zahlung in Entgelt und Steuerbetrag aufgeschlüsselt wird (*§ 14 Rz. 43*). Diese Rechnung muss, wenn sie die von § 14 Abs. 4 UStG geforderten Angaben enthält, als Rechnung i.S.d. § 15 Abs. 1 Satz 1 Nr. 1 Satz 2 UStG angesehen werden. Sofern die weiteren Voraussetzungen des § 15 UStG erfüllt sind, steht dem Dritten folglich entgegen der Auffassung des BMF[4] in diesem Umfang der **Vorsteuerabzug** zu. 195

### 5. Wirtschaftlicher Leistungsempfänger

Ist der **Leistungsempfänger** i.S.d. § 15 Abs. 1 Satz 1 Nr. 1 UStG **wirtschaftlich** zu bestimmen (*Rz. 76 ff.*), so reicht eine **Rechnung** aus, in der der entsprechend § 14 Abs. 4 Satz 1 Nr. 1 UStG angegebene zivilrechtliche Leistungsempfänger (Auftraggeber) genannt ist.[5] Diese Sichtweise ist nunmehr vom EuGH bestätigt 196

---

[1] BFH v. 1.10.1998 – V R 31/98, BStBl. II 2008, 497 = UR 1999, 36; BFH v. 7.11.2000 – V R 49/99, BStBl. II 2008, 493 = UR 2001, 118; BFH v. 16.5.2002 – V R 15/00, BFH/NV 2002, 1346.

[2] Vgl. Abschn. 15.2a Abs. 3 Satz 6 UStAE – „kann". Die Rechtsprechung ist insoweit unklar; vgl. BFH v. 1.10.1998 – V R 31/98, BStBl. II 2008, 497 = UR 1999, 36; BFH v. 3.11.2005 – V R 53/03, BFH/NV 2006, 841; FG BW v. 13.7.2009 – 9 K 296/06, EFG 2010, 18.

[3] Das verkennen BFH v. 28.8.2013 – XI R 4/11, BStBl. II 2014, 282; BFH v. 16.10.2013 – XI R 39/12, BStBl. II 2014, 1024 = UR 2013, 962 – Rz. 62; Abschn. 14.10 Abs. 1 Sätze 1 und 2, Abschn. 15.2a Abs. 3 Satz 10 UStAE; wie hier *Englisch*, UR 2014, 461.

[4] Abschn. 15.2a Abs. 3 Satz 10 UStAE; vgl. auch Abschn. 1.8 Abs. 12 Nr. 2 Beispiel 2 Satz 6 u. Beispiel 3 Satz 7 UStAE.

[5] *Stadie*, Vorsteuerabzug, S. 111; vgl. auch *H.-F. Lange*, UR 1999, 17 (20); *Lipross*, UR 2002, 496 (499).

worden.[1] Da der wirtschaftliche Leistungsempfänger gegenüber dem Leistenden keinen Anspruch auf Erteilung einer Rechnung hat, darf das Gesetz nichts fordern, was der Betroffene zivilrechtlich nicht umsetzen kann. Auch der Zweck der Rechnung, der vorrangig in der Überprüfung des Rechnungsausstellers liegt, verlangt nicht, dem nicht in der Rechnung genannten, wirtschaftlichen Leistungsempfänger den Vorsteuerabzug zu versagen. Die Gefahr der Mehrfachverwendung besteht nicht, da bei dem in der Rechnung genannten zivilrechtlichen Leistungsempfänger mangels Belastung ein Vorsteuerabzug unzulässig ist (*Rz. 2 f.*).

197 Entsprechendes gilt, wenn jemand als Unternehmer **unter fremdem Namen** tätig ist (dazu *Rz. 190*) und die Rechnung an den Namensträger adressiert ist.[2]

### 6. Organgesellschaft als Leistungsempfänger

198 Bei einer Leistung gegenüber einer **Organgesellschaft** muss für den Vorsteuerabzug beim Organträger (*Rz. 53*) in der Rechnung nicht etwa dieser als Leistungsempfänger angegeben sein. Zum einen weiß der Rechnungsaussteller regelmäßig schon gar nicht, dass sein Vertragspartner einem umsatzsteuerrechtlichen Organkreis angehört. Vor allem aber bestimmt sich der Rechnungsinhalt nach dem Zivilrecht (*§ 14 Rz. 28 f., 78 i.V.m. 76*), und danach besteht keine Verpflichtung, statt des Vertragspartners dessen beherrschenden Gesellschafter (Organträger) in der Rechnung zu benennen (s. auch *§ 2 Rz. 315*).

### 7. Kleinbetragsrechnung, Fahrausweis u.Ä. (§ 35 i.V.m. §§ 33, 34 UStDV)

199 Bei den sog. **Kleinbetragsrechnungen** i.S.d. § 33 UStDV handelt es sich um nach § 14 UStG ausgestellte Rechnungen, weil sie der Verordnungsermächtigung des § 14 Abs. 6 UStG entsprechen. Diese Bestimmungen dienen der Vereinfachung, weil auf einige der von § 14 Abs. 4 Satz 1 UStG geforderten Angaben in der Rechnung verzichtet wird (*§ 14 Rz. 109*). Vor allem sind die Angabe des Leistungsempfängers und der **gesonderte Ausweis der Steuer nicht erforderlich**; die **Angabe** des **Steuersatzes** reicht aus (§ 33 Satz 1 Nr. 4 UStDV). Folglich ist die abziehbare **Vorsteuer** anhand des Steuersatzes aus dem Preis **herauszurechnen** (§ 35 Abs. 1 UStDV).[3] Ermächtigungsgrundlage für diese Abweichung von § 15 Abs. 1 Satz 1 Nr. 1 Satz 2 UStG ist § 15 Abs. 5 Nr. 1 UStG.

200 Bei **Fahrausweisen** einschließlich Zuschlagskarten (*§ 14 Rz. 110 ff.*) und bei Belegen im Reisegepäckverkehr („Rechnungen" i.S.d. § 34 UStDV) gilt Entsprechendes. Auch bei ihnen wird auf einige Angaben i.S.d. § 14 Abs. 4 UStG verzichtet und die **Angabe** des **Steuersatzes** reicht ebenfalls aus (sofern nicht auch dessen Angabe überflüssig ist, wenn die Beförderungsleistung dem ermäßigten Steuersatz nach § 12 Abs. 2 Nr. 10 UStG unterliegt; § 34 Abs. 1 Satz 1 Nr. 4 UStDV). Der Vorsteuerabzug kann ebenfalls vorgenommen werden, wenn der

---

1 Vgl. EuGH v. 1.3.2012 – C-280/10, UR 2012, 366; dazu *Stadie*, UR 2012, 337 (340 f.); in diesem Sinne auch bereits EuGH v. 21.4.2005 – C-25/03, EuGHE 2005, I-3123 = UR 2005, 324 – Rz. 83.
2 Vgl. BFH v. 26.4.2001 – V R 50/99, UR 2001, 391.
3 Zu den verschiedenen Herausrechnungsmethoden s. Abschn. 15.4 Abs. 2 und 3 UStAE.

Rechnungsbetrag in Entgelt und Steuerbetrag aufgeteilt wird (§ 35 Abs. 2 Satz 1 UStDV) und die übrigen Voraussetzungen des § 15 UStG vorliegen.

Bei der Aufteilung in Entgelt und Steuerbetrag ist der **Steuersatz** nach § 12 Abs. 1 UStG (sog. Regelsteuersatz) anzuwenden, wenn in der Rechnung (Fahrausweis) dieser Steuersatz oder eine Tarifentfernung von mehr als fünfzig Kilometern angegeben ist. Anderenfalls ist der Steuersatz nach § 12 Abs. 2 UStG (derzeit 7 v.H.) anzuwenden (§ 35 Abs. 2 Sätze 2 und 3 UStDV). Bei Zuschlagkarten ist für den Vorsteuerabzug der Steuersatz zugrunde zu legen, der für den dazugehörigen Fahrausweis gilt. Bei Fahrausweisen für Beförderungsleistungen im **grenzüberschreitenden Personenverkehr** und im internationalen Eisenbahnpersonenverkehr ist die Vorsteuer aus den Angaben der nach § 34 Abs. 2 UStDV geforderten Bescheinigung zu ermitteln. Bei Fahrausweisen (Flugscheinen) im **Luftverkehr** kommt ein Vorsteuerabzug durch Herausrechnung nur in Betracht, wenn der allgemeine Steuersatz auf dem Fahrausweis angegeben ist (§ 35 Abs. 2 Satz 4 UStDV). 201

Von **Reisebüros** über Fahrausweise u.Ä. ausgestellte zusätzliche **Rechnungen** berechtigen nicht zum Vorsteuerabzug, da das Reisebüro nicht Leistungserbringer, sondern lediglich Vertreter des Beförderungsunternehmens ist. 202

## 8. Maßgeblicher Zeitpunkt

### a) „Ausübung" des Vorsteuerabzugs

Nach dem Wortlaut des § 15 Abs. 1 Satz 1 Nr. 1 Satz 2 UStG muss der Leistungsempfänger für die „Ausübung" des Vorsteuerabzugs eine nach § 14 UStG ausgestellte Rechnung „besitzen". Ausgeübt wird der Vorsteuerabzug durch Geltendmachung (Verrechnung) im Rahmen einer Umsatzsteuervoranmeldung bzw. einer Steuervergütungsanmeldung (§ 16 Rz. 21 u. 27 f.; § 18 Rz. 13). Folglich muss am Schluss desjenigen Voranmeldungszeitraums, für den der Vorsteuerabzug geltend gemacht wird, eine **ordnungsgemäße Rechnung** i.s.d. § 14 UStG vorliegen (Rz. 207 ff.) oder vorgelegen haben (Rz. 212). Der „Besitz" einer ordnungsgemäßen Rechnung ist **entgegen EuGH** (Rz. 179) **Tatbestandsmerkmal** und damit Entstehungsvoraussetzung des Steuervergütungsanspruchs (Rz. 269). Der Vorsteuerabzug kann **frühestens** für denjenigen Voranmeldungszeitraum geltend gemacht („ausgeübt") werden, in dem die Leistung bzw. Teilleistung empfangen („ausgeführt"; § 15 Abs. 1 Satz 1 Nr. 1 Satz 1 UStG) wurde oder in dem bereits vorher die Gegenleistung vorausgezahlt (Rz. 275 ff.) wurde. 203

Die **Tatsache** des **Besitzes** einer ordnungsgemäßen Rechnung **im Zeitpunkt der Ausübung** des Vorsteuerabzugs kann **nicht nachträglich entfallen**, so dass der anschließende Verlust einer solchen Rechnung den rechtmäßig vorgenommenen Vorsteuerabzug nicht wieder beseitigt. Art. 178 Buchst. a MwStSystRL und damit auch § 15 Abs. 1 Satz 1 Nr. 1 Satz 2 UStG regelt nur die Ausübung des Rechts auf Vorsteuerabzug, nicht dagegen den **Nachweis** dieses Rechts nach seiner Ausübung durch den Steuerpflichtigen.[1] Dem **EuGH** zufolge sollen die Mit- 204

---

[1] EuGH v. 5.12.1996 – C-85/95, EuGHE 1996, I-6257 = UR 1997, 144 – Rz. 26 – zu Art. 18 Buchst. a der 6. EG-Richtlinie, dem Art. 178 Buchst. a MwStSystRL wortwörtlich entspricht.

gliedstaaten befugt sein, bei Steuerkontrollen **andere Beweise** zuzulassen, aus denen sich ergebe, dass der Umsatz, auf den sich der Antrag auf Vorsteuerabzug bezieht, tatsächlich stattgefunden habe.[1] Richtig muss es indes heißen, dass bei Ausübung des Vorsteuerabzugs eine ordnungsgemäße Rechnung vorgelegen hatte (*Rz. 212; § 14 Rz. 4, 10*). Der EuGH hatte später ergänzend betont, dass die materiell-rechtlichen Voraussetzungen des Vorsteuerabzugs sich aus Art. 168 Buchst. a MwStSystRL ergeben, nämlich eine von einem anderen Steuerpflichtigen erbrachte Lieferung oder Dienstleistung verlangen, die vom Empfänger für seine besteuerten Umsätze verwendet wird, während Art. 178 Buchst. a MwStSystRL lediglich eine formell-rechtliche Voraussetzung aufstelle (*Rz. 179*).

205 Bei einer nachträglichen Erteilung einer **erstmaligen Rechnung** tritt keine Rückwirkung auf den Zeitpunkt ein, zu dem erstmalig der Vorsteuerabzug hätte vorgenommen werden können. Da der Besitz der Rechnung Ausübungsvoraussetzung und damit Entstehungsvoraussetzung für den Anspruch ist, folgt schon aus § 15 Abs. 1 Satz 1 Nr. 1 Satz 2 UStG, dass keine Rückwirkung eintritt. Der Besitz einer Rechnung ist ein tatsächlicher Zustand, der nicht rückwirkend möglich ist. Mithin ist der Vorsteuerabzug für den Besteuerungszeitraum bzw. Voranmeldungszeitraum (§ 18 Abs. 1 Satz 2 UStG) vorzunehmen, in dem die Voraussetzungen des § 15 UStG vorliegen, d.h. im Falle von § 15 Abs. 1 Satz 1 Nr. 1 UStG der Unternehmer u.a. eine ordnungsgemäße Rechnung i.S.d. § 14 UStG besitzt (*Rz. 269*).[2]

206 Zudem gilt auch hier[3] der in § 17 Abs. 1 Satz 7 UStG zum Ausdruck kommende allgemeine Rechtsgrundsatz des Umsatzsteuergesetzes, dass tatsächliche Ereignisse nicht zurückwirken (*§ 17 Rz. 90*). Eine Rückwirkung wäre auch regelmäßig sachwidrig, da der Leistungsempfänger, solange er keine ordnungsgemäße Rechnung besitzt, ein **Zurückbehaltungsrecht** ausüben, d.h. die geschuldete Gegenleistung um den Steuerbetrag kürzen wird (*§ 14 Rz. 38*). Folglich ist er mit der Steuer noch nicht belastet, so dass eine Rückwirkung zu einer Subvention führen würde.[4] Diese Auffassung ist durch den **EuGH** bestätigt worden, der ebenfalls darauf abstellt, dass eine Rückwirkung nicht sachgerecht wäre, weil der Steuerpflichtige mangels Vorliegen der Rechnung keine (vollständige) Bezahlung geleistet hatte und mithin bislang nicht mit der Steuer belastet war.[5] Eine **Ausnahme** besteht, wenn nach Rückgängigmachung einer Lieferung (*§ 17 Rz. 77*) rückwirkend eine **Nutzungsvergütung** anzunehmen ist.

---

[1] EuGH v. 5.12.1996 – C-85/95, EuGHE 1996, I-6257 = UR 1997, 144 – Rz. 29 und 30.
[2] Vgl. BFH v. 16.4.1997 – X R 63/93, BStBl. II 1997, 582; BFH v. 1.7.2004 – V R 33/01, BStBl. II 2004, 861; BFH v. 15.7.2004 – V R 76/01, BStBl. II 2005, 236 – 3b der Gründe; BFH v. 24.8.2006 – V R 16/05, BStBl. II 2007, 340 – 3c der Gründe; BFH v. 8.10.2008 – V R 63/07, BFH/NV 2009, 1473 (1475); BFH v. 9.12.2010 – V R 17/10, BStBl. II 2012, 53 = UR 2011, 313 – Rz. 33 a.E.
[3] Ebenso *Hummel*, BB 2014, 343.
[4] Stadie, UR 2004, 49 (50).
[5] EuGH v. 29.4.2004 – C-152/02, EuGHE 2004, I-5583 = UR 2004, 323 – Rz. 35 u. Rz. 37 a.E.

## b) Rückwirkung einer berichtigten Rechnung?

Umstritten ist hingegen, ob bei der **Berichtigung** einer **fehlerhaften** oder **Ergänzung** einer **unvollständigen Rechnung** Rückwirkung auf den Voranmeldungszeitraum eintritt, für den erstmals der Vorsteuerabzug hätte vorgenommen werden können. Die Befürworter[1] einer solchen Rückwirkung berufen sich auf die EuGH-Entscheidung v. 15.7.2010.[2] Der **EuGH** spricht in dieser Entscheidung indes nicht von Rückwirkung, sondern lediglich davon, dass die Behörde nicht den Vorsteuerabzug wegen einer Rechnung, die ein falsches Leistungsdatum enthält, versagen dürfe, wenn im Zeitpunkt der Behördenentscheidung eine berichtigte Rechnung vorliege. Allerdings sind die Formulierungen des EuGH z.T. verwirrend und können zu falschen Schlüssen verleiten[3], die der EuGH mit Sicherheit nicht im Auge hatte.[4] Demgemäß wird auch in der jüngsten Entscheidung des EuGH vom 11.12.2014, in der er sich erneut zu den materiellen und den formellen Anforderungen des Rechts auf Vorsteuerabzug unter Nennung einer Vielzahl seiner Entscheidungen äußert, gerade die Entscheidung vom 15.7.2010 nicht genannt.[5]

207

Schon der Wortlaut des Art. 178 Buchst. a MwStSystRL („Um das Recht auf Vorsteuerabzug ausüben zu können, muss der Steuerpflichtige" die „Bedingung[en]" erfüllen [, …] eine gemäß den Artikeln 220 [ff.] ausgestellte Rechnung zu besitzen"), verbietet die Annahme einer Rückwirkung, weil „Ausüben" ein Verhalten ist, dessen Voraussetzungen nicht rückwirkend vorliegen können. Eine Rückwirkung würde vor allem auch gegen den **Zweck** der Verknüpfung des Vorsteuerabzugs mit dem Besitz einer ordnungsgemäßen Rechnung verstoßen. Eine Rechnung mit den Angaben gem. Art. 226 MwStSystRL, § 14 Abs. 4 Satz 1 UStG dient in erster Linie der Kontrolle des leistenden Unternehmers (*Rz. 180*). Indem die **Vornahme** (Ausübung) des **Vorsteuerabzugs** an den **Besitz** einer **ordnungsgemäßen Rechnung geknüpft** wird, **zwingt** das Gesetz den Leistungsempfänger dazu, vor Bezahlung der empfangenen Leistung die Erteilung einer ordnungsgemäßen Rechnung zu fordern und bis dahin in Höhe des Steuerbetrages ein **Zurückbehaltungsrecht auszuüben**. Dieser Zweck, den Leistungsempfänger bei der Kontrolle des leistenden Unternehmers einzuschalten, wird nur erreicht, wenn der Leistungsempfänger bei Nichterfüllung seiner Obliegenheit und deren Aufdeckung den Vorsteuerabzug mit den entsprechenden Zinsfolgen bis zum Vorliegen einer ordnungsgemäßen Rechnung verliert. Drohte diese nachteilige Folge nicht, so bestünde für den Leistungsempfänger kein Anlass, auf ordnungsgemäßen Rechnungen zu bestehen, da bei späterer Bemängelung lediglich berichtigte Rechnungen nachgereicht werden müssten. Eine **Rückwirkung** der berichtigten oder ergänzten Rechnung kommt deshalb **nicht** in Betracht.[6] Die Entscheidung

208

---

1 *Wäger*, DStR 2010, 1478; *Martin*, BFH/PR 2010, 389 (390); vgl. auch *Birkenfeld* in B/W, § 165 Rz. 115 ff.; *W. Wagner*, UVR 2010, 311.
2 EuGH v. 15.7.2010 – C-368/09, EuGHE 2010, I-7463 = UR 2010, 693; ähnlich EuGH v. 8.5.2013 – C-271/12, UR 2013, 591.
3 Zur Kritik ausführlich *Stadie* in R/D, § 15 UStG Anm. 543 ff.
4 Insoweit zutreffend auch *Englisch*, UR 2011, 488 (490 f.).
5 EuGH v. 11.12.2014 – C-590/13, UR 2015, 70 – Rz. 41 f.
6 So im Ergebnis auch FG Rh.-Pf. v. 23.9.2010 – 6 K 2089/10, UR 2010, 863; FG Berlin-Bdb. v. 9.10.2014 – 5 K 5092/14, EFG 2015, 602 – Rev.-Az. V R 54/14; FG Berlin-Bdb. v. 13.11.2014 – 5 K 5083/14, juris – Rev.-Az. V R 64/14.

des EuGH vom 15.7.2010 ist deshalb nicht etwa als „eine der wichtigsten Gerichtsentscheidungen der letzten Jahre im Bereich der Mehrwertsteuer (Umsatzsteuer)"[1] anzusehen. Der EuGH hat lediglich im Einzelfall einen klaren Verstoß gegen den Verhältnismäßigkeitsgrundsatz und gegen das Gebot des Vertrauensschutzes (dazu Rz. 221) erledigen wollen.

209 Der **EuGH** hat zwischenzeitlich bereits **klargestellt**, dass dem Empfänger das Recht zum Vorsteuerabzug zusteht, „wenn die Rechnungen über die erbrachten Dienstleistungen **alle nach Art. 226 MwStSystRL vorgeschriebenen Angaben** enthalten"[2]. Danach kann die Rückwirkung einer Rechnungsberichtigung nicht in Betracht kommen. Diese kann auch nicht aus der Formulierung des EuGH „wenn der Steuerpflichtige der betreffenden Behörde **vor Erlass** ihrer **Entscheidung** eine **berichtigte Rechnung** zugeleitet hat"[3], gefolgert werden[4], wenn der Vorsteuerabzug, wie üblich, mit Hilfe einer Voranmeldung geltend gemacht und der Betrag ausgezahlt oder verrechnet worden war. Die Entscheidung der Behörde liegt dann in der konkludenten **Zustimmung** der Behörde zur Voranmeldung, die gem. § 168 AO als Steuerfestsetzung gilt (*§ 18 Rz. 15*).[5] Die berichtigte Rechnung hätte folglich mit der **Voranmeldung** eingereicht worden sein müssen. Nicht etwa ist die Entscheidung der Behörde erst die ggf. ändernde Festsetzung nach einer Außenprüfung, anlässlich deren eine berichtigte Rechnung vorgelegt worden war, nachdem der Mangel von der Behörde festgestellt worden war.[6]

210 Dass die **Berichtigung** einer **fehlerhaften** Rechnung **nicht** auf den Zeitpunkt der Ausstellung dieser Rechnung **zurückwirkt**, wird für den überhöhten Steuerbetrag ausdrücklich durch § 14c Abs. 1 Satz 2 i.V.m. § 17 Abs. 1 Satz 7 UStG angeordnet. Entsprechendes gilt für **Ergänzungen unvollständiger Rechnungen**[7], da (auch) insoweit der in **§ 17 Abs. 1 Satz 7** UStG zum Ausdruck kommende **allgemeine Rechtsgrundsatz** eingreift, wonach tatsächliche Ereignisse nicht zurückwirken (*§ 17 Rz. 90*).[8] Das gilt insbesondere auch für den **erstmaligen Ausweis** der **Steuer**, so dass ein Vorsteuerabzug erst für den Besteuerungszeitraum erlangt wird, in dem die ordnungsgemäße Rechnung vorliegt.

Der **BFH** hat gleichwohl **ernstliche Zweifel**, ob eine Rückwirkung der Rechnungsberichtigung auch dann zu versagen ist, wenn das zunächst erteilte Dokument die Mindestanforderungen an eine Rechnung i.S.d. § 14c UStG erfüllt und daher Angaben zum Rechnungsaussteller, zum Leistungsempfänger, zur Leistungsbeschreibung, zum Entgelt und zur gesondert ausgewiesenen Steuer ent-

---

1 So *Wäger*, DStR 2010, 1478; *Sterzinger*, UR 2010, 700; vgl. auch *Martin*, BFH/PR 2010, 389 – „von erheblicher Tragweite".
2 EuGH v. 22.12.2010 – C-438/09, EuGHE 2010, I-14009 = UR 2011, 435 – Rz. 38; EuGH v. 6.9.2012 – C-324/11, UR 2012, 851 – Rz. 32 f. (Hervorhebungen durch den Verf.).
3 EuGH v. 15.7.2010 – C-368/09, EuGHE 2010, I-7463 = UR 2010, 693 – Rz. 45; EuGH v. 8.5.2013 – C-271/12, UR 2013, 591 – Rz. 34.
4 So aber FG Nds. v. 30.9.2013 – 5 V 217/13, EFG 2013, 2049.
5 Das übersehen auch FG Berlin-Bdb. v. 29.8.2013 – 7 V 7096/13, EFG 2013, 1969; FG Nds. v. 3.7.2014 – 5 K 50/14, EFG 2015, 80; FG Hamburg v. 20.10.2014 – 2 V 214/14, EFG 2015, 254.
6 So aber FG Nds. v. 1.10.2013 – 5 V 217/13, EFG 2013, 2049; *Wäger*, DStR 2010, 1478; *Sterzinger*, UR 2010, 700.
7 Vgl. BFH v. 24.8.2006 – V R 16/05, BStBl. II 2007, 340 (344) – 3c der Gründe.
8 A.A. *Englisch*, UR 2011, 488 (493 f.).

hält.¹ Auch in einem solchen Fall kommt indes aus den o.g. Gründen (*Rz. 162*) keine Rückwirkung in Betracht.² Das **FG Nds.** hat die **Frage** der Rückwirkung einer berichtigten Rechnung dem **EuGH vorgelegt**.³

Von der Nichtrückwirkung der Rechnungsberichtigung bzw. -ergänzung ist die **Frage zu unterscheiden**, ob ein trotz der fehlerhaften bzw. unvollständigen Rechnung gleichwohl vorgenommener Vorsteuerabzug bestehen bleibt. Ein solcher **Vertrauensschutz** kommt in Betracht, wenn der Rechnungsempfänger die **Fehlerhaftigkeit** bzw. **Unvollständigkeit** der Rechnung **nicht erkennen konnte**⁴, so dass er deshalb kein Zurückbehaltungsrecht ausgeübt hat. In einem solchen Fall bedarf es wegen des zu gewährenden Vertrauensschutzes folglich keiner berichtigten Rechnung (*Rz. 221 ff.*). 211

**c) Verlust der Rechnung**

Der „Besitz" der Rechnung muss nicht andauern, da der spätere Verlust des Dokuments den einmal entstandenen Anspruch nicht wieder zum Erlöschen bringt (*Rz. 204*). Bei **Verlust** der einzelnen Rechnung muss der vormalige Besitz einer ordnungsgemäßen Rechnung bewiesen werden. Der **Nachweis** kann mit allen zulässigen Beweismitteln geführt werden.⁵ Sofern keine Zweitschrift oder Kopie der Rechnung beschafft werden kann, weil der Aussteller nicht mehr existent oder nicht auffindbar ist, so kommen auch der Zeugenbeweis und die eidesstattliche Versicherung des Unternehmers in Betracht. Erforderlich ist dann jedoch, dass der wesentliche Inhalt der Rechnung, insbesondere der gesonderte Ausweis der Steuer zur Überzeugung der Behörde bzw. des Gerichts dargelegt wird.⁶ Nach Ansicht der Finanzverwaltung soll in diesen Fällen auch eine „**Schätzung**" der Vorsteuer in Betracht kommen, wenn davon ausgegangen werden kann, dass vollständige Unterlagen für den Vorsteuerabzug vorhanden waren.⁷ Hierbei handelt es sich jedoch nicht um eine Schätzung i.S.d. § 162 AO, da das Finanzamt zugunsten des Unternehmers das Vorliegen der Voraussetzungen für den Vorsteuerabzug unterstellt. 212

---

1 BFH v. 20.7.2012 – V B 82/11, BStBl. II 2012, 809 – Rz. 33; vgl. auch BFH v. 10.1.2013 – XI B 33/12, UR 2013, 588.
2 In diesem Sinne jetzt auch BFH v. 11.12.2003 – X I R 21/11, BStBl. II 2014, 425 – Rz. 43.
3 FG Nds. v. 3.7.2014 – 5 K 50/14, EFG 2015, 80 = BB 2014, 3040 m. Anm. *Lohse* = UR 2015, 61 m. Anm. *Widmann* – Az. EuGH C-518/14.
4 Ebenso *D. Hummel*, BB 2014, 343.
5 BFH v. 5.9.1988 – X R 55/81, BStBl. II 1989, 120; BFH v. 16.4.1997 – XI R 63/93, BStBl. II 1997, 582; BFH v. 20.8.1998 – V R 55/96, BStBl. II 1999, 324; BFH v. 28.10.2010 – V R 17/08, BFH/NV 2011, 658; BFH v. 23.10.2014 – V R 23/13, UR 2015, 188 – Rz. 20 f.; vgl. auch EuGH v. 5.12.1996 – C-85/95, EuGHE 1996, I-6257 = UR 1997, 144; EuGH v. 11.6.1998 – C-361/96, EuGHE 1998, I-3495 = UR 1998, 309.
6 Vgl. BFH v. 31.7.2007 – V B 156/06, BFH/NV 2008, 416; BFH v. 23.10.2014 – V R 23/13, UR 2015, 188 – Rz. 22 ff.
7 Abschn. 15.11 Abs. 6 UStAE; ebenso BFH v. 23.10.2014 – V R 23/13, UR 2015, 188 – Rz. 23.

## 9. Widerruf der ausgewiesenen Steuer nach Empfang der Zahlung

### a) Berichtigung des Steuerbetrages durch den Rechnungsaussteller

213 Da die Erteilung (Ausstellung) einer Rechnung die Mitteilung von Tatsachen und Rechtsansichten des Rechnungsausstellers ist (*§ 14 Rz. 5 f.*), kann dieser seine Mitteilungen zwar jederzeit berichtigen oder widerrufen (vgl. *§ 14 Rz. 115 f.*); davon zu trennen ist jedoch die Frage, ob und ggf. unter welchen Voraussetzungen die Berichtigung oder der Widerruf einer solchen Mitteilung der einmal erteilten Rechnung ihre umsatzsteuerrechtliche Wirkung für den Vorsteuerabzug nimmt. Soweit die Steuer **in zutreffender Höhe ausgewiesen** ist, ist der **Widerruf** (die Berichtigung) des Steuerausweises **unbeachtlich**.[1] War der Vorsteuerabzug bereits vorgenommen worden, ergibt sich das schon daraus, dass der Besitz der Rechnung nur im Zeitpunkt der Ausübung, d.h. der Geltendmachung des Vorsteuerabzugs erforderlich ist (*Rz. 178 f.*). Zudem würde eine Rechtsgrundlage für die Berichtigung des Vorsteuerabzugs fehlen, da weder § 14c Abs. 1 Satz 2 noch § 17 Abs. 1 UStG einschlägig wäre. Aber auch dann, wenn der Vorsteuerabzug noch nicht ausgeübt worden ist, ist die Berichtigung des Steuerbetrags unbeachtlich, weil die Berichtigung der rechtmäßigen Rechnung dieser nicht die durch die Erteilung des Dokuments ausgelöste öffentlich-rechtliche Wirkung nehmen kann. Der leistende Unternehmer ist zivilrechtlich und öffentlich-rechtlich (*Rz. 215*) zur Erteilung einer Rechnung mit sämtlichen Angaben des § 14 Abs. 4 Satz 1 UStG verpflichtet (*§ 14 Rz. 13*). Folglich verstößt eine Berichtigung **zivilrechtlich** gegen **Treu und Glauben** und ist unbeachtlich, weil der Unternehmer nach einer Klage zur erneuten Erteilung einer Rechnung mit Ausweis der Steuer verpflichtet wäre. Da der Ausweis der Steuer in der Rechnung ausschließlich umsatzsteuerrechtlichen Zwecken dient, muss diese Unbeachtlichkeit der Berichtigung auch von den Finanzbehörden beachtet werden.

214 Die Verpflichtung zur **Erteilung** einer ordnungsgemäßen Rechnung ist zudem auch öffentlich-rechtlicher Natur. Da das Gesetz die Entlastung von der Vorsteuer an den Besitz einer ordnungsgemäßen Rechnung knüpft, geschieht deren Erteilung durch den leistenden Vor-Unternehmer auch **in Befolgung einer öffentlich-rechtlichen Verpflichtung**. Insbesondere der gesonderte **Ausweis der Steuer** hat lediglich öffentlich-rechtliche Bedeutung, da er ausschließlich umsatzsteuerrechtlichen Zwecken dient, und erfolgt deshalb durch den leistenden Vor-Unternehmer insoweit auch ausschließlich als öffentlich-rechtlich handelnder Gehilfe des Staates. Demgemäß bestimmt das Gesetz, dass die **Nichterfüllung** dieser sich aus § 14 UStG ergebenden Verpflichtung zur Rechnungserteilung als **Ordnungswidrigkeit** mit einem Bußgeld geahndet werden kann (§ 26a Abs. 1 Nr. 1 i.V.m. Abs. 2 UStG). Aus dem öffentlich-rechtlichen Charakter der Verpflichtung zur Erteilung einer ordnungsgemäßen Rechnung ergibt sich, dass die in deren Erfüllung erteilte Rechnung nicht mehr zur Disposition des leistenden Unternehmers steht, soweit der Steuerausweis in der objektiv richtigen Höhe erfolgt war. Somit darf das Finanzamt auch wegen der öffentlich-rechtlichen Funktion einer ordnungsgemäßen Rechnung deren **Berichtigung** von vornherein **nicht beachten**. Demgemäß bestimmt auch § 14 Abs. 6 Nr. 5 UStG i.V.m. **§ 31 Abs. 5 Satz 1 UStDV**, dass eine Rechnung berichtigt werden kann, wenn sie un-

---

1 So jetzt auch BFH v. 25.4.2013 – V R 2/13, BStBl. II 2013, 844 – Rz. 28.

vollständig ist oder Angaben unzutreffend sind. Daraus folgt der **Umkehrschluss**, dass eine **vollständige** und **zutreffende Rechnung nicht** mit öffentlich-rechtlicher Wirkung „berichtigt" werden darf, so dass eine entsprechende Erklärung unbeachtlich ist.

Dieser Schluss ist auch im Hinblick auf das Zurückbehaltungsrecht des Leistungsempfängers zwingend, welcher bis zur Erteilung einer ordnungsgemäßen Rechnung nach § 273 Abs. 1 BGB befugt war, von der Gegenleistung einen Betrag in Höhe der Umsatzsteuer zurückzuhalten (*§ 14 Rz. 38*), Mit der Erteilung einer solchen Rechnung war das **Zurückbehaltungsrecht entfallen** und der Leistungsempfänger hatte auch den Teil des Preises zu entrichten, der der Umsatzsteuer entspricht. Er muss dann darauf **vertrauen** können, dass seine **Vorsteuerabzugsberechtigung** bestehen bleibt und nicht einseitig durch den leistenden Unternehmer wieder beseitigt werden kann. Das Umsatzsteuerrecht hat dieses **Vertrauen** des Leistungsempfängers/Rechnungsempfängers zu beachten und darf **nicht** dazu beitragen, dass dessen **einziges Druckmittel** zur Erlangung einer ordnungsgemäßen Rechnung **hinfällig** wird und er ohne sachlichen Grund, d.h. durch reine Schikane des leistenden Unternehmers, einen Vermögensschaden erleidet. Der **Staat** würde sogar **alleiniger Nutznießer** dieses **Schikaneaktes** werden, weil er nämlich durch die Versagung des Vorsteuerabzugs selbst den mit dem Vermögensschaden korrespondierenden Vermögensvorteil erlangen würde, d.h. zumindest mehrere Jahre (bis zur Durchsetzung eines Rückzahlungsanspruchs des Leistungsempfängers gegenüber dem Vertragspartner), bei Insolvenz des Verpflichteten sogar endgültig) auf Kosten des Leistungsempfängers bereichert wäre. 215

Folglich ist beim Rechnungsempfänger der Vorsteuerabzug nicht rückgängig zu machen, wenn der Rechnungsaussteller den Ausweis der Umsatzsteuer zu Unrecht berichtigt hatte.[1]

**b) Widerspruch des Gutschriftempfängers**

Bei einem Widerspruch gegen eine Gutschrift scheint auf den ersten Blick etwas anderes zu gelten, da nach dem Gesetzeswortlaut die Gutschrift ihre Wirkung verliert, sobald deren Empfänger dem Dokument widerspricht (§ 14 Abs. 2 Satz 3 UStG). Dies hat dazu geführt, dass tatsächlich vom **XI. Senat** des **BFH** die Ansicht[2] vertreten wird, dass ein Widerspruch gegen eine vereinbarungsgemäß erteilte Gutschrift dieser die Wirkung einer zum Vorsteuerabzug berechtigenden Rechnung auch dann ex tunc nehmen soll, wenn die Umsatzsteuer zutreffend ausgewiesen und die Gegenleistung in voller Höhe entrichtet worden war.[3] 216

Diese oberflächliche Sichtweise **verkennt** zum einen schon, dass auch eine rechtmäßig erteilte Gutschrift eine Rechnung i.S.d. § 14 UStG bzw. des Art. 178 Buchst. a MwStSystRL ist, so dass es wie bei einer vom leistenden Unternehmer ausgestellten Rechnung **nur für die Ausübung** des Vorsteuerabzugs auf den Be- 217

---
1 So jetzt auch BFH v. 25.4.2013 – V R 2/13, BStBl. II 2013, 844 – Rz. 28.
2 Der **V. Senat** hat offengelassen, ob er sich dem anschließen könnte; BFH v. 25.4.2013 – V R 2/13, BStBl. II 2013, 844 – Rz. 28.
3 BFH v. 23.1.2013 – XI R 25/11, UR 2013, 389; BFH v. 19.5.1993 – V R 110/88, BStBl. II 1993, 779 – zur Vorgängervorschrift § 14 Abs. 5 Satz 4 UStG 1980.

sitz der Gutschrift ankommt. War der Vorsteuerabzug vorgenommen worden, kann das einmal entstandene Recht auf Vorsteuerabzug **nicht** – weder ex tunc noch ex nunc – entfallen (*Rz. 204*), so dass schon deshalb **§ 14 Abs. 2 Satz 3 UStG** bei einer rechtmäßig erteilten Gutschrift entgegen BFH **leer läuft**.[1] Zudem fehlt auch hier, wie bei einer Rechnung (*Rz. 216*), die Rechtsgrundlage für eine Berichtigung des Vorsteuerabzugs, da weder § 14c Abs. 1 Satz 2 noch § 17 Abs. 1 UStG einschlägig sind.

218 Das deckt sich mit dem **Zweck** des **Widerspruchs** nach § 14 Abs. 2 Satz 3 UStG, welcher ausschließlich dem Schutz des Leistenden/Gutschriftsempfängers vor den Rechtsfolgen des § 14c Abs. 1 UStG dient (*§ 14 Rz. 62*). Er hat mithin dieselbe Funktion wie die Berichtigung einer Rechnung hinsichtlich des nach § 14c Abs. 1 UStG geschuldeten Steuerbetrages. Dieser alleinige Zweck des Widerspruchs, eine Steuerschuld nach § 14c UStG zu vermeiden, ist folglich ausschließlicher Maßstab für die Interpretation des § 14 Abs. 2 Satz 3 UStG und führt entgegen BFH[2] zu einer Einschränkung des zu weit gehenden Wortlauts dieser Regelung (**teleologische Reduktion der Norm**). Ein solches Gebot folgt auch aus **Art. 224 Satz 1 MwStSystRL**, der für die Wirkung einer Gutschrift als Rechnung verlangt, dass „jede Rechnung Gegenstand eines Verfahrens zur **Akzeptierung** durch den Steuerpflichtigen ist", der die Leistung erbringt. Auch dieses Erfordernis kann nur den Schutz des Gutschriftempfängers vor der Haftung nach Art. 203 MwStSystRL bezwecken (*§ 14 Rz. 67 a.E.*). Einer solchen „Akzeptierung" bedarf es nicht mehr, wenn der leistende Unternehmer/Gutschriftsempfänger den Bruttobetrag, d.h. die vereinbarte Gegenleistung einschließlich Umsatzsteuer/Mehrwertsteuer erhalten hat. Fehlt dem „Widerspruch" mangels eines objektiven umsatzsteuerrechtlichen Zwecks, weil kein Fall des unzulässigen Steuerausweises nach § 14c UStG gegeben ist, die sachliche Rechtfertigung, so liegt entgegen dem zu weit gefassten Wortlaut des § 14 Abs. 2 Satz 3 UStG kein Widerspruch vor, der zum Wegfall der Gutschrift führen könnte.

219 Zudem ersetzt eine ordnungsgemäße Gutschrift die Rechnung, zu deren Erteilung der leistende Unternehmer (auch) öffentlich-rechtlich verpflichtet ist. Eine ordnungsgemäße **Gutschrift** bewirkt die **gleiche öffentlich-rechtliche Rechtsfolge wie** eine vom leistenden Unternehmer ausgestellte ordnungsgemäße **Rechnung**. Folglich haben die obigen Überlegungen zur Berichtigung und zum Widerruf des Steuerausweises in einer Rechnung (*Rz. 214*) entsprechend auch für den Widerspruch gegen eine Gutschrift zu gelten, soweit diese die Steuer in objektiv zutreffender Höhe ausweist. Eine solche Gutschrift **steht nicht mehr zur Disposition des leistenden Unternehmers** (*§ 14 Rz. 67*). Der Widerspruch ist entgegen BFH unbeachtlich[3], auch weil der Widersprechende (leistende Unternehmer) öffentlich-rechtlich verpflichtet bleibt, eine Rechnung gleichen Inhalts auszustellen.

Demgemäß gilt das in **§ 14 Abs. 6 Nr. 5 UStG i.V.m. § 31 Abs. 5 Satz 1 UStDV** ausgedrückte **Verbot** der „**Berichtigung**" (*Rz. 214*) nicht nur für vom leistenden Unternehmer selbst ausgestellte ordnungsgemäße Rechnungen, sondern **auch**

---
1 *D. Hummel*, UR 2012, 497 (500 f.); *Stadie*, UR 2013, 365 (370).
2 BFH v. 23.1.2013 – XI R 25/11, BStBl. II 2013, 417 – Rz. 27 f.
3 *D. Hummel*, UR 2012, 497; *Stadie*, UR 2013, 365.

**für ordnungsgemäße Gutschriften**, die mit seiner Zustimmung und auch in seinem Interesse vom Leistungsempfänger ausgestellt worden waren. Der „**Widerspruch**" (§ 14 Abs. 2 Satz 3 UStG) gegen eine Gutschrift des Leistungsempfängers hat **dieselbe Wirkung wie** eine „**Berichtigung**" (§ 14 Abs. 6 Nr. 5 UStG i.V.m. § 31 Abs. 5 Satz 1 UStDV) des Steuerausweises in einer entsprechenden **Rechnung**. Es kann nicht ernsthaft angenommen werden, dass der Gesetzgeber, welcher nicht nur § 14 Abs. 6 Nr. 5 UStG, sondern auch § 31 Abs. 5 UStDV im Jahr 2003[1] eingefügt hatte, § 14 Abs. 2 Satz 3 UStG als lex specialis gegenüber diesen Bestimmungen sehen wollte (*§ 14 Rz. 67*). Dies nicht zuletzt auch deshalb, weil anderenfalls das **Zurückbehaltungsrecht** des Leistungsempfängers als **Druckmittel** zur Erlangung einer zum Vorsteuerabzug berechtigenden Rechnung (*Rz. 181; § 14 Rz. 29, 38*) nach Entrichtung der gesamten Gegenleistung **unterlaufen** würde.

Die verfehlte Entscheidung des XI. Senats des **BFH** bedeutet faktisch das **Ende der umsatzsteuerrechtlichen Gutschrift**, da kein Leistungsempfänger zukünftig mehr mit einer Gutschrift abrechnen wird. Dieses vom BFH bewirkte Ende der Gutschrift **widerspricht** mithin in eklatanter Weise dem **vom Gesetzgeber** mit der Gutschrift **verfolgten Vereinfachungszweck** (*§ 14 Rz. 56 u. 67*).

### c) Rücknahme des Verzichts auf die Steuerbefreiung

Wird ein die Voraussetzungen des § 9 UStG erfüllender Verzicht auf die Steuerbefreiung eines Umsatzes zurückgenommen (widerrufen), so liegt fortan keine nach § 14 UStG ausgestellte Rechnung mehr vor, weil der Umsatz nicht mehr steuerpflichtig ist. Entgegen der Auffassung des BFH tritt keine Rückwirkung ein (*§ 9 Rz. 46 f.; § 14c Rz. 48*). Nach dem Gesetzeswortlaut wäre der Vorsteuerabzug ohne weiteres – richtigerweise ex nunc – rückgängig zu machen. Es muss indes § 17 Abs. 1 UStG entsprechend angewendet werden, so dass entgegen der Auffassung des BFH[2] zuvor die Rückzahlung der Gegenleistung in Höhe des Steuerbetrages an den Leistungsempfänger erforderlich ist (*§ 9 Rz. 48; § 17 Rz. 20*).

220

### 10. Vertrauensschutz bei fehlerhaften Rechnungen

#### a) Grundsätzliches

**aa)** Nach dem Gesetzeswortlaut ist der Vorsteuerabzug nur dann gegeben, wenn die Rechnungsangaben zutreffend sind, denn die nach § 14 Abs. 4 Satz 1 UStG erforderlichen Angaben sind die objektiv richtigen. So heißt es dann auch tatsächlich in ständiger Rechtsprechung des **BFH** immer noch, dass das **Umsatzsteuergesetz keinen Schutz des guten Glaubens** daran vorsehe, dass die Voraussetzungen für den Vorsteuerabzug erfüllt seien, so dass ein etwaiger Vertrauensschutz (Gutglaubensschutz) nicht im Steuerfestsetzungsverfahren, sondern nur in einem gesonderten sog. Billigkeitsverfahren (*Rz. 223*) gewährt werden könne.[3]

221

---

[1] Art. 5 Nr. 15 und Art. 6 Nr. 2 StÄndG 2003, BGBl. I 2003, 2645.
[2] BFH v. 11.10.2007 – V R 27/05, BStBl. II 2008, 438 (443); BFH v. 10.12.2009 – XI R 7/08, UR 2010, 690 – Rz. 18.
[3] BFH v. 1.2.2001 – V R 6/00, BFH/NV 2001, 941; BFH v. 8.10.2008 – V R 63/07, BFH/NV 2009, 1473; BFH v. 30.4.2009 – V R 15/07, BStBl. II 2009, 744 (748); BFH v. 8.7.2009 – XI R 51/07, BFH/NV 2010, 256; BFH v. 12.10.2010 – V B 134/09, BFH/NV 2011, 326.

Damit wird verkannt, dass ein Schutz des Glaubens nach dem Umsatzsteuergesetz nicht etwa nur dann geboten ist, wenn das Gesetz einen solchen expressis verbis vorsieht! Vielmehr muss sich die Anwendung des § 15 Abs. 1 Satz 1 Nr. 1 Satz 2 UStG am verfassungsrechtlich wie auch unionsrechtlich fundierten **Verhältnismäßigkeitsgrundsatz (Übermaßverbot)** orientieren.[1] Eine angemessene und damit zumutbare **Risikoverteilung** zwischen dem Staat und den als Gehilfen (Steuereinnehmer für Rechnung des Staates) zwangsverpflichteten Unternehmern (*Vorbem. Rz. 20*) verlangt, dass letztere nur solche Risiken zu tragen haben, die in ihren Verantwortungsbereich fallen und denen sie mit **zumutbarem** Aufwand begegnen können. Im Übrigen dürfen sie auf die Richtigkeit der Rechnungsangaben **vertrauen**.[2]

222 **Nicht etwa** besteht, wie der BFH meint[3], eine **Obliegenheit** des **Leistungsempfängers**, sich **über** die **Richtigkeit** der **Angaben** in der Rechnung **zu vergewissern**. Ebensowenig hat dieser, wie der BFH weiterhin meint[4], die vollständige **Feststellungslast** für die Voraussetzungen des Vorsteuerabzugs.[5]

Die **Aussagen** des **EuGH** zur **nicht bestehenden Erkundigungspflicht** bezüglich der Unternehmereigenschaft des Vertragspartners (*Rz. 58*) sind zu **verallgemeinern**: Es ist „nämlich grundsätzlich **Sache der Steuerbehörden**", die erforderlichen **Kontrollen bezüglich** der **Verhältnisse beim Leistenden** durchzuführen, weil anderenfalls „die Steuerbehörden ihre eigenen Kontrollaufgaben [...] auf die Steuerpflichtigen übertragen" würden.[6] Eine **Erkundigungspflicht** besteht **nur dann, wenn** dieser über „**Anhaltspunkte**" verfügte, die Unregelmäßigkeiten oder Steuerhinterziehung in der Sphäre des Rechnungsausstellers vermuten ließen"[7]. Einer vom BFH behaupteten Obliegenheit zur Nachprüfung ist der EuGH ausdrücklich entgegengetreten.[8]

223 **bb)** Nach Auffassung des **BFH**[9] soll ein etwaiger Vertrauensschutz im sog. **Billigkeitsverfahren** nach § 163 AO (die zusätzliche Erwähnung des § 227 AO ergibt

---

1 Ber. des FinAussch. zum StÄndG 2003, BT-Drucks. 15/1945 – zu Art. 4 Nr. 18 (§ 15 Abs. 1 Nr. 1 UStG); Abschn. 15.2 Abs. 3 Satz 2 UStAE.
2 In diesem Sinne bereits EuGH v. 6.7.2006 – C-439/04 und C-440/04, EuGHE 2006, I-6161 = UR 2006, 594 – Rz. 5.
3 BFH v. 6.12.2007 – V R 61/05, BStBl. II 2008, 695.
4 BFH v. 19.4.2007 – V R 48/05, BStBl. II 2009, 315 = UR 2007, 693 – C 3b; BFH v. 12.8.2009 – XI R 48/07, UR 2010, 423 – 1b (a.E.).
5 *Stadie* in R/D, § 15 UStG Anm. 571.
6 EuGH v. 21.6.2012 – C-80/11 und C-142/11, UR 2012, 591 – Rz. 61, 62 und 65; EuGH v. 6.9.2012 – C-324/11, UR 2012, 851 – Rz. 42; ebenfalls in diesem Sinne EuGH v. 31.1.2013 – C-643/11, UR 2013, 346 – Rz. 61 und 62.
7 EuGH v. 21.6.2012 – C-80/11 und C-142/11, UR 2012, 591 – Rz. 66; EuGH v. 6.9.2012 – C-324/11, UR 2012, 851 – Rz. 43.
8 EuGH v. 31.1.2013 – C-642/11, UR 2013, 275 – Rz. 52 (= 2. LS); EuGH v. 31.1.2013 – C-643/11, UR 2013, 346 – Rz. 64 (= 2. LS): (...) ist von der Finanzbehörde „anhand objektiver Gesichtspunkte und ohne dass vom Rechnungsempfänger **Nachprüfungen** verlangt werden, die ihm **nicht obliegen** [Hervorhebung durch den Verf.], nachzuweisen, dass der Rechnungsempfänger wusste oder wissen musste, dass (...)". In diesem Sinne auch bereits EuGH v. 21.6.2012 – C-80/11 und C-142/11, UR 2012, 591 – Rz. 49; EuGH v. 6.12.2012 – C-285/11, UR 2013, 195 – Rz. 43.
9 BFH v. 30.4.2009 – V R 15/07, BStBl. II 2009, 744; BFH v. 8.7.2009 – XI 51/07, BFH/NV 2010, 256.

keinen Sinn[1]) zu gewähren sein. Wegen einer Ermessensreduzierung auf Null sei die Entscheidung über die Billigkeitsmaßnahme regelmäßig gem. § 163 Satz 3 AO mit der Steuerfestsetzung zu verbinden.[2] Diese „Verbindung" soll indes nicht bedeuten, dass über den Vertrauensschutz unmittelbar im Rahmen der Festsetzung zu entscheiden sei[3]; es handele sich vielmehr bei der Steuerfestsetzung und der Billigkeitsentscheidung um zwei Verwaltungsakte.[4] Das ist verfehlt.

Es geht nicht etwa um eine gesonderte Billigkeitsmaßnahme, bei der die Finanzbehörde Ermessen auszuüben hätte, sondern um eine „abweichende Festsetzung" (so ausdrücklich § 163 Satz 3 AO, welcher auch für Steuervergütungen gilt, § 155 Abs. 4 AO) mit dem Ziel, einen vom Gesetz im Einzelfall nicht gewollten Überhang des gesetzlichen Tatbestandes, d.h. eine Rechtsfolge, die den Wertungen des einfachen Gesetzgebers oder der Verfassung widerspräche, zu vermeiden. Hierbei handelt es sich nicht um eine Ermessensentscheidung, denn wenn eine Rechtsfolge den Wertungen des Gesetzgebers widerspricht, dann muss sie beseitigt werden. Folglich ist der Vertrauensschutz (Gutglaubensschutz) ohne weiteres durch eine auf Grund des Verhältnismäßigkeitsgrundsatzes gebotene **teleologische Reduktion** des Wortlauts des § 15 Abs. 1 Satz 1 Nr. 1 Satz 2 i.V.m. § 14 Abs. 4 Satz 1 UStG im Einzelfall erreicht[5], so dass der Gutglaubensschutz **unmittelbar** bei der **Steuerfestsetzung** (genauer: Steuervergütungsfestsetzung, *§ 18 Rz. 15*) zu berücksichtigen ist. Diese Vorgehensweise wird nicht nur durch die Gebote des effektiven Rechtsschutzes und der Verfahrensökonomie gefordert, sondern folgt vor allem auch **zwingend** aus der Tatsache, dass Behörden und Gerichte eine Rechtsnorm nicht in verfassungs- und in unionsrechtswidriger Weise, d.h. mit einer Rechtsfolge, die gegen verfassungs- und unionsrechtliche Wertungen verstoßen würde, anwenden dürfen. Somit geht es nicht an, dass das Finanzgericht in einem ersten Schritt die Klage gegen die Versagung des Vorsteuerabzugs nach § 15 Abs. 1 UStG kostenpflichtig abweist und den Kläger hinsichtlich des Vertrauensschutzes auf das „Billigkeitsverfahren" verweist, mit dem dann anschließend das vorhergehende Urteil vom Ergebnis her korrigiert wird. Eine derartige Vorgehensweise würde gegen das rechtsstaatliche Gebot der **Verhältnismäßigkeit** verstoßen.

Solange der BFH an seiner verfehlten Auffassung festhält, dass Vertrauensschutz nur im „Billigkeitsverfahren" nach § 163 AO zu gewähren sei, muss sichergestellt sein, dass der auch beim Vorsteuerabzug nur als Gehilfe des Staates fungierende Unternehmer (*Vorbem. Rz. 20*) durch diesen umständlichen und rechtswidrigen Weg keinen **Zinsnachteil** erfährt. Der Unternehmer muss deshalb **sogleich Verpflichtungsklage** erheben, um die für die Verzinsung nach

224

---
1 *Stadie* in R/D, § 18 UStG Anm. 479.
2 BFH v. 8.10.2008 – V R 63/07, BFH/NV 2009, 1473 – zu 3b; BFH v. 30.4.2009 – V R 15/07, BStBl. II 2009, 744 (748) – zu 3b; BFH v. 2.9.2010 – V R 55/09, BStBl. II 2011, 235 – Rz. 17.
3 Nunmehr zweifelnd BFH v. 26.9.2014 – XI S 14/14, juris; BFH v. 18.2.2015 – V S 19/14, juris.
4 BFH v. 12.10.2010 – V B 134/09, BFH/NV 2011, 326; BFH v. 12.12.2012 – V B 70/12, BFH/NV 2013, 515; FG Köln v. 12.3.2014 – 4 K 2374/10, EFG 2014, 1445 – Rev.-Az. XI R 22/14.
5 In diesem Sinne wohl auch *Englisch*, UR 2009, 181 (185).

§ 236 AO erforderliche **Rechtshängigkeit** seines Steuervergütungsanspruchs zu erreichen.[1]

**b) Einzelheiten**

225 Bei **fehlenden Angaben** in der Rechnung oder bei **unrichtigen Angaben**, deren Fehlerhaftigkeit **offensichtlich** ist, ist die Rechnung nicht „nach den §§ 14, 14a ausgestellt". Ein Vertrauensschutz ist nicht angebracht, da es dem Rechnungsempfänger zuzumuten ist, die jeweilige Rechnung bezüglich der vom Gesetz geforderten Angaben auf ihre Vollständigkeit zu überprüfen.[2] Bis zur **Vervollständigung** (Ergänzung) der Rechnung durch den Aussteller kann er bei der Begleichung der Rechnung ein **Zurückbehaltungsrecht** in Höhe des Steuerbetrages als Druckmittel ausüben (*§ 14 Rz. 38*).

226 Bei solchen Angaben, die der **Rechnungsempfänger nicht** auf ihre Richtigkeit **überprüfen kann** (*Steuernummer* oder *Umsatzsteuer-Identifikationsnummer; Ausstellungsdatum; Rechnungsnummer*), reicht es für den Vorsteuerabzug aus, dass Angaben dieser Art in der Rechnung enthalten sind, sofern sie nicht offensichtlich[3] falsch sind[4] (*Beispiel:* Angabe einer ausländischen Umsatzsteuer-Identifikationsnummer). Die angegebene deutsche Umsatzsteuer-Identifikationsnummer kann nicht überprüft werden, da die von § 18e UStG vorgesehene Bestätigung durch das Bundesamt für Finanzen nur für ausländische Nummern gilt.

227 Bei Angaben über tatsächliche **Verhältnisse beim Rechnungsaussteller** (insbesondere *Name* und *Anschrift* des leistenden Unternehmers), die der Rechnungsempfänger theoretisch auf ihre Richtigkeit überprüfen könnte, ist eine generelle **Überprüfung nicht zuzumuten** und kann deshalb nicht gefordert werden. Eine Überprüfung ist nur dann geboten, wenn ein konkreter Anlass zu Zweifeln gegeben ist.

228 Unhaltbar ist deshalb die Auffassung des **BFH**, dass der in der Rechnung angegebene **Sitz** des leistenden Unternehmers **bei der Ausführung der Leistung und** bei **Rechnungsausstellung** tatsächlich bestanden haben müsse und dass der den Vorsteuerabzug begehrende Leistungsempfänger „sich über die **Richtigkeit der Angaben in der Rechnung vergewissern**" müsse.[5] Das ist schon insofern nicht

---

1 Vgl. *Stadie* in R/D, § 18 UStG Anm. 185 i.V.m. § 18 Anm. 182.
2 Vgl. FG Berlin-Bdb. v. 27.8.2014 – 7 V 7147/14, EFG 2014, 2096.
3 Vgl. zur Steuernummer BFH v. 2.9.2010 – V R 55/09, BStBl. II 2011, 235 = UR 2010, 946; kritisch dazu *Stadie* in R/D, § 15 UStG Anm. 574 FN.
4 Im Ergebnis ebenso hinsichtlich der steuerlichen Nummer und der Rechnungsnummer Abschn. 15.2a Abs. 6 Sätze 2 ff. UStAE; *D. Hummel*, BB 2014, 343 (346).
5 Jeweils zur **GmbH** BFH v. 27.6.1996 – V R 51/93, BStBl. II 1996, 620; BFH v. 31.1.2002 – V B 108/01, BStBl. II 2004, 622 = UR 2002, 275; BFH v. 4.2.2003 – V B 81/02, BFH/NV 2003, 670; BFH v. 19.4.2007 – V R 48/04, BStBl. II 2009, 315 = UR 2007, 693 – C 1a der Gründe; BFH v. 6.12.2007 – V R 61/05, BStBl. II 2008, 695; BFH v. 13.2.2008 – XI B 2002/06, BFH/NV 2008, 1216; BFH v. 26.3.2009 – V S 8/07 (PKH), BFH/NV 2009, 1467; ebenso Abschn. 15.2 Abs. 3 Satz 7 und Abs. 15 Sätze 4 und 5 UStAE; (auch) für **natürliche Person** BFH v. 6.12.2007 – V R 61/05, BStBl. II 2008, 695. Vgl. auch BFH v. 30.4.2009 – V R 15/07, BStBl. II 2009, 744.

nachvollziehbar, als zwischen den Zeitpunkten der Ausführung der Leistung und der Erteilung der Rechnung ein größerer Abstand liegen kann und der Unternehmer seinen Sitz verlegt haben kann. Nach § 14 Abs. 4 Satz 1 Nr. 1 UStG ist nur *eine* Anschrift in der Rechnung zu nennen, welche nur die im Zeitpunkt der Rechnungsausstellung sein kann (*§ 14 Rz. 74*).[1] Bei Gesellschaften könnte zudem nicht der Sitz i.S.d. § 11 AO, sondern, wie auch bei natürlichen Personen, der Sitz der wirtschaftlichen Tätigkeit i.S.d. Art. 44 MwStSystRL maßgebend sein (dazu *§ 3a Rz. 25*). Vor allem aber ist die vom BFH formulierte „Obliegenheit"[2] (Verpflichtung in eigener Sache), sich über die Richtigkeit der Angaben in der Rechnung zu vergewissern, in dieser Absolutheit absurd und ein klarer **Verstoß gegen den Verhältnismäßigkeitsgrundsatz**, da der Unternehmer in der Unternehmerkette, d.h. als Empfänger einer Leistung eines (vermeintlichen) anderen Unternehmers hinsichtlich der Umsatzsteuer nicht in eigener Angelegenheit, sondern als zwangsverpflichteter Gehilfe des Staates ausschließlich in dessen Interesse handelt (*Vorbem. Rz. 20*). Sofern diese Angaben nicht zu Zweifeln Anlass geben[3], treffen den Rechnungsempfänger als zwangsverpflichteten Gehilfen des Staates **keine Nachforschungspflichten**, so dass ihm Vertrauensschutz zustehen muss[4] und derartige unrichtige Angaben den Vorsteuerabzug nicht beeinträchtigen dürfen (*Rz. 221 f.*).[5]

Bezüglich der **Leistungsbeschreibung** kommt regelmäßig kein Gutglaubensschutz in Betracht, weil der Leistungsempfänger weiß bzw. ohne weiteres nachprüfen kann, welche Leistung erbracht worden war. Das Verlangen nach einer handelsüblichen Bezeichnung (§ 14 Abs. 4 Satz 1 Nr. 5 UStG) kann indes unverhältnismäßig sein, wenn zweifelsfrei ist, dass die Leistung zur Ausführung von Umsätzen, welche den Vorsteuerabzug nicht ausschließen, verwendet wird. 229

Ist in der Rechnung ein zu niedriges Entgelt oder ein **zu niedriger Steuerbetrag** genannt, so ist die Rechnung zwar unrichtig, gleichwohl kann der ausgewiesene Steuerbetrag als Vorsteuer abgezogen werden. Demgegenüber sollen nach Ansicht des BMF Rechenfehler, **unrichtige Angaben des Entgelts, des Steuersatzes** oder **des Steuerbetrages** eine Versagung des Vorsteuerabzugs zur Folge haben.[6] Das ist in dieser Absolutheit unhaltbar, da vom Rechnungsempfänger als zwangsverpflichtetem Gehilfen des Staates keine Steuerrechtskenntnisse erwartet werden können. Lediglich bei offensichtlichen Fehlern ist es erforderlich, dass der Rechnungsempfänger eine berichtigte Rechnung verlangt. Ist ein **zu hoher Steuerbetrag** ausgewiesen, so kann jedenfalls der zutreffende Steuerbetrag abgezogen 230

---

[1] Gleichwohl hat der BFH die früher von ihm bejahte Frage (vgl. BFH v. 23.6.2004 – V B 230/03, BFH/NV 2005, 80) offengelassen, ob bei einer abweichenden Adresse zum Zeitpunkt der Ausführung der Leistung auch noch diese anzugeben sei; BFH v. 8.3.2008 – V R 63/07, BFH/NV 2009, 1473 – 1b (a.E.) der Gründe.
[2] BFH v. 6.12.2007 – V R 61/05, BStBl. II 2008, 695.
[3] Vgl. BFH v. 20.1.2015 – XI B 112/14, juris: Vereinnahmung der Rechnungsbeträge in nicht geringer Höhe in bar nebst Kenntnis von der Gewerbeuntersagung.
[4] Der XI. Senat des BFH hat nunmehr Zweifel: vgl. BFH v. 26.9.2014 – XI S 14/14, juris.
[5] Vgl. auch *Achatz*, DStJG 32 (2009), S. 461 (487).
[6] Abschn. 15.2 Abs. 3 Satz 10 UStAE.

§ 15                                                                                        Vorsteuerabzug

werden.¹ Zum Vorsteuerabzug hinsichtlich des (vom Rechnungsaussteller nach § 14c Abs. 1 UStG geschuldeten) Mehrbetrags s. *Rz. 248 ff.*

**11. Billigkeitsmaßnahme, Schätzung der Vorsteuern**

231 a) Wurde dem Leistungsempfänger **keine ordnungsgemäße Rechnung** i.S.d. §§ 14, 14a UStG erteilt, so ist ein Anspruch auf Abzug der Vorsteuer i.S.d. § 15 Abs. 1 Satz 1 Nr. 1 UStG (Steuervergütungsanspruch) niemals entstanden (*Rz. 203, 269*; *§ 16 Rz. 40*). Dieses fehlende Tatbestandsmerkmal kann **nicht** im Einzelfall durch **Schätzung** nach § 155 Abs. 4 i.V.m. § 162 AO ersetzt werden.²

232 Es kommt jedoch eine **Billigkeitsmaßnahme** in Betracht, wenn die **Beschaffung** einer **ordnungsgemäßen Rechnung unmöglich** ist oder **unzumutbare Schwierigkeiten** bereitet. Kann der Unternehmer nachweisen, dass der Leistende zum Ausweis der Steuer berechtigt gewesen wäre (ist) und kann er durch Vorlage eines Vertrages, einer Auftragsbestätigung o.Ä. den **Nachweis** der **Umsatzsteuerbelastung** erbringen, d.h. belegen, dass ein Preis mit Umsatzsteuer vereinbart (und auch gezahlt worden) war, so ist die Versagung des Vorsteuerabzugs „unbillig"³ (vgl. *Rz. 223 f.*).

233 Der Vorsteuerabzug stellt eine **Steuervergütung** dar (*Rz. 6*), auf die gem. § 155 Abs. 4 AO auch § 163 Satz 1 AO entsprechend anzuwenden ist. Dessen entsprechende Anwendung bedeutet, dass eine Steuervergütung höher festgesetzt werden kann, wenn die **Nichtvergütung** der Steuer nach Lage des einzelnen Falles **unbillig** wäre. Eine „Billigkeitsmaßnahme" nach § 163 Satz 1 AO dient der Korrektur einer Rechtsfolge, die nach dem Einzelsteuergesetz eintreten würde, aber dem erkennbaren Zweck des Gesetzes oder der Wertung der Verfassung zuwiderliefe (Überhang des gesetzlichen Tatbestandes). Nicht etwa ist § 227 AO einschlägig.⁴

234 Bei einer **nachgewiesenen** Umsatzsteuerbelastung widerspräche die Versagung des Vorsteuerabzugs dem Ziel des § 15 UStG und des Art. 168 MwStSystRL, den Unternehmer von der Steuer, die auf den Kostenelementen lastet, zu entlasten. Da der Unternehmer bei der Umsatzsteuererhebung nur zwangsverpflichteter **Gehilfe des Staates** ist und nur in dessen Interesse tätig wird und das auch gilt, wenn er Leistungen von einem anderen Unternehmer bezieht (*Vorbem. Rz. 20*), muss der Staat das Erforderliche tun, um den Unternehmer von einer nachgewiesenen Umsatzbesteuerbelastung zu entlasten. Es wäre **unverhältnismäßig** (**unzumutbar**), wenn der Leistungsempfänger das **Risiko** der Unfähigkeit oder

---

1 Insoweit zutreffend Abschn. 15.2 Abs. 3 Satz 11 UStAE; BFH v. 19.11.2009 – V R 41/08, UR 2010, 265.
2 BFH v. 23.10.2014 – V R 23/13, UR 2015, 188 – Rz. 23; vgl. auch (insoweit zutreffend) BFH v. 19.10.1978 – V R 39/75, BStBl. II 1979, 345; BFH v. 12.6.1986 – V R 75/78, BStBl. II 1986, 721; BFH v. 28.12.2001 – V B 148/01, BFH/NV 2002, 682; BFH v. 12.10.2006 – V R 36/04, BFH/NV 2007, 373; BFH v. 31.7.2007 – V B 156/06, BFH/NV 2008, 416.
3 Ebenso *Lippross*, 7.7 – S. 973 f.; *Englisch*, UR 2009, 181 (184). Die diesbezüglichen Aussagen des UStAE ergeben keinen Sinn; Abschn. 15.11 Abs. 7 Satz 1 und Satz 2 Nr. 1 Satz 9 UStAE.
4 *Stadie* in R/D, § 18 UStG Anm. 479.

mangelnden Bereitschaft des leistenden Unternehmers, d.h. eines anderen Gehilfen des Staates, zur Erteilung einer ordnungsgemäßen Rechnung **tragen** müsste. Demgemäß erlaubt auch Art. 180 i.V.m. Art. 182 MwStSystRL den Mitgliedstaaten, einen Vorsteuerabzug zuzulassen, obwohl die von Art. 178 Buchst. a MwStSystRL geforderte ordnungsgemäße Rechnung nicht vorliegt. Dass der Unternehmer kein Zurückbehaltungsrecht ausgeübt hatte, ist ohne Bedeutung.

Entgegen dem Wortlaut des § 163 Satz 1 AO („kann") besteht unter den zuvor genannten Voraussetzungen ein **Rechtsanspruch** auf eine „Billigkeitsmaßnahme"[1]. Die Entscheidung darüber ist regelmäßig mit der Steuerfestsetzung oder Steuervergütungsfestsetzung zu verbinden (§ 163 Satz 3 AO).[2]

235

**b)** Werden die **Umsätze** eines Besteuerungszeitraums bzw. Voranmeldungszeitraums **geschätzt**, so sind grundsätzlich auch die damit mutmaßlich zusammenhängenden **Vorsteuerbeträge** zu schätzen (§ 155 Abs. 4 i.V.m. § 162 AO)[3], da die Nichtberücksichtigung von Vorsteuern gegen das Übermaßverbot verstoßen würde. In Betracht kommen jedoch nur solche Vorsteuerbeträge, bei denen davon ausgegangen werden kann, dass bei Erfüllung der Aufzeichnungs-, Aufbewahrungs- und Erklärungspflichten ordnungsgemäße Rechnungen mit Steuerausweis vorgelegen hätten. Folglich sind insbesondere Leistungsbezüge aus sog. **Schwarzgeschäften auszuscheiden**, weil bei diesen keine Umsatzsteuer einkalkuliert worden war, so dass der Leistungsempfänger auch nicht mit Vorsteuern belastet war.

236

## V. Gesetzlich geschuldete Steuer

### 1. Grundsatz

Nach § 15 Abs. 1 Satz 1 Nr. 1 Satz 1 UStG ist – sofern die übrigen Voraussetzungen vorliegen – die für Lieferungen und sonstige Leistungen gesetzlich **geschuldete** Steuer als Vorsteuer abziehbar. Gemeint ist die vom leistenden Unternehmer für den steuerpflichtigen Umsatz nach § 13 Abs. 1 Nr. 1 oder 2 i.V.m. § 10 und § 12 UStG objektiv, d.h. **nach dem deutschen Umsatzsteuergesetz** geschuldete Steuer (s. auch Rz. 243). Auf die subjektiven Vorstellungen der Beteiligten kommt es danach nicht an (zum Vertrauensschutz Rz. 247 ff.). Nicht erforderlich ist, dass der leistende Unternehmer die geschuldete Steuer auch an das Finanzamt **entrichtet** hat (Art. 168 Buchst. a MwStSystRL: „geschuldete oder entrichtete Mehrwertsteuer").[4] Eine gesetzlich geschuldete Steuer liegt auch vor, wenn entgegen § 14 Abs. 4 Satz 1 Nr. 8 UStG ein zu niedriger Steuerbetrag in der Rechnung genannt ist[5] (vgl. auch Rz. 178).

237

---

1 So jetzt auch BFH v. 30.4.2009 – V R 15/07, BStBl. II 2009, 744 (748) – 3b der Gründe.
2 Vgl. BFH v. 30.4.2009 – V R 15/07, BStBl. II 2009, 744 (748) – 3b (a.E.) der Gründe.
3 A.A. wohl BFH v. 28.12.2001 – V B 148/01, BFH/NV 2002, 682 – Schätzung nur nach „Geltendmachung" von Vorsteuern; wohl auch BFH v. 12.10.2006 – V R 36/04, BStBl. II 2007, 485 (487) a.E.
4 Vgl. auch EuGH v. 21.6.2012 – C-80/11 und C-142/11, UR 2012, 591 – Rz. 40; EuGH v. 6.12.2012 – C-285/11, UR 2013, 195 – Rz. 28 m.w.N.; ferner EuGH v. 22.12.2010 – C-277/09, EuGHE 2010, I-13805 = UR 2011, 222.
5 Vgl. BFH v. 28.8.2014 – V R 49/13, UR 2014, 974 – Rz. 37.

238 Nach Auffassung des EuGH und des BFH[1] soll indes der Vorsteuerabzug zu versagen sein, wenn ein Unternehmer in einer Lieferkette wusste oder hätte wissen müssen, dass er sich mit seinem Erwerb an einem Umsatz beteiligte, der in eine Mehrwertsteuerhinterziehung einbezogen war (sog. **Karussellgeschäfte**).[2] Das ergibt sich schlicht daraus, dass dann Scheingeschäfte, d.h. keine Lieferungen vorliegen, für die Steuer geschuldet wurde, oder aber wegen Nichtentrichtung der Gegenleistung mangels Belastung mit Umsatzsteuer keine Entlastung in Betracht kommt (*Rz. 259; § 25d Rz. 7 ff.*).

239 Der **geheime Vorbehalt** des **Zahlungsempfängers**, die vereinbarte **Leistung** von vornherein **nicht zu erbringen**, führt nicht zur Versagung des Vorsteuerabzugs des gutgläubig Zahlenden (nach § 15 Abs. 1 Satz 1 Nr. 1 Satz 3 UStG; *Rz. 277*).

240 Die Steuer muss „für Lieferungen und sonstige Leistungen" geschuldet werden, so dass die **nach § 14c** UStG gesetzlich **geschuldete Steuer** keine derartige Steuer ist (Ausnahmen: *Rz. 140, 188*), weil sie **nicht** für Leistungen, sondern allein deshalb, weil sie in einer Rechnung ausgewiesen ist, geschuldet wird. Folglich ist nach dem Wortlaut des § 15 Abs. 1 Satz 1 Nr. 1 UStG die in den Fällen des § 14c Abs. 1 und 2 UStG vom Rechnungsaussteller geschuldete Steuer nicht als Vorsteuer **abziehbar**.[3] Indes kann eine erweiternde Auslegung des § 15 Abs. 1 Satz 1 Nr. 1 UStG oder eine Billigkeitsmaßnahme zum Zwecke des Vertrauensschutzes erforderlich sein (*Rz. 247 ff.*).

241 Bei Ausweis eines **überhöhten Steuerbetrages** steht dem Leistungsempfänger der darin enthaltene gesetzlich geschuldete Betrag als Vorsteuer zu.[4] Dieser Betrag bestimmt sich entgegen der Annahme des V. Senats des BFH[5] nicht etwa durch Anwendung des zutreffenden Steuersatzes auf das in der Rechnung genannte Entgelt (Nettobetrag). Vielmehr ist die **gesetzlich geschuldete Steuer** die in der Bruttozahlung bei Anwendung des zutreffenden Steuersatzes rechnerisch enthaltene Steuer (dazu auch *§ 14c Rz. 33 f.*).

242 Eine ausdrückliche **Ausnahme** vom Grundsatz des § 15 Abs. 1 Satz 1 Nr. 1 UStG enthält § 17 Abs. 1 Satz 3 UStG (*§ 17 Rz. 29*). Gesetzlich geschuldete Steuer ist

---

1 Nach Auffassung des BFH soll es sich hierbei um eine richtlinienkonforme Auslegung des nationalen Umsatzsteuerrechts handeln. Es wird jedoch nicht verraten, welches Tatbestandsmerkmal des § 15 Abs. 1 Satz 1 Nr. 1 UStG betroffen sein soll; vgl. BFH v. 17.6.2010 – XI B 88/09, BFH/NV 2010, 1875.
2 EuGH v. 12.1.2006 – C-354/03, C-355/03 und C-484/03, EuGHE 2006, I-483 = UR 2006, 157; EuGH v. 6.7.2006 – C-439/04 und C-440/04, EuGHE 2006, I-6161 = UR 2006, 595; EuGH v. 21.6.2012 – C-80/11 und C-142/11, UR 2012, 591 – Rz. 45; BFH v. 19.4.2007 – V R 48/04, BStBl. II 2009, 315 = UR 2007, 693; BFH v. 12.8.2009 – XI R 48/07, BFH/NV 2010, 259; BFH v. 19.5.2010 – XI R 78/05, UR 2010, 952.
3 BFH v. 2.4.1998 – V R 34/97, BStBl. II 1998, 695; BFH v. 11.10.2007 – V R 27/05, BStBl. II 2008, 438; BFH v. 6.12.2007 – V R 3/06, BStBl. II 2009, 203; BFH v. 10.12.2008 – XI R 57/06, BFH/NV 2009, 1156; BFH v. 19.11.2009 – V R 41/08, UR 2010, 265 – Rz. 17; im Anschluss an EuGH v. 13.12.1989 – C-342/87, EuGHE 1989, I-4227 = UR 1991, 83; EuGH v. 19.9.2000 – C-454/98, EuGHE 2000, I-6973 = UR 2000, 470 – Rz. 53; EuGH v. 15.3.2007 – C-35/05, EuGHE 2007, I-2425 = UR 2007, 343 – Rz. 23.
4 Abschn. 15.2 Abs. 3 Satz 11 UStAE; BFH v. 19.12.2009 – V R 41/08, UR 2010, 265.
5 BFH v. 19.12.2009 – V R 41/08, UR 2010, 265 – Rz. 18.

nach dem Wortlaut des § 19 Abs. 1 Satz 1 UStG zwar auch diejenige Steuer, die bei einem **Kleinunternehmer** nach dieser Vorschrift nicht erhoben wird. Allerdings ist die Rechnung eines Kleinunternehmers keine nach § 14 UStG ausgestellte Rechnung (*Rz. 185*; zum Vertrauensschutz *Rz. 254*).

Eine gesetzlich geschuldete Steuer liegt entgegen BFH[1] auch dann vor, wenn der **leistende Unternehmer** Steuer für einen nach dem Umsatzsteuergesetz steuerpflichtigen Umsatz in Rechnung stellt, sich aber erfolgreich – wenn auch mangels Rückzahlung der Steuer an den Rechnungsempfänger zu Unrecht (*Vor §§ 4–9 Rz. 21*) – **auf eine Steuerbefreiung** der **MwStSystRL beruft**. Der BFH verkennt, dass es für den Vorsteuerabzug nach § 15 Abs. 1 Satz 1 Nr. 1 UStG allein auf die nach dem UStG im Zeitpunkt der Steuerentstehung gesetzlich geschuldete Steuer ankommt. Das Berufen des leistenden Unternehmers auf eine Steuerbefreiung nach der Richtlinie betrifft nur dessen Verhältnis zum Steuergläubiger und ändert nichts an der für den Leistungsempfänger maßgebenden Rechtslage nach dem nationalen UStG. 243

Demgemäß wirkt auch **§ 4 Nr. 28 UStG** bei der **Lieferung** von **Gegenständen**, für die wegen der Berufung auf eine Befreiung nach der Richtlinie der Vorsteuerabzug mangels steuerpflichtiger Verwendung nicht in Anspruch genommen oder rückgängig gemacht worden war, nur im Steuerrechtsverhältnis des Lieferers zum Steuergläubiger (*§ 4 Nr. 28 Rz. 17*). Der Vorsteuerabzug des Erwerbers wird davon nicht berührt und bestimmt sich nach der Rechtslage nach dem UStG, wonach die Lieferung der Gegenstände mangels Befreiung steuerpflichtig ist. Die Berufung des Lieferers auf die Steuerbefreiung seiner Verwendungsumsätze nach der Richtlinie kann entgegen BFH[2] nicht etwa das Rechtsverhältnis des Erwerbers zum Steuergläubiger verändern. Folglich handelt es sich **aus** der **Sicht** des **Erwerbers** um **gesetzlich geschuldete Steuer** i.S.d. § 15 Abs. 1 Satz 1 Nr. 1 UStG. (Für den Lieferer gilt hingegen § 14c UStG) Nicht etwa muss – wie der BFH meint[3] – der Erwerber den Zivilrechtsweg gegenüber dem Lieferer beschreiten bzw. einen Erstattungsanspruch gegenüber dem Finanzamt in einem gesonderten „Billigkeitsverfahren" geltend machen.[4] 244

## 2. Entscheidungsbefugte Finanzbehörde

Die Entscheidung darüber, ob und in welcher Höhe die in der Rechnung ausgewiesene Steuer vom Rechnungsaussteller gesetzlich geschuldet und deshalb vom Leistungsempfänger nach § 15 Abs. 1 Satz 1 Nr. 1 Satz 1 UStG als Vorsteuer abziehbar ist, trifft die **für den Leistungsempfänger zuständige** Finanzbehörde. Die Steuerschuld des Leistenden und die abziehbare Vorsteuer des Leistungsempfängers sind nicht materiell im Sinne einer gegenseitigen Abhängigkeit dergestalt verknüpft, dass über sie nur einheitlich zu entscheiden wäre.[5] Folglich 245

---
1 BFH v. 24.4.2013 – XI R 9/11, UR 2013, 716.
2 BFH v. 24.4.2013 – XI R 9/11, UR 2013, 716.
3 BFH v. 24.4.2013 – XI R 9/11, UR 2013, 716 – Rz. 35 f.
4 Vgl. auch *von Eichborn*, HFR 2013, 939; *Nieskens*, UR 2013, 720 (723).
5 BFH v. 2.11.1989 – V R 56/84, BStBl. II 1990, 253 (255); BFH v. 18.7.1991 – V B 42/91, BStBl. II 1991, 888; BFH v. 10.12.1998 – V R 58/97, BFH/NV 1999, 987; unklar BFH v. 1.2.2001 – V B 199/00, BStBl. II 2001, 418.

hat eine diesbezügliche Steuerfestsetzung der für den leistenden Unternehmer zuständigen Finanzbehörde für den Vorsteuerabzug des Leistungsempfängers keine Bindungswirkung, da diese Steuerfestsetzung kein Grundlagenbescheid i.S.d. § 171 Abs. 10 AO, der für die Steuervergütungsfestsetzung (§ 155 Abs. 4 AO) beim Leistungsempfänger bindend wäre. Entsprechendes gilt umgekehrt. Demgemäß ist auch kein Fall der notwendigen Hinzuziehung (§ 360 Abs. 3 AO) oder Beiladung (§ 60 Abs. 3 FGO) gegeben. Ebenso wenig ergäbe eine sog. einfache Hinzuziehung oder Beiladung Sinn, da auch dadurch keine Bindungswirkung für die andere Finanzbehörde einträte.[1]

246 Das nationale Verfahrensrecht hat auch keine Vorkehrungen dafür zu treffen, dass die Steuerpflicht einer Leistung für den Leistenden und den Leistungsempfänger durch die beiden zuständigen Behörden gleich beurteilt werde.[2] Dem Leistungsempfänger als Gehilfen des Staates (*Vorbem. Rz. 20*) ist vielmehr **Vertrauensschutz** zu gewähren (*Rz. 247 ff.*), da er die angebliche Fehlerhaftigkeit nicht erkennen konnte.

### 3. Vertrauensschutz bei unrichtigem oder unberechtigtem Steuerausweis

247 **a)** Die ausnahmslose Beschränkung des Vorsteuerabzugs auf die objektiv nach dem Gesetz geschuldete Steuer (*Rz. 237*) ist nicht nur **rechtspolitisch verfehlt**, sondern im Falle der Gutgläubigkeit des Rechnungsempfängers auch wegen Verstoßes gegen den Verhältnismäßigkeitsgrundsatz **verfassungsrechtlich** und **unionsrechtlich unhaltbar** (*Rz. 248 ff.*). Das generelle **Abzugsverbot** hinsichtlich der Steuer i.S.d. **§ 14c UStG** nimmt dem **Mehrwertsteuer-System** die **Einfachheit** (Praktikabilität) der **Besteuerung** bei Umsätzen zwischen vorsteuerabzugsberechtigten Unternehmern. Nur wenn von diesen auch die zu Unrecht in Rechnung gestellte Steuer abgezogen werden darf, können die beteiligten Unternehmer zweifelhafte Fälle einvernehmlich als steuerpflichtig zum Regelsteuersatz behandeln.

248 Ein generelles Abzugsverbot ist jedoch nicht nur sachwidrig, sondern verstößt auch gegen den **Verhältnismäßigkeitsgrundsatz** (Übermaßverbot), da es von den Beteiligten Unmögliches verlangt, nämlich im Besitz der objektiven Umsatzsteuerwahrheit zu sein. Das führt zu einer **unzumutbaren Risikoverteilung** zwischen Steuergläubiger und Unternehmern, die lediglich als Gehilfen bei der Besteuerung der Endverbraucher fungieren (*Vorbem. Rz. 20*). Das wird besonders deutlich, wenn der gutgläubige Rechnungsempfänger auf die umsatzsteuerrechtliche Einschätzung des Geschäftsvorfalles durch den Rechnungsaussteller vertrauen muss, weil er die Verhältnisse auf Seiten des Vertragspartners nicht beurteilen kann. Es ist entgegen der Auffassung des BFH[3] **unverhältnismäßig**, dem gutgläubigen Rechnungsempfänger den Vorsteuerabzug zu versagen[4] und ihn zu

---

1 A.A. *Neumann-Tomm*, MwStR 2014, 789.
2 Vgl. EuGH v. 26.1.2012 – C-218/10, UR 2012, 175.
3 BFH v. 11.10.2007 – V R 27/05, BStBl. II 2008, 438; BFH v. 6.12.2007 – V R 3/06, BStBl. II 2009, 203.
4 Schlichtweg skandalös ist es zudem, dass der BFH sogar die **Vollverzinsung** (§ 233a AO) des Rückzahlungsbetrags gebilligt hat; BFH v. 30.6.2006 – V R 60/04, BFH/NV 2006,

zwingen, seinen zivilrechtlichen Rückforderungsanspruch[1] gegen den Rechnungsaussteller durchzusetzen (versuchen). Der verfassungsrechtlich fundierte Verhältnismäßigkeitsgrundsatz gebietet vielmehr, **Vertrauensschutz** zu gewähren. Das Risiko, den entsprechenden (nach § 14c UStG geschuldeten) Steuerbetrag bei seinem Gehilfen dem Rechnungsaussteller beizutreiben, hat auch insoweit der Staat zu tragen. Der Rechnungsempfänger muss deshalb, wenn die Beteiligten wegen umsatzsteuerrechtlicher **Zweifel** oder **Irrtums** hinsichtlich der Steuerpflicht, der Bemessungsgrundlage oder des zutreffenden Steuersatzes den Geschäftsvorfall übereinstimmend vollen Umfangs als steuerpflichtig zum Regelsteuersatz behandelt haben, grundsätzlich berechtigt sein, die in Rechnung gestellte Steuer als Vorsteuer abzuziehen (sofern auch die übrigen Voraussetzungen für den Abzug vorliegen).

Auch das Unionsrecht verlangt eine derartige Sichtweise, da der Verhältnismäßigkeitsgrundsatz ebenfalls Bestandteil dieser Rechtsordnung ist. Der BFH hat die genannten **EuGH-Entscheidungen überinterpretiert**, da der EuGH ersichtlich **nur** die **Vermeidung** der **Steuerhinterziehung** im Auge hat[2] und mehrfach betont hat, dass eine Maßnahme nur dann mit dem Grundsatz der Verhältnismäßigkeit vereinbar ist, wenn sie zur Erreichung dieses Zieles erforderlich ist.[3] Die Versagung des Vorsteuerabzugs ist mithin nicht erforderlich, wenn der Rechnungsempfänger gutgläubig ist. Auch Art. 171 Abs. 3 MwStSystRL ergibt nur dann einen Sinn, wenn die Richtlinie davon ausgeht, dass eine für steuerfreie Lieferungen in Rechnung gestellte Steuer grundsätzlich abziehbar ist. Der verfassungsrechtlich wie auch unionsrechtlich zu beachtende Verhältnismäßigkeitsgrundsatz verlangt nach alledem zum Zwecke des Vertrauensschutzes eine **verfassungskonforme** bzw. **unionsrechtskonforme Anwendung des Steuerrechts** in der Weise, dass dem **gutgläubigen** Rechnungsempfänger, soweit er mit einem Umsatzsteuerbetrag belastet ist (*Rz. 3*), der Vorsteuerabzug zu gewähren ist. 249

Der **EuGH** hat zwar an seiner Judikatur (*Rz. 240*) festgehalten, wonach als Vorsteuer nur die für den Umsatz geschuldete Steuer abziehbar sei[4], hat dann jedoch zugleich ausgeführt, dass, wenn die **Rückzahlung** des in Rechnung gestellten Umsatzsteuerbetrages durch den Rechnungsaussteller „übermäßig erschwert" wird, insbesondere im Falle der Zahlungsunfähigkeit, es der Grundsatz der „Effektivität" gebiete, dass der Leistungsempfänger seinen **Antrag auf Erstattung unmittelbar an** die **Steuerbehörden** richten könne.[5] Das ist indes kein geeigneter Weg, mit dem die Neutralität der Mehrwertsteuer und die Entlastung des zwangsverpflichteten Gehilfen des Staates gewährleistet werden (*Rz. 248*). 250

---

1434; BFH v. 29.10.2010 – V B 48/10, UR 2011, 616; ablehnend auch *Englisch*, UR 2011, 648 (653).
1 Dazu *Stadie* in R/D, Einf. Anm. 905 f., 923.
2 Vgl. EuGH v. 13.12.1989 – C-342/87, EuGHE 1989, I- 4227 = UR 1991, 83 – Rz. 17; EuGH v. 19.9.2000 – C-454/98, EuGHE 2000, I-6973 = UR 2000, 470 – Rz. 54.
3 EuGH v. 21.3.2000 – C-110/98, EuGHE 2000, I-1577 = UR 2000, 208 – Rz. 52; EuGH v. 19.9.2000 – C-454/98, EuGHE 2000, I-6973 = UR 2000, 470 – Rz. 59; EuGH v. 21.4.2005 – C-25/03, EuGHE 2005, I-2123 = UR 2005, 324 – Rz. 80.
4 EuGH v. 15.3.2007 – C-35/05, EuGHE 2007, I-2425 = UR 2007, 343 – Rz. 23.
5 EuGH v. 15.3.2007 – C-35/05, EuGHE 2007, I-2425 = UR 2007, 343 – Rz. 41; ebenso EuGH v. 18.6.2009 – C-566/07, EuGHE 2009, I-5295 = UR 2009, 647 – Rz. 40. Dazu näher *Stadie* in R/D, § 15 UStG Anm. 624 ff.

Diese Entscheidung lässt sich nur als Versuch des EuGH erklären, die Folgen seiner verfehlten Judikatur abzumildern.

251 Der **BFH** meint, dass dieser Erstattungsanspruch nur dann bestehe, wenn der Rechnungsaussteller die Steuer auch an das Finanzamt abgeführt habe.[1] Das ist eine völlige **Verkennung** der Funktion der Unternehmer, die als Gehilfen in das Allphasensystem der Mehrwertsteuer eingebunden sind. Mit der Entrichtung des fälschlich in Rechnung gestellten Steuerbetrages durch den Rechnungsempfänger (Gehilfe des Staates) an den Rechnungsaussteller als weiteren Gehilfen des Staates hat Letzterer den Steuerbetrag erhalten. Die **Nichtweiterleitung** durch diesen Gehilfen fällt in den **Risikobereich des Staates** und nicht etwa in den des anderen Gehilfen und Rechnungsempfängers (vgl. auch *§ 14c Rz. 63*).[2]

252 b) In den von § 14c Abs. 1 UStG erfassten **Fällen** des unrichtigen Steuerausweises kommt für den Rechnungsempfänger richtigerweise[3] eine entsprechende **Auslegung** des § 15 Abs. 1 Satz 1 Nr. 1 Satz 1 UStG in Betracht, da es der mögliche Wortsinn erlaubt, unter „gesetzlich geschuldete Steuer für Lieferungen und sonstige Leistungen" auch die nach § 14c Abs. 1 UStG gesetzlich geschuldete Steuer zu verstehen, da sie vom Rechnungsaussteller für eine Lieferung oder sonstige Leistung berechnet worden ist. Der Vorsteuerabzug ist nach § 14c Abs. 1 Satz 2 i.V.m. § 17 Abs. 1 Satz 2 UStG erst und nur dann rückgängig zu machen, wenn der Rechnungsaussteller den Steuerbetrag an den Rechnungsempfänger zurückgezahlt hat (*§ 14c Rz. 62*).

253 Ist bei einer **Einfuhrlieferung** der Ort nach § 3 Abs. 6 UStG im Drittlandsgebiet und hat der Abnehmer (bzw. dessen Beauftragter) die angefallene Einfuhrumsatzsteuer entrichtet, so kann der Abnehmer für diesen nichtsteuerbaren Umsatz in Rechnung gestellte deutsche Umsatzsteuer nicht als Vorsteuer gem. § 15 Abs. 1 Satz 1 Nr. 1 UStG abziehen. Da der Abnehmer die Einfuhrumsatzsteuer zu tragen hat, muss er davon ausgehen, dass der Lieferer seinen Umsatz nicht in Deutschland zu versteuern hat. Die Geltendmachung der Einfuhrumsatzsteuer nach § 15 Abs. 1 Satz 1 Nr. 2 UStG schließt den Vorsteuerabzug hinsichtlich der in Rechnung gestellten Steuer aus (s. auch *Rz. 288*).[4] Entsprechendes gilt, wenn der Ort der Lieferung zwar im Inland ist, die Lieferung jedoch nach § 4 Nr. 4b UStG steuerfrei ist.

254 c) Bei der **Rechnung** eines **Kleinunternehmers** kommt Gutglaubensschutz in Betracht, wenn die Rechnung eine **Steuernummer** enthält (*Rz. 60* gilt entsprechend). Erfolgte die Leistung **nicht im Rahmen des Unternehmens**, so ist der Vorsteuerabzug zu gewähren, wenn der Rechnungsempfänger, wie im Regelfall, nicht beurteilen kann, ob die Leistung innerhalb oder außerhalb des Unternehmens erbracht wurde.

---

1 BFH v. 11.10.2007 – V R 27/05, BStBl. II 2008, 438 – 6b der Gründe; BFH v. 10.12.2008 – XI R 57/06, BFH/NV 2009, 1156 (1158); BFH v. 10.12.2009 – XI R 7/08, UR 2010, 690 – Rz. 28.
2 Zust. *Burgmaier*, UR 2007, 348; *Englisch*, UR 2008, 466 (468 f.).
3 A.A. BFH v. 24.4.2013 – XI R 9/11, UR 2013, 716 – Rz. 26 ff.; vgl. auch BFH v. 10.12.2009 – XI R 7/08, UR 2010, 690 – Rz. 15; FG Köln v. 24.4.2014 – 1 K 2015/10, EFG 2014, 1566 – Rev.-Az. VII R 30/14.
4 Vgl. Abschn. 15.8 Abs. 10 UStAE.

Gesetzlich geschuldete Steuer                                          § 15

In den übrigen von § 14c Abs. 2 UStG erfassten **Fällen**, bei denen **keine Leistung** 255
vorliegt (*Beispiel:* für eine **Entschädigungszahlung**, der keine umsatzsteuerrechtliche Leistung zugrunde liegt, wird Steuer in Rechnung gestellt), kommt eine Auslegung des § 15 Abs. 1 Satz 1 Nr. 1 UStG im zuvor genannten Sinne nicht in Betracht, da die Vorschrift eine Leistung voraussetzt. Entsprechendes gilt, wenn der **Rechnungsaussteller** zwar eine Leistung erbringt, aber **kein Unternehmer** ist. Deshalb ist der Vorsteuerabzug als sog. **Billigkeitsmaßnahme** (§ 155 Abs. 4 i.V.m. § 163 Satz 1 AO) zu gewähren, wenn der Rechnungsempfänger davon ausgehen durfte, dass ihm zu Recht Umsatzsteuer in Rechnung gestellt worden war.

### 4. Vorsteuerabzug bei verbilligten und bei unentgeltlich empfangenen Leistungen

a) Bei einer verbilligten Leistung gegenüber einer nahestehenden Person (*§ 10* 256
*Rz. 122*), d.h. bei Anwendung der sog. **Mindestbemessungsgrundlage** gem. § 10 Abs. 5 UStG folgt aus § 14 Abs. 4 Satz 2 UStG die Befugnis, nicht etwa die Verpflichtung, die Bemessungsgrundlage i.S.d. § 10 Abs. 4 UStG und die darauf entfallende Steuer dem Leistungsempfänger in „Rechnung" zu stellen (*§ 14 Rz. 47 f.*). Eine derartige Rechnung kann den Leistungsempfänger zum Vorsteuerabzug berechtigen, da sie eine nach § 14 UStG ausgestellte Rechnung i.S.d. § 15 Abs. 1 Satz 1 Nr. 1 Satz 2 UStG ist. Die sachliche **Rechtfertigung** für die durch § 14 Abs. 4 Satz 2 UStG vorgesehene Möglichkeit, dem Abnehmer den vollen Vorsteuerabzug zu verschaffen, liegt darin, dass kein Letztverbrauch vorliegt, wenn der Abnehmer der Leistung diese für sein Unternehmen verwendet. Die **Übertragung der Steuerbelastung auf den Erwerber** erfolgt durch Aushändigung einer „Rechnung", in der die gesamte Steuer ausgewiesen ist (zur Gestaltung dieser Rechnung s. *§ 14 Rz. 113*). Mit der „Inrechnungstellung" der Mehrsteuer bringt der Unternehmer zum Ausdruck, dass er den Empfänger so stellen will, als hätte dieser eine Gegenleistung in der Mindesthöhe des § 10 Abs. 4 UStG zuzüglich Steuer erbracht.[1]

b) Bei **unentgeltlichen** Leistungen ist der leistende Unternehmer berechtigt, eine 257
„Rechnung" auszustellen, in der die auf die Bemessungsgrundlage nach § 10 Abs. 4 UStG entfallende Umsatzsteuer ausgewiesen ist (*§ 14 Rz. 49*). Von der Befugnis zur Erteilung einer „Rechnung" ist die Frage nach der Berechtigung des Empfängers der unentgeltlichen Leistung zum Abzug der ausgewiesenen Steuer als Vorsteuer zu unterscheiden. Die **Bundesregierung** ging bei Einfügung der Vorgängervorschrift des § 14 Abs. 4 Satz 2 UStG (§ 14 Abs. 1 Satz 3 UStG a.F.) davon aus, dass bei unentgeltlichen Leistungen **kein Vorsteuerabzug** in Betracht komme.[2] Diese Sichtweise **verstößt gegen** den **Zweck** des Umsatzsteuergesetzes. Wenn die unentgeltlich erbrachte Leistung vom Empfänger in seinem Unternehmen verwendet wird, so tritt kein Letztverbrauch ein[3], so dass der Be-

---

1 Ausführlich zur Rechtfertigung des Vorsteuerabzugs *Stadie* in R/D, § 15 UStG Anm. 640 ff.
2 Vgl. Reg.-Begr. zum Entwurf des SteuerreformG 1990, BT-Drucks. 11/2157, 190 – zu Art. 12 Nr. 4 (zu § 14 Abs. 1 Satz 3 UStG a.F.).
3 A.A. *Reiß* in T/L, 20. Aufl. 2010, § 14 Rz. 165; *Wagner* in S/R, § 14 UStG Rz. 386.

steuerungszweck nicht erfüllt ist. Es ist auch nicht zu erkennen, wo der sachliche Unterschied zur verbilligten Leistung gegenüber nahestehenden Personen (Rz. 256) liegen soll. Der Ausschluss des Vorsteuerabzugs bei unentgeltlichen Leistungen wäre auch nicht mit der in § 1 Abs. 1a und in § 15a Abs. 11 Nr. 2 UStG (dazu *§ 15a Rz. 175 ff.*) zutage tretenden **Konzeption des Gesetzes** zu vereinbaren. Zudem träte bei unentgeltlichen Leistungen zwischen Familienangehörigen ein Verstoß gegen Art. 6 Abs. 1 GG und bei unentgeltlichen Leistungen zwischen beherrschendem Gesellschafter und Gesellschaft ein Verstoß gegen Art. 3 i.V.m. Art. 9 GG (Gebot der Rechtsformneutralität und Vereinigungsfreiheit)[1] ein.[2]

258 Eine **verfassungs- und unionsrechtskonforme Auslegung** des § 15 Abs. 1 Satz 1 Nr. 1 Satz 2 UStG verlangt mithin, dass – wie es in Österreich mit dem dortigen § 12 Abs. 15 UStG ausdrücklich geregelt ist – als nach § 14 UStG ausgestellte „Rechnung" (wie im Falle des § 10 Abs. 5 UStG durch § 14 Abs. 4 Satz 2 UStG ausdrücklich vorgesehen) auch eine solche gilt, in der die Steuer ausgewiesen ist, die bei einer unentgeltlichen Leistung entsteht, d.h. auf die Bemessungsgrundlage nach § 10 Abs. 4 UStG entfällt. Die obigen Ausführungen zur Mindestbemessungsgrundlage (Rz. 256) gelten entsprechend, so dass der Vorsteuerabzug nicht voraussetzt, dass der Empfänger der unentgeltlichen Leistung einen Betrag in Höhe der Steuer an den Leistenden zahlt (zum Vorsteuerabzug bei unentgeltlicher Nutzung eines *Gegenstandes eines Nichtunternehmers* s. *§ 15a Rz. 183 ff.*).

## VI. Belastung mit der Steuer

259 Aus dem Entlastungszweck des Vorsteuerabzugs (Rz. 2) folgt, dass dieser nur (bzw. nur insoweit) vorgenommen werden darf, wenn (bzw. als) der Leistungsempfänger mit der Steuer belastet ist oder jedenfalls sein wird. Hierbei handelt es sich um ein ungeschriebenes, weil selbstverständliches Tatbestandsmerkmal des § 15 Abs. 1 Satz 1 Nr. 1 UStG, da der Vorsteuerabzug **nicht** die **Subventionierung** des Leistungsempfängers bezweckt. Folglich entsteht der Anspruch auf Abzug der Vorsteuer gar nicht erst, wenn bereits zum maßgeblichen Zeitpunkt (Rz. 269) feststeht, dass der Leistungsempfänger die Rechnung nicht begleichen will[3] oder auf Grund seiner **Zahlungsunfähigkeit** nicht begleichen kann. Mithin ist die erfolgreiche Geltendmachung des Vorsteuerabzugs in diesen Fällen eine Steuerhinterziehung.

260 Aus dem Entlastungszweck des Vorsteuerabzugs muss darüber hinaus folgen, dass abweichend vom Wortlaut des § 15 Abs. 1 Satz 1 Nr. 1 Satz 1 UStG der Vorsteuerabzug ebenfalls (noch) nicht vorgenommen werden darf, soweit und **solange** die Gegenleistung im Zeitpunkt der Abgabe der Voranmeldung **nicht gezahlt** worden ist[4]; der Begriff der **Uneinbringlichkeit** (§ 17 Abs. 2 Nr. 1 UStG) ist rich-

---

1 Diese Grundrechte spiegeln sich auch im primären Unionsrecht wider.
2 Ausführlich zu alledem *Stadie* in R/D, § 15 UStG Anm. 644 ff.
3 Vgl. BFH v. 9.4.2014 – XI B 10/14, BFH/NV 2014, 1099.
4 Vgl. EuGH v. 22.12.2010 – C-438/09, EuGHE 2010, I-14009 = UR 2011, 435 – Rz. 38: „einem Steuerpflichtigen das Recht auf Abzug der Mehrwertsteuer zusteht, die er [...] *entrichtet* hat" (Hervorhebung durch den Verf.).

tigerweise in diesem Sinne weit auszulegen (*Rz. 271 f.*). Für den Fall der nachträglichen Erhöhung der Bemessungsgrundlage ist diese Sichtweise inzwischen vom BFH bestätigt worden[1] (s. auch *§ 17 Rz. 40*). Aus dem Entlastungszweck folgt **umgekehrt**, dass ein rechtmäßig vorgenommener **Vorsteuerabzug solange nicht rückgängig** gemacht werden darf, wie die **Belastung** mit der Steuer **fortbesteht** (*§ 17 Rz. 20, 67 u. Rz. 70*).

Mangels Belastung ist entgegen der Auffassung der Finanzverwaltung[2] ein Vorsteuerabzug ferner in dem Umfang, wie die in der Rechnung ausgewiesene Steuer auf die **Zuzahlung** eines **Dritten** i.S.d. § 10 Abs. 1 Satz 3 UStG entfällt, ausgeschlossen. Insoweit kommt allenfalls ein Vorsteuerabzug beim Dritten in Betracht (*Rz. 196*). 261

Die **Herkunft** der **Mittel**, mit denen die Gegenleistung bestritten wird, ist ohne Bedeutung.[3] 262

Bei **mehreren Empfängern** einer Leistung (*Rz. 68 ff.*) ist jeder Empfänger entsprechend seiner Beteiligung an der gezahlten Gegenleistung mit der Steuer belastet. Ist beim Erwerb eines Gegenstandes der **Miteigentumsanteil** im Verhältnis geringer als die Beteiligung an der Gegenleistung, so kommt m.E. entgegen der Auffassung des EuGH der Vorsteuerabzug nur entsprechend dem Miteigentumsanteil in Betracht (*Rz. 86*). Hinsichtlich eines weitergehenden Vorsteuerabzugs entsprechend der tatsächlichen Nutzung ist richtigerweise § 15a UStG analog anzuwenden (*§ 15a Rz. 183 ff.*). 263

Eine Belastung mit der Steuer liegt nur vor, soweit diese rechnerisch in einer **Zahlung** enthalten ist. Folglich kommt entgegen h.M.[4] bei einem **Tausch** u.ä. Vorgängen (zur Steuerbarkeit *§ 1 Rz. 84 ff.*) kein Vorsteuerabzug in Betracht[5] (s. auch *Rz. 281*). 264

Nicht nur in den Fällen der sog. Mindest-Bemessungsgrundlage (§ 10 Abs. 5 UStG), sondern auch bei **unentgeltlich** von einem anderen Unternehmer erlangten **Leistungen** kann entgegen h.M. trotz tatsächlicher Nichtbelastung ein Vorsteuerabzug bei entsprechender Rechnungsgestaltung in Betracht kommen (*Rz. 256 ff.*). 265

Auch bei einem **Vertrag zu Gunsten Dritter** ist der Dritte mit der Steuer belastet, wenn der Versprechensempfänger (Auftraggeber der Leistung) die auf ihn ausgestellte (und von ihm beglichene) Rechnung an den Dritten weitergibt. In der **Weitergabe** der **Rechnung** liegt die **Zuwendung** der **Gegenleistung**, so dass der Dritte so zu behandeln ist, als hätte er die Gegenleistung als wirtschaftlicher Leistungsempfänger aufgewendet.[6] 266

---

1 Vgl. BFH v. 19.12.2009 – V R 41/08, UR 2010, 265 – Rz. 27.
2 Abschn. 14.10 Abs. 1 Sätze 1 f., Abschn. 15.2 Abs. 10 Satz 2 UStAE.
3 Vgl. EuGH v. 23.4.2009 – C-74/08, EuGHE 2009, I-3459 = UR 2009, 452 – staatl. Subvention.
4 Vgl. nur BFH v. 15.4.2010 – V R 10/08, BStBl. II 2010, 879 – Rz. 38; BFH v. 17.3.2010 – XI R 17/08, UR 2010, 943; EuGH v. 19.12.2012 – C-549/11, UR 2013, 215.
5 Ausführlich *Stadie* in R/D, § 15 UStG Anm. 667 ff.
6 *Stadie* in R/D, § 15 UStG Anm. 257 u. 662.

267 Entsprechendes hat beim **abgekürzten Vertragsweg** und dem sog. **Drittaufwand** zu gelten. Die gegenteilige Auffassung wäre willkürlich, da es keinen Unterschied ausmachen kann, ob der Unternehmer den Auftrag selbst erteilt und die Gegenleistung mit zuvor geschenkten Mitteln bestreitet (Rz. 262), oder ob ein Dritter dasselbe Ergebnis herbeiführt.[1] Ist der Versprechensempfänger Unternehmer, so erbringt er regelmäßig eine steuerpflichtige unentgeltliche Leistung, so dass er mittels *eigener* Rechnung die Belastung weitergeben kann (Rz. 257 f.).

268 Des Weiteren verlangt der Neutralitätsgrundsatz bei **unentgeltlicher Nutzung eines Gegenstandes** eines Dritten, der **Nichtunternehmer** oder nicht zum Vorsteuerabzug berechtigt ist, und beim **unentgeltlichen Erwerb** eines Gegenstandes von einer solchen Person, dass die Möglichkeit besteht, das Vorsteuervolumen zu übertragen (dazu § 15a Rz. 175 ff.).

## VII. Zeitpunkt des Vorsteuerabzugs

### 1. Grundregel

269 Der Vorsteuerabzug ist nach dem Wortlaut der Grundregel des § 15 Abs. 1 Satz 1 Nr. 1 Satz 1 UStG zulässig (sofern die übrigen Voraussetzungen vorliegen), wenn die **Leistung ausgeführt** ist (zum Zeitpunkt der Ausführung der Leistung s. *§ 13 Rz. 13 ff.*). Der Leistung ist die **Teilleistung** gleichzustellen (*§ 13 Rz. 26*).[2] Der Anspruch auf Abzug der Vorsteuer, d.h. der Steuervergütungs- bzw. Erstattungsanspruch (Rz. 5) **entsteht** folglich (vorerst) mit Ablauf des Voranmeldungszeitraums, in dem die beiden Voraussetzungen **Besitz einer ordnungsgemäßen Rechnung** (Rz. 178 ff., 203) und **Ausführung der Leistung (Teilleistung)** vorliegen, weil dann ein i.S.d. § 16 Abs. 2 Satz 1 UStG „nach § 15 abziehbarer Vorsteuerbetrag" gegeben ist (§ 16 Rz. 23).

270 Da der Besitz einer Rechnung i.S.d. § 14 UStG Ausübungsvoraussetzung des Vorsteuerabzugs ist (Rz. 178, 203), wirkt die **verspätete Erteilung** einer **Rechnung** nicht auf den Voranmeldungszeitraum zurück, in dem die Leistung ausgeführt worden war (Rz. 205 f.). Dasselbe gilt richtigerweise auch bei der **Berichtigung** oder **Ergänzung** einer fehlerhaften bzw. unvollständigen Rechnung (Rz. 207 ff.). Im letzteren Fall kommt indes **Vertrauensschutz** in Betracht, wenn der Leistungsempfänger den Mangel nicht erkennen konnte (Rz. 211).

271 Die Entrichtung der **Gegenleistung** muss – bei isolierter Betrachtung des § 15 Abs. 1 Satz 1 Nr. 1 Satz 1 UStG – noch nicht erfolgt sein. Für den Vorsteuerabzug gilt nach dem Wortlaut des § 15 Abs. 1 Satz 1 Nr. 1 Satz 1 UStG mithin – wie bei der Steuerentstehung als Regel (§ 16 Abs. 1 Satz 1 i.V.m. § 13 Abs. 1 Nr. 1 Buchst. a Satz 1 UStG) – ein sog. **Soll-Prinzip** (auch wenn der Unternehmer die eigenen Umsätze nach dem sog. Ist-Prinzip, § 13 Abs. 1 Nr. 1 Buchst. b UStG, versteuert; s. aber Art. 167a MwStSystRL). Diese Regelung ist indes **verfehlt**, da ein sachlicher Grund dafür nicht erkennbar ist. Die Belastung mit der Steuer tritt erst bei Zahlung der Gegenleistung (Preis) ein, so dass eine vorherige Vergütung der in Rechnung gestellten Vorsteuer durch nichts zu rechtfertigen

---

1 *Stadie* in R/D, § 15 UStG Anm. 663 m. Beispiel.
2 Zust. BFH v. 18.4.2013 – V R 19/12, BStBl. II 2013, 842 – Rz. 23.

ist und vielmehr zu einer Subventionierung in Höhe des **Zinsvorteils** führt, der bis zum Zeitpunkt der tatsächlichen Zahlung der Gegenleistung eintritt. Wird der **Leistungsempfänger insolvent** oder entzieht er sich auf andere Weise seiner Zahlungsverpflichtung, so führt der Vorsteuerabzug nach dem Soll-Prinzip zu einer **endgültigen staatlichen Subvention** in Höhe des Umsatzsteuerbetrages aus der offenen Rechnung.

Diese Wirkungen der verfehlten Regelung entfallen indes bei einer **sachgerechten Interpretation** des § 17 Abs. 2 Nr. 1 Satz 1 UStG. Nach dieser Vorschrift ist in entsprechender Anwendung des § 17 Abs. 1 Satz 2 UStG der Vorsteuerabzug zu berichtigen, wenn die Gegenleistung „**uneinbringlich**" geworden ist. Dieser Begriff ist dem Zweck des Vorsteuerabzugs entsprechend **entgegen der konzeptionslosen Rechtsprechung** und **Verwaltungsauffassung** *umsatzsteuerrechtlich autonom* so auszulegen, dass die Vorsteuer nur dann (bzw. soweit) abgezogen werden darf, wenn (bzw. als) **im Zeitpunkt der Abgabe der Voranmeldung** die Rechnung auch beglichen ist. Bei einer Zusammenschau von § 15 Abs. 1 Satz 1 Nr. 1 Satz 1 und § 17 Abs. 2 Nr. 1 UStG und Beachtung des Gesetzeszweckes hat mithin beim Vorsteuerabzug entgegen der Handhabung in der Praxis richtigerweise das sog. Ist-Prinzip zu gelten (*§ 17 Rz. 54 i.V.m. Rz. 49*). 272

Der XI. Senat des BFH ist dem insoweit gefolgt, als er Uneinbringlichkeit angenommen und den Vorsteuerabzug von vornherein verneint hat, wenn der **Forderungsschuldner** „von Anfang an das Bestehen dieser **Forderung** ganz oder teilweise **bestreitet** und damit zum Ausdruck bringt, dass er die Forderung nicht bezahlen werde"[1]. Auf ein ausdrückliches Bestreiten kann es indes nicht ankommen, sondern nur auf die Tatsache der Nichtzahlung.

Ist bei einem **Ratenkauf**, einem sog. **Mietkauf** oder einem sog. **Leasingverhältnis** der Gegenstand von Anbeginn dem Käufer bzw. sog. Leasingnehmer zuzurechnen, so dass (schon) eine Lieferung vorliegt (dazu *§ 3 Rz. 34 ff.*), so ist diese mit Übergabe der Sache ausgeführt. Folglich stellt sich die Gegenleistung für die Lieferung als Summe aller zu erbringenden Raten-, „Miet-" bzw. „Leasing"-Zahlungen einschließlich der Sonderzahlungen dar (*§ 13 Rz. 17*). Gleichwohl besteht entgegen der verfehlten Handhabung in der Praxis bei einer zutreffenden Gesetzesauslegung noch kein Vorsteuerabzug hinsichtlich der (bereits in einer Rechnung ausgewiesenen) gesamten Steuer, die rechnerisch in dem Gesamtbetrag enthalten ist. Richtigerweise ist **hinsichtlich** der noch **ausstehenden Raten** von **vorläufiger Uneinbringlichkeit** i.S.d. § 17 Abs. 2 Nr. 1 Satz 1 UStG auszugehen, so dass die Raten letztlich nach dem sog. **Ist-Prinzip** zu versteuern sind und auch der Erwerber nur sukzessive den **Vorsteuerabzug** nach Maßgabe seiner jeweiligen Zahlungen vornehmen darf (*§ 17 Rz. 56 i.V.m. Rz. 54*).[2] 273

**Bislang unterblieben** ist die **Umsetzung** des **Art. 226 Nr. 7a MwStSystRL**, der für den Fall, dass die Steuer **beim leistenden Unternehmer** nach dem sog. Ist (Art. 66 Buchst. b MwStSystRL) entsteht, in der Rechnung die Angabe „**Besteuerung nach vereinnahmten Entgelten**" verlangt. Das soll der Umsetzung des seit 274

---
1 BFH v. 9.4.2014 – XI B 10/14, BFH/NV 2014, 1099 – Rz. 20.
2 **A.A.** ohne jegliches Problembewusstsein (vgl. *§ 17 Rz. 56*) EuGH v. 16.2.2012 – C-118/11, UR 2012, 230 – Rz. 62–64.

1977 bestehenden Prinzips des Art. 167 MwStSystRL dienen, wonach der Vorsteuerabzug entsteht, wenn die abziehbare Steuer entsteht. Die von Art. 226 Nr. 7a MwStSystRL geforderte Angabe bewirkt, dass der Rechnungsempfänger davon Kenntnis erlangt, dass der leistende Unternehmer nach dem sog. Ist versteuert.

### 2. Vorauszahlungen (Satz 3)

275 Soweit der gesondert ausgewiesene Steuerbetrag auf eine Zahlung vor Ausführung des Umsatzes entfällt (Vorauszahlung, Anzahlung, Abschlagszahlung; dazu § 13 Rz. 27 ff.), ist er bereits abziehbar, wenn die **Rechnung** (Rz. 279) vorliegt und die **Zahlung** geleistet worden ist (§ 15 Abs. 1 Satz 1 Nr. 1 Satz 3 UStG). Sind die Voraussetzungen nicht gleichzeitig gegeben, so kommt der Vorsteuerabzug für den Voranmeldungszeitraum in Betracht, in dem erstmals beide Voraussetzungen erfüllt sind. § 15 Abs. 1 Satz 1 Nr. 1 Satz 3 UStG erfordert selbstverständlich, dass auch die Voraussetzungen der vorhergehenden Sätze 1 und 2 (mit Ausnahme der Ausführung der Leistung) vorliegen. „Umsatz" ist auch die Teilleistung (§ 13 Rz. 23).

276 Die Regelung bewirkt, dass der Unternehmer dem **Zweck** des Vorsteuerabzugs entsprechend (Rz. 2) sogleich von der im Vorauszahlungsbetrag stets rechnerisch enthaltenen Umsatzsteuer (Rz. 280) entlastet wird. Die konsequente Folge daraus ist, dass beim zur Leistung verpflichteten Unternehmer die **Steuer** mit Ablauf des Voranmeldungszeitraums der Vereinnahmung der Vorauszahlung („Entgelt" bzw. „Teilentgelt") **entsteht** (§ 13 Abs. 1 Nr. 1 Buchst. a Satz 4, Buchst. b UStG).

277 Die Vorauszahlung muss für eine bereits **fest vereinbarte Leistung** getätigt worden sein. Die Leistung ist auch dann vereinbart, wenn der Zahlungsempfänger von vornherein nicht vorhatte (geheimer Vorbehalt), die Leistung zu erbringen (§ 13 Rz. 27). Es handelt sich dann um gesetzlich geschuldete Steuer i.S.d. § 15 Abs. 1 Satz 1 Nr. 1 UStG[1] (Rz. 239; zur Berichtigung des Vorsteuerabzugs § 17 Rz. 68). Die „Vorauszahlung" darf kein verkapptes Darlehen darstellen (§ 13 Rz. 34).

278 Der Anspruch auf Abzug der Vorsteuer nach § 15 Abs. 1 Satz 1 Nr. 1 Satz 3 UStG **entsteht** mit Ablauf des Voranmeldungszeitraums, in dem die Voraussetzungen Rechnung und Zahlung (Rz. 275) vorliegen. Die Vorsteuer ist folglich bereits für diesen Voranmeldungszeitraum „nach § 15 abziehbar" (§ 18 Abs. 1 Satz 3 i.V.m. § 16 Abs. 2 Satz 1 UStG). Allerdings kann der Vorsteuerabzug stattdessen auch erst für den Voranmeldungszeitraum der Ausführung der Leistung gem. § 15 Abs. 1 Satz 1 Nr. 1 Satz 1 UStG geltend gemacht werden. Liegt dieser Voranmeldungszeitraum in einem **folgenden Besteuerungszeitraum** (§ 16 Abs. 1 Satz 2 UStG: Kalenderjahr), so soll nach Auffassung des **BFH** der Vorsteuerabzug nur in dem Besteuerungszeitraum möglich sein, in dem die Voraussetzungen des § 15 Abs. 1 Satz 1 Nr. 1 Satz 3 UStG vorgelegen haben. War der Rechnungsempfänger im **Zeitpunkt** der **Zahlung noch nicht Unternehmer**, verwendet er dann jedoch die im folgenden Besteuerungszeitraum empfangene Leistung für unternehmeri-

---
1 Vgl. BFH v. 29.1.2015 – V R 51/13, BFH/NV 2015, 708.

sche Zwecke, so soll der Vorsteuerabzug folglich unzulässig sein.[1] Das ist grob **fehlerhaft**. Zudem sind die Rechtsfolgen **willkürlich**, da sie vom Zufall abhängen und gesteuert werden können.[2]

Die in § 15 Abs. 1 Satz 1 Nr. 1 Satz 3 UStG genannte **Rechnung** muss eine solche i.S.d. Satzes 2, d.h. eine nach § 14 UStG ausgestellte sein. Damit der Vorauszahlende seinen Vorsteuerabzug durchsetzen kann, ist der Zahlungsempfänger **verpflichtet**, eine entsprechende Rechnung zu **erteilen** (§ 14 Abs. 5 Satz 1 UStG). Die Absätze 1 bis 4 des § 14 UStG gelten sinngemäß. Das bedeutet insbesondere, dass die Rechnung die Angaben des § 14 Abs. 4 Satz 1 Nr. 1 bis 8 UStG enthalten muss. Diese Rechnung kann die im Voraus erteilte *eigentliche* Rechnung sein und bereits den Zeitpunkt der Lieferung oder sonstigen Leistung angeben, sofern dieser bereits feststeht, oder eine *Vorausrechnung* sein, welche eine Abschlags- bzw. Anzahlung für die noch zu erbringende Leistung anfordert (§ 14 Abs. 4 Satz 1 Nr. 6 UStG). Bei einer entsprechenden Vereinbarung kommt auch eine sog. **Gutschrift** des Zahlenden in Betracht (mit den Angaben des § 14 Abs. 4 Satz 1 Nr. 8 UStG), weil diese als Rechnung gilt (§ 14 Abs. 2 Sätze 2 und 3 UStG).

279

In der Formulierung „soweit der (...) Steuerbetrag auf eine Zahlung (...) entfällt" kommt das umsatzsteuerrechtliche **Prinzip** zum Ausdruck, dass bei einem steuerpflichtigen Umsatz **in jeder** (Voraus-, Abschlags-, An-, Teil-)**Zahlung** die objektiv nach dem Gesetz entstandene **Steuer** anteilig mit zzt. 19/119 bzw. 7/107 **enthalten** ist. Folglich ist eine **gegenteilige Vereinbarung** der Beteiligten des Inhalts, dass eine Anzahlung vollen Umfangs die für den zu erbringenden Umsatz anfallende Umsatzsteuer enthalte, **unbeachtlich**. Die Umsatzsteuer ist als reine Rechengröße stets integraler Bestandteil des jeweiligen Zahlungsbetrages (*§ 10 Rz. 4* u. *11*) und kann als solche nicht isoliert gezahlt werden.

280

**Beispiel**

Wird auf die vereinbarte Gegenleistung von 119 000 € nach Erhalt der Rechnung über den Gesamtbetrag eine Anzahlung von 19 000 € geleistet, so ist der Zahlende nach § 15 Abs. 1 Satz 1 Nr. 1 Satz 3 UStG zu einem Vorsteuerabzug von 19/119 × 19 000 € = 3033,61 € berechtigt. Eine Vereinbarung, dass es sich bei den 19 000 € um die Vorauszahlung der Umsatzsteuer handele, ist ohne Belang.

Anders als § 13 Abs. 1 Nr. 1 Buchst. a Satz 4, Buchst. b und § 14 Abs. 5 Satz 1 UStG spricht § 15 Abs. 1 Satz 1 Nr. 1 Satz 3 UStG nicht von Vereinnahmung des Entgelts, sondern von „**Zahlung**". Hierbei handelt es sich indes nicht um ein Redaktionsversehen, sondern um die einzig zutreffende Formulierung, denn die MwStSystRL kennt keine Sachleistungen, sondern nur Zahlungen als steuerbare Gegenleistungen (*§ 1 Rz. 89*). Die von § 15 Abs. 1 Satz 1 Nr. 1 Satz 3 UStG geforderte „Zahlung" muss folglich **entgegen EuGH**[3] eine Geldzahlung sein, so dass eine **Lieferung** oder **sonstige Leistung** (Tausch, tauschähnlicher Umsatz) als Gegenleistung richtigerweise keine Steuer auslöst (*§ 13 Rz. 29*), nicht zum Ausweis

281

---
1 BFH v. 1.12.2010 – XI R 28/08, BStBl. II 2011, 994.
2 Ausführlich dazu *Stadie* in R/D, § 15 UStG Anm. 710 f. m. Beispiel.
3 EuGH v. 19.12.2012 – C-549/11, UR 2013, 215; ebenso BFH v. 17.3.2010 – XI R 17/08, UR 2010, 943 – Rz. 13; vgl. auch BFH v. 15.4.2010 – V R 10/08, BStBl. II 2010, 879 – Rz. 38.

von Steuer in einer Rechnung berechtigt und keinen Vorsteuerabzug begründen kann (*Rz. 264*). Zu den Voraussetzungen einer *Zahlung* s. *§ 13 Rz. 36 ff.*

282 Ist der **Gesamtbetrag** der im Voraus erteilten Rechnung **höher als** der **Vorauszahlungsbetrag** (bzw. der Summe mehrerer Vorauszahlungen), so kann nur (jeweils) der Teil der ausgewiesenen Steuer nach § 15 Abs. 1 Satz 1 Nr. 1 Satz 3 UStG, d.h. in einem Voranmeldungszeitraum vor Ausführung der Leistung abgezogen werden, der rechnerisch im (jeweiligen) Vorauszahlungsbetrag enthalten ist.[1] Ist der **Zahlungsbetrag höher** als der in der Vorausrechnung genannte Betrag, so darf vorerst nur der in der Vorausrechnung ausgewiesene Steuerbetrag abgezogen werden. Hinsichtlich der Differenz bedarf es einer entsprechend erweiterten bzw. weiteren Vorausrechnung.

283 Bezüglich der Abzugsverbote des § 15 Abs. 1a und Abs. 2 UStG ist vorläufig auf die **beabsichtigte Verwendung** der in Auftrag gegebenen Leistung abzustellen. Deckt sich die beabsichtigte nicht mit der tatsächlichen Verwendung, so ist der Vorsteuerabzug nicht rückwirkend zu berichtigen. Ebenso wenig ist eine Berichtigung nach § 15a UStG vorzunehmen[2], da diese zweckwidrig nur pro rata temporis erfolgen würde. Vielmehr ist richtigerweise § 17 Abs. 1 Satz 7 UStG als Ausdruck eines allgemeinen Rechtsgrundsatzes (*§ 17 Rz. 90*) anzuwenden[3], und der vorläufige (bzw. der vorläufig nicht vorgenommene) Vorsteuerabzug ist für den Voranmeldungszeitraum zu berichtigen, in dem die tatsächliche Verwendung der bezogenen Leistung feststeht (beachte auch *Rz. 464 f.*).

284 Bei einer **Endrechnung** ist nur noch der Teil des Steuerbetrages als **Vorsteuer** abziehbar, der als gesetzlich geschuldete Steuer **in** der verbliebenen **Restzahlung enthalten** ist.[4] Das gilt auch dann, wenn in der Endrechnung entgegen der Anordnung des § 14 Abs. 5 Satz 2 UStG nicht die Anzahlungen usw. und die darauf entfallenden Steuerbeträge abgesetzt worden sind[5], da nur die für die Leistung gesetzlich geschuldete Steuer (§ 15 Abs. 1 Satz 1 Nr. 1 Satz 1 UStG) abziehbar ist.

285 Bei einer **Änderung** des **Steuersatzes** zwischen Vorauszahlung und Ausführung der Leistung bzw. Teilleistung ist auch für den Vorsteuerabzug der geänderte Steuersatz maßgebend (*§ 27 Rz. 28*). Bei einer Erhöhung des Steuersatzes ist jedoch hinsichtlich der Differenz eine entsprechend geänderte Rechnung erforderlich, die regelmäßig in Gestalt der Endrechnung erfolgt. Eine geänderte Vorauszahlungsrechnung hätte keine Rückwirkung und würde auch nur dann zu einem erhöhten Vorsteuerabzug berechtigen, wenn die Mehrsteuer an den Rechnungsaussteller gezahlt ist.

286 Kommt es **nicht** zur **Ausführung** der Leistung bzw. Teilleistung, so ist – neben der Steuer beim Zahlungsempfänger – der **Vorsteuerabzug** nach Rückerlangung der Vorauszahlung (*§ 17 Rz. 67*) zu „**berichtigen**" (§ 17 Abs. 2 Nr. 2 i.V.m. Abs. 1

---

1 Vgl. Abschn. 15.3 Abs. 4 UStAE m. Beispiel.
2 So aber Abschn. 15a.7 Abs. 4 Beispiel 3 UStAE im Widerspruch zu Abschn. 15.12 Abs. 1 Satz 14 UStAE.
3 Vgl. auch *Lippross*, DStR 2006, 1028 (1039): analog § 17 Abs. 2 Nr. 2 UStG.
4 Abschn. 14.8 Abs. 10 Satz 4 UStAE.
5 Abschn. 15.3 Abs. 5 UStAE.

Satz 2 UStG), d.h. rückgängig zu machen. **Nunmehr** hat indes der **EuGH** entschieden, dass der Rechnungsempfänger den **Vorsteuerabzug unabhängig** davon **zu berichtigen** habe, **ob** er vom Empfänger der **Anzahlung** diese **zurück erlangt** habe. Da nach Art. 185 Abs. 1 MwStSystRL der Vorsteuerabzug zu berichtigen sei, wenn sich die Faktoren, die bei der Bestimmung der Vorsteuerabzugsbetrags berücksichtigt werden, nach Abgabe der Mehrwertsteuererklärung geändert haben, komme es nicht darauf an, dass die vom Lieferer geschuldete Steuer mangels Rückzahlung der Anzahlung selbst nicht berichtigt werden wird. Es sei allein Sache des Rechnungsempfängers, nach dem einschlägigen nationalen Recht vom Lieferer die Rückzahlung der Anzahlung zu erlangen.[1] Diese Auffassung ist verfehlt (*§ 17 Rz. 68*).

## C. Abziehbarkeit der Einfuhrumsatzsteuer (Abs. 1 Satz 1 Nr. 2)

### I. Allgemeines

Der Unternehmer kann die **entrichtete Einfuhrumsatzsteuer** für **Gegenstände**, die **für** sein **Unternehmen** nach § 1 Abs. 1 Nr. 4 UStG **eingeführt** worden sind, als Vorsteuer abziehen (§ 15 Abs. 1 Satz 1 Nr. 2 UStG). Da eingeführte Gegenstände prinzipiell mit derselben Steuer belastet werden wie nämliche Gegenstände, die im Inland geliefert werden, muss der Unternehmer, sofern kein Abzugsverbot eingreift, auch von der Einfuhrumsatzsteuer entlastet werden, die für Gegenstände entrichtet worden ist, welche er für unternehmerische Zwecke verwendet.

287

Die **Berechtigung** zum Abzug der Einfuhrumsatzsteuer **schließt** es **aus**, dass bei einem Erwerb auf Grund einer Lieferung der Abnehmer gleichzeitig auch noch die vom Lieferer **in Rechnung gestellte Umsatzsteuer** nach § 15 Abs. 1 Satz 1 Nr. 1 UStG **abziehen** kann. Da eine derartige **vorangehende Lieferung** entweder nicht steuerbar ist, weil der Ort der Lieferung nach § 3 Abs. 6 UStG im Ausland ist, oder aber nach § 4 Nr. 4b UStG steuerfrei ist, handelt es sich bei der in Rechnung gestellten Steuer nicht um gesetzlich geschuldete Steuer (*Rz. 237*) und kann nicht als Vorsteuer abgezogen werden.[2] Ein Vertrauensschutz kommt nicht in Betracht (*Rz. 253*).

288

Ein Gegenstand ist „nach § 1 Abs. 1 Nr. 4 eingeführt", wenn er aus einem Drittland in das Inland (oder in die österreichischen Gebiete Jungholz und Mittelberg) verbracht und hier (bzw. dort) **in den zoll- und damit auch einfuhrumsatzsteuerrechtlich freien Verkehr übergeführt** (Einfuhr „im" Inland; *§ 1 Rz. 122 f.*) worden ist.[3] Das gilt auch bei Einfuhren über Freihäfen und die sog. Wattenmeere, da diese Gebiete als Drittlandsgebiete gelten (§ 1 Abs. 2a Satz 3 i.V.m. Satz 1 i.V.m. Abs. 2 Satz 1 UStG), sofern die Gegenstände nicht schon im Freihafen einfuhrumsatzsteuerrechtlich abgefertigt worden sind.[4] Eine Einfuhr ist mithin nicht schon (bzw. nur) beim tatsächlichen Verbringen eines Gegenstandes in das Inland gegeben.

289

---
1 EuGH v. 13.3.2014 – C-107/13, UR 2014, 705 – Rz. 51 ff., 57.
2 Insoweit zutreffend Abschn. 15.8 Abs. 10 Satz 1 UStAE.
3 Vgl. Abs. 15.8 Abs. 2 UStAE.
4 Vgl. Abschn. 15.8 Abs. 3 UStAE.

290  Nach § 1 Abs. 1 Nr. 4 UStG eingeführt sind auch solche Gegenstände, die auf einem **Abfertigungsplatz in** einem **Freihafen** einfuhrumsatzsteuerrechtlich zum freien Verkehr **abgefertigt** worden sind, aber **nicht in** das **Inland gelangen**, weil sie nur im Freihafen unternehmerisch verwendet oder von dort wieder in das übrige Ausland verbracht werden. Da ein solcher Abfertigungsplatz zum Inland gehört (§ 21 Abs. 2a UStG), sind diese Gegenstände i.S.d. § 1 Abs. 1 Nr. 4 UStG „im Inland" eingeführt worden. Folglich steht dem Unternehmer, der im Zeitpunkt der Abfertigung die Verfügungsmacht hat, der Vorsteuerabzug hinsichtlich der entrichteten Einfuhrumsatzsteuer zu.[1]

## II. Personelle Abzugsberechtigung

291  Der Gegenstand muss vom Unternehmer **für sein Unternehmen** eingeführt worden sein (§ 15 Abs. 1 Satz 1 Nr. 2 UStG). Damit ist zum einen die Frage nach der Person, für die der Gegenstand eingeführt wird (für „sein" Unternehmen; **personelle Abzugsberechtigung**), und zum anderen die Frage verbunden, ob der Gegenstand für das Unternehmen dieser Person eingeführt wird (**sachliche Abzugsberechtigung**; dazu Rz. 308 f.).

### 1. Einfuhr im Rahmen einer Lieferung

#### a) Allgemeines

292  Die Frage der **personellen Abzugsberechtigung** stellt sich insbesondere, wenn die Einfuhr im Rahmen einer Lieferung erfolgt, denn in diesem Fall kommen nach dem Wortlaut der Vorschrift mehrere Unternehmer als abzugsberechtigt in Betracht. Aus der Sicht des Lieferers wird der Gegenstand für sein Unternehmen eingeführt, weil er seiner Lieferverpflichtung nachkommen will, aus der Sicht des Abnehmers hingegen für sein Unternehmen, weil er den Gegenstand zukünftig für seine Umsätze verwenden will. Beim Reihengeschäft (§ 3 Rz. 45) kämen alle Beteiligten in Frage, weil jeder von ihnen den Gegenstand unternehmerisch verwendet.[2] Für die Vorsteuerabzugsberechtigung muss deshalb ein weiteres Kriterium hinzutreten, welches eine eindeutige Zuordnung des eingeführten Gegenstandes zu einer Person ermöglicht. Der Gegenstand kann nur für denjenigen eingeführt sein, dem der Gegenstand im Zeitpunkt der Einfuhr, d.h. im Zeitpunkt der Abfertigung als „sein" Gegenstand zuzurechnen ist.

293  **Nicht** maßgebend ist die **Eigentümerstellung**, da das Umsatzsteuerrecht durchgängig bei Lieferungen an die Erlangung der Verfügungsmacht anknüpft, welche nicht mit dem Eigentum gleichzusetzen ist. Das Gesetz knüpft deshalb auch die Zurechnung des Gegenstandes bei der Einfuhr an die **Verfügungsmacht** im **Zeitpunkt** der Einfuhr[3], d.h. im Zeitpunkt der **Anmeldung zur** einfuhrumsatzsteuer-

---

1 Die Äußerungen der Finanzverwaltung sind widersprüchlich; vgl. Abschn. 15.9 Abs. 4 und Abs. 6 UStAE.
2 BFH v. 24.4.1980 – V R 52/73, BStBl. II 1980, 615 (617).
3 Insoweit zutreffend BFH v. 24.4.1980 – V R 52/73, BStBl. II 1980, 615 (617); BFH v. 12.9.1991 – V R 118/87, BStBl. II 1991, 937; BFH v. 16.3.1993 – V R 65/89, BStBl. II 1993, 473.

Einfuhrumsatzsteuer (Abs. 1 Satz 1 Nr. 2) § 15

rechtlichen **Abfertigung** zum freien Verkehr.[1] Unerheblich ist mithin, wer Verfügungsmacht beim Verbringen des Gegenstandes über die Grenze hatte.

Die folgenden Grundsätze gelten auch bei einer Einfuhr im Rahmen einer **Einkaufskommission** (*§ 3 Rz. 97 u. 101 ff.*) sowohl bei einer Einfuhr durch den Kommissionär als auch bei einer Einfuhr durch den Kommittenten (zur Verkaufskommission s. *Rz. 305*). 294

**b) Tragung der Transportgefahr**

Aus der Anknüpfung an die Verfügungsmacht folgt: **Versendet** (oder befördert) der **Lieferer** den Gegenstand zum **Abnehmer** und trägt dieser die **Transportgefahr** (d.h. muss er den Kaufpreis auch dann zahlen, wenn der Gegenstand durch Zufall untergeht), so hat dieser die Verfügungsmacht bereits mit Beginn des Transports erlangt (*§ 3 Rz. 39 u. 120*) und führt deshalb den Gegenstand für sein Unternehmen ein. Mit der Tragung der Transportgefahr ist verknüpft, dass den **Abnehmer** auch die **Einfuhrumsatzsteuer** trifft (eine Lieferkondition, wonach der Abnehmer zwar die Transportgefahr, aber der Lieferer die Einfuhrumsatzsteuer trägt, dürfte kaum vorkommen), sei es, dass er sie selbst schuldet, sei es, dass sie für seine Rechnung entrichtet wird. Da der Gegenstand für sein Unternehmen eingeführt worden ist, ist mithin nach § 15 Abs. 1 Satz 1 Nr. 2 UStG sachgerecht derjenige zum Abzug der Einfuhrumsatzsteuer berechtigt, der sie trägt. 295

Trägt hingegen der **Lieferer** (bei einer Versendung oder Beförderung durch ihn) die **Transportgefahr**, so erlangt der Abnehmer die Verfügungsmacht erst mit Übergabe des Gegenstandes (*§ 3 Rz. 122 u. 146*). Folglich hatte der Lieferer im Zeitpunkt der Einfuhr noch die Verfügungsmacht, so dass der Gegenstand noch für sein Unternehmen eingeführt wurde. Da der Lieferer mit der Transportgefahr auch die Einfuhrumsatzsteuer zu tragen hat, ist auch in diesem Fall sachgerecht derjenige zum Abzug der Einfuhrumsatzsteuer berechtigt, der sie entrichtet hat. 296

Zu diesem Ergebnis führt auch § 3 Abs. 8 UStG, wonach der Ort der Lieferung als im Inland gelegen gilt, wenn der **Lieferer** oder sein Beauftragter **Schuldner** der **Einfuhrumsatzsteuer** ist. (Trägt der Lieferer die Transportgefahr, so hat er auch die Einfuhrumsatzsteuer zu tragen.) Diese Regelung beruht offensichtlich auf der verfehlten Annahme, dass die Fiktion des § 3 Abs. 6 Satz 1 UStG, wonach die Lieferung bereits bei Beginn des Transports als ausgeführt gilt, nicht nur den Ort, sondern auch den Zeitpunkt der Lieferung betreffe (vgl. *§ 3 Rz. 120 u. 122*) und des Weiteren auch im Rahmen des § 15 Abs. 1 Satz 1 Nr. 2 UStG zu berücksichtigen sei.[2] Wenn der Zeitpunkt der Lieferung fehlerhaft mit dessen Ort auf den Beginn der Beförderung gelegt wird, obwohl (wenn der Lieferer die Transportgefahr trägt) erst mit Übergabe des Gegenstandes an den Abnehmer feststeht, ob überhaupt eine Lieferung vorliegt, so ist die Regelung des § 3 Abs. 8 UStG erforderlich. Indem der Ort der Lieferung in das Inland verlegt wird, wird damit zugleich bewirkt, dass die Lieferung als erst im Inland ausgeführt gilt und 297

---

1 Abschn. 15.8 Abs. 4 Satz 2 UStAE.
2 So BFH v. 24.4.1980 – V R 52/73, BStBl. II 1980, 615 (617); BFH v. 12.9.1991 – V R 118/87, BStBl. II 1991, 937 – zur Vorgängervorschrift § 3 Abs. 7 Satz 1 UStG a.F.

mithin der Lieferer noch die Verfügungsmacht bei der Einfuhr hatte und folglich zum Abzug der Einfuhrumsatzsteuer berechtigt ist.[1]

298 Entsprechendes gilt beim **Reihengeschäft** (zu diesem § 3 Rz. 45 ff.). Nicht etwa sind die Fiktionen des § 3 Abs. 6 Sätze 5 f. und § 3 Abs. 7 Satz 2 UStG (§ 3 Rz. 130 ff.) heranzuziehen[2], da sie nichts über die Verfügungsmacht besagen. Maßgebend ist deshalb auch hier, wer die **Transportgefahr** trägt. Trägt sie der **letzte Abnehmer**, so hat er bei zutreffender Auslegung des § 3 Abs. 1 UStG (§ 3 Rz. 46) bereits bei Beginn der Beförderung die Verfügungsmacht erlangt, so dass sie kein vorhergehender Lieferer mehr haben kann und der Gegenstand mithin i.S.d. § 15 Abs. 1 Satz 1 Nr. 2 UStG für sein Unternehmen eingeführt wird. Mit der Transportgefahr korrespondiert die Tragung der Einfuhrumsatzsteuer, so dass sachgerecht der letzte Abnehmer als derjenige zum Abzug berechtigt ist, der sie auch entrichtet bzw. auf seine Rechnung entrichten lässt.[3]

299 Trägt hingegen der **erste Lieferer** die **Transportgefahr**, so wird dem letzten Abnehmer die Verfügungsmacht erst mit der Übergabe des Gegenstands verschafft. Folglich hat der erste Lieferer die Verfügungsmacht noch bei der Einfuhr, so dass er zum Abzug der Einfuhrumsatzsteuer berechtigt ist, die er auf Grund der Lieferkonditionen auch regelmäßig trägt. Zum selben Ergebnis führt die Heranziehung des § 3 Abs. 8 UStG.[4]

**c) Abtretung des Herausgabeanspruchs**

300 Wird das Eigentum bei rollender Ware durch (Einigung und) **Abtretung des Herausgabeanspruchs** gegenüber der Transportperson übertragen (§§ 929, 931 BGB), so ist auch die Verfügungsmacht bereits mit der entsprechenden Vereinbarung verschafft. Folglich ist bei der anschließenden Abfertigung zum freien Verkehr der Erwerber zum Abzug der Einfuhrumsatzsteuer berechtigt.[5]

**d) Orderlagerschein u.ä. Traditionspapiere**

301 Geht das Eigentum an einem Gegenstand durch (Einigung und) Übergabe eines sog. **Traditionspapieres** (Orderlagerschein, Ladeschein oder Konnossement) über (§ 363 Abs. 2, §§ 448, 475c, 475g, 650 HGB), so ist auch die Verfügungsmacht mit der (entsprechenden Vereinbarung und) Übergabe des Papiers verschafft worden (§ 3 Rz. 18). Folglich ist bei der anschließenden Abfertigung zum freien Verkehr derjenige Erwerber, der das Papier besitzt, zum Abzug der Einfuhrumsatzsteuer berechtigt.[6]

---

1 Im Ergebnis ebenso Abschn. 15.8 Abs. 6 Satz 2 UStAE.
2 So aber Abschn. 3.14 Abs. 16 UStAE (Beispiel).
3 Nur im Ergebnis ebenso Abschn. 3.14 Abs. 16 UStAE (Beispiel a).
4 Vgl. Abschn. 15.8 Abs. 6 Satz 3 UStAE.
5 *Stadie* in R/D, § 15 UStG Anm. 767 m. Beispiel; BMF v. 28.1.2004 – IV D 1 - S 7167 - 1/04, BStBl. I 2004, 242 – Beispiel 33.
6 *Stadie* in R/D, § 15 UStG Anm. 769 m. Beispiel; im Ergebnis ebenso BMF v. 28.1.2004 – IV D 1 - S 7167 - 1/04, BStBl. I 2004, 242 – Beispiel 34, in dem allerdings fehlerhaft von einem Konnossement gesprochen wird.

Einfuhrumsatzsteuer (Abs. 1 Satz 1 Nr. 2) § 15

### e) Annahme-, Abnahmeverweigerung

**Lehnt** der vorgesehene **Empfänger** die **Annahme** des an ihn versandten Gegenstandes zu Recht **ab**, z.B. wegen Verzuges, Nichtbestellung („Lieferung" eines aliuds) oder offensichtlicher Mangelhaftigkeit, so liegt keine Lieferung vor, da der Abnehmer keine Verfügungsmacht an dem Gegenstand erlangt hat. Daraus folgt, dass mangels Verfügungsmacht nicht der vorgesehene Empfänger, obwohl er bzw. sein Beauftragter Schuldner der Einfuhrumsatzsteuer war, sondern der Lieferer zum Abzug berechtigt, weil er noch die Verfügungsmacht bei der Einfuhr hatte.[1]

302

Wird die **Abnahme** des Gegenstandes auf Grund nach der Annahme festgestellter Mängel **abgelehnt**, so ändert das nichts daran, dass vorerst eine Lieferung ausgeführt worden war und der Abnehmer mithin, wenn er die Transportgefahr trug (*Rz. 295, 298 f.*), im Zeitpunkt der Einfuhr Verfügungsmacht hatte. Dieser Sachverhalt kann nicht rückgängig gemacht werden.[2] Die Rückgängigmachung der Lieferung, die ohnehin keine Rückwirkung hat (§ 17 Abs. 2 Nr. 3 i.V.m. Abs. 1 Satz 7 UStG), ist ohne Bedeutung. Wird auch die Einfuhrumsatzbesteuerung rückgängig gemacht, weil der Gegenstand in das Drittlandsgebiet zurückgelangt, so ist der Vorsteuerabzug zu berichtigen (§ 17 Abs. 3 UStG). Ist der vorgesehene Abnehmer, welcher die Abnahme verweigert, zwar Unternehmer, aber grundsätzlich nicht oder nicht zum vollen Vorsteuerabzug berechtigt, so ist der ursprüngliche Lieferer berechtigt, den Anspruch geltend zu machen.[3]

303

### 2. Übrige Fälle

Erfolgt die Einfuhr **nicht im Rahmen einer Lieferung**, so ist ebenfalls derjenige abzugsberechtigt, der im Zeitpunkt der Anmeldung zur einfuhrumsatzsteuerrechtlichen Abfertigung die **Verfügungsmacht** an dem Gegenstand hat. Bei einer **im Anschluss** an die einfuhrumsatzsteuerrechtliche Abfertigung **erfolgten Lieferung** bleibt mithin der Lieferer abzugsberechtigt. Das gilt auch bei entsprechenden Lieferungen im **Freihafen** i.S.d. § 1 Abs. 3 Nr. 4 Buchst. b UStG[4] (dazu auch *Rz. 290*).

304

Entsprechendes gilt bei einer Einfuhr im Rahmen einer **Verkaufskommission** (zur Einkaufskommission s. *Rz. 294*), weil bei dieser die umsatzsteuerrechtliche Verfügungsmacht im Zeitpunkt der Einfuhr noch beim Kommittenten liegt, denn der Kommissionär erlangt die Verfügungsmacht erst und nur dann, wenn er weiterliefert (§ 3 Rz. 98). Folglich ist der Kommittent abzugsberechtigt.[5]

305

Bei der Einfuhr eines Gegenstands zum Zwecke der **Vermietung** oder ähnlicher Nutzungsüberlassung im Inland erfolgt die Einfuhr für denjenigen, der zu diesem Zeitpunkt die Verfügungsmacht hat. Das ist **nicht** der **Mieter** oder der auf

306

---

1 Abschn. 15.8 Abs. 11 Nr. 1 Buchst. a UStAE; a.A. BFH v. 21.4.1993 – XI R 102/90, BStBl. II 1993, 731 – zu § 3 Abs. 7 UStG a.F.
2 Abschn. 15.8 Abs. 11 Satz 2 Nr. 1 Buchst. b UStAE.
3 Abschn. 15.8 Abs. 11 Satz 4 UStAE.
4 Vgl. Abschn. 15.9 Abs. 4 UStAE.
5 A.A. FG Köln v. 17.1.2011 – 9 K 308/10, EFG 2011, 922.

Grund eines anderen Rechtsverhältnisses lediglich zur Nutzung Berechtigte.¹ Anders liegt es, wenn bei einem sog. **Mietkauf** o.ä. Modell (Spezial-Leasing) bereits mit der Besitzverschaffung im Drittland die Verfügungsmacht erlangt worden war (dazu *§ 3 Rz. 35 f.*) und der „Mietkäufer" usw. den Gegenstand in das Inland verbringt.

**307** Überlässt ein **ausländischer Auftraggeber** einem im Inland ansässigen Unternehmer einen **Gegenstand zur** Ausführung einer sog. **Lohnveredelung** o.ä. Werkleistung oder **stellt** der ausländische Auftraggeber einem im Inland ansässigen Unternehmer einen **Gegenstand zur Ausführung einer Werklieferung bei**, so behält der ausländische Auftraggeber die Verfügungsmacht und ist folglich zum Abzug der Einfuhrumsatzsteuer berechtigt. Die Finanzverwaltung lässt es jedoch zu, dass der inländische Auftragnehmer die Einfuhrumsatzsteuer als Vorsteuer abzieht, wenn der Gegenstand nach Ausführung der Werkleistung oder Werklieferung in das Drittlandsgebiet zurückgelangt.² Entsprechend kann verfahren werden, wenn der ausländische Auftraggeber den Gegenstand im Inland weiterliefert.³ Verwendet hingegen der ausländische Auftraggeber den be- oder verarbeiteten Gegenstand **für andere unternehmerische Zwecke im Inland**, so kommt der Abzug der Einfuhrumsatzsteuer nur bei ihm in Betracht.⁴

### III. Einfuhr für das Unternehmen

#### 1. Allgemeines

**308** Der Gegenstand muss vom personell abzugsberechtigten Unternehmer **für sein Unternehmen** eingeführt worden sein (§ 15 Abs. 1 Satz 1 Nr. 2 UStG). Hierfür gelten die zu § 15 Abs. 1 Satz 1 Nr. 1 UStG entwickelten Kriterien (*Rz. 100 ff.*) entsprechend. Nach Auffassung des BFH soll als Voraussetzung hinzukommen, dass der Unternehmer den Gegenstand seinem im Inland belegenen Unternehmensbereich zuordnet.⁵ Das ist verfehlt, da der Unternehmer nicht im Inland ansässig sein muss, d.h. hier keine Niederlassung o.Ä. zu haben braucht.

**309** Die **Verwendung** des eingeführten Gegenstandes muss **nicht** einmal **notwendig im Inland** erfolgen. Demgemäß kann der Gegenstand auch zur Ausführung von Umsätzen in den **Freihäfen** oder in den sog. **Wattenmeeren** (in § 1 Abs. 3 UStG bezeichnete Gebiete) eingesetzt werden, unabhängig davon, ob diese Umsätze steuerbar oder nicht steuerbar sind. Nicht etwa muss der Gegenstand zur Ausführung der in § 1 Abs. 3 UStG bezeichneten Umsätze verwendet werden.⁶ Seit der Neufassung des § 1 Abs. 1 Nr. 4 UStG ergibt das keinen Sinn mehr. Entgegen

---

1 Vgl. BFH v. 24.4.1980 – V R 52/73, BStBl. II 1980, 615; BFH v. 16.3.1993 – V R 65/89, BStBl. II 1993, 473; Abschn. 15.8 Abs. 9 UStAE.
2 Abschn. 15.8 Abs. 8 Satz 1 UStAE.
3 Abschn. 15.8 Abs. 8 Satz 2 UStAE.
4 Abschn. 15.8 Abs. Sätze 4 ff. UStAE.
5 BFH v. 24.4.1980 – V R 52/73, BStBl. II 1980, 615 (617); BFH v. 12.9.1991 – V R 118/97, BStBl. II 1991, 937; BFH v. 16.3.1993 – V R 65/89, BStBl. II 1993, 473; BFH v. 23.9.2004 – V R 58/03, BFH/NV 2005, 825; ebenso *Heidner* in Bunjes, § 15 UStG Rz. 202.
6 So aber weiterhin Abschn. 15.9 Abs. 1 UStAE. Die entsprechenden Klarstellungen bzw. „Vereinfachungen" durch Abschn. 15.9 UStAE sind deshalb überflüssig.

der Auffassung des BMF[1] ist es deshalb auch ohne Belang, wenn der aus dem Ausland bezogene, einfuhrumsatzsteuerrechtlich im Freihafen abgefertigte Gegenstand nicht geliefert, sondern nur zum unternehmerischen Ge- oder Verbrauch im Freihafen verwendet wird (s. auch *Rz. 290*).

## 2. Nicht: Spediteure, Lagerhalter u.ä. Personen

**Frachtführer, Spediteure, Agenten** o.ä. Personen, die die Einfuhrumsatzsteuer für Rechnung ihres Auftraggebers im eigenen Namen, d.h. als Schuldner entrichtet haben, kommen **nicht** als Abzugsberechtigte in Betracht, da sie den Gegenstand nicht für eigene unternehmerische Zwecke einführen, nämlich nicht in ihrem Unternehmen verwenden wollen. Eine vorübergehende Lagerung für den Auftraggeber ändert daran nichts.[2] Sie können die Einfuhrumsatzsteuer deshalb auch dann nicht als Vorsteuer abziehen, wenn sie die verauslagte Steuer von ihrem Auftraggeber nicht erstattet erhalten. Auch für eine Billigkeitsmaßnahme nach § 163 AO besteht kein Anlass, da es sich um den Ausfall eines zivilrechtlichen Aufwendungsersatzanspruchs handelt.

310

Wird gegenüber dem **Inhaber** eines **Zollagers** wegen **zollrechtlicher Pflichtverletzungen** gem. Art. 203, 204 ZK i.V.m. § 21 Abs. 2 UStG eine sog. **unregelmäßige Einfuhrumsatzsteuer** festgesetzt, so kommt m.E. ebenfalls bei diesem kein Abzug der Steuer nach § 15 Abs. 1 Satz 1 Nr. 2 UStG in Betracht[3], weil er die betreffenden Gegenstände nicht für sein Unternehmen verwendet. Das Umsatzsteuergesetz bietet keine Rechtsgrundlage für eine Rückgängigmachung dieser Abgabenbelastung. Auch Art. 168 MwStSystRL verlangt die Verwendung der eingeführten Gegenstände „für die Zwecke seiner besteuerten [oder in Art. 169 genannten] Umsätze".[4] Eine Entlastung von dieser Einfuhrumsatzsteuer kann m.E. nur im Wege des Erlasses erfolgen, wenn das Gelangen der betreffenden Gegenstände in das Drittlandsgebiet nachgewiesen ist.

311

## IV. Zeitpunkt der Abziehbarkeit

Der Abzug als Vorsteuer setzte nach der bis 29.6.2013 geltenden Fassung die Entrichtung der Einfuhrumsatzsteuer voraus, so dass sie grundsätzlich für den Voranmeldungszeitraum abgezogen werden konnte, in dem sie entrichtet worden war (§ 18 Abs. 1 Satz 3 i.V.m. § 16 Abs. 2 Satz 3 UStG a.F.). Allerdings ließ es § 18 Abs. 1 Satz 3 i.V.m. § 16 Abs. 2 Satz 4 UStG aF für den Fall des **Zahlungsaufschubes** zu, dass die bis zum 16. Tag nach Ablauf des Voranmeldungszeitraums zu entrichtende Einfuhrumsatzsteuer bereits für diesen Voranmeldungszeitraum abgesetzt wurde, wenn sie in ihm entstanden war.

312

---

1 Abschn. 15.9 Abs. 6 Sätze 2 und 3 UStAE; ebenso *Birkenfeld* in B/W, § 174 Rz. 156.
2 Abschn. 15.8 Abs. 5 Satz 3 UStAE.
3 FG Schl.-Holst. v. 9.10.2014 – 4 K 67/13, EFG 2015, 258 – Rev.-Az. V R 68/14; a.A. FG Hamburg v. 19.12.2012 – 5 K 302/09, EFG 2013, 562; offengelassen von BFH v. 13.2.2014 – V R 8/13, BStBl. II 2014, 595.
4 Aus Art. 178 Buchst. e MwStSystRL folgt nichts Gegenteiliges, denn der Lagerhalter ist kein „Importeur"; a.A. FG Hamburg v. 19.12.2012 – 5 K 302/09, EFG 2013, 562; offengelassen von BFH v. 13.2.2014 – V R 8/13, BStBl. II 2014, 595.

Mit Wirkung vom 30.6.2013 setzt § 15 Abs. 1 Satz 1 Nr. 2 UStG nicht mehr die Entrichtung, sondern nur noch die **Entstehung** der Einfuhrumsatzsteuer voraus. Diese Änderung erfolgte zur Anpassung an **Art. 168 Buchst. e MwStSystRL**, der seinem Wortlaut nach („geschuldet wird oder entrichtet worden ist") für die Entstehung des Rechts auf Abzug der Einfuhrumsatzsteuer als Vorsteuer **nicht** die tatsächliche **vorherige Zahlung** der Steuer verlangt. Dem **EuGH** zufolge ist die Vorschrift zur Vermeidung einer für eine gewisse Zeit zu tragenden wirtschaftlichen Belastung durch die Steuer wortlautgetreu auszulegen.[1] M.E. war diesen Bedenken bei einer typisierenden Betrachtung mit der Regelung des § 18 Abs. 1 Satz 3 i.V.m. § 16 Abs. 2 Satz 4 UStG a.F. hinreichend genüge getan, weil der typische Importeur damit keine merkliche Belastung erfuhr.

313 Nach der Neufassung der Vorschrift kann die Einfuhrumsatzsteuer bereits für den Voranmeldungszeitraum der Entstehung, d.h. für den Voranmeldungszeitraum der Einfuhr als Vorsteuer geltend gemacht werden. Erfolgt die **Entrichtung verspätet oder** überhaupt **nicht**, so ist fortan eine rückwirkende Berichtigung des vorgenommenen Vorsteuerabzugs nicht mehr möglich, weil die Entrichtung nicht mehr Tatbestandsmerkmal der Abziehbarkeit ist und der Abzug rechtmäßig war. Es kommt mithin nur eine **Berichtigung** ex nunc in entsprechender Anwendung des **§ 17 Abs. 3 i.V.m. Abs. 2 Nr. 1 UStG** in Betracht.[2]

314 Der berechtigte Unternehmer (*Rz. 292 ff.*) muss die Steuer nicht selbst entrichtet haben; die Zahlung kann auch durch einen **selbständigen Beauftragten** (z.B. Frachtführer, Spediteur, Agenten) erfolgt sein. Der **Nachweis** der Entrichtung ist durch einen zollamtlichen Beleg (z.B. Abgabenbescheid) oder durch einen vom zuständigen Zollamt bescheinigten **Ersatzbeleg** zu führen.[3] Beim Verlust reicht eine **Zweitschrift** aus.[4]

## D. Abziehbarkeit der Steuer für den innergemeinschaftlichen Erwerb (Abs. 1 Satz 1 Nr. 3)

315 Der Unternehmer kann die Steuer für den innergemeinschaftlichen Erwerb von Gegenständen für sein Unternehmen als Vorsteuer abziehen (§ 15 Abs. 1 Satz 1 Nr. 3 UStG). Das Merkmal **„für sein Unternehmen"** bestimmt sich nach denselben Kriterien wie im Rahmen des § 15 Abs. 1 Satz 1 Nr. 1 UStG (*Rz. 100 ff.*).

316 Abziehbar ist die nach § 13 Abs. 1 Nr. 6 UStG entstandene Steuer[5], sofern kein Fall des § 3d Satz 2 UStG vorliegt (*Rz. 317*). Eine **Rechnung** des Lieferanten ist nach dem klaren Wortlaut des § 15 Abs. 1 Satz 1 Nr. 3 UStG **nicht** erforderlich und ergäbe auch keinen Sinn.[6] Die **Verrechnung** der für den innergemeinschaft-

---

1 EuGH v. 29.3.2012 – C-414/10, BStBl. II 2013, 941 = UR 2012, 602 – Rz. 30.
2 Ausführlich *Stadie* in R/D, § 15 UStG Anm. 790.
3 Dazu näher Abschn. 15.8 Abs. 1 Sätze 2–4, Abschn. 15.11 Abs. 1 Satz 2 Nr. 2 UStAE.
4 Vgl. BFH v. 19.11.1998 – V R 102/96, BStBl. II 1999, 255; Abschn. 15.11 Abs. 1 Satz 4 UStAE.
5 Abschn. 15.10 Abs. 3 UStAE.
6 Art. 181 MwStSystRL erlaubt es, von der nach Art. 178 Buchst. c MwStSystRL geforderten Rechnung abzusehen. Hierbei handelt es sich gem. Art. 220 Abs. 1 Nr. 3 MwStSystRL um eine Rechnung des Lieferanten und nicht etwa um eine vom Erwerber an

lichen Erwerb entstandenen Steuer als abziehbare Vorsteuer erfolgt mithin stets für den denselben Voranmeldungszeitraum (§ 18 Abs. 1 Satz 2 i.V.m. § 16 Abs. 2 UStG), mit dessen Ablauf die Steuer entstanden ist. Indem die Steuer mit sich selbst als Vorsteuer in gleicher Höhe verrechnet wird, liegt bei voller Vorsteuerabzugsberechtigung ein Nullsummenspiel vor.

§ 15 Abs. 1 Satz 1 Nr. 3 UStG erfasst **nur** diejenige Steuer, die für innergemeinschaftliche Erwerbe entsteht, deren **Ort** sich **nach** der Grundregel des **§ 3d Satz 1** UStG bestimmt (Klarstellung durch den im Juni 2013 angefügten Halbsatz). Die Entlastung von derjenigen Steuer, welche nur deshalb zusätzlich entsteht, weil der Erwerber nicht die Umsatzsteuer-Identifikationsnummer des Bestimmungslandes (Mitgliedstaat, in dem die Beförderung endet), sondern eine deutsche verwendet (Fall des § 3d Satz 2 UStG), erfolgt nicht durch den Vorsteuerabzug. Vielmehr ist die geschuldete Steuer ex nunc (*§ 17 Rz. 80*), d.h. liquiditätswirksam, gem. **§ 17 Abs. 2 Nr. 4** i.V.m. Abs. 1 Satz 7 UStG zu berichtigen, wenn nachgewiesen wird, dass der Erwerb im Bestimmungsland besteuert worden ist.[1] Diese Vorschrift ist **lex specialis** gegenüber § 15 Abs. 1 Satz 1 Nr. 3 UStG.[2]

### E. Abziehbarkeit der vom Leistungsempfänger geschuldeten Steuer (Abs. 1 Satz 1 Nr. 4)

Der Unternehmer kann die Steuer für Leistungen i.S.d. § 13b Abs. 1 und 2 UStG, die für sein Unternehmen ausgeführt worden sind, als Vorsteuer abziehen. Soweit die Steuer auf eine Zahlung vor Ausführung dieser Leistungen entfällt, ist sie abziehbar, wenn die Zahlung geleistet worden ist (§ 15 Abs. 1 Satz 1 Nr. 4 Sätze 1 und 2 UStG). Die Vorschrift ist **verfehlt formuliert**, da sie entgegen ihrem Wortlaut nicht alle Leistungen i.S.d. § 13b Abs. 2 UStG betrifft, sondern nur dann einschlägig ist, wenn der Leistungsempfänger auch Steuerschuldner nach § 13b Abs. 5 UStG ist. In denjenigen Fällen des § 13b Abs. 2 UStG, bei denen der *leistende* Unternehmer die Steuer schuldet (*§ 13b Rz. 8*), bestimmt sich auch der Vorsteuerabzug nach § 15 Abs. 1 Satz 1 Nr. 1 UStG. Auch die Differenzierungen durch § 15 Abs. 1 Satz 1 Nr. 4 Sätze 1 und 2 UStG laufen leer.[3]

Eine **Rechnung** des leistenden Unternehmers (mit den Anforderungen des § 14a Abs. 5 UStG) ist nach dem klaren Wortlaut des § 15 Abs. 1 Satz 1 Nr. 4 UStG nicht Voraussetzung für den Vorsteuerabzug; sie ergäbe insofern auch keinen Sinn. Das Merkmal „**für sein Unternehmen**" bestimmt sich nach denselben Kriterien wie im Rahmen des § 15 Abs. 1 Satz 1 Nr. 1 UStG (*Rz. 100 ff.*). Wird der Leistungsempfänger als Steuerschuldner nach § 13b UStG in Anspruch genommen, obwohl er die Leistung nicht für sein Unternehmen bezogen hat (oder gar kein Unternehmer ist), aber eine USt-IdNr. mitgeteilt hatte (*§ 13b Rz. 19 bzw. 25*), so ist die Steuer nicht als Vorsteuer gegenzurechnen.

---

sich selbst erteilte „Rechnung"; so aber *Oelmaier* in S/R, § 15 UStG Rz. 429; *Grube*, MwStR 2015, 60.
1 Vgl. BFH v. 1.9.2010 – V R 39/08, BStBl. II 2011, 658; BFH v. 8.9.2010 – XI R 40/08, BStBl. II 2011, 661; Abschn. 15.10 Abs. 2 Satz 2 UStAE.
2 Vgl. EuGH v. 22.4.2010 – C-536/08 und C-539/08, EuGHE 2010, I-3581 = UR 2010, 418.
3 Dazu näher *Stadie* in R/D, § 15 UStG Anm. 806 f.

320 Abziehbar ist die nach § 13b UStG entstandene (und zugleich geschuldete) Steuer. Die **Verrechnung** dieser Steuer als abziehbare Vorsteuer erfolgt mithin stets für den denselben Voranmeldungszeitraum (§ 18 Abs. 1 Satz 3 i.V.m. § 16 Abs. 2 UStG), mit dessen Ablauf die Steuer entstanden ist. Indem die Steuer mit sich selbst als Vorsteuer in gleicher Höhe verrechnet wird, tritt bei voller Vorsteuerabzugsberechtigung ein Nullsummenspiel ein. Gleichwohl handelt es sich um einen „**Abzug**" der Vorsteuer, so dass dieser ggf. der **Berichtigung** nach § 15a oder § 17 UStG unterliegt.

321 Hat der leistende Unternehmer unter Verstoß gegen § 14a Abs. 5 Satz 2 UStG eine **Rechnung mit** gesondertem **Ausweis der Steuer** erteilt, so kann der Leistungsempfänger die Steuer, sofern er sie mit entrichtet hat, grundsätzlich nicht zusätzlich als Vorsteuer nach § 15 Abs. 1 Satz 1 Nr. 1 UStG abziehen, weil diese Rechnung nicht nach § 14 UStG ausgestellt ist (*Rz. 184*).[1]

322 Sind die Beteiligten **fehlerhaft** aber gutgläubig davon ausgegangen, dass die **Voraussetzungen** des **§ 13b UStG** vorliegen, so ist für den Leistungsempfänger § 15 Abs. 1 Satz 1 Nr. 4 UStG anzuwenden. Sind die Beteiligten fehlerhaft davon ausgegangen, dass die Voraussetzungen des § 13b UStG nicht vorliegen und hat der leistende Unternehmer die Steuer an das Finanzamt abgeführt, so kommt für den Leistungsempfänger der Vorsteuerabzug nach § 15 Abs. 1 Satz 1 Nr. 1UStG in Betracht (dazu *§ 13b Rz. 124 f.*).

### F. Abziehbarkeit der für eine Auslagerung geschuldeten Steuer (Abs. 1 Satz 1 Nr. 5)

323 Des Weiteren kann der Unternehmer die nach § 13a Abs. 1 Nr. 6 UStG geschuldete Steuer für Umsätze, die für sein Unternehmen ausgeführt worden sind, als Vorsteuer abziehen (§ 15 Abs. 1 Satz 1 Nr. 5 UStG). Hierbei handelt es sich in erster Linie um die Steuer, die vom sog. Auslagerer für eine Auslagerung aus einem sog. **Umsatzsteuerlager** i.S.d. § 4 Nr. 4a Satz 1 Buchst. a Satz 2 UStG geschuldet wird (§ 13a Abs. 1 Nr. 6 Halbs. 1 UStG). Das Merkmal „**für sein Unternehmen**" bestimmt sich nach denselben Kriterien wie im Rahmen des § 15 Abs. 1 Satz 1 Nr. 1 UStG (*Rz. 100 ff.*).

324 Erfolgt die Auslagerung durch den **Abnehmer** einer Lieferung, indem dieser den Gegenstand aus dem Umsatzsteuerlager des Lieferers **abholt**, so wird die der Auslagerung vorhergehende, zunächst (nach § 4 Nr. 4a Satz 1 Buchst. a Satz 1 UStG) steuerfreie Lieferung steuerpflichtig.[2] Der Abnehmer ist **Schuldner** der **Steuer** ist (§ 13a Abs. 1 Nr. 6 UStG). Wird die Lieferung für sein Unternehmen ausgeführt, so ist er zum „Abzug" der von ihm geschuldeten Steuer als Vorsteuer nach § 15 Abs. 1 Satz 1 Nr. 5 UStG berechtigt.

325 Der Vorsteuerabzug ist **nicht** von einer **Rechnung** des Lieferers abhängig. Vielmehr entspricht die abziehbare Vorsteuer der nach § 13a Abs. 1 Nr. 6 UStG geschuldeten Steuer. Die Verrechnung erfolgt liquiditätsneutral für den Voranmel-

---

1 Zum Vertrauensschutz *Stadie* in R/D, § 15 UStG Anm. 814.
2 Vgl. BMF v. 28.1.2004 – IV D 1 - S 7157 - 1/04, BStBl. I 2004, 242 – Rz. 28 f. i.V.m. Beispiel 12.

Für eine Auslagerung geschuldete Steuer (Abs. 1 Satz 1 Nr. 5) § 15

dungszeitraum, mit dessen Ablauf die Steuer entsteht. Hat der Lieferer in seiner Rechnung fälschlich Steuer ausgewiesen, obwohl er diese nicht für den Umsatz (sondern nur nach § 14c Abs. 1 UStG) schuldet, so kommt für den Abnehmer gleichwohl der Vorsteuerabzug nach § 15 Abs. 1 Satz 1 Nr. 1 UStG in Frage.[1]

Erfolgt die Auslagerung **durch** den **Lieferer**, der den Gegenstand an den Abnehmer befördert oder versendet, so schuldet er die Steuer für die der Auslagerung eine logische Sekunde vorhergehende, zunächst (nach § 4 Nr. 4a Satz 1 Buchst. a Satz 1 UStG) steuerfreie Lieferung (sofern der Abnehmer die Transportgefahr trägt, so dass die Lieferung bereits mit Beginn der Versendung oder Beförderung ausgeführt ist; *§ 3 Rz. 146*), welche mit der Auslagerung steuerpflichtig wird.[2] Diese vom Lieferer nach § 13a Abs. 1 Nr. 6 UStG geschuldete Steuer ist vom **Abnehmer unter den Voraussetzungen des** § **15 Abs. 1 Satz 1 Nr. 1** UStG abziehbar. Der Lieferer kann diese Steuer nicht nach § 15 Abs. 1 Satz 1 Nr. 5 UStG abziehen, weil die Lieferung nicht für sein, sondern für das Unternehmen des Abnehmers erfolgt. Für den Abnehmer ist § 15 Abs. 1 Satz 1 Nr. 5 UStG nicht anwendbar, weil er die Steuer nicht schuldet. Zwar verlangt der Wortlaut nicht, dass der Abzugsberechtigte die Steuer schuldet, diese Voraussetzung ergibt sich jedoch aus dem Zweck dieser Bestimmung, die ersichtlich nur den Fall im Auge hat, dass der Abzugsberechtigte die Steuer als Erwerber des Gegenstandes schuldet. Da es sich hier um eine „normale" Lieferung handelt, erfolgt die Entlastung des Abnehmers nach der Grundregel des § 15 Abs. 1 Satz 1 Nr. 1 UStG, indem der Lieferer die Steuer in Rechnung stellt.[3] 326

Wird der Gegenstand vom Auslagerer nicht für eine Lieferung, sondern für die Verwendung im eigenen Unternehmen **entnommen**, so kann er die nach § 13a Abs. 1 Nr. 6 UStG geschuldete Steuer als Vorsteuer abziehen (§ 15 Abs. 1 Satz 1 Nr. 5 UStG), da der vorangegangene, durch die Auslagerung steuerpflichtig gewordene Umsatz (Lieferung, innergemeinschaftlicher Erwerb oder Einfuhr) für sein Unternehmen ausgeführt worden war. 327

Der Auslagerung gleichgestellt ist der sonstige **Wegfall** der **Voraussetzungen** für die Steuerbefreiungen (z.B. Widerruf der Bewilligung des Steuerlagers) sowie die **Erbringung** einer **nicht** nach § 4 Nr. 4a Satz 1 Buchst. b UStG **begünstigten Dienstleistung** an den eingelagerten Gegenständen (§ 4 Nr. 4a Satz 1 Buchst. a Satz 4 UStG). Steuerschuldner ist derjenige Unternehmer, dem dieser Sachverhalt zuzurechnen ist (§ 13a Abs. 1 Nr. 6 UStG). Er ist zum Vorsteuerabzug berechtigt, wenn der vorangegangene Umsatz für sein Unternehmen ausführt worden ist. 328

Ferner soll nach den Vorstellungen der Gehilfen des Gesetzgebers der **Lagerhalter** die Steuer „schulden", wenn er die inländische Umsatzsteuer-Identifikationsnummer des Auslagerers oder dessen Fiskalvertreters nicht zutreffend aufzeichnet (§ 13a Abs. 1 Nr. 6 Halbs. 2 UStG). Sofern diese Haftung (*§ 13a Rz. 10*) 329

---

1 *Stadie* in R/D, § 15 UStG Anm. 827 f.
2 Vgl. BMF v. 28.1.2004 – IV D 1 - S 7157 - 1/04, BStBl. I 2004, 242 – Rz. 28 f. i.V.m. Beispiel 11.
3 BMF v. 28.1.2004 – IV D 1 - S 7157 - 1/04, BStBl. I 2004, 242 – Beispiel 11; *Birkenfeld* in B/W, § 177 Rz. 82.

überhaupt eingreift, kommt ein Vorsteuerabzug beim Lagerhalter nicht in Betracht.[1]

## G. Mindestumfang unternehmerischer Nutzung bei Gegenständen (Abs. 1 Satz 2)

### I. Allgemeines

330 § 15 Abs. 1 Satz 2 UStG bestimmt, dass die Lieferung, die Einfuhr oder der innergemeinschaftliche Erwerb eines Gegenstands, der zu weniger als 10 % für das Unternehmen genutzt wird, nicht als für das Unternehmen ausgeführt „gilt". Wird diese **Bagatellgrenze** nicht überschritten, kommt mithin ein – sofortiger vollständiger – Vorsteuerabzug auf Grund der Lieferung usw. nach § 15 Abs. 1 Satz 1 Nr. 1 bis 5 UStG nicht in Betracht. Davon zu unterscheiden ist ein sukzessiver anteiliger Vorsteuerabzug nach § 15a UStG in den Folgejahren, wenn der Nutzungsumfang die Bagatellgrenze überschreitet (*Rz. 346*).

331 Die von der Vorschrift ausgesprochene **Fiktion** ist **absurd**. Wenn sie nämlich bestimmt, dass bei einem Gegenstand, der nur in einem derartig geringen Umfang für das Unternehmen genutzt wird, die Lieferung lediglich nicht als für das Unternehmen ausgeführt „gilt", so folgt daraus im Umkehrschluss, dass selbst ein solcher Gegenstand eigentlich für das Unternehmen geliefert wird. Das ist nicht nachvollziehbar, da ein Gegenstand, der überwiegend für private (nichtunternehmerische) Zwecke genutzt wird, für den Privatbereich und gerade nicht für das Unternehmen erworben wird. Richtigerweise dürfte deshalb ein sofortiger vollständiger Vorsteuerabzug ohnehin nur zulässig sein, wenn der Gegenstand überwiegend für das Unternehmen genutzt werden soll, so dass die Vorschrift bei zutreffender Sicht überflüssig ist. Dagegen soll nach verfehlter Auffassung des **EuGH** aus Art. 168 MwStSystRL folgen, dass der Unternehmer auch bei einem Gegenstand, der überwiegend für nichtunternehmerische Zwecke genutzt wird, ein **Zuordnungswahlrecht** hat (*Rz. 168*). Mithin ist § 15 Abs. 1 Satz 2 UStG in diesem Sinne „auszulegen" und wie folgt zu lesen: *„Die Lieferung [usw.] eines Gegenstandes, der zu weniger als 10 vom Hundert für das Unternehmen genutzt wird, kann nicht als für das Unternehmen ausgeführt behandelt werden."*

332 Nach Auffassung des EuGH[2] soll das Zuordnungswahlrecht uneingeschränkt gelten, nämlich „wie gering auch immer der Anteil der Verwendung für unternehmerische Zwecke sein mag". Die Bundesregierung hat deshalb für die von dieser Entscheidung abweichende, zum 1.4.1999 eingeführte Bestimmung des § 15 Abs. 1 Satz 2 UStG jeweils zeitlich begrenzte **Ermächtigungen des Rates** der EU eingeholt. Die derzeitige, auf Art. 395 MwStSystRL gestützte Ermächtigung vom 13.11.2012[3] ist bis zum 31.12.2015 befristet.

333 Nach der EuGH-Entscheidung vom 12.2.2009 soll die vollständige Zuordnung des Gegenstands zum Unternehmen indes **nur bei teilweiser privater Verwen-**

---

1 *Stadie* in R/D, § 15 UStG Anm. 837 ff.
2 EuGH v. 11.7.1991 – C-97/90, EuGHE 1991, I-3795 = UR 1991, 291 – Rz. 35.
3 ABl. EU Nr. L 283/2009, 55.

dung durch natürliche Personen zum **vollständigen Vorsteuerabzug** – bei einem **Gebäude** gilt das nur noch, soweit mit seiner **Herstellung vor dem 1.1.2011 begonnen** worden war *(Rz. 387 ff.)* – berechtigen können *(Rz. 166 ff.)*. Bei der Verwendung **für nichtwirtschaftliche Tätigkeiten** soll der Gegenstand zwar ebenfalls zur Gänze dem Unternehmen zugeordnet werden können, jedoch gleichwohl nur im Umfang der unternehmerischen Verwendung zum Vorsteuerabzug berechtigen *(Rz. 158)*.

## II. Betroffene Gegenstände

Die Vorschrift betrifft die **Lieferung**, die Einfuhr und den innergemeinschaftlichen Erwerb von Gegenständen und gilt mithin **nicht** für die **Anmietung** u.Ä. („Leasen") von Gegenständen. Bei wortlautgetreuer Anwendung der Vorschrift wäre ferner bei der **Herstellung** eines Gegenstands, der zu weniger als 10 % unternehmerisch genutzt wird, der Vorsteuerabzug aus den einzelnen Materiallieferungen ausgeschlossen, hingegen hinsichtlich der zur Herstellung bezogenen Dienstleistungen nicht.[1] Das kann indes nicht dem Willen des Gesetzgebers entsprechen, da es willkürlich wäre, zwischen durch Lieferung erworbenen und selbst hergestellten Gegenständen zu unterscheiden. Folglich wird auch die Herstellung eines Gegenstands erfasst.[2]

334

Richtigerweise ist der vom Umsatzsteuergesetz verwendete Begriff „Gegenstand" als **Wirtschaftsgut** (i.S.d. § 15a UStG) zu verstehen *(§ 3 Rz. 8 u. 12)*. Folglich wäre die Bestimmung des § 15 Abs. 1 Satz 2 UStG bei **Grundstücken** und **Gebäuden** im Regelfall nicht anwendbar, weil diese ohnehin richtigerweise nur im Umfang der unternehmerischen Nutzung dem Unternehmen zugeordnet werden dürften und demgemäß als eigenständiges Wirtschaftsgut insoweit stets zu 100 % unternehmerisch genutzt würden. Demgegenüber lässt es die **Finanzverwaltung** wie die Rechtsprechung *(Rz. 168 f.)* seit jeher zu, dass ein teilweise unternehmerisch genutztes Gebäude dem Unternehmen insgesamt zugeordnet werden kann; die gesetzgeberische Bestätigung findet sich nunmehr in Art. 168a MwStSystRL und § 15 Abs. 1b UStG. In diesem Fall soll die unternehmerische Nutzung des Gebäudes dann mindestens 10 % betragen müssen.[3] Das ist **verfehlt**, weil § 15 Abs. 1 Satz 2 UStG eine der Vereinfachung dienende **Bagatellgrenze** darstellt, die nur bei beweglichen Gegenständen Sinn ergibt. **Bei Gebäuden** führt die Anwendung zu **sinnwidrigen** und **willkürlichen Ergebnissen**.[4]

335

Allerdings geht auch die Finanzverwaltung von der Möglichkeit aus, dass ein Grundstück oder **Gebäude** nur **teilweise** dem Unternehmen zugeordnet und der entsprechende Teil als „separater Gegenstand" behandelt wird.[5] Es ist anzunehmen, dass es dann auch auf das prozentuale Verhältnis von Gebäudeteil und

336

---

1 So wohl *Oelmaier* in S/R, § 15 UStG Rz. 471 f.
2 A.A. *Schwarz*, UR 2000, 275 (277).
3 Abschn. 15.2 Abs. 21 Nr. 2 Satz 3 UStAE; FG München v. 2.3.2011 – 3 K 2880/08, EFG 2011, 1665.
4 Siehe die *Beispiele* bei *Stadie* in R/D, § 15 UStG Anm. 872.
5 Abschn. 15.2 Abs. 21 Nr. 2 Buchst. b Satz 3 UStAE; a.A. *Oelmaier* in S/R, § 15 UStG Rz. 478.

Gesamtgebäude nicht ankommen soll, so dass auch ein Raum, der weniger als 10 % des gesamten Gebäudes ausmacht, als für das Unternehmen erworben angesehen werden kann. Das **zeigt** indes die **Fehlerhaftigkeit** der zuvor geschilderten **Auffassung** der **Finanzverwaltung** (*Rz. 335*), da die Berechtigung zum Vorsteuerabzug bei einem unternehmerisch genutzten Gebäudeteil nicht davon abhängen darf, ob der nichtunternehmerisch genutzte Teil dem Unternehmen zugeordnet ist.

### III. Mindestnutzung

337 Die Vorschrift verlangt lediglich eine Nutzung *für das Unternehmen* im Umfang von mindestens 10 %; nicht erforderlich ist, dass diese Nutzung auch tatsächlich zum Vorsteuerabzug berechtigt. Folglich reicht **auch** eine **Nutzung** aus, die **unter** ein **Abzugsverbot** nach § 15 Abs. 1a, Abs. 2 UStG oder ähnlichen Bestimmungen (z.B. § 24 Abs. 1 Satz 4 UStG) **fällt**. So kann mithin nach h.M. auf Grund der Rechtsprechung zum Zuordnungswahlrecht (*Rz. 165 ff.*) ein Gebäude, welches zu mindestens 10 % zur Ausführung **steuerfreier Vermietungsumsätze** verwendet wird, zur Gänze als für das Unternehmen erworben behandelt werden, ohne dass auch nur ein Bruchteil von Vorsteuer abziehbar ist. Ändert sich später die Verwendung, so kann ein nachträglicher sukzessiver Vorsteuerabzug nach § 15a UStG in Betracht kommen.

338 Die Bagatellgrenze gilt nur für den Fall der Nutzung zu mehr als 90 % für **private Zwecke**[1], mithin **nicht** für den Fall der Verwendung zu mehr als 90 % für **nichtwirtschaftliche Tätigkeiten** im Sinne der EuGH-Rechtsprechung (*Rz. 165*).

339 Bei der Frage, ob die Nutzungsgrenze im Sinne der Vorschrift überschritten wird, kommt es, da das Gesetz von „für sein Unternehmen nutzt" und nicht von „nutzen wird" spricht, regelmäßig auf die tatsächliche und nicht auf die beabsichtigte Nutzung an. Eine Prognose ist nur maßgebend, wenn es nicht zu einer Verwendung des Gegenstands kommt. Abzustellen ist auf den **Voranmeldungszeitraum** des Erwerbs; die Nutzung im Besteuerungszeitraum (§ 16 Abs. 1 Satz 2 UStG) des Erwerbs ist grundsätzlich nicht maßgebend[2] (s. auch *Rz. 455 ff.*). Ein für diesen gebildeter Durchschnittswert ist nur dann zugrunde zu legen, wenn er wesentlich dem Nutzungsverhältnis im ersten Voranmeldungszeitraum widerspricht. Lediglich dann, wenn der Erwerb erst gegen Ende des Besteuerungszeitraums erfolgt, ist die sich aus den Gesamtumständen ergebende Nutzungsabsicht maßgebend.[3]

340 Bei **Personenkraftwagen** ist auf das Verhältnis der Kilometer unternehmerischer Fahrten zu den Jahreskilometern des Fahrzeugs abzustellen. Bei sog. **Zweit-** und **Drittfahrzeugen** von Einzelunternehmen oder sog. Alleinfahrzeugen bei einer nebenberuflichen Unternehmertätigkeit geht die Finanzverwaltung regelmäßig davon aus, dass diese Fahrzeuge zu weniger als 10 % unternehmerisch genutzt werden. Das Gleiche soll bei Personengesellschaften, wenn ein Gesellschafter

---

1 Art. 1 der Ermächtigung des Rates v. 20.10.2009, ABl. EU Nr. L 283/2009, 55.
2 *Schwarz*, UR 2000, 275 (278); *Widmann*, DB 2000, 1145 (1147).
3 FG Saarl. v. 12.4.2005 – 1 K 248/01, EFG 2005, 1653.

mehr als ein Fahrzeug privat nutzt, für die weiteren privat genutzten Fahrzeuge gelten.[1]

## IV. Rechtsfolgen bei Über- bzw. Unterschreiten

**a)** Wird der von der Vorschrift geforderte **Mindestumfang** der Nutzung im Voranmeldungszeitraum bzw. Besteuerungszeitraum des Erwerbs **erreicht**, so besteht ein **Zuordnungswahlrecht** (*Rz. 331*). Bei Grundstücken und **Gebäuden** gilt die Grenze nur, wenn das ganze Objekt dem Unternehmen zugeordnet werden soll (*Rz. 335 f.*).

341

Ist der Gegenstand bzw. das Wirtschaftsgut durch Ausübung des vollen Vorsteuerabzugs dem Unternehmen zugeordnet worden, so muss im Umfang der **nichtunternehmerischen Nutzung** eine **sukzessive Korrektur des Vorsteuerabzugs** nach § 1 Abs. 1 Nr. 1 i.V.m. § 3 Abs. 9a und § 10 Abs. 4 Nr. 2 UStG vorgenommen werden. Eine spätere **Lieferung** erfolgt im Rahmen des Unternehmens und bei einer späteren vollständigen dauerhaften nichtunternehmerischen Nutzung wird der Gegenstand aus dem Unternehmen (§ 3 Abs. 1b Satz 1 Nr. 1 UStG) **entnommen**, so dass ein steuerbarer Umsatz vorliegt. Wird der Gegenstand nur teilweise zugeordnet, so erfolgt die Lieferung bzw. Entnahme nur insoweit im Rahmen des Unternehmens.[2]

342

**Sinkt** in der **Folgezeit** der Umfang der unternehmerischen Nutzung **unter** die **Mindestgrenze**, so ändert das nichts an den zuvor genannten Rechtsfolgen.

343

**b)** Wird der von der Vorschrift geforderte **Mindestumfang** der Nutzung im Voranmeldungszeitraum bzw. Besteuerungszeitraum **nicht erreicht**, so kann der Vorsteuerabzug aus dem Erwerb des Gegenstandes nicht nach § 15 Abs. 1 Satz 1 Nr. 1 bis 5 UStG geltend gemacht werden. Folglich kann der Gegenstand nicht durch Geltendmachung des Vorsteuerabzugs dem Unternehmen zugeordnet werden, so dass eine spätere Lieferung nicht im Rahmen des Unternehmens geschieht. Ebenso wenig ist eine spätere Vermietung des (beweglichen) Gegenstandes steuerbar.

344

Durch § 15 Abs. 1 Satz 2 UStG wird nicht nur der Abzug der auf den Erwerb des Gegenstandes entfallenden Vorsteuer ausgeschlossen. Da der Gegenstand nicht als ein solcher des Unternehmens angesehen werden darf, können folglich auch **Dienstleistungen**, welche diesen **Gegenstand betreffen**, grundsätzlich nicht für das Unternehmen bezogen werden (*Beispiele*: Inspektionen und Verschleißreparaturen bei einem Fahrzeug). Indes können die **unmittelbar durch** die **unternehmerische Verwendung** anfallenden **Vorsteuerbeträge** (z.B. die Steuer für den Bezug von Kraftstoff anlässlich einer unternehmerischen Fahrt mit einem privaten Fahrzeug) abgezogen werden.[3] Dazu zählen auch Vorsteuerbeträge, die auf Repa-

345

---

[1] BMF v. 27.8.2004 – IV B 7 - S 7300 - 70/04, BStBl. I 2004, 864 – Rz. 1 Abs. 1; ablehnend FG Saarl. v. 12.4.2005 – 1 K 248/01, EFG 2005, 1653.
[2] Vgl. zur Lieferung EuGH v. 4.10.1995 – C-291/92, EuGHE 1995, I-2775 = BStBl. II 1996, 392 = UR 1995, 485; EuGH v. 8.3.2001 – C-415/98, EuGHE 2001, I-1831 = UR 2001, 149 – Rz. 39; Abschn. 15.2 Abs. 21 Nr. 2 Buchst. b Satz 8 UStAE.
[3] Abschn. 15.2 Abs. 21 Nr. 2 Buchst. a Satz 6 UStAE.

raturkosten entfallen, welche durch einen **Unfall** auf einer unternehmerischen Fahrt veranlasst sind (*Rz. 136*).

346 Wird die **10 %-Grenze** in der **Folgezeit überschritten**, so verlangt der Entlastungszweck des Vorsteuerabzugs entgegen der herrschenden Auffassung[1], dass für die betreffenden Zeiträume ein anteiliger Vorsteuerabzug im Wege der „Vorsteuerberichtigung" nach § 15a UStG in Betracht kommt.[2] Der Ausschluss des Vorsteuerabzugs kann dann nicht mehr mit dem Vereinfachungszweck des § 15 Abs. 1 Satz 2 UStG gerechtfertigt werden, welcher davon ausgeht, dass der Gegenstand für die gesamte Nutzungsdauer nur zu weniger als 10 % unternehmerisch genutzt wird. Es hat dasselbe wie bei einer nachträglichen Einlage zu gelten, bei der allerdings die h.M. die Nachholung eines Vorsteuerabzugs verneint (*§ 15a Rz. 126 ff.*).

## H. Vorsteuerabzugsverbote
### I. Allgemeines, Begriffliches

347 Das Umsatzsteuergesetz enthält eine Vielzahl von Bestimmungen, wonach Vorsteuern, die nach § 15 Abs. 1 UStG abziehbar wären, nicht abgezogen werden dürfen. Neben den Beschränkungen und Ausschlüssen nach § 15 **Abs. 1a** UStG (*Rz. 351 ff.*), § 15 **Abs. 1b** UStG (*Rz. 387 ff.*), § 15 **Abs. 2** UStG (*Rz. 417 ff.*) und § 15 Abs. 4b UStG (*Rz. 506*) finden sich **weitere** in diversen **Einzelbestimmungen** (*Rz. 411*). Abzugsverbote ergeben sich **ferner** aus § 15 Abs. 1 Satz 1 Nr. 1 Satz 2 UStG i.V.m. besonderen Regelungen (*Rz. 412*). Darüber hinaus können **Abzugsverbote** des **Ansässigkeitsstaates** eingreifen (*Rz. 413*).

348 § 15 UStG unterscheidet zwischen „**Nichtabziehbarkeit**" (Absatz 1a), „**Ausschlüssen**" (Absatz 1b und Absatz 2) vom Vorsteuerabzug und „**Einschränkungen**" (Absatz 4b) des Vorsteuerabzugs. Diese begrifflichen Differenzierungen sind ohne Bedeutung und auch nicht von der MwStSystRL vorgegeben. Diese kennt neben der Abzugsbeschränkung nach Art. 168a MwStSystRL nur Umsätze, „für die kein Recht auf Vorsteuerabzug besteht" (Art. 173 Abs. 1 Unterabs. 1 MwStSystRL) und „Ausschlüsse vom Recht auf Vorsteuerabzug" (Art. 176 MwStSystRL).

349 Die Nichtabziehbarkeit der Vorsteuer in den Fällen des § 15 **Abs. 1a** UStG rechtfertigt sich aus der besonderen Nähe zur **privaten Lebensführung** (*Rz. 352*), der Ausschluss durch § 15 **Abs. 1b** UStG dient der Neutralisierung einer verfehlten Rechtsprechung des EuGH und **verhindert** den **Missbrauch** des Vorsteuerabzugs im privaten Bereich (*Rz. 387*). Beide Regelungen werden im Folgenden als **Vorsteuerabzugsverbote** bezeichnet. Die Ausschlüsse nach § 15 Abs. 2 UStG betreffen hingegen keine Verwendung für private Zwecke, sondern die Verwendung für bestimmte steuerfreie Umsätze, die nach Auffassung des Gesetzgebers nicht vollständig von der Umsatzsteuer entlastet sein sollen (*Rz. 415*).

---

1 Abschn. 15a.1 Abs. 6 Nr. 5 UStAE; *Oelmaier* in S/R, § 15 UStG Rz. 457; *Widmann*, DB 2000, 1145 (1147 f.); *Schwarz*, UR 2000, 275 (278).
2 Zust. *Tumpel* in FS Reiß (2008), S. 123 (127); vgl. auch *Korf*, IStR 2009, 360.

Bei einer **teilweisen** („gemischten") **Verwendung** für abzugsschädliche Zwecke ist lediglich für die Fälle des § 15 Abs. 2 UStG der **Aufteilungsmaßstab** der **wirtschaftlichen Zurechnung** vorgesehen (§ 15 Abs. 4 Sätze 1 bis 3 UStG; dazu *Rz. 472 ff.*), welcher in den Fällen des § 15 Abs. 1b UStG entsprechend gelten soll (§ 15 Abs. 4 Satz 4 UStG; dazu *Rz. 403 ff.*). Indes ergibt sich dieser Aufteilungsmaßstab aus der Natur der Sache (*Rz. 160*), so dass er für alle Fälle einer gemischten Verwendung von Leistungsbezügen gilt. 350

## II. Bei bestimmten einkommensteuerrechtlichen Abzugsverboten (Abs. 1a)

### 1. Allgemeines

Nicht abziehbar sind Vorsteuerbeträge, die auf Aufwendungen entfallen, für welche das Abzugsverbot des § 4 Abs. 5 Satz 1 Nr. 1 bis 4, 7, Abs. 7 oder des § 12 Nr. 1 EStG gilt (§ 15 Abs. 1a UStG). Der Zweck dieser einkommensteuerrechtlichen Abzugsverbote – § 12 Nr. 1 EStG enthält kein Abzugsverbot, sondern lediglich eine Klarstellung (*Rz. 385 f.*) – liegt ersichtlich darin, bei sog. **Repräsentationsaufwendungen** den Vorsteuerabzug auszuschließen oder zu beschränken, weil sie die **Lebensführung** des Unternehmers oder anderer Personen in einem besonderen Maße **berühren** und somit „**keinen streng geschäftlichen Charakter haben**" (so die Formulierung des Art. 176 Satz 2 MwStSystRL). 351

Die in § 15 Abs. 1a UStG aufgezählten einkommensteuerrechtlichen „Abzugsverbote" gelten nicht nur für Unternehmer, die den Gewinn nach § 4 Abs. 3 EStG, sondern auch für diejenigen Unternehmer, welche den Gewinn durch **Betriebsvermögensvergleich** (§ 4 Abs. 1 EStG) ermitteln, bei dem mithin nicht Ausgaben (Aufwendungen) *abgezogen*, sondern Vermögensminderungen berücksichtigt werden. Gemeint sind die Aufwendungen, welche nach § 4 Abs. 1 Satz 6 i.V.m. Abs. 5 und 7 EStG den Gewinn nicht mindern dürfen. 352

Diese Abzugsverbote treffen auch solche Unternehmer, die dem Körperschaftsteuerrecht unterfallen (§ 8 Abs. 1 Satz 1 KStG), selbst wenn ihre Tätigkeit **von der Körperschaftsteuer befreit** ist.[1] Die Abzugsverbote gelten ferner über den Wortlaut des § 15 Abs. 1a UStG hinaus auch für solche Unternehmer, deren Einkünfte nicht in Gestalt des Gewinns nach § 4 EStG (bzw. § 13a EStG) zu ermitteln sind, nämlich bei solchen, die unter die Einkunftsart § 21 EStG (**Vermietung und Verpachtung**) oder § 22 Nr. 3 EStG (**sonstige** Einkünfte) fallen. Zwar gelten für diese Unternehmer die o.g. Abzugsverbote (mit Ausnahme des § 4 Abs. 7 EStG) einkommensteuerrechtlich nur auf Grund der Verweisung des § 9 Abs. 5 EStG, es ist jedoch davon auszugehen, dass es sich um ein Versehen des Gesetzgebers handelt, da es keinen sachlichen Grund gibt, diese Unternehmer auszunehmen. Die offensichtliche Lücke ist durch Analogie zu schließen. Ein Analogieverbot besteht in solchen Fällen nicht, da der gesetzgeberische Wille ersichtlich im Gesetz angelegt ist. 353

---

1 Vgl. Abschn. 15.6 Abs. 3 UStAE.

354 Das Einkommensteuergesetz versteht unter **Aufwendungen** Ausgaben und Aufwand[1], wobei zu Ausgaben bei der Gewinnermittlung i.S.d. § 4 Abs. 1 EStG auch Vermögensminderungen in Gestalt von Verbindlichkeiten zählen und der Aufwand die Absetzungen für Abnutzungen (Abschreibungen) einschließt. § 15 Abs. 1a UStG ist hingegen als **Abzugsverbot** ausgestaltet, welches sich unmittelbar auf die gesamten Vorsteuern bezieht, die bei Erwerb oder Herstellung eines abnutzbaren Wirtschaftsgutes anfallen. Die Aufwendungen in Gestalt der Abschreibungen entstehen zwar nur sukzessive, gleichwohl ordnet die Vorschrift ein sofort eingreifendes Abzugsverbot und keine sukzessive Berichtigung des Vorsteuerabzugs in den folgenden Jahren an (*Rz. 372*).

355 § 15 Abs. 1a UStG erfasst nur solche Leistungen, bei denen bereits im Zeitpunkt, zu dem der Vorsteuerabzug geltend zu machen wäre, die Verwendung für die abzugsschädlichen Zwecke erfolgt ist bzw. feststeht. Erfolgt die Verwendung bzw. die Zweckbestimmung erst in einem **späteren Voranmeldungszeitraum**, so ist nicht die Steuerfestsetzung (Steueranmeldung), bei der der Vorsteuerbetrag berücksichtigt worden war, nach der Abgabenordnung zu ändern. Vielmehr ist der vorgenommene **Vorsteuerabzug** nach § 17 Abs. 2 Nr. 5 UStG materiell-rechtlich für den Voranmeldungszeitraum zu **berichtigen**, in dem die Verwendung feststeht (*§ 17 Rz. 81 ff.*).

356 Die Abzugsverbote des § 15 Abs. 1a UStG sind mit der **MwStSystRL** zu vereinbaren. Nach Art. 176 Satz 3 MwStSystRL können die (frühen) Mitgliedstaaten alle Vorsteuerausschlüsse beibehalten, die innerstaatlich bereits 1978 galten. § 15 Abs. 1a UStG ist zwar erst zum 1.4.1999 eingeführt worden, zuvor galt jedoch seit 1975 eine Regelung, die hinsichtlich der meisten Tatbestände im Ergebnis dieselbe Wirkung hatte. Nach § 1 Abs. 1 Nr. 2 Buchst. c i.V.m. § 10 Abs. 5 Nr. 3 UStG 1973 war nämlich ursprünglich bei Tätigung der in § 4 Abs. 5 Nr. 1 bis 7 EStG genannten Aufwendungen ein sog. Eigenverbrauch in Höhe dieser Aufwendungen zu versteuern, wodurch der Vorsteuerabzug wieder neutralisiert wurde. § 1 Abs. 1 Nr. 2 Buchst. c UStG a.F. wirkte folglich wie ein mittelbares Vorsteuerabzugsverbot.[2] Mit § 15 Abs. 1a UStG hat sich lediglich die *Gesetzestechnik* geändert. Zwischenzeitliche Abweichungen sind zum 19.12.2006 beseitigt worden.

## 2. Aufwendungen für Geschenke

### a) Allgemeines

357 Bei Aufwendungen für **Geschenke** an Personen, die nicht Arbeitnehmer des Unternehmers sind, ist der Vorsteuerabzug ausgeschlossen, wenn die Anschaffungs- oder Herstellungskosten der dem Empfänger im Wirtschaftsjahr zugewendeten Gegenstände insgesamt 35 € übersteigen (§ 15 Abs. 1a UStG i.V.m. § 4

---

[1] BFH v. 20.8.1986 – I R 80/83, BStBl. II 1986, 904; BFH v. 20.8.1986 – I R 29/85, BStBl. II 1987, 108.
[2] Vgl. BFH v. 16.1.2003 – V B 144/02, BFH/NV 2003, 666 (667 a.E.); BFH v. 2.7.2008 – XI R 60/06, BStBl. II 2009, 167 – 3c bb der Gründe; BFH v. 21.5.2014 – V R 34/13, BStBl. II 2014, 914 – Rz. 28 f.

Abs. 5 Satz 1 Nr. 1 EStG). Das Geschenk muss dem Empfänger **für unternehmerische Zwecke** des Schenkenden zugewendet werden, da anderenfalls der Erwerb des zu verschenkenden Gegenstandes schon nicht für das Unternehmen erfolgt und der Vorsteuerabzug bereits nach § 15 Abs. 1 UStG nicht möglich ist. Ob die Bereicherung **beim Beschenkten im nichtunternehmerischen (privaten) oder im unternehmerischen Bereich** eintritt, ist – wie auch im Rahmen des § 3 Abs. 1b UStG (*§ 3 Rz. 80 u. 92*) – **ohne Bedeutung**.

Da über die Abziehbarkeit der Vorsteuer für den Schluss des Voranmeldungszeitraums, in dem die Gegenstände erworben werden, zu befinden ist, kann dieses Abzugsverbot nur dann eingreifen, wenn der **Zweck**, die Gegenstände für unternehmerisch motivierte Geschenke zu verwenden, **bereits** zu diesem Zeitpunkt **feststeht**. **Anderenfalls** erfolgt die Berichtigung des Vorsteuerabzugs nach **§ 17 Abs. 2 Nr. 5** UStG als lex specialis zu § 3 Abs. 1b Satz 1 Nr. 3 UStG (*Rz. 299*). Entsprechendes gilt, wenn die Grenze des § 4 Abs. 5 Satz 1 Nr. 1 EStG erst später durch ein weiteres Geschenk überschritten wird (*Rz. 368*).

358

Echte Geschenke an **Arbeitnehmer**, denen mithin keine Gegenleistung in Gestalt anteiliger Arbeitsleistung gegenübersteht, werden, soweit es sich nicht um **Aufmerksamkeiten** handelt, von § 3 Abs. 1b Nr. 2 bzw. Abs. 9a Nr. 1 UStG erfasst (*§ 3 Rz. 76 ff.*), wenn die Verwendung im Zeitpunkt des Erwerbs noch nicht feststeht. Anderenfalls ist der Vorsteuerabzug schon nach § 15 Abs. 1 UStG ausgeschlossen (soweit es sich nicht um Aufmerksamkeiten handelt, arg. § 3 Abs. 1b Satz 1 Nr. 2 UStG), weil die für die Geschenke verwendeten Leistungsbezüge nicht für das Unternehmen erworben werden.

359

Ist bei einem Geschenk der Vorsteuerabzug nach § 15 Abs. 1a UStG i.V.m. § 4 Abs. 5 Satz 1 Nr. 1 EStG ausgeschlossen, so kann die Schenkung **nicht** den **Tatbestand** der **unentgeltlichen Zuwendung** nach § 3 Abs. 1b Satz 1 Nr. 3 UStG erfüllen, da Satz 2 dieser Bestimmung nicht zutrifft. Die **Abgrenzung** des § 15 Abs. 1a UStG von § 3 Abs. 1b Nr. 3 UStG scheint sich mithin danach zu richten, ob bei Erwerb des Gegenstands dessen Weitergabe als Geschenk schon feststand (dann § 15 Abs. 1a UStG) oder ob die Umwidmung zum Geschenk erst später erfolgte. Richtigerweise ist jedoch im letzteren Fall nicht § 3 Abs. 1b Satz 1 Nr. 3 UStG, sondern **§ 17 Abs. 2 Nr. 5** UStG als **lex specialis** anzuwenden (*§ 17 Rz. 84*). § 3 Abs. 1b Satz 1 Nr. 3 UStG läuft mithin bei unternehmerisch veranlassten Geschenken leer (*§ 3 Rz. 82*).[1]

360

Somit gilt folgende Abgrenzung der erwähnten Vorschriften:

361

Wurde der Gegenstand von vornherein zum Zweck der Weitergabe als Geschenk erworben und aus (a) privaten Motiven bzw. (b) unternehmerischen Motiven verschenkt, so ist der Vorsteuerabzug im Falle (a) nach § 15 Abs. 1 Satz 1 UStG und im Falle (b) nach § 15 Abs. 1a UStG ausgeschlossen.

Wurde der Gegenstand anfänglich nicht für Geschenkzwecke erworben, jedoch später als Geschenk für (a) private Zwecke bzw. (b) eigene unternehmerische

---

1 **A.A.** Abschn. 3.3 Abs. 10 Satz 8 UStAE; FG BW v. 17.6.2008 – 1 K 21/05, EFG 2008, 1498.

Zwecke verwendet, so ist ein beim Erwerb vorgenommener Vorsteuerabzug im Falle a) nach § 3 Abs. 1b UStG, im Falle (b) nach § 17 Abs. 2 Nr. 5 UStG zu neutralisieren.

**b) Unentgeltliche Zuwendung, Dienstleistungen**

362 Bei einem Geschenk handelt es sich um eine **unentgeltliche Zuwendung**. Mithin liegt ein solches **nicht** vor, wenn der Unternehmer eine **Gegenleistung** des Empfängers der Zuwendung erhält oder erwartet.[1] Das ist insbesondere der Fall, wenn der Lieferung eine **Dienstleistung** des **Empfängers gegenübersteht** (*Beispiele:* Sachprämien für Vermittlungsleistungen von Altkunden[2]). Gleiches gilt, wenn mit der Lieferung des Gegenstands oder der Dienstleistung (*Rz. 364*) **Bestechungs-**, „**Schmier**"- o.ä. **Zwecke** verfolgt werden, weil dann ebenfalls der Empfänger dafür Leistungen erbringt (vgl. *§ 1 Rz. 16*). In diesen Fällen wäre die Lieferung des Gegenstands oder die Dienstleistung nach h.M. als entgeltlicher Umsatz i.S.d. § 1 Abs. 1 Nr. 1 UStG zu versteuern (tauschähnlicher Umsatz). Richtigerweise sind Tauschvorgänge jedoch nicht steuerbar (*§ 1 Rz. 87 ff.*).[3] Zur Neutralisierung eines vorgenommenen Vorsteuerabzugs ist der Vorgang so zu behandeln, als läge eine unentgeltliche Leistung i.S.d. § 3 Abs. 1b oder 9a UStG vor (*§ 3 Rz. 88*).

363 **Keine** Zuwendung, d.h. keine unentgeltliche Lieferung liegt bei einer **Zugabe** (Draufgabe) zu einer entgeltlichen Leistung vor.[4] Die Lieferung derartiger Gegenstände erweitert den Umfang der eigentlichen entgeltlichen Lieferung oder Dienstleistung.

364 Der Begriff des Geschenks i.S.d. § 4 Abs. 5 Satz 1 Nr. 1 EStG erfasst auch die Zuwendung von Vermögenswerten, die nicht den Gegenstandsbegriff des Zivilrechts bzw. des Umsatzsteuerrechts erfüllen, d.h. auch die **Zuwendung** von **Dienstleistungen** (sonstigen Leistungen).[5] Das gilt auch im Rahmen des § 15 Abs. 1a UStG, denn gerade wegen dieser Zuwendungen ist erstgenannte Vorschrift in letztere eingefügt worden.[6] Bei der Überlassung von Konzertkarten oder **Eintrittskarten** für sportliche, unterhaltende u.a. Veranstaltungen an Geschäftsfreunde[7] handelt es sich um die Zuwendung von Dienstleistungen (*§ 3 Rz. 158*). Bewirtungen fallen unter § 4 Abs. 5 Satz 1 Nr. 2 EStG (*Rz. 369*) als lex specialis.

---

1 Vgl. Abschn. 3.3 Abs. 12 Sätze 3 f. UStAE.
2 Vgl. Abschn. 3.3 Abs. 20 Gedankenstrich 3 UStAE.
3 Zur Hingabe von Preisen anlässlich eines **Preisausschreibens** s. einerseits Abschn. 15.6 Abs. 2 Satz 1 UStAE i.V.m. R. 4.10 Abs. 4 Satz 5 EStR 2009; andererseits *Stadie* in R/D, § 15 UStG Anm. 929.
4 Vgl. Abschn. 3.3 Abs. 17 f. UStAE.
5 BFH v. 23.6.1993 – I R 14/93, BStBl. II 1993, 806 – **Reise**; FG Bremen v. 9.7.2008 – 2 K 220/07, EFG 2008, 1493 – sog. Kaffeefahrten; *Söhn* in Kirchhof/Söhn, EStG, § 4 EStG Rz. G 42 f. m.w.N.
6 Vgl. 3. Bericht des FinAussch. zum StEntlG 1999/2000/2002, BT-Drucks. 14/443 – zu Art. 7 Nr. 11 Buchst. b (zu § 15 Abs. 1a Nr. 1 UStG).
7 Abschn. 15.6 Abs. 4 Satz 6 UStAE.

## c) Freigrenze

Der Vorsteuerabzug ist nur dann ausgeschlossen, wenn die **Freigrenze** von 35 € Anschaffungs- oder Herstellungskosten der dem jeweiligen Empfänger im Wirtschaftsjahr (§ 4a Abs. 1 Satz 2 EStG) – nicht Kalenderjahr[1] – zugewendeten „Gegenstände" überschritten wird (§ 4 Abs. 5 Satz 1 Nr. 1 Satz 2 EStG). Der Begriff „Gegenstand" ist entsprechend dem Zweck der Vorschrift nicht als körperlicher Gegenstand, sondern als Gegenstand (Objekt) der Schenkung zu verstehen und erfasst deshalb auch Dienstleistungen (*Rz. 364*).

365

Für die Beurteilung, ob die Freigrenze überschritten wird, ist die auf die Anschaffungs- oder Herstellungskosten entfallende **Vorsteuer** außer Acht zu lassen. Das soll nach Auffassung der Finanzverwaltung wegen der Bestimmung des § 9b EStG nicht gelten, soweit ein Abzugsverbot nach § 15 Abs. 2 UStG eingreift.[2] Richtigerweise ist indes § 6 Abs. 2 Satz 1 EStG analog anzuwenden.[3]

366

Nach Auffassung der Finanzverwaltung sind auch **Geldgeschenke** bei der Prüfung, ob die Freigrenze überstiegen wird, mit einzubeziehen.[4] Das entspricht zwar dem Wortlaut des § 4 Abs. 5 Satz 1 Nr. 1 EStG, ist aber aus umsatzsteuerrechtlicher Sicht nicht sachgerecht, weil es zum Vorsteuerausschluss bei Bagatellgeschenken führt, da sich bei Geld die Frage des Vorsteuerabzugs nicht stellt.

367

Wird die Freigrenze erst durch ein **weiteres Geschenk** im Wirtschaftsjahr überschritten, so entfällt der Vorsteuerabzug nicht rückwirkend für das erste Geschenk; vielmehr ist der Vorsteuerabzug für denjenigen Voranmeldungszeitraum nach § 17 Abs. 2 Nr. 5 i.V.m. Abs. 1 Satz 7 UStG zu **berichtigen**, in dem das zweite Geschenk und damit Aufwendungen i.S.d. § 4 Abs. 5 Satz 1 Nr. 1 EStG getätigt werden (*§ 17 Rz. 84*).

368

## 3. Aufwendungen für Bewirtungen

Nicht abziehbar sind ferner Vorsteuern, die auf Aufwendungen für die **Bewirtung** von Personen aus geschäftlichem Anlass entfallen, soweit die Aufwendungen nach der allgemeinen Verkehrsauffassung als angemessen anzusehen und ihre Höhe und betriebliche Veranlassung nachgewiesen sind (§ 15 Abs. 1a UStG i.V.m. § 4 Abs. 5 Satz 1 Nr. 2 Satz 1 EStG). Der **Nachweis** hat in der von § 4 Abs. 5 Satz 1 Nr. 2 Satz 2 und 3 EStG vorgeschriebenen Weise zu erfolgen. Die Beschränkung des Vorsteuerabzugs gilt auch bei Bewirtungen in **unternehmenseigenen Einrichtungen**[5], sofern der Vorsteuerabzug nicht schon nach spezielleren Vorschriften (§ 4 Abs. 5 Satz 1 Nr. 3 und 4 EStG) vollständig ausgeschlossen ist.

369

Die **einkommensteuerrechtliche Begrenzung** auf 70 % der *angemessenen* und nachgewiesenen Aufwendungen ist **unbeachtlich** (§ 15 Abs. 1a Satz 2 UStG).

370

---

1 So aber Abschn. 15.6 Abs. 4 Satz 3 UStAE.
2 Abschn. 15.4 Abs. 4 Satz 2 UStAE i.V.m. R 9b EStR.
3 *Stadie* in R/D, Einf. Anm. 855.
4 Vgl. Abschn. 15.2 Abs. 4 Satz 4 UStAE.
5 Abschn. 15.2 Abs. 7 UStAE.

## 4. Aufwendungen für Gästehäuser

371  Bei Aufwendungen für **Einrichtungen** des Unternehmers, soweit sie der Bewirtung, Beherbergung oder Unterhaltung von Personen, die nicht Arbeitnehmer des Unternehmers sind, dienen (**Gästehäuser**) und sich außerhalb des Ortes eines Betriebes des Unternehmers befinden, ist der Vorsteuerabzug ausgeschlossen (§ 15 Abs. 1a UStG i.V.m. § 4 Abs. 5 Satz 1 Nr. 3 EStG). Das Abzugsverbot gilt (natürlich) **nicht**, soweit die genannten Zwecke **Gegenstand** einer mit „Gewinnabsicht" (dazu *Rz. 375*) ausgeübten **unternehmerischen Betätigung** sind (§ 4 Abs. 5 Satz 2 EStG), wie insbesondere beim Betrieb eines Hotels, Restaurants usw.

372  Hinsichtlich der Einrichtungen selbst sind *einkommensteuerrechtliche* **Aufwendungen** (*Rz. 354*) vor allem die jährlichen Abschreibungsbeträge (Absetzungen für Abnutzung). Das bedeutet indes nicht, dass der Vorsteuerabzug bei Erwerb dieser Einrichtungen erst einmal zu gewähren und später nur sukzessive in Höhe der anteilig auf die Abschreibungsbeträge entfallenden Vorsteuern zu neutralisieren wäre. § 15 Abs. 1a UStG ist keine Vorschrift zur Berichtigung eines vorgenommenen Vorsteuerabzugs, sondern formuliert ein von vornherein greifendes Abzugsverbot. Folglich ist der **Ausschluss** gegenstandsbezogen und führt dazu, dass der **Vorsteuerabzug sogleich in voller Höhe** beim Erwerb dieser Einrichtungen zu versagen ist.[1] Die Bestätigung findet sich in § 4 Nr. 28 UStG (Gegenstände, „für die der Vorsteuerabzug nach § 15 Abs. 1a ausgeschlossen ist").[2]

373  Wird ein Gebäude anfänglich nicht für abzugsschädliche Zwecke verwendet, so ist bei einer späteren **Nutzungsänderung** der Vorsteuerabzug nach § 15a UStG zu berichtigen. Entsprechendes gilt im umgekehrten Fall (*§ 17 Rz. 83*).

## 5. Aufwendungen für Jagd, Fischerei, Segel- oder Motorjachten u.ä. Zwecke

374  a) Auch bei Aufwendungen für die **Jagd** oder **Fischerei**, für **Segeljachten** oder **Motorjachten** sowie für **ähnliche Zwecke**[3] und für die hiermit zusammenhängenden **Bewirtungen** ist der Vorsteuerabzug ausgeschlossen (§ 15 Abs. 1a UStG i.V.m. § 4 Abs. 5 Satz 1 Nr. 4 EStG). Bei der Anschaffung von **Gegenständen** für diese Zwecke ist der Vorsteuerabzug von vornherein in voller Höhe ausgeschlossen (*Rz. 372*).

375  Das Abzugsverbot gilt (natürlich) **nicht**, soweit die genannten Zwecke **Gegenstand** einer **mit „Gewinnabsicht"** ausgeübten **Betätigung** sind, wie insbesondere beim Handel mit oder beim Vermieten von Segeljachten, Motorjachten u.ä. Ge-

---

1 *Lippross*, Umsatzsteuer, 7.8.2.1.2c – S. 981.
2 Zur Vereinbarkeit mit Art. 176 Satz 2 MwStSystRL s. *Stadie* in R/D, § 15 UStG Anm. 952.
3 Dazu zählen z.B. auch Aufwendungen für Sportflugzeuge, BFH v. 7.2.2007 – I R 27–29/05, BFH/NV 2007, 1230; FG München v. 8.3.2010 – 7 K 1182/08, EFG 2010, 1345; das Halten von Rennpferden, BFH v. 2.7.2008 – XI R 66/06, BStBl. II 2009, 206 = UR 2008, 919; Schiffsreisen mit Geschäftsfreunden, BFH v. 2.8.2012 – IV R 25/09, BStBl. II 2012, 824; die Veranstaltung eines Golf-Turniers, FG Hess. v. 22.5.2013 – 11 K 1165/12, EFG 2013, 1477 – Rev.-Az. IV R 24/13.

genständen. Die **Klarstellung** findet sich in **§ 4 Abs. 5 Satz 2 EStG**.[1] Auch die Erwähnung der Gewinnabsicht soll lediglich klarstellen, dass bei ohne Gewinnabsicht ausgeübten Betätigungen (sog. Liebhaberei) es bei dem Abzugsverbot bereits deshalb verbleibt, weil mangels Vorliegen einer unter das Einkommensteuergesetz fallenden Betätigung schon nicht die Voraussetzungen des Betriebsausgabenbegriffs erfüllt sind. Auf das Umsatzsteuerrecht übertragen heißt das, dass ein Vorsteuerabzugsverbot selbstverständlich nicht gilt, soweit die genannten Zwecke Gegenstand einer unternehmerischen Tätigkeit im o.g. Sinne sind.

**b)** Umgekehrt bedeutet es, dass bei Verneinung einer unternehmerischen Tätigkeit in den sog. **Liebhaberei**-Fällen *(§ 2 Rz. 132 ff.)* der Vorsteuerabzug bereits nach § 15 Abs. 1 Satz 1 UStG ausgeschlossen ist, weil richtigerweise schon kein Unternehmen vorliegt. Dagegen hat der **BFH** zur Umsatzsteuer im Rahmen des § 1 Abs. 1 Nr. 2 Buchst. c UStG a.F. *(Rz. 356)* und des § 15 Abs. 1a UStG entschieden, dass bei einer „unternehmerischen" Tätigkeit ohne Gewinnabsicht *(Beispiel:* verlustbringende Vermietung einer einzelnen Segeljacht oder Motorjacht, die offensichtlich für die private Freizeitausübung des Eigners angeschafft worden war; dazu näher *§ 2 Rz. 139)* der Tatbestand des § 4 Abs. 5 Satz 1 Nr. 4 EStG erfüllt sei, weil nur bei Tätigkeiten mit Gewinnabsicht nach § 4 Abs. 5 Satz 2 EStG das Abzugsverbot nicht gelte.[2] 376

Damit wird der ausschließlich in einer Klarstellung liegende **Zweck** des § 4 Abs. 5 Satz 2 EStG *(Rz. 375)* **verkannt** und missachtet, dass § 4 Abs. 5 Satz 1 Nr. 4 EStG (wie auch § 4 Abs. 5 Satz 1 Nr. 2 und 3 EStG) nur die Repräsentationsaufwendungen im Auge hat. Zudem liegt bei einer Betätigung ohne Gewinnabsicht (Liebhaberei) einkommensteuerrechtlich keine einkünfterelevante Tätigkeit vor, so dass schon keine Betriebsausgaben gegeben sein und folglich die Aufwendungen nicht unter § 4 Abs. 5 EStG fallen können. Diese **Verbiegung des Gesetzes**[3] lässt sich nur mit dem Bestreben erklären, die Folgen der verfehlten **Liebhaberei**-Rechtsprechung *(§ 2 Rz. 132 ff.)* **zu kompensieren**.[4] 377

Die Heranziehung des § 4 Abs. 5 Satz 1 Nr. 4 EStG führt zu dem **unhaltbaren Ergebnis**, dass zwar die Umsätze aus der – vom BFH angenommenen – Unternehmertätigkeit zu versteuern sind, aber der Vorsteuerabzug hinsichtlich des Gegenstands, der dafür verwendet wird, ausgeschlossen ist. Zudem ist die Rechtsprechung **willkürlich**, da sie nur die Vermietung oder das Halten solcher Gegenstände erfasst, die unter § 4 Abs. 5 Satz 1 Nr. 4 EStG fallen, so dass es in den anderen Fällen von „Liebhaberei-Unternehmen" an einer Vorschrift mangelt, mit deren Hilfe der Vorsteuerabzug korrigiert werden könnte.[5] 378

---

1 BFH v. 3.2.1993 – I R 18/92, BStBl. II 1993, 367.
2 BFH v. 23.1.1992 – V R 66/85, UR 1992, 202; BFH v. 6.8.1998 – V R 74/96, BStBl. II 1999, 104; BFH v. 24.8.2000 – V R 9/00, BStBl. II 2001, 76; BFH v. 2.7.2008 – XI R 60/06, BStBl. II 2009, 167; BFH v. 2.7.2008 – XI R 66/06, BStBl. II 2009, 206; BFH v. 12.2.2009 – V R 61/06, BStBl. II 2009, 828.
3 Das BMF folgt dem; vgl. Abschn. 15.6 Abs. 8 UStAE.
4 Vgl. BFH v. 2.7.2008 – XI R 60/06, BStBl. II 2009, 167 – 2d aa der Gründe; BFH v. 12.2.2009 – V R 61/06, BStBl. II 2009, 828 – 3b a der Gründe.
5 *Beispiele*: Vermietung eines **Wohnmobils** oder Betreiben einer **Pferdezucht**. Der BFH verneinte (insoweit zu Recht) ähnliche Zwecke i.S.d. § 4 Abs. 5 Satz 1 Nr. 4 EStG, vgl.

## 6. Die Lebensführung berührende unangemessene Aufwendungen

379 Bei Aufwendungen, die die **Lebensführung** des Steuerpflichtigen oder anderer Personen **berühren**, ist der Vorsteuerabzug ausgeschlossen, *soweit* (*Rz. 383*) die Aufwendungen nach allgemeiner Verkehrsauffassung als unangemessen anzusehen sind (§ 15 Abs. 1a UStG i.V.m. § 4 Abs. 5 Satz 1 Nr. 7 EStG). Anders als bei „gemischten" Aufwendungen (*Rz. 122 ff.*), welche durch die Lebensführung bereits dem Grunde nach mit veranlasst sind (vgl. § 12 Nr. 1 Satz 2 EStG: „Aufwendungen *für* die Lebensführung, die ... auch"), handelt es sich bei den unter § 4 Abs. 5 Satz 1 Nr. 7 EStG fallenden Aufwendungen um solche, die dem Grunde nach ausschließlich durch den Betrieb (das Unternehmen) veranlasst sind; sie „**berühren**" lediglich die Lebensführung. Das ist der Fall, wenn sie auch dem Steuerpflichtigen (Unternehmer) oder einem Dritten in ihrer Eigenschaft als Privatperson zugutekommen und die Höhe der Aufwendungen durch private Motive beeinflusst wird. Bei *Gegenständen*, die *auch privat* (nichtunternehmerisch) genutzt werden (*Beispiel:* Pkw), bezieht sich die Betrachtung nur auf den Teil der Aufwendungen, der die betriebliche (unternehmerische) Verwendung betrifft.

380 Zum Berühren der Lebensführung muss des Weiteren hinzukommen, dass die Aufwendungen zur Gänze oder in der Höhe nach allgemeiner Verkehrsauffassung als **unangemessen** anzusehen sind. Die Entscheidung darüber hängt von vielen **Faktoren** ab[1], wie insbesondere Art der unternehmerischen Tätigkeit, Bedeutung und Erforderlichkeit („Üblichkeit") der Repräsentation in dieser Branche, Größe des Unternehmens (Höhe der Umsätze, des Gewinns), Grad der Berührung der Lebensführung u.Ä. (auffällige Demonstration der Eitelkeit).

381 Der Umstand, dass der Unternehmer auch im Privatleben einen vergleichbaren Aufwand betreibt, ist ohne Belang, da es nicht darum geht, was er als angemessen (in seinen Kreisen „üblich") ansieht, sondern was nach **allgemeiner Verkehrsauffassung** als angemessen anzusehen ist.

*Beispiele:* Übernachtungen im Luxushotel, da dieser Umstand regelmäßig ohne Einfluss auf die Umsätze ist; Anschaffung oder Anmietung „exotischer" Sportwagen oder von „Luxuskarossen"[2], da solche Gefährte die Umsätze im Regelfall nicht fördern können[3]; Anschaffung wertvoller Kunstwerke, die ersichtlich wesentlich von der Sammelleidenschaft des Unternehmers mit beeinflusst wird.

382 Beide Voraussetzungen müssen zusammen vorliegen, so dass **allein** der Umstand, dass die Aufwendungen **unangemessen** sind, **nicht** dazu führt, dass diese unter § 4 Abs. 5 Satz 1 Nr. 7 EStG fallen, wenn die Lebensführung des Unternehmers oder anderer Personen nicht berührt wird.

---

BFH v. 16.1.2003 – V B 144/02, BFH/NV 2003, 666; BFH v. 12.2.2009 – V R 61/06, BStBl. II 2009, 828. Das übersieht *Englisch* in T/K, § 17 Rz. 44 i.V.m. Rz. 344.
1 BFH v. 29.4.2014 – VIII R 20/12, BStBl. II 2014, 679 – Rz. 27 ff.
2 Vgl. BFH v. 19.3.2002 – IV B 50/00, BFH/NV 2002, 1145; ferner FG Nürnberg v. 28.2.2008 – IV 94/2006, DStRE 2008, 1116 – max. 35 000 € Anschaffungskosten angemessen bei Umsatz von 60 000 €.
3 Vgl. FG Saarl. v. 17.12.2008 – 1 K 2011/04, EFG 2009, 307 (309).

– Der Vorsteuerabzug ist **in Höhe der unangemessenen Aufwendungen** ausgeschlossen (*„soweit"*). Bei der Anschaffung eines Gegenstandes gilt das hinsichtlich des entsprechenden **Anteils** an den **Anschaffungskosten**, so dass nicht etwa der Vorsteuerabzug nur sukzessive entsprechend den einkommensteuerrechtlichen Beträgen zu korrigieren ist. § 15 Abs. 1a UStG enthält ein Abzugsverbot (*Rz. 354*). 383

## 7. Aufwendungen i.S.d. § 12 Nr. 1 EStG

Der Vorsteuerabzug soll nach § 15 Abs. 1a UStG ferner bei solchen Aufwendungen eingreifen, für das Abzugsverbot des § 12 Nr. 1 EStG gilt. Den in § 15 Abs. 1a UStG genannten Aufwendungen müssen jedoch Leistungen zugrunde liegen, die **für das Unternehmen** bezogen werden, da anderenfalls der Vorsteuerabzug schon nach § 15 Abs. 1 UStG ausgeschlossen ist. Die **Erwähnung** des **§ 12 Nr. 1 EStG** ist deshalb **überflüssig**. Auch die den von **Satz 2** dieser Vorschrift umschriebenen **„gemischten" Aufwendungen** (für die Lebensführung, die die wirtschaftliche oder gesellschaftliche Stellung des Steuerpflichtigen mit sich bringt, auch wenn sie zur Förderung des Berufs oder der Tätigkeit des Steuerpflichtigen erfolgen) zugrunde liegenden Leistungen sind nicht für das Unternehmen bezogen, so dass der Vorsteuerabzug bereits nach § 15 Abs. 1 Satz 1 UStG ausgeschlossen ist (*Rz. 122 ff.*). Die Erwähnung des § 12 Nr. 1 EStG in § 15 Abs. 1a UStG läuft folglich leer, so dass sich die Frage der Vereinbarkeit mit Art. 176 Abs. 2 MwStSystRL (*Rz. 356*) nicht stellt.[1] 384

Die Bestimmung des § 12 Nr. 1 EStG war auch nur deshalb in § 15 Abs. 1a UStG aufgenommen worden, weil der **BFH** mehrfach die **verfehlte These** vertreten hatte, dass, da das Umsatzsteuergesetz eine dem § 12 Nr. 1 Satz 2 EStG entsprechende Vorschrift nicht enthalte, die von ihr genannten Aufwendungen nicht vom Vorsteuerabzug ausgeschlossen seien (*Rz. 126*). § 12 Nr. 1 Satz 2 EStG stellt jedoch nur klar[2], was sich ohnehin bereits aus dem Entnahme-, Betriebsausgaben- bzw. Werbungskostenbegriff ergibt. Auch die Erwähnung des § 12 Nr. 1 EStG in § 15 Abs. 1a UStG hat mithin im Ergebnis **nur klarstellende Wirkung**, da ein auf Grund der verfehlten Rechtsprechung nach § 15 Abs. 1 Satz 1 UStG abziehbarer Vorsteuerbetrag dann doch noch abziehbar ist. 385

Nach Ansicht des **BMF** sollen Aufwendungen im Zusammenhang mit einer ertragsteuerrechtlichen sog. **Liebhaberei** nicht unter das Abzugsverbot des § 12 Nr. 1 EStG fallen, weil sie bereits aus den übergeordneten Gesichtspunkten des § 2 EStG ertragsteuerrechtlich unbeachtlich seien. Daraus soll aus umsatzsteuerrechtlicher Sicht folgen, dass die Vorsteuern aus Vorbezügen für sog. Liebhabereibetätigungen nicht unter das Abzugsverbot des § 15 Abs. 1a UStG i.V.m. § 12 Nr. 1 EStG fallen.[3] Das führt zu einer Subventionierung privater Hobbys und beruht auf der **verfehlten Annahme**, dass, anders als im Einkommensteuerrecht, Liebhabereibetätigungen **unternehmerisch** sein könnten (ausführlich dazu *§ 2 Rz. 132 ff.*). 386

---

1 Das verkennt FG München v. 23.2.2006 – 14 K 3585, EFG 2006, 1018.
2 Begr. zu § 12 EStG 1934, RStBl. 1935, 33 (41).
3 BMF v. 14.7.2000 – IV D 1 - S 7303a - 5/00, UR 2000, 399; *Oelmaier* in S/R, § 15 UStG Rz. 524; FG Nds. v. 22.11.2000 – 5 V 205/99, EFG 2001, 177.

## III. Private Grundstücksverwendung (Abs. 1b)

### 1. Allgemeines, Zweck

387 § 15 Abs. 1b UStG enthält ein **Abzugsverbot** bei Grundstücken, insbesondere bei **Gebäuden**, mit deren Herstellung nach dem 31.12.2010 begonnen wurde (§ 27 Abs. 16 UStG; *§ 27 Rz. 45*), soweit diese **nicht für Zwecke des Unternehmens verwendet** werden. Die Einfügung des § 15 Abs. 1b UStG zum 1.1.2011 und die damit zusammenhängenden Gesetzesänderungen (insbesondere Erweiterung des § 15a UStG um Absatz 6a und Absatz 8 Satz 2) dienen der **Umsetzung** des **Art. 168a Abs. 1 Unterabs. 1 MwStSystRL**.

388 Diese Regelung war erforderlich geworden, weil nach **verfehlter Rechtsprechung** des **EuGH** (und des BFH) ein **Grundstück** (Gebäude) selbst bei geringfügiger unternehmerischer Verwendung (nach § 15 Abs. 1 Satz 2 UStG beträgt die Bagatellgrenze 10 %) zur Gänze dem Unternehmen zugeordnet werden kann (**Zuordnungswahlrecht**, *Rz. 168 f.*) **und** nach einer nicht minder verfehlten Entscheidung des EuGH die **Privatnutzung steuerpflichtig** sein sollte (*§ 4 Nr. 12 Rz. 27 f.*). Diese Rechtsprechung erlaubte insbesondere bei der Herstellung eines Privathauses, sofern dies zu wenigstens 10 % unternehmerisch genutzt wird (*Beispiel:* Arbeitszimmer des Schriftstellers), die vollständige Zuordnung zum Unternehmen mit der Folge des anfänglich 100 %igen Vorsteuerabzugs, welcher dann sukzessive in den nächsten 10 Jahren mit jährlich 9 % zinslos zurückzuzahlen war.

389 Diese Rechtsprechung zum **Zuordnungswahlrecht** ist gleichwohl nicht korrigiert, sondern nunmehr sogar durch Art. 168a Abs. 1 MwStSystRL **kodifiziert** worden, der von einem dem Unternehmen zugeordneten Grundstück spricht, welches sowohl für unternehmerische als auch für unternehmensfremde Zwecke verwendet wird.

390 Demgemäß bezieht sich auch § 15 Abs. 1b UStG nur auf **Grundstücke** oder Grundstücksteile, deren Anschaffung oder Herstellung für das Unternehmen i.S.d. § 15 Abs. 1 UStG erfolgt, d.h. dem Unternehmen **zugeordnet** werden. Das ergibt sich auch aus der Stellung des Absatzes 1b hinter § 15 Abs. 1 UStG. Absatz 1b ist folglich, wie Absatz 1a und Absatz 2 des § 15 UStG, eine Einschränkung des Vorsteuerabzugsrechts, welches gesetzessystematisch die Abziehbarkeit nach Absatz 1 voraussetzt, da anderenfalls die Abzugsbeschränkung bereits aus Absatz 1 folgen würde. § 15 Abs. 1b UStG beschränkt demgemäß nicht das Zuordnungswahlrecht, sondern nur die daraus nach der bisherigen Rechtsprechung resultierende anfängliche Abziehbarkeit der Vorsteuer.

391 § 15 Abs. 1b UStG gilt bei richtlinienkonformer Auslegung nur bei einer Verwendung für unternehmensfremde Zwecke (i.S.d. § 3 Abs. 9a Nr. 1 UStG, Art. 26 Abs. 1 Buchst. a MwStSystRL) in Gestalt der **Privatnutzung**, da nach der Rechtsprechung des EuGH im Falle der Verwendung für *nichtwirtschaftliche* Tätigkeiten der Vorsteuerabzug bereits nach Art. 168 MwStSystRL ausgeschlossen ist (*Rz. 154 ff., 399*). Der Ausschluss des Vorsteuerabzugs bewirkt, dass die **Verwendung** des Grundstücks für private Zwecke **nicht** nach § 3 Abs. 9a Nr. 1 UStG **besteuert** wird und folglich nicht steuerpflichtig im Sinne des EuGH (*Rz. 388*) sein kann. In dieser Vorschrift ist eine entsprechende **Klarstellung** an-

gefügt worden („dies gilt nicht, wenn der Vorsteuerabzug nach § 15 Absatz 1b ausgeschlossen [...] ist"). Entsprechendes gilt, wenn wegen einer Änderung der Verwendung i.S.d. § 15 Abs. 1b UStG „eine Vorsteuerberichtigung nach § 15a Abs. 6a durchzuführen ist" (§ 3 Abs. 9a Nr. 1 Halbs. 2 Alt. 2 UStG).

**Ändert** sich das **Verhältnis** der unternehmerischen zur unternehmensfremden **Verwendung**, so erfolgt eine Berichtigung des Vorsteuerabzugs nach § 15a Abs. 6a UStG (*§ 15a Rz. 110 ff.*). 392

## 2. Begriff des Grundstücks

Der Grundstücksbegriff des § 15 Abs. 1b UStG soll sich nach Auffassung des Gesetzgebers nach dem deutschen Zivilrecht bestimmen, denn nach Satz 2 ist (neben den Gebäuden auf fremdem Grund und Boden) bei Berechtigungen, für die die Vorschriften des bürgerlichen Rechts über Grundstücke gelten, Satz 1 entsprechend anzuwenden. Das ist unverständlich, da § 15 Abs. 1b UStG eine zwingende Richtlinienvorgabe ohne Spielraum umzusetzen hat. Folglich ist – wie auch im Rahmen des § 15a UStG (vgl. *§ 15a Rz. 41 f.*) nicht der nationale, sondern der Grundstücksbegriff des Art. 168a Abs. 1 MwStSystRL maßgebend, der dem der Art. 12, Art. 135 Abs. 1 Buchst. k und l und Art. 187 Abs. 1 Satz 2 MwStSystRL entspricht.[1] Dieser umfasst jedenfalls den **Grund und Boden** und die mit diesem **fest** verbundenen **Gebäude** (vgl. Art. 12 Abs. 2 Unterabs. 1 MwStSystRL). Allerdings spricht **Art. 168a Abs. 1 MwStSystRL** – in Übereinstimmung mit Art. 47, Art. 135 Abs. 1 Buchst. l und Art. 199 Abs. 1 Buchst. c MwStSystRL – in der englischen und französischen Fassung von „immovable property" bzw. „bien immeubles" (ähnlich die anderen romanischen Sprachfassungen), so dass über die Gebäude hinaus auch **andere unbewegliche Gegenstände** zu erfassen sind (dazu *Rz. 396*). Mit Wirkung ab 2017 definiert **Art. 13b MwSt-DVO** den Grundstücksbegriff. 393

Zu den von § 15 Abs. 1b Satz 2 UStG genannten **Berechtigungen**, für die die Vorschriften des bürgerlichen Rechts über Grundstücke gelten, zählt insbesondere das **Erbbaurecht**. Das von dem Erbbauberechtigten auf dem Grundstück, an dem das Erbbaurecht besteht, errichtete Gebäude gilt zivilrechtlich als wesentlicher Bestandteil des Erbbaurechts (§ 12 ErbbRG), welches wie ein Grundstück behandelt wird. Darauf kommt es jedoch im Rahmen des § 15 UStG nicht an, da nicht das zivilrechtliche Eigentum maßgebend ist, sondern es allein von Bedeutung ist, ob ein Wirtschaftsgut „Grundstück" und/oder „Gebäude" umsatzsteuerrechtlich personell dem Unternehmer auf Grund seiner Verfügungsmacht (vgl. *§ 3 Rz. 11 ff., 43*) zugeordnet ist. Das entspricht dem gemeinschaftsrechtlichen Grundstücksbegriff des Art. 168a Abs. 1 MwStSystRL. 394

Das **Wohnungseigentum** und das **Teileigentum** werden als Formen des Miteigentums in Verbindung mit dem Sondereigentum unmittelbar vom Grundstücksbegriff erfasst, sowohl nach deutschem Zivilrecht (§ 1 Abs. 2 und Abs. 6 und § 6 WEG) als auch unionsrechtlich. Die Erwähnung der **Gebäude auf fremdem Grund und Boden** ist aus den zuvor genannten Gründen überflüssig, da 395

---

1 Vgl. EuGH v. 16.1.2003 – C-315/00, EuGHE 2003, I-563 = UR 2003, 86 – Rz. 34; s. auch BFH v. 23.9.2009 – XI R 18/08, BStBl. II 2010, 313 – Rz. 18.

nicht das Eigentum, sondern die Verfügungsmacht an dem Wirtschaftsgut „Gebäude" maßgebend ist (vgl. *§ 3 Rz. 43*). Da es nicht darauf ankommen kann, ob ein vollständiges Gebäude auf fremdem Grund und Boden errichtet wird, sind auch **Einbauten** von Mietern und anderen **Nutzungsberechtigten** als Grundstück im Sinne der Vorschrift zu verstehen.

396 Für die Frage, welche Gegenstände als **Bestandteile** bzw. Teile des Grundstücks von § 15 Abs. 1b UStG erfasst werden, kommt es nach dem maßgeblichen unionsrechtlichen Grundstücksbegriff des **Art. 13b MwSt-DVO** (ab 2017) für ein Gebäude oder Bauwerk darauf an, ob eine feste Verbindung mit dem Grund und Boden besteht (vgl. Buchst. b). Im Übrigen sollen neben den **wesentlichen Bestandteilen** eines **Gebäudes**, ohne die dieses **unvollständig** ist (Buchst. c)[1], nur **auf Dauer in** einem **Gebäude** oder Bauwerk installierte **Maschinen** oder **Ausstattungsgegenstände**, die **nicht ohne** Zerstörung oder **Veränderung des Gebäudes bewegt werden können** (Buchst. d), zum Grundstück zählen.

397 Zu den Bestandteilen des Grundstücks zählen lt. BMF[2] nicht **Photovoltaikanlagen** und **Blockheizkraftwerke**. Nach Auffassung des BFH[3] führt der Einbau von sog. **Betriebsvorrichtungen** nicht zur Veränderung des Bauwerks; für den Ausbau (Trennung) müsste dann dasselbe gelten. Die Voraussetzungen des Art. 13b Buchst. d MwSt-DVO liegen danach nicht vor.

**3. Teilweise Verwendung für Zwecke außerhalb des Unternehmens**

**a) Zwecke außerhalb des Unternehmens**

398 § 15 Abs. 1b Satz 1 UStG setzt eine Verwendung des Grundstücks sowohl für Zwecke des Unternehmens als auch für **Zwecke außerhalb** des **Unternehmens oder für** den **privaten Bedarf** seines **Personals** voraus. Letzterer Zusatz ist unverständlich, da eine Grundstücksüberlassung an das Personal für den privaten Bedarf stets nicht den Zwecken des Unternehmens dient. Demgegenüber versteht Art. 168a Abs. 1 Unterabs. 1 MwStSystRL zutreffend die Verwendung für den privaten Bedarf als Verwendung für unternehmensfremde Zwecke.

399 Die Formulierung des Art. 168a Abs. 1 Unterabs. 1 MwStSystRL „**für unternehmensfremde Zwecke**" ist aus Art. 26 Abs. 1 Buchst. a MwStSystRL übernommen worden. Hierzu hat der EuGH entschieden, dass **mit** nichtwirtschaftlichen Tätigkeiten keine unternehmensfremden Zwecke i.S.d. Art. 26 Abs. 1 Buchst. a MwStSystRL verfolgt würden[4], so dass die Steuer für Gegenstände und Dienstleistungen, die auch für solche Tätigkeitsbereiche verwendet werden, insoweit bereits nach Art. 168 MwStSystRL nicht abziehbar sei, weil keine Verwendung für besteuerte Umsätze vorliege *(Rz. 154 ff.)*. Da § 15 Abs. 1b UStG den Art. 168a MwStSystRL umsetzen soll, ist die Formulierung „für Zwecke, die außerhalb des Unternehmens liegen" mithin konsequenterweise richtlinienkonform als

---

1 Das entspricht der Formulierung des § 94 Abs. 2 BGB, wonach zu den wesentlichen Bestandteilen eines Gebäudes die zur Herstellung des Gebäudes eingefügten Sachen gehören.
2 Abschn. 15.6a Abs. 3 Satz 3 UStAE.
3 Vgl. BFH v. 28.8.2014 – V R 7/14, UR 2014, 951 – Rz. 15 aE.
4 EuGH v. 12.2.2009 – C-515/07, EuGHE 2009, I-839 = UR 2009, 199 – Rz. 38 f.

"unternehmensfremde Zwecke" im Sinne des EuGH zu verstehen, so dass der Vorsteuerabzug bei Grundstücken, welche teilweise für **nichtwirtschaftliche Tätigkeiten** verwendet werden, **bereits auf** der **Ebene des § 15 Abs. 1 UStG zu beschränken** ist.

Demgemäß ist § 15 Abs. 1b UStG wie auch § 3 Abs. 9a UStG **bei Gesellschaften und anderen Gebilden** weitgehend nicht anzuwenden, da diese selbst keinen „privaten Bedarf" (Art. 168a Abs. 1 Unterabs. 1 MwStSystRL) haben können. Allerdings ist bei diesen die Verwendung für den privaten Bedarf der **Gesellschafter** oder **Mitglieder** möglich (Rz. 167). Diese Verwendung erfolgt für unternehmensfremde Zwecke.[1]     400

Nach Auffassung der Finanzverwaltung liegen keine Zwecke außerhalb des Unternehmens vor, wenn **gemeindliche Parkanlagen**, die dem Kurbetrieb als Betrieb gewerblicher Art zugeordnet sind (dazu Rz. 139), **durch Nichtkurgäste mitbenutzt** werden[2] oder eine **Gemeinde** ein **Parkhaus** den Benutzern **zeitweise gebührenfrei** zur Verfügung stellt.[3] Das ist verfehlt, da damit öffentliche Aufgaben von der Umsatzsteuer entlastet werden. Die Überlassung vorsteuerentlasteter Gegenstände ist entweder die Verwendung für eine nichtwirtschaftliche Tätigkeit (Rz. 399) oder für Zwecke außerhalb des Unternehmens (vgl. Rz. 400).     401

**b) Teilweise Verwendung**

Eine teilweise Verwendung des Grundstücks für Zwecke außerhalb des Unternehmens kann in der Weise geschehen, dass, wie im **Regelfall**, die räumlich abgegrenzten, jeweils (so gut wie) ausschließlich unternehmerisch bzw. nichtunternehmerisch genutzten Grundstücksteile **gleichzeitig**, d.h. nebeneinander genutzt werden, so dass das Verwendungsverhältnis für eine gewisse Zeit **feststeht**. Ein Grundstücksteil kann indes auch in der Weise gemischt verwendet werden, dass die Verwendung für diesen oder jenen Zweck **alterniert** (Rz. 407).     402

Die Formulierungen des § 15 Abs. 1b Satz 1 UStG und des Art. 168a Abs. 1 MwStSystRL sind **mehrdeutig**. Sie lassen sowohl die Auslegung zu, dass alle Vorsteuern im Zusammenhang mit dem gemischt verwendeten Grundstück unabhängig davon, ob die bezogenen Leistungen beiden Verwendungsarten dienen, aufzuteilen sind, als auch die Interpretation, dass nur diejenigen Vorsteuerbeträge der Aufteilung unterliegen, die tatsächlich beiden Verwendungsarten zuzurechnen sind. Die erstere Sichtweise widerspricht schon jeglicher Vernunft, da sie keine sachliche Zuordnung bewirkt und dem Zweck des Vorsteuerabzugs widerspricht. Dass vielmehr letztere Methode zu gelten hat, wird durch **§ 15 Abs. 4 Satz 4** UStG klargestellt. Danach sollen in den Fällen des § 15 Abs. 1b UStG die Sätze 1 bis 3 **entsprechend** gelten. Diese betreffen die Aufteilung der Vorsteuern, wenn die bezogenen Leistungen nur zum Teil zur Ausführung von Umsätzen verwendet werden, die den „Vorsteuerabzug ausschließen".     403

---

1 Dazu Beispiel bei *Stadie* in R/D, § 15 UStG Anm. 1024.
2 Abschn. 15.6a Abs. 2 Satz 3 UStAE mit Bezugnahme auf BFH v. 18.8.1988 – V R 18/83, BStBl. II 1988, 971.
3 Abschn. 15.6a Abs. 2 Satz 4 UStAE mit Bezugnahme auf BFH v. 10.12.1992 – V R 3/88, BStBl. II 1993, 380.

404 Folglich unterliegen diejenigen Leistungsbezüge, die **ausschließlich** für **unternehmerische** Zwecke verwendet werden, nicht der Aufteilung nach § 15 Abs. 1b UStG, während Leistungsbezüge, welche **ausschließlich** auf die **private Verwendung** des Grundstücks entfallen, schon nach § 15 Abs. 1 UStG nicht abziehbar sind, weil sie nicht für das Unternehmen ausgeführt werden. Eine **Aufteilung** hat **nur bei gemischter Verwendung**, d.h. denjenigen Vorsteuerbeträgen zu erfolgen, welche auf Leistungsbezüge entfallen, die sowohl für unternehmerische als auch für unternehmensfremde (private) Zwecke verwendet werden (vgl. *Rz. 474 f.*).[1]

405 Somit werden bei einem im Gebäude befindlichen **Arbeitszimmer** nicht etwa Schwimmbad, Terrasse, Küche, Sauna, Garage usw., obwohl sie Teile des „Grundstücks" sind (*Rz. 393, 396*), teilweise für Zwecke des Unternehmens verwendet.[2] Demgegenüber soll nach Auffassung des BFH zur Auslegung des § 15 Abs. 4 Sätze 1 bis 3 UStG, die das **BMF** auch im Rahmen des § 15 Abs. 1b UStG anwenden will[3], bei der **Herstellung** eines **Gebäudes** der zuvor genannte Grundsatz nicht gelten. Vielmehr sollen die gesamten auf die Gebäudeherstellung entfallenden Vorsteuerbeträge **einheitlich** entsprechend dem Verwendungsverhältnis aufgeteilt werden (*Rz. 480*). Das müsste bedeuten, dass bei einem Arbeitszimmer nach Auffassung des BFH auch die Vorsteuerbeträge, welche auf die Küche und eine Sauna, möglicherweise auch auf die Garage(n), entfallen, entsprechend dem Anteil des Arbeitszimmers an der Gesamtwohnfläche des Hauses abziehbar sein müssten. Diese Aufteilungsmethode verstößt gegen den ausdrücklich genannten Zweck des Art. 168a MwStSystRL, Steuerpflichtige gleichzubehandeln[4], da weiterhin Unternehmer, welche ihre Wohnung dem Unternehmen zuordnen können, gegenüber solchen Personen, die das nicht können, einen finanziellen Vorteil hätten, indem sie im Umfang der unternehmerischen Nutzung des Gebäudes auch bezüglich solcher Teile, die ausschließlich privaten Wohnzwecken dienen, eine endgültige Vorsteuerentlastung erhielten.

406 Wird das Gebäude erweitert (**Anbau**) oder ausgebaut (**Dachgeschoss**) und werden die neuen Räume **ausschließlich für unternehmerische Zwecke** verwendet, so sind die auf diese Herstellungskosten entfallenden Vorsteuerbeträge nicht nach § 15 Abs. 1b UStG aufzuteilen (*Rz. 404*).[5]

407 Stehen die Verwendungsverhältnisse bei Beginn der Verwendung nicht fest, sondern finden die **unternehmerische und** die **nichtunternehmerische Nutzung jeweils im Wechsel** statt (*Beispiel*: **Ferienwohnung**, die zeitweilig vermietet und typischerweise zeitweilig auch für eigene Urlaubszwecke genutzt wird), so ist die Vorsteuer ebenfalls nach § 15 Abs. 1b UStG aufzuteilen.[6] Das Ausmaß der

---

1 Sowie Abschn. 15.17 Abs. 2 Sätze 1 bis 3 UStAE; zu laufenden Aufwendungen auch Abschn. 15.6a Abs. 7 Beispiel 7 Satz 9 UStAE.
2 *Stadie* in R/D, § 15 UStG Anm. 1030 ff. mit Beispiel.
3 Abschn. 15.6a Abs. 4 Satz 2 i.V.m. Abschn. 15.7 Abs. 5 bis 8 UStAE.
4 Erwägungsgrund 10 Richtlinie 2009/162/EU, ABl. EU Nr. L 10/2010, 14.
5 Im Ergebnis ebenso Abschn. 15.6a Abs. 7 Beispiel 4 Sätze 7 und 8 UStAE: Ausbau des Dachgeschosses, welches steuerpflichtig vermietet wird, als „eigenständiges Zuordnungsobjekt"; vgl. auch EuGH v. 19.7.2012 – C-334/10, UR 2012, 726 – Rz. 16 – „eigenes Investitionsgut" (dazu auch unten *Rz. 481*).
6 Abschn. 15.6a Abs. 2 Satz 6 UStAE.

abwechselnden Verwendungen ist anfänglich zu schätzen. Später ist ggf. eine Vorsteuerberichtigung nach § 15a Abs. 6a UStG (*§ 15a Rz. 110 ff.*) vorzunehmen. Bei **zeitweiliger** alternierender Verwendung eines Grundstücks- oder Gebäudeteils (*Beispiel*: **Eingangsbereich** des **Wohnhauses**, in dem sich die **freiberufliche Praxis** mit Publikumsverkehr befindet) ist das Verwendungsverhältnis zu schätzen.

### 4. „Ausgaben" im Zusammenhang mit dem Grundstück

Art. 168a Abs. 1 MwStSystRL spricht von der Mehrwertsteuer bei **„Ausgaben"** im Zusammenhang mit dem Grundstück. § 15 Abs. 1b UStG bezieht sich hingegen auf die **Steuer** „für die **Lieferungen**, die Einfuhr und den innergemeinschaftlichen Erwerb sowie für die **sonstigen Leistungen im Zusammenhang mit diesem Grundstück**". Beide Formulierungen meinen dasselbe. Erfasst wird danach die Vorsteuer, welche beim **Erwerb** (Lieferung, Einfuhr, innergemeinschaftlichen Erwerb) von **Gegenständen** sowie beim **Bezug** von **sonstigen Leistungen** im Zusammenhang mit dem betreffenden Grundstück[1] anfällt. Folglich geht es insbesondere um die Vorsteuer bei 408

– der **Anschaffung** des **Grundstücks oder Gebäudes**,

– der **Herstellung** von **Gebäuden**,

– **nachträglichem** Anschaffungs- oder **Herstellungsaufwand**,

– **Erhaltungsaufwand** sowie bei

– sog. **laufendem Aufwand**.

Bei der **Anschaffung** eines (zumeist bebauten) Grundstücks wird § 15 Abs. 1b UStG regelmäßig keine Anwendung finden, da die aus der vollständigen Zuordnung des nur zum Teil unternehmerisch genutzten Grundstücks zum Unternehmen resultierende vollständige Belastung des Kaufpreises mit Umsatzsteuer nämlich bedingt, dass der Lieferer im Einvernehmen mit dem Erwerber vollständig auf die Steuerbefreiung der Lieferung (§ 4 Nr. 9 Buchst. a UStG) verzichtet (§ 9 Abs. 1 UStG). Das ergibt auch unter Berücksichtigung des § 15a Abs. 6a UStG im Hinblick auf eine mögliche Erweiterung der unternehmerischen Nutzung regelmäßig **keinen Sinn**.[2] 409

Bei der **Herstellung** eines Gebäudes wird ein **Bündel** von **Lieferungen** und **sonstigen Leistungen** anderer Unternehmer in Anspruch genommen. Gleiches gilt regelmäßig bei **nachträglichen Herstellungskosten**. Entsprechendes kann bei **Erhaltungsmaßnahmen** gegeben sein. Alle diese Vorgänge haben als gemeinsames Merkmal, dass sie zu Wirtschaftsgütern i.S.d. § 15a UStG führen bzw. die Ergebnisse als solche behandelt werden (§ 15a Abs. 3 Satz 1 und Abs. 6 UStG) und damit einer potenziellen Vorsteuerberichtigung über regelmäßig 10 Jahre unterliegen. Wegen der Anlehnung des § 10 Abs. 4 Satz 1 Nr. 2 UStG an § 15a UStG 410

---

1 Die Formulierung „im Zusammenhang mit einem Grundstück" verwenden neben Art. 168a Abs. 1 MwStSystRL (§ 15 Abs. 1b UStG) auch Art. 47 MwStSystRL (§ 3a Abs. 3 Nr. 1 UStG) und Art. 199 Abs. 1 Buchst. a MwStSystRL, so dass der Begriff einheitlich auszulegen ist.
2 *Stadie* in R/D, § 15 UStG Anm. 1041 ff. i.V.m. § 13b UStG Anm. 333 ff.

folgt daraus zugleich, dass auch bei der Bestimmung der Bemessungsgrundlage für die Nutzungsentnahme i.S.d. § 3 Abs. 9a Nr. 1 UStG nachträgliche Anschaffungs- und Herstellungskosten und sog. Erhaltungsaufwendungen mit ihren Vorsteuerberichtigungsbeträgen gem. § 15a UStG zu berücksichtigen sind (*§ 10 Rz. 111*) und somit der bislang zulässige vollständige Vorsteuerabzug nur sukzessive neutralisiert wurde. Durch § 15 Abs. 1b UStG fällt der darin liegende Zinsvorteil weg.[1]

### IV. Weitere Abzugsverbote

411 Das Umsatzsteuergesetz enthält eine Vielzahl weiterer Bestimmungen, wonach Vorsteuern, die nach § 15 Abs. 1 UStG abziehbar wären, nicht abgezogen werden dürfen. Neben den Abzugsverboten bzw. Ausschlüssen vom Vorsteuerabzug nach § 15 Abs. 1a, Abs. 1b, Abs. 2 und Abs. 4b UStG bestehen weitere für

- **Kleinunternehmer** (§ 19 Abs. 1 Satz 4 UStG);
- Unternehmer, die die abziehbaren Vorsteuern nach **Durchschnittssätzen** gem. §§ 23 oder 23a UStG ermitteln; insoweit ist ein weiterer Vorsteuerabzug ausgeschlossen (§ 70 Abs. 1 Satz 2 UStDV; § 23a Abs. 1 Satz 2 UStG). Entsprechendes gilt bei **Land-** und **Forstwirten**, die der Besteuerung nach Durchschnittssätzen unterliegen (§ 24 Abs. 1 Satz 4 UStG);
- Unternehmer, soweit sie Reiseleistungen i.S.d. § 25 Abs. 1 UStG ausführen, hinsichtlich der für **Reisevorleistungen** gesondert in Rechnung gestellten Steuerbeträge (§ 25 Abs. 4 Satz 1 UStG);
- **Wiederverkäufer**, die für die in § 25a Abs. 2 UStG genannten **Kunstgegenstände** usw. die **Differenzbesteuerung** anwenden (§ 25a Abs. 5 Satz 3 UStG);
- im übrigen **Gemeinschaftsgebiet ansässige Unternehmer** hinsichtlich der im **Ansässigkeitsstaat** geltenden **Abzugsverbote** i.S.d. Art. 176 Satz 3 MwStSystRL (*Rz. 413*);
- **nicht im Gemeinschaftsgebiet ansässige** Unternehmer, die im Inland keine Umsätze ausführen, bei denen sie Steuerschuldner sind, hinsichtlich derjenigen Vorsteuern, für die im umgekehrten Fall im Ansässigkeitsstaat **keine Gegenseitigkeit** besteht, sowie hinsichtlich der Vorsteuern, die auf den Bezug von **Kraftstoffen** entfallen (§ 18 Abs. 9 Sätze 4 und 5 UStG i.V.m. § 59 UStDV).

412 Abzugsverbote ergeben sich **ferner** aus § 15 Abs. 1 Satz 1 Nr. 1 Satz 2 UStG, wenn

- der **Rechnungsempfänger Steuerschuldner** ist (§ 14a Abs. 5 Satz 3 UStG),
- bei **Lieferungen zwischen Wiederverkäufern** die **Differenzbesteuerung** angewendet wird (§ 14a Abs. 6 Satz 2 UStG) oder
- es sich um eine **Rechnung** eines **Kleinunternehmers** nach § 19 Abs. 1 Satz 4 UStG handelt.

In diesen Fällen liegen keine nach §§ 14, 14a UStG ausgestellten Rechnungen vor (*Rz. 184 f.*; zum Vertrauensschutz *Rz. 254 f.*).

---

1 Zur Anwendung des § 15 Abs. 1b UStG auf angemietete Gebäude s. *Stadie* in R/D, § 15 UStG Anm. 1046.

Der EuGH folgert aus der Zielsetzung des Systems der MwSt-Richtlinien, dass  413
bei der Vergütung („Erstattung") von Vorsteuern an nicht im Inland ansässige
Unternehmer (Steuerpflichtige) nach der 8. EG-Richtlinie (bis 2009) das Vorsteuerabzugsrecht (auch) **nicht nach dem Recht des Ansässigkeitsstaates** auf Grund
einer Steuerbefreiung **ausgeschlossen** sein darf.[1] Ab 2010 folgt das aus Art. 6
Richtlinie 2008/9/EG (§ 18 Rz. 135). Entsprechendes muss dann auch für **andere Vorsteuerabzugsbeschränkungen**, insbesondere solche i.S.d. Art. 176 MwSt-SystRL, gelten. Diese EuGH-Rechtsprechung bzw. Art. 6 Richtlinie 2008/9
zwingt zu einer richtlinienkonformen Anwendung (teleologischen Reduktion)
des § 15 UStG, so dass m.E. nicht nur im Rahmen des besonderen Vorsteuervergütungsverfahrens, sondern generell ein solches Vorsteuerabzugsverbot zu beachten ist.[2] Der **EuGH** hat allerdings **übersehen**, dass es **nicht** auf den Mitgliedstaat der **Ansässigkeit** des Steuerpflichtigen ankommen darf, **sondern** auf den
Mitgliedstaat, in dem die **Umsätze** erbracht werden, denen die betreffenden Vorsteuerbeträge zuzurechnen sind.

## I. Ausschluss des Vorsteuerabzugs bei Verwendung für bestimmte steuerfreie Umsätze (Abs. 2 bis 4)

### I. Allgemeines

Wird die bezogene Lieferung oder sonstige Leistung oder der eingeführte bzw. in-  414
nergemeinschaftlich erworbene Gegenstand für bestimmte steuerfreie oder
nicht steuerbare Umsätze verwendet, so ist, sofern nicht schon ein anderes Vorsteuerabzugsverbot eingreift, der Vorsteuerabzug ausgeschlossen (§ 15 Abs. 2
i.V.m. Abs. 3 UStG). Von § 15 Abs. 2 UStG wird zwar die **Regel** aufgestellt, dass
bei *allen* steuerfreien und fiktiv steuerfreien Umsätzen der Vorsteuerabzug entfällt, dieser Grundsatz wird jedoch von Abs. 3 (*Rz. 422 ff.*) wieder **durchbrochen**,
wonach trotz der Steuerfreiheit der dort genannten Umsätze der Vorsteuerabzug
bestehen bleibt. Die **MwStSystRL** verwendet eine **andere Gesetzestechnik**, indem sie nach Art. 168 und Art. 169 MwStSystRL den Vorsteuerabzug zulässt, soweit die bezogenen Leistungen für Zwecke der besteuerten Umsätze und für
bestimmte steuerfreie Umsätze verwendet werden. Das führt zum selben Ergebnis. Werden Bezüge sowohl zur Ausführung von steuerfreien (und gleichgestellten) Umsätzen, die den Vorsteuerabzug ausschließen (Umsätze i.S.d. § 15 Abs. 2
UStG), als auch zur Ausführung von steuerfreien (und gleichgestellten) Umsätzen, bei denen der Vorsteuerabzug gegeben ist (Umsätze i.S.d. § 15 Abs. 3 UStG),
verwendet (sog. **gemischte Verwendung**), so ist nur der Teil der Vorsteuer abziehbar, der letzteren Umsätzen zuzuordnen ist (Abs. 4, *Rz. 472 ff.*). **Ändert** sich
das **Verwendungsverhältnis**, so kommt eine Berichtigung des Vorsteuerabzugs
nach § 15a UStG in Betracht.

Der Ausschluss des Vorsteuerabzugs **bewirkt**, dass die vom Gesetz als „steuer-  415
frei" bezeichneten Umsätze regelmäßig nicht vollen Umfangs steuerentlastet
sind, weil die Umsatzsteuerbeträge, die auf den Eingangsleistungen lasten, für
den Unternehmer zu **Kosten** werden. Der Unternehmer wird mithin versuchen,

---

[1] EuGH v. 26.9.1996 – C-302/93, EuGHE 1996, I-4495 = UR 1996, 430 – Rz. 15 ff.; EuGH
v. 13.7.2000 – C-136/99, EuGHE 2000, I-6109 = UR 2000, 390 – Rz. 23.
[2] A.A. *Reiß*, RIW 2001, 258 (262 f.).

die **nicht abziehbaren Vorsteuern** als Kostenbestandteile im Preis auf die Abnehmer **abzuwälzen**. Das wird, wenn es sich um **auf** der **Endstufe** befreite, d.h. um Umsätze gegenüber den Verbrauchern (oder gegenüber nicht zum Vorsteuerabzug berechtigten Unternehmern) handelt, im Regelfall **gelingen**, da alle konkurrierenden Unternehmer unter die Steuerbefreiung fallen und die Umsatzsteuerbelastung aus den Eingangsleistungen zumeist in etwa gleich hoch sind. Der „**steuerfreie**" **Umsatz** ist also in Wahrheit nicht im vollen Umfang von der Umsatzsteuer befreit, sondern bleibt **mit heimlicher Steuer belastet** (sog. *unechte* Steuerbefreiung). Die **Entlastungswirkung** der Steuerbefreiung beschränkt sich auf die **Wertschöpfung** des Unternehmers, dessen Umsatz von der Steuer befreit ist, so dass im Ergebnis nur eine – im Verhältnis zum Regelsteuersatz – **Ermäßigung** der Besteuerung bewirkt wird, deren Höhe von dem Umfang der Vorsteuerbeträge abhängt.

**416** Das ist kein Systembruch[1], sondern Teil des vom Gesetzgeber gewollten Systems. Der **vermeintliche Systembruch** hätte nur dann *rechtliche* Relevanz, wenn die nichtabziehbaren Vorsteuern oder deren unterschiedliche Höhe zu erheblichen Wettbewerbsnachteilen führen und einen Verstoß gegen den Gleichheitssatz darstellen würde. Die ggf. durch die Steuerbefreiung sich ergebenden Wettbewerbsnachteile auf einer **Zwischenstufe** können indes in allen wesentlichen Fällen durch einen **Verzicht auf** die **Steuerbefreiung** nach § 9 UStG vermieden werden (s. *§ 9 Rz. 7 ff.*). Bei denjenigen Steuerbefreiungen, die nicht in § 9 Abs. 1 UStG aufgezählt und deshalb **nicht verzichtsfähig** sind, weil sie Umsätze betreffen, die **typischerweise nicht gegenüber Unternehmern** erbracht werden, liegt, wenn der Umsatz ausnahmsweise gegenüber einem Unternehmer erbracht wird (*Beispiele:* ein selbständiger Arzt führt nach § 4 Nr. 14 UStG steuerfreie Untersuchungen der Arbeitnehmer eines Unternehmens aus; nach § 4 Nr. 20 UStG steuerfreie kulturelle Leistungen werden für das Unternehmen des Auftraggebers erbracht), **kein beachtenswerter Wettbewerb** vor. Eine gleichheitssatzwidrige Wettbewerbsbeeinträchtigung könnte folglich nur dadurch eintreten, dass Konkurrenten mit zwingend steuerfreien Umsätzen **in unterschiedlicher Höhe** mit nicht abziehbaren **Vorsteuern** belastet sind. Derartige Wettbewerbssituationen sind jedoch nicht erkennbar, weil bei den betreffenden Umsätzen **kein echter Wettbewerb** besteht oder die **Nachteile unwesentlich** sind.[2]

## II. Grundsätzlich vorsteuerabzugsschädliche Umsätze (Abs. 2)

### 1. Steuerfreie Umsätze (Satz 1 Nr. 1)

**417** **a)** Vom Vorsteuerabzug ausgeschlossen ist grundsätzlich die Steuer für die Lieferungen, die Einfuhr und den innergemeinschaftlichen Erwerb von Gegenständen sowie für die sonstigen Leistungen, die der Unternehmer zur Ausführung von solchen steuerfreien Umsätzen verwendet, die nicht in § 15 Abs. 3 Nr. 1 UStG

---

1 So aber *Tipke*, Steuerrechtsordnung, Bd. II, 2. Aufl., Köln 2003, S. 999; *Reiß*, DStJG 32 (2009), S. 9 (48 f.); *Heidner* in Bunjes, § 9 UStG Rz. 3; *P. Kirchhof*, Umsatzsteuer-Gesetzbuch, Heidelberg 2008, § 11 Rz. 56; *Seer*, DStJG 32 (2009), S. 502 f.; *Englisch* in T/L, § 17 Rz. 345 – „Konstruktionsfehler".
2 Ausführlich zu alledem *Stadie* in R/D, Einf. Anm. 458 ff., Vor §§ 4–9 UStG Anm. 98 ff., § 15 UStG Anm. 1109 ff.

Steuerfreie Umsätze § 15

benannt sind (§ 15 Abs. 2 Satz 1 Nr. 1 i.V.m. Abs. 3 Nr. 1 UStG). Das sind insbesondere die Steuerbefreiungen nach § 4 Nr. 8 Buchst. h und i, Nr. 9, 10 Buchst. b und Nr. 11 bis 28 UStG sowie regelmäßig auch die Steuerbefreiungen nach § 4 Nr. 8 Buchst. a bis g und Nr. 10 Buchst. a UStG (sofern nicht die Ausnahmen nach § 15 Abs. 3 Nr. 1 Buchst. b UStG eingreifen; *Rz. 425 ff.*). Durch einen wirksamen **Verzicht** nach § 9 UStG können die in dieser Vorschrift genannten Umsätze als steuerpflichtig behandelt werden mit der Folge, dass das Vorsteuerabzugsverbot nach § 15 Abs. 2 Nr. 1 UStG entfällt.

**b)** Zu „Umsätzen" führen auch **unentgeltliche** Leistungen i.S.d. § 3 Abs. 1b und Abs. 9a i.V.m. § 1 Abs. 1 Nr. 1 UStG, die auch steuerfrei sein können. Bei diesen kommt ein Verzicht auf die Steuerbefreiung nicht in Betracht (*§ 9 Rz. 18 f.*). Zur Steuerpflicht der **Privatnutzung** von **Gebäudeteilen** s. *§ 3 Rz. 171;* zur Frage der abweichenden Zurechnung der Vorsteuerbeträge, wenn die unentgeltliche Leistung die eigentlichen, **entgeltlichen** Umsätze des Unternehmers **fördern** soll, s. *Rz. 444 f.*  418

**Keine unentgeltlichen Leistungen** sind gegeben, wenn zwar anderen Personen Vorteile verschafft werden, das zugrunde liegende Verhalten jedoch vorrangig **im** *eigenen* **unternehmerischen Interesse** erfolgt (*§ 1 Rz. 14*). Die Gestellung notdürftiger Unterkünfte gegenüber Arbeitnehmern in der Nähe einer Baustelle durch Bauunternehmer ist demgemäß schon keine sonstige Leistung, die steuerfrei nach § 4 Nr. 12 UStG sein könnte. Der Vorsteuerabzug aus der Anmietung der Unterkünfte richtet sich folglich nach der Steuerpflicht der Bauleistungen, da die angemieteten Räume für diese verwendet werden.[1]  419

### 2. Entsprechende Umsätze im Ausland (Satz 1 Nr. 2)

Den steuerfreien Umsätzen werden **Umsätze im Ausland**, die steuerfrei wären, wenn sie im Inland ausgeführt würden, gleichgestellt (§ 15 Abs. 2 Satz 1 Nr. 2 UStG), sofern nicht die Ausnahmen des § 15 Abs. 3 Nr. 2 UStG (*Rz. 422, 429*) eingreifen. Ein Umsatz wird im Ausland ausgeführt, wenn der Ort nach den Regeln des § 3 Abs. 6–8 UStG und der §§ 3a–3g UStG im Ausland liegt und auch nicht nach § 1 Abs. 3 UStG als im Inland ausgeführt gilt. Der Ausschluss vom Vorsteuerabzug tritt unabhängig davon ein, ob der Umsatz nach dem Umsatzsteuerrecht des Staates, in dem er bewirkt wird, steuerpflichtig ist oder als steuerfreier Umsatz zum Vorsteuerabzug berechtigt.[2]  420

Nach Auffassung des BFH soll indes ein **fiktiver Verzicht** nach § 9 UStG in Betracht kommen, wenn bei Ausführung des Umsatzes im Inland dieser als steuerpflichtig behandelt werden könnte und der Umsatz im Ausland nach einer entsprechenden Vorschrift als steuerpflichtig behandelt worden ist.[3] Damit wird verkannt, dass das Gemeinschaftsrecht die Verzichtsmöglichkeit nicht vor-  421

---

1 FG Düsseldorf v. 29.4.2005 – 1 K 5587/01, EFG 2005, 1810; vgl. auch BFH v. 21.7.1994 – V R 21/92, BStBl. II 1994, 881 – 4 der Gründe.
2 Abschn. 15.14 Abs. 1 Satz 2 UStAE; *Stadie*, Vorsteuerabzug, S. 153 f.; vgl. auch FG Rh.-Pf. v. 10.2.2011 – 6 K 1562/08, EFG 2011, 1202.
3 BFH v. 6.5.2004 – V R 73/03, BStBl. II 2004, 856 – Gebäudevermietung in den Niederlanden, die ebenfalls den Verzicht auf die Steuerbefreiung der Vermietung kennen; ebenso

schreibt und folglich § 9 UStG als rein nationale Vorschrift lediglich bezweckt, Unternehmer im *Inland* vor Wettbewerbsnachteilen zu bewahren.[1]

### III. Ausnahmen (Abs. 3)

#### 1. Ausfuhrbezogene und ähnliche Umsätze (Nr. 1 Buchst. a, Nr. 2 Buchst. a)

422 Der nach § 15 Abs. 2 Satz 1 UStG grundsätzlich geltende Ausschluss vom Vorsteuerabzug tritt bei den in § 15 Abs. 3 UStG genannten steuerfreien bzw. fiktiv steuerfreien (*Rz. 420*) Umsätzen nicht ein. Dazu zählen gem. § 15 Abs. 3 Nr. 1 Buchst. a und Nr. 2 Buchst. a UStG insbesondere

- die **Ausfuhrlieferungen** (§ 4 Nr. 1 Buchst. a i.V.m. § 6 UStG);
- die sog. **Lohnveredelungen** an Gegenständen der Ausfuhr (§ 4 Nr. 1 Buchst. a i.V.m. § 7 UStG);
- die **innergemeinschaftlichen Lieferungen** (§ 4 Nr. 1 Buchst. b i.V.m. § 6a UStG) einschließlich des innergemeinschaftlichen Verbringens i.S.d. § 3 Abs. 1a i.V.m. § 6a Abs. 2 UStG;
- die **Umsätze für** die **Seeschifffahrt** und die **Luftfahrt** (§ 4 Nr. 2 i.V.m. § 8 UStG);
- bestimmte **sonstige Leistungen** im **Zusammenhang mit** der **Einfuhr, Ausfuhr und Durchfuhr** (§ 4 Nr. 3 und 5 UStG);
- die steuerfreien **Reiseleistungen** (§ 25 Abs. 2 UStG);
- bestimmte Umsätze an die sog. **Stationierungsstreitkräfte** (Umsätze, die nach den in § 26 Abs. 5 UStG bezeichneten Vorschriften steuerfrei sind).

423 **Konkurrenzen**: Fällt ein Umsatz sowohl unter eine **in § 15 Abs. 3 UStG bezeichnete Befreiungsvorschrift** als auch unter eine andere Befreiungsvorschrift, welche den Vorsteuerabzug ausschlösse (insbesondere nach § 4 Nr. 8 ff. UStG), so stellt sich die Frage nach dem Vorrang. Nach Auffassung des **EuGH** haben die den Vorsteuerabzug ausschließenden Befreiungen nach Art. 132 MwStSystRL bei bestimmten dem Gemeinwohl dienenden Tätigkeiten als „spezifischere" Regelungen Vorrang gegenüber den in Art. 169 Buchst. b MwStSystRL genannten „allgemeineren" Befreiungen, bei innergemeinschaftlichen Umsätzen insbesondere in Gestalt innergemeinschaftlicher Lieferungen nach Art. 138 MwStSystRL, welche den Vorsteuerabzug zulassen.[2] (s. auch *Vor §§ 4–9 Rz. 24*). Der **BFH**[3] folgt dem EuGH. Das **BMF** hat die Aussage des EuGH auch auf Ausfuhrlieferungen ausgedehnt.[4]

424 Indem bei den in § 15 Abs. 3 UStG genannten steuerbefreiten Umsätzen mit **Auslandsbezug** grundsätzlich der Vorsteuerabzug gewährt wird, verwirklicht das Gesetz (in Übereinstimmung mit Art. 169 Buchst. b MwStSystRL) bei solchen

---

FG Hamburg v. 23.6.2004 – I 384/00, EFG 2005, 240; jetzt auch Abschn. 15.14 Abs. 1 Sätze 3 ff. UStAE.
1 Ausführlich *Stadie* in R/D, § 15 UStG Anm. 1135 ff. m. Beispiel.
2 EuGH v. 7.12.2006 – C-240/05, EuGHE 2006, I-11479 = UR 2007, 98.
3 BFH v. 22.8.2013 – V R 30/12, BStBl. II 2014, 133.
4 Vgl. z.B.: Abschn. 4.11b.1 Abs. 14, Abschn. 4.17.1 Abs. 4, Abschn. 4.28.1 Abs. 6, Abschn. 6.1 Abs. 7 und Abschn. 15.13 Abs. 5 UStAE. Der BFH hat das offengelassen.

Umsätzen, bei denen nicht schon der Ort des Umsatzes in das Ausland verlagert ist, das weltweit praktizierte **Bestimmungslandprinzip**, wonach Waren und Dienstleistungen im Land des Verbrauchs zu besteuern und deshalb im Ursprungsland aus Gründen der **Wettbewerbsneutralität** von jeglicher, nämlich auch von der auf den Kosten ruhenden Umsatzsteuer, zu entlasten sind. Nicht maßgebend ist, ob die Leistungen im Bestimmungsland besteuert werden. Bei **anderen Steuerbefreiungen** (z.B. nach § 4 Nr. 2 i.V.m. § 8 UStG) wird der Vorsteuerabzug wie auch die Steuerbefreiung (s. *§ 8 Rz. 2*) aus Vereinfachungsgründen gewährt. Nur bei diesen in § 15 Abs. 3 UStG genannten Steuerbefreiungen kann von **vollständigen (echten) Steuerbefreiungen** gesprochen werden, weil die Umsätze durch den Vorsteuerabzug von jedweder deutschen Umsatzsteuer befreit sind.

## 2. Finanzierungs- und Versicherungsumsätze, die außerhalb des Gemeinschaftsgebiets verbraucht werden (Nr. 1 Buchst. b, Nr. 2 Buchst. b)

**a)** Soweit sich nach § 4 Nr. 8 Buchst. a bis g UStG steuerfreie Umsätze (z.B. **Kreditgewährungen**), nach § 4 Nr. 10 [bis 29.6.2013: Buchst. a] UStG steuerfreie **Versicherungsleistungen** [ab 30.6.2013] einschließlich der Verschaffung von Versicherungsschutz oder [ab 30.6.2013] nach § 4 Nr. 11 UStG steuerfreie Leistungen von Versicherungsvertretern oder -maklern unmittelbar **auf Gegenstände beziehen**, die **in das Drittlandsgebiet ausgeführt** werden, ist bei ihnen abweichend vom Grundsatz des § 15 Abs. 2 Satz 1 Nr. 1 UStG der Vorsteuerabzug nicht ausgeschlossen (§ 15 Abs. 3 Nr. 1 Buchst. b UStG). 425

**Entsprechendes** gilt **bei Umsätzen im Ausland**, die nach diesen Vorschriften steuerfrei wären, wenn sie im Inland ausgeführt würden, und sich unmittelbar auf Gegenstände beziehen, die in das Drittlandsgebiet ausgeführt werden (§ 15 Abs. 2 Satz 1 Nr. 2 i.V.m. Abs. 3 **Nr. 2 Buchst. b Alt. 2** UStG [ab 30.6.2013]).[1] Zuvor galt das argumentum a maiore ad minus (*Rz. 432*). 426

Eine **Ausfuhr** im Sinne dieser Vorschrift liegt vor, wenn der Gegenstand endgültig in das Drittlandsgebiet gelangt; die Voraussetzungen einer Ausfuhrlieferung i.S.d. § 6 UStG müssen nicht vorliegen.[2] 427

Die vom Gesetz geforderte **unmittelbare Beziehung** zum Ausfuhrgegenstand soll nach Ansicht der Finanzverwaltung nicht gegeben sein, wenn diese Umsätze nur in Verbindung mit solchen betrieblichen Vorgängen des Unternehmens stehen, die ihrerseits erst dazu dienen, die Ausfuhr zu bewirken. Danach soll die **Finanzierung** der Anschaffung einer Maschine, mit der Exportgüter hergestellt werden, das Kreditinstitut nicht zum Vorsteuerabzug berechtigen.[3] Ebenso wird der unmittelbare Zusammenhang verneint bei der Finanzierung des Einkaufs des Ausfuhrgegenstandes.[4] Diese einengende Interpretation der Vorschrift dürfte 428

---
1 Entspricht Art. 169 Buchst. a i.V.m. Buchst. c Alt. 2 MwStSystRL.
2 Abschn. 15.13 Abs. 3 Sätze 5 ff. UStAE.
3 Abschn. 15.13 Abs. 3 Satz 4 i.V.m. Beispiel 2 UStAE.
4 Besprechungsergebnis der FinVerw., UR 1983, 79 = DB 1983, 424; FinSen. Bremen, Erlass v. 9.5.1983 – S 7300-240, DStR 1983, 510.

nicht dem Zweck der Vorschrift entsprechen, der darin liegt, eine möglichst vollständige Entlastung der Ausfuhrgegenstände herbeizuführen, welche in Drittländer gelangen. Das Problem ist jedoch letztlich **nur theoretischer Natur**, weil in Deutschland bei derartigen Finanzierungen die Kreditinstitute ohnehin nach § 9 Abs. 1 UStG **auf die Steuerfreiheit verzichten** (die Exporteure usw. wären nach § 15 Abs. 3 Nr. 1 Buchst. a UStG zum Abzug der in Rechnung gestellten Steuer berechtigt) und dadurch den Vorsteuerabzug erlangen könnten.

429 **b) Umsätze im Ausland**, die nach § 4 Nr. 8 Buchst. a bis g UStG (z.B. Kreditgewährungen), nach § 4 Nr. 10 [bis 29.6.2013: Buchst. a] UStG (Versicherungsleistungen [ab 30.6.2013:] einschließlich der Verschaffung von Versicherungsschutz) oder (ab 30.6.2013) nach § 4 Nr. 11 UStG (Leistungen von Versicherungsvertretern oder -maklern) **steuerfrei *wären***, wenn sie im Inland ausgeführt würden, schließen den Vorsteuerabzug nicht aus, wenn der **Leistungsempfänger** im **Drittlandsgebiet** ansässig ist (§ 15 Abs. 3 Nr. 2 Buchst. b i.V.m. Abs. 2 Satz 1 Nr. 2 UStG). Der **Zweck** dieser Regelung liegt darin, dass die genannten Dienstleistungen[1] außerhalb der Gemeinschaft verbraucht werden und deshalb auch nicht mit Umsatzsteuer der Gemeinschaft in Gestalt über den Preis abgewälzter, nicht abziehbarer Vorsteuer belastet sein sollen.

430 § 15 Abs. 3 UStG hat auch nach der Änderung **Art. 169 Buchst. c MwStSystRL nicht zutreffend umgesetzt**, denn dieser verlangt lediglich, dass bei den genannten steuerfreien Umsätzen der Dienstleistungsempfänger außerhalb der Gemeinschaft ansässig ist. Der Vorsteuerabzug soll demnach **auch** gegeben sein, wenn kein Fall des § 15 Abs. 2 Satz 1 Nr. 2 UStG gegeben ist und derartige **Umsätze im Inland steuerfrei sind**. Folglich kommt es nach Art. 169 Buchst. c MwStSystRL nicht auf den Ort der Dienstleistung an.[2]

431 Für die **Ansässigkeit** i.S.d. § 15 Abs. 3 Nr. 2 Buchst. b UStG sind die in § 3a Abs. 2 und Abs. 4 Satz 1 UStG genannten Kriterien maßgebend, die richtlinienkonform bei einem Unternehmer als Leistungsempfänger als Sitz der wirtschaftlichen Tätigkeit bzw. feste Niederlassung zu interpretieren sind (*§ 3a Rz. 25 ff.*). Bei Nichtunternehmern ist auf ihren Wohnsitz bzw. auf den Sitz der Tätigkeit abzustellen (*§ 3a Rz. 87 f.*).

432 Ist der Leistungsempfänger danach im Drittlandsgebiet ansässig, so ist **nicht** erforderlich, dass sich die Umsätze auf **Ausfuhrgegenstände** beziehen. Hierauf kommt es **nur** an, **wenn der Leistungsempfänger innerhalb der Gemeinschaft** ansässig ist. Es greift dann § 15 Abs. 3 Nr. 1 Buchst. b UStG mit dem argumentum a maiore ad minus: Soll der Vorsteuerabzug bei steuerfreien Leistungen dieser Art gegeben sein, so gilt das erst recht, wenn die entsprechenden Leistungen gar nicht erst steuerbar sind.[3]

---

1 Zu „Umsätzen" von **Aktien** und anderen Gesellschaftsanteilen s. BFH v. 27.1.2011 – V R 38/09, BStBl. II 2012, 68 = UR 2011, 307 – Rz. 38 ff.; *Stadie* in R/D, § 15 UStG Anm. 1265 FN.
2 A.A. BFH v. 19.5.2010 – XI R 6/09, BStBl. II 2011, 831 = UR 2010, 821; zeitweilig auch der *Verfasser*.
3 Im Ergebnis ebenso Abschn. 15.14 Abs. 4 UStAE.

## IV. Verwendung

### 1. Wirtschaftliche Zurechnung

#### a) Allgemeines

Nach § 15 Abs. 2 Satz 1 UStG ist die Vorsteuer bei denjenigen Leistungsbezügen und eingeführten Gegenständen vom Abzug ausgeschlossen, die der Unternehmer zur Ausführung der in den Nummern 1 und 2 der Vorschrift genannten steuerfreien Umsätze (sofern keine Ausnahme nach § 15 Abs. 3 UStG eingreift) „verwendet"[1]. Auf die Verwendung kommt es an, wenn der Unternehmer sowohl Umsätze, die zum Vorsteuerabzug berechtigen, als auch solche Umsätze ausführt, die den Vorsteuerabzug ausschließen. Das Gesetz verlangt hierbei eine wirtschaftliche Sichtweise. Besonders deutlich kommt das in § 15 Abs. 4 Satz 1 a.E. und Satz 3 a.E. UStG (*Rz. 472, 478*) zum Ausdruck, wonach Kriterium der Verwendung die wirtschaftliche Zurechnung zu Ausgangsleistungen ist. Wenn nämlich bei einer gemischten Verwendung die Vorsteuerbeträge den beiden Umsatzarten anteilig wirtschaftlich zuzurechnen sind, so muss dieser Maßstab auch schon für die vorrangige Frage zu gelten, ob Leistungsbezüge überhaupt für Ausschlussumsätze verwendet werden. Die MwStSystRL schreibt hingegen diesen Maßstab bei gemischter Verwendung nicht zwingend vor (vgl. Art. 173 Abs. 2; dazu *Rz. 472*).

433

Gegenstände oder sonstige Leistungen, die der Unternehmer zur **Ausführung** einer Einfuhr oder eines **innergemeinschaftlichen Erwerbs** verwendet, sind den Umsätzen zuzurechnen, für die der eingeführte oder innergemeinschaftlich erworbene Gegenstand verwendet wird (§ 15 Abs. 2 Satz 2 UStG). Diese Bestimmung ist nur wegen der unsinnigen Bezeichnung der Einfuhr und des innergemeinschaftlichen Erwerbs durch § 1 Abs. 1 UStG als „Umsätze" (*§ 1 Rz. 1 u. 120*) erforderlich. Das Zwängen dieser Vorgänge unter den Begriff des Umsatzes erfordert die **Klarstellung** durch § 15 Abs. 2 Satz 2 UStG, dass, soweit es um die Verwendung von Gegenständen und sonstigen Leistungen für „Umsätze" geht, Einfuhren und innergemeinschaftliche Erwerbe keine solche sind.

434

**Beispiel**[2]
Die bei der einfuhrumsatzsteuerrechtlichen Abfertigung eines Gegenstandes in Anspruch genommene Dienstleistung eines Spediteurs wird mithin nicht zur Ausführung des steuerpflichtigen Umsatzes Einfuhr verwendet. Die Abziehbarkeit der vom Spediteur berechneten Umsatzsteuer richtet sich vielmehr nach den Umsätzen des Unternehmens, für die der eingeführte Gegenstand verwendet wird.

Aus dem Begriff „verwendet" folgt nach der Formel des **EuGH** zu Art. 168 MwStSystRL, dass es auf den direkten und unmittelbaren Zusammenhang (*Rz. 112*) der bezogenen Gegenstände oder Dienstleistungen mit den in § 15 Abs. 2 Satz 1 oder Abs. 3 UStG genannten Umsätzen ankommen soll. Hierbei handelt es sich indes um eine wenig hilfreiche, weil zu enge Formel, die nur die Regelfälle erfassen kann (*Rz. 113 f.*). Richtig ist allerdings, dass eine Verwendung der Leistungsbezüge für Umsätze, die zum Vorsteuerabzug berechtigen, grund-

435

---
1 Ebenso Art. 168 MwStSystRL: „für Zwecke seiner besteuerten Umsätze verwendet werden".
2 Zu weiteren Beispielen s. Abschn. 15.12 Abs. 4 UStAE.

sätzlich nur dann vorliegt, wenn die Aufwendungen für die Leistungsbezüge Teil der Kosten (Einzel- oder Gemeinkosten) dieser **Ausgangsumsätze** sind.

436 Bei Leistungsbezügen einer **Organgesellschaft** kommt es auf die Ausgangsumsätze des Organkreises an, in die die Leistungsbezüge letztlich eingehen (*§ 2 Rz. 317*).

437 Die **Kostenelemente** müssen in der Regel **entstanden** sein, **bevor** die **Umsätze** ausgeführt werden, denen sie zuzurechnen sind[1] (zu *Ausnahmen Rz. 449 ff.*).

438 **Abbruchleistungen** im Zusammenhang mit der Veräußerung eines Betriebsgrundstücks werden zur Ausführung der steuerfreien **Grundstückslieferung** (§ 4 Nr. 9 Buchst. a UStG) verwendet, da der Aufwand für den Abbruch Kosten der Grundstückslieferung darstellt und nicht den übrigen steuerpflichtigen Umsätzen des Unternehmers zuzurechnen ist[2] (zur **Sanierung** eines verseuchten Grundstücks s. *Rz. 451*).

439 Leistungsbezüge eines Erschließungsträgers zur Herstellung öffentlicher Anlagen werden für diese **Erschließungsleistungen** und nicht für die steuerfreie Rückübertragung der Grundstücke verwendet.[3]

**b) Unternehmensgründung, Aufnahme von Gesellschaftern, Umwandlungen**

440 Bei **Gründung** einer **Gesellschaft** oder **Aufnahme** weiterer **Gesellschafter** (durch eine unternehmerisch tätige Gesellschaft) werden die im Zusammenhang damit in Anspruch genommenen Dienstleistungen (*Beratungen, Vermittlungen, notarielle Beurkundung* u.Ä.) für die zukünftigen Umsätze der Gesellschaft verwendet, weil die Aufwendungen für diese Dienstleistungen in die Gemeinkosten der Umsätze eingehen[4] (zur *Vorgründungsgesellschaft* s. *Rz. 20*). Nicht etwa erbringt, wie es vor Jahren noch fast einhellige Meinung war[5], die Gesellschaft steuerfreie Umsätze in Gestalt der Ausgabe von Gesellschaftsanteilen bzw. -rechten (*§ 4 Nr. 8 Rz. 26*). Die genannten Dienstleistungen werden stets für die gesamte Tätigkeit verwendet und können entgegen der Auffassung der Finanzverwaltung[6] nicht etwa bestimmten Projekten oder Bereichen zugeordnet werden (*Rz. 491*).

441 **Fraglich** ist, ob bei diesen Dienstleistungen eine **Verwendung über** einen **Zeitraum** vorliegt, so dass ggf. eine Verwendungsänderung i.S.d. § 15a Abs. 4 UStG eintreten könnte. Für **Beratungsleistungen** ist das ohne Weiteres zu verneinen (*§ 15a Rz. 30*). Bei **Beurkundungsleistungen** und **Vermittlungsleistungen** ließe

---

1 EuGH v. 8.6.2000 – C-98/98, UR 2000, 342 – Rz. 30; EuGH v. 22.3.2001 – C-408/98, UR 2001, 164 – Rz. 28; BFH v. 10.4.1997 – V R 26/96, BStBl. II 1997, 552 (555); Abschn. 15.12 Abs. 1 Satz 9 UStAE.
2 BFH v. 31.8.1990 – V R 98/85, UR 1991, 111; Abschn. 15.12 Abs. 3 Satz 2 Beispiel 3 UStAE; vgl. auch BFH v. 27.7.1988 – X R 52/81, BStBl. II 1989, 65.
3 BFH v. 9.11.2006 – V R 9/04, BStBl. II 2007, 285.
4 *Stadie*, DStJG 13 (1990), S. 179 (188 f.); jetzt auch BFH v. 1.7.2004 – V R 32/00, UR 2004, 537; ferner EuGH v. 26.5.2005 – C-465/03, EuGHE 2005, I-4357 = UR 2005, 382.
5 Vgl. nur BFH v. 14.12.1995 – V R 11/94, BStBl. II 1996, 250 m.w.N.; BFH v. 27.9.2001 – V R 32/00, UR 2002, 81 – III 2 der Gründe.
6 Abschn. 15.21 Abs. 6 Nr. 2 und 3 UStAE.

sich hingegen zwar ein Fortwirken bis zum Ende der Gesellschaft bzw. der Mitgliedschaft konstruieren; das wäre jedoch gekünstelt, so dass nur von einer kurzzeitigen Verwendung auszugehen ist und § 15a UStG mithin ebenfalls nicht eingreift (s. auch *§ 15a Rz. 32*). Maßgebend sind m.E. die beabsichtigten Umsätze bzw. ausgeführten Umsätze im Besteuerungszeitraum der Inanspruchnahme der Dienstleistungen, so dass eine Änderung der Verwendung in diesem Zeitraum zu berücksichtigen ist (*Rz. 455 ff.*). Bei grundsätzlich steuerfreien Umsätzen ist es entgegen der Rechtsprechung erforderlich, dass ein beabsichtigter Verzicht auf die Steuerbefreiung auch verwirklicht wird (*Rz. 463 ff.*).

Die vorhergehenden Ausführungen gelten für die Gründung eines **Einzelunternehmens** und die **Umwandlungen** von Gesellschaften entsprechend. 442

### c) Förderung steuerpflichtiger Umsätze durch steuerfreie Umsätze

Werden steuerfreie Umsätze nur zu dem Zwecke erbracht, um andere, steuerpflichtige – die „**eigentlichen**" – **Umsätze** zu **fördern** oder zu ermöglichen, so führt dieses **Motiv nicht** dazu, dass die mit den steuerfreien Umsätzen zusammenhängenden Leistungsbezüge den eigentlichen Umsätzen zuzurechnen sind.[1] 443

**Beispiele**

– Hotelbediensteten werden Zimmer unter Anrechnung auf den Lohn überlassen[2];
– ein Apotheker vermietet über der Apotheke liegende Geschosse an Ärzte[3], weil er sich davon eine Förderung seiner Apothekenumsätze verspricht[4];
– auf Grund einer Auflage der Gemeinde wird ein zweigeschossiges Gebäude an Stelle des zunächst geplanten eingeschossigen Betriebsgebäudes errichtet und das Obergeschoss dann steuerfrei vermietet[5].

Zu aus diesem Motiv **unentgeltlich** erbrachten Leistungen, insbesondere in Gestalt der Vermietung oder Veräußerung eines Gegenstandes s. *Rz. 444 f.*, zu entsprechenden **verbilligten** Leistungen s. *Rz. 477*.

### d) Verwendung für unentgeltliche Leistungen

Ausgangsumsätze sind auch **unentgeltliche Leistungen**, die nach § 1 Abs. 1 Nr. 1 i.V.m. § 3 Abs. 1b oder 9a UStG zu „Umsätzen" führen (*Rz. 418*). Selbst wenn diese der Förderung der eigentlichen, eigenen entgeltlichen Umsätze dienen sollen, richtet sich die Abziehbarkeit der mit den unentgeltlichen Leistungen zusammenhängenden Vorsteuerbeträge grundsätzlich nicht nach der Qualifizie- 444

---

1 Vgl. EuGH v. 6.4.1995 – C-4/94, EuGHE 1995, I-983 = UR 1996, 427 – Rz. 19; EuGH v. 8.6.2000 – C-98/98, EuGHE 2000, I-4177 = UR 2000, 342 – Rz. 20; EuGH v. 22.2.2001 – C-408/98, EuGHE 2001, I-1361 = UR 2001, 164 – Rz. 25; EuGH v. 27.9.2001 – C-16/00, EuGHE 2001, I-6663 = UR 2001, 500 – Rz. 28, wonach der mit den Umsätzen letztlich verfolgte Zweck unerheblich ist.
2 Vgl. BFH v. 30.7.1986 – V R 99/76, BStBl. II 1986, 877 (879); BFH v. 7.10.1987 – V R 2/79, BStBl. II 1988, 88.
3 Zur verbilligten Vermietung an Ärzte gegen Zahlungen eines Apothekers s. BFH v. 15.10.2009 – XI R 82/07, BStBl. II 2010, 247; *Stadie* in R/D, § 15 UStG Anm. 1261.
4 Vgl. auch BFH v. 31.7.1987 – V R 148/78, BStBl. II 1987, 754.
5 Fall nach BFH v. 18.12.1986 – V R 18/80, BStBl. II 1987, 280.

rung der eigentlichen entgeltlichen Umsätze, die gefördert werden sollen, sondern nach der Steuerpflicht bzw. Steuerfreiheit der unentgeltlichen Umsätze.[1]

445 Lediglich dann, wenn die unentgeltlichen Leistungen **aus Bagatellgründen nicht besteuert** werden, sind die Leistungsbezüge den entgeltlichen Umsätzen zuzurechnen.

**Beispiele**[2]

(1) Ein **Kreditinstitut** stellt seinen Kunden unentgeltlich **Parkplätze** zur Verfügung. Die unentgeltliche Überlassung der Parkplätze führt grundsätzlich zu steuerpflichtigen Umsätzen (§ 1 Abs. 1 Nr. 1 i.V.m. § 3 Abs. 9a i.V.m. § 4 Nr. 12 Satz 2 UStG), jedoch bewirkt die analog anzuwendende Bagatellgrenze des § 4 Abs. 5 Satz 1 Nr. 1 EStG regelmäßig die Nichtsteuerbarkeit der Überlassungen (*§ 3 Rz. 176 u. § 17 Rz. 86*). Da in diesen Bagatellfällen die Besteuerung der unentgeltlichen Überlassungen an die Verbraucher nicht erfolgt, ist die Verwendung für die eigentlichen Umsätze des Kreditinstituts maßgebend. Folglich werden die für die Herstellung des Parkplatzes bezogenen Leistungen zur Ausführung dieser Umsätze verwendet[3], welche regelmäßig steuerfrei sind (§ 4 Nr. 8 UStG).

(2) Ein **Kreditinstitut** verteilt **Werbeartikel** an seine Kunden. Die Anschaffungskosten betragen jeweils weniger als 35 €, so dass der Vorsteuerabzug nicht schon nach § 15 Abs. 1a UStG i.V.m. § 4 Abs. 5 Satz 1 Nr. 1 EStG (*Rz. 357*) ausgeschlossen ist. Es liegen keine unentgeltlichen Zuwendungen i.S.d. § 3 Abs. 1b Satz 1 UStG vor, da es sich um Geschenke von geringem Wert handelt. Die Verwendung bestimmt sich deshalb nach den Umsätzen des Kreditinstituts.[4]

**e) Veräußerung von Beteiligungen**

446 Die Veräußerung von Beteiligungen, welche den Zwecken des Unternehmens dienten (*Rz. 116 f.*), ist steuerfrei (§ 4 Nr. 8 Buchst. f UStG), sofern nicht auf die Steuerbefreiung verzichtet worden ist. Nach Auffassung des **BFH** werden Dienstleistungen, die im Zusammenhang mit dieser Veräußerung stehen (z.B. Beratungen), für diese verwendet, so dass, wenn nicht auf die Steuerfreiheit verzichtet worden ist, die Vorsteuer nach § 15 Abs. 2 Satz 1 Nr. 1 UStG vom Abzug ausgeschlossen sei.[5] Demgegenüber unterscheidet der **EuGH** danach, „ob die getätigten Ausgaben Eingang in den Preis der verkauften Aktien finden können oder allein zu den Kostenelementen der auf die wirtschaftlichen Tätigkeiten des Steuerpflichtigen entfallenden Umsätze gehören". Im letzteren Fall sollen die Vorsteuerbeträge diesen Umsätzen zuzurechnen sein.[6] Die Begründung[7] für diese Differenzierung erschließt sich nicht.

447 Allerdings scheint der EuGH dazu zu neigen, die Abziehbarkeit der Vorsteuerbeträge doch eher nach der Qualifizierung der eigentlichen wirtschaftlichen Tätigkeit des Steuerpflichtigen zu bestimmen. Das ist zutreffend, weil nämlich die

---

1 Dazu näher *Stadie* in R/D, § 15 UStG Anm. 1253 f. mit Beispielen.
2 Vgl. auch Abschn. 15.15 Abs. 3 und 4 UStAE.
3 Vgl. BFH v. 4.3.1993 – V R 68/89, BStBl. II 1993, 525; Abschn. 15.12 Abs. 3 Satz 2 Beispiel 4 UStAE.
4 Vgl. BFH v. 4.3.1993 – V R 68/89, BStBl. II 1993, 527; Abschn. 15.12 Abs. 3 Satz 2 Beispiel 1 UStAE.
5 Vgl. BFH v. 27.1.2011 – V R 38/09, BStBl. II 2012, 68 = UR 2011, 307 – Rz. 34 ff.
6 EuGH v. 29.10.2009 – C-29/08, EuGHE 2009, I-10413 = UR 2010, 107 – Rz. 73 a.E.
7 EuGH v. 29.10.2009 – C-29/08, EuGHE 2009, I-10413 = UR 2010, 107 – Rz. 64 ff.

Veräußerung von Beteiligungen **kein Umsatz** i.S.d. Umsatzsteuerrechts ist, der zu einer Verbraucherversorgung führen kann (vgl. *§ 4 Nr. 8 Rz. 25*). Nur die Gesellschaft selbst kann als Unternehmer Güter oder Dienstleistungen auf den Markt bringen. Folglich ist die Veräußerung von Beteiligungen aus der Sicht des § 15 Abs. 2 UStG ein **Nichtumsatz**, dessen „Steuerbefreiung" nicht dazu führen darf, dass Vorsteuerbeträge vom Abzug ausgeschlossen sind und eine Kostenbelastung des Unternehmers, dessen eigentliche Umsätze zum Vorsteuerabzug berechtigen, begründen. Die mit der Veräußerung von Anteilen zusammenhängenden **Dienstleistungen** werden nicht für diesen Nichtumsatz **verwendet**[1], sondern **für** die **echten**, eigentlichen **Umsätze** des Unternehmers.

Nach kurzzeitiger Auffassung des EuGH sollen ferner die Mitgliedstaaten befugt sein, die Veräußerung **sämtlicher Anteile einer Kapitalgesellschaft (Tochtergesellschaft)** der Übertragung des Gesamtvermögens oder eines Teilvermögens „eines Unternehmens" i.S.v. Art. 19 Abs. 1 MwStSystRL gleichzustellen[2], d.h. als sog. Geschäftsveräußerung i.S.d. § 1 Abs. 1a UStG anzusehen. Das war verfehlt und hatte mit dem Wortlaut der Vorschriften nichts mehr zu tun (*§ 1 Rz. 132*). Der **BFH** war dem gleichwohl gefolgt.[3] Der Sinn dieser „Auslegung" sollte darin liegen, den Vorsteuerabzug hinsichtlich der mit der Veräußerung zusammenhängenden Dienstleistungen gewähren zu können (dazu *Rz. 452 f.*), ohne dass § 15 Abs. 2 Satz 1 Nr. 1 i.V.m. § 4 Nr. 8 Buchst. f UStG entgegenstehe.[4] Das kann indes rechtsmethodisch sauberer durch Auslegung des Begriffs „Verwendung" i.S.d. § 15 Abs. 2 Satz 1 Nr. 1 UStG erreicht werden (*Rz. 447*). Der EuGH hat nunmehr seine Auffassung korrigiert und zutreffend klargestellt, dass die **Beteiligung als solche keine wirtschaftliche Tätigkeit** ist und deshalb weder die Veräußerung einer Beteiligung noch die gleichzeitige Veräußerung aller Beteiligungen als solche unter Art. 19 Abs. 1 MwStSystRL fällt.[5]

448

### f) Nachträgliche „Verwendung"

Aus dem Begriff „verwendet" und dem obigen EuGH-Grundsatz, wonach es auf die Zurechnung zu Ausgangsumsätzen unter Kostengesichtspunkten ankommt (*Rz. 435*), folgt nicht, dass der Vorsteuerabzug ausgeschlossen ist, wenn Leistungen erst **nach Ausführung von Umsätzen** bezogen werden, denen sie zwar kausal zugerechnet werden können, weil sie deren Folge sind, bei denen sie jedoch nicht zu Kostenelementen geführt haben. Diese Leistungsbezüge werden zwar nicht im eigentlichen Sinne für Umsätze „verwendet", da sie jedoch für das Unternehmen i.S.d. § 15 Abs. 1 Satz 1 UStG in Anspruch genommen werden, muss sich die Abziehbarkeit der Vorsteuern nach den Umsätzen richten, die die in Anspruch genommenen Leistungen verursacht hatten.

449

Demgegenüber sollen nach Auffassung des **EuGH** diese Kosten mangels direkter Zurechenbarkeit grundsätzlich **Gemeinkosten** der Gesamttätigkeit des Un-

450

---

1 A.A. BFH v. 27.1.2011 – V R 38/09, BStBl. II 2012, 68 = UR 2011, 307 – Rz. 34 ff.; zur weiteren Kritik *Stadie* in R/D, § 15 UStG Anm. 1265 FN.
2 EuGH v. 29.10.2009 – C-29/08, EuGHE 2009, I-10413 = UR 2010, 107 – Rz. 38 u. Rz. 41.
3 BFH v. 27.1.2011 – V R 38/09, BStBl. II 2012, 68 = UR 2011, 307.
4 Vgl. *Wäger*, DStR 2011, 433 (435 f.).
5 EuGH v. 30.5.2013 – C-651/11, UR 2013, 582.

ternehmers und ggf. aufzuteilen sein.¹ Eine direkte Zurechnung zu vergangenen Umsätzen solle jedoch dann in Betracht kommen, wenn **von vornherein** mögliche Folgekosten **einkalkuliert** worden seien.² Diese Sichtweise führt zu willkürlichen Ergebnissen und entspricht keiner sachgerechten Zuordnung, da die Abziehbarkeit der Vorsteuer von Zufälligkeiten abhinge (*Beispiel:* Inanspruchnahme von Beratungsleistungen zur Abwehr von Schadensersatzansprüchen).³

451  Wird ein mit Chemikalien o.Ä. verseuchtes **Betriebsgrundstück** saniert und anschließend steuerfrei **veräußert**, so sind die **Sanierungskosten** der bisherigen unternehmerischen Tätigkeit und nicht der steuerfreien Lieferung zuzurechnen, da der Sanierungsaufwand Folge der bisherigen unternehmerischen Tätigkeit ist und (auf Grund öffentlich-rechtlicher Beseitigungspflicht) auch dann anfiele, wenn das Grundstück nicht veräußert würde. Es sind mithin Kosten der fortbestehenden oder ehemaligen (vgl. *Rz. 454*) unternehmerischen Tätigkeit.⁴ Abzulehnen ist deshalb die Auffassung des **BFH**, dass die Vorsteuern nach § 15 Abs. 4 UStG aufzuteilen seien, weil die Kosten sowohl der bisherigen Tätigkeit als auch der steuerfreien Lieferung zuzurechnen seien⁵ bzw. ausschließlich mit der steuerfreien Lieferung zusammenhingen⁶ (zu *Abbruchkosten* bei Veräußerung eines Grundstücks s. *Rz. 438*).

452  Bei Leistungsbezügen, die im Zusammenhang mit der **Veräußerung** des **Unternehmens** oder eines **Teils** davon anfallen (z.B. *Beratungsleistungen*), besteht die Besonderheit, dass die Veräußerung oder die gleichgestellte **Einbringung** in eine **Gesellschaft** als sog. Geschäftsveräußerung ein nicht steuerbarer Vorgang ist (§ 1 Abs. 1a UStG), so dass keine Ausgangsumsätze vorliegen, für die die Dienstleistungen verwendet werden. Diese sind jedoch für das Unternehmen bezogen, da sie im Zusammenhang mit diesem stehen. Folglich werden sie grundsätzlich für die gesamte unternehmerische Tätigkeit vor der Übertragung „verwendet"⁷, so dass sich die Abziehbarkeit der Vorsteuern nach dem Charakter der Umsätze des veräußerten Unternehmens bzw. Betriebs vor der Übertragung richtet. Bei „**gemischten**" Umsätzen ist für die Aufteilung auf die Verhältnisse der letzten zwölf Monate abzustellen (arg. Art. 175 Abs. 1 MwStSystRL: „auf Jahresbasis"; *Rz. 457*).⁸

453  Bei der Übertragung eines Teils des Unternehmens (**gesondert geführter Betrieb** i.S.d. § 1 Abs. 1a UStG) kommt es auf die Umsätze an, die von diesem ausgeführt worden waren.⁹ Zur Veräußerung einer Tochtergesellschaft s. *Rz. 448*.

---

1 Vgl. EuGH v. 8.6.2000 – C-98/98, EuGHE 2000, I-4177 = UR 2000, 342 – Rz. 31.
2 Vgl. EuGH v. 8.6.2000 – C-98/98, EuGHE 2000, I-4177 = UR 2000, 342 – Rz. 32.
3 Dazu näher *Stadie* in R/D, § 15 UStG Anm. 1271.
4 *Lippross*, 7.8.4.1 – S. 997.
5 BFH v. 10.4.1997 – V R 26/96, BStBl. II 1997, 552.
6 So BFH v. 25.6.1998 – V R 25/97, BFH/NV 1998, 1533; BFH v. 14.3.2012 – XI R 23/10, BFH/NV 2012, 1672.
7 EuGH v. 22.2.2001 – C-408/98, EuGHE 2001, I-1361 = UR 2001, 164; EuGH v. 29.4.2004 – C-137/02, EuGHE 2004, I-5547 = UR 2004, 362 – Rz. 39; EuGH v. 3.3.2005 – C-32/03, EuGHE 2005, I-1599 = UR 2005, 433 – Rz. 23.
8 A.A. *Reiß* in T/L, 20. Aufl. 2010, § 14 Rz. 173 a.E.
9 EuGH v. 22.2.2001 – C-408/98, EuGHE 2001, I-1361 = UR 2001, 164.

Werden **nach Einstellung der unternehmerischen Tätigkeit** noch Leistungen bezogen, die mit dieser zusammenhängen, so werden sie noch für das Unternehmen i.S.d. § 15 Abs. 1 Satz 1 UStG ausgeführt (*Rz. 176 f.*). Ihre Abziehbarkeit i.S.d. § 15 Abs. 2 und 3 UStG, d.h. ihre „Verwendung" bestimmt sich ebenfalls grundsätzlich nach dem Verhältnis der vorherigen Umsätze, sofern die bezogene Leistung nicht im direkten Zusammenhang mit bestimmten Umsätzen steht (*Beispiel:* Beitreibung einer Forderung aus einem steuerpflichtigen Umsatz durch einen Rechtsanwalt).   454

### 2. Zeitpunkt- oder Zeitraumbetrachtung?

Fraglich ist, ob bei Leistungen, die sich nicht im Moment ihrer Erbringung verbrauchen, für die Bestimmung der Verwendung i.S.d. § 15 Abs. 2 UStG auf den *Zeitpunkt* der erstmaligen Verwendung abzustellen ist oder ob ein gewisser *Zeitraum* zugrunde zu legen ist. Aus dem natürlichen Sinn des Wortes „verwendet" folgt, dass eine Leistung, deren Gehalt sich nicht im Augenblick der Erbringung verbraucht, sondern die einen fortwirkenden Nutzen verschafft (*Beispiel:* Lieferung eines Gegenstandes des Anlagevermögens), über den Zeitraum dieses Nutzens verwendet wird. Auch die Formulierung des § 15 Abs. 4 Satz 1 UStG: „verwendet der Unternehmer einen (...) Gegenstand oder eine (...) sonstige Leistung (...) zur Ausführung von *Umsätzen*" zeigt mit der Verwendung des Plurals, dass ein Zeitraum zu betrachten wäre. Aus § 15a Abs. 1 Satz 1 UStG scheint allerdings (seit dessen Neufassung zum 1.1.2002) zu folgen, dass bei einem **Wirtschaftsgut** – und gleichgestellten sonstigen Leistungen (§ 15a Abs. 3 Satz 1, Abs. 4 UStG) – der **Zeitpunkt der erstmaligen Verwendung** maßgebend sein soll, so dass regelmäßig auf den ersten Umsatz abzustellen wäre, in die die bezogene Leistung Eingang findet[1]. Demgemäß wäre der Vorsteuerabzug bereits im Besteuerungszeitraum der erstmaligen Verwendung nach den Regeln des § 15a UStG zu berichtigen, wenn sich die Verwendung in diesem Zeitraum geändert hat (vgl. *§ 15a Rz. 65* m. Beispiel).   455

Diese Sichtweise ist zum einen **sachwidrig**, da damit der Vorsteuerabzug von dem **Zufall** der erstmaligen Verwendung abhängig gemacht wird. Das kann zu **willkürlichen Ergebnissen** führen und eröffnet die Möglichkeit zu Manipulationen, weil der Unternehmer mit gemischten Umsätzen durch den erstmaligen Einsatz eines Gegenstandes die Höhe des Vorsteuerabzugs bestimmen kann.[2] Zugrunde gelegt werden muss deshalb – wie vor der Neufassung des § 15a Abs. 1 UStG (bis 2001) – richtigerweise die Verwendung innerhalb eines Zeitraums, die Schlüsse auf die mutmaßliche zukünftige Verwendung zulässt. Maßgebender Beurteilungszeitraum hat folglich grundsätzlich der **Besteuerungszeitraum** (Kalenderjahr) zu sein, in dem die erstmalige Verwendung geschieht (beginnt die Verwendung erst gegen Ende des Jahres, so ist indes der Beurteilungszeitraum sehr kurz). Mithin liegt ein Fall der gemischten Verwendung i.S.d. § 15 Abs. 4 UStG vor, wenn sich bis zum Ende des Besteuerungszeitraums die Verwendung ändert (*Rz. 475*), so dass § 15a UStG sachgerecht erst in den Folgejahren eingreift.   456

---

1 So Abschn. 15.12 Abs. 1 Satz 9 UStAE.
2 *Lippross*, DStR 2003, 1593 (1596); *Lippross*, DStR 2006, 1028 (1029).

457 Das ist auch das offensichtliche **Konzept des Art. 187 Abs. 2 Unterabs. 2 MwSt-SystRL**, der eine Jahresbetrachtung im Auge hat und in seinem Satz 3 von dem Anspruch auf Vorsteuerabzug „für das Jahr" des Erwerbs eines Investitionsgutes spricht. Da in den folgenden Jahren hinsichtlich der Verwendung die Verhältnisse des jeweiligen Jahres maßgebend sind, kann nicht ernsthaft angenommen werden, dass die Richtlinie hinsichtlich des ersten Jahres auf den Zufall der erstmaligen Verwendung abstellen will. Für Dienstleistungen kann nichts anderes gelten. Auch Art. 173 Abs. 1 Unterabs. 2 i.V.m. Art. 175 Abs. 1 MwStSystRL („auf Jahresbasis") geht von einer **Jahresbetrachtung** aus. Vor allem aber übersieht die gegenteilige Sichtweise zu § 15a UStG, dass nach dem **klaren Wortlaut des Art. 187 Abs. 2 Unterabs. 2 MwStSystRL** eine Berichtigung nach dieser Bestimmung nur „*in den folgenden Jahren*" zu geschehen hat, d.h. nicht schon im Jahre des Erwerbes des Investitionsgutes. Der XI. Senat des BFH ist dieser Sichtweise gefolgt.[1] Auch der Wortlaut des **§ 15a Abs. 1 Satz 1** UStG lässt eine **richtlinienkonforme Auslegung** nach Maßgabe des Art. 187 Abs. 2 Unterabs. 2 MwStSystRL zu (*§ 15a Rz. 65 ff.*).[2]

### 3. Verwendungsabsicht

#### a) Allgemeines

458 Der Zweck des Vorsteuerabzugs (*Rz. 2*) verlangt, auch bei Investitionsgütern (arg. § 15a Abs. 1 UStG, Art. 187 Abs. 2 MwStSystRL), die **sofortige Entlastung von der Steuer**[3], so dass nicht die tatsächliche Verwendung abgewartet werden muss, wenn die Voraussetzungen für die Geltendmachung des Vorsteuerabzugs nach § 15 Abs. 1 UStG bereits in einem früheren Besteuerungszeitraum bzw. Voranmeldungszeitraum vorliegen. Es ist dann insoweit auf die **beabsichtigte Verwendung** abzustellen.[4]

459 Nach Auffassung des **BFH** soll es grundsätzlich auf die Verwendungsabsicht **im Zeitpunkt** des **Leistungsbezugs**[5], bei **Vorauszahlungen** auf den Zeitpunkt der Anzahlung[6], ankommen. Damit wird schon übersehen, dass die Frage nach dem Ausschluss des Vorsteuerabzugs gem. § 15 Abs. 2 UStG erst zu beantworten ist,

---

1 BFH v. 24.4.2013 – XI R 25/10, BStBl. II 2014, 346 – Rz. 32 i.V.m. Rz. 33.
2 An der gegenteiligen Auffassung (*Stadie* in R/D, § 15 UStG Anm. 1287) halte ich nicht mehr fest.
3 Vgl. EuGH v. 21.3.2000 – C-110/98, EuGHE 2000, I-1577 = UR 2000, 208 – Rz. 44 f.; EuGH v. 8.6.2000 – C-400/98, EuGHE 2000, I-4321 = BStBl. II 2003, 452 = UR 2000, 329 – Rz. 34; EuGH v. 8.6.2000 – C-396/98, EuGHE 2000, I-4279 = BStBl. II 2003, 446 = UR 2000, 336 – Rz. 36.
4 Vgl. BFH v. 8.3.2001 – V R 24/98, BStBl. II 2003, 430 = UR 2001, 214; BFH v. 25.4.2002 – V R 58/00, BStBl. II 2003, 435 = UR 2002, 472; ferner BFH v. 9.12.2010 – V R 17/10, BStBl. II 2012, 53 – Rz. 33.
5 BFH v. 25.4.2002 – V R 58/00, BStBl. II 2003, 435 (437) = UR 2002, 472; BFH v. 25.11.2004 – V R 38/03, BStBl. II 2005, 414; BFH v. 2.3.2006 – V R 49/05, BStBl. II 2006, 729; jeweils unter Berufung auf den EuGH v. 8.6.2000 – C-400/98, EuGHE 2000, I-4321 = BStBl. II 2003, 452 = UR 2000, 329 – Rz. 36; EuGH v. 8.6.2000 – C-396/98, EuGHE 2000, I-4279 = BStBl. II 2003, 446 = UR 2000, 336 – Rz. 38; vgl. auch Abschn. 15.12 Abs. 1 Sätze 6 und 7 UStAE.
6 BFH v. 17.5.2001 – V R 38/00, BStBl. II 2003, 434 = UR 2001, 550; ebenso *Englisch* in T/L, § 17 Rz. 350; Abschn. 15a.2 Abs. 2 Satz 2 UStAE.

wenn eine ordnungsgemäße Rechnung vorliegt, so dass das Abstellen auf den Zeitpunkt des Leistungsbezugs bzw. der Anzahlung **keinen Sinn** ergibt.[1] Es kann deshalb frühestens auf den Zeitpunkt abgestellt werden, in dem der Vorsteuerabzug dem Grunde nach geltend gemacht werden kann, d.h. die **Voraussetzungen des § 15 Abs. 1 Satz 1 Nr. 1 UStG** gegeben sind. Das ist der Ablauf des Voranmeldungszeitraums, in dem diese Voraussetzungen eingetreten sind (§ 18 Abs. 1 Satz 3 i.V.m. § 16 Abs. 2 Satz 1 UStG).

Sofern die erstmalige Verwendung zu diesem Zeitpunkt noch nicht erfolgt war, wäre es allerdings **sachwidrig**, den Vorsteuerabzug für den Besteuerungszeitraum bereits endgültig nach Maßgabe der **Verwendungsabsicht**, die in einem **Voranmeldungszeitraum** besteht, zu gewähren, da über den Vorsteuerabzug insoweit „endgültig" erst mit Ablauf des Besteuerungszeitraums (§ 16 Abs. 1 Satz 2 UStG: Kalenderjahr) zu entscheiden ist. Das folgt insbesondere auch aus **Art. 187 Abs. 2 Unterabs. 2 MwStSystRL** (*Rz. 457*). Richtigerweise ist deshalb auf die Lage **am Ende des Besteuerungszeitraums** abzustellen[2], damit bessere Erkenntnisse über die beabsichtigte oder die tatsächliche erstmalige Verwendung berücksichtigt werden können.[3] Es ist kein vernünftiger Grund ersichtlich, warum der Unternehmer bei beabsichtigter, aber nicht verwirklichter Verwendung für steuerpflichtige Umsätze den Vorsteuerabzug erhalten soll, wenn im maßgebenden Besteuerungszeitraum bereits feststeht, dass ihm wegen tatsächlicher Verwendung für steuerfreie Umsätze dieser nicht zusteht.[4] Die gegenteilige Sichtweise müsste dazu führen, dass, wenn die tatsächliche Verwendung noch im selben Besteuerungszeitraum geschieht, eine Pro-rata-temporis-Berichtigung nach § 15a UStG zu erfolgen hätte. Für diese Subvention in Gestalt von Zinserträgen auf den Vorsteuerbetrag gibt es keine Rechtfertigung. Erfolgt die erstmalige Verwendung im Jahr des Bezugs der Leistung, liegt folglich kein Fall des § 15a Abs. 1 UStG vor, weil die im Zeitpunkt der erstmaligen Verwendung gegebenen Verhältnisse die für den Vorsteuerabzug maßgebenden Verhältnisse sind.[5]

460

Entsprechendes hat im **umgekehrten Fall** zu gelten, wenn der Unternehmer beim Bezug der Leistungen eine Verwendung für **steuerfreie** Umsätze **beabsichtigte**, dann jedoch im Laufe des Besteuerungszeitraums eine Verwendung für steuerpflichtige Umsätze erfolgte.[6] Dieser Grundsatz hat auch dann zu gelten, wenn es um Leistungsbezüge geht, die zu **allgemeinen Verwaltungskosten** führen (s. dazu aber auch *Rz. 467 f.*). Eine Vorsteueraufteilung nach § 15 Abs. 4 UStG bestimmt sich grundsätzlich nach den tatsächlich ausgeführten und nicht nach den beabsichtigten Umsätzen.

461

---

1 Zur verfehlten Heranziehung der „Entstehung" i.S.d. Art. 167 MwStSystRL durch den BFH s. *Stadie* in R/D, § 15 UStG Anm. 1290.
2 So jetzt insoweit zutreffend auch BFH v. 24.4.2013 – XI R 25/10, BStBl. II 2014, 346 – Rz. 32, 34 ff.; vgl. auch BFH v. 8.3.2001 – V R 24/98, BStBl. II 2003, 430 (432) = UR 2001, 214; BFH v. 2.3.2006 – V R 49/05, BStBl. II 2006, 729.
3 *Lippross*, DStR 2003, 1593 (1596 f.); *Lippross*, DStR 2006, 1028 (1030); vgl. auch *Forgách*, UR 2004, 231; *D. Hummel*, MwStR 2013, 676.
4 Vgl. BFH v. 26.1.2006 – V R 74/03, BFH/NV 2006, 1164 (1166) – wonach die spätere tatsächliche Verwendung ein wesentliches Indiz für die Verwendungsabsicht sei.
5 Zu einem *Beispiel* s. *Stadie* in R/D, § 15 UStG Anm. 1293.
6 Vgl. *Lippross*, UR 2011, 932; zu einem *Beispiel* s. *Stadie* in R/D, § 15 UStG Anm. 1294.

462 Nach verfehlter Auffassung des **BMF** soll der Unternehmer sich **sofort entscheiden** müssen, für welche Ausgangsumsätze er die empfangenen Eingangsleistungen verwenden will.[1] Das hat mit dem Wortlaut und dem Zweck des § 15 Abs. 2 UStG nichts zu tun und ist **schlicht falsch**.[2] Wenn ein Unternehmer Lieferungen für sein Unternehmen empfängt, aber noch nicht weiß, ob er die Gegenstände für seine steuerpflichtigen oder für seine steuerfreien Umsätze verwenden will, so ist deshalb nicht etwa der Vorsteuerabzug endgültig ausgeschlossen. Die gegenteilige Auffassung ist eine eklatante Missachtung des Zwecks des Vorsteuerabzugs. Richtigerweise ist der Vorsteuerabzug in dem Zeitpunkt zu gewähren, in dem die Absicht zur Verwendung für Umsätze, die den Vorsteuerabzug nicht ausschließen, feststeht. Eine Rückwirkung tritt nicht ein[3], vielmehr ist nach dem Grundsatz des § 17 Abs. 1 Satz 7 UStG (*§ 17 Rz. 90*) in Ausfüllung des von Art. 185 und 186 MwStSystRL gewährten Spielraums der **Vorsteuerabzug** für den **Besteuerungszeitraum** bzw. Voranmeldungszeitraum zu berücksichtigen, in dem die **Verwendung** bzw. **Verwendungsabsicht feststeht**.[4]

**b) Beabsichtigter, aber nicht verwirklichter Verzicht auf eine Steuerbefreiung**

463 Bei **steuerfreien Umsätzen** (insbesondere Grundstücksvermietungen und Grundstückslieferungen) soll es nach Ansicht des **BFH** für die Erlangung des Vorsteuerabzugs nach § 15 UStG ausreichen, wenn **beabsichtigt** war, nach § 9 UStG auf die Steuerfreiheit der Umsätze **zu verzichten**. Dabei soll es auch dann bleiben, wenn der tatsächlich ausgeführte Umsatz steuerfrei ist (weil die Voraussetzungen des § 9 Abs. 1 UStG für einen Verzicht nicht erfüllt werden) oder es gar nicht zu Umsätzen kommt; es soll allenfalls eine Berichtigung nach § 15a UStG möglich sein.[5] Indes soll die spätere tatsächliche Verwendung eines Leistungsbezuges ein wesentliches Indiz für die anfängliche Verwendungsabsicht sein, sofern sie jedenfalls noch zeitnah erfolgt.[6]

464 Diese Auffassung **verstößt** schon gegen den **klaren Wortlaut** des § 9 Abs. 1 UStG, der verlangt, dass der Umsatz an einen anderen Unternehmer für dessen Unternehmen „ausgeführt wird", so dass die Wirkungen des Verzichts nur dann eintreten dürfen, wenn die genannten Voraussetzungen tatsächlich vorliegen.[7] Aus EuGH-Entscheidungen zur Richtlinie kann sich, da diese die Möglichkeit des Verzichts nicht vorschreibt, entgegen der Ansicht des BFH nichts Gegenteiliges ergeben.[8] Der BFH **verkennt** ferner, dass die Steuerfreiheit die Regel und

---

1 Abschn. 15.12 Abs. 1 Satz 8, Abs. 5 UStAE; ebenso BFH v. 28.11.2002 – V R 51/01, UR 2003, 197; FG Bremen v. 9.4.2004 – 2 K 119/03, EFG 2004, 1724.
2 Ebenso *Lippross*, DStR 2003, 1593 (1595 f.).
3 Vgl. BFH v. 25.11.2004 – V R 38/03, BStBl. II 2005, 414.
4 Vgl. dazu das *Beispiel* bei *Stadie* in R/D, § 15 UStG Anm. 1297.
5 BFH v. 8.3.2001 – V R 24/98, BStBl. II 2003, 430 = UR 2001, 214; BFH v. 22.3.2001 – V R 46/00, BStBl. II 2003, 433 = UR 2001, 360; BFH v. 16.5.2002 – V R 56/00, BStBl. II 2006, 725 = UR 2002, 470; BFH v. 25.11.2004 – V R 38/03, BStBl. II 2005, 414; BFH v. 26.1.2006 – V R 74/03, BFH/NV 2006, 1164; ebenso Abschn. 15a.3 Abs. 3, Abschn. 15a.4 Abs. 2 und Abschn. 15a.5 Abs. 2 UStAE; vgl. auch FG München v. 29.7.2014 – 2 K 2601/11, juris – erstmalige Vermietung erst nach 7 Jahren.
6 BFH v. 26.1.2006 – V R 74/03, BFH/NV 2006, 1164.
7 So noch zutreffend BFH v. 25.1.1979 – V R 53/72, BStBl. II 1979, 394 (396).
8 *Stadie* in R/D, § 15 UStG Anm. 1300.

Steuerfreie Umsätze § 15

die Steuerpflicht die Ausnahme ist, welche nur unter den Voraussetzungen des § 9 UStG gilt. Die Erfüllung dieser Kriterien, d.h. die **Ausnahme von** der **Regel, darf** deshalb **nicht** etwa zugunsten des Unternehmers **unterstellt werden**, weil sonst § 9 UStG leerliefe.[1] Denn anderenfalls müsste mit der Erst-recht-Argumentation jedem Unternehmer, der die Absicht hatte (und weiterhin hat), einen Büroneubau o.Ä. steuerpflichtig zu vermieten, diese aber nicht verwirklichen kann, weil er keinen vorsteuerabzugsberechtigten Mieter findet und deshalb notgedrungen steuerfrei vermietet, der Vorsteuerabzug gewährt werden. Dem steht jedoch § 15 Abs. 2 UStG entgegen, der auf die tatsächliche Verwendung abstellt. Nach Auffassung des BFH soll hingegen bei diesem Unternehmer lediglich eine Berichtigung des Vorsteuerabzugs nach § 15a UStG vorgenommen werden.[2] Diese Sichtweise des BFH bewirkt willkürliche Rechtsfolgen und verstößt deshalb auch gegen das Gleichbehandlungsgebot (Art. 3 Abs. 1 GG).

Der BFH **verkennt** schließlich und vor allem auch völlig den **Zweck des Verzichts**[3], der darin liegt, den Unternehmer vor Wettbewerbsnachteilen (Ausschaltungsgefahr) bei Umsätzen gegenüber potenziellen, vorsteuerabzugsberechtigten Abnehmern zu bewahren (*§ 9 Rz. 9*). Wenn der Unternehmer aber keinen derartigen Abnehmer findet, so ist auch der Zweck des Verzichts nicht erfüllt, und es besteht kein Anlass, § 9 Abs. 1 UStG entgegen seinem Wortlaut auszulegen. Die verfehlte Auffassung des BFH führt zu einer durch nichts zu rechtfertigenden **Subvention** in Gestalt des Vorsteuerabzugs[4] aus den Herstellungskosten der Gebäude gescheiterter Vermieter gewerblicher Immobilien. Es ist deshalb unverständlich, dass die **Finanzverwaltung** dem **BFH folgt**.[5]  465

Die **beabsichtigte Verwendung** darf nicht einmal **vorläufig** herangezogen werden, denn nach dem **Zweck** des Verzichts auf die Steuerbefreiung ist die Entlastung erst und nur dann geboten, wenn die Wettbewerbssituation sich realisiert hat (*§ 9 Rz. 9*), d.h. erst und nur bei tatsächlicher steuerpflichtiger Vermietung oder Veräußerung.  466

### c) Nichtverwendung

Werden Leistungsbezüge nicht verwendet, weil es sich um eine **Fehlmaßnahme** handelt oder weil erworbene **Gegenstände** vor ihrer Verwendung **untergehen** (Diebstahl, Zerstörung) oder **unbrauchbar werden**, so sind sie gleichwohl für das Unternehmen i.S.d. § 15 Abs. 1 Satz 1 UStG ausgeführt worden (*Rz. 111*). Die Abziehbarkeit der Vorsteuern richtet sich folglich grundsätzlich nach der **beabsichtigten Verwendung**.[6] Der Umstand, dass die bezogene Leistung mangels Verwendung nicht zur Ausführung von schädlichen Umsätzen i.S.d. § 15 Abs. 2  467

---

1 *Stadie*, DStJG 13 (1990), S. 178 (210).
2 BFH v. 16.5.2002 – V R 56/00, BStBl. II 2006, 725 = UR 2002, 470; BFH v. 10.11.2003 – V B 134/02, BFH/NV 2004, 381.
3 *Stadie*, UR 2001, 264.
4 Bzw. durch erhebliche **Zinsgewinne** wegen der nur sukzessiven Rückzahlung der Vorsteuern nach § 15a UStG; dazu die Beispiele bei *Stadie* in R/D, § 15 UStG Anm. 1303.
5 Abschn. 9.1 Abs. 5, 15.12 Abs. 1 Satz 12, Abs. 2, Abs. 3 Beispiel 3 UStAE.
6 Insoweit vom Ansatz her zutreffend BFH v. 22.3.2001 – V R 46/00, BStBl. II 2003, 433 = UR 2001, 360; BFH v. 17.5.2001 – V R 38/00, BStBl. II 2003, 434 = UR 2001, 550.

UStG verwendet wird, berechtigt mithin nicht schon deshalb zum Vorsteuerabzug und führt auch nicht etwa zu allgemeinen Kosten steuerpflichtiger Umsätze (Rz. 468). Ein beabsichtigter Verzicht auf die Steuerbefreiung der beabsichtigten Umsätze ist entgegen h.M. ohne Bedeutung (Rz. 463 ff.; zum Leerstehen von Gebäuden s. Rz. 471 f.).

468 Die **Kosten** der bezogenen Leistungen **für beabsichtigte**, aber **nicht verwirklichte steuerfreie Umsätze** i.S.d. § 15 Abs. 2 UStG zählen nicht **zu den allgemeinen Aufwendungen** der im selben Besteuerungszeitraum ausgeführten **steuerpflichtigen Umsätze** und berechtigen demgemäß nicht zum Vorsteuerabzug. Die gegenteilige Auffassung des XI. Senats des BFH[1] verkennt, dass kein sachlicher Zusammenhang der Leistungsbezüge mit den steuerpflichtigen Umsätzen besteht und die Abziehbarkeit der Vorsteuer von dem Zufall abhängt, ob überhaupt steuerpflichtige Umsätze vorliegen und diese dann im selben Besteuerungszeitraum ausgeführt werden; das ist **willkürlich**.

469 Entsprechendes hat im **umgekehrten Fall** zu gelten, wenn Leistungen für **beabsichtigte**, aber nicht verwirklichte **steuerpflichtige Umsätze** bezogen wurden. Diese Kosten sind nicht etwa als allgemeine Kosten von zufällig im Besteuerungszeitraum ausgeführten steuerfreien Umsätzen zu behandeln. Die Vorsteuerbeträge sind grundsätzlich abziehbar, sofern es sich bei den beabsichtigten Umsätzen nicht um solche handelt, bei denen auf die Steuerbefreiung nach § 9 UStG verzichtet werden sollte (Rz. 463 ff.).

470 Wird ein fertiges Wirtschaftsgut **nur teilweise in Gebrauch genommen** oder nicht voll genutzt, so wird grundsätzlich mit der teilweisen Ingebrauchnahme das gesamte Wirtschaftsgut zur Ausführung von Umsätzen „verwendet".[2]

471 Bei einem **Gebäude**, das zur Vermietung (o.Ä.) bestimmt ist, soll nach **herrschender Ansicht** während des **Leerstandes** noch keine Verwendung vorliegen, sondern die erstmalige Verwendung erst mit der **tatsächlichen Vermietung**[3] bzw. der **Veräußerung**[4] eintreten. Entsprechendes soll bei **teilweisem** Leerstehen des Gebäudes gelten.[5] Dem ist nicht zu folgen. Steht nämlich ein Gebäude, welches für *eigene gewerbliche* Zwecke hergestellt worden war, aber wegen Verschlechterung der Auftragslage von Anbeginn nicht oder nur teilweise genutzt wird, in der Hoffnung auf Besserung der wirtschaftlichen Situation einige Jahre leer, so wird das Gebäude aus der Sicht des § 15 Abs. 2 UStG und des § 15a Abs. 1 UStG, (vollen Umfangs) „verwendet". Diese Fehlmaßnahme ist der steuerpflichtigen gewerblichen Tätigkeit zuzurechnen, denn auch das **Bereitstehen ist** bei wirtschaftlicher Sichtweise eine **Verwendung**.[6] Bei einer steuerfreien Veräußerung eines solchen Gebäudes (Grundstücks) darf folglich nach § 15a Abs. 8 und 9 UStG, nur die auf den restlichen Berichtigungszeitraum entfallende Vor-

---

1 BFH v. 24.4.2013 – XI R 25/10, BStBl. II 2014, 346 = HFR 2013, 837 m. Anm. *von Eichborn* = MwStR 2013, 673 m. Anm. *Hummel*.
2 Abschn. 15a.3 Abs. 2 Satz 4 UStAE.
3 Abschn. 15a.3 Abs. 3 UStAE; BFH v. 12.11.1987 – V R 141/83, BStBl. II 1988, 468.
4 BFH v. 12.11.1987 – V R 141/83, BStBl. II 1988, 468; BFH v. 8.3.2001 – V R 24/98, BStBl. II 2003, 430 = UR 2001, 214.
5 BFH v. 12.11.1987 – V R 141/83, BStBl. II 1988, 468.
6 *Stadie*, Vorsteuerabzug, S. 165 f.

steuer aus den Herstellungskosten des Gebäudes berichtigt werden. Für ein **Gebäude**, welches **vermietet werden sollte**, kann nichts anderes gelten. Folglich ist richtigerweise die beabsichtigte Nutzung die Verwendung i.S.d. § 15 Abs. 2 UStG, so dass mit **Fertigstellung des Gebäudes** die Verwendung i.S.d. § 15a Abs. 1 UStG, beginnt. Sollte auf die Steuerfreiheit der Vermietung verzichtet werden, so darf allerdings hinsichtlich des Vorsteuerabzugs entgegen der Rechtsprechung **nicht** von einem **fiktiven Verzicht** ausgegangen werden (*Rz. 463 ff.*).

## V. Aufteilung der Vorsteuern in Mischfällen (Abs. 4)

### 1. Allgemeines, Mischfälle

Werden Eingangsleistungen (sowie eingeführte oder innergemeinschaftlich erworbene Gegenstände) nur zum Teil zur Ausführung von Umsätzen, die den Vorsteuerabzug ausschließen, verwendet, so ist der Teil der jeweiligen Vorsteuerbeträge nicht abziehbar, der den zum Ausschluss vom Vorsteuerabzug führenden Umsätzen **wirtschaftlich zuzurechnen** (besser: zuzuordnen) ist (§ 15 Abs. 4 Satz 1 UStG). Nach Art. 173 Abs. 1 i.V.m. Art. 174 und 175 MwStSystRL ist hingegen als Grundregel eine Aufteilung nach einem Umsatzschlüssel in Gestalt eines Pro-rata-Satzes auf Jahresbasis vorgesehen. Diese grob vereinfachende Methode ist wenig sachgerecht; das verkannte bislang der BFH[1] (*Rz. 473*). Deshalb erlaubt Art. 173 Abs. 2 MwStSystRL den Mitgliedstaaten, verschiedene andere Methoden vorzusehen. Dazu gehört z.B. die Methode, den Abzug je nach der Zuordnung der Gesamtheit oder eines Teils der Gegenstände oder Dienstleistungen vorzunehmen (Art. 173 Abs. 2 Buchst. c MwStSystRL). Das ist die von § 15 Abs. 4 UStG vorgeschriebene Methode der wirtschaftlichen Zuordnung (s. auch *Rz. 433*). Dass die direkte wirtschaftliche Zuordnung der einzelnen Vorsteuerbeträge als sachlich gebotene Methode nach Art. 173 MwStSystRL zugelassen ist, ist auch die Auffassung der **EU-Kommission**.[2] Es wäre auch nicht nachzuvollziehen, dass die einzig sachgerechte Methode der wirtschaftlichen Zurechnung nicht dem Willen der Richtlinie entsprechen sollte.

472

Der **BFH** hatte gleichwohl dem EuGH die Frage vorgelegt, ob Art. 173 Abs. 2 MwStSystRL dazu ermächtige, vorrangig einen anderen Aufteilungsmaßstab als den Umsatzschlüssel vorzuschreiben.[3] Das erklärt sich nur vor dem Hintergrund, dass der BFH zu § 15 Abs. 4 UStG a.F. (bis 2003) beharrlich die Auffassung vertreten hatte, dass der Umsatzschlüssel ein sachgerechter, wirtschaftlicher Zuordnungsmaßstab sei.[4] Der **EuGH** hat, wie nicht anders zu erwarten, die Frage unter der Voraussetzung, dass die herangezogene Methode, **namentlich** bei

473

---

1 BFH v. 17.8.2001 – V R 1/01, BStBl. II 2002, 832 (834); BFH v. 18.11.2004 – V R 16/03, UR 2005, 340 (344) – 3a der Gründe.
2 Vgl. Mitteilung der EU-Kommission, UR 2009, 632 (638) – Tz. 3.5.1: Statt der-Pro-rata-Satz-Methode gem. Art. 174 und 175 MwStSystRL „kann der Vorsteuerabzug auch nach der direkten Zuordnung der Gegenstände oder Dienstleistungen vorgenommen werden, um die tatsächliche Verwendung besser zu berücksichtigen".
3 BFH v. 22.7.2010 – V R 19/09, BStBl. II 2010, 1090.
4 BFH v. 17.8.2001 – V R 1/01, BStBl. II 2002, 833; BFH v. 28.9.2006 – V R 43/03, BStBl. II 2007, 417; BFH v. 22.11.2007 – V R 43/06, BStBl. II 2008, 770; BFH v. 13.8.2008 – XI R 53/07, BFH/NV 2009, 228. Der Gesetzgeber hatte wegen dieser Auffassung mit Wirkung vom 1.1.2004 die Klarstellung des § 15 Abs. 4 Satz 3 UStG eingefügt.

einem gemischt genutzten Gebäude die **Flächenmethode**, eine **präzisere Bestimmung** dieses Pro-rata-Satzes gewährleistet, **bejaht**.[1] Der BFH folgt dem (dazu näher *Rz. 482 ff.*).

474 Die Eingangsleistungen sind richtigerweise jeweils **im Einzelnen** danach zu untersuchen, welchen Ausgangsumsätzen sie wirtschaftlich zuzurechnen sind (s. auch *Rz. 478*). Vorsteuerbeträge, die die Voraussetzungen des § 15 Abs. 1 UStG erfüllen und nicht nach § 15 Abs. 1a, Abs. 1b UStG oder anderen Vorschriften (*Rz. 411 f.*) vom Abzug ausgeschlossen sind, lassen sich folglich in **drei Gruppen** einteilen[2]:

– Vorsteuerbeträge, die in voller Höhe abziehbar sind, weil die zugrunde liegenden Leistungen bzw. eingeführten oder erworbenen Gegenstände ausschließlich im wirtschaftlichen Zusammenhang mit Umsätzen stehen, die den Vorsteuerabzug nicht nach § 15 Abs. 2 i.V.m. Abs. 3 UStG versagen;

– Vorsteuerbeträge, die in voller Höhe vom Abzug ausgeschlossen sind, weil sie ausschließlich Umsätzen zuzurechnen sind, die nach § 15 Abs. 2 i.V.m. Abs. 3 UStG den Abzug verbieten;

– die übrigen Vorsteuerbeträge, die keiner der beiden vorherigen Gruppen ausschließlich zugeordnet werden können, weil sie **sowohl** mit Umsätzen, die zum Vorsteuerabzug berechtigen, **als auch** mit Umsätzen, die den Vorsteuerabzug nach § 15 Abs. 2 i.V.m. Abs. 3 UStG ausschließen, in wirtschaftlichem Zusammenhang stehen (**Mischfälle**; **gemischte Verwendung**).

Der Ausschluss vom bzw. die Berechtigung zum Vorsteuerabzug ergibt sich in den beiden ersten Fallgruppen unmittelbar aus § 15 Abs. 2 und 3 UStG. Diese Vorsteuerbeträge dürfen grundsätzlich nicht in die Aufteilung nach § 15 Abs. 4 UStG einbezogen werden[3] (s. aber *Rz. 492*).

475 Eine sog. **gemischte Verwendung** (**Mischfall**) liegt mithin (zum einen) vor, wenn die Eingangsleistung bzw. der erworbene Gegenstand **gleichzeitig** für Umsätze, die den Vorsteuerabzug ausschließen, und für Umsätze, die zum Vorsteuerabzug berechtigen, verwendet wird (zu *Gebäuden Rz. 482 ff.*). Ein Mischfall i.S.d. § 15 Abs. 4 UStG ist richtigerweise auch dann gegeben, wenn die Eingangsleistung innerhalb des **Besteuerungszeitraums der erstmaligen** Verwendung **zeitlich aufeinander folgend abwechselnd** mal für diese und mal für jene Umsatzart verwendet wird. Aus § 15a Abs. 1 UStG folgt bei richtlinienkonformer Auslegung nichts Gegenteiliges (*Rz. 455 ff.*), so dass auf die (beabsichtigte) Verwendung während des Besteuerungszeitraums der erstmaligen Verwendung abzustellen ist.[4]

476 Für die Frage, **ob** eine **gleichzeitige Verwendung** für beide Umsatzarten vorliegt, kommt es grundsätzlich auf eine **wirtschaftliche Betrachtungsweise** an (arg. § 15 Abs. 4 Satz 1 UStG; *Rz. 433*). Folglich ist im Regelfall darauf abzustellen, ob

---
1 EuGH v. 8.11.2012 – C-511/10, UR 2012, 968.
2 Zutreffend Abschn. 15.17 Abs. 1 UStAE.
3 BFH v. 12.3.1992 – V R 70/87, BStBl. II 1992, 755; BFH v. 16.9.1993 – V R 82/91, BStBl. II 1994, 271; Abschn. 15.16 Abs. 2, Abschn. 15.17 Abs. 2 Satz 1 UStAE.
4 In diesem Sinne jetzt auch BFH v. 24.4.2013 – XI R 25/10, BStBl. II 2014, 346 – Rz. 32, 34 und 36.

bei kaufmännischer (betriebswirtschaftlicher) Kostenrechnung oder Preiskalkulation die Kosten der bezogenen Leistung beiden Umsatzarten anteilig zugeordnet werden. Das ist insbesondere dann der Fall, wenn

– konkrete **Teile eines Gegenstandes** (Wirtschaftsgutes, Investitionsgutes) jeweils **unterschiedlich** verwendet werden (*Beispiel:* Ein Gebäude wird geschoss- oder raumweise z.T. steuerfrei und z.T. steuerpflichtig vermietet); zu der Frage, ob bei einer Herstellung des Gegenstandes alle Leistungen oder nur diejenige einzubeziehen sind, die tatsächlich gemischt verwendet werden s. *Rz. 478 ff.*;

– ein **Gegenstand zur Gänze gleichzeitig** beiden Umsatzarten dient, ohne dass konkrete Teile den beiden Umsatzarten jeweils ausschließlich zugeordnet werden können. Der Gegenstand **dient** mithin der **Gesamttätigkeit** des Unternehmers (*Beispiel:* Gebäude, Räume, Büromaschinen usw. werden für beide Umsatzarten verwendet);

– **sonstige Leistungen** der **Gesamttätigkeit** des Unternehmers mit gemischten Umsätzen **dienen**, d.h. sog. **Verwaltungsgemeinkosten** (allgemeine Kosten, *Rz. 112 ff.*) darstellen (*Beispiele:* Beratungsleistungen, die bei Gründung oder Umstrukturierung des Unternehmens, beim **Erwerb** von **Beteiligungen** [vgl. *Rz. 116 f.*] oder bei der **Kapitalbeschaffung** [*Rz. 491*] in Anspruch genommen werden).

Ein doppelter Verwendungszweck i.S.d. § 15 Abs. 4 UStG soll nach der Rechtsprechung auch dann vorliegen, wenn ein Wirtschaftsgut zwar unmittelbar zur Erzielung von Einnahmen durch seine **Vermietung** oder Veräußerung verwendet wird, die marktübliche Gegenleistung jedoch erheblich unterschritten wird und die **Verbilligung** ausschließlich **im Interesse einer anderen Umsatzart** erfolgt. 477

**Beispiele**

– Ein Apotheker vermietet über der Apotheke liegende Geschosse verbilligt an Ärzte;
– ein Bauträger vermietet ein Musterhaus verbilligt unter der Auflage, dass das Haus von potenziellen Kunden des Bauträgers (Bauinteressenten) besichtigt werden kann[1];
– ein Versicherungsunternehmen veräußert Werbeartikel an selbständige Versicherungsvertreter zum hälftigen Einkaufspreis[2].

Entgegen der Auffassung des BFH und des BMF[3] sind die Vorsteuerbeträge nicht in dem Umfang, wie die Reduzierung der Gegenleistung durch die „eigentlichen" steuerpflichtigen bzw. steuerfreien Umsätze verursacht ist, diesen Umsätzen zuzurechnen, so dass keine gemischte Verwendung i.S.d. § 15 Abs. 4 UStG anzunehmen ist. Es gelten dieselben Gründe, die bei vollen Umfangs unentgeltlichen Leistungen einer entsprechenden Zuordnung entgegenstehen (*Rz. 444 f.*). Folglich sind richtigerweise die Vorsteuerbeträge ausschließlich den verbilligten Umsätzen zuzurechnen, so dass kein Mischfall vorliegt.

---

1 Fall nach BFH v. 9.9.1993 – V R 42/91, BStBl. II 1994, 269; Abschn. 15.12 Abs. 3 Satz 3 Beispiel 5 UStAE.
2 Fall nach BFH v. 16.9.1993 – V R 82/91, BStBl. II 1994, 271; Abschn. 15.12 Abs. 3 Satz 3 Beispiel 6 UStAE.
3 BFH v. 9.9.1993 – V R 42/91, BStBl. II 1994, 269; BFH v. 16.9.1993 – V R 82/91, BStBl. II 1994, 271.

## 2. Wirtschaftliche Zurechnung

478 Die Aufteilung der Vorsteuern bei gemischter Verwendung von Eingangsleistungen erfolgt mittels wirtschaftlicher Zurechnung (§ 15 Abs. 4 Satz 1 UStG; Rz. 476). Eine solche Zurechnung (Zuordnung) ist grundsätzlich für jeden einzelnen erworbenen Gegenstand und **jede einzelne** in Anspruch genommene sonstige **Leistung** gesondert vorzunehmen (§ 15 Abs. 4 Satz 1 UStG: „einen" Gegenstand, „eine" sonstige Leistung; die „jeweiligen" Vorsteuerbeträge). Diese Methode führt – anders als die von Art. 173 Abs. 1 i.V.m. Art. 174 und 175 MwStSystRL als Regel vorgesehene Aufteilung nach einem Jahresumsatzschlüssel (Rz. 472) – zu einer exakten und sachgerechten Zuordnung der Vorsteuerbeträge zu den Umsätzen, mit denen sie im wirtschaftlichen Zusammenhang stehen. Eine Aufteilung nach dem **Umsatzschlüssel** ist grundsätzlich keine wirtschaftliche Zurechnung (**Klarstellung** durch **§ 15 Abs. 4 Satz 3** UStG; *Rz. 488*).

479 Die **Einzelzuordnung** ist nach dem eindeutigen Wortlaut des Gesetzes insbesondere auch bei **Gebäuden** vorzunehmen. Das Gebäude ist danach entsprechend seiner Verwendung gedanklich aufzuteilen und die einzelnen Vorsteuerbeträge jeweils den Teilen, soweit zurechenbar, zuzuordnen. Aufzuteilende Vorsteuerbeträge i.S.d. § 15 Abs. 4 UStG sind folglich richtigerweise nur solche, die auf gemischt genutzte Gebäudeteile entfallen (Beispiele: Dach, Treppenhaus, Heizungskeller, Außenanlagen u.Ä.).

480 Demgegenüber soll nach **verfehlter** Auffassung des **BFH** (der das BMF nunmehr folgt[1]) zwischen **Herstellungskosten** (einschließlich sog. anschaffungsnahen Aufwand) und sog. **Erhaltungsaufwendungen** zu unterscheiden sein. Nur bei den auf Letztere entfallenden Vorsteuerbeträgen soll es bei den o.g. Grundsätzen bleiben, d.h. eine Aufteilung nach § 15 Abs. 4 UStG nur bei den tatsächlich gemischt genutzten Gebäudeteilen vorgenommen werden. Hingegen soll bei den Aufwendungen für das Gebäude selbst eine Aufteilung sämtlicher Vorsteuerbeträge nach § 15 Abs. 4 UStG erfolgen, auch soweit die Vorsteuerbeträge den unterschiedlich genutzten Gebäudeteilen ausschließlich zugeordnet werden können.[2]

481 Diese Sichtweise verstößt gegen den klaren Wortlaut des § 15 Abs. 4 UStG (*Rz. 478*) und ist auch **sachlich verfehlt**, da es keinen vernünftigen Grund gibt, von der wirtschaftlichen Einzelzuordnung abzuweichen. Wieso sich das, wie der BFH meint, aus der EuGH-Rechtsprechung ergeben soll, erschließt sich nicht. Ebenso wenig ist die Anknüpfung an einkommensteuerrechtliche Kriterien sachgerecht, da es bei den Begriffen Herstellungskosten, anschaffungsnaher Aufwand und Erhaltungsaufwendungen um eine spezifisch ertragsteuerrechtliche Abgrenzung, nämlich um die Frage der Aktivierung (Aufwand mithin nur in Höhe der jeweiligen jährlichen Abschreibung) oder des Sofortabzugs geht. Das hat ersichtlich nichts mit der umsatzsteuerrechtlichen Problematik zu tun (s. auch *§ 15a Rz. 17 ff.*).

---

[1] Abschn. 15.17 Abs. 5–8 UStAE m. Beispielen.
[2] BFH v. 28.9.2006 – V R 43/03, BStBl. II 2007, 417; BFH v. 22.11.2007 – V R 43/06, BStBl. II 2008, 770; BFH v. 25.3.2009 – V R 9/08, BStBl. II 2010, 651 = UR 2009, 497; BFH v. 18.3.2010 – V R 44/08, BFH/NV 2010, 1871; BFH v. 7.5.2014 – V R 1/10, UR 2014, 531.

Der XI. Senat des BFH hat nunmehr dem EuGH die **Frage vorgelegt**, ob die **Einzelzuordnung** auch bei **Herstellungskosten** geboten sei und ob das auch für Nutzungs- und Erhaltungsaufwand gelte.[1] Nach Auffassung des **V. Senats** des BFH ist nur bei Ausbau oder **Erweiterung** eines Gebäudes auch der neu geschaffene **Gebäudeteil** hinsichtlich der Vorsteueraufteilung **gesondert** zu betrachten, wenn er **eigenständig genutzt** wird.[2]

Aufteilungskriterium ist jedenfalls bei unterschiedlich verwendeten **Gebäuden** oder **Gebäudeteilen** grundsätzlich das **Verhältnis** der jeweils genutzten **Flächen**[3]; sofern diese den zum Vorsteuerabzug berechtigenden Umsätzen und den nicht zum Vorsteuerabzug berechtigenden Umsätzen zugeordnet werden können.[4] Der **Flächenschlüssel** ist regelmäßig der präzisere Aufteilungsmaßstab gegenüber einem Umsatzschlüssel.[5] Die kurzzeitig vom BFH vertretene, nicht nachvollziehbare Einschränkung, dass diese Aufteilungsmethode nur von § 15a UStG erfasste Vorsteuerbeträge betreffe[6]; ist wieder aufgegeben worden.[7] 482

Weicht hingegen die **Ausstattung** der unterschiedlich genutzten Räume erheblich voneinander ab, so muss nach Auffassung des BMF der entsprechende Bauaufwand den jeweiligen Umsatzarten zugeordnet und die Vorsteuer danach aufgeteilt werden[8]; Entsprechendes gelte z.B. bei **Abweichungen** in der Geschosshöhe[9]. Demgegenüber soll nach Ansicht des V. Senats des BFH in diesen Fällen der Umsatzschlüssel maßgebend sein.[10] 483

Beim **Erwerb**, nicht jedoch bei der Herstellung, eines Gebäudes kann die auf den Gesamtkaufpreis entfallende Vorsteuer auch nach dem Verhältnis der Ertragswerte der unterschiedlich genutzten Gebäudeteile aufgeteilt werden.[11] Die Aufteilung nach dem *Umsatzschlüssel* (Verhältnis der mit den unterschiedlich genutzten Gebäudeteilen erzielten Umsätze) ist grundsätzlich keine wirtschaftliche Zuordnung (§ 15 Abs. 4 Satz 3 UStG; *Rz. 488*). 484

---

1 BFH v. 5.6.2014 – XI R 31/09, UR 2014, 651 – EuGH-Az. C-332/14.
2 Vgl. BFH v. 25.3.2009 – V R 9/08, BStBl. II 2010, 651 = UR 2009, 497; BFH v. 28.10.2010 – V R 35/09, BFH/NV 2011, 1025 – **Dachgeschossausbau**; ebenso Abschn. 15.17 Abs. 5 Satz 7, Abschn. 15.17 Abs. 7 Satz 10 i.V.m. Beispiel 2 UStAE; vgl. auch EuGH v. 19.7.2012 – C-334/10, UR 2012, 726 – Rz. 16 – zu Wohnräumen ausgebautes Dachgeschoss eines Lagergebäudes; **Umbau** als **eigenes Investitionsgut**.
3 BFH v. 12.3.1992 – V R 70/87, BStBl. II 1992, 755; Abschn. 15.17 Abs. 7 Satz 4 UStAE.
4 Das ist nicht der Fall bei einer Spielhalle, in der die Geräte zum Teil an den Wänden hängen; BFH v. 7.7.2011 – V R 36/10, BStBl. II 2012, 77; vgl. auch BFH v. 10.11.2011 – V R 34/10, BFH/NV 2012, 803; BFH v. 5.9.2013 – XI R 4/10, BStBl. II 2014, 95.
5 So jetzt auch BFH v. 22.8.2013 – V R 19/09, UR 2014, 68 – Rz. 41; BFH v. 7.5.2014 – V R 1/10, UR 2014, 531; BFH v. 3.7.2014 – V R 2/10, UR 2014, 741.
6 BFH v. 22.8.2013 – V R 19/09, UR 2014, 68.
7 BFH v. 7.5.2014 – V R 1/10, UR 2014, 531 – Rz. 29 a.E.
8 Vgl. Abschn. 15.17 Abs. 7 Satz 5 UStAE.
9 Abschn. 15.17 Abs. 7 Satz 6 UStAE.
10 BFH v. 7.5.2014 – V R 1/10, UR 2014, 531; BFH v. 3.7.2014 – V R 2/10, UR 2014, 741.
11 Vgl. BFH v. 5.2.1998 – V R 101/96, BStBl. II 1998, 492; BFH v. 12.3.1998 – V R 50/97, BStBl. II 1998, 525; Abschn. 15.17 Abs. 7 Satz 7 UStAE.

485 Der einmal gewählte **Maßstab** ist **beizubehalten**, d.h. bei der Vorsteuerberichtigung im Rahmen des § 15a UStG für das nämliche Wirtschaftsgut auch in den nachfolgenden Besteuerungszeiträumen zugrunde zu legen.[1]

486 Erlangt der Unternehmer unter Berufung auf den **Anwendungsvorrang** der **Richtlinie** (dazu *Vorbem. Rz. 69 ff.*) eine durch das UStG **nicht umgesetzte Steuerbefreiung**, so soll nach Auffassung des BFH auch die Vorsteueraufteilung nach der Richtlinie erfolgen.[2] Das ist inkonsequent, weil der Anwendungsvorrang bewirkt, dass der Unternehmer so gestellt wird, wie wenn die Richtlinie ordnungsgemäß umgesetzt worden wäre. Folglich muss sich die Vorsteueraufteilung nach dem nationalen Recht richten.

487 Die nicht abziehbaren Vorsteuerteilbeträge können vom Unternehmer im Wege einer sachgerechten **Schätzung** ermittelt werden (§ 15 Abs. 4 Satz 2 UStG). Diese Möglichkeit dient der Vereinfachung. Gleichwohl muss die Schätzung sachgerecht sein, d.h. der angewandte Maßstab muss eine wirtschaftliche Zuordnung der Teilbeträge anstreben. Der Schätzung ist immanent, dass dem Schätzenden ein gewisser Beurteilungsspielraum zusteht.

488 Die Schätzung durch Aufteilung nach dem Umsatzschlüssel ist grundsätzlich keine wirtschaftliche Zurechnung[3] (zur früheren gegenteiligen Auffassung des BFH *Rz. 473*). Sie stellt nur dann eine sachgerechte Schätzung dar, wenn der **Umsatzschlüssel** der einzige Aufteilungsmaßstab ist, weil es andere sachgerechte Kriterien nicht gibt. Dann ist die Aufteilung nach dem Umsatzschlüssel (ausnahmsweise) zwangsläufig die wirtschaftliche Zurechnung (Klarstellung durch § 15 **Abs. 4 Satz 3** UStG).

**Einfuhren** und **innergemeinschaftliche Erwerbe** sind keine Umsätze in diesem Sinne (§ 15 Abs. 2 Satz 2 UStG, *Rz. 434*) und folglich nicht in den Umsatzschlüssel mit einzubeziehen.

489 Dienen Eingangsleistungen der Gesamttätigkeit des Unternehmers, d.h. führen sie zu **Verwaltungs- u.ä. Gemeinkosten (allgemeine Kosten,** *Rz. 112 ff.*), so können die darauf entfallenden Vorsteuerbeträge nur nach dem **Umsatzschlüssel** oder in Anlehnung an diesen aufgeteilt werden.[4] Der Aufteilungsmaßstab bestimmt sich indes entgegen BFH[5] nicht nur nach den im maßgebenden Zeit-

---

1 Vgl. BFH 2.3.2006 – V R 49/05, BStBl. II 2006, 729; BFH v. 28.9.2009 – V R 43/03, BStBl. II 2007, 417; BFH v. 10.12.2009 – V R 13/08, UR 2010, 426; BFH v. 18.3.2010 – V R 44/08, BFH/NV 2010, 1871.
2 BFH v. 7.7.2011 – V R 36/10, BStBl. II 2012, 77; BFH v. 10.11.2011 – V R 34/10, BFH/NV 2012, 803.
3 So noch zutreffend BFH v. 14.2.1980 – V R 49/74, BStBl. II 1980, 533; BFH v. 12.3.1992 – V R 70/87, BStBl. II 1992, 755 (758); a.A. BFH v. 7.5.2014 – V R 1/10, UR 2014, 531.
4 BFH v. 7.5.2014 – V R 1/10, UR 2014, 531 – Rz. 33; vom Grundsatz her zutreffend auch BFH v. 24.4.2013 – XI R 25/10, BStBl. II 2014, 346; Abschn. 15.16 Abs. 2a UStAE; vgl. auch, jeweils zu Spielhallen, BFH v. 7.7.2011 – V R 36/10, BStBl. II 2012, 77; BFH v. 10.11.2011 – V R 34/10, BFH/NV 2012, 803; BFH v. 5.9.2013 – XI R 4/10, BStBl. II 2014, 95. Zur Aufteilung der auf die Gemeinkosten entfallenden Vorsteuern bei **Kreditinstituten** s. BMF v. 12.4.2005 – IV A 5 - S 7306a - 3/05, UR 2005, 574.
5 BFH v. 24.4.2013 – XI R 25/10, BStBl. II 2014, 346 = HFR 2013, 837 m. Anm. *von Eichborn* = MwStR 2013, 673 m. Anm. *Hummel*.

raum ausgeführten Umsätzen, sondern **auch** nach den **beabsichtigten**, aber nicht ausgeführten **Umsätzen** (*Rz. 467 ff.*).

**Beurteilungszeitraum** ist entgegen BFH nicht zwingend der Besteuerungszeitraum (§ 16 Abs. 1 Satz 2 UStG). Es kommt auch ein kürzerer Zeitraum in Betracht, soweit die allgemeinen Kosten sich in einzelnen Voranmeldungszeiträumen verbraucht haben. Die Vorsteueraufteilung nach § 15 Abs. 4 UStG ist entgegen der Annahme des BFH nicht „erst in der gem. § 18 Abs. 3 UStG abzugebenden (Jahres-)Steuererklärung durchzuführen"[1] – was ohnehin keinen Sinn ergibt, weil die Aufteilung der Vorsteuerbeträge eine rein materiell-rechtliche Frage ist –, sondern richtet sich nach den Regeln der Steuerberechnung nach § 16 Abs. 2 UStG, welche für den Voranmeldungszeitraum entsprechend gelten (§ 18 Abs. 1 Satz 3 UStG). Diese „Steuer"-Berechnung ist sowohl hinsichtlich der geschuldeten Steuer als auch hinsichtlich der zu vergütenden Vorsteuer endgültig, weil das UStG entgegen der Annahme des BFH[2] weder eine Jahresumsatzsteuer noch einen Veranlagungszeitraum kennt (*§ 16 Rz. 5 f.*). 490

Diese Grundsätze gelten auch bei Dienstleistungen (Beratungen, Vermittlungen u.Ä.), die im Zusammenhang mit einer Kapitalerhöhung oder anderen Formen der **Kapitalbeschaffung** in Anspruch genommen werden, da es andere sachliche Zuordnungskriterien nicht gibt. Das beschaffte Kapital erhöht stets das Gesamtkapital und kann deshalb entgegen der Auffassung der Finanzverwaltung[3] **nicht** bestimmten **Projekten** oder **Bereichen zugeordnet** werden. Zudem könnte durch gezielten Einsatz des Eigenkapitals im nicht zum Vorsteuerabzug berechtigenden Bereich und des Fremdkapitals im Bereich, welcher zum Vorsteuerabzug berechtigt, die Vorsteuerabzugsberechtigung gesteuert werden[4], was ersichtlich zu sachwidrigen Ergebnissen führen würde (*Rz. 122*). 491

### 3. Erleichterungen bei der Aufteilung von Vorsteuern auf Gemeinkosten

#### a) Allgemein

Auf Verwaltungsgemeinkosten entfallende Vorsteuerbeträge können nur nach dem Umsatzschlüssel zugerechnet werden (*Rz. 489*). Aus **Vereinfachungsgründen** lässt es die Finanzverwaltung zu, dass diese nach einem einheitlichen Verhältnis ggf. schätzungsweise aufgeteilt werden, auch wenn einzelne Vorsteuerbeträge dieses Bereiches an sich bestimmten Umsätzen ausschließlich zuzurechnen wären.[5] Das ergibt keinen Sinn, weil im letzteren Fall keine Gemeinkosten, sondern Einzelkosten gegeben sind. 492

#### b) „Umsätze" von Forderungen und Wechseln

Für steuerfreie „Umsätze" von Geldforderungen und Wechseln sieht § 43 Nr. 1 und 2 UStDV Erleichterungen bei der Aufteilung der Vorsteuern vor. Danach 493

---

1 BFH v. 24.4.2013 – XI R 25/10, BStBl. II 2014, 346 – Rz. 32.
2 BFH v. 24.4.2013 – XI R 25/10, BStBl. II 2014, 346 – Rz. 32 und 34.
3 Abschn. 15.21 Abs. 6 Nr. 2 UStAE.
4 Dazu *Eggers/Korf*, DB 2008, 719.
5 Abschn. 15.18 Abs. 6 UStAE.

sind die diesen „Umsätzen" zuzurechnenden Vorsteuerbeträge nur dann vom Vorsteuerabzug ausgeschlossen, wenn sie diesen Umsätzen ausschließlich zuzurechnen sind. Diese Bestimmungen **laufen** jedoch **leer**, weil es sich bei der Abtretung von Forderungen und Weitergabe von Wechseln entgegen h.M. **nicht** um „**Umsätze**" des die Forderung oder den Wechsel Abtretenden handelt (*§ 4 Nr. 8 Rz. 18*). Da die Vorgänge nicht zu Umsätzen führen, können diese auch nicht steuerfrei sein. Eine Leistung erbringt allenfalls der Empfänger dem Abtretenden gegenüber, wenn er ihm mit Diskontierung des Wechsels einen Kredit verschafft oder, bei Abtretung zum Zwecke der Einziehung der Forderung, wenn er diese einzieht. Da die Abtretung keinen Umsatz darstellt, können diesem auch keine Vorsteuern zugerechnet werden.

494 Die Vorsteuern, welche ein Kreditinstitut für ihre als **steuerpflichtig** behandelte **Diskontierung** eines **Wechsels** (§ 4 Nr. 8 Buchst. a i.V.m. § 9 Abs. 1 UStG) oder der Abtretungsempfänger für die steuerpflichtige **Einziehung** der Forderung beim sog. **Factoring** berechnet, sind deshalb beim Abtretenden nicht etwa grundsätzlich vom Vorsteuerabzug ausgeschlossen. Sie sind vielmehr unmittelbar demjenigen Umsatz zuzurechnen, aus der die Forderung resultiert. Ist dieser Umsatz, wie regelmäßig als Warenlieferung o.Ä., steuerpflichtig, so sind auch diese Vorsteuern abziehbar.

### c) Umtausch gesetzlicher Zahlungsmittel und Lieferung amtlicher Wertzeichen

495 Nach § 43 Nr. 3 UStDV sind Vorsteuerbeträge, die der Dienstleistung Umtausch von gesetzlichen Zahlungsmitteln und den Lieferungen von im Inland gültigen amtlichen Wertzeichen zuzurechnen sind (diese Umsätze sind steuerfrei nach § 4 Nr. 8 Buchst. i UStG), nur dann vom Vorsteuerabzug ausgeschlossen, wenn sie diesen Umsätzen, sofern sie **Hilfsumsätze** (*§ 1 Rz. 100 ff.*) sind, ausschließlich zuzurechnen sind. Anderenfalls ist nicht von Mischfällen i.S.d. § 15 Abs. 4 UStG auszugehen, d.h. diese steuerfreien Umsätze sind nicht in den Umsatzschlüssel zur Aufteilung der Verwaltungsgemeinkosten einzubeziehen. Ein typisches **Beispiel** für die Abgabe von amtlichen Wertzeichen als Hilfsgeschäfte ist die Abgabe von Briefmarken im Zusammenhang mit dem Verkauf von Ansichtskarten durch Schreibwarenhändler oder Kioske.[1]

### d) Kreditgewährungen als Hilfsumsätze

496 Nach § 43 Nr. 3 UStDV sind ferner Vorsteuerbeträge, die **Einlagen bei Kreditinstituten** zuzurechnen sind (hierbei handelt es sich um grundsätzlich nach § 4 Nr. 8 Buchst. a UStG steuerfreie Kreditgewährungen), nur dann vom Vorsteuerabzug ausgeschlossen, wenn sie diesen Umsätzen, sofern sie **Hilfsumsätze** (*§ 1 Rz. 100 ff.*) sind, ausschließlich zuzurechnen sind. Anderenfalls ist nicht von Mischfällen i.S.d. § 15 Abs. 4 UStG auszugehen, d.h. diese steuerfreien Umsätze sind nicht in den Umsatzschlüssel zur Aufteilung der Verwaltungsgemeinkosten einzubeziehen. Den Einlagen bei Kreditinstituten sind **andere Kreditgewährungen** gleichzustellen, sofern es sich um Hilfsgeschäfte handelt, d.h. sie nur gelegentlich erfolgen. Die Finanzverwaltung verlangt, dass sie im Zusammenhang

---

1 Abschn. 15.18 Abs. 5 Nr. 2 UStAE.

mit Umsätzen stehen, die zum Vorsteuerabzug berechtigen und gegenüber anderen Unternehmern erfolgen.[1]

## J. Vorsteuervergütung an sog. Fahrzeuglieferer (Abs. 4a)

Nach § 15 Abs. 4a UStG sollen für Fahrzeuglieferer (§ 2a UStG) – denen Kleinunternehmer gleichgestellt werden (§ 19 Abs. 4 Satz 2 UStG) – die genannten „Einschränkungen des Vorsteuerabzugs" gelten. Fahrzeuglieferer im Sinne des Gesetzes ist, wer als **Nichtunternehmer** oder nicht im Rahmen seines Unternehmens im Inland ein **neues Fahrzeug** (§ 1b Abs. 2 und 3 UStG) liefert, das bei der **Lieferung in das übrige Gemeinschaftsgebiet** gelangt. Nichtunternehmer werden für diese Lieferung wie ein Unternehmer behandelt (§ 2a UStG). Es handelt sich um eine selten dämliche Regelung, die aus sich selbst heraus nicht verständlich ist und ihren Sinn erst im Zusammenspiel mit der Steuerbefreiung der Lieferung nach § 4 Nr. 1 Buchst. b i.V.m. § 6a UStG und den Vorsteuerabzugsregelungen des § 15 Abs. 3 Nr. 1 und Abs. 4a UStG erfährt.

497

Der **Zweck** dieser komplizierten Gesetzeskonstruktion liegt in der **Entlastung** dieser Fahrzeuge **von der deutschen Umsatzsteuer**, wenn sie durch „Privatpersonen" in das übrige Gemeinschaftsgebiet geliefert werden (*§ 2a Rz. 1 f.*). Mit dieser Entlastung korrespondiert eine Erwerbsbesteuerung im Mitgliedstaat, in den das Fahrzeug gelangt (Art. 2 Abs. 1 Buchst. b MwStSystRL). Mit dem umständlichen Regelungswerk will der Gesetzgeber einen **fiktiv steuerbaren Umsatz** i.S.d. § 1 Abs. 1 Nr. 1 UStG konstruieren, der dann **steuerfrei** nach § 4 Nr. 1 Buchst. b i.V.m. § 6a Abs. 1 UStG ist und dadurch nach § 15 Abs. 3 Nr. 1 Buchst. a UStG (*Rz. 422*) zum „**Vorsteuerabzug**" (im Umfange des § 15 Abs. 4a UStG) berechtigt.[2]

498

§ 15 Abs. 4a UStG spricht von „Einschränkungen des Vorsteuerabzugs". Daraus und aus der Platzierung der Vorschrift folgt, dass insbesondere die **Grundvoraussetzungen** des § 15 Abs. 1 UStG für den Vorsteuerabzug vorliegen müssen. Das kann jedoch dem Zweck des § 2a UStG widersprechen (s. auch *Rz. 503*). So wurde bei der Formulierung des § 15 Abs. 4a UStG übersehen, dass die Voraussetzung des § 15 Abs. 1 UStG, der **Erwerb** des Fahrzeugs **für das Unternehmen**, in den Fällen fehlt, in denen das Fahrzeug nicht von vornherein für eine Lieferung in einen anderen Mitgliedstaat erworben wurde. Auf Grund der eindeutigen Zielsetzung des gesamten Regelungswerkes muss aus diesem die weitere **Fiktion** abgeleitet werden, dass mit der Erfüllung des Tatbestandes des § 2a UStG das Fahrzeug im Nachhinein als für das fiktive Unternehmen erworben gilt.

499

Ferner wurde übersehen, dass, wenn das neue Fahrzeug zuvor **von** einem **Nichtunternehmer** im Inland **erworben** worden war, ein Vorsteuerabzug nach dem Wortlaut des § 15 Abs. 1 Satz 1 Nr. 1 UStG nicht in Betracht kommt, so dass auch § 15 Abs. 4a UStG nicht angewendet werden könnte. Da § 2a UStG jedoch auch die (Weiter-)Lieferung eines solchen Fahrzeugs erfasst und auch die Vorschriften über die Erwerbsbesteuerung in dem anderen Mitgliedstaat keine Ein-

500

---

1 Abschn. 3.11 Abs. 8 UStAE.
2 Zu einer einfachen Formulierung, die mit einem Satz den Gesetzeszweck umsetzt, s. *Stadie* in R/D, § 15 UStG Anm. 1432.

schränkung für diesen Fall enthalten (vgl. Art. 2 Abs. 1 Buchst. b Ziff. ii MwSt-SystRL), muss § 15 Abs. 4a Nr. 1 UStG richtlinienkonform ausgelegt werden (Rz. 503).

501 Die Verwendung des Begriffs „**Vorsteuerabzug**" ist mehr als unsinnig, da es bei einem Fahrzeuglieferer i.S.d. § 2a UStG keine geschuldete Steuer geben kann, von der Vorsteuer abgezogen werden könnte. Vielmehr geht es lediglich um die (begrenzte) Entlastung von der beim Erwerb angefallenen Umsatzsteuer, welche eine Steuervergütung oder eine Erstattung sein kann (Rz. 5), jedoch einheitlich als **Steuervergütung** zu behandeln ist (Rz. 6). Gleichermaßen unsinnig ist, dass die Vergütung nach § 18 Abs. 4a UStG in Gestalt einer „Voranmeldung" zu beantragen ist!

502 Liefern **Unternehmer im Rahmen ihres Unternehmens** ein solches Fahrzeug, so sind sie nicht Fahrzeuglieferer i.S.d. § 2a UStG, so dass § 15 Abs. 4a UStG nicht einschlägig ist (Ausnahme Kleinunternehmer, § 19 Abs. 4 UStG). War das Fahrzeug nicht oder nicht vollständig bei der Anschaffung von der Vorsteuer entlastet worden, weil ein Abzugsverbot nach § 15 Abs. 1a oder Abs. 2 UStG oder ein spezielles Abzugsverbot (Rz. 411 f.) galt, so erfolgt die nachträgliche Entlastung durch eine **Vorsteuerberichtigung** nach § 15a UStG, weil die Steuerfreiheit der innergemeinschaftlichen Lieferung (§ 4 Nr. 1 Buchst. b i.V.m. § 6a UStG) zum Vorsteuerabzug berechtigt (§ 15 Abs. 3 Nr. 1 Buchst. a UStG) und folglich eine Änderung der für den ursprünglichen Vorsteuerabzug maßgeblichen Verhältnisse vorliegt (§ 15a Abs. 8 UStG; s. *§ 15a Rz. 87*).

503 § 15 Abs. 4a UStG gewährt nur **für** die **jeweilige Fahrzeuglieferung** i.S.d. § 2a UStG eine Vorsteuervergütung, welche in Umfang und Höhe beschränkt ist. Nach § 15 Abs. 4a Nr. 1 UStG ist nur die auf die Lieferung (bzw. die Einfuhr oder den innergemeinschaftlichen Erwerb) des neuen Fahrzeugs entfallende Steuer zu vergüten („abziehbar"). Die übrigen mit dem Erwerb und der Lieferung zusammenhängenden Vorsteuern aus **Nebenkosten** usw. werden **nicht** vergütet. § 15 Abs. 4a Nr. 1 UStG meint diejenige **steuerpflichtige Lieferung im Inland**, für die von einem Unternehmer (zu Recht) Umsatzsteuer in Rechnung gestellt worden war. Empfänger dieser Lieferung muss nicht der Fahrzeuglieferer, sondern kann auch eine andere Privatperson gewesen sein, die das Fahrzeug an den Fahrzeuglieferer weiterveräußert hat. Der Zweck der Regelung (Rz. 498) verlangt eine derartige Auslegung. Art. 172 MwStSystRL spricht plastischer von der „**im Einkaufspreis enthaltenen**" Steuer. Das muss nicht der Einkaufspreis des Fahrzeuglieferers gewesen sein.

504 Die auf die im Inland erfolgte Lieferung des neuen Fahrzeuges entfallende Steuer muss nach der Grundregel des § 15 Abs. 1 Satz 1 Nr. 1 Satz 2 UStG durch eine ordnungsgemäße **Rechnung** i.S.d. § 14 UStG nachgewiesen werden. Ist diese abhandengekommen und kann kein Duplikat vom Lieferer erlangt werden, so verlangt indes der Gesetzeszweck, dass der Nachweis der Steuerbelastung auf andere Weise geführt werden kann (Rz. 212).

505 Der **Höhe** nach ist die vergütbare Vorsteuer zum einen auf die beim Erwerb angefallene Steuer (§ 15 Abs. 4a Nr. 1 UStG) und zum anderen auf den Betrag **begrenzt**, der für die Lieferung des neuen Fahrzeuges geschuldet würde, wenn die

Lieferung nicht steuerfrei wäre (§ 15 Abs. 4a Nr. 2 UStG). Zu vergüten ist mithin die Steuer, die anfiele, wenn die Lieferung steuerpflichtig wäre, maximal jedoch die beim Ersterwerb angefallene Steuer. Zu vergüten ist die Steuer in Höhe von (ab 2007) 19 % **des** vom Erwerber zu zahlenden **Kaufpreises**, nicht ein Betrag in Höhe von 19 % „aus" dem Kaufpreis (= 19/119).[1]

**Beispiel**

Privatmann P verkauft seinen vor zwei Monaten in Deutschland für 50 000 € + 9500 € USt. erworbenen Pkw an einen Erwerber in Belgien für 45 000 €.

P kann die Vergütung von 19 % von 45 000 € = 8550 € USt. vom Finanzamt verlangen.

## K. Beschränkungen des Vorsteuerabzugs bei nicht im Gemeinschaftsgebiet ansässigen Unternehmern (Abs. 4b)

Für Unternehmer, die nicht im Gemeinschaftsgebiet ansässig sind und die **nur** Steuer nach § 13b Abs. 5 UStG, d.h. als Leistungsempfänger schulden, gelten die Einschränkungen des § 18 Abs. 9 Sätze 4 und 5 UStG entsprechend (§ 15 Abs. 4b UStG). Bei diesen **Einschränkungen** handelt es sich um solche, die primär im gesonderten Verfahren der Vergütung von Vorsteuern an nicht im Gemeinschaftsgebiet ansässige Unternehmer, welche im Inland keine Umsätze ausführen (§ 18 Abs. 9 Satz 1 UStG i.V.m. § 59 UStDV), zu beachten sind. Nach § 18 Abs. 9 Satz 4 UStG wird an einen solchen Unternehmer die Vorsteuer nur vergütet, wenn in dem Land, in dem er ansässig ist, keine Umsatzsteuer erhoben oder im Falle der Erhebung im Inland ansässigen Unternehmern vergütet wird (Erfordernis der **Gegenseitigkeit**; dazu näher *§ 18 Rz. 138*). Stets von der Vergütung ausgeschlossen sind die Vorsteuerbeträge, die auf den Bezug von **Kraftstoffen** entfallen (§ 18 Abs. 9 Satz 5 UStG; dazu *§ 18 Rz. 139*). Die **Ansässigkeit** bestimmt sich nach den in § 13b Abs. 7 UStG genannten Kriterien, welche richtlinienkonform zu bestimmen sind (dazu näher *§ 18 Rz. 129*).

506

Die Notwendigkeit der Regelung des § 15 Abs. 4b UStG folgt aus dem Umstand, dass § 18 Abs. 4a UStG von Unternehmern, die ausschließlich Steuern für Umsätze nach § 13b Abs. 5 UStG zu entrichten haben, die **Abgabe von Voranmeldungen** und einer **Jahressteuererklärung** verlangt, was wiederum bedeutet, dass für die betreffenden Voranmeldungen, für die Steuer nach § 13b UStG geschuldet wird, die Vorsteuervergütung nicht oder jedenfalls nicht durchgängig in dem besonderen Verfahren nach § 18 Abs. 9 UStG i.V.m. § 59 UStDV stattfindet (*§ 18 Rz. 85 a.E.*).

507

## L. Verordnungsermächtigungen (Abs. 5)

§ 15 Abs. 5 UStG enthält Ermächtigungen i.S.d. Art. 80 GG für das Bundesministerium der Finanzen, mit Zustimmung des Bundesrates Rechtsverordnungen zu erlassen. Die näheren Bestimmungen, die danach getroffen werden können, sollen der **Vereinfachung** oder der **Vermeidung** von **Härten** dienen. Auf Grund der Ermächtigung des § 15 Abs. 5 Nr. 1 UStG ist § 35 UStDV (*Rz. 199*),

508

---

[1] Dazu näher *Stadie* in R/D, § 15 UStG Anm. 1443 ff. m.w.N.

des überflüssigen § 15 Abs. 5 Nr. 2 UStG[1] ist § 40 UStDV (*Rz. 88*) und des § 15 Abs. 5 Nr. 3 UStG ist § 43 UStDV (*Rz. 493 ff.*) ergangen.

## § 15a
## Berichtigung des Vorsteuerabzugs

(1) Ändern sich bei einem Wirtschaftsgut, das nicht nur einmalig zur Ausführung von Umsätzen verwendet wird, innerhalb von fünf Jahren ab dem Zeitpunkt der erstmaligen Verwendung die für den ursprünglichen Vorsteuerabzug maßgebenden Verhältnisse, ist für jedes Kalenderjahr der Änderung ein Ausgleich durch eine Berichtigung des Abzugs der auf die Anschaffungs- oder Herstellungskosten entfallenden Vorsteuerbeträge vorzunehmen. Bei Grundstücken einschließlich ihrer wesentlichen Bestandteile, bei Berechtigungen, für die die Vorschriften des bürgerlichen Rechts über Grundstücke gelten, und bei Gebäuden auf fremdem Grund und Boden tritt an die Stelle des Zeitraums von fünf Jahren ein Zeitraum von zehn Jahren.

(2) Ändern sich bei einem Wirtschaftsgut, das nur einmalig zur Ausführung eines Umsatzes verwendet wird, die für den ursprünglichen Vorsteuerabzug maßgebenden Verhältnisse, ist eine Berichtigung des Vorsteuerabzugs vorzunehmen. Die Berichtigung ist für den Besteuerungszeitraum vorzunehmen, in dem das Wirtschaftsgut verwendet wird.

(3) Geht in ein Wirtschaftsgut nachträglich ein anderer Gegenstand ein und verliert dieser Gegenstand dabei seine körperliche und wirtschaftliche Eigenart endgültig oder wird an einem Wirtschaftsgut eine sonstige Leistung ausgeführt, gelten im Fall der Änderung der für den ursprünglichen Vorsteuerabzug maßgebenden Verhältnisse die Absätze 1 und 2 entsprechend. Soweit im Rahmen einer Maßnahme in ein Wirtschaftsgut mehrere Gegenstände eingehen oder an einem Wirtschaftsgut mehrere sonstige Leistungen ausgeführt werden, sind diese zu einem Berichtigungsobjekt zusammenzufassen. Eine Änderung der Verhältnisse liegt dabei auch vor, wenn das Wirtschaftsgut für Zwecke, die außerhalb des Unternehmens liegen, aus dem Unternehmen entnommen wird, ohne dass dabei nach § 3 Abs. 1b eine unentgeltliche Wertabgabe zu besteuern ist.

(4) Die Absätze 1 und 2 sind auf sonstige Leistungen, die nicht unter Absatz 3 Satz 1 fallen, entsprechend anzuwenden. Die Berichtigung ist auf solche sonstigen Leistungen zu beschränken, für die in der Steuerbilanz ein Aktivierungsgebot bestünde. Dies gilt jedoch nicht, soweit es sich um sonstige Leistungen handelt, für die der Leistungsempfänger bereits für einen Zeitraum vor Ausführung der sonstigen Leistung den Vorsteuerabzug vornehmen konnte. Unerheblich ist, ob der Unternehmer nach den §§ 140, 141 der Abgabenordnung tatsächlich zur Buchführung verpflichtet ist.

(5) Bei der Berichtigung nach Absatz 1 ist für jedes Kalenderjahr der Änderung in den Fällen des Satzes 1 von einem Fünftel und in den Fällen des Satzes 2 von

---

1 *Stadie* in R/D, § 15 UStG Anm. 205.

einem Zehntel der auf das Wirtschaftsgut entfallenden Vorsteuerbeträge auszugehen. Eine kürzere Verwendungsdauer ist entsprechend zu berücksichtigen. Die Verwendungsdauer wird nicht dadurch verkürzt, dass das Wirtschaftsgut in ein anderes einbezogen wird.

(6) Die Absätze 1 bis 5 sind auf Vorsteuerbeträge, die auf nachträgliche Anschaffungs- oder Herstellungskosten entfallen, sinngemäß anzuwenden.

(6a) Eine Änderung der Verhältnisse liegt auch bei einer Änderung der Verwendung im Sinne des § 15 Absatz 1b vor.

(7) Eine Änderung der Verhältnisse im Sinne der Absätze 1 bis 3 ist auch beim Übergang von der allgemeinen Besteuerung zur Nichterhebung der Steuer nach § 19 Abs. 1 und umgekehrt und beim Übergang von der allgemeinen Besteuerung zur Durchschnittssatzbesteuerung nach den §§ 23, 23a oder 24 und umgekehrt gegeben.

(8) Eine Änderung der Verhältnisse liegt auch vor, wenn das noch verwendungsfähige Wirtschaftsgut, das nicht nur einmalig zur Ausführung eines Umsatzes verwendet wird, vor Ablauf des nach den Absätzen 1 und 5 maßgeblichen Berichtigungszeitraums veräußert oder nach § 3 Abs. 1b geliefert wird und dieser Umsatz anders zu beurteilen ist als die für den ursprünglichen Vorsteuerabzug maßgebliche Verwendung. Dies gilt auch für Wirtschaftsgüter, für die der Vorsteuerabzug nach § 15 Absatz 1b teilweise ausgeschlossen war.

(9) Die Berichtigung nach Absatz 8 ist so vorzunehmen, als wäre das Wirtschaftsgut in der Zeit von der Veräußerung oder Lieferung im Sinne des § 3 Abs. 1b bis zum Ablauf des maßgeblichen Berichtigungszeitraums unter entsprechend geänderten Verhältnissen weiterhin für das Unternehmen verwendet worden.

(10) Bei einer Geschäftsveräußerung (§ 1 Abs. 1a) wird der nach den Absätzen 1 und 5 maßgebliche Berichtigungszeitraum nicht unterbrochen. Der Veräußerer ist verpflichtet, dem Erwerber die für die Durchführung der Berichtigung erforderlichen Angaben zu machen.

(11) Das Bundesministerium der Finanzen kann mit Zustimmung des Bundesrates durch Rechtsverordnung nähere Bestimmungen darüber treffen,

1. wie der Ausgleich nach den Absätzen 1 bis 9 durchzuführen ist und in welchen Fällen zur Vereinfachung des Besteuerungsverfahrens, zur Vermeidung von Härten oder nicht gerechtfertigten Steuervorteilen zu unterbleiben hat;

2. dass zur Vermeidung von Härten oder eines nicht gerechtfertigten Steuervorteils bei einer unentgeltlichen Veräußerung oder Überlassung eines Wirtschaftsguts

   a) eine Berichtigung des Vorsteuerabzugs in entsprechender Anwendung der Absätze 1 bis 9 auch dann durchzuführen ist, wenn eine Änderung der Verhältnisse nicht vorliegt,

   b) der Teil des Vorsteuerbetrags, der bei einer gleichmäßigen Verteilung auf den in Absatz 9 bezeichneten Restzeitraum entfällt, vom Unternehmer geschuldet wird,

c) der Unternehmer den nach den Absätzen 1 bis 9 oder Buchstabe b geschuldeten Betrag dem Leistungsempfänger wie eine Steuer in Rechnung stellen und dieser den Betrag als Vorsteuer abziehen kann.

§ 44 UStDV
Vereinfachungen bei der Berichtigung des Vorsteuerabzugs

(1) Eine Berichtigung des Vorsteuerabzugs nach § 15a des Gesetzes entfällt, wenn die auf die Anschaffungs- oder Herstellungskosten eines Wirtschaftsguts entfallende Vorsteuer 1000 Euro nicht übersteigt.

(2) Haben sich bei einem Wirtschaftsgut in einem Kalenderjahr die für den ursprünglichen Vorsteuerabzug maßgebenden Verhältnisse um weniger als 10 Prozentpunkte geändert, entfällt bei diesem Wirtschaftsgut für dieses Kalenderjahr die Berichtigung des Vorsteuerabzugs. Das gilt nicht, wenn der Betrag, um den der Vorsteuerabzug für dieses Kalenderjahr zu berichtigen ist, 1000 Euro übersteigt.

(3) Übersteigt der Betrag, um den der Vorsteuerabzug bei einem Wirtschaftsgut für das Kalenderjahr zu berichtigen ist, nicht 6000 Euro, so ist die Berichtigung des Vorsteuerabzugs nach § 15a des Gesetzes abweichend von § 18 Abs. 1 und 2 des Gesetzes erst im Rahmen der Steuerfestsetzung für den Besteuerungszeitraum durchzuführen, in dem sich die für den ursprünglichen Vorsteuerabzug maßgebenden Verhältnisse geändert haben. Wird das Wirtschaftsgut während des maßgeblichen Berichtigungszeitraums veräußert oder nach § 3 Abs. 1b des Gesetzes geliefert, so ist die Berichtigung des Vorsteuerabzugs für das Kalenderjahr der Lieferung und die folgenden Kalenderjahre des Berichtigungszeitraums abweichend von Satz 1 bereits bei der Berechnung der Steuer für den Voranmeldungszeitraum (§ 18 Abs. 1 und 2 des Gesetzes) durchzuführen, in dem die Lieferung stattgefunden hat.

(4) Die Absätze 1 bis 3 sind bei einer Berichtigung der auf nachträgliche Anschaffungs- oder Herstellungskosten und auf die in § 15a Abs. 3 und 4 des Gesetzes bezeichneten Leistungen entfallenden Vorsteuerbeträge entsprechend anzuwenden.

§ 45 UStDV
Maßgebliches Ende des Berichtigungszeitraums

Endet der Zeitraum, für den eine Berichtigung des Vorsteuerabzugs nach § 15a des Gesetzes durchzuführen ist, vor dem 16. eines Kalendermonats, so bleibt dieser Kalendermonat für die Berichtigung unberücksichtigt. Endet er nach dem 15. eines Kalendermonats, so ist dieser Kalendermonat voll zu berücksichtigen.

§ 74a UStDV
Übergangsvorschriften

(1) ...

(2) Für Wirtschaftsgüter, die vor dem 1. Januar 2012 angeschafft oder hergestell worden sind, ist § 44 Absatz 3 und 4 in der am 31. Dezember 2011 geltenden Fassung weiterhin anzuwenden.

(3)–(4) ...

*EU-Recht*

Art. 168a Abs. 1 Unterabs. 2, Art. 184–192 MwStSystRL;

Art. 13b MwSt-DVO (ab 2017).

*VV*

Abschn. 15.2c Abs. 19 (Beispiele 1–15), 15a.1–15a.12 UStAE.

A. Normzweck, Überblick . . . . . . . . 1

B. Wirtschaftsgut und gleichgestellte Aufwendungen (Werte)

  I. Begriff des Wirtschaftsgutes . . . . 11

  II. Gleichgestellte Aufwendungen

  1. Nachträgliche Anschaffungs- oder Herstellungskosten (Abs. 6) . . . . . . . . . . . . . . . . . . . . . . 17

  2. Nachträglich eingebaute Gegenstände, sonstige Leistungen an einem Wirtschaftsgut (Abs. 3 Sätze 1 und 2) . . . . . . . . . . . . . . . . . 21

  3. Eigenständige sonstige Leistungen (Abs. 4)
     a) Allgemeines . . . . . . . . . . . . . . . 27
     b) An- und Vorauszahlungen für Dauerleistungen . . . . . . . . . 34

C. Berichtigungszeitraum

  I. Allgemeines . . . . . . . . . . . . . . . . . . 39

  II. Bei Grundstücken und gleichgestellten Wirtschaftsgütern . . . 41

  III. Bei nachträglichen Anschaffungs- oder Herstellungskosten und anderen Werten (Aufwendungen) . . . . . . . . . . . . . . . . . 48

  IV. Kürzere Verwendungsdauer (Abs. 5 Sätze 2 und 3) . . . . . . . . 51

  V. Beginn und Ende (§ 45 UStDV) . 55

D. Änderung der Verhältnisse

  I. Allgemeines . . . . . . . . . . . . . . . . . . 60

  II. Änderung im Erstjahr der Verwendung . . . . . . . . . . . . . . . . . . 65

  III. Leerstandszeiten bei einem Gebäude u.Ä. . . . . . . . . . . . . . . . . 69

  IV. „Steuerfreie" statt „steuerpflichtiger" Verwendung und umgekehrt
    1. Allgemeines . . . . . . . . . . . . . . . . 70
    2. Teilweise Änderung . . . . . . . . . . 72
    3. Veräußerung oder Entnahme des Wirtschaftsguts (Abs. 8 Satz 1)
       a) Allgemeines . . . . . . . . . . . . . . 73
       b) Veräußerung . . . . . . . . . . . . . 79
       c) Unentgeltliche Lieferung, Entnahme . . . . . . . . . . . . . . . . 82

    d) Änderung der Verhältnisse . . 87

  V. Änderung der Verhältnisse bei nur einmaliger Verwendung (Abs. 2) . . . . . . . . . . . . . . . . . . . . . 95

  VI. Nichtunternehmerische statt unternehmerischer Verwendung und umgekehrt
    1. Allgemeines, Überblick . . . . . . . 102
    2. Besondere Entnahmetatbestände
       a) Entnahme eines Bestandteils (Abs. 3 Satz 3 i.V.m. Satz 1 Alt. 1) . . . . . . . . . . . . . . . . . . . 103
       b) Entnahme einer sonstigen Leistung, die an einem Wirtschaftsgut ausgeführt worden war (Abs. 3 Satz 3 i.V.m. Satz 1 Alt. 2) . . . . . . . . . . . . . . . . . . . 105
       c) Dauerhafte nichtunternehmerische Verwendung einer Miet- o.ä. Sache im Fall der Vorauszahlung (Abs. 4) . . . . . 108
    3. Änderung des Umfangs der nichtunternehmerischen Grundstücksverwendung (Abs. 6a) . . . . . . . . . . . . . . . . . . . 110
       a) Verringerung der unternehmerischen Verwendung . . . . . 114
       b) Ausweitung der unternehmerischen Verwendung . . . . . 116
       c) Veräußerung oder Entnahme des Wirtschaftsguts (Abs. 8 Satz 2) . . . . . . . . . . . . . . . . . . . 123
    4. Einlage eines Wirtschaftsgutes aus dem nichtunternehmerischen (privaten) Bereich . . . . . . 126
    5. Zeitweilige unternehmerische Nutzung (Nutzungseinlage) . . . 130

  VII. Übergang von der allgemeinen Besteuerung zu einer Sonderregelung und umgekehrt (Abs. 7) . . . . . . . . . . . . . . . . . . . . . 132

  VIII. Einkommensteuerabzugsschädliche statt unschädlicher Verwendung eines abnutzbaren Wirtschaftsguts i.S.d. § 15 Abs. 1a und umgekehrt . . . . . . . 135

  IX. Gesetzesänderung . . . . . . . . . . . . 136

  X. Änderung der rechtlichen Beurteilung der Verwendung . . . . . . . 138

E. **Durchführung der Berichtigung**
I. Berechnungsgrundsätze (Abs. 5 Sätze 1 und 2) ................ 141
II. Behandlung der Berichtigungsbeträge ..................... 149
III. Vereinfachungen (§ 44 UStDV) . 152
IV. Bei Veräußerung und Entnahme (Abs. 9 i.V.m. § 44 Abs. 3 Satz 2 UStDV) ..................... 158
V. Bei sog. Umlaufvermögen u.Ä. (Abs. 2) ..................... 164

F. **Berichtigung beim Erwerber nach einer Geschäftsveräußerung (Abs. 10)** ................ 169

G. **Berichtigung des Vorsteuerabzugs im Falle der Gesamtrechtsnachfolge** ............... 172

H. **Verordnungsermächtigungen (Abs. 11)**
I. Durchführungsbestimmungen, Vereinfachungen, Unterbleiben der Berichtigung (Nr. 1) ....... 174
II. Übertragung des Vorsteuervolumens bei unentgeltlicher Lieferung oder Überlassung auf den Erwerber bzw. Nutzenden (Nr. 2)
   1. Allgemeines ................ 175
   2. Unentgeltliche Lieferung (Schenkung) ................ 177
   3. Unentgeltliche Nutzungsüberlassung .................... 182
I. **Unentgeltliche Nutzung eines fremden privaten Wirtschaftsgutes** ...................... 183

## A. Normzweck, Überblick

1 Das Umsatzsteuergesetz kennt (scheinbar nur) **zwei Arten** der Berichtigung des Vorsteuerabzugs, die in § 15a UStG und in § 17 UStG – wenn auch nicht sauber (*Rz. 9*) – getrennt geregelt sind. Beide Vorschriften sprechen **ausdrücklich** von der „**Berichtigung**" des Vorsteuerabzugs. Es ist deshalb schon insoweit mehr als **unglücklich**, wenn das Gesetz dem § 15a UStG die **Überschrift** „Berichtigung des Vorsteuerabzugs" gibt, weil damit der fälschliche Eindruck erweckt wird, als würde diese Vorschrift alle Fälle erfassen. § 15a UStG ist zudem entgegen der missverständlichen Überschrift (wie § 17 UStG) eine rein **materiell-rechtliche Regelung ohne Rückwirkung** (*Rz. 149*). Die Vorschrift ist zudem **chaotisch aufgebaut**. Neben den von §§ 15a und 17 UStG geregelten Fallgruppen ist die Berichtigung des Vorsteuerabzugs des Weiteren als „Umsatz" (§ 1 Abs. 1 Nr. 1 UStG) in **§ 3 Abs. 1b bzw. Abs. 9a i.V.m. § 10 Abs. 4** UStG geregelt. Das Gesetz wählt lediglich eine andere Technik (*Rz. 7*).

2 Während § 17 UStG (mit Ausnahme von § 17 Abs. 2 Nr. 5 UStG, *Rz. 8*) in Bezug auf den vorgenommenen Vorsteuerabzug Veränderungen der Verhältnisse hinsichtlich geschriebener bzw. ungeschriebener Tatbestandsmerkmale des § 15 Abs. 1 Satz 1 UStG betrifft (Ausführung einer Leistung, Belastung mit der Steuer, Vorliegen eines innergemeinschaftlichen Erwerbs), geht es bei der Berichtigung des Vorsteuerabzugs nach § 15a UStG – mit Ausnahme des § 15a Abs. 2 UStG – um die Anpassung des Vorsteuerabzugs auf Grund **geänderter Verwendung** der Eingangsumsätze, weil die für den erstmaligen Vorsteuerabzug als dauerhaft unterstellte Art der Verwendung (*Rz. 3*) tatsächlich nicht für den gesamten Beurteilungszeitraum gleich geblieben ist.

3 Die nach § 15 UStG zu treffende Entscheidung über den Vorsteuerabzug beim Erwerb von **Wirtschaftsgütern** legt die Verhältnisse im Erstjahr der Verwendung

bzw. ggf. die Verwendungsabsicht zugrunde (*§ 15 Rz. 433 ff., 455 ff.*), weil der Zweck des Vorsteuerabzugs auch bei Investitionsgütern die sofortige und vollständige Entlastung von der Vorsteuer verlangt (*§ 15 Rz. 2 u. 458*). Dabei beruht die Entscheidung nach § 15 UStG auf der **Annahme**, dass die **Verwendung** des Wirtschaftsguts sich **nicht ändert**. Diese Entscheidung bedarf der Anpassung, wenn sich die Annahme als unzutreffend erweist. Der den Vorsteuerabzug beherrschende **Neutralitätsgrundsatz** (*§ 15 Rz. 2*) und der **Gedanke der wirtschaftlichen Zuordnung** verlangen dann eine Verteilung des Vorsteuervolumens auf die Zeitdauer der Verwendung und die Koppelung der endgültigen Abziehbarkeit der auf die jeweiligen Jahre entfallenden anteiligen Vorsteuerbeträge an die Umsätze der betreffenden Zeiträume. Ändert sich die Verwendung des Wirtschaftsguts aus der Sicht des § 15 UStG, so bedarf es folglich einer **periodengerechten Verteilung** des auf das Wirtschaftsgut entfallenden **Vorsteuervolumens**. Auf eine typischerweise eintretende **Abnutzung** oder **Wertminderung** kommt es, anders als bei der einkommensteuerrechtlichen Abschreibung, **nicht** an (*Beispiel*: unbebautes Grundstück s. aber *Rz. 52*).

Diese Anpassung des Vorsteuerabzugs bei Wirtschaftsgütern, die über einen Zeitraum verwendet werden (**Investitionsgüter**) hat nach (den Grundregeln des) § 15a UStG durch „Berichtigung des Vorsteuerabzugs" zu erfolgen. Als Verteilungsperiode sieht die Vorschrift einen sog. **Berichtigungszeitraum** von fünf bzw. zehn Jahren vor (Abs. 1; *Rz. 39 ff.*). Die Entscheidung über den **erstmaligen Vorsteuerabzug** (Gewährung wie Versagung) steht folglich nach § 15a Abs. 1 UStG **unter** dem **Vorbehalt**, dass die ursprüngliche Verwendung sich während dieses Zeitraums fortsetzt. Eine Berichtigung des Vorsteuerabzugs kommt sowohl **zuungunsten** als auch **zugunsten** des Unternehmers in Betracht. Entsprechendes gilt nach § 15a Abs. 3 UStG für **Einbauten** und **sonstige Leistungen** an einem Wirtschaftsgut, die über einen Zeitraum verwendet werden (*Rz. 21 ff.*), sowie nach § 15a Abs. 4 UStG bei Vorauszahlungen für die Miete u.Ä. von Wirtschaftsgütern (*Rz. 34 ff.*). § 15a Abs. 2 UStG schreibt die Berichtigung des Vorsteuerabzugs auch bei Wirtschaftsgütern des Umlaufvermögens u.Ä. vor (*Rz. 95 ff.*).

4

§ 15a UStG soll mit seinen Grundregeln die Vorgaben der **Art. 187 ff. MwStSystRL** sowie des Art. 168a Abs. 1 Unterabs. 2 MwStSystRL umsetzen. Seit der Neufassung des § 15a Abs. 1 Satz 1 UStG[1] wäre die Vorschrift allerdings nicht mehr richtlinienkonform, wenn mit dem BMF die maßgebliche Verwendung i.S.d. § 15 Abs. 2 UStG und des § 15a UStG diejenige im *Zeitpunkt* der erstmaligen Verwendung gesehen würde (*Rz. 66 ff.*).

5

Die von § 15a UStG in Anlehnung an einkommensteuerrechtliche Begrifflichkeiten bei Wirtschaftsgütern vorgenommene Differenzierung zwischen Anschaffungs- und Herstellungskosten (§ 15a Abs. 1 UStG), nachträglichen Anschaffungs- und Herstellungskosten (§ 15a Abs. 6 UStG) und Einbauten und sonstigen Leistungen an den Wirtschaftsgütern (§ 15a Abs. 3 UStG) ist letztlich ohne Belang, da es stets um die auf das jeweilige Wirtschaftsgut entfallenden Vorsteuerbeträge (§ 15a Abs. 5 Satz 1 UStG) geht, d.h. um die Steuern, mit denen dieses Gut belastet ist (so Art. 187 Abs. 2 Unterabs. 1 MwStSystRL).

---

1 Zum 1.1.2002. Im Übrigen wurde § 15a UStG erst zum 1.1.2005 neugefasst (*Rz. 10*).

Die Regelung des § 15a Abs. 4 UStG (Berichtigung des Vorsteuerabzugs bei Vorauszahlungen) findet ihre Grundlage in Art. 185 Abs. 1 MwStSystRL, wonach der ursprüngliche Vorsteuerabzug berichtigt werden kann, wenn sich die Faktoren, die bei der Festsetzung des Vorsteuerabzugsbetrages berücksichtigt werden, nach Abgabe der Erklärung geändert haben. Die Bestimmung des (teilweise überflüssigen) § 15a Abs. 2 UStG (*Rz. 95 ff.*) lässt sich ebenfalls auf Art. 185 Abs. 1 MwStSystRL stützen.

6 Die Berichtigungen nach § 15a UStG betreffen nur die **ursprünglich zu Recht gewährte** bzw. **nicht gewährte Vorsteuer** (so dass die Regelung keine Missbrauchsbekämpfungsvorschrift ist[1]). Wurde **hingegen** der Vorsteuerabzug **rechtswidrig**, d.h. unter Nichtbeachtung der Vorgaben des § 15 UStG vorgenommen (gewährt) bzw. abgelehnt, so ist die betreffende „Steuerfestsetzung" (richtig: Steuervergütungsanmeldung bzw. deren Ablehnung, *§ 18 Rz. 49, 62*) rechtswidrig und **nach** den Vorschriften der **Abgabenordnung** (§ 155 Abs. 4 i.V.m. §§ 164 Abs. 2, 173 AO) zu **korrigieren**. Sofern eine solche Korrektur **verfahrensrechtlich** nicht mehr möglich ist, kann indes im Rahmen der materiell-rechtlichen Berichtigung nach § 15a UStG eine teilweise Kompensation des Fehlers erfolgen (*Rz. 138 f., 143*).

7 Von der **Wirkung** her ist auch die Besteuerung der **Gegenstandsentnahmen, Nutzungsentnahmen** für Zwecke **außerhalb des Unternehmens** und der entsprechenden **unentgeltlichen Leistungen** nach § 1 Abs. 1 Nr. 1 i.V.m. § 3 Abs. 1b bzw. Abs. 9a i.V.m. § 10 Abs. 4 UStG eine „**Berichtigung**" des **Vorsteuerabzugs** (*§ 3 Rz. 56, 162*); das Gesetz wählt lediglich eine andere Technik (s. auch *Rz. 64*). Da nicht die Gesetzes*technik*, sondern der Gesetzes*zweck* entscheidet, sind diese Vorschriften durch eine entsprechende **Auslegung** mit § 15a UStG **abzustimmen** (*§ 3 Rz. 57 f., 74, 173; § 10 Rz. 99 f., 107 ff.*). In § 15a Abs. 3 Satz 3 UStG sind sogar unmittelbar Fälle der Entnahme von Bestandteilen eines Gegenstands oder einer (an diesem ausgeführten) sonstigen Leistung für Zwecke außerhalb des Unternehmens geregelt (*Rz. 103 ff.*), was zusätzlich die Notwendigkeit einer abgestimmten Auslegung unterstreicht, damit willkürliche Unterschiede in den Rechtsfolgen vermieden werden. Auch § 15a Abs. 4 UStG erfasst den Fall der Verwendung einer Nutzungsüberlassung für Zwecke außerhalb des Unternehmens (*Rz. 108 f.*), und § 15a Abs. 6a UStG stellt klar, dass bei Grundstücken eine Änderung der Verwendung i.S.d. § 15a UStG auch bei einer Verringerung oder Erweiterung der unternehmerischen Nutzung vorliegt.

8 § 15a UStG enthält in seinem Absatz 8 (wie Art. 188 MwStSystRL) die **elementare Aussage** für das Umsatzsteuerrecht, dass bei **Gegenständen** (Wirtschaftsgütern) des sog. **Anlagevermögens** (Investitionsgütern) **nach Ablauf des Berichtigungszeitraums** eine **Lieferung** oder Entnahme **nicht mehr besteuert** wird. Derartige Gegenstände gelten umsatzsteuerrechtlich als „**verbraucht**" (s. auch *§ 3 Rz. 74; § 10 Rz. 100*).

9 Eine ähnliche Funktion wie die Berichtigung nach § 15a UStG hat die Korrektur des Vorsteuerabzugs nach **§ 17 Abs. 2 Nr. 5** UStG, die erfolgt, wenn sich erst **im**

---

1 BFH v. 9.11.2006 – V R 43/04, BStBl. II 2007, 344 – 3a bb der Gründe.

Nachhinein herausstellt, dass Aufwendungen vorliegen, die unter bestimmte **einkommensteuerrechtliche Abzugsverbote** und damit unter das Vorsteuerabzugsverbot des § 15 Abs. 1a UStG fallen. Diese Berichtigungsvorschrift ist deshalb in § 17 UStG falsch platziert, da sie anders als die übrigen Tatbestände dieser Vorschrift nicht die Anpassung des Vorsteuerabzugs an die tatsächliche, endgültige Belastung, sondern an die **tatsächliche Verwendung** der bezogenen Leistung bezweckt. Sie hätte in § 15a UStG angesiedelt werden müssen. Bei abnutzbaren Wirtschaftsgütern erfolgt die Berichtigung ohnehin nach § 15a Abs. 1 UStG (*Rz. 135*).

§ 15a UStG ist mit Wirkung vom 1.1.2005[1] neu gefasst und im Anwendungsbereich erweitert worden. Die Neuregelungen sind auf **Vorsteuerbeträge** anzuwenden, deren **zugrunde liegenden Umsätze nach dem 31.12.2004** ausgeführt werden (§ 27 Abs. 11 UStG). Maßgebend ist mithin nicht der Eingang der jeweiligen Rechnung oder deren Bezahlung. Abzustellen ist ausschließlich auf den Zeitpunkt der Erbringung der *jeweiligen* Umsätze, d.h. der einzelnen Lieferungen und/oder sonstigen Leistungen, die in das Wirtschaftsgut oder den gleichgestellten Werten, welche Gegenstand der Berichtigung nach § 15a UStG sein können, einfließen. Teilleistungen sind den Leistungen (Umsätzen) gleichgestellt (*§ 13 Rz. 19, 26*). Entgegen der Auffassung des BMF[2] kommt es nicht auf den Zeitpunkt der Anschaffung oder Herstellung des Wirtschaftsgutes an. Das wäre zwar sachgerecht, verstößt jedoch gegen den klaren Gesetzeswortlaut. Mit Wirkung vom 1.1.2011 sind § 15a Abs. 6a und Abs. 8 Satz 2 UStG eingefügt worden.

10

## B. Wirtschaftsgut und gleichgestellte Aufwendungen (Werte)

### I. Begriff des Wirtschaftsgutes

Der Begriff „Wirtschaftsgut" wird vom Umsatzsteuergesetz im Wesentlichen nur im Rahmen des § 15a UStG (neben § 10 Abs. 4 Satz 1 Nr. 2 Satz 2, § 19 Abs. 1 Satz 2 und § 27 Abs. 16 UStG) verwendet. Er erscheint als Fremdkörper in einem Gesetz, das ansonsten durchgehend an die Vorgänge Lieferung und sonstige Leistung anknüpft. Während § 15 UStG den einzelnen Leistungsbezug im Auge hat und vor allem über den Begriff der Lieferung auf den „Gegenstand" abstellt (s. aber *§ 3 Rz. 11 ff.*), löst sich § 15a UStG insbesondere in seinem Absatz 1 in Übereinstimmung mit Art. 187 MwStSystRL, der von „Investitionsgut" spricht, von dem einzelnen Leistungsbezug. Die Vorschrift betrachtet typischerweise, was sich insbesondere bei **selbst hergestellten Gebäuden** zeigt, das **Ergebnis mehrerer Lieferungen** und **sonstiger Leistungen**, d.h. das wirtschaftliche Resultat eines Bündels von Leistungen, die von verschiedenen anderen Unternehmern erbracht worden waren. Derselbe Gedanke liegt § 15a Abs. 3 Satz 2 UStG zugrunde. (Auch § 15 Abs. 2 UStG stellt bei der Frage nach der Verwendung der einzelnen Leistungen auf die Verwendung des Wirtschaftsgutes ab,

11

---

1 Eine Gegenüberstellung von § 15a UStG n.F. und § 15a UStG a.F. findet sich in der 2. Aufl. (Rz. 10 Fn. 2).
2 Abschn. 27.1 UStAE.

in welches die einzelnen Leistungen eingeflossen sind.) Das Ergebnis dieses Leistungsbündels ist nicht stets ein Gegenstand, an dem dem Auftraggeber Verfügungsmacht verschafft wird. Deshalb hat das Gesetz zu Recht statt des „Gegenstandes" den Begriff „Wirtschaftsgut" gewählt.[1] Bei einer **Weiterübertragung** wird dann indes aus dem Leistungsbündel (Wirtschaftsgut) „Gebäude" ein Gegenstand i.S.d. § 3 Abs. 1 UStG (vgl. *§ 3 Rz. 11 ff., 43*).

12  Der vom Reichsfinanzhof für das Bewertungsrecht geschöpfte Kunstbegriff **Wirtschaftsgut**, welcher dann in die §§ 2 ff. BewG und §§ 4 ff. EStG übernommen worden ist und auch von der Zurechnungsregel des § 39 AO verwendet wird, ist im Rahmen des § 15a UStG mit einem im Wesentlichen gleichen Begriffsinhalt zu verstehen. Der Gesetzgeber dachte, was auch die Vorgängervorschrift § 15 Abs. 7 UStG 1967 sowie § 30 UStG 1967/1973 belegen, bei der Schaffung des § 15a UStG in **einkommensteuerrechtlichen Kategorien**. Das zeigt sich schon in der Verwendung des Begriffs „Anschaffungs- und Herstellungskosten" durch § 15a Abs. 1 und 6 UStG und wird endgültig durch § 9b Abs. 2 EStG bestätigt, der offensichtlich sogar von der Identität des jeweils im Einkommensteuergesetz und im Umsatzsteuergesetz verwendeten Begriffs „Wirtschaftsgut" ausgeht. Er deckt sich mit dem Wirtschaftsgut i.S.d. § 39 AO[2] und entspricht jedenfalls im Prinzip dem „Vermögensgegenstand" i.S.d. §§ 240 ff. HGB[3]. **Vorgaben** des **Unionsrechts** sind insoweit **nicht** zu beachten, da nach Art. 189 Buchst. a MwStSystRL die Mitgliedstaaten den Begriff „Investitionsgüter" bestimmen können.

13  Nach der ständigen **Rechtsprechung** des Bundesfinanzhofs sind **Wirtschaftsgüter** nicht nur Gegenstände im Sinne des bürgerlichen Rechts (Sachen und Rechte), sondern auch tatsächliche Zustände, konkrete Möglichkeiten oder Vorteile für den Betrieb, deren Erlangung der Kaufmann sich etwas kosten lässt und die für mehrere Jahre einen Nutzen bringen und selbständig bewertbar sind.[4] Es muss mithin ein verbrauchbarer Vermögenswert vorliegen, der auch noch im folgenden Kalenderjahr vorhanden ist. Diese für das Einkommensteuerrecht entwickelte, weit gefasste Definition des Wirtschaftsguts ist für das Umsatzsteuerrecht zu übernehmen, da sie dem Primärzweck des § 15a UStG gerecht wird, bei **Leistungsbezügen**, die **über das Jahr hinaus verwendet** werden (Ausnahme: Wirtschaftsgüter i.S.d. § 15a Abs. 2 UStG), eine periodengerechte Zuordnung des Vorsteuervolumens vorzunehmen und den endgültigen Umfang der Abziehbarkeit von den Verhältnissen des jeweiligen Jahres der Verwendung abhängig zu machen (*Rz. 3*).

14  § 15a UStG erfasst nicht nur Wirtschaftsgüter, die als **Anlagevermögen** zu einem Betriebsvermögen im Sinne des Einkommensteuerrechts gehören, sondern

---

1 A.A. *Hidien*, StuW 2005, 265 (272 f.).
2 *Stadie*, Allg. SteuerR, Rz. 210.
3 Vgl. für das Einkommensteuerrecht Großer Senat des BFH v. 7.8.2000 – GrS 2/99, BStBl. II 2000, 632 (635). Ob die beiden Begriffe vollständig deckungsgleich sind, kann hier dahinstehen.
4 BFH v. 18.6.1975 – I R 24/73, BStBl. II 1975, 809; BFH v. 19.6.1997 – IV R 16/95, BStBl. II 1997, 808; BFH v. 7.8.2000 – GrS 2/99, BStBl. II 2000, 632 (635); BFH v. 9.7.2002 – IX R 29/98, BFH/NV 2003, 21.

auch solche **entsprechenden Vermögenswerte**, die einer unternehmerischen Tätigkeit dienen, die kein Betriebsvermögen im Sinne des Einkommensteuerrechts[1] kennt[2], wie insbesondere die **Vermietung** von unbeweglichem Vermögen. § 15a Abs. 2 UStG betrifft in erster Linie Wirtschaftsgüter des sog. Umlaufvermögens (*Rz. 95 ff.*).

**Beispiele** für **materielle** Wirtschaftsgüter, die nicht schon als körperliche Gegenstände (zu diesen § 3 Rz. 6 f.) dem Unternehmer zuzurechnen sind:

15

- **Gebäude auf fremdem Grund und Boden** (§ 3 Rz. 11, 43); diese sind zudem ausdrücklich in § 15a Abs. 1 Satz 2 UStG erwähnt (*Rz. 44*);
- **Mietereinbauten** und **Mieterumbauten**, die zwar wesentliche Bestandteile des Grundstücks- bzw. Gebäudeeigentümers geworden sind, bei denen jedoch ein Wegnahmerecht oder ein Entschädigungsanspruch besteht (*Rz. 46*; ferner § 3 Rz. 11, 43)[3].

In Betracht kommen auch **immaterielle** Wirtschaftsgüter[4], welche das Ergebnis sonstiger Leistungen sind (*Beispiel:* individuelle[5] EDV-Programme[6]). Bei ihnen bedarf es mithin nicht der Heranziehung des § 15a Abs. 4 UStG (*Rz. 27 ff.*), da sie Wirtschaftsgüter i.S.d. § 15a Abs. 1 und 2 UStG sind[7]. Fortlaufend gezahlte Nutzungsentgelte (Miete, Pacht u.Ä.) führen zu keinem immaterielles Wirtschaftsgut „Nutzungsrecht"[8].

16

## II. Gleichgestellte Aufwendungen
### 1. Nachträgliche Anschaffungs- oder Herstellungskosten (Abs. 6)

Auch Vorsteuerbeträge, die auf nachträgliche Anschaffungs- oder Herstellungskosten entfallen, unterliegen den Regeln über die Berichtigung des Vorsteuerabzugs bei Wirtschaftsgütern (§ 15a Abs. 6 UStG). Obwohl diese Aufwendungen nicht zu einem selbständigen Wirtschaftsgut führen, sondern Teile eines solchen werden, ist im Rahmen des § 15a UStG **fiktiv** von einem eigenständigen

17

---

1 Selbst das Einkommensteuerrecht verwendet den Begriff des Wirtschaftsgutes nicht nur bei den betrieblichen Einkunftsarten; vgl. § 9 Abs. 1 Nr. 7 Satz 2, § 10b Abs. 3, § 23 Abs. 1 EStG.
2 Zutreffend Abschn. 15a.1 Abs. 2 Nr. 1 UStAE; fehlerhaft Abschn. 15a.6 Abs. 1 Satz 1 UStAE.
3 Vgl. auch Abschn. 15a.1 Abs. 2 Nr. 1 Satz 2 UStAE.
4 Vgl. Abschn. 15a.1 Abs. 2 Nr. 1 Satz 2 UStAE. Das in Abschn. 3.1 Abs. 4 Satz 2 UStAE genannte Beispiel des **Firmenwertes** ergibt keinen Sinn, da ein solcher mangels Steuerbarkeit der Übertragung (§ 1 Abs. 1a UStG) nicht umsatzsteuerbelastet sein kann (§ 4 Nr. 28 Rz. 7 i.V.m. § 3 Rz. 9).
5 Standardprogramme, die auf einem körperlichen Medium gespeichert werden, sind Gegenstand einer Lieferung und stellen mithin materielle Wirtschaftsgüter dar (§ 3 Rz. 157). Bei ihnen kommt jedoch regelmäßig keine Berichtigung in Betracht, weil sie unter die Bagatellgrenze des § 44 Abs. 1 UStDV (*Rz. 152 f.*) fallen werden.
6 Vgl. BFH v. 28.7.1994 – III R 47/92, BStBl. II 1994, 873; BFH v. 8.2.1996 – III R 76/90, BFH/NV 1996, 643.
7 A.A. Reg.-Begr. zum EURLUmsG, BR-Drucks. 605/04 – zu Art. 5 Nr. 11 (zu § 15a Abs. 4 UStG).
8 BFH v. 5.6.2014 – XI R 44/12, UR 2014, 700 – Rz. 46.

Wirtschaftsgut auszugehen.[1] § 15a Abs. 6 UStG konkurriert mit § 15a Abs. 3 UStG hinsichtlich der nachträglichen Herstellungskosten.

18 Der **Begriff** der nachträglichen Anschaffungs- oder Herstellungskosten stammt aus dem Einkommensteuerrecht.[2] Insbesondere bei Gebäuden ergibt sich **einkommensteuerrechtlich** das Problem der **Abgrenzung** der nachträglichen Herstellungskosten vom sog. Erhaltungsaufwand. Durch § 255 Abs. 2 Satz 1 HGB werden nachträgliche Herstellungskosten als Aufwendungen für eine „Erweiterung oder für eine über seinen ursprünglichen Zustand hinausgehende wesentliche Verbesserung" des Vermögensgegenstandes definiert. Dem entspricht die Rechtsprechung des BFH zum Einkommensteuerrecht, nachträgliche Herstellungskosten nur anzunehmen, wenn das Wirtschaftsgut in seiner Substanz vermehrt, seinem Wesen verändert oder über seinen bisherigen Zustand hinaus verbessert wird und demgemäß **sog. Erhaltungsaufwand** (-aufwendungen) grundsätzlich so lange zu bejahen, wie nur unselbständige Teile eines einheitlichen Wirtschaftsgutes ersetzt oder modernisiert werden, ohne dabei ihre Funktion zu ändern.[3]

19 Diese **einkommensteuerrechtliche Betrachtungsweise** soll nach **h.M.** auch im Rahmen des § 15a Abs. 6 UStG gelten.[4] Das **verstößt gegen** den **Zweck** dieser Vorschrift. Für die Frage, ob die Abziehbarkeit von Vorsteuerbeträgen sich nur nach der Verwendung des Leistungsbezugs im Erstjahr oder auch der in den folgenden Jahren richten soll, darf es nicht darauf ankommen, ob die Aufwendungen für das Wirtschaftsgut einkommensteuerrechtlich als nachträgliche Herstellungskosten oder als sog. Erhaltungsaufwand qualifiziert werden. Spezifisch einkommensteuerrechtliche Erwägungen[5] zur Sofortabsetzbarkeit, denen auch Vereinfachungsüberlegungen zugrunde liegen, sind für die umsatzsteuerrechtliche Betrachtung schon deshalb ohne Bedeutung, weil sich einkommensteuerrechtlich die Berücksichtigung als sofortiger Aufwand lediglich als Zinsvorteil auswirkt, aber nicht zu Steuervorteilen führt. Die umsatzsteuerrechtliche Sichtweise hat hingegen die Art der Verwendung während eines Zeitraums im Auge. § 15a UStG verlangt deshalb die zeitanteilige Korrektur der Vorsteuerbeträge, die einem Wirtschaftsgut zuzurechnen sind, wenn sich dessen Verwendung aus der Sicht des § 15 UStG ändert. **Maßgebend** ist deshalb **allein**, ob Leistungen bezogen werden, deren **Verwendung** sich **über mehrere Jahre** erstreckt. Die einkommensteuerrechtliche (oder handelsrechtliche) Einordnung der Aufwendungen ist mithin ohne Belang.

20 Das Merkmal „nachträgliche Anschaffungs- oder Herstellungskosten" ist **umsatzsteuerrechtlich autonom** und dabei **richtlinienkonform** zu interpretieren. Art. 187 Abs. 2 Unterabs. 1 MwStSystRL stellt nicht auf die Vorsteuerbeträge

---

1 Vgl. auch EuGH v. 19.7.2012 – C-334/10, UR 2012, 726 – Rz. 16 – **Umbau** (ausgebautes Dachgeschoss) als eigenständiges Investitionsgut.
2 Erwähnung durch § 7a Abs. 1 Sätze 1 und 2 EStG.
3 Rspr.-Nachweise durch *Kulosa* in Schmidt, EStG, § 6 EStG Rz. 161 ff.
4 BFH v. 5.6.2003 – V R 32/02, BStBl. II 2004, 28 (29 f.); BFH v. 28.9.2006 – V R 43/03, BStBl. II 2007, 417; Abschn. 15a.1 Abs. 2 Nr. 6 UStAE; zust. *Birkenfeld* in B/W, § 197 Rz. 41; *Heidner* in Bunjes, § 15a UStG Rz. 58.
5 Dazu BFH v. 22.8.1966 – GrS 2/66, BStBl. III 1966, 672 (674); BFH v. 9.11.1976 – VIII R 27/75, BStBl. II 1977, 306 (308).

ab, die auf Anschaffungs- oder Herstellungskosten (einschließlich nachträglicher) im Sinne des Einkommensteuerrechts der jeweiligen Mitgliedstaaten entfallen, sondern auf die „*Steuer, mit der diese Güter belastet waren*". Das sind alle Vorsteuerbeträge, die dem jeweiligen Investitionsgut unmittelbar und direkt zuzurechnen sind und nicht Leistungen betreffen, die sich nur auf dessen Nutzung beziehen und sich kurzzeitig verbrauchen (Unterhaltungskosten). Eine am Zweck des § 15a UStG und des Art. 187 Abs. 2 Unterabs. 1 MwStSystRL orientierte Auslegung verlangt deshalb, unter nachträglichen Herstellungskosten auch *Wiederherstellungskosten* zu verstehen. Ohne Belang sind deshalb auch die Grenzen des § 6 Abs. 1 Nr. 1a EStG für den sog. *anschaffungsnahen Aufwand*.

Ab 2005 wird indes der sog. **Erhaltungsaufwand** durch § 15a Abs. 3 Sätze 1 und 2 UStG erfasst (*Rz. 25 f.*), so dass die begrifflichen Abgrenzungen überflüssig geworden sind.

## 2. Nachträglich eingebaute Gegenstände, sonstige Leistungen an einem Wirtschaftsgut (Abs. 3 Sätze 1 und 2)

Geht in ein Wirtschaftsgut nachträglich ein anderer Gegenstand ein und verliert dieser dabei seine körperliche und wirtschaftliche Eigenart endgültig, so ist bei Änderung der für den ursprünglichen Vorsteuerabzug maßgebenden Verhältnisse ebenfalls eine Berichtigung des Vorsteuerabzugs vorzunehmen (§ 15a Abs. 3 Satz 1 Alt. 1 i.V.m. Abs. 1 oder 2 UStG).[1] Das betrifft den **Einbau** eines Gegenstands (Wirtschaftsguts) in ein anderes Wirtschaftsgut, wenn der Gegenstand damit seine **Eigenständigkeit verliert**, weil er Bestandteil des anderen Wirtschaftsguts wird.[2] Auf eine Werterhöhung des Wirtschaftsguts, in das der Gegenstand eingebaut wird, kommt es nicht an.[3]   21

§ 15a Abs. 1 oder 2 UStG können in diesem Fall nicht unmittelbar angewendet werden, weil der eingebaute Gegenstand seine Existenz als eigenständiges Wirtschaftsgut verloren hat. Nach § 15a Abs. 3 Satz 1 UStG wird er so behandelt, als hätte er seine Eigenständigkeit nicht verloren (**Fiktion der Selbständigkeit**). Ohne Belang ist es deshalb, wenn bei Einbau in ein Wirtschaftsgut i.S.d. § 15a Abs. 1 UStG (Typus: Wirtschaftsgut des *Anlagevermögens*) für dieses Hauptwirtschaftsgut der Berichtigungszeitraum abgelaufen ist. Da nach § 15a Abs. 3 Satz 1 UStG auch § 15a Abs. 2 UStG entsprechend gilt, wird auch der Einbau von Gegenständen in Wirtschaftsgüter des *Umlaufvermögens* erfasst (dazu *Rz. 98*).   22

---

1 Nach Auffassung der Bundesregierung soll § 15a Abs. 3 Satz 1 UStG den Art. 20 Abs. 1 Buchst. b der 6. EG-Richtlinie (jetzt Art. 185 Abs. 1 MwStSystRL) „umsetzen"; Begr. zu Art. 5 Nr. 11 EURLUmsG-E, BR-Drucks. 605/04 - zu § 15a Abs. 3 UStG. Das ist schon insofern schlecht formuliert, als diese Richtlinien-Bestimmung insoweit überhaupt keine umzusetzenden Vorgaben enthält, sondern nur allgemein von der „Änderung der Faktoren" spricht. Vor allem aber führt der Einbau eines Gegenstands in ein Wirtschaftsgut dazu, dass der Gegenstand dessen Bestandteil wird, so dass Art. 187 MwStSystRL einschlägig ist, wenn es sich bei dem Wirtschaftsgut um ein Investitionsgut handelt. Nur bei einem Einbau in ein Wirtschaftsgut des Umlaufvermögens ist Art. 185 Abs. 1 MwStSystRL heranzuziehen.
2 Zu Beispielen Abschn. 15a.6 Abs. 1 UStAE.
3 Abschn. 15a.1 Abs. 2 Nr. 4 Satz 1, Abschn. 15a.6 Abs. 1 Satz 3 UStAE.

23 Entsprechendes gilt, wenn an einem Wirtschaftsgut eine **sonstige Leistung** ausgeführt wird (§ 15a Abs. 3 Satz 1 Alt. 2 UStG).[1] Eine sonstige Leistung wird „an" einem Wirtschaftsgut ausführt, wenn dieses *bearbeitet* wird, d.h. an ihm Arbeiten vorgenommen werden. Die entsprechende Anwendung des § 15a Abs. 1 und 2 UStG bedeutet, dass das **Ergebnis** (der Erfolg, die Wirkung, der Gehalt) der sonstigen Leistung so **behandelt** wird, **wie** wenn sie zu einem eigenständigen **Wirtschaftsgut** geführt hätte.

24 Die sonstige Leistung muss nicht zu einer Werterhöhung des bearbeiteten Wirtschaftsgutes führen.[2] Andererseits folgt aus dem Grundgedanken des § 15a Abs. 1 UStG, dass die „**Verwendung**" der sonstigen Leistung sich typischerweise über mindestens ein Jahr erstreckt. Letztlich zum selben Ergebnis führt die Auffassung des BMF, dass die Leistung **nicht** im Zeitpunkt ihres Bezuges wirtschaftlich **verbraucht** ist, sondern ihr über diesen Zeitpunkt hinaus eine eigene Werthaltigkeit innewohnt. Folglich werden Dienstleistungen, die sich auf die Unterhaltung oder den laufenden Betrieb des Wirtschaftsgutes beziehen, von der Vorschrift nicht erfasst.[3]

**Beispiele**

- Malerarbeiten, Reparaturleistungen u.Ä. an einem Gebäude;
- Karosserie- und Lackierarbeiten an einem Fahrzeug (von Bedeutung im Falle der Entnahme i.S.d. § 15a Abs. 3 Satz 3 UStG; *Rz. 105 ff.*);
- **nicht:** schlichte Reinigungsleistungen oder Wartungsarbeiten[4].

25 Soweit der Einbau und/oder die sonstige Leistung zu nachträglichen Herstellungskosten führen, konkurriert die Vorschrift mit § 15a Abs. 6 UStG, der indes zu denselben Rechtsfolgen führt. Durch § 15a Abs. 3 Satz 1 UStG werden deshalb insbesondere die sog. **Erhaltungsaufwendungen** (*Rz. 18*) erfasst.[5] Beim Ersetzen von Teilen oder bei der Modernisierung eines Wirtschaftsguts gehen in dieses nachträglich Gegenstände ein, die ihre Eigenart verlieren, und/oder werden sonstige Leistungen an diesem Wirtschaftsgut ausgeführt.

26 Werden bei **einer Maßnahme** in ein Wirtschaftsgut mehrere Gegenstände eingebaut und/oder werden an diesem mehrere sonstige Leistungen ausgeführt, so liegt nur **ein Berichtigungsobjekt** vor (Klarstellung durch § 15a Abs. 3 Satz 2 UStG).

### 3. Eigenständige sonstige Leistungen (Abs. 4)

#### a) Allgemeines

27 Auf sonstige Leistungen, die nicht unter § 15a Abs. 3 Satz 1 Alt. 2 UStG fallen, d.h. nicht *an* einem Wirtschaftsgut ausgeführt werden (*Rz. 23*), sind die Absät-

---

1 Nach Auffassung der Bundesregierung soll auch insoweit Art. 185 Abs. 1 MwStSystRL umgesetzt werden, vgl. Begr. zu Art. 5 Nr. 11 EURLUmsG-E, BR-Drucks. 605/04 – zu § 15a Abs. 3 UStG. M.E. handelt es sich jedoch auch hierbei um einen Fall des Art. 187 MwStSystRL, weil es um eine Steuer geht, mit der das Investitionsgut belastet ist.
2 Abschn. 15a.6 Abs. 5 Satz 3 UStAE.
3 Vgl. Abschn. 15a.6 Abs. 6 Satz 3 UStAE.
4 Abschn. 15a.6 Abs. 6 Satz 4 UStAE.
5 Abschn. 15a.1 Abs. 2 Nr. 6 Satz 3 UStAE.

ze 1 und 2 entsprechend anzuwenden (§ 15a Abs. 4 Satz 1 UStG).[1] In Betracht kommen folglich nicht nur alle sonstigen Leistungen, die über einen Zeitraum verwendet („verbraucht") werden (so dass § 15a Abs. 1 UStG entsprechend gilt), sondern im Zusammenhang mit sog. Umlaufvermögen auch solche, die nur einmalig verwendet werden (so dass § 15a Abs. 2 UStG entsprechend anzuwenden ist; s. aber *Rz. 33*). Die entsprechende Anwendung dieser Bestimmungen bedeutet mithin, dass das **Ergebnis** (der Erfolg, die Wirkung, der Gehalt) **der sonstigen Leistung** so behandelt wird, **wie wenn** sie zu einem **Wirtschaftsgut** geführt hätte. Bewirken sonstige Leistungen tatsächlich das Entstehen eines Wirtschaftsguts, so ist bereits § 15a Abs. 1 UStG unmittelbar anwendbar (*Rz. 15 f.*). Dadurch wird der Anwendungsbereich des § 15a Abs. 4 UStG erheblich eingeschränkt. Richtigerweise erfasst die Vorschrift nur An- und Vorauszahlungen für Dauerleistungen (*Rz. 34 ff.*).

Sofern es nicht um Voraus- oder Anzahlungen geht, ist die Berichtigung auf solche Leistungen zu beschränken, für die in einer Steuerbilanz ein **Aktivposten** gebildet werden müsste (§ 15a Abs. 4 Sätze 2–4 UStG). Das ist keine Vereinfachung, sondern folgt aus der Natur der Sache. 28

Nach Auffassung der **BMF** sollen unter § 15a Abs. 4 UStG als sonstige „Leistungen" beispielsweise fallen[2]: 29

– Beratungsleistungen (z.B. für ein Unternehmenskonzept, eine Produktkonzeption; dazu näher *Rz. 30*),
– gutachterliche Leistungen,
– „Anmietung" (sic! gemeint ist wohl: Vermietung) eines Wirtschaftsgutes,
– „Patente, Urheberrechte" (sic! gemeint ist wohl: Einräumung von Nutzungs- oder Verwertungsrechten hinsichtlich dieser Rechte), Lizenzen,
– bestimmte Computerprogramme (gemeint ist wohl: Überlassung bzw. Herstellung solcher Programme),
– Werbeleistungen,
– „Anzahlung" für längerfristiges „Mietleasing" (sic! „Leasing" ist Miete! Ferner können Anzahlungen keine sonstigen Leistungen sein. Zu dem, was wohl gemeint ist, s. *Rz. 34 f.*).

Die meisten dieser **Beispiele** ergeben, abgesehen davon, dass zumeist auch kein Aktivposten zu bilden ist, **keinen Sinn**:

Das gilt vor allem für **Beratungsleistungen** und gutachterliche Leistungen. Das BMF[3] geht davon aus, dass solche Dienstleistungen über einen Zeitraum „verwendet" werden. Das ist unzutreffend, da die Verwendung (der Verbrauch) sich in der Kenntnisnahme des Rates bzw. des Gutachtens erschöpft. Dieser/dieses hat zwar, wenn bzw. soweit er/es umgesetzt wird (wie soll das zudem ermittelt 30

---

[1] Die Bestimmung kann sich auf Art. 185 Abs. 1 und Art. 190 MwStSystRL stützen.
[2] Abschn. 15a.7 Abs. 1 UStAE, wortwörtlich ebenso *Oelmaier* in S/R, § 15a UStG Rz. 358.
[3] Ebenso *Nieskens*, UR 2005, 57 (78); *Hidien/Janzen*, UStB 2005, 126 (130 f.) – Fall 6; *Oelmaier* in S/R, § 15a UStG Rz. 360.

werden?!), regelmäßig eine Auswirkung über einen Zeitraum, gleichwohl wird die sonstige Leistung nicht für dessen Dauer „verwendet". Auch § 15a Abs. 2 UStG ist nicht entsprechend anwendbar, da eine Beratungsleistung für ein Unternehmenskonzept nicht „nur einmalig zur Ausführung eines Umsatzes" verwendet wird (zur Berichtigung des Vorsteuerabzugs bei *Vorauszahlungen* für *zukünftige* Beratungsleistungen s. *Rz. 38*).

31 Bei der **Anmietung** eines Wirtschaftsguts, beim Erwerb einer **Lizenz** gegen laufende Zahlungen und ähnlichen Dauerverhältnissen wird kein immaterielles Wirtschaftsgut „Nutzungsrecht" erworben (*Rz. 16*) und es werden, wie auch bei *Werbeleistungen*, keine Dienstleistungen bezogen, die über einen Zeitraum verwendet werden (zur Behandlung von *An- und Vorauszahlungen* s. *Rz. 34 ff.*). Der Erwerb eines **Computerprogramms** führt sowohl im Falle eines Individual- als auch im Falle eines Standardprogramms zu einem Wirtschaftsgut (*Rz. 15*), so dass dieses unmittelbar unter § 15a Abs. 1 UStG fällt.

32 Die Ausführungen zu Beratungsleistungen (*Rz. 30*) gelten m.E. entsprechend für **Vermittlungsleistungen** und **Beurkundungsleistungen** bei **Gründung** von **Gesellschaften**, **Aufnahmen von Gesellschaftern** usw. Bei diesen Dienstleistungen ließe sich zwar ein Fortwirken bis zum Ende der Gesellschaft bzw. der Mitgliedschaft konstruieren; das wäre jedoch gekünstelt, so dass nur von einer kurzzeitigen Verwendung auszugehen ist und § 15a UStG mithin ebenfalls nicht eingreift. Maßgebend sind folglich die beabsichtigten Umsätze bzw. ausgeführten Umsätze im Besteuerungszeitraum der Inanspruchnahme der Dienstleistungen, so dass eine Änderung der Verwendung in diesem Zeitraum im Rahmen des § 15 Abs. 4 UStG zu berücksichtigen ist (*§ 15 Rz. 441*).

33 Nach anfänglicher Auffassung der Bundesregierung sollten unter § 15a Abs. 4 UStG (i.d.F. bis 2006) auch **Reinigungsleistungen** für ein Wirtschaftsgut i.S.d. § 15a Abs. 2 UStG fallen.[1] Das erklärte sich nur vor dem Hintergrund der verfehlten Auffassung, wonach es für den Vorsteuerabzug nach § 15 Abs. 2 Satz 1 UStG auf die **Verwendungsabsicht** ankomme (*§ 15 Rz. 459 ff.*). § 15a Abs. 4 UStG wäre nach dieser Zugrundelegung dann die erforderliche Berichtigungsvorschrift für alle sonstigen Leistungen im Zusammenhang mit Gegenständen des Umlaufvermögens, die nicht schon von § 15a Abs. 3 Satz 1 Alt. 2 UStG (*Rz. 23*) erfasst werden, weil sie nicht „an" einem solchen Wirtschaftsgut ausgeführt werden. Allerdings entfällt (seit der Neufassung ab 2007)[2], sofern keine An- oder Vorauszahlungen vorliegen, eine Berichtigung und damit die entsprechende Anwendung des § 15a Abs. 2 UStG im Rahmen des § 15a Abs. 4 UStG, weil kein Aktivposten für derartige empfangene Dienstleistungen zu bilden ist (*Rz. 28*).

**b) An- und Vorauszahlungen für Dauerleistungen**

34 § 15a Abs. 4 UStG erfasst folglich, soweit es um die entsprechende Anwendung des § 15a Abs. 1 UStG geht, nur **Anzahlungen** und **Vorauszahlungen für Dauerleistungen**, vornehmlich in Gestalt von **Nutzungsüberlassungen**. Der Vorsteuerabzug für die auf die Vorauszahlung entfallende Umsatzsteuer gem. § 15 UStG bestimmt sich regelmäßig nach der Verwendung des genutzten Gegenstandes im ersten Besteuerungszeitraum (vgl. *§ 15 Rz. 459 f.*). Da das Gesamtergebnis

---
1 Begr. zu Art. 5 Nr. 11 EURLUmsG-E, BR-Drucks. 605/04 – zu § 15a Abs. 4 UStG.
2 Für die Zeit davor BMF v. 6.12.2005 – IV A 5 - S 7316 - 25/05, BStBl. I 2005, 1068 – Rz. 46.

der Dauerleistung als fiktives Wirtschaftsgut anzusehen ist (Rz. 27), erstreckt sich dessen „Verwendung" über einen Zeitraum, so dass sich die Verwendung i.S.d. § 15a Abs. 1 UStG ändern kann. Die Vorauszahlung ist Teil der gesamten Gegenleistung für die Gesamtdauer der Nutzungsüberlassung (der restliche Teil der Gesamtgegenleistung besteht aus der Summe der Teilentgelte für die monatlichen bzw. vierteljährlichen Teilleistungen). Folglich ist insoweit die zugrunde liegende sonstige Leistung auch für die Gesamtdauer aus der Sicht des § 15a Abs. 1 UStG zu betrachten.[1]

**Beispiel** 35

Bei **Anmietung** eines Gegenstandes (z.B. Kraftfahrzeugs) in Form des sog. Leasings im Jahre 2014 wird neben den monatlich zu erbringenden Zahlungen eine sog. **Sonderzahlung** getätigt. Die Laufzeit des Mietvertrages beträgt drei Jahre. Der Gegenstand wird im Erstjahr zur Ausführung steuerpflichtiger Umsätze und ab dem Jahre 2015 zur Ausführung von Umsätzen, die den Vorsteuerabzug ausschließen, verwendet.

Der Vorsteuerabzug für die auf die Sonderzahlung entfallende Umsatzsteuer gem. § 15 UStG bestimmte sich nach der erstmaligen Verwendung des angemieteten Gegenstandes im Besteuerungszeitraum 2014 (vgl. *§ 15 Rz. 460*) und erfolgte deshalb in voller Höhe. Die Sonderzahlung ist jedoch Teil der gesamten Gegenleistung für die Gesamtdauer des Mietvertrages. Folglich ist insoweit die zugrunde liegende sonstige Leistung auch für die Gesamtdauer aus der Sicht des § 15a Abs. 1 UStG zu betrachten. Ab 2015 wird diese sonstige Leistung zur Ausführung von Umsätzen verwendet, die den Vorsteuerabzug ausschließen, so dass die auf die Sonderzahlung entfallende Vorsteuer gem. § 15a Abs. 4 UStG in entsprechender Anwendung des § 15a Abs. 1 Satz 1 i.V.m. Abs. 5 Sätze 1 und 2 UStG mit jährlich einem Drittel zu berichtigen ist.

Aus der entsprechenden Anwendung des § 15a Abs. 1 UStG folgt, dass auch dessen Satz 2 („bei Grundstücken") sinngemäß heranzuziehen ist, wenn die sonstige Leistung die **Überlassung eines Grundstücks** o.Ä. beinhaltet. Der Berichtigungszeitraum kann mithin in diesem Fall bis zu zehn Jahre betragen (Rz. 41). Aus § 9 Abs. 2 i.V.m. § 15a Abs. 1 Satz 2 UStG folgt dabei, dass Vorauszahlungen nur für einen Zeitraum von bis zu zehn Jahren als Vorauszahlungen i.S.d. § 15 Abs. 1 Satz 1 Nr. 1 Satz 3 UStG (und damit auch des § 13 Abs. 1 Nr. 1 Buchst. a Satz 4 UStG) und im Übrigen als Darlehen anzusehen sind.[2] 36

**Beispiel** 37

Für die steuerpflichtige Vermietung eines Grundstücks (§ 4 Nr. 12 i.V.m. § 9 UStG) wird der **Mietzins** (die „Miete") für zehn Jahre **als Einmalbetrag vorausgezahlt**. Das Gebäude wird im Erstjahr zur Ausführung steuerpflichtiger Umsätze, in den Folgejahren hingegen (anders als geplant) für Umsätze, die den Vorsteuerabzug ausschließen, verwendet. Wegen der „steuerpflichtigen" Verwendung wurde dem mietenden Unternehmer der Vorsteuerabzug gem. § 15 UStG im Erstjahr in voller Höhe gewährt. Die Dauerleistung Vermietung ist als fiktives Wirtschaftsgut anzusehen, dessen „Verwendung" i.S.d. § 15a Abs. 4 i.V.m. Abs. 1 UStG sich geändert hat. Die auf die Vorauszahlung entfallende Vorsteuer ist in entsprechender Anwendung des § 15 Abs. 1 i.V.m. Abs. 5 Satz 1 UStG mit jährlich einem

---

1 Beschränkt sich die Nutzung nur auf einen Besteuerungszeitraum, so bedarf es nicht der Heranziehung des § 15a UStG (a.A. Abschn. 15a.7 Abs. 4 Beispiel 3 UStAE); vielmehr erfolgt die Berichtigung des vorläufigen Vorsteuerabzugs richtigerweise bereits im Rahmen des § 15 UStG (vgl. *§ 15 Rz. 475*).
2 Bei einer Steuersatzerhöhung greift § 27 Abs. 1 Sätze 2 und 3 UStG ein, weil der Gesetzeszweck verlangt, von **Teilleistungen** (a.A. Abschn. 15a.7 Abs. 4 Beispiel 1 Satz 6 UStAE) und dafür getätigten Vorauszahlungen auszugehen.

Zehntel zu berichtigen. Der Vermieter ist dann zivilrechtlich zu einer entsprechenden Vertragsanpassung verpflichtet.

38 Nach Auffassung der Finanzverwaltung soll § 15a Abs. 4 UStG auch Vorauszahlungen für **Dienstleistungen** erfassen, welche **nur einmal verwendet** werden, so dass über die entsprechende Anwendung des § 15a Abs. 2 UStG der Vorsteuerabzug zu berichtigen wäre, wenn die für den Vorsteuerabzug zugrunde gelegte Verwendungsabsicht nicht der tatsächlichen Verwendung entspricht.[1] Dieses umständlichen Weges bedarf es indes nicht. Richtigerweise ist der dem § 17 Abs. 1 Satz 7 UStG zugrunde liegende allgemeine Rechtsgedanke (*§ 17 Rz. 90*) anzuwenden. Danach ist der Vorsteuerabzug für den Voranmeldungszeitraum zu berichtigen, in dem die Verwendung erfolgt.

## C. Berichtigungszeitraum

### I. Allgemeines

39 Der Zeitraum, für den der Vorsteuerabzug ggf. anzupassen ist, beträgt typisierend fünf oder zehn Jahre, selbst wenn die tatsächliche Verwendung des Wirtschaftsgutes länger andauert. Lediglich eine kürzere Verwendungsdauer ist zu berücksichtigen (§ 15a Abs. 5 Satz 2 UStG; *Rz. 51 ff.*). Grundsätzlich beträgt der Berichtigungszeitraum fünf Jahre (§ 15a Abs. 1 Satz 1 UStG). Der Zeitraum von zehn Jahren gilt bei **Grundstücken** und gleichgestellten Wirtschaftsgütern (§ 15a Abs. 1 Satz 2 UStG).[2]

40 Im Falle einer sog. **Geschäftsveräußerung** i.S.d. § 1 Abs. 1a UStG läuft der beim Veräußerer usw. begonnene Berichtigungszeitraum beim Erwerber weiter, auf den die potenzielle Berichtigungspflicht übergeht (*Rz. 150*). Im Falle der **Gesamtrechtsnachfolge** gehen alle Verhältnisse des Wirtschaftsguts auf Grund des Gesamtrechtsnachfolgeprinzips über (*Rz. 172 f.*).

### II. Bei Grundstücken und gleichgestellten Wirtschaftsgütern

41 Bei **Grundstücken** einschließlich ihrer wesentlichen **Bestandteile**, bei **Berechtigungen**, für die die Vorschriften des bürgerlichen Rechts über Grundstücke gelten, und bei **Gebäuden auf fremdem Boden** beträgt der Berichtigungszeitraum grundsätzlich zehn Jahre (§ 15a Abs. 1 Satz 2 UStG). Damit knüpft die Vorschrift an das nationale Zivilrecht an. Allerdings ist der **unionsrechtliche Begriff** des **Grundstücks** maßgebend (vgl. *§ 3a Rz. 38*), da nach Art. 187 Abs. 1 Unterabs. 3 MwStSystRL nur bei „Grundstücken" der Berichtigungszeitraum verlängert werden darf. Dieser Grundstücksbegriff ist für die Richtlinie einheitlich zu bestimmen und entspricht dem der Art. 12, Art. 135 Abs. 1 Buchst. k und l und Art. 168a Abs. 1 MwStSystRL.[3] Mit Wirkung ab 2017 definiert Art. 13b MwSt-

---

1 Abschn. 15a.7 Abs. 2 Satz 2 UStAE.
2 Entspricht Art. 187 Abs. 1 Unterabs. 3 MwStSystRL, der es erlauben würde, bei Grundstücken, die als Investitionsgüter erworben wurden, den Zeitraum auf bis zu 20 Jahre zu verlängern.
3 Vgl. EuGH v. 16.1.2003 – C-315/00, EuGHE 2003, I-563 = UR 2003, 86 – Rz. 34.

DVO den Grundstücksbegriff der Richtlinie. Grundstück ist auch ein fest abgegrenztes Gelände, welches von **Wasser** überflutet ist.[1]

Die Richtlinie nimmt die begrifflichen Differenzierungen des § 15a Abs. 1 Satz 2 UStG bezüglich des Berichtigungszeitraums nicht vor, so dass sich dieser unmittelbar durch Ableitung aus dem Grundstücksbegriff ergibt. Der Rechtsprechung des EuGH (zum Ort der Dienstleistungen i.S.d. Art. 47 und zur Befreiung der Vermietung i.S.d. Art. 135 Abs. 1 Buchst. l MwStSystRL) lässt sich entnehmen, dass es bei **Gebäuden** oder derartigen **Bauwerken** für die Frage, ob sie Teil eines Grundstücks sind, nur maßgebend ist, ob eine **feste Verbindung** mit dem Grund und Boden besteht, die nicht leicht beseitigt werden kann.[2] Demgemäß ist nur die **tatsächliche Unbeweglichkeit**[3] von Bedeutung, so dass es nach Auffassung des EuGH nicht auf die Untrennbarkeit ankommt[4] und auch die Dauer der Verbindung nicht entscheidend ist, so dass auch nur **zu einem vorübergehenden Zweck** eingefügte oder mit dem Grundstück verbundene Sachen Teile des Grundstücks sein können.[5] Nach **Art. 13b MwSt-DVO** (ab 2017) zählen neben den **wesentlichen Bestandteilen** eines Gebäudes, ohne die dieses **unvollständig** ist (Buchst. c)[6], im Übrigen nur **auf Dauer in** einem **Gebäude** oder Bauwerk installierte **Maschinen** oder **Ausstattungsgegenstände**, die **nicht ohne** Zerstörung oder **Veränderung des Gebäudes** bewegt werden können (Buchst. d), zum Grundstück. 42

Zu den **wesentlichen Bestandteilen** eines **Grundstücks** gehören aus nationaler Zivilrechtssicht insbesondere das Gebäude sowie die übrigen mit dem Grund und Boden fest verbundenen Sachen. Zu den wesentlichen Bestandteilen des **Gebäudes** zählen die zur Herstellung des Gebäudes eingefügten Sachen (§ 94 BGB). Hierunter fallen entgegen der Auffassung der Finanzverwaltung auch Photovoltaikanlagen und Blockheizkraftwerke (*§ 15 Rz. 397*). 43

Nicht zu den wesentlichen Bestandteilen gehören zivilrechtlich als sog. **Scheinbestandteile** solche Sachen, die – insbesondere von einem Mieter – nur zu einem vorübergehenden Zwecke mit dem Grund und Boden verbunden sind oder in das Gebäude eingefügt worden sind (§ 95 Abs. 1 Satz 1 BGB). Diese werden unter

---

1 EuGH v. 3.3.2005 – C-428/02, EuGHE 2005, I-1527 = UR 2005, 458 – Rz. 34, Schiffsliegeplatz; EuGH v. 7.9.2006 – C-166/05, EuGHE 2006, I-7749 = UR 2006, 632 – Rz. 20, Flussabschnitt; EuGH v. 15.11.2012 – C-532/11, BStBl. II 2013, 891 = UR 2013, 30 – Rz. 21.
2 Vgl. EuGH v. 16.1.2003 – C-315/00, EuGHE 2003, I-563 = UR 2003, 86; EuGH v. 15.11.2012 – C-532/11, BStBl. II 2013, 891 = UR 2013, 30 – Rz. 23; ebenso Art. 13b Buchst. b MwSt-DVO (ab 2017).
3 Demgemäß wird das „Grundstück" in der englischen und in den romanischen Sprachfassungen als „unbewegliches" Gut verstanden (vgl. *§ 15 Rz. 393*).
4 EuGH v. 15.11.2012 – C-532/11, UR 2013, 30 – Rz. 23.
5 Vgl. EuGH v. 16.1.2003 – C-315/00, EuGHE 2003, I-563 = UR 2003, 86 – Rz. 33 a.E., zu einem aus Fertigteilen montiertem, nur zu einem vorübergehenden Zweck errichtetem Gebäude; EuGH v. 15.11.2012 – C-532/11, BStBl. II 2013, 891 = UR 2013, 30 – Rz. 24, zu einem für fünf Jahre verpachteten Hausboot.
6 Das entspricht der Formulierung des § 94 Abs. 2 BGB, wonach zu den wesentlichen Bestandteilen eines Gebäudes die zur Herstellung des Gebäudes eingefügten Sachen gehören.

der Voraussetzung des Art. 13b Buchst. d MwSt-DVO vom Grundstücksbegriff des § 15a UStG erfasst (zu Mietereinbauten s. *Rz. 46*).

Bei einem Gebäude, das in Ausübung eines dinglichen Rechts (Nießbrauch, Grunddienstbarkeit) an einem Grundstück von dem Berechtigten errichtet worden ist (§ 95 Abs. 1 Satz 2 BGB), handelt es sich um ein Gebäude auf fremdem Boden, für das auf Grund gesonderter Erwähnung in § 15a Abs. 1 Satz 2 UStG schon ausdrücklich der zehnjährige Berichtigungszeitraum gilt (*Rz. 45*).

44 Unter die **Berechtigungen**, für die die Vorschriften des bürgerlichen Rechts über Grundstücke gelten, fällt insbesondere das **Erbbaurecht**, auf welches die sich auf das Grundstück beziehenden Vorschriften entsprechend anzuwenden sind (§ 11 ErbbRG). Das von dem Erbbauberechtigten auf dem Grundstück errichtete Gebäude als Wirtschaftsgut i.S.d. § 15a UStG gilt als wesentlicher Bestandteil des Erbbaurechts (§ 12 ErbbRG) und damit des fiktiven Grundstücks. Unionsrechtlich kommt es allein auf die tatsächliche Unbeweglichkeit des Gebäudes an. Kein grundstücksgleiches Recht ist das **Wohnungs- und Teileigentum**; es wird vielmehr als eine Form des Miteigentums unmittelbar vom Grundstücksbegriff erfasst (§§ 1, 6 WEG).

45 Zu den **Gebäuden auf fremdem Grund und Boden** zählen zum einen Bauwerke, die nicht nach § 95 Abs. 1 Satz 2 BGB wesentliche Bestandteile des Grundstücks werden, weil sie in Ausübung eines dinglichen Rechts errichtet worden sind. Eigentümer ist der Nießbraucher oder der aus der Dienstbarkeit Berechtigte. Entsprechendes gilt für ein Gebäude, welches nur zu einem vorübergehenden Zweck mit dem Grund und Boden verbunden ist (§ 95 Abs. 1 Satz 1 BGB), insbesondere in Ausübung eines zeitlich begrenzten schuldrechtlichen Nutzungsrechts in Gestalt der Miete oder Pacht, weil z.B. das Gebäude nach Ablauf dieses Rechtsverhältnisses beseitigt werden muss (vgl. *§ 3 Rz. 42*).

46 Ist einem Bauherrn ein Wirtschaftsgut als Nichteigentümer zuzurechnen, weil er ein **Wegnahmerecht** oder einen **Entschädigungsanspruch** hat, wie z.B. im Falle der sog. **Ehegattenbauten** (dazu *§ 3 Rz. 14 ff.*), so ergibt sich der zehnjährige Berichtigungszeitraum schon daraus, dass das Gebäude wesentlicher Bestandteil des Grundstücks wurde.

Darüber hinaus unterliegen auch sog. **Mietereinbauten und -umbauten**, die fest mit dem Grundstück oder Gebäude verbunden sind, unabhängig davon, ob sie zivilrechtlich wesentliche Bestandteile des Grundstücks bzw. Gebäudes werden (dazu *§ 3 Rz. 42 f.*), und auch unabhängig von der ertragsteuerrechtlichen Behandlung, unter den Voraussetzungen des Art. 13b Buchst. d MwSt-DVO grundsätzlich dem zehnjährigen Berichtigungszeitraum. Maßgebend ist das Wesen der Einbauten als Teil des Grundstücks bzw. Gebäudes. Die Länge des Berichtigungszeitraums darf – wie bei einem kompletten Gebäude (auf fremdem Boden) – nicht von der Zufälligkeit der zivilrechtlichen und/oder ertragsteuerrechtlichen Einordnung abhängen, da diese lediglich die ggf. abweichende personelle Zurechnung betreffen, aber nichts am Wesen der Gegenstände ändern.

47 **Betriebsvorrichtungen**, die zivilrechtlich wesentliche Bestandteile eines Grundstücks oder Gebäudes sind, werden im Steuerrecht allgemein als selbständige Wirtschaftsgüter angesehen (*§ 4 Nr. 12 Rz. 38*). Das gilt über den Wirtschafts-

gutsbegriff (*Rz. 11 ff.*) auch im Rahmen des § 15a UStG; gleichwohl greift für sie der zehnjährige Berichtigungszeitraum ein (§ 15a Abs. 1 Satz 2 UStG: „einschließlich ihrer wesentlichen Bestandteile").[1] Dieser ist unter den Voraussetzungen des Art. 13b Buchst. d MwSt-DVO auch dann anzuwenden, wenn die Betriebsvorrichtung auf Grund einer zivilrechtlichen Beseitigungspflicht mit Ablauf des Mietvertrages o.Ä. zivilrechtlich als Scheinbestandteil i.S.v. § 95 BGB anzusehen ist.

### III. Bei nachträglichen Anschaffungs- oder Herstellungskosten und anderen Werten (Aufwendungen)

Für nachträgliche Anschaffungs- oder Herstellungskosten (*Rz. 18*) läuft ein vom „Hauptwirtschaftsgut" grundsätzlich unabhängiger **eigener Berichtigungszeitraum**, weil nach § 15a Abs. 6 UStG ein selbständiges Wirtschaftsgut fingiert wird (*Rz. 17*). Entsprechendes gilt für den sog. **Erhaltungsaufwand** i.S.d. § 15a Abs. 3 Satz 1 UStG sowie für die Einbauten und die übrigen unter diese Vorschrift fallenden sonstigen Leistungen (*Rz. 21 ff.*). 48

Ob der fünf- oder zehnjährige Zeitraum gilt, richtet sich nach dem **Charakter** des **Hauptwirtschaftsgutes**.[2] Beträgt dessen tatsächliche Restverwendungsdauer weniger als fünf bzw. zehn Jahre, so ist diese als verkürzter Berichtigungszeitraum (*Rz. 51*) den nachträglichen Anschaffungs- oder Herstellungskosten bzw. dem Erhaltungsaufwand zugrunde zu legen.[3] 49

Bei **sonstigen Leistungen** i.S.d. **§ 15 Abs. 4** UStG kann der Berichtigungszeitraum bis zu zehn Jahre betragen, wenn die sonstige Leistung sich als Nutzungsüberlassung eines Grundstücks o.Ä. darstellt (*Rz. 36*). 50

### IV. Kürzere Verwendungsdauer (Abs. 5 Sätze 2 und 3)

Nach § 15a Abs. 5 Satz 2 UStG ist eine kürzere Verwendungsdauer zu berücksichtigen, so dass ein von dem typisierten Berichtigungszeitraum abweichender gilt, wenn die konkrete Verwendungsdauer kürzer ist. Verwendungsdauer ist der Zeitraum, für den das Wirtschaftsgut überhaupt (objektiv) verwendungsfähig ist, nicht der Zeitraum, in dem der Unternehmer das Wirtschaftsgut zur Ausführung von Umsätzen verwendet. Nach Ansicht der **Finanzverwaltung** soll sich die Frage, ob eine kürzere Verwendungsdauer vorliege, nach der **betriebsgewöhnlichen Nutzungsdauer** beurteilen, die nach einkommensteuerrechtlichen Grundsätzen für das Wirtschaftsgut anzusetzen sei.[4] Das widerspricht dem Zweck des § 15a UStG, wenn die tatsächliche Nutzungsdauer länger ist. 51

Eine kürzere Verwendungsdauer liegt auch dann vor, wenn das Wirtschaftsgut vor Ablauf der gesetzlich unterstellten Verwendungsdauer infolge Verlustes, Zerstörung, **Unbrauchbarkeit** oder ähnlichen Gründen nicht mehr verwendet 52

---
1 BFH v. 14.7.2010 – XI R 9/09, BStBl. II 2010, 1086.
2 Vgl. Abschn. 15a.6 Abs. 3 Satz 3, Abs. 8 Satz 2 UStAE.
3 Vgl. Abschn. 15a.6 Abs. 8 Satz 2, Abschn. 15a.8 Abs. 1 Satz 4 UStAE.
4 Abschn. 15a.3 Abs. 1 Satz 4 UStAE.

werden kann.¹ Eine Veräußerung oder Entnahme eines verwendungsfähigen Wirtschaftsguts führt hingegen nicht zu einer Verkürzung des Berichtigungszeitraums (arg. § 15a Abs. 8 UStG).

53 Die Verwendungsdauer verkürzt sich auch nicht dadurch, dass das **Wirtschaftsgut in ein anderes einbezogen** wird (§ 15a Abs. 5 Satz 3 UStG). Vielmehr ist weiterhin von dem Berichtigungszeitraum auszugehen, der bei einem selbständigen Fortbestehen des Wirtschaftsgutes gegolten hätte.

54 Entsprechendes gilt bei **Erhaltungsaufwand** i.S.d. § 15a Abs. 3 Satz 1 UStG (dazu *Rz. 21 ff.*). Die entsprechende Anwendung des § 15a Abs. 1 UStG bedeutet, dass es auf die **Verwendungsdauer** der **Einbauten** und/oder der **Dienstleistungen** (Arbeiten an dem Gegenstand) ankommt, unabhängig davon, wann der Berichtigungszeitraum des Hauptwirtschaftsgutes endet. Die Verwendungsdauer des fiktiven Wirtschaftsgutes „Erhaltungsaufwand" verkürzt sich jedoch ggf. dann, wenn das Hauptwirtschaftsgut unbrauchbar wird. Von einer kürzeren Verwendungsdauer des Erhaltungsaufwandes insbesondere an Gebäuden, für den grundsätzlich der zehnjährige Berichtigungszeitraum zugrunde zu legen ist, ist ferner auszugehen, wenn sich der Erhaltungsaufwand vorher **verbraucht** (abgenutzt) hat.

## V. Beginn und Ende (§ 45 UStDV)

55 Der **Beginn** des Berichtigungszeitraums bestimmt sich nach dem „Zeitpunkt der erstmaligen Verwendung" (§ 15a Abs. 1 Satz 1 UStG) des Wirtschaftsgutes.² Das hätte zur Folge, dass der Berichtigungszeitraum mit dem Tag der erstmaligen Verwendung zu laufen begänne. Indes ist die **Vereinfachungsvorschrift** des § 45 UStDV (*Rz. 59*) nicht nur zum Zwecke der Vereinfachung, sondern auch zur Gewährleistung eines vollen Berichtigungszeitraums analog anzuwenden³, so dass der Berichtigungszeitraum mit dem 1. eines Kalendermonats beginnt, wenn die erstmalige Verwendung vor dem 16. dieses Monats erfolgte. Geschah die erstmalige Verwendung nach dem 15. eines Kalendermonats, so beginnt der Berichtigungszeitraum mit dem folgenden Kalendermonat.

56 Wird ein fertiges Wirtschaftsgut **nur teilweise in Gebrauch genommen** oder nicht voll genutzt, so wird grundsätzlich mit der teilweisen Ingebrauchnahme das gesamte Wirtschaftsgut zur Ausführung von Umsätzen „verwendet". Für die nicht genutzten Teile des Wirtschaftsgutes (z.B. eines Gebäudes) ist die Verwendungsabsicht maßgebend.⁴ (Sollte auf die Steuerfreiheit der beabsichtigten Vermietung verzichtet werden, so darf allerdings entgegen der Rechtsprechung hinsichtlich des Vorsteuerabzugs nicht von einem fiktiven Verzicht ausgegangen werden; § 15 Rz. 463 ff.)

---

1 Abschn. 15a.3 Abs. 7 UStAE.
2 Diese ab 2002 geltende Fassung des § 15a Abs. 1 UStG kann sich auf Art. 187 Abs. 1 Unterabs. 2 MwStSystRL stützen.
3 Abschn. 15a.3 Abs. 1 Satz 5 UStAE.
4 Abschn. 15a.3 Abs. 2 Sätze 4 und 5 UStAE.

Bei einem **Gebäude**, welches anfänglich **vollen Umfangs leer steht**, soll hingegen nach **herrschender Ansicht** während des Leerstandes noch keine Verwendung vorliegen, sondern die erstmalige Verwendung erst mit der tatsächlichen Nutzung[1] bzw. mit der Veräußerung[2] eintreten. Dem ist **nicht zu folgen**. Steht ein Gebäude, welches für eigene *gewerbliche* Zwecke hergestellt worden war, aber wegen Verschlechterung der Auftragslage von Anbeginn nicht genutzt wird, in der Hoffnung auf Besserung der wirtschaftlichen Situation einige Jahre leer, so wird das Gebäude aus der Sicht des § 15 Abs. 2 UStG und des § 15a Abs. 1 UStG (vollen Umfangs) „verwendet". Diese Fehlmaßnahme ist bei wirtschaftlicher Betrachtung der steuerpflichtigen gewerblichen Tätigkeit zuzurechnen, denn auch das **Bereitstehen ist** bei wirtschaftlicher Sichtweise, die allein maßgebend ist, eine **Verwendung**. Bei einer steuerfreien Veräußerung eines solchen Gebäudes (Grundstücks) darf folglich nur die auf den restlichen Berichtigungszeitraum entfallende Vorsteuer aus den Herstellungskosten des Gebäudes berichtigt werden. Für ein Gebäude, welches *vermietet* werden sollte, kann nichts anderes gelten. Folglich ist richtigerweise die beabsichtigte Nutzung die Verwendung i.S.d. § 15a UStG, so dass mit **Fertigstellung des Gebäudes** die Verwendung beginnt. (Sollte auf die Steuerfreiheit der Vermietung verzichtet werden, so darf allerdings entgegen der h.M. hinsichtlich des Vorsteuerabzugs **nicht** von einem **fiktiven Verzicht** ausgegangen werden; *§ 15 Rz. 463 ff.*) 57

Wird ein Gebäude **entsprechend** dem **Baufortschritt** sukzessive in Verwendung genommen, bevor es insgesamt fertig gestellt ist, so beginnt **für jeden** gesondert in Verwendung genommenen **Teil** des Gebäudes ein **besonderer Berichtigungszeitraum** zu laufen.[3] 58

Da der Berichtigungszeitraum nach dem Wortlaut des § 15a Abs. 1 UStG mit dem Tag der erstmaligen Verwendung beginnt, könnte das **Ende** im Laufe eines Kalendermonats liegen. Zur Vereinfachung bestimmt § 45 UStDV eine Ab- oder Aufrundung, je nachdem, ob der Zeitraum vor dem 16. bzw. nach dem 15. des Kalendermonats endet. Entsprechendes gilt für den Beginn des Berichtigungszeitraums (*Rz. 55*). 59

## D. Änderung der Verhältnisse

### I. Allgemeines

Nach der Grundregel des § 15a Abs. 1 Satz 1 UStG ist eine Berichtigung des Vorsteuerabzugs vorzunehmen, wenn sich „die für den ursprünglichen Vorsteuerabzug maßgebenden Verhältnisse" ab dem Zeitpunkt der erstmaligen Verwendung (innerhalb des Berichtigungszeitraums) ändern. Mithin sind die bei der Entscheidung über den erstmaligen Vorsteuerabzug nach § 15 UStG (und ggf. ergänzenden Bestimmungen) zugrunde zu legenden (ggf.: gelegten, *Rz. 138 f., 143*) **Verhältnisse** mit den Verhältnissen ab dem Zeitpunkt (*Rz. 65 ff.*) der erstmaligen Verwendung (bis zum Ende des Berichtigungszeitraums) zu **vergleichen**. Dieser 60

---
1 Abschn. 15a.3 Abs. 3 UStAE; BFH v. 12.11.1987 – V R 141/83, BStBl. II 1988, 468.
2 BFH v. 12.11.1987 – V R 141/83, BStBl. II 1988, 468; BFH v. 8.3.2001 – V R 24/98, BStBl. II 2003, 430 = UR 2001, 214.
3 Abschn. 15a.3 Abs. 2 Satz 1 UStAE.

Vergleich ist „für jedes Kalenderjahr" (§ 15a Abs. 1 Satz 1, Abs. 5 Satz 1 UStG), welches vom Berichtigungszeitraum ganz oder teilweise erfasst wird, vorzunehmen. Eine **Änderung** der Verhältnisse liegt vor[1], wenn sich ein **höherer** oder **niedrigerer Vorsteuerabzug** ergäbe, **sofern** für den erstmaligen Vorsteuerabzug die **Verhältnisse des jeweiligen Kalenderjahres** bzw. desjenigen Teils, der in den Berichtigungszeitraum fällt, **zugrunde zu legen wären** (Rz. 144).

Nach der Rechtsprechung zu § 15 Abs. 1 Satz 1 UStG soll als für den ursprünglichen Vorsteuerabzug maßgebendes Verhältnis auch die **Verwendungsabsicht** in Betracht kommen (§ 15 Rz. 459 f.)[2]. Diese fehlerhafte Sichtweise hat zur Folge, dass die erstmalige tatsächliche Verwendung die Berichtigung nach § 15a UStG auslösen kann (Rz. 68).

61 Die „für den ursprünglichen Vorsteuerabzug **maßgebenden Verhältnisse**" i.S.d. § 15a Abs. 1 UStG sollen nach Auffassung des BMF grundsätzlich nur solche i.S.d. § 15 Abs. 2 und 3 UStG sein.[3] Für eine derartige Einschränkung gab schon die Urfassung von 1973 und gibt erst recht der heutige Gesetzeswortlaut nichts her. Sie verstieße auch gegen Art. 187 Abs. 2 Unterabs. 2 MwStSystRL, der neutral von den „Änderungen des Anspruchs auf Vorsteuerabzug in den folgenden Jahren gegenüber dem Anspruch für das Jahr, in dem die Güter erworben oder hergestellt wurden", spricht. Mithin zählen zu den maßgeblichen Verhältnissen richtigerweise auch solche i.S.d. § 15 Abs. 1 UStG. Das wird bestätigt durch Art. 168 MwStSystRL, der nicht die von § 15 UStG in seinen Absätzen 1 und 2 vorgenommene Trennung (Verwendung für das Unternehmen – Verwendung für steuerfreie/steuerpflichtige Umsätze) kennt, sondern diese Kriterien zusammenfasst und von der Verwendung „für Zwecke seiner besteuerten Umsätze" spricht. Aus Art. 168a Abs. 1 Unterabs. 2 MwStSystRL folgt nichts Gegenteiliges.

62 Folglich liegt eine Änderung der Verhältnisse richtigerweise auch bei der Änderung des **Umfangs** der **unternehmerischen Verwendung** eines Wirtschaftsgutes vor, was für **Grundstücke** seit 2011 durch § 15a Abs. 6a UStG klargestellt wird (Rz. 110 ff.), und entgegen der h.M. auch bei der **Einlage** eines Wirtschaftsgutes in das Unternehmen gilt (Rz. 126 ff.). Ebenso stellt der **Übergang** von der Besteuerung nach den allgemeinen Regeln **zur** Besteuerung oder Nichtbesteuerung nach einer **Sonderregelung** und **umgekehrt** (Klarstellung durch § 15a Abs. 7 UStG, Rz. 132 f.) eine Änderung der Verhältnisse im Sinne der Vorschrift dar. Ferner ist eine Änderung der Verhältnisse i.S.d. § 15a UStG anzunehmen, wenn sich die Verhältnisse i.S.d. § 15 Abs. 1a UStG (Aufwendungen, die unter bestimmte **einkommensteuerrechtliche Abzugsverbote** nach § 4 Abs. 5 EStG fallen) bei den dort genannten **abnutzbaren Wirtschaftsgütern** ändern (Rz. 135).

63 Wird ein vollständig[4] von der Vorsteuer entlastetes Wirtschaftsgut zeitweilig oder endgültig, ganz oder teilweise **nichtunternehmerisch verwendet**, so wäre das eigentlich auch eine Änderung der Verwendungsverhältnisse i.S.d. § 15a

---

1 Zur Änderung der Verhältnisse bei **Organgesellschaften** und bei Beginn oder Beendigung eines Organschaftsverhältnisses s. *§ 2 Rz. 317* bzw. *§ 2 Rz. 323*.
2 Abschn. 15a.2 Abs. 2 Satz 2 UStAE.
3 Vgl. Abschn. 15a.1 Abs. 5 Satz 1 i.V.m. Abs. 6, Abschn. 15a.2 Abs. 2 Satz 3 Nr. 1 UStAE.
4 Zum Fall der teilweisen Entlastung s. *§ 3 Rz. 170*.

UStG[1], da sich auch in diesem Fall die für den ursprünglichen Vorsteuerabzug maßgebenden Verhältnisse geändert haben. Es gehen jedoch die **Spezialregelungen** des § 1 Abs. 1 Nr. 1 i.V.m. § 3 Abs. 1b bzw. Abs. 9a i.V.m. § 10 Abs. 4 UStG[2] zu den **unentgeltlichen Wertabgaben** vor[3]. Danach wird bei einer Entnahme bzw. einer unentgeltlichen Lieferung oder einer Nutzungsentnahme auf Zeit der Vorsteuerabzug durch die Besteuerung eines fiktiven Umsatzes „berichtigt". Allerdings ist bei diesen Vorschriften § 15a UStG als Auslegungsmaßstab zu beachten (*Rz. 7*).

Zur unmittelbaren **Anwendung des § 15a** UStG kann es in den zuvor genannten Fällen (*Rz. 63*) nur dann kommen, wenn die **Wertabgabe nicht von § 3 Abs. 1b oder 9a UStG erfasst** wird. In diesen Fällen findet eine Berichtigung des Vorsteuerabzugs nach § 15a Abs. 3 Satz 2, Abs. 4 oder Abs. 6a UStG statt (*Rz. 105 f., Rz. 108* bzw. *Rz. 126 ff.*). 64

## II. Änderung im Erstjahr der Verwendung

1. Eine **Änderung** der Verhältnisse scheint nach dem Wortlaut des § 15a Abs. 1 Satz 1 UStG **bereits im Erstjahr** der Verwendung eintreten zu können, weil die Vorschrift (seit 2002) auf die Änderungen „*ab dem Zeitpunkt der erstmaligen Verwendung*" abstellt. 65

**Beispiel**

Der Unternehmer U erwirbt zum 1.2. ein bebautes Grundstück mittels einer steuerpflichtigen Lieferung (§ 4 Nr. 9 Buchst. a i.V.m. § 9 UStG), welches er sogleich steuerpflichtig vermietet. Er erhält im März die Vorsteuer aus dem Erwerb des Grundstücks vergütet. Bereits zum 30.6. kündigt der Mieter. Ab dem 1.9. vermietet U das Grundstück langfristig steuerfrei.

Nach dem Zeitpunkt der erstmaligen Verwendung (1.2.) haben sich die für den ursprünglichen Vorsteuerabzug bzw. maßgebenden Verhältnisse ab dem 1.7. bzw. 1.9., wenn fehlerhaft auf die Verwendungsabsicht abgestellt wird (*Rz. 69*), geändert, da nunmehr eine Verwendung für Umsätze vorliegt, die den Vorsteuerabzug ausschließen. Wäre der Vorsteuerabzug bereits im Erstjahr nach den Regeln des § 15a Abs. 1 i.V.m. Abs. 5 UStG zu berichtigen, so hätte das zur Folge, dass U erst einmal den vollen Vorsteuerbetrag behält und diesen in den folgenden Jahren nur sukzessive zurückzahlen muss.[4] Richtigerweise ist indes für das Erstjahr von einer gemischten Verwendung i.S.d. § 15a Abs. 4 UStG auszugehen (vgl. *§ 15 Rz. 475*), so dass mit der Jahressteuerfestsetzung ein Vorsteuerabzug i.H.v. 3/11 zu gewähren wäre. Nur dieser Betrag wäre dann in den Folgejahren pro rata temporis nach § 15a Abs. 1 UStG zu berichtigen.

Die nach dem Wortlaut des § 15a Abs. 1 Satz 1 UStG nahe liegende Sichtweise ist zum einen schon **sachwidrig**, da damit der erstmalige Vorsteuerabzug nach § 15 UStG von dem Zufall der erstmaligen Verwendung abhängig gemacht wird. Zugrunde gelegt werden muss deshalb richtigerweise die Verwendung innerhalb des *Besteuerungszeitraums* (Kalenderjahrs), in dem die Verwendung geschieht (*§ 15 Rz. 456*). Das ist auch das offensichtliche Konzept des Art. 187 Abs. 2 Unterabs. 2 MwStSystRL, der eine Jahresbetrachtung im Auge hat und von dem 66

---

1 Bzw. des Art. 187 MwStSystRL.
2 Bzw. Art. 16 und Art. 26 Buchst. a i.V.m. Art. 75 MwStSystRL.
3 Vgl. EuGH v. 30.3.2006 – C-184/04, EuGHE 2006, I-3039 = UR 2006, 530 – Rz. 34.
4 Vgl. auch die *Beispiele* bei *Stadie* in R/D, § 15 UStG Anm. 1303.

Anspruch auf Vorsteuerabzug „*für das Jahr*" des Erwerbs des Investitionsgutes spricht. Da in den folgenden Jahren hinsichtlich der Verwendung die Verhältnisse des jeweiligen Jahres maßgebend sind, will die Richtlinie auch nicht hinsichtlich des ersten Jahres auf den Zufall der erstmaligen Verwendung abstellen (§ 15 *Rz. 457*). Demgegenüber hatte die **Bundesregierung** die Neufassung des § 15a Abs. 1 Satz 1 UStG gerade damit gerechtfertigt, dass sie zur Anpassung an zwei EuGH-Urteile[1] erforderlich sei. Diese Annahme ist indes **verfehlt**, da den Entscheidungen nicht entnommen werden kann, dass es für die Beurteilung der Verwendung i.S.d. Art. 168 MwStSystRL auf den *Zeitpunkt* der erstmaligen Verwendung ankommen soll.[2]

67 Vor allem aber hat die Bundesregierung **übersehen**, dass nach dem **klaren Wortlaut** des Art. 187 Abs. 2 Unterabs. 2 MwStSystRL eine Berichtigung nach dieser Bestimmung nur „*in den folgenden Jahren*" zu geschehen hat, d.h. nicht schon im Jahr des Erwerbs. § 15a Abs. 1 Satz 1 UStG **verstößt** mithin insoweit, als auch schon eine Berichtigung im Erstjahr erfolgen soll, **gegen Art. 187 Abs. 2 Unterabs. 2** MwStSystRL, obwohl die Bundesregierung gerade diese Bestimmung mit der Neufassung des § 15a Abs. 1 UStG umsetzen wollte.[3] Folglich steht einer richtlinienkonformen Auslegung nicht der gegenteilige Wille des Gesetzgebers im Wege, da davon auszugehen ist, dass dieser richtlinienkonforme Vorschriften erlassen will (vgl. *Vorbem. Rz. 62*).

Aus Art. 187 Abs. 1 Unterabs. 2 MwStSystRL folgt nichts Gegenteiliges, weil diese Bestimmung lediglich erlaubt, abweichend von Art. 187 Abs. 1 Unterabs. 1 MwStSystRL (wonach sich im Extremfall, nämlich beim Erwerb am 30.12., der Berichtigungszeitraum auf vier Jahre und einen Tag verkürzt), einen Berichtigungszeitraum von vollen fünf Jahren vorzusehen. Die Regelungen des Art. 187 Abs. 2 MwStSystRL werden davon nicht berührt. Mithin ist auch im Falle des Art. 187 Abs. 1 Unterabs. 2 MwStSystRL die Berichtigung gem. Art. 187 Abs. 2 Unterabs. 2 MwStSystRL erst in einem Folgejahr vorzunehmen. Die Berichtigung nach § 15a Abs. 1 UStG im Erstjahr könnte sich deshalb allenfalls auf Art. 185 Abs. 1 MwStSystRL stützen. Dieser verlangt jedoch, dass sich die Faktoren „nach Abgabe der Erklärung geändert haben", so dass bis dahin eingetretene Änderungen im Erstjahr bereits bei der Festsetzung des Vorsteuerabzugs zu berücksichtigen sind. Ferner hat die Bestimmung die sofortige und nicht die sukzessive Berichtigung im Auge.

Folglich wäre eine Auslegung des § 15a Abs. 1 UStG dergestalt, dass eine Pro-rata-temporis-Berichtigung im Erstjahr in Verbindung mit einer sukzessiven Berichtigung in den Folgejahren zu erfolgen hätte, nicht mit der Richtlinie zu vereinbaren. § 15a Abs. 1 Satz 1 UStG ist mithin richtlinienkonform auszulegen.

---

1 EuGH v. 8.6.2000 – C-400/98, EuGHE 2000, I-4321 = BStBl. II 2003, 452 = UR 2000, 329; EuGH v. 8.6.2000 – C-396/98, EuGHE 2000, I-4279 = BStBl. II 2003, 446 = UR 2000, 336.
2 Diese Frage spielte in den beiden Entscheidungen nicht die geringste Rolle, da es um zwei Ausnahmefälle ging, in denen es überhaupt nicht zu einer Verwendung kam bzw. die beabsichtigte Verwendung auf Grund einer Gesetzesänderung nicht mehr möglich war.
3 Vgl. Begr. RegE EURLUmsG, BR-Drucks. 605/04 = BT-Drucks. 15/3677 – zu Art. 5 Nr. 11 (zu § 15a Abs. 1 UStG).

Änderung der Verhältnisse § 15a

**2.** Nach verfehlter Auffassung zu § 15 Abs. 1 UStG soll als für den ursprünglichen Vorsteuerabzug maßgebendes Verhältnis auch die **Verwendungsabsicht** in Betracht kommen können (*§ 15 Rz. 459 ff.*). Die Zugrundelegung dieser Ansicht führt zu dem sachwidrigen Ergebnis, dass, selbst wenn die **gegenteilige tatsächliche Verwendung noch im selben Jahr** stattfindet, eine Änderung der Verhältnisse i.S.d. § 15a UStG angenommen werden muss. Das soll sogar bei **Vorauszahlungen** und **Anzahlungen** gelten[1] und nach Auffassung des BMF dazu führen, dass selbst dann, wenn die Absicht kurzer Zeit später bei Erwerb des Wirtschaftsguts geändert wird, hinsichtlich der auf die Vorauszahlung entfallenden Vorsteuer § 15a UStG anzuwenden sei.[2] Das ist grob sachwidrig. Richtigerweise ist für den erstmaligen Vorsteuerabzug nach § 15 UStG auf die Lage am Ende des Besteuerungszeitraums abzustellen (*§ 15 Rz. 460*). Auf die Verwendungsabsicht soll es nach Auffassung des BFH auch dann ankommen, wenn **beabsichtigt** war, auf die Steuerfreiheit des Umsatzes nach § 9 UStG zu **verzichten**, diese Absicht jedoch nicht realisiert wird. Das ist erst recht verfehlt, weil damit der Zweck des Verzichts verkannt wird und eine durch nichts zu rechtfertigende Subventionierung eintritt (*§ 15 Rz. 463 f.*). Richtigerweise durfte der Vorsteuerabzug nicht einmal vorläufig gewährt werden (*§ 15 Rz. 466*).

68

### III. Leerstandszeiten bei einem Gebäude u.Ä.

Wird das Wirtschaftsgut nach der erstmaligen Verwendung ganz oder teilweise nicht zur Ausführung von Umsätzen genutzt, so ist fraglich, wie diese Zeiten, insbesondere Leerstandszeiten bei einem Gebäude, im Rahmen des § 15a UStG zu behandeln sind. Ist die bisherige Verwendung zu fingieren, auf die beabsichtigte abzustellen, die spätere tatsächliche Nutzung zurückzubeziehen oder verlängert sich mangels einer Verwendung der Berichtigungszeitraum um diese Zeiten? Richtigerweise muss das **Bereitstehen** als **Verwendung** angesehen werden (*Rz. 57*), so dass für die Vorsteuerabzugsberechtigung auf die Verwendungsabsicht abzustellen ist.[3] Allerdings dürfen auch insoweit bei einem beabsichtigten Verzicht auf die Steuerbefreiung der nicht realisierten Vermietung nicht etwa steuerpflichtige Umsätze fingiert werden[4], da anderenfalls der Zweck des Verzichts verkannt und eine nicht zu rechtfertigende Subvention gewährt würde (*§ 15 Rz. 463 ff.*).

69

### IV. „Steuerfreie" statt „steuerpflichtiger" Verwendung und umgekehrt

#### 1. Allgemeines

Eine Änderung der für den Vorsteuerabzug maßgebenden Verhältnisse i.S.d. § 15a Abs. 1 UStG liegt vor allem dann vor, wenn sich die Verhältnisse aus der

70

---

1 BFH v. 17.5.2001 – V R 38/00, BStBl. II 2003, 434 = UR 2001, 550; ebenso *Englisch* in T/L, § 17 Rz. 350; Abschn. 15a.2 Abs. 2 Satz 2 UStAE.
2 Abschn. 15a.1 Abs. 3 Beispiel 2 UStAE.
3 *Stadie*, Vorsteuerabzug, S. 167; insoweit zutreffend auch BFH v. 25.4.2002 – V R 58/00, UR 2002, 472 = BStBl. II 2003, 435; Abschn. 15a.1 Abs. 8 UStAE.
4 So aber BFH v. 25.4.2002 – V R 58/00, BStBl. II 2003, 435; Abschn. 15a.2 Abs. 8 UStAE.

Sicht des § 15 Abs. 2 und 3 UStG geändert haben. Diese Änderung kann **zugunsten** wie **zuungunsten** des Unternehmers eintreten. Eine solche ist gegeben, wenn in dem Zeitpunkt, für den der Vorsteuerabzug in Betracht kommt,

– die zugrunde zu legenden Verhältnisse den Vorsteuerabzug nach § 15 Abs. 2 UStG ausschließen, hingegen in einem späteren Zeitpunkt der Verwendung des Wirtschaftsgutes die dann gegebenen Verwendungsverhältnisse, wenn für diesen Zeitpunkt erstmalig über den Vorsteuerabzug zu entscheiden wäre, den Vorsteuerabzug zuließen, weil nunmehr eine Verwendung für steuerpflichtige Umsätze oder für steuerfreie Umsätze, die den Vorsteuerabzug nach § 15 Abs. 3 UStG nicht ausschließen, erfolgt, oder

– die zugrunde zu legenden Verhältnisse den Vorsteuerabzug nicht nach § 15 Abs. 2 UStG ausschließen, hingegen in einem späteren Zeitpunkt der Verwendung des Wirtschaftsgutes die dann gegebenen Verwendungsverhältnisse, wenn für diesen Zeitpunkt erstmals über den Vorsteuerabzug zu entscheiden wäre, den Vorsteuerabzug ausschlössen, weil nunmehr eine Verwendung für steuerfreie Umsätze, die den Vorsteuerabzug nach § 15 Abs. 2 UStG versagen, erfolgt.

Diese Änderung kann eine **vollständige** oder eine **teilweise** sein. Letzteres ist der Fall, wenn sich die Verhältnisse aus der Sicht des § 15 Abs. 4 UStG geändert haben (dazu *Rz. 72*); zu **Gesetzesänderungen** s. *Rz. 136 f.*; zu Änderungen der **rechtlichen Beurteilung** s. *Rz. 138 ff.*

71 Derartige Änderungen der Verhältnisse können nicht nur bei Wirtschaftsgütern i.S.d. § 15a Abs. 1 UStG, sondern **auch** bei **nachträglichen Anschaffungs- oder Herstellungskosten** i.S.d. § 15a Abs. 6 UStG (*Rz. 16*), bei den nach § 15a Abs. 3 UStG **gleichgestellten Werten** (*Rz. 21 ff.*) sowie bei Vorauszahlungen für **sonstige Leistungen** i.S.d. § 15a Abs. 4 UStG (*Rz. 34 ff.*) eintreten. Eine Änderung im o.g. Sinne kann ferner bei einer **Veräußerung** oder **Entnahme** von Wirtschaftsgütern eintreten (Abs. 8; *Rz. 73 ff.*). Bei Wirtschaftsgütern i.S.d. § 15a Abs. 2 UStG kann ebenfalls eine Änderung der für den ursprünglichen Vorsteuerabzug maßgebenden Verhältnisse erfolgen, wenn bei diesen für den Vorsteuerabzug fälschlich auf die Verwendungsabsicht abgestellt wird (*Rz. 95 f.*).

## 2. Teilweise Änderung

72 Die Verhältnisse, welche für den ursprünglichen Vorsteuerabzug maßgebend waren, können sich auch nur teilweise ändern. Das ist der Fall, wenn

– bei einer **ursprünglich ausschließlichen** Verwendung des Wirtschaftsgutes u.Ä. zur Ausführung von Umsätzen, die den Vorsteuerabzug zulassen bzw. ausschließen (bzw. einer entsprechenden Verwendungsabsicht, soweit die Rechtsprechung – unzutreffend – auf diese abstellt, *Rz. 68*), **später** eine **gemischte Verwendung** i.S.d. § 15 Abs. 4 UStG (*§ 15 Rz. 472 ff.*) sowohl für diese als auch für jene Umsätze erfolgt;

– bei einer **ursprünglich gemischten** Verwendung i.S.d. § 15 Abs. 4 UStG **später** eine **ausschließliche Verwendung** für Umsätze, bei denen der Vorsteuerabzug zugelassen bzw. ausgeschlossen ist, geschieht; oder

Änderung der Verhältnisse § 15a

– sich bei einer von Beginn an **gemischten Verwendung** das **Aufteilungsverhältnis** i.S.d. § 15 Abs. 4 UStG **ändert** (ein einmal gewählter **Aufteilungsmaßstab muss beibehalten** werden; § 15 Rz. 485).

**Beispiel**

Ein Gebäude, welches anfänglich im Jahre 2011 zu einem Viertel steuerfrei i.S.d. § 15 Abs. 2 UStG (und im Übrigen steuerpflichtig) vermietet wurde, wird ab dem Jahr 2012 zur Hälfte steuerfrei und ab dem 1.7.2014 vollständig steuerfrei vermietet.
Die für den ursprünglichen Vorsteuerabzug maßgebenden Verhältnisse berechtigten nach § 15 Abs. 4 UStG zu 75 % zum Vorsteuerabzug. In den Jahren 2012 und 2013 beträgt das Aufteilungsverhältnis 50:50, so dass sich die Verhältnisse jeweils um 25 Prozentpunkte gegenüber dem Erstjahr geändert haben. Im Jahre 2014 beträgt das Verwendungsverhältnis in der ersten Jahreshälfte 50:50, während nach den Verhältnissen der zweiten Jahreshälfte ein Vorsteuerabzug vollständig ausgeschlossen ist. Nach dem Jahresverwendungsverhältnis (Aufteilungsverhältnis i.S.d. § 15 Abs. 4 UStG) ist mithin ein Vorsteuerabzug nur noch zu 25 % gegeben. Folglich haben sich für das Jahr 2014 die Verhältnisse um 50 Prozentpunkte im Vergleich zum Erstjahr geändert. Für das Jahr 2015 haben sich die Verhältnisse um 75 Prozentpunkte geändert.

### 3. Veräußerung oder Entnahme des Wirtschaftsguts (Abs. 8 Satz 1)

#### a) Allgemeines

Eine Änderung der Verhältnisse liegt auch vor, wenn das noch verwendungsfähige Wirtschaftsgut, das nicht nur einmalig zur Ausführung eines Umsatzes verwendet wird, vor Ablauf des maßgeblichen Berichtigungszeitraums veräußert oder nach § 3 Abs. 1b UStG geliefert wird und dieser Umsatz anders zu beurteilen ist als die für den ursprünglichen Vorsteuerabzug maßgebliche Verwendung (§ 15a Abs. 8 Satz 1 UStG). Der **Zweck** der Berichtigung in diesen Fällen liegt darin, die Vorsteuerentlastung oder -belastung des Wirtschaftsguts für den restlichen Berichtigungszeitraum an die Steuerpflicht oder Steuerfreiheit des Umsatzes (Veräußerung oder Entnahme) und daran geknüpfte Berechtigung oder Nichtberechtigung zum Vorsteuerabzug anzupassen. Ist die Lieferung oder Entnahme steuerpflichtig, so ist für den Restzeitraum eine vollständige Vorsteuerentlastung herzustellen, weil die Belastung des Wirtschaftsguts mit Steuer durch die Steuerpflicht des Vorgangs nach Maßgabe der Bemessungsgrundlage eintritt. Ist die Lieferung oder Entnahme steuerfrei und berechtigt nicht zum Vorsteuerabzug, so ist für den Restberichtigungszeitraum eine entsprechende vollständige Vorsteuerbelastung herzustellen, weil der Gegenstand mit diesem Umsatzsteuerbetrag belastet bleiben soll. 73

Ist die Veräußerung oder Entnahme die **erste und** damit **einmalige Verwendung** des Wirtschaftsgutes, so ist der Vorsteuerabzug ggf. nach § 15a Abs. 2 UStG zu berichtigen; das gilt insbesondere, aber nicht nur bei einem Wirtschaftsgut des **Umlaufvermögens** (Rz. 97). Bei einem fertig gestellten Wirtschaftsgut des **Anlagevermögens** oder einem gleichzustellenden Wirtschaftsgut, insbesondere einem **leerstehenden Gebäude**, welches selbst genutzt oder vermietet werden sollte[1], ist entgegen der herrschenden Meinung dessen Veräußerung bzw. Entnahme nicht die erste und damit einmalige Verwendung des Wirtschaftsgutes zur Aus- 74

---

1 Vgl. Beisp. 2 bei *Stadie* in R/D, § 15 UStG Anm. 1303.

führung eines Umsatzes. Richtigerweise liegt bereits ab dem Zeitpunkt der Fertigstellung bzw. des Erwerbs eine Verwendung vor, da das Bereitstehen für Zwecke beabsichtigter Umsätze eine „Verwendung" ist (Rz. 57).

75 Eine Änderung der Verhältnisse kann nach § 15a Abs. 8 Satz 1 UStG eintreten, wenn das Wirtschaftsgut „veräußert oder nach § 3 Abs. 1b UStG geliefert wird". Mit **Veräußerung** eines Wirtschaftsgutes ist die **entgeltliche** Lieferung gemeint (zur fiktiven Lieferung des Verbringens i.S.d. § 3 Abs. 1a UStG s. Rz. 81), da die **unentgeltliche** eine Lieferung nach § 3 Abs. 1b Nr. 2 oder 3 UStG ist. Von der Lieferung nach § 3 Abs. 1b UStG wird auch die **Entnahme** erfasst, obwohl sie keine Lieferung darstellt, sondern nur als solche fingiert wird.

76 Die „Veräußerung oder Lieferung" muss einen „**Umsatz**" darstellen, d.h. **steuerbar** i.S.d. § 1 Abs. 1 Nr. 1 UStG sein. Anderenfalls kommt eine Berichtigung hinsichtlich der auf das Wirtschaftsgut entfallenden Vorsteuern nicht in Betracht (s. aber Rz. 83; zum Eintreten bzw. Wegfallen der Voraussetzungen für eine sog. **Organschaft** s. § 2 Rz. 320 f., 333 ff.).

77 **Kein** derartiger **Umsatz** ist gegeben, wenn Wirtschaftsgüter im Rahmen einer **Geschäftsveräußerung** i.S.d. § 1 Abs. 1a UStG geliefert werden, da diese nicht steuerbar ist. Eine **entgeltliche** oder **unentgeltliche** Geschäftsveräußerung in diesem Sinne liegt nicht nur bei der Übertragung des gesamten Unternehmens, sondern auch bei Übertragung eines gesondert geführten Betriebes sowie bei einer **Einbringung** in eine Gesellschaft vor (§ 1 Rz. 131 ff.). Ein **vermietetes Gebäude** ist ein Unternehmen bzw. ein *gesondert geführter Betrieb* i.S.d. § 1 Abs. 1a UStG (§ 1 Rz. 135). Folglich findet auch bei dessen entgeltlicher oder unentgeltlicher Übertragung keine Berichtigung des Vorsteuerabzugs nach § 15a Abs. 8 statt UStG (Beispiel Rz. 89), weil der Erwerber nach § 1 Abs. 1a Satz 3 UStG alle Verhältnisse der Wirtschaftsgüter übernimmt und der Berichtigungszeitraum bei ihm nach § 15a Abs. 10 UStG weiterläuft (Rz. 169).

78 Eine Veräußerung oder Entnahme liegt ebenfalls **nicht** im Falle der **Gesamtrechtsnachfolge** (*Erbfall*, bestimmte *Umwandlungsvorgänge*) vor, da der Eigentumsübergang kraft Gesetzes erfolgt. Der Rechtsnachfolger führt die steuerrechtlichen Positionen des Rechtsvorgängers fort (§ 2 Rz. 238; s. auch unten Rz. 172).

### b) Veräußerung

79 „Veräußerung" i.S.d. § 15a Abs. 8 und 9 UStG ist die entgeltliche Lieferung des Wirtschaftsgutes (Rz. 75). Dazu zählt auch die zwangsweise Lieferung im Wege der **Zwangsversteigerung** (§ 4 Nr. 9 Rz. 7).

80 Eine Lieferung liegt trotz Eigentumsübertragung (noch) nicht vor, wenn der ehemalige Eigentümer auf Grund eines bereits bei der Übertragung vorbehaltenen *unentgeltlichen* Rechtsverhältnisses (**Vorbehaltsnießbrauch** o.Ä.) oder weil bei einem Grundstück die Übergabe noch nicht erfolgt ist, den Gegenstand weiterhin nutzt (§ 3 Rz. 30). Anders liegt es regelmäßig bei einer Rückvermietung o.Ä. (§ 3 Rz. 31).

Als Veräußerung i.S.d. § 15a Abs. 8 Satz 1 UStG ist auch die fiktive Lieferung nach § 3 Abs. 1a UStG in Gestalt des dauerhaften **Verbringens** eines Gegenstandes **in das übrige Gemeinschaftsgebiet** zu verstehen. Das gebietet der Zweck dieser Bestimmung, welche ihren Sinn allein im Zusammenwirken mit der Steuerbefreiung nach § 6a Abs. 2 UStG erhält und die vollständige Vorsteuerentlastung des Gegenstandes nach § 15 Abs. 3 Nr. 1 Buchst. a UStG bewirken soll (*§ 6a Rz. 49 f. m. Beispiel*). Zudem ist eine richtlinienkonforme Auslegung erforderlich, weil Art. 188 MwStSystRL von „Lieferung" spricht und Art. 17 Abs. 1 MwStSystRL auch das Verbringen als Lieferung bezeichnet.

**c) Unentgeltliche Lieferung, Entnahme**

Lieferungen i.S.d. § 3 Abs. 1b UStG sind unentgeltliche Lieferungen und Entnahmen (*Rz. 75*; zu den Voraussetzungen s. *§ 3 Rz. 61 ff.*). Ist das **unentgeltlich** gelieferte oder entnommene Wirtschaftsgut **nicht** (wenigstens teilweise) **von der Vorsteuer entlastet**, so wird der Tatbestand des § 3 Abs. 1b UStG wegen dessen Satz 2 nicht erfüllt. Folglich liegt kein „Umsatz" i.S.d. § 1 Abs. 1 Nr. 1 UStG vor (*Rz. 76*) und die Frage nach der Änderung der Verhältnisse i.S.d. § 15a Abs. 8 UStG stellt sich nicht.

Sofern die Entnahme (oder unentgeltliche Lieferung) des Wirtschaftsgutes mangels Vorsteuerentlastung nicht unter § 3 Abs. 1b UStG fällt, kommt nach § 15a Abs. 3 Satz 2 UStG auf Grund der Entnahme eine Vorsteuerberichtigung bezüglich solcher **sonstiger Leistungen** in Betracht, die an dem Wirtschaftsgut ausgeführt worden waren (*Rz. 105 f.*; zur Entnahme von **Bestandteilen** *Rz. 103 f.*).

Eine (unentgeltliche) Lieferung (und nicht etwa sonstige Leistung) kann auch bei der **Übertragung** eines **Miteigentumsanteils** vorliegen (*§ 3 Rz. 7*). Voraussetzung ist, dass die wirtschaftliche Substanz auf den Erwerber übergeht. Das ist solange nicht der Fall, wie der Gegenstand vom bisherigen **Alleineigentümer** weiterhin für sein Unternehmen **genutzt** wird (*§ 3 Rz. 91*). Wird der Gegenstand fortan **von den Miteigentümern unternehmerisch** genutzt (*Beispiel*: Der bisherige Alleineigentümer eines vermieteten Grundstücks räumt seinem Kind hälftiges Miteigentum ein. Danach erfolgt die Vermietung im Namen der Miteigentümer), so liegt eine Einbringung i.S.d. § 1 Abs. 1a UStG (sog. *Geschäftsveräußerung*) vor[1] (*Rz. 77*).

Wird **aus** bislang gemeinsam unternehmerisch genutztem **Miteigentum Alleineigentum** und nutzt der Alleineigentümer den Gegenstand fortan für sein Unternehmen (wie vorhergehendes *Beispiel*: Der Vater überträgt später auch seinen verbliebenen Miteigentumsanteil auf den Sohn, so dass dieser Alleineigentümer wird und in seinem Namen vermietet), so liegt ein Fall der Gesamtrechtsnachfolge und folglich ebenfalls keine Entnahme vor (*Rz. 78*). Die gemeinsame Vermietung erfolgte in Gestalt einer BGB-Gesellschaft. Scheidet der vorletzte Gesellschafter aus, so ist der Anwachsungsvorgang beim Verbleibenden als Gesamtrechtsnachfolge zu behandeln (*§ 2 Rz. 251*).

---

1 Insoweit zutreffend BFH v. 22.11.2007 – V R 5/06, BStBl. II 2008, 448.

86  Eine unentgeltliche (oder entgeltliche; *Rz. 80*) Lieferung liegt trotz Eigentumsübertragung (noch) nicht vor, wenn der ehemalige Eigentümer auf Grund eines bereits bei der Übertragung vorbehaltenen *unentgeltlichen* Rechtsverhältnisses (**Vorbehaltsnießbrauch** o.Ä.) oder weil bei einem Grundstück die Übergabe noch nicht erfolgt ist, den Gegenstand weiterhin nutzt (*§ 3 Rz. 30*). Anders liegt es regelmäßig bei einer Rückvermietung o.Ä. (*§ 3 Rz. 31*).

### d) Änderung der Verhältnisse

87  Eine **Änderung der Verhältnisse** ist gegeben, wenn die Veräußerung oder Entnahme hinsichtlich des Vorsteuerabzugs anders zu beurteilen ist als die für den ursprünglichen Vorsteuerabzug maßgebliche Verwendung des Wirtschaftsgutes (§ 15a Abs. 8 UStG). Demnach ist zu fragen, ob die Veräußerung oder Entnahme ein **Umsatz** ist, der zum Ausschluss des Vorsteuerabzugs führt oder nicht (*Rz. 73*). Diese Verwendung ist **mit** der für den **ursprünglichen** Vorsteuerabzug maßgeblichen **Verwendung zu vergleichen**. Unerheblich sind (aus der Sicht des § 15a Abs. 8 UStG) nachfolgende Änderungen der Verwendungsverhältnisse (s. *Beispiel Rz. 90*; stellt die Veräußerung oder Entnahme keine Änderung der Verhältnisse i.S.d. § 15a Abs. 8 UStG dar, so kann indes gleichwohl für die vorhergehenden Zeiträume eine Berichtigung des Vorsteuerabzugs nach den übrigen Bestimmungen des § 15a UStG vorzunehmen gewesen sein, wenn sich die Verhältnisse aus deren Sicht geändert hatten).

88  **Unerheblich** ist, ob der **Erwerber** das Wirtschaftsgut **unternehmerisch** verwendet oder nicht und ob er hinsichtlich des Erwerbs zum Vorsteuerabzug berechtigt ist oder nicht. Verwendet bei einer steuerfreien unentgeltlichen Lieferung eines Grundstücks der Erwerber dieses für Zwecke, die zum Vorsteuerabzug berechtigen, so muss er hinsichtlich des Berichtigungsbetrages den Vorsteuerabzug vornehmen können (*Rz. 160 f.*)

89  **Beispiele**

(1) Ein Ende 2010 fertiggestelltes Gebäude war bis zum Jahre 2013 steuerpflichtig vermietet worden (§ 4 Nr. 12 i.V.m. § 9 UStG). Nach anschließender steuerfreier Vermietung wird es Anfang 2015 verkauft. Der Erwerber führt die steuerfreie Vermietung fort.

Die Lieferung eines Grundstücks ist grundsätzlich steuerfrei (§ 4 Nr. 9 Buchst. a UStG). Sie wäre für den Vorsteuerabzug anders zu beurteilen als die erstmalige steuerpflichtige Verwendung, die zum Vorsteuerabzug berechtigte, da eine steuerfreie Grundstückslieferung einen Vorsteuerabzug ausschlösse (§ 15 Abs. 2 Satz 1 Nr. 1 UStG). Es liegt jedoch keine Änderung der Verhältnisse i.S.d. § 15a Abs. 8 UStG vor, weil die **Veräußerung** eines **vermieteten Gebäudes** eine nichtsteuerbare **Geschäftsveräußerung** i.S.d. § 1 Abs. 1a UStG ist (*Rz. 77*) und folglich kein Umsatz gegeben ist, der hinsichtlich des Vorsteuerabzugs anders beurteilt werden könnte. Vielmehr gehen auf den Erwerber als partiellen Rechtsnachfolger sämtliche Verhältnisse i.S.d. § 15a UStG über (*Rz. 169*).

(2) Wie Beispiel 1, nur dass das Grundstück an die Tochter **verschenkt** wird, die die Vermietung fortführt.

Auch diese unentgeltliche Lieferung fällt unter § 1 Abs. 1a UStG, da die Tochter durch die zukünftige Vermietung Unternehmerin wird (*§ 1 Rz. 141*). Folglich gilt dasselbe wie zu Beispiel 1.

90  (3) Ein zum 1.7.2011 fertiggestelltes **Gebäude** war bis zum Jahre 2014 **steuerpflichtig vermietet** worden (§ 4 Nr. 12 i.V.m. § 9 UStG). Nach anschließender steuerfreier Vermietung

Änderung der Verhältnisse  §15a

wird es nach Auszug des Mieters zum 1.1.2015 **verkauft**. Der **Erwerber** nutzt das Gebäude fortan für eigene **Wohnzwecke**.

Die Lieferung des Grundstücks ist steuerfrei (§ 4 Nr. 9 Buchst. a UStG). Sie ist für den Vorsteuerabzug anders zu beurteilen als die erstmalige steuerpflichtige Verwendung, die zum Vorsteuerabzug berechtigte, da eine steuerfreie Grundstückslieferung einen Vorsteuerabzug ausschließt (§ 15 Abs. 2 Satz 1 Nr. 1 UStG). Dass die letzte, vor der Veräußerung liegende Verwendung „steuerfrei" war, ist insoweit ohne Belang, da es auf die für den *ursprünglichen* Vorsteuerabzug maßgebliche Verwendung ankommt. Es liegt mithin eine Änderung der Verhältnisse i.S.d. § 15a Abs. 8 Satz 1 UStG vor, die zu einer Berichtigung des Vorsteuerabzugs nach Abs. 9 führt (*Rz. 158 ff.* Beispiel 1).

(4) Ein zum 1.10.2010 fertiggestelltes Gebäude wird bis Mai 2014 durchgängig zur Hälfte steuerfrei und zur Hälfte **steuerpflichtig vermietet** (§ 4 Nr. 12 i.V.m.§ 9 UStG). Ab Juni 2014 wird es umgebaut und **anschließend** für eigene Wohnzwecke oder **für andere nichtunternehmerische Zwecke** genutzt.  91

Die in der Nutzungsänderung liegende Entnahme des Grundstücks ist steuerfrei (§ 4 Nr. 9 Buchst. a UStG; *§ 4 Nr. 9 Rz. 26*). Dieser Umsatz ist für den Vorsteuerabzug anders zu beurteilen als die erstmalige Verwendung des Grundstücks, die gem. § 15 Abs. 4 UStG zur Hälfte zum Vorsteuerabzug berechtigt hatte (die hälftige steuerfreie Vermietung schloss einen Vorsteuerabzug aus; § 15 Abs. 2 Satz 1 Nr. 1 UStG). Folglich liegt eine Änderung der Verhältnisse um 50 % vor und der Vorsteuerabzug ist nach § 15a Abs. 9 UStG zu berichtigen (*Rz. 158 f., 161*).

(5) Wie Beispiel 4, nur dass das Grundstück unter Verzicht auf die Steuerbefreiung zum 1.6.2014 steuerpflichtig veräußert wird.

Die steuerpflichtige Lieferung des Grundstücks berechtigt zum Vorsteuerabzug und ist folglich für den Vorsteuerabzug anders zu beurteilen als die erstmalige Verwendung des Grundstücks, die gem. § 15 Abs. 4 UStG zur Hälfte zum Vorsteuerabzug berechtigt hatte (die hälftige steuerfreie Vermietung schloss einen Vorsteuerabzug aus; § 15 Abs. 2 Satz 1 Nr. 1 UStG). Folglich liegt eine Änderung der Verhältnisse um 50 % vor und der Vorsteuerabzug ist nach § 15a Abs. 9 UStG zu berichtigen (*Rz. 158 f., 162*).

(6) Ein bislang für steuerpflichtige Umsätze genutztes, im Jahre 2009 hergestelltes **Betriebsgebäude** (für welches der Vorsteuerabzug vorgenommen worden war) wird im Jahre 2014 einem Angehörigen **geschenkt**, der dieses fortan für eigene steuerpflichtige Umsätze verwendet.  92

Die nach § 1 Abs. 1 Nr. 1 i.V.m. § 3 Abs. 1b Nr. 3 UStG steuerbare (*§ 3 Rz. 79 f., 92*) unentgeltliche Grundstückslieferung ist steuerfrei (§ 4 Nr. 9 Buchst. a UStG; *§ 4 Nr. 9 Rz. 25*); ein Verzicht nach § 9 kommt bei einem unentgeltlichen Umsatz nicht in Betracht (*§ 9 Rz. 18 f.*). Folglich liegt eine Änderung der Verhältnisse i.S.d. § 15a Abs. 8 UStG vor, da der Umsatz nach (§ 1 Abs. 1 Nr. 1 UStG i.V.m.) § 3 Abs. 1b UStG für den Vorsteuerabzug anders zu beurteilen ist als die für den ursprünglichen Vorsteuerabzug maßgebliche Verwendung (zur Möglichkeit, den Berichtigungsbetrag dem Erwerber durch Inrechnungstellung zuzuwenden, so dass dieser ihn als Vorsteuer abziehen kann, s. *Rz. 175 ff.*).

(7) Ein Arzt veräußert Praxisinventar. Er hatte bei dessen Erwerb wegen seiner steuerfreien Umsätze (§ 4 Nr. 14 UStG) keinen Vorsteuerabzug (§ 15 Abs. 2 Satz 1 Nr. 1 UStG). Die Veräußerung ist deshalb steuerfrei nach § 4 Nr. 28 Alt. 2 UStG, so dass keine Änderung der Verhältnisse i.S.d. § 15a Abs. 8 UStG vorliegt.  93

Von § 15a Abs. 8 UStG werden auch die fiktiven Wirtschaftsgüter auf Grund **nachträglicher Anschaffungs- oder Herstellungskosten** i.S.d. § 15a Abs. 6 UStG (*Rz. 16 f.*) erfasst. Entsprechendes gilt für den sog. **Erhaltungsaufwand** i.S.d. § 15a Abs. 3 UStG, da dieser in das Wirtschaftsgut eingeht bzw. an diesem ausgeführt wird und damit Teil desselben ist (*Rz. 26*). Bei diesen Aufwendungen ist die Prüfung, ob eine Änderung der Verhältnisse vorliegt, unabhängig von den Verhält-  94 nissen, die für den Vorsteuerabzug des Hauptwirtschaftsgutes maßgebend waren, vorzunehmen.

**Beispiel**

Wie vorhergehendes Beispiel 4 (*Rz. 91*). Ende September 2013 waren im steuerpflichtig vermieteten Teil des Gebäudes Erhaltungsmaßnahmen durchgeführt worden. Die dafür in Rechnung gestellte Vorsteuer war in voller Höhe abziehbar, da die in Anspruch genommenen Leistungen ausschließlich zur Ausführung steuerpflichtiger Umsätze verwendet wurden. Auf Grund der steuerfreien Entnahme haben sich insoweit die Verhältnisse zu 100 % geändert.

## V. Änderung der Verhältnisse bei nur einmaliger Verwendung (Abs. 2)

95 Nach § 15a Abs. 2 UStG ist die Berichtigung des Vorsteuerabzugs auch bei einem Wirtschaftsgut vorzunehmen, welches **nur einmal** zur Ausführung eines Umsatzes **verwendet** wird, wenn sich die für den ursprünglichen Vorsteuerabzug maßgebenden Verhältnisse ändern. Die Vorschrift ist in erster Linie (zu weiteren Anwendungsfällen *Rz. 97, 101*) die Konsequenz[1] aus der **verfehlten Rechtsprechung** des BFH, wonach bei einem beabsichtigten Verzicht auf die Steuerfreiheit einer **Grundstückslieferung** der erstmalige Vorsteuerabzug unberührt bleibe, auch wenn es nicht zu einer steuerpflichtigen Lieferung kommt (*§ 15 Rz. 463 f.*). Die Berichtung des gesamten Vorsteuerabzugs ist für den Besteuerungszeitraum vorzunehmen, in dem das Wirtschaftsgut verwendet wird (§ 15a Abs. 2 Satz 2 UStG). Richtigerweise hätte der Vorsteuerabzug schon niemals gewährt werden dürfen (*§ 15 Rz. 465*).

96 **Beispiel**

Unternehmer U erwirbt in 2012 ein bebautes Grundstück von einem anderen Unternehmer mittels einer steuerpflichtigen Lieferung (§ 4 Nr. 9 Buchst. a i.V.m. § 9 UStG), welches er in gleicher Weise weiterzuliefern beabsichtigt. Auf Grund dieser glaubhaft gemachten Absicht erhält er den Vorsteuerabzug aus dem Erwerb. Ihm gelingt es jedoch nicht, das Grundstück steuerpflichtig zu veräußern, so dass er es in 2014 steuerfrei an einen anderen liefert bzw. für eigene private Zwecke entnimmt.

Nach verfehlter BFH-Rechtsprechung soll für den Vorsteuerabzug nach § 15 UStG die Absicht der steuerpflichtigen Lieferung ausreichen (*§ 15 Rz. 463 ff.*). Mithin ändern sich im Falle der steuerfreien Lieferung die für den ursprünglichen Vorsteuerabzug maßgebenden Verhältnisse, so dass für den Besteuerungszeitraum 2014 der Vorsteuerabzug hinsichtlich des gesamten Betrages nach § 15a Abs. 2 UStG zu berichtigen ist. Auch die Entnahme des Grundstücks ist eine steuerfreie Lieferung (*§ 4 Nr. 9 Rz. 26*). § 15a Abs. 8 UStG ist nicht einschlägig, weil diese Vorschrift nur Wirtschaftsgüter betrifft, die nicht nur einmalig zur Ausführung von Umsätzen verwendet werden.

97 Von § 15a Abs. 2 UStG können nicht nur Wirtschaftsgüter des sog. **Umlaufvermögens**, sondern auch solche des sog. Anlagevermögens betroffen sein, wenn sie veräußert oder entnommen werden, bevor es zur eigentlichen Verwendung gekommen ist.[2] Das gilt indes nur bei **nicht fertig gestellten Objekten** (*Beispiel:*

---

[1] Vgl. Reg.-Begr. zu Art. 5 Nr. 11 EURLUmsG-E, BR-Drucks. 605/04 – zu § 15a Abs. 2 UStG.
[2] Abschn. 15a.1 Abs. 2 Nr. 2 UStAE.

Ein Rohbau, welcher nach Fertigstellung steuerpflichtig vermietet werden sollte und für den die Vorsteuer bereits wegen der Verwendungsabsicht vergütet worden war, vgl. *Rz. 68*, wird steuerfrei veräußert. Bei einem fertig gestellten Wirtschaftsgut, insbesondere einem **leer stehenden Gebäude**, welches selbst genutzt oder vermietet werden sollte, ist hingegen dessen Veräußerung bzw. Entnahme nicht die erste und damit einmalige Verwendung zur Ausführung eines Umsatzes, so dass dieser Vorgang entgegen der h.M. von § 15a Abs. 8 UStG erfasst wird (*Rz. 74*).

Von der Berichtigung mit umfasst werden auch Vorsteuerbeträge, die **nachträgliche Anschaffungs-** oder **Herstellungskosten** betreffen (§ 15a Abs. 6 i.V.m. Abs. 2 UStG) oder auf sog. **Erhaltungsaufwand**, nämlich auf Einbauten sowie auf sonstige Leistungen entfallen (*Rz. 21 ff.*), die an dem Wirtschaftsgut ausgeführt worden waren (§ 15a Abs. 3 Satz 1 i.V.m. Abs. 2 UStG; zur **Entnahme** einer solchen **sonstigen Leistung** gem. Abs. 3 Satz 2 s. *Rz. 107* Beispiel 2).

98

Sonstige Leistungen, die nicht „an" dem Wirtschaftsgut ausgeführt werden (*Beispiel:* Dienstleistungen zur Wartung und Reinigung des erworbenen Gebäudes im zuvor, *Rz. 96*, genannten Beispiel), würden nach § 15a Abs. 4 UStG zur Berichtigung des Vorsteuerabzugs führen. Die Finanzverwaltung sieht davon jedoch ab (*Rz. 33*).

Die Vorschrift enthält keine **zeitliche Begrenzung** – mangels einer Änderung der Verwendung gibt es keinen Berichtigungszeitraum i.S.d. § 15a Abs. 1 UStG – und könnte deshalb noch nach Jahrzehnten eingreifen.[1] Sie unterstreicht damit die Absurdität der Auffassung des BFH, dass für den Vorsteuerabzug der beabsichtigte Verzicht auf die Steuerbefreiung nach § 4 Nr. 9 Buchst. a UStG ausreiche (*Rz. 95*). Geht das Wirtschaftsgut vor der erstmaligen Verwendung unter, so hat **mangels Verwendung** keine Berichtigung des zu Unrecht gewährten Vorsteuerabzugs zu erfolgen.

99

§ 15a Abs. 2 UStG greift **nicht im umgekehrten Fall** ein, in dem das als Umlaufvermögen steuerfrei erworbene Wirtschaftsgut (Grundstück) entgegen der ursprünglichen Absicht nicht steuerfrei, sondern steuerpflichtig veräußert wird. Bei dieser Konstellation liegt eine Rechnung mit gesondertem Ausweis der Steuer als Voraussetzung für den erstmaligen Vorsteuerabzug nach § 15 Abs. 1 UStG erst im Besteuerungszeitraum der Verwendung vor, so dass sich die Verhältnisse i.S.d. § 15a Abs. 2 UStG nicht ändern.

100

**Beispiel**

Unternehmer K erwirbt in 2014 ein bebautes Grundstück von einem anderen Unternehmer V mittels einer steuerfreien Lieferung, welches er in gleicher Weise weiterzuliefern beabsichtigte. Ihm gelingt es jedoch, das Grundstück in 2015 steuerpflichtig zu veräußern (§ 4 Nr. 9 Buchst. a i.V.m. § 9 UStG), und vereinbart deshalb mit V, dass dieser nachträglich auf die Steuerfreiheit der Lieferung verzichtet. V erteilt dem K in 2015 eine entsprechende Rechnung mit der ausgewiesenen Steuer. K kann den Vorsteuerabzug nach § 15 UStG erst für den Besteuerungszeitraum 2015 vornehmen, da die Rechnungserteilung keine Rückwirkung hat (§ 15 Rz. 205 f.). Folglich haben sich die für den ursprünglichen Vorsteuerabzug maßgebenden Verhältnisse nicht geändert.

---

1 Vgl. Abschn. 15a.5 Abs. 2 Beispiel 2 UStAE.

101 § 15a Abs. 2 UStG ist ferner gem. § 15a Abs. 7 UStG von Bedeutung beim **Übergang** von der allgemeinen Besteuerung **zur Nichterhebung der Steuer** nach § 19 Abs. 1 UStG (Kleinunternehmer) und umgekehrt sowie beim Übergang von der allgemeinen Besteuerung **zur Durchschnittssatzbesteuerung** nach den §§ 23, 23a oder 24 UStG und **umgekehrt** (*Rz. 132 f.*). Auch bei einer **Einlage** muss ein nachträglicher Vorsteuerabzug gem. § 15a Abs. 2 UStG möglich sein (*Rz. 104*).

## VI. Nichtunternehmerische statt unternehmerischer Verwendung und umgekehrt

### 1. Allgemeines, Überblick

102 Wird ein **von der Vorsteuer entlastetes Wirtschaftsgut** auch für nichtunternehmerische Zwecke verwendet, so erfolgt die Berichtigung des Vorsteuerabzugs nicht nach § 15a UStG (*Rz. 64*), sondern nach § 1 Abs. 1 Nr. 1 i.V.m. § 3 Abs. 9a Nr. 1 UStG (**Nutzungsentnahme**, *§ 3 Rz. 164 ff.*). Erfolgt die nichtunternehmerische Verwendung des Wirtschaftsguts oder eines Teils davon auf Dauer, so kann der Tatbestand der Entnahme nach § 1 Abs. 1 Nr. 1 i.V.m. § 3 Abs. 1b UStG erfüllt sein (*§ 3 Rz. 61 ff.*). § 15a UStG greift insoweit nur bezüglich der Bemessungsgrundlage ein (*§ 10 Rz. 99 ff., 107 ff.*). Bei einem **Grundstück** (Gebäude), bei dem der Vorsteuerabzug teilweise nach § 15 Abs. 1b UStG ausgeschlossen war, wird die Verringerung der unternehmerischen Verwendung hingegen nicht von § 3 Abs. 9a Nr. 1 UStG, sondern von § 15a Abs. 6a UStG erfasst (*Rz. 110 ff.*); das gilt auch für die Entnahme (*Rz. 123*).

Darüber hinaus enthält § 15a UStG zwei (§ 15a Abs. 3 Satz 3 i.V.m. Satz 1 Alt. 1 UStG ist nicht anzuwenden, *Rz. 103 f.*) besondere Berichtigungstatbestände für die „**Entnahme**" bestimmter **sonstiger Leistungen** im Zusammenhang mit einem Gegenstand (§ 15a Abs. 3 Satz 3 i.V.m. Satz 1 Alt. 2 UStG [*Rz. 105 ff.*] und § 15a Abs. 4 UStG [*Rz. 108 f.*]).

Die Verwendung eines Wirtschaftsguts für **nichtwirtschaftliche Zwecke** ist nach Auffassung des EuGH keine Verwendung für unternehmensfremde Zwecke i.S.d. Art. 26 Abs. 1 Nr. 1 MwStSystRL, § 3 Abs. 9a Nr. 1 UStG, so dass der Vorsteuerabzug insoweit von vornherein ausgeschlossen sein soll (*§ 15 Rz. 154*). Verringert sich der Umfang der unternehmerischen Verwendung (Nutzung) des Wirtschaftsgutes, ist mangels Anwendbarkeit des § 3 Abs. 9a UStG der Vorsteuerabzug nach § 15a UStG zu berichtigen, was indes auf dasselbe hinausläuft (*Rz. 7*). Verringert sich der Umfang der nichtwirtschaftlichen, d.h. erhöht sich der Umfang der unternehmerischen Nutzung, so ist der Vorsteuerabzug ebenfalls nach § 15a UStG zu berichtigen (*Rz. 113*).

Erhöht sich der Umfang der unternehmerischen Verwendung eines unter § 15 Abs. 1b UStG fallenden, dem Unternehmen zugeordneten **Grundstücks**, ist gleichfalls § 15a UStG anzuwenden (*Rz. 116 ff.*). Nichts anderes kann richtigerweise bei einer nachträglichen Zuordnung eines Wirtschaftsguts zum Unternehmen (**Einlage**) oder bei der **Erweiterung** der **unternehmerischen Nutzung** eines nur teilweise dem Unternehmen zugeordneten Wirtschaftsguts gelten (*Rz. 126 ff.*).

## 2. Besondere Entnahmetatbestände

### a) Entnahme eines Bestandteils (Abs. 3 Satz 3 i.V.m. Satz 1 Alt. 1)

Wird ein Wirtschaftsgut entnommen, in das nachträglich ein Gegenstand als Bestandteil i.S.d. § 15a Abs. 3 Satz 1 Alt. 1 UStG eingebaut worden war (*Rz. 21*), und ist die Entnahme nicht nach § 3 Abs. 1b UStG zu besteuern, so soll nach dem Wortlaut des § 15a Abs. 3 Satz 3 UStG eine Änderung der Verhältnisse vorliegen. Gedacht ist dabei an den Fall, in dem ein ohne Vorsteuerabzug erworbenes Wirtschaftsgut entnommen wird, nachdem zuvor in dieses ein Bestandteil eingebaut worden war, für welches der Vorsteuerabzug vorgenommen worden war. Nach der zutreffenden Rechtsprechung beschränkt sich in diesem Fall der Umfang der Entnahme nach § 3 Abs. 1b UStG auf den von der Vorsteuer entlasteten Bestandteil (*§ 3 Rz. 67*). Voraussetzung einer derartigen Entnahmebesteuerung ist indes, dass im Zeitpunkt der Entnahme die durch den Einbau des Bestandteils eingetretene Werterhöhung noch nicht vollständig verbraucht ist.[1] Ist die Werterhöhung hingegen **verbraucht**, so soll nach Auffassung des **BMF** gleichwohl noch eine Vorsteuerberichtigung erfolgen, weil nämlich eine Änderung der Verhältnisse i.S.d. § 15a Abs. 3 Satz 3 UStG vorliege.[2]

103

Diese Auffassung ist **verfehlt**. Sowohl die Entnahmebesteuerung nach § 1 Abs. 1 Nr. 1 i.V.m. § 3 Abs. 1b i.V.m. § 10 Abs. 4 Satz 1 Nr. 1 UStG als auch die Berichtigung des Vorsteuerabzugs nach § 15a Abs. 3 Satz 3 UStG bezwecken die Korrektur eines vorgenommenen Vorsteuerabzugs wegen einer Überführung eines Wirtschaftsgutes in den nichtunternehmerischen (privaten) Bereich. Die Voraussetzungen der Entnahmebesteuerung werden indes durch Art. 16 MwStSystRL abschließend bestimmt. Folglich ist eine Korrektur nach § 15a Abs. 3 Satz 3 UStG unzulässig, wenn nach § 3 Abs. 1b UStG eine solche nicht mehr möglich ist, weil kein verbrauchbarer Wert mehr vorhanden ist, welcher entnommen werden kann. Die vom BMF gewählte Auslegung des § 15a Abs. 3 Satz 3 UStG ist insoweit **nicht mit Art. 16 MwStSystRL zu vereinbaren** und deshalb unzulässig.

104

### b) Entnahme einer sonstigen Leistung, die an einem Wirtschaftsgut ausgeführt worden war (Abs. 3 Satz 3 i.V.m. Satz 1 Alt. 2)

Wird ein Wirtschaftsgut, an dem eine sonstige Leistung ausgeführt worden war, für Zwecke, die außerhalb des Unternehmens liegen, entnommen und ist diese unentgeltliche Wertabgabe nicht nach § 3 Abs. 1b UStG zu besteuern, so liegt eine Änderung der Verhältnisse hinsichtlich dieser sonstigen Leistung vor, auf die § 15a Abs. 1 und 2 UStG entsprechend anzuwenden ist (§ 15a Abs. 3 Satz 3 i.V.m. Satz 1 Alt. 2 UStG). Die Entnahme eines Wirtschaftsgutes ist nicht als unentgeltliche Wertabgabe nach (§ 1 Abs. 1 Nr. 1 UStG i.V.m.) § 3 Abs. 1b UStG zu besteuern, wenn das Wirtschaftsgut nicht wenigstens teilweise von der Vorsteuer entlastet war (§ 3 Abs. 1b Satz 2 UStG). § 15a Abs. 3 Satz 3 i.V.m. Satz 1

105

---

1 EuGH v. 17.5.2001 – C-322/09, C-323/09, EuGHE 2001, I-4049 = UR 2001, 293 – Rz. 68 f.; BFH v. 18.10.2001 – V R 106/98, BStBl. II 2002, 551; vgl. auch Abschn. 3.3 Abs. 2 UStAE.
2 Abschn. 15a.6 Abs. 14 UStAE m. Beispiel.

§ 15a  Berichtigung des Vorsteuerabzugs

Alt. 2 UStG bezieht sich nicht nur auf dauerhaft dem Unternehmen zu dienen bestimmte Wirtschaftsgüter (Typus Anlagevermögen), sondern durch die Bezugnahme auf § 15a Abs. 2 UStG **auch** auf Wirtschaftsgüter des **Umlaufvermögens**.

106 **Beispiele**

(1) Der Unternehmer lässt ein von einer Privatperson gekauftes, für sein gewerbliches Unternehmen als Gegenstand des Anlagevermögens erworbenes Fahrzeug im Juni 2013 für 8000 € + 1520 € USt. lackieren und lässt ein Neuteil für 3000 € + 570 € USt. einbauen. Er erhält den Vorsteuerabzug in voller Höhe. Im Juni 2014 entnimmt er das Fahrzeug auf Dauer für private Zwecke.

Die Entnahme des Fahrzeuges als solches ist nicht steuerbar, weil bei dessen Erwerb kein Vorsteuerabzug möglich war (§ 3 Abs. 1b Satz 2 UStG); allerdings liegt eine nach § 3 Abs. 1b UStG steuerbare Entnahme des eingebauten Neuteils als Bestandteil vor (§ 3 Rz. 67). Die Lackierungsarbeiten stellen eine sonstige Leistung dar, die an dem Fahrzeug ausgeführt worden war (§ 15a Abs. 3 Satz 1 Alt. 2 UStG; Rz. 23). Die Entnahme des Fahrzeuges führt zu einer Änderung der Verhältnisse hinsichtlich der Verwendung der Lackierungsarbeiten, so dass die darauf entfallende Vorsteuer entsprechend § 15a Abs. 1 UStG zu berichtigen ist. Die Bagatellgrenze des § 44 Abs. 1 i.V.m. Abs. 4 UStDV (Rz. 152) ist überschritten. Folglich ist die Vorsteuer entsprechend § 15a Abs. 5 Satz 1 UStG in Höhe von $4/5$ von 1520 € für den Voranmeldungszeitraum Juni 2014 in einem Betrag (§ 44 Abs. 4 i.V.m. Abs. 3 Satz 2 UStDV) zu berichtigen. Die von § 44 Abs. 4 UStDV angeordnete entsprechende Anwendung des § 44 Abs. 3 Satz 2 UStDV bewirkt, dass die sonstige Leistung wie ein Wirtschaftsgut anzusehen ist, welches entnommen (sinngemäß: „nach § 3 Abs. 1b des Gesetzes geliefert") wurde (vgl. Rz. 159).

107 (2) Wie (1), nur dass der Unternehmer als Gebrauchtwagenhändler das später entnommene Fahrzeug zum Weiterverkauf erworben hatte.

In diesem Fall ist die Vorsteuer hinsichtlich der Lackierungsarbeiten an einem Wirtschaftsgut des Umlaufvermögens nach § 15a Abs. 3 Satz 3 i.V.m. Satz 1 i.V.m. Abs. 2 UStG für den Voranmeldungszeitraum der Entnahme in einem Betrag zu berichtigen (Rz. 166 f.).

**c) Dauerhafte nichtunternehmerische Verwendung einer Miet- o.ä. Sache im Fall der Vorauszahlung (Abs. 4)**

108 Bei sonstigen Leistungen i.S.d. § 15a Abs. 4 UStG (Rz. 34 ff.) ändern sich die für den Vorsteuerabzug maßgebenden Verhältnisse i.S.d. § 15a Abs. 1 UStG auch dann, wenn der gemietete (oder auf ähnlicher Rechtsgrundlage entgeltlich genutzte) Gegenstand, für den die **Anzahlung** bzw. **Vorauszahlung** getätigt worden war, in den folgenden Jahren **nicht mehr für unternehmerische Zwecke** verwendet wird. Bei zeitweiliger Privatnutzung kann die gebotene Vorsteuerberichtigung auch nach § 1 Abs. 1 Nr. 1 i.V.m. § 3 Abs. 9a Nr. 1 UStG erfolgen, indem die Vorauszahlung entsprechend dem Berichtigungszeitraum des § 15a Abs. 1 UStG pro rata temporis als Ausgaben i.S.d. § 10 Abs. 4 Nr. 2 UStG berücksichtigt wird. Steht die geänderte Verwendung hingegen **auf Dauer** fest, so kann nicht § 3 Abs. 1b UStG angewendet werden, weil keine Entnahme des gemieteten Gegenstandes als fiktive Lieferung angenommen werden kann. Folglich hat die Besteuerung des Letztverbrauchs durch eine Berichtigung des Vorsteuerabzugs nach § 15a Abs. 4 i.V.m. Abs. 1 UStG zu erfolgen. Die Berichtigung ist gem. § 44 Abs. 3 Satz 2 UStDV hinsichtlich des gesamten Berichtigungsvolumens bereits für den Voranmeldungszeitraum der „Entnahme" durchzuführen (dazu näher Rz. 159), weil nach § 44 Abs. 4 UStDV diese Regelung für die in

§ 15a Abs. 4 UStG bezeichneten sonstigen Leistungen entsprechend anzuwenden ist.

**Beispiel** 109

Wie Beispiel zu *Rz. 35*, nur dass das Fahrzeug ab 2015 ausschließlich für Zwecke außerhalb des Unternehmens verwendet wird. Die auf die Sondervorauszahlung entfallende Vorsteuer ist gem. § 15a Abs. 4 i.V.m. Abs. 1 UStG zu berichtigen.

Da das angemietete Fahrzeug auf Dauer zur nichtunternehmerischen (privaten) Nutzung „entnommen" wird, ist die Berichtigung gem. § 44 Abs. 4 i.V.m. Abs. 3 Satz 2 UStDV hinsichtlich des gesamten Berichtigungsvolumens bereits für den Voranmeldungszeitraum der „Entnahme" durchzuführen.

### 3. Änderung des Umfangs der nichtunternehmerischen Grundstücksverwendung (Abs. 6a)

Eine Änderung der Verhältnisse liegt auch bei einer Änderung der Verwendung 110 i.S.d. § 15 Abs. 1b UStG (dazu *§ 15 Rz. 387 ff.*) vor (§ 15a Abs. 6a UStG). Erfasst wird sowohl die **Verringerung** (*Rz. 114 ff.*) als auch die **Ausweitung** (*Rz. 116 ff.*) der unternehmerischen Verwendung (Nutzung) des Grundstücks. Die Vorschrift betrifft grundsätzlich nur die Berichtigung des anfänglich zu Recht nach § 15 Abs. 1b UStG vorgenommenen Vorsteuerabzugs. Ein dieser Vorschrift widersprechender Vorsteuerabzug ist, wie bei allen Verstößen gegen § 15 UStG, grundsätzlich nach den Berichtigungsvorschriften der Abgabenordnung zu korrigieren (*Rz. 6*). Sofern eine solche Korrektur nicht mehr möglich ist, kann indes im Rahmen einer Berichtigung nach § 15a UStG eine teilweise Kompensation des Fehlers erfolgen (*Rz. 138 f., 143*).

§ 15a Abs. 6a UStG bezieht sich unmittelbar auf § 15a Abs. 1 UStG, welcher be- 111 sagt, dass bei einer Änderung der für den ursprünglichen Vorsteuerabzug maßgebenden Verhältnisse für jedes Kalenderjahr der Änderung ein „Ausgleich" durch eine Berichtigung des Abzugs der auf die Anschaffungs- oder Herstellungskosten entfallenden Vorsteuerbeträge vorzunehmen ist. Folglich sind auch die Absätze 3 bis 5 des § 15a UStG anzuwenden, so dass auch die dort genannten **sonstigen Leistungen und nachträglichen Herstellungsmaßnahmen** erfasst werden.

Die Aussage des § 15a Abs. 6a UStG ist jedoch insofern **unpräzise**, als bei wort- 112 lautgetreuer Anwendung eine Vorsteuerberichtigung bereits dann vorzunehmen wäre, wenn sich das Verhältnis der unternehmerischen zur nichtunternehmerischen Verwendung ändert. Hinzu kommen muss indes, dass keine **Vorsteuerabzugsverbote** eingreifen, wie insbesondere nach § 15 Abs. 1a oder Abs. 2 UStG. Eine Änderung der Verwendung i.S.d. § 15 Abs. 1b UStG ist mithin nicht automatisch eine Änderung der „für den ursprünglichen Vorsteuerabzug maßgebenden Verhältnisse", wie sie § 15a Abs. 1 Satz 1 UStG verlangt, sondern nur dann, wenn der Vorsteuerabzug im Falle der Verringerung nicht schon nach § 15 Abs. 1a oder Abs. 2 UStG ausgeschlossen war oder im Falle der Ausweitung der unternehmerischen Verwendung nach diesen Vorschriften ausgeschlossen ist.

§ 15a Abs. 6a UStG ist auf Grund eines **Erst-recht-Schlusses** auch dann anzu- 113 wenden, wenn sich der Umfang der **Verwendung für nichtwirtschaftliche Tätig-**

keiten verändert (§ 15 Rz. 159). Demgegenüber soll nach Auffassung des BMF die Vorschrift bei einer Verringerung der nichtwirtschaftlichen Nutzung nur aus Billigkeitsgründen anzuwenden sein[1], während bei einer Erhöhung § 3 Abs. 9a Nr. 1 UStG eingreifen soll[2], obwohl nach Auffassung des EuGH eine Verwendung für nichtwirtschaftliche Zwecke keine Verwendung für unternehmensfremde Zwecke i.S.d. Art. 26 Abs. 1 Buchst. a MwStSystRL ist (§ 15 Rz. 154), welcher für die Auslegung des § 3 Abs. 9a Nr. 1 UStG maßgebend ist.

### a) Verringerung der unternehmerischen Verwendung

114 Die Verringerung der unternehmerischen Verwendung des Grundstücks kann eine zeitweilige oder eine dauerhafte sein. Die **dauerhafte** Verringerung der unternehmerischen Verwendung (*Beispiel*: Umbau eines bislang unternehmerisch genutzten Raumes für Wohnzwecke) führt zu einer **Entnahme** (§ 1 Abs. 1 Nr. 1 i.V.m. § 3 Abs. 1b UStG) des fortan nicht mehr unternehmerisch genutzten **Grundstücksteils**, welche analog § 4 Nr. 9 Buchst. a UStG steuerfrei ist (*§ 4 Nr. 9 Rz. 26*) und zu einer Berichtigung des Vorsteuerabzugs nach § 15a Abs. 8 Satz 1 UStG führen kann.

115 Anderenfalls bewirkt die Verringerung des Umfangs der unternehmerischen Nutzung eine Erweiterung der Verwendung für Zwecke, die außerhalb des Unternehmens liegen, und würde grundsätzlich von § 3 Abs. 9a Nr. 1 UStG erfasst und als Umsatz nach § 1 Abs. 1 Nr. 1 UStG besteuert werden. **§ 15a Abs. 6a UStG geht** jedoch **vor** (§ 3 Abs. 9a Nr. 1 Halbs. 2 UStG; *§ 3 Rz. 164*). Allerdings bewirkt das **keine materielle Änderung**, weil auch bei Besteuerung der **Nutzungsentnahme** nach § 3 Abs. 9a Nr. 1 UStG als Bemessungsgrundlage nur die den Vorsteuerberichtigungsbeträgen entsprechenden anteiligen Anschaffungs- oder Herstellungskosten erfasst würden (§ 10 Abs. 4 Satz 1 Nr. 2 Sätze 2 und 3 UStG) und richtigerweise der Steuersatz anzuwenden wäre, der dem ursprünglichen Vorsteuerabzug zugrunde lag (*§ 12 Rz. 14 f.*).[3]

### b) Ausweitung der unternehmerischen Verwendung

116 **aa)** § 15a Abs. 6a UStG erlaubt für den umgekehrten Fall der Ausweitung der unternehmerischen Verwendung des Grundstücks die **Nachholung** eines anteiligen **Vorsteuerabzugs**. Damit wird der Wegfall der bisherigen Möglichkeit kompensiert, bei einer Verringerung der nichtunternehmerischen Nutzung über eine entsprechend verminderte Besteuerung der Nutzungsentnahme (§ 1 Abs. 1 Nr. 1 i.V.m. § 3 Abs. 9a Nr. 1 UStG) die anteilige Vorsteuer nicht zurückzahlen zu müssen.

117 Die Berichtigung des Vorsteuerabzugs, d.h. die nachträgliche Vergütung der anteiligen Umsatzsteuer, die auf den nunmehr ebenfalls unternehmerisch genutzten Gebäudeteil entfällt, erfolgt nach den Regeln des § 15a Abs. 5 UStG, d.h. **pro rata temporis**. Die Umkehrung des Gedankens, welcher § 44 Abs. 3 Satz 2 UStDV zugrunde liegt, wonach bei einer Entnahme die gesamte Vorsteuer, wel-

---
1 Abschn. 3.4 Abs. 5a Satz 5 i.V.m. Abschn. 15a.1 Abs. 7 UStAE.
2 Abschn. 3.4 Abs. 5a Satz 4 UStAE.
3 A.A. *Reiß*, UR 2010, 797 (813 f.).

che auf den restlichen Berichtigungszeitraum entfällt, in einem Betrag zurückzuzahlen ist, gilt nicht. Folglich wird bei einer Erweiterung der unternehmerischen Nutzung des Gebäudes nicht das auf den restlichen Berichtigungszeitraum entfallende Vorsteuervolumen sogleich in Einem vergütet.

**bb) Voraussetzung** dieser Vorsteuerberichtigung ist eine „Änderung der Verwendung im Sinne des § 15 Absatz 1b". Eine solche liegt nach Auffassung der Bundesregierung nur dann vor, wenn das Wirtschaftsgut (**Grundstück** oder der betreffende Grundstücksteil) dem **Unternehmen zugeordnet** ist. Sofern das nicht der Fall ist, soll eine Korrektur der Vorsteuer nach § 15a UStG ausgeschlossen sein.[1] Erforderlich soll mithin sein, dass das Wirtschaftsgut bereits beim Erwerb dem Unternehmen zugeordnet worden war.[2] Die Konstellation der echten Einlage eines Grundstücks oder Grundstücksteils kann mithin nach Auffassung der Bundesregierung weiterhin nicht zu einer Nachholung eines anteiligen Vorsteuerabzugs nach den Regeln des § 15a UStG führen. Das entspricht zwar der Ansicht des EuGH[3], wird dadurch jedoch nicht weniger verfehlt (*Rz. 126 ff.*). Auch aus Art. 168a Abs. 1 Unterabs. 2 MwStSystRL soll wohl folgen, dass die Vorsteuerberichtigung nur für Grundstücke in Betracht kommen soll, die dem Unternehmen zugeordnet sind. Zwingend ist das allerdings nicht, denn diese Bestimmung regelt eigentlich nur, dass die Änderungen „abweichend von Artikel 26" nach den Art. 184 ff. MwStSystRL behandelt werden, und betrifft insoweit nur die Verringerung der unternehmerischen Nutzung. 118

Die Sichtweise der Bundesregierung und des EuGH ist **willkürlich**, da es keinen sachlichen Grund gibt[4], weshalb es aus *umsatzsteuerrechtlicher* Warte für die Vorsteuerentlastung darauf ankommen soll, ob das Wirtschaftsgut vollständig oder nur zum Teil dem Unternehmen zugeordnet ist. Allein maßgebend darf nur sein, ob ein Wirtschaftsgut für zum Vorsteuerabzug berechtigende Zwecke **verwendet** wird. Das Gebot der Wettbewerbsneutralität verlangt dann, dass ab dem Zeitpunkt der erstmaligen Verwendung des Wirtschaftsguts für unternehmerische Zwecke eine Vorsteuerentlastung der anteiligen „Kosten" erfolgt. In **Art. 1 Abs. 2 Unterabs. 2 MwStSystRL** ist das unmissverständlich festgeschrieben: „abzüglich des Mehrwertsteuerbetrages geschuldet, der die verschiedenen Kostenelemente unmittelbar belastet hat". Kosten entstehen erst durch die *Verwendung* des Wirtschaftsgutes (Investitionsgutes) für die unternehmerische Leistungserbringung, unabhängig davon, ob das Wirtschaftsgut zuvor dem Unternehmen oder dem Privatbereich zugeordnet war. Dem entspricht es, dass das **Umsatzsteuerrecht** (Mehrwertsteuerrecht) **kein Unternehmensvermögen** kennt, da nicht Vermögensveränderungen, sondern Umsätze besteuert werden (*§ 1 Rz. 105*).[5] 119

Es ist deshalb fraglich, worin sich bei Unternehmern, welche den nicht unternehmerisch genutzten Gebäudeteil nicht ertragsteuerrechtlich als (gewillkürtes) 120

---

[1] RegE JStG 2010, BT-Drucks. 17/2249 – Begr. zu Artikel 4 Nummer 10 Buchst. a; ebenso Abschn. 15.6a Abs. 5 Satz 3, Abs. 7 Beisp. 1 Satz 9 UStAE.
[2] Abschn. 15a.1 Abs. 6 UStAE.
[3] EuGH v. 23.4.2009 – C-460/07, EuGHE 2009, I-3251 = UR 2009, 410 – Rz. 44.
[4] *Stadie*, UR 2011, 125 (146); *Wäger*, UR 2012, 25 (28).
[5] Siehe auch *Stadie* in R/D, § 15 UStG Anm. 1062 ff.

§ 15a  Berichtigung des Vorsteuerabzugs

Betriebsvermögen behandelt haben oder mangels Betriebsvermögen nicht als solches behandeln können, die **Zuordnung** zum Unternehmen **manifestieren** soll. Das ansonsten für die Zuordnung eines Gegenstandes maßgebende Beweisanzeichen der Geltendmachung des Vorsteuerabzugs kommt nicht in Betracht, weil der Vorsteuerabzug gerade ausgeschlossen ist. Für diesen Fall sollen nach Auffassung des BFH andere **Beweisanzeichen**, die indes auch nicht ansatzweise angedeutet werden, heranzuziehen sein.[1] Die **Finanzverwaltung verlangt** eine entsprechende schriftliche **Erklärung gegenüber** dem **Finanzamt**.[2] Eine solche ist allerdings vom Gesetz nicht vorgesehen und kann deshalb auch nicht verlangt werden. In Betracht käme allenfalls, dass der Unternehmer im Zeitpunkt der Fertigstellung des Gebäudes auf einem Schriftstück erklärt, dass er das Gebäude vollen Umfangs dem Unternehmen zuordnet, und das Schriftstück zu seinen Unterlagen nimmt.

121 Nicht erst damit wird deutlich, dass das Erfordernis der Zuordnung sachwidrig ist, weil es zur Erreichung des Gesetzeszwecks ungeeignet ist und deshalb zu **willkürlichen Rechtsfolgen**, d.h. zu einem Verstoß gegen das Gleichbehandlungsgebot, führt. Wenn zwei Unternehmer, die das Gleiche tun, nämlich ein Gebäude in erweitertem Umfang unternehmerisch zu nutzen, unterschiedlich behandelt werden, weil nur derjenige, der das genannte Schriftstück verfasst oder dem Finanzamt gegenüber die Zuordnung erklärt hatte, später eine Vorsteuerentlastung erhält, dann ist das ein sachwidriges Differenzierungskriterium, welches mit dem Gesetzeszweck nichts zu tun hat.

122 Das **Erfordernis** der **Zuordnung** des Grundstücks (Gebäudes) im Zeitpunkt des Erwerbs muss mithin **leerlaufen**. Die einzig sachgerechte Gesetzesauslegung ist es, im Hinblick auf den Entlastungszweck des Vorsteuerabzugs (*Rz. 3 i.V.m. § 15 Rz. 2*) zu **unterstellen**, dass das Grundstück in vollem Umfang dem Unternehmen **zugeordnet** worden war. Nachteilige Rechtsfolgen sind daran nicht geknüpft, weil bei einer späteren Entnahme des Grundstücksteils keine umsatzsteuerrechtliche Belastung eintritt, da die Entnahme in Abhängigkeit vom Vorsteuerabzug nicht steuerbar (§ 3 Abs. 1b Satz 2 UStG) bzw. steuerfrei ist (*§ 4 Nr. 9 Rz. 26*) und aus der umsatzsteuerrechtlich unterstellten Zuordnung nicht auch die ertragsteuerrechtliche Zuordnung folgt.

**c) Veräußerung oder Entnahme des Wirtschaftsguts (Abs. 8 Satz 2)**

123 Nach § 15a Abs. 8 Satz 2 UStG liegt eine Änderung der Verhältnisse im Sinne des Satzes 1 bei einer Veräußerung oder Entnahme des Wirtschaftsguts auch bei einer Änderung der Verwendung i.S.d. § 15 Abs. 1b UStG vor. Nach § 15a Abs. 8 Satz 1 UStG ist eine Änderung der Verhältnisse anzunehmen, wenn das Wirtschaftsgut innerhalb des Berichtigungszeitraums veräußert (*Rz. 79*) oder nach § 3 Abs. 1b UStG geliefert wird und dieser Umsatz anders zu beurteilen ist als die für den ursprünglichen Vorsteuerabzug maßgebliche Verwendung. Eine derartige **Änderung der Verhältnisse** kann insbesondere dadurch eintreten, dass das Grundstück

---

1 BFH v. 8.10.2008 – XI R 58/07, BStBl. II 2009, 394.
2 Abschn. 15.2c Abs. 18 Satz 3, Abschn. 15.6a Abs. 7 Beisp. 1 Satz 6 UStAE.

Änderung der Verhältnisse § 15a

- steuerfrei (§ 4 Nr. 9 Buchst. a UStG) veräußert wird[1],
- unter Verzicht auf die Steuerbefreiung der Lieferung (§ 9 UStG) steuerpflichtig veräußert wird (*Rz. 91 Beisp.* 5 gilt entprechend)[2], oder
- steuerfrei entnommen wird (Lieferung nach § 3 Abs. 1b UStG, s. *Rz. 75*), weil die teilweise unternehmerische Verwendung aufgegeben wird (*Rz. 91 Beisp. 4* gilt entsprechend).

Der **Regierungsbegründung** zufolge soll die Berichtigung des Vorsteuerabzugs nach § 15a Abs. 8 Satz 2 UStG verhindern, dass bei einem wirksamen Verzicht auf die Steuerbefreiung (§ 9 UStG) der Veräußerung oder Entnahme (dazu *Rz. 125*) eines Wirtschaftsguts i.S.d. § 15 Abs. 1b UStG eine Steuerkumulation eintritt.[3] Diese Begründung ist indes **falsch**. Wenn es § 15a Abs. 8 Satz 2 UStG nicht gäbe, würde nicht der Erwerber mit Umsatzsteuer auf Umsatzsteuer belastet werden, sondern es gelänge vielmehr dem Veräußerer nicht, die anderenfalls bei ihm nicht abgezogene Vorsteuer auf den Erwerber als Teil des Preises abzuwälzen.[4] 124

Bei einer **Entnahme** des Grundstücks oder eines Grundstücksteils in Gestalt einer Schenkung kann sich entgegen der Auffassung der Bundesregierung die Frage des Verzichts auf die Steuerbefreiung gar nicht stellen, weil die **unentgeltliche Lieferung** mangels vorgenommenen Vorsteuerabzugs schon nach § 3 Abs. 1b Satz 2 UStG nicht steuerbar ist (*Rz. 82*); zudem wäre bei einer unentgeltlichen Lieferung ohnehin kein Verzicht möglich (*§ 9 Rz. 18*), so dass insoweit kein Raum für die Anwendung des § 15a Abs. 8 Satz 2 UStG ist. 125

### 4. Einlage eines Wirtschaftsgutes aus dem nichtunternehmerischen (privaten) Bereich

Verwendet der Unternehmer ein eigenes (auch geschenkt erworbenes) Wirtschaftsgut **nach anfänglicher privater** (nichtunternehmerischer) **Nutzung** zukünftig auf Dauer **im Unternehmen** (Einlage), so liegt nach dem Wortlaut des § 15a Abs. 1 UStG eine Änderung der für den ursprünglichen Vorsteuerabzug maßgeblichen Verhältnisse vor, so dass der Vorsteuerabzug nach § 15a UStG anteilig nachgeholt werden könnte. Entsprechendes müsste gelten, wenn ein Wirtschaftsgut (insbesondere Gebäude) nur zum Teil dem Unternehmen zugeordnet worden war und später auch der übrige Teil für unternehmerische Zwecke verwendet wird. Gleichwohl wird die Anwendung des § 15a UStG bzw. des Art. 187 MwStSystRL in diesen Fällen von der h.M. verneint.[5] Auch nach Auffassung des 126

---
1 Dazu Abschn. 15.6a Abs. 7 Beisp. 5a UStAE.
2 Dazu Abschn. 15.6a Abs. 7 Beisp. 5b UStAE; *Stadie* in R/D, § 15 UStG Anm. 1071 – Beispiel.
3 RegE JStG 2010, BT-Drucks. 17/2249 – Begr. zu Art. 4 Nr. 10 Buchst. b.
4 Dazu näher *Stadie* in R/D, § 15 UStG Anm. 1071 – Beispiel.
5 Vgl. BFH v. 11.11.1993 – XI R 51/90, BStBl. II 1994, 582 (584); BFH v. 11.4.2008 – V R 10/07, BStBl. II 2009, 741 = UR 2008, 750 – Einlage in *später entstandenes* Unternehmen; BFH v. 1.12.2010 – XI R 28/08, BStBl. II 2011, 994 – Rz. 25; Abschn. 15.2a Abs. 12 Satz 2, Abschn. 15.9 Abs. 2 Satz 4, Abschn. 15a.1 Abs. 6 UStAE; vgl. auch BFH v. 19.5.1988 – V R 115/83, BStBl. II 1988, 916 (920); a.A. nur BFH v. 11.12.1986 – V R 57/76, BStBl. II 1987, 233 (236).

**§ 15a**

EuGH[1] kommt eine Berichtigung des Vorsteuerabzugs nach Art. 187 MwSt-SystRL nicht in Betracht, wenn beim Erwerb des Gegenstandes nicht „als Steuerpflichtiger" gehandelt, d.h. der Gegenstand nicht für das Unternehmen erworben wurde. Diese Interpretation des Art. 187 MwStSystRL durch den EuGH hat schon mit dem Wortlaut rein gar nichts zu tun. Schlicht abwegig ist auch die Begründung des EuGH, dass, da der Anspruch auf Vorsteuerabzug anfänglich nicht entstanden sei, er nicht nachträglich entstehen könne.[2]

127 Vor allem aber muss erschrecken, dass der EuGH mit keiner Silbe auf den mit Händen zu greifenden **Zweck** des Art. 187 MwStSystRL abstellt, welcher in **Art. 192** MwStSystRL als **Grundsatz** formuliert ist und allen Berichtigungstatbeständen ungeschrieben zugrunde liegt. Die Vorsteuerberichtigungen sollen nämlich gewährleisten, dass dem Steuerpflichtigen „weder ungerechtfertigte Vorteile noch ungerechtfertigte Nachteile entstehen". Das Gebot der **Wettbewerbsneutralität** (in der Sprache des EuGH: **Neutralitätsgrundsatz**; *Vorbem. Rz. 78*) der Umsatzsteuer verlangt, dass die Umsatzsteuer nicht zu einer Kostenbelastung des Unternehmers bei seinen besteuerten Umsätzen führt.[3] Die danach gebotene **Umsatzsteuerentlastung** darf **nicht von** der **Zufälligkeit** der erstmaligen Verwendung (unternehmerisch oder privat) **abhängen**; das wäre willkürlich. Würde der Unternehmer bei der Einlage eines Wirtschaftsgutes nicht von der anteiligen Umsatzsteuer entlastet werden, so müsste er diese bei seiner Preiskalkulation berücksichtigen und wäre damit gegenüber demjenigen Konkurrenten benachteiligt, der ein entsprechendes Wirtschaftsgut von Anfang für das Unternehmen bezogen hatte.[4]

Es ist auch kein sachlicher Grund dafür ersichtlich, dass die **Umkehrung** des Prinzips der **Entnahmebesteuerung** (§ 3 Abs. 1b und Abs. 9a i.V.m. § 10 Abs. 4 UStG bzw. Art. 16 und Art. 26 i.V.m. Art. 75 MwStSystRL) nicht gelten soll.[5] So wie beim Erwerb des Wirtschaftsgutes für das Unternehmen die vollständige Entlastung von der Umsatzsteuer auf Grund der Regeln über die Entnahmebesteuerung unter dem Vorbehalt steht, dass das Wirtschaftsgut auch nur im Unternehmen verwendet wird, so steht umgekehrt die Umsatzsteuerbelastung unter dem Vorbehalt, dass das Wirtschaftsgut auch tatsächlich nur im privaten Bereich verbraucht wird. Es vermag auch nicht einzuleuchten, warum nur bei einer Änderung der Verhältnisse aus der Sicht des § 15 Abs. 2 UStG („steuerpflichtige" statt „steuerfreier" Verwendung) bzw. des Art. 168 MwStSystRL (sowie beim Übergang von der Nichtbesteuerung der Kleinunternehmer zur Regelbesteuerung; *Rz. 133*) eine Nachholung eines anteiligen Vorsteuerabzugs möglich sein soll, nicht jedoch beim Wechsel von privater zu unternehmerischer Verwendung, obwohl zwischen privatem Gebrauch und der Verwendung

---

1 EuGH v. 11.7.1991 – C-97/90, EuGHE 1991, I-3795 = UR 1991, 291; EuGH v. 2.6.2005 – C-378/02, EuGHE 2005, I-4685 = UR 2005, 437; EuGH v. 23.4.2009 – C-460/07, EuGHE 2009, I-3251 = UR 2009, 410 – Rz. 44.
2 Ausführliche Kritik bei *Stadie* in R/D, § 15 UStG Anm. 1381 ff.
3 Vgl. EuGH v. 30.3.2006 – C-184/04, EuGHE 2006, I-3039 = UR 2006, 530 – Rz. 40; „Berichtigung der Abzüge notwendig, um eine Doppelbesteuerung der auf der Vorstufe getätigten Ausgaben zu vermeiden, und zwar unabhängig davon, dass die Besteuerung die Folge der Entscheidung des Steuerpflichtigen ist".
4 Vgl. die *Beispiele* bei *Stadie* in R/D, § 15 UStG Anm. 1383 u. 1387.
5 Vgl. *Stadie* in R/D, § 15 UStG Anm. 1385.

i.S.d. § 15 Abs. 2 UStG (bzw. des § 19 Abs. 1 UStG) im Ergebnis kein Unterschied besteht.

Der **Zweck** der Umsatzbesteuerung und des Vorsteuerabzugs verlangt nach alledem, dass als Änderung der Verhältnisse i.S.d. § 15a UStG auch die Verwendung eines ursprünglich privat erworbenen Wirtschaftsgutes (oder eines Teils davon) für unternehmerische Zwecke verstanden wird.[1] Das entspricht dem klaren **Wortlaut** des § 15a Abs. 1 UStG (Änderung der „für den ursprünglichen Vorsteuerabzug maßgeblichen Verhältnisse") und des Art. 187 Abs. 2 Unterabs. 2 MwStSystRL („Berichtigung ... entsprechend den Änderungen des Rechts auf Vorsteuerabzug, die in den folgenden Jahren gegenüber dem Recht für das Jahr" des Erwerbs eingetreten sind). Es ist kein Grund ersichtlich, der für eine restriktive Auslegung sprechen könnte. 128

Die Einfügung des **Art. 168a Abs. 1 Unterabs. 2 MwStSystRL** bzw. des **§ 15a Abs. 6a UStG** für **Grundstücke** ist **keine Lösung** des Problems, wenn sich eine Person erst nach Erwerb des Grundstücks zu einer unternehmerischen Tätigkeit entschließt. Es ist schlicht **willkürlich**, die Vorsteuerabzugsberechtigung vom Zufall des Anschaffungszeitpunktes abhängig zu machen.[2]

Bei einem **geschenkt** erworbenen Wirtschaftsgut bedarf es der Überlassung der Rechnung(en). Dass diese auf den Schenker lauten, ist ohne Belang (vgl. *§ 15 Rz. 196*; zur Einlage von Wirtschaftsgütern, die **unentgeltlich von anderen Unternehmern erworben** wurden, s. *Rz. 175 ff.*). 129

## 5. Zeitweilige unternehmerische Nutzung (Nutzungseinlage)

Wird ein Wirtschaftsgut (Investitionsgut) aus dem Privatbereich (nichtunternehmerischen Bereich) nicht auf Dauer in das Unternehmen eingelegt, sondern nur zeitweilig für das Unternehmen genutzt (sog. **Nutzungseinlage**), oder wird ein Wirtschaftsgut beim Erwerb nicht dem Unternehmen zugeordnet, weil der Umfang der unternehmerischen Verwendung geringer ist als das Maß der nichtunternehmerischen Nutzung (entgegen h.M. darf in diesem Fall ohnehin keine Zuordnung zum Unternehmen in Betracht kommen; *§ 15 Rz. 331*), so erfordert der Neutralitätsgrundsatz (*Rz. 3*), dass ein zeitanteiliger Abzug der auf das Wirtschaftsgut entfallenden Vorsteuern in Betracht kommt. Demgegenüber gewährt das **BMF** einen Abzug nur hinsichtlich der unmittelbar durch die unternehmerische Nutzung anfallenden Vorsteuern (*§ 15 Rz. 136*). Diese Auffassung ist aus den gleichen Gründen wie bei der dauerhaften Einlage eines Wirtschaftsgutes (*Rz. 126 ff.*) **abzulehnen**. Sie verkennt, dass im Umfang der unternehmerischen Verwendung kein Letztverbrauch vorliegt, so dass insoweit keine Umsatzsteuerbelastung gerechtfertigt ist. 130

Richtigerweise ist hinsichtlich der **gesamten** variablen und fixen **Kosten** grundsätzlich eine Berichtigung der auf diese entfallenden Vorsteuerbeträge nach Maßgabe des § 15a UStG zulässig, indem ein entsprechender **anteiliger Vorsteu-** 131

---

[1] *Stadie*, Vorsteuerabzug, S. 243 ff.; *Stadie*, DStJG 13 (1990), S. 179 (193 ff.); zust. *Lechner*, DStJG 13 (1990), S. 39 (52); *Tumpel* in FS Reiß 2008, S. 123 (136); *Englisch* in T/L, § 17 Rz. 331 u. 338; unklar *Reiß* in T/L, 20. Aufl. 2010, § 14 Rz. 157 und Rz. 176.
[2] Vgl. die Beispiele 1 und 2 bei *Stadie* in R/D, § 15 UStG Anm. 1387.

erabzug nachträglich vorgenommen werden darf. Bezüglich der auf die Anschaffungs- oder Herstellungskosten entfallenden Vorsteuerbeträge ist die Berichtigung gem. § 15a Abs. 1, 2 oder 6 UStG, hinsichtlich der Vorsteuerbeträge, die auf sonstige Leistungen entfallen, deren Verwendung sich über einen Zeitraum erstreckt, nach § 15a Abs. 3 Satz 1 Alt. 2 bzw. Abs. 4 UStG vorzunehmen.[1] Aus dem § 45 UStDV zugrunde liegenden Gedanken folgt allerdings, dass **nur für volle Kalendermonate** eine Berichtigung in Betracht kommt. Hinzukommen muss, dass die unternehmerische Nutzung während dieser Zeit **zumindest 10 v.H.** ausmacht (Gedanke des § 15 Abs. 1 Satz 2 UStG).

## VII. Übergang von der allgemeinen Besteuerung zu einer Sonderregelung und umgekehrt (Abs. 7)

132 Eine Änderung der Verhältnisse ist auch beim **Übergang** von der allgemeinen Besteuerung **zur** Nichterhebung der Steuer nach § 19 Abs. 1 UStG – **Kleinunternehmerbefreiung** – und umgekehrt und beim Übergang von der allgemeinen Besteuerung zur **Durchschnittssatzbesteuerung** nach den §§ 23, 23a UStG (Vorsteuerpauschalierung) oder 24 UStG (**land- und forstwirtschaftlicher Betrieb**) und umgekehrt gegeben (§ 15a Abs. 7 UStG). Hierbei handelt es sich nur um eine **Klarstellung**[2], da bei Anwendung einer solchen Sonderregelung ein Vorsteuerabzug hinsichtlich der konkreten Eingangsleistungen ausgeschlossen ist (§ 19 Abs. 1 Satz 4 UStG) bzw. der pauschalierte Vorsteuerabzug sich nicht an diesen orientiert (vgl. zu § 24 Abs. 1 UStG *§ 24 Rz. 1 f.*). Folglich liegt in den Fällen des Übergangs eine Änderung der Verhältnisse, die für den ursprünglichen Vorsteuerabzug maßgebend waren, vor, so dass der Vorgang schon von § 15a Abs. 1 und Abs. 2 UStG erfasst wird.[3] § 15a Abs. 7 UStG stellt klar, dass nicht nur diese Bestimmungen für Wirtschaftsgüter des **Anlage-** und **Umlaufvermögens** (*Rz. 102*) gelten, sondern dass auch § 15a Abs. 3 UStG anzuwenden ist. Somit ist auch bei den dort genannten **Einbauten** und **sonstigen Leistungen** an einem Wirtschaftsgut, insbesondere bei **Erhaltungsaufwendungen** (*Rz. 21 ff.*) eine Vorsteuerberichtigung vorzunehmen. Da § 15a Abs. 7 UStG bestimmt, dass (auch) in den Übergangsfällen eine Änderung der Verhältnisse i.S.d. § 15a Abs. 1 bis 3 UStG gegeben ist, hat mithin eine Berichtigung des Vorsteuerabzugs auch bei den sonstigen Leistungen i.S.d. § 15a Abs. 4 UStG, d.h. bei An- oder **Vorauszahlungen** für gemietete Gegenstände (*Rz. 34 ff.*), und den **nachträglichen Anschaffungs-** oder **Herstellungskosten** i.S.d. § 15a Abs. 6 UStG (*Rz. 16 f.*) zu erfolgen.

133 Der Vorsteuerabzug ist nicht nur beim **Übergang** von der allgemeinen Besteuerung (Regelbesteuerung) zur Nichtbesteuerung oder zur Durchschnittssatzbesteuerung zu berichtigen, sondern auch im umgekehrten Fall des Übergangs

---

[1] Für die übrigen Vorsteuern gilt die Umkehrung des Gedankens, welcher der Besteuerung der Nutzungsentnahme nach § 3 Abs. 9a Nr. 1 i.V.m. § 10 Abs. 4 Satz 1 Nr. 2 UStG zugrunde liegt; *Stadie* in R/D, § 15 UStG Anm. 1400.

[2] Vgl. Reg.-Begr. zu Art. 5 Nr. 11 EURLUmsG-E, BR-Drucks. 605/04 – zu § 15a Abs. 7 UStG.

[3] Bei Gegenständen des Anlagevermögens galt das auch schon nach § 15a Abs. 1 UStG aF, d.h. **vor 2005**; vgl. BFH v. 17.6.2004 – V R 31/02, BStBl. II 2004, 858 – zu § 19 UStG; BFH v. 16.12.1993 – V R 79/91, BStBl. II 1994, 339; BFH v. 6.12.2001 – V R 6/01, BStBl. II 2002, 555 – zu § 24 UStG.

von der Nichtbesteuerung der Kleinunternehmer bzw. von der Durchschnittssatzbesteuerung[1] **zur Regelbesteuerung.** In diesen Fällen ist der Vorsteuerabzug nach den Regeln des § 15a Abs. 5 bzw. Abs. 2 UStG **nachzuholen** (*Rz. 141 ff.* bzw. *165*).

Eine Berichtigung des Vorsteuerabzugs nach den Regeln des § 15a UStG hat ferner dann zu erfolgen, wenn ein **Wirtschaftsgut** oder gleichgestellter Wert von einem Betrieb, der der allgemeinen Besteuerung unterliegt, in einen Betrieb, für den eine Sonderregelung gilt (insbesondere **land- und forstwirtschaftlicher Betrieb**), „verlagert" wird (und umgekehrt), weil es bzw. er nicht mehr für diesen, sondern für jenen verwendet wird.[2] Entsprechendes gilt, wenn bei entsprechend gemischter Verwendung sich das **Nutzungsverhältnis ändert**.[3]

134

## VIII. Einkommensteuerabzugsschädliche statt unschädlicher Verwendung eines abnutzbaren Wirtschaftsguts i.S.d. § 15 Abs. 1a und umgekehrt

Bei Änderung der Verhältnisse i.S.d. § 15 Abs. 1a UStG, d.h. bei Aufwendungen, die unter bestimmte **einkommensteuerrechtliche Abzugsverbote** nach § 4 Abs. 5 EStG fallen, findet eine Berichtigung des Vorsteuerabzugs grundsätzlich nach § 17 Abs. 2 Nr. 5 UStG statt. Diese Bestimmung erfasst indes **nicht** entsprechende Verwendungsänderungen **bei abnutzbaren Wirtschaftsgütern**, weil die Vorschrift nur die Berichtigung des *gesamten* Vorsteuerabzugs im Auge hat. War ein abnutzbares Wirtschaftsgut anfänglich für abzugsschädliche Zwecke (z.B. als Gästehaus i.S.d. § 4 Abs. 5 Nr. 3 EStG) verwendet worden und wird es später für abzugsunschädliche Zwecke genutzt, so ist folglich eine Änderung der Verhältnisse i.S.d. § 15a Abs. 1 UStG gegeben, da sich die für den ursprünglichen Vorsteuerabzug maßgebenden Verhältnisse geändert haben. Entsprechendes gilt für den umgekehrten Fall, in dem ein Gebäude oder ein anderes Objekt erst später für abzugsschädliche Zwecke verwendet wird.

135

## IX. Gesetzesänderung

Eine Änderung der Verhältnisse, die für den ursprünglichen Vorsteuerabzug maßgebend waren, kann nicht nur auf tatsächlichem Gebiet, d.h. durch die Art der Nutzung des Wirtschaftsgutes, sondern auch durch Gesetzesänderungen eintreten[4], namentlich in Form der **Einschränkungen** oder **Erweiterungen** von **Steuerbefreiungstatbeständen**, Vorsteuerabzugsverboten oder des Unternehmerbegriffes.

136

Auch bei der Einführung einer Steuerbefreiung oder der Beschränkung der Verzichtsmöglichkeiten nach § 9 UStG darf im Rahmen des § 15a UStG grundsätz-

137

---

1 Zur Vorsteuerberichtigung bei der **Aufgabe** oder **Veräußerung** eines **land- und forstwirtschaftlichen Betriebes** s. Abschn. 15a.9 Abs. 7 UStAE.
2 Abschn. 15a.9 Abs. 6 UStAE.
3 Abschn. 15a.9 Abs. 5 UStAE.
4 BFH v. 14.5.1992 – V R 79/87, BStBl. II 1992, 983; vgl. auch BFH v. 22.2.2001 – V R 77/96, BStBl. II 2003, 426 (430 a.E.) = UR 2001, 260 (264 a.E.); ferner zu Art. 184 ff. MwStSystRL EuGH v. 29.4.2004 – C-487/01, C-7/02, EuGHE 2004, I-5337 = UR 2004, 302 – Rz. 51 ff.

lich von einer Änderung der Verhältnisse ausgegangen werden.¹ Es handelt sich um eine zulässige sog. unechte Rückwirkung, bei der auf einen noch nicht abgeschlossenen Sachverhalt für die Zukunft eingewirkt wird.² **Vertrauensschutz** ist grundsätzlich **nicht** angebracht (sofern nicht das Gesetz einen solchen, wie insbesondere nach § 27 Abs. 2, 5 oder 6 UStG, vorsieht), weil der ursprüngliche Vorsteuerabzug³ nach Maßgabe der steuerpflichtigen Verwendung im ersten Jahr auf Grund des § 15a UStG unter dem Vorbehalt einer entsprechenden Verwendung in den folgenden Jahren stand und demgemäß mit einer **potenziellen Rückzahlungsverpflichtung** hinsichtlich der anteiligen jährlichen Vorsteuer für die Folgezeit behaftet war.⁴ Ein Vertrauen in den unveränderten Fortbestand einer günstigen Gesetzeslage ist nicht schützenswert, da der Gesetzgeber auf den Wandel der Lebensverhältnisse, insbesondere auf Fehl- u.ä. Entwicklungen reagieren können muss.⁵ Erforderlich ist lediglich eine gewisse Vorlaufzeit zwischen Ankündigung der Gesetzesänderung und Wirksamwerden, um dem Betroffenen eine Anpassung der Verträge zu ermöglichen.⁶ Der Vorsteuerabzug ist keine Subvention mit Lenkungswirkung, bei der Vertrauensschutz (Dispositionsschutz) in Betracht käme.⁷

### X. Änderung der rechtlichen Beurteilung der Verwendung

138 Hatte der Unternehmer in seiner Steueranmeldung bzw. das Finanzamt in seiner abweichenden Steuerfestsetzung **hinsichtlich** des **ursprünglichen Vorsteuerabzugs** eine **fehlerhafte Rechtsauffassung** oder einen **unzutreffenden Sachverhalt** zugrunde gelegt, so ist die Steuerfestsetzung nach den Änderungsvorschriften der Abgabenordnung zu korrigieren. Ist das nicht mehr möglich, so stellt sich die Frage, ob eine Berichtigung in den Folgejahren nach § 15a UStG möglich ist. Voraussetzung einer derartigen Berichtigung ist, dass sich die „für den ursprünglichen Vorsteuerabzug maßgeblichen Verhältnisse geändert" haben. Wenn ein Gesetz von „maßgeblichen Verhältnissen" spricht, so meint es grundsätzlich die *objektiven* tatsächlichen und rechtlichen Verhältnisse, die für die Besteuerung bzw. den Vorsteuerabzug maßgebend sind. Folglich hätten sich bei einer fehlerhaften rechtlichen Beurteilung oder bei Zugrundelegung eines unzutreffenden Sachverhalts die Verhältnisse i.S.d. § 15a UStG nicht geändert, wenn diese Fehler in einem Folgejahr bekannt werden. Gleichwohl soll nach der Rechtsprechung eine Änderung der Verhältnisse vorliegen, wenn bei *tatsächlich*

---

1 BFH v. 14.5.1992 – V R 79/87, BStBl. II 1992, 983; vgl. auch BFH v. 22.2.2001 – V R 77/96, UR 2001, 260 (264 a.E.) = BStBl. II 2003, 426 (430 a.E.).
2 Vgl. dazu BVerfG v. 14.5.1986 – 2 BvL 2/83, BVerfGE 72, 200 (242 f.); BVerfG v. 3.12.1997 – 2 BvR 882/97, BVerfGE 97, 67 (79).
3 Zum diesbezüglichen Vertrauensschutz EuGH v. 8.6.2000 – C-396/98, EuGHE 2000, I-4279 = BStBl. II 2003, 446 = UR 2000, 336; BFH v. 22.2.2001 – V R 77/96, BStBl. II 2003, 426 = UR 2001, 260.
4 A.A. *Heidner* in Bunjes, § 15a UStG Rz. 23.
5 Vgl. BVerfG v. 14.5.1986 – 2 BvL 2/83, BVerfGE 72, 200 (254); BVerfG v. 5.2.2002 – 2 BvR 305/93, 348/93, BVerfGE 105, 17 (40, 44); vgl. auch EuGH v. 29.4.2004 – C-487/01, C-7/02, EuGHE 2004, I-5337 = UR 2004, 302 – Rz. 65 ff.
6 Vgl. EuGH v. 29.4.2004 – C-487/01, C-7/02, EuGHE 2004, I-5337 = UR 2004, 302 – Rz. 81.
7 Dazu BVerfG v. 3.12.1997 – 2 BvR 882/97, BVerfGE 97, 67 (80); BVerfG v. 5.2.2002 – 2 BvR 305/93, 348/93, BVerfGE 105, 17; *Stadie*, Allg. SteuerR, Rz. 79 f.

Änderung der Verhältnisse § 15a

*gleichbleibenden* Verwendungsumsätzen die rechtliche Beurteilung der Verwendung, die der Gewährung des Vorsteuerabzugs zugrunde lag, sich in einem der folgenden Jahre als unzutreffend erweist, sofern die **Steuerfestsetzung** für das **Abzugsjahr nicht mehr änderbar** ist.[1] Gemeint sind die Fälle, in denen fälschlich statt einer Verwendung für Umsätze, die den Vorsteuerabzug nach § 15 Abs. 2 Satz 1 Nr. 1 UStG ausschließen (insbesondere steuerfreie Vermietung), eine Verwendung für Umsätze angenommen wird, die zum Vorsteuerabzug berechtigen (insbesondere Annahme eines wirksamen Verzichts auf die Steuerbefreiung nach § 9 UStG). Wenn in diesen Fällen richtigerweise von Beginn an eine Verwendung i.S.d. § 15 Abs. 2 Satz 1 Nr. 1 UStG vorlag, so hat sich die Verwendung objektiv nicht geändert; geändert hat sich lediglich die rechtliche Würdigung.

Gleichwohl ist diese **Rechtsprechung zutreffend**. Es hält sich im Rahmen des möglichen Wortsinns, auch darin eine Änderung der für den Vorsteuerabzug maßgeblichen Verhältnisse nach § 15a Abs. 1 UStG zu sehen[2], da der Sinn dieser Vorschrift insbesondere bei Investitionsgütern darin liegt, den **Sofortabzug** der Vorsteuer **unter** den **Vorbehalt** zu stellen, dass in den folgenden Jahren keine abzugsschädliche Verwendung des Wirtschaftsgutes i.S.d. § 15 Abs. 2 UStG erfolgt[3] (*Rz. 3*). Folglich liegt in der Anwendung des § 15a UStG[4] keine Umgehung der verfahrensrechtlichen Korrekturvorschriften, weil die Bestandskraft der Steuerfestsetzung für das Abzugsjahr nicht berührt wird und diese Steuerfestsetzung auch keine verbindliche Aussage für die Folgejahre enthält. 139

Entsprechendes hat demgemäß entgegen der Rechtsprechung[5] zu gelten, wenn die **rechtliche Beurteilung aus der Sicht des § 15 Abs. 1** UStG fehlerhaft war. Nach Auffassung des BFH soll die Berichtigung des Vorsteuerabzugs nach § 15a UStG indes nur dann in Betracht kommen, wenn wegen verspäteter Zuordnung des Wirtschaftsguts zum Unternehmen der Vorsteuerabzug „materiell-rechtlich unrichtig vorgenommen" worden sei, so dass keine Besteuerung der Verwendungsentnahme (*§ 3 Rz. 169*; *§ 10 Rz. 115*) möglich sei.[6] Diese Differenzierung erschließt sich nicht.

---

1 BFH v. 16.12.1993 – V R 65/92, BStBl. II 1994, 485; BFH v. 19.2.1997 – XI R 51/93, BStBl. II 1997, 370; BFH v. 12.6.1997 – V R 36/95, BStBl. II 1997, 589; BFH v. 13.11.1997 – V R 140/93, BStBl. II 1998, 36; BFH v. 5.2.1998 – V R 66/94, BStBl. II 1998, 361; BFH v. 6.12.2007 – V R 3/06, BStBl. II 2009, 203 (206); BFH v. 23.10.2014 – V R 11/12, BFH/NV 2015, 288 – Rz. 30. Zu **Gesetzesänderungen** BFH v. 22.8.2013 – V R 19/09, UR 2014, 68 – Rz. 48 f.; BFH v. 5.6.2014 – XI R 31/09, UR 2014, 651 – Rz. 62 ff. (EuGH-Vorlage, Az. C-332/14).
2 Die Berichtigung lässt sich zwar insoweit nicht auf Art. 187 MwStSystRL stützen, weil danach die Berichtigung entsprechend den „Änderungen des *Rechts* auf Vorsteuerabzug" (Art. 187 Abs. 2 Unterabs. 2 MwStSystRL) im Erwerbsjahr zu erfolgen hat. Die (Mit-)Korrektur des fehlerhaften Vorsteuerabzugs ist jedoch durch Art. 185 Abs. 1 MwStSystRL abgedeckt, wonach der fehlerhafte Vorsteuerabzug nach den von den Mitgliedstaaten festgelegten Einzelheiten berichtigt wird.
3 Vgl. BFH v. 19.2.1997 – XI R 51/93, BStBl. II 1997, 370.
4 Zu Beispielen Abschn. 15a.4 Abs. 3 UStAE.
5 BFH v. 27.6.1991 – V R 106/86, BStBl. II 1991, 860; BFH v. 16.12.1993 – V R 65/92, BStBl. II 1994, 485; BFH v. 6.12.2007 – V R 3/06, BStBl. II 2009, 203 – 4 der Gründe; BFH v. 23.10.2014 – V R 11/12, UR 2015, 271 – Rz. 30; vgl. auch Abschn. 15a.2 Abs. 2 Nr. 6 i.V.m. Abschn. 15a.4 Abs. 3 UStAE.
6 BFH v. 23.10.2014 – V R 11/12, UR 2015, 271 – Rz. 31.

140 Eine Änderung der rechtlichen Beurteilung liegt auch vor, wenn in einem Folgejahr der **Anwendungsvorrang** einer **Steuerbefreiung** nach der **MwStSystRL** eingreift.[1]

## E. Durchführung der Berichtigung
### I. Berechnungsgrundsätze (Abs. 5 Sätze 1 und 2)

141 Zu berichtigen sind die auf die Anschaffungs- oder Herstellungskosten des Wirtschaftsguts entfallenden Vorsteuerbeträge (§ 15a Abs. 1 Satz 1 UStG). Unerheblich ist, wie diese „Kosten" einkommensteuerrechtlich behandelt worden sind.[2] Entsprechendes gilt bei nachträglichen Anschaffungs- oder Herstellungskosten (§ 15a Abs. 6 UStG) und bei sog. Erhaltungsaufwand, d.h. bei Einbauten und sonstigen Leistungen i.S.d. § 15a Abs. 3 Satz 1 UStG. Letztlich kommt es auf diese Differenzierungen nicht an, weil es um die **„auf das Wirtschaftsgut"** bzw. die entsprechenden Teile **„entfallenden"** **Vorsteuerbeträge** geht (§ 15a Abs. 5 Satz 1 UStG; Art. 187 Abs. 2 Unterabs. 2 MwStSystRL spricht von der Steuer, mit der die Investitionsgüter belastet sind). Bei diesen Vorsteuerbeträgen handelt es sich um die nach § 15 Abs. 1 und 1a UStG grundsätzlich abziehbaren Beträge. Das gilt auch beim Übergang von der Durchschnittssatzbesteuerung zur allgemeinen Besteuerung.

142 Bei den sonstigen Leistungen i.S.d. § 15a Abs. 4 UStG betrifft die Berichtigung die in der **An-** bzw. **Vorauszahlung** enthaltene Vorsteuer i.S.d. § 15 Abs. 1 Satz 1 Nr. 1 Satz 3 UStG.

143 Die **Berichtigung zuungunsten** des Unternehmers setzt voraus, dass die abziehbaren Vorsteuern auch „abgezogen" (vergütet) worden sind[3], denn zu berichtigen ist der „Abzug" (§ 15a Abs. 1 Satz 1 UStG). Vorsteuerbeträge, deren Abzug **zu Unrecht** erfolgt war, weil die Voraussetzungen des § 15 Abs. 1 UStG – z.B. mangels ordnungsgemäßer Rechnung – nicht vorlagen, sind sofern eine Korrektur der betreffenden Steuerfestsetzung nach der Abgabenordnung nicht mehr möglich ist, als auf das Wirtschaftsgut entfallende Vorsteuerbeträge zu behandeln. Für die Berichtigung zugunsten des Unternehmers in Gestalt eines **erstmaligen nachträglichen Vorsteuerabzugs** ist grundsätzlich der Besitz der ordnungsgemäßen **Rechnung** i.S.d. § 15 Abs. 1 Satz 1 Nr. 1 UStG erforderlich, sofern eine Aufbewahrungspflicht nach § 14b UStG besteht.

144 Bei der Berichtigung ist **für jedes Kalenderjahr** der Änderung je nach der Länge des Berichtigungszeitraums von einem Fünftel oder einem Zehntel, bei einer kürzeren Verwendungsdauer von einem **entsprechenden Bruchteil** der auf das Wirtschaftsgut entfallenden Vorsteuerbeträge auszugehen (§ 15a Abs. 5 Sätze 1 und 2 UStG). Für jedes Kalenderjahr sind die **Verwendungsverhältnisse** zu bestimmen und **mit denen zu vergleichen**, die für den **ursprünglichen Vorsteuerabzug** maßgebend waren (§ 15a Abs. 1 Satz 1 UStG). Weichen sie voneinander

---
1 BFH v. 15.9.2011 – V R 8/11, BStBl. II 2012, 368; BFH v. 19.10.2011 – XI R 16/09, BStBl. II 2012, 371.
2 Vgl. Abschn. 15a.1 Abs. 4 UStAE.
3 Im Falle des § 13b UStG durch Verrechnung nach § 15 Abs. 1 Satz 1 Nr. 4 UStG (*§ 15 Rz. 320*).

ab, so ist entsprechend dem Grad der Änderung ein Ausgleich durch Berichtigung des auf das betreffende Kalenderjahr entfallenden anteiligen Vorsteuerbetrages vorzunehmen (§ 15a Abs. 1 Satz 1 i.V.m. Abs. 5 Satz 1 UStG).

**Jedes Kalenderjahr** (Folgejahr) ist **gesondert** zu betrachten, so dass für jedes Jahr eine eigenständige Berichtigung in Frage kommt. Für jedes Jahr sind die Verwendungsverhältnisse mit denen des Jahres, welches für den Vorsteuerabzug maßgebend ist, nicht mit denen des vorhergehenden Jahres zu vergleichen. 145

Die für den ursprünglichen Vorsteuerabzug maßgebenden Verhältnisse sind diejenigen, welche im Erstjahr der Verwendung vorlagen. Das gilt auch insoweit, als der **Vorsteuerabzug erst in** einem **späteren Kalenderjahr** vorgenommen werden konnte, weil der Unternehmer erst dann über eine ordnungsgemäße Rechnung verfügte (dazu *§ 15 Rz. 203 ff.*). Hatten sich bis dahin bereits die Verwendungsverhältnisse geändert, so ist der erstmalige Vorsteuerabzug zugleich um die entsprechenden Berichtigungsbeträge nach § 15a UStG zu korrigieren.[1] 146

**Endet** der Berichtigungszeitraum **im Laufe des Kalenderjahres**, so sind nur die Verwendungsverhältnisse bis zum Ende des Berichtigungszeitraums maßgebend. Dementsprechend ist der auf das Kalenderjahr entfallende Vorsteuerbetrag auf entsprechende Zwölftel zu kürzen. 147

Endet die Verwendungsfähigkeit des Wirtschaftsgutes oder des gleichgestellten Wertes vor Ablauf des bislang zugrunde gelegten Berichtigungszeitraums, so **verkürzt sich** der **Berichtigungszeitraum** auf die Dauer der tatsächlichen Verwendung. Waren für die vorangegangenen Jahre bereits Berichtigungen nach § 15a UStG durchgeführt worden, so hat die Verkürzung des Berichtigungszeitraums im Regelfall Auswirkungen auf diese Berichtigungen. Gleichwohl sind deren Steuerfestsetzungen nicht zu ändern. Aus dem § 17 Abs. 1 Satz 7 UStG zugrunde liegenden Prinzip (*§ 17 Rz. 90*) folgt, dass die Auswirkungen für den Besteuerungszeitraum zu berücksichtigen sind, in dem der verkürzte Berichtigungszeitraum endet.[2] 148

## II. Behandlung der Berichtigungsbeträge

§ 15a UStG ist wie § 17 UStG eine rein materiell-rechtliche Regelung **ohne Rückwirkung**. Während das für die Fälle des § 17 UStG ausdrücklich in § 17 Abs. 1 Satz 7 UStG bestimmt ist (*§ 17 Rz. 5*), ergibt sich diese Rechtsfolge zwar nicht zwingend aus dem Wortlaut des § 15a UStG (oder des § 16 Abs. 2 Satz 2 UStG, *Rz. 150*), jedoch aus dem Entlastungszweck des Vorsteuerabzugs (*Rz. 3*) sowie aus dem § 17 Abs. 1 Satz 7 UStG innewohnenden allgemeinen Grundsatz des Umsatzsteuerrechts (vgl. *§ 17 Rz. 90*). Die rein materiell-rechtliche „Berichtigung" nach § 15a UStG ohne Rückwirkung führt mithin nicht zu einer Korrektur (Berichtigung) der Steuervergütungsfestsetzung (nach § 155 Abs. 4 i.V.m. § 164 Abs. 2, § 165 Abs. 2 oder § 175 Abs. 1 Satz 1 Nr. 2 AO) hinsichtlich des Besteuerungszeitraums, für den über den erstmaligen Vorsteuerabzug zu entscheiden war. 149

---

1 Vgl. Abschn. 15a.4 Abs. 2 UStAE.
2 Im Ergebnis ebenso Abschn. 15a.11 Abs. 6 UStAE.

150 Die Berichtigungsbeträge führen bei Berichtigungen zuungunsten des Unternehmers zu Erstattungsansprüchen des Steuergläubigers (*§ 16 Rz. 20*) und bei Berichtigungen zugunsten zu Steuervergütungsansprüchen des Unternehmers (*§ 16 Rz. 29* und *§ 18 Rz. 14*). Nach § 16 Abs. 2 Satz 2 UStG ist § 15a UStG bei der Steuerberechnung zu berücksichtigen, d.h. die jeweiligen auf den Besteuerungszeitraum (zum Voranmeldungszeitraum s. *Rz. 151*) der Änderung der Verwendung entfallenden anteiligen Vorsteuerbeträge sind in die „Steuerberechnung" einzubeziehen. Mit dem darin liegenden **Verrechnungszwang** ist dem einzelnen Anspruch i.S.d. § 37 AO grundsätzlich die Selbständigkeit genommen (*§ 16 Rz. 32, 42*).

151 Die für das jeweilige Kalenderjahr der Änderung ermittelten Berichtigungsbeträge sind (sofern keine Berichtigung nach § 44 Abs. 1 oder 2 UStDV unterbleibt, *Rz. 151*) grundsätzlich nicht erst nach § 16 Abs. 2 Satz 2 UStG **bei** der „**Steuerberechnung**" für den **Besteuerungszeitraum** (Kalenderjahr) der Änderung, sondern gem. § 18 Abs. 1 Satz 3 UStG bereits bei der Steuerberechnung[1] für den **Voranmeldungszeitraum** zu berücksichtigen (*§ 16 Rz. 37*).[2] Folglich sind die auf den Kalendermonat bzw. das Kalendervierteljahr entfallenden, nach den Verwendungsverhältnissen dieses Zeitraums bestimmten Berichtigungsbeträge i.S.d. § 15a UStG regelmäßig bereits in der jeweiligen Voranmeldung anzusetzen (zu Ausnahmen s. *Rz. 156 f.*).

### III. Vereinfachungen (§ 44 UStDV)

152 **1.** Die **Berichtigung** des Vorsteuerabzugs nach § 15a UStG – zuungunsten, wie zugunsten[3] – **unterbleibt**, wenn die auf die Anschaffungs- oder Herstellungskosten des einzelnen[4] Wirtschaftsgutes oder des gleichgestellten Wertes entfallende **gesamte Vorsteuer** von **1000 €** nicht übersteigt (§ 44 Abs. 1 i.V.m. Abs. 4 UStDV). Dem entsprechen bei einem Steuersatz von 19 % Nettoanschaffungs- oder Herstellungskosten von rd. 5263 €.

153 Hierbei handelt es sich indes nicht mehr um eine **Bagatellgrenze**, welche sich auf die Verordnungsermächtigung des § 15a Abs. 11 Nr. 1 UStG (*Rz. 174*) stützen könnte, wonach durch Rechtsverordnung bestimmt werden kann, dass zur „**Vereinfachung** des Besteuerungsverfahrens" eine Berichtigung unterbleibt. Dies umso mehr, als die Regelung unabhängig vom Grad der Änderung der Verhältnisse gelten soll. Soweit es um die Berichtigung der Vorsteuer bei Wirtschaftsgütern des **Anlagevermögens** und gleichgestellten Werten geht (zur Anwendung

---

1 **Insolvenzrechtlich** führen die Berichtigungsbeträge i.S.d. § 15a UStG, welche durch die Verwaltung oder Verwertung der Masse ausgelöst werden, zu Masseverbindlichkeiten nach § 55 Abs. 1 Nr. 1 InsO; BFH v. 9.2.2011 – XI R 35/09, BStBl. II 2011, 1000 – Verringerung steuerpflichtiger Vermietung; BFH v. 8.3.2012 – V R 24/11, BStBl. II 2012, 466 – steuerfreie Veräußerung eines Grundstücks; *Stadie* in R/D, UStG, § 18 Anh. 2 Anm. 154 f. mwN – Insolvenz; a.A. BFH v, 17.4.2007 – VII R 27/06, BStBl. II 2009, 589 (591 – l. Sp. unten) – obiter dictum.
2 Zur **einkommensteuerrechtlichen** Behandlung der Berichtigungsbeträge s. *Stadie* in R/D, Einf. Anm. 873 ff.
3 FG Nürnberg v. 22.3.2005 – II 106/02, EFG 2005, 1980.
4 Auch wenn eine **Gesamtheit** vertretbarer Sachen als Partie erworben worden war; BFH v. 3.11.2011 – V R 32/10, BStBl. II 2012, 525; a.A. Abschn. 15a.11 Abs. 1 Satz 4 UStAE.

der Vorschrift bei Umlaufvermögen und gleichgestellten Werten s. *Rz. 164*), führt die Vorschrift zu **willkürlichen Ergebnissen**, die dem Betroffenen nicht zuzumuten sind. Allenfalls eine Grenze von 250 € (wie sie bis 2004 nach § 44 Abs. 1 UStDV aF galt) lässt sich noch durch einen Vereinfachungszweck rechtfertigen.

**Beispiel** 154

Kleinunternehmer U 1 erwirbt im Juli 2014 eine Maschine für 5263 € + 1000 € USt. Wegen Überschreitens der Umsatzgrenze des § 19 Abs. 1 Satz 1 UStG geht er ab 2011 zur allgemeinen Besteuerung über. Der konkurrierende Unternehmer U 2 erwirbt die gleiche Maschine im Januar 2015.

Es ist schlicht willkürlich und durch keinen Vereinfachungszweck zu rechtfertigen, wenn dem Unternehmer U 1 durch § 44 Abs. 1 UStDV die wegen des Übergangs nach § 15a Abs. 7 UStG grundsätzliche Möglichkeit zur Berichtigung des Vorsteuerabzugs i.H.v. 1000 € hinsichtlich der Maschine versagt wird, während seinem Konkurrenten der Vorsteuerabzug nach § 15 Abs. 1 UStG gewährt wird.

2. Eine Berichtigung unterbleibt ferner, wenn die Verhältnisse sich um **weniger** 155 **als zehn Prozentpunkte** ändern **und** der Betrag, um den der Vorsteuerabzug zu berichtigen wäre, **1000 € nicht übersteigt** (§ 44 Abs. 2 i.V.m. Abs. 4 UStDV). Auch diese Grenzen sind nicht durch den Vereinfachungszweck des § 15a Abs. 11 Nr. 1 UStG zu rechtfertigen. Zudem können sie zu **willkürlichen** Ergebnissen führen.

**Beispiele**

(1) Bei einer Änderung der Verhältnisse um 9,9 % ab Beginn des zweiten Jahres bis zum Ende des Berichtigungszeitraums kann die Vorschrift bei einem Gebäude, auf welches insgesamt etwas mehr als 100 000 € Vorsteuern entfallen, dazu führen, dass insgesamt 9000 € (9 Jahre zu je 1000 €) an Vorsteuern nicht entsprechend den Verwendungsverhältnissen vergütet werden.

(2) Bei einer Änderung der Verhältnisse um 10 % wird hingegen die Vorsteuer berichtigt, wenn die gesamte auf das Wirtschaftsgut entfallende Vorsteuer 1000,01 € beträgt. Bei einem Erhaltungsaufwand an einem Gebäude in Höhe von 5263,16 € kann mithin der jährliche Berichtigungsbetrag 10 € (= 10 % von ¹⁄₁₀ von 1000 €) betragen, der laut Gesetz auch zu berücksichtigen ist!

3. Auf Grund der Verordnungsermächtigung des § 15a Abs. 11 Nr. 1 UStG sind 156 ferner **Ausnahmen** hinsichtlich **des Zeitpunkts der Berücksichtigung** (*Rz. 151*) bestimmt worden:

Übersteigt der **Betrag**, um den der Vorsteuerabzug bei einem Wirtschaftsgut oder gleichgestellten Wert für das Kalenderjahr zu berichtigen ist, **nicht 6000 €** (die erforderliche Prognose kann insbesondere bei einem vermieteten Gebäude problematisch sein[1]), so ist die Berichtigung erst bei der Steuerberechnung und Festsetzung für den Besteuerungszeitraum (Kalenderjahr) zu berücksichtigen (§ 44 Abs. 3 Satz 1 i.V.m. Abs. 4 UStDV).

Beträgt bei **vor 2012** angeschafften oder hergestellten Wirtschaftsgütern die **ge-** 157 **samte** auf das Wirtschaftsgut oder den gleichgestellten Wert entfallende **Vorsteuer nicht mehr als 2500 €**, so ist die Berichtigung für alle in Betracht kom-

---

1 Vgl. dazu *Nieskens*, UR 2000, 45 (55 f.).

menden Kalenderjahre einheitlich bei der Steuerberechnung für das Kalenderjahr vorzunehmen, in dem der Berichtigungszeitraum endet (§ 44 Abs. 3 i.V.m. Abs. 5 UStDV a.F. i.V.m. § 74a Abs. 2 UStDV).

### IV. Bei Veräußerung und Entnahme (Abs. 9 i.V.m. § 44 Abs. 3 Satz 2 UStDV)

158 Im Falle der entgeltlichen oder unentgeltlichen **Lieferung** bzw. **Entnahme** i.S.d. § 15a Abs. 8 UStG (*Rz. 73 ff.*) ist die Berichtigung so vorzunehmen, als wäre das Wirtschaftsgut in der Zeit von der Lieferung bzw. Entnahme bis zum Ablauf des maßgeblichen Berichtigungszeitraums unter entsprechend geänderten Verhältnissen weiterhin für das Unternehmen verwendet worden (§ 15a Abs. 9 UStG). Es ist demnach hinsichtlich des ausgeschiedenen Wirtschaftsgutes **zweierlei** zu **fingieren**: Erstens das Verbleiben im Unternehmen und zweitens das Verwenden zur Ausführung von Umsätzen, die für den Vorsteuerabzug im Hinblick auf § 15 Abs. 2 UStG genauso zu beurteilen sind wie die Lieferung oder Entnahme (dazu *Rz. 87 ff.*).

159 Da mit der Lieferung bzw. Entnahme ein endgültiges Ausscheiden des Wirtschaftsgutes vorliegt und die fiktive Verwendung bis zum Ende des Berichtigungszeitraums feststeht, bestimmt § 44 Abs. 3 Satz 2 UStDV (Ermächtigungsgrundlage ist § 15a Abs. 11 Nr. 1 UStG), dass die **Berichtigung für den gesamten Restzeitraum** bereits bei der Steuerberechnung **für** denjenigen **Voranmeldungszeitraum** durchzuführen ist, in dem die **Lieferung** oder **Entnahme** erfolgte. Im Falle des § 44 Abs. 2 UStDV a.F. (*Rz. 157*) sind außerdem etwaige Berichtigungen für vorausgegangene Kalenderjahre durchzuführen.[1]

160 **Beispiele**

(1) Wie *Beispiel 3* zu *Rz. 90*. Entfielen auf die Herstellungskosten des Gebäudes 40 000 € Vorsteuern, so waren diese ursprünglich wegen der steuerpflichtigen Vermietung vollen Umfangs als Vorsteuer abgezogen worden. Die steuerfreie Lieferung des Grundstücks (Gebäudes) schließt den Vorsteuerabzug aus und ist folglich für den Vorsteuerabzug anders zu beurteilen. Nach § 15a Abs. 9 UStG sind der Verbleib des Grundstücks im Unternehmen sowie eine Verwendung für Umsätze, die den Vorsteuerabzug ausschließen, zu fingieren. Der Berichtigungszeitraum läuft bis zum 30.6.2021. Folglich ist für die Zeit vom 1.1.2015 bis zum 30.6.2021 für jedes Kalenderjahr von einer Änderung der Verwendungsverhältnisse um 100 % auszugehen. Der jährliche Berichtigungsbetrag beläuft sich auf 4000 €, so dass für den fiktiven Verwendungszeitraum von 6 ½ Jahren 26 000 € Vorsteuern zurückzuzahlen sind. Dieser Betrag ist nach § 44 Abs. 3 Satz 2 UStDV mit der Voranmeldung für den Monat Januar 2015 anzumelden.

161 (2) Wie *Beispiel 4* zu *Rz. 91*. Entfielen auf die Herstellungskosten des Gebäudes 54 000 € Vorsteuern, so waren diese ursprünglich zu 50 % abziehbar. Die steuerfreie Entnahme schließt den Vorsteuerabzug aus und ist mithin für den Vorsteuerabzug anders zu beurteilen. Die Änderung der Verhältnisse beträgt 50 %. Folglich ist für die Zeit vom 1.6.2014 bis zum 30.9.2020 für jedes Kalenderjahr von einer Änderung der Verwendungsverhältnisse um 50 % auszugehen. Der jährliche Berichtigungsbetrag beläuft sich auf 2700 €, so dass gem. § 15a Abs. 9 UStG für den fiktiven Verwendungszeitraum von 6 ⅓ Jahren 17 100 € Vorsteuern zurückzuzahlen sind. Dieser Betrag ist nach § 44 Abs. 3 Satz 2 UStDV mit der Voranmeldung für den Monat Juni 2014 anzumelden.

---

1 Abschn. 15a.11 Abs. 5 Satz 4 UStAE.

(3) Wie *Beispiel* 5 zu *Rz. 91.* Entfielen auf die Herstellungskosten des Gebäudes 54 000 €  162
Vorsteuern, so waren diese ursprünglich zu 50 % abziehbar. Die steuerpflichtige Lieferung
berechtigt zum Vorsteuerabzug und ist mithin für den Vorsteuerabzug anders zu beurteilen. Die Änderung der Verhältnisse beträgt 50 %. Folglich ist für die Zeit vom 1.6.2014 bis
zum 30.9.2020 für jedes Kalenderjahr von einer Änderung der Verwendungsverhältnisse
um 50 % auszugehen. Der jährliche Berichtigungsbetrag beläuft sich auf 2700 €, so dass
gem. § 15a Abs. 9 UStG für den fiktiven Verwendungszeitraum von 6 ⅓ Jahren 17 100 €
Vorsteuern zu vergüten sind. Dieser Betrag kann nach § 44 Abs. 3 Satz 2 UStDV mit der
Voranmeldung für den Monat Juni 2014 angemeldet werden.

(4) Wie *Beispiel zu Rz. 94.* Für die Ende September 2013 im steuerpflichtig vermieteten  163
Teil des Gebäudes ausgeführten Erhaltungsmaßnahmen war die Vorsteuer von angenommen 9000 € in voller Höhe abziehbar. Auf Grund der steuerfreien Entnahme des Grundstücks am 1.6.2014 haben sich insoweit die Verhältnisse zu 100 % geändert. Sofern die Erhaltungsmaßnahmen eine Lebensdauer von zehn Jahren haben, ist folglich für den fiktiven
Verwendungszeitraum vom 1.6.2014 bis 30.9.2023 (= 9 ⅓ Jahre) die Vorsteuer i.H.v. 8400 €
für den Voranmeldungszeitraum Juni 2014 zu berichtigen.

## V. Bei sog. Umlaufvermögen u.Ä. (Abs. 2)

§ 15a Abs. 2 UStG sieht die Berichtigung des Vorsteuerabzugs bei einem Wirt-  164
schaftsgut vor, das **nur einmal** zur Ausführung eines Umsatzes **verwendet** wird
(Typus: Gegenstand des sog. Umlaufvermögens), wenn sich die für den ursprünglichen Vorsteuerabzug maßgebenden Verhältnisse ändern. Die Vorschrift will in
erster Linie die verfehlte Rechtsprechung, wonach bei einem beabsichtigten Verzicht auf die Steuerfreiheit einer **Grundstückslieferung** der erstmalige Vorsteuerabzug unberührt bleibe, auch wenn es nicht zu einer steuerpflichtigen Lieferung
kommt, korrigieren (*Rz. 95 f. m. Beispiel*). Von der Berichtigung mit umfasst werden auch Vorsteuerbeträge, die **nachträgliche Anschaffungs-** oder **Herstellungskosten** betreffen (§ 15a Abs. 6 i.V.m. Abs. 2 UStG) oder auf sog. **Erhaltungsaufwand**, nämlich auf Einbauten sowie auf sonstige Leistungen entfallen, die an dem
Wirtschaftsgut ausgeführt worden waren (§ 15a Abs. 3 Satz 1 i.V.m. Abs. 2 UStG).

Darüber hinaus hat eine Berichtigung des Vorsteuerabzugs beim Umlaufver-  165
mögen auch im Falle des **Übergangs** von der allgemeinen Besteuerung **zur Nichterhebung der Steuer** nach § 19 Abs. 1 UStG (Kleinunternehmer und umgekehrt
und beim Übergang von der allgemeinen Besteuerung **zur Durchschnittssatzbesteuerung** nach den §§ 23, 23a oder 24 UStG und **umgekehrt** zu erfolgen
(*Rz. 132 f.*). Die Berichtigung nach § 15a Abs. 2 UStG kommt auch bei der Veräußerung oder Entnahme von **nicht fertig gestelltem Anlagevermögen** o.Ä. in
Betracht (*Rz. 97*).

Die Berichtung des gesamten Vorsteuerabzugs ist für den **Besteuerungszeitraum**  166
vorzunehmen, in dem das Wirtschaftsgut **verwendet** wird (§ 15a Abs. 2 Satz 2
UStG). Da nach § 18 Abs. 1 Satz 3 UStG die Regelung des § 16 Abs. 2 Satz 2
UStG, wonach § 15a UStG bei der Steuerberechnung zu berücksichtigen ist, für
die Voranmeldungen entsprechend anzuwenden ist, hat die Vorsteuerberichtigung bereits für den **Voranmeldungszeitraum**, in dem die Verwendung erfolgte,
zu geschehen.[1] Die Bestimmung enthält **keine zeitliche Begrenzung** und kann
deshalb noch nach Jahrzehnten eingreifen (*Rz. 100*).

---

[1] A.A. *Hidien/Janzen*, UStB 2005, 152 (154); *Küffner/Zugmaier*, DStR 2006, 262 (263).

167 Die **Berichtigung** des Vorsteuerabzugs nach § 15a UStG – zuungunsten, wie zugunsten – **unterbleibt**, wenn die auf die Anschaffungs- oder Herstellungskosten des einzelnen Wirtschaftsgutes oder des gleichgestellten Wertes entfallende **gesamte Vorsteuer 1000 € nicht übersteigt** (§ 44 Abs. 1 i.V.m. Abs. 4 UStDV). Dem entsprechen bei einem Steuersatz von 19 % Nettoanschaffungs- oder Herstellungskosten von rd. 5263 €. Hierbei handelt es sich indes nicht mehr um eine **Bagatellgrenze**, welche sich auf die Verordnungsermächtigung des § 15a Abs. 11 Nr. 1 UStG stützen könnte, wonach durch Rechtsverordnung bestimmt werden kann, dass zur „**Vereinfachung** des Besteuerungsverfahrens" eine Berichtigung unterbleibt (*Rz. 174*). Dies gilt umso mehr, als die Regelung unabhängig vom Grad der Änderung der Verhältnisse gelten soll. Sie würde dazu führen, dass im Falle des **Übergangs** von der Nicht- bzw. Durchschnittssatzbesteuerung **zur allgemeinen Besteuerung** und umgekehrt eine Berichtigung hinsichtlich des **Umlaufvermögens** so gut wie nicht stattfände. Sofern in diesen Fällen nach § 44 Abs. 1 UStDV eine Berichtigung **zugunsten** des Unternehmers ausgeschlossen wäre, ist die Vorschrift unwirksam, soweit sie nicht mehr durch einen Vereinfachungszweck und damit nicht mehr durch die Ermächtigung des § 15a Abs. 11 Nr. 1 UStG gedeckt ist.

168 § 44 Abs. 1 UStDV steht auch im **Widerspruch** zu § 3 Abs. 1b Satz 1 Nr. 2 und 3 UStG, der eine Berichtigung des Vorsteuerabzugs nur bei „Aufmerksamkeiten" bzw. „Geschenken von geringem Wert" ausschließt. Aus diesen Vorgaben folgt der gesetzgeberische Wille, dass auch im Rahmen des § 15a Abs. 11 Nr. 1 UStG für die Berichtigung nach § 15a Abs. 2 UStG bei Umlaufvermögen als Bagatellgrenze nur ein entsprechender Betrag anzusetzen ist. Dieser ergibt sich aus § 15 Abs. 1a UStG i.V.m. § 4 Abs. 5 Nr. 1 Satz 2 EStG und beläuft sich demnach auf (19 % von 35 € Anschaffungs- oder Herstellungskosten =) 6,65 € (zur Anwendbarkeit des § 44 Abs. 1 UStDV bei der Berichtigung der Vorsteuer, die auf Wirtschaftsgütern des **Anlagevermögens** und gleichgestellten Werte entfällt, s. *Rz. 152 f.*).

**Beispiel**

Ein Kleinunternehmer hat am Jahresende 2014 einen Material- und Warenbestand von 3000 € (+ 570 € USt.). Wegen Überschreitens der Umsatzgrenze des § 19 Abs. 1 Satz 1 UStG geht er ab 2015 zur allgemeinen Besteuerung über. Im Februar 2015 entnimmt er einen im Januar erworbenen Gegenstand mit Anschaffungskosten von 40 € (USt: 7,60 €).

Es ist schlicht willkürlich und durch keinen Vereinfachungszweck zu rechtfertigen, wenn dem Unternehmer durch § 44 Abs. 1 UStDV die Berichtigung des Vorsteuerabzugs hinsichtlich des Material- und Warenbestandes (§ 15a Abs. 7 i.V.m. Abs. 2 UStG) i.H.v. 570 € versagt wird, er jedoch die Entnahme nach § 1 Abs. 1 Nr. 1 i.V.m. § 3 Abs. 1b und § 10 Abs. 4 Nr. 1 UStG mit 7,60 € versteuern muss.

## F. Berichtigung beim Erwerber nach einer Geschäftsveräußerung (Abs. 10)

169 Bei einer sog. **Geschäftsveräußerung** i.S.d. § 1 Abs. 1a UStG wird der Berichtigungszeitraum nicht unterbrochen (§ 15a Abs. 10 Satz 1 UStG), was heißen soll, dass die Geschäftsveräußerung kein Fall des § 15a Abs. 8 UStG ist (*Rz. 77*) und der beim Veräußerer usw. begonnene **Berichtigungszeitraum** beim Erwerber **wei-

terläuft.¹ Unverständlich ist, dass, wenn der Gesetzgeber meinte, eine derartige Regelung in § 15a UStG aufnehmen zu müssen, nicht zugleich bestimmt worden ist, dass auch die übrigen Verhältnisse der Wirtschaftsgüter (insbesondere Vorsteuervolumen und ursprüngliche Verwendung) mit auf den Erwerber übergehen. Allerdings handelt es sich bei der Aussage des § 15a Abs. 10 Satz 1 UStG ohnehin nur um eine Klarstellung, weil diese Rechtsfolge sich bereits aus § 1 Abs. 1a Satz 3 UStG ergibt (*§ 1 Rz. 152*). Aus dieser Bestimmung folgt deshalb ferner, dass auch die übrigen **Verhältnisse** der Wirtschaftsgüter und der diesen gleichgestellten Werte auf den Erwerber **übergehen** (*§ 1 Rz. 152*). Der Erwerber tritt mithin in sämtliche Rechtspositionen, die aus der Sicht des § 15a UStG von Bedeutung sind, ein. Er kann jeden Tatbestand des § 15a UStG verwirklichen, so dass auch eine Berichtigung zu seinen Gunsten in Betracht kommt.

Der Veräußerer ist **verpflichtet**, dem Erwerber die für die Durchführung der Berichtigung erforderlichen **Angaben** zu machen (§ 15a Abs. 10 Satz 2 UStG). Diese Regelung ergibt nur deshalb Sinn, weil nach § 1 Abs. 1a Satz 3 UStG sämtliche Verhältnisse der Wirtschaftsgüter und der gleichgestellten Werte auf den Erwerber übergehen. Bei dieser Verpflichtung handelt es sich um eine zivilrechtliche Verpflichtung. Bei einer Berichtigung zugunsten des Erwerbers hat dieser nach dem eindeutigen Gesetzeswortlaut („Angaben") keinen Anspruch gegenüber dem Veräußerer auf Überlassung der das jeweilige Wirtschaftsgut usw. betreffenden **Rechnungen** i.S.d. § 14 UStG.² Vielmehr hat das Finanzamt die vom Veräußerer gemachten Angaben bei diesem zu überprüfen. 170

Die Berichtigung nach § 15a UStG beim Erwerber zieht, sofern eine solche nicht vertraglich vorgesehen ist, **keine zivilrechtliche Ausgleichspflicht** nach sich. Das gilt sowohl bei einer Berichtigung zuungunsten wie zugunsten des Erwerbers. In beiden Fällen wird der Erwerber im Prinzip nur so gestellt, wie wenn die Geschäftsveräußerung eine Summe steuerpflichtiger Umsätze wäre und ihm Umsatzsteuer in Rechnung gestellt worden wäre. 171

## G. Berichtigung des Vorsteuerabzugs im Falle der Gesamtrechtsnachfolge

Im Falle der Gesamtrechtsnachfolge (*§ 2 Rz. 229 f., 247*) ist nicht § 1 Abs. 1a i.V.m. § 15a Abs. 10 UStG anzuwenden. Vielmehr gehen **alle Verhältnisse des Wirtschaftsguts und Rechtspositionen** i.S.d. § 15a UStG auf Grund des Gesamtrechtsnachfolgeprinzips über (*§ 2 Rz. 234, 238, 248*). 172

Allerdings meint das **BMF**, dass der Berichtigungszeitraum des Erblassers nur auf den Erben übergehe, wenn dieser die Unternehmereigenschaft durch eine eigene Tätigkeit begründe.³ Diese Auffassung ist schlicht **falsch**, da sie den Gesetzeszweck verkennt und zu einer durch nichts zu rechtfertigenden Subventionierung führt (*§ 2 Rz. 238*). 173

---

1 Vgl. BFH v. 19.12.2012 – XI R 38/10, BStBl. II 2013, 1053 – Rz. 28.
2 A.A. *Birkenfeld* in B/W, § 200 Rz. 241.
3 Abschn. 15a.10 Satz 1 Nr. 2 Satz 2 UStAE.

**Beispiel**

A hatte im Jahr 2013 ein Gebäude für sein Unternehmen (mit steuerpflichtigen Umsätzen) errichtet und die Vorsteuer aus den Herstellungskosten vergütet erhalten. Im Jahre 2014 stirbt er nach längerer Krankheit, während der das Unternehmen schon ruhte. Sein Erbe E führt das Unternehmen nicht fort und entnimmt das Gebäude für eigene Wohnzwecke. E ist nicht Unternehmer geworden, so dass nach verfehlter Auffassung des BMF der Berichtigungszeitraum für das Gebäude bei E nicht weiterliefe, was heißen müsste, da bei E keine Berichtigung des Vorsteuerabzugs vorzunehmen wäre. Richtigerweise tritt indes der Erbe, unabhängig davon, ob er Unternehmer wird oder nicht (oder schon ist), in alle umsatzsteuerrelevanten Positionen des Erblassers ein, weil insoweit die Unternehmereigenschaft des Erblassers fortwirkt (*§ 2 Rz. 235, 238*). Folglich tätigt E eine steuerbare, aber steuerfreie Entnahme des Gebäudes (*§ 4 Nr. 9 Rz. 26*), so dass ein Fall des § 15a Abs. 8 UStG vorliegt (*Rz. 73 ff.*) und E die Vorsteuer gem. § 15a Abs. 9 UStG zu berichtigen hat.

## H. Verordnungsermächtigungen (Abs. 11)

### I. Durchführungsbestimmungen, Vereinfachungen, Unterbleiben der Berichtigung (Nr. 1)

174 Durch § 15a Abs. 11 Nr. 1 UStG wird das Bundesministerium der Finanzen ermächtigt, mit Zustimmung des Bundesrates durch Rechtsverordnung näher zu regeln,

a) **wie** der Ausgleich nach den Absätzen 1 bis 9 **durchzuführen** ist und

b) in welchen Fällen er zur **Vereinfachung** des Besteuerungsverfahrens oder

c) zur Vermeidung von Härten oder nicht gerechtfertigten Steuervorteilen zu **unterbleiben** hat.

Die Ermächtigung zu a ist durch § 44 Abs. 4 UStDV (*Rz. 156 f., 159*) und durch § 45 UStDV (*Rz. 59*) umgesetzt worden. Auf die Ermächtigung zu b kann sich § 44 Abs. 1 und 2 i.V.m. Abs. 4 UStDV stützen, soweit die Bagatellgrenzen zugunsten des Unternehmers wirken. Anderenfalls sind die Grenzen nicht mehr durch den Vereinfachungszweck gedeckt (*Rz. 152 ff.*). Von den Ermächtigungen zu c ist bislang kein Gebrauch gemacht worden. Sie sind auch überflüssig, da die in Betracht kommenden Fälle im Einzelnen in § 15a Abs. 11 Nr. 2 UStG angesprochen sind (*Rz. 175 ff.*).

### II. Übertragung des Vorsteuervolumens bei unentgeltlicher Lieferung oder Überlassung auf den Erwerber bzw. Nutzenden (Nr. 2)

#### 1. Allgemeines

175 § 15a Abs. 11 Nr. 2 UStG ermächtigt zum Erlass einer Rechtsverordnung, wonach im Falle der unentgeltlichen Veräußerung oder Überlassung eines Wirtschaftsgutes das bei einer Berichtigung nach den Absätzen 1 bis 9 anfallende Vorsteuerberichtigungsvolumen zwar vom übertragenden bzw. überlassenden Unternehmer geschuldet wird, dem Erwerber bzw. Nutzenden jedoch wie eine Steuer in Rechnung gestellt und von diesem als Vorsteuer abgezogen werden kann. Diese Ermächtigung bezweckt die „Vermeidung von Härten oder nicht ge-

rechtfertigten Steuervorteilen" und findet sich seit 1973 im Gesetz.[1] Gleichwohl wurde sie bis heute nicht umgesetzt.

Die Voraussetzungen des § 15a Abs. 11 Nr. 2 **Buchst. a bis c** UStG müssen **nicht kumulativ** vorliegen, sondern können auch separat erfüllt sein. Fälle **ungerechtfertigter Steuervorteile** sind nicht ersichtlich. Möglicherweise hatte der Gesetzgeber ursprünglich an den Fall der Gesamtrechtsnachfolge gedacht, bei der der Erbe usw. das Unternehmen nicht fortführt, so dass eine Berichtigung auf der Grundlage von § 15a Abs. 11 Nr. 2 Buchst. a und b UStG vorgeschrieben werden könnte. Das ist jedoch nicht erforderlich, da der Gesamtrechtsnachfolger schon als solcher zur Berichtigung des Vorsteuerabzugs verpflichtet ist (*Rz. 172*). Härtefälle gibt es in unterschiedlichen Konstellationen (dazu *Rz. 177 ff.*). 176

## 2. Unentgeltliche Lieferung (Schenkung)

a) Wird ein durch Schenkung o.Ä. von einem anderen Unternehmer erworbenes Wirtschaftsgut, für welches dieser den Vorsteuerabzug vorgenommen hatte, vom Erwerber für steuerpflichtige Umsätze verwendet, so führt die unentgeltliche Lieferung beim anderen Unternehmer gleichwohl zu einer Besteuerung nach § 1 Abs. 1 Nr. 1 i.V.m. § 3 Abs. 1b Nr. 3 UStG (*§ 3 Rz. 92*). Die darin liegende Rückgängigmachung des Vorsteuerabzugs ist allerdings sachlich nicht gerechtfertigt, weil der **Erwerber** das Wirtschaftsgut seinerseits **für unternehmerische Zwecke** verwendet, welche zum Vorsteuerabzug berechtigen; davon geht auch Art. 188 Abs. 2 Satz 2 MwStSystRL aus. Im Falle des Erwerbes durch Gesamtrechtsnachfolge wäre keine Berichtigung des Vorsteuerabzuges erfolgt, da der Erwerber die Rechtspositionen des Rechtsvorgängers fortsetzt (*Rz. 172*); das Gleiche würde gelten, wenn ein Fall der sog. Geschäftsveräußerung i.S.d. § 1 Abs. 1a UStG vorläge (*Rz. 169 ff.*). Es wäre deshalb willkürlich (Verstoß gegen das verfassungsrechtliche und gemeinschaftsrechtliche Gleichbehandlungsgebot), wenn im Falle der Schenkung unter Lebenden eine andere Rechtsfolge einträte. 177

Zur Vermeidung dieser Härte ist es folglich erforderlich, dass mittels Rechtsverordnung bestimmt wird, dass das Vorsteuerberichtigungsvolumen i.S.d. § 15a Abs. 9 UStG (§ 15a Abs. 11 Nr. 2 Buchst. a UStG: *„auch dann ..., wenn eine Änderung der Verhältnisse nicht vorliegt"*) dem Erwerber „in Rechnung gestellt" (zugewendet) werden kann und dieser den Betrag als Vorsteuer abziehen darf (§ 15a Abs. 11 Nr. 2 Buchst. c UStG). **Solange** diese **Rechtsverordnung nicht ergangen** ist, gebietet es der Neutralitätsgedanke, dass dem Erwerber die nach der Bemessungsgrundlage des § 10 Abs. 4 Satz 1 Nr. 1 UStG geschuldete Steuer, welche richtigerweise dem Vorsteuerberichtigungsvolumen i.S.d. § 15a Abs. 9 UStG entspricht (*§ 10 Rz. 99*), nach § 14 UStG in Rechnung gestellt werden kann und den Erwerber nach § 15 Abs. 1 Satz 1 Nr. 1 Satz 1 UStG zum Vorsteuerabzug berechtigt (*§ 15 Rz. 257 f.*). 178

b) Ist die unentgeltliche Lieferung („Entnahme") **steuerfrei**, wie im Falle der **Grundstücksschenkung** nach § 4 Nr. 9 Buchst. a UStG (*§ 4 Nr. 9 Rz. 25 f.*), so hat der Schenker bei einem Grundstück mit einem Gebäude, das jünger als zehn 179

---

1 Bis 2004: § 15a Abs. 7 Nr. 3 UStG aF.

Jahre ist, die Vorsteuer nach § 15a Abs. 8 UStG zu berichtigen (*Beispiel:* Schenkung eines Betriebsgebäudes an einen Angehörigen, welcher das Gebäude fortan für eigene steuerpflichtige Umsätze nutzt, *Rz. 92 Beisp. 6*), sofern es sich nicht um einen gesondert geführten Betrieb i.S.d. § 1 Abs. 1a UStG (z.B. ein vermietetes Gebäude) handelt. Diese Rechtsfolge verstößt gegen den Gesetzeszweck, da kein Letztverbrauch stattfindet, sondern das Wirtschaftsgut weiterhin für steuerpflichtige (besteuerte) Umsätze verwendet wird. Im Falle des Erwerbes durch Gesamtrechtsnachfolge wäre keine Berichtigung des Vorsteuerabzuges erfolgt (*Rz. 172*); es wäre demnach willkürlich, im Falle der Schenkung unter Lebenden eine andere Rechtsfolge eintreten zu lassen. Zur Vermeidung dieser Härte muss folglich mittels Rechtsverordnung bestimmt werden, dass das Vorsteuerberichtigungsvolumen i.S.d. § 15a Abs. 9 UStG dem Erwerber „in Rechnung gestellt" (zugewendet) werden kann und dieser den Betrag als Vorsteuer abziehen darf (§ 15a Abs. 11 Nr. 2 Buchst. c UStG). Die Zahlung dieses Betrages ist nicht erforderlich, weil anderenfalls keine unentgeltliche Lieferung (Schenkung) mehr vorläge.

**Art. 188 Abs. 2 Satz 2 MwStSystRL** bestimmt zudem ausdrücklich, dass die Mitgliedstaaten von der Vorsteuerberichtigung absehen können, wenn der Abnehmer das Investitionsgut ausschließlich zu Umsätzen verwendet, bei denen die Vorsteuer abgezogen werden kann. Der Verzicht auf die Vorsteuerberichtigung ist zwar nicht der sachgerechte Weg, weil dann die Änderung der Verwendung beim Erwerber nicht erfasst werden könnte, die Bestimmung zeigt jedoch, dass auch nach Auffassung des Richtliniengebers der aus einer Vorsteuerberichtigung resultierende Nachteil dem Zweck der Vorsteuerberichtigung widerspricht.

180 Solange die Rechtsverordnung nach § 15a Abs. 11 Nr. 2 UStG nicht ergangen ist, besteht ein **Anspruch auf eine Billigkeitsmaßnahme** i.S.d. § 155 Abs. 4 i.V.m. § 163 Satz 1 AO.[1] Wenn der Schenker den an das Finanzamt abgeführten Vorsteuerberichtigungsbetrag i.S.d. § 15a Abs. 9 UStG dem Erwerber „in Rechnung" stellt, d.h. schriftlich mitteilt, so muss dem Erwerber der Abzug dieses Betrages als Vorsteuer (§ 15a Abs. 11 Nr. 2 Buchst. c UStG) gem. § 163 Satz 1 AO zugebilligt werden. In der Billigkeitsentscheidung ist auszusprechen, dass der Erwerber sich als Rechtsnachfolger entsprechend § 1 Abs. 1a Satz 3 UStG (*Rz. 169*) behandeln lassen muss.

181 c) Entsprechendes hat zu gelten, wenn die **unentgeltliche Lieferung** eines Wirtschaftsgutes mangels Vorsteuerabzuges **nicht steuerbar** ist (§ 3 Abs. 1b Satz 2 UStG). Auch für diesen Fall hat § 15a Abs. 11 Nr. 2 UStG die Übertragung des Berichtigungsvolumens i.S.d. § 15a Abs. 9 UStG auf den Erwerber im Auge (§ 15a Abs. 11 Nr. 2 Buchst. a UStG: *„auch dann ..., wenn eine Änderung der Verhältnisse nicht vorliegt"*).[2]

### 3. Unentgeltliche Nutzungsüberlassung

182 Die vorangehenden Ausführungen gelten entsprechend bei der unentgeltlichen Überlassung eines Wirtschaftsgutes zur zeitweiligen Nutzung (Leihe). Ist diese

---

1 Vgl. dazu *Stadie*, Allg. SteuerR, Rz. 308 i.V.m. 303 f.
2 Dazu *Stadie* in R/D, § 15 UStG Anm. 1410 m. Beispiel.

Unentgeltliche Nutzung eines fremden privaten Wirtschaftsgutes § 15a

**steuerpflichtig** nach § 1 Abs. 1 Nr. 1 i.V.m. § 3 Abs. 9a UStG, so kann richtigerweise die auf die Bemessungsgrundlage nach § 10 Abs. 4 Satz 1 Nr. 2 UStG entfallende Steuer, welche dem Vorsteuerberichtigungsvolumen des § 15a Abs. 1 ff. UStG entspricht (*§ 10 Rz. 107 ff.*), dem Nutzenden „in Rechnung" gestellt werden, welche dieser dann als Vorsteuer abziehen kann (*§ 15 Rz. 257 f.*). Das gilt solange, wie die Rechtsverordnung nach § 15a Abs. 11 Nr. 2 UStG, die auch den Fall der unentgeltlichen Überlassung im Auge hat und zum selben Ergebnis führen würde, nicht ergangen ist.

Ist die unentgeltliche Nutzungsüberlassung **steuerfrei** oder **nicht** nach § 1 Abs. 1 Nr. 1 i.V.m. § 3 Abs. 9a UStG **steuerbar**, weil der Gegenstand nicht von der Vorsteuer entlastet war, dann besteht ein Anspruch auf Vorsteuerabzug (pro rata temporis) nach § 163 AO i.V.m. § 15a Abs. 11 Nr. 2 UStG (*Rz. 180*).

## I. Unentgeltliche Nutzung eines fremden privaten Wirtschaftsgutes

Nutzt der Unternehmer ein fremdes privates Wirtschaftsgut unentgeltlich zur Ausführung von steuerpflichtigen Umsätzen, so **dient** dieses insoweit **nicht dem Letztverbrauch**. 183

**Beispiele**

(1) Unternehmer U1 betreibt sein Unternehmen in einem im Jahre 2014 hergestellten **Gebäude**, welches seinem **Ehegatten** E gehört und für welches dieser Auftraggeber der der Herstellung zugrunde liegenden Leistungen war (auch die Rechnungen wurden von E bezahlt). Ein Nutzungsausgleich findet nicht statt. E trägt auch die laufenden Kosten des Gebäudes.

(2) Unternehmer U2 verwendet ein im Jahre 2014 hergestelltes Gebäude, welches zur Hälfte als **Miteigentum** seinem **Ehegatten** E gehört, vollen Umfangs (alternativ: zu 40 %) für seine unternehmerischen Zwecke. Die Aufträge zur Herstellung des Gebäudes waren von beiden Ehegatten gemeinsam erteilt worden, die auch jeweils hälftig die an beide Ehegatten adressierten Rechnungen beglichen.

(3) Unternehmer U3 verwendet ein seinem **Ehegatten** E gehörendes privates **Kraftfahrzeug** für steuerpflichtige Umsätze.

Art. 6 Abs. 1 i.V.m. Art. 3 Abs. 1 GG verbietet es, Ehe und Familie umsatzsteuerrechtlich zu benachteiligen, indem nur für steuerrechtliche Zwecke der Abschluss von Verträgen verlangt wird, die von den Beteiligten wegen fehlender Interessengegensätze nicht für erforderlich gehalten werden. Vor allem bei Ehegatten wird zumeist nicht zwischen „Mein" und „Dein" getrennt. Die Zufälligkeiten der zivilrechtlichen Gestaltungen und Eigentumsverhältnisse zwischen Angehörigen dürfen bei der Vermögensnutzung nicht über den Vorsteuerabzug entscheiden (*Vorbem. Rz. 52 f.*). Vielmehr gebietet das aus Art. 6 Abs. 1 GG erwachsende **Benachteiligungsverbot**, die beschriebene Realität zu berücksichtigen, und verlangt mithin eine **verfassungskonforme Anwendung** des Umsatzsteuergesetzes, wonach es allein darauf ankommt, dass ein mit Umsatzsteuer belastetes Wirtschaftsgut für unternehmerische Zwecke verwendet wird und mithin nicht dem privaten Endverbrauch dient. Folglich ist die Lücke im Gesetz verfassungskonform durch die **analoge Anwendung des § 15a Abs. 1 ff. UStG** wie bei der Nutzung eigener nichtunternehmerischer Wirtschaftsgüter (Nut- 184

1175

zungseinlage, *Rz. 130 f.*) zu schließen[1] (zur Nutzung eines Wirtschaftsgutes des Gesellschafters durch die Gesellschaft s. *§ 15 Rz. 44 ff.*). Auf dasselbe liefe eine Billigkeitsmaßnahme nach § 155 Abs. 4 i.V.m. § 163 Satz 1 AO hinaus, auf die dann ein Rechtsanspruch bestünde (Ermessensreduzierung auf null). Durch die Überlassung der Rechnung(en) wird dem Nutzenden das auf das Wirtschaftsgut entfallende Vorsteuervolumen zugewendet.[2] Dass die Rechnung i.S.d. § 14 UStG nicht auf den Unternehmer lautet, ist bei verfassungskonformer Auslegung des Umsatzsteuergesetzes unbeachtlich.

185 **Beispiele**

Im o.g. (*Rz. 183*) Beispiel 1 kann mithin U1 bei Überlassung der erforderlichen Rechnungen an ihn entsprechend § 15a Abs. 1 i.V.m. Abs. 5 UStG jährlich ein Zehntel der auf die Herstellungskosten des Gebäudes entfallenden Steuern als Vorsteuer geltend machen. Hinsichtlich der Steuern, die auf die laufenden Kosten entfallen, steht ihm der Vorsteuerabzug entsprechend § 15a Abs. 4 i.V.m. Abs. 1 oder 2 UStG zu.

Im o.g. Beispiel 2 kann U2 auch hinsichtlich der auf den im Miteigentum des Ehegatten E stehenden Gebäudeteil entfallenden Vorsteuern den Abzug entsprechend § 15a Abs. 1 i.V.m. Abs. 5 UStG vornehmen (sofern E zustimmt). In der Alternative wäre hingegen nach verfehlter EuGH- und BFH-Auffassung (*§ 15 Rz. 86*) U2 schon nach § 15 Abs. 1 UStG hinsichtlich der 40 % zum Vorsteuerabzug berechtigt.

Im o.g. Beispiel 3 kann U3 bei Überlassung der erforderlichen Rechnungen an ihn entsprechend § 15a Abs. 1 i.V.m. Abs. 5 UStG jährlich ein Fünftel der auf die Anschaffungskosten des Fahrzeugs entfallenden Vorsteuern abziehen, sofern die Verwendung vollen Umfangs für steuerpflichtige Zwecke erfolgt (anderenfalls ist eine entsprechende Kürzung erforderlich). Hinsichtlich der Vorsteuern, die auf die laufenden Kosten entfallen und nicht von § 15a Abs. 4 UStG erfasst werden, steht dem U3 der anteilige Vorsteuerabzug in Umkehrung des Gedankens des § 10 Abs. 4 Satz 1 Nr. 2 Satz 1 UStG zu (*Rz. 131 Fn. 1*).

---

1 Ausführlich *Stadie* in R/D, § 15 UStG Anm. 1415 ff.
2 Nicht etwa kommt der Vorsteuerabzug beim unentgeltlich Überlassenden in Betracht; so aber BFH v. 11.12.2003 – V R 48/002, BStBl. II 2006, 384 = UR 2004, 203.

# Fünfter Abschnitt
# Besteuerung

## § 16
## Steuerberechnung, Besteuerungszeitraum und Einzelbesteuerung

(1) Die Steuer ist, soweit nicht § 20 gilt, nach vereinbarten Entgelten zu berechnen. Besteuerungszeitraum ist das Kalenderjahr. Bei der Berechnung der Steuer ist von der Summe der Umsätze nach § 1 Abs. 1 Nr. 1 und 5 auszugehen, soweit für sie die Steuer in dem Besteuerungszeitraum entstanden und die Steuerschuldnerschaft gegeben ist. Der Steuer sind die nach § 6a Abs. 4 Satz 2, nach § 14c sowie nach § 17 Abs. 1 Satz 6 geschuldeten Steuerbeträge hinzuzurechnen.

(1a) Macht ein nicht im Gemeinschaftsgebiet ansässiger Unternehmer von § 18 Abs. 4c Gebrauch, ist Besteuerungszeitraum das Kalendervierteljahr. Bei der Berechnung der Steuer ist von der Summe der Umsätze nach § 3a Abs. 5 auszugehen, die im Gemeinschaftsgebiet steuerbar sind, soweit für sie in dem Besteuerungszeitraum die Steuer entstanden und die Steuerschuldnerschaft gegeben ist. Absatz 2 ist nicht anzuwenden.

(1b) Macht ein im übrigen Gemeinschaftsgebiet ansässiger Unternehmer (§ 13b Absatz 7 Satz 2) von § 18 Abs. 4e Gebrauch, ist Besteuerungszeitraum das Kalendervierteljahr. Bei der Berechnung der Steuer ist von der Summe der Umsätze nach § 3a Abs. 5 auszugehen, die im Inland steuerbar sind, soweit für sie in dem Besteuerungszeitraum die Steuer entstanden und die Steuerschuldnerschaft gegeben ist. Absatz 2 ist nicht anzuwenden.[1]

(2) Von der nach Absatz 1 berechneten Steuer sind die in den Besteuerungszeitraum fallenden, nach § 15 abziehbaren Vorsteuerbeträge abzusetzen. § 15a ist zu berücksichtigen.[2]

(3) Hat der Unternehmer seine gewerbliche oder berufliche Tätigkeit nur in einem Teil des Kalenderjahres ausgeübt, so tritt dieser Teil an die Stelle des Kalenderjahres.

(4) Abweichend von den Absätzen 1, 2 und 3 kann das Finanzamt einen kürzeren Besteuerungszeitraum bestimmen, wenn der Eingang der Steuer gefährdet erscheint oder der Unternehmer damit einverstanden ist.

---

[1] Eingefügt mit Wirkung vom 1.1.2015 durch Art. 9 Nr. 5 Buchst. a des Gesetzes v. 25.7.2014.

[2] Mit Wirkung vom 30.6.2013 sind die Sätze 3 und 4 aufgehoben worden. Diese lauteten: „Die Einfuhrumsatzsteuer ist von der Steuer für den Besteuerungszeitraum abzusetzen, in dem sie entrichtet worden ist. Die bis zum 16. Tag nach Ablauf des Besteuerungszeitraums zu entrichtende Einfuhrumsatzsteuer kann bereits von der Steuer für diesen Besteuerungszeitraum abgesetzt werden, wenn sie in ihm entstanden ist."

(5) Bei Beförderungen von Personen im Gelegenheitsverkehr mit Kraftomnibussen, die nicht im Inland zugelassen sind, wird die Steuer, abweichend von Absatz 1, für jeden einzelnen steuerpflichtigen Umsatz durch die zuständige Zolldienststelle berechnet (Beförderungseinzelbesteuerung), wenn eine Grenze zum Drittlandsgebiet überschritten wird. Zuständige Zolldienststelle ist die Eingangszollstelle oder Ausgangszollstelle, bei der der Kraftomnibus in das Inland gelangt oder das Inland verlässt. Die zuständige Zolldienststelle handelt bei der Beförderungseinzelbesteuerung für das Finanzamt, in dessen Bezirk sie liegt (zuständiges Finanzamt). Absatz 2 und § 19 Abs. 1 sind bei der Beförderungseinzelbesteuerung nicht anzuwenden.

(5a) Beim innergemeinschaftlichen Erwerb neuer Fahrzeuge durch andere Erwerber als die in § 1a Abs. 1 Nr. 2 genannten Personen ist die Steuer abweichend von Absatz 1 für jeden einzelnen steuerpflichtigen Erwerb zu berechnen (Fahrzeugeinzelbesteuerung).

(5b) Auf Antrag des Unternehmers ist nach Ablauf des Besteuerungszeitraums an Stelle der Beförderungseinzelbesteuerung (Absatz 5) die Steuer nach den Absätzen 1 und 2 zu berechnen. Die Absätze 3 und 4 gelten entsprechend.

(6) Werte in fremder Währung sind zur Berechnung der Steuer und der abziehbaren Vorsteuerbeträge auf Euro nach den Durchschnittskursen umzurechnen, die das Bundesministerium der Finanzen für den Monat öffentlich bekannt gibt, in dem die Leistung ausgeführt oder das Entgelt oder ein Teil des Entgelts vor Ausführung der Leistung (§ 13 Abs. 1 Nr. 1 Buchstabe a Satz 4) vereinnahmt wird. Ist dem leistenden Unternehmer die Berechnung der Steuer nach vereinnahmten Entgelten gestattet (§ 20), so sind die Entgelte nach den Durchschnittskursen des Monats umzurechnen, in dem sie vereinnahmt werden. Das Finanzamt kann die Umrechnung nach dem Tageskurs, der durch Bankmitteilung oder Kurszettel nachzuweisen ist, gestatten. Macht ein nicht im Gemeinschaftsgebiet ansässiger Unternehmer von § 18 Abs. 4c Gebrauch, hat er zur Berechnung der Steuer Werte in fremder Währung nach den Kursen umzurechnen, die für den letzten Tag des Besteuerungszeitraums nach Absatz 1a Satz 1 von der Europäischen Zentralbank festgestellt worden sind; macht ein im übrigen Gemeinschaftsgebiet (§ 13b Absatz 7 Satz 2) ansässiger Unternehmer von § 18 Absatz 4e Gebrauch, hat er zur Berechnung der Steuer Werte in fremder Währung nach den Kursen umzurechnen, die für den letzten Tag des Besteuerungszeitraums nach Absatz 1b Satz 1 von der Europäischen Zentralbank festgestellt worden sind. Sind für die in Satz 4 genannten Tage keine Umrechnungskurse festgestellt worden, hat der Unternehmer die Steuer nach den für den nächsten Tag nach Ablauf des Besteuerungszeitraums nach Absatz 1a Satz 1 oder Absatz 1b Satz 1 von der Europäischen Zentralbank festgestellten Umrechnungskursen umzurechnen.[1]

(7) Für die Einfuhrumsatzsteuer gelten § 11 Abs. 5 und § 21 Abs. 2.

---

[1] Sätze 4 und 5 neu gefasst mit Wirkung vom 1.1.2015 durch Art. 9 Nr. 5 Buchst. b des Gesetzes v. 25.7.2014.

Allgemeines § 16

*EU-Recht*

Art. 62–66, 91 Abs. 2, Art. 179, 183, 206, 250 Abs. 1, Art. 252 Abs. 2, Art. 357–359, 364–366, 368, 369f und 369h MwStSystRL.

Art. 59 und 61 MwSt-DVO.

*VV*

Abschn. 16.1–16.4, Abschn. 18.5 UStAE.

| | |
|---|---|
| A. Allgemeines .................. 1 | E. Steuer- und Vorsteuerberechnung für den jeweiligen Voranmeldungszeitraum ......... 36 |
| B. Besteuerungszeitraum (Abs. 1 Satz 2, Abs. 3 und 4) ........... 5 | |
| C. Steuerberechnung (Abs. 1) | F. Selbständiger Anspruch auf Vergütung („Abzug") der Vorsteuer |
| I. Allgemeines ................. 11 | |
| II. Einbeziehung von Haftungs-, Vorsteuerberichtigungs- u.ä. Beträgen .................... 18 | I. Entstehung .................. 39 |
| | II. Aufrechnung, Abtretung u.Ä... 42 |
| D. Verrechnung der Vorsteuern (Abs. 2) | G. Besteuerung im Ausland ansässiger Anbieter von Telekommunikations-, Rundfunk- und elektronisch erbrachten Dienstleistungen (Abs. 1a, Abs. 1b) ... 47 |
| I. Allgemeines ................. 21 | |
| II. Einfuhrumsatzsteuer .......... 26 | |
| III. Charakter des Anspruchs auf Abzug der Vorsteuer ........... 27 | H. Beförderungseinzelbesteuerung (Abs. 5, Abs. 5b) ............. 50 |
| IV. Einbeziehung von Vorsteuerberichtigungs- und Steuerberichtigungsbeträgen (Erstattungsbeträgen) .................... 31 | I. Fahrzeugeinzelbesteuerung (Abs. 5a) .................... 55 |
| | J. Umrechnung von Werten in fremden Währungen (Abs. 6) ... 56 |
| V. Zwangsverrechnung........... 32 | K. Einfuhrbesteuerung (Abs. 7) ... 58 |

## A. Allgemeines

Die Vorschrift enthält (neben Sondervorschriften zur Einzelbesteuerung) im Wesentlichen Aussagen zur **Steuerberechnung** und zum **Besteuerungszeitraum**. Sie wird ergänzt durch die Regelungen des § 17 UStG zur Berichtigung der im Besteuerungszeitraum entstandenen Steuern (und vorgenommenen Vorsteuerabzüge). Beide Vorschriften bestimmen damit den Zeitraum und den Umfang der Steuerbeträge, welche durch die Steueranmeldungen bzw. Steuerfestsetzungen nach § 18 UStG zu erfassen sind (§ 18 Abs. 1 Satz 3, Abs. 3 Satz 1 a.E., Abs. 4c Satz 1, Abs. 4d, Abs. 4e Satz 1, Abs. 5 bis 5b UStG). 1

Nach dem Wortlaut des § 16 Abs. 2 UStG sind die **Vorsteuerbeträge** von der berechneten Steuer „abzusetzen". Das ist rein technisch (rechnerisch) gemeint, denn nach dem System der Abgabenordnung führen die „abziehbaren" Vorsteuern zu Ansprüchen auf Steuervergütungen bzw. Steuererstattungen und sind folglich auch als solche zu behandeln (*Rz. 27 ff.*) und nicht etwa in die „Berechnung" der „Steuer" einzubeziehen. § 16 Abs. 2 UStG enthält ausschließlich eine 2 rein **materiell-rechtlich** wirkende Anordnung einer **Zwangsverrechnung** der unterschiedlichen Ansprüche aus dem Steuerschuldverhältnis (*Rz. 32*).

3  Die **eigentliche Bedeutung** der Bestimmungen des § 16 Abs. 1 und 2 UStG liegt nicht bei der Steuer- und Vorsteuerberechnung für das Kalenderjahr, sondern bei derjenigen für die **Voranmeldungszeiträume**, denn § 18 Abs. 1 Satz 1 i.V.m. Satz 3 UStG bestimmt, dass bei der „Berechnung" der „Steuer" § 16 Abs. 1 und 2 UStG (sowie § 17 UStG) **entsprechend anzuwenden** sind (*Rz. 36 ff.*). Die Steuer- und Vorsteuerberechnung für das **Kalenderjahr** (den Besteuerungszeitraum) ist nur dann von Bedeutung, wenn der Unternehmer keine Voranmeldungen abzugeben hat. Anderenfalls kann die Steuerberechnung für das Kalenderjahr **lediglich** der **Kontrolle** dienen, ob die für die jeweiligen Voranmeldungszeiträume des Kalenderjahres entstandenen Steuer- und Vorsteuerbeträge vollständig erfasst worden waren. Die Jahresberechnung bewirkt nicht, dass die für die einzelnen Voranmeldungszeiträume entstandenen Steuer- bzw. Vorsteuerüberschüsse dergestalt miteinander zu verrechnen wären, dass sie rückwirkend entfielen (*Rz. 43*).

4  Dem entspricht, dass es entgegen der Auffassung des BFH[1] **keine Jahresumsatzsteuer** gibt, welche erst mit Ablauf des Kalenderjahres endgültig entstünde. Vielmehr entsteht die Umsatzsteuer nach § 13 UStG **endgültig** mit Ablauf des jeweiligen Voranmeldungszeitraums, auch wenn die Steuer erst verspätet in der Jahresanmeldung bzw. Jahresfestsetzung erfasst wird (*§ 13 Rz. 2*; zur verbleibenden Bedeutung der Steuerberechnung für das Kalenderjahr und damit auch der Verpflichtung zur Abgabe einer Steueranmeldung für das Kalenderjahr s. *§ 18 Rz. 44*). Folglich ist die Verwendung der Begriffe „Voranmeldungszeiträume" und „Vorauszahlung" durch § 18 Abs. 1 UStG verfehlt (*§ 18 Rz. 11 f.*).

## B. Besteuerungszeitraum (Abs. 1 Satz 2, Abs. 3 und 4)

5  Regelmäßiger Besteuerungszeitraum ist das **Kalenderjahr** (§ 16 Abs. 1 Satz 2 UStG). Diese Gesetzesaussage hat keine **Bedeutung**, da insbesondere die Steuerentstehung nicht an den Ablauf des Besteuerungszeitraums anknüpft (*Rz. 3*). Lediglich § 17 Abs. 1 Satz 7 UStG bestimmt, dass die Berichtigungen von Steuer und Vorsteuerabzug für den Besteuerungszeitraum vorzunehmen sind, in dem die Änderung eingetreten ist. Aber auch insoweit wird der Besteuerungszeitraum durch den Voranmeldungszeitraum verdrängt (§ 18 Abs. 1 Satz 3 UStG), dem die eigentliche Bedeutung zukommt (*Rz. 3*). Der Begriff „**Besteuerungszeitraum**" ist folglich **überflüssig**. Schlechterdings **verfehlt** ist darüber hinaus der Begriff „**Veranlagungszeitraum**". Dass dieser Begriff bereits 1980 aus dem Gesetz entfernt worden war, hindert den BFH nicht, ihn bis heute zu verwenden.[2]

---

[1] Vgl. nur BFH v. 11.3.2004 – VII R 19/02, BStBl. II 2004, 967; BFH v. 25.5.2004 – VII R 29/02, BStBl. II 2005, 3 – 4a der Gründe; BFH v. 25.7.2012 – VII R 44/10, BStBl. II 2013, 33 – Rz. 7 f.; BFH v. 24.4.2013 – XI R 25/10, BStBl. II 2014, 346 – Rz. 32; widersprüchlich BFH v. 7.7.2011 – V R 42/09, UR 2011, 870 – Rz. 26.

[2] BFH v. 27.10.2009 – VII R 4/08, BStBl. II 2010, 257 – Rz. 18; BFH v. 7.10.2010 – V R 17/09, UR 2011, 662 – Rz. 25; BFH v. 30.3.2011 – XI R 30/09, BStBl. II 2011, 613 – Rz. 38; BFH v. 25.7.2012 – VII R 44/10, BStBl. II 2013, 33 – Rz. 7; BFH v. 24.4.2013 – XI R 25/10, BStBl. II 2014, 346 – Rz. 34; BFH v. 14.5.2014 – XI R 13/11, BStBl. II 2014, 734 – Rz. 39.

**Verfehlt** ist auch die Auffassung des **BFH**, dass das Kalenderjahr der maßgebliche „Besteuerungszeitraum" für die endgültige Beurteilung der darin erfassten Eingangs- und Ausgangsumsätze sei[1], so dass auch nicht etwa den **Voranmeldungszeiträumen** in materiell-rechtlicher Hinsicht **nur vorläufiger Charakter** zukommt.[2] Diese Ansicht des BFH verstößt gegen die klare Aussage des Gesetzes, dass die Steuer, wie auch die Steuervergütung (*Rz. 39 ff.*), endgültig mit Ablauf des Voranmeldungszeitraums entsteht (*Rz. 3 f.*).

6

Hat der Unternehmer seine gewerbliche oder berufliche, d.h. seine **unternehmerische** Tätigkeit nur in einem **Teil des Kalenderjahres** ausgeübt, so tritt dieser an die Stelle des Kalenderjahres (§ 16 Abs. 3 UStG). Diese Gesetzesaussage erhält seine Bedeutung allein durch die Anordnung des § 18 Abs. 3 Satz 2 UStG, wonach in diesem Fall die Steueranmeldung bereits binnen einem Monat nach Ablauf des kürzeren Besteuerungszeitraums abzugeben ist.

7

Nach neuerer Auffassung des **BFH** soll auch bei **Insolvenzeröffnung** im Laufe eines Kalenderjahres ein Fall des § 16 Abs. 3 UStG vorliegen.[3] Das ist nicht nachvollziehbar, weil auch die unternehmerische Tätigkeit mit Hilfe der Insolvenzmasse durch den Insolvenzverwalter dem Schuldner zuzurechnen ist (*§ 2 Rz. 179*), so dass dieser auch nach Eröffnung des Verfahrens weiterhin unternehmerisch tätig ist und der Grundsatz der Unternehmenseinheit (*§ 2 Rz. 186*) – auch nach Auffassung des BFH[4] – im Falle der Insolvenz nicht berührt wird (zur Steuerberechnung *Rz. 15 ff.*).

8

Das **Finanzamt** kann einen **kürzeren Besteuerungszeitraum bestimmen**, wenn der Eingang der Steuer gefährdet erscheint oder der Unternehmer damit einverstanden ist (§ 16 Abs. 4 UStG). Auch diese Aussage ist im Zusammenhang mit § 18 Abs. 3 Satz 2 UStG zu sehen, wonach in einem solchen Fall die Steueranmeldung bereits binnen einem Monat nach Ablauf des kürzeren Besteuerungszeitraums abzugeben ist. Der Sinn dieser Bestimmungen ist indes weitgehend nicht erkennbar.[5]

9

Bei in Deutschland nach § 18 Abs. 4c bzw. Abs. 4e UStG **registrierten Anbietern von Telekommunikations-, Rundfunk- und auf elektronischem Weg** zu erbringenden **Dienstleistungen aus Drittländern** bzw. aus dem **übrigen Gemeinschaftsgebiet** ist Besteuerungszeitraum das Kalendervierteljahr (§ 16 Abs. 1a Satz 1 bzw. Abs. 1b Satz 1 UStG; *Rz. 47 ff.*).

10

---

1 BFH v. 7.7.2011 – V R 42/09, UR 2011, 870 – Rz. 25.
2 So aber BFH v. 7.7.2011 – V R 42/09, UR 2011, 870 – Rz. 26; BFH v. 24.11.2011 – VR 13/11, BStBl. II 2012, 298 – Rz. 15.
3 BFH v. 24.11.2011 – V R 13/11, BStBl. II 2012, 298 – Rz. 14; a.A. noch zutreffend BFH v. 16.7.1987 – V R 2/81, BStBl. II 1988, 190.
4 BFH v. 9.12.2010 – V R 22/10, BStBl. II 2011, 996 – Rz. 28; BFH v. 24.11.2011 – VR 13/11, BStBl. II 2012, 298 – Rz. 11; BFH v. 8.3.2012 – V R 24/11, BStBl. II 2012, 466 – Rz. 22.
5 Dazu näher *Stadie* in R/D, § 16 UStG Anm. 32.

## C. Steuerberechnung (Abs. 1)

### I. Allgemeines

11 Die Steuer ist grundsätzlich nach vereinbarten „Entgelten" – richtig: nach vereinbarten Gegenleistungen, da das Entgelt i.S.d. § 10 Abs. 1 UStG nicht vereinbart werden kann (*§ 10 Rz. 4*) – zu berechnen (§ 16 Abs. 1 Satz 1 UStG). Es gilt mithin das nicht nur **sachlich**, d.h. vom Gesetzzweck her **verfehlte**, sondern auch **verfassungs-** und **unionsrechtswidrige** (*Vorbem. Rz. 44 f.; § 13 Rz. 9 ff.*) sog. **Soll-Prinzip**, sofern an die Entstehung auch die Fälligkeit geknüpft wird (dazu § 18 Rz. 37). Lediglich unter den Voraussetzungen des § 20 UStG ist als **Ausnahme** die Steuerberechnung „nach den vereinnahmten Entgelten", d.h. nach dem sog. **Ist-Prinzip** vorgesehen. Besteuerungszeitraum ist grundsätzlich das Kalenderjahr (*Rz. 5 ff.*). Die Aussagen des § 16 Abs. 1 UStG über die Steuerberechnung sind entsprechend bei der Berechnung der Steuervorauszahlungen für die jeweiligen **Voranmeldungszeiträume** anzuwenden (§ 18 Abs. 1 Satz 3 UStG); darin liegt ihre **eigentliche Bedeutung** (*Rz. 3 ff.*).

12 Bei der Berechnung der Steuer ist von der **Summe der Umsätze** nach § 1 Abs. 1 Nr. 1 und Nr. 5 UStG auszugehen, soweit für sie die Steuer in dem Besteuerungszeitraum entstanden und die Steuerschuldnerschaft gegeben ist (§ 16 Abs. 1 Satz 3 UStG). Zu den Umsätzen nach § 1 Abs. 1 Nr. 1 UStG zählen auch die Entnahmen und die unentgeltlichen Leistungen i.S.d. § 3 Abs. 1b und Abs. 9a UStG. Bei den „Umsätzen" i.S.d. § 1 Abs. 1 Nr. 5 UStG handelt es sich um die innergemeinschaftlichen Erwerbe gem. § 1a UStG. Mit der Einschränkung „und die **Steuerschuldnerschaft gegeben** ist" wird klargestellt, dass, soweit der Leistungsempfänger Schuldner der Steuer ist (insbesondere nach § 13b UStG), diese natürlich nicht in die Steuerberechnung beim leistenden Unternehmer einzubeziehen ist.

13 Die Berechnung der Steuer betrifft die vom Unternehmer für den gesamten Besteuerungszeitraum geschuldete Steuer. Sie ist die **Zusammenfassung aller Steuerbeträge**, die für die einzelnen, dem Unternehmer als Steuerschuldner zuzurechnenden Umsätze nach Maßgabe der Bemessungsgrundlagen einschließlich der An- und Vorauszahlungen im Besteuerungszeitraum entstanden sind. Hinzu kommen die der Steuer gleichgestellten Beträge (*Rz. 18 ff.*) und die vom Unternehmer als Leistungsempfänger (insbesondere nach § 13b UStG) geschuldete Steuer.

14 Die **Steuerentstehung** richtet sich nach § 13 Abs. 1 UStG und scheinbar auch nach § 13b Abs. 1 und 2 UStG. Letztere Bestimmungen laufen jedoch leer (*§ 13b Rz. 127 ff., 134*).

15 Dieser Grundsatz des Umsatzsteuergesetzes wird durch das Zwangsverwaltungsrecht – und das Insolvenzrecht (*Rz. 16*) – insoweit modifiziert, als sich danach die Notwendigkeit zur **gesonderten Berechnung** dieser Umsätze zwecks separater Festsetzung bzw. Feststellung der darauf entfallenden Steuer ergibt. Nach § 155 Abs. 1 ZVG hat der **Zwangsverwalter** aus den Nutzungen des Grundstücks die Ausgaben der Verwaltung, wozu auch die Umsatzsteuer bei steuerpflichtiger Vermietung gehört, zu bestreiten. Folglich muss eine separate

Berechnung dieser Steuer (und der damit zusammenhängenden Vorsteuer) geschehen, die dann entsprechend gesondert anzumelden bzw. festzusetzen ist.[1]

Entsprechendes hat im Falle der **Insolvenz** zu geschehen, wenn die Eröffnung des Verfahrens im Laufe des Kalenderjahres erfolgt. Da dann bezüglich des insolvenzbefangenen Vermögens zwischen bei der Eröffnung begründeten **Insolvenzforderungen** (§ 38 InsO) und zeitlich danach begründeten Forderungen, die zu **Masseverbindlichkeiten** führen (§ 55 Abs. 1 InsO), zu trennen ist (*§ 13 Rz. 55 ff.*), welche unterschiedlich geltend zu machen sind und befriedigt werden[2], muss ebenfalls eine getrennte Steuerberechnung erfolgen[3]. Hierbei handelt es sich entgegen BFH nicht um einen Fall des § 16 Abs. 3 UStG (*Rz. 7*), sondern um eine gesonderte Berechnung für insolvenzrechtliche Zwecke. Nach Auffassung des BFH sollen bei dieser Steuerberechnung i.S.d. § 16 Abs. 1 UStG für den vorinsolvenzrechtlichen Zeitraum die Steueransprüche einschließlich gleichgestellter Berichtigungsansprüche (vgl. *Rz. 19 f.*) nur insoweit zu berücksichtigen sein, als es sich bei diesen jeweils um einen zur Zeit der Verfahrenseröffnung **begründeten** Vermögensanspruch iS des § 38 InsO handele.[4] Das ist widersprüchlich, da § 16 Abs. 1 Satz 3 UStG auf die umsatzsteuerrechtliche Entstehung (§ 13 UStG) abstellt, während die Begründetheit i.S.d. Insolvenzrechts nicht an diese Entstehung anknüpft, sondern sich danach bestimmt, ob der den Umsatzsteueranspruch begründende Tatbestand bereits vor oder erst nach Insolvenzeröffnung vollständig verwirklicht und damit abgeschlossen ist.[5] Der BFH kann mithin nur sagen wollen, dass Insolvenzforderungen solche sind, die bei Verfahrenseröffnung sowohl umsatzsteuerrechtlich entstanden als auch insolvenzrechtlich begründet sind. **Richtigerweise** begründen indes vor Insolvenzeröffnung **vereinnahmte Umsatzsteuerbeträge** keine Insolvenzforderungen, sondern **Aussonderungsansprüche** des Steuergläubigers (*§ 13 Rz. 58*). Zur Verrechnung mit vor bzw. nach Verfahrenseröffnung begründeten Vorsteuervergütungsansprüchen s. *Rz. 34 ff.*

In gleicher Weise ist bezüglich der Insolvenzmasse und dem vom Insolvenzverwalter **freigegebenen Vermögen** zu trennen.[6]

## II. Einbeziehung von Haftungs-, Vorsteuerberichtigungs- u.ä. Beträgen

Der Steuer sind die nach § 6a Abs. 4 Satz 2 UStG (*§ 6a Rz. 98*) geschuldete Steuer und die nach § 14c Abs. 1 und 2 UStG (in Rechnungen unberechtigt ausgewiese-

---

1 BFH v. 10.4.1997 – V R 26/96, BStBl. II 1997, 552; BFH v. 18.10.2001 – V R 44/00, BStBl. II 2002, 171.
2 Dazu näher *Stadie* in R/D, § 18 UStG Anh. 2 Anm. 218 ff. – Insolvenz.
3 Vgl. BFH v. 9.12.2010 – V R 22/10, BStBl. II 2011, 996 – Rz. 29; BFH v. 24.11.2011 – V R 13/11, BStBl. II 2012, 298 – Rz. 14 ff.
4 BFH v. 24.11.2011 – V R 13/11, BStBl. II 2012, 298 – Rz. 16; BFH v. 8.3.2012 – V R 24/11, BStBl. II 2012, 466 – Rz. 25 a.E.
5 BFH v. 29.1.2009 – V R 64/07, BStBl. II 2009, 682 – unter II 1; BFH v. 9.12.2010 – V R 22/10, BStBl. II 2011, 996 – Rz. 18; BFH v. 9.2.2011 – XI R 35/09, BStBl. II 2011, 1000 – Rz. 17; BFH v. 24.11.2011 – V R 13/11, BStBl. II 2012, 298 – Rz. 17; BFH v. 8.3.2012 – V R 24/11, BStBl. II 2012, 466 – Rz. 27.
6 Vgl. BFH v. 9.12.2010 – V R 22/10, BStBl. II 2011, 996 – Rz. 28.

ne Steuerbeträge) sowie nach § 17 Abs. 1 Satz 6 UStG (Minderungsbetrag bei der sog. Zentralregulierung) geschuldeten, vom Gesetz als „Steuer" bezeichneten Beträge hinzuzurechnen (§ 16 Abs. 1 Satz 4 UStG), soweit sie im Besteuerungszeitraum entstanden (§ 13 Abs. 1 Nr. 3, 4, 5 und 8 UStG) sind. Bei den Beträgen i.S.d. § 14c UStG handelt es sich um **Haftungsbeträge** (*§ 13 Rz. 44, § 14c Rz. 3*) und bei den Beträgen nach § 17 Abs. 1 Satz 6 UStG um **Erstattungsbeträge** (*§ 17 Rz. 37*). Die nach § 6a Abs. 4 Satz 2 UStG geschuldete Steuer begründet hingegen eine Steuerschuld (*§ 13a Rz. 8*).

19  Nach § 18 Abs. 3 Satz 1 UStG ist die in der Jahressteuererklärung zu berechnende „Steuer" nicht nur nach § 16 UStG, sondern auch nach § 17 UStG zu berechnen. Folglich sind auch die nach § 17 Abs. 1 Satz 2, 4 und 5 bzw. Abs. 2 UStG (wegen **Änderung der Bemessungsgrundlage** u.Ä.) zu **berichtigenden** (zurückzuzahlenden) **Vorsteuerbeträge** in die Steuerberechnung einzubeziehen. Hierbei handelt es sich um Ansprüche des Steuergläubigers auf Erstattung (§ 37 Abs. 2 Satz 2 AO; Rückforderungsansprüche) von Steuervergütungen (*Rz. 27 ff.*), für deren Zahlung der rechtliche Grund später weggefallen ist (*§ 17 Rz. 11*).[1] Diese **Erstattungsbeträge** sind mithin **wie Steuerbeträge** zu behandeln. Die Abgabenordnung von 1977 bezeichnet die entsprechenden Ansprüche hingegen zutreffend als Ansprüche auf Erstattung von Steuervergütungen (§ 73 Satz 2, § 74 Abs. 1 Satz 3, § 75 Abs. 1 Satz 3 AO; zur Entstehung *§ 17 Rz. 5*).

20  Wie Steuerbeträge sind ferner die **nach § 15a UStG zu berichtigenden** (zurückzuzahlenden) **Vorsteuerbeträge** zu behandeln, die ebenfalls zu Erstattungsansprüchen i.S.d. § 37 Abs. 2 Satz 2 AO führen.[2] Sie sind in die Steuerberechnung[3] einzubeziehen, da „§ 15a zu berücksichtigen ist" (§ 16 Abs. 2 Satz 2 UStG). Die Berücksichtigung findet **nicht rückwirkend** für den Besteuerungszeitraum statt, für den der Vorsteuerabzug geltend gemacht worden war.[4] Vielmehr folgt aus dem Entlastungszweck des Vorsteuerabzugs auch bei Investitionsgütern (*§ 15a Rz. 3*) sowie aus dem allgemeinen Prinzip, welches § 17 Abs. 1 Satz 7 UStG zugrunde liegt (*§ 17 Rz. 90*), dass die Berichtigung jeweils (zeitanteilig) für den Besteuerungszeitraum vorzunehmen ist, in dem die Änderung der Verwendung i.S.d. § 15a UStG eingetreten ist (ferner Umkehrschluss aus § 44 Abs. 3 Satz 2 UStDV).

## D. Verrechnung der Vorsteuern (Abs. 2)
### I. Allgemeines

21  Von der Summe der Steuerbeträge und gleichgestellten Beträge (*Rz. 18 ff.*) sind die in den Besteuerungszeitraum fallenden, nach § 15 UStG abziehbaren **Vorsteuerbeträge abzusetzen** (§ 16 Abs. 2 Satz 1 UStG; zur Einfuhrumsatzsteuer *Rz. 26*; zu Vorsteuerberichtigungsbeträgen *Rz. 31*; zur Einbeziehung solcher Vorsteuerbeträge, die **im Ausland ansässigen Unternehmern** für diejenigen Zeiträume, in denen sie keine Umsätze bzw. „unschädliche" Umsätze im Inland tä-

---
1 Vgl. BFH v. 9.4.2002 – VII R 108/00, BStBl. II 2002, 562.
2 *Stadie*, Allg. SteuerR, Rz. 150.
3 Zu Masseverbindlichkeiten in der **Insolvenz** s. *§ 15a Rz. 151 Fn.*
4 BFH v. 24.2.1988 – X R 67/82, BStBl. II 1988, 622; Abschn. 15a.4 Abs. 1 Satz 3 UStAE.

tigen, grundsätzlich im besonderen Verfahren nach § 18 Abs. 9 UStG i.V.m. §§ 59 ff. UStDV zu vergüten sind, s. *§ 18 Rz. 132 ff.*

Entgegen dem Wortlaut („absetzen") können Vorsteuerbeträge **nicht nur bis zur Höhe der Steuer** verrechnet werden, da der Entlastungszweck des Vorsteuerabzugs die sofortige Auszahlung (Vergütung) der Steuerbeträge verlangt (*§ 15 Rz. 2*). Das „Absetzen" kann mithin dazu führen, dass ein **Vorsteuerüberhang** für den Besteuerungszeitraum zu berücksichtigen ist. Die Klarstellung ergibt sich aus § 18 Abs. 3 Satz 1 UStG („Überschuss ... zu seinen Gunsten"). 22

„Abziehbar" sind Vorsteuerbeträge, wenn sie die Voraussetzungen des § 15 UStG für den Vorsteuerabzug erfüllen. Der Abziehbarkeit entspricht mithin die **Entstehung** des Anspruchs (zum Zeitpunkt *Rz. 39 f.*). Die verspätete nachträgliche Erteilung einer **ordnungsgemäßen Rechnung** i.S.d. §§ 14 und 14a UStG (§ 15 Abs. 1 Satz 1 Nr. 1 Satz 2 UStG) führt **nicht** zu einer **Rückwirkung** auf den Besteuerungszeitraum – richtig: Voranmeldungszeitraum (*Rz. 5 f.*) –, für den der Vorsteuerabzug erstmals hätte vorgenommen werden können (str. für den Fall der Vervollständigung einer Rechnung; *§ 15 Rz. 205 ff.*). 23

Bei den **übrigen** Vorsteuern i.S.d. § 15 Abs. 1 Satz 1 Nr. 3–5 UStG (zur Einfuhrumsatzsteuer *Rz. 26*) hängt die Abziehbarkeit der Vorsteuer nicht vom Besitz einer Rechnung ab. Folglich ist die Steuer als Vorsteuer stets für denselben Besteuerungszeitraum/Voranmeldungszeitraum zu berücksichtigen, für den auch die Steuer entsteht (vgl. zur nach § 13b UStG vom Leistungsempfänger geschuldeten Steuer *§ 15 Rz. 320*). 24

Die „Abziehbarkeit" verlangt ferner, dass **kein Abzugsverbot** nach § 15 Abs. 1a, Abs. 1b oder Abs. 2 UStG besteht. Bei wortlautgetreuer Sichtweise müsste deshalb die tatsächliche Verwendung der Leistungsbezüge abgewartet werden. Dem widerspräche jedoch das Gebot des Sofortabzugs (*§ 15 Rz. 2 und 458*), mit dem es nicht zu vereinbaren wäre, wegen der ggf. nur entfernt bestehenden Möglichkeit der erstmaligen Verwendung zur Ausführung schädlicher Umsätze den Vorsteuerabzug hinauszuschieben. § 16 Abs. 2 Satz 1 UStG ist deshalb einschränkend dahin gehend zu interpretieren, dass hinsichtlich des negativen Tatbestandsmerkmales des § 15 Abs. 1a bzw. Abs. 2 UStG grundsätzlich auf die **Verwendungsabsicht** abzustellen ist (*§ 15 Rz. 355 bzw. 458 ff.*; zur Berichtigung, wenn sich diese nicht mit der späteren tatsächlichen Verwendung deckt, *§ 15 Rz. 460 ff.; § 15a Rz. 68 f.*). 25

## II. Einfuhrumsatzsteuer

Nach der bis zum 29.6.2013 geltenden Gesetzesfassung war die Einfuhrumsatzsteuer für den Besteuerungszeitraum abzusetzen, in dem sie **entrichtet** worden war (§ 16 Abs. 2 Satz 3 UStG a.F.). Abweichend davon konnte die Einfuhrumsatzsteuer, die bis zum 16. Tag nach Ablauf des Besteuerungszeitraums zu entrichten war, bereits für diesen Besteuerungszeitraum abgesetzt werden, wenn sie in ihm entstanden war (§ 16 Abs. 2 Satz 4 UStG a.F.). Mit Wirkung vom 30.6.2013 sind die Sätze 3 und 4 des § 16 Abs. 2 UStG aufgehoben und § 15 Abs. 1 Satz 1 Nr. 2 UStG dergestalt geändert worden, dass es für die Abzieh- 26 barkeit nur noch auf die **Entstehung** der Einfuhrumsatzsteuer ankommt (*§ 15 Rz. 312*) und folglich auch für diese Steuer § 16 Abs. 2 Satz 1 UStG gilt.

### III. Charakter des Anspruchs auf Abzug der Vorsteuer

27 Nach verfehlter Auffassung des **BFH** sollen die Vorsteuerbeträge unselbständige „**negative**" Besteuerungsgrundlagen[1] der Umsatzsteuerfestsetzung sein bzw. zu einem „negativen Steueranspruch" führen, so dass der Vorsteuerüberschuss eine „**negative Steuerzahlungsschuld**" o.Ä. sein soll.[2] Damit wird die von der **Abgabenordnung** vorgegebene Systematik **missachtet**.[3]

28 Nach dieser ist der Anspruch auf „Abzug" (Entlastung von) der Vorsteuer entweder ein **Erstattungsanspruch oder** ein **Steuervergütungsanspruch** (§ 37 Abs. 1 AO). Ein Erstattungsanspruch liegt nach § 37 Abs. 2 Sätze 1 und 2 AO vor, wenn eine Steuer *ohne* rechtlichen Grund gezahlt worden ist oder der rechtliche Grund für die Zahlung später weggefallen ist. Das ist bei der Vorsteuer nicht der Fall, da diese vom Steuerschuldner (Lieferant u.Ä.) *mit* rechtlichem Grund an das Finanzamt gezahlt worden war (bzw. zu zahlen ist) und der rechtliche Grund auch nicht später wegfällt.

29 Wenn die **Praxis** gleichwohl den Anspruch auf Abzug der Vorsteuer auf Grund einer Rechnung (§ 15 Abs. 1 Satz 1 Nr. 1 UStG) als **Erstattungsanspruch** bezeichnet[4], so ist das (ebenfalls) **schlicht falsch**[5]. Vielmehr handelt es sich um einen **Steuervergütungsanspruch**[6] (so auch § 4a Abs. 1 Satz 1, § 18 Abs. 9 Satz 1[7] und § 26 Abs. 4[8] UStG). Ein solcher ist nämlich auf die Auszahlung einer Steuer gerichtet, die erstens ein *Dritter* und zweitens *mit* rechtlichem Grund schuldet(e). Die Steuervergütung wird (typischerweise) gewährt, um eine Person von einer Steuer zu entlasten, mit der sie *wirtschaftlich belastet* ist, weil der formelle

---

1 BFH v. 5.10.2004 – VII R 69/03, BStBl. II 2005, 195 (197); BFH v. 16.11.2004 – VII R 75/03, BStBl. II 2006, 193 (195) – linke Sp. unten; BFH v. 16.1.2007 – VII R 7/06, BStBl. II 2007, 745; BFH v. 16.1.2007 – VII R 4/06, BStBl. II 2007, 747.
2 BFH v. 15.6.1999 – VII R 3/97, BStBl. II 2000, 46 (53); BFH v. 17.4.2008 – V R 41/06, BStBl. II 2009, 2; BFH v. 13.5.2009 – XI R 63/07, BStBl. II 2010, 11; BFH v. 7.7.2011 – V R 42/09, UR 2011, 870 – Rz. 27; BFH v. 14.3.2012 – XI R 6/10, UR 2012, 776; BFH v. 19.12.2013 – V R 5/12, DB 2014, 1350 – Rz. 18; ebenso *Reiß* in R/K/L, § 16 UStG Rz. 11; vgl. auch BFH v. 24.11.2011 – V R 13/11, BStBl. II 2012, 298 – Rz. 26: Vorsteuerüberschuss „als Vergütungsanspruch [...] eine ‚negative Steuerschuld' zugunsten des Unternehmers".
3 In diesem Sinne auch *Seer* in T/L, § 21 Rz. 132 – „Entgegen seiner Rechtsnatur wird der Vorsteuerabzug von der Rspr. (...) nur als unselbständige Besteuerungsgrundlage (Abzugsposten) behandelt (...)".
4 So auch häufig der BFH; vgl. z.B. BFH v. 17.12.1998 – VII R 47/98, BStBl. II 1999, 423 (424 f.); BFH v. 9.4.2002 – VII R 108/00, BStBl. II 2002, 562; BFH v. 17.4.2008 – V R 41/06, UR 2008, 858 – unter 1b, dd.
5 Dass auch Art. 170, 171 und 183 MwStSystRL von „Erstattung" sprechen, ist ohne Belang, da es um die Systematik der nationalen Abgabenordnung geht.
6 Insoweit zutreffend *Englisch* in T/L, § 17 Rz. 308.
7 Selbst die ausdrücklich von dieser Vorschrift als solche bezeichnete „Steuervergütung" wird vom V. Senat des BFH in eine „Steuererstattung (,negative Umsatzsteuer')" umfunktioniert; BFH v. 17.4.2008 – V R 41/06, BStBl. II 2009, 2 – 1b dd der Gründe.
8 In der Überschrift zu § 26 UStG ist indes von „Erstattung" die Rede!

Schuldner die Steuer als Teil des Preises auf sie abgewälzt hat.[1] Diese Konstellation ist allerdings lediglich beim Anspruch auf Abzug der **Vorsteuer auf Grund einer Rechnung** (§ 15 Abs. 1 Satz 1 Nr. 1 UStG) gegeben. Nur dieser Anspruch ist ein Steuervergütungsanspruch, weil er auf Entlastung von der Steuer gerichtet ist, die der leistende Unternehmer als Teil des Preises (offen oder verdeckt) auf den Leistungsempfänger abgewälzt hat.

Hingegen ist der Anspruch auf Abzug der **Einfuhrumsatzsteuer** nach § 15 Abs. 1 Satz 1 Nr. 2 UStG entgegen § 4a Abs. 1 UStG (Steuervergütung zum Ausgleich der Steuer, die auf der Einfuhr eines Gegenstandes lastet) ein in einem **Einzelsteuergesetz** (UStG) geregelter Steuererstattungsanspruch i.S.d. § 37 Abs. 1 a.E. AO[2] (zur *verfahrensrechtlichen* Einordnung § 18 Rz. 14). Auch der Anspruch auf Abzug der **vom Leistungsempfänger geschuldeten Steuer** nach § 15 Abs. 1 Satz 1 Nr. 4 UStG ist kein Steuervergütungsanspruch, da eine vom Unternehmer *mit rechtlichem Grund* geschuldete Steuer (§ 13a Abs. 1 Nr. 2 UStG) an diesen „zurückgezahlt" wird, und ist deshalb ebenfalls ein Erstattungsanspruch im zuvor beschriebenen Sinne. Entsprechendes gilt für die Fälle des § 15 Abs. 1 Satz 1 Nr. 3 und 5 UStG. 30

## IV. Einbeziehung von Vorsteuerberichtigungs- und Steuerberichtigungsbeträgen (Erstattungsbeträgen)

Von der Steuer sind ferner **Vorsteuerberichtigungsbeträge** i.S.d. § 15a UStG abzusetzen, die zu einem nachträglichen Vorsteuerabzug (als Steuervergütung[3]) führen (§ 16 Abs. 2 Satz 2 UStG). Die „Berücksichtigung" des § 15a UStG findet nicht rückwirkend, sondern jeweils für den Besteuerungszeitraum statt, in dem die Änderung der Verwendung eintrat (*Rz. 20*). Des Weiteren sind die **Erstattungsbeträge**, die sich aus der Berichtigung der Steuer nach § 17 UStG (**Minderung der Bemessungsgrundlage, Uneinbringlichkeit** der Forderung usw.) ergeben (Erstattungsanspruch i.S.d. § 37 Abs. 2 Satz 2 AO), mit der Steuer zu verrechnen (Klarstellung durch § 18 Abs. 3 Satz 1 UStG). Ein Erstattungsanspruch besteht allerdings nur, wenn die Steuer zuvor an das Finanzamt abgeführt worden war. 31

## V. Zwangsverrechnung

Aus der Bestimmung des § 16 Abs. 2 UStG, wonach die Vorsteuerbeträge und die diesen gleichgestellten Beträge von der Steuer und den gleichgestellten Beträgen (*Rz. 12 ff.*) des Besteuerungszeitraums abzusetzen sind, folgt eine gesetzlich angeordnete Zwangsverrechnung, die mithin keine Aufrechnung ist.[4] Insoweit ist den einzelnen Ansprüchen die Selbständigkeit genommen worden, so dass über sie nicht durch Abtretung usw. verfügt werden kann.[5] Eine **Abtretung**, 32

---

1 *Stadie*, Allg. SteuerR, Rz. 127 f.; *Seer* in T/L, § 6 Rz. 86.
2 *Stadie* in R/D, § 16 UStG Anm. 100 f.
3 So jetzt auch BFH v. 8.3.2012 – V R 24/11, BStBl. II 2012, 466 – Rz. 33.
4 Insoweit zutreffend BFH v. 24.11.2011 – V R 13/11, BStBl. II 2012, 298 – Rz. 25.
5 I.E. ebenso BFH v. 24.3.1983 – V R 8/81, BStBl. II 1983, 612; BFH v. 16.11.2004 – VII R 75/03, BStBl. II 2006, 193; BFH v. 16.1.2007 – VII R 7/06, BStBl. II 2007, 745; vgl. auch BFH v. 24.11.2011 – V R 13/11, BStBl. II 2012, 298 – Rz. 24.

Pfändung, Verpfändung gem. § 46 AO sowie eine **Aufrechnung** (§ 226 AO) kommt mithin **nur hinsichtlich** des nicht nach § 16 Abs. 2 UStG zu verrechnenden Teils dieser Ansprüche, d.h. hinsichtlich des **Überschusses** in Betracht (s. auch *Rz. 42*). Das gilt auch für die jeweiligen Überschüsse der **Voranmeldungszeiträume** (*Rz. 43*).

33 Im Falle der Insolvenz wird der Grundsatz des § 16 Abs. 2 UStG durch das **Insolvenzrecht** modifiziert. Nach Ansicht des **BFH** sollen bei der „Steuerberechnung", d.h. der Verrechnung nach § 16 Abs. 2 Satz 1 UStG, für den vorinsolvenzrechtlichen Zeitraum Vorsteuerbeträge als unselbständige Besteuerungsgrundlagen (s. auch *Rz. 27*) nur insoweit zu berücksichtigen sein, als es sich bei diesen jeweils um einen zur Zeit der Eröffnung des Verfahrens begründeten Vermögensanspruch gegen den Schuldner iS von § 38 InsO handele.[1] Das ergibt **keinen Sinn**, weil Vorsteuerbeträge Steuervergütungsansprüche des Schuldners bzw. der Masse sind. Gemeint dürfte sein, dass Vorsteueransprüche nur dann mit vorinsolvenzrechtlich begründeten Steueransprüchen verrechnet werden dürfen, wenn sie ebenfalls vor Verfahrenseröffnung begründet sind. Das folgt weder aus § 16 UStG noch aus § 38 InsO, sondern allein aus **§ 96 Abs. 1 Nr. 1 InsO**.[2] Danach ist eine Aufrechnung unzulässig, wenn ein Insolvenzgläubiger erst nach Eröffnung des Verfahrens etwas zur Insolvenzmasse schuldig geworden ist. Dieses Schuldiggewordensein stellt – wie bei der Begründetheit der Gläubigerforderungen i.S.d. § 38 InsO – nicht auf die steuerrechtliche Entstehung der dem Schuldner/der Masse zustehenden Steuervergütungs- oder Steuererstattungsansprüche ab, sondern nur darauf, ob die Grundlagen für die Entstehung des materiell-rechtlichen Anspruchs gelegt worden sind.[3] Folglich kann das FA z.B. mit Insolvenzforderungen gegenüber erst nach Verfahrenseröffnung umsatzsteuerrechtlich entstandenen Vorsteuervergütungsansprüchen aufrechnen, die aus Leistungen resultieren, welche der Schuldner vor Eröffnung des Verfahrens bezogen hatte.[4]

34 **Vorsteuervergütungsansprüche** gem. § 15 Abs. 1 Nr. 1 Satz 1 UStG sind schon begründet, wenn (bzw. soweit) die Leistung ausgeführt worden ist. Der Erhalt einer ordnungsgemäßen Rechnung i.S.d. § 14 UStG ist nicht Voraussetzung der insolvenzrechtlichen Begründetheit, sondern nur zusätzliches Kriterium der umsatzsteuerrechtlichen Entstehung (Abziehbarkeit; *Rz. 23*) des Anspruchs. Mit Bezug der Leistung hat der Empfänger eine gesicherte Rechtsposition auf Vergütung der Vorsteuer, da der Leistende zivilrechtlich zur Erteilung einer ordnungsgemäßen Rechnung nach § 14 UStG verpflichtet ist (*§ 14 Rz. 28 f.*), so dass der Vorsteuervergütungsanspruch schon mit Leistungsbezug begründet ist.[5]

---

1 BFH v. 24.11.2011 – V R 13/11, BStBl. II 2012, 298 – Rz. 16 i.V.m. Rz. 13 u. 26.
2 Nach Auffassung des BFH sollen bei der Steuerberechnung nach § 16 UStG lediglich die *Beschränkungen* der Insolvenzaufrechnungsbestimmungen nicht gelten; BFH v. 24.11.2011 – V R 13/11, BStBl. II 2012, 298.
3 BFH v. 5.10.2004 – VII R 69/03, BStBl. II 2005, 195; BFH v. 16.11.2004 – VII R 75/03, BStBl. II 2006, 193.
4 BFH v. 21.9.1993 – VII R 199/91, BStBl. II 1994, 83; BFH v. 17.12.1998 – VII R 47/98, BStBl. II 1999, 423.
5 BFH v. 21.9.1993 – VII R 199/91, BStBl. II 1994, 83; BFH v. 17.12.1998 – VII R 47/98, BStBl. II 1999, 423; BFH v. 1.8.2000 – VII R 31/99, BStBl. II 2002, 323 (326); BFH v.

Demgemäß kann das FA z.B. mit Insolvenzforderungen gegenüber einem Vorsteuervergütungsanspruch aufrechnen, der aus der Leistung des **vorläufigen Insolvenzverwalters** resultiert.[1]

Der **Umsatzsteuererstattungsanspruch**[2] der Insolvenzmasse nach § 17 Abs. 2 Nr. 1 UStG bei **Uneinbringlichwerden** der „Entgelte" eigener, vor Eröffnung des Verfahrens ausgeführter Umsätze des Schuldners ist mit Verwirklichung des die Berichtigung auslösenden Tatbestands des § 17 Abs. 2 Nr. 1 UStG, d.h. mit Eintritt der Uneinbringlichkeit begründet.[3] Das ist richtigerweise schon bei Nichtbegleichung der Forderung bis zum Zeitpunkt der Steuerfälligkeit (*§ 17 Rz. 53*) der Fall. Auch bei Zugrundelegung der Auffassung des V. Senats des BFH, wonach die Uneinbringlichkeit erst mit Eröffnung des Insolvenzverfahrens eintrete (*§ 17 Rz. 55*), ist der Erstattungsanspruch der Masse nicht erst nach Eröffnung des Verfahrens begründet, so dass eine Aufrechnung des Steuergläubigers mit vorinsolvenzlichen Forderungen zulässig ist.

35

## E. Steuer- und Vorsteuerberechnung für den jeweiligen Voranmeldungszeitraum

Für die im Rahmen der Voranmeldungen selbst zu berechnenden **Vorauszahlungen** sind die **für das Kalenderjahr** (Besteuerungszeitraum) **geltenden Regeln** des § 16 Abs. 1 und 2 UStG und des § 17 UStG **entsprechend** anzuwenden (§ 18 Abs. 1 Satz 3 UStG). Daraus, wie auch aus § 18 Abs. 2a Satz 1 UStG, folgt, dass auch **Vorsteuerüberschüsse** mit Voranmeldungen geltend gemacht werden können (s. auch *Rz. 22*). Die entsprechende Anwendung des § 16 Abs. 1 und 2 UStG und des § 17 UStG bedeutet, dass die für den Besteuerungszeitraum (Kalenderjahr) geltenden Regeln über die Steuer- und Vorsteuerberechnung und über die Berücksichtigung der gleichgestellten Beträge **für** den jeweiligen **Voranmeldungszeitraum sinngemäß** gelten. Darin liegt die eigentliche Bedeutung der Bestimmungen (*Rz. 3 ff.*). Einzubeziehen sind die **Steuern, Vorsteuern** und gleichgestellten Beträge, die mit Ablauf des Voranmeldungszeitraums **entstanden** sind (dazu *Rz. 13 a.E. bzw. Rz. 40*). Das gilt auch für die Steuer auf Entnahmen und **Nutzungsentnahmen** (*§ 13 Rz. 42 f.*).

36

Insbesondere auch die **Vorsteuerberichtigungsbeträge** nach § 15a UStG und nach § 17 UStG sind bereits in den jeweiligen Voranmeldungen zu berücksichtigen (Ausnahme: § 44 Abs. 3 Satz 1 UStDV). Die Berichtigungsbeträge nach § 15a UStG sind grundsätzlich mit entsprechenden Zwölfteln bzw. Vierteln zu erfassen, sofern kein Fall der Entnahme oder Veräußerung vorliegt (§ 44 Abs. 3 Satz 2 UStDV). Die entsprechende Anwendung des § 17 UStG bedeutet, dass in § 17

37

---

5.10.2004 – VII R 69/03, BStBl. II 2005, 195; BFH v. 16.11.2004 – VII R 75/03, BStBl. II 2006, 193.
1 BFH v. 17.12.1998 – VII R 47/98, BStBl. II 1999, 423; BFH v. 16.11.2004 – VII R 75/03, BStBl. II 2006, 193; BFH v. 16.1.2007 – VII R 7/06, BStBl. II 2007, 745; BFH v. 27.2.2009 – VII B 96/08, BFH/NV 2009, 892 = ZInsO 2009, 1068.
2 Nicht „Vergütungsanspruch"; so aber erneut BFH v. 25.7.2012 – VII R 29/11, BStBl. II 2013, 36 – Rz. 21.
3 BFH v. 25.7.2012 – VII R 29/11, BStBl. II 2013, 36.

Abs. 1 Satz 7 UStG „Besteuerungszeitraum" insoweit als „Voranmeldungszeitraum" zu lesen ist.

38 Die für den jeweiligen Voranmeldungszeitraum entstandene Steuer oder Steuervergütung bzw. der sich durch Verrechnung ergebende Überschuss ist nicht nur vorläufiger Natur, da die Steuer und die Vorsteuer jeweils **endgültig** mit Ablauf des jeweiligen Voranmeldungszeitraums entstehen (*Rz. 3 f.* bzw. *Rz. 41*) und das Umsatzsteuergesetz keine Entstehung einer Jahressteuer kennt (*Rz. 4*). Aus § 16 Abs. 1 und 2 i.V.m. § 18 Abs. 3 Satz 1 UStG folgt nichts Gegenteiliges (*Rz. 43*). Folglich führt die Zwangsverrechnung nach § 16 Abs. 2 UStG (*Rz. 32*) für das Kalenderjahr (Besteuerungszeitraum), welche bewirkt, dass die für einen Voranmeldungszeitraum zu entrichtende Steuer oder der für einen Voranmeldungszeitraum entstandene Vorsteuerüberschuss aufs Jahr gesehen entfällt, nicht zu einer Rückwirkung (s. auch *Rz. 43*) zur Aufrechnung, Abtretung u.Ä.). Die Bestätigung findet sich in § 18 Abs. 4 Satz 3 UStG, wonach auch dann, wenn die Berechnung der Steuer für das Kalenderjahr einen Überschuss zugunsten des Unternehmers ergibt, rückständige Vorauszahlungen fällig bleiben.[1]

## F. Selbständiger Anspruch auf Vergütung („Abzug") der Vorsteuer
### I. Entstehung

39 Das Gesetz schweigt zum Entstehungszeitpunkt des Anspruchs auf Abzug der Vorsteuer (Steuervergütungsanspruch bzw. Erstattungsanspruch, *Rz. 27 ff.*; da dieser verfahrensrechtlich einheitlich als Steuervergütungsanspruch zu behandeln ist, § 18 Rz. 14, wird nachfolgend nur noch von „Steuervergütungsanspruch" gesprochen). Die Entstehung ist vor allem von **Bedeutung** für die **Abtretbarkeit** und **Pfändbarkeit** des Anspruchs (ferner z.B. für den Beginn der Festsetzungsfrist; § 155 Abs. 4 i.V.m. § 170 Abs. 2 Nr. 1 AO), da diese (nur) die Entstehung des Anspruchs voraussetzen (§ 46 Abs. 1, 2 und 6 AO). Von der Entstehung ist die Fälligkeit zu unterscheiden (dazu § 18 Rz. 36 f.). Bei der **Aufrechnung im Insolvenzverfahren** kommt es für die **Begründetheit** i.S.d. § 96 Nr. 1 InsO nicht auf die steuerrechtliche Entstehung an (*Rz. 33 ff.*).

40 Nach Auffassung des **BFH** soll der Anspruch auf Vorsteuerabzug in entsprechender Anwendung des § 13 Abs. 1 Nr. 1 Buchst. a UStG mit Ablauf des Besteuerungszeitraums (gemeint kann nur sein: Voranmeldungszeitraums, *Rz. 5*) entstehen, in welchem die „umsatzbezogenen"[2] bzw. „anspruchsbegründenden"[3] Merkmale des § 15 Abs. 1 UStG vorliegen. Die analoge Anwendung des § 13 Abs. 1 Nr. 1 Buchst. a UStG ergibt indes keinen Sinn, weil die Vorschrift lediglich auf die Ausführung der Leistung abstellt, während § 15 Abs. 1 Satz 1 Nr. 1 UStG den Besitz einer ordnungsgemäßen Rechnung voraussetzt.

41 **Richtigerweise** ist der Entstehungszeitpunkt nach § 38 AO i.V.m. § 16 Abs. 2 und § 18 Abs. 1 Satz 2 UStG zu bestimmen. Wegen der kraft Gesetzes eintreten-

---
[1] Dazu näher *Stadie* in R/D, § 16 UStG Anm. 117 f.
[2] BFH v. 26.2.1987 – V R 98/71, BStBl. II 1987, 521 (523); BFH v. 24.9.1987 – V R 125/86, BStBl. II 1988, 694 (695); BFH v. 15.6.1999 – VII R 3/97, BStBl. II 2000, 46 (55 f.).
[3] BFH v. 20.10.1994 – V R 84/92, BStBl. II 1995, 233; BFH v. 21.3.2002 – V R 33/01, UR 2002, 336.

den Zwangsverrechnung nach § 16 Abs. 2 UStG (*Rz. 32*) kann der Steuervergütungsanspruch erst entstehen, wenn auch die Höhe der Steuer feststeht, mit der die Vorsteuerbeträge zu saldieren sind. Anderenfalls würde wegen der vorherigen Abtretbarkeit und Pfändbarkeit des Anspruchs die Zwangsverrechnung leerlaufen, was ganz offensichtlich dem Zweck des § 16 Abs. 2 UStG zuwiderliefe. Da die Steuer bereits für den Voranmeldungszeitraum zu berechnen ist und dabei auch die Vorschrift des § 16 Abs. 2 UStG entsprechend anzuwenden ist (§ 18 Abs. 1 Satz 2 UStG), entsteht folglich der Steuervergütungsanspruch (Anspruch auf Abzug der Vorsteuer) mit **Ablauf des Voranmeldungszeitraums**, in dem die **Voraussetzungen des § 15** UStG für die Abziehbarkeit (*Rz. 23 f.*) **erfüllt** sind.

## II. Aufrechnung, Abtretung u.Ä.

Der nach Verrechnung mit der Steuer verbleibende Steuervergütungsanspruch (**Vorsteuerüberschuss**) des jeweiligen **Voranmeldungszeitraums** führt zu einem **selbständigen** Vergütungsanspruch. Über ihn kann mithin durch Abtretung, Pfändung, Verpfändung oder Aufrechnung verfügt werden.[1] Die Bestätigung findet sich in § 18 Abs. 2a Satz 1 UStG (dazu *§ 18 Rz. 23*). Eine derartige Verfügung über den Anspruch setzt nicht deren vorherige Festsetzung voraus[2]; diese ist gem. § 218 Abs. 1 AO nur für die Verwirklichung (insbesondere Auszahlung) erforderlich.

Die **Selbständigkeit entfällt nicht durch** die nach § 18 Abs. 3 Satz 1 UStG geforderte **Steuerberechnung für** das **Kalenderjahr**, da diese Steuer- und Vorsteuerberechnung nur Kontrollzwecken dient (*Rz. 3*). Bei der Abtretung (u.Ä.) des Vorsteuerüberschusses eines Voranmeldungszeitraums fällt mithin der rechtliche Grund für die Zahlung an den Empfänger (Zessionar, Gläubiger; Leistungsempfänger i.S.d. § 37 Abs. 2 AO) nicht nachträglich weg, wenn der Vorsteuerüberschuss mit geschuldeter Steuer aus anderen Voranmeldungszeiträumen im Rahmen der Berechnung für das Kalenderjahr zu verrechnen ist.[3] Die gegenteilige Sichtweise würde gegen den Zweck des Vorsteuerabzugs verstoßen, der eine sofortige Entlastung von der Belastung mit der Vorsteuer verlangt (vgl. *§ 15 Rz. 2*).

Davon zu unterscheiden ist der Fall, dass der **Vorsteuerüberschuss** von vornherein **nicht bestand**, weil die Vorsteuerabzugsberechtigung nicht gegeben war. Ein Steuervergütungsanspruch war dann mangels Existenz nie wirksam abgetreten (usw.) worden. Daran ändert auch die – fehlerhaft erteilte – Zustimmung des Finanzamts nach § 168 Satz 2 AO (dazu *§ 18 Rz. 15*) nichts. Den Zahlungsempfänger (Zessionar, Gläubiger) trifft dann ein **Erstattungsanspruch** (Rückforderungsanspruch) **des Finanzamts** (§ 37 Abs. 2 Satz 1 AO), da dieser keine Rechts-

---

1 Vgl. BFH v. 24.5.1995 – VII R 144/92, BStBl. II 1995, 862 (866); BFH v. 12.10.1999 – VII R 98/98, BStBl. II 2000, 486 (488).
2 A.A. *Birkenfeld* in B/W, § 170 Rz. 131, 201.
3 Im Ergebnis ebenso BFH v. 24.5.1995 – VII R 144/92, BStBl. II 1995, 862; BFH v. 17.3.2009 – VII R 38/08, BStBl. II 2009, 953 – jedoch materielles und formelles Recht vermengend; dazu *Stadie* in R/D, § 16 UStG Anm. 128.

position erlangen konnte, die weiter als die des Zedenten ging.¹ Der Anspruch richtet sich allerdings auch gegen den Unternehmer als Abtretenden bzw. Pfändungsschuldner (§ 37 Abs. 2 Satz 3 AO), so dass Gesamtschuldnerschaft (§ 44 AO) vorliegt; vorrangig ist jedoch der Abtretungsempfänger in Anspruch zu nehmen.²

45 Wird ein der abgetretenen Steuervergütung zugrunde liegender **Vorsteuerbetrag** nach **§ 17 UStG** (mit Ausnahme des Abs. 2 Nr. 1; dazu *Rz. 46*) **berichtigt**, so entfällt **nachträglich** ohne Rückwirkung der rechtliche Grund für die vorherige Vergütung der Vorsteuer, so dass der Zahlungsempfänger (Zessionar) keinem Erstattungsanspruch (Rückforderungsanspruch) des Finanzamts nach § 37 Abs. 2 Satz 2 AO ausgesetzt ist. Der Erstattungsanspruch ist vielmehr ein solcher i.S.d. § 37 Abs. 1 a.E. AO und richtet sich nur gegen den Zedenten.³ – Entsprechendes hat bei Vorsteuerberichtigungen i.S.d. **§ 15a UStG** zu gelten.

46 Die Fälle der **Uneinbringlichkeit** (§ 17 Abs. 2 Nr. 1 UStG) sind solche, in denen der Vorsteuervergütungsanspruch noch nicht entstanden war (*§ 17 Rz. 54*), so dass der Zessionar dem Erstattungsanspruch ausgesetzt ist (*Rz. 44*).⁴

## G. Besteuerung im Ausland ansässiger Anbieter von Telekommunikations-, Rundfunk- und elektronisch erbrachten Dienstleistungen (Abs. 1a, Abs. 1b)

47 Bei **sonstige Leistungen** auf dem Gebiet der **Telekommunikation**, bei **Rundfunk- und Fernsehdienstleistungen** und bei **auf elektronischem Weg erbrachten sonstigen Leistungen** gegenüber Nichtunternehmern, die im Gemeinschaftsgebiet ansässig sind, ist der Ort dieser Dienstleistungen jeweils in dem Mitgliedstaat, in dem der Empfänger ansässig ist (§ 3a Abs. 5 UStG bzw. Art. 58 MwStSystRL).

Führt ein **nicht im Gemeinschaftsgebiet ansässiger Unternehmer** als Steuerschuldner **ausschließlich derartige Umsätze im Gemeinschaftsgebiet** aus und ist er in keinem anderen Mitgliedstaat für Zwecke der Umsatzsteuer erfasst, so hat er ein **Wahlrecht**, ob er im Rahmen des normalen Besteuerungsverfahrens (§ 18 Abs. 1 bis 4 UStG) nur die im Inland steuerpflichtigen Umsätze versteuert oder ob er abweichend davon **für sämtliche im Gemeinschaftsgebiet steuerpflichtigen Umsätze** i.S.d. § 3a Abs. 5 UStG die von ihm dafür geschuldete Umsatzsteuer in Deutschland anmeldet (§ 18 Abs. 4c UStG). Stattdessen kann er sich **auch in einem anderen Mitgliedstaat** erfassen (registrieren) lassen und die für die im Gemeinschaftsgebiet erbrachten Dienstleistungen geschuldete Steuer dort erklären und entrichten (Art. 358 ff. MwStSystRL i.V.m. § 18 Abs. 4d UStG).

Ein **im übrigen Gemeinschaftsgebiet** und nicht im Inland **ansässiger Unternehmer** hat bei den **Dienstleistungen** i.S.d. § 3a Abs. 5 UStG, die er **im Inland** er-

---

1 Nur im Ergebnis ebenso BFH v. 9.4.2002 – VII R 108/00, BStBl. II 2002, 562; BFH v. 19.8.2008 – VII R 36/07, BStBl. II 2009, 90; BFH v. 17.3.2009 – VII R 38/08, BStBl. II 2009, 953; BFH v. 27.10.2009 – VII R 4/08, BStBl. II 2010, 257; ausführlich *Stadie* in R/D, § 17 UStG Anm. 138 ff.
2 BFH v. 19.8.2008 – VII R 36/07, BStBl. II 2009, 90.
3 *Stadie* in R/D, § 17 UStG Anm. 145 ff.
4 Vgl. auch *Stadie* in R/D, § 17 UStG Anm. 143.

bringt, ein **Wahlrecht**, ob er sie im Rahmen des normalen Besteuerungsverfahrens (§ 18 Abs. 1 bis 4 UStG) anmeldet, oder ob er das gesonderte Anmeldeverfahren nach § 18 Abs. 4e UStG anwendet.

Macht der nicht im Gemeinschaftsgebiet ansässige Unternehmer von der Möglichkeit der Versteuerung aller im Gemeinschaftsgebiet ausgeführter Umsätze in Deutschland Gebrauch (§ 18 Abs. 4c UStG) bzw. macht der im übrigen Gemeinschaftsgebiet ansässige Unternehmer von der Möglichkeit Gebrauch, für die o.g., im Inland erbrachten Umsätze eine besondere Steuererklärung nach Maßgabe des § 18 Abs. 4e UStG zu übermitteln, so ist **Besteuerungszeitraum** das **Kalendervierteljahr** (§ 16 Abs. 1a bzw. Abs. 1b Satz 1 UStG). Bei der **Berechnung** der Steuer ist von der Summe der Umsätze nach § 3a Abs. 5 UStG auszugehen, die im Gemeinschaftsgebiet bzw. im Inland steuerbar sind, soweit für sie in dem Besteuerungszeitraum die Steuer entstanden und die Steuerschuldnerschaft gegeben ist (§ 16 Abs. 1a bzw. Abs. 1b Satz 2 UStG). 48

Im Falle des § 18 Abs. 4c UStG ist mithin auch die Steuer für die nach dem Recht der jeweiligen Mitgliedstaaten steuerpflichtigen Umsätze anzumelden, so dass der allgemeine **Steuersatz** des **jeweiligen Mitgliedstaates** anzuwenden ist (Art. 365 Satz 2 MwStSystRL), in dem die Umsätze ausgeführt werden. Die Umrechnung von **Werten in fremder Währung** bestimmt sich nach den speziellen Regeln des § 16 Abs. 6 Sätze 4 und 5 UStG.

**Vorsteuerbeträge** sind von der geschuldeten Steuer **nicht abzusetzen**, denn § 16 Abs. 2 UStG (*Rz. 21*) ist nicht anzuwenden (§ 16 Abs. 1a Satz 3, Abs. 1b Satz 3 UStG). Die (nach deutschem Recht entstandenen) Vorsteuern sind vielmehr nach § 18 Abs. 9 Satz 1 UStG i.V.m. § 59 Nr. 4 UStDV im **Vorsteuervergütungsverfahren** auszuzahlen. Die ansonsten für nicht im Gemeinschaftsgebiet ansässige Unternehmer geltenden Beschränkungen bei der Vorsteuervergütung (§ 18 Abs. 9 Sätze 4 und 5 UStG) gelten in diesem Fall nicht (§ 18 Abs. 9 Satz 6 UStG). Die in anderen Mitgliedstaaten angefallenen Vorsteuerbeträge müssen im jeweiligen Mitgliedstaat vergütet werden. 49

## H. Beförderungseinzelbesteuerung (Abs. 5, Abs. 5b)

Bei **Beförderungen** von **Personen** im **Gelegenheitsverkehr** (§ 46 i.V.m. §§ 48, 49 PBefG) mit **Kraftomnibussen** (i.S.d. § 4 Abs. 4 Nr. 2 PBefG), die **nicht im Inland zugelassen** sind, wird die Steuer abweichend von § 16 Abs. 1 UStG für **jeden einzelnen** steuerpflichtigen **Umsatz** durch die jeweils zuständige Zolldienststelle berechnet (§ 16 Abs. 5 Satz 1 UStG), wenn eine **Grenze zum Drittlandsgebiet überschritten** wird. Vorsteuerabzüge nach § 16 Abs. 2 UStG (s. aber *Rz. 52*) oder die Kleinunternehmereigenschaft des Unternehmers (§ 19 Abs. 1 UStG) werden nicht berücksichtigt (§ 16 Abs. 5 Satz 4 UStG). Auf die Ansässigkeit des Unternehmers kommt es nicht an. 50

Das **Verfahren** der Beförderungseinzelbesteuerung ist in § 18 Abs. 5 UStG geregelt. Aufbauwidrig ist hingegen die Zuständigkeit der Zolldienststelle in § 16 Abs. 5 Sätze 2 und 3 UStG normiert. Umgekehrt ist die materiell-rechtliche Frage der Anrechnung der Steuer fehlerhaft in § 18 Abs. 5b Satz 2 UStG geregelt. 51

52 Aus der Formulierung „wenn eine **Grenze zum Drittlandsgebiet überschritten wird"** folgt, dass die Beförderungseinzelbesteuerung nicht auf den Personenbeförderungsverkehr beschränkt ist, *bei* dem eine Grenze zum Drittlandsgebiet überschritten wird. Ihr unterliegen deshalb auch Beförderungen, die nur im Inland durchgeführt werden, wie z.B. auf Sonderfahrten während eines Aufenthaltes des Fahrzeuges im Inland.[1]

53 Bei der Beförderungseinzelbesteuerung können **Vorsteuerbeträge** nicht abgesetzt werden (§ 16 Abs. 5 Satz 4 UStG). Diese sind, wenn der Unternehmer nicht im Inland ansässig ist und hier keine anderen Umsätze ausführt, **im besonderen Verfahren** nach § 18 Abs. 9 UStG i.V.m. §§ 59 ff. UStDV zu vergüten. Führt der Unternehmer noch **weitere steuerpflichtige Umsätze** im Inland aus, so gelten insoweit die allgemeinen Regeln der §§ 16 und 18 UStG. Von der für diese Umsätze berechneten Steuer können auch diejenigen Vorsteuerbeträge abgesetzt werden, die der Beförderungseinzelbesteuerung zuzurechnen sind.[2]

54 An Stelle der Beförderungseinzelbesteuerung kann auf Antrag nach Ablauf des Besteuerungszeitraums die **Steuerberechnung nach den allgemeinen Regeln** des § 16 Abs. 1 und 2 UStG erfolgen (§ 16 Abs. 5b UStG). Damit geht einher, dass auch für das Verfahren die allgemeinen Regeln des § 18 Abs. 3 und 4 UStG gelten (§ 18 Abs. 5b Satz 1 UStG). Die bei der Beförderungseinzelbesteuerung entrichtete Steuer ist dann auf die für den Besteuerungszeitraum berechnete Steuer anzurechnen (§ 18 Abs. 5b Satz 2 UStG).

### I. Fahrzeugeinzelbesteuerung (Abs. 5a)

55 Beim **innergemeinschaftlichen Erwerb neuer Fahrzeuge** durch andere als die in § 1a Abs. 1 Nr. 2 UStG genannten Personen, also beim Erwerb durch **natürliche Personen** als **Nichtunternehmer** oder durch Unternehmer, die das Fahrzeug **nicht für ihr Unternehmen** erwerben, d.h. durch Personen die den innergemeinschaftlichen Erwerb nach § 1 Abs. 1 Nr. 5 i.V.m. § 1b UStG versteuern müssen, ist die dafür geschuldete Steuer **für jeden einzelnen steuerpflichtigen Erwerb** zu berechnen (§ 16 Abs. 5a UStG). Der Erwerber hat eine Steueranmeldung abzugeben (§ 18 Abs. 5a UStG). Bei anderen Erwerbern ist die Steuer für den Erwerb neuer Fahrzeuge bei der Steuerberechnung nach den allgemeinen Regeln zu berücksichtigen (§ 16 Abs. 1 Satz 3 UStG; *Rz. 12*). Das gilt auch für juristische Personen, die nicht Unternehmer sind, da sie zur Abgabe von Voranmeldungen und Steuererklärungen verpflichtet sind (§ 18 Abs. 4a UStG).

### J. Umrechnung von Werten in fremden Währungen (Abs. 6)

56 Werte in fremder Währung sind zur Berechnung der Steuer nach dem sog. Soll-Prinzip (*§ 13 Rz. 5*) und der abziehbaren Vorsteuerbeträge auf Euro nach den **Durchschnittskursen** umzurechnen, die das Bundesministerium der Finanzen für den **Monat** öffentlich bekanntgibt, in dem die **Leistung ausgeführt** wird oder vorher die Gegenleistung vereinnahmt bzw. entrichtet wird (§ 16 Abs. 6 Satz 1

---

[1] Abschn. 16.2 Abs. 2 Satz 2 UStAE.
[2] Abschn. 16.2 Abs. 8 Satz 3 ff. UStAE.

UStG). Soweit der leistende Unternehmer die Steuer nach dem sog. Ist berechnen darf (§ 20 UStG), sind hingegen die Entgelte nach den Durchschnittskursen des Monats umzurechnen, in dem sie vereinnahmt werden (§ 16 Abs. 6 Satz 2 UStG). Das Finanzamt kann die Umrechnung nach dem **Tageskurs**, der durch Bankmitteilung oder Kurszettel nachzuweisen ist, gestatten (§ 16 Abs. 6 Satz 3 UStG).

Das Abstellen auf den Zeitpunkt bzw. den Monat der Leistung bei der Versteuerung nach dem sog. Soll-Prinzip ist nur dann sachgerecht, wenn die in fremder Währung vereinbarte Gegenleistung zur gleichen Zeit vereinnahmt wird. Folglich führt eine **Wechselkursänderung** für den Zeitpunkt der späteren Vereinnahmung entgegen der Auffassung der Finanzverwaltung[1] zu einer **Änderung** der **Bemessungsgrundlage** i.S.d. § 17 Abs. 1 Satz 1 UStG[2]. Die gegenteilige Sichtweise verkennt den Charakter der Umsatzsteuer, welche den Verbraucher und nicht den Unternehmer belasten will, und die sich daraus ergebende Funktion des Unternehmers als zwangsverpflichteten Gehilfen des Staates (*Vorbem. Rz. 20*). Ist der Wechselkurs im Zeitpunkt der Vereinnahmung der Gegenleistung gefallen, so müsste der Unternehmer nach dieser Auffassung eine Steuer an das Finanzamt abführen, die er in dieser Höhe nicht als Teil der Gegenleistung erhalten hat. Das widerspräche in eklatanter Weise dem Grundsatz, der in Art. 73 MwStSystRL zum Ausdruck kommt, wonach endgültige Bemessungsgrundlage der „Wert der Gegenleistung" ist, die der Leistende „erhält". Entsprechendes hat für den **Vorsteuerabzug** zu gelten, wenn im Zeitpunkt der späteren Zahlung der Wechselkurs gesunken ist. Würde dem Unternehmer stattdessen der Vorsteuerabzug nach dem Wechselkurs belassen, der im Zeitpunkt (Monat) des Bezuges der Leistung galt, so widerspräche das dem Entlastungszweck des Vorsteuerabzugs. 57

## K. Einfuhrbesteuerung (Abs. 7)

Da bei der Einfuhr der jeweilige Einfuhrvorgang besteuert wird, ist die Einfuhrumsatzsteuer für derartige „Umsätze" (§ 1 Abs. 1 Nr. 4 UStG) aus der Steuerberechnung nach § 16 Abs. 1 UStG ausgeschlossen. Die Berechnung (und Festsetzung) der Einfuhrumsatzsteuer erfolgt nach den **zollrechtlichen Bestimmungen** (§ 16 Abs. 7 i.V.m. § 11 Abs. 5 und § 21 Abs. 2 UStG). 58

# § 17
# Änderung der Bemessungsgrundlage

**(1) Hat sich die Bemessungsgrundlage für einen steuerpflichtigen Umsatz im Sinne des § 1 Abs. 1 Nr. 1 geändert, hat der Unternehmer, der diesen Umsatz ausgeführt hat, den dafür geschuldeten Steuerbetrag zu berichtigen. Ebenfalls ist**

---
1 Abschn. 16.4 Abs. 1 Satz 2 UStAE; ebenso *Wagner* in S/R, § 16 UStG Rz. 124; *Reiß* in R/K/L, § 16 UStG Rz. 54.
2 *Stadie* in R/D, § 17 UStG Anm. 289 f.

der Vorsteuerabzug bei dem Unternehmer, an den dieser Umsatz ausgeführt wurde, zu berichtigen. Dies gilt nicht, soweit er durch die Änderung der Bemessungsgrundlage wirtschaftlich nicht begünstigt wird. Wird in diesen Fällen ein anderer Unternehmer durch die Änderung der Bemessungsgrundlage wirtschaftlich begünstigt, hat dieser Unternehmer seinen Vorsteuerabzug zu berichtigen. Die Sätze 1 bis 4 gelten in den Fällen des § 1 Abs. 1 Nr. 5 und des § 13b sinngemäß. Die Berichtigung des Vorsteuerabzugs kann unterbleiben, soweit ein dritter Unternehmer den auf die Minderung des Entgelts entfallenden Steuerbetrag an das Finanzamt entrichtet; in diesem Fall ist der dritte Unternehmer Schuldner der Steuer. Die Berichtigungen nach den Sätzen 1 und 2 sind für den Besteuerungszeitraum vorzunehmen, in dem die Änderung der Bemessungsgrundlage eingetreten ist. Die Berichtigung nach Satz 4 ist für den Besteuerungszeitraum vorzunehmen, in dem der andere Unternehmer wirtschaftlich begünstigt wird.

(2) Absatz 1 gilt sinngemäß, wenn

1. das vereinbarte Entgelt für eine steuerpflichtige Lieferung, sonstige Leistung oder einen steuerpflichtigen innergemeinschaftlichen Erwerb uneinbringlich geworden ist. Wird das Entgelt nachträglich vereinnahmt, sind Steuerbetrag und Vorsteuerabzug erneut zu berichtigen;

2. für eine vereinbarte Lieferung oder sonstige Leistung ein Entgelt entrichtet, die Lieferung oder sonstige Leistung jedoch nicht ausgeführt worden ist;

3. eine steuerpflichtige Lieferung, sonstige Leistung oder ein steuerpflichtiger innergemeinschaftlicher Erwerb rückgängig gemacht worden ist;

4. der Erwerber den Nachweis im Sinne des § 3d Satz 2 führt;

5. Aufwendungen im Sinne des § 15 Abs. 1a getätigt werden.

(3) Ist Einfuhrumsatzsteuer, die als Vorsteuer abgezogen worden ist, herabgesetzt, erlassen oder erstattet worden, so hat der Unternehmer den Vorsteuerabzug entsprechend zu berichtigen. Absatz 1 Satz 7 gilt sinngemäß.

(4) Werden die Entgelte für unterschiedlich besteuerte Lieferungen oder sonstige Leistungen eines bestimmten Zeitabschnitts gemeinsam geändert (z.B. Jahresboni, Jahresrückvergütungen), so hat der Unternehmer dem Leistungsempfänger einen Beleg zu erteilen, aus dem zu ersehen ist, wie sich die Änderung der Entgelte auf die unterschiedlich besteuerten Umsätze verteilt.

*EU-Recht*

Art. 41 Abs. 2, Art. 90, 92, 185 Abs. 1 und Art. 186 MwStSystRL.

*VV*

Abschn. 10.1 Abs. 8, Abschn. 10.3, 15.6 Abs. 5, Abschn. 17.1 und 17.2 UStAE.

| **A. Allgemeines** | | III. Keine Mitteilungspflichten . . . . | 8 |
|---|---|---|---|
| I. Normzweck . . . . . . . . . . . . . . . . . | 1 | IV. Die aus der Vorschrift erwachsenden Ansprüche (Verpflichtungen) aus dem Steuerschuldverhältnis . . . . . . . . . . . . . . . . . . . | 10 |
| II. Keine Rückwirkung (Abs. 1 Satz 7) . . . . . . . . . . . . . . . . . . . . | 5 | | |

- B. Änderungen der Bemessungsgrundlage (Abs. 1) ............. 16
  - I. Minderung der Bemessungsgrundlage
    1. Allgemeines ................. 17
    2. Nach Vereinnahmung der Gegenleistung ............... 20
    3. Rückzahlung an Dritte
       a) Minderung der Bemessungsgrundlage ................. 25
       b) Berichtigung des Vorsteuerabzugs beim Dritten (Abs. 1 Sätze 3, 4 und 8) ............ 29
    4. Verzicht auf die Gegenleistung ...................... 32
    5. Einzelfälle ................... 34
    6. Zentralregulierung (Abs. 1 Satz 6) ..................... 35
  - II. Erhöhung der Bemessungsgrundlage ................... 40
- C. Uneinbringliche Forderung (Abs. 2 Nr. 1)
  - I. Grundsätzliches .............. 46
  - II. Uneinbringlichkeit (Satz 1) ..... 50
  - III. Einzelfälle .................. 55
- IV. Nachträgliche Vereinnahmung (Satz 2)
  1. Allgemeines ................. 60
  2. Zahlungen Dritter ........... 62
- D. Nichtausführung der Leistung (Abs. 2 Nr. 2) ................ 64
- E. Rückgängigmachung des Umsatzes (Abs. 2 Nr. 3) .......... 69
- F. Nachweis der Erwerbsbesteuerung in einem anderen Mitgliedstaat (Abs. 2 Nr. 4) ........ 80
- G. Tätigung abzugsschädlicher Aufwendungen (Abs. 2 Nr. 5) .. 81
- H. Änderungen u.Ä. im Falle des innergemeinschaftlichen Erwerbs und der Steuerschuldnerschaft des Leistungsempfängers (Abs. 1 Satz 5) ............ 87
- I. Belegerteilung bei Jahresrückvergütungen u.Ä. (Abs. 4) ...... 88
- J. Nachträglicher Wegfall oder Eintritt der Steuerpflicht eines Umsatzes (Abs. 1 Satz 7 analog) .... 89
- K. Erstattung der Einfuhrumsatzsteuer (Abs. 3) ................ 93

## A. Allgemeines

### I. Normzweck

Hat sich die **Bemessungsgrundlage** für einen steuerpflichtigen Umsatz i.S.d. § 1 Abs. 1 Nr. 1 UStG **geändert**, so hat der Unternehmer, der diesen Umsatz ausgeführt hat, den dafür geschuldeten Steuerbetrag zu berichtigen (§ 17 Abs. 1 Satz 1 UStG). Der Leistungsempfänger hat den in Anspruch genommen Vorsteuerabzug zu berichtigen (§ 17 Abs. 1 Satz 2 UStG). Die Vorschrift ist nur deklaratorisch, da sie lediglich die Grundaussage des § 10 Abs. 1 Sätze 2 und 3 UStG konkretisiert, wonach sich die Bemessungsgrundlage danach bestimmt, was **letztendlich** für die Leistung **aufgewendet** wird (*§ 10 Rz. 7*)[1], und sie den **Vorsteuerabzug** des Leistungsempfängers **an** die **tatsächliche Belastung** mit der Steuer **anpasst** (vgl. *§ 15 Rz. 259 f.*). 1

---

[1] Vgl. BFH v. 16.1.2003 – V R 72/01, BStBl. II 2003, 620; BFH v. 19.8.2008 – VII R 36/07, BStBl. II 2009, 90; EuGH v. 24.10.1996 – C-317/94, EuGHE 1996, I-5339 = BStBl. II 2004, 324 = UR 1997, 265 – Rz. 24 u. 28; EuGH v. 29.5.2001 – C-86/99, EuGHE 2001, I-4167 = UR 2001, 349 – Rz. 27; EuGH v. 24.10.1996 – C-317/94, EuGHE 1996, I-5339 = BStBl. II 2004, 324 = UR 1997, 265 – Rz. 24 u. 28; vgl. auch EuGH v. 15.10.2002 – C-427/98, EuGHE 2002, I-8315 = BStBl. II 2004, 328 = UR 2002, 523.

2   Zur Gewährleistung dieser Prinzipien bestimmt § 17 Abs. 2 Nr. 1 bis 4 UStG darüber hinaus, dass **auch** in den Fällen, in denen die Forderung auf die Gegenleistung **uneinbringlich** wird (§ 17 Abs. 2 Nr. 1 UStG) oder der **Umsatz nicht ausgeführt** wird (§ 17 Abs. 2 Nr. 2 UStG) oder wieder **entfällt** (§ 17 Abs. 2 Nr. 3 und 4 UStG), die Umsatzsteuer und ggf. die Vorsteuer durch den Leistungsempfänger entsprechend zu berichtigen sind.[1] Hierbei handelt es sich **nicht** um „**Änderungen der Bemessungsgrundlage**", da der Besteuerungstatbestand und damit auch die Bemessungsgrundlage entfällt und sich nicht nur ändert.[2]

§ 17 Abs. 3 UStG ordnet hinsichtlich der als Vorsteuer abgezogenen Einfuhrumsatzsteuer die Anpassung an die tatsächliche Belastung an, soweit die Einfuhrumsatzsteuer im Nachhinein erstattet wird. Die Berichtigungsvorschrift des Absatzes 2 Nummer 5 ist in § 17 UStG fehlplatziert, da sie bei Aufwendungen i.S.d. § 15 Abs. 1a Nr. 1 UStG nicht die Anpassung des Vorsteuerabzugs an die tatsächliche Belastung, sondern an die tatsächliche Verwendung der bezogenen Leistung vorschreibt und deshalb in § 15a UStG anzusiedeln gewesen wäre (zur Bedeutung des § 17 Abs. 4 UStG s. *Rz. 88*).

3   „Umsatz" i.S.d. § 1 Abs. 1 Nr. 1 UStG ist auch die **Entnahme** oder **unentgeltliche Leistung** gem. § 3 Abs. 1b bzw. Abs. 9a UStG, so dass auch bei diesen eine Änderung der Bemessungsgrundlage i.S.d. § 10 Abs. 4 UStG in Betracht kommt.[3] Die Bestimmungen des § 17 Abs. 1 UStG und damit auch die des § 17 Abs. 2 Nr. 1 bis 3 UStG gelten nach § 17 Abs. 1 Satz 5 UStG sinngemäß bei einem **innergemeinschaftlichen Erwerb** i.S.d. § 1 Abs. 1 Nr. 5 UStG und in den Fällen der **Steuerschuldnerschaft des Leistungsempfängers** gem. § 13b UStG (*Rz. 87*).

4   § 17 UStG betrifft nur die **Berichtigung** einer **ursprünglich zu Recht entstandenen Steuer** und eines ursprünglich zu recht vorgenommenen Vorsteuerabzugs. Davon zu unterscheiden ist die nachträgliche Erkenntnis, dass bei der Steuerfestsetzung eine **falsche Bemessungsgrundlage** o.Ä. bei einem Umsatz zugrunde gelegt worden war. In diesem Fall tritt eine „Rückwirkung" dergestalt ein, dass die fehlerhafte Steuerfestsetzung nach den Vorschriften der Abgabenordnung (§ 164 Abs. 2, § 173 AO) korrigiert werden kann. Entsprechendes gilt für den **Vorsteuerabzug**.

---

1 Die entsprechenden Vorschriften der MwStSystRL finden sich in Art. 90 bis 92 bzw. Art. 184 bis 186 MwStSystRL. Art. 185 Abs. 1 MwStSystRL bestimmt, dass der Vorsteuerabzug zu berichtigen ist, wenn sich die Faktoren, die bei der Festsetzung des Vorsteuerabzugs berücksichtigt werden, nach der Abgabe der Erklärung geändert haben, insbesondere bei rückgängig gemachten Käufen und erlangten Rabatten. Ein solcher Faktor i.S.d. Art. 168 Buchst. a MwStSystRL ist vor allem die vom leistenden Unternehmer geschuldete Steuer, die nach Art. 90 Abs. 1 MwStSystRL zu berichtigen ist. Zur Bedeutung des Art. 185 Abs. 2 MwStSystRL s. *Rz. 49*.

2 Das verkennen BFH v. 2.9.2010 – V R 34/09, BStBl. II 2010, 991 – 1. LS; BFH v. 8.9.2011 – V R 42/10, BStBl. II 2012, 248 – 2. LS; BFH v. 15.9.2011 – V R 36/09, BStBl. II 2012, 365 – Rz. 23.

3 Dazu *Stadie* in R/D, § 17 UStG Anm. 340 ff.

## II. Keine Rückwirkung (Abs. 1 Satz 7)

Die von § 17 UStG angesprochene „**Berichtigung**" ist nach § 17 Abs. 1 Satz 7 UStG für den Besteuerungszeitraum vorzunehmen, in dem die Änderung der Bemessungsgrundlage bzw. der gleichgestellte Umstand i.S.d. § 17 Abs. 2 UStG eingetreten ist. Es erfolgt mithin **keine Rückwirkung**, so dass der ursprünglich entstandene Steueranspruch (bzw. Steuervergütungsanspruch) nicht berührt wird. Die Vorschrift des § 17 UStG ist eine rein **materiell-rechtliche Norm**[1] und nicht etwa eine verfahrensrechtliche Sonderregelung gegenüber den §§ 164 Abs. 2 und § 175 Abs. 1 Nr. 2 AO[2]. Die „Berichtigung" nach § 17 UStG betrifft lediglich die Anpassung der ursprünglich entstandenen Steuer (und Vorsteuer), d.h. der nach § 16 Abs. 1 und 2 UStG „berechneten" Beträge. § 17 Abs. 1 Satz 7 UStG setzt den in § 41 Abs. 1 Satz 1 AO niedergelegten Besteuerungsgrundsatz um, dass Veränderungen hinsichtlich eines Rechtsgeschäfts „für die Besteuerung unerheblich (sind), soweit und solange die Beteiligten das wirtschaftliche Ergebnis bestehen lassen". Das entspricht dem handelsrechtlichen Grundsatz, dass Geschäftsvorfälle nicht rückwirkend ungeschehen gemacht werden können. § 17 Abs. 1 Satz 7 UStG bringt demgemäß einen über den unmittelbaren Anwendungsbereich hinausgehenden **allgemeinen Grundsatz des Umsatzsteuerrechts** zum Ausdruck, wonach nachträgliche Ereignisse nicht auf den Besteuerungszeitraum zurückwirken, in dem der Umsatz ausgeführt worden war (*Rz. 89 f.*).

5

Die Berichtigungsbeträge sind nicht erst bei der **Steuerberechnung** für das Kalenderjahr (§ 18 Abs. 3 Satz 1 UStG), sondern bereits bei der Steuerberechnung für die **Voranmeldungszeiträume** (§ 18 Abs. 1 Satz 2 UStG) zu berücksichtigen (*Rz. 13*). Da die Steuerentstehung mit Ablauf des Voranmeldungszeitraums eintritt (§ 13 Abs. 1 Nr. 1 Buchst. a und b, Nr. 2 UStG), folgt daraus, dass Änderungen der Bemessungsgrundlage usw., die sich vor dem Entstehungszeitpunkt der Steuer ergeben, sich über § 10 Abs. 1 UStG unmittelbar auf die Entstehung der Steuer gem. § 13 UStG auswirken. § 17 UStG erfasst mithin nur Ereignisse und Umstände, die **nach der erstmaligen Entstehung der Steuer** eintreten (zur Vorsteuer s. *§ 15 Rz. 259 f.*).

6

Die „Berichtigung" nach § 17 UStG ist **unabhängig** davon vorzunehmen, **ob** die **ursprüngliche Steuer** oder Vorsteuer für den damaligen Steuerzeitraum bereits angemeldet oder **festgesetzt** worden war. Ebenso ist die ursprüngliche Steuer **nach Ablauf des Besteuerungszeitraums** (regelmäßig Kalenderjahr, § 16 Abs. 1

---

1 *Stadie* in R/D, § 17 UStG Anm. 41 f., 51 f., 68; zust. *Korn* in Bunjes, § 17 UStG Rz. 10.
2 So aber BFH v. 9.4.2002 – VII R 108/00, BStBl. II 2002, 562 (565); BFH v. 19.8.2008 – VII R 36/07, BStBl. II 2009, 90 = UR 2008, 886; BFH v. 27.10.2009 – VII R 4/08, BStBl. II 2010, 257 – Rz. 18; *Seer* in T/L, § 21 Rz. 445; *Loose* in T/K, § 175 AO Rz. 57. Gleichermaßen verfehlt ist die Formulierung des V. Senats des BFH, wonach § 17 UStG einen „eigenständigen materiell-rechtlichen Berichtigungstatbestand gegenüber den Änderungsvorschriften der Abgabenordnung" regele; BFH v. 7.12.2006 – V R 2/05, BStBl. II 2007, 848; BFH v. 22.10.2009 – V R 14/08, BStBl. II 2011, 988 = UR 2010, 268 – Rz. 26. Die Frage nach dem Verhältnis einer materiell-rechtlichen Norm zu einer Verfahrensnorm kann sich gar nicht stellen, da das Verfahrensrecht lediglich bestimmt, wie materielle Recht umgesetzt werden kann.

Satz 2 UStG) auch dann festzusetzen, wenn im Zeitpunkt der Festsetzung bereits bekannt ist, dass die Steuer nach § 17 UStG zu berichtigen ist.

7 Die Vorschrift enthält **keine zeitliche Begrenzung**. Der Abstand zwischen dem Entstehungszeitpunkt der ursprünglichen Steuer und dem Eintritt des Ereignisses i.S.d. § 17 UStG ist ohne Belang[1], da keine Rückwirkung eintritt, sondern die Berichtigungsbeträge für den Besteuerungszeitraum zu berücksichtigen sind, in den dieses Ereignis fällt (§ 17 Abs. 1 Satz 7 i.V.m. § 18 Abs. 3 Satz 1 bzw. Abs. 1 Satz 2 UStG).

## III. Keine Mitteilungspflichten

8 Die Berechtigung („Verpflichtung") des leistenden Unternehmers zur Berichtigung der Steuer ist **nicht** von einer **Mitteilung** an den Leistungsempfänger abhängig, d.h. es ist nicht **erforderlich**, dass diesem über die Änderung ein Beleg oder eine berichtigte Rechnung erteilt wird.[2] Eine solche Information ist nicht vonnöten, weil die Änderung der Bemessungsgrundlage bzw. der Eintritt der gleichgestellten Ereignisse dem Leistungsempfänger in gleicher Weise wie dem leistenden Unternehmer bekannt geworden sein müssen (**Ausnahme:** Fälle des § 17 Abs. 1 Satz 6 UStG, dazu *Rz. 35 ff.*), da diese Umstände nicht ohne Zutun oder Wissen des Leistungsempfängers eingetreten sein können. Folglich hat das Gesetz keine Verpflichtung zur Erteilung von Belegen vorgesehen (**Ausnahme:** Fälle des § 17 Abs. 4 UStG; dazu *Rz. 88*). Die Pflicht des Leistungsempfängers zur Berichtigung seines Vorsteuerabzugs (§ 17 Abs. 1 Satz 2 UStG) wird mithin nicht erst durch den Zugang eines solchen Beleges ausgelöst[3], da der Leistungsempfänger weiß, dass die Voraussetzung zur Berichtigung des Vorsteuerabzugs vorliegt.

9 Damit korrespondiert, dass für den leistenden Unternehmer hinsichtlich der in der Rechnung ausgewiesenen Steuer auf Grund einer Minderung der Bemessungsgrundlage, des Uneinbringlichwerdens der Gegenleistung usw. **kein Fall des § 14c** UStG eintritt.[4] Er hat in der Rechnung entsprechend seiner Verpflichtung nach § 14 Abs. 2 Satz 1 i.V.m. Abs. 4 Satz 1 Nr. 8 UStG die ursprünglich geschuldete Steuer und mithin nicht, wie es § 14c Abs. 1 Satz 1 UStG voraussetzt, einen höheren Steuerbetrag, als er nach dem Gesetz schuldet, ausgewiesen. Eine ursprünglich richtige Rechnung bleibt richtig[5] (*§ 14c Rz. 6*). Wäre der Gläubiger im Falle des Uneinbringlichwerdens der Gegenleistung zur Vermeidung der Rechtsfolgen des § 14c Abs. 1 UStG gezwungen, den Steuerbetrag und damit den Forderungsbetrag zu berichtigen, so würde er, da seine Forderung weiterhin besteht, nicht mehr, wie es § 14 Abs. 4 Satz 1 Nr. 7 und 8 UStG verlangen, Ent-

---

1 Vgl. BFH v. 17.2.2009 – V R 1/09, BFH/NV 2010, 1869.
2 BFH v. 28.5.2009 – V R 2/08, BStBl. II 2009, 870.
3 Insoweit zutreffend auch BFH v. 30.11.1995 – V R 57/94, BStBl. II 1996, 206.
4 BFH v. 30.11.1995 – V R 57/94, BStBl. II 1996, 206 – zu § 14 Abs. 2 UStG a.F.; BFH v. 12.1.2006 – V R 3/04, BStBl. II 2006, 479; BFH v. 13.7.2006 – V R 46/05, BStBl. II 2007, 186 – 2; BFH v. 28.5.2009 – V R 2/08, BStBl. II 2009, 870 – 6; vgl. auch Abschn. 17.1 Abs. 3 Satz 3, Abschn. 17.2 Abs. 6 Satz 4 und Abs. 10 Satz 6 UStAE.
5 *Stadie* in R/D, § 14c UStG Anm. 23 f., § 17 UStG Anm. 60 f.

gelt und Steuer in zutreffender Höhe ausweisen. Zudem würde das vom Schuldner als Forderungsverzicht gewertet werden.

## IV. Die aus der Vorschrift erwachsenden Ansprüche (Verpflichtungen) aus dem Steuerschuldverhältnis

Als rein materiell-rechtliche Norm (*Rz. 5*) begründet § 17 UStG unterschiedliche Ansprüche aus dem Steuerschuldverhältnis i.S.d. § 37 AO, denen entsprechende Verpflichtungen gegenüberstehen: 10

Bei einer Minderung der Bemessungsgrundlage und in den nach § 17 Abs. 2 UStG gleichgestellten Fällen entsteht ein **Erstattungsanspruch** des ursprünglichen **Steuerschuldners**, weil der rechtliche Grund für die Zahlung der Steuer später ganz oder zum Teil ex nunc weggefallen ist (§ 37 Abs. 2 Satz 2 AO)[1]. Voraussetzung dieses Erstattungsanspruchs ist, dass der für den betreffenden Umsatz geschuldete Steuerbetrag zuvor an das Finanzamt entrichtet worden war (§ 37 Abs. 2 AO: „gezahlt", „Zahlung").[2]

Mit diesem Anspruch des Steuerschuldners korrespondiert ein entsprechender Erstattungsanspruch (**Rückforderungsanspruch**) des **Steuergläubigers** gegenüber dem Leistungsempfänger (Rechnungsempfänger) hinsichtlich der Steuervergütung (**Vorsteuer**), für deren Auszahlung der rechtliche Grund ebenfalls im Nachhinein ganz oder teilweise weggefallen ist (str., ob nach § 37 Abs. 1 oder Abs. 2 AO).[3] War der Vorsteuervergütungsanspruch abgetreten worden, so richtet sich der Rückforderungsanspruch entgegen der Auffassung des VII. Senats des BFH nicht gegen denjenigen, an den die Auszahlung erfolgt war (**Abtretungsempfänger**); anders ist es nur in den Fällen der Uneinbringlichkeit (*§ 16 Rz. 45*). 11

Bei einer **Erhöhung der Bemessungsgrundlage** entsteht mit Entrichtung des Mehrbetrages ein zusätzlicher Steueranspruch des Steuergläubigers. Außerdem wird ein potenzieller Steuervergütungsanspruch des Leistungsempfängers begründet, der entgegen dem Wortlaut des § 17 Abs. 1 Satz 2 UStG zu seiner Entstehung noch des gesonderten Ausweises der Steuer in einer **Rechnung** bedarf. § 15 Abs. 1 Satz 1 Nr. 1 UStG geht vor.[4] 12

Diese Ansprüche aus dem Steuerschuldverhältnis unterliegen hinsichtlich ihrer Verwirklichung nur eingeschränkt den Regelungen der Abgabenordnung.[5] Nach § 18 Abs. 3 Satz 1 und Abs. 1 Satz 2 UStG ist nämlich die „Steuer" oder der „Überschuss" der sich zu Gunsten des Unternehmers ergibt, unter Berücksichtigung des § 17 UStG zu berechnen und mit der Steueranmeldung und zuvor be- 13

---

1 Vgl. BFH v. 9.4.2002 – VII R 108/00, BStBl. II 2002, 562 (564); BFH v. 20.7.2004 – VII R 28/03, BStBl. II 2005, 10; fehlerhaft hingegen BFH v. 4.2.2005 – VII R 20/04, UR 2005, 619; BFH v. 25.7.2012 – VII R 29/11, UR 2012, 927 – Rz. 21; *Wäger*, DStR 2011, 1925 (1929 – 4.1 a.E.) – „Vergütungsanspruch".
2 Dazu näher *Stadie* in R/D, § 17 UStG Anm. 118 ff.; a.A. *Wäger*, DStR 2011, 1925 (1929).
3 Dazu näher *Stadie* in R/D, § 17 UStG Anm. 122.
4 *Stadie* in R/D, § 17 UStG Anm. 132 m.w.N.
5 Zur **insolvenzrechtlichen** Behandlung s. *Stadie* in R/D, § 18 UStG Anh. 2 205 ff. – Insolvenz.

reits mit der Voranmeldung anzumelden. Daraus folgt, dass sämtliche **Ansprüche** aus dem Steuerschuldverhältnis für den betreffenden Besteuerungszeitraum bzw. **Voranmeldungszeitraum** zusammenzufassen und **miteinander zu verrechnen** sind (dazu näher § 16 Rz. 18 ff., 32). Folglich können die aus § 17 UStG erwachsenden Ansprüche regelmäßig nicht isoliert **abgetreten** werden; das gilt nur für den Teil, der nach Verrechnung mit gegenläufigen Ansprüchen verbleibt (§ 16 Rz. 32).

14 **Adressat** der Vorschrift (als Anspruchsberechtigter bzw. Verpflichteter) ist der Unternehmer, der die Umsatzsteuer für den (auszuführenden) Umsatz schuldet, bzw. der Unternehmer, der den Vorsteuerabzug vorgenommen hat. Im Falle der **Organschaft** ist das mithin regelmäßig der Organträger, soweit ihm die Umsätze und die Vorsteueransprüche der Organgesellschaft zuzurechnen sind (vgl. § 2 Rz. 310 f., 315). Daran ändert sich, vom Fall der Erhöhung der Bemessungsgrundlage abgesehen, auch nach **Beendigung** des Organschaftsverhältnisses nichts, da der Organträger Schuldner der Steuer bzw. Gläubiger des Vorsteuervergütungsanspruchs war (§ 2 Rz. 331 f.).[1] Deshalb ist es auch entgegen der Ansicht des BFH[2] ohne Belang, wenn das Ereignis i.S.d. § 17 UStG erst nach Beendigung des Organschaftsverhältnisses eintritt.

15 Nach Einstellung der unternehmerischen Tätigkeit treffen die Verpflichtung bzw. Berechtigung aus der Vorschrift den **ehemaligen Unternehmer** bzw. dessen **Gesamtrechtsnachfolger** (§ 2 Rz. 223 bzw. Rz. 240). Bei einer sog. **Geschäftsveräußerung** im Ganzen i.S.d. § 1 Abs. 1a UStG gehen diese Positionen hingegen nicht[3] auf den Erwerber über[4] (vgl. auch § 1 Rz. 151 f.).

## B. Änderungen der Bemessungsgrundlage (Abs. 1)

16 Als Änderung der Bemessungsgrundlage (§ 10 Abs. 1 und 2 UStG)[5] für entgeltliche Umsätze i.S.d. § 1 Abs. 1 Nr. 1 und 5 UStG (zu letzteren s. *Rz. 87*) kommt nicht nur eine **Minderung**, sondern auch eine **Erhöhung** in Betracht. Bei einem entgeltlichen Umsatz liegt eine solche Änderung vor, wenn sich die aufzuwendende oder aufgewendete Gegenleistung einschließlich der Zahlungen Dritter für die Leistung (§ 10 Rz. 56 ff.) gegenüber dem Zeitpunkt der Steuerentstehung vermindert oder erhöht hat. Die Modifikation der Gegenleistung beruht regelmäßig auf einer (zumindest konkludenten) **Vereinbarung** zwischen Leistendem und Leistungsempfänger bzw. Dritten **oder** auf einer **gesetzlichen Regelung**. Darüber hinaus werden von § 17 Abs. 1 UStG richtigerweise auch **Wechselkursänderungen** erfasst (§ 16 Rz. 57).

---

1 BFH v. 6.6.2002 – V R 22/01, UR 2002, 429; BFH v. 22.10.2009 – V R 14/08, BStBl. II 2011, 988 = UR 2010, 268; BFH v. 8.8.2013 – V R 18/13, UR 2013, 785 – Rz. 39; vgl. auch BFH v. 3.7.2014 – V R 32/13, UR 2014, 986 – Rz. 16.
2 BFH v. 7.12.2006 – V R 2/05, BStBl. II 2007, 848; BFH v. 22.10.2009 – V R 14/08, BStBl. II 2011, 988 = UR 2010, 268 – Rz. 29.
3 **A.A.** BFH v. 7.12.2006 – V R 2/05, BStBl. II 2007, 848 – 1b der Gründe.
4 *Stadie* in R/D, § 2 UStG Anm. 757 ff.
5 Zur Änderung der Bemessungsgrundlage i.S.d. § 10 Abs. 4 UStG bei **unentgeltlichen** Umsätzen s. *Stadie* in R/D, § 17 UStG Anm. 340 ff.

## I. Minderung der Bemessungsgrundlage

### 1. Allgemeines

Die Minderung muss die für die Leistung zu erbringende oder erbrachte Gegenleistung (oder Zahlung des Dritten) betreffen. Auf die **Bezeichnung** und die **Rechtsgrundlage** des Minderungsbetrages kommt es nicht an.[1] Folglich liegt eine Minderung der Gegenleistung i.S.d. UStG auch dann vor, wenn bei einer mangelhaften Lieferung (Werklieferung) nicht die Minderung des Kaufpreises (der Vergütung) nach §§ 441 bzw. 638 BGB vorgenommen, sondern **Schadensersatz wegen Nichterfüllung** geltend gemacht wird.[2]

17

Keine Minderung der Gegenleistung liegt vor, wenn mit einer **Schadensersatzforderung** (**Vertragsstrafe** o.Ä.) nicht wegen der Mangelhaftigkeit der Leistung selbst, sondern wegen verspäteter Leistung, der *Verletzung von Nebenpflichten* oder wegen eines *Mangelfolgeschadens*, und erst recht nicht, wenn mit einer anderen Forderung **aufgerechnet** wird (*Rz. 22; § 10 Rz. 35 f.*). Ebenso wenig handelt es sich um eine Minderung der Gegenleistung, wenn der Leistungsempfänger auf Rechnung des Leistenden oder nach einer Abtretung o.Ä. **an einen Dritten zahlt** (*§ 10 Rz. 26 ff.*).

18

Die **Lieferung unberechneter Mehrstücke** oder die zusätzliche Lieferung anderer unberechneter Gegenstände führen nicht zu einer Minderung des Entgelts für die Lieferung der vereinbarten Menge, sondern zu einer Erweiterung des Umfangs der entgeltlichen Lieferung[3] (s. auch *§ 3 Rz. 87*). Entsprechendes gilt für **Zugaben** u.Ä. bei sonstigen Leistungen.

19

**Werbeprämien**, die **Abonnenten** von Zeitschriften, Zeitungen o.Ä. vom Verlag für die Gewinnung eines Neuabonnenten erhalten, sind Gegenleistung für diese Dienstleistung.[4] Sie mindern nicht die Bemessungsgrundlage der Zeitschriftenlieferung, auch dann nicht, wenn eine Geldprämie mit der Zahlungsverpflichtung des Altabonnenten verrechnet wird[5] (vgl. *§ 10 Rz. 35*). Wird eine **Sachprämie** nur gewährt, wenn der **Altabonnent** zusätzlich die Zeitschrift usw. für einen bestimmten Zeitraum **weiter bezieht**, so ist die Prämie anteilig Belohnung (Zugabe, Treueprämie) für die Verlängerung des Abonnements und entgegen BFH[6] kein Preisnachlass des Verlages, der das Entgelt für die Lieferung der Zeitschrift usw. mindert.[7]

---

1 Vgl. BFH v. 11.2.2010 – V R 2/09, BStBl. II 2010, 765 – Ausgleichszahlung des Grundstücksverkäufers aufgrund einer im Kaufvertrag gewährten Mietgarantie.
2 BFH v. 16.1.2003 – V R 72/01, BStBl. II 2003, 620; BFH v. 17.12.2009 – V R 1/09, BFH/NV 2010, 1869 – Rz. 17.
3 Vgl. Abschn. 3.3 Abs. 19 f. UStAE.
4 BFH v. 7.3.1995 – XI R 72/93, BStBl. II 1995, 518.
5 FG München v. 2.2.2011 – 3 K 1504708, EFG 2011, 1282.
6 BFH v. 7.3.1995 – XI R 72/93, BStBl. II 1995, 518; dazu OFD Frankfurt a.M. v. 7.8.2007 – S 7200 A - 202 - St 11, UR 2008, 238.
7 *Stadie* in R/D, § 17 UStG Anm. 292.

## 2. Nach Vereinnahmung der Gegenleistung

20  Eine Minderung kann auch noch **nach Vereinnahmung der Gegenleistung** erfolgen. Für diesen Fall reichen jedoch nicht die Vereinbarung einer Reduzierung und die Erteilung einer Gutschrift aus, sondern es ist die **tatsächliche Rückgewähr** des vereinbarten Minderungsbetrages erforderlich.[1] Das gilt auch für die Berichtigung des Vorsteuerabzugs[2] (beachte allerdings die gegenteilige EuGH-Ansicht bei Anzahlungen i.S.d. § 17 Abs. 2 Nr. 2 UStG; *Rz. 68*). Diese Auslegung ist durch den Gesetzeszweck geboten, wonach die Bemessungsgrundlage wie auch der Vorsteuerabzug sich nach dem tatsächlichen Aufwand des Leistungsempfängers zu bestimmen hat (*§ 10 Rz. 7*). Zudem wäre ansonsten im Falle der Nichtrückzahlung der leistende Unternehmer auf Kosten des Leistungsempfängers in Höhe des auf den Minderungsbetrag entfallenden Steuerbetrages bereichert, wenn er gleichwohl die Umsatzsteuer gegenüber dem Finanzamt berichtigen könnte (Entsprechendes gilt in den Fällen des § 17 Abs. 2 Nr. 2 und 3 UStG; *Rz. 67, 70*).

21  Umsatzabhängige **Boni, Rückvergütungen, Rabatte** o.Ä. führen daher erst im Zeitpunkt ihrer Gewährung (Verrechnung, Auszahlung) zur Minderung der Bemessungsgrundlagen der betreffenden Umsätze. Werden diese zusammengefasst für unterschiedlich besteuerte Leistungen eines bestimmten Zeitabschnitts vorgenommen (z.B. **Jahresboni, -rückvergütungen**), so muss darüber ein aufschlüsselnder **Beleg** erteilt werden (§ 17 Abs. 4 UStG). Der leistende Unternehmer ist erst dann zur Berichtigung der Steuer berechtigt, wenn er den Beleg erteilt hat (*Rz. 88*).

22  Werden nach der Entrichtung der Gegenleistung „**Nachlässe**", „**Gutschriften**", „**Vergütungen**" o.Ä. gewährt, so handelt es sich dabei nicht zwingend um Minderungen der Gegenleistung. Es kann sich dahinter auch die **Abgeltung** einer **Leistung** des **Empfängers** verbergen. Maßgebend ist, ob nach dem Willen der Beteiligten eine nachträgliche Reduzierung des Preises für die Leistung desjenigen, der den „Nachlass" usw. einräumt, oder die Gegenleistung für eine Dienstleistung des Zahlungsempfängers vorliegt.

Dieselbe Fragestellung ergibt sich, wenn ein Hersteller (Lieferer) dem Händler (Abnehmer) „**Zuschüsse**" oder ähnlich bezeichnete Zahlungen gewährt. Diese können die **Gegenleistung für** Werbemaßnahmen, Verkaufsförderungen o.ä. **Dienstleistungen** des Händlers sein.

23  Hingegen sind **Sachprämien** und **Gewinne**, die Händler bei Teilnahme an **Verkaufsförderungsaktionen** (-wettbewerben o.Ä.) ihrer Lieferanten erhalten, nicht Gegenleistungen für sonstige Leistungen der Händler. Nach Auffassung des **BFH** sollen sie jedoch als Preisnachlass zu behandeln sein, der zu einer Min-

---

[1] BFH v. 18.9.2008 – V R 56/06, BStBl. II 2009, 250; BFH v. 19.11.2009 – V R 41/08, UR 2010, 265 – Rz. 27; BFH v. 15.7.2010 – XI B 47/09, UR 2010, 814; BFH v. 2.9.2010 – V R 34/09, BStBl. II 2011, 991 = UR 2011, 66; BFH v. 15.9.2011 – V R 36/09, BStBl. II 2012, 365 – Rz. 22; BFH v. 3.11.2011 – V R 16/09, BStBl. II 2012, 378 – Rz. 34; Abschn. 17.1 Abs. 2 Satz 3 UStAE; vgl. auch EuGH v. 29.5.2001 – C-86/99, EuGHE 2001, I-4167 = UR 2001, 349 – Rz. 31 und 35.

[2] BFH v. 17.12.2009 – V R 1/09, BFH/NV 2010, 1869; BFH v. 3.8.2011 – V B 36/10, BFH/NV 2011, 2131.

derung der Bemessungsgrundlage aller Lieferungen eines bestimmten Zeitabschnitts führe.[1] Dem ist nicht zu folgen, weil kein hinreichender Zusammenhang zwischen den Lieferungen und der Sachprämie bzw. dem Gewinn besteht.[2] Diese führen vielmehr richtigerweise zu unentgeltlichen Lieferungen oder sonstigen Leistungen i.S.d. § 3 Abs. 1b Nr. 3 bzw. Abs. 9a UStG (s. *§ 3 Rz. 92 u. 186*).

24 Die Minderung der Bemessungsgrundlage (des Entgelts) bestimmt sich stets nach der Minderung der Gegenleistung (d.h. des sog. Bruttopreises). Folglich führt eine Vergütung eines Teils des sog. **Nettopreises** (Preis ohne Umsatzsteuer) nicht zu einer Minderung der Bemessungsgrundlage in gleicher Höhe; diese beträgt vielmehr nur 100/119 bzw. 100/107 der Rückzahlung.[3]

**Beispiel**

Ein Hersteller hatte für 1000 € + 190 € USt. Waren an einen Händler geliefert. Er gewährt diesem eine nachträgliche Vergütung i.H.v. 6 % von 1000 € = 60 €. Die Minderung der Bemessungsgrundlage beträgt 100/119 von 60 € = 50,42 €, wenn nur 60 € zurückgezahlt werden.

### 3. Rückzahlung an Dritte
#### a) Minderung der Bemessungsgrundlage

25 Eine Minderung der Gegenleistung verlangt nicht, dass diese wieder an denjenigen herausgegeben wird, der sie gezahlt hatte, so dass **Rückzahlungsempfänger** auch eine **dritte Person** sein kann. Zahlungen des Leistenden an einen Dritten stellen jedoch grundsätzlich nur dann eine Minderung dar, wenn sie wirtschaftlich als Zahlung an den Leistungsempfänger anzusehen sind (*Beispiel*: **Einlösung** von an Kunden ausgegebenen sog. **Parkchips** gegenüber Parkhausbetreiber oder Beförderungsunternehmer, der diese „in Zahlung" genommen hatte[4]).

26 Dieser Grundsatz gilt indes nicht bei **Vergütungen des Herstellers** einer Ware **an den letzten Abnehmer** in der Abnehmerkette. Der EuGH hat zutreffend entschieden, dass die Einlösung von auf der Warenverpackung eingedruckten **Gutscheinen** o.Ä. durch den Hersteller unmittelbar gegenüber den Kunden zu einer Minderung der Bemessungsgrundlagen der Lieferungen des Herstellers an die Groß- bzw. Einzelhändler führt, obwohl diesen gegenüber keine Minderung der Gegenleistung eintritt. Der EuGH legt Art. 73 MwStSystRL zu Recht dahin aus, dass der Staat letztlich keinen Betrag erheben darf, der den vom Endverbraucher gezahlten übersteigt. Damit korrespondiert der Neutralitätsgrundsatz, demzufolge sich beim Hersteller die Bemessungsgrundlage nach dem Betrag bestimmen muss, den er letztlich erhalten hat.[5] Anderenfalls wäre die Umsatzsteuer keine Verbrauchsteuer, sondern würde den Unternehmer belasten. Die Finanzverwaltung ist dem EuGH in Gestalt des Abschn. 17.2 UStAE gefolgt. Zur Um-

---

1 BFH v. 9.11.1994 – XI R 81/92, BStBl. II 1995, 227.
2 *Husmann*, UR 1995, 60 (61).
3 Vgl. BFH v. 28.5.2009 – V R 2/08, BStBl. II 2009, 870.
4 **A.A.** BFH v. 11.5.2006 – V R 33/03, BStBl. II 2006, 699.
5 EuGH v. 24.10.1996 – C-317/94, EuGHE 1996, I-5339 = BStBl. II 2004, 324 = UR 1997, 265 – Rz. 24 u. 28; vgl. auch EuGH v. 15.10.2002 – C-427/98, EuGHE 2002, I-8315 = BStBl. II 2004, 328 = UR 2002, 523.

setzung der EuGH-Entscheidung reicht diese Verwaltungsvorschrift aus, soweit es um die Änderung der Bemessungsgrundlage beim Hersteller geht. Insoweit handelt es sich um eine **richtlinienkonforme Auslegung** des § 17 Abs. 1 Satz 1 UStG. Der Vorsteuerabzug des *unmittelbaren* Abnehmers ist nicht zu berichtigen, da sich dessen Aufwand nicht gemindert hat (§ 17 Abs. 1 Sätze 3 und 4 UStG; *Rz. 29*). Ein Fall des § 14c Abs. 1 UStG ist – schon nach allgemeinen Grundsätzen (*Rz. 9*) – nicht gegeben.[1]

27 Eine Änderung der Bemessungsgrundlage liegt bei **Gutscheinen** nur dann vor, wenn diese zu einem **Preisnachlass** oder zu einer nachträglichen teilweisen **Preiserstattung** führen.[2] Das ist **nicht** der Fall, wenn Gutscheine ausgegeben werden, mittels derer **Leistungen** (Lieferungen oder Dienstleistungen) **Dritter** in Anspruch genommen werden können.[3] Bei einer derartigen Konstellation liegen unentgeltliche Leistungen i.S.d. § 3 Abs. 1b Satz 1 Nr. 2 oder Abs. 9a Nr. 2 UStG vor.

28 Eine Änderung der Bemessungsgrundlage beim Hersteller (u.Ä. Unternehmern) kann nach den EuGH-Grundsätzen nicht nur bei Ausgabe von Gutscheinen, sondern **in allen Fällen** eintreten, in denen den **Endabnehmern** unter Umgehung der zwischengeschalteten Händler direkt eine **Vergütung wegen der Lieferung** gewährt wird.[4] Das ist z.B. bei Zahlungen auf Grund von Kulanz oder einer **Garantiezusage** wegen eines Mangels der Ware der Fall. **Nicht** dazu zählen **Schadensersatz**- o.ä. Zahlungen, die einen Mangel*folge*schaden ausgleichen sollen (vgl. *§ 10 Rz. 35*); zu „**Preisnachlässen**" der **Agenten** (Vermittler) s. *§ 10 Rz. 47*.

**b) Berichtigung des Vorsteuerabzugs beim Dritten (Abs. 1 Sätze 3, 4 und 8)**

29 Beim Unternehmer, an den der Umsatz ausgeführt worden war, d.h. beim **Leistungsempfänger** ist der **Vorsteuerabzug nicht** zu **berichtigen**, soweit er durch die Änderung der Bemessungsgrundlage beim leistenden Unternehmer „wirtschaftlich nicht begünstigt wird" (§ 17 Abs. 1 Satz 3 UStG), d.h. soweit der Änderung der Bemessungsgrundlage keine Minderung der Gegenleistung entspricht. Das ist in den o.g. Konstellationen der Fall, in denen der Hersteller einer Ware **Gutscheine** einlöst, die er an Abnehmer seines Leistungsempfängers (Zwischenhändler) ausgegeben hatte. Das Gleiche gilt bei **Herstellervergütungen** in andere Form. Der Aufwand des Leistungsempfängers der Lieferung des Herstellers ändert sich dadurch nicht, so dass sich bei ihm die Belastung mit Umsatzsteuer nicht verringert und keine Veranlassung für eine Berichtigung des Vorsteuerabzugs besteht. § 17 Abs. 1 Satz 3 UStG bildet eine Ausnahme vom Grundsatz des § 15 Abs. 1 Satz 1 Nr. 1 Satz 1 UStG, wonach nur die vom leistenden Unternehmer gesetzlich geschuldete Steuer als Vorsteuer abziehbar ist.

30 Wird ein **anderer Unternehmer** durch die Änderung der Bemessungsgrundlage wirtschaftlich **begünstigt**, so hat dieser den **Vorsteuerabzug zu berichtigen** (§ 17 Abs. 1 Satz 4 UStG). Das ist der Fall, wenn der Abnehmer des Abnehmers oder

---

1 Siehe auch Abschn. 17.2 Abs. 6 Satz 3, Abs. 10 Satz 6 UStAE.
2 Dazu näher Abschn. 17.2 Abs. 2 und 3 UStAE.
3 Abschn. 17.2 Abs. 1 Satz 5 UStAE Beispiele 2 und 3.
4 FG Köln v. 16.7.2003 – 3 K 52/98, EFG 2003, 1503.

ein später in der Lieferkette folgender Käufer, welcher die Vergütung des Herstellers erhält, seinerseits vorsteuerabzugsberechtigter Unternehmer ist. Dann mindert sich bei ihm sein Aufwand für die an ihn erbrachte Lieferung und damit die Belastung mit Umsatzsteuer.[1] Das ergibt sich indes schon aus dem ungeschriebenen Grundsatz, welcher § 15 Abs. 1 UStG innewohnt (vgl. *§ 15 Rz. 259 f.*); die Bestimmung des § 17 Abs. 1 Satz 4 UStG ist deshalb lediglich klarstellend.[2] Nach Auffassung des BFH soll hingegen die Berichtigungspflicht voraussetzen, dass der Hersteller eine steuerpflichtige Lieferung und keine steuerfreie innergemeinschaftliche Lieferung getätigt habe, weil sich Satz 4 auf Satz 1 der Vorschrift beziehe und sich folglich die Bemessungsgrundlage eines steuerpflichtigen Umsatzes geändert haben müsse.[3]

Die Berichtigung des Vorsteuerabzugs (im Falle des § 17 Abs. 1 Satz 4 UStG) ist für den Besteuerungszeitraum – regelmäßig jedoch schon für den **Voranmeldungszeitraum** (*Rz. 13*) – vorzunehmen, in dem der andere Unternehmer wirtschaftlich begünstigt wird (§ 17 Abs. 1 Satz 8 UStG). Diese Regelung ist überflüssig. Es hätte ausgereicht, in § 17 Abs. 1 Satz 7 UStG den Satz 4 mit zu erwähnen, denn wenn sich beim ersten Lieferanten die Bemessungsgrundlage durch die Einlösung der Gutscheine mindert, so ist zugleich nach § 17 Abs. 1 Satz 4 UStG die Berichtung des Vorsteuerabzugs beim Empfänger des Einlösungsbetrages vorzunehmen. 31

### 4. Verzicht auf die Gegenleistung

Bei einem völligen oder teilweisen Verzicht auf die nicht dauerhaft uneinbringliche Gegenleistung (**Erlass**) liegt ab dem Zeitpunkt des Verzichts eine unentgeltliche oder teilentgeltliche Leistung vor. Es tritt dann zwar eine vollständige oder teilweise **Minderung** der Gegenleistung ein[4], gleichzeitig ist jedoch von einer **unentgeltlichen Leistung** i.S.d. § 3 Abs. 1b bzw. Abs. 9a UStG oder von einem Fall der sog. Mindest-Bemessungsgrundlage nach § 10 Abs. 5 UStG auszugehen, so dass die Bemessungsgrundlagen des § 10 Abs. 4 UStG eingreifen. Ist der Leistungsempfänger Unternehmer und hatte er den **Vorsteuerabzug** geltend gemacht, so hat er diesen nach § 17 Abs. 1 Satz 2 UStG zu berichtigen. Allerdings *kann* der leistende Unternehmer dem Leistungsempfänger die auf die unentgeltliche Leistung entfallende Steuer in „Rechnung" stellen, welche dieser dann richtigerweise als Vorsteuer abziehen kann (*§ 15 Rz. 256 ff.*). 32

Anders liegt es bei einem Verzicht zum Zwecke der **Sanierung** des Schuldners, bei der die (Mehrheit der) Gläubiger **wegen** teilweiser endgültiger **Uneinbringlichkeit** ihrer Forderungen, d.h. soweit diese ohnehin nicht realisiert werden könnten, die Forderungen erlassen. Es liegt ebenfalls eine Minderung der Bemessungsgrundlage vor, die an die Stelle der bereits zuvor gegebenen Uneinbring- 33

---

1 Zu einem Zahlenbeispiel s. *Stadie* in R/D, § 17 UStG Anm. 237 ff.
2 Das verkennt BFH v. 15.2.2012 – XI R 24/09, BStBl. II 2013, 712 = UR 2012, 481.
3 BFH v. 5.6.2014 – XI R 25/12, UR 2014, 743; BFH v. 4.12.2014 – V R 6/13, UR 2015, 240; kritisch dazu *Stadie* in R/D, § 17 UStG Anm. 215.
4 Vgl. BFH v. 28.9.2000 – V R 37/98, BFH/NV 2001, 491; BFH v. 18.2.2008 – XI B 185/07, BFH/NV 2008, 1209; FG Bdb. v. 26.11.1997 – 1 K 1642/97 U, EFG 1998, 513; FG München v. 7.10.2008 – 14 V 2772/08, DStRE 2009, 1211.

lichkeit (§ 17 Abs. 2 Nr. 1 Satz 1 UStG) tritt, so dass nichts zu geschehen hat, wenn bereits wegen der Uneinbringlichkeit Steuer bzw. Vorsteuer berichtigt worden waren (dazu *Rz. 50 ff.*). Eine nachträgliche unentgeltliche Zuwendung der gelieferten Gegenstände oder der sonstigen Leistungen liegt nicht vor.

## 5. Einzelfälle

34 – **Abtretung.** Die Übertragung der Forderung aus dem Umsatz auf einen anderen beeinflusst dessen Bemessungsgrundlage nicht (*§ 10 Rz. 27 ff.*).
– **Aufrechnung** s. *Rz. 18.*
– **Beitreibungskosten** (Inkassoaufwand) mindern nicht das Entgelt, weil der Aufwand des Leistungsempfängers sich nicht verringert hat.
– **Bonuspunkte** auf Kunden- bzw. Bonuskarten. Eine Entgeltsminderung tritt erst bei Einlösung der Punkte ein.[1]
– **Delkrederehaftung** des *Vertreters* bzw. *Vermittlers.* Sie führt entgegen BFH[2] zu einer Entgeltsminderung bezüglich der Provision aus dem betreffenden Geschäft[3]. Die Uneinbringlichkeit der Forderung des Auftraggebers aus diesem Umsatz wird durch die Delkrederehaftung nicht beseitigt, da der Haftende nicht für den Kunden und auch nicht als Dritter i.S.d. § 10 Abs. 1 Satz 3 UStG für die Leistung zahlt (*Rz. 63*).
– **Energiesteuer- oder Stromsteuerentlastungen** (Vergütung) an Schiffahrts- und Luftfahrtsunternehmen bzw. an Unternehmer des produzierenden Gewerbes oder Land- und Forstwirte nach § 52 EnergieStG bzw. § 9b StromStG führen zu keiner Minderung des Entgelts beim Energielieferanten, da die Erstattung nicht durch den Lieferer, sondern durch die Zollverwaltung erfolgt.[4]
– **Finanzierungskosten.** Die Beteiligung an den Finanzierungskosten des Käufers führt nicht zu einer Minderung der Bemessungsgrundlage der Lieferung.[5]
– **Forderungsverkauf unter Nennwert** (sog. **Factoring**) s. *§ 10 Rz. 28 ff.*
– **Kostenerstattung für Mängelbeseitigung** an den Abnehmer führt nicht zu einer Minderung der Bemessungsgrundlage der Lieferung.[6]
– **Kreditkartengeschäft** s. *§ 10 Rz. 40.*
– **Mangelfolgeschaden** s. *Rz. 18.*
– **Rücknahme von Warenumschließungen** und **Transporthilfsmitteln.** Die Rückzahlung des Pfandgeldes bei der Rückgabe führt zu einer Entgeltsminderung

---

1 Dazu näher OFD Magdeburg v. 29.9.2011 – S 7200 - 168 - St 244, UR 2012, 413.
2 BFH v. 8.5.1980 – V R 126/76, BStBl. II 1980, 618 (620).
3 *Stadie* in R/D, § 17 UStG Anm. 250, 431.
4 Vgl. OFD Karlsruhe v. 28.2.2012 – USt-Kartei S 7174 - Karte 1, UR 2013, 77; OFD Nds. v. 23.11.2012 – S 7340 - 44 - St 182, UR 2013, 240.
5 EuGH v. 15.5.2001 – C-34/99, EuGHE 2001, I-3833 = UR 2001, 308; FG Münster v. 24.1.1995 – 15 K 1099/93 U, EFG 1995, 637 = UR 1996, 96; FG Bdb. v. 13.5.1998 – 1 K 840/97, EFG 1998, 1095; FG Münster v. 31.10.2000 – 5 K 878/98 U, EFG 2001, 388.
6 *Stadie* in R/D, § 17 UStG Anm. 206 m.w.N.; unklar Abschn. 10.3 Abs. 2 Satz 1 UStAE („kann").

Minderung der Bemessungsgrundlage § 17

bei der Warenlieferung[1] (s. auch Art. 92 MwStSystRL). Die Finanzverwaltung lässt Vereinfachungen zu.[2]

- **Sachprämien** und Gewinne bei **Verkaufsförderungsaktionen** s. *Rz. 24.*
- **Skonto**, Inanspruchnahme s. *§ 10 Rz. 38.*
- **Wechseldiskontierung** s. *§ 10 Rz. 43 ff.*
- **Wechselkursänderungen** s. *§ 16 Rz. 57.*
- **Werbeprämien** s. *Rz. 19.*

Zu weiteren Einzelfällen s. *Stadie* in R/D, § 17 UStG Anm. 294 – ABC, Anm. 247 f., 288.

## 6. Zentralregulierung (Abs. 1 Satz 6)

Die **Berichtigung** des Vorsteuerabzugs **kann unterbleiben**, soweit ein **dritter Unternehmer** den auf die Minderung des Entgelts entfallenden **Steuerbetrag** an das Finanzamt **entrichtet** (§ 17 Abs. 1 Satz 6 Halbs. 1 UStG). Mit dieser **Vereinfachungsvorschrift** (*Rz. 39*) ist insbesondere an die Fälle gedacht, in denen Unternehmer die Abwicklung ihres Zahlungsverkehrs, vor allem mit ihren Lieferanten, von einem Dritten, häufig einer Vereinigung (in der Regel Genossenschaft), zu der sie sich zu diesem Zwecke zusammengeschlossen haben, vornehmen lassen. Dieser sog. **Zentralregulierer** bezahlt unter Inanspruchnahme von Abzügen (Skonti, Rabatten u.Ä.) die Rechnungen für die Lieferungsempfänger, während diese den Rechnungsbetrag in voller Höhe oder unter Inanspruchnahme eines geringeren Abzugs an den Zentralregulierer begleichen. Letzterer zahlt im Namen und für Rechnung der Lieferungsempfänger. In Höhe des Abzugs gegenüber den Lieferanten tritt für den einzelnen Lieferungsempfänger jeweils eine Minderung – zweifelhaft im Falle des Skontos (*§ 10 Rz. 38*) – der Gegenleistung (des Entgelts) i.S.d. § 17 Abs. 1 Satz 2 UStG ein. Die danach gebotene Berichtigung des Vorsteuerabzugs kann gem. § 17 Abs. 1 Satz 6 Halbs. 1 UStG unterbleiben, soweit der Zentralregulierer (als dritter Unternehmer) den auf die Minderung des Entgelts entfallenden „Steuerbetrag" (*Rz. 37*) an das Finanzamt entrichtet. Die Vorschrift gilt auch, wenn von vornherein nur ein reduzierter Vorsteuerabzug vorgenommen wird, so dass für den Lieferungsempfänger kein Fall des § 17 Abs. 1 Satz 2 UStG vorliegt. Erfasst wird m.E. auch die Zahlungsabwicklung über Kreditkartenunternehmen (*§ 10 Rz. 41*). 35

Hatte der **Lieferungsempfänger** gegenüber dem Zentralregulierer einen **Abzug** in Anspruch genommen, so kann auch in der Weise verfahren werden („soweit"), dass der Lieferungsempfänger den Vorsteuerabzug nach Maßgabe seiner Zahlung berichtigt und der **Zentralregulierer nur** noch die **Differenz** an das Finanzamt zahlt.[3] Der Zentralregulierer braucht dann gegenüber dem Lieferungsempfänger 36

---

1 Abschn. 3.10 Abs. 5a, Abschn. 10.1 Abs. 8 UStAE; vgl. auch BFH v. 7.5.1987 – V R 56/79, BStBl. II 1987, 582. Zur Rückgabe von **Umzugskartons** s. BFH v. 12.11.2008 – XI R 46/07, BStBl. II 2009, 558.
2 Abschn. 10.1 Abs. 8 Sätze 5 und 6 UStAE.
3 BMF v. 3.5.1991 – IV A 2 - S 7100 - 16/91, UR 1991, 271.

nicht offenzulegen, welchen Zahlungsabzug er selbst bei Bezahlung der Rechnung des Lieferanten in Anspruch genommen hat.[1]

37  Gem. § 17 Abs. 1 Satz 6 Halbs. 2 UStG soll „in diesem Fall", d.h. soweit der Lieferungsempfänger den Vorsteuerabzug nicht mindert bzw. berichtigt, sondern der **dritte Unternehmer** den Steuerbetrag entrichtet, dieser **Schuldner** der „**Steuer**" sein. Bei dem Vorsteuerberichtigungsbetrag handelt es sich allerdings nicht um eine geschuldete Steuer, sondern um eine zu erstattende Steuervergütung (*Rz. 11*). Die fehlerhafte Bezeichnung ist indes konsequent in § 13 Abs. 1 Nr. 5 und § 16 Abs. 1 Satz 4 UStG beibehalten worden. Nach letzterer Bestimmung ist der Vorsteuerberichtigungsbetrag bei der „Steuerberechnung" des Dritten **wie** eine **Steuer** zu behandeln.

38  Unklar ist, unter welcher **Voraussetzung** der Dritte Schuldner der „Steuer" wird. Die gesetzlichen Bestimmungen sind widersprüchlich. Nach § 17 Abs. 1 Satz 6 UStG ist der dritte Unternehmer Schuldner, soweit er den Steuerbetrag „entrichtet". Andererseits entsteht gem. § 13 Abs. 1 Nr. 5 UStG die Steuer mit Ablauf des Voranmeldungszeitraums, in dem die Änderung der Bemessungsgrundlage eingetreten ist. Letztere Vorschrift kann indes nicht dem Willen des Gesetzes entsprechen. Richtigerweise kann die „Steuer"-Schuld des Dritten erst mit deren Anmeldung entstehen.[2] Erst dann erlischt die Verpflichtung des Leistungsempfängers zur Berichtigung des Vorsteuerabzugs. Diese lebt nicht wieder auf, wenn der Dritte seiner Zahlungsverpflichtung nicht nachkommt.

39  Die „Steuerschuld" des Zentralregulierers wird häufig **von** einer **eigenen Steuerschuld verdrängt** sein. Da der Zentralregulierer mit seiner Tätigkeit entgeltliche Dienstleistungen auf dem Gebiet des Zahlungs- und Überweisungsverkehrs und ggf. der Kreditgewährung gegenüber den Auftraggebern (Lieferungsempfängern) erbringt (die Gegenleistung liegt in den Differenzbeträgen, die nicht an diese ausgekehrt werden), übt er eine unternehmerische Tätigkeit aus. Diese sonstigen Leistungen sind zwar nach § 4 Nr. 8 Buchst. d UStG (Zahlungsverkehr) und ggf. nach § 4 Nr. 8 Buchst. a UStG (Kreditgewährung) steuerfrei, auf die Steuerfreiheit kann jedoch nach § 9 Abs. 1 UStG verzichtet werden. Soweit die Auftraggeber vorsteuerabzugsberechtigte Unternehmer sind, wird der Zentralregulierer **auf** die **Steuerfreiheit verzichten**, um den Vorsteuerabzug hinsichtlich seiner eigenen Kosten zu erlangen. Insoweit handelt es sich bei der geschuldeten Steuer um die Steuer für eigene steuerpflichtige Umsätze. Die **Vereinfachung** des § 17 Abs. 1 Satz 6 UStG liegt dann vor allem darin, dass der Lieferungsempfänger (Auftraggeber) nicht in einem Schritt seinen Vorsteuerabzug aus der Rechnung des Lieferanten mindern bzw. berichtigen muss und dann aus einer Rechnung des Zentralregulierers in gleicher Höhe einen Vorsteuerabzug vornehmen kann. Des Weiteren muss der Zentralregulierer den Auftraggebern nicht jeweils Rechnungen i.S.d. § 14 UStG für Zwecke des Vorsteuerabzugs erteilen.

Der Zentralregulierer kann auch Dienstleistungen, insbesondere in Gestalt der **Vermittlung, gegenüber** den **Lieferanten** erbringen. Gibt der Zentralregulierer einen Teil der von den Lieferanten erhaltenen Provisionen an die Lieferungsemp-

---

1 Zu **Zahlenbeispielen** s. *Stadie* in R/D, § 17 UStG Anm. 298.
2 Dazu näher *Stadie* in R/D, § 17 UStG Anm. 300.

fänger weiter, so mindert sich nach geänderter Auffassung des BFH die Bemessungsgrundlage seiner Vermittlungsleistungen gegenüber den Lieferanten nicht (§ 10 Rz. 47).[1]

## II. Erhöhung der Bemessungsgrundlage

§ 17 Abs. 1 UStG erfasst auch Erhöhungen der Bemessungsgrundlage; das verstößt nicht gegen die Richtlinie.[2] Ob eine Erhöhung der Gegenleistung vorliegt, bestimmt sich danach, ob der Leistungsempfänger oder ein Dritter über die ursprünglich vereinbarte oder kraft Gesetzes geschuldete Gegenleistung hinaus zusätzlich etwas „**für die Leistung**" aufwendet (§ 10 Rz. 18 u. 61).[3] Die Rechtsfolge des § 17 Abs. 1 UStG greift nicht schon bei Vereinbarung eines Erhöhungsbetrages ein, sondern erst bei dessen **Zahlung**. Demnach erhöhen auch **freiwillige Zuzahlungen** – nicht Lieferungen oder sonstige Leistungen, wenn richtigerweise die Nichtsteuerbarkeit von Tauschvorgängen (§ 1 Rz. 87 ff.) angenommen wird – die Bemessungsgrundlage (§ 10 Rz. 19; zur unfreiwilligen Zuzahlung bei einer Wechselkurserhöhung s. § 16 Rz. 57). Für den **Vorsteuerabzug** muss hinzukommen, dass die im Erhöhungsbetrag enthaltene Steuer in einer **Rechnung** gesondert ausgewiesen ist (§ 15 Abs. 1 Satz 1 Nr. 1 i.V.m. § 14 UStG).[4] 40

Auch **Doppelzahlungen** sollen nach der Rechtsprechung die Gegenleistung und damit das Entgelt erhöhen.[5] Das ist abzulehnen, da diese Zahlungen auf einem Irrtum beruhten und demgemäß nicht vom wirklichen Abgeltungswillen getragen sind. 41

Die **Haftungsbeträge** nach § 48a Abs. 3 EStG (sog. Bauabzugssteuer) und nach § 50a Abs. 5 Satz 5 EStG (Vergütungen bei beschränkter Steuerpflicht) zählen zur Gegenleistung, da sie kraft Gesetzes zusätzlich neben der gezahlten Vergütung für die Leistung aufzuwenden sind. Entsprechendes gilt für die **vom Leistungsempfänger** nach § 13b UStG zusätzlich **geschuldete Steuer**, wenn fälschlich die gesamte Gegenleistung an den leistenden Unternehmer gezahlt worden ist (§ 13b Rz. 154). Nach Durchsetzung einer zivilrechtlichen Rückforderung mindert sich die Bemessungsgrundlage wieder (§ 13b Rz. 154 f.). 42

**Nicht** einzubeziehen sind solche **Zahlungen**, die zwar auch im kausalen Zusammenhang mit dem Umsatz stehen, d.h. ohne diesen nicht angefallen wären, aber auf einem **zeitlich danach verwirklichten Sachverhalt** beruhen und deshalb diesem **zuzuordnen** sind (§ 10 Rz. 25). Hierunter fallen insbesondere solche Zahlungen des Leistungsempfängers, die für die verspätete Entrichtung der Gegenleistung oder die *Verletzung von Nebenpflichten* (Mitwirkungspflichten, Unterlassenspflichten u.Ä.) zu entrichten sind. 43

---

1 BFH v. 3.7.2014 – V R 3/12, UR 2014, 779.
2 A.A. *Klenk*, UR 2007, 639 (642); *Englisch* in T/L, § 17 Rz. 286 a.E.; dazu *Stadie* in R/D, § 17 UStG Anm. 22.
3 Zu weiteren neben den im Folgenden genannten **Beispielen** s. *Stadie* in R/D, § 17 UStG Anm. 323–339.
4 *Stadie* in R/D, § 17 UStG Anm. 131 f.; vgl. auch BFH v. 19.11.2009 – V R 41/08" UR 2010, 265 – Rz. 27.
5 BFH v. 13.12.1995 – XI R 16/95, BStBl. II 1996, 208; BFH v. 19.7.2007 – V R 11/05, BStBl. II 2007, 966.

44 Folglich werden **Mahnkosten** und **Beitreibungskosten** nicht für die Leistung, die der beigetriebenen Forderung zugrunde liegt, sondern als Schadensersatz gezahlt.[1] Dasselbe gilt für **Verzugs-** u.ä. **Zinsen**, die wegen verspäteter Zahlung der Gegenleistung zu entrichten sind. Sie gelten den beim Leistenden eingetretenen Verzögerungsschaden (Ausfall der Kapitalnutzung, Zinsverlust) ab und werden nicht für die Leistung gezahlt.[2] Auch eine wegen verspäteter Annahme (Abnahme) oder Mitwirkung verwirkte **Vertragsstrafe** hat Schadensersatzcharakter und wird nicht zusätzlich für die Leistung aufgewendet.[3]

45 Zusätzliche Zahlungen können indes auch **gesonderte Leistungen** abgelten. So sind **Stundungszinsen** die Gegenleistung für eine eigenständige sonstige Leistung (§ 3 Rz. 204) in Gestalt der steuerfreien Kreditgewährung (§ 4 Nr. 8 Buchst. a UStG; zu Verzugszinsen s. § 4 Nr. 8 Rz. 10). Auch **Verwahrungskosten** u.ä. Kosten, die der Abnehmer einer Lieferung wegen Annahmeverzuges ersetzt, liegt trotz fehlender Vereinbarung eine Leistung im umsatzsteuerrechtlichen Sinne zugrunde, da dem Abnehmer mit der Verwahrung des Gegenstandes ein Verbrauchsnutzen verschafft wurde (§ 1 Rz. 47 a.E.).

Der sog. **Leasing-Minderwertausgleich**, der bei Rückgabe eines sog. Leasinggegenstandes (einer Mietsache) wegen einer Beschädigung oder übermäßigen Abnutzung des Gegenstandes gezahlt wird, sollte nach bisheriger Auffassung des BMF zusätzliche Gegenleistung für die sonstige Leistung des sog. Leasinggebers (Vermieters) sein.[4] Auf dasselbe läuft es hinaus, wenn eine eigenständige sonstige Leistung angenommen wird.[5] Demgegenüber hat der BFH nunmehr entschieden, dass der Leasing-Minderwertausgleich nicht steuerbar sei;[6] das BMF folgt dem[7] (s. auch § 1 Rz. 63). Hingegen unterliegt der sog. **Restwertausgleich** der Umsatzsteuer[8], nach Auffassung des BMF als zusätzliches Entgelt[9], so dass eine Erhöhung der Bemessungsgrundlage anzunehmen ist.

## C. Uneinbringliche Forderung (Abs. 2 Nr. 1)

### I. Grundsätzliches

46 Wenn das vereinbarte „Entgelt" (richtig: die vereinbarte Gegenleistung) für eine steuerpflichtige Leistung oder einen innergemeinschaftlichen Erwerb uneinbringlich geworden ist, so hat der Unternehmer, der diesen Umsatz ausgeführt hat, den dafür **geschuldeten Steuerbetrag** und der Leistungsempfänger den **in An-**

---

1 Abschn. 1.3 Abs. 6 UStAE.
2 Abschn. 10.1 Abs. 3 Satz 9 UStAE; EuGH v. 1.7.1982 – 221/81, UR 1982, 159, 14; BFH v. 17.12.2009 – V R 1/09, BFH/NV 2010, 1869 – Rz. 22.
3 Abschn. 10.1 Abs. 3 Satz 8 i.V.m. Abschn. 1.3 Abs. 3 UStAE; Reiß in T/L, 20. Aufl. 2010, § 14 Rz. 43.
4 Abschn. 1.3 Abs. 17 Satz 2 UStAE a.F.
5 Ausführlich dazu D. Hummel, UR 2006, 614; Stadie, UR 2011, 801.
6 BFH v. 20.3.2013 – XI R 6/11, BStBl. II 2014, 206; ebenso zuvor BGH v. 14.3.2007 – VIII ZR 68/06, UR 2007, 416; BGH v. 18.5.2011 – VIII ZR 260/10, UR 2011, 813, obwohl der BGH darüber nicht zu befinden hatte, weil das Alleinentscheidungsrecht bei der Finanzverwaltung liegt (§ 18 Rz. 80); Stadie, UR 2011, 801.
7 Abschn. 1.3 Abs. 17 Satz 2 UStAE n.F.
8 Ebenso jetzt BGH v. 28.5.2014 – VIII ZR 179/13, BB 2014, 1935.
9 Abschn. 1.3 Abs. 17 Satz 4 UStAE n.F.

spruch genommenen **Vorsteuerabzug** zu berichtigen (§ 17 Abs. 2 Nr. 1 Satz 1 i.V.m. Abs. 1 Sätze 1 und 2 UStG). Das Uneinbringlichwerden der Gegenleistung ist nach der Gesetzeskonzeption nicht unmittelbar unter § 17 Abs. 1 UStG zu subsumieren, weil die Bemessungsgrundlage sich nicht geändert hat. Da die Forderung bei Uneinbringlichkeit weiterhin in voller Höhe bestehen bleibt (so dass die erbrachte Leistung nicht zu einer unentgeltlichen i.S.d. § 3 Abs. 1b oder Abs. 9a UStG wird[1]), hat sich die nach dem – allerdings verfehlten (*§ 13 Rz. 9 f.*) – Soll-Prinzip maßgebende „vereinbarte" Gegenleistung i.S.d. § 13 Abs. 1 Nr. 1 Buchst. a i.V.m. § 16 Abs. 1 Satz 1 i.V.m. § 10 Abs. 1 UStG nicht geändert. § 17 Abs. 2 Nr. 1 UStG bestimmt deshalb, dass § 17 Abs. 1 UStG „sinngemäß" gilt. Wird die Gegenleistung nachträglich vereinnahmt, so ist der Steuerbetrag erneut zu berichtigen (§ 17 Abs. 2 Nr. 1 Satz 2 UStG; *Rz. 60 ff.*).

**1.** § 17 Abs. 2 Nr. 1 UStG ist das notwendige **Korrektiv** zur Steuerentstehung nach dem **Soll-Prinzip**, weil danach die Steuer bereits mit Ablauf des Voranmeldungszeitraums entsteht, in dem die Leistung ausgeführt worden ist, ohne dass es auf die Vereinnahmung der Gegenleistung ankommt (§ 13 Abs. 1 Nr. 1 Buchst. a Satz 1 UStG). § 17 Abs. 2 Nr. 1 UStG bewirkt, dass die **Steuer** ihrem Zweck entsprechend (*§ 10 Rz. 7*) nur **nach** der **tatsächlich erhaltenen Gegenleistung** erhoben wird.[2] Mithin wird entgegen dem Wortlaut („wenn") auch die **teilweise** Uneinbringlichkeit erfasst. Entsprechendes gilt für den **Vorsteuerabzug**, solange die Finanzämter diesen gesetzeszweckwidrig (*§ 15 Rz. 259 ff.*) schon vor Begleichung der Rechnung gewähren.

47

§ 17 Abs. 2 Nr. 1 UStG entspricht hinsichtlich der Berichtigung der **Steuer** **Art. 90 Abs. 1 MwStSystRL** (Minderung der Besteuerungsgrundlage bei der „vollständigen oder teilweisen Nichtbezahlung ... nach Bewirken des Umsatzes"). Art. 90 MwStSystRL ist bezüglich der Nichtzahlung ohnehin nur von Bedeutung, soweit die Mitgliedstaaten für die Steuerentstehung das Sollprinzip (Art. 63 MwStSystRL) anwenden und damit auch die Fälligkeit der Steuer verknüpfen (Art. 206 Satz 1 MwStSystRL). Die **Mitgliedstaaten** sind jedoch **befugt, für** die **Entrichtung** der **Steuer** einen anderen **Termin festzulegen** (Art. 206 Satz 2 MwStSystRL), so dass sie die Fälligkeit der Steuer **von** der **Vereinnahmung** der **Steuer** (als Teil der Gegenleistung) **abhängig** machen können (*Rz. 53 a.E.*). Die widersprüchlichen Aussagen des EuGH[3] zur Auslegung des Art. 90 MwStSystRL hinsichtlich der „Nichtbezahlung" sind deshalb m.E. ohne Bedeutung.

48

**2.** § 17 Abs. 2 Nr. 1 UStG entspricht hinsichtlich der Berichtigung des Vorsteuerabzugs **Art. 185 Abs. 1 MwStSystRL**, welcher bestimmt, dass der **Vorsteuerabzug** zu berichtigen ist, wenn sich die **Faktoren**, die bei der Festsetzung des Vorsteuerabzugs berücksichtigt werden, nach der Abgabe der Erklärung **geändert** haben. Ein solcher Faktor i.S.d. Art. 168 Buchst. a MwStSystRL ist vor allem die vom leistenden Unternehmer geschuldete Steuer, die nach Art. 90 Abs. 1 MwStSystRL zu berichtigen ist (*Rz. 48*).

49

---

1 Stadie in R/D, § 17 UStG Anm. 358 f. m.w.N.
2 Vgl. zu Art. 73 i.V.m. Art. 90 Abs. 1 MwStSystRL EuGH v. 3.7.1997 – C-330/95, EuGHE 1997, I-3801 = UR 1997, 397 – Rz. 15 f.
3 Vgl. EuGH v. 3.7.1997 – C-330/95, EuGHE 1997, I-3801 = UR 1997, 397 – Rz. 18; und EuGH v. 15.5.2014 – C-337/13, UR 2014, 900 – Rz. 25.

In Art. 186 Abs. 2 Unterabs. 1 MwStSystRL heißt es, dass die Berichtigung des Vorsteuerabzugs u.a. bei Umsätzen unterbleibe, bei denen keine oder eine nicht vollständige Zahlung geleistet wurde. Der Sinn dieser Aussage erschließt sich unter Einbeziehung des Unterabsatzes 2 dieser Bestimmung, wonach bei Umsätzen, bei denen keine oder eine nicht vollständige Zahlung erfolgt sei, die Mitgliedstaaten jedoch eine Berichtigung verlangen können, und den korrespondierenden Aussagen des Art. 90 MwStSystRL. Letztere Bestimmungen besagen, dass grundsätzlich schon die vorläufige Nichtzahlung den leistenden Unternehmer zur Berichtigung der von ihm geschuldeten Steuer berechtigt, die Mitgliedstaaten jedoch unter bestimmten Voraussetzungen befugt sind, auf die endgültige Nichtzahlung abzustellen (*Rz. 48*). Folglich will Art. 185 Abs. 2 MwStSystRL nicht etwa anordnen, dass der Vorsteuerabzug im Falle der Nichtzahlung grundsätzlich nicht zu berichtigen ist, sondern lediglich bestimmen, dass die Mitgliedstaaten befugt sind, bis zur endgültigen Nichtbezahlung zu warten. Der in Art. 167 MwStSystRL niedergelegte Grundsatz des Gleichgewichts von Steuer und Vorsteuer verlangt mithin, dass der Vorsteuerabzug in demselben Umfang berichtigt wird, wie sich beim leistenden Unternehmer die geschuldete Steuer nach Art. 90 MwStSystRL verringert. Die Mitgliedstaaten können lediglich den Zeitpunkt bestimmen. Indes ist bei einer Zusammenschau von Art. 90 und Art. 185 MwStSystRL unter Einbeziehung der in letzterer Vorschrift zu findenden Formulierung „Faktoren ... nach Abgabe der Erklärung geändert" der Wille der Richtlinie zu erkennen, dass grundsätzlich schon bei vorläufiger Nichtzahlung der Vorsteuerabzug sogleich nach Abgabe der Erklärung zu berichtigen ist.

## II. Uneinbringlichkeit (Satz 1)

50   Der Begriff der **Uneinbringlichkeit** ist folglich umsatzsteuerrechtlich autonom zu interpretieren. Nicht etwa ist die Frage, ob eine Forderung uneinbringlich ist, für das Umsatzsteuerrecht und das Ertragsteuerrecht einheitlich zu entscheiden[1], schon deshalb nicht, weil das Einkommensteuerrecht den Begriff der Uneinbringlichkeit gar nicht kennt, sondern nach § 6 Abs. 1 Nr. 2 Satz 2 EStG auf den Wert („Teilwert") abstellt, vor allem aber, weil beide Steuerrechtsgebiete völlig unterschiedliche Zwecke verfolgen. Die Auslegung des Merkmals „uneinbringlich" wird allein durch den **Zweck** des § 17 Abs. 2 Nr. 1 UStG bestimmt.[2] Bereits der Wortlaut **der Vorschrift** im Zusammenspiel ihrer beiden Sätze zeigt, dass Uneinbringlichkeit nicht erst dann gegeben ist, wenn die Forderung schlechthin keinen Wert mehr hat, denn Satz 2 der Bestimmung belegt, dass trotz „Uneinbringlichkeit" noch Zahlungen eingehen können.[3] Schon deshalb richtet sich Uneinbringlichkeit nicht nach kaufmännischen Gesichtspunkten[4], denn eine aus kaufmännischer Warte werthaltige Forderung kann aus umsatzsteuerrechtlicher Sicht gleichwohl uneinbringlich sein.

---

1 So aber *W. Widmann*, UR 2004, 177 (179).
2 Insoweit zutreffend BFH v. 31.5.2001 – V R 71/99, BStBl. II 2003, 206 = UR 2002, 98.
3 BFH v. 13.11.1986 – V R 59/79, BStBl. II 1987, 226; vgl. auch BFH v. 31.5.2001 – V R 71/99, BStBl. II 2003, 206 = UR 2002, 98.
4 So aber *Lippross*, 5.9.4 – S. 874; zutreffend *Tehler* in R/K/L, § 17 UStG Rz. 125, 135.

Der **BFH** geht von Uneinbringlichkeit erst und nur dann aus, wenn die Forderung rechtlich oder tatsächlich **auf absehbare Zeit**, was neuerdings „**über einen längeren Zeitraum von ungewisser Dauer**"[1] oder „**mehrjährigen Zeitraum**"[2] heißen soll, **nicht durchsetzbar** ist.[3] Die Nichtdurchsetzbarkeit sei auch bei Zahlungsunwilligkeit des Schuldners[4] gegeben, wenn dieser sich erfolgreich der Zahlungsverpflichtung entziehe[5]. Dem sei der Fall der **Zahlungsverweigerung** gleichzusetzen, wenn der Schuldner das Bestehen der Forderung selbst oder deren Höhe **substantiiert bestreite**, so dass die Möglichkeit bestehe, dass die Forderung nicht oder nicht in voller Höhe durchsetzbar sei.[6] 51

Alles das ergibt **keinen Sinn**. Ob die Zahlungsverweigerung begründet wird, geschweige denn, ob sie zu Recht erfolgt, ist ohne Belang. Es ergibt keinen Unterschied, ob der Leistungsempfänger berechtigte Einwände vorbringt, an den Haaren herbeigezogene Mängel geltend macht oder auf das Zahlungsverlangen gar nicht reagiert. Vom Gesetzeszweck her kommt es allein darauf an, *dass* der Leistungsempfänger, aus welchen Gründen auch immer, nicht (rechtzeitig) zahlt. Das Abstellen auf die **Durchsetzbarkeit** der Forderung und damit auf die Erfolgsaussichten eines zivilgerichtlichen Prozesses hat mit dem Gesetzeszweck rein gar nichts zu tun. Diese Sichtweise müsste nämlich bedeuten, dass, wenn der Unternehmer das Risiko eines Zivilprozesses scheut, niemals Uneinbringlichkeit angenommen werden dürfte[7], wenn die Forderung objektiv gesehen durchsetzbar ist; das wäre absurd. Die Durchsetzbarkeit der Forderung ist ein kaufmännisches (bilanzrechtliches) und einkommensteuerrechtliches Kriterium, welches auf den *Wert* der Forderung abstellt und deshalb bei der Auslegung des § 17 Abs. 2 Nr. 1 UStG nichts zu suchen hat. (Eine Handwerkerforderung gegenüber einer zahlungsfähigen Gemeinde, welche die Zahlung mit allen möglichen Vorwänden über viele Monate hinauszögert, ist zwar werthaltig, so dass einkommensteuerrechtlich eine Bewertung mit einem niedrigeren Teilwert, § 6 Abs. 1 Nr. 2 Satz 2 EStG, nicht in Betracht kommt, jedoch aus umsatzsteuerrechtlicher Sicht vorerst uneinbringlich.) 52

Der **XI. Senat** des BFH ist dem gefolgt und hat nunmehr Uneinbringlichkeit angenommen, wenn der **Forderungsschuldner** „von Anfang an das Bestehen dieser

---

1 BFH v. 8.8.2013 – V R 18/13, UR 2013, 785 – Rz. 42.
2 BFH v. 24.10.2013 – V R 31/12, UR 2014, 238 – Rz. 20.
3 BFH v. 31.5.2001 – V R 71/99, BStBl. II 2003, 206 = UR 2002, 98; BFH v. 22.4.2004 – V R 72/03, BStBl. II 2004, 684; BFH v. 20.7.2006 – V R 13/04, BStBl. II 2007, 22; BFH v. 22.10.2009 – V R 14/08, BStBl. II 2011, 988 = UR 2010, 268; BFH v. 22.7.2010 – V R 4/09, BStBl. II 2013, 590 = UR 2011, 69 – Rz. 44; BFH v. 2.9.2010 – V R 34/09, BStBl. II 2011, 996 – Rz. 24; BFH v. 24.10.2013 – V R 31/12, UR 2014, 238 – Rz. 19.
4 In der Insolvenz des Gläubigers soll bezüglich einer Altforderung Uneinbringlichkeit nach Auffassung des BFH dadurch eintreten, dass durch Verfahrenseröffnung die Empfangszuständigkeit vom Unternehmer auf den Insolvenzverwalter übergegangen sei; BFH v. 2.9.2010 – V R 34/09, BStBl. II 2011, 996 – Rz. 24 i.V.m. Rz. 30 f.; BFH v. 8.3.2012 – V R 24/11, BStBl. II 2012, 466 – Rz. 18. Das ist verfehlt (*Rz. 55*).
5 BFH v. 10.3.1983 – V RB 46/80, BStBl. II 1983, 389 (391).
6 BFH v. 31.5.2001 – V R 71/99, BStBl. II 2003, 206 = UR 2002, 98; BFH v. 22.4.2004 – V R 72/03, BStBl. II 2004, 684; BFH v. 20.7.2006 – V R 13/04, BStBl. II 2007, 22; BFH v. 8.3.2012 – V R 49/10, DB 2012, 1903 – Rz. 22.
7 In diesem Sinne aber FG Thür. v. 1.12.2009 – 3 K 921/07, EFG 2010, 1264 – Tz. 3b.

**Forderung** ganz oder teilweise **bestreitet** und damit zum Ausdruck bringt, dass er die Forderung nicht bezahlen werde".[1]

53 Zur Vermeidung einer **Vorfinanzierung** der Steuer zu Gunsten des Staates, welche zur Erreichung des Gesetzeszwecks (Besteuerung der Leistungsempfänger) nicht erforderlich, deshalb **unverhältnismäßig** und damit **verfassungswidrig** wäre (§ 13 Rz. 9 f.)[2], ist eine **verfassungskonforme Auslegung** des Begriffes „**uneinbringlich**" erforderlich. Es hält sich im Rahmen des möglichen Wortsinnes, unter (vorläufiger) Uneinbringlichkeit die **Nichtvereinnahmung** der Forderung **im Zeitpunkt der Fälligkeit der Steuer** bei rechtzeitiger Abgabe der Voranmeldung (§ 18 Abs. 1 Satz 4 UStG) zu verstehen.[3] Folglich ist die nach dem Soll-Prinzip entstandene Steuer zwar in die Steuererklärung für den betreffenden Voranmeldungszeitraum aufzunehmen, aber noch nicht abzuführen, wenn bzw. soweit die Gegenleistung zum genannten Termin noch nicht eingegangen ist.[4] Nach § 18 Abs. 1 Satz 3 UStG ist bei der Steuerberechnung für den Voranmeldungszeitraum neben § 16 Abs. 1 und 2 UStG auch § 17 UStG entsprechend anzuwenden, so dass die Uneinbringlichkeit bereits im Voranmeldungszeitraum der Leistungserbringung berücksichtigt werden kann.[5] Die Steuer wird mithin bei verfassungskonformer Auslegung des Gesetzes erst dann geschuldet, wenn bzw. soweit der Umsatzempfänger gezahlt hat (§ 17 Abs. 2 Nr. 1 Satz 2 UStG). Dass diese Sichtweise nicht den Vorstellungen des ursprünglichen Gesetzgebers von 1967 entspricht, ist bei einer verfassungskonformen Auslegung unbeachtlich, weil davon auszugehen ist, dass der geläuterte Gesetzgeber verfassungskonforme Gesetze erlassen wollte.

Auch das Unionsrecht verlangt eine derartige Auslegung, denn nach **Art. 90 Abs. 1 MwStSystRL** ist die Besteuerungsgrundlage im Falle der „vollständigen oder teilweisen Nichtbezahlung (…) *nach Bewirkung des Umsatzes*" zu vermindern. Zudem erlaubt es **Art. 206 Satz 2 MwStSystRL** den Mitgliedstaaten, den Zeitpunkt der **Fälligkeit** der Steuer zu bestimmen (*Rz. 48 a.E.*). Folglich kann im Wege der zuvor beschriebenen Auslegung des § 17 Abs. 2 Nr. 1 UStG die Fälligkeit der nach dem Soll-Prinzip *entstandenen* Steuer wie bei der Ist-Versteuerung an den Voranmeldungszeitraum geknüpft werden, innerhalb dessen die Gegenleistung vereinnahmt wird. Zum selben Ergebnis führt eine **verfassungskonforme Reduktion des § 18 Abs. 1 Satz 4** UStG (*§ 18 Rz. 37*) oder eine **zinslose** (§ 234 Abs. 2 AO) **Stundung** der Steuer, solange die Gegenleistung noch aussteht.

---

1 BFH v. 9.4.2014 – XI B 10/14, BFH/NV 2014, 1099 – Rz. 20.
2 Nach Auffassung des V. Senats des **BFH** soll hingegen der Zwang zur Vorfinanzierung für den Unternehmer als Steuereinnehmer für Rechnung des Staates **erst ab** einem **Zeitraum von mehr als 2 Jahren** unverhältnismäßig und im Verhältnis zu einem Ist-Versteuerer gleichheitswidrig sein; BFH v. 24.10.2013 – V R 31/12, UR 2014, 238 – Rz. 20 f. (s. auch *Rz. 58*). Wer den Verhältnismäßigkeitsgrundsatz heranzieht, muss indes den Maßstab benennen (dazu *Vorbem. Rz. 44*) und anwenden.
3 Zust. *D. Hummel*, MwStR 2014, 170; *Tehler*, UVR 2014, 275 (278).
4 Dass die derzeitigen Steuererklärungsvordrucke für eine derartige Unterscheidung keine entsprechende Zeile vorsehen, ist ohne Belang, da nicht die Vordrucke das materielle Recht bestimmen, sondern dieses jene.
5 Insoweit zutreffend BFH v. 24.10.2013 – V R 31/12, UR 2014, 238 – Rz. 22.

Damit korrespondierend ist § 17 Abs. 2 Nr. 1 i.V.m. Abs. 1 Satz 2 UStG zur Vermeidung einer gesetzeszweckwidrigen Subventionierung dergestalt auszulegen, dass der **Vorsteuerabzug** nach § 15 Abs. 1 Satz 1 UStG (noch) nicht vorgenommen werden darf, wenn im Zeitpunkt der Verrechnung mit einer eigenen Steuerschuld (bzw. bei Abgabe der Steuervergütungsanmeldung) die **Rechnung** noch nicht **beglichen** ist[1] (s. auch *Rz. 49*). Der **XI. Senat** des BFH hat sich dieser Auffassung angenähert und nunmehr sofortige Uneinbringlichkeit angenommen, die von vornherein insoweit den Vorsteuerabzug verbietet, wenn der Forderungsschuldner „von Anfang an das Bestehen dieser Forderung ganz oder teilweise bestreitet und damit zum Ausdruck bringt, dass er die Forderung nicht bezahlen werde".[2] Auf die Gründe für die Nichtzahlung kann es indes nicht ankommen. 54

## III. Einzelfälle

In der Rechtsprechung findet sich weiterhin die Formel, dass Forderungen „spätestens" im Augenblick der **Eröffnung** des **Insolvenzverfahrens** über das Vermögen des **Schuldners** unbeschadet einer möglichen Insolvenzquote in voller Höhe uneinbringlich würden.[3] Diese lediglich klarstellende Aussage wird in der Praxis häufig fehlerhaft dahin verstanden, dass Uneinbringlichkeit im Regelfall erst mit Eröffnung des Verfahrens eintrete und ein früherer Zeitpunkt die Ausnahme sei.[4] Das ist eine vollständige Verkennung des Gesetzeszwecks. Dasselbe gilt für die Rechtsprechung[5], wonach die Stellung eines Insolvenzantrags, auch durch den Schuldner, oder die Bestellung eines vorläufigen sog. schwachen Insolvenzverwalters allein nicht für die Annahme der Uneinbringlichkeit ausreiche.[6] Die Insolvenzeröffnung ist für die Frage der Uneinbringlichkeit i.S.d. § 17 Abs. 2 Nr. 1 UStG regelmäßig ohne Belang, da es allein darauf ankommt, *dass* der Leistungsempfänger, aus welchen Gründen auch immer, nicht gezahlt hat (*Rz. 52 f.*). Auch die Höhe einer möglichen Insolvenzquote ist aus umsatzsteuerrechtlicher Sicht ohne Belang, da es nicht um die ertragsteuerrechtliche Bewertung der Forderung geht (*Rz. 52* a.E.). 55

---

1 Ebenso *Tehler*, UVR 2014, 275 (278); in diesem Sinne auch *P. Kirchhof*, DStR 2008, 1 (8).
2 BFH v. 9.4.2014 – XI B 10/14, BFH/NV 2014, 1099 – Rz. 20.
3 BFH v. 22.10.2009 – V R 14/08, BStBl. II 2011, 988 = UR 2010, 268; BFH v. 2.9.2010 – V R 34/09, BStBl. II 2011, 996 – Rz. 25; BFH v. 24.11.2011 – V R 13/11, BStBl. II 2012, 298 – Rz. 39 u. 51; BFH v. 8.8.2013 – V R 18/13, UR 2013, 785 – Rz. 40; ebenso Abschn. 17.1 Abs. 11 Satz 5, Abs. 16 UStAE.
4 Vgl. nur FG Köln v. 20.2.2008 – 7 K 3972/02, EFG 2008, 905; FG Nds. v. 4.3.2010 – 16 K 305/08, EFG 2010, 1259 (1261 a.E.); ferner FG München v. 26.2.2010 – 14 K 1705/07, EFG 2010, 1270: Schon mit Antrag des Schuldners auf Eröffnung des Verfahrens möglich.
5 BFH v. 8.8.2013 – V R 18/13, UR 2013, 785 – Rz. 41 f.; BFH v. 3.7.2014 – V R 32/13, UR 2014, 986 – jeweils zur **Organgesellschaft**; vgl. auch BGH v. 19.7.2007 – IX ZR 81/06, UR 2007, 742.
6 Diese Verkennung des Gesetzeszwecks ist indes bezüglich der Insolvenz des Schuldners nicht weiter von Bedeutung, soweit es um die Frage geht, ob der Erstattungsanspruch des Steuergläubigers auf Grund der Berichtigung des vor Verfahrenseröffnung vorgenommenen Vorsteuerabzugs bei Eröffnung des Verfahrens begründet war (vgl. *Stadie* in R/D, § 17 UStG Anm. 154; § 18 UStG Anh. 2 Anm. 96, 160 – Insolvenz).

In der Insolvenz des **Gläubigers** soll bezüglich einer Altforderung Uneinbringlichkeit nach Auffassung des BFH dadurch eintreten, dass durch die Verfahrenseröffnung die Empfangszuständigkeit vom Unternehmer auf den Insolvenzverwalter übergegangen sei.[1] Das ist nicht nachvollziehbar, weil die Regelung des § 17 Abs. 2 Nr. 1 UStG lediglich den Zwang zur Vorfinanzierung der Steuer nach dem Soll-Prinzip beenden und mithin bewirken soll, dass die Steuer ihrem Zweck entsprechend nunmehr nach dem Ist-Prinzip geschuldet wird (Rz. 47). Die Uneinbringlichkeit bezieht sich folglich allein auf die Nichtzahlung durch den Schuldner der Forderung und ist regelmäßig bereits mit Nichtzahlung bei Fälligkeit eingetreten (Rz. 53).

56 Auf die Gründe der Nichtzahlung kommt es entgegen der Rechtsprechung richtigerweise nicht an (Rz. 52), so dass auch bei einer freiwilligen Zielgewährung oder **Stundung** aus umsatzsteuerrechtlicher Sicht vorläufige Uneinbringlichkeit i.S.d. § 17 Abs. 2 Nr. 1 Satz 1 UStG gegeben ist.

Demgemäß ist auch bei einem **Ratenkauf, Mietkauf** o.ä. Rechtsverhältnis (z.B. *Spezial-Leasing* usw.), bei dem bereits im Zeitpunkt der Übergabe des Gegenstandes eine Lieferung anzunehmen ist (§ 3 Rz. 34 ff.) und folglich sogleich die Steuer hinsichtlich der gesamten Gegenleistung entstünde (§ 13 Rz. 17), bezüglich der noch ausstehenden Raten u.ä. jeweils vorläufige Uneinbringlichkeit anzunehmen.[2] Die Steuer entsteht dann gemäß § 17 Abs. 2 Nr. 2 Satz 2 UStG (Rz. 60) sukzessive erst nach Vereinnahmung der jeweiligen Raten. Entsprechendes gilt richtigerweise für den **Vorsteuerabzug** des Leistungsempfängers (Rz. 54).[3]

57 Auch wenn eine Forderung aus einer Lieferung oder sonstigen Leistung **in** eine **Darlehensforderung umgewandelt** wird, ändert das nichts an der vorläufigen Uneinbringlichkeit der Forderung auf die Gegenleistung, selbst wenn diese zivilrechtlich durch die **Novation** erloschen ist. In der Umwandlung dokumentiert sich die fortbestehende Uneinbringlichkeit[4], da für die Leistung keine Zahlung erfolgt ist.[5] Unter verbrauchsteuerrechtlicher Sicht ist maßgebend, was der Leistungsempfänger *tatsächlich* für die Leistung aufwendet (§ 10 Rz. 7). Nichts anderes hat zu gelten, wenn eine Forderung in ein **Kontokorrentverhältnis** eingeht; entgegen der Ansicht der Finanzverwaltung[6] ist mit Anerkennung des Saldos nicht etwa die Forderung vereinnahmt[7] (zur Wechseldiskontierung s. § 10 Rz. 43 ff.).

---

1 BFH v. 2.9.2010 – V R 34/09, BStBl. II 2011, 996 – Rz. 24 i.V.m. Rz. 30 f.; BFH v. 8.3.2012 – V R 24/11, BStBl. II 2012, 466 – Rz. 18.
2 A.A. BFH v. 1.10.1970 – V R 49/70, BStBl. II 1971, 34 – unter 3; offengelassen von BFH v. 24.10.2013 – V R 31/12, UR 2014, 238 – Rz. 21.
3 **A.A.** ohne jegliches Problembewusstsein EuGH v. 16.2.2012 – C-118/11, UR 2012, 230 – Rz. 62–64.
4 *Stadie* in R/D, § 17 UStG Anm. 408; vgl. auch BFH v. 13.1.2005 – V R 21/04, BFH/NV 2005, 928.
5 Das verkennen *Nieskens* in R/D, § 13 UStG Anm. 361 – „Novation"; *Leipold* in S/R § 13 UStG Rz. 62; *Ebbinghaus/Hinz*, BB 2013, 479 (483).
6 Abschn. 3.11 Abs. 7 Satz 4, Abschn. 13.6 Abs. 1 Satz 7 UStAE.
7 *Stadie* in R/D, § 17 UStG Anm. 409; zust. *Korn* in Bunjes, § 17 UStG Rz. 65; *Tehler* in R/K/L, § 17 UStG Rz. 138.

Erklärt der Schuldner der Forderung (Leistungsempfänger) die **Aufrechnung** mit einer behaupteten Gegenforderung, so beseitigt diese nicht die Uneinbringlichkeit der Forderung, wenn der leistende Unternehmer die Gegenforderung bestreitet.[1] Erfüllungswirkung tritt nur dann ein[2], wenn der leistende Unternehmer die Aufrechnung **anerkennt** oder auf Grund einer gerichtlichen Entscheidung anerkennen muss. In diesem Fall tritt, wenn der leistende Unternehmer die Steuer wegen Uneinbringlichkeit berichtigt hatte, Rückwirkung auf den Zeitpunkt der Aufrechnungserklärung (nicht: des erstmaligen Vorliegens der Aufrechnungsvoraussetzungen[3]) ein. (Entsprechendes gilt, wenn der Vorsteuerabzug beim Leistungsempfänger berichtigt worden war.) Demgegenüber soll es nach Auffassung des BFH darauf ankommen, ob der Unternehmer mit der Aufrechnung rechnen musste.[4]

58

Ein **Sicherungseinbehalt** durch den Schuldner zur Absicherung von etwaigen Gewährleistungsansprüchen bewirkt – unabhängig davon, ob der Einbehalt vereinbart war oder nicht – eine (vorläufige) Uneinbringlichkeit i.S.d. § 17 Abs. 2 Nr. 1 UStG, da auch insoweit der Zwang zur Vorfinanzierung der Steuer durch den leistenden Unternehmer unverhältnismäßig ist (*Rz. 53*) und auch ein Vorsteuerabzug des Leistungsempfängers dem Entlastungszweck widerspräche (*Rz. 54*). Demgegenüber soll nach Auffassung des **BFH** die Zeitdauer des Sicherungseinbehalts **mindestens 2 Jahre** betragen[5], so dass für einen kürzeren Zeitraum die Vorfinanzierung durch den Unternehmer, obwohl dieser auch nach Auffassung des BFH nur Steuereinnehmer für Rechnung des Staates sein soll, nicht unverhältnismäßig sei.[6] Das ist nicht nachvollziehbar. Auch erschließt sich nicht, weshalb es lt. BFH[7] auf die Möglichkeit der Ablösung des Sicherungseinbehalts durch Bankbürgschaft ankommen soll.

**Haftet** ein **Lieferer** oder Dienstleister als Bürge, Gesamtschuldner o.Ä. **für** die **Rückzahlung** eines **Darlehens**, das der Abnehmer der Lieferung bzw. Dienstleistung bei einem Kreditinstitut aufgenommen hat, so tritt in Höhe der Haftungsinanspruchnahme die Uneinbringlichkeit der Forderung aus dem Liefergeschäft usw. ein.[8]

59

## IV. Nachträgliche Vereinnahmung (Satz 2)

### 1. Allgemeines

Wird der Forderungsbetrag („das Entgelt") nachträglich ganz oder zum Teil „vereinnahmt", so ist der Steuerbetrag sowie der Vorsteuerabzug beim Leistungs-

60

---

1 BFH v. 20.7.2006 – V R 13/04, BStBl. II 2007, 22; insoweit zutreffend auch BFH v. 15.4.2004 – V B 162/03, UR 2004, 484; an meinen auf diese Entscheidung bezogenen Ausführungen in UR (*Stadie*, UR 2004, 482 [483 a.E.]) halte ich nicht mehr fest.
2 Unklar Abschn. 13.6 Abs. 1 Satz 12 UStAE.
3 So aber BFH v. 20.7.2006 – V R 13/04, BStBl. II 2007, 22.
4 BFH v. 15.4.2004 – V B 162/03, UR 2004, 484.
5 BFH v. 24.10.2013 – V R 31/12, UR 2014, 238 – Rz. 19 ff.
6 BFH v. 24.10.2013 – V R 31/12, UR 2014, 238 – Rz. 21.
7 BFH v. 24.10.2013 – V R 31/12, UR 2014, 238 – Rz. 26.
8 BFH v. 20.7.1967 – V R 233/64, BStBl. II 1967, 687; BFH v. 20.5.2010 – V R 5/09, BFH/NV 2011, 77; *Stadie* in R/D, § 17 UStG Anm. 389 ff.

empfänger erneut zu berichtigen (§ 17 Abs. 2 Nr. 1 Satz 2 UStG). Diese Bestimmung stellt klar, was sich schon aus § 10 Abs. 1 Sätze 2 und 3 UStG ergibt, dass nämlich der Besteuerung zugrunde zu legen ist, was letztlich für die Leistung aufgewendet wird (*Rz. 1*). **Vereinnahmung** ist nicht im wortwörtlichen Sinne zu verstehen; auch Zahlungen an Dritte werden vom Unternehmer vereinnahmt, wenn sie ihm zugutekommen, d.h. auf seine Rechnung erfolgen (§ 10 Rz. 26 f.). Die Zahlungen können auch durch Dritte erfolgen (*Rz. 62 ff.*).

61 Die von § 17 Abs. 2 Nr. 1 Satz 2 UStG vorgesehene „**erneute**" **Berichtigung des Vorsteuerabzugs** setzt entgegen BFH voraus, dass die Berichtigung nach Satz 1 zuvor auch durchgeführt, d.h. der ursprünglich erlangte Vorsteuerbetrag an das Finanzamt zurückgezahlt worden war. Folglich erwächst in der **Insolvenz** des Schuldners diesem (der Masse) kein erneuter Vorsteuerabzug, wenn die Gläubiger eine Quote erhalten oder der **Insolvenzverwalter** z.B. bei einer Lieferung unter Eigentumsvorbehalt die **Erfüllung wählt** und den Lieferer bezahlt.[1] Der BFH hat zwar seine frühere Auffassung, wonach in letzterem Fall keine Uneinbringlichkeit gegeben sei, so dass schon keine Vorsteuerberichtigung nach § 17 Abs. 2 Nr. 1 Satz 1 UStG vorzunehmen gewesen sei[2], insoweit zu Recht aufgegeben[3], lässt jedoch nunmehr eine erneute Vorsteuerberichtigung nach Satz 2 der Vorschrift unabhängig davon, ob die Rückzahlung des ursprünglichen Vorsteuerbetrags erfolgt war, zu. Das führt zu einer ungerechtfertigten Bereicherung (Subventionierung) des Schuldners und damit der Masse.

## 2. Zahlungen Dritter

62 Zahlungen eines Dritten als **Bürge** o.Ä. sind als Zahlungen des Leistungsempfängers anzusehen, da sie für ihn erfolgen (§ 10 Rz. 57). Entsprechendes gilt bei einer gesetzlichen Haftung des Geschäftsführers einer GmbH bei deren Insolvenz, da er kraft Gesetzes für die GmbH zahlt.

63 Hingegen werden Zahlungen eines Dritten, die dieser auf Grund einer Verpflichtung **gegenüber** dem **leistenden** Unternehmer (oder aus anderen Gründen) **in dessen Interesse** wegen des Ausfalls der Forderung (auf die Gegenleistung) tätigt, **nicht für die Leistung** erbracht und folglich nicht von § 10 Abs. 1 Satz 3 UStG (*§ 10 Rz. 61*) und damit auch nicht von § 17 Abs. 2 Nr. 1 Satz 2 UStG erfasst, so dass sie nicht die Bemessungsgrundlage beeinflussen. Das gilt namentlich für Zahlungen auf Grund einer **Warenkreditversicherung**[4] oder bei einer **Delkrederehaftung** des Handelsvertreters (Agenten, „Vermittlers") für die Nichtzahlung der Gegenleistung durch den vermittelten Kunden (*Rz. 34*)[5].

Ebenso wenig liegt entgegen verfehlter Auffassung des BFH[6] eine nachträgliche Vereinnahmung vor, wenn die **Finanzierungsbank** eines insolventen Bauträgers

---

[1] *Stadie* in R/D, § 17 UStG Anm. 419 f.
[2] BFH v. 28.6.2000 – V R 45/99, BStBl. II 2000, 703.
[3] BFH v. 22.10.2009 – V R 14/08, BStBl. II 2011, 988 = UR 2010, 268 – Rz. 27.
[4] *Stadie* in R/D, § 17 UStG Anm. 427; vgl. auch Abschn. 1.3 Abs. 7 UStAE.
[5] *Stadie* in R/D, § 17 UStG Anm. 431 u. 250; zur Delkrederehaftung des Kommissionärs s. *Stadie* in R/D, § 17 UStG Anm. 401.
[6] BFH v. 19.10.2001 – V R 48/00, BStBl. II 2003, 210 = UR 2002, 25; BFH v. 19.10.2001 – V R 75/98, UR 2002, 217.

Handwerkerrechnungen **begleicht**, um der Rufschädigung des Bankgewerbes entgegenzuwirken; die Bank zahlt nicht i.S.d. § 10 Abs. 1 Satz 3 UStG „für die Leistung" der Handwerker[1].

## D. Nichtausführung der Leistung (Abs. 2 Nr. 2)

Ist für eine noch zu erbringende Leistung die Gegenleistung ganz oder zum Teil bereits erbracht („ein Entgelt entrichtet") worden, wird jedoch die Leistung nicht ausgeführt, so ist in sinngemäßer Anwendung des § 17 Abs. 1 UStG die Steuer und ein etwaiger Vorsteuerabzug des Zahlenden zu berichtigen (§ 17 Abs. 2 Nr. 2 UStG).[2] Hierbei handelt es sich entgegen BFH[3] nicht etwa um die „Minderung" der Bemessungsgrundlage. Die Bestimmung ist vielmehr die notwendige Ergänzung zur sog. Ist-Besteuerung bei **An- und Vorauszahlungen** (§ 13 Abs. 1 Nr. 1 Buchst. a Satz 4 und Buchst. b UStG; dazu *§ 13 Rz. 27 ff.*), da in Ermangelung einer ausgeführten Leistung kein zu besteuernder Aufwand gegeben ist. Die Berichtigung erfolgt nicht rückwirkend, sondern für den Besteuerungszeitraum bzw. Voranmeldungszeitraum, in dem die Voraussetzungen des § 17 Abs. 2 Nr. 2 UStG vorliegen (Abs. 1 Satz 7; *Rz. 5 ff.*). Entsprechendes gilt, wenn die bei Zahlung anzunehmende **Steuerpflicht** des Umsatzes im Zeitpunkt der Ausführung der Leistung **nicht mehr besteht** (*Rz. 89 f.*).

§ 13 Abs. 1 Nr. 1 Buchst. a Satz 4 UStG betrifft nur **Zahlungen vor Ausführung** einer vereinbarten Leistung und führt zu einer **vorläufigen Besteuerung** (*§ 13 Rz. 30*), so dass **entgegen BFH**[4] Steuer nicht etwa auch dann nach dieser Vorschrift entstehen kann, wenn die **Nichtausführung** der Leistung dem Zahlenden **bereits bei Zahlung bekannt** war. § 17 Abs. 2 Nr. 2 UStG kann demgemäß entgegen BFH bei einer derartigen Zahlung nicht einschlägig sein.[5]

Die **Nichtausführung** der vereinbarten Leistung muss **nicht feststehen**[6]; es reicht aus, dass diese vorerst nicht ausgeführt wird. Von **Bedeutung** ist allein, dass die Vorauszahlung wieder zurückgewährt wird (*Rz. 67*) und somit die Voraussetzungen des § 13 Abs. 1 Nr. 1 Buchst. a Satz 4 oder Buchst. b UStG für die Besteuerung bzw. des § 15 Abs. 1 Satz 1 Nr. 1 Satz 2 UStG für den Vorsteuerabzug im Nachhinein wieder entfallen. Ob eine etwaige **Rechnung** zurückerlangt bzw. berichtigt worden ist, ist ohne Belang (*Rz. 8 f.*).

---

1 Ausführlich *Stadie* in R/D, § 17 UStG Anm. 425.
2 Die Vorschrift findet kein ausdrückliches Pendant in der MwStSystRL. Indes ergibt sich aus der Natur der Sache, dass die vorläufige Besteuerung rückgängig zu machen ist, wenn kein Umsatz ausgeführt wird. Außerdem gilt der Erst-recht-Schluss aus Art. 90 Abs. 1 MwStSystRL („Rückgängigmachung") und Art. 185 Abs. 1 MwStSystRL: Wenn bei ausgeführten Umsätzen deren Rückgängigmachung zur Berichtigung der Steuer und des Vorsteuerabzugs führt, so muss das erst recht gelten, wenn es gar nicht erst zur Ausführung des Umsatzes kommt.
3 BFH v. 2.9.2010 – V R 34/09, BStBl. II 2011, 991; BFH v. 15.9.2011 – V R 36/09, BStBl. II 2012, 365 – Rz. 23.
4 BFH v. 15.9.2011 – V R 36/09, BStBl. II 2012, 365 – Rz. 17.
5 Dazu näher *Stadie* in R/D, § 17 UStG Anm. 435 f.
6 Zust. FG Nds. v. 22.5.2012 – 5 K 259/11, EFG 2012, 1796; a.A. FG BW v. 14.10.1999 – 3 V 3/99, EFG 2000, 99; FG Hamburg v. 23.3.2009 – 6 K 80/08, EFG 2009, 1163 – 2b.

65 Beruht die Nichtausführung auf vom Auftraggeber zu vertretenden Gründen und wird die Vorauszahlung **mit** einer **Schadensersatzforderung verrechnet**, so hindert das die Berichtigung nicht.[1]

66 Wird die vereinbarte **Leistung nur teilweise** bzw. unvollständig **erbracht**, so kann sich, auch wenn keine Teilleistungen (*§ 13 Rz. 19 ff.*) vorliegen, der Leistungsinhalt auf den erbrachten Teil reduzieren (*§ 13 Rz. 15*). Geleistete An- oder Vorauszahlungen stellen mithin in dem Umfang die Gegenleistung dar, wie sie der unvollständigen Leistung[2] bzw. dem halbfertigen Werk zuzurechnen sind. Hinsichtlich eines übersteigenden Betrags greift § 17 Abs. 2 Nr. 2 UStG ein.

67 Das Recht bzw. die Pflicht zur Berichtigung der Steuer (zum Vorsteuerabzug *Rz. 68*) setzt entgegen dem Wortlaut der Vorschrift die **Rückzahlung** (oder die einvernehmliche Verrechnung) der **An-** bzw. **Vorauszahlung** voraus, da es nicht Wille des Gesetzes sein kann, dass der zahlungsunfähige Unternehmer die Steuer vom Finanzamt erstattet erhält, ohne sie zuvor an den Vertragspartner mittels Rückzahlung der Vorauszahlung zurückgewährt zu haben, da er dann auf dessen Kosten hinsichtlich des Steuerbetrages bereichert wäre. Auch BFH und Finanzverwaltung folgen nunmehr dieser Auffassung.[3]

Der Berichtigungsanspruch nach § 17 Abs. 2 Nr. 2 UStG soll **nach** Auffassung des **BFH** auch dann **entfallen, wenn** die **Rückgewährung** der **Zahlung** vertraglich **abbedungen** war.[4] Die Folge dieser Sichtweise ist, dass der Steuergläubiger einen Betrag als „Steuer" behält, obwohl kein zu besteuernder Vorgang vorliegt. Der Verzicht des Auftraggebers auf die Rückzahlung der An- bzw. Vorauszahlung erfolgte indes zugunsten seines Vertragspartners aus Vereinfachungsgründen o.Ä. und bezüglich des in der An- bzw. Vorauszahlung rechnerisch enthaltenen Steuerbetrags nicht etwa zwecks Bereicherung des Staates.

68 **Auch** der **Vorsteuerabzug** des Rechnungsempfängers ist erst zu berichtigen, wenn er die Rückzahlung der Anzahlung erhalten hatte. So hatte der BFH bereits im Jahr 2001 festgestellt, dass der Vorsteuerabzug im Falle des § 17 Abs. 2 Nr. 2 UStG im Jahr der Rückerstattung der An- oder Vorauszahlung zu berichtigen ist[5], und auch das BMF bestimmt sowohl für die Steuer-, als auch für die Vorsteuerberichtigung, dass diese erst für den Besteuerungszeitraum vorzunehmen ist, in dem die Anzahlung- oder das Entgelt zurückgewährt worden ist.[6] **Nunmehr** hat indes der **EuGH** entschieden, dass der Rechnungsempfänger den **Vorsteuerabzug unabhängig** davon **zu berichtigen** habe, **ob** er vom Empfänger der **Anzahlung** diese **zurück** erlangt habe. Da nach Art. 185 Abs. 1 MwStSystRL der Vorsteuerabzug zu berichtigen sei, wenn sich die – vom EuGH nicht genannten – Faktoren, die bei der Bestimmung der Vorsteuerabzugsbetrags berücksichtigt

---

1 Vgl. BFH v. 24.8.1995 – V R 55/94, BStBl. II 1995, 808.
2 Vgl. BFH v. 24.8.1995 – V R 55/94, BStBl. II 1995, 808 – zur Verrechnung der sog. Sondervorauszahlung bei einem vorzeitig gekündigten sog. Leasing-Vertrag.
3 BFH v. 2.9.2010 – V R 34/09, BStBl. II 2011, 991 = UR 2011, 66; BFH v. 15.9.2011 – V R 36/09, BStBl. II 2012, 365 – Rz. 23; Abschn. 17.1 Abs. 7 Satz 3 UStAE; insoweit zutreffend auch EuGH v. 13.3.2014 – C-107/13, UR 2014, 705 – Rz. 56.
4 Vgl. BFH v. 15.9.2011 – V R 36/09, BStBl. II 2012, 365.
5 BFH v. 17.5.2001 – V R 38/00, BStBl. II 2003, 434 = UR 2001, 550 – Tz. II 2 a.E.
6 Abschn. 17.1 Abs. 7 Satz 1 i.V.m. Satz 3 UStAE.

werden, nach Abgabe der Mehrwertsteuererklärung geändert haben, komme es nicht darauf an, dass die vom Lieferer geschuldete Steuer mangels Rückzahlung der Anzahlung selbst nicht berichtigt werden wird. Es sei allein Sache des Rechnungsempfängers, nach dem einschlägigen nationalen Recht vom Lieferer die Rückzahlung der Anzahlung zu erlangen.[1] Diese **einseitig fiskalische Sichtweise** ist unhaltbar. Erbringt der Anzahlungsempfänger die vereinbarte Leistung nicht und kann er die Anzahlung wegen Insolvenz o.Ä. nicht zurückzahlen, dann behielte der Steuergläubiger den zuvor abgeführten Umsatzsteuerbetrag, wenn der Anzahlende seinen Vorsteuerabzug berichtigen müsste. Der **Steuergläubiger** wäre mithin **dauerhaft** auf Kosten des anzahlenden Auftraggebers in Höhe des Umsatzsteuerbetrags **bereichert**.

Ist der Vertragspartner nicht zum Vorsteuerabzug berechtigt, so muss diesem bei Zahlungsunfähigkeit des An- bzw. Vorauszahlungsempfängers zur Vermeidung einer verfassungswidrigen Enteignung ein **Erstattungsanspruch** gem. § 37 Abs. 2 AO gegenüber dem Finanzamt in Höhe der auf die Zahlung entfallenden, in der Rechnung ausgewiesenen Umsatzsteuer zustehen.[2] Das Risiko der Insolvenz seines Gehilfen bei der Besteuerung der Verbraucher hat der Staat zu tragen (*Vorbem. Rz. 20*; vgl. ausführlich zur entsprechenden Problematik beim unberechtigten Ausweis der Steuer in einer Rechnung *§ 14c Rz. 52*).

### E. Rückgängigmachung des Umsatzes (Abs. 2 Nr. 3)

Ist eine steuerpflichtige Lieferung, sonstige Leistung oder ein steuerpflichtiger innergemeinschaftlicher Erwerb rückgängig gemacht worden, so ist in sinngemäßer Anwendung des § 17 Abs. 1 UStG die Steuer und der vom Leistungsempfänger (Erwerber) dafür vorgenommene Vorsteuerabzug zu berichtigen (§ 17 Abs. 2 Nr. 3 UStG). Mit der Rückgängigmachung des Umsatzes (*Rz. 70*) entfällt der zu besteuernde Vorgang, weil kein Aufwand des Empfängers mehr vorliegt. Die Berichtigung erfolgt nicht rückwirkend, sondern für den Besteuerungszeitraum bzw. Voranmeldungszeitraum, in dem die Voraussetzungen des § 17 Abs. 2 Nr. 3 UStG vorliegen (Abs. 1 Satz 7; *Rz. 5 ff.*; zu einer Nutzungsvergütung auf Grund des rückgängig gemachten Umsatzes s. *Rz. 77*). 69

Das Gesetz spricht zwar von der **Rückgängigmachung** der „Leistung", gemeint ist jedoch der **Umsatz**, wie Art. 90 Abs. 1 MwStSystRL („Rückgängigmachung ... nach der Bewirkung des Umsatzes") und Art. 185 Abs. 1 MwStSystRL („bei rückgängig gemachten Käufen") bestätigen. Die Berichtigung ist deshalb erst bzw. nur in dem Umfang durchzuführen, wenn bzw. wie auch die **Gegenleistung** (auch durch einen Dritten[3]) **zurückgewährt** worden ist. Es gelten dieselben 70

---

[1] EuGH v. 13.3.2014 – C-107/13, UR 2014, 705 – Rz. 51 ff., 57, dem folgend FG B-W v. 19.9.2014 – 9 K 2914/12, juris – Rev.-Az. XI R 44/14; zweifelnd BFH v. 29.1.2015 – V R 51/13, BFH/NV 2015, 708 – Rz. 16.
[2] Dazu näher *Stadie* in R/D, § 17 UStG Anm. 451 f.; vgl. auch EuGH v. 15.3.2007 – C-35/05, EuGHE 2007, I-2425 = UR 2007, 343; EuGH v. 20.10.2011 – C-94/10, EuGHE 2011, I-9963 = HFR 2011, 1393 – Rz. 28 f.; EuGH v. 15.12.2011 – C-427/10, EuGHE 2011, I-13377 = UR 2012, 184 – Rz. 28; EuGH v. 11.4.2013 – C-138/12, UR 2013, 432 – Rz. 30.
[3] Z.B. durch einen **Bürgen** (Bank gem. § 7 MaBV); FG München v. 6.3.2008 – 14 K 3663/05, EFG 2008, 1078.

Überlegungen wie zu § 17 Abs. 1 Sätze 1 und 2 und Abs. 2 Nr. 2 UStG (*Rz. 20* bzw. *Rz. 67*). Anderenfalls könnte der zahlungsunfähige vormalige Lieferer die Umsatzsteuer vom Finanzamt erstattet verlangen und wäre dadurch erneut auf Kosten des Vertragspartners bereichert. Die gegenteilige Auffassung würde zu dem absurden Ergebnis führen, dass der in der Gegenleistung enthaltene Umsatzsteueranteil, der nur wegen der Steuerpflicht des Umsatzes die Gegenleistung erhöht hatte, dem vormaligen Lieferer auszuzahlen ist, obwohl nach Wegfall der Steuerpflicht der Betrag wieder dem anderen zusteht. Zweck der Vorschrift ist allein, bei den Beteiligten die umsatzsteuerrechtlichen Folgen zu beseitigen, nicht jedoch eine ungerechtfertigte Vermögensverschiebung in Höhe des Umsatzsteuerbetrages herbeizuführen. BFH und Finanzverwaltung folgen dem nunmehr.[1] Entsprechendes gilt für den **Vorsteuerabzug**[2] (s. aber *Rz. 68*).

71 Ist der Vertragspartner nicht zum Vorsteuerabzug berechtigt, so muss ihm (wie im Falle des § 17 Abs. 2 Nr. 2 UStG, *Rz. 68*) bei **Zahlungsunfähigkeit** des vormaligen Lieferers zur Vermeidung einer verfassungswidrigen Enteignung ein **Erstattungsanspruch** gem. § 37 Abs. 2 AO gegenüber dem Finanzamt zustehen.[3] Das Risiko der Insolvenz seines Gehilfen bei der Besteuerung der Verbraucher hat der Staat zu tragen (vgl. ausführlich zur entsprechenden Problematik beim unberechtigten Ausweis der Steuer in einer Rechnung § 14c Rz. 52).

72 Die Rückgängigmachung einer **sonstigen Leistung** ist nur möglich, soweit sie zur Herstellung eines Werkes (sog. Werkleistung) oder zur Übertragung oder Begründung eines Rechts oder eines anderen immateriellen Wirtschaftsguts (vgl. § 3 Rz. 6, 156 ff.) geführt hat. Eine reine Dienstleistung kann nicht rückgängig gemacht werden, da sie sich mit ihrer Erbringung verbraucht hat.

73 Die Rückgängigmachung einer Lieferung ist von dem Fall der *Rücklieferung abzugrenzen*, bei dem ein weiterer Umsatz erfolgt. Eine **Rückgängigmachung** liegt stets vor, wenn, die Rückverschaffung der Verfügungsmacht auf Grund eines vertraglich vorbehaltenen Rücktrittsrechts (§ 346 BGB) bzw. bei Eintritt einer auflösenden Bedingung oder kraft Gesetzes, wie z.B.: im Falle der Mangelhaftigkeit der Sache (§ 437 Nr. 3 BGB) oder des Rücktritts beim Eigentumsvorbehalt (§ 449 BGB) oder Abzahlungsgeschäft (§ 503 Abs. 2 BGB), gefordert werden konnte. Gleiches gilt bei Ablehnung der Vertragserfüllung durch den Insolvenzverwalter nach § 103 InsO. In den drei zuletzt genannten Fällen war jedoch hinsichtlich der noch ausstehenden Forderung bereits der Tatbestand der Uneinbringlichkeit i.S.d. § 17 Abs. 2 Nr. 1 Satz 1 UStG (*Rz. 53* bzw. *51*) erfüllt gewesen[4], so dass die Steuer schon früher berichtigt werden konnte. Richtigerweise war sie hinsichtlich der ausstehenden Raten noch gar nicht abzuführen gewesen (*Rz. 56*).

---

1 BFH v. 2.9.2010 – V R 34/09, BStBl. II 2011, 991 = UR 2011, 66; BFH v. 8.9.2011 – V R 43/10, BStBl. II 2014, 203 = UR 2012, 312 – Rz. 27; Abschn. 17.1 Abs. 8 Satz 5 UStAE.
2 BFH v. 8.9.2011 – V R 43/10, BStBL. II 2014, 203 = UR 2012, 312 – Rz. 25 i.V.m. Rz. 27.
3 *Stadie* in R/D, § 17 UStG Anm. 481 ff.; vgl. auch EuGH v. 15.3.2007 – C-35/05, EuGHE 2007, I-2425 = UR 2007, 343; EuGH v. 20.10.2011 – C-94/10, EuGHE 2011, I-9963 = HFR 2011, 1393 – Rz. 28 f.; EuGH v. 15.12.2011 – C-427/10, EuGHE 2011, I-13377 = UR 2012, 184 – Rz. 28; EuGH v. 11.4.2013 – C-138/12, UR 2013, 432 – Rz. 30.
4 Vgl. BFH v. 8.5.2003 – V R 20/02, BStBl. II 2003, 953.

Beruht die Rückgabe des Gegenstandes auf einer nach der Lieferung getroffenen **74** Vereinbarung, so kann eine **Rücklieferung** in Betracht kommen, bei der nicht die Wirkungen der ursprünglichen Lieferung ex nunc beseitigt werden, sondern eine weitere Lieferung in umgekehrte Richtung erfolgt. Eine solche ist stets dann anzunehmen, wenn die erlangte Zahlung höher als die ursprünglich hingegebene Gegenleistung ist, denn dann kann es sich nicht mehr um die Beseitigung des Leistungsaustausches handeln.[1] Eine Rücklieferung ist unabhängig davon ferner dann anzunehmen, wenn der Rücknahmepreis die zwischenzeitliche Wertminderung ausdrückt.[2]

Beim **Umtausch** wird die Lieferung rückgängig gemacht und nicht lediglich der **75** Lieferungsgegenstand ausgetauscht. Eine „Kaufpreisänderung" (Zuzahlung oder Minderung) führt deshalb nicht zu einer Änderung der Bemessungsgrundlage nach § 17 Abs. 1 UStG.[3] Vielmehr erfolgt eine neue Lieferung, auf die die in diesem Zeitpunkt maßgebende Gesetzeslage (insbesondere Steuersatz) anzuwenden ist[4] (§ 27 Rz. 18).

§ 17 Abs. 2 Nr. 3 UStG erfasst auch **unentgeltliche** Leistungen i.S.d. § 3 Abs. 1b **76** und Abs. 9a UStG. Die Verwirklichung des Tatbestandes des § 3 Abs. 9a UStG kann jedoch regelmäßig nicht rückgängig gemacht werden (Rz. 72). Insbesondere kann die Verwendung eines Gegenstandes bzw. dessen Überlassung an Dritte nicht ungeschehen gemacht werden.

An die Stelle einer rückgängig gemachten Lieferung kann eine sonstige Leistung **77** treten. Wird nach dem **Rücktritt von** einem **Kaufvertrag** oder der Kündigung eines Finanzierungsleasingvertrages (o.Ä.) und der Rückgängigmachung der Lieferung eine **Nutzungsvergütung oder -entschädigung** für die Dauer der Besitzzeit gezahlt, so handelt es sich hierbei zwar zivilrechtlich um den Ersatz eines Geldschadens, umsatzsteuerrechtlich jedoch um die Gegenleistung für eine **sonstige Leistung** in Gestalt der Gebrauchsüberlassung. Das gilt auch dann, wenn die Zahlung kraft Gesetzes erfolgt, da es aus verbrauchsteuerrechtlicher Sicht nicht darauf ankommt, auf welcher Rechtsgrundlage eine Zahlung erfolgt, sondern allein darauf, dass die Zahlung einen Gebrauchs-(Nutzungs-)vorteil abgilt (§ 1 Rz. 47 u. 51).[5] Diese (als Vermietung anzusehende) Dauerleistung ist mit Rückgabe des Gegenstandes ausgeführt.[6]

Wird ein steuerpflichtiger **innergemeinschaftlicher Erwerb** (§ 1 Abs. 1 Nr. 5 **78** i.V.m. § 1a bzw. § 1b UStG) rückgängig gemacht, so sind gem. § 17 Abs. 2 Nr. 3 UStG die Regeln des Abs. 1 ebenfalls sinngemäß anzuwenden. Der Erwerber kann die Steuer und muss ggf. den in Anspruch genommenen Vorsteuerabzug

---

1 Vgl. BFH v. 12.11.2008 – XI R 46/07, BStBl. II 2009, 558; FG Hess. v. 23.5.2001 – 6 K 3717/98, EFG 2001, 1244; vgl. auch BFH v. 17.12.1981 – V R 75/77, BStBl. II 1982, 233; BFH v. 27.6.1995 – V R 27/94, BStBl. II 1995, 756.
2 Vgl. BFH v. 12.11.2008 – XI R 46/07, BStBl. II 2009, 558 – Umzugskartons.
3 A.A. *Klenk* in S/R, UStG, § 17 UStG Rz. 161; *Englisch* in T/L, § 17 Rz. 105.
4 So im Ergebnis auch *Reiß* in T/L, 20. Aufl. 2010, § 14 Rz. 24.
5 Ebenso *Tehler* in R/K/L, § 17 UStG Rz. 155.
6 Ausführlich *Stadie* in R/D, § 17 UStG Anm. 486 ff.; zum **Vorsteuerabzug** *Stadie* in R/D, § 15 UStG Anm. 542.

berichtigen. Bei voller Vorsteuerabzugsberechtigung wird indes die Berichtigung in der Praxis unterbleiben.

79 § 17 Abs. 2 Nr. 3 UStG gilt **entsprechend**, wenn nicht der Umsatz, aber dessen **Steuerpflicht** durch ein nachträgliches Ereignis **wegfällt**. Folglich tritt in diesem Fall, sowie in vergleichbaren Konstellationen, gem. § 17 Abs. 1 Satz 7 UStG als Ausdruck eines allgemeinen Rechtsgrundsatzes keine Rückwirkung ein (Rz. 89 f.).

## F. Nachweis der Erwerbsbesteuerung in einem anderen Mitgliedstaat (Abs. 2 Nr. 4)

80 Bei einem innergemeinschaftlichen Erwerb i.S.d. § 1 Abs. 1 Nr. 5 i.V.m. § 1a UStG in einem anderen Mitgliedstaat ist der Ort gem. **§ 3d Satz 2** UStG auflösend bedingt auch im Inland, wenn der Erwerber eine deutsche Umsatzsteuer-Identifikationsnummer gegenüber dem Lieferer verwendet (zum Zweck dieser Bestimmung s. § 3d Rz. 5). Diese Fiktion gilt solange, bis der Erwerber nachweist, dass der Erwerb durch den Mitgliedstaat besteuert worden ist, in den der Gegenstand tatsächlich gelangt ist oder nach § 25b Abs. 3 UStG als besteuert gilt. Wird dieser Nachweis geführt, so kann der Erwerber die Berichtigung der – nicht durch einen Vorsteuerabzug neutralisierten (§ 15 Rz. 317) – Steuer vornehmen (§ 17 Abs. 2 Nr. 4 UStG in Verbindung mit dem sinngemäß anzuwendenden § 17 Abs. 1 UStG).

## G. Tätigung abzugsschädlicher Aufwendungen (Abs. 2 Nr. 5)

81 Werden Aufwendungen i.S.d. § 15 Abs. 1a UStG getätigt, so ist der dafür in Anspruch genommene Vorsteuerabzug zu berichtigen (§ 17 Abs. 2 Nr. 5 i.V.m. Abs. 1 Satz 2 UStG).[1] Bei diesen Aufwendungen handelt es sich um solche, die unter bestimmte **einkommensteuerrechtliche Abzugsverbote** fallen und deshalb nach § 15 Abs. 1a UStG vom Vorsteuerabzug ausgeschlossen sein sollen. Die abzugsschädlichen **Aufwendungen** werden nicht bereits mit dem Bezug der zugrunde liegenden Leistungen **getätigt**, sondern erst dann, wenn die bezogenen Leistungen für die abzugsschädlichen Zwecke verwendet werden. Die Berichtigungspflicht nach § 17 Abs. 2 Nr. 5 UStG betrifft mithin die Fälle, in denen **im Zeitpunkt des möglichen Vorsteuerabzugs** (§ 15 Rz. 269, 275) die **abzugsschädliche Verwendung noch nicht feststand** oder die Grenze des § 4 Abs. 5 Satz 1 Nr. 1 EStG erst später durch ein weiteres Geschenk überschritten wird (Rz. 84). Die Berichtigung des Vorsteuerabzugs erfolgt nicht rückwirkend, sondern gem. § 17 Abs. 1 Satz 7 UStG (Rz. 5) für den Besteuerungszeitraum bzw. Voranmeldungszeitraum (Rz. 6), in dem die abzugsschädliche Verwendung geschieht.

Die Regelung des Absatz 2 Nummer 5 ist in § 17 UStG **fehlplatziert**, da sie anders als alle übrigen Bestimmungen dieser Norm nicht die Anpassung des Vorsteuerabzugs an die tatsächliche Belastung, sondern an die tatsächliche Verwendung vorschreibt. Sie hätte deshalb bei § 15a UStG angesiedelt werden müssen.

---

1 Die Vorschrift entspricht Art. 185 Abs. 1 Halbs. 1 i.V.m. Art. 176 Satz 3 MwStSystRL (vgl. § 15 Rz. 356).

§ 17 Abs. 2 Nr. 5 UStG ist entsprechend auf den **umgekehrten Fall** anzuwenden, in dem ein Gegenstand für abzugsschädliche Zwecke (z.B. als geplantes Geschenk i.S.d. § 4 Abs. 5 Satz 1 Nr. 1 EStG) angeschafft und später jedoch für unschädliche Zwecke verwendet wird. 82

§ 17 Abs. 2 Nr. 5 UStG erfasst **nicht** entsprechende **Nutzungsänderungen** bei **abnutzbaren Wirtschaftsgütern**, weil die Vorschrift nur die Berichtigung des *gesamten* Vorsteuerabzugs im Auge hat.[1] War ein abnutzbares Wirtschaftsgut anfänglich für abzugsschädliche Zwecke (z.B. als Gästehaus i.S.d. § 4 Abs. 5 Satz 1 Nr. 3 EStG) verwendet worden und wird es später für abzugsunschädliche Zwecke genutzt, so ist folglich der Vorsteuerabzug gem. § 15a UStG zu berichtigen, da diese Bestimmung alle Fälle erfasst, in denen sich die für den ursprünglichen Vorsteuerabzug maßgebenden Verhältnisse in der Folgezeit ändern. Entsprechendes gilt für den umgekehrten Fall, in dem ein Gebäude oder ein anderes Objekt erst später für abzugsschädliche Zwecke verwendet wird (*§ 15a Rz. 135*). 83

Steht im Zeitpunkt der Anschaffung oder Herstellung eines Gegenstandes seine spätere Verwendung als Geschenk i.S.d. § 4 Abs. 5 Satz 1 Nr. 1 EStG noch nicht fest, so bestimmt sich der Vorsteuerabzug zunächst nach den allgemeinen Voraussetzungen des § 15 UStG. Bei der **späteren Verwendung** als **Geschenk** wird der Sachverhalt sowohl von § 3 Abs. 1b Nr. 3 UStG (*§ 3 Rz. 81 f.*) als auch von § 17 Abs. 2 Nr. 5 UStG erfasst. Letztere Vorschrift ist als **lex specialis** anzusehen, da § 15 Abs. 1a UStG i.V.m. § 4 Abs. 5 Satz 1 Nr. 1 EStG auf eine Wertgrenze abstellt, die ggf. erst durch ein weiteres Geschenk (*§ 15 Rz. 368*), auch in Gestalt einer Dienstleistung (*§ 15 Rz. 364*), überschritten wird und diese Konstellationen durch § 3 Abs. 1b Nr. 3 UStG nicht in den Griff zu kriegen sind.[2] Bei einem derartigen Geschenk konkurriert § 17 Abs. 2 Nr. 5 UStG des Weiteren mit § 15a Abs. 2 UStG (vgl. dazu *§ 15a Rz. 95 ff.*). Aus den zuvor genannten Gründen ist erstere Norm auch gegenüber dieser Bestimmung lex specialis. 84

Die nach dem Wortlaut des § 17 Abs. 2 Nr. 5 UStG eintretende Rechtsfolge in Gestalt der Berichtigung des *gesamten* Vorsteuerabzugs ist indes unverhältnismäßig und widerspricht dem Gesetzeszweck (dazu *§ 15 Rz. 351*), wenn ein im Wert gesunkener **Gegenstand** des **Umlaufvermögens** („Ladenhüter") verschenkt wird. Hinsichtlich des Teils der Aufwendungen, der im Unternehmen für nicht abzugsschädliche Zwecke „verbraucht" wurde, darf eine Rückgängigmachung des Vorsteuerabzugs nicht erfolgen, da hinsichtlich dieses **Wertverlustes** keine Verwendung für abzugsschädliche Zwecke stattfindet. § 17 Abs. 2 Nr. 5 UStG muss deshalb restriktiv in Anlehnung an § 10 Abs. 4 Nr. 1 UStG interpretiert werden, so dass nur noch die im **Wiederbeschaffungswert** rechnerisch enthaltene Umsatzsteuer zu berichtigen ist. Damit tritt insoweit im Ergebnis dieselbe Rechtsfolge wie bei Anwendung des § 3 Abs. 1b Nr. 3 UStG ein. 85

Da ein Geschenk i.S.d. § 4 Abs. 5 Satz 1 Nr. 1 EStG auch in einer unentgeltlichen Dienstleistung bestehen kann (*§ 15 Rz. 364*), wird von § 17 Abs. 2 Nr. 5 i.V.m. § 15 Abs. 1a UStG auch die zeitweilige **Nutzungsüberlassung** eines Gegenstandes erfasst (*Beispiel:* Überlassung eines Fahrzeugs für eine einwöchige 86

---

[1] Ausführlich *Stadie* in R/D, § 17 UStG Anm. 522 ff.
[2] Ausführlich *Stadie* in R/D, § 17 UStG Anm. 512 f. m.w.N.

Probefahrt). Diese fällt indes auch unter § 3 Abs. 9a Nr. 1 UStG (*§ 3 Rz. 169 u. 174*). Es ist müßig, der Frage nachzugehen, ob auf erstere Vorschrift die für letztere Vorschrift geltende Bestimmung zur Bemessungsgrundlage (§ 10 Abs. 4 Nr. 2 UStG) analog anzuwenden ist oder ob § 3 Abs. 9 Nr. 1 UStG durch die analog anzuwendende Bagatellgrenze des § 4 Abs. 5 Nr. 1 EStG beschränkt wird. Aus einer Gesamtschau aller Bestimmungen ergibt sich jedenfalls, dass bei einer zeitweiligen unentgeltlichen Überlassung eines Gegenstandes für Zwecke des Unternehmens der Vorsteuerabzug, der auf die entsprechenden „Ausgaben" i.S.d. § 10 Abs. 4 Nr. 2 UStG entfällt, zu neutralisieren ist, wenn diese „Ausgaben" die Grenze von 35 € überschreiten.

## H. Änderungen u.Ä. im Falle des innergemeinschaftlichen Erwerbs und der Steuerschuldnerschaft des Leistungsempfängers (Abs. 1 Satz 5)

87 Für den innergemeinschaftlichen Erwerb (§ 1 Abs. 1 Nr. 5 UStG) und den Fall der Steuerschuldnerschaft des Leistungsempfängers gelten die Regeln des § 17 Abs. 1 Sätze 1 bis 4 UStG sinngemäß (§ 17 Abs. 1 Satz 5 UStG). Folglich ist in gleicher Weise wie bei Umsätzen, bei denen der leistende Unternehmer Steuerschuldner ist, zu verfahren, wenn sich die Bemessungsgrundlage ändert. Die Berichtigung ist nach § 17 Abs. 1 Satz 7 UStG für den Voranmeldungs- bzw. Besteuerungszeitraum vorzunehmen, in dem die Änderung eingetreten ist (*Rz. 5 f.*). Da in den Fällen des § 17 Abs. 2 der Abs. 1 UStG sinngemäß gilt, sind über § 17 Abs. 1 Satz 5 UStG auch in den Konstellationen des § 17 Abs. 2 Nr. 1 bis 3 UStG entsprechende Berichtigungen nach den Regeln des § 17 Abs. 1 UStG vorzunehmen. Von praktischer Bedeutung ist die Berichtigungsmöglichkeit nur dann, wenn der Erwerber bzw. Leistungsempfänger nicht oder nicht zum vollen Vorsteuerabzug berechtigt ist.

## I. Belegerteilung bei Jahresrückvergütungen u.Ä. (Abs. 4)

88 Werden die **Entgelte** für **unterschiedlich besteuerte** Lieferungen (oder sonstige Leistungen) eines bestimmten Zeitabschnitts **gemeinsam geändert**, z.B. durch Gewährung von **Jahresboni** oder Jahresrückvergütungen, so hat der Unternehmer dem Leistungsempfänger einen Beleg zu erteilen, aus dem zu ersehen ist, wie sich die Änderung der Entgelte auf die unterschiedlich besteuerten Umsätze verteilt (§ 17 Abs. 4 UStG). In analoger Anwendung des § 14c Abs. 1 UStG ist dem leistenden Unternehmer die Berichtigung der Steuer solange zu versagen, wie er den Beleg nicht erteilt hat, weil der Leistungsempfänger bis dahin seiner Pflicht zur Berichtigung des Vorsteuerabzugs nicht nachkommen kann.[1]

## J. Nachträglicher Wegfall oder Eintritt der Steuerpflicht eines Umsatzes (Abs. 1 Satz 7 analog)

89 Es liegt auf der Hand, dass nicht nur bei den in § 17 Abs. 2 Nr. 2–5 UStG genannten nachträglichen Ereignissen gem. § 17 Abs. 1 Satz 7 UStG keine Rück-

---

[1] *Stadie* in R/D, § 17 UStG Anm. 93.

wirkung eintreten soll, sondern dieser Grundsatz auch bei den gleichgelagerten Fällen des Wegfalls der Steuerpflicht Geltung verlangt. Ein bislang steuerpflichtiger Umsatz kann **durch ein nachträgliches Ereignis steuerfrei** oder **nicht steuerbar** werden. Das ist zum einen der Fall, wenn der vom Gesetz in einer bestimmten Form geforderte **Nachweis** der Voraussetzungen einer **Steuerbefreiung** erst in einem späteren Besteuerungszeitraum erbracht wird als in dem, in dem die Leistung (Teilleistung) ausgeführt worden war (*Beispiele*: **Belegnachweise** bei Ausfuhrlieferungen und innergemeinschaftlichen Lieferungen, dazu *§ 6 Rz. 33 f.*; *§ 6a Rz. 61 ff.*; behördliche **Bescheinigungen** bei bestimmten dem Gemeinwohl dienenden Tätigkeiten, vgl. *§ 4 Nr. 20 Rz. 11 f.*; *§ 4 Nr. 21 Rz. 3, 9*). Dem vergleichbar ist der Fall, in dem die bei einer **Anzahlung** anzunehmende **Steuerpflicht** des Umsatzes im Zeitpunkt der Ausführung der Leistung **nicht** gegeben ist (vgl. *§ 3a Rz. 11* a.E., *§ 13 Rz. 33* a.E.). Auch durch die **Rücknahme** eines **Verzichts** auf die Steuerbefreiung (*§ 9 Rz. 46*) wird ein steuerpflichtiger Umsatz im Nachhinein steuerfrei.

Zu erwähnen ist ferner die **nachträgliche Mitteilung der Umsatzsteuer-Identifikationsnummer** durch den Leistungsempfänger, wodurch eine ursprünglich steuerpflichtige sonstige Leistung nichtsteuerbar wird (Fälle des § 3a Abs. 2 UStG) oder eine Lieferung steuerfrei wird (§ 6a Abs. 1 Nr. 3 UStG), sowie der **Nachweis der Besteuerung im anderen Mitgliedstaat** beim innergemeinschaftlichen Erwerb im Falle des § 3d Satz 2 UStG, wodurch dessen Steuerbarkeit entfällt.

Nach bislang (s. *Rz. 90* a.E.) ganz **herrschender Auffassung** soll **indes** – mit Ausnahme des Falles § 3d Satz 2 UStG, für den § 17 Abs. 2 Nr. 4 i.V.m. Abs. 1 Satz 7 UStG ausdrücklich die Rückwirkung verneint – in den genannten Fällen Rückwirkung eintreten (vgl. zum Ausfuhrnachweis *§ 6 Rz. 39*; zum Belegnachweis bei der innergemeinschaftlichen Lieferung *§ 6a Rz. 76* und zur Rücknahme des Verzichts *§ 9 Rz. 46*).

Diese Rechtsfolge widerspricht jedoch dem Gedanken, der den Tatbeständen des § 17 Abs. 1 Satz 1 und Abs. 2 Nr. 2 bis 4 i.V.m. Abs. 1 Satz 7 UStG zugrunde liegt, dass nämlich bei den dort genannten Änderungen und Ereignissen die Berichtigung der Steuer für den Besteuerungszeitraum vorzunehmen ist, in dem die Änderung bzw. das Ereignis eingetreten ist. Mithin kommt in § 17 Abs. 1 Satz 7 UStG ein **allgemeiner Grundsatz** des Umsatzsteuerrechts zum Ausdruck, wonach Ereignisse **keine Rückwirkung** haben, sondern die Rechtsfolgen sich für den Besteuerungszeitraum ergeben, in dem auch das Ereignis eingetreten ist.[1] Zwischen dem nachträglichen Wegfall der Steuerpflicht eines Umsatzes und der Rückgängigmachung eines Umsatzes und den anderen in § 17 Abs. 1 und 2 UStG genannten Ereignissen besteht vom materiellen Gehalt her kein Unterschied. Der Wegfall der Steuerpflicht steht der Änderung der Bemessungsgrundlage auf Null und der Rückgängigmachung eines steuerpflichtigen Umsatzes gleich (folglich greift keine „Haftung" nach § 14c UStG ein; *§ 14c Rz. 6 f.*). Hinzu kommt, dass der Unternehmer nicht schlechter gestellt werden darf als derje-

90

---

[1] *Stadie* in R/D, § 17 UStG Anm. 533 ff. Vgl. auch BFH v. 19.5.1993 – V R 110/88, BStBl. II 1993, 779 (781) – wonach dem § 17 Abs. 1 Satz 3 UStG a.F. (= Satz 7 n.F.) der Regelungsplan des Gesetzes zugrunde liege, dass nachträgliche Ereignisse sich nicht auf die Besteuerungszeiträume, in denen die Leistungen ausgeführt worden sind, auswirken sollen.

nige, der einen steuerfreien Umsatz zu Unrecht als steuerpflichtig behandelt hat und die Steuer gesondert in einer Rechnung ausgewiesen hatte. Für diesen Fall verweist § 14c Abs. 1 Satz 2 UStG ausdrücklich auf § 17 Abs. 1 UStG, so dass nach dessen Satz 7 die Berichtigung der Steuer keine Rückwirkung hat und zeitlich unbegrenzt möglich ist. Der **BFH** ist der hier vertretenen Auffassung jetzt für den Fall gefolgt, dass die bei einer Anzahlung anzunehmende Steuerpflicht im Zeitpunkt der Ausführung der Leistung nicht zutrifft.[1]

91 Der **Verzicht auf** eine **Steuerbefreiung** nach § 9 Abs. 1 UStG kann noch nachträglich ausgeübt werden. Entgegen der Rechtsprechung tritt keine Rückwirkung ein, weil der dem § 17 Abs. 1 Satz 7 UStG zugrunde liegende allgemeine umsatzsteuerrechtliche Grundsatz (*Rz. 90*) auch in diesem Fall eingreift (*§ 9 Rz. 43 f.*). Entsprechendes gilt für den nachträglichen Verzicht auf die **Differenzbesteuerung** nach § 25a Abs. 8 UStG (*§ 25a Rz. 63*).

92 Der dem § 17 Abs. 1 Satz 7 UStG zugrunde liegende Rechtsgrundsatz gilt **nicht**, soweit das Gesetz etwas anderes bestimmt hat. Das ist beim **Verzicht** auf die **Kleinunternehmerbefreiung** (§ 19 Abs. 2 Satz 1 UStG) und auf die verschiedenen Arten der **Durchschnittssatzbesteuerung** (§ 23 Abs. 3 Satz 1, § 23a Abs. 3 Satz 1 und § 24 Abs. 4 Satz 1 UStG) der Fall.

### K. Erstattung der Einfuhrumsatzsteuer (Abs. 3)

93 Ist Einfuhrumsatzsteuer, die als Vorsteuer abgezogen worden ist, (herabgesetzt, erlassen oder) erstattet worden[2], so hat der Unternehmer den Vorsteuerabzug entsprechend zu berichtigen (§ 17 Abs. 3 Satz 1 UStG). Hierbei handelt es sich lediglich um eine **Klarstellung**, da sich diese Rechtsfolge bereits aus § 15 Abs. 1 Nr. 2 UStG ergibt, der ausdrücklich eine Entrichtung der Steuer und damit auch eine verbleibende Belastung mit dieser voraussetzt (zur Abziehbarkeit der Einfuhrumsatzsteuer bei Rückgängigmachung der der Einfuhr zugrunde liegenden Lieferung s. *§ 15 Rz. 302*). Von Bedeutung ist deshalb nur § 17 Abs. 3 Satz 2 UStG, wonach § 17 Abs. 1 Satz 7 UStG sinngemäß gilt. Folglich muss der Vorsteuerabzug auch in diesem Fall nicht rückwirkend, sondern für den Besteuerungszeitraum (Voranmeldungszeitraum), in dem die Erstattung erfolgte (*Rz. 5 f.*), berichtigt werden.

# § 18
# Besteuerungsverfahren

(1) Der Unternehmer hat bis zum 10. Tag nach Ablauf jedes Voranmeldungszeitraums eine Voranmeldung nach amtlich vorgeschriebenem Datensatz durch Datenfernübertragung nach Maßgabe der Steuerdaten-Übermittlungsverordnung

---
[1] BFH v. 8.9.2011 – V R 42/10, BStBl. II 2012, 248 – Rz. 31.
[2] Die Erwähnung der Herabsetzung und des Erlasses der Einfuhrumsatzsteuer ist überflüssig, da die Erstattung einen auf Herabsetzung oder Erlass der Steuer gerichteten Verwaltungsakt voraussetzt (§ 218 Abs. 1 Satz 1 AO); vgl. *Stadie*, Allg. SteuerR, Rz. 281.

zu übermitteln, in der er die Steuer für den Voranmeldungszeitraum (Vorauszahlung) selbst zu berechnen hat. Auf Antrag kann das Finanzamt zur Vermeidung von unbilligen Härten auf eine elektronische Übermittlung verzichten; in diesem Fall hat der Unternehmer eine Voranmeldung nach amtlich vorgeschriebenem Vordruck abzugeben. § 16 Abs. 1 und 2 und § 17 sind entsprechend anzuwenden. Die Vorauszahlung ist am 10. Tag nach Ablauf des Voranmeldungszeitraums fällig.

(2) Voranmeldungszeitraum ist das Kalendervierteljahr. Beträgt die Steuer für das vorangegangene Kalenderjahr mehr als 7500 Euro, ist der Kalendermonat Voranmeldungszeitraum. Beträgt die Steuer für das vorangegangene Kalenderjahr nicht mehr als 1000 Euro, kann das Finanzamt den Unternehmer von der Verpflichtung zur Abgabe der Voranmeldungen und Entrichtung der Vorauszahlungen befreien. Nimmt der Unternehmer seine berufliche oder gewerbliche Tätigkeit auf, ist im laufenden und folgenden Kalenderjahr Voranmeldungszeitraum der Kalendermonat. *[Angefügt mWv 1.1.2015[1]:]* Satz 4 gilt entsprechend in folgenden Fällen:

1. bei im Handelsregister eingetragenen, noch nicht gewerblich oder beruflich tätig gewesenen juristischen Personen oder Personengesellschaften, die objektiv belegbar die Absicht haben, eine gewerbliche oder berufliche Tätigkeit selbständig auszuüben (Vorratsgesellschaften), und zwar ab dem Zeitpunkt des Beginns der tatsächlichen Ausübung dieser Tätigkeit, und

2. bei der Übernahme von juristischen Personen oder Personengesellschaften, die bereits gewerblich oder beruflich tätig gewesen sind und zum Zeitpunkt der Übernahme ruhen oder nur geringfügig gewerblich oder beruflich tätig sind (Firmenmantel[2]), und zwar ab dem zeitpunkt der Übernahme.

(2a) Der Unternehmer kann an Stelle des Kalendervierteljahres den Kalendermonat als Voranmeldungszeitraum wählen, wenn sich für das vorangegangene Kalenderjahr ein Überschuss zu seinen Gunsten von mehr als 7500 Euro ergibt. In diesem Fall hat der Unternehmer bis zum 10. Februar des laufenden Kalenderjahres eine Voranmeldung für den ersten Kalendermonat abzugeben. Die Ausübung des Wahlrechts bindet den Unternehmer für dieses Kalenderjahr.

(3) Der Unternehmer hat für das Kalenderjahr oder für den kürzeren Besteuerungszeitraum eine Steuererklärung nach amtlich vorgeschriebenem Datensatz durch Datenfernübertragung nach Maßgabe der Steuerdaten-Übermittlungsverordnung zu übermitteln, in der er die zu entrichtende Steuer oder den Überschuss, der sich zu seinen Gunsten ergibt, nach § 16 Absatz 1 bis 4 und § 17 selbst zu berechnen hat (Steueranmeldung). In den Fällen des § 16 Absatz 3 und 4 ist die Steueranmeldung binnen einem Monat nach Ablauf des kürzeren Besteuerungszeitraums zu übermitteln. Auf Antrag kann das Finanzamt zur Vermeidung von unbilligen Härten auf eine elektronische Übermittlung verzichten; in diesem Fall hat der Unternehmer eine Steueranmeldung nach amtlich vorgeschriebenem Vordruck abzugeben und eigenhändig zu unterschreiben.

(4) Berechnet der Unternehmer die zu entrichtende Steuer oder den Überschuss in der Steueranmeldung für das Kalenderjahr abweichend von der Summe der

---

1 Durch Gesetz v. 22.12.2014.
2 Müsste „Firmenmäntel" heißen.

Vorauszahlungen, so ist der Unterschiedsbetrag zugunsten des Finanzamts einen Monat nach dem Eingang der Steueranmeldung fällig. Setzt das Finanzamt die zu entrichtende Steuer oder den Überschuss abweichend von der Steueranmeldung für das Kalenderjahr fest, so ist der Unterschiedsbetrag zugunsten des Finanzamts einen Monat nach der Bekanntgabe des Steuerbescheids fällig. Die Fälligkeit rückständiger Vorauszahlungen (Absatz 1) bleibt von den Sätzen 1 und 2 unberührt.

(4a) Voranmeldungen (Absätze 1 und 2) und eine Steuererklärung (Absätze 3 und 4) haben auch die Unternehmer und juristischen Personen abzugeben, die ausschließlich Steuer für Umsätze nach § 1 Abs. 1 Nr. 5, § 13b Absatz 5 oder § 25b Abs. 2 zu entrichten haben, sowie Fahrzeuglieferer (§ 2a). Voranmeldungen sind nur für die Voranmeldungszeiträume abzugeben, in denen die Steuer für diese Umsätze zu erklären ist. Die Anwendung des Absatzes 2a ist ausgeschlossen.

(4b) Für Personen, die keine Unternehmer sind und Steuerbeträge nach § 6a Abs. 4 Satz 2 oder nach § 14c Abs. 2 schulden, gilt Absatz 4a entsprechend.

(4c) Ein nicht im Gemeinschaftsgebiet ansässiger Unternehmer, der als Steuerschuldner ausschließlich Umsätze nach § 3a Abs. 5 im Gemeinschaftsgebiet erbringt und in keinem anderen Mitgliedstaat für Zwecke der Umsatzsteuer erfasst ist, kann abweichend von den Absätzen 1 bis 4 für jeden Besteuerungszeitraum (§ 16 Abs. 1a Satz 1) eine Steuererklärung auf amtlich vorgeschriebenem Vordruck bis zum 20. Tag nach Ablauf jedes Besteuerungszeitraums abgeben, in der er die Steuer selbst zu berechnen hat; die Steuererklärung ist dem Bundeszentralamt für Steuern elektronisch zu übermitteln. Die Steuer ist am 20. Tag nach Ablauf des Besteuerungszeitraums fällig. Die Ausübung des Wahlrechts hat der Unternehmer auf dem amtlich vorgeschriebenen, elektronisch zu übermittelnden Dokument dem Bundeszentralamt für Steuern anzuzeigen, bevor er Umsätze nach § 3a Abs. 5 im Gemeinschaftsgebiet erbringt. Das Wahlrecht kann nur mit Wirkung vom Beginn eines Besteuerungszeitraums an widerrufen werden. Der Widerruf ist vor Beginn des Besteuerungszeitraums, für den er gelten soll, gegenüber dem Bundeszentralamt für Steuern auf elektronischem Weg zu erklären. Kommt der Unternehmer seinen Verpflichtungen nach den Sätzen 1 bis 3 oder § 22 Abs. 1 wiederholt nicht oder nicht rechtzeitig nach, schließt ihn das Bundeszentralamt für Steuern von dem Besteuerungsverfahren nach Satz 1 aus. Der Ausschluss gilt ab dem Besteuerungszeitraum, der nach dem Zeitpunkt der Bekanntgabe des Ausschlusses gegenüber dem Unternehmer beginnt.

(4d) Die Absätze 1 bis 4 gelten nicht für nicht im Gemeinschaftsgebiet ansässige Unternehmer, die im Inland im Besteuerungszeitraum (§ 16 Abs. 1 Satz 2) als Steuerschuldner ausschließlich Umsätze nach § 3a Abs. 5 erbringen und diese Umsätze in einem anderen Mitgliedstaat erklären sowie die darauf entfallende Steuer entrichten.

(4e)[1] Ein im übrigen Gemeinschaftsgebiet ansässiger Unternehmer (§ 13b Absatz 7 Satz 2), der als Steuerschuldner Umsätze nach § 3a Absatz 5 im Inland erbringt, kann abweichend von den Absätzen 1 bis 4 für jeden Besteuerungszeitraum (§ 16 Absatz 1b Satz 1) eine Steuererklärung nach amtlich vorgeschriebe-

---

1 Eingefügt m.W.v. 1.1.2015 durch Gesetz v. 25.7.2014.

nem Datensatz durch Datenfernübertragung bis zum 20. Tag nach Ablauf jedes Besteuerungszeitraums übermitteln, in der er die Steuer für die vorgenannten Umsätze selbst zu berechnen hat; dies gilt nur, wenn der Unternehmer im Inland, auf der Insel Helgoland und in einem der in § 1 Absatz 3 bezeichneten Gebiete weder seinen Sitz, seine Geschäftsleitung noch eine Betriebsstätte hat. Die Steuererklärung ist der zuständigen Steuerbehörde des Mitgliedstaates der Europäischen Union zu übermitteln, in dem der Unternehmer ansässig ist; diese Steuererklärung ist ab dem Zeitpunkt eine Steueranmeldung im Sinne des § 150 Absatz 1 Satz 3 und des § 168 der Abgabenordnung, zu dem die in ihr enthaltenen Daten von der zuständigen Steuerbehörde des Mitgliedstaates der Europäischen Union, an die der Unternehmer die Steuererklärung übermittelt hat, dem Bundeszentralamt für Steuern übermittelt und dort in bearbeitbarer Weise aufgezeichnet wurden. Satz 2 gilt für die Berichtigung einer Steuererklärung entsprechend. Die Steuer ist am 20. Tag nach Ablauf des Besteuerungszeitraums fällig. Die Ausübung des Wahlrechts nach Satz 1 hat der Unternehmer in dem amtlich vorgeschriebenen, elektronisch zu übermittelnden Dokument der Steuerbehörde des Mitgliedstaates der Europäischen Union, in dem der Unternehmer ansässig ist, vor Beginn des Besteuerungszeitraums anzuzeigen, ab dessen Beginn er von dem Wahlrecht Gebrauch macht. Das Wahlrecht kann nur mit Wirkung vom Beginn eines Besteuerungszeitraums an widerrufen werden. Der Widerruf ist vor Beginn des Besteuerungszeitraums, für den er gelten soll, gegenüber der Steuerbehörde des Mitgliedstaates der Europäischen Union, in dem der Unternehmer ansässig ist, auf elektronischem Weg zu erklären. Kommt der Unternehmer seinen Verpflichtungen nach den Sätzen 1 bis 5 oder § 22 Absatz 1 wiederholt nicht oder nicht rechtzeitig nach, schließt ihn die zuständige Steuerbehörde des Mitgliedstaates der Europäischen Union, in dem der Unternehmer ansässig ist, von dem Besteuerungsverfahren nach Satz 1 aus. Der Ausschluss gilt ab dem Besteuerungszeitraum, der nach dem Zeitpunkt der Bekanntgabe des Ausschlusses gegenüber dem Unternehmer beginnt. Die Steuererklärung nach Satz 1 gilt als fristgemäß übermittelt, wenn sie bis zum 20. Tag nach Ablauf des Besteuerungszeitraums (§ 16 Absatz 1b Satz 1) der zuständigen Steuerbehörde des Mitgliedstaates der Europäischen Union übermittelt worden ist, in dem der Unternehmer ansässig ist, und dort in bearbeitbarer Weise aufgezeichnet wurde. Die Entrichtung der Steuer erfolgt entsprechend Satz 4 fristgemäß, wenn die Zahlung bis zum 20. Tag nach Ablauf des Besteuerungszeitraums (§ 16 Absatz 1b Satz 1) bei der zuständigen Steuerbehörde des Mitgliedstaates der Europäischen Union, in dem der Unternehmer ansässig ist, eingegangen ist. § 240 der Abgabenordnung ist mit der Maßgabe anzuwenden, dass eine Säumnis frühestens mit Ablauf des 10. Tages nach Ablauf des auf den Besteuerungszeitraum (§ 16 Absatz 1b Satz 1) folgenden übernächsten Monats eintritt.

(5) In den Fällen der Beförderungseinzelbesteuerung (§ 16 Abs. 5) ist abweichend von den Absätzen 1 bis 4 wie folgt zu verfahren:

1. Der Beförderer hat für jede einzelne Fahrt eine Steuererklärung nach amtlich vorgeschriebenem Vordruck in zwei Stücken bei der zuständigen Zolldienststelle abzugeben.

2. Die zuständige Zolldienststelle setzt für das zuständige Finanzamt die Steuer auf beiden Stücken der Steuererklärung fest und gibt ein Stück dem Beför-

derer zurück, der die Steuer gleichzeitig zu entrichten hat. Der Beförderer hat dieses Stück mit der Steuerquittung während der Fahrt mit sich zu führen.

3. Der Beförderer hat bei der zuständigen Zolldienststelle, bei der er die Grenze zum Drittlandsgebiet überschreitet, eine weitere Steuererklärung in zwei Stücken abzugeben, wenn sich die Zahl der Personenkilometer (§ 10 Abs. 6 Satz 2), von der bei der Steuerfestsetzung nach Nummer 2 ausgegangen worden ist, geändert hat. Die Zolldienststelle setzt die Steuer neu fest. Gleichzeitig ist ein Unterschiedsbetrag zugunsten des Finanzamts zu entrichten oder ein Unterschiedsbetrag zugunsten des Beförderers zu erstatten. Die Sätze 2 und 3 sind nicht anzuwenden, wenn der Unterschiedsbetrag weniger als 2,50 Euro beträgt. Die Zolldienststelle kann in diesen Fällen auf eine schriftliche Steuererklärung verzichten.

(5a) In den Fällen der Fahrzeugeinzelbesteuerung (§ 16 Abs. 5a) hat der Erwerber, abweichend von den Absätzen 1 bis 4, spätestens bis zum 10. Tag nach Ablauf des Tages, an dem die Steuer entstanden ist, eine Steuererklärung nach amtlich vorgeschriebenem Vordruck abzugeben, in der er die zu entrichtende Steuer selbst zu berechnen hat (Steueranmeldung). Die Steueranmeldung muss vom Erwerber eigenhändig unterschrieben sein. Gibt der Erwerber die Steueranmeldung nicht ab oder hat er die Steuer nicht richtig berechnet, so kann das Finanzamt die Steuer festsetzen. Die Steuer ist am 10. Tag nach Ablauf des Tages fällig, an dem sie entstanden ist.

(5b) In den Fällen des § 16 Abs. 5b ist das Besteuerungsverfahren nach den Absätzen 3 und 4 durchzuführen. Die bei der Beförderungseinzelbesteuerung (§ 16 Abs. 5) entrichtete Steuer ist auf die nach Absatz 3 Satz 1 zu entrichtende Steuer anzurechnen.

(6) Zur Vermeidung von Härten kann das Bundesministerium der Finanzen mit Zustimmung des Bundesrates durch Rechtsverordnung die Fristen für die Voranmeldungen und Vorauszahlungen um einen Monat verlängern und das Verfahren näher bestimmen. Dabei kann angeordnet werden, dass der Unternehmer eine Sondervorauszahlung auf die Steuer für das Kalenderjahr zu entrichten hat.

(7) Zur Vereinfachung des Besteuerungsverfahrens kann das Bundesministerium der Finanzen mit Zustimmung des Bundesrates durch Rechtsverordnung bestimmen, dass und unter welchen Voraussetzungen auf die Erhebung der Steuer für Lieferungen von Gold, Silber und Platin sowie sonstige Leistungen im Geschäft mit diesen Edelmetallen zwischen Unternehmern, die an einer Wertpapierbörse im Inland mit dem Recht zur Teilnahme am Handel zugelassen sind, verzichtet werden kann. Das gilt nicht für Münzen und Medaillen aus diesen Edelmetallen.

(8) (weggefallen)

(9) Zur Vereinfachung des Besteuerungsverfahrens kann das Bundesministerium der Finanzen mit Zustimmung des Bundesrates durch Rechtsverordnung die Vergütung der Vorsteuerbeträge (§ 15) an im Ausland ansässige Unternehmer, abweichend von § 16 und von den Absätzen 1 bis 4, in einem besonderen Verfahren regeln. Dabei kann auch angeordnet werden,

1. dass die Vergütung nur erfolgt, wenn sie eine bestimmte Mindesthöhe erreicht,

2. innerhalb welcher Frist der Vergütungsantrag zu stellen ist,
3. in welchen Fällen der Unternehmer den Antrag eigenhändig zu unterschreiben hat,
4. wie und in welchem Umfang Vorsteuerbeträge durch Vorlage von Rechnungen und Einfuhrbelegen nachzuweisen sind,
5. dass der Bescheid über die Vergütung der Vorsteuerbeträge elektronisch erteilt wird,
6. wie und in welchem Umfang der zu vergütende Betrag zu verzinsen ist.

Einem Unternehmer, der im Gemeinschaftsgebiet ansässig ist und Umsätze ausführt, die zum Teil den Vorsteuerabzug ausschließen, wird die Vorsteuer höchstens in der Höhe vergütet, in der er in dem Mitgliedstaat, in dem er ansässig ist, bei Anwendung eines Pro-rata-Satzes zum Vorsteuerabzug berechtigt wäre. Einem Unternehmer, der nicht im Gemeinschaftsgebiet ansässig ist, wird die Vorsteuer nur vergütet, wenn in dem Land, in dem der Unternehmer seinen Sitz hat, keine Umsatzsteuer oder ähnliche Steuer erhoben oder im Fall der Erhebung im Inland ansässigen Unternehmern vergütet wird. Von der Vergütung ausgeschlossen sind bei Unternehmern, die nicht im Gemeinschaftsgebiet ansässig sind, die Vorsteuerbeträge, die auf den Bezug von Kraftstoffen entfallen. Die Sätze 4 und 5 gelten nicht für Unternehmer, die nicht im Gemeinschaftsgebiet ansässig sind, soweit sie im Besteuerungszeitraum (§ 16 Abs. 1 Satz 2) als Steuerschuldner ausschließlich elektronische Leistungen nach § 3a Abs. 5 im Gemeinschaftsgebiet erbracht und für diese Umsätze von § 18 Abs. 4c Gebrauch gemacht haben oder diese Umsätze in einem anderen Mitgliedstaat erklärt sowie die darauf entfallende Steuer entrichtet haben; Voraussetzung ist, dass die Vorsteuerbeträge im Zusammenhang mit elektronischen Leistungen nach § 3a Abs. 5 stehen.

(10) Zur Sicherung des Steueranspruchs in Fällen des innergemeinschaftlichen Erwerbs neuer motorbetriebener Landfahrzeuge und neuer Luftfahrzeuge (§ 1b Abs. 2 und 3) gilt Folgendes:

1. Die für die Zulassung oder die Registrierung von Fahrzeugen zuständigen Behörden sind verpflichtet, den für die Besteuerung des innergemeinschaftlichen Erwerbs neuer Fahrzeuge zuständigen Finanzbehörden ohne Ersuchen Folgendes mitzuteilen:

   a) bei neuen motorbetriebenen Landfahrzeugen die erstmalige Ausgabe von Zulassungsbescheinigungen Teil II oder die erstmalige Zuteilung eines amtlichen Kennzeichens bei zulassungsfreien Fahrzeugen. Gleichzeitig sind die in Nummer 2 Buchstabe a bezeichneten Daten und das zugeteilte amtliche Kennzeichen oder, wenn dieses noch nicht zugeteilt worden ist, die Nummer der Zulassungsbescheinigung Teil II zu übermitteln,

   b) bei neuen Luftfahrzeugen die erstmalige Registrierung dieser Luftfahrzeuge. Gleichzeitig sind die in Nummer 3 Buchstabe a bezeichneten Daten und das zugeteilte amtliche Kennzeichen zu übermitteln. Als Registrierung im Sinne dieser Vorschrift gilt nicht die Eintragung eines Luftfahrzeugs in das Register für Pfandrechte an Luftfahrzeugen.

2. In den Fällen des innergemeinschaftlichen Erwerbs neuer motorbetriebener Landfahrzeuge (§ 1b Absatz 2 Satz 1 Nummer 1 und Absatz 3 Nummer 1) gilt Folgendes:

a) Bei der erstmaligen Ausgabe einer Zulassungsbescheinigung Teil II im Inland oder bei der erstmaligen Zuteilung eines amtlichen Kennzeichens für zulassungsfreie Fahrzeuge im Inland hat der Antragsteller die folgenden Angaben zur Übermittlung an die Finanzbehörden zu machen:

aa) den Namen und die Anschrift des Antragstellers sowie das für ihn zuständige Finanzamt (§ 21 der Abgabenordnung),

bb) den Namen und die Anschrift des Lieferers,

cc) den Tag der Lieferung,

dd) den Tag der ersten Inbetriebnahme,

ee) den Kilometerstand am Tag der Lieferung,

ff) die Fahrzeugart, den Fahrzeughersteller, den Fahrzeugtyp und die Fahrzeug-Identifizierungsnummer,

gg) den Verwendungszweck.

Der Antragsteller ist zu den Angaben nach den Doppelbuchstaben aa und bb auch dann verpflichtet, wenn er nicht zu den in § 1a Absatz 1 Nummer 2 und § 1b Absatz 1 genannten Personen gehört oder wenn Zweifel daran bestehen, dass die Eigenschaften als neues Fahrzeug im Sinne des § 1b Absatz 3 Nummer 1 vorliegen. Die Zulassungsbehörde darf die Zulassungsbescheinigung Teil II oder bei zulassungsfreien Fahrzeugen, die nach § 4 Absatz 2 und 3 der Fahrzeug-Zulassungsverordnung ein amtliches Kennzeichen führen, die Zulassungsbescheinigung Teil I erst aushändigen, wenn der Antragsteller die vorstehenden Angaben gemacht hat.

b) Ist die Steuer für den innergemeinschaftlichen Erwerb nicht entrichtet worden, hat die Zulassungsbehörde auf Antrag des Finanzamts die Zulassungsbescheinigung Teil I für ungültig zu erklären und das amtliche Kennzeichen zu entstempeln. Die Zulassungsbehörde trifft die hierzu erforderlichen Anordnungen durch schriftlichen Verwaltungsakt (Abmeldungsbescheid). Das Finanzamt kann die Abmeldung von Amts wegen auch selbst durchführen, wenn die Zulassungsbehörde das Verfahren noch nicht eingeleitet hat. Satz 2 gilt entsprechend. Das Finanzamt teilt die durchgeführte Abmeldung unverzüglich der Zulassungsbehörde mit und händigt dem Fahrzeughalter die vorgeschriebene Bescheinigung über die Abmeldung aus. Die Durchführung der Abmeldung von Amts wegen richtet sich nach dem Verwaltungsverfahrensgesetz. Für Streitigkeiten über Abmeldungen von Amts wegen ist der Verwaltungsrechtsweg gegeben.

3. In den Fällen des innergemeinschaftlichen Erwerbs neuer Luftfahrzeuge (§ 1b Abs. 2 Satz 1 Nr. 3 und Abs. 3 Nr. 3) gilt Folgendes:

a) Bei der erstmaligen Registrierung in der Luftfahrzeugrolle hat der Antragsteller die folgenden Angaben zur Übermittlung an die Finanzbehörden zu machen:

aa) den Namen und die Anschrift des Antragstellers sowie das für ihn zuständige Finanzamt (§ 21 der Abgabenordnung),

bb) den Namen und die Anschrift des Lieferers,

cc) den Tag der Lieferung,

dd) das Entgelt (Kaufpreis),

ee) den Tag der ersten Inbetriebnahme,

ff) die Starthöchstmasse,

gg) die Zahl der bisherigen Betriebsstunden am Tag der Lieferung,

hh) den Flugzeughersteller und den Flugzeugtyp,

ii) den Verwendungszweck.

Der Antragsteller ist zu den Angaben nach Satz 1 Doppelbuchstabe aa und bb auch dann verpflichtet, wenn er nicht zu den in § 1a Abs. 1 Nr. 2 und § 1b Abs. 1 genannten Personen gehört oder wenn Zweifel daran bestehen, ob die Eigenschaften als neues Fahrzeug im Sinne des § 1b Abs. 3 Nr. 3 vorliegen. Das Luftfahrt-Bundesamt darf die Eintragung in der Luftfahrzeugrolle erst vornehmen, wenn der Antragsteller die vorstehenden Angaben gemacht hat.

b) Ist die Steuer für den innergemeinschaftlichen Erwerb nicht entrichtet worden, so hat das Luftfahrt-Bundesamt auf Antrag des Finanzamts die Betriebserlaubnis zu widerrufen. Es trifft die hierzu erforderlichen Anordnungen durch schriftlichen Verwaltungsakt (Abmeldungsbescheid). Die Durchführung der Abmeldung von Amts wegen richtet sich nach dem Verwaltungsverfahrensgesetz. Für Streitigkeiten über Abmeldungen von Amts wegen ist der Verwaltungsrechtsweg gegeben.

(11) Die für die Steueraufsicht zuständigen Zolldienststellen wirken an der umsatzsteuerlichen Erfassung von Personenbeförderungen mit nicht im Inland zugelassenen Kraftomnibussen mit. Sie sind berechtigt, im Rahmen von zeitlich und örtlich begrenzten Kontrollen die nach ihrer äußeren Erscheinung nicht im Inland zugelassenen Kraftomnibusse anzuhalten und die tatsächlichen und rechtlichen Verhältnisse festzustellen, die für die Umsatzsteuer maßgebend sind, und die festgestellten Daten den zuständigen Finanzbehörden zu übermitteln.

(12) Im Ausland ansässige Unternehmer (§ 13b Absatz 7), die grenzüberschreitende Personenbeförderungen mit nicht im Inland zugelassenen Kraftomnibussen durchführen, haben dies vor der erstmaligen Ausführung derartiger auf das Inland entfallender Umsätze (§ 3b Abs. 1 Satz 2) bei dem für die Umsatzbesteuerung zuständigen Finanzamt anzuzeigen, soweit diese Umsätze nicht der Beförderungseinzelbesteuerung (§ 16 Abs. 5) unterliegen.[1] Das Finanzamt erteilt hierüber eine Bescheinigung. Die Bescheinigung ist während jeder Fahrt mitzuführen und auf Verlangen den für die Steueraufsicht zuständigen Zolldienststellen vorzulegen. Bei Nichtvorlage der Bescheinigung können diese Zolldienststellen eine Sicherheitsleistung nach den abgabenrechtlichen Vorschriften in Höhe der für die einzelne Beförderungsleistung voraussichtlich zu entrichten-

---

[1] Der letzte Satzteil ab „oder" wurde durch Gesetz v. 25.7.2014 gestrichen.

den Steuer verlangen. Die entrichtete Sicherheitsleistung ist auf die nach Absatz 3 Satz 1 zu entrichtende Steuer anzurechnen.

### § 46 UStDV
### Fristverlängerung

Das Finanzamt hat dem Unternehmer auf Antrag die Fristen für die Übermittlung der Voranmeldungen und für die Entrichtung der Vorauszahlungen (§ 18 Abs. 1, 2 und 2a des Gesetzes) um einen Monat zu verlängern. Das Finanzamt hat den Antrag abzulehnen oder eine bereits gewährte Fristverlängerung zu widerrufen, wenn der Steueranspruch gefährdet erscheint.

### § 47 UStDV
### Sondervorauszahlung

(1) Die Fristverlängerung ist bei einem Unternehmer, der die Voranmeldungen monatlich zu übermitteln hat, unter der Auflage zu gewähren, dass dieser eine Sondervorauszahlung auf die Steuer eines jeden Kalenderjahres entrichtet. Die Sondervorauszahlung beträgt ein Elftel der Summe der Vorauszahlungen für das vorangegangene Kalenderjahr.

(2) Hat der Unternehmer seine gewerbliche oder berufliche Tätigkeit nur in einem Teil des vorangegangenen Kalenderjahres ausgeübt, so ist die Summe der Vorauszahlungen dieses Zeitraums in eine Jahressumme umzurechnen. Angefangene Kalendermonate sind hierbei als volle Kalendermonate zu behandeln.

(3) Hat der Unternehmer seine gewerbliche oder berufliche Tätigkeit im laufenden Kalenderjahr begonnen, so ist die Sondervorauszahlung auf der Grundlage der zu erwartenden Vorauszahlungen dieses Kalenderjahres zu berechnen.

### § 48 UStDV
### Verfahren

(1) Der Unternehmer hat die Fristverlängerung für die Übermittlung der Voranmeldungen bis zu dem Zeitpunkt zu beantragen, an dem die Voranmeldung, für die die Fristverlängerung erstmals gelten soll, nach § 18 Abs. 1, 2 und 2a des Gesetzes zu übermitteln ist. Der Antrag ist nach amtlich vorgeschriebenem Datensatz durch Datenfernübertragung nach Maßgabe der Steuerdaten-Übermittlungsverordnung zu übermitteln. Auf Antrag kann das Finanzamt zur Vermeidung von unbilligen Härten auf eine elektronische Übermittlung verzichten; in diesem Fall hat der Unternehmer einen Antrag nach amtlich vorgeschriebenem Vordruck zu stellen. In dem Antrag hat der Unternehmer, der die Voranmeldungen monatlich zu übermitteln hat, die Sondervorauszahlung (§ 47) selbst zu berechnen und anzumelden. Gleichzeitig hat er die angemeldete Sondervorauszahlung zu entrichten.

(2) Während der Geltungsdauer der Fristverlängerung hat der Unternehmer, der die Voranmeldungen monatlich zu übermitteln hat, die Sondervorauszahlung für das jeweilige Kalenderjahr bis zum gesetzlichen Zeitpunkt der Übermittlung der ersten Voranmeldung zu berechnen, anzumelden und zu entrichten. Absatz 1 Satz 2 und 3 gilt entsprechend.

(3) Das Finanzamt kann die Sondervorauszahlung festsetzen, wenn sie vom Unternehmer nicht oder nicht richtig berechnet wurde oder wenn die Anmeldung zu einem offensichtlich unzutreffenden Ergebnis führt.

(4) Die festgesetzte Sondervorauszahlung ist bei der Festsetzung der Vorauszahlung für den letzten Voranmeldungszeitraum des Besteuerungszeitraums anzurechnen, für den die Fristverlängerung gilt.

### § 49 UStDV
### Verzicht auf die Steuererhebung im Börsenhandel mit Edelmetallen

Auf die Erhebung der Steuer für die Lieferungen von Gold, Silber und Platin sowie für die sonstigen Leistungen im Geschäft mit diesen Edelmetallen wird verzichtet, wenn

1. die Umsätze zwischen Unternehmern ausgeführt werden, die an einer Wertpapierbörse im Inland mit dem Recht zur Teilnahme am Handel zugelassen sind,
2. die bezeichneten Edelmetalle zum Handel an einer Wertpapierbörse im Inland zugelassen sind und
3. keine Rechnungen mit gesondertem Ausweis der Steuer erteilt werden.

### § 59 UStDV
### Vergütungsberechtigte Unternehmer

Die Vergütung der abziehbaren Vorsteuerbeträge (§ 15 des Gesetzes) an im Ausland ansässige Unternehmer ist abweichend von den §§ 16 und 18 Abs. 1 bis 4 des Gesetzes nach den §§ 60 bis 61a durchzuführen, wenn der Unternehmer im Vergütungszeitraum

1. im Inland keine Umsätze im Sinne des § 1 Abs. 1 Nr. 1 und 5 des Gesetzes oder nur steuerfreie Umsätze im Sinne des § 4 Nr. 3 des Gesetzes ausgeführt hat,
2. nur Umsätze ausgeführt hat, für die der Leistungsempfänger die Steuer schuldet (§ 13b des Gesetzes) oder die der Beförderungseinzelbesteuerung (§ 16 Abs. 5 und § 18 Abs. 5 des Gesetzes) unterlegen haben,
3. im Inland nur innergemeinschaftliche Erwerbe und daran anschließende Lieferungen im Sinne des § 25b Abs. 2 des Gesetzes ausgeführt hat,
4. im Inland als Steuerschuldner nur Umsätze im Sinne des § 3a Abs. 5 des Gesetzes erbracht hat und von dem Wahlrecht nach § 18 Abs. 4c des Gesetzes Gebrauch gemacht hat oder diese Umsätze in einem anderen Mitgliedstaat erklärt sowie die darauf entfallende Steuer entrichtet hat oder
5. im Inland als Steuerschuldner nur Umsätze im Sinne des § 3a Absatz 5 des Gesetzes erbracht hat und von dem Wahlrecht nach § 18 Absatz 4e des Gesetzes Gebrauch gemacht hat.[1]

Ein im Ausland ansässiger Unternehmer im Sinne des Satzes 1 ist ein Unternehmer, der im Inland, auf der Insel Helgoland und in einem der in § 1 Absatz 3 des Gesetzes bezeichneten Gebiete weder einen Wohnsitz, seinen gewöhnlichen Aufenthalt, seinen Sitz, seine Geschäftsleitung noch eine Betriebsstätte hat; *[Fassung vom 20.12.2012 bis 29.12.2014: dies gilt auch, wenn der Unternehmer ausschließlich einen Wohnsitz oder einen gewöhnlichen Aufenthaltsort im Inland, aber seinen Sitz, den Ort der Geschäftsleitung oder eine Betriebsstätte im Ausland hat.]* ein im Ausland ansässiger Unternehmer ist auch ein Unternehmer, der

1. ausschließlich einen Wohnsitz oder seinen gewöhnlichen Aufenthalt im Inland hat,
2. ausschließlich eine Betriebsstätte im Inland hat, von der aus keine Umsätze ausgeführt werden,

aber im Ausland seinen Sitz, seine Geschäftsleitung oder eine Betriebsstätte hat, von der aus Umsätze ausgeführt werden. Maßgebend für die Ansässigkeit ist der jeweilige Vergütungszeitraum im Sinne des § 60, für den der Unternehmer eine Vergütung beantragt.[2]

### § 60 UStDV
### Vergütungszeitraum

Vergütungszeitraum ist nach Wahl des Unternehmers ein Zeitraum von mindestens drei Monaten bis zu höchstens einem Kalenderjahr. Der Vergütungszeitraum kann weniger als drei Monate umfassen, wenn es sich um den restlichen Zeitraum des Kalenderjahres handelt. Hat der Unternehmer einen Vergütungszeitraum von mindestens drei Monaten nach Satz 2 gewählt, kann er daneben auch noch einen Vergütungsantrag für das Kalenderjahr

---

[1] Nummer 5 angefügt m.W.v. 1.1.2015 durch Gesetz v. 25.7.2014.
[2] Sätze 2 und 3 neu gefasst mit Wirkung vom 20.12.2012 durch VO v. 11.12.2012; Satz 2 erneut geändert m.W.v. 30.12.2014 durch VO v. 22.12.2014.

## § 18

stellen. In den Antrag für *[bis 29.12.2014: diesen Zeitraum]* den Zeitraum nach Satz 2 können auch abziehbare Vorsteuerbeträge aufgenommen werden, die in vorangegangene Vergütungszeiträume des betreffenden Kalenderjahres fallen.[1]

### § 61 UStDV
### Vergütungsverfahren für im übrigen Gemeinschaftsgebiet ansässige Unternehmer

(1) Der im übrigen Gemeinschaftsgebiet ansässige Unternehmer hat den Vergütungsantrag nach amtlich vorgeschriebenem Datensatz durch Datenfernübertragung nach Maßgabe der Steuerdaten-Übermittlungsverordnung über das in dem Mitgliedstaat, in dem der Unternehmer ansässig ist, eingerichtete elektronische Portal dem Bundeszentralamt für Steuern zu übermitteln.

(2) Die Vergütung ist binnen neun Monaten nach Ablauf des Kalenderjahres, in dem der Vergütungsanspruch entstanden ist, zu beantragen. Der Unternehmer hat die Vergütung selbst zu berechnen. Dem Vergütungsantrag sind auf elektronischem Weg die Rechnungen und Einfuhrbelege *[bis 29.12.2014: in Kopie]* als eingescannte Originale[2] in Kopie beizufügen, wenn das Entgelt für den Umsatz oder die Einfuhr mindestens 1000 Euro, bei Rechnungen über den Bezug von Kraftstoffen mindestens 250 Euro beträgt. Bei begründeten Zweifeln an dem Recht auf Vorsteuerabzug in der beantragten Höhe kann das Bundeszentralamt für Steuern verlangen, dass die Vorsteuerbeträge durch Vorlage von Rechnungen und Einfuhrbelegen im Original nachgewiesen werden.

(3) Die beantragte Vergütung muss mindestens 400 Euro betragen. Das gilt nicht, wenn der Vergütungszeitraum das Kalenderjahr oder der letzte Zeitraum des Kalenderjahres ist. Für diese Vergütungszeiträume muss die beantragte Vergütung mindestens 50 Euro betragen.

(4) Der Bescheid über die Vergütung von Vorsteuerbeträgen ist in elektronischer Form zu übermitteln. § 87a Abs. 4 Satz 2 der Abgabenordnung ist nicht anzuwenden.

(5) Der nach § 18 Abs. 9 des Gesetzes zu vergütende Betrag ist zu verzinsen. Der Zinslauf beginnt mit Ablauf von vier Monaten und zehn Werktagen nach Eingang des Vergütungsantrags beim Bundeszentralamt für Steuern. Übermittelt der Antragsteller *[bis 29.12.2014: Kopien der]* Rechnungen oder Einfuhrbelege als eingescannte Originale abweichend von Absatz 2 Satz 3 nicht zusammen mit dem Vergütungsantrag, sondern erst zu einem späteren Zeitpunkt, beginnt der Zinslauf erst mit Ablauf von vier Monaten und zehn Tagen nach Eingang dieser *[bis 29.12.2014: Kopien]* eingescannten Originale beim Bundeszentralamt für Steuern.[3] Hat das Bundeszentralamt für Steuern zusätzliche oder weitere zusätzliche Informationen angefordert, beginnt der Zinslauf erst mit Ablauf von zehn Werktagen nach Ablauf der Fristen in Artikel 21 der Richtlinie 2008/9/EG des Rates vom 12. Februar 2008 zur Regelung der Erstattung der Mehrwertsteuer gemäß der Richtlinie 2006/112/EG an nicht im Mitgliedstaat der Erstattung, sondern in einem anderen Mitgliedstaat ansässige Steuerpflichtige (ABl. EU Nr. L 44 S. 23). Der Zinslauf endet mit erfolgter Zahlung des zu vergütenden Betrages; die Zahlung gilt als erfolgt mit dem Tag der Fälligkeit, es sei denn, der Unternehmer weist nach, dass er den zu vergütenden Betrag später erhalten hat. Wird die Festsetzung oder Anmeldung der Steuervergütung geändert, ist eine bisherige Zinsfestsetzung zu ändern; § 233a Abs. 5 der Abgabenordnung gilt entsprechend. Für die Höhe und Berechnung der Zinsen gilt § 238 der Abgabenordnung. Auf die Festsetzung der Zinsen ist § 239 der Abgabenordnung entsprechend anzuwenden. Bei der Festsetzung von Prozesszinsen nach § 236 der Abgabenordnung sind Zinsen anzurechnen, die für denselben Zeiraum nach den Sätzen 1 bis 5 festgesetzt werden.[4]

(6) Ein Anspruch auf Verzinsung nach Absatz 5 besteht nicht, wenn der Unternehmer einer Mitwirkungspflicht nicht innerhalb einer Frist von einem Monat nach Zugang einer entsprechenden Aufforderung des Bundeszentralamtes für Steuern nachkommt.

---

1 Satz 3 eingefügt und Satz 4 neu gefasst m.W.v. 30.12.2014 durch VO v. 22.12.2014.
2 Satz 3 neu gefasst m.W.v. 30.12.2014 durch VO v. 22.12.2014.
3 Satz 3 neu gefasst m.W.v. 30.12.2014 durch VO v. 22.12.2014.
4 Satz 9 angefügt m.W.v. 30.12.2014 durch VO v. 22.12.2014.

## § 61a UStDV
### Vergütungsverfahren für nicht im Gemeinschaftsgebiet ansässige Unternehmer

(1) Der nicht im Gemeinschaftsgebiet ansässige Unternehmer hat *[Fassung bis 29.12.2014: die Vergütung nach amtlich vorgeschriebenem Vordruck bei dem Bundeszentralamt für Steuern zu beantragen. Abweichend von Satz 1 kann der Unternehmer]* den Vergütungsantrag nach amtlich vorgeschriebenem Datensatz durch Datenfernübertragung nach Maßgabe der Steuerdaten-Übermittlungsverordnung dem Bundeszentralamt für Steuern übermitteln. Auf Antrag kann das Bundeszentralamt für Steuern zur Vermeidung von unbilligen Härten auf eine elektronische Übermittlung verzichten. In diesem Fall hat der nicht im Gemeinschaftsgebiet ansässige Unternehmer die Vergütung nach amtlich vorgeschriebenem Vordruck beim Bundeszentralamt für Steuern zu beantragen und den Vergütungsantrag eigenhändig zu unterschreiben.[1]

(2) Die Vergütung ist binnen sechs Monaten nach Ablauf des Kalenderjahres, in dem der Vergütungsanspruch entstanden ist, zu beantragen. Der Unternehmer hat die Vergütung selbst zu berechnen. Die Vorsteuerbeträge sind durch Vorlage von Rechnungen und Einfuhrbelegen im Original nachzuweisen. *[Bis 29.12.2014:]* Der Vergütungsantrag ist vom Unternehmer eigenhändig zu unterschreiben.[2]

(3) Die beantragte Vergütung muss mindestens 1000 Euro betragen. Das gilt nicht, wenn der Vergütungszeitraum das Kalenderjahr oder der letzte Zeitraum des Kalenderjahres ist. Für diese Vergütungszeiträume muss die beantragte Vergütung mindestens 500 Euro betragen.

(4) Der Unternehmer muss der zuständigen Finanzbehörde durch behördliche Bescheinigung des Staates, in dem er ansässig ist, nachweisen, dass er als Unternehmer unter einer Steuernummer eingetragen ist.

## § 62 UStDV
### Berücksichtigung von Vorsteuerbeträgen, Belegnachweis

(1) Ist bei den in § 59 genannten Unternehmern die Besteuerung nach § 16 und § 18 Abs. 1 bis 4 des Gesetzes durchzuführen, so sind hierbei die Vorsteuerbeträge nicht zu berücksichtigen, die nach § 59 vergütet worden sind.

(2) Die abziehbaren Vorsteuerbeträge sind in den Fällen des Absatzes 1 durch Vorlage der Rechnungen und Einfuhrbelege im Original nachzuweisen.

## § 74a UStDV
### Übergangsvorschriften

(1) Die §§ 59 bis 61 in der Fassung des Artikels 8 des Gesetzes vom 19. Dezember 2008 (BGBl. I S. 2794) und § 61a sind auf Anträge auf Vergütung von Vorsteuerbeträgen anzuwenden, die nach dem 31. Dezember 2009 gestellt werden.

...

(4) § 61a Absatz 1 und 2 in der am 30. Dezember 2014 geltenden Fassung ist auf Anträge auf Vergütung von Vorsteuerbeträgen anzuwenden, die nach dem 30. Juni 2016 gestellt werden.[3]

---

1 Absatz 1 neu gefasst m.W.v. 30.12.2014 durch VO v. 22.12.2014. Diese Fassung ist nach Art. 74a Abs. 4 UStDV erst auf nach dem 30. Juni 2016 gestellte Anträge auf Vergütung von Vorsteuerbeträgen anzuwenden.
2 Satz 4 aufgehoben m.W.v. 30.12.2014 durch VO v. 22.12.2014. Diese Fassung des Absatzes 2 ist nach Art. 74a Abs. 4 UStDV erst auf nach dem 30. Juni 2016 gestellte Anträge auf Vergütung von Vorsteuerbeträgen anzuwenden.
3 Absatz 4 angefügt m.W.v. 30.12.2014 durch VO v. 22.12.2014.

*EU-Recht*

Art. 170–171a, 183, 206, 207, 209, 210, 212, 250–252, 255–259, 261, 358 ff. und Art. 369a–369k MwStSystRL;

RL 2008/9/EG;

RL 86/560/EWG;

Art. 58–63 MwSt-DVO.

*VV*

Abschn. 3a.16 Abs. 8–14, Abschn. 18.1–18.4, 18.6–18.17 UStAE.

| | |
|---|---|
| **A. Allgemeines** .................. 1 | |
| **B. Verpflichtung zur Abgabe von Steueranmeldungen, Steuervergütungsanmeldungen** | |
|   I. Allgemeines .................. 4 | |
|  II. Voranmeldungen, Vorauszahlungen (Abs. 1–2a) | |
|    1. Steuererklärung, Steueranmeldung .................. 8 | |
|    2. Vorauszahlung .................. 11 | |
|    3. Steuervergütungsanmeldung ... 13 | |
|    4. Verbundene Steuer- und Steuervergütungsanmeldung .......... 17 | |
|    5. Form .................. 18 | |
|    6. Voranmeldungszeitraum | |
|      a) Grundsatz .................. 21 | |
|      b) Wahlrecht .................. 23 | |
|      c) Bei Beginn des Unternehmens .................. 25 | |
|    7. Befreiung von der Abgabeverpflichtung .................. 30 | |
|    8. Inhalt der Voranmeldung ....... 32 | |
|    9. Abgabefrist .................. 35 | |
|   10. Fälligkeit der Vorauszahlung bzw. Steuervergütung .......... 36 | |
|   11. Festsetzung, abweichende Festsetzung | |
|      a) Allgemeines .............. 39 | |
|      b) Ablehnung einer beantragten Steuervergütung .......... 41 | |
|      c) Verbundene Steuer- und Steuervergütungsfestsetzung ..... 42 | |
| III. Steuer-/Steuervergütungsanmeldung für das Kalenderjahr (Abs. 3 und 4) | |
|    1. Steueranmeldung ............. 44 | |
|    2. Steuervergütungsanmeldung .. 49 | |
|    3. Verbundene Steuer- und Steuervergütungsanmeldung ........ 51 | |
|    4. Form .................. 53 | |
|    5. Inhalt der Steuer- bzw. Steuervergütungsanmeldung ........ 55 | |
|    6. Abgabefrist .................. 58 | |
|    7. Festsetzung, abweichende Festsetzung .................. 59 | |
|    8. Abrechnungsteil der Anmeldung bzw. Festsetzung ........ 65 | |
|    9. Fälligkeit des Unterschiedsbetrages/Überschusses (Abs. 4) ... 66 | |
|   10. Verhältnis der Vorauszahlungsfestsetzung (Voranmeldung) zur Jahressteuerfestsetzung (-anmeldung) .................. 68 | |
| IV. Berichtigung der Steueranmeldung/-festsetzung | |
|    1. Berichtigungspflicht des Unternehmers .................. 70 | |
|    2. Berichtigung (Korrektur) durch das Finanzamt .............. 71 | |
|  V. Rechtsbehelfsfragen | |
|    1. Bei Steuer- bzw. Steuervergütungsanmeldungen .......... 73 | |
|    2. Jahresfestsetzung als neuer Verfahrensgegenstand ......... 75 | |
|    3. Fehlende Beschwer bei Abwälzung der Steuer .............. 77 | |
|    4. Klageart und vorläufiger Rechtsschutz bei Begehren einer höheren Steuervergütung .......... 78 | |
|    5. Klagebefugnis des Steuerträgers (Leistungsempfängers, Verbrauchers) .................. 79 | |

Allgemeines § 18

VI. Sonderfälle
  1. Steueranmeldung durch Leistungsempfänger als Steuerschuldner (Abs. 4a) ............ 84
  2. Steueranmeldung durch sog. Fahrzeuglieferer (Abs. 4a) ...... 87
  3. Steueranmeldungen durch Nichtunternehmer (Abs. 4b) ... 88
  4. Steueranmeldungen im Ausland ansässiger Anbieter von Telekommunikations-, Rundfunk- und elektronisch erbrachten Dienstleistungen (Abs. 4c–4e) .. 89
  5. Beförderungseinzelbesteuerung (Abs. 5 und 5b) ............... 96
  6. Fahrzeugeinzelbesteuerung (Abs. 5a) ..................... 98
VII. Dauerfristverlängerung (Abs. 6 i.V.m. §§ 46 ff. UStDV)
  1. Allgemeines ................. 100
  2. Sondervorauszahlung ......... 108
  3. Verfahren ................... 115
  4. Anrechnung der Sondervorauszahlung ..................... 120
C. **Verzicht auf Steuererhebung im Börsenhandel mit Edelmetallen (Abs. 7 i.V.m. § 49 UStDV)** ..................... 123
D. **Vergütung der Vorsteuer an im Ausland ansässige Unternehmer (Abs. 9 i.V.m. §§ 59 ff. UStDV)**
  I. Allgemeines ................. 125
  II. Im Ausland ansässiger Unternehmer (Nichtansässigkeit im Inland) ..................... 128

III. Nichtausführung von Umsätzen im Inland
  1. Grundsatz ................... 131
  2. Ausnahmen .................. 133
IV. Vergütbare Vorsteuern
  1. Allgemeines ................. 134
  2. Einschränkungen für nicht im Gemeinschaftsgebiet Ansässige .................... 138
V. Verfahren
  1. Vergütungszeitraum ......... 141
  2. Verfahren bei im übrigen Gemeinschaftsgebiet ansässigen Unternehmern ............... 144
  3. Verfahren bei nicht im Gemeinschaftsgebiet ansässigen Unternehmern
    a) Antrag, Nachweise ........ 150
    b) Bescheid ................. 155
E. **Mitwirkung der Fahrzeugzulassungs- und Registrierungsbehörden (Abs. 10)** ........... 157
F. **Erfassung von Personenbeförderungen mit nicht im Inland zugelassenen Kraftomnibussen**
  I. Straßenkontrollen durch Zolldienststellen (Abs. 11) ........ 158
  II. Anzeigepflicht für im Ausland ansässige Unternehmer bei grenzüberschreitenden Personenbeförderungen (Abs. 12) .... 160

## A. Allgemeines

Die Vorschrift normiert in ihren ersten Absätzen die Verpflichtung des Unternehmers zur Abgabe von **Steuererklärungen** und zur Selbstberechnung, **Anmeldung** und Entrichtung der Steuer nicht nur für das Kalenderjahr (§ 18 Abs. 3 und 4 UStG), sondern auch die Verpflichtung zur Leistung von „Vorauszahlungen" auf Grund von **Voranmeldungen** für den Kalendermonat bzw. das Kalendervierteljahr (§ 18 Abs. 1 bis 2a UStG).[1] In § 18 Abs. 4a bis 5b UStG sind Verpflichtun- 1

---

1 Das Gemeinschaftsrecht lässt den Mitgliedstaaten hinsichtlich der Ausgestaltung der Steuererklärungs- und Anmeldepflichten einen erheblichen Spielraum; vgl. Art. 250–252, 254, 256–258, 261 MwStSystRL.

gen zur Abgabe von **Steueranmeldungen in besonderen Fällen** normiert. § 18 Abs. 6 und 7 UStG enthalten Verordnungsermächtigungen für **Dauerfristverlängerungen** (dazu §§ 46 ff. UStDV) bzw. den Verzicht auf die Steuererhebung (dazu § 49 UStDV). § 18 Abs. 9 UStG enthält eine Verordnungsermächtigung sowie unmittelbar geltende Regelungen für die **Vergütung von Vorsteuern an nicht im Inland ansässige Unternehmer** (dazu §§ 59 ff. UStDV). § 18 Abs. 10 UStG regelt die Mitwirkung der Zulassungsstellen bei der Besteuerung. § 18 Abs. 11 und 12 UStG betreffen die Erfassung von Personenbeförderungen mit Kraftomnibussen.

2   Entgegen ihrer Überschrift „**Besteuerungsverfahren**" enthält die Vorschrift nicht nur verfahrensrechtliche Vorschriften, sondern **auch materiell-rechtliche Bestimmungen**, die deshalb angesichts der zu engen Überschrift fehlplatziert sind. So handelt es sich insbesondere bei der Verpflichtung zur Leistung von **Vorauszahlungen** (§ 18 Abs. 1 Satz 1 UStG) um eine steuerschuldrechtliche Regelung. Gleiches gilt z.B. für die **Fälligkeitsregelungen** des § 18 Abs. 1 Satz 4 UStG und des gesamten § 18 Abs. 4 UStG. Fehlplatziert sind insbesondere auch die **Beschränkungen der vergütbaren Vorsteuern** durch § 18 Abs. 9 Sätze 4–6 UStG, denn auch bei diesen handelt es sich um rein materiell-rechtliche Bestimmungen, was besonders durch § 15 Abs. 4b UStG deutlich wird, der auf diese Vorsteuerabzugbeschränkungen verweist.

3   Die Vorschrift ist in ihren Absätzen 1 bis 4 des Weiteren auch insofern fehlerhaft formuliert, als sie hinsichtlich der Vergütung der Vorsteuerbeträge schlichtweg die seit 1977 durch die **Abgabenordnung** vorgegebene Systematik **ignoriert**, welche für diese Steuervergütungsanmeldungen bzw. -festsetzungen vorsieht (*Rz. 13 ff., 41, 49 ff.*). Lediglich in § 18 Abs. 9 UStG wird der Begriff „Vergütung" erwähnt, während in § 18 Abs. 2a, 3 und 4 UStG dilettantisch von einem „Überschuss zu seinen Gunsten" gesprochen wird, der durch „Steueranmeldung" geltend gemacht werde (§ 18 Abs. 3 Satz 1 UStG).

## B. Verpflichtung zur Abgabe von Steueranmeldungen, Steuervergütungsanmeldungen

### I. Allgemeines

4   Der Unternehmer hat grundsätzlich für jeden (*Rz. 30*) Voranmeldungszeitraum (*Rz. 21 ff.*) **Voranmeldungen** abzugeben (zu übermitteln), in der er die Steuer für diesen Zeitraum (Vorauszahlung) selbst zu berechnen hat (§ 18 Abs. 1 Satz 1 UStG). Des Weiteren hat der Unternehmer **für das Kalenderjahr eine „Steuererklärung"** – obwohl auch die Voranmeldung i.S.d. § 18 Abs. 1 UStG eine Steuererklärung darstellt (*Rz. 8*) – abzugeben, in der er ebenfalls die „zu entrichtende Steuer" oder den „Überschuss, der sich zu seinen Gunsten ergibt", zu berechnen hat. Diese Steuererklärung wird vom Gesetz ausdrücklich **Steueranmeldung** genannt (§ 18 Abs. 3 Satz 1 UStG), obwohl auch die Voranmeldung eine Steueranmeldung im Sinne der Abgabenordnung ist (*Rz. 9*). Entsprechendes gilt für die Anmeldung von **Steuervergütungen** (*Rz. 13 ff., 49 ff.*). Werden sowohl Steuer- als auch Vorsteuerbeträge angemeldet, so handelt es sich richtigerweise um zwei Anmeldungen (*Rz. 17, 51 ff.*).

Die Verpflichtung zur Abgabe von Steueranmeldungen – Voranmeldungen oder **5**
Jahressteueranmeldungen („Steuererklärungen") – betrifft grundsätzlich den **Unternehmer**, in den Fällen des § 18 Abs. 4a, 4b und 5a UStG auch die dort genannten Nichtunternehmer. **Kleinunternehmer** i.S.d. § 19 UStG und **Land- und Forstwirte**, die der Durchschnittsatzbesteuerung (§ 24 Abs. 1 UStG) unterliegen, haben entgegen dem Wortlaut nur eine **Jahressteuererklärung** nach § 18 Abs. 3 Satz 1 UStG abzugeben. Das Finanzamt wird durch diese in die Lage versetzt zu prüfen, ob der Unternehmer die Kleinunternehmer-Befreiung bzw. die faktische Nichtbesteuerung nach Durchschnittsätzen zu Recht in Anspruch nimmt.[1] Hingegen sind Unternehmer, die **ausschließlich steuerfreie Umsätze** tätigen, nicht zur Abgabe von „Voranmeldungen" und Jahressteuererklärungen verpflichtet, da keine Steuer (Vorauszahlung) bzw. zu entrichtende Steuer zu berechnen ist (§ 18 Abs. 1, 3 und 4 UStG).

Im Falle der Testamentsvollstreckung, der Zwangsverwaltung von Grundstü- **6**
cken sowie in der Insolvenz haben der **Testamentsvollstrecker**, der jeweilige **Zwangsverwalter** bzw. der **Insolvenzverwalter** die entsprechenden Verpflichtungen, soweit das Vermögen ihrer Verwaltung unterliegt (§ 34 Abs. 3 AO). Den Insolvenzverwalter trifft auch die Verpflichtung, für Zeiträume vor Eröffnung des Verfahrens Steuererklärungen (Steueranmeldungen) abzugeben bzw. zu berichtigen[2]; derartige Anmeldungen haben indes nicht die Wirkung des § 168 Satz 1 AO (*Rz. 9*).

**Neben diesen Personen** kann der **Unternehmer** selbst insoweit verpflichtet blei- **7**
ben, wie er eigenständig eine unternehmerische Tätigkeit ausübt. Folglich sind ggf. **mehrere Teil-Voranmeldungen** und **Teil-Jahressteueranmeldungen** abzugeben.[3] Sind für mehrere Grundstücke **verschiedene Zwangsverwalter** eingesetzt worden, so ist **für jedes Grundstück** eine **gesonderte Anmeldung** erforderlich.[4] Das ändert indes nichts daran, dass, wie auch im Falle der **Insolvenzverwaltung** (*§ 2 Rz. 193*), **nur ein Unternehmen** vorliegt (§ 2 Abs. 1 Satz 2 UStG; *§ 2 Rz. 186*), so dass die Grenzen des § 18 Abs. 2 und 2a UStG nicht für die Teilbereiche, sondern für das ganze Unternehmen gelten.[5]

## II. Voranmeldungen, Vorauszahlungen (Abs. 1–2a)

### 1. Steuererklärung, Steueranmeldung

Der Unternehmer hat – sofern er nicht von der Verpflichtung befreit ist (*Rz. 5 u.* **8**
*31 ff.*) nach Ablauf jedes Voranmeldungszeitraums eine Voranmeldung, regelmäßig in elektronischer Form (*Rz. 18*), zu übermitteln, in der er die Steuer für diesen Zeitraum (Vorauszahlung) selbst zu berechnen hat (§ 18 Abs. 1 Satz 1 UStG). Auch bei dieser Voranmeldung handelt es sich (wie im Falle des § 18 Abs. 3 Satz 1 UStG) um eine gesetzlich vorgeschriebene **Steuererklärung**, in der

---

1 *Stadie* in R/D, § 18 UStG Anm. 27; BFH v. 24.7.2013 – XI R 14/11, BStBl. II 2014, 210 – Rz. 34 f.
2 Dazu näher *Stadie* in R/D, § 18 UStG Anh. 2 Anm. 18 ff. – Insolvenz.
3 BFH v. 23.6.1988 – V R 203/83, BStBl. II 1988, 920; BFH v. 10.4.1997 – V R 26/96, BStBl. II 1997, 552; BFH v. 28.6.2000 – V R 87/99, BStBl. II 2000, 639.
4 BFH v. 18.10.2001 – V R 44/00, BStBl. II 2002, 171.
5 Vgl. BFH v. 15.6.1999 – V R 3/97, BStBl. II 2000, 46 (52).

die Steuer selbst zu berechnen ist, so dass zugleich eine Steueranmeldung i.S.d. § 150 Abs. 1 Satz 3 AO vorliegt.

9 Auf diese sind sämtliche **Regeln der Abgabenordnung** über Steueranmeldungen **anzuwenden**. Die Voranmeldung gilt mithin grundsätzlich als eine **fiktive Steuerfestsetzung** (§ 168 Satz 1 AO). Folglich hat sie die Wirkung eines fiktiven Steuerbescheides und bildet damit die Grundlage für die Verwirklichung des angemeldeten Umsatzsteuerbetrages (§ 218 Abs. 1 Satz 2 i.V.m. Satz 1 AO). Das gilt auch für die Vollstreckung (§ 249 Abs. 1 Satz 2 AO); **Einschränkungen** bestehen in der **Insolvenz**, soweit die Steuer zu einer sog. **Insolvenzforderung** führt.[1] Da eine Steueranmeldung kraft Gesetzes unter dem Vorbehalt der Nachprüfung steht (§ 168 Satz 1 AO), kann sie jederzeit geändert werden (§ 164 Abs. 2 Satz 1 AO; *Rz. 71*). **Mit** der **Steueranmeldung** oder Steuerfestsetzung **für das Kalenderjahr erledigen sich** die **Voranmeldungen** (*Rz. 68 f.*).

10 Die Angaben in der Steuererklärung sind wahrheitsgemäß **nach bestem Wissen und Gewissen** zu machen. Dies ist bei Abgabe in Papierform (*Rz. 18 ff.*), da der Vordruck es vorsieht, schriftlich zu versichern (§ 150 Abs. 2 AO). Diese **Wahrheitspflicht**[2] ist von strafrechtlicher Relevanz, da die Nichtabgabe der Steuererklärung oder unrichtige oder unvollständige Angaben (oder das Unterlassen der gebotenen **Berichtigung**, § 153 AO, *Rz. 70*) den objektiven Tatbestand der Steuerhinterziehung (§ 370 Abs. 1 Nr. 1 und 2 AO) erfüllen.

### 2. Vorauszahlung

11 Der von § 18 Abs. 1 UStG verwendete Begriff „**Vorauszahlung**" ist verfehlt, da er von der irrigen Annahme ausgeht, dass die Umsatzsteuer eine Jahressteuer sei, deren zutreffende Höhe erst am Ende des Kalenderjahres feststehe. Das Umsatzsteuergesetz erfasst indes den einzelnen Umsatz und nicht das Jahresergebnis. Die Steuerberechnung für das Kalenderjahr (§ 16 Abs. 1 UStG) sowie die Verpflichtung zur Abgabe einer Jahressteuererklärung haben deshalb nur die Kontrolle der Voranmeldungen im Auge. Dementsprechend **entsteht** die **Umsatzsteuer** auch nicht erst mit Ablauf des Kalenderjahres, sondern **mit Ablauf des Voranmeldungszeitraums** (§ 13 Abs. 1 Nr. 1 Buchst. a und b, Nr. 2 UStG), so dass diese Steuerentstehung eine **endgültige** ist. Eine Entstehung einer Jahressteuer kennt das Umsatzsteuergesetz nicht (*§ 13 Rz. 2; § 16 Rz. 4*), so dass die mit der Voranmeldung angemeldeten Steuerbeträge keine Vorauszahlungen auf eine noch nicht feststehende Jahressteuer sein können.

12 Der **Begriff** „Vorauszahlung" ist auch vor allem deshalb **verfehlt**, weil damit der Zweck der Umsatzsteuer und die Funktion des Unternehmers verkannt werden. Letzterer ist nur Gehilfe des Staates und hat nur die für diesen vereinnahmte Steuer abzuführen (*Vorbem. Rz. 20*). Damit sind Vorauszahlungen nicht zu vereinbaren. Völlig absurd ist der Begriff bei der als Regel vorgesehenen sog. Soll-Versteuerung, bei der ein Großteil der Unternehmer zur Vorfinanzierung der Steuer und damit zu einem Zwangskredit an den Staat gezwungen ist (*§ 13 Rz. 9 f.*). Diesen Zwangskredit als Vorauszahlung auf eine Weiterleitungsver-

---

[1] Dazu näher *Stadie* in R/D, § 18 UStG Anh. 2 Anm. 218 ff. – Insolvenz.
[2] Dazu näher *Stadie* in R/D, § 18 UStG Anm. 41 ff.

pflichtung, die richtigerweise noch gar nicht entstanden ist, zu bezeichnen, ist schon ein starkes Stück.

### 3. Steuervergütungsanmeldung

Der Anspruch auf Abzug der **Vorsteuer** i.S.d. § 15 Abs. 1 Satz 1 Nr. 1 UStG ist ein **Steuervergütungsanspruch** im Sinne der Abgabenordnung, so dass die Vorsteuerbeträge nicht etwa, wie der BFH weiterhin meint, unselbständige negative Besteuerungsgrundlagen der Umsatzsteuerberechnung sind (ausführlich *§ 16 Rz. 27 f.*). Der Steuervergütungsanspruch bedarf zu seiner Verwirklichung der Festsetzung (§ 218 Abs. 1 Satz 1 AO), auf die die Vorschriften über die Steuerfestsetzung sinngemäß anzuwenden sind (§ 155 Abs. 4 AO[1]). Folglich führt die sinngemäße Anwendung des § 168 AO dazu, dass die Anmeldung der Steuervergütungsansprüche (§ 168 Satz 2 AO erwähnt ausdrücklich die Steuervergütung) eine **Steuervergütungsanmeldung** ist.[2]

Hinsichtlich der **Ansprüche** des Unternehmers auf **Erstattung** von Vorsteuern i.S.d. § 15 Abs. 1 Satz 1 Nr. 2–5 UStG (*§ 16 Rz. 30*) ist von der Abgabenordnung eine Festsetzung und damit auch eine Anmeldung eigentlich nicht vorgesehen (arg. § 218 Abs. 1 AO). Da jedoch das Umsatzsteuergesetz auch diese Ansprüche fälschlich als Steuervergütungsansprüche versteht (arg. § 4a Abs. 1 und § 18 Abs. 9 UStG) und ihre „Anmeldung" vorschreibt (§ 18 Abs. 1 Satz 2 und Abs. 3 Satz 1 i.V.m. § 16 Abs. 2 UStG), sind auch auf sie die **für Steuervergütungsansprüche geltenden Regelungen entsprechend** anzuwenden. Die Bestätigung findet sich in § 168 Satz 2 AO, der nur von einer Steuervergütung spricht.

Eine Steuervergütungsanmeldung steht grundsätzlich einer Steuervergütungsfestsetzung unter Vorbehalt der Nachprüfung gleich (§ 155 Abs. 4 i.V.m. § 168 Satz 1 AO), d.h. die Steuervergütungsanmeldung wird **als Steuervergütungsfestsetzung** (Steuervergütungsbescheid) **fingiert**, die (der) nach § 164 Abs. 2 AO abänderbar ist.[3] Voraussetzung für diese Wirkung ist indes die **Zustimmung** des Finanzamts, die **formlos** ergehen kann (§ 168 Sätze 2 und 3 AO). In der Auszahlung des Steuervergütungsbetrages liegt die **konkludente** Zustimmung.[4]

Hält das Finanzamt den Steuervergütungsanspruch für nicht gegeben, so muss es den in der Anmeldung liegenden Antrag auf Steuervergütung ablehnen. Für die **Ablehnung** gelten die Regeln über Steuervergütungsbescheide sinngemäß (§ 155 Abs. 4 i.V.m. Abs. 1 Satz 3 AO).[5] Will das Finanzamt eine niedrigere Steuervergütung gewähren, so hat es eine **abweichende** Steuervergütungsfestsetzung durch **Steuervergütungsbescheid** vorzunehmen (§ 155 Abs. 4 i.V.m. § 167 Abs. 1 Satz 1 AO) und die teilweise Ablehnung des Antrags auszusprechen (*Rz. 41*). Die (vorläufige) **Zustimmung** zu einer Steuervergütungsanmeldung kann von einer

---

[1] Diese Vorschrift wird vom BFH im Zusammenhang mit der Vorsteuer erstmals im Jahre 2009 erwähnt; vgl. BFH v. 19.11.2009 – V R 41/08, UR 2010, 265 – Rz. 19.
[2] *Stadie*, Allg. SteuerR, Rz. 538; vgl. auch AEAO zu § 168, Nr. 2: „Steueranmeldung, die zu einer Steuervergütung führt".
[3] *Stadie*, Allg. SteuerR, Rz. 538.
[4] BFH v. 28.2.1996 – XI R 42/94, BStBl. II 1996, 660 (661).
[5] *Stadie*, Allg. SteuerR, Rz. 539.

**Sicherheitsleistung** abhängig gemacht werden (§ 18f Satz 1 UStG). Entsprechendes gilt, wenn die beantragte Steuervergütung durch abweichende Festsetzung (*Rz. 41*) niedriger festgesetzt werden soll (§ 18f Satz 2 UStG).

### 4. Verbundene Steuer- und Steuervergütungsanmeldung

17 Die Anmeldung von Vorsteuern führt nicht nur dann zu einer Steuervergütungsanmeldung, wenn nur Vorsteuerbeträge angefallen sind, sondern auch dann, wenn **sowohl Steuerbeträge** (und/oder gleichgestellte Beträge, *Rz. 33*) **als auch Vorsteuerbeträge** (und/oder gleichgestellte Beträge, *Rz. 34*) mittels einer „Steueranmeldung" dem Finanzamt erklärt werden. Auch in diesem Fall wird nicht lediglich die Differenz als zu entrichtende Steuer bzw. als Vorsteuerüberschuss angemeldet, sondern es liegen dann **sowohl** eine **Steueranmeldung als auch** eine **Steuervergütungsanmeldung** vor, die nur scheinbar zu einer Anmeldung verschmolzen sind. Aus § 18 Abs. 1 Satz 2 i.V.m. § 16 Abs. 2 UStG folgt nichts Gegenteiliges, da die danach angeordnete Zwangsverrechnung eine rein materiellrechtliche Regelung zur „Steuerberechnung" darstellt (*§ 16 Rz. 32*). Maßgebend ist allein die Systematik der Abgabenordnung. Nach dieser sind die unterschiedlichen Ansprüche aus dem Steuerschuldverhältnis (Steueranspruch und Steuervergütungsanspruch) jeweils gesondert festzusetzen (§ 155 Abs. 1 und § 155 Abs. 4 AO). Der scheinbar nur **angemeldete Überschuss** ist in Wahrheit das Ergebnis der Verrechnung beider Ansprüche nach § 18 Abs. 1 Satz 2 i.V.m. § 16 Abs. 2 UStG (*Rz. 42*) und damit in Wahrheit nur der **„Abrechnungsteil"** der kombinierten Anmeldungen.

### 5. Form

18 Die Voranmeldung ist grundsätzlich auf **elektronischem Weg** nach Maßgabe der Steuerdaten-Übermittlungsverordnung (StDÜV) zu übermitteln (§ 18 Abs. 1 Satz 1 UStG). Das Finanzamt kann jedoch **auf Antrag** zur Vermeidung von unbilligen Härten auf eine elektronische Übermittlung verzichten (§ 18 Abs. 1 Satz 2 UStG), so dass die Voranmeldung dann in **Papierform**, einschließlich Telefax[1], abgegeben werden kann.

19 Dem Antrag ist zu entsprechen, **wenn** eine Erklärungsabgabe in der elektronischen Form wirtschaftlich oder persönlich **unzumutbar** ist. Das ist insbesondere der Fall, wenn dem Unternehmer die Schaffung der technischen Möglichkeiten nur mit einem nicht unerheblichen finanziellen Aufwand möglich wäre oder der Unternehmer nach seinen individuellen Kenntnissen und Fähigkeiten nicht oder nur eingeschränkt in der Lage ist, die Möglichkeiten der Datenfernübertragung zu nutzen (§ 150 Abs. 8 AO).[2]

20 Die Voranmeldung auf **Papier** ist „nach", d.h. nicht notwendig „auf" **amtlich vorgeschriebenem Vordruck** zu übermitteln (§ 18 Abs. 1 Satz 3 UStG); das ergibt sich indes bereits aus § 150 Abs. 1 Satz 1 AO. Die Vordrucke müssen mithin den amtlichen Vordrucken in Gestaltung und Größe exakt entsprechen.

---

1 BFH v. 4.7.2002 – V R 31/01, BStBl. II 2003, 45; Abschn. 18.1 Abs. 1 Satz 3 UStAE.
2 Dazu BFH v. 14.3.2012 – XI R 33/09, BStBl. II 2012, 477.

## 6. Voranmeldungszeitraum

### a) Grundsatz

Voranmeldungszeitraum (VAZ) ist regelmäßig das **Kalendervierteljahr**. Beträgt die Steuer für das vorangegangene Kalenderjahr mehr als 7500 €, ist der **Kalendermonat** Voranmeldungszeitraum (§ 18 Abs. 2 Sätze 1 und 2 UStG). Abzustellen ist nur auf die **vom Unternehmer geschuldete Steuer**; die Steuer für eigene Umsätze, welche vom Leistungsempfänger nach § 13b UStG geschuldet wird, ist nicht zu berücksichtigen.[1] Maßgebend ist die Steuer für das ganze Unternehmen; das gilt auch, wenn dieses zum Teil von einem **Zwangs-, Insolvenz- o.ä. Verwalter** betrieben wird (Rz. 7). 21

„Steuer" ist nicht der Gesamtbetrag der *geschuldeten* Steuer und gleichgestellten Beträge (Rz. 33), sondern die **zu entrichtende** Steuer[2] nach Verrechnung mit Vorsteuer- und gleichgestellten (Rz. 34) Beträgen. Die Steuer des *vorangegangenen Kalenderjahres* ist auch dann maßgebend, wenn auf Grund einer Gesetzesänderung die Steuer für das laufende Kalenderjahr niedriger oder höher sein wird.[3] 22

### b) Wahlrecht

Bei einem **Überschuss zu seinen Gunsten** von **mehr als 7500 €** im vorangegangenen Kalenderjahr kann der Unternehmer anstelle des Kalendervierteljahres den Kalendermonat als Voranmeldungszeitraum wählen (§ 18 Abs. 2a Satz 1 UStG). Diese Bestimmung hat in erster Linie solche Unternehmer im Auge, die regelmäßig Vorsteuerüberschüsse haben oder sogar ausschließlich nur Vorsteuervergütungen erhalten. Die **Bagatellgrenze** von 7500 € ist indes **zu hoch** angesetzt.[4] 23

Will der Unternehmer den Kalendermonat wählen, so hat er bis zum 10. Februar des laufenden Kalenderjahres eine **Voranmeldung für den ersten Kalendermonat** (d.h. Januar) abzugeben (§ 18 Abs. 2a Satz 2 UStG). In der fristgerechten Abgabe dieser Voranmeldung liegt die **konkludente Ausübung der Wahl**. Die Frist ist nicht verlängerbar; es kommt jedoch bei unverschuldeter Fristversäumung eine Wiedereinsetzung in den vorigen Stand (§ 110 AO) in Betracht.[5] Die Ausübung des Wahlrechts durch Abgabe der Voranmeldung für den Monat Januar **bindet den Unternehmer für** dieses **Kalenderjahr** (§ 18 Abs. 2a Satz 3 UStG).

Bei regelmäßig **größeren Überschüssen** muss das Finanzamt eine **wochenweise** oder ggf. sogar **tageweise** Anmeldung zulassen.[6] 24

### c) Bei Beginn des Unternehmens

Abweichend von der Regel des § 18 Abs. 2 Sätze 1 und 2 UStG, wonach bei Nichtüberschreiten der dort genannten Grenze das Kalendervierteljahr der Vor- 25

---

1 Abschn. 18.2 Abs. 1 Satz 2 UStAE.
2 *Stadie* in R/D, § 18 UStG Anm. 82.
3 OFD Düsseldorf u. Münster, Kurzinfo. v. 21.4.2005 – USt Nr. 8/2005, DB 2005, 976.
4 *Stadie* in R/D, § 18 UStG Anm. 86 f.
5 Abschn. 18.2 Abs. 1 Sätze 6 und 7 UStAE.
6 *Stadie* in R/D, § 18 UStG Anm. 187 ff.

anmeldungszeitraum ist, ist bei Aufnahme der beruflichen oder gewerblichen Tätigkeit **im laufenden und folgenden Kalenderjahr** Voranmeldungszeitraum stets der **Kalendermonat** (§ 18 Abs. 2 Satz 4 UStG). Für diese beiden Kalenderjahre kommt folglich keine Befreiung von der Verpflichtung zur Abgabe von Voranmeldungen nach § 18 Abs. 2 Satz 3 UStG (*Rz. 31*) in Betracht.

Der **Zweck** der Bestimmung soll in der schnelleren Informationserlangung zur zeitnäheren Prüfung der Unternehmer und der früheren Aufdeckung von Hinterziehungsfällen liegen.[1] Die Bestimmung ist nur anzuwenden, wenn der Unternehmer überhaupt nach § 18 Abs. 1 UStG grundsätzlich – ohne Berücksichtigung der Befreiungsmöglichkeit nach § 18 Abs. 2 Satz 3 UStG (dazu *Rz. 31*) – zur Abgabe von Voranmeldungen verpflichtet ist. Das ist **nicht** der Fall, **solange** der Unternehmer unter die **Kleinunternehmerbefreiung** nach § 19 Abs. 1 UStG fällt (zu der erforderlichen Prognose s. *§ 19 Rz. 20*), auf Grund der **Pauschalierungen** des § 23a UStG (kleine gemeinnützige Vereine) oder des § 24 UStG (**Land- und Forstwirte**) **keine Zahllast** hat, keine steuerpflichtigen Umsätze im Inland oder nur **steuerfreie Umsätze** ohne Vorsteuerabzug ausführt.[2] Wenn ein solcher Unternehmer **innerhalb des** in der Vorschrift genannten **Zeitraums zur normalen Besteuerung** wechselt bzw. steuerpflichtige Umsätze erbringt, gilt die Verpflichtung nach § 18 Abs. 2 Satz 4 UStG nur noch für den verbleibenden Zeitraum.

26 Das **BMF** spricht **fehlerhaft** von „**Neugründung**"[3], während das **Gesetz zutreffend** von der **Aufnahme** der beruflichen oder gewerblichen, d.h. der **unternehmerischen Tätigkeit** i.S.d. § 2 Abs. 1 UStG spricht. Diese wird nicht erst mit den ersten Umsätzen „aufgenommen", sondern beginnt vielmehr bereits mit den ersten nach außen erkennbaren Vorbereitungshandlungen für die eigentliche, auf Umsatzerbringung gerichtete unternehmerische Tätigkeit (*§ 2 Rz. 199*). Im Hinblick auf den Zweck der Bestimmung kommen jedoch nur Vorbereitungshandlungen in Betracht, die nach dem deutschen UStG Vorsteuerbeträge hervorrufen. Das **laufende Kalenderjahr** im Sinne dieser Bestimmung ist deshalb dasjenige, in dem **erstmals vorsteuerbelastete** (im Inland steuerpflichtige) Lieferungen oder Dienstleistungen in Anspruch genommen werden, die der geplanten unternehmerischen Tätigkeit dienen. Aus § 18 Abs. 4a Satz 2 UStG (*Rz. 85*) folgt im Umkehrschluss, dass danach Voranmeldungen auch für solche Kalendermonate abzugeben sind, in denen keine Steuerbeträge oder Vorsteuerbeträge anzumelden sind (zu Erleichterungen *Rz. 29*).

27 Führt der **Erbe** das Unternehmen des Erblassers fort, so nimmt er zwar „seine" unternehmerische Tätigkeit auf, der Zweck der Vorschrift (*Rz. 25*) verlangt jedoch nicht, von einer Neubeginn der unternehmerischen Tätigkeit auszugehen. Entstehen durch **Spaltung** (§ 123 UmwG) o.Ä. ein oder mehrere neue Unternehmen, so ist nach dem Wortlaut von einem Neubeginn auszugehen; Gleiches gilt bei einer **Verschmelzung** bestehender Unternehmen[4]. Auch bei **Beendigung** eines **Organschaftsverhältnisses** fällt die ehemalige Organgesellschaft, wenn sie

---

1 So Reg.-Begr. zum StVBG, BT-Drucks. 14/6883 – zu Art. 1 Nr. 1.
2 I.E. ebenso Abschn. 18.7 Abs. 1 UStAE.
3 Abschn. 18.7 Abs. 1 Satz 1 UStAE.
4 Abschn. 18.7 Abs. 2 Satz 1 UStAE.

weiterhin eine nunmehr selbständige unternehmerische Tätigkeit ausübt, unter den Wortlaut der Vorschrift. Das entspricht jedoch regelmäßig nicht deren Zweck (zu Erleichterungen s. *Rz. 28*). Selbst bei einer sog. **Betriebsaufspaltung** soll die neu entstehende Kapitalgesellschaft (Betriebsgesellschaft) nach Auffassung des BMF unter § 18 Abs. 2 Satz 4 UStG fallen, sofern keine Organschaft (§ 2 Abs. 2 Nr. 2 UStG) begründet werde.[1] Das entspricht zwar ebenfalls dem Wortlaut der Vorschrift, nicht aber deren Zweck, so dass Erleichterung zu gewähren ist (*Rz. 28*).

Bei einem **Formwechsel** (*Beispiel*: Umwandlung einer Personengesellschaft in eine Kapitalgesellschaft) liegt keine Neugründung vor, da der Rechtsträger fortbesteht und sich lediglich die Rechtsform ändert (§ 190 Abs. 1, § 202 Abs. 1 Nr. 1 UmwG). Auch der Wechsel sämtlicher Gesellschafter ist keine Neugründung, da der Rechtsträger fortbesteht. Ebenso wenig handelt es sich um eine Neugründung i.S.d. § 18 Abs. 2 Satz 4 UStG, wenn der **Sitz** der unternehmerischen Tätigkeit **verlegt** wird, d.h. sich die Zuständigkeit des Finanzamts ändert.[2]

Das Gesetz sieht nicht die Möglichkeit eines Dispenses von der starren Bestimmung vor. Die Anwendung der Vorschrift kann jedoch **gegen** den **Verhältnismäßigkeitsgrundsatz** (*Übermaßverbot*) **verstoßen**, wenn keine Zweifel an der steuerlichen Zuverlässigkeit des „neuen" Unternehmers bestehen. In diesem Fall ist bei verfassungskonformer Reduktion des Wortlauts der Vorschrift Ermessen eingeräumt, so dass das Finanzamt deshalb entgegen dem Wortlaut der Vorschrift **von** der **Verpflichtung** zur Abgabe monatlicher Voranmeldungen **befreien** muss.[3] 28

**Unverständlich** ist der zum 1.1.2015 angefügte **Satz 5**[4], wonach Satz 4 entsprechend gelten soll bei im Handelsregister eingetragenen, noch nicht unternehmerisch tätig gewesenen Gesellschaften, die die Absicht haben, eine unternehmerische Tätigkeit auszuüben (Nr. 1, „**Vorratsgesellschaften**"), und bei der Übernahme von Gesellschaften, die bereits unternehmerisch tätig gewesen sind und zum Zeitpunkt der Übernahme ruhen oder nur geringfügig unternehmerisch tätig sind (Nr. 2, „Firmanmantel" [richtig: „**Firmenmäntel**"]). 29

**Unternehmer** ist indes die **Gesellschaft**, so dass im Falle der **Nr. 1** die Gesellschaft mit dem Beginn der Ausübung der unternehmerischen Tätigkeit (*Rz. 26*) bereits unter § 18 Abs. 2 **Satz 4** UStG fällt, so dass Satz 5 Nr. 1 leerläuft.

Die Bestimmung des Satzes 5 **Nr. 2** ist **dilettantisch** und bewirkt das Gegenteil dessen, was erreicht werden sollte. Eine Gesellschaft kann nicht „**ruhen**", sondern nur deren Betrieb oder Tätigkeit. Ein solches Ruhen liegt jedoch nicht vor bei steuerfreien Tätigkeiten ohne Vorsteuerabzug oder bei Betätigungen, die nicht vom UStG erfasst werden. Das Merkmal „**nur geringfügig**" ist nicht bestimmbar, weil der Maßstab fehlt. Die „**Übernahme**" einer Gesellschaft er-

---

1 Abschn. 18.7 Abs. 2 Satz 3 UStAE.
2 Vgl. Abschn. 18.7 Abs. 3 Satz 1 UStAE.
3 Dazu näher *Stadie* in R/D, § 18 UStG Anm. 103.
4 Nach § 27 Abs. 21 UStG soll die Vorschrift erstmals auf nach dem 31.12.2014 endende Voranmeldungszeiträume anzuwenden sein.

folgt durch Gesellschafter. Unternehmer ist jedoch die Gesellschaft und nicht etwa der übernehmende Gesellschafter, wie es in der Gesetzesbegründung heißt: „Unternehmer, der einen Firmenmantel übernimmt"[1] (bei einer Personengesellschaft müssten es zudem mehrere sein). Gemeint kann nur sein, dass für den Fall der „Übernahme" durch einen oder mehrere neue Gesellschafter die **unverändert fortbestehende Gesellschaft** unter Satz 4 fallen soll. Zudem ist das Merkmal der „Übernahme" zu unbestimmt – müssen die Anteile zur Gänze oder zumindest überwiegend auf neue Gesellschafter übergehen oder reicht bei einer Kapitalgesellschaft die Vereinigung aller Anteile oder deren Mehrheit in der Hand eines bisherigen Gesellschafters aus?

Vor allem aber kann, da Satz 4 auf die „Aufnahme" der unternehmerischen Tätigkeit abstellt, was schon verfehlt ist (vgl. *Rz. 26*), **Satz 5 Nummer 2** nur als **lex specialis** angesehen werden, weil es danach im Falle des Ruhens der unternehmerischen Tätigkeit für die Zeitraumbestimmung auf den früheren **Zeitpunkt** der **Übernahme** der Gesellschaft ankommen soll. Das ist **verfehlt**, weil damit der **Zweck** des **Satzes 4 konterkariert** wird: Die Gesellschaft muss nach der Übernahme nur den Rest des laufenden Jahres und das folgende Kalenderjahr abwarten, um dann im darauf folgenden Jahr als sog. Jahreszahler Umsätze in beliebiger Höhe erbringen zu können! Der Gesetzgeber sollte schleunigst den gesamten **Satz 5 wieder streichen**, zumindest aber in dessen Nummer 2 auf die Aufnahme der unternehmerischen Tätigkeit abstellen. Bei einer Streichung des Satzes 5 ergibt sich bereits aus dem Zweck des Satzes 4, dass auch die Wiederaufnahme einer eingestellten unternehmerischen Tätigkeit von diesem erfasst wird, so dass es auch eines geänderten Satzes 5 Nr. 2 nicht bedarf.

### 7. Befreiung von der Abgabeverpflichtung

30 a) Die **Verpflichtung** zur Abgabe von Voranmeldungen besteht **grundsätzlich auch für** solche **Voranmeldungszeiträume**, für die im Einzelfall **keine Steuer entstanden** ist (§ 18 Abs. 1 Satz 1 UStG: nach Ablauf „jedes" Voranmeldungszeitraums; ferner arg. § 18 Abs. 4a Satz 2 UStG)[2]. Soweit indes in bestimmten Voranmeldungszeiträumen **regelmäßig keine Steuer** entsteht, befreit das Finanzamt von der Verpflichtung.[3] **Kleinunternehmer** i.S.d. § 19 Abs. 1 UStG müssen keine Voranmeldungen abgeben (*Rz. 5*). Entsprechendes gilt regelmäßig für **Land- und Forstwirte**, welche die Durchschnittssätze nach § 24 Abs. 1 UStG anwenden.[4]

31 b) Unabhängig davon kann das Finanzamt den Unternehmer von der Verpflichtung zur Abgabe von Voranmeldungen und Entrichtung der „Vorauszahlungen" befreien, wenn die „Steuer" (*Rz. 22*) für das **vorangegangene Kalenderjahr nicht mehr als 1000 €** beträgt (§ 18 Abs. 2 Satz 3 UStG) und es sich nicht um einen Fall des Neubeginns i.S.d. § 18 Abs. 2 Satz 4 UStG (*Rz. 25 ff.*) handelt.

---

[1] So mehrfach RegE, BT-Drucks. 18/3017 – zu Art. 9 Nr. 4 (§ 18 Abs. 2 Satz 5).
[2] Vgl. auch BFH v. 4.4.2003 – V B 183/02, UR 2003, 548; BFH v. 8.1.2004 – V B 37–39, 57/03, BFH/NV 2004, 829; BFH v. 7.9.2006 – V B 203, 204/05, BFH/NV 2006, 2312.
[3] Abschn. 18.6 Abs. 1 UStAE.
[4] Dazu näher Abschn. 18.6 Abs. 2 und 3 UStAE.

## 8. Inhalt der Voranmeldung

Der Unternehmer hat die „Vorauszahlung" (*Rz. 11 f.*) selbst zu berechnen (§ 18 Abs. 1 Satz 1 Halbs. 1 UStG); dabei sind § 16 Abs. 1 und 2 UStG und § 17 UStG entsprechend anzuwenden (§ 18 Abs. 1 Satz 3 UStG). Auch wenn für den betreffenden Voranmeldungszeitraum keine Umsatzsteuer entstanden ist, so dass keine zu berechnen ist, muss grundsätzlich die Voranmeldung abgegeben werden (*Rz. 30*). Die entsprechende Anwendung des § 16 Abs. 1 und 2 UStG und des § 17 UStG bedeutet, dass **dieselben Regeln** für die **Steuerberechnung** wie bei der Berechnung der Steuer für das **Kalenderjahr** (Besteuerungszeitraum) gelten (vgl. *Rz. 54*).

32

Einzubeziehen sind folglich diejenigen Steuern, welche mit Ablauf des Voranmeldungszeitraums nach § 13 und § 13b UStG entstanden sind und vom Unternehmer geschuldet werden. Das gilt auch für die Steuer auf Entnahmen u.Ä. (*§ 13 Rz. 41 ff.*). Als Steuerbeträge sind auch die in § 16 Abs. 1 Satz 4 UStG genannten **Haftungs-** u.ä. Beträge sowie die zu **berichtigenden** (zurückzuzahlenden) **Vorsteuerbeträge** i.S.d. § 17 bzw. § 15a UStG zu behandeln (*§ 16 Rz. 36 ff. i.V.m. Rz. 18 ff.*), d.h. in die Steuerberechnung für denjenigen Voranmeldungszeitraum einzubeziehen, dem diese Beträge zuzurechnen sind. Sie sind auch dann mittels Voranmeldung zu erklären, wenn es ausschließlich um die Rückzahlung dieser Beträge geht. Die Einbeziehung dieser Erstattungsbeträge in die Steuerberechnung bedeutet, dass sie abweichend von der Systematik der Abgabenordnung nicht durch gesonderten Rückforderungsbescheid geltend gemacht, sondern von einer Steuerfestsetzung (Steueranmeldung) erfasst werden.[1]

33

Für die Berechnung der **Vorsteuern** (Steuervergütungen) gelten auf Grund der entsprechenden Anwendung des § 16 Abs. 2 und des § 17 Abs. 1 Satz 2 UStG ebenfalls dieselben Regeln wie für das Kalenderjahr. Folglich sind diejenigen Vorsteuerbeträge einzubeziehen, die mit Ablauf des Voranmeldungszeitraums entstanden sind (*§ 16 Rz. 36 i.V.m. Rz. 40*). Hinzu kommen die **Steuerberichtigungsbeträge** (Erstattungsbeträge) nach § 17 UStG und die anteiligen **Vorsteuerberichtigungsbeträge** nach § 15a UStG.

34

## 9. Abgabefrist

Die Voranmeldung ist grundsätzlich bis zum 10. Tag nach Ablauf jedes Voranmeldungszeitraums zu übermitteln (§ 18 Abs. 1 Satz 1 UStG). Ist der 10. Tag des betreffenden Kalendermonats ein **Sonnabend**, ein **Sonntag** oder ein gesetzlicher **Feiertag**, so ist letzter Abgabetag der nächstfolgende Werktag (§ 108 Abs. 3 AO). Da es sich bei der Voranmeldung um eine Steuererklärung handelt, kann die Frist vom Finanzamt **im Einzelfall**, ggf. gegen Sicherheitsleistung, **verlängert** werden (§ 109 Abs. 1 Satz 1 i.V.m. Abs. 2 AO). Die Fristverlängerung kann auch **rückwirkend** geschehen, wenn es unbillig wäre, die durch den Fristablauf eingetretenen Rechtsfolgen bestehen zu lassen (§ 109 Abs. 1 Satz 2 AO). Unbilligkeit ist anzunehmen, wenn der Unternehmer bzw. sein Bevollmächtigter ohne Verschulden verhindert war (arg. § 110 Abs. 1 AO), die Voranmeldung rechtzeitig abzugeben (zu übermitteln). Von der Fristverlängerung im Einzelfall ist die **Dau-**

35

---

1 *Stadie*, Allg. SteuerR, Rz. 595 f.

erfristverlängerung nach § 18 Abs. 6 UStG i.V.m. §§ 46–48 UStDV zu unterscheiden (*Rz. 100 ff.*).

### 10. Fälligkeit der Vorauszahlung bzw. Steuervergütung

36 **a)** Die „Vorauszahlung" für den Voranmeldungszeitraum ist nach dem Gesetzeswortlaut am 10. Tag nach Ablauf des Voranmeldungszeitraums fällig (§ 18 Abs. 1 Satz 4 UStG). Voraussetzung ist allerdings zum einen, dass die Voranmeldung auch bis zu diesem Zeitpunkt beim Finanzamt eingegangen ist. Anderenfalls kann die Fälligkeit – der vereinnahmten (*Rz. 37*) Umsatzsteuerbeträge – erst mit Eingang der Anmeldung bzw. einen Monat nach Bekanntgabe einer Festsetzung seitens des Finanzamtes eintreten.[1] Die gegenteilige Ansicht[2] übersieht, dass nach § 218 Abs. 1 AO (und § 254 Abs. 1 Satz 1 AO) Grundlage für die Verwirklichung der Ansprüche aus dem Steuerschuldverhältnis die dort genannten Verwaltungsakte einschließlich der Steueranmeldungen sind, so dass erst nach deren Ergehen der jeweilige Anspruch fällig sein kann[3]. Folglich tritt entgegen dem verkorkst formulierten § 220 Abs. 2 AO die steuerrechtliche[4] Fälligkeit **nicht vor Festsetzung** (Anmeldung) der Steuer ein[5] (s. auch § 240 Abs. 1 Satz 3 AO).

Soweit das **Finanzamt** die Vorauszahlung abweichend von der Voranmeldung **festsetzt** (*Rz. 39*), ist § 18 Abs. 4 Satz 2 UStG entsprechend anzuwenden[6], so dass die Steuer einen Monat nach Bekanntgabe der Festsetzung fällig wird. Etwaige Zinsvorteile sind ggf. durch Festsetzung eines Verspätungszuschlages abzuschöpfen (§ 152 Abs. 2 Satz 2 AO).

37 Zu der Anmeldung durch den Unternehmer bzw. der Festsetzung durch das Finanzamt muss für die Fälligkeit **hinzukommen**, dass die **Steuerbeträge** auch vom Unternehmer **vereinnahmt** worden sind. Da dieser lediglich als Gehilfe, d.h. als „**Steuereinnehmer** für Rechnung des Staates tätig"[7] wird und ihn lediglich eine **Abführungsverpflichtung**[8] hinsichtlich der vereinnahmten Beträge

---

1 BFH v. 12.6.1975 – V R 42/74, BStBl. II 1975, 755; *Birkenfeld* in B/W, § 210 Rz. 172, § 211 Rz. 13.
2 BFH v. 15.9.1999 – VII R 3/97, BStBl. II 2000, 46 (55); *Treiber* in S/R, § 18 UStG Rz. 30; *Leonard* in Bunjes, § 18 UStG Rz. 7; *Kraeusel* in R/K/L, § 18 UStG Rz. 264. In seiner Entscheidung v. 4.5.2004 hat der BFH die Frage dahinstehen lassen (BFH v. 4.5.2004 – VII R 45/03, BStBl. II 2004, 815).
3 Vgl. AEAO zu § 168, Nr. 1 Satz 3.
4 Zur **insolvenzrechtlichen** Fälligkeit i.S.d. § 95 InsO s. *Stadie* in R/D, § 18 UStG Anh. 2 Anm. 284 ff. – Insolvenz.
5 *Stadie*, Allg. SteuerR, Rz. 274 ff.
6 Vgl. AEAO zu § 168, Nr. 8.
7 EuGH v. 20.10.1993 – C-10/92, EuGHE 1993, I-5105 – Rz. 25 = UR 1994, 116 – Zusammenfassung; ferner EuGH v. 24.10.1996 – C-317/94, EuGHE 1996, I-5339 = BStBl. II 2004, 324 = UR 1997, 265 – Rz. 22; EuGH v. 21.2.2008 – C-271/06, EuGHE 2008, I-771 = UR 2008, 508– Rz. 21; EuGH v. 5.3.2009 – C-302/07, EuGHE 2009, I-1467 = UR 2009, 279 – Rz. 61; ebenso BFH v. 29.1.2009 – V R 64/07, BStBl. II 2009, 682 (684); BFH v. 8.8.2013 – V R 18/13, UR 2013, 785 – Rz. 28; BFH v. 24.10.2013 – V R 31/12, UR 2014, 238 – Rz. 21.
8 EuGH v. 24.10.1996 – C-317/94, EuGHE 1996, I-5339 = BStBl. II 2004, 324 = UR 1997, 265 – Rz. 22; EuGH v. 6.10.2005 – C-291/03, EuGHE 2005, I-8477 = UR 2005, 685 –

trifft, **verstieße** eine **Vorfinanzierung** der Steuer durch den Unternehmer **gegen das Verhältnismäßigkeitsgebot**, weil die Vorfinanzierung durch diesen schon nicht geeignet, geschweige denn erforderlich ist, um den Gesetzeszweck, nämlich die Belastung der Verbraucher, zu erreichen (*Vorbem. Rz. 44*). Folglich ist eine **verfassungskonforme Reduktion** des § 18 Abs. 1 Satz 4 UStG (wie auch des § 18 Abs. 4 Satz 2 UStG) dergestalt erforderlich, dass die **Fälligkeit** der Vorauszahlung nur insoweit eintritt, als zu dem betreffenden Zeitpunkt die **Steuerbeträge** als integraler Teil der jeweiligen Gegenleistungen auch **eingegangen** sind. Hinsichtlich der Fälligkeit gilt mithin das **Ist-Prinzip**, so dass die nach dem Soll-Prinzip entstandene Steuer zwar in die Steuererklärung für den betreffenden Voranmeldungszeitraum aufzunehmen ist (§ 18 Abs. 1 Satz 3 UStG), aber noch nicht abzuführen ist, wenn bzw. soweit die Gegenleistung zum Abgabetermin noch nicht eingegangen ist. Dass die derzeitigen Steuererklärungsvordrucke entsprechende Zeilen nicht vorsehen, ist ohne Belang, da nicht die Vordrucke das materielle Recht bestimmen, sondern dieses jene. Die Fälligkeit nach dem Soll-Prinzip tritt folglich nur für solche Unternehmer ein, die dieses freiwillig praktizieren. Diese Sichtweise entspricht zwar nicht den Vorstellungen des ursprünglichen Gesetzgebers von 1967, aber darauf kommt es bei einer verfassungskonformen Anwendung des § 18 Abs. 1 Satz 4 UStG nicht an, da davon auszugehen ist, dass der geläuterte Gesetzgeber verfassungskonforme Gesetze erlassen wollte.

Die Richtlinie enthält keine Vorgabe, die Fälligkeit an die Entstehung der Steuer nach dem sog. Soll-Prinzip zu koppeln. Schon die Regeln über die Entstehung der Steuer nach diesem Grundsatz sind nicht zwingend, denn Art. 66 Satz 1 Buchst. b MwStSystRL lässt entgegen seinem Wortlaut eine *generelle* Ist-Versteuerung zu[1], doch darauf kommt es letztlich nicht an, weil unabhängig davon auch bezüglich der **Fälligkeit** die Richtlinie den **Mitgliedstaaten** die generelle **Befugnis** einräumt, den Termin für die Zahlung der Steuer **festzulegen** (**Art. 206 Satz 2 MwStSystRL**). Folglich determiniert das nationale Verfassungsrecht die Fälligkeit nach dem UStG (*Vorbem. Rz. 45*).

Dasselbe Ergebnis wie die verfassungskonforme Reduktion des § 18 Abs. 1 Satz 4 UStG wird durch eine **verfassungskonforme Auslegung** des **§ 17 Abs. 2 Nr. 1** UStG hinsichtlich des Begriffes „**uneinbringlich**" (*§ 17 Rz. 53*) oder eine **zinslose** (§ 234 Abs. 2 AO) **Stundung** der Steuer erreicht, solange die Gegenleistung noch aussteht.

**b)** Zur Fälligkeit der **Steuervergütung** bzw. eines **Überschusses zugunsten des Unternehmers** (Überschuss der Steuervergütung über die Steuer) schweigt das Umsatzsteuergesetz. Folglich tritt die Fälligkeit mit Wirksamwerden der Steuervergütungsfestsetzung, d.h. mit Zustimmung zur Steuervergütungsanmeldung nach § 168 Satz 2 AO (*Rz. 15*) bzw. mit Bekanntgabe einer entsprechenden Festsetzung (*Rz. 41*) ein, da auch die Verwirklichung des Steuervergütungsanspruchs nach § 218 Abs. 1 AO dessen vorherige Festsetzung verlangt.

38

---

Rz. 30; EuGH v. 5.3.2009 – C-302/07, EuGHE 2009, I-1467 = UR 2009, 279 – Rz. 61; vgl. auch EuGH v. 15.12.2011 – C-427/10, EuGHE 2011, I-13377 = UR 2012, 184 – Rz. 37.

1 Ausführlich dazu *Stadie* in R/D, Einf. Anm. 208.

Die Fälligkeit der Steuervergütung hängt mithin von der **Schnelligkeit** der **Antragsbearbeitung** ab, so dass richtigerweise die Steuervergütung ab dem Tag des Eingangs der Steuervergütungsanmeldung und gleichzeitiger Erhebung einer Klage zu **verzinsen** ist.[1] Bei regelmäßig **größeren Überschüssen** muss das Finanzamt eine **wochenweise** oder ggf. sogar **tageweise** Anmeldung zulassen (*Rz. 24*).

### 11. Festsetzung, abweichende Festsetzung

#### a) Allgemeines

39 Gibt der Unternehmer die Voranmeldung (Steueranmeldung) nicht ab oder ist seine Steuerberechnung nach Auffassung des Finanzamts zu niedrig, so ist die Steuer grundsätzlich durch Steuerbescheid festzusetzen (§ 167 Abs. 1 Satz 1 AO). Die Festsetzung der Vorauszahlung (**Vorauszahlungsbescheid**) steht kraft Gesetzes unter dem **Vorbehalt der Nachprüfung** (§ 164 Abs. 1 Satz 2 AO). Sofern mit der Steuer Vorsteuerbeträge zu verrechnen sind, liegt richtigerweise eine Kombination aus Steuerfestsetzung und Steuervergütungsfestsetzung (§ 155 Abs. 4 i.V.m. § 167 Abs. 1 Satz 1 AO) vor (*Rz. 42 f.*). Bei einer **abweichenden Festsetzung** der Steuer entfällt mit deren Bekanntgabe (Wirksamwerden) die Wirkung der Steueranmeldung (§ 124 Abs. 2 AO).

40 Bei einer Nichtabgabe der Voranmeldung wird das Finanzamt die Steuer regelmäßig **schätzen** (§ 162 Abs. 1 AO). In diesem Fall können auch die **Vorsteuern** geschätzt werden (*§ 15 Rz. 236*). – Soweit die Steuer zu einer **Insolvenzforderung** führt, ist diese nicht festzusetzen, sondern zur Tabelle anzumelden (§ 251 Abs. 2 Satz 1 AO i.V.m. §§ 87, 174, 175 InsO).[2]

#### b) Ablehnung einer beantragten Steuervergütung

41 Hält das Finanzamt einen angemeldeten Steuervergütungsanspruch für nicht gegeben, so ist es verpflichtet, den in der Anmeldung liegenden Antrag[3] auf Steuervergütung abzulehnen. Für die Ablehnung gelten die Regeln über Steuervergütungsbescheide (§ 155 Abs. 4 i.V.m. Abs. 1 Satz 3 AO) sinngemäß, d.h., die Ablehnung erfolgt in Gestalt eines Verwaltungsaktes, auf den die Regeln über Steuervergütungsbescheide und damit über Steuerbescheide anzuwenden sind[4]. Will das Finanzamt eine niedrigere Steuervergütung gewähren, so hat es eine **abweichende** Steuervergütungsfestsetzung durch **Steuervergütungsbescheid** vorzunehmen (§ 155 Abs. 4 i.V.m. § 167 Abs. 1 Satz 1 AO) und die teilweise Ablehnung des Antrags auszusprechen.

#### c) Verbundene Steuer- und Steuervergütungsfestsetzung

42 Ist **Steuer mit Vorsteuer zu verrechnen**, so wird nicht nur die zu *entrichtende* Steuer oder der *Überschuss* zugunsten des Unternehmers (insbesondere ent-

---

1 Ausführlich *Stadie* in R/D, § 18 UStG Anm. 181 ff.
2 Dazu näher *Stadie* in R/D, § 18 UStG Anh. 2 Anm. 218 ff.
3 AEAO zu § 168, Nr. 2 Satz 2.
4 *Stadie*, Allg. SteuerR, Rz. 539 i.V.m. Rz. 525 i.V.m. Rz. 523; mehr als widersprüchlich BFH v. 17.4.2008 – V R 41/06, BStBl. II 2009, 2 = UR 2008, 858.

gegen BFH nicht als „negative Steuer", § 16 Rz. 27) festgesetzt. Vielmehr folgt aus der Systematik der Abgabenordnung zwingend, dass die *geschuldete* Umsatzsteuer durch **Steuerbescheid** und die zu verrechnende Vorsteuer durch **Steuervergütungsbescheid** festgesetzt werden (*Rz. 13 ff., 17*). Mithin liegen **zwei Bescheide** vor, die in der Praxis **zusammengefasst** werden und nur rein äußerlich **auf einem Schriftstück** scheinbar zu einem Bescheid verschmelzen. Der Tenor der Festsetzung (richtig: Festsetzungen) erfasst deshalb nicht nur die nach der Verrechnung sich ergebende Differenz (Umsatzsteuer- oder Vorsteuerüberschuss), sondern enthält konkludent zwei Aussprüche (Entscheidungssätze). Die **Zwangsverrechnung** der Umsatzsteuer und Vorsteuer (Steuervergütung) nach § 16 Abs. 2 UStG ist rein materiell-rechtlicher Natur (*§ 16 Rz. 2 u. 32*) und erfolgt deshalb im sog. **Abrechnungsteil**, der einen eigenständigen Verwaltungsakt darstellt[1].

Auch die Richtlinie geht in **Art. 250 Abs. 1** MwStSystRL von der „Festsetzung des geschuldeten Steuerbetrags und der vorzunehmenden Vorsteuerabzüge" aus und unterscheidet davon in **Art. 206** MwStSystRL den „sich nach Abzug der Vorsteuer ergebenden Mehrwertsteuerbetrag" der „zu entrichten" ist. Letzterer Betrag ist die im Abrechnungsteil ausgewiesene Zahllast.

Demgemäß **besteht** ein „**Umsatzsteuerbescheid**" in Wahrheit **aus drei Verwaltungsakten** (*Rz. 65*). Aus § 18 Abs. 3 und Abs. 4 UStG folgt nichts Gegenteiliges.[2] 43

**Beispiele**
(1) Die für den Voranmeldungszeitraum geschuldete Umsatzsteuer (einschließlich etwaiger gleichgestellter Beträge) beläuft sich auf 3000 €, die „abziehbare" Vorsteuer (einschließlich gleichgestellter Beträge) auf 2000 €. Der in der Praxis ergehende „Umsatzsteuer"-Vorauszahlungsbescheid über 1000 € besteht richtigerweise aus zwei Bescheiden, nämlich aus einem Umsatzsteuerbescheid über 3000 € und aus einem Steuervergütungsbescheid über 2000 €. Die rein steuerschuldrechtlich wirkende Zwangsverrechnung der beiden Ansprüche aus dem Steuerschuldverhältnis i.S.d. § 37 Abs. 1 AO dürfte erst im sog. Abrechnungsteil (als drittem Verwaltungsakt) erfolgen, geschieht in der Praxis jedoch fehlerhaft und damit nur scheinbar im Tenor. Diese Vorgehensweise kann nicht bewirken, dass nur eine Steuerfestsetzung über 1000 € vorliegt. Der Tenor des „Umsatzsteuer"-Vorauszahlungsbescheides ist bei zutreffender Würdigung der Tenor des sog. Abrechnungsteiles.
(2) Wie Beispiel 1, nur mit umgekehrten Zahlen. Der „Umsatzsteuer"-Vorauszahlungsbescheid über 1000 € enthält in Wahrheit zwei Bescheide, nämlich einen Umsatzsteuerbescheid über 2000 € und einen Steuervergütungsbescheid über 3000 €. Der Tenor des „Umsatzsteuer"-Bescheides ist bei zutreffender rechtlicher Würdigung der Tenor des Abrechnungsteiles.

## III. Steuer-/Steuervergütungsanmeldung für das Kalenderjahr (Abs. 3 und 4)

### 1. Steueranmeldung

Der Unternehmer hat für den Besteuerungszeitraum – Kalenderjahr (§ 16 Abs. 1 Satz 2 UStG) oder kürzerer Besteuerungszeitraum in den Fällen des § 16 Abs. 3 44

---
1 *Stadie*, Allg. SteuerR, Rz. 541 i.V.m. Rz. 591 f.
2 *Stadie* in R/D, § 18 UStG Anm. 241 f., 281.

und 4 UStG – eine **Steuererklärung, regelmäßig** in **elektronischer Form** (*Rz. 53*) zu übermitteln, in der er die zu entrichtende Steuer oder den Überschuss, der sich zu seinen Gunsten ergibt, nach § 16 Abs. 1 bis 4 und § 17 UStG (*Rz. 55*) selbst zu berechnen hat (Steueranmeldung; § 18 Abs. 3 Satz 1 UStG).

45 Diese Regelung erweckt den Eindruck, als werde damit die endgültige Jahressteuer erklärt. Das Umsatzsteuergesetz kennt jedoch **keine Jahresumsatzsteuer**. Vielmehr entsteht die Umsatzsteuer nach § 13 UStG bereits endgültig mit Ablauf des jeweiligen Voranmeldungszeitraums; das gilt auch, wenn die Steuer erst verspätet in der Jahresanmeldung bzw. Jahresfestsetzung erfasst wird. (*§ 13 Rz. 2*). Folglich scheint die Verpflichtung zur Abgabe einer Steuererklärung mit Selbstberechnung der Steuer für das Kalenderjahr keinen **Sinn** zu ergeben, da der Unternehmer bei einer von der Summe der Voranmeldungen abweichenden Berechnung für den Besteuerungszeitraum ohnehin nach § 153 AO verpflichtet ist, die betroffenen Voranmeldungen zu berichtigen (*Rz. 70*). Die **Bedeutung** der Jahresanmeldung liegt im Wesentlichen in deren **Vereinfachungsfunktion**, indem dem Unternehmer dadurch – mit entsprechender, jahrzehntelanger Duldung seitens der Finanzverwaltung – ermöglicht wird, **Korrekturen** des **Vorsteuerabzugs** nach § 3 Abs. 1b, Abs. 9a und § 15a UStG erst mit der Jahressteuererklärung vorzunehmen, obwohl diese bereits für die jeweiligen Voranmeldungszeiträume geboten sind (vgl. *Rz. 33*; *§ 13 Rz. 42 f.*; *§ 15a Rz. 151*; *§ 16 Rz. 37*).

46 Die Angaben in der Steuererklärung sind wahrheitsgemäß **nach bestem Wissen und Gewissen** zu machen. Dies ist bei Abgabe der Erklärung in Papierform (*Rz. 54*) durch eigenhändige Unterschrift des Unternehmers schriftlich zu versichern (§ 150 Abs. 2 AO i.V.m. § 18 Abs. 3 Satz 3 UStG); bei elektronischer Übermittlung entfällt die Unterschrift aufgrund der Authentifizierung des Absenders. Diese **Wahrheitspflicht** ist von strafrechtlicher Relevanz, da die Nichtabgabe der Steuererklärung oder unrichtige oder unvollständige Angaben (oder das **Unterlassen** der gebotenen **Berichtigung**, § 153 AO, *Rz. 70 f.*) den objektiven Tatbestand der Steuerhinterziehung (§ 370 Abs. 1 Nr. 1 und 2 AO) erfüllt. Die Wahrheitspflicht kann sich nur auf Tatsachen beziehen, welche allerdings der umsatzsteuerrechtlichen Würdigung bedürfen.[1]

47 Die Steuerklärung mit Selbstberechnung der Steuer ist eine **Steueranmeldung**, die grundsätzlich als eine **fiktive Steuerfestsetzung** (§ 168 Satz 1 AO) gilt. Sie hat dann die Wirkung eines fiktiven Steuerbescheides und bildet damit die Grundlage für die Verwirklichung des angemeldeten Umsatzsteuerbetrages (§ 218 Abs. 1 Satz 2 i.V.m. Satz 1 AO); das gilt auch für die Vollstreckung (§ 249 Abs. 1 Satz 2 AO). Da eine Steueranmeldung kraft Gesetzes unter dem Vorbehalt der Nachprüfung steht (§ 168 Satz 1 AO), kann sie, ohne dass weitere Voraussetzungen vorliegen müssen, geändert werden (§ 164 Abs. 2 Satz 1 AO; *Rz. 71 f.*).

48 Führt die Steueranmeldung zu einer **Herabsetzung der bisher zu entrichtenden Steuer**, weil z.B. die erklärte Steuer niedriger als die Summe der mit den Voranmeldungen erklärten Steuerbeträge ist oder weil es sich um die Abgabe einer berichtigten Steueranmeldung handelt, so tritt diese Wirkung erst mit **Zustimmung** des Finanzamts ein, die indes keiner besonderen Form bedarf (§ 168 Sät-

---

[1] Dazu *Stadie* in R/D, § 18 UStG Anm. 43 ff.

ze 2 und 3 AO). In der Auszahlung des Erstattungsbetrages liegt die konkludente Zustimmung.[1] Die **Zustimmung** kann **von** einer **Sicherheitsleistung abhängig** gemacht werden (§ 18f UStG).

### 2. Steuervergütungsanmeldung

Laut § 18 Abs. 3 Satz 1 UStG hat der Unternehmer bei der „Steuerberechnung" auch § 16 Abs. 2 UStG anzuwenden, d.h. die Vorsteuerbeträge abzusetzen und auch ggf. den „Überschuss, der sich zu seinen Gunsten ergibt", in der „Steueranmeldung" zu berechnen. Der **Anspruch auf Abzug** der **Vorsteuer** i.S.d. § 15 Abs. 1 Satz 1 Nr. 1 UStG ist ein **Steuervergütungsanspruch** im Sinne der Abgabenordnung, welcher zu seiner Verwirklichung der Festsetzung (§ 218 Abs. 1 Satz 1 AO) bedarf. Auf die Festsetzung der Steuervergütung sind die Vorschriften über die Steuerfestsetzung sinngemäß anzuwenden (§ 155 Abs. 4 AO). Folglich ist die Anmeldung der Steuervergütungsansprüche eine **Steuervergütungsanmeldung** (*Rz. 13*). Auch die **Ansprüche** des Unternehmers **auf Erstattung** von Vorsteuern i.S.d. § 15 Abs. 1 Satz 1 Nr. 2–5 UStG sind wie Steuervergütungsansprüche zu behandeln (*Rz. 14*).

49

Eine Steuervergütungsanmeldung steht grundsätzlich einer Steuervergütungsfestsetzung unter Vorbehalt der Nachprüfung gleich (§ 155 Abs. 4 i.V.m. § 168 Satz 1 AO). Voraussetzung für diese Wirkung ist indes die **Zustimmung** des Finanzamts, die formlos ergehen kann (§ 168 Sätze 2 und 3 AO, dazu *Rz. 15*), aber auch von einer Sicherheitsleistung abhängig gemacht werden kann (§ 18f UStG). Die Steuervergütungsanmeldung wird dann **als Steuervergütungsfestsetzung** (Steuervergütungsbescheid) *fingiert* (*Rz. 15*). Hält das Finanzamt den Steuervergütungsanspruch für nicht gegeben, so muss es den in der Anmeldung liegenden Antrag auf Steuervergütung ablehnen. Will es nur eine geringere Steuervergütung gewähren, so hat es eine **abweichende Steuervergütungsfestsetzung** vorzunehmen und die teilweise Ablehnung des Antrags auszusprechen (*Rz. 41, Rz. 62*).

50

### 3. Verbundene Steuer- und Steuervergütungsanmeldung

Die Anmeldung von Vorsteuern führt nicht nur dann zu einer Steuervergütungsanmeldung, wenn lediglich Vorsteuerbeträge angefallen sind. Nichts anderes gilt, wenn **sowohl Steuerbeträge** (und/oder gleichgestellte Beträge, *Rz. 33*) **als auch Vorsteuerbeträge** (und/oder gleichgestellte Beträge, *Rz. 34*) mittels einer „Steueranmeldung" dem Finanzamt erklärt werden. Auch in diesem Fall wird nicht nur die Differenz als zu entrichtende Steuer bzw. als Vorsteuerüberschuss (letzterer entgegen BFH insbesondere nicht etwa als „negative Steuerzahlungsschuld" o.Ä., *§ 16 Rz. 27*) angemeldet, sondern es liegen dann **sowohl** eine **Steueranmeldung als auch** eine **Steuervergütungsanmeldung** vor, die nur scheinbar zu einer Anmeldung verschmolzen sind. Aus § 18 Abs. 3 Satz 1 i.V.m. § 16 Abs. 2 UStG folgt nichts Gegenteiliges, da es sich bei der Zwangsverrechnung um eine rein *materiell*-rechtliche Regelung zur „Steuerberechnung" handelt, welche keinerlei Aussage zur *verfahrens*rechtlichen Behandlung der Vorsteuer-

51

---

1 BFH v. 28.2.1996 – XI R 42/94, BStBl. II 1996, 660 (661).

beträge enthält (§ 16 Rz. 2, 32). Maßgebend sind allein die Systematik und Vorgaben der Abgabenordnung. Nach dieser sind die unterschiedlichen Ansprüche aus dem Steuerschuldverhältnis (Steueranspruch und Steuervergütungsanspruch) jeweils gesondert festzusetzen (§ 155 Abs. 1 und § 155 Abs. 4 AO). Aus den Formulierungen des § 18 Abs. 3 Satz 1 und Abs. 4 Sätze 1 und 2 UStG folgt nichts Gegenteiliges[1] (s. auch Rz. 63 a.E.).

52 Demgemäß liegen **zwei Anmeldungen** i.S.d. § 168 AO vor, so dass die Wirkung der fiktiven Festsetzung nicht nur den Überschuss der Steuer über die Vorsteuer oder umgekehrt betrifft. Der scheinbar nur angemeldete Überschuss ist in Wahrheit das Ergebnis der **Verrechnung** beider Ansprüche nach § 18 Abs. 3 Satz 1 i.V.m. § 16 Abs. 2 UStG (Rz. 42 f.) und damit nur der *„***Abrechnungsteil***"* der kombinierten Anmeldungen (vgl. Rz. 65).

### 4. Form

53 Die Steueranmeldung ist grundsätzlich auf **elektronischem Weg** nach Maßgabe der Steuerdaten-Übermittlungsverordnung (StDÜV) zu übermitteln (§ 18 Abs. 3 Satz 1 UStG).

54 Das Finanzamt kann **auf Antrag** zur Vermeidung von unbilligen Härten auf eine elektronische Übermittlung verzichten (§ 18 Abs. 3 Satz 3 UStG), so dass die Voranmeldung in **Papierform** abgegeben werden kann. Dem Antrag ist zu entsprechen, **wenn** eine Erklärungsabgabe in der elektronischen Form wirtschaftlich oder persönlich **unzumutbar** ist. Das ist insbesondere der Fall, wenn dem Unternehmer die Schaffung der technischen Möglichkeiten nur mit einem nicht unerheblichen finanziellen Aufwand möglich wäre oder der Unternehmer nach seinen individuellen Kenntnissen und Fähigkeiten nicht oder nur eingeschränkt in der Lage ist, die Möglichkeiten die Datenfernübertragung zu nutzen (§ 150 Abs. 8 AO).[2]

Die Steuererklärung auf Papier ist **„nach"**, d.h. nicht notwendig „auf" **amtlich vorgeschriebenem Vordruck**[3] zu übermitteln (§ 18 Abs. 3 Satz 3 UStG[4]; dazu bereits Rz. 20). Die Finanzverwaltung lässt auf Antrag **abweichende Vordrucke** zu.[5]

### 5. Inhalt der Steuer- bzw. Steuervergütungsanmeldung

55 In der Steuererklärung ist vom Unternehmer die zu entrichtende Steuer oder der Überschuss, der sich zu seinen Gunsten ergibt, selbst zu berechnen; die Berechnung hat nach § 16 Abs. 1 bis 4 und § 17 UStG zu erfolgen (§ 18 Abs. 3 Satz 1 UStG). Einzubeziehen sind folglich diejenigen **Steuern**, welche mit Ablauf der in den Besteuerungszeitraum fallenden Voranmeldungszeiträume nach § 13 und § 13b UStG **entstanden** sind und vom Unternehmer geschuldet werden (Rz. 33).

---

1 *Stadie* in R/D, § 18 UStG Anm. 241 f., 281.
2 Dazu BFH v. 14.3.2012 – XI R 33/09, BStBl. II 2012, 477.
3 Dieser wird alljährlich im BStBl. veröffentlicht.
4 Dazu BFH v. 14.3.2012 – XI R 33/09, BStBl. II 2012, 477.
5 Dazu Abschn. 18.3 UStAE.

Als Steuerbeträge sind auch die in § 16 Abs. 1 Satz 4 UStG genannten **Haftungsbeträge** (insbesondere nach § 14c UStG) u.ä. Beträge sowie die zu **berichtigenden** (zurückzuzahlenden) **Vorsteuerbeträge** i.S.d. § 17 bzw. § 15a UStG zu behandeln (*§ 16 Rz. 36* i.V.m. *Rz. 18 ff.*), d.h. in die Steuerberechnung für denjenigen Besteuerungszeitraum einzubeziehen, dem diese Beträge zuzurechnen sind.

Für die Berechnung der **Vorsteuern** (Steuervergütungen) sind diejenige Vorsteuerbeträge zu berücksichtigen, die mit Ablauf der in den Besteuerungszeitraum fallenden Voranmeldungszeiträume entstanden sind (dazu näher *§ 16 Rz. 40*). Hinzu kommen die Steuerberichtigungsbeträge (Erstattungsbeträge) nach § 17 UStG und die Vorsteuerberichtigungsbeträge nach § 15a UStG (*§ 16 Rz. 31*). 56

Des Weiteren sind in der Steueranmeldung die Bemessungsgrundlagen der **innergemeinschaftlichen Lieferungen** des Unternehmers und seiner Lieferungen i.S.d. § 25b Abs. 2 UStG gesondert zu erklären (§ 18b Satz 6 UStG). 57

Da die Steueranmeldung nach amtlich vorgeschriebenem Datensatz bzw. Vordruck abzugeben ist (*Rz. 53*), sind darüber hinaus auch die **weiteren vom Datensatz oder Vordruck geforderten Angaben** zu machen, sofern sie durch den Besteuerungszweck gerechtfertigt und nicht unverhältnismäßig sind. Hinzu kommen Angaben, welche nach dem Gesetz über Steuerstatistik für **statistische Zwecke** erforderlich sind (§ 150 Abs. 5 Satz 1 AO).

## 6. Abgabefrist

Die Steuererklärung (Steueranmeldung) ist, sofern sie sich auf das **Kalenderjahr** bezieht, spätestens fünf Monate danach, d.h. **spätestens am 31. Mai des folgenden Jahres** abzugeben (§ 149 Abs. 2 Satz 1 AO). 58

Bei Steuerpflichtigen, die den Gewinn aus **Land- und Forstwirtschaft** nach einem vom Kalenderjahr abweichenden Wirtschaftsjahr ermitteln, endet die Frist nicht vor Ablauf des dritten Monats, der auf den Schluss des in dem Kalenderjahr begonnenen Wirtschaftsjahres folgt (§ 149 Abs. 2 Satz 2 AO).

Fristen zur Einreichung von Steuererklärungen können **verlängert** werden (§ 109 Abs. 1 Satz 1 AO). Die Finanzverwaltung verlängert die Abgabefrist alljährlich für solche Unternehmer, deren unternehmerische Tätigkeit nicht mit dem Ablauf des 31.12. endet und die ihre Umsatzsteuerjahreserklärung durch **Steuerberater** o.Ä. anfertigen lassen, **allgemein bis** zum **31. Dezember**. Diese Abgabefrist kann von den Finanzämtern im Einzelfall bis spätestens **zum 28. (bzw. 29.) Februar** verlängert werden.[1]

## 7. Festsetzung, abweichende Festsetzung

Gibt der Unternehmer die Steueranmeldung nicht ab oder ist seine Steuerberechnung nach Auffassung des Finanzamts zu niedrig, so ist die Steuer grundsätzlich (Ausnahme: *Insolvenzforderung*, *Rz. 40*) durch **Steuerbescheid** festzusetzen (§ 167 Abs. 1 Satz 1 AO). Anders als die Festsetzung einer Vorauszahlung 59

---

1 Vgl. dazu die jeweils im Januar des folgenden Jahres im BStBl. I erscheinenden gleich lautenden Erlasse der Länder.

(§ 164 Abs. 1 Satz 2 AO) für einen Voranmeldungszeitraum steht ein solcher Steuerbescheid für das Kalenderjahr nicht kraft Gesetzes unter dem **Vorbehalt der Nachprüfung**. Eine derartige Nebenbestimmung muss deshalb ausdrücklich beigefügt werden. Sofern mit der Steuer Vorsteuerbeträge zu verrechnen sind, liegt richtigerweise eine Kombination aus Steuerfestsetzung und Steuervergütungsfestsetzung (§ 155 Abs. 4 i.V.m. § 167 Abs. 1 Satz 1 AO) vor (*Rz. 39, 42 ff.*). Bei einer **abweichenden Festsetzung** der Steuer entfällt mit deren Bekanntgabe (Wirksamwerden) die Wirkung der Steueranmeldung (§ 124 Abs. 2 AO).

60 Entgegen dem Wortlaut des § 18 Abs. 3 und 4 UStG wird die **geschuldete** Steuer festgesetzt (§ 155 Abs. 1 Satz 1 i.V.m. § 157 Abs. 1 AO) und **nicht** etwa nur die „**zu entrichtende Steuer**"[1] als Differenz zwischen geschuldeter Steuer und geleisteten Vorauszahlungen. Demgemäß verlieren mit Bekanntgabe der Steuerfestsetzung für das Kalenderjahr die Voranmeldungen (bzw. Vorauszahlungsbescheide, *Rz. 39*) für die Zukunft ihre Wirksamkeit (*Rz. 68 f.*). Damit wäre es nicht zu vereinbaren, wenn nur die Differenz festgesetzt würde.

61 **Ebenso wenig** wird nur der „Überschuss" zugunsten des Unternehmers festgesetzt, wenn die Summe der Vorauszahlungen höher ist als die tatsächlich geschuldete Steuer. Die gegenteilige Sichtweise ignoriert ebenfalls die klare Systematik der Abgabenordnung. Der „Unterschiedsbetrag" stellt sich als Erstattungsbetrag i.S.d. § 37 Abs. 2 AO dar. Ein solcher wird überhaupt nicht festgesetzt. Vielmehr wird auch in diesem Fall die geschuldete Steuer festgesetzt; das folgt aus § 218 Abs. 1 AO[2]. Aus § 18 Abs. 3 und 4 UStG kann nicht ernsthaft der gesetzgeberische Wille abgeleitet werden, dass für den Bereich der Umsatzsteuer die Systematik der Abgabenordnung nicht gelten soll. Die „zu entrichtende Steuer" bzw. der „Überschuss" i.S.d. § 18 Abs. 3 und 4 UStG sind nur das **Ergebnis** der **Anrechnung** im **Abrechnungsteil** des Umsatzsteuerbescheides (*Rz. 65*).

62 Hält das Finanzamt einen angemeldeten Steuervergütungsanspruch für nicht oder nicht in dieser Höhe gegeben, so ist es verpflichtet, den in der Anmeldung liegenden Antrag auf Steuervergütung abzulehnen bzw. eine **abweichende** Steuervergütungsfestsetzung durch **Steuervergütungsbescheid** vorzunehmen und die teilweise Ablehnung des Antrags auszusprechen (*Rz. 41*). Die Steuervergütungsfestsetzung kann mit einem **Vorbehalt der Nachprüfung** verbunden werden (§ 155 Abs. 4 i.V.m. § 164 AO).

63 Ist **Steuer mit Vorsteuer zu verrechnen**, so wird nicht nur die zu „*entrichtende*" Steuer oder der „*Überschuss*" zugunsten des Unternehmers (letzterer insbesondere entgegen BFH nicht etwa durch Steuerbescheid als „negative Steuerzahlungsschuld", § 16 Rz. 27) festgesetzt.[3] Vielmehr folgt aus der Systematik der Abgabenordnung zwingend, dass die *geschuldete* (*Rz. 60*) Umsatzsteuer durch **Steuerbescheid** und die zu verrechnende Vorsteuer durch **Steuervergütungsbescheid** festgesetzt werden. Mithin liegen **zwei Bescheide** vor, die in der Praxis

---

1 So aber *Birkenfeld* in B/W, § 210 Rz. 272; *Kraeusel* in R/K/L, § 18 UStG Rz. 389 f.
2 *Stadie*, Allg. SteuerR, Rz. 281 i.V.m. Rz. 593.
3 A.A. *Reiß* in R/K/L, § 16 UStG Rz. 3 a.E.

zusammengefasst werden und nur rein äußerlich **auf einem Schriftstück** scheinbar zu einem Bescheid verschmelzen. Der Tenor der Festsetzung (richtig: Festsetzungen) erfasst deshalb nicht nur die nach der Verrechnung sich ergebende Differenz (Umsatzsteuer- oder Vorsteuerüberschuss), sondern enthält konkludent zwei Aussprüche (Entscheidungssätze). Die von § 16 Abs. 2 UStG vorgeschriebene **Zwangsverrechnung** der Umsatzsteuer und Vorsteuer (Steuervergütung) betrifft nur die Erhebung bzw. Verwirklichung (§ 218 AO) der Ansprüche und erfolgt im sog. **Abrechnungsteil**, der einen eigenständigen Verwaltungsakt darstellt (*Rz. 65*). Demgemäß besteht ein „**Umsatzsteuerbescheid**" in Wahrheit aus **drei Verwaltungsakten** (die Beispiele zu *Rz. 43* gelten entsprechend). Aus § 18 Abs. 4 Satz 2 UStG, der davon spricht, dass das Finanzamt den „**Überschuss**" festsetzt, folgt nichts Gegenteiliges. Diese Formulierung bringt allein die mangelnden Kenntnisse der Umsatzsteuergehilfen des Gesetzgebers auf dem Gebiet der Abgabenordnung zum Ausdruck.

Bei einer Nichtabgabe der Steueranmeldung (Steuererklärung) wird das Finanzamt die Steuer regelmäßig **schätzen** (§ 162 Abs. 1 AO). In diesem Fall können auch die **Vorsteuern** geschätzt werden (*§ 15 Rz. 236*). Soweit die Steuer nach Verrechnung mit der Vorsteuer zu einer **Insolvenzforderung** führt, ist diese nicht festzusetzen, sondern zur Tabelle anzumelden (§ 251 Abs. 2 Satz 1 AO i.V.m. §§ 87, 174, 175 InsO).[1]   64

### 8. Abrechnungsteil der Anmeldung bzw. Festsetzung

Eine „Umsatzsteueranmeldung" bzw. ein „Umsatzsteuerbescheid", in der bzw. dem Steuer- und Vorsteuerbeträge verrechnet werden, stellt in Wahrheit die Verknüpfung einer Steueranmeldung mit einer Steuervergütungsanmeldung bzw. eines Steuerbescheides mit einem Steuervergütungsbescheid dar (*Rz. 51, 63*). Die von § 16 Abs. 2 UStG vorgeschriebene **Zwangsverrechnung** erfolgt mithin im Abrechnungsteil der auf einem Papier verbundenen Anmeldungen bzw. Festsetzungen. Das Ergebnis dieser Verrechnung ist in der Sprache des § 18 Abs. 3 und 4 UStG die „zu entrichtende Steuer" oder der „Überschuss".   65

Des Weiteren sind die festgesetzten (angemeldeten) **Vorauszahlungen** auf die Steuer und die festgesetzten Steuervergütungen **anzurechnen**. Das Ergebnis dieser Anrechnung ist, wenn die Summe der Festsetzungen für die Voranmeldungszeiträume nicht dem (den) für das Kalenderjahr festgesetzten Betrag (Beträgen) entspricht, in der Sprache des § 18 Abs. 4 UStG der „**Unterschiedsbetrag**". Der Abrechnungsteil ist auch hinsichtlich der Vorauszahlungen ein **eigenständiger Verwaltungsakt**, der nur äußerlich mit dem „Umsatzsteuerbescheid" bzw. der „Umsatzsteueranmeldung" verbunden ist.[2] Eine **Korrektur** dieser Anrechnung zugunsten oder zuungunsten des Unternehmers ist unter den Voraussetzungen der §§ 129 bis 131 AO möglich.[3] Soweit es um die Anrechnung von anderen

---
1 Dazu näher *Stadie* in R/D, § 18 UStG Anh. 2 Anm. 218 ff.
2 BFH v. 16.10.1986 – VII R 159/83, BStBl. II 1987, 405; BFH v. 13.1.2005 – VII B 147/04, BStBl. II 2005, 458 (460); BFH v. 17.5.2005 – I B 3/04, BFH/NV 2005, 2145; Stadie, Allg. SteuerR, Rz. 482, 541, 591 f.
3 BFH v. 16.10.1986 – VII R 159/83, BStBl. II 1987, 405; BFH v. 15.4.1997 – VII R 100/96, BStBl. II 1997, 787; AEAO zu § 218, Nr. 3; *Stadie*, Allg. SteuerR, Rz. 591 f.; vgl. auch

Zahlungen, Umbuchungen, Erstattungen und dergleichen im sog. Abrechnungsteil geht, soll kein Verwaltungsakt vorliegen, so dass diese rein kassenmäßige Abrechnung nicht in Bestandskraft erwachse.[1]

### 9. Fälligkeit des Unterschiedsbetrages/Überschusses (Abs. 4)

66 Der Unterschiedsbetrag **zugunsten des Finanzamts** (sog. **Abschlusszahlung**) ist einen Monat nach Eingang der Steueranmeldung fällig. Setzt das Finanzamt die Steuer oder die Steuervergütung abweichend fest, so ist der Unterschiedsbetrag zugunsten des Finanzamts einen Monat nach der Bekanntgabe des Steuerbescheides bzw. Steuervergütungsbescheides fällig (§ 18 Abs. 4 Sätze 1 und 2 UStG). Indes bleibt die Fälligkeit rückständiger angemeldeter bzw. festgesetzter Vorauszahlungen davon unberührt (§ 18 Abs. 4 Satz 3 UStG).

67 Zur Fälligkeit eines Unterschiedsbetrages **zugunsten des Unternehmers** schweigt das Umsatzsteuergesetz, so dass unmittelbar die Abgabenordnung maßgebend ist. Danach tritt die Fälligkeit mit Wirksamwerden der verbundenen Steuer- und Steuervergütungsfestsetzung ein, d.h. mit Bekanntgabe der **Zustimmung** zur Steuervergütungsanmeldung (Rz. 50) bzw. bei abweichender Festsetzung (Rz. 62) mit Bekanntgabe einer entsprechenden Festsetzung, da auch die Verwirklichung des Steuervergütungsanspruchs (und damit auch dessen Fälligkeit) nach § 218 Abs. 1 AO dessen vorherige Festsetzung verlangt[2] (s. auch Rz. 38). Resultiert der Unterschiedsbetrag aus **zuviel gezahlter Steuer**, so wird der **Erstattungsanspruch** ebenfalls erst mit der nach § 168 Satz 2 AO erforderlichen Zustimmung zur Steueranmeldung (Rz. 48) fällig, da die Verwirklichung des Erstattungsanspruchs (und damit auch dessen Fälligkeit) nach § 218 Abs. 1 AO die Aufhebung der bislang den Behaltensgrund bildenden Voranmeldungen (bzw. Vorauszahlungsfestsetzungen) voraussetzt.[3]

### 10. Verhältnis der Vorauszahlungsfestsetzung (Voranmeldung) zur Jahressteuerfestsetzung (-anmeldung)

68 Mit der Steuerfestsetzung für das Kalenderjahr wird nicht nur der Unterschiedsbetrag zwischen Jahressteuer und Summe der Vorauszahlungen, sondern die gesamte geschuldete Umsatzsteuer des Kalenderjahres festgesetzt (Rz. 60). Folglich **erledigen sich** mit Wirksamwerden der Steueranmeldung bzw. Steuerfestsetzung für das Kalenderjahr gem. § 124 Abs. 2 AO („auf andere Weise") die **Voranmeldungen** (bzw. Vorauszahlungsbescheide), ohne dass deren Aufhebung ausdrücklich ausgesprochen werden muss.[4] Die Erledigung hat **keine Rückwir-**

---

BFH v. 27.10.2009 – VII R 51/08, BStBl. II 2010, 382; BFH v. 8.9.2010 – I R 90/09, BStBl. II 2013, 11 = DB 2011, 574 – Rz. 20 f.
1 BFH v. 13.1.2005 – VII B 147/04, BStBl. II 2005, 458 (460); BFH v. 19.10.2006 – VII B 78/06, BFH/NV 2007, 200; BFH v. 4.6.2014 – VII B 180/13, BFH/NV 2014, 1723 – Rz. 14.
2 *Stadie*, Allg. SteuerR, Rz. 274, 279 a.E.; im Ergebnis ebenso BFH v. 28.2.1996 – XI R 42/94, BStBl. II 1996, 660.
3 *Stadie*, Allg. SteuerR, Rz. 281.
4 BFH v. 29.11.1984 – V R 146/83, BStBl. II 1985, 370; BFH v. 19.5.2005 – V R 31/03, BStBl. II 2005, 671; BFH v. 7.7.2011 – V R 42/09, UR 2011, 870 – Rz. 28; BFH v. 25.7.2012 – VII R 44/10, UR 2012, 972 – Rz. 7.

kung, da die Voranmeldungen (Vorauszahlungsbescheide) nicht aufgehoben[1], sondern lediglich *für die Zukunft* durch die **Jahressteuerfestsetzung abgelöst** werden[2]. Das gilt auch im Rahmen eines **Rechtsbehelfsverfahrens** (*Rz. 75*).

Folglich **entfallen** durch die Erledigung der Voranmeldungen (Vorauszahlungsbescheide) **nicht** die **materiell-rechtlichen**[3] **Wirkungen**, die die Voranmeldungen (Vorauszahlungsbescheide) **in der Vergangenheit** ausgelöst hatten[4], wie z.B. die Fälligkeit der Vorauszahlungen (Klarstellung durch § 18 Abs. 4 Satz 3 UStG). Demgemäß wird die Wirksamkeit der **Abtretung** eines für den Voranmeldungszeitraum *zu Recht* entstandenen Steuervergütungsanspruchs (Vorsteuerüberschusses) oder die **Aufrechnung** mit einem solchen oder die **Aufrechnung** mit einem festgesetzten Vorauszahlungsanspruch durch das Finanzamt von der Jahressteuerfestsetzung nicht berührt[5] (s. auch *§ 16 Rz. 38, 43 ff.*). 69

## IV. Berichtigung der Steueranmeldung/-festsetzung

### 1. Berichtigungspflicht des Unternehmers

Der Unternehmer ist zur Vermeidung strafrechtlicher Konsequenzen verpflichtet, die abgegebenen Steuererklärungen in Gestalt der **Voranmeldungen** und der **Steueranmeldung** für das Kalenderjahr (oder den kürzeren Besteuerungszeitraum) zu **berichtigen**, wenn er deren Unrichtigkeit oder Unvollständigkeit vor Ablauf der Festsetzungsfrist erkennt (§ 153 Abs. 1 Satz 1 AO). Diese Verpflichtung trifft auch seinen Rechtsnachfolger sowie die für den Unternehmer handelnden Personen i.S.d. §§ 34 und 35 AO, d.h. gesetzliche Vertreter, Vermögensverwalter u.Ä. (§ 153 Abs. 1 Satz 2 AO). Die Berichtigung der **einzelnen Voranmeldungen** muss nicht mehr geschehen, wenn die Berichtigung durch die **Jahressteuererklärung** erfolgt ist. Entsprechendes gilt für die Anmeldung von **Steuervergütungen** (Vorsteuerbeträgen). 70

### 2. Berichtigung (Korrektur) durch das Finanzamt

Eine **Steueranmeldung** gilt, ggf. erst nach Zustimmung durch das Finanzamt (*Rz. 48*), als Steuerfestsetzung unter dem **Vorbehalt der Nachprüfung** (§ 168 AO). Diese kann folglich, solange der Vorbehalt nicht aufgehoben ist und die Festsetzungsfrist nicht abgelaufen ist (§ 169 Abs. 1 Satz 1 AO), zuungunsten wie zugunsten des Unternehmers geändert (oder aufgehoben) werden (§ 164 Abs. 2 bis 4 AO). Entsprechendes gilt für eine **Steuervergütungsanmeldung** (§ 155 Abs. 4 AO). 71

---

1 BFH v. 12.10.1999 – VII R 98/98, BStBl. II 2000, 486 (488); BFH v. 17.3.2009 – VII R 38/08, BStBl. II 2009, 953 – 2a bb.
2 Insoweit zutreffend *Birkenfeld* in B/W, § 210 Rz. 261.
3 A.A. BFH v. 4.11.1999 – V R 35/98, BStBl. II 2000, 454 (455 a.E.) – wonach nur die *verfahrensrechtlichen* Wirkungen bestehen blieben; unklar bis widersprüchlich BFH v. 7.7.2011 – V R 42/09, BStBl. II 2014, 76 = UR 2011, 870 – Rz. 27; BFH v. 24.4.2013 – XI R 25/10, BStBl. II 2014, 346 – Rz. 32.
4 BFH v. 29.11.1984 – V R 146/83, BStBl. II 1985, 370; BFH v. 15.6.1999 – VII R 3/97, BStBl. II 2000, 46 (50) m.w.N.; BFH v. 22.10.2003 – V B 103/02, BFH/NV 2004, 502.
5 BFH v. 24.1.1995 – VII R 144/92, BStBl. II 1995, 862; BFH v. 12.10.1999 – VII R 98/98, BStBl. II 2000, 486 (488); ausführlich *Stadie* in R/D, § 18 UStG Anm. 304 f.

72 Hat das Finanzamt die Umsatzsteuer durch **Steuerbescheid** festgesetzt und diesem den Vorbehalt der Nachprüfung beigefügt (ein Vorauszahlungsbescheid steht kraft Gesetzes unter dem **Vorbehalt der Nachprüfung**, 164 Abs. 1 Satz 2 AO), so kann dieser ebenfalls, ohne dass weitere Voraussetzungen vorliegen müssen, zuungunsten wie zugunsten des Unternehmers geändert werden. Entsprechendes gilt für einen **Steuervergütungsbescheid** (§ 155 Abs. 4 AO). War dem Bescheid kein Vorbehalt der Nachprüfung beigefügt oder war diese Nebenbestimmung aufgehoben worden, so ist grundsätzlich **Bestandskraft** gegeben. Sofern es sich nicht um die Berichtigung einer offenbaren Unrichtigkeit (§ 129 AO) handelt, kommt dann eine Korrektur des Bescheides nur unter den Voraussetzungen der §§ 172 ff. AO in Betracht.

## V. Rechtsbehelfsfragen

### 1. Bei Steuer- bzw. Steuervergütungsanmeldungen

73 Eine **Steueranmeldung** gilt als Steuerfestsetzung (§ 168 AO) und damit als Verwaltungsakt. Folglich kann sie mit dem **Einspruch** angegriffen werden (s. auch § 355 Abs. 1 Satz 2 AO). Entsprechendes gilt für eine **Steuervergütungsanmeldung**. Die Beschwer (§ 350 AO) entfällt bei einer Steueranmeldung nicht dadurch, dass die Steuer „freiwillig" angemeldet worden war, da sich die **Beschwer** allein nach dem belastenden Tenor der fiktiven Steuerfestsetzung richtet[1].

74 Eine Steueranmeldung ist kein schriftlicher Verwaltungsakt i.S.d. § 356 Abs. 1 AO, so dass der Beginn der **Rechtsbehelfsfrist** nicht von einer Rechtsbehelfsbelehrung abhängt.[2] Wird hingegen die nach § 168 AO erforderliche **Zustimmung** zu einer Steueranmeldung oder zu einer Steuervergütungsanmeldung **schriftlich** und nicht nur konkludent (*Rz. 15, 50*) erteilt, beginnt die Rechtsbehelfsfrist nur, wenn eine **Rechtsbehelfsbelehrung** beigefügt worden ist (§ 355 Abs. 1 Satz 2 Halbs. 2 i.V.m. § 356 AO).[3]

### 2. Jahresfestsetzung als neuer Verfahrensgegenstand

75 Erfolgt **während** eines **Rechtsbehelfsverfahrens** gegen eine **Voranmeldung** (bzw. einen Vorauszahlungsbescheid) die Abgabe der **Jahresanmeldung** (bzw. die Bekanntgabe des Jahressteuerbescheides), so wird diese (bzw. dieser) Gegenstand des Einspruchs- bzw. Klageverfahrens (§ 365 Abs. 3 AO bzw. § 68 FGO)[4], weil sich mit Wirksamwerden der Jahresfestsetzung die Voranmeldung (bzw. der Vorauszahlungsbescheid) erledigt hat (*Rz. 68*).

76 Da jedoch die Wirkungen der Voranmeldung bzw. des Vorauszahlungsbescheides, die diese bzw. dieser in der Vergangenheit hervorgerufen hatten, nicht entfallen (*Rz. 69*) und die Jahresfestsetzung nicht über die Rechtmäßigkeit der ein-

---

[1] *Stadie*, Allg. SteuerR, Rz. 752 i.V.m. 749.
[2] BFH v. 25.6.1998 – V B 104/97, BStBl. II 1998, 649; BFH v. 13.11.2008 – V R 24/06, HFR 2009, 817.
[3] BFH v. 9.7.2003 – V R 29/02, BStBl. II 2003, 903.
[4] BFH v. 4.11.1999 – V R 35/98, BStBl. II 2000, 454; BFH v. 10.11.2010 – XI R 79/07, BStBl. II 2011, 311 – Rz. 24; BFH v. 3.11.2011 – V R 32/10, BStBl. II 2012, 525.

zelnen Voranmeldung, sondern über die Höhe der Jahresteuer insgesamt befindet, kann ein berechtigtes Interesse bestehen, die **Rechtswidrigkeit** der Voranmeldung (des Vorauszahlungsbescheides) **festgestellt** zu sehen. Das kann z.B. in Betracht kommen, wenn streitig ist, ob der Kalendermonat oder das Kalendervierteljahr der Voranmeldungszeitraum ist, oder wenn es darum geht, welchem Voranmeldungszeitraum Umsätze oder Vorsteuerbeträge zuzurechnen sind, da die Jahressteuerfestsetzung hierzu keine Aussagen enthält. Die Feststellung der Rechtswidrigkeit kann dann im Wege der sog. **Fortsetzungsfeststellungsklage** (§ 100 Abs. 1 Satz 4 FGO) begehrt werden.[1]

Entgegen der Auffassung des VII. Senats des BFH[2] kann die Frage nicht stattdessen auch inzident durch **Anfechtung** des **Abrechnungsbescheides** i.S.d. § 218 Abs. 2 AO geklärt werden, den das Finanzamt bezüglich der Aufrechnung mit einer festgesetzten Umsatzsteuervorauszahlung erlassen hatte, da nach der klaren Systematik der Abgabenordnung der Abrechnungsbescheid nur über die Verwirklichung der Ansprüche aus dem Steuerschuldverhältnis entscheidet, nicht aber über deren Rechtmäßigkeit[3].

### 3. Fehlende Beschwer bei Abwälzung der Steuer

Anfechtungs- und Verpflichtungsklage verlangen als Zulässigkeitsvoraussetzung die Geltendmachung einer „Rechtsverletzung" (**Beschwer**, § 40 Abs. 2 FGO); Entsprechendes gilt für den Einspruch (§ 350 AO). Diese Beschwer liegt grundsätzlich im belastenden Tenor der Steuerfestsetzung bzw. Steueranmeldung. Allerdings ist die **Umsatzsteuer**, soweit der leistende Unternehmer Steuerschuldner ist (§ 13a Abs. 1 Nr. 1 UStG), eine **indirekte Steuer**, die letztendlich den Verbraucher als sog. Steuerträger belasten soll (*Vorbem. Rz. 19 f.*). Diese Belastung tritt durch **Abwälzung**, d.h. dadurch ein, dass der leistende Unternehmer die von ihm geschuldete Umsatzsteuer in seinen Preis einkalkuliert und der Leistungsempfänger den Steuerbetrag als Bestandteil der Gegenleistung aufwendet. Soweit der Unternehmer die Steuer abgewälzt hat, ist er mithin nicht mehr mit der Steuer belastet. Der Begriff der **Rechtsverletzung** ist folglich bei einer indirekten Steuer bezüglich des formalen Steuerschuldners dergestalt einzuschränken, dass die gesetzliche Schuld auch wirtschaftlich belastet, d.h. die geschuldete Steuer **nicht abgewälzt** worden ist. Eine Abwälzung liegt nicht nur dann vor, wenn die Steuer in einer Rechnung ausgewiesen ist, sondern auch dann, wenn der Unternehmer anfänglich, d.h. bei seiner Preiskalkulation, selbst von der Steuerpflicht der Umsätze ausgegangen war und die betreffende Steuer beim Finanzamt angemeldet hatte.[4] Die Beschwer ist nur dann gegeben, wenn der Unternehmer den einkalkulierten Umsatzsteuerbetrag an den Leistungsempfänger zurückgezahlt oder für den Fall des Obsiegens an diesen abgetreten hat.

77

---

1 BFH. v. 29.11.1984 – V R 146/83, BStBl. II 1985, 370; BFH v. 1.10.1992 – V R 81/89, BStBl. II 1993, 120; BFH v. 10.2.2010 – XI R 3/09, UR 2010, 701 – Rz. 22.
2 BFH v. 15.6.1999 – VII R 3/97, BStBl. II 2000, 46.
3 *Rößler*, DStZ 2000, 489; *Stadie*, UR 2000, 87.
4 Zu **Beispielen** *Stadie* in R/D, § 18 UStG Anm. 401 ff.; ferner Sachverhalt von BFH v. 21.2.2013 – V R 27/11, BStBl. II 2013, 529 (dazu auch *§ 4 Nr. 20 Rz. 13*).

## 4. Klageart und vorläufiger Rechtsschutz bei Begehren einer höheren Steuervergütung

78 Beim Begehren einer höheren Steuervergütung soll nach verfehlter Auffassung des BFH die **Anfechtungsklage** (als Abänderungsklage i.S.d. § 100 Abs. 2 FGO) die statthafte Klageart sein[1], obwohl für ein Leistungsverlangen nach allgemeinen Grundsätzen nur die **Verpflichtungsklage** (§ 40 Abs. 1 FGO) die **richtige** Klageart sein kann, auf welche § 100 Abs. 2 FGO wegen einer offensichtlich bestehenden Lücke analog anzuwenden ist[2].

Als **vorläufiger Rechtsschutz** käme folglich die **einstweilige Anordnung** (§ 114 FGO) in Betracht.[3] Ein entsprechender Antrag muss jedoch stets abgelehnt werden, da die einstweilige Anordnung nicht zu einer Vorabbefriedigung führen darf.[4] Entsprechendes gilt für eine einstweilige Anordnung auf Zustimmung zu einer Steuervergütungsanmeldung nach § 168 Satz 2 AO.[5]

## 5. Klagebefugnis des Steuerträgers (Leistungsempfängers, Verbrauchers)

79 Der nicht zum Vorsteuerabzug berechtigte Leistungsempfänger (Steuerträger, Verbraucher) kann, wenn er die Steuerpflicht des Umsatzes, die Höhe des vom leistenden Unternehmers zugrunde gelegten Steuersatzes oder das Einbeziehen bestimmter Kosten bei der Bemessungsgrundlage bestreitet, der Umsatzsteuerbelastung bei der Preisvereinbarung regelmäßig nicht ausweichen, da die Unternehmer im Zweifel von der Steuerpflicht des Umsatzes ausgehen und sich zudem durchgängig nach der Auffassung der Finanzverwaltung richten. Es stellt sich deshalb die Frage, ob der Steuerträger klagebefugt bezüglich der vom leistenden Unternehmer abgegebenen Steueranmeldung oder der diesem gegenüber ergangenen Steuerfestsetzung ist, die den streitigen Umsatzsteuerbetrag erfasst. Vordergründig gesehen müsste die **Klagebefugnis** (§ 40 Abs. 2 FGO) zu verneinen zu sein, weil der Steuerträger nicht in seinen Rechten verletzt zu sein scheint, da „rechtlich" der **leistende Unternehmer** die Steuer schuldet. Dieser ist allerdings trotz der „rechtlichen" Beschwer nicht wirtschaftlich (tatsächlich) belastet, da er die Steuer als Teil des Preises erhalten hat, so dass er bei dieser Konstellation nicht nur **kein Interesse an** der Klärung der Umsatzsteuerrechtsfrage und der **Anfechtung** der Steuerfestsetzung hat, sondern **mangels Beschwer auch keine Rechtsbehelfsbefugnis** besitzt (Rz. 77).

80 Der Steuerträger kann sein steuerrechtliches Problem **nicht vor den Zivilgerichten**[6] klären. Zwar ist es Geschäftsgrundlage bzw. Vertragsinhalt geworden, dass,

---

1 BFH v. 30.9.1976 – V R 109/73, BStBl. II 1977, 227; BFH v. 1.4.1982 – V B 37/81, BStBl. II 1982, 515; BFH v. 25.11.2004 – V R 4/04, BStBl. II 2005, 415 (419); ebenso *Seer* in T/K, § 40 FGO Rz. 11.
2 Ausführlich *Stadie*, Allg. SteuerR, Rz. 803.
3 Insoweit zutreffend BFH v. 1.4.1982 – V B 37/81, BStBl. II 1982, 515; BFH v. 29.11.1984 – V B 44/84, BStBl. II 1985, 194 (196 f.); BFH v. 30.7.1986 – V B 31/86, BFH/NV 1987, 42.
4 Vgl. BFH v. 17.12.1981 – V R 81/81, BStBl. II 1982, 149; FG Hamburg v. 21.7.2005 – VII 104/05, EFG 2005, 1816; a.A. FG Münster v. 23.2.2012 – 5 V 4511/11 U, EFG 2012, 956.
5 A.A. BFH v. 6.10.2005 – V B 140/05, UR 2006, 401; FG Hamburg v. 5.12.2007 – 7 K 71/06, EFG 2008, 653.
6 Oder Sozialgerichten; vgl. BSG v. 17.7.2008 – B 3 KR 18/07 R, UR 2009, 278.

wenn ein Preis inklusive Umsatzsteuer vereinbart worden ist, der Umsatz auch tatsächlich steuerpflichtig bzw. der vereinbarte Steuersatz auch tatsächlich anzuwenden ist[1], so dass ein als Preisbestandteil berechneter Umsatzsteuerbetrag, soweit er steuerrechtlich nicht geschuldet wird, zurückzuzahlen ist, doch befindet über diese steuerrechtliche Vorfrage nicht das Zivilgericht. Das **Alleinentscheidungsrecht** über steuerrechtliche Fragen haben die **Finanzbehörden**, die mit einem Verwaltungsakt (Steuerbescheid) die Steuer festsetzen[2] (s. auch *§ 29 Rz. 46 ff.*). Folglich sind deren Entscheidungen von den Zivilgerichten zu beachten[3], so dass **Steuerfestsetzungen**, denen Steueranmeldungen gleichstehen (*Rz. 9, 47*), **Bindungswirkung für die Zivilgerichte** haben.

Dieser Befund kann nicht dazu führen, dass dem Steuerträger der Rechtsschutz verwehrt wird. Wenn der Staat die Umsatzbesteuerung im Wege der indirekten Besteuerung durch Einschaltung der Unternehmer als Verwaltungshelfer (*Vorbem. Rz. 20*) vornimmt, so kann er sich bei dieser Form der mittelbaren Verwaltung nicht der Grundrechtsbindung entziehen.[4] Ist der Leistungsempfänger nach § 13b UStG Steuerschuldner, ist er als unmittelbar rechtlich Beschwerter klagebefugt. Es wäre schlicht willkürlich, wenn die Klagebefugnis von der Zufälligkeit der Steuerschuldnerschaft abhinge.[5] Folglich bedarf es zur **Gewährleistung des verfassungsrechtlich gebotenen Rechtsschutzes** (Art. 19 Abs. 4 Satz 1 GG) auch für den indirekt Besteuerten der **Klagemöglichkeit** vor den **Finanzgerichten**. Da die Umsatzsteuerfestsetzung gegenüber dem leistenden Unternehmer verbindlich über den Umsatzsteuerbetrag als Teil des zivilrechtlichen Preises[6] und damit letztlich über die Umsatzsteuerbelastung des Verbrauchers (Steuerträgers) entscheidet, kann die Umsatzsteuerfestsetzung mittelbar die Rechte des Verbrauchers verletzen. Demgemäß ist dieser klagebefugt i.S.d. § 40 Abs. 2 FGO und kann die betreffende Steuerfestsetzung anfechten.[7] Die Beschwer setzt die Belastung mit der Steuer voraus, d.h. die Entrichtung der Gegenleistung.

81

Der Klage hat ein **Einspruch** vorauszugehen. Mangels Bekanntgabe der Steuerfestsetzung gegenüber dem Kläger (Steuerträger) beträgt die **Rechtsbehelfsfrist** ein Jahr und läuft ab Kenntnisnahme von der Steueranmeldung/-festsetzung (arg. § 356 Abs. 2 iVm. § 124 Abs. 1 Satz 1 AO). Ist die Steuer nicht festgesetzt (angemeldet) worden, so kann der Verbraucher die Feststellung beantragen, dass der streitige Umsatz nicht steuerpflichtig ist oder dem ermäßigten Steuersatz unterliegt usw. Der **Feststellungsklage** (§ 41 Abs. 1 FGO) muss ein entsprechender Antrag beim Finanzamt vorausgegangen sein.

82

---

1 *Stadie* in R/D, Einf. Anm. 923 und 930.
2 BGH v. 24.2.1988 – VII ZR 64/87, BGHZ 103, 284 = UR 1988, 183; BGH v. 17.7.2001 – X ZR 13/99, UR 2002, 37 (39 f.); BSG v. 17.7.2008 – B 3 KR 18/07 R, UR 2009, 278; ausführlich *Stadie*, UR 2011, 801 m.w.N.; **a.A.** BFH v. 30.3.2011 – XI R 5/09, BFH/NV 2011, 1724; OLG Hamm v. 28.1.2014 – 19 U 107/13, MDR 2014, 679; vgl. auch BGH v. 18.4.2012 – VIII ZR 253/11, UR 2012, 639.
3 BGH v. 4.2.2004 – XII ZR 301/01, BGHZ 158, 19 (22); BGH v. 21.9.2006 – IX ZR 89/05, NJW-RR 2007, 398 m.w.N.
4 Vgl. *P. Kirchhof*, DStJG 18 (1995), S. 17 (28).
5 Vgl. dazu das Beispiel bei *Stadie* in R/D, Einf. Anm. 499.
6 *Stadie* in R/D, Einf. Anm. 923.
7 So auch *Seer* in T/K, § 40 FGO Rz. 76; *Seer* in T/L, § 22 Rz. 125; vgl. ferner *P. Kirchhof*, DStJG 18 (1995), S. 17 (28); *P. Kirchhof*, UR 2002, 541(547 f.).

83 Soweit die Anfechtungsklage oder die Feststellungsklage **erfolgreich** ist, hat der **Unternehmer** den entsprechenden Steuerbetrag **an** seinen **Vertragspartner zurückzuzahlen**, weil nunmehr feststeht, dass der Unternehmer insoweit keine Umsatzsteuer schuldet und folglich diese auch vom Leistungsempfänger nicht als Teil der Gegenleistung geschuldet wurde.[1] Ist der Umsatz steuerfrei, so ist allerdings die nunmehr beim Unternehmer nicht abziehbare Vorsteuer gegenzurechnen.[2] Sofern die **Durchsetzung** des zivilrechtlichen Rückforderungsanspruchs unmöglich oder **übermäßig erschwert** ist, hat das **Finanzamt** den von seinem Gehilfen vereinnahmten **Steuerbetrag**, unabhängig davon, ob er an das Finanzamt abgeführt worden war oder nicht, an den Kläger zu **erstatten** (vgl. zur entsprechenden Problematik im Anwendungsbereich des § 14c bzw. des § 17 UStG die Ausführungen bei *§ 14c Rz. 53* bzw. *§ 17 Rz. 68 u. 71*).

## VI. Sonderfälle

### 1. Steueranmeldung durch Leistungsempfänger als Steuerschuldner (Abs. 4a)

84 Ist ein **Unternehmer** als Leistungsempfänger Schuldner der Steuer nach § 13b UStG, so hat er diese zusammen mit den von ihm für eigene Umsätze geschuldeten Steuerbeträgen nach § 18 Abs. 1 bzw. 3 i.V.m. § 16 Abs. 1 Satz 3 UStG anzumelden (*Rz. 33, 55*). § 18 Abs. 4a UStG stellt klar[3], dass Voranmeldungen und Steuererklärungen auch dann abzugeben sind, wenn **ausschließlich Steuer** für Umsätze nach § 13b Abs. 5 UStG, d.h. als **Leistungsempfänger** zu „entrichten" (*Rz. 85*) ist. Entsprechendes gilt, wenn der Unternehmer **ausschließlich Steuer** für **innergemeinschaftliche Erwerbe** (§ 1 Abs. 1 Nr. 5 UStG) oder als **letzter Abnehmer** im Rahmen eines **innergemeinschaftlichen Dreiecksgeschäfts** (§ 25b Abs. 2 UStG) zu entrichten hat.

Steuerschuldner als Leistungsempfänger können jedoch nicht nur Unternehmer, sondern auch **juristische Personen** sein (§ 13b Abs. 5 Satz 1, § 25b Abs. 1 Satz 2 UStG), auch wenn sie nicht Unternehmer sind. Folglich sind auch diese nach § 18 Abs. 4a Satz 1 UStG zur Abgabe von Voranmeldungen und Jahressteueranmeldungen verpflichtet. Entsprechendes gilt für juristische Personen im Falle des innergemeinschaftlichen Erwerbs (§ 1a Abs. 1 Nr. 2 Buchst. b UStG).

85 Mit Steuer zu „**entrichten**" ist, wie § 18 Abs. 3 UStG bestätigt, nicht gemeint, dass tatsächlich Steuer zu zahlen ist. Folglich werden von der Vorschrift auch vorsteuerabzugsberechtigte Unternehmer erfasst, die die geschuldete Steuer stets für denselben Voranmeldungszeitraum als Vorsteuer in gleicher Höhe „abziehen" können (§ 15 Abs. 1 Satz 1 Nr. 3 und 4 bzw. § 25b Abs. 5 UStG), mithin zwar Steuer schulden, aber keine Zahllast haben. Demgemäß ist eine „Entrichtung" auch dann gegeben, wenn die Tilgung der Steuerschuld durch Verrechnung mit Vorsteuer in gleicher Höhe eintritt. Die Bestätigung findet sich in § 18 Abs. 4a Satz 2 UStG (Steuer zu „erklären").

---

1 *Stadie* in R/D, Einf. Anm. 923 u. Einf. Anm. 930.
2 *Stadie* in R/D, Einf. Anm. 927.
3 So auch BFH v. 14.4.2011 – V R 14/10, BStBl. II 2011, 834 – Rz. 12.

**Voranmeldungen** sind nur für die Zeiträume abzugeben, „in denen" die Steuer 86
für die zuvor genannten Umsätze zu erklären ist (§ 18 Abs. 4a Satz 2 UStG). Gemeint ist, dass Voranmeldungen nur für solche Zeiträume abzugeben sind, in denen oder mit deren Ablauf die Steuer für diese Umsätze *entstanden* ist.

Für solche Zeiträume, für die **lediglich Vorsteuerbeträge** geltend gemacht werden, können Voranmeldungen abgegeben werden. Das folgt aus § 18 Abs. 1 Satz 3 i.V.m. § 16 Abs. 2 UStG (*Rz. 84*). **Im Ausland** (richtig: nicht im Inland) **ansässige** Unternehmer können für diese Zeiträume das Vorsteuervergütungsverfahren nach § 18 Abs. 9 UStG i.V.m. §§ 59 ff. UStDV anwenden, solange die Voraussetzungen des § 18 Abs. 4a UStG noch nicht vorliegen (*Rz. 131*). Indes können diese Unternehmer alternativ auch derartige Vorsteuerbeträge erst mit der Jahreserklärung geltend machen[1] (*Rz. 143*).

Der Voranmeldungszeitraum bestimmt sich nach § 18 Abs. 2 Sätze 1 und 2 UStG (*Rz. 21 f.*). Die Anwendung des § 18 Abs. 2a UStG (**Wahlrecht** bei einem „Überschuss" zugunsten des Unternehmers im vorangegangenen Kalenderjahr von mehr als 7500 € den **Kalendermonat** als Voranmeldungszeitraum zu nehmen) ist **ausgeschlossen** (§ 18 Abs. 4a Satz 3 UStG). Der Sinn dieser Regelung liegt im Dunklen.

### 2. Steueranmeldung durch sog. Fahrzeuglieferer (Abs. 4a)

Auch Fahrzeuglieferer i.S.d. § 2a UStG, d.h. solche Personen, die als Nichtunternehmer, als Unternehmer außerhalb ihres Unternehmens oder als Kleinunternehmer (*§ 19 Rz. 46*) ein neues Fahrzeug i.S.d. § 1b UStG in das übrige Gemeinschaftsgebiet liefern, haben Voranmeldungen und eine Steuererklärung für das Kalenderjahr abzugeben (§ 18 Abs. 4a Satz 1 UStG). (§ 18 Abs. 4a Satz 2 UStG, wonach Voranmeldungen nur für die Zeiträume abzugeben sind, in denen die Steuer für diese Umsätze zu erklären ist, ergibt indes für Fahrzeuglieferer keinen Sinn, da sie keine Steuer zu erklären haben (ihre Lieferung ist steuerfrei, § 6a Abs. 1 Nr. 2 Buchst. c UStG), sondern einen **Steuervergütungsanspruch** geltend machen (*§ 15 Rz. 501*), der für denjenigen Voranmeldungszeitraum in Betracht kommt, in dem das Fahrzeug geliefert worden ist (§ 15 Abs. 4a Nr. 3 UStG). Es handelt sich mithin bei der Anmeldung um eine Steuervergütungsanmeldung (*Rz. 13*), deren Abgabe nicht erzwungen werden kann, so dass die von § 18 Abs. 4a UStG normierte Verpflichtung abwegig ist. Die **verkorkste Vorschrift** will mithin richtigerweise lediglich sagen, dass die Steuervergütung mittels desselben Vordrucks zu beantragen ist, der auch für Steueranmeldungen zu verwenden ist.[2] 87

### 3. Steueranmeldungen durch Nichtunternehmer (Abs. 4b)

Personen, die keine Unternehmer sind und Steuerbeträge nach § 6a Abs. 4 Satz 2 88
UStG schulden, weil sie durch **unrichtige Angaben** gegenüber ihren gutgläubigen Lieferanten die fälschliche Inanspruchnahme der **Steuerbefreiung** für eine innergemeinschaftliche Lieferung veranlasst hatten, oder Steuer nach § 14c

---
1 BFH v. 14.4.2011 – V R 14/10, BStBl. II 2011, 834.
2 Zur weiteren Kritik an der Vorschrift s. *Stadie* in R/D, § 18 UStG Anm. 330.

Abs. 2 UStG schulden, weil sie **zu Unrecht Steuer in** einer **Rechnung** ausgewiesen haben, müssen ebenfalls für die betreffenden Zeiträume Voranmeldungen und Steuererklärungen abgeben (§ 18 Abs. 4b i.V.m. Abs. 4a UStG). Sofern Unternehmer derartige Beträge schulden, müssen sie diese bereits in der nach § 18 Abs. 1 bzw. Abs. 3 UStG abzugebenden Voranmeldung und Jahressteueranmeldung angeben. Das gilt auch für Kleinunternehmer (§ 19 Abs. 1 Satz 3 UStG).

### 4. Steueranmeldungen im Ausland ansässiger Anbieter von Telekommunikations-, Rundfunk- und elektronisch erbrachten Dienstleistungen (Abs. 4c–4e)

89 a) Erbringt ein **nicht im Gemeinschaftsgebiet ansässiger** Unternehmer als Steuerschuldner ausschließlich Umsätze nach § 3a Abs. 5 UStG, d.h. sonstige Leistungen auf dem Gebiet der **Telekommunikation**, **Rundfunkdienstleistungen** oder **elektronisch erbrachte** sonstige Leistungen **gegenüber Nichtunternehmern im Gemeinschaftsgebiet** und ist er in keinem anderen Mitgliedstaat für Zwecke der Umsatzsteuer erfasst (registriert), so hat er ein **Wahlrecht**, ob er im Rahmen des normalen Besteuerungsverfahrens (§ 18 Abs. 1 bis 4 UStG) nur die im Inland steuerpflichtigen Umsätze versteuert oder ob er abweichend davon **für sämtliche im Gemeinschaftsgebiet steuerpflichtigen Umsätze** i.S.d. § 3a Abs. 5 UStG die von ihm dafür geschuldete Umsatzsteuer in Deutschland anmeldet (§ 18 Abs. 4c Satz 1 UStG). Stattdessen kann er sich **auch in einem anderen Mitgliedstaat** erfassen (registrieren) lassen und die geschuldete Steuer dort erklären und entrichten (Art. 358 Nr. 3 i.V.m. 360 MwStSystRL). Für den Fall der **Erfassung** (**Registrierung**, „Identifizierung" i.S.d. Art. 358 ff. MwStSystRL) **in einem anderen Mitgliedstaat** bestimmt § 18 Abs. 4d UStG, dass § 18 Abs. 1 bis 4 UStG nicht gelten, d.h. für die im Inland steuerpflichtigen sonstigen Leistungen i.S.d. § 3a Abs. 5 UStG keine Voranmeldungen und keine Steuererklärung für das Kalenderjahr abzugeben sind, sofern die deutsche Umsatzsteuer in dem anderen Mitgliedstaat erklärt und entrichtet wird. Der **Zweck** der Regelungen besteht darin, den nicht im Gemeinschaftsgebiet ansässigen Unternehmern die **Erfüllung** ihrer **steuerrechtlichen Pflichten** zu **erleichtern**, wenn ihre Kunden in mehreren Mitgliedstaaten ansässig sind.

90 Ein **nicht im Gemeinschaftsgebiet ansässiger Unternehmer** wäre in Anlehnung an § 13b Abs. 7 Satz 1 UStG ein solcher, der im Gemeinschaftsgebiet (§ 1 Abs. 2a Satz 1 UStG) weder „einen" Wohnsitz, seinen gewöhnlichen Aufenthalt, seinen Sitz, seine Geschäftsleitung noch eine Betriebsstätte hätte. Diese ohnehin z.T. verfehlten Kriterien (*§ 13b Rz. 50 f.*) sind jedoch nicht heranzuziehen. Vielmehr ist richtlinienkonform entsprechend Art. 358a Nr. 1 MwStSystRL maßgebend, ob der Unternehmer „im Hoheitsgebiet der Gemeinschaft weder den Sitz seiner wirtschaftlichen Tätigkeit noch eine feste Niederlassung hat". Der Sitz der wirtschaftlichen Tätigkeit entspricht dem Sitz der Geschäftsleitung (vgl. *§ 3a Rz. 25*; *§ 13b Rz. 51*; s. auch unten *Rz. 129*), die feste Niederlassung der Betriebsstätte (*§ 3a Rz. 26*; *§ 13b Rz. 54*).

91 Der Unternehmer muss ferner als Steuerschuldner **ausschließlich** Umsätze „nach" § 3a Abs. 5 UStG im Gemeinschaftsgebiet erbringen, d.h. nur die genannten sonstige Leistungen gegenüber Nichtunternehmern, die im Gemein-

schaftsgebiet ansässig sind (§ 3a Abs. 5 UStG bzw. Art. 58 MwStSystRL; dazu § *3a Rz. 112 ff.*), ausführen. Er darf mithin keine anderen Umsätze im Gemeinschaftsgebiet erbringen, bei denen er (und nicht der Leistungsempfänger nach § 13b UStG oder Art. 196 MwStSystRL) Steuerschuldner ist. Abzustellen ist jeweils auf ein **Kalendervierteljahr** (Besteuerungszeitraum i.S.d. § 16 Abs. 1a Satz 1 UStG).

Die **Ausübung des Wahlrechts** hat der Unternehmer auf dem amtlich vorgeschriebenen, **elektronisch** zu übermittelnden Dokument dem **Bundeszentralamt für Steuern vor** der **Erbringung von Umsätzen** nach § 3a Abs. 5 UStG im Gemeinschaftsgebiet **anzuzeigen** (§ 18 Abs. 4c Satz 3 UStG). Bei einem **Verstoß** gegen diese Verpflichtung wird der Unternehmer für die Zukunft von der Anwendung des Verfahrens nach (§ 18 Abs. 4c Satz 1 UStG **ausgeschlossen** (§ 18 Abs. 4c Sätze 6 und 7 UStG). Das Wahlrecht kann nur mit Wirkung vom Beginn eines Kalendervierteljahres (Besteuerungszeitraum, § 16 Abs. 1a Satz 1 UStG) an **widerrufen** werden (§ 18 Abs. 4c Sätze 4 und 5 UStG). Der Unternehmer hat, wenn er das Wahlrecht ausgeübt hat, für jeden Besteuerungszeitraum eine Steuererklärung „auf amtlich vorgeschriebenem Vordruck" (gemeint ist: „nach amtlich vorgeschriebenem Muster") elektronisch zu übermitteln, in der er die Steuer selbst zu berechnen hat (§ 18 Abs. 4c Satz 1 UStG). Besteuerungszeitraum ist, abweichend von der Grundregel des § 16 Abs. 1 Satz 2 UStG, das Kalendervierteljahr (§ 16 Abs. 1a Satz 1 UStG). Da die Steuer nicht nur zu erklären, sondern auch selbst zu berechnen ist, handelt es sich um ein Steueranmeldung (§ 150 Abs. 1 Satz 3 AO), die einer Steuerfestsetzung unter Vorbehalt der Nachprüfung gleichsteht (§ 168 Satz 1 AO). Die „Steuerberechnung" bestimmt sich nach § 16 Abs. 1a i.V.m. § 13 Abs. 1 Nr. 1 Buchst. d UStG. Die Steuererklärung ist bis zum 20. Tag nach Ablauf des Besteuerungszeitraums zu übermitteln. Die Steuer ist am 20. Tag nach Ablauf des Besteuerungszeitraums fällig (§ 18 Abs. 4c Satz 2 UStG).

**Vorsteuerbeträge** sind bei der Steuerberechnung **nicht** zu berücksichtigen (§ 16 Abs. 1a Satz 3 UStG). Diese werden vielmehr in den jeweiligen Mitgliedstaaten, in denen sie angefallen sind, gesondert vergütet, in Deutschland nach § 18 Abs. 9 Satz 1 i.V.m. § 59 Nr. 4 UStDV (*Rz. 125 ff.*). Die ansonsten für Drittlandsunternehmer nach § 18 Abs. 9 Sätze 4 und 5 UStG geltenden Beschränkungen greifen nicht (§ 18 Abs. 9 Satz 6 UStG, *Rz. 140*).[1]

**b)** Führt ein **im übrigen Gemeinschaftsgebiet ansässiger** Unternehmer (§ 13b Abs. 7 Satz 2 UStG) als Steuerschuldner Umsätze nach § 3a Abs. 5 UStG, d.h. sonstige Leistungen auf dem Gebiet der Telekommunikation, Rundfunk- und Fernsehdienstleistungen oder auf elektronischem Weg erbrachte sonstige Leistungen gegenüber Nichtunternehmern **im Inland** aus und ist er nicht im Geltungsbereich des Gesetzes ansässig, so hat er ein **Wahlrecht**, ob er diese sonstigen Leistungen im Rahmen des normalen Besteuerungsverfahrens (§ 18 Abs. 1 bis 4 UStG) anmeldet oder ob er abweichend davon eine besondere Steuererklärung durch Datenfernübertragung übermittelt (§ 18 Abs. 4e Satz 1 UStG; zur Ausübung und Wirksamkeit des Wahlrechts im Einzelnen Absatz 4e Sätze 5–9).

92

93

---

1 Dazu auch Abschn. 3a.16 Abs. 14 Sätze 3 und 4 UStAE.

Für den umgekehrten Fall des inländischen Unternehmers, der in anderen Mitgliedstaaten Umsätze i.S.d. § 3 Abs. 5 UStG erbringt, gilt § 18h UStG.

94 Besteuerungszeitraum ist, abweichend von der Grundregel des § 16 Abs. 1 Satz 2 UStG, das **Kalendervierteljahr** (§ 16 Abs. 1b Satz 1 UStG). Die Steuererklärung ist der **zuständigen Behörde** des **Mitgliedstaates** der **Ansässigkeit** zu übermitteln und gilt nach **Weiterleitung an** das **BZSt** als **Steueranmeldung** (§ 150 Abs. 1 Satz 3 AO), die einer Steuerfestsetzung unter Vorbehalt der Nachprüfung i.S.d. § 168 Satz 1 AO gleichsteht (§ 18 Abs. 4e Satz 2 UStG). Die Steuererklärung ist **bis zum 20.** Tag nach Ablauf des Besteuerungszeitraums der zuständigen Behörde des Mitgliedstaats zu übermitteln (§ 18 Abs. 4e Satz 1 i.V.m. Satz 10 UStG). Die Steuer ist am 20. Tag nach Ablauf des Besteuerungszeitraums **fällig** (§ 18 Abs. 4e Satz 4 i.V.m. Satz 11 UStG).

95 **Vorsteuerbeträge** sind bei der Steuerberechnung nach § 18 Abs. 4e UStG **nicht** zu berücksichtigen (§ 16 Abs. 1b Satz 3 UStG). Diese werden vielmehr nach § 18 Abs. 9 Satz 1 i.V.m. § 59 Nr. 5 UStDV (*Rz. 125 ff.*) oder aber, wenn der Unternehmer noch andere Umsätze ausgeführt hat, im Rahmen des normalen Besteuerungsverfahrens vergütet.

### 5. Beförderungseinzelbesteuerung (Abs. 5 und 5b)

96 Befördert ein Unternehmer mit einem nicht im Inland zugelassenen Kraftomnibus Personen im Gelegenheitsverkehr und wird bei der Ein- oder Ausreise eine Grenze zum Drittlandsgebiet überschritten, so wird die Umsatzsteuer **für jede einzelne Beförderungsleistung durch** die zuständige **Zolldienststelle** berechnet und **festgesetzt** (§ 16 Abs. 5 i.V.m. § 18 Abs. 5 UStG).[1] Vorsteuerbeträge werden dabei nicht berücksichtigt, weil § 16 Abs. 2 UStG nicht anzuwenden ist (§ 16 Abs. 5 Satz 4 UStG). Die zuständige Zolldienststelle handelt bei der Beförderungseinzelbesteuerung für das Finanzamt, in dessen Bezirk sie liegt; dieses ist zuständig (§ 16 Abs. 5 Satz 3 i.V.m. § 18 Abs. 5 Nr. 2 Satz 1 UStG).

97 Nach Ablauf des Besteuerungszeitraums (Kalenderjahr, § 16 Abs. 1 Satz 2 UStG) kann der Unternehmer beantragen, dass die **Steuerberechnung nach den allgemeinen Regeln** des § 16 Abs. 1 und 2 UStG erfolgt (§ 16 Abs. 5b UStG), wodurch auch **Vorsteuerbeträge** berücksichtigt werden können. Demgemäß sind dann auch die **allgemeinen Vorschriften** des § 18 Abs. 3 und 4 UStG zum **Besteuerungsverfahren** anzuwenden (§ 18 Abs. 5b Satz 1 UStG). Die bei der Beförderungseinzelbesteuerung entrichtete **Steuer** ist auf die für den Besteuerungszeitraum zu entrichtende Steuer **anzurechnen** (§ 18 Abs. 5b Satz 2 UStG).

### 6. Fahrzeugeinzelbesteuerung (Abs. 5a)

98 Beim innergemeinschaftlichen Erwerb neuer Fahrzeuge durch andere als die in § 1a Abs. 1 Nr. 2 UStG genannten Personen, also beim Erwerb durch **natürliche Personen** als **Nichtunternehmer** oder durch Unternehmer, die das Fahrzeug **nicht für ihr Unternehmen** erwerben, d.h. durch Personen die den innergemein-

---

[1] Dazu näher Abschn. 18.8 UStAE.

schaftlichen Erwerb nach § 1 Abs. 1 Nr. 5 i.V.m. § 1b UStG versteuern müssen, ist die dafür geschuldete Steuer für jeden einzelnen steuerpflichtigen Erwerb zu berechnen (§ 16 Abs. 5a UStG; bei anderen Erwerbern ist die Steuer für den Erwerb neuer Fahrzeuge bei der Steuerberechnung nach den allgemeinen Regeln zu berücksichtigen, § 16 Abs. 1 Satz 3 UStG).

Folglich hat ein solcher Erwerber bei der Fahrzeugeinzelbesteuerung bis zum zehnten Tag nach dem Tag des Erwerbs (Steuerentstehung, § 13 Abs. 1 Nr. 7 UStG) **für jedes erworbene neue Fahrzeug** eine Steuererklärung nach amtlich vorgeschriebenem Vordruck, in der er die zu entrichtende Steuer selbst zu berechnen hat, d.h. eine **Steueranmeldung** abzugeben, welche eigenhändig unterschrieben sein muss (§ 18 Abs. 5a Sätze 1 und 2 UStG). **Gibt der Erwerber die Steueranmeldung nicht ab** oder hat er die Steuer nicht richtig berechnet, so kann das **Finanzamt** die **Steuer festsetzen** (§ 18 Abs. 5a Satz 3 UStG). Diese Befugnis ergibt sich bereits aus § 167 Abs. 1 Satz 1 AO. Die Steuer soll gem. § 18 Abs. 5a Satz 4 UStG am 10. Tag nach dem Entstehungstag (§ 13 Abs. 1 Nr. 7 UStG) **fällig** sein. Diese Bestimmung verkennt, dass die Fälligkeit der Steuer nicht vor deren Festsetzung eintreten kann (*Rz. 36*). 99

## VII. Dauerfristverlängerung (Abs. 6 i.V.m. §§ 46 ff. UStDV)

### 1. Allgemeines

Auf Grund der **Verordnungsermächtigung** des § 18 Abs. 6 UStG können durch Rechtsverordnung zur Vermeidung von Härten die Fristen für die Voranmeldungen und Vorauszahlungen um einen Monat verlängert und das Verfahren näher bestimmt werden. Dabei kann angeordnet werden, dass der Unternehmer eine Sondervorauszahlung auf die Steuer für das Kalenderjahr zu entrichten hat (§ 18 Abs. 6 Satz 2 UStG). Die zur Umsetzung dieser Ermächtigung ergangenen **Bestimmungen** der §§ 46–48 UStDV sind in sich **widersprüchlich** und **unausgegoren**. 100

Von der Dauerfristverlängerung ist die Fristverlängerung im **Einzelfall** nach § 109 AO (*Rz. 35*) zu unterscheiden. Nach dieser Vorschrift kann indes auch die Frist auf Grund der Dauerfristverlängerung im Einzelfall verlängert werden.[1] 101

Dem „Antrag" (*Rz. 103*) auf Fristverlängerung muss stets entsprochen werden („Das Finanzamt hat ..."), sofern nicht der Steueranspruch gefährdet erscheint (§ 46 UStDV). Dem Finanzamt steht folglich **kein Ermessen** zu.[2] Da der Unternehmer danach in der Regel einen Anspruch auf die Fristverlängerung hat, bedarf es mithin nicht der ausdrücklichen Stattgabe seines „Antrages". Nach Auffassung des **BMF** soll der Unternehmer von einer **stillschweigenden Bewilligung** ausgehen können, solange nicht das Finanzamt den Antrag ablehne oder die Fristverlängerung widerrufe.[3] Das erscheint angesichts des Wortlautes des § 46 UStDV als konsequent. **Im Widerspruch dazu** steht allerdings die Aussage des § 47 Abs. 1 Satz 1 UStDV, dass die Fristverlängerung bei einem Unternehmer, 102

---

1 *Birkenfeld* in B/W, § 210 Rz. 152.
2 A.A. *Birkenfeld* in B/W, § 213 Rz. 81.
3 Vgl. Abschn. 18.4 Abs. 1 Sätze 1 und 2 UStAE.

der die Voranmeldungen monatlich abzugeben hat, unter der Auflage zu gewähren ist, dass dieser eine Sondervorauszahlung entrichtet. **Andererseits** heißt es dann in § 48 Abs. 1 Satz 3 UStDV, dass der Unternehmer im Antrag auf Fristverlängerung die Sondervorauszahlung selbst zu berechnen und anzumelden habe. Das alles ergibt keinen Sinn.

103 **Richtigerweise** wollen die §§ 46–48 UStDV im Kern folgendes sagen: Der Unternehmer kann abweichend von § 18 Abs. 1 UStG die Voranmeldungen bis zu einen Monat später übermitteln. Das hat er dem Finanzamt bis zum gesetzlich vorgesehenen Abgabetermin **anzuzeigen**. Voraussetzung für die Inanspruchnahme der Fristverlängerung ist bei einem Unternehmer, der monatliche Voranmeldungen zu übermitteln hat, dass er zugleich eine Sondervorauszahlung selbst berechnet, anmeldet und entrichtet. Demgemäß handelt es sich bei dem von § 46 und § 48 Abs. 1 UStDV genannten „Antrag" in Wahrheit um die **Anzeige**, dass der Unternehmer die von der UStDV eingeräumte Fristverlängerung in Anspruch nehmen werde. Folglich ist über den „Antrag" nicht zu entscheiden, so dass entgegen der Auffassung des BMF (*Rz. 102*) keine stillschweigende „Genehmigung" bis zur Ablehnung des Antrags vorliegt.[1]

Ebenso wenig ist der „Antrag" (entgegen dem Wortlaut des § 46 Satz 2 UStDV) abzulehnen, wenn der Steueranspruch gefährdet erscheint. Vielmehr ist in einem solchen Fall dem Unternehmer auf der Grundlage dieser Bestimmung zu untersagen, die Fristverlängerung in Anspruch zu nehmen (*Rz. 105*).

104 Auch § 47 Abs. 1 Satz 1 UStDV ist verfehlt formuliert und meint **keine Auflage** i.S.d. § 120 Abs. 2 Nr. 4 AO (Nebenbestimmung einer Antragsbewilligung, welche bei Nichterfüllung zum Widerruf der Bewilligung berechtigt), **sondern** formuliert in Wahrheit eine **gesetzliche Voraussetzung** für das Recht, die Fristverlängerung in Anspruch zu nehmen (*Rz. 109*). Folglich darf die Fristverlängerung gar nicht erst in Anspruch genommen werden, wenn nicht bis zum gesetzlichen Fälligkeitstermin die Sondervorauszahlung entrichtet worden ist[2] (zur abweichenden „Festsetzung" der Sondervorauszahlung nach § 48 Abs. 3 UStDV s. *Rz. 112, 119*).

105 Nach § 46 Satz 2 UStDV hat das Finanzamt den „**Antrag**" **abzulehnen** oder eine bereits gewährte Fristverlängerung zu „widerrufen", wenn der **Steueranspruch gefährdet erscheint**. Da richtigerweise kein „Antrag", sondern lediglich eine Anzeige vorliegt (*Rz. 103*), kann der „Antrag" nicht abgelehnt werden. Vielmehr enthält § 46 Satz 2 UStDV die Rechtsgrundlage für den Fall, dass der Steueranspruch gefährdet ist, dem Unternehmer die **Inanspruchnahme der Fristverlängerung** für die Zukunft zu **untersagen**. Entsprechendes gilt, wenn sich später zeigt, dass der Steueranspruch gefährdet erscheint. Auch in diesem Fall ist entgegen dem Wortlaut nicht die Fristverlängerung zu „widerrufen", da ein Widerruf nur bei einem Verwaltungsakt möglich ist (§ 124 Abs. 2 i.V.m. § 131 Abs. 2 AO). Vielmehr ist auch hier dem Unternehmer die weitere Inanspruchnahme der Fristverlängerung für die Zukunft zu untersagen. Bei dieser **Untersagungsverfügung** handelt es sich um einen Verwaltungsakt. Die falsche Bezeichnung

---

1 *Stadie* in R/D, § 18 UStG Anm. 131.
2 Das verkennt BFH v. 7.7.2005 – V R 63/03, BStBl. II 2005, 813.

Dauerfristverlängerung                                                     § 18

("Ablehnung des Antrags" bzw. "Widerruf") macht den Verwaltungsakt nicht rechtwidrig, da der gewollte Inhalt eindeutig ist.

Der **Steueranspruch erscheint** namentlich dann **gefährdet** (die Formulierung ist § 222 Satz 1 AO entnommen), wenn der Unternehmer seine Umsatzsteuervoranmeldungen nicht oder nicht rechtzeitig abgibt oder angemeldete Vorauszahlungen nicht entrichtet.[1] Die Gefährdung kann sich indes auch aus dem Umstand ergeben, dass der Unternehmer[2] z.B. Lohnsteueranmeldungen nicht rechtzeitig abgibt oder andere Steuern nicht rechtzeitig entrichtet[3], oder das Finanzamt auf andere Weise erfährt, dass der Unternehmer Zahlungsschwierigkeiten hat. Auch **nach Insolvenzeröffnung** kann eine Dauerfristverlängerung in Betracht kommen, wenn der Verwalter seinen Anmeldepflichten nachkommt.[4]     106

Der Unternehmer kann jederzeit auf die Dauerfristverlängerung **verzichten**, so dass der Verzicht nicht nur für den Beginn des folgenden Jahres möglich ist.[5] Der Verzicht auf die weitere Inanspruchnahme der Fristverlängerung für die verbleibenden Kalendermonate des Jahres muss dem Finanzamt **mitgeteilt** werden. Er liegt **konkludent** in der Abgabe einer Voranmeldung zum gesetzlichen Abgabetermin, sofern in dieser ein Überschuss an Steuer angemeldet wird. Nach Auffassung des **BFH** soll ein Verzicht ("Widerruf") auch dann erforderlich sein, wenn es um das **folgende Kalenderjahr** geht, weil der „Antrag" auf Dauerfristverlängerung fortwirke.[6] Dem ist nicht zu folgen (*Rz. 111, 118*).     107

## 2. Sondervorauszahlung

Eine Sondervorauszahlung auf die Steuer eines jeden Kalenderjahres ist erforderlich, **wenn** der Unternehmer **monatliche Voranmeldungen** zu übermitteln hat (§ 47 Abs. 1 Satz 1 UStDV).     108

Vom Charakter her ist die Sondervorauszahlung keine Steuer[7], obwohl sie von § 18 Abs. 6 Satz 2 UStG ausdrücklich als Sondervorauszahlung „auf die Steuer" bezeichnet wird, sondern eine **Sicherheitsleistung** (s. auch § 109 Abs. 2 AO). Eine Steuer liegt auch deshalb nicht vor, weil diese eine zwangsweise erhobene Abgabe darstellt (§ 3 Abs. 1 AO), während die Sondervorauszahlung freiwillig geleistet wird.[8]

Die Sondervorauszahlung ist entgegen der fehlerhaften Formulierung des § 47 Abs. 1 Satz 1 UStDV nicht erst und nur dann zu entrichten, wenn das Finanzamt eine entsprechende „Auflage" gemacht hat. Vielmehr ist die Sondervoraus-     109

---

1 Abschn. 18.4 Abs. 1 Satz 3 UStAE.
2 Auch das Fehlverhalten seines Alleingeschäftsführers bei einer anderen Gesellschaft kann dem Unternehmer zuzurechnen sein; FG Köln v. 12.12.2012 – 9 K 2349/10, EFG 2013, 737.
3 Vgl. FG BW v. 25.3.2002 – 9 K 513/98, EFG 2002, 1003 – Leitsatz.
4 Vgl. OFD Hannover, v. 28.5.2004 – S 7340 - 152 - StH 442, UR 2005, 628 – Tz. 9.2; *Stadie* in R/D, § 18 UStG Anm. 135.
5 Vgl. auch Abschn. 18.4 Abs. 5 Satz 4 UStAE.
6 BFH v. 7.7.2005 – V R 63/03, BStBl. II 2005, 813.
7 A.A. BFH v. 7.7.2005 – V R 63/03, BStBl. II 2005, 813.
8 Zur **Unvereinbarkeit** der **Sondervorauszahlung** mit der Versteuerung nach dem sog. **Soll-Prinzip** s. *Stadie* in R/D, § 18 UStG Anm. 142.

zahlung **gesetzliche Voraussetzung** und mit dem „Antrag" (genauer: der „Anzeige") anzumelden und bis zum gesetzlichen Fälligkeitstermin zu entrichten. Anderenfalls darf die Fristverlängerung nicht in Anspruch genommen werden (*Rz. 104*).[1]

110 Verfehlt ist deshalb die Auffassung der Finanzverwaltung[2], dass auf die Sondervorauszahlung die Vorschriften über die Festsetzung von **Verspätungszuschlägen** (§ 152 AO) und über die Verwirkung von **Säumniszuschlägen** (§ 240 AO) anzuwenden seien. Vielmehr hat der Unternehmer, wenn er die Fristverlängerung in Anspruch nimmt, ohne die Sondervorauszahlung rechtzeitig entrichtet zu haben, schlicht die Voranmeldung verspätet übermittelt und die Vorauszahlung verspätet entrichtet. Folglich kann nicht etwa wegen der verspäteten Anmeldung der Sondervorauszahlung, sondern nur wegen der verspäteten Übermittlung der Voranmeldung, weil für diese nicht die Voraussetzungen für eine Fristverlängerung vorliegen (*Rz. 109*), ein Verspätungszuschlag festgesetzt werden[3] (*Rz. 118*).

111 Nichts anderes gilt entgegen der Auffassung des BFH, wenn der Unternehmer **bereits für das Vorjahr** die Dauerfristverlängerung in Anspruch genommen hatte. Nicht etwa ist der Unternehmer dann verpflichtet, für das nächste Jahr die Sondervorauszahlung anzumelden, so dass nicht etwa bei verspäteter Anmeldung ein Verspätungszuschlag festgesetzt werden darf[4]. Vielmehr darf der Unternehmer schlicht keine Fristverlängerung in Anspruch nehmen (*Rz. 110*). Die gegenteilige Auslegung der §§ 46 ff. UStDV ist nicht durch die Ermächtigungsgrundlage gedeckt, da § 18 Abs. 6 UStG nur die Begünstigung des Unternehmers im Auge hat („Zur Vermeidung von Härten").

112 Die Sondervorauszahlung beträgt ein **Elftel** der Summe **der Vorauszahlungen für** das **vorangegangene Kalenderjahr** (§ 47 Abs. 1 Satz 2 UStDV). Mit „Vorauszahlungen" sind die für die jeweiligen Voranmeldungszeitraum nach § 18 Abs. 1 Satz 2 i.V.m. § 16 Abs. 1 und 2 und § 17 UStG angemeldeten Steuer- oder Vorsteuerüberschüsse (*Rz. 32 ff.*) gemeint. Diese Vorauszahlungen für das vergangene Kalenderjahr können allerdings durch **außergewöhnliche Umsätze** oder einmalige **Vorsteuerberichtigungsbeträge** nach § 15a UStG überhöht sein, so dass sie die **Prognose** für das laufende Kalenderjahr **verfälschen**.[5] In diesen o.ä. Fällen, in denen die Sondervorauszahlung zu einem **offensichtlich unzutreffenden Ergebnis** führt, „kann" das Finanzamt die **Sondervorauszahlung abweichend festsetzen** (§ 48 Abs. 3 UStDV). Dem Finanzamt steht indes kein Ermessen zu, so dass auf Antrag eine abweichende *niedrigere* Festsetzung zu erfolgen hat (Ermessensreduzierung auf Null). In der Anmeldung (*Rz. 116 f.*) einer niedrigeren Sondervorauszahlung liegt der Antrag.

---

1 A.A. wohl BFH v. 7.7.2005 – V R 63/03, BStBl. II 2005, 813.
2 Abschn. 18.4 Abs. 3 Satz 3 UStAE; ebenso *Birkenfeld* in B/W, § 213 Rz. 53.
3 So für den Fall des erstmaligen Antrags noch zutreffend BFH v. 26.4.2001 – V R 9/01, UR 2001, 409.
4 So aber BFH v. 7.7.2005 – V R 63/03, BStBl. II 2005, 813.
5 Vgl. Abschn. 18.4 Abs. 4 UStAE.

Hat der Unternehmer seine gewerbliche oder berufliche Tätigkeit, d.h. seine **unternehmerische Tätigkeit nur in einem Teil des vorangegangenen Kalenderjahres ausgeübt**, so ist die Summe der Vorauszahlungen dieses Zeitraums in eine **Jahressumme umzurechnen**. Angefangene Kalendermonate sind hierbei als volle Kalendermonate zu behandeln (§ 47 Abs. 2 UStDV). Diese Formulierung ist an die des § 19 Abs. 3 Satz 3 UStG angelehnt, so dass die dazu geltenden Grundsätze (*§ 19 Rz. 28 ff.*) zu übernehmen sind. Hat der Unternehmer seine **Tätigkeit im laufenden Kalenderjahr begonnen**, so ist die Sondervorauszahlung auf der Grundlage der zu erwartenden Vorauszahlungen dieses Kalenderjahres zu berechnen (§ 47 Abs. 3 UStDV).  113

Die Sondervorauszahlung kann **gestundet** werden, wenn die fristgerechte Entrichtung zu einer unbilligen Härte führen würde (§ 222 Abs. 1 Satz 1 AO).[1] Da bei der sog. Soll-Versteuerung die Vorfinanzierung der Steuer zugunsten des Staates dem Gesetzeszweck widerspricht (*§ 13 Rz. 9 f.*), ist m.E. die Sondervorauszahlung im Umfang der Steuer auf die durchschnittlichen Außenstände zinslos (!) zu stunden.  114

## 3. Verfahren

Die Fristverlängerung ist bis zu dem Zeitpunkt zu „beantragen", an dem die Voranmeldung, für die die Fristverlängerung erstmals gelten soll, nach den Regeln des § 18 Abs. 1, 2 bzw. 2a UStG zu übermitteln ist (§ 48 Abs. 1 Satz 1 UStDV), d.h. bis zum 10. Tag nach Ablauf des Voranmeldungszeitraums. Richtigerweise ist der „Antrag" lediglich die **Anzeige** über die beabsichtigte Inanspruchnahme der Fristverlängerung (*Rz. 103*). Der „Antrag" ist (grundsätzlich) nach amtlich vorgeschriebenem Datensatz durch Datenfernübertragung nach Maßgabe der StDÜV zu übermitteln (§ 48 Abs. 1 Sätze 2 und 3 UStDV; die *Rz. 18–20* gelten entsprechend).  115

Bei Versäumung der Frist kommt **Wiedereinsetzung** in den vorigen Stand in Betracht, wenn den Unternehmer oder seinen Bevollmächtigten kein Verschulden trifft (§ 110 AO).

In diesem „Antrag" (in dieser Anzeige) ist, wenn die Voranmeldungen monatlich zu übermitteln sind, die **Sondervorauszahlung** selbst zu berechnen und **anzumelden** (§ 48 Abs. 1 Satz 3 UStDV). Gleichzeitig, d.h. bis spätestens zum 10. Tag nach Ablauf des Voranmeldungszeitraums, ist die Sondervorauszahlung zu entrichten (§ 48 Abs. 1 Satz 4 UStDV).  116

Bei dieser Anmeldung handelt es sich entgegen BFH[2] **nicht** um eine **Steueranmeldung** i.S.d. § 150 Abs. 1 Satz 3 i.V.m. § 168 Satz 1 AO, da der Unternehmer nicht zur Abgabe dieser Steuererklärung *verpflichtet*, wie es § 150 Abs. 1 Satz 3 i.V.m. § 149 Abs. 1 AO voraussetzt, sondern nur berechtigt ist[3]; das gilt entgegen BFH[4] auch dann, wenn bereits für das Vorjahr die Dauerfristverlängerung in Anspruch genommen worden war. Zudem handelt es sich bei der „Sondervoraus-  117

---
1 *Birkenfeld* in B/W, § 213 Rz. 53 – Fn. 2.
2 BFH v. 16.12.2008 – VII R 17/08, BStBl. II 2010, 91 = UR 2009, 392 – 2.
3 Vgl. BFH v. 26.4.2001 – V R 9/01, UR 2001, 409.
4 BFH v. 7.7.2005 – V R 63/03, BStBl. II 2005, 813.

zahlung" schon nicht um eine Steuer, sondern um eine Sicherheitsleistung (Rz. 108). Folglich kommt entgegen der Auffassung des BMF[1] und des BFH[2] die **Festsetzung eines Verspätungszuschlages** wegen verspäteter Anmeldung und Entrichtung der Sondervorauszahlung richtigerweise **nicht** in Betracht (Rz. 110 f.). Vielmehr ist, wenn der Unternehmer die Fristverlängerung in Anspruch nimmt, ohne die Sondervorauszahlung rechtzeitig angemeldet bzw. entrichtet zu haben, die Voranmeldung verspätet übermittelt und die Vorauszahlung verspätet entrichtet worden. Demgemäß kann nicht etwa wegen der verspäteten Anmeldung der Sondervorauszahlung, sondern nur wegen der verspäteten Übermittlung der Voranmeldung, weil für diese nicht die Voraussetzungen für eine Fristverlängerung vorliegen, ein Verspätungszuschlag festgesetzt werden.[3]

118 § 48 Abs. 2 UStDV bestimmt, dass „während der Geltungsdauer der Fristverlängerung" der Unternehmer, der die Voranmeldungen monatlich abzugeben hat, die **Sondervorauszahlung für das jeweilige Kalenderjahr** bis zum gesetzlichen Zeitpunkt der Übermittlung der ersten Voranmeldung zu berechnen, **anzumelden** und zu entrichten habe. Komme der Unternehmer dieser „Verpflichtung" nicht rechtzeitig nach, soll nach Auffassung des **BFH** das **Finanzamt** gem. § 48 Abs. 3 UStDV **befugt** sein, die **Sondervorauszahlung festzusetzen**.[4] Die Nichterfüllung der Anmelde- und Entrichtungspflicht habe nicht den Erklärungswert der Rücknahme des Antrags auf Fristverlängerung. Das ist verfehlt, denn § 48 Abs. 2 UStDV enthält entgegen seinem Wortlaut nicht etwa eine Verpflichtung, die Dauerfristverlängerung weiterhin in Anspruch zu nehmen. Die Dauerfristverlängerung ist **lediglich** ein **Angebot des Gesetzes**, welches der Unternehmer annehmen kann, aber nicht muss. Entgegen der Formulierung des § 48 Abs. 2 UStDV gibt es deshalb keine „Geltungsdauer der Fristverlängerung". Nicht etwa folgt aus der Inanspruchnahme der Fristverlängerung im vergangenen Kalenderjahr, dass diese automatisch auch für die folgenden Jahre „gelte" und die in § 48 Abs. 2 UStDV formulierte Verpflichtung hervorrufe.[5] Vielmehr folgt aus der Nichtanmeldung der Sondervorauszahlung bis zum 10.2. des neuen Jahres, dass der Unternehmer die Dauerfristverlängerung nicht mehr in Anspruch nehmen will. Es bedarf deshalb nicht etwa des „Widerrufs" des „Antrags"[6].

119 Nach § 48 Abs. 3 UStDV soll das **Finanzamt die Sondervorauszahlung** ferner **abweichend festsetzen**, wenn sie vom Unternehmer nicht richtig berechnet wurde oder wenn die Anmeldung zu einem offensichtlich unzutreffenden Ergebnis führt. Auch diese Formulierung ist insoweit **verfehlt**, als das Finanzamt den Unternehmer nicht zu einer höheren Sondervorauszahlung zwingen, sondern nur auf dessen Antrag eine niedrigere Festsetzung vornehmen kann (Rz. 111 f.). Ist die vom Unternehmer angemeldete Sondervorauszahlung nach Auffassung des Finanzamtes zu niedrig, so kann es **lediglich** dem „Antrag" auf Fristverlängerung unter der Bedingung (Rz. 109) stattgeben, das die vom Finanzamt genannte,

---

1 Abschn. 18.4 Abs. 3 Satz 2 UStAE.
2 BFH v. 7.7.2005 – V R 63/03, BStBl. II 2005, 813.
3 So zutreffend BFH v. 26.4.2001 – V R 9/01, UR 2001, 409 – für den Fall, dass für das Vorjahr noch keine Dauerfristverlängerung in Anspruch genommen worden war.
4 BFH v. 29.10.1993 – V B 38/93, BFH/NV 1994, 589.
5 So aber BFH v. 7.7.2005 – V R 63/03, BStBl. II 2005, 813.
6 So aber BFH v. 29.10.1993 – V B 38/93, BFH/NV 1994, 589.

höhere Sondervorauszahlung geleistet wird. Eine entsprechende „Festsetzung" seitens des Finanzamtes ist deshalb umzudeuten in einen Verwaltungsakt, mit dem die weitere Inanspruchnahme der Fristverlängerung untersagt wird (Rz. 105), sofern nicht bis zum nächsten Fälligkeitstermin die Differenz zu der vom Finanzamt „festgesetzten" Sondervorauszahlung entrichtet wird.

## 4. Anrechnung der Sondervorauszahlung

§ 48 Abs. 4 UStDV bestimmt, dass die festgesetzte Sondervorauszahlung bei der Festsetzung der Vorauszahlung **für den letzten Voranmeldungszeitraum** des Besteuerungszeitraums anzurechnen ist, für den die Fristverlängerung gilt. Auch diese Regelung ist in mehrfacher Hinsicht fehlerhaft. Zum einen ist die Anrechnung von geleisteten Zahlungen nicht Bestandteil der Steuerfestsetzung, sondern erfolgt im sog. Abrechnungsteil (Rz. 65). Das gilt auch für die Anrechnung der Sondervorauszahlung.[1] Des Weiteren spricht § 48 Abs. 4 UStDV davon, dass die „*festgesetzte*" Sondervorauszahlung anzurechnen sei. Auch das ergibt keinen Sinn.[2] Gemeint ist: *„Die entrichtete Sondervorauszahlung ist auf die festgesetzte Vorauszahlung für den letzten Voranmeldungszeitraum (...) anzurechnen, ..."*

120

Sofern die Sondervorauszahlung mit der Anrechnung auf die Vorauszahlung für den letzten Voranmeldungszeitraum (für den die Fristverlängerung in Anspruch genommen werden konnte) nicht verbraucht worden ist, ist der **verbleibende Betrag** für die Tilgung einer ggf. noch bestehenden **älteren Vorauszahlungsschuld** zu verwenden. Nur der etwaige Rest führt zu einem Erstattungsanspruch i.S.d. § 37 Abs. 2 AO. Das gilt auch, wenn im Laufe des Besteuerungszeitraums das **Insolvenzverfahren** eröffnet wird.[3] Nach Auffassung des **BFH** soll ein nach Anrechnung auf ausstehende Vorauszahlungen verbleibender Betrag darüber hinaus für die **Tilgung** einer die Summe der Vorauszahlungen übersteigenden **Jahressteuerschuld** zu verwenden sein; das soll sich daraus ergeben, dass die Sondervorauszahlung „auf die Steuer eines jeden Kalenderjahres entrichtet" werde (§ 47 Abs. 1 Satz 1 UStDV)[4] Diese Auslegung ist jedoch nicht durch die Verordnungsermächtigung des § 18 Abs. 6 UStG gedeckt.[5]

121

Wenn die Dauerfristverlängerung nicht bis zum Jahresende in Anspruch genommen worden war, weil der Unternehmer **vorher auf** die **Fristverlängerung verzichtet** hatte (Rz. 107), ist die Sondervorauszahlung folglich schon auf die Vorauszahlung für den letzten Voranmeldungszeitraum anzurechnen, für den die Fristverlängerung noch in Anspruch genommen worden war. Dasselbe gilt, wenn die **unternehmerische Tätigkeit vor Beginn des letzten Voranmeldungszeitraums eingestellt** worden ist.[6]

122

---

1 BFH v. 18.7.2002 – V R 56/01, BStBl. II 2002, 705.
2 Dazu näher *Stadie* in R/D, § 18 UStG Anm. 162.
3 BFH v. 18.7.2002 – V R 56/01, BStBl. II 2002, 705; BFH v. 6.11.2002 – V R 21/02, BStBl. II 2003, 39; BFH v. 16.12.2008 – VII R 17/08, BStBl. II 2010, 91 = UR 2009, 392.
4 BFH v. 18.7.2002 – V R 56/01, BStBl. II 2002, 705; BFH v. 6.11.2002 – V R 21/02, BStBl. II 2003, 39; BFH v. 16.12.2008 – VII R 17/08, BStBl. II 2010, 91 = UR 2009, 392.
5 *Stadie* in R/D, § 18 UStG Anm. 167.
6 Abschn. 18.4 Abs. 5 UStAE.

## C. Verzicht auf Steuererhebung im Börsenhandel mit Edelmetallen (Abs. 7 i.V.m. § 49 UStDV)

123 § 18 Abs. 7 UStG enthält eine **Verordnungsermächtigung**. Danach kann das Bundesministerium der Finanzen mit Zustimmung des Bundesrates durch Rechtsverordnung bestimmen, dass und unter welchen Voraussetzungen auf die **Erhebung der Steuer verzichtet** werden kann für **Lieferungen** von **Gold, Silber** und **Platin** sowie **sonstige Leistungen im Geschäft mit diesen Edelmetallen zwischen Unternehmern**, die **an** einer **Wertpapierbörse** im Inland mit dem Recht zur Teilnahme am Handel **zugelassen** sind. Das gilt nicht für Münzen und Medaillen aus diesen Edelmetallen (§ 18 Abs. 7 Satz 2 UStG). Diese Ermächtigung ist durch § 49 UStDV umgesetzt worden. Danach wird auf die Erhebung der Steuer für die genannten Umsätze verzichtet, wenn **keine Rechnungen mit** gesondertem **Ausweis** der **Steuer** erteilt werden (§ 49 Nr. 2 und 3 UStDV). Konkludent entfällt damit die Verpflichtung zur Erteilung einer solchen Rechnung.

124 Der **Zweck** dieser **Vereinfachung** liegt in der Vermeidung einer unnötigen Festsetzung und Erhebung der Steuer für diese Lieferungen und sonstigen Leistungen, welche die Leistungsempfänger als Händler, die die Metalle steuerpflichtig weiterliefern, stets als Vorsteuer abziehen könnten. „Erhebung" ist im umgangssprachlichen Sinne gemeint ist und soll auch die Festsetzung umfassen. Die Einschränkung, dass die Steuer nicht gesondert ausgewiesen sein darf, ist erforderlich, weil die Umsätze steuerpflichtig bleiben, so dass der Leistungsempfänger die ausgewiesene Steuer als gesetzlich geschuldete Steuer i.S.d. § 15 Abs. 1 Satz 1 Nr. 1 Satz 1 UStG als Vorsteuer abziehen könnte. Die Vorschrift wirkt insoweit **faktisch** wie eine **Steuerbefreiung** mit Recht zum Vorsteuerabzug.

## D. Vergütung der Vorsteuer an im Ausland ansässige Unternehmer (Abs. 9 i.V.m. §§ 59 ff. UStDV)

### I. Allgemeines

125 Die Vergütung (*§ 16 Rz. 27 ff.*) der Vorsteuern setzt nicht die Ansässigkeit des Unternehmers im Inland voraus. Das gilt auch für Unternehmer außerhalb des Gemeinschaftsgebiets (arg. Art. 171 Abs. 2 Unterabs. 1 Gedankenstrich 2 MwStSystRL). Führt ein nicht im Inland ansässiger Unternehmer keine Umsätze im Inland aus, so wäre es nicht sachgerecht, wenn er gleichwohl unter das normale Besteuerungsverfahren i.S.d. § 18 Abs. 1 bis 4 UStG fiele. § 18 Abs. 9 Sätze 1 und 2 UStG enthält deshalb zur **Vereinfachung** des Verfahrens eine **Ermächtigung** zum Erlass einer **Rechtsverordnung** über die gesonderte Vergütung der Vorsteuern an „im Ausland" ansässige Unternehmer abweichend von den allgemeinen Vorschriften. Von der Ermächtigung ist in Gestalt der §§ 59–62 UStDV Gebrauch gemacht worden. Darüber hinaus enthält § 18 Abs. 9 UStG in den Sätzen 3 bis 6 **unmittelbar geltende Bestimmungen**.

126 Liegen die Voraussetzungen des § 59 UStDV vor, so sind die betreffenden Vorsteuerbeträge grundsätzlich nur in diesem besonderen Verfahren zu vergüten

(§ 18 Abs. 9 Satz 1 UStG: „abweichend von den Absätzen 1 bis 4"); ein **Wahlrecht** besteht **nicht**[1] (s. aber *Rz. 143*).

Aus dem Vereinfachungszweck dieses besonderen Verfahrens folgt indes, dass es **nicht** mehr **anwendbar** ist, **wenn** (sobald) der Unternehmer **für** den **Besteuerungszeitraum** (Kalenderjahr, § 16 Abs. 1 Satz 2 UStG) eine **Steuererklärung** (Steueranmeldung) abzugeben hat. Eine derartige Verpflichtung besteht zum einen nach § 18 Abs. 3 Satz 1 i.V.m. § 16 Abs. 1 bis 4 und § 17 UStG, denen zufolge insbesondere Steuerbeträge nach § 14c UStG sowie Berichtigungsbeträge nach § 15a UStG (§ 16 Abs. 2 Satz 2 UStG) und nach § 17 UStG mittels einer Steuerklärung anzumelden sind. Eine Verpflichtung besteht des Weiteren auch in den Fällen des § 18 Abs. 4a UStG (*Rz. 84*). Ist eine derartige Steuererklärung für den Besteuerungszeitraum abzugeben, so sind in der Steuererklärung auch die in diesen Besteuerungszeitraum fallenden Vorsteuerbeträge abzusetzen (§ 18 Abs. 3 Satz 1 i.V.m. § 16 Abs. 2 UStG). Für das besondere Vorsteuervergütungsverfahren nach § 18 Abs. 9 UStG i.V.m. §§ 59 ff. UStDV ist dann grundsätzlich kein Platz, weil es nicht der von § 18 Abs. 9 Satz 1 UStG geforderten Vereinfachung dienen, sondern zu einer Verfahrensverdoppelung führen würde.[2] Solange die Voraussetzungen für die Verpflichtung zur Abgabe einer Steuerklärung noch nicht vorliegen, kann indes das besondere Vergütungsverfahren angewendet werden (vgl. § 62 Abs. 1 UStDV).

Unionsrechtlich ist die Vergütung an nicht im Inland, aber in anderen Mitgliedstaaten ansässige Steuerpflichtige in der **Richtlinie 2008/9/EG**[3] und die Vergütung an nicht im Gemeinschaftsgebiet ansässige Steuerpflichtige in der (sog. 13.) **Richtlinie 86/560/EG**[4] jeweils in Verbindung mit Art. 170 und 171 MwStSystRL geregelt[5]. Die zur Anpassung an die Richtlinie 2008/9/EG vorgenommene Neufassung des § 18 Abs. 9 UStG und der §§ 59–62 UStDV ist auf Vergütungsanträge anzuwenden, die nach dem 31.12.2009 gestellt worden sind (§ 27 Abs. 14).

127

## II. Im Ausland ansässiger Unternehmer (Nichtansässigkeit im Inland)

Der die Vorsteuervergütung beantragende Unternehmer (zum Nachweis der Unternehmereigenschaft *Rz. 154* und *Rz. 147*) muss ein „im Ausland ansässiger" Unternehmer sein (§ 59 UStDV; auch § 18 Abs. 9 und § 13b Abs. 2 Nr. 1 und 5 i.V.m. Abs. 7 UStG enthalten diese fehlerhafte Formulierung). Richtigerweise kommt es darauf an, dass der Unternehmer **nicht im Inland ansässig** ist (so auch die einschlägigen Richtlinien, *Rz. 127*). Maßgebend ist hierfür der jeweilige **Vergütungszeitraum** i.S.d. § 60 UStDV, **für den** der Unternehmer eine **Vergütung** be-

128

---

1 BFH v. 14.4.2011 – V R 14/10, BStBl. II 2011, 834.
2 Vgl. BFH v. 7.3.2013 – V R 12/12, BFH/NV 2013, 1133; BFH v. 28.8.2013 – XI R 5/11, BStBl. II 2014, 497; BFH v. 19.11.2014 – V R 41/13, UR 2015, 276; tendenziell in diesem Sinne auch bereits BFH v. 14.4.2011 – V R 14/10, BStBl. II 2011, 834. Das BMF folgt dem nur mit Einschränkungen; Abschn. 18.15 Abs. 1 Satz 2 UStAE; BMF v. 21.5.2014 – IV D 3 - S 7359/13/10002, BStBl. I 2014, 863.
3 ABl. EU Nr. L 44/2008, 23.
4 ABl. EG Nr. L 326/1986, 40.
5 Dazu näher *Stadie* in R/D, § 18 UStG Anm. 564 ff.

antragt (§ 59 Satz 3 UStDV). Hinzutreten muss indes, dass die **Nichtansässigkeit** auch **im Zeitpunkt** der **Antragstellung** besteht.

129 Nach § 59 Satz 2 Halbs. 1 UStDV[1] ist ein im Ausland ansässiger Unternehmer ein solcher, welcher im staatsrechtlichen Inland weder einen Wohnsitz, seinen gewöhnlichen Aufenthalt, seinen Sitz, seine Geschäftsleitung noch eine Betriebsstätte hat. Das soll auch gelten, wenn der Unternehmer ausschließlich einen Wohnsitz oder einen gewöhnlichen Aufenthaltsort im Inland, aber seinen **Sitz**, den **Ort der Geschäftsleitung oder** eine **Betriebsstätte im Ausland** hat (Halbsatz 2). Diese Definition entspricht der des § 13b Abs. 7 Satz 1 UStG und ist damit genau so verfehlt wie jene. So fragt sich zum einen, warum, wenn es nach dem 2. Halbsatz der Vorschrift nicht auf den Wohnsitz oder gewöhnlichen Aufenthalt ankommen soll, diese Kriterien im ersten Halbsatz überhaupt erst genannt werden (vgl. *§ 13b Rz. 43 und Rz. 50*). Mit dem umständlichen § 59 Satz 2 UStDV wird allerdings nunmehr im Ergebnis Art. 3 Buchst. a Richtlinie 2008/9/EG und Art. 1 Nr. 1 Richtlinie 85/560/EG insoweit umgesetzt, wie es danach auf den Wohnsitz oder gewöhnlichen Aufenthaltsort nur dann ankommen soll, wenn der Unternehmer nicht über einen Sitz seiner wirtschaftlichen Tätigkeit oder eine feste Niederlassung verfüge („in Ermangelung" eines/einer solchen). Allerdings übersehen diese Richtlinienbestimmungen, dass es eine solche Konstellation gar nicht geben kann, da mangels eines gesonderten Sitzes der wirtschaftlichen Tätigkeit dieser sich dann per se am Wohnsitz oder gewöhnlichen Aufenthaltsort befindet (*§ 13b Rz. 49 i.V.m. Rz. 52*). Folglich sind **Wohnsitz** oder gewöhnlicher Aufenthaltsort **im Inland ohne Bedeutung**, wenn der leistende Unternehmer mit dem Sitz der **wirtschaftlichen Tätigkeit im Ausland** ansässig ist.

Nach § 59 Satz 2 Halbs. 1 UStDV wäre ein Unternehmer mit einer **Betriebsstätte** im Inland stets als ansässig anzusehen. Damit verstößt die Vorschrift insoweit gegen Art. 3 Buchst. a Richtlinie 2008/9/EG, wonach eine feste Niederlassung nur dann zur Ansässigkeit führt, wenn von dieser **im Vergütungszeitraum Umsätze** bewirkt werden. Allerdings dürfte diese Einschränkung wohl im Ergebnis durch § 59 Satz 1 UStDV umgesetzt worden sein. Anderenfalls wäre § 59 Satz 2 Halbs. 1 UStDV insoweit nicht durch die Ermächtigungsgrundlage des § 18 Abs. 9 Sätze 1 und 2 UStG gedeckt, denn diese will nur zu richtlinienkonformen Verordnungen ermächtigen. Folglich wäre eine richtlinienkonforme Reduktion des § 59 Satz 2 Halbs. 1 UStDV vorzunehmen.[2] Mit der Neufassung des Satzes 2 zum 30.12.2014 sind diese Mängel beseitigt worden.

130 Darüber hinaus sind die **Ansässigkeitskriterien richtlinienkonform auszulegen**, so dass es entsprechend Art. 3 Buchst. a Richtlinie 2008/9/EG und Art. 1 Nr. 1 Richtlinie 86/560/EG nicht auf den statuarischen Sitz i.S.d. § 11 AO, sondern auf den **Sitz der wirtschaftlichen Tätigkeit** ankommt[3], der dem Ort der **Geschäftsleitung** entspricht[4] (*§ 13b Rz. 51 f.*). Die Betriebsstätte ist als **feste Nieder-**

---

1 Neugefasst mit Wirkung vom 20.12.2012.
2 Zust. BFH v. 5.6.2014 – V R 50/13, BStBl. II 2014, 813– Rz. 24 ff.
3 Vgl. BFH v. 22.5.2003 – V R 97/01, BStBl. II 2003, 819; BFH v. 22.10.2003 – V R 95/01, BFH/NV 2004, 828.
4 Vgl. EuGH v. 28.6.2007 – C-73/06, EuGHE 2007, I-5655 = UR 2007, 654; BFH v. 14.5.2008 – XI R 58/06, BStBl. II 2008, 831.

lassung zu verstehen (dazu näher § 13b Rz. 55 ff. i.V.m. § 3a Rz. 28). Eine Tochtergesellschaft ist keine solche.[1]

Die Registrierungsbescheinigung nach § 61a Abs. 4 UStDV kann nicht den Nachweis der Nichtansässigkeit im Inland erbringen.

## III. Nichtausführung von Umsätzen im Inland

### 1. Grundsatz

Der nicht im Inland ansässige Unternehmer darf **im Vergütungszeitraum** (*Rz. 141 f.*) keine oder **nur** bestimmte **unschädliche Umsätze** (*Rz. 133*) im Inland getätigt haben. Hinzu kommen muss, dass der Unternehmer **auch nicht verpflichtet ist**, für den betreffenden Besteuerungszeitraum (Kalenderjahr) eine **Steuererklärung** nach § 18 Abs. 3 oder Abs. 4a UStG **abzugeben**, d.h. insbesondere **nicht** nach § 14c UStG[2] oder **als Leistungsempfänger** nach § 13b UStG[3] **Steuer schulden**. Sobald diese Voraussetzung vorliegt, darf das besondere Verfahren nicht mehr angewendet (*Rz. 126*).

Nach der Grundregel des § 59 Satz 1 Nr. 1 Halbs. 1 UStDV darf der Unternehmer im Vergütungszeitraum grundsätzlich **keine** Umsätze i.S.d. § 1 Abs. 1 Nr. 1 und 5 UStG im Inland ausgeführt haben. Diese Umsätze müssen nicht steuerpflichtig sein (arg. § 59 Satz 1 Nr. 1 Halbs. 2 UStDV). **Unschädlich** ist die Erbringung von Leistungen im Inland, die als unselbständige **Nebenleistungen** das Schicksal der im Ausland erbrachten Hauptleistungen teilen (*§ 3 Rz. 202*) oder Teil einer einheitlichen Leistung sind (*§ 3 Rz. 197*), deren Ort im Ausland liegt.[4]

### 2. Ausnahmen

Abweichend von diesem Grundsatz sind steuerfreie Umsätze i.S.d. § 4 Nr. 3 UStG **unschädlich** (§ 59 Satz 1 Nr. 1 Halbs. 2 UStDV), d.h. insbesondere **grenzüberschreitende Beförderungen von Gegenständen** in ein oder aus einem Drittland und damit zusammenhängende Umsätze. Unschädlich sind ferner Umsätze, für die der **Leistungsempfänger Steuerschuldner** nach § 13b UStG ist, oder die der Beförderungseinzelbesteuerung (§ 16 Abs. 5 UStG) unterliegen (§ 59 Satz 1 Nr. 2 UStDV). Auch innergemeinschaftliche Erwerbe mit daran anschließenden Lieferungen i.S.d. § 25b Abs. 2 UStG sind unschädlich (§ 59 Satz 1 Nr. 3 UStDV), weil die Steuer vom letzten Abnehmer geschuldet wird. Das Vorsteuervergütungsverfahren muss schließlich auch von Unternehmern, welche **lediglich** sonstige Leistungen auf dem Gebiet der **Telekommunikation, Rundfunk-** und Fernsehdienstleistungen oder auf **elektronischem Weg erbrachte Dienstleistungen** gegenüber Privatpersonen ausführen (§ 3a Abs. 5 UStG), in Anspruch genommen werden, wenn sie von dem Wahlrecht nach § 18 Abs. 4c UStG Gebrauch haben bzw. unter § 18 Abs. 4d UStG fallen (§ 59 Satz 1 Nr. 4 UStDV)

131

132

133

---

1 Vgl. EuGH v. 25.10.2012 – C-318/11 u. C-319/11, UR 2012, 931.
2 BFH v. 28.8.2013 – XI R 5/11, BStBl. II 2014, 497.
3 BFH v. 7.3.2013 – V R 12/12, BFH/NV 2013, 1133.
4 Vgl. FG Köln v. 9.10.1997 – 2 K 6081/94, UR 1998, 315; ferner BFH v. 3.12.1998 – V R 22/98, UR 1999, 248; BFH v. 22.2.2001 – V R 26/00, UR 2001, 305 (307).

oder von dem Wahlrecht nach § 18 Abs. 4e UStG Gebrauch gemacht haben (§ 59 Satz 1 Nr. 5 UStDV).

## IV. Vergütbare Vorsteuern

### 1. Allgemeines

134 Vergütet werden grundsätzlich die nach § 15 UStG „abziehbaren" Vorsteuerbeträge (§ 18 Abs. 9 Satz 1 UStG; § 59 UStDV), so dass alle Voraussetzungen für den Vorsteuerabzug nach § 15 Abs. 1 Satz 1 Nr. 1 oder Nr. 2 [Einfuhrumsatzsteuer] UStG vorliegen müssen. Es kommen mithin nur nach dem deutschen Umsatzsteuerrecht entstandene Vorsteuervergütungsansprüche in Betracht, so dass im Falle des § 15 Abs. 1 Satz 1 Nr. 1 UStG der Ort der zugrunde liegenden Leistungen im Inland liegen muss (vgl. Art. 5 Unterabs. 1 i.V.m. Art. 4 Buchst. a Richtlinie 2008/9/EG und Art. 2 Abs. 1 Richtlinie 86/560/EG). Zudem darf der Vorsteuerabzug nicht nach § 15 Abs. 1a–4 oder § 25 Abs. 4 UStG ausgeschlossen sein. Hinzukommen muss, dass die **Rechnung** im Zeitpunkt der Antragstellung auch **beglichen** worden ist, denn die zuvor genannten Richtlinienbestimmungen verlangen, dass der Unternehmer mit der Steuer „**belastet**" wurde, was nur der Fall ist, wenn er sie als Teil des Preises mitbezahlt hat.

135 Nach Art. 6 Satz 1 Richtlinie 2008/9/EG darf das Vorsteuerabzugsrecht darüber hinaus **auch nicht nach dem Recht des Ansässigkeitsstaates** auf Grund einer Sonderregelung **ausgeschlossen** sein (dazu auch *§ 15 Rz. 346*). Diese Einschränkung ist vom deutschen UStG nicht ausdrücklich übernommen worden, da es nur bestimmt (in Umsetzung des Art. 6 Satz 2 Richtlinie 2008/9/EG), dass bei sog. **gemischten Umsätzen** (i.S.d. § 15 Abs. 4 UStG, Art. 173 MwStSystRL) die Vorsteueraufteilung sich nach dem Aufteilungsschlüssel (Pro-rata-Satz) richtet, der im Mitgliedstaat der Ansässigkeit anzuwenden wäre (§ 18 **Abs. 9 Satz 3** UStG). Allerdings folgt daraus m.E. im Erst-recht-Schluss, dass die Vorsteuervergütung vollständig entfällt, wenn in dem anderen Mitgliedstaat der Vorsteuerabzug zur Gänze i.S.d. Art. 6 Satz 1 Richtlinie 2008/9/EG ausgeschlossen ist.[1]

136 Die danach für das besondere Vergütungsverfahren in Betracht kommenden Vorsteuerbeträge müssen **in** einen **Vergütungszeitraum** *(Rz. 141 f.)* **fallen**, d.h. in diesem **entstanden** sein (dazu *§ 15 Rz. 269*) und dürfen **nicht schädlichen Umsätzen zuzurechnen** sein *(Rz. 137)*. Ferner muss eine Bagatellgrenze überschritten sein *(Rz. 146 und Rz. 150)*.

137 Nach dem Wortlaut des § 59 UStDV ist es für die Vergütung der in den Vergütungszeitraum fallenden Vorsteuern lediglich erforderlich, dass in dem Vergütungszeitraum keine schädlichen Umsätze ausgeführt werden. Danach könnten auch **Vorsteuerbeträge**, welche **schädlichen Umsätzen** im Inland, die außerhalb des Vergütungszeitraums ausgeführt worden sind oder werden, **zuzurechnen** sind, im besonderen Verfahren vergütet werden. Das kann indes nicht dem Willen der Richtlinie und des Gesetzes entsprechen, weil dann die Gefahr bestünde, dass die Steuer für die Umsätze nicht abgeführt wird. Folglich ist die Vorschrift

---

1 Anders wohl Abschn. 18.13 Abs. 6 UStAE.

dergestalt auszulegen, dass die zu vergütenden Vorsteuerbeträge im Inland ausgeführten Umsätzen, die nach § 59 UStDV unschädlich sind, oder außerhalb des Vergütungszeitraums erbrachten, nach § 4 Nr. 1–7 UStG steuerfreien Umsätzen zuzurechnen sind (vgl. Art. 5 Satz 1 Buchst. a Richtlinie 2008/9/EG). Vorsteuerbeträge, die in einen potenziellen Vergütungszeitraum fallen, aber schädlichen steuerbaren Umsätzen zuzurechnen sind, die vor oder nach dem potenziellen Vergütungszeitraum verwirklicht wurden (bzw. werden sollen/sollten), schließen mithin für diesen Zeitraum das besondere Verfahren aus, so dass das allgemeine Verfahren nach § 18 Abs. 1 ff. UStG gilt.

## 2. Einschränkungen für nicht im Gemeinschaftsgebiet Ansässige

Für Unternehmer, die nicht im Gemeinschaftsgebiet (§ 1 Abs. 2a UStG) ansässig sind, wird die Vorsteuer grundsätzlich nur dann vergütet, wenn in dem Land, in dem der Unternehmer seinen Sitz hat, keine Umsatzsteuer oder ähnliche Steuer erhoben oder im Fall der Erhebung den im Inland ansässigen Unternehmern vergütet wird (§ 18 Abs. 9 Satz 4 UStG).[1] Diese **Gegenseitigkeitsklausel** verstößt nicht gegen den Verhältnismäßigkeitsgrundsatz und auch nicht gegen die Diskriminierungsverbote der Doppelbesteuerungsabkommen.[2] Ob sie gegen die Diskriminierungsverbote des GATS verstößt, kann dahinstehen, da dieses keine allgemeine Regel des Völkerrechts ist und deshalb gem. Art. 25 GG keine unmittelbare Wirkung haben könnte.[3]        138

Das **BMF** hat in einer **Liste** Länder, bei denen die Gegenseitigkeitsvoraussetzungen vorliegen bzw. nicht vorliegen sollen, genannt.[4] Diese Einschätzung durch das BMF ist nicht verbindlich, sondern uneingeschränkt justitiabel.

Die Finanzverwaltung verzichtet auf die Gegenseitigkeit, wenn nur Umsätze ausgeführt werden, die der Beförderungseinzelbesteuerung unterlegen haben oder bei denen der Leistungsempfänger Schuldner der Steuer ist.[5]

Für nicht im Gemeinschaftsgebiet ansässige Unternehmer ist, auch wenn die zuvor genannte Gegenseitigkeit gegeben ist, die Vergütung der Vorsteuern, die auf den Bezug von **Kraftstoffen** entfallen, regelmäßig ausgeschlossen (§ 18 Abs. 9 Satz 5 UStG).        139

Die zuvor genannten **Einschränkungen** gelten **nicht** für Unternehmer, welche im Gemeinschaftsgebiet ausschließlich sonstige Leistungen auf dem Gebiet der **Telekommunikation, Rundfunk-** und Fernsehdienstleistungen oder auf **elektronischem Weg erbrachte Dienstleistungen** gegenüber Privatpersonen (§ 3a Abs. 5 UStG) ausführen (§ 18 Abs. 9 Satz 6 UStG).        140

---

1 Entspricht Art. 2 Abs. 2 Richtlinie 86/560/EG. Das gilt auch für Staaten, die der WTO/GATS angehören; EuGH v. 7.6.2007 – C-335/05, EuGHE 2007, I-4307 = UR 2007, 540.
2 BFH v. 10.4.2003 – V R 35/01, BStBl. II 2003, 782.
3 Vgl. FG Köln v. 16.10.2008 – 2 K 3126/04, EFG 2009, 222.
4 Zuletzt BMF v. 17.10.2014 – IV D 3 - S 7359/07/10009, BStBl. I 2014, 1369.
5 Abschn. 18.11 Abs. 4 Satz 4 UStAE.

## V. Verfahren

### 1. Vergütungszeitraum

141 Der **Vergütungszeitraum** muss grundsätzlich mindestens drei Kalendermonate (arg. Art. 16 Richtlinie 2008/9/EG) umfassen und kann nach Wahl des Unternehmers auf höchstens ein Kalenderjahr ausgedehnt werden (§ 60 Satz 1 UStDV). Wurde ein Vergütungszeitraum von mindestens drei Monaten gewählt, so kann daneben noch ein Vergütungsantrag für das Kalenderjahr gestellt werden (§ 60 Satz 3 UStDV nF).

Voraussetzung ist, dass in dem jeweiligen Zeitraum keine schädlichen Umsätze i.S.d. § 59 UStDV ausgeführt worden sind (*Rz. 132 f.*) und die Vorsteuerbeträge auch nicht schädlichen Umsätzen außerhalb des potenziellen Vergütungszeitraums zuzurechnen sind (*Rz. 137*).

142 Der Zeitraum kann weniger als drei Monate umfassen, wenn es sich um den **restlichen Zeitraum des Kalenderjahres** handelt. In den Antrag für diesen Zeitraum können auch abziehbare **Vorsteuerbeträge** aufgenommen werden, die in **vorangegangene** Vergütungszeiträume des betreffenden Kalenderjahres fallen (§ 60 Sätze 2 und 3 [ab 30.12.2014: Satz 4] UStDV).[1] Für diejenigen Zeiträume, in denen die Voraussetzungen des § 59 UStDV nicht vorliegen, sind die Vorsteuerbeträge nach den allgemeinen Regeln (§ 16 Abs. 2 und § 18 Abs. 1 bis 4 UStG; *Rz. 6 ff., 17 ff.*) zu vergüten.

143 Nach kurzzeitiger Auffassung des V. Senats des **BFH** sollte der Unternehmer, der in einem Teil des Kalenderjahres schädliche Umsätze tätigt, durch die **Wahl** des **Kalenderjahres** als Vergütungszeitraum erreichen können, dass er **sämtliche Vorsteuern**, d.h. auch solche, die in einen Vergütungszeitraum von mindestens drei Kalendermonaten fallen, in dem keine schädlichen Umsätze getätigt wurden, **im Rahmen der Jahressteueranmeldung** nach § 18 Abs. 3 UStG geltend machen kann.[2] Diese Sichtweise dürfte überholt sein (vgl. *Rz. 126*).

### 2. Verfahren bei im übrigen Gemeinschaftsgebiet ansässigen Unternehmern

144 Der im übrigen Gemeinschaftsgebiet ansässige Unternehmer hat den Vergütungsantrag nach amtlich vorgeschriebenem Datensatz durch **Datenfernübertragung** über das in dem Mitgliedstaat, in dem er ansässig ist, eingerichtete **elektronische Portal** dem **Bundeszentralamt für Steuern** (BZSt) zu übermitteln (§ 61 Abs. 1 UStDV). Der Antrag muss die in Art. 8 und 9 Richtlinie 2008/9/EG geforderten **Angaben** enthalten, zu denen auch die Beschreibung der **Geschäftstätigkeit**, für die die Gegenstände und Dienstleistungen erworben werden (Art. 8 Abs. 1 Buchst. c Richtlinie 2008/9/EG), und eine genaue **Aufschlüsselung** der **bezogenen Leistungen nach** ihrer **Art** (Art. 9 Abs. 1 Richtlinie 2008/9/EG) gehören.

145 Der Vergütungsbetrag muss die in § 61 Abs. 3 UStDV genannten **Mindesthöhen** erreichen. Der **Antrag** ist „binnen" (richtig: spätestens) **neun Monaten nach Ab-**

---

[1] Dazu näher *Stadie* in R/D, § 18 UStG Anm. 690 ff.
[2] BFH v. 14.4.2011 – V R 14/10, BStBl. II 2011, 834.

lauf des Kalenderjahres zu stellen, in dem der Vergütungsanspruch entstanden ist (§ 61 Abs. 2 Satz 1 UStDV). Maßgebend ist der Eingang im elektronischen Portal des Ansässigkeitsstaates (Art. 15 Richtlinie 2008/9/EG). Bei der Frist handelt es sich um eine **Ausschlussfrist**[1], die nicht verlängert werden kann.[2] Es kommt jedoch unter den Voraussetzungen des § 110 AO **Wiedereinsetzung** in den vorigen Stand in Betracht, wenn die Frist **ohne Verschulden versäumt** worden war.[3]

Der Unternehmer hat die Vergütung selbst zu berechnen (§ 61 Abs. 2 Satz 2 UStDV). Dem Antrag sind die **Rechnungen** und Einfuhrbelege **auf elektronischem Wege** als eingescannte Originale **beizufügen**, wenn das Entgelt für den Umsatz oder (die Bemessungsgrundlage für) die Einfuhr mindestens 1000 €, bei Kraftstoffen mindestens 250 €, beträgt (§ 61 Abs. 2 Satz 3 UStDV). Allerdings kann, auch bei geringeren Beträgen, das BZSt bei „begründeten" Zweifeln hinsichtlich der Vorsteuerabzugsberechtigung die Vorlage der Rechnungen und Einfuhrbelege im Original verlangen (§ 61 Abs. 2 Satz 4 UStDV). 146

Der Mitgliedstaat, in dem der Antragsteller ansässig ist, **leitet** den **Antrag nicht weiter**, wenn der Antragsteller im Ansässigkeitsstaat im Vergütungszeitraum **kein Steuerpflichtiger** (Unternehmer) ist oder aber nur *Kleinunternehmer* oder pauschalierender *Landwirt* ist oder nur Umsätze erbringt, welche ohne Recht auf Vorsteuerabzug von der *Steuer befreit* sind (Art. 18 Abs. 1 Richtlinie 2008/9/EG). **Mit** der **Weiterleitung bestätigt** der **Ansässigkeitsstaat** folglich, **dass** diese **Ablehnungsgründe nicht** gegeben sind. Gleichwohl kann der Mitgliedstaat der „Erstattung" (Vergütung) **weitere Informationen** beim Antragsteller oder dem anderen Mitgliedstaat anfordern (Art. 20 Richtlinie 2008/9/EG). 147

Der Vergütungsantrag ist **keine Steuervergütungsanmeldung**. § 18 Abs. 9 Satz 2 Nr. 2 und 3 UStG und § 61 Abs. 2 Satz 1 UStDV sprechen lediglich von einem „Antrag", so dass § 168 AO nicht anwendbar ist (s. auch *Rz. 155*). Über den Antrag muss deshalb stets durch **Bescheid** entschieden werden (so auch § 18 Abs. 9 Satz 2 Nr. 5 UStG, der von „der Bescheid" und nicht von „ein Bescheid" spricht; ebenso § 61 Abs. 4 UStDV; unverständlich deshalb § 61 Abs. 5 Satz 6 UStDV: „Festsetzung oder *Anmeldung* der Steuervergütung"). Bei dem stattgebenden Bescheid handelt es sich um einen **Steuervergütungsbescheid** (§ 155 Abs. 4 AO; dazu auch *Rz. 156*), der in **elektronischer Form** zu übermitteln ist (§ 61 Abs. 4 Satz 1 UStDV).[4] Wird der Antrag abgelehnt, so erfolgt die **Ablehnung** in der Gestalt eines Steuervergütungsbescheides (vgl. *Rz. 41*), welcher ebenfalls in elektronischer Form übermittelt wird. 148

Der Vergütungsbetrag ist grundsätzlich zu **verzinsen**, wenn dieser nicht spätestens nach vier Monaten und zehn Tagen nach Eingang des vollständigen 149

---

1 Vgl. EuGH v. 21.6.2012 – C-294/11, BStBl. II 2012, 942 = UR 2012, 649.
2 Vgl. BFH v. 21.10.1999 – V R 76/98, BStBl. II 2000, 214; BFH v. 23.10.2003 – V R 48/01, BStBl. II 2004, 196.
3 Vgl. BFH v. 21.10.1999 – V R 76/98, BStBl. II 2000, 214; BFH v. 18.1.2007 – V R 23/05, BStBl. II 2007, 430; Abschn. 18.13 Abs. 3 Satz 2 UStAE.
4 Eine qualifizierte elektronische Signatur ist nicht erforderlich (§ 61 Abs. 4 Satz 2 UStDV i.V.m. § 87a Abs. 4 Satz 2 AO).

Vergütungsantrags beim BZSt ausgezahlt worden ist (zu den Einzelheiten § 61 Abs. 5 und 6 UStDV).

### 3. Verfahren bei nicht im Gemeinschaftsgebiet ansässigen Unternehmern

#### a) Antrag, Nachweise

150 Der nicht im Gemeinschaftsgebiet ansässige Unternehmer hat die Vergütung nach amtlich vorgeschriebenem Vordruck oder[1] mittels amtlich vorgeschriebenem Datensatz durch Datenfernübertragung beim BZSt zu beantragen (§ 61a Abs. 1 UStDV). Der Vergütungsbetrag muss die in § 61a Abs. 3 UStDV genannten **Mindesthöhen** erreichen.

151 Der eigenhändig (vom Unternehmer und nicht nur von einem rechtsgeschäftlich Bevollmächtigten[2]) unterschriebene (§ 61a Abs. 2 Satz 4 UStDV) **Antrag** ist „binnen" (richtig: spätestens[3]) **sechs Monaten nach Ablauf des Kalenderjahres** zu stellen, in dem der Vergütungsanspruch entstanden ist (§ 61a Abs. 2 Satz 1 UStDV). Die Antragsfrist stellt keine Diskriminierung aus Gründen der Staatsangehörigkeit und auch keinen Verstoß gegen die Diskriminierungsverbote der Doppelbesteuerungsabkommen dar.[4]

Bei der Frist handelt es sich um eine **Ausschlussfrist**[5], die nicht verlängert werden kann.[6] Es kommt jedoch unter den Voraussetzungen des § 110 AO **Wiedereinsetzung** in den vorigen Stand in Betracht, wenn die Frist **ohne Verschulden versäumt** worden war.[7]

152 Der Unternehmer hat die Vergütung selbst zu berechnen und die Vorsteuerbeträge durch Vorlage von **Rechnungen** und Einfuhrbelegen **im Original** – innerhalb der Antragsfrist[8] – nachzuweisen (§ 61a Abs. 2 Sätze 2 und 3 UStDV). Es reicht indes die Vorlage von **Zweitschriften** (Ablichtungen) aus.[9]

153 Dem Antrag ist eine behördliche **Bescheinigung** des Ansässigkeitsstaates beizufügen, mit dem nachzuweisen ist, dass der Unternehmer unter einer Steuer-

---

1 Bei nach dem 30.6.2016 gestellten Anträgen ist nur noch die elektronische Form zulässig (§ 74a Abs. 4 UStDV).
2 Aus den Entscheidungen des EuGH (EuGH v. 3.12.2009 – C-433/08, EuGHE 2009, I-11487 = UR 2010, 146) und des BFH (BFH v. 28.10.2010 – V R 17/08, BFH, BFH/NV 2011, 658) folgt nichts Gegenteiliges, da sie zur Richtlinie 1072/79/EWG ergangen waren, welche nur Vergütungen an im Gemeinschaftsgebiet Ansässige betraf. Die Richtlinie 86/560/EG erlaubt es hingegen in Artikel 3, dass die Mitgliedstaaten die Modalitäten der Antragstellung bestimmen.
3 *Stadie* in R/D, § 18 UStG Anm. 701.
4 BFH v. 8.4.2005 – V B 123/03, BStBl. II 2005, 585.
5 Vgl. EuGH v. 21.6.2012 – C-294/11, BStBl. II 2012, 942 = UR 2012, 649.
6 BFH v. 21.10.1999 – V R 76/98, BStBl. II 2000, 214; BFH v. 23.10.2003 – V R 48/01, BStBl. II 2004, 196.
7 BFH v. 21.10.1999 – V R 76/98, BStBl. II 2000, 214; BFH v. 23.10.2003 – V R 48/01, BStBl. II 2004, 196; Abschn. 18.14 Abs. 5 UStAE.
8 BFH v. 18.1.2007 – V R 23/05, BStBl. II 2007, 430; BFH v. 19.11.2014 – V R 39/13, BStBl. II 2015, 352.
9 BFH v. 19.11.1998 – V R 102/96, BStBl. II 1999, 255; BFH v. 20.8.1998 – V R 55/96, BStBl. II 1999, 324; BFH v. 28.10.2010 – V R 17/08, BFH/NV 2011, 658; vgl. auch EuGH v. 11.6.1998 – C-361/96, EuGHE 1998, I-3495 = UR 1998, 309.

nummer eingetragen ist (§ 61a Abs. 4 UStDV). Die Bescheinigung muss den Vergütungszeitraum abdecken.¹ Mit dieser Bescheinigung wird lediglich die **Registrierung** in einem Staat nachgewiesen und nicht etwa die Unternehmereigenschaft. Die Bescheinigung kann auch keinen Nachweis über die Nichtansässigkeit im Inland erbringen.

Der in § 18 Abs. 9 UStG genannte Unternehmer bestimmt sich nach § 2 UStG. Die Behörde kann die Unternehmereigenschaft des Antragstellers eigenständig prüfen. Der **Bescheinigung** gem. § 61a Abs. 4 UStDV kommt **keine** absolute **Bindungswirkung** zu.² Sie begründet **nur** eine **widerlegliche Vermutung**.³ Die Behörden des anderen Mitgliedstaates sind deshalb berechtigt, bei **Zweifeln** an der Steuerpflichtigeneigenschaft (Unternehmereigenschaft) des Antragstellers die Verbindlichkeit der Bescheinigung zu verneinen⁴ und eigene Sachverhaltsermittlungen anzustellen. Die Bezeichnung der Bescheinigung als sog. *Unternehmerbescheinigung*⁵ ist mithin verfehlt; richtigerweise sollte sie *Registrierungsbescheinigung* genannt werden. Bescheinigungen aus Nichtmitgliedstaaten müssen den Vergütungszeitraum abdecken.⁶

154

**b) Bescheid**

Der Vergütungsantrag ist entgegen h.M.⁷ **keine Steuervergütungsanmeldung**, denn eine solche setzt eine Steuervergütungserklärung voraus (§ 155 Abs. 4 i.V.m. § 150 Abs. 1 Satz 3 AO). § 18 Abs. 9 Satz 2 Nr. 2 und 3 UStG und § 61a Abs. 1 und 2 UStDV sprechen jedoch lediglich von einem „Antrag", in dem die Steuer selbst zu berechnen ist. Demgemäß unterscheidet auch die Abgabenordnung zwischen Steuervergütungserklärung (§ 155 Abs. 4 i.V.m. § 170 Abs. 1 Nr. 1 AO) und Steuervergütung auf Antrag (§ 170 Abs. 3 AO). Folglich ist § 168 AO nicht anwendbar⁸ und der Antrag führt bei Auszahlung der Steuervergütung, in der anderenfalls eine konkludente Zustimmung läge (*Rz. 15*), nicht zu einer Steuervergütungsfestsetzung unter Vorbehalt der Nachprüfung. Über den Antrag muss deshalb stets durch **schriftlichen Bescheid** entschieden werden (so auch § 18 Abs. 9 Satz 2 Nr. 5 UStG: „der Bescheid").

155

---

1 BFH v. 18.1.2007 – V R 22/05, BStBl. II 2007, 426.
2 Dazu auch *Stadie* in R/D, § 18 UStG Anm. 594 u. Anm. 726.
3 Vgl. EuGH v. 28.6.2007 – C-73/06, EuGHE 2007, I-5655 = UR 2007, 654; BFH v. 14.5.2008 – XI R 58/06, BStBl. II 2008, 831 – für die Bescheinigung nach der Richtlinie 79/1072/EG; unklar BFH v. 18.1.2007 – V R 22/05, BStBl. II 2007, 426 – für die Bescheinigung nach der Richtlinie 85/560/EG.
4 Vgl. EuGH v. 28.6.2007 – C-73/06, EuGHE 2007, I-5655 = UR 2007, 654; BFH v. 14.5.2008 – XI R 58/06, BStBl. II 2008, 831.
5 So BFH v. 22.5.2003 – V R 97/01, BStBl. II 2003, 819; BFH v. 22.1.2004 – V R 71/01, BStBl. II 2004, 630; BFH v. 14.5.2008 – XI R 58/06, BStBl. II 2008, 831.
6 BFH v. 18.1.2007 – V R 35/01, BStBl. II 2007, 426.
7 BFH v. 17.4.2008 – V R 41/06, BStBl. II 2009, 2; FG Köln v. 9.11.2010 – 2 K 5679/04, EFG 2011, 1367; *Sterzinger* in B/W, § 214 Rz. 204; die zudem alle fehlerhaft von einer „Steueranmeldung" sprechen.
8 A.A. BFH v. 17.4.2008 – V R 41/06, BStBl. II 2009, 2.

156 Bei dem stattgebenden Bescheid handelt es sich um einen **Steuervergütungsbescheid** (§ 155 Abs. 4 i.V.m. Abs. 1 Satz 1 AO)[1], der unter dem **Vorbehalt der Nachprüfung** ergehen kann (§ 155 Abs. 4 i.V.m. § 164 AO). Die Steuervergütung ist nach § 155 Abs. 4 i.V.m. § 233a AO zu **verzinsen**.[2] Wird der Antrag abgelehnt, so erfolgt die **Ablehnung** in der Gestalt eines Steuervergütungsbescheides (vgl. Rz. 41).

### E. Mitwirkung der Fahrzeugzulassungs- und Registrierungsbehörden (Abs. 10)

157 Zur Sicherung des Steueranspruchs, d.h. zur Sicherstellung der Besteuerung des **innergemeinschaftlichen Erwerbs** neuer motorgetriebener **Landfahrzeuge** und neuer **Luftfahrzeuge** i.S.d. § 1b Abs. 2 und 3 UStG haben die für die Zulassung oder Registrierung dieser Fahrzeuge zuständigen Behörden deren **erstmalige Zulassung** bzw. **Registrierung** den zuständigen Finanzämtern **mitzuteilen** (§ 18 Abs. 10 Nr. 1 UStG). Der **Antragsteller** hat bei der erstmaligen Zulassung bzw. Registrierung die in § 18 Abs. 10 Nr. 2 Buchst. a bzw. Nr. 3 Buchst. a UStG geforderten **Angaben** zu **machen**. Die zuständigen Behörden haben diese Angaben den zuständigen Finanzämtern mitzuteilen (§ 18 Abs. 10 Nr. 1 Buchst. a Satz 2 bzw. Buchst. b Satz 2 UStG). Wird die vom Finanzamt festgesetzte **Umsatzsteuer** für den innergemeinschaftlichen Erwerb **nicht entrichtet**, so hat die Zulassungsbehörde bzw. das Luftfahrtbundesamt das amtliche **Kennzeichen** zu **entstempeln** bzw. die **Betriebserlaubnis** zu **widerrufen** (§ 18 Abs. 10 Nr. 2 Buchst. b bzw. Nr. 3 Buchst. b UStG).

### F. Erfassung von Personenbeförderungen mit nicht im Inland zugelassenen Kraftomnibussen

#### I. Straßenkontrollen durch Zolldienststellen (Abs. 11)

158 Die **für die Steueraufsicht zuständigen** Zolldienststellen wirken an der umsatzsteuerlichen Erfassung von Personenbeförderungen mit nicht im Inland zugelassenen Kraftomnibussen mit (§ 18 Abs. 11 Satz 1 UStG). Das gilt nicht nur für die grenzüberschreitenden Personenbeförderungen mit Drittlandsberührung, die unter die sog. Beförderungseinzelbesteuerung (§ 16 Abs. 5 UStG) fallen, und grenzüberschreitende Personenbeförderungen mit Berührung eines Mitgliedstaates (18 Abs. 12 UStG), sondern auch für Personenbeförderungen, die ausschließlich im Inland stattfinden.

159 Die zuständigen Zolldienststellen sind befugt, im Rahmen von **zeitlich und örtlich begrenzten Kontrollen** die nach ihrem äußeren Erscheinungsbild nicht im Inland zugelassenen Kraftomnibusse anzuhalten und die tatsächlichen und rechtlichen Verhältnisse, die für die Umsatzsteuer maßgebend sind, festzustellen und diese Daten (Besteuerungsgrundlagen) ggf. den zuständigen Finanzbehörden zu übermitteln (§ 18 Abs. 11 Satz 2 UStG). Bei einer grenzüberschreiten-

---

1 Zur Korrektur des Steuervergütungsbescheides *Stadie* in R/D, § 18 UStG Anm. 744 ff.
2 BFH v. 17.4.2008 – V R 41/06, BStBl. II 2009, 2; Abschn. 18.14 Abs. 10 UStAE.

den Beförderung, die einen Mitgliedstaat der EU berührt, gehört dazu auch die Kontrolle der nach § 18 Abs. 12 UStG mitzuführenden Bescheinigung.

## II. Anzeigepflicht für im Ausland ansässige Unternehmer bei grenzüberschreitenden Personenbeförderungen (Abs. 12)

Im Ausland ansässige Unternehmer, die erstmals grenzüberschreitende Personenbeförderungen **mit nicht im Inland zugelassenen Kraftomnibussen** durchführen, haben dies vor der erstmaligen Ausführung derartiger auf das Inland entfallender Umsätze (§ 3b Abs. 1 Satz 2 UStG) beim zuständigen Finanzamt anzuzeigen, sofern diese Beförderungsleistungen nicht der sog. Beförderungseinzelbesteuerung unterliegen (§ 18 Abs. 12 Satz 1 UStG). Da Letztere eingreift, wenn eine Grenze zum Drittlandsgebiet überschritten wird (§ 16 Abs. 5 Satz 1 UStG), betrifft die Anzeigepflicht den auf das Inland entfallenden Teil der Personenbeförderungen **zwischen** einem anderen **Mitgliedstaat** der EU und **Deutschland**. Die Kriterien der Auslandsansässigkeit bestimmen sich nach § 13b Abs. 7 UStG (dazu *§ 13b Rz. 50 ff.*). Die Anzeigepflicht gilt **nicht**, wenn der Leistungsempfänger die Steuer für diese Beförderungsleistungen nach § 13b Abs. 5 Satz 1 oder 3 UStG schuldet (§ 18 Abs. 12 Satz 1 a.E. UStG).

160

Die Anzeige betrifft **nur das Vorhaben** („dies"), sich auch auf das Inland erstreckende grenzüberschreitende Personenbeförderungen auszuführen, und muss keine Angaben zu dem geplanten Umfang der Beförderung (Strecke, Personenzahl, Entgelt) enthalten. Die **Anzeige** hat vor der erstmaligen Ausführung der Personenbeförderungen, d.h. nicht bei jeder Fahrt erneut, bei dem für die Umsatzbesteuerung **zuständigen Finanzamt** (s. dazu die UStZustV) zu erfolgen. Das Finanzamt erteilt über jeden angezeigten Kraftomnibus eine gesonderte **Bescheinigung** (§ 18 Abs. 12 Satz 2 UStG). Die Erteilung der Bescheinigung kann nicht verweigert werden. Die Bescheinigung wird regelmäßig mit einer Gültigkeitsdauer von einem Jahr erteilt.[1] Sie ist während jeder Fahrt mitzuführen und auf Verlangen den für die Steueraufsicht zuständigen **Zolldienststellen** (§ 18 Abs. 11 UStG) **vorzulegen** (§ 18 Abs. 12 Satz 3 UStG).

161

Die **Nichtvorlage** oder die nicht rechtzeitige Vorlage der Bescheinigung ist nach § 26a Abs. 1 Nr. 1a UStG eine **Ordnungswidrigkeit**, die auch dann mit einem Bußgeld bis zu 5000 € (§ 26a Abs. 2 UStG) geahndet werden kann, wenn eine Sicherheitsleistung nach § 18 Abs. 12 Satz 4 UStG gefordert wird. Das Bußgeld ahndet die Pflichtwidrigkeit, die in der Nichtvorlage der Bescheinigung liegt, während die Sicherheitsleistung dem Steuerausfall entgegenwirken soll.

162

Bei **Nichtvorlage** der Bescheinigung kann von der Zolldienststelle eine **Sicherheitsleistung** (dazu näher §§ 241 ff. AO) in Höhe der für die einzelne Beförderungsleistung voraussichtlich zu entrichtenden Steuer verlangt werden (§ 18 Abs. 12 Satz 4 UStG), auch wenn gleichzeitig ein Bußgeld verhängt wird. Die entrichtete Sicherheitsleistung ist auf die „nach Abs. 3 Satz 1 zu entrichtende Steuer" **anzurechnen** (§ 18 Abs. 12 Satz 5 UStG), d.h. auf die vom Unternehmer für das Kalenderjahr angemeldete oder die vom Finanzamt festgesetzte Steuer anzurechnen.

163

---

[1] Abschn. 18.17 Abs. 4 Satz 3 UStAE.

## § 18a
## Zusammenfassende Meldung

(1) Der Unternehmer im Sinne des § 2 hat bis zum 25. Tag nach Ablauf jedes Kalendermonats (Meldezeitraum), in dem er innergemeinschaftliche Warenlieferungen oder Lieferungen im Sinne des § 25b Absatz 2 ausgeführt hat, dem Bundeszentralamt für Steuern eine Meldung (Zusammenfassende Meldung) nach amtlich vorgeschriebenem Datensatz durch Datenfernübertragung nach Maßgabe der Steuerdaten-Übermittlungsverordnung zu übermitteln, in der er die Angaben nach Absatz 7 Satz 1 Nummer 1, 2 und 4 zu machen hat. Soweit die Summe der Bemessungsgrundlagen für innergemeinschaftliche Warenlieferungen und für Lieferungen im Sinne des § 25b Absatz 2 weder für das laufende Kalendervierteljahr noch für eines der vier vorangegangenen Kalendervierteljahre jeweils mehr als 50 000 Euro beträgt, kann die Zusammenfassende Meldung bis zum 25. Tag nach Ablauf des Kalendervierteljahres übermittelt werden. Übersteigt die Summe der Bemessungsgrundlage für innergemeinschaftliche Warenlieferungen und für Lieferungen im Sinne des § 25b Absatz 2 im Laufe eines Kalendervierteljahres 50 000 Euro, hat der Unternehmer bis zum 25. Tag nach Ablauf des Kalendermonats, in dem dieser Betrag überschritten wird, eine Zusammenfassende Meldung für diesen Kalendermonat und die bereits abgelaufenen Kalendermonate dieses Kalendervierteljahres zu übermitteln. Nimmt der Unternehmer die in Satz 2 enthaltene Regelung nicht in Anspruch, hat er dies gegenüber dem Bundeszentralamt für Steuern anzuzeigen. Vom 1. Juli 2010 bis zum 31. Dezember 2011 gelten die Sätze 2 und 3 mit der Maßgabe, dass an die Stelle des Betrages von 50 000 Euro der Betrag von 100 000 Euro tritt.

(2) Der Unternehmer im Sinne des § 2 hat bis zum 25. Tag nach Ablauf jedes Kalendervierteljahres (Meldezeitraum), in dem er im übrigen Gemeinschaftsgebiet steuerpflichtige sonstige Leistungen im Sinne des § 3a Absatz 2, für die der in einem anderen Mitgliedstaat ansässige Leistungsempfänger die Steuer dort schuldet, ausgeführt hat, dem Bundeszentralamt für Steuern eine Zusammenfassende Meldung nach amtlich vorgeschriebenem Datensatz durch Datenfernübertragung nach Maßgabe der Steuerdaten-Übermittlungsverordnung zu übermitteln, in der er die Angaben nach Absatz 7 Satz 1 Nummer 3 zu machen hat. Soweit der Unternehmer bereits nach Absatz 1 zur monatlichen Übermittlung einer Zusammenfassenden Meldung verpflichtet ist, hat er die Angaben im Sinne von Satz 1 in der Zusammenfassenden Meldung für den letzten Monat des Kalendervierteljahres zu machen.

(3) Soweit der Unternehmer im Sinne des § 2 die Zusammenfassende Meldung entsprechend Absatz 1 bis zum 25. Tag nach Ablauf jedes Kalendermonats übermittelt, kann er die nach Absatz 2 vorgesehenen Angaben in die Meldung für den jeweiligen Meldezeitraum aufnehmen. Nimmt der Unternehmer die in Satz 1 enthaltene Regelung in Anspruch, hat er dies gegenüber dem Bundeszentralamt für Steuern anzuzeigen.

(4) Die Absätze 1 bis 3 gelten nicht für Unternehmer, die § 19 Absatz 1 anwenden.

(5) Auf Antrag kann das Finanzamt zur Vermeidung unbilliger Härten auf eine elektronische Übermittlung verzichten; in diesem Fall hat der Unternehmer eine Meldung nach amtlich vorgeschriebenem Vordruck abzugeben. § 150 Absatz 8 der Abgabenordnung gilt entsprechend. Soweit das Finanzamt nach § 18 Absatz 1 Satz 2 auf eine elektronische Übermittlung der Voranmeldung verzichtet hat, gilt dies auch für die Zusammenfassende Meldung. Für die Anwendung dieser Vorschrift gelten auch nichtselbständige juristische Personen im Sinne des § 2 Absatz 2 Nummer 2 als Unternehmer. Die Landesfinanzbehörden übermitteln dem Bundeszentralamt für Steuern die erforderlichen Angaben zur Bestimmung der Unternehmer, die nach den Absätzen 1 und 2 zur Abgabe der Zusammenfassenden Meldung verpflichtet sind. Diese Angaben dürfen nur zur Sicherstellung der Abgabe der Zusammenfassenden Meldung verwendet werden. Das Bundeszentralamt für Steuern übermittelt den Landesfinanzbehörden die Angaben aus den Zusammenfassenden Meldungen, soweit diese für steuerliche Kontrollen benötigt werden.

(6) Eine innergemeinschaftliche Warenlieferung im Sinne dieser Vorschrift ist

1. eine innergemeinschaftliche Lieferung im Sinne des § 6a Absatz 1 mit Ausnahme der Lieferungen neuer Fahrzeuge an Abnehmer ohne Umsatzsteuer-Identifikationsnummer;

2. eine innergemeinschaftliche Lieferung im Sinne des § 6a Absatz 2.

(7) Die Zusammenfassende Meldung muss folgende Angaben enthalten:

1. für innergemeinschaftliche Warenlieferungen im Sinne des Absatzes 6 Nummer 1:

    a) die Umsatzsteuer-Identifikationsnummer jedes Erwerbers, die ihm in einem anderen Mitgliedstaat erteilt worden ist und unter der die innergemeinschaftlichen Warenlieferungen an ihn ausgeführt worden sind, und

    b) für jeden Erwerber die Summe der Bemessungsgrundlagen der an ihn ausgeführten innergemeinschaftlichen Warenlieferungen;

2. für innergemeinschaftliche Warenlieferungen im Sinne des Absatzes 6 Nummer 2:

    a) die Umsatzsteuer-Identifikationsnummer des Unternehmers in den Mitgliedstaaten, in die er Gegenstände verbracht hat, und

    b) die darauf entfallende Summe der Bemessungsgrundlagen;

3. für im übrigen Gemeinschaftsgebiet ausgeführte steuerpflichtige sonstige Leistungen im Sinne des § 3a Absatz 2, für die der in einem anderen Mitgliedstaat ansässige Leistungsempfänger die Steuer dort schuldet:

    a) die Umsatzsteuer-Identifikationsnummer jedes Leistungsempfängers, die ihm in einem anderen Mitgliedstaat erteilt worden ist und unter der die steuerpflichtigen sonstigen Leistungen an ihn erbracht wurden,

    b) für jeden Leistungsempfänger die Summe der Bemessungsgrundlagen der an ihn erbrachten steuerpflichtigen sonstigen Leistungen und

    c) einen Hinweis auf das Vorliegen einer im übrigen Gemeinschaftsgebiet ausgeführten steuerpflichtigen sonstigen Leistung im Sinne des § 3a Absatz 2, für die der in einem anderen Mitgliedstaat ansässige Leistungsempfänger die Steuer dort schuldet;

4. für Lieferungen im Sinne des § 25b Absatz 2:

   a) die Umsatzsteuer-Identifikationsnummer eines jeden letzten Abnehmers, die diesem in dem Mitgliedstaat erteilt worden ist, in dem die Versendung oder Beförderung beendet worden ist,

   b) für jeden letzten Abnehmer die Summe der Bemessungsgrundlagen der an ihn ausgeführten Lieferungen und

   c) einen Hinweis auf das Vorliegen eines innergemeinschaftlichen Dreiecksgeschäfts.

§ 16 Absatz 6 und § 17 sind sinngemäß anzuwenden.

(8) Die Angaben nach Absatz 7 Satz 1 Nummer 1 und 2 sind für den Meldezeitraum zu machen, in dem die Rechnung für die innergemeinschaftliche Warenlieferung ausgestellt wird, spätestens jedoch für den Meldezeitraum, in dem der auf die Ausführung der innergemeinschaftlichen Warenlieferung folgende Monat endet. Die Angaben nach Absatz 7 Satz 1 Nummer 3 und 4 sind für den Meldezeitraum zu machen, in dem die im übrigen Gemeinschaftsgebiet steuerpflichtige sonstige Leistung im Sinne des § 3a Absatz 2, für die der in einem anderen Mitgliedstaat ansässige Leistungsempfänger die Steuer dort schuldet, und die Lieferungen nach § 25b Absatz 2 ausgeführt worden sind.

(9) Hat das Finanzamt den Unternehmer von der Verpflichtung zur Abgabe der Voranmeldungen und Entrichtung der Vorauszahlungen befreit (§ 18 Absatz 2 Satz 3), kann er die Zusammenfassende Meldung abweichend von den Absätzen 1 und 2 bis zum 25. Tag nach Ablauf jedes Kalenderjahres abgeben, in dem er innergemeinschaftliche Warenlieferungen ausgeführt hat oder im übrigen Gemeinschaftsgebiet steuerpflichtige sonstige Leistungen im Sinne des § 3a Absatz 2 ausgeführt hat, für die der in einem anderen Mitgliedstaat ansässige Leistungsempfänger die Steuer dort schuldet, wenn

1. die Summe seiner Lieferungen und sonstigen Leistungen im vorangegangenen Kalenderjahr 200 000 Euro nicht überstiegen hat und im laufenden Kalenderjahr voraussichtlich nicht übersteigen wird,

2. die Summe seiner innergemeinschaftlichen Warenlieferungen oder im übrigen Gemeinschaftsgebiet ausgeführten steuerpflichtigen Leistungen im Sinne des § 3a Absatz 2, für die der in einem anderen Mitgliedstaat ansässige Leistungsempfänger die Steuer dort schuldet, im vorangegangenen Kalenderjahr 15 000 Euro nicht überstiegen hat und im laufenden Kalenderjahr voraussichtlich nicht übersteigen wird und

3. es sich bei den in Nummer 2 bezeichneten Warenlieferungen nicht um Lieferungen neuer Fahrzeuge an Abnehmer mit Umsatzsteuer-Identifikationsnummer handelt.

Absatz 8 gilt entsprechend.

(10) Erkennt der Unternehmer nachträglich, dass eine von ihm abgegebene Zusammenfassende Meldung unrichtig oder unvollständig ist, so ist er verpflichtet,

die ursprüngliche Zusammenfassende Meldung innerhalb eines Monats zu berichtigen.

(11) Auf die Zusammenfassende Meldung sind ergänzend die für Steuererklärungen geltenden Vorschriften der Abgabenordnung anzuwenden. § 152 Absatz 2 der Abgabenordnung ist mit der Maßgabe anzuwenden, dass der Verspätungszuschlag 1 Prozent der Summe aller nach Absatz 7 Satz 1 Nummer 1 Buchstabe b, Nummer 2 Buchstabe b und Nummer 3 Buchstabe b zu meldenden Bemessungsgrundlagen für innergemeinschaftliche Warenlieferungen im Sinne des Absatzes 6 und im übrigen Gemeinschaftsgebiet ausgeführte steuerpflichtige sonstige Leistungen im Sinne des § 3a Absatz 2, für die der in einem anderen Mitgliedstaat ansässige Leistungsempfänger die Steuer dort schuldet, nicht übersteigen und höchstens 2500 Euro betragen darf.

(12) Zur Erleichterung und Vereinfachung der Abgabe und Verarbeitung der Zusammenfassenden Meldung kann das Bundesministerium der Finanzen durch Rechtsverordnung mit Zustimmung des Bundesrates bestimmen, dass die Zusammenfassende Meldung auf maschinell verwertbaren Datenträgern oder durch Datenfernübertragung übermittelt werden kann. Dabei können insbesondere geregelt werden:

1. die Voraussetzungen für die Anwendung des Verfahrens;
2. das Nähere über Form, Inhalt, Verarbeitung und Sicherung der zu übermittelnden Daten;
3. die Art und Weise der Übermittlung der Daten;
4. die Zuständigkeit für die Entgegennahme der zu übermittelnden Daten;
5. die Mitwirkungspflichten Dritter bei der Erhebung, Verarbeitung und Übermittlung der Daten;
6. der Umfang und die Form der für dieses Verfahren erforderlichen besonderen Erklärungspflichten des Unternehmers.

Zur Regelung der Datenübermittlung kann in der Rechtsverordnung auf Veröffentlichungen sachverständiger Stellen verwiesen werden; hierbei sind das Datum der Veröffentlichung, die Bezugsquelle und eine Stelle zu bezeichnen, bei der die Veröffentlichung archivmäßig gesichert niedergelegt ist.

*EU-Recht*

Art. 262–271 MwStSystRL.

*VV*

Abschn. 18a.1–18a.5 UStAE.

Bei **innergemeinschaftlichen Warenlieferungen** i.S.d. § 6a UStG und bei Lieferungen i.S.d. § 25b Abs. 2 UStG (*Rz. 4*) sowie bei **sonstigen Leistungen i.S.d. § 3a Abs. 2** UStG, für die der in einem anderen Mitgliedstaat ansässige Leistungsempfänger die Steuer dort schuldet, ist der Unternehmer i.S.d. § 2 UStG verpflichtet, diese dem **Bundeszentralamt für Steuern** (BZSt) zu melden. Diese Meldung wird Zusammenfassende Meldung (ZM) genannt (§ 18a Abs. 1 Satz 1 und

**§ 18a**  Zusammenfassende Meldung

Abs. 2 Satz 1 UStG). Sie dient der Sicherstellung der Besteuerung der Lieferungen im Bestimmungsland, da das BZSt die Angaben im Rahmen des Informationsaustausches zwischen den Mitgliedstaaten an das jeweilige Bestimmungsland weitergibt.

2 Damit wird prinzipiell gewährleistet, dass das **Junktim** zwischen der **Steuerfreiheit** der innergemeinschaftlichen Lieferung **und** der **Erwerbsbesteuerung** (entsprechend Art. 2 Abs. 1 Buchst. b Ziff. i MwStSystRL) bzw. der **Nichtsteuerbarkeit** von sonstigen Leistungen i.S.d. § 3a Abs. 2 UStG an insbesondere Unternehmer und deren **Steuerschuldnerschaft** (entsprechend Art. 196 MwStSystRL) hergestellt werden kann. Dieser **Zweck** verlangt m.E., dass die ordnungsgemäße Meldung i.S.d. § 18a UStG **Voraussetzung** für die **Inanspruchnahme** der Steuerbefreiung nach § 6a UStG bzw. der Nichtsteuerbarkeit nach § 3a Abs. 2 UStG ist (*§ 3a Rz. 21*; *§ 6a Rz. 24 f.*, *55*). Die Mitteilungspflicht wird von der Verschwiegenheitspflicht bestimmter Berufsträger nicht berührt.[1]

3 Die Verpflichtung gilt nicht für sog. **Kleinunternehmer** i.S.d. § 19 Abs. 1 UStG (§ 18a Abs. 4 UStG). Das ergibt sich für Lieferungen bereits aus § 19 Abs. 1 Satz 4 UStG, wonach die Steuerbefreiung nach § 6a UStG keine Anwendung findet. Sog. pauschalierende Land- oder Forstwirte i.S.d. § 24 UStG müssen m.E. ebenfalls keine Zusammenfassende Meldung abgeben[2], da auch ihre innergemeinschaftlichen Lieferungen nicht steuerfrei sind (§ 24 Abs. 1 Satz 2 UStG).

Im Falle der **Organschaft** (§ 2 Abs. 2 Nr. 2 UStG) sind die sog. Organgesellschaften jeweils als Unternehmer anzusehen (§ 18a Abs. 5 Satz 4 UStG), so dass sie hinsichtlich der von ihnen ausgeführten innergemeinschaftlichen Leistungen eine eigene Zusammenfassende Meldung abzugeben haben und der Organträger nur seine eigenen Leistungen zu melden hat. Das gilt nur für die Zusammenfassende Meldung, nicht für die von § 18b UStG geforderten entsprechenden Angaben in den Steuererklärungen i.S.d. § 18 UStG.[3]

4 **Innergemeinschaftliche Warenlieferungen** sind **steuerfreie** Lieferungen i.S.d. § 6a UStG einschließlich der als solche fingierten Verbringungstatbestände i.S.d. § 6a Abs. 2 UStG (§ 18a Abs. 6 UStG). Lieferung i.S.d. § 25b Abs. 2 UStG ist die „steuerfreie" Lieferung des mittleren Unternehmers (ersten Abnehmers) im Rahmen eines innergemeinschaftlichen Dreiecksgeschäfts an den letzten Abnehmer, bei der dieser die Steuer schuldet.

5 Die Zusammenfassende Meldung ist nach amtlich vorgeschriebenem Datensatz auf elektronischem Wege (*Rz. 9*) nach näherer Maßgabe des § 18a **Abs. 1 und 2** UStG grundsätzlich für jeden **Kalendermonat** bzw. jedes **Kalendervierteljahr** abzugeben, in dem die innergemeinschaftlichen Warenlieferungen bzw. sonstigen Leistungen ausgeführt worden sind. Ist der Unternehmer von der **Verpflichtung zur Abgabe von Voranmeldungen befreit** (§ 18 Abs. 2 Satz 3 UStG), so kann die Zusammenfassende Meldung für das **Kalenderjahr** abgegeben werden, wenn bestimmte **Umsatzgrenzen** nicht überschritten werden (§ 18a Abs. 9 UStG). Die Zusammenfassende Meldung ist bis zum **25. Tag nach Ablauf** des jeweiligen

---

[1] Vgl. OFD Frankfurt a.M. v. 14.6.2010 – S 7427a A - 4 - St 15, juris – zu Notaren.
[2] A.A. Abschn. 18a.1 Abs. 3 UStAE.
[3] Vgl. Abschn. 18a.1 Abs. 2 Satz 2 UStAE.

Meldezeitraums abzugeben (§ 18a Abs. 1 Satz 1, Abs. 2 Satz 1 bzw. Abs. 9 Satz 1 UStG).

In die Zusammenfassende Meldung sind die von § 18a Abs. 7 Satz 1 UStG geforderten **Angaben** („Bemessungsgrundlagen", USt-IdNr.) aufzunehmen. Diese sind für den Meldezeitraum zu machen, in dem die Rechnung für die innergemeinschaftliche Lieferung ausgestellt wird, spätestens jedoch für den Meldezeitraum, in dem der auf die Ausführung der innergemeinschaftlichen Lieferung folgende Monat endet (§ 18a Abs. 8 Satz 1 UStG). Diese **Zeitpunkte** entsprechen den Steuerentstehungszeitpunkten beim innergemeinschaftlichen Erwerb im umgekehrten Fall (vgl. § 13 Abs. 1 Nr. 6 UStG). Für sonstige Leistungen sowie für Lieferungen i.S.d. § 25b Abs. 2 UStG sind die Angaben für den Meldezeitraum zu machen, in dem diese Leistungen ausgeführt worden sind (§ 18a Abs. 8 Satz 2 UStG). Dieser Zeitpunkt entspricht dem Steuerentstehungszeitpunkt bei steuerpflichtigen Leistungen (vgl. § 13 Abs. 1 Nr. 1 Buchst. a Satz 1 UStG). 6

„Bemessungsgrundlage" ist die Gegenleistung i.S.d. § 10 Abs. 1 Satz 2 bzw. des § 25b Abs. 4 UStG zzgl. etwaiger Zahlungen Dritter (i.S.d. § 10 Abs. 1 Satz 3 UStG). Im Falle des Verbringens i.S.d. § 6a Abs. 2 i.V.m. § 3 Abs. 1a UStG wären als Bemessungsgrundlage nach dem Wortlaut des § 10 Abs. 4 Satz 1 Nr. 1 UStG die Wiederbeschaffungskosten anzusetzen, richtigerweise jedoch der Restwert i.S.d. § 15a UStG (*§ 10 Rz. 93 i.V.m. Rz. 97 ff.*) 7

Für die Währungsumrechnung gelten die Aussagen des § 16 Abs. 6 UStG entsprechend (§ 18a Abs. 7 Satz 2 UStG). **Änderungen** der Gegenleistung („Bemessungsgrundlage") u.Ä., Rückgängigmachung der Lieferung u.ä. Fälle i.S.d. § 17 UStG sind für den Meldezeitraum zu berücksichtigen, in dem das jeweilige Ereignis eingetreten ist (§ 18a Abs. 7 Satz 2 i.V.m. § 17 Abs. 1 Satz 7 UStG). **Unrichtige** oder unvollständige **Angaben** sind hingegen durch Abgabe einer berichtigten Zusammenfassenden Meldung zu korrigieren (§ 18a Abs. 10 UStG). 8

Die Zusammenfassende Meldung ist dem BZSt grundsätzlich **auf elektronischem Wege** mach Maßgabe der StDÜV (*Rz. 11*) zu übermitteln (§ 18a Abs. 1 Satz 1 bzw. Abs. 2 Satz 1 UStG). Zur Vermeidung von unbilligen Härten kann das zuständige Finanzamt eine **Ausnahme** von der elektronischen Übermittlung gestatten (§ 18a Abs. 5 Sätze 1 und 2 UStG; dazu *§ 18 Rz. 18 f.*). Ein entsprechender Verzicht für die Voranmeldung gilt auch für die Zusammenfassende Meldung (§ 18a Abs. 5 Satz 3 UStG). 9

Auf die Zusammenfassende Meldung sind ergänzend die für Steuererklärungen geltenden Vorschriften der AO anzuwenden (§ 18a Abs. 11 Satz 1 UStG). Das bedeutet vor allem, dass auch ein **Verspätungszuschlag** (§ 152 Abs. 1 AO) in Betracht kommt. Seine Höhe darf die in § 18a Abs. 11 Satz 2 UStG genannten Grenzen nicht überschreiten. Bei der Ermessensausübung sind die Kriterien des § 152 Abs. 2 Satz 2 AO zu beachten. Die Abgabe der Zusammenfassende Meldung kann auch mittels **Zwangsgeldes** durchgesetzt werden. 10

§ 18a Abs. 12 UStG enthält eine **Ermächtigung**, mittels **Rechtsverordnung** die **Übermittlung** der Zusammenfassende Meldung durch Datenfernübertragung zu regeln. Das ist im Rahmen der StDÜV zwecks elektronischer Übermittlung ge- 11 schehen. Angesichts der Einbeziehung der gesamten StDÜV durch § 18a Abs. 1 und 2 UStG ist der Sinn dieser Ermächtigung nicht mehr zu erkennen.

12   Die Landesfinanzbehörden und das BZSt **übermitteln** sich die jeweiligen **Angaben**, welche im Zusammenhang mit der Zusammenfassende Meldung für steuerrechtliche Kontrollen benötigt werden (§ 18a Abs. 5 Sätze 5–7 UStG).

## § 18b
## Gesonderte Erklärung innergemeinschaftlicher Lieferungen und bestimmter sonstiger Leistungen im Besteuerungsverfahren

Der Unternehmer im Sinne des § 2 hat für jeden Voranmeldungs- und Besteuerungszeitraum in den amtlich vorgeschriebenen Vordrucken (§ 18 Abs. 1 bis 4) die Bemessungsgrundlagen folgender Umsätze gesondert zu erklären:

1. seiner innergemeinschaftlichen Lieferungen,

2. seiner im übrigen Gemeinschaftsgebiet ausgeführten steuerpflichtigen sonstigen Leistungen im Sinne des § 3a Absatz 2, für die der in einem anderen Mitgliedstaat ansässige Leistungsempfänger die Steuer dort schuldet, und

3. seiner Lieferungen im Sinne des § 25b Abs. 2.

Die Angaben für einen in Satz 1 Nummer 1 genannten Umsatz sind in dem Voranmeldungszeitraum zu machen, in dem die Rechnung für diesen Umsatz ausgestellt wird, spätestens jedoch in dem Voranmeldungszeitraum, in dem der auf die Ausführung dieses Umsatzes folgende Monat endet. Die Angaben für Umsätze im Sinne des Satzes 1 Nummer 2 und 3 sind in dem Voranmeldungszeitraum zu machen, in dem diese Umsätze ausgeführt worden sind. § 16 Abs. 6 und § 17 sind sinngemäß anzuwenden. Erkennt der Unternehmer nachträglich vor Ablauf der Festsetzungsfrist, dass in einer von ihm abgegebenen Voranmeldung (§ 18 Abs. 1) die Angaben zu Umsätzen im Sinne des Satzes 1 unrichtig oder unvollständig sind, ist er verpflichtet, die ursprüngliche Voranmeldung unverzüglich zu berichtigen. Die Sätze 2 bis 5 gelten für die Steuererklärung (§ 18 Abs. 3 und 4) entsprechend.

*EU-Recht*
Art. 251 Buchst. a und e MwStSystRL.

1   Der Unternehmer hat für jeden **Voranmeldungs- und Besteuerungszeitraum** in den amtlich vorgeschriebenen Vordrucken[1] (§ 18 Abs. 1 bis 3 UStG[2]) die Bemessungsgrundlagen seiner innergemeinschaftlichen Lieferungen, seiner im übrigen

---
1 Bei elektronischer Übermittlung: „Datensätzen".
2 Der im Gesetz genannte Absatz 4 ergibt keinen Sinn, da er nur eine Fälligkeitsregelung darstellt.

Gemeinschaftsgebiet ausgeführten sonstigen Leistungen i.S.d. § 3a Abs. 2 UStG, für die der Empfänger die Steuer dort schuldet, und seiner Lieferungen i.S.d. § 25b Abs. 2 UStG gesondert zu erklären (§ 18b Satz 1 UStG). Er hat mithin diese (dazu *§ 18a Rz. 4*) nicht nur in der sog. Zusammenfassenden Meldung (ZM) i.S.d. § 18a UStG gegenüber dem BZSt anzugeben (mit Ausnahme der Angaben für seine sog. Organgesellschaften, § 18a Abs. 5 Satz 4 UStG), sondern zusätzlich auch noch in seinen Steuererklärungen gegenüber dem Finanzamt. Der **Zweck** dieser Angaben soll in der Kontrolle der Angaben in der Zusammenfassenden Meldung liegen.[1]

Die Angaben sind „in dem" **Voranmeldungszeitraum** (VAZ) zu machen, in dem die Rechnung für die innergemeinschaftliche Lieferung ausgestellt wird, spätestens jedoch in dem Voranmeldungszeitraum, in dem der auf die Ausführung der innergemeinschaftlichen Lieferung folgende Monat endet (§ 18b Satz 2 UStG). Diese Zeitpunkte entsprechen den Steuerentstehungszeitpunkten beim innergemeinschaftlichen Erwerb im umgekehrten Fall (vgl. § 13 Abs. 1 Nr. 6 UStG; Art. 69 MwStSystRL). Die Angaben sind nicht „in dem Voranmeldungszeitraum" zu machen, sondern „in der Steuererklärung für den Voranmeldungszeitraum, in dem ...". 2

Für die sonstigen Leistungen i.S.d. § 3a Abs. 2 UStG und die Lieferungen i.S.d. § 25b Abs. 2 UStG sind die Angaben „in dem" Voranmeldungszeitraum zu machen, in dem diese Lieferungen ausgeführt worden sind (§ 18b Satz 3 UStG). Dieser Zeitpunkt entspricht dem Steuerentstehungszeitpunkt bei steuerpflichtigen Leistungen (vgl. § 13 Abs. 1 Nr. 1 Buchst. a Satz 1 UStG). Die Vorschrift ist für die Lieferungen i.S.d. § 25b Abs. 2 UStG einschränkend dahin zu interpretieren, dass sie **nur** für solche **mittleren Unternehmer** (ersten Abnehmer) gilt, die **in Deutschland** auf Grund der Erteilung einer deutschen **USt-IdNr.** für Zwecke der Umsatzsteuer **erfasst** sind, da anderenfalls der Vereinfachungszweck des § 25b UStG konterkariert würde.[2] 3

Die anzugebenden „Bemessungsgrundlagen" entsprechen den in § 18a Abs. 4 UStG genannten (dazu *§ 18a Rz. 7*). Für die Währungsumrechnung gelten die Aussagen des § 16 Abs. 6 UStG entsprechend. **Änderungen** der Gegenleistung („Bemessungsgrundlage") u.Ä., Rückgängigmachung der Lieferung u.ä. Fälle i.S.d. § 17 UStG sind für den Voranmeldungszeitraum zu berücksichtigen, in dem das jeweilige Ereignis eingetreten ist (§ 18b Satz 4 i.V.m. § 17 Abs. 1 Satz 7 UStG). 4

**Unrichtige** oder unvollständige **Angaben**, welche vor Ablauf der Festsetzungsfrist erkannt werden, sind hingegen durch Abgabe einer berichtigten Steuererklärung („Voranmeldung") zu korrigieren (§ 18b Satz 5 UStG). Die Anknüpfung (entsprechend § 153 Abs. 1 Satz 1 AO) an den Ablauf der Festsetzungsfrist (i.S.d. §§ 169 ff. AO) ergibt keinen Sinn, da bezüglich dieser Angaben keine deutsche Umsatzsteuer festzusetzen ist. Sinn ergibt nur die Anknüpfung an die Festsetzungsfrist des anderen Mitgliedstaates, in dem der innergemeinschaftliche Erwerb vom Abnehmer zu versteuern ist. 5

---
1 Vgl. Reg.-Begr. UStBMG, BT-Drucks. 12/2463 – zu § 18b UStG.
2 *Leonard* in Bunjes, § 18b UStG Rz. 5.

6 Die vorangehenden Ausführungen gelten für die Angaben in der **Jahressteuererklärung** entsprechend (§ 18b Satz 6 UStG).

7 Die **Missachtung** dieser Verpflichtungen zieht keine Sanktionen nach sich. Anders als bei der sog. Zusammenfassenden Meldung (§ 26a Abs. 1 Nr. 5 UStG) liegt keine Ordnungswidrigkeit vor. Die Erfüllung der Verpflichtungen kann allenfalls durch Androhung und Festsetzung von Zwangsgeldern durchgesetzt werden. Auch die Inanspruchnahme der Steuerbefreiung für die innergemeinschaftliche Lieferung oder die Nichtsteuerbarkeit der sonstigen Leistung ist, anders als bei der Zusammenfassenden Meldung (§ 18a Rz. 2), nicht von der Erfüllung dieser Mitwirkungspflicht abhängig.

## § 18c
## Meldepflicht bei der Lieferung neuer Fahrzeuge

Zur Sicherung des Steueraufkommens durch einen Austausch von Auskünften mit anderen Mitgliedstaaten kann das Bundesministerium der Finanzen mit Zustimmung des Bundesrates durch Rechtsverordnung bestimmen, dass Unternehmer (§ 2) und Fahrzeuglieferer (§ 2a) der Finanzbehörde ihre innergemeinschaftlichen Lieferungen neuer Fahrzeuge an Abnehmer ohne Umsatzsteuer-Identifikationsnummer melden müssen. Dabei können insbesondere geregelt werden:

1. die Art und Weise der Meldung;
2. der Inhalt der Meldung;
3. die Zuständigkeit der Finanzbehörden;
4. der Abgabezeitpunkt der Meldung.
5. (weggefallen)

*EU-Recht*
Art. 254 MwStSystRL.

*VV*
Abschn. 18c.1 UStAE.

1 Die Vorschrift enthält eine **Ermächtigung** zum Erlass einer **Rechtsverordnung**, mit der eine Meldepflicht bei der **Lieferung** neuer Fahrzeuge i.S.d. § 1b Abs. 2 und 3 UStG **an Abnehmer ohne USt-IdNr.** vorgesehen werden kann. Die Ermächtigung ist durch die **Fahrzeuglieferungs-Meldepflichtverordnung** vom 18.3.2009[1] umgesetzt worden. Die Meldepflicht[2] soll dem Austausch entsprechender Auskünfte mit anderen Mitgliedstaaten dienen. Sie ist nicht nur Unternehmern,

---
1 BGBl. I 2009, 630.
2 Dazu näher Abschn. 18c. 1 UStAE.

sondern auch privaten Fahrzeuglieferern i.S.d. § 2a UStG auferlegt (§ 3 FzgLiefg-MeldV). Die Verletzung der Meldepflicht wird als Ordnungswidrigkeit i.S.d. § 26a Abs. 1 Nr. 6 UStG geahndet (§ 4 FzgLiefgMeldV).

## § 18d
## Vorlage von Urkunden

Die Finanzbehörden sind zur Erfüllung der Auskunftsverpflichtung nach der Verordnung (EU) Nr. 904/2010 des Rates vom 7. Oktober 2010 über die Zusammenarbeit der Verwaltungsbehörden und die Betrugsbekämpfung auf dem Gebiet der Mehrwertsteuer (ABl. L 268 vom 12.10.2010, S. 1) berechtigt, von Unternehmern die Vorlage der jeweils erforderlichen Bücher, Aufzeichnungen, Geschäftspapiere und anderen Urkunden zur Einsicht und Prüfung zu verlangen. § 97 Absatz 2 der Abgabenordnung gilt entsprechend. Der Unternehmer hat auf Verlangen der Finanzbehörde die in Satz 1 bezeichneten Unterlagen vorzulegen.

*EU-Recht*

Art. 7 VO (EU) Nr. 904/2010.

*VV*

Abschn. 18d.1 UStAE.

Nach Art. 7 Abs. 1 EU-VO Nr. 904/2010 über die Zusammenarbeit der Verwaltungsbehörden auf dem Gebiet der Mehrwertsteuer sind die zuständigen Behörden der Mitgliedstaaten verpflichtet, den zuständigen Behörden anderer Mitgliedstaaten auf Antrag Auskünfte zu erteilen. Hierbei handelt es sich um eine Amtshilfe auf Grund eines innerstaatlichen Rechtsaktes der EG (§ 117 Abs. 2 AO). Nach Art. 7 Abs. 5 EU-VO verfährt die Finanzbehörde bei der Durchführung der beantragten Ermittlungen so, wie sie in Erfüllung eigener Aufgaben handeln würde. Da eine **EU-Verordnung unmittelbare Wirkung** hat (*Vorbem. Rz. 61*), folgt daraus die **Verpflichtung** der **Bürger** zur **Mitwirkung in** der **ausländischen Umsatzsteuersache**, wie wenn es um die Erhebung deutscher Umsatzsteuer ginge. Dem entspricht die Aussage des § 117 Abs. 4 Satz 1 AO, wonach bei der Durchführung von Amtshilfe sich die Befugnisse der Finanzbehörden sowie die Recht und Pflichten der Beteiligten und anderer Personen nach den für Steuern i.S.v. § 1 Abs. 1 AO geltenden Vorschriften richten. 1

Vor diesem Hintergrund fragt sich, welchen **Sinn § 18d UStG** haben soll, der bestimmt, dass zur Erfüllung der Auskunftsverpflichtung nach der EU-VO die jeweils zuständigen Finanzbehörden berechtigt sind, von Unternehmern[1] die Vorlage der jeweils erforderlichen Bücher, Aufzeichnungen, Geschäftspapiere und 2

---

1 Unverständlich ist, weshalb nicht auch natürliche und juristische Personen, welche Nichtunternehmer sind, genannt sind, denn auch diese können umsatzsteuerrechtliche Pflichten treffen bzw. Rechte haben.

anderen Urkunden zur Einsicht und Prüfung zu verlangen (§ 18d Sätze 1 und 3[1] UStG). Diese Berechtigung und die damit korrespondierende Verpflichtung ergeben sich bereits aus der VO und aus § 117 Abs. 4 AO. § 18d UStG ist nun allerdings weitaus enger gefasst, so dass im Umkehrschluss aus dieser Bestimmung folgen würde, dass zur Erfüllung der Auskunftsersuchen nach der EU-VO abweichend von § 117 Abs. 4 AO nur die Urkundenvorlage, aber keine zusätzlichen Auskünfte gefordert werden könnte und Nichtunternehmer überhaupt nicht zur Mitwirkung verpflichtet wären. Das scheint indes gewollt zu sein, denn die Bundesregierung ging bei der Schaffung der Vorschrift davon aus, dass die Mitwirkungspflichten nach der AO nicht ausreichen und erst mit § 18d UStG die erforderliche Rechtsgrundlage geschaffen würde.[2] Das erschließt sich nicht. Der Frage, in welchem Verhältnis § 18d UStG zu § 117 Abs. 4 AO steht, muss jedoch nicht nachgegangen werden, denn § 18d UStG ist, da die EU-VO Anwendungsvorrang hat, **unbeachtlich**, soweit sein Anwendungsbereich enger als der des § 117 Abs. 4 AO ist, und im Übrigen deklaratorisch.

3   Die **Vorlagepflicht** ergibt sich folglich bereits aus § 117 Abs. 4 Satz 1 i.V.m. § 97 Abs. 1 AO. Die Behörde kann die Vorlage der genannten Urkunden an Amtsstelle verlangen oder sie bei dem vorlagepflichtigen Unternehmer einsehen, wenn dieser einverstanden ist oder die Urkunden für eine Vorlage an Amtsstelle ungeeignet sind. Sind die Unterlagen auf einem Datenträger gespeichert, so hat der Unternehmer für die Lesbarmachung zu sorgen (§ 97 Abs. 3[3] und § 147 Abs. 5 AO). Nicht etwa folgt aus § 18d Satz 2 UStG, dass die übrigen Aussagen des § 97 AO nicht gelten. Vielmehr gilt die Vorlageverpflichtung auch für Nichtunternehmer. Soweit eine Auskunft verweigert werden darf, kann auch die **Vorlage von Urkunden verweigert** werden (§ 117 Abs. 4 Satz 1 i.V.m. § 104 AO).

4   Aus § 117 Abs. 4 Satz 1 AO folgt, dass die Finanzbehörde zur Erfüllung des Auskunftsersuchens der Behörde des anderen Mitgliedstaates auch **Auskünfte** nach § 93 i.V.m. §§ 94, 95, 101 ff. AO verlangen kann.

5   Bei der Übermittlung der Unterlagen oder der Auskünfte an die ausländische Behörde ist der Beteiligte abweichend vom Grundsatz (§ 91 Abs. 1 AO) **nicht anzuhören** (§ 117 Abs. 4 Satz 3 AO: „es sei denn, die Umsatzsteuer ist betroffen"), weil anderenfalls die effektive Bekämpfung des Umsatzsteuerbetruges behindert würde und die Gefahr der Preisgabe von Geschäftsgeheimnissen nicht bestehe.[4]

6   Bei der Aufforderung zur Vorlage von Urkunden oder zur Erteilung von Auskünften handelt es sich um einen **Verwaltungsakt**[5], der nach den allgemeinen Regeln angefochten und bei dem Aussetzung der Vollziehung beantragt werden kann (§ 361 Abs. 2 AO, § 69 Abs. 2 ff. FGO).

---

1   Weshalb das Gesetz noch gesondert in Satz 3 die *Verpflichtung* des Unternehmers bestimmt, ist schleierhaft, denn mit der Berechtigung der Behörde korrespondiert selbstverständlich die Verpflichtung des Betroffenen (siehe nur § 97 AO).
2   Reg.-Begr. UStBMG, BT-Drucks. 12/2463 – zu § 18d UStG.
3   Ab 2013: § 97 Abs. 2 AO.
4   Reg.-Begr. StVBG, BR-Drucks. 637/01 – zu Art. 2 Nr. 3.
5   *Stadie*, Allg. SteuerR, Rz. 443; *Seer* in T/L, § 21 Rz. 192 a.E.

Ein Verstoß gegen die Vorlageverpflichtung stellt eine **Ordnungswidrigkeit** dar und kann mit einer Geldbuße bis zu 5000 € geahndet werden (§ 26a Abs. 1 Nr. 7 i.V.m. Abs. 2 UStG).

7

# § 18e
# Bestätigungsverfahren

Das Bundeszentralamt für Steuern bestätigt auf Anfrage

1. dem Unternehmer im Sinne des § 2 die Gültigkeit einer Umsatzsteuer-Identifikationsnummer sowie den Namen und die Anschrift der Person, der die Umsatzsteuer-Identifikationsnummer von einem anderen Mitgliedstaat erteilt wurde;
2. dem Lagerhalter im Sinne des § 4 Nr. 4a die Gültigkeit der inländischen Umsatzsteuer-Identifikationsnummer sowie den Namen und die Anschrift des Auslagerers oder dessen Fiskalvertreters.

*EU-Recht*
Art. 31 EU-VO Nr. 904/2010 über die Zusammenarbeit der Verwaltungsbehörden auf dem Gebiet der MwSt.

*VV*
Abschn. 18e.1–18e.2 UStAE.

Die Vorschrift betrifft die **Bestätigung** – und nicht, wie die falsche Überschrift behauptet, das Bestätigungsverfahren – von Umsatzsteuer-Identifikationsnummern (USt-IdNr.) durch das Bundeszentralamt für Steuern (BZSt). Die Bestätigung dient dem **Vertrauensschutz** des Antragstellers, da insbesondere bei innergemeinschaftlichen Lieferungen oder Dienstleistungen das Gesetz an die Verwendung einer USt-IdNr. durch den Vertragspartner Rechtsfolgen knüpft (vgl. *§ 1a Rz. 31, 47; § 3a Rz. 17 ff., 33; § 6a Rz. 20, 23*).

1

Das BZSt bestätigt zum einen die **Gültigkeit** einer USt-IdNr. sowie den **Namen** und die **Anschrift** der Person, der die USt-IdNr. von einem **anderen Mitgliedstaat**[1] erteilt wurde (§ 18e Nr. 1 UStG). Mithin werden grundsätzlich (Ausnahme § 18e Nr. 2 UStG) inländische USt-IdNrn. nicht bestätigt.

2

Entgegen dem Wortlaut der Vorschrift ist für die **Anfrageberechtigung** nicht auf die Unternehmereigenschaft, sondern auf das Innehaben einer deutschen USt-IdNr. abzustellen.[2] Das ist sachgerecht, weil auch Nichtunternehmer in Gestalt

3

---

1 Zum Aufbau der Umsatzsteuer-Identifikationsnummern der EU-Mitgliedstaaten s. Abschn. 18e.2 UStAE.
2 Abschn. 18e.1 Abs. 1 UStAE.

juristischer Personen (z.B. im Falle des § 1a Abs. 1 Nr. 2 Buchst. b UStG) ein Interesse an der Bestätigung haben können[1], während andererseits Unternehmer nur dann ein solches Interesse haben können, wenn sie selbst innergemeinschaftliche Leistungen unter Verwendung einer USt-IdNr. erbringen oder beziehen (arg. § 14a Abs. 1 und 3 UStG). Einer Begründung bedarf die Anfrage nicht. Dieser ist auch an keine bestimmte **Form** gebunden.[2]

4   Aus § 18e Nr. 1 UStG folgt **nicht**, dass dann, wenn der Vertragspartner eine USt-IdNr. eines anderen Mitgliedstaates verwendet, der Unternehmer sich **stets** und immer die Gültigkeit der Nummer bestätigen lassen muss (s. aber Art. 18 Abs. 1 Buchst. a MwSt-DVO). Wenn der Gesetzgeber das gewollt hätte, so hätte er eine derartige Verpflichtung im Gesetz zum Ausdruck bringen müssen. Eine Obliegenheit zur Anfrage besteht **nur** dann, **wenn** der Unternehmer **Zweifel** an der Gültigkeit der Nummer oder deren personeller Zurechnung haben muss (*§ 3a Rz. 17*; *§ 6a Rz. 90*). Es wäre unverhältnismäßig (unzumutbar), den Unternehmer stets das Risiko der Gültigkeit bzw. der Berechtigung zur Verwendung der Nummer tragen zu lassen, da er nur als zwangsverpflichteter Gehilfe des Staates in dessen Interesse fungiert (*Vorbem. Rz. 20*).

5   Das BZSt bestätigt ferner dem Lagerhalter i.S.d. § 4 Nr. 4a UStG die Gültigkeit der inländischen USt-IdNr. sowie den **Namen** und die **Anschrift** des **Auslagerers** oder dessen Fiskalvertreters (§ 18e Nr. 2 UStG). Der **Sinn** dieser Regelung erschließt sich nur im Zusammenspiel mit § 22 Abs. 4c Satz 2 und § 13a Abs. 1 Nr. 6 UStG, denn nach letzterer Vorschrift haftet (*§ 13a Rz. 10*) der Lagerhalter, wenn er die inländische USt-IdNr. des Auslagerers oder dessen Fiskalvertreters nicht oder „nicht zutreffend" aufzeichnet. Aus dieser Formulierung muss, wenn § 18e Nr. 2 UStG überhaupt einen Sinn haben soll, folgen, dass der Lagerhalter sich **vor** der **Aushändigung** des Lagergutes die USt-IdNr. des Auslagerers oder seines Fiskalvertreters vom BZSt **bestätigen** lassen und bei Nichtbestätigung durch das BZSt Sicherheit in Höhe der USt., für die er ggf. haftet, fordern muss.

# § 18f
# Sicherheitsleistung

**Bei Steueranmeldungen im Sinne von § 18 Abs. 1 und 3 kann die Zustimmung nach § 168 Satz 2 der Abgabenordnung im Einvernehmen mit dem Unternehmer von einer Sicherheitsleistung abhängig gemacht werden. Satz 1 gilt entsprechend für die Festsetzung nach § 167 Abs. 1 Satz 1 der Abgabenordnung, wenn sie zu einer Erstattung führt.**

*EU-Recht*

–

---

1 Auch Art. 31 Zusammenarbeits-EU-VO spricht nur von „Personen".
2 Dazu und zu weiteren Verfahrensfragen Abschn. 18e.1 Abs. 2 ff. UStAE.

Sicherheitsleistung **§ 18f**

*VV*
Abschn. 18f.1 UStAE.

Die **Zustimmung** zu einer „Steueranmeldung" (richtig: Steuervergütungsanmeldung, § 18 Rz. 13) i.S.v. § 18 Abs. 1 und 3 UStG (Voranmeldung oder Jahresanmeldung) kann im **Einvernehmen** mit dem Unternehmer von einer **Sicherheitsleistung** abhängig gemacht werden (§ 18f Satz 1 UStG). Entsprechendes gilt bei einer Festsetzung nach § 167 Abs. 1 Satz 1 AO, wenn sie zu einer Erstattung führt (§ 18f Satz 2 UStG). Mit Letzterem ist nicht in erster Linie der Fall gemeint, in denen der Unternehmer eine geänderte (berichtigte) Voranmeldung oder eine Jahressteueranmeldung abgibt, welche zu einer Steuererstattung führt, sondern es ist vorrangig an diejenige Konstellation gedacht, in der das Finanzamt eine geltend gemachte Steuervergütung durch abweichende Festsetzung (§ 18 Rz. 41) niedriger als beantragt festsetzt, so dass die Festsetzung richtigerweise zu einer Vergütung (§ 16 Rz. 29) und nicht zu einer „Erstattung" führt. 1

Mit dem Angebot der Sicherheitsleistung kann der Unternehmer die **schnellere**, vorläufige (*Rz. 5*) **Auszahlung** der Steuervergütung oder Steuererstattung erreichen, wenn das Finanzamt längere Zeit zur Prüfung des Antrags benötigen wird. Die Sicherheitsleistung sichert den potenziellen Erstattungsanspruch des Steuergläubigers i.S.d. § 37 Abs. 2 AO (Rückforderungsanspruch)[1] auf Rückzahlung der möglicherweise zu Unrecht ausgezahlten Steuervergütung oder Steuererstattung ab. Lt. BMF soll eine Sicherheitsleistung regelmäßig nur dann zu fordern sein, wenn die Prüfung des Anspruchs voraussichtlich mehr als sechs Wochen in Anspruch nehmen wird[2] (zur **Verzinsung** der **Steuervergütung** ab dem Zeitpunkt der Antragstellung s. § 18 Rz. 38). 2

Das BMF scheint davon auszugehen, dass abweichend von der sonst üblichen Praxis die Zustimmung gem. § 168 Satz 2 AO bzw. die Festsetzung der Steuervergütung in diesem Fall ausdrücklich und schriftlich unter der **aufschiebenden Bedingung** erfolgt, dass die geforderte Sicherheit gestellt wird, so dass die Zustimmung bzw. Festsetzung erst mit deren Stellung wirksam wird.[3] Das ist **unpraktisch**. Das Finanzamt sollte stattdessen die abgesprochene Leistung der Sicherheit abwarten und dann die Steuervergütung auszahlen, wodurch, wie auch sonst, die konkludente Zustimmung i.S.d. § 168 Satz 2 AO ausgesprochen wird (vgl. § 18 Rz. 15), bzw. die Festsetzung vornehmen. 3

Nach den §§ 241 ff. AO kommen unterschiedliche **Formen der Sicherheitsleistung** in Betracht, wobei auch andere als die in § 241 AO aufgezählten Sicherheiten angenommen werden dürfen (§ 245 AO). Die Finanzverwaltung bevorzugt die **Bürgschaft** eines **Kreditinstituts**.[4] 4

Die Zustimmung bzw. die Festsetzung gegen Sicherheitsleistung ist nur **vorläufiger** Natur und verlangt nachfolgend eine endgültige Entscheidung über den gel- 5

---
1 Dazu *Stadie*, Allg. SteuerR, Rz. 150 u. 595.
2 Abschn. 18f.1 Abs. 3 Satz 3 UStAE.
3 Abschn. 18f.1 Abs. 2 Satz 2 UStAE.
4 Abschn. 18f.1 Abs. 4 Satz 2 UStAE.

tend gemachten Anspruch. Die Stellung der Sicherheit berechtigt das Finanzamt **nicht**, die **endgültige Prüfung** des geltend gemachten Steuervergütungs- oder Erstattungsanspruchs über die Maßen **hinauszuschieben**. Weder aus dem Einvernehmen noch aus der Verweigerung des Einvernehmens dürfen Schlüsse für die Behandlung des Antrags gezogen werden. Der Antrag ist genau so zu behandeln, wie wenn keine Sicherheit geleistet worden wäre.

6 **Nach Abschluss der Prüfung** ist, wenn das Finanzamt zu dem Ergebnis kommt, dass der Anspruch in der geltend gemachten Höhe tatsächlich besteht, die Sicherheit zurückzugeben. Ist das Ergebnis der Prüfung, dass der Anspruch nicht besteht, so ist nicht die Zustimmung zu widerrufen, sondern die durch die Zustimmung eingetretene Steuervergütungsfestsetzung unter Vorbehalt der Nachprüfung (§ 155 Abs. 4 i.V.m. § 168 i.V.m. § 164 Abs. 1 AO) ist aufzuheben (§ 155 Abs. 4 i.V.m. § 164 Abs. 2 Satz 1 AO). Die Sicherheit ist nach Erlöschen des gesicherten Anspruchs (*Rz. 2*), d.h. nach Rückzahlung der Steuervergütung oder Steuererstattung, zurückzugeben.

7 **Bleibt** auch nach der abschließenden Prüfung **ungewiss**, ob die Voraussetzungen des geltend gemachten Steuervergütungsanspruchs vorliegen, so ist der Antrag grundsätzlich abzulehnen. Wenn allerdings die größere Wahrscheinlichkeit dafür spricht, dass die Voraussetzungen des Anspruchs erfüllt sind, so kann die Steuervergütung **vorläufig festgesetzt** und die Festsetzung weiterhin **von** einer **Sicherheitsleistung abhängig** gemacht werden (§ 155 Abs. 4 i.V.m. § 165 Abs. 1 Satz 1 und 4 AO).[1]

8 Hat der Antragsteller die Leistung einer **Sicherheit abgelehnt**, ist das Finanzamt nicht etwa berechtigt, mit der Zustimmung i.S.d. § 168 Satz 2 AO sechs Monate entsprechend § 46 Abs. 1 FGO zu warten, da diese Frist regelmäßig nicht für Vorsteuervergütungen gilt.[2]

## § 18g
## Abgabe des Antrags auf Vergütung von Vorsteuerbeträgen in einem anderen Mitgliedstaat

Ein im Inland ansässiger Unternehmer, der Anträge auf Vergütung von Vorsteuerbeträgen entsprechend der Richtlinie 2008/9/EG des Rates vom 12. Februar 2008 zur Regelung der Erstattung der Mehrwertsteuer gemäß der Richtlinie 2006/112/EG an nicht im Mitgliedstaat der Erstattung, sondern in einem anderen Mitgliedstaat ansässige Steuerpflichtige (ABl. EU Nr. L 44 S. 23) in einem anderen Mitgliedstaat stellen kann, hat diesen Antrag nach amtlich vorgeschriebenem Datensatz durch Datenfernübertragung nach Maßgabe der Steuerdaten-Übermittlungsverordnung dem Bundeszentralamt für Steuern zu übermitteln. In diesem hat er die Steuer für den Vergütungszeitraum selbst zu berechnen.

---

1 Dazu näher *Stadie*, Allg. SteuerR, Rz. 537 i.V.m. Rz. 509 f.
2 *Stadie* in R/D, § 18 UStG Anm. 178; a.A. *Leonard* in Bunjes, § 18f UStG Rz. 20.

*EU-Recht*
Art. 7 Richtlinie 2008/9/EG.

*VV*
Abschn. 18g.1 UStAE.

Die **Erstattung** (in der deutschen Rechtssprache: **Vergütung**, *§ 16 Rz. 27 ff.*; *§ 18 Rz. 13 f.*) der Mehrwertsteuer/Umsatzsteuer (**Vorsteuer**), welche **in einem anderen Mitgliedstaat** angefallen ist, an einen nicht in diesem ansässigen Unternehmer richtet sich nach dem Recht des jeweiligen Mitgliedstaates entsprechend den Vorgaben des Art. 171 Abs. 2 MwStSystRL i.V.m. der Richtlinie 2008/9/EG. Letztere schreibt vor, dass der Unternehmer (Steuerpflichtige) einen elektronischen „**Erstattungsantrag**" über das von seinem **Ansässigkeitsstaat** eingerichtete **elektronische Portal** einreicht (Art. 7 Richtlinie 2008/9/EG). Da eine Richtlinie (anders als eine Verordnung, *Vorbem. Rz. 69*) keine Verpflichtungen für die Bürger festlegen kann, regelt § 18g UStG diese Verpflichtung.   1

Danach hat der im Inland ansässige Unternehmer diesen Antrag **nach amtlich vorgeschriebenem Datensatz** durch Datenfernübertragung dem **BZSt** zu übermitteln. Der **Inhalt** dieses Datensatzes bestimmt sich nach Art. 8 und 9 Richtlinie 2008/9/EG. In dem Antrag hat der Unternehmer den Erstattungs-/Vergütungsbetrag selbst zu berechnen (§ 18g Satz 2 UStG).   2

Das BZSt **leitet** den **Antrag** an den anderen Mitgliedstaat **nicht weiter, wenn** der Antragsteller in dem Erstattungszeitraum **kein Unternehmer** oder nur Kleinunternehmer oder pauschalierender Landwirt ist oder in diesem Zeitraum **nur steuerfrei Umsätze** ausführt, welche nicht zum Vorsteuerabzug berechtigen (Art. 18 Abs. 1 Richtlinie 2008/9/EG). Darüber ist der Antragsteller zu informieren (Art. 18 Abs. 2 Richtlinie 2008/9/EG).   3

# § 19
# Besteuerung der Kleinunternehmer

(1) Die für Umsätze im Sinne des § 1 Abs. 1 Nr. 1 geschuldete Umsatzsteuer wird von Unternehmern, die im Inland oder in den in § 1 Abs. 3 bezeichneten Gebieten ansässig sind, nicht erhoben, wenn der in Satz 2 bezeichnete Umsatz zuzüglich der darauf entfallenden Steuer im vorangegangenen Kalenderjahr 17 500 Euro nicht überstiegen hat und im laufenden Kalenderjahr 50 000 Euro voraussichtlich nicht übersteigen wird. Umsatz im Sinne des Satzes 1 ist der nach vereinnahmten Entgelten bemessene Gesamtumsatz, gekürzt um die darin enthaltenen Umsätze von Wirtschaftsgütern des Anlagevermögens. Satz 1 gilt nicht für die nach § 13a Abs. 1 Nr. 6, § 13b Absatz 5, § 14c Abs. 2 und § 25b Abs. 2 geschuldete Steuer. In den Fällen des Satzes 1 finden die Vorschriften über die Steuerbefreiung innergemeinschaftlicher Lieferungen (§ 4 Nr. 1 Buchstabe b, § 6a), über den Verzicht auf Steuerbefreiungen (§ 9), über den gesonder-

ten Ausweis der Steuer in einer Rechnung (§ 14 Abs. 4), über die Angabe der Umsatzsteuer-Identifikationsnummern in einer Rechnung (§ 14a Abs. 1, 3 und 7) und über den Vorsteuerabzug (§ 15) keine Anwendung.

(2) Der Unternehmer kann dem Finanzamt bis zur Unanfechtbarkeit der Steuerfestsetzung (§ 18 Abs. 3 und 4) erklären, dass er auf die Anwendung des Absatzes 1 verzichtet. Nach Eintritt der Unanfechtbarkeit der Steuerfestsetzung bindet die Erklärung den Unternehmer mindestens für fünf Kalenderjahre. Sie kann nur mit Wirkung vom Beginn eines Kalenderjahres an widerrufen werden. Der Widerruf ist spätestens bis zur Unanfechtbarkeit der Steuerfestsetzung des Kalenderjahres, für das er gelten soll, zu erklären.

(3) Gesamtumsatz ist die Summe der vom Unternehmer ausgeführten steuerbaren Umsätze im Sinne des § 1 Abs. 1 Nr. 1 abzüglich folgender Umsätze:

1. der Umsätze, die nach § 4 Nr. 8 Buchstabe i, Nr. 9 Buchstabe b und Nr. 11 bis 28 steuerfrei sind;

2. der Umsätze, die nach § 4 Nr. 8 Buchstabe a bis h, Nr. 9 Buchstabe a und Nr. 10 steuerfrei sind, wenn sie Hilfsumsätze sind.

Soweit der Unternehmer die Steuer nach vereinnahmten Entgelten berechnet (§ 13 Abs. 1 Nr. 1 Buchstabe a Satz 4 oder § 20), ist auch der Gesamtumsatz nach diesen Entgelten zu berechnen. Hat der Unternehmer seine gewerbliche oder berufliche Tätigkeit nur in einem Teil des Kalenderjahres ausgeübt, so ist der tatsächliche Gesamtumsatz in einen Jahresgesamtumsatz umzurechnen. Angefangene Kalendermonate sind bei der Umrechnung als volle Kalendermonate zu behandeln, es sei denn, dass die Umrechnung nach Tagen zu einem niedrigeren Jahresgesamtumsatz führt.

(4) Absatz 1 gilt nicht für die innergemeinschaftlichen Lieferungen neuer Fahrzeuge. § 15 Abs. 4a ist entsprechend anzuwenden.

*EU-Recht*

Art. 281–292 MwStSystRL.

*VV*

Abschn. 19.1–19.5 UStAE.

**A. Zweck und Wirkung der Vorschrift**

  I. Nichterhebung der Steuer
  1. Allgemeines .................. 1
  2. Ansässigkeit im Inland ........ 5
  II. Weitere Rechtsfolgen ......... 6
  III. Wettbewerbsvorteil ........... 11

**B. Umsatzgrenzen** ............... 15

**C. Gesamtumsatz (Abs. 3)**

  I. Einzubeziehende Umsätze (Sätze 1 und 2) ............... 22
  II. Umrechnung in Jahresumsatz (Sätze 3 und 4) ............... 28

**D. Verzicht auf die Nichterhebung (Abs. 2)** .................... 34

**E. Wechsel von der Nichtbesteuerung zur Besteuerung und umgekehrt** .................... 43

**F. Lieferung neuer Fahrzeuge (Abs. 4)** .................... 46

## A. Zweck und Wirkung der Vorschrift
### I. Nichterhebung der Steuer
#### 1. Allgemeines

Die für Umsätze i.S.d. § 1 Abs. 1 Nr. 1 UStG geschuldete Steuer wird nicht erhoben, wenn – vereinfacht formuliert – der inländische **Bruttogesamtumsatz** des im Inland ansässigen (*Rz. 5*) Unternehmers im vorangegangenen Kalenderjahr 17 500 € nicht überstiegen hat und im laufenden Kalenderjahr 50 000 € voraussichtlich nicht übersteigen wird (§ 19 Abs. 1 Satz 1 UStG).[1] Damit geht einher, dass dieser Unternehmer nicht zum Vorsteuerabzug berechtigt ist (§ 19 Abs. 1 Satz 4 a.E. UStG). Die Regelungen wirken wie eine umsatzabhängige Steuerbefreiung in Gestalt einer Freigrenze. Sie ist eine **Bagatellgrenze**, die der **Verwaltungsvereinfachung** dient[2], um im Wesentlichen „Nebentätigkeiten", die die Unternehmereigenschaft begründen, aus der Umsatzbesteuerung herauszunehmen.[3] Der Begriff „Kleinunternehmer" ist indes nicht stets zutreffend, weil von der Vorschrift auch Unternehmer (i.S.d. § 2 UStG) größeren Zuschnitts – auch in Form einer juristischen Person – erfasst werden, wenn ihre Umsätze weit überwiegend nicht zum Gesamtumsatz i.S.d. § 19 Abs. 3 UStG (*Rz. 23, 27*) zählen, weil diese z.B. steuerfrei nach § 4 Nr. 11, 12 oder 14 UStG sind. Ebenso sind „Kleinunternehmer" im Inland ansässige Unternehmer, die hier nur geringfügige Umsätze, aber im Ausland Umsätze erheblichen Umfangs ausführen. 1

Die Nichterhebung erfasst nicht die Einfuhrumsatzsteuer (Umsatz nach § 1 Abs. 1 Nr. 4 UStG) und auch nicht die Steuer auf den innergemeinschaftlichen Erwerb (Umsatz nach § 1 Abs. 1 Nr. 5 UStG). Die Nichterhebung betrifft nur die für die *Umsätze* i.S.d. § 1 Abs. 1 Nr. 1 UStG, d.h. die nach § 13 Abs. 1 Nr. 1 und 2 UStG geschuldete, nicht die nach § 14c Abs. 2 UStG (*Rz. 6*) geschuldete Steuer (Klarstellung durch § 19 Abs. 1 Satz 3 UStG). Die Nichterhebung gilt ferner (neben der Steuer nach § 13a Abs. 1 Nr. 6 UStG und nach § 25b Abs. 2 UStG) **nicht** für die nach § 13b Abs. 5 UStG geschuldete Steuer, wenn der Kleinunternehmer als **Leistungsempfänger Steuerschuldner** ist (§ 19 Abs. 1 Satz 3 UStG). Diese Regelung verstößt m.E., soweit sie natürliche Personen betrifft, gegen den Verhältnismäßigkeitsgrundsatz (*§ 13b Rz. 118*). 2

Die eigentümliche Formulierung, dass die „geschuldete Steuer nicht erhoben wird", vernebelt den wahren Charakter der Vorschrift. Diese wirkt wie eine umsatzabhängige **Steuerbefreiung**[4] **ohne Vorsteuerabzug** i.S.d. § 4 Nr. 8–27 i.V.m. § 15 Abs. 2 Satz 1 Nr. 1 UStG. Die Gleichstellung zeigt sich auch darin, dass wie bei einigen von diesen (§ 9 UStG) ebenfalls auf die „Steuerbefreiung" (sprich: „Anwendung des Absatzes 1") verzichtet werden kann (§ 19 Abs. 2 UStG; *Rz. 34 ff.*). 3

---

[1] Art. 284 MwStSystRL erlaubt neben einer degressiven Steuerermäßigung eine Steuerbefreiung für Kleinunternehmer. Die dort vorgegebene Obergrenze von 5000 € braucht von Deutschland aufgrund einer sog. Protokollerklärung (abgedruckt in R/D, Bd. VIII, zu Art. 24 der 6. EG-Richtlinie a.F.) nicht eingehalten zu werden.
[2] Dazu auch EuGH v. 26.10.2010 – C-97/09, EuGHE 2010, I-10465 = UR 2011, 32 – Rz. 62 ff.
[3] *Stadie* in R/D, § 19 UStG Anm. 2 m.w.N.
[4] Art. 282 MwStSystRL spricht ausdrücklich von einer „Steuerbefreiung".

4 Die Formulierung, dass die geschuldete Steuer **„nicht erhoben"** wird, ist zum einen deshalb gewählt worden, damit die Kleinunternehmer für Kontrollzwecke zur **Abgabe von Steuererklärungen** verpflichtet bleiben[1] (*§ 18 Rz. 5*), obwohl das dem Vereinfachungszweck der Vorschrift widerspricht. Aus § 18 Abs. 3 Satz 1 UStG („zu entrichtende" Steuer) müsste zwar folgen, dass keine Steuererklärung abzugeben ist, da eine nicht zu erhebende keine zu entrichtende Steuer ist, dann aber ergäbe § 19 Abs. 2 Satz 1 UStG, wonach ein Verzicht auf die Nichtanwendung des § 19 Abs. 1 UStG bis zur Unanfechtbarkeit der „Steuerfestsetzung (§ 18 Abs. 3 und 4)" erklärt werden kann (*Rz. 39*), keinen Sinn. Folglich muss davon ausgegangen werden, dass das Gesetz die Erklärung der geschuldeten, aber nicht zu erhebenden Steuer verlangt.[2] In der Praxis werden allerdings von den Kleinunternehmern keine Steuererklärungen abgegeben.

Jedenfalls aber liegt der **Grund** für die eigentümliche Formulierung „nicht erhoben" in der Regelung des § 19 **Abs. 2** UStG. Wenn nämlich noch nach Ablauf des Kalenderjahres auf die Anwendung des § 19 Abs. 1 UStG verzichtet werden kann (*Rz. 39*), so verlangt die Einbeziehung in die Besteuerung, dass die Steuer bereits nach den dafür geltenden Regeln (§ 13 UStG) dem Grunde nach entstanden ist, da eine rückwirkende Entstehung dem Abgabenrecht fremd ist.[3]

## 2. Ansässigkeit im Inland

5 Die für Umsätze i.S.d. § 1 Abs. 1 Nr. 1 UStG geschuldete Steuer wird nur von Unternehmern, die **im Inland**[4] oder in den in § 1 Abs. 3 UStG bezeichneten Gebieten (Freihäfen, sog. Wattenmeere) ansässig sind, grundsätzlich nicht erhoben, wenn der Gesamtumsatz (*Rz. 22 ff.*) zuzüglich der darauf entfallenden Steuer die genannten Grenzen (dazu näher *Rz. 15 ff.*) nicht übersteigt (§ 19 Abs. 1 Satz 1 UStG). Für die Ansässigkeit ist nicht auf die Kriterien des § 13b Abs. 7 UStG, sondern richtlinienkonform auf den **Sitz der wirtschaftlichen Tätigkeit** (Art. 10 MwSt-DVO) und auf den Sitz einer **festen Niederlassung** (Art. 11 MwSt-DVO) abzustellen. Der Unternehmer kann mithin **in mehreren Staaten ansässig** sein **und** ggf. unter **dort** geltende **Kleinunternehmerbefreiungen** fallen.[5] Beim typischen Kleinunternehmer wird sich der Sitz der wirtschaftlichen Tätigkeit regelmäßig am **Wohnsitz** oder gewöhnlichen Aufenthaltsort des Unternehmers befinden. Befindet sich im Inland lediglich eine feste Niederlassung, so müssen die von § 19 UStG erfassten inländischen Umsätze dieser festen Niederlassung zur Gänze zuzurechnen sein, d.h. mit Hilfe deren personeller und technischer Ausstattung durchgeführt werden.

Unterliegen die im Ausland ausgeführten Umsätze dort der Besteuerung, so ist der **Vorsteuerabzug** nach § 15 UStG bezüglich der inländischen Leistungsbezüge, die mit den im Ausland ausgeführten Umsätzen zusammenhängen, nicht

---

[1] BFH v. 24.7.2013 – XI R 14/11, BStBl. II 2014, 210 – Rz. 35.
[2] *Stadie* in R/D, § 19 UStG Anm. 37 f.
[3] Das übersieht BFH v. 10.12.2008 – XI R 1/08, BStBl. II 2009, 1026 (1028 f.) – 3c dd, wonach der Verzicht nach § 19 Abs. 2 UStG zur Entstehung der Steuer führe.
[4] Entsprechend Art. 283 Abs. 1 Buchst. c MwStSystRL; dazu EuGH v. 26.10.2010 – C-97/09, EuGHE 2010, I-10465 = UR 2011, 32.
[5] *Schüler-Täsch* in S/R, § 19 UStG Rz. 8; *Michel* in B/W, § 223 Rz. 125; a.A. *C. Korn*, MwStR 2014, 232; *C. Korn* in Bunjes, § 19 UStG Rz. 5.

nach § 19 Abs. 1 Satz 4 UStG (*Rz. 7*) ausgeschlossen, weil sich diese Regelung nur auf die Leistungsbezüge bezieht, die für die von § 19 UStG erfassten inländischen Umsätze verwendet werden. Die gegenteilige Sichweise würde zu sinnwidrigen und willkürlichen Rechtsfolgen führen.

## II. Weitere Rechtsfolgen

Mit der Nichterhebung der Steuer geht insbesondere einher, dass die Vorschrift „über den gesonderten Ausweis der Steuer in einer Rechnung (§ 14 Abs. 4)"[1] keine Anwendung findet (§ 19 Abs. 1 Satz 4 UStG). Diese eigentümliche Formulierung soll ein **Verbot des Ausweises von Steuer** in der Rechnung ausdrücken, so dass bei einem Verstoß gegen diese Vorschrift der Kleinunternehmer die ausgewiesene Steuer nach § 14c Abs. 2 Satz 1 UStG schuldet (*§ 14c Rz. 75*). Der Leistungsempfänger ist grundsätzlich nicht zum Vorsteuerabzug berechtigt, weil bei vom Kleinunternehmer berechneter Steuer keine nach § 14 UStG ausgestellte Rechnung vorliegt (§ 15 Abs. 1 Satz 1 Nr. 1 Satz 2 UStG; siehe *§ 15 Rz. 185*). Es kommt indes Vertrauensschutz in Betracht, wenn der Leistungsempfänger nicht erkennen konnte, dass sein Vertragspartner Kleinunternehmer ist (*§ 15 Rz. 254 f.*). 6

Ferner ist der Kleinunternehmer **nicht** zum **Vorsteuerabzug** berechtigt (§ 19 Abs. 1 Satz 4 a.E. UStG; zur Abgrenzung beim Wechsel von der Nichtbesteuerung zur Besteuerung und umgekehrt s. *Rz. 45*; zur Berichtigung des Vorsteuerabzugs nach § 15a UStG in diesen Fällen s. *§ 15a Rz. 132 f. und 102*). Wenn bei einer geplanten unternehmerischen Tätigkeit der Vorsteuerabzug bereits in der **Vorbereitungsphase** in Betracht kommt (dazu *§ 15 Rz. 33 ff.*; *§ 2 Rz. 198 ff.*), dann ist auch für diesen § 19 Abs. 1 Satz 4 UStG zu beachten. Ob der Vorsteuerabzug ausgeschlossen ist oder nicht, bestimmt sich danach, ob der voraussichtliche Umsatz des Kalenderjahres, in dem erstmals Umsätze erbracht werden, die Grenze von 17 500 € übersteigen wird (*Rz. 20*). Statt dessen kann auch bereits für das Jahr, in dem nur Vorbereitungsmaßnahmen, d.h. nur Vorsteuerbeträge angefallen sind, der Verzicht nach § 19 Abs. 2 UStG (dazu *Rz. 34 ff.*) erklärt werden. Die Fünfjahresfrist des § 19 Abs. 2 Satz 2 UStG beginnt jedoch erst mit dem Kalenderjahr, in dem erstmals Umsätze getätigt werden, da sie sich auf die eigentliche unternehmerische Tätigkeit bezieht und nicht durch eine ggf. länger dauernde Vorbereitungsphase verkürzt werden darf (*Rz. 40*). 7

**Scheitert** das geplante Unternehmen bereits in der Vorbereitungsphase, so lag gleichwohl aus der Sicht des § 15 UStG ein „Unternehmen" vor (*§ 2 Rz. 206 f.*; *§ 15 Rz. 42*). Sollte die geplante Tätigkeit weit überwiegend gegenüber vorsteuerabzugsberechtigten Unternehmern erbracht werden[2], so ist ein fiktiver Verzicht nach § 19 Abs. 2 UStG (*Rz. 34*) zulässig[3]. Kann das nicht glaubhaft ge- 8

---

1 Unklar ist, weshalb das Gesetz hier abweichend von der sonst verwendeten Formulierung (§ 14a Abs. 5 Satz 3, Abs. 6 Satz 2 und Abs. 7 Satz 3 UStG) den gesamten Absatz 4 des § 14 UStG nennt und nicht nur auf dessen Satz 1 Nummer 8 Bezug nimmt.
2 Bei geplanten Gebäudevermietungen reicht es entgegen der ganz herrschenden Meinung nicht aus, dass auf die Steuerfreiheit nach § 9 UStG verzichtet werden sollte (*§ 15 Rz. 463 ff.*).
3 *Stadie* in R/D, § 19 UStG Anm. 93.

9  Des Weiteren (zur Bedeutung der Aussage in § 19 Abs. 1 Satz 4 UStG, dass auch ein **Verzicht** auf Steuerbefreiungen nach § 9 UStG **ausgeschlossen** ist, s. *Rz. 36*) sind die Vorschriften über die Steuerbefreiung innergemeinschaftlicher Lieferungen (§ 4 Nr. 1 Buchst. b i.V.m. § 6a UStG; Ausnahme: Lieferung neuer Fahrzeuge; § 19 Abs. 4 Satz 1 UStG) und über die Angabe der Umsatzsteuer-Identifikationsnummer in einer Rechnung (§ 14a UStG) nicht anzuwenden (§ 19 Abs. 1 Satz 4 UStG). Damit korrespondiert, dass der Empfänger der Lieferung nicht der Erwerbsbesteuerung unterliegt (Art. 2 Abs. 1 Buchst. b Ziff. i MwStSystRL).

10 Wenngleich der Betroffene **im Ergebnis wie** ein **Nichtunternehmer** behandelt wird, so bleibt er **doch innerhalb des Gesetzessystems Unternehmer**. Das ist insbesondere von Bedeutung, wenn es um Pflichten geht, die an die Unternehmereigenschaft anknüpfen (zur Verpflichtung, Umsatzsteuererklärungen abzugeben, s. *Rz. 5*). Die Auferlegung von **Pflichten** kann jedoch gegen den **Verhältnismäßigkeitsgrundsatz** verstoßen (*Rz. 3 a.E.*).

## III. Wettbewerbsvorteil

11 Diese Befreiung („Nichterhebung") nach § 19 Abs. 1 UStG führt[1] zu einer **Ungleichbehandlung** im Verhältnis zu anderen konkurrierenden Unternehmern, die nicht unter diese Vorschrift fallen, soweit es um Leistungen an Endverbraucher (und nicht vorsteuerabzugsberechtigte Unternehmer) geht, da die Kleinunternehmer ihre Leistungen um die Differenz zwischen der nicht zu entrichtenden Steuer und den nicht abziehbaren Vorsteuern billiger anbieten können bzw. bei gleichem Preis in dieser Höhe einen Mehrgewinn erzielen. Diese **Subventionierung** widerspricht dem Wesen (Zweck) einer indirekten Steuer.

**Beispiel**

|  | Kleinunternehmer | Regelversteuernder Unternehmer |
|---|---|---|
| Kosten | 100 | 100 |
| Vorsteuer | 19 | – (abziehbar) |
| Gesamtkosten | 119 | 100 |
| Gewinnaufschlag | 500 | 500 |
| USt. 19 % | – | 114 |
| Preis | 619 | 714 |

Der darin liegende Wettbewerbsvorteil ist vor dem Hintergrund des Art. 3 Abs. 1 GG mit dem Vereinfachungszweck (*Rz. 1*) zu rechtfertigen, soweit der Kleinunternehmer mit größeren Unternehmern im Wettbewerb steht, weil der Vorteil dann unwesentlich ist und die größeren Unternehmer den Nachteil durch Rationalisierung auffangen.

12 Der **Wettbewerbsvorteil** ist jedoch **erheblich** im Verhältnis zu denjenigen Unternehmern, deren Gesamtumsatz nicht wesentlich über der Freigrenze liegt und

---

1 Ebenso wie die Befreiung der Blinden nach § 4 Nr. 19 UStG (*§ 4 Nr. 19 Rz. 1*).

die ebenfalls ihre **Leistungen an Endverbraucher** (und nicht vorsteuerabzugsberechtigte Unternehmer) erbringen. Bei Überschreiten der Freigrenze setzt die Besteuerung bei diesen Unternehmern übergangslos ein. Wird die Grenze um 1 € überschritten, so tritt, wenn keine Vorsteuern angefallen sind, eine Steuerlast von rd. 2794 € (= 19/119 von 17 501 €) ein! Selbst bei vorsteuerbelasteten Kosten von 25 % der Einnahmen hat der Kleinunternehmer mit einem Umsatz von 17 500 € noch einen Vorteil von rd. 1963 €. Allerdings ist die Kostenquote regelmäßig niedriger, da die typischen Kleinunternehmer im Bereich der Dienstleistungsbranchen tätig sind, bei denen die Kosten gering und die eigene Wertschöpfung relativ hoch ist. Dieses übergangslose Eingreifen der vollen Besteuerung stellt einen eklatanten **Verstoß gegen** den **Gleichbehandlungsgrundsatz** dar. Entsprechendes hatte bereits 1974 das BVerfG zur selben Problematik beim übergangslosen Wechsel von der alten Bruttoumsatzsteuer zur Regelbesteuerung ausgesprochen: „erhebliche Wettbewerbsverzerrungen im Grenzbereich, die auf Dauer nicht ... in Kauf genommen werden können"[1].

Folglich ist bei Umsätzen gegenüber Endverbrauchern eine **stufenweise Heranführung** an die volle Besteuerung durch **gestaffelte Steuerabzugsbeträge** (degressive Steuerermäßigung i.S.d. Art. 284 MwStSystRL) erforderlich[2], um der Vorschrift insoweit ihre wettbewerbsverzerrende und damit verfassungswidrige Wirkung zu nehmen[3]. Bis zur Einführung eines entsprechenden gestaffelten Steuerabzugsbetrages besteht m.E. ein Anspruch (Ermessensreduzierung auf Null) auf eine sog. **Billigkeitsentscheidung** gem. § 163 AO[4] in Form der Nichterhebung der Steuer in entsprechendem Umfang[5]. 13

Soweit der Kleinunternehmer seine Umsätze gegenüber vorsteuerabzugsberechtigten Unternehmern erbringt, schlägt der Vorteil der Steuerbefreiung in einen **Wettbewerbsnachteil** um. Der Unternehmer kann deshalb nach § 19 Abs. 2 UStG auf die Anwendung des Absatzes 1 verzichten (*Rz. 34 ff.*). 14

## B. Umsatzgrenzen

„**Umsatz**" i.S.d. § 19 Abs. 1 Satz 1 UStG ist der nach vereinnahmten „Entgelten" bemessene Gesamtumsatz, gekürzt um die darin enthaltenen Umsätze von Wirtschaftsgütern des Anlagevermögens (§ 19 Abs. 1 Satz 2 UStG). Der Gesamt- 15

---

1 BVerfG v. 19.3.1974 – 1 BvR 416, 767, 779/68, BVerfGE 37, 38 (55) = BStBl. II 1974, 273 (278) – IV 2b der Gründe. In den den Nichtannahmebeschlüssen des BVerfG (BVerfG v. 16.12.1993 – 2 BvR 2635/93, UVR 1994, 85; BVerfG v. 13.6.1997 – 1 BvR 201/97, UR 1997, 387) zugrunde liegenden Sachverhalten ging es nicht um derartige Konstellationen; das verkennt *Friedrich-Vache* in R/K/L, § 19 UStG Rz. 5.
2 Bis 1989 enthielt § 19 Abs. 3 UStG aF eine derartige Regelung, die jedoch den Fehler hatte, dass sie auch für Unternehmer galt, die ihre Umsätze gegenüber vorsteuerabzugsberechtigten Abnehmern erbrachten, und folglich insoweit zu einer durch nichts zu rechtfertigenden Subvention führte. Aus diesem Grunde war die Regelung gestrichen worden. Richtigerweise hätte sie aus den o.g. Gründen lediglich eingeschränkt werden dürfen.
3 Ausführlich zur Problematik *Stadie* in R/D, § 19 UStG Anm. 21 ff.
4 Dazu *Stadie*, Allg. SteuerR, Rz. 303 f.
5 Die degressive Steuerermäßigung in Gestalt eines gestaffelten Steuerabzugsbetrages sollte mit 80 % beginnen und bei einem Gesamtumsatz von 50 000 € auslaufen.

umsatz bestimmt sich nach § 19 Abs. 3 UStG (*Rz. 22 ff.*) und ist stets mit den Ist-Einnahmen anzusetzen, so dass es auf den Zeitpunkt der Ausführung der zugrunde liegenden Umsätze nicht ankommt.[1] Für die Bestimmung der Umsatzgrenzen nach § 19 Abs. 1 Satz 1 UStG ist dem Umsatz die darauf *entfallende* Umsatzsteuer hinzuzurechnen, weil der Gesamtumsatz nach den „Entgelten" bestimmt wird (*Rz. 25*). Folglich sind (soweit der Unternehmer Steuerschuldner ist) die im Kalenderjahr zugeflossenen **Bruttoeinnahmen** maßgebend[2]; soweit die Leistungsempfänger Steuerschuldner sind (§ 13b UStG), muss die von diesen geschuldete Steuer hinzugerechnet werden.

16 Zu den Umsätzen von **Wirtschaftsgütern** (*§ 15a Rz. 10 ff.*)[3] des **Anlagevermögens**, um die der Gesamtumsatz zu **kürzen** ist, zählen auch unentgeltliche Lieferungen und Entnahmen i.S.d. § 3 Abs. 1b UStG, sofern sie der Umsatzsteuer unterlagen (dazu *§ 3 Rz. 64 ff.*). Der Begriff des Anlagevermögens ist nicht im engen einkommensteuerrechtlichen Sinne zu verstehen, sondern erfasst alle Wirtschaftsgüter, die einer unternehmerischen Tätigkeit auf Dauer zu dienen bestimmt sind.[4]

17 Der **Umsatz des vorangegangenen Kalenderjahres** ist das grundsätzlich maßgebende Kriterium. Wenngleich das Gesetz eine eindeutige Umsatzfreigrenze von 17 500 € im Auge hat, so kann es doch nicht auf den Gesamtumsatz des laufenden Kalenderjahres abstellen, weil der Unternehmer bereits zu Beginn des Kalenderjahres wissen muss, ob er der Besteuerung unterliegt.[5]

18 Übersteigt der Umsatz des vorangegangenen Kalenderjahres die Grenze von 17 500 €, so ist nach dem Wortlaut des § 19 Abs. 1 Satz 1 UStG die Steuer für das laufende Kalenderjahr auch dann zu erheben, wenn der Umsatz in diesem die Grenze voraussichtlich nicht überschreiten wird. Diese Rechtsfolge ist vom Gesetz nicht gewollt, da eindeutiger Zweck der Vorschrift (*Rz. 1*) die Nichterhebung der Steuer bis zu einem Gesamtumsatz von 17 500 € ist. Das Gesetz unterstellt, dass, wenn der Umsatz im vorangegangenen Jahr die Grenze überstiegen hat, er auch im laufenden Jahr darüber liegen wird. Folglich darf die Steuer entgegen der h.M.[6] **nur** erhoben werden, **wenn auch** der Umsatz **im laufenden Kalenderjahr** auf Grund einer Prognose zu Beginn des Jahres **voraussichtlich** die **Freigrenze** von 17 500 € **übersteigen** wird. Anderenfalls träten sinnwidrige Ergebnisse ein[7], die das Gesetz nicht in Kauf genommen haben kann. Erst wenn voraussichtlich **zweimal hintereinander** die Grenze überschritten wird, ist es sachgerecht, die Nichtbesteuerung aufzugeben, weil dann eine gewisse Wahrscheinlichkeit dafür spricht, dass der Unternehmer den Kleinunternehmerstatus auf Dauer verlässt. Bei dieser Auslegung des Gesetzes wirken sich einmalige

---

1 *Stadie* in R/D, § 19 UStG Anm. 40; a.A. *Michel* in B/W, § 223 Rz. 204.
2 Vgl. BFH v. 4.4.2003 – V B 7/02, UR 2003, 551.
3 Dazu gehören auch nicht körperliche Investitionsgüter (Art. 288 Satz 2 MwStSystRL).
4 Vgl. Abschn. 19.1 Abs. 6 Satz 4 UStAE.
5 Vgl. BFH v. 7.3.1995 – XI R 51/94, BStBl. II 1995, 562.
6 BFH v. 18.10.2007 – V B 164/06, BStBl. II 2008, 263 m.w.N.; Abschn. 19.1 Abs. 3 Satz 1 UStAE.
7 Beispiel bei *Stadie* in R/D, § 19 UStG Anm. 49.

Überschreitungen der Grenze dem Zweck der Vorschrift entsprechend nicht aus.

Voraussetzung für die Nichterhebung der Steuer ist nicht nur, dass der Gesamtumsatz des vorangegangen Kalenderjahres 17 500 € nicht überschritten hat, sondern des Weiteren, dass auch der Gesamtumsatz **im laufenden Kalenderjahr 50 000 € voraussichtlich nicht übersteigen** wird (§ 19 Abs. 1 Satz 1 UStG). Dies erfordert eine **Prognose** zu Beginn des Jahres über die zu erwartende Umsatzentwicklung. Überschreitet der tatsächliche Umsatz des laufenden Kalenderjahres entgegen der Prognose des Unternehmers diese Grenze, so bleibt es bei der Nichtbesteuerung, wenn die Prognose vertretbar war.[1]  **19**

Bei **Beginn einer unternehmerischen Tätigkeit** ist darauf abzustellen, ob die Grenze von 17 500 € – ggf. nach Umrechnung gem. § 19 Abs. 3 Satz 3 UStG (*Rz. 28 ff.*) – voraussichtlich überschritten[2] wird.[3] Maßgebend ist nicht das Jahr, in dem mit Vorbereitungshandlungen begonnen wurde, sondern das Jahr, in dem erstmals Umsätze erbracht werden.[4] Eine unternehmerische Tätigkeit liegt zwar auch dann vor, wenn nur steuerfreie Umsätze (z.B. Vermietungen) ausgeführt werden, die nicht zum Gesamtumsatz (*Rz. 27*) zählen; beim Wechsel zu einer steuerpflichtigen Tätigkeit ist allerdings entgegen BFH[5] der Beginn einer neuen Tätigkeit anzunehmen und nicht darauf abzustellen, ob die Grenze von 50 000 € voraussichtlich überschritten wird. Die bisherige Tätigkeit ist keine brauchbare Grundlage für eine Prognose bezüglich der zukünftigen Umsätze einer andersartigen Tätigkeit.[6] Anders liegt es nur dann, wenn die bisherigen steuerfreien Umsätze der Art nach unverändert bleiben und lediglich fortan nach § 9 UStG auf die Steuerfreiheit verzichtet wird.  **20**

Beim **Erwerb**[7] eines Unternehmens unter Lebenden oder im Wege der **Gesamtrechtsnachfolge** sind die Umsätze des Rechtsvorgängers nicht unmittelbar maßgebend; sie können jedoch bei unveränderter Fortführung eine erhebliche Indizfunktion für die Bestimmung des voraussichtlichen Umsatzes des Erwerbers haben.[8]  **21**

---

1 Abschn. 19.1 Abs. 3 Satz 4 UStAE; vgl. auch BFH v. 7.3.1995 – XI R 51/94, BStBl. II 1995, 562.
2 Wird sie tatsächlich nicht überschritten, so ist der Unternehmer an die gegenteilige Prognose nicht gebunden; FG Düsseldorf v. 20.6.2008 – 1 K 3124/07 U, EFG 2008, 1503.
3 BFH v. 22.11.2004 – V R 170/83, BStBl. II 1985, 142; Abschn. 19.1 Abs. 4 UStAE; ausführl. *Stadie* in R/D, § 19 UStG Anm. 57; a.A. FG München v. 9.7.2003 – 3 K 4787/01, EFG 2003, 1580.
4 FG Hess. v. 12.4.1989 – 6 K 72/88, UR 1990, 222 = EFG 1989, 544; a.A. FG München v. 9.7.2003 – 3 K 4787/01, EFG 2003, 1580; OFD Frankfurt a.M. v. 21.4.2010 – S 7361 A - 2 - St 16, UR 2011, 158; *Michel* in B/W, § 223 Rz. 2.
5 Vgl. BFH v. 7.3.1995 – XI R 51/94, BStBl. II 1995, 562.
6 A.A. *Trinks/Bob*, BB 2014, 158.
7 Zum **Hinzuerwerb** eines weiteren Unternehmens im Laufe des Kalenderjahres s. *Stadie* in R/D, § 19 UStG Anm. 67 und 71.
8 Ausführlich *Stadie* in R/D, § 19 UStG Anm. 60 f. – Erwerb unter Lebenden, § 19 UStG Anm. 69 f. – Gesamtrechtsnachfolge.

## C. Gesamtumsatz (Abs. 3)
### I. Einzubeziehende Umsätze (Sätze 1 und 2)

22 Die Umsatzgrenzen des § 19 Abs. 1 Satz 1 UStG nehmen als Ausgangsgröße den Gesamtumsatz. Dieser bestimmt sich nach § 19 Abs. 3 UStG, der indes auch im Rahmen des § 20 Abs. 1 Nr. 1 UStG (*§ 20 Rz. 10*) von Bedeutung ist, wodurch sich die Existenz des Satzes 2 in § 19 Abs. 3 UStG erklärt (*Rz. 25*).

23 Ausgangswert für die Ermittlung des Gesamtumsatzes ist die **Summe aller vom Unternehmer ausgeführten steuerbaren** (d.h. einschließlich der steuerfreien) **Umsätze** i.S.d. § 1 Abs. 1 Nr. 1 UStG (§ 19 Abs. 3 Satz 1 Halbs. 1 UStG). Vom Unternehmer ausgeführte Umsätze sind auch solche, bei denen die Leistungsempfänger Steuerschuldner nach § 13b UStG wären, wenn der Leistende nicht Kleinunternehmer wäre (§ 13b Abs. 5 Satz 4 UStG). Zu den steuerbaren Umsätzen i.S.d. § 1 Abs. 1 Nr. 1 UStG gehören auch die sog. **Hilfsumsätze** (*§ 1 Rz. 100 ff.*). Soweit diese allerdings die Veräußerung von Wirtschaftsgütern des Anlagevermögens betreffen, sind sie zur Ermittlung der Umsatzgrenzen des § 19 Abs. 1 UStG nach dessen Satz 2 nicht zu berücksichtigen (*Rz. 16*). Weitere Hilfsumsätze sind nach § 19 Abs. 3 Satz 1 Nr. 2 UStG auszuscheiden (*Rz. 27*).

24 Zu den „steuerbaren" Umsätzen zählen nicht die **unentgeltlichen** Umsätze und Entnahmen (i.S.d. § 3 Abs. 1b und Abs. 9a UStG)[1], da es an den „vereinnahmten Entgelten" (§ 19 Abs. 1 Satz 2 UStG) mangelt.

25 Als „Umsätze" sind die **Entgelte** i.S.d. § 10 Abs. 1 UStG (Einnahmen ohne Umsatzsteuer) anzusetzen. Zu den Entgelten zählen stets auch die im betreffenden Kalenderjahr vereinnahmten **An- bzw. Vorauszahlungen**, unabhängig vom Zeitpunkt der Ausführung der Leistung. Das ergibt sich für den Gesamtumsatz i.S.d. § 19 Abs. 1 UStG bereits aus dessen Satz 2[2], so dass die entsprechende Aussage des § 19 Abs. 3 Satz 2 UStG nur für den Gesamtumsatz i.S.d. § 20 Abs. 1 Nr. 1 UStG von Bedeutung ist (dazu *§ 20 Rz. 10*).

26 Im Falle der sog. **Differenzbesteuerung** nach § 25 UStG (Reiseleistungen) und nach § 25a UStG (Lieferung von gebrauchten Gegenständen) ist nicht nur die Bemessungsgrundlage nach diesen Bestimmungen, d.h. die sog. Marge i.S.d. § 25 Abs. 3 bzw. § 25a Abs. 3 UStG, sondern das Entgelt i.S.d. § 10 Abs. 1 UStG anzusetzen[3], da § 19 UStG auf den Umsatz und nicht auf die Wertschöpfung abstellt.

27 Von der Summe der steuerbaren Umsätze sind **bestimmte steuerfreie** – nicht nach § 9 UStG als steuerpflichtig behandelte[4] – **Umsätze abzuziehen**. Das sind stets alle Umsätze, die nach § 4 Nr. 8 Buchst. i, Nr. 9 Buchst. b und Nr. 11 bis 28 UStG steuerfrei sind (§ 19 Abs. 3 Satz 1 Nr. 1 UStG).

---

1 BFH v. 15.9.2011 – V R 12/11, BFH/NV 2012, 457; Abschn. 19.3 Abs. 1 Satz 2 UStAE.
2 A.A. BFH v. 18.11.1999 – V R 22/99, BStBl. II 2000, 241.
3 So jetzt auch Abschn. 19.3 Abs. 1 Satz 5 UStAE; a.A. *Schüler-Täsch* in S/R, § 19 UStG Rz. 67.
4 BFH v. 15.10.1992 – V R 91/87, BStBl. II 1993, 209.

Ferner sind die nach § 4 Nr. 8 Buchst. a bis h UStG (insbesondere *Kreditgewährungen*), § 4 Nr. 9 Buchst. a UStG (*Grundstücksgeschäfte*)[1] und § 4 Nr. 10 UStG (Versicherungsleistungen, *Verschaffung von Versicherungsschutz*) steuerfreien Umsätze auszuscheiden, wenn sie **Hilfsumsätze** (*§ 1 Rz. 100 ff.*) sind (§ 19 Abs. 3 Satz 1 Nr. 2 UStG)[2]. Letztere Regelung bewirkt, dass vor allem Kreditinstitute und Versicherungsunternehmen die Kleinunternehmerbefreiung für ihre geringfügigen steuerpflichtigen Umsätze nicht in Anspruch nehmen können. **Positiv formuliert** erfasst der **Gesamtumsatz** die **Summe**

– aller steuerpflichtigen Umsätze,

– aller steuerfreien Umsätze mit Vorsteuerabzug nach § 4 Nr. 1 bis 7 UStG und

– aller steuerfreien Umsätze nach § 4 Nr. 8 Buchst. a bis h, Nr. 9 Buchst. a und Nr. 10 UStG, die keine Hilfsumsätze sind.

## II. Umrechnung in Jahresumsatz (Sätze 3 und 4)

Hat der Unternehmer seine gewerbliche oder berufliche, d.h. seine unternehmerische **Tätigkeit nur in einem Teil des Kalenderjahres ausgeübt**, so ist der tatsächliche Gesamtumsatz in einen **Jahresgesamtumsatz umzurechnen** (§ 19 Abs. 3 Satz 3 UStG). Da die von § 19 Abs. 1 Satz 1 UStG vorgesehene Freigrenze auf der Annahme basiert, dass das Unternehmen das ganze Jahr über ausgeübt wird, liegt der **Zweck** der Umrechnung folglich darin, zu vermeiden, dass sinnwidrige Ergebnisse bei der Anwendung der Freigrenze eintreten.[3] Es soll verhindert werden, dass die Freigrenze ihrem Zweck zuwider auf solche Fälle angewendet wird, die nur wegen der nicht ganzjährigen Ausübung die Grenze unterschreiten. In Betracht kommt insbesondere die Konstellation, in der der Unternehmer seine **Tätigkeit** im Laufe des Jahres **begonnen** hat und im folgenden Jahr die Grenze überschreiten wird. Der Fall der unterjährigen Beendigung ist nur dann von Bedeutung, wenn der Unternehmer entgegen seiner Planung im nächsten Jahr eine vergleichbare Tätigkeit wieder aufnimmt. Anderenfalls liegt ein Neubeginn vor (vgl. Rz. 20).

28

Hingegen wird die Tätigkeit **ganzjährig „ausgeübt"**, so dass keine Umrechnung zu erfolgen hat, wenn betriebs-, krankheits- oder durch ähnliche Umstände bedingt zeitweilig keine Umsätze ausgeführt werden, die Absicht der Umsatzerbringung jedoch fortbesteht.[4] Das gilt entgegen der Auffassung des BFH[5] auch, wenn die Tätigkeit **von vornherein auf** einen **Teil des Jahres beschränkt** ist (sofern es sich nicht um den Fall des Beginns oder der Beendigung einer typischerweise über das ganze Jahr ausgeübten Tätigkeit handelt), insbesondere auch für sog. **Saisonbetriebe** (*Beispiele*: Weihnachtsbaumverkauf, Strandkorbvermietung, Ski-, Tennis-, Surfunterricht). Derartige Tätigkeiten werden das ganze Jahr über

29

---

1 Grundstücksgeschäfte als Hilfsgeschäfte sind als Umsätze von Wirtschaftsgütern des Anlagevermögens auch nach § 19 Abs. 1 Satz 2 UStG auszuscheiden.
2 Art. 288 Satz 1 Nr. 4 MwStSystRL: „Nebenumsätze".
3 Insoweit zutreffend BFH v. 27.10.1993 – XI R 86/90, BStBl. II 1994, 274 (277).
4 FG Düsseldorf v. 25.5.1988 – 1 K 86/83 U, EFG 1988, 495.
5 BFH v. 27.10.1993 – XI R 86/90, BStBl. II 1994, 274(276) – Karnevalsprinz für eine Saison; ebenso Abschn. 19.3 Abs. 3 Satz 1 UStAE.

„ausgeübt"[1], weil die Absicht der Fortsetzung durchgängig besteht; es werden nur zeitweilig keine Umsätze erbracht[2] (vgl. auch § 2 Rz. 158). Die gegenteilige Auffassung[3] führt zu sachwidrigen Ergebnissen. Zum einen schon deshalb, weil dann für jede Saison jeweils Unternehmensbeginn und -ende bestimmt werden müssten und jeweils jährlich neu die Einlage- und Entnahmeproblematik entstünde. Vor allem aber wird übersehen, dass die Umsätze der jeweiligen Saison das jeweilige Jahresergebnis dieser Unternehmer darstellen. Der Saisonunternehmer unterscheidet sich nicht von demjenigen, der nur an wenigen Tagen über das Jahr verstreut Umsätze tätigt und zweifelsfrei gleichwohl durchgängig seine unternehmerische Tätigkeit ausübt.

30 Beim **Beginn** der unternehmerischen Tätigkeit sollen nach Auffassung des **BFH** auch bereits diejenigen Zeiträume berücksichtigt werden, in denen **Vorbereitungshandlungen** in Form von Leistungsbezügen, die zum Vorsteuerabzug berechtigen, getätigt werden.[4] Diese Verknüpfung ist **verfehlt**, da der Unternehmerbegriff lediglich für Zwecke des Vorsteuerabzugs weit ausgelegt werden muss und nur insoweit, d.h. nur aus der Sicht des § 15 UStG bereits Vorbereitungshandlungen als für das (geplante) Unternehmen ausgeführt anzusehen sind (§ 2 Rz. 198 ff.; § 15 Rz. 33). Für die Frage, ab wann ein Unternehmen „ausgeübt" wird, ist diese Sichtweise hingegen ohne Belang. Der BFH verkennt den Zweck der Umrechnung (Rz. 28). Die Kürze oder Länge der Vorbereitungszeiten, in denen nur Leistungen Dritter bezogen werden, sagen nichts über die Höhe der späteren Umsätze aus; ihre Berücksichtigung ist *willkürlich*.

Die verfehlte Sichtweise kann bei einer längeren Vorbereitungsphase und erstmaligen Umsätzen gegen Ende des Jahres zur sinnwidrigen Anwendung der Freigrenze des § 19 Abs. 1 UStG führen.[5] Richtigerweise kann von einer „Ausübung" der unternehmerischen Tätigkeit erst dann gesprochen werden, wenn mit der **Erbringung konkreter Umsätze** begonnen wurde und nicht schon dann, wenn lediglich Vorbereitungshandlungen für das geplante Unternehmen als solches vorliegen.

31 **Angefangene Kalendermonate** sind bei der Umrechnung als volle Kalendermonate zu behandeln, es sei denn dass die Umrechnung nach Tagen zu einem niedrigeren Jahresgesamtumsatz führt[6] (§ 19 Abs. 3 Satz 4 UStG).

32 Die Regeln des § 19 Abs. 3 Sätze 3 und 4 UStG fingieren gleich bleibende Umsatzverhältnisse und bestimmen deshalb schematisch die Umrechnung nach Zeitanteilen. Folglich dürfen nur solche Umsätze in die Umrechnung einbezogen werden, die zu den laufenden Umsätzen zählen. Umsätze aus der **Veräuße-**

---

1 Ebenso *Friedrich-Vache* in R/K/L, § 19 UStG Rz. 34; a.A. FG Nds. v. 3.1.2008 – 16 K 356/07, DStRE 2009, 1388; *Michel* in B/W, § 223 Rz. 245.
2 Vgl. BFH v. 13.12.1963 – V 77/61 U, BStBl. III 1964, 90; BFH v. 23.7.1964 – V 62/62 U, BStBl. III 1964, 538 (539 a.E.).
3 *Michel* in B/W, § 223 Rz. 244; vgl. auch BFH v. 27.10.1993 – XI R 86/90, BStBl. II 1994, 274 (276).
4 BFH v. 17.9.1998 – V R 28/98, BStBl. II 1999, 146; BFH v. 18.11.1999 – V R 22/99, BStBl. II 2000, 241; ebenso FG München v. 9.7.2003 – 3 K 4787/01, EFG 2003, 1580.
5 Dazu näher *Stadie* in R/D, § 19 UStG Anm. 118 f. m. Beispielen.
6 Dazu näher *Trinks/Bob*, BB 2014, 158 (159 f.).

rung oder Entnahme von Wirtschaftsgütern des **Anlagevermögens** sind daher, sofern sie nicht ohnehin nach § 19 Abs. 1 Satz 2 UStG **auszuscheiden** sind, nicht in die Umrechnung einzubeziehen.[1] Entgegen BMF[2] sind sie nach der Umrechnung des restlichen Umsatzes nicht dem ermittelten Betrag hinzurechnen (von Bedeutung im Rahmen des § 20 Abs. 1 Satz 1 Nr. 1 UStG).

Hat der Unternehmer seine bisherige unternehmerische Tätigkeit im Laufe eines Kalenderjahres **beendet** und im folgenden Jahr eine **neue**, andersartige unternehmerische **Tätigkeit** begonnen, ist der Umsatz des Jahres der beendeten Tätigkeit ohne Bedeutung für die Anwendung des § 19 Abs. 1 UStG auf das Jahr der neuen Tätigkeit.[3] Maßgebend ist vielmehr die Prognose für die neue Tätigkeit (Rz. 20). 33

## D. Verzicht auf die Nichterhebung (Abs. 2)

Der Unternehmer kann auf die Anwendung des § 19 Abs. 1 UStG, d.h. auf die Steuerbefreiung verzichten (§ 19 Abs. 2 Satz 1 UStG). Der **Zweck** dieses Verzichts liegt in der Beseitigung von Wettbewerbsnachteilen bei Umsätzen an vorsteuerabzugsberechtigte Unternehmer. Denn in diesen Fällen schlägt der Vorteil der Nichtbesteuerung in einen Nachteil um. Besteuerte, d.h. nicht unter § 19 Abs. 1 UStG fallende Unternehmer können nämlich solchen Abnehmern gegenüber die gleichen Leistungen um den Betrag der bei ihnen abziehbaren Vorsteuern günstiger anbieten. Zwar müssen sie die Steuer auf die Umsätze entrichten, diese ist jedoch abwälzbar, da sie in der Rechnung gesondert ausgewiesen und somit vom Abnehmer als Vorsteuer abgezogen werden kann. 34

**Beispiel**

Im obigen Beispiel (Rz. 11) kann der regelversteuernde Unternehmer die Umsatzsteuer von 114 € dem Abnehmer in Rechnung stellen. Ist dieser zum Vorsteuerabzug berechtigt, betragen seine Kosten lediglich 600 €. Der Preis des Kleinunternehmers i.H.v. 619 € für die konkurrierende Leistung wird deshalb am Markt nicht durchsetzbar sein. Der Nachteil ist noch größer, wenn die Vorsteuern höher sind. Verzichtet der Kleinunternehmer auf seinen Status, so kann er die Leistung ebenfalls für 600 € „netto" anbieten.

Soll bei der **Vermietung** von Gebäuden an andere Unternehmer **auf die Steuerfreiheit** (§ 4 Nr. 12 Satz 1 UStG) nach § 9 UStG **verzichtet** werden (Entsprechendes gilt bei den anderen in § 9 UStG genannten steuerfreien Umsätzen), muss, wenn die Grenze von 17 500 € nicht bereits durch steuerpflichtige oder gleichgestellte Umsätze überschritten wird, zuvor der Verzicht nach § 19 Abs. 2 UStG erklärt worden sein, weil für Kleinunternehmer die Möglichkeit des Verzichts auf die Steuerbefreiungen ausgeschlossen ist (§ 19 Abs. 1 Satz 4 UStG). Vom Wortlaut des § 19 Abs. 1 Satz 1 UStG her würde zwar ein Unternehmer, der nur steuerfreie Umsätze tätigt, nicht unter diese Vorschrift fallen, weil er keine Umsatzsteuer schuldet; das ergäbe jedoch keinen Sinn. Zum einen wirkt § 19 Abs. 1 UStG ohnehin wie eine Steuerbefreiung (Rz. 4) und zum anderen kann es keinen 35

---

1 Abschn. 19.3 Abs. 3 Satz 5 UStAE; aA FG Nds. v. 17.3.1983 – V 698/82, EFG 1984, 52; offengelassen von BFH v. 11.4.1991 – V R 90/86, UR 1991, 263.
2 Abschn. 19.3 Abs. 3 Satz 6 UStAE.
3 A.A. *Trinks/Bob*, BB 2014, 158.

Unterschied bedeuten, ob nur steuerfreie oder daneben auch geringe steuerpflichtige Umsätze getätigt werden.

36 Der **Sinn** der **Suspendierung des § 9** UStG (§ 19 Abs. 1 Satz 4 UStG) erschließt sich nicht ohne weiteres, denn der Zweck des Verzichts auf die Steuerbefreiung liegt in der Erlangung des Vorsteuerabzugs, der jedoch gerade nach § 19 Abs. 1 Satz 4 UStG ausgeschlossen ist. Der Sinn der Regelung liegt auch nicht darin, zu verhindern, dass der Empfänger des Umsatzes anderenfalls einen Anspruch auf Erteilung einer Rechnung mit gesondertem Ausweis der Steuer hätte[1]; denn dieser ist ebenfalls nach § 19 Abs. 1 Satz 4 UStG ausgeschlossen (Rz. 6). Die Suspendierung des § 9 UStG bezweckt vielmehr, die **Umgehung des § 19 Abs. 2** UStG zu verhindern[2], da der Verzicht nach dieser Bestimmung für fünf Jahre bindet, während der Verzicht nach § 9 UStG keine Bindungsfristen kennt. Wäre die Möglichkeit des Verzichts nach letzterer Vorschrift nicht suspendiert, so könnte ein Unternehmer, dessen steuerpflichtige Umsätze die Grenze von 17 500 € nicht übersteigen, mit einem Verzicht auf die Steuerfreiheit seiner unter § 9 UStG fallenden Umsätze erreichen, dass diese Grenze überschritten wird. Da für diesen Verzicht keine Bindungsfristen bestehen, könnte der Unternehmer seine Umsatzverhältnisse von Jahr zu Jahr je nach Interessenlage (Anwendung oder Nichtanwendung des § 19 Abs. 1 UStG) gestalten.

37 Der Verzicht nach § 19 Abs. 2 UStG kann (anders als der nach § 9 UStG) nur **für alle Umsätze** des Unternehmers ausgesprochen und nicht auf diejenigen beschränkt werden, die gegenüber vorsteuerabzugsberechtigten Unternehmern erfolgen; eine solche Erklärung ist unwirksam.[3] Werden die Umsätze auch gegenüber nicht zum Vorsteuerabzug berechtigten Empfängern erbracht, so muss der Unternehmer die Vor- und Nachteile abwägen.

Ein **Insolvenzverwalter** ist entgegen BFH[4] nicht befugt, ohne Zustimmung des Schuldners den Verzicht auszusprechen, wenn der Schuldner eine eigene unternehmerische Tätigkeit ausübt, da der Verwalter nicht die öffentlich-rechtliche Befugnis besitzt, zu Lasten des Schuldners eine Umsatzsteuerzahlungsschuld zu begründen, die dieser nicht in seine Preise einkalkuliert hatte und deshalb tragen müsste.

38 Der Verzicht ist dem Finanzamt zu erklären (§ 19 Abs. 2 Satz 1 UStG) und stellt folglich eine empfangsbedürftige öffentlich-rechtliche Willenserklärung dar[5], so dass der gesonderte Ausweis von Umsatzsteuer – anders als im Falle des § 9 UStG (§ 9 Rz. 35 f.) – nicht ausreicht. Die Erklärung ist an **keine Form** gebunden und kann mithin auch durch **schlüssiges Verhalten** in Gestalt der Abgabe von Voranmeldungen oder einer Jahressteuererklärung erfolgen.[6] Wegen seiner Wir-

---

1 So aber *Michel* in B/W, § 223 Rz. 411.
2 *Stadie* in R/D, § 19 UStG Anm. 79.
3 BFH v. 24.7.2013 – XI R 31/12, BStBl. II 2014, 214.
4 BFH v. 20.12.2012 – V R 23/11, BStBl. II 2013, 334.
5 Vgl. BFH v. 13.12.1984 – V R 32/4, BStBl. II 1985, 173; BFH v. 28.6.1995 – XI R 40/94, BStBl. II 1995, 805.
6 BFH v. 19.12.1985 – V R 167/82, BStBl. II 1986, 420 (423 f.); BFH v. 9.7.2003 – V R 29/02, BStBl. II 2003, 904; BFH v. 24.7.2013 – XI R 31/12, BStBl. II 2014, 214 – Rz. 17; BFH v. 24.7.2013 – XI R 14/11, BStBl. II 2014, 210; Abschn. 19.2 Abs. 1 Satz 4 Nr. 2 UStAE.

kungen ist der Verzicht ein materiell-rechtliches Gestaltungsrecht und nicht etwa eine Verfahrenshandlung.[1]

Die Verzichtserklärung muss **bis zur Unanfechtbarkeit** der „Steuerfestsetzung (§ 18 Abs. 3 und 4)" erklärt werden (§ 19 Abs. 2 Satz 1 UStG). Unter Unanfechtbarkeit ist die **formelle Bestandskraft** einer Steuerfestsetzung zu verstehen.[2] Unanfechtbarkeit tritt mithin ein, wenn die Steuerfestsetzung nicht mehr mit ordentlichen Rechtsbehelfen angegriffen werden kann.[3] Maßgebend ist die Unanfechtbarkeit der erstmaligen Steuerfestsetzung für das betreffende Kalenderjahr.[4] Eine Steueranmeldung nach § 18 Abs. 3 UStG gilt als Steuerfestsetzung (§ 168 AO; *§ 18 Rz. 45*). Dass diese kraft Gesetzes unter dem Vorbehalt der Nachprüfung steht (§ 168 Satz 1 AO), schließt den Eintritt der Unanfechtbarkeit nicht aus.[5] Hat der Unternehmer, wie im Regelfall, keine Steueranmeldung abgegeben, so entfällt die Verzichtsmöglichkeit mit Eintritt der Festsetzungsverjährung, d.h. mit Ablauf des siebten Jahres, das auf das betreffende Jahr folgt (§ 169 Abs. 2 Satz 1 Nr. 2 i.V.m. § 170 Abs. 2 Satz 1 Nr. 1 AO), da eine Verpflichtung zur Abgabe der Steuererklärung bestand (*Rz. 5*). Bis zur Unanfechtbarkeit kann die Erklärung wieder **zurückgenommen** werden.[6] 39

Hatte der Unternehmer bereits Steuer in Rechnungen gesondert ausgewiesen, so entfällt die Verwirklichung des Tatbestandes des § 14c Abs. 2 UStG (*§ 14c Rz. 75*) bei einer nachträglichen wirksamen Verzichtserklärung rückwirkend.

Nach Eintritt der Unanfechtbarkeit der Steuerfestsetzung bindet die Verzichtserklärung den Unternehmer **mindestens für fünf Jahre** (§ 19 Abs. 2 Satz 2 UStG). Die Bindungsfrist beginnt mit dem Kalenderjahr, für das der Verzicht gilt. Bei **Gründung eines Unternehmens** läuft die Frist erst ab dem Kalenderjahr, in dem erstmals Umsätze getätigt werden, da die Frist sich auf die eigentliche unternehmerische Tätigkeit bezieht und nicht durch eine ggf. länger dauernde Vorbereitungsphase verkürzt werden darf. 40

Nach Ablauf von fünf Jahren entfällt die Bindung nicht von selbst, der Verzicht muss vielmehr widerrufen werden. Die Erklärung kann nur mit Wirkung vom Beginn eines Kalenderjahres an widerrufen werden. Der **Widerruf** ist spätestens bis zur Unanfechtbarkeit (*Rz. 39*) der Steuerfestsetzung des Kalenderjahres, für das er gelten soll, zu erklären (§ 19 Abs. 2 Sätze 3 und 4 UStG). Für den Widerruf gelten dieselben Regeln wie für die Erklärung des Verzichts.[7] 41

---

1 So aber BFH v. 10.12.2008 – XI R 1/08, BStBl. II 2009, 1026 – 3c bb.
2 BFH v. 19.12.1985 – V R 167/82, BStBl. II 1986, 420 (424); BFH v. 11.12.1997 – V R 50/94, BStBl. II 1998, 420.
3 *Stadie*, Allg. SteuerR, Rz. 598; Abschn. 19.2 Abs. 6 UStAE.
4 BFH v. 19.12.1985 – V R 167/82, BStBl. II 1986, 420 (424); BFH v. 30.7.1992 – V R 95/87, BFH/NV 1993, 202.
5 BFH v. 19.12.1985 – V R 167/82, BStBl. II 1986, 420 (424); BFH v. 11.12.1997 – V R 50/94, BStBl. II 1998, 420.
6 BFH v. 19.12.1985 – V R 167/82, BStBl. II 1986, 420 (424); Abschn. 19.2 Abs. 2 Satz 1 UStAE.
7 BFH v. 28.6.1995 – XI R 40/94, BStBl. II 1995, 805.

**42** Der **Gesamtrechtsnachfolger** ist hinsichtlich der *eigenen* Umsätze nicht an einen vom Rechtsvorgänger erklärten Verzicht gebunden[1], denn die Wirkungen der Universalsukzession gelten nur für die einzelnen, in der Person des Rechtsvorgängers begründeten vermögenswerten Positionen (*§ 2 Rz. 231 ff.*). Dasselbe gilt erst recht bei der Einzelrechtsnachfolge im Falle der **Geschäftsveräußerung**[2]; aus § 1 Abs. 1a Satz 3 UStG folgt nichts Gegenteiliges (*§ 1 Rz. 151 f.*).

### E. Wechsel von der Nichtbesteuerung zur Besteuerung und umgekehrt

**43** Ein Wechsel von der Nichtbesteuerung zur Besteuerung tritt ein, wenn die Umsatzgrenzen des § 19 Abs. 1 Satz 1 UStG überschritten werden oder der Unternehmer nach § 19 Abs. 2 UStG auf die Anwendung des Absatzes 1 verzichtet. Zu einem Übergang von der Besteuerung zur Nichtbesteuerung kommt es, wenn die Grenzen des § 19 Abs. 1 UStG unterschritten werden oder der Verzicht nach § 19 Abs. 2 UStG wirksam widerrufen worden ist. Die nachfolgenden Grundsätze gelten auch, wenn es sich bei der Besteuerung um eine solche nach den Sonderregelungen der §§ 23, 23a oder 24 UStG handelt. Der Wechsel kann **grundsätzlich** nur mit **Ablauf** eines **Kalenderjahres** eintreten, da § 19 Abs. 1 UStG sich auf das Kalenderjahr bezieht. Eine Ausnahme gilt beim **Hinzuerwerb** eines **weiteren Unternehmens** durch Kauf oder Gesamtrechtsnachfolge.[3]

**44** Die **Zuordnung** der **Umsätze** hat analog § 27 Abs. 1 UStG, der einen **allgemeinen Grundsatz** für die zeitliche und sachliche Zuordnung von Umsätzen, einschließlich Teilleistungen (*§ 13 Rz. 26*), zum Ausdruck bringt (*§ 27 Rz. 4, 29*), zu erfolgen. Maßgebend ist mithin der **Zeitpunkt** der **Ausführung** (dazu *§ 13 Rz. 12 ff.*) des Umsatzes (der Teilleistung).[4] Entsprechendes gilt für die **Berechtigung** zum gesonderten **Ausweis der Steuer in** einer **Rechnung**. Das Verbot des Steuerausweises nach § 19 Abs. 1 Satz 4 UStG (*Rz. 6*) knüpft mithin nicht an den Zeitpunkt der Rechnungserteilung, sondern ausschließlich daran an, ob die Umsätze (Teilleistungen) in einem Zeitraum ausgeführt wurden bzw. werden, der von § 19 Abs. 1 Satz 1 UStG erfasst wird. Auch bei einer **Änderung der Bemessungsgrundlage, Uneinbringlichwerden** von Forderungen u.ä. Fällen des § 17 UStG kommt es für die Anwendung dieser Vorschrift darauf an, wann der betreffende Umsatz ausgeführt worden war.[5]

**45** Für die **Zuordnung** der **Vorsteuerbeträge** soll nach ganz herrschender Meinung der Zeitpunkt maßgebend sein, zu dem die bezogene Lieferung oder sonstige Leistung bewirkt oder im Fall der Einfuhrumsatzsteuer der Gegenstand eingeführt wurde.[6] Diese Auffassung ist abzulehnen, da ein Anknüpfen an diese Merkmale willkürlich wäre und der Zeitpunkt des Leistungsbezugs bzw. der Einfuhr beeinflusst werden kann. Maßgebend ist vielmehr eine **wirtschaftliche**

---

1 *Reiß* in R/K/L, § 19 UStG Rz. 40; *Stadie* in R/D, § 19 UStG Anm. 138; *Lippross*, 8.2.3 – S. 1092.
2 A.A. wohl *Michel* in B/W, § 223 Rz. 353.
3 *Stadie* in R/D, § 19 Anm. 67 bzw. 71.
4 Zur Behandlung von **Vorauszahlungen** *Stadie* in R/D, § 19 UStG Anm. 149 f.
5 Ausführlich dazu *Stadie* in R/D, § 19 UStG Anm. 154 f.
6 BFH v. 17.9.1981 – V R 76/75, BStBl. II 1982, 198; Abschn. 15.1 Abs. 5 u. 6 UStAE.

**Zuordnung.** § 19 Abs. 1 UStG wirkt wie eine Steuerbefreiung ohne Vorsteuerabzug, so dass für das Vorsteuerabzugsverbot des § 19 Abs. 1 Satz 4 UStG derselbe Zuordnungsgrundsatz wie im Anwendungsbereich des § 15 Abs. 2 bis 4 UStG eingreift. Zuordnungskriterium ist folglich die **Verwendung** (dazu näher *§ 15 Rz. 433 ff.*). Der Ausschluss des Vorsteuerabzugs betrifft mithin diejenigen Leistungsbezüge, die im Besteuerungszeitraum verwendet werden, für den § 19 Abs. 1 UStG gilt. Wird ein Leistungsbezug in beiden Besteuerungszeiträumen verwendet, so ist die **Vorsteuer** nach § 15a Abs. 7 UStG zu **berichtigen** (*§ 15a Rz. 132 f.*).[1] Beim **Umlaufvermögen** ist der Vorsteuerabzug ebenfalls nach § 15 Abs. 7 UStG zu berichtigen (*§ 15a Rz. 102*).[2]

## F. Lieferung neuer Fahrzeuge (Abs. 4)

§ 19 Abs. 1 UStG gilt nicht für die innergemeinschaftliche Lieferungen neuer Fahrzeuge i.S.d. § 1b Abs. 2 und 3 UStG (§ 19 Abs. 4 Satz 1 UStG), so dass der Kleinunternehmer dem sog. **Fahrzeuglieferer** i.S.d. § 2a UStG **gleichgestellt** wird. Folglich sind entgegen § 19 Abs. 1 Satz 4 UStG die Vorschriften über die Steuerbefreiung innergemeinschaftlicher Lieferungen und über den Vorsteuerabzug auf diese Lieferungen anzuwenden. Des Weiteren ist § 15 Abs. 4a UStG entsprechend anzuwenden, so dass wie bei einem Fahrzeuglieferer i.S.d. § 2a UStG der Vorsteuerabzug auf die Steuer beim Erwerb des gelieferten Fahrzeugs beschränkt ist.

46

# § 20
# Berechnung der Steuer nach vereinnahmten Entgelten

Das Finanzamt kann auf Antrag gestatten, dass ein Unternehmer,

1. dessen Gesamtumsatz (§ 19 Abs. 3) im vorangegangenen Kalenderjahr nicht mehr als 500 000 Euro betragen hat, oder
2. der von der Verpflichtung, Bücher zu führen und auf Grund jährlicher Bestandsaufnahmen regelmäßig Abschlüsse zu machen, nach § 148 der Abgabenordnung befreit ist, oder
3. soweit er Umsätze aus einer Tätigkeit als Angehöriger eines freien Berufs im Sinne des § 18 Abs. 1 Nr. 1 des Einkommensteuergesetzes ausführt,

die Steuer nicht nach den vereinbarten Entgelten (§ 16 Abs. 1 Satz 1), sondern nach den vereinnahmten Entgelten berechnet. Erstreckt sich die Befreiung nach Satz 1 Nr. 2 nur auf einzelne Betriebe des Unternehmers und liegt die Voraussetzung nach Satz 1 Nr. 1 nicht vor, so ist die Erlaubnis zur Berechnung der Steuer nach den vereinnahmten Entgelten auf diese Betriebe zu beschränken. Wechselt der Unternehmer die Art der Steuerberechnung, so dürfen Umsätze nicht doppelt erfasst werden oder unversteuert bleiben.

---

1 Vgl. auch Abschn. 15a.9 Abs. 3 UStAE m. realitätsfernem Beispiel.
2 Vgl. auch Abschn. 15a.9 Abs. 4 UStAE.

*EU-Recht*

Art. 260 Abs. 1 i.V.m. Art. 250 Abs. 1 i.V.m. Art. 66 Abs. 1 Buchst. b MwStSystRL.

*VV*

Abschn. 20.1 UStAE.

**A. Allgemeines**
   I. Zweck der Vorschrift .......... 1
   II. Genehmigung (Gestattung) .... 5
**B. Anwendungsfälle**
   I. Niedriger Gesamtumsatz (Satz 1 Nr. 1) .................. 10
   II. Befreiung von der Buchführungspflicht (Satz 1 Nr. 2, Satz 2) ...................... 14
   III. Freiberufliche Tätigkeit (Satz 1 Nr. 3) ................ 18
**C. Wechsel der Art der Steuerberechnung (Satz 3)** ........... 25

## A. Allgemeines
### I. Zweck der Vorschrift

1 Das Finanzamt „kann", richtigerweise: muss (*Rz. 5 f.*), dem Unternehmer gestatten, in den in § 20 Satz 1 UStG genannten Fällen – ggf. nur für einzelne Betriebe (§ 20 Satz 2 UStG; *Rz. 17*) oder nur für einen Teil der unternehmerischen Tätigkeit (§ 20 Satz 1 Nr. 3 UStG: „soweit"; *Rz. 24*) – die für die von ihm ausgeführten Umsätze geschuldete Steuer (§ 13a Abs. 1 Nr. 1 UStG) zukünftig (zur rückwirkenden Gestattung s. *Rz. 9*) nach den vereinnahmten „Entgelten" (richtig: Gegenleistungen, da Entgelte i.S.d. § 10 UStG nicht vereinnahmt werden können; s. *§ 10 Rz. 4*) zu berechnen (zur Steuer, die nach § 13b UStG geschuldet wird, s. *§ 13b Rz. 127 ff.*). Bei dieser sog. **Ist-Versteuerung** handelt es sich um eine **Ausnahme**[1] von der Grundregel des § 16 Abs. 1 Satz 1 i.V.m. § 18 Abs. 1 Satz 2 UStG, wonach die Steuer für das Kalenderjahr und die jeweiligen Voranmeldungszeiträume nach vereinbarten Entgelten zu berechnen ist (sog. Soll-Versteuerung).

2 Der wesentliche Unterschied zeigt sich bei der die **Fälligkeit** bestimmenden **Entstehung** der Steuer, welche im Falle der sog. Ist-Versteuerung erst mit Ablauf des Voranmeldungszeitraums eintritt, in dem die Gegenleistungen („Entgelte") jeweils vereinnahmt worden sind (§ 13 Abs. 1 Nr. 1 Buchst. b UStG).

3 Der **Zeitpunkt des Vorsteuerabzugs** wird von § 20 UStG **nicht berührt**, so dass es insoweit bei der Grundregel des § 15 Abs. 1 Satz 1 Nr. 1 Sätze 1 und 2 UStG bleibt, nach dessen Wortlaut die Vorsteuer schon abziehbar ist, wenn die Leistung empfangen worden ist und eine ordnungsgemäße Rechnung vorliegt, oh-

---

1 Diese ist nicht etwa auf Art. 24 Abs. 1 der 6. EG-Richtlinie a.F. (jetzt Art. 281 MwStSystRL), so aber die Reg.-Begr. (Reg.-Begr. zum UStG-E 1979, BT-Drucks. 8/1779 – zu § 20 UStG), sondern auf Art. 10 Abs. 2 Unterabs. 3 Gedankenstrich 2 der 6. EG-Richtlinie a.F. (jetzt Art. 66 Abs. 1 Buchst. b MwStSystRL) zu stützen.

ne dass diese schon beglichen sein muss (s. aber *§ 15 Rz. 271 ff.* und *§ 17 Rz. 54*).¹

**Hingegen** müsste nach dem Wortlaut des **Art. 167 MwStSystRL** der Vorsteuerabzug des Leistungsempfängers bei einer Leistung eines Unternehmers, welcher die Steuer nach dem sog. Ist berechnet, erst mit Bezahlung der Rechnung in Betracht kommen, denn nach dieser Vorschrift entsteht das Recht auf Vorsteuerabzug, wenn der Anspruch auf die abziehbare Steuer entsteht. Dieser entsteht nach Art. 66 Buchst. b MwStSystRL bei der Vereinnahmung des Preises. Damit der Leistungsempfänger erkennen kann, wann die Steuer beim leistenden Unternehmer entsteht, schreibt Art. 226 Nr. 7a MwStSystRL vor, dass der leistende Unternehmer in seine Rechnung die Angabe „Besteuerung nach vereinnahmten Entgelten" aufnimmt. Diese bis zum 31.12.2012 umzusetzende Vorgabe ist indes noch nicht in § 14 und § 15 UStG übernommen worden.

Der **Zweck** der nur ausnahmsweisen Zulassung (zur „Rechtfertigung" der drei Ausnahmen nach § 20 Satz 1 Nr. 1, Nr. 2 bzw. Nr. 3 UStG s. jeweils dort) der Ist-Versteuerung soll in der Vereinfachung und damit der Begünstigung der betroffenen Unternehmer liegen.² Das zeugt von einer erschreckenden Ignoranz gegenüber dem Belastungszweck der Umsatzsteuer und der Funktion des Unternehmers als Gehilfen des Staates im Rahmen dieser Besteuerung (*§ 13 Rz. 9 f.*). Es ist deshalb schlicht ein Hohn für den Unternehmer, wenn es heißt, dass die Ist-Versteuerung eine „Liquiditätshilfe" sei.³ Richtigerweise entspricht vielmehr allein die Besteuerung nach den sog. Ist-Einnahmen dem Gesetzeszweck⁴ und bewirkt deshalb nicht etwa eine Vergünstigung⁵, sondern ist eine pure Selbstverständlichkeit. Hingegen führt die sog. Soll-Versteuerung zu einer durch nichts zu rechtfertigenden Vorfinanzierung der Steuer zu Gunsten des Staates und damit zu Liquiditätsnachteilen (s. auch *Rz. 11*).

4

## II. Genehmigung (Gestattung)

Nach dem Gesetzeswortlaut bedarf die Steuerberechnung nach vereinnahmten Entgelten der **Genehmigung** durch das Finanzamt, welche in dessen Ermessen liegen soll („kann auf Antrag gestatten"). Soweit es um zukünftige Besteuerungszeiträume geht, hat das Finanzamt jedoch kein Ermessen⁶, sondern muss dem Antrag stets stattgeben, wenn die Voraussetzungen des § 20 UStG vorliegen (**Ermessensreduzierung auf Null**).⁷ Ein sachlicher Grund, dem Unternehmer

5

---

1 Art. 167a MwStSystRL würde es erlauben, bei bestimmten Unternehmern, die ihre Umsätze nach dem sog. Ist versteuern, auch den Vorsteuerabzug davon abhängig zu machen, dass die Rechnung beglichen ist.
2 Vgl. Schriftl. Ber. des FinAussch. zu BT-Drucks. V/1581 – Allg., Nr. 6; Reg.-Begr. zum Gesetz zur steuerlichen Förderung von Wachstum und Beschäftigung, BR-Drucks. 40/06 – zu Art. 2 (§ 20 UStG); FG Nds. v. 21.2.2008 – 16 K 385/06, EFG 2008, 1077; FG Sachs. v. 17.12.2013 – 6 K 1768/11, juris.
3 So Reg.-Begr. zum JStG 1996, BT-Drucks. 13/901 – zu Art. 11 Nr. 8 Buchst. b.
4 *Frye* in R/D, § 20 UStG Anm. 79 ff.
5 In diesem Sinne aber BFH v. 22.7.1999 – V R 51/98, BStBl. II 1999, 630; *Michel*, DB 2009, 604.
6 A.A. FG Nds. v. 21.2.2008 – 16 K 385/06, EFG 2008, 1077.
7 Ebenso *Frye* in R/D, § 20 UStG Anm. 207.

trotz Erfüllung der Voraussetzungen des § 20 Satz 1 UStG die sog. Soll-Versteuerung vorzuschreiben, ist nicht denkbar (zur rückwirkenden Gestattung s. *Rz. 9*).

6 **Nicht** etwa kann die Versagung der Ist-Versteuerung mit einer **Gefährdung** des **Steueraufkommens** begründet werden[1], denn die Soll-Versteuerung führt zu einer zweckwidrigen Vorfinanzierung der Steuer (*Rz. 4*). Eine Ablehnung des Antrags wegen Gefährdung des Steueraufkommens ist auch nicht etwa dann gerechtfertigt, wenn ein Unternehmer **an** eine ihm **nahestehende Person** (natürliche Person oder beherrschte GmbH) **Umsätze** erbringt, welche die erteilten Rechnungen durchgängig erst mit großem Zeitabstand begleicht.[2] Der Vorsteuerabzug beim Leistungsempfänger ist richtigerweise nach § 17 Abs. 2 Nr. 1 Satz 1 i.V.m. Abs. 1 Satz 2 UStG vorerst zu versagen, weil aus der durchgängig verspäteten Zahlung jeweils zeitweilige Uneinbringlichkeit folgt, so dass der Vorsteuerabzug nach § 17 Abs. 2 Nr. 1 Satz 2 i.V.m. Abs. 1 Satz 2 UStG erst bei Zahlung in Betracht kommt (*§ 17 Rz. 54* i.V.m. *49*).

7 Nach Auffassung der **Bundesregierung** ist dem Antrag grundsätzlich unter dem **Vorbehalt** jederzeitigen **Widerrufs** zu entsprechen, wenn der Unternehmer eine der Voraussetzungen des § 20 Satz 1 UStG erfüllt.[3] Das ergibt keinen Sinn, da nichts zu genehmigen ist (*Rz. 5*) und vor allem ein Widerruf nur für die Zukunft wirken würde (§ 131 Abs. 2 Satz 1 Nr. 1 bzw. Nr. 3 AO), obwohl nach der klaren gesetzlichen Konzeption die Berechtigung entfallen soll, wenn die gesetzlichen Voraussetzungen nicht mehr vorliegen. Eine Gestattung (Genehmigung) müsste deshalb mit einer auflösenden Bedingung (§ 120 Abs. 2 Nr. 2 AO) versehen sein.[4]

8 Richtigerweise ist indes entgegen der Auffassung des BFH[5] keine „erkennbare" Genehmigung (Gestattung in Gestalt eines ggf. formlosen Verwaltungsaktes) der Besteuerung nach vereinnahmten Entgelten erforderlich. Da dem Finanzamt kein Ermessen zustehen kann (*Rz. 5*), muss eine **Anzeige** des Unternehmers, dass er die sog. Ist-Versteuerung praktiziere, ausreichen.[6] Das Risiko, den Gesamtumsatz i.S.d. § 20 Satz 1 Nr. 1 UStG nicht überschritten zu haben bzw. den Umfang der freiberuflichen Tätigkeit i.S.d. § 20 Satz 1 Nr. 3 UStG zutreffend bestimmt zu haben, liegt beim Unternehmer. Geht man hingegen mit dem **BFH** davon aus, dass dem Wortlaut des Gesetzes entsprechend eine Gestattung erfor-

---

1 So aber FG Nds. v. 21.2.2008 – 16 K 385/06, EFG 2008, 1077; FG Sachs. v. 17.12.2013 – 6 K 1768/11, juris; FG Berlin-Bdb. v. 18.6.2014 – 2 K 2149/11, juris – Rev.-Az. XI R 38/14; *Korn* in Bunjes, § 20 UStG Rz. 27; OFD Nds. v. 17.12.2013 – S 7368 - 28 - St 181/182, MwStR 2014, 114.
2 So aber FG München v. 24.3.1993 – 3 K 4102/91, juris; FG München v. 31.7.2003 – 14 K 702/01, juris; FG Nds. v. 21.2.2008 – 16 K 385/06, EFG 2008, 1077; FG Münster v. 5.8.2013 – 15 V 2133/13, zitiert nach *Weßling*, BB 2013, 2526; FG Berlin-Bdb. v. 18.6.2014 – 2 K 2149/11, juris – Rev.-Az. XI R 38/14; OFD Karlsruhe v. 28.1.2009 – USt-Kartei S 7368 - Karte 1, UR 2009, 430; OFD Nds. v. 17.12.2013 – S 7368 - 28 - St 181/182, MwStR 2014, 114; *Michel* in B/W, § 224 Rz. 89; *Wagner* in S/R, § 20 UStG Rz. 28 f.
3 Abschn. 20.1 UStAE; zust. *Reiß* in R/K/L, § 20 UStG Rz. 20.
4 Ebenso *Frye* in R/D, § 20 UStG Anm. 211.
5 BFH v. 28.8.2002 – V B 65/02, BFH/NV 2003, 210; vgl. auch BFH v. 20.1.2000 – V B 163/99, BFH/NV 2000, 897.
6 A.A. FG Nds. v. 21.2.2008 – 16 K 385/06, EFG 2008, 1077.

derlich ist, so reicht es aus, dass das Finanzamt einer ersichtlich auf der Ist-Versteuerung beruhenden Steueranmeldung (konkludenter Antrag) folgt[1] (**konkludente Gestattung**).

Die Ist-Versteuerung kann auch mit **Rückwirkung** angewendet werden.[2] § 20 UStG sieht zwar keine zeitliche Begrenzung vor, die Gestattung ist jedoch nur bis zur formellen Bestandskraft (Unanfechtbarkeit) der Steuerfestsetzung des betreffenden Jahres möglich (analog § 19 Abs. 2, § 23 Abs. 3 UStG)[3]. Zur **Rückkehr** von der Ist-Versteuerung **zur Soll-Versteuerung** s. *Rz. 25 f.* Zum **Zeitpunkt** und zu den materiell-rechtlichen Folgen eines **Wechsels** der Art der **Steuerberechnung** s. *Rz. 27 ff.*

9

## B. Anwendungsfälle
### I. Niedriger Gesamtumsatz (Satz 1 Nr. 1)

Der Unternehmer kann die sog. Ist-Versteuerung zum einen dann anwenden, wenn sein **Gesamtumsatz** i.S.d. § 19 Abs. 3 UStG (*§ 19 Rz. 22 ff.*) im vorangegangenen Kalenderjahr nicht mehr als 500 000 € betragen hat (§ 20 Satz 1 Nr. 1 UStG). Soweit der Unternehmer für das vorangegangene Jahr die Steuer nach vereinnahmten Entgelten berechnet (auch bei Vorauszahlungen i.S.d. § 13 Abs. 1 Nr. 1 Buchst. a Satz 4 UStG im Falle der eigentlichen Sollversteuerung), ist auch der Gesamtumsatz nach diesen Entgelten zu berechnen (§ 19 Abs. 3 Satz 2 UStG). Nach seinem eindeutigen Wortlaut ist § 20 Satz 1 Nr. 1 UStG auch dann anzuwenden, wenn der Unternehmer freiwillig Bücher führt.[4]

10

Die „**Rechtfertigung**" dieser Ausnahme von der sog. Soll-Versteuerung soll wohl in der Unzumutbarkeit der Vorfinanzierbarkeit der Steuer liegen[5], z.B. bei auf Provisionsbasis arbeitenden Unternehmern[6]. Diese Sichtweise zeugt von einer völligen Verkennung des Belastungszwecks der Umsatzsteuer, da es für *keinen* Unternehmer zumutbar ist, die Steuer vorzufinanzieren (*Rz. 4*). Es ist zudem unabhängig davon durch keinen sachlichen Grund zu rechtfertigen (so dass auch insoweit ein zusätzlicher Verstoß gegen Art. 3 Abs. 1 GG vorliegt), dass Unternehmer bis zu einem Gesamtumsatz von 500 000 € die Steuer bei Vereinnahmung, Unternehmer ab einem Gesamtumsatz von 500 001 € hingegen die Steuer unabhängig von der Vereinnahmung der Gegenleistung vorzufinanzieren ha-

11

---

1 Vgl. BFH v. 11.5.2011 – V B 93/10, BFH/NV 2011, 1406; BFH v. 22.2.2013 – V B 72/12, BFH/NV 2013, 984; FG Nds. v. 28.4.2014 – 16 K 128/12, juris – Rev.-Az. V R 47/14.
2 Vgl. BFH v. 10.12.2008 – XI R 1/08, BStBl. II 2009, 1026 – 3b bb (2) der Gründe; BFH v. 9.12.2010 – V R 22/10, BStBl. II 2011, 996 – Rz. 20.
3 Nur im Ergebnis zutreffend BFH v. 10.12.2008 – XI R 1/08, BStBl. II 2009, 1026 – 3c. Der BFH geht fehlerhaft davon aus, dass die Wahl der Steuerberechnung eine Verfahrenshandlung sei (ebenso BFH v. 22.7.1999 – V R 51/98, BStBl. II 1999, 630 [631 a.E.]). Die Entscheidung für die Ist-Versteuerung ist jedoch die Ausübung eines rein materiellen Gestaltungsrechts (vgl. *§ 9 Rz. 42*), da sie die Entstehung und Fälligkeit der Steuer, d.h. steuerschuldrechtliche Folgen betrifft (vgl. *§ 18 Rz. 2*; *Stadie*, Allg. SteuerR, Rz. 120).
4 Insoweit zutreffend FG Sachs. v. 17.12.2013 – 6 K 1768/11, juris.
5 Vgl. auch FG Sachs. v. 17.12.2013 – 6 K 1768/11, juris.
6 So Schriftl. Ber. des FinAussch. zu BT-Drucks. V/1581 – Allg., Nr. 6.

ben.[1] Richtigerweise müsste die Ist-Versteuerung für alle Unternehmer die Regel sein, was durch verfassungskonforme Reduktion des § 17 Abs. 2 Nr. 1 UStG erreicht wird (*§ 17 Rz. 53*).

12  Bei **Beginn des Unternehmens** ist maßgebend, ob im laufenden Kalenderjahr der Gesamtumsatz voraussichtlich 500 000 € nicht übersteigen wird[2] (vgl. *§ 19 Rz. 20*). Maßgebend sind gem. § 19 Abs. 3 Satz 2 UStG die zu erwartenden Ist-Einnahmen[3], nicht Soll-Einnahmen[4]. Bei einem Beginn im Laufe des Jahres ist ein entsprechend anteiliger Betrag maßgebend (§ 19 Abs. 3 Sätze 3 und 4 UStG; dazu *§ 19 Rz. 28 ff.*). Beim **Erwerb** eines Unternehmens unter Lebenden oder im Wege der Gesamtrechtsnachfolge sind die Umsätze des Rechtsvorgängers nicht unmittelbar maßgebend[5]; sie können jedoch bei unveränderter Fortführung eine erhebliche Indizfunktion für die Bestimmung des voraussichtlichen Umsatzes des Erwerbers haben[6]. Beim **Hinzuerwerb** eines weiteren Unternehmens im Laufe des Kalenderjahres sind für dieses Jahr (abweichend von dem Grundsatz des § 2 Abs. 1 Satz 2 UStG) beide Betriebe gesondert zu betrachten.

13  Auch wenn die Gesamtumsatzgrenze i.S.d. § 20 Satz 1 Nr. 1 UStG überschritten ist, kommt eine Steuerberechnung nach den sog. Ist-Einnahmen in Betracht, wenn bzw. soweit die Voraussetzungen des § 20 Satz 1 Nr. 2 oder 3 UStG vorliegen.

## II. Befreiung von der Buchführungspflicht (Satz 1 Nr. 2, Satz 2)

14  Der Unternehmer, dessen Gesamtumsatz die Grenze des § 20 Satz 1 Nr. 1 UStG überschreitet, kann die sog. Ist-Versteuerung gleichwohl anwenden, wenn bzw. soweit er **von** der **Buchführungspflicht** nach § 148 AO **befreit** ist (§ 20 Satz 1 Nr. 2 UStG). Nach § 148 AO kann das Finanzamt für einzelne Fälle oder für bestimmte Gruppen von Fällen Erleichterungen bewilligen, wenn die Einhaltung der „durch die Steuergesetze begründeten" Buchführungspflicht (d.h. nicht der

---

1 *Beispiel*: Von zwei miteinander konkurrierenden Unternehmern hat A einen Gesamtumsatz vom 500 000 €, B einen solchen von 500 001 € im Vorjahr gehabt. Das Mehr an Umsatz von 1 € führt (angenommen) zu einem Gewinn von 20 Cent. Beide haben als personalintensive Dienstleister kaum Vorsteuern und durchgängig im Schnitt ausstehende Forderungen von netto 100 000 €, die erst nach ½ Jahr beglichen werden. Während A die Umsatzsteuer erst bei Vereinnahmung seiner Forderungen entrichtet, muss B durchgängig 19 000 € Umsatzsteuer für ½ Jahr vorfinanzieren, was bei einem Zinssatz von 5 % zu jährlichen Finanzierungskosten von 950 € führt. Diese Rechtsfolge, dass B bei gleichbleibenden Verhältnissen jahrein, jahraus rd. 950 € weniger Gewinn erwirtschaftet, nur weil er wegen eines Mehrumsatzes von 1 € die Umsatzsteuer vorfinanzieren muss, ist willkürlich, weil es keinen sachlichen Grund für diese Ungleichbehandlung gibt. Die 500 000 €-Grenze dürfte deshalb nicht als Freigrenze, sondern allenfalls als eine Art Freibetrag bei der Soll-Besteuerung wirken.
2 Abschn. 20.1 Abs. 4 Sätze 2 und 3 UStAE.
3 *Reiß* in R/K/L, § 20 UStG Rz. 11; *Frye* in R/D, § 20 UStG Anm. 161.
4 So aber FG Bdb. v. 13.1.2004 – 1 K 3045/02, EFG 2004, 857; dazu auch *Rz. 6*.
5 Ebenso *Wagner* in S/R, § 20 UStG Rz. 60, 62; *Frye* in R/D, § 20 UStG Anm. 162; a.A. *Reiß* in R/K/L, § 20 UStG Rz. 12 – für den Fall des Erwerbes unter Lebenden (§ 1 Abs. 1a Satz 3 UStG).
6 Vgl. zur entsprechenden Fragestellung im Rahmen des § 19 *Stadie* in R/D, § 19 UStG Anm. 60 f. – Erwerb unter Lebenden; § 19 UStG Anm. 69 f. – Gesamtrechtsnachfolge.

handelsrechtlichen i.S.d. § 140 AO¹ i.V.m. §§ 238 ff. HGB, sondern nur derjenigen i.S.d. § 141 Abs. 1 AO) Härten mit sich bringt und die Besteuerung durch die Erleichterung nicht beeinträchtigt wird². Die Erleichterung kann **rückwirkend** bewilligt werden (§ 148 Satz 2 AO). Folglich kommt auch eine rückwirkende Gestattung der Ist-Versteuerung in Betracht (*Rz. 9*).

Das gesetzgeberische Motiv für diese Ausnahme von der Soll-Versteuerung erschließt sich nicht. Nach Auffassung des BFH soll der **Zweck** der Vorschrift darin liegen, dass der Unternehmer, welcher zur vereinfachten Gewinnermittlung nach der sog. Einnahmen-Ausgaben-Überschussrechnung (§ 4 Abs. 3 EStG) befugt ist, nicht gezwungen sein soll, lediglich für umsatzsteuerrechtliche Zwecke die sog. Solleinnahmen aufzuzeichnen.³ Das ergibt indes keinen Sinn, denn die Buchführung, die § 148 AO meint, ist nicht etwa eine einfache Buchführung in Gestalt von schlichten Aufzeichnungen, sondern ein Betriebsvermögensvergleich in Verbindung mit einer sog. doppelten Buchführung. Für die Praktizierung der sog. Soll-Versteuerung bedarf es jedoch nicht einer doppelten Buchführung, sondern schlicht nur der Aufzeichnung der Forderungen. Auch nichtbuchführende Unternehmer müssen ihre ausstehenden Forderungen („Solleinnahmen") aufzeichnen, um deren Stand zu erfassen und deren Eingang überwachen. Es liegt deshalb die Vermutung nahe, dass die damaligen Gehilfen des Gesetzgebers meinten, dass die Soll-Versteuerung nur mit der sog. doppelten Buchführung, d.h. der Gewinnermittlung durch Betriebsvermögensvergleich, kompatibel sei und von der Buchführungspflicht befreite Unternehmer nicht allein für Zwecke der Umsatzsteuer Bücher führen sollten.⁴ Aber auch diese Annahme wäre unzutreffend, da die beiden unterschiedlichen Arten der Umsatzversteuerung nur zu unterschiedlichen Zeitpunkten der Steuerzahlung führen und beide problemlos bei der jeweiligen Gewinnermittlungsart berücksichtigt werden können. 15

Auch wenn demzufolge die Vorschrift keinen Sinn ergibt, ist sie gleichwohl nicht etwa eng auszulegen. Vielmehr verlangt der Umstand, dass allein die Ist-Versteuerung dem Belastungszweck der Umsatzsteuer und der Funktion des Unternehmers gerecht wird (*Rz. 4*), eine daran orientierte Auslegung. Unternehmer, welche schon **kraft Gesetzes von** der **Buchführungspflicht befreit** sind, weil sie nämlich weder nach § 140 AO noch nach § 141 AO zur Buchführung verpflichtet sind, fallen folglich **erst recht** unter § 20 Satz 1 Nr. 2 UStG.⁵ Die **gegenteilige** Auffassung des **BFH**⁶, wonach ein Unternehmer welcher nicht der Buchführungspflicht unterliegt, auch nicht von dieser gem. § 148 AO befreit werden könne, ist pure **Wortklauberei**. Richtigerweise können deshalb Unternehmer, die nicht von § 141 AO erfasst werden, insbesondere solche mit Einkünften aus selbständiger Arbeit i.S.d. § 18 EStG oder mit Einkünften aus Vermietung und 16

---

1 A.A. *Michel* in B/W, § 224 Rz. 46; *Frye* in R/D, § 20 UStG Anm. 169 m.w.N.
2 Dazu näher *Drüen* in T/K, § 148 AO Rz. 1 ff.
3 Vgl. BFH v. 22.7.1999 – V R 51/98, BStBl. II 1999, 630; BFH v. 22.7.2010 – V R 4/09, UR 2011, 69 = BStBl. II 2013, 590 – Rz. 30 im Widerspruch zu Rz. 22.
4 So BFH v. 22.7.2010 – V R 4/09, UR 2011, 69 = BStBl. II 2013, 590 – Rz. 22.
5 Ebenso *Frye* in R/D, § 20 UStG Anm. 175 f.
6 BFH v. 11.2.2010 – V R 38/08, BStBl. II 2010, 873 – Rz. 19; vgl. auch BFH v. 22.7.2010 – V R 4/09, BStBl. II 2013, 590 = UR 2011, 69 – Rz. 16.

Verpachtung i.S.d. § 21 EStG¹, erst recht die Ist-Versteuerung anwenden. § 20 Satz 1 Nr. 3 UStG läuft deshalb für Freiberufler in (Gestalt von natürlichen Personen und Personengesellschaften) leer (*Rz. 23*).

Nach Auffassung des BFH soll **nur** bei Überschreiten der Umsatzgrenze § 20 Satz 1 Nr. 1 UStG **aufgrund außergewöhnlicher** und **einmaliger Geschäftsvorfälle** die Ist-Versteuerung genehmigt werden können.²

17 Erstreckt sich die Befreiung nach § 148 AO nur auf **einzelne Betriebe** des Unternehmers (und liegen die Voraussetzungen des § 20 Satz 1 Nr. 1 UStG nicht vor), so beschränkt sich die Befugnis zur Ist-Versteuerung auf diese Betriebe (§ 20 Satz 2 UStG).

### III. Freiberufliche Tätigkeit (Satz 1 Nr. 3)

18 Soweit (*Rz. 24*) der Unternehmer Umsätze aus der Tätigkeit als **Angehöriger eines freien Berufes** i.S.d. § 18 Abs. 1 Nr. 1 EStG ausführt, ist er ebenfalls berechtigt, die Umsatzsteuer nach den vereinnahmten Entgelten zu berechnen (§ 20 Satz 1 Nr. 3 UStG).³ Der **Zweck** dieser Regelung soll darin liegen, dass der Unternehmer nicht lediglich für umsatzsteuerrechtliche Zwecke die sog. Solleinnahmen aufzuzeichnen⁴ bzw. Bücher zu führen haben soll.⁵ Das ergibt indes keinen Sinn, denn für die Überwachung der ausstehenden Forderungen bedarf es keiner doppelten Buchführung, da auch solche Unternehmer, welche keine doppelte Buchführung praktizieren, ihre Forderungen aufzeichnen, denn wie sollen sie sonst deren Stand erfassen und deren Eingang überwachen. Die Vorschrift hat deshalb wie die des § 20 Satz 1 Nr. 2 UStG **keinen Sinn** (*Rz. 15*). Zudem werden die Angehörigen eines freien Berufs richtigerweise ohnehin von letztgenannter Vorschrift erfasst (*Rz. 16*).

19 Trotz des fehlenden Sinnes der Vorschrift ist diese nicht etwa eng zu interpretieren. Vielmehr verlangen der Belastungszweck der Umsatzsteuer und die Funktion des Unternehmers (*Rz. 4*) generell eine weite Auslegung des § 20 UStG zur Gewährleistung der Ist-Versteuerung. Folglich muss auch eine Kapitalgesellschaft (insbesondere **GmbH**), welche eine freiberufliche Tätigkeit i.S.d. § 18 Abs. 1 Nr. 1 EStG ausübt, **entgegen** der Auffassung des **BFH**⁶ befugt sein, die Steuer nach den Ist-Einnahmen zu berechnen, obwohl sie wegen ihrer Rechtsform zur Bilanzierung (und doppelten Buchführung) verpflichtet ist (§ 6 Abs. 2 i.V.m. §§ 238 ff. HGB i.V.m. § 41 GmbHG). Der Wortlaut der Vorschrift lässt es

---

1 A.A. BFH v. 11.2.2010 – V R 38/08, BStBl. II 2010, 873.
2 BFH v. 11.2.2010 – V R 38/08, BStBl. II 2010, 873; ebenso Abschn. 20.1 Abs. 1 Satz 5 UStAE.
3 Diese Regelung ist nicht etwa nur verfahrensrechtlicher Art (so aber BFH v. 22.7.1999 – V R 51/98, BStBl. II 1999, 630 [631 a.E.]; BFH v. 10.12.2008 – XI R 1/08, BStBl. II 2009, 1026 – 3c; BVerfG v. 20.3.2013 – 1 BvR 3063/10, UR 2013, 468 – Rz. 31), sondern materiell-rechtlicher Natur, da sie den Zeitpunkt der Steuerentstehung und damit auch der Fälligkeit bestimmt, was bekanntlich steuerschuldrechtliche Fragen sind (*Rz. 9 Fn.*).
4 BFH v. 22.7.1999 – V R 51/98, BStBl. II 1999, 630.
5 BFH v. 22.7.2010 – V R 4/09, BStBl. II 2013, 590 = UR 2011, 69 – Rz. 22.
6 BFH v. 22.7.1999 – V R 51/98, BStBl. II 1999, 630; BFH v. 22.7.2010 – V R 4/09, BStBl. II 2013, 590 = UR 2011, 69; BFH v. 22.7.2010 – V R 36/08, BFH/NV 2011, 316.

zu, eine solche Gesellschaft als Unternehmer zu sehen, der Umsätze aus einer Tätigkeit als Angehöriger eines freien Berufs i.S.d. § 18 Abs. 1 Nr. 1 EStG ausführt.[1]

Die gegenteilige Sichtweise verstößt gegen den **Gleichbehandlungsgrundsatz** in Gestalt der Rechtsformneutralität (Wettbewerbsneutralität) und des Willkürverbots, da Unternehmer, die dieselbe Tätigkeit ausüben, je nach ihrer Rechtsform, in der sie tätig werden, eine unterschiedliche Steuerberechnung vornehmen müssen: Freiberufler als Einzelunternehmer oder in Gestalt einer Personengesellschaft (BGB-Gesellschaft, Partnerschaftsgesellschaft oder ausländische Rechtsform mit vergleichbarer Struktur), welche, sofern nicht unter § 15 Abs. 3 EStG fallend (*Rz. 22*), nicht buchführungspflichtig ist, können die Einnahmen nach dem sog. Ist versteuern, während Freiberufler in Gestalt einer GmbH oder einer anderen Kapitalgesellschaft die Steuer nach dem sog. Soll vorfinanzieren müssen. Für diese Differenzierung gibt es keinen sachlichen Grund.

20

Demgegenüber meint das **BVerfG**[2], dass die Gleichheitsprüfung nicht an einem strengen Verhältnismäßigkeitsmaßstab zu messen sei, da das Differenzierungskriterium der Buchführung ein verfügbares Merkmal sei, was wohl heißen soll, dass der Unternehmer es in der Hand habe, die geeignete Rechtsform zu wählen. Zudem enthalte § 20 UStG kein materielles Steuerrecht, sondern sei allein verfahrensrechtlicher Art, da die Soll-Besteuerung keine Frage der materiellen Umsatzbesteuerung sei.[3] Das ist schier unglaublich, denn die Frage, wann eine Person eine Zahlungsverpflichtung zu erfüllen hat, ist von genuin schuldrechtlicher Natur; anderenfalls wären z.B. die Regelungen des BGB zur Fälligkeit usw. fehlplatziert und müssten in die ZPO gehören! Verblüffend ist auch die Auffassung des BVerfG[4], dass der Zwang, die Vorfinanzierungskosten in die Preise und Honorare – was schon generell nicht möglich (*Vorbem. Rz. 43*) – einzukalkulieren, keine Diskriminierung der Soll-Versteuerer gegenüber den Ist-Versteuern sei, obwohl diese im unmittelbaren Wettbewerb miteinander stehen (z.B. Steuerberater-GmbH und Steuerberater-Personengesellschaft). Und dass bei Freiberuflern i.S.d. § 20 Abs. 1 Satz 1 Nr. 3 UStG mit regelmäßig gesetzlich festgelegten Honoraren die Abwälzung sogar rechtlich ausgeschlossen ist, scheint dem BVerfG nicht bekannt zu sein. Die oberflächliche Sichtweise des BVerfG ist vor allem auch deshalb erschreckend, weil das Gericht den entscheidenden Umstand, dass der Unternehmer als zwangsverpflichteten Gehilfen des Staates nach ständiger Rechtsprechung des EuGH nur eine Verpflichtung zur Abführung vereinnahmter Beträge trifft (*Vorbem. Rz. 20*), schlicht ausblendet. Angesichts dieser Funktion des Unternehmers ist es auch nicht nachvollziehbar, dass das BVerfG nicht die mit Händen zu greifende Frage betrachtet, ob der Zwang zur Vorfinanzierung als Eingriff in die Handlungsfreiheit (Art. 2 Abs. 1 bzw. Art. 12 Abs. 1 GG) gerechtfertigt werden kann. Bei diesen Grundrechten ist bekanntlich ein strenger Verhältnismäßigkeitsmaßstab anzulegen. Die Vorfinanzierung ist

---

1 Vgl. *Lippross*, UR 1997, 209; ausführlich *Stadie*, UR 2010, 241; *Stadie*, UR 2011, 45; *Frye* in R/D, § 20 UStG Anm. 188 ff.
2 BVerfG v. 20.3.2013 – 1 BvR 3063/10, UR 2013, 468 – Rz. 30; Anm. *Stadie*, UR 2013, 472.
3 BVerfG v. 20.3.2013 – 1 BvR 3063/10, UR 2013, 468 – Rz. 31.
4 BVerfG v. 20.3.2013 – 1 BvR 3063/10, UR 2013, 468 – Rz. 31.

zur Erreichung des Gesetzeszwecks schon nicht geeignet und erst recht nicht erforderlich (*Vorbem. Rz. 44*).

21 In der „Begünstigung" der Freiberufler-Kapitalgesellschaften liegt **keine** verfassungswidrige **Ungleichbehandlung anderer Kapitalgesellschaften**, da diese nicht mit jenen im Wettbewerb stehen.[1] Davon zu unterscheiden ist die Frage, ob bei den anderen Kapitalgesellschaften der Zwang zur Soll-Versteuerung verfassungswidrig ist (dazu *§ 13 Rz. 9 f.*; *§ 17 Rz. 53*).

22 Aus den o.g. Gründen ist auch die einkommensteuerrechtliche Umqualifizierung freiberuflicher Einkünfte bei Personengesellschaften nach § 15 Abs. 3 Nr. 1 und 2 EStG (**freiberufliche Personengesellschaft mit** zusätzlichen **anderen Einkünften** bzw. Freiberufler-**GmbH & Co. KG**) in gewerbliche Einkünfte und die daraus resultierende Buchführungspflicht nach § 141 AO im Rahmen des § 20 Satz 1 Nr. 3 UStG ohne Bedeutung.[2]

23 Die Befugnis zur sog. Ist-Versteuerung muss aus den o.g. Gründen **entgegen BFH**[3] auch dann gelten, wenn der Unternehmer **freiwillig Bücher** führt und deshalb einkommensteuerrechtlich (arg. § 4 Abs. 3 Satz 1 EStG) den Gewinn durch Betriebsvermögensvergleich ermittelt.[4]

24 Sofern nicht die Voraussetzungen des § 20 Satz 1 Nr. 1 oder 2 UStG vorliegen, beschränkt sich die Befugnis zur Ist-Versteuerung auf die Umsätze, einschließlich der Hilfsgeschäfte[5], aus einer Tätigkeit als Angehöriger eines freien Berufes („**soweit**"). Führt der Freiberufler noch **andere Umsätze** aus, so besteht (nach dem Gesetzeswortlaut) insoweit die Verpflichtung zur Besteuerung nach vereinbarten Entgelten.

## C. Wechsel der Art der Steuerberechnung (Satz 3)

25 Ein Wechsel der Art der Steuerberechnung ist grundsätzlich möglich (arg. § 20 Satz 3 UStG). Folglich kommt sowohl ein Wechsel von der Soll-Versteuerung zur Ist-Versteuerung als auch eine Rückkehr von dieser zu jener in Betracht. Für letzteren Wechsel ist keine Gestattung seitens des Finanzamts erforderlich.[6] Davon zu unterscheiden sind die Fragen, **bis zu welchem Zeitpunkt** die entsprechende Erklärung des Unternehmers erfolgt sein muss und **zu welchem Zeitpunkt** der Wechsel materiell-rechtlich eintritt.

26 Die **rückwirkende Anwendung** der sog. Ist-Versteuerung kann (analog § 19 Abs. 2, § 23 Abs. 3 UStG) nur erfolgen, wenn die Steuerfestsetzung des betreffenden Jahres (*Rz. 27*) noch nicht formell bestandskräftig, d.h. noch anfechtbar ist (*Rz. 9*). Entsprechendes soll nach Auffassung des BFH für die rückwirkende

---

1 Vgl. BFH v. 11.2.2010 – V R 38/08, BStBl. II 2010, 873 – Rz. 35 f.
2 *Frye* in R/D, § 20 UStG Anm. 193.
3 BFH v. 22.7.2010 – V R 4/09, BStBl. II 2013, 590 = UR 2011, 69 – Rz. 30.
4 Zust. *Frye* in R/D, § 20 UStG Anm. 192.
5 FG Schl.-Holst. v. 17.8.2005 – 4 K 233/04, EFG 2005, 1985 – Verkäufe von Gegenständen des Anlagevermögens.
6 Vgl. BFH v. 10.12.2008 – XI R 1/08, BStBl. II 2009, 1026.

Rückkehr zur Soll-Versteuerung gelten[1], obwohl es für einen derartigen Wechsel der Steuerberechnung keinen sachlichen (auch nicht insolvenzrechtlichen[2]) Grund gibt.

Fraglich ist, **zu welchem Zeitpunkt** der Wechsel der Steuerberechnung erfolgen kann. Die Finanzverwaltung meint, dass wegen des Prinzips der Abschnittsbesteuerung die Genehmigung (Rz. 5) sich stets auf das **volle Kalenderjahr** erstrecke.[3] Dagegen scheint zu sprechen, dass das UStG, anders als z.B. das EStG, keine echte Abschnittsbesteuerung kennt, da die Berechnung der Steuer für das Kalenderjahr nach einer einheitlichen Methode (Soll oder Ist) an keiner Stelle des Gesetzes von Bedeutung ist; demgemäß gibt es auch keine Jahressteuer (§ 16 Rz. 4). Andererseits entspräche es nicht den berechtigten Überwachungs- und Praktikabilitätsinteressen der Finanzverwaltung, wenn der Unternehmer grundsätzlich befugt wäre, auch während des Jahres die Art der Steuerberechnung zu wechseln.[4] Aus einer Gesamtschau der § 16 Abs. 1 Satz 2, § 19 Abs. 3 Satz 3 und § 20 Satz 1 Nr. 1 und 2 UStG ist deshalb zu schlussfolgern, dass das Gesetz im Rahmen des § 20 UStG grundsätzlich das Kalenderjahr im Auge hat.[5] Aus § 20 Satz 1 Nr. 3 UStG („soweit") ergibt sich nichts Gegenteiliges. Die Befugnis entfällt deshalb nicht schon in dem Zeitpunkt, in dem keine Umsätze mehr aus freiberuflicher Tätigkeit ausgeführt werden, sondern erst zum Beginn des folgenden Kalenderjahres.

27

Bei einem Wechsel dürfen **Umsätze nicht doppelt erfasst** werden oder **unversteuert** bleiben (§ 20 Satz 3 UStG). Hierbei handelt es sich nur um eine Klarstellung, da die Steuerentstehungsregeln des § 13 Abs. 1 Nr. 1 Buchst. a bzw. b UStG sich auf die jeweiligen Umsätze beziehen, welche in dem Besteuerungszeitraum, für den die sog. Ist- bzw. Soll-Versteuerung gilt, ausgeführt werden.[6] Folglich entsteht beim Wechsel von der Ist- zur Soll-Versteuerung für den Teil der Gegenleistung, der noch nicht vereinnahmt ist, nicht etwa die Steuer im Zeitpunkt des Wechsels nach § 13 Abs. 1 Nr. 1 Buchst. a Satz 1 UStG; auch insoweit bleibt es bei der sog. Ist-Versteuerung. § 20 Satz 3 UStG enthält keine abweichende Entstehungsregelung.[7] Umgekehrt sind Umsätze, welche der sog. Soll-Versteuerung unterlegen haben, nach einem Wechsel der Steuerberechnung nicht nochmals bei Vereinnahmung der Gegenleistung zu versteuern (sofern nicht zuvor die Steuer wegen Uneinbringlichkeit nach § 17 Abs. 2 Nr. 1 Satz 1 UStG berichtigt worden war und das sog. Ist-Prinzip sich nunmehr aus § 17 Abs. 2 Nr. 1 Satz 2 UStG ergibt; dazu § 17 Rz. 60).

28

---

1 BFH v. 10.12.2008 – XI R 1/08, BStBl. II 2009, 1026; BFH v. 9.12.2010 – V R 22/10, BStBl. II 2011, 996 – Rz. 21.
2 Vgl. BFH v. 9.12.2010 – V R 22/10, BStBl. II 2011, 996; *Stadie* in R/D, § 18 UStG Anm. 831 ff.
3 Abschn. 20.1 Abs. 1 Satz 4 UStAE.
4 So aber wohl BFH v. 10.12.2008 – XI R 1/08, BStBl. II 2009, 1026 – 3 der Gründe: „innerhalb eines laufenden Besteuerungszeitraums".
5 A.A. *Michel* in B/W, § 224 Rz. 83.
6 Dazu BFH v. 30.1.2003 – V R 58/01, BStBl. II 2003, 817; Abschn. 13.6 Abs. 3 UStAE.
7 BFH v. 30.1.2003 – V R 58/01, BStBl. II 2003, 817.

# § 21
# Besondere Vorschriften für die Einfuhrumsatzsteuer

(1) Die Einfuhrumsatzsteuer ist eine Verbrauchsteuer im Sinne der Abgabenordnung.

(2) Für die Einfuhrumsatzsteuer gelten die Vorschriften für Zölle sinngemäß; ausgenommen sind die Vorschriften über den aktiven Veredelungsverkehr nach dem Verfahren der Zollrückvergütung und über den passiven Veredelungsverkehr.

(2a) Abfertigungsplätze im Ausland, auf denen dazu befugte deutsche Zollbedienstete Amtshandlungen nach Absatz 2 vornehmen, gehören insoweit zum Inland. Das Gleiche gilt für ihre Verbindungswege mit dem Inland, soweit auf ihnen einzuführende Gegenstände befördert werden.

(3) Die Zahlung der Einfuhrumsatzsteuer kann ohne Sicherheitsleistung aufgeschoben werden, wenn die zu entrichtende Steuer nach § 15 Abs. 1 Satz 1 Nr. 2 in voller Höhe als Vorsteuer abgezogen werden kann.

(4) Entsteht für den eingeführten Gegenstand nach dem Zeitpunkt des Entstehens der Einfuhrumsatzsteuer eine Zollschuld oder eine Verbrauchsteuer oder wird für den eingeführten Gegenstand nach diesem Zeitpunkt eine Verbrauchsteuer unbedingt, so entsteht gleichzeitig eine weitere Einfuhrumsatzsteuer. Das gilt auch, wenn der Gegenstand nach dem in Satz 1 bezeichneten Zeitpunkt bearbeitet oder verarbeitet worden ist. Bemessungsgrundlage ist die entstandene Zollschuld oder die entstandene oder unbedingt gewordene Verbrauchsteuer. Steuerschuldner ist, wer den Zoll oder die Verbrauchsteuer zu entrichten hat. Die Sätze 1 bis 4 gelten nicht, wenn derjenige, der den Zoll oder die Verbrauchsteuer zu entrichten hat, hinsichtlich des eingeführten Gegenstands nach § 15 Abs. 1 Satz 1 Nr. 2 zum Vorsteuerabzug berechtigt ist.

(5) Die Absätze 2 bis 4 gelten entsprechend für Gegenstände, die nicht Waren im Sinne des Zollrechts sind und für die keine Zollvorschriften bestehen.

*EU-Recht*
Art. 70, 71, 86 Abs. 1 Buchst. a und Art. 201 MwStSystRL.

| | | | |
|---|---|---|---|
| A. Allgemeines | 1 | E. Zahlungsaufschub (Abs. 3) | 8 |
| B. Verbrauchsteuer im Sinne der AO (Abs. 1) | 3 | F. Entstehung einer weiteren Einfuhrumsatzsteuer (Abs. 4) | 9 |
| C. Anwendung der Zollvorschriften (Abs. 2) | 5 | G. Gegenstände, welche nicht dem Zollrecht unterliegen (Abs. 5) | 11 |
| D. Abfertigungsplätze im Ausland (Abs. 2a) | 7 | | |

## A. Allgemeines

1 Die Bestimmung enthält „Besondere Vorschriften für die Einfuhrumsatzsteuer", welche entgegen ihrer Stellung im fünften Abschnitt „Besteuerung" nicht stets

verfahrensrechtlicher, sondern häufig rein materiell-rechtlicher Natur sind.[1] Die Bestimmung enthält ein Konglomerat unterschiedlichster **materiell-rechtlicher** und **verfahrensrechtlicher** Regelungen zur Einfuhrumsatzsteuer (EUSt).

Die wesentlichen **materiell-rechtlichen Normen** zur Einfuhrumsatzsteuer finden sich bereits hinsichtlich 2

– des **Tatbestandes** („Umsatzes") der Einfuhr in § 1 Abs. 1 Nr. 4 UStG,
– der **Steuerbefreiungen** in § 5 UStG,
– der **Bemessungsgrundlage** in § 11 UStG und
– der **Steuersätze** in § 12 Abs. 1 und 2 Nr. 1 UStG.

Für die **Entstehung** der Einfuhrumsatzsteuer und den **Steuerschuldner** verweisen § 13 Abs. 2 und 13a Abs. 2 UStG auf § 21 Abs. 2 UStG (*Rz. 6*). Für die Abziehbarkeit der Einfuhrumsatzsteuer als **Vorsteuer** durch Unternehmer gelten neben den allgemeinen die besonderen Vorschriften des § 15 Abs. 1 Satz 1 Nr. 2 UStG, des § 16 Abs. 2 Satz 2 und 3 und Abs. 7 UStG und des § 17 Abs. 3 UStG.

## B. Verbrauchsteuer im Sinne der AO (Abs. 1)

Die Aussage des § 21 Abs. 1 UStG, dass die Einfuhrumsatzsteuer (§ 1 Abs. 1 3 Nr. 4 UStG) eine Verbrauchsteuer im Sinne der Abgabenordnung ist, muss angesichts des Umstandes, dass die Umsatzsteuer materiell-rechtlich keine Verkehrsteuer, sondern eine Verbrauchsteuer ist (*Vorbem. Rz. 15 ff.*), auf den ersten Blick irritieren. Die Aussage ergibt auch nur deshalb einen Sinn, weil die Abgabenordnung – wie auch die Verfassung (Art. 106 Abs. 1 Nr. 2 und Abs. 2 Nr. 4 GG) – die **antiquierte Zweiteilung** der Reichsabgabenordnung in „Zölle und Verbrauchsteuern" einerseits und in „Besitz- und Verkehrsteuern" andererseits gedanklich fortführt (vgl. § 139 Abs. 1 Satz 2 AO) und die Umsatzsteuer (mit Ausnahme der Einfuhrumsatzsteuer) nicht als Verbrauchsteuer versteht (vgl. § 221 AO). Nach Wortlaut, systematischer Interpretation und historischem Kontext ist die Umsatzsteuer grundsätzlich nicht als Verbrauchsteuer im Sinne der Abgabenordnung anzusehen (*Vorbem. Rz. 18*).

Da jedoch die Einfuhrumsatzsteuer zusammen mit den Zöllen und den „bundesgesetzlich geregelten Verbrauchsteuern", d.h. den **besonderen Verbrauchsteuern**, durch Bundesfinanzbehörden verwaltet wird (Art. 108 Abs. 1 Satz 1 GG), bestimmt § 21 Abs. 2 UStG, dass auch für die Einfuhrumsatzsteuer aus Gründen der Verwaltungsvereinfachung und weil sie ebenfalls zumeist in einem **Massenabfertigungsverfahren** erhoben wird, die **verfahrensrechtlichen Regelungen** der Abgabenordnung für die (besonderen) Verbrauchsteuern gelten. So beträgt die **Festsetzungsverjährungsfrist**, anders als bei der „normalen" Umsatzsteuer (vier Jahre, § 169 Abs. 2 Satz 1 Nr. 2 AO), nur ein Jahr (§ 169 Abs. 2 Satz 1 Nr. 1 AO). Ferner können Einfuhrumsatzsteuer-**Bescheide** grundsätzlich **jederzeit korrigiert** werden (§ 172 Abs. 1 Satz 1 Nr. 1 AO). Für die Einfuhrumsatzsteuer ist nicht das Finanzamt, sondern das **Hauptzollamt** zuständig (§ 21 Abs. 1 Satz 1 i.V.m. § 23 AO). 4

---

[1] Vgl. BFH v. 3.5.1990 – VII R 71/88, StRK UStG 1980 § 21 R. 3 = HFR 1991, 77.

## C. Anwendung der Zollvorschriften (Abs. 2)

5 Für die Einfuhrumsatzsteuer gelten die Vorschriften für Zölle sinngemäß (§ 21 Abs. 2 Halbs. 1 UStG). Dazu zählen vornehmlich der **Zollkodex** (ZK), die Zollkodex-DVO und die Verordnung über die zolltarifliche Nomenklatur sowie den gemeinsamen Zolltarif (VO KN) der Gemeinschaft und das nationale **Zollverwaltungsgesetz** (ZollVG). Ausgenommen sind lt. § 21 Abs. 2 Halbs. 2 UStG die Vorschriften über den aktiven Veredelungsverkehr nach dem Verfahren der Zollrückvergütung (dazu Art. 114 Abs. 1b und 2b, Art. 124 ZK) und über den passiven Veredelungsverkehr (dazu Art. 145 ff. ZK). Die Vorschriften der Abgabenordnung gelten für die Einfuhrumsatzsteuer nur, soweit sich aus den Zollvorschriften nicht anderes ergibt.[1]

6 Nach dem Zollkodex bestimmen sich auch **Entstehung** (Art. 201 Abs. 1 und 2 ZK) und **Schuldner** der Einfuhrumsatzsteuer (Art. 201 Abs. 3 Satz 1 i.V.m. Art. 4 Nr. 18 ZK). Die **Fälligkeit** tritt regelmäßig spätestens zehn Tage nach Bekanntgabe des Bescheides ein (Art. 222 ZK; zu Ausnahmen *Rz. 8*). Die Entstehung einer **weiteren Einfuhrumsatzsteuer** richtet sich nach § 21 Abs. 4 UStG (*Rz. 9*).

## D. Abfertigungsplätze im Ausland (Abs. 2a)

7 Abfertigungsplätze im Ausland, auf denen dazu befugte deutsche Zollbedienstete Amtshandlungen nach § 21 Abs. 2 UStG, d.h. nach dem Zollkodex und dem ZollVG, vornehmen, gehören insoweit zum Inland. Das Gleiche gilt für ihre Verbindungswege mit dem Inland, soweit auf ihnen einzuführende Gegenstände befördert werden (§ 21 Abs. 2a UStG). Die Begriffe „Ausland" und „Inland" sind nicht im staatsrechtlichen, sondern im umsatzsteuerrechtlichen Sinne zu verstehen, so dass Ausland auch die vom Inland i.S.d. § 1 Abs. 2 Satz 1 UStG ausgenommenen Gebiete sind, wie z.B. Freihäfen. Ein dort gelegener Abfertigungsplatz gilt als Inland im umsatzsteuerrechtlichen Sinne, so dass dort der Tatbestand der „Einfuhr im Inland" (§ 1 Abs. 1 Nr. 4 UStG) verwirklicht werden kann.

## E. Zahlungsaufschub (Abs. 3)

8 Die Einfuhrumsatzsteuer wird spätestens zehn Tage nach Bekanntgabe des Einfuhrumsatzsteuer-Bescheides fällig (Art. 222 ZK), sofern die Behörde keine kürzere Frist gesetzt, Zahlungsaufschub (Art. 224 ZK) oder sonstige Zahlungserleichterungen (Art. 229 ZK) gewährt hat. Zahlungsaufschub ist grundsätzlich nur gegen Sicherheitsleistung möglich (§ 223 AO). Abweichend davon kann dieser **ohne Sicherheitsleistung** (dazu §§ 241 ff. AO) erfolgen, wenn die zu entrichtende Steuer in voller Höhe nach § 15 Abs. 1 Satz 1 Nr. 2 UStG **als Vorsteuer abgezogen** werden kann (§ 21 Abs. 3 UStG). Insoweit setzt das Gesetz konsequent den Zweck, Unternehmer nicht mit der Umsatzsteuer zu belasten, um (s. auch § 16 Abs. 2 Sätze 3 und 4 UStG; *§ 16 Rz. 26*).

---

[1] BFH v. 3.5.1990 – VII R 71/88, StRK UStG 1980 § 21 R. 3 = HFR 1991, 77.

## F. Entstehung einer weiteren Einfuhrumsatzsteuer (Abs. 4)

Entsteht für den eingeführten Gegenstand nach dem Zeitpunkt des Entstehens der Einfuhrumsatzsteuer eine **Zollschuld** oder eine **Verbrauchsteuer** oder wird für den eingeführten Gegenstand nach diesem Zeitpunkt eine Verbrauchsteuer unbedingt (*Beispiel:* der in einem besonderen Verbrauchsteuerverkehr befindliche Gegenstand wird in den freien Verkehr entnommen), so entsteht gleichzeitig eine weitere Einfuhrumsatzsteuer. Das gilt auch, wenn der Gegenstand zwischenzeitlich be- oder verarbeitet worden ist (§ 21 Abs. 4 Sätze 1 und 2 UStG). Diese Bestimmungen ergänzen § 11 Abs. 3 Nr. 2 UStG, wonach derartige Abgaben als wertbestimmende Faktoren in die Bemessungsgrundlage einzubeziehen sind (*§ 11 Rz. 8*). Entstehen diese Abgaben erst nach Entstehung der Einfuhrumsatzsteuer, muss eine Nacherhebung erfolgen. Zu diesem Zweck erhöht sich die Bemessungsgrundlage nicht rückwirkend, so dass auch der ursprüngliche Einfuhrumsatzsteuer-Bescheid nicht zu ändern ist. Dies gilt auch, wenn der Gegenstand noch nicht weitergeliefert ist. In all diesen Fällen entsteht vielmehr eine weitere Einfuhrumsatzsteuer, für die konsequenterweise die entstandene Zollschuld oder die entstandene oder unbedingt gewordene Verbrauchsteuer die **Bemessungsgrundlage** ist (§ 21 Abs. 4 Satz 3 UStG). Steuerschuldner ist derjenige, welcher diese Abgaben zu entrichten hat (§ 21 Abs. 4 Satz 4 UStG). 9

Eine weitere Einfuhrumsatzsteuer entsteht gar **nicht** erst, wenn derjenige, der diese Abgaben zu entrichten hat, hinsichtlich des eingeführten Gegenstandes zum **Vorsteuerabzug** berechtigt ist (§ 21 Abs. 4 Satz 5 UStG), so dass die Einfuhrumsatzsteuer ohnehin nicht beim Steuergläubiger verbliebe. 10

## G. Gegenstände, welche nicht dem Zollrecht unterliegen (Abs. 5)

§ 21 Abs. 2 bis 4 UStG gilt entsprechend für Gegenstände, die **nicht „Waren"** im Sinne des Zollrechts sind und für die keine Zollvorschriften bestehen (§ 21 Abs. 5 UStG). Damit wird verhindert, dass, wenn solche Gegenstände der Einfuhrumsatzsteuer nach § 1 Abs. 1 Nr. 4 UStG unterliegen, die Besteuerung nicht an fehlenden Vorschriften scheitert. Zu denken ist an unkörperliche Gegenstände in Gestalt von Elektrizität, Gas, Wärme und Kälte (Art. 15 Abs. 1 MwStSystRL), soweit diese zollrechtlich nicht als Waren verstanden werden. 11

# § 22
# Aufzeichnungspflichten

(1) Der Unternehmer ist verpflichtet, zur Feststellung der Steuer und der Grundlagen ihrer Berechnung Aufzeichnungen zu machen. Diese Verpflichtung gilt in den Fällen des § 13a Abs. 1 Nr. 2 und 5, des § 13b Absatz 5 und des § 14c Abs. 2 auch für Personen, die nicht Unternehmer sind. Ist ein land- und forstwirtschaftlicher Betrieb nach § 24 Abs. 3 als gesondert geführter Betrieb zu behandeln, so hat der Unternehmer Aufzeichnungspflichten für diesen Betrieb gesondert zu erfüllen. In den Fällen des § 18 Abs. 4c und 4d sind die erforderlichen Aufzeichnungen auf Anfrage des Bundeszentralamtes für Steuern auf elektro-

nischem Weg zur Verfügung zu stellen; in den Fällen des § 18 Absatz 4e sind die erforderlichen Aufzeichnungen auf Anfrage der für das Besteuerungsverfahren zuständigen Finanzbehörde auf elektronischem Weg zur Verfügung zu stellen.

(2) Aus den Aufzeichnungen müssen zu ersehen sein:

1. die vereinbarten Entgelte für die vom Unternehmer ausgeführten Lieferungen und sonstigen Leistungen. Dabei ist ersichtlich zu machen, wie sich die Entgelte auf die steuerpflichtigen Umsätze, getrennt nach Steuersätzen, und auf die steuerfreien Umsätze verteilen. Dies gilt entsprechend für die Bemessungsgrundlagen nach § 10 Abs. 4, wenn Lieferungen im Sinne des § 3 Abs. 1b, sonstige Leistungen im Sinne des § 3 Abs. 9a sowie des § 10 Abs. 5 ausgeführt werden. Aus den Aufzeichnungen muss außerdem hervorgehen, welche Umsätze der Unternehmer nach § 9 als steuerpflichtig behandelt. Bei der Berechnung der Steuer nach vereinnahmten Entgelten (§ 20) treten an die Stelle der vereinbarten Entgelte die vereinnahmten Entgelte. Im Fall des § 17 Abs. 1 Satz 6 hat der Unternehmer, der die auf die Minderung des Entgelts entfallende Steuer an das Finanzamt entrichtet, den Betrag der Entgeltsminderung gesondert aufzuzeichnen;

2. die vereinnahmten Entgelte und Teilentgelte für noch nicht ausgeführte Lieferungen und sonstige Leistungen. Dabei ist ersichtlich zu machen, wie sich die Entgelte und Teilentgelte auf die steuerpflichtigen Umsätze, getrennt nach Steuersätzen, und auf die steuerfreien Umsätze verteilen. Nummer 1 Satz 4 gilt entsprechend;

3. die Bemessungsgrundlage für Lieferungen im Sinne des § 3 Abs. 1b und für sonstige Leistungen im Sinne des § 3 Abs. 9a Nr. 1. Nummer 1 Satz 2 gilt entsprechend;

4. die wegen unrichtigen Steuerausweises nach § 14c Abs. 1 und wegen unberechtigten Steuerausweises nach § 14c Abs. 2 geschuldeten Steuerbeträge;

5. die Entgelte für steuerpflichtige Lieferungen und sonstige Leistungen, die an den Unternehmer für sein Unternehmen ausgeführt worden sind, und die vor Ausführung dieser Umsätze gezahlten Entgelte und Teilentgelte, soweit für diese Umsätze nach § 13 Abs. 1 Nr. 1 Buchstabe a Satz 4 die Steuer entsteht, sowie die auf die Entgelte und Teilentgelte entfallenden Steuerbeträge;

6. die Bemessungsgrundlagen für die Einfuhr von Gegenständen (§ 11), die für das Unternehmen des Unternehmers eingeführt worden sind, sowie die dafür entstandene [bis 30.7.2014: entrichtete oder in den Fällen des § 16 Abs. 2 Satz 4 zu entrichtende][1] Einfuhrumsatzsteuer;

7. die Bemessungsgrundlagen für den innergemeinschaftlichen Erwerb von Gegenständen sowie die hierauf entfallenden Steuerbeträge;

8. in den Fällen des § 13b Absatz 1 bis 5 beim Leistungsempfänger die Angaben entsprechend den Nummern 1 und 2. Der Leistende hat die Angaben nach den Nummern 1 und 2 gesondert aufzuzeichnen;

9. die Bemessungsgrundlage für Umsätze im Sinne des § 4 Nr. 4a Satz 1 Buchstabe a Satz 2 sowie die hierauf entfallenden Steuerbeträge.

---
1 Geändert durch Gesetz v. 25.7.2014.

(3) Die Aufzeichnungspflichten nach Absatz 2 Nr. 5 und 6 entfallen, wenn der Vorsteuerabzug ausgeschlossen ist (§ 15 Abs. 2 und 3). Ist der Unternehmer nur teilweise zum Vorsteuerabzug berechtigt, so müssen aus den Aufzeichnungen die Vorsteuerbeträge eindeutig und leicht nachprüfbar zu ersehen sein, die den zum Vorsteuerabzug berechtigenden Umsätzen ganz oder teilweise zuzurechnen sind. Außerdem hat der Unternehmer in diesen Fällen die Bemessungsgrundlagen für die Umsätze, die nach § 15 Abs. 2 und 3 den Vorsteuerabzug ausschließen, getrennt von den Bemessungsgrundlagen der übrigen Umsätze, ausgenommen die Einfuhren und die innergemeinschaftlichen Erwerbe, aufzuzeichnen. Die Verpflichtung zur Trennung der Bemessungsgrundlagen nach Absatz 2 Nr. 1 Satz 2, Nr. 2 Satz 2 und Nr. 3 Satz 2 bleibt unberührt.

(4) In den Fällen des § 15a hat der Unternehmer die Berechnungsgrundlagen für den Ausgleich aufzuzeichnen, der von ihm in den in Betracht kommenden Kalenderjahren vorzunehmen ist.

(4a) Gegenstände, die der Unternehmer zu seiner Verfügung vom Inland in das übrige Gemeinschaftsgebiet verbringt, müssen aufgezeichnet werden, wenn

1. an den Gegenständen im übrigen Gemeinschaftsgebiet Arbeiten ausgeführt werden,

2. es sich um eine vorübergehende Verwendung handelt, mit den Gegenständen im übrigen Gemeinschaftsgebiet sonstige Leistungen ausgeführt werden und der Unternehmer in dem betreffenden Mitgliedstaat keine Zweigniederlassung hat oder

3. es sich um eine vorübergehende Verwendung im übrigen Gemeinschaftsgebiet handelt und in entsprechenden Fällen die Einfuhr der Gegenstände aus dem Drittlandsgebiet vollständig steuerfrei wäre.

(4b) Gegenstände, die der Unternehmer von einem im übrigen Gemeinschaftsgebiet ansässigen Unternehmer mit Umsatzsteuer-Identifikationsnummer zur Ausführung einer sonstigen Leistung im Sinne des § 3a Abs. 3 Nr. 3 Buchstabe c erhält, müssen aufgezeichnet werden.

(4c) Der Lagerhalter, der ein Umsatzsteuerlager im Sinne des § 4 Nr. 4a betreibt, hat Bestandsaufzeichnungen über die eingelagerten Gegenstände und Aufzeichnungen über Leistungen im Sinne des § 4 Nr. 4a Satz 1 Buchstabe b Satz 1 zu führen. Bei der Auslagerung eines Gegenstands aus dem Umsatzsteuerlager muss der Lagerhalter Name, Anschrift und die inländische Umsatzsteuer-Identifikationsnummer des Auslagerers oder dessen Fiskalvertreters aufzeichnen.

(4d) Im Fall der Abtretung eines Anspruchs auf die Gegenleistung für einen steuerpflichtigen Umsatz an einen anderen Unternehmer (§ 13c) hat

1. der leistende Unternehmer den Namen und die Anschrift des Abtretungsempfängers sowie die Höhe des abgetretenen Anspruchs auf die Gegenleistung aufzuzeichnen;

2. der Abtretungsempfänger den Namen und die Anschrift des leistenden Unternehmers, die Höhe des abgetretenen Anspruchs auf die Gegenleistung sowie die Höhe der auf den abgetretenen Anspruch vereinnahmten Beträge aufzuzeichnen. Sofern der Abtretungsempfänger die Forderung oder einen Teil

der Forderung an einen Dritten abtritt, hat er zusätzlich den Namen und die Anschrift des Dritten aufzuzeichnen.

Satz 1 gilt entsprechend bei der Verpfändung oder der Pfändung von Forderungen. An die Stelle des Abtretungsempfängers tritt im Fall der Verpfändung der Pfandgläubiger und im Fall der Pfändung der Vollstreckungsgläubiger.

(4e) Wer in den Fällen des § 13c Zahlungen nach § 48 der Abgabenordnung leistet, hat Aufzeichnungen über die entrichteten Beträge zu führen. Dabei sind auch Name, Anschrift und die Steuernummer des Schuldners der Umsatzsteuer aufzuzeichnen.

(5) Ein Unternehmer, der ohne Begründung einer gewerblichen Niederlassung oder außerhalb einer solchen von Haus zu Haus oder auf öffentlichen Straßen oder an anderen öffentlichen Orten Umsätze ausführt oder Gegenstände erwirbt, hat ein Steuerheft nach amtlich vorgeschriebenem Vordruck zu führen.

(6) Das Bundesministerium der Finanzen kann mit Zustimmung des Bundesrates durch Rechtsverordnung

1. nähere Bestimmungen darüber treffen, wie die Aufzeichnungspflichten zu erfüllen sind und in welchen Fällen Erleichterungen bei der Erfüllung dieser Pflichten gewährt werden können, sowie
2. Unternehmer im Sinne des Absatzes 5 von der Führung des Steuerhefts befreien, sofern sich die Grundlagen der Besteuerung aus anderen Unterlagen ergeben, und diese Befreiung an Auflagen knüpfen.

§ 63 UStDV
Aufzeichnungspflichten

(1) Die Aufzeichnungen müssen so beschaffen sein, dass es einem sachverständigen Dritten innerhalb einer angemessenen Zeit möglich ist, einen Überblick über die Umsätze des Unternehmers und die abziehbaren Vorsteuern zu erhalten und die Grundlagen für die Steuerberechnung festzustellen.

(2) Entgelte, Teilentgelte, Bemessungsgrundlagen nach § 10 Abs. 4 und 5 des Gesetzes, nach § 14c des Gesetzes geschuldete Steuerbeträge sowie Vorsteuerbeträge sind am Schluss jedes Voranmeldungszeitraums zusammenzurechnen. Im Fall des § 17 Abs. 1 Satz 6 des Gesetzes sind die Beträge der Entgeltsminderungen am Schluss jedes Voranmeldungszeitraums zusammenzurechnen.

(3) Der Unternehmer kann die Aufzeichnungspflichten nach § 22 Abs. 2 Nr. 1 Satz 1, 3, 5 und 6, Nr. 2 Satz 1 und Nr. 3 Satz 1 des Gesetzes in folgender Weise erfüllen:

1. Das Entgelt oder Teilentgelt und der Steuerbetrag werden in einer Summe statt des Entgelts oder des Teilentgelts aufgezeichnet.
2. Die Bemessungsgrundlage nach § 10 Abs. 4 und 5 des Gesetzes und der darauf entfallende Steuerbetrag werden in einer Summe statt der Bemessungsgrundlage aufgezeichnet.
3. Bei der Anwendung des § 17 Abs. 1 Satz 6 des Gesetzes werden die Entgeltsminderung und die darauf entfallende Minderung des Steuerbetrags in einer Summe statt der Entgeltsminderung aufgezeichnet.

§ 22 Abs. 2 Nr. 1 Satz 2, Nr. 2 Satz 2 und Nr. 3 Satz 2 des Gesetzes gilt entsprechend. Am Schluss jedes Voranmeldungszeitraums hat der Unternehmer die Summe der Entgelte und Teilentgelte, der Bemessungsgrundlagen nach § 10 Abs. 4 und 5 des Gesetzes sowie der Entgeltsminderungen im Fall des § 17 Abs. 1 Satz 6 des Gesetzes zu errechnen und aufzuzeichnen.

(4) Dem Unternehmer, dem wegen der Art und des Umfangs des Geschäfts eine Trennung der Entgelte und Teilentgelte nach Steuersätzen (§ 22 Abs. 2 Nr. 1 Satz 2 und Nr. 2 Satz 2 des Gesetzes) in den Aufzeichnungen nicht zuzumuten ist, kann das Finanzamt auf Antrag gestatten, dass er die Entgelte und Teilentgelte nachträglich auf der Grundlage der Wareneingänge oder, falls diese hierfür nicht verwendet werden können, nach anderen Merkmalen trennt. Entsprechendes gilt für die Trennung nach Steuersätzen bei den Bemessungsgrundlagen nach § 10 Abs. 4 und 5 des Gesetzes (§ 22 Abs. 2 Nr. 1 Satz 3 und Nr. 3 Satz 2 des Gesetzes). Das Finanzamt darf nur ein Verfahren zulassen, dessen steuerliches Ergebnis nicht wesentlich von dem Ergebnis einer nach Steuersätzen getrennten Aufzeichnung der Entgelte, Teilentgelte und sonstigen Bemessungsgrundlagen abweicht. Die Anwendung des Verfahrens kann auf einen in der Gliederung des Unternehmens gesondert geführten Betrieb beschränkt werden.

(5) Der Unternehmer kann die Aufzeichnungspflicht nach § 22 Abs. 2 Nr. 5 des Gesetzes in der Weise erfüllen, dass er die Entgelte oder Teilentgelte und die auf sie entfallenden Steuerbeträge (Vorsteuern) jeweils in einer Summe, getrennt nach den in den Eingangsrechnungen angewandten Steuersätzen, aufzeichnet. Am Schluss jedes Voranmeldungszeitraums hat der Unternehmer die Summe der Entgelte und Teilentgelte und die Summe der Vorsteuerbeträge zu errechnen und aufzuzeichnen.

### § 64 UStDV
### Aufzeichnung im Fall der Einfuhr

Der Aufzeichnungspflicht nach § 22 Abs. 2 Nr. 6 des Gesetzes ist genügt, wenn die entstandene [*bis 30.7.2014*: entrichtete oder in den Fällen des § 16 Abs. 2 Satz 4 des Gesetzes zu entrichtende][1] Einfuhrumsatzsteuer mit einem Hinweis auf einen entsprechenden zollamtlichen Beleg aufgezeichnet wird.

### § 65 UStDV
### Aufzeichnungspflichten der Kleinunternehmer

Unternehmer, auf deren Umsätze § 19 Abs. 1 Satz 1 des Gesetzes anzuwenden ist, haben an Stelle der nach § 22 Abs. 2 bis 4 des Gesetzes vorgeschriebenen Angaben Folgendes aufzuzeichnen:

1. die Werte der erhaltenen Gegenleistungen für die von ihnen ausgeführten Lieferungen und sonstigen Leistungen;
2. die sonstigen Leistungen im Sinne des § 3 Abs. 9a Nr. 2 des Gesetzes. Für ihre Bemessung gilt Nummer 1 entsprechend.

Die Aufzeichnungspflichten nach § 22 Abs. 2 Nr. 4, 7, 8 und 9 des Gesetzes bleiben unberührt.

### § 66 UStDV
### Aufzeichnungspflichten bei der Anwendung allgemeiner Durchschnittssätze

Der Unternehmer ist von den Aufzeichnungspflichten nach § 22 Abs. 2 Nr. 5 und 6 des Gesetzes befreit, soweit er die abziehbaren Vorsteuerbeträge nach einem Durchschnittssatz (§§ 69 und 70) berechnet.

### § 66a UStDV
### Aufzeichnungspflichten bei der Anwendung des Durchschnittssatzes für Körperschaften, Personenvereinigungen und Vermögensmassen im Sinne des § 5 Abs. 1 Nr. 9 des Körperschaftsteuergesetzes

Der Unternehmer ist von den Aufzeichnungspflichten nach § 22 Abs. 2 Nr. 5 und 6 des Gesetzes befreit, soweit er die abziehbaren Vorsteuerbeträge nach dem in § 23a des Gesetzes festgesetzten Durchschnittssatz berechnet.

---

1 Geändert durch Gesetz v. 25.7.2014.

## § 67 UStDV
### Aufzeichnungspflichten bei der Anwendung der Durchschnittssätze für land- und forstwirtschaftliche Betriebe

Unternehmer, auf deren Umsätze § 24 des Gesetzes anzuwenden ist, sind für den land- und forstwirtschaftlichen Betrieb von den Aufzeichnungspflichten nach § 22 des Gesetzes befreit. Ausgenommen hiervon sind die Bemessungsgrundlagen für die Umsätze im Sinne des § 24 Abs. 1 Satz 1 Nr. 2 des Gesetzes. Die Aufzeichnungspflichten nach § 22 Abs. 2 Nr. 4, 7 und 8 des Gesetzes bleiben unberührt.

## § 68 UStDV
### Befreiung von der Führung des Steuerhefts

(1) Unternehmer im Sinne des § 22 Abs. 5 des Gesetzes sind von der Verpflichtung, ein Steuerheft zu führen, befreit,

1. wenn sie im Inland eine gewerbliche Niederlassung besitzen und ordnungsmäßige Aufzeichnungen nach § 22 des Gesetzes in Verbindung mit den §§ 63 bis 66 dieser Verordnung führen;
2. soweit ihre Umsätze nach den Durchschnittssätzen für land- und forstwirtschaftliche Betriebe (§ 24 Abs. 1 Satz 1 Nr. 1 und 3 des Gesetzes) besteuert werden;
3. soweit sie mit Zeitungen und Zeitschriften handeln;
4. soweit sie auf Grund gesetzlicher Vorschriften verpflichtet sind, Bücher zu führen, oder ohne eine solche Verpflichtung Bücher führen.

(2) In den Fällen des Absatzes 1 Nr. 1 stellt das Finanzamt dem Unternehmer eine Bescheinigung über die Befreiung von der Führung des Steuerhefts aus.

*EU-Recht*
Art. 242, 243 MwStSystRL.

*VV*
Abschn. 22.1–22.6 UStAE.

| | |
|---|---|
| A. Normzweck, Allgemeines ..... 1 | C. Erleichterungen für die Trennung der Bemessungsgrundlagen (§ 63 Abs. 4 UStDV) ..... 10 |
| B. Rechtsfolgen bei Verletzung der Aufzeichnungspflichten ....... 8 | |

## A. Normzweck, Allgemeines

1 Die Vorschrift statuiert Aufzeichnungspflichten nicht nur für die gesamten **Umsätze** und **Vorsteuern** des Unternehmers (§ 22 Abs. 1 bis 4 UStG), sondern darüber hinaus auch für **bestimmte weitere Vorgänge** (§ 22 Abs. 4a bis 4e UStG). Für Reisegewerbetreibende u.ä. Unternehmer schreibt § 22 Abs. 5 UStG vor, dass ein **Steuerheft** geführt wird. Die §§ 63–69 UStDV (Ermächtigungsgrundlage § 22 Abs. 6 UStG) enthalten nähere Bestimmungen zur Erfüllung der Aufzeichnungspflichten, sowie zu Befreiungen und Erleichterungen.

2 Der **Zweck** dieser Aufzeichnungen liegt darin, den Finanzbehörden die Überprüfung der umsatzsteuerrechtlichen Besteuerungsgrundlagen zu erleichtern. Folglich müssen die Aufzeichnungen so beschaffen sein, dass es einem sachverständigen Dritten innerhalb einer angemessenen Zeit möglich ist, einen Überblick

über die Umsätze des Unternehmers und die abziehbaren Vorsteuern zu erhalten und die Grundlagen für die Steuerberechnung festzustellen (§ 63 Abs. 1 UStDV; ähnlich § 145 AO).

Diese gesetzlich normierten Aufzeichnungspflichten werden durch detaillierte **Verwaltungsvorschriften** erläutert (Abschn. 22.1–22.5 UStAE; ferner zu § 22 Abs. 2 Nr. 8 UStG: Abschn. 13b.17 UStAE; zu § 22 Abs. 4 UStG: Abschn. 15a.12 UStAE).[1]

Gesonderte Aufzeichnungen nach § 22 UStG i.V.m. §§ 63 ff. UStDV sind nicht zu fertigen, wenn die geforderten Angaben sich **aus dem Rechnungswesen** oder aus für andere Zwecke getätigten Aufzeichnungen ergeben.[2] Zu letzteren gehören z.B. die Aufzeichnungen des Wareneingangs und des Warenausgangs nach den §§ 143, 144 AO.

**Weitere Aufzeichnungspflichten** werden von § 25 Abs. 1[3], § 25a Abs. 6, § 25b Abs. 6[4] und § 25c Abs. 6 UStG bestimmt. Hinzukommen die speziellen sog. **Buchnachweise** bei bestimmten grenzüberschreitenden Vorgängen nach den §§ 13, 17c, 18, 21 und 22 UStDV[5], welche ebenfalls Aufzeichnungen verlangen.

Die **allgemeinen Vorschriften** des § 146 AO über das Führen von Büchern und Aufzeichnungen gelten auch für die Aufzeichnungen nach dem UStG.[6] Die **Aufbewahrungsfristen** bestimmen sich nach § 147 Abs. 3 AO. Die Aufzeichnungen (und die dazu gehörenden Belege; Rz. 7) können unter den Voraussetzungen des § 147 Abs. 2 AO auf einem Bild- oder anderen **Datenträger** aufbewahrt werden.[7]

Von den Aufzeichnungen sind die **Belegnachweise** zu unterscheiden. Für den Vorsteuerabzug verlangt § 15 Abs. 1 Satz 1 Nr. 1 Satz 2 UStG den „**Besitz**" einer ordnungsgemäßen **Rechnung**. Diese ist zwar grundsätzlich zehn Jahre lang aufzubewahren (§ 14b Abs. 1 UStG), gleichwohl reicht für den Vorsteuerabzug der Besitz im Zeitpunkt der Geltendmachung des Vorsteuerabzugs aus (*§ 15 Rz. 203* und *212*). Besondere Belegnachweise in Gestalt von **Ausfuhrnachweisen**, Abnehmer- u.ä. Nachweisen regeln die §§ 8–12, 17, 17a, 17b und 20 UStDV bei Ausfuhrlieferungen und anderen grenzüberschreitenden Vorgängen. Die **Aufbewahrungsfrist** für diese ergibt sich aus § 147 Abs. 3 AO. Von den Aufzeichnungsfristen sind ferner die **Aufbewahrungspflichten** hinsichtlich der **Doppel der ausgestellten Rechnungen** nach § 14b UStG zu unterscheiden.

## B. Rechtsfolgen bei Verletzung der Aufzeichnungspflichten

Das UStG enthält keine generellen Aussagen zu den Rechtsfolgen, welche bei Nichtbeachtung der Aufzeichnungspflichten eintreten. Die Verletzung dieser

---

1 Zu weiteren s. Abschn. 22.2 Abs. 12 UStAE.
2 Abschn. 22.2 Abs. 1 Satz 2 UStAE.
3 Dazu Abschn. 25.5 UStAE.
4 Dazu Abschn. 25b.1 Abs. 10 UStAE.
5 Ermächtigungsgrundlagen § 4 Nr. 1 i.V.m. § 6 Abs. 4 Satz 2, § 6a Abs. 3 Satz 2 bzw. § 7 Abs. 4 Satz 2, § 4 Nr. 2 i.V.m. § 8, § 4 Nr. 3 Satz 4 bzw. § 4 Nr. 5 Satz 3 UStG.
6 Vgl. Abschn. 22.1 Abs. 1 UStAE.
7 Dazu Abschn. 22.1 Abs. 2 UStAE.

Pflichten ist **grundsätzlich nicht bußgeldbewehrt**. Lediglich für den Fall der Nichtvorlage von Aufzeichnungen bei einem Auskunftsersuchen eines anderen Mitgliedstaates nach § 18d UStG bestimmt § 26a Abs. 1 Nr. 7 UStG eine Ordnungswidrigkeit. Die Erfüllung der Aufzeichnungspflichten kann im Übrigen nur per Zwangsgeld durchgesetzt werden. Das Führen von Aufzeichnungen ist auch **nicht** materiell-rechtliche **Voraussetzung** einer **Steuerbefreiung**.[1]

9 Aufzeichnungen, welche den Vorschriften der Abgabenordnung entsprechen, sind der Besteuerung zugrunde zu legen, soweit nach den Umständen des Einzelfalles kein Anlass gegeben ist, ihre sachliche Richtigkeit zu beanstanden (§ 158 AO). Anderenfalls kann das Finanzamt die Umsätze **schätzen** (§ 162 Abs. 2 Satz 2 AO).

## C. Erleichterungen für die Trennung der Bemessungsgrundlagen (§ 63 Abs. 4 UStDV)

10 In den Aufzeichnungen müssen regelmäßig die Entgelte **nach Steuersätzen** getrennt werden (§ 22 Abs. 2 Nr. 1 Satz 2 und Nr. 2 Satz 2 UStG). Einem Unternehmer, dem wegen der Art und des Umfangs des Geschäfts eine derartige Trennung der Entgelte in den Aufzeichnungen **nicht zuzumuten** ist, kann das Finanzamt auf Antrag gestatten, dass die **Trennung** der Entgelte und Teilentgelte **nachträglich auf der Grundlage der Wareneingänge** oder, falls diese hierfür nicht verwendet werden können, nach anderen Merkmalen erfolgt (§ 63 Abs. 4 UStDV).[2] Hierbei handelt es sich nicht nur um eine Aufzeichnungsvorschrift, sondern um eine Regelung zur vereinfachten Bestimmung (**Schätzung**) der **Bemessungsgrundlagen** i.S.d. § 10 UStG. Folglich ist § 63 Abs. 4 UStDV nicht nur fehlplatziert, sondern **unwirksam**, da § 10 UStG keine Ermächtigungsgrundlage für diese Vereinfachung enthält. Da eine Erleichterung in diesem Sinne ohnehin nur in Betracht käme, wenn keine Registrierkasse o.Ä. mit Zählwerk für mehrere Warengruppen eingesetzt wird[3], ein solches Hilfsmittel inzwischen aber jeder Unternehmer haben dürfte, ist die Problematik nur noch theoretischer Natur. Anderenfalls wäre es eine Schätzung nach § 162 Abs. 2 Satz 2 AO (vgl. *Rz. 9*).

# § 22a
# Fiskalvertretung

**(1) Ein Unternehmer, der weder im Inland noch in einem der in § 1 Abs. 3 genannten Gebiete seinen Wohnsitz, seinen Sitz, seine Geschäftsleitung oder eine Zweigniederlassung hat und im Inland ausschließlich steuerfreie Umsätze ausführt und keine Vorsteuerbeträge abziehen kann, kann sich im Inland durch einen Fiskalvertreter vertreten lassen.**

---

1 FG Köln v. 20.9.2007 – 10 V 1781/07, EFG 2008, 258; *Heuermann* in S/R, § 22 UStG Rz. 51 und 54.
2 Dazu näher Abschn. 22.6 UStAE; BFH v. 11.6.1997 – XI R 18/96, BStBl. II 1997, 633.
3 Abschn. 22.6 Abs. 1 Satz 5 UStAE.

(2) Zur Fiskalvertretung sind die in § 3 Nr. 1 bis 3 und § 4 Nr. 9 Buchstabe c des Steuerberatungsgesetzes genannten Personen befugt.

(3) Der Fiskalvertreter bedarf der Vollmacht des im Ausland ansässigen Unternehmers.

## § 22b
## Rechte und Pflichten des Fiskalvertreters

(1) Der Fiskalvertreter hat die Pflichten des im Ausland ansässigen Unternehmers nach diesem Gesetz als eigene zu erfüllen. Er hat die gleichen Rechte wie der Vertretene.

(2) Der Fiskalvertreter hat unter der ihm nach § 22d Abs. 1 erteilten Steuernummer eine Steuererklärung (§ 18 Abs. 3 und 4) abzugeben, in der er die Besteuerungsgrundlagen für jeden von ihm vertretenen Unternehmer zusammenfasst. Dies gilt für die Zusammenfassende Meldung entsprechend.

(3) Der Fiskalvertreter hat die Aufzeichnungen im Sinne des § 22 für jeden von ihm vertretenen Unternehmer gesondert zu führen. Die Aufzeichnungen müssen Namen und Anschrift der von ihm vertretenen Unternehmer enthalten.

## § 22c
## Ausstellung von Rechnungen im Fall der Fiskalvertretung

Die Rechnung hat folgende Angaben zu enthalten:
1. den Hinweis auf die Fiskalvertretung;
2. den Namen und die Anschrift des Fiskalvertreters;
3. die dem Fiskalvertreter nach § 22d Abs. 1 erteilte Umsatzsteuer-Identifikationsnummer.

## § 22d
## Steuernummer und zuständiges Finanzamt

(1) Der Fiskalvertreter erhält für seine Tätigkeit eine gesonderte Steuernummer und eine gesonderte Umsatzsteuer-Identifikationsnummer nach § 27a, unter der er für alle von ihm vertretenen im Ausland ansässigen Unternehmen auftritt.

(2) Der Fiskalvertreter wird bei dem Finanzamt geführt, das für seine Umsatzbesteuerung zuständig ist.

## § 22e
## Untersagung der Fiskalvertretung

(1) Die zuständige Finanzbehörde kann die Fiskalvertretung der in § 22a Abs. 2 mit Ausnahme der in § 3 des Steuerberatungsgesetzes genannten Person untersagen, wenn der Fiskalvertreter wiederholt gegen die ihm auferlegten Pflichten nach § 22b verstößt oder ordnungswidrig im Sinne des § 26a handelt.

(2) Für den vorläufigen Rechtsschutz gegen die Untersagung gelten § 361 Abs. 4 der Abgabenordnung und § 69 Abs. 5 der Finanzgerichtsordnung.

*EU-Recht*

–

*VV*

BMF, Schr. v. 11.5.1999 – IV D 2 - S 7395 - 6/99, BStBl. I 1999, 515.

1 Ein nicht im Inland ansässiger Unternehmer (dazu *§ 13b Rz. 43 ff.*), welcher im Inland **ausschließlich steuerfreie Umsätze** ausführt und keine Vorsteuerbeträge abziehen kann, kann sich im Inland durch einen sog. Fiskalvertreter vertreten lassen (§ 22a Abs. 1 UStG), welcher die Pflichten des im Ausland (richtig: nicht im Inland) ansässigen Unternehmers nach dem UStG als eigene zu erfüllen hat (§ 22b Abs. 1 UStG). Da dieser Unternehmer wegen der ausschließlich steuerfreien Umsätze keine deutsche Umsatzsteuer schuldet[1], kann es sich nur um **Erklärungspflichten** hinsichtlich dieser steuerfreien Umsätze handeln. Der **Sinn** dieses Regelungswerkes ist deshalb nicht erkennbar.[2] Gleichwohl hat die Finanzverwaltung ein umfängliches sog. BMF-Schreiben[3] zu diesen Vorschriften erlassen, welches allerdings deren **Sinn** auch nicht erhellen kann. **Mangels praktischer Relevanz** wird auf die Erläuterung der §§ 22a–22e UStG verzichtet.[4]

---

1 Deshalb bildet auch Art. 204 MwStSystRL nicht die Grundlage für dieses überflüssige Regelwerk; entgegen *Korn* in Bunjes, § 22a UStG Rz. 1; *Mößlang* in S/R, § 22a UStG vor Rz. 1.
2 Vgl. dazu näher *Nieskens* in R/D, Vor §§ 22a–e UStG Anm. 1 ff.
3 BMF v. 11.5.1999 – IV D 2 - S 7395 - 6/99, BStBl. I 1999, 515.
4 Vgl. stattdessen *Nieskens* in R/D, Anm. zu den §§ 22a–22e UStG.

## Sechster Abschnitt
## Sonderregelungen

## § 23
## Allgemeine Durchschnittssätze

(1) Das Bundesministerium der Finanzen kann mit Zustimmung des Bundesrates zur Vereinfachung des Besteuerungsverfahrens für Gruppen von Unternehmern, bei denen hinsichtlich der Besteuerungsgrundlagen annähernd gleiche Verhältnisse vorliegen und die nicht verpflichtet sind, Bücher zu führen und auf Grund jährlicher Bestandsaufnahmen regelmäßig Abschlüsse zu machen, durch Rechtsverordnung Durchschnittssätze festsetzen für

1. die nach § 15 abziehbaren Vorsteuerbeträge oder die Grundlagen ihrer Berechnung oder
2. die zu entrichtende Steuer oder die Grundlagen ihrer Berechnung.

(2) Die Durchschnittssätze müssen zu einer Steuer führen, die nicht wesentlich von dem Betrag abweicht, der sich nach diesem Gesetz ohne Anwendung der Durchschnittssätze ergeben würde.

(3) Der Unternehmer, bei dem die Voraussetzungen für eine Besteuerung nach Durchschnittssätzen im Sinne des Absatzes 1 gegeben sind, kann beim Finanzamt bis zur Unanfechtbarkeit der Steuerfestsetzung (§ 18 Abs. 3 und 4) beantragen, nach den festgesetzten Durchschnittssätzen besteuert zu werden. Der Antrag kann nur mit Wirkung vom Beginn eines Kalenderjahres an widerrufen werden. Der Widerruf ist spätestens bis zur Unanfechtbarkeit der Steuerfestsetzung des Kalenderjahres, für das er gelten soll, zu erklären. Eine erneute Besteuerung nach Durchschnittssätzen ist frühestens nach Ablauf von fünf Kalenderjahren zulässig.

### § 69 UStDV
#### Festsetzung allgemeiner Durchschnittssätze

(1) Zur Berechnung der abziehbaren Vorsteuerbeträge nach allgemeinen Durchschnittssätzen (§ 23 des Gesetzes) werden die in der Anlage bezeichneten Prozentsätze des Umsatzes als Durchschnittssätze festgesetzt. Die Durchschnittssätze gelten jeweils für die bei ihnen angegebenen Berufs- und Gewerbezweige.

(2) Umsatz im Sinne des Absatzes 1 ist der Umsatz, den der Unternehmer im Rahmen der in der Anlage bezeichneten Berufs- und Gewerbezweige im Inland ausführt, mit Ausnahme der Einfuhr, des innergemeinschaftlichen Erwerbs und der in § 4 Nr. 8, 9 Buchstabe a, Nr. 10 und 21 des Gesetzes bezeichneten Umsätze.

(3) Der Unternehmer, dessen Umsatz (Absatz 2) im vorangegangenen Kalenderjahr 61 356 Euro überstiegen hat, kann die Durchschnittssätze nicht in Anspruch nehmen.

### § 70 UStDV
#### Umfang der Durchschnittssätze

(1) Die in Abschnitt A der Anlage bezeichneten Durchschnittssätze gelten für sämtliche Vorsteuerbeträge, die mit der Tätigkeit der Unternehmer in den in der Anlage bezeichne-

ten Berufs- und Gewerbezweigen zusammenhängen. Ein weiterer Vorsteuerabzug ist insoweit ausgeschlossen.

(2) Neben den Vorsteuerbeträgen, die nach den in Abschnitt B der Anlage bezeichneten Durchschnittssätzen berechnet werden, können unter den Voraussetzungen des § 15 des Gesetzes abgezogen werden:

1. die Vorsteuerbeträge für Gegenstände, die der Unternehmer zur Weiterveräußerung erworben oder eingeführt hat, einschließlich der Vorsteuerbeträge für Rohstoffe, Halberzeugnisse, Hilfsstoffe und Zutaten;

2. die Vorsteuerbeträge

   a) für Lieferungen von Gebäuden, Grundstücken und Grundstücksteilen,

   b) für Ausbauten, Einbauten, Umbauten und Instandsetzungen bei den in Buchstabe a bezeichneten Gegenständen,

   c) für Leistungen im Sinne des § 4 Nr. 12 des Gesetzes.

Das gilt nicht für Vorsteuerbeträge, die mit Maschinen und sonstigen Vorrichtungen aller Art in Zusammenhang stehen, die zu einer Betriebsanlage gehören, auch wenn sie wesentliche Bestandteile eines Grundstücks sind.

Anlage<br>
(zu den §§ 69 und 70)

Abschnitt A<br>
Durchschnittssätze für die Berechnung sämtlicher Vorsteuerbeträge<br>
(§ 70 Abs. 1)

I. Handwerk

1. Bäckerei: 5,4 % des Umsatzes

   Handwerksbetriebe, die Frischbrot, Pumpernickel, Knäckebrot, Brötchen, sonstige Frischbackwaren, Semmelbrösel, Paniermehl und Feingebäck, darunter Kuchen, Torten, Tortenböden, herstellen und die Erzeugnisse überwiegend an Endverbraucher absetzen. Die Caféumsätze dürfen 10 Prozent des Umsatzes nicht übersteigen.

2. Bau- und Möbeltischlerei: 9,0 % des Umsatzes

   Handwerksbetriebe, die Bauelemente und Bauten aus Holz, Parkett, Holzmöbel und sonstige Tischlereierzeugnisse herstellen und reparieren, ohne dass bestimmte Erzeugnisse klar überwiegen.

3. Beschlag-, Kunst- und Reparaturschmiede: 7,5 % des Umsatzes

   Handwerksbetriebe, die Beschlag- und Kunstschmiedearbeiten einschließlich der Reparaturarbeiten ausführen.

4. Buchbinderei: 5,2 % des Umsatzes

   Handwerksbetriebe, die Buchbindearbeiten aller Art ausführen.

5. Druckerei: 6,4 % des Umsatzes

   Handwerksbetriebe, die folgende Arbeiten ausführen:

   1. Hoch-, Flach-, Licht-, Sieb- und Tiefdruck;

   2. Herstellung von Weichpackungen, Bild-, Abreiß- und Monatskalendern, Spielen und Spielkarten, nicht aber von kompletten Gesellschafts- und Unterhaltungsspielen;

   3. Zeichnerische Herstellung von Landkarten, Bauskizzen, Kleidermodellen u.Ä. für Druckzwecke.

Allgemeine Durchschnittssätze § 23

6. Elektroinstallation: 9,1 % des Umsatzes

    Handwerksbetriebe, die die Installation von elektrischen Leitungen sowie damit verbundener Geräte einschließlich der Reparatur- und Unterhaltungsarbeiten ausführen.

7. Fliesen- und Plattenlegerei, sonstige Fußbodenlegerei und -kleberei: 8,6 % des Umsatzes

    Handwerksbetriebe, die Fliesen, Platten, Mosaik und Fußböden aus Steinholz, Kunststoffen, Terrazzo und ähnlichen Stoffen verlegen, Estricharbeiten ausführen sowie Fußböden mit Linoleum und ähnlichen Stoffen bekleben, einschließlich der Reparatur- und Instandhaltungsarbeiten.

8. Friseure: 4,5 % des Umsatzes

    Damenfriseure, Herrenfriseure sowie Damen- und Herrenfriseure.

9. Gewerbliche Gärtnerei: 5,8 % des Umsatzes

    Ausführung gärtnerischer Arbeiten im Auftrage anderer, wie Veredeln, Landschaftsgestaltung, Pflege von Gärten und Friedhöfen, Binden von Kränzen und Blumen, wobei diese Tätigkeiten nicht überwiegend auf der Nutzung von Bodenflächen beruhen.

10. Glasergewerbe: 9,2 % des Umsatzes

    Handwerksbetriebe, die Glaserarbeiten ausführen, darunter Bau-, Auto-, Bilder- und Möbelarbeiten.

11. Hoch- und Ingenieurhochbau: 6,3 % des Umsatzes

    Handwerksbetriebe, die Hoch- und Ingenieurhochbauten, aber nicht Brücken- und Spezialbauten, ausführen, einschließlich der Reparatur- und Unterhaltungsarbeiten.

12. Klempnerei, Gas- und Wasserinstallation: 8,4 % des Umsatzes

    Handwerksbetriebe, die Bauklempnerarbeiten und die Installation von Gas- und Flüssigkeitsleitungen sowie damit verbundener Geräte einschließlich der Reparatur- und Unterhaltungsarbeiten ausführen.

13. Maler- und Lackierergewerbe, Tapezierer: 3,7 % des Umsatzes

    Handwerksbetriebe, die folgende Arbeiten ausführen:

    1. Maler- und Lackiererarbeiten, einschließlich Schiffsmalerei und Entrostungsarbeiten. Nicht dazu gehört das Lackieren von Straßenfahrzeugen;
    2. Aufkleben von Tapeten, Kunststofffolien und Ähnlichem.

14. Polsterei- und Dekorateurgewerbe: 9,5 % des Umsatzes

    Handwerksbetriebe, die Polsterer- und Dekorateurarbeiten einschließlich Reparaturarbeiten ausführen. Darunter fallen auch die Herstellung von Möbelpolstern und Matratzen mit fremdbezogenen Vollpolstereinlagen, Federkernen oder Schaumstoff- bzw. Schaumgummikörpern, die Polsterung fremdbezogener Möbelgestelle sowie das Anbringen von Dekorationen, ohne Schaufensterdekorationen.

15. Putzmacherei: 12,2 % des Umsatzes

    Handwerksbetriebe, die Hüte aus Filz, Stoff und Stroh für Damen, Mädchen und Kinder herstellen und umarbeiten. Nicht dazu gehört die Herstellung und Umarbeitung von Huthalbfabrikaten aus Filz.

16. Reparatur von Kraftfahrzeugen: 9,1 % des Umsatzes

    Handwerksbetriebe, die Kraftfahrzeuge, ausgenommen Ackerschlepper, reparieren.

17. Schlosserei und Schweißerei: 7,9 % des Umsatzes

    Handwerksbetriebe, die Schlosser- und Schweißarbeiten einschließlich der Reparaturarbeiten ausführen.

18. Schneiderei: 6,0 % des Umsatzes

    Handwerksbetriebe, die folgende Arbeiten ausführen:
    1. Maßfertigung von Herren- und Knabenoberbekleidung, von Uniformen und Damen-, Mädchen- und Kinderoberbekleidung, aber nicht Maßkonfektion;
    2. Reparatur- und Hilfsarbeiten an Erzeugnissen des Bekleidungsgewerbes.

19. Schuhmacherei: 6,5 % des Umsatzes

    Handwerksbetriebe, die Maßschuhe, darunter orthopädisches Schuhwerk, herstellen und Schuhe reparieren.

20. Steinbildhauerei und Steinmetzerei: 8,4 % des Umsatzes

    Handwerksbetriebe, die Steinbildhauer- und Steinmetzerzeugnisse herstellen, darunter Grabsteine, Denkmäler und Skulpturen einschließlich der Reparaturarbeiten.

21. Stuckateurgewerbe: 4,4 % des Umsatzes

    Handwerksbetriebe, die Stuckateur-, Gipserei- und Putzarbeiten, darunter Herstellung von Rabitzwänden, ausführen.

22. Winder und Scherer: 2,0 % des Umsatzes

    In Heimarbeit Beschäftigte, die in eigener Arbeitsstätte mit nicht mehr als zwei Hilfskräften im Auftrag von Gewerbetreibenden Garne in Lohnarbeit umspulen.

23. Zimmerei: 8,1 % des Umsatzes

    Handwerksbetriebe, die Bauholz zurichten, Dachstühle und Treppen aus Holz herstellen sowie Holzbauten errichten und entsprechende Reparatur- und Unterhaltungsarbeiten ausführen.

## II. Einzelhandel

1. Blumen und Pflanzen: 5,7 % des Umsatzes

   Einzelhandelsbetriebe, die überwiegend Blumen, Pflanzen, Blattwerk, Wurzelstücke und Zweige vertreiben.

2. Brennstoffe: 12,5 % des Umsatzes

   Einzelhandelsbetriebe, die überwiegend Brennstoffe vertreiben.

3. Drogerien: 10,9 % des Umsatzes

   Einzelhandelsbetriebe, die überwiegend vertreiben:

   Heilkräuter, pharmazeutische Spezialitäten und Chemikalien, hygienische Artikel, Desinfektionsmittel, Körperpflegemittel, kosmetische Artikel, diätetische Nahrungsmittel, Säuglings- und Krankenpflegebedarf, Reformwaren, Schädlingsbekämpfungsmittel, Fotogeräte und Fotozubehör.

4. Elektrotechnische Erzeugnisse, Leuchten, Rundfunk-, Fernseh- und Phonogeräte: 11,7 % des Umsatzes

   Einzelhandelsbetriebe, die überwiegend vertreiben:

   Elektrotechnische Erzeugnisse, darunter elektrotechnisches Material, Glühbirnen und elektrische Haushalts- und Verbrauchergeräte, Leuchten, Rundfunk-, Fernseh-, Phono-, Tonaufnahme- und -wiedergabegeräte, deren Teile und Zubehör, Schallplatten und Tonbänder.

5. Fahrräder und Mopeds: 12,2 % des Umsatzes

   Einzelhandelsbetriebe, die überwiegend Fahrräder, deren Teile und Zubehör, Mopeds und Fahrradanhänger vertreiben.

Allgemeine Durchschnittssätze § 23

6. Fische und Fischerzeugnisse: 6,6 % des Umsatzes

   Einzelhandelsbetriebe, die überwiegend Fische, Fischerzeugnisse, Krebse, Muscheln und ähnliche Waren vertreiben.

7. Kartoffeln, Gemüse, Obst und Südfrüchte: 6,4 % des Umsatzes

   Einzelhandelsbetriebe, die überwiegend Speisekartoffeln, Gemüse, Obst, Früchte (auch Konserven) sowie Obst- und Gemüsesäfte vertreiben.

8. Lacke, Farben und sonstiger Anstrichbedarf: 11,2 % des Umsatzes

   Einzelhandelsbetriebe, die überwiegend Lacke, Farben, sonstigen Anstrichbedarf, darunter Malerwerkzeuge, Tapeten, Linoleum, sonstigen Fußbodenbelag, aber nicht Teppiche, vertreiben.

9. Milch, Milcherzeugnisse, Fettwaren und Eier: 6,4 % des Umsatzes

   Einzelhandelsbetriebe, die überwiegend Milch, Milcherzeugnisse, Fettwaren und Eier vertreiben.

10. Nahrungs- und Genussmittel: 8,3 % des Umsatzes

    Einzelhandelsbetriebe, die überwiegend Nahrungs- und Genussmittel aller Art vertreiben, ohne dass bestimmte Warenarten klar überwiegen.

11. Oberbekleidung: 12,3 % des Umsatzes

    Einzelhandelsbetriebe, die überwiegend vertreiben:

    Oberbekleidung für Herren, Knaben, Damen, Mädchen und Kinder, auch in sportlichem Zuschnitt, darunter Berufs- und Lederbekleidung, aber nicht gewirkte und gestrickte Oberbekleidung, Sportbekleidung, Blusen, Hausjacken, Morgenröcke und Schürzen.

12. Reformwaren: 8,5 % des Umsatzes

    Einzelhandelsbetriebe, die überwiegend vertreiben:

    Reformwaren, darunter Reformnahrungsmittel, diätetische Lebensmittel, Kurmittel, Heilkräuter, pharmazeutische Extrakte und Spezialitäten.

13. Schuhe und Schuhwaren: 11,8 % des Umsatzes

    Einzelhandelsbetriebe, die überwiegend Schuhe aus verschiedenen Werkstoffen sowie Schuhwaren vertreiben.

14. Süßwaren: 6,6 % des Umsatzes

    Einzelhandelsbetriebe, die überwiegend Süßwaren vertreiben.

15. Textilwaren verschiedener Art: 12,3 % des Umsatzes

    Einzelhandelsbetriebe, die überwiegend Textilwaren vertreiben, ohne dass bestimmte Warenarten klar überwiegen.

16. Tiere und zoologischer Bedarf: 8,8 % des Umsatzes

    Einzelhandelsbetriebe, die überwiegend lebende Haus- und Nutztiere, zoologischen Bedarf, Bedarf für Hunde- und Katzenhaltung und dergleichen vertreiben.

17. Unterhaltungszeitschriften und Zeitungen: 6,3 % des Umsatzes

    Einzelhandelsbetriebe, die überwiegend Unterhaltungszeitschriften, Zeitungen und Romanhefte vertreiben.

18. Wild und Geflügel: 6,4 % des Umsatzes

    Einzelhandelsbetriebe, die überwiegend Wild, Geflügel und Wildgeflügel vertreiben.

### III. Sonstige Gewerbebetriebe

1. Eisdielen: 5,8 % des Umsatzes

   Betriebe, die überwiegend erworbenes oder selbst hergestelltes Speiseeis zum Verzehr auf dem Grundstück des Verkäufers abgeben.

2. Fremdenheime und Pensionen: 6,7 % des Umsatzes

   Unterkunftsstätten, in denen jedermann beherbergt und häufig auch verpflegt wird.

3. Gast- und Speisewirtschaften: 8,7 % des Umsatzes

   Gast- und Speisewirtschaften mit Ausschank alkoholischer Getränke (ohne Bahnhofswirtschaften).

4. Gebäude- und Fensterreinigung: 1,6 % des Umsatzes

   Betriebe für die Reinigung von Gebäuden, Räumen und Inventar, einschließlich Teppichreinigung, Fensterputzen, Schädlingsbekämpfung und Schiffsreinigung. Nicht dazu gehören die Betriebe für Hausfassadenreinigung.

5. Personenbeförderung mit Personenkraftwagen: 6,0 % des Umsatzes

   Betriebe zur Beförderung von Personen mit Taxis oder Mietwagen.

6. Wäschereien: 6,5 % des Umsatzes

   Hierzu gehören auch Mietwaschküchen, Wäschedienst, aber nicht Wäscheverleih.

### IV. Freie Berufe

1. a) Bildhauer: 7,0 % des Umsatzes

   b) Grafiker (nicht Gebrauchsgrafiker): 5,2 % des Umsatzes

   c) Kunstmaler: 5,2 % des Umsatzes

2. Selbständige Mitarbeiter bei Bühne, Film, Funk, Fernsehen und Schallplattenproduzenten: 3,6 % des Umsatzes

   Natürliche Personen, die auf den Gebieten der Bühne, des Films, des Hörfunks, des Fernsehens, der Schallplatten-, Bild- und Tonträgerproduktion selbständig Leistungen in Form von eigenen Darbietungen oder Beiträge zu Leistungen Dritter erbringen.

3. Hochschullehrer: 2,9 % des Umsatzes

   Umsätze aus freiberuflicher Tätigkeit zur unselbständig ausgeübten wissenschaftlichen Tätigkeit.

4. Journalisten: 4,8 % des Umsatzes

   Freiberuflich tätige Unternehmer, die in Wort und Bild überwiegend aktuelle politische, kulturelle und wirtschaftliche Ereignisse darstellen.

5. Schriftsteller: 2,6 % des Umsatzes

   Freiberuflich tätige Unternehmer, die geschriebene Werke mit überwiegend wissenschaftlichem, unterhaltendem oder künstlerischem Inhalt schaffen.

### Abschnitt B
### Durchschnittssätze für die Berechnung eines Teils der Vorsteuerbeträge
### (§ 70 Abs. 2)

1. Architekten: 1,9 % des Umsatzes

   Architektur-, Bauingenieur- und Vermessungsbüros, darunter Baubüros, statische Büros und Bausachverständige, aber nicht Film- und Bühnenarchitekten.

2. **Hausbandweber: 3,2 % des Umsatzes**

   In Heimarbeit Beschäftigte, die in eigener Arbeitsstätte mit nicht mehr als zwei Hilfskräften im Auftrag von Gewerbetreibenden Schmalbänder in Lohnarbeit weben oder wirken.

3. **Patentanwälte: 1,7 % des Umsatzes**

   Patentanwaltspraxis, aber nicht die Lizenz- und Patentverwertung.

4. **Rechtsanwälte und Notare: 1,5 % des Umsatzes**

   Rechtsanwaltspraxis mit und ohne Notariat sowie das Notariat, nicht aber die Patentanwaltspraxis.

5. **Schornsteinfeger: 1,6 % des Umsatzes**

6. **Wirtschaftliche Unternehmensberatung, Wirtschaftsprüfung: 1,7 % des Umsatzes**

   Wirtschaftsprüfer, vereidigte Buchprüfer, Steuerberater und Steuerbevollmächtigte. Nicht dazu gehören Treuhandgesellschaften für Vermögensverwaltung.

*EU-Recht*
Art. 281 MwStSystRL.

*VV*
Abschn. 23.1–23.4 UStAE.

| | |
|---|---|
| **A. Normzweck, Allgemeines** ...... 1 | II. Teilpauschalierung (Abs. 2) .... 23 |
| **B. Voraussetzungen** | **E. Übergangs- und Abgrenzungsfragen** |
|   I. Keine Buchführungspflicht (Abs. 1)..................... 4 |   I. Zeitliche Zuordnung und Berichtigung der Vorsteuern beim Wechsel von der allgemeinen Regelung zur Pauschalierung und umgekehrt.............. 27 |
|   II. Umsatzgrenze (§ 69 Abs. 3 UStDV) ..................... 6 | |
|   III. „Antrag" (Abs. 3).............. 10 |   II. Zuordnung und Berichtigung der Vorsteuern beim Nebeneinander von Betrieben mit verschiedenen Vorsteuerregelungen................. 29 |
| **C. Bemessungsgrundlage für die Vorsteuerpauschalierung** | |
|   I. Begriff des „Umsatzes" (§ 69 Abs. 2 UStDV) .......... 14 | |
|   II. Umsätze im Rahmen des Berufs- oder Gewerbezweiges | **F. Zu den einzelnen Berufs- und Gewerbezweigen (Anlage zur UStDV)** |
|     1. Allgemeines ................ 19 |   I. Vorbemerkungen ............ 31 |
|     2. Einbeziehung von anderen Umsätzen ................... 20 |   II. Zu einzelnen Berufen und Betrieben .................... 33 |
| **D. Umfang der Vorsteuerpauschalierung (§ 70 UStDV)** | |
|   I. Vollpauschalierung (Abs. 1) .... 22 | |

## A. Normzweck, Allgemeines

Die Vorschrift enthält als Sonderregelung eine **Verordnungsermächtigung** für die Festsetzung von Durchschnittssätzen für die abziehbaren Vorsteuerbeträge

**§ 23**  Allgemeine Durchschnittssätze

und/oder die zu entrichtende Steuer oder für die Grundlagen ihrer Berechnung (§ 23 Abs. 1 und 2 UStG). Ferner bestimmt sie die Modalitäten des erforderlichen Antrags (§ 23 Abs. 3 UStG). Von der Verordnungsermächtigung hat die Bundesregierung lediglich hinsichtlich der **Pauschalierung von Vorsteuern** in Gestalt der §§ 69 und 70 UStDV Gebrauch gemacht. Die Durchschnittssätze müssen der Vereinfachung des Besteuerungsverfahrens dienen und für Gruppen von Unternehmern gelten, bei denen hinsichtlich der Besteuerungsgrundlagen annähernd gleiche Verhältnisse vorliegen und die nicht zur Buchführung verpflichtet sind (§ 23 Abs. 1 UStG). Das letztgenannte Kriterium ist nicht nur eine Begrenzung der Verordnungsermächtigung, sondern zugleich Tatbestandsmerkmal für die Inanspruchnahme der Vergünstigung (Rz. 4).

2 Die Durchschnittssätze müssen zu einer Steuer führen, die nicht wesentlich von dem Betrag abweicht, der sich nach dem Gesetz ohne Anwendung der Durchschnittssätze ergeben würde (§ 23 **Abs. 2** UStG). Diese **Vorgabe** richtet sich **nur an** den **Ermächtigungsadressaten**, so dass der Unternehmer nicht im Einzelfall diese Voraussetzung erfüllen muss[1] und die Pauschalierung selbst dann vorgenommen werden kann, wenn tatsächliche keine Vorsteuern angefallen sind[2].

3 Für die Mehrheit der in der **Anlage** zu den §§ 69 und 70 UStDV, Abschn. A Teile I bis III, genannten Berufe kommt die Vorsteuerpauschalierung nicht in Betracht, da die Umsatzgrenze des § 69 Abs. 3 UStDV viel zu niedrig und deshalb **realitätsfern** ist. Die in Abschn. A Teil II genannten Einzelhändler können bei einem Umsatz von rd. 61 000 € nur einen minimalen Gewinn erwirtschaften, von dem sie nicht annähernd leben können. Auch von den in Abschn. A Teil I genannten Handwerkern können nur wenige in Betracht kommen und auch nur dann, wenn sie keine Personalkosten haben. Von Bedeutung ist die Vorsteuerpauschalierung deshalb weitgehend nur für die in Abschn. A Teil IV genannten **freien Berufe** und die in Abschnitt B aufgezählten Berufe.

## B. Voraussetzungen
### I. Keine Buchführungspflicht (Abs. 1)

4 Der Unternehmer darf zum einen nicht verpflichtet sein, Bücher zu führen und auf Grund jährlicher Bestandsaufnahmen regelmäßig Abschlüsse zu machen (§ 23 Abs. 1 UStG). Neben der handelsrechtlichen Buchführungspflicht kann sich eine solche Verpflichtung auch **aus § 141 AO** ergeben, wenn die dort genannten **Umsatz- oder Gewinngrenzen** für den einzelnen Betrieb überschritten sind. Diese abgabenrechtliche Buchführungspflicht ist erst vom Beginn des Kalenderjahres an zu erfüllen, das auf die Bekanntgabe der Mitteilung folgt, durch die das Finanzamt auf den **Beginn** dieser Verpflichtung hingewiesen hat (§ 141 Abs. 2 Satz 1 AO; *Ausnahme:* § 141 Abs. 3 AO, „Rechtsnachfolger"). Entsprechend tritt das **Ende** mit einer diesbezüglichen Feststellung des Finanzamtes ein (§ 141 Abs. 2 Satz 2 AO). Für *Freiberufler* besteht nie eine Buchführungspflicht,

---
[1] BFH v. 11.1.1990 – V R 189/84, BStBl. II 1990, 405; BFH v. 11.8.1994 – XI R 99/92, BStBl. II 1995, 346 (348); *Stadie* in R/D, § 23 UStG Anm. 3.
[2] BFH v. 11.1.1990 – V R 189/84, BStBl. II 1990, 405.

so dass sie die Pauschalierung auch dann in Anspruch nehmen können, wenn sie freiwillig Bücher führen.

Die Buchführungspflicht gilt **für den einzelnen Betrieb** (§ 141 Abs. 1 Satz 1 AO). § 23 Abs. 1 UStG ist deshalb fehlerhaft formuliert, wenn von „Unternehmern, ... die nicht verpflichtet sind, Bücher zu führen", die Rede ist. Gemeint ist das Nichtbestehen dieser Verpflichtung für denjenigen Betrieb, für den der Durchschnittssatz in Anspruch genommen werden soll. Die Buchführungspflicht des Unternehmers für einen anderen Betrieb ist deshalb unschädlich.

## II. Umsatzgrenze (§ 69 Abs. 3 UStDV)

Weitere Voraussetzung der Vorsteuerpauschalierung für das jeweilige Kalenderjahr ist, dass der „Umsatz", den der Unternehmer im Rahmen des in Betracht kommenden Berufs- und Gewerbezweiges ausgeführt hat, **im vorangegangenen Kalenderjahr** 61 356 € nicht überstiegen hat (§ 69 Abs. 3 UStDV). Diese Umsatzgrenze ist für die Mehrheit der in der Anlage, Abschn. A Teile I bis III, genannten Berufe **realitätsfern** (*Rz. 3*). Maßgebend ist der „Umsatz" i.S.d. § 69 Abs. 2 UStDV (dazu *Rz. 14 ff.*). Die Umsatzgrenze bezieht sich auf den **jeweiligen Berufs- oder Gewerbezweig**[1], so dass, wenn sich der Unternehmer in verschiedenen derartigen Zweigen betätigt, der Umsatz für jeden Zweig gesondert zu betrachten ist[2].

Da es auf den „Umsatz" ankommt, ist für die **zeitliche Zurechnung** der einzelnen Umsätze zum Kalenderjahr nicht auf deren Ausführung abzustellen. Maßgebend ist vielmehr die **Steuerentstehung** nach § 13 UStG (arg. § 16 Abs. 1 Satz 3, § 19 Abs. 3 Satz 2 UStG).

Hat der Unternehmer seine Tätigkeit in dem betreffenden Berufs- oder Gewerbezweig nur in einem **Teil des vorangegangenen Jahres** ausgeübt, so ist der tatsächliche Umsatz in entsprechender Anwendung des § 19 Abs. 3 Sätze 3 und 4 UStG (dazu *§ 19 Rz. 28 ff.*) in einen Jahresumsatz **umzurechnen**.[3] Ausgeübt wird eine Tätigkeit allerdings auch dann, wenn saison-, krankheits- oder durch andere Umstände bedingt zeitweilig keine Umsätze ausgeführt werden, die Absicht der Umsatzerbringung jedoch fortbesteht (*§ 19 Rz. 29*).

Bei **Beginn** der unternehmerischen Tätigkeit ist auf den voraussichtlichen Umsatz des ersten Jahres abzustellen.[4] Dabei bleibt es für dieses Jahr auch dann, wenn der tatsächliche Umsatz mit der Prognose nicht übereinstimmt[5] (vgl. auch § 19 Rz. 19)[6].

---

1 Zur Berechnung des Umsatzes bei Hinzuerwerb eines Betriebes desselben Berufs- oder Gewerbezweiges *Stadie* in R/D, § 23 UStG Anm. 21.1.
2 *Stadie* in R/D, § 23 UStG Anm. 21.
3 Abschn. 23.1 Abs. 3 Sätze 1und 2 UStAE.
4 BFH v. 27.6.2006 – V B 143/05, BStBl. II 2006, 732 – zu § 23a UStG; FG BW v. 21.1.2011 – 14 K 4110/10, juris.
5 Abschn. 23.1 Abs. 3 Sätze 3 und 4 UStAE.
6 Zum Unternehmenserwerb unter Lebenden und durch Gesamtrechtsnachfolge s. *Stadie* in R/D, § 23 UStG Anm. 25 f.

### III. „Antrag" (Abs. 3)

10 Die Pauschalierung der Vorsteuern ist nach dem Gesetzeswortlaut zu beantragen (§ 23 Abs. 3 Satz 1 UStG). Das ergibt allerdings keinen Sinn, da bei Vorliegen der Voraussetzungen das Finanzamt kein Ermessen hat, sondern dem „Antrag" stets stattzugeben hat. Folglich ist dieser in Wahrheit nur die schlichte **Erklärung** (Mitteilung), dass der Unternehmer die Pauschalierung der Vorsteuern vornimmt.

11 Die Erklärung (der „Antrag") kann auch durch **konkludente** Handlung[1] dergestalt erfolgen, dass in den Umsatzsteuervoranmeldungen oder in der Jahreserklärung die Vorsteuer nach einem Durchschnittssatz pauschaliert wird[2]. Dieser „Antrag" geht ins Leere, wenn die Voraussetzungen nicht vorliegen (vgl. zur entsprechenden Problematik bei der Dauerfristverlängerung *§ 18 Rz. 103 f.*). Folglich ist der „Antrag" für diesen Fall auch nicht gesondert abzulehnen.[3] Die „Ablehnung" liegt vielmehr in der abweichenden Steuerfestsetzung (*§ 18 Rz. 59*) seitens des Finanzamtes, in der die Vorsteuer nicht pauschaliert wird. Liegen die Voraussetzungen vor, so bedarf es keiner *Genehmigung* seitens des Finanzamtes.[4]

12 Der „Antrag" kann **bis zur Unanfechtbarkeit der Steuerfestsetzung** (§ 18 Abs. 3 und 4 UStG) gestellt werden (§ 23 Abs. 3 Satz 1 UStG). Unter Unanfechtbarkeit ist die formelle Bestandskraft der erstmaligen Steuerfestsetzung zu verstehen (*§ 19 Rz. 39*). Als Steuerfestsetzung gilt auch eine Steueranmeldung (§ 168 AO i.V.m. § 18 Abs. 3 UStG); der Umstand, dass diese kraft Gesetzes unter dem Vorbehalt der Nachprüfung steht (§ 168 Satz 1 AO), schließt den Eintritt der Unanfechtbarkeit nicht aus[5]. Der „Antrag" kann mithin auch noch nach Abgabe der Jahressteuererklärung (Anmeldung) bzw. nach Bekanntgabe eines Umsatzsteuerbescheides gestellt werden. Er liegt in diesem Fall in der Abgabe einer geänderten Steueranmeldung vor Eintritt der Unanfechtbarkeit der erstmaligen Steuerfestsetzung. Bis dahin kann der „Antrag" **zurückgenommen** werden, ohne dass die Folgen des § 23 Abs. 3 Satz 4 UStG (*Rz. 13 a.E.*) eintreten.[6]

13 Der „Antrag" kann nur mit Wirkung vom Beginn eines Kalenderjahres widerrufen werden. Der **Widerruf** ist spätestens bis zur Unanfechtbarkeit der Steuerfestsetzung (*Rz. 12*) des Kalenderjahres, für das er gelten soll, zu erklären (§ 23 Abs. 3 Sätze 2 und 3 UStG). Entsprechendes gilt für die **Rücknahme** des Widerrufs.[7] Der Widerruf kann konkludent in der Weise erfolgen, dass die Vorsteuerpauschalierung nicht mehr angewendet wird.[8] Der Wegfall der Voraussetzungen für die Vorsteuerpauschalierung stellt keinen Widerruf dar.[9] Nach einem „Wi-

---

1 Vgl. BFH v. 11.12.1997 – V R 50/94, BStBl. II 1998, 420.
2 Vgl. Abschn. 23.4 Abs. 2 Satz 2 UStAE.
3 A.A. Abschn. 23.4 Abs. 2 Satz 3 UStAE.
4 Vgl. BFH v. 11.1.1990 – V R 189/84, BStBl. II 1990, 405 (407 a.E.).
5 BFH v. 11.12.1997 – V R 50/94, BStBl. II 1998, 420; BFH v. 28.5.1998 – V R 98/96, BFH/NV 1998, 1536.
6 BFH v. 11.12.1997 – V R 50/94, BStBl. II 1998, 420; Abschn. 22.4 Abs. 3 UStAE.
7 BFH v. 28.5.1998 – V R 98/96, BFH/NV 1998, 1536.
8 BFH v. 11.12.1997 – V R 50/94, BStBl. II 1998, 420.
9 *Stadie* in R/D, § 23 UStG Anm. 38.

derruf" ist eine **erneute Pauschalierung** der Vorsteuern frühestens nach Ablauf von fünf Kalenderjahren zulässig (§ 23 Abs. 3 Satz 4 UStG).

## C. Bemessungsgrundlage für die Vorsteuerpauschalierung
### I. Begriff des „Umsatzes" (§ 69 Abs. 2 UStDV)

Zur Berechnung der abziehbaren Vorsteuerbeträge ist der jeweilige Prozentsatz auf den Umsatz anzuwenden, der im Rahmen des betreffenden Berufs- oder Gewerbezweiges ausgeführt wird (§ 69 Abs. 1 und 2 UStDV). „Umsatz" in diesem Sinne (wie auch des § 69 Abs. 3 UStDV) ist die jeweilige **Summe der Bemessungsgrundlagen** (vgl. *§ 19 Rz. 25*) **der** steuerbaren **Einzelumsätze** nach § 1 Abs. 1 Nr. 1 UStG, welche der Unternehmer im Rahmen der in der Anlage zur UStDV bezeichneten Berufs- und Gewerbezweige **im Inland** ausführt, mit Ausnahme der in § 4 Nr. 8, 9 Buchst. a, Nr. 10 und 21 UStG bezeichneten Umsätze (§ 69 Abs. 2 UStDV). 14

Zu den Umsätzen zählen zwar grundsätzlich auch die **Entnahmen**, Nutzungsentnahmen und sonstigen unentgeltlichen Wertabgaben (§ 1 Abs. 1 Nr. 1 i.V.m. § 3 Abs. 1b und Abs. 9a UStG). Da deren Steuerbarkeit jedoch eine Vorsteuerentlastung der entnommenen Werte voraussetzt (*§ 3 Rz. 64* u. *Rz. 169*), eine solche jedoch bei der Vorsteuerpauschalierung nicht gegeben ist, sind die Entnahmen usw. im Rahmen des § 23 UStG **nicht** zu berücksichtigen. 15

Entsprechendes gilt für die Veräußerung von Gegenständen des sog. **Anlagevermögens**. Derartige Umsätze (sog. **Hilfsumsätze**, *Rz. 19*) sind richtigerweise nur steuerbar, wenn die einzelnen Gegenstände (wenigstens teilweise) konkret von der Vorsteuer entlastet sind (*§ 1 Rz. 111 f.*). Das ist im Falle der Vorsteuerpauschalierung für das Jahr des Erwerbs nicht der Fall, so dass diese Umsätze mangels Steuerbarkeit auch nicht bei der Bemessungsgrundlage der Vorsteuerpauschalierung zu berücksichtigen sind. Aber auch wenn beim Erwerb der konkrete Vorsteuerabzug vorgenommen worden war, darf die Lieferung des Gegenstandes nicht in die Vorsteuerpauschalierung einbezogen werden, da die Steuerpflicht der Lieferung den Vorsteuerabzug (wertanteilig) neutralisieren soll, so dass durch die Vorsteuerpauschalierung nicht eine erneute (teilweise) Entlastung bewirkt werden darf. 16

In die Bemessungsgrundlage einzubeziehen sind grundsätzlich auch die **steuerfreien** Umsätze, welche im Rahmen (*Rz. 19*) des betreffenden Berufs- oder Gewerbezweiges ausgeführt werden.[1] **Ausgenommen** sind jedoch die in § 4 Nr. 8 UStG (Kredit- u.ä. Leistungen), § 4 Nr. 9 Buchst. a UStG (Grundstücks- u.ä. Lieferungen), § 4 Nr. 10 UStG (Gewährung oder Verschaffung von Versicherungsschutz) und § 4 Nr. 21 UStG (unmittelbar dem Schul- und Bildungszweck dienende Leistungen) „bezeichneten" Umsätze. Diese Umsätze sind auch dann auszunehmen, wenn sie durch einen Verzicht gem. § 9 UStG als steuerpflichtig behandelt werden. Alle **übrigen steuerfreien Umsätze** sind (anders als bei § 19 Abs. 3 UStG) aus **Vereinfachungsgründen** mit einzubeziehen, da es sich nur um 17

---

[1] BFH v. 11.8.1994 – XI R 99/92, BStBl. II 1995, 346.

**Hilfs-** bzw. Nebenumsätze (*Rz. 19*) handeln kann, welche nur in geringem Umfang anfallen können.[1]

18 Dieser Vereinfachungsgedanke ist nicht angebracht, wenn die steuerfreien Umsätze **nachhaltig** im Rahmen einer **Nebentätigkeit** (nicht nur als gelegentliche „Nebenumsätze", dazu *Rz. 19*) erbracht werden, d.h. für sich gesehen die Unternehmereigenschaft begründen würden (*Beispiel:* Nach § 4 Nr. 14 UStG steuerfreie Arzttätigkeit eines Hochschullehrers i.S.d. Anlage Abschn. A Teil IV Nr. 3 UStDV). Gleichwohl sollen lt. **BFH** auch derartige Nebentätigkeiten einbezogen werden.[2] Diese Auslegung widerspricht dem Vereinfachungszweck und ist nicht durch die Verordnungsermächtigung des § 23 UStG gedeckt.

## II. Umsätze im Rahmen des Berufs- oder Gewerbezweiges

### 1. Allgemeines

19 In die Bemessungsgrundlage für die Vorsteuerpauschalierung sind die zuvor genannten Umsätze, die im Rahmen des jeweiligen Berufs- oder Gewerbezweig ausgeführt werden, einzubeziehen (§ 69 Abs. 2 UStDV). Für die Bestimmung des Merkmals „im Rahmen" gelten dieselben Kriterien wie für das entsprechende Merkmal des § 1 Abs. 1 Nr. 1 UStG. Maßgebend ist eine wirtschaftliche Zuordnung der Umsätze zu den jeweiligen Tätigkeitsbereichen. Derartig zuzuordnende Umsätze werden häufig Grund-, Hilfs- und Nebenumsätze genannt (*§ 1 Rz. 98 ff.*). Die Umsätze von Gegenständen des **Anlagevermögens** dürfen nicht einbezogen werden (*Rz. 16*).

### 2. Einbeziehung von anderen Umsätzen

20 Die UStDV bzw. der UStAE lassen es bis zu bestimmten Grenzen zu, dass andere Umsätze, welche nach den zuvor genannten Kriterien nicht im Rahmen des betreffenden Berufs- oder Gewerbezweiges ausgeführt würden, in dessen Umsatz i.S.d. § 69 Abs. 2 UStDV zum Zwecke der Vorsteuerpauschalierung einbezogen werden. Für die **Einzelhandelsbetriebe** ist es aufgrund der jeweiligen Beschreibungen in der Anlage Abschn. A Teil II UStDV nur erforderlich, dass „**überwiegend**" die aufgezählten Waren vertrieben werden.

21 In allen anderen Fällen lässt es die Finanzverwaltung zu, dass Umsätze aus einer zusätzlichen Tätigkeit mit berücksichtigt werden, wenn sie **25 % des gesamten Umsatzes** aus dem jeweiligen Berufs- oder Gewerbezweig zuzüglich des Umsatzes aus der zusätzlichen Tätigkeit, d.h. ein Drittel des eigentlichen Umsatzes aus dem jeweiligen Berufs- oder Gewerbezweig nicht übersteigen.[3] M.E. müssen die zusätzlichen Umsätze die Haupttätigkeit **sachlich ergänzen** oder **abrunden**, so dass artfremde Umsätze, welche nicht unter eine andere Kategorie der Anlage

---

1 *Stadie* in R/D, § 23 UStG Anm. 43.
2 BFH v. 11.8.1994 – XI R 99/92, BStBl. II 1995, 346 – zur Rechtslage vor Einfügung des § 4 Nr. 21 UStG a.F. in § 69 Abs. 2 UStDV.
3 Abschn. 23.2 Abs. 2 Satz 3 UStAE.

zur UStDV fallen, nicht in die Vorsteuerpauschalierung einbezogen werden dürfen (*Beispiele:* Versicherungsvertretung, Vermietung).[1]

## D. Umfang der Vorsteuerpauschalierung (§ 70 UStDV)
### I. Vollpauschalierung (Abs. 1)

Bei den in **Anlage Abschnitt A** UStDV bezeichneten Berufs- und Gewerbezweigen sind mit den Durchschnittssätzen sämtliche Vorsteuerbeträge abgegolten, die mit diesen Tätigkeiten zusammenhängen, so dass ein weiterer Vorsteuerabzug insoweit ausgeschlossen ist (§ 70 Abs. 1 UStDV; zur Abgrenzung der Vorsteuern im Falle eines weiteren Betriebes, für den der Vorsteuerabzug nicht nach Durchschnittssätzen vorgenommen wird, *Rz. 29*). 22

### II. Teilpauschalierung (Abs. 2)

Bei den in **Anlage Abschnitt B** UStDV aufgeführten Berufs- und Gewerbezweigen sind mit den Durchschnittssätzen nicht sämtliche Vorsteuerbeträge abgegolten. Neben dem pauschalierten Betrag können unter den Voraussetzungen des § 15 UStG noch **bestimmte Vorsteuern in** der **tatsächlichen Höhe** abgezogen werden. 23

Dazu sollen zum einen die Vorsteuerbeträge für **Gegenstände** gehören, die der Unternehmer zur **Weiterveräußerung** erworben oder eingeführt hat, einschließlich der Vorsteuerbeträge für Rohstoffe, Halberzeugnisse, Hilfsstoffe und Zutaten (§ 70 Abs. 2 Satz 1 Nr. 1 UStDV). Der Sinn dieser Regelung liegt im Dunkeln, da derartige Lieferungen bei den genannten Berufen nicht in Betracht kommen (eine Ausnahme ist allenfalls bei Schornsteinfegern denkbar). 24

Gesondert abziehbar sind insbesondere die Vorsteuerbeträge für **Raumkosten** u.Ä., d.h. für die „Lieferungen" (gemeint ist: Erwerbe) von Gebäuden, Grundstücken, Grundstücksteilen und Einbauten, für deren Ausbauten, Umbauten und Instandsetzungen, sowie wie für die Anmietung („Leistungen im Sinne des § 4 Nr. 12") solcher Objekte (§ 70 Abs. 2 Satz 1 Nr. 2 UStDV). Diese Regelung trägt dem Umstand Rechnung, dass bei den Raumkosten die Aufwendungen individuell sehr unterschiedlich sein können und deshalb einer sachgerechten Pauschalierung (wie es § 23 Abs. 2 UStG verlangt) nicht zugänglich sind. **Ausgenommen** ist deshalb der Vorsteuerabzug für den Erwerb und die Anmietung von Maschinen und sonstigen Vorrichtungen aller Art, die zu einer Betriebsanlage gehören (sog. **Betriebsvorrichtungen**, § 70 Abs. 2 Satz 2 UStDV; dazu *§ 4 Nr. 9 Rz. 22*). 25

Bei der Anmietung von Räumen ist nur die auf den eigentlichen Mietzins (sog. **Kaltmiete**) entfallende Vorsteuer gesondert abziehbar. Die auf die Nebenkosten entfallende Vorsteuer ist durch die Pauschalierung abgegolten. Zu den Leistungen i.S.d. § 4 Nr. 12 UStG zählt nicht die kurzfristige Anmietung von Hotelzimmern auf einer Geschäftsreise.[2] 26

---
1 *Stadie* in R/D, § 23 UStG Anm. 50.
2 *Stadie* in R/D, § 23 UStG Anm. 58.

## E. Übergangs- und Abgrenzungsfragen

### I. Zeitliche Zuordnung und Berichtigung der Vorsteuern beim Wechsel von der allgemeinen Regelung zur Pauschalierung und umgekehrt

27 Ein **Wechsel von der Pauschalierungsmethode** zum Vorsteuerabzug nach den **allgemeinen Regeln** des § 15 UStG wie auch **umgekehrt** ist unter den Voraussetzungen des § 23 Abs. 3 UStG möglich (*Rz. 10 ff.*). In einem solchen Fall bedarf es der Zuordnung der Vorsteuern zu den jeweiligen Besteuerungszeiträumen. Auf den Zeitpunkt des Rechnungseingangs oder der Entrichtung der Gegenleistung bzw. der Einfuhrumsatzsteuer kommt es nicht an, da dieser Zeitpunkt kein wirtschaftliches Zuordnungskriterium ist und vom Unternehmer beeinflusst werden kann. Aus diesem Grund kann es entgegen h.M.[1] auch nicht auf den Zeitpunkt des Bezugs der Lieferung oder sonstigen Leistung ankommen. Allein sachgerecht ist das Prinzip der **wirtschaftlichen Zuordnung**, welches das gesamte Recht des Vorsteuerabzugs beherrscht (vgl. § 15 Abs. 4 UStG). Folglich ist richtigerweise maßgebend, mit welchen Ausgangsumsätzen die Leistungsbezüge sachlich, d.h. wirtschaftlich zusammenhängen. Nach welcher Regel sich der Vorsteuerabzug richtet, bestimmt sich mithin allein nach der **Verwendung**, also danach, in welchem Besteuerungszeitraum die jeweilige Leistung verwendet wird.

28 Diese Sichtweise wird durch § 15a Abs. 7 UStG bestätigt, wonach bei **Anlagengegenständen** und **gleichgestellten sonstigen Leistungen** eine den Verwendungszeiten entsprechende anteilige **Berichtigung** des **Vorsteuerabzugs** stattfindet (*§ 15a Rz. 132 ff.*). Diese Regeln gelten auch beim **Wechsel von** der **Kleinunternehmerbefreiung** i.S.d. § 19 Abs. 1 UStG **zur Teilpauschalierung** der Vorsteuern nach § 70 Abs. 2 UStDV (*Rz. 23*) und **umgekehrt**.[2]

### II. Zuordnung und Berichtigung der Vorsteuern beim Nebeneinander von Betrieben mit verschiedenen Vorsteuerregelungen

29 Besteht neben einem Betrieb (Berufs- oder Gewerbezweig), auf den die Vorsteuerpauschalierung angewendet wird, ein weiterer Betrieb, für den die abziehbaren Vorsteuern nach den allgemeinen Regeln des § 15 UStG zu ermitteln sind, so müssen die bezogenen Gegenstände und Dienstleistungen den einzelnen **Tätigkeitsbereichen zugeordnet** werden. Die **Abziehbarkeit** der Vorsteuerbeträge richtet sich nach der **Verwendung** der zugrunde liegenden Eingangsleistungen, so dass die zu § 15 Abs. 2 und 3 UStG entwickelten Zuordnungsregeln (*§ 15 Rz. 433 ff.*) entsprechend anzuwenden sind. Werden Eingangsleistungen in beiden Bereichen verwendet, oder soll dies geschehen, so sind die Vorsteuerbeträge entsprechend der Verwendung bzw. der beabsichtigten Verwendung **aufzutei-**

---

[1] Abschn. 15.1 Abs. 5 und 6, Abschn. 23.3 Abs. 2 und 3 UStAE; *Heidner* in Bunjes, § 23 UStG Rz. 11; *Probst*, DStJG 13 (1990), S. 137 (160 f.); vgl. auch BFH v. 6.12.1979 – V R 87/72, BStBl. II 1980, 279.

[2] *Stadie* in R/D, § 23 UStG Anm. 66 f.

len[1]; die zu § 15 Abs. 4 UStG entwickelten Aufteilungsregeln (*§ 15 Rz. 478 ff.*) gelten entsprechend.

**Wertabgaben** von einem Bereich an den anderen sind, da sie innerhalb des einen Unternehmens erfolgen (*§ 2 Rz. 168 u. 192 ff.*), keine Umsätze und führen auch nicht zu fiktiven Umsätzen in Gestalt von Entnahmen i.S.d. § 3 Abs. 1b Nr. 1 bzw. § 3 Abs. 9a Nr. 1 UStG, da sie nicht für Zwecke außerhalb des Unternehmens erfolgen. Stattdessen kommt eine **Berichtigung** des **Vorsteuerabzugs** in Betracht, wenn ein Gegenstand (Wirtschaftsgut, Investitionsgut) von dem einen Bereich in den anderen zeitweilig oder auf Dauer verbracht wird, so dass eine **Änderung der Verwendungsverhältnisse** i.S.d. § 15a UStG vorliegt[2] (vgl. *§ 15a Rz. 134*). 30

## F. Zu den einzelnen Berufs- und Gewerbezweigen (Anlage zur UStDV)

### I. Vorbemerkungen

Die Pauschalierung der Vorsteuer kommt nur bei den in der Anlage zur UStDV genannten Berufs- und Gewerbezweigen mit den dort genannten Prozentsätzen in Betracht (§ 69 Abs. 1 UStDV). Die Anlage ist in zwei Abschnitte geteilt. Der Nennung der einzelnen Berufs- und Gewerbezweige in der Anlage soll mit Ausnahme der Freien Berufe in Abschnitt A (IV) die vom Statistischen Bundesamt herausgegebene „Systematik der Wirtschaftszweige", Ausgabe 1961, zugrunde liegen, welche nach Auffassung der Bundesregierung zur **Abgrenzung** herangezogen werden könne[3]. Richtigerweise ist dazu indes stets die neueste Fassung der **„Klassifikation der Wirtschaftszweige"** heranzuziehen[4], die allerdings regelmäßig nicht weiterhilft. 31

Für die Mehrheit der in der Anlage, Abschn. A Teile I bis III UStDV, genannten Berufe kommt die Vorsteuerpauschalierung nicht in Betracht, da die Umsatzgrenze des § 69 Abs. 3 UStDV viel zu niedrig ist (*Rz. 3*). Von Bedeutung ist die Vorsteuerpauschalierung deshalb weitgehend nur für die in Abschn. A Teil IV UStDV genannten **freien Berufe** und die in Abschnitt B aufgezählten Berufe.[5] 32

### II. Zu einzelnen Berufen und Betrieben

**Fremdenheime und Pensionen** (Abschn. A Teil III Nr. 2 UStDV): 33

Es müssen die wesentlichen Leistungen einer derartigen Unterkunftsstätte erbracht werden[6], welche von der Größe her dem Typus „Fremdenheim" bzw. „Pension" entsprechen[7], so dass die Vermietung weniger Zimmer in einem Ein-

---
1 Vgl. BFH v. 16.12.1993 – V R 79/91, BStBl. II 1994, 339; BFH v. 11.6.2008 – XI B 194/07, BFH/NV 2008, 1548 – zur parallelen Fragestellung im Bereich des § 24 UStG.
2 Vgl. auch Überschrift vor Abschn. 15a.9 Abs. 5 UStAE.
3 Abschn. 23.2 Abs. 1 Sätze 3 und 4 UStAE.
4 Vgl. BFH v. 18.5.1995 – V R 7/94, BStBl. II 1995, 751.
5 Zu den übrigen Berufs- und Gewerbezweigen *Stadie* in R/D, § 23 UStG Anm. 78 ff.
6 Vgl. BFH v. 18.5.1995 – V R 7/94, BStBl. II 1995, 751.
7 *Stadie* in R/D, § 23 UStG Anm. 86.

familien- o.ä. Wohnhaus nicht ausreicht[1]. Die Gäste müssen „häufig auch" **verpflegt** werden, so dass entgegen der Rechtsprechung[2] im Hinblick auf den hohen Prozentsatz der zu pauschalierenden Vorsteuern das Angebot von Frühstück (Hotel „garni") nicht ausreicht und mindestens Halbpension regelmäßig angeboten werden muss.

34 **Hochschullehrer** (Abschn. A Teil IV Nr. 3 UStDV):

Das sind nur solche im Sinne der Hochschulgesetze, d.h. nur solche, die eine „wissenschaftliche Tätigkeit" ausüben. Da es auf die wissenschaftliche Tätigkeit und nicht auf den förmlichen Status ankommt, sollten entgegen dem Wortlaut der Vorschrift seitens der Finanzverwaltung auch wissenschaftlichen Mitarbeitern die Vorsteuerpauschalierung gem. § 155 Abs. 4 i.V.m. § 163 Satz 1 AO gewährt werden.[3] Es muss sich um eine **freiberufliche** Tätigkeit handeln, welche Ausfluss der Hochschul(lehrer)tätigkeit ist.[4] Die dienstrechtliche Zulässigkeit oder Genehmigung als Nebentätigkeit ist ohne Bedeutung. Übt der Hochschullehrer eine Nebentätigkeit als **Architekt, Steuerberater** o.Ä. aus, so kommt die **Teilpauschalierung** nach Abschn. B Nr. 1 oder 6 UStDV in Betracht.

35 Die Mitwirkung an **Staatsprüfungen** ist eine selbständig ausgeübte freiberufliche Tätigkeit des Hochschullehrers.[5] Die dafür bezogenen Vergütungen dürfen, wenn sie nach § 4 Nr. 26 Buchst. a UStG steuerfrei sind, nicht in die Vorsteuerpauschalierung einbezogen werden, da sie für eine nachhaltige Tätigkeit erzielt werden (*Rz. 18*). Anders ist es bei steuerfreien Vergütungen für **Lehrtätigkeiten** des Hochschullehrers an allgemein- oder **berufsbildenden Einrichtungen** i.S.d. § 4 Nr. 21 UStG, da diese Vergütungen durch § 69 Abs. 2 UStDV ausdrücklich ausgenommen sind.

36 **Schriftsteller** (Abschn. A Teil IV Nr. 5 UStDV):

Die Finanzverwaltung lässt die Anwendung des für Schriftsteller geltenden Durchschnittssatzes auch bei **Komponisten, Liederdichtern** und **Librettisten** zu.[6] Übersetzer können für Zwecke der Vorschrift nach Auffassung des BFH nicht als Schriftsteller angesehen werden.[7] Bei einem Hochschullehrer unterliegt die wissenschaftliche Schriftstellerei dem für **Hochschullehrer** geltenden Durchschnittssatz (Abschn. A Teil IV Nr. 3 UStDV), soweit sie Ausfluss seiner Hochschullehrertätigkeit ist. Die **Abgrenzung** des Schriftstellers vom **Journalisten** (Abschn. A Teil IV Nr. 4 UStDV) kann schwierig sein (*Beispiel* „Reisejournalist").[8]

---

1 FG München v. 10.7.2002 – 3 K 521/02, EFG 2002, 1487; unklar BFH v. 18.5.1995 – V R 7/94, BStBl. II 1995, 751.
2 FG Schl.-Holst. v. 21.12.1993 – IV 603/93, EFG 1994, 459; FG München v. 10.7.2002 – 3 K 521/02, EFG 2002, 1487.
3 *Stadie* in R/D, § 23 UStG Anm. 91.1.
4 BFH v. 18.5.1995 – V R 7/94, BStBl. II 1995, 346.
5 Vgl. BFH v. 29.1.1987 – IV R 189/85, BStBl. II 1987, 783 – erste juristische Staatsprüfung.
6 Abschn. 261 Abs. 6 UStAE.
7 BFH v. 23.7.2009 – V R 66/07, BStBl. II 2010, 86.
8 Dazu Abschn. 23.2 Abs. 5 UStAE; BFH v. 26.11.1964 – IV 156/64, HFR 1965, 212; BFH v. 2.12.1971 – IV R 145/68, BStBl. II 1972, 315; BFH v. 22.11.1979 – IV R 88/76, BStBl. II 1980, 152.

## § 23a
## Durchschnittssatz für Körperschaften, Personenvereinigungen und Vermögensmassen im Sinne des § 5 Abs. 1 Nr. 9 des Körperschaftsteuergesetzes

(1) Zur Berechnung der abziehbaren Vorsteuerbeträge (§ 15) wird für Körperschaften, Personenvereinigungen und Vermögensmassen im Sinne des § 5 Abs. 1 Nr. 9 des Körperschaftsteuergesetzes, die nicht verpflichtet sind, Bücher zu führen und auf Grund jährlicher Bestandsaufnahmen regelmäßig Abschlüsse zu machen, ein Durchschnittssatz von 7 Prozent des steuerpflichtigen Umsatzes, mit Ausnahme der Einfuhr und des innergemeinschaftlichen Erwerbs, festgesetzt. Ein weiterer Vorsteuerabzug ist ausgeschlossen.

(2) Der Unternehmer, dessen steuerpflichtiger Umsatz, mit Ausnahme der Einfuhr und des innergemeinschaftlichen Erwerbs, im vorangegangenen Kalenderjahr 35 000 Euro überstiegen hat, kann den Durchschnittssatz nicht in Anspruch nehmen.

(3) Der Unternehmer, bei dem die Voraussetzungen für die Anwendung des Durchschnittssatzes gegeben sind, kann dem Finanzamt spätestens bis zum 10. Tag nach Ablauf des ersten Voranmeldungszeitraums eines Kalenderjahres erklären, dass er den Durchschnittssatz in Anspruch nehmen will. Die Erklärung bindet den Unternehmer mindestens für fünf Kalenderjahre. Sie kann nur mit Wirkung vom Beginn eines Kalenderjahres an widerrufen werden. Der Widerruf ist spätestens bis zum 10. Tag nach Ablauf des ersten Voranmeldungszeitraums dieses Kalenderjahres zu erklären. Eine erneute Anwendung des Durchschnittssatzes ist frühestens nach Ablauf von fünf Kalenderjahren zulässig.

*EU-Recht*
Art. 281 MwStSystRL.

| | |
|---|---|
| A. Normzweck, Allgemeines...... 1 | C. Erklärung, Bindungsdauer (Abs. 3).................... 6 |
| B. Voraussetzungen | D. Pauschalierung und Abgeltung der Vorsteuern (Abs. 1 Satz 2).. 8 |
| I. Begünstigte Körperschaften .... 2 | |
| II. Keine Buchführungspflicht..... 3 | |
| III. Umsatzgrenze (Abs. 2) ........ 4 | |

## A. Normzweck, Allgemeines

Die Vorschrift sieht für kleine **gemeinnützige** u.ä. **Körperschaften** usw. „zur Berechnung der abziehbaren Vorsteuerbeträge (§ 15)" die Möglichkeit der **Vorsteuerpauschalierung** mit einem Durchschnittssatz von 7 % vor, deren **Zweck** in der **Vereinfachung** der **Vereinsbesteuerung** liegen soll.[1] Soweit die Umsätze dieser

---
[1] Vgl. Reg.-Begr. zu Art. 4 VereinsfördG, BT-Drucks. 11/4176.

Körperschaften usw. außerhalb eines sog. wirtschaftlichen Geschäftsbetriebes gem. § 12 Abs. 2 Nr. 8 UStG dem ermäßigten Steuersatz von 7 % unterliegen, gleichen sich Steuer und Vorsteuer aus. Der „Vereinfachungseffekt" besteht mithin darin, dass diese Körperschaften (insoweit) im Ergebnis nicht der Umsatzsteuer unterliegen. Hinzu kommt – wie bei der „Besteuerung" der Land- und Forstwirte durch § 24 Abs. 1 UStG (*§ 24 Rz. 1 f.*) – bei Lieferungen (durch z.B. eine Behindertenwerkstatt) oder Dienstleistungen an vorsteuerabzugsberechtigte Unternehmer durch das Inrechnungstellen („Abwälzen") der nicht oder nur teilweise geschuldeten Steuer eine versteckte **Subventionierung**, soweit tatsächlich keine Vorsteuern angefallen sind. Andererseits sind mit der Vorsteuerpauschalierung auch die Vorsteuern aus Investitionen abgegolten.

## B. Voraussetzungen

### I. Begünstigte Körperschaften

2 In Betracht kommen Körperschaften, Personenvereinigungen und Vermögensmassen i.S.d. § 5 Abs. 1 Nr. 9 KStG (§ 23a Abs. 1 Satz 1 UStG). Das sind solche, die nach der Satzung, dem Stiftungsgeschäft oder der sonstigen Verfassung und nach der tatsächlichen Geschäftsführung ausschließlich und unmittelbar **gemeinnützigen, mildtätigen** oder **kirchlichen Zwecken** dienen (§§ 51–68 AO); im Folgenden: „Körperschaften" (§ 51 Satz 2 AO; § 12 Abs. 2 Nr. 8 UStG). Eine Körperschaft (nicht Personengesellschaft), in der solche steuerbegünstigten Körperschaften zusammengefasst sind (sog. **Dach-** oder **Spitzenverband**), wird einer Körperschaft, die unmittelbar steuerbegünstigte Zwecke verfolgt, gleichgestellt (§ 57 Abs. 2 AO).

### II. Keine Buchführungspflicht

3 Die Körperschaft darf nicht verpflichtet sein, Bücher zu führen und auf Grund jährlicher Bestandsaufnahmen regelmäßig Abschlüsse zu machen (§ 23a Abs. 1 Satz 1 UStG). Eine solche Verpflichtung kann sich aus § 141 AO ergeben, wenn eine der dort (§ 141 Abs. 1 Satz 1 AO) genannten Umsatz-, Gewinn- oder Wertgrenzen überschritten worden ist (zum Beginn und Ende der Verpflichtung s. *§ 23 Rz. 4*).

### III. Umsatzgrenze (Abs. 2)

4 Die Inanspruchnahme der Vorsteuerpauschalierung ist ausgeschlossen, wenn der **steuerpflichtige** Umsatz, mit Ausnahme der Einfuhr und des innergemeinschaftlichen Erwerbs, im vorangegangenen Kalenderjahr 35 000 € überstiegen hat (§ 23a Abs. 2 UStG). Hat die Körperschaft ihre unternehmerische Tätigkeit nur in einem **Teil des vorangegangenen Kalenderjahres** ausgeübt, so ist der tatsächliche Umsatz in entsprechender Anwendung des § 19 Abs. 3 Sätze 3 und 4 UStG in einen Jahresumsatz **umzurechnen** (vgl. *§ 23 Rz. 8*). Bei Beginn der unternehmerischen Tätigkeit ist auf den voraussichtlichen Umsatz des ersten Jahres abzustellen.[1] Dabei bleibt es auch dann, wenn der tatsächliche Umsatz mit

---
[1] BFH v. 27.6.2006 – V B 143/05, BStBl. II 2006, 732.

der nach den ursprünglichen Umständen damals begründeten Prognose nicht übereinstimmt (vgl. § 23 Rz. 9).

**Steuerpflichtiger Umsatz** ist die Summe der steuerbaren und nicht steuerbefreiten Umsätze nach § 1 Abs. 1 Nr. 1 UStG. Die Einfuhren und innergemeinschaftlichen Erwerbe mussten ausdrücklich ausgenommen werden, weil sie von § 1 UStG unsinnigerweise als „Umsätze" bezeichnet werden (§ 1 Rz. 1 u. 120). Zu den steuerpflichtigen Umsätzen zählen auch solche, welche nach § 9 UStG als solche behandelt werden. Als „Umsätze" anzusetzen sind die **Bemessungsgrundlagen** i.S.d. § 10 UStG, d.h. die Einnahmen abzüglich Umsatzsteuer (vgl. § 19 Rz. 25), während § 64 Abs. 3 und § 67a Abs. 1 AO die Bruttobeträge meinen. 5

## C. Erklärung, Bindungsdauer (Abs. 3)

Die Inanspruchnahme der Vorsteuerpauschalierung muss dem (zuständigen) Finanzamt gegenüber erklärt werden. Die **Erklärung** ist an keine Form gebunden und kann auch konkludent erfolgen. Sie muss spätestens bis zum **10. Tag nach Ablauf des ersten Voranmeldungszeitraums** des betreffenden Kalenderjahres dem Finanzamt zugehen (§ 23a Abs. 3 Satz 1 UStG). Einer Zustimmung seitens des Finanzamtes bedarf es nicht. Maßgebender Voranmeldungszeitraum ist auch dann das Kalendervierteljahr (§ 18 Abs. 2 Satz 1 UStG), wenn der Unternehmer von der Verpflichtung zur Abgabe von Voranmeldungen (nach § 18 Abs. 2 Satz 2 UStG) befreit ist.[1] Bei unverschuldeter Fristversäumnis kommt eine **Wiedereinsetzung** in den vorigen Stand (§ 110 AO) in Betracht.[2] 6

Die Erklärung über die Inanspruchnahme der Vorsteuerpauschalierung **bindet für mindestens fünf Kalenderjahre** (§ 23a Abs. 3 Satz 2 UStG). Eine *Rücknahme* der Erklärung kommt nur bis zum Ablauf der Erklärungsfrist (Rz. 6) in Betracht.[3] Allerdings kann die Erklärung mit Wirkung vom Beginn eines (folgenden) Kalenderjahres an widerrufen werden. Der **Widerruf** ist spätestens bis zum 10. Tag nach Ablauf des ersten Voranmeldungszeitraums dieses Kalenderjahres zu erklären (§ 23a Abs. 3 Sätze 3 und 4 UStG). Er kann *konkludent* in der Weise erfolgen, dass die Vorsteuerbeträge nicht mehr pauschaliert werden.[4] Nach einem Widerruf ist eine erneute Vorsteuerpauschalierung frühestens nach Ablauf von fünf Jahren zulässig (§ 23a Abs. 3 Satz 5 UStG). 7

## D. Pauschalierung und Abgeltung der Vorsteuern (Abs. 1 Satz 2)

Die pauschalierte Vorsteuer beträgt 7 % des steuerpflichtigen „Umsatzes", d.h. der Summe aller steuerpflichtigen Umsätze (Rz. 5) der Körperschaft. Dazu zählen auch die Umsätze aus einem wirtschaftlichen Geschäftsbetrieb. Mit der Pauschalierung sind **alle Vorsteuerbeträge abgegolten** (§ 23a Abs. 1 Satz 2 UStG), auch solche aus Investitionen. Bei einem **Wechsel** von der Vorsteuerpauschalierung zum Vorsteuerabzug nach den allgemeinen Regeln des § 15 UStG und um- 8

---
1 BFH v. 30.3.1995 – V R 22/94, BStBl. II 1995, 567.
2 Vgl. BFH v. 30.3.1995 – V R 22/94, BStBl. II 1995, 567.
3 *Stadie* in R/D, § 23a UStG Anm. 14.
4 Vgl. BFH v. 11.12.1997 – V R 50/94, BStBl. II 1998, 420.

gekehrt kommt eine **Berichtigung** des Vorsteuerabzugs nach den Kriterien des § 15a UStG in Betracht (§ 15a Abs. 7 UStG).

## § 24
## Durchschnittssätze für land- und forstwirtschaftliche Betriebe

(1) Für die im Rahmen eines land- und forstwirtschaftlichen Betriebs ausgeführten Umsätze wird die Steuer vorbehaltlich der Sätze 2 bis 4 wie folgt festgesetzt:

1. für die Lieferungen von forstwirtschaftlichen Erzeugnissen, ausgenommen Sägewerkserzeugnisse, auf 5,5 Prozent,
2. für die Lieferungen der in der Anlage 2 nicht aufgeführten Sägewerkserzeugnisse und Getränke sowie von alkoholischen Flüssigkeiten, ausgenommen die Lieferungen in das Ausland und die im Ausland bewirkten Umsätze, und für sonstige Leistungen, soweit in der Anlage 2 nicht aufgeführte Getränke abgegeben werden, auf 19 Prozent,
3. für die übrigen Umsätze im Sinne des § 1 Abs. 1 Nr. 1 auf 10,7 Prozent

der Bemessungsgrundlage. Die Befreiungen nach § 4 mit Ausnahme der Nummern 1 bis 7 bleiben unberührt; § 9 findet keine Anwendung. Die Vorsteuerbeträge werden, soweit sie den in Satz 1 Nr. 1 bezeichneten Umsätzen zuzurechnen sind, auf 5,5 Prozent, in den übrigen Fällen des Satzes 1 auf 10,7 Prozent der Bemessungsgrundlage für diese Umsätze festgesetzt. Ein weiterer Vorsteuerabzug entfällt. § 14 ist mit der Maßgabe anzuwenden, dass der für den Umsatz maßgebliche Durchschnittssatz in der Rechnung zusätzlich anzugeben ist.

(2) Als land- und forstwirtschaftlicher Betrieb gelten

1. die Landwirtschaft, die Forstwirtschaft, der Wein-, Garten-, Obst- und Gemüsebau, die Baumschulen, alle Betriebe, die Pflanzen und Pflanzenteile mit Hilfe der Naturkräfte gewinnen, die Binnenfischerei, die Teichwirtschaft, die Fischzucht für die Binnenfischerei und Teichwirtschaft, die Imkerei, die Wanderschäferei sowie die Saatzucht;
2. Tierzucht- und Tierhaltungsbetriebe, soweit ihre Tierbestände nach den §§ 51 und 51a des Bewertungsgesetzes zur landwirtschaftlichen Nutzung gehören.

Zum land- und forstwirtschaftlichen Betrieb gehören auch die Nebenbetriebe, die dem land- und forstwirtschaftlichen Betrieb zu dienen bestimmt sind. Ein Gewerbebetrieb kraft Rechtsform gilt auch dann nicht als land- und forstwirtschaftlicher Betrieb, wenn im Übrigen die Merkmale eines land- und forstwirtschaftlichen Betriebs vorliegen.

(3) Führt der Unternehmer neben den in Absatz 1 bezeichneten Umsätzen auch andere Umsätze aus, so ist der land- und forstwirtschaftliche Betrieb als ein in der Gliederung des Unternehmens gesondert geführter Betrieb zu behandeln.

Normzweck, Allgemeines § 24

(4) Der Unternehmer kann spätestens bis zum 10. Tag eines Kalenderjahres gegenüber dem Finanzamt erklären, dass seine Umsätze vom Beginn des vorangegangenen Kalenderjahres an nicht nach den Absätzen 1 bis 3, sondern nach den allgemeinen Vorschriften dieses Gesetzes besteuert werden sollen. Die Erklärung bindet den Unternehmer mindestens für fünf Kalenderjahre; im Fall der Geschäftsveräußerung ist der Erwerber an diese Frist gebunden. Sie kann mit Wirkung vom Beginn eines Kalenderjahres an widerrufen werden. Der Widerruf ist spätestens bis zum 10. Tag nach Beginn dieses Kalenderjahres zu erklären. Die Frist nach Satz 4 kann verlängert werden. Ist die Frist bereits abgelaufen, so kann sie rückwirkend verlängert werden, wenn es unbillig wäre, die durch den Fristablauf eingetretenen Rechtsfolgen bestehen zu lassen.

§ 71 UStDV
Verkürzung der zeitlichen Bindungen für land- und forstwirtschaftliche Betriebe

Der Unternehmer, der eine Erklärung nach § 24 Abs. 4 Satz 1 des Gesetzes abgegeben hat, kann von der Besteuerung des § 19 Abs. 1 des Gesetzes zur Besteuerung nach § 24 Abs. 1 bis 3 des Gesetzes mit Wirkung vom Beginn eines jeden folgenden Kalenderjahres an übergehen. Auf den Widerruf der Erklärung ist § 24 Abs. 4 Satz 4 des Gesetzes anzuwenden.

*EU-Recht*

Art. 295 ff. MwStSystRL.

*VV*

Abschn. 24.1–24.9 UStAE.

| | |
|---|---|
| A. Normzweck, Allgemeines...... 1 | IV. Steuersätze (Abs. 1 Satz 1 Nr. 1 bis 3)................. 31 |
| B. Land- und forstwirtschaftlicher Betrieb (Abs. 2) | D. Steuerbefreiungen (Abs. 1 Satz 2)..................... 36 |
| I. Allgemeines (Satz 1).......... 7 | E. Vorsteuerpauschalierung (Abs. 1 Sätze 3 und 4)........ 40 |
| II. Nebenbetrieb (Satz 2)......... 9 | F. Erteilung von Rechnungen (Abs. 1 Satz 5)................ 42 |
| III. Gewerbebetrieb kraft Rechtsform (Satz 3)................. 13 | G. Nebeneinander von Betrieben unterschiedlicher Besteuerungsformen (Abs. 3).......... 43 |
| C. Umsätze im Rahmen eines land- und forstwirtschaftlichen Betriebes (Abs. 1 Satz 1) | H. Verzicht auf die Durchschnittssatzbesteuerung (Abs. 4)....... 49 |
| I. Allgemeines, „Umsätze" ...... 15 | I. Zeitliche Zuordnung und Berichtigung der Vorsteuern beim Wechsel der Besteuerungsform 53 |
| II. Lieferungen land- und forstwirtschaftlicher Erzeugnisse ....... 18 | |
| III. Land- und forstwirtschaftliche Dienstleistungen.............. 24 | |

## A. Normzweck, Allgemeines

Für die im Rahmen eines land- und forstwirtschaftlichen Betriebes ausgeführten Umsätze wird scheinbar Umsatzsteuer erhoben, denn in § 24 Abs. 1 Satz 1 UStG heißt es, dass für die dort aufgeführten **drei** unterschiedlichen **Umsatzgruppen**  1

1369

(Nummern 1 bis 3) die dort genannten **Steuersätze** (**Durchschnittssätze**) gelten („wird die Steuer auf 5,5 bzw. 19 bzw. 10,7 % der Bemessungsgrundlage festgesetzt"). Das ist jedoch (mit Ausnahme der unter § 24 Abs. 1 Satz 1 Nr. 2 UStG fallenden Umsätze) eine **Scheinbesteuerung**[1], denn nach § 24 Abs. 1 Satz 3 UStG werden die **Vorsteuerbeträge**, soweit sie den in § 24 Abs. 1 Satz 1 Nr. 1 UStG bezeichneten Umsätzen zuzurechnen sind, auf 5,5 %, in den übrigen Fällen (§ 24 Abs. 1 Satz 1 Nr. 2 und 3 UStG) auf 10,7 % der Bemessungsgrundlage dieser Umsätze festgesetzt. Folglich wird für die **Umsätze** des § 24 Abs. 1 Satz 1 **Nr. 1 und 3 UStG** stets keine Umsatzsteuer erhoben, weil die **Steuerschuld durch** die zu verrechnende **pauschalierte Vorsteuer getilgt** wird. Eine Umsatzsteuerzahllast entsteht nur bei den in § 24 Abs. 1 Satz 1 Nr. 2 UStG genannten Lieferungen von Sägewerkserzeugnissen, Frucht- u.ä. Säften sowie von alkoholischen Getränken in Höhe von 8,3 % der Bemessungsgrundlage (*Rz. 33 f.*). Damit unterliegen die land- und forstwirtschaftlichen Betriebe mit ihren typischen Umsätzen (§ 24 Abs. 1 Satz 1 Nr. 1 UStG: Lieferung forstwirtschaftlicher Erzeugnisse; § 24 Abs. 1 Satz 1 Nr. 3 UStG: landwirtschaftliche Umsätze) im Ergebnis nicht der Umsatzbesteuerung.

2 Dasselbe Ergebnis hätte technisch einfacher durch Steuerbefreiungen mit Vorsteuerabzug (bzw. im Falle der in § 24 Abs. 1 Satz 1 Nr. 2 UStG genannten Umsätze durch eine offene Reduzierung des Steuersatzes auf 7 %) herbeigeführt werden können. Dann wäre jedoch die beabsichtigte **Subventionierung** nicht erreicht worden, weil der Vorsteuerabzug nur in Höhe der tatsächlichen Belastung in Betracht käme. Indem die Land- und Forstwirte stattdessen die „Steuer" in ihre Preise einkalkulieren, erhalten sie die Steuerbeträge von den jeweiligen Abnehmern ihrer Umsätze, müssen die „Steuer" jedoch nicht an das Finanzamt abführen. Auf diese Weise wird eine „Steuer" überwälzt, die in Wahrheit als Zahllast nicht besteht. Sind die Abnehmer – wie regelmäßig – vorsteuerabzugsberechtigte Unternehmer, so sind die Land- und Forstwirte nach § 14 Abs. 2 Satz 1 Nr. 2 Satz 2 UStG verpflichtet, in ihren Rechnungen die „Steuer" gesondert auszuweisen, so dass die **Abnehmer** bei einer ordnungsgemäßen Rechnung (*Rz. 42*) die Steuer als **Vorsteuer** nach § 15 Abs. 1 Satz 1 Nr. 1 UStG abziehen können. Insoweit erfolgt die Subventionierung letztlich über das Steueraufkommen. Sind die Abnehmer nicht zum Vorsteuerabzug berechtigt, so erfolgt die Subventionierung durch die Abnehmer.

3 Dass es sich um reine Subventionierungsbestimmungen unter dem Deckmantel des Umsatzsteuergesetzes handelt, zeigt sich auch darin, dass die Steuerbefreiungen für Ausfuhr- u.ä. Lieferungen (§ 4 Nr. 1 bis 7 UStG) nicht gelten (§ 24 Abs. 1 Satz 2 Halbs. 1 UStG) und **selbst** nicht steuerbare **Umsätze im Ausland** erfasst werden (*Rz. 36*).

4 Dieses Regelungswerk entspricht vom Ansatz her den Vorgaben des **Art. 296 MwStSystRL**. Es heißt nämlich in Art. 296 Abs. 1 i.V.m. Abs. 2 MwStSystRL, dass auf landwirtschaftliche Erzeuger (Steuerpflichtige mit landwirtschaftlichem, forstwirtschaftlichem oder Fischereibetrieb) die normale Mehrwertsteuerregelung nicht angewendet werden muss – was wohl heißen soll, dass sie dann grundsätzlich nicht besteuert werden – und vielmehr „als Ausgleich für die Be-

---

[1] *Klenk*, UR 2002, 597 (598).

lastung durch die Mehrwertsteuer, die auf die von (diesen) *bezogenen* Gegenstände und Dienstleistungen gezahlt wird, eine **Pauschalregelung**" vorgesehen werden kann. Die Pauschalausgleichsprozentsätze sind auf die Lieferungen landwirtschaftlicher Erzeugnisse (*Rz. 18 ff.*) und auf landwirtschaftliche Dienstleistungen (*Rz. 24 ff.*) anzuwenden. Art. 301 MwStSystRL bestimmt, dass die Zahlung des Pauschalausgleichs[1] durch den Leistungsempfänger geschieht, welcher, sofern er Steuerpflichtiger ist, dann zum Abzug dieses Betrages von seiner Steuerschuld unter den Bedingungen der Art. 167 ff. MwStSystRL berechtigt ist (Art. 303 MwStsystRL). Die Zahlung erfolgt auch dann durch den Leistungsempfänger, wenn dieser seinerseits Pauschallandwirt oder Nichtunternehmer ist, weil Art. 301 Abs. 2 MwStSystRL davon ausgeht, dass die Zahlung des Pauschalausgleichs durch den Leistungsempfänger geschieht, da der entsprechende Betrag vom Landwirt in den Preis einkalkuliert worden ist.

Als höchst **zweifelhaft** erscheint allerdings, ob die Subventionierung durch § 24 UStG mit Art. 299 MwStSystRL zu vereinbaren ist.[2] Danach darf die Pauschalregelung „nicht dazu führen", dass die Pauschallandwirte „insgesamt Erstattungen erhalten, die über die Mehrwertsteuer-Vorbelastung hinausgehen". Gegen diese Vorgabe verstoßen die von § 24 Abs. 1 Satz 3 UStG festgesetzten Vorsteuerbeträge ganz offensichtlich.[3]   5

Die Vorschriften des § 24 UStG und der Art. 295 ff. MwStSystRL sind **eng auszulegen**, da sie eine Ausnahme von der allgemeinen Besteuerungsregelung darstellen.[4] Auf diejenigen Umsätze, die die Voraussetzungen der Vorschrift nicht erfüllen, sind die allgemeinen Vorschriften anzuwenden[5], so dass es zu einem **Nebeneinander** von Regel- und **Durchschnittssatzbesteuerung** kommen kann (vgl. *Rz. 43*).   6

## B. Land- und forstwirtschaftlicher Betrieb (Abs. 2)

### I. Allgemeines (Satz 1)

Als land- und forstwirtschaftlicher Betrieb gelten die Landwirtschaft, die Forstwirtschaft, der Wein-, Garten-, Obst- und Gemüsebau, die Saatzucht, nämlich **alle Betriebe, die Pflanzen und Pflanzenteile mit Hilfe der Naturkräfte gewin-**   7

---

1 Sofern die Zahlung nicht gem. Art. 301 Abs. 1 (a.E.) MwStSystRL – wie in Frankreich, dazu *Klenk*, UR 2002, 597 (598) – durch die öffentliche Hand erfolgt.
2 So auch *Schüler-Täsch*, MwStR 2013, 540 (541).
3 Der BFH (BFH v. 27.11.2003 – V R 28/03, UR 2004, 208) hatte deshalb dem EuGH die Frage vorgelegt, ob die Mitgliedstaaten die Pauschallandwirte im Ergebnis von der Zahlung von Umsatzsteuer freistellen dürfen oder müssen. Die in der Tat ungeschickt formulierte Frage ist vom EuGH nicht verstanden und deshalb auch nicht beantwortet worden; vgl. EuGH v. 26.5.2005 – C-43/04, EuGHE 2005, I-4491 = UR 2005, 397 – Rz. 12 f.
4 EuGH v. 15.7.2004 – C-321/02, EuGHE 2004, I-7101 = UR 2004, 543 – Rz. 27; EuGH v. 26.5.2005 – C-43/04, EuGHE 2005, I-4491 = UR 2005, 397 – Rz. 27; BFH v. 6.12.2001 – V R 43/00, BStBl. II 2002, 701 (704).
5 EuGH v. 15.7.2004 – C-321/02, EuGHE 2004, I-7101 = UR 2004, 543; EuGH v. 26.5.2005 – C-43/04, EuGHE 2005, I-4491 = UR 2005, 397; BFH v. 22.9.2005 – V R 28/03, BStBl. II 2006, 280.

nen, sowie die Betriebe der **Fischwirtschaft**, die Imkerei, die Wanderschäferei und ferner **Tierzucht-** und **Tierhaltungsbetriebe**, soweit ihre Tierbestände nach den §§ 51 und 51a BewG zur landwirtschaftlichen Nutzung gehören (§ 24 Abs. 2 Satz 1 Nr. 1 und 2 UStG in offensichtlicher Anlehnung an § 13 Abs. 1 Nr. 1 und 2 EStG). Die Beschränkung auf die Tierbestände i.S.d. §§ 51 und 51a BewG bringt zum Ausdruck, dass das Bild eines Landwirtes bei der Tierzucht und Tierhaltung im Wesentlichen durch den Umstand geprägt wird, dass dem Unternehmer dafür in ausreichendem Maße **selbst bewirtschaftete Grundstücksflächen** zur Verfügung stehen.[1]

8 Nach früherer Auffassung des BMF sollte die Bestimmung des land- und forstwirtschaftlichen Betriebes in der Regel nach den Grundsätzen des Einkommensteuer- und Gewerbesteuerrechts erfolgen.[2] Das war so schlicht falsch, weil es keinen Vorrang des Ertragsteuerrechts gegenüber dem Umsatzsteuerrecht gibt und zudem die Art. 295 ff. MwStSystRL eine **richtlinienkonforme Auslegung** des § 24 UStG verlangen (*Rz. 17*). Die Umschreibung des land- und forstwirtschaftlichen Betriebs stimmt allerdings im Wesentlichen mit den Vorgaben des Art. 295 Abs. 1 Nr. 3 i.V.m. Anhang VII MwStSystRL überein. Die Einschränkungen bei der Tierzucht und Tierhaltung ergeben sich aus Nummer 2 dieses Anhangs („in Verbindung mit der Bodenbewirtschaftung").

## II. Nebenbetrieb (Satz 2)

9 Zum land- und forstwirtschaftlichen Betrieb gehören auch die Nebenbetriebe, die dem land- und forstwirtschaftlichen Betrieb zu dienen bestimmt sind (§ 24 Abs. 2 Satz 2 UStG). Diese dem Einkommensteuerrecht entnommene Formulierung (vgl. § 13 Abs. 2 Nr. 1 EStG), die nur vor dem Hintergrund der einkommensteuerrechtlichen Systematik der Einkunftsarten einen Sinn ergibt (die Nebenbetriebe wären bei isolierter Sichtweise Gewerbebetriebe), ist **richtlinienkonform auszulegen**. Folglich sind nicht die ertragsteuerrechtlichen Grundsätze zur Auslegung des § 13 Abs. 2 Nr. 1 EStG maßgebend. Es reicht deshalb für die Einbeziehung einer gewerblichen Betätigung nicht aus, dass diese nach der Verkehrsauffassung als Teil eines einheitlichen landwirtschaftlichen Betriebes anzusehen ist.[3]

10 Die Art. 295 ff. MwStSystRL kennen den Begriff des Nebenbetriebes ohnehin nicht. Folglich gelten für Nebenbetriebe keine Besonderheiten, so dass auch auf sie die Grundsätze für land- und forstwirtschaftliche Betriebe anzuwenden sind.[4] Nach Art. 295 Abs. 2 MwStSystRL gelten **nur** solche **Verarbeitungstätigkeiten** auch als landwirtschaftliche Erzeugung, die ein Landwirt bei „im wesentlichen" aus **seiner** landwirtschaftlichen **Produktion** stammenden Erzeugnissen mit normalerweise in land-, forst- oder fischereiwirtschaftlichen Betrieben verwendeten Mitteln ausübt. Folglich sind nur die Lieferungen solcher verarbeiteten Erzeugnisse Umsätze im Rahmen eines land- oder forstwirtschaftlichen Nebenbetriebes.

---

1 Vgl. BFH v. 29.6.1988 – X R 33/82, BStBl. II 1988, 922.
2 Abschn. 24.1 Abs. 1 Satz 2 UStAE a.F. In der Neufassung der Abschn. 24.1 ff. UStAE findet sich diese Aussage nicht mehr.
3 So noch BFH v. 14.1.1998 – X R 1/96, BStBl. II 1998, 359.
4 Abschn. 24.1 Abs. 1 Satz 4 UStAE.

**Beispiele**

Forellenräucherei eines Forellenteichwirtschaftsbetriebes[1]; Käserei eines landwirtschaftlichen Betriebes; Sägewerk eines Forstbetriebes; Brennerei eines Weinbaubetriebes (jeweils mit anschließender Veräußerung der Produkte).

Die im Nebenbetrieb veräußerten Verarbeitungserzeugnisse müssen „**im Wesentlichen**" aus der eigenen landwirtschaftlichen Produktion stammen (Art. 295 Abs. 2 MwStSystRL)[2], so dass es entgegen einer älteren Äußerung des BFH[3] nicht ausreicht, dass „überwiegend" eigene Produkte verarbeitet werden (zur Veräußerung zugekaufter Produkte *Rz. 19 ff.*). 11

Die Erbringung von gewerblichen **Dienstleistungen** kann **nicht** zu einem Nebenbetrieb im o.g. Sinne führen, da sie nicht dem land- oder forstwirtschaftlichen Betrieb zu dienen bestimmt sein können. 12

## III. Gewerbebetrieb kraft Rechtsform (Satz 3)

Ein Gewerbebetrieb kraft Rechtsform gilt auch dann nicht als land- und forstwirtschaftlicher Betrieb, wenn im Übrigen die Merkmale eines solchen Betriebes vorliegen (§ 24 Abs. 2 Satz 3 UStG). Diese Formulierung muss verwundern, da weder das Umsatzsteuergesetz noch andere Gesetze diesen Begriff kennen. Es handelt sich dabei lediglich um ein unpräzises, steuerbeamtenumgangssprachliches Schlagwort aus dem Ertragsteuerrecht. Gemeint ist offensichtlich[4], dass solche **Kapitalgesellschaften** und **Genossenschaften**, die nach § 2 Abs. 2 Satz 1 GewStG als Gewerbebetriebe gelten, sowie die typische **GmbH & Co. KG**, die nach § 2 Abs. 1 Satz 2 GewStG i.V.m. § 15 Abs. 3 Nr. 2 EStG als Gewerbebetrieb gilt, nicht die Vergünstigungen nach § 24 Abs. 1 UStG in Anspruch nehmen können. 13

Darin liegt nicht schon per se ein Verstoß gegen das Gebot der Rechtsformneutralität der Umsatzbesteuerung (dazu *Vorbem. Rz. 48* und *77*), denn hier geht es nicht um die Besteuerung von Umsätzen gegenüber den Verbrauchern, sondern um die Subventionierung von land- und forstwirtschaftlichen Unternehmen. Aber auch bei der Subventionierung sind Differenzierungen nach der Rechtsform des Empfängers grundsätzlich nicht zu rechtfertigen, wenn die Betroffenen dieselbe Tätigkeit ausüben. Es vermag auf den ersten Blick nicht einzuleuchten, warum eine echte Personengesellschaft mit landwirtschaftlichen Umsätzen die Vergünstigung erhalten soll, nicht jedoch eine GmbH & Co. KG oder eine GmbH mit den gleichen Umsätzen, so dass die **Differenzierung** willkürlich erscheint. Sie ist indes bei näherem Hinsehen **sachlich gerechtfertigt**. Kapitalgesellschaften, Genossenschaften und die typische GmbH & Co. KG unterscheiden sich von der echten (typischen) Personengesellschaft durch ihre kapitalistische und körperschaftliche Struktur. Während diese Personenzusam- 14

---

1 Vgl. BFH v. 27.10.1993 – XI R 61/90, UR 1994, 327.
2 So jetzt auch Abschn. 24.2 Abs. 2 Satz 1 UStAE.
3 BFH v. 14.1.1998 – X R 1/96, BStBl. II 1998, 359.
4 Vgl. Abschn. 24.1 Abs. 3 Satz 2 UStAE.

menschlüsse vom Bestand der Mitglieder (Gesellschafter, Genossen) unabhängig sind, stehen bei der Personengesellschaft typischerweise die mitarbeitenden Gesellschafter im Vordergrund. Folglich liegt kein Verstoß gegen das Gleichbehandlungsgebot (Neutralitätsgebot) vor, da es ein sachlicher Grund ist, nur diese echten Personengesellschaften in der Landwirtschaft zu fördern.[1] Alles das hat der XI. Senat des **BFH**[2] **übersehen**, als er die Regelung des § 24 Abs. 2 Satz 3 UStG wegen eines von ihm angenommenen Verstoßes gegen das Unionsrecht für **unanwendbar** erklärte. Darin liegt ein eklatanter Verstoß gegen das verfassungsrechtliche Gewaltenteilungsprinzip und die unionsrechtliche Vorlageverpflichtung.[3] Das **BMF** gewährt den Gesellschaften ein **Wahlrecht**.[4]

## C. Umsätze im Rahmen eines land- und forstwirtschaftlichen Betriebes (Abs. 1 Satz 1)

### I. Allgemeines, „Umsätze"

15 Die Vergünstigungen des § 24 Abs. 1 UStG kommen für die im Rahmen eines land- und forstwirtschaftlichen Betriebes ausgeführten Umsätze (§ 24 Abs. 1 Satz 1 UStG) in Betracht. Die Vorschrift verlangt lediglich „**Umsätze**", so dass diese auch nicht steuerbar **im Ausland** erbracht werden können. Die Bestätigung findet sich in § 24 Abs. 1 Satz 1 Nr. 2 UStG, denn die Einschränkung: „ausgenommen die Lieferungen in das Ausland und die im Ausland bewirkten Umsätze" ergäbe keinen Sinn, wenn § 24 UStG steuerbare und steuerpflichtige Lieferungen voraussetzen würde. Aus § 24 Abs. 1 Satz 1 Nr. 3 UStG („Umsätze im Sinne des § 1 Abs. 1 Nr. 1") folgt nichts Gegenteiliges, da damit nur die unsinnigerweise als solche bezeichneten (§ 1 Rz. 1) „Umsätze" i.S.d. § 1 Abs. 1 Nr. 4 bis 5 UStG ausgeklammert werden sollen.

16 Die „Umsätze" **Einfuhren** und **innergemeinschaftliche Erwerbe** sind folglich mit den Steuersätzen des § 12 UStG zu versteuern, innergemeinschaftliche Erwerbe allerdings nur dann, wenn die Erwerbsschwelle nach § 1a Abs. 3 UStG überschritten oder die Besteuerung gewählt wurde (§ 1a Abs. 4 UStG). Ein Vorsteuerabzug kommt nicht in Betracht, da auch diese Vorsteuern von der Pauschalierung (Rz. 40) erfasst werden.

17 Für die Bestimmung der im Rahmen eines land- und forstwirtschaftlichen Betriebs ausgeführten Umsätze kommt es nicht auf die einkommensteuerrechtliche Beurteilung an.[5] Vielmehr verlangen die Art. 295 ff. MwStSystRL eine

---

1 Die Einschränkung durch § 24 Abs. 2 Satz 3 UStG ist deshalb auch mit Art. 296 Abs. 2 MwStSystRL zu vereinbaren. Danach können „bestimmte Gruppen landwirtschaftlicher Erzeuger" ausgenommen werden. Die genannten Gewerbebetriebe kraft Rechtsform können aus den genannten Gründen als eine Gruppe verstanden werden.
2 BFH v. 16.4.2008 – XI R 73/07, BStBl. II 2009, 1024 = UR 2008, 632.
3 Ausführlich dazu *Stadie* in R/D, Einf. Anm. 645 f.
4 Vgl. BMF v. 1.12.2009 – IV B 8 - S 7410/08/10002, BStBl. I 2009, 1611; vgl. auch BFH v. 28.8.2014 – V B 28/14, juris.
5 BFH v. 31.5.2007 – V R 5/05, BStBl. II 2011, 289 = UR 2007, 822.

richtlinienkonforme Auslegung des § 24 Abs. 1 Satz 1 UStG.[1] Nach Art. 300 MwStSystRL können der Pauschalregelung die **Lieferung landwirtschaftlicher Erzeugnisse** und die **landwirtschaftlichen Dienstleistungen** unterworfen werden. Zu diesen gehören auch die entsprechenden **forstwirtschaftlichen** Umsätze und Umsätze der **Fischereibetriebe** (Art. 295 Abs. 1 Nr. 1 i.V.m. Nr. 2 MwStSystRL).

## II. Lieferungen land- und forstwirtschaftlicher Erzeugnisse

„Landwirtschaftliche" Erzeugnisse sind Gegenstände, die aus den in **Anhang VII** MwStSystRL aufgezählten **landwirtschaftlichen, forstwirtschaftlichen** oder **fischereibetrieblichen Erzeugertätigkeiten** hervorgehen und die von den entsprechenden Betrieben des einzelnen Mitgliedstaats erzeugt werden (Art. 295 Abs. 1 Nr. 4 MwStSystRL). 18

Daraus folgt m.E., dass die Erzeugnisse nicht vollen Umfangs im eigenen Betrieb erzeugt worden sein müssen, es vielmehr ausreicht, dass sie von anderen inländischen Erzeugern stammen (das ergibt sich auch im Umkehrschluss aus Art. 295 Abs. 2 MwStSystRL, wonach es lediglich bei Verarbeitungstätigkeiten darauf ankommt, dass die verarbeiteten Erzeugnisse im Wesentlichen aus „seiner" Produktion stammen; *Rz. 21*). Mithin können **entgegen BFH**[2] auch von inländischen Erzeugern **zugekaufte** Produkte der Pauschalierung unterliegen. Allerdings können die Mitgliedstaaten bestimmte Gruppen landwirtschaftlicher Erzeuger von der Pauschalregelung ausnehmen (Art. 296 Abs. 2 MwStSystRL), wozu auch Erzeuger gezählt werden können, welche regelmäßig zugekaufte Waren anbieten. 19

Nach Ansicht des **BMF** sind **zugekaufte Produkte**, deren Weiterveräußerung nicht der Durchschnittssatzbesteuerung unterworfen werden können, solche, die nicht im eigenen Betrieb durch urproduktive Tätigkeiten zu einem Produkt anderer Marktgängigkeit weiterverarbeitet werden.[3] Das BMF sieht indes eine **Bagatellgrenze** von 4000 € vor.[4] 20

Zu den Erzeugertätigkeiten zählen auch **Verarbeitungstätigkeiten**, die ein Landwirt bei „im wesentlichen" aus *seiner* landwirtschaftlichen Produktion stammenden Erzeugnissen mit normalerweise in land-, forst- oder fischereiwirtschaftlichen Betrieben verwendeten Mitteln ausübt (Art. 295 Abs. 2 MwStSystRL; vgl. *Rz. 11*). Dazu zählen **nicht** Verarbeitungen **höherer Stufen**.[5] Werden selbst erzeugte Produkte untrennbar mit zugekauften Produkten vermischt, soll die Lieferung des Endprodukts aus Vereinfachungsgründen noch der Durchschnitts- 21

---

1 BFH v. 6.12.2001 – V R 43/00, BStBl. II 2002, 701; BFH v. 25.11.2004 – V R 8/01, BStBl. II 2005, 896; BFH v. 22.9.2005 – V R 28/03, BStBl. II 2006, 280; BFH v. 13.11.2013 – XI R 2/11, BStBl. II 2014, 543 – Rz. 24.
2 BFH v. 14.6.2007 – V R 56/05, BStBl. II 2008, 158; ebenso Abschn. 24.2 Abs. 1 Satz 3 UStAE.
3 Abschn. 24.2 Abs. 1 Sätze 4 ff. UStAE.
4 Abschn. 24.6 Abs. 1 bis 4 UStAE.
5 Abschn. 24.2 Abs. 2 UStAE; a.A. FG München v. 25.1.2007 – 14 K 1312/04, EFG 2007, 1200 – Gurkenstücke in Gläsern.

§ 24 Durchschnittssätze für land- und forstwirtschaftliche Betriebe

satzbesteuerung unterliegen, wenn die **Beimischung** des zugekauften Produkts nicht mehr als 25 % beträgt.[1]

Auch die Veräußerung von **Biogas**[2] und von **Strom**[3] fällt nicht unter die Durchschnittssatzbesteuerung.

22 Die **Veräußerung zurückbehaltener** land- und forstwirtschaftlicher **Erzeugnisse nach** der **Aufgabe** des Betriebes erfolgt noch im Rahmen des (ehemaligen) Betriebes und wird deshalb noch von § 24 erfasst.[4]

23 **Hilfsgeschäfte** in Gestalt der **Veräußerung gebrauchter Maschinen** und anderer Anlagegegenstände wären nach allgemeinen Grundsätzen (§ 1 Rz. 100) zwar „übrige" Umsätze im Rahmen des land- und forstwirtschaftlichen Betriebs i.S.d. § 24 Abs. 1 Satz 1 Nr. 3 UStG (Rz. 35), sie werden jedoch bei richtlinienkonformer Auslegung nicht von der Vorschrift erfasst, da diese Gegenstände keine landwirtschaftlichen Erzeugnisse i.S.d. Art. 295 Abs. 1 Nr. 4 MwStSystRL sind[5]. Diese Lieferungen sind zudem überhaupt **nicht steuerbar**, da mangels eines Vorsteuerabzugs beim Erwerb auch eine Entnahme nicht steuerbar wäre (§ 3 Abs. 1b Satz 2 UStG; § 3 Rz. 64) und für die entgeltlichen Lieferungen nichts anderes gelten kann (§ 1 Rz. 110). Derartige Gegenstände sind nicht von der Vorsteuer entlastet, weil der pauschalierte „Vorsteuerabzug" nach § 24 Abs. 1 Satz 3 UStG gar nicht die mutmaßlichen Vorsteuern abgelten soll, sondern die Subventionierung der Land- und Forstwirte bezweckt (Rz. 1 ff., 41). Bei der Lieferung an andere Unternehmer muss indes eine Übertragung der Restvorsteuer in Betracht kommen (vgl. § 15a Rz. 126 ff.). Demgegenüber wird vom **BMF** die Anwendung der Durchschnittssatzbesteuerung auf diese Umsätze nicht beanstandet, wenn die Gegenstände zu mindestens 95 % für Umsätze verwendet wurden, die den Vorsteuerabzug nach § 24 Abs. 1 Satz 4 UStG ausschließen.[6]

## III. Land- und forstwirtschaftliche Dienstleistungen

24 „Landwirtschaftliche" Dienstleistungen sind insbesondere die in **Anhang VIII** MwStSystRL aufgeführten Dienstleistungen, die von einem landwirtschaftlichen Erzeuger (Rz. 18) mit Hilfe seiner Arbeitskräfte oder der normalen Ausrüstung seines landwirtschaftlichen, forstwirtschaftlichen oder fischwirtschaftlichen Betriebes erbracht werden und die „**normalerweise zur landwirtschaftlichen Erzeugung beitragen**" (Art. 295 Abs. 1 Nr. 5 MwStSystRL). Sie müssen deshalb nicht notwendig gegenüber einem landwirtschaftlichen Erzeuger (Rz. 18) erbracht werden.[7] **Anhang VIII** MwStSystRL enthält eine nicht abschließende („insbesondere") **Aufzählung** von typischen derartigen Dienstleistungen. Da die-

---

1 Abschn. 24.2 Abs. 3 UStAE m. Beispielen.
2 BayLfSt v. 6.12.2010 – S 7410.1.1 - 9/2 St 33, UR 2011, 159.
3 Abschn. 24.6 Abs. 4 UStAE – Photovoltaikanlage.
4 BFH v. 19.11.2009 – V R 16/08, BStBl. II 2010, 319.
5 BFH v. 27.11.2003 – V R 28/03, UR 2004, 208 (211) – cc der Gründe; vgl. auch BFH v. 30.3.2011 – XI R 19/10, BStBl. II 2011, 772 – Rz. 21 f.
6 Abschn. 24.2 Abs. 6 Satz 3 f. UStAE.
7 BFH v. 21.1.2015 – XI R 13/13, UR 2015, 314.

se Dienstleistungen **mit Hilfe der Arbeitskräfte und der Ausrüstung** des Erzeugerbetriebes erbracht werden müssen, unterliegen sie nur dann der Durchschnittssatzbesteuerung, wenn diese Dienstleistungen im Vergleich zur eigenen Urproduktion **keinen überdurchschnittlich großen Anteil**[1] an den Umsätzen des Betriebes einnehmen.[2]

Zu den landwirtschaftlichen Dienstleistungen gehört auch die **Vermietung** „normalerweise" in land-, forst- und fischwirtschaftlichen Betrieben verwendeter Mittel zu landwirtschaftlichen Zwecken (Anhang VIII Nr. 5 MwStSystRL). Gemeint ist nur die **kurzzeitige** Vermietung **beweglicher** Gegenstände, die zum normalen Ausrüstungsbestand des Land- und Forstwirtes gehören. Nach Auffassung der Finanzverwaltung ist bei diesen eine tatsächliche Mietdauer bis zu 12 Monaten noch als kurzfristig anzusehen.[3] Der gemietete Gegenstand muss vom Mieter für land- oder forstwirtschaftliche Zwecke verwendet werden. 25

**Nicht** von der Vorschrift wird die Vermietung oder Verpachtung von **Grundstücken** oder **Gebäuden** erfasst (Entsprechendes gilt für die Einräumung eines Nießbrauchs).[4] Folglich gilt dafür nicht § 24 Abs. 1 Satz 2 UStG, so dass ein Verzicht auf die Steuerbefreiung nach § 9 UStG in Betracht kommt *(Rz. 37)*. Gleiches gilt für die **langfristige Vermietung und Verpachtung** anderer Bestandteile des Betriebes.[5] Derartige Nutzungsüberlassungen unterliegen den normalen Bestimmungen des UStG, so dass eine Berichtigung des Vorsteuerabzugs nach § 15a UStG in Betracht kommt (vgl. *§ 15a Rz. 134*).[6] Auch die **Entschädigung** für die **vorzeitige Aufhebung** eines **Pachtvertrags** im Interesse des Verpächters fällt nicht unter § 24 UStG[7], sondern unterliegt der Regelbesteuerung, weil diese Dienstleistung nicht, wie es Art. 295 Abs. 1 Nr. 5 MwStSystRL verlangt, mit der normalen Ausrüstung des Betriebes vorgenommen wird. 26

Zu den landwirtschaftlichen Dienstleistungen gehören auch die **Aufzucht** und das **Halten** fremden **Viehs** (Anhang VIII Nr. 4 MwStSystRL). Voraussetzung ist indes, dass sie wie bei eigenem Vieh in Verbindung mit der Bodenbewirtschaftung, d.h. auf selbst bewirtschafteten Grundstücksflächen erfolgt[8] *(Rz. 7 a.E.)*. 27

Zu den landwirtschaftlichen Dienstleistungen zählen, weil sie nicht (wie es Art. 295 Abs. 1 Nr. 5 MwStSystRL fordert) „zur landwirtschaftlichen Produktion beitragen", d.h. nicht gegenüber landwirtschaftlichen Erzeugern erbracht werden, z.B. **nicht** 28

---

1 Anhaltspunkt soll nach Auffassung des **BMF** eine **Umsatzgrenze** von 51 500 € sein; vgl. Abschn. 24.3 Abs. 3 UStAE.
2 Abschn. 24.3 Abs. 2 Satz 7 UStAE.
3 Abschn. 24.3 Abs. 6 Satz 2 UStAE.
4 EuGH v. 15.7.2004 – C-321/02, EuGHE 2004, I-7101 = UR 2004, 543 – Rz. 34; BFH v. 25.11.2004 – V R 8/01, BStBl. II 2005, 896; dazu auch Abschn. 24.3 Abs. 7 UStAE.
5 EuGH v. 15.7.2004 – C-321/02, EuGHE 2004, I-7101 = UR 2004, 543 – Rz. 34; BFH v. 25.11.2004 – V R 8/01, BStBl. II 2005, 896 – Kühe, Milchquote; BFH v. 12.10.2006 – V R 36/04, BStBl. II 2007, 485; Abschn. 24.3 Abs. 7 UStAE.
6 Vgl. Abschn. 15a.9 Abs. 7 UStAE.
7 A.A. FG Nds. v. 27.1.2005 – 16 K 34/04, EFG 2005, 1079.
8 Vgl. Abschn. 24.3 Abs. 11 UStAE.

§ 24　　　　Durchschnittssätze für land- und forstwirtschaftliche Betriebe

- die **Beherbergung** und Beköstigung von Feriengästen[1];
- die Vergabe von **Angelberechtigungen**[2];
- die **Beherbergung** und **Beköstigung** der Arbeitnehmer[3];
- die Abgabe von Speisen und Getränken in sog. **Buschwirtschaften** oder bei „Hoffesten"[4];
- die **Vermietung** von **Reitpferden**[5]; die Dienstleistungen im Rahmen eines **Reiterhofs**[6];
- die **Jagdverpachtung**[7] oder Veranstaltung von **Treibjagden**[8];
- das Dulden von Erdaufschüttungen (Betreiben einer **Erddeponie**)[9];
- **Entsorgungsleistungen** (z.B. von Klärschlamm oder von Speiseresten) gegenüber Nichtlandwirten[10];
- **Fuhrleistungen, Maschinenleistungen, Winter- u.ä. Pflegedienste, Personalgestellungen** u.Ä. gegenüber Nichtlandwirten[11] (s. auch *Rz. 12*);
- **Grabpflegeleistungen**[12];
- die **Pensionshaltung** von Pferden (u.a. Tieren), die nicht zu land- oder forstwirtschaftlichen Zwecken genutzt werden[13];
- die Vermietung von **Standortflächen** für **Mobilfunkbetreiber**[14];
- die Vermietung von Abstellflächen für **Wohnmobile** zum Überwintern[15];
- die Veräußerung von **Zahlungsansprüchen** nach der EU-Agrarreform (GAP)[16];
- die **Zurverfügungstellung** eines Grundstücks zu **ökologischen Ausgleichsmaßnahmen**;[17]
- die **Beherbergung** und **Verpflegung** von **Erntehelfern**.[18]

---

1　BFH v. 27.11.2003 – V R 28/03, UR 2004, 208 (211) – 2 cc der Gründe; BMF v. 28.11.2005 – IV A 5 - S 7410 - 57/05, BStBl. I 2005, 1065 – Tz. II 4.
2　BFH v. 12.11.2009 – V B 60/09, BFH/NV 2010, 480.
3　Abschn. 24.3 Abs. 12 UStAE.
4　BFH v. 27.11.2003 – V R 28/03, UR 2004, 208 (211) – 2 cc der Gründe; Abschn. 24.3 Abs. 12 UStAE.
5　Abschn. 24.3 Abs. 11 UStAE.
6　BFH v. 27.11.2003 – V R 28/03, UR 2004, 208 (211) – 2 cc der Gründe.
7　EuGH v. 26.5.2005 – C-43/04, EuGHE 2005, I-4491 = UR 2005, 397; BFH v. 11.2.1999 – V R 27/97, BStBl. II 1999, 378; BFH v. 22.9.2005 – V R 28/03, BStBl. II 2006, 280; Abschn. 24.3 Abs. 8 Satz 2 UStAE.
8　BFH v. 13.8.2008 – XI R 8/08, BStBl. II 2009, 216.
9　BFH v. 22.11.2001 – V R 62/00, UR 2002, 235 (236 a.E.).
10　BFH v. 23.1.2013 – XI R 27/11, BStBl. II 2013, 458; BFH v. 24.1.2013 – V R 34/11, BStBl. II 2013, 460; Abschn. 24.3 Abs. 10 UStAE.
11　OFD Frankfurt a.M. v. 4.4.2006 – S 7410 A - 54 - St 16, UR 2006, 609; Abschn. 24.3 Abs. 5 Satz 6 UStAE.
12　BFH v. 31.5.2007 – V R 5/05, BStBl. II 2011, 289 = UR 2007, 822.
13　Abschn. 24.3 Abs. 12 UStAE; BFH v. 13.1.2011 – V R 65/09, BStBl. II 2011, 465; BFH v. 10.9.2014 – XI R 33/13, UR 2015, 318; BFH v. 21.1.2015 – XI R 13/13, UR 2015, 314.
14　BMF v. 28.11.2005 – IV A 5 - S 7410 - 57/05, BStBl. I 2005, 1065 – Tz. II 5.
15　Abschn. 24.3 Abs. 5 UStAE (Beispiel).
16　BFH v. 30.3.2011 – XI R 19/10, BStBl. II 2011, 772.
17　BFH v. 28.5.2013 – XI R 32/11, BStBl. II 2014, 411.
18　FG Hess. v. 7.4.2014 – 6 K 1612/11, EFG 2014, 1729 – Rev.-Az. XI R 33/14.

Die genannten Umsätze sind den normalen Bestimmungen des UStG zu unterwerfen.¹ Das BMF sieht indes für bestimmte Dienstleistungen eine **Bagatellgrenze** von 4000 € vor.²

Bei Umsätzen aus der **Veräußerung** von **immateriellen Wirtschaftsgütern**, die die rechtliche Grundlage der Erzeugertätigkeit des Unternehmers darstellen (z.B. **Milchquoten, Brennrechte**), wird es vom BMF aus Vereinfachungsgründen nicht beanstandet, wenn sie der Durchschnittssatzbesteuerung unterworfen werden.³

Sofern die Abgabe von **Getränken zum sofortigen Verzehr** als sonstige Leistung anzusehen ist (*§ 3 Rz. 206*), handelt es sich nicht um landwirtschaftliche Dienstleistungen i.S.d. Anhangs VIII MwStSystRL, so dass eine Pauschalierung nicht in Betracht kommen darf. Demgegenüber folgt aus § 24 Abs. 1 Satz 1 Nr. 2 UStG, dass auch diese Dienstleistungen unter die Pauschalierung fallen und je nachdem, ob die abgegebenen Getränke in der Anlage 2 UStG aufgeführt sind oder nicht, einem Steuersatz von 10,7 % (§ 24 Abs. 1 Satz 1 Nr. 3 UStG) bzw. 19 % (§ 24 Abs. 1 Satz 3 Nr. 2 UStG) unterliegen. Der Vorteil liegt in der realitätswidrigen Pauschalierung der Vorsteuern in Höhe von 10,7 %, was dazu führt, dass keine Steuer bzw. nur 8,3 % geschuldet werden. Allerdings bestimmt das **BMF**, dass die Abgabe von Getränken (wie auch von Speisen) nicht der Durchschnittssatzbesteuerung unterliege.⁴

29

Bei **Baumschulen, Gärtnereien**, Friedhofsgärtnereien usw., welche, nicht nur reine Pflanzenlieferungen, sondern auch andere damit im Zusammenhang stehende **Dienstleistungen** erbringen, welche selbständige sonstige Leistungen darstellen, kommt die Durchschnittssatzbesteuerung nur in Betracht, wenn der Empfänger seinerseits Land- oder Forstwirt ist (*Rz. 24, 28*). Soweit es sich um Dienstleistungen gegenüber anderen Empfängern handelt, ist hingegen Voraussetzung, dass sie **Nebenleistungen** zu Lieferungen landwirtschaftlicher Erzeugnisse darstellen. Das ist nicht der Fall, wenn bei der Lieferung von Saat- oder Pflanzgut die Einsaat- bzw. Einpflanzleistung gesondert berechnet wird, so dass Letztere eine **eigenständige Dienstleistung** darstellt⁵ (*§ 3 Rz. 207*). Ebenso wenig kommt die Durchschnittssatzbesteuerung nach § 24 UStG bei einer *Grabpflegeleistung* in Betracht, da eine **einheitliche Leistung** vorliegt und das **Dienstleistungselement** gegenüber der **Lieferung** der dabei verwendeten Pflanzen **überwiegt**.⁶

30

---

1 Vgl. EuGH v. 15.7.2004 – C-321/02, EuGHE 2004, I-7101 = UR 2004, 543; EuGH v. 26.5.2005 – C-43/04, EuGHE 2005, I-4491 = UR 2005, 397 – Rz. 20; BFH v. 22.9.2005 – V R 28/03, BStBl. II 2006, 280 (282).
2 Abschn. 24.6 Abs. 1 bis 4 UStAE.
3 Abschn. 24.3 Abs. 9 Satz 3 UStAE.
4 Abschn. 24.3 Abs. 12 Gedankenstrich 4 UStAE.
5 Vgl. BFH v. 9.10.2002 – V R 5/02, BStBl. II 2004, 470 = UR 2003, 143; BFH v. 25.6.2009 – V R 25/07, BStBl. II 2010, 239.
6 BFH v. 21.6.2001 – V R 80/99, BStBl. II 2003, 810 = UR 2001, 447; BFH v. 31.5.2007 – V R 5/05, BStBl. II 2011, 289 = UR 2007, 822.

## IV. Steuersätze (Abs. 1 Satz 1 Nr. 1 bis 3)

31 Für die im Rahmen eines land- und forstwirtschaftlichen Betriebes ausgeführten Umsätze gelten unterschiedliche Steuersätze (§ 24 Abs. 1 Satz 1 Nr. 1 bis 3 UStG), denen in den Fällen von § 24 Abs. 1 Satz 1 Nr. 1 und 3 UStG pauschalierte Vorsteuerbeträge in gleicher Höhe gegenüberstehen (*Rz. 40*), so dass nur in den Fällen von § 24 Abs. 1 Satz 1 Nr. 2 UStG eine tatsächlich abzuführende Steuer anfällt. Hierbei handelt es sich um eine versteckte Subventionierung der Land- und Forstwirtschaft (*Rz. 1 f.*).

32 Für die Lieferung von **forstwirtschaftlichen Erzeugnissen**[1], ausgenommen Sägewerkserzeugnisse (*Rz. 33*), gilt ein Steuersatz von 5,5 % (§ 24 Abs. 1 Satz 1 **Nr. 1** UStG). Die Vorsteuer ist mit ebenfalls 5,5 % pauschaliert (§ 24 Abs. 1 Satz 3 UStG). Lieferungen von Holz, welches nicht innerhalb eines Waldes, sondern wie z.B. Weihnachtsbäume in Gestalt von Sonderkulturen, erzeugt wurde, führen zu Lieferungen landwirtschaftlicher Erzeugnisse, welche unter § 24 Abs. 1 Satz 1 Nr. 3 UStG fallen.

33 Die Lieferungen von **Sägewerkserzeugnissen**, welche nicht in der Anlage 2 UStG aufgezählt sind[2] und im Inland verbleiben, unterliegen einem Steuersatz von 19 % (§ 24 Abs. 1 Satz 1 Nr. 2 UStG). Da die Vorsteuer mit 10,7 % pauschaliert wird (§ 24 Abs. 1 Satz 2 UStG), entsteht eine Zahllast von 8,3 %. Die Lieferung der übrigen Sägewerkserzeugnisse fällt unter § 24 Abs. 1 Satz 1 Nr. 3 UStG (*Rz. 35*).

34 Die Lieferungen von **Getränken**, welche nicht in der Anlage 2 UStG aufgeführt sind, d.h. insbesondere von Wein, Obstwein, anderen alkoholischen Getränken, Traubenmost, Fruchtsäften, Gemüsesäften und Trinkwasser, sowie die Lieferungen von **alkoholischen Flüssigkeiten** unterliegen dem Steuersatz von 19 %[3], sofern es sich nicht um Exporte oder Lieferungen im Ausland handelt (§ 24 Abs. 1 Satz 1 Nr. 2 UStG). Da die Vorsteuer mit 10,7 % pauschaliert wird (§ 24 Abs. 1 Satz 2 UStG), entsteht eine Zahllast von 8,3 %. Die Finanzverwaltung sieht indes eine Bagatellgrenze von 4000 € vor.[4] Die Lieferung derjenigen Getränke, welche in der Anlage 2 UStG erwähnt sind, wie z.B. Milch und Milchmischgetränke (Anlage 2 Nr. 35 UStG), fällt unter § 24 Abs. 1 Satz 1 Nr. 3 UStG (*Rz. 35*); zur Abgabe derartiger Getränke zum sofortigen Verzehr s. *Rz. 29*.

35 Die **übrigen** im Rahmen eines land- und forstwirtschaftlichen Betriebs ausgeführten, die **typischen landwirtschaftlichen** Erzeugnisse erfassenden **Umsätze** i.S.d. § 1 Abs. 1 Nr. 1 UStG (*Rz. 15 a.E.*) unterliegen einem Steuersatz von 10,7 % (§ 24 Abs. 1 Satz 1 **Nr. 3** UStG). Da die Vorsteuer in gleicher Höhe pauschaliert wird (§ 24 Abs. 1 Satz 2 UStG), entsteht keine Zahllast.

---

1 Dazu Abschn. 24.2 Abs. 4 UStAE.
2 Dazu Abschn. 24.2 Abs. 5 UStAE.
3 BFH v. 12.3.2008 – XI R 65/06, BStBl. II 2008, 532.
4 Abschn. 24.6 Abs. 1 Satz 2 i.V.m. Abs. 2 UStAE.

## D. Steuerbefreiungen (Abs. 1 Satz 2)

Abweichend vom Grundsatz sind **Ausfuhrlieferungen, innergemeinschaftliche Lieferungen** und die übrigen in § 4 Nr. 1 bis 7 UStG **genannten Umsätze nicht steuerfrei**, denn die ansonsten bei der Regelbesteuerung eingreifenden Steuerbefreiungen gelten nicht (§ 24 Abs. 1 Satz 2 UStG). Folglich gibt es auch für diese Lieferungen keinen weiteren Vorsteuerabzug[1] (Entsprechendes gilt für nicht steuerbare Lieferungen **im Ausland**, die ebenfalls von der Subventionierung nach § 24 UStG erfasst werden; Rz. 3). Da für diese Lieferungen „Steuer geschuldet" wird, kann sie den Abnehmern in Rechnung gestellt werden, die mithin, sofern sie die übrigen Voraussetzungen erfüllen, zum Vorsteuerabzug berechtigt sind (bei Nichtansässigkeit im Inland erfolgt die Vergütung in dem Verfahren nach § 18 Abs. 9 UStG i.V.m. §§ 59 ff. UStDV). Die Regelungen des § 24 UStG gelten auch für solche Ausfuhrlieferungen und Umsätze im Ausland, für die ohne Anwendung des § 24 UStG eine niedrigere oder keine Umsatzsteuer zu zahlen wäre[2] (Fälle des § 24 Abs. 1 Satz 1 Nr. 2 UStG). 36

Die **übrigen Steuerbefreiungen** (§ 4 Nr. 8 ff. UStG) bleiben unberührt; ein **Verzicht** nach § 9 UStG auf die dort genannten Steuerbefreiungen ist **nicht möglich** (§ 24 Abs. 1 Satz 2 UStG). Das gilt indes nur für die im Rahmen des land- und forstwirtschaftlichen Betriebes ausgeführten Umsätze und kann deshalb nur steuerfreie **Hilfsumsätze** (dazu § 1 Rz. 100) betreffen, für die allerdings keine Beispiele ersichtlich sind. 37

Die Veräußerung eines **Grundstücks** (Gebäudes) fällt nicht unter § 24 UStG, da es sich nicht um die Lieferung landwirtschaftlicher „Erzeugnisse" handelt (Rz. 18).[3] Folglich unterliegt dieser Umsatz den allgemeinen Regeln und ist schon mangels vorgenommenen Vorsteuerabzugs nicht steuerbar (Rz. 23), so dass die Steuerbefreiung des § 4 Nr. 9 Buchst. a UStG nicht anwendbar ist und ein Verzicht i.S.d. § 9 UStG nicht in Betracht kommt. Bei der Lieferung an einen anderen Unternehmer muss indes die Übertragung der Restvorsteuer möglich sein (vgl. § 15a Rz. 126 ff.). 38

Steuerfreie **Umsätze**, die **für sich gesehen** die **Unternehmereigenschaft begründen**, fallen nicht in den Rahmen des land- und forstwirtschaftlichen Betriebes (Beispiele: Umsätze aus der Tätigkeit als Versicherungsvertreter oder Arzt, Vermietung von Grundstücken oder Gebäuden; s. Rz. 43). 39

## E. Vorsteuerpauschalierung (Abs. 1 Sätze 3 und 4)

Für die im Rahmen eines land- und forstwirtschaftlichen Betriebes ausgeführten Umsätze werden die diesen Umsätzen zuzurechnenden Vorsteuern bezüglich der Umsätze i.S.d. § 24 Abs. 1 Satz 1 Nr. 1 UStG mit 5 %, hinsichtlich der übrigen Umsätze (§ 24 Abs. 1 Satz 1 Nr. 2 und 3 UStG) mit 9 % der Bemessungsgrundlage dieser Umsätze pauschal abgegolten (§ 24 Abs. 1 Satz 3 UStG; zum Zweck dieser Pauschalierung s. Rz. 1 f.). Durch die Pauschalierung sind **alle Vor-** 40

---
1 Abschn. 24.5 Abs. 1 UStAE.
2 Abschn. 24.5 Abs. 2 UStAE.
3 A.A. Abschn. 24.4 Satz 6 UStAE.

steuern abgegolten, welche diesen Umsätzen zuzurechnen sind (§ 24 Abs. 1 Satz 4 UStG). Dazu zählen auch die Vorsteuern aus Einfuhren und innergemeinschaftlichen Erwerbern (analog § 15 Abs. 2 Satz 2 UStG).

41 Die Vorsteuerpauschalierung bewirkt indes nicht, dass erworbene **Anlagegegenstände** von der Vorsteuer entlastet sind, weil der pauschalierte „Vorsteuerabzug" nach § 24 Abs. 1 Satz 3 UStG gar nicht die mutmaßlichen Vorsteuern abgelten soll, sondern lediglich das gesetzestechnische Vehikel zur Subventionierung (*Rz. 1 f.*) der Land- und Forstwirte darstellt. Die Bestätigung findet sich in § 15a Abs. 7 UStG, der beim Übergang von der Besteuerung nach § 24 UStG zur allgemeinen Besteuerung eine Berichtigung des Vorsteuerabzugs vorsieht (*§ 15a Rz. 132*), was keinen Sinn ergäbe, wenn die Gegenstände als vorsteuerentlastet anzusehen wären. Folglich ist die **Entnahme** – wie auch bei Umlaufvermögen – mangels Vorsteuerabzugs nicht steuerbar (§ 3 Abs. 1b Satz 2 UStG). Auch die Lieferung dieser Anlagegegenstände ist mithin nicht steuerbar (*Rz. 23*). Entsprechendes gilt für Nutzungsentnahmen und **unentgeltliche Leistungen**.

## F. Erteilung von Rechnungen (Abs. 1 Satz 5)

42 Obwohl die unter § 24 Abs. 1 Satz 1 Nr. 1 und 3 UStG fallenden Land- und Forstwirte keine Umsatzsteuer an das Finanzamt abführen, sind sie auch insoweit nach § 14 Abs. 2 Satz 1 UStG zur Ausstellung von Rechnungen mit dem Inhalt des § 14 Abs. 4 Satz 1 UStG (und ggf. des § 14a UStG) verpflichtet[1], d.h. es ist insbesondere der auf das jeweilige Entgelt entfallende **Steuerbetrag** anzugeben. § 24 Abs. 1 Satz 5 UStG ordnet an, dass in der Rechnung der für den Umsatz maßgebliche **Durchschnittssteuersatz** (gem. § 24 Abs. 1 Satz 1 Nr. 1 bis 3 UStG) zusätzlich anzugeben ist, obwohl sich diese Verpflichtung schon aus § 14 Abs. 4 Satz 1 Nr. 8 UStG ergibt. Auch in den Fällen der **Mindestbemessungsgrundlage** des § 10 Abs. 5 UStG darf nur die auf das Entgelt entfallende Steuer ausgewiesen werden (§ 14 Abs. 4 Satz 3 i.V.m. Satz 2 UStG; s. *§ 14 Rz. 114*).

## G. Nebeneinander von Betrieben unterschiedlicher Besteuerungsformen (Abs. 3)

43 Führt der Unternehmer neben seinen land- und forstwirtschaftlichen Umsätzen i.S.d. § 24 Abs. 1 UStG auch andere Umsätze aus, die für sich gesehen die Voraussetzungen des § 2 Abs. 1 Satz 1 UStG erfüllen, d.h. die Unternehmereigenschaft begründen, so liegt zwar nur ein Unternehmen vor (§ 2 Abs. 1 Satz 2 UStG; *§ 2 Rz. 186 u. 194*), da die beiden Betätigungen jedoch unterschiedlichen umsatzsteuerrechtlichen Regelungen unterliegen, bedarf es der **Abgrenzung**. Das folgt nicht etwa aus § 24 Abs. 3 UStG[2], wonach der land- und forstwirtschaftliche Betrieb als ein **gesondert geführter Betrieb** anzusehen ist, sondern daraus, dass für den anderen Unternehmensteil (Betrieb) die Voraussetzungen nach § 24 Abs. 1 UStG nicht erfüllt sind und umgekehrt. § 24 Abs. 3 UStG ist allenfalls eine **Klarstellung**.

---

1 Vgl. Abschn. 24.9 UStAE.
2 So aber FG Köln v. 22.5.2013 – 8 K 2094/10, EFG 2013, 1449 (1451).

Nebeneinander von Betrieben unterschiedlicher Besteuerungsformen (Abs. 3) § 24

Die **Funktion** der Vorschrift ist seit 1990 mit der Streichung des § 15 Abs. 6 UStG a.F., der gesondert geführten Betrieben bei der Vorsteueraufteilung Bedeutung beimaß, **entfallen**. § 24 Abs. 3 UStG kann auch nicht als Vereinfachungsaussage verstanden werden, wonach bei der Veräußerung des land- und forstwirtschaftlichen Betriebes ein gesondert geführter Betrieb i.S.d. § 1 Abs. 1a UStG vorliege, so dass eine nicht steuerbare Geschäftsveräußerung (*§ 1 Rz. 133*) gegeben wäre, denn das Nebeneinander verschiedener Umsätze bedeutet nicht schon ohne Weiteres, dass die Bereiche gesondert geführt werden. 44

Bei der Frage, ob die **Kleinunternehmerbefreiung** nach § 19 Abs. 1 UStG anzuwenden ist, sind für die Ermittlung des **Gesamtumsatzes** i.S.d. § 19 Abs. 3 UStG auch die Umsätze aus der land- und forstwirtschaftlichen Tätigkeit zu berücksichtigen. Die Rechtsfolgen des § 19 Abs. 1 UStG sollen sich aber nach Auffassung der Finanzverwaltung auf die Umsätze außerhalb der Durchschnittssatzbesteuerung nach § 24 UStG beschränken.[1] Dem ist indes nicht zu folgen, denn für diese weitere Begünstigung der Land- und Forstwirte gibt das Gesetz nichts her. Auch ist kein sachlicher Grund für eine derartige Auslegung erkennbar. 45

Die Abziehbarkeit der **Vorsteuerbeträge** richtet sich nach der **Verwendung** der zugrunde liegenden Eingangsleistungen für die von § 24 Abs. 1 UStG erfassten oder die der Regelbesteuerung unterworfenen Umsätze.[2] Die zu § 15 Abs. 2 und 3 UStG entwickelten Zuordnungsregeln (*§ 15 Rz. 433 ff.*) gelten entsprechend. Werden Eingangsleistungen für beide Umsatzarten verwendet, oder sollen sie für beide verwendet werden, so sind die Vorsteuerbeträge entsprechend der Verwendung bzw. der beabsichtigten Verwendung **aufzuteilen**[3]; die zu § 15 Abs. 4 UStG entwickelten Aufteilungsregeln (*§ 15 Rz. 478 ff.*) gelten entsprechend. 46

**Wertabgaben** von einem Bereich an den anderen sind, da sie innerhalb eines Unternehmens geschehen (*§ 2 Rz. 186* u. *192 ff.*), **keine Umsätze** und führen auch nicht zu fiktiven Umsätzen in Gestalt von Entnahmen i.S.d. § 3 Abs. 1b Nr. 1 bzw. Abs. 9a Nr. 1 UStG, da sie nicht für Zwecke außerhalb des Unternehmens erfolgen. Stattdessen kommt eine **Berichtigung** des **Vorsteuerabzugs** in Betracht, wenn ein Gegenstand (Wirtschaftsgut, Investitionsgut) von dem einen Bereich in den anderen zeitweilig oder auf Dauer verbracht wird, so dass eine **Änderung der Verwendung** i.S.d. § 15a UStG vorliegt[4] (vgl. *§ 15a Rz. 134*). 47

Die vorangegangenen Ausführungen gelten auch bei einem **Organschaftsverhältnis**.[5] Dass nach § 2 Abs. 2 Nr. 2 UStG nur ein Unternehmen vorliegt, bedeutet nicht, dass aus der Sicht des § 24 UStG eine Organgesellschaft (Kapitalgesellschaft), welche die Erzeugnisse des Organträgers veräußert, Teil von dessen land- und forstwirtschaftlichem Betrieb ist. 48

---

1 Abschn. 24.7 Abs. 4 UStAE.
2 BFH v. 13.11.2013 – XI R 2/11, BStBl. II 2014, 543 – Rz. 29 ff.
3 BFH v. 16.12.1993 – V R 79/91, BStBl. II 1994, 339; BFH v. 11.6.2008 – XI B 194/07, BFH/NV 2008, 1548; BFH v. 13.11.2013 – XI R 2/11, BStBl. II 2014, 543 – Rz. 29 ff.; Abschn. 24.7 Abs. 2 und 3 UStAE.
4 *Bunjes*, UR 1985, 172; *Stadie*, Vorsteuerabzug, S. 211; BFH v. 16.12.1993 – V R 79/91, BStBl. II 1994, 339 (341 f.); BFH v. 6.12.2001 – V R 6/01, BStBl. II 2002, 555; Abschn. 15a.9 Abs. 5 und 6 UStAE.
5 Vgl. BFH v. 13.11.2013 – XI R 2/11, BStBl. II 2014, 543 – Rz. 42 ff.

## H. Verzicht auf die Durchschnittssatzbesteuerung (Abs. 4)

49 Der Unternehmer kann auf die Anwendung der „Besteuerung" nach Durchschnittssätzen verzichten. Ein solcher Verzicht kann **vorteilhaft** sein, wenn infolge von **Investitionen** erhebliche Vorsteuern anfallen. Der Verzicht kann rückwirkend nur[1] bis zum zehnten Tag des folgenden Kalenderjahres erklärt werden (§ 24 Abs. 4 Satz 1 UStG). Die Erklärung ist nicht an eine bestimmte **Form** gebunden.[2] Hat der Unternehmer mehrere land- und forstwirtschaftliche Betriebe, so kann der Verzicht nur einheitlich für alle Betriebe erklärt werden.[3] Da die Pauschalierungsregelung des § 24 Abs. 1 UStG auch bereits für die Vorsteuer aus **Vorbereitungshandlungen** gilt, muss zur Erlangung des Vorsteuerabzugs auch schon für das betreffende Kalenderjahr der Verzicht unter Wahrung der Frist des § 24 Abs. 4 Satz 1 UStG erklärt werden.[4] Ggf. muss zusätzlich noch auf die Kleinunternehmerbefreiung nach § 19 Abs. 2 UStG verzichtet werden (Rz. 52).

50 Die **Erklärung bindet** den Unternehmer grundsätzlich (Ausnahme: Rz. 52) **mindestens für fünf Kalenderjahre** (§ 24 Abs. 4 Satz 1 Halbs. 1 UStG). Im Falle der **Geschäftsveräußerung** (§ 1 Abs. 1a UStG) ist der Erwerber an diese Frist gebunden (§ 24 Abs. 4 Satz 2 UStG). Im Falle der Gesamtrechtsnachfolge gilt Entsprechendes. Das folgt zwar nicht aus dem Gesamtrechtsnachfolgeprinzip, da dieses nur vermögenswerte Rechtspositionen erfasst, es ist jedoch vom gesetzgeberischen Willen auszugehen, dass das, was § 24 Abs. 4 Satz 2 UStG für die Unternehmensnachfolge unter Lebenden vorschreibt, auch für die Gesamtrechtsnachfolge gelten soll.

51 Der Verzicht kann mit Wirkung vom Beginn eines Kalenderjahres an **widerrufen** werden (§ 24 Abs. 4 Satz 3 UStG). Der Widerruf ist spätestens bis zum 10. Tag nach Beginn dieses Kalenderjahres zu erklären (§ 24 Abs. 4 Satz 4 UStG). Diese **Frist** kann allerdings **verlängert** werden, ggf. sogar rückwirkend (§ 24 Abs. 4 Sätze 5 und 6 UStG).

52 Die Bestimmungen des § 24 Abs. 1 UStG gehen den Vorschriften über die **Kleinunternehmer-Nichtbesteuerung** (Befreiung) nach § 19 Abs. 1 UStG vor, so dass die erstgenannten Bestimmungen auch dann anzuwenden sind, wenn die Umsatzgrenze des § 19 Abs. 1 UStG nicht überschritten wird. Zur Inanspruchnahme der Kleinunternehmerbefreiung bzw. zum Verzicht nach § 19 Abs. 2 UStG muss deshalb zuvor auf die Durchschnittssatzbesteuerung nach § 24 Abs. 4 UStG verzichtet worden sein.[5] Die fünfjährige Bindungsfrist (Rz. 50) gilt nicht, wenn die Kleinunternehmerbefreiung gem. § 19 Abs. 1 UStG in Anspruch genommen wird (§ 71 UStDV). War hingegen der Verzicht auf die Kleinunterneh-

---

[1] Anders als beim Verzicht auf die Kleinunternehmerbefreiung nach § 19 Abs. 2 UStG oder beim Verzicht nach § 23 Abs. 3 UStG. Die davon abweichende Regelung des § 24 Abs. 4 UStG verstößt nicht gegen den Gleichbehandlungsgrundsatz, da sie sich im Rahmen des Gestaltungsspielraums des Gesetzgebers hält; vgl. auch BFH v. 29.5.2000 – V B 25/00, UR 2001, 315.
[2] Abschn. 24.8 Abs. 1 Sätze 1 f. UStAE.
[3] BFH v. 23.4.1998 – V R 64/96, BStBl. II 1998, 494; Abschn. 24.8 Abs. 1 Satz 3 UStAE.
[4] Vgl. BFH v. 29.5.2000 – V B 25/00, UR 2001, 315.
[5] Abschn. 24.8 Abs. 2 UStAE.

merbefreiung wirksam erklärt worden, so gilt die Bindungsfrist des § 19 Abs. 2 Satz 2 UStG.[1]

## I. Zeitliche Zuordnung und Berichtigung der Vorsteuern beim Wechsel der Besteuerungsform

Im Falle des Wechsels von der Durchschnittssatzbesteuerung zur Besteuerung nach den allgemeinen Regeln wie auch umgekehrt (*Rz. 49 ff.*) bedarf es neben der Zuordnung der Umsätze (dazu *§ 27 Rz. 29*) vor allem der Zuordnung der Vorsteuern zu den jeweiligen Besteuerungszeiträumen bzw. Voranmeldungszeiträumen. Auf den Zeitpunkt des Rechnungseingangs oder Entrichtung der Gegenleistung bzw. der Einfuhrumsatzsteuer kommt es nicht an, da dieser Zeitpunkt kein wirtschaftliches Zuordnungskriterium ist und vom Unternehmer beeinflusst werden kann. Aus diesem Grund kann es **entgegen h.M.**[2] auch nicht auf den Zeitpunkt des Bezugs der Lieferung oder sonstigen Leistung ankommen. Allein sachgerecht ist das Prinzip der **wirtschaftlichen Zuordnung**, welches das gesamte Recht des Vorsteuerabzugs beherrscht (vgl. § 15 Abs. 4 UStG). Folglich kommt es richtigerweise darauf an, mit welchen Ausgangsumsätzen die Leistungsbezüge sachlich, d.h. wirtschaftlich zusammenhängen. Nach welcher Regel sich der Vorsteuerabzug richtet, bestimmt sich mithin allein nach der **Verwendung**, also danach, in welchem Besteuerungszeitraum bzw. Voranmeldungszeitraum die jeweilige Leistung verwendet wird. Diese Sichtweise wird durch § 15a Abs. 7 UStG bestätigt, wonach bei **Anlagengegenständen** und gleichgestellten sonstigen Leistungen eine den Verwendungszeiten entsprechende anteilige **Berichtigung** des **Vorsteuerabzugs** stattfindet (*§ 15a Rz. 132 ff.*)[3]. Bei Umlaufvermögen ist der Vorsteuerabzug ebenfalls nach § 15a Abs. 7 i.V.m. Abs. 2 UStG zu berichtigen (*§ 15a Rz. 101*). 53

# § 25
# Besteuerung von Reiseleistungen

**(1) Die nachfolgenden Vorschriften gelten für Reiseleistungen eines Unternehmers, die nicht für das Unternehmen des Leistungsempfängers bestimmt sind, soweit der Unternehmer dabei gegenüber dem Leistungsempfänger im eigenen Namen auftritt und Reisevorleistungen in Anspruch nimmt. Die Leistung des Unternehmers ist als sonstige Leistung anzusehen. Erbringt der Unternehmer an einen Leistungsempfänger im Rahmen einer Reise mehrere Leistungen dieser Art, so gelten sie als eine einheitliche sonstige Leistung. Der Ort der sonstigen Leistung bestimmt sich nach § 3a Abs. 1. Reisevorleistungen sind Lieferungen und sonstige Leistungen Dritter, die den Reisenden unmittelbar zugute kommen.**

---

1 Abschn. 24.8 Abs. 3 Sätze 4 f. UStAE.
2 Abschn. 191 Abs. 5 und 6 UStAE; BFH v. 6.12.1979 – V R 87/72, BStBl. II 1980, 279; *Klenk* in S/R, § 24 UStG Rz. 338; *Probst*, DStJG 13 (1990), S. 137 (160 f.).
3 Vgl. auch Abschn. 24.8 Abs. 4 Satz 2, i.V.m. Abschn. 15a.9 UStAE.

(2) Die sonstige Leistung ist steuerfrei, soweit die ihr zuzurechnenden Reisevorleistungen im Drittlandsgebiet bewirkt werden. Die Voraussetzung der Steuerbefreiung muss vom Unternehmer nachgewiesen sein. Das Bundesministerium der Finanzen kann mit Zustimmung des Bundesrates durch Rechtsverordnung bestimmen, wie der Unternehmer den Nachweis zu führen hat.

(3) Die sonstige Leistung bemisst sich nach dem Unterschied zwischen dem Betrag, den der Leistungsempfänger aufwendet, um die Leistung zu erhalten, und dem Betrag, den der Unternehmer für die Reisevorleistungen aufwendet. Die Umsatzsteuer gehört nicht zur Bemessungsgrundlage. Der Unternehmer kann die Bemessungsgrundlage statt für jede einzelne Leistung entweder für Gruppen von Leistungen oder für die gesamten innerhalb des Besteuerungszeitraums erbrachten Leistungen ermitteln.

(4) Abweichend von § 15 Abs. 1 ist der Unternehmer nicht berechtigt, die ihm für die Reisevorleistungen gesondert in Rechnung gestellten sowie die nach § 13b geschuldeten Steuerbeträge als Vorsteuer abzuziehen. Im Übrigen bleibt § 15 unberührt.

(5) Für die sonstigen Leistungen gilt § 22 mit der Maßgabe, dass aus den Aufzeichnungen des Unternehmers zu ersehen sein müssen:

1. der Betrag, den der Leistungsempfänger für die Leistung aufwendet,

2. die Beträge, die der Unternehmer für die Reisevorleistungen aufwendet,

3. die Bemessungsgrundlage nach Absatz 3 und

4. wie sich die in den Nummern 1 und 2 bezeichneten Beträge und die Bemessungsgrundlage nach Absatz 3 auf steuerpflichtige und steuerfreie Leistungen verteilen.

§ 72 UStDV
Buchmäßiger Nachweis bei steuerfreien Reiseleistungen

(1) Bei Leistungen, die nach § 25 Abs. 2 des Gesetzes ganz oder zum Teil steuerfrei sind, ist § 13 Abs. 1 entsprechend anzuwenden.

(2) Der Unternehmer soll regelmäßig Folgendes aufzeichnen:

1. die Leistung, die ganz oder zum Teil steuerfrei ist;

2. den Tag der Leistung;

3. die der Leistung zuzurechnenden einzelnen Reisevorleistungen im Sinne des § 25 Abs. 2 des Gesetzes und die dafür von dem Unternehmer aufgewendeten Beträge;

4. den vom Leistungsempfänger für die Leistung aufgewendeten Betrag;

5. die Bemessungsgrundlage für die steuerfreie Leistung oder für den steuerfreien Teil der Leistung.

(3) Absatz 2 gilt entsprechend für die Fälle, in denen der Unternehmer die Bemessungsgrundlage nach § 25 Abs. 3 Satz 3 des Gesetzes ermittelt.

*EU-Recht*

Art. 306–310 MwStSystRL.

*VV*

Abschn. 25.1–25.5 UStAE.

| | | | |
|---|---|---|---|
| A. Normzweck, Allgemeines | 1 | II. Ort der Reiseleistung (Satz 4) | 22 |
| B. Voraussetzungen (Abs. 1 Sätze 1 und 5) | | D. Steuerfreiheit (Abs. 2) | 24 |
| | | E. Bemessungsgrundlage (Abs. 3) | |
| I. Reiseleistungen | 3 | I. Grundsatz Einzelmarge (Sätze 1 und 2) | 28 |
| II. Nicht für das Unternehmen des Leistungsempfängers | 7 | II. Gruppen- oder Gesamtmarge (Satz 3) | 31 |
| III. Im eigenen Namen | 11 | | |
| IV. Inanspruchnahme von Reisevorleistungen | | III. Unentgeltliche Reiseleistungen | 33 |
| 1. Begriff der Reisevorleistungen | 14 | | |
| 2. Gemischte Reiseleistungen | 19 | F. Vorsteuerabzug (Abs. 4) | 36 |
| C. Einheitliche sonstige Leistung, Ort (Abs. 1 Sätze 2 bis 4) | | G. Aufzeichnungspflichten (Abs. 5) | 38 |
| I. Reiseleistung als einheitliche Leistung (Sätze 2 und 3) | 20 | | |

## A. Normzweck, Allgemeines

Für Reiseleistungen, die nicht für das Unternehmen des Empfängers bestimmt sind und bei denen der Unternehmer gegenüber dem Empfänger im eigenen Namen auftritt und **Reisevorleistungen** (*Rz. 14 ff.*) in Anspruch nimmt, gelten die Sonderregelungen des § 25 UStG. Die Vorschrift gilt für alle Unternehmer, soweit sie derartige Reiseleistungen erbringen („**Reiseveranstalter**" im Sinne dieser Vorschrift, „Reisebüros" i.S.d. Art. 306 ff. MwStSystRL), auch wenn die Regelungen vor allem auf die **vereinfachte Besteuerung** der typischen Reiseveranstalter abzielen, die Auslandsreisen anbieten und für deren Durchführung typischerweise verschiedene Leistungen Dritter im Ausland in Anspruch nehmen.[1] Das Gesetz behandelt dieses vom Reiseveranstalter mit Hilfe Dritter erbrachte **Leistungsbündel** als eine **einheitliche sonstige Leistung** (§ 25 Abs. 1 Sätze 2 und 3 UStG; *Rz. 20*), deren **Ort** sich nach § 3a Abs. 1 UStG, d.h. nach der Ansässigkeit des Reiseveranstalters bestimmt (§ 25 Abs. 1 Satz 4 UStG; *Rz. 22*). 1

Die **Vereinfachung** besteht **ferner** darin, dass 2

– die Reiseleistung **steuerfrei** ist, soweit die ihr zuzurechnenden Reisevorleistungen **im Drittlandsgebiet** bewirkt werden (§ 25 Abs. 2 UStG; *Rz. 24 ff.*);

– die **Bemessungsgrundlage** für die Reiseleistung sich anhand des Unterschiedes zwischen dem Reisepreis und den Aufwendungen für die Reisevorleistungen bestimmt (§ 25 Abs. 3 Sätze 1 und 2 UStG), so dass es sich mithin um ei-

---

1 Vgl. EuGH v. 13.10.2005 – C-200/04, EuGHE 2005, I-8691 = UR 2005, 694 – Rz. 21.

ne sog. **Differenzbesteuerung** mit **Abzug des Vorumsatzes** handelt (*Rz. 28*), wodurch eine vereinfachte Vorsteuerentlastung bewirkt wird[1]; und

– konsequenterweise die **für** die **Reisevorleistungen** in Rechnung gestellte **Vorsteuer nicht abziehbar** ist (§ 25 Abs. 4 Satz 1 UStG; *Rz. 36*).

## B. Voraussetzungen (Abs. 1 Sätze 1 und 5)

### I. Reiseleistungen

3 Als Reiseleistungen sind insbesondere anzusehen Beförderungen zu den einzelnen Reisezielen, Unterbringung, Verpflegung, Betreuung, Beschaffung der Reisepapiere (Visa u.Ä.)[2], Durchführung von Veranstaltungen u.Ä. Auf den Zweck der Reise und die Aufenthaltsdauer im Bestimmungsland kommt es nicht an.[3]

4 Reiseleistungen im Sinne der Vorschrift liegen auch dann vor, wenn der Unternehmer nur jeweils **eine Leistung** gegenüber den Kunden erbringt, wie z.B. bei der Vermietung von angemieteten Ferienwohnungen.[4] Auch wenn ein Arbeitgeber eingekaufte Reisen seinen **Arbeitnehmern** überlässt, führt er Reiseleistungen aus (zur Anwendbarkeit der Vorschrift s. *Rz. 10, 33 ff.*).

5 Reiseleistungen liegen nicht nur bei der Veranstaltung kurzfristiger **Sprach- und Studienreisen** vor, sondern auch bei der Durchführung langfristiger Sprach- und Studienaufenthalte[5], Forschungs-, Bildungs-, Pilger- u.ä. Reisen.[6] Keine Reiseleistung ist der isolierte Verkauf von Opernkarten durch ein Reisebüro o.Ä.[7]

6 Eine **Reiserücktrittskostenversicherung**, deren Abschluss obligatorisch ist, ist keine Reiseleistung, sondern eine selbständige (nach § 4 Nr. 10 Buchst. b oder Nr. 11 UStG steuerfreie) Leistung.[8]

### II. Nicht für das Unternehmen des Leistungsempfängers

7 Die Vorschrift ist nur anwendbar, wenn die Reiseleistung nicht für das Unternehmen des Empfängers bestimmt ist (§ 25 Abs. 1 Satz 1 UStG). Diese Einschränkung ist dem Art. 306 MwStSystRL nicht zu entnehmen.[9] Den Unternehmer treffen **keine Nachforschungspflichten**. Sofern sich nicht aus den Umständen ergibt, dass die Reiseleistung für das Unternehmen des Auftraggebers bestimmt ist,

---

1 Vgl. EuGH v. 19.6.2003 – C-149/01, EuGHE 2003, I-6289 = UR 2003, 456 – Rz. 25.
2 BFH v. 2.3.2006 – V R 25/03, BStBl. II 2006, 788.
3 EuGH v. 13.10.2005 – C-200/04, EuGHE 2005, I-8691 = UR 2005, 694 – Rz. 35; BFH v. 1.6.2006 – V R 104/01, BStBl. II 2007, 142.
4 BFH v. 7.10.1999 – V R 79, 80/98, BStBl. II 2004, 308 = UR 2000, 26; Abschn. 25.1 Abs. 1 Satz 4 UStAE.
5 EuGH v. 13.10.2005 – C-200/04, EuGHE 2005, I-8691 = UR 2005, 694; BFH v. 1.6.2006 – V R 104/01, BStBl. II 2007, 142.
6 Anm. *W. Wagner*, HFR 2006, 1021.
7 EuGH v. 9.12.2010 – C-31/10, EuGHE 2010, I-12889 = UR 2011, 393.
8 BFH v. 13.7.2006 – V R 24/02, BStBl. II 2006, 935; Abschn. 25.1 Abs. 13 UStAE.
9 Vgl. EuGH v. 26.9.2013 – C-189/11, UR 2013, 835 m. Anm. *Sterzinger*; BFH v. 21.11.2013 – V R 11/11, UR 2014, 372 = MwStR 2014, 339 m. Anm. *Schüler-Täsch*.

kann der Unternehmer vom Gegenteil ausgehen.[1] Anderenfalls soll sich der Unternehmer nach Auffassung des **BFH** auf Art. 306 MwStSystRL **berufen** können[2], was faktisch zu einem Wahlrecht führt.[3]

**Leistungsempfänger** ist der Auftraggeber der Reiseleistung (Vertragspartner). Dieser muss nicht identisch mit dem Reisenden sein, d.h. demjenigen, der die Reise tatsächlich antritt.

Bei sog. **Kettengeschäften**, bei denen ein Reiseunternehmer eine komplette Reise oder Teile davon bei einem anderen Reiseunternehmer einkauft, um sie dann gegenüber einem (nichtunternehmerisch) Reisenden zu erbringen, fällt nur letztere Reiseleistung unter § 25 UStG, während die Reiseleistungen auf den Vorstufen jeweils gegenüber einem Unternehmer erbracht werden und deshalb den allgemeinen Regeln unterliegen.[4] Allerdings soll sich der Vorstufen-Unternehmer nach Auffassung des **BFH** auf Art. 306 MwStSystRL **berufen** können.[5]

Reiseleistungen, welche vom Leistungsempfänger (Arbeitgeber) bei einem Reiseveranstalter eingekauft und dann an seine **Arbeitnehmer** als **Motivationssteigerung** (Anreiz, Ansporn, „Incentive") weitergegeben werden, sind nicht für sein Unternehmen bestimmt (*§ 15 Rz. 104, 120*), so dass der eigentliche (erste) Reiseveranstalter unter § 25 UStG fällt.[6] Nach überholter Auffassung der Finanzverwaltung soll auch der Arbeitgeber gegenüber seinen Arbeitnehmern Reiseleistungen im Sinne dieser Vorschrift erbringen (*Rz. 33 ff.*).

## III. Im eigenen Namen

§ 25 UStG betrifft nur Reiseleistungen, die der Unternehmer – im eigenen Namen für eigene oder für fremde Rechnung (*Rz. 12*) – erbringt (und dafür Reisevorleistungen in Anspruch nimmt). Das ist der Fall, wenn er **Partner** des **Reisevertrages** ist, d.h. dem Reisenden die Erbringung der Reiseleistungen schuldet und Gläubiger des Reisepreises ist.[7]

Im eigenen Namen tritt ein Unternehmer auch dann auf, wenn er als „**Kommissionär**" i.S.d. § 3 Abs. 11 UStG im eigenen Namen **für fremde Rechnung** handelt[8] (*Beispiel:* Vermietung von Ferienwohnungen der Muttergesellschaft durch deren Tochtergesellschaft im eigenen Namen, aber für Rechnung der Muttergesellschaft[9]).

---

1 Vgl. Abschn. 25.1 Abs. 3 UStAE.
2 BFH v. 21.11.2013 – V R 11/11, UR 2014, 372 = MwStR 2014, 339 m. Anm. *Schüler-Täsch*; BFH v. 20.3.2014 – V R 25/11, UR 2014, 710 – Rz. 22.
3 Zu den Folgewirkungen *Schüler-Täsch*, MwStR 2014, 341.
4 Dazu näher Abschn. 25.1 Abs. 2 Beispiele 1 und 2 UStAE; vgl. auch BFH v. 15.1.2009 – V R 9/06, BStBl. II 2010, 433.
5 BFH v. 21.11.2013 – V R 11/11, UR 2014, 372.
6 A.A. Abschn. 25.1 Abs. 3 UStAE.
7 Vgl. BFH v. 20.11.1975 – V R 138/73, BStBl. II 1976, 307.
8 BFH v. 7.10.1999 – V R 79, 80/98, BStBl. II 2004, 308 = UR 2000, 26; BFH v. 2.3.2006 – V R 25/03, BStBl. II 2006, 788; BFH v. 15.7.2011 – XI B 71/10, BFH/NV 2011, 1929.
9 Vgl. BFH v. 7.10.1999 – V R 79, 80/98, BStBl. II 2004, 308 = UR 2000, 26; Abschn. 25.1 Abs. 1 Satz 4 UStAE.

13 Nicht von der Vorschrift werden **Vertreter** (Agenten) und **Vermittler** (dazu § 3a Rz. 70 f.) erfasst, die nicht die Erbringung der Reiseleistungen schulden, sondern lediglich im Namen eines Beteiligten (mit dessen Vollmacht) tätig werden (Vertreter) oder die Vertragsparteien zusammenführen (Vermittler). Derartige Funktionen werden typischerweise von sog. **Reisebüros** wahrgenommen.[1] Diese erbringen eigene sonstige Leistungen, deren Ort sich nach § 3a Abs. 2, Abs. 3 Nr. 1 oder Abs. 3 Nr. 4 UStG richtet und die nach § 4 Nr. 5 Satz 1 Buchst. b und c UStG steuerfrei sein können, wenn Leistungsempfänger (Auftraggeber) nicht der Reisende ist (§ 4 Nr. 5 Satz 2 UStG; *§ 4 Nr. 5 Rz. 3*). Maßgebend ist jedoch nicht die Bezeichnung (als „Vermittler", „Reisebüro" u.Ä.), sondern der wahre Inhalt der Tätigkeit.[2]

## IV. Inanspruchnahme von Reisevorleistungen

### 1. Begriff der Reisevorleistungen

14 Die Sonderregelung gilt nur für solche Reiseleistungen (welche nicht für das Unternehmen des Empfängers bestimmt sind), bei denen der Unternehmer Reisevorleistungen in Anspruch nimmt (§ 25 Abs. 1 Satz 1 UStG). Reisevorleistungen sind Lieferungen und sonstige Leistungen „Dritter" (*Rz. 17*); die den **Reisenden unmittelbar zugutekommen** (25 Abs. 1 Satz 5 UStG). Das sind insbesondere **Dienstleistungen** (oder Lieferungen) **Dritter** in Gestalt der Beförderung[3], Unterbringung, Verpflegung und Unterhaltung der Reisenden. Es reicht aus, wenn der Unternehmer nur **eine Reisevorleistung** in Anspruch nimmt *(Beispiel:* Vermietung einer angemieteten Ferienwohnung ohne Besorgung der Anreise). Wer lediglich Beförderungsleistungen gegenüber Reiseveranstaltern erbringt und selbst keine Reisevorleistungen seitens Dritter in Anspruch nimmt, fällt nicht unter § 25 UStG.[4] Reisevorleistungen sind von Eigenleistungen abzugrenzen (vgl. *Rz. 18*).

15 Erbringen sog. **Zielgebietsagenturen** für eine einheitliche Vergütung nicht nur Betreuungsleistungen gegenüber den Reisenden, sondern auch Verwaltungsarbeiten für den Veranstalter, so nimmt die Finanzverwaltung gleichwohl in vollem Umfang Reisevorleistungen an.[5]

16 Eine Inanspruchnahme von Reisevorleistungen liegt auch dann vor, wenn der Unternehmer als „**Kommissionär**" i.S.d. § 3 Abs. 11 UStG im eigenen Namen, aber für fremde Rechnung handelt (*Rz. 12*).

---

[1] Völlig **unsinnig** sind deshalb die Formulierungen des **Art. 306 MwStSystRL**, der von „Reisebüros" spricht, „die gegenüber den Reisenden im eigenen Namen auftreten", und ferner bestimmt, dass als Reisebüros auch Reiseveranstalter „gelten". Der BFH hat indes diese Sprachregelung übernommen; BFH v. 21.11.2013 – V R 11/11, UR 2014, 372 – 1. LS.

[2] Vgl. BFH v. 20.11.1975 – V R 138/73, BStBl. II 1976, 307; FG Düsseldorf v. 19.1.2007 – 1 K 6925/09 U, EFG 2007, 717.

[3] Auch Bustransfer vom Wohnort der Reisenden zum Abfahrtshafen; BFH v. 19.10.2011 – XI R 18/09, UR 2012, 455.

[4] Vgl. EuGH v. 1.3.2012 – C-220/11, UR 2012, 694.

[5] Vgl. BMF v. 7.4.1998 – IV C 3 - S 7419 - 9/98, BStBl. I 1998, 380 – Tz. 4.

**Beispiel**

Im obigen *Beispiel (Rz. 12)* der Vermietung von Ferienwohnungen der Muttergesellschaft durch eine Tochtergesellschaft im eigenen Namen für Rechnung der Muttergesellschaft nimmt Erstere Reisevorleistungen von Letzterer in Anspruch.[1]

§ 25 Abs. 1 Satz 4 UStG verlangt nach seinem Wortlaut nur Leistungen „Dritter", die mithin **nicht Unternehmer** sein müssen. Demgegenüber sprechen die Art. 306 ff. MwStSystRL durchgängig von Leistungen „anderer Steuerpflichtiger". Diese Divergenz dürfte indes nicht von praktischer Relevanz sein, da z.B. auch „private" Vermieter als Kleinunternehmer „Steuerpflichtige" sind (arg. Art. 281 MwStSystRL). Anderenfalls wären „Dritte" richtlinienkonform als „Unternehmer" zu verstehen. 17

Soweit der Unternehmer keine Dienstleistungen Dritter in Anspruch nimmt, sondern die Reiseleistungen durch **Einsatz eigener Mittel** (*Beispiele:* eigene Beförderungsmittel[2], eigene – auch angemietete[3] – Ferienwohnungen, eigene Hotels, Betreuung durch angestellte Reiseleiter[4]) erbringt, gelten für diese sog. **Eigenleistungen** die allgemeinen Vorschriften[5], so dass sich unterschiedliche Orte nach § 3a und § 3b UStG ergeben und unterschiedliche Steuersätze eingreifen können. 18

## 2. Gemischte Reiseleistungen

Erbringt der Unternehmer eine gemischte Reiseleistung, d.h. führt er diese teilweise mit eigenen Mitteln und teilweise unter Inanspruchnahme von Reisevorleistungen durch, so ist die Vorschrift nur hinsichtlich des letztgenannten Teils der Reiseleistung anwendbar, so dass der einheitliche Reisepreis aufzuteilen ist (§ 25 Abs. 1 Satz 1 UStG: „soweit").[6] 19

## C. Einheitliche sonstige Leistung, Ort (Abs. 1 Sätze 2 bis 4)

## I. Reiseleistung als einheitliche Leistung (Sätze 2 und 3)

Die Reiseleistung des Unternehmers ist als sonstige Leistung anzusehen (§ 25 Abs. 1 Satz 2 UStG). Erbringt der Unternehmer im Rahmen einer Reise mehrere Leistungen dieser Art, d.h. Reiseleistungen (*Rz. 3*), bei denen Reisevorleistungen in Anspruch genommen werden (*Rz. 14 ff.*), so gelten sie als eine **einheitliche sonstige Leistung** (§ 25 Abs. 1 Satz 3 UStG). Hierbei handelt es sich um eine **Ver-** 20

---

1 Vgl. BFH v. 7.10.1999 – V R 79, 80/98, BStBl. II 2004, 308 = UR 2000, 26.
2 Dazu Abschn. 25.1 Abs. 8 Sätze 7 ff. UStAE.
3 Zur **Abgrenzung** von Eigenleistungen von Reisevorleistungen in diesen Fällen BFH v. 21.1.1993 – V B 95/92, BFH/NV 1994, 346; BMF v. 7.4.1998 – IV C 3 - S 7419 - 9/98, BStBl. I 1998, 380 – Tz. 6a.
4 BFH v. 23.9.1993 – V R 132/89, BStBl. II 1994, 272. Zum Reiseleitereinsatz bei sog. Kettengeschäften (*Rz. 9*) s. BMF v. 7.4.1998 – IV C 3 - S 7419 - 9/98, BStBl. I 1998, 380 – Tz. 7b.
5 BFH v. 23.9.1993 – V R 132/89, BStBl. II 1994, 272; EuGH v. 25.10.2012 – C-557/11, UR 2013, 200.
6 FG München v. 23.9.1993 – V R 132/89, EFG 2002, 353; Abschn. 25.1 Abs. 11 i.V.m. Abschn. 25.3 Abs. 2 UStAE.

einfachungsregelung, welche die möglicherweise anderenfalls vorzunehmende Aufteilung in verschiedene Leistungen verhindert. Die Frage, ob nicht nur eine Klarstellung und entgegen dem Wortlaut („gelten") keine Fiktion vorliegt, weil sich das schon aus dem Grundsatz der sog. Einheitlichkeit der Leistung ergibt (vgl. *§ 3 Rz. 197*), kann dahinstehen.

21  **Soweit** der Unternehmer keine Reisevorleistungen in Anspruch nimmt, sondern die Reiseleistung **mit eigenen Mitteln** ausführt, ist diese gemischte Leistung nicht als Einheit zu betrachten, sondern aufzuteilen (*Rz. 18 f., 22, 30*).

## II. Ort der Reiseleistung (Satz 4)

22  Der Ort der Reiseleistung im Sinne der Vorschrift bestimmt sich nach § 3a Abs. 1 UStG (§ 25 Abs. 1 Satz 4 UStG). Gemeint sind **nur solche Reiseleistungen**, welche die Voraussetzungen des § 25 Abs. 1 Satz 1 UStG erfüllen, d.h. nicht für das Unternehmen des Leistungsempfängers ausgeführt werden und bei denen Reisevorleistungen in Anspruch genommen werden. Soweit das nicht der Fall ist, kommen abweichende Ortsbestimmungen in Betracht, nämlich insbesondere § 3a Abs. 2 und Abs. 3 Nr. 1 Buchst. a UStG (Vermietung, Beherbergung).

23  Soweit sich der Ort der Reiseleistung nach § 3a Abs. 1 UStG bestimmt, kommt es auf die **Ansässigkeit** des **Reiseveranstalters** an. Wo die Reiseleistungen dann jeweils im Einzelnen erbracht werden, ist ohne Belang; das dient der Vereinfachung. Grundsätzlich wird die Reiseleistung (i.S.d. § 25 Abs. 1 Satz 1 UStG) dort ausgeführt, wo der Reiseveranstalter (*Rz. 1*) sein Unternehmen betreibt (§ 3a Abs. 1 Satz 1 UStG). Wird die Reiseleistung von einer „**Betriebsstätte**" (**feste Niederlassung**; dazu *§ 3a Rz. 131 f. i.V.m. Rz. 28 ff.*) ausgeführt, so gilt diese als Ort der sonstigen Leistung (§ 3a Abs. 1 Satz 2 UStG). Das ist der Fall, wenn die Reise von der Niederlassung „verkauft" wird.[1]

## D. Steuerfreiheit (Abs. 2)

24  Die Reiseleistung ist steuerfrei, **soweit** die ihr zuzurechnenden Reisevorleistungen **im Drittlandsgebiet** bewirkt werden (§ 25 Abs. 2 UStG). Maßgebend ist, ob der Ort der jeweiligen Reisevorleistung nicht im Gemeinschaftsgebiet liegt. Das bestimmt sich insbesondere nach § 3a oder § 3b UStG. Werden die Reisevorleistungen sowohl innerhalb als auch außerhalb des Drittlandsgebiets erbracht, so ist nur der Teil der Reiseleistung steuerfrei, der auf die Reisevorleistungen außerhalb der Gemeinschaft entfällt[2], und es ist eine **Aufteilung** erforderlich.

25  Werden **Betreuungsleistungen** im Gemeinschaftsgebiet durch Angestellte eines Unternehmers, welcher im Drittlandsgebiet ansässig ist, erbracht, so wird diese Reisevorleistung dort bewirkt, wo der Reiseveranstalter ansässig ist (§ 3a Abs. 2 UStG).

---

1 Abschn. 25.1 Abs. 6 Satz 5 UStAE.
2 So ausdrücklich Art. 309 Abs. 2 MwStSystRL.

Vor allem bei **Beförderungsleistungen**, die sich **nur zum Teil** auf das Drittlandsgebiet erstrecken, ist grundsätzlich eine Aufteilung vorzunehmen (§ 3b Abs. 1 UStG). Für Personenbeförderungen im **Luftverkehr** und bei **Kreuzfahrten** hat die Finanzverwaltung **Vereinfachungen** vorgesehen.[1]   26

Die Voraussetzung der Steuerbefreiung muss vom Unternehmer nachgewiesen werden (§ 25 Abs. 2 Satz 2 UStG). Dazu schreibt § 72 UStDV (Ermächtigungsgrundlage ist § 25 Abs. 2 Satz 3 UStG) einen **buchmäßigen Nachweis** in Gestalt von **Aufzeichnungen** vor.   27

## E. Bemessungsgrundlage (Abs. 3)
### I. Grundsatz Einzelmarge (Sätze 1 und 2)

Die jeweilige Reiseleistung bemisst sich, soweit sie die Voraussetzungen des § 25 Abs. 1 Satz 1 UStG erfüllt, nach dem Unterschied (häufig **Marge** genannt) zwischen dem Betrag, den der Leistungsempfänger (Reisende) aufwendet, um die Leistung zu erhalten (Reisepreis), und dem Betrag, den der Unternehmer für die Reisevorleistungen aufwendet; die Umsatzsteuer gehört nicht zur Bemessungsgrundlage (§ 25 Abs. 3 Sätze 1 und 2 UStG). Es handelt sich mithin um einen Fall der **Differenzbesteuerung** (Abzug *des Vorumsatzes*). Für die Ermittlung des Reisepreises gelten die zu § 10 Abs. 1 Sätze 2, 3 und 6 UStG entwickelten Grundsätze entsprechend.[2] Sind die Reisevorleistungen höher, so kann die **negative Marge** nicht mit positiven Margen aus anderen Reiseleistungen verrechnet werden.[3] Das geht nur bei der Gruppen- oder Gesamtmargenbildung (*Rz. 31*).   28

Zum **Reisepreis** zählt auch der **Provisionsverzicht** des **Reisebüros** (Vermittlers, Agenten), um dem Reisenden einen Preisnachlass zu gewähren.[4] Bei einem **Rücktritt** vom Reisevertrag durch den Kunden, wie auch bei einvernehmlicher Auflösung[5], stellt die sog. **Stornogebühr** keine Gegenleistung für eine Leistung des Reiseveranstalters dar (*§ 1 Rz. 49*). Hingegen erhöhen sog. **Umbuchungs-** und **Änderungsgebühren** die Gegenleistung und damit den Reisepreis[6] (*§ 10 Rz. 53*).   29

Treffen bei einer Reise Reisevorleistungen und **Eigenleistungen** (*Rz. 18*) zusammen, so ist für die Ermittlung der Marge der **Reisepreis** um den Teil zu **kürzen**, der auf die Eigenleistungen entfällt.[7] Entsprechendes gilt, wenn die Reiseleistung nur **zum Teil steuerpflichtig** ist.[8]   30

---

1 Abschn. 25.2 Abs. 4 bis 6 UStAE.
2 Vgl. EuGH v. 19.6.2003 – C-149/01, EuGHE 2003, I-6289 = UR 2003, 456 – Rz. 26.
3 FG Bremen v. 9.7.2008 – 2 K 220/07 (01), EFG 2008, 1493.
4 EuGH v. 19.6.2003 – C-149/01, EuGHE 2003, I-6289 = UR 2003, 456.
5 Insoweit a.A. Abschn. 25.1 Abs. 14 Sätze 1 und 2 UStAE.
6 Abschn. 25.1 Abs. 14 Satz 4 UStAE.
7 Vgl. Abschn. 25.3 Abs. 2 UStAE m. Beispiel; EuGH v. 6.10.2005 – C-291/03, EuGHE 2005, I-8477 = UR 2005, 685.
8 Vgl. Abschn. 25.3 Abs. 3 UStAE m. Beispiel.

## II. Gruppen- oder Gesamtmarge (Satz 3)

31 Der Unternehmer kann die Bemessungsgrundlage statt für jede einzelne Reiseleistung entweder für **Gruppen** von Reiseleistungen oder **für die gesamten** innerhalb des Besteuerungszeitraums erbrachten **Reiseleistungen** ermitteln (§ 25 Abs. 3 Satz 3 UStG).[1] Bei dieser Methode können **negative** mit positiven **Einzelmargen verrechnet** werden.[2] Die Finanzverwaltung lässt es zu, dass in die Berechnung auch Aufwendungen für Reisevorleistungen einbezogen werden, welche in keine Reiseleistung einfließen (**nicht ausgenutzte Kapazitäten**).[3] Bei sog. gemischten Reiseleistungen (*Rz. 19*) sind **Anzahlungen** mit einem geschätzten Anteil zu berücksichtigen.[4]

32 Besteuerungszeitraum ist das Kalenderjahr (§ 16 Abs. 1 Satz 2 UStG). Für die **Voranmeldungen** (§ 18 Abs. 1 UStG) ist im Falle der **Gesamtmargenbildung** die jeweilige anteilige Bemessungsgrundlage zu schätzen.[5]

## III. Unentgeltliche Reiseleistungen

33 Nach Auffassung der Finanzverwaltung soll § 25 UStG auch bei unentgeltlichen Reiseleistungen (§ 3 Abs. 9a Nr. 2 UStG) **gegenüber** den eigenen **Arbeitnehmern** (*Rz. 10*) anzuwenden sein.[6] Die Bemessungsgrundlage soll nach § 25 Abs. 3 UStG null betragen, weil die Aufwendungen („Ausgaben") nach § 10 Abs. 4 Nr. 3 UStG sich mit den Aufwendungen für die Reisevorleistungen deckten. Da der Vorsteuerabzug für Letztere nach § 25 Abs. 4 Satz 1 UStG ausgeschlossen ist, tritt zwar ein sachgerechtes Ergebnis ein, weil der Letztverbrauch durch die Arbeitnehmer mit der Umsatzsteuer belastet bleibt, dem Gesetzeswortlaut entspricht diese Lösung indes nicht. Nach dem eindeutigen Wortlaut hat § 25 Abs. 3 UStG („Betrag, den der Leistungsempfänger aufwendet")[7] nur die entgeltlichen Reiseleistungen im Auge.[8] Richtigerweise fällt der Vorgang schon nicht unter § 3 Abs. 9a Nr. 2 UStG, weil die zugrunde liegenden Ausgaben nicht für das Unternehmen erfolgten und nicht vorsteuerentlastet sind (*Rz. 11*).

34 Steht der einem Arbeitnehmer zugewendeten Reiseleistung – wie im Regelfall – eine **Gegenleistung** in Gestalt anteiliger **Arbeitsleistung** gegenüber, so ist, wenn auf diesen tauschähnlichen Vorgang § 25 UStG angewendet wird, die Bemessungsgrundlage im Sinne des Absatzes 3 stets null, weil der Wert der Gegenleistung (anteilige Arbeitsleistung als Betrag der Aufwendungen des Leistungsemp-

---

1 Dazu näher Abschn. 25.3 Abs. 1 bis 4 UStAE m. Berechnungsbeispielen.
2 Vgl. *Jorczyk/Thüning*, DStR 2004, 1026.
3 BMF v. 7.4.1998 – IV C 3 - S 7419 - 9/98, BStBl. I 1998, 380 – Tz. 6b (a.E.); vgl. auch die entsprechende, falsch platzierte Aussage in Abschn. 25.3 Abs. 1 Beispiel 1 Satz 2 UStAE.
4 Dazu näher Abschn. 25.1 Abs. 15 UStAE.
5 Abschn. 25.3 Abs. 7 UStAE.
6 Abschn. 25.1 Abs. 1 Satz 6, Abschn. 25.3 Abs. 5 Nr. 1 und Abs. 6 UStAE; ebenso *Lippross*, 8.6.2.3 Beispiel 5 – S. 1131 f.
7 Ebenso Art. 308 MwStSystRL: „vom Reisenden zu zahlenden Gesamtbetrag".
8 Vgl. BFH v. 16.3.1995 – V R 128/92, BStBl. II 1995, 651; vgl. auch FG Bremen v. 9.7.2008 – 2 K 220/07 (01), EFG 2008, 1493.

fängers) den Aufwendungen für die Reisevorleistungen entspricht (*§ 10 Rz. 85*). Durch den Ausschluss des Vorsteuerabzugs nach § 25 Abs. 4 Satz 1 UStG (*Rz. 36*) tritt die Belastung des Letztverbrauchs ein. Richtigerweise ist dieser Vorgang schon nicht steuerbar (*§ 1 Rz. 87 ff. i.V.m. § 3 Rz. 88*).

Wird eine Reise einem sog. **Geschäftsfreund** zur Pflege der Geschäftsbeziehungen oder einem **Kunden** als Gewinn bei einem **Preisausschreiben** unentgeltlich zugewendet, so fällt diese Reise nicht unter § 25 UStG.[1] Der Vorsteuerabzug ist nach § 15 Abs. 1a UStG i.V.m. § 4 Abs. 5 Nr. 1 EStG (Geschenk[2]) ausgeschlossen[3] (*§ 15 Rz. 364*). 35

## F. Vorsteuerabzug (Abs. 4)

Die dem Unternehmer **für** die **Reisevorleistungen** in Rechnung gestellte **Vorsteuer** sowie die für diese von ihm nach § 13b UStG geschuldete Steuer ist abweichend von § 15 Abs. 1 Satz 1 Nr. 1 und Nr. 4 UStG **nicht abziehbar** (§ 25 Abs. 4 Satz 1 UStG). Das ist unabhängig davon, ob für die Reiseleistung, der die Vorsteuern zuzurechnen sind, Steuer geschuldet wird.[4] Diese Rechtsfolge ergibt sich zwingend aus der Differenzbesteuerung, welche in vereinfachter Weise die Vorsteuern durch den Vorumsatzabzug berücksichtigt (*Rz. 2*). Der Ausschluss des Vorsteuerabzugs ist unabhängig von der Ansässigkeit des Reiseveranstalters bzw. der Betriebsstätte (festen Niederlassung), die die Reisevorleistungen in Anspruch genommen hat.[5] 36

Hinsichtlich der **übrigen Vorsteuern** (d.h. solcher, die nicht für Reisevorleistungen in Rechnung gestellt wurden bzw. geschuldet wurden) bleibt es bei den allgemeinen Regeln (§ 25 Abs. 4 Satz 2 UStG). Hierzu zählen insbesondere Vorsteuern, welche auf **Gemeinkosten**[6], auf Agentur- bzw. **Vermittlungsleistungen** von Reisebüros[7] oder auf die Lieferung von **Katalogen**[8] u.Ä. entfallen. Der Umstand, dass die Reiseleistung (ganz oder zum Teil) nach § 25 Abs. 2 UStG steuerfrei ist, weil sie mittels der Reisevorleistungen im Drittland bewirkt wird bzw. aus diesem Grund steuerfrei wäre, wenn die Reiseleistung im Inland steuerbar wäre, schließt den Vorsteuerabzug nicht aus (§ 15 Abs. 3 Nr. 1 Buchst. a bzw. Nr. 2 Buchst. a UStG).[9] 37

---

1 FG Bremen v. 9.7.2008 – 2 K 220/07 (01), EFG 2008, 1493.
2 Vgl. BFH v. 23.6.1993 – I R 14/93, BStBl. II 1993, 806.
3 FG Bremen v. 9.7.2008 – 2 K 220/07 (01), EFG 2008, 1493.
4 Vgl. Abschn. 25.4 Abs. 2 UStAE.
5 Vgl. Abschn. 25.4 Abs. 3 UStAE.
6 Vgl. Abschn. 25.4 Abs. 1 Satz 3 UStAE.
7 Vgl. Abschn. 25.4 Abs. 1 Satz 4 i.V.m. Abschn. 25.1 Abs. 9 Satz 3 Nr. 1 UStAE. Zur **Aufteilung** der Vorsteuerbeträge bei der Vermittlung von **gemischten** Reiseleistungen (*Rz. 21*) s. BMF v. 22.3.2000 – IV D 2 - S 7156d - 4/00, BStBl. I 2000, 458; BMF v. 7.12.2000 – IV D 1 - S 7156d - 4/00, BStBl. I 2001, 98; OFD Frankfurt a.M. v. 17.12.2004 – S 7156d A - 5 - St I 2.10, UR 2005, 402.
8 Vgl. Abschn. 25.4 Abs. 4 Satz 3 UStAE.
9 Abschn. 25.4 Abs. 4 UStAE.

### G. Aufzeichnungspflichten (Abs. 5)

38 Die allgemeinen Aufzeichnungspflichten nach § 22 UStG werden dergestalt modifiziert, dass der tatsächliche Reisepreis, die Aufwendungen für die Reisevorleistungen und die sog. Marge als Bemessungsgrundlage aufgezeichnet werden müssen. Die Aufzeichnungen müssen ferner die Verteilung dieser Beträge auf steuerfreie und steuerpflichtige Leistungen enthalten (§ 25 Abs. 5 UStG).[1] Die **Nichtbeachtung** dieser **Aufzeichnungspflichten** hindert nicht die Anwendung der Differenzbesteuerung. Daneben ist der Buchnachweis nach § 72 UStDV zu beachten (Rz. 27).

## § 25a
## Differenzbesteuerung

(1) Für die Lieferungen im Sinne des § 1 Abs. 1 Nr. 1 von beweglichen körperlichen Gegenständen gilt eine Besteuerung nach Maßgabe der nachfolgenden Vorschriften (Differenzbesteuerung), wenn folgende Voraussetzungen erfüllt sind:

1. Der Unternehmer ist ein Wiederverkäufer. Als Wiederverkäufer gilt, wer gewerbsmäßig mit beweglichen körperlichen Gegenständen handelt oder solche Gegenstände im eigenen Namen öffentlich versteigert.

2. Die Gegenstände wurden an den Wiederverkäufer im Gemeinschaftsgebiet geliefert. Für diese Lieferung wurde

   a) Umsatzsteuer nicht geschuldet oder nach § 19 Abs. 1 nicht erhoben oder

   b) die Differenzbesteuerung vorgenommen.

3. Die Gegenstände sind keine Edelsteine (aus Positionen 7102 und 7103 des Zolltarifs) oder Edelmetalle (aus Positionen 7106, 7108, 7110 und 7112 des Zolltarifs).

(2) Der Wiederverkäufer kann spätestens bei Abgabe der ersten Voranmeldung eines Kalenderjahres gegenüber dem Finanzamt erklären, dass er die Differenzbesteuerung von Beginn dieses Kalenderjahres an auch auf folgende Gegenstände anwendet:

1. Kunstgegenstände (Nummer 53 der Anlage 2), Sammlungsstücke (Nummer 49 Buchstabe f und Nummer 54 der Anlage 2) oder Antiquitäten (Position 9706 00 00 des Zolltarifs), die er selbst eingeführt hat, oder

2. Kunstgegenstände, wenn die Lieferung an ihn steuerpflichtig war und nicht von einem Wiederverkäufer ausgeführt wurde.

Die Erklärung bindet den Wiederverkäufer für mindestens zwei Kalenderjahre.

(3) Der Umsatz wird nach dem Betrag bemessen, um den der Verkaufspreis den Einkaufspreis für den Gegenstand übersteigt; bei Lieferungen im Sinne des § 3 Abs. 1b und in den Fällen des § 10 Abs. 5 tritt an die Stelle des Verkaufspreises

---

1 Ausführlich dazu Abschn. 25.5 UStAE.

der Wert nach § 10 Abs. 4 Satz 1 Nr. 1. Lässt sich der Einkaufspreis eines Kunstgegenstandes (Nummer 53 der Anlage 2) nicht ermitteln oder ist der Einkaufspreis unbedeutend, wird der Betrag, nach dem sich der Umsatz bemisst, mit 30 Prozent des Verkaufspreises angesetzt.[1] Die Umsatzsteuer gehört nicht zur Bemessungsgrundlage. Im Fall des Absatzes 2 Satz 1 Nr. 1 gilt als Einkaufspreis der Wert im Sinne des § 11 Abs. 1 zuzüglich der Einfuhrumsatzsteuer. Im Fall des Absatzes 2 Satz 1 Nr. 2 schließt der Einkaufspreis die Umsatzsteuer des Lieferers ein.

(4) Der Wiederverkäufer kann die gesamten innerhalb eines Besteuerungszeitraums ausgeführten Umsätze nach dem Gesamtbetrag bemessen, um den die Summe der Verkaufspreise und der Werte nach § 10 Abs. 4 Satz 1 Nr. 1 die Summe der Einkaufspreise dieses Zeitraums übersteigt (Gesamtdifferenz). Die Besteuerung nach der Gesamtdifferenz ist nur bei solchen Gegenständen zulässig, deren Einkaufspreis 500 Euro nicht übersteigt. Im Übrigen gilt Absatz 3 entsprechend.

(5) Die Steuer ist mit dem allgemeinen Steuersatz nach § 12 Abs. 1 zu berechnen. Die Steuerbefreiungen, ausgenommen die Steuerbefreiung für innergemeinschaftliche Lieferungen (§ 4 Nr. 1 Buchstabe b, § 6a), bleiben unberührt. Abweichend von § 15 Abs. 1 ist der Wiederverkäufer in den Fällen des Absatzes 2 nicht berechtigt, die entstandene [bis 30.7.2014: entrichtete[2]] Einfuhrumsatzsteuer, die gesondert ausgewiesene Steuer oder die nach § 13b Absatz 5 geschuldete Steuer für die an ihn ausgeführte Lieferung als Vorsteuer abzuziehen.

(6) § 22 gilt mit der Maßgabe, dass aus den Aufzeichnungen des Wiederverkäufers zu ersehen sein müssen

1. die Verkaufspreise oder die Werte nach § 10 Abs. 4 Satz 1 Nr. 1,

2. die Einkaufspreise und

3. die Bemessungsgrundlagen nach den Absätzen 3 und 4.

Wendet der Wiederverkäufer neben der Differenzbesteuerung die Besteuerung nach den allgemeinen Vorschriften an, hat er getrennte Aufzeichnungen zu führen.

(7) Es gelten folgende Besonderheiten:

1. Die Differenzbesteuerung findet keine Anwendung

   a) auf die Lieferungen eines Gegenstands, den der Wiederverkäufer innergemeinschaftlich erworben hat, wenn auf die Lieferung des Gegenstands an den Wiederverkäufer die Steuerbefreiung für innergemeinschaftliche Lieferungen im übrigen Gemeinschaftsgebiet angewendet worden ist,

   b) auf die innergemeinschaftliche Lieferung eines neuen Fahrzeugs im Sinne des § 1b Abs. 2 und 3.

2. Der innergemeinschaftliche Erwerb unterliegt nicht der Umsatzsteuer, wenn auf die Lieferung der Gegenstände an den Erwerber im Sinne des § 1a Abs. 1

---
1 Satz 2 eingefügt m.W.v. 1.1.2014 durch Gesetz v. 26.6.2013.
2 Geändert m.W.v. 31.7.2014 durch Gesetz v. 25.7.2014.

die Differenzbesteuerung im übrigen Gemeinschaftsgebiet angewendet worden ist.

3. Die Anwendung des § 3c und die Steuerbefreiung für innergemeinschaftliche Lieferungen (§ 4 Nr. 1 Buchstabe b, § 6a) sind bei der Differenzbesteuerung ausgeschlossen.

(8) Der Wiederverkäufer kann bei jeder Lieferung auf die Differenzbesteuerung verzichten, soweit er Absatz 4 nicht anwendet. Bezieht sich der Verzicht auf die in Absatz 2 bezeichneten Gegenstände, ist der Vorsteuerabzug frühestens in dem Voranmeldungszeitraum möglich, in dem die Steuer für die Lieferung entsteht.

*EU-Recht*

Art. 4, Art. 35, Art. 98 Abs. 2, Art. 139 Abs. 3, Art. 311–325, 333–340, 342 und 343 MwStSystRL.

*VV*

Abschn. 25a.1 UStAE.

| | |
|---|---|
| A. Allgemeines, Normzweck ...... 1 | D. Bemessungsgrundlage (Abs. 3) |
| B. Voraussetzungen (Abs. 1) | I. Allgemeines ................ 32 |
|   I. Überblick .................... 6 | II. Verkaufspreis ............... 35 |
|   II. „Gebrauchtgegenstände" ..... 7 | III. Einkaufspreis ............... 37 |
|   III. Wiederverkäufer (Abs. 1 Nr. 1 Satz 2) | IV. Pauschalmarge bei Kunstgegenständen (Abs. 3 Satz 2) ..... 44 |
|     1. Händler .................... 9 | E. Gesamtdifferenz (Abs. 4) ...... 45 |
|     2. Öffentliche Versteigerer ....... 14 | F. Steuerbefreiungen, Steuersatz, Vorsteuerabzug (Abs. 5) ....... 46 |
|   IV. Erwerbsarten und -modalitäten . 15 | G. Ausschluss der Differenzbesteuerung (Abs. 7 Nr. 1) ..... 49 |
|   V. Nichtbesteuerter Erwerb (Abs. 1 Nr. 2 Satz 2 Buchst. a) ......... 19 | H. Innergemeinschaftliches Ursprungslandprinzip (Abs. 7 Nr. 2 und 3) .......... 51 |
|   VI. Differenzbesteuerter Erwerb (Abs. 1 Nr. 2 Satz 2 Buchst. b) .. 23 | I. Rechnungsgestaltung, Vorsteuerabzug des Erwerbers ..... 54 |
|   VII. Modalitäten der Weiterlieferung | J. Aufzeichnungspflichten (Abs. 6) .................... 58 |
|     1. Entgeltliche Lieferung ........ 25 | K. Verzicht auf die Differenzbesteuerung (Abs. 8) .......... 59 |
|     2. Im Rahmen des Unternehmens . 27 | |
|     3. Nämlichkeit des Gegenstandes . 28 | |
| C. Wahl der Differenzbesteuerung bei Kunstgegenständen und Antiquitäten (Abs. 2) .......... 29 | |

## A. Allgemeines, Normzweck

1  Für Lieferungen von beweglichen körperlichen Gegenständen, bei deren Erwerb kein Recht zum Vorsteuerabzug bestand, bestimmt § 25a UStG, dass abwei-

chend von § 10 Abs. 1 UStG als **Bemessungsgrundlage** nur die Differenz zwischen Einkaufspreis und Verkaufspreis der Umsatzsteuer unterworfen wird. Da das Gesetz auch für Reiseleistungen in § 25 Abs. 3 UStG eine Differenzbesteuerung vorsieht, ist die Überschrift zu § 25a UStG unglücklich gewählt, denn sie vermittelt den falschen Eindruck, dass nur diese Bestimmung eine Differenzbesteuerung regelt.

**Zweck** dieser Regelung – mit Ausnahme des § 25a Abs. 2 Satz 1 Nr. 2 UStG (*Rz. 30*) – ist es, die **Wettbewerbsnachteile zu beseitigen**, die insbesondere **Händler** von **Gebrauchtwaren** und von **Kunstgegenständen, Sammlungsstücken** und **Antiquitäten** im Verhältnis zu **privaten** (nichtunternehmerischen) **Anbietern** oder gleichgestellten Unternehmern (*Rz. 19 f.*) beim Verkauf an Verbraucher erwachsen können.

**Beispiel**

Eine Privatperson veräußert einen gebrauchten Gegenstand für 20 000 € an eine andere Privatperson. Wollte ein Händler einen nämlichen Gegenstand veräußern und gäbe es die Regelung des § 25a UStG nicht, so müsste er für 20 000 € + 3800 € verkaufen, um auf denselben Erlös zu kommen. Das gelänge regelmäßig nicht. Verkaufte er den Gegenstand für 20 000 €, so müsste er, wenn es § 25a UStG nicht gäbe, 19/119 davon, d.h. rd. 3193 € als Umsatzsteuer an das Finanzamt abführen, so dass er in Höhe dieses Betrages gegenüber der mit ihm am Verbrauchermarkt konkurrierenden Privatperson benachteiligt wäre.

Der **Zweck** der Vorschrift liegt **entgegen** der Ansicht des **EuGH**[1] **nicht**[2] in dem prinzipiellen **Verbot** jeglicher „Doppelbesteuerung" begründet. Die **Mehrfachbesteuerung** von gebrauchten Gegenständen, Kunstgegenständen usw. ist vom Prinzip her verbrauchsteuerkonform, weil Belastungsgrund der jeweilige Aufwand des Verbrauchers ist. Mit dem erneuten Umsatz des Gegenstandes wird von einem weiteren Verbraucher erneut Vermögen aufgewendet. Besteuerungsgut der Umsatzsteuer ist nicht der Gegenstand bzw. dessen Verbrauch (*Vorbem. Rz. 17*).

Die Vorschrift bezweckt und bewirkt, dass der Händler (Wiederverkäufer) insoweit **mit** dem **privaten Anbieter gleichgestellt** wird[3], als bis zur Höhe des Preises, den der private Anbieter bei einer Veräußerung erzielt hätte, auch der Wiederverkaufspreis des Händlers nicht der Umsatzsteuer unterworfen wird. Das Gesetz unterstellt dabei, dass der Einkaufspreis des Händlers in etwa dem Preis entspricht, den der private Verkäufer auch bei einer Veräußerung an einen privaten Abnehmer erzielen könnte. Es handelt sich um eine Umsatzbesteuerung mit **Vorumsatzabzug**, so dass der Händler so gestellt wird, als hätte ihm hinsichtlich des Erwerbs des Gegenstandes ein Vorsteuerabzug zugestanden.[4] Im Ergebnis wird **nur** der **vom Händler geschaffene Mehrwert** besteuert. Zur Errei-

---

1 EuGH v. 1.4.2004 – C-220/02, EuGHE 2004, I-3509 = UR 2004, 253 – Rz. 25; EuGH v. 8.12.2005 – C-280/04, EuGHE 2005, I-10683 = UR 2006, 360 – Rz. 37; EuGH v. 3.3.2011 – C-203/10, EuGHE 2011, I-1083 = UR 2012, 372.
2 Zu weiteren unzutreffenden Erklärungsversuchen zum Zweck der Vorschrift bzw. der Art. 311 ff. MwStSystRL s. ausführlich *Stadie* in R/D, § 25a UStG Anm. 10 ff.
3 A.A. BFH v. 23.4.2009 – V R 52/07, BStBl. II 2009, 860 – 1c cc (1) der Gründe.
4 Vgl. BFH v. 29.6.2011 – XI R 15/10, BStBl. II 2011, 839 – Rz. 18.

**§ 25a**  Differenzbesteuerung

chung dieses Zieles wird auch der Erwerb von einem anderen Wiederverkäufer erfasst, der den Gegenstand von einer Privatperson o.Ä. erworben hatte (*Rz. 23*).

5 Mit der Differenzbesteuerung wird das Eigengeschäft einschließlich Kommissionsgeschäft (§ 3 Abs. 3 UStG) im Ergebnis dem sog. **Agenturgeschäft gleichgestellt**, bei dem der „Händler" als Vertreter, d.h. im fremden Namen für fremde Rechnung handelt. Bei diesem Geschäft erbringt er eine sonstige Leistung gegenüber seinem Auftraggeber in Gestalt der Vertretung (Vermittlung) und ggf. eine weitere in Gestalt von Pflege- und Reparaturarbeiten. Der vom Vertreter (Agenten) vereinnahmte Verkaufspreis ist ein durchlaufender Posten (§ 10 Abs. 1 Satz 6 UStG), so dass er lediglich die davon einbehaltene Provision und ggf. den ebenfalls davon einbehaltenen Werklohn für die Pflege- und Reparaturarbeiten zu versteuern hat. Der an den Auftraggeber ausgekehrte Restbetrag entspricht dem Einkaufspreis i.S.d. § 25a Abs. 3 Satz 1 UStG.

## B. Voraussetzungen (Abs. 1)
### I. Überblick

6 Für die Lieferung beweglicher körperlicher Gegenstände gilt nach § 25a Abs. 1 UStG grundsätzlich die Differenzbesteuerung (zu Ausnahmen *Rz. 49 f.*), wenn

– der liefernde Unternehmer ein Wiederverkäufer (*Rz. 9 ff.*) ist (Abs. 1 Nr. 1),

– die Gegenstände an ihn im Gemeinschaftsgebiet geliefert wurden (Abs. 1 Nr. 2 Satz 1),

– für diese Lieferung an ihn

  – keine Umsatzsteuer geschuldet oder beim sog. Kleinunternehmer nach § 19 Abs. 1 UStG nicht erhoben wurde (§ 25a Abs. 1 Nr. 2 Satz 2 Buchst. a UStG; *Rz. 19 ff.*) oder

  – die Differenzbesteuerung vorgenommen, d.h. der Gegenstand von einem anderen Wiederverkäufer erworben wurde (§ 25a Abs. 1 Nr. 2 Satz 2 Buchst. b UStG; *Rz. 23 f.*)

– und die Gegenstände keine Edelsteine oder Edelmetalle sind (§ 25a Abs. 1 Nr. 3 UStG). Aus diesen hergestellte Schmuckwaren u.Ä. sind nicht ausgenommen[1].

Darüber hinaus kann bei Kunstgegenständen, Sammlungsstücken und Antiquitäten in bestimmten Fällen die Differenzbesteuerung gewählt werden, auch wenn die Voraussetzungen des § 25a Abs. 1 UStG nicht erfüllt sind (§ 25a Abs. 2 UStG; *Rz. 29 ff.*).

### II. „Gebrauchtgegenstände"

7 Die unter die Vorschrift fallenden Gegenstände müssen nicht notwendig „gebraucht" sein[2], wenngleich das regelmäßig der Fall sein wird. Art. 311 Abs. 1

---
1 Dazu näher Abschn. 25a.1 Abs. 1 Sätze 4 ff. UStAE.
2 So aber *H.-F. Lange*, HFR 2011, 1141; *Wäger* in B/W, § 236 Rz. 22; *Oelmaier* in S/R, § 25a UStG Rz. 15.

Nr. 1 MwStSystRL spricht zwar von „Gebrauchtgegenständen", eine einschränkende Interpretation widerspräche jedoch der Zielsetzung der Richtlinie, wonach Wettbewerbsverzerrungen begegnet werden soll[1]. Bei ohne Vorsteuerabzug erworbenen „neuen" (ungebrauchten) Gegenständen ist die Wettbewerbssituation des Händlers nicht anders als bei gebrauchten Gegenständen (*Beispiel:* eine Person ohne Fahrerlaubnis gewinnt ein fabrikneues Fahrzeug und verkauft es an einen Gebrauchtwagenhändler).

**Eintrittskarten** u.ä. Inhaberpapiere, die zivilrechtlich wie Sachen gehandelt werden, werden zwar umsatzsteuerrechtlich durch sonstige Leistungen übertragen (§ 3 Rz. 158), können jedoch bei ihrer Weiterveräußerung in analoger Anwendung des § 25a UStG der Differenzbesteuerung unterliegen.[2] Auch **lebende Tiere** können als Gebrauchsgegenstände im Sinne der Vorschrift angesehen werden.[3]

8

## III. Wiederverkäufer (Abs. 1 Nr. 1 Satz 2)
### 1. Händler

Als Wiederverkäufer „gilt" zum einen, wer **gewerbsmäßig** mit beweglichen körperlichen Gegenständen **handelt** (§ 25a Abs. 1 Nr. 1 Satz 2 Halbs. 1 UStG). Der Sinn der vom Gesetz verwendeten Fiktion ist nicht erkennbar, denn wer gewerbsmäßig Handel treibt, ist der Prototyp des Wiederverkäufers. Die Fiktion bezieht sich deshalb nur auf die öffentlichen Versteigerer (*Rz. 14*). Ferner ist es eine Tautologie, wenn das Gesetz von gewerblichem Handel spricht, denn der Handel ist die Urform des Gewerbes, d.h., wer mit Gegenständen handelt, tut dies stets gewerbsmäßig.

9

Erfasst werden nicht nur die typischen Händler, die in erster Linie oder ausschließlich mit „**gebrauchten**" (*Rz. 7 f.*) Gegenständen handeln (*Beispiele:* Antiquitätenhändler, Antiquariate, Gebrauchtfahrzeughändler, sog. Secondhand-Geschäfte), sondern **auch** solche **Händler**, die in erster Linie neue Gegenstände umsetzen und lediglich zur Förderung des Geschäfts in Einzel- oder Ausnahmefällen **gebrauchte** Gegenstände **in Zahlung nehmen**. Auch deren Weiterveräußerung durch den Händler ist gewerbsmäßig. Entgegen der Auffassung der Finanzverwaltung[4] ist es nicht erforderlich, dass der Händler „üblicherweise" Gebrauchtgegenstände erwirbt und dass es sich insoweit um einen „Teil- oder Nebenbetrieb" handelt. Diese Einschränkung ist unsinnig, weil sie dem Gesetzeszweck widerspricht, und ist weder durch den Gesetzeswortlaut noch durch **Art. 311 Abs. 1 Nr. 5 MwStSystRL** gedeckt, der lediglich verlangt, dass der Erwerb „im Rahmen seiner wirtschaftlichen Tätigkeit **zum Zwecke des Wiederverkaufs**" erfolgt.

10

Wiederverkäufer ist auch ein **Vermieter** (Leasinggeber) beweglicher Gegenstände, der regelmäßig die (neu oder) gebraucht erworbenen Gegenstände, nachdem

---

1 Vgl. die 51. Begründungserwägung zur MwStSystRL.
2 Vgl. *Hey/Hoffsümmer*, UR 2005, 641; a.A. OFD Düsseldorf, Kurzinfo v. 15.8.2005, UR 2005, 578; vgl. auch BFH v. 26.9.2008 – XI S 4/08, BFH/NV 2009, 232 (234).
3 EuGH v. 1.4.2004 – C-220/02, EuGHE 2004, I-3509 = UR 2004, 253.
4 Abschn. 25a.1 Abs. 2 Satz 1 UStAE.

diese nicht mehr für die Vermietung verwendet werden, veräußert.¹ Hierbei handelt es sich um eine weitere unternehmerische Tätigkeit **als Händler**, die neben der Vermietung ausgeübt wird. Die Verkäufe sind – nach Umwidmung der Gegenstände des Anlagevermögens in solche des Umlaufvermögens, so dass ein fiktiver Einkaufspreis für den Zeitpunkt der Umwidmung anzusetzen ist (*Rz. 43*) – Grundgeschäfte dieser Händlertätigkeit und nicht etwa Hilfsgeschäfte der Vermietungstätigkeit.²

11 Der gewerbsmäßige Handel kann auch für fremde Rechnung erfolgen (**Kommissionsgeschäft**).³ Die Voraussetzungen der Lieferungen an bzw. durch den Kommissionär werden durch die Fiktion des § 3 Abs. 3 UStG geschaffen. Allerdings wird durch die Differenzbesteuerung im Ergebnis diese Fiktion wieder beseitigt und der Kommissionär entsprechend seiner handelsrechtlichen Qualifizierung nur mit dem Entgelt für seine Dienstleistung besteuert (*Rz. 5*).

12 **Unternehmer**, die **nicht mit** gebrauchten **Gegenständen** im zuvor genannten Sinne (*Rz. 10*) **handeln** und nur im Einzelfall derartige Gegenstände als (Teil der) Gegenleistung oder für ihr sog. **Anlagevermögen** erwerben, können zwar auf deren Weiterlieferung die Differenzbesteuerung nicht anwenden (*Beispiele:* ein **Freiberufler** nimmt von einem Mandanten einen Gegenstand in Zahlung und veräußert ihn anschließend; ein Kioskbetreiber erwirbt alle zwei bis drei Jahre einen gebrauchten Pkw und gibt ihn beim Erwerb des nächsten in Zahlung⁴); in diesem Fall ist der Umsatz (sog. **Hilfsgeschäft**, *§ 1 Rz. 100*) jedoch bereits wegen des fehlenden Vorsteuerabzugs beim Erwerb **nicht steuerbar**⁵, weil auch eine Entnahme nicht steuerbar (§ 3 Abs. 1b Satz 2 UStG) wäre (vgl. *§ 1 Rz. 111 f.*; s. auch *§ 4 Nr. 28 Rz. 16*).

13 Veräußern Kreditinstitute (u.ä. Unternehmen) **sicherungsübereignete Gegenstände**, so liegen jeweils zwei Lieferungen vor (*§ 3 Rz. 29*). Sofern für die Lieferung des Sicherungsgebers (Kreditnehmers) keine Umsatzsteuer geschuldet wird, ist das Kreditinstitut als Wiederverkäufer i.S.d. § 25a UStG anzusehen⁶, da die Verwertung von Sicherungsgut häufig im Gefolge von Kreditgewährungen vorkommt, wegen der anzunehmenden Doppellieferung der Erwerb durch das Kreditinstitut zwangsläufig zum Zwecke des Wiederverkaufs erfolgt und deshalb als Handel im Rahmen der gewerblichen Tätigkeit des Kreditinstituts anzusehen ist.

## 2. Öffentliche Versteigerer

14 Als Wiederverkäufer gelten des Weiteren Unternehmer, die bewegliche körperliche Gegenstände im eigenen Namen **öffentlich versteigern** (§ 25a Abs. 1 Satz 1

---

1 EuGH v. 8.12.2005 – C-280/04, EuGHE 2005, I-10683 = UR 2006, 360 – Fahrzeugleasing.
2 Ausführlich *Stadie* in R/D, § 25a UStG Anm. 38 ff. – Lfg. 161.
3 So ausdrücklich Art. 311 Abs. 1 Nr. 5 MwStSystRL.
4 Nur insoweit zutreffend BFH v. 29.6.2011 – XI R 15/10, BStBl. II 2011, 839.
5 Das verkennen der BFH v. 2.3.2006 – V R 35/04, BStBl. II 2006, 675; BFH v. 29.6.2011 – XI R 15/10, BStBl. II 2011, 839.
6 Abschn. 25a.1 Abs. 2 UStAE – Beispiel.

Nr. 1 Satz 2 Halbs. 2 UStG). Erfolgt die Versteigerung für eigene Rechnung, so ist der Unternehmer bereits „normaler" Händler im o.g. Sinne. Gemeint ist nur die Versteigerung im eigenen Namen für fremde Rechnung, auch durch gewerbliche **Pfandleiher**[1], die sich indes als Verkaufskommission darstellt und deshalb ebenfalls als Handelstätigkeit zu werten ist, so dass die Erwähnung des öffentlichen Versteigerers nur klarstellend ist[2].

## IV. Erwerbsarten und -modalitäten

§ 25a Abs. 1 Nr. 2 Satz 1 UStG verlangt eine Lieferung an den Wiederverkäufer. Diese muss **gegen Entgelt** erfolgen.[3] da Art. 311 Abs. 1 Nr. 5 MwStSystRL von „kauft" spricht und Art. 312 Nr. 2 MwStSystRL von einem „Einkaufspreis" (ebenso § 25a Abs. 3 UStG) ausgeht. Die Lieferung an den Wiederverkäufer kann auch im Wege des Tausches erfolgen, insbesondere in Gestalt der **Inzahlunggabe** (zur Bemessungsgrundlage *Rz. 40 ff.*) und der **Einlage** durch einen **Gesellschafter**.[4] Der Erwerb durch **Diebstahl**, für den eine Entschädigung gezahlt worden ist, ist als entgeltlicher Erwerb anzusehen (*§ 1 Rz. 58*). Bei einem **unentgeltlichen** Erwerb trifft der Gesetzeszweck, Wettbewerbsnachteile gegenüber privaten Anbietern zu verhindern (*Rz. 2 f.*), nicht zu. 15

Dem **Erwerb durch Gesamtrechtsnachfolge** liegen schon keine Lieferungen zugrunde, weil das Eigentum an den Gegenständen kraft Gesetzes übergeht. Davon **zu unterscheiden** ist der Erwerb eines **Wiederverkäufer-Unternehmens** durch Gesamtrechtsnachfolge. Der Erwerber führt die Rechtspositionen des Rechtsvorgängers fort (*§ 1 Rz. 152*), so dass die vorherigen Erwerbe durch den Rechtsvorgänger dem Gesamtrechtsnachfolger als eigene zuzurechnen sind.

Der Gegenstand muss **im Gemeinschaftsgebiet** an den Wiederverkäufer geliefert worden sein (§ 25a Abs. 1 Nr. 2 Satz 1 UStG). Das ist der Fall, wenn der Ort der Lieferung gem. § 3 Abs. 6 bis 8 UStG im Inland oder entsprechend Art. 31 oder 32 MwStSystRL im übrigen Gemeinschaftsgebiet gelegen hat. 16

**Einlage:** Die Lieferung muss entgegen h.M.[5] **nicht für das Unternehmen des Wiederverkäufers** erfolgt sein, da der Zweck der Vorschrift (*Rz. 2 f.*) die Anwendung der Vorschrift auch auf die Veräußerung von aus dem Privatbereich **eingelegten Gegenständen** verlangt (*Rz. 27*). Für diese Interpretation spricht auch Art. 311 Abs. 1 Nr. 5 MwStSystRL. Die Formulierung „Gebrauchtgegenstände … seinem Unternehmen zuordnet" kann nur den Fall meinen, dass der Wiederverkäufer privat erworbene Gegenstände zum Zwecke des Verkaufs einlegt. Anderenfalls dürfte die Veräußerung schon nicht als steuerbar angesehen werden, was indes dem Besteuerungszweck der Umsatzsteuer widerspräche, weil die Nichtsteuerbarkeit nur bei Anlage-, nicht aber bei Umlaufvermögen in Betracht kommen darf (vgl. auch *§ 1 Rz. 112*). 17

---

1 Dazu näher *Stadie* in R/D, § 25a UStG Anm. 47 ff. – Lfg. 161.
2 Anders Art. 311 Abs. 1 Nr. 5 sowie Art. 313 ff. und Art. 333 ff. MwStSystRL.
3 BFH v. 18.12.2008 – V R 73/07, BStBl. II 2009, 612; ebenso Abschn. 25a.1 Abs. 4 Sätze 1 und 2 UStAE.
4 Insoweit zutreffend BFH v. 18.12.2008 – V R 73/07, BStBl. II 2009, 612.
5 Abschn. 25a.1 Abs. 4 Satz 2 UStAE; BFH v. 18.12.2008 – V R 73/07, BStBl. II 2009, 612.

18  Die Gegenstände müssen auch **nicht** primär **für Zwecke des Wiederverkaufs erworben** worden sein, so dass von der Vorschrift auch die Lieferung von **anfänglich** als **Anlagevermögen** gebraucht erworbenen Gegenständen erfasst wird.[1] Das gilt jedoch nur für solche Gegenstände, die vom Wiederverkäufer **üblicherweise** im Rahmen des Unternehmens umgesetzt werden[2] (*Beispiele:* Erwerb eines gebrauchten Pkw als Betriebsfahrzeug durch einen Fahrzeughändler oder Autovermieter; *Rz. 10*). Bei der **Umwidmung** eines Gegenstandes vom Anlage- zum Umlaufvermögen des Händlers ist deshalb ein fiktiver Erwerb anzunehmen (zum fiktiven Einkaufspreis s. *Rz. 43*). Die Veräußerung anderer **Anlagegegenstände**, mit denen der Wiederverkäufer **nicht handelt** (*Beispiel:* von privat erworbene Büroeinrichtung des Gebrauchtwagenhändlers), ist schon nicht steuerbar (*Rz. 12*).

## V. Nichtbesteuerter Erwerb (Abs. 1 Nr. 2 Satz 2 Buchst. a)

19  Elementare Voraussetzung der Differenzbesteuerung ist, dass für die Lieferung an den Unternehmer – oder an den vorhergehenden Unternehmer (§ 25a Abs. 1 Nr. 2 Satz 2 Buchst. b UStG, *Rz. 23*) – Umsatzsteuer **nicht geschuldet** wird (§ 25a Abs. 1 Nr. 2 Satz 2 Buchst. a UStG). Das ist zum einen der Fall, wenn der Umsatz **nicht im Inland steuerbar** ist und **auch nicht im übrigen Gemeinschaftsgebiet** der Steuer unterliegt, weil der Lieferer kein Unternehmer (bzw. kein Steuerpflichtiger) ist oder die Lieferung nicht im Rahmen des Unternehmens erfolgt (bzw. der Steuerpflichtige nicht als solcher handelt). Umsatzsteuer wird ebenfalls nicht geschuldet, wenn die steuerbare Lieferung nach § 4 Nr. 19 UStG (Blindenprivileg) oder nach § 4 Nr. 28 UStG bzw. Art. 136 MwStSystRL **steuerfrei** ist. Ausgenommen sind die innergemeinschaftlich steuerfrei (i.S.d. Art. 138 Abs. 1 MwStSystRL) erworbenen Gegenstände (§ 25a Abs. 7 Nr. 1 Buchst. a UStG; *Rz. 49*).

20  Gleichgestellt ist die Nichterhebung der Steuer nach § 19 Abs. 1 UStG bei Lieferungen von **Kleinunternehmern** (§ 25a Abs. 1 Nr. 2 Satz 2 Buchst. a UStG). Entgegen dem Gesetzeswortlaut ist nicht nur auf die Kleinunternehmerbefreiung nach § 19 Abs. 1 UStG, sondern entsprechend Art. 314 Buchst. c MwStSystRL auch auf die korrespondierenden Bestimmungen der übrigen Mitgliedstaaten abzustellen.[3] Entgegen der Auffassung der Finanzverwaltung[4] muss von § 25a Abs. 1 Nr. 2 UStG auch der **Erwerb von Land- und Forstwirten** erfasst werden, die die Durchschnittssätze nach § 24 Abs. 1 UStG anwenden, denn die Lieferung von Gebrauchtgegenständen ist bei ihnen nicht steuerbar (*§ 24 Rz. 23*).

21  In allen diesen Fällen haben die Lieferer keinen Vorsteuerabzug, so dass sie die anteilige nichtabziehbare Umsatzsteuer aus dem Ersterwerb im Verkaufspreis des gebrauchten Gegenstandes auf den Händler abwälzen. Damit korrespon-

---

1 EuGH v. 8.12.2005 – C-280/04, EuGHE 2005, I-10683 = UR 2006, 360.
2 EuGH v. 8.12.2005 – C-280/04, EuGHE 2005, I-10683 = UR 2006, 360 – „im Rahmen der normalen Tätigkeit"; ähnlich BFH v. 29.6.2011 – XI R 15/10, BStBl. II 2011, 839 – Rz. 35 – „Wiederverkauf aufgrund seiner Häufigkeit zur normalen Tätigkeit des Unternehmers gehört".
3 Abschn. 25a.1 Abs. 5 Satz 2 Nr. 4 UStAE.
4 Abschn. 25a.1 Abs. 5 Satz 3 UStE.

diert, dass die Lieferer nicht berechtigt sind, Umsatzsteuer in einer Rechnung auszuweisen und der Händler keinen Vorsteuerabzug hat (§ 15 Abs. 1 Satz 1 Nr. 1 Satz 2 i.V.m. § 14 Abs. 4 Satz 1 Nr. 8 bzw. § 19 Abs. 1 Satz 4 UStG). Ob die Voraussetzungen des § 25a Abs. 1 Nr. 2 UStG vorliegen, kann der Händler indes nicht beurteilen bzw. überprüfen. Als den für Rechnung des Staates handelnden Gehilfen (*Vorbem. Rz. 20 f.*) treffen den Unternehmer keine Nachforschungspflichten. Wird ihm **keine Rechnung mit gesondertem Ausweis der Steuer** erteilt (bzw. seiner Gutschrift gem. § 14 Abs. 2 Satz 3 UStG widersprochen), so verlangen der Zweck der Vorschrift wie auch das Gebot des **Vertrauensschutzes**, dass der Händler davon ausgehen kann, dass die Lieferung unter § 25a Abs. 1 Nr. 2 Satz 2 Buchst. a UStG fällt.

Hat umgekehrt der **Lieferer Steuer in** seiner **Rechnung** ausgewiesen, **obwohl** er dazu **nicht berechtigt** ist, so kann für den Wiederverkäufer hinsichtlich des Vorsteuerabzugs **Vertrauensschutz** in Betracht kommen (*§ 15 Rz. 58 f., 190 f., 254*) mit der Folge, dass er dann allerdings auch nicht die Differenzbesteuerung vornehmen darf.

## VI. Differenzbesteuerter Erwerb (Abs. 1 Nr. 2 Satz 2 Buchst. b)

Die Differenzbesteuerung kommt ferner nach einem vorherigen **Erwerb von** einem **anderen Wiederverkäufer** (auch im übrigen Gemeinschaftsgebiet, *Rz. 51*) in Betracht, wenn nämlich für dessen Lieferung an den Wiederverkäufer ebenfalls die Differenzbesteuerung vorgenommen worden war (§ 25a Abs. 1 Nr. 2 Satz 2 Buchst. b UStG). Müsste stattdessen der zweite Wiederverkäufer bei seiner Weiterlieferung den gesamten Verkaufspreis versteuern, so bliebe der Wettbewerbsnachteil bestehen, weil er auf den nicht voll von der Steuer entlasteten Einkaufspreis Umsatzsteuer zu entrichten hätte. Indem er ebenfalls die Differenzbesteuerung vornehmen kann, versteuert auch er nur den von ihm geschaffenen **Mehrwert**, so dass im Ergebnis nur der von beiden Unternehmern erwirtschaftete Mehrwert mit Umsatzsteuer belastet wird.

**Beispiel**

Gebrauchtwagenhändler B erwirbt von Gebrauchtwagenhändler A ein Fahrzeug für 30 000 € + 5700 € Umsatzsteuer, welches A für 28 000 € von einem Arzt gekauft hatte. B veräußert das Fahrzeug für 33 000 € weiter.

Müsste B diesen Betrag der Steuer unterwerfen, so beliefe sich das Entgelt i.S.d. § 10 Abs. 1 UStG auf 27 731,09 € und die geschuldete Umsatzsteuer auf 5268,91 €. Der Nachteil des B gegenüber einem privaten (oder gleich gestellten) Anbieter eines vergleichbaren Fahrzeugs bestünde in Höhe von 19/119 von 28 000 € = 4470,59 €, nämlich der Umsatzsteuer, die der private Anbieter nicht schuldet.

Bei Anwendung der Differenzbesteuerung wird A das Fahrzeug für 30 380 € (= 30 000 € + 380 € als Umsatzsteuer von 19 % auf die Marge des A von 2000 €) verkaufen. B versteuert nur die Differenz zwischen 33 000 € und seinem Einkaufspreis von 30 380 € = 2620 €; die Bemessungsgrundlage i.S.d. § 25a Abs. 3 UStG beträgt 2201,68 €, die Umsatzsteuer 418,32 €. Der von den beiden Händlern (Wiederverkäufern) geschaffene Mehrwert von 5000 € ist mit 19/119 = 798,32 € (= 380 € + 418,32 €) belastet worden.

Diese Wirkung tritt nur dann ein, wenn der Lieferer (erster Wiederverkäufer) die auf seine Marge entfallende **Umsatzsteuer nicht** vorsteuerabzugsbegründend **in** seiner **Rechnung** gesondert ausweisen darf, weil anderenfalls der zweite Wiederverkäufer die Steuer nicht mehr auf seinen Abnehmer abwälzen müsste, wenn er diese als Vorsteuer abziehen könnte. § 14a Abs. 6 Satz 2 UStG ist deshalb dergestalt zu interpretieren, dass im Falle des gesonderten Ausweises von Steuer keine nach den §§ 14, 14a UStG ausgestellte Rechnung vorliegt, wie sie § 15 Abs. 1 Satz 1 Nr. 1 Satz 2 UStG für den Vorsteuerabzug verlangt (*§ 15 Rz. 185*). Art. 323 MwStSystRL sieht ein ausdrückliches **Abzugsverbot** vor.

Nach Auffassung des **BFH** soll der Wiederverkäufer die Differenzbesteuerung **nicht** anwenden dürfen, **wenn** er den Gegenstand **von** einem **Lieferer erworben** hat, der **zu Unrecht** die **Differenzbesteuerung** angewendet hat.[1] Diese Auffassung ist verfehlt, da den Unternehmer als zwangsverpflichteten Gehilfen des Staates (*Vorbem. Rz. 20 f.*) **keine Prüfungspflicht** trifft und dieser deshalb davon ausgehen kann (**Vertrauensschutz**), dass die Voraussetzungen der Differenzbesteuerung vorliegen, wenn sein Belieferer keine Steuer in der Rechnung ausweist (*Rz. 21*).

### VII. Modalitäten der Weiterlieferung
#### 1. Entgeltliche Lieferung

25 Nach seinem Wortlaut will § 25a Abs. 1 UStG alle Lieferungen i.S.d. § 1 Abs. 1 Nr. 1 UStG erfassen. Folglich müssten auch **unentgeltliche Lieferungen** i.S.d. § 3 Abs. 1b UStG einschließlich der Entnahmen darunter fallen, wofür § 25a Abs. 3 Satz 1 UStG spricht, der ausdrücklich § 3 Abs. 1b UStG erwähnt. Das ergibt indes **keinen Sinn**, weil die Steuerbarkeit dieser Umsätze nach § 3 Abs. 1b Satz 2 UStG erfordert, dass der Gegenstand zum Vorsteuerabzug berechtigt hat, Voraussetzung des § 25a Abs. 1 Nr. 2 Buchst. a UStG aber gerade ist, dass für die Lieferung des Gegenstandes keine Umsatzsteuer geschuldet wird. Mithin kann die Vorschrift nur entgeltliche Weiterlieferungen erfassen. Die Bestätigung findet sich in Art. 315 MwStSystRL, der nur den „Verkaufspreis" kennt und keine Fiktion desselben in den Fällen des Art. 16 MwStSystRL vorsieht.

26 Soweit vorsteuerentlastete **Bestandteile** in den entnommen oder unentgeltlich gelieferten Gegenstand eingefügt worden waren, liegt hinsichtlich dieser Bestandteile ein steuerbarer und steuerpflichtiger Umsatz i.S.d. § 1 Abs. 1 Nr. 1 i.V.m. § 3 Abs. 1b UStG vor (*§ 3 Rz. 67*), der mit der Bemessungsgrundlage nach § 10 Abs. 4 Nr. 1 UStG zu versteuern ist. Soweit der Unternehmer **vorsteuerentlastete Dienstleistungen** (*Beispiel:* Karosserie- und Lackierungsarbeiten bei einem Fahrzeug) für den gelieferten Gegenstand in Anspruch genommen hatte, kommt eine Berichtigung des Vorsteuerabzugs nach § 15a Abs. 3 Satz 2 UStG in Betracht (*§ 15a Rz. 105 ff.*).

#### 2. Im Rahmen des Unternehmens

27 Eine Lieferung i.S.d. § 1 Abs. 1 Nr. 1 UStG setzt voraus, dass sie im Rahmen des Unternehmens erfolgt. Das trifft für den Wiederverkäufer richtigerweise auch

---
1 BFH v. 23.4.2009 – V R 52/07, BStBl. II 2009, 860; BFH v. 23.4.2009 – V R 53/07, BFH/NV 2010, 254; ebenso Abschn. 25a.1 Abs. 5 Satz 2 Nr. 5 UStAE.

hinsichtlich der Lieferung derjenigen Gegenstände zu, die er **zuvor für** seinen **privaten** (nichtunternehmerischen) **Bereich erworben** hatte[1] (dazu bereits *Rz. 17*), die aber zur Gattung von Gegenständen gehören, die er **typischerweise** in seinem Unternehmen **umsetzt** (*Beispiele:* ein Gebrauchtfahrzeughändler verkauft seinen privaten Zweitwagen; ein Antiquitätenhändler verkauft eine Truhe aus seinem Wohnzimmer). Die Nichtsteuerbarkeit kann nicht damit begründet werden, dass auch ein Unternehmer einen Privatbereich habe, so dass er die diesem Bereich zugehörigen Gegenstände auch privat veräußern können müsse. Das Umsatzsteuergesetz besteuert nicht den Unternehmer, sondern die Verbraucherversorgung durch den Unternehmer (*Vorbem. Rz. 15 ff.*). Folglich werden diese Gegenstände selbst dann im Rahmen seines Unternehmens geliefert, wenn er sie nicht innerhalb seines Unternehmens anbietet; eine **Einlagehandlung** ist mithin **nicht erforderlich**. Für diese Auslegung spricht nicht nur der Wortlaut des § 25a Abs. 1 UStG, sondern auch die Überlegung, dass es anderenfalls der Unternehmer in der Hand hätte, durch die räumliche Zuordnung der Gegenstände zu bestimmen, ob ihre Veräußerung der Besteuerung unterliegt oder nicht.

### 3. Nämlichkeit des Gegenstandes

Es muss der nämliche Gegenstand weiterverkauft werden, d.h., der Gegenstand darf vor der Weiterlieferung nur instand gesetzt worden sein (so ausdrücklich Art. 311 Abs. 1 Nr. 1 MwStSystRL, der Gebrauchtgegenstände als Gegenstände definiert, die „in ihrem derzeitigen Zustand oder nach **Instandsetzung**" erneut verwendbar sind). Folglich schließen die **Umgestaltung** des Gegenstandes, seine **Verbindung mit anderen Gegenständen** zu einem neuen Gegenstand oder die Herstellung eines „neuen" Gegenstandes aus Einzelgegenständen, die jeweils für sich die Voraussetzungen des § 25a UStG erfüllen würden, die Differenzbesteuerung aus.[2] Insoweit besteht für derartige Händler keine beachtliche private Konkurrenz, so dass es der Ausdehnung der Vorschrift auf diese Fälle nicht bedarf. Entsprechendes gilt, wenn jeweils einzelne Teile des erworbenen Gegenstandes weitergeliefert werden („**Ausschlachten**").[3]

28

## C. Wahl der Differenzbesteuerung bei Kunstgegenständen und Antiquitäten (Abs. 2)

Bei Kunstgegenständen u.Ä. kann in bestimmten Fällen die Differenzbesteuerung auch dann gewählt werden, wenn die Voraussetzungen des § 25a Abs. 1 UStG nicht erfüllt sind. Bei **Kunstgegenständen** (Anlage 2 Nr. 53 UStG), **Sammlungsstücken** (Anlage 2 Nr. 49 Buchst. f und Nr. 54 UStG) und **Antiquitäten** (Sammlungsstücke, die mehr als 100 Jahre alt sind, Position 97 06 des Zolltarifs) kann der Wiederverkäufer die Differenzbesteuerung **auch** anwenden, **wenn** er diese selbst **eingeführt** hat (§ 25a Abs. 2 Satz 1 Nr. 1 UStG).

29

Bei **Kunstgegenständen** kommt die Differenzbesteuerung darüber hinaus auch dann in Betracht, wenn deren **Lieferung an** den **Wiederverkäufer steuerpflichtig**

---

1 **A.A.** Abschn. 25a.1 Abs. 4 Satz 2 UStAE.
2 Abschn. 25a.1 Abs. 4 Satz 4 UStAE; FG Münster v. 27.4.1999 – 15 K 7988/98 U, EFG 1999, 1000; FG Bdb. v. 1.10.2002 – 1 K 271/00, EFG 2003, 127.
3 Abschn. 25a.1 Abs. 4 Satz 5 UStAE.

war – dazu zählt m.E. entgegen dem nur scheinbar eindeutigen Wortlaut des § 25a Abs. 7 Nr. 1 Buchst. a UStG auch eine innergemeinschaftliche Lieferung i.S.d. Art. 138 MwStSystRL i.V.m. dem innergemeinschaftlichen Erwerb[1] – und nicht von einem Wiederverkäufer ausgeführt wurde (§ 25a Abs. 2 Satz 1 Nr. 2 UStG).

30  Bei der Wahl der Differenzbesteuerung ist der **Vorsteuerabzug** hinsichtlich der Einfuhrumsatzsteuer bzw. der Steuer für die Lieferung an den Wiederverkäufer **ausgeschlossen** (§ 25a Abs. 5 Satz 3 UStG), so dass der „Einkaufspreis" die Einfuhrumsatzsteuer bzw. Umsatzsteuer mit einschließt (§ 25a Abs. 3 Satz 4 und 5 UStG). Dadurch wird der Wiederverkäufer so gestellt, als hätte er die Gegenstände von einer Privatperson erworben. Der **Sinn** dieser Regelung erschließt sich erst **seit** dem zum 1.1.**2014 weggefallenen ermäßigten Steuersatz** für die Lieferungen dieser Gegenstände durch einen Wiederverkäufer (vgl. *§ 12 Rz. 110 ff.*), die zum ermäßigten Steuersatz (§ 12 Abs. 2 Nr. 12 bzw. Nr. 13 Buchst. a UStG) eingeführt oder vom Künstler geliefert worden waren (zur Bemessungsgrundlage s. *Rz. 43*). Die Differenzbesteuerung führt zur Abmilderung der Steuerbelastung.

Der Übergang von der allgemeinen Besteuerung zur Differenzbesteuerung und umgekehrt ist eine Änderung i.S.d. § 15a UStG und kann zu einer Berichtigung des Vorsteuerabzugs führen.[2]

31  Die gegenüber dem Finanzamt spätestens mit der ersten Voranmeldung eines Kalenderjahres abzugebende **Erklärung bindet** für mindestens zwei Jahre (§ 25a Abs. 2 Satz 2 UStG). Gleichwohl kann für einzelne Lieferungen auf die Differenzbesteuerung verzichtet werden (§ 25a Abs. 8 UStG).

## D. Bemessungsgrundlage (Abs. 3)

### I. Allgemeines

32  Der Umsatz wird grundsätzlich nach dem Betrag bemessen, um den der Verkaufspreis den Einkaufspreis für den einzelnen Gegenstand übersteigt (**Differenz**, sog. *Marge*; § 25a Abs. 3 Satz 1 Halbs. 1 UStG). Die Umsatzsteuer gehört wie stets (§ 10 Abs. 1 Satz 2, Abs. 2 Satz 3 UStG) nicht zur Bemessungsgrundlage (§ 25a Abs. 3 Satz 3 UStG), d.h., sie ist aus der Bruttodifferenz herauszurechnen. Bei einem **Minusgeschäft** ergibt sich kein Steuerguthaben o.Ä. Ebenso wenig kommt eine Verrechnung mit positiven Margen aus anderen Umsätzen in Betracht[3], da das Gesetz jeweils auf den **einzelnen Umsatz** abstellt (**Ausnahme:** Fälle der Gesamtdifferenz nach § 25a Abs. 4 UStG; *Rz. 45*).

33  Verändern sich Einkaufpreis oder Verkaufspreis nachträglich (**Änderung der Bemessungsgrundlage**), so ist die Steuer gem. § 17 Abs. 1 Satz 1 i.V.m. Satz 7 UStG zu berichtigen; Entsprechendes gilt bei **Nichtzahlung**, **Rückgängigmachung** der Lieferung u.Ä. (Fälle des § 17 Abs. 2 UStG).

---

1 Dazu näher *Stadie* in R/D, § 25a UStG Anm. 111 – Lfg. 161.
2 Abschn. 25a.1 Abs. 7 Sätze 7 bis 10 UStAE.
3 Abschn. 25a.1 Abs. 11 UStAE; a.A. *Wäger* in B/W, § 236 Rz. 80 – Beispiel.

Die Bestimmung des § 25a Abs. 3 Satz 1 Halbs. 2 UStG, wonach bei **unentgeltli-** 34
**chen** Lieferungen und Entnahmen i.S.d. § 3 Abs. 1b UStG der Wert nach § 10
Abs. 4 Nr. 1 UStG an die Stelle des Verkaufspreises trete, **läuft leer**, weil diese
Umsätze gar nicht von § 25a Abs. 1 UStG erfasst werden können (*Rz. 25*)[1].
Dasselbe gilt für die Fälle des § 10 Abs. 5 UStG (sog. **Mindest-Bemessungsgrundlage**). Da diese Vorschrift **verbilligte Leistungen** zwischen nahestehenden Personen wenigstens mit der Bemessungsgrundlage besteuern will, die bei voll unentgeltlichen Leistungen anzusetzen wäre (*§ 10 Rz. 120*), fallen entsprechende verbilligte Lieferungen mangels Vorsteuerabzugs (§ 3 Abs. 1b Satz 2 UStG) ebenfalls **nicht** unter § 25a UStG[2].

## II. Verkaufspreis

Verkaufspreis ist alles, was der Käufer für den Gegenstand aufwendet. Bei der 35
**Einkaufskommission** (§ 3 Abs. 3 UStG), bei der die Gegenleistung fingiert wird
(*§ 3 Rz. 103*), ist als Verkaufspreis der Betrag anzusehen, den der Kommittent an
den Kommissionär zahlt, d.h. die Summe aus dessen Einkaufspreis, den zu ersetzenden Aufwendungen und der Provision.

Zum Verkaufspreis gehört nicht die Zahlung des Kfz-Käufers für eine Ge- 36
brauchtwagengarantie des Händlers, wenn dieser eine **Garantieversicherung** abgeschlossen hat und seinen Anspruch daraus an den Käufer abtritt, oder für die
Verschaffung einer Garantieversicherung, da es sich hierbei jeweils um selbständige Leistungen handelt.[3]

## III. Einkaufspreis

**1.** Einkaufspreis ist der Betrag, den der Händler dem Verkäufer des Gegenstandes 37
als Kaufpreis gezahlt hat. Dazu gehört **nicht** der **Provisionsverzicht**, den der
Händler als Vertreter (Agent) bei einem gleichzeitig abgeschlossenen Kaufvertrag über ein Neufahrzeug zugunsten des Käufers (Verkäufer des Gebrauchtfahrzeuges) vornimmt.[4]

Übliche **Nebenkosten** des Erwerbs (z.B. Transportkosten), die an Dritte entrich- 38
tet wurden, welche nicht zum gesonderten Ausweis der Steuer berechtigt sind,
sind m.E. hinzuzurechnen.[5] Andere Nebenkosten, die nach dem Erwerb anfallen
(Reparaturkosten u.Ä.) mindern hingegen nicht die Bemessungsgrundlage.[6]

Im Falle der **Verkaufskommission** (§ 3 Abs. 4 UStG) wird eine Lieferung zwi- 39
schen Kommittent und Kommissionär fingiert. Als Einkaufspreis ist folglich der

---

1 Lt. Abschn. 25a.1 Abs. 9 Satz 2 UStAE nur „im Normalfall"; Ausnahmefälle werden indes nicht genannt.
2 *Stadie* in R/D, § 25a UStG Anm. 130; *Lippross*, 8.7.3 – S. 1151.
3 BFH v. 10.2.2010 – XI R 49/07, BStBl. II 2010, 1109.
4 BayLfSt v. 27.6.2007 – S 7200 - 39 St 34 M, UR 2007, 832.
5 *Stadie* in R/D, § 25a UStG Anm. 133; **a.A.** *Lippross*, 8.7.3c – S. 1150; *Oelmaier* in S/R,
§ 25a UStG Rz. 50; *Wäger* in B/W, § 236 Rz. 76.
6 Abschn. 25a.1 Abs. 8 Satz 2 UStAE.

Betrag anzusetzen, den der Kommittent erhält, d.h. der Verkaufspreis abzüglich Provision und Aufwendungen (*§ 3 Rz. 98 ff.*).[1]

40 **2.** Wird der Gegenstand im Wege des **Tausches** erworben, z.B. durch **Inzahlungnahme**, so ist als Einkaufspreis der anteilige Wert des dafür *hingegebenen* Wirtschaftsgutes (entsprechend § 10 Abs. 2 Satz 2 UStG) und nicht etwa der tatsächliche Wert des erworbenen Gegenstandes anzusetzen.[2]

41 Bei der Inzahlungnahme eines **Gebrauchtfahrzeugs** soll nach Auffassung des BMF als Einkaufspreis der Wert maßgebend sein, der bei der Ermittlung der Bemessungsgrundlage für den Neuwagenverkauf zugrunde gelegt wird. Dieser sei regelmäßig in der Weise zu ermitteln, dass der beim Weiterverkauf (innerhalb von drei Monaten) erzielte Erlös abzüglich etwaiger Reparaturkosten und eines Pauschalabschlags von bis zu 15 % für Verkaufskosten angesetzt wird.[3] Für den Abzug pauschalierter Verkaufskosten zur Bestimmung des Einkaufspreises im Rahmen des § 25a UStG besteht indes keine Rechtsgrundlage, da auch der private Anbieter auf dem Gebrauchtfahrzeugmarkt in etwa den gleichen Preis erlangen würde. Wenn die Finanzverwaltung für die Bestimmung der Bemessungsgrundlage des Neufahrzeugverkaufs nach § 10 Abs. 1 i.V.m. Abs. 2 UStG einen vom tatsächlichen gemeinen Wert abweichenden Ansatz zugunsten des Unternehmers zulässt (vgl. *§ 10 Rz. 90*), so besteht dadurch kein Junktim mit der Bemessungsgrundlage i.S.d. § 25a Abs. 3 UStG.[4] Nimmt der Händler an dem Gebrauchtfahrzeug keine Wertverbesserungen vor und verkauft er dieses zeitnah weiter, so entspricht der Einkaufspreis regelmäßig dem Verkaufspreis.

**Beispiel**

In dem zu *§ 10 Rz. 89* genannten Beispiel wäre nach der Verwaltungsauffassung für die Ermittlung der Bemessungsgrundlage des Neufahrzeugverkaufs der Inzahlungnahmewert (§ 10 Abs. 2 Satz 2 UStG) des Altfahrzeuges mit 9520 € abzüglich 15 % Verkaufskosten = 8092 € anzusetzen (so dass der Wert der Gegenleistung nur 35 700 € + 8092 € = 43 792 € und die Bemessungsgrundlage nur 36 800 € betrüge). Dieser Betrag ist nicht zugleich der Einkaufspreis i.S.d. § 25a Abs. 3 Satz 1 UStG, so dass der Händler nicht etwa 9520 € (Verkaufspreis) – 8092 € (Einkaufspreis) = 1428 € als Differenz zu versteuern hat. Vielmehr sind richtigerweise Verkaufspreis und Einkaufspreis deckungsgleich, so dass sich keine Differenz ergibt.

42 **3.** In den Fällen der „**Einlage**" des Gegenstandes aus dem nichtunternehmerischen Bereich (*Rz. 17, 27*) und der **Umwidmung** eines bislang als Anlagevermögen genutzten Gegenstandes (*Rz. 18*) darf nicht der ursprüngliche Einkaufspreis zugrunde gelegt werden. Für den Zeitpunkt des Erwerbs, der „Einlage" bzw. der Umwidmung (der regelmäßig dem Zeitpunkt des Verkaufs entspricht) ist stattdessen ein **fiktiver Einkaufspreis** in Analogie zu § 10 Abs. 4 Satz 1 Nr. 1 UStG zu bestimmen (arg. Art. 317 Satz 2 MwStSystRL, § 25a Abs. 3 Satz 3

---

1 Zum „Einkaufspreis" des gewerblichen Pfandleihers s. *Stadie* in R/D, § 25a UStG Anm. 145 ff.
2 So aber Abschn. 25a.1 Abs. 10 Satz 1 UStAE.
3 Abschn. 25a.1 Abs. 10 Satz 3 i.V.m. Abschn. 10.5 Abs. 4 UStAE.
4 Vgl. *Lippross*, 8.7.3c – S. 1152 f.; *Reiß*, UVR 1991, 163; *Widmann*, UR 1991, 273 (278).

UStG), weil der Zweck der Norm es gebietet, den Unternehmer so zu stellen, als hätte er den Gegenstand zuvor entgeltlich von dritter Seite erworben.[1]

4. Bei selbst **eingeführten Kunstgegenständen** u.a. Gegenständen i.S.d. § 25a Abs. 2 Satz 1 Nr. 1 UStG (*Rz. 29*) gilt als Einkaufspreis der Zollwert i.S.d. § 11 Abs. 1 UStG zuzüglich der Einfuhrumsatzsteuer (§ 25a Abs. 3 Satz 4 UStG). Bei **mit Umsatzsteuerausweis erworbenen Kunstgegenständen** (§ 25a Abs. 2 Satz 1 Nr. 2 UStG; *Rz. 29*) zählt die Umsatzsteuer zum Einkaufspreis (§ 25a Abs. 3 Satz 5 UStG).

43

## IV. Pauschalmarge bei Kunstgegenständen (Abs. 3 Satz 2)

Lässt sich der **Einkaufspreis** eines Kunstgegenstandes **nicht ermitteln oder** ist er **unbedeutend**, wird der Betrag, nach dem sich der Umsatz bemisst, mit 30 % des Verkaufspreises angesetzt (§ 25a Abs. 3 Satz 2 UStG), so dass in diesen Fällen ein fiktiver Einkaufspreis in Höhe von 70 % des Verkaufspreises angenommen wird.[2] Diese **Pauschalmarge** soll nach den Vorstellungen des Gesetzgebers **Nachteile ausgleichen**, die dem gewerblichen Kunsthandel durch den **Wegfall** des **ermäßigten Steuersatzes** auf die Lieferung von Kunstgegenständen entstehen.[3] Das ergibt indes keinen Sinn und ist **willkürlich**, denn der **Nachteil** aus dem Wegfall des ermäßigten Steuersatzes besteht bei jeder Lieferung und nicht nur dann, wenn der Einkaufspreis nicht zu ermitteln oder unbedeutend ist. Dieser Nachteil beträgt zudem stets 12 % der Steuer auf die Differenz, so dass eine **Subvention** in Gestalt einer pauschalen Marge **in Abhängigkeit vom Verkaufspreis** gleichfalls keinen Sinn ergibt, denn je geringer die Differenz ist, desto geringer muss der Abschlag sein.

44

Der einzelne Einkaufspreis lässt sich **nicht ermitteln** (1. Alternative), wenn ein **Konvolut** oder eine ganze Sammlung von Kunstgegenständen zu einem **Gesamteinkaufspreis** erworben wird.[4] Allerdings ist nicht ersichtlich, wieso der Gesamteinkaufspreis nicht im Schätzungswege – wie es die Finanzverwaltung ansonsten auch verlangt – aufzuteilen ist.

Die Nichtermittelbarkeit des Einkaufspreises liegt (auch) nicht vor, wenn der Kunsthändler für die von den Künstlern in **Kommission** genommenen Objekte **Verkaufsförderungsmaßnahmen** getätigt hatte, deren Kosten von den Künstlern ganz oder teilweise zu tragen sind.[5] Denn wenn der Künstler nach erfolgreichem Verkauf den Verkaufspreis abzüglich der vereinbarten Provision und den von ihm zu tragenden Kosten erhält, dann ist dieser Betrag der Einkaufspreis. Nicht anders liegt es, wenn zur Abgeltung der Verkaufsförderungskosten eine pauschal

---

1 *Stadie* in R/D, § 25a UStG Anm. 143. a.A. FG Berlin v. 21.12.1999 – 7 K 5176/98, EFG 2000, 521 – wonach als Einkaufspreis der Betrag von Null anzusetzen sei.
2 Diese mit Wirkung vom 1.1.2014 eingefügte Regelung stützt sich auf eine Protokollerklärung – abgedruckt bei R/D, Band VIII „EG-Richtlinien", zu Art. 26a (Teil B) der 6. MwSt-RL, S. 9 (10 f.) – des Rates und der Kommission zur Richtlinie 94/5/EG zur Einführung der Differenzbesteuerung und entspricht einer französischen Regelung.
3 BT-Drucks. 17/12375, 47 – zu Art. 7 Nr. 6 – Art. 25a Abs. 3 Satz 2 UStG.
4 Abschn. 25a.1 Abs. 11a Satz 9 Beispiele 1 und 2 UStAE.
5 Abschn. 25a.1 Abs. 11a Satz 9 Beispiel 3 UStAE; a.A. *Unverdorben*, MwStR 2014, 191 (193 f.).

erhöhte Provision von üblicherweise 50 % vereinbart wird, so dass der Künstler jeweils die Hälfte des jeweils erzielten Verkaufspreises erhält.

**Rätsel** gibt auch die Formulierung der 2. Alternative „Einkaufspreis **unbedeutend**" auf. Da der Wiederverkäufer nach § 25a Abs. 6 Satz 1 Nr. 2 UStG die Einkaufspreise aufzuzeichnen hat, erschließt sich nicht, warum nicht die jeweiligen Einkaufspreise aufgrund der Aufzeichnungen herangezogen werden sollen. Vor allem aber ist der **Begriff** „unbedeutend" als solcher **nicht bestimmbar**, da die Bezugsgröße fehlt. Der Verkaufspreis kommt dafür nicht in Betracht, denn es kann nicht ernsthaft Wille des Gesetzgebers sein, prozentual bedeutende Margen zwischen Einkaufspreis und Verkaufspreis generell nur mit 30 % der Umsatzsteuer zu unterwerfen. Auch die Gesetzesbegründung hilft nicht weiter, denn der Zweck der Regelung, Nachteile auszugleichen, die durch den Wegfall des ermäßigten Steuersatzes auf Kunstwerke entstehen, gibt keinen Anhaltspunkt dafür, wann ein Einkaufspreis als unbedeutend anzusehen ist. Dieser Subventionierungszweck würde vielmehr verlangen, dass eine Verminderung der Bemessungsgrundlage bei Kunstwerken unabhängig vom Einkaufspreis stets anzusetzen wäre, da der Steuersatznachteil unabhängig von der Differenz ist. Nach Ansicht des **BMF** soll der Einkaufspreis unbedeutend sein, wenn er den Betrag von **500 €** ohne ggf. anfallende Umsatzsteuer nicht übersteigt.[1] Das kann zu willkürlichen Ergebnissen führen.

**Beispiel**

Ein Kunsthändler erwirbt auf dem Flohmarkt eine Zeichnung für 10 €, die sich dann als Frühwerk des Malers Baselwitz herausstellt und für 2 Mio. € verkauft werden kann. Lt. BMF muss der Händler nicht 1 999 990 €, sondern nur 600 000 € versteuern. Für diese Subventionierung ist kein sachlicher Grund erkennbar.

Anhaltspunkte für die **Eingrenzung** des Begriffs ergeben sich richtigerweise nur dann, wenn die französische Verwaltungsregelung, die als Vorbild für die deutsche Regelung diente, herangezogen wird. Danach soll der Einkaufspreis von Kunstgegenständen unbedeutend sein, wenn sie als **Kommisionsware seit über sechs Jahren zum Bestand** des Kunsthändlers **gehörten**.[2] Das ergibt Sinn, weil es sich dann um schwer verkäufliche Objekte handelt, die regelmäßig **zu niedrigen Preisen verkauft** werden und bei denen wegen der bei den jahrelangen Verkaufsförderungsmaßnahmen angefallenen, anteilig vom Kommittenten zu tragenden Kosten der jeweilige tatsächliche Einkaufspreis, wenn er ermittelt werden müsste, unbedeutend wäre.

## E. Gesamtdifferenz (Abs. 4)

45 Der Wiederverkäufer kann die Bemessungsgrundlage statt nach der Einzeldifferenz (§ 25a Abs. 3 UStG) auch nach der Gesamtdifferenz für alle innerhalb eines Besteuerungszeitraums (grundsätzlich Kalenderjahr, § 16 Abs. 1 Satz 2 UStG) ausgeführten Umsätze ermitteln. Diese Methode ist jedoch nur bei Gegenständen zulässig, deren Einkaufspreis 500 € nicht übersteigt (§ 25a Abs. 4 Sätze 1 und 2 UStG). Die Bestimmungen des § 25a Abs. 3 UStG gelten entsprechend

---

1 Abschn. 25a.1 Abs. 11a Satz 10 UStAE.
2 So *Unverdorben*, MwStR 2014, 191 (193 f.) – unter Hinweis auf die entsprechende Praxis der französischen Finanzverwaltung.

(§ 25a Abs. 4 Satz 3 UStG), so dass die Gesamtdifferenz anhand der Summe der Einkaufspreise und der Verkaufspreise der einzubeziehenden Gegenstände zu ermitteln ist. Der **Vorteil** liegt nicht nur in der Vereinfachung, sondern auch darin, dass sich auf diese Weise **negative Margen** mit positiven **verrechnen** lassen.[1]

## F. Steuerbefreiungen, Steuersatz, Vorsteuerabzug (Abs. 5)

Die **Steuerbefreiungen** werden durch die Differenzbesteuerung grundsätzlich nicht berührt, insbesondere nicht die Steuerbefreiung für **Ausfuhrlieferungen** (§ 4 Nr. 1 Buchst. a i.V.m. § 6 UStG). **Ausgenommen** ist lediglich die Steuerbefreiung für **innergemeinschaftliche Lieferungen** (§ 25a Abs. 5 Satz 2 und Abs. 7 Nr. 3 UStG). Damit wird für die der Differenzbesteuerung unterliegenden Gegenstände bei Lieferungen in das übrige Gemeinschaftsgebiet das **Ursprungslandprinzip** verwirklicht (Rz. 51). 46

Die Steuer ist bei der Differenzbesteuerung stets mit dem allgemeinen **Steuersatz** nach § 12 Abs. 1 UStG zu berechnen (§ 25a Abs. 5 Satz 1 UStG), d.h. auch bei der Lieferung solcher Gegenstände, für die bei der Besteuerung nach den allgemeinen Vorschriften der ermäßigte Steuersatz gelten würde. Bei einem erheblichen **Auseinanderklaffen** von **Einkaufspreis** und **Verkaufspreis** kann es bei solchen Gegenständen angebracht sein, auf die Differenzbesteuerung zu **verzichten** (Rz. 61). 47

Der **Vorsteuerabzug des Wiederverkäufers** wird durch die Differenzbesteuerung grundsätzlich nicht berührt, so dass dieser sich nach den allgemeinen Regeln des § 15 UStG richtet. So sind auch Vorsteuerbeträge, die im Zusammenhang mit dem **Erwerb** des Gegenstandes anfallen (z.B. Transportkosten), abziehbar, obgleich der Einkaufspreis aus der Bemessungsgrundlage herausgenommen wird. Ebenso wenig sind die Vorsteuern, die auf die **Gemeinkosten** des Händlers entfallen, zu kürzen. Auch die Vorsteuern aus **Reparaturen** der Gegenstände, **Wartungen** usw. sind nach den allgemeinen Grundsätzen abziehbar. Lediglich bei den **Kunstgegenständen** u.ä. Gegenständen i.S.d. § 25a Abs. 2 UStG (Rz. 29) ist der Vorsteuerabzug für die entrichtete Einfuhrumsatzsteuer oder für die auf die Lieferung an den Wiederverkäufer entfallende Steuer ausgeschlossen (§ 25a Abs. 5 Satz 3 UStG). 48

## G. Ausschluss der Differenzbesteuerung (Abs. 7 Nr. 1)

**Innergemeinschaftlich erworbene Gegenstände**, auf deren Lieferung die Steuerbefreiung für innergemeinschaftliche Lieferungen im übrigen Gemeinschaftsgebiet angewendet worden ist, sind von der Differenzbesteuerung ausgeschlossen (§ 25a Abs. 7 Nr. 1 Buchst. a UStG). Diese Einschränkung ergibt sich aus der Natur der Sache, weil der Wiederverkäufer den Gegenstand dann vorsteuerentlastet erwirbt und die bei ihm anfallende Steuer auf den innergemeinschaftlichen Erwerb als Vorsteuer abziehen kann (§ 15 Abs. 1 Satz 1 Nr. 3 UStG). 49

---

1 Dazu näher Abschn. 25a.1 Abs. 12 ff. UStAE; Stadie in R/D, § 25a UStG Anm. 151 ff.

50  Auf die **innergemeinschaftliche Lieferung neuer Fahrzeuge** i.S.d. § 1b Abs. 2 und 3 UStG ist die Differenzbesteuerung ebenfalls nicht anzuwenden (§ 25a Abs. 7 Nr. 1 Buchst. b UStG). Diese Lieferungen sind stets steuerfrei gem. § 4 Nr. 1 Buchst. b i.V.m. § 6a Abs. 1 Nr. 2 Buchst. c und Nr. 3 UStG, da der Käufer stets der Erwerbsbesteuerung unterliegt (Art. 2 Abs. 1 Buchst. b Ziff. ii MwStSystRL; entspricht § 1 Abs. 1 Nr. 5 i.V.m. § 1b UStG). Das führt zu keiner Diskriminierung der Händler gegenüber Privatpersonen als Fahrzeuglieferer nach § 2a UStG, da im Wege des Erst-recht-Schlusses § 15 Abs. 4a UStG analog anzuwenden ist. Denn wenn private Fahrzeuglieferer i.S.d. § 2a UStG und Kleinunternehmer (§ 19 Abs. 4 UStG) nach dieser Vorschrift die **Entlastung** (Vergütung) der auf den Preis entfallenden **Vorsteuer** erhalten (dazu § 15 Rz. 497 f.), so muss dies erst recht für Händler gelten.[1]

## H. Innergemeinschaftliches Ursprungslandprinzip (Abs. 7 Nr. 2 und 3)

51  Der **innergemeinschaftliche Erwerb** unterliegt nicht der Umsatzsteuer, wenn auf die Lieferung des Gegenstandes an den Erwerber i.S.d. § 1a Abs. 1 UStG die Differenzbesteuerung im übrigen Gemeinschaftsgebiet angewendet worden ist (§ 25a Abs. 7 Nr. 2 UStG). Das folgt daraus, dass in diesem Fall die Lieferung im übrigen Gemeinschaftsgebiet nicht steuerfrei ist (vgl. für den umgekehrten Fall; Rz. 53), d.h. der Gegenstand mit der Steuerbelastung des Ursprungslandes in das Inland gelangt. Ob die Differenzbesteuerung im übrigen Gemeinschaftsgebiet angewendet worden ist, kann der Erwerber nicht beurteilen. Er darf davon ausgehen, wenn ihm keine Umsatzsteuer (Mehrwertsteuer) in Rechnung gestellt worden ist.

52  Der **Ort** der Lieferung bestimmt sich nach § 3 Abs. 6 oder Abs. 8 UStG, da § 3c UStG nicht anzuwenden ist (§ 25a Abs. 7 Nr. 3 UStG). Folglich ist der Ort bei differenzbesteuerten Lieferungen im Gemeinschaftsgebiet stets im **Ursprungsland**.

53  Die **Steuerbefreiung für innergemeinschaftliche Lieferungen** (§ 4 Nr. 1 Buchst. b i.V.m. § 6a UStG) ist bei der Differenzbesteuerung **ausgeschlossen** (§ 25a Abs. 5 Satz 2 und Abs. 7 Nr. 3 UStG), so dass der Gegenstand mit der deutschen Steuerbelastung in das übrige Gemeinschaftsgebiet gelangt.

## I. Rechnungsgestaltung, Vorsteuerabzug des Erwerbers

54  In den Fällen der Differenzbesteuerung ist in der Rechnung auf die **Anwendung dieser Sonderregelung** hinzuweisen (§ 14a Abs. 6 Satz 1 UStG). Allerdings trifft den Unternehmer eine Verpflichtung zur Erteilung einer Rechnung nur unter den Voraussetzungen des § 14 Abs. 2 Satz 1 Nr. 2 Satz 2 UStG. Die Rechnung hat die Angabe „Gebrauchtgegenstände/Sonderregelung", „Kunstgegenstände/Sonderregelung" oder (sic!)[2] „Sammlungsstücke und Antiquitäten/Sonderrege-

---

1 *Stadie* in R/D, § 25a UStG Anm. 202 f.
2 Das „oder" müsste bedeuten, dass der Unternehmer die Wahl hätte, welche der drei Bezeichnungen er verwendet. Das ist Unsinn. Die Gehilfen des Gesetzgebers sind nicht einmal in der Lage, die insoweit eindeutige Richtlinie umzusetzen. In Art. 226 Nr. 14 MwStSystRL heißt es zutreffend „bzw."!

lung"[1]. Fehlt der Rechnung ein solcher **Hinweis**, steht das der Anwendung der Differenzbesteuerung allerdings nicht entgegen.[2]

Die Vorschrift über den gesonderten **Steuerausweis** in einer Rechnung (§ 14 Abs. 4 Satz 1 Nr. 8 UStG) findet **keine Anwendung** (§ 14a Abs. 6 Satz 2 UStG). Folglich ist der Unternehmer bei Lieferung des Gebrauchtgegenstandes für das Unternehmen des Empfängers nicht verpflichtet, eine Rechnung mit gesondertem Ausweis der Steuer auszustellen. Das dient dem **Schutz des Händlers**, damit er nicht seinen Gewinn aus dem Geschäft offenlegen muss. 55

**Weist** der **Unternehmer gleichwohl** die in der Differenz enthaltene **Steuer aus**, so soll er nach verfehlter Auffassung der Finanzverwaltung den ausgewiesenen Betrag nach § 14c Abs. 2 UStG zusätzlich schulden.[3] § 14a Abs. 6 Satz 2 UStG befreit jedoch nach seinem klaren Wortlaut lediglich den Unternehmer von der *Verpflichtung*, die Steuer auszuweisen, und enthält kein Verbot des Steuerausweises.[4] § 14 Abs. 4 Satz 1 UStG bestimmt nämlich „Eine Rechnung muss folgende Angaben enthalten". Wenn diese Vorschrift keine Anwendung findet, so entfällt damit nicht die *Berechtigung* zum Ausweis der Steuer. Unabhängig davon ist aber jedenfalls der Zweck des § 14c UStG nicht erfüllt (dazu *§ 14c Rz. 2*). Die Rechtsfolge, dass die Steuer doppelt geschuldet würde, wäre ein klarer Verstoß gegen das Verhältnismäßigkeitsgebot (Übermaßverbot)[5], weil kein plausibler Grund ersichtlich ist, warum der Unternehmer den bereits nach § 13 Abs. 1 Nr. 1 i.V.m. § 13a Abs. 1 Nr. 1 Alt. 1 UStG geschuldeten Steuerbetrag nochmals entrichten sollte. Erst recht nicht ist der Tatbestand des § 14c Abs. 1 Satz 1 UStG erfüllt, da der Unternehmer keinen höheren Steuerbetrag, als er nach dem Gesetz schuldet, gesondert ausweist.

Weist der Unternehmer die **Steuer** auf das **volle Entgelt** aus, so ist darin, sofern die Lieferung nicht von § 25a Abs. 4 UStG (Gesamtdifferenz) erfasst wird, ein Verzicht auf die Differenzbesteuerung zu sehen (§ 25a Abs. 8 Satz 1 UStG; *Rz. 59, 62*). Anderenfalls greift § 14c Abs. 1 UStG hinsichtlich derjenigen Steuer ein, die nicht schon nach § 13 Abs. 1 Nr. 1 UStG geschuldet wird. 56

Der **Vorsteuerabzug des Käufers** ist ausgeschlossen. § 15 Abs. 1 Satz 1 Nr. 1 Satz 2 UStG ist dergestalt auszulegen, dass wegen der Regelung des § 14a Abs. 6 Satz 2 UStG keine nach den §§ 14, 14a UStG ausgestellte Rechnung vorliegt (*§ 15 Rz. 185*). Diese Auslegung wird durch § 25a Abs. 1 Nr. 2 Satz 2 Buchst. b UStG (*Rz. 24*) und Art. 323 MwStSystRL, der ein ausdrückliches Vorsteuerabzugsverbot enthält, gefordert. 57

## J. Aufzeichnungspflichten (Abs. 6)

Die Aufzeichnungspflichten des Wiederverkäufers nach § 22 UStG werden naturgemäß dergestalt modifiziert, dass die Verkaufs- und Einkaufspreise sowie 58

---

1 Umsetzung des Art. 226 Nr. 14 MwStSystRL.
2 Vgl. FG Düsseldorf v. 23.5.2014 – 1 K 2537/12, EFG 2014, 1542.
3 Abschn. 25a.1 Abs. 16 Sätze 2 und 3 UStAE.
4 Ein solches sieht lediglich Art. 325 MwStSystRL vor.
5 *Stadie* in R/D, § 25a UStG Anm. 178; insoweit auch zutreffend *Lippross*, 8.7.3d – S. 1154; vgl. auch *Wäger* in B/W, § 236 Rz. 87.

die Bemessungsgrundlagen nach § 25a Abs. 3 und 4 UStG (Einzel- bzw. Gesamtdifferenz) aufzuzeichnen sind (§ 25a Abs. 6 Satz 1 UStG). Das BMF lässt es aus Vereinfachungsgründen zu, dass in den Fällen, in denen lediglich ein **Gesamtkaufpreis** für mehrere Gegenstände vorliegt, der Gesamtkaufpreis aufgezeichnet wird, wenn dieser den Betrag von 500 € insgesamt nicht übersteigt oder soweit er nach Abzug der Einkaufspreise einzelner Gegenstände den Betrag von 500 € nicht übersteigt. Führt der Unternehmer auch noch andere Umsätze aus, so sind getrennte Aufzeichnungen zu führen (§ 25a Abs. 6 Satz 2 UStG). Die **Verletzung** dieser Aufzeichnungspflichten führt nicht dazu, dass die Differenzbesteuerung nicht angewendet werden darf.[1]

## K. Verzicht auf die Differenzbesteuerung (Abs. 8)

59  Der Wiederverkäufer kann bei jeder **einzelnen Lieferung** auf die Differenzbesteuerung verzichten, soweit er nicht die Gesamtdifferenzmethode i.S.d. § 25a Abs. 4 UStG (*Rz. 45*) anwendet (§ 25a Abs. 8 Satz 1 UStG). Bei einem Verzicht sind die allgemeinen Vorschriften anzuwenden. Die **Notwendigkeit** des Verzichts ist vor allem dann gegeben, wenn die **Lieferung an** einen **vorsteuerabzugsberechtigten Unternehmer** erfolgt (der kein Wiederverkäufer ist). Müsste der Unternehmer bei Anwendung der Differenzbesteuerung die Steuer gesondert in der Rechnung ausweisen, so wäre er gezwungen, seinen Einkaufspreis offenzulegen. Da ihm das nicht zuzumuten ist, beseitigt § 14a Abs. 6 Satz 2 UStG die Verpflichtung dazu (*Rz. 54*). Stattdessen räumt ihm § 25a Abs. 8 UStG die Möglichkeit ein, die Lieferung nach der vollen Bemessungsgrundlage des § 10 Abs. 1 UStG zu versteuern und die darauf entfallende Steuer in der Rechnung auszuweisen. Ohne diesen Verzicht wäre die Umsatzsteuer, die auf die Wertschöpfung des Händlers entfällt, beim Käufer nicht als Vorsteuer abziehbar. Das könnte diesen veranlassen, den gebrauchten Gegenstand unmittelbar von privater Hand zu erwerben. Mit dem Verzicht auf die Differenzbesteuerung erhöht sich zwar der zivilrechtliche Kaufpreis für den Erwerber, nicht jedoch der Aufwand, so dass der Händler den Gegenstand dem vorsteuerabzugsberechtigten Käufer im Ergebnis **günstiger anbieten** kann.[2]

60  **Beispiel**

Beträgt der Einkaufspreis des Gegenstandes 20 000 € und würde der Unternehmer diesen für 22 000 € an eine Privatperson verkaufen können, so betrüge die nach § 25a Abs. 3 UStG sich ergebende Umsatzsteuer 19/119 von 2000 € = 319,33 €, der Nettoerlös mithin 21 680,67 €. An einen vorsteuerabzugsberechtigten Unternehmer könnte der Händler das nämliche Fahrzeug für 21 680,67 € + 4119,33 € USt. = 25 800 € verkaufen, um auf denselben Nettoerlös zu kommen. Für den Erwerber erhöht sich zwar der zivilrechtliche Preis, nicht jedoch sein Aufwand, wenn er eine ordnungsgemäße Rechnung erhält, so dass er die 4119,33 € als Vorsteuer abziehen kann. Der Händler kann mithin den Gegenstand um 319,33 € günstiger als bei Anwendung der Differenzbesteuerung anbieten. Der Vorteil liegt in dem Umsatzsteuerbetrag, der in der Marge des Händlers enthalten wäre.

---

1 A.A. wohl BFH v. 12.11.2008 – XI R 46/07, BStBl. II 2009, 558; vgl. Urt.-Anm. der BFH-Richter *Grube*, HFR 2009, 285; *Michel*, DB 2009, 158.
2 Zur Problematik des nur zum Teil vorsteuerabzugsberechtigten Erwerbers s. *Stadie* in R/D, § 25a UStG Anm. 187 f.

Der Verzicht auf die Differenzbesteuerung kann ferner zweckmäßig bei Lieferungen sein, die bei Anwendung der allgemeinen Besteuerungsregeln dem **ermäßigten Steuersatz** nach § 12 Abs. 2 Nr. 1 UStG unterliegen. Bei einer erheblichen Differenz zwischen Einkaufspreis und Verkaufspreis kann die Anwendung des ermäßigten Steuersatzes auf den Verkaufspreis zu einer geringeren Steuer als bei Anwendung des allgemeinen Steuersatzes (§ 25a Abs. 5 Satz 1 UStG; *Rz. 47*) auf die Differenz führen.[1] 61

Der Verzicht ist an **keine Form** gebunden und muss nicht gegenüber dem Finanzamt erklärt werden. Er wird dadurch ausgeübt, dass der Unternehmer die Lieferung mit der Bemessungsgrundlage nach § 10 Abs. 1 UStG versteuert und gegenüber dem vorsteuerabzugsberechtigten Abnehmer die Steuer in der Rechnung gesondert ausweist.[2] Ein **nachträglicher** Verzicht hat keine Rückwirkung (arg. § 17 Abs. 1 Satz 7 UStG; *§ 17 Rz. 90*).[3] 62

Die **im Einkaufspreis** des Wiederverkäufers ggf. **enthaltene** anteilige **Umsatzsteuer** aus der ursprünglichen Neulieferung wird auch beim Verzicht auf die Differenzbesteuerung verdeckt als Teil des Preises an den unternehmerischen Käufer weitergegeben. In diesem Fall ist m.E. eine Steuerentlastung durch (analoge) Anwendung des § 15a UStG geboten (vgl. *§ 15a Rz. 126 ff.*). 63

Der Verzicht auf die Differenzbesteuerung ist auch bei der Lieferung der in § 25a Abs. 2 UStG bezeichneten **Kunstgegenstände** u.ä. Gegenstände (*Rz. 29*) möglich, für die der Unternehmer eigentlich die Differenzbesteuerung gewählt hatte. Der **Vorsteuerabzug** ist dann frühestens in dem Voranmeldungszeitraum möglich, in dem die Steuer für die Lieferung entsteht (§ 25a Abs. 8 Satz 2 UStG). 64

# § 25b
# Innergemeinschaftliche Dreiecksgeschäfte

(1) Ein innergemeinschaftliches Dreiecksgeschäft liegt vor, wenn

1. drei Unternehmer über denselben Gegenstand Umsatzgeschäfte abschließen und dieser Gegenstand unmittelbar vom ersten Lieferer an den letzten Abnehmer gelangt,
2. die Unternehmer in jeweils verschiedenen Mitgliedstaaten für Zwecke der Umsatzsteuer erfasst sind,
3. der Gegenstand der Lieferungen aus dem Gebiet eines Mitgliedstaates in das Gebiet eines anderen Mitgliedstaates gelangt und
4. der Gegenstand der Lieferungen durch den ersten Lieferer oder den ersten Abnehmer befördert oder versendet wird.

---

1 Beispiel bei *Stadie* in R/D, § 25a UStG Anm. 189.
2 Vgl. Abschn. 25a.1 Abs. 21 Satz 2 i.V.m. Abschn. 9.1 Abs. 3 Satz 4 UStAE.
3 A.A. Abschn. 25a.1 Abs. 21 Satz 2 i.V.m. Abschn. 9.1 Abs. 3 Satz 1 UStAE.

Satz 1 gilt entsprechend, wenn der letzte Abnehmer eine juristische Person ist, die nicht Unternehmer ist oder den Gegenstand nicht für ihr Unternehmen erwirbt und die in dem Mitgliedstaat für Zwecke der Umsatzsteuer erfasst ist, in dem sich der Gegenstand am Ende der Beförderung oder Versendung befindet.

(2) Im Fall des Absatzes 1 wird die Steuer für die Lieferung an den letzten Abnehmer von diesem geschuldet, wenn folgende Voraussetzungen erfüllt sind:

1. Der Lieferung ist ein innergemeinschaftlicher Erwerb vorausgegangen,
2. der erste Abnehmer ist in dem Mitgliedstaat, in dem die Beförderung oder Versendung endet, nicht ansässig. Er verwendet gegenüber dem ersten Lieferer und dem letzten Abnehmer dieselbe Umsatzsteuer-Identifikationsnummer, die ihm von einem anderen Mitgliedstaat erteilt worden ist als dem, in dem die Beförderung oder Versendung beginnt oder endet,
3. der erste Abnehmer erteilt dem letzten Abnehmer eine Rechnung im Sinne des § 14a Abs. 7, in der die Steuer nicht gesondert ausgewiesen ist, und
4. der letzte Abnehmer verwendet eine Umsatzsteuer-Identifikationsnummer des Mitgliedstaates, in dem die Beförderung oder Versendung endet.

(3) Im Fall des Absatzes 2 gilt der innergemeinschaftliche Erwerb des ersten Abnehmers als besteuert.

(4) Für die Berechnung der nach Absatz 2 geschuldeten Steuer gilt die Gegenleistung als Entgelt.

(5) Der letzte Abnehmer ist unter den übrigen Voraussetzungen des § 15 berechtigt, die nach Absatz 2 geschuldete Steuer als Vorsteuer abzuziehen.

(6) § 22 gilt mit der Maßgabe, dass aus den Aufzeichnungen zu ersehen sein müssen

1. beim ersten Abnehmer, der eine inländische Umsatzsteuer-Identifikationsnummer verwendet, das vereinbarte Entgelt für die Lieferung im Sinne des Absatzes 2 sowie der Name und die Anschrift des letzten Abnehmers;
2. beim letzten Abnehmer, der eine inländische Umsatzsteuer-Identifikationsnummer verwendet:

    a) die Bemessungsgrundlage der an ihn ausgeführten Lieferung im Sinne des Absatzes 2 sowie die hierauf entfallenden Steuerbeträge,

    b) der Name und die Anschrift des ersten Abnehmers.

Beim ersten Abnehmer, der eine Umsatzsteuer-Identifikationsnummer eines anderen Mitgliedstaates verwendet, entfallen die Aufzeichnungspflichten nach § 22, wenn die Beförderung oder Versendung im Inland endet.

*EU-Recht*

Art. 42 i.V.m. Art. 141 und Art. 197 Abs. 1 MwStSystRL.

*VV*

Abschn. 25b.1 UStAE.

| A. Allgemeines | B. Weitere Voraussetzungen, Rechtsfolgen (Abs. 2–6) ....... 5 |
|---|---|
| I. Zweck ...................... 1 | C. Sonstige Reihengeschäfte...... 11 |
| II. Begriff (Abs. 1) ................ 2 | |

## A. Allgemeines

### I. Zweck

Im Falle eines **Reihengeschäfts** liegen mehrere Lieferungen vor (*§ 3 Rz. 45, 50*), so dass alle Abnehmer Erwerber bei einem innergemeinschaftlichen Erwerb i.S.d. § 1a Abs. 1 Nr. 1 UStG sein können, da der Gegenstand bei den jeweiligen Lieferungen an sie über eine innergemeinschaftliche Grenze gelangt (*§ 1a Rz. 33*). Für innergemeinschaftliche Dreiecksgeschäfte, bei denen drei Unternehmer „aus" (*Rz. 3*) drei verschiedenen Mitgliedstaaten beteiligt sind, enthält § 25b UStG eine **„Vereinfachungsregelung"**. Bei einem derartigen Dreiecksgeschäft kann der mittlere Unternehmer die Folge der Steuerpflicht seiner Lieferung im Ergebnis außer Kraft setzen, indem der letzte Abnehmer zum Schuldner der Steuer für diese Lieferung bestimmt wird. 1

### II. Begriff (Abs. 1)

Ein innergemeinschaftliches Dreiecksgeschäft i.S.d. § 25b UStG liegt vor, wenn am Reihengeschäft drei **Unternehmer** beteiligt sind, die **in jeweils verschiedenen Mitgliedstaaten** für Zwecke der Umsatzsteuer **erfasst** sind, und der Gegenstand unmittelbar vom ersten Lieferer an den letzten Abnehmer in der Weise gelangt, dass der erste Lieferer – die Alternative: oder der erste Abnehmer (zweiter Lieferer) läuft leer (*Rz. 4*) – den Gegenstand von einem Mitgliedstaat in einen anderen Mitgliedstaat befördert oder versendet (§ 25b Abs. 1 Satz 1 Nr. 1–4 UStG). 2

Als letzter Abnehmer kommt auch eine **juristische Person** in Betracht, die nicht Unternehmer ist aber im Bestimmungsland für Zwecke der Umsatzsteuer erfasst ist (§ 25b Abs. 1 Satz 2 UStG).

Die Beteiligten müssen nicht in verschiedenen Mitgliedstaaten ansässig sein. Maßgebend ist lediglich, dass die Beteiligten in verschiedenen Mitgliedstaaten für Zwecke der Umsatzsteuer „**erfasst**" sind (§ 25b Abs. 1 Satz 1 Nr. 2 UStG). Allerdings darf der mittlere Unternehmer (erster Abnehmer) nicht im Bestimmungsland ansässig sein (§ 25b Abs. 2 Nr. 2 Satz 1 UStG). Eine Erfassung in diesem Sinne liegt vor, wenn die Person **durch Erteilung** einer **Umsatzsteuer-Identifikationsnummer** registriert ist.[1] Danach kommen auch Unternehmer aus Drittstaaten als Beteiligte eines solchen innergemeinschaftlichen Dreiecksgeschäfts in Betracht. 3

Die Vorschrift gilt **nicht**, wenn der **letzte Abnehmer** den Gegenstand **abholt**, weil dann nach Auffassung der Finanzverwaltung ohnehin nur er den innergemeinschaftlichen Erwerb nach § 1 Abs. 1 Nr. 5 i.V.m. § 1a Abs. 1 UStG zu ver- 4

---

[1] Abschn. 25b.1 Abs. 3 UStAE.

steuern habe.[1] Die von § 25b Abs. 1 Satz 1 Nr. 4 UStG genannte Variante des **Beförderns** oder **Versendens durch** den **ersten Abnehmer** (zweiten Lieferer) an den „letzten", d.h. seinen, Abnehmer läuft leer. In diesem Fall liegt keine Lieferung im Reihengeschäft, sondern eine „normale" Lieferung vor (vgl. *§ 3 Rz. 140*), bei der ebenfalls schon nach der Grundregel des § 1 Abs. 1a UStG ein innergemeinschaftlicher Erwerb des („letzten") Abnehmers gegeben ist und dieser die Steuer schon danach schuldet.

## B. Weitere Voraussetzungen, Rechtsfolgen (Abs. 2–6)

5 Liegen die Voraussetzungen für ein innergemeinschaftliches Dreiecksgeschäft nach § 25b Abs. 1 UStG vor, so wird nach § 25b Abs. 2 UStG unter den dort genannten weiteren Voraussetzungen (*Rz. 7 f.*) die **Steuer** für die letzte Lieferung **vom Abnehmer geschuldet**. Mit der Lieferung an den letzten Abnehmer ist die Lieferung des mittleren Unternehmers gemeint, die nach § 3 Abs. 6 Sätze 5 und 6 i.V.m. Abs. 7 Satz 2 Nr. 2 UStG (*§ 3 Rz. 135 f., 147*) im Inland steuerbar sein soll. Nur aus dieser verfehlten Ortsregelung erklärt sich die Vorschrift.

**Beispiel**

Unternehmer D aus Deutschland bestellt bei Unternehmer CH aus der Schweiz einen Gegenstand, den CH seinerseits bei Unternehmer B aus Belgien ordert. CH ist in Italien umsatzsteuerrechtlich registriert. Die Ware wird von B zu D befördert.

Alle drei Unternehmer sind, wie es § 25b Abs. 1 Nr. 2 UStG verlangt, in jeweils verschiedenen Mitgliedstaaten für Zwecke der Umsatzsteuer erfasst. Der Ort der Lieferung des B an CH ist nach § 3 Abs. 6 Satz 1 UStG in Belgien. Der Ort der Lieferung des CH an D ist nach § 3 Abs. 7 Satz 2 Nr. 2 UStG in Deutschland, so dass eine steuerbare und mangels Steuerbefreiung steuerpflichtige Lieferung des CH vorliegt. Nach § 1 Abs. 1 Nr. 5 i.V.m. § 1a und i.V.m. § 3d UStG hätten sowohl CH als auch D den Tatbestand des innergemeinschaftlichen Erwerbs verwirklicht (*Rz. 1*). Unter den Voraussetzungen des § 25b Abs. 2 UStG geht bei entsprechender Rechnungsgestaltung (*Rz. 7*) die Steuerschuld für die Lieferung des CH auf D über. Zudem gilt der innergemeinschaftliche Erwerb des CH als besteuert (§ 25b Abs. 3 UStG). Der innergemeinschaftliche Erwerb des D entfällt.

6 **Voraussetzung** für den Übergang der Steuerschuld ist zum einen, dass der Lieferung ein **innergemeinschaftlicher Erwerb vorangegangen** ist (§ 25b Abs. 2 Satz 1 Nr. 1 UStG). Das ist, wenn die Voraussetzungen des § 25b Abs. 1 UStG erfüllt sind, regelmäßig der Fall, da der Gegenstand bei der Lieferung des ersten Unternehmers an den zweiten Unternehmer (erster Abnehmer) von einem Mitgliedstaat in einen anderen gelangt und der Erwerber den Gegenstand für sein Unternehmen, nämlich für Zwecke der Weiterlieferung erwirbt, und auch der erste Unternehmer gegen Entgelt im Rahmen seines Unternehmens liefern und kein Kleinunternehmer ist (da er sonst nicht mittels USt-IdNr. erfasst wäre; *Rz. 3*).

7 Weitere Voraussetzung ist, dass der erste Abnehmer (zweite Lieferer) in dem Mitgliedstaat, in dem die Beförderung oder Versendung endet (Inland bzw. Bestimmungsland), nicht ansässig ist und gegenüber den beiden anderen Beteiligten jeweils dieselbe **Umsatzsteuer-Identifikationsnummer** verwendet, die nicht vom Bestimmungsland erteilt sein darf (§ 25b Abs. 2 Nr. 2 UStG). Ferner muss der erste Abnehmer dem letzten, d.h. seinem Abnehmer eine Rechnung i.S.d.

---

[1] Vgl. Abschn. 3.14 Abs. 13 Sätze 1 bis 3 Beisp. d UStAE.

§ 14a Abs. 7 UStG erteilen, in der die Steuer nicht gesondert ausgewiesen ist (§ 25b Abs. 2 Nr. 3 UStG). In der **Rechnung** ist auf das Vorliegen eines innergemeinschaftlichen Dreiecksgeschäfts und die **Steuerschuld des letzten Abnehmers hinzuweisen**; ferner sind die eigene Umsatzsteuer-Identifikationsnummer und die des Abnehmers anzugeben (§ 14a Abs. 7 UStG). Diese Nummer des letzten Abnehmers muss vom Bestimmungsland erteilt worden sein (§ 25b Abs. 2 Nr. 4 UStG).

Sind die genannten Voraussetzungen des § 25b Abs. 1 und 2 UStG erfüllt (die Erteilung einer Rechnung mit den Angaben gem. § 14a Abs. 7 UStG hat hier, anders als in den sonstigen Fällen des § 14a UStG, materiell-rechtliche Wirkung; *§ 14a Rz. 17*), so ergeben sich mehrere Rechtsfolgen. Zum einen tritt eine **Verlagerung der Steuerschuld** ein, indem die Steuer für die Lieferung des zweiten Unternehmers an den letzten Abnehmer von diesem geschuldet wird (Wiederholung durch § 13a Abs. 1 Nr. 5 UStG). Der vom letzten Abnehmer nach dem Wortlaut des § 1a Abs. 1 UStG ebenfalls verwirklichte innergemeinschaftliche Erwerb (*Rz. 1*) entfällt, da er von der Steuerschuldnerschaft nach § 25b Abs. 2 UStG absorbiert wird. Ferner **gilt** der **innergemeinschaftliche Erwerb des ersten Abnehmers** (mittleren Unternehmers) **als besteuert** (§ 25b Abs. 3 UStG). Damit wird erreicht, dass sich der nicht im Inland (Bestimmungsland) ansässige mittlere Unternehmer hier (dort) nicht für Zwecke der Umsatzsteuer erfassen lassen muss. 8

Die **Fiktion** des § 25b Abs. 4 UStG, wonach für die Berechnung der nach § 25b Abs. 2 UStG geschuldeten Steuer die Gegenleistung als **Entgelt** „gilt", ist nicht nur **überflüssig**, sondern sogar **falsch**, da sie dieses *ist*. Entgelt ist alles, was der Leistungsempfänger für die Leistung aufwendet, jedoch abzüglich der Umsatzsteuer (§ 10 Abs. 1 Satz 2 UStG). Die Aufwendungen des letzten Abnehmers für die Lieferung bestehen aus der an den Lieferer gezahlten (zu zahlenden) Gegenleistung und der an das Finanzamt gezahlten (zu zahlenden) Steuer[1] (s. auch *§ 10 Rz. 21* zum innergemeinschaftlichen Erwerb). 9

§ 25b Abs. 6 UStG modifiziert die **Aufzeichnungspflichten** i.S.d. § 22 UStG. 10

## C. Sonstige Reihengeschäfte

Bei Reihengeschäften mit drei Beteiligten, die die **Voraussetzungen des § 25b UStG nicht erfüllen**, also solchen, bei denen 11

– die Beteiligten nicht in drei verschiedenen Mitgliedstaaten umsatzsteuerlich erfasst sind,
– der letzte Abnehmer den Gegenstand beim ersten Unternehmer abholt, oder
– der letzte Abnehmer kein Unternehmer oder keine juristische Person ist,

gelten die allgemeinen Regeln des § 1 Abs. 1 Nr. 5 i.V.m. § 1a UStG. Dasselbe gilt grundsätzlich auch für Reihengeschäfte mit **mehr als drei Beteiligten.** Erfüllen jedoch bei einem mehrgliedrigen Reihengeschäft **drei hintereinander ge-**

---

1 Der Unsinn wird noch durch Abschn. 25b.1 Abs. 9 Satz 2 UStAE gesteigert, wonach die Umsatzsteuer auf diesen Betrag „aufzuschlagen" sei. Wozu? Wofür?

schaltete Beteiligte die Voraussetzungen des § 25b UStG, so sind dessen Regeln auf diese anzuwenden. Im Hinblick auf den Vereinfachungszweck der Vorschrift muss es ohne Belang sein, ob der „erste Lieferer" Vorlieferanten vorgeschaltet oder der „letzte Abnehmer" weitere Abnehmer nachgeschaltet hat.[1]

## § 25c
## Besteuerung von Umsätzen mit Anlagegold

(1) Die Lieferung, die Einfuhr und der innergemeinschaftliche Erwerb von Anlagegold, einschließlich Anlagegold in Form von Zertifikaten über sammel- oder einzelverwahrtes Gold und über Goldkonten gehandeltes Gold, insbesondere auch Golddarlehen und Goldswaps, durch die ein Eigentumsrecht an Anlagegold oder ein schuldrechtlicher Anspruch auf Anlagegold begründet wird, sowie Terminkontrakte und im Freiverkehr getätigte Terminabschlüsse mit Anlagegold, die zur Übertragung eines Eigentumsrechts an Anlagegold oder eines schuldrechtlichen Anspruchs auf Anlagegold führen, sind steuerfrei. Satz 1 gilt entsprechend für die Vermittlung der Lieferung von Anlagegold.

(2) Anlagegold im Sinne dieses Gesetzes sind:

1. Gold in Barren- oder Plättchenform mit einem von den Goldmärkten akzeptierten Gewicht und einem Feingehalt von mindestens 995 Tausendstel;
2. Goldmünzen, die einen Feingehalt von mindestens 900 Tausendstel aufweisen, nach dem Jahr 1800 geprägt wurden, in ihrem Ursprungsland gesetzliches Zahlungsmittel sind oder waren und üblicherweise zu einem Preis verkauft werden, der den Offenmarktwert ihres Goldgehalts um nicht mehr als 80 Prozent übersteigt.

(3) Der Unternehmer, der Anlagegold herstellt oder Gold in Anlagegold umwandelt, kann eine Lieferung, die nach Absatz 1 Satz 1 steuerfrei ist, als steuerpflichtig behandeln, wenn sie an einen anderen Unternehmer für dessen Unternehmen ausgeführt wird. Der Unternehmer, der üblicherweise Gold zu gewerblichen Zwecken liefert, kann eine Lieferung von Anlagegold im Sinne des Absatzes 2 Nr. 1, die nach Absatz 1 Satz 1 steuerfrei ist, als steuerpflichtig behandeln, wenn sie an einen anderen Unternehmer für dessen Unternehmen ausgeführt wird. Ist eine Lieferung nach den Sätzen 1 oder 2 als steuerpflichtig behandelt worden, kann der Unternehmer, der diesen Umsatz vermittelt hat, die Vermittlungsleistung ebenfalls als steuerpflichtig behandeln.

(4) Bei einem Unternehmer, der steuerfreie Umsätze nach Absatz 1 ausführt, ist die Steuer für folgende an ihn ausgeführte Umsätze abweichend von § 15 Abs. 2 nicht vom Vorsteuerabzug ausgeschlossen:

1. die Lieferungen von Anlagegold durch einen anderen Unternehmer, der diese Lieferungen nach Absatz 3 Satz 1 oder 2 als steuerpflichtig behandelt;

---

[1] *Stadie* in R/D, § 25b UStG Anm. 126 ff. m. Beispielen; im Ergebnis ebenso *Heuermann*, UR 1998, 5 (9 ff.); mit Einschränkungen auch Abschn. 25b.1 Abs. 2 Satz 2 UStAE; a.A. *Reiß* in T/L, 20. Aufl. 2010, § 14 Rz. 117.

2. die Lieferungen, die Einfuhr und der innergemeinschaftliche Erwerb von Gold, das anschließend von ihm oder für ihn in Anlagegold umgewandelt wird;
3. die sonstigen Leistungen, die in der Veränderung der Form, des Gewichts oder des Feingehalts von Gold, einschließlich Anlagegold, bestehen.

(5) Bei einem Unternehmer, der Anlagegold herstellt oder Gold in Anlagegold umwandelt und anschließend nach Absatz 1 Satz 1 steuerfrei liefert, ist die Steuer für an ihn ausgeführte Umsätze, die in unmittelbarem Zusammenhang mit der Herstellung oder Umwandlung des Goldes stehen, abweichend von § 15 Abs. 2 nicht vom Vorsteuerabzug ausgeschlossen.

(6) Bei Umsätzen mit Anlagegold gelten zusätzlich zu den Aufzeichnungspflichten nach § 22 die Identifizierungs-, Aufzeichnungs- und Aufbewahrungspflichten des Geldwäschegesetzes mit Ausnahme der Identifizierungspflicht in Verdachtsfällen nach § 6 dieses Gesetzes entsprechend.

*EU-Recht*

Art. 344–Art. 356 MwStSystRL;

Art. 56 und 57 MwSt-DVO.

*VV*

Abschn. 25c.1 UStAE.

| | |
|---|---|
| A. Umfang der Steuerbefreiung (Abs. 1 und 2) .................. 1 | C. Verzicht auf die Steuerbefreiung (Abs. 3) ..................... 5 |
| B. Vorsteuerabzug (Abs. 4 und 5) ....................... 4 | D. Beachtung des Geldwäschegesetzes (Abs. 6) .............. 9 |

## A. Umfang der Steuerbefreiung (Abs. 1 und 2)

Die Vorschrift befreit die **Lieferung**, die **Einfuhr** und den innergemeinschaftlichen **Erwerb** von Anlagegold einschließlich Anlagegold in Gestalt von Miteigentumsrechten an einem Goldbestand und Ansprüchen auf Anlagegold unabhängig von der Bezeichnung[1] (§ 25c Abs. 1 Satz 1 UStG). Der tiefere Sinn dieser Befreiung liegt darin, dass Anlagegold als *solches* kein verbrauchbares Gut (vgl. § 1 Rz. 10), sondern lediglich eine andere Form der Geldanlage darstellt[2], so dass richtigerweise die Lieferung von Anlagegold schon gar **nicht steuerbar** sein dürfte. **Steuerfrei** ist auch die **Vermittlung** solcher Lieferungen (Abs. 1 Satz 2).   1

Obwohl es sich bei der Vorschrift um eine „Sonderregelung" des Gesetzes handelt, gehen die Vorschriften über Ausfuhrlieferungen und innergemeinschaftliche Lieferungen (§ 4 Nr. 1 i.V.m. §§ 6, 6a UStG) vor.[3] Hinsichtlich der Goldmünzen, welche gesetzliche Zahlungsmittel sind, handelt es sich bei der Regelung des § 25c Abs. 1 UStG um eine Ausnahme von der Ausnahme des § 4 Nr. 8   2

---

1 Vgl. auch Abschn. 25c.1 Abs. 1 Satz 1 UStAE.
2 Vgl. auch die Erwägungsgründe 52 und 53 MwStSystRL.
3 Arg. Art. 139 und Art. 352 Satz 2 MwStSystRL; ebenso Abschn. 25c.1 Abs. 1 Satz 4 UStAE.

Buchst. b Satz 2 UStG. Soweit die Lieferung nicht nach § 25c UStG steuerfrei ist, kommt beim Börsenhandel der Verzicht auf die Steuererhebung nach § 49 UStDV (*§ 18 Rz. 123 f.*) in Betracht. Optionsgeschäfte und **andere Dienstleistungen** im Zusammenhang mit Anlagegold sollen nach Auffassung der Bundesregierung unter § 4 Nr. 8 Buchst. e UStG fallen.[1]

3 Anlagegold sind **Goldbarren**(-plättchen) und **Goldmünzen** unter den in § 25c Abs. 2 UStG beschriebenen Voraussetzungen.[2]

## B. Vorsteuerabzug (Abs. 4 und 5)

4 Die Steuerbefreiung für die genannten Umsätze bewirkt, dass die damit zusammenhängenden **Vorsteuern** nach § 15 Abs. 2 UStG **grundsätzlich vom Abzug ausgeschlossen** sind. Allerdings enthält § 25c Abs. 4 und 5 UStG wesentliche **Abweichungen**. Abziehbar ist insbesondere die Vorsteuer aus dem Erwerb des Goldes (§ 25c Abs. 4 Nr. 1 und 2 UStG) und der Dienstleistungen, die in der Veränderung der Form, des Gewichts oder des Feingehaltes des Goldes bestehen (§ 25c Abs. 4 Nr. 3 UStG). Bei einem Unternehmer, der Anlagegold herstellt, ist darüber hinaus auch die in unmittelbarem Zusammenhang mit der Herstellung oder Umwandlung stehende Vorsteuer abziehbar (§ 25c Abs. 5 UStG). Dazu zählen auch die Vorsteuern, die auf die Gemeinkosten entfallen, welche diesen Vorgängen zuzurechnen sind. Nichtabziehbar sind deshalb nur solche Vorsteuern, die mit der Weiterlieferung zusammenhängen.

## C. Verzicht auf die Steuerbefreiung (Abs. 3)

5 Ein Unternehmer, der Anlagegold **herstellt** oder Gold in solches umwandelt, kann bei einer **Lieferung für** das **Unternehmen** des **Abnehmers auf** die **Steuerfreiheit verzichten** (§ 25c Abs. 3 Satz 1 UStG). Der Verzicht führt zur Steuerpflicht des Umsatzes mit der Folge, dass auch die nicht schon unter § 25c Abs. 5 UStG fallenden, d.h. die mit der Lieferung zusammenhängenden Vorsteuern abziehbar sind.

6 Auch ein Unternehmer, der **üblicherweise** Gold **zu gewerblichen Zwecken liefert**, kann die Lieferung von **Goldbarren** i.S.d. § 25c Abs. 2 Nr. 1 UStG, die für das Unternehmen des Abnehmers erfolgt, als steuerpflichtig behandeln (§ 25c Abs. 3 Satz 2 UStG).

7 Hat der Lieferer auf die Steuerfreiheit verzichtet, so kann dies auch der **Vermittler** hinsichtlich seiner Vermittlungsleistung tun (§ 25c Abs. 3 Satz 3 UStG).

8 Für die **Ausübung** und Rückgängigmachung des **Verzichts** gelten die diesbezüglichen Ausführungen zu § 9 UStG (*§ 9 Rz. 31 ff.*) entsprechend (vgl. auch *§ 14c Rz. 38*). Entgegen BFH[3] hat auch die Rücknahme des Verzichts nach § 25c Abs. 3 UStG keine Rückwirkung.

---

1 RegE StBereinG 1999, BT-Drucks. 14/1655 – Begr. zu Art. 8 Nr. 12 Abs. 1; Abschn. 25c.1 Abs. 1 Satz 3 UStAE.
2 Dazu näher Abschn. 25c.1 Abs. 2 bis 4 UStAE.
3 BFH v. 10.12.2009 – XI R 7/08, UR 2010, 690.

## D. Beachtung des Geldwäschegesetzes (Abs. 6)

Über die Aufzeichnungspflichten nach § 22 UStG hinaus müssen die Identifizierungs-, Aufzeichnungs- und Aufbewahrungspflichten des Geldwäschegesetzes mit Ausnahme der Identifizierungspflicht in Verdachtsfällen nach § 6 GwG auch von den Unternehmern beachtet werden, die unter § 25c UStG fallen (§ 25c Abs. 6 UStG). 9

## § 25d
## Haftung für die schuldhaft nicht abgeführte Steuer

(1) Der Unternehmer haftet für die Steuer aus einem vorangegangenen Umsatz, soweit diese in einer nach § 14 ausgestellten Rechnung ausgewiesen wurde, der Aussteller der Rechnung entsprechend seiner vorgefassten Absicht die ausgewiesene Steuer nicht entrichtet oder sich vorsätzlich außer Stande gesetzt hat, die ausgewiesene Steuer zu entrichten und der Unternehmer bei Abschluss des Vertrags über seinen Eingangsumsatz davon Kenntnis hatte oder nach der Sorgfalt eines ordentlichen Kaufmanns hätte haben müssen. Trifft dies auf mehrere Unternehmer zu, so haften diese als Gesamtschuldner.

(2) Von der Kenntnis oder dem Kennenmüssen ist insbesondere auszugehen, wenn der Unternehmer für seinen Umsatz einen Preis in Rechnung stellt, der zum Zeitpunkt des Umsatzes unter dem marktüblichen Preis liegt. Dasselbe gilt, wenn der ihm in Rechnung gestellte Preis unter dem marktüblichen Preis oder unter dem Preis liegt, der seinem Lieferanten oder anderen Lieferanten, die am Erwerb der Ware beteiligt waren, in Rechnung gestellt wurde. Weist der Unternehmer nach, dass die Preisgestaltung betriebswirtschaftlich begründet ist, finden die Sätze 1 und 2 keine Anwendung.

(3) Örtlich zuständig für den Erlass des Haftungsbescheides ist das Finanzamt, das für die Besteuerung des Unternehmers zuständig ist. Im Fall des Absatzes 1 Satz 2 ist jedes Finanzamt örtlich zuständig, bei dem der Vorsteueranspruch geltend gemacht wird.

(4) Das zuständige Finanzamt hat zu prüfen, ob die Voraussetzungen für den Erlass des Haftungsbescheides vorliegen. Bis zum Abschluss dieser Prüfung kann die Erteilung der Zustimmung im Sinne von § 168 Satz 2 der Abgabenordnung versagt werden. Satz 2 gilt entsprechend für die Festsetzung nach § 167 Abs. 1 Satz 1 der Abgabenordnung, wenn sie zu einer Erstattung führt.

(5) Für den Erlass des Haftungsbescheides gelten die allgemeinen Grundsätze, mit Ausnahme des § 219 der Abgabenordnung.

*EU-Recht*

–

*VV*

Abschn. 25d.1 UStAE.

**§ 25d**  Haftung für die schuldhaft nicht abgeführte Steuer

1   Ein Unternehmer soll lt. § 25d Abs. 1 Satz 1 UStG für die Steuer aus einem vorangegangenen Umsatz haften, soweit diese in einer „nach § 14" ausgestellten Rechnung (*Rz. 7*) ausgewiesen wurde, der **Aussteller der Rechnung** entsprechend seiner vorgefassten **Absicht** die ausgewiesene **Steuer nicht entrichtet** oder sich vorsätzlich außerstande gesetzt hat, diese Steuer zu entrichten und der **Unternehmer** bei Abschluss des Vertrages über seinen Eingangsumsatz davon **Kenntnis** hatte oder nach der Sorgfalt eines ordentlichen Kaufmanns hätte **haben müssen**.[1] Trifft dies auf mehrere Unternehmer zu, so sollen sie als Gesamtschuldner haften (§ 25d Abs. 1 Satz 2 UStG).

2   Von der Kenntnis oder dem Kennenmüssen soll insbesondere dann auszugehen sein, wenn zwischen den Beteiligten **marktunüblich** niedrige **Preise vereinbart** werden und nicht nachgewiesen wird, dass die Preisgestaltung kaufmännisch („betriebswirtschaftlich") begründet ist (§ 25d Abs. 2 UStG).

3   Die Vorschrift will insbesondere den **Umsatzsteuerbetrug** durch sog. **Karussellgeschäfte** treffen, bei denen zwischengeschaltete „Lieferer" nach Erteilung von „Rechnungen" verschwinden[2] und die geschuldete Umsatzsteuer nicht abführen. Die Haftung des Leistungsempfängers für diese Steuer soll dessen Vorsteuerabzug kompensieren, um zu verhindern, dass der Staat gezwungen wird, Steuerbeträge auszuzahlen, die er nicht erhalten hat.[3]

4   **Beispiel**

Der in den Niederlanden ansässige Unternehmer NL „verkauft" an die D1-GmbH mit Briefkopfanschrift in Deutschland Gegenstände für 1 000 000 €. D1 „verkauft" die Gegenstände weiter an die in Deutschland ansässige D2-GmbH für 900 000 € + 171 000 € USt. und erteilt darüber eine Rechnung, die dem äußeren Schein nach die Anforderungen des § 14 Abs. 4 UStG erfüllt. D2 „verkauft" die Gegenstände für 950 000 € an NL. Die Gegenstände sind die ganze Zeit über nicht zwischen den Beteiligten bewegt worden. NL behandelt die „Lieferung" an D1 als steuerfreie innergemeinschaftliche Lieferung. D1 führt keine Steuer an das Finanzamt ab, weil sie insolvent geworden bzw. „verschwunden" ist. D2 behandelt die „Lieferung" an NL als steuerfreie innergemeinschaftliche Lieferung und erlangt bei seinem Finanzamt den Vorsteuerabzug aus der Rechnung i.H.v. 171 000 €.

Der Schaden für den Fiskus beträgt 171 000 €, weil der ausgezahlten Vorsteuer nicht der Eingang der entsprechenden Steuer aus der „Lieferung" gegenübersteht. Nach den Vorstellungen des Gesetzgebers soll D2 für die ausgefallene Steuer nach § 25d UStG haften, weil der ihm in Rechnung gestellte Preis unter dem dem D1 berechneten Preis liegt und deshalb vermutet werde, dass D2 Kenntnis von der Absicht des D1 habe, die Steuer nicht zu entrichten. Eine darauf gestützte Haftung verstieße indes, abgesehen davon, dass nur Scheingeschäfte vorliegen und der Tatbestand nicht verwirklicht werden kann (*Rz. 7*), gegen das verfassungsrechtliche Willkürverbot (*Rz. 5*).

---

1   Das ergibt keinen Sinn, denn bei Abschluss des Vertrages kann der Abnehmer noch keine Kenntnis von der späteren Nichtentrichtung der Steuer haben. Die Kenntnis kann sich nur auf die Absicht des Vertragspartners beziehen.
2   Diese werden häufig in dem nicht nachvollziehbaren Drang, englische Begriffe verwenden zu müssen, „missing traders" genannt; vgl. nur BFH v. 29.11.2004 – V B 78/04, UR 2005, 214 – mit weiteren Peinlichkeiten („buffer", „distributor"); BGH v. 16.12.2009 – 1 StR 491/09, HFR 2010, 866.
3   Bericht des FinAussch. zum StVBG-E, BT-Drucks. 14/7471 – zu Art. 1 Nr. 5 (§ 25d UStG).

Haftung für die schuldhaft nicht abgeführte Steuer   § 25d

**Haftungsgrund** soll allein die **Kenntnis** oder das **Kennenmüssen** (im Zeitpunkt  5
des Vertragsschlusses) von der Absicht des leistenden (oder eines vorangegangenen) Unternehmers sein, die in der Rechnung ausgewiesene Umsatzsteuer nicht zu entrichten (§ 25d Abs. 1 Satz 1 UStG). Das ist **unhaltbar**. Einstehenmüssen für eine fremde Steuerschuld setzt einen *Zurechnungsgrund* voraus, der in einem pflichtwidrigen Verhalten in Bezug auf die Nichtentrichtung der Steuer bestehen oder in einem daraus resultierenden Vorteil liegen kann. Die Kenntnis oder das Kennenmüssen fremder Steuerhinterziehungspläne rechtfertigt *allein* keine Haftung für den Steuerausfall.[1] Die Vorschrift **verstößt** deshalb bei wortlautgetreuer Anwendung **gegen** das **verfassungsrechtliche Willkürverbot**.

Die Norm kann deshalb auch nicht auf Art. 205 MwStSystRL gestützt werden, wonach bestimmt werden kann, dass eine andere Person als der Steuerschuldner die Steuer gesamtschuldnerisch zu entrichten hat. Die Bezeichnung als Haftung wäre zwar unschädlich (vgl. *§ 13c Rz. 5*), jedoch würde die Haftung auch **aus gemeinschaftsrechtlicher Sicht** gegen das Willkürverbot bzw. den Verhältnismäßigkeitsgrundsatz[2] verstoßen[3].

Eine verfassungs- und gemeinschaftsrechtskonforme Reduktion der Vorschrift  6
müsste über die Kenntnis hinaus ein **kollusives Zusammenwirken** der Beteiligten verlangen. Dann aber liegt – wie offensichtlich im o.g. Beispiel – Mittäterschaft oder Teilnahme an einer Steuerhinterziehung vor[4], die bereits nach § 71 AO zur Haftung führt. Die **Vorschrift** des § 25d Abs. 1 UStG **läuft** mithin **leer**.

Da Voraussetzung der Haftung nach dieser Vorschrift ist, dass die Steuer in einer  7
„nach § 14 ausgestellten Rechnung" ausgewiesen ist, könnten ohnehin nur diejenigen Fälle erfasst werden, in denen eine **ordnungsgemäße Rechnung**, die nach § 15 Abs. 1 Satz 1 Nr. 1 UStG zum Vorsteuerabzug berechtigt, vorliegt. Handelt es sich hingegen um Steuer, die der Aussteller der Rechnung nach § 14c UStG schuldet, so greift der Haftungstatbestand des § 25d UStG nicht ein[5], weil der Vorsteuerabzug rückgängig gemacht werden kann. In den von der Vorschrift ins Auge gefassten Fällen der sog. Karussellgeschäfte liegen jedoch keine ordnungsgemäßen Rechnungen vor, weil keine Lieferungen stattfinden, sondern diese zum Zwecke der Vorsteuererschleichung nur vorgetäuscht werden. Es handelt sich schlicht um **Scheingeschäfte** (§ 41 Abs. 2 AO), so dass, da über keine tatsächlich vollzogenen Lieferungen abgerechnet wird[6] (vgl. auch *§ 14c Rz. 78*), die Rechnungen nicht „nach § 14" ausgestellt sind. Folglich ist die ausgewiesene Steuer schon nicht nach § 15 Abs. 1 Satz 1 Nr. 1 UStG abziehbar[7], so dass ein

---

1 A.A. wohl BFH v. 28.2.2008 – V R 44/06, BStBl. II 2008, 586.
2 Vgl. EuGH v. 11.5.2006 – C-384/04, EuGHE 2006, I-4191 = UR 2006, 410 – Rz. 32.
3 Offengelassen von BFH v. 28.2.2008 – V R 44/06, BStBl. II 2008, 586.
4 Vgl. EuGH v. 6.7.2006 – C-439/04, C-440/04, EuGHE 2006, I-6161 = UR 2006, 594 – Rz. 56 f.
5 Vgl. Abschn. 25d Abs. 3 UStAE.
6 Demgegenüber scheinen viele ausländische Steuerrechtsordnungen die Unbeachtlichkeit von Scheingeschäften nicht zu kennen; vgl. die „belgischen" und „britischen" Sachverhalte, welche der Entscheidung des EuGH (EuGH v. 6.7.2006 – C-439/04, C-440/04, EuGHE 2006, I-6161 = UR 2006, 594) zugrunde liegen und ganz offensichtlich nur „auf dem Papier" vollzogene „Lieferungen" im Karussell betrafen.
7 Vgl. BGH v. 11.7.2002 – 5 StR 516/01, UR 2002, 465 – zu einem inländischen Karussell von Scheingeschäften.

vorgenommener Vorsteuerabzug rückgängig gemacht werden kann. Mithin **läuft** § 25d Abs. 1 UStG auch insoweit **leer**, weil kein Steuerausfall zu kompensieren ist.[1]

8  Entsprechendes gilt für den Fall, dass zwar Lieferungen anzunehmen sind, die **Rechnungen** aber **nicht bezahlt** werden. Der Vorsteuerabzug ist dann richtigerweise von vornherein nicht zulässig gewesen oder aber spätestens gem. § 17 Abs. 2 Nr. 1 i.V.m. Abs. 1 Satz 2 UStG zu berichtigen, wenn die Nichtzahlung feststeht. Selbst in dieser Konstellation läuft § 25d UStG leer.

9  Lediglich § 25d **Abs. 2** UStG kann – sofern nicht richtigerweise schon Scheingeschäfte angenommen werden – als Ergänzung des § 42 Abs. 1 Satz 1 AO gedeutet werden, indem in den genannten Preiskonstellationen von einer **missbräuchlichen Gestaltung** auszugehen ist, wenn der Unternehmer nicht nachweist, dass die Preisgestaltung kaufmännisch begründet ist. Der Vorsteueranspruch nach § 15 UStG entsteht dann gem. § 42 Abs. 1 Satz 2 AO so, wie er bei einer den wirtschaftlichen Vorgängen angemessenen rechtlichen Gestaltung entsteht. Folglich wird überhaupt kein Vorsteueranspruch begründet, weil überhaupt kein wirtschaftlicher Vorgang[2] vorliegt.

10 Die **Absätze 3 und 4** des § 25d UStG könnten allenfalls als **ergänzende Bestimmungen zu § 71 AO** verstanden werden, wenn eine Haftung für Umsatzsteuer auf diese Vorschrift gegründet wird. So kann bis zum Abschluss der Prüfung, ob die Voraussetzung für eine Haftung wegen **Steuerhinterziehung** nach § 71 AO vorliegt, die Zustimmung i.S.d. § 168 Satz 2 AO zu einer Steuervergütungsanmeldung versagt werden oder die abweichende Festsetzung, welche zu einer Steuervergütung – nicht: „Erstattung" (*§ 16 Rz. 27 ff.; § 18 Rz. 41 f.*) – führt, zurückgestellt werden (§ 25d Abs. 4 Satz 2 UStG). Damit würde erreicht werden, dass gegenüber dem Vorsteueranspruch nach Erlass des Haftungsbescheides mit dem Haftungsanspruch gem. § 71 AO aufgerechnet werden könnte. Allerdings kann im Falle der Mitwirkung an einer Steuerhinterziehung dem Unternehmer keinen Vorsteueranspruch nach § 15 UStG zustehen (*Rz. 7*), so dass sich die Frage der Aufrechnung nicht stellen kann.

11 § 25d **Abs. 5** UStG ergibt keinen Sinn, da § 219 AO nicht den „Erlass" des Haftungsbescheides, sondern die Verwirklichung des festgesetzten Anspruchs betrifft.[3] Für den Fall der Haftung wegen Steuerhinterziehung ergibt sich bereits aus § 219 Satz 2 AO, dass die Subsidiarität i.S.d. § 219 Satz 1 AO nicht gilt.

---

1 Vgl. auch *Wäger*, UR 2006, 599 (601); offengelassen von BFH v. 28.2.2008 – V R 44/06, BStBl. II 2008, 586.
2 Dazu *Stadie*, Allg. SteuerR, Rz. 243.
3 *Stadie* in R/D, § 18 Anh. 1 Anm. 219 ff. – Haftung.

## Siebenter Abschnitt
## Durchführung, Bußgeld-, Straf-, Verfahrens-, Übergangs- und Schlussvorschriften

### § 26
### Durchführung, Erstattung in Sonderfällen

(1) Die Bundesregierung kann mit Zustimmung des Bundesrates durch Rechtsverordnung zur Wahrung der Gleichmäßigkeit bei der Besteuerung, zur Beseitigung von Unbilligkeiten in Härtefällen oder zur Vereinfachung des Besteuerungsverfahrens den Umfang der in diesem Gesetz enthaltenen Steuerbefreiungen, Steuerermäßigungen und des Vorsteuerabzugs näher bestimmen sowie die zeitlichen Bindungen nach § 19 Abs. 2, § 23 Abs. 3 und § 24 Abs. 4 verkürzen. Bei der näheren Bestimmung des Umfangs der Steuerermäßigung nach § 12 Abs. 2 Nr. 1 kann von der zolltariflichen Abgrenzung abgewichen werden.

(2) Das Bundesministerium der Finanzen kann mit Zustimmung des Bundesrates durch Rechtsverordnung den Wortlaut derjenigen Vorschriften des Gesetzes und der auf Grund dieses Gesetzes erlassenen Rechtsverordnungen, in denen auf den Zolltarif hingewiesen wird, dem Wortlaut des Zolltarifs in der jeweils geltenden Fassung anpassen.

(3) Das Bundesministerium der Finanzen kann unbeschadet der Vorschriften der §§ 163 und 227 der Abgabenordnung anordnen, dass die Steuer für grenzüberschreitende Beförderungen von Personen im Luftverkehr niedriger festgesetzt oder ganz oder zum Teil erlassen wird, soweit der Unternehmer keine Rechnungen mit gesondertem Ausweis der Steuer (§ 14 Abs. 4) erteilt hat. Bei Beförderungen durch ausländische Unternehmer kann die Anordnung davon abhängig gemacht werden, dass in dem Land, in dem der ausländische Unternehmer seinen Sitz hat, für grenzüberschreitende Beförderungen im Luftverkehr, die von Unternehmern mit Sitz in der Bundesrepublik Deutschland durchgeführt werden, eine Umsatzsteuer oder ähnliche Steuer nicht erhoben wird.

(4) Die Umsatzsteuer wird einem Konsortium, das auf der Grundlage der Verordnung (EG) Nr. 723/2009 des Rates vom 25. Juni 2009 über den gemeinschaftlichen Rechtsrahmen für ein Konsortium für eine europäische Forschungsinfrastruktur (ABl. L 206 vom 8.8.2009, S. 1) durch einen Beschluss der Kommission gegründet wurde, vom Bundeszentralamt für Steuern vergütet, wenn

1. das Konsortium seinen satzungsmäßigen Sitz im Inland hat,
2. es sich um die gesetzlich geschuldete Umsatzsteuer handelt, die in Rechnung gestellt und gesondert ausgewiesen wurde,
3. es sich um Umsatzsteuer für Lieferungen und sonstige Leistungen handelt, die das Konsortium für seine satzungsgemäße und nichtunternehmerische Tätigkeit in Anspruch genommen hat,

4. der Steuerbetrag je Rechnung insgesamt 25 Euro übersteigt und

5. die Steuer gezahlt wurde.

Satz 1 gilt entsprechend für die von einem Konsortium nach § 13b Absatz 5 geschuldete und von ihm entrichtete Umsatzsteuer, wenn diese je Rechnung insgesamt 25 Euro übersteigt. Die Sätze 1 und 2 sind auf ein Konsortium mit satzungsgemäßem Sitz in einem anderen Mitgliedstaat sinngemäß anzuwenden, wenn die Voraussetzungen für die Vergütung durch die in § 4 Nummer 7 Satz 5 genannte Bescheinigung nachgewiesen wird. Mindert sich die Bemessungsgrundlage nachträglich, hat das Konsortium das Bundeszentralamt für Steuern davon zu unterrichten und den zuviel vergüteten Steuerbetrag zurückzuzahlen. Wird ein Gegenstand, den ein Konsortium für seine satzungsgemäße Tätigkeit erworben hat und für dessen Erwerb eine Vergütung der Umsatzsteuer gewährt worden ist, entgeltlich oder unentgeltlich abgegeben, vermietet oder übertragen, ist der Teil der vergüteten Umsatzsteuer, der dem Veräußerungspreis oder bei unentgeltlicher Abgabe oder Übertragung dem Zeitwert des Gegenstands entspricht, an das Bundeszentralamt für Steuern zu entrichten. Der zu entrichtende Steuerbetrag kann aus Vereinfachungsgründen durch Anwendung des im Zeitpunkt der Abgabe oder Übertragung des Gegenstands geltenden Steuersatzes ermittelt werden.[1]

(5) Das Bundesministerium der Finanzen kann mit Zustimmung des Bundesrates durch Rechtsverordnung näher bestimmen, wie der Nachweis bei den folgenden Steuerbefreiungen zu führen ist:

1. Artikel III Nr. 1 des Abkommens zwischen der Bundesrepublik Deutschland und den Vereinigten Staaten von Amerika über die von der Bundesrepublik zu gewährenden Abgabenvergünstigungen für die von den Vereinigten Staaten im Interesse der gemeinsamen Verteidigung geleisteten Ausgaben (BGBl. 1955 II S. 823);

2. Artikel 67 Abs. 3 des Zusatzabkommens zu dem Abkommen zwischen den Parteien des Nordatlantikvertrags über die Rechtsstellung ihrer Truppen hinsichtlich der in der Bundesrepublik Deutschland stationierten ausländischen Truppen (BGBl. 1961 II S. 1183, 1218);

3. Artikel 14 Abs. 2 Buchstabe b und d des Abkommens zwischen der Bundesrepublik Deutschland und dem Obersten Hauptquartier der Alliierten Mächte, Europa, über die besonderen Bedingungen für die Einrichtung und den Betrieb internationaler militärischer Hauptquartiere in der Bundesrepublik Deutschland (BGBl. 1969 II S. 1997, 2009).

(6) Das Bundesministerium der Finanzen kann dieses Gesetz und die auf Grund dieses Gesetzes erlassenen Rechtsverordnungen in der jeweils geltenden Fassung mit neuem Datum und unter neuer Überschrift im Bundesgesetzblatt bekanntmachen.

*EU-Recht*

Zu § 26 Abs. 3 UStG: Art. 371 i.V.m. Anhang X Teil B Nr. 10 MwStSystRL;

---

[1] Absatz 4 ist m.W.v. 30.6.2013 neugefasst worden durch Art. 10 Nr. 13 AmtshilfeRL-UmsG.

zu § 26 Abs. 4 UStG: Abs. 151 Abs. 1 Unterabs. 1 Buchst. b i.V.m. Abs. 2 MwSt-SystRL; Art. 50 MwSt-DVO.

*VV*

Zu § 26 Abs. 3 UStG: Abschn. 26.1–26.5 UStAE.

| | |
|---|---|
| A. Allgemeines .................. 1 | E. Steuervergütung an Konsortium für europäische Forschungsinfrastruktur (Abs. 4) .......... 13 |
| B. Generalklausel (Abs. 1) ........ 6 | |
| C. Anpassung an den Zolltarif (Abs. 2) ....................... 8 | F. Nachweis der Voraussetzungen der Steuerbefreiungen für Umsätze an ausländische Streitkräfte (Abs. 5) ................ 16 |
| D. Grenzüberschreitende Personenbeförderung im Luftverkehr (Abs. 3) ....................... 9 | |
| | G. Neubekanntmachung des Gesetzes (Abs. 6) ............. 17 |

## A. Allgemeines

Die Vorschrift enthält unter der nichtssagenden Teil der Überschrift „Durchführung" unterschiedliche **Ermächtigungen** zum Erlass von **Rechtsverordnungen** (§ 26 Abs. 1 und 5 UStG), zum Erlass von „**Anordnungen**" (§ 26 Abs. 3 UStG; zum Rechtscharakter *Rz. 11*) **und zur Neubekanntmachung des Gesetzes** und der Rechtsverordnungen (§ 26 Abs. 6 UStG). Darüber hinaus finden sich in größerer Zahl **weitere** Verordnungsermächtigungen im Gesetz (namentlich § 3b Abs. 1 Satz 4, § 6 Abs. 4 Satz 2, § 6a Abs. 3 Satz 2, § 7 Abs. 4 Satz 2, § 8 Abs. 3 Satz 2, § 14 Abs. 6, § 15 Abs. 5, § 15a Abs. 11, § 18 Abs. 9 und § 23 Abs. 1 UStG), welche in Gestalt der UStDV (und der EUStDV) umgesetzt worden sind. 1

Im Jahre 2013 ist die Überschrift erweitert und Absatz 4 neugefasst worden, der die **Vergütung** von Steuer an **Konsortien** für eine **europäische Forschungsinfrastruktur** regelt.

**Rechtsverordnungen** sind Gesetze im materiellen Sinne (*Rz. 4*). Art. 80 Abs. 1 GG verlangt dafür eine Ermächtigung durch ein Gesetz im Sinne eines Parlamentsgesetzes (hier Umsatzsteuergesetz), welches Inhalt, Zweck und Ausmaß der Ermächtigung bestimmt. Rechtsverordnungen auf dem Gebiet der Umsatzsteuer bedürfen wegen Art. 105 Abs. 3 i.V.m. Art. 106 Abs. 3 GG der **Zustimmung** des **Bundesrates** (Art. 80 Abs. 2 a.E. GG). Diese Rechtsverordnungen können nicht nur vom Adressaten der Ermächtigung (Bundesregierung, Ministerium), sondern auch **durch Bundesgesetz** (zumeist in Gestalt eines sog. *Artikelgesetzes*) **geändert** werden, was auf dem Gebiet des Steuerrechts häufig geschieht. Gleichwohl **behält** die betreffende Vorschrift den **Charakter** einer **Verordnung**, so dass der Ermächtigungsadressat befugt bleibt, diese zukünftig im Wege der Verordnung erneut zu ändern.[1] Voraussetzung dafür ist nicht eine sog. 2

---

1 BVerfG v. 13.9.2005 – 2 BvF 2/03, BVerfGE 114, 196 = DVBl. 2005, 1503; vgl. auch BVerfG v. 27.9.2005 – 2 BvL 11/02, BVerfGE 114, 303 = NVwZ 2006, 322; *Hummel* in R/D, § 26 UStG Anm. 111 ff.

Reservierungsklausel („Rückkehr zum einheitlichen Verordnungsrang") im Änderungsgesetz.[1]

3  Auf den Erlass einer Rechtsverordnung kann ein **Rechtsanspruch** des Bürgers bestehen, wenn diese zur Beseitigung eines Gleichheitsverstoßes o.Ä. erforderlich ist.[2] Allerdings ist dann auch das Finanzamt nach § 163 Satz 1 AO zu einer sog. **Billigkeitsmaßnahme** verpflichtet, weil eine Ermessensreduzierung auf Null eingetreten ist (vgl. z.B. *§ 15a Rz. 180*).

4  Rechtsverordnungen sind **Gesetze im materiellen Sinne**, welche die Verwaltung und grundsätzlich auch die Gerichte binden (Art. 20 Abs. 3 GG). Diese müssen jedoch die jeweilige Verordnung gem. Art. 80 Abs. 1 GG daran messen, ob sie sich **im Rahmen der Ermächtigung** des Parlamentsgesetzes hält. Folglich wendet das **Gericht**, welches zum Ergebnis kommt, dass die Verordnung nicht (oder nicht vollständig) durch die Ermächtigung gedeckt ist, die Verordnung (insoweit) nicht an. Eine Vorlage gem. Art. 100 Abs. 1 GG kommt nicht in Betracht, da eine Verordnung, welche das Gericht für verfassungswidrig hält, nicht durch die Ermächtigung des Gesetzes gedeckt sein kann, weil dieses nur zu verfassungsgemäßen Verordnungen ermächtigen kann. Das gilt auch bei durch Gesetz geänderten Verordnungen.[3]

5  Von den Rechtsverordnungen i.S.d. Art. 80 GG sind die **EU-Verordnungen** zu unterscheiden, welche dem nationalen Recht vorgehen (Art. 288 Abs. 2 AEUV; dazu *Vorbem. Rz. 61*).

Keine Rechtsverordnungen sind **Allgemeine Verwaltungsvorschriften**, welche von der Bundesregierung nach Art. 108 Abs. 7 GG erlassen werden können und nur die Finanzverwaltung binden (*Vorbem. Rz. 39*). Ihnen gleichzustellen ist die Anordnung gem. § 26 Abs. 3 UStG (*Rz. 11*).

## B. Generalklausel (Abs. 1)

6  § 26 Abs. 1 Satz 1 UStG enthält im Wesentlichen eine generalklauselartige Ermächtigung an die Bundesregierung zum Erlass von **Rechtsverordnungen**. Diese können den **Umfang** der **Steuerbefreiungen**, **Steuerermäßigungen** und des **Vorsteuerabzugs** näher bestimmen, und zwar zur **Wahrung** der **Gleichmäßigkeit** der **Besteuerung**, der Beseitigung von Unbilligkeiten in Härtefällen oder zur Vereinfachung des Besteuerungsverfahrens. § 26 Abs. 1 UStG gibt nur die Befugnis, die Befreiungs- und Ermäßigungsvorschriften, die sich bereits im UStG befinden („in diesem Gesetz enthaltenen"), zu konkretisieren[4], nicht jedoch, diese zu erweitern oder zu beschränken[5]. Auf diese Ermächtigung sind z.B. § 23 und § 30 UStDV gestützt. Soweit das Gesetz **spezielle** Ermächtigungen enthält, werden

---

1 BVerfG v. 13.9.2005 – 2 BvF 2/03, BVerfGE 114, 196 = DVBl. 2005, 1503 – 2c ee der Gründe.
2 Vgl. BVerwG v. 4.7.2002 – 2 C 13/01, NVwZ 2002, 1505 – Geltendmachung durch Feststellungsklage; ferner BVerfG v. 17.1.2006 – 1 BvR 541, 542/02, BVerfGE 115, 81 (93 f.).
3 BVerfG v. 27.9.2005 – 2 BvL 11/02, BVerfGE 114, 303 = NVwZ 2006, 322.
4 Vgl. BVerfG v. 11.2.1958 – 2 BvL 21/56, BVerfGE 7, 267 – zur Vorgängervorschrift § 18 Abs. 1 UStG 1951.
5 BFH v. 27.4.1972 – V R 142/71, BStBl. II 1972, 658.

dadurch nicht weitergehende Verordnungen auf der Grundlage des § 26 Abs. 1 UStG ausgeschlossen.

§ 26 Abs. 1 Satz 1 UStG ermächtigt des Weiteren dazu, die **zeitlichen Bindungen** nach § 19 Abs. 2, § 23 Abs. 3 und § 24 Abs. 4 UStG zu **verkürzen**. Das ist für § 24 Abs. 4 UStG in Gestalt des § 71 UStDV geschehen (*§ 24 Rz. 50*). § 26 Abs. 1 Satz 2 UStG ermächtigt ferner dazu, bei einer näheren Bestimmung des Umfangs der Steuerermäßigung nach § 12 Abs. 2 Nr. 1 UStG **von der zolltariflichen Abgrenzung abzuweichen**. Davon ist kein Gebrauch mehr gemacht worden. 7

## C. Anpassung an den Zolltarif (Abs. 2)

§ 26 Abs. 2 UStG enthält die Ermächtigung, diejenigen Vorschriften des Gesetzes und der Rechtsverordnungen, in denen auf den Zolltarif hingewiesen wird, dem jeweils geltenden Wortlaut des Zolltarifs anzupassen. Der Zolltarif ist durch EG-VO bestimmt worden (*Vorbem. Rz. 61*) und geht damit dem nationalen Recht vor. So erklärt sich, dass die Befugnis, durch Rechtsverordnung den Wortlaut von Vorschriften anzupassen, auch das Gesetz umfasst. Das ist mit Art. 80 GG zu vereinbaren, weil keine Veränderung im Regelungsinhalt herbeigeführt wird. § 26 Abs. 2 UStG dient der **Vereinfachung**, damit die rein redaktionellen Anpassungen nicht durch ein umständliches Gesetzgebungsverfahren erfolgen müssen.[1] 8

## D. Grenzüberschreitende Personenbeförderung im Luftverkehr (Abs. 3)

Das BMF ist ermächtigt anzuordnen, dass die Steuer für grenzüberschreitende Beförderungen von Personen im Luftverkehr niedriger festgesetzt oder ganz oder zum Teil erlassen wird, soweit der Unternehmer **keine Rechnungen** i.S.d. § 14 Abs. 4 UStG **mit** gesondertem **Ausweis der Steuer** erteilt hat (§ 26 Abs. 3 Satz 1 UStG). Eine grenzüberschreitende Beförderung liegt vor, wenn sich die Beförderung sowohl auf das Inland als auch auf das Ausland erstreckt (§ 3b Abs. 1 Satz 4 UStG). Sie wäre, da das Gesetz keine Befreiung vorsieht, mit dem auf das Inland entfallenden Streckenanteil steuerpflichtig. Trotz der ggf. vollständigen Befreiung dieser Umsätze sind auch die Vorstufenumsätze befreit (§ 4 Nr. 2 i.V.m. § 8 Abs. 2 UStG). Gesonderte Lieferungen von Süßigkeiten und Getränken an Bord sind keine Nebenleistungen zur Flugbeförderung.[2] 9

Bei Beförderungen durch ausländische Unternehmer kann die Anordnung davon abhängig gemacht werden, dass **Gegenseitigkeit** besteht, dass nämlich in dem Land, in dem der ausländische Unternehmer seinen Sitz hat, für grenzüberschreitende Beförderungen im Luftverkehr, die von Unternehmern mit Sitz in Deutschland durchgeführt werden, eine Umsatzsteuer oder ähnliche Steuer nicht erhoben wird (§ 26 Abs. 3 Satz 2 UStG). Das BMF gibt ein **Verzeichnis** der Länder heraus, zu denen die Gegenseitigkeit festgestellt ist.[3] 10

---

1 Dazu näher *Hummel* in R/D, § 26 UStG Anm. 174 ff.
2 BFH v. 27.2.2014 – V R 14/13, UR 2014, 564.
3 Zuletzt BMF v. 19.7.2013 – IV D 2 - S 7433/11/10005, BStBl. I 2013, 923.

11  Das BMF hat von der Ermächtigung in Gestalt der **Abschn. 26.1 bis 26.5 UStAE** Gebrauch gemacht. Bei einer solchen **Anordnung** handelt es sich nicht um eine Rechtsverordnung i.S.d. Art. 80 GG, sondern um eine Verwaltungsvorschrift. Diese könnte sich nicht auf Art. 85 Abs. 3 i.V.m. Art. 108 Abs. 3 Satz 2 GG oder auf Art. 108 Abs. 7 GG stützen, da Verwaltungsvorschriften nicht vom Gesetz abweichen dürften (Art. 20 Abs. 3 GG). Folglich ist § 26 Abs. 3 UStG erforderlich, um eine derartige Abweichung zu legitimieren.[1] **Unionsrechtlich** ist die Vorschrift durch Art. 371 i.V.m. Anhang X Teil B Nr. 10 MwStSystRL gedeckt. Dass grenzüberschreitende Personenbeförderungen mit anderen Fahrzeugen steuerpflichtig sind, verstößt nach Auffassung des EuGH nicht gegen den Gleichbehandlungsgrundsatz.[2]

12  Auch wenn es sich bei den Abschn. 26.1 bis 26.5 UStAE nur um Verwaltungsanweisungen handelt, welche **Ermessen** einräumen, führen sie auf Grund ihrer Veröffentlichung zu einer rechtlichen Bindung, welche den betroffenen Unternehmern unter dem Gesichtspunkt der Gleichbehandlung einen **Rechtsanspruch** auf die Vergünstigung gewährt. Die **Zuständigkeit** für die niedrigere Festsetzung oder den Erlass der Umsatzsteuer liegt bei den obersten Finanzbehörden der Länder.[3]

### E. Steuervergütung an Konsortium für europäische Forschungsinfrastruktur (Abs. 4)

13  Nach dem 2013 neu gefassten § 26 Abs. 4 UStG wird einem im Inland ansässigen Konsortium für eine europäische Forschungsinfrastruktur – ERIC –, welches die Voraussetzungen des Art. 50 MwSt-DVO erfüllt, vom BZSt die gesetzlich geschuldete (dazu *§ 15 Rz. 237 ff.*), in einer Rechnung gesondert ausgewiesene (vgl. *§ 15 Rz. 178*) und als Teil des Preises mitbezahlte[4] Umsatzsteuer für Lieferungen und Dienstleistungen, die das Konsortium für seine satzungsmäßige nichtunternehmerische Tätigkeit in Anspruch nimmt, **vergütet** (§ 26 Abs. 4 Satz 1 UStG). Entsprechendes soll für von dem Konsortium als juristische Person nach § 13b Abs. 5 UStG als Leistungsempfänger geschuldete und entrichtete Steuer gelten (§ 26 Abs. 4 Satz 2 UStG). Damit wird Art. 151 Abs. 1 Unterabs. 1 Buchst. b i.V.m. Abs. 2 MwStSystRL umgesetzt.[5] Die Vergütung[6] der Umsatzsteuer (zum

---

1 Kritisch *Hummel* in R/D, § 26 UStG Anm. 197 ff.
2 EuGH v. 13.7.2000 – C-36/99, EuGHE 2000, I-6049 = UR 2000, 381.
3 Dazu Abschn. 26.5 UStAE.
4 Die von § 26 Abs. 4 Satz 1 Nr. 5 UStG verwendete Formulierung „die Steuer gezahlt wurde" ist verfehlt, denn danach käme es darauf an, dass der Schuldner der Steuer, d.h. der leistende Unternehmer die Steuer an das Finanzamt gezahlt hatte. Das ist jedoch nicht Voraussetzung einer Steuervergütung (*§ 15 Rz. 237*). Gemeint ist vielmehr, dass der in Rechnung gestellte Steuerbetrag vom Konsortium als Teil der Gegenleistung mit entrichtet worden ist.
5 Bei einem in einem anderen Mitgliedstaat ansässigen Konsortium gelten die Sätze 1 und 2 der Vorschrift entsprechend, wenn die Voraussetzungen mittels einer Bescheinigung nach § 4 Nr. 7 Satz 5 UStG nachgewiesen werden (§ 26 Abs. 4 Satz 3 UStG).
6 Während im Text des § 26 Abs. 4 UStG zutreffend von „Vergütung" die Rede ist, heißt es dann doch tatsächlich in der Überschrift zu § 26 UStG „**Erstattung**". Dass Art. 151 Abs. 2 MwStSystRL von „Erstattung" spricht, erlaubt es nicht, die zutreffende nationale abgabenrechtliche Differenzierung zu missachten.

Begriff der Vergütung s. *Vor §§ 4–9 Rz. 2; § 16 Rz. 28 f.*) erfolgt durch Steuervergütungsbescheid (§ 155 Abs. 4 AO; vgl. dazu *§ 18 Rz. 148*). Da es sich um eine Vergütung der Umsatzsteuer handelt, hätte die Vorschrift konsequenterweise in § 26 UStG im zweiten Abschnitt „Steuerbefreiungen und Steuervergütungen" angesiedelt werden müssen, nachdem dort bereits § 4a UStG fehlerhaft platziert worden war (*Vor §§ 4–9 Rz. 2 a.E.*).

**Mindert** sich die **Bemessungsgrundlage** nachträglich, hat das Konsortium das BZSt zu unterrichten und den zu viel vergüteten Steuerbetrag zurückzuzahlen (§ 26 Abs. 4 Satz 4 UStG). Gemeint ist die nachträgliche Minderung der gesetzlich geschuldeten Steuer, weil beim leistenden Unternehmer eine Minderung der Bemessungsgrundlage i.S.d. § 17 Abs. 1 Satz 1 UStG eingetreten ist. Dem gleichzustellen ist die Rückgängigmachung der Leistung i.S. des § 17 Abs. 2 Nr. 3 UStG. Bei der **Rückzahlung** einer Steuervergütung handelt es sich um eine Erstattung i.S.d. § 37 Abs. 2 AO (vgl. *§ 16 Rz. 20*), die durch Bescheid festzusetzen ist.[1] 14

Wird ein **Gegenstand** entgeltlich oder unentgeltlich **abgegeben**, **vermietet** oder übertragen (Was ist eine unentgeltliche Vermietung? Was ist der Unterschied zwischen „abgeben" und „übertragen"?), ist der dem Zeitwert entsprechende Teil der vergüteten Steuer zu „entrichten" (§ 26 Abs. 4 Satz 5 UStG). Gemeint sind die Fälle, die bei Unternehmern zu einer Entnahmebesteuerung i.S.d. § 3 Abs. 1b Satz 1 oder Abs. 9a UStG führen würden. Der zu entrichtende Steuerbetrag kann aus Vereinfachungsgründen durch Anwendung des im Zeitpunkt der Abgabe oder Übertragung des Gegenstandes geltenden Steuersatzes ermittelt werden (§ 26 Abs. 4 Satz 6 UStG). Aus dieser Vereinfachungsregel folgt im Umkehrschluss, dass grundsätzlich die Korrektur eines vorgenommenen Vorsteuerabzugs durch die Entnahmebesteuerung sich nach dem Steuersatz bestimmt, der beim Erwerb des Gegenstandes galt (*§ 12 Rz. 15*). 15

## F. Nachweis der Voraussetzungen der Steuerbefreiungen für Umsätze an ausländische Streitkräfte (Abs. 5)

§ 26 Abs. 5 UStG ermächtigt das BMF, durch Rechtsverordnung zu bestimmen, wie der Nachweis bei den aufgeführten Steuerbefreiungen für Umsätze an die Stationierungsstreitkräfte ausländischer Staaten u.Ä. (dazu *Vor §§ 4–9 Rz. 30 ff.*) zu führen ist. Davon ist in Gestalt des § 73 UStDV (nicht abgedruckt) Gebrauch gemacht worden.[2] 16

## G. Neubekanntmachung des Gesetzes (Abs. 6)

§ 26 Abs. 6 UStG (ähnlich § 51 Abs. 4 Nr. 2 EStG) ermächtigt das BMF, das Umsatzsteuergesetz und die auf Grund dieses Gesetzes erlassenen Rechtsverordnungen in der jeweils geltenden Fassung mit neuem Datum und unter neuer Überschrift im Bundesgesetzblatt bekannt zu machen. Das dient angesichts der ständigen Änderungen dem vereinfachten Zitieren des Gesetzes. Eine solche 17

---
1 *Stadie*, Allg. Steuerrecht, Rz. 595.
2 Dazu BFH v. 5.7.2012 – V R 10/10, BStBl. II 2014, 539 = UR 2012, 891.

**Neubekanntmachung** ist kein Rechtsetzungsakt, sondern **nur** die **deklaratorische Klarstellung** des **Gesetzestextes**[1], so dass die Frage der erstmaligen Anwendbarkeit i.S.d. § 27 Abs. 1 UStG sich nicht stellen kann. Die letzte Neubekanntmachung des UStG und der UStDV war in Gestalt der Fassungen vom 21.2.2005 als UStG 2005[2] bzw. UStDV 2005 erfolgt[3]. Die **Jahreszahl „2005"** wurde jedoch vom Gesetzgeber (auf Vorschlag der Bundesregierung[4]) bereits zum **1.1.2006 gestrichen.**[5]

## § 26a
## Bußgeldvorschriften

(1) Ordnungswidrig handelt, wer vorsätzlich oder leichtfertig

1. entgegen § 14 Abs. 2 Satz 1 Nr. 1 oder 2 Satz 2 eine Rechnung nicht oder nicht rechtzeitig ausstellt,

2. entgegen § 14b Abs. 1 Satz 1, auch in Verbindung mit Satz 4, ein dort bezeichnetes Doppel oder eine dort bezeichnete Rechnung nicht oder nicht mindestens zehn Jahre aufbewahrt,

3. entgegen § 14b Abs. 1 Satz 5 eine dort bezeichnete Rechnung, einen Zahlungsbeleg oder eine andere beweiskräftige Unterlage nicht oder nicht mindestens zwei Jahre aufbewahrt,

4. entgegen § 18 Abs. 12 Satz 3 die dort bezeichnete Bescheinigung nicht oder nicht rechtzeitig vorlegt,

5. entgegen § 18a Absatz 1 bis 3 in Verbindung mit Absatz 7 Satz 1, Absatz 8 oder Absatz 9 eine Zusammenfassende Meldung nicht, nicht richtig, nicht vollständig oder nicht rechtzeitig abgibt oder entgegen § 18a Absatz 10 eine Zusammenfassende Meldung nicht oder nicht rechtzeitig berichtigt,

6. einer Rechtsverordnung nach § 18c zuwiderhandelt, soweit sie für einen bestimmten Tatbestand auf die Bußgeldvorschrift verweist, oder

7. entgegen § 18d Satz 3 die dort bezeichneten Unterlagen nicht, nicht vollständig oder nicht rechtzeitig vorlegt.

(2) Die Ordnungswidrigkeit kann in den Fällen des Absatzes 1 Nr. 3 mit einer Geldbuße bis zu fünfhundert Euro, in den übrigen Fällen mit einer Geldbuße bis zu fünftausend Euro geahndet werden.

---

1 BVerfG v. 25.7.1962 – 2 BvL 4/62, BVerfGE 14, 245 (250); BVerfG v. 16.2.1965 – 1 BvL 20/64, BVerfGE 18, 366 (391).
2 BGBl. I 2005, 386.
3 BGBl. I 2005, 434.
4 BT-Drucks. 15/5567, Begr. zu Art. 4 Abs. 31 Nr. 1 und Abs. 32 Nr. 1 Gesetz zur Neuordnung der Bundesfinanzverwaltung.
5 Art. 4 Abs. 31 Nr. 1 und Abs. 32 Nr. 1 Gesetz v. 22.9.2005, BGBl. I 2005, 2809.

(3) **Verwaltungsbehörde im Sinne des § 36 Absatz 1 Nummer 1 des Gesetzes über Ordnungswidrigkeiten ist in den Fällen des Absatzes 1 Nummer 5 und 6 das Bundeszentralamt für Steuern.**[1]

*EU-Recht*

—

| | | | |
|---|---|---|---|
| A. Allgemeines | 1 | F. Nichtabgabe oder Abgabe einer nichtordnungsgemäßen Zusammenfassenden Meldung (Abs. 1 Nr. 5) | 11 |
| B. Nichtausstellen einer Rechnung (Abs. 1 Nr. 1) | 4 | G. Zuwiderhandlung gegen die Fahrzeuglieferungs-Meldepflichtverordnung (Abs. 1 Nr. 6) | 12 |
| C. Nichtaufbewahren von Rechnungen durch Unternehmer und juristische Personen (Abs. 1 Nr. 2) | 6 | H. Nichtvorlage von Unterlagen bei ausländischem Auskunftsersuchen (Abs. 1 Nr. 7) | 13 |
| D. Nichtaufbewahrung von Belegen durch Privatpersonen (Abs. 1 Nr. 3) | 9 | | |
| E. Nichtvorlage der erforderlichen Bescheinigung bei ausländischen Omnibussen (Abs. 1 Nr. 4) | 10 | | |

## A. Allgemeines

Die Vorschrift enthält Bußgeldvorschriften, um verschiedene vom Gesetz vorgesehene **Mitwirkungspflichten durchzusetzen**. Das Unterlassen der vom Gesetz gebotenen Handlung muss vorsätzlich oder leichtfertig geschehen (§ 26a Abs. 1 UStG). Der Begriff der **Leichtfertigkeit** findet sich nicht nur in diversen Vorschriften des StGB, sondern auch in § 378 Abs. 1 AO und entspricht dem der groben Fahrlässigkeit.[2]   1

Die jeweilige Ordnungswidrigkeit nach dieser Vorschrift kann grundsätzlich mit einer **Geldbuße** bis zu 5000 € geahndet werden; lediglich in den Fällen des § 26a Abs. 1 Nr. 3 UStG (Nichtaufbewahrung von Rechnungen durch Private) darf die Geldbuße 500 € nicht übersteigen (§ 26a Abs. 2 UStG).   2

Für das **Bußgeldverfahren** gelten die Vorschriften des Ordnungswidrigkeitengesetzes (§ 2 OWiG).   3

## B. Nichtausstellen einer Rechnung (Abs. 1 Nr. 1)

Ordnungswidrig handelt zum einen, wer **entgegen § 14 Abs. 2 Satz 1 Nr. 1 oder 2 Satz 2 UStG** eine Rechnung **nicht** oder **nicht rechtzeitig** ausstellt (§ 26a Abs. 1 Nr. 1 UStG), d.h. der Verpflichtung,   4

---

1 Angefügt m.W.v. 31.7.2014 durch Gesetz v. 25.7.2014.
2 Vgl. *Rüping* in Hübschmann/Hepp/Spitaler, AO/FGO, § 378 AO Rz. 30 f.; *Duttge*, WiStra 2000, 201 (211 ff.).

- bei einer steuerpflichtigen Werklieferung oder sonstigen Leistung im Zusammenhang mit einem Grundstück oder
- allgemein bei steuerbaren Umsätzen
  - an einen anderen Unternehmer für dessen Unternehmen oder
  - an eine juristische Person

innerhalb von sechs Monaten nach Ausführung der Leistung bzw. Teilleistung (§ 14 Rz. 14) eine Rechnung auszustellen, nicht nachkommt. „Ausgestellt" ist die angebotene Rechnung auch dann, wenn sie vom Leistungsempfänger abgelehnt wird (§ 14 Rz. 16; § 14b Rz. 8).

5   Da eine Rechnung nach § 14 Abs. 4 Satz 1 UStG (und ggf. nach § 14a UStG) die dort genannten Angaben enthalten muss, ergibt die Bußgeldandrohung nur dann Sinn, wenn sie auch die Fälle erfasst, in denen eine **unvollständige Rechnung** ausgestellt wird.[1] Es ist deshalb nicht nachvollziehbar, dass das BMF die Erteilung einer Rechnung, die nicht alle in § 14 Abs. 4 Satz 1 UStG aufgeführten Pflichtangaben enthält, nicht als Ordnungswidrigkeit ansieht – „gilt nicht"[2] (das dürfte dann wohl auch für die nach § 14a UStG erforderlichen Angaben gelten). Wie viel Angaben dürfen fehlen bzw. falsch sein, damit noch von einer Rechnung i.S.d. § 14 UStG gesprochen werden kann?

Die originäre Verpflichtung zur Ausstellung von **Rechnungen nach § 14a UStG** wird nach dem eindeutigen Wortlaut **nicht** von § 26a UStG erfasst.[3]

## C. Nichtaufbewahren von Rechnungen durch Unternehmer und juristische Personen (Abs. 1 Nr. 2)

6   Ordnungswidrig handelt ferner, wer entgegen § 14b Abs. 1 Satz 1 UStG, auch in Verbindung mit Satz 4 (Rz. 7), ein dort bezeichnetes Doppel oder eine dort bezeichnete Rechnung **nicht** oder **nicht mindestens zehn Jahre** aufbewahrt (§ 26a Abs. 1 Nr. 2 UStG). Es geht mithin um die Aufbewahrungspflichten der Unternehmer für die Doppel der Ausgangsrechnungen, wozu auch empfangene Gutschriften gehören, und für Eingangsrechnungen, wozu auch erteilte Gutschriften zählen (dazu § 14b Rz. 5 ff.). Die Vorschrift sanktioniert auch die **Verpflichtung**, überhaupt ein **Doppel zu fertigen** (§ 14b Rz. 7).[4]

7   Die Aufbewahrungspflicht gilt auch („auch in Verbindung mit Satz 4") für die sog. Fahrzeuglieferer i.S.d. § 2a UStG (Fall des § 14b Abs. 1 Satz 4 Nr. 1 UStG), für juristische Personen als letzte Abnehmer beim innergemeinschaftlichen Dreiecksgeschäft (Fall des § 14b Abs. 1 Satz 4 Nr. 2 UStG) und für **juristische Personen**, soweit sie als **Leistungsempfänger** die **Steuer** nach § 13b Abs. 5 UStG **schulden** (Fall des § 14b Abs. 1 Satz 4 Nr. 3 UStG).

8   Wenn die Bußgeldandrohung einen Sinn haben soll, so müsste sie auch die Nichtbeachtung der Vorschriften über Art und Ort der Aufbewahrung (§ 14b

---

1 Zust. *Nieskens* in R/D, § 26a UStG Anm. 23.
2 BMF v. 24.11.2004 – IV A 5 - S 7280 - 21/04, BStBl. I 2004, 1122 – Rz. 8 und 23.
3 Vgl. Abschn. 14a.1 Abs. 3 Satz 4 UStAE.
4 Zust. *Nieskens* in R/D, § 26a UStG Anm. 37.

Abs. 1 Satz 2, Abs. 2 und 4 UStG) sanktionieren. Dem widerspricht jedoch der klare Wortlaut („entgegen § 14b Abs. 1 Satz 1"), so dass **nur** die **Nichtaufbewahrung als solche** ordnungswidrig ist.[1]

## D. Nichtaufbewahrung von Belegen durch Privatpersonen (Abs. 1 Nr. 3)

Ordnungswidrig handelt ferner, wer entgegen § 14b Abs. 1 Satz 5 UStG, d.h. bei einer **für** den **Privatbereich** bezogenen **Werklieferung** oder **sonstigen Leistung im Zusammenhang mit einem Grundstück** die Rechnung, einen Zahlungsbeleg oder eine andere beweiskräftige Unterlage nicht oder nicht mindestens zwei Jahre aufbewahrt (§ 26a Abs. 1 Nr. 3 UStG). Die Aufbewahrungspflicht umfasst auch die Verpflichtung, die Rechnung entgegenzunehmen (*§ 14b Rz. 9*). 9

## E. Nichtvorlage der erforderlichen Bescheinigung bei ausländischen Omnibussen (Abs. 1 Nr. 4)

Ordnungswidrig ist auch die Nicht- oder nicht rechtzeitige Vorlage der von § 18 Abs. 12 Satz 3 UStG geforderten **Bescheinigung des Finanzamts** über die **Anzeige der grenzüberschreitenden Personenbeförderung** mit nicht im Inland zugelassen Kraftomnibussen (§ 26a Abs. 1 Nr. 4 UStG). 10

## F. Nichtabgabe oder Abgabe einer nichtordnungsgemäßen Zusammenfassenden Meldung (Abs. 1 Nr. 5)

Ordnungswidrig handelt auch, wer entgegen den Vorgaben des § 18a UStG eine sog. Zusammenfassende Meldung **nicht, nicht vollständig** oder **nicht rechtzeitig abgibt** oder eine solche nicht oder **nicht rechtzeitig berichtigt** (§ 26a Abs. 1 Nr. 5 UStG). Zuständige Behörde ist das BZSt (Abs. 3). 11

## G. Zuwiderhandlung gegen die Fahrzeuglieferungs-Meldepflichtverordnung (Abs. 1 Nr. 6)

Ordnungswidrig handelt ferner, wer der Rechtsverordnung nach § 18c UStG, d.h. der Fahrzeuglieferungs-Meldepflichtverordnung (*§ 18c Rz. 1*) zuwiderhandelt (§ 26a Abs. 1 Nr. 6 UStG). Zuständige Behörde ist das BZSt (Abs. 3). 12

## H. Nichtvorlage von Unterlagen bei ausländischem Auskunftsersuchen (Abs. 1 Nr. 7)

Ordnungswidrig handelt schließlich auch, wer entgegen § 18d Satz 3 UStG, d.h. bei einem Auskunftsersuchen eines **anderen Mitgliedstaates** die in der Vorschrift bezeichneten Unterlagen dem Finanzamt nicht, nicht vollständig oder nicht rechtzeitig vorlegt (§ 26a Abs. 1 Nr. 7 UStG). 13

---

[1] A.A. *Nieskens* in R/D, § 26a UStG Anm. 38.

## § 26b
## Schädigung des Umsatzsteueraufkommens

(1) Ordnungswidrig handelt, wer die in einer Rechnung im Sinne von § 14 ausgewiesene Umsatzsteuer zu einem in § 18 Abs. 1 Satz 4 oder Abs. 4 Satz 1 oder 2 genannten Fälligkeitszeitpunkt nicht oder nicht vollständig entrichtet.

(2) Die Ordnungswidrigkeit kann mit einer Geldbuße bis zu fünfzigtausend Euro geahndet werden.

## § 26c
## Gewerbsmäßige oder bandenmäßige Schädigung des Umsatzsteueraufkommens

Mit Freiheitsstrafe bis zu fünf Jahren oder mit Geldstrafe wird bestraft, wer in den Fällen des § 26b gewerbsmäßig oder als Mitglied einer Bande, die sich zur fortgesetzten Begehung solcher Handlungen verbunden hat, handelt.

*EU-Recht*

–

1 Die Vorschriften erklären die Nichtentrichtung von in einer Rechnung ausgewiesener Umsatzsteuer zum gesetzlichen Fälligkeitszeitpunkt zu einer Ordnungswidrigkeit bzw. im Falle des gewerbsmäßigen oder bandenmäßigen Handelns zu einer Straftat (§ 26c UStG; Rz. 7). Sie sollen Steuerausfällen begegnen, die aus der Inanspruchnahme des Vorsteuerabzugs durch den Rechnungsempfänger resultieren. Die Vorschriften sind vor allem zur **Bekämpfung** des Umsatzsteuerbetrugs in Gestalt von sog. **Umsatzsteuerkarussels** eingefügt worden.[1] Sie **laufen** jedoch bei verfassungskonformer Auslegung weitgehend **leer**.

2 **Rechnung** „im Sinne von § 14" ist nur eine solche, die den Leistungsempfänger zum Vorsteuerabzug nach § 15 Abs. 1 Satz 1 Nr. 1 UStG berechtigt.[2] Nach § 14c UStG geschuldete Steuer wird von § 26b UStG nicht erfasst.[3]

3 Die in der Rechnung ausgewiesene Steuer muss zu einem in § 18 Abs. 1 Satz 4 oder Abs. 4 Satz 1 oder 2 UStG genannten **Fälligkeitszeitpunkt** nicht oder nicht vollständig entrichtet worden sein. Die **Steuer** muss **angemeldet** oder vom Finanzamt festgesetzt worden sein, denn erst danach kann die Fälligkeit eintreten.[4] Das gilt entgegen der verfehlten Formulierung des § 18 Abs. 1 Satz 4 UStG

---

1 Vgl. Ber. des FinAussch. zum StVBG, BT-Drucks. 14/7471 – zu Nr. 6.
2 A.A. *Wilhelm*, UR 2005, 474 m.w.N.; *Tormöhlen*, UVR 2006, 207 (210).
3 *Bielefeld*, BB 2004, 2441.
4 Vgl. Ber. des FinAussch. zum StVBG, BT-Drucks. 14/7471 – zu Nr. 6: „den Finanzbehörden gegenüber erklärt, gleichwohl aber vorsätzlich nicht entrichtet".

Schädigung des Umsatzsteueraufkommens §§ 26b–c

auch für die monatlichen bzw. vierteljährlichen „Vorauszahlungen". Diese werden mithin nicht schon am 10. Tag nach Ablauf des Voranmeldungszeitraums, sondern erst nach Abgabe der Voranmeldung bzw. Festsetzung durch das Finanzamt fällig (§ 18 Rz. 36). Die Nicht- oder verspätete Erklärung der Steuer (Nicht- oder verspätete Abgabe der Steueranmeldung) wird als Steuerhinterziehung (§ 370 Abs. 1 Nr. 2 i.V.m. Abs. 4 Satz 1 Halbs. 2 AO) geahndet.

Der Tatbestand des § 26b UStG ist entgegen dem Wortlaut der Vorschrift nicht schon mit Nichtzahlung der Steuer bei Fälligkeit verwirklicht. Als **ungeschriebenes Tatbestandsmerkmal** kommt hinzu, dass der Unternehmer den geschuldeten Steuerbetrag zum Fälligkeitszeitpunkt auch als Teil der Gegenleistung **vereinnahmt** haben muss. Als zwangsverpflichteter Gehilfe des Staates bei der Umsatzbesteuerung (*Vorbem. Rz. 20*) darf der Unternehmer nicht zur Vorfinanzierung der Umsatzsteuer gezwungen werden. Eine solche verstieße gegen das Übermaßverbot; zudem würde die Gesetzgebungskompetenz fehlen (*Vorbem. Rz. 43 ff.*). Trotz des sog. Soll-Prinzips entsteht mithin die Steuer bei verfassungskonformer Auslegung solange nicht, wie sie nicht als Teil der Gegenleistung vereinnahmt worden ist, und wird deshalb auch noch nicht fällig (*§ 13 Rz. 9 ff. i.V.m. § 17 Rz. 53*). 4

Folglich **läuft** die Vorschrift **weitgehend leer**, weil in den typischen Fällen des sog. Umsatzsteuerkarussellbetruges die Rechnungen nicht bezahlt werden. Die Hauptursache des Steuerausfalles liegt deshalb in der fehlerhaften Praxis der Finanzämter, Vorsteuern auszuzahlen, ohne zu prüfen, ob die Voraussetzungen des § 15 UStG überhaupt vorliegen, sowie in dem unverständlichen Festhalten des Gesetzgebers am Soll-Prinzip (auch) beim Vorsteuerabzug (*§ 15 Rz. 215 f.*). § 26b UStG setzt mit untauglichen Mitteln am falschen Ende an. 5

Da es sich bei den Umsatzsteuerbeträgen, welche als Teil der Gegenleistung vereinnahmt werden, um treuhänderisch für den Staat vereinnahmte Beträge handelt, welche nicht für eigene Zwecke verwendet werden dürfen, kommt **Illiquidität** als **Entschuldigungsgrund** nicht in Frage. Demgegenüber soll nach Auffassung des Finanzausschusses eine analoge Anwendung des § 266 Abs. 5 StGB in Betracht kommen, so dass bei der Ermessensentscheidung nach dem Opportunitätsprinzip namentlich zu berücksichtigen sei, wenn der Betroffene unverzüglich und plausibel darlege, weshalb ihm eine fristgerechte Entrichtung trotz ernsthaften Bemühens nicht möglich sei.[1] Das ist nicht nachvollziehbar. 6

Durch § 26c UStG wird die Tathandlung i.S.d. § 26b UStG für denjenigen zu einer **Straftat**, welcher **gewerbsmäßig** oder als Mitglied einer **Bande**, die sich zur fortgesetzten Begehung solcher Handlungen verbunden hat (vgl. § 370a AO), vorgeht. 7

---

1 Ber. des FinAussch. zum StVBG, BT-Drucks. 14/7471 – zu Nr. 6.

1441

## § 27
## Allgemeine Übergangsvorschriften

(1) Änderungen dieses Gesetzes sind, soweit nichts anderes bestimmt ist, auf Umsätze im Sinne des § 1 Abs. 1 Nr. 1 und 5 anzuwenden, die ab dem Inkrafttreten der maßgeblichen Änderungsvorschrift ausgeführt werden. Das gilt für Lieferungen und sonstige Leistungen auch insoweit, als die Steuer dafür nach § 13 Abs. 1 Nr. 1 Buchstabe a Satz 4, Buchstabe b oder § 13b Absatz 4 Satz 2 vor dem Inkrafttreten der Änderungsvorschrift entstanden ist. Die Berechnung dieser Steuer ist für den Voranmeldungszeitraum zu berichtigen, in dem die Lieferung oder sonstige Leistung ausgeführt wird.

(1a) § 4 Nr. 14 ist auf Antrag auf vor dem 1. Januar 2000 erbrachte Umsätze aus der Tätigkeit als Sprachheilpädagoge entsprechend anzuwenden, soweit der Sprachheilpädagoge gemäß § 124 Abs. 2 des Fünften Buches Sozialgesetzbuch von den zuständigen Stellen der gesetzlichen Krankenkassen umfassend oder für bestimmte Teilgebiete der Sprachtherapie zur Abgabe von sprachtherapeutischen Heilmitteln zugelassen ist und die Voraussetzungen des § 4 Nr. 14 spätestens zum 1. Januar 2000 erfüllt. Bestandskräftige Steuerfestsetzungen können insoweit aufgehoben oder geändert werden.

(2) § 9 Abs. 2 ist nicht anzuwenden, wenn das auf dem Grundstück errichtete Gebäude

1. Wohnzwecken dient oder zu dienen bestimmt ist und vor dem 1. April 1985 fertig gestellt worden ist,

2. anderen nichtunternehmerischen Zwecken dient oder zu dienen bestimmt ist und vor dem 1. Januar 1986 fertig gestellt worden ist,

3. anderen als in den Nummern 1 und 2 bezeichneten Zwecken dient oder zu dienen bestimmt ist und vor dem 1. Januar 1998 fertig gestellt worden ist,

und wenn mit der Errichtung des Gebäudes in den Fällen der Nummern 1 und 2 vor dem 1. Juni 1984 und in den Fällen der Nummer 3 vor dem 11. November 1993 begonnen worden ist.

(3) § 14 Abs. 1a in der bis zum 31. Dezember 2003 geltenden Fassung ist auf Rechnungen anzuwenden, die nach dem 30. Juni 2002 ausgestellt werden, sofern die zugrunde liegenden Umsätze bis zum 31. Dezember 2003 ausgeführt wurden.

(4) Die §§ 13b, 14 Abs. 1, § 14a Abs. 4 und 5 Satz 3 Nr. 3, § 15 Abs. 1 Satz 1 Nr. 4 und Abs. 4b, § 17 Abs. 1 Satz 1, § 18 Abs. 4a Satz 1, § 19 Abs. 1 Satz 3, § 22 Abs. 1 Satz 2 und Abs. 2 Nr. 8, § 25a Abs. 5 Satz 3 in der jeweils bis zum 31. Dezember 2003 geltenden Fassung sind auch auf Umsätze anzuwenden, die vor dem 1. Januar 2002 ausgeführt worden sind, soweit das Entgelt für diese Umsätze erst nach dem 31. Dezember 2001 gezahlt worden ist. Soweit auf das Entgelt oder Teile des Entgelts für nach dem 31. Dezember 2001 ausgeführte Umsätze vor dem 1. Januar 2002 das Abzugsverfahren nach § 18 Abs. 8 in der bis zum 31. Dezember 2001 geltenden Fassung angewandt worden ist, mindert sich die vom Leistungsempfänger nach § 13b geschuldete Steuer um die bisher im Abzugsverfahren vom leistenden Unternehmer geschuldete Steuer.

Allgemeine Übergangsvorschriften § 27

(5) § 3 Abs. 9a Satz 2, § 15 Abs. 1b, § 15a Abs. 3 Nr. 2 und § 15a Abs. 4 Satz 2 in der jeweils bis 31. Dezember 2003 geltenden Fassung sind auf Fahrzeuge anzuwenden, die nach dem 31. März 1999 und vor dem 1. Januar 2004 angeschafft oder hergestellt, eingeführt, innergemeinschaftlich erworben oder gemietet worden sind und für die der Vorsteuerabzug nach § 15 Abs. 1b vorgenommen worden ist. Dies gilt nicht für nach dem 1. Januar 2004 anfallende Vorsteuerbeträge, die auf die Miete oder den Betrieb dieser Fahrzeuge entfallen.

(6) Umsätze aus der Nutzungsüberlassung von Sportanlagen können bis zum 31. Dezember 2004 in eine steuerfreie Grundstücksüberlassung und in eine steuerpflichtige Überlassung von Betriebsvorrichtungen aufgeteilt werden.

(7) § 13c ist anzuwenden auf Forderungen, die nach dem 7. November 2003 abgetreten, verpfändet oder gepfändet worden sind.

(8) § 15a Abs. 1 Satz 1 und Abs. 4 Satz 1 in der Fassung des Gesetzes vom 20. Dezember 2001 (BGBl. I S. 3794) ist auch für Zeiträume vor dem 1. Januar 2002 anzuwenden, wenn der Unternehmer den Vorsteuerabzug im Zeitpunkt des Leistungsbezugs auf Grund der von ihm erklärten Verwendungsabsicht in Anspruch genommen hat und die Nutzung ab dem Zeitpunkt der erstmaligen Verwendung mit den für den Vorsteuerabzug maßgebenden Verhältnissen nicht übereinstimmt.

(9) § 18 Abs. 1 Satz 1 ist erstmals auf Voranmeldungszeiträume anzuwenden, die nach dem 31. Dezember 2004 enden.

(10) § 4 Nr. 21a in der bis 31. Dezember 2003 geltenden Fassung ist auf Antrag auf vor dem 1. Januar 2005 erbrachte Umsätze der staatlichen Hochschulen aus Forschungstätigkeit anzuwenden, wenn die Leistungen auf einem Vertrag beruhen, der vor dem 3. September 2003 abgeschlossen worden ist.

(11) § 15a in der Fassung des Artikels 5 des Gesetzes vom 9. Dezember 2004 (BGBl. I S. 3310) ist auf Vorsteuerbeträge anzuwenden, deren zugrunde liegende Umsätze im Sinne des § 1 Abs. 1 nach dem 31. Dezember 2004 ausgeführt werden.

(12) Auf Vorsteuerbeträge, deren zugrunde liegende Umsätze im Sinne des § 1 Abs. 1 nach dem 31. Dezember 2006 ausgeführt werden, ist § 15a Abs. 3 und 4 in der am 1. Januar 2007 geltenden Fassung anzuwenden.

(13) § 18a Abs. 1 Satz 1, 4 und 5 in der Fassung des Artikels 7 des Gesetzes vom 13. Dezember 2006 (BGBl. I S. 2878) ist erstmals auf Meldezeiträume anzuwenden, die nach dem 31. Dezember 2006 enden.

(14) § 18 Abs. 9 in der Fassung des Artikels 7 des Gesetzes vom 19. Dezember 2008, (BGBl. I S. 2794) und § 18g sind auf Anträge auf Vergütung von Vorsteuerbeträgen anzuwenden, die nach dem 31. Dezember 2009 gestellt werden.

(15) § 14 Abs. 2 Satz 1 Nr. 2 und § 14 Abs. 3 Nr. 2 in der jeweils ab 1. Januar 2009 geltenden Fassung sind auf alle Rechnungen über Umsätze anzuwenden, die nach dem 31. Dezember 2008 ausgeführt werden.

(16) § 3 Absatz 9a Nummer 1, § 15 Absatz 1b, § 15a Absatz 6a und 8 Satz 2 in der Fassung des Artikels 4 des Gesetzes vom 8. Dezember 2010 (BGBl. I S. 1768) sind nicht anzuwenden auf Wirtschaftsgüter im Sinne des § 15 Absatz 1b, die auf Grund eines vor dem 1. Januar 2011 rechtswirksam abgeschlossenen obliga-

torischen Vertrags oder gleichstehenden Rechtsakts angeschafft worden sind oder mit deren Herstellung vor dem 1. Januar 2011 begonnen worden ist. Als Beginn der Herstellung gilt bei Gebäuden, für die eine Baugenehmigung erforderlich ist, der Zeitpunkt, in dem der Bauantrag gestellt wird; bei baugenehmigungsfreien Gebäuden, für die Bauunterlagen einzureichen sind, der Zeitpunkt, in dem die Bauunterlagen eingereicht werden.

(17) § 18 Absatz 3 in der Fassung des Artikels 4 des Gesetzes vom 8. Dezember 2010 (BGBl. I S. 1768) ist erstmals auf Besteuerungszeiträume anzuwenden, die nach dem 31. Dezember 2010 enden.

(18) § 14 Absatz 1 und 3 ist in der ab 1. Juli 2011 geltenden Fassung auf alle Rechnungen über Umsätze anzuwenden, die nach dem 30. Juni 2011 ausgeführt werden.

(19) Sind Unternehmer und Leistungsempfänger davon ausgegangen, dass der Leistungsempfänger die Steuer nach § 13b auf eine vor dem 15. Februar 2014 erbrachte steuerpflichtige Leistung schuldet, und stellt sich diese Annahme als unrichtig heraus, ist die gegen den leistenden Unternehmer wirkende Stuerfestsetzung zu ändern, soweit der Leistungsempfänger die Erstattung der Steuer fordert, die er in der Annahme entrichtet hatte, Steuerschuldner zu sein. § 176 der Abgabenordnung steht der Änderung nach Satz 1 nicht entgegen. Das für den leistenden Unternehmer zuständige Finanzamt kann auf Antrag zulassen, dass der leistende Unternehmer dem Finanzamt den ihm gegen den Leistungsempfänger zustehenden Anspruch auf Zahlung der gesetzlich entstandenen Umsatzsteuer abtritt, wenn die Annahme der Steuerschuld des Leistungsempfängers im Vertrauen auf eine Verwaltungsanweisung beruhte und der leistende Unternehmer bei der Durchsetzung des abgetretenen Anspruchs mitwirkt. Die Abtretung wirkt an Zahlungs statt, wenn

1. der leistende Unternehmer dem Leistungsempfänger eine erstmalige oder geänderte Rechnung mit offen ausgewiesener Umsatzsteuer ausstellt,
2. die Abtretung an das Finanzamt wirksam bleibt,
3. dem Leistungsempfänger diese Abtretung unverzüglich mit dem Hinweis angezeigt wird, dass eine Zahlung an den leistenden Unternehmer keine schuldbefreiende Wirkung mehr hat, und
4. der leistende Unternehmer seiner Mitwirkungspflicht nachkommt.

(20) § 18h Absatz 3 und 4 in der Fassung des Gesetzes vom 25. Juli 2014 (BGBl. I S. 1266) ist erstmals auf Besteuerungszeiträume anzuwenden, die nach dem 31. Dezember 2014 enden.

(21) § 18 Absatz 2 in der am 1. Januar 2015 geltenden Fassung ist erstmals auf Voranmeldungszeiträume anzuwenden, die nach dem 31.12.2014 enden.

*EU-Recht*

Art. 93 Buchst. a, Art. 95 MwStSystRL.

*VV*

Abschn. 27.1 UStAE.

A. Vorbemerkungen ............. 1
B. Allgemeine Übergangsregelung (Abs. 1)
  I. Grundsatz (Satz 1)
     1. Allgemeines ................ 5
     2. Teilleistungen ............. 13
     3. Nachträglicher Verzicht auf Steuerbefreiung .............. 15
     4. Änderung der Bemessungsgrundlage u.Ä. ................ 16
     5. Entnahmen und unentgeltliche Leistungen ................... 20
  II. Vor dem Inkrafttreten vereinnahmte Beträge (Sätze 2 und 3) . 21
  III. Vorsteuerabzug ............... 28
  IV. Analoge Anwendung beim Wechsel der Besteuerungsform ....................... 29
  V. Änderung der Rechtsprechung? 31
C. Besondere Übergangsregelungen
  I. Vermietung „älterer" Gebäude (Abs. 2) .................... 33
  II. Rechnungen (Abs. 3, 15 und 18) 38
  III. Beschränkungen und Berichtigungen des Vorsteuerabzugs
     1. Fahrzeuge mit halbem Vorsteuerabzug (Abs. 5) ............. 41
     2. Private Grundstücksverwendung (Abs. 16) ................ 42
     3. Berichtigung des Vorsteuerabzugs (Abs. 11, 12 und 16) .... 44
  IV. Vergütungsverfahren (Abs. 14) . 47
  V. Irrtum über die Steuerschuldnerschaft des Leistungsempfängers (Abs. 19) ................ 48

## A. Vorbemerkungen

§ 27 Abs. 1 UStG enthält die **Grundregel** zur erstmaligen **Anwendung** von **Änderungen** des Umsatzsteuergesetzes und trägt dem rechtsstaatlichen Grundsatz Rechnung, dass Gesetze nicht auf abgeschlossene Sachverhalte zurückwirken dürfen. § 27 Abs. 1a bis 18 UStG enthalten hingegen davon **abweichende spezielle Übergangsregelungen** für bestimmte Gesetzesänderungen. Zuweilen enthalten sie Rückwirkungen, welche entweder zugunsten der Betroffenen wirken oder aber keinen Vertrauensschutz verlangen. Die **Überschrift** „Allgemeine Übergangsvorschriften" ist weitgehend **verfehlt**, da sie nur auf § 27 Abs. 1 UStG zutrifft. 1

Soweit § 27 Abs. 1a ff. UStG keine Übergangsregelung für eine Gesetzesänderung enthält, bleibt die Finanzverwaltung befugt und ist ggf. bei einer Ermessensreduzierung auf Null dazu verpflichtet, eine solche zugunsten der Unternehmer auf der Grundlage des § 163 AO als „**Billigkeitsregelung**" zu erlassen. 2

In früheren Fassungen des Gesetzes waren einzelne Absätze des § 27 Abs. 1a ff. UStG mit anderen Übergangsregelungen zu **älteren Gesetzesänderungen** besetzt gewesen.[1] Diese Übergangsregelungen wurden mit ihrer Ersetzung durch spätere bzw. die heutigen nicht bedeutungslos. Sie gelten vielmehr, sofern sie nicht ohnehin nur befristet waren, für solche Umsätze fort, die bis zum Inkrafttreten der ersetzenden Vorschrift ausgeführt worden waren. 3

§ 27 Abs. 1 UStG erfasst entgegen seinem Wortlaut nicht nur Gesetzesänderungen, sondern bringt einen **allgemeinen Grundsatz** für die **zeitliche** und **sachliche Zuordnung** von Umsätzen (Leistungen) einschließlich Teilleistungen (*§ 13* 4

---

[1] Dazu *Nieskens* in R/D, § 27 UStG Anm. 1 ff.; *Birkenfeld* in B/W, § 260 Rz. 16 ff.

*Rz. 26*) zum Ausdruck, sofern es um deren Besteuerung geht. Das gilt insbesondere in den Fällen des **Wechsels der Besteuerungsform** (**Übergang** von der allgemeinen Besteuerung zu einer Sonderregelung i.S.d. §§ 19, 23, 23a und 24 UStG und umgekehrt) für die Zuordnung der Umsätze (*Rz. 29*), nicht jedoch der Vorsteuern (*Rz. 30*).

## B. Allgemeine Übergangsregelung (Abs. 1)
### I. Grundsatz (Satz 1)
#### 1. Allgemeines

5 Änderungen des UStG sind, soweit nichts anderes bestimmt ist, auf **Umsätze** i.S.d. § 1 Abs. 1 Nr. 1 und 5 UStG anzuwenden, die **ab** dem **Inkrafttreten** der maßgeblichen Änderungsvorschrift **ausgeführt** werden (§ 27 Abs. 1 Satz 1 UStG). Derartige Gesetzesänderungen können nicht nur die unmittelbare Besteuerung der Umsätze (Steuerbarkeit, Steuerpflicht, Bemessungsgrundlagen, Steuersätze u.Ä.) einschließlich der Aufzeichnungs-, Verfahrens- u.ä. Vorschriften betreffen, sondern können sich **auch** auf den **Vorsteuerabzug** und damit zusammenhängende Rechte und Pflichten beziehen (*Rz. 28*).

6 Das **Inkrafttreten** der Änderung ergibt sich aus dem jeweiligen Änderungsgesetz. Fehlt eine derartige Bestimmung, so tritt die Änderung mit dem vierzehnten Tage nach Ablauf des Tages in Kraft, an dem das Bundesgesetzblatt ausgegeben worden ist (Art. 82 Abs. 2 Satz 2 GG).

7 Die Regelungen des § 27 Abs. 1 UStG gelten für **Umsätze** i.S.d. § 1 Abs. 1 Nr. 1 und 5 UStG, d.h. für die entgeltlichen Umsätze sowie die als Umsätze fingierten innergemeinschaftlichen Erwerbe. Die Vorschrift erfasst auch Teilleistungen (*Rz. 13*). „Umsätze" i.S.d. § 1 Abs. 1 Nr. 1 UStG sind auf Grund der Fiktionen des § 3 Abs. 1b und 9a UStG auch **Entnahmen** und **unentgeltliche Leistungen**. Gleichwohl ist bei Steuersatzänderungen für diese „Umsätze" m.E. nicht § 27 Abs. 1 UStG maßgebend (*Rz. 20*).

8 Maßgebend für die Anwendung der Gesetzesänderung ist ausschließlich der Zeitpunkt der **Ausführung** der Leistung bzw. Teilleistung (dazu *Rz. 14*) nach dem Inkrafttreten der Änderungsvorschrift (zum **Zeitpunkt** der Ausführung von Lieferungen, sonstigen Leistungen und Entnahmen s. *§ 13 Rz. 12 ff., 41 ff.*; zum Ausführungszeitpunkt bei *Grundstückslieferungen* s. *Rz. 15*). Die Finanzverwaltung hat anlässlich der **Steuersatzerhöhung** zum 1.1.2007 eine Vielzahl von **Vereinfachungen** für den **Übergang** vorgesehen.[1]

9 **Ohne Bedeutung** ist der Zeitpunkt des Vertragsabschlusses, der Erteilung einer **Rechnung**, der Fälligkeit[2] oder der Vereinnahmung der Gegenleistung. Unerheblich ist auch der Zeitpunkt der **Entstehung** der Steuer nach § 13 UStG[3] oder § 13b UStG.

---
1 BMF v. 11.8.2006 – IV A 5 - S 7210 - 23/06, BStBl. I 2006, 477.
2 Das verkennt OVG Münster v. 23.10.2008 – 19 E 504/07, NJW 2009, 933.
3 Auch das verkennt OVG Münster v. 23.10.2008 – 19 E 504/07, NJW 2009, 933. Die Entscheidung ist nur i.E. zutreffend.

Das gilt auch, soweit auf die Umsätze die sog. **Ist-Versteuerung** angewendet wird (Klarstellung durch § 27 Abs. 1 Satz 2 UStG; *Rz. 21 ff.*). Folglich ist auf Umsätze einschließlich Teilleistungen, welche vor dem Inkrafttreten der Gesetzesänderung ausgeführt worden sind, bei der sog. Ist-Versteuerung (§ 13 Abs. 1 Nr. 1 Buchst. b UStG) das alte Recht anzuwenden, wenn die Gegenleistung erst nach diesem Zeitpunkt vereinnahmt wird und die Steuer mithin auch erst danach entsteht.[1]  10

Der „Umsatz" **innergemeinschaftlicher Erwerb** (§ 1 Abs. 1 Nr. 5 UStG) ist mit dem Gelangen des Gegenstandes zum Erwerber ausgeführt, während die Steuer gem. § 13 Abs. 1 Nr. 6 UStG später entstehen kann, so dass z.B. zwischen beiden Zeitpunkten das Inkrafttreten einer Steuersatzerhöhung liegen kann.[2] § 27 Abs. 1 UStG betrifft nach seinem Wortlaut nicht „Umsätze" i.S.d. § 1 Abs. 1 Nr. 4 UStG. Aber auch bei Einfuhren kann es für die Anwendbarkeit von Gesetzesänderungen nur auf den Zeitpunkt der Ausführung der **Einfuhr** ankommen.  11

§ 27 UStG betrifft die **umsatzsteuerrechtlichen Folgen** einer Gesetzesänderung. Davon zu unterscheiden sind die Fragen, ob der Unternehmer, der die Mehrsteuer schuldet, diese auf seinen Vertragspartner abwälzen kann, oder ob der Leistungsempfänger, wenn sich die Steuerbelastung für den leistenden Unternehmer verringert, einen Ausgleichsanspruch gegenüber diesem hat. Diese **zivilrechtlichen Ausgleichsansprüche** sind in § 29 UStG geregelt und können sich darüber hinaus ggf. auch aus § 313 BGB oder im Wege der Vertragsauslegung ergeben.[3]  12

## 2. Teilleistungen

§ 27 Abs. 1 UStG spricht zwar von „Leistungen" und „Umsätzen", meint jedoch auch die **Teilleistungen** i.S.d. § 13 Abs. 1 Nr. 1 Buchst. a Sätze 2 und 3 UStG (*§ 13 Rz. 19 ff.*), da diese generell wie Umsätze zu behandeln sind (*§ 13 Rz. 26*). Das ist unabhängig davon, ob der Unternehmer die sog. Ist-Versteuerung oder Soll-Versteuerung anwendet (*Rz. 10*). Folglich erfasst die Gesetzesänderung nicht Teilleistungen, welche vor dem Inkrafttreten der Änderungsvorschrift ausgeführt worden sind, auch wenn die Gesamtleistung erst nach diesem Zeitpunkt ausgeführt wird.[4] Voraussetzung soll nach Auffassung der Finanzverwaltung[5] sein, dass die Teilleistungen vor diesem Zeitpunkt vereinbart worden waren. Diese Sichtweise dürfte Art. 64 Abs. 1 MwStSystRL widersprechen, wonach Lieferungen und Dienstleistungen, soweit sie zu aufeinander folgenden Abrechnungen *oder Zahlungen Anlass geben* (dazu *§ 13 Rz. 20*), jeweils als mit Ablauf des Zeitraums bewirkt gelten, auf den sich diese Abrechnungen oder Zahlungen beziehen. Auf eine **Vereinbarung** kommt es danach **nicht** an.[6]  13

---

1 BMF v. 11.8.2006 – IV A 5 - S 7210 - 23/06, BStBl. I 2006, 477 – Rz. 7 (Tz. 2.2) zur Steuersatzerhöhung.
2 Vgl. *Winter/Höink*, DB 2006, 968.
3 Dazu *Stadie* in R/D, Einf. Anm. 914 ff.
4 Vgl. zu Steuersatzänderungen BMF v. 11.8.2006 – IV A 5 - S 7210 - 23/06, BStBl. I 2006, 477 – Rz. 2 und Rz. 20; BMF v. 5.3.2010 – IV D 2 - S 7210/07/10003, BStBl. I 2010, 259 – Rz. 2.
5 BMF v. 11.8.2006 – IV A 5 - S 7210 - 23/06, BStBl. I 2006, 477 – Rz. 21 und Rz. 25.
6 A.A. FG Berlin-Bdb. v. 12.3.2014 – 7 K 7163/11, EFG 2014, 1248.

14 Maßgebend für die Anwendung der Gesetzesänderung ist ausschließlich der Zeitpunkt der **Ausführung** der Teilleistung nach dem Inkrafttreten der Änderungsvorschrift. Die Finanzverwaltung verlangt für Teilleistungen, welche Teile einer **Werklieferung** sind, dass diese vor dem Inkrafttreten der Gesetzesänderung abgenommen worden sind.[1] Richtigerweise kann es wie bei sog. Werkleistungen (*§ 13 Rz. 14*) – schon zur Vermeidung von Abgrenzungsschwierigkeiten – nur darauf ankommen, dass die fraglichen Teile der Gesamtleistung vor diesem Zeitpunkt erbracht und dem Auftraggeber *abnahmefähig* zur Verfügung gestellt worden sind.

### 3. Nachträglicher Verzicht auf Steuerbefreiung

15 Bei einem nachträglichen Verzicht auf eine Steuerbefreiung gem. § 9 UStG geht der BFH davon aus, dass dieser zurückwirke (*§ 9 Rz. 41*), was insbesondere zur Folge hätte, dass der Steuersatz anzuwenden wäre, welcher zur Zeit der Ausführung des damals steuerfreien Umsatzes galt. Diese Sichtweise ist verfehlt, da das Umsatzsteuergesetz keine Rückwirkung kennt, sondern vielmehr in § 17 Abs. 1 Satz 7 UStG einen allgemeinen Grundsatz zum Ausdruck bringt (*§ 17 Rz. 90*), der auch hier anzuwenden ist (*§ 9 Rz. 43*). Folglich ist „ausgeführter Umsatz" i.S.d. § 27 Abs. 1 UStG richtigerweise der durch den Verzicht steuerpflichtig gewordene Umsatz, so dass derjenige Steuersatz maßgebend ist, welcher im Zeitpunkt des Wirksamwerdens des Verzichtes gilt. Das ist namentlich bei der Lieferung eines **Grundstücks** o.Ä. von Bedeutung. Zwar wird ein Verzicht nur vereinbart werden, wenn der Erwerber zum Vorsteuerabzug berechtigt ist (*§ 9 Rz. 9*), so dass diesen die Höhe der Umsatzsteuer vorerst nicht interessiert. Für eine etwaige Vorsteuerberichtigung nach § 15a UStG in den nächsten Jahren bestimmt hingegen der Steuersatz das Berichtigungsvolumen.

### 4. Änderung der Bemessungsgrundlage u.Ä.

16 Bei einer Änderung der Bemessungsgrundlage (§ 17 Abs. 1 UStG) und bei den durch § 17 Abs. 2 UStG gleichgestellten Ereignissen, welche nach dem Inkrafttreten der Gesetzesänderung eintreten, ist für die Berichtigung der Steuer diejenige Gesetzeslage, d.h. vor allem derjenige Steuersatz maßgebend, welcher im Zeitpunkt der Ausführung des Umsatzes galt. Die Finanzverwaltung lässt verschiedene **Vereinfachungsmaßnahmen** zu.[2]

17 Die **Erstattung** von **Pfandbeträgen** für Warenumschließungen (**Rücknahme** von **Leergut**) führt zu Änderungen der Bemessungsgrundlagen i.S.d. § 17 Abs. 1 UStG (*§ 17 Rz. 34*), so dass die Berichtigung der Steuer sich nach dem Steuersatz der jeweiligen Lieferungen richten müsste. Zur Vermeidung unzumutbarer Schwierigkeiten lässt die Finanzverwaltung Vereinfachungen zu.[3]

18 Beim **Umtausch** eines Gegenstandes wird die ursprüngliche Lieferung rückgängig gemacht (§ 17 Abs. 2 Nr. 3 UStG). An ihre Stelle tritt eine neue Lieferung

---

1 BMF v. 11.8.2006 – IV A 5 - S 7210 - 23/06, BStBl. I 2006, 477 – Rz. 20; OFD Karlsruhe v. 19.9.2005 – USt-Kartei S 7270 - Karte 2, UR 2006, 302.
2 BMF v. 11.8.2006 – IV A 5 - S 7210 - 23/06, BStBl. I 2006, 477 – Rz. 27 ff.
3 BMF v. 11.8.2006 – IV A 5 - S 7210 - 23/06, BStBl. I 2006, 477 – Rz. 29.

Allgemeine Übergangsregelung (Abs. 1) § 27

(*§ 17 Rz. 75*). Folglich ist die zu diesem Zeitpunkt maßgebende Gesetzeslage, d.h. vor allem der nun geltende Steuersatz anzuwenden.[1] Entsprechendes gilt für eine **Rücklieferung** (vgl. *§ 17 Rz. 74*).

Bei der Gewährung von gemeinsamen **Boni**, **Rückvergütungen** u.Ä. für unterschiedlich besteuerte Leistungen eines bestimmten Zeitabschnitts, welcher sich über den Zeitpunkt des Wirksamwerdens der Steuersatzänderung hinaus erstreckt, müssen die Berichtigungen der Steuerbeträge grundsätzlich anhand der unterschiedlichen Steuersätze für die einzelnen Umsätze vor und nach diesem Zeitpunkt vorgenommen werden. Die Finanzverwaltung lässt für den Fall, dass es sich bei dem Zeitabschnitt um ein Jahr handelt (der Sinn dieser Einengung, den auch § 17 Abs. 4 UStG nicht kennt, ist nicht erkennbar), **vereinfachte Aufteilungsverfahren** zu, an welche auch der Leistungsempfänger hinsichtlich der Berichtigung des Vorsteuerabzugs gebunden sein soll.[2] Letzteres lässt sich indes nicht aus § 17 Abs. 4 UStG ableiten.

19

### 5. Entnahmen und unentgeltliche Leistungen

Bei Entnahmen, Nutzungsentnahmen und unentgeltlichen Leistungen (§ 3 Abs. 1b und Abs. 9a UStG) ist nicht der zum Zeitpunkt der Ausführung der Entnahme usw. geltende Steuersatz, sondern jeweils derjenige **Steuersatz** anzuwenden, welcher **beim Bezug** der jeweils entnommenen bzw. weitergegebenen Leistung angewendet worden war. Das widerspricht zwar dem Wortlaut des § 12 Abs. 1 i.V.m. § 27 Abs. 1 Satz 1 UStG, folgt aber aus dem Zweck der Entnahmebesteuerung, welche trotz der rechtstechnischen Anknüpfung an die Entnahme als „Umsatz" lediglich die **Neutralisierung** („Rückgängigmachung") des **vorgenommenen Vorsteuerabzugs** bewirken soll, wie eine Gesamtschau von § 3 Abs. 1b Satz 2, Abs. 9a Nr. 1, § 4 Nr. 28, § 15a Abs. 3 Satz 2, Abs. 6a und Abs. 8 und § 17 Abs. 2 Nr. 5 UStG bzw. der Art. 16 Abs. 1, Art. 18, Art. 26 Abs. 1 Buchst. a, Art. 136, Art. 168a Abs. 1 Unterabs. 2, Art. 187 und 188 MwStSystRL belegt (*§ 3 Rz. 56*). Die Behandlung dieser Vorgänge als Umsätze ist mithin nur schlichte Gesetzestechnik, welche vernebelt, dass es nur um die Neutralisierung des Vorsteuerabzugs geht. Daraus folgt, dass bei Steuersatzänderungen für diese „Umsätze" nicht § 27 Abs. 1 UStG maßgebend ist, sondern richtigerweise entgegen der Auffassung des BFH[3] und der Verwaltungspraxis der beim Bezug der Leistung zugrunde gelegte Steuersatz anzuwenden ist (*§ 12 Rz. 15*). Das ergibt sich nunmehr auch im **Umkehrschluss** aus **§ 26 Abs. 4 Sätze 5 und 6** UStG (*§ 26 Rz. 15*).

20

### II. Vor dem Inkrafttreten vereinnahmte Beträge (Sätze 2 und 3)

Aus dem Grundsatz, dass es für die Anwendung der Gesetzesänderung ausschließlich auf den Zeitpunkt der Ausführung des Umsatzes bzw. der Teilleistung ankommt (§ 27 Abs. 1 Satz 1 UStG), folgt, dass auch, soweit bei **Anzahlungen** und **Vorauszahlungen** die Steuer nach § 13 Abs. 1 Nr. 1 Buchst. a Satz 4,

21

---
[1] BMF v. 11.8.2006 – IV A 5 - S 7210 - 23/06, BStBl. I 2006, 477 – Rz. 43.
[2] BMF v. 11.8.2006 – IV A 5 - S 7210 - 23/06, BStBl. I 2006, 477 – Rz. 31 f.
[3] BFH v. 2.7.2008 – XI R 60/06, BStBl. II 2009, 167 – 4e der Gründe.

Buchst. b oder nach § 13b Abs. 4 Satz 2 UStG bereits vor dem Inkrafttreten der Änderungsvorschrift **vorläufig** entstanden ist, die endgültige Besteuerung sich nach dem geänderten Gesetz bestimmt, wenn der Umsatz bzw. die Teilleistung erst nach dem Inkrafttreten der Änderung ausgeführt wird (§ 27 Abs. 1 Satz 2 UStG). Für die sog. **Soll-Versteuerung** bedeutet dies, dass bei einer Steuersatzerhöhung die Steuer in Höhe der Differenz mit Ablauf des Voranmeldungszeitraums entsteht, in dem die Leistung bzw. Teilleistung ausgeführt worden ist (§ 13 Abs. 1 Nr. 1 Buchst. a Satz 1 bzw. 2 UStG). Die Klarstellung ergibt sich aus § 27 Abs. 1 Satz 3 UStG (wenn von § 13b Abs. 2 UStG abgesehen wird).

22 Für die sog. **Ist-Versteuerung** (§ 13 Abs. 1 Nr. 1 Buchst. b UStG) gilt Entsprechendes, denn auch hierfür bestimmt § 27 Abs. 1 Satz 2 UStG, dass diejenige Gesetzeslage maßgebend ist, welche zum Zeitpunkt der Ausführung des Umsatzes besteht. Auch insoweit tritt auf Grund der Gesetzesänderung keine Rückwirkung ein, denn die Steuer ist erst für den Voranmeldungszeitraum zu berichtigen, in dem die Leistung ausgeführt wird (§ 27 Abs. 1 Satz 3 UStG). Die Mehrsteuer bei einer Steuersatzänderung entsteht dann auch erst zu diesem Zeitpunkt (Rz. 23).

23 Für den Fall, dass bereits vor Inkrafttreten der Gesetzesänderung („die") Steuer nach § 13 Abs. 1 Nr. 1 Buchst. a Satz 4 oder Buchst. b UStG entstanden ist, ist die **Berechnung** dieser Steuer für den Voranmeldungszeitraum zu **berichtigen**, in dem die Leistung ausgeführt wird (§ 27 Abs. 1 Satz 3 UStG). Hierbei handelt es sich um eine materiell-rechtliche Vorschrift, welche entsprechend dem allgemeinen umsatzsteuerrechtlichen Grundsatz des § 17 Abs. 1 Satz 7 UStG (*§ 17 Rz. 90*) klarstellt, dass **keine Rückwirkung** auf den Zeitpunkt der Entstehung nach § 13 Abs. 1 Nr. 1 Buchst. a Satz 4 oder Buchst. b UStG eintritt. Vielmehr entsteht die Mehrsteuer auch erst mit Ablauf dieses Voranmeldungszeitraums. Die missverständliche Formulierung des § 27 Abs. 1 Satz 3 UStG, wonach die „Berechnung" der Steuer zu „berichtigen" sei, bringt lediglich zum Ausdruck, dass die Mehrsteuer (bzw. die Mindersteuer) bei der Steuerberechnung für denjenigen Voranmeldungszeitraum zu berücksichtigen ist, in dem die Leistung ausgeführt wird. Die Vorschrift ergänzt mithin § 16 Abs. 1 Satz 2 und § 18 Abs. 1 Satz 2 UStG.

24 Die Finanzverwaltung lässt es bei Steuersatzerhöhungen zur **Vereinfachung** zu, dass in dem Fall, in dem noch weitere Zahlungen für den Umsatz bzw. die Teilleistung zu erfolgen haben, die Mehrsteuer für den Voranmeldungszeitraum berücksichtigt wird, in dem der **letzte Teilbetrag vereinnahmt** wird.[1] Das kann indes nur gelten, wenn die restlichen Zahlungen zu den vereinbarten Zeitpunkten erfolgen.

25 Nach seinem Wortlaut gilt § 27 Abs. 1 Satz 3 UStG auch für Gesetzesänderungen, welche zu einer **Steuerbefreiung** oder Steuerermäßigung führen (*Beispiel:* Vorauszahlung für eine bislang steuerpflichtige Leistung, welche erst nach dem Inkrafttreten einer Gesetzesänderung, wonach derartige Umsätze nunmehr steuerfrei sind, ausgeführt wird). Die Steuer wäre danach erst dann zu berichtigen, wenn die nunmehr steuerfreie Leistung ausgeführt worden ist. Das würde

---

1 BMF v. 11.8.2006 – IV A 5 - S 7210 - 23/06, BStBl. I 2006, 477 – Rz. 6 a.E. (Tz. 2.2).

Allgemeine Übergangsregelung (Abs. 1) §27

zu einer (ggf. längeren) Aufrechterhaltung einer nicht mehr gewollten Besteuerung führen und kann deshalb nicht den Intentionen des Gesetzgebers entsprechen. Folglich ist § 17 Abs. 2 Nr. 2 i.V.m. Abs. 1 Satz 7 UStG entsprechend anzuwenden, so dass die Steuer für denjenigen Voranmeldungszeitraum zu berichtigen ist, in dem bzw. zu dessen Beginn die Steuerbefreiung in Kraft getreten ist.

Bei einem sog. **Leasingvertrag** ist die sog. **Sonderzahlung** nicht das Entgelt für eine Teilleistung, so dass die vor Inkrafttreten der Gesetzesänderung getätigte Sonderzahlung als **Vorauszahlung** (*§ 13 Rz. 28*) anteilig auf alle Teilleistungen (regelmäßig monatliche Nutzungsüberlassungen) zu verteilen und den dafür geltenden Steuersätzen zu unterwerfen ist. Entsprechendes gilt m.E. für den am Ende des Vertrages zu zahlenden **Wertminderungsausgleich**, da er Gegenleistung für die gesamte Gebrauchsüberlassung ist (vgl. *§ 1 Rz. 63*). 26

**Strom-, Gas-, Wasser- und Wärmelieferungen** sollen nach Auffassung der Finanzverwaltung zwar erst mit Ablauf des jeweiligen Ablesezeitraums als ausgeführt zu behandeln sein, so dass den Abschlagszahlungen keine Teilleistungen zugrunde lägen[1], für Ablesezeiträume, die über den Änderungsstichtag hinausgehen, wird es jedoch zu Recht zugelassen, dass über den Verbrauch bis zu diesem Stichtag gesondert abgerechnet und der alte Steuersatz angewendet wird.[2] 27

## III. Vorsteuerabzug

Der Grundsatz des § 27 Abs. 1 Satz 1 UStG bezieht sich auf alle Gesetzesänderungen und gilt folglich **auch** für Vorschriften zum **Vorsteuerabzug** und zu damit zusammenhängenden Rechten und Pflichten (**Rechnungsinhalte** u.Ä., Abziehbarkeit der Vorsteuer gem. § 15 Abs. 1 Satz 1 Nr. 1 i.V.m. § 14 Abs. 4 Satz 1 Nr. 8 UStG, Berichtigung des Vorsteuerabzugs usw.). Auch insoweit kommt es auf den Zeitpunkt der Ausführung der dem Vorsteuerabzug zugrunde liegenden Umsätze, d.h. der Leistungsbezüge an (s. auch § 27 Abs. 3 UStG). § 27 Abs. 11, 12 und 15 UStG enthält deshalb nur Klarstellungen, welche sich bereits aus § 27 Abs. 1 UStG ergeben. Die Regelung des § 27 Abs. 1 UStG gilt m.E. auch für „Umsätze" in Gestalt der Einfuhr, obwohl § 27 Abs. 1 UStG sie nicht nennt. Es dürfte sich lediglich um ein Versehen des Gesetzgebers handeln. Folglich gelten Veränderungen bei den Vorsteuerabzugsregelungen einschließlich der Berichtigungsvorschriften (§ 15a, § 17 Abs. 2 Nr. 5 UStG) auch für die **Einfuhrumsatzsteuer**. 28

## IV. Analoge Anwendung beim Wechsel der Besteuerungsform

§ 27 Abs. 1 UStG betrifft nach seinem Wortlaut nur Gesetzesänderungen. Diese Regelungen bringen jedoch darüber hinaus einen **allgemeinen Grundsatz** für die **zeitliche** und **sachliche Zuordnung** von Umsätzen (Leistungen) einschließlich Teilleistungen (*§ 13 Rz. 26*) zum Ausdruck[3], sofern es um deren Besteuerung 29

---
1 Abschn. 13.1 Abs. 2 Sätze 3 f. UStAE.
2 BMF v. 11.8.2006 – IV A 5 - S 7210 - 23/06, BStBl. I 2006, 477 – Rz. 34 ff.
3 A.A. *Reiß* in R/K/L, § 19 UStG Rz. 43.

1451

geht. § 27 Abs. 1 UStG ist deshalb die **allgemeine Übergangsvorschrift** für Umsätze und beschränkt sich nicht nur auf Gesetzesänderungen (*Rz. 4*). Mithin hat auch in den Fällen des **Wechsels der Besteuerungsform** (**Übergang** von der allgemeinen Besteuerung zu einer Sonderregelung i.S.d. §§ 19 und 24 UStG und umgekehrt) die **Zuordnung** der **Umsätze analog** § 27 Abs. 1 UStG zu erfolgen (vgl. *§ 19 Rz. 44*).

30  Hingegen kommt es bei der Zuordnung der **Vorsteuern** im Falle des **Wechsels der Besteuerungsform** entgegen der h.M. nicht auf die Ausführung der bezogenen Leistungen, sondern auf den Zeitpunkt ihrer **Verwendung** an. Insoweit ergibt sich die Zuordnungsregel aus § 15 Abs. 2 und 4 i.V.m. § 15a UStG (vgl. *§ 19 Rz. 45; § 23 Rz. 27; § 24 Rz. 53*).

## V. Änderung der Rechtsprechung?

31  Ändert sich die Rechtsprechung des BFH, so ist diese grundsätzlich auch auf **zurückliegende Sachverhalte**, d.h. auf bereits ausgeführte Umsätze anzuwenden.[1] Anderenfalls wäre gar keine Rechtsprechungsänderung möglich, da die Rechtsprechung sich stets mit abgeschlossenen Sachverhalten befasst. Allerdings stellt es für den Bürger keinen Unterschied dar, ob der Gesetzgeber unbestimmte Rechtsbegriffe präzisiert oder diese Aufgabe der Rechtsprechung überlässt.[2] Eine Änderung der Rechtsprechung des BFH wirkt deshalb wie eine Gesetzesänderung. Gleichwohl kann § 27 Abs. 1 UStG nicht analog auf eine **verschärfende Rechtsprechung** angewendet werden, weil der Gesetzgeber das Problem gesehen hat und dieses vor allem auch einer Einzelfalllösung bedarf.

32  Soweit eine **Abwälzung** der Steuer (Mehrsteuer) auf den Leistungsempfänger nicht problemlos möglich ist, muss dem leistenden Unternehmer **Vertrauensschutz** gewährt werden. Als Gehilfen des Staates (*Vorbem. Rz. 20*) darf den Unternehmer keine Umsatzsteuer treffen, welche er mangels Kenntnis nicht abwälzen konnte. Folglich ist die Steuer gem. § 163 Satz 1 i.V.m. Satz 3 AO gar nicht erst festzusetzen.

## C. Besondere Übergangsregelungen

Zu Absatz 1a s. 1. Aufl., § 27 UStG Rz. 33; zu Absatz 4 s. 2. Aufl., § 27 UStG Rz. 41 f.; zu Absatz 8 s. 2. Aufl., § 27 UStG Rz. 48; zu den Absätzen 6, 7, 9, 10, 13 und 17 s. 2. Aufl., § 27 UStG Rz. 51–54.

## I. Vermietung „älterer" Gebäude (Abs. 2)

33  Der **Verzicht** auf die **Steuerbefreiung** der **Vermietung** und Verpachtung (einschließlich gleichgestellter Nutzungsüberlassungen) von Grundstücken (§ 4 Nr. 12 Satz 1 UStG) ist nach **§ 9 Abs. 2** UStG nur zulässig, soweit der Mieter

---

1 Vgl. Großer Senat des BFH v. 25.6.1984 – GrS 4/82, BStBl. II 1984, 751, (757) m.w.N.; BFH v. 19.11.1985 – VIII R 4/83, BStBl. II 1986, 289 (293); BFH v. 11.12.1991 – II R 49/89, BStBl. II 1992, 260.
2 Vgl. zur entsprechenden verfassungsrechtlichen Problematik bei der rückwirkenden Rechtsprechungsänderung *Stadie*, Allg. SteuerR, Rz. 82 m.w.N.

usw. das Grundstück ausschließlich für Umsätze verwendet, die den Vorsteuerabzug nicht ausschließen. Diese Einschränkung ergibt sich bereits aus dem Zweck des Verzichts auf die Steuerbefreiung, so dass es sich letztlich nur um eine Klarstellung handelt (§ 9 Rz. 24). § 9 Abs. 2 UStG soll die Erlangung eines dem Gesetzeszweck widersprechenden Vorsteuerabzugs aus den Herstellungskosten eines Gebäudes und die darin liegende Subvention in den Fällen der sog. **Zwischenvermietung**, d.h. in den Fällen, in denen der letztendliche Nutzer als Nichtunternehmer oder nach § 15 Abs. 2 UStG (o.Ä.) nicht zum Vorsteuerabzug berechtigt ist, verhindern (dazu näher § 9 Rz. 25 ff.). § 9 Abs. 2 UStG (anfänglich § 9 Satz 2 UStG) hatte **seit 1985 unterschiedliche Fassungen**, die zu einer schrittweisen „Verschärfung" (Klarstellung) führten.[1] Aus der Unanwendbarkeit des § 9 Abs. 2 UStG folgt allerdings nicht, dass der Vorsteuerabzug nicht bereits nach **§ 42 AO** wegen **Missbrauchs** ausgeschlossen sein kann.[2] Das ist regelmäßig der Fall.

Da die **Finanzverwaltung** indes **nicht** fähig war, dem Missbrauch des Verzichts auf die Steuerbefreiung von Anfang an durch die **Anwendung** des § 42 AO einen Riegel vorzuschieben, sondern diverse Zwischenvermietungsmodelle akzeptierte, hatte sie damit ggf. Vertrauenstatbestände geschaffen, so dass der Gesetzgeber vorsichtshalber für jede Fassung des § 9 Abs. 2 (bzw. § 9 Satz 2 UStG) **Übergangsregelungen** in § 27 Abs. 2 UStG (anfänglich § 27 Abs. 4 bzw. 5 UStG) vorsah. Die Vorschrift differenziert demgemäß (entsprechend den verschiedenen Fassungen des § 9 UStG) zwischen **Gebäuden**, welche **Wohnzwecken** (Nummer 1), anderen **nichtunternehmerischen** Zwecken (Nummer 2), z.B. als *öffentliche Gebäude*, oder **anderen** als den zuvor genannten **Zwecken** (Nummer 3), welche nicht zum Vorsteuerabzug berechtigten, **dienen** oder zu dienen bestimmt sind (dazu § 9 Rz. 25 u. 27).  34

Maßgebend ist danach zum einen, dass mit der **Errichtung** des Gebäudes vor dem jeweils genannten Zeitpunkt **begonnen**[3] worden war, und zum anderen, dass die **Fertigstellung** nach dem jeweils genannten Zeitpunkt erfolgte. Durch eine **Veräußerung** des Grundstücks ändern sich mithin nicht die Kriterien des § 9 Abs. 2 i.V.m. § 27 Abs. 2 UStG für die Frage, ob ein Verzicht auf die Steuerbefreiung der Vermietung möglich ist.[4]  35

Bei einem **nach** dem **31.12.1997** fertiggestellten **Umbau** oder einer nach diesem Zeitpunkt abgeschlossenen **Renovierung, Sanierung** oder **Rekonstruktion** (auf die Bezeichnung kommt es nicht an) eines Gebäudes, welches an eine Person vermietet (o.Ä.) wird, die das Gebäude zur Ausführung von Umsätzen verwendet, die den Vorsteuerabzug ausschließen, ist mithin ein Verzicht auf die Steuerbefreiung nur zulässig, wenn nicht von einer „**Errichtung**" eines Gebäudes aus-  36

---

1 Dazu näher *Wenzel* in R/D, § 9 UStG Anm. 27–29 ff.; *Birkenfeld* in B/W, § 260 Rz. 162 f.
2 BFH v. 9.9.2006 – V R 43/04, BStBl. II 2007, 344.
3 Dazu Abschn. 9.2 Abs. 5 Sätze 2 ff. UStAE; BFH v. 22.2.2001 – V R 77/96, BStBl. II 2003, 426 (429); BFH v. 22.3.2007 – V B 135/05, BFH/NV 2007, 1719; OLG Düsseldorf v. 8.12.2005 – 10 U 146/01, DStRE 2007, 578; FG Berlin-Bdb. v. 5.9.2007 – 7 K 5535/04 B, EFG 2008, 568.
4 BFH v. 5.6.2003 – V R 32/02, BStBl. II 2004, 28; BFH v. 26.1.2006 – V R 74/03, BFH/NV 2006, 1164; Abschn. 9.2 Abs. 7 UStAE.

zugehen ist. Der **BFH** nimmt eine solche nur dann an, wenn Herstellungskosten i.S.d. § 255 Abs. 2 HGB vorliegen, nämlich der Altbau eine über seinen ursprünglichen Zustand hinausgehende Verbesserung erfährt. Das soll nur dann der Fall sein, wenn

- die neu eingefügten Gebäudeteile dem Gesamtgebäude das **bautechnische Gepräge eines neuen Gebäudes** geben, was nicht der Fall sein soll, wenn wesentliche Elemente wie Fundamente, tragende Außen- und Innenwände, Geschossdecken und die Dachkonstruktion erhalten bleiben[1], oder
- wenn der Altbau durch den Umbau eine **wesentliche Funktions- und Zweckveränderung** erfährt[2].

37 Diese Voraussetzungen sollen nach Auffassung des **BFH** selbst dann **nicht** erfüllt sein, wenn ein **Altbau** für das **Neunfache** der **Anschaffungskosten umgebaut** wird.[3] Damit wird völlig der Zweck des § 9 Abs. 2 UStG (*§ 9 Rz. 24 ff.*) verkannt. Hinzu kommt, dass, auch wenn einkommensteuerrechtliche Bestimmungen nicht unmittelbar für die Auslegung des UStG von Bedeutung sind, doch aus § 6 Abs. 1 Nr. 1a EStG der gesetzgeberische Wille abzuleiten ist, dass bei Aufwendungen von mehr als 15 % der Anschaffungskosten in den ersten drei Jahren Herstellungskosten anzunehmen sind und folglich von einer „Teilerrichtung" des Gebäudes auszugehen ist. Der mögliche Wortsinn des § 27 Abs. 2 UStG erlaubt eine derartige, durch den Zweck des § 9 Abs. 2 UStG gebotene Auslegung des Begriffes „Errichtung". Die o.g. BFH-Rechtsprechung ist die Einladung zu einem neuen **Steuersparmodell**, nicht zuletzt auch wegen der ebenfalls verfehlten Rechtsprechung, wonach die Absicht des Verzichts auf die Steuerbefreiung ausreichen soll[4] (dazu *§ 15 Rz. 463 ff.*).

## II. Rechnungen (Abs. 3, 15 und 18)

38 1. § 14 Abs. 1a UStG a.F. schrieb die Angabe der **Steuernummer** in der Rechnung vor. Mit Wirkung vom 1.1.2004 verpflichtet nunmehr § 14 Abs. 4 Satz 1 Nr. 2 UStG zur Angabe der Steuernummer oder der Umsatzsteuer-Identifikationsnummer. Diese Vorschrift gilt jedoch gem. § 27 Abs. 1 Satz 1 UStG nur für Umsätze bzw. Teilleistungen, welche nach dem 31.12.2003 ausgeführt werden (*Rz. 5, 28*). Demgemäß ist die Bestimmung des § 27 **Abs. 3** UStG erforderlich, wonach die Verpflichtung aus § 14 Abs. 1a UStG a.F. für nach dem 30.6.2002 ausgestellte Rechnungen weitergilt, welche bis zum 31.12.2003 ausgeführte Umsätze betreffen. Die Nichtbeachtung dieser Verpflichtung zog jedoch bei Rechnungen, welche bis zum 31.12.2003 ausgestellt worden waren, keine Rechtsfolgen nach sich. Insbesondere war der Vorsteuerabzug des Rechnungsempfängers

---

1 BFH v. 5.6.2003 – V R 32/02, BStBl. II 2004, 28; BFH v. 30.6.2005 – V R 46/02, BFH/NV 2005, 1882; FG Nds. v. 19.8.2010 – 16 K 439/09, EFG 2011, 81.
2 BFH v. 5.6.2003 – V R 32/02, BStBl. II 2004, 28.
3 BFH v. 5.6.2003 – V R 32/02, BStBl. II 2004, 28: Umbau eines für 300 000 € erworbenen ehemaligen Behördenbaus für 2 700 000 € in ein Gebäude mit Räumen für eine Arztpraxis, ein Schulungszentrum und Wohnungen; s. aber auch BFH v. 28.9.2006 – V R 43/03, BStBl. II 2007, 417 – 3 der Gründe.
4 Vgl. das instruktive Beispiel BFH v. 26.1.2006 – V R 74/03, BFH/NV 2006, 1164.

dadurch nicht gefährdet[1], weil § 15 Abs. 1 Satz 1 Nr. 1 UStG erst seit dem 1.1.2004 eine „nach § 14" ausgestellte Rechnung verlangt.

Bei Rechnungen, welche nach dem 31.12.2003 ausgestellt bzw. berichtigt werden und **Umsätze** betreffen, die **vor dem 1.1.2004 ausgeführt** worden sind, gilt mithin **§ 14 Abs. 1a UStG a.F.** (und nicht § 14 Abs. 4 Satz 1 Nr. 2 UStG n.F.). Die Vorschrift bleibt **zeitlich unbeschränkt** gültig, weil der Vorsteuerabzug und damit die Ausstellung einer Rechnung grundsätzlich keiner Verjährung unterliegt (s. aber *§ 14c Rz. 45 f.*). Statt der Steuernummer kann die Umsatzsteuer-Identifikationsnummer angegeben werden.[2] 39

**2.** Die Anwendungsregelungen des § 27 **Abs. 15** und **Abs. 18** UStG zu den **Rechnungsvereinfachungen** sind überflüssig, da sich das bereits aus § 27 Abs. 1 UStG ergibt (*Rz. 28*). 40

## III. Beschränkungen und Berichtigungen des Vorsteuerabzugs

### 1. Fahrzeuge mit halbem Vorsteuerabzug (Abs. 5)

§ 15 Abs. 1b UStG a.F. bestimmte vom 1.4.1999 bis zum 31.12.2003, dass bei in diesem Zeitraum erworbenen oder gemieteten Fahrzeugen, die **auch für nichtunternehmerische Zwecke** verwendet werden, die **Vorsteuer** aus dem Erwerb oder der Anmietung (unabhängig vom tatsächlichen Umfang der Privatnutzung) **nur zur Hälfte** abziehbar war. Damit korrespondierte, dass die **nichtunternehmerische Nutzung** (Privatnutzung) **nicht** besteuert **wurde** (§ 3 Abs. 9a Satz 2 UStG a.F. bis 2003). Bei einer **Entnahme** oder **Veräußerung** des Fahrzeugs war die **Vorsteuer** zu **berichtigen** (§ 15a Abs. 3 Nr. 2 UStG a.F. und § 15a Abs. 4 Satz 2 UStG a.F.). § 27 Abs. 5 Satz 1 UStG ordnet die Weitergeltung der genannten Vorschriften für diese Fahrzeuge an. Dies gilt jedoch nicht für die **nach dem** 1.1.2004 (gemeint ist: **31.12.2003**) auf die Miete oder den Betrieb dieser Fahrzeuge entfallenden **Vorsteuerbeträge** (§ 27 Abs. 5 Satz 2 UStG), so dass, wenn diese in voller Höhe geltend gemacht werden, bezüglich der nichtunternehmerischen Verwendung die Nutzungsentnahme nach § 3 Abs. 9a UStG zu versteuern ist.[3] 41

### 2. Private Grundstücksverwendung (Abs. 16)

Die Bestimmungen des § 15 Abs. 1b UStG (n.F.) sowie die des § 3 Abs. 9a Nr. 1 Halbs. 2 und des § 15a Abs. 6a und Abs. 8 Satz 2 UStG gelten abweichend von § 27 Abs. 1 UStG[4] nicht bei „Wirtschaftsgütern i.S.d. § 15 Abs. 1b" (*Rz. 43*), die auf Grund eines vor dem 1.1.2011 abgeschlossen Vertrages angeschafft worden sind oder mit deren **Herstellung vor dem 1.1.2011 begonnen** worden ist (§ 27 Abs. 16 Satz 1 UStG). Als **Beginn** der Herstellung gilt die Stellung des Bau- 42

---

1 BMF v. 28.6.2002 – IV B 7 - S 7280 - 151/02, BStBl. I 2002, 660 – Tz. 6; BMF v. 23.12.2003 – IV B 7 - S 7100 - 246/03, BStBl. I 2004, 62.
2 BMF v. 23.12.2003 – IV B 7 - S 7100 - 246/03, BStBl. I 2004, 62.
3 BFH v. 5.3.2014 – XI R 29/12, BStBl. II 2014, 600.
4 Wäre diese allgemeine Übergangsvorschrift maßgebend, so fielen, da diese Vorschrift auch für Vorsteuern gilt (*Rz. 28*), auch bei Altbauten bereits alle Vorsteuerbeträge aus Leistungen, die nach dem 31.12.2010 bezogen werden, unter § 15 Abs. 1b UStG.

antrags bzw. bei baugenehmigungsfreien Gebäuden, für die Bauunterlagen einzureichen sind, der Zeitpunkt der Einreichung (Abs. 16 Satz 2 UStG).

43 Die Vorschrift spricht von „**Wirtschaftsgütern i.S.d. § 15 Abs. 1b**" und nicht von solchen i.S.d. § 15a UStG. Folglich gilt der Vorsteuerausschluss nach § 15 Abs. 1b UStG **nicht** für **Erhaltungsmaßnahmen** und sog. **nachträgliche Herstellungskosten** (§ 15a Abs. 3 und 6 UStG) an einem Gebäude, mit dessen Herstellung vor dem 1.1.2011 begonnen worden war. Das ist wenig einleuchtend und erfordert eine **Abgrenzung** der nachträglichen Herstellungskosten (**Umbau**) bei einem vorhandenen Gebäude von der **Herstellung** eines **neuen Gebäudes** (dazu Rz. 36 f.). Die gleiche Frage stellt sich bei einem **Anbau** an ein vorhandenes Gebäude.[1]

### 3. Berichtigung des Vorsteuerabzugs (Abs. 11, 12 und 16)

44 § 15a UStG ist in den letzten Jahren mehrfach geändert worden. § 27 Abs. 8, 11, 12 und 16 UStG enthalten dazu Übergangsregelungen (ferner ist § 27 Abs. 5 UStG hinsichtlich der Aufhebung des § 15a Abs. 3 Nr. 2 UStG und des § 15a Abs. 4 Satz 2 UStG a.F. zu beachten; s. Rz. 41). Bei den Absätzen 11 und 12 des § 27 UStG handelt es sich nur um Klarstellungen.

45 **a)** Mit Wirkung vom **1.1.2005** ist § 15a UStG erheblich verändert und erweitert worden. § 27 **Abs. 11** UStG bestimmt, dass die Neufassung auf Vorsteuerbeträge anzuwenden ist, deren zugrunde liegende Umsätze i.S.d. § 1 Abs. 1 UStG nach dem 31.12.2004 ausgeführt werden. Mit Wirkung vom 1.1.2007 ist § 15a Abs. 3 und 4 UStG bereits wieder „vereinfacht" worden. § 27 **Abs. 12** UStG bestimmt deshalb, dass diese Neufassung auf Vorsteuerbeträge anzuwenden ist, deren zugrunde liegende *Umsätze* i.S.d. § 1 Abs. 1 UStG nach dem 31.12.2006 ausgeführt werden.[2] In beiden Fällen ist deshalb nicht maßgebend, wann der Vorsteuerabzug geltend gemacht worden ist, so dass auch Vorsteuerbeträge erfasst werden, welche aus **An- oder Vorauszahlungen** resultieren (§ 15 Abs. 1 Satz 1 Nr. 1 Satz 3 UStG), die vor den genannten Zeitpunkten getätigt worden waren. Entgegen der Auffassung des BMF kommt es nach dem klaren Gesetzeswortlaut nicht auf den Zeitpunkt der Anschaffung oder Herstellung des Wirtschaftsguts an (*§ 15a Rz. 10*).

Sowohl bei § 27 Abs. 11 UStG als auch bei Abs. 12 UStG handelt es sich um **Klarstellungen**[3], da sich diese Aussagen bereits aus § 27 Abs. 1 UStG ergeben (*Rz. 28*). Etwas anderes gilt auch nicht für Vorsteuerbeträge in Gestalt der Einfuhrumsatzsteuer, die vom Wortlaut des § 27 Abs. 1 UStG nicht erfasst werden (Umsätze i.S.d. „§ 1 Abs. 1 Nr. 1 und 5"). Dabei handelt es sich lediglich um ein Versehen des Gesetzgebers (vgl. *Rz. 28* a.E.).

46 **b)** Die Bestimmungen des § 3 Abs. 9a Nr. 1 Halbs. 2 und des § 15a Abs. 6a und Abs. 8 Satz 2 UStG gelten bei „**Wirtschaftsgütern i.S.d. § 15 Abs. 1b**" (*Rz. 42 f.*),

---

[1] Dazu BFH v. 23.9.2009 – XI R 18/08, BStBl. II 2010, 313 – Rz. 20.
[2] Allerdings war die Vereinfachung des § 15a Abs. 4 Sätze 2 ff. UStG bereits vom BMF vorweggenommen worden; BMF v. 6.12.2005 – VI A 5 - S 7316 - 25/05, BStBl. I 2005, 1068 – Tz. 46.
[3] So ausdrücklich BT-Drucks. 15/3677 – Begr. zu Art. 5 Nr. 18.

insbesondere **Gebäuden**, die auf Grund eines nach dem 31.12.2010 abgeschlossen Vertrages angeschafft worden sind oder mit deren **Herstellung nach dem 31.12.2010 begonnen** worden ist (§ 27 **Abs. 16** Satz 1 UStG). Als **Beginn** der Herstellung gilt die Stellung des Bauantrags bzw. bei baugenehmigungsfreien Gebäuden, für die Bauunterlagen einzureichen sind, der Zeitpunkt der Einreichung (§ 27 Abs. 16 Satz 2 UStG).

## IV. Vergütungsverfahren (Abs. 14)

Die Anwendungsregelung des § 27 Abs. 14 UStG (und des § 74a UStDV) bestimmt hinsichtlich der Neufassung des § 18 Abs. 9 UStG (und der §§ 59 ff. UStDV), dass diese auf **Vergütungsanträge**, die nach dem 31.12.2009 gestellt werden, anzuwenden ist, da anderenfalls nach § 27 Abs. 1 UStG maßgebend wäre, dass die den Vorsteuern zugrunde liegenden **Umsätze** nach dem 31.12.2009 ausgeführt worden sind (*§ 27 Rz. 18*). Bezüglich des § 18g UStG ist § 27 Abs. 1 UStG nicht einschlägig, da er nur inländische Umsätze betrifft. 47

## V. Irrtum über die Steuerschuldnerschaft des Leistungsempfängers (Abs. 19)

Sind der leistende Unternehmer und der Leistungsempfänger davon ausgegangen, dass der Leistungsempfänger die Steuer auf eine vor dem 15.2.2014[1] erbrachte steuerpflichtige Leistung schuldet, und stellt sich diese Annahme als unrichtig heraus, ist die betreffende **Steuerfestsetzung** beim **Leistenden** zu **ändern**, **soweit** der **Leistungsempfänger** die **Erstattung**[2] der von ihm entrichteten Steuer **fordert** (§ 27 Abs. 19 Satz 1 UStG). Diese Regelung ist die Reaktion des Gesetzgebers auf die Entscheidung des **BFH**[3], wonach der Leistungsempfänger die Erstattung der von ihm an das Finanzamt gezahlten Steuer mit der Begründung verlangen könne, dass er nach dem Gesetzwortlaut nicht zur Zahlung verpflichtet gewesen sei. Diese **Sichtweise** des BFH ist schon insofern **purer Formalismus**, weil der an den Leistungsempfänger erstattete Betrag von diesem sogleich zivilrechtlich an den leistenden Unternehmer weiterzuleiten wäre, welcher den entsprechenden Betrag an das Finanzamt abzuführen hätte (*§ 13b Rz. 125*). Vor allem aber ist die Begründung des BFH, dass die Steuerschuldnerschaft des Leistungsempfängers nicht zur Disposition der Beteiligten stehe[4], einseitig fiskalisch und verkennt, dass auch umgekehrt der verfassungsrechtlich garantierte Vertrauensschutz nicht zur Disposition der Rechtsprechung steht! 48

---

1 Dieser Stichtag wurde gewählt, weil das nachfolgend genannte BFH-Urteil v. 22.8.2013 zu Bauleistungen i.S.d. § 13b Abs. 2 Nr. 4 i.V.m. Abs. 5 Satz 2 [a.F.] UStG mit BMF-Schreiben für nach dem 14.2.2014 ausgeführte Umsätze „umgesetzt" worden war; BT-Drucks. 18/1995, 120 (zu Art. 7 Nr. 9). Gleichwohl ist der allgemein gehaltene § 27 Abs. 19 UStG nicht nur bei Bauleistungen anwendbar.
2 Gemeint ist die Änderung der betreffenden Steuerfestsetzung, welche die Erstattung auslöst (§ 37 Abs. 2 i.V.m. § 218 Abs. 1 AO).
3 BFH v. 22.8.2013 – V R 37/10, BStBl. II 2014, 128.
4 BFH v. 22.8.2013 – V R 37/10, BStBl. II 2014, 128 – Rz. 55; BFH v. 11.12.2013 – XI R 21/11, BStBl. II 2014, 425 – Rz. 34.

**49** Da der **Vertrauensschutz** auch **nicht zur Disposition des einfachen Gesetzgebers** steht, wäre es dessen **Aufgabe gewesen**, die **verfassungswidrige BFH-Rechtsprechung** durch eine entsprechende gesetzliche Regelung für die noch nicht rechtskräftig entschiedenen Fälle **zu korrigieren** und dem verfassungsrechtlichen Gebot des Vertrauensschutzes Geltung zu verschaffen. Dies umso mehr, als der Gesetzgeber für nach dem 30.9.2014 ausgeführte Leistungen **mit § 13b Abs. 5 Satz 7 UStG** zum Ausdruck bringt, dass er **Vertrauensschutz** dem Grunde nach für geboten ansieht.

In denjenigen Fällen, in denen bereits rechtskräftig (bestandskräftig) dem Begehren der Leistungsempfänger stattgegeben worden war, hätte durch eine **Verwaltungsregelung** klargestellt werden müssen, dass bei den leistenden Unternehmern auf Grund des zu gewährenden Vertrauensschutzes keine Änderung der Steuerfestsetzungen in Betracht kommt, weil die fehlerhafte Rechtsprechung nicht zu Lasten der gutgläubigen leistenden Unternehmer gehen darf, sondern der Staat die Folgen dieser Rechtsprechung zu tragen hat.

**§ 176 AO** soll nach § 27 Abs. 19 Satz 2 UStG der Änderung der Steuerfestsetzung beim leistenden Unternehmer nicht entgegenstehen. Diese Bestimmung verstößt indes gegen den verfassungsrechtlichen Verhältnismäßigkeitsgrundsatz, der für die Unternehmer als Gehilfen des Staates Vertrauensschutz gebietet (vgl. *Vorbem.* Rz. 20 f.). Der Gesetzgeber scheint hingegen tatsächlich davon auszugehen, dass Vertrauensschutz eine Frage des einfachen Rechts sei, denn er sieht lediglich für nach dem 30.9.2014 ausgeführte Umsätze mit § 13b Abs. 5 Satz 7 UStG eine derartige Vertrauensschutzregelung vor. Doch selbst wenn diese verfehlte Annahme zugrunde gelegt würde, wäre der Gesetzgeber nicht berechtigt, die Anwendung des § 176 AO wegen seiner gleichsam materiell-rechtlichen Wirkung mit Rückwirkung auszuschließen.[1]

**50** Das für den leistenden Unternehmer zuständige Finanzamt kann **auf Antrag** zulassen, dass der leistende Unternehmer dem Finanzamt[2] den ihm gegen den Leistungsempfänger zustehenden Anspruch auf Zahlung der gesetzlich entstandenen Umsatzsteuer[3] abtritt, wenn die Annahme der Steuerschuld des Leistungsempfängers im Vertrauen auf eine Verwaltungsanweisung beruhte und der leistende Unternehmer bei der Durchsetzung des abgetretenen Anspruchs mitwirkt (§ 27 Abs. 19 Satz 3 UStG). Die **Abtretung** wirkt unter den in § 27 Abs. 19 Satz 4 UStG genannten Voraussetzungen an Zahlung statt. Unzumutbar ist die Einschränkung, dass die Möglichkeit der Abtretung nur dann bestehen soll, wenn die Annahme der Steuerschuld des Leistungsempfängers im Vertrauen auf eine Verwaltungsanweisung beruhte. Der verfassungsrechtliche gebotene Vertrauensschutz ist unabhängig davon, worauf die Gutgläubigkeit der Beteiligten beruhte.

**51** Voraussetzung der **An-Zahlung-Statt-Wirkung der Abtretung** ist u.A., dass der leistende Unternehmer dem Leistungsempfänger eine Rechnung mit offen aus-

---

[1] Vgl. *Lippross*, UR 2014, 717 (722).
[2] Richtig: dem Land, dessen Behörde das zuständige Finanzamt ist.
[3] Gemeint ist ein Betrag in Höhe der gesetzlich entstandenen Umsatzsteuer, denn der Leistungsempfänger schuldet dem leistenden Unternehmer keine Umsatzsteuer, sondern zivilrechtlich einen dieser entsprechenden zusätzlich Teil der Vergütung o.Ä.

gewiesener Umsatzsteuer ausstellt (Satz 4 Nr. 1). Eine derartige Rechnung ist nicht etwa Voraussetzung des Bestehens der zivilrechtlichen Forderung[1], da sich die Forderung aus der Vereinbarung der Beteiligten über die Tragung der Umsatzsteuer ergibt. Da sie davon ausgingen, dass die anfallende Umsatzsteuer vom Leistungsempfänger als vermeintlichem Steuerschuldner an das Finanzamt zu entrichten war, anderenfalls hätte er die Gegenleistung um den Steuerbetrag gekürzt (vgl. *§ 13b Rz. 145*), bestand Einigkeit darüber, dass, wenn der Leistungsempfänger nicht Steuerschuldner nach § 13b UStG ist, er den Betrag als Teil seiner Gegenleistung zusätzlich dem Leistenden schuldet.[2]

Die Verpflichtung zur **Erteilung einer ordnungsgemäßen Rechnung** ist vielmehr deshalb erforderlich, da bis zur Erteilung einer solchen Rechnung iS des § 14 UStG der Leistungsempfänger ein Zurückbehaltungsrecht hat, weil er berechtigt ist, die Zahlung der Gegenleistung in Höhe des Umsatzsteuerbetrages zurückzuhalten (*§ 14 Rz. 38*). Diese zivilrechtliche Einrede kann der Leistungsempfänger auch dem Zessionar (Steuergläubiger, vertreten durch das Finanzamt) gegenüber erheben (§ 404 BGB), und zwar auch im Fall der Aufrechnung (§ 390 BGB).

Ist der **Leistungsempfänger** zwischenzeitlich **insolvent** geworden ist, so dass die abgetretene Forderung auch für das Finanzamt nur eine Insolvenzforderung ist, besteht für den leistenden Unternehmer das **Risiko**, dass das Finanzamt später die An-Zahlung-Statt-Wirkung der Abtretung verneint. Der leistende Unternehmer muss sich folglich eine schriftliche **Bestätigung** erteilen lassen, dass seine **Abtretung** bei Fälligkeit der Steuernachforderung **an Zahlung statt wirkt**. **Anderenfalls** muss er den **Änderungsbescheid anfechten** und Vertrauensschutz geltend machen. Würde der leistende Unternehmer stattdessen einen sog. Abrechnungsbescheid i.S.d. § 218 Abs. 2 Satz 1 AO begehren, mit dem die Tilgung der Steuernachforderung durch die Abtretungswirkung festzustellen wäre, so könnte in dessen Rahmen nur das Vorliegen der Voraussetzungen des § 27 Abs. 19 Satz 4 UStG geprüft werden. 52

Umgekehrt kann auch der leistende Unternehmer **nicht zur Abtretung** seiner Forderung **gezwungen** werden, wenn dieser **insolvent** oder nicht mehr existent ist. Der Leistungsempfänger könnte gleichwohl die Erstattung der Steuer verlangen mit der Folge, dass er die Leistung dann ohne Umsatzsteuerbelastung erhalten hat. Eine **Pfändung** des Zahlungsanspruchs durch das Finanzamt hilft in der Insolvenz des leistenden Unternehmers auch nicht weiter. 53

---

1 So aber BMF v. 31.7.2014 – IV A 3 - S 0354/14/10001, BStBl. I 2014, 1073 – Rz. 13: „Abtretung seiner – nach berichtigter Rechnungsstellung bestehenden – zivilrechtlichen Forderung".
2 Das verkennt *Prätzler*, MwStR 2014, 680 (685); vgl. auch *Widmann*, MwStR 2014, 495 (497).

## § 27a
## Umsatzsteuer-Identifikationsnummer

(1) Das Bundeszentralamt für Steuern erteilt Unternehmern im Sinne des § 2 auf Antrag eine Umsatzsteuer-Identifikationsnummer. Das Bundeszentralamt für Steuern erteilt auch juristischen Personen, die nicht Unternehmer sind oder die Gegenstände nicht für ihr Unternehmen erwerben, eine Umsatzsteuer-Identifikationsnummer, wenn sie diese für innergemeinschaftliche Erwerbe benötigen. Im Fall der Organschaft wird auf Antrag für jede juristische Person eine eigene Umsatzsteuer-Identifikationsnummer erteilt. Der Antrag auf Erteilung einer Umsatzsteuer-Identifikationsnummer nach den Sätzen 1 bis 3 ist schriftlich zu stellen. In dem Antrag sind Name, Anschrift und Steuernummer, unter der der Antragsteller umsatzsteuerlich geführt wird, anzugeben.

(2) Die Landesfinanzbehörden übermitteln dem Bundeszentralamt für Steuern die für die Erteilung der Umsatzsteuer-Identifikationsnummer nach Absatz 1 erforderlichen Angaben über die bei ihnen umsatzsteuerlich geführten natürlichen und juristischen Personen und Personenvereinigungen. Diese Angaben dürfen nur für die Erteilung einer Umsatzsteuer-Identifikationsnummer, für Zwecke der Verordnung (EU) Nr. 904/2010 des Rates vom 7. Oktober 2010 über die Zusammenarbeit der Verwaltungsbehörden und die Betrugsbekämpfung auf dem Gebiet der Mehrwertsteuer (ABl. L 268 vom 12.10.2010, S. 1), für die Umsatzsteuerkontrolle, für Zwecke der Amtshilfe zwischen den zuständigen Behörden anderer Staaten in Umsatzsteuersachen sowie für Übermittlungen an das Statistische Bundesamt nach § 2a des Statistikregistergesetzes verarbeitet oder genutzt werden. Das Bundeszentralamt für Steuern übermittelt den Landesfinanzbehörden die erteilten Umsatzsteuer-Identifikationsnummern und die Daten, die sie für die Umsatzsteuerkontrolle benötigen.

*EU-Recht*

Art. 214 MwStSystRL.

*VV*

Abschn. 27a.1 UStAE.

1 Die Vorschrift regelt in Absatz 1 die Voraussetzungen für die Erteilung einer Umsatzsteuer-Identifikationsnummer (USt-IdNr.) durch das Bundeszentralamt für Steuern (BZSt) und in ihrem Absatz 2 die diesbezügliche Zusammenarbeit des BZSt mit den Landesfinanzbehörden und die Befugnis zur Angabe der Daten an andere in- und ausländische Behörden.

2 Der USt-IdNr. kommt vor allem im innergemeinschaftlichen Waren- und Dienstleistungsverkehr eine erhebliche materiell-rechtliche **Bedeutung** zu, obgleich das hinsichtlich der innergemeinschaftlichen Lieferungen und innergemeinschaftlichen Erwerbe nur **mittelbar** (vgl. § 18a Abs. 7 Nr. 1 Buchst. a UStG, § 17c Abs. 1 UStDV) im Gesetz zum Ausdruck kommt (vgl. *§ 1a Rz. 31; § 3a Rz. 17, 19 ff.* und *§ 6a Rz. 20 f., 23 ff.* u. *80 f.*). Eine **ausdrückliche Anknüpfung** von Rechtsfolgen

an die Verwendung der USt-IdNr. geschieht nur durch § 1a Abs. 4 Satz 2, § 3a Abs. 2 Satz 3, Abs. 3 Nr. 5 und § 25b Abs. 2 Nr. 4 UStG. Ferner kann ein Unternehmer in seinen Rechnungen bei nicht innergemeinschaftlichen Umsätzen statt der Steuernummer seine deutsche USt-IdNr. angeben (§ 14 Abs. 4 Satz 1 Nr. 2 UStG).[1]

**Unternehmern** wird die USt-IdNr. auf Antrag (*Rz. 7*) grundsätzlich ohne weitere Voraussetzungen erteilt (§ 27a Abs. 1 Satz 1 UStG).

Das gilt auch bei Unternehmern, die § 19 Abs. 1 UStG anwenden, d.h. **Kleinunternehmer** sind, ausschließlich § 24 Abs. 1 bis 3 UStG anwenden, d.h. nur Umsätze als sog. pauschalierende **Land- und Forstwirte** ausführen, oder nur Umsätze erbringen, die zum Ausschluss vom Vorsteuerabzug führen, d.h. namentlich **steuerfreie Umsätze** i.S.d. § 4 Nr. 8 ff. UStG tätigen. Diese Unternehmer müssen allerdings keinen innergemeinschaftlichen Erwerb versteuern, wenn sie die Erwerbsschwelle nicht überschreiten (§ 1a Abs. 3 UStG). Damit korrespondiert, dass die Lieferer ihre Lieferungen nicht als steuerfrei behandeln können (vgl. Art. 138 Abs. 1 i.V.m. Art. 226 Nr. 4 MwStSystRL), wenn die Erwerber keine USt-IdNr. verwenden. Mithin benötigen diese eine solche, wenn sie wegen des niedrigeren Steuersatzes steuerfrei beliefert werden wollen. Das allerdings setzt voraus, dass sie zugleich auf die „**Befreiung**" von der **Erwerbsbesteuerung** nach § 1a Abs. 4 UStG **verzichtet** haben. Diese Unternehmer können ferner durch Mitteilung einer USt-IdNr. den Ort der meisten Dienstleistungen nach § 3a Abs. 2 Satz 1 UStG in das Inland verlagern.

**Juristische Personen**, die nicht Unternehmer sind oder die Gegenstände nicht für ihr Unternehmen erwerben, wird eine USt-IdNr. nur dann erteilt, wenn sie diese für innergemeinschaftliche Erwerbe „**benötigen**" (§ 27a Abs. 1 Satz 2 i.V.m. § 1a Abs. 3 Nr. 1 Buchst. d und Nr. 2 UStG). Dann besteht zugleich die Möglichkeit, durch Mitteilung der Nummer auch bei Dienstleistungen den Ort nach § 3a Abs. 2 Satz 3 UStG in das Inland zu verlagern.

Der Antragsteller muss nicht in Deutschland ansässig sein, sondern nur bei einem (deutschen) Finanzamt „**umsatzsteuerlich geführt**" sein (arg. § 27a Abs. 2 Satz 1 UStG), d.h. es muss ihm eine **Steuernummer** zugeteilt worden sein (arg. § 27a Abs. 1 Satz 6 UStG; zum **Anspruch** auf Erteilung einer solchen s. *§ 14 Rz. 83*). Die Frage, wann ein Anspruch auf **Erteilung** einer **USt-IdNr.** besteht, hat der BFH offengelassen.[2] Der **EuGH** hat jedoch entschieden, dass ein solcher Anspruch nur dann abgelehnt werden dürfe, wenn die Behörde anhand objektiver Anzeichen darlegen kann, dass der Verdacht bestehe, dass der Unternehmer die Nummer betrügerisch verwenden werde.[3]

Jeder Unternehmer bzw. jede juristische Person erhält grundsätzlich nur eine USt-IdNr.[4] Im Falle einer sog. Organschaft (§ 2 Abs. 2 Nr. 2 UStG) wird auf An-

---
1 Siehe auch § 13a Abs. 1 Nr. 6 UStG (dazu *§ 13a Rz. 8*).
2 BFH v. 26.2.2008 – II B 6/08, BFH/NV 2008, 1004 (1006).
3 Vgl. EuGH v. 14.3.2013 – C-527/11, UR 2013, 392.
4 Der Bund und die Länder können davon abweichend für einzelne Organisationseinheiten jeweils gesonderte USt-IdNrn. erhalten; Abschn. 27a.1 Abs. 3 Satz 4 UStAE.

trag (auch) für jede **Organgesellschaft** eine eigene USt-IdNr. erteilt (§ 27a Abs. 1 Satz 3 UStG).[1]

7 Der **Antrag** ist grundsätzlich beim **Bundeszentralamt** für Steuern (BZSt), Außenstelle Saarlouis, zu stellen. Bei der steuerlichen Neuaufnahme als Unternehmer kann die Erteilung auch bei dem zuständigen Finanzamt beantragt werden, welches den Antrag dann weiterleitet.[2] Der Antrag ist schriftlich zu stellen (§ 27a Abs. 1 Satz 4 UStG). In ihm ist auch die Steuernummer, unter der der Antragsteller „umsatzsteuerlich geführt" wird, anzugeben (§ 27a Abs. 1 Satz 5 UStG). Das jeweilige Finanzamt übermittelt dem BZSt die erforderlichen Angaben über die Antragsteller (§ 27a Abs. 2 Satz 1 UStG), das BZSt übermittelt den Finanzämtern die erteilten USt-IdNr. und die weiteren Daten, die sie für die Umsatzsteuerkontrolle benötigen (§ 27a Abs. 2 Satz 3 UStG). Das BZSt darf die **Daten** nur für die in § 27a Abs. 2 Satz 2 UStG genannten Amtshilfe- und Umsatzsteuerkontrollzwecke **weitergeben**.

8 Die **Erteilung** einer USt-IdNr. stellt einen **Verwaltungsakt** dar. Liegen die Voraussetzungen für die Erteilung nicht (mehr) vor, so kann die USt-IdNr. entzogen werden. Die **Entziehung** hat keine Rückwirkung, so dass der gutgläubige Vertragspartner auf die Rechtswirkung der Erteilung vertrauen durfte.[3]

## § 27b
## Umsatzsteuer-Nachschau

(1) Zur Sicherstellung einer gleichmäßigen Festsetzung und Erhebung der Umsatzsteuer können die damit betrauten Amtsträger der Finanzbehörde ohne vorherige Ankündigung und außerhalb einer Außenprüfung Grundstücke und Räume von Personen, die eine gewerbliche oder berufliche Tätigkeit selbständig ausüben, während der Geschäfts- und Arbeitszeiten betreten, um Sachverhalte festzustellen, die für die Besteuerung erheblich sein können (Umsatzsteuer-Nachschau). Wohnräume dürfen gegen den Willen des Inhabers nur zur Verhütung dringender Gefahren für die öffentliche Sicherheit und Ordnung betreten werden.

(2) Soweit dies zur Feststellung einer steuerlichen Erheblichkeit zweckdienlich ist, haben die von der Umsatzsteuer-Nachschau betroffenen Personen den damit betrauten Amtsträgern auf Verlangen Aufzeichnungen, Bücher, Geschäftspapiere und andere Urkunden über die der Umsatzsteuer-Nachschau unterliegenden Sachverhalte vorzulegen und Auskünfte zu erteilen. Wurden die in Satz 1 genannten Unterlagen mit Hilfe eines Datenverarbeitungssystems erstellt, können die mit der Umsatzsteuer-Nachschau betrauten Amtsträger auf Verlangen die gespeicherten Daten über die der Umsatzsteuer-Nachschau unterliegenden

---

1 Dazu Abschn. 27a.1 Abs. 3 Sätze 1 bis 3 UStAE.
2 Abschn. 27a.1 Abs. 1 UStAE.
3 Vgl. BFH v. 7.12.2006 – V R 52/03, BStBl. II 2007, 420 – 2b der Gründe; BFH v. 8.11.2007 – V R 72/05, BStBl. II 2009, 55 – 1b der Gründe.

Sachverhalte einsehen und soweit erforderlich hierfür das Datenverarbeitungssystem nutzen. Dies gilt auch für elektronische Rechnungen nach § 14 Absatz 1 Satz 8.

(3) Wenn die bei der Umsatzsteuer-Nachschau getroffenen Feststellungen hierzu Anlass geben, kann ohne vorherige Prüfungsanordnung (§ 196 der Abgabenordnung) zu einer Außenprüfung nach § 193 der Abgabenordnung übergegangen werden. Auf den Übergang zur Außenprüfung wird schriftlich hingewiesen.

(4) Werden anlässlich der Umsatzsteuer-Nachschau Verhältnisse festgestellt, die für die Festsetzung und Erhebung anderer Steuern als der Umsatzsteuer erheblich sein können, so ist die Auswertung der Feststellungen insoweit zulässig, als ihre Kenntnis für die Besteuerung der in Absatz 1 genannten Personen oder anderer Personen von Bedeutung sein kann.

*EU-Recht*

–

*VV*

Abschn. 27b.1 UStAE.

Eine **besondere Form der Sachverhaltsermittlung** vor Ort neben der Außenprüfung (§§ 193 ff. AO) und der Steuerfahndung (§ 208 AO) sieht § 27b UStG in Gestalt der Umsatzsteuer-Nachschau vor. Die Vorschrift hat mehrere Formulierungen aus § 210 AO (Befugnisse bei der Steueraufsicht in besonderen Fällen) übernommen. 1

Nach dem Wortlaut der Vorschrift kann das Finanzamt bei Personen, die eine gewerbliche oder berufliche Tätigkeit selbständig ausüben (*Rz. 7*), **ohne vorherige Ankündigung** und außerhalb einer Außenprüfung **Grundstücke und Räume** (Geschäftsräume, *Rz. 5*) **während** der **Geschäfts-** und **Arbeitszeiten betreten**, um Sachverhalte festzustellen, die für die Umsatzbesteuerung erheblich sein können (§ 27b Abs. 1 Satz 1 UStG). 2

Nach Auffassung des **BMF** soll eine derartige Maßnahme insbesondere in folgenden Fällen angezeigt sein[1]: 3

– Existenzprüfungen (sic!) bei neu gegründeten Unternehmen,
– Entscheidungen im Zustimmungsverfahren nach § 168 Satz 2 AO, d.h. bei angemeldeten Vorsteuerüberschüssen,
– Erledigung von Auskunfts- und Amtshilfeersuchen

zur Feststellung

– der Unternehmerexistenz (sic!),
– des Vorhandenseins von Anlage- und Umlaufvermögen,
– einzelner Eingangs- oder Ausgangsrechnungen und einzelner Buchungsvorgänge oder
– von Verwendungsverhältnissen (sic!).

---

1 Abschn. 27b.1 Abs. 2 UStAE.

Das ist so **unhaltbar** und lässt nur den Schluss zu, dass den Beamten im Bundesfinanzministerium der rechtsstaatliche Verhältnismäßigkeitsgrundsatz unbekannt ist.

4 Die Vorschrift ist unter strikter Beachtung des Verhältnismäßigkeitsgrundsatzes verfassungskonform auszulegen und restriktiv anzuwenden.[1] Das **Verhältnismäßigkeitsgebot** verlangt eine Abwägung des staatlichen Interesses und des Grundrechts, in welches eingegriffen werden soll, und erlaubt deshalb nach Art einer Razzia auf den Überraschungseffekt abzielende Ermittlungsmaßnahmen („ohne vorherige Ankündigung") nur bei **konkretem Verdacht** eines **Umsatzsteuerbetrugs**[2], was auch das ursprüngliche Ziel der Bundesregierung bei der Einfügung der Vorschrift war[3]. Nur bei einem konkreten Verdacht[4] darf in den von der Bundesregierung genannten Beispielsfällen (*Rz. 3*) eine Umsatzsteuernachschau vorgenommen werden.

5 Das Betretungsrecht betrifft nur **Geschäftsräume** während der üblichen Geschäfts- und Arbeitszeiten, weil nach der Rechtsprechung des BVerfG insoweit keine „Wohnung" i.S.d. Art. 13 GG vorliegt.[5] Wohnräume dürfen nur zur Verhütung dringender Gefahren für die öffentliche Sicherheit und Ordnung betreten werden (Art. 13 Abs. 7 GG i.V.m. § 27b Abs. 1 Satz 2 UStG). Findet die unternehmerische Tätigkeit allerdings in der Wohnung statt, so sind die betreffenden Räume als Geschäftsräume anzusehen.[6]

6 § 27b UStG erlaubt nur ein Betreten, **nicht** eine **Durchsuchung**. Eine solche Befugnis ist nur der Steuerfahndung unter den Voraussetzungen des Art. 13 Abs. 2 GG gegeben (§ 208 Abs. 1 Satz 2 i.V.m. § 404 Satz 2 i.V.m. § 399 Abs. 2 Satz 2 AO). Die von der Nachschau betroffenen Personen haben allerdings **Unterlagen vorzulegen** und **Auskünfte** zu erteilen (§ 27b Abs. 2 UStG).

7 Von der Nachschau „**betroffene Personen**" sind nur die in § 27b Abs. 1 UStG genannten Personen, die eine gewerbliche oder berufliche Tätigkeit selbständig ausüben, d.h. Unternehmer i.S.d. § 2 UStG. Danach müssten sie tatsächlich diese Voraussetzungen erfüllen. Das widerspräche allerdings völlig dem Gesetzeszweck. Gewerblich oder beruflich tätig ist deshalb auch derjenige, welcher **behauptet**, **Unternehmer zu sein** und Vorsteuervergütungen beantragt.[7] Nicht zu den betroffenen Personen zählen die **Mitarbeiter** des (vorgeblichen) Unterneh-

---

1 Der Vorschrift „mangelt es" deshalb nicht etwa „an dem Erfordernis rechtsstaatlicher Überprüfbarkeit", wie *Nieskens* meint, vgl. *Nieskens* in R/D, § 27b UStG Anm. 41. Vielmehr erfordert gerade im Gegenteil die zu weit gefasste Vorschrift stets eine rechtsstaatliche Überprüfung ihrer Anwendung. Diese rechtsstaatliche Überprüfbarkeit durch die Gerichte ist auch gegeben (Art. 19 Abs. 4 GG).
2 *Seer* in T/L, § 21 Rz. 259; *Stadie*, Allg. SteuerR, Rz. 722.
3 Vgl. RegE StVBG, BT-Drucks. 14/6883 – zu Art. 2 Nr. 2.
4 A.A. *Leipold* in S/R, § 27b UStG Rz. 9: „nach allgemeinen Erfahrungen".
5 BVerfG v. 13.10.1971 – 1 BvR 280/66, BVerfGE 32, 54 (76 f.); BVerfG v. 17.2.1998 – 1 BvF 1/91, BVerfGE 97, 228 (266); insoweit zutreffend auch *Nieskens* in R/D, § 27b UStG Anm. 31.
6 A.A. *Leipold* in S/R, § 27b UStG Rz. 18.
7 Zust. *Leipold* in S/R, § 27b UStG Rz. 11.

mers. Diese sind zu Auskünften nur unter den Voraussetzungen des § 93 Abs. 1 Satz 3 AO bzw. des § 208 Abs. 1 Satz 3 AO verpflichtet.

Wird das **Betreten** der Geschäftsräume **verweigert**, so kann der in dem Betretungsbegehren liegende Verwaltungsakt durch **unmittelbaren Zwang** vollstreckt werden (§§ 328 i.V.m. 331 AO), sofern nicht die Abgabe des Falles an die Steuerfahndung angebracht ist. Der Einspruch gegen das Betretungsbegehren hat keine aufschiebende Wirkung (§ 361 Satz 1 AO) und hindert deshalb die Vollstreckung nicht (§ 251 Abs. 1 Satz 1 AO). 8

Bei berechtigtem Anlass kann ohne vorherige Prüfungsanordnung (§ 196 AO) **zu einer Außenprüfung** i.S.d. § 193 AO als Umsatzsteuer-Sonderprüfung[1] **übergegangen** werden. Auf den Übergang ist lediglich schriftlich hinzuweisen (§ 27 Abs. 3 UStG). 9

Da die Nachschau ausschließlich der Bekämpfung des Umsatzsteuerbetruges dient (*Rz. 4*) und damit eine steuerliche Prüfung darstellt, ist bereits mit dem Erscheinen des Amtsträgers[2], nicht erst mit dem Hinweis auf den Übergang zur Außenprüfung[3], die Möglichkeit der **Selbstanzeige** (§ 137 Abs. 2 Nr. 1 Buchst. a AO) **abgeschnitten**. 10

Die **Auswertung** der bei der Nachschau gewonnenen Erkenntnisse für Zwecke anderer Steuern, auch hinsichtlich Dritter, ist zulässig (§ 27b Abs. 4 UStG), so dass nicht nur für umsatzsteuerrechtliche Zwecke **Kontrollmitteilungen** versandt werden können. 11

# § 28
# Zeitlich begrenzte Fassungen einzelner Gesetzesvorschriften

(1) (weggefallen)

(2) (weggefallen)

(3) (weggefallen)

(4) § 12 Abs. 2 Nr. 10 gilt bis zum 31.12.2011 in folgender Fassung:

„10. a) die Beförderungen von Personen mit Schiffen,

b) die Beförderungen von Personen im Schienenbahnverkehr, im Verkehr mit Oberleitungsomnibussen, im genehmigten Linienverkehr mit Kraftfahrzeugen, im Verkehr mit Taxen, mit Drahtseilbahnen und sonstigen

---

[1] Abschn. 27b.1 Abs. 9 UStAE.
[2] *Birkenfeld* in B/W, § 262 Rz. 14; *Leipold* in S/R, § 27b UStG Rz. 17; vgl. auch *Rüping* in H/H/Sp, § 371 AO Rz. 148; a.A. *Tormöhlen*, UVR 2006, 84 (88) m.w.N.
[3] So *Nieskens* in R/D, § 27b UStG Anm. 38; *Leonard* in Bunjes, § 27b UStG Rz. 23.

mechanischen Aufstiegshilfen aller Art und die Beförderungen im Fährverkehr

aa) innerhalb einer Gemeinde oder

bb) wenn die Beförderungsstrecke nicht mehr als 50 Kilometer beträgt."

*EU-Recht*

–

1 § 28 Abs. 4 UStG enthält die **bis Ende 2011** geltende Fassung des § 12 Abs. 2 Nr. 10 UStG, wonach die **Beförderungen von Personen mit Schiffen** uneingeschränkt dem **ermäßigten Steuersatz** unterliegen. Die Übergangsfrist ist nicht erneut verlängert worden, so dass der ermäßigte Steuersatz ab 2012 nur noch für die Personenbeförderung im genehmigten Linienverkehr mit Schiffen unter den weiteren Beschränkungen der jetzigen Fassung des § 12 Abs. 2 Nr. 10 UStG gilt.

# § 29
# Umstellung langfristiger Verträge

(1) Beruht die Leistung auf einem Vertrag, der nicht später als vier Kalendermonate vor dem Inkrafttreten dieses Gesetzes abgeschlossen worden ist, so kann, falls nach diesem Gesetz ein anderer Steuersatz anzuwenden ist, der Umsatz steuerpflichtig, steuerfrei oder nicht steuerbar wird, der eine Vertragsteil von dem anderen einen angemessenen Ausgleich der umsatzsteuerlichen Mehr- oder Minderbelastung verlangen. Satz 1 gilt nicht, soweit die Parteien etwas anderes vereinbart haben. Ist die Höhe der Mehr- oder Minderbelastung streitig, so ist § 287 Abs. 1 der Zivilprozessordnung entsprechend anzuwenden.

(2) Absatz 1 gilt sinngemäß bei einer Änderung dieses Gesetzes.

*EU-Recht*

Art. 95 Abs. 2 MwStsystRL.

*VV*

Abschn. 29.1 UStAE.

| | | | |
|---|---|---|---|
| **A. Allgemeines** | | II. Fallgruppen der Mehr- oder Minderbelastung | 14 |
| I. Normzweck | 1 | **C. Einzelheiten** | |
| II. Bedeutung der Vorsteuerabzugsberechtigung des Abnehmers | 7 | I. Leistung nach dem Inkrafttreten | 18 |
| **B. Gesetzesänderungen (Abs. 2)** | | II. Viermonatsfrist ohne Sinn | 21 |
| I. Allgemeines | 12 | | |

III. Maßgeblicher Stichtag: Verkündung der Gesetzesänderung .... 25
IV. Angemessener Ausgleich ...... 28
D. **Abweichende Vereinbarungen (Abs. 1 Satz 2), gesetzliche Sonderregelungen**
I. Allgemeines ................. 32
II. Ausschluss des Ausgleichsanspruchs ................... 33
III. Preisanpassungsklauseln (Umsatzsteuerklauseln)
1. Allgemeines ............... 34
2. Allgemeine Geschäftsbedingungen ..................... 36
3. Reiseverträge ............... 39
IV. Gesetzliche Gebührenordnungen ..................... 40
E. **Auslandsberührungen** ......... 41
F. **Verfahrensfragen**
I. Allgemeines ................. 43
II. „Schätzung" der Mehr- oder Minderbelastung (Abs. 1 Satz 3)? .................... 44
III. Alleinentscheidungsrecht des Finanzamts ................. 46
G. **Leistungsempfänger als Steuerschuldner** .................... 51

## A. Allgemeines
## I. Normzweck

Die Vorschrift[1] regelt die Verpflichtung der Vertragsparteien zum **Ausgleich** der **Mehr-** oder **Minderbelastung** für den Fall, dass nach Abschluss des Vertrages sich der **Steuersatz** für den Umsatz **ändert** oder der **Umsatz steuerpflichtig**, steuerfrei oder nicht steuerbar **wird** und der zugrunde liegende Vertrag im Zeitpunkt des Inkrafttretens der Gesetzesänderung (bzw. des Gesetzes) „älter" als vier Monate ist. Es handelt sich um eine **zivilrechtliche** Norm, da sie die vereinbarte Gegenleistung modifiziert. Sie gehört zum allgemeinen Schuldrecht und ist nur des Sachzusammenhanges wegen im Umsatzsteuergesetz angesiedelt. Der Ausgleichsanspruch ist mithin vor den **Zivilgerichten** geltend zu machen (*Rz. 43*). Allerdings sind diese richtigerweise **nicht** befugt, das Bestehen und die Höhe des Ausgleichsanspruchs *autonom* zu **bestimmen** (*Rz. 46 ff.*). 1

§ 29 **Abs. 1** UStG betrifft nur Verträge, welche vor dem **Inkrafttreten** dieses Gesetzes, d.h. des UStG 1980[2], abgeschlossen worden waren, und hat deshalb so gut wie keine unmittelbare Bedeutung mehr. Die danach erfolgten **Gesetzesänderungen** werden von **Absatz 2** erfasst, wonach Absatz 1 sinngemäß gilt. § 29 Abs. 2 UStG ergänzt die Übergangsvorschrift des § 27 Abs. 1 UStG in zivilrechtlicher Hinsicht. Auf **Änderungen** der **Rechtsprechung** ist § 29 Abs. 2 UStG nicht, auch nicht analog, anwendbar[3] (s. auch § 27 Rz. 31). 2

„**Langfristige**" **Verträge** im Sinne der missverständlichen Überschrift sind nicht nur Verträge über Dauerschuldverhältnisse, Sukzessivlieferungsverträge u.Ä., sondern können **alle** Verträge sein, die erst nach dem Inkrafttreten der Gesetzesänderung (bzw. des Gesetzes) erfüllt werden. Die Langfristigkeit bezieht sich al- 3

---
1 Zur Entstehungsgeschichte *Stadie* in R/D, § 29 UStG Anm. 23 ff.
2 Vgl. Abschn. 283 Abs. 6 Satz 1 UStAE.
3 Dazu näher *Stadie* in R/D, § 29 UStG Rz. 155 ff.

lein auf den Mindestzeitraum von vier Monaten zwischen Vertragsabschluss und Inkrafttreten der Gesetzesänderung.

4 Der **Grundgedanke** der Vorschrift ist, dass die **Umsatzsteuer** als Verbrauchsteuer **vom Leistungsempfänger zu tragen** ist (vgl. *Vorbem. Rz. 15 ff.*), so dass bei Inkrafttreten einer Gesetzesänderung zwischen Vertragsabschluss und Umsatzausführung (als Zeitpunkt der Steuerentstehung) eine Preisanpassung erfolgen soll, damit insbesondere bei einer **Steuersatzerhöhung** den leistenden **Unternehmer**, welcher **nur Gehilfe des Staates** bei der Besteuerung der Verbraucher ist (*Vorbem. Rz. 20*), nicht gesetzeszweckwidrig die Mehrsteuer trifft. Entsprechendes gilt, wenn der Umsatz durch die **Gesetzesänderung steuerpflichtig** wird. Ebenso soll für den Fall, dass die **Steuerpflicht** dadurch **entfällt**, dass der Umsatz steuerfrei oder nicht steuerbar wird, eine **Bereicherung** des leistenden Unternehmers **verhindert** werden, welcher bei Vertragsabschluss noch von der Steuerpflicht des Umsatzes ausgegangen war und deshalb die entsprechende Umsatzsteuer in seinen Preis einkalkuliert hatte, aber nun nach der Gesetzesänderung nicht mehr an das Finanzamt abführen muss. Mit diesem Grundgedanken ist indes die **Viermonatsfrist nicht zu vereinbaren** (*Rz. 21 ff.*).

5 Die Vorschrift trägt dem Umstand Rechnung, dass die vom Unternehmer für den Umsatz geschuldete Umsatzsteuer integraler Bestandteil der vereinbarten Gegenleistung ist, und nach allgemeinen schuldrechtlichen Regeln **grundsätzlich**, sofern nicht ein Fall des gemeinsamen Irrtums vorliegt (§ 313 Abs. 2 BGB), **kein Anspruch auf Erhöhung** oder Ermäßigung der **Gegenleistung** besteht, wenn sich nach Vertragsschluss das Umsatzsteuerrecht ändert.[1] Die Vorschrift beruht andererseits auf der **Annahme (Unterstellung)**, dass die **Vertragsparteien von der damals geltenden Umsatzsteuerrechtslage ausgegangen** sind. Folglich kann selbst dann, wenn beide Beteiligten sich über die Umsatzsteuer keine Gedanken gemacht hatten, ein Ausgleichsanspruch nach § 29 UStG bestehen. Diese Vorschrift geht mithin über den Rahmen der Grundsätze zur Störung der Geschäftsgrundlage hinaus und ist demgemäß insoweit eine erweiternde **Spezialvorschrift** zu § 313 Abs. 2 BGB (Vertragsanpassung bei Störung der Geschäftsgrundlage) und **entgegen** der Auffassung des **BGH**[2] **keine abschließende Regelung** der gesamten Übergangsproblematik. Das widerspräche dem Zweck der Umsatzsteuer als Verbrauchsteuer und kann deshalb vom Gesetzgeber nicht gewollt sein. Folglich ist es nicht ausgeschlossen, dass nach den **Grundsätzen des § 313 BGB** oder der **ergänzenden Vertragsauslegung** ein Ausgleichsanspruch auch dann bestehen kann, wenn die Voraussetzungen des § 29 UStG nicht vorliegen.[3]

6 Von dem zivilrechtlichen Ausgleichsanspruch nach dieser Vorschrift (oder § 313 BGB) ist ein etwaiger Anspruch des leistenden Unternehmers als Gehilfe des Steuergläubigers gegenüber diesem auf **Erlass der Steuer** nach § 163 AO wegen

---

[1] Dazu näher *Stadie* in R/D, Einf. Anm. 900 ff.
[2] BGH v. 15.2.1973 – VII ZR 65/71, MDR 1973, 490 a.E.; BGH v. 24.3.1994 – VII ZR 159/92, UR 1995, 28; ebenso *Reiß* in R/K/L, § 29 UStG Rz. 10; *Birkenfeld* in B/W, § 266 Rz. 52.
[3] I.E. ebenso LG Wuppertal v. 11.1.2012 – 8 S 54/11, UR 2012, 847.

Nichtabwälzung bzw. Nichtabwälzbarkeit zu unterscheiden.[1] Ein solcher Anspruch kann bestehen, wenn ein Vertrag ausländischem Zivilrecht unterliegt und ein Ausgleichsanspruch danach nicht besteht (Rz. 41). Ist

## II. Bedeutung der Vorsteuerabzugsberechtigung des Abnehmers

Bei einem Vertrag mit einem uneingeschränkt zum Vorsteuerabzug berechtigten Abnehmer sind die Einschränkungen des § 29 UStG in bestimmten Fällen (Rz. 8 ff.) nicht einschlägig, weil sich der Ausgleichsanspruch bereits aus den o.g. allgemeinen Grundsätzen (Rz. 5 a.E.) ergibt.

**Beispiel**

In einem nach dem 31.8.2006, d.h. nach der Verkündung der Gesetzesänderung zur Steuersatzerhöhung auf 19 % und nach dem Stichtag des § 29 UStG mit einem zum Vorsteuerabzug berechtigten Abnehmer abgeschlossenen Vertrag nennt der Unternehmer für eine Dienstleistung, die nach dem 1.1.2007 auszuführen ist, versehentlich noch einen Preis „+ 16 % USt.".

Wird gegenüber einem zum Vorsteuerabzug berechtigten Abnehmer nach einer bereits verkündeten Steuersatzerhöhung und innerhalb der Viermonatsfrist des § 29 UStG – welche indes ohnehin unbeachtlich ist (Rz. 25 ff.) – noch ein Preis mit dem alten Steuersatz genannt, so kann zwar aus seinem Schweigen nicht geschlossen werden, dass er ebenfalls vom falschen Steuersatz ausgeht. Jedoch könnte der vorsteuerabzugsberechtigte Abnehmer die Mehrsteuer bei einer ordnungsgemäßen Rechnung als Vorsteuer abziehen, so dass ihn diese nicht belastet. Folglich ist die Höhe der Umsatzsteuer für die Parteien gar nicht von Belang, allerdings nur dann, wenn beim Abnehmer auch eine **spätere Nachbelastung auszuschließen** ist (Rz. 8 ff.). Gemeinsame **Geschäftsgrundlage** ist dann nur der sog. **Nettopreis**[2], welcher sich nach den gemeinsamen Vorstellungen nicht verändern soll, was er indes täte, wenn der leistende Unternehmer die Mehrsteuer nicht vom Leistungsempfänger ausgeglichen bekäme. Somit besteht hinsichtlich des Nettopreises ein gemeinsamer Irrtum. Demgemäß steht in einem solchen Fall dem leistenden Unternehmer ein entsprechender Ausgleichsbetrag bereits nach den Grundsätzen des § 313 BGB zur Vertragsanpassung bei Störung der Geschäftsgrundlage zu, so dass § 29 UStG in einem derartigen Fall nicht anwendbar ist.

Voraussetzung ist nicht nur, dass der Abnehmer **uneingeschränkt** zum Vorsteuerabzug berechtigt ist. Da es darauf ankommt, dass die Mehrsteuer den Abnehmer nicht belastet, darf nicht nur auf die vollständige Abziehbarkeit nach § 15 UStG im Zeitpunkt des Empfanges der Leistung abgestellt werden. Vielmehr muss auch die **Möglichkeit** einer späteren **Korrektur** des **Vorsteuerabzugs** wegen einer Nutzungsänderung, d.h. eine **Nachbelastung** der Leistung mit Umsatzsteuer beim Abnehmer (Vertragspartner) **ausgeschlossen** sein. Folglich ist zu berücksichtigen, ob eine spätere **Entnahme**, **Nutzungsentnahme** (Beispiel: Erwerb eines Fahrzeuges, welches auch privat genutzt wird), **unentgeltliche Leistung an**

---

1 Dazu näher Stadie in R/D, § 29 UStG Anm. 147 ff.; FG Hamburg v. 23.5.2013 – 2 K 192/12, EFG 2013, 1538 – Preisbindung.
2 Vgl. Dittmann, BB 1992, 1571 (1573); Reiß in R/K/L, § 29 UStG Rz. 9 a.E.

**Dritte** (einschließlich Arbeitnehmer) usw. **möglich** ist, weil durch deren Besteuerung (§ 3 Abs. 1b und Abs. 9a UStG) eine nachträgliche Korrektur des Vorsteuerabzugs einträte. Eine solche Möglichkeit kann auch bei Kapitalgesellschaften bestehen, da auch sie einen nichtunternehmerischen Bereich haben können (*§ 2 Rz. 195 ff.*) und ferner auch unentgeltliche Leistungen an *Gesellschafter* wie auch an fremde *Dritte* (z.B. als *Sachspenden*) der Umsatzsteuernachbelastung unterliegen können.

9   Des Weiteren muss die Möglichkeit einer **Berichtigung** des **Vorsteuerabzugs** ausgeschlossen sein. Eine solche hat zu erfolgen, wenn sich die **Verwendung** der bezogenen Leistung in für den Vorsteuerabzug schädlicher Weise **ändert**. Das ist nach § 15a i.V.m. § 15 Abs. 4 UStG insbesondere der Fall, wenn ein Gegenstand oder anderes Wirtschaftsgut oder das Ergebnis einer Dienstleistung innerhalb einer Frist von fünf bzw. zehn Jahren im Nachhinein zur Ausführung von steuerfreien Umsätzen verwendet wird, welche den Vorsteuerabzug ausschließen. Eine Berichtigung des Vorsteuerabzugs hat ferner nach § 17 Abs. 2 Nr. 5 UStG zu erfolgen, wenn ein Gegenstand später vorsteuerabzugsschädlich i.S.d. § 15 Abs. 1a UStG verwendet wird.

10  Dass (auch) die Möglichkeit einer späteren **Entnahme** u.Ä. ausgeschlossen sein muss, folgt aus dem Umstand, dass bei deren Besteuerung nicht der zum Zeitpunkt der Entnahme usw. geltende Steuersatz, sondern *jeweils* derjenige **Steuersatz** anzuwenden ist, welcher **beim Bezug der Leistung** angewendet worden war (*§ 12 Rz. 15*). Bei der Berichtigung des Vorsteuerabzugs nach § 15a UStG und nach § 17 Abs. 2 Nr. 5 UStG ist ausdrücklich stets nur der vorgenommene Vorsteuerabzug (Steuer, welche nach dem Steuersatz im Zeitpunkt der Lieferung in Rechnung gestellt worden war) zu berichtigen.

11  **Ergebnis:** Von einer uneingeschränkten Vorsteuerabzugsberechtigung kann nur dann ausnahmslos ausgegangen werden, wenn sich die **Leistung sogleich** mit ihrer Ausführung **verbraucht** hat, was zumeist bei Dienstleistungen der Fall ist. Handelt es sich hingegen um die Lieferung eines Gegenstandes oder um eine Dienstleistung, welche an einem Gegenstand ausgeführt wird und dann mit diesem **über** einen **Zeitraum** „**verwendet**" werden kann, so ist eine spätere Vorsteuerkorrektur wegen einer veränderten Verwendung (Nutzung) nicht auszuschließen. Bei diesen Leistungen darf eine uneingeschränkte Vorsteuerabzugsberechtigung des Abnehmers im o.g. Sinne nur dann angenommen werden, **wenn** eine **nichtunternehmerische Nutzung** oder **vorsteuerabzugsschädliche Verwendung** auf Grund der Art des Leistungsgegenstandes **nicht in Betracht kommt**.

## B. Gesetzesänderungen (Abs. 2)
### I. Allgemeines

12  Bei einer Änderung des Umsatzsteuergesetzes gilt § 29 Abs. 1 UStG sinngemäß (§ 29 Abs. 2 UStG). Mithin sind die dort genannten Regelungen, welche die Anpassung von Verträgen bei Inkrafttreten des UStG 1980 betrafen, auf spätere Gesetzesänderungen entsprechend anzuwenden. Folglich entsteht bei einer Änderung des Umsatzsteuergesetzes hinsichtlich des **Steuersatzes**, der **Steuerpflicht**, der **Steuerfreiheit** oder der **Steuerbarkeit** des „Umsatzes" oder „der Leistung"

(*Rz. 18*) grundsätzlich ein Ausgleichsanspruch in Höhe der daraus sich ergebenden Mehr- oder Minderbelastung, wenn der der Leistung zugrunde liegende Vertrag nicht später als vier Monate vor dem Inkrafttreten der Gesetzesänderung abgeschlossen worden ist (§ 29 Abs. 2 i.V.m. Abs. 1 Satz 1 UStG); die Frist ist allerdings unbeachtlich (*Rz. 25 f.*). Auf **Änderungen** der **Rechtsprechung** ist § 29 Abs. 2 UStG nicht, auch nicht analog, anwendbar.[1]

Soweit die **Gesetzesänderung**, wie häufig, **zum 1.1.** eines Jahres in Kraft tritt und folglich Leistungen erfasst, welche ab diesem Zeitpunkt ausgeführt werden (*Rz. 19*), bestünde die grundsätzliche Ausgleichspflicht mithin nur bei solchen **Verträgen**, welche **vor dem 1.9.**, d.h. bis zum 31.8. des Vorjahres **abgeschlossen** worden waren. Folglich bestünde nach dem Wortlaut des § 29 UStG kein Ausgleichsanspruch, wenn der Vertrag erst nach dem 31.8. abgeschlossen worden war. Dieser **Umkehrschluss** würde nach dem Wortlaut der Vorschrift auch dann gelten, wenn die Verkündung des Änderungsgesetzes erst nach dem Zeitpunkt des Vertragsschlusses erfolgte. Ein derartiges Verständnis der Vorschrift wäre indes willkürlich, so dass die **Frist unbeachtlich** ist (*Rz. 25 f.*). 13

## II. Fallgruppen der Mehr- oder Minderbelastung

Die Änderung des Umsatzsteuergesetzes führt regelmäßig zu einer **Mehrbelastung** für den leistenden Unternehmer, sofern dieser Steuerschuldner ist (zum Leistungsempfänger als Steuerschuldner s. *Rz. 51*), wenn 14

– ein **Umsatz steuerpflichtig wird**, weil
  – die **Steuerbarkeit** (insbesondere durch eine Veränderung der Vorschriften über den Ort des Umsatzes) **begründet** wird, oder
  – eine **Steuerbefreiung aufgehoben**

wird, oder

– der **Steuersatz** für einen bestimmten Umsatz oder allgemein **erhöht** wird.

Eine **Minderung** der Belastung tritt auf Grund einer Änderung des Umsatzsteuergesetzes regelmäßig (*Rz. 16*) dann ein, wenn 15

– die **Steuerbarkeit** des Umsatzes **entfällt,**
– eine **Steuerbefreiung** eingeführt wird oder
– der **Steuersatz** für einen bestimmten Umsatz oder allgemein **gesenkt** wird.

Mit der **Aufhebung** einer **Steuerbefreiung** ist zwar regelmäßig, aber nicht zwingend eine Steuermehrbelastung des einzelnen Umsatzes verbunden. So kann die dem Umsatz zuzurechnende abziehbare **Vorsteuer** im Einzelfall **höher als** die geschuldete **Steuer** sein, so dass dem Leistungsempfänger ein Ausgleichsanspruch gegenüber dem leistenden Unternehmer erwachsen kann. Entsprechendes kann im **umgekehrten Fall** eintreten, wenn die Einführung einer Steuerbefreiung dazu führt, dass im Einzelfall die nunmehr nicht mehr abziehbare Vorsteuer höher ist als die bei Steuerpflicht des Umsatzes geschuldete Steuer ist, so dass dem leistenden Unternehmer ein Ausgleichsanspruch zustehen kann. 16

---
1 Dazu näher *Stadie* in R/D, § 29 UStG Anm. 155 ff.

17 Nicht von § 29 UStG wird die **Änderung der Steuerschuldnerschaft** erfasst, indem ein Umsatz in den Katalog des § 13b UStG aufgenommen (oder aus diesem wieder herausgenommen) wird, da die Belastung des Umsatzes sich nicht geändert hat. Der zivilrechtliche Ausgleich hat vielmehr durch ergänzende Vertragsauslegung oder nach den Regeln zur Vertragsanpassung bei Störung der Geschäftsgrundlage zu erfolgen[1] (zur Anwendung des § 29 UStG bei bereits **bestehender** Steuerschuldnerschaft des Leistungsempfängers s. *Rz. 51 ff.*).

## C. Einzelheiten
### I. Leistung nach dem Inkrafttreten

18 § 29 Abs. 1 Satz 1 UStG spricht zwar von „Leistung" (Oberbegriff für Lieferung und sonstige Leistung) und „Umsatz", meint jedoch auch die **Teilleistung** i.S.d. § 13 Abs. 1 Nr. 1 Buchst. a Satz 2 UStG, da diese generell wie eine Leistung (ein Umsatz) zu behandeln ist (*§ 13 Rz. 19 f.*).[2] Die Ausgleichsverpflichtung besteht mithin nicht bei Teilleistungen, welche vor dem Inkrafttreten der Gesetzesänderung ausgeführt worden sind, da für diese noch die alte Rechtslage gilt, auch wenn die Gesamtleistung erst nach diesem Zeitpunkt ausgeführt ist.

19 Die Ausgleichspflicht besteht (unter den übrigen Voraussetzungen der Vorschrift), wenn nach dem Inkrafttreten der Gesetzesänderung auf den Umsatz bzw. die Teilleistung ein anderer Steuersatz anzuwenden ist oder der Umsatz bzw. die Teilleistung steuerpflichtig, steuerfrei oder nicht steuerbar wird. Maßgebend ist der Zeitpunkt der **Ausführung** der **Leistung** bzw. Teilleistung (*§ 27 Rz. 5 ff.*), nicht der Zeitpunkt der Geltendmachung[3] des Anspruchs auf die Gegenleistung, deren Vereinnahmung oder der Erteilung der Rechnung (§ 27 Abs. 1 Satz 1 UStG). Dass die Steuer bei Vereinnahmung der Gegenleistung (**Vorauszahlung, Anzahlung** usw.) vor dem Inkrafttreten der Gesetzesänderung bereits **vorläufig** entsprechend der alten Rechtslage entstanden war (§ 13 Abs. 1 Nr. 1 Buchst. a Satz 4 oder Buchst. b UStG), ist ohne Bedeutung (§ 27 Abs. 1 Sätze 2 bis 4 UStG), so dass auch insoweit ein Ausgleichsanspruch nach § 29 UStG besteht.

20 Führt ein **Annahmeverzug** (o.Ä.) des Leistungsempfängers dazu, dass die Leistung entgegen der Vereinbarung erst nach dem Inkrafttreten der Gesetzesänderung ausgeführt werden konnte, so ist die daraus resultierende Mehrsteuer als **Verzugsschaden** zu ersetzen (§§ 280 Abs. 2 i.V.m. § 286 BGB)[4], unabhängig davon, ob die Voraussetzungen des § 29 UStG vorliegen.

### II. Viermonatsfrist ohne Sinn

21 Voraussetzung des Ausgleichsanspruchs soll nach dem Wortlaut der Vorschrift sein, sofern nichts Abweichendes vereinbart wurde (*Rz. 32 ff.*), dass die Leistung

---

1 Dazu *Stadie* in R/D, § 13b UStG nF Anm. 678 ff.
2 Vgl. auch Abschn. 29.1 Abs. 1 Satz 1 UStAE.
3 So aber OLG Köln v. 1.3.2002 – 19 U 182/01, VersR 2002, 886 – zum Ausgleichsanspruch des Handelsvertreters; dazu *Stadie* in R/D, § 29 UStG Anm. 47 Fn. 3.
4 *Kaeser/Charissé*, DB 1998, 163; *Birkenfeld* in B/W, § 266 Rz. 192.

auf einem Vertrag beruht, der nicht später als vier „Kalendermonate"[1] vor dem Inkrafttreten der Gesetzesänderung (bzw. des UStG 1980) abgeschlossen worden ist (§ 29 Abs. 1 Satz 1 UStG). Auch die Verbraucherschutzvorschriften des § 1 Abs. 5 PAngV (**Verordnung über Preisangaben**) und **§ 309 Nr. 1 BGB** (*Rz. 36*) enthalten eine Viermonatsfrist. Anders als dort ergibt diese Frist indes im Rahmen des § 29 UStG keinen Sinn.

Zeitpunkt des Vertragsabschlusses ist der Zeitpunkt des **Zugangs** (nicht der Absendung) der **Annahmeerklärung** hinsichtlich des Angebots des Vertragspartners. Eine spätere Änderung des Vertrages berührt den Zeitpunkt des Vertragsabschlusses nicht. Anders liegt es, wenn der ursprüngliche Vertrag aufgehoben wird und an seine Stelle ein neuer tritt.[2]   22

Der **Sinn** der von § 29 UStG gewählten **Viermonatsfrist** ist nicht zu erkennen. Dass sie vermutlich zur Anpassung an die Preisangabenverordnung und an § 11 Nr. 1 AGBG (jetzt § 309 Nr. 1 BGB) gewählt worden war, erklärt noch nicht die Sinnhaftigkeit der Frist im Rahmen des § 29 UStG, da die zuvor genannten Vorschriften ausschließlich den Verbraucherschutz im Auge haben, § 29 UStG hingegen gerade die Belastung des Verbrauchers mit der Umsatzsteuer bezweckt. Die starre Frist ist schlicht willkürlich, da sie unabhängig vom Zeitpunkt der Verkündung der Gesetzesänderung und nach dem Wortlaut der Vorschrift selbst dann gelten soll, wenn die Verkündung der Gesetzesänderung weniger als vier Monate vor dem Inkrafttreten erfolgte.   23

Die starre Viermonatsfrist ist **willkürlich**, da sich für sie sachliche Kriterien nicht finden lassen und sie keinen Sinn ergibt.[3] Richtigerweise darf allein maßgebend sein, ob die Parteien bei Kenntnis der Gesetzesänderung einen entsprechend modifizierten Preis usw. vereinbart hätten (so auch § 30 Abs. 1 Satz 2 öUStG), wovon nach Verkündung der Gesetzesänderung auszugehen ist. Demgemäß stellte auch § 29 Abs. 4 UStG 1951 (ebenso § 30 öUStG) zu Recht nur auf den Abschluss des Vertrages vor der Verkündung des Gesetzes ab, weil die Vorschrift unterstellte, dass die Parteien die alte Umsatzsteuerrechtslage zugrunde gelegt hatten. Indes kann auch die heutige Fassung des § 29 UStG **sachgerecht** verfassungskonform **ausgelegt** werden, so dass die beschriebenen willkürlichen Rechtsfolgen nicht eintreten.   24

### III. Maßgeblicher Stichtag: Verkündung der Gesetzesänderung

Erfolgte die **Verkündung** der Gesetzesänderung **innerhalb** der **Viermonatsfrist**, so käme nach dem Wortlaut der Vorschrift ein Ausgleichsanspruch nur bei Verträgen in Betracht, die vor dem Beginn der Frist abgeschlossen worden sind; Verträge zwischen Fristbeginn und Verkündung der Gesetzesänderung wären hingegen ausgeschlossen. Diese willkürliche, weil sachlich durch nichts zu rechtfertigende Differenzierung kann durch verfassungskonforme Auslegung   25

---

1 Dieser Begriff ergibt keinen Sinn, so dass davon auszugehen ist, dass „Monate" gemeint sind; *Stadie* in R/D, § 29 UStG Anm. 53.
2 Vgl. BGH v. 9.12.1977 – I ZR 64/76, HFR 1978, 423.
3 Ausführlich dazu *Stadie* in R/D, § 29 UStG Anm. 55 ff.

der Vorschrift beseitigt werden. Es ist von Verfassungs wegen anzunehmen, dass § 29 UStG davon ausgeht, dass Gesetzesänderungen mehr als vier Monate vor ihrem Inkrafttreten verkündet werden. Wenn das nicht der Fall ist, ist die Vorschrift teleologisch (verfassungskonform) dahingehend zu reduzieren, dass der maßgebliche **Stichtag** der Tag der **Verkündung** ist, so dass bei allen Verträgen, welche davor abgeschlossen worden sind, grundsätzlich, sofern nichts Abweichendes vereinbart worden ist (*Rz. 32*) oder spezialgesetzlich gilt (*Rz. 36 ff.*), ein Ausgleichsanspruch besteht.[1] Des anderenfalls gebotenen **Erlasses** der Mehrsteuer nach § 163 Satz 1 AO (*Rz. 6*) durch das Finanzamt bedarf es deshalb nicht.

26 Erfolgte die **Verkündung** der Gesetzesänderung **vor** dem **Beginn** der **Viermonatsfrist**, so käme nach dem Wortlaut der Vorschrift ein Ausgleichsanspruch auch bei solchen Verträgen in Betracht, die im Zeitraum zwischen der Verkündung der Gesetzesänderung und dem Beginn der Frist abgeschlossen worden sind, obwohl die Vertragsparteien von der geänderten Rechtslage Kenntnis haben konnten. Das würde ohne erkennbaren Grund diejenigen Unternehmer benachteiligen, welche nach dem Beginn der Frist den Vertrag abgeschlossen haben. Allerdings ist ab der Verkündung der Gesetzesänderung davon auszugehen, dass diese bekannt ist. Folglich ist eine **teleologische Reduktion** geboten, indem von einem der Vorschrift immanenten (ungeschriebenen) Tatbestandsmerkmal auszugehen ist, wonach ein Vertragsanpassungsanspruch (sofern nichts Abweichendes vereinbart ist) nur dann existieren kann, wenn die Parteien bei Vertragsabschluss nicht mit einer Änderung der Umsatzsteuerrechtslage rechnen mussten. Das ist ab dem Zeitpunkt der Verkündung der Gesetzesänderung der Fall.

27 **Ergebnis** der Auslegung der Norm: Die **Viermonatsfrist** ist **unbeachtlich**. Maßgebender **Stichtag** für einen Ausgleichsanspruch ist die **Verkündung** der **Gesetzesänderung**.

## IV. Angemessener Ausgleich

28 Der zum Ausgleich Berechtigte kann von dem anderen Vertragsteil einen „**angemessenen**" Ausgleich der Mehr- oder Minderbelastung verlangen (§ 29 Abs. 2 i.V.m. Abs. 1 Satz 1 UStG). Soweit indes eine genaue Bestimmung der Belastungsdifferenz erfolgen kann, ist für eine Schätzung kein Raum und grundsätzlich der **volle Ausgleich** der Umsatzsteuer-Mehr- oder Minderbelastung als angemessen anzusehen[2] (s. auch *Rz. 45*). Von dieser im Kern zivilrechtlichen Frage (auch wenn über das Ob und die Höhe des Anspruchs das Finanzamt entscheidet, *Rz. 47*) sind die **umsatzsteuerrechtlichen Auswirkungen** des Ausgleichsbetrages (*Entstehung* der darin enthaltenen Umsatzsteuer, Rechnungsgestaltung, *Vorsteuerabzug*) zu unterscheiden.[3]

---

[1] I.E. ebenso LG Wuppertal v. 11.1.2012 – 8 S 54/11, UR 2012, 847.
[2] BGH v. 22.3.1972 – VIII ZR 119/70, BGHZ 58, 292; BGH v. 8.3.1973 – VII ZR 214/71, WM 1973, 498 (500); BGH v. 4.7.1973 – IV 28/72, BGHZ 61, 112; OLG München v. 6.10.2011 – 23 U 2140/11, juris.
[3] Dazu näher *Stadie* in R/D, § 29 UStG Anm. 138 ff.

Eine Ausnahme vom angemessenen Ausgleich ist geboten, wenn der vereinbarte Leistungszeitpunkt vor dem Inkrafttreten der Gesetzesänderung lag, der leistende Unternehmer sich bei Inkrafttreten der Gesetzesänderung im **Verzug** befand und der Leistungsempfänger nicht zum vollen Vorsteuerabzug berechtigt ist. In einem solchen Fall ist es **unangemessen**, dem Leistungsempfänger die Umsatzsteuermehrbelastung aufzubürden. Dem entspricht es, dass der Leistungsempfänger den Betrag als **Verzugsschaden** geltend machen könnte, so dass der leistende Unternehmer den Betrag nach § 242 BGB gar nicht erst verlangen kann[1] (zum Annahmeverzug s. Rz. 20). 29

Der Ausgleichsanspruch umfasst die umsatzsteuerliche **Mehr- oder Minderbelastung**. Diese ergibt sich aus einem **Vergleich** der umsatzsteuerrechtlichen **Belastungen** des Umsatzes, welche sich **nach der alten** und der **neuen Rechtslage** ergeben. Einzubeziehen in den Vergleich sind nicht nur die unmittelbaren, sondern auch die **mittelbaren Auswirkungen** der Gesetzesänderung auf den Umsatz, wenn sich insbesondere bei Wegfall oder Eintritt einer Steuerbefreiung die **Vorsteuerabzugsberechtigung** ändert (sofern ordnungsgemäße Rechnungen vorliegen oder vorgelegen haben; dazu *§ 15 Rz. 203 u. 212*). Das gilt auch für Vorsteuerberichtigungsbeträge i.S.d. § 15a UStG. Letztere können nur geschätzt werden, wenn – wie regelmäßig – nicht genau zu ermitteln ist, wie diese die Preiskalkulation des leistenden Unternehmers beeinflussen. 30

Bei einer **Änderung** des **Steuersatzes** ist die Berechnung des Ausgleichsbetrages unabhängig davon, ob die Vertragsteile einen sog. **Bruttopreis**, d.h. einen Preis ohne Erwähnung zusätzlich zu zahlender Umsatzsteuer („Mehrwertsteuer") oder einen sog. **Nettopreis** (Betrag „zzgl. USt." bzw. „+ 16 % MwSt." bzw. „zzgl. der gesetzlichen USt." o.Ä.) vereinbart hatten. Auch im Falle eines sog. Bruttopreises berechnet sich im Fall der **Steuersatzerhöhung** die **Mehrsteuer** nach der **Bemessungsgrundlage**, welche sich nach dem **früheren** Steuersatz ergibt, so dass die Mehrsteuer bei der Änderung zum 1.1.2007 nicht 3 %, sondern 2,5862 % des Bruttopreises beträgt. 31

**Beispiel**

War für die Lieferung eines Gegenstandes ein Preis von 10 000 € vereinbart gewesen, so betragen die vom Gesetz unterstellte (*Rz. 5*) Kalkulation des Unternehmers und die Bemessungsgrundlage (i.S.d. § 10 Abs. 1 UStG) 10 000 € × 100/116 = 8620,69 €, so dass die Umsatzsteuer i.H.v. 16 % sich auf 1379,31 € belief. Die Umsatzsteuer i.H.v. 19 % (von 8620,69 €) beträgt 1637,93 €, so dass der Ausgleichsbetrag 258,62 € (= 1637,93 € – 1379,31 €) beträgt.

Bei einer **Ermäßigung** des Steuersatzes gilt Entsprechendes.

**Beispiel**

Buchung eines Hotelzimmers im September 2009 für den Januar 2010 zum Preis von 100 €. Seit 1.1.2010 gilt der ermäßigte Steuersatz (§ 12 Abs. 2 Nr. 11 UStG). Da das betreffende Änderungsgesetz erst am 22.12.2009 verkündet worden war, konnte der Gast eine Herabsetzung des Preises auf 100 € ×107/119 = 89,92 € verlangen.[2]

---

1 *Kaeser/Charissé*, DB 1998, 163; *Birkenfeld* in B/W, § 266 Rz. 192.
2 Vgl. LG Wuppertal v. 11.1.2012 – 8 S 54/11, UR 2012, 847.

## D. Abweichende Vereinbarungen (Abs. 1 Satz 2), gesetzliche Sonderregelungen

### I. Allgemeines

32 Abweichende Vereinbarungen der Beteiligten sind grundsätzlich zulässig (§ 29 Abs. 2 i.V.m. Abs. 1 Satz 2 UStG). Die abweichende Vereinbarung kann sich sowohl auf den (vollständigen oder teilweisen) **Ausschluss** eines **Ausgleichsanspruchs** beziehen als auch die **Viermonatsfrist** betreffen, d.h. diese **ausschließen**, **verkürzen** oder **verlängern**. Das ergibt sich bereits aus der allgemeinen Vertragsfreiheit. Soweit gesetzliche Gebührenordnungen greifen, bedarf es keiner vertraglichen Vereinbarung (*Rz. 40*). Umgekehrt ist es auch möglich, dass Spezialregelungen dem § 29 UStG vorgehen und den Ausgleichsanspruch ausschließen (*Rz. 36 ff.*).

### II. Ausschluss des Ausgleichsanspruchs

33 Der **Ausschluss** des Ausgleichsanspruchs muss nicht ausdrücklich im Vertrag vereinbart worden sein, sondern kann auch **stillschweigend** (konkludent) erfolgen.[1] Er kann sich deshalb z.B. auch aus der Vereinbarung eines (Brutto-)**Festpreises** ergeben, mit dem die Parteien zum Ausdruck bringen, dass dieser Preis unabhängig von Änderungen der Umsatzsteuer in jedem Fall als verbindlicher Endpreis Gültigkeit haben sollte.[2] Voraussetzung ist entgegen BGH nicht, dass zum Zeitpunkt des Vertragsschlusses schon die Absicht der Bundesregierung zur Steuersatzerhöhung allgemein bekannt und mit dieser somit zu rechnen war[3] (bei einem Vertragsabschluss nach der *Verkündung* der Gesetzesänderung ist die Vorschrift schon auf Grund teleologischer Reduktion nicht anzuwenden; *Rz. 26 f.*). Ein stillschweigender Ausschluss kann auch darin liegen, dass *beide* Vertragsteile **davon ausgegangen** sind, **dass** die **Leistung vor** dem **Inkrafttreten der Gesetzesänderung ausgeführt werden wird**.[4]

### III. Preisanpassungsklauseln (Umsatzsteuerklauseln)

#### 1. Allgemeines

34 Eine generelle Verpflichtung zum Ausgleich unabhängig von der Viermonatsfrist kann auf Grund einer entsprechenden **Preisanpassungsklausel** (Umsatzsteuerklausel) im Vertrag bestehen (*Beispiele:* „Preise sind Nettopreise zzgl. der jeweils gültigen USt."; „bei einer Erhöhung der Umsatzsteuer erhöht sich der Preis entsprechend").

35 Hatte der leistende Unternehmer bei Vertragsschluss erkennbar den **alten** Steuersatz zugrunde gelegt (*Beispiel:* Nettopreis „+ 16 % USt."), **obwohl bereits feststand** (Verkündung der Gesetzesänderung), dass für den Umsatz ein **höherer Steuersatz** gelten wird, so verstößt die Berufung auf eine Preisanpassungsklausel

---

1 BGH v. 15.2.1973 – VII ZR 65/71, UR 1973, 166 = MDR 1973, 490; BGH v. 28.1.1981 – VIII ZR 165/79, MDR 1981, 666.
2 OLG München v. 6.10.2011 – 23 U 2140/11, juris.
3 Vgl. BGH v. 15.2.1973 – VII ZR 65/71, UR 1973, 166 = MDR 1973, 490.
4 *Wittmann/Zugmaier*, NJW 2006, 2150 (2152).

nicht gegen Treu und Glauben (§ 242 BGB)[1], da der Abnehmer ebenfalls von der Umsatzsteuererhöhung hätte wissen müssen, so dass sein Vertrauen auf den Preis nicht schützenswert ist.

## 2. Allgemeine Geschäftsbedingungen

Nach Auffassung des BGH und der h.M. im Schrifttum soll eine Preisanpassungsklausel in allgemeinen Geschäftsbedingungen (AGB) gegenüber Verbrauchern nicht ausreichen. Die Bestimmung des § 309 Nr. 1 BGB, wonach eine Klausel unwirksam ist, die in Verträgen insbesondere mit Verbrauchern (§ 310 Abs. 1 BGB) – sofern es sich nicht um Dauerschuldverhältnisse handelt – über Lieferungen oder Dienstleistungen, die innerhalb von vier Monaten erbracht werden sollen, eine Preiserhöhung ermöglichen würde, soll **auch** Preisanpassungen auf Grund von **Änderungen des Umsatzsteuergesetzes** erfassen. Eine derartige Klausel soll nur in einem **Individualvertrag** zulässig sein.[2] Folglich sei auch eine AGB-Klausel „Preis zzgl. gesetzliche USt." o.Ä. unwirksam, weil sie gegen das Umgehungsverbot (§ 306a BGB) verstoße.[3] Entsprechendes müsste dann für Verbraucherverträge mit **vorformulierten Vertragsbedingungen** gelten (§ 310 Abs. 3 Nr. 2 BGB). 36

Damit wird **verkannt**, dass der Zweck des § 309 Nr. 1 BGB, den Verbraucher vor überraschenden Preiserhöhungen zu schützen, gar nicht berührt wird, weil das Ziel des Gesetzgebers bei der Umsatzsteuererhöhung gerade darin liegt, den Verbraucher mit der zusätzlichen Steuer zu belasten. Der Verbraucher soll nach dem Zweck des Umsatzsteueränderungsgesetzes gerade grundsätzlich nicht vor der Umsatzsteuererhöhung bewahrt werden. Demgemäß ist **§ 29 Abs. 2 i.V.m. Abs. 1 Satz 1 UStG lex specialis** zu § 309 Nr. 1 BGB. 37

Allerdings besteht das Konkurrenzverhältnis der beiden Vorschriften bei einem richtig interpretierten § 29 Abs. 1 Satz 1 UStG nur in der Konstellation, in der die **Verkündung** der **Gesetzesänderung nach** dem **Abschluss** des **Vertrages** erfolgte. Wurde der Vertrag mit der Preisanpassungsklausel nach Verkündung der Gesetzesänderung abgeschlossen, so erwächst richtigerweise schon nach § 29 UStG, ohne dass es auf Fristen ankommt, in keinem Fall ein Anspruch auf Preisanpassung (*Rz. 26 f.*); folglich ist § 309 Nr. 1 BGB anwendbar. Wird hingegen der Vertrag vor der Verkündung der Gesetzesänderung abgeschlossen, so besteht bei zutreffender Interpretation des § 29 Abs. 1 Satz 1 UStG ein Ausgleichsanspruch auch dann, wenn der Vertrag weniger als vier Monate vor dem Inkrafttreten der Gesetzesänderung abgeschlossen worden ist (*Rz. 25*). § 309 Nr. 1 BGB tritt zurück, weil nach dem Ziel des Umsatzsteuergesetzes die Steueränderung den Verbraucher treffen soll, so dass *allgemeine* Verbraucherschutzregelungen verdrängt werden. 38

---

1 *Böcker*, BB 2006, 967 (970); a.A. *Kaeser/Charissé*, DB 1998, 163 (165).
2 BGH v. 23.4.1980 – VIII ZR 80/79, BGHZ 77, 79 = UR 1980, 250; BGH v. 28.1.1981 – VIII ZR 165/79, MDR 1981, 666 – zu § 11 Nr. 1 AGBG (Vorläufer des § 309 Nr. 1 BGB); *Basedow* in MünchKomm. BGB, § 309 Nr. 1 Rz. 16; *Coester-Waltjen* in Staudinger, BGB, § 309 BGB Nr. 1 Rz. 18; *Reiß* in R/K/L, UStG, § 29 UStG Rz. 9.
3 BGH v. 28.1.1981 – VIII ZR 165/79, MDR 1981, 666 – zu § 7 AGBG (Vorläufer des § 306a BGB).

Anderenfalls müsste dem Unternehmer die **Mehrsteuer** mangels Abwälzbarkeit vom Finanzamt nach § 163 AO **erlassen** werden, da die Umsatzsteuer den Verbraucher und nicht den Unternehmer treffen soll.

### 3. Reiseverträge

39  Fraglich ist auch, ob durch § 651a Abs. 4 BGB bei Reiseverträgen die Regelung des § 29 UStG verdrängt wird. Danach kann der Reisepreis nur erhöht werden, „wenn dies mit genauen Angaben zur Berechnung des neuen Preises im Vertrag vorgesehen ist und damit einer Erhöhung der Beförderungskosten, der Abgaben für bestimmte Leistungen, wie Hafen- oder Flughafengebühren, (oder ...) Rechnung getragen wird. Eine Preiserhöhung, die ab dem 20. Tage vor dem vereinbarten Abreisetermin verlangt wird, ist unwirksam. § 309 Nr. 1 bleibt unberührt." Hieraus könnte folgen, dass, auch wenn die Voraussetzungen des § 29 UStG vorliegen, eine Erhöhung des Reisepreises wegen einer Umsatzsteuererhöhung o.Ä. unzulässig sein soll.[1] Damit würde jedoch auch hier verkannt werden, dass die Umsatzsteuererhöhung gerade grundsätzlich den Verbraucher treffen soll, so dass es keinen Sinn ergäbe, den Verbraucher über die Grenzen des § 29 UStG hinaus vor der Umsatzsteuererhöhung zu bewahren.[2]

## IV. Gesetzliche Gebührenordnungen

40  Die Beschränkungen durch § 29 UStG gelten außer in Fällen zulässigerweise vereinbarter Preisanpassungsklauseln auch dann nicht, wenn sich aus einer **gesetzlichen Regelung** der **Vergütungen**, **Gebühren**, **Honorare** usw. bestimmter Berufe ergibt, dass automatisch die jeweils anfallende Umsatzsteuer zusätzlich geschuldet wird (*Beispiele:* Nr. 7008 Anlage 1 RVG; § 151a KostO für Notare; § 15 StBGebV; § 7 InsVV; § 9 HOAI; § 25 Abs. 2 SchornsteinfegerG; § 1 Abs. 1 Satz 2 des Gesetzes über die Vergütung der Berufsvormünder; § 12 Abs. 1 Nr. 4 JVEG).

## E. Auslandsberührungen

41  § 29 UStG als Vorschrift des deutschen Zivilrechts (*Rz. 1*) greift nur dann ein, wenn der dem Umsatz zugrunde liegende Vertrag dem deutschen Zivilrecht unterworfen ist. Das bestimmt sich nach den Regeln des internationalen Privatrechts (dazu Art. 27 ff. EGBGB).

Ist der Umsatz zwar nach dem deutschen Umsatzsteuergesetz steuerpflichtig, ist jedoch auf den Vertrag **ausländisches Zivilrecht** anzuwenden[3], so kann sich ein **Ausgleichsanspruch** nur nach dem ausländischen Recht ergeben. Ist ein solcher **nicht zu erlangen**, so darf, da es aus der Sicht des deutschen Umsatzsteuergesetzes ohne Belang ist, auf welcher zivilrechtlichen Grundlage (deutsches oder ausländisches Zivilrecht) ein im Inland steuerpflichtiger Umsatz erbracht wird, der diesen Umsatz ausführende Unternehmer, der lediglich als Gehilfe des deut-

---

1 So *Tonner* in MünchKomm/BGB, § 651a BGB Rz. 96; ferner *W. Widmann* in P/W, § 29 UStG Rz. 70/2; *Böcker*, UVR 2005, 369; *Böcker*, BB 2006, 967 – die allerdings einen Billigkeitserlass der Mehrsteuer für angebracht sehen.
2 Vgl. auch *Reiß* in R/K/L, § 29 UStG Rz. 11.
3 Dazu näher *Stadie* in R/D, § 29 UStG Anm. 103 f.

schen Staates bei der Besteuerung der in seinem Gebiet stattfindenden Verbraucherversorgung fungiert (*Vorbem. Rz. 20*), nicht mit der Umsatzsteuer belastet bleiben. Folglich erwächst ihm ein Rechtsanspruch (Ermessensreduzierung auf null)[1] auf **Erlass** der **Steuer** gem. § 163 AO[2].

Unterliegt der Vertrag zwar deutschem Zivilrecht, ist jedoch der Umsatz nicht im Inland, sondern **im Ausland steuerbar**, so ist § 29 UStG weder unmittelbar noch analog anwendbar, wenn nach dem ausländischen Umsatzsteuerrecht durch eine Gesetzesänderung sich die Steuerbelastung verändert.[3]  42

## F. Verfahrensfragen
### I. Allgemeines

Als zivilrechtlicher Anspruch ist der Ausgleichsanspruch nach § 29 UStG – sofern kein privates *Schiedsgericht* vereinbart worden war – vor den **Zivilgerichten** geltend zu machen. Daraus scheint zu folgen, dass über das Bestehen des Anspruchs nach den allgemeinen zivilprozessualen Regeln (Verhandlungsmaxime, Beweislast) zu entscheiden ist. Eine Amtsermittlungspflicht des Gerichts besteht, anders als z.B. im finanzgerichtlichen Verfahren (§ 76 Abs. 1 FGO), nicht. Allerdings geht es zumeist vorrangig nicht um eine Sachverhaltsfeststellung, sondern in erster Linie um Steuerrechtsfragen. Das wirft die elementare **Frage** auf, **ob** die **Zivilgerichte** überhaupt befugt sind, die **Steuerrechtsfragen** als Vorfragen verbindlich zu **klären**.  43

### II. „Schätzung" der Mehr- oder Minderbelastung (Abs. 1 Satz 3)?

Ist die **Höhe** der Mehr- oder Minderbelastung **streitig**, so bestimmt § 29 Abs. 1 Satz 3 UStG, dass § 287 Abs. 1 ZPO entsprechend anzuwenden sei. Danach könnte das **Zivilgericht** über die Höhe der Mehr- oder Minderbelastung unter Würdigung aller Umstände **nach „freier" Überzeugung** entscheiden.[4]  44

Eine Schätzung scheint in Betracht zu kommen, wenn es um die Bestimmung abziehbarer bzw. nichtabziehbarer **Vorsteuerbeträge** nach § 15 Abs. 2 UStG geht, welche nicht mehr bzw. nunmehr in die Preiskalkulation einzubeziehen sind, weil der Umsatz nach der Gesetzesänderung nicht mehr bzw. nunmehr steuerfrei ist. Für diese Beträge gibt es indes aus dem Umsatzsteuergesetz ableitbare Zuordnungsregeln (*§ 15 Rz. 433 ff.*). Lediglich für die **Aufteilung** von Vorsteuerbeträgen, welche auf **Gemeinkosten** entfallen, bedarf es der Schätzung. Dafür bestimmt allerdings bereits § 15 Abs. 4 Sätze 2 und 3 UStG, unter welchen Voraussetzungen eine Schätzung zulässig ist (*§ 15 Rz. 478 ff.*), so dass es der Heranziehung des § 287 Abs. 1 ZPO selbst insoweit nicht bedarf. Bedeutung könnte  45

---

1 Vgl. *Stadie*, Allg. SteuerR, Rz. 303 f.
2 Ebenso *Reiß* in R/K/L, § 29 UStG Rz. 7.1; *Böcker*, BB 2006, 967, 969.
3 A.A. *Reiß* in R/K/L, § 29 UStG Rz. 7.4.
4 Diese Bestimmung wie auch der Begriff „angemessen" waren 1967 anlässlich des Übergangs von der kumulativen Umsatzsteuer zur sog. Mehrwertsteuer eingefügt worden; dazu *Stadie* in R/D, § 29 UStG Anm. 58 und 113.

der Bestimmung nur für den Fall zukommen, in dem es um die in die Preiskalkulation eingehenden Vorsteuerbeträge i.S.d. § 15a UStG geht.

### III. Alleinentscheidungsrecht des Finanzamts

46 Die Anordnung der entsprechenden Anwendung des § 287 Abs. 1 ZPO durch § 29 Abs. 2 i.V.m. Abs. 1 Satz 3 UStG bei Gesetzesänderungen **läuft** jedoch auf Grund eines elementaren „Webfehlers" der Vorschrift **leer**. Sie basiert auf der früher herrschenden, unreflektierten Auffassung, dass die Zivilgerichte befugt seien, Steuerrechtsfragen als Vorfragen verbindlich zu klären. Diese Sichtweise verkennt, dass dadurch ein **Konflikt zwischen** dem **zivilgerichtlichen Urteil** und dem **Steuerbescheid** des Finanzamts (bzw. finanzgerichtlichen Urteil) eintreten kann, wenn beide in der umsatzsteuerrechtlichen Würdigung der Fragestellung divergieren. Da das zivilgerichtliche Urteil insoweit keine Bindungswirkung gegenüber dem Finanzamt hätte, wäre der Konflikt nicht lösbar, da es keine übergeordnete Instanz gibt. Auch kommt kein Erlass der Steuer in Betracht, wenn das Zivilgericht einen Ausgleichsanspruch verneint.[1] Umgekehrt könnte, wenn das Zivilgericht die Höhe der vermeintlichen Mehrsteuer rechtskräftig festgestellt hat, der Beklagte (sofern nicht die Voraussetzungen des § 313 BGB vorliegen) keinen Bereicherungsanspruch mehr durchsetzen, wenn das Finanzamt später zu dem Ergebnis kommt, dass die Steuermehrbelastung niedriger ist.

47 Richtigerweise haben die Zivilgerichte nicht die Kompetenz, über die Umsatzsteuerpflicht des Vorganges oder den zutreffenden Steuersatz als Vorfrage zu befinden[2], da das **Alleinentscheidungsrecht** darüber nach zutreffender Erkenntnis des X. Senats des BGH[3] den **Finanzbehörden** bzw. Finanzgerichten zusteht.[4] Über die Steuerpflicht eines Vorgangs, den anzuwendenden Steuersatz, den Umfang der Bemessungsgrundlage u.Ä. entscheiden nach der Abgabenordnung ausschließlich die Finanzbehörden durch öffentlich-rechtlichen Akt (Steuerbescheid bzw. als solcher fingierte Steueranmeldung i.S.d. § 168 Satz 1 AO; dazu *§ 18 Rz. 9*), so dass aus § 17 Abs. 2 Satz 1 GVG nichts Gegenteiliges folgt.[5] Damit geht einher, dass die Finanzbehörden an steuerrechtliche Entscheidungen der Zivilgerichte nicht gebunden wären[6], während umgekehrt die Steuerfestsetzungen Bindungswirkung gegenüber den Zivilgerichten haben[7].

---

1 *Stadie* in R/D, § 29 UStG Anm. 128.
2 A.A. *Birkenfeld* in B/W, § 266 Rz. 3; *Mößlang* in S/R, § 29 UStG Rz. 2.
3 BGH v. 17.7.2001 – X ZR 13/99, UR 2002, 37 (39 f.); zust. BSG v. 17.7.2008 – B 3 KR 18/07 R, UR 2009, 276 – Rz. 13; in diesem Sinne anfänglich auch bereits BGH v. 24.2.1988 – VIII ZR 64/87, BGHZ, 103, 284 = UR 1988, 183 – II 2c cc der Gründe; BGH v. 10.11.1988 – VII ZR 137/87, UR 1989, 121; a.A. BGH v. 2.11.2001 – V ZR 224/00, UR 2002, 91 (93); BGH v. 6.7.2006 – IX ZR 88/02, UR 2007, 217; VIII. Senat des BGH v. 18.5.2011 – VIII ZR 260/10, UR 2011, 813; OLG Hamm v. 28.1.2014 – 19 U 107/13, MDR 2014, 679.
4 Ausführlich *Stadie* in R/D, Einf. Anm. 502 ff.; *Stadie*, UR 2011, 801.
5 *Hummel*, AöR 135 (2010), 573 (595).
6 BGH v. 17.7.2001 – X ZR 13/99, UR 2002, 37 (39).
7 BGH v. 4.2.2004 – XII ZR 301/01, BGHZ 158, 19 (22); BGH v. 21.9.2006 – IX ZR 89/05, NJW-RR 2007, 398.

Daraus folgt, dass das **Zivilgericht** einen Rechtsstreit über einen Anspruch nach 48
§ 29 UStG **aussetzen** muss, bis eine **verbindliche Entscheidung** des **Finanzamtes**
hinsichtlich der eingetretenen Umsatzsteuermehr- oder Minderbelastung vorliegt. Diese verbindliche Entscheidung liegt nicht ohne weiteres in einem bestandskräftigen **Umsatzsteuerbescheid** (bzw. einer nach § 168 Satz 1 AO gleichgestellten Steueranmeldung), weil aus diesem (bzw. dieser) im Allgemeinen schon nicht hervorgeht, welche konkreten Umsätze erfasst werden usw. Etwas anderes gilt nur dann, wenn sich diese Angaben für den Streitfall aus einer **Anlage** bzw. Erläuterung zum Steuerbescheid, insbesondere aus einem **Betriebsprüfungsbericht**, auf den Bezug genommen wird, ergeben.

Anderenfalls ist ein feststellender Verwaltungsakt erforderlich, mit dem das Finanzamt verbindlich feststellt, wie hoch die Mehr- oder Minderbelastung bei 49
dem streitigen Umsatz ist. Es handelt sich dabei um eine **gesonderte Feststellung** i.S.d. §§ 179 ff. AO, da eine solche, wie es § 179 Abs. 1 AO verlangt, in einem Steuergesetz bestimmt ist, denn aus § 29 UStG folgt aus den obengenannten Gründen die Notwendigkeit einer solchen Feststellung, weil anderenfalls der Zweck der Vorschrift nicht erreicht werden könnte. Eine Schätzungsbefugnis ergibt sich aus § 162 Abs. 1 AO, so dass es auch insoweit nicht der Heranziehung des § 287 Abs. 1 ZPO bedarf.

Die im Hinblick auf § 29 UStG gebotene Rechtsfortbildung führt dazu, dass der 50
vor dem Zivilgericht **klagenden Vertragspartei** ein **Antragsrecht** gegenüber dem Finanzamt zusteht. Der **Beklagte** ist durch diesen Feststellungsbescheid beschwert und kann deshalb als **Drittbetroffener** den Finanzrechtsweg beschreiten.[1]

## G. Leistungsempfänger als Steuerschuldner

Die Frage nach einer Ausgleichsverpflichtung kann sich auch dann ergeben, 51
wenn der Leistungsempfänger Schuldner der Steuer nach § 13b UStG ist (zur Änderung der *personellen* Steuerschuldnerschaft s. *Rz. 17*).[2] Der Leistungsempfänger schuldet zwar in diesen Fällen die Steuer als eigene Verpflichtung gegenüber dem Staat, so dass § 29 UStG **nicht unmittelbar anwendbar** ist, weil die Vorschrift nur den Grundfall im Auge hat, bei dem der leistende Unternehmer Steuerschuldner ist. Gleichwohl folgt aus der dem § 29 UStG zugrunde liegenden **Wertung**, dass den Leistungsempfänger die Gesetzesänderung nicht automatisch dergestalt treffen soll, dass er auch die Belastung stets zu tragen hat. Die Vorschrift kann deshalb **analog** anzuwenden sein, wenn die gleiche Leistung auch in der Konstellation erbracht werden kann, dass der Leistungsempfänger nicht Steuerschuldner wird.

So führen vor allem **Werklieferungen** und **sonstige Leistungen** (vom Fall des 52
§ 13b Abs. 2 Nr. 4 UStG abgesehen) dann zur Steuerschuldnerschaft des Leistungsempfängers, wenn der **leistende Unternehmer nicht im Inland ansässig** ist. Waren die Parteien in einem solchen Fall **fälschlich** davon **ausgegangen**, dass der **leistende Unternehmer Steuerschuldner** sei, **oder** haben sie nur einen **Brutto-**

---

1 Vgl. *Stadie*, Allgemeines Steuerrecht, Rz. 459, 745, 749, 757.
2 Zum innergemeinschaftlichen Erwerb s. *Stadie* in R/D, § 29 UStG Anm. 167 f.

**betrag** als Gegenleistung **vereinbart**, ohne über die Steuerschuldnerschaft gesprochen zu haben, so kann der Leistungsempfänger – sofern er nicht auf Grund ergänzender Vertragsauslegung oder nach den Regeln über die Störung der Geschäftsgrundlage verpflichtet ist[1], die Steuer auf Grund seiner Vorsteuerabzugsberechtigung ganz oder teilweise zu tragen (*Rz. 7 ff.*) – die vereinbarte **Gegenleistung** um die nach der *bisherigen* Rechtslage geschuldete Steuer **kürzen** (*§ 13b Rz. 145*).

53  Hinsichtlich der **Mehrsteuer** ist dagegen zu differenzieren: Erfolgte der Vertragsabschluss **vor Verkündung der Gesetzesänderung**, so muss der Leistungsempfänger in analoger Anwendung des § 29 UStG die durch die Gesetzesänderung eingetretene Mehrsteuer selbst tragen, da sie ihn auch träfe, wenn kein Fall des § 13b UStG vorläge, d.h. er die Leistung von einem Unternehmer bezöge, der die Steuer selbst schuldet. Erfolgte der Vertragsabschluss **nach Verkündung der Gesetzesänderung**, so folgt aus der analogen Anwendung des § 29 UStG, dass der Leistungsempfänger die Mehrsteuer nicht zu tragen hat, da sie ihn auch nicht träfe, wenn der Leistende Steuerschuldner wäre. Demgemäß ist er auch hinsichtlich der Mehrsteuer zur Kürzung der Gegenleistung berechtigt.[2] Soweit der Leistungsempfänger zum **Vorsteuerabzug berechtigt** ist, kann ihn die Mehrsteuer unabhängig davon treffen, ob der Vertrag vor oder nach Verkündung der Gesetzesänderung abgeschlossen worden ist, soweit der vereinbarte Preis von beiden als Nettopreis und damit als gemeinsame Geschäftsgrundlage verstanden wurde (*Rz. 7 ff.*).

---

1 Dazu *Stadie* in R/D, Einf. Anm. 914 ff.
2 Zu einem Beispiel s. *Stadie* in R/D, § 29 UStG Anm. 165.

# RICHTLINIE 2006/112/EG DES RATES

vom 28. November 2006
**über das gemeinsame Mehrwertsteuersystem**
(ABl. L 347 vom 11.12.2006, S. 1)

mit den Änderungen durch

- die Richtlinie 2006/138/EG des Rates vom 19. Dezember 2006 zur Änderung der Richtlinie 2006/112/EG über das gemeinsame Mehrwertsteuersystem bezüglich der Geltungsdauer der Mehrwertsteuerregelung für Rundfunk- und Fernsehdienstleistungen sowie bestimmte elektronisch erbrachte Dienstleistungen (ABl. EU Nr. L 384 v. 29.12.2006, 92);

- die Richtlinie 2007/75/EG des Rates vom 20. Dezember 2007 zur Änderung der Richtlinie 2006/112/EG in Bezug auf bestimmte befristete Bestimmungen über die Mehrwertsteuersätze (ABl. EU Nr. L 346 v. 29.12.2007, 13);

- die Richtlinie 2008/8/EG des Rates vom 12. Februar 2008 zur Änderung der Richtlinie 2006/112/EG bezüglich des Ortes der Dienstleistung (ABl. EU Nr. L 44 v. 20.2.2008, 11);

- die Richtlinie 2008/117/EG des Rates vom 16. Dezember 2008 zur Änderung der Richtlinie 2006/112/EG über das gemeinsame Mehrwertsteuersystem zum Zweck der Bekämpfung des Steuerbetrugs bei innergemeinschaftlichen Umsätzen (ABl. EU Nr. L 14 v. 20.1.2009, 7);

- die Richtlinie 2009/47/EG des Rates vom 5. Mai 2009 zur Änderung der Richtlinie 2006/112/EG in Bezug auf ermäßigte Mehrwertsteuersätze (ABl. EU Nr. L 116 v. 9.5.2009, 18);

- die Richtlinie 2009/69/EG des Rates vom 25. Juni 2009 zur Änderung der Richtlinie 2006/112/EG über das gemeinsame Mehrwertsteuersystem zur Bekämpfung des Steuerbetrugs bei der Einfuhr (ABl. EU Nr. L 175 v. 4.7.2009, 12);

- die Richtlinie 2009/162/EU des Rates vom 22. Dezember 2009 zur Änderung verschiedener Bestimmungen der Richtlinie 2006/112/EG über das gemeinsame Mehrwertsteuersystem (ABl. EU Nr. L 10 v. 15.1.2010, 14);

- die Richtlinie 2010/23/EU des Rates vom 16. März 2010 zur Änderung der Richtlinie 2006/112/EG über das gemeinsame Mehrwertsteuersystem im Hinblick auf eine fakultative und zeitweilige Anwendung des Reverse-Charge-Verfahrens auf die Erbringung bestimmter betrugsanfälliger Dienstleistungen (ABl. EU Nr. L 72 v. 20.3.2010, 1);

- die Richtlinie 2010/45/EU des Rates vom 13. Juli 2010 zur Änderung der Richtlinie 2006/112/EG über das gemeinsame Mehrwertsteuersystem hinsichtlich der Rechnungsstellungsvorschriften (ABl. EU Nr. L 189 v. 22.7.2010, 1);

- die Richtlinie 2010/88/EU des Rates vom 7. Dezember 2010 zur Änderung der Richtlinie 2006/112/EG über das gemeinsame Mehrwertsteuersystem in Bezug auf die Dauer der Verpflichtung, einen Mindestnormalsatz einzuhalten (ABl. EU Nr. L 326 v. 10.12.2010, 1);

- die Richtlinie 2013/42/EU des Rates vom 22. Juli 2013 zur Änderung der Richtlinie 2006/112/EG über das gemeinsame Mehrwertsteuersystem in Bezug auf einen Schnellreaktionsmechanismus bei Mehrwertsteuerbetrug (ABl. EU Nr. L 201 v. 26.7.2013, 1;

- die Richtlinie 2013/43/EU des Rates vom 22. Juli 2013 zur Änderung der Richtlinie 2006/112/EG über das gemeinsame Mehrwertsteuersystem im Hinblick auf eine fakultative und zeitweilige Anwendung der Umkehrung der Steuerschuldnerschaft (Reverse-Charge-Verfahren) auf Lieferungen bestimmter betrugsanfälliger Gegenstände und Dienstleistungen (ABl. EU Nr. L 201 v. 26.7.2013, 4;

- die Richtlinie 2013/61/EU des Rates vom 17. Dezember 2013 zur Änderung der Richtlinien 2006/112/EG und 2008/118/EG hinsichtlich der französischen Regionen in äußerster Randlage, insbesondere Mayotte;

und durch

- den Vertrag zwischen dem Königreich Belgien, der Republik Bulgarien, der Tschechischen Republik, dem Königreich Dänemark, der Bundesrepublik Deutschland, der Republik Estland, Irland, der Hellenischen Republik, dem Königreich Spanien, der Französischen Republik, der Italienischen Republik, der Republik Zypern, der Republik Lettland, der Republik Litauen, dem Großherzogtum Luxemburg, der Republik Ungarn, der Republik Malta, dem Königreich der Niederlande, der Republik Österreich, der Republik Polen, der Portugiesischen Republik, Rumänien, der Republik Slowenien, der Slowakischen Republik, der Republik Finnland, dem Königreich Schweden, dem Vereinigten Königreich Großbritannien und Nordirland (Mitgliedstaaten der Europäischen Union) und der Republik Kroatien über den Beitritt der Republik Kroatien zur Europäischen Union – Akte über die Bedingungen des Beitritts der Republik Kroatien und die Anpassungen des Vertrags über die Europäische Union, des Vertrags über die Arbeitsweise der Europäischen Union und des Vertrags zur Gründung der Europäischen Atomgemeinschaft (ABl. EU Nr. L 112 v. 24.4.2012, 21);

und mit den Berichtigungen durch

- ABl. EU Nr. L 335 v. 20.12.2007, 60 – Richtlinie 2006/112/EG;
- ABl. EU Nr. L 299 v. 17.11.2010, 46 – Richtlinie 2010/45/EU.

**DER RAT DER EUROPÄISCHEN UNION –**

gestützt auf den Vertrag zur Gründung der Europäischen Gemeinschaft, insbesondere auf Artikel 93,

auf Vorschlag der Kommission,

nach Stellungnahme des Europäischen Parlaments,

nach Stellungnahme des Europäischen Wirtschafts- und Sozialausschusses,

in Erwägung nachstehender Gründe:

(1) Die Richtlinie 77/388/EWG des Rates vom 17. Mai 1977 zur Harmonisierung der Rechtsvorschriften der Mitgliedstaaten über die Umsatzsteuern – Gemeinsames Mehrwertsteuersystem: einheitliche steuerpflichtige Bemessungsgrundlage[1] wurde mehrfach erheblich geändert. Anlässlich neuerlicher Änderungen empfiehlt sich aus Gründen der Klarheit und Wirtschaftlichkeit eine Neufassung.

(2) Bei dieser Neufassung sollten die noch geltenden Bestimmungen der Richtlinie 67/227/EWG des Rates vom 11. April 1967 zur Harmonisierung der Rechtsvorschriften der Mitgliedstaaten über die Umsatzsteuer[2] übernommen werden. Die genannte Richtlinie sollte daher aufgehoben werden.

(3) Im Einklang mit dem Grundsatz besserer Rechtsetzung sollten zur Gewährleistung der Klarheit und Wirtschaftlichkeit der Bestimmungen die Struktur und der Wortlaut der Richtlinie neu gefasst werden; dies sollte jedoch grundsätzlich nicht zu inhaltlichen Änderungen des geltenden Rechts führen. Einige inhaltliche Änderungen ergeben sich jedoch notwendigerweise im Rahmen der Neufassung und sollten dennoch vorgenommen werden. Soweit sich solche Änderungen ergeben, sind sie in den Bestimmungen über die Umsetzung und das Inkrafttreten der Richtlinie erschöpfend aufgeführt.

---

1 ABl. EG Nr. 145 vom 13.6.1977, 1. Zuletzt geändert durch die Richtlinie 2006/98/EG, ABl. EU Nr. L 363 vom 20.12.2006, 129.
2 ABl. EG Nr. 71 vom 14.4.1967, 1301. Zuletzt geändert durch die Richtlinie 77/388/EWG.

(4) Voraussetzung für die Verwirklichung des Ziels, einen Binnenmarkt zu schaffen ist, dass in den Mitgliedstaaten Rechtsvorschriften über die Umsatzsteuern angewandt werden, durch die die Wettbewerbsbedingungen nicht verfälscht und der freie Waren- und Dienstleistungsverkehr nicht behindert werden. Es ist daher erforderlich, eine Harmonisierung der Rechtsvorschriften über die Umsatzsteuern im Wege eines Mehrwertsteuersystems vorzunehmen, um soweit wie möglich die Faktoren auszuschalten, die geeignet sind, die Wettbewerbsbedingungen sowohl auf nationaler Ebene als auch auf Gemeinschaftsebene zu verfälschen.

(5) Die größte Einfachheit und Neutralität eines Mehrwertsteuersystems wird erreicht, wenn die Steuer so allgemein wie möglich erhoben wird und wenn ihr Anwendungsbereich alle Produktions- und Vertriebsstufen sowie den Bereich der Dienstleistungen umfasst. Es liegt folglich im Interesse des Binnenmarktes und der Mitgliedstaaten, ein gemeinsames System anzunehmen, das auch auf den Einzelhandel Anwendung findet.

(6) Es ist notwendig, schrittweise vorzugehen, da die Harmonisierung der Umsatzsteuern in den Mitgliedstaaten zu Änderungen der Steuerstruktur führt und merkliche Folgen auf budgetärem, wirtschaftlichem und sozialem Gebiet hat.

(7) Das gemeinsame Mehrwertsteuersystem sollte, selbst wenn die Sätze und Befreiungen nicht völlig harmonisiert werden, eine Wettbewerbsneutralität in dem Sinne bewirken, dass gleichartige Gegenstände und Dienstleistungen innerhalb des Gebiets der einzelnen Mitgliedstaaten ungeachtet der Länge des Produktions- und Vertriebswegs steuerlich gleich belastet werden.

(8) In Durchführung des Beschlusses 2000/597/EG, Euratom des Rates vom 29. September 2000 über das System der Eigenmittel der Europäischen Gemeinschaften[1] wird der Haushalt der Europäischen Gemeinschaften, unbeschadet der sonstigen Einnahmen, vollständig aus eigenen Mitteln der Gemeinschaften finanziert. Diese Mittel umfassen unter anderem Einnahmen aus der Mehrwertsteuer, die sich aus der Anwendung eines gemeinsamen Satzes auf eine Bemessungsgrundlage ergeben, die einheitlich nach Gemeinschaftsvorschriften bestimmt wird.

(9) Es ist unerlässlich, einen Übergangszeitraum vorzusehen, der eine schrittweise Anpassung der nationalen Rechtsvorschriften in den betreffenden Bereichen ermöglicht.

(10) Während dieser Übergangszeit sollten in den Bestimmungsmitgliedstaaten die innergemeinschaftlichen Umsätze anderer Steuerpflichtiger als derjenigen, die steuerbefreit sind, zu den Sätzen und Bedingungen dieser Mitgliedstaaten besteuert werden.

(11) Ferner sollten in dieser Übergangszeit in den Bestimmungsmitgliedstaaten der innergemeinschaftliche Erwerb, der von steuerbefreiten Steuerpflichtigen oder von nichtsteuerpflichtigen juristischen Personen in Höhe eines bestimmten Betrags getätigt wird, sowie bestimmte innergemeinschaftliche Versandgeschäfte und Lieferungen neuer Fahrzeuge, die an Privatpersonen oder an steuerbefreite oder nichtsteuerpflichtige Einrichtungen bewirkt werden, zu den Sätzen und Bedingungen dieser Mitgliedstaaten insofern besteuert werden, als die Behandlung dieser Umsätze ohne besondere Bestimmungen zu erheblichen Wettbewerbsverzerrungen zwischen den Mitgliedstaaten führen könnten.

(12) Aufgrund ihrer geografischen, wirtschaftlichen und sozialen Lage sollten bestimmte Gebiete vom Anwendungsbereich dieser Richtlinie ausgenommen werden.

(13) Der Begriff des Steuerpflichtigen sollte in einer Weise definiert werden, dass die Mitgliedstaaten zur Gewährleistung größtmöglicher Steuerneutralität auch Personen einbeziehen können, die gelegentlich Umsätze bewirken.

(14) Der Begriff des steuerbaren Umsatzes kann insbesondere hinsichtlich der diesem Umsatz gleichgestellten Umsätze zu Schwierigkeiten führen. Diese Begriffe sollten deshalb genauer definiert werden.

---

1 ABl. EG Nr. 253 vom 7.10.2000, 42.

(15) Um den innergemeinschaftlichen Handelsverkehr im Bereich der Bearbeitung beweglicher körperlicher Gegenstände zu erleichtern, sollten die Einzelheiten der Besteuerung dieser Umsätze festgelegt werden, wenn diese für einen Dienstleistungsempfänger erbracht wurden, der eine Mehrwertsteuer-Identifikationsnummer in einem anderen Mitgliedstaat als dem hat, in dem der Umsatz tatsächlich bewirkt wurde.

(16) Der innergemeinschaftlichen Güterbeförderung sollte eine innerhalb des Gebiets eines Mitgliedstaats erbrachte, unmittelbar mit einer Beförderung zwischen Mitgliedstaaten zusammenhängende Beförderung gleichgestellt werden, um nicht nur die Grundsätze und Einzelheiten der Besteuerung für diese Beförderungsleistungen im Inland, sondern auch die Regeln für Nebentätigkeiten zu diesen Beförderungen und Dienstleistungen von Vermittlern, die sich bei der Erbringung dieser einzelnen Dienstleistungen einschalten, zu vereinfachen.

(17) Die Bestimmung des Ortes des steuerbaren Umsatzes kann insbesondere in Bezug auf Lieferungen von Gegenständen mit Montage und Dienstleistungen zu Kompetenzkonflikten zwischen den Mitgliedstaaten führen. Wenn auch als Ort der Dienstleistung grundsätzlich der Ort gelten sollte, an dem der Dienstleistende den Sitz seiner wirtschaftlichen Tätigkeit hat, ist es doch angebracht, dass insbesondere für bestimmte zwischen Steuerpflichtigen erbrachte Dienstleistungen, deren Kosten in den Preis der Gegenstände eingehen, als Ort der Dienstleistung der Mitgliedstaat des Dienstleistungsempfängers gilt.

(18) Der Ort der Besteuerung bestimmter Umsätze, die an Bord eines Schiffes, eines Flugzeugs oder in einer Eisenbahn während einer Personenbeförderung innerhalb der Gemeinschaft bewirkt werden, sollte genauer definiert werden.

(19) Elektrizität und Gas werden für die Zwecke der Mehrwertsteuer als Gegenstände behandelt. Es ist jedoch äußerst schwierig, den Ort der Lieferung zu bestimmen. Zur Vermeidung von Doppel- oder Nichtbesteuerung und zur Erzielung eines echten Gas- und Elektrizitätsbinnenmarkts ohne Behinderung durch die Mehrwertsteuer sollte daher als Ort der Lieferung von Gas – über das Erdgasverteilungsnetz – und von Elektrizität vor der Stufe des Endverbrauchs der Ort gelten, an dem der Erwerber den Sitz seiner wirtschaftlichen Tätigkeit hat. Die Lieferung von Elektrizität und Gas auf der Stufe des Endverbrauchs, vom Unternehmer und Verteiler an den Endverbraucher, sollte an dem Ort besteuert werden, an dem der Erwerber die Gegenstände tatsächlich nutzt und verbraucht.

(20) Die Anwendung der allgemeinen Regel, nach der Dienstleistungen in dem Mitgliedstaat besteuert werden, in dem der Dienstleistungserbringer ansässig ist, kann bei der Vermietung eines beweglichen körperlichen Gegenstandes zu erheblichen Wettbewerbsverzerrungen führen, wenn Vermieter und Mieter in verschiedenen Mitgliedstaaten ansässig sind und die Steuersätze in diesen Mitgliedstaaten unterschiedlich hoch sind. Daher sollte festgelegt werden, dass der Ort der Dienstleistung der Ort ist, an dem der Dienstleistungsempfänger den Sitz seiner wirtschaftlichen Tätigkeit oder eine feste Niederlassung hat, für die die Dienstleistung erbracht worden ist, oder in Ermangelung eines solchen Sitzes oder einer solchen Niederlassung sein Wohnsitz oder sein gewöhnlicher Aufenthaltsort.

(21) Bei der Vermietung von Beförderungsmitteln sollte diese allgemeine Regel jedoch aus Kontrollgründen strikt angewandt werden und somit als Ort der Dienstleistung der Ort anzusehen sein, an dem der Dienstleistungserbringer ansässig ist.

(22) Sämtliche Telekommunikationsdienstleistungen, die in der Gemeinschaft in Anspruch genommen werden, sollten besteuert werden, um Wettbewerbsverzerrungen in diesem Bereich vorzubeugen. Um dieses Ziel zu erreichen, sollten Telekommunikationsdienstleistungen, die an in der Gemeinschaft ansässige Steuerpflichtige oder an in Drittländern ansässige Dienstleistungsempfänger erbracht werden, grundsätzlich an dem Ort besteuert werden, an dem der Dienstleistungsempfänger ansässig ist. Damit Telekommunikationsdienstleistungen, die von in Drittgebieten oder Drittländern ansässigen Steuerpflichtigen an in der Gemeinschaft ansässige Nichtsteuer-

pflichtige erbracht und in der Gemeinschaft tatsächlich genutzt oder ausgewertet werden, einheitlich besteuert werden, sollten die Mitgliedstaaten jedoch festlegen, dass sich der Ort der Dienstleistungen in der Gemeinschaft befindet.

(23) Ebenfalls um Wettbewerbsverzerrungen vorzubeugen sollten Rundfunk- und Fernsehdienstleistungen sowie elektronisch erbrachte Dienstleistungen, die aus Drittgebieten oder Drittländern an in der Gemeinschaft ansässige Personen oder aus der Gemeinschaft an in Drittgebieten oder Drittländern ansässige Dienstleistungsempfänger erbracht werden, an dem Ort besteuert werden, an dem der Dienstleistungsempfänger ansässig ist.

(24) Die Begriffe „Steuertatbestand" und „Steueranspruch" sollten harmonisiert werden, damit die Anwendung und die späteren Änderungen des gemeinsamen Mehrwertsteuersystems in allen Mitgliedstaaten zum gleichen Zeitpunkt wirksam werden.

(25) Die Steuerbemessungsgrundlage sollte harmonisiert werden, damit die Anwendung der Mehrwertsteuer auf die steuerbaren Umsätze in allen Mitgliedstaaten zu vergleichbaren Ergebnissen führt.

(26) Um zu gewährleisten, dass die Einschaltung verbundener Personen zur Erzielung von Steuervorteilen nicht zu Steuerausfällen führt, sollten die Mitgliedstaaten die Möglichkeit haben, unter bestimmten, genau festgelegten Umständen hinsichtlich des Wertes von Lieferungen von Gegenständen, Dienstleistungen und innergemeinschaftlichen Erwerben von Gegenständen tätig zu werden.

(27) Zur Vermeidung von Steuerhinterziehung oder -umgehung sollten die Mitgliedstaaten die Möglichkeit haben, in die Steuerbemessungsgrundlage eines Umsatzes, der die Verarbeitung von Anlagegold umfasst, das von einem Leistungsempfänger zur Verfügung gestellt wird, auch den Wert dieses Anlagegolds einzubeziehen, wenn es durch die Verarbeitung seinen Status als Anlagegold verliert. Bei Anwendung dieser Regelungen sollte den Mitgliedstaaten ein gewisser Ermessensspielraum eingeräumt werden.

(28) Die Abschaffung der Steuerkontrollen an den Grenzen erfordert, dass zur Vermeidung von Wettbewerbsverzerrungen neben einer einheitlichen Mehrwertsteuer-Bemessungsgrundlage auch die Steuersätze hinsichtlich ihrer Anzahl und ihrer Höhe zwischen den Mitgliedstaaten hinreichend aneinander angenähert werden.

(29) Der in den Mitgliedstaaten derzeit geltende Normalsatz der Mehrwertsteuer gewährleistet in Verbindung mit den Mechanismen der Übergangsregelung, dass diese Regelung in akzeptabler Weise funktioniert. Um zu verhindern, dass Unterschiede zwischen den von den Mitgliedstaaten angewandten Mehrwertsteuer-Normalsätzen zu strukturellen Ungleichgewichten innerhalb der Gemeinschaft und zu Wettbewerbsverzerrungen in bestimmten Wirtschaftszweigen führen, sollte ein zu überprüfender Mindestnormalsatz von 15 % festgesetzt werden.

(30) Um die Neutralität der Mehrwertsteuer zu erhalten, sollten die von den Mitgliedstaaten angewandten Steuersätze den normalen Abzug der Steuerbelastung der vorausgehenden Umsatzstufe ermöglichen.

(31) Während der Übergangszeit sollten bestimmte Ausnahmen hinsichtlich der Anzahl und der Höhe der Sätze möglich sein.

(32) Zur besseren Bewertung der Auswirkung der ermäßigten Sätze muss die Kommission einen Bericht vorlegen, in dem sie die Auswirkung der auf lokal erbrachte Dienstleistungen angewandten ermäßigten Sätze bewertet, insbesondere in Bezug auf die Schaffung von Arbeitsplätzen, das Wirtschaftswachstum und das reibungslose Funktionieren des Binnenmarkts.

(33) Zur Bekämpfung der Arbeitslosigkeit sollte den Mitgliedstaaten, die dies wünschen, die Möglichkeit eingeräumt werden, zu erproben, wie sich eine Ermäßigung der Mehrwertsteuer auf arbeitsintensive Dienstleistungen auf die Schaffung von Arbeits-

plätzen auswirkt. Diese Ermäßigung könnte für die Unternehmen zudem den Anreiz mindern, sich in der Schattenwirtschaft zu betätigen.

(34) Eine derartige Ermäßigung des Steuersatzes könnte allerdings das reibungslose Funktionieren des Binnenmarktes und die Steuerneutralität gefährden. Daher sollte ein Verfahren zur Erteilung von Ermächtigungen für einen festen Zeitraum vorgesehen werden, der ausreichend lang ist, um die Auswirkungen der auf lokal erbrachte Dienstleistungen angewandten ermäßigten Steuersätze einschätzen zu können, und der Anwendungsbereich einer solchen Maßnahme genau definiert werden, um zu gewährleisten, dass sie überprüfbar und begrenzt ist.

(35) Im Hinblick auf eine gleichmäßige Erhebung der Eigenmittel in allen Mitgliedstaaten sollte ein gemeinsames Verzeichnis der Steuerbefreiungen aufgestellt werden.

(36) Zum Vorteil der Steuerschuldner sowie der zuständigen Verwaltungen sollten die Verfahren für die Anwendung der Mehrwertsteuer auf bestimmte innergemeinschaftliche Lieferungen und Erwerbe verbrauchsteuerpflichtiger Waren an die Verfahren und Erklärungspflichten für den Fall der Beförderung derartiger Waren in einen anderen Mitgliedstaat angeglichen werden, die in der Richtlinie 92/12/EWG des Rates vom 25. Februar 1992 über das allgemeine System, den Besitz, die Beförderung und die Kontrolle verbrauchsteuerpflichtiger Waren[1] geregelt sind.

(37) Die Lieferung von Gas – über das Erdgasverteilungsnetz – und von Elektrizität, wird am Ort des Erwerbers besteuert. Um eine Doppelbesteuerung zu vermeiden, sollte die Einfuhr derartiger Waren daher von der Mehrwertsteuer befreit werden.

(38) Für steuerbare Umsätze, einschließlich Reihengeschäften, im Zusammenhang mit dem innergemeinschaftlichen Handelsverkehr, die während der Übergangszeit im inneren Anwendungsbereich der Steuer von Steuerpflichtigen bewirkt werden, die nicht im Gebiet des Mitgliedstaats des innergemeinschaftlichen Erwerbs der Gegenstände ansässig sind, ist es erforderlich, Vereinfachungsmaßnahmen vorzusehen, die eine gleichartige Behandlung in allen Mitgliedstaaten gewährleisten. Hierzu sollten die Vorschriften über die steuerliche Behandlung dieser Umsätze und zur Bestimmung des Steuerschuldners für diese Umsätze harmonisiert werden. Von der Anwendung dieser Regelungen sollten jedoch grundsätzlich Gegenstände ausgenommen werden, die zur Lieferung auf der Einzelhandelsstufe bestimmt sind.

(39) Der Vorsteuerabzug sollte insoweit harmonisiert werden, als er die tatsächliche Höhe der Besteuerung beeinflusst, und die Pro-rata-Sätze des Vorsteuerabzugs sollten in allen Mitgliedstaaten auf gleiche Weise berechnet werden.

(40) Die Regelung, die eine Berichtigung des Vorsteuerabzugs für Investitionsgüter entsprechend ihrer tatsächlichen Nutzungsdauer vorsieht, sollte auch auf Dienstleistungen, die die Merkmale von Investitionsgütern aufweisen, Anwendung finden.

(41) Es sollte festgelegt werden, wer Steuerschuldner ist, insbesondere bei bestimmten Dienstleistungen, bei denen der Dienstleistungserbringer nicht in dem Mitgliedstaat ansässig ist, in dem die Steuer geschuldet wird.

(42) Die Mitgliedstaaten sollten in die Lage versetzt werden, in bestimmten Fällen den Erwerber von Gegenständen oder den Dienstleistungsempfänger als Steuerschuldner zu bestimmen. Dies würde es den Mitgliedstaaten erlauben, die Vorschriften zu vereinfachen und die Steuerhinterziehung und -umgehung in bestimmten Sektoren oder bei bestimmten Arten von Umsätzen zu bekämpfen.

(43) Die Mitgliedstaaten sollten den Einfuhrsteuerschuldner nach freiem Ermessen bestimmen können.

---

[1] ABl. EG Nr. 76 vom 23.3.1992, 1. Zuletzt geändert durch die Richtlinie 2004/106/EG, ABl. EU Nr. L 359 vom 4.12.2004, 30.

(44) Die Mitgliedstaaten sollten auch Regelungen treffen können, nach denen eine andere Person als der Steuerschuldner gesamtschuldnerisch für die Entrichtung der Steuer haftet.

(45) Die Pflichten der Steuerpflichtigen sollten soweit wie möglich harmonisiert werden, um die erforderliche Gleichmäßigkeit bei der Steuererhebung in allen Mitgliedstaaten sicherzustellen.

(46) Die Verwendung elektronischer Rechnungstellung sollte den Steuerverwaltungen ermöglichen, ihre Kontrollen durchzuführen. Um ein reibungsloses Funktionieren des Binnenmarkts zu gewährleisten, sollte daher ein harmonisiertes Verzeichnis der Angaben erstellt werden, die jede Rechnung enthalten muss; ferner sollten eine Reihe gemeinsamer Modalitäten für die elektronische Rechnungstellung, die elektronische Aufbewahrung der Rechnungen, die Erstellung von Gutschriften und die Verlagerung der Rechnungstellung auf Dritte festgelegt werden.

(47) Vorbehaltlich der von ihnen festzulegenden Bedingungen sollten die Mitgliedstaaten die elektronische Einreichung von bestimmten Meldungen und Erklärungen zulassen und die elektronische Übermittlung vorschreiben können.

(48) Das notwendige Streben nach einer Erleichterung der Verwaltungs- und Statistikformalitäten für die Unternehmen, insbesondere für kleine und mittlere Unternehmen, sollte mit der Durchführung wirksamer Kontrollmaßnahmen und mit der sowohl aus wirtschaftlichen als steuerlichen Gründen unerlässlichen Wahrung der Qualität der gemeinschaftlichen Statistikinstrumente in Einklang gebracht werden.

(49) In Bezug auf Kleinunternehmen sollte den Mitgliedstaaten gestattet werden, ihre Sonderregelungen gemäß gemeinsamen Bestimmungen im Hinblick auf eine weiter gehende Harmonisierung beizubehalten.

(50) In Bezug auf die Landwirte sollten die Mitgliedstaaten die Möglichkeit haben, eine Sonderregelung anzuwenden, die zugunsten der Landwirte, die nicht unter die normale Regelung fallen, einen Pauschalausgleich für die Vorsteuerbelastung enthält. Diese Regelung sollte in ihren wesentlichen Grundsätzen festgelegt werden, und für die Erfordernisse der Erhebung der Eigenmittel sollte ein gemeinsames Verfahren für die Bestimmung des von diesen Landwirten erzielten Mehrwerts definiert werden.

(51) Es sollte eine gemeinschaftliche Regelung für die Besteuerung auf dem Gebiet der Gebrauchtgegenstände, Kunstgegenstände, Antiquitäten und Sammlungsstücke erlassen werden, um Doppelbesteuerungen und Wettbewerbsverzerrungen zwischen Steuerpflichtigen zu vermeiden.

(52) Die Anwendung der normalen Steuerregelung auf Gold ist ein großes Hindernis für seine Verwendung als Finanzanlage, weshalb die Anwendung einer besonderen Steuerregelung, auch im Hinblick auf die Verbesserung der internationalen Wettbewerbsfähigkeit des gemeinschaftlichen Goldmarktes, gerechtfertigt ist.

(53) Lieferungen von Gold zu Anlagezwecken entsprechen ihrer Art nach anderen Finanzanlagen, die von der Steuer befreit sind. Die Steuerbefreiung erscheint daher als die geeignetste steuerliche Behandlung der Umsätze von Anlagegold.

(54) Die Definition von Anlagegold sollte Goldmünzen einbeziehen, deren Wert in erster Linie auf dem Preis des in ihnen enthaltenen Goldes beruht. Aus Gründen der Transparenz und der Rechtssicherheit für die mit derartigen Münzen handelnden Wirtschaftsbeteiligten sollte alljährlich ein Verzeichnis der Münzen erstellt werden, auf die die Regelung für Anlagegold anzuwenden ist. Ein solches Verzeichnis schließt die Steuerbefreiung von Münzen, die in dem Verzeichnis nicht enthalten sind, aber die Kriterien dieser Richtlinie erfüllen, nicht aus.

(55) Um Steuerhinterziehungen zu verhindern, gleichzeitig aber die mit der Lieferung von Gold ab einem bestimmten Feingehalt verbundenen Finanzierungskosten zu verringern, ist es gerechtfertigt, den Mitgliedstaaten zu gestatten, den Erwerber als Steuerschuldner zu bestimmen.

(56) Um Wirtschaftsbeteiligten, die elektronisch erbrachte Dienstleistungen anbieten und weder in der Gemeinschaft ansässig sind noch für die Zwecke der Mehrwertsteuer dort erfasst sein müssen, die Erfüllung ihrer steuerlichen Pflichten zu erleichtern, sollte eine Sonderregelung festgelegt werden. In Anwendung dieser Regelung kann ein Wirtschaftsbeteiligter, der an Nichtsteuerpflichtige in der Gemeinschaft derartige elektronische Dienstleistungen erbringt, sich für eine Registrierung in einem einzigen Mitgliedstaat entscheiden, falls er nicht in anderer Weise in der Gemeinschaft für die Zwecke der Mehrwertsteuer erfasst ist.

(57) Die Bestimmungen über Rundfunk- und Fernsehdienstleistungen sowie bestimmte elektronisch erbrachte Dienstleistungen sollten befristet werden und nach kurzer Zeit anhand der gesammelten Erfahrungen überprüft werden.

(58) Die koordinierte Anwendung dieser Richtlinie sollte gefördert werden und hierzu ist es unerlässlich, einen Beratenden Ausschuss für die Mehrwertsteuer einzusetzen, der es ermöglicht, eine enge Zusammenarbeit zwischen den Mitgliedstaaten und der Kommission in diesem Bereich herbeizuführen.

(59) Es ist in bestimmten Grenzen und unter bestimmten Bedingungen angebracht, dass die Mitgliedstaaten von dieser Richtlinie abweichende Sondermaßnahmen ergreifen oder weiter anwenden können, um die Steuererhebung zu vereinfachen oder bestimmte Formen der Steuerhinterziehung oder -umgehung zu verhüten.

(60) Um zu verhindern, dass ein Mitgliedstaat im Ungewissen darüber bleibt, wie die Kommission mit seinem Antrag auf Ermächtigung zu einer Ausnahmeregelung zu verfahren beabsichtigt, sollte eine Frist vorgesehen werden, innerhalb derer die Kommission dem Rat entweder einen Vorschlag zur Ermächtigung oder eine Mitteilung über ihre Einwände vorlegen muss.

(61) Eine einheitliche Anwendung des Mehrwertsteuersystems ist von grundlegender Bedeutung. Zur Erreichung dieses Ziels sollten Durchführungsmaßnahmen erlassen werden.

(62) Insbesondere sollten diese Maßnahmen das Problem der Doppelbesteuerung grenzüberschreitender Umsätze behandeln, das durch eine unterschiedliche Anwendung der Regeln für den Ort der steuerbaren Umsätze durch die Mitgliedstaaten auftreten kann.

(63) Trotz des begrenzten Anwendungsbereichs der Durchführungsmaßnahmen haben solche Maßnahmen Auswirkungen auf den Haushalt, die für einen oder mehrere Mitgliedstaaten bedeutend sein könnten. Durch die Auswirkungen dieser Maßnahmen auf den Haushalt der Mitgliedstaaten ist es gerechtfertigt, dass sich der Rat die Durchführungsbefugnisse vorbehält.

(64) Angesichts ihres begrenzten Anwendungsbereichs sollte vorgesehen werden, dass diese Durchführungsmaßnahmen vom Rat auf Vorschlag der Kommission einstimmig angenommen werden.

(65) Da die Ziele dieser Richtlinie aus den dargelegten Gründen auf Ebene der Mitgliedstaaten nicht ausreichend verwirklicht werden können und daher besser auf Gemeinschaftsebene zu verwirklichen sind, kann die Gemeinschaft im Einklang mit dem in Artikel 5 des Vertrags niedergelegten Subsidiaritätsprinzip tätig werden. Entsprechend dem in demselben Artikel genannten Grundsatz der Verhältnismäßigkeit geht diese Richtlinie nicht über das zum Erreichen dieser Ziele erforderliche Maß hinaus.

(66) Die Pflicht zur Umsetzung dieser Richtlinie in nationales Recht sollte nur jene Bestimmungen erfassen, die im Vergleich zu den bisherigen Richtlinien inhaltlich geändert wurden. Die Pflicht zur Umsetzung der inhaltlich unveränderten Bestimmungen ergibt sich aus den bisherigen Richtlinien.

(67) Diese Richtlinie sollte die Verpflichtung der Mitgliedstaaten hinsichtlich der Fristen für die Umsetzung in nationales Recht der in Anhang XI Teil B aufgeführten Richtlinie unberührt lassen —

HAT FOLGENDE RICHTLINIE ERLASSEN:

## INHALT

| | |
|---|---|
| **TITEL I** | **ZIELSETZUNG UND ANWENDUNGSBEREICH** |
| **TITEL II** | **RÄUMLICHER ANWENDUNGSBEREICH** |
| **TITEL III** | **STEUERPFLICHTIGER** |
| **TITEL IV** | **STEUERBARER UMSATZ** |
| Kapitel 1 | Lieferung von Gegenständen |
| Kapitel 2 | Innergemeinschaftlicher Erwerb von Gegenständen |
| Kapitel 3 | Dienstleistungen |
| Kapitel 4 | Einfuhr von Gegenständen |
| **TITEL V** | **ORT DES STEUERBAREN UMSATZES** |
| Kapitel 1 | Ort der Lieferung von Gegenständen |
| Abschnitt 1 | Lieferung von Gegenständen ohne Beförderung |
| Abschnitt 2 | Lieferung von Gegenständen mit Beförderung |
| Abschnitt 3 | Lieferung von Gegenständen an Bord eines Schiffes, eines Flugzeugs oder in einer Eisenbahn |
| Abschnitt 4 | Lieferung von Gas über ein Erdgasnetz, von Elektrizität und von Wärme oder Kälte über Wärme- und Kältenetze |
| Kapitel 2 | Ort des innergemeinschaftlichen Erwerbs von Gegenständen |
| Kapitel 3 | Ort der Dienstleistung |
| Abschnitt 1 | Begriffsbestimmungen |
| Abschnitt 2 | Allgemeine Bestimmungen |
| Abschnitt 3 | Besondere Bestimmungen |
| Unterabschnitt 1 | Von Vermittlern erbrachte Dienstleistungen an Nichtsteuerpflichtige |
| Unterabschnitt 2 | Dienstleistungen im Zusammenhang mit Grundstücken |
| Unterabschnitt 3 | Beförderungsleistungen |
| Unterabschnitt 4 | Dienstleistungen auf dem Gebiet der Kultur, der Künste, des Sports, der Wissenschaft, des Unterrichts, der Unterhaltung und ähnliche Veranstaltungen, Nebentätigkeiten zur Beförderung, Begutachtung von beweglichen Gegenständen und Arbeiten an solchen Gegenständen |
| Unterabschnitt 5 | Restaurant- und Verpflegungsdienstleistungen |
| Unterabschnitt 6 | Vermietung von Beförderungsmitteln |
| Unterabschnitt 7 | Für den Verbrauch bestimmte Restaurant- und Verpflegungsdienstleistungen an Bord eines Schiffes, eines Flugzeugs oder in der Eisenbahn |
| Unterabschnitt 8 | Telekommunikationsdienstleistungen, Rundfunk- und Fernsehdienstleistungen und elektronisch erbrachte Dienstleistungen an Nichtsteuerpflichtige |
| Unterabschnitt 9 | Dienstleistungen an Nichtsteuerpflichtige außerhalb der Gemeinschaft |
| Unterabschnitt 10 | Vermeidung der Doppelbesteuerung und der Nichtbesteuerung |
| Kapitel 4 | Ort der Einfuhr von Gegenständen |

| | |
|---|---|
| **TITEL VI** | **STEUERTATBESTAND UND STEUERANSPRUCH** |
| Kapitel 1 | Allgemeine Bestimmungen |
| Kapitel 2 | Lieferung von Gegenständen und Dienstleistungen |
| Kapitel 3 | Innergemeinschaftlicher Erwerb von Gegenständen |
| Kapitel 4 | Einfuhr von Gegenständen |
| **TITEL VII** | **STEUERBEMESSUNGSGRUNDLAGE** |
| Kapitel 1 | Begriffsbestimmung |
| Kapitel 2 | Lieferung von Gegenständen und Dienstleistungen |
| Kapitel 3 | Innergemeinschaftlicher Erwerb von Gegenständen |
| Kapitel 4 | Einfuhr von Gegenständen |
| Kapitel 5 | Verschiedene Bestimmungen |
| **TITEL VIII** | **STEUERSÄTZE** |
| Kapitel 1 | Anwendung der Steuersätze |
| Kapitel 2 | Struktur und Höhe der Steuersätze |
| Abschnitt 1 | Normalsatz |
| Abschnitt 2 | Ermäßigte Steuersätze |
| Abschnitt 3 | Besondere Bestimmungen |
| Kapitel 3 | *(gestrichen)* |
| Kapitel 4 | Bis zur Einführung der endgültigen Mehrwertsteuerregelung geltende besondere Bestimmungen |
| Kapitel 5 | Befristete Bestimmungen |
| **TITEL IX** | **STEUERBEFREIUNGEN** |
| Kapitel 1 | Allgemeine Bestimmungen |
| Kapitel 2 | Steuerbefreiungen für bestimmte, dem Gemeinwohl dienende Tätigkeiten |
| Kapitel 3 | Steuerbefreiungen für andere Tätigkeiten |
| Kapitel 4 | Steuerbefreiungen bei innergemeinschaftlichen Umsätzen |
| Abschnitt 1 | Steuerbefreiungen bei der Lieferung von Gegenständen |
| Abschnitt 2 | Steuerbefreiungen beim innergemeinschaftlichen Erwerb von Gegenständen |
| Abschnitt 3 | Steuerbefreiungen für bestimmte Beförderungsleistungen |
| Kapitel 5 | Steuerbefreiungen bei der Einfuhr |
| Kapitel 6 | Steuerbefreiungen bei der Ausfuhr |
| Kapitel 7 | Steuerbefreiungen bei grenzüberschreitenden Beförderungen |
| Kapitel 8 | Steuerbefreiungen bei bestimmten, Ausfuhren gleichgestellten Umsätzen |
| Kapitel 9 | Steuerbefreiungen für Dienstleistungen von Vermittlern |
| Kapitel 10 | Steuerbefreiungen beim grenzüberschreitenden Warenverkehr |
| Abschnitt 1 | Zolllager, andere Lager als Zolllager sowie gleichartige Regelungen |
| Abschnitt 2 | Steuerbefreiung von Umsätzen im Hinblick auf eine Ausfuhr und im Rahmen des Handels zwischen den Mitgliedstaaten |
| Abschnitt 3 | Gemeinsame Bestimmungen für die Abschnitte 1 und 2 |
| **TITEL X** | **VORSTEUERABZUG** |
| Kapitel 1 | Entstehung und Umfang des Rechts auf Vorsteuerabzug |
| Kapitel 2 | Pro-rata-Satz des Vorsteuerabzugs |
| Kapitel 3 | Einschränkungen des Rechts auf Vorsteuerabzug |

| | |
|---|---|
| Kapitel 4 | Einzelheiten der Ausübung des Rechts auf Vorsteuerabzug |
| Kapitel 5 | Berichtigung des Vorsteuerabzugs |
| **TITEL XI** | **PFLICHTEN DER STEUERPFLICHTIGEN UND BESTIMMTER NICHTSTEUERPFLICHTIGER PERSONEN** |
| Kapitel 1 | Zahlungspflicht |
| Abschnitt 1 | Steuerschuldner gegenüber dem Fiskus |
| Abschnitt 2 | Einzelheiten der Entrichtung |
| Kapitel 2 | Identifikation |
| Kapitel 3 | Rechnungstellung |
| Abschnitt 1 | Begriffsbestimmung |
| Abschnitt 2 | Definition der Rechnung |
| Abschnitt 3 | Ausstellung der Rechnung |
| Abschnitt 4 | Rechnungsangaben |
| Abschnitt 5 | Rechnungen auf Papier und elektronische Rechnungen |
| Abschnitt 6 | Vereinfachungsmaßnahmen |
| Kapitel 4 | Aufzeichnungen |
| Abschnitt 1 | Begriffsbestimmung |
| Abschnitt 2 | Allgemeine Pflichten |
| Abschnitt 3 | Pflichten in Bezug auf die Aufbewahrung aller Rechnungen |
| Abschnitt 4 | Recht auf Zugriff auf in einem anderen Mitgliedstaat elektronisch aufbewahrte Rechnungen |
| Kapitel 5 | Erklärungspflichten |
| Kapitel 6 | Zusammenfassende Meldung |
| Kapitel 7 | Verschiedenes |
| Kapitel 8 | Pflichten bei bestimmten Einfuhr- und Ausfuhrumsätzen |
| Abschnitt 1 | Einfuhrumsätze |
| Abschnitt 2 | Ausfuhrumsätze |
| **TITEL XII** | **SONDERREGELUNGEN** |
| Kapitel 1 | Sonderregelung für Kleinunternehmen |
| Abschnitt 1 | Vereinfachte Modalitäten für die Besteuerung und die Steuererhebung |
| Abschnitt 2 | Steuerbefreiungen und degressive Steuerermäßigungen |
| Abschnitt 3 | Bericht und Überprüfung |
| Kapitel 2 | Gemeinsame Pauschalregelung für landwirtschaftliche Erzeuger |
| Kapitel 3 | Sonderregelung für Reisebüros |
| Kapitel 4 | Sonderregelungen für Gebrauchtgegenstände, Kunstgegenstände, Sammlungsstücke und Antiquitäten |
| Abschnitt 1 | Begriffsbestimmungen |
| Abschnitt 2 | Sonderregelung für steuerpflichtige Wiederverkäufer |
| Unterabschnitt 1 | Differenzbesteuerung |
| Unterabschnitt 2 | Übergangsregelung für Gebrauchtfahrzeuge |
| Abschnitt 3 | Sonderregelung für öffentliche Versteigerungen |
| Abschnitt 4 | Verhütung von Wettbewerbsverzerrungen und Steuerbetrug |
| Kapitel 5 | Sonderregelung für Anlagegold |
| Abschnitt 1 | Allgemeine Bestimmungen |
| Abschnitt 2 | Steuerbefreiung |
| Abschnitt 3 | Besteuerungswahlrecht |
| Abschnitt 4 | Umsätze auf einem geregelten Goldmarkt |
| Abschnitt 5 | Besondere Rechte und Pflichten von Händlern mit Anlagegold |

| | |
|---|---|
| Kapitel 6 | Sonderregelungen für nicht ansässige Steuerpflichtige, die Telekommunikationsdienstleistungen, Rundfunk- und Fernsehdienstleistungen oder elektronische Dienstleistungen an Nichtsteuerpflichtige erbringen |
| Abschnitt 1 | Allgemeine Bestimmungen |
| Abschnitt 2 | Sonderregelung für von nicht in der Gemeinschaft ansässigen Steuerpflichtigen erbrachte Telekommunikationsdienstleistungen, Rundfunk- und Fernsehdienstleistungen oder elektronische Dienstleistungen |
| Abschnitt 3 | Sonderregelung für von in der Gemeinschaft, nicht aber im Mitgliedstaat des Verbrauchs ansässigen Steuerpflichtigen erbrachte Telekommunikationsdienstleistungen, Rundfunk- und Fernsehdienstleistungen oder elektronische Dienstleistungen |
| **TITEL XIII** | **AUSNAHMEN** |
| Kapitel 1 | Bis zur Annahme einer endgültigen Regelung geltende Ausnahmen |
| Abschnitt 1 | Ausnahmen für Staaten, die am 1. Januar 1978 Mitglied der Gemeinschaft waren |
| Abschnitt 2 | Ausnahmen für Staaten, die der Gemeinschaft nach dem 1. Januar 1978 beigetreten sind |
| Abschnitt 3 | Gemeinsame Bestimmungen zu den Abschnitten 1 und 2 |
| Kapitel 2 | Im Wege einer Ermächtigung genehmigte Ausnahmen |
| Abschnitt 1 | Maßnahmen zur Vereinfachung und zur Verhinderung der Steuerhinterziehung und -umgehung |
| Abschnitt 2 | Internationale Übereinkommen |
| **TITEL XIV** | **VERSCHIEDENES** |
| Kapitel 1 | Durchführungsmaßnahmen |
| Kapitel 2 | Mehrwertsteuerausschuss |
| Kapitel 3 | Umrechnungskurs |
| Kapitel 4 | Andere Steuern, Abgaben und Gebühren |
| **TITEL XV** | **SCHLUSSBESTIMMUNGEN** |
| Kapitel 1 | Übergangsregelung für die Besteuerung des Handelsverkehrs zwischen den Mitgliedstaaten |
| Kapitel 2 | Übergangsbestimmungen im Rahmen der Beitritte zur Europäischen Union |
| Kapitel 3 | Umsetzung und Inkrafttreten |
| **ANHANG I** | **VERZEICHNIS DER TÄTIGKEITEN IM SINNE DES ARTIKELS 13 ABSATZ 1 UNTERABSATZ 3** |
| **ANHANG II** | **EXEMPLARISCHES VERZEICHNIS ELEKTRONISCH ERBRACHTER DIENSTLEISTUNGEN IM SINNE DES ARTIKELS 58 UND DES ARTIKELS 59 ABSATZ 1 BUCHSTABE K** |
| **ANHANG III** | **VERZEICHNIS DER LIEFERUNGEN VON GEGENSTÄNDEN UND DIENSTLEISTUNGEN, AUF DIE ERMÄSSIGTE MWST-SÄTZE GEMÄSS ARTIKEL 98 ANGEWANDT WERDEN KÖNNEN** |

| | | |
|---|---|---|
| ANHANG IV | VERZEICHNIS DER DIENSTLEISTUNGEN IM SINNE DES ARTIKELS 106 | |
| ANHANG V | KATEGORIEN VON GEGENSTÄNDEN, DIE NACH ARTIKEL 160 ABSATZ 2 REGELUNGEN FÜR ANDERE LAGER ALS ZOLLLAGER UNTERLIEGEN | |
| ANHANG VI | VERZEICHNIS DER IN ARTIKEL 199 ABSATZ 1 BUCHSTABE D GENANNTEN LIEFERUNGEN VON GEGENSTÄNDEN UND DIENSTLEISTUNGEN | |
| ANHANG VII | VERZEICHNIS DER TÄTIGKEITEN DER LANDWIRTSCHAFTLICHEN ERZEUGUNG IM SINNE DES ARTIKELS 295 ABSATZ 1 NUMMER 4 | |
| ANHANG VIII | EXEMPLARISCHES VERZEICHNIS DER LANDWIRTSCHAFTLICHEN DIENSTLEISTUNGEN IM SINNE DES ARTIKELS 295 ABSATZ 1 NUMMER 5 | |
| ANHANG IX | KUNSTGEGENSTÄNDE, SAMMLUNGSSTÜCKE UND ANTIQUITÄTEN IM SINNE DES ARTIKELS 311 ABSATZ 1 NUMMERN 2, 3 UND 4 | |
| Teil A | Kunstgegenstände | |
| Teil B | Sammlungsstücke | |
| Teil C | Antiquitäten | |
| ANHANG X | VERZEICHNIS DER UMSÄTZE, FÜR DIE DIE AUSNAHMEN GEMÄSS DEN ARTIKELN 370 UND 371 SOWIE 375 BIS 390c GELTEN | |
| Teil A | Umsätze, die die Mitgliedstaaten weiterhin besteuern dürfen | |
| Teil B | Umsätze, die die Mitgliedstaaten weiterhin von der Steuer befreien dürfen | |
| ANHANG XI | | |
| Teil A | Aufgehobene Richtlinien mit ihren nachfolgenden Änderungen | |
| Teil B | Fristen für die Umsetzung in nationales Recht | |
| ANHANG XII | ENTSPRECHUNGSTABELLE | |

# TITEL I
## ZIELSETZUNG UND ANWENDUNGSBEREICH

### Artikel 1

(1) Diese Richtlinie legt das gemeinsame Mehrwertsteuersystem fest.

(2) Das gemeinsame Mehrwertsteuersystem beruht auf dem Grundsatz, dass auf Gegenstände und Dienstleistungen, ungeachtet der Zahl der Umsätze, die auf den vor der Besteuerungsstufe liegenden Produktions- und Vertriebsstufen bewirkt wurden, eine allgemeine, zum Preis der Gegenstände und Dienstleistungen genau proportionale Verbrauchsteuer anzuwenden ist.

Bei allen Umsätzen wird die Mehrwertsteuer, die nach dem auf den Gegenstand oder die Dienstleistung anwendbaren Steuersatz auf den Preis des Gegenstands oder der Dienstleistung errechnet wird, abzüglich des Mehrwertsteuerbetrags geschuldet, der die verschiedenen Kostenelemente unmittelbar belastet hat.

Das gemeinsame Mehrwertsteuersystem wird bis zur Einzelhandelsstufe, diese eingeschlossen, angewandt.

### Artikel 2

(1) Der Mehrwertsteuer unterliegen folgende Umsätze:

a) Lieferungen von Gegenständen, die ein Steuerpflichtiger als solcher im Gebiet eines Mitgliedstaats gegen Entgelt tätigt;

b) der innergemeinschaftliche Erwerb von Gegenständen im Gebiet eines Mitgliedstaats gegen Entgelt

　i) durch einen Steuerpflichtigen, der als solcher handelt, oder durch eine nichtsteuerpflichtige juristische Person, wenn der Verkäufer ein Steuerpflichtiger ist, der als solcher handelt, für den die Mehrwertsteuerbefreiung für Kleinunternehmen gemäß den Artikeln 282 bis 292 nicht gilt und der nicht unter Artikel 33 oder 36 fällt;

　ii) wenn der betreffende Gegenstand ein neues Fahrzeug ist, durch einen Steuerpflichtigen oder eine nichtsteuerpflichtige juristische Person, deren übrige Erwerbe gemäß Artikel 3 Absatz 1 nicht der Mehrwertsteuer unterliegen, oder durch jede andere nichtsteuerpflichtige Person;

　iii) wenn die betreffenden Gegenstände verbrauchsteuerpflichtige Waren sind, bei denen die Verbrauchsteuer nach der Richtlinie 92/12/EWG im Gebiet des Mitgliedstaats entsteht, durch einen Steuerpflichtigen oder eine nichtsteuerpflichtige juristische Person, deren übrige Erwerbe gemäß Artikel 3 Absatz 1 nicht der Mehrwertsteuer unterliegen;

c) Dienstleistungen, die ein Steuerpflichtiger als solcher im Gebiet eines Mitgliedstaats gegen Entgelt erbringt;

d) die Einfuhr von Gegenständen.

(2) a) Für Zwecke des Absatzes 1 Buchstabe b Ziffer ii gelten als „Fahrzeug" folgende Fahrzeuge zur Personen- oder Güterbeförderung:

　i) motorbetriebene Landfahrzeuge mit einem Hubraum von mehr als 48 Kubikzentimetern oder einer Leistung von mehr als 7,2 Kilowatt;

　ii) Wasserfahrzeuge mit einer Länge von mehr als 7,5 Metern, ausgenommen Wasserfahrzeuge, die auf hoher See im entgeltlichen Passagierverkehr, zur Ausübung einer Handelstätigkeit, für gewerbliche Zwecke oder zur Fischerei eingesetzt werden, Bergungs- und Rettungsschiffe auf See sowie Küstenfischereifahrzeuge;

　iii) Luftfahrzeuge mit einem Gesamtgewicht beim Aufstieg von mehr als 1550 Kilogramm, ausgenommen Luftfahrzeuge, die von Luftfahrtgesellschaften eingesetzt werden, die hauptsächlich im entgeltlichen internationalen Verkehr tätig sind.

b) Diese Fahrzeuge gelten in folgenden Fällen als „neu":

   i) motorbetriebene Landfahrzeuge: wenn die Lieferung innerhalb von sechs Monaten nach der ersten Inbetriebnahme erfolgt oder wenn das Fahrzeug höchstens 6000 Kilometer zurückgelegt hat;

   ii) Wasserfahrzeuge: wenn die Lieferung innerhalb von drei Monaten nach der ersten Inbetriebnahme erfolgt oder wenn das Fahrzeug höchstens 100 Stunden zu Wasser zurückgelegt hat;

   iii) Luftfahrzeuge: wenn die Lieferung innerhalb von drei Monaten nach der ersten Inbetriebnahme erfolgt oder wenn das Fahrzeug höchstens 40 Stunden in der Luft zurückgelegt hat.

c) Die Mitgliedstaaten legen fest, unter welchen Voraussetzungen die in Buchstabe b genannten Angaben als gegeben gelten.

(3) Als „verbrauchsteuerpflichtige Waren" gelten Energieerzeugnisse, Alkohol und alkoholische Getränke sowie Tabakwaren, jeweils im Sinne der geltenden Gemeinschaftsvorschriften, nicht jedoch Gas, das über ein Erdgasnetz im Gebiet der Gemeinschaft oder jedes an ein solches Netz angeschlossene Netz geliefert wird.

## Artikel 3

(1) Abweichend von Artikel 2 Absatz 1 Buchstabe b Ziffer i unterliegen folgende Umsätze nicht der Mehrwertsteuer:

a) der innergemeinschaftliche Erwerb von Gegenständen durch einen Steuerpflichtigen oder durch eine nichtsteuerpflichtige juristische Person, wenn die Lieferung im Gebiet des Mitgliedstaats nach den Artikeln 148 und 151 steuerfrei wäre;

b) der innergemeinschaftliche Erwerb von Gegenständen, ausgenommen der Erwerb von Gegenständen im Sinne des Buchstabens a und des Artikels 4, von neuen Fahrzeugen und von verbrauchsteuerpflichtigen Waren, durch einen Steuerpflichtigen für Zwecke seines landwirtschaftlichen, forstwirtschaftlichen oder fischereiwirtschaftlichen Betriebs, der der gemeinsamen Pauschalregelung für Landwirte unterliegt, oder durch einen Steuerpflichtigen, der nur Lieferungen von Gegenständen bewirkt oder Dienstleistungen erbringt, für die kein Recht auf Vorsteuerabzug besteht, oder durch eine nichtsteuerpflichtige juristische Person.

(2) Absatz 1 Buchstabe b gilt nur, wenn folgende Voraussetzungen erfüllt sind:

a) im laufenden Kalenderjahr überschreitet der Gesamtbetrag der innergemeinschaftlichen Erwerbe von Gegenständen nicht den von den Mitgliedstaaten festzulegenden Schwellenwert, der nicht unter 10 000 EUR oder dem Gegenwert in Landeswährung liegen darf;

b) im vorangegangenen Kalenderjahr hat der Gesamtbetrag der innergemeinschaftlichen Erwerbe von Gegenständen den in Buchstabe a geregelten Schwellenwert nicht überschritten.

Maßgeblich als Schwellenwert ist der Gesamtbetrag der in Absatz 1 Buchstabe b genannten innergemeinschaftlichen Erwerbe von Gegenständen ohne die Mehrwertsteuer, der im Mitgliedstaat des Beginns der Versendung oder Beförderung geschuldet oder entrichtet wurde.

(3) Die Mitgliedstaaten räumen den Steuerpflichtigen und den nichtsteuerpflichtigen juristischen Personen, auf die Absatz 1 Buchstabe b gegebenenfalls Anwendung findet, das Recht ein, die in Artikel 2 Absatz 1 Buchstabe b Ziffer i vorgesehene allgemeine Regelung anzuwenden.

Die Mitgliedstaaten legen die Modalitäten fest, unter denen die in Unterabsatz 1 genannte Regelung in Anspruch genommen werden kann; die Inanspruchnahme erstreckt sich über einen Zeitraum von mindestens zwei Kalenderjahren.

### Artikel 4

Neben den in Artikel 3 genannten Umsätzen unterliegen folgende Umsätze nicht der Mehrwertsteuer:

a) der innergemeinschaftliche Erwerb von Gebrauchtgegenständen, Kunstgegenständen, Sammlungsstücken und Antiquitäten im Sinne der Artikels 311 Absatz 1 Nummern 1 bis 4, wenn der Verkäufer ein steuerpflichtiger Wiederverkäufer ist, der als solcher handelt, und der erworbene Gegenstand im Mitgliedstaat des Beginns der Versendung oder Beförderung gemäß der Regelung über die Differenzbesteuerung nach Artikel 312 bis 325 besteuert worden ist;

b) der innergemeinschaftliche Erwerb von Gebrauchtfahrzeugen im Sinne des Artikels 327 Absatz 3, wenn der Verkäufer ein steuerpflichtiger Wiederverkäufer ist, der als solcher handelt, und das betreffende Gebrauchtfahrzeug im Mitgliedstaat des Beginns der Versendung oder Beförderung gemäß der Übergangsregelung für Gebrauchtfahrzeuge besteuert worden ist;

c) der innergemeinschaftliche Erwerb von Gebrauchtgegenständen, Kunstgegenständen, Sammlungsstücken oder Antiquitäten im Sinne des Artikels 311 Absatz 1 Nummern 1 bis 4, wenn der Verkäufer ein Veranstalter von öffentlichen Versteigerungen ist, der als solcher handelt, und der erworbene Gegenstand im Mitgliedstaat des Beginns der Versendung oder Beförderung gemäß der Regelung für öffentliche Versteigerungen besteuert worden ist.

## TITEL II
## RÄUMLICHER ANWENDUNGSBEREICH

### Artikel 5

Im Sinne dieser Richtlinie bezeichnet der Ausdruck:

(1) „Gemeinschaft" und „Gebiet der Gemeinschaft" das Gebiet aller Mitgliedstaaten im Sinne der Nummer 2;

(2) „Mitgliedstaat" und „Gebiet eines Mitgliedstaats" das Gebiet jedes Mitgliedstaats der Gemeinschaft, auf den der Vertrag zur Gründung der Europäischen Gemeinschaft gemäß dessen Artikel 299 Anwendung findet, mit Ausnahme der in Artikel 6 dieser Richtlinie genannten Gebiete;

(3) „Drittgebiete" die in Artikel 6 genannten Gebiete;

(4) „Drittland" jeder Staat oder jedes Gebiet, auf den/das der Vertrag keine Anwendung findet.

### Artikel 6

(1) Diese Richtlinie gilt nicht für folgende Gebiete, die Teil des Zollgebiets der Gemeinschaft sind:

a) Berg Athos;

b) Kanarische Inseln;

c) französische Gebiete, die in Artikel 349 und Artikel 355 Absatz 1 des Vertrags über die Arbeitsweise der Europäischen Union genannt sind;

d) Åland-Inseln;

e) Kanalinseln.

(2) Diese Richtlinie gilt nicht für folgende Gebiete, die nicht Teil des Zollgebiets der Gemeinschaft sind:

a) Insel Helgoland;

b) Gebiet von Büsingen;

c) Ceuta;

d) Melilla;

e) Livigno;

f) Campione d'Italia;

g) der zum italienischen Gebiet gehörende Teil des Luganer Sees.

## Artikel 7

(1) Angesichts der Abkommen und Verträge, die sie mit Frankreich, mit dem Vereinigten Königreich und mit Zypern geschlossen haben, gelten das Fürstentum Monaco, die Insel Man und die Hoheitszonen des Vereinigten Königreichs Akrotiri und Dhekelia für die Zwecke der Anwendung dieser Richtlinie nicht als Drittland.

(2) Die Mitgliedstaaten treffen die erforderlichen Vorkehrungen, damit Umsätze, deren Ursprungs- oder Bestimmungsort im Fürstentum Monaco liegt, wie Umsätze behandelt werden, deren Ursprungs- oder Bestimmungsort in Frankreich liegt, und Umsätze, deren Ursprungs- oder Bestimmungsort auf der Insel Man liegt, wie Umsätze behandelt werden, deren Ursprungs- oder Bestimmungsort im Vereinigten Königreich liegt, und Umsätze, deren Ursprungs- oder Bestimmungsort in den Hoheitszonen des Vereinigten Königreichs Akrotiri und Dhekelia liegt, wie Umsätze behandelt werden, deren Ursprungs- oder Bestimmungsort in Zypern liegt.

## Artikel 8

Ist die Kommission der Ansicht, dass die Bestimmungen der Artikel 6 und 7 insbesondere in Bezug auf die Wettbewerbsneutralität oder die Eigenmittel nicht mehr gerechtfertigt sind, unterbreitet sie dem Rat geeignete Vorschläge.

## TITEL III
## STEUERPFLICHTIGER

### Artikel 9

(1) Als „Steuerpflichtiger" gilt, wer eine wirtschaftliche Tätigkeit unabhängig von ihrem Ort, Zweck und Ergebnis selbstständig ausübt.

Als „wirtschaftliche Tätigkeit" gelten alle Tätigkeiten eines Erzeugers, Händlers oder Dienstleistenden einschließlich der Tätigkeiten der Urproduzenten, der Landwirte sowie der freien Berufe und der diesen gleichgestellten Berufe. Als wirtschaftliche Tätigkeit gilt insbesondere die Nutzung von körperlichen oder nicht körperlichen Gegenständen zur nachhaltigen Erzielung von Einnahmen.

(2) Neben den in Absatz 1 genannten Personen gilt als Steuerpflichtiger jede Person, die gelegentlich ein neues Fahrzeug liefert, das durch den Verkäufer oder durch den Erwerber oder für ihre Rechnung an den Erwerber nach einem Ort außerhalb des Gebiets eines Mitgliedstaats, aber im Gebiet der Gemeinschaft versandt oder befördert wird.

## Artikel 10

Die selbstständige Ausübung der wirtschaftlichen Tätigkeit im Sinne des Artikels 9 Absatz 1 schließt Lohn- und Gehaltsempfänger und sonstige Personen von der Besteuerung aus, soweit sie an ihren Arbeitgeber durch einen Arbeitsvertrag oder ein sonstiges Rechtsverhältnis gebunden sind, das hinsichtlich der Arbeitsbedingungen und des Arbeitsentgelts sowie der Verantwortlichkeit des Arbeitgebers ein Verhältnis der Unterordnung schafft.

## Artikel 11

Nach Konsultation des Beratenden Ausschusses für die Mehrwertsteuer (nachstehend „Mehrwertsteuerausschuss" genannt) kann jeder Mitgliedstaat in seinem Gebiet ansässige Personen, die zwar rechtlich unabhängig, aber durch gegenseitige finanzielle, wirtschaftliche und organisatorische Beziehungen eng miteinander verbunden sind, zusammen als einen Steuerpflichtigen behandeln.

Ein Mitgliedstaat, der die in Absatz 1 vorgesehene Möglichkeit in Anspruch nimmt, kann die erforderlichen Maßnahmen treffen, um Steuerhinterziehungen oder -umgehungen durch die Anwendung dieser Bestimmung vorzubeugen.

## Artikel 12

(1) Die Mitgliedstaaten können Personen als Steuerpflichtige betrachten, die gelegentlich eine der in Artikel 9 Absatz 1 Unterabsatz 2 genannten Tätigkeiten ausüben und insbesondere einen der folgenden Umsätze bewirken:

a) Lieferung von Gebäuden oder Gebäudeteilen und dem dazugehörigen Grund und Boden, wenn sie vor dem Erstbezug erfolgt;

b) Lieferung von Baugrundstücken.

(2) Als „Gebäude" im Sinne des Absatzes 1 Buchstabe a gilt jedes mit dem Boden fest verbundene Bauwerk.

Die Mitgliedstaaten können die Einzelheiten der Anwendung des in Absatz 1 Buchstabe a genannten Kriteriums des Erstbezugs auf Umbauten von Gebäuden und den Begriff „dazugehöriger Grund und Boden" festlegen.

Die Mitgliedstaaten können andere Kriterien als das des Erstbezugs bestimmen, wie etwa den Zeitraum zwischen der Fertigstellung des Gebäudes und dem Zeitpunkt seiner ersten Lieferung, oder den Zeitraum zwischen dem Erstbezug und der späteren Lieferung, sofern diese Zeiträume fünf bzw. zwei Jahre nicht überschreiten.

(3) Als „Baugrundstück" im Sinne des Absatzes 1 Buchstabe b gelten erschlossene oder unerschlossene Grundstücke entsprechend den Begriffsbestimmungen der Mitgliedstaaten.

## Artikel 13

(1) Staaten, Länder, Gemeinden und sonstige Einrichtungen des öffentlichen Rechts gelten nicht als Steuerpflichtige, soweit sie die Tätigkeiten ausüben oder Umsätze bewirken, die ihnen im Rahmen der öffentlichen Gewalt obliegen, auch wenn sie im Zusammenhang mit diesen Tätigkeiten oder Umsätzen Zölle, Gebühren, Beiträge oder sonstige Abgaben erheben.

Falls sie solche Tätigkeiten ausüben oder Umsätze bewirken, gelten sie für diese Tätigkeiten oder Umsätze jedoch als Steuerpflichtige, sofern eine Behandlung als Nichtsteuerpflichtige zu größeren Wettbewerbsverzerrungen führen würde.

Die Einrichtungen des öffentlichen Rechts gelten in Bezug auf die in Anhang I genannten Tätigkeiten in jedem Fall als Steuerpflichtige, sofern der Umfang dieser Tätigkeiten nicht unbedeutend ist.

(2) Die Mitgliedstaaten können die Tätigkeiten von Einrichtungen des öffentlichen Rechts, die nach den Artikeln 132, 135, 136 und 371, den Artikeln 374 bis 377, dem Artikel 378 Absatz 2, dem Artikel 379 Absatz 2 oder den Artikeln 380 bis 390c von der Mehrwertsteuer befreit sind, als Tätigkeiten behandeln, die ihnen im Rahmen der öffentlichen Gewalt obliegen.

## TITEL IV
## STEUERBARER UMSATZ

### KAPITEL 1
### Lieferung von Gegenständen

### Artikel 14

(1) Als „Lieferung von Gegenständen" gilt die Übertragung der Befähigung, wie ein Eigentümer über einen körperlichen Gegenstand zu verfügen.

(2) Neben dem in Absatz 1 genannten Umsatz gelten folgende Umsätze als Lieferung von Gegenständen:

a) die Übertragung des Eigentums an einem Gegenstand gegen Zahlung einer Entschädigung auf Grund einer behördlichen Anordnung oder kraft Gesetzes;

b) die Übergabe eines Gegenstands auf Grund eines Vertrags, der die Vermietung eines Gegenstands während eines bestimmten Zeitraums oder den Ratenverkauf eines Gegenstands vorsieht, der regelmäßig die Klausel enthält, dass das Eigentum spätestens mit Zahlung der letzten fälligen Rate erworben wird;

c) die Übertragung eines Gegenstands auf Grund eines Vertrags über eine Einkaufs- oder Verkaufskommission.

(3) Die Mitgliedstaaten können die Erbringung bestimmter Bauleistungen als Lieferung von Gegenständen betrachten.

### Artikel 15

(1) Einem körperlichen Gegenstand gleichgestellt sind Elektrizität, Gas, Wärme oder Kälte und ähnliche Sachen.

(2) Die Mitgliedstaaten können als körperlichen Gegenstand betrachten:

a) bestimmte Rechte an Grundstücken;

b) dingliche Rechte, die ihrem Inhaber ein Nutzungsrecht an Grundstücken geben;

c) Anteilrechte und Aktien, deren Besitz rechtlich oder tatsächlich das Eigentums- oder Nutzungsrecht an einem Grundstück oder Grundstücksteil begründet.

### Artikel 16

Einer Lieferung von Gegenständen gegen Entgelt gleichgestellt ist die Entnahme eines Gegenstands durch einen Steuerpflichtigen aus seinem Unternehmen für seinen privaten Bedarf oder für den Bedarf seines Personals oder als unentgeltliche Zuwendung oder allgemein für unternehmensfremde Zwecke, wenn dieser Gegenstand oder seine Bestandteile zum vollen oder teilweisen Vorsteuerabzug berechtigt haben.

Jedoch werden einer Lieferung von Gegenständen gegen Entgelt nicht gleichgestellt Entnahmen für Geschenke von geringem Wert und für Warenmuster für die Zwecke des Unternehmens.

## Artikel 17

(1) Einer Lieferung von Gegenständen gegen Entgelt gleichgestellt ist die von einem Steuerpflichtigen vorgenommene Verbringung eines Gegenstands seines Unternehmens in einen anderen Mitgliedstaat.

Als „Verbringung in einen anderen Mitgliedstaat" gelten die Versendung oder Beförderung eines im Gebiet eines Mitgliedstaats befindlichen beweglichen körperlichen Gegenstands durch den Steuerpflichtigen oder für seine Rechnung für die Zwecke seines Unternehmens nach Orten außerhalb dieses Gebiets, aber innerhalb der Gemeinschaft.

(2) Nicht als Verbringung in einen anderen Mitgliedstaat gelten die Versendung oder Beförderung eines Gegenstands für die Zwecke eines der folgenden Umsätze:

a) Lieferung dieses Gegenstands durch den Steuerpflichtigen im Gebiet des Mitgliedstaats der Beendigung der Versendung oder Beförderung unter den Bedingungen des Artikels 33;

b) Lieferung dieses Gegenstands durch den Steuerpflichtigen zum Zwecke seiner Installation oder Montage durch den Lieferer oder für dessen Rechnung im Gebiet des Mitgliedstaats der Beendigung der Versendung oder Beförderung unter den Bedingungen des Artikels 36;

c) Lieferung dieses Gegenstands durch den Steuerpflichtigen an Bord eines Schiffes, eines Flugzeugs oder in einer Eisenbahn während einer Personenbeförderung unter den Bedingungen des Artikels 37;

d) Lieferung von Gas über ein Erdgasnetz im Gebiet der Gemeinschaft oder ein an ein solches Netz angeschlossenes Netz, Lieferung von Elektrizität oder Lieferung von Wärme oder Kälte über Wärme- oder Kältenetze unter den Bedingungen der Artikel 38 und 39;

e) Lieferung dieses Gegenstands durch den Steuerpflichtigen im Gebiet des Mitgliedstaats unter den Bedingungen der Artikel 138, 146, 147, 148, 151 und 152;

f) Erbringung einer Dienstleistung an den Steuerpflichtigen, die in der Begutachtung von oder Arbeiten an diesem Gegenstand besteht, die im Gebiet des Mitgliedstaats der Beendigung der Versendung oder Beförderung des Gegenstands tatsächlich ausgeführt werden, sofern der Gegenstand nach der Begutachtung oder Bearbeitung wieder an den Steuerpflichtigen in dem Mitgliedstaat zurückgesandt wird, von dem aus er ursprünglich versandt oder befördert worden war;

g) vorübergehende Verwendung dieses Gegenstands im Gebiet des Mitgliedstaats der Beendigung der Versendung oder Beförderung zum Zwecke der Erbringung von Dienstleistungen durch den im Mitgliedstaat des Beginns der Versendung oder Beförderung ansässigen Steuerpflichtigen;

h) vorübergehende Verwendung dieses Gegenstands während eines Zeitraums von höchstens 24 Monaten im Gebiet eines anderen Mitgliedstaats, in dem für die Einfuhr des gleichen Gegenstands aus einem Drittland im Hinblick auf eine vorübergehende Verwendung die Regelung über die vollständige Befreiung von Einfuhrabgaben bei der vorübergehenden Einfuhr gelten würde.

(3) Liegt eine der Voraussetzungen für die Inanspruchnahme des Absatzes 2 nicht mehr vor, gilt der Gegenstand als in einen anderen Mitgliedstaat verbracht. In diesem Fall gilt die Verbringung als zu dem Zeitpunkt erfolgt, zu dem die betreffende Voraussetzung nicht mehr vorliegt.

## Artikel 18

Die Mitgliedstaaten können der Lieferung von Gegenständen gegen Entgelt folgende Vorgänge gleichstellen:

a) die Verwendung – durch einen Steuerpflichtigen – eines im Rahmen seines Unternehmens hergestellten, gewonnenen, be- oder verarbeiteten, gekauften oder eingeführten

Gegenstands zu seinem Unternehmen, falls ihn der Erwerb eines solchen Gegenstands von einem anderen Steuerpflichtigen nicht zum vollen Vorsteuerabzug berechtigen würde;

b) die Verwendung eines Gegenstands durch einen Steuerpflichtigen zu einem nicht besteuerten Tätigkeitsbereich, wenn dieser Gegenstand bei seiner Anschaffung oder seiner Zuordnung gemäß Buchstabe a zum vollen oder teilweisen Vorsteuerabzug berechtigt hat;

c) mit Ausnahme der in Artikel 19 genannten Fälle der Besitz von Gegenständen durch einen Steuerpflichtigen oder seine Rechtsnachfolger bei Aufgabe seiner der Steuer unterliegenden wirtschaftlichen Tätigkeit, wenn diese Gegenstände bei ihrer Anschaffung oder bei ihrer Verwendung nach Buchstabe a zum vollen oder teilweisen Vorsteuerabzug berechtigt haben.

## Artikel 19

Die Mitgliedstaaten können die Übertragung eines Gesamt- oder Teilvermögens, die entgeltlich oder unentgeltlich oder durch Einbringung in eine Gesellschaft erfolgt, behandeln, als ob keine Lieferung von Gegenständen vorliegt, und den Begünstigten der Übertragung als Rechtsnachfolger des Übertragenden ansehen.

Die Mitgliedstaaten können die erforderlichen Maßnahmen treffen, um Wettbewerbsverzerrungen für den Fall zu vermeiden, dass der Begünstigte nicht voll steuerpflichtig ist. Sie können ferner die erforderlichen Maßnahmen treffen, um Steuerhinterziehungen oder -umgehungen durch die Anwendung dieses Artikels vorzubeugen.

## KAPITEL 2
## Innergemeinschaftlicher Erwerb von Gegenständen

### Artikel 20

Als „innergemeinschaftlicher" Erwerb von Gegenständen gilt die Erlangung der Befähigung, wie ein Eigentümer über einen beweglichen körperlichen Gegenstand zu verfügen, der durch den Verkäufer oder durch den Erwerber oder für ihre Rechnung nach einem anderen Mitgliedstaat als dem, in dem sich der Gegenstand zum Zeitpunkt des Beginns der Versendung oder Beförderung befand, an den Erwerber versandt oder befördert wird.

Werden von einer nichtsteuerpflichtigen juristischen Person erworbene Gegenstände von einem Drittgebiet oder einem Drittland aus versandt oder befördert und von dieser nichtsteuerpflichtigen juristischen Person in einen anderen Mitgliedstaat als den der Beendigung der Versendung oder Beförderung eingeführt, gelten die Gegenstände als vom Einfuhrmitgliedstaat aus versandt oder befördert. Dieser Mitgliedstaat gewährt dem Importeur, der gemäß Artikel 201 als Steuerschuldner bestimmt oder anerkannt wurde, die Erstattung der Mehrwertsteuer für die Einfuhr, sofern der Importeur nachweist, dass der Erwerb dieser Gegenstände im Mitgliedstaat der Beendigung der Versendung oder Beförderung der Gegenstände besteuert worden ist.

### Artikel 21

Einem innergemeinschaftlichen Erwerb von Gegenständen gegen Entgelt gleichgestellt ist die Verwendung eines Gegenstands durch den Steuerpflichtigen in seinem Unternehmen, der von einem Steuerpflichtigen oder für seine Rechnung aus einem anderen Mitgliedstaat, in dem der Gegenstand von dem Steuerpflichtigen im Rahmen seines in diesem Mitgliedstaat gelegenen Unternehmens hergestellt, gewonnen, be- oder verarbeitet, gekauft, im Sinne des Artikels 2 Absatz 1 Buchstabe b erworben oder eingeführt worden ist, versandt oder befördert wurde.

## Artikel 22

Einem innergemeinschaftlichen Erwerb von Gegenständen gegen Entgelt gleichgestellt ist die Verwendung von Gegenständen, die nicht gemäß den allgemeinen Besteuerungsbedingungen des Binnenmarkts eines Mitgliedstaats gekauft wurden, durch die Streitkräfte von Staaten, die Vertragsparteien des Nordatlantikvertrags sind, zum Gebrauch oder Verbrauch durch diese Streitkräfte oder ihr ziviles Begleitpersonal, sofern für die Einfuhr dieser Gegenstände nicht die Steuerbefreiung nach Artikel 143 Absatz 1 Buchstabe h in Anspruch genommen werden kann.

## Artikel 23

Die Mitgliedstaaten treffen Maßnahmen, die sicherstellen, dass Umsätze als „innergemeinschaftlicher Erwerb von Gegenständen" eingestuft werden, die als „Lieferung von Gegenständen" eingestuft würden, wenn sie in ihrem Gebiet von einem Steuerpflichtigen, der als solcher handelt, getätigt worden wären.

## KAPITEL 3
### Dienstleistungen

### Artikel 24

(1) Als „Dienstleistung" gilt jeder Umsatz, der keine Lieferung von Gegenständen ist.

(2) Als „Telekommunikationsdienstleistung" gelten Dienstleistungen zum Zweck der Übertragung, Ausstrahlung oder des Empfangs von Signalen, Schrift, Bild und Ton oder Informationen jeglicher Art über Draht, Funk, optische oder andere elektromagnetische Medien, einschließlich der damit im Zusammenhang stehenden Abtretung oder Einräumung von Nutzungsrechten an Einrichtungen zur Übertragung, Ausstrahlung oder zum Empfang, einschließlich der Bereitstellung des Zugangs zu globalen Informationsnetzen.

### Artikel 25

Eine Dienstleistung kann unter anderem in einem der folgenden Umsätze bestehen:

a) Abtretung eines nicht körperlichen Gegenstands, gleichgültig, ob in einer Urkunde verbrieft oder nicht;

b) Verpflichtung, eine Handlung zu unterlassen oder eine Handlung oder einen Zustand zu dulden;

c) Erbringung einer Dienstleistung auf Grund einer behördlichen Anordnung oder kraft Gesetzes.

### Artikel 26

(1) Einer Dienstleistung gegen Entgelt gleichgestellt sind folgende Umsätze:

a) Verwendung eines dem Unternehmen zugeordneten Gegenstands für den privaten Bedarf des Steuerpflichtigen, für den Bedarf seines Personals oder allgemein für unternehmensfremde Zwecke, wenn dieser Gegenstand zum vollen oder teilweisen Vorsteuerabzug berechtigt hat;

b) unentgeltliche Erbringung von Dienstleistungen durch den Steuerpflichtigen für seinen privaten Bedarf, für den Bedarf seines Personals oder allgemein für unternehmensfremde Zwecke.

(2) Die Mitgliedstaaten können Abweichungen von Absatz 1 vorsehen, sofern solche Abweichungen nicht zu Wettbewerbsverzerrungen führen.

### Artikel 27

Um Wettbewerbsverzerrungen vorzubeugen, können die Mitgliedstaaten nach Konsultation des Mehrwertsteuerausschusses auch die Erbringung einer Dienstleistung durch einen Steuerpflichtigen für das eigene Unternehmen einer Dienstleistung gegen Entgelt gleichstellen, falls ihn die Erbringung einer derartigen Dienstleistung durch einen anderen Steuerpflichtigen nicht zum vollen Vorsteuerabzug berechtigen würde.

### Artikel 28

Steuerpflichtige, die bei der Erbringung von Dienstleistungen im eigenen Namen, aber für Rechnung Dritter tätig werden, werden behandelt, als ob sie diese Dienstleistungen selbst erhalten und erbracht hätten.

### Artikel 29

Artikel 19 gilt unter den gleichen Voraussetzungen für Dienstleistungen.

## KAPITEL 4
## Einfuhr von Gegenständen

### Artikel 30

Als „Einfuhr eines Gegenstands" gilt die Verbringung eines Gegenstands, der sich nicht im freien Verkehr im Sinne des Artikels 24 des Vertrags befindet, in die Gemeinschaft.

Neben dem in Absatz 1 genannten Umsatz gilt als Einfuhr eines Gegenstands auch die Verbringung eines im freien Verkehr befindlichen Gegenstands mit Herkunft aus einem Drittgebiet, das Teil des Zollgebiets der Gemeinschaft ist, in die Gemeinschaft.

# TITEL V
# ORT DES STEUERBAREN UMSATZES

## KAPITEL 1
## Ort der Lieferung von Gegenständen

### Abschnitt 1
### Lieferung von Gegenständen ohne Beförderung

### Artikel 31

Wird der Gegenstand nicht versandt oder befördert, gilt als Ort der Lieferung der Ort, an dem sich der Gegenstand zum Zeitpunkt der Lieferung befindet.

### Abschnitt 2
### Lieferung von Gegenständen mit Beförderung

### Artikel 32

Wird der Gegenstand vom Lieferer, vom Erwerber oder von einer dritten Person versandt oder befördert, gilt als Ort der Lieferung der Ort, an dem sich der Gegenstand zum Zeitpunkt des Beginns der Versendung oder Beförderung an den Erwerber befindet.

Liegt der Ort, von dem aus die Gegenstände versandt oder befördert werden, in einem Drittgebiet oder in einem Drittland, gelten der Ort der Lieferung, die durch den Importeur bewirkt wird, der gemäß Artikel 201 als Steuerschuldner bestimmt oder anerkannt wurde, sowie der Ort etwaiger anschließender Lieferungen jedoch als in dem Mitgliedstaat gelegen, in den die Gegenstände eingeführt werden.

## Artikel 33

(1) Abweichend von Artikel 32 gilt als Ort einer Lieferung von Gegenständen, die durch den Lieferer oder für dessen Rechnung von einem anderen Mitgliedstaat als dem der Beendigung der Versendung oder Beförderung aus versandt oder befördert werden, der Ort, an dem sich die Gegenstände bei Beendigung der Versendung oder Beförderung an den Erwerber befinden, sofern folgende Bedingungen erfüllt sind:

a) die Lieferung der Gegenstände erfolgt an einen Steuerpflichtigen oder eine nichtsteuerpflichtige juristische Person, deren innergemeinschaftliche Erwerbe von Gegenständen gemäß Artikel 3 Absatz 1 nicht der Mehrwertsteuer unterliegen, oder an eine andere nichtsteuerpflichtige Person;

b) die gelieferten Gegenstände sind weder neue Fahrzeuge noch Gegenstände, die mit oder ohne probeweise Inbetriebnahme durch den Lieferer oder für dessen Rechnung montiert oder installiert geliefert werden.

(2) Werden die gelieferten Gegenstände von einem Drittgebiet oder einem Drittland aus versandt oder befördert und vom Lieferer in einen anderen Mitgliedstaat als den der Beendigung der Versendung oder Beförderung an den Erwerber eingeführt, gelten sie als vom Einfuhrmitgliedstaat aus versandt oder befördert.

## Artikel 34

(1) Artikel 33 gilt nicht für Lieferungen von Gegenständen, die in ein und denselben Mitgliedstaat der Beendigung des Versands oder der Beförderung versandt oder befördert werden, sofern folgende Bedingungen erfüllt sind:

a) die gelieferten Gegenstände sind keine verbrauchsteuerpflichtigen Waren;

b) der Gesamtbetrag – ohne Mehrwertsteuer – der Lieferungen in den Mitgliedstaat unter den Bedingungen des Artikels 33 überschreitet im laufenden Kalenderjahr nicht 100 000 EUR oder den Gegenwert in Landeswährung;

c) der Gesamtbetrag – ohne Mehrwertsteuer – der Lieferungen in den Mitgliedstaat unter den Bedingungen des Artikels 33 von anderen Gegenständen als verbrauchsteuerpflichtigen Waren hat im vorangegangenen Kalenderjahr 100 000 EUR oder den Gegenwert in Landeswährung nicht überschritten.

(2) Der Mitgliedstaat, in dessen Gebiet sich die Gegenstände bei Beendigung der Versendung oder Beförderung an den Erwerber befinden, kann den in Absatz 1 genannten Schwellenwert auf 35 000 EUR oder den Gegenwert in Landeswährung begrenzen, falls er befürchtet, dass der Schwellenwert von 100 000 EUR zu schwerwiegenden Wettbewerbsverzerrungen führt.

Mitgliedstaaten, die von der Möglichkeit nach Unterabsatz 1 Gebrauch machen, treffen die erforderlichen Maßnahmen zur Unterrichtung der zuständigen Behörden des Mitgliedstaats, von dem aus die Gegenstände versandt oder befördert werden.

(3) Die Kommission unterbreitet dem Rat so bald wie möglich einen Bericht, gegebenenfalls zusammen mit geeigneten Vorschlägen, über die Anwendung und Wirkung des in Absatz 2 genannten besonderen Schwellenwerts von 35 000 EUR.

(4) Der Mitgliedstaat, in dessen Gebiet sich die Gegenstände bei Beginn der Versendung oder Beförderung befinden, räumt den Steuerpflichtigen, auf deren Lieferungen Absatz 1 gegebenenfalls Anwendung findet, das Recht ein, sich dafür zu entscheiden, dass der Ort dieser Lieferungen gemäß Artikel 33 bestimmt wird.

Die betreffenden Mitgliedstaaten legen fest, unter welchen Modalitäten die in Unterabsatz 1 genannte Wahlmöglichkeit in Anspruch genommen werden kann; die Inanspruchnahme dieser Regelung erstreckt sich über einen Zeitraum von mindestens zwei Kalenderjahren.

### Artikel 35

Die Artikel 33 und 34 gelten nicht für die Lieferung von Gebrauchtgegenständen, Kunstgegenständen, Sammlungsstücken und Antiquitäten im Sinne des Artikels 311 Absatz 1 Nummern 1 bis 4 sowie für die Lieferung von Gebrauchtfahrzeugen im Sinne des Artikels 327 Absatz 3, die der Mehrwertsteuer gemäß den Sonderregelungen für diese Bereiche unterliegen.

### Artikel 36

Wird der vom Lieferer, vom Erwerber oder von einer dritten Person versandte oder beförderte Gegenstand mit oder ohne probeweise Inbetriebnahme durch den Lieferer oder für dessen Rechnung installiert oder montiert, gilt als Ort der Lieferung der Ort, an dem die Installation oder Montage vorgenommen wird.

Wird der Gegenstand in einem anderen Mitgliedstaat als dem des Lieferers installiert oder montiert, trifft der Mitgliedstaat, in dessen Gebiet die Installation oder Montage vorgenommen wird, die zur Vermeidung einer Doppelbesteuerung in diesem Mitgliedstaat erforderlichen Maßnahmen

## Abschnitt 3
## Lieferung von Gegenständen an Bord eines Schiffes, eines Flugzeugs oder in einer Eisenbahn

### Artikel 37

(1) Erfolgt die Lieferung von Gegenständen an Bord eines Schiffes, eines Flugzeugs oder in einer Eisenbahn während des innerhalb der Gemeinschaft stattfindenden Teils einer Personenbeförderung, gilt als Ort dieser Lieferung der Abgangsort der Personenbeförderung.

(2) Für die Zwecke des Absatzes 1 gilt als „innerhalb der Gemeinschaft stattfindender Teil einer Personenbeförderung" der Teil einer Beförderung zwischen dem Abgangsort und dem Ankunftsort einer Personenbeförderung, der ohne Zwischenaufenthalt außerhalb der Gemeinschaft erfolgt.

„Abgangsort einer Personenbeförderung" ist der erste Ort innerhalb der Gemeinschaft, an dem Reisende in das Beförderungsmittel einsteigen können, gegebenenfalls nach einem Zwischenaufenthalt außerhalb der Gemeinschaft.

„Ankunftsort einer Personenbeförderung" ist der letzte Ort innerhalb der Gemeinschaft, an dem in der Gemeinschaft zugestiegene Reisende das Beförderungsmittel verlassen können, gegebenenfalls vor einem Zwischenaufenthalt außerhalb der Gemeinschaft.

Im Fall einer Hin- und Rückfahrt gilt die Rückfahrt als gesonderte Beförderung.

(3) Die Kommission unterbreitet dem Rat möglichst rasch einen Bericht, gegebenenfalls zusammen mit geeigneten Vorschlägen, über den Ort der Besteuerung der Lieferung von Gegenständen, die zum Verbrauch an Bord bestimmt sind, und der Dienstleistungen, einschließlich Bewirtung, die an Reisende an Bord eines Schiffes, eines Flugzeugs oder in einer Eisenbahn erbracht werden.

Bis zur Annahme der in Unterabsatz 1 genannten Vorschläge können die Mitgliedstaaten die Lieferung von Gegenständen, die zum Verbrauch an Bord bestimmt sind und deren Besteuerungsort gemäß Absatz 1 festgelegt wird, mit Recht auf Vorsteuerabzug von der Steuer befreien oder weiterhin befreien.

## Abschnitt 4
### Lieferung von Gas über ein Erdgasnetz, von Elektrizität und von Wärme oder Kälte über Wärme- und Kältenetze

### Artikel 38

(1) Bei Lieferung von Gas über ein Erdgasnetz im Gebiet der Gemeinschaft oder jedes an ein solches Netz angeschlossene Netz, von Elektrizität oder von Wärme oder Kälte über Wärme- oder Kältenetze an einen steuerpflichtigen Wiederverkäufer gilt als Ort der Lieferung der Ort, an dem dieser steuerpflichtige Wiederverkäufer den Sitz seiner wirtschaftlichen Tätigkeit oder eine feste Niederlassung hat, für die die Gegenstände geliefert werden, oder in Ermangelung eines solchen Sitzes oder einer solchen festen Niederlassung sein Wohnsitz oder sein gewöhnlicher Aufenthaltsort.

(2) Für die Zwecke des Absatzes 1 ist ein „steuerpflichtiger Wiederverkäufer" ein Steuerpflichtiger, dessen Haupttätigkeit in Bezug auf den Kauf von Gas, Elektrizität, Wärme oder Kälte im Wiederverkauf dieser Erzeugnisse besteht und dessen eigener Verbrauch dieser Erzeugnisse zu vernachlässigen ist.

### Artikel 39

Für den Fall, dass die Lieferung von Gas über ein Erdgasnetz im Gebiet der Gemeinschaft oder jedes an ein solches Netz angeschlossene Netz, die Lieferung von Elektrizität oder die Lieferung von Wärme oder Kälte über Wärme- oder Kältenetze nicht unter Artikel 38 fällt, gilt als Ort der Lieferung der Ort, an dem der Erwerber die Gegenstände tatsächlich nutzt und verbraucht.

Falls die Gesamtheit oder ein Teil des Gases, der Elektrizität oder der Wärme oder Kälte von diesem Erwerber nicht tatsächlich verbraucht wird, wird davon ausgegangen, dass diese nicht verbrauchten Gegenstände an dem Ort genutzt und verbraucht worden sind, an dem er den Sitz seiner wirtschaftlichen Tätigkeit oder eine feste Niederlassung hat, für die die Gegenstände geliefert werden. In Ermangelung eines solchen Sitzes oder solchen festen Niederlassung wird davon ausgegangen, dass er die Gegenstände an seinem Wohnsitz oder seinem gewöhnlichen Aufenthaltsort genutzt und verbraucht hat.

## KAPITEL 2
### Ort des innergemeinschaftlichen Erwerbs von Gegenständen

### Artikel 40

Als Ort eines innergemeinschaftlichen Erwerbs von Gegenständen gilt der Ort, an dem sich die Gegenstände zum Zeitpunkt der Beendigung der Versendung oder Beförderung an den Erwerber befinden.

### Artikel 41

Unbeschadet des Artikels 40 gilt der Ort eines innergemeinschaftlichen Erwerbs von Gegenständen im Sinne des Artikels 2 Absatz 1 Buchstabe b Ziffer i als im Gebiet des Mitgliedstaats gelegen, der dem Erwerber die von ihm für diesen Erwerb verwendete Mehrwertsteuer-Identifikationsnummer erteilt hat, sofern der Erwerber nicht nachweist, dass dieser Erwerb im Einklang mit Artikel 40 besteuert worden ist.

Wird der Erwerb gemäß Artikel 40 im Mitgliedstaat der Beendigung der Versendung oder Beförderung der Gegenstände besteuert, nachdem er gemäß Absatz 1 besteuert wurde, wird die Steuerbemessungsgrundlage in dem Mitgliedstaat, der dem Erwerber die von ihm für diesen Erwerb verwendete Mehrwertsteuer-Identifikationsnummer erteilt hat, entsprechend gemindert.

### Artikel 42

Artikel 41 Absatz 1 ist nicht anzuwenden und der innergemeinschaftliche Erwerb von Gegenständen gilt als gemäß Artikel 40 besteuert, wenn folgende Bedingungen erfüllt sind:
a) der Erwerber weist nach, dass er diesen Erwerb für die Zwecke einer anschließenden Lieferung getätigt hat, die im Gebiet des gemäß Artikel 40 bestimmten Mitgliedstaats bewirkt wurde und für die der Empfänger der Lieferung gemäß Artikel 197 als Steuerschuldner bestimmt worden ist;
b) der Erwerber ist der Pflicht zur Abgabe der zusammenfassenden Meldung gemäß Artikel 265 nachgekommen.

## KAPITEL 3
## Ort der Dienstleistung

### Abschnitt 1
### Begriffsbestimmungen

### Artikel 43

Für die Zwecke der Anwendung der Regeln für die Bestimmung des Ortes der Dienstleistung gilt
1. ein Steuerpflichtiger, der auch Tätigkeiten ausführt oder Umsätze bewirkt, die nicht als steuerbare Lieferungen von Gegenständen oder Dienstleistungen im Sinne des Artikels 2 Absatz 1 angesehen werden, in Bezug auf alle an ihn erbrachten Dienstleistungen als Steuerpflichtiger;
2. eine nicht steuerpflichtige juristische Person mit Mehrwertsteuer-Identifikationsnummer als Steuerpflichtiger.

### Abschnitt 2
### Allgemeine Bestimmungen

### Artikel 44

Als Ort einer Dienstleistung an einen Steuerpflichtigen, der als solcher handelt, gilt der Ort, an dem dieser Steuerpflichtige den Sitz seiner wirtschaftlichen Tätigkeit hat. Werden diese Dienstleistungen jedoch an eine feste Niederlassung des Steuerpflichtigen, die an einem anderen Ort als dem des Sitzes seiner wirtschaftlichen Tätigkeit gelegen ist, erbracht, so gilt als Ort dieser Dienstleistungen der Sitz der festen Niederlassung. In Ermangelung eines solchen Sitzes oder einer solchen festen Niederlassung gilt als Ort der Dienstleistung der Wohnsitz oder der gewöhnliche Aufenthaltsort des steuerpflichtigen Dienstleistungsempfängers.

### Artikel 45

Als Ort einer Dienstleistung an einen Nichtsteuerpflichtigen gilt der Ort, an dem der Dienstleistungserbringer den Sitz seiner wirtschaftlichen Tätigkeit hat. Werden diese

Dienstleistungen jedoch von der festen Niederlassung des Dienstleistungserbringers, die an einem anderen Ort als dem des Sitzes seiner wirtschaftlichen Tätigkeit gelegen ist, aus erbracht, so gilt als Ort dieser Dienstleistungen der Sitz der festen Niederlassung. In Ermangelung eines solchen Sitzes oder einer solchen festen Niederlassung gilt als Ort der Dienstleistung der Wohnsitz oder der gewöhnliche Aufenthaltsort des Dienstleistungserbringers.

## Abschnitt 3
## Besondere Bestimmungen

### Unterabschnitt 1
### Von Vermittlern erbrachte Dienstleistungen an Nichtsteuerpflichtige

#### Artikel 46

Als Ort einer Dienstleistung an einen Nichtsteuerpflichtigen, die von einem Vermittler im Namen und für Rechnung eines Dritten erbracht wird, gilt der Ort, an dem der vermittelte Umsatz gemäß den Bestimmungen dieser Richtlinie erbracht wird.

### Unterabschnitt 2
### Dienstleistungen im Zusammenhang mit Grundstücken

#### Artikel 47

Als Ort einer Dienstleistung im Zusammenhang mit einem Grundstück, einschließlich der Dienstleistungen von Sachverständigen und Grundstücksmaklern, der Beherbergung in der Hotelbranche oder in Branchen mit ähnlicher Funktion, wie zum Beispiel in Ferienlagern oder auf einem als Campingplatz hergerichteten Gelände, der Einräumung von Rechten zur Nutzung von Grundstücken sowie von Dienstleistungen zur Vorbereitung und Koordinierung von Bauleistungen, wie z.B. die Leistungen von Architekten und Bauaufsichtsunternehmen, gilt der Ort, an dem das Grundstück gelegen ist.

### Unterabschnitt 3
### Beförderungsleistungen

#### Artikel 48

Als Ort einer Personenbeförderungsleistung gilt der Ort, an dem die Beförderung nach Maßgabe der zurückgelegten Beförderungsstrecke jeweils stattfindet.

#### Artikel 49

Als Ort einer Güterbeförderungsleistung an Nichtsteuerpflichtige, die keine innergemeinschaftliche Güterbeförderung darstellt, gilt der Ort, an dem die Beförderung nach Maßgabe der zurückgelegten Beförderungsstrecke jeweils stattfindet.

#### Artikel 50

Als Ort einer innergemeinschaftlichen Güterbeförderungsleistung an Nichtsteuerpflichtige gilt der Abgangsort der Beförderung.

### Artikel 51

Als „innergemeinschaftliche Güterbeförderung" gilt die Beförderung von Gegenständen, bei der Abgangs- und Ankunftsort in zwei verschiedenen Mitgliedstaaten liegen.

„Abgangsort" ist der Ort, an dem die Güterbeförderung tatsächlich beginnt, ungeachtet der Strecken, die bis zu dem Ort zurückzulegen sind, an dem sich die Gegenstände befinden, und „Ankunftsort" ist der Ort, an dem die Güterbeförderung tatsächlich endet.

### Artikel 52

Die Mitgliedstaaten haben die Möglichkeit, keine Mehrwertsteuer auf den Teil der innergemeinschaftlichen Güterbeförderung an Nichtsteuerpflichtige zu erheben, der den Beförderungsstrecken über Gewässer entspricht, die nicht zum Gebiet der Gemeinschaft gehören.

## Unterabschnitt 4
## Dienstleistungen auf dem Gebiet der Kultur, der Künste, des Sports, der Wissenschaft, des Unterrichts, der Unterhaltung und ähnliche Veranstaltungen, Nebentätigkeiten zur Beförderung, Begutachtung von beweglichen Gegenständen und Arbeiten an solchen Gegenständen

### Artikel 53

Als Ort einer Dienstleistung an einen Steuerpflichtigen betreffend die Eintrittsberechtigung sowie die damit zusammenhängenden Dienstleistungen für Veranstaltungen auf dem Gebiet der Kultur, der Künste, des Sports, der Wissenschaft, des Unterrichts, der Unterhaltung oder für ähnliche Veranstaltungen wie Messen und Ausstellungen gilt der Ort, an dem diese Veranstaltungen tatsächlich stattfinden.

### Artikel 54

(1) Als Ort einer Dienstleistung sowie der damit zusammenhängenden Dienstleistungen an einen Nichtsteuerpflichtigen betreffend Tätigkeiten auf dem Gebiet der Kultur, der Künste, des Sports, der Wissenschaft, des Unterrichts, der Unterhaltung oder ähnliche Veranstaltungen wie Messen und Ausstellungen, einschließlich der Erbringung von Dienstleistungen der Veranstalter solcher Tätigkeiten, gilt der Ort, an dem diese Tätigkeiten tatsächlich ausgeübt werden.

(2) Als Ort der folgenden Dienstleistungen an Nichtsteuerpflichtige gilt der Ort, an dem sie tatsächlich erbracht werden:

a) Nebentätigkeiten zur Beförderung wie Beladen, Entladen, Umschlag und ähnliche Tätigkeiten;

b) Begutachtung von beweglichen körperlichen Gegenständen und Arbeiten an solchen Gegenständen.

## Unterabschnitt 5
## Restaurant- und Verpflegungsdienstleistungen

### Artikel 55

Als Ort von Restaurant- und Verpflegungsdienstleistungen, die nicht an Bord eines Schiffes oder eines Flugzeugs oder in der Eisenbahn während des innerhalb der Gemeinschaft stattfindenden Teils einer Personenbeförderung tatsächlich erbracht werden, gilt der Ort, an dem die Dienstleistungen tatsächlich erbracht werden.

## Unterabschnitt 6
## Vermietung von Beförderungsmitteln

### Artikel 56

(1) Als Ort der Vermietung eines Beförderungsmittels über einen kürzeren Zeitraum gilt der Ort, an dem das Beförderungsmittel dem Dienstleistungsempfänger tatsächlich zur Verfügung gestellt wird.

(2) Als Ort der Vermietung eines Beförderungsmittels an Nichtsteuerpflichtige, ausgenommen die Vermietung über einen kürzeren Zeitraum, gilt der Ort, an dem der Dienstleistungsempfänger ansässig ist oder seinen Wohnsitz oder seinen gewöhnlichen Aufenthaltsort hat.

Jedoch gilt als Ort der Vermietung eines Sportboots an einen Nichtsteuerpflichtigen, ausgenommen die Vermietung über einen kürzeren Zeitraum, der Ort, an dem das Sportboot dem Dienstleistungsempfänger tatsächlich zur Verfügung gestellt wird, sofern der Dienstleistungserbringer diese Dienstleistung tatsächlich vom Sitz seiner wirtschaftlichen Tätigkeit oder von einer festen Niederlassung an diesem Ort aus erbringt.

(3) Als „kürzerer Zeitraum" im Sinne der Absätze 1 und 2 gilt der Besitz oder die Verwendung des Beförderungsmittels während eines ununterbrochenen Zeitraums von nicht mehr als 30 Tagen und bei Wasserfahrzeugen von nicht mehr als 90 Tagen.

## Unterabschnitt 7
## Für den Verbrauch bestimmte Restaurant- und Verpflegungsdienstleistungen an Bord eines Schiffes, eines Flugzeugs oder in der Eisenbahn

### Artikel 57

(1) Der Ort von Restaurant- und Verpflegungsdienstleistungen, die an Bord eines Schiffes oder eines Flugzeugs oder in der Eisenbahn während des innerhalb der Gemeinschaft stattfindenden Teils einer Personenbeförderung tatsächlich erbracht werden, ist der Abgangsort der Personenbeförderung.

(2) Für die Zwecke des Absatzes 1 gilt als „innerhalb der Gemeinschaft stattfindender Teil einer Personenbeförderung" der Teil einer Beförderung zwischen dem Abgangsort und dem Ankunftsort einer Personenbeförderung, der ohne Zwischenaufenthalt außerhalb der Gemeinschaft erfolgt.

„Abgangsort einer Personenbeförderung" ist der erste Ort innerhalb der Gemeinschaft, an dem Reisende in das Beförderungsmittel einsteigen können, gegebenenfalls nach einem Zwischenaufenthalt außerhalb der Gemeinschaft.

„Ankunftsort einer Personenbeförderung" ist der letzte Ort innerhalb der Gemeinschaft, an dem in der Gemeinschaft zugestiegene Reisende das Beförderungsmittel verlassen können, gegebenenfalls vor einem Zwischenaufenthalt außerhalb der Gemeinschaft.

Im Falle einer Hin- und Rückfahrt gilt die Rückfahrt als gesonderte Beförderung.

## Unterabschnitt 8
## Telekommunikationsdienstleistungen, Rundfunk- und Fernsehdienstleistungen und elektronisch erbrachte Dienstleistungen an Nichtsteuerpflichtige

### Artikel 58

Als Ort der folgenden Dienstleistungen an Nichtsteuerpflichtige gilt der Ort, an dem dieser Nichtsteuerpflichtige ansässig ist oder seinen Wohnsitz oder seinen gewöhnlichen Aufenthaltsort hat:

a) Telekommunikationsdienstleistungen;

b) Rundfunk- und Fernsehdienstleistungen;

c) elektronisch erbrachte Dienstleistungen, insbesondere die in Anhang II genannten Dienstleistungen.

Kommunizieren Dienstleistungserbringer und Dienstleistungsempfänger über E-Mail miteinander, bedeutet dies allein noch nicht, dass die erbrachte Dienstleistung eine elektronisch erbrachte Dienstleistung wäre.

## Unterabschnitt 9
## Dienstleistungen an Nichtsteuerpflichtige außerhalb der Gemeinschaft

### Artikel 59

Als Ort der folgenden Dienstleistungen an einen Nichtsteuerpflichtigen, der außerhalb der Gemeinschaft ansässig ist oder seinen Wohnsitz oder seinen gewöhnlichen Aufenthaltsort außerhalb der Gemeinschaft hat, gilt der Ort, an dem dieser Nichtsteuerpflichtige ansässig ist oder seinen Wohnsitz oder seinen gewöhnlichen Aufenthaltsort hat:

a) Abtretung und Einräumung von Urheberrechten, Patentrechten, Lizenzrechten, Fabrik- und Warenzeichen sowie ähnlichen Rechten;

b) Dienstleistungen auf dem Gebiet der Werbung;

c) Dienstleistungen von Beratern, Ingenieuren, Studienbüros, Anwälten, Buchprüfern und sonstige ähnliche Dienstleistungen sowie die Datenverarbeitung und die Überlassung von Informationen;

d) Verpflichtungen, eine berufliche Tätigkeit ganz oder teilweise nicht auszuüben oder ein in diesem Artikel genanntes Recht nicht wahrzunehmen;

e) Bank-, Finanz- und Versicherungsumsätze, einschließlich Rückversicherungsumsätze, ausgenommen die Vermietung von Schließfächern;

f) Gestellung von Personal;

g) Vermietung beweglicher körperlicher Gegenstände, ausgenommen jegliche Beförderungsmittel;

h) Gewährung des Zugangs zu einem Erdgasnetz im Gebiet der Gemeinschaft oder zu einem an ein solches Netz angeschlossenes Netz, zum Elektrizitätsnetz oder zu Wärme- oder Kältenetzen sowie Fernleitung, Übertragung oder Verteilung über diese Netze und Erbringung anderer unmittelbar damit verbundener Dienstleistungen.

## Unterabschnitt 10
## Vermeidung der Doppelbesteuerung und der Nichtbesteuerung

### Artikel 59a

Um Doppelbesteuerung, Nichtbesteuerung und Wettbewerbsverzerrungen zu vermeiden, können die Mitgliedstaaten bei Dienstleistungen, deren Erbringungsort sich gemäß den Artikeln 44, 45, 56, 58 und 59 bestimmt,

a) den Ort einer oder aller dieser Dienstleistungen, der in ihrem Gebiet liegt, so behandeln, als läge er außerhalb der Gemeinschaft, wenn die tatsächliche Nutzung oder Auswertung außerhalb der Gemeinschaft erfolgt;

b) den Ort einer oder aller dieser Dienstleistungen, der außerhalb der Gemeinschaft liegt, so behandeln, als läge er in ihrem Gebiet, wenn in ihrem Gebiet die tatsächliche Nutzung oder Auswertung erfolgt.

## KAPITEL 4
## Ort der Einfuhr von Gegenständen

### Artikel 60

Die Einfuhr von Gegenständen erfolgt in dem Mitgliedstaat, in dessen Gebiet sich der Gegenstand zu dem Zeitpunkt befindet, in dem er in die Gemeinschaft verbracht wird.

### Artikel 61

Abweichend von Artikel 60 erfolgt bei einem Gegenstand, der sich nicht im freien Verkehr befindet und der vom Zeitpunkt seiner Verbringung in die Gemeinschaft einem Verfahren oder einer sonstigen Regelung im Sinne des Artikels 156, der Regelung der vorübergehenden Verwendung bei vollständiger Befreiung von Einfuhrabgaben oder dem externen Versandverfahren unterliegt, die Einfuhr in dem Mitgliedstaat, in dessen Gebiet der Gegenstand nicht mehr diesem Verfahren oder der sonstigen Regelung unterliegt.

Unterliegt ein Gegenstand, der sich im freien Verkehr befindet, vom Zeitpunkt seiner Verbringung in die Gemeinschaft einem Verfahren oder einer sonstigen Regelung im Sinne der Artikel 276 und 277, erfolgt die Einfuhr in dem Mitgliedstaat, in dessen Gebiet der Gegenstand nicht mehr diesem Verfahren oder der sonstigen Regelung unterliegt.

## TITEL VI
## STEUERTATBESTAND UND STEUERANSPRUCH

## KAPITEL 1
## Allgemeine Bestimmungen

### Artikel 62

Für die Zwecke dieser Richtlinie gilt

(1) als „Steuertatbestand" der Tatbestand, durch den die gesetzlichen Voraussetzungen für den Steueranspruch verwirklicht werden;

(2) als „Steueranspruch" der Anspruch auf Zahlung der Steuer, den der Fiskus kraft Gesetzes gegenüber dem Steuerschuldner von einem bestimmten Zeitpunkt an geltend machen kann, selbst wenn Zahlungsaufschub gewährt werden kann.

## KAPITEL 2
## Lieferung von Gegenständen und Dienstleistungen

### Artikel 63

Steuertatbestand und Steueranspruch treten zu dem Zeitpunkt ein, zu dem die Lieferung von Gegenständen bewirkt oder die Dienstleistung erbracht wird.

### Artikel 64

(1) Geben Lieferungen von Gegenständen, die nicht die Vermietung eines Gegenstands oder den Ratenverkauf eines Gegenstands im Sinne des Artikels 14 Absatz 2 Buchstabe b betreffen, und Dienstleistungen zu aufeinander folgenden Abrechnungen oder Zahlungen Anlass, gelten sie jeweils als mit Ablauf des Zeitraums bewirkt, auf den sich diese Abrechnungen oder Zahlungen beziehen.

(2) Kontinuierlich über einen Zeitraum von mehr als einem Kalendermonat durchgeführte Lieferungen von Gegenständen, die der Steuerpflichtige für Zwecke seines Unternehmens in einen anderen Mitgliedstaat als den des Beginns der Versendung oder Beförderung versendet oder befördert und deren Lieferung oder Verbringung in einen anderen Mitgliedstaat nach Artikel 138 von der Steuer befreit ist, gelten als mit Ablauf eines jeden Kalendermonats bewirkt, solange die Lieferung nicht eingestellt wird.

Dienstleistungen, für die nach Artikel 196 der Leistungsempfänger die Steuer schuldet, die kontinuierlich über einen längeren Zeitraum als ein Jahr erbracht werden und die in diesem Zeitraum nicht zu Abrechnungen oder Zahlungen Anlass geben, gelten als mit Ablauf eines jeden Kalenderjahres bewirkt, solange die Dienstleistung nicht eingestellt wird.

In bestimmten, nicht von den Unterabsätzen 1 und 2 erfassten Fällen können die Mitgliedstaaten vorsehen, dass kontinuierliche Lieferungen von Gegenständen und Dienstleistungen, die sich über einen bestimmten Zeitraum erstrecken, mindestens jährlich als bewirkt gelten.

### Artikel 65

Werden Anzahlungen geleistet, bevor die Lieferung von Gegenständen bewirkt oder die Dienstleistung erbracht ist, entsteht der Steueranspruch zum Zeitpunkt der Vereinnahmung entsprechend dem vereinnahmten Betrag.

### Artikel 66

Abweichend von den Artikeln 63, 64 und 65 können die Mitgliedstaaten vorsehen, dass der Steueranspruch für bestimmte Umsätze oder Gruppen von Steuerpflichtigen zu einem der folgenden Zeitpunkte entsteht:

a) spätestens bei der Ausstellung der Rechnung;

b) spätestens bei der Vereinnahmung des Preises;

c) im Falle der Nichtausstellung oder verspäteten Ausstellung der Rechnung binnen einer bestimmten Frist spätestens nach Ablauf der von den Mitgliedstaaten gemäß Artikel 222 Absatz 2 gesetzten Frist für die Ausstellung der Rechnung oder, falls von den Mitgliedstaaten eine solche Frist nicht gesetzt wurde, binnen einer bestimmten Frist nach dem Eintreten des Steuertatbestands.

Die Ausnahme nach Absatz 1 gilt jedoch nicht für Dienstleistungen, für die der Dienstleistungsempfänger nach Artikel 196 die Mehrwertsteuer schuldet, und für Lieferungen oder Verbringungen von Gegenständen gemäß Artikel 67.

### Artikel 67

Werden Gegenstände, die in einen anderen Mitgliedstaat als den des Beginns der Versendung oder Beförderung versandt oder befördert wurden, mehrwertsteuerfrei geliefert oder werden Gegenstände von einem Steuerpflichtigen für Zwecke seines Unternehmens mehrwertsteuerfrei in einen anderen Mitgliedstaat verbracht, so gilt, dass der Steueranspruch unter den Voraussetzungen des Artikels 138 bei der Ausstellung der Rechnung oder bei Ablauf der Frist nach Artikel 222 Absatz 1, wenn bis zu diesem Zeitpunkt keine Rechnung ausgestellt worden ist, eintritt.

Artikel 64 Absatz 1, Artikel 64 Absatz 2 Unterabsatz 3 und Artikel 65 finden keine Anwendung auf die in Absatz 1 genannten Lieferungen und Verbringungen.

## KAPITEL 3
### Innergemeinschaftlicher Erwerb von Gegenständen

### Artikel 68

Der Steuertatbestand tritt zu dem Zeitpunkt ein, zu dem der innergemeinschaftliche Erwerb von Gegenständen bewirkt wird.

Der innergemeinschaftliche Erwerb von Gegenständen gilt als zu dem Zeitpunkt bewirkt, zu dem die Lieferung gleichartiger Gegenstände innerhalb des Mitgliedstaats als bewirkt gilt.

### Artikel 69

Beim innergemeinschaftlichen Erwerb von Gegenständen tritt der Steueranspruch bei der Ausstellung der Rechnung, oder bei Ablauf der Frist nach Artikel 222 Absatz 1, wenn bis zu diesem Zeitpunkt keine Rechnung ausgestellt worden ist, ein.

## KAPITEL 4
### Einfuhr von Gegenständen

### Artikel 70

Steuertatbestand und Steueranspruch treten zu dem Zeitpunkt ein, zu dem die Einfuhr des Gegenstands erfolgt.

### Artikel 71

(1) Unterliegen Gegenstände vom Zeitpunkt ihrer Verbringung in die Gemeinschaft einem Verfahren oder einer sonstigen Regelung im Sinne der Artikel 156, 276 und 277, der Regelung der vorübergehenden Verwendung bei vollständiger Befreiung von Einfuhrabgaben oder dem externen Versandverfahren, treten Steuertatbestand und Steueranspruch erst zu dem Zeitpunkt ein, zu dem die Gegenstände diesem Verfahren oder dieser sonstigen Regelung nicht mehr unterliegen.

Unterliegen die eingeführten Gegenstände Zöllen, landwirtschaftlichen Abschöpfungen oder im Rahmen einer gemeinsamen Politik eingeführten Abgaben gleicher Wirkung, treten Steuertatbestand und Steueranspruch zu dem Zeitpunkt ein, zu dem Tatbestand und Anspruch für diese Abgaben entstehen.

(2) In den Fällen, in denen die eingeführten Gegenstände keiner der Abgaben im Sinne des Absatzes 1 Unterabsatz 2 unterliegen, wenden die Mitgliedstaaten in Bezug auf Steuertatbestand und Steueranspruch die für Zölle geltenden Vorschriften an.

# TITEL VII
# STEUERBEMESSUNGSGRUNDLAGE

## KAPITEL 1
## Begriffsbestimmung

### Artikel 72

Für die Zwecke dieser Richtlinie gilt als „Normalwert" der gesamte Betrag, den ein Empfänger einer Lieferung oder ein Dienstleistungsempfänger auf derselben Absatzstufe, auf der die Lieferung der Gegenstände oder die Dienstleistung erfolgt, an einen selbständigen Lieferer oder Dienstleistungserbringer in dem Mitgliedstaat, in dem der Umsatz steuerpflichtig ist, zahlen müsste, um die betreffenden Gegenstände oder Dienstleistungen zu diesem Zeitpunkt unter den Bedingungen des freien Wettbewerbs zu erhalten.

Kann keine vergleichbare Lieferung von Gegenständen oder Erbringung von Dienstleistungen ermittelt werden, ist der Normalwert wie folgt zu bestimmen:

(1) bei Gegenständen, ein Betrag nicht unter dem Einkaufspreis der Gegenstände oder gleichartiger Gegenstände oder mangels eines Einkaufspreises nicht unter dem Selbstkostenpreis, und zwar jeweils zu den Preisen, die zum Zeitpunkt der Bewirkung dieser Umsätze festgestellt werden;

(2) bei Dienstleistungen, ein Betrag nicht unter dem Betrag der Ausgaben des Steuerpflichtigen für die Erbringung der Dienstleistung.

## KAPITEL 2
## Lieferung von Gegenständen und Dienstleistungen

### Artikel 73

Bei der Lieferung von Gegenständen und Dienstleistungen, die nicht unter die Artikel 74 bis 77 fallen, umfasst die Steuerbemessungsgrundlage alles, was den Wert der Gegenleistung bildet, die der Lieferer oder Dienstleistungserbringer für diese Umsätze vom Erwerber oder Dienstleistungsempfänger oder einem Dritten erhält oder erhalten soll, einschließlich der unmittelbar mit dem Preis dieser Umsätze zusammenhängenden Subventionen.

### Artikel 74

Bei den in den Artikeln 16 und 18 genannten Umsätzen in Form der Entnahme oder der Zuordnung eines Gegenstands des Unternehmens durch einen Steuerpflichtigen oder beim Besitz von Gegenständen durch einen Steuerpflichtigen oder seine Rechtsnachfolger im Fall der Aufgabe seiner steuerbaren wirtschaftlichen Tätigkeit ist die Steuerbemessungsgrundlage der Einkaufspreis für diese oder gleichartige Gegenstände oder mangels eines Einkaufspreises der Selbstkostenpreis, und zwar jeweils zu den Preisen, die zum Zeitpunkt der Bewirkung dieser Umsätze festgestellt werden.

### Artikel 75

Bei Dienstleistungen in Form der Verwendung eines dem Unternehmen zugeordneten Gegenstands für den privaten Bedarf und unentgeltlich erbrachten Dienstleistungen im Sinne des Artikels 26 ist die Steuerbemessungsgrundlage der Betrag der Ausgaben des Steuerpflichtigen für die Erbringung der Dienstleistung.

### Artikel 76

Bei der Lieferung von Gegenständen in Form der Verbringung in einen anderen Mitgliedstaat ist die Steuerbemessungsgrundlage der Einkaufspreis der Gegenstände oder gleichartiger Gegenstände oder mangels eines Einkaufspreises der Selbstkostenpreis, und zwar jeweils zu den Preisen, die zum Zeitpunkt der Bewirkung dieser Umsätze festgestellt werden.

### Artikel 77

Bei der Erbringung einer Dienstleistung durch einen Steuerpflichtigen für das eigene Unternehmen im Sinne des Artikels 27 ist die Steuerbemessungsgrundlage der Normalwert des betreffenden Umsatzes.

### Artikel 78

In die Steuerbemessungsgrundlage sind folgende Elemente einzubeziehen:

a) Steuern, Zölle, Abschöpfungen und Abgaben mit Ausnahme der Mehrwertsteuer selbst;
b) Nebenkosten wie Provisions-, Verpackungs-, Beförderungs- und Versicherungskosten, die der Lieferer oder Dienstleistungserbringer vom Erwerber oder Dienstleistungsempfänger fordert.

Die Mitgliedstaaten können als Nebenkosten im Sinne des Absatzes 1 Buchstabe b Kosten ansehen, die Gegenstand einer gesonderten Vereinbarung sind.

### Artikel 79

In die Steuerbemessungsgrundlage sind folgende Elemente nicht einzubeziehen:

a) Preisnachlässe durch Skonto für Vorauszahlungen;
b) Rabatte und Rückvergütungen auf den Preis, die dem Erwerber oder Dienstleistungsempfänger eingeräumt werden und die er zu dem Zeitpunkt erhält, zu dem der Umsatz bewirkt wird;
c) Beträge, die ein Steuerpflichtiger vom Erwerber oder vom Dienstleistungsempfänger als Erstattung der in ihrem Namen und für ihre Rechnung verauslagten Beträge erhält und die in seiner Buchführung als durchlaufende Posten behandelt sind.

Der Steuerpflichtige muss den tatsächlichen Betrag der in Absatz 1 Buchstabe c genannten Auslagen nachweisen und darf die Mehrwertsteuer, die auf diese Auslagen gegebenenfalls erhoben worden ist, nicht als Vorsteuer abziehen.

### Artikel 80

(1) Zur Vorbeugung gegen Steuerhinterziehung oder -umgehung können die Mitgliedstaaten in jedem der folgenden Fälle Maßnahmen treffen, um sicherzustellen, dass die Steuerbemessungsgrundlage für die Lieferungen von Gegenständen oder für Dienstleistungen, an Empfänger, zu denen familiäre oder andere enge persönliche Bindungen, Bindungen aufgrund von Leitungsfunktionen oder Mitgliedschaften, sowie eigentumsrechtliche, finanzielle oder rechtliche Bindungen, gemäß der Definition des Mitgliedstaats, bestehen, der Normalwert ist:

a) sofern die Gegenleistung niedriger als der Normalwert ist und der Erwerber oder Dienstleistungsempfänger nicht zum vollen Vorsteuerabzug gemäß den Artikeln 167 bis 171 sowie 173 bis 177 berechtigt ist;

b) sofern die Gegenleistung niedriger als der Normalwert ist, der Lieferer oder Dienstleistungserbringer nicht zum vollen Vorsteuerabzug gemäß den Artikeln 167 bis 171 sowie 173 bis 177 berechtigt ist und der Umsatz einer Befreiung gemäß den Artikeln 132, 135, 136, 371, 375, 376, 377, des Artikels 378 Absatz 2, des Artikels 379 Absatz 2 sowie der Artikel 380 bis 390c unterliegt;

c) sofern die Gegenleistung höher als der Normalwert ist und der Lieferer oder Dienstleistungserbringer nicht zum vollen Vorsteuerabzug gemäß den Artikeln 167 bis 171 sowie 173 bis 177 berechtigt ist.

Für die Zwecke des Unterabsatzes 1 kann als rechtliche Bindung auch die Beziehung zwischen Arbeitgeber und Arbeitnehmer, der Familie des Arbeitnehmers oder anderen diesem nahe stehenden Personen, gelten.

(2) Machen die Mitgliedstaaten von der in Absatz 1 vorgesehenen Möglichkeit Gebrauch, können sie festlegen, für welche Kategorien von Lieferern und Dienstleistungserbringern sowie von Erwerbern oder Dienstleistungsempfängern sie von diesen Maßnahmen Gebrauch machen.

(3) Die Mitgliedstaaten unterrichten den Mehrwertsteuerausschuss von nationalen Maßnahmen, die sie im Sinne des Absatzes 1 erlassen, sofern diese nicht Maßnahmen sind, die vom Rat vor dem 13. August 2006 gemäß Artikel 27 Absätze 1 bis 4 der Richtlinie 77/388/EWG genehmigt wurden und gemäß Absatz 1 des vorliegenden Artikels weitergeführt werden.

## Artikel 81

*(hier nicht abgedruckt)*

## Artikel 82

Die Mitgliedstaaten können vorsehen, dass der Wert von steuerfreiem Anlagegold im Sinne des Artikels 346 in die Steuerbemessungsgrundlage bei der Lieferung von Gegenständen und bei Dienstleistungen einzubeziehen ist, wenn es vom Erwerber oder Dienstleistungsempfänger zur Verfügung gestellt und für die Verarbeitung verwendet wird und infolgedessen bei der Lieferung der Gegenstände oder der Erbringung der Dienstleistungen seinen Status als von der Mehrwertsteuer befreites Anlagegold verliert. Der zugrunde zu legende Wert ist der Normalwert des Anlagegoldes zum Zeitpunkt der Lieferung der Gegenstände oder der Erbringung der Dienstleistungen.

## KAPITEL 3
### Innergemeinschaftlicher Erwerb von Gegenständen

## Artikel 83

Beim innergemeinschaftlichen Erwerb von Gegenständen setzt sich die Steuerbemessungsgrundlage aus denselben Elementen zusammen wie denen, die zur Bestimmung der Steuerbemessungsgrundlage für die Lieferung derselben Gegenstände innerhalb des Gebiets des Mitgliedstaats gemäß Kapitel 2 dienen. Bei Umsätzen, die dem innergemeinschaftlichen Erwerb von Gegenständen im Sinne der Artikel 21 und 22 gleichgestellt sind, ist die Steuerbemessungsgrundlage der Einkaufspreis der Gegenstände oder gleichartiger Gegenstände oder mangels eines Einkaufspreises der Selbstkostenpreis, und zwar jeweils zu den Preisen, die zum Zeitpunkt der Bewirkung dieser Umsätze festgestellt werden.

## Artikel 84

(1) Die Mitgliedstaaten treffen die erforderlichen Maßnahmen, um sicherzustellen, dass die Verbrauchsteuern, die von der Person geschuldet oder entrichtet werden, die den innergemeinschaftlichen Erwerb eines verbrauchsteuerpflichtigen Erzeugnisses tätigt, gemäß Artikel 78 Absatz 1 Buchstabe a in die Steuerbemessungsgrundlage einbezogen werden.

(2) Erhält der Erwerber nach dem Zeitpunkt der Bewirkung des innergemeinschaftlichen Erwerbs von Gegenständen Verbrauchsteuern zurück, die in dem Mitgliedstaat, von dem aus die Gegenstände versandt oder befördert worden sind, entrichtet wurden, wird die Steuerbemessungsgrundlage im Mitgliedstaat des innergemeinschaftlichen Erwerbs entsprechend gemindert.

### KAPITEL 4
### Einfuhr von Gegenständen

## Artikel 85

Bei der Einfuhr von Gegenständen ist die Steuerbemessungsgrundlage der Betrag, der durch die geltenden Gemeinschaftsvorschriften als Zollwert bestimmt ist.

## Artikel 86

(1) In die Steuerbemessungsgrundlage sind – soweit nicht bereits darin enthalten – folgende Elemente einzubeziehen:

a) die außerhalb des Einfuhrmitgliedstaats geschuldeten Steuern, Zölle, Abschöpfungen und sonstigen Abgaben, sowie diejenigen, die aufgrund der Einfuhr geschuldet werden, mit Ausnahme der zu erhebenden Mehrwertsteuer;

b) die Nebenkosten – wie Provisions-, Verpackungs-, Beförderungs- und Versicherungskosten –, die bis zum ersten Bestimmungsort der Gegenstände im Gebiet des Einfuhrmitgliedstaats entstehen sowie diejenigen, die sich aus der Beförderung nach einem anderen Bestimmungsort in der Gemeinschaft ergeben, der zum Zeitpunkt, zu dem der Steuertatbestand eintritt, bekannt ist.

(2) Für Zwecke des Absatzes 1 Buchstabe b gilt als „erster Bestimmungsort" der Ort, der auf dem Frachtbrief oder einem anderen Begleitpapier, unter dem die Gegenstände in den Einfuhrmitgliedstaat verbracht werden, angegeben ist. Fehlt eine solche Angabe, gilt als erster Bestimmungsort der Ort, an dem die erste Umladung im Einfuhrmitgliedstaat erfolgt.

## Artikel 87

In die Steuerbemessungsgrundlage sind folgende Elemente nicht einzubeziehen:

a) Preisnachlässe durch Skonto für Vorauszahlungen;

b) Rabatte und Rückvergütungen auf den Preis, die dem Erwerber eingeräumt werden und die er zu dem Zeitpunkt erhält, zu dem die Einfuhr erfolgt.

## Artikel 88

Für vorübergehend aus der Gemeinschaft ausgeführte Gegenstände, die wieder eingeführt werden, nachdem sie außerhalb der Gemeinschaft in Stand gesetzt, umgestaltet oder beoder verarbeitet worden sind, treffen die Mitgliedstaaten Maßnahmen, die sicherstellen, dass die mehrwertsteuerliche Behandlung des fertigen Gegenstands die gleiche ist, wie wenn die genannten Arbeiten in ihrem jeweiligen Gebiet durchgeführt worden wären.

## Artikel 89

*(hier nicht abgedruckt)*

## KAPITEL 5
## Verschiedene Bestimmungen

### Artikel 90

(1) Im Falle der Annullierung, der Rückgängigmachung, der Auflösung, der vollständigen oder teilweisen Nichtbezahlung oder des Preisnachlasses nach der Bewirkung des Umsatzes wird die Steuerbemessungsgrundlage unter den von den Mitgliedstaaten festgelegten Bedingungen entsprechend vermindert.

(2) Die Mitgliedstaaten können im Falle der vollständigen oder teilweisen Nichtbezahlung von Absatz 1 abweichen.

### Artikel 91

(1) Sind die zur Ermittlung der Steuerbemessungsgrundlage bei der Einfuhr dienenden Elemente in einer anderen Währung als der des Mitgliedstaats ausgedrückt, in dem die Steuerbemessungsgrundlage ermittelt wird, wird der Umrechnungskurs gemäß den Gemeinschaftsvorschriften zur Berechnung des Zollwerts festgesetzt.

(2) Sind die zur Ermittlung der Steuerbemessungsgrundlage eines anderen Umsatzes als der Einfuhr von Gegenständen dienenden Elemente in einer anderen Währung als der des Mitgliedstaats ausgedrückt, in dem die Steuerbemessungsgrundlage ermittelt wird, gilt als Umrechnungskurs der letzte Verkaufskurs, der zu dem Zeitpunkt, zu dem der Steueranspruch entsteht, an dem oder den repräsentativsten Devisenmärkten des betreffenden Mitgliedstaats verzeichnet wurde, oder ein Kurs, der mit Bezug auf diesen oder diese Devisenmärkte entsprechend den von diesem Mitgliedstaat festgelegten Einzelheiten festgesetzt wurde.

Die Mitgliedstaaten akzeptieren stattdessen auch die Anwendung des letzten Umrechnungskurses, der von der Europäischen Zentralbank zu dem Zeitpunkt, zu dem der Steueranspruch eintritt, veröffentlicht wird. Die Umrechnung zwischen nicht auf Euro lautenden Währungen erfolgt anhand des Euro-Umrechnungskurses jeder der Währungen. Die Mitgliedstaaten können vorschreiben, dass der Steuerpflichtige ihnen mitteilen muss, wenn er von dieser Möglichkeit Gebrauch macht.

Bei bestimmten Umsätzen im Sinne des Unterabsatzes 1 oder bei bestimmten Gruppen von Steuerpflichtigen können Mitgliedstaaten jedoch den Umrechnungskurs anwenden, der gemäß den Gemeinschaftsvorschriften zur Berechnung des Zollwerts festgesetzt worden ist.

### Artikel 92

In Bezug auf die Kosten von zurückzugebenden Warenumschließungen können die Mitgliedstaaten wie folgt verfahren:

a) sie können sie bei der Ermittlung der Steuerbemessungsgrundlage unberücksichtigt lassen, müssen gleichzeitig aber die erforderlichen Vorkehrungen treffen, damit die Steuerbemessungsgrundlage berichtigt wird, wenn diese Umschließungen nicht zurückgegeben werden;

b) sie können sie bei der Ermittlung der Steuerbemessungsgrundlage berücksichtigen, müssen aber gleichzeitig die erforderlichen Vorkehrungen treffen, damit die Steuerbemessungsgrundlage berichtigt wird, wenn diese Umschließungen tatsächlich zurückgegeben werden.

## TITEL VIII
## STEUERSÄTZE

### KAPITEL 1
### Anwendung der Steuersätze

#### Artikel 93

Auf die steuerpflichtigen Umsätze ist der Steuersatz anzuwenden, der zu dem Zeitpunkt gilt, zu dem der Steuertatbestand eintritt.

In folgenden Fällen ist jedoch der Steuersatz anzuwenden, der zu dem Zeitpunkt gilt, zu dem der Steueranspruch entsteht:

a) die in den Artikeln 65 und 66 genannten Fälle;

b) innergemeinschaftlicher Erwerb von Gegenständen;

c) Einfuhr der in Artikel 71 Absatz 1 Unterabsatz 2 und Absatz 2 genannten Gegenstände.

#### Artikel 94

(1) Beim innergemeinschaftlichen Erwerb von Gegenständen ist der gleiche Steuersatz anzuwenden wie der, der für die Lieferung gleicher Gegenstände innerhalb des Gebiets des Mitgliedstaats gelten würde.

(2) Vorbehaltlich der in Artikel 103 Absatz 1 genannten Möglichkeit, auf die Einfuhr von Kunstgegenständen, Sammlungsstücken und Antiquitäten einen ermäßigten Steuersatz anzuwenden, ist bei der Einfuhr von Gegenständen der gleiche Steuersatz anzuwenden, der für die Lieferung gleicher Gegenstände innerhalb des Gebiets des Mitgliedstaats gilt.

#### Artikel 95

Ändert sich der Steuersatz, können die Mitgliedstaaten in den in Artikel 65 und 66 geregelten Fällen eine Berichtigung vornehmen, um dem Steuersatz Rechnung zu tragen, der zum Zeitpunkt der Lieferung der Gegenstände oder der Erbringung der Dienstleistungen anzuwenden ist.

Die Mitgliedstaaten können außerdem alle geeigneten Übergangsmaßnahmen treffen.

### KAPITEL 2
### Struktur und Höhe der Steuersätze

#### Abschnitt 1
#### Normalsatz

#### Artikel 96

Die Mitgliedstaaten wenden einen Mehrwertsteuer-Normalsatz an, den jeder Mitgliedstaat als Prozentsatz der Bemessungsgrundlage festsetzt und der für die Lieferungen von Gegenständen und für Dienstleistungen gleich ist.

#### Artikel 97

Vom 1. Januar 2011 bis zum 31. Dezember 2015 muss der Normalsatz mindestens 15 % betragen.

## Abschnitt 2
### Ermäßigte Steuersätze

### Artikel 98

(1) Die Mitgliedstaaten können einen oder zwei ermäßigte Steuersätze anwenden.

(2) Die ermäßigten Steuersätze sind nur auf die Lieferungen von Gegenständen und die Dienstleistungen der in Anhang III genannten Kategorien anwendbar.

Die ermäßigten Steuersätze sind nicht anwendbar auf elektronisch erbrachte Dienstleistungen.

(3) Zur Anwendung der ermäßigten Steuersätze im Sinne des Absatzes 1 auf Kategorien von Gegenständen können die Mitgliedstaaten die betreffenden Kategorien anhand der Kombinierten Nomenklatur genau abgrenzen.

### Artikel 99

(1) Die ermäßigten Steuersätze werden als Prozentsatz der Bemessungsgrundlage festgesetzt, der mindestens 5 % betragen muss.

(2) Jeder ermäßigte Steuersatz wird so festgesetzt, dass es normalerweise möglich ist, von dem Mehrwertsteuerbetrag, der sich bei Anwendung dieses Steuersatzes ergibt, die gesamte nach den Artikeln 167 bis 171 sowie 173 bis 177 abziehbare Vorsteuer abzuziehen.

### Artikel 100

Der Rat wird auf der Grundlage eines Berichts der Kommission erstmals 1994 und später alle zwei Jahre den Anwendungsbereich der ermäßigten Steuersätze überprüfen.

Der Rat kann gemäß Artikel 93 des Vertrags beschließen, das Verzeichnis von Gegenständen und Dienstleistungen in Anhang III zu ändern.

### Artikel 101

Die Kommission legt dem Europäischen Parlament und dem Rat spätestens am 30. Juni 2007 auf der Grundlage der von einer unabhängigen Expertengruppe für Wirtschaftsfragen durchgeführten Untersuchung einen globalen Bewertungsbericht über die Auswirkungen der auf lokal erbrachte Dienstleistungen – einschließlich Bewirtung – angewandten ermäßigten Sätze vor, insbesondere in Bezug auf die Schaffung von Arbeitsplätzen, das Wirtschaftswachstum und das reibungslose Funktionieren des Binnenmarkts.

## Abschnitt 3
### Besondere Bestimmungen

### Artikel 102

Nach Konsultation des Mehrwertsteuerausschusses kann jeder Mitgliedstaat auf Lieferungen von Erdgas, Elektrizität oder Fernwärme einen ermäßigten Steuersatz anwenden.

### Artikel 103

(1) Die Mitgliedstaaten können vorsehen, dass der ermäßigte oder ein ermäßigter Steuersatz, den sie gemäß den Artikeln 98 und 99 anwenden, auch auf die Einfuhr von Kunstgegenständen, Sammlungsstücken und Antiquitäten im Sinne des Artikels 311 Absatz 1 Nummern 2, 3 und 4 anwendbar ist.

(2) Wenn die Mitgliedstaaten von der in Absatz 1 genannten Möglichkeit Gebrauch machen, können sie diesen ermäßigten Steuersatz auch auf folgende Lieferungen anwenden:

a) die Lieferung von Kunstgegenständen durch ihren Urheber oder dessen Rechtsnachfolger;

b) die Lieferung von Kunstgegenständen, die von einem Steuerpflichtigen, der kein steuerpflichtiger Wiederverkäufer ist, als Gelegenheitslieferung bewirkt wird, wenn die Kunstgegenstände von diesem Steuerpflichtigen selbst eingeführt wurden oder ihm von ihrem Urheber oder dessen Rechtsnachfolgern geliefert wurden oder ihm das Recht auf vollen Vorsteuerabzug eröffnet haben.

## Artikel 104–105

*(hier nicht abgedruckt)*

## KAPITEL 3
## Befristete Bestimmungen für bestimmte arbeitsintensive Dienstleistungen

### Artikel 106–108

*(gestrichen)*

## KAPITEL 4
## Bis zur Einführung der endgültigen Mehrwertsteuerregelung geltende besondere Bestimmungen

### Artikel 109

Die Bestimmungen dieses Kapitels gelten bis zur Einführung der in Artikel 402 genannten endgültigen Regelung.

### Artikel 110–120

*(hier nicht abgedruckt)*

### Artikel 121

Mitgliedstaaten, die am 1. Januar 1993 die Ablieferung eines aufgrund eines Werkvertrags hergestellten beweglichen Gegenstands als Lieferung von Gegenständen betrachtet haben, können auf solche Lieferungen den Steuersatz anwenden, der auf den Gegenstand nach Durchführung der Arbeiten anwendbar ist.

Für die Zwecke der Anwendung des Absatzes 1 gilt als „Ablieferung eines aufgrund eines Werkvertrags hergestellten beweglichen Gegenstands" die Übergabe eines beweglichen Gegenstands an den Auftraggeber, den der Auftragnehmer aus Stoffen oder Gegenständen hergestellt oder zusammengestellt hat, die der Auftraggeber ihm zu diesem Zweck ausgehändigt hatte, wobei unerheblich ist, ob der Auftragnehmer hierfür einen Teil des verwandten Materials selbst beschafft hat.

### Artikel 122

Die Mitgliedstaaten können auf Lieferungen von lebenden Pflanzen und sonstigen Erzeugnissen des Pflanzenanbaus, einschließlich Knollen, Wurzeln und ähnlichen Erzeugnissen,

Schnittblumen und Pflanzenteilen zu Binde- oder Zierzwecken, sowie auf Lieferungen von Brennholz einen ermäßigten Satz anwenden.

## KAPITEL 5
## Befristete Bestimmungen
### Artikel 123-130

*(hier nicht abgedruckt)*

## TITEL IX
## STEUERBEFREIUNGEN

## KAPITEL 1
## Allgemeine Bestimmungen

### Artikel 131

Die Steuerbefreiungen der Kapitel 2 bis 9 werden unbeschadet sonstiger Gemeinschaftsvorschriften und unter den Bedingungen angewandt, die die Mitgliedstaaten zur Gewährleistung einer korrekten und einfachen Anwendung dieser Befreiungen und zur Verhinderung von Steuerhinterziehung, Steuerumgehung oder Missbrauch festlegen.

## KAPITEL 2
## Steuerbefreiungen für bestimmte, dem Gemeinwohl dienende Tätigkeiten

### Artikel 132

(1) Die Mitgliedstaaten befreien folgende Umsätze von der Steuer:

a) von öffentlichen Posteinrichtungen erbrachte Dienstleistungen und dazugehörende Lieferungen von Gegenständen mit Ausnahme von Personenbeförderungs- und Telekommunikationsdienstleistungen;

b) Krankenhausbehandlungen und ärztliche Heilbehandlungen sowie damit eng verbundene Umsätze, die von Einrichtungen des öffentlichen Rechts oder unter Bedingungen, welche mit den Bedingungen für diese Einrichtungen in sozialer Hinsicht vergleichbar sind, von Krankenanstalten, Zentren für ärztliche Heilbehandlung und Diagnostik und anderen ordnungsgemäß anerkannten Einrichtungen gleicher Art durchgeführt beziehungsweise bewirkt werden;

c) Heilbehandlungen im Bereich der Humanmedizin, die im Rahmen der Ausübung der von dem betreffenden Mitgliedstaat definierten ärztlichen und arztähnlichen Berufe durchgeführt werden;

d) Lieferung von menschlichen Organen, menschlichem Blut und Frauenmilch;

e) Dienstleistungen, die Zahntechniker im Rahmen ihrer Berufsausübung erbringen, sowie Lieferungen von Zahnersatz durch Zahnärzte und Zahntechniker;

f) Dienstleistungen, die selbstständige Zusammenschlüsse von Personen, die eine Tätigkeit ausüben, die von der Steuer befreit ist oder für die sie nicht Steuerpflichtige sind, an ihre Mitglieder für unmittelbare Zwecke der Ausübung dieser Tätigkeit erbringen, soweit diese Zusammenschlüsse von ihren Mitgliedern lediglich die genaue Erstattung des jeweiligen Anteils an den gemeinsamen Kosten fordern, vorausgesetzt, dass diese Befreiung nicht zu einer Wettbewerbsverzerrung führt;

g) eng mit der Sozialfürsorge und der sozialen Sicherheit verbundene Dienstleistungen und Lieferungen von Gegenständen, einschließlich derjenigen, die durch Altenheime,

Einrichtungen des öffentlichen Rechts oder andere von dem betreffenden Mitgliedstaat als Einrichtungen mit sozialem Charakter anerkannte Einrichtungen bewirkt werden;

h) eng mit der Kinder- und Jugendbetreuung verbundene Dienstleistungen und Lieferungen von Gegenständen durch Einrichtungen des öffentlichen Rechts oder andere von dem betreffenden Mitgliedstaat als Einrichtungen mit sozialem Charakter anerkannte Einrichtungen;

i) Erziehung von Kindern und Jugendlichen, Schul- und Hochschulunterricht, Aus- und Fortbildung sowie berufliche Umschulung und damit eng verbundene Dienstleistungen und Lieferungen von Gegenständen durch Einrichtungen des öffentlichen Rechts, die mit solchen Aufgaben betraut sind, oder andere Einrichtungen mit von dem betreffenden Mitgliedstaat anerkannter vergleichbarer Zielsetzung;

j) von Privatlehrern erteilter Schul- und Hochschulunterricht;

k) Gestellung von Personal durch religiöse und weltanschauliche Einrichtungen für die unter den Buchstaben b, g, h und i genannten Tätigkeiten und für Zwecke geistlichen Beistands;

l) Dienstleistungen und eng damit verbundene Lieferungen von Gegenständen, die Einrichtungen ohne Gewinnstreben, welche politische, gewerkschaftliche, religiöse, patriotische, weltanschauliche, philanthropische oder staatsbürgerliche Ziele verfolgen, an ihre Mitglieder in deren gemeinsamen Interesse gegen einen satzungsgemäß festgelegten Beitrag erbringen, vorausgesetzt, dass diese Befreiung nicht zu einer Wettbewerbsverzerrung führt;

m) bestimmte, in engem Zusammenhang mit Sport und Körperertüchtigung stehende Dienstleistungen, die Einrichtungen ohne Gewinnstreben an Personen erbringen, die Sport oder Körperertüchtigung ausüben;

n) bestimmte kulturelle Dienstleistungen und eng damit verbundene Lieferungen von Gegenständen, die von Einrichtungen des öffentlichen Rechts oder anderen von dem betreffenden Mitgliedstaat anerkannten kulturellen Einrichtungen erbracht werden;

o) Dienstleistungen und Lieferungen von Gegenständen bei Veranstaltungen durch Einrichtungen, deren Umsätze nach den Buchstaben b, g, h, i, l, m und n befreit sind, wenn die Veranstaltungen dazu bestimmt sind, den Einrichtungen eine finanzielle Unterstützung zu bringen und ausschließlich zu ihrem Nutzen durchgeführt werden, vorausgesetzt, dass diese Befreiung nicht zu einer Wettbewerbsverzerrung führt;

p) von ordnungsgemäß anerkannten Einrichtungen durchgeführte Beförderung von kranken und verletzten Personen in dafür besonders eingerichteten Fahrzeugen;

q) Tätigkeiten öffentlicher Rundfunk- und Fernsehanstalten, ausgenommen Tätigkeiten mit gewerblichem Charakter.

(2) Für die Zwecke des Absatzes 1 Buchstabe o können die Mitgliedstaaten alle erforderlichen Beschränkungen, insbesondere hinsichtlich der Anzahl der Veranstaltungen und der Höhe der für eine Steuerbefreiung in Frage kommenden Einnahmen, vorsehen.

## Artikel 133

Die Mitgliedstaaten können die Gewährung der Befreiungen nach Artikel 132 Absatz 1 Buchstaben b, g, h, i, l, m und n für Einrichtungen, die keine Einrichtungen des öffentlichen Rechts sind, im Einzelfall von der Erfüllung einer oder mehrerer der folgenden Bedingungen abhängig machen:

a) Die betreffenden Einrichtungen dürfen keine systematische Gewinnerzielung anstreben; etwaige Gewinne, die trotzdem anfallen, dürfen nicht verteilt, sondern müssen zur Erhaltung oder Verbesserung der erbrachten Leistungen verwendet werden.

b) Leitung und Verwaltung dieser Einrichtungen müssen im Wesentlichen ehrenamtlich durch Personen erfolgen, die weder selbst noch über zwischengeschaltete Personen ein unmittelbares oder mittelbares Interesse am wirtschaftlichen Ergebnis der betreffenden Tätigkeiten haben.

c) Die Preise, die diese Einrichtungen verlangen, müssen von den zuständigen Behörden genehmigt sein oder die genehmigten Preise nicht übersteigen; bei Umsätzen, für die eine Preisgenehmigung nicht vorgesehen ist, müssen die verlangten Preise unter den Preisen liegen, die der Mehrwertsteuer unterliegende gewerbliche Unternehmen für entsprechende Umsätze fordern.

d) Die Befreiungen dürfen nicht zu einer Wettbewerbsverzerrung zum Nachteil von der Mehrwertsteuer unterliegenden gewerblichen Unternehmen führen.

Die Mitgliedstaaten, die am 1. Januar 1989 gemäß Anhang E der Richtlinie 77/388/EWG die Mehrwertsteuer auf die in Artikel 132 Absatz 1 Buchstaben m und n genannten Umsätze erhoben, können die unter Absatz 1 Buchstabe d des vorliegenden Artikels genannten Bedingungen auch anwenden, wenn für diese Lieferung von Gegenständen oder Dienstleistungen durch Einrichtungen des öffentlichen Rechts eine Befreiung gewährt wird.

## Artikel 134

In folgenden Fällen sind Lieferungen von Gegenständen und Dienstleistungen von der Steuerbefreiung des Artikels 132 Absatz 1 Buchstaben b, g, h, i, l, m und n ausgeschlossen:

a) sie sind für die Umsätze, für die die Steuerbefreiung gewährt wird, nicht unerlässlich;

b) sie sind im Wesentlichen dazu bestimmt, der Einrichtung zusätzliche Einnahmen durch Umsätze zu verschaffen, die in unmittelbarem Wettbewerb mit Umsätzen von der Mehrwertsteuer unterliegenden gewerblichen Unternehmen bewirkt werden.

## KAPITEL 3
## Steuerbefreiungen für andere Tätigkeiten

## Artikel 135

(1) Die Mitgliedstaaten befreien folgende Umsätze von der Steuer:

a) Versicherungs- und Rückversicherungsumsätze einschließlich der dazugehörigen Dienstleistungen, die von Versicherungsmaklern und -vertretern erbracht werden;

b) die Gewährung und Vermittlung von Krediten und die Verwaltung von Krediten durch die Kreditgeber;

c) die Vermittlung und Übernahme von Verbindlichkeiten, Bürgschaften und anderen Sicherheiten und Garantien sowie die Verwaltung von Kreditsicherheiten durch die Kreditgeber;

d) Umsätze – einschließlich der Vermittlung – im Einlagengeschäft und Kontokorrentverkehr, im Zahlungs- und Überweisungsverkehr, im Geschäft mit Forderungen, Schecks und anderen Handelspapieren, mit Ausnahme der Einziehung von Forderungen;

e) Umsätze – einschließlich der Vermittlung –, die sich auf Devisen, Banknoten und Münzen beziehen, die gesetzliches Zahlungsmittel sind, mit Ausnahme von Sammlerstücken, d.h. Münzen aus Gold, Silber oder anderem Metall sowie Banknoten, die normalerweise nicht als gesetzliches Zahlungsmittel verwendet werden oder die von numismatischem Interesse sind;

f) Umsätze – einschließlich der Vermittlung, jedoch nicht der Verwahrung und der Verwaltung –, die sich auf Aktien, Anteile an Gesellschaften und Vereinigungen, Schuldverschreibungen oder sonstige Wertpapiere beziehen, mit Ausnahme von Warenpapieren und der in Artikel 15 Absatz 2 genannten Rechte und Wertpapiere;

g) die Verwaltung von durch die Mitgliedstaaten als solche definierten Sondervermögen;

h) Lieferung von in ihrem jeweiligen Gebiet gültigen Postwertzeichen, von Steuerzeichen und von sonstigen ähnlichen Wertzeichen zum aufgedruckten Wert;

i) Wetten, Lotterien und sonstige Glücksspiele mit Geldeinsatz unter den Bedingungen und Beschränkungen, die von jedem Mitgliedstaat festgelegt werden;

j) Lieferung von anderen Gebäuden oder Gebäudeteilen und dem dazugehörigen Grund und Boden als den in Artikel 12 Absatz 1 Buchstabe a genannten;

k) Lieferung unbebauter Grundstücke mit Ausnahme von Baugrundstücken im Sinne des Artikels 12 Absatz 1 Buchstabe b;

l) Vermietung und Verpachtung von Grundstücken.

(2) Die folgenden Umsätze sind von der Befreiung nach Absatz 1 Buchstabe l ausgeschlossen:

a) Gewährung von Unterkunft nach den gesetzlichen Bestimmungen der Mitgliedstaaten im Rahmen des Hotelgewerbes oder in Sektoren mit ähnlicher Zielsetzung, einschließlich der Vermietung in Ferienlagern oder auf Grundstücken, die als Campingplätze erschlossen sind;

b) Vermietung von Plätzen für das Abstellen von Fahrzeugen;

c) Vermietung von auf Dauer eingebauten Vorrichtungen und Maschinen;

d) Vermietung von Schließfächern.

Die Mitgliedstaaten können weitere Ausnahmen von der Befreiung nach Absatz 1 Buchstabe l vorsehen.

## Artikel 136

Die Mitgliedstaaten befreien folgende Umsätze von der Steuer:

a) die Lieferungen von Gegenständen, die ausschließlich für eine auf Grund der Artikel 132, 135, 371, 375, 376, 377, des Artikels 378 Absatz 2, des Artikels 379 Absatz 2 sowie der Artikel 380 bis 390c von der Steuer befreite Tätigkeit bestimmt waren, wenn für diese Gegenstände kein Recht auf Vorsteuerabzug bestanden hat;

b) die Lieferungen von Gegenständen, deren Anschaffung oder Zuordnung gemäß Artikel 176 vom Vorsteuerabzug ausgeschlossen war.

## Artikel 137

(1) Die Mitgliedstaaten können ihren Steuerpflichtigen das Recht einräumen, sich bei folgenden Umsätzen für eine Besteuerung zu entscheiden:

a) die in Artikel 135 Absatz 1 Buchstaben b bis g genannten Finanzumsätze;

b) Lieferung von anderen Gebäuden oder Gebäudeteilen und dem dazugehörigen Grund und Boden als den in Artikel 12 Absatz 1 Buchstabe a genannten;

c) Lieferung unbebauter Grundstücke mit Ausnahme von Baugrundstücken im Sinne des Artikels 12 Absatz 1 Buchstabe b;

d) Vermietung und Verpachtung von Grundstücken.

(2) Die Mitgliedstaaten legen die Einzelheiten für die Inanspruchnahme des Wahlrechts nach Absatz 1 fest.

Die Mitgliedstaaten können den Umfang dieses Wahlrechts einschränken.

## KAPITEL 4
Steuerbefreiungen bei innergemeinschaftlichen Umsätzen

## Abschnitt 1
Steuerbefreiungen bei der Lieferung von Gegenständen

### Artikel 138

(1) Die Mitgliedstaaten befreien die Lieferungen von Gegenständen, die durch den Verkäufer, den Erwerber oder für ihre Rechnung nach Orten außerhalb ihres jeweiligen Gebiets, aber innerhalb der Gemeinschaft versandt oder befördert werden von der Steuer, wenn diese Lieferung an einen anderen Steuerpflichtigen oder an eine nichtsteuerpflichtige juristische Person bewirkt wird, der/die als solche/r in einem anderen Mitgliedstaat als dem des Beginns der Versendung oder Beförderung der Gegenstände handelt.

(2) Außer den in Absatz 1 genannten Lieferungen befreien die Mitgliedstaaten auch folgende Umsätze von der Steuer:

a) die Lieferungen neuer Fahrzeuge, die durch den Verkäufer, den Erwerber oder für ihre Rechnung an den Erwerber nach Orten außerhalb ihres jeweiligen Gebiets, aber innerhalb der Gemeinschaft versandt oder befördert werden, wenn die Lieferungen an Steuerpflichtige oder nichtsteuerpflichtige juristische Personen, deren innergemeinschaftliche Erwerbe von Gegenständen gemäß Artikel 3 Absatz 1 nicht der Mehrwertsteuer unterliegen, oder an eine andere nichtsteuerpflichtige Person bewirkt werden;

b) die Lieferungen verbrauchsteuerpflichtiger Waren, die durch den Verkäufer, den Erwerber oder für ihre Rechnung an den Erwerber nach Orten außerhalb ihres jeweiligen Gebiets, aber innerhalb der Gemeinschaft versandt oder befördert werden, wenn die Lieferungen an Steuerpflichtige oder nichtsteuerpflichtige juristische Personen bewirkt werden, deren innergemeinschaftliche Erwerbe von Gegenständen, die keine verbrauchsteuerpflichtigen Waren sind, gemäß Artikel 3 Absatz 1 nicht der Mehrwertsteuer unterliegen, und wenn die Versendung oder Beförderung dieser Waren gemäß Artikel 7 Absätze 4 und 5 oder Artikel 16 der Richtlinie 92/12/EWG durchgeführt wird;

c) die Lieferungen von Gegenständen in Form der Verbringung in einen anderen Mitgliedstaat, die gemäß Absatz 1 und den Buchstaben a und b des vorliegenden Absatzes von der Mehrwertsteuer befreit wäre, wenn sie an einen anderen Steuerpflichtigen bewirkt würde.

### Artikel 139

(1) Die Steuerbefreiung nach Artikel 138 Absatz 1 gilt nicht für die Lieferungen von Gegenständen durch Steuerpflichtige, die unter die Steuerbefreiung für Kleinunternehmen nach Maßgabe der Artikel 282 bis 292 fallen.

Ferner gilt die Steuerbefreiung nicht für die Lieferungen von Gegenständen an Steuerpflichtige oder nichtsteuerpflichtige juristische Personen, deren innergemeinschaftliche Erwerbe von Gegenständen gemäß Artikel 3 Absatz 1 nicht der Mehrwertsteuer unterliegen.

(2) Die Steuerbefreiung nach Artikel 138 Absatz 2 Buchstabe b gilt nicht für die Lieferungen verbrauchsteuerpflichtiger Waren durch Steuerpflichtige, die unter die Steuerbefreiung für Kleinunternehmen nach Maßgabe der Artikel 282 bis 292 fallen.

(3) Die Steuerbefreiung nach Artikel 138 Absatz 1 und Absatz 2 Buchstaben b und c gilt nicht für die Lieferungen von Gegenständen, die nach der Sonderregelung über die Differenzbesteuerung der Artikel 312 bis 325 oder der Regelung für öffentliche Versteigerungen der Mehrwertsteuer unterliegen.

Die Steuerbefreiung nach Artikel 138 Absatz 1 und Absatz 2 Buchstabe c gilt nicht für die Lieferungen von Gebrauchtfahrzeugen im Sinne des Artikels 327 Absatz 3, die nach der Übergangsregelung für Gebrauchtfahrzeuge der Mehrwertsteuer unterliegen.

## Abschnitt 2
## Steuerbefreiungen beim innergemeinschaftlichen Erwerb von Gegenständen

### Artikel 140

Die Mitgliedstaaten befreien folgende Umsätze von der Steuer:

a) den innergemeinschaftlichen Erwerb von Gegenständen, deren Lieferung durch Steuerpflichtige in ihrem jeweiligen Gebiet in jedem Fall mehrwertsteuerfrei ist;

b) den innergemeinschaftlichen Erwerb von Gegenständen, deren Einfuhr gemäß Artikel 143 Absatz 1 Buchstaben a, b und c sowie Buchstaben e bis l in jedem Fall mehrwertsteuerfrei ist;

c) den innergemeinschaftlichen Erwerb von Gegenständen, für die der Erwerber gemäß den Artikeln 170 und 171 in jedem Fall das Recht auf volle Erstattung der Mehrwertsteuer hat, die gemäß Artikel 2 Absatz 1 Buchstabe b geschuldet würde.

### Artikel 141

Jeder Mitgliedstaat trifft besondere Maßnahmen, damit ein innergemeinschaftlicher Erwerb von Gegenständen, der nach Artikel 40 als in seinem Gebiet bewirkt gilt, nicht mit der Mehrwertsteuer belastet wird, wenn folgende Voraussetzungen erfüllt sind:

a) der Erwerb von Gegenständen wird von einem Steuerpflichtigen bewirkt, der nicht in diesem Mitgliedstaat niedergelassen ist, aber in einem anderen Mitgliedstaat für Mehrwertsteuerzwecke erfasst ist;

b) der Erwerb von Gegenständen erfolgt für die Zwecke einer anschließenden Lieferung dieser Gegenstände durch den unter Buchstabe a genannten Steuerpflichtigen in diesem Mitgliedstaat;

c) die auf diese Weise von dem Steuerpflichtigen im Sinne von Buchstabe a erworbenen Gegenstände werden von einem anderen Mitgliedstaat aus als dem, in dem der Steuerpflichtige für Mehrwertsteuerzwecke erfasst ist, unmittelbar an die Person versandt oder befördert, an die er die anschließende Lieferung bewirkt;

d) Empfänger der anschließenden Lieferung ist ein anderer Steuerpflichtiger oder eine nichtsteuerpflichtige juristische Person, der bzw. die in dem betreffenden Mitgliedstaat für Mehrwertsteuerzwecke erfasst ist;

e) der Empfänger der Lieferung im Sinne des Buchstabens d ist gemäß Artikel 197 als Schuldner der Steuer für die Lieferung bestimmt worden, die von dem Steuerpflichtigen bewirkt wird, der nicht in dem Mitgliedstaat ansässig ist, in dem die Steuer geschuldet wird.

## Abschnitt 3
## Steuerbefreiungen für bestimmte Beförderungsleistungen

### Artikel 142

Die Mitgliedstaaten befreien die innergemeinschaftliche Güterbeförderung nach oder von den Inseln, die die autonomen Regionen Azoren und Madeira bilden, sowie die Güterbeförderung zwischen diesen Inseln von der Steuer.

## KAPITEL 5
## Steuerbefreiungen bei der Einfuhr

### Artikel 143

(1) Die Mitgliedstaaten befreien folgende Umsätze von der Steuer:

a) die endgültige Einfuhr von Gegenständen, deren Lieferung durch Steuerpflichtige in ihrem jeweiligen Gebiet in jedem Fall mehrwertsteuerfrei ist;

b) die endgültige Einfuhr von Gegenständen, die in den Richtlinien 69/169/EWG[1] 83/181/EWG[2] und 2006/79/EG[3] des Rates geregelt ist;

c) die endgültige Einfuhr von Gegenständen aus Drittgebieten, die Teil des Zollgebiets der Gemeinschaft sind, im freien Verkehr, die unter die Steuerbefreiung nach Buchstabe b fallen würde, wenn die Gegenstände gemäß Artikel 30 Absatz 1 eingeführt worden wären;

d) die Einfuhr von Gegenständen, die von einem Drittgebiet oder einem Drittland aus in einen anderen Mitgliedstaat als den Mitgliedstaat der Beendigung der Versendung oder Beförderung versandt oder befördert werden, sofern die Lieferung dieser Gegenstände durch den gemäß Artikel 201 als Steuerschuldner bestimmten oder anerkannten Importeur bewirkt wird und gemäß Artikel 138 befreit ist;

e) die Wiedereinfuhr von unter eine Zollbefreiung fallenden Gegenständen durch denjenigen, der sie ausgeführt hat, und zwar in dem Zustand, in dem sie ausgeführt wurden;

f) die Einfuhr von Gegenständen im Rahmen der diplomatischen und konsularischen Beziehungen, für die eine Zollbefreiung gilt;

fa) die Einfuhr von Gegenständen durch die Europäische Gemeinschaft, die Europäische Atomgemeinschaft, die Europäische Zentralbank oder die Europäische Investitionsbank oder die von den Europäischen Gemeinschaften geschaffenen Einrichtungen, auf die das Protokoll vom 8. April 1965 über die Vorrechte und Befreiungen der Europäischen Gemeinschaften anwendbar ist, und zwar in den Grenzen und zu den Bedingungen, die in diesem Protokoll und den Übereinkünften zu seiner Umsetzung oder in den Abkommen über ihren Sitz festgelegt sind, sofern dies nicht zu Wettbewerbsverzerrungen führt;

g) die Einfuhr von Gegenständen durch internationale Einrichtungen, die nicht unter Buchstabe fa genannt sind und die von den Behörden des Aufnahmemitgliedstaats als internationale Einrichtungen anerkannt sind, sowie durch Angehörige dieser Einrichtungen, und zwar in den Grenzen und zu den Bedingungen, die in den internationalen Übereinkommen über die Gründung dieser Einrichtungen oder in den Abkommen über ihren Sitz festgelegt sind;

h) die Einfuhr von Gegenständen in den Mitgliedstaaten, die Vertragsparteien des Nordatlantikvertrags sind, durch die Streitkräfte anderer Parteien dieses Vertrags für den Gebrauch oder Verbrauch durch diese Streitkräfte oder ihr ziviles Begleitpersonal oder für

---

1 Richtlinie 69/169/EWG des Rates vom 28. Mai 1969 zur Harmonisierung der Rechts- und Verwaltungsvorschriften über die Befreiung von den Umsatzsteuern und Sonderverbrauchsteuern bei der Einfuhr im grenzüberschreitenden Reiseverkehr, ABl. EG Nr. 133 vom 4.6.1969, 6. Zuletzt geändert durch die Richtlinie 2005/93/EG, ABl. EU Nr. L 346 vom 29.12.2005, 16.

2 Richtlinie 83/181/EWG des Rates vom 28. März 1983 zur Festlegung des Anwendungsbereichs von Artikel 14 Absatz 1 Buchstabe d der Richtlinie 77/388/EWG hinsichtlich der Mehrwertsteuerbefreiung bestimmter endgültiger Einfuhren von Gegenständen, ABl. EG Nr. 105 vom 23.4.1983, 38. Zuletzt geändert durch die Beitrittsakte von 1994.

3 Richtlinie 2006/79/EG des Rates vom 5. Oktober 2006 über die Steuerbefreiungen bei der Einfuhr von Waren in Kleinsendungen nichtkommerzieller Art mit Herkunft aus Drittländern (kodifizierte Fassung), ABl. EU Nr. L 286 vom 17.10.2006, 15.

die Versorgung ihrer Kasinos oder Kantinen, wenn diese Streitkräfte der gemeinsamen Verteidigungsanstrengung dienen;

i) die Einfuhr von Gegenständen, die von den gemäß dem Vertrag zur Gründung der Republik Zypern vom 16. August 1960 auf der Insel Zypern stationierten Streitkräften des Vereinigten Königreichs durchgeführt wird, wenn sie für den Gebrauch oder Verbrauch durch diese Streitkräfte oder ihr ziviles Begleitpersonal oder für die Versorgung ihrer Kasinos oder Kantinen bestimmt ist;

j) die durch Unternehmen der Seefischerei in Häfen durchgeführte Einfuhr von Fischereierzeugnissen, die noch nicht Gegenstand einer Lieferung gewesen sind, in unbearbeitetem Zustand oder nach Haltbarmachung für Zwecke der Vermarktung;

k) die Einfuhr von Gold durch Zentralbanken;

l) die Einfuhr von Gas über ein Erdgasnetz oder jedes an ein solches Netz angeschlossene Netz oder von Gas, das von einem Gastanker aus in ein Erdgasnetz oder ein vorgelagertes Gasleitungsnetz eingespeist wird, von Elektrizität oder von Wärme oder Kälte über Wärme- oder Kältenetze.

(2) Die Steuerbefreiung gemäß Absatz 1 Buchstabe d ist in den Fällen, in denen auf die Einfuhr von Gegenständen eine Lieferung von Gegenständen folgt, die gemäß Artikel 138 Absatz 1 und Absatz 2 Buchstabe c von der Steuer befreit ist, nur anzuwenden, wenn der Importeur zum Zeitpunkt der Einfuhr den zuständigen Behörden des Einfuhrmitgliedstaats mindestens die folgenden Angaben hat zukommen lassen:

a) seine im Einfuhrmitgliedstaat erteilte MwSt.-Identifikationsnummer oder die im Einfuhrmitgliedstaat erteilte MwSt.-Identifikationsnummer seines Steuervertreters, der die Steuer schuldet;

b) die in einem anderen Mitgliedstaat erteilte MwSt.-Identifikationsnummer des Erwerbers, an den die Gegenstände gemäß Artikel 138 Absatz 1 geliefert werden, oder seine eigene MwSt.-Identifikationsnummer, die in dem Mitgliedstaat erteilt wurde, in dem die Versendung oder Beförderung der Gegenstände endet, wenn die Gegenstände gemäß Artikel 138 Absatz 2 Buchstabe c verbracht werden;

c) den Nachweis, aus dem hervorgeht, dass die eingeführten Gegenstände dazu bestimmt sind, aus dem Einfuhrmitgliedstaat in einen anderen Mitgliedstaat befördert oder versandt zu werden.

Allerdings können die Mitgliedstaaten festlegen, dass der Nachweis nach Buchstabe c den zuständigen Behörden lediglich auf Ersuchen vorzulegen ist.

## Artikel 144

Die Mitgliedstaaten befreien Dienstleistungen, die sich auf die Einfuhr von Gegenständen beziehen und deren Wert gemäß Artikel 86 Absatz 1 Buchstabe b in der Steuerbemessungsgrundlage enthalten ist.

## Artikel 145

(1) Falls erforderlich, unterbreitet die Kommission dem Rat so rasch wie möglich Vorschläge zur genauen Festlegung des Anwendungsbereichs der Befreiungen der Artikel 143 und 144 und der praktischen Einzelheiten ihrer Anwendung.

(2) Bis zum Inkrafttreten der in Absatz 1 genannten Bestimmungen können die Mitgliedstaaten die geltenden nationalen Vorschriften beibehalten.

Die Mitgliedstaaten können ihre nationalen Vorschriften anpassen, um Wettbewerbsverzerrungen zu verringern und insbesondere die Nicht- oder Doppelbesteuerung innerhalb der Gemeinschaft zu vermeiden.

Die Mitgliedstaaten können die Verwaltungsverfahren anwenden, die ihnen zur Durchführung der Steuerbefreiung am geeignetsten erscheinen.

(3) Die Mitgliedstaaten teilen der Kommission ihre bereits geltenden nationalen Vorschriften mit, sofern diese noch nicht mitgeteilt wurden, und die Vorschriften, die sie im Sinne des Absatzes 2 erlassen; die Kommission unterrichtet hiervon die übrigen Mitgliedstaaten.

## KAPITEL 6
## Steuerbefreiungen bei der Ausfuhr

### Artikel 146

(1) Die Mitgliedstaaten befreien folgende Umsätze von der Steuer:

a) die Lieferungen von Gegenständen, die durch den Verkäufer oder für dessen Rechnung nach Orten außerhalb der Gemeinschaft versandt oder befördert werden;

b) die Lieferungen von Gegenständen, die durch den nicht in ihrem jeweiligen Gebiet ansässigen Erwerber oder für dessen Rechnung nach Orten außerhalb der Gemeinschaft versandt oder befördert werden, mit Ausnahme der vom Erwerber selbst beförderten Gegenstände zur Ausrüstung oder Versorgung von Sportbooten und Sportflugzeugen sowie von sonstigen Beförderungsmitteln, die privaten Zwecken dienen;

c) die Lieferungen von Gegenständen an zugelassene Körperschaften, die diese im Rahmen ihrer Tätigkeit auf humanitärem, karitativem oder erzieherischem Gebiet nach Orten außerhalb der Gemeinschaft ausführen;

d) Dienstleistungen in Form von Arbeiten an beweglichen körperlichen Gegenständen, die zwecks Durchführung dieser Arbeiten in der Gemeinschaft erworben oder eingeführt worden sind und die vom Dienstleistungserbringer oder dem nicht in ihrem jeweiligen Gebiet ansässigen Dienstleistungsempfänger oder für deren Rechnung nach Orten außerhalb der Gemeinschaft versandt oder befördert werden;

e) Dienstleistungen, einschließlich Beförderungsleistungen und Nebentätigkeiten zur Beförderung, ausgenommen die gemäß den Artikeln 132 und 135 von der Steuer befreiten Dienstleistungen, wenn sie in unmittelbarem Zusammenhang mit der Ausfuhr oder der Einfuhr von Gegenständen stehen, für die Artikel 61 oder Artikel 157 Absatz 1 Buchstabe a gilt.

(2) Die Steuerbefreiung des Absatzes 1 Buchstabe c kann im Wege einer Mehrwertsteuererstattung erfolgen.

### Artikel 147

(1) Betrifft die in Artikel 146 Absatz 1 Buchstabe b genannte Lieferung Gegenstände zur Mitführung im persönlichen Gepäck von Reisenden, gilt die Steuerbefreiung nur, wenn die folgenden Voraussetzungen erfüllt sind:

a) der Reisende ist nicht in der Gemeinschaft ansässig;

b) die Gegenstände werden vor Ablauf des dritten auf die Lieferung folgenden Kalendermonats nach Orten außerhalb der Gemeinschaft befördert;

c) der Gesamtwert der Lieferung einschließlich Mehrwertsteuer übersteigt 175 EUR oder den Gegenwert in Landeswährung; der Gegenwert in Landeswährung wird alljährlich anhand des am ersten Arbeitstag im Oktober geltenden Umrechnungskurses mit Wirkung zum 1. Januar des folgenden Jahres festgelegt.

Die Mitgliedstaaten können jedoch eine Lieferung, deren Gesamtwert unter dem in Unterabsatz 1 Buchstabe c vorgesehenen Betrag liegt, von der Steuer befreien.

(2) Für die Zwecke des Absatzes 1 gilt ein Reisender als „nicht in der Gemeinschaft ansässig", wenn sein Wohnsitz oder sein gewöhnlicher Aufenthaltsort nicht in der Gemeinschaft liegt. Dabei gilt als „Wohnsitz oder gewöhnlicher Aufenthaltsort" der Ort, der im Reisepass, im Personalausweis oder in einem sonstigen Dokument eingetragen ist, das in dem Mitgliedstaat, in dessen Gebiet die Lieferung bewirkt wird, als Identitätsnachweis anerkannt ist.

Der Nachweis der Ausfuhr wird durch Rechnungen oder entsprechende Belege erbracht, die mit dem Sichtvermerk der Ausgangszollstelle der Gemeinschaft versehen sein müssen.

Jeder Mitgliedstaat übermittelt der Kommission ein Muster des Stempelabdrucks, den er für die Erteilung des Sichtvermerks im Sinne des Unterabsatzes 2 verwendet. Die Kommission leitet diese Information an die Steuerbehörden der übrigen Mitgliedstaaten weiter.

## KAPITEL 7
## Steuerbefreiungen bei grenzüberschreitenden Beförderungen

### Artikel 148

Die Mitgliedstaaten befreien folgende Umsätze von der Steuer:

a) die Lieferungen von Gegenständen zur Versorgung von Schiffen, die auf hoher See im entgeltlichen Passagierverkehr, zur Ausübung einer Handelstätigkeit, für gewerbliche Zwecke oder zur Fischerei sowie als Bergungs- oder Rettungsschiffe auf See oder zur Küstenfischerei eingesetzt sind, wobei im letztgenannten Fall die Lieferungen von Bordverpflegung ausgenommen sind;

b) die Lieferungen von Gegenständen zur Versorgung von Kriegsschiffen im Sinne des Codes der Kombinierten Nomenklatur (KN) 8906 10 00, die ihr Gebiet verlassen, um einen Hafen oder Ankerplatz außerhalb des Mitgliedstaats anzulaufen;

c) Lieferung, Umbau, Reparatur, Wartung, Vercharterung und Vermietung der unter Buchstabe a genannten Schiffe, sowie Lieferung, Vermietung, Reparatur und Wartung von Gegenständen, die in diese Schiffe eingebaut sind – einschließlich der Ausrüstung für die Fischerei –, oder die ihrem Betrieb dienen;

d) Dienstleistungen, die nicht unter Buchstabe c fallen und die unmittelbar für den Bedarf der unter Buchstabe a genannten Schiffe und ihrer Ladung erbracht werden;

e) die Lieferungen von Gegenständen zur Versorgung von Luftfahrzeugen, die von Luftfahrtgesellschaften verwendet werden, die hauptsächlich im entgeltlichen internationalen Verkehr tätig sind;

f) Lieferung, Umbau, Reparatur, Wartung, Vercharterung und Vermietung der unter Buchstabe e genannten Luftfahrzeuge, sowie Lieferung, Vermietung, Reparatur und Wartung von Gegenständen, die in diese Luftfahrzeuge eingebaut sind oder ihrem Betrieb dienen;

g) Dienstleistungen, die nicht unter Buchstabe f fallen und die unmittelbar für den Bedarf der unter Buchstabe e genannten Luftfahrzeuge und ihrer Ladung erbracht werden.

### Artikel 149

(hier nicht abgedruckt)

### Artikel 150

(1) Falls erforderlich unterbreitet die Kommission dem Rat so rasch wie möglich Vorschläge zur genauen Festlegung des Anwendungsbereichs der Befreiungen des Artikels 148 und der praktischen Einzelheiten ihrer Anwendung.

(2) Bis zum Inkrafttreten der in Absatz 1 genannten Bestimmungen können die Mitgliedstaaten den Anwendungsbereich der Befreiungen nach Artikel 148 Buchstaben a und b beschränken.

## KAPITEL 8
## Steuerbefreiungen bei bestimmten, Ausfuhren gleichgestellten Umsätzen

### Artikel 151

(1) Die Mitgliedstaaten befreien folgende Umsätze von der Steuer:

a) Lieferungen von Gegenständen und Dienstleistungen, die im Rahmen der diplomatischen und konsularischen Beziehungen bewirkt werden;

aa) Lieferungen von Gegenständen und Dienstleistungen, die für die Europäische Gemeinschaft, die Europäische Atomgemeinschaft, die Europäische Zentralbank oder die Europäische Investitionsbank oder die von den Europäischen Gemeinschaften geschaffenen Einrichtungen, auf die das Protokoll vom 8. April 1965 über die Vorrechte und Befreiungen der Europäischen Gemeinschaften anwendbar ist, bestimmt sind, und zwar in den Grenzen und zu den Bedingungen, die in diesem Protokoll und den Übereinkünften zu seiner Umsetzung oder in den Abkommen über ihren Sitz festgelegt sind, sofern dies nicht zu Wettbewerbsverzerrungen führt;

b) Lieferungen von Gegenständen und Dienstleistungen, die für nicht unter Buchstabe aa genannte internationale Einrichtungen, die vom Aufnahmemitgliedstaat als internationale Einrichtungen anerkannt sind, sowie für die Angehörigen dieser Einrichtungen bestimmt sind, und zwar in den Grenzen und zu den Bedingungen, die in den internationalen Übereinkommen über die Gründung dieser Einrichtungen oder in den Abkommen über ihren Sitz festgelegt sind;

c) Lieferungen von Gegenständen und Dienstleistungen, die in den Mitgliedstaaten, die Vertragsparteien des Nordatlantikvertrags sind, an die Streitkräfte anderer Vertragsparteien bewirkt werden, wenn diese Umsätze für den Gebrauch oder Verbrauch durch diese Streitkräfte oder ihr ziviles Begleitpersonal oder für die Versorgung ihrer Kasinos oder Kantinen bestimmt sind und wenn diese Streitkräfte der gemeinsamen Verteidigungsanstrengung dienen;

d) Lieferungen von Gegenständen und Dienstleistungen, deren Bestimmungsort in einem anderen Mitgliedstaat liegt und die für die Streitkräfte anderer Vertragsparteien des Nordatlantikvertrags als die des Bestimmungsmitgliedstaats selbst bestimmt sind, wenn diese Umsätze für den Gebrauch oder Verbrauch durch diese Streitkräfte oder ihr ziviles Begleitpersonal oder für die Versorgung ihrer Kasinos oder Kantinen bestimmt sind und wenn diese Streitkräfte der gemeinsamen Verteidigungsanstrengung dienen;

e) Lieferungen von Gegenständen und Dienstleistungen, die für die gemäß dem Vertrag zur Gründung der Republik Zypern vom 16. August 1960 auf der Insel Zypern stationierten Streitkräfte des Vereinigten Königreichs bestimmt sind, wenn diese Umsätze für den Gebrauch oder Verbrauch durch die Streitkräfte oder ihr ziviles Begleitpersonal oder für die Versorgung ihrer Kasinos oder Kantinen bestimmt sind.

Die in Unterabsatz 1 geregelten Befreiungen gelten unter den vom Aufnahmemitgliedstaat festgelegten Beschränkungen so lange, bis eine einheitliche Steuerregelung erlassen ist.

(2) Bei Gegenständen, die nicht aus dem Mitgliedstaat versandt oder befördert werden, in dem die Lieferung dieser Gegenstände bewirkt wird, und bei Dienstleistungen kann die Steuerbefreiung im Wege der Mehrwertsteuererstattung erfolgen.

### Artikel 152

Die Mitgliedstaaten befreien die Lieferungen von Gold an Zentralbanken von der Steuer.

## KAPITEL 9
## Steuerbefreiungen für Dienstleistungen von Vermittlern

### Artikel 153

Die Mitgliedstaaten befreien Dienstleistungen von Vermittlern, die im Namen und für Rechnung Dritter handeln, von der Steuer, wenn sie in den Kapiteln 6, 7 und 8 genannte Umsätze oder Umsätze außerhalb der Gemeinschaft betreffen.

Die Befreiung nach Absatz 1 gilt nicht für Reisebüros, wenn diese im Namen und für Rechnung des Reisenden Leistungen bewirken, die in anderen Mitgliedstaaten erbracht werden.

## KAPITEL 10
## Steuerbefreiungen beim grenzüberschreitenden Warenverkehr

### Abschnitt 1
### Zolllager, andere Lager als Zolllager sowie gleichartige Regelungen

### Artikel 154

Für die Zwecke dieses Abschnitts gelten als „andere Lager als Zolllager" bei verbrauchsteuerpflichtigen Waren die Orte, die Artikel 4 Buchstabe b der Richtlinie 92/12/EWG als Steuerlager definiert, und bei nicht verbrauchsteuerpflichtigen Waren die Orte, die die Mitgliedstaaten als solche definieren.

### Artikel 155

Unbeschadet der übrigen gemeinschaftlichen Steuervorschriften können die Mitgliedstaaten nach Konsultation des Mehrwertsteuerausschusses besondere Maßnahmen treffen, um einige oder sämtliche in diesem Abschnitt genannten Umsätze von der Steuer zu befreien, sofern diese nicht für eine endgültige Verwendung oder einen Endverbrauch bestimmt sind und sofern der beim Verlassen der in diesem Abschnitt genannten Verfahren oder sonstigen Regelungen geschuldete Mehrwertsteuerbetrag demjenigen entspricht, der bei der Besteuerung jedes einzelnen dieser Umsätze in ihrem Gebiet geschuldet worden wäre.

### Artikel 156

(1) Die Mitgliedstaaten können folgende Umsätze von der Steuer befreien:

a) die Lieferungen von Gegenständen, die zollamtlich erfasst und gegebenenfalls in einem Übergangslager vorübergehend verwahrt bleiben sollen;

b) die Lieferungen von Gegenständen, die in einer Freizone oder einem Freilager gelagert werden sollen;

c) die Lieferungen von Gegenständen, die einer Zolllagerregelung oder einer Regelung für den aktiven Veredelungsverkehr unterliegen sollen;

d) die Lieferungen von Gegenständen, die in die Hoheitsgewässer verbracht werden sollen, um im Rahmen des Baus, der Reparatur, der Wartung, des Umbaus oder der Ausrüstung von Bohrinseln oder Förderplattformen in diese eingebaut oder für die Verbindung dieser Bohrinseln oder Förderplattformen mit dem Festland verwendet zu werden;

e) die Lieferungen von Gegenständen, die in die Hoheitsgewässer verbracht werden sollen, um zur Versorgung von Bohrinseln oder Förderplattformen verwendet zu werden.

(2) Die in Absatz 1 genannten Orte sind diejenigen, die in den geltenden Zollvorschriften der Gemeinschaft als solche definiert sind.

### Artikel 157

(1) Die Mitgliedstaaten können folgende Umsätze von der Steuer befreien:
a) die Einfuhr von Gegenständen, die einer Regelung für andere Lager als Zolllager unterliegen sollen;
b) die Lieferungen von Gegenständen, die in ihrem Gebiet einer Regelung für andere Lager als Zolllager unterliegen sollen.

(2) Die Mitgliedstaaten dürfen bei nicht verbrauchsteuerpflichtigen Waren keine andere Lagerregelung als eine Zolllagerregelung vorsehen, wenn diese Waren zur Lieferung auf der Einzelhandelsstufe bestimmt sind.

### Artikel 158

(1) Abweichend von Artikel 157 Absatz 2 können die Mitgliedstaaten eine Regelung für andere Lager als Zolllager in folgenden Fällen vorsehen:
a) sofern die Gegenstände für Tax-free-Verkaufsstellen für Zwecke ihrer gemäß Artikel 146 Absatz 1 Buchstabe b befreiten Lieferungen zur Mitführung im persönlichen Gepäck von Reisenden bestimmt sind, die sich per Flugzeug oder Schiff in ein Drittgebiet oder ein Drittland begeben;
b) sofern die Gegenstände für Steuerpflichtige für Zwecke ihrer Lieferungen an Reisende an Bord eines Flugzeugs oder eines Schiffs während eines Flugs oder einer Seereise bestimmt sind, deren Zielort außerhalb der Gemeinschaft gelegen ist;
c) sofern die Gegenstände für Steuerpflichtige für Zwecke ihrer gemäß Artikel 151 von der Mehrwertsteuer befreiten Lieferungen bestimmt sind.

(2) Mitgliedstaaten, die von der in Absatz 1 Buchstabe a vorgesehenen Möglichkeit der Steuerbefreiung Gebrauch machen, treffen die erforderlichen Maßnahmen, um eine korrekte und einfache Anwendung dieser Befreiung zu gewährleisten und Steuerhinterziehung, Steuerumgehung oder Missbrauch zu verhindern.

(3) Für die Zwecke des Absatzes 1 Buchstabe a gilt als „Tax-free-Verkaufsstelle" jede Verkaufsstelle innerhalb eines Flug- oder Seehafens, die die von den zuständigen Behörden festgelegten Voraussetzungen erfüllt.

### Artikel 159

Die Mitgliedstaaten können Dienstleistungen von der Steuer befreien, die mit der Lieferung von Gegenständen im Sinne des Artikels 156, des Artikels 157 Absatz 1 Buchstabe b und des Artikels 158 zusammenhängen.

### Artikel 160

(1) Die Mitgliedstaaten können folgende Umsätze von der Steuer befreien:
a) die Lieferungen von Gegenständen und das Erbringen von Dienstleistungen an den in Artikel 156 Absatz 1 genannten Orten, wenn diese Umsätze in ihrem Gebiet unter Wahrung einer der in demselben Absatz genannten Verfahren bewirkt werden;
b) die Lieferungen von Gegenständen und das Erbringen von Dienstleistungen an den in Artikel 157 Absatz 1 Buchstabe b und Artikel 158 genannten Orten, wenn diese Umsät-

ze in ihrem Gebiet unter Wahrung eines der in Artikel 157 Absatz 1 Buchstabe b beziehungsweise Artikel 158 Absatz 1 genannten Verfahren bewirkt werden.

(2) Mitgliedstaaten, die von der Möglichkeit nach Absatz 1 Buchstabe a für in Zolllagern bewirkte Umsätze Gebrauch machen, treffen die erforderlichen Maßnahmen, um Regelungen für andere Lager als Zolllager festzulegen, die die Anwendung von Absatz 1 Buchstabe b auf diese Umsätze ermöglichen, wenn sie in Anhang V genannte Gegenstände betreffen und unter dieser Regelung für andere Lager als Zolllager bewirkt werden.

### Artikel 161

Die Mitgliedstaaten können folgende Lieferungen von Gegenständen und damit zusammenhängende Dienstleistungen von der Steuer befreien:

a) die Lieferungen von Gegenständen nach Artikel 30 Absatz 1 unter Wahrung des Verfahrens der vorübergehenden Verwendung bei vollständiger Befreiung von den Einfuhrabgaben oder des externen Versandverfahrens;

b) die Lieferungen von Gegenständen nach Artikel 30 Absatz 2 unter Wahrung des internen Versandverfahrens nach Artikel 276.

### Artikel 162

Mitgliedstaaten, die von der Möglichkeit nach diesem Abschnitt Gebrauch machen, stellen sicher, dass für den innergemeinschaftlichen Erwerb von Gegenständen, der unter eines der Verfahren oder eine der Regelungen im Sinne des Artikels 156, des Artikels 157 Absatz 1 Buchstabe b und des Artikels 158 fällt, dieselben Vorschriften angewandt werden wie auf die Lieferungen von Gegenständen, die unter gleichen Bedingungen in ihrem Gebiet bewirkt wird.

### Artikel 163

Ist das Verlassen der Verfahren oder der sonstigen Regelungen im Sinne dieses Abschnitts mit einer Einfuhr im Sinne des Artikels 61 verbunden, trifft der Einfuhrmitgliedstaat die erforderlichen Maßnahmen, um eine Doppelbesteuerung zu vermeiden.

## Abschnitt 2
## Steuerbefreiung von Umsätzen im Hinblick auf eine Ausfuhr und im Rahmen des Handels zwischen den Mitgliedstaaten

### Artikel 164

(1) Die Mitgliedstaaten können nach Konsultation des Mehrwertsteuerausschusses folgende von einem Steuerpflichtigen getätigte oder für einen Steuerpflichtigen bestimmte Umsätze bis zu dem Betrag von der Steuer befreien, der dem Wert der von diesem Steuerpflichtigen getätigten Ausfuhren in den vorangegangenen zwölf Monaten entspricht:

a) innergemeinschaftlicher Erwerb von Gegenständen durch einen Steuerpflichtigen sowie Einfuhr und Lieferung von Gegenständen an einen Steuerpflichtigen, der diese unverarbeitet oder verarbeitet nach Orten außerhalb der Gemeinschaft auszuführen beabsichtigt;

b) Dienstleistungen im Zusammenhang mit der Ausfuhrtätigkeit dieses Steuerpflichtigen.

(2) Mitgliedstaaten, die von der Möglichkeit der Steuerbefreiung nach Absatz 1 Gebrauch machen, befreien nach Konsultation des Mehrwertsteuerausschusses auch die Umsätze

im Zusammenhang mit Lieferungen des Steuerpflichtigen unter den Voraussetzungen des Artikels 138 bis zu dem Betrag, der dem Wert seiner derartigen Lieferungen in den vorangegangenen zwölf Monaten entspricht, von der Steuer.

### Artikel 165

Die Mitgliedstaaten können für die Steuerbefreiungen gemäß Artikel 164 einen gemeinsamen Höchstbetrag festsetzen.

## Abschnitt 3
## Gemeinsame Bestimmungen für die Abschnitte 1 und 2

### Artikel 166

Falls erforderlich unterbreitet die Kommission dem Rat so rasch wie möglich Vorschläge über gemeinsame Modalitäten für die Anwendung der Mehrwertsteuer auf die in den Abschnitten 1 und 2 genannten Umsätze.

# TITEL X
# VORSTEUERABZUG

## KAPITEL 1
## Entstehung und Umfang des Rechts auf Vorsteuerabzug

### Artikel 167

Das Recht auf Vorsteuerabzug entsteht, wenn der Anspruch auf die abziehbare Steuer entsteht.

### Artikel 167a

Die Mitgliedstaaten können im Rahmen einer fakultativen Regelung vorsehen, dass das Recht auf Vorsteuerabzug eines Steuerpflichtigen, bei dem ausschließlich ein Steueranspruch gemäß Artikel 66 Buchstabe b eintritt, erst dann ausgeübt werden darf, wenn der entsprechende Lieferer oder Dienstleistungserbringer die Mehrwertsteuer auf die dem Steuerpflichtigen gelieferten Gegenstände oder erbrachten Dienstleistungen erhalten hat.

Mitgliedstaaten, die die in Absatz 1 genannte fakultative Regelung anwenden, legen für Steuerpflichtige, die innerhalb ihres Gebiets von dieser Regelung Gebrauch machen, einen Grenzwert fest, der sich auf den gemäß Artikel 288 berechneten Jahresumsatz des Steuerpflichtigen stützt. Dieser Grenzwert darf 500 000 EUR oder den Gegenwert in Landeswährung nicht übersteigen. Die Mitgliedstaaten können nach Konsultation des Mehrwertsteuerausschusses einen Grenzwert anwenden, der bis zu 2 000 000 EUR oder den Gegenwert in Landeswährung beträgt. Bei Mitgliedstaaten, die am 31. Dezember 2012 einen Grenzwert anwenden, der mehr als 500 000 EUR oder den Gegenwert in Landeswährung beträgt, ist eine solche Konsultation des Mehrwertsteuerausschusses jedoch nicht erforderlich.

Die Mitgliedstaaten unterrichten den Mehrwertsteuerausschuss von allen auf der Grundlage von Absatz 1 erlassenen nationalen Maßnahmen.

### Artikel 168

Soweit die Gegenstände und Dienstleistungen für die Zwecke seiner besteuerten Umsätze verwendet werden, ist der Steuerpflichtige berechtigt, in dem Mitgliedstaat, in dem er diese Umsätze bewirkt, vom Betrag der von ihm geschuldeten Steuer folgende Beträge abzuziehen:

a) die in diesem Mitgliedstaat geschuldete oder entrichtete Mehrwertsteuer für Gegenstände und Dienstleistungen, die ihm von einem anderen Steuerpflichtigen geliefert bzw. erbracht wurden oder werden;

b) die Mehrwertsteuer, die für Umsätze geschuldet wird, die der Lieferung von Gegenständen beziehungsweise dem Erbringen von Dienstleistungen gemäß Artikel 18 Buchstabe a sowie Artikel 27 gleichgestellt sind;

c) die Mehrwertsteuer, die für den innergemeinschaftlichen Erwerb von Gegenständen gemäß Artikel 2 Absatz 1 Buchstabe b Ziffer i geschuldet wird;

d) die Mehrwertsteuer, die für dem innergemeinschaftlichen Erwerb gleichgestellte Umsätze gemäß den Artikeln 21 und 22 geschuldet wird;

e) die Mehrwertsteuer, die für die Einfuhr von Gegenständen in diesem Mitgliedstaat geschuldet wird oder entrichtet worden ist.

## Artikel 168a

(1) Soweit ein dem Unternehmen zugeordnetes Grundstück vom Steuerpflichtigen sowohl für unternehmerische Zwecke als auch für seinen privaten Bedarf oder den seines Personals oder allgemein für unternehmensfremde Zwecke verwendet wird, darf bei Ausgaben im Zusammenhang mit diesem Grundstück höchstens der Teil der Mehrwertsteuer nach den Grundsätzen der Artikel 167, 168, 169 und 173 abgezogen werden, der auf die Verwendung des Grundstücks für unternehmerische Zwecke des Steuerpflichtigen entfällt.

Ändert sich der Verwendungsanteil eines Grundstücks nach Unterabsatz 1, so werden diese Änderungen abweichend von Artikel 26 nach den in dem betreffenden Mitgliedstaat geltenden Vorschriften zur Anwendung der in den Artikeln 184 bis 192 festgelegten Grundsätze berücksichtigt.

(2) Die Mitgliedstaaten können Absatz 1 auch auf die Mehrwertsteuer auf Ausgaben im Zusammenhang mit von ihnen definierten sonstigen Gegenständen anwenden, die dem Unternehmen zugeordnet sind.

## Artikel 169

Über den Vorsteuerabzug nach Artikel 168 hinaus hat der Steuerpflichtige das Recht, die in jenem Artikel genannte Mehrwertsteuer abzuziehen, soweit die Gegenstände und Dienstleistungen für die Zwecke folgender Umsätze verwendet werden:

a) für seine Umsätze, die sich aus den in Artikel 9 Absatz 1 Unterabsatz 2 genannten Tätigkeiten ergeben, die außerhalb des Mitgliedstaats, in dem diese Steuer geschuldet oder entrichtet wird, bewirkt werden und für die das Recht auf Vorsteuerabzug bestünde, wenn sie in diesem Mitgliedstaat bewirkt worden wären;

b) für seine Umsätze, die gemäß den Artikeln 138, 142, 144, 146 bis 149, 151, 152, 153, 156, dem Artikel 157 Absatz 1 Buchstabe b, den Artikeln 158 bis 161 und Artikel 164 befreit sind;

c) für seine gemäß Artikel 135 Absatz 1 Buchstaben a bis f befreiten Umsätze, wenn der Dienstleistungsempfänger außerhalb der Gemeinschaft ansässig ist oder wenn diese Umsätze unmittelbar mit Gegenständen zusammenhängen, die zur Ausfuhr aus der Gemeinschaft bestimmt sind.

## Artikel 170

Jeder Steuerpflichtige, der im Sinne des Artikels 1 der Richtlinie 86/560/EWG[1], des Artikels 2 Nummer 1 und des Artikels 3 der Richtlinie 2008/9/EG[2] und des Artikels 171 der vorliegenden Richtlinie nicht in dem Mitgliedstaat ansässig ist, in dem er die Gegenstände und Dienstleistungen erwirbt oder mit der Mehrwertsteuer belastete Gegenstände einführt, hat Anspruch auf Erstattung dieser Mehrwertsteuer, soweit die Gegenstände und Dienstleistungen für die Zwecke folgender Umsätze verwendet werden:

a) die in Artikel 169 genannten Umsätze;

b) die Umsätze, bei denen die Steuer nach den Artikeln 194 bis 197 und 199 lediglich vom Empfänger geschuldet wird.

## Artikel 171

(1) Die Erstattung der Mehrwertsteuer an Steuerpflichtige, die nicht in dem Mitgliedstaat, in dem sie die Gegenstände und Dienstleistungen erwerben oder mit der Mehrwertsteuer belastete Gegenstände einführen, sondern in einem anderen Mitgliedstaat ansässig sind, erfolgt nach dem in der Richtlinie 2008/9/EG vorgesehenen Verfahren.

(2) Die Erstattung der Mehrwertsteuer an nicht im Gebiet der Gemeinschaft ansässige Steuerpflichtige erfolgt nach dem in der Richtlinie 86/560/EWG vorgesehenen Verfahren.

Steuerpflichtige im Sinne des Artikels 1 der Richtlinie 86/560/EWG, die in dem Mitgliedstaat, in dem sie die Gegenstände und Dienstleistungen erwerben oder mit der Mehrwertsteuer belastete Gegenstände einführen, ausschließlich Lieferungen von Gegenständen und Dienstleistungen bewirken, für die gemäß den Artikeln 194 bis 197 und 199 der Empfänger der Umsätze als Steuerschuldner bestimmt worden ist, gelten bei Anwendung der genannten Richtlinie ebenfalls als nicht in der Gemeinschaft ansässige Steuerpflichtige.

(3) Die Richtlinie 86/560/EWG gilt nicht für:

a) nach den Rechtsvorschriften des Mitgliedstaats der Erstattung fälschlich in Rechnung gestellte Mehrwertsteuerbeträge;

b) in Rechnung gestellte Mehrwertsteuerbeträge für Lieferungen von Gegenständen, die gemäß Artikel 138 oder Artikel 146 Absatz 1 Buchstabe b von der Steuer befreit sind oder befreit werden können.

## Artikel 171a

Die Mitgliedstaaten können anstatt der Gewährung einer Erstattung der Mehrwertsteuer gemäß den Richtlinien 86/560/EWG oder 2008/9/EG für Lieferungen von Gegenständen oder Dienstleistungen an einen Steuerpflichtigen, für die dieser Steuerpflichtige die Steuer gemäß den Artikeln 194 bis 197 oder Artikel 199 schuldet, den Abzug dieser Steuer nach dem Verfahren gemäß Artikel 168 erlauben. Bestehende Beschränkungen nach Artikel 2 Absatz 2 und Artikel 4 Absatz 2 der Richtlinie 86/560/EWG können beibehalten werden.

---

1 Dreizehnte Richtlinie 86/560/EWG des Rates vom 17. November 1986 zur Harmonisierung der Rechtsvorschriften der Mitgliedstaaten über die Umsatzsteuern – Verfahren der Erstattung der Mehrwertsteuer an nicht im Gebiet der Gemeinschaft ansässige Steuerpflichtige, ABl. EG Nr. 326 vom 21.11.1986, 40.

2 Richtlinie 2008/9/EG des Rates vom 12. Februar 2008 zur Regelung der Erstattung der Mehrwertsteuer gemäß der Richtlinie 2006/112/EG an nicht im Mitgliedstaat der Erstattung, sondern in einem anderen Mitgliedstaat ansässige Steuerpflichtige, ABl. EU Nr. L 44 vom 20.2.2008, 23.

**MwStSystRL**

Zu diesem Zweck können die Mitgliedstaaten den Steuerpflichtigen, der die Steuer zu entrichten hat, von dem Erstattungsverfahren gemäß den Richtlinien 86/560/EWG oder 2008/9/EG ausschließen.

## Artikel 172

(1) Jede Person, die als Steuerpflichtiger gilt, weil sie gelegentlich die Lieferung eines neuen Fahrzeugs unter den Voraussetzungen des Artikels 138 Absatz 1 und Absatz 2 Buchstabe a bewirkt, hat in dem Mitgliedstaat, in dem die Lieferung bewirkt wird, das Recht auf Abzug der im Einkaufspreis enthaltenen oder bei der Einfuhr oder dem innergemeinschaftlichen Erwerb dieses Fahrzeugs entrichteten Mehrwertsteuer im Umfang oder bis zur Höhe des Betrags, den sie als Steuer schulden würde, wenn die Lieferung nicht befreit wäre.

Das Recht auf Vorsteuerabzug entsteht zum Zeitpunkt der Lieferung des neuen Fahrzeugs und kann nur zu diesem Zeitpunkt ausgeübt werden.

(2) Die Mitgliedstaaten legen die Einzelheiten der Anwendung des Absatzes 1 fest.

## KAPITEL 2
### Pro-rata-Satz des Vorsteuerabzugs

## Artikel 173

(1) Soweit Gegenstände und Dienstleistungen von einem Steuerpflichtigen sowohl für Umsätze verwendet werden, für die ein Recht auf Vorsteuerabzug gemäß den Artikeln 168, 169 und 170 besteht, als auch für Umsätze, für die kein Recht auf Vorsteuerabzug besteht, darf nur der Teil der Mehrwertsteuer abgezogen werden, der auf den Betrag der erstgenannten Umsätze entfällt.

Der Pro-rata-Satz des Vorsteuerabzugs wird gemäß den Artikeln 174 und 175 für die Gesamtheit der von dem Steuerpflichtigen bewirkten Umsätze festgelegt.

(2) Die Mitgliedstaaten können folgende Maßnahmen ergreifen:

a) dem Steuerpflichtigen gestatten, für jeden Bereich seiner Tätigkeit einen besonderen Pro-rata-Satz anzuwenden, wenn für jeden dieser Bereiche getrennte Aufzeichnungen geführt werden;

b) den Steuerpflichtigen verpflichten, für jeden Bereich seiner Tätigkeit einen besonderen Pro-rata-Satz anzuwenden und für jeden dieser Bereiche getrennte Aufzeichnungen zu führen;

c) dem Steuerpflichtigen gestatten oder ihn verpflichten, den Vorsteuerabzug je nach der Zuordnung der Gesamtheit oder eines Teils der Gegenstände oder Dienstleistungen vorzunehmen;

d) dem Steuerpflichtigen gestatten oder ihn verpflichten, den Vorsteuerabzug gemäß Absatz 1 Unterabsatz 1 bei allen Gegenständen und Dienstleistungen vorzunehmen, die für die dort genannten Umsätze verwendet wurden;

e) vorsehen, dass der Betrag der Mehrwertsteuer, der vom Steuerpflichtigen nicht abgezogen werden kann, nicht berücksichtigt wird, wenn er geringfügig ist.

## Artikel 174

(1) Der Pro-rata-Satz des Vorsteuerabzugs ergibt sich aus einem Bruch, der sich wie folgt zusammensetzt:

a) im Zähler steht der je Jahr ermittelte Gesamtbetrag – ohne Mehrwertsteuer – der Umsätze, die zum Vorsteuerabzug gemäß den Artikeln 168 und 169 berechtigen;

b) im Nenner steht der je Jahr ermittelte Gesamtbetrag – ohne Mehrwertsteuer – der im Zähler stehenden Umsätze und der Umsätze, die nicht zum Vorsteuerabzug berechtigen.

Die Mitgliedstaaten können in den Nenner auch den Betrag der Subventionen einbeziehen, die nicht unmittelbar mit dem Preis der Lieferungen von Gegenständen oder der Dienstleistungen im Sinne des Artikels 73 zusammenhängen.

(2) Abweichend von Absatz 1 bleiben bei der Berechnung des Pro-rata-Satzes des Vorsteuerabzugs folgende Beträge außer Ansatz:

a) der Betrag, der auf die Lieferungen von Investitionsgütern entfällt, die vom Steuerpflichtigen in seinem Unternehmen verwendet werden;

b) der Betrag, der auf Hilfsumsätze mit Grundstücks- und Finanzgeschäften entfällt;

c) der Betrag, der auf Umsätze im Sinne des Artikels 135 Absatz 1 Buchstaben b bis g entfällt, sofern es sich dabei um Hilfsumsätze handelt.

(3) Machen die Mitgliedstaaten von der Möglichkeit nach Artikel 191 Gebrauch, keine Berichtigung in Bezug auf Investitionsgüter zu verlangen, können sie den Erlös aus dem Verkauf dieser Investitionsgüter bei der Berechnung des Pro-rata-Satzes des Vorsteuerabzugs berücksichtigen.

## Artikel 175

(1) Der Pro-rata-Satz des Vorsteuerabzugs wird auf Jahresbasis in Prozent festgesetzt und auf einen vollen Prozentsatz aufgerundet.

(2) Der für ein Jahr vorläufig geltende Pro-rata-Satz bemisst sich nach dem auf der Grundlage der Umsätze des vorangegangenen Jahres ermittelten Pro-rata-Satz. Ist eine solche Bezugnahme nicht möglich oder nicht stichhaltig, wird der Pro-rata-Satz vom Steuerpflichtigen unter Überwachung durch die Finanzverwaltung nach den voraussichtlichen Verhältnissen vorläufig geschätzt.

Die Mitgliedstaaten können jedoch die Regelung beibehalten, die sie am 1. Januar 1979 beziehungsweise im Falle der nach diesem Datum der Gemeinschaft beigetretenen Mitgliedstaaten am Tag ihres Beitritts angewandt haben.

(3) Die Festsetzung des endgültigen Pro-rata-Satzes, die für jedes Jahr im Laufe des folgenden Jahres vorgenommen wird, führt zur Berichtigung der nach dem vorläufigen Pro-rata-Satz vorgenommenen Vorsteuerabzüge.

## KAPITEL 3
### Einschränkungen des Rechts auf Vorsteuerabzug

## Artikel 176

Der Rat legt auf Vorschlag der Kommission einstimmig fest, welche Ausgaben kein Recht auf Vorsteuerabzug eröffnen. In jedem Fall werden diejenigen Ausgaben vom Recht auf Vorsteuerabzug ausgeschlossen, die keinen streng geschäftlichen Charakter haben, wie Luxusausgaben, Ausgaben für Vergnügungen und Repräsentationsaufwendungen.

Bis zum Inkrafttreten der Bestimmungen im Sinne des Absatzes 1 können die Mitgliedstaaten alle Ausschlüsse beibehalten, die am 1. Januar 1979 beziehungsweise im Falle der nach diesem Datum der Gemeinschaft beigetretenen Mitgliedstaaten am Tag ihres Beitritts in ihren nationalen Rechtsvorschriften vorgesehen waren.

## Artikel 177

Nach Konsultation des Mehrwertsteuerausschusses kann jeder Mitgliedstaat aus Konjunkturgründen alle oder bestimmte Investitionsgüter oder andere Gegenstände teilweise oder ganz vom Vorsteuerabzug ausschließen.

Anstatt den Vorsteuerabzug abzulehnen, können die Mitgliedstaaten zur Wahrung gleicher Wettbewerbsbedingungen Gegenstände, welche der Steuerpflichtige selbst hergestellt oder innerhalb der Gemeinschaft erworben oder auch eingeführt hat, in der Weise besteuern, dass dabei der Betrag der Mehrwertsteuer nicht überschritten wird, der beim Erwerb vergleichbarer Gegenstände zu entrichten wäre.

## KAPITEL 4
### Einzelheiten der Ausübung des Rechts auf Vorsteuerabzug

## Artikel 178

Um das Recht auf Vorsteuerabzug ausüben zu können, muss der Steuerpflichtige folgende Bedingungen erfüllen:

a) für den Vorsteuerabzug nach Artikel 168 Buchstabe a in Bezug auf die Lieferung von Gegenständen oder das Erbringen von Dienstleistungen muss er eine gemäß Titel XI Kapitel 3 Abschnitte 3 bis 6 ausgestellte Rechnung besitzen;

b) für den Vorsteuerabzug nach Artikel 168 Buchstabe b in Bezug auf die Lieferungen von Gegenständen und das Erbringen von Dienstleistungen gleichgestellte Umsätze muss er die von dem jeweiligen Mitgliedstaat vorgeschriebenen Formalitäten erfüllen;

c) für den Vorsteuerabzug nach Artikel 168 Buchstabe c in Bezug auf den innergemeinschaftlichen Erwerb von Gegenständen muss er in der Mehrwertsteuererklärung nach Artikel 250 alle Angaben gemacht haben, die erforderlich sind, um die Höhe der Steuer festzustellen, die für die von ihm erworbenen Gegenstände geschuldet wird, und eine gemäß Titel XI Kapitel 3 Abschnitte 3 bis 5 ausgestellte Rechnung besitzen;

d) für den Vorsteuerabzug nach Artikel 168 Buchstabe d in Bezug auf den innergemeinschaftlichen Erwerb von Gegenständen gleichgestellte Umsätze muss er die von dem jeweiligen Mitgliedstaat vorgeschriebenen Formalitäten erfüllen;

e) für den Vorsteuerabzug nach Artikel 168 Buchstabe e in Bezug auf die Einfuhr von Gegenständen muss er ein die Einfuhr bescheinigendes Dokument besitzen, das ihn als Empfänger der Lieferung oder Importeur ausweist und den Betrag der geschuldeten Mehrwertsteuer ausweist oder deren Berechnung ermöglicht;

f) hat er die Steuer in seiner Eigenschaft als Dienstleistungsempfänger oder Erwerber gemäß den Artikeln 194 bis 197 sowie 199 zu entrichten, muss er die von dem jeweiligen Mitgliedstaat vorgeschriebenen Formalitäten erfüllen.

## Artikel 179

Der Vorsteuerabzug wird vom Steuerpflichtigen global vorgenommen, indem er von dem Steuerbetrag, den er für einen Steuerzeitraum schuldet, den Betrag der Mehrwertsteuer absetzt, für die während des gleichen Steuerzeitraums das Abzugsrecht entstanden ist und gemäß Artikel 178 ausgeübt wird.

Die Mitgliedstaaten können jedoch den Steuerpflichtigen, die nur die in Artikel 12 genannten gelegentlichen Umsätze bewirken, vorschreiben, dass sie das Recht auf Vorsteuerabzug erst zum Zeitpunkt der Lieferung ausüben.

## Artikel 180

Die Mitgliedstaaten können einem Steuerpflichtigen gestatten, einen Vorsteuerabzug vorzunehmen, der nicht gemäß den Artikeln 178 und 179 vorgenommen wurde.

## Artikel 181

Die Mitgliedstaaten können einen Steuerpflichtigen, der keine gemäß Titel XI Kapitel 3 Abschnitte 3 bis 5 ausgestellte Rechnung besitzt, ermächtigen, in Bezug auf seine innergemeinschaftlichen Erwerbe von Gegenständen einen Vorsteuerabzug gemäß Artikel 168 Buchstabe c vorzunehmen.

## Artikel 182

Die Mitgliedstaaten legen die Bedingungen und Einzelheiten für die Anwendung der Artikel 180 und 181 fest.

## Artikel 183

Übersteigt der Betrag der abgezogenen Vorsteuer den Betrag der für einen Steuerzeitraum geschuldeten Mehrwertsteuer, können die Mitgliedstaaten den Überschuss entweder auf den folgenden Zeitraum vortragen lassen oder nach den von ihnen festgelegen Einzelheiten erstatten.

Die Mitgliedstaaten können jedoch festlegen, dass geringfügige Überschüsse weder vorgetragen noch erstattet werden.

## KAPITEL 5
### Berichtigung des Vorsteuerabzugs

### Artikel 184

Der ursprüngliche Vorsteuerabzug wird berichtigt, wenn der Vorsteuerabzug höher oder niedriger ist als der, zu dessen Vornahme der Steuerpflichtige berechtigt war.

### Artikel 185

(1) Die Berichtigung erfolgt insbesondere dann, wenn sich die Faktoren, die bei der Bestimmung des Vorsteuerabzugsbetrags berücksichtigt werden, nach Abgabe der Mehrwertsteuererklärung geändert haben, zum Beispiel bei rückgängig gemachten Käufen oder erlangten Rabatten.

(2) Abweichend von Absatz 1 unterbleibt die Berichtigung bei Umsätzen, bei denen keine oder eine nicht vollständige Zahlung geleistet wurde, in ordnungsgemäß nachgewiesenen oder belegten Fällen von Zerstörung, Verlust oder Diebstahl sowie bei Entnahmen für Geschenke von geringem Wert und Warenmuster im Sinne des Artikels 16.

Bei Umsätzen, bei denen keine oder eine nicht vollständige Zahlung erfolgt, und bei Diebstahl können die Mitgliedstaaten jedoch eine Berichtigung verlangen.

### Artikel 186

Die Mitgliedstaaten legen die Einzelheiten für die Anwendung der Artikel 184 und 185 fest.

## Artikel 187

(1) Bei Investitionsgütern erfolgt die Berichtigung während eines Zeitraums von fünf Jahren einschließlich des Jahres, in dem diese Güter erworben oder hergestellt wurden.

Die Mitgliedstaaten können jedoch für die Berichtigung einen Zeitraum von fünf vollen Jahren festlegen, der mit der erstmaligen Verwendung dieser Güter beginnt.

Bei Grundstücken, die als Investitionsgut erworben wurden, kann der Zeitraum für die Berichtigung bis auf 20 Jahre verlängert werden.

(2) Die jährliche Berichtigung betrifft nur ein Fünftel beziehungsweise im Falle der Verlängerung des Berichtigungszeitraums den entsprechenden Bruchteil der Mehrwertsteuer, mit der diese Investitionsgüter belastet waren.

Die in Unterabsatz 1 genannte Berichtigung erfolgt entsprechend den Änderungen des Rechts auf Vorsteuerabzug, die in den folgenden Jahren gegenüber dem Recht für das Jahr eingetreten sind, in dem die Güter erworben, hergestellt oder gegebenenfalls erstmalig verwendet wurden.

## Artikel 188

(1) Bei der Lieferung eines Investitionsgutes innerhalb des Berichtigungszeitraums ist dieses so zu behandeln, als ob es bis zum Ablauf des Berichtigungszeitraums weiterhin für eine wirtschaftliche Tätigkeit des Steuerpflichtigen verwendet worden wäre.

Diese wirtschaftliche Tätigkeit gilt als in vollem Umfang steuerpflichtig, wenn die Lieferung des Investitionsgutes steuerpflichtig ist.

Die wirtschaftliche Tätigkeit gilt als in vollem Umfang steuerfrei, wenn die Lieferung des Investitionsgutes steuerfrei ist.

(2) Die in Absatz 1 genannte Berichtigung wird für den gesamten noch verbleibenden Berichtigungszeitraum auf einmal vorgenommen. Ist die Lieferung des Investitionsgutes steuerfrei, können die Mitgliedstaaten jedoch von der Berichtigung absehen, wenn es sich bei dem Erwerber um einen Steuerpflichtigen handelt, der die betreffenden Investitionsgüter ausschließlich für Umsätze verwendet, bei denen die Mehrwertsteuer abgezogen werden kann.

## Artikel 189

Für die Zwecke der Artikel 187 und 188 können die Mitgliedstaaten folgende Maßnahmen treffen:

a) den Begriff „Investitionsgüter" definieren;

b) den Betrag der Mehrwertsteuer festlegen, der bei der Berichtigung zu berücksichtigen ist;

c) alle zweckdienlichen Vorkehrungen treffen, um zu gewährleisten, dass keine ungerechtfertigten Vorteile aus der Berichtigung entstehen;

d) verwaltungsmäßige Vereinfachungen ermöglichen.

## Artikel 190

Für die Zwecke der Artikel 187, 188, 189 und 191 können die Mitgliedstaaten Dienstleistungen, die Merkmale aufweisen, die den üblicherweise Investitionsgütern zugeschriebenen vergleichbar sind, wie Investitionsgüter behandeln.

## Artikel 191

Sollten die praktischen Auswirkungen der Anwendung der Artikel 187 und 188 in einem Mitgliedstaat unwesentlich sein, kann dieser nach Konsultation des Mehrwertsteuerausschusses unter Berücksichtigung der gesamten mehrwertsteuerlichen Auswirkungen in dem betreffenden Mitgliedstaat und der Notwendigkeit verwaltungsmäßiger Vereinfachung auf die Anwendung dieser Artikel verzichten, vorausgesetzt, dass dies nicht zu Wettbewerbsverzerrungen führt.

## Artikel 192

Geht der Steuerpflichtige von der normalen Mehrwertsteuerregelung auf eine Sonderregelung über oder umgekehrt, können die Mitgliedstaaten die erforderlichen Vorkehrungen treffen, um zu vermeiden, dass dem Steuerpflichtigen ungerechtfertigte Vorteile oder Nachteile entstehen.

# TITEL XI
# PFLICHTEN DER STEUERPFLICHTIGEN UND BESTIMMTER NICHTSTEUERPFLICHTIGER PERSONEN

## KAPITEL 1
## Zahlungspflicht

### Abschnitt 1
### Steuerschuldner gegenüber dem Fiskus

#### Artikel 192a

Für die Zwecke der Anwendung dieses Abschnitts gilt ein Steuerpflichtiger, der im Gebiet des Mitgliedstaats, in dem die Steuer geschuldet wird, über eine feste Niederlassung verfügt, als nicht in diesem Mitgliedstaat ansässig, wenn die folgenden Voraussetzungen erfüllt sind:

a) er liefert steuerpflichtig Gegenstände oder erbringt steuerpflichtig eine Dienstleistung im Gebiet dieses Mitgliedstaats;

b) eine Niederlassung des Lieferers oder Dienstleistungserbringers im Gebiet dieses Mitgliedstaats ist nicht an der Lieferung oder Dienstleistung beteiligt.

#### Artikel 193

Die Mehrwertsteuer schuldet der Steuerpflichtige, der Gegenstände steuerpflichtig liefert oder eine Dienstleistung steuerpflichtig erbringt, außer in den Fällen, in denen die Steuer gemäß den Artikeln 194 bis 199b sowie 202 von einer anderen Person geschuldet wird.

#### Artikel 194

(1) Wird die steuerpflichtige Lieferung von Gegenständen bzw. die steuerpflichtige Dienstleistung von einem Steuerpflichtigen bewirkt, der nicht in dem Mitgliedstaat ansässig ist, in dem die Mehrwertsteuer geschuldet wird, können die Mitgliedstaaten vorsehen, dass die Person, für die die Lieferung bzw. Dienstleistung bestimmt ist, die Steuer schuldet.

(2) Die Mitgliedstaaten legen die Bedingungen für die Anwendung des Absatzes 1 fest.

## Artikel 195

Die Mehrwertsteuer schulden die Personen, die in dem Mitgliedstaat, in dem die Steuer geschuldet wird, für Mehrwertsteuerzwecke erfasst sind und an die die Gegenstände unter den Bedingungen der Artikel 38 und 39 geliefert werden, wenn die betreffende Lieferung von einem nicht in diesem Mitgliedstaat ansässigen Steuerpflichtigen bewirkt wird.

## Artikel 196

Die Mehrwertsteuer schuldet der Steuerpflichtige oder die nicht steuerpflichtige juristische Person mit einer Mehrwertsteuer-Identifikationsnummer, für den/die eine Dienstleistung nach Artikel 44 erbracht wird, wenn die Dienstleistung von einem nicht in diesem Mitgliedstaat ansässigen Steuerpflichtigen erbracht wird.

## Artikel 197

(1) Die Mehrwertsteuer schuldet der Empfänger einer Lieferung von Gegenständen, wenn folgende Voraussetzungen erfüllt sind:

a) der steuerpflichtige Umsatz ist eine Lieferung von Gegenständen im Sinne von Artikel 141;

b) der Empfänger dieser Lieferung von Gegenständen ist ein anderer Steuerpflichtiger oder eine nichtsteuerpflichtige juristische Person, der bzw. die in dem Mitgliedstaat für Mehrwertsteuerzwecke erfasst ist, in dem die Lieferung bewirkt wird;

c) die von dem nicht im Mitgliedstaat des Empfängers der Lieferung ansässigen Steuerpflichtigen ausgestellte Rechnung entspricht Kapitel 3 Abschnitte 3 bis 5.

(2) Wurde gemäß Artikel 204 ein Steuervertreter bestellt, der die Steuer schuldet, können die Mitgliedstaaten eine Ausnahme von Absatz 1 des vorliegenden Artikels vorsehen.

## Artikel 198

(1) Werden bestimmte Umsätze in Bezug auf Anlagegold zwischen einem auf einem geregelten Goldmarkt tätigen Steuerpflichtigen und einem anderen nicht auf diesem Markt tätigen Steuerpflichtigen gemäß Artikel 352 besteuert, legen die Mitgliedstaaten fest, dass die Steuer vom Erwerber geschuldet wird.

Ist der nicht auf dem geregelten Goldmarkt tätige Erwerber ein Steuerpflichtiger, der nur für die in Artikel 352 genannten Umsätze in dem Mitgliedstaat, in dem die Steuer geschuldet wird, für Mehrwertsteuerzwecke erfasst sein muss, erfüllt der Verkäufer die steuerlichen Pflichten des Erwerbers in dessen Namen gemäß den Vorschriften jenes Mitgliedstaats.

(2) Wird eine Lieferung von Goldmaterial oder Halbfertigerzeugnissen mit einem Feingehalt von mindestens 325 Tausendsteln oder eine Lieferung von Anlagegold im Sinne des Artikels 344 Absatz 1 durch einen Steuerpflichtigen bewirkt, der eine der in den Artikeln 348, 349 und 350 vorgesehenen Wahlmöglichkeiten in Anspruch genommen hat, können die Mitgliedstaaten festlegen, dass die Steuer vom Erwerber geschuldet wird.

(3) Die Mitgliedstaaten legen die Verfahren und Voraussetzungen für die Anwendung der Absätze 1 und 2 fest.

## Artikel 199

(1) Die Mitgliedstaaten können vorsehen, dass der steuerpflichtige Empfänger die Mehrwertsteuer schuldet, an den folgende Umsätze bewirkt werden:

a) Bauleistungen, einschließlich Reparatur-, Reinigungs-, Wartungs-, Umbau- und Abbruchleistungen im Zusammenhang mit Grundstücken sowie die auf Grund des Artikels 14 Absatz 3 als Lieferung von Gegenständen betrachtete Erbringung bestimmter Bauleistungen;

b) Gestellung von Personal für die unter Buchstabe a fallenden Tätigkeiten;

c) Lieferung von in Artikel 135 Absatz 1 Buchstaben j und k genannten Grundstücken, wenn der Lieferer gemäß Artikel 137 für die Besteuerung optiert hat;

d) Lieferung von Gebrauchtmaterial, auch solchem, das in seinem unveränderten Zustand nicht zur Wiederverwendung geeignet ist, Schrott, von gewerblichen und nichtgewerblichen Abfallstoffen, recyclingfähigen Abfallstoffen und teilweise verarbeiteten Abfallstoffen, und gewissen in Anhang VI aufgeführten Gegenständen und Dienstleistungen;

e) Lieferung sicherungsübereigneter Gegenstände durch einen steuerpflichtigen Sicherungsgeber an einen ebenfalls steuerpflichtigen Sicherungsnehmer;

f) Lieferung von Gegenständen im Anschluss an die Übertragung des Eigentumsvorbehalts auf einen Zessionar und die Ausübung des übertragenen Rechts durch den Zessionar;

g) Lieferung von Grundstücken, die vom Schuldner im Rahmen eines Zwangsversteigerungsverfahrens verkauft werden.

(2) Bei der Anwendung der in Absatz 1 geregelten Möglichkeit können die Mitgliedstaaten die Lieferungen von Gegenständen und Dienstleistungen und die Kategorien von Lieferern und Dienstleistungserbringern sowie von Erwerbern oder Dienstleistungsempfängern bestimmen, für die sie von diesen Maßnahmen Gebrauch machen.

(3) Für die Zwecke des Absatzes 1 können die Mitgliedstaaten folgende Maßnahmen ergreifen:

a) vorsehen, dass ein Steuerpflichtiger, der auch Tätigkeiten ausführt oder Umsätze bewirkt, die nicht als steuerbare Lieferungen von Gegenständen oder als nicht steuerbare Dienstleistungen im Sinne des Artikels 2 angesehen werden, in Bezug auf Lieferungen von Gegenständen oder Dienstleistungen, die er gemäß Absatz 1 des vorliegenden Artikels erhält, als Steuerpflichtiger gilt;

b) vorsehen, dass eine nicht steuerpflichtige Einrichtung des öffentlichen Rechts in Bezug auf gemäß Absatz 1 Buchstaben e, f und g erhaltene Lieferungen von Gegenständen, als Steuerpflichtiger gilt.

(4) Die Mitgliedstaaten unterrichten den Mehrwertsteuerausschuss von nationalen Maßnahmen, die sie im Sinne des Absatzes 1 erlassen, sofern diese nicht vom Rat vor dem 13. August 2006 gemäß Artikel 27 Absätze 1 bis 4 der Richtlinie 77/388/EWG genehmigt wurden und gemäß Absatz 1 des vorliegenden Artikels weitergeführt werden.

## Artikel 199a

(1) Die Mitgliedstaaten können bis zum 31. Dezember 2018 für einen Zeitraum von mindestens zwei Jahren vorsehen, dass die Mehrwertsteuer von dem steuerpflichtigen Empfänger folgender Leistungen geschuldet wird:

a) Übertragung von Treibhausgasemissionszertifikaten entsprechend der Definition in Artikel 3 der Richtlinie 2003/87/EG des Europäischen Parlaments und des Rates vom 13. Oktober 2003 über ein System für den Handel mit Treibhausgasemissionszertifikaten in der Gemeinschaft[1], die gemäß Artikel 12 der genannten Richtlinie übertragen werden können,

---

1 ABl. EU Nr. L 275 vom 25.10.2003, 32.

b) Übertragung von anderen Einheiten, die von den Wirtschaftsbeteiligten genutzt werden können, um den Auflagen der Richtlinie nachzukommen,

c) Lieferungen von Mobilfunkgeräten, d.h. Geräten, die zum Gebrauch mittels eines zugelassenen Netzes und auf bestimmten Frequenzen hergestellt oder hergerichtet wurden, unabhängig von etwaigen weiteren Nutzungsmöglichkeiten,

d) Lieferungen von integrierten Schaltkreisen wie Mikroprozessoren und Zentraleinheiten vor Einbau in Endprodukte,

e) Lieferungen von Gas und Elektrizität an einen steuerpflichtigen Wiederverkäufer im Sinne des Artikels 38 Absatz 2,

f) Übertragung von Gas- und Elektrizitätszertifikaten,

g) Erbringung von Telekommunikationsdienstleistungen im Sinne des Artikels 24 Absatz 2,

h) Lieferungen von Spielkonsolen, Tablet-Computern und Laptops,

i) Lieferungen von Getreide und Handelsgewächsen einschließlich Ölsaaten und Zuckerrüben, die auf der betreffenden Stufe normalerweise nicht für den Endverbrauch bestimmt sind,

j) Lieferungen von Rohmetallen und Metallhalberzeugnissen einschließlich Edelmetalle, sofern sie nicht anderweitig unter Artikel 199 Absatz 1 Buchstabe d, die auf Gebrauchtgegenstände, Kunstgegenstände, Sammlungsstücke und Antiquitäten anwendbaren Sonderregelungen gemäß Artikel 311 bis 343 oder die Sonderregelung für Anlagegold gemäß Artikel 344 bis 356 fallen.

(1a) Die Mitgliedstaaten können die Bedingungen für die Anwendung des in Absatz 1 vorgesehenen Verfahrens festlegen.

(1b) Bei der Anwendung des in Absatz 1 vorgesehenen Verfahrens auf die Lieferung der Gegenstände und die Erbringung der Dienstleistungen, die in den Buchstaben c bis j jenes Absatzes aufgeführt sind, werden für alle Steuerpflichtigen, welche die Gegenstände liefern oder die Dienstleistungen erbringen, auf die das in Absatz 1 vorgesehene Verfahren angewendet wird, angemessene und wirksame Mitteilungspflichten eingeführt.

(2) Die Mitgliedstaaten teilen dem Mehrwertsteuerausschuss die Anwendung des in Absatz 1 vorgesehenen Verfahrens bei seiner Einführung mit und übermitteln dem Mehrwertsteuerausschuss die folgenden Angaben:

a) Geltungsbereich der Maßnahme zur Anwendung des Verfahrens zusammen mit der Art und den Merkmalen des Betrugs sowie eine detaillierte Beschreibung der begleitenden Maßnahmen, einschließlich der Mitteilungspflichten für Steuerpflichtige und Kontrollmaßnahmen;

b) Maßnahmen zur Information der betreffenden Steuerpflichtigen über den Beginn der Anwendung des Verfahrens,

c) Evaluierungskriterien für einen Vergleich zwischen betrügerischen Tätigkeiten im Zusammenhang mit den in Absatz 1 genannten Gegenständen und Dienstleistungen vor und nach der Anwendung des Verfahrens, betrügerischen Tätigkeiten im Zusammenhang mit anderen Gegenständen und Dienstleistungen vor und nach Anwendung des Verfahrens und einem Anstieg bei anderen Arten betrügerischer Tätigkeiten vor und nach der Anwendung des Verfahrens;

d) Zeitpunkt des Geltungsbeginns und Geltungszeitraum der Maßnahme zur Anwendung des Verfahrens.

(3) Die Mitgliedstaaten, die das in Absatz 1 vorgesehene Verfahren anwenden, legen der Kommission ausgehend von den Evaluierungskriterien gemäß Absatz 2 Buchstabe c bis zum 30. Juni 2017 einen Bericht vor.

Der Bericht enthält eine detaillierte Bewertung der Gesamtwirksamkeit und -effizienz der Maßnahme insbesondere unter Berücksichtigung der folgenden Punkte:

a) Auswirkung auf betrügerische Tätigkeiten im Zusammenhang mit der Lieferung bzw. Erbringung der von der Maßnahme erfassten Gegenstände und Dienstleistungen;

b) mögliche Verlagerung betrügerischer Tätigkeiten auf Gegenstände oder andere Dienstleistungen;

c) die den Steuerpflichtigen aufgrund der Maßnahme entstehenden Kosten zur Einhaltung der Vorschriften.

(4) Jeder Mitgliedstaat, der in seinem Hoheitsgebiet ab dem Zeitpunkt des Inkrafttretens dieses Artikels eine Veränderung der Betrugsmuster in Bezug auf die in Absatz 1 aufgeführten Gegenstände oder Dienstleistungen festgestellt hat, hat der Kommission bis zum 30. Juni 2017 einen entsprechenden Bericht vorzulegen.

(5) Die Kommission legt dem Europäischen Parlament und dem Rat vor dem 1. Januar 2018 einen Bericht zur Gesamtbewertung der Auswirkungen des in Artikel 1 vorgesehenen Verfahrens auf die Betrugsbekämpfung vor.

## Artikel 199b

(1) Ein Mitgliedstaat kann in Fällen äußerster Dringlichkeit gemäß den Absätzen 2 und 3 als Sondermaßnahme des Schnellreaktionsmechanismus zur Bekämpfung unvermittelt auftretender und schwerwiegender Betrugsfälle, die voraussichtlich zu erheblichen und unwiederbringlichen finanziellen Verlusten führen, in Abweichung von Artikel 193 den Empfänger von bestimmten Gegenständen oder Dienstleistungen als Schuldner der Mehrwertsteuer bestimmen.

Die Sondermaßnahme des Schnellreaktionsmechanismus unterliegt geeigneten Kontrollmaßnahmen des Mitgliedstaats betreffend Steuerpflichtige, die die Lieferungen bewirken oder Dienstleistungen erbringen, auf die die Maßnahme anwendbar ist und gilt für einen Zeitraum von höchstens neun Monaten.

(2) Ein Mitgliedstaat, der eine in Absatz 1 bezeichnete Sondermaßnahme des Schnellreaktionsmechanismus einführen möchte, teilt dies der Kommission unter Verwendung des gemäß Absatz 4 festgelegten Standardformblatts mit; er übermittelt diese Mitteilung gleichzeitig an die anderen Mitgliedstaaten. Er übermittelt der Kommission Angaben zur betroffenen Branche, zur Art und zu den Merkmalen des Betrugs, zum Vorliegen von Gründen für die äußerste Dringlichkeit, zum unvermittelten, schwerwiegenden Charakter des Betrugs und zu den Folgen in Form von erheblichen, unwiederbringlichen finanziellen Verlusten. Ist die Kommission der Auffassung, dass ihr nicht alle erforderlichen Angaben vorliegen, so kontaktiert sie den betreffenden Mitgliedstaat innerhalb von zwei Wochen nach Eingang der Mitteilung und teilt ihm mit, welche zusätzlichen Angaben sie benötigt. Alle zusätzlichen Angaben, die der betreffende Mitgliedstaat übermittelt, werden gleichzeitig an die anderen Mitgliedstaaten übermittelt. Sind die zusätzlichen Angaben unzureichend, so unterrichtet die Kommission den betreffenden Mitgliedstaat innerhalb einer Woche darüber.

Der Mitgliedstaat, der eine in Absatz 1 vorgesehene Sondermaßnahme des Schnellreaktionsmechanismus einführen möchte, stellt gleichzeitig nach dem in Artikel 395 Absätze 2 und 3 festgelegten Verfahren einen Antrag an die Kommission.

(3) Sobald die Kommission über alle Angaben verfügt, die ihres Erachtens für die Beurteilung der Mitteilung nach Absatz 2 Unterabsatz 1 erforderlich sind, unterrichtet sie die Mitgliedstaaten hiervon. Erhebt sie Einwände gegen die Sondermaßnahme des Schnellreaktionsmechanismus, so erstellt sie innerhalb eines Monats nach der Mitteilung eine ablehnende Stellungnahme und setzt den betreffenden Mitgliedstaat und den Mehrwertsteuerausschuss davon in Kenntnis. Erhebt die Kommission keine Einwände, so bestätigt sie dies dem betreffenden Mitgliedstaat und – innerhalb des gleichen Zeitraums – dem Mehr-

wertsteuerausschuss in schriftlicher Form. Der Mitgliedstaat kann die Sondermaßnahme des Schnellreaktionsmechanismus ab dem Zeitpunkt des Eingangs dieser Bestätigung erlassen. Die Kommission berücksichtigt bei der Beurteilung der Mitteilung die Ansichten anderer Mitgliedstaaten, die ihr in schriftlicher Form übermittelt wurden.

(4) Die Kommission erlässt einen Durchführungsrechtsakt zur Erstellung eines Standardformblatts für die Einreichung der Mitteilung einer Sondermaßnahme des Schnellreaktionsmechanismus nach Absatz 2 sowie für die Übermittlung von Angaben gemäß Absatz 2 Unterabsatz 1. Dieser Durchführungsrechtsakt wird nach dem Prüfverfahren gemäß Absatz 5 erlassen.

(5) Wird auf diesen Absatz Bezug genommen, so gilt Artikel 5 der Verordnung (EU) Nr. 182/2011 des Europäischen Parlaments und des Rates[1] und für diesen Zweck ist der durch Artikel 58 der Verordnung (EU) Nr. 904/2010 des Rates[2] eingesetzte Ausschuss zuständig.

## Artikel 200

Die Mehrwertsteuer wird von der Person geschuldet, die einen steuerpflichtigen innergemeinschaftlichen Erwerb von Gegenständen bewirkt.

## Artikel 201

Bei der Einfuhr wird die Mehrwertsteuer von der Person oder den Personen geschuldet, die der Mitgliedstaat der Einfuhr als Steuerschuldner bestimmt oder anerkennt.

## Artikel 202

Die Mehrwertsteuer wird von der Person geschuldet, die veranlasst, dass die Gegenstände nicht mehr einem Verfahren oder einer sonstigen Regelung im Sinne der Artikel 156, 157, 158, 160 und 161 unterliegen.

## Artikel 203

Die Mehrwertsteuer wird von jeder Person geschuldet, die diese Steuer in einer Rechnung ausweist.

## Artikel 204

(1) Ist der Steuerschuldner gemäß den Artikeln 193 bis 197 sowie 199 und 200 ein Steuerpflichtiger, der nicht in dem Mitgliedstaat ansässig ist, in dem die Mehrwertsteuer geschuldet wird, können die Mitgliedstaaten ihm gestatten, einen Steuervertreter zu bestellen, der die Steuer schuldet.

Wird der steuerpflichtige Umsatz von einem Steuerpflichtigen bewirkt, der nicht in dem Mitgliedstaat ansässig ist, in dem die Mehrwertsteuer geschuldet wird, und besteht mit dem Staat, in dem dieser Steuerpflichtige seinen Sitz oder eine feste Niederlassung hat,

---

[1] Verordnung (EU) Nr. 182/2011 des Europäischen Parlaments und des Rates vom 16. Februar 2011 zur Festlegung der allgemeinen Regeln und Grundsätze, nach denen die Mitgliedstaaten die Wahrnehmung der Durchführungsbefugnisse durch die Kommission kontrollieren, ABl. EU Nr. L 55 vom 28.2.2011, 13.

[2] Verordnung (EU) Nr. 904/2010 des Rates vom 7. Oktober 2010 über die Zusammenarbeit der Verwaltungsbehörden und die Betrugsbekämpfung auf dem Gebiet der Mehrwertsteuer, ABl. EU Nr. L 268 vom 12.10.2010, 1.

keine Rechtsvereinbarung über Amtshilfe, deren Anwendungsbereich mit dem der Richtlinie 76/308/EWG[1] sowie der Verordnung (EG) Nr. 1798/2003[2] vergleichbar ist, können die Mitgliedstaaten Vorkehrungen treffen, nach denen ein von dem nicht in ihrem Gebiet ansässigen Steuerpflichtigen bestellter Steuervertreter die Steuer schuldet.

Die Mitgliedstaaten dürfen die Option nach Unterabsatz 2 jedoch nicht auf nicht in der Gemeinschaft ansässige Steuerpflichtige im Sinne des Artikels 358a Nummer 1 anwenden, die sich für die Anwendung der Sonderregelung für Telekommunikationsdienstleistungen, Rundfunk- und Fernsehdienstleistungen oder elektronisch erbrachte Dienstleistungen entschieden haben.

(2) Die Wahlmöglichkeit nach Absatz 1 Unterabsatz 1 unterliegt den von den einzelnen Mitgliedstaaten festgelegten Voraussetzungen und Modalitäten.

### Artikel 205

In den in den Artikeln 193 bis 200 sowie 202, 203 und 204 genannten Fällen können die Mitgliedstaaten bestimmen, dass eine andere Person als der Steuerschuldner die Steuer gesamtschuldnerisch zu entrichten hat.

## Abschnitt 2
## Einzelheiten der Entrichtung

### Artikel 206

Jeder Steuerpflichtige, der die Steuer schuldet, hat bei der Abgabe der Mehrwertsteuererklärung nach Artikel 250 den sich nach Abzug der Vorsteuer ergebenden Mehrwertsteuerbetrag zu entrichten. Die Mitgliedstaaten können jedoch einen anderen Termin für die Zahlung dieses Betrags festsetzen oder Vorauszahlungen erheben.

### Artikel 207

Die Mitgliedstaaten treffen die erforderlichen Maßnahmen, damit die Personen, die gemäß den Artikeln 194 bis 197 sowie 199 und 204 anstelle eines nicht in ihrem jeweiligen Gebiet ansässigen Steuerpflichtigen als Steuerschuldner gelten, ihren Zahlungspflichten nach diesem Abschnitt nachkommen.

Die Mitgliedstaaten treffen darüber hinaus die erforderlichen Maßnahmen, damit die Personen, die gemäß Artikel 205 die Steuer gesamtschuldnerisch zu entrichten haben, diesen Zahlungspflichten nachkommen.

### Artikel 208

Wenn die Mitgliedstaaten den Erwerber von Anlagegold gemäß Artikel 198 Absatz 1 als Steuerschuldner bestimmen oder von der in Artikel 198 Absatz 2 vorgesehenen Möglichkeit Gebrauch machen, den Erwerber von Goldmaterial oder Halbfertigerzeugnissen oder von Anlagegold im Sinne des Artikels 344 Absatz 1 als Steuerschuldner zu bestimmen,

---

1 Richtlinie 76/308/EWG des Rates vom 15. März 1976 über die gegenseitige Unterstützung bei der Beitreibung von Forderungen in Bezug auf bestimmte Abgaben, Zölle, Steuern und sonstige Maßnahmen, ABl. EG Nr. 73 vom 19.3.1976, 18. Zuletzt geändert durch die Beitrittsakte von 2003.
2 Verordnung (EG) Nr. 1798/2003 des Rates vom 7. Oktober 2003 über die Zusammenarbeit der Verwaltungsbehörden auf dem Gebiet der Mehrwertsteuer, ABl. EU Nr. L 264 vom 15.10.2003, 1. Geändert durch die Verordnung (EG) Nr. 885/2004, ABl. EU Nr. L 168 vom 1.5.2004, 1.

treffen sie die erforderlichen Maßnahmen, um sicherzustellen, dass diese Person ihren Zahlungspflichten nach diesem Abschnitt nachkommt.

### Artikel 209

Die Mitgliedstaaten treffen die erforderlichen Maßnahmen, um sicherzustellen, dass die nichtsteuerpflichtigen juristischen Personen, die die Steuer für den in Artikel 2 Absatz 1 Buchstabe b Ziffer i genannten innergemeinschaftlichen Erwerb von Gegenständen schulden, ihren Zahlungspflichten nach diesem Abschnitt nachkommen.

### Artikel 210

Die Mitgliedstaaten legen die Einzelheiten der Entrichtung der Mehrwertsteuer für den innergemeinschaftlichen Erwerb neuer Fahrzeuge im Sinne des Artikels 2 Absatz 1 Buchstabe b Ziffer ii sowie für den innergemeinschaftlichen Erwerb verbrauchsteuerpflichtiger Waren im Sinne des Artikels 2 Absatz 1 Buchstabe b Ziffer iii fest.

### Artikel 211

Die Mitgliedstaaten legen die Einzelheiten der Entrichtung der Mehrwertsteuer für die Einfuhr von Gegenständen fest.

Insbesondere können die Mitgliedstaaten vorsehen, dass die für die Einfuhr von Gegenständen durch Steuerpflichtige oder Steuerschuldner oder bestimmte Gruppen derselben geschuldete Mehrwertsteuer nicht zum Zeitpunkt der Einfuhr zu entrichten ist, sofern sie als solche in der gemäß Artikel 250 erstellten Mehrwertsteuererklärung angegeben wird.

### Artikel 212

Die Mitgliedstaaten können die Steuerpflichtigen von der Entrichtung der geschuldeten Mehrwertsteuer befreien, wenn der Steuerbetrag geringfügig ist.

## KAPITEL 2
## Identifikation

### Artikel 213

(1) Jeder Steuerpflichtige hat die Aufnahme, den Wechsel und die Beendigung seiner Tätigkeit als Steuerpflichtiger anzuzeigen.

Die Mitgliedstaaten legen fest, unter welchen Bedingungen der Steuerpflichtige die Anzeigen elektronisch abgeben darf, und können die elektronische Abgabe der Anzeigen auch vorschreiben.

(2) Unbeschadet des Absatzes 1 Unterabsatz 1 müssen Steuerpflichtige und nichtsteuerpflichtige juristische Personen, die gemäß Artikel 3 Absatz 1 nicht der Mehrwertsteuer unterliegende innergemeinschaftliche Erwerbe von Gegenständen bewirken, dies anzeigen, wenn die in Artikel 3 genannten Voraussetzungen für die Nichtanwendung der Mehrwertsteuer nicht mehr erfüllt sind.

### Artikel 214

(1) Die Mitgliedstaaten treffen die erforderlichen Maßnahmen, damit folgende Personen jeweils eine individuelle Mehrwertsteuer-Identifikationsnummer erhalten:

a) jeder Steuerpflichtige, der in ihrem jeweiligen Gebiet Lieferungen von Gegenständen bewirkt oder Dienstleistungen erbringt, für die ein Recht auf Vorsteuerabzug besteht und bei denen es sich nicht um Lieferungen von Gegenständen oder um Dienstleistungen handelt, für die die Mehrwertsteuer gemäß den Artikeln 194 bis 197 sowie 199 ausschließlich vom Dienstleistungsempfänger beziehungsweise der Person, für die die Gegenstände oder Dienstleistungen bestimmt sind, geschuldet wird; hiervon ausgenommen sind die in Artikel 9 Absatz 2 genannten Steuerpflichtigen;

b) jeder Steuerpflichtige und jede nichtsteuerpflichtige juristische Person, der bzw. die gemäß Artikel 2 Absatz 1 Buchstabe b der Mehrwertsteuer unterliegende innergemeinschaftliche Erwerbe von Gegenständen bewirkt oder von der Möglichkeit des Artikels 3 Absatz 3, seine bzw. ihre innergemeinschaftlichen Erwerbe der Mehrwertsteuer zu unterwerfen, Gebrauch gemacht hat;

c) jeder Steuerpflichtige, der in ihrem jeweiligen Gebiet innergemeinschaftliche Erwerbe von Gegenständen für die Zwecke seiner Umsätze bewirkt, die sich aus in Artikel 9 Absatz 1 Unterabsatz 2 genannten Tätigkeiten ergeben, die er außerhalb dieses Gebiets ausübt;

d) jeder Steuerpflichtige, der in seinem jeweiligen Gebiet Dienstleistungen empfängt, für die er die Mehrwertsteuer gemäß Artikel 196 schuldet;

e) jeder Steuerpflichtige, der in seinem jeweiligen Gebiet ansässig ist und Dienstleistungen im Gebiet eines anderen Mitgliedstaats erbringt, für die gemäß Artikel 196 ausschließlich der Empfänger die Mehrwertsteuer schuldet.

(2) Die Mitgliedstaaten haben die Möglichkeit, bestimmten Steuerpflichtigen, die nur gelegentlich Umsätze etwa im Sinne von Artikel 12 bewirken, keine Mehrwertsteuer-Identifikationsnummer zu erteilen.

### Artikel 215

Der individuellen Mehrwertsteuer-Identifikationsnummer wird zur Kennzeichnung des Mitgliedstaats, der sie erteilt hat, ein Präfix nach dem ISO-Code 3166 Alpha 2 vorangestellt.

Griechenland wird jedoch ermächtigt, das Präfix „EL" zu verwenden.

### Artikel 216

Die Mitgliedstaaten treffen die erforderlichen Maßnahmen, damit ihr Identifikationssystem die Unterscheidung der in Artikel 214 genannten Steuerpflichtigen ermöglicht und somit die korrekte Anwendung der Übergangsregelung für die Besteuerung innergemeinschaftlicher Umsätze des Artikels 402 gewährleistet.

## KAPITEL 3
## Erteilung von Rechnungen

### Abschnitt 1
### Begriffsbestimmung

### Artikel 217

Im Sinne dieser Richtlinie bezeichnet der Ausdruck „elektronische Rechnung" eine Rechnung, welche die nach dieser Richtlinie erforderlichen Angaben enthält und in einem elektronischen Format ausgestellt und empfangen wird.

## Abschnitt 2
### Definition der Rechnung

### Artikel 218

Für die Zwecke dieser Richtlinie erkennen die Mitgliedstaaten als Rechnung alle auf Papier oder elektronisch vorliegenden Dokumente oder Mitteilungen an, die den Anforderungen dieses Kapitels genügen.

### Artikel 219

Einer Rechnung gleichgestellt ist jedes Dokument und jede Mitteilung, das/die die ursprüngliche Rechnung ändert und spezifisch und eindeutig auf diese bezogen ist.

## Abschnitt 3
### Ausstellung der Rechnung

### Artikel 219a

Unbeschadet der Artikel 244 bis 248 gilt Folgendes:

1. Die Rechnungsstellung unterliegt den Vorschriften des Mitgliedstaats, in dem die Lieferung von Gegenständen oder die Dienstleistung nach Maßgabe des Titels V als ausgeführt gilt.
2. Abweichend von Nummer 1 unterliegt die Rechnungsstellung den Vorschriften des Mitgliedstaats, in dem der Lieferer oder Dienstleistungserbringer den Sitz seiner wirtschaftlichen Tätigkeit oder eine feste Niederlassung hat, von dem bzw. der aus die Lieferung oder die Dienstleistung ausgeführt wird, oder – in Ermangelung eines solchen Sitzes oder einer solchen festen Niederlassung – des Mitgliedstaats, in dem er seinen Wohnsitz oder seinen gewöhnlichen Aufenthaltsort hat, wenn

    a) der Lieferer oder Dienstleistungserbringer nicht in dem Mitgliedstaat ansässig ist, in dem die Lieferung oder die Dienstleistung im Einklang mit Titel V als ausgeführt gilt, oder seine Niederlassung in dem betreffenden Mitgliedstaat im Sinne des Artikels 192a nicht an der Lieferung oder Dienstleistung beteiligt ist, und wenn die Mehrwertsteuer vom Erwerber oder vom Dienstleistungsempfänger geschuldet wird.

    Wenn jedoch der Erwerber oder Dienstleistungsempfänger die Rechnung ausstellt (Gutschriften), gilt Nummer 1.

    b) die Lieferung oder die Dienstleistung im Einklang mit Titel V als nicht innerhalb der Gemeinschaft ausgeführt gilt.

### Artikel 220

(1) Jeder Steuerpflichtige stellt in folgenden Fällen eine Rechnung entweder selbst aus oder stellt sicher, dass eine Rechnung vom Erwerber oder Dienstleistungsempfänger oder in seinem Namen und für seine Rechnung von einem Dritten ausgestellt wird:

1. Er liefert Gegenstände oder erbringt Dienstleistungen an einen anderen Steuerpflichtigen oder an eine nichtsteuerpflichtige juristische Person;
2. er liefert in Artikel 33 genannte Gegenstände;
3. er liefert Gegenstände unter den Voraussetzungen des Artikels 138;
4. er erhält Vorauszahlungen, bevor eine Lieferung von Gegenständen im Sinne der Nummern 1 und 2 erfolgt ist;

5. er erhält Vorauszahlungen von einem anderen Steuerpflichtigen oder einer nichtsteuerpflichtigen juristischen Person, bevor eine Dienstleistung abgeschlossen ist.

(2) Abweichend von Absatz 1 und unbeschadet des Artikels 221 Absatz 2 ist die Ausstellung einer Rechnung bei nach Artikel 135 Absatz 1 Buchstaben a bis g steuerbefreiten Dienstleistungen nicht erforderlich.

### Artikel 220a

(1) Die Mitgliedstaaten gestatten den Steuerpflichtigen in den folgenden Fällen die Ausstellung einer vereinfachten Rechnung:

a) Der Rechnungsbetrag beträgt höchstens 100 EUR oder den Gegenwert in Landeswährung;

b) bei der ausgestellten Rechnung handelt es sich um ein Dokument oder eine Mitteilung, das/die gemäß Artikel 219 einer Rechnung gleichgestellt ist.

(2) Die Mitgliedstaaten erlauben es Steuerpflichtigen nicht, eine vereinfachte Rechnung auszustellen, wenn Rechnungen gemäß Artikel 220 Absatz 1 Nummern 2 und 3 ausgestellt werden müssen oder wenn die steuerpflichtige Lieferung von Gegenständen oder die steuerpflichtige Dienstleistung von einem Steuerpflichtigen durchführt wird, der nicht in dem Mitgliedstaat ansässig ist, in dem die Mehrwertsteuer geschuldet wird, oder dessen Niederlassung in dem betreffenden Mitgliedstaat im Sinne des Artikels 192a nicht an der Lieferung oder Dienstleistung beteiligt ist und wenn die Steuer vom Erwerber oder Dienstleistungsempfänger geschuldet wird.

### Artikel 221

(1) Die Mitgliedstaaten können Steuerpflichtigen vorschreiben, für andere als die in Artikel 220 Absatz 1 genannten Lieferungen von Gegenständen oder Dienstleistungen eine Rechnung gemäß den Vorgaben der Artikel 226 oder 226b auszustellen.

(2) Die Mitgliedstaaten können Steuerpflichtigen, die in ihrem Gebiet ansässig sind oder dort eine feste Niederlassung haben, von der die Lieferung erfolgt oder die Dienstleistung erbracht wird, vorschreiben, für die nach Artikel 135 Absatz 1 Buchstaben a bis g steuerbefreiten Dienstleistungen, die die betreffenden Steuerpflichtigen in ihrem Gebiet oder außerhalb der Gemeinschaft erbringen, eine Rechnung gemäß den Vorgaben der Artikel 226 oder 226b auszustellen.

(3) Die Mitgliedstaaten können Steuerpflichtige von der Pflicht nach Artikel 220 Absatz 1 oder Artikel 220a befreien, eine Rechnung für Lieferungen von Gegenständen oder Dienstleistungen auszustellen, die sie in ihrem Gebiet bewirken und die mit oder ohne Recht auf Vorsteuerabzug gemäß den Artikeln 110, 111, dem Artikel 125 Absatz 1, dem Artikel 127, dem Artikel 128 Absatz 1, dem Artikel 132, dem Artikel 135 Absatz 1 Buchstaben h bis l, den Artikeln 136, 371, 375, 376, 377, dem Artikel 378 Absatz 2 und dem Artikel 379 Absatz 2 sowie den Artikeln 380 bis 390c befreit sind.

### Artikel 222

Für Gegenstände, die unter den Voraussetzungen des Artikels 138 geliefert werden, oder für Dienstleistungen, für die nach Artikel 196 der Leistungsempfänger die Steuer schuldet, wird spätestens am fünfzehnten Tag des Monats, der auf den Monat folgt, in dem der Steuertatbestand eingetreten ist, eine Rechnung ausgestellt.

Für andere Lieferungen von Gegenständen oder Dienstleistungen können die Mitgliedstaaten den Steuerpflichtigen Fristen für die Ausstellung der Rechnung setzen.

## Artikel 223

Die Mitgliedstaaten können den Steuerpflichtigen gestatten, für mehrere getrennte Lieferungen von Gegenständen oder Dienstleistungen zusammenfassende Rechnungen auszustellen, sofern der Steueranspruch für die auf einer zusammenfassenden Rechnung aufgeführten Lieferungen von Gegenständen oder Dienstleistungen innerhalb desselben Kalendermonats eintritt.

Unbeschadet des Artikels 222 können die Mitgliedstaaten gestatten, dass Lieferungen von Gegenständen oder Dienstleistungen, für die der Steueranspruch innerhalb einer über einen Kalendermonat hinausgehenden Frist eintritt, in zusammenfassenden Rechnungen erscheinen.

## Artikel 224

Rechnungen dürfen von einem Erwerber oder Dienstleistungsempfänger für Lieferungen von Gegenständen oder für Dienstleistungen, die von einem Steuerpflichtigen bewirkt werden, ausgestellt werden, sofern zwischen den beiden Parteien eine vorherige Vereinbarung getroffen wurde und sofern jede Rechnung Gegenstand eines Verfahrens zur Akzeptierung durch den Steuerpflichtigen ist, der die Gegenstände liefert oder die Dienstleistungen erbringt. Die Mitgliedstaaten können verlangen, dass solche Rechnungen im Namen und für Rechnung des Steuerpflichtigen ausgestellt werden.

## Artikel 225

Die Mitgliedstaaten können für Steuerpflichtige besondere Anforderungen festlegen, wenn der Dritte oder der Erwerber oder Dienstleistungsempfänger, der die Rechnung ausstellt, seinen Sitz in einem Land hat, mit dem keine Rechtsvereinbarung über Amtshilfe besteht, deren Anwendungsbereich mit dem der Richtlinie 2010/24/EU[1] und der Verordnung (EG) Nr. 1798/2003[2] vergleichbar ist.

### Abschnitt 4
### Rechnungsangaben

## Artikel 226

Unbeschadet der in dieser Richtlinie festgelegten Sonderbestimmungen müssen gemäß den Artikeln 220 und 221 ausgestellte Rechnungen für Mehrwertsteuerzwecke nur die folgenden Angaben enthalten:

1. das Ausstellungsdatum;
2. eine fortlaufende Nummer mit einer oder mehreren Zahlenreihen, die zur Identifizierung der Rechnung einmalig vergeben wird;
3. die Mehrwertsteuer-Identifikationsnummer im Sinne des Artikels 214, unter der der Steuerpflichtige die Gegenstände geliefert oder die Dienstleistung erbracht hat;
4. die Mehrwertsteuer-Identifikationsnummer im Sinne des Artikels 214, unter der der Erwerber oder Dienstleistungsempfänger eine Lieferung von Gegenständen oder eine

---

1 Richtlinie 2010/24/EU des Rates vom 16. März 2010 über die Amtshilfe bei der Beitreibung von Forderungen in Bezug auf bestimmte Steuern, Abgaben und sonstige Maßnahmen, ABl. EU Nr. L 84 vom 31.3.2010, 1.
2 Verordnung (EG) Nr. 1798/2003 des Rates vom 7. Oktober 2003 über die Zusammenarbeit der Verwaltungsbehörden auf dem Gebiet der Mehrwertsteuer, ABl. EU Nr. L 264 vom 15.10.2003, 1.

Dienstleistung, für die er Steuerschuldner ist, oder eine Lieferung von Gegenständen nach Artikel 138 erhalten hat;

5. den vollständigen Namen und die vollständige Anschrift des Steuerpflichtigen und des Erwerbers oder Dienstleistungsempfängers;
6. Menge und Art der gelieferten Gegenstände beziehungsweise Umfang und Art der erbrachten Dienstleistungen;
7. das Datum, an dem die Gegenstände geliefert werden oder die Dienstleistung erbracht bzw. abgeschlossen wird, oder das Datum, an dem die Vorauszahlung im Sinne des Artikels 220 Nummern 4 und 5 geleistet wird, sofern dieses Datum feststeht und nicht mit dem Ausstellungsdatum der Rechnung identisch ist;
7a. die Angabe „Besteuerung nach vereinnahmten Entgelten" (Kassenbuchführung), sofern der Steueranspruch gemäß Artikel 66 Buchstabe b zum Zeitpunkt des Eingangs der Zahlung entsteht und das Recht auf Vorsteuerabzug entsteht, wenn der Anspruch auf die abziehbare Steuer entsteht;
8. die Steuerbemessungsgrundlage für die einzelnen Steuersätze beziehungsweise die Befreiung, den Preis je Einheit ohne Mehrwertsteuer sowie jede Preisminderung oder Rückerstattung, sofern sie nicht im Preis je Einheit enthalten sind;
9. den anzuwendenden Mehrwertsteuersatz;
10. den zu entrichtenden Mehrwertsteuerbetrag, außer bei Anwendung einer Sonderregelung, bei der nach dieser Richtlinie eine solche Angabe ausgeschlossen wird;
10a. bei Ausstellung der Rechnung durch den Erwerber oder Dienstleistungsempfänger und nicht durch den Lieferer oder Dienstleistungserbringer: die Angabe „Gutschrift";
11. Verweis auf die einschlägige Bestimmung dieser Richtlinie oder die entsprechende nationale Bestimmung oder Hinweis darauf, dass für die Lieferung von Gegenständen beziehungsweise die Dienstleistung eine Steuerbefreiung gilt;
11a. bei Steuerschuldnerschaft des Erwerbers oder Dienstleistungsempfängers: die Angabe „Steuerschuldnerschaft des Leistungsempfängers";
12. bei Lieferung neuer Fahrzeuge unter den Voraussetzungen des Artikels 138 Absatz 1 und Absatz 2 Buchstabe a: die in Artikel 2 Absatz 2 Buchstabe b genannten Angaben;
13. im Falle der Anwendung der Sonderregelung für Reisebüros: die Angabe „Sonderregelung für Reisebüros";
14. im Falle der Anwendung einer der auf Gebrauchtgegenstände, Kunstgegenstände, Sammlungsstücke und Antiquitäten anwendbaren Sonderregelungen: die entsprechende Angabe „Gebrauchtgegenstände/Sonderregelung", „Kunstgegenstände/Sonderregelung" bzw. „Sammlungsstücke und Antiquitäten/Sonderregelung";
15. wenn der Steuerschuldner ein Steuervertreter im Sinne des Artikels 204 ist: Mehrwertsteuer-Identifikationsnummer im Sinne des Artikels 214, vollständiger Name und Anschrift des Steuervertreters.

## Artikel 226a

Wird die Rechnung von einem Steuerpflichtigen ausgestellt, der nicht im Mitgliedstaat, in dem die Steuer geschuldet wird, ansässig ist oder dessen Niederlassung in dem betreffenden Mitgliedstaat im Sinne des Artikels 192a nicht an der Lieferung oder Dienstleistung beteiligt ist und der Gegenstände an einen Erwerber liefert oder eine Dienstleistung an einen Empfänger erbringt, der die Steuer schuldet, kann der Steuerpflichtige auf die Angaben nach Artikel 226 Nummern 8, 9 und 10 verzichten und stattdessen durch Bezeichnung von Menge und Art der gelieferten Gegenstände bzw. Umfang und Art der erbrachten Dienstleistungen die Steuerbemessungsgrundlage der Gegenstände oder Dienstleistungen angeben.

### Artikel 226b

Im Zusammenhang mit vereinfachten Rechnungen gemäß Artikel 220a und Artikel 221 Absätze 1 und 2 verlangen die Mitgliedstaaten mindestens die folgenden Angaben:

a) das Ausstellungsdatum;
b) die Identität des Steuerpflichtigen, der die Gegenstände liefert oder die Dienstleistungen erbringt;
c) die Art der gelieferten Gegenstände oder der erbrachten Dienstleistungen;
d) den zu entrichtenden Mehrwertsteuerbetrag oder die Angaben zu dessen Berechnung;
e) sofern es sich bei der ausgestellten Rechnung um ein Dokument oder eine Mitteilung handelt, das/die gemäß Artikel 219 einer Rechnung gleichgestellt ist, eine spezifische und eindeutige Bezugnahme auf diese ursprüngliche Rechnung und die konkret geänderten Einzelheiten.

Sie dürfen keine anderen als die in den Artikeln 226, 227 und 230 vorgesehenen Rechnungsangaben verlangen.

### Artikel 227

Die Mitgliedstaaten können von Steuerpflichtigen, die in ihrem Gebiet ansässig sind und dort Lieferungen von Gegenständen bewirken oder Dienstleistungen erbringen, verlangen, in anderen als den in Artikel 226 Nummer 4 genannten Fällen die Mehrwertsteuer-Identifikationsnummer des Erwerbers oder Dienstleistungsempfängers im Sinne des Artikels 214 anzugeben.

### Artikel 228

(gestrichen)

### Artikel 229

Die Mitgliedstaaten verlangen nicht, dass die Rechnungen unterzeichnet sind.

### Artikel 230

Die auf der Rechnung ausgewiesenen Beträge können in jeder Währung angegeben sein, sofern die zu zahlende oder zu berichtigende Mehrwertsteuer nach Anwendung der Umrechnungsmethode nach Artikel 91 in der Währung des Mitgliedstaats angegeben ist.

### Artikel 231

(gestrichen)

## Abschnitt 5
## Rechnungen auf Papier und elektronische Rechnungen

### Artikel 232

Der Rechnungsempfänger muss der Verwendung der elektronischen Rechnung zustimmen.

## Artikel 233

(1) Die Echtheit der Herkunft einer Rechnung, die Unversehrtheit ihres Inhalts und ihre Lesbarkeit müssen unabhängig davon, ob sie auf Papier oder elektronisch vorliegt, vom Zeitpunkt der Ausstellung bis zum Ende der Dauer der Aufbewahrung der Rechnung gewährleistet werden.

Jeder Steuerpflichtige legt fest, in welcher Weise die Echtheit der Herkunft, die Unversehrtheit des Inhalts und die Lesbarkeit der Rechnung gewährleistet werden können. Dies kann durch jegliche innerbetriebliche Steuerungsverfahren erreicht werden, die einen verlässlichen Prüfpfad zwischen einer Rechnung und einer Lieferung oder Dienstleistung schaffen können.

„Echtheit der Herkunft" bedeutet die Sicherheit der Identität des Lieferers oder des Dienstleistungserbringers oder des Ausstellers der Rechnung.

„Unversehrtheit des Inhalts" bedeutet, dass der nach der vorliegenden Richtlinie erforderliche Inhalt nicht geändert wurde.

(2) Neben der in Absatz 1 beschriebenen Art von innerbetrieblichen Steuerungsverfahren lassen sich die folgenden Beispiele von Technologien anführen, welche die Echtheit der Herkunft und die Unversehrtheit des Inhalts einer elektronischen Rechnung gewährleisten:

a) durch eine fortgeschrittene elektronische Signatur im Sinne des Artikels 2 Nummer 2 der Richtlinie 1999/93/EG des Europäischen Parlaments und des Rates vom 13. Dezember 1999 über gemeinschaftliche Rahmenbedingungen für elektronische Signaturen[1], die auf einem qualifizierten Zertifikat beruht und von einer sicheren Signaturerstellungseinheit im Sinne des Artikels 2 Nummern 6 und 10 der Richtlinie 1999/93/EG erstellt worden ist;

b) durch elektronischen Datenaustausch (EDI) nach Artikel 2 des Anhangs 1 der Empfehlung 94/820/EG der Kommission vom 19. Oktober 1994 über die rechtlichen Aspekte des elektronischen Datenaustausches[2], sofern in der Vereinbarung über diesen Datenaustausch der Einsatz von Verfahren vorgesehen ist, die die Echtheit der Herkunft und die Unversehrtheit der Daten gewährleisten.

## Artikel 234

*(gestrichen)*

## Artikel 235

Die Mitgliedstaaten können spezifische Anforderungen für elektronische Rechnungen festlegen, die für Lieferungen von Gegenständen oder für Dienstleistungen in ihrem Gebiet in einem Land ausgestellt werden, mit dem keine Rechtsvereinbarung über Amtshilfe besteht, deren Anwendungsbereich mit dem der Richtlinie 2010/24/EU und der Verordnung (EG) Nr. 1798/2003 vergleichbar ist.

## Artikel 236

Werden mehrere elektronische Rechnungen gebündelt ein und demselben Rechnungsempfänger übermittelt oder für diesen bereitgehalten, ist es zulässig, Angaben, die allen Rechnungen gemeinsam sind, nur ein einziges Mal aufzuführen, sofern für jede Rechnung die kompletten Angaben zugänglich sind.

---

1 ABl. EG Nr. 13 vom 19.1.2000, 12.
2 ABl. EG Nr. 338 vom 28.12.1994, 98.

## Artikel 237

Spätestens am 31. Dezember 2016 unterbreitet die Kommission dem Europäischen Parlament und dem Rat einen auf einer unabhängigen Wirtschaftsstudie beruhenden allgemeinen Evaluierungsbericht über die Auswirkungen der ab dem 1. Januar 2013 anwendbaren Rechnungsstellungsvorschriften und insbesondere darüber, inwieweit sie tatsächlich zu einer Abnahme des Verwaltungsaufwands für die Unternehmen geführt haben, erforderlichenfalls zusammen mit einem entsprechenden Vorschlag zur Änderung der jeweiligen Vorschriften.

## Abschnitt 6
## Vereinfachungsmaßnahmen

## Artikel 238

(1) Nach Konsultation des Mehrwertsteuerausschusses können die Mitgliedstaaten unter den von ihnen festzulegenden Bedingungen vorsehen, dass Rechnungen für Lieferungen von Gegenständen oder für Dienstleistungen in folgenden Fällen nur die in Artikel 226b genannten Angaben enthalten:

a) wenn der Rechnungsbetrag höher als 100 EUR aber nicht höher als 400 EUR ist, oder den Gegenwert in Landeswährung;

b) wenn die Einhaltung aller in den Artikeln 226 oder 230 genannten Verpflichtungen aufgrund der Handels- oder Verwaltungspraktiken in dem betreffenden Wirtschaftsbereich oder aufgrund der technischen Bedingungen der Erstellung dieser Rechnungen besonders schwierig ist.

(2) *(gestrichen)*

(3) Die Vereinfachung nach Absatz 1 darf nicht angewandt werden, wenn Rechnungen gemäß Artikel 220 Absatz 1 Nummern 2 und 3 ausgestellt werden müssen, oder wenn die steuerpflichtige Lieferung von Gegenständen oder die steuerpflichtige Dienstleistung von einem Steuerpflichtigen durchgeführt wird, der nicht in dem Mitgliedstaat ansässig ist, in dem die Mehrwertsteuer geschuldet wird, oder dessen Niederlassung in dem betreffenden Mitgliedstaat im Sinne des Artikels 192a nicht an der Lieferung oder Dienstleistung beteiligt ist und wenn die Steuer vom Erwerber bzw. Dienstleistungsempfänger geschuldet wird.

## Artikel 239

Machen die Mitgliedstaaten von der Möglichkeit nach Artikel 272 Absatz 1 Unterabsatz 1 Buchstabe b Gebrauch, Steuerpflichtigen, die keine der in den Artikeln 20, 21, 22, 33, 36, 138 und 141 genannten Umsätze bewirken, keine Mehrwertsteuer-Identifikationsnummer zu erteilen, ist – sofern keine Mehrwertsteuer-Identifikationsnummer erteilt wurde – auf der Rechnung die Mehrwertsteuer-Identifikationsnummer des Lieferers oder Dienstleistungserbringers und des Erwerbers oder Dienstleistungsempfängers, durch eine andere, von den betreffenden Mitgliedstaaten näher bestimmte Nummer, die so genannte Steuerregisternummer, zu ersetzen.

## Artikel 240

Mitgliedstaaten, die von der Möglichkeit nach Artikel 272 Absatz 1 Unterabsatz 1 Buchstabe b Gebrauch machen, können, wenn dem Steuerpflichtigen eine Mehrwertsteuer-Identifikationsnummer erteilt wurde, außerdem vorsehen, dass die Rechnung folgende Angaben enthält:

1. bei den in den Artikeln 44, 47, 50, 53, 54 und 55 genannten Dienstleistungen sowie bei den in den Artikeln 138 und 141 genannten Lieferungen von Gegenständen: die Mehrwertsteuer-Identifikationsnummer sowie die Steuerregisternummer des Lieferers bzw. Dienstleistungserbringers;
2. bei anderen Lieferungen von Gegenständen und Dienstleistungen: lediglich die Steuerregisternummer des Lieferers bzw. Dienstleistungserbringers oder lediglich die Mehrwertsteuer-Identifikationsnummer.

## KAPITEL 4
## Aufzeichnungen

### Abschnitt 1
### Begriffsbestimmung

### Artikel 241

Für die Zwecke dieses Kapitels gilt als „elektronische Aufbewahrung einer Rechnung" die Aufbewahrung von Daten mittels elektronischer Einrichtungen zur Verarbeitung (einschließlich der digitalen Kompression) und Aufbewahrung unter Verwendung von Draht, Funk, optischen oder anderen elektromagnetischen Medien.

### Abschnitt 2
### Allgemeine Pflichten

### Artikel 242

Jeder Steuerpflichtige hat Aufzeichnungen zu führen, die so ausführlich sind, dass sie die Anwendung der Mehrwertsteuer und ihre Kontrolle durch die Steuerverwaltung ermöglichen.

### Artikel 243

(1) Jeder Steuerpflichtige muss ein Register der Gegenstände führen, die er für die Zwecke seiner in Artikel 17 Absatz 2 Buchstaben f, g und h genannten Umsätze in Form der Begutachtung dieser Gegenstände oder von Arbeiten an diesen Gegenständen oder ihrer vorübergehenden Verwendung nach Orten außerhalb des Mitgliedstaats des Beginns der Versendung oder Beförderung, aber innerhalb der Gemeinschaft versandt oder befördert hat oder die für seine Rechnung dorthin versandt oder befördert wurden.

(2) Jeder Steuerpflichtige hat Aufzeichnungen zu führen, die so ausführlich sind, dass sie die Identifizierung der Gegenstände ermöglichen, die ihm aus einem anderen Mitgliedstaat von einem Steuerpflichtigen mit Mehrwertsteuer-Identifikationsnummer in diesem anderen Mitgliedstaat oder für dessen Rechnung im Zusammenhang mit einer Dienstleistung in Form der Begutachtung dieser Gegenstände oder von Arbeiten an diesen Gegenständen gesandt worden sind.

### Abschnitt 3
### Pflichten in Bezug auf die Aufbewahrung aller Rechnungen

### Artikel 244

Jeder Steuerpflichtige sorgt für die Aufbewahrung von Kopien aller Rechnungen, die er selbst, der Erwerber oder Dienstleistungsempfänger oder ein Dritter in seinem Namen und für seine Rechnung ausgestellt hat, sowie aller Rechnungen, die er erhalten hat.

## Artikel 245

(1) Für die Zwecke dieser Richtlinie kann der Steuerpflichtige den Aufbewahrungsort aller Rechnungen bestimmen, sofern er den zuständigen Behörden auf deren Verlangen alle gemäß Artikel 244 aufzubewahrenden Rechnungen oder Daten unverzüglich zur Verfügung stellt.

(2) Die Mitgliedstaaten können von den in ihrem Gebiet ansässigen Steuerpflichtigen verlangen, ihnen den Aufbewahrungsort mitzuteilen, wenn sich dieser außerhalb ihres Gebiets befindet.

Die Mitgliedstaaten können ferner von den in ihrem Gebiet ansässigen Steuerpflichtigen verlangen, alle von ihnen selbst oder vom Erwerber oder Dienstleistungsempfänger oder von einem Dritten in ihrem Namen und für ihre Rechnung ausgestellten Rechnungen sowie alle Rechnungen, die sie erhalten haben, im Inland aufzubewahren, soweit es sich nicht um eine elektronische Aufbewahrung handelt, die einen vollständigen Online-Zugriff auf die betreffenden Daten gewährleistet.

## Artikel 246

*(gestrichen)*

## Artikel 247

(1) Jeder Mitgliedstaat legt fest, über welchen Zeitraum Steuerpflichtige Rechnungen für Lieferungen von Gegenständen oder für Dienstleistungen in seinem Gebiet aufbewahren müssen und Rechnungen, die in seinem Gebiet ansässige Steuerpflichtige erhalten haben, aufbewahrt werden müssen.

(2) Um die Einhaltung der in Artikel 233 genannten Anforderungen sicherzustellen, kann der in Absatz 1 genannte Mitgliedstaat vorschreiben, dass die Rechnungen in der Originalform, in der sie übermittelt oder zur Verfügung gestellt wurden, d.h. auf Papier oder elektronisch, aufzubewahren sind. Er kann zudem verlangen, dass bei der elektronischen Aufbewahrung von Rechnungen die Daten, mit denen die Echtheit der Herkunft der Rechnungen und die Unversehrtheit ihres Inhalts nach Artikel 233 nachgewiesen werden, ebenfalls elektronisch aufzubewahren sind.

(3) Der in Absatz 1 genannte Mitgliedstaat kann spezifische Anforderungen festlegen, wonach die Aufbewahrung der Rechnungen in einem Land verboten oder eingeschränkt wird, mit dem keine Rechtsvereinbarung über Amtshilfe, deren Anwendungsbereich mit dem der Richtlinie 2010/24/EU sowie der Verordnung (EG) Nr. 1798/2003 vergleichbar ist, oder keine Rechtsvereinbarung über das in Artikel 249 genannte Recht auf elektronischen Zugriff auf diese Rechnungen, deren Herunterladen und Verwendung besteht.

## Artikel 248

Die Mitgliedstaaten können vorschreiben, dass an nichtsteuerpflichtige Personen ausgestellte Rechnungen aufzubewahren sind und dafür entsprechende Bedingungen festlegen.

## Abschnitt 4
### Recht auf Zugriff auf in einem anderen Mitgliedstaat elektronisch aufbewahrte Rechnungen

## Artikel 248a

Die Mitgliedstaaten können zu Kontrollzwecken und bei Rechnungen, die sich auf Lieferungen von Gegenständen oder Dienstleistungen in ihrem Gebiet beziehen oder die in ihrem Gebiet ansässige Steuerpflichtige erhalten haben, von bestimmten Steuerpflichtigen oder in bestimmten Fällen Übersetzungen in ihre Amtssprachen verlangen. Die Mitgliedstaaten dürfen allerdings nicht eine allgemeine Verpflichtung zur Übersetzung von Rechnungen auferlegen.

### Artikel 249

Bewahrt ein Steuerpflichtiger von ihm ausgestellte oder empfangene Rechnungen elektronisch in einer Weise auf, die einen Online-Zugriff auf die betreffenden Daten gewährleistet, haben die zuständigen Behörden des Mitgliedstaats, in dem er ansässig ist, und, falls die Steuer in einem anderen Mitgliedstaat geschuldet wird, die zuständigen Behörden dieses Mitgliedstaats, zu Kontrollzwecken das Recht auf Zugriff auf diese Rechnungen sowie auf deren Herunterladen und Verwendung.

## KAPITEL 5
## Erklärungspflichten

### Artikel 250

(1) Jeder Steuerpflichtige hat eine Mehrwertsteuererklärung abzugeben, die alle für die Festsetzung des geschuldeten Steuerbetrags und der vorzunehmenden Vorsteuerabzüge erforderlichen Angaben enthält, gegebenenfalls einschließlich des Gesamtbetrags der für diese Steuer und Abzüge maßgeblichen Umsätze sowie des Betrags der steuerfreien Umsätze, soweit dies für die Feststellung der Steuerbemessungsgrundlage erforderlich ist.

(2) Die Mitgliedstaaten legen fest, unter welchen Bedingungen der Steuerpflichtige die in Absatz 1 genannte Erklärung elektronisch abgeben darf, und können die elektronische Abgabe auch vorschreiben.

### Artikel 251

Neben den in Artikel 250 genannten Angaben muss die Mehrwertsteuererklärung, die einen bestimmten Steuerzeitraum umfasst, folgende Angaben enthalten:

a) Gesamtbetrag ohne Mehrwertsteuer der in Artikel 138 genannten Lieferungen von Gegenständen, für die während dieses Steuerzeitraums der Steueranspruch eingetreten ist;

b) Gesamtbetrag ohne Mehrwertsteuer der in den Artikeln 33 und 36 genannten Lieferungen von Gegenständen, im Gebiet eines anderen Mitgliedstaats, für die der Steueranspruch während dieses Steuerzeitraums eingetreten ist, wenn der Ort des Beginns der Versendung oder Beförderung der Gegenstände in dem Mitgliedstaat liegt, in dem die Erklärung abzugeben ist;

c) Gesamtbetrag ohne Mehrwertsteuer der innergemeinschaftlichen Erwerbe von Gegenständen sowie der diesen gemäß Artikel 21 und 22 gleichgestellten Umsätze, die in dem Mitgliedstaat bewirkt wurden, in dem die Erklärung abzugeben ist, und für die der Steueranspruch während dieses Steuerzeitraums eingetreten ist;

d) Gesamtbetrag ohne Mehrwertsteuer der in den Artikeln 33 und 36 genannten Lieferungen von Gegenständen, in dem Mitgliedstaat, in dem die Erklärung abzugeben ist, und für die der Steueranspruch während dieses Steuerzeitraums eingetreten ist, wenn der Ort des Beginns der Versendung oder Beförderung der Gegenstände im Gebiet eines anderen Mitgliedstaats liegt;

e) Gesamtbetrag ohne Mehrwertsteuer der Lieferungen von Gegenständen, in dem Mitgliedstaat, in dem die Erklärung abzugeben ist, für die der Steuerpflichtige gemäß Artikel 197 als Steuerschuldner bestimmt wurde und für die der Steueranspruch während dieses Steuerzeitraums eingetreten ist.

### Artikel 252

(1) Die Mehrwertsteuererklärung ist innerhalb eines von den einzelnen Mitgliedstaaten festzulegenden Zeitraums abzugeben. Dieser Zeitraum darf zwei Monate nach Ende jedes einzelnen Steuerzeitraums nicht überschreiten.

(2) Der Steuerzeitraum kann von den Mitgliedstaaten auf einen, zwei oder drei Monate festgelegt werden.

Die Mitgliedstaaten können jedoch andere Zeiträume festlegen, sofern diese ein Jahr nicht überschreiten.

### Artikel 253

*(hier nicht abgedruckt)*

### Artikel 254

In Bezug auf Lieferungen von neuen Fahrzeugen unter den Bedingungen des Artikels 138 Absatz 2 Buchstabe a durch einen Steuerpflichtigen mit Mehrwertsteuer-Identifikationsnummer an einen Erwerber ohne Mehrwertsteuer-Identifikationsnummer oder durch einen Steuerpflichtigen im Sinne des Artikels 9 Absatz 2 treffen die Mitgliedstaaten die erforderlichen Maßnahmen, damit der Verkäufer alle Informationen meldet, die für die Anwendung der Mehrwertsteuer und ihre Kontrolle durch die Verwaltung erforderlich sind.

### Artikel 255

Wenn die Mitgliedstaaten den Erwerber von Anlagegold gemäß Artikel 198 Absatz 1 als Steuerschuldner bestimmen oder von der in Artikel 198 Absatz 2 vorgesehenen Möglichkeit Gebrauch machen, den Erwerber von Goldmaterial oder Halbfertigerzeugnissen oder von Anlagegold im Sinne des Artikels 344 Absatz 1 als Steuerschuldner zu bestimmen, treffen sie die erforderlichen Maßnahmen, um sicherzustellen, dass diese Person ihren Erklärungspflichten nach diesem Kapitel nachkommt.

### Artikel 256

Die Mitgliedstaaten treffen die erforderlichen Maßnahmen, damit die Personen, die gemäß den Artikeln 194 bis 197 und Artikel 204 anstelle des nicht in ihrem Gebiet ansässigen Steuerpflichtigen als Steuerschuldner angesehen werden, ihren Erklärungspflichten nach diesem Kapitel nachkommen.

### Artikel 257

Die Mitgliedstaaten treffen die erforderlichen Maßnahmen, damit die nichtsteuerpflichtigen juristischen Personen, die die für den in Artikel 2 Absatz 1 Nummer 2 Buchstabe b Ziffer i genannten innergemeinschaftlichen Erwerb von Gegenständen zu entrichtende Steuer schulden, ihren Erklärungspflichten nach diesem Kapitel nachkommen.

### Artikel 258

Die Mitgliedstaaten legen die Einzelheiten der Erklärungspflichten in Bezug auf den innergemeinschaftlichen Erwerb von neuen Fahrzeugen im Sinne des Artikels 2 Absatz 1 Buchstabe b Ziffer ii und von verbrauchsteuerpflichtigen Waren im Sinne des Artikels 2 Absatz 1 Buchstabe b Ziffer iii fest.

## Artikel 259

Die Mitgliedstaaten können verlangen, dass Personen, die innergemeinschaftliche Erwerbe neuer Fahrzeuge nach Artikel 2 Absatz 1 Buchstabe b Ziffer ii tätigen, bei der Abgabe der Mehrwertsteuererklärung alle Informationen melden, die für die Anwendung der Mehrwertsteuer und ihre Kontrolle durch die Verwaltung erforderlich sind.

## Artikel 260

Die Mitgliedstaaten legen die Einzelheiten der Erklärungspflichten in Bezug auf die Einfuhr von Gegenständen fest.

## Artikel 261

(1) Die Mitgliedstaaten können von dem Steuerpflichtigen verlangen, dass er eine Erklärung über sämtliche Umsätze des vorangegangenen Jahres mit allen in den Artikeln 250 und 251 genannten Angaben abgibt. Diese Erklärung muss alle Angaben enthalten, die für etwaige Berichtigungen von Bedeutung sind.

(2) Die Mitgliedstaaten legen fest, unter welchen Bedingungen der Steuerpflichtige die in Absatz 1 genannte Erklärung elektronisch abgeben darf, und können die elektronische Abgabe auch vorschreiben.

## KAPITEL 6
## Zusammenfassende Meldung

## Artikel 262

Jeder Steuerpflichtige mit Mehrwertsteuer-Identifikationsnummer muss eine zusammenfassende Meldung abgeben, in der Folgendes aufgeführt ist:

a) die Erwerber mit Mehrwertsteuer-Identifikationsnummer, denen er Gegenstände unter den Bedingungen des Artikels 138 Absatz 1 und Absatz 2 Buchstabe c geliefert hat;

b) die Personen mit Mehrwertsteuer-Identifikationsnummer, denen er Gegenstände geliefert hat, die ihm im Rahmen eines innergemeinschaftlichen Erwerbs im Sinne des Artikels 42 geliefert wurden;

c) die Steuerpflichtigen sowie die nicht steuerpflichtigen juristischen Personen mit Mehrwertsteuer-Identifikationsnummer, für die er Dienstleistungen erbracht hat, die keine Dienstleistungen sind, die in dem Mitgliedstaat, in dem der Umsatz steuerbar ist, von der Mehrwertsteuer befreit sind, und für die der Dienstleistungsempfänger gemäß Artikel 196 der Steuerschuldner ist.

## Artikel 263

(1) Eine zusammenfassende Meldung ist für jeden Kalendermonat innerhalb einer Frist von höchstens einem Monat und nach den Modalitäten abzugeben, die von den Mitgliedstaaten festzulegen sind.

(1a) Die Mitgliedstaaten können jedoch unter von ihnen festzulegenden Bedingungen und innerhalb von ihnen festzulegender Grenzen den Steuerpflichtigen gestatten, die zusammenfassende Meldung für jedes Kalenderquartal innerhalb eines Zeitraums von höchstens einem Monat ab dem Quartalsende abzugeben, wenn der Gesamtbetrag der Lieferungen von Gegenständen gemäß Artikel 264 Absatz 1 Buchstabe d und Artikel 265 Absatz 1 Buchstabe c für das Quartal ohne Mehrwertsteuer weder für das jeweilige Quartal noch für eines der vier vorangegangenen Quartale den Betrag von 50 000 EUR oder den Gegenwert in Landeswährung übersteigt.

Die in Unterabsatz 1 vorgesehene Möglichkeit besteht ab Ende desjenigen Monats nicht mehr, in dem der Gesamtbetrag der Lieferungen von Gegenständen gemäß Artikel 264 Absatz 1 Buchstabe d und Artikel 265 Absatz 1 Buchstabe c für das laufende Quartal ohne Mehrwertsteuer den Betrag von 50 000 EUR oder den Gegenwert in Landeswährung übersteigt. In diesem Fall ist eine zusammenfassende Meldung für den oder die seit Beginn des Quartals vergangenen Monate innerhalb eines Zeitraums von höchstens einem Monat abzugeben.

(1b) Bis zum 31. Dezember 2011 können die Mitgliedstaaten den in Absatz 1a vorgesehenen Betrag auf 100 000 EUR oder den Gegenwert in Landeswährung festlegen.

(1c) Die Mitgliedstaaten können unter von ihnen festzulegenden Bedingungen und innerhalb von ihnen festzulegender Grenzen den Steuerpflichtigen in Bezug auf die Dienstleistungen gemäß Artikel 264 Absatz 1 Buchstabe d gestatten, die zusammenfassende Meldung für jedes Kalenderquartal innerhalb eines Zeitraums von höchstens einem Monat ab dem Quartalsende abzugeben.

Die Mitgliedstaaten können insbesondere verlangen, dass die Steuerpflichtigen, die Lieferungen von Gegenständen und Dienstleistungen gemäß Artikel 264 Absatz 1 Buchstabe d bewirken, die zusammenfassende Meldung innerhalb des Zeitraums abgeben, der sich aus der Anwendung der Absätze 1 bis 1b ergibt.

(2) Die Mitgliedstaaten legen fest, unter welchen Bedingungen der Steuerpflichtige die in Absatz 1 genannte zusammenfassende Meldung im Wege der elektronischen Datenübertragung abgeben darf, und können die Abgabe im Wege der elektronischen Dateiübertragung auch vorschreiben.

## Artikel 264

(1) Die zusammenfassende Meldung muss folgende Angaben enthalten:

a) die Mehrwertsteuer-Identifikationsnummer des Steuerpflichtigen in dem Mitgliedstaat, in dem die zusammenfassende Meldung abzugeben ist, und unter der er Gegenstände im Sinne des Artikels 138 Absatz 1 geliefert hat oder steuerpflichtige Dienstleistungen im Sinne des Artikels 44 erbracht hat;

b) die Mehrwertsteuer-Identifikationsnummer eines jeden Erwerbers von Gegenständen oder eines jeden Empfängers von Dienstleistungen in einem anderen Mitgliedstaat als dem, in dem die zusammenfassende Meldung abzugeben ist, und unter der ihm die Gegenstände geliefert oder für ihn die Dienstleistungen erbracht wurden;

c) die Mehrwertsteuer-Identifikationsnummer des Steuerpflichtigen in dem Mitgliedstaat, in dem die zusammenfassende Meldung abzugeben ist, und unter der er eine Verbringung in einen anderen Mitgliedstaat nach Artikel 138 Absatz 2 Buchstabe c bewirkt hat, sowie seine Mehrwertsteuer-Identifikationsnummer im Mitgliedstaat der Beendigung der Versendung oder Beförderung;

d) für jeden einzelnen Erwerber von Gegenständen oder Empfänger von Dienstleistungen den Gesamtbetrag der Lieferungen von Gegenständen und den Gesamtbetrag der Dienstleistungen durch den Steuerpflichtigen;

e) bei der Lieferung von Gegenständen in Form der Verbringung in einen anderen Mitgliedstaat nach Artikel 138 Absatz 2 Buchstabe c den gemäß Artikel 76 ermittelten Gesamtbetrag der Lieferungen;

f) den Betrag der gemäß Artikel 90 durchgeführten Berichtigungen.

(2) Der in Absatz 1 Buchstabe d genannte Betrag ist für den gemäß Artikel 263 Absätze 1 bis 1c festgelegten Abgabezeitraum zu melden, in dem der Steueranspruch eingetreten ist.

Der in Absatz 1 Buchstabe f genannte Betrag ist für den gemäß Artikel 263 Absätze 1 bis 1c festgelegten Abgabezeitraum zu melden, in dem die Berichtigung dem Erwerber mitgeteilt wird.

## Artikel 265

(1) Im Falle des innergemeinschaftlichen Erwerbs von Gegenständen im Sinne des Artikels 42 hat der Steuerpflichtige mit Mehrwertsteuer-Identifikationsnummer in dem Mitgliedstaat, der ihm die Mehrwertsteuer-Identifikationsnummer erteilt hat, unter der er diesen Erwerb getätigt hat, in der zusammenfassenden Meldung folgende Einzelangaben zu machen:

a) seine Mehrwertsteuer-Identifikationsnummer in diesem Mitgliedstaat, unter der er die Gegenstände erworben und anschließend geliefert hat;

b) die Mehrwertsteuer-Identifikationsnummer des Empfängers der anschließenden Lieferungen des Steuerpflichtigen im Mitgliedstaat der Beendigung der Versendung oder Beförderung;

c) für jeden einzelnen dieser Empfänger der Lieferung den Gesamtbetrag ohne Mehrwertsteuer derartiger Lieferungen des Steuerpflichtigen im Mitgliedstaat der Beendigung der Versendung oder Beförderung.

(2) Der in Absatz 1 Buchstabe c genannte Betrag ist für den gemäß Artikel 263 Absätze 1 bis 1b festgelegten Abgabezeitraum zu melden, in dem der Steueranspruch eingetreten ist.

## Artikel 266

Abweichend von den Artikeln 264 und 265 können die Mitgliedstaaten verlangen, dass die zusammenfassende Meldung weitere Angaben enthält.

## Artikel 267

Die Mitgliedstaaten treffen die erforderlichen Maßnahmen, damit die Personen, die gemäß den Artikeln 194 und 204 anstelle eines nicht in ihrem Gebiet ansässigen Steuerpflichtigen als Steuerschuldner angesehen werden, ihrer Pflicht zur Abgabe von zusammenfassenden Meldungen nach diesem Kapitel nachkommen.

## Artikel 268

Die Mitgliedstaaten können von Steuerpflichtigen, die in ihrem Gebiet innergemeinschaftliche Erwerbe von Gegenständen sowie diesen gleichgestellte Umsätze im Sinne der Artikel 21 und 22 bewirken, die Abgabe von Erklärungen mit ausführlichen Angaben über diese Erwerbe verlangen; für Zeiträume von weniger als einem Monat dürfen solche Erklärungen jedoch nicht verlangt werden.

## Artikel 269

Der Rat kann die einzelnen Mitgliedstaaten auf Vorschlag der Kommission einstimmig ermächtigen, die in den Artikeln 270 und 271 vorgesehenen besonderen Maßnahmen zu treffen, um die Pflicht zur Abgabe einer zusammenfassenden Meldung nach diesem Kapitel zu vereinfachen. Diese Maßnahmen dürfen die Kontrolle der innergemeinschaftlichen Umsätze nicht beeinträchtigen.

## Artikel 270

Aufgrund der Ermächtigung nach Artikel 269 können die Mitgliedstaaten einem Steuerpflichtigen gestatten, eine jährliche zusammenfassende Meldung mit den Mehrwertsteuer-Identifikationsnummern derjenigen Erwerber in anderen Mitgliedstaaten abzugeben, denen er Gegenstände unter den Bedingungen des Artikels 138 Absatz 1 und Absatz 2 Buchstabe c geliefert hat, wenn der Steuerpflichtige die folgenden drei Voraussetzungen erfüllt:

a) der jährliche Gesamtbetrag ohne Mehrwertsteuer seiner Lieferungen von Gegenständen und seiner Dienstleistungen übersteigt den Jahresumsatz, der als Referenzbetrag für die Steuerbefreiung für Kleinunternehmen nach den Artikeln 282 bis 292 dient, um nicht mehr als 35 000 EUR oder den Gegenwert in Landeswährung;

b) der jährliche Gesamtbetrag ohne Mehrwertsteuer seiner Lieferungen von Gegenständen unter den Bedingungen des Artikels 138 übersteigt nicht den Betrag von 15 000 EUR oder den Gegenwert in Landeswährung;

c) bei den von ihm unter den Voraussetzungen des Artikels 138 gelieferten Gegenständen handelt es sich nicht um neue Fahrzeuge.

## Artikel 271

Aufgrund der Ermächtigung nach Artikel 269 können diejenigen Mitgliedstaaten, die die Dauer des Steuerzeitraums, für den der Steuerpflichtige die in Artikel 250 genannte Mehrwertsteuererklärung abzugeben hat, auf mehr als drei Monate festlegen, einem Steuerpflichtigen gestatten, die zusammenfassende Meldung für denselben Zeitraum vorzulegen, wenn der Steuerpflichtige die folgenden drei Voraussetzungen erfüllt:

a) der jährliche Gesamtbetrag ohne Mehrwertsteuer seiner Lieferungen von Gegenständen und seiner Dienstleistungen beläuft sich auf höchstens 200 000 EUR oder den Gegenwert in Landeswährung;

b) der jährliche Gesamtbetrag ohne Mehrwertsteuer seiner Lieferungen von Gegenständen unter den Bedingungen des Artikels 138 übersteigt nicht den Betrag von 15 000 EUR oder den Gegenwert in Landeswährung;

c) bei den von ihm unter den Bedingungen des Artikels 138 gelieferten Gegenständen handelt es sich nicht um neue Fahrzeuge.

## KAPITEL 7
## Verschiedenes

## Artikel 272

(1) Die Mitgliedstaaten können folgende Steuerpflichtige von bestimmten oder allen Pflichten nach den Kapiteln 2 bis 6 befreien:

a) Steuerpflichtige, deren innergemeinschaftliche Erwerbe von Gegenständen gemäß Artikel 3 Absatz 1 nicht der Mehrwertsteuer unterliegen;

b) Steuerpflichtige, die keine der in den Artikeln 20, 21, 22, 33, 36, 138 und 141 genannten Umsätze bewirken;

c) Steuerpflichtige, die nur Gegenstände liefern oder Dienstleistungen erbringen, die gemäß den Artikeln 132, 135 und 136, den Artikeln 146 bis 149 sowie den Artikeln 151, 152 und 153 von der Steuer befreit sind;

d) Steuerpflichtige, die die Steuerbefreiung für Kleinunternehmen nach den Artikeln 282 bis 292 in Anspruch nehmen;

e) Steuerpflichtige, die die gemeinsame Pauschalregelung für Landwirte in Anspruch nehmen.

Die Mitgliedstaaten dürfen die in Unterabsatz 1 Buchstabe b genannten Steuerpflichtigen nicht von den in Kapitel 3 Abschnitte 3 bis 6 und Kapitel 4 Abschnitt 3 vorgesehenen Pflichten in Bezug auf die Rechnungsstellung entbinden.

(2) Machen die Mitgliedstaaten von der Möglichkeit nach Absatz 1 Unterabsatz 1 Buchstabe e Gebrauch, treffen sie die Maßnahmen, die für eine korrekte Anwendung der Übergangsregelung für die Besteuerung innergemeinschaftlicher Umsätze erforderlich sind.

(3) Die Mitgliedstaaten können auch andere als die in Absatz 1 genannten Steuerpflichtigen von bestimmten in Artikel 242 genannten Aufzeichnungspflichten entbinden.

### Artikel 273

Die Mitgliedstaaten können vorbehaltlich der Gleichbehandlung der von Steuerpflichtigen bewirkten Inlandsumsätze und innergemeinschaftlichen Umsätze weitere Pflichten vorsehen, die sie für erforderlich erachten, um eine genaue Erhebung der Steuer sicherzustellen und um Steuerhinterziehung zu vermeiden, sofern diese Pflichten im Handelsverkehr zwischen den Mitgliedstaaten nicht zu Formalitäten beim Grenzübertritt führen.

Die Möglichkeit nach Absatz 1 darf nicht dazu genutzt werden, zusätzlich zu den in Kapitel 3 genannten Pflichten weitere Pflichten in Bezug auf die Rechnungsstellung festzulegen.

### KAPITEL 8
### Pflichten bei bestimmten Einfuhr- und Ausfuhrumsätzen

#### Abschnitt 1
#### Einfuhrumsätze

### Artikel 274

Bei der Einfuhr von Gegenständen im freien Verkehr, die aus einem Drittgebiet in die Gemeinschaft verbracht werden, das Teil des Zollgebiets der Gemeinschaft ist, sind die Artikel 275, 276 und 277 anzuwenden.

### Artikel 275

Für die Formalitäten bei der Einfuhr der in Artikel 274 genannten Gegenstände sind die für die Einfuhr von Gegenständen in das Zollgebiet der Gemeinschaft geltenden gemeinschaftlichen Zollvorschriften maßgebend.

### Artikel 276

Liegt der Ort der Beendigung der Versendung oder Beförderung der in Artikel 274 genannten Gegenstände nicht in dem Mitgliedstaat, in dem sie in die Gemeinschaft gelangen, fallen sie in der Gemeinschaft unter das interne gemeinschaftliche Versandverfahren gemäß den gemeinschaftlichen Zollvorschriften, sofern sie bereits zum Zeitpunkt ihrer Verbringung in die Gemeinschaft zu diesem Verfahren angemeldet wurden.

### Artikel 277

Ist bei den in Artikel 274 genannten Gegenständen zum Zeitpunkt ihrer Verbringung in die Gemeinschaft eine Situation gegeben, der zufolge sie bei einer Einfuhr im Sinne des

Artikels 30 Absatz 1 unter eines der in Artikel 156 genannten Verfahren oder einer der dort genannten sonstigen Regelungen oder unter eine Zollregelung der vorübergehenden Verwendung unter vollständiger Befreiung von Einfuhrabgaben fallen könnten, treffen die Mitgliedstaaten die erforderlichen Maßnahmen, damit diese Gegenstände unter den gleichen Bedingungen in der Gemeinschaft verbleiben können, wie sie für die Anwendung dieser Verfahren oder sonstigen Regelungen vorgesehen sind.

## Abschnitt 2
## Ausfuhrumsätze

### Artikel 278

Bei der Ausfuhr von Gegenständen im freien Verkehr, die aus einem Mitgliedstaat in ein Drittgebiet versandt oder befördert werden, das Teil des Zollgebiets der Gemeinschaft ist, sind die Artikel 279 und 280 anzuwenden.

### Artikel 279

Für die Formalitäten bei der Ausfuhr der in Artikel 278 genannten Gegenstände aus dem Gebiet der Gemeinschaft sind die für die Ausfuhr von Gegenständen aus dem Zollgebiet der Gemeinschaft geltenden gemeinschaftlichen Zollvorschriften maßgebend.

### Artikel 280

In Bezug auf Gegenstände, die vorübergehend aus der Gemeinschaft ausgeführt werden, um wieder eingeführt zu werden, treffen die Mitgliedstaaten die erforderlichen Maßnahmen, damit für diese Gegenstände bei ihrer Wiedereinfuhr in die Gemeinschaft die gleichen Bestimmungen gelten, wie wenn sie vorübergehend aus dem Zollgebiet der Gemeinschaft ausgeführt worden wären.

# TITEL XII
# SONDERREGELUNGEN

## KAPITEL 1
## Sonderregelung für Kleinunternehmen

### Abschnitt 1
### Vereinfachte Modalitäten für die Besteuerung und die Steuererhebung

### Artikel 281

Mitgliedstaaten, in denen die normale Besteuerung von Kleinunternehmen wegen deren Tätigkeit oder Struktur auf Schwierigkeiten stoßen würde, können unter den von ihnen festgelegten Beschränkungen und Voraussetzungen nach Konsultation des Mehrwertsteuerausschusses vereinfachte Modalitäten für die Besteuerung und Steuererhebung, insbesondere Pauschalregelungen, anwenden, die jedoch nicht zu einer Steuerermäßigung führen dürfen.

## Abschnitt 2
## Steuerbefreiungen und degressive Steuerermäßigungen

### Artikel 282

Die Steuerbefreiungen und -ermäßigungen nach diesem Abschnitt gelten für Lieferungen von Gegenständen und für Dienstleistungen, die von Kleinunternehmen bewirkt werden.

### Artikel 283

(1) Dieser Abschnitt gilt nicht für folgende Umsätze:

a) die in Artikel 12 genannten gelegentlichen Umsätze;

b) die Lieferungen neuer Fahrzeuge unter den Voraussetzungen des Artikels 138 Absatz 1 und Absatz 2 Buchstabe a;

c) die Lieferungen von Gegenständen und Erbringung von Dienstleistungen durch einen Steuerpflichtigen, der nicht in dem Mitgliedstaat ansässig ist, in dem die Mehrwertsteuer geschuldet wird.

(2) Die Mitgliedstaaten können von der Anwendung dieses Abschnitts auch andere als die in Absatz 1 genannten Umsätze ausschließen.

### Artikel 284

(1) Mitgliedstaaten, die von der Möglichkeit nach Artikel 14 der Richtlinie 67/228/EWG des Rates vom 11. April 1967 zur Harmonisierung der Rechtsvorschriften der Mitgliedstaaten über die Umsatzsteuern – Struktur und Anwendungsmodalitäten des gemeinsamen Mehrwertsteuersystems[1] Gebrauch gemacht und Steuerbefreiungen oder degressive Steuerermäßigungen eingeführt haben, dürfen diese sowie die diesbezüglichen Durchführungsbestimmungen beibehalten, wenn sie mit dem Mehrwertsteuersystem in Einklang stehen.

(2) Mitgliedstaaten, in denen am 17. Mai 1977 für Steuerpflichtige mit einem Jahresumsatz unter dem Gegenwert von 5000 Europäischen Rechnungseinheiten in Landeswährung zu dem an dem genannten Datum geltenden Umrechnungskurs eine Steuerbefreiung galt, können diesen Betrag bis auf 5000 EUR anheben.

Mitgliedstaaten, die eine degressive Steuerermäßigung angewandt haben, dürfen die obere Grenze für diese Ermäßigung nicht heraufsetzen und diese Ermäßigung nicht günstiger gestalten.

### Artikel 285

Mitgliedstaaten, die von der Möglichkeit nach Artikel 14 der Richtlinie 67/228/EWG keinen Gebrauch gemacht haben, können Steuerpflichtigen mit einem Jahresumsatz von höchstens 5000 EUR oder dem Gegenwert dieses Betrags in Landeswährung eine Steuerbefreiung gewähren.

Die in Absatz 1 genannten Mitgliedstaaten können den Steuerpflichtigen, deren Jahresumsatz die von ihnen für die Steuerbefreiung festgelegte Höchstgrenze überschreitet, eine degressive Steuerermäßigung gewähren.

---

1 ABl. EG Nr. 71 vom 14.4.1967, 1303. Aufgehoben durch die Richtlinie 77/388/EWG.

### Artikel 286

Mitgliedstaaten, in denen am 17. Mai 1977 für Steuerpflichtige mit einem Jahresumsatz von mindestens dem Gegenwert von 5000 Europäischen Rechnungseinheiten in Landeswährung zu dem an dem genannten Datum geltenden Umrechnungskurs eine Steuerbefreiung galt, können diesen Betrag zur Wahrung des realen Wertes anheben.

### Artikel 287

*(hier nicht abgedruckt)*

### Artikel 288

Der Umsatz, der bei der Anwendung der Regelung dieses Abschnitts zugrunde zu legen ist, setzt sich aus folgenden Beträgen ohne Mehrwertsteuer zusammen:

1. Betrag der Lieferungen von Gegenständen und Dienstleistungen, soweit diese besteuert werden;
2. Betrag der gemäß Artikel 110, Artikel 111 und Artikel 125 Absatz 1 sowie Artikel 127 und Artikel 128 Absatz 1 mit Recht auf Vorsteuerabzug von der Steuer befreiten Umsätze;
3. Betrag der gemäß den Artikeln 146 bis 149 sowie den Artikeln 151, 152 und 153 von der Steuer befreiten Umsätze;
4. Betrag der Umsätze mit Immobilien, der in Artikel 135 Absatz 1 Buchstaben b bis g genannten Finanzgeschäfte sowie der Versicherungsdienstleistungen, sofern diese Umsätze nicht den Charakter von Nebenumsätzen haben.

Veräußerungen von körperlichen oder nicht körperlichen Investitionsgütern des Unternehmens bleiben bei der Ermittlung dieses Umsatzes jedoch außer Ansatz.

### Artikel 289

Steuerpflichtige, die eine Steuerbefreiung in Anspruch nehmen, haben kein Recht auf Vorsteuerabzug gemäß den Artikeln 167 bis 171 und 173 bis 177 und dürfen die Mehrwertsteuer in ihren Rechnungen nicht ausweisen.

### Artikel 290

Steuerpflichtige, die für die Steuerbefreiung in Betracht kommen, können sich entweder für die normale Mehrwertsteuerregelung oder für die Anwendung der in Artikel 281 genannten vereinfachten Modalitäten entscheiden. In diesem Fall gelten für sie die in den nationalen Rechtsvorschriften gegebenenfalls vorgesehenen degressiven Steuerermäßigungen.

### Artikel 291

Steuerpflichtige, für die die degressive Steuerermäßigung gilt, werden vorbehaltlich der Anwendung des Artikels 281 als der normalen Mehrwertsteuerregelung unterliegende Steuerpflichtige betrachtet.

## Artikel 292

Dieser Abschnitt gilt bis zu einem Zeitpunkt, der vom Rat gemäß Artikel 93 des Vertrags festgelegt wird und der nicht nach dem Zeitpunkt des Inkrafttretens der endgültigen Regelung im Sinne von Artikel 402 liegen darf.

## Abschnitt 3
## Bericht und Überprüfung

### Artikel 293

Die Kommission legt dem Rat auf der Grundlage der von den Mitgliedstaaten erlangten Informationen alle vier Jahre nach der Annahme dieser Richtlinie einen Bericht über die Anwendung der Bestimmungen dieses Kapitels vor. Falls erforderlich fügt sie diesem Bericht unter Berücksichtigung der Notwendigkeit einer allmählichen Konvergenz der nationalen Regelungen Vorschläge bei, die Folgendes zum Gegenstand haben:
1. die Verbesserung der Sonderregelung für Kleinunternehmen;
2. die Angleichung der nationalen Regelungen über die Steuerbefreiungen und degressiven Steuerermäßigungen;
3. die Anpassung der in Abschnitt 2 genannten Schwellenwerte.

### Artikel 294

Der Rat entscheidet gemäß Artikel 93 des Vertrags darüber, ob im Rahmen der endgültigen Regelung eine Sonderregelung für Kleinunternehmen erforderlich ist, und befindet gegebenenfalls über die gemeinsamen Beschränkungen und Bedingungen für die Anwendung der genannten Sonderregelung.

## KAPITEL 2
## Gemeinsame Pauschalregelung für landwirtschaftliche Erzeuger

### Artikel 295

(1) Für die Zwecke dieses Kapitels gelten folgende Begriffsbestimmungen:
1. „landwirtschaftlicher Erzeuger" ist ein Steuerpflichtiger, der seine Tätigkeit im Rahmen eines land-, forst- oder fischwirtschaftlichen Betriebs ausübt;
2. „land-, forst- oder fischwirtschaftlicher Betrieb" ist ein Betrieb, der in den einzelnen Mitgliedstaaten im Rahmen der in Anhang VII genannten Erzeugertätigkeiten als solcher gilt;
3. „Pauschallandwirt" ist ein landwirtschaftlicher Erzeuger, der unter die Pauschalregelung dieses Kapitels fällt;
4. „landwirtschaftliche Erzeugnisse" sind die Gegenstände, die im Rahmen der in Anhang VII aufgeführten Tätigkeiten von den land-, forst- oder fischwirtschaftlichen Betrieben der einzelnen Mitgliedstaaten erzeugt werden;
5. „landwirtschaftliche Dienstleistungen" sind Dienstleistungen, die von einem landwirtschaftlichen Erzeuger mit Hilfe seiner Arbeitskräfte oder der normalen Ausrüstung seines land-, forst- oder fischwirtschaftlichen Betriebs erbracht werden und die normalerweise zur landwirtschaftlichen Erzeugung beitragen, und zwar insbesondere die in Anhang VIII aufgeführten Dienstleistungen;
6. „Mehrwertsteuer-Vorbelastung" ist die Mehrwertsteuer-Gesamtbelastung der Gegenstände und Dienstleistungen, die von der Gesamtheit der der Pauschalregelung unter-

liegenden land-, forst- und fischwirtschaftlichen Betriebe jedes Mitgliedstaats bezogen worden sind, soweit diese Steuer bei einem der normalen Mehrwertsteuerregelung unterliegenden landwirtschaftlichen Erzeuger gemäß den Artikeln 167, 168 und 169 und 173 bis 177 abzugsfähig wäre;

7. „Pauschalausgleich-Prozentsätze" sind die Prozentsätze, die die Mitgliedstaaten gemäß den Artikeln 297, 298 und 299 festsetzen und in den in Artikel 300 genannten Fällen anwenden, damit die Pauschallandwirte den pauschalen Ausgleich der Mehrwertsteuer-Vorbelastung erlangen;

8. „Pauschalausgleich" ist der Betrag, der sich aus der Anwendung des Pauschalausgleich-Prozentsatzes auf den Umsatz des Pauschallandwirts in den in Artikel 300 genannten Fällen ergibt.

(2) Den in Anhang VII aufgeführten Tätigkeiten der landwirtschaftlichen Erzeugung gleichgestellt sind die Verarbeitungstätigkeiten, die ein Landwirt bei im Wesentlichen aus seiner landwirtschaftlichen Produktion stammenden Erzeugnissen mit Mitteln ausübt, die normalerweise in land-, forst- oder fischwirtschaftlichen Betrieben verwendet werden.

### Artikel 296

(1) Die Mitgliedstaaten können auf landwirtschaftliche Erzeuger, bei denen die Anwendung der normalen Mehrwertsteuerregelung oder gegebenenfalls der Sonderregelung des Kapitels 1 auf Schwierigkeiten stoßen würde, als Ausgleich für die Belastung durch die Mehrwertsteuer, die auf die von den Pauschallandwirten bezogenen Gegenstände und Dienstleistungen gezahlt wird, eine Pauschalregelung nach diesem Kapitel anwenden.

(2) Jeder Mitgliedstaat kann bestimmte Gruppen landwirtschaftlicher Erzeuger sowie diejenigen landwirtschaftlichen Erzeuger, bei denen die Anwendung der normalen Mehrwertsteuerregelung oder gegebenenfalls der vereinfachten Bestimmungen des Artikels 281 keine verwaltungstechnischen Schwierigkeiten mit sich bringt, von der Pauschalregelung ausnehmen.

(3) Jeder Pauschallandwirt hat nach den von den einzelnen Mitgliedstaaten festgelegten Einzelheiten und Voraussetzungen das Recht, sich für die Anwendung der normalen Mehrwertsteuerregelung oder gegebenenfalls der vereinfachten Bestimmungen des Artikels 281 zu entscheiden.

### Artikel 297

Die Mitgliedstaaten legen bei Bedarf Pauschalausgleich-Prozentsätze fest. Sie können die Höhe der Pauschalausgleich-Prozentsätze für die Forstwirtschaft, die einzelnen Teilbereiche der Landwirtschaft und die Fischwirtschaft unterschiedlich festlegen.

Die Mitgliedstaaten teilen der Kommission die gemäß Absatz 1 festgelegten Pauschalausgleich-Prozentsätze mit, bevor diese angewandt werden.

### Artikel 298

Die Pauschalausgleich-Prozentsätze werden anhand der allein für die Pauschallandwirte geltenden makroökonomischen Daten der letzten drei Jahre bestimmt.

Die Prozentsätze können auf einen halben Punkt ab- oder aufgerundet werden. Die Mitgliedstaaten können diese Prozentsätze auch bis auf Null herabsetzen.

## Artikel 299

Die Pauschalausgleich-Prozentsätze dürfen nicht dazu führen, dass die Pauschallandwirte insgesamt Erstattungen erhalten, die über die Mehrwertsteuer-Vorbelastung hinausgehen.

## Artikel 300

Die Pauschalausgleich-Prozentsätze werden auf den Preis ohne Mehrwertsteuer der folgenden Gegenstände und Dienstleistungen angewandt:
1. landwirtschaftliche Erzeugnisse, die die Pauschallandwirte an andere Steuerpflichtige als jene geliefert haben, die in dem Mitgliedstaat, in dem diese Erzeugnisse geliefert werden, diese Pauschalregelung in Anspruch nehmen;
2. landwirtschaftliche Erzeugnisse, die die Pauschallandwirte unter den Voraussetzungen des Artikels 138 an nichtsteuerpflichtige juristische Personen geliefert haben, deren innergemeinschaftliche Erwerbe gemäß Artikel 2 Absatz 1 Buchstabe b im Mitgliedstaat der Beendigung der Versendung oder Beförderung dieser landwirtschaftlichen Erzeugnisse der Mehrwertsteuer unterliegen;
3. landwirtschaftliche Dienstleistungen, die die Pauschallandwirte an andere Steuerpflichtige als jene erbracht haben, die in dem Mitgliedstaat, in dem diese Dienstleistungen erbracht werden, diese Pauschalregelung in Anspruch nehmen.

## Artikel 301

(1) Für die in Artikel 300 genannten Lieferungen landwirtschaftlicher Erzeugnisse und Dienstleistungen sehen die Mitgliedstaaten vor, dass die Zahlung des Pauschalausgleichs entweder durch den Erwerber bzw. den Dienstleistungsempfänger oder durch die öffentliche Hand erfolgt.

(2) Bei anderen als den in Artikel 300 genannten Lieferungen landwirtschaftlicher Erzeugnisse und landwirtschaftlichen Dienstleistungen wird davon ausgegangen, dass die Zahlung des Pauschalausgleichs durch den Erwerber bzw. den Dienstleistungsempfänger erfolgt.

## Artikel 302

Nimmt ein Pauschallandwirt einen Pauschalausgleich in Anspruch, hat er in Bezug auf die dieser Pauschalregelung unterliegenden Tätigkeiten kein Recht auf Vorsteuerabzug.

## Artikel 303

(1) Zahlt der steuerpflichtige Erwerber oder Dienstleistungsempfänger einen Pauschalausgleich gemäß Artikel 301 Absatz 1, ist er berechtigt, nach Maßgabe der Artikel 167, 168, 169 und 173 bis 177 und der von den Mitgliedstaaten festgelegten Einzelheiten von der Mehrwertsteuer, die er in dem Mitgliedstaat, in dem er seine besteuerten Umsätze bewirkt, schuldet, den Betrag dieses Pauschalausgleichs abzuziehen.

(2) Die Mitgliedstaaten erstatten dem Erwerber oder Dienstleistungsempfänger den Betrag des Pauschalausgleichs, den er im Rahmen eines der folgenden Umsätze gezahlt hat:

a) Lieferung landwirtschaftlicher Erzeugnisse unter den Voraussetzungen des Artikels 138, soweit der Erwerber ein Steuerpflichtiger oder eine nichtsteuerpflichtige juristische Person ist, der/die als solcher/solche in einem anderen Mitgliedstaat handelt, in dessen Gebiet seine/ihre innergemeinschaftlichen Erwerbe von Gegenständen gemäß Artikel 2 Absatz 1 Buchstabe b der Mehrwertsteuer unterliegen;

**MwStSystRL**

b) Lieferung von landwirtschaftlichen Erzeugnissen unter den Bedingungen der Artikel 146, 147, 148 und 156, Artikel 157 Absatz 1 Buchstabe b sowie der Artikel 158, 160 und 161 an einen außerhalb der Gemeinschaft ansässigen steuerpflichtigen Erwerber, soweit der Erwerber diese landwirtschaftlichen Erzeugnisse für die Zwecke seiner in Artikel 169 Buchstaben a und b genannten Umsätze oder seiner Dienstleistungen verwendet, die als im Gebiet des Mitgliedstaats erbracht gelten, in dem der Dienstleistungsempfänger ansässig ist, und für die gemäß Artikel 196 nur der Dienstleistungsempfänger die Steuer schuldet;

c) landwirtschaftliche Dienstleistungen, die an einen innerhalb der Gemeinschaft, jedoch in einem anderen Mitgliedstaat ansässigen oder an einen außerhalb der Gemeinschaft ansässigen steuerpflichtigen Dienstleistungsempfänger erbracht werden, soweit der Dienstleistungsempfänger diese Dienstleistungen für die Zwecke seiner in Artikel 169 Buchstaben a und b genannten Umsätze oder seiner Dienstleistungen verwendet, die als im Gebiet des Mitgliedstaats erbracht gelten, in dem der Dienstleistungsempfänger ansässig ist, und für die gemäß Artikel 196 nur der Dienstleistungsempfänger die Steuer schuldet.

(3) Die Mitgliedstaaten legen die Einzelheiten für die Durchführung der in Absatz 2 vorgesehenen Erstattungen fest. Dabei können sie sich insbesondere auf die Richtlinien 79/1072/EWG und 86/560/EWG stützen.

### Artikel 304

Die Mitgliedstaaten treffen alle zweckdienlichen Maßnahmen für eine wirksame Kontrolle der Zahlung des Pauschalausgleichs an die Pauschallandwirte.

### Artikel 305

Wenden die Mitgliedstaaten diese Pauschalregelung an, treffen sie alle zweckdienlichen Maßnahmen, um sicherzustellen, dass Lieferung landwirtschaftlicher Erzeugnisse zwischen den Mitgliedstaaten unter den Voraussetzungen des Artikels 33 immer in derselben Weise besteuert wird, unabhängig davon, ob die Erzeugnisse von einem Pauschallandwirt oder von einem anderen Steuerpflichtigen geliefert werden.

## KAPITEL 3
### Sonderregelung für Reisebüros

### Artikel 306

(1) Die Mitgliedstaaten wenden auf Umsätze von Reisebüros die Mehrwertsteuer-Sonderregelung dieses Kapitels an, soweit die Reisebüros gegenüber dem Reisenden in eigenem Namen auftreten und zur Durchführung der Reise Lieferungen von Gegenständen und Dienstleistungen anderer Steuerpflichtiger in Anspruch nehmen.

Diese Sonderregelung gilt nicht für Reisebüros, die lediglich als Vermittler handeln und auf die zur Berechnung der Steuerbemessungsgrundlage Artikel 79 Absatz 1 Buchstabe c anzuwenden ist.

(2) Für die Zwecke dieses Kapitels gelten Reiseveranstalter als Reisebüro.

### Artikel 307

Die zur Durchführung der Reise vom Reisebüro unter den Voraussetzungen des Artikels 306 bewirkten Umsätze gelten als eine einheitliche Dienstleistung des Reisebüros an den Reisenden.

Die einheitliche Dienstleistung wird in dem Mitgliedstaat besteuert, in dem das Reisebüro den Sitz seiner wirtschaftlichen Tätigkeit oder eine feste Niederlassung hat, von wo aus es die Dienstleistung erbracht hat.

### Artikel 308

Für die von dem Reisebüro erbrachte einheitliche Dienstleistung gilt als Steuerbemessungsgrundlage und als Preis ohne Mehrwertsteuer im Sinne des Artikels 226 Nummer 8 die Marge des Reisebüros, das heißt die Differenz zwischen dem vom Reisenden zu zahlenden Gesamtbetrag ohne Mehrwertsteuer und den tatsächlichen Kosten, die dem Reisebüro für die Lieferungen von Gegenständen und die Dienstleistungen anderer Steuerpflichtiger entstehen, soweit diese Umsätze dem Reisenden unmittelbar zugute kommen.

### Artikel 309

Werden die Umsätze, für die das Reisebüro andere Steuerpflichtige in Anspruch nimmt, von diesen außerhalb der Gemeinschaft bewirkt, wird die Dienstleistung des Reisebüros einer gemäß Artikel 153 von der Steuer befreiten Vermittlungstätigkeit gleichgestellt.

Werden die in Absatz 1 genannten Umsätze sowohl innerhalb als auch außerhalb der Gemeinschaft bewirkt, ist nur der Teil der Dienstleistung des Reisebüros als steuerfrei anzusehen, der auf die Umsätze außerhalb der Gemeinschaft entfällt.

### Artikel 310

Die Mehrwertsteuerbeträge, die dem Reisebüro von anderen Steuerpflichtigen für die in Artikel 307 genannten Umsätze in Rechnung gestellt werden, welche dem Reisenden unmittelbar zugute kommen, sind in keinem Mitgliedstaat abziehbar oder erstattungsfähig.

## KAPITEL 4
## Sonderregelungen für Gebrauchtgegenstände, Kunstgegenstände, Sammlungsstücke und Antiquitäten

### Abschnitt 1
### Begriffsbestimmungen

### Artikel 311

(1) Für die Zwecke dieses Kapitels gelten unbeschadet sonstiger Bestimmungen des Gemeinschaftsrechts folgende Begriffsbestimmungen:

1. „Gebrauchtgegenstände" sind bewegliche körperliche Gegenstände, die keine Kunstgegenstände, Sammlungsstücke oder Antiquitäten und keine Edelmetalle oder Edelsteine im Sinne der Definition der Mitgliedstaaten sind und die in ihrem derzeitigen Zustand oder nach Instandsetzung erneut verwendbar sind;
2. „Kunstgegenstände" sind die in Anhang IX Teil A genannten Gegenstände;
3. „Sammlungsstücke" sind die in Anhang IX Teil B genannten Gegenstände;
4. „Antiquitäten" sind die in Anhang IX Teil C genannten Gegenstände;
5. „steuerpflichtiger Wiederverkäufer" ist jeder Steuerpflichtige, der im Rahmen seiner wirtschaftlichen Tätigkeit zum Zwecke des Wiederverkaufs Gebrauchtgegenstände, Kunstgegenstände, Sammlungsstücke oder Antiquitäten kauft, seinem Unternehmen zuordnet oder einführt, gleich, ob er auf eigene Rechnung oder aufgrund eines Einkaufs- oder Verkaufskommissionsvertrags für fremde Rechnung handelt;

## MwStSystRL

6. „Veranstalter einer öffentlichen Versteigerung" ist jeder Steuerpflichtige, der im Rahmen seiner wirtschaftlichen Tätigkeit Gegenstände zur öffentlichen Versteigerung anbietet, um sie an den Meistbietenden zu verkaufen;
7. „Kommittent eines Veranstalters öffentlicher Versteigerungen" ist jede Person, die einem Veranstalter öffentlicher Versteigerungen einen Gegenstand aufgrund eines Verkaufskommissionsvertrags übergibt.

(2) Die Mitgliedstaaten können vorsehen, dass die in Anhang IX Teil A Nummern 5, 6 und 7 genannten Gegenstände nicht als Kunstgegenstände gelten.

(3) Der in Absatz 1 Nummer 7 genannte Verkaufskommissionsvertrag muss vorsehen, dass der Veranstalter der öffentlichen Versteigerung den Gegenstand in eigenem Namen, aber für Rechnung seines Kommittenten zur öffentlichen Versteigerung anbietet und an den Meistbietenden übergibt, der in der öffentlichen Versteigerung den Zuschlag erhalten hat.

## Abschnitt 2
## Sonderregelung für steuerpflichtige Wiederverkäufer

### Unterabschnitt 1
### Differenzbesteuerung

### Artikel 312

Für die Zwecke dieses Unterabschnitts gelten folgende Begriffsbestimmungen:

1. „Verkaufspreis" ist die gesamte Gegenleistung, die der steuerpflichtige Wiederverkäufer vom Erwerber oder von einem Dritten erhält oder zu erhalten hat, einschließlich der unmittelbar mit dem Umsatz zusammenhängenden Zuschüsse, Steuern, Zölle, Abschöpfungen und Abgaben sowie der Nebenkosten wie Provisions-, Verpackungs-, Beförderungs- und Versicherungskosten, die der steuerpflichtige Wiederverkäufer dem Erwerber in Rechnung stellt, mit Ausnahme der in Artikel 79 genannten Beträge;
2. „Einkaufspreis" ist die gesamte Gegenleistung gemäß der Begriffsbestimmung unter Nummer 1, die der Lieferer von dem steuerpflichtigen Wiederverkäufer erhält oder zu erhalten hat.

### Artikel 313

(1) Die Mitgliedstaaten wenden auf die Lieferungen von Gebrauchtgegenständen, Kunstgegenständen, Sammlungsstücken und Antiquitäten durch steuerpflichtige Wiederverkäufer eine Sonderregelung zur Besteuerung der von dem steuerpflichtigen Wiederverkäufer erzielten Differenz (Handelsspanne) gemäß diesem Unterabschnitt an.

(2) Bis zur Einführung der endgültigen Regelung nach Artikel 402 gilt Absatz 1 des vorliegenden Artikels nicht für die Lieferung neuer Fahrzeuge unter den Voraussetzungen des Artikels 138 Absatz 1 und Absatz 2 Buchstabe a.

### Artikel 314

Die Differenzbesteuerung gilt für die Lieferungen von Gebrauchtgegenständen, Kunstgegenständen, Sammlungsstücken und Antiquitäten durch einen steuerpflichtigen Wiederverkäufer, wenn ihm diese Gegenstände innerhalb der Gemeinschaft von einer der folgenden Personen geliefert werden:

a) von einem Nichtsteuerpflichtigen;
b) von einem anderen Steuerpflichtigen, sofern die Lieferungen des Gegenstands durch diesen anderen Steuerpflichtigen gemäß Artikel 136 von der Steuer befreit ist;

c) von einem anderen Steuerpflichtigen, sofern für die Lieferung des Gegenstands durch diesen anderen Steuerpflichtigen die Steuerbefreiung für Kleinunternehmen gemäß den Artikeln 282 bis 292 gilt und es sich dabei um ein Investitionsgut handelt;

d) von einem anderen steuerpflichtigen Wiederverkäufer, sofern die Lieferung des Gegenstands durch diesen anderen steuerpflichtigen Wiederverkäufer gemäß dieser Sonderregelung mehrwertsteuerpflichtig ist.

## Artikel 315

Die Steuerbemessungsgrundlage bei der Lieferung von Gegenständen nach Artikel 314 ist die von dem steuerpflichtigen Wiederverkäufer erzielte Differenz (Handelsspanne), abzüglich des Betrags der auf diese Spanne erhobenen Mehrwertsteuer.

Die Differenz (Handelsspanne) des steuerpflichtigen Wiederverkäufers entspricht dem Unterschied zwischen dem von ihm geforderten Verkaufspreis und dem Einkaufspreis des Gegenstands.

## Artikel 316

(1) Die Mitgliedstaaten räumen den steuerpflichtigen Wiederverkäufern das Recht ein, die Differenzbesteuerung bei der Lieferung folgender Gegenstände anzuwenden:

a) Kunstgegenstände, Sammlungsstücke und Antiquitäten, die sie selbst eingeführt haben;

b) Kunstgegenstände, die ihnen vom Urheber oder von dessen Rechtsnachfolgern geliefert wurden;

c) Kunstgegenstände, die ihnen von einem Steuerpflichtigen, der kein steuerpflichtiger Wiederverkäufer ist, geliefert wurden, wenn auf die Lieferung dieses anderen Steuerpflichtigen gemäß Artikel 103 der ermäßigte Steuersatz angewandt wurde.

(2) Die Mitgliedstaaten legen die Einzelheiten der Ausübung der Option des Absatzes 1 fest, die in jedem Fall für einen Zeitraum von mindestens zwei Kalenderjahren gelten muss.

## Artikel 317

Macht ein steuerpflichtiger Wiederverkäufer von der Option des Artikels 316 Gebrauch, wird die Steuerbemessungsgrundlage gemäß Artikel 315 ermittelt.

Bei der Lieferung von Kunstgegenständen, Sammlungsstücken oder Antiquitäten, die der steuerpflichtige Wiederverkäufer selbst eingeführt hat, ist der für die Berechnung der Differenz zugrunde zu legende Einkaufspreis gleich der gemäß den Artikeln 85 bis 89 ermittelten Steuerbemessungsgrundlage bei der Einfuhr zuzüglich der für die Einfuhr geschuldeten oder entrichteten Mehrwertsteuer.

## Artikel 318

(1) Die Mitgliedstaaten können zur Vereinfachung der Steuererhebung und nach Konsultation des Mehrwertsteuerausschusses für bestimmte Umsätze oder für bestimmte Gruppen von steuerpflichtigen Wiederverkäufern vorsehen, dass die Steuerbemessungsgrundlage bei der Lieferung von Gegenständen, die der Differenzbesteuerung unterliegen, für jeden Steuerzeitraum festgesetzt wird, für den der steuerpflichtige Wiederverkäufer die in Artikel 250 genannte Mehrwertsteuererklärung abzugeben hat.

Wird Unterabsatz 1 angewandt, ist die Steuerbemessungsgrundlage für Lieferungen von Gegenständen, die ein und demselben Mehrwertsteuersatz unterliegen, die von dem steuerpflichtigen Wiederverkäufer erzielte Gesamtdifferenz abzüglich des Betrags der auf diese Spanne erhobenen Mehrwertsteuer.

(2) Die Gesamtdifferenz entspricht dem Unterschied zwischen den beiden folgenden Beträgen:

a) Gesamtbetrag der der Differenzbesteuerung unterliegenden Lieferungen von Gegenständen des steuerpflichtigen Wiederverkäufers während des Steuerzeitraums, der von der Erklärung umfasst wird, d.h. Gesamtsumme der Verkaufspreise;

b) Gesamtbetrag der Käufe von Gegenständen im Sinne des Artikels 314, die der steuerpflichtige Wiederverkäufer während des Steuerzeitraums, der von der Erklärung umfasst wird, getätigt hat, d.h. Gesamtsumme der Einkaufspreise.

(3) Die Mitgliedstaaten treffen die erforderlichen Maßnahmen, damit sich für die in Absatz 1 genannten Steuerpflichtigen weder ungerechtfertigte Vorteile noch ungerechtfertigte Nachteile ergeben.

### Artikel 319

Der steuerpflichtige Wiederverkäufer kann auf jede der Differenzbesteuerung unterliegende Lieferung die normale Mehrwertsteuerregelung anwenden.

### Artikel 320

(1) Wendet der steuerpflichtige Wiederverkäufer die normale Mehrwertsteuerregelung an, ist er berechtigt, bei der Lieferung eines von ihm selbst eingeführten Kunstgegenstands, Sammlungsstücks oder einer Antiquität die für die Einfuhr dieses Gegenstands geschuldete oder entrichtete Mehrwertsteuer als Vorsteuer abzuziehen.

Wendet der steuerpflichtige Wiederverkäufer die normale Mehrwertsteuerregelung an, ist er berechtigt, bei der Lieferung eines Kunstgegenstands, der ihm von seinem Urheber oder dessen Rechtsnachfolgern oder von einem Steuerpflichtigen, der kein steuerpflichtiger Wiederverkäufer ist, geliefert wurde, die von ihm dafür geschuldete oder entrichtete Mehrwertsteuer als Vorsteuer abzuziehen.

(2) Das Recht auf Vorsteuerabzug entsteht zu dem Zeitpunkt, zu dem der Steueranspruch für die Lieferung entsteht, für die der steuerpflichtige Wiederverkäufer die Anwendung der normalen Mehrwertsteuerregelung gewählt hat.

### Artikel 321

Werden der Differenzbesteuerung unterliegende Gebrauchtgegenstände, Kunstgegenstände, Sammlungsstücke oder Antiquitäten unter den Voraussetzungen der Artikel 146, 147, 148 und 151 geliefert, sind sie von der Steuer befreit.

### Artikel 322

Sofern die Gegenstände für Lieferungen verwendet werden, die der Differenzbesteuerung unterliegen, darf der steuerpflichtige Wiederverkäufer von seiner Steuerschuld folgende Beträge nicht abziehen:

a) die geschuldete oder entrichtete Mehrwertsteuer auf von ihm selbst eingeführte Kunstgegenstände, Sammlungsstücke oder Antiquitäten;

b) die geschuldete oder entrichtete Mehrwertsteuer auf Kunstgegenstände, die ihm vom Urheber oder von dessen Rechtsnachfolgern geliefert werden;

c) die geschuldete oder entrichtete Mehrwertsteuer auf Kunstgegenstände, die ihm von einem Steuerpflichtigen geliefert werden, der kein steuerpflichtiger Wiederverkäufer ist.

### Artikel 323

Ein Steuerpflichtiger darf die für Gegenstände, die ihm von einem steuerpflichtigen Wiederverkäufer geliefert werden, geschuldete oder entrichtete Mehrwertsteuer nicht als Vorsteuer abziehen, wenn die Lieferung dieser Gegenstände durch den steuerpflichtigen Wiederverkäufer der Differenzbesteuerung unterliegt.

### Artikel 324

Wendet der steuerpflichtige Wiederverkäufer sowohl die normale Mehrwertsteuerregelung als auch die Differenzbesteuerung an, muss er die unter die jeweilige Regelung fallenden Umsätze nach den von den Mitgliedstaaten festgelegten Modalitäten in seinen Aufzeichnungen gesondert ausweisen.

### Artikel 325

Der steuerpflichtige Wiederverkäufer darf die Mehrwertsteuer auf die Lieferungen von Gegenständen, auf die er die Differenzbesteuerung anwendet, in der von ihm ausgestellten Rechnung nicht gesondert ausweisen.

## Unterabschnitt 2
## Übergangsregelung für Gebrauchtfahrzeuge
### Artikel 326–332

*(hier nicht abgedruckt)*

## Abschnitt 3
## Sonderregelung für öffentliche Versteigerungen

### Artikel 333

(1) Die Mitgliedstaaten können gemäß diesem Abschnitt eine Sonderregelung für die Besteuerung der Differenz anwenden, die ein Veranstalter öffentlicher Versteigerungen bei der Lieferung von Gebrauchtgegenständen, Kunstgegenständen, Sammlungsstücken und Antiquitäten erzielt, die er in eigenem Namen aufgrund eines Kommissionsvertrags zum Verkauf dieser Gegenstände im Wege einer öffentlichen Versteigerung für Rechnung von in Artikel 334 genannten Personen bewirkt.

(2) Die Regelung des Absatzes 1 gilt nicht für die Lieferungen neuer Fahrzeuge unter den Voraussetzungen des Artikels 138 Absatz 1 und Absatz 2 Buchstabe a.

### Artikel 334

Diese Sonderregelung gilt für Lieferungen eines Veranstalters öffentlicher Versteigerungen, der in eigenem Namen für Rechnung einer der folgenden Personen handelt:

a) eines Nichtsteuerpflichtigen;

b) eines anderen Steuerpflichtigen, sofern die Lieferung des Gegenstands durch diesen anderen Steuerpflichtigen aufgrund eines Verkaufskommissionsvertrags gemäß Artikel 136 von der Steuer befreit ist;

c) eines anderen Steuerpflichtigen, sofern für die Lieferung des Gegenstands durch diesen anderen Steuerpflichtigen aufgrund eines Verkaufskommissionsvertrags die Steuerbefreiung für Kleinunternehmen der Artikel 282 bis 292 gilt und es sich bei dem Gegenstand um ein Investitionsgut handelt;

d) eines steuerpflichtigen Wiederverkäufers, sofern die Lieferung des Gegenstands durch diesen steuerpflichtigen Wiederverkäufer aufgrund eines Verkaufskommissionsvertrags gemäß der Differenzbesteuerung der Mehrwertsteuer unterliegt.

## Artikel 335

Die Lieferung eines Gegenstands an einen steuerpflichtigen Veranstalter öffentlicher Versteigerungen gilt als zum Zeitpunkt des Verkaufs dieses Gegenstands im Wege der öffentlichen Versteigerung erfolgt.

## Artikel 336

Die Steuerbemessungsgrundlage für die einzelnen Lieferungen von Gegenständen im Sinne dieses Abschnitts ist der dem Erwerber vom Veranstalter der öffentlichen Versteigerung gemäß Artikel 339 in Rechnung gestellte Gesamtbetrag abzüglich folgender Beträge:

a) vom Veranstalter der öffentlichen Versteigerung an seinen Kommittenten gezahlter oder zu zahlender Nettobetrag gemäß Artikel 337;

b) Betrag der vom Veranstalter der öffentlichen Versteigerung für seine Lieferung geschuldeten Mehrwertsteuer.

## Artikel 337

Der vom Veranstalter der öffentlichen Versteigerung an seinen Kommittenten gezahlte oder zu zahlende Nettobetrag ist gleich der Differenz zwischen dem Preis, zu dem in der Versteigerung der Zuschlag für den Gegenstand erteilt wurde, und dem Betrag der Provision, die der Veranstalter der öffentlichen Versteigerung von seinem Kommittenten gemäß dem Verkaufskommissionsvertrag erhält oder zu erhalten hat.

## Artikel 338

Veranstalter öffentlicher Versteigerungen, die Gegenstände gemäß den Artikeln 333 und 334 liefern, müssen folgende Beträge in ihren Aufzeichnungen als durchlaufende Posten verbuchen:

a) die vom Erwerber des Gegenstands erhaltenen oder zu erhaltenden Beträge;

b) die dem Verkäufer des Gegenstands erstatteten oder zu erstattenden Beträge.

Die in Absatz 1 genannten Beträge müssen ordnungsgemäß nachgewiesen sein.

## Artikel 339

Der Veranstalter der öffentlichen Versteigerung muss dem Erwerber eine Rechnung ausstellen, in der folgende Beträge gesondert auszuweisen sind:

a) Zuschlagspreis des Gegenstands;

b) Steuern, Zölle, Abschöpfungen und Abgaben;

c) Nebenkosten wie Provisions-, Verpackungs-, Beförderungs- und Versicherungskosten, die der Veranstalter dem Erwerber des Gegenstands in Rechnung stellt.

In der von dem Veranstalter der öffentlichen Versteigerung ausgestellten Rechnung darf jedoch die Mehrwertsteuer nicht gesondert ausgewiesen werden.

## Artikel 340

(1) Der Veranstalter der öffentlichen Versteigerung, dem der Gegenstand aufgrund eines Kommissionsvertrags zum Verkauf im Wege der öffentlichen Versteigerung übergeben wurde, muss seinem Kommittenten eine Ausführungsanzeige aushändigen.

In der Ausführungsanzeige des Veranstalters der öffentlichen Versteigerung muss der Umsatzbetrag, d.h. der Preis, zu dem der Zuschlag für den Gegenstand erteilt wurde, abzüglich des Betrags der vom Kommittenten erhaltenen oder zu erhaltenden Provision gesondert ausgewiesen werden.

(2) Die gemäß Absatz 1 ausgestellte Ausführungsanzeige tritt an die Stelle der Rechnung, die der Kommittent, sofern er steuerpflichtig ist, dem Veranstalter der öffentlichen Versteigerung gemäß Artikel 220 ausstellen muss.

## Artikel 341

Die Mitgliedstaaten, die die Sonderregelung dieses Abschnitts anwenden, wenden sie auch auf die Lieferungen von Gebrauchtfahrzeugen im Sinne des Artikels 327 Absatz 3 durch den Veranstalter einer öffentlichen Versteigerung an, der in eigenem Namen aufgrund eines Kommissionsvertrags zum Verkauf dieser Gegenstände im Wege einer öffentlichen Versteigerung für Rechnung eines steuerpflichtigen Wiederverkäufers handelt, sofern diese Lieferung gemäß der Übergangsregelung für Gebrauchtfahrzeuge der Mehrwertsteuer unterläge, wenn sie durch diesen steuerpflichtigen Wiederverkäufer erfolgen würde.

## Abschnitt 4
## Verhütung von Wettbewerbsverzerrungen und Steuerbetrug

### Artikel 342

Die Mitgliedstaaten können hinsichtlich des Rechts auf Vorsteuerabzug Maßnahmen treffen, um zu verhindern, dass steuerpflichtigen Wiederverkäufern, die unter eine der Regelungen des Abschnitts 2 fallen, ungerechtfertigte Vor- oder Nachteile entstehen.

### Artikel 343

Der Rat kann auf Vorschlag der Kommission einstimmig jeden Mitgliedstaat zu besonderen Maßnahmen zur Bekämpfung des Steuerbetrugs ermächtigen, nach denen die gemäß der Differenzbesteuerung geschuldete Mehrwertsteuer nicht unter dem Betrag der Steuer liegen darf, die bei Zugrundelegung einer Differenz (Handelsspanne) in Höhe eines bestimmten Prozentsatzes des Verkaufspreises geschuldet würde.

Der Prozentsatz des Verkaufspreises wird unter Zugrundelegung der in dem betreffenden Sektor üblichen Handelsspannen festgelegt.

## KAPITEL 5
## Sonderregelung für Anlagegold

## Abschnitt 1
## Allgemeine Bestimmungen

### Artikel 344

(1) Für die Zwecke dieser Richtlinie und unbeschadet anderer Gemeinschaftsvorschriften gilt als „Anlagegold":

1. Gold in Barren- oder Plättchenform mit einem von den Goldmärkten akzeptierten Gewicht und einem Feingehalt von mindestens 995 Tausendsteln, unabhängig davon, ob es durch Wertpapiere verbrieft ist oder nicht;
2. Goldmünzen mit einem Feingehalt von mindestens 900 Tausendsteln, die nach dem Jahr 1800 geprägt wurden, die in ihrem Ursprungsland gesetzliches Zahlungsmittel sind oder waren und die üblicherweise zu einem Preis verkauft werden, der den Offenmarktwert ihres Goldgehalts um nicht mehr als 80 % übersteigt.

(2) Die Mitgliedstaaten können kleine Goldbarren oder -plättchen mit einem Gewicht von höchstens 1 g von dieser Sonderregelung ausnehmen.

(3) Für die Zwecke dieser Richtlinie gilt der Verkauf von in Absatz 1 Nummer 2 genannten Münzen als nicht aus numismatischem Interesse erfolgt.

### Artikel 345

Ab 1999 teilt jeder Mitgliedstaat der Kommission vor dem 1. Juli eines jeden Jahres mit, welche die in Artikel 344 Absatz 1 Nummer 2 genannten Kriterien erfüllenden Münzen in dem betreffenden Mitgliedstaat gehandelt werden. Die Kommission veröffentlicht vor dem 1. Dezember eines jeden Jahres ein erschöpfendes Verzeichnis dieser Münzen in der Reihe C des Amtsblatts der Europäischen Union. Die in diesem Verzeichnis aufgeführten Münzen gelten als Münzen, die die genannten Kriterien während des gesamten Jahres erfüllen, für das das Verzeichnis gilt.

## Abschnitt 2
## Steuerbefreiung

### Artikel 346

Die Mitgliedstaaten befreien von der Mehrwertsteuer die Lieferung, den innergemeinschaftlichen Erwerb und die Einfuhr von Anlagegold, einschließlich Anlagegold in Form von Zertifikaten über sammel- oder einzelverwahrtes Gold und über Goldkonten gehandeltes Gold, insbesondere auch Golddarlehen und Goldswaps, durch die ein Eigentumsrecht an Anlagegold oder ein schuldrechtlicher Anspruch auf Anlagegold begründet wird, sowie Terminkontrakte und im Freiverkehr getätigte Terminabschlüsse mit Anlagegold, die zur Übertragung eines Eigentumsrechts an Anlagegold oder eines schuldrechtlichen Anspruchs auf Anlagegold führen.

### Artikel 347

Die Mitgliedstaaten befreien Dienstleistungen von im Namen und für Rechnung Dritter handelnden Vermittlern von der Steuer, wenn diese die Lieferung von Anlagegold an ihre Auftraggeber vermitteln.

## Abschnitt 3
## Besteuerungswahlrecht

### Artikel 348

Die Mitgliedstaaten räumen Steuerpflichtigen, die Anlagegold herstellen oder Gold in Anlagegold umwandeln, das Recht ein, sich für die Besteuerung der Lieferung von Anlagegold an einen anderen Steuerpflichtigen, die ansonsten gemäß Artikel 346 von der Steuer befreit wäre, zu entscheiden.

### Artikel 349

(1) Die Mitgliedstaaten können Steuerpflichtigen, die im Rahmen ihrer wirtschaftlichen Tätigkeit üblicherweise Gold für gewerbliche Zwecke liefern, das Recht einräumen, sich für die Besteuerung der Lieferung von Goldbarren oder -plättchen im Sinne des Artikels 344 Absatz 1 Nummer 1 an einen anderen Steuerpflichtigen, die ansonsten gemäß Artikel 346 von der Steuer befreit wäre, zu entscheiden.

(2) Die Mitgliedstaaten können den Umfang des Wahlrechts nach Absatz 1 einschränken.

### Artikel 350

Hat der Lieferer das Recht, sich für die Besteuerung gemäß den Artikeln 348 und 349 zu entscheiden, in Anspruch genommen, räumen die Mitgliedstaaten dem Vermittler in Bezug auf die in Artikel 347 genannten Vermittlungsleistungen das Recht ein, sich für eine Besteuerung zu entscheiden.

### Artikel 351

Die Mitgliedstaaten regeln die Einzelheiten der Ausübung des Wahlrechts im Sinne dieses Abschnitts und unterrichten die Kommission entsprechend.

## Abschnitt 4
## Umsätze auf einem geregelten Goldmarkt

### Artikel 352

Jeder Mitgliedstaat kann nach Konsultation des Mehrwertsteuerausschusses bestimmte Umsätze mit Anlagegold in diesem Mitgliedstaat zwischen Steuerpflichtigen, die auf einem von dem betreffenden Mitgliedstaat geregelten Goldmarkt tätig sind, oder zwischen einem solchen Steuerpflichtigen und einem anderen Steuerpflichtigen, der nicht auf diesem Markt tätig ist, der Mehrwertsteuer unterwerfen. Der Mitgliedstaat darf jedoch Lieferungen unter den Voraussetzungen des Artikels 138 und Ausfuhren von Anlagegold nicht der Mehrwertsteuer unterwerfen.

### Artikel 353

Ein Mitgliedstaat, der gemäß Artikel 352 die Umsätze zwischen auf einem geregelten Goldmarkt tätigen Steuerpflichtigen besteuert, gestattet zur Vereinfachung die Aussetzung der Steuer und entbindet die Steuerpflichtigen von den Aufzeichnungspflichten zu Mehrwertsteuerzwecken.

## Abschnitt 5
## Besondere Rechte und Pflichten von Händlern mit Anlagegold

### Artikel 354

Ist seine anschließende Lieferung von Anlagegold gemäß diesem Kapitel von der Steuer befreit, hat der Steuerpflichtige das Recht, folgende Beträge abzuziehen:

a) die Mehrwertsteuer, die für Anlagegold geschuldet wird oder entrichtet wurde, das ihm von einer Person, die von dem Wahlrecht nach den Artikeln 348 und 349 Gebrauch gemacht hat, oder gemäß Abschnitt 4 geliefert wurde;

b) die Mehrwertsteuer, die für an ihn geliefertes oder durch ihn innergemeinschaftlich erworbenes oder eingeführtes Gold geschuldet wird oder entrichtet wurde, das kein Anlagegold ist und anschließend von ihm oder in seinem Namen in Anlagegold umgewandelt wird;

c) die Mehrwertsteuer, die für an ihn erbrachte Dienstleistungen geschuldet wird oder entrichtet wurde, die in der Veränderung der Form, des Gewichts oder des Feingehalts von Gold, einschließlich Anlagegold, bestehen.

## Artikel 355

Steuerpflichtige, die Anlagegold herstellen oder Gold in Anlagegold umwandeln, dürfen die für die Lieferung, den innergemeinschaftlichen Erwerb oder die Einfuhr von Gegenständen oder für direkt im Zusammenhang mit der Herstellung oder Umwandlung dieses Goldes stehende Dienstleistungen von ihnen geschuldete oder entrichtete Steuer als Vorsteuer abziehen, so als ob die anschließende, gemäß Artikel 346 steuerfreie Lieferung des Goldes steuerpflichtig wäre.

## Artikel 356

(1) Die Mitgliedstaaten stellen sicher, dass Anlagegoldhändler zumindest größere Umsätze mit Anlagegold aufzeichnen und die Unterlagen aufbewahren, um die Feststellung der Identität der an diesen Umsätzen beteiligten Kunden zu ermöglichen.

Die Händler haben die in Unterabsatz 1 genannten Unterlagen mindestens fünf Jahre lang aufzubewahren.

(2) Die Mitgliedstaaten können gleichwertige Auflagen nach Maßgabe anderer Vorschriften zur Umsetzung des Gemeinschaftsrechts, beispielsweise der Richtlinie 2005/60/EG des Europäischen Parlaments und des Rates vom 26. Oktober 2005 zur Verhinderung der Nutzung des Finanzsystems zum Zwecke der Geldwäsche und der Terrorismusfinanzierung[1] gelten lassen, um den Anforderungen des Absatzes 1 nachzukommen.

(3) Die Mitgliedstaaten können strengere Vorschriften, insbesondere über das Führen besonderer Nachweise oder über besondere Aufzeichnungspflichten, festlegen.

## KAPITEL 6
## Sonderregelung für nicht ansässige Steuerpflichtige, die Telekommunikationsdienstleistungen, Rundfunk- und Fernsehdienstleistungen oder elektronische Dienstleistungen an Nichtsteuerpflichtige erbringen

### Abschnitt 1
### Allgemeine Bestimmungen

### Artikel 357

(gestrichen)

### Artikel 358

Für die Zwecke dieses Kapitels und unbeschadet anderer Gemeinschaftsvorschriften gelten folgende Begriffsbestimmungen:

1. „Telekommunikationsdienstleistungen" und „Rundfunk- und Fernsehdienstleistungen": die in Artikel 58 Absatz 1 Buchstaben a und b genannten Dienstleistungen

---

[1] ABl. EU Nr. L 309 vom 25.11.2005, 15.

2. „elektronische Dienstleistungen" und „elektronisch erbrachte Dienstleistungen": die in Artikel 58 Absatz 1 Buchstabe c genannten Dienstleistungen;
3. „Mitgliedstaat des Verbrauchs": der Mitgliedstaat, in dem gemäß Artikel 58 der Ort der Erbringung der Telekommunikationsdienstleistungen, Rundfunk- und Fernsehdienstleistungen oder elektronischen Dienstleistung als gelegen gilt;
4. „Mehrwertsteuererklärung": die Erklärung, in der die für die Ermittlung des in den einzelnen Mitgliedstaaten geschuldeten Mehrwertsteuerbetrags erforderlichen Angaben enthalten sind.

## Abschnitt 2
### Sonderregelung für von nicht in der Gemeinschaft ansässigen Steuerpflichtigen erbrachte Telekommunikationsdienstleistungen, Rundfunk- und Fernsehdienstleistungen oder elektronische Dienstleistungen

### Artikel 358a

Für Zwecke dieses Abschnitts und unbeschadet anderer Gemeinschaftsvorschriften gelten folgende Begriffsbestimmungen:

1. „nicht in der Gemeinschaft ansässiger Steuerpflichtiger": ein Steuerpflichtiger, der im Gebiet der Gemeinschaft weder den Sitz seiner wirtschaftlichen Tätigkeit noch eine feste Niederlassung hat und der nicht anderweitig verpflichtet ist, sich für mehrwertsteuerliche Zwecke erfassen zu lassen;
2. „Mitgliedstaat der Identifizierung": der Mitgliedstaat, in dem der nicht in der Gemeinschaft ansässige Steuerpflichtige die Aufnahme seiner Tätigkeit als Steuerpflichtiger im Gebiet der Gemeinschaft gemäß diesem Abschnitt anzeigt.

### Artikel 359

Die Mitgliedstaaten gestatten nicht in der Gemeinschaft ansässigen Steuerpflichtigen, die Telekommunikationsdienstleistungen, Rundfunk- und Fernsehdienstleistungen oder elektronische Dienstleistungen an Nichtsteuerpflichtige erbringen, die in einem Mitgliedstaat ansässig sind oder dort ihren Wohnsitz oder ihren gewöhnlichen Aufenthaltsort haben, diese Sonderregelung in Anspruch zu nehmen. Diese Regelung gilt für alle derartigen Dienstleistungen, die in der Gemeinschaft erbracht werden.

### Artikel 360

Der nicht in der Gemeinschaft ansässige Steuerpflichtige hat dem Mitgliedstaat der Identifizierung die Aufnahme und die Beendigung seiner Tätigkeit als Steuerpflichtiger sowie diesbezügliche Änderungen, durch die er die Voraussetzungen für die Inanspruchnahme dieser Sonderregelung nicht mehr erfüllt, zu melden. Diese Meldung erfolgt elektronisch.

### Artikel 361

(1) Der nicht in der Gemeinschaft ansässige Steuerpflichtige macht dem Mitgliedstaat der Identifizierung bei der Aufnahme seiner steuerpflichtigen Tätigkeit folgende Angaben zu seiner Identität:

a) Name;
b) Postanschrift;
c) elektronische Anschriften einschließlich Websites;

d) nationale Steuernummer, falls vorhanden;

e) Erklärung, dass er in der Gemeinschaft nicht für Mehrwertsteuerzwecke erfasst ist.

(2) Der nicht in der Gemeinschaft ansässige Steuerpflichtige teilt dem Mitgliedstaat der Identifizierung jegliche Änderung der übermittelten Angaben mit.

## Artikel 362

Der Mitgliedstaat der Identifizierung erteilt dem nicht in der Gemeinschaft ansässigen Steuerpflichtigen eine individuelle Identifikationsnummer für die Mehrwertsteuer, die er dem Betreffenden elektronisch mitteilt. Auf der Grundlage der für diese Erteilung der Identifikationsnummer verwendeten Angaben können die Mitgliedstaaten des Verbrauchs ihre eigenen Identifikationssysteme verwenden.

## Artikel 363

Der Mitgliedstaat der Identifizierung streicht den nicht in der Gemeinschaft ansässigen Steuerpflichtigen aus dem Register, wenn

a) dieser mitteilt, dass er keine Telekommunikationsdienstleistungen, Rundfunk- und Fernsehdienstleistungen oder elektronischen Dienstleistungen mehr erbringt;

b) aus anderen Gründen davon ausgegangen werden kann, dass seine steuerpflichtigen Tätigkeiten beendet sind;

c) er die Voraussetzungen für die Inanspruchnahme dieser Sonderregelung nicht mehr erfüllt;

d) er wiederholt gegen die Vorschriften dieser Sonderregelung verstößt.

## Artikel 364

Der nicht in der Gemeinschaft ansässige Steuerpflichtige hat im Mitgliedstaat der Identifizierung für jedes Kalenderquartal eine Mehrwertsteuererklärung elektronisch abzugeben, unabhängig davon, ob Telekommunikationsdienstleistungen, Rundfunk- oder Fernsehdienstleistungen oder elektronische Dienstleistungen erbracht wurden oder nicht. Die Erklärung ist innerhalb von 20 Tagen nach Ablauf des Steuerzeitraums, der von der Erklärung umfasst wird, abzugeben.

## Artikel 365

In der Mehrwertsteuererklärung anzugeben sind die Identifikationsnummer und in Bezug auf jeden Mitgliedstaat des Verbrauchs, in dem Mehrwertsteuer geschuldet wird, der Gesamtbetrag ohne Mehrwertsteuer der während des Steuerzeitraums erbrachten Telekommunikationsdienstleistungen, Rundfunk- und Fernsehdienstleistungen und elektronischen Dienstleistungen sowie der Gesamtbetrag der entsprechenden Steuer aufgegliedert nach Steuersätzen. Ferner sind die anzuwendenden Steuersätze und die Gesamtsteuerschuld anzugeben.

## Artikel 366

(1) Die Beträge in der Mehrwertsteuererklärung sind in Euro anzugeben.

Diejenigen Mitgliedstaaten, die den Euro nicht eingeführt haben, können vorschreiben, dass die Beträge in der Mehrwertsteuererklärung in ihrer Landeswährung anzugeben sind. Wurden für die Dienstleistungen Beträge in anderen Währungen berechnet, hat der nicht in der Gemeinschaft ansässige Steuerpflichtige für die Zwecke der Mehrwertsteuererklärung den Umrechnungskurs vom letzten Tag des Steuerzeitraums anzuwenden.

(2) Die Umrechnung erfolgt auf der Grundlage der Umrechnungskurse, die von der Europäischen Zentralbank für den betreffenden Tag oder, falls an diesem Tag keine Veröffentlichung erfolgt, für den nächsten Tag, an dem eine Veröffentlichung erfolgt, veröffentlicht werden.

### Artikel 367

Der nicht in der Gemeinschaft ansässige Steuerpflichtige entrichtet die Mehrwertsteuer unter Hinweis auf die zugrunde liegende Mehrwertsteuererklärung bei der Abgabe der Mehrwertsteuererklärung, spätestens jedoch nach Ablauf der Frist, innerhalb der die Erklärung abzugeben ist.

Der Betrag wird auf ein auf Euro lautendes Bankkonto überwiesen, das vom Mitgliedstaat der Identifizierung angegeben wird. Diejenigen Mitgliedstaaten, die den Euro nicht eingeführt haben, können vorschreiben, dass der Betrag auf ein auf ihre Landeswährung lautendes Bankkonto überwiesen wird.

### Artikel 368

Der nicht in der Gemeinschaft ansässige Steuerpflichtige, der diese Sonderregelung in Anspruch nimmt, nimmt keinen Vorsteuerabzug gemäß Artikel 168 der vorliegenden Richtlinie vor. Unbeschadet des Artikels 1 Absatz 1 der Richtlinie 86/560/EWG wird diesem Steuerpflichtigen eine Mehrwertsteuererstattung gemäß der genannten Richtlinie gewährt. Artikel 2 Absätze 2 und 3 sowie Artikel 4 Absatz 2 der Richtlinie 86/560/EWG gelten nicht für Erstattungen im Zusammenhang mit Telekommunikationsdienstleistungen, Rundfunk- und Fernsehdienstleistungen und elektronischen Dienstleistungen, die unter diese Sonderregelung fallen.

### Artikel 369

(1) Der nicht in der Gemeinschaft ansässige Steuerpflichtige führt über seine dieser Sonderregelung unterliegenden Umsätze Aufzeichnungen. Diese müssen so ausführlich sein, dass die Steuerbehörden des Mitgliedstaats des Verbrauchs feststellen können, ob die Mehrwertsteuererklärung korrekt ist.

(2) Die Aufzeichnungen nach Absatz 1 sind dem Mitgliedstaat des Verbrauchs und dem Mitgliedstaat der Identifizierung auf Verlangen elektronisch zur Verfügung zu stellen.

Die Aufzeichnungen sind vom 31. Dezember des Jahres an, in dem der Umsatz bewirkt wurde, zehn Jahre lang aufzubewahren.

### Abschnitt 3
### Sonderregelung für von in der Gemeinschaft, nicht aber im Mitgliedstaat des Verbrauchs ansässigen Steuerpflichtigen erbrachte Telekommunikationsdienstleistungen, Rundfunk- und Fernsehdienstleistungen oder elektronische Dienstleistungen

### Artikel 369a

Für Zwecke dieses Abschnitts und unbeschadet anderer Gemeinschaftsvorschriften gelten folgende Begriffsbestimmungen:

1. „nicht im Mitgliedstaat des Verbrauchs ansässiger Steuerpflichtiger": ein Steuerpflichtiger, der den Sitz seiner wirtschaftlichen Tätigkeit oder eine feste Niederlassung im

Gebiet der Gemeinschaft hat, aber weder den Sitz seiner wirtschaftlichen Tätigkeit noch eine feste Niederlassung im Gebiet des Mitgliedstaats des Verbrauchs hat;

2. „Mitgliedstaat der Identifizierung": der Mitgliedstaat, in dem der Steuerpflichtige den Sitz seiner wirtschaftlichen Tätigkeit hat oder, falls er den Sitz seiner wirtschaftlichen Tätigkeit nicht in der Gemeinschaft hat, in dem er eine feste Niederlassung hat.

Hat der Steuerpflichtige den Sitz seiner wirtschaftlichen Tätigkeit nicht in der Gemeinschaft, dort jedoch mehr als eine feste Niederlassung, ist Mitgliedstaat der Identifizierung der Mitgliedstaat mit einer festen Niederlassung, in dem dieser Steuerpflichtige die Inanspruchnahme dieser Sonderregelung anzeigt. Der Steuerpflichtige ist an diese Entscheidung für das betreffende Kalenderjahr und die beiden darauf folgenden Kalenderjahre gebunden.

## Artikel 369b

Die Mitgliedstaaten gestatten nicht im Mitgliedstaat des Verbrauchs ansässigen Steuerpflichtigen, die Telekommunikationsdienstleistungen, Rundfunk- und Fernsehdienstleistungen oder elektronische Dienstleistungen an Nichtsteuerpflichtige erbringen, die in einem Mitgliedstaat ansässig sind oder dort ihren Wohnsitz oder ihren gewöhnlichen Aufenthaltsort haben, diese Sonderregelung in Anspruch zu nehmen. Diese Regelung gilt für alle derartigen Dienstleistungen, die in der Gemeinschaft erbracht werden.

## Artikel 369c

Der nicht im Mitgliedstaat des Verbrauchs ansässige Steuerpflichtige hat dem Mitgliedstaat der Identifizierung die Aufnahme und die Beendigung seiner dieser Sonderregelung unterliegenden Tätigkeit als Steuerpflichtiger sowie diesbezügliche Änderungen, durch die er die Voraussetzungen für die Inanspruchnahme dieser Sonderregelung nicht mehr erfüllt, zu melden. Diese Meldung erfolgt elektronisch.

## Artikel 369d

Ein Steuerpflichtiger, der die Sonderregelung in Anspruch nimmt, wird in Bezug auf dieser Regelung unterliegende steuerbare Umsätze nur in dem Mitgliedstaat der Identifizierung erfasst. Hierzu verwendet der Mitgliedstaat die individuelle Mehrwertsteuer-Identifikationsnummer, die dem Steuerpflichtigen für die Erfüllung seiner Pflichten aufgrund des internen Systems bereits zugeteilt wurde.

Auf der Grundlage der für diese Erteilung der Identifikationsnummer verwendeten Angaben können die Mitgliedstaaten des Verbrauchs ihre eigenen Identifikationssysteme beibehalten.

## Artikel 369e

Der Mitgliedstaat der Identifizierung schließt den nicht im Mitgliedstaat des Verbrauchs ansässigen Steuerpflichtigen von dieser Sonderregelung in folgenden Fällen aus:

a) wenn dieser mitteilt, dass er keine Telekommunikationsdienstleistungen, Rundfunk- und Fernsehdienstleistungen oder elektronischen Dienstleistungen mehr erbringt;

b) wenn aus anderen Gründen davon ausgegangen werden kann, dass seine dieser Sonderregelung unterliegenden steuerpflichtigen Tätigkeiten beendet sind;

c) wenn er die Voraussetzungen für die Inanspruchnahme dieser Sonderregelung nicht mehr erfüllt;

d) wenn er wiederholt gegen die Vorschriften dieser Sonderregelung verstößt.

## Artikel 369f

Der nicht im Mitgliedstaat des Verbrauchs ansässige Steuerpflichtige hat im Mitgliedstaat der Identifizierung für jedes Kalenderquartal eine Mehrwertsteuererklärung elektronisch abzugeben, unabhängig davon, ob Telekommunikationsdienstleistungen, Rundfunk- und Fernsehdienstleistungen oder elektronische Dienstleistungen erbracht wurden oder nicht. Die Erklärung ist innerhalb von 20 Tagen nach Ablauf des Steuerzeitraums, der von der Erklärung umfasst wird, abzugeben.

## Artikel 369g

In der Mehrwertsteuererklärung anzugeben sind die Identifikationsnummer nach Artikel 369d und in Bezug auf jeden Mitgliedstaat des Verbrauchs, in dem die Mehrwertsteuer geschuldet wird, der Gesamtbetrag ohne Mehrwertsteuer der während des Steuerzeitraums erbrachten Telekommunikationsdienstleistungen, Rundfunk- und Fernsehdienstleistungen und elektronischen Dienstleistungen sowie der Gesamtbetrag der entsprechenden Steuer aufgegliedert nach Steuersätzen. Ferner sind die anzuwendenden Mehrwertsteuersätze und die Gesamtsteuerschuld anzugeben.

Hat der Steuerpflichtige außer der Niederlassung im Mitgliedstaat der Identifizierung eine oder mehrere feste Niederlassungen, von denen aus die Dienstleistungen erbracht werden, so sind in der Mehrwertsteuererklärung für jeden Mitgliedstaat der Niederlassung außer den in Absatz 1 genannten Angaben auch der Gesamtbetrag der Telekommunikationsdienstleistungen, Rundfunk- und Fernsehdienstleistungen und elektronischen Dienstleistungen, die unter diese Sonderregelung fallen, zusammen mit der jeweiligen Mehrwertsteuer-Identifikationsnummer oder der Steuerregisternummer dieser Niederlassung, aufgeschlüsselt nach Mitgliedstaaten des Verbrauchs, anzugeben.

## Artikel 369h

(1) Die Beträge in der Mehrwertsteuererklärung sind in Euro anzugeben.

Diejenigen Mitgliedstaaten, die den Euro nicht eingeführt haben, können vorschreiben, dass die Beträge in der Mehrwertsteuererklärung in ihrer Landeswährung anzugeben sind. Wurden für die Dienstleistungen Beträge in anderen Währungen berechnet, hat der nicht im Mitgliedstaat des Verbrauchs ansässige Steuerpflichtige für die Zwecke der Mehrwertsteuererklärung den Umrechnungskurs vom letzten Tag des Steuerzeitraums anzuwenden.

(2) Die Umrechnung erfolgt auf der Grundlage der Umrechnungskurse, die von der Europäischen Zentralbank für den betreffenden Tag oder, falls an diesem Tag keine Veröffentlichung erfolgt, für den nächsten Tag, an dem eine Veröffentlichung erfolgt, veröffentlicht werden.

## Artikel 369i

Der nicht im Mitgliedstaat des Verbrauchs ansässige Steuerpflichtige entrichtet die Mehrwertsteuer unter Hinweis auf die zugrunde liegende Mehrwertsteuererklärung bei der Abgabe der Mehrwertsteuererklärung, spätestens jedoch nach Ablauf der Frist, innerhalb der die Erklärung abzugeben ist.

Der Betrag wird auf ein auf Euro lautendes Bankkonto überwiesen, das vom Mitgliedstaat der Identifizierung angegeben wird. Diejenigen Mitgliedstaaten, die den Euro nicht eingeführt haben, können vorschreiben, dass der Betrag auf ein auf ihre Landeswährung lautendes Bankkonto überwiesen wird.

### Artikel 369j

Der nicht im Mitgliedstaat des Verbrauchs ansässige Steuerpflichtige, der diese Sonderregelung in Anspruch nimmt, nimmt in Bezug auf seine dieser Sonderregelung unterliegenden steuerbaren Tätigkeiten keinen Vorsteuerabzug gemäß Artikel 168 dieser Richtlinie vor. Unbeschadet des Artikels 2 Nummer 1 und des Artikels 3 der Richtlinie 2008/9/EG wird diesem Steuerpflichtigen insoweit eine Mehrwertsteuererstattung gemäß der genannten Richtlinie gewährt.

Führt der nicht im Mitgliedstaat des Verbrauchs ansässige Steuerpflichtige, der diese Sonderregelung in Anspruch nimmt, im Mitgliedstaat des Verbrauchs auch nicht der Sonderregelung unterliegende Tätigkeiten aus, für die er verpflichtet ist, sich für Mehrwertsteuerzwecke erfassen zu lassen, zieht er die Vorsteuer in Bezug auf seine dieser Sonderregelung unterliegenden steuerbaren Tätigkeiten im Rahmen der nach Artikel 250 abzugebenden Mehrwertsteuererklärung ab.

### Artikel 369k

(1) Der nicht im Mitgliedstaat des Verbrauchs ansässige Steuerpflichtige führt über seine dieser Sonderregelung unterliegenden Umsätze Aufzeichnungen. Diese müssen so ausführlich sein, dass die Steuerbehörden des Mitgliedstaats des Verbrauchs feststellen können, ob die Mehrwertsteuererklärung korrekt ist.

(2) Die Aufzeichnungen nach Absatz 1 sind dem Mitgliedstaat des Verbrauchs und dem Mitgliedstaat der Identifizierung auf Verlangen elektronisch zur Verfügung zu stellen.

Die Aufzeichnungen sind vom 31. Dezember des Jahres an, in dem der Umsatz bewirkt wurde, zehn Jahre lang aufzubewahren.

## TITEL XIII
## AUSNAHMEN

### KAPITEL 1
### Bis zur Annahme einer endgültigen Regelung geltende Ausnahmen

#### Abschnitt 1
#### Ausnahmen für Staaten, die am 1. Januar 1978 Mitglied der Gemeinschaft waren

##### Artikel 370

Mitgliedstaaten, die am 1. Januar 1978 die in Anhang X Teil A genannten Umsätze besteuert haben, dürfen diese weiterhin besteuern.

##### Artikel 371

Mitgliedstaaten, die am 1. Januar 1978 die in Anhang X Teil B genannten Umsätze von der Steuer befreit haben, dürfen diese zu den in dem jeweiligen Mitgliedstaat zu dem genannten Zeitpunkt geltenden Bedingungen weiterhin befreien.

##### Artikel 372

*(hier nicht abgedruckt)*

## Artikel 373

Mitgliedstaaten, die am 1. Januar 1978 Bestimmungen angewandt haben, die von Artikel 28 und Artikel 79 Absatz 1 Buchstabe c abweichen, dürfen diese weiterhin anwenden.

## Artikel 374

*(hier nicht abgedruckt)*

## Abschnitt 2
## Ausnahmen für Staaten, die der Gemeinschaft nach dem 1. Januar 1978 beigetreten sind

### Artikel 375–390c

*(hier nicht abgedruckt)*

## Abschnitt 3
## Gemeinsame Bestimmungen zu den Abschnitten 1 und 2

### Artikel 391

Die Mitgliedstaaten, die die in den Artikeln 371, 375, 376 und 377, in Artikel 378 Absatz 2, Artikel 379 Absatz 2 und den Artikeln 380 bis 390c genannten Umsätze von der Steuer befreien, können den Steuerpflichtigen die Möglichkeit einräumen, sich für die Besteuerung der betreffenden Umsätze zu entscheiden.

### Artikel 392

Die Mitgliedstaaten können vorsehen, dass bei der Lieferung von Gebäuden und Baugrundstücken, die ein Steuerpflichtiger, der beim Erwerb kein Recht auf Vorsteuerabzug hatte, zum Zwecke des Wiederverkaufs erworben hat, die Steuerbemessungsgrundlage in der Differenz zwischen dem Verkaufspreis und dem Ankaufspreis besteht.

### Artikel 393

(1) Im Hinblick auf einen einfacheren Übergang zur endgültigen Regelung nach Artikel 402 überprüft der Rat auf der Grundlage eines Berichts der Kommission die Lage in Bezug auf die Ausnahmen der Abschnitte 1 und 2 und beschließt gemäß Artikel 93 des Vertrags über die etwaige Abschaffung einiger oder aller dieser Ausnahmen.

(2) Im Rahmen der endgültigen Regelung wird die Personenbeförderung für die innerhalb der Gemeinschaft zurückgelegte Strecke im Mitgliedstaat des Beginns der Beförderung nach den vom Rat gemäß Artikel 93 des Vertrags zu beschließenden Einzelheiten besteuert.

## KAPITEL 2
## Im Wege einer Ermächtigung genehmigte Ausnahmen

### Abschnitt 1
### Maßnahmen zur Vereinfachung und zur Verhinderung der Steuerhinterziehung und -umgehung

#### Artikel 394

Die Mitgliedstaaten, die am 1. Januar 1977 Sondermaßnahmen zur Vereinfachung der Steuererhebung oder zur Verhütung der Steuerhinterziehung oder -umgehung angewandt haben, können diese beibehalten, sofern sie sie der Kommission vor dem 1. Januar 1978 mitgeteilt haben und unter der Bedingung, dass die Vereinfachungsmaßnahmen mit Artikel 395 Absatz 1 Unterabsatz 2 in Einklang stehen.

#### Artikel 395

(1) Der Rat kann auf Vorschlag der Kommission einstimmig jeden Mitgliedstaat ermächtigen, von dieser Richtlinie abweichende Sondermaßnahmen einzuführen, um die Steuererhebung zu vereinfachen oder Steuerhinterziehungen oder -umgehungen zu verhindern.

Die Maßnahmen zur Vereinfachung der Steuererhebung dürfen den Gesamtbetrag der von dem Mitgliedstaat auf der Stufe des Endverbrauchs erhobenen Steuer nur in unerheblichem Maße beeinflussen.

(2) Ein Mitgliedstaat, der die in Absatz 1 bezeichneten Maßnahmen einführen möchte, sendet der Kommission einen Antrag und übermittelt ihr alle erforderlichen Angaben. Ist die Kommission der Auffassung, dass ihr nicht alle erforderlichen Angaben vorliegen, teilt sie dem betreffenden Mitgliedstaat innerhalb von zwei Monaten nach Eingang des Antrags mit, welche zusätzlichen Angaben sie benötigt.

Sobald die Kommission über alle Angaben verfügt, die ihres Erachtens für die Beurteilung des Antrags zweckdienlich sind, unterrichtet sie den antragstellenden Mitgliedstaat hiervon innerhalb eines Monats und übermittelt den Antrag in der Originalsprache an die anderen Mitgliedstaaten.

(3) Innerhalb von drei Monaten nach der Unterrichtung gemäß Absatz 2 Unterabsatz 2 unterbreitet die Kommission dem Rat einen geeigneten Vorschlag oder legt ihm gegebenenfalls ihre Einwände in einer Mitteilung dar.

(4) In jedem Fall ist das in den Absätzen 2 und 3 geregelte Verfahren innerhalb von acht Monaten nach Eingang des Antrags bei der Kommission abzuschließen.

(5) In Fällen äußerster Dringlichkeit, wie in Artikel 199b Absatz 1 festgelegt, ist das in den Absätzen 2 und 3 geregelte Verfahren innerhalb von sechs Monaten nach Eingang des Antrags bei der Kommission abzuschließen.

### Abschnitt 2
### Internationale Übereinkommen

#### Artikel 396

(1) Der Rat kann auf Vorschlag der Kommission einstimmig einen Mitgliedstaat ermächtigen, mit einem Drittland oder einer internationalen Organisation ein Übereinkommen zu schließen, das Abweichungen von dieser Richtlinie enthalten kann.

(2) Ein Mitgliedstaat, der ein Übereinkommen gemäß Absatz 1 schließen will, sendet der Kommission einen Antrag und übermittelt ihr alle erforderlichen Angaben. Ist die Kommission der Auffassung, dass ihr nicht alle erforderlichen Angaben vorliegen, teilt sie dem

betreffenden Mitgliedstaat innerhalb von zwei Monaten nach Eingang des Antrags mit, welche zusätzlichen Angaben sie benötigt.

Sobald die Kommission über alle Angaben verfügt, die ihres Erachtens für die Beurteilung erforderlich sind, unterrichtet sie den antragstellenden Mitgliedstaat hiervon innerhalb eines Monats und übermittelt den Antrag in der Originalsprache an die anderen Mitgliedstaaten.

(3) Innerhalb von drei Monaten nach der Unterrichtung gemäß Absatz 2 Unterabsatz 2 unterbreitet die Kommission dem Rat einen geeigneten Vorschlag oder legt ihm gegebenenfalls ihre Einwände in einer Mitteilung dar.

(4) In jedem Fall ist das in den Absätzen 2 und 3 geregelte Verfahren innerhalb von acht Monaten nach Eingang des Antrags bei der Kommission abzuschließen.

# TITEL XIV
# VERSCHIEDENES

## KAPITEL 1
## Durchführungsmaßnahmen

### Artikel 397

Der Rat beschließt auf Vorschlag der Kommission einstimmig die zur Durchführung dieser Richtlinie erforderlichen Maßnahmen.

## KAPITEL 2
## Mehrwertsteuerausschuss

### Artikel 398

(1) Es wird ein Beratender Ausschuss für die Mehrwertsteuer (nachstehend „Mehrwertsteuerausschuss" genannt) eingesetzt.

(2) Der Mehrwertsteuerausschuss setzt sich aus Vertretern der Mitgliedstaaten und der Kommission zusammen.

Den Vorsitz im Ausschuss führt ein Vertreter der Kommission.

Die Sekretariatsgeschäfte des Ausschusses werden von den Dienststellen der Kommission wahrgenommen.

(3) Der Mehrwertsteuerausschuss gibt sich eine Geschäftsordnung.

(4) Neben den Punkten, für die nach dieser Richtlinie eine Konsultation erforderlich ist, prüft der Mehrwertsteuerausschuss die Fragen im Zusammenhang mit der Anwendung der gemeinschaftsrechtlichen Vorschriften im Bereich der Mehrwertsteuer, die ihm der Vorsitzende von sich aus oder auf Antrag des Vertreters eines Mitgliedstaats vorlegt.

## KAPITEL 3
## Umrechnungskurs

### Artikel 399

Unbeschadet anderer Bestimmungen wird der Gegenwert der in dieser Richtlinie in Euro ausgedrückten Beträge in Landeswährung anhand des am 1. Januar 1999 geltenden Umrechnungskurses des Euro bestimmt. Die nach diesem Datum beigetretenen Mitgliedstaaten, die den Euro als einheitliche Währung nicht eingeführt haben, wenden den zum Zeitpunkt ihres Beitritts geltenden Umrechnungskurs an.

### Artikel 400

Bei der Umrechnung der Beträge gemäß Artikel 399 in Landeswährung können die Mitgliedstaaten die Beträge, die sich aus dieser Umrechnung ergeben, um höchstens 10 % auf- oder abrunden.

## KAPITEL 4
## Andere Steuern, Abgaben und Gebühren

### Artikel 401

Unbeschadet anderer gemeinschaftsrechtlicher Vorschriften hindert diese Richtlinie einen Mitgliedstaat nicht daran, Abgaben auf Versicherungsverträge, Spiele und Wetten, Verbrauchsteuern, Grunderwerbsteuern sowie ganz allgemein alle Steuern, Abgaben und Gebühren, die nicht den Charakter von Umsatzsteuern haben, beizubehalten oder einzuführen, sofern die Erhebung dieser Steuern, Abgaben und Gebühren im Verkehr zwischen den Mitgliedstaaten nicht mit Formalitäten beim Grenzübertritt verbunden ist.

# TITEL XV
# SCHLUSSBESTIMMUNGEN

## KAPITEL 1
## Übergangsregelung für die Besteuerung des Handelsverkehrs zwischen den Mitgliedstaaten

### Artikel 402

(1) Die in dieser Richtlinie vorgesehene Regelung für die Besteuerung des Handelsverkehrs zwischen den Mitgliedstaaten ist eine Übergangsregelung, die von einer endgültigen Regelung abgelöst wird, die auf dem Grundsatz beruht, dass die Lieferungen von Gegenständen und die Erbringung von Dienstleistungen im Ursprungsmitgliedstaat zu besteuern sind.

(2) Der Rat erlässt, wenn er nach Prüfung des Berichts nach Artikel 404 zu der Feststellung gelangt ist, dass die Voraussetzungen für den Übergang zur endgültigen Regelung erfüllt sind, gemäß Artikel 93 des Vertrags die für das Inkrafttreten und die Anwendung der endgültigen Regelung erforderlichen Maßnahmen.

### Artikel 403

Der Rat erlässt gemäß Artikel 93 des Vertrags geeignete Richtlinien zur Vervollständigung des gemeinsamen Mehrwertsteuersystems und insbesondere zur allmählichen Einschränkung beziehungsweise Aufhebung der von diesem System abweichenden Regelungen.

### Artikel 404

Die Kommission unterbreitet dem Europäischen Parlament und dem Rat auf der Grundlage der von den Mitgliedstaaten erlangten Informationen alle vier Jahre nach der Annahme dieser Richtlinie einen Bericht über das Funktionieren des gemeinsamen Mehrwertsteuersystems in den Mitgliedstaaten und insbesondere über das Funktionieren der Übergangsregelung für die Besteuerung des Handelsverkehrs zwischen den Mitgliedstaaten und fügt ihm gegebenenfalls Vorschläge für die endgültige Regelung bei.

## KAPITEL 2
## Übergangsbestimmungen im Rahmen der Beitritte zur Europäischen Union

### Artikel 405–410

*(hier nicht abgedruckt)*

## KAPITEL 3
## Umsetzung und Inkrafttreten

### Artikel 411

(1) Die Richtlinie 67/227/EWG und die Richtlinie 77/388/EWG werden unbeschadet der Verpflichtung der Mitgliedstaaten hinsichtlich der in Anhang XI Teil B genannten Fristen für die Umsetzung in innerstaatliches Recht und der Anwendungsfristen aufgehoben.

(2) Verweisungen auf die aufgehobenen Richtlinien gelten als Verweisungen auf die vorliegende Richtlinie und sind nach Maßgabe der Entsprechungstabelle in Anhang XII zu lesen.

### Artikel 412

(1) Die Mitgliedstaaten erlassen die Rechts- und Verwaltungsvorschriften, die erforderlich sind, um Artikel 2 Absatz 3, Artikel 44, Artikel 59 Absatz 1, Artikel 399 und Anhang III Nummer 18 dieser Richtlinie mit Wirkung zum 1. Januar 2008 nachzukommen. Sie teilen der Kommission unverzüglich den Wortlaut dieser Rechtsvorschriften mit und fügen eine Entsprechungstabelle dieser Rechtsvorschriften und der vorliegenden Richtlinie bei.

Wenn die Mitgliedstaaten diese Vorschriften erlassen, nehmen sie in den Vorschriften selbst oder durch einen Hinweis bei der amtlichen Veröffentlichung auf diese Richtlinie Bezug. Die Mitgliedstaaten regeln die Einzelheiten der Bezugnahme.

(2) Die Mitgliedstaaten teilen der Kommission den Wortlaut der wesentlichen innerstaatlichen Rechtsvorschriften mit, die sie auf dem unter diese Richtlinie fallenden Gebiet erlassen.

### Artikel 413

Diese Richtlinie tritt am 1. Januar 2007 in Kraft.

### Artikel 414

Diese Richtlinie ist an die Mitgliedstaaten gerichtet.

## ANHANG I
## VERZEICHNIS DER TÄTIGKEITEN IM SINNE DES ARTIKELS 13 ABSATZ 1 UNTERABSATZ 3

1. Telekommunikationswesen;
2. Lieferung von Wasser, Gas, Elektrizität und thermischer Energie;
3. Güterbeförderung;
4. Hafen- und Flughafendienstleistungen;
5. Personenbeförderung;
6. Lieferung von neuen Gegenständen zum Zwecke ihres Verkaufs;

7. Umsätze der landwirtschaftlichen Interventionsstellen aus landwirtschaftlichen Erzeugnissen, die in Anwendung der Verordnungen über eine gemeinsame Marktorganisation für diese Erzeugnisse bewirkt werden;
8. Veranstaltung von Messen und Ausstellungen mit gewerblichem Charakter;
9. Lagerhaltung;
10. Tätigkeiten gewerblicher Werbebüros;
11. Tätigkeiten der Reisebüros;
12. Umsätze von betriebseigenen Kantinen, Verkaufsstellen und Genossenschaften und ähnlichen Einrichtungen;
13. Tätigkeiten der Rundfunk- und Fernsehanstalten sofern sie nicht nach Artikel 132 Absatz 1 Buchstabe q steuerbefreit sind.

## ANHANG II
### EXEMPLARISCHES VERZEICHNIS ELEKTRONISCH ERBRACHTER DIENSTLEISTUNGEN IM SINNE VON ARTIKEL 58 ABSATZ 1 BUCHSTABE C

1. Bereitstellung von Websites, Webhosting, Fernwartung von Programmen und Ausrüstungen;
2. Bereitstellung von Software und deren Aktualisierung;
3. Bereitstellung von Bildern, Texten und Informationen sowie Bereitstellung von Datenbanken;
4. Bereitstellung von Musik, Filmen und Spielen, einschließlich Glücksspielen und Lotterien sowie von Sendungen und Veranstaltungen aus den Bereichen Politik, Kultur, Kunst, Sport, Wissenschaft und Unterhaltung;
5. Erbringung von Fernunterrichtsleistungen.

## ANHANG III
### VERZEICHNIS DER LIEFERUNGEN VON GEGENSTÄNDEN UND DIENSTLEISTUNGEN, AUF DIE ERMÄSSIGTE MWST-SÄTZE GEMÄSS ARTIKEL 98 ANGEWANDT WERDEN KÖNNEN

1. Nahrungs- und Futtermittel (einschließlich Getränke, alkoholische Getränke jedoch ausgenommen), lebende Tiere, Saatgut, Pflanzen und üblicherweise für die Zubereitung von Nahrungs- und Futtermitteln verwendete Zutaten sowie üblicherweise als Zusatz oder als Ersatz für Nahrungs- und Futtermittel verwendete Erzeugnisse;
2. Lieferung von Wasser;
3. Arzneimittel, die üblicherweise für die Gesundheitsvorsorge, die Verhütung von Krankheiten und für ärztliche und tierärztliche Behandlungen verwendet werden, einschließlich Erzeugnissen für Zwecke der Empfängnisverhütung und der Monatshygiene;
4. medizinische Geräte, Hilfsmittel und sonstige Vorrichtungen, die üblicherweise für die Linderung und die Behandlung von Behinderungen verwendet werden und die ausschließlich für den persönlichen Gebrauch von Behinderten bestimmt sind, einschließlich der Instandsetzung solcher Gegenstände, sowie Kindersitze für Kraftfahrzeuge;
5. Beförderung von Personen und des mitgeführten Gepäcks;

6. Lieferung von Büchern auf jeglichen physischen Trägern, einschließlich des Verleihs durch Büchereien (einschließlich Broschüren, Prospekte und ähnliche Drucksachen, Bilder-, Zeichen- oder Malbücher für Kinder, Notenhefte oder Manuskripte, Landkarten und hydrografische oder sonstige Karten), Zeitungen und Zeitschriften, mit Ausnahme von Druckerzeugnissen, die vollständig oder im Wesentlichen Werbezwecken dienen;
7. Eintrittsberechtigung für Veranstaltungen, Theater, Zirkus, Jahrmärkte, Vergnügungsparks, Konzerte, Museen, Tierparks, Kinos und Ausstellungen sowie ähnliche kulturelle Ereignisse und Einrichtungen;
8. Empfang von Rundfunk- und Fernsehprogrammen;
9. Dienstleistungen von Schriftstellern, Komponisten und ausübenden Künstlern sowie diesen geschuldete urheberrechtliche Vergütungen;
10. Lieferung, Bau, Renovierung und Umbau von Wohnungen im Rahmen des sozialen Wohnungsbaus;
10a. Renovierung und Reparatur von Privatwohnungen, mit Ausnahme von Materialien, die einen bedeutenden Teil des Wertes der Dienstleistung ausmachen;
10b. Reinigung von Fenstern und Reinigung in privaten Haushalten;
11. Lieferung von Gegenständen und Dienstleistungen, die in der Regel für den Einsatz in der landwirtschaftlichen Erzeugung bestimmt sind, mit Ausnahme von Investitionsgütern wie Maschinen oder Gebäuden;
12. Beherbergung in Hotels und ähnlichen Einrichtungen, einschließlich der Beherbergung in Ferienunterkünften, und Vermietung von Campingplätzen und Plätzen für das Abstellen von Wohnwagen;
12a. Restaurant- und Verpflegungsdienstleistungen, mit der Möglichkeit, die Abgabe von (alkoholischen und/oder alkoholfreien) Getränken auszuklammern;
13. Eintrittsberechtigung für Sportveranstaltungen;
14. Überlassung von Sportanlagen;
15. Lieferung von Gegenständen und Erbringung von Dienstleistungen durch von den Mitgliedstaaten anerkannte gemeinnützige Einrichtungen für wohltätige Zwecke und im Bereich der sozialen Sicherheit, soweit sie nicht gemäß den Artikeln 132, 135 und 136 von der Steuer befreit sind;
16. Dienstleistungen von Bestattungsinstituten und Krematorien, einschließlich der Lieferung von damit im Zusammenhang stehenden Gegenständen;
17. medizinische Versorgungsleistungen und zahnärztliche Leistungen sowie Thermalbehandlungen, soweit sie nicht gemäß Artikel 132 Absatz 1 Buchstaben b bis e von der Steuer befreit sind;
18. Dienstleistungen im Rahmen der Straßenreinigung, der Abfuhr von Hausmüll und der Abfallbehandlung mit Ausnahme der Dienstleistungen, die von Einrichtungen im Sinne des Artikels 13 erbracht werden;
19. kleine Reparaturdienstleistungen betreffend Fahrräder, Schuhe und Lederwaren, Kleidung und Haushaltswäsche (einschließlich Ausbesserung und Änderung);
20. häusliche Pflegedienstleistungen (z.B. Haushaltshilfe und Betreuung von Kindern, älteren, kranken oder behinderten Personen);
21. Friseurdienstleistungen.

## ANHANG IV
### VERZEICHNIS DER DIENSTLEISTUNGEN IM SINNE DES ARTIKELS 106

*(gestrichen)*

## ANHANG V
### KATEGORIEN VON GEGENSTÄNDEN, DIE NACH ARTIKEL 160 ABSATZ 2 REGELUNGEN FÜR ANDERE LAGER ALS ZOLLLAGER UNTERLIEGEN

|     | KN-Code | Beschreibung der Gegenstände |
|-----|---------|------------------------------|
| 1)  | 0701    | Kartoffeln |
| 2)  | 0711 20 | Oliven |
| 3)  | 0801    | Kokosnüsse, Paranüsse und Kaschu-Nüsse |
| 4)  | 0802    | Andere Schalenfrüchte |
| 5)  | 0901 11 00 <br> 0901 12 00 | Kaffee, nicht geröstet |
| 6)  | 0902    | Tee |
| 7)  | 1001 bis 1005 <br> 1007 bis 1008 | Getreide |
| 8)  | 1006    | Rohreis |
| 9)  | 1201 bis 1207 | Samen und ölhaltige Früchte (einschließlich Sojabohnen) |
| 10) | 1507 bis 1515 | Pflanzliche Fette und Öle und deren Fraktionen, roh, raffiniert, jedoch nicht chemisch modifiziert |
| 11) | 1701 11 <br> 1701 12 | Rohzucker |
| 12) | 1801    | Kakao, Kakaobohnen und Kakaobohnenbruch; roh oder geröstet |
| 13) | 2709 <br> 2710 <br> 2711 12 <br> 2711 13 | Mineralöle (einschließlich Propan und Butan sowie Rohöle aus Erdöl) |
| 14) | Kapitel 28 und 29 | Chemische Produkte, lose |
| 15) | 4001 <br> 4002 | Kautschuk, in Primärformen oder in Platten, Blättern oder Streifen |
| 16) | 5101    | Wolle |
| 17) | 7106    | Silber |
| 18) | 7110 11 00 <br> 7110 21 00 <br> 7110 31 00 | Platin (Palladium, Rhodium) |
| 19) | 7402 <br> 7403 <br> 7405 <br> 7408 | Kupfer |
| 20) | 7502    | Nickel |
| 21) | 7601    | Aluminium |
| 22) | 7801    | Blei |
| 23) | 7901    | Zink |
| 24) | 8001    | Zinn |
| 25) | ex 8112 92 <br> ex 8112 99 | Indium |

## ANHANG VI
## VERZEICHNIS DER IN ARTIKEL 199 ABSATZ 1 BUCHSTABE D GENANNTEN LIEFERUNGEN VON GEGENSTÄNDEN UND DIENSTLEISTUNGEN

1. Lieferung von Alteisen und Nichteisenabfällen, Schrott und Gebrauchtmaterial einschließlich Halberzeugnissen aus Verarbeitung, Herstellung oder Schmelzen von Eisen oder Nichteisenmetallen oder deren Legierungen;
2. Lieferung von Halberzeugnissen aus Eisen- und Nichteisenmetallen sowie Erbringung bestimmter damit verbundener Verarbeitungsleistungen;
3. Lieferung von Rückständen und anderen recyclingfähigen Materialien aus Eisen- und Nichteisenmetallen, Legierungen, Schlacke, Asche, Walzschlacke und metall- oder metalllegierungshaltigen gewerblichen Rückständen sowie Erbringung von Dienstleistungen in Form des Sortierens, Zerschneidens, Zerteilens und Pressens dieser Erzeugnisse;
4. Lieferung von Alteisen und Altmetallen, sowie von Abfällen, Schnitzeln und Bruch sowie gebrauchtem und recyclingfähigem Material in Form von Scherben, Glas, Papier, Pappe und Karton, Lumpen, Knochen, Häuten, Kunstleder, Pergament, rohen Häuten und Fellen, Sehnen und Bändern, Schnur, Tauwerk, Leinen, Tauen, Seilen, Kautschuk und Plastik und Erbringung bestimmter Verarbeitungsleistungen in Zusammenhang damit;
5. Lieferung der in diesem Anhang genannten Stoffe, nachdem sie gereinigt, poliert, sortiert, geschnitten, fragmentiert, zusammengepresst oder zu Blöcken gegossen wurden;
6. Lieferung von Schrott und Abfällen aus der Verarbeitung von Rohstoffen.

## ANHANG VII
## VERZEICHNIS DER TÄTIGKEITEN DER LANDWIRTSCHAFTLICHEN ERZEUGUNG IM SINNE DES ARTIKELS 295 ABSATZ 1 NUMMER 4

1. Anbau:
   a) Ackerbau im Allgemeinen, einschließlich Weinbau;
   b) Obstbau (einschließlich Olivenanbau) und Gemüse-, Blumen- und Zierpflanzengartenbau, auch unter Glas;
   c) Anbau von Pilzen und Gewürzen, Erzeugung von Saat- und Pflanzgut;
   d) Betrieb von Baumschulen.
2. Tierzucht und Tierhaltung in Verbindung mit der Bodenbewirtschaftung:
   a) Viehzucht und -haltung;
   b) Geflügelzucht und -haltung;
   c) Kaninchenzucht und -haltung;
   d) Imkerei;
   e) Seidenraupenzucht;
   f) Schneckenzucht.
3. Forstwirtschaft.
4. Fischwirtschaft:
   a) Süßwasserfischerei;
   b) Fischzucht;
   c) Muschelzucht, Austernzucht und Zucht anderer Weich- und Krebstiere;
   d) Froschzucht.

## ANHANG VIII
## EXEMPLARISCHES VERZEICHNIS DER LANDWIRTSCHAFTLICHEN DIENSTLEISTUNGEN IM SINNE DES ARTIKELS 295 ABSATZ 1 NUMMER 5

1) Anbau-, Ernte-, Dresch-, Press-, Lese- und Einsammelarbeiten, einschließlich Säen und Pflanzen;
2) Verpackung und Zubereitung, wie beispielsweise Trocknung, Reinigung, Zerkleinerung, Desinfektion und Einsilierung landwirtschaftlicher Erzeugnisse;
3) Lagerung landwirtschaftlicher Erzeugnisse;
4) Hüten, Zucht und Mästen von Vieh;
5) Vermietung normalerweise in land-, forst- und fischwirtschaftlichen Betrieben verwendeter Mittel zu landwirtschaftlichen Zwecken;
6) technische Hilfe;
7) Vernichtung schädlicher Pflanzen und Tiere, Behandlung von Pflanzen und Böden durch Besprühen;
8) Betrieb von Be- und Entwässerungsanlagen;
9) Beschneiden und Fällen von Bäumen und andere forstwirtschaftliche Dienstleistungen.

## ANHANG IX
## KUNSTGEGENSTÄNDE, SAMMLUNGSSTÜCKE UND ANTIQUITÄTEN IM SINNE DES ARTIKELS 311 ABSATZ 1 NUMMERN 2, 3 UND 4

### TEIL A
### Kunstgegenstände

1. Gemälde (z.B. Ölgemälde, Aquarelle, Pastelle) und Zeichnungen sowie Collagen und ähnliche dekorative Bildwerke, vollständig vom Künstler mit der Hand geschaffen, ausgenommen Baupläne und -zeichnungen, technische Zeichnungen und andere Pläne und Zeichnungen zu Gewerbe-, Handels-, topografischen oder ähnlichen Zwecken, handbemalte oder handverzierte gewerbliche Erzeugnisse, bemalte Gewebe für Theaterdekorationen, Atelierhintergründe oder dergleichen (KN-Code 9701);
2. Originalstiche, -schnitte und -steindrucke, die unmittelbar in begrenzter Zahl von einer oder mehreren vom Künstler vollständig handgearbeiteten Platten nach einem beliebigen, jedoch nicht mechanischen oder fotomechanischen Verfahren auf ein beliebiges Material in schwarz-weiß oder farbig abgezogen wurden (KN-Code 9702 00 00);
3. Originalerzeugnisse der Bildhauerkunst, aus Stoffen aller Art, sofern vollständig vom Künstler geschaffen; unter Aufsicht des Künstlers oder seiner Rechtsnachfolger hergestellte Bildgüsse bis zu einer Höchstzahl von acht Exemplaren (KN-Code 9703 00 00). In bestimmten, von den Mitgliedstaaten festgelegten Ausnahmefällen darf bei vor dem 1. Januar 1989 hergestellten Bildgüssen die Höchstzahl von acht Exemplaren überschritten werden;
4. handgearbeitete Tapisserien (KN-Code 5805 00 00) und Textilwaren für Wandbekleidung (KN-Code 6304 00 00) nach Originalentwürfen von Künstlern, höchstens jedoch acht Kopien je Werk;
5. Originalwerke aus Keramik, vollständig vom Künstler geschaffen und von ihm signiert;
6. Werke der Emaillekunst, vollständig von Hand geschaffen, bis zu einer Höchstzahl von acht nummerierten und mit der Signatur des Künstlers oder des Kunstateliers versehenen Exemplaren; ausgenommen sind Erzeugnisse des Schmuckhandwerks, der Juwelier- und der Goldschmiedekunst;

7. vom Künstler aufgenommene Photographien, die von ihm oder unter seiner Überwachung abgezogen wurden und signiert sowie nummeriert sind; die Gesamtzahl der Abzüge darf, alle Formate und Trägermaterialien zusammengenommen, 30 nicht überschreiten.

## TEIL B
### Sammlungsstücke

1. Briefmarken, Stempelmarken, Steuerzeichen, Ersttagsbriefe, Ganzsachen und dergleichen, entwertet oder nicht entwertet, jedoch weder gültig noch zum Umlauf vorgesehen (KN-Code 9704 00 00);
2. zoologische, botanische, mineralogische oder anatomische Sammlungsstücke und Sammlungen; Sammlungsstücke von geschichtlichem, archäologischem, paläontologischem, völkerkundlichem oder münzkundlichem Wert (KN-Code 9705 00 00).

## TEIL C
### Antiquitäten

Andere Gegenstände als Kunstgegenstände und Sammlungsstücke, die mehr als hundert Jahre alt sind (KN-Code 9706 00 00).

# ANHANG X
## VERZEICHNIS DER UMSÄTZE, FÜR DIE DIE AUSNAHMEN GEMÄSS DEN ARTIKELN 370 UND 371 SOWIE 375 BIS 390b GELTEN

## TEIL A
### Umsätze, die die Mitgliedstaaten weiterhin besteuern dürfen

1. Dienstleistungen, die von Zahntechnikern im Rahmen ihrer beruflichen Tätigkeit erbracht werden, sowie Lieferungen von Zahnersatz durch Zahnärzte und Zahntechniker;
2. Tätigkeiten der öffentlichen Rundfunk- und Fernsehanstalten, die keinen gewerblichen Charakter aufweisen;
3. Lieferungen von anderen Gebäuden oder Gebäudeteilen und dem dazugehörigen Grund und Boden als den in Artikel 12 Absatz 1 Buchstabe a genannten, wenn sie von Steuerpflichtigen getätigt werden, die für das betreffende Gebäude ein Recht auf Vorsteuerabzug hatten;
4. Dienstleistungen der Reisebüros im Sinne des Artikels 306 sowie der Reisebüros, die im Namen und für Rechnung des Reisenden für Reisen außerhalb der Gemeinschaft tätig werden.

## TEIL B
### Umsätze, die die Mitgliedstaaten weiterhin von der Steuer befreien dürfen

1. Einnahme von Eintrittsgeldern bei Sportveranstaltungen;
2. Dienstleistungen von Autoren, Künstlern und Interpreten von Kunstwerken sowie Dienstleistungen von Rechtsanwälten und Angehörigen anderer freier Berufe, mit Ausnahme der ärztlichen oder arztähnlichen Heilberufe sowie mit Ausnahme folgender Dienstleistungen:

a) Abtretung von Patenten, Warenzeichen und gleichartigen Rechten sowie Gewährung von Lizenzen betreffend diese Rechte;

b) Arbeiten an beweglichen körperlichen Gegenständen, die für Steuerpflichtige durchgeführt werden und die nicht in der Ablieferung eines aufgrund eines Werkvertrags hergestellten beweglichen Gegenstands bestehen;

c) Dienstleistungen zur Vorbereitung oder zur Koordinierung der Durchführung von Bauleistungen wie zum Beispiel Leistungen von Architekten und Bauaufsichtsbüros;

d) Dienstleistungen auf dem Gebiet der Wirtschaftswerbung;

e) Beförderung und Lagerung von Gegenständen sowie Nebendienstleistungen;

f) Vermietung von beweglichen körperlichen Gegenständen an Steuerpflichtige;

g) Überlassung von Arbeitskräften an Steuerpflichtige;

h) Dienstleistungen von Beratern, Ingenieuren und Planungsbüros auf technischem, wirtschaftlichem oder wissenschaftlichem Gebiet sowie ähnliche Leistungen;

i) Ausführung einer Verpflichtung, eine unternehmerische Tätigkeit oder ein Recht im Sinne der Buchstaben a bis h und j ganz oder teilweise nicht auszuüben;

j) Dienstleistungen von Spediteuren, Maklern, Handelsagenten und anderen selbstständigen Vermittlern, soweit sie die Lieferungen oder die Einfuhren von Gegenständen oder Dienstleistungen gemäß den Buchstaben a bis i betreffen;

3. Telekommunikationsdienstleistungen und dazu gehörende Lieferungen von Gegenständen, die von öffentlichen Posteinrichtungen erbracht bzw. getätigt werden;

4. Dienstleistungen der Bestattungsinstitute und Krematorien sowie dazu gehörende Lieferungen von Gegenständen;

5. Umsätze, die von Blinden oder Blindenwerkstätten bewirkt werden, wenn ihre Befreiung von der Steuer keine erheblichen Wettbewerbsverzerrungen verursacht;

6. Lieferung von Gegenständen und Dienstleistungen an Einrichtungen, die mit der Anlage, Ausstattung und Instandhaltung von Friedhöfen, Grabstätten und Denkmälern für Kriegsopfer beauftragt sind;

7. Umsätze von nicht unter Artikel 132 Absatz 1 Buchstabe b fallenden Krankenhäusern;

8. Lieferung von Wasser durch Einrichtungen des öffentlichen Rechts;

9. Lieferung von Gebäuden oder Gebäudeteilen und dem dazugehörigen Grund und Boden vor dem Erstbezug sowie Lieferung von Baugrundstücken im Sinne des Artikels 12;

10. Beförderung von Personen und von Begleitgütern der Reisenden, wie Gepäck und Kraftfahrzeuge, sowie Dienstleistungen im Zusammenhang mit der Personenbeförderung, soweit die Beförderung dieser Personen von der Steuer befreit ist;

11. Lieferung, Umbau, Reparatur, Wartung, Vercharterung und Vermietung von Luftfahrzeugen, die von staatlichen Einrichtungen verwendet werden, einschließlich der Gegenstände, die in diese Luftfahrzeuge eingebaut sind oder ihrem Betrieb dienen;

12. Lieferung, Umbau, Reparatur, Wartung, Vercharterung und Vermietung von Kriegsschiffen;

13. Dienstleistungen der Reisebüros im Sinne des Artikels 306 sowie der Reisebüros, die im Namen und für Rechnung des Reisenden für Reisen innerhalb der Gemeinschaft tätig werden.

## ANHANG XI

### TEIL A
**Aufgehobene Richtlinien mit ihren nachfolgenden Änderungen**

1. Richtlinie 67/227/EWG (ABl. 71 vom 14.4.1967, S. 1301)
   Richtlinie 77/388/EWG
2. Richtlinie 77/388/EWG (ABl. L 145 vom 13.6.1977, S. 1)
   Richtlinie 78/583/EWG (ABl. L 194 vom 19.7.1978, S. 16)
   Richtlinie 80/368/EWG (ABl. L 90 vom 3.4.1980, S. 41)
   Richtlinie 84/386/EWG (ABl. L 208 vom 3.8.1984, S. 58)
   Richtlinie 89/465/EWG (ABl. L 226 vom 3.8.1989, S. 21)
   Richtlinie 91/680/EWG (ABl. L 376 vom 31.12.1991, S. 1) – nicht Artikel 2
   Richtlinie 92/77/EWG (ABl. L 316 vom 31.10.1992, S. 1)
   Richtlinie 92/111/EWG (ABl. L 384 vom 30.12.1992, S. 47)
   Richtlinie 94/4/EG (ABl. L 60 vom 3.3.1994, S. 14) – nur Artikel 2
   Richtlinie 94/5/EG (ABl. L 60 vom 3.3.1994, S. 16)
   Richtlinie 94/76/EG (ABl. L 365 vom 31.12.1994, S. 53)
   Richtlinie 95/7/EG (ABl. L 102 vom 5.5.1995, S. 18)
   Richtlinie 96/42/EG (ABl. L 170 vom 9.7.1996, S. 34)
   Richtlinie 96/95/EG (ABl. L 338 vom 28.12.1996, S. 89)
   Richtlinie 98/80/EG (ABl. L 281 vom 17.10.1998, S. 31)
   Richtlinie 1999/49/EG (ABl. L 139 vom 2.6.1999, S. 27)
   Richtlinie 1999/59/EG (ABl. L 162 vom 26.6.1999, S. 63)
   Richtlinie 1999/85/EG (ABl. L 277 vom 28.10.1999, S. 34)
   Richtlinie 2000/17/EG (ABl. L 84 vom 5.4.2000, S. 24)
   Richtlinie 2000/65/EG (ABl. L 269 vom 21.10.2000, S. 44)
   Richtlinie 2001/4/EG (ABl. L 22 vom 24.1.2001, S. 17)
   Richtlinie 2001/115/EG (ABl. L 15 vom 17.1.2002, S. 24)
   Richtlinie 2002/38/EG (ABl. L 128 vom 15.5.2002, S. 41)
   Richtlinie 2002/93/EG (ABl. L 331 vom 7.12.2002, S. 27)
   Richtlinie 2003/92/EG (ABl. L 260 vom 11.10.2003, S. 8)
   Richtlinie 2004/7/EG (ABl. L 27 vom 30.1.2004, S. 44)
   Richtlinie 2004/15/EG (ABl. L 52 vom 21.2.2004, S. 61)
   Richtlinie 2004/66/EG (ABl. L 168 vom 1.5.2004, S. 35) – nur Anhang Nummer V
   Richtlinie 2005/92/EG (ABl. L 345 vom 28.12.2005, S. 19)
   Richtlinie 2006/18/EG (ABl. L 51 vom 22.2.2006, S. 12)
   Richtlinie 2006/58/EG (ABl L 174 vom 28.6.2006, S. 5)
   Richtlinie 2006/69/EG (ABl L 221, vom 12.8.2006, S. 9) – nur Artikel 1
   Richtlinie 2006/98/EG (ABl. L 363 vom 20.12.2006, S. 129 – nur Nummer 2 des Anhangs.

## TEIL B
### Fristen für die Umsetzung in nationales Recht
### (Artikel 411)

| Richtlinie | Umsetzungsfrist |
|---|---|
| Richtlinie 67/227/EWG | 1. Januar 1970 |
| Richtlinie 77/388/EWG | 1. Januar 1978 |
| Richtlinie 78/583/EWG | 1. Januar 1979 |
| Richtlinie 80/368/EWG | 1. Januar 1979 |
| Richtlinie 84/386/EWG | 1. Juli 1985 |
| Richtlinie 89/465/EWG | 1. Januar 1990 |
| | 1. Januar 1991 |
| | 1. Januar 1992 |
| | 1. Januar 1993 |
| | 1. Januar 1994 für Portugal |
| Richtlinie 91/680/EWG | 1. Januar 1993 |
| Richtlinie 92/77/EWG | 31. Dezember 1992 |
| Richtlinie 92/111/EWG | 1. Januar 1993 |
| | 1. Januar 1994 |
| | 1. Oktober 1993 für Deutschland |
| Richtlinie 94/4/EG | 1. April 1994 |
| Richtlinie 94/5/EG | 1. Januar 1995 |
| Richtlinie 94/76/EG | 1. Januar 1995 |
| Richtlinie 95/7/EG | 1. Januar 1996 |
| | 1. Januar 1997 für Deutschland und Luxemburg |
| Richtlinie 96/42/EG | 1. Januar 1995 |
| Richtlinie 96/95/EG | 1. Januar 1997 |
| Richtlinie 98/80/EG | 1. Januar 2000 |
| Richtlinie 1999/49/EG | 1. Januar 1999 |
| Richtlinie 1999/59/EG | 1. Januar 2000 |
| Richtlinie 1999/85/EG | – |
| Richtlinie 2000/17/EG | – |
| Richtlinie 2000/65/EG | 31. Dezember 2001 |
| Richtlinie 2001/4/EG | 1. Januar 2001 |
| Richtlinie 2001/115/EG | 1. Januar 2004 |
| Richtlinie 2002/38/EG | 1. Juli 2003 |

| Richtlinie | Umsetzungsfrist |
|---|---|
| Richtlinie 2002/93/EG | – |
| Richtlinie 2003/92/EG | 1. Januar 2005 |
| Richtlinie 2004/7/EG | 30. Januar 2004 |
| Richtlinie 2004/15/EG | – |
| Richtlinie 2004/66/EG | 1. Mai 2004 |
| Richtlinie 2005/92/EG | 1. Januar 2006 |
| Richtlinie 2006/18/EG | – |
| Richtlinie 2006/58/EG | 1. Juli 2006 |
| Richtlinie 2006/69/EG | 1. Januar 2008 |
| Richtlinie 2006/98/EG | 1. Januar 2007 |

## ANHANG XII
## ENTSPRECHUNGSTABELLE

| Richtlinie 67/227/EWG | Richtlinie 77/388/EWG | Änderungsrechtsakte | Andere Rechtsakte | Vorliegende Richtlinie |
|---|---|---|---|---|
| Artikel 1 Absatz 1 | | | | Artikel 1 Absatz 1 |
| Artikel 1 Absätze 2 und 3 | | | | – |
| Artikel 2 Absätze 1, 2 und 3 | | | | Artikel 1 Absatz 2 Unterabsätze 1, 2 und 3 |
| Artikel 3, 4 und 6 | | | | – |
| | Artikel 1 | | | – |
| | Artikel 2 Nummer 1 | | | Artikel 2 Absatz 1 Buchstaben a und c |
| | Artikel 2 Nummer 2 | | | Artikel 2 Absatz 1 Buchstabe d |
| | Artikel 3 Absatz 1 erster Gedankenstrich | | | Artikel 5 Nummer 2 |
| | Artikel 3 Absatz 1 zweiter Gedankenstrich | | | Artikel 5 Nummer 1 |

| Richtlinie 67/227/EWG | Richtlinie 77/388/EWG | Änderungs-rechtsakte | Andere Rechtsakte | Vorliegende Richtlinie |
|---|---|---|---|---|
| | Artikel 3 Absatz 1 dritter Gedankenstrich | | | Artikel 5 Nummern 3 und 4 |
| | Artikel 3 Absatz 2 | | | – |
| | Artikel 3 Absatz 3 Unterabsatz 1 erster Gedankenstrich | | | Artikel 6 Absatz 2 Buchstaben a und b |
| | Artikel 3 Absatz 3 Unterabsatz 1 zweiter Gedankenstrich | | | Artikel 6 Absatz 2 Buchstaben c und d |
| | Artikel 3 Absatz 3 Unterabsatz 1 dritter Gedankenstrich | | | Artikel 6 Absatz 2 Buchstaben e, f und g |
| | Artikel 3 Absatz 3 Unterabsatz 2 erster Gedankenstrich | | | Artikel 6 Absatz 1 Buchstabe b |
| | Artikel 3 Absatz 3 Unterabsatz 2 zweiter Gedankenstrich | | | Artikel 6 Absatz 1 Buchstabe c |
| | Artikel 3 Absatz 3 Unterabsatz 2 dritter Gedankenstrich | | | Artikel 6 Absatz 1 Buchstabe a |
| | Artikel 3 Absatz 4 Unterabsatz 1 erster und zweiter Gedankenstrich | | | Artikel 7 Absatz 1 |
| | Artikel 3 Absatz 4 Unterabsatz 2 erster, zweiter und dritter Gedankenstrich | | | Artikel 7 Absatz 2 |
| | Artikel 3 Absatz 5 | | | Artikel 8 |
| | Artikel 4 Absätze 1 und 2 | | | Artikel 9 Absatz 1 Unterabsätze 1 und 2 |
| | Artikel 4 Absatz 3 Buchstabe a Unterabsatz 1 Satz 1 | | | Artikel 12 Absatz 1 Buchstabe a |
| | Artikel 4 Absatz 3 Buchstabe a Unterabsatz 1 Satz 2 | | | Artikel 12 Absatz 2 Unterabsatz 2 |

| Richtlinie 67/227/ EWG | Richtlinie 77/388/EWG | Änderungs- rechtsakte | Andere Rechtsakte | Vorliegende Richtlinie |
|---|---|---|---|---|
| | Artikel 4 Absatz 3 Buchstabe a Unterabsatz 2 | | | Artikel 12 Absatz 2 Unterabsatz 3 |
| | Artikel 4 Absatz 3 Buchstabe a Unterabsatz 3 | | | Artikel 12 Absatz 2 Unterabsatz 1 |
| | Artikel 4 Absatz 3 Buchstabe b Unterabsatz 1 | | | Artikel 12 Absatz 1 Buchstabe b |
| | Artikel 4 Absatz 3 Buchstabe b Unterabsatz 2 | | | Artikel 12 Absatz 3 |
| | Artikel 4 Absatz 4 Unterabsatz 1 | | | Artikel 10 |
| | Artikel 4 Absatz 4 Unter- absätze 2 und 3 | | | Artikel 11 Absätze 1 und 2 |
| | Artikel 4 Absatz 5 Unter- absätze 1, 2 und 3 | | | Artikel 13 Absatz 1 Un- terabsätze 1, 2 und 3 |
| | Artikel 4 Absatz 5 Unterabsatz 4 | | | Artikel 13 Absatz 2 |
| | Artikel 5 Absatz 1 | | | Artikel 14 Absatz 1 |
| | Artikel 5 Absatz 2 | | | Artikel 15 Absatz 1 |
| | Artikel 5 Absatz 3 Buchstaben a, b und c | | | Artikel 15 Absatz 2 Buchstaben a, b und c |
| | Artikel 5 Absatz 4 Buchstaben a, b und c | | | Artikel 14 Absatz 2 Buchstaben a, b und c |
| | Artikel 5 Absatz 5 | | | Artikel 14 Absatz 3 |
| | Artikel 5 Absatz 6 Sätze 1 und 2 | | | Artikel 16 Absätze 1 und 2 |
| | Artikel 5 Absatz 7 Buchstaben a, b und c | | | Artikel 18 Buchstaben a, b und c |

| Richtlinie 67/227/EWG | Richtlinie 77/388/EWG | Änderungs-rechtsakte | Andere Rechtsakte | Vorliegende Richtlinie |
|---|---|---|---|---|
| | Artikel 5 Absatz 8 Satz 1 | | | Artikel 19 Absatz 1 |
| | Artikel 5 Absatz 8 Sätze 2 und 3 | | | Artikel 19 Absatz 2 |
| | Artikel 6 Absatz 1 Unterabsatz 1 | | | Artikel 24 Absatz 1 |
| | Artikel 6 Absatz 1 Unterabsatz 2 erster, zweiter und dritter Gedankenstrich | | | Artikel 25 Buchstaben a, b und c |
| | Artikel 6 Absatz 2 Unterabsatz 1 Buchstaben a und b | | | Artikel 26 Absatz 1 Buchstaben a und b |
| | Artikel 6 Absatz 2 Unterabsatz 2 | | | Artikel 26 Absatz 2 |
| | Artikel 6 Absatz 3 | | | Artikel 27 |
| | Artikel 6 Absatz 4 | | | Artikel 28 |
| | Artikel 6 Absatz 5 | | | Artikel 29 |
| | Artikel 7 Absatz 1 Buchstaben a und b | | | Artikel 30 Absätze 1 und 2 |
| | Artikel 7 Absatz 2 | | | Artikel 60 |
| | Artikel 7 Absatz 3 Unterabsätze 1 und 2 | | | Artikel 61 Absätze 1 und 2 |
| | Artikel 8 Absatz 1 Buchstabe a Satz 1 | | | Artikel 32 Absatz 1 |
| | Artikel 8 Absatz 1 Buchstabe a Sätze 2 und 3 | | | Artikel 36 Absätze 1 und 2 |
| | Artikel 8 Absatz 1 Buchstabe b | | | Artikel 31 |
| | Artikel 8 Absatz 1 Buchstabe c Unterabsatz 1 | | | Artikel 37 Absatz 1 |
| | Artikel 8 Absatz 1 Buchstabe c Unterabsatz 2 erster Gedankenstrich | | | Artikel 37 Absatz 2 Unterabsatz 1 |
| | Artikel 8 Absatz 1 Buchstabe c Unterabsatz 2 zweiter und dritter Gedankenstrich | | | Artikel 37 Absatz 2 Unterabsätze 2 und 3 |

| Richtlinie 67/227/ EWG | Richtlinie 77/388/EWG | Änderungs-rechtsakte | Andere Rechtsakte | Vorliegende Richtlinie |
|---|---|---|---|---|
| | Artikel 8 Absatz 1 Buchstabe c Unterabsatz 3 | | | Artikel 37 Absatz 2 Unterabsatz 4 |
| | Artikel 8 Absatz 1 Buchstabe c Unterabsatz 4 | | | Artikel 37 Absatz 3 Unterabsatz 1 |
| | Artikel 8 Absatz 1 Buchstabe c Unterabsatz 5 | | | – |
| | Artikel 8 Absatz 1 Buchstabe c Unterabsatz 6 | | | Artikel 37 Absatz 3 Unterabsatz 2 |
| | Artikel 8 Absatz 1 Buchstabe d Unterabsätze 1 und 2 | | | Artikel 38 Absätze 1 und 2 |
| | Artikel 8 Absatz 1 Buchstabe e Satz 1 | | | Artikel 39 Absatz 1 |
| | Artikel 8 Absatz 1 Buchstabe e Sätze 2 und 3 | | | Artikel 39 Absatz 2 |
| | Artikel 8 Absatz 2 | | | Artikel 32 Absatz 2 |
| | Artikel 9 Absatz 1 | | | Artikel 43 |
| | Artikel 9 Absatz 2 einleitender Satzteil | | | – |
| | Artikel 9 Absatz 2 Buchstabe a | | | Artikel 45 |
| | Artikel 9 Absatz 2 Buchstabe b | | | Artikel 46 |
| | Artikel 9 Absatz 2 Buchstabe c erster und zweiter Gedankenstrich | | | Artikel 52 Buchstaben a und b |
| | Artikel 9 Absatz 2 Buchstabe c dritter und vierter Gedankenstrich | | | Artikel 52 Buchstabe c |
| | Artikel 9 Absatz 2 Buchstabe e erster bis sechster Gedankenstrich | | | Artikel 56 Absatz 1 Buchstaben a bis f |
| | Artikel 9 Absatz 2 Buchstabe e siebter Gedankenstrich | | | Artikel 56 Absatz 1 Buchstabe l |
| | Artikel 9 Absatz 2 Buchstabe e achter Gedankenstrich | | | Artikel 56 Absatz 1 Buchstabe g |

MwStSystRL

| Richtlinie 67/227/EWG | Richtlinie 77/388/EWG | Änderungsrechtsakte | Andere Rechtsakte | Vorliegende Richtlinie |
|---|---|---|---|---|
| | Artikel 9 Absatz 2 Buchstabe e neunter Gedankenstrich | | | Artikel 56 Absatz 1 Buchstabe h |
| | Artikel 9 Absatz 2 Buchstabe e zehnter Gedankenstrich Satz 1 | | | Artikel 56 Absatz 1 Buchstabe i |
| | Artikel 9 Absatz 2 Buchstabe e zehnter Gedankenstrich Satz 2 | | | Artikel 24 Absatz 2 |
| | Artikel 9 Absatz 2 Buchstabe e zehnter Gedankenstrich Satz 3 | | | Artikel 56 Absatz 1 Buchstabe i |
| | Artikel 9 Absatz 2 Buchstabe e elfter und zwölfter Gedankenstrich | | | Artikel 56 Absatz 1 Buchstaben j und k |
| | Artikel 9 Absatz 2 Buchstabe f | | | Artikel 57 Absatz 1 |
| | Artikel 9 Absatz 3 | | | Artikel 58 Absätze 1 und 2 |
| | Artikel 9 Absatz 3 Buchstaben a und b | | | Artikel 58 Absatz 1 Buchstaben a und b |
| | Artikel 9 Absatz 4 | | | Artikel 59 Absätze 1 und 2 |
| | Artikel 10 Absatz 1 Buchstaben a und b | | | Artikel 62 Nummern 1 und 2 |
| | Artikel 10 Absatz 2 Unterabsatz 1 Satz 1 | | | Artikel 63 |
| | Artikel 10 Absatz 2 Unterabsatz 1 Sätze 2 und 3 | | | Artikel 64 Absätze 1 und 2 |
| | Artikel 10 Absatz 2 Unterabsatz 2 | | | Artikel 65 |
| | Artikel 10 Absatz 2 Unterabsatz 3 erster, zweiter und dritter Gedankenstrich | | | Artikel 66 Buchstaben a, b und c |
| | Artikel 10 Absatz 3 Unterabsatz 1 Satz 1 | | | Artikel 70 |

| Richtlinie 67/227/EWG | Richtlinie 77/388/EWG | Änderungsrechtsakte | Andere Rechtsakte | Vorliegende Richtlinie |
|---|---|---|---|---|
| | Artikel 10 Absatz 3 Unterabsatz 1 Satz 2 | | | Artikel 71 Absatz 1 Unterabsatz 1 |
| | Artikel 10 Absatz 3 Unterabsatz 2 | | | Artikel 71 Absatz 1 Unterabsatz 2 |
| | Artikel 10 Absatz 3 Unterabsatz 3 | | | Artikel 71 Absatz 2 |
| | Artikel 11 Teil A Absatz 1 Buchstabe a | | | Artikel 73 |
| | Artikel 11 Teil A Absatz 1 Buchstabe b | | | Artikel 74 |
| | Artikel 11 Teil A Absatz 1 Buchstabe c | | | Artikel 75 |
| | Artikel 11 Teil A Absatz 1 Buchstabe d | | | Artikel 77 |
| | Artikel 11 Teil A Absatz 2 Buchstabe a | | | Artikel 78 Absatz 1 Buchstabe a |
| | Artikel 11 Teil A Absatz 2 Buchstabe b Satz 1 | | | Artikel 78 Absatz 1 Buchstabe b |
| | Artikel 11 Teil A Absatz 2 Buchstabe b Satz 2 | | | Artikel 78 Absatz 2 |
| | Artikel 11 Teil A Absatz 3 Buchstaben a und b | | | Artikel 79 Absatz 1 Buchstaben a und b Artikel 87 Buchstaben a und b |
| | Artikel 11 Teil A Absatz 3 Buchstabe c Satz 1 | | | Artikel 79 Absatz 1 Buchstabe c |
| | Artikel 11 Teil A Absatz 3 Buchstabe c Satz 2 | | | Artikel 79 Absatz 2 |
| | Artikel 11 Teil A Absatz 4 Unterabsätze 1 und 2 | | | Artikel 81 Absatz 1 und 2 |
| | Artikel 11 Teil A Absatz 5 | | | Artikel 82 |

| Richtlinie 67/227/EWG | Richtlinie 77/388/EWG | Änderungsrechtsakte | Andere Rechtsakte | Vorliegende Richtlinie |
|---|---|---|---|---|
| | Artikel 11 Teil A Absatz 6 Unterabsatz 1 Sätze 1 und 2 | | | Artikel 80 Absatz 1 Unterabsatz 1 |
| | Artikel 11 Teil A Absatz 6 Unterabsatz 1 Satz 3 | | | Artikel 80 Absatz 1 Unterabsatz 2 |
| | Artikel 11 Teil A Absatz 6 Unterabsatz 2 | | | Artikel 80 Absatz 1 Unterabsatz 1 |
| | Artikel 11 Teil A Absatz 6 Unterabsatz 3 | | | Artikel 80 Absatz 2 |
| | Artikel 11 Teil A Absatz 6 Unterabsatz 4 | | | Artikel 80 Absatz 3 |
| | Artikel 11 Teil A Absatz 7 Unterabsätze 1 und 2 | | | Artikel 72 Absätze 1 und 2 |
| | Artikel 11 Teil B Absatz 1 | | | Artikel 85 |
| | Artikel 11 Teil B Absatz 3 Buchstabe a | | | Artikel 86 Absatz 1 Buchstabe a |
| | Artikel 11 Teil B Absatz 3 Buchstabe b Unterabsatz 1 | | | Artikel 86 Absatz 1 Buchstabe b |
| | Artikel 11 Teil B Absatz 3 Buchstabe b Unterabsatz 2 | | | Artikel 86 Absatz 2 |
| | Artikel 11 Teil B Absatz 3 Buchstabe b Unterabsatz 3 | | | Artikel 86 Absatz 1 Buchstabe b |
| | Artikel 11 Teil B Absatz 4 | | | Artikel 87 |
| | Artikel 11 Teil B Absatz 5 | | | Artikel 88 |
| | Artikel 11 Teil B Absatz 6 Unterabsätze 1 und 2 | | | Artikel 89 Absätze 1 und 2 |
| | Artikel 11 Teil C Absatz 1 Unterabsätze 1 und 2 | | | Artikel 90 Absätze 1 und 2 |
| | Artikel 11 Teil C Absatz 2 Unterabsatz 1 | | | Artikel 91 Absatz 1 |
| | Artikel 11 Teil C Absatz 2 Unterabsatz 2 Sätze 1 und 2 | | | Artikel 91 Absatz 2 Unterabsätze 1 und 2 |

| Richtlinie 67/227/EWG | Richtlinie 77/388/EWG | Änderungs-rechtsakte | Andere Rechtsakte | Vorliegende Richtlinie |
|---|---|---|---|---|
| | Artikel 11 Teil C Absatz 3 erster und zweiter Gedankenstrich | | | Artikel 92 Buchstaben a und b |
| | Artikel 12 Absatz 1 | | | Artikel 93 Absatz 1 |
| | Artikel 12 Absatz 1 Buchstabe a | | | Artikel 93 Absatz 2 Buchstabe a |
| | Artikel 12 Absatz 1 Buchstabe b | | | Artikel 93 Absatz 2 Buchstabe c |
| | Artikel 12 Absatz 2 erster und zweiter Gedankenstrich | | | Artikel 95 Absätze 1 und 2 |
| | Artikel 12 Absatz 3 Buchstabe a Unterabsatz 1 Satz 1 | | | Artikel 96 |
| | Artikel 12 Absatz 3 Buchstabe a Unterabsatz 1 Satz 2 | | | Artikel 97 Absatz 1 |
| | Artikel 12 Absatz 3 Buchstabe a Unterabsatz 2 | | | Artikel 97 Absatz 2 |
| | Artikel 12 Absatz 3 Buchstabe a Unterabsatz 3 Satz 1 | | | Artikel 98 Absatz 1 |
| | Artikel 12 Absatz 3 Buchstabe a Unterabsatz 3 Satz 2 | | | Artikel 98 Absatz 2 Unterabsatz 1 Artikel 99 Absatz 1 |
| | Artikel 12 Absatz 3 Buchstabe a Unterabsatz 4 | | | Artikel 98 Absatz 2 Unterabsatz 2 |
| | Artikel 12 Absatz 3 Buchstabe b Satz 1 | | | Artikel 102 Absatz 1 |
| | Artikel 12 Absatz 3 Buchstabe b Sätze 2, 3 und 4 | | | Artikel 102 Absatz 2 |
| | Artikel 12 Absatz 3 Buchstabe c Unterabsatz 1 | | | Artikel 103 Absatz 1 |
| | Artikel 12 Absatz 3 Buchstabe c Unterabsatz 2 erster und zweiter Gedankenstrich | | | Artikel 103 Absatz 2 Buchstaben a und b |
| | Artikel 12 Absatz 4 Unterabsatz 1 | | | Artikel 99 Absatz 2 |

| Richtlinie 67/227/EWG | Richtlinie 77/388/EWG | Änderungsrechtsakte | Andere Rechtsakte | Vorliegende Richtlinie |
|---|---|---|---|---|
| | Artikel 12 Absatz 4 Unterabsatz 2 Sätze 1 und 2 | | | Artikel 100 Absätze 1 und 2 |
| | Artikel 12 Absatz 4 Unterabsatz 3 | | | Artikel 101 |
| | Artikel 12 Absatz 5 | | | Artikel 94 Absatz 2 |
| | Artikel 12 Absatz 6 | | | Artikel 105 |
| | Artikel 13 Teil A Absatz 1 einleitender Satzteil | | | Artikel 131 |
| | Artikel 13 Teil A Absatz 1 Buchstaben a bis n | | | Artikel 132 Absatz 1 Buchstaben a bis n |
| | Artikel 13 Teil A Absatz 1 Buchstabe o Satz 1 | | | Artikel 132 Absatz 1 Buchstabe o |
| | Artikel 13 Teil A Absatz 1 Buchstabe o Satz 2 | | | Artikel 132 Absatz 2 |
| | Artikel 13 Teil A Absatz 1 Buchstaben p und q | | | Artikel 132 Absatz 1 Buchstaben p und q |
| | Artikel 13 Teil A Absatz 2 Buchstabe a erster bis vierter Gedankenstrich | | | Artikel 133 Absatz 1 Buchstaben a bis d |
| | Artikel 13 Teil A Absatz 2 Buchstabe b erster und zweiter Gedankenstrich | | | Artikel 134 Buchstaben a und b |
| | Artikel 13 Teil B einleitender Satzteil | | | Artikel 131 |
| | Artikel 13 Teil B Buchstabe a | | | Artikel 135 Absatz 1 Buchstabe a |
| | Artikel 13 Teil B Buchstabe b Unterabsatz 1 | | | Artikel 135 Absatz 1 Buchstabe l |
| | Artikel 13 Teil B Buchstabe b Unterabsatz 1 Nummern 1 bis 4 | | | Artikel 135 Absatz 2 Unterabsatz 1 Buchstaben a bis d |

| Richtlinie 67/227/EWG | Richtlinie 77/388/EWG | Änderungsrechtsakte | Andere Rechtsakte | Vorliegende Richtlinie |
|---|---|---|---|---|
| | Artikel 13 Teil B Buchstabe b Unterabsatz 2 | | | Artikel 135 Absatz 2 Unterabsatz 2 |
| | Artikel 13 Teil B Buchstabe c | | | Artikel 136 Buchstaben a und b |
| | Artikel 13 Teil B Buchstabe d | | | – |
| | Artikel 13 Teil B Buchstabe d Nummern 1 bis 5 | | | Artikel 135 Absatz 1 Buchstaben b bis f |
| | Artikel 13 Teil B Buchstabe d Nummer 5 erster und zweiter Gedankenstrich | | | Artikel 135 Absatz 1 Buchstabe f |
| | Artikel 13 Teil B Buchstabe d Nummer 6 | | | Artikel 135 Absatz 1 Buchstabe g |
| | Artikel 13 Teil B Buchstaben e bis h) | | | Artikel 135 Absatz 1 Buchstaben h bis k |
| | Artikel 13 Teil C Absatz 1 Buchstabe a | | | Artikel 137 Absatz 1 Buchstabe d |
| | Artikel 13 Teil C Absatz 1 Buchstabe b | | | Artikel 137 Absatz 1 Buchstaben a, b und c |
| | Artikel 13 Teil C Absatz 2 | | | Artikel 137 Absatz 2 Unterabsätze 1 und 2 |
| | Artikel 14 Absatz 1 einleitender Satzteil | | | Artikel 131 |
| | Artikel 14 Absatz 1 Buchstabe a | | | Artikel 143 Buchstabe a |
| | Artikel 14 Absatz 1 Buchstabe d Unterabsätze 1 und 2 | | | Artikel 143 Buchstaben b und c |
| | Artikel 14 Absatz 1 Buchstabe e | | | Artikel 143 Buchstabe e |

| Richtlinie 67/227/EWG | Richtlinie 77/388/EWG | Änderungsrechtsakte | Andere Rechtsakte | Vorliegende Richtlinie |
|---|---|---|---|---|
| | Artikel 14 Absatz 1 Buchstabe g erster bis vierter Gedankenstrich | | | Artikel 143 Buchstaben f bis i |
| | Artikel 14 Absatz 1 Buchstabe h | | | Artikel 143 Buchstabe j |
| | Artikel 14 Absatz 1 Buchstabe i | | | Artikel 144 |
| | Artikel 14 Absatz 1 Buchstabe j | | | Artikel 143 Buchstabe k |
| | Artikel 14 Absatz 1 Buchstabe k | | | Artikel 143 Buchstabe l |
| | Artikel 14 Absatz 2 Unterabsatz 1 | | | Artikel 145 Absatz 1 |
| | Artikel 14 Absatz 2 Unterabsatz 2 erster, zweiter und dritter Gedankenstrich | | | Artikel 145 Absatz 2 Unterabsätze 1, 2 und 3 |
| | Artikel 14 Absatz 2 Unterabsatz 3 | | | Artikel 145 Absatz 3 |
| | Artikel 15 einleitender Satzteil | | | Artikel 131 |
| | Artikel 15 Nummer 1 | | | Artikel 146 Absatz 1 Buchstabe a |
| | Artikel 15 Nummer 2 Unterabsatz 1 | | | Artikel 146 Absatz 1 Buchstabe b |
| | Artikel 15 Nummer 2 Unterabsatz 2 erster und zweiter Gedankenstrich | | | Artikel 147 Absatz 1 Unterabsatz 1 Buchstaben a und b |
| | Artikel 15 Nummer 2 Unterabsatz 2 dritter Gedankenstrich erster Satzteil | | | Artikel 147 Absatz 1 Unterabsatz 1 Buchstabe c |
| | Artikel 15 Nummer 2 Unterabsatz 2 dritter Gedankenstrich zweiter Satzteil | | | Artikel 147 Absatz 1 Unterabsatz 2 |
| | Artikel 15 Nummer 2 Unterabsatz 3 erster und zweiter Gedankenstrich | | | Artikel 147 Absatz 2 Unterabsätze 1 und 2 |

| Richtlinie 67/227/EWG | Richtlinie 77/388/EWG | Änderungs-rechtsakte | Andere Rechtsakte | Vorliegende Richtlinie |
|---|---|---|---|---|
| | Artikel 15 Nummer 2 Unterabsatz 4 | | | Artikel 147 Absatz 2 Unterabsatz 3 |
| | Artikel 15 Nummer 3 | | | Artikel 146 Absatz 1 Buchstabe d |
| | Artikel 15 Nummer 4 Unterabsatz 1 Buchstaben a und b | | | Artikel 148 Buchstabe a |
| | Artikel 15 Nummer 4 Unterabsatz 1 Buchstabe c | | | Artikel 148 Buchstabe b |
| | Artikel 15 Nummer 4 Unterabsatz 2 Sätze 1 und 2 | | | Artikel 150 Absätze 1 und 2 |
| | Artikel 15 Nummer 5 | | | Artikel 148 Buchstabe c |
| | Artikel 15 Nummer 6 | | | Artikel 148 Buchstabe f |
| | Artikel 15 Nummer 7 | | | Artikel 148 Buchstabe e |
| | Artikel 15 Nummer 8 | | | Artikel 148 Buchstabe d |
| | Artikel 15 Nummer 9 | | | Artikel 148 Buchstabe g |
| | Artikel 15 Nummer 10 Unterabsatz 1 erster bis vierter Gedankenstrich | | | Artikel 151 Absatz 1 Unterabsatz 1 Buchstaben a bis d |
| | Artikel 15 Nummer 10 Unterabsatz 2 | | | Artikel 151 Absatz 1 Unterabsatz 2 |
| | Artikel 15 Nummer 10 Unterabsatz 3 | | | Artikel 151 Absatz 2 |
| | Artikel 15 Nummer 11 | | | Artikel 152 |
| | Artikel 15 Nummer 12 Satz 1 | | | Artikel 146 Absatz 1 Buchstabe c |
| | Artikel 15 Nummer 12 Satz 2 | | | Artikel 146 Absatz 2 |
| | Artikel 15 Nummer 13 | | | Artikel 146 Absatz 1 Buchstabe e |

| Richtlinie 67/227/ EWG | Richtlinie 77/388/EWG | Änderungsrechtsakte | Andere Rechtsakte | Vorliegende Richtlinie |
|---|---|---|---|---|
| | Artikel 15 Nummer 14 Unterabsätze 1 und 2 | | | Artikel 153 Absätze 1 und 2 |
| | Artikel 15 Nummer 15 | | | Artikel 149 |
| | Artikel 16 Absatz 1 | | | – |
| | Artikel 16 Absatz 2 | | | Artikel 164 Absatz 1 |
| | Artikel 16 Absatz 3 | | | Artikel 166 |
| | Artikel 17 Absatz 1 | | | Artikel 167 |
| | Artikel 17 Absätze 2, 3 und 4 | | | – |
| | Artikel 17 Absatz 5 Unterabsätze 1 und 2 | | | Artikel 173 Absatz 1 Unterabsätze 1 und 2 |
| | Artikel 17 Absatz 5 Unterabsatz 3 Buchstaben a bis e | | | Artikel 173 Absatz 2 Buchstaben a bis e |
| | Artikel 17 Absatz 6 | | | Artikel 176 |
| | Artikel 17 Absatz 7 Sätze 1 und 2 | | | Artikel 177 Absätze 1 und 2 |
| | Artikel 18 Absatz 1 | | | – |
| | Artikel 18 Absatz 2 Unterabsätze 1 und 2 | | | Artikel 179 Absätze 1 und 2 |
| | Artikel 18 Absatz 3 | | | Artikel 180 |
| | Artikel 18 Absatz 4 Unterabsätze 1 und 2 | | | Artikel 183 Absätze 1 und 2 |
| | Artikel 19 Absatz 1 Unterabsatz 1 erster Gedankenstrich | | | Artikel 174 Absatz 1 Unterabsatz 1 Buchstabe a |
| | Artikel 19 Absatz 1 Unterabsatz 1 zweiter Gedankenstrich Satz 1 | | | Artikel 174 Absatz 1 Unterabsatz 1 Buchstabe b |
| | Artikel 19 Absatz 1 Unterabsatz 1 zweiter Gedankenstrich Satz 2 | | | Artikel 174 Absatz 1 Unterabsatz 2 |

| Richtlinie 67/227/ EWG | Richtlinie 77/388/EWG | Änderungs- rechtsakte | Andere Rechtsakte | Vorliegende Richtlinie |
|---|---|---|---|---|
| | Artikel 19 Absatz 1 Unter- absatz 2 | | | Artikel 175 Absatz 1 |
| | Artikel 19 Absatz 2 Satz 1 | | | Artikel 174 Absatz 2 Buchstabe a |
| | Artikel 19 Absatz 2 Satz 2 | | | Artikel 174 Absatz 2 Buchstaben b und c |
| | Artikel 19 Absatz 2 Satz 3 | | | Artikel 174 Absatz 3 |
| | Artikel 19 Absatz 3 Unter- absatz 1 Sätze 1 und 2 | | | Artikel 175 Absatz 2 Unterabsatz 1 |
| | Artikel 19 Absatz 3 Unter- absatz 1 Satz 3 | | | Artikel 175 Absatz 2 Unterabsatz 2 |
| | Artikel 19 Absatz 3 Unter- absatz 2 | | | Artikel 175 Absatz 3 |
| | Artikel 20 Absatz 1 einleitender Satzteil | | | Artikel 186 |
| | Artikel 20 Absatz 1 Buchstabe a | | | Artikel 184 |
| | Artikel 20 Absatz 1 Buchstabe b Satz 1 erster Satzteil | | | Artikel 185 Absatz 1 |
| | Artikel 20 Absatz 1 Buchstabe b Satz 1 zweiter Satzteil | | | Artikel 185 Absatz 2 Unterabsatz 1 |
| | Artikel 20 Absatz 1 Buchstabe b Satz 2 | | | Artikel 185 Absatz 2 Unterabsatz 2 |
| | Artikel 20 Absatz 2 Unter- absatz 1 Satz 1 | | | Artikel 187 Absatz 1 Unterabsatz 1 |
| | Artikel 20 Absatz 2 Unter- absatz 1 Sätze 2 und 3 | | | Artikel 187 Absatz 2 Un- terabsätze 1 und 2 |
| | Artikel 20 Absatz 2 Unter- absätze 2 und 3 | | | Artikel 187 Absatz 1 Un- terabsätze 2 und 3 |

| Richtlinie 67/227/EWG | Richtlinie 77/388/EWG | Änderungsrechtsakte | Andere Rechtsakte | Vorliegende Richtlinie |
|---|---|---|---|---|
| | Artikel 20 Absatz 3 Unterabsatz 1 Satz 1 | | | Artikel 188 Absatz 1 Unterabsatz 1 |
| | Artikel 20 Absatz 3 Unterabsatz 1 Satz 2 | | | Artikel 188 Absatz 1 Unterabsätze 2 und 3 |
| | Artikel 20 Absatz 3 Unterabsatz 1 Satz 3 | | | Artikel 188 Absatz 2 |
| | Artikel 20 Absatz 3 Unterabsatz 2 | | | Artikel 188 Absatz 2 |
| | Artikel 20 Absatz 4 Unterabsatz 1 erster bis vierter Gedankenstrich | | | Artikel 189 Buchstaben a bis d |
| | Artikel 20 Absatz 4 Unterabsatz 2 | | | Artikel 190 |
| | Artikel 20 Absatz 5 | | | Artikel 191 |
| | Artikel 20 Absatz 6 | | | Artikel 192 |
| | Artikel 21 | | | – |
| | Artikel 22 | | | – |
| | Artikel 22a | | | Artikel 249 |
| | Artikel 23 Absatz 1 | | | Artikel 211 Absatz 1 Artikel 260 |
| | Artikel 23 Absatz 2 | | | Artikel 211 Absatz 2 |
| | Artikel 24 Absatz 1 | | | Artikel 281 |
| | Artikel 24 Absatz 2 einleitender Satzteil | | | Artikel 292 |
| | Artikel 24 Absatz 2 Buchstabe a Unterabsatz 1 | | | Artikel 284 Absatz 1 |
| | Artikel 24 Absatz 2 Buchstabe a Unterabsätze 2 und 3 | | | Artikel 284 Absatz 2 Unterabsätze 1 und 2 |
| | Artikel 24 Absatz 2 Buchstabe b Sätze 1 und 2 | | | Artikel 285 Absätze 1 und 2 |
| | Artikel 24 Absatz 2 Buchstabe c | | | Artikel 286 |

| Richtlinie 67/227/EWG | Richtlinie 77/388/EWG | Änderungsrechtsakte | Andere Rechtsakte | Vorliegende Richtlinie |
|---|---|---|---|---|
| | Artikel 24 Absatz 3 Unterabsatz 1 | | | Artikel 282 |
| | Artikel 24 Absatz 3 Unterabsatz 2 Satz 1 | | | Artikel 283 Absatz 2 |
| | Artikel 24 Absatz 3 Unterabsatz 2 Satz 2 | | | Artikel 283 Absatz 1 Buchstabe a |
| | Artikel 24 Absatz 4 Unterabsatz 1 | | | Artikel 288 Absatz 1 Nummern 1 bis 4 |
| | Artikel 24 Absatz 4 Unterabsatz 2 | | | Artikel 288 Absatz 2 |
| | Artikel 24 Absatz 5 | | | Artikel 289 |
| | Artikel 24 Absatz 6 | | | Artikel 290 |
| | Artikel 24 Absatz 7 | | | Artikel 291 |
| | Artikel 24 Absatz 8 Buchstaben a, b und c | | | Artikel 293 Nummern 1, 2 und 3 |
| | Artikel 24 Absatz 9 | | | Artikel 294 |
| | Artikel 24a Absatz 1 erster bis zehnter Gedankenstrich | | | Artikel 287 Nummern 7 bis 16 |
| | Artikel 24a Absatz 2 | | | – |
| | Artikel 25 Absatz 1 | | | Artikel 296 Absatz 1 |
| | Artikel 25 Absatz 2 erster bis achter Gedankenstrich | | | Artikel 295 Absatz 1 Nummern 1 bis 8 |
| | Artikel 25 Absatz 3 Unterabsatz 1 Satz 1 | | | Artikel 297 Absatz 1 Satz 1 und Absatz 2 |
| | Artikel 25 Absatz 3 Unterabsatz 1 Satz 2 | | | Artikel 298 Absatz 1 |
| | Artikel 25 Absatz 3 Unterabsatz 1 Satz 3 | | | Artikel 299 |
| | Artikel 25 Absatz 3 Unterabsatz 1 Sätze 4 und 5 | | | Artikel 298 Absatz 2 |

| Richtlinie 67/227/EWG | Richtlinie 77/388/EWG | Änderungsrechtsakte | Andere Rechtsakte | Vorliegende Richtlinie |
|---|---|---|---|---|
| | Artikel 25 Absatz 3 Unterabsatz 2 | | | Artikel 297 Absatz 1 Satz 2 |
| | Artikel 25 Absatz 4 Unterabsatz 1 | | | Artikel 272 Absatz 1 Unterabsatz 1 Buchstabe e |
| | Artikel 25 Absätze 5 und 6 | | | – |
| | Artikel 25 Absatz 7 | | | Artikel 304 |
| | Artikel 25 Absatz 8 | | | Artikel 301 Absatz 2 |
| | Artikel 25 Absatz 9 | | | Artikel 296 Absatz 2 |
| | Artikel 25 Absatz 10 | | | Artikel 296 Absatz 3 |
| | Artikel 25 Absätze 11 und 12 | | | – |
| | Artikel 26 Absatz 1 Sätze 1 und 2 | | | Artikel 306 Absatz 1 Unterabsätze 1 und 2 |
| | Artikel 26 Absatz 1 Satz 3 | | | Artikel 306 Absatz 2 |
| | Artikel 26 Absatz 2 Sätze 1 und 2 | | | Artikel 307 Absätze 1 und 2 |
| | Artikel 26 Absatz 2 Satz 3 | | | Artikel 308 |
| | Artikel 26 Absatz 3 Sätze 1 und 2 | | | Artikel 309 Absätze 1 und 2 |
| | Artikel 26 Absatz 4 | | | Artikel 310 |
| | Artikel 26a Teil A Buchstabe a Unterabsatz 1 | | | Artikel 311 Absatz 1 Nummer 2 |
| | Artikel 26a Teil A Buchstabe a Unterabsatz 2 | | | Artikel 311 Absatz 2 |
| | Artikel 26a Teil A Buchstaben b und c | | | Artikel 311 Absatz 1 Nummern 3 und 4 |

| Richtlinie 67/227/ EWG | Richtlinie 77/388/EWG | Änderungs- rechtsakte | Andere Rechtsakte | Vorliegende Richtlinie |
|---|---|---|---|---|
| | Artikel 26a Teil A Buchstabe d | | | Artikel 311 Absatz 1 Nummer 1 |
| | Artikel 26a Teil A Buchstaben e und f | | | Artikel 311 Absatz 1 Nummern 5 und 6 |
| | Artikel 26a Teil A Buchstabe g einleitender Satzteil | | | Artikel 311 Absatz 1 Nummer 7 |
| | Artikel 26a Teil A Buchstabe g erster und zweiter Gedanken- strich | | | Artikel 311 Absatz 3 |
| | Artikel 26a Teil B Absatz 1 | | | Artikel 313 Absatz 1 |
| | Artikel 26a Teil B Absatz 2 | | | Artikel 314 |
| | Artikel 26a Teil B Absatz 2 erster bis vierter Gedanken- strich | | | Artikel 314 Buchstaben a bis d |
| | Artikel 26a Teil B Absatz 3 Unterabsatz 1 Sätze 1 und 2 | | | Artikel 315 Absätze 1 und 2 |
| | Artikel 26a Teil B Absatz 3 Unterabsatz 2 | | | Artikel 312 |
| | Artikel 26a Teil B Absatz 3 Unterabsatz 2 erster und zweiter Gedankenstrich | | | Artikel 312 Nummern 1 und 2 |
| | Artikel 26a Teil B Absatz 4 Unterabsatz 1 | | | Artikel 316 Absatz 1 |
| | Artikel 26a Teil B Absatz 4 Unterabsatz 1 Buchstaben a, b und c | | | Artikel 316 Absatz 1 Buchstaben a, b und c |
| | Artikel 26a Teil B Absatz 4 Unterabsatz 2 | | | Artikel 316 Absatz 2 |
| | Artikel 26a Teil B Absatz 4 Unterabsatz 3 Sätze 1 und 2 | | | Artikel 317 Absätze 1 und 2 |
| | Artikel 26a Teil B Absatz 5 | | | Artikel 321 |
| | Artikel 26a Teil B Absatz 6 | | | Artikel 323 |
| | Artikel 26a Teil B Absatz 7 | | | Artikel 322 |

| Richtlinie 67/227/EWG | Richtlinie 77/388/EWG | Änderungs-rechtsakte | Andere Rechtsakte | Vorliegende Richtlinie |
|---|---|---|---|---|
| | Artikel 26a Teil B Absatz 7 Buchstaben a, b und c | | | Artikel 322 Buchstaben a, b und c |
| | Artikel 26a Teil B Absatz 8 | | | Artikel 324 |
| | Artikel 26a Teil B Absatz 9 | | | Artikel 325 |
| | Artikel 26a Teil B Absatz 10 Unterabsätze 1 und 2 | | | Artikel 318 Absatz 1 Unterabsätze 1 und 2 |
| | Artikel 26a Teil B Absatz 10 Unterabsatz 3 erster und zweiter Gedankenstrich | | | Artikel 318 Absatz 2 Buchstaben a und b |
| | Artikel 26a Teil B Absatz 10 Unterabsatz 4 | | | Artikel 318 Absatz 3 |
| | Artikel 26a Teil B Absatz 11 Unterabsatz 1 | | | Artikel 319 |
| | Artikel 26a Teil B Absatz 11 Unterabsatz 2 Buchstabe a | | | Artikel 320 Absatz 1 Unterabsatz 1 |
| | Artikel 26a Teil B Absatz 11 Unterabsatz 2 Buchstaben b und c | | | Artikel 320 Absatz 1 Unterabsatz 2 |
| | Artikel 26a Teil B Absatz 11 Unterabsatz 3 | | | Artikel 320 Absatz 2 |
| | Artikel 26a Teil C Absatz 1 einleitender Satzteil | | | Artikel 333 Absatz 1 Artikel 334 |
| | Artikel 26a Teil C Absatz 1 erster bis vierter Gedankenstrich | | | Artikel 334 Buchstaben a bis d |
| | Artikel 26a Teil C Absatz 2 erster und zweiter Gedankenstrich | | | Artikel 336 Buchstaben a und b |
| | Artikel 26a Teil C Absatz 3 | | | Artikel 337 |
| | Artikel 26a Teil C Absatz 4 Unterabsatz 1 erster, zweiter und dritter Gedankenstrich | | | Artikel 339 Absatz 1 Buchstaben a, b und c |
| | Artikel 26a Teil C Absatz 4 Unterabsatz 2 | | | Artikel 339 Absatz 2 |

| Richtlinie 67/227/ EWG | Richtlinie 77/388/EWG | Änderungs- rechtsakte | Andere Rechtsakte | Vorliegende Richtlinie |
|---|---|---|---|---|
| | Artikel 26a Teil C Absatz 5 Unterabsätze 1 und 2 | | | Artikel 340 Absatz 1 Unterabsätze 1 und 2 |
| | Artikel 26a Teil C Absatz 5 Unterabsatz 3 | | | Artikel 340 Absatz 2 |
| | Artikel 26a Teil C Absatz 6 Unterabsatz 1 erster und zweiter Gedankenstrich | | | Artikel 338 Absatz 1 Buchstaben a und b |
| | Artikel 26a Teil C Absatz 6 Unterabsatz 2 | | | Artikel 338 Absatz 2 |
| | Artikel 26a Teil C Absatz 7 | | | Artikel 335 |
| | Artikel 26a Teil D einleitender Satzteil | | | – |
| | Artikel 26a Teil D Buchstabe a | | | Artikel 313 Absatz 2 Artikel 333 Absatz 2 |
| | Artikel 26a Teil D Buchstabe b | | | Artikel 4 Buchstaben a und c |
| | Artikel 26a Teil D Buchstabe c | | | Artikel 35 Artikel 139 Absatz 3 Absatz 1 |
| | Artikel 26b Teil A Absatz 1 Ziffer i Satz 1 | | | Artikel 344 Absatz 1 Nummer 1 |
| | Artikel 26b Teil A Absatz 1 Ziffer i Satz 2 | | | Artikel 344 Absatz 2 |
| | Artikel 26b Teil A Absatz 1 Ziffer ii erster bis vierter Gedankenstrich | | | Artikel 344 Absatz 1 Nummer 2 |
| | Artikel 26b Teil A Absatz 2 | | | Artikel 344 Absatz 3 |
| | Artikel 26b Teil A Absatz 3 | | | Artikel 345 |
| | Artikel 26b Teil B Absatz 1 | | | Artikel 346 |
| | Artikel 26b Teil B Absatz 2 | | | Artikel 347 |
| | Artikel 26b Teil C Absatz 1 | | | Artikel 348 |

| Richtlinie 67/227/ EWG | Richtlinie 77/388/EWG | Änderungs- rechtsakte | Andere Rechtsakte | Vorliegende Richtlinie |
|---|---|---|---|---|
| | Artikel 26b Teil C Absatz 2 Sätze 1 und 2 | | | Artikel 349 Absätze 1 und 2 |
| | Artikel 26b Teil C Absatz 3 | | | Artikel 350 |
| | Artikel 26b Teil C Absatz 4 | | | Artikel 351 |
| | Artikel 26b Teil D Absatz 1 Buchstaben a, b und c | | | Artikel 354 Buchstaben a, b und c |
| | Artikel 26b Teil D Absatz 2 | | | Artikel 355 |
| | Artikel 26b Teil E Absätze 1 und 2 | | | Artikel 356 Absatz 1 Unterabsätze 1 und 2 |
| | Artikel 26b Teil E Absätze 3 und 4 | | | Artikel 356 Absätze 2 und 3 |
| | Artikel 26b Teil F Satz 1 | | | Artikel 198 Absätze 2 und 3 |
| | Artikel 26b Teil F Satz 2 | | | Artikeln 208 und 255 |
| | Artikel 26b Teil G Absatz 1 Unterabsatz 1 | | | Artikel 352 |
| | Artikel 26b Teil G Absatz 1 Unterabsatz 2 | | | – |
| | Artikel 26b Teil G Absatz 2 Buchstabe a | | | Artikel 353 |
| | Artikel 26b Teil G Absatz 2 Buchstabe b Sätze 1 und 2 | | | Artikel 198 Absätze 1 und 3 |
| | Artikel 26c Teil A Buchstaben a bis e | | | Artikel 358 Nummern 1 bis 5 |
| | Artikel 26c Teil B Absatz 1 | | | Artikel 359 |
| | Artikel 26c Teil B Absatz 2 Unterabsatz 1 | | | Artikel 360 |
| | Artikel 26c Teil B Absatz 2 Unterabsatz 2 erster Teil Satz 1 | | | Artikel 361 Absatz 1 |

| Richtlinie 67/227/ EWG | Richtlinie 77/388/EWG | Änderungsrechtsakte | Andere Rechtsakte | Vorliegende Richtlinie |
|---|---|---|---|---|
| | Artikel 26c Teil B Absatz 2 Unterabsatz 2 zweiter Teil Satz 1 | | | Artikel 361 Absatz 1 Buchstaben a bis e |
| | Artikel 26c Teil B Absatz 2 Unterabsatz 2 Satz 2 | | | Artikel 361 Absatz 2 |
| | Artikel 26c Teil B Absatz 3 Unterabsätze 1 und 2 | | | Artikel 362 |
| | Artikel 26c Teil B Absatz 4 Buchstaben a bis d | | | Artikel 363 Buchstaben a bis d |
| | Artikel 26c Teil B Absatz 5 Unterabsatz 1 | | | Artikel 364 |
| | Artikel 26c Teil B Absatz 5 Unterabsatz 2 | | | Artikel 365 |
| | Artikel 26c Teil B Absatz 6 Satz 1 | | | Artikel 366 Absatz 1 Unterabsatz 1 |
| | Artikel 26c Teil B Absatz 6 Sätze 2 und 3 | | | Artikel 366 Absatz 1 Unterabsatz 2 |
| | Artikel 26c Teil B Absatz 6 Satz 4 | | | Artikel 366 Absatz 2 |
| | Artikel 26c Teil B Absatz 7 Satz 1 | | | Artikel 367 Absatz 1 |
| | Artikel 26c Teil B Absatz 7 Sätze 2 und 3 | | | Artikel 367 Absatz 2 |
| | Artikel 26c Teil B Absatz 8 | | | Artikel 368 |
| | Artikel 26c Teil B Absatz 9 Satz 1 | | | Artikel 369 Absatz 1 |
| | Artikel 26c Teil B Absatz 9 Sätze 2 und 3 | | | Artikel 369 Absatz 2 Unterabsätze 1 und 2 |
| | Artikel 26c Teil B Absatz 10 | | | Artikel 204 Absatz 1 Unterabsatz 3 |
| | Artikel 27 Absatz 1 Sätze 1 und 2 | | | Artikel 395 Absatz 1 Unterabsätze 1 und 2 |

| Richtlinie 67/227/EWG | Richtlinie 77/388/EWG | Änderungsrechtsakte | Andere Rechtsakte | Vorliegende Richtlinie |
|---|---|---|---|---|
| | Artikel 27 Absatz 2 Sätze 1 und 2 | | | Artikel 395 Absatz 2 Unterabsatz 1 |
| | Artikel 27 Absatz 2 Satz 3 | | | Artikel 395 Absatz 2 Unterabsatz 2 |
| | Artikel 27 Absätze 3 und 4 | | | Artikel 395 Absätze 3 und 4 |
| | Artikel 27 Absatz 5 | | | Artikel 394 |
| | Artikel 28 Absätze 1 und 1a | | | – |
| | Artikel 28 Absatz 2 einleitender Satzteil | | | Artikel 109 |
| | Artikel 28 Absatz 2 Buchstabe a Unterabsatz 1 | | | Artikel 110 Absätze 1 und 2 |
| | Artikel 28 Absatz 2 Buchstabe a Unterabsatz 2 | | | – |
| | Artikel 28 Absatz 2 Buchstabe a Unterabsatz 3 Satz 1 | | | Artikel 112 Absatz 1 |
| | Artikel 28 Absatz 2 Buchstabe a Unterabsatz 3 Sätze 2 und 3 | | | Artikel 112 Absatz 2 |
| | Artikel 28 Absatz 2 Buchstabe b | | | Artikel 113 |
| | Artikel 28 Absatz 2 Buchstabe c Sätze 1 und 2 | | | Artikel 114 Absatz 1 Unterabsätze 1 und 2 |
| | Artikel 28 Absatz 2 Buchstabe c Satz 3 | | | Artikel 114 Absatz 2 |
| | Artikel 28 Absatz 2 Buchstabe d | | | Artikel 115 |
| | Artikel 28 Absatz 2 Buchstabe e Unterabsätze 1 und 2 | | | Artikel 118 Absätze 1 und 2 |
| | Artikel 28 Absatz 2 Buchstabe f | | | Artikel 120 |
| | Artikel 28 Absatz 2 Buchstabe g | | | – |
| | Artikel 28 Absatz 2 Buchstabe h Unterabsätze 1 und 2 | | | Artikel 121 Absätze 1 und 2 |
| | Artikel 28 Absatz 2 Buchstabe i | | | Artikel 122 |

| Richtlinie 67/227/EWG | Richtlinie 77/388/EWG | Änderungsrechtsakte | Andere Rechtsakte | Vorliegende Richtlinie |
|---|---|---|---|---|
| | Artikel 28 Absatz 2 Buchstabe j | | | Artikel 117 Absatz 2 |
| | Artikel 28 Absatz 2 Buchstabe k | | | Artikel 116 |
| | Artikel 28 Absatz 3 Buchstabe a | | | Artikel 370 |
| | Artikel 28 Absatz 3 Buchstabe b | | | Artikel 371 |
| | Artikel 28 Absatz 3 Buchstabe c | | | Artikel 391 |
| | Artikel 28 Absatz 3 Buchstabe d | | | Artikel 372 |
| | Artikel 28 Absatz 3 Buchstabe e | | | Artikel 373 |
| | Artikel 28 Absatz 3 Buchstabe f | | | Artikel 392 |
| | Artikel 28 Absatz 3 Buchstabe g | | | Artikel 374 |
| | Artikel 28 Absatz 3a | | | Artikel 376 |
| | Artikel 28 Absätze 4 und 5 | | | Artikel 393 Absätze 1 und 2 |
| | Artikel 28 Absatz 6 Unterabsatz 1 Satz 1 | | | Artikel 106 Absätze 1 und 2 |
| | Artikel 28 Absatz 6 Unterabsatz 1 Satz 2 | | | Artikel 106 Absatz 3 |
| | Artikel 28 Absatz 6 Unterabsatz 2 Buchstaben a, b und c | | | Artikel 107 Absatz 1 Buchstaben a, b und c |
| | Artikel 28 Absatz 6 Unterabsatz 2 Buchstabe d | | | Artikel 107 Absatz 2 |
| | Artikel 28 Absatz 6 Unterabsatz 3 | | | Artikel 107 Absatz 2 |
| | Artikel 28 Absatz 6 Unterabsatz 4 Buchstaben a, b und c | | | Artikel 108 Buchstaben a, b und c |
| | Artikel 28 Absatz 6 Unterabsätze 5 und 6 | | | – |
| | Artikel 28a Absatz 1 einleitender Satzteil | | | Artikel 2 Absatz 1 |
| | Artikel 28a Absatz 1 Buchstabe a Unterabsatz 1 | | | Artikel 2 Absatz 1 Buchstabe b Ziffer i |

| Richtlinie 67/227/EWG | Richtlinie 77/388/EWG | Änderungsrechtsakte | Andere Rechtsakte | Vorliegende Richtlinie |
|---|---|---|---|---|
| | Artikel 28a Absatz 1 Buchstabe a Unterabsatz 2 | | | Artikel 3 Absatz 1 |
| | Artikel 28a Absatz 1 Buchstabe a Unterabsatz 3 | | | Artikel 3 Absatz 3 |
| | Artikel 28a Absatz 1 Buchstabe b | | | Artikel 2 Absatz 1 Buchstabe b Ziffer ii |
| | Artikel 28a Absatz 1 Buchstabe c | | | Artikel 2 Absatz 1 Buchstabe b Ziffer iii |
| | Artikel 28a Absatz 1a Buchstabe a | | | Artikel 3 Absatz 1 Buchstabe a |
| | Artikel 28a Absatz 1a Buchstabe b Unterabsatz 1 erster Gedankenstrich | | | Artikel 3 Absatz 1 Buchstabe b |
| | Artikel 28a Absatz 1a Buchstabe b Unterabsatz 1 zweiter und dritter Gedankenstrich | | | Artikel 3 Absatz 2 Unterabsatz 1 Buchstaben a und b |
| | Artikel 28a Absatz 1a Buchstabe b Unterabsatz 2 | | | Artikel 3 Absatz 2 Unterabsatz 2 |
| | Artikel 28a Absatz 2 einleitender Satzteil | | | – |
| | Artikel 28a Absatz 2 Buchstabe a | | | Artikel 2 Absatz 2 Buchstabe a Ziffern i, ii und iii |
| | Artikel 28a Absatz 2 Buchstabe b Unterabsatz 1 | | | Artikel 2 Absatz 2 Buchstabe b |
| | Artikel 28a Absatz 2 Buchstabe b Unterabsatz 1 erster und zweiter Gedankenstrich | | | Artikel 2 Absatz 2 Buchstabe b Ziffern i, ii und iii |
| | Artikel 28a Absatz 2 Buchstabe b Unterabsatz 2 | | | Artikel 2 Absatz 2 Buchstabe c |

| Richtlinie 67/227/EWG | Richtlinie 77/388/EWG | Änderungs-rechtsakte | Andere Rechtsakte | Vorliegende Richtlinie |
|---|---|---|---|---|
| | Artikel 28a Absatz 3 Unterabsätze 1 und 2 | | | Artikel 20 Absätze 1 und 2 |
| | Artikel 28a Absatz 4 Unterabsatz 1 | | | Artikel 9 Absatz 2 |
| | Artikel 28a Absatz 4 Unterabsatz 2 erster Gedankenstrich | | | Artikel 172 Absatz 1 Unterabsatz 2 |
| | Artikel 28a Absatz 4 Unterabsatz 2 zweiter Gedankenstrich | | | Artikel 172 Absatz 1 Unterabsatz 1 |
| | Artikel 28a Absatz 4 Unterabsatz 3 | | | Artikel 172 Absatz 2 |
| | Artikel 28a Absatz 5 Buchstabe b Unterabsatz 1 | | | Artikel 17 Absatz 1 Unterabsatz 1 |
| | Artikel 28a Absatz 5 Buchstabe b Unterabsatz 2 | | | Artikel 17 Absatz 1 Unterabsatz 2 und Absatz 2 einleitender Satzteil |
| | Artikel 28a Absatz 5 Buchstabe b Unterabsatz 2 erster Gedankenstrich | | | Artikel 17 Absatz 2 Buchstaben a und b |
| | Artikel 28a Absatz 5 Buchstabe b Unterabsatz 2 zweiter Gedankenstrich | | | Artikel 17 Absatz 2 Buchstabe c |
| | Artikel 28a Absatz 5 Buchstabe b Unterabsatz 2 dritter Gedankenstrich | | | Artikel 17 Absatz 2 Buchstabe e |
| | Artikel 28a Absatz 5 Buchstabe b Unterabsatz 2 fünfter, sechster und siebter Gedankenstrich | | | Artikel 17 Absatz 2 Buchstaben f, g und h |
| | Artikel 28a Absatz 5 Buchstabe b Unterabsatz 2 achter Gedankenstrich | | | Artikel 17 Absatz 2 Buchstabe d |
| | Artikel 28a Absatz 5 Buchstabe b Unterabsatz 3 | | | Artikel 17 Absatz 3 |
| | Artikel 28a Absatz 6 Unterabsatz 1 | | | Artikel 21 |

| Richtlinie 67/227/EWG | Richtlinie 77/388/EWG | Änderungs-rechtsakte | Andere Rechtsakte | Vorliegende Richtlinie |
|---|---|---|---|---|
| | Artikel 28a Absatz 6 Unterabsatz 2 | | | Artikel 22 |
| | Artikel 28a Absatz 7 | | | Artikel 23 |
| | Artikel 28b Teil A Absatz 1 | | | Artikel 40 |
| | Artikel 28b Teil A Absatz 2 Unterabsätze 1 und 2 | | | Artikel 41 Absätze 1 und 2 |
| | Artikel 28b Teil A Absatz 2 Unterabsatz 3 erster und zweiter Gedankenstrich | | | Artikel 42 Buchstaben a und b |
| | Artikel 28b Teil B Absatz 1 Unterabsatz 1 erster und zweiter Gedankenstrich | | | Artikel 33 Absatz 1 Buchstaben a und b |
| | Artikel 28b Teil B Absatz 1 Unterabsatz 2 | | | Artikel 33 Absatz 2 |
| | Artikel 28b Teil B Absatz 2 Unterabsatz 1 | | | Artikel 34 Absatz 1 Buchstabe a |
| | Artikel 28b Teil B Absatz 2 Unterabsatz 1 erster und zweiter Gedankenstrich | | | Artikel 34 Absatz 1 Buchstaben b und c |
| | Artikel 28b Teil B Absatz 2 Unterabsatz 2 Sätze 1 und 2 | | | Artikel 34 Absatz 2 Unterabsätze 1 und 2 |
| | Artikel 28b Teil B Absatz 2 Unterabsatz 3 Satz 1 | | | Artikel 34 Absatz 3 |
| | Artikel 28b Teil B Absatz 2 Unterabsatz 3 Sätze 2 und 3 | | | – |
| | Artikel 28b Teil B Absatz 3 Unterabsätze 1 und 2 | | | Artikel 34 Absatz 4 Unterabsätze 1 und 2 |
| | Artikel 28b Teil C Absatz 1 erster Gedankenstrich Unterabsatz 1 | | | Artikel 48 Absatz 1 |
| | Artikel 28b Teil C Absatz 1 erster Gedankenstrich Unterabsatz 2 | | | Artikel 49 |

| Richtlinie 67/227/ EWG | Richtlinie 77/388/EWG | Änderungs- rechtsakte | Andere Rechtsakte | Vorliegende Richtlinie |
|---|---|---|---|---|
| | Artikel 28b Teil C Absatz 1 zweiter und dritter Gedankenstrich | | | Artikel 48 Absätze 2 und 3 |
| | Artikel 28b Teil C Absätze 2 und 3 | | | Artikel 47 Absätze 1 und 2 |
| | Artikel 28b Teil C Absatz 4 | | | Artikel 51 |
| | Artikel 28b Teil D | | | Artikel 53 |
| | Artikel 28b Teil E Absatz 1 Unterabsätze 1 und 2 | | | Artikel 50 Absätze 1 und 2 |
| | Artikel 28b Teil E Absatz 2 Unterabsätze 1 und 2 | | | Artikel 54 Absätze 1 und 2 |
| | Artikel 28b Teil E Absatz 3 Unterabsätze 1 und 2 | | | Artikel 44 Absätze 1 und 2 |
| | Artikel 28b Teil F Absätze 1 und 2 | | | Artikel 55 Absätze 1 und 2 |
| | Artikel 28c Teil A einleitender Satzteil | | | Artikel 131 |
| | Artikel 28c Teil A Buchstabe a Unterabsatz 1 | | | Artikel 138 Absatz 1 |
| | Artikel 28c Teil A Buchstabe a Unterabsatz 2 | | | Artikel 139 Absatz 1 Unterabsätze 1 und 2 |
| | Artikel 28c Teil A Buchstabe b | | | Artikel 138 Absatz 2 Buchstabe a |
| | Artikel 28c Teil A Buchstabe c Unterabsatz 1 | | | Artikel 138 Absatz 2 Buchstabe b |
| | Artikel 28c Teil A Buchstabe c Unterabsatz 2 | | | Artikel 139 Absatz 2 |
| | Artikel 28c Teil A Buchstabe d | | | Artikel 138 Absatz 2 Buchstabe c |
| | Artikel 28c Teil B einleitender Satzteil | | | Artikel 131 |

| Richtlinie 67/227/EWG | Richtlinie 77/388/EWG | Änderungs-rechtsakte | Andere Rechtsakte | Vorliegende Richtlinie |
|---|---|---|---|---|
| | Artikel 28c Teil B Buchstaben a, b und c | | | Artikel 140 Buchstaben a, b und c |
| | Artikel 28c Teil C | | | Artikel 142 |
| | Artikel 28c Teil D Absatz 1 | | | Artikel 143 Buchstabe d |
| | Artikel 28c Teil D Absatz 2 | | | Artikel 131 |
| | Artikel 28c Teil E Nummer 1 erster Gedankenstrich ersetzend Artikel 16 Absatz 1 | | | |
| | – Absatz 1 Unterabsatz 1 | | | Artikel 155 |
| | – Absatz 1 Unterabsatz 1 Teil A | | | Artikel 157 Absatz 1 Buchstabe a |
| | – Absatz 1 Unterabsatz 1 Teil B Unterabsatz 1 Buchstaben a, b und c | | | Artikel 156 Absatz 1 Buchstaben a, b und c |
| | – Absatz 1 Unterabsatz 1 Teil B Unterabsatz 1 Buchstabe d erster und zweiter Gedankenstrich | | | Artikel 156 Absatz 1 Buchstaben d und e |
| | – Absatz 1 Unterabsatz 1 Teil B Unterabsatz 1 Buchstabe e Unterabsatz 1 | | | Artikel 157 Absatz 1 Buchstabe b |
| | – Absatz 1 Unterabsatz 1 Teil B Unterabsatz 1 Buchstabe e Unterabsatz 2 erster Gedankenstrich | | | Artikel 154 |
| | – Absatz 1 Unterabsatz 1 Teil B Unterabsatz 1 Buchstabe e Unterabsatz 2 zweiter Gedankenstrich Satz 1 | | | Artikel 154 |
| | – Absatz 1 Unterabsatz 1 Teil B Unterabsatz 1 Buchstabe e Unterabsatz 2 zweiter Gedankenstrich Satz 2 | | | Artikel 157 Absatz 2 |
| | – Absatz 1 Unterabsatz 1 Teil B Unterabsatz 1 Buchstabe e Unterabsatz 3 erster Gedankenstrich | | | |

| Richtlinie 67/227/ EWG | Richtlinie 77/388/EWG | Änderungsrechtsakte | Andere Rechtsakte | Vorliegende Richtlinie |
|---|---|---|---|---|
| | – Absatz 1 Unterabsatz 1 Teil B Unterabsatz 1 Buchstabe e Unterabsatz 3 zweiter, dritter und vierter Gedankenstrich | | | Artikel 158 Absatz 1 Buchstaben a, b und c |
| | – Absatz 1 Unterabsatz 1 Teil B Unterabsatz 2 | | | Artikel 156 Absatz 2 |
| | – Absatz 1, Unterabsatz 1 Teil C | | | Artikel 159 |
| | – Absatz 1 Unterabsatz 1 Teil D Unterabsatz 1 Buchstaben a und b | | | Artikel 160 Absatz 1 Buchstaben a und b |
| | – Absatz 1 Unterabsatz 1 Teil D Unterabsatz 2 | | | Artikel 160 Absatz 2 |
| | – Absatz 1 Unterabsatz 1 Teil E erster und zweiter Gedankenstrich | | | Artikel 161 Buchstaben a und b |
| | – Absatz 1 Unterabsatz 2 | | | Artikel 202 |
| | – Absatz 1 Unterabsatz 3 | | | Artikel 163 |
| | Artikel 28c Teil E Nummer 1 zweiter Gedankenstrich zur Einfügung von Absatz 1a in Artikel 16 | | | |
| | – Absatz 1a | | | Artikel 162 |
| | Artikel 28c Teil E Nummer 2 erster Gedankenstrich zur Ergänzung von Artikel 16 Absatz 2 | | | |
| | – Absatz 2 Unterabsatz 1 | | | Artikel 164 Absatz 1 |
| | Artikel 28c Teil E Nummer 2 zweiter Gedankenstrich, zur Einfügung der Unterabsätze 2 und 3 in Artikel 16 Absatz 2 | | | |
| | – Absatz 2 Unterabsatz 2 | | | Artikel 164 Absatz 2 |
| | – Absatz 2 Unterabsatz 3 | | | Artikel 165 |
| | Artikel 28c Teil E Nummer 3 erster bis fünfter Gedankenstrich | | | Artikel 141 Buchstaben a bis e |

| Richtlinie 67/227/ EWG | Richtlinie 77/388/EWG | Änderungsrechtsakte | Andere Rechtsakte | Vorliegende Richtlinie |
|---|---|---|---|---|
| | Artikel 28d Absatz 1 Sätze 1 und 2 | | | Artikel 68 Absätze 1 und 2 |
| | Artikel 28d Absätze 2 und 3 | | | Artikel 69 Absätze 1 und 2 |
| | Artikel 28d Absatz 4 Unterabsätze 1 und 2 | | | Artikel 67 Absätze 1 und 2 |
| | Artikel 28e Absatz 1 Unterabsatz 1 | | | Artikel 83 |
| | Artikel 28e Absatz 1 Unterabsatz 2 Sätze 1 und 2 | | | Artikel 84 Absätze 1 und 2 |
| | Artikel 28e Absatz 2 | | | Artikel 76 |
| | Artikel 28e Absatz 3 | | | Artikel 93 Absatz 2 Buchstabe b |
| | Artikel 28e Absatz 4 | | | Artikel 94 Absatz 1 |
| | Artikel 28f Nummer 1 ersetzend Artikel 17 Absätze 2, 3 und 4 | | | |
| | – Absatz 2 Buchstabe a | | | Artikel 168 Buchstabe a |
| | – Absatz 2 Buchstabe b | | | Artikel 168 Buchstabe e |
| | – Absatz 2 Buchstabe c | | | Artikel 168 Buchstaben b und d |
| | – Absatz 2 Buchstabe d | | | Artikel 168 Buchstabe c |
| | – Absatz 3 Buchstaben a, b und c | | | Artikel 169 Buchstaben a, b und c Artikel 170 Buchstaben a und b |
| | – Absatz 4 Unterabsatz 1 erster Gedankenstrich | | | Artikel 171 Absatz 1 Unterabsatz 1 |

| Richtlinie 67/227/ EWG | Richtlinie 77/388/EWG | Änderungs- rechtsakte | Andere Rechtsakte | Vorliegende Richtlinie |
|---|---|---|---|---|
| | – Absatz 4 Unterabsatz 1 zweiter Gedankenstrich | | | Artikel 171 Absatz 2 Unterabsatz 1 |
| | – Absatz 4 Unterabsatz 2 Buchstabe a | | | Artikel 171 Absatz 1 Unterabsatz 2 |
| | – Absatz 4 Unterabsatz 2 Buchstabe b | | | Artikel 171 Absatz 2 Unterabsatz 2 |
| | – Absatz 4 Unterabsatz 2 Buchstabe c | | | Artikel 171 Absatz 3 |
| | Artikel 28f Nummer 2 ersetzend Artikel 18 Absatz 1 | | | |
| | – Absatz 1 Buchstabe a | | | Artikel 178 Buchstabe a |
| | – Absatz 1 Buchstabe b | | | Artikel 178 Buchstabe e |
| | – Absatz 1 Buchstabe c | | | Artikel 178 Buchstaben b und d |
| | – Absatz 1 Buchstabe d | | | Artikel 178 Buchstabe f |
| | – Absatz 1 Buchstabe e | | | Artikel 178 Buchstabe c |
| | Artikel 28f Nummer 3 zur Einfügung von Absatz 3a in Artikel 18 | | | |
| | – Absatz 3a erster Teil des Satzes | | | Artikel 181 |
| | – Absatz 3a zweiter Teil des Satzes | | | Artikel 182 |
| | Artikel 28g ersetzend Artikel 21 | | | |
| | – Absatz 1 Buchstabe a Unterabsatz 1 | | | Artikel 193 |
| | – Absatz 1 Buchstabe a Unterabsatz 2 | | | Artikel 194 Absätze 1 und 2 |
| | – Absatz 1 Buchstabe b | | | Artikel 196 |

| Richtlinie 67/227/EWG | Richtlinie 77/388/EWG | Änderungsrechtsakte | Andere Rechtsakte | Vorliegende Richtlinie |
|---|---|---|---|---|
| | – Absatz 1 Buchstabe c Unterabsatz 1 erster, zweiter und dritter Gedankenstrich | | | Artikel 197 Absatz 1 Buchstaben a, b und c |
| | – Absatz 1 Buchstabe c Unterabsatz 2 | | | Artikel 197 Absatz 2 |
| | – Absatz 1 Buchstabe d | | | Artikel 203 |
| | – Absatz 1 Buchstabe e | | | Artikel 200 |
| | – Absatz 1 Buchstabe f | | | Artikel 195 |
| | – Absatz 2 | | | – |
| | – Absatz 2 Buchstabe a Satz 1 | | | Artikel 204 Absatz 1 Unterabsatz 1 |
| | – Absatz 2 Buchstabe a Satz 2 | | | Artikel 204 Absatz 2 |
| | – Absatz 2 Buchstabe b | | | Artikel 204 Absatz 1 Unterabsatz 2 |
| | – Absatz 2 Buchstabe c Unterabsatz 1 | | | Artikel 199 Absatz 1 Buchstaben a bis g |
| | – Absatz 2 Buchstabe c Unterabsätze 2, 3 und 4 | | | Artikel 199 Absätze 2, 3 und 4 |
| | – Absatz 3 | | | Artikel 205 |
| | – Absatz 4 | | | Artikel 201 |
| | Artikel 28h ersetzend Artikel 22 | | | |
| | – Absatz 1 Buchstabe a Sätze 1 und 2 | | | Artikel 213 Absatz 1 Unterabsätze 1 und 2 |
| | – Absatz 1 Buchstabe b | | | Artikel 213 Absatz 2 |
| | – Absatz 1 Buchstabe c erster Gedankenstrich Satz 1 | | | Artikel 214 Absatz 1 Buchstabe a |
| | – Absatz 1 Buchstabe c erster Gedankenstrich Satz 2 | | | Artikel 214 Absatz 2 |

| Richtlinie 67/227/EWG | Richtlinie 77/388/EWG | Änderungsrechtsakte | Andere Rechtsakte | Vorliegende Richtlinie |
|---|---|---|---|---|
| | – Absatz 1 Buchstabe c zweiter und dritter Gedankenstrich | | | Artikel 214 Absatz 1 Buchstaben b und c |
| | – Absatz 1 Buchstabe d Sätze 1 und 2 | | | Artikel 215 Absätze 1 und 2 |
| | – Absatz 1 Buchstabe e | | | Artikel 216 |
| | – Absatz 2 Buchstabe a | | | Artikel 242 |
| | – Absatz 2 Buchstabe b Unterabsätze 1 und 2 | | | Artikel 243 Absätze 1 und 2 |
| | – Absatz 3 Buchstabe a Unterabsatz 1 Satz 1 | | | Artikel 220 Nummer 1 |
| | – Absatz 3 Buchstabe a Unterabsatz 1 Satz 2 | | | Artikel 220 Nummern 2 und 3 |
| | – Absatz 3 Buchstabe a Unterabsatz 2 | | | Artikel 220 Nummern 4 und 5 |
| | – Absatz 3 Buchstabe a Unterabsatz 3 Sätze 1 und 2 | | | Artikel 221 Absatz 1 Unterabsätze 1 und 2 |
| | – Absatz 3 Buchstabe a Unterabsatz 4 | | | Artikel 221 Absatz 2 |
| | – Absatz 3 Buchstabe a Unterabsatz 5 Satz 1 | | | Artikel 219 |
| | – Absatz 3 Buchstabe a Unterabsatz 5 Satz 2 | | | Artikel 228 |
| | – Absatz 3 Buchstabe a Unterabsatz 6 | | | Artikel 222 |
| | – Absatz 3 Buchstabe a Unterabsatz 7 | | | Artikel 223 |
| | – Absatz 3 Buchstabe a Unterabsatz 8 Sätze 1 und 2 | | | Artikel 224 Absätze 1 und 2 |
| | – Absatz 3 Buchstabe a Unterabsatz 9 Sätze 1 und 2 | | | Artikel 224 Absatz 3 Unterabsatz 1 |

| Richtlinie 67/227/ EWG | Richtlinie 77/388/EWG | Änderungs- rechtsakte | Andere Rechtsakte | Vorliegende Richtlinie |
|---|---|---|---|---|
| | – Absatz 3 Buchstabe a Unterabsatz 9 Satz 3 | | | Artikel 224 Absatz 3 Unterabsatz 2 |
| | – Absatz 3 Buchstabe a Unterabsatz 10 | | | Artikel 225 |
| | – Absatz 3 Buchstabe b Unterabsatz 1 erster bis zwölfter Gedankenstrich | | | Artikel 226 Nummern 1 bis 12 |
| | – Absatz 3 Buchstabe b Unterabsatz 1 dreizehnter Gedankenstrich | | | Artikel 226 Nummern 13 und 14 |
| | – Absatz 3 Buchstabe b Unterabsatz 1 vierzehnter Gedankenstrich | | | Artikel 226 Nummer 15 |
| | – Absatz 3 Buchstabe b Unterabsatz 2 | | | Artikel 227 |
| | – Absatz 3 Buchstabe b Unterabsatz 3 | | | Artikel 229 |
| | – Absatz 3 Buchstabe b Unterabsatz 4 | | | Artikel 230 |
| | – Absatz 3 Buchstabe b Unterabsatz 5 | | | Artikel 231 |
| | – Absatz 3 Buchstabe c Unterabsatz 1 | | | Artikel 232 |
| | – Absatz 3 Buchstabe c Unterabsatz 2 einleitender Satzteil | | | Artikel 233 Absatz 1 Unterabsatz 1 |
| | – Absatz 3 Buchstabe c Unterabsatz 2 erster Gedankenstrich Satz 1 | | | Artikel 233 Absatz 1 Unterabsatz 1 Buchstabe a |
| | – Absatz 3 Buchstabe c Unterabsatz 2 erster Gedankenstrich Satz 2 | | | Artikel 233 Absatz 2 |
| | – Absatz 3 Buchstabe c Unterabsatz 2 zweiter Gedankenstrich Satz 1 | | | Artikel 233 Absatz 1 Unterabsatz 1 Buchstabe b |
| | – Absatz 3 Buchstabe c Unterabsatz 2 zweiter Gedankenstrich Satz 2 | | | Artikel 233 Absatz 3 |

| Richtlinie 67/227/ EWG | Richtlinie 77/388/EWG | Änderungs- rechtsakte | Andere Rechtsakte | Vorliegende Richtlinie |
|---|---|---|---|---|
| | – Absatz 3 Buchstabe c Unterabsatz 3 Satz 1 | | | Artikel 233 Absatz 1 Unterabsatz 2 |
| | – Absatz 3 Buchstabe c Unterabsatz 3 Satz 2 | | | Artikel 237 |
| | – Absatz 3 Buchstabe c Unterabsatz 4 Sätze 1 und 2 | | | Artikel 234 |
| | – Absatz 3 Buchstabe c Unterabsatz 5 | | | Artikel 235 |
| | – Absatz 3 Buchstabe c Unterabsatz 6 | | | Artikel 236 |
| | – Absatz 3 Buchstabe d Unterabsatz 1 | | | Artikel 244 |
| | – Absatz 3 Buchstabe d Unterabsatz 2 Satz 1 | | | Artikel 245 Absatz 1 |
| | – Absatz 3 Buchstabe d Unterabsatz 2 Sätze 2 und 3 | | | Artikel 245 Absatz 2 Unterabsätze 1 und 2 |
| | – Absatz 3 Buchstabe d Unterabsatz 3 Sätze 1 und 2 | | | Artikel 246 Absätze 1 und 2 |
| | – Absatz 3 Buchstabe d Unterabsätze 4, 5 und 6 | | | Artikel 247 Absätze 1, 2 und 3 |
| | – Absatz 3 Buchstabe d Unterabsatz 7 | | | Artikel 248 |
| | – Absatz 3 Buchstabe e Unterabsatz 1 | | | Artikeln 217 und 241 |
| | – Absatz 3 Buchstabe e Unterabsatz 2 | | | Artikel 218 |
| | – Absatz 4 Buchstabe a Sätze 1 und 2 | | | Artikel 252 Absatz 1 |
| | – Absatz 4 Buchstabe a Sätze 3 und 4 | | | Artikel 252 Absatz 2 Unterabsätze 1 und 2 |
| | – Absatz 4 Buchstabe a Satz 5 | | | Artikel 250 Absatz 2 |
| | – Absatz 4 Buchstabe b | | | Artikel 250 Absatz 1 |

| Richtlinie 67/227/ EWG | Richtlinie 77/388/EWG | Änderungs- rechtsakte | Andere Rechtsakte | Vorliegende Richtlinie |
|---|---|---|---|---|
| | – Absatz 4 Buchstabe c erster Gedankenstrich Unter- absätze 1 und 2 | | | Artikel 251 Buchstaben a und b |
| | – Absatz 4 Buchstabe c zweiter Gedankenstrich Unter- absatz 1 | | | Artikel 251 Buchstabe c |
| | – Absatz 4 Buchstabe c zweiter Gedankenstrich Unter- absatz 2 | | | Artikel 251 Buchstaben d und e |
| | – Absatz 5 | | | Artikel 206 |
| | – Absatz 6 Buchstabe a Sätze 1 und 2 | | | Artikel 261 Absatz 1 |
| | – Absatz 6 Buchstabe a Satz 3 | | | Artikel 261 Absatz 2 |
| | – Absatz 6 Buchstabe b Unter- absatz 1 | | | Artikel 262 |
| | – Absatz 6 Buchstabe b Unter- absatz 2 Satz 1 | | | Artikel 263 Absatz 1 Un- terabsatz 1 |
| | – Absatz 6 Buchstabe b Unter- absatz 2 Satz 2 | | | Artikel 263 Absatz 2 |
| | – Absatz 6 Buchstabe b Unter- absatz 3 erster und zweiter Gedankenstrich | | | Artikel 264 Absatz 1 Buchstaben a und b |
| | – Absatz 6 Buchstabe b Unter- absatz 3 dritter Gedanken- strich Satz 1 | | | Artikel 264 Absatz 1 Buchstabe d |
| | – Absatz 6 Buchstabe b Unter- absatz 3 dritter Gedanken- strich Satz 2 | | | Artikel 264 Absatz 2 Unterabsatz 1 |
| | – Absatz 6 Buchstabe b Unter- absatz 4 erster Gedanken- strich | | | Artikel 264 Absatz 1 Buchstaben c und e |
| | – Absatz 6 Buchstabe b Unter- absatz 4 zweiter Gedanken- strich Satz 1 | | | Artikel 264 Absatz 1 Buchstabe f |
| | – Absatz 6 Buchstabe b Unter- absatz 4 zweiter Gedanken- strich Satz 2 | | | Artikel 264 Absatz 2 Unterabsatz 2 |

| Richtlinie 67/227/ EWG | Richtlinie 77/388/EWG | Änderungs- rechtsakte | Andere Rechtsakte | Vorliegende Richtlinie |
|---|---|---|---|---|
| | – Absatz 6 Buchstabe b Unter- absatz 5 erster und zweiter Gedankenstrich | | | Artikel 265 Absatz 1 Buchstaben a und b |
| | – Absatz 6 Buchstabe b Unter- absatz 5 dritter Gedanken- strich Satz 1 | | | Artikel 265 Absatz 1 Buchstabe c |
| | – Absatz 6 Buchstabe b Unter- absatz 5 dritter Gedanken- strich Satz 2 | | | Artikel 265 Absatz 2 |
| | – Absatz 6 Buchstabe c erster Gedankenstrich | | | Artikel 263 Absatz 1 Unterabsatz 2 |
| | – Absatz 6 Buchstabe c zweiter Gedankenstrich | | | Artikel 266 |
| | – Absatz 6 Buchstabe d | | | Artikel 254 |
| | – Absatz 6 Buchstabe e Unter- absatz 1 | | | Artikel 268 |
| | – Absatz 6 Buchstabe e Unter- absatz 2 | | | Artikel 259 |
| | – Absatz 7 erster Teil des Satzes | | | Artikel 207 Absatz 1 Artikel 256 Artikel 267 |
| | – Absatz 7 zweiter Teil des Satzes | | | Artikel 207 Absatz 2 |
| | – Absatz 8 Unterabsätze 1 und 2 | | | Artikel 273 Absätze 1 und 2 |
| | – Absatz 9 Buchstabe a Unter- absatz 1 erster Gedanken- strich | | | Artikel 272 Absatz 1 Unterabsatz 1 Buchstabe c |
| | – Absatz 9 Buchstabe a Unter- absatz 1 zweiter Gedanken- strich | | | Artikel 272 Absatz 1 Unterabsatz 1 Buchstaben a und d |
| | – Absatz 9 Buchstabe a Unter- absatz 1 dritter Gedanken- strich | | | Artikel 272 Absatz 1 Unterabsatz 1 Buchstabe b |

| Richtlinie 67/227/EWG | Richtlinie 77/388/EWG | Änderungsrechtsakte | Andere Rechtsakte | Vorliegende Richtlinie |
|---|---|---|---|---|
| | – Absatz 9 Buchstabe a Unterabsatz 2 | | | Artikel 272 Absatz 1 Unterabsatz 2 |
| | – Absatz 9 Buchstabe b | | | Artikel 272 Absatz 3 |
| | – Absatz 9 Buchstabe c | | | Artikel 212 |
| | – Absatz 9 Buchstabe d Unterabsatz 1 erster und zweiter Gedankenstrich | | | Artikel 238 Absatz 1 Buchstaben a und b |
| | – Absatz 9 Buchstabe d Unterabsatz 2 erster bis vierter Gedankenstrich | | | Artikel 238 Absatz 2 Buchstaben a bis d |
| | – Absatz 9 Buchstabe d Unterabsatz 3 | | | Artikel 238 Absatz 3 |
| | – Absatz 9 Buchstabe e Unterabsatz 1 | | | Artikel 239 |
| | – Absatz 9 Buchstabe e Unterabsatz 2 erster und zweiter Gedankenstrich | | | Artikel 240 Nummern 1 und 2 |
| | – Absatz 10 | | | Artikeln 209 und 257 |
| | – Absatz 11 | | | Artikeln 210 und 258 |
| | – Absatz 12 einleitender Satzteil | | | Artikel 269 |
| | – Absatz 12 Buchstabe a erster, zweiter und dritter Gedankenstrich | | | Artikel 270 Buchstaben a, b und c |
| | – Absatz 12 Buchstabe b erster, zweiter und dritter Gedankenstrich | | | Artikel 271 Buchstaben a, b und c |
| | Artikel 28i zur Einfügung von Unterabsatz 3 in Artikel 24 Absatz 3 | | | |
| | – Absatz 3 Unterabsatz 3 | | | Artikel 283 Absatz 1 Buchstaben b und c |

| Richtlinie 67/227/ EWG | Richtlinie 77/388/EWG | Änderungs- rechtsakte | Andere Rechtsakte | Vorliegende Richtlinie |
|---|---|---|---|---|
| | Artikel 28j Nummer 1 zur Einfügung von Unterabsatz 2 in Artikel 25 Absatz 4 | | | |
| | – Absatz 4 Unterabsatz 2 | | | Artikel 272 Absatz 2 |
| | Artikel 28j Nummer 2 ersetzend Artikel 25 Absätze 5 und 6 | | | |
| | – Absatz 5 Unterabsatz 1 Buchstaben a, b und c | | | Artikel 300 Nummern 1, 2 und 3 |
| | – Absatz 5 Unterabsatz 2 | | | Artikel 302 |
| | – Absatz 6 Buchstabe a Unterabsatz 1 Satz 1 | | | Artikel 301 Absatz 1 |
| | – Absatz 6 Buchstabe a Unterabsatz 1 Satz 2 | | | Artikel 303 Absatz 1 |
| | – Absatz 6 Buchstabe a Unterabsatz 2 erster, zweiter und dritter Gedankenstrich | | | Artikel 303 Absatz 2 Buchstaben a, b und c |
| | – Absatz 6 Buchstabe a Unterabsatz 3 | | | Artikel 303 Absatz 3 |
| | – Absatz 6 Buchstabe b | | | Artikel 301 Absatz 1 |
| | Artikel 28j Nummer 3 zur Einfügung von Unterabsatz 2 in Artikel 25 Absatz 9 | | | |
| | – Absatz 9 Unterabsatz 2 | | | Artikel 305 |
| | Artikel 28k Nummer 1 Unterabsatz 1 | | | – |
| | Artikel 28k Nummer 1 Unterabsatz 2 Buchstabe a | | | Artikel 158 Absatz 3 |
| | Artikel 28k Nummer 1 Unterabsatz 2 Buchstaben b und c | | | – |
| | Artikel 28k Nummern 2, 3 und 4 | | | – |
| | Artikel 28k Nummer 5 | | | Artikel 158 Absatz 2 |
| | Artikel 281 Absatz 1 | | | – |

| Richtlinie 67/227/EWG | Richtlinie 77/388/EWG | Änderungsrechtsakte | Andere Rechtsakte | Vorliegende Richtlinie |
|---|---|---|---|---|
| | Artikel 281 Absätze 2 und 3 | | | Artikel 402 Absätze 1 und 2 |
| | Artikel 281 Absatz 4 | | | – |
| | Artikel 28m | | | Artikel 399 Absatz 1 |
| | Artikel 28n | | | – |
| | Artikel 28o Absatz 1 einleitender Satzteil | | | Artikel 326 Absatz 1 |
| | Artikel 28o Absatz 1 Buchstabe a Satz 1 | | | Artikel 327 Absätze 1 und 3 |
| | Artikel 28o Absatz 1 Buchstabe a Satz 2 | | | Artikel 327 Absatz 2 |
| | Artikel 28o Absatz 1 Buchstabe b | | | Artikel 328 |
| | Artikel 28o Absatz 1 Buchstabe c erster, zweiter und dritter Gedankenstrich | | | Artikel 329 Buchstaben a, b und c |
| | Artikel 28o Absatz 1 Buchstabe d Unterabsätze 1 und 2 | | | Artikel 330 Absätze 1 und 2 |
| | Artikel 28o Absatz 1 Buchstabe e | | | Artikel 332 |
| | Artikel 28o Absatz 1 Buchstabe f | | | Artikel 331 |
| | Artikel 28o Absatz 1 Buchstabe g | | | Artikel 4 Buchstabe b |
| | Artikel 28o Absatz 1 Buchstabe h | | | Artikel 35 Artikel 139 Absatz 3 Unterabsatz 2 |
| | Artikel 28o Absatz 2 | | | Artikel 326 Absatz 2 |
| | Artikel 28o Absatz 3 | | | Artikel 341 |
| | Artikel 28o Absatz 4 | | | – |
| | Artikel 28p Absatz 1 erster, zweiter und dritter Gedankenstrich | | | Artikel 405 Nummern 1, 2 und 3 |
| | Artikel 28p Absatz 2 | | | Artikel 406 |

| Richtlinie 67/227/ EWG | Richtlinie 77/388/EWG | Änderungs- rechtsakte | Andere Rechtsakte | Vorliegende Richtlinie |
|---|---|---|---|---|
| | Artikel 28p Absatz 3 Unter- absatz 1 erster und zweiter Gedankenstrich | | | Artikel 407 Buchstaben a und b |
| | Artikel 28p Absatz 3 Unter- absatz 2 | | | – |
| | Artikel 28p Absatz 4 Buch- staben a bis d | | | Artikel 408 Absatz 1 Buchstaben a bis d |
| | Artikel 28p Absatz 5 erster und zweiter Gedankenstrich | | | Artikel 408 Absatz 2 Buchstaben a und b |
| | Artikel 28p Absatz 6 | | | Artikel 409 |
| | Artikel 28p Absatz 7 Unter- absatz 1 Buchstaben a, b und c | | | Artikel 410 Absatz 1 Buchstaben a, b und c |
| | Artikel 28p Absatz 7 Unter- absatz 2 erster Gedankenstrich | | | – |
| | Artikel 28p Absatz 7 Unter- absatz 2 zweiter und dritter Gedankenstrich | | | Artikel 410 Absatz 2 Buchstaben a und b |
| | Artikel 29 Absätze 1 bis 4 | | | Artikel 398 Absätze 1 bis 4 |
| | Artikel 29a | | | Artikel 397 |
| | Artikel 30 Absatz 1 | | | Artikel 396 Absatz 1 |
| | Artikel 30 Absatz 2 Sätze 1 und 2 | | | Artikel 396 Absatz 2 Unterabsatz 1 |
| | Artikel 30 Absatz 2 Satz 3 | | | Artikel 396 Absatz 2 Unterabsatz 2 |
| | Artikel 30 Absätze 3 und 4 | | | Artikel 396 Absätze 3 und 4 |
| | Artikel 31 Absatz 1 | | | – |
| | Artikel 31 Absatz 2 | | | Artikel 400 |
| | Artikel 33 Absatz 1 | | | Artikel 401 |

| Richtlinie 67/227/ EWG | Richtlinie 77/388/EWG | Änderungs- rechtsakte | Andere Rechtsakte | Vorliegende Richtlinie |
|---|---|---|---|---|
| | Artikel 33 Absatz 2 | | | Artikel 2 Absatz 3 |
| | Artikel 33a Absatz 1 einleitender Satzteil | | | Artikel 274 |
| | Artikel 33a Absatz 1 Buchstabe a | | | Artikel 275 |
| | Artikel 33a Absatz 1 Buchstabe b | | | Artikel 276 |
| | Artikel 33a Absatz 1 Buchstabe c | | | Artikel 277 |
| | Artikel 33a Absatz 2 einleitender Satzteil | | | Artikel 278 |
| | Artikel 33a Absatz 2 Buchstabe a | | | Artikel 279 |
| | Artikel 33a Absatz 2 Buchstabe b | | | Artikel 280 |
| | Artikel 34 | | | Artikel 404 |
| | Artikel 35 | | | Artikel 403 |
| | Artikeln 36 und 37 | | | – |
| | Artikel 38 | | | Artikel 414 |
| | Anhang A Ziffer I Nummern 1 und 2 | | | Anhang VII Nummer 1 Buchstaben a und b |
| | Anhang A Ziffer I Nummer 3 | | | Anhang VII Nummer 1 Buchstabe c und d |
| | Anhang A Ziffer II Nummern 1 bis 6 | | | Anhang VII Nummer 2 Buchstaben a bis f |
| | Anhang A Ziffern III und IV | | | Anhang VII Nummern 3 und 4 |
| | Anhang A Ziffer IV Nummern 1 bis 4 | | | Anhang VII Nummer 4 Buchstaben a bis d |
| | Anhang A Ziffer V | | | Artikel 295 Absatz 2 |

| Richtlinie 67/227/EWG | Richtlinie 77/388/EWG | Änderungsrechtsakte | Andere Rechtsakte | Vorliegende Richtlinie |
|---|---|---|---|---|
| | Anhang B einleitender Satzteil | | | Artikel 295 Absatz 1 Nummer 5 |
| | Anhang B erster bis neunter Gedankenstrich | | | Anhang VIII Nummern 1 bis 9 |
| | Anhang C | | | – |
| | Anhang D Nummern 1 bis 13 | | | Anhang I Nummern 1 bis 13 |
| | Anhang E Nummer 2 | | | Anhang X Teil A Nummer 1 |
| | Anhang E Nummer 7 | | | Anhang X Teil A Nummer 2 |
| | Anhang E Nummer 11 | | | Anhang X Teil A Nummer 3 |
| | Anhang E Nummer 15 | | | Anhang X Teil A Nummer 4 |
| | Anhang F Nummer 1 | | | Anhang X Teil B Nummer 1 |
| | Anhang F Nummer 2 | | | Anhang X Teil B Nummer 2 Buchstaben a bis j |
| | Anhang F Nummern 5 bis 8 | | | Anhang X Teil B Nummern 3 bis 6 |
| | Anhang F Nummer 10 | | | Anhang X Teil B Nummer 7 |
| | Anhang F Nummer 12 | | | Anhang X Teil B Nummer 8 |
| | Anhang F Nummer 16 | | | Anhang X Teil B Nummer 9 |

1653

| Richtlinie 67/227/EWG | Richtlinie 77/388/EWG | Änderungsrechtsakte | Andere Rechtsakte | Vorliegende Richtlinie |
|---|---|---|---|---|
| | Anhang F Nummer 17 Unterabsätze 1 und 2 | | | Anhang X Teil B Nummer 10 |
| | Anhang F Nummer 23 | | | Anhang X Teil B Nummer 11 |
| | Anhang F Nummer 25 | | | Anhang X Teil B Nummer 12 |
| | Anhang F Nummer 27 | | | Anhang X Teil B Nummer 13 |
| | Anhang G Absätze 1 und 2 | | | Artikel 391 |
| | Anhang H Absatz 1 | | | Artikel 98 Absatz 3 |
| | Anhang H Absatz 2 einleitender Satzteil | | | – |
| | Anhang H Absatz 2 Nummern 1 bis 6 | | | Anhang III Nummern 1 bis 6 |
| | Anhang H Absatz 2 Nummer 7 Unterabsätze 1 und 2 | | | Anhang III Nummern 7 und 8 |
| | Anhang H Absatz 2 Nummern 8 bis 17 | | | Anhang III Nummern 9 bis 18 |
| | Anhang I einleitender Satzteil | | | – |
| | Anhang I Buchstabe a erster bis siebter Gedankenstrich | | | Anhang IX Teil A Nummern 1 bis 7 |
| | Anhang I Buchstabe b erster und zweiter Gedankenstrich | | | Anhang IX Teil B Nummern 1 und 2 |
| | Anhang I Buchstabe c | | | Anhang IX Teil C |
| | Anhang J einleitender Satzteil | | | Anhang V einleitender Satzteil |

| Richtlinie 67/227/ EWG | Richtlinie 77/388/EWG | Änderungs- rechtsakte | Andere Rechtsakte | Vorliegende Richtlinie |
|---|---|---|---|---|
| | Anhang J | | | Anhang V Nummern 1 bis 25 |
| | Anhang K Nummer 1 erster, zweiter und dritter Gedankenstrich | | | Anhang IV Nummer 1 Buchstaben a, b und c |
| | Anhang K Nummern 2 bis 5 | | | Anhang IV Nummern 2 bis 5 |
| | Anhang L Absatz 1 Nummern 1 bis 5 | | | Anhang II Nummern 1 bis 5 |
| | Anhang L Absatz 2 | | | Artikel 56 Absatz 2 |
| | Anhang M Buchstaben a bis f | | | Anhang VI Nummern 1 bis 6 |
| | | Artikel 1 Nummer 1 Unterabsatz 2 der Richtlinie 89/465/ EWG | | Artikel 133 Absatz 2 |
| | | Artikel 2 der Richtlinie 94/5/EG | | Artikel 342 |
| | | Artikel 3 Sätze 1 und 2 der Richtlinie 94/5/EG | | Artikel 343 Absätze 1 und 2 |
| | | Artikel 4 der Richtlinie 2002/38/EG | | Artikel 56 Absatz 3 Artikel 57 Absatz 2 Artikel 357 |
| | | Artikel 5 der Richtlinie 2002/38/EG | | – |

| Richtlinie 67/227/EWG | Richtlinie 77/388/EWG | Änderungsrechtsakte | Andere Rechtsakte | Vorliegende Richtlinie |
|---|---|---|---|---|
| | | | Anhang VIII Teil II Nummer 2 Buchstabe a der Akte über den Beitritt Griechenlands | Artikel 287 Nummer 1 |
| | | | Anhang VIII Teil II Nummer 2 Buchstabe b der Akte über den Beitritt Griechenlands | Artikel 375 |
| | | | Anhang XXXII Teil IV Nummer 3 Buchstabe a erster und zweiter Gedankenstrich der Akte über den Beitritt Spaniens und Portugals | Artikel 287 Nummern 2 und 3 |
| | | | Anhang XXXII Teil IV Nummer 3 Buchstabe b Unterabsatz 1 der Akte über den Beitritt Spaniens und Portugals | Artikel 377 |

| Richtlinie 67/227/ EWG | Richtlinie 77/388/EWG | Änderungs- rechtsakte | Andere Rechtsakte | Vorliegende Richtlinie |
|---|---|---|---|---|
| | | | Anhang XV Teil IX Nummer 2 Buchstabe b Unterab- satz 1 der Akte über den Beitritt Österreichs, Finnlands und Schwe- dens | Artikel 104 |
| | | | Anhang XV Teil IX Nummer 2 Buchstabe c Unterab- satz 1 der Akte über den Beitritt Österreichs, Finnlands und Schwe- dens | Artikel 287 Nummer 4 |
| | | | Anhang XV Teil IX Nummer 2 Buchstabe f Unterab- satz 1 der Akte über den Beitritt Österreichs, Finnlands und Schwe- dens | Artikel 117 Absatz 1 |
| | | | Anhang XV Teil IX Nummer 2 Buchstabe g Unterab- satz 1 der Akte über den Beitritt Österreichs, Finnlands und Schwe- dens | Artikel 119 |

| Richtlinie 67/227/EWG | Richtlinie 77/388/EWG | Änderungs-rechtsakte | Andere Rechtsakte | Vorliegende Richtlinie |
|---|---|---|---|---|
| | | | Anhang XV Teil IX Nummer 2 Buchstabe h Unterabsatz 1 erster und zweiter Gedankenstrich der Akte über den Beitritt Österreichs, Finnlands und Schwedens | Artikel 378 Absatz 1 |
| | | | Anhang XV Teil IX Nummer 2 Buchstabe i Unterabsatz 1 erster Gedankenstrich der Akte über den Beitritt Österreichs, Finnlands und Schwedens | |
| | | | Anhang XV Teil IX Nummer 2 Buchstabe i Unterabsatz 1 zweiter und dritter Gedankenstrich der Akte über den Beitritt Österreichs, Finnlands und Schwedens | Artikel 378 Absatz 2 Buchstaben a und b |

| Richtlinie 67/227/ EWG | Richtlinie 77/388/EWG | Änderungsrechtsakte | Andere Rechtsakte | Vorliegende Richtlinie |
|---|---|---|---|---|
| | | | Anhang XV Teil IX Nummer 2 Buchstabe j der Akte über den Beitritt Österreichs, Finnlands und Schwedens | Artikel 287 Nummer 5 |
| | | | Anhang XV Teil IX Nummer 2 Buchstabe l Unterabsatz 1 der Akte über den Beitritt Österreichs, Finnlands und Schwedens | Artikel 111 Buchstabe a |
| | | | Anhang XV Teil IX Nummer 2 Buchstabe m Unterabsatz 1 der Akte über den Beitritt Österreichs, Finnlands und Schwedens | Artikel 379 Absatz 1 |
| | | | Anhang XV Teil IX Nummer 2 Buchstabe n Unterabsatz 1 erster und zweiter Gedankenstrich der Akte über den Beitritt Österreichs, Finnlands und Schwedens | Artikel 379 Absatz 2 |

| Richtlinie 67/227/ EWG | Richtlinie 77/388/EWG | Änderungsrechtsakte | Andere Rechtsakte | Vorliegende Richtlinie |
|---|---|---|---|---|
| | | | Anhang XV Teil IX Nummer 2 Buchstabe x erster Gedankenstrich der Akte über den Beitritt Österreichs, Finnlands und Schwedens | Artikel 253 |
| | | | Anhang XV Teil IX Nummer 2 Buchstabe x zweiter Gedankenstrich der Akte über den Beitritt Österreichs, Finnlands und Schwedens | Artikel 287 Nummer 6 |
| | | | Anhang XV Teil IX Nummer 2 Buchstabe z Unterabsatz 1 der Akte über den Beitritt Österreichs, Finnlands und Schwedens | Artikel 111 Buchstabe b |

| Richtlinie 67/227/ EWG | Richtlinie 77/388/EWG | Änderungsrechtsakte | Andere Rechtsakte | Vorliegende Richtlinie |
|---|---|---|---|---|
| | | | Anhang XV Teil IX Nummer 2 Buchstabe aa Unterabsatz 1 erster und zweiter Gedankenstrich der Akte über den Beitritt Österreichs, Finnlands und Schwedens | Artikel 380 |
| | | | Protokoll Nr. 2 zu der Akte über den Beitritt Österreichs, Finnlands und Schwedens betreffend die Åland-Inseln | Artikel 6 Absatz 1 Buchstabe d |
| | | | Anhang V Absatz 5 Nummer 1 Buchstabe a der Beitrittsakte von 2003 der Tschechischen Republik, Estlands, Zyperns, Lettlands, Litauens, Ungarns, Maltas, Polens, Sloweniens und der Slowakei | Artikel 123 |

| Richtlinie 67/227/ EWG | Richtlinie 77/388/EWG | Änderungs- rechtsakte | Andere Rechtsakte | Vorliegende Richtlinie |
|---|---|---|---|---|
| | | | Anhang V Absatz 5 Nummer 1 Buchstabe b der Beitritts- akte von 2003 | Artikel 381 |
| | | | Anhang VI Absatz 7 Nummer 1 Buchstabe a der Beitritts- akte von 2003 | Artikel 124 |
| | | | Anhang VI Absatz 7 Nummer 1 Buchstabe b der Beitritts- akte von 2003 | Artikel 382 |
| | | | Anhang VII Absatz 7 Nummer 1 Unterabsät- ze 1 und 2 der Beitritts- akte von 2003 | Artikel 125 Absätze 1 und 2 |
| | | | Anhang VII Absatz 7 Nummer 1 Unterab- satz 3 der Beitrittsakte von 2003 | – |
| | | | Anhang VII Absatz 7 Nummer 1 Unterab- satz 4 der Beitrittsakte von 2003 | Artikel 383 Buchstabe a |

| Richtlinie 67/227/ EWG | Richtlinie 77/388/EWG | Änderungs- rechtsakte | Andere Rechtsakte | Vorliegende Richtlinie |
|---|---|---|---|---|
| | | | Anhang VII Absatz 7 Nummer 1 Unterab- satz 5 der Beitrittsakte von 2003 | – |
| | | | Anhang VII Absatz 7 Nummer 1 Unterab- satz 6 der Beitrittsakte von 2003 | Artikel 383 Buchstabe b |
| | | | Anhang VIII Absatz 7 Nummer 1 Buchstabe a der Beitritts- akte von 2003 | – |
| | | | Anhang VIII Absatz 7 Nummer 1 Buchstabe b Unterab- satz 2 der Beitrittsakte von 2003 | Artikel 384 Buchstabe a |
| | | | Anhang VIII Absatz 7 Nummer 1 Buchstabe b Unterab- satz 3 der Beitrittsakte von 2003 | Artikel 384 Buchstabe b |
| | | | Anhang IX Absatz 8 Nummer 1 der Beitritts- akte von 2003 | Artikel 385 |

| Richtlinie 67/227/ EWG | Richtlinie 77/388/EWG | Änderungsrechtsakte | Andere Rechtsakte | Vorliegende Richtlinie |
|---|---|---|---|---|
| | | | Anhang X Absatz 7 Nummer 1 Buchstabe a Ziffern i und ii der Beitrittsakte von 2003 | Artikel 126 Buchstaben a und b |
| | | | Anhang X Absatz 7 Nummer 1 Buchstabe c der Beitrittsakte von 2003 | Artikel 386 |
| | | | Anhang XI Absatz 7 Nummer 1 der Beitrittsakte von 2003 | Artikel 127 |
| | | | Anhang XI Absatz 7 Nummer 2 Buchstabe a der Beitrittsakte von 2003 | Artikel 387 Buchstabe c |
| | | | Anhang XI Absatz 7 Nummer 2 Buchstabe b der Beitrittsakte von 2003 | Artikel 387 Buchstabe a |
| | | | Anhang XI Absatz 7 Nummer 2 Buchstabe c der Beitrittsakte von 2003 | Artikel 387 Buchstabe b |
| | | | Anhang XII Absatz 9 Nummer 1 Buchstabe a der Beitrittsakte von 2003 | Artikel 128 Absätze 1 und 2 |

| Richtlinie 67/227/ EWG | Richtlinie 77/388/EWG | Änderungs- rechtsakte | Andere Rechtsakte | Vorliegende Richtlinie |
|---|---|---|---|---|
| | | | Anhang XII Absatz 9 Nummer 1 Buchstabe b der Beitritts- akte von 2003 | Artikel 128 Absätze 3, 4 und 5 |
| | | | Anhang XII Absatz 9 Nummer 2 der Beitritts- akte von 2003 | Artikel 388 |
| | | | Anhang XIII Absatz 9 Nummer 1 Buchstabe a der Beitritts- akte von 2003 | Artikel 129 Absätze 1 und 2 |
| | | | Anhang XIII Absatz 9 Nummer 1 Buchstabe b der Beitritts- akte von 2003 | Artikel 389 |
| | | | Anhang XIV Absatz 7 Unterab- satz 1 der Beitrittsakte von 2003 | Artikel 130 Buchstaben a und b |
| | | | Anhang XIV Absatz 7 Unterab- satz 2 der Beitrittsakte von 2003 | – |
| | | | Anhang XIV Absatz 7 Unterab- satz 3 der Beitrittsakte von 2003 | Artikel 390 |

# DURCHFÜHRUNGSVERORDNUNG (EU) Nr. 282/2011 DES RATES

vom 15. März 2011
**zur Festlegung von Durchführungsvorschriften zur Richtlinie 2006/112/EG über das gemeinsame Mehrwertsteuersystem**
(Neufassung)
(ABl. L 77 vom 23.3.2011, S. 1)

mit den Änderungen durch

- die Verordnung (EU) Nr. 967/2012 des Rates vom 9. Oktober 2012 zur Änderung der Durchführungsverordnung (EU) Nr. 282/2011 hinsichtlich der Sonderregelungen für nicht ansässige Steuerpflichtige, die Telekommunikationsdienstleistungen, Rundfunk- und Fernsehdienstleistungen oder elektronische Dienstleistungen an Nichtsteuerpflichtige erbringen (ABl. EU Nr. L 290 vom 20.10.2012, 1);
- die Durchführungsverordnung (EU) Nr. 1042/2013 des Rates vom 7. Oktober 2013 zur Änderung der Durchführungsverordnung (EU) Nr. 282/2011 bezüglich des Ortes der Dienstleistung (ABl. EU Nr. L 284 vom 26.10.2013, 1).

DER RAT DER EUROPÄISCHEN UNION –

gestützt auf den Vertrag über die Arbeitsweise der Europäischen Union,

gestützt auf die Richtlinie 2006/112/EG des Rates vom 28. November 2006 über das gemeinsame Mehrwertsteuersystem[1], insbesondere Artikel 397,

auf Vorschlag der Europäischen Kommission,

in Erwägung nachstehender Gründe:

(1) Die Verordnung (EG) Nr. 1777/2005 des Rates vom 17. Oktober 2005 zur Festlegung von Durchführungsvorschriften zur Richtlinie 77/388/EWG über das gemeinsame Mehrwertsteuersystem[2] muss in einigen wesentlichen Punkten geändert werden. Aus Gründen der Klarheit und der Vereinfachung sollte die Verordnung neu gefasst werden.

(2) Die Richtlinie 2006/112/EG legt Vorschriften im Bereich der Mehrwertsteuer fest, die in bestimmten Fällen für die Auslegung durch die Mitgliedstaaten offen sind. Der Erlass von gemeinsamen Vorschriften zur Durchführung der Richtlinie 2006/112/EG sollte gewährleisten, dass in Fällen, in denen es zu Divergenzen bei der Anwendung kommt oder kommen könnte, die nicht mit dem reibungslosen Funktionieren des Binnenmarkts zu vereinbaren sind, die Anwendung des Mehrwertsteuersystems stärker auf das Ziel eines solchen Binnenmarkts ausgerichtet wird. Diese Durchführungsvorschriften sind erst vom Zeitpunkt des Inkrafttretens dieser Verordnung an rechtsverbindlich; sie berühren nicht die Gültigkeit der von den Mitgliedstaaten in der Vergangenheit angenommenen Rechtsvorschriften und Auslegungen.

(3) Die Änderungen, die sich aus dem Erlass der Richtlinie 2008/8/EG des Rates vom 12. Februar 2008 zur Änderung der Richtlinie 2006/112/EG bezüglich des Ortes der Dienstleistung[3] ergeben, sollten in dieser Verordnung berücksichtigt werden.

(4) Das Ziel dieser Verordnung ist, die einheitliche Anwendung des Mehrwertsteuersystems in seiner derzeitigen Form dadurch sicherzustellen, dass Vorschriften zur Durch-

---

1 ABl. EU Nr. L 347 vom 11.12.2006, 1.
2 ABl. EU Nr. L 288 vom 29.10.2005, 1.
3 ABl. EU Nr. L 44 vom 20.2.2008, 11.

führung der Richtlinie 2006/112/EG erlassen werden, und zwar insbesondere in Bezug auf den Steuerpflichtigen, die Lieferung von Gegenständen und die Erbringung von Dienstleistungen sowie den Ort der steuerbaren Umsätze. Im Einklang mit dem Grundsatz der Verhältnismäßigkeit gemäß Artikel 5 Absatz 4 des Vertrags über die Europäische Union geht diese Verordnung nicht über das für die Erreichung dieses Ziels erforderliche Maß hinaus. Da sie in allen Mitgliedstaaten verbindlich ist und unmittelbar gilt, wird die Einheitlichkeit der Anwendung am besten durch eine Verordnung gewährleistet.

(5) Diese Durchführungsvorschriften enthalten spezifische Regelungen zu einzelnen Anwendungsfragen und sind ausschließlich im Hinblick auf eine unionsweit einheitliche steuerliche Behandlung dieser Einzelfälle konzipiert. Sie sind daher nicht auf andere Fälle übertragbar und auf der Grundlage ihres Wortlauts restriktiv anzuwenden.

(6) Ändert ein Nichtsteuerpflichtiger seinen Wohnort und überführt er bei dieser Gelegenheit ein neues Fahrzeug oder wird ein neues Fahrzeug in den Mitgliedstaat zurücküberführt, aus dem es ursprünglich mehrwertsteuerfrei an den Nichtsteuerpflichtigen, der es zurücküberführt, geliefert worden war, so sollte klargestellt werden, dass es sich dabei nicht um den innergemeinschaftlichen Erwerb eines neuen Fahrzeugs handelt.

(7) Für bestimmte Dienstleistungen ist es ausreichend, dass der Dienstleistungserbringer nachweist, dass der steuerpflichtige oder nichtsteuerpflichtige Empfänger dieser Dienstleistungen außerhalb der Gemeinschaft ansässig ist, damit die Erbringung dieser Dienstleistungen nicht der Mehrwertsteuer unterliegt.

(8) Die Zuteilung einer Mehrwertsteuer-Identifikationsnummer an einen Steuerpflichtigen, der eine Dienstleistung für einen Empfänger in einem anderen Mitgliedstaat erbringt oder der aus einem anderen Mitgliedstaat eine Dienstleistung erhält, für die die Mehrwertsteuer ausschließlich vom Dienstleistungsempfänger zu zahlen ist, sollte nicht das Recht dieses Steuerpflichtigen auf Nichtbesteuerung seiner innergemeinschaftlichen Erwerbe von Gegenständen beeinträchtigen. Teilt jedoch ein Steuerpflichtiger im Zusammenhang mit einem innergemeinschaftlichen Erwerb von Gegenständen dem Lieferer seine Mehrwertsteuer-Identifikationsnummer mit, so wird der Steuerpflichtige in jedem Fall so behandelt, als habe er von der Möglichkeit Gebrauch gemacht, diese Umsätze der Steuer zu unterwerfen.

(9) Die weitere Integration des Binnenmarkts erfordert eine stärkere grenzüberschreitende Zusammenarbeit von in verschiedenen Mitgliedstaaten ansässigen Wirtschaftsbeteiligten und hat zu einer steigenden Anzahl von Europäischen wirtschaftlichen Interessenvereinigungen (EWIV) im Sinne der Verordnung (EWG) Nr. 2137/85 des Rates vom 25. Juli 1985 über die Schaffung einer Europäischen wirtschaftlichen Interessenvereinigung (EWIV)[1] geführt. Daher sollte klargestellt werden, dass EWIV steuerpflichtig sind, wenn sie gegen Entgelt Gegenstände liefern oder Dienstleistungen erbringen.

(10) Es ist erforderlich, Restaurant- und Verpflegungsdienstleistungen, die Abgrenzung zwischen diesen beiden Dienstleistungen sowie ihre angemessene Behandlung klar zu definieren.

(11) Im Interesse der Klarheit sollten Umsätze, die als elektronisch erbrachte Dienstleistungen eingestuft werden, in Verzeichnissen aufgelistet werden, wobei diese Verzeichnisse weder endgültig noch erschöpfend sind.

(12) Es ist erforderlich, einerseits festzulegen, dass es sich bei einer Leistung, die nur aus der Montage verschiedener vom Dienstleistungsempfänger zur Verfügung gestellter Teile einer Maschine besteht, um eine Dienstleistung handelt, und andererseits, wo der Ort dieser Dienstleistung liegt, wenn sie an einen Nichtsteuerpflichtigen erbracht wird.

---

1 ABl. EG Nr. 199 vom 31.7.1985, 1.

(13) Der Verkauf einer Option als Finanzinstrument sollte als Dienstleistung behandelt werden, die von den Umsätzen, auf die sich die Option bezieht, getrennt ist.

(14) Um die einheitliche Anwendung der Regeln für die Bestimmung des Ortes der steuerbaren Umsätze sicherzustellen, sollten der Begriff des Ortes, an dem ein Steuerpflichtiger den Sitz seiner wirtschaftlichen Tätigkeit hat, und der Begriff der festen Niederlassung, des Wohnsitzes und des gewöhnlichen Aufenthaltsortes klargestellt werden. Die Zugrundelegung möglichst klarer und objektiver Kriterien sollte die praktische Anwendung dieser Begriffe erleichtern, wobei der Rechtsprechung des Gerichtshofs Rechnung getragen werden sollte.

(15) Es sollten Vorschriften erlassen werden, die eine einheitliche Behandlung von Lieferungen von Gegenständen gewährleisten, wenn ein Lieferer den Schwellenwert für Fernverkäufe in einen anderen Mitgliedstaat überschritten hat.

(16) Es sollte klargestellt werden, dass zur Bestimmung des innerhalb der Gemeinschaft stattfindenden Teils der Personenbeförderung die Reisestrecke des Beförderungsmittels und nicht die von den Fahrgästen zurückgelegte Reisestrecke ausschlaggebend ist.

(17) Das Recht des Erwerbsmitgliedstaats zur Besteuerung eines innergemeinschaftlichen Erwerbs sollte nicht durch die mehrwertsteuerliche Behandlung der Umsätze im Abgangsmitgliedstaat beeinträchtigt werden.

(18) Für die richtige Anwendung der Regeln über den Ort der Dienstleistung kommt es hauptsächlich auf den Status des Dienstleistungsempfängers als Steuerpflichtiger oder Nichtsteuerpflichtiger und die Eigenschaft, in der er handelt, an. Um den steuerlichen Status des Dienstleistungsempfängers zu bestimmen, sollte festgelegt werden, welche Nachweise sich der Dienstleistungserbringer vom Dienstleistungsempfänger vorlegen lassen muss.

(19) Es sollte klargestellt werden, dass dann, wenn für einen Steuerpflichtigen erbrachte Dienstleistungen für den privaten Bedarf, einschließlich für den Bedarf des Personals des Dienstleistungsempfängers, bestimmt sind, dieser Steuerpflichtige nicht als in seiner Eigenschaft als Steuerpflichtiger handelnd eingestuft werden kann. Zur Entscheidung, ob der Dienstleistungsempfänger als Steuerpflichtiger handelt oder nicht, ist die Mitteilung seiner Mehrwertsteuer-Identifikationsnummer an den Dienstleistungserbringer ausreichend, um ihm die Eigenschaft als Steuerpflichtiger zuzuerkennen, es sei denn, dem Dienstleistungserbringer liegen gegenteilige Informationen vor. Es sollte außerdem sichergestellt werden, dass eine Dienstleistung, die sowohl für Unternehmenszwecke erworben als auch privat genutzt wird, nur an einem einzigen Ort besteuert wird.

(20) Zur genauen Bestimmung des Ortes der Niederlassung des Dienstleistungsempfängers ist der Dienstleistungserbringer verpflichtet, die vom Dienstleistungsempfänger übermittelten Angaben zu überprüfen.

(21) Unbeschadet der allgemeinen Bestimmung über den Ort einer Dienstleistung an einen Steuerpflichtigen sollten Regeln festgelegt werden, um dem Dienstleistungserbringer für den Fall, dass Dienstleistungen an einen Steuerpflichtigen erbracht werden, der an mehr als einem Ort ansässig ist, zu helfen, den Ort der festen Niederlassung des Steuerpflichtigen, an die die Dienstleistung erbracht wird, unter Berücksichtigung der jeweiligen Umstände zu bestimmen. Wenn es dem Dienstleistungserbringer nicht möglich ist, diesen Ort zu bestimmen, sollten Bestimmungen zur Präzisierung der Pflichten des Dienstleistungserbringers festgelegt werden. Diese Bestimmungen sollten die Pflichten des Steuerpflichtigen weder berühren noch ändern.

(22) Es sollte auch festgelegt werden, zu welchem Zeitpunkt der Dienstleistungserbringer den Status des Dienstleistungsempfängers als Steuerpflichtiger oder Nichtsteuerpflichtiger, seine Eigenschaft und seinen Ort bestimmen muss.

(23) Der Grundsatz in Bezug auf missbräuchliche Praktiken von Wirtschaftsbeteiligten gilt generell für die vorliegende Verordnung, doch ist es angezeigt, speziell im Zusammenhang mit einigen Bestimmungen dieser Verordnung auf seine Gültigkeit hinzuweisen.

(24) Bestimmte Dienstleistungen wie die Erteilung des Rechts zur Fernsehübertragung von Fußballspielen, Textübersetzungen, Dienstleistungen im Zusammenhang mit der Mehrwertsteuererstattung und Dienstleistungen von Vermittlern, die an einen Nichtsteuerpflichtigen erbracht werden, sind mit grenzübergreifenden Sachverhalten verbunden oder beziehen sogar außerhalb der Gemeinschaft ansässige Wirtschaftsbeteiligte ein. Zur Verbesserung der Rechtssicherheit sollte der Ort dieser Dienstleistungen eindeutig bestimmt werden.

(25) Es sollte festgelegt werden, dass für Dienstleistungen von Vermittlern, die im Namen und für Rechnung Dritter handeln und die Beherbergungsdienstleistungen in der Hotelbranche vermitteln, nicht die spezifische Regel für Dienstleistungen im Zusammenhang mit einem Grundstück gilt.

(26) Werden mehrere Dienstleistungen im Rahmen von Bestattungen als Bestandteil einer einheitlichen Dienstleistung erbracht, sollte festgelegt werden, nach welcher Vorschrift der Ort der Dienstleistung zu bestimmen ist.

(27) Um die einheitliche Behandlung von Dienstleistungen auf dem Gebiet der Kultur, der Künste, des Sports, der Wissenschaften, des Unterrichts sowie der Unterhaltung und ähnlichen Ereignissen sicherzustellen, sollten die Eintrittsberechtigung zu solchen Ereignissen und die mit der Eintrittsberechtigung zusammenhängenden Dienstleistungen definiert werden.

(28) Es sollte klargestellt werden, wie Restaurant- und Verpflegungsdienstleistungen zu behandeln sind, die an Bord eines Beförderungsmittels erbracht werden, sofern die Personenbeförderung auf dem Gebiet mehrerer Länder erfolgt.

(29) Da bestimmte Regeln für die Vermietung von Beförderungsmitteln auf die Dauer des Besitzes oder der Verwendung abstellen, muss nicht nur festgelegt werden, welche Fahrzeuge als Beförderungsmittel anzusehen sind, sondern es ist auch klarzustellen, wie solche Dienstleistungen zu behandeln sind, wenn mehrere aufeinanderfolgende Verträge abgeschlossen werden. Es ist auch der Ort festzulegen, an dem das Beförderungsmittel dem Dienstleistungsempfänger tatsächlich zur Verfügung gestellt wird.

(30) Unter bestimmten Umständen sollte eine bei der Bezahlung eines Umsatzes mittels Kredit- oder Geldkarte anfallende Bearbeitungsgebühr nicht zu einer Minderung der Besteuerungsgrundlage für diesen Umsatz führen.

(31) Es muss klargestellt werden, dass auf die Vermietung von Zelten, Wohnanhängern und Wohnmobilen, die auf Campingplätzen aufgestellt sind und als Unterkünfte dienen, ein ermäßigter Steuersatz angewandt werden kann.

(32) Als Ausbildung, Fortbildung oder berufliche Umschulung sollten sowohl Schulungsmaßnahmen mit direktem Bezug zu einem Gewerbe oder einem Beruf als auch jegliche Schulungsmaßnahme im Hinblick auf den Erwerb oder die Erhaltung beruflicher Kenntnisse gelten, und zwar unabhängig von ihrer Dauer.

(33) „Platinum Nobles" sollten in allen Fällen von der Steuerbefreiung für Umsätze mit Devisen, Banknoten und Münzen ausgeschlossen sein.

(34) Es sollte festgelegt werden, dass die Steuerbefreiung für Dienstleistungen im Zusammenhang mit der Einfuhr von Gegenständen, deren Wert in der Steuerbemessungsgrundlage für diese Gegenstände enthalten ist, auch für im Rahmen eines Wohnortwechsels erbrachte Beförderungsdienstleistungen gilt.

(35) Die vom Abnehmer nach Orten außerhalb der Gemeinschaft beförderten und für die Ausrüstung oder die Versorgung von Beförderungsmitteln – die von Personen, die keine natürlichen Personen sind, wie etwa Einrichtungen des öffentlichen Rechts oder

Vereine, für nichtgeschäftliche Zwecke genutzt werden – bestimmten Gegenstände sollten von der Steuerbefreiung bei Ausfuhrumsätzen ausgeschlossen sein.

(36) Um eine einheitliche Verwaltungspraxis bei der Berechnung des Mindestwerts für die Steuerbefreiung der Ausfuhr von Gegenständen zur Mitführung im persönlichen Gepäck von Reisenden sicherzustellen, sollten die Bestimmungen für diese Berechnung harmonisiert werden.

(37) Es sollte festgelegt werden, dass die Steuerbefreiung für bestimmte Umsätze, die Ausfuhren gleichgestellt sind, auch für Dienstleistungen gilt, die unter die besondere Regelung für elektronisch erbrachte Dienstleistungen fallen.

(38) Eine entsprechend dem Rechtsrahmen für ein Konsortium für eine europäische Forschungsinfrastruktur (ERIC) zu schaffende Einrichtung sollte zum Zweck der Mehrwertsteuerbefreiung nur unter bestimmten Voraussetzungen als internationale Einrichtung gelten. Die für die Inanspruchnahme der Befreiung erforderlichen Voraussetzungen sollten daher festgelegt werden.

(39) Lieferungen von Gegenständen und Dienstleistungen, die im Rahmen diplomatischer und konsularischer Beziehungen bewirkt oder anerkannten internationalen Einrichtungen oder bestimmten Streitkräften erbracht werden, sind vorbehaltlich bestimmter Beschränkungen und Bedingungen von der Mehrwertsteuer befreit. Damit ein Steuerpflichtiger, der eine solche Lieferung oder Dienstleistung von einem anderen Mitgliedstaat aus bewirkt, nachweisen kann, dass die Voraussetzungen für diese Befreiung vorliegen, sollte eine Freistellungsbescheinigung eingeführt werden.

(40) Für die Ausübung des Rechts auf Vorsteuerabzug sollten auch elektronische Einfuhrdokumente zugelassen werden, wenn sie dieselben Anforderungen erfüllen wie Papierdokumente.

(41) Hat ein Lieferer von Gegenständen oder ein Erbringer von Dienstleistungen eine feste Niederlassung in dem Gebiet des Mitgliedstaats, in dem die Steuer geschuldet wird, so sollte festgelegt werden, unter welchen Umständen die Steuer von dieser Niederlassung zu entrichten ist.

(42) Es sollte klargestellt werden, dass ein Steuerpflichtiger, dessen Sitz der wirtschaftlichen Tätigkeit sich in dem Gebiet des Mitgliedstaats befindet, in dem die Mehrwertsteuer geschuldet wird, im Hinblick auf diese Steuerschuld selbst dann als ein in diesem Mitgliedstaat ansässiger Steuerschuldner anzusehen ist, wenn dieser Sitz nicht bei der Lieferung von Gegenständen oder der Erbringung von Dienstleistungen mitwirkt.

(43) Es sollte klargestellt werden, dass jeder Steuerpflichtige verpflichtet ist, für bestimmte steuerbare Umsätze seine Mehrwertsteuer-Identifikationsnummer mitzuteilen, sobald er diese erhalten hat, damit eine gerechtere Steuererhebung gewährleistet ist.

(44) Um die Gleichbehandlung der Wirtschaftsbeteiligten zu gewährleisten, sollte festgelegt werden, welche Anlagegold-Gewichte auf den Goldmärkten definitiv akzeptiert werden und an welchem Datum der Wert der Goldmünzen festzustellen ist.

(45) Die Sonderregelung für die Erbringung elektronisch erbrachter Dienstleistungen durch nicht in der Gemeinschaft ansässige Steuerpflichtige an in der Gemeinschaft ansässige oder wohnhafte Nichtsteuerpflichtige ist an bestimmte Voraussetzungen geknüpft. Es sollte insbesondere genau angegeben werden, welche Folgen es hat, wenn diese Voraussetzungen nicht mehr erfüllt werden.

(46) Bestimmte Änderungen resultieren aus der Richtlinie 2008/8/EG. Da diese Änderungen zum einen die Besteuerung der Vermietung von Beförderungsmitteln über einen längeren Zeitraum ab dem 1. Januar 2013 und zum anderen die Besteuerung elektronisch erbrachter Dienstleistungen ab dem 1. Januar 2015 betreffen, sollte festgelegt werden, dass die entsprechenden Bestimmungen dieser Verordnung erst ab diesen Daten anwendbar sind –

HAT FOLGENDE VERORDNUNG ERLASSEN:

## KAPITEL I
## GEGENSTAND

### Artikel 1

Diese Verordnung regelt die Durchführung einiger Bestimmungen der Titel I bis V und VII bis XII der Richtlinie 2006/112/EG.

## KAPITEL II
## ANWENDUNGSBEREICH
## (TITEL I DER RICHTLINIE 2006/112/EG)

### Artikel 2

Folgendes führt nicht zu einem innergemeinschaftlichen Erwerb im Sinne von Artikel 2 Absatz 1 Buchstabe b der Richtlinie 2006/112/EG:

a) die Verbringung eines neuen Fahrzeugs durch einen Nichtsteuerpflichtigen aufgrund eines Wohnortwechsels, vorausgesetzt, die Befreiung nach Artikel 138 Absatz 2 Buchstabe a der Richtlinie 2006/112/EG war zum Zeitpunkt der Lieferung nicht anwendbar;

b) die Rückführung eines neuen Fahrzeugs durch einen Nichtsteuerpflichtigen in denjenigen Mitgliedstaat, aus dem es ihm ursprünglich unter Inanspruchnahme der Steuerbefreiung nach Artikel 138 Absatz 2 Buchstabe a der Richtlinie 2006/112/EG geliefert wurde.

### Artikel 3

Unbeschadet des Artikels 59a Absatz 1 Buchstabe b der Richtlinie 2006/112/EG unterliegt die Erbringung der nachstehend aufgeführten Dienstleistungen nicht der Mehrwertsteuer, wenn der Dienstleistungserbringer nachweist, dass der nach Kapitel V Abschnitt 4 Unterabschnitte 3 und 4 der vorliegenden Verordnung ermittelte Ort der Dienstleistung außerhalb der Gemeinschaft liegt:

a) ab 1. Januar 2013 die in Artikel 56 Absatz 2 Unterabsatz 1 der Richtlinie 2006/112/EG genannten Dienstleistungen;

b) ab 1. Januar 2015 die in Artikel 58 der Richtlinie 2006/112/EG aufgeführten Dienstleistungen;

c) die in Artikel 59 der Richtlinie 2006/112/EG aufgeführten Dienstleistungen.

### Artikel 4

Einem Steuerpflichtigen, dessen innergemeinschaftliche Erwerbe von Gegenständen gemäß Artikel 3 der Richtlinie 2006/112/EG nicht der Mehrwertsteuer unterliegen, steht dieses Recht auf Nichtbesteuerung auch dann weiterhin zu, wenn ihm nach Artikel 214 Absatz 1 Buchstabe d oder e jener Richtlinie für empfangene Dienstleistungen, für die er Mehrwertsteuer zu entrichten hat, oder für von ihm im Gebiet eines anderen Mitgliedstaats erbrachte Dienstleistungen, für die die Mehrwertsteuer ausschließlich vom Empfänger zu entrichten ist, eine Mehrwertsteuer-Identifikationsnummer zugeteilt wurde.

Teilt dieser Steuerpflichtige jedoch im Zusammenhang mit dem innergemeinschaftlichen Erwerb von Gegenständen seine Mehrwertsteuer-Identifikationsnummer einem Lieferer mit, so gilt damit die Wahlmöglichkeit nach Artikel 3 Absatz 3 der genannten Richtlinie als in Anspruch genommen.

## KAPITEL III
## STEUERPFLICHTIGER
## (TITEL III DER RICHTLINIE 2006/112/EG)

### Artikel 5

Eine gemäß der Verordnung (EWG) Nr. 2137/85 gegründete Europäische wirtschaftliche Interessenvereinigung (EWIV), die gegen Entgelt Lieferungen von Gegenständen oder Dienstleistungen an ihre Mitglieder oder an Dritte bewirkt, ist ein Steuerpflichtiger im Sinne von Artikel 9 Absatz 1 der Richtlinie 2006/112/EG.

## KAPITEL IV
## STEUERBARER UMSATZ
## (ARTIKEL 24 BIS 29 DER RICHTLINIE 2006/112/EG)

### Artikel 6

(1) Als Restaurant- und Verpflegungsdienstleistungen gelten die Abgabe zubereiteter oder nicht zubereiteter Speisen und/oder Getränke, zusammen mit ausreichenden unterstützenden Dienstleistungen, die deren sofortigen Verzehr ermöglichen. Die Abgabe von Speisen und/oder Getränken ist nur eine Komponente der gesamten Leistung, bei der der Dienstleistungsanteil überwiegt. Restaurantdienstleistungen sind die Erbringung solcher Dienstleistungen in den Räumlichkeiten des Dienstleistungserbringers und Verpflegungsdienstleistungen sind die Erbringung solcher Dienstleistungen an einem anderen Ort als den Räumlichkeiten des Dienstleistungserbringers.

(2) Die Abgabe von zubereiteten oder nicht zubereiteten Speisen und/oder Getränken mit oder ohne Beförderung, jedoch ohne andere unterstützende Dienstleistungen, gilt nicht als Restaurant- oder Verpflegungsdienstleistung im Sinne des Absatzes 1.

### Artikel 6a

(1) Telekommunikationsdienstleistungen im Sinne von Artikel 24 Absatz 2 der Richtlinie 2006/112/EG umfassen insbesondere

a) Festnetz- und Mobiltelefondienste zur wechselseitigen Ton-, Daten- und Videoübertragung einschließlich Telefondienstleistungen mit bildgebender Komponente (Videofonie);

b) über das Internet erbrachte Telefondienste einschließlich VoIP-Diensten (Voice over Internet Protocol);

c) Sprachspeicherung (Voicemail), Anklopfen, Rufumleitung, Anruferkennung, Dreiwegeanruf und andere Anrufverwaltungsdienste;

d) Personenrufdienste (Paging-Dienste);

e) Audiotextdienste;

f) Fax, Telegrafie und Fernschreiben;

g) den Zugang zum Internet einschließlich des World Wide Web;

h) private Netzanschlüsse für Telekommunikationsverbindungen zur ausschließlichen Nutzung durch den Dienstleistungsempfänger.

(2) Telekommunikationsdienstleistungen im Sinne von Artikel 24 Absatz 2 der Richtlinie 2006/112/EG umfassen nicht

a) elektronisch erbrachte Dienstleistungen;

b) Rundfunk- und Fernsehdienstleistungen (im Folgenden „Rundfunkdienstleistungen").

## Artikel 6b

(1) Rundfunkdienstleistungen umfassen Dienstleistungen in Form von Audio- und audiovisuellen Inhalten wie Rundfunk- oder Fernsehsendungen, die auf der Grundlage eines Sendeplans über Kommunikationsnetze durch einen Mediendiensteanbieter unter dessen redaktioneller Verantwortung der Öffentlichkeit zum zeitgleichen Anhören oder Ansehen zur Verfügung gestellt werden.

(2) Unter Absatz 1 fällt insbesondere Folgendes:

a) Rundfunk- oder Fernsehsendungen, die über einen Rundfunk- oder Fernsehsender verbreitet oder weiterverbreitet werden;

b) Rundfunk- oder Fernsehsendungen, die über das Internet oder ein ähnliches elektronisches Netzwerk (IP-Streaming) verbreitet werden, wenn sie zeitgleich zu ihrer Verbreitung oder Weiterverbreitung durch einen Rundfunk- oder Fernsehsender übertragen werden.

(3) Absatz 1 findet keine Anwendung auf

a) Telekommunikationsdienstleistungen;

b) elektronisch erbrachte Dienstleistungen;

c) die Bereitstellung von Informationen über bestimmte auf Abruf erhältliche Programme;

d) die Übertragung von Sende- oder Verbreitungsrechten;

e) das Leasing von Geräten und technischer Ausrüstung zum Empfang von Rundfunkdienstleistungen;

f) Rundfunk- oder Fernsehsendungen, die über das Internet oder ein ähnliches elektronisches Netz (IP-Streaming) verbreitet werden, es sei denn, sie werden zeitgleich zu ihrer Verbreitung oder Weiterverbreitung durch herkömmliche Rundfunk- oder Fernsehsender übertragen.

## Artikel 7

(1) „Elektronisch erbrachte Dienstleistungen" im Sinne der Richtlinie 2006/112/EG umfassen Dienstleistungen, die über das Internet oder ein ähnliches elektronisches Netz erbracht werden, deren Erbringung aufgrund ihrer Art im Wesentlichen automatisiert und nur mit minimaler menschlicher Beteiligung erfolgt und ohne Informationstechnologie nicht möglich wäre.

(2) Unter Absatz 1 fällt insbesondere das Folgende:

a) Überlassung digitaler Produkte allgemein, z.B. Software und zugehörige Änderungen oder Upgrades;

b) Dienste, die in elektronischen Netzen eine Präsenz zu geschäftlichen oder persönlichen Zwecken, z.B. eine Website oder eine Webpage, vermitteln oder unterstützen;

c) von einem Computer automatisch generierte Dienstleistungen über das Internet oder ein ähnliches elektronisches Netz auf der Grundlage spezifischer Dateninputs des Dienstleistungsempfängers;

## MwSt-DVO

d) Einräumung des Rechts, gegen Entgelt eine Leistung auf einer Website, die als Online-Marktplatz fungiert, zum Kauf anzubieten, wobei die potenziellen Käufer ihr Gebot im Wege eines automatisierten Verfahrens abgeben und die Beteiligten durch eine automatische, computergenerierte E-Mail über das Zustandekommen eines Verkaufs unterrichtet werden;

e) Internet-Service-Pakete, in denen die Telekommunikations-Komponente ein ergänzender oder untergeordneter Bestandteil ist (d.h. Pakete, die mehr ermöglichen als nur die Gewährung des Zugangs zum Internet und die weitere Elemente wie etwa Nachrichten, Wetterbericht, Reiseinformationen, Spielforen, Webhosting, Zugang zu Chatlines usw. umfassen);

f) die in Anhang I genannten Dienstleistungen.

(3) Absatz 1 findet keine Anwendung auf:

a) Rundfunkdienstleistungen;

b) Telekommunikationsdienstleistungen;

c) Gegenstände bei elektronischer Bestellung und Auftragsbearbeitung;

d) CD-ROMs, Disketten und ähnliche körperliche Datenträger;

e) Druckerzeugnisse wie Bücher, Newsletter, Zeitungen und Zeitschriften;

f) CDs und Audiokassetten;

g) Videokassetten und DVDs;

h) Spiele auf CD-ROM;

i) Beratungsleistungen durch Rechtsanwälte, Finanzberater usw. per E-Mail;

j) Unterrichtsleistungen, wobei ein Lehrer den Unterricht über das Internet oder ein elektronisches Netz, d.h. über einen Remote Link, erteilt;

k) physische Offline-Reparatur von EDV-Ausrüstung;

l) Offline-Data-Warehousing;

m) Zeitungs-, Plakat- und Fernsehwerbung;

n) Telefon-Helpdesks;

o) Fernunterricht im herkömmlichen Sinne, z.B. per Post;

p) Versteigerungen herkömmlicher Art, bei denen Menschen direkt tätig werden, unabhängig davon, wie die Gebote abgegeben werden;

q) (gestrichen);

r) (gestrichen);

s) (gestrichen);

t) online gebuchte Eintrittskarten für Veranstaltungen auf dem Gebiet der Kultur, der Künste, des Sports, der Wissenschaft, des Unterrichts, der Unterhaltung und ähnliche Veranstaltungen;

u) online gebuchte Beherbergungsleistungen, Mietwagen, Restaurantdienstleistungen, Personenbeförderungsdienste oder ähnliche Dienstleistungen.

## Artikel 8

Baut ein Steuerpflichtiger lediglich die verschiedenen Teile einer Maschine zusammen, die ihm alle vom Empfänger seiner Dienstleistung zur Verfügung gestellt wurden, so ist dieser Umsatz eine Dienstleistung im Sinne von Artikel 24 Absatz 1 der Richtlinie 2006/112/EG.

## Artikel 9

Der Verkauf einer Option, der in den Anwendungsbereich von Artikel 135 Absatz 1 Buchstabe f der Richtlinie 2006/112/EG fällt, ist eine Dienstleistung im Sinne von Artikel 24 Absatz 1 der genannten Richtlinie. Diese Dienstleistung ist von den der Option zugrunde liegenden Umsätzen zu unterscheiden.

## Artikel 9a

(1) Für die Anwendung von Artikel 28 der Richtlinie 2006/112/EG gilt, dass wenn elektronisch erbrachte Dienstleistungen über ein Telekommunikationsnetz, eine Schnittstelle oder ein Portal wie einen Appstore erbracht werden, davon auszugehen ist, dass ein an dieser Erbringung beteiligter Steuerpflichtiger im eigenen Namen, aber für Rechnung des Anbieters dieser Dienstleistungen tätig ist, es sei denn, dass dieser Anbieter von dem Steuerpflichtigen ausdrücklich als Leistungserbringer genannt wird und dies in den vertraglichen Vereinbarungen zwischen den Parteien zum Ausdruck kommt.

Damit der Anbieter der elektronisch erbrachten Dienstleistungen als vom Steuerpflichtigen ausdrücklich genannter Erbringer der elektronisch erbrachten Dienstleistungen angesehen werden kann, müssen die folgenden Bedingungen erfüllt sein:

a) Auf der von jedem an der Erbringung der elektronisch erbrachten Dienstleistungen beteiligten Steuerpflichtigen ausgestellten oder verfügbar gemachten Rechnung müssen die elektronisch erbrachten Dienstleistungen und der Erbringer dieser elektronisch erbrachten Dienstleistungen angegeben sein;

b) auf der dem Dienstleistungsempfänger ausgestellten oder verfügbar gemachten Rechnung oder Quittung müssen die elektronisch erbrachten Dienstleistungen und ihr Erbringer angegeben sein.

Für die Zwecke dieses Absatzes ist es einem Steuerpflichtigen nicht gestattet, eine andere Person ausdrücklich als Erbringer von elektronischen Dienstleistungen anzugeben, wenn er hinsichtlich der Erbringung dieser Dienstleistungen die Abrechnung mit dem Dienstleistungsempfänger autorisiert oder die Erbringung der Dienstleistungen genehmigt oder die allgemeinen Bedingungen der Erbringung festlegt.

(2) Absatz 1 findet auch Abwendung, wenn über das Internet erbrachte Telefondienste einschließlich VoIP-Diensten (Voice over Internet Protocol) über ein Telekommunikationsnetz, eine Schnittstelle oder ein Portal wie einen Appstore erbracht werden und diese Erbringung unter den in Absatz 1 genannten Bedingungen erfolgt.

(3) Dieser Artikel gilt nicht für einen Steuerpflichtigen, der lediglich Zahlungen in Bezug auf elektronisch erbrachte Dienstleistungen oder über das Internet erbrachte Telefondienste einschließlich VoIP-Diensten (Voice over Internet Protocol) abwickelt und nicht an der Erbringung dieser elektronisch erbrachten Dienstleistungen oder Telefondienste beteiligt ist.

## KAPITEL V
## ORT DES STEUERBAREN UMSATZES

### ABSCHNITT 1
### Begriffe

### Artikel 10

(1) Für die Anwendung der Artikel 44 und 45 der Richtlinie 2006/112/EG gilt als Ort, an dem der Steuerpflichtige den Sitz seiner wirtschaftlichen Tätigkeit hat, der Ort, an dem die Handlungen zur zentralen Verwaltung des Unternehmens vorgenommen werden.

(2) Zur Bestimmung des Ortes nach Absatz 1 werden der Ort, an dem die wesentlichen Entscheidungen zur allgemeinen Leitung des Unternehmens getroffen werden, der Ort seines satzungsmäßigen Sitzes und der Ort, an dem die Unternehmensleitung zusammenkommt, herangezogen.

Kann anhand dieser Kriterien der Ort des Sitzes der wirtschaftlichen Tätigkeit eines Unternehmens nicht mit Sicherheit bestimmt werden, so wird der Ort, an dem die wesentlichen Entscheidungen zur allgemeinen Leitung des Unternehmens getroffen werden, zum vorrangigen Kriterium.

(3) Allein aus dem Vorliegen einer Postanschrift kann nicht geschlossen werden, dass sich dort der Sitz der wirtschaftlichen Tätigkeit eines Unternehmens befindet.

## Artikel 11

(1) Für die Anwendung des Artikels 44 der Richtlinie 2006/112/EG gilt als „feste Niederlassung" jede Niederlassung mit Ausnahme des Sitzes der wirtschaftlichen Tätigkeit nach Artikel 10 dieser Verordnung, die einen hinreichenden Grad an Beständigkeit sowie eine Struktur aufweist, die es ihr von der personellen und technischen Ausstattung her erlaubt, Dienstleistungen, die für den eigenen Bedarf dieser Niederlassung erbracht werden, zu empfangen und dort zu verwenden.

(2) Für die Anwendung der folgenden Artikel gilt als „feste Niederlassung" jede Niederlassung mit Ausnahme des Sitzes der wirtschaftlichen Tätigkeit nach Artikel 10 dieser Verordnung, die einen hinreichenden Grad an Beständigkeit sowie eine Struktur aufweist, die es von der personellen und technischen Ausstattung her erlaubt, Dienstleistungen zu erbringen:

a) Artikel 45 der Richtlinie 2006/112/EG;

b) ab 1. Januar 2013 Artikel 56 Absatz 2 Unterabsatz 2 der Richtlinie 2006/112/EG;

c) bis 31. Dezember 2014 Artikel 58 der Richtlinie 2006/112/EG;

d) Artikel 192a der Richtlinie 2006/112/EG.

(3) Allein aus der Tatsache, dass eine Mehrwertsteuer-Identifikationsnummer zugeteilt wurde, kann nicht darauf geschlossen werden, dass ein Steuerpflichtiger eine „feste Niederlassung" hat.

## Artikel 12

Für die Anwendung der Richtlinie 2006/112/EG gilt als „Wohnsitz" einer natürlichen Person, unabhängig davon, ob diese Person steuerpflichtig ist oder nicht, der im Melderegister oder in einem ähnlichen Register eingetragene Wohnsitz oder der Wohnsitz, den die betreffende Person bei der zuständigen Steuerbehörde angegeben hat, es sei denn, es liegen Anhaltspunkte dafür vor, dass dieser Wohnsitz nicht die tatsächlichen Gegebenheiten widerspiegelt.

## Artikel 13

Im Sinne der Richtlinie 2006/112/EG gilt als „gewöhnlicher Aufenthaltsort" einer natürlichen Person, unabhängig davon, ob diese Person steuerpflichtig ist oder nicht, der Ort, an dem diese natürliche Person aufgrund persönlicher und beruflicher Bindungen gewöhnlich lebt.

Liegen die beruflichen Bindungen einer natürlichen Person in einem anderen Land als dem ihrer persönlichen Bindungen oder gibt es keine beruflichen Bindungen, so bestimmt sich der gewöhnliche Aufenthaltsort nach den persönlichen Bindungen, die enge Beziehungen zwischen der natürlichen Person und einem Wohnort erkennen lassen.

## Artikel 13a

Als Ort, an dem eine nichtsteuerpflichtige juristische Person im Sinne von Artikel 56 Absatz 2 Unterabsatz 1, Artikel 58 und Artikel 59 der Richtlinie 2006/112/EG ansässig ist, gilt

a) der Ort, an dem Handlungen zu ihrer zentralen Verwaltung ausgeführt werden, oder

b) der Ort jeder anderen Niederlassung, die einen hinreichenden Grad an Beständigkeit sowie eine Struktur aufweist, die es ihr von der personellen und technischen Ausstattung her erlaubt, Dienstleistungen, die für den eigenen Bedarf dieser Niederlassung erbracht werden, zu empfangen und dort zu verwenden.

## Artikel 13b[1]

Für die Zwecke der Anwendung der Richtlinie 2006/112/EG gilt als „Grundstück"

a) ein bestimmter über- oder unterirdischer Teil der Erdoberfläche, an dem Eigentum und Besitz begründet werden kann;

b) jedes mit oder in dem Boden über oder unter dem Meeresspiegel befestigte Gebäude oder jedes derartige Bauwerk, das nicht leicht abgebaut oder bewegt werden kann;

c) jede Sache, die einen wesentlichen Bestandteil eines Gebäudes oder eines Bauwerks bildet, ohne die das Gebäude oder das Bauwerk unvollständig ist, wie zum Beispiel Türen, Fenster, Dächer, Treppenhäuser und Aufzüge;

d) Sachen, Ausstattungsgegenstände oder Maschinen, die auf Dauer in einem Gebäude oder einem Bauwerk installiert sind, und die nicht bewegt werden können, ohne das Gebäude oder das Bauwerk zu zerstören oder zu verändern.

## ABSCHNITT 2
## Ort der Lieferung von Gegenständen (Artikel 31 bis 39 der Richtlinie 2006/112/EG)

### Artikel 14

Wird im Laufe eines Kalenderjahres der von einem Mitgliedstaat gemäß Artikel 34 der Richtlinie 2006/112/EG angewandte Schwellenwert überschritten, so ergibt sich aus Artikel 33 jener Richtlinie keine Änderung des Ortes der Lieferungen von nicht verbrauchsteuerpflichtigen Waren, die in dem fraglichen Kalenderjahr vor Überschreiten des von diesem Mitgliedstaat für das laufende Kalenderjahr angewandten Schwellenwerts getätigt wurden, unter der Bedingung, dass alle folgenden Voraussetzungen erfüllt sind:

a) der Lieferer hat nicht die Wahlmöglichkeit des Artikels 34 Absatz 4 jener Richtlinie in Anspruch genommen;

b) der Wert seiner Lieferungen von Gegenständen hat den Schwellenwert im vorangegangenen Jahr nicht überschritten.

Hingegen ändert Artikel 33 der Richtlinie 2006/112/EG den Ort folgender Lieferungen in den Mitgliedstaat der Beendigung des Versands oder der Beförderung:

a) die Lieferung von Gegenständen, mit der der vom Mitgliedstaat für das laufende Kalenderjahr angewandte Schwellenwert in dem laufenden Kalenderjahr überschritten wurde;

b) alle weiteren Lieferungen von Gegenständen in denselben Mitgliedstaat in dem betreffenden Kalenderjahr;

---

1 Gem. Art. 3 Unterabs. 3 Durchführungsverordnung (EU) Nr. 1042/2013 gilt Art. 13b MwSt-DVO ab dem 1.1.2017.

c) Lieferungen von Gegenständen in denselben Mitgliedstaat in dem Kalenderjahr, das auf das Jahr folgt, in dem das unter Buchstabe a genannte Ereignis eingetreten ist.

### Artikel 15

Zur Bestimmung des innerhalb der Gemeinschaft stattfindenden Teils der Personenbeförderung im Sinne des Artikels 37 der Richtlinie 2006/112/EG ist die Reisestrecke des Beförderungsmittels, nicht die der beförderten Personen, ausschlaggebend.

## ABSCHNITT 3
## Ort des innergemeinschaftlichen Erwerbs von Gegenständen
## (Artikel 40, 41 und 42 der Richtlinie 2006/112/EG)

### Artikel 16

Der Mitgliedstaat der Beendigung des Versands oder der Beförderung der Gegenstände, in dem ein innergemeinschaftlicher Erwerb von Gegenständen im Sinne von Artikel 20 der Richtlinie 2006/112/EG erfolgt, nimmt seine Besteuerungskompetenz unabhängig von der mehrwertsteuerlichen Behandlung des Umsatzes im Mitgliedstaat des Beginns des Versands oder der Beförderung der Gegenstände wahr.

Ein etwaiger vom Lieferer der Gegenstände gestellter Antrag auf Berichtigung der in Rechnung gestellten und gegenüber dem Mitgliedstaat des Beginns des Versands oder der Beförderung der Gegenstände erklärten Mehrwertsteuer wird von diesem Mitgliedstaat nach seinen nationalen Vorschriften bearbeitet.

## ABSCHNITT 4
## Ort der Dienstleistung
## (Artikel 43 bis 59 der Richtlinie 2006/112/EG)

### Unterabschnitt 1
### Status des Dienstleistungsempfängers

### Artikel 17

(1) Hängt die Bestimmung des Ortes der Dienstleistung davon ab, ob es sich bei dem Dienstleistungsempfänger um einen Steuerpflichtigen oder um einen Nichtsteuerpflichtigen handelt, so wird der Status des Dienstleistungsempfängers nach den Artikeln 9 bis 13 und 43 der Richtlinie 2006/112/EG bestimmt.

(2) Eine nicht steuerpflichtige juristische Person, der gemäß Artikel 214 Absatz 1 Buchstabe b der Richtlinie 2006/112/EG eine Mehrwertsteuer-Identifikationsnummer zugeteilt wurde oder die verpflichtet ist, sich für Mehrwertsteuerzwecke erfassen zu lassen, weil ihre innergemeinschaftlichen Erwerbe von Gegenständen der Mehrwertsteuer unterliegen oder weil sie die Wahlmöglichkeit in Anspruch genommen hat, diese Umsätze der Mehrwertsteuerpflicht zu unterwerfen, gilt als Steuerpflichtiger im Sinne des Artikels 43 jener Richtlinie.

### Artikel 18

(1) Sofern dem Dienstleistungserbringer keine gegenteiligen Informationen vorliegen, kann er davon ausgehen, dass ein in der Gemeinschaft ansässiger Dienstleistungsempfänger den Status eines Steuerpflichtigen hat,

a) wenn der Dienstleistungsempfänger ihm seine individuelle Mehrwertsteuer-Identifikationsnummer mitgeteilt hat und er die Bestätigung der Gültigkeit dieser Nummer sowie die des zugehörigen Namens und der zugehörigen Anschrift gemäß Artikel 31 der Verordnung (EG) Nr. 904/2010 des Rates vom 7. Oktober 2010 über die Zusammenarbeit der Verwaltungsbehörden und die Betrugsbekämpfung auf dem Gebiet der Mehrwertsteuer[1] erlangt hat;

b) wenn er, sofern der Dienstleistungsempfänger noch keine individuelle Mehrwertsteuer-Identifikationsnummer erhalten hat, jedoch mitteilt, dass er die Zuteilung einer solchen Nummer beantragt hat, anhand eines anderen Nachweises feststellt, dass es sich bei dem Dienstleistungsempfänger um einen Steuerpflichtigen oder eine nicht steuerpflichtige juristische Person handelt, die verpflichtet ist, sich für Mehrwertsteuerzwecke erfassen zu lassen, und mittels handelsüblicher Sicherheitsmaßnahmen (wie beispielsweise der Kontrolle der Angaben zur Person oder von Zahlungen) in zumutbarem Umfang die Richtigkeit der vom Dienstleistungsempfänger gemachten Angaben überprüft.

(2) Sofern dem Dienstleistungserbringer keine gegenteiligen Informationen vorliegen, kann er davon ausgehen, dass ein in der Gemeinschaft ansässiger Dienstleistungsempfänger den Status eines Nichtsteuerpflichtigen hat, wenn er nachweist, dass Letzterer ihm seine individuelle Mehrwertsteuer-Identifikationsnummer nicht mitgeteilt hat.

Ungeachtet gegenteiliger Informationen kann jedoch der Erbringer von Telekommunikations-, Rundfunk- oder elektronisch erbrachten Dienstleistungen davon ausgehen, dass ein innerhalb der Gemeinschaft ansässiger Dienstleistungsempfänger den Status eines Nichtsteuerpflichtigen hat, solange der Dienstleistungsempfänger ihm seine individuelle Mehrwertsteuer-Identifikationsnummer nicht mitgeteilt hat.

(3) Sofern dem Dienstleistungserbringer keine gegenteiligen Informationen vorliegen, kann er davon ausgehen, dass ein außerhalb der Gemeinschaft ansässiger Dienstleistungsempfänger den Status eines Steuerpflichtigen hat,

a) wenn er vom Dienstleistungsempfänger die von den für den Dienstleistungsempfänger zuständigen Steuerbehörden ausgestellte Bescheinigung erlangt, wonach der Dienstleistungsempfänger eine wirtschaftliche Tätigkeit ausübt, die es ihm ermöglicht, eine Erstattung der Mehrwertsteuer gemäß der Richtlinie 86/560/EWG des Rates vom 17. November 1986 zur Harmonisierung der Rechtsvorschriften der Mitgliedstaaten über die Umsatzsteuern – Verfahren der Erstattung der Mehrwertsteuer an nicht im Gebiet der Gemeinschaft ansässige Steuerpflichtige[2] zu erhalten;

b) wenn ihm, sofern der Dienstleistungsempfänger diese Bescheinigung nicht besitzt, eine Mehrwertsteuernummer oder eine ähnliche dem Dienstleistungsempfänger von seinem Ansässigkeitsstaat zugeteilte und zur Identifizierung von Unternehmen verwendete Nummer vorliegt oder er anhand eines anderen Nachweises feststellt, dass es sich bei dem Dienstleistungsempfänger um einen Steuerpflichtigen handelt, und er mittels handelsüblicher Sicherheitsmaßnahmen (wie beispielsweise derjenigen in Bezug auf die Kontrolle der Angaben zur Person oder von Zahlungen) in zumutbarem Umfang die Richtigkeit der vom Dienstleistungsempfänger gemachten Angaben überprüft.

### Unterabschnitt 2
### Eigenschaf des Dienstleistungsempfängers

### Artikel 19

Für die Zwecke der Anwendung der Bestimmungen über den Ort der Dienstleistung nach Artikel 44 und 45 der Richtlinie 2006/112/EG gilt ein Steuerpflichtiger oder eine als Steu-

---

1 ABl. EU Nr. L 268 vom 12.10.2010, 1.
2 ABl. EG Nr. 326 vom 21.11.1986, 40.

erpflichtiger geltende nichtsteuerpflichtige juristische Person, der/die Dienstleistungen ausschließlich zum privaten Gebrauch, einschließlich zum Gebrauch durch sein/ihr Personal empfängt, als nicht steuerpflichtig.

Sofern dem Dienstleistungserbringer keine gegenteiligen Informationen – wie etwa die Art der erbrachten Dienstleistungen – vorliegen, kann er davon ausgehen, dass es sich um Dienstleistungen für die unternehmerischen Zwecke des Dienstleistungsempfängers handelt, wenn Letzterer ihm für diesen Umsatz seine individuelle Mehrwertsteuer-Identifikationsnummer mitgeteilt hat.

Ist ein und dieselbe Dienstleistung sowohl zum privaten Gebrauch, einschließlich zum Gebrauch durch das Personal, als auch für die unternehmerischen Zwecke des Dienstleistungsempfängers bestimmt, so fällt diese Dienstleistung ausschließlich unter Artikel 44 der Richtlinie 2006/112/EG, sofern keine missbräuchlichen Praktiken vorliegen.

## Unterabschnitt 3
## Ort des Dienstleistungsempfängers

### Artikel 20

Fällt eine Dienstleistung an einen Steuerpflichtigen oder an eine nicht steuerpflichtige juristische Person, die als Steuerpflichtiger gilt, in den Anwendungsbereich des Artikels 44 der Richtlinie 2006/112/EG und ist dieser Steuerpflichtige in einem einzigen Land ansässig oder befindet sich, in Ermangelung eines Sitzes der wirtschaftlichen Tätigkeit oder einer festen Niederlassung, sein Wohnsitz und sein gewöhnlicher Aufenthaltsort in einem einzigen Land, so ist diese Dienstleistung in diesem Land zu besteuern.

Der Dienstleistungserbringer stellt diesen Ort auf der Grundlage der vom Dienstleistungsempfänger erhaltenen Informationen fest und überprüft diese Informationen mittels handelsüblicher Sicherheitsmaßnahmen, wie beispielsweise der Kontrolle der Angaben zur Person oder von Zahlungen.

Die Information kann auch eine von dem Mitgliedstaat, in dem der Dienstleistungsempfänger ansässig ist, zugeteilten Mehrwertsteuer-Identifikationsnummer beinhalten.

### Artikel 21

Fällt eine Dienstleistung an einen Steuerpflichtigen oder an eine nicht steuerpflichtige juristische Person, die als Steuerpflichtiger gilt, in den Anwendungsbereich des Artikels 44 der Richtlinie 2006/112/EG und ist der Steuerpflichtige in mehr als einem Land ansässig, so ist diese Dienstleistung in dem Land zu besteuern, in dem der Dienstleistungsempfänger den Sitz seiner wirtschaftlichen Tätigkeit hat.

Wird die Dienstleistung jedoch an eine feste Niederlassung des Steuerpflichtigen an einem anderen Ort erbracht als dem Ort, an dem sich der Sitz der wirtschaftlichen Tätigkeit des Dienstleistungsempfängers befindet, so ist diese Dienstleistung am Ort der festen Niederlassung zu besteuern, die Empfänger der Dienstleistung ist und sie für den eigenen Bedarf verwendet.

Verfügt der Steuerpflichtige weder über einen Sitz der wirtschaftlichen Tätigkeit noch über eine feste Niederlassung, so ist die Dienstleistung am Wohnsitz des Steuerpflichtigen oder am Ort seines gewöhnlichen Aufenthalts zu besteuern.

### Artikel 22

(1) Der Dienstleistungserbringer prüft die Art und die Verwendung der erbrachten Dienstleistung, um die feste Niederlassung des Dienstleistungsempfängers zu ermitteln, an die die Dienstleistung erbracht wird.

Kann der Dienstleistungserbringer weder anhand der Art der erbrachten Dienstleistung noch ihrer Verwendung die feste Niederlassung ermitteln, an die die Dienstleistung erbracht wird, so prüft er bei der Ermittlung dieser festen Niederlassung insbesondere, ob der Vertrag, der Bestellschein und die vom Mitgliedstaat des Dienstleistungsempfängers vergebene und ihm vom Dienstleistungsempfänger mitgeteilte Mehrwertsteuer-Identifikationsnummer die feste Niederlassung als Dienstleistungsempfänger ausweisen und ob die feste Niederlassung die Dienstleistung bezahlt.

Kann die feste Niederlassung des Dienstleistungsempfängers, an die die Dienstleistung erbracht wird, gemäß den Unterabsätzen 1 und 2 des vorliegenden Absatzes nicht bestimmt werden oder werden einem Steuerpflichtigen unter Artikel 44 der Richtlinie 2006/112/EG fallende Dienstleistungen innerhalb eines Vertrags erbracht, der eine oder mehrere Dienstleistungen umfasst, die auf nicht feststellbare oder nicht quantifizierbare Weise genutzt werden, so kann der Dienstleistungserbringer berechtigterweise davon ausgehen, dass diese Dienstleistungen an dem Ort erbracht werden, an dem der Dienstleistungsempfänger den Sitz seiner wirtschaftlichen Tätigkeit hat.

(2) Die Pflichten des Dienstleistungsempfängers bleiben von der Anwendung dieses Artikels unberührt.

## Artikel 23

(1) Ist eine Dienstleistung ab 1. Januar 2013 entsprechend Artikel 56 Absatz 2 Unterabsatz 1 der Richtlinie 2006/112/EG an dem Ort zu versteuern, an dem der Dienstleistungsempfänger ansässig ist, oder in Ermangelung eines solchen Sitzes an seinem Wohnsitz oder an seinem gewöhnlichen Aufenthaltsort, so stellt der Dienstleistungserbringer diesen Ort auf der Grundlage der vom Dienstleistungsempfänger erhaltenen Sachinformationen fest und überprüft diese Informationen mittels handelsüblicher Sicherheitsmaßnahmen, wie beispielsweise der Kontrolle von Angaben zur Person oder von Zahlungen.

(2) Ist eine Dienstleistung entsprechend den Artikeln 58 und 59 der Richtlinie 2006/112/EG an dem Ort zu versteuern, an dem der Dienstleistungsempfänger ansässig ist, oder in Ermangelung eines solchen Sitzes an seinem Wohnsitz oder an seinem gewöhnlichen Aufenthaltsort, so stellt der Dienstleistungserbringer diesen Ort auf der Grundlage der vom Dienstleistungsempfänger erhaltenen Sachinformationen fest und überprüft diese Informationen mittels der handelsüblichen Sicherheitsmaßnahmen, wie beispielsweise der Kontrolle von Angaben zur Person oder von Zahlungen.

## Artikel 24

Wird eine Dienstleistung, die unter Artikel 56 Absatz 2 Unterabsatz 1 oder unter die Artikel 58 und 59 der Richtlinie 2006/112/EG fällt, an einen Nichtsteuerpflichtigen erbracht, der in verschiedenen Ländern ansässig ist oder seinen Wohnsitz in einem Land und seinen gewöhnlichen Aufenthaltsort in einem anderen Land hat, so ist folgender Ort vorrangig:

a) im Fall einer nichtsteuerpflichtigen juristischen Person der in Artikel 13a Buchstabe a dieser Verordnung genannte Ort, es sei denn, es liegen Anhaltspunkte dafür vor, dass die Dienstleistung tatsächlich an dem in Artikel 13a Buchstabe b genannten Ort ihrer Niederlassung in Anspruch genommen wird;

b) im Fall einer natürlichen Person der gewöhnliche Aufenthaltsort, es sei denn, es liegen Anhaltspunkte dafür vor, dass die Dienstleistung am Wohnsitz der betreffenden Person in Anspruch genommen wird.

## Unterabschnitt 3a
## Vermutungen bezüglich des Ortes des Dienstleistungsempfängers

### Artikel 24a

(1) Für die Zwecke der Anwendung der Artikel 44, 58 und 59a der Richtlinie 2006/112/EG wird vermutet, dass wenn ein Dienstleistungserbringer Telekommunikations-, Rundfunk- oder elektronisch erbrachte Dienstleistungen an Orten wie Telefonzellen, Kiosk-Telefonen, WLAN-Hot-Spots, Internetcafés, Restaurants oder Hotellobbys erbringt, und der Dienstleistungsempfänger an diesem Ort physisch anwesend sein muss, damit ihm die Dienstleistung durch diesen Dienstleistungserbringer erbracht werden kann, der Dienstleistungsempfänger an dem betreffenden Ort ansässig ist oder seinen Wohnsitz oder seinen gewöhnlichen Aufenthaltsort hat und dass die Dienstleistung an diesem Ort tatsächlich genutzt und ausgewertet wird.

(2) Befindet sich der Ort im Sinne von Absatz 1 des vorliegenden Artikels an Bord eines Schiffes, eines Flugzeugs oder in einer Eisenbahn während einer Personenbeförderung, die innerhalb der Gemeinschaft gemäß den Artikeln 37 und 57 der Richtlinie 2006/112/EG stattfindet, so ist das Land, in dem sich der Ort befindet, das Abgangsland der Personenbeförderung.

### Artikel 24b

Für die Zwecke der Anwendung von Artikel 58 der Richtlinie 2006/112/EG gilt, dass wenn einem Nichtsteuerpflichtigen Telekommunikations-, Rundfunk- oder elektronisch erbrachte Dienstleistungen:

a) über seinen Festnetzanschluss erbracht werden, die Vermutung gilt, dass der Dienstleistungsempfänger an dem Ort, an dem sich der Festnetzanschluss befindet, ansässig ist oder seinen Wohnsitz oder seinen gewöhnlichen Aufenthaltsort hat;

b) über mobile Netze erbracht werden, die Vermutung gilt, dass der Dienstleistungsempfänger in dem Land, das durch den Ländercode der bei Inanspruchnahme der Dienstleistungen verwendeten SIM-Karte bezeichnet wird, ansässig ist oder seinen Wohnsitz oder seinen gewöhnlichen Aufenthaltsort hat;

c) erbracht werden, für die ein Decoder oder ein ähnliches Gerät oder eine Programm- oder Satellitenkarte verwendet werden muss und wird kein Festnetzanschluss verwendet, die Vermutung gilt, dass der Dienstleistungsempfänger an dem Ort, an dem sich der Decoder oder das ähnliche Gerät befindet, oder, wenn dieser Ort unbekannt ist, an dem Ort, an den die Programm- oder Satellitenkarte zur Verwendung gesendet wird, ansässig ist oder seinen Wohnsitz oder seinen gewöhnlichen Aufenthaltsort hat;

d) unter anderen als den in den Artikeln 24a und in den Buchstaben a, b und c des vorliegenden Artikels genannten Bedingungen erbracht werden, die Vermutung gilt, dass der Dienstleistungsempfänger an dem Ort ansässig ist oder seinen Wohnsitz oder seinen gewöhnlichen Aufenthaltsort hat, der vom Leistungserbringer unter Verwendung von zwei einander nicht widersprechenden Beweismitteln gemäß Artikel 24f der vorliegenden Verordnung als solcher bestimmt wird.

### Artikel 24c

Werden einem Nichtsteuerpflichtigen Beförderungsmittel vermietet, ausgenommen die Vermietung über einen kürzeren Zeitraum, so ist für die Zwecke der Anwendung von Artikel 56 Absatz 2 der Richtlinie 2006/112/EG von der Vermutung auszugehen, dass der Dienstleistungsempfänger an dem Ort ansässig ist oder seinen Wohnsitz oder seinen gewöhnlichen Aufenthaltsort hat, der vom Leistungserbringer unter Verwendung von zwei einander nicht widersprechenden Beweismitteln gemäß Artikel 24e der vorliegenden Verordnung als solcher bestimmt wird.

## Unterabschnitt 3b
## Widerlegung von Vermutungen

### Artikel 24d

(1) Erbringt ein Leistungserbringer eine in Artikel 58 der Richtlinie 2006/112/EG des Rates aufgeführte Dienstleistung, so kann er eine Vermutung nach Artikel 24a oder 24b Buchstaben a, b oder c der vorliegenden Verordnung durch drei einander nicht widersprechende Beweismittel widerlegen, aus denen hervorgeht, dass der Dienstleistungsempfänger an einem anderen Ort ansässig ist oder seinen Wohnsitz oder seinen gewöhnlichen Aufenthaltsort hat.

(2) Der Fiskus kann Vermutungen nach Artikel 24a, 24b, 24c widerlegen, wenn es Hinweise auf falsche Anwendung oder Missbrauch durch den Leistungserbringer gibt.

## Unterabschnitt 3c
## Beweismittel für die Bestimmung des Ortes des Dienstleistungsempfängers und Widerlegung von Vermutungen

### Artikel 24e

Für die Zwecke der Anwendung von Artikel 56 Absatz 2 der Richtlinie 2006/112/EG und der Erfüllung der Anforderungen gemäß Artikel 24c der vorliegenden Verordnung gilt als Beweismittel insbesondere Folgendes:

a) die Rechnungsanschrift des Dienstleistungsempfängers;

b) Bankangaben wie der Ort, an dem das für die Zahlung verwendete Bankkonto geführt wird, oder die der Bank vorliegende Rechnungsanschrift des Dienstleistungsempfängers;

c) die Zulassungsdaten des von dem Dienstleistungsempfänger gemieteten Beförderungsmittels, wenn dieses an dem Ort, an dem es genutzt wird, zugelassen sein muss, oder ähnliche Informationen;

d) sonstige wirtschaftlich relevante Informationen.

### Artikel 24f

Für die Zwecke der Anwendung von Artikel 58 der Richtlinie 2006/112/EG und der Erfüllung der Anforderungen gemäß Artikel 24b Buchstabe d oder Artikel 24d Absatz 1 der vorliegenden Verordnung gilt als Beweismittel insbesondere Folgendes:

a) die Rechnungsanschrift des Dienstleistungsempfängers;

b) die Internet-Protokoll-Adresse (IP-Adresse) des von dem Dienstleistungsempfänger verwendeten Geräts oder jedes Verfahren der Geolokalisierung;

c) Bankangaben wie der Ort, an dem das für die Zahlung verwendete Bankkonto geführt wird oder die der Bank vorliegende Rechnungsanschrift des Dienstleistungsempfängers;

d) der Mobilfunk-Ländercode (Mobile Country Code – MCC) der Internationalen Mobilfunk-Teilnehmerkennung (International Mobile Subscriber Identity – IMSI), der auf der von dem Dienstleistungsempfänger verwendeten SIM-Karte (Teilnehmer-Identifikationsmodul – Subscriber Identity Module) gespeichert ist;

e) der Ort des Festnetzanschlusses des Dienstleistungsempfängers, über den ihm die Dienstleistung erbracht wird;

f) sonstige wirtschaftlich relevante Informationen.

## Unterabschnitt 4
### Allgemeine Bestimmungen zur Ermittlung des Status, der Eigenschaft und des Ortes des Dienstleistungsempfängers

#### Artikel 25

Zur Anwendung der Vorschriften hinsichtlich des Ortes der Dienstleistung sind lediglich die Umstände zu dem Zeitpunkt zu berücksichtigen, zu dem der Steuertatbestand eintritt. Jede spätere Änderung des Verwendungszwecks der betreffenden Dienstleistung wirkt sich nicht auf die Bestimmung des Orts der Dienstleistung aus, sofern keine missbräuchlichen Praktiken vorliegen.

## Unterabschnitt 5
### Dienstleistungen, die unter die Allgemeinen Bestimmungen fallen

#### Artikel 26

Die Erteilung des Rechts zur Fernsehübertragung von Fußballspielen durch Organisationen an Steuerpflichtige fällt unter Artikel 44 der Richtlinie 2006/112/EG.

#### Artikel 27

Dienstleistungen, die in der Beantragung oder Vereinnahmung von Erstattungen der Mehrwertsteuer gemäß der Richtlinie 2008/9/EG des Rates vom 12. Februar 2008 zur Regelung der Erstattung der Mehrwertsteuer gemäß der Richtlinie 2006/112/EG an nicht im Mitgliedstaat der Erstattung, sondern in einem anderen Mitgliedstaat ansässige Steuerpflichtige[1] bestehen, fallen unter Artikel 44 der Richtlinie 2006/112/EG.

#### Artikel 28

Insoweit sie eine einheitliche Dienstleistung darstellen, fallen Dienstleistungen, die im Rahmen einer Bestattung erbracht werden, unter Artikel 44 und 45 der Richtlinie 2006/112/EG.

#### Artikel 29

Unbeschadet des Artikels 41 der vorliegenden Verordnung fallen Dienstleistungen der Textübersetzung unter die Artikel 44 und 45 der Richtlinie 2006/112/EG.

## Unterabschnitt 6
### Dienstleistungen von Vermittlern

#### Artikel 30

Unter den Begriff der Dienstleistung von Vermittlern in Artikel 46 der Richtlinie 2006/112/EG fallen sowohl Dienstleistungen von Vermittlern, die im Namen und für Rechnung des Empfängers der vermittelten Dienstleistung handeln, als auch Dienstleistungen von Vermittlern, die im Namen und für Rechnung des Erbringers der vermittelten Dienstleistungen handeln.

---

1 ABl. EU Nr. L 44 vom 20.2.2008, 23.

## Artikel 31

Dienstleistungen von Vermittlern, die im Namen und für Rechnung Dritter handeln, und die in der Vermittlung einer Beherbergungsdienstleistung in der Hotelbranche oder in Branchen mit ähnlicher Funktion bestehen, fallen in den Anwendungsbereich:

a) des Artikels 44 der Richtlinie 2006/112/EG, wenn sie an einen Steuerpflichtigen, der als solcher handelt, oder an eine nichtsteuerpflichtige juristische Person, die als Steuerpflichtiger gilt, erbracht werden;

b) des Artikels 46 der genannten Richtlinie, wenn sie an einen Nichtsteuerpflichtigen erbracht werden.

## Unterabschnitt 6a
## Dienstleistungen im Zusammenhang mit Grundstücken

### Artikel 31a[1]

(1) Dienstleistungen im Zusammenhang mit einem Grundstück im Sinne von Artikel 47 der Richtlinie 2006/112/EG umfassen nur Dienstleistungen, die in einen hinreichend direkten Zusammenhang mit dem Grundstück stehen. In folgenden Fällen sind Dienstleistungen als in einem hinreichend direkten Zusammenhang mit einem Grundstück stehend anzusehen:

a) wenn sie von einem Grundstück abgeleitet sind und das Grundstück einen wesentlichen Bestandteil der Dienstleistung darstellt und zentral und wesentlich für die erbrachte Dienstleistung ist;

b) wenn sie für das Grundstück selbst erbracht werden oder auf das Grundstück selbst gerichtet sind, und deren Zweck in rechtlichen oder physischen Veränderungen an dem Grundstück besteht.

(2) Unter Absatz 1 fällt insbesondere Folgendes:

a) Erstellung von Bauplänen für Gebäude oder Gebäudeteile für ein bestimmtes Grundstück ungeachtet der Tatsache, ob dieses Gebäude tatsächlich errichtet wird oder nicht;

b) Bauaufsichtsmaßnahmen oder grundstücksbezogene Sicherheitsdienste, die vor Ort erbracht werden;

c) Errichtung eines Gebäudes an Land sowie Bauleistungen und Abrissarbeiten an einem Gebäude oder Gebäudeteil;

d) Errichtung anderer auf Dauer angelegter Konstruktionen an Land sowie Bauleistungen und Abrissarbeiten an anderen auf Dauer angelegten Konstruktionen wie Leitungen für Gas, Wasser, Abwasser und dergleichen;

e) Landbearbeitung einschließlich landwirtschaftlicher Dienstleistungen wie Landbestellung, Säen, Bewässerung und Düngung;

f) Vermessung und Begutachtung von Gefahr und Zustand von Grundstücken;

g) Bewertung von Grundstücken, auch zu Versicherungszwecken, zur Ermittlung des Grundstückswerts als Sicherheit für ein Darlehen oder für die Bewertung von Gefahren und Schäden in Streitfällen;

h) Vermietung und Verpachtung von Grundstücken mit der Ausnahme der unter Absatz 3 Buchstabe c genannten Dienstleistungen, einschließlich der Lagerung von Gegenständen, wenn hierfür ein bestimmter Teil des Grundstücks der ausschließlichen Nutzung durch den Dienstleistungsempfänger gewidmet ist;

---

1 Gem. Art. 3 Unterabs. 3 Durchführungsverordnung (EU) Nr. 1042/2013 gilt Art. 31a MwSt-DVO ab dem 1.1.2017.

**MwSt-DVO**

i) Zurverfügungstellen von Unterkünften in der Hotelbranche oder in Branchen mit ähnlicher Funktion, wie zum Beispiel in Ferienlagern oder auf einem als Campingplatz hergerichteten Gelände einschließlich Umwandlung von Teilzeitnutzungsrechten (Timesharing) und dergleichen für Aufenthalte an einem bestimmten Ort;

j) Gewährung und Übertragung sonstiger nicht unter den Buchstaben h und i aufgeführter Nutzungsrechte an Grundstücken und Teilen davon einschließlich der Erlaubnis, einen Teil des Grundstücks zu nutzen, wie zum Beispiel die Gewährung von Fischereirechten und Jagdrechten oder die Zugangsberechtigung zu Warteräumen in Flughäfen, oder die Nutzung von Infrastruktur, für die Maut gefordert wird, wie Brücken oder Tunnel;

k) Wartungs-, Renovierungs- und Reparaturarbeiten an einem Gebäude oder an Gebäudeteilen einschließlich Reinigung, Verlegen von Fliesen und Parkett sowie Tapezieren;

l) Wartungs-, Renovierungs- und Reparaturarbeiten an anderen auf Dauer angelegten Strukturen wie Leitungen für Gas, Wasser oder Abwasser und dergleichen;

m) Installation oder Montage von Maschinen oder Ausstattungsgegenständen, die damit als Grundstück gelten;

n) Wartung und Reparatur sowie Kontrolle und Überwachung von Maschinen oder Ausstattungsgegenständen, die als Grundstück gelten;

o) Eigentumsverwaltung, mit Ausnahme von Portfolioverwaltung in Zusammenhang mit Eigentumsanteilen an Grundstücken unter Absatz 3 Buchstabe g, die sich auf den Betrieb von Geschäfts-, Industrie- oder Wohnimmobilien durch oder für den Eigentümer des Grundstücks bezieht;

p) Vermittlungsleistungen beim Verkauf oder bei der Vermietung oder Verpachtung von Grundstücken sowie bei der Begründung oder Übertragung von bestimmten Rechten an Grundstücken oder dinglichen Rechten an Grundstücken (unabhängig davon, ob diese Rechte einem körperlichen Gegenstand gleichgestellt sind), ausgenommen Vermittlungsleistungen gemäß Absatz 3 Buchstabe d;

q) juristische Dienstleistungen im Zusammenhang mit Grundstücksübertragungen sowie mit der Begründung oder Übertragung von bestimmten Rechten an Grundstücken oder dinglichen Rechten an Grundstücken (unabhängig davon ob diese Rechte einem körperlichen Gegenstand gleichgestellt sind), wie zum Beispiel die Tätigkeiten von Notaren, oder das Aufsetzen eines Vertrags über den Verkauf oder den Kauf eines Grundstücks, selbst wenn die zugrunde liegende Transaktion, die zur rechtlichen Veränderung an dem Grundstück führt, letztendlich nicht stattfindet.

(3) Absatz 1 findet keine Anwendung auf

a) Erstellung von Bauplänen für Gebäude oder Gebäudeteile, die keinem bestimmten Grundstück zugeordnet sind;

b) Lagerung von Gegenständen auf einem Grundstück, wenn dem Kunden kein bestimmter Teil des Grundstücks zur ausschließlichen Nutzung zur Verfügung steht;

c) Bereitstellung von Werbung, selbst wenn dies die Nutzung eines Grundstücks einschließt;

d) Vermittlung der Beherbergung in einem Hotel oder Beherbergung in Branchen mit ähnlicher Funktion, wie zum Beispiel in Ferienlagern oder auf einem als Campingplatz hergerichteten Gelände, wenn der Vermittler im Namen und für die Rechnung eines Dritten handelt;

e) Bereitstellung eines Standplatzes auf einem Messe- oder Ausstellungsgelände zusammen mit anderen ähnlichen Dienstleistungen, die dem Aussteller die Darbietung seines Angebots ermöglichen, wie die Aufmachung und Gestaltung des Standes, die Beförderung und Lagerung der Ausstellungsstücke, die Bereitstellung von Maschinen, die Verlegung von Kabeln, Versicherungen und Werbung;

f) Installation oder Montage, Wartung und Reparatur sowie Kontrolle und Überwachung von Maschinen oder Ausstattungsgegenständen, die kein fester Bestandteil des Grundstücks sind oder sein werden;

g) Portfolioverwaltung im Zusammenhang mit Eigentumsanteilen an Grundstücken;

h) juristische Dienstleistungen, mit Ausnahme der unter Absatz 2 Buchstabe q genannten Dienstleistungen, einschließlich Beratungsdienstleistungen betreffend die Vertragsbedingungen eines Grundstücksübertragungsvertrags, die Durchsetzung eines solchen Vertrags oder den Nachweis, dass ein solcher Vertrag besteht, sofern diese Dienstleistungen nicht speziell mit der Übertragung von Rechten an Grundstücken zusammenhängen.

### Artikel 31b[1]

Wird einem Dienstleistungsempfänger Ausrüstung zur Durchführung von Arbeiten an einem Grundstück zur Verfügung gestellt, so ist diese Leistung nur dann eine Dienstleistung im Zusammenhang mit einem Grundstück, wenn der Dienstleistungserbringer für die Durchführung der Arbeiten verantwortlich ist.

Stellt ein Dienstleistungserbringer dem Dienstleistungsempfänger neben der Ausrüstung ausreichendes Bedienpersonal zur Durchführung von Arbeiten zur Verfügung, so ist von der Vermutung auszugehen, dass er für die Durchführung der Arbeiten verantwortlich ist. Die Vermutung, dass der Dienstleistungserbringer für die Durchführung der Arbeiten verantwortlich ist, kann durch jegliche sachdienliche, auf Fakten oder Gesetz gestützte Mittel widerlegt werden.

### Artikel 31c

Erbringt ein im eigenen Namen handelnder Steuerpflichtiger neben der Beherbergung in der Hotelbranche oder in Branchen mit ähnlicher Funktion, wie zum Beispiel in Ferienlagern oder auf einem als Campingplatz hergerichteten Gelände, Telekommunikations-, Rundfunk- oder elektronisch erbrachte Dienstleistungen, so gelten diese für die Zwecke der Bestimmung des Ortes dieser Dienstleistung als an diesen Orten erbracht.

## Unterabschnitt 7
## Dienstleistungen auf dem Gebiet der Kultur, der Künste, des Sports, der Wissenschaft, des Unterrichts, der Unterhaltung und ähnliche Veranstaltungen

### Artikel 32

(1) Zu den Dienstleistungen betreffend die Eintrittsberechtigung zu Veranstaltungen auf dem Gebiet der Kultur, der Künste, des Sports, der Wissenschaft, des Unterrichts, der Unterhaltung oder ähnlichen Veranstaltungen im Sinne des Artikels 53 der Richtlinie 2006/112/EG, gehören Dienstleistungen, deren wesentliche Merkmale darin bestehen, gegen eine Eintrittskarte oder eine Vergütung, auch in Form eines Abonnements, einer Zeitkarte oder einer regelmäßigen Gebühr, das Recht auf Eintritt zu einer Veranstaltung zu gewähren.

(2) Absatz 1 gilt insbesondere für:

---

[1] Gem. Art. 3 Unterabs. 3 Durchführungsverordnung (EU) Nr. 1042/2013 gilt Art. 31b MwSt-DVO ab dem 1.1.2017.

a) das Recht auf Eintritt zu Darbietungen, Theateraufführungen, Zirkusvorstellungen, Freizeitparks, Konzerten, Ausstellungen sowie anderen ähnlichen kulturellen Veranstaltungen;

b) das Recht auf Eintritt zu Sportveranstaltungen wie Spielen oder Wettkämpfen;

c) das Recht auf Eintritt zu Veranstaltungen auf dem Gebiet des Unterrichts und der Wissenschaft, wie beispielsweise Konferenzen und Seminare.

(3) Die Nutzung von Räumlichkeiten, wie beispielsweise Turnhallen oder anderen, gegen Zahlung einer Gebühr fällt nicht unter Absatz 1.

## Artikel 33

Zu den mit der Eintrittsberechtigung zu Veranstaltungen auf dem Gebiet der Kultur, der Künste, des Sports, der Wissenschaft, des Unterrichts, der Unterhaltung oder ähnlichen Veranstaltungen zusammenhängenden Dienstleistungen nach Artikel 53 der Richtlinie 2006/112/EG gehören die Dienstleistungen, die direkt mit der Eintrittsberechtigung zu diesen Veranstaltungen in Verbindung stehen und an die Person, die einer Veranstaltung beiwohnt, gegen eine Gegenleistung gesondert erbracht werden.

Zu diesen zusammenhängenden Dienstleistungen gehören insbesondere die Nutzung von Garderoben oder von sanitären Einrichtungen, nicht aber bloße Vermittlungsleistungen im Zusammenhang mit dem Verkauf von Eintrittskarten.

## Artikel 33a

Vertreibt ein Vermittler, der im eigenen Namen, aber für Rechnung des Veranstalters handelt, oder ein anderer Steuerpflichtiger als der Veranstalter, der auf eigene Rechnung handelt, Eintrittskarten für Veranstaltungen auf dem Gebiet der Kultur, der Künste, des Sports, der Wissenschaft, des Unterrichts, der Unterhaltung oder für ähnliche Veranstaltungen, so fällt diese Dienstleistung unter Artikel 53 und Artikel 54 Absatz 1 der Richtlinie 2006/112/EG.

## Unterabschnitt 8
### Nebentätigkeiten zur Beförderung, Begutachtung von beweglichen Gegenständen und Arbeiten an solchen Gegenständen

### Artikel 34

Außer in den Fällen, in denen die zusammengebauten Gegenstände Bestandteil eines Grundstücks werden, bestimmt sich der Ort der Dienstleistungen an einen Nichtsteuerpflichtigen, die lediglich in der Montage verschiedener Teile einer Maschine durch einen Steuerpflichtigen bestehen, wobei der Dienstleistungsempfänger ihm alle Teile beigestellt hat, nach Artikel 54 der Richtlinie 2006/112/EG.

## Unterabschnitt 9
### Restaurant- und Verpflegungsdienstleistungen an Bord eines Beförderungsmittels

### Artikel 35

Zur Bestimmung des innerhalb der Gemeinschaft stattfindenden Teils der Personenbeförderung im Sinne des Artikels 57 der Richtlinie 2006/112/EG ist die Reisestrecke des Beförderungsmittels, nicht die der beförderten Personen, ausschlaggebend.

## Artikel 36

Werden die Restaurant- und Verpflegungsdienstleistungen während des innerhalb der Gemeinschaft stattfindenden Teils der Personenbeförderung erbracht, so fallen diese Dienstleistungen unter Artikel 57 der Richtlinie 2006/112/EG.

Werden die Restaurant- und Verpflegungsdienstleistungen außerhalb dieses Teils der Personenbeförderung, aber im Gebiet eines Mitgliedstaats oder eines Drittlandes oder eines Drittgebiets erbracht, so fallen diese Dienstleistungen unter Artikel 55 der genannten Richtlinie.

## Artikel 37

Der Ort der Dienstleistung einer Restaurant- oder Verpflegungsdienstleistung innerhalb der Gemeinschaft, die teilweise während, teilweise außerhalb des innerhalb der Gemeinschaft stattfindenden Teils der Personenbeförderung, aber auf dem Gebiet eines Mitgliedstaats erbracht wird, bestimmt sich für die gesamte Dienstleistung nach den Regeln für die Bestimmung des Ortes der Dienstleistung, die zu Beginn der Erbringung der Restaurant- oder Verpflegungsdienstleistung gelten.

### Unterabschnitt 10
### Vermietung von Beförderungsmitteln

## Artikel 38

(1) Als „Beförderungsmittel" im Sinne von Artikel 56 und Artikel 59 Unterabsatz 1 Buchstabe g der Richtlinie 2006/112/EG gelten motorbetriebene Fahrzeuge oder Fahrzeuge ohne Motor und sonstige Ausrüstungen und Vorrichtungen, die zur Beförderung von Gegenständen oder Personen von einem Ort an einen anderen konzipiert wurden und von Fahrzeugen gezogen oder geschoben werden können und die normalerweise zur Beförderung von Gegenständen oder Personen konzipiert und tatsächlich geeignet sind.

(2) Als Beförderungsmittel nach Absatz 1 gelten insbesondere folgende Fahrzeuge:

a) Landfahrzeuge wie Personenkraftwagen, Motorräder, Fahrräder, Dreiräder sowie Wohnanhänger;

b) Anhänger und Sattelanhänger;

c) Eisenbahnwagen;

d) Wasserfahrzeuge;

e) Luftfahrzeuge;

f) Fahrzeuge, die speziell für den Transport von Kranken oder Verletzten konzipiert sind;

g) landwirtschaftliche Zugmaschinen und andere landwirtschaftliche Fahrzeuge;

h) Rollstühle und ähnliche Fahrzeuge für Kranke und Körperbehinderte, mit mechanischen oder elektronischen Vorrichtungen zur Fortbewegung.

(3) Als Beförderungsmittel nach Absatz 1 gelten nicht Fahrzeuge, die dauerhaft stillgelegt sind, sowie Container.

## Artikel 39

(1) Für die Anwendung des Artikels 56 der Richtlinie 2006/112/EG wird die Dauer des Besitzes oder der Verwendung eines Beförderungsmittels während eines ununterbrochenen Zeitraums, das Gegenstand einer Vermietung ist, auf der Grundlage der vertraglichen Vereinbarung zwischen den beteiligten Parteien bestimmt.

Der Vertrag begründet eine Vermutung, die durch jegliche auf Fakten oder Gesetz gestützte Mittel widerlegt werden kann, um die tatsächliche Dauer des Besitzes oder der Verwendung während eines ununterbrochenen Zeitraums festzustellen.

Wird die vertraglich festgelegte Dauer einer Vermietung über einen kürzeren Zeitraum im Sinne des Artikels 56 der Richtlinie 2006/112/EG aufgrund höherer Gewalt überschritten, so ist dies für die Feststellung der Dauer des Besitzes oder der Verwendung des Beförderungsmittels während eines ununterbrochenen Zeitraums unerheblich.

(2) Werden für ein und dasselbe Beförderungsmittel mehrere aufeinanderfolgende Mietverträge zwischen denselben Parteien geschlossen, so ist als Dauer des Besitzes oder der Verwendung dieses Beförderungsmittels während eines ununterbrochenen Zeitraums die Gesamtlaufzeit aller Verträge zugrunde zu legen.

Für die Zwecke von Unterabsatz 1 sind ein Vertrag und die zugehörigen Verlängerungsverträge aufeinanderfolgende Verträge.

Die Laufzeit des Mietvertrags oder der Mietverträge über einen kürzeren Zeitraum, die einem als langfristig geltenden Mietvertrag vorausgehen, wird jedoch nicht in Frage gestellt, sofern keine missbräuchlichen Praktiken vorliegen.

(3) Sofern keine missbräuchlichen Praktiken vorliegen, gelten aufeinanderfolgende Mietverträge, die zwischen denselben Parteien geschlossen werden, jedoch unterschiedliche Beförderungsmittel zum Gegenstand haben, nicht als aufeinanderfolgende Verträge nach Absatz 2.

### Artikel 40

Der Ort, an dem das Beförderungsmittel dem Dienstleistungsempfänger gemäß Artikel 56 Absatz 1 der Richtlinie 2006/112/EG tatsächlich zur Verfügung gestellt wird, ist der Ort, an dem der Dienstleistungsempfänger oder eine von ihm beauftragte Person es unmittelbar physisch in Besitz nimmt.

### Unterabschnitt 11
### Dienstleistungen an Nichtsteuerpflichtige außerhalb der Gemeinschaft

### Artikel 41

Dienstleistungen der Textübersetzung, die an einen außerhalb der Gemeinschaft ansässigen Nichtsteuerpflichtigen erbracht werden, fallen unter Artikel 59 Unterabsatz 1 Buchstabe c der Richtlinie 2006/112/EG.

## KAPITEL VI
## BESTEUERUNGSGRUNDLAGE
## (TITEL VII DER RICHTLINIE 2006/112/EG)

### Artikel 42

Verlangt ein Lieferer von Gegenständen oder ein Erbringer von Dienstleistungen als Bedingung für die Annahme einer Bezahlung mit Kredit- oder Geldkarte, dass der Dienstleistungsempfänger ihm oder einem anderen Unternehmen hierfür einen Betrag entrichtet und der von diesem Empfänger zu zahlende Gesamtpreis durch die Zahlungsweise nicht beeinflusst wird, so ist dieser Betrag Bestandteil der Besteuerungsgrundlage der Lieferung von Gegenständen oder der Dienstleistung gemäß Artikel 73 bis 80 der Richtlinie 2006/112/EG.

## KAPITEL VII
## STEUERSÄTZE

### Artikel 43

„Beherbergung in Ferienunterkünften" gemäß Anhang III Nummer 12 der Richtlinie 2006/112/EG umfasst auch die Vermietung von Zelten, Wohnanhängern oder Wohnmobilen, die auf Campingplätzen aufgestellt sind und als Unterkünfte dienen.

## KAPITEL VIII
## STEUERBEFREIUNGEN

### ABSCHNITT 1
### Steuerbefreiungen für bestimmte, dem Gemeinwohl dienende Tätigkeiten
### (Artikel 132, 133 und 134 der Richtlinie 2006/112/EG)

### Artikel 44

Die Dienstleistungen der Ausbildung, Fortbildung oder beruflichen Umschulung, die unter den Voraussetzungen des Artikels 132 Absatz 1 Buchstabe i der Richtlinie 2006/112/EG erbracht werden, umfassen Schulungsmaßnahmen mit direktem Bezug zu einem Gewerbe oder einem Beruf sowie jegliche Schulungsmaßnahme, die dem Erwerb oder der Erhaltung beruflicher Kenntnisse dient. Die Dauer der Ausbildung, Fortbildung oder beruflichen Umschulung ist hierfür unerheblich.

### ABSCHNITT 2
### Steuerbefreiungen für andere Tätigkeiten
### (Artikel 135, 136 und 137 der Richtlinie 2006/112/EG)

### Artikel 45

Die Steuerbefreiung in Artikel 135 Absatz 1 Buchstabe e der Richtlinie 2006/112/EG findet keine Anwendung auf Platinum Nobles.

### ABSCHNITT 3
### Steuerbefreiungen bei der Einfuhr
### (Artikel 143, 144 und 145 der Richtlinie 2006/112/EG)

### Artikel 46

Die Steuerbefreiung in Artikel 144 der Richtlinie 2006/112/EG gilt auch für Beförderungsleistungen, die mit einer Einfuhr beweglicher körperlicher Gegenstände anlässlich eines Wohnortwechsels verbunden sind.

### ABSCHNITT 4
### Steuerbefreiungen bei der Ausfuhr
### (Artikel 146 und 147 der Richtlinie 2006/112/EG)

### Artikel 47

„Privaten Zwecken dienende Beförderungsmittel" im Sinne des Artikels 146 Absatz 1 Buchstabe b der Richtlinie 2006/112/EG umfassen auch Beförderungsmittel, die von Personen, die keine natürlichen Personen sind, wie etwa Einrichtungen des öffentlichen Rechts im Sinne von Artikel 13 der genannten Richtlinie oder Vereine, für nichtgeschäftliche Zwecke verwendet werden.

### Artikel 48

Für die Feststellung, ob der von einem Mitgliedstaat gemäß Artikel 147 Absatz 1 Unterabsatz 1 Buchstabe c der Richtlinie 2006/112/EG festgelegte Schwellenwert überschritten wurde, was eine Bedingung für die Steuerbefreiung von Lieferungen zur Mitführung im persönlichen Gepäck von Reisenden ist, wird der Rechnungsbetrag zugrunde gelegt. Der Gesamtwert mehrerer Gegenstände darf nur dann zugrunde gelegt werden, wenn alle diese Gegenstände in ein und derselben Rechnung aufgeführt sind und diese Rechnung von ein und demselben Steuerpflichtigen, der diese Gegenstände liefert, an ein und denselben Abnehmer ausgestellt wurde.

## ABSCHNITT 5
### Steuerbefreiungen bei bestimmten, Ausfuhren gleichgestellten Umsätzen (Artikel 151 und 152 der Richtlinie 2006/112/EG)

### Artikel 49

Die in Artikel 151 der Richtlinie 2006/112/EG vorgesehene Steuerbefreiung ist auch auf elektronische Dienstleistungen anwendbar, wenn diese von einem Steuerpflichtigen erbracht werden, auf den die in den Artikeln 357 bis 369 jener Richtlinie vorgesehene Sonderregelung für elektronisch erbrachte Dienstleistungen anwendbar ist.

### Artikel 50

(1) Um als internationale Einrichtung für die Anwendung des Artikels 143 Absatz 1 Buchstabe g und des Artikels 151 Absatz 1 Unterabsatz 1 Buchstabe b der Richtlinie 2006/112/EG anerkannt werden zu können, muss eine Einrichtung, die als Konsortium für eine europäische Forschungsinfrastruktur (ERIC) im Sinne der Verordnung (EG) Nr. 723/2009 des Rates vom 25. Juni 2009 über den gemeinschaftlichen Rechtsrahmen für ein Konsortium für eine europäische Forschungsinfrastruktur (ERIC)[1] gegründet werden soll, alle nachfolgenden Voraussetzungen erfüllen:

a) sie besitzt eine eigene Rechtspersönlichkeit und ist voll rechtsfähig;

b) sie wurde auf der Grundlage des Rechts der Europäischen Union errichtet und unterliegt diesem;

c) sie hat Mitgliedstaaten als Mitglieder und darf Drittländer und zwischenstaatliche Organisationen als Mitglieder einschließen, jedoch keine privaten Einrichtungen;

d) sie hat besondere und legitime Ziele, die gemeinsam verfolgt werden und im Wesentlichen nicht wirtschaftlicher Natur sind.

(2) Die in Artikel 143 Absatz 1 Buchstabe g und Artikel 151 Absatz 1 Unterabsatz 1 Buchstabe b der Richtlinie 2006/112/EG vorgesehene Steuerbefreiung ist auf eine ERIC im Sinne des Absatzes 1 anwendbar, wenn diese vom Aufnahmemitgliedstaat als internationale Einrichtung anerkannt wird.

Die Grenzen und Voraussetzungen dieser Steuerbefreiung werden in einem Abkommen zwischen den Mitgliedern der ERIC gemäß Artikel 5 Absatz 1 Buchstabe d der Verordnung (EG) Nr. 723/2009 festgelegt. Bei Gegenständen, die nicht aus dem Mitgliedstaat versandt

---

1 ABl. EU Nr. L 206 vom 8.8.2009, 1.

oder befördert werden, in dem ihre Lieferung bewirkt wird, und bei Dienstleistungen kann die Steuerbefreiung entsprechend Artikel 151 Absatz 2 der Richtlinie 2006/112/EG im Wege der Mehrwertsteuererstattung erfolgen.

## Artikel 51

(1) Ist der Empfänger eines Gegenstands oder einer Dienstleistung innerhalb der Gemeinschaft, aber nicht in dem Mitgliedstaat der Lieferung oder Dienstleistung ansässig, so dient die Bescheinigung über die Befreiung von der Mehrwertsteuer und/oder der Verbrauchsteuer nach dem Muster in Anhang II dieser Verordnung entsprechend den Erläuterungen im Anhang zu dieser Bescheinigung als Bestätigung dafür, dass der Umsatz nach Artikel 151 der Richtlinie 2006/112/EG von der Steuer befreit werden kann.

Bei Verwendung der Bescheinigung kann der Mitgliedstaat, in dem der Empfänger eines Gegenstands oder einer Dienstleistung ansässig ist, entscheiden, ob er eine gemeinsame Bescheinigung für Mehrwertsteuer und Verbrauchsteuer oder zwei getrennte Bescheinigungen verwendet.

(2) Die in Absatz 1 genannte Bescheinigung wird von den zuständigen Behörden des Aufnahmemitgliedstaats mit einem Dienststempelabdruck versehen. Sind die Gegenstände oder Dienstleistungen jedoch für amtliche Zwecke bestimmt, so können die Mitgliedstaaten bei Vorliegen von ihnen festzulegender Voraussetzungen auf die Anbringung des Dienststempelabdrucks verzichten. Diese Freistellung kann im Falle von Missbrauch widerrufen werden.

Die Mitgliedstaaten teilen der Kommission mit, welche Kontaktstelle zur Angabe der für das Abstempeln der Bescheinigung zuständigen Dienststellen benannt wurde und in welchem Umfang sie auf das Abstempeln der Bescheinigung verzichten. Die Kommission gibt diese Information an die anderen Mitgliedstaaten weiter.

(3) Wendet der Mitgliedstaat der Lieferung oder Dienstleistung die direkte Befreiung an, so erhält der Lieferer oder Dienstleistungserbringer die in Absatz 1 genannte Bescheinigung vom Empfänger der Lieferung oder Dienstleistung und nimmt sie in seine Buchführung auf. Wird die Befreiung nach Artikel 151 Absatz 2 der Richtlinie 2006/112/EG im Wege der Mehrwertsteuererstattung gewährt, so ist die Bescheinigung dem in dem betreffenden Mitgliedstaat gestellten Erstattungsantrag beizufügen.

## KAPITEL IX
## VORSTEUERABZUG
## (TITEL X DER RICHTLINIE 2006/112/EG)

### Artikel 52

Verfügt der Einfuhrmitgliedstaat über ein elektronisches System zur Erfüllung der Zollformalitäten, so fallen unter den Begriff „die Einfuhr bescheinigendes Dokument" in Artikel 178 Buchstabe e der Richtlinie 2006/112/EG auch die elektronischen Fassungen derartiger Dokumente, sofern sie eine Überprüfung des Vorsteuerabzugs erlauben.

# KAPITEL X
# PFLICHTEN DER STEUERPFLICHTIGEN UND BESTIMMTER NICHTSTEUERPFLICHTIGER PERSONEN
# (TITEL XI DER RICHTLINIE 2006/112/EG)

## ABSCHNITT 1
## Steuerschuldner gegenüber dem Fiskus
## (Artikel 192a bis 205 der Richtlinie 2006/112/EG)

### Artikel 53

(1) Für die Durchführung des Artikels 192a der Richtlinie 2006/112/EG wird eine feste Niederlassung eines Steuerpflichtigen nur dann berücksichtigt, wenn diese feste Niederlassung einen hinreichenden Grad an Beständigkeit sowie eine Struktur aufweist, die es ihr von der personellen und technischen Ausstattung her erlaubt, die Lieferung von Gegenständen oder die Erbringung von Dienstleistungen, an der sie beteiligt ist, auszuführen.

(2) Verfügt ein Steuerpflichtiger über eine feste Niederlassung in dem Gebiet des Mitgliedstaats, in dem die Mehrwertsteuer geschuldet wird, gilt diese feste Niederlassung als nicht an der Lieferung von Gegenständen oder der Erbringung von Dienstleistungen im Sinne des Artikels 192a Buchstabe b der Richtlinie 2006/112/EG beteiligt, es sei denn, der Steuerpflichtige nutzt die technische und personelle Ausstattung dieser Niederlassung für Umsätze, die mit der Ausführung der steuerbaren Lieferung dieser Gegenstände oder der steuerbaren Erbringung dieser Dienstleistungen vor oder während der Ausführung in diesem Mitgliedstaat notwendig verbunden sind.

Wird die Ausstattung der festen Niederlassung nur für unterstützende verwaltungstechnische Aufgaben wie z.B. Buchhaltung, Rechnungsstellung und Einziehung von Forderungen genutzt, so gilt dies nicht als Nutzung bei der Ausführung der Lieferung oder der Dienstleistung.

Wird eine Rechnung jedoch unter der durch den Mitgliedstaat der festen Niederlassung vergebenen Mehrwertsteuer-Identifikationsnummer ausgestellt, so gilt diese feste Niederlassung bis zum Beweis des Gegenteils als an der Lieferung oder Dienstleistung beteiligt.

### Artikel 54

Hat ein Steuerpflichtiger den Sitz seiner wirtschaftlichen Tätigkeit in dem Mitgliedstaat, in dem die Mehrwertsteuer geschuldet wird, so findet Artikel 192a der Richtlinie 2006/112/EG keine Anwendung, unabhängig davon, ob dieser Sitz der wirtschaftlichen Tätigkeit an der von ihm getätigten Lieferung oder Dienstleistung innerhalb dieses Mitgliedstaats beteiligt ist.

## ABSCHNITT 2
## Ergänzende Bestimmungen
## (Artikel 272 und 273 der Richtlinie 2006/112/EG)

### Artikel 55

Für Umsätze nach Artikel 262 der Richtlinie 2006/112/EG müssen Steuerpflichtige, denen nach Artikel 214 jener Richtlinie eine individuelle Mehrwertsteuer-Identifikationsnummer zuzuteilen ist, und nichtsteuerpflichtige juristische Personen, die für Mehrwertsteuerzwecke erfasst sind, wenn sie als solche handeln, ihren Lieferern oder Dienstleistungserbringern ihre Mehrwertsteuer-Identifikationsnummer mitteilen, sowie diese ihnen bekannt ist.

Steuerpflichtige im Sinne des Artikels 3 Absatz 1 Buchstabe b der Richtlinie 2006/112/EG, deren innergemeinschaftliche Erwerbe von Gegenständen nach Artikel 4 Absatz 1 der vorliegenden Verordnung nicht der Mehrwertsteuer unterliegen, müssen ihren Lieferern ihre individuelle Mehrwertsteuer-Identifikationsnummer nicht mitteilen, wenn sie gemäß Artikel 214 Absatz 1 Buchstabe d oder e jener Richtlinie für Mehrwertsteuerzwecke erfasst sind.

## KAPITEL XI
## SONDERREGELUNGEN

### ABSCHNITT 1
### Sonderregelung für Anlagegold
### (Artikel 344 bis 356 der Richtlinie 2006/112/EG)

#### Artikel 56

Der Begriff „mit einem von den Goldmärkten akzeptierten Gewicht" in Artikel 344 Absatz 1 Nummer 1 der Richtlinie 2006/112/EG umfasst mindestens die in Anhang III dieser Verordnung aufgeführten Einheiten und Gewichte.

#### Artikel 57

Für die Zwecke der Erstellung des in Artikel 345 der Richtlinie 2006/112/EG genannten Verzeichnisses von Goldmünzen beziehen sich die in Artikel 344 Absatz 1 Nummer 2 jener Richtlinie genannten Begriffe „Preis" und „Offenmarktwert" auf den Preis bzw. den Offenmarktwert am 1. April eines jeden Jahres. Fällt der 1. April nicht auf einen Tag, an dem derartige Preise bzw. Offenmarktwerte festgesetzt werden, so sind diejenigen des nächsten Tages, an dem eine Festsetzung erfolgt, zugrunde zu legen.

### ABSCHNITT 2
### Sonderregelungen für nicht ansässige Steuerpflichtige, die Telekommunikationsdienstleistungen, Rundfunk- und Fernsehdienstleistungen oder elektronische Dienstleistungen an Nichtsteuerpflichtige erbringen
### (Artikel 358 bis 369k der Richtlinie 2006/112/EG)

#### Unterabschnitt 1
#### Begriffsbestimmungen

#### Artikel 57a

Für die Zwecke dieses Abschnitts gelten folgende Begriffsbestimmungen:

1. „Nicht-EU-Regelung": die Sonderregelung für von nicht in der Gemeinschaft ansässigen Steuerpflichtigen erbrachte Telekommunikationsdienstleistungen, Rundfunk- und Fernsehdienstleistungen oder elektronische Dienstleistungen gemäß Titel XII Kapitel 6 Abschnitt 2 der Richtlinie 2006/112/EG;

2. „EU-Regelung": die Sonderregelung für von in der Gemeinschaft, nicht aber im Mitgliedstaat des Verbrauchs ansässigen Steuerpflichtigen erbrachte Telekommunikationsdienstleistungen, Rundfunk- und Fernsehdienstleistungen oder elektronische Dienstleistungen gemäß Titel XII Kapitel 6 Abschnitt 3 der Richtlinie 2006/112/EG;

3. „Sonderregelung": je nach Zusammenhang „Nicht-EU-Regelung" und/oder „EU-Regelung";

4. „Steuerpflichtiger": ein Steuerpflichtiger, der nicht in der Gemeinschaft ansässig ist, gemäß der Definition in Artikel 358a Nummer 1 der Richtlinie 2006/112/EG, oder ein Steuerpflichtiger, der nicht im Mitgliedstaat des Verbrauchs ansässig ist, gemäß der Definition in Artikel 369a Absatz 1 Nummer 1 jener Richtlinie.

## Unterabschnitt 2
### Anwendung der EU-Regelung

#### Artikel 57b

Hat ein Steuerpflichtiger, der die EU-Regelung in Anspruch nimmt, den Sitz seiner wirtschaftlichen Tätigkeit in der Gemeinschaft, so ist der Mitgliedstaat, in dem sich dieser Sitz befindet, der Mitgliedstaat der Identifizierung.

Hat ein Steuerpflichtiger, der die EU-Regelung in Anspruch nimmt, zwar den Sitz seiner wirtschaftlichen Tätigkeit außerhalb der Gemeinschaft, aber mehr als eine feste Niederlassung in der Gemeinschaft, so kann er jeden Mitgliedstaat, in dem er eine feste Niederlassung hat, als Mitgliedstaat der Identifizierung gemäß Artikel 369a Absatz 2 der Richtlinie 2006/112/EG auswählen.

## Unterabschnitt 3
### Geltungsbereich der EU-Regelung

#### Artikel 57c

Die EU-Regelung gilt nicht für Telekommunikationsdienstleistungen, Rundfunk- und Fernsehdienstleistungen oder elektronische Dienstleistungen, die in einem Mitgliedstaat erbracht werden, in dem der Steuerpflichtige den Sitz seiner wirtschaftlichen Tätigkeit oder eine feste Niederlassung hat. Diese Dienstleistungen werden den zuständigen Steuerbehörden dieses Mitgliedstaats in der Mehrwertsteuererklärung gemäß Artikel 250 der Richtlinie 2006/112/EG gemeldet.

## Unterabschnitt 4
### Identifizierung

#### Artikel 57d

Erklärt ein Steuerpflichtiger dem Mitgliedstaat der Identifizierung, dass er beabsichtigt, eine der Sonderregelungen in Anspruch zu nehmen, so gilt die betreffende Sonderregelung ab dem ersten Tag des folgenden Kalenderquartals.

Erfolgt die erste Erbringung von Dienstleistungen, die unter diese Sonderregelung fallen, jedoch vor dem in Absatz 1 genannten Termin, so gilt die Sonderregelung ab dem Tag der ersten Leistungserbringung, vorausgesetzt der Steuerpflichtige unterrichtet den Mitgliedstaat der Identifizierung spätestens am zehnten Tag des Monats, der auf diese erste Leistungserbringung folgt, über die Aufnahme der unter die Regelung fallenden Tätigkeiten.

#### Artikel 57e

Der Mitgliedstaat der Identifizierung identifiziert den Steuerpflichtigen, der die EU-Regelung in Anspruch nimmt, anhand seiner Mehrwertsteuer-Identifikationsnummer gemäß den Artikeln 214 und 215 der Richtlinie 2006/112/EG.

## Artikel 57f

(1) Erfüllt ein Steuerpflichtiger, der die EU-Regelung in Anspruch nimmt, nicht mehr die Voraussetzungen gemäß der Definition in Artikel 369a Absatz 1 Nummer 2 der Richtlinie 2006/112/EG, so ist der Mitgliedstaat, der ihm die Mehrwertsteuer-Identifikationsnummer erteilt hat, nicht mehr der Mitgliedstaat der Identifizierung. Erfüllt ein Steuerpflichtiger weiter die Voraussetzungen für die Inanspruchnahme dieser Sonderregelung, so gibt er, um diese Regelung weiterhin in Anspruch nehmen zu können, als neuen Mitgliedstaat der Identifizierung den Mitgliedstaat, in dem er den Sitz seiner wirtschaftlichen Tätigkeit hat, oder, wenn er den Sitz seiner wirtschaftlichen Tätigkeit nicht in der Gemeinschaft hat, einen Mitgliedstaat, in dem er eine feste Niederlassung hat, an.

(2) Ändert sich gemäß Absatz 1 der Mitgliedstaat der Identifizierung, so gilt diese Änderung ab dem Tag, an dem der Steuerpflichtige nicht mehr den Sitz seiner wirtschaftlichen Tätigkeit oder keine feste Niederlassung mehr in dem zuvor als Mitgliedstaat der Identifizierung angegebenen Mitgliedstaat hat.

## Artikel 57g

Ein Steuerpflichtiger, der eine Sonderregelung in Anspruch nimmt, kann die Inanspruchnahme dieser Sonderregelung beenden, unabhängig davon, ob er weiterhin Dienstleistungen erbringt, die unter diese Sonderregelung fallen können. Der Steuerpflichtige unterrichtet den Mitgliedstaat der Identifizierung mindestens 15 Tage vor Ablauf des Kalenderquartals vor demjenigen, in welchem er die Inanspruchnahme der Regelung beenden will. Eine Beendigung ist ab dem ersten Tag des nächsten Kalenderquartals wirksam.

Mehrwertsteuerpflichten im Zusammenhang mit der Erbringung von Telekommunikationsdienstleistungen, Rundfunk- und Fernsehdienstleistungen oder elektronischen Dienstleistungen, die nach dem Zeitpunkt entstehen, zu dem die Beendigung der Inanspruchnahme wirksam wurde, wird direkt bei den Steuerbehörden des betreffenden Mitgliedstaats des Verbrauchs nachgekommen.

Beendet ein Steuerpflichtiger die Inanspruchnahme einer der Sonderregelungen gemäß Absatz 1, so wird er in jedem Mitgliedstaat für zwei Kalenderquartale ab dem Datum der Beendigung der Inanspruchnahme von der Sonderregelung ausgeschlossen.

## Unterabschnitt 5
## Berichtspflichten

## Artikel 57h [Artikel 57f]

(1) Ein Steuerpflichtiger unterrichtet den Mitgliedstaat der Identifizierung spätestens am zehnten Tag des folgenden Monats auf elektronischem Wege von

– der Beendigung seiner unter eine Sonderregelung fallenden Tätigkeiten,

– jeglichen Änderungen seiner unter eine Sonderregelung fallenden Tätigkeiten, durch die er die Voraussetzungen für die Inanspruchnahme dieser Sonderregelung nicht mehr erfüllt, und

– sämtlichen Änderungen der zuvor dem Mitgliedstaat der Identifikation mitgeteilten Angaben.

(2) Ändert sich der Mitgliedstaat der Identifizierung gemäß Artikel 57f, so unterrichtet der Steuerpflichtige die beiden betroffenen Mitgliedstaaten spätestens am zehnten Tag des Monats, der auf die Verlagerung des Sitzes der wirtschaftlichen Tätigkeit oder der festen Niederlassung folgt, über diese Änderung. Er teilt dem neuen Mitgliedstaat der Identifizierung die Registrierungsdaten mit, die erforderlich sind, wenn ein Steuerpflichtiger eine Sonderregelung erstmals in Anspruch nimmt.

## Unterabschnitt 6
## Ausschluss

### Artikel 58

Findet zumindest eines der Ausschlusskriterien gemäß den Artikeln 363 und 369e der Richtlinie 2006/112/EG auf einen Steuerpflichtigen, der eine der Sonderregelungen in Anspruch nimmt, Anwendung, so schließt der Mitgliedstaat der Identifizierung diesen Steuerpflichtigen von der betreffenden Regelung aus.

Nur der Mitgliedstaat der Identifizierung kann einen Steuerpflichtigen von der Inanspruchnahme einer der Sonderregelungen ausschließen.

Der Mitgliedstaat der Identifizierung stützt seine Entscheidung über den Ausschluss auf alle verfügbaren Informationen, einschließlich Informationen eines anderen Mitgliedstaats.

Der Ausschluss ist ab dem ersten Tag des Kalenderquartals wirksam, das auf den Tag folgt, an dem die Entscheidung über den Ausschluss dem Steuerpflichtigen elektronisch übermittelt worden ist.

Ist der Ausschluss jedoch auf eine Änderung des Sitzes der wirtschaftlichen Tätigkeit oder der festen Niederlassung zurückzuführen, so ist der Ausschluss ab dem Tag dieser Änderung wirksam.

### Artikel 58a

Hinsichtlich eines Steuerpflichtigen, der eine Sonderregelung in Anspruch nimmt und der über einen Zeitraum von acht aufeinander folgenden Kalenderquartalen in keinem Mitgliedstaat des Verbrauchs der betreffenden Regelung unterliegende Dienstleistungen erbracht hat, wird davon ausgegangen, dass er seine steuerbaren Tätigkeiten im Sinne des Artikels 363 Buchstabe b bzw. des Artikels 369e Buchstabe b der Richtlinie 2006/112/EG beendet hat. Diese Beendigung hindert ihn nicht daran, bei Wiederaufnahme seiner unter eine Sonderregelung fallenden Tätigkeiten eine Sonderregelung in Anspruch zu nehmen.

### Artikel 58b

(1) Der Ausschluss eines Steuerpflichtigen von einer der Sonderregelungen wegen wiederholten Verstoßes gegen die einschlägigen Vorschriften gilt in jedem Mitgliedstaat und für beide Regelungen während acht Kalenderquartalen nach dem Kalenderquartal, in dem der Steuerpflichtige ausgeschlossen wurde.

(2) Als wiederholter Verstoß gegen die Vorschriften einer der Sonderregelungen im Sinne des Artikels 363 Buchstabe d oder des Artikels 369e Buchstabe d der Richtlinie 2006/112/EG durch den Steuerpflichtigen gelten mindestens die folgenden Fälle:

a) dem Steuerpflichtigen wurden vom Mitgliedstaat der Identifizierung für drei unmittelbar vorhergehende Kalenderquartale Erinnerungen gemäß Artikel 60a erteilt und die Mehrwertsteuererklärung wurde für jedes dieser Kalenderquartale nicht binnen zehn Tagen, nachdem die Erinnerung erteilt wurde, abgegeben;

b) vom Mitgliedstaat der Identifizierung wurden ihm für drei unmittelbar vorhergehende Kalenderquartale Erinnerungen gemäß Artikel 63a erteilt und der Gesamtbetrag der erklärten Mehrwertsteuer ist von ihm nicht binnen zehn Tagen, nachdem die Erinnerung erteilt wurde, für jedes dieser Kalenderquartale gezahlt außer wenn der ausstehende Betrag weniger als 100 EUR für jedes dieser Kalenderquartale beträgt;

c) er hat nach einer Aufforderung des Mitgliedstaats der Identifizierung oder des Mitgliedstaats des Verbrauchs und einen Monat nach einer nachfolgenden Erinnerung des Mitgliedstaats der Identifizierung die in den Artikeln 369 und 369k der Richtlinie 2006/112/EG genannten Aufzeichnungen nicht elektronisch zur Verfügung gestellt.

## Artikel 58c

Ein Steuerpflichtiger, der von einer der Sonderregelungen ausgeschlossen worden ist, kommt allen seinen Mehrwertsteuerpflichten im Zusammenhang mit der Erbringung von Telekommunikationsdienstleistungen, Rundfunk- und Fernsehdienstleistungen oder elektronischen Dienstleistungen, die nach dem Zeitpunkt entstehen, zu dem der Ausschluss wirksam wurde, direkt bei den Steuerbehörden des betreffenden Mitgliedstaats des Verbrauchs nach.

## Unterabschnitt 7
## Mehrwertsteuererklärung

## Artikel 59

(1) Jeder Erklärungszeitraum im Sinne des Artikels 364 oder des Artikels 369f der Richtlinie 2006/112/EG ist ein eigenständiger Erklärungszeitraum.

(2) Gilt eine Sonderregelung gemäß Artikel 57d Absatz 2 ab dem ersten Tag der Leistungserbringung, so gibt der Steuerpflichtige eine gesonderte Mehrwertsteuererklärung für das Kalenderquartal ab, in dem die erste Leistungserbringung erfolgt ist.

(3) Wurde ein Steuerpflichtiger während eines Erklärungszeitraums im Rahmen jeder der Sonderregelungen registriert, so richtet er im Rahmen jeder Sonderregelung Mehrwertsteuererklärungen und entsprechende Zahlungen hinsichtlich der Erbringung von Dienstleistungen und die von dieser Regelung erfassten Zeiträume an den Mitgliedstaat der Identifizierung.

(4) Ändert sich gemäß Artikel 57f der Mitgliedstaat der Identifizierung nach dem ersten Tag des betreffenden Kalenderquartals, so richtet der Steuerpflichtige Mehrwertsteuererklärungen und entsprechende Mehrwertsteuerzahlungen an den ehemaligen und an den neuen Mitgliedstaat der Identifizierung, die sich auf die Erbringung von Dienstleistungen während der Zeiträume, in denen die Mitgliedstaaten jeweils Mitgliedstaat der Identifizierung waren, beziehen.

## Artikel 59a

Hat ein Steuerpflichtiger, der eine Sonderregelung in Anspruch nimmt, während eines Erklärungszeitraums keine Dienstleistungen in irgendeinem Mitgliedstaat des Verbrauchs im Rahmen dieser Sonderregelung erbracht, so reicht er eine Mehrwertsteuererklärung ein, aus der hervorgeht, dass in dem Zeitraum keine Dienstleistungen erbracht wurden (MwSt.-Nullmeldung).

## Artikel 60

Die Beträge in den Mehrwertsteuererklärungen im Rahmen der Sonderregelungen werden nicht auf die nächste volle Einheit auf- oder abgerundet. Es ist jeweils der genaue Mehrwertsteuerbetrag anzugeben und abzuführen.

## Artikel 60a

Der Mitgliedstaat der Identifizierung erinnert Steuerpflichtige, die keine Mehrwertsteuererklärung gemäß Artikel 364 oder Artikel 369f der Richtlinie 2006/112/EG abgegeben haben, auf elektronischem Wege an ihre Verpflichtung zur Abgabe dieser Erklärung. Der Mitgliedstaat der Identifizierung erteilt die Erinnerung am zehnten Tag, der auf den Tag folgt, an dem die Erklärung hätte vorliegen sollen, und unterrichtet die übrigen Mitgliedstaaten auf elektronischem Wege über die Erteilung einer Erinnerung.

Für alle nachfolgenden Mahnungen und sonstigen Schritte zur Festsetzung und Erhebung der Mehrwertsteuer ist der betreffende Mitgliedstaat des Verbrauchs zuständig.

Der Steuerpflichtige gibt die Mehrwertsteuererklärung ungeachtet jeglicher durch den Mitgliedstaat des Verbrauchs erteilter Mahnungen und getroffener Maßnahmen im Mitgliedstaat der Identifizierung ab.

## Artikel 61

(1) Änderungen der in einer Mehrwertsteuererklärung enthaltenen Zahlen werden nach ihrer Abgabe ausschließlich im Wege von Änderungen dieser Erklärung und nicht durch Berichtigungen in einer nachfolgenden Erklärung vorgenommen.

(2) Die in Absatz 1 genannten Änderungen sind innerhalb von drei Jahren ab dem Tag, an dem die ursprüngliche Erklärung abzugeben war, auf elektronischem Wege beim Mitgliedstaat der Identifizierung abzugeben.

Die Vorschriften des Mitgliedstaats des Verbrauchs in Bezug auf Steuerfestsetzungen und Änderungen bleiben jedoch unberührt.

## Artikel 61a

Wenn ein Steuerpflichtiger

a) die Inanspruchnahme einer der Sonderregelungen beendet,

b) von einer der Sonderregelungen ausgeschlossen wird oder

c) den Mitgliedstaat der Identifizierung gemäß Artikel 57f ändert,

richtet er seine abschließende Mehrwertsteuererklärung und die entsprechende Zahlung sowie jegliche Berichtigungen oder verspätete Abgabe vorangegangener Mehrwertsteuererklärungen und die entsprechenden Zahlungen an den Mitgliedstaat, der vor der Beendigung, dem Ausschluss oder der Änderung der Mitgliedstaat der Identifizierung war.

## Unterabschnitt 8
## Währung

## Artikel 61b

Bestimmt ein Mitgliedstaat der Identifizierung, dessen Währung nicht der Euro ist, dass die Mehrwertsteuererklärungen in seiner Landeswährung zu erstellen sind, so gilt diese Bestimmung für die Mehrwertsteuererklärungen von allen Steuerpflichtigen, die Sonderregelungen in Anspruch nehmen.

## Unterabschnitt 9
## Zahlungen

## Artikel 62

Unbeschadet des Artikels 63a Absatz 3 und des Artikels 63b richtet ein Steuerpflichtiger alle Zahlungen an den Mitgliedstaat der Identifizierung.

Mehrwertsteuerzahlungen des Steuerpflichtigen gemäß Artikel 367 oder Artikel 369i der Richtlinie 2006/112/EG beziehen sich nur auf die gemäß Artikel 364 oder Artikel 369f dieser Richtlinie abgegebene Mehrwertsteuererklärung. Jede spätere Berichtigung der gezahlten Beträge durch den Steuerpflichtigen wird ausschließlich unter Bezugnahme auf diese Erklärung vorgenommen und darf weder einer anderen Erklärung zugeordnet noch bei einer späteren Erklärung berichtigt werden. Bei jeder Zahlung ist die Referenznummer der betreffenden Steuererklärung anzugeben.

## Artikel 63

Hat ein Mitgliedstaat der Identifizierung einen Betrag vereinnahmt, der höher ist als es der Mehrwertsteuererklärung gemäß Artikel 364 oder Artikel 369f der Richtlinie 2006/112/EG entspricht, so erstattet er dem betreffenden Steuerpflichtigen den zu viel gezahlten Betrag direkt.

Hat ein Mitgliedstaat der Identifizierung einen Betrag aufgrund einer Mehrwertsteuererklärung erhalten, die sich später als unrichtig herausstellt, und hat er diesen Betrag bereits an die Mitgliedstaaten des Verbrauchs weitergeleitet, so erstatten diese Mitgliedstaaten des Verbrauchs dem Steuerpflichtigen direkt ihren jeweiligen Anteil an dem zu viel gezahlten Betrag.

Beziehen sich die zu viel gezahlten Beträge jedoch auf Zeiträume bis einschließlich zum letzten Erklärungszeitraum im Jahr 2018, erstattet der Mitgliedstaat der Identifizierung den betreffenden Anteil des entsprechenden Teils des gemäß Artikel 46 Absatz 3 der Verordnung (EU) Nr. 904/2010 einbehaltenen Betrags, und der Mitgliedstaat des Verbrauchs erstattet den zu viel gezahlten Betrag abzüglich des vom Mitgliedstaat der Identifizierung erstatteten Betrags.

Die Mitgliedstaaten des Verbrauchs unterrichten den Mitgliedstaat der Identifizierung auf elektronischem Wege über den Betrag dieser Erstattungen.

## Artikel 63a

Gibt ein Steuerpflichtiger zwar eine Mehrwertsteuererklärung gemäß Artikel 364 oder Artikel 369f der Richtlinie 2006/112/EG ab, aber es wird keine Zahlung oder eine geringere Zahlung als die sich aus der Erklärung ergebende Zahlung geleistet, so schickt der Mitgliedstaat der Identifizierung dem Steuerpflichtigen am zehnten Tag nach dem Tag, an dem die Zahlung gemäß Artikel 367 oder Artikel 369i der Richtlinie 2006/112/EG spätestens zu leisten war, wegen der überfälligen Mehrwertsteuer eine Erinnerung auf elektronischem Wege.

Der Mitgliedstaat der Identifizierung unterrichtet die Mitgliedstaaten des Verbrauchs auf elektronischem Wege über die Versendung der Erinnerung.

Für alle nachfolgenden Mahnungen und sonstigen Schritte zur Erhebung der Mehrwertsteuer ist der betreffende Mitgliedstaat des Verbrauchs zuständig. Sind vom Mitgliedstaat des Verbrauchs nachfolgende Mahnungen erteilt worden, erfolgt die entsprechende Mehrwertsteuerzahlung an diesen Mitgliedstaat.

Der Mitgliedstaat des Verbrauchs unterrichtet den Mitgliedstaat der Identifizierung auf elektronischem Wege über die Erteilung der Mahnung.

## Artikel 63b

Ist keine Mehrwertsteuererklärung abgegeben worden, oder ist die Mehrwertsteuererklärung zu spät abgegeben worden oder ist sie unvollständig oder unrichtig, oder wird die Mehrwertsteuer zu spät gezahlt, so werden etwaige Zinsen, Geldbußen oder sonstige Abgaben von dem Mitgliedstaat des Verbrauchs berechnet und festgesetzt. Der Steuerpflichtige zahlt diese Zinsen, Geldbußen oder sonstige Abgaben direkt an den Mitgliedstaat des Verbrauchs.

## Unterabschnitt 10
## Aufzeichnungen

### Artikel 63c

(1) Um als hinreichend ausführlich im Sinne der Artikel 369 und 369k der Richtlinie 2006/112/EG angesehen zu werden, enthalten die vom Steuerpflichtigen zu führenden Aufzeichnungen die folgenden Informationen:

a) Mitgliedstaat des Verbrauchs, in dem die Dienstleistung erbracht wird;
b) Art der erbrachten Dienstleistung;
c) Datum der Dienstleistungserbringung;
d) Steuerbemessungsgrundlage unter Angabe der verwendeten Währung;
e) jede anschließende Erhöhung oder Senkung der Steuerbemessungsgrundlage;
f) anzuwendender Mehrwertsteuersatz;
g) Betrag der zu zahlenden Mehrwertsteuer unter Angabe der verwendeten Währung;
h) Datum und Betrag der erhaltenen Zahlungen;
i) alle vor Erbringung der Dienstleistung erhaltenen Vorauszahlungen;
j) falls eine Rechnung ausgestellt wurde, die darin enthaltenen Informationen;
k) Name des Dienstleistungsempfängers, soweit dem Steuerpflichtigen bekannt;
l) Informationen zur Bestimmung des Orts, an dem der Dienstleistungsempfänger ansässig ist oder seinen Wohnsitz oder gewöhnlichen Aufenthalt hat.

(2) Der Steuerpflichtige erfasst die Informationen gemäß Absatz 1 so, dass sie unverzüglich und für jede einzelne erbrachte Dienstleistung auf elektronischem Wege zur Verfügung gestellt werden können.

## KAPITEL XII
## SCHLUSSBESTIMMUNGEN

### Artikel 64

Die Verordnung (EG) Nr. 1777/2005 wird aufgehoben.

Bezugnahmen auf die aufgehobene Verordnung gelten als Bezugnahmen auf die vorliegende Verordnung und sind nach Maßgabe der Entsprechungstabelle in Anhang IV zu lesen.

### Artikel 65

Diese Verordnung tritt am zwanzigsten Tag nach ihrer Veröffentlichung im Amtsblatt der Europäischen Union in Kraft.

Sie gilt ab 1. Juli 2011.

Jedoch

– gelten Artikel 3 Buchstabe a, Artikel 11 Absatz 2 Buchstabe b, Artikel 23 Absatz 1 und Artikel 24 Absatz 1 ab dem 1. Januar 2013;
– gilt Artikel 3 Buchstabe b ab dem 1. Januar 2015;
– gilt Artikel 11 Absatz 2 Buchstabe c bis zum 31. Dezember 2014.

Diese Verordnung ist in allen ihren Teilen verbindlich und gilt unmittelbar in jedem Mitgliedstaat.

# ANHANG I
## Artikel 7 der vorliegenden Verordnung

1. Anhang II Nummer 1 der Richtlinie 2006/112/EG:
   a) Webhosting (Websites und Webpages);
   b) automatisierte Online-Fernwartung von Programmen;
   c) Fernverwaltung von Systemen;
   d) Online-Data-Warehousing (Datenspeicherung und -abruf auf elektronischem Wege);
   e) Online-Bereitstellung von Speicherplatz nach Bedarf.
2. Anhang II Nummer 2 der Richtlinie 2006/112/EG:
   a) Gewährung des Zugangs zu oder Herunterladen von Software (z.B. Beschaffungs- oder Buchführungsprogramme, Software zur Virusbekämpfung) und Updates;
   b) Bannerblocker (Software zur Unterdrückung der Anzeige von Werbebannern);
   c) Herunterladen von Treibern (z.B. Software für Schnittstellen zwischen Computern und Peripheriegeräten wie z.B. Printer);
   d) automatisierte Online-Installation von Filtern auf Websites;
   e) automatisierte Online-Installation von Firewalls.
3. Anhang II Nummer 3 der Richtlinie 2006/112/EG:
   a) Gewährung des Zugangs zu oder Herunterladen von Desktop-Gestaltungen;
   b) Gewährung des Zugangs zu oder Herunterladen von Fotos, Bildern und Screensavern;
   c) digitalisierter Inhalt von E-Books und anderen elektronischen Publikationen;
   d) Abonnement von Online-Zeitungen und -Zeitschriften;
   e) Web-Protokolle und Website-Statistiken;
   f) Online-Nachrichten, -Verkehrsinformationen und -Wetterbericht;
   g) Online-Informationen, die automatisch anhand spezifischer, vom Dienstleistungsempfänger eingegebener Daten etwa aus dem Rechts- oder Finanzbereich generiert werden (z.B. Börsendaten in Echtzeit);
   h) Bereitstellung von Werbeplätzen (z.B. Bannerwerbung auf Websites und Webpages);
   i) Benutzung von Suchmaschinen und Internetverzeichnissen.
4. Anhang II Nummer 4 der Richtlinie 2006/112/EG:
   a) Gewährung des Zugangs zu oder Herunterladen von Musik auf Computer und Mobiltelefon;
   b) Gewährung des Zugangs zu oder Herunterladen von Jingles, Ausschnitten, Klingeltönen und anderen Tönen;
   c) Gewährung des Zugangs zu oder Herunterladen von Filmen;
   d) Herunterladen von Spielen auf Computer und Mobiltelefon;
   e) Gewährung des Zugangs zu automatisierten Online-Spielen, die nur über das Internet oder ähnliche elektronische Netze laufen und bei denen die Spieler räumlich voneinander getrennt sind;
   f) Empfang von Rundfunk- oder Fernsehsendungen, die über ein Rundfunk- oder Fernsehnetz, das Internet oder ein ähnliches elektronisches Netz verbreitet werden und die der Nutzer auf individuellen Abruf zum Anhören oder Anschauen zu einem von ihm bestimmten Zeitpunkt aus einem von dem Mediendiensteanbieter bereitge-

stellten Programmverzeichnis auswählt, wie Fernsehen auf Abruf oder Video-on-Demand;

g) Empfang von Rundfunk- oder Fernsehsendungen, die über das Internet oder ein ähnliches elektronisches Netz (IP-Streaming) übertragen werden, es sei denn, sie werden zeitgleich zu ihrer Verbreitung oder Weiterverbreitung durch herkömmliche Rundfunk- und Fernsehnetze übertragen;

h) die Erbringung von Audio- und audiovisuellen Inhalten über Kommunikationsnetze, die weder durch einen Mediendiensteanbieter noch unter dessen redaktioneller Verantwortung erfolgt;

i) die Weiterleitung der Audio- und audiovisuellen Erzeugnisse eines Mediendiensteanbieters über Kommunikationsnetze durch eine andere Person als den Mediendiensteanbieter.

5. Anhang II Nummer 5 der Richtlinie 2006/112/EG:

a) Automatisierter Fernunterricht, dessen Funktionieren auf das Internet oder ein ähnliches elektronisches Netz angewiesen ist und dessen Erbringung wenig oder gar keine menschliche Beteiligung erfordert, einschließlich sogenannter virtueller Klassenzimmer, es sei denn, das Internet oder das elektronische Netz dient nur als Kommunikationsmittel zwischen Lehrer und Schüler;

b) Arbeitsunterlagen, die vom Schüler online bearbeitet und anschließend ohne menschliches Eingreifen automatisch korrigiert werden.

**MwSt-DVO**

## ANHANG II
### Artikel 51 der vorliegenden Verordnung

Europäische Union     Bescheinigung über die Befreiung von der Mehrwertsteuer und/oder der Verbrauchsteuer (*)
Richtlinie 2006/112/EG Artikel 151 und Richtlinie 2008/118/EG Artikel 13

| Laufende Nummer (nicht zwingend): |
|---|
| 1. Antragstellende Einrichtung bzw. Privatperson |
| Bezeichnung/Name |
| Straße, Hausnummer |
| Postleitzahl, Ort |
| (Aufnahme-)Mitgliedstaat |
| 2. Für das Anbringen des Dienststempels zuständige Behörde (Bezeichnung, Anschrift und Rufnummer) |
| 3. Erklärung der antragstellenden Einrichtung oder Privatperson |
| Der Antragsteller (Einrichtung/Privatperson) (¹) erklärt hiermit, |
| a) dass die in Feld 5 genannten Gegenstände und/oder Dienstleistungen bestimmt sind (²) |
| ☐ für amtliche Zwecke         ☐ zur privaten Verwendung durch |
|     ☐ einer ausländischen diplomatischen Vertretung     ☐ einen Angehörigen einer ausländischen diplomatischen Vertretung |
|     ☐ einer ausländischen berufskonsularischen Vertretung     ☐ einen Angehörigen einer ausländischen berufskonsularischen Vertretung |
|     ☐ einer europäischen Einrichtung, auf die das Protokoll über die Vorrechte und Befreiungen der Europäischen Union Anwendung findet |
|     ☐ einer internationalen Organisation     ☐ einen Bediensteten einer internationalen Organisation |
|     ☐ der Streitkräfte eines der NATO angehörenden Staates |
|     ☐ der auf Zypern stationierten Streitkräfte des Vereinigten Königreichs |
| (Bezeichnung der Einrichtung – siehe Feld 4) |
| b) dass die in Feld 5 genannten Gegenstände und/oder Dienstleistungen mit den Bedingungen und Beschränkungen vereinbar sind, die in dem in Feld 1 genannten Aufnahmemitgliedstaat für die Freistellung gelten, und |
| c) dass die obigen Angaben richtig und vollständig sind. |

Der Antragsteller (Einrichtung/Privatperson) verpflichtet sich hiermit, an den Mitgliedstaat, aus dem die Gegenstände versandt wurden oder von dem aus die Gegenstände geliefert oder die Dienstleistungen erbracht wurden, die Mehrwertsteuer und/oder Verbrauchsteuer zu entrichten, die fällig wird, falls die Gegenstände und/oder Dienstleistungen die Bedingungen für die Befreiung nicht erfüllen oder nicht für die beabsichtigten Zwecke verwendet werden bzw. nicht den beabsichtigten Zwecken dienen.

Name und Stellung des Unterzeichnenden

Ort, Datum                              Unterschrift

**4. Dienststempel der Einrichtung (bei Freistellung zur privaten Verwendung)**

| Ort, Datum | | Name und Stellung des Unterzeichnenden |
| --- | --- | --- |
| | Dienststempel | Unterschrift |

**5. Bezeichnung der Gegenstände und/oder Dienstleistungen, für die die Befreiung von der Mehrwertsteuer und/oder Verbrauchsteuer beantragt wird**

A. Angaben zu dem Unternehmer/zugelassenen Lagerinhaber

1) Name und Anschrift:

2) Mitgliedstaat:

3) Mehrwertsteuer-Identifikationsnummer oder Steuerregisternummer/Verbrauchsteuernummer

B. Angaben zu den Gegenständen und/oder Dienstleistungen:

| Nr. | Ausführliche Beschreibung der Gegenstände und/oder Dienstleistungen (³) (oder Verweis auf beigefügten Bestellschein) | Menge oder Anzahl | Preis ohne Mehrwertsteuer oder Verbrauchsteuer | | Währung |
| --- | --- | --- | --- | --- | --- |
| | | | Preis pro Einheit | Gesamtpreis | |
| | | | | | |
| | | | | | |
| | | | | | |
| | | | | | |
| | | | | | |
| | | Gesamtbetrag | | | |

# MwSt-DVO

**6. Bescheinigung der zuständigen Behörde(n) des Aufnahmemitgliedstaates**

Die Versendung/Lieferung bzw. Erbringung der in Feld 5 genannten Gegenstände und/oder Dienstleistungen entspricht

☐ in vollem Umfang  ☐ in folgendem Umfang  (Menge bzw. Anzahl) (⁴)

den Bedingungen für die Befreiung von der Mehrwertsteuer und/oder Verbrauchsteuer.

Name und Stellung des Unterzeichnenden

Ort, Datum        Dienststempel   Unterschrift

**7. Verzicht auf Anbringung des Dienststempelabdrucks in Feld 6 (nur bei Freistellung für amtliche Zwecke)**

Mit Schreiben Nr.

vom

wir für

Bezeichnung der antragstllenden Einrichtung

auch die Anbringung des Dienststempelabdrucks in Feld 6 durch

Bezeichnung der zuständigen Behörde des Aufnahmemitgliedstaates

verzichtet.

Name und Stellung des Unterzeichnenden

Ort, Datum        Dienststempel   Unterschrift

(*) Je nach Fall streichen.
(¹) Nichtzutreffendes streichen.
(²) Zutreffendes ankreuzen.
(³) Nicht benutzte Felder durchstreichen. Dies gilt auch, wenn ein Bestellschein beigefügt ist.
(⁴) Gegenstände und/oder Dienstleistungen, für die keine Befreiung gewährt werden kann, sind in Feld 5 oder auf dem Bestellschein durchzustreichen.

## Erläuterungen

1. Dem Unternehmer und/oder zugelassenen Lagerinhaber dient diese Bescheinigung als Beleg für die Steuerbefreiung von Gegenständen oder Dienstleistungen, die an Einrichtungen bzw. Privatpersonen im Sinne von Artikel 151 der Richtlinie 2006/112/EG und Artikel 13 der Richtlinie 2008/118/EG versendet und/oder geliefert werden. Dementsprechend ist für jeden Lieferer/Lagerinhaber eine Bescheinigung auszufertigen. Der Lieferer/Lagerinhaber hat die Bescheinigung gemäß den in seinem Mitgliedstaat geltenden Rechtsvorschriften in seine Buchführung aufzunehmen.

2. a) Die allgemeinen Hinweise hinsichtlich des zu verwendenden Papiers und der Abmessungen der Felder sind dem *Amtsblatt der Europäischen Gemeinschaften* C 164 vom 1.7.1989, S. 3, zu entnehmen.

   Für alle Exemplare ist weißes Papier im Format 210 × 297 mm zu verwenden, wobei in der Länge Abweichungen von −5 bis +8 mm zulässig sind.

Bei einer Befreiung von der Verbrauchsteuer ist die Befreiungsbescheinigung in zwei Exemplaren auszufertigen:

– eine Ausfertigung für den Versender;

– eine Ausfertigung, die die Bewegungen der der Verbrauchsteuer unterliegenden Produkte begleitet.

b) Nicht genutzter Raum in Feld 5B ist so durchzustreichen, dass keine zusätzlichen Eintragungen vorgenommen werden können.

c) Das Dokument ist leserlich und in dauerhafter Schrift auszufüllen. Löschungen oder Überschreibungen sind nicht zulässig. Die Bescheinigung ist in einer vom Aufnahmemitgliedstaat anerkannten Sprache auszufüllen.

d) Wird bei der Beschreibung der Gegenstände und/oder Dienstleistungen (Feld 5 Buchstabe B der Bescheinigung) auf einen Bestellschein Bezug genommen, der nicht in einer vom Aufnahmemitgliedstaat anerkannten Sprache abgefasst ist, so hat der Antragsteller (Einrichtung/Privatperson) eine Übersetzung beizufügen.

e) Ist die Bescheinigung in einer vom Mitgliedstaat des Lieferers/Lagerinhabers nicht anerkannten Sprache verfasst, so hat der Antragsteller (Einrichtung/Privatperson) eine Übersetzung der Angaben über die in Feld 5 Buchstabe B aufgeführten Gegenstände und Dienstleistungen beizufügen.

f) Unter einer anerkannten Sprache ist eine der Sprachen zu verstehen, die in dem betroffenen Mitgliedstaat amtlich in Gebrauch ist, oder eine andere Amtssprache der Union, die der Mitgliedstaat als zu diesem Zwecke verwendbar erklärt.

3. In Feld 3 der Bescheinigung macht der Antragsteller (Einrichtung/Privatperson) die für die Entscheidung über den Freistellungsantrag im Aufnahmemitgliedstaat erforderlichen Angaben.

4. In Feld 4 der Bescheinigung bestätigt die Einrichtung die Angaben in den Feldern 1 und 3 Buchstabe a des Dokuments und bescheinigt, dass der Antragsteller – wenn es sich um eine Privatperson handelt – Bediensteter der Einrichtung ist.

5. a) Wird (in Feld 5 Buchstabe B der Bescheinigung) auf einen Bestellschein verwiesen, so sind mindestens Bestelldatum und Bestellnummer anzugeben. Der Bestellschein hat alle Angaben zu enthalten, die in Feld 5 der Bescheinigung genannt werden. Muss die Bescheinigung von der zuständigen Behörde des Aufnahmemitgliedstaates abgestempelt werden, so ist auch der Bestellschein abzustempeln.

b) Die Angabe der in Artikel 22 Absatz 2 Buchstabe a der Verordnung (EG) Nr. 2073/2004 des Rates vom 16. November 2004 über die Zusammenarbeit der Verwaltungsbehörden auf dem Gebiet der Verbrauchsteuern genannten Registriernummer ist nicht zwingend; die Mehrwertsteuer-Identifikationsnummer oder die Steuerregisternummer ist anzugeben.

c) Währungen sind mit den aus drei Buchstaben bestehenden Codes der internationalen ISO/DIS-4127-Norm zu bezeichnen, die von der Internationalen Normenorganisation festgelegt wurde[1] (1).

6. Die genannte Erklärung einer antragstellenden Einrichtung/Privatperson ist in Feld 6 durch die Dienststempel der zuständigen Behörde(n) des Aufnahmemitgliedstaates zu beglaubigen. Diese Behörde(n) kann/können die Beglaubigung davon abhängig machen, dass eine andere Behörde des Mitgliedstaats zustimmt. Es obliegt der zuständigen Steuerbehörde, eine derartige Zustimmung zu erlangen.

---

[1] Die Codes einiger häufig benutzter Währungen lauten: EUR (Euro), BGN (Leva), CZK (Tschechische Kronen), DKK (Dänische Kronen), GBP (Pfund Sterling), HUF (Forint), LTL (Litai), PLN (Zloty), RON (Rumänische Lei), SEK (Schwedische Kronen), USD (US-Dollar).

7. Zur Vereinfachung des Verfahrens kann die zuständige Behörde darauf verzichten, von einer Einrichtung, die eine Befreiung für amtliche Zwecke beantragt, die Erlangung des Dienststempels zu fordern. Die antragstellende Einrichtung hat diese Verzichterklärung in Feld 7 der Bescheinigung anzugeben.

## ANHANG III
### Artikel 56 der vorliegenden Verordnung

| Einheit | Gehandelte Gewichte |
|---|---|
| Kilogramm | 12,5/1 |
| Gramm | 500/250/100/50/20/10/5/2,5/2 |
| Unze (1 Oz = 31,1035 g) | 100/10/5/1/½/¼ |
| Tael (1 tael = 1,193 Oz)[1] | 10/5/1 |
| Tola (10 tola = 3,75 Oz)[2] | 10 |

## ANHANG IV
### Entsprechungstabelle

| Verordnung (EG) Nr. 1777/2005 | Vorliegende Verordnung |
|---|---|
| Kapitel I | Kapitel I |
| Artikel 1 | Artikel 1 |
| Kapitel II | Kapitel III und IV |
| Kapitel II Abschnitt 1 | Kapitel III |
| Artikel 2 | Artikel 5 |
| Kapitel II Abschnitt 2 | Kapitel IV |
| Artikel 3 Absatz 1 | Artikel 9 |
| Artikel 3 Absatz 2 | Artikel 8 |
| Kapitel III | Kapitel V |
| Kapitel III Abschnitt 1 | Kapitel V Abschnitt 4 |
| Artikel 4 | Artikel 28 |
| Kapitel III Abschnitt 2 | Kapitel V Abschnitt 4 |
| Artikel 5 | Artikel 34 |
| Artikel 6 | Artikel 29 und 41 |
| Artikel 7 | Artikel 26 |

---

1 Tael = traditionelle chinesische Gewichtseinheit. In Hongkong haben Taelbarren einen nominalen Feingehalt von 990 Tausendstel, aber in Taiwan können Barren von 5 und 10 Tael einen Feingehalt von 999,9 Tausendstel haben.

2 Tola = traditionelle indische Gewichtseinheit für Gold. Am weitesten verbreitet sind Barren von 10 Tola mit einem Feingehalt von 999 Tausendstel.

| Verordnung (EG) Nr. 1777/2005 | Vorliegende Verordnung |
|---|---|
| Artikel 8 | Artikel 27 |
| Artikel 9 | Artikel 30 |
| Artikel 10 | Artikel 38 Absatz 2 Buchstaben b und c |
| Artikel 11 Absätze 1 und 2 | Artikel 7 Absätze 1 und 2 |
| Artikel 12 | Artikel 7 Absatz 3 |
| Kapitel IV | Kapitel VI |
| Artikel 13 | Artikel 42 |
| Kapitel V | Kapitel VIII |
| Kapitel V Abschnitt 1 | Kapitel VIII Abschnitt 1 |
| Artikel 14 | Artikel 44 |
| Artikel 15 | Artikel 45 |
| Kapitel V Abschnitt 2 | Kapitel VIII Abschnitt 4 |
| Artikel 16 | Artikel 47 |
| Artikel 17 | Artikel 48 |
| Kapitel VI | Kapitel IX |
| Artikel 18 | Artikel 52 |
| Kapitel VII | Kapitel XI |
| Artikel 19 Absatz 1 | Artikel 56 |
| Artikel 19 Absatz 2 | Artikel 57 |
| Artikel 20 Absatz 1 | Artikel 58 |
| Artikel 20 Absatz 2 | Artikel 62 |
| Artikel 20 Absatz 3 Unterabsatz 1 | Artikel 59 |
| Artikel 20 Absatz 3 Unterabsatz 2 | Artikel 60 |
| Artikel 20 Absatz 3 Unterabsatz 3 | Artikel 63 |
| Artikel 20 Absatz 4 | Artikel 61 |
| Kapitel VIII | Kapitel V Abschnitt 3 |
| Artikel 21 | Artikel 16 |
| Artikel 22 | Artikel 14 |
| Kapitel IX | Kapitel XII |
| Artikel 23 | Artikel 65 |
| Anhang I | Anhang I |
| Anhang II | Anhang III |

# Stichwortverzeichnis

Fette Zahlen verweisen auf die Paragraphen,
die mageren Zahlen auf die Randzahlen.

**Abfallentsorgung**
- Bemessungsgrundlage **10** 91
- jPdöR **2** 279
- Ort bei Erbringung gegenüber Nichtunternehmer **3a** 135
- werthaltige Stoffe **1** 85; **10** 91

**Abfallstoffe 13b** 97 ff.

**Abmahnung**, Abmahnverein **1** 47; **2** 113; **12** 74

**Abrechnung**, s. *Rechnung* und *Gutschrift*

**Absatzförderung**, Zinssubvention **10** 59 Fn.

**Abspaltung 1** 137; **2** 247

**Abschlagszahlung**, s. *Vorauszahlung*

**Abtretung** einer Forderung
- an das Finanzamt an Zahlungs statt **27** 50 ff.
- Bemessungsgrundlage, s. *Entgelt* und *Forderungsverkauf*
- Erstattungsanspruch **16** 32, 42 f.
- Haftung des Empfängers, s. dort
- Leistung **1** 29
- Steuerbefreiung **4 Nr. 8** 8
- Steuervergütungsanspruch **16** 19, 44 f.

**Abwälzung**
- Kosten der Steuererhebung **Vorbem.** 42
- Steuer **Vorbem.** 16, 19, 73 f.; **Vor 4–9** 21; **15** 239; **17** 93
- Zinsaufwand bei Soll-Versteuerung **Vorbem.** 43

**Abwasserentsorgung 2** 382

**Agent, Agentur**, s. *Vermittlung*, *Vertretung*

**Akquisitionsgesellschaft 15** 39

**Aktienausgabe 15** 119

**Alleinentscheidungsrecht der Finanzbehörden**
über Steuerfragen **1** 59, 63; **14** 32; **18** 80; **29** 46 ff.

**Allgemeine Verwaltungsvorschriften Vorbem.** 39; **26** 5, 11

**Altenheime**, Steuerbefreiung **4 Nr. 16** 5, 12 ff.

**Altmetalle 13b** 97 ff.

**Amtliche Wertzeichen**, Steuerbefreiung **4 Nr. 8** 32 f.

**Analogie Vorbem.** 63

**Änderung der Bemessungsgrundlage** s. auch *Berichtigung der Steuer*
- Allgemeines **17** 1 ff.
- Berichtigung der Steuer, s. dort
- Berichtigung des Vorsteuerabzugs, s. dort
- Berufung auf Steuerbefreiung der RL **15a** 140
- Erhöhung, s. dort
- Minderung, s. dort
- nach Änderung des Steuersatzes **27** 16 f.
- nach Beendigung einer Organschaft **2** 331
- nach Beendigung des Unternehmens **2** 223

- tatsächliche Rückgewährung der Gegenleistung **17** 20, 66 f., 69 f.
- vor Entstehung der Steuer **17** 6
- Wechselkursänderung **17** 16

**Änderung der Verhältnisse** (Vorsteuerberichtigung)
- Allgemeines **15a** 60 ff.
- Einlage **15a** 63, 126 ff.
- einmalige Verwendung **15a** 95 ff.
- Einkommensteuerrechtliche Abzugsverbote **15a** 135
- Entnahme einer sonstigen Leistung **15a** 98, 105 ff.
- Entnahme eines Wirtschaftsgutes **15a** 64, 75 ff., 103 ff.
- Erhaltungsaufwand **15a** 17 ff., 26, 94, 98
- im Erstjahr **15a** 65 ff.
- Gästehaus, Yacht **15a** 135
- Gebäude/Grundstück, Privatnutzung **15** 327; **15a** 110 ff.
- Gesamtrechtsnachfolge **15a** 174
- Geschäftsveräußerung **15a** 77, 84, 89
- Gesetzesänderung **15a** 136 f.
- Kleinunternehmer **15a** 116 f.; **19** 45
- Land- und forstwirtschaftlicher Betrieb **15a** 132 f.
- Leerstandszeiten **15a** 69
- maßgebende Verhältnisse **15a** 62 ff., 146
- Miteigentum **15a** 84 f.
- nachträgliche Anschaffungs- und Herstellungskosten **15a** 71, 94, 98, 132
- nichtwirtschaftliche/wirtschaftliche Tätigkeit **15** 159; **15a** 102
- nichtunternehmerische Verwendung **15a** 62 ff., 102, 108 f.
- Nutzungseinlage **15a** 130 f.
- Organschaft **2** 317, 322, 335
- rechtliche Beurteilung, Änderung **15a** 138 f.
- steuerfreie/steuerpflichtige Verwendung **15a** 70 ff.
- teilweise **15a** 72, 91, 161 f.
- Übergang zur Besteuerung/Nichtbesteuerung u. umgekehrt **15a** 132 f., 165 ff.
- Umlaufvermögen **15a** 97, 105 ff.
- unentgeltliche Lieferung (Schenkung) **15a** 75, 82 ff.
- Veräußerung **15a** 73 ff., 79 ff., 158 f.
- Verbringen in das übrige Gemeinschaftsgebiet **15a** 81
- Verwendung für Zwecke außerhalb des Unternehmens **15a** 64, 108 f.
- Verwendungsabsicht **15a** 61, 68, 95 ff.
- Vorauszahlungen **15a** 71, 108 f.
- Zwangsversteigerung **15a** 79

**Anlagegold**, Steuerbefreiung **25c** 1 ff.
**Ansässigkeit**
- im Ausland, s. *Ausland, im – ansässiger Unternehmer*
- Betriebsstätte **3a** 26 ff.; **13b** 54 ff.
- feste Niederlassung, s. dort
- Sitz der wirtschaftlichen Tätigkeit **3a** 24, 131; **6** 21; **13b** 51 f.
- Wohnort **6** 19 f.
- Wohnsitz **3a** 87; **13b** 50
- Zweifel **3a** 11; **13b** 66 ff.
**Anstalt des öffentl. Rechts**, s. *juristische Person d. öffentl. Rechts*
**Anwachsung 1** 137; **2** 251
**Anzahlung**, s. *Vorauszahlung*
**Anwendungsvorrang EG/EU-Richtlinie Vorbem.** 69 ff.; **Vor §§ 4–9** 19 ff.; **15a** 140
**Arbeitnehmer**, Kostenerstattung an **15** 59 ff.
**Arbeitnehmer**, Leistungen gegenüber –
- Abholung **1** 13; **3** 178
- Aufmerksamkeiten **3** 76, 78, 180; **15** 120
- Beförderung **12** 100
- Beköstigung **1** 14 Fn., 91
- Betriebsausflug **3** 180; **15** 120
- Betriebsklimaverbesserung **15** 120
- Bemessungsgrundlage **10** 86
- einmalige, unregelmäßige **1** 93
- Fahrzeugüberlassung **1** 92; **3** 177 ff.
- freie Verpflegung, **1** 91
- Freiflüge **1** 92; **3** 180
- Geschenke, Vorsteuerabzug **15** 359
- Reiseleistungen **25** 10, 33, 35
- Sachleistungen **1** 91 ff.
- unentgeltliche **3** 177 ff.
- Unterkunft **1** 14, 91
- verbilligte Leistungen **10** 121
- Zuwendungen **3** 76 ff., 177 ff.
**Arbeitnehmer**, Leistungen durch
- Aufsichtsratsmitglied **2** 53
- Mitwirkung an Diebstählen **2** 54
- Nebentätigkeit, unternehmerische **2** 43
- Nichtselbständigkeit, s. *Selbständigkeit*
- Schmiergelder, Entgegennahme **1** 16; **2** 54, 113
**Arbeitsgemeinschaft**, sog. **2** 127
**Archiv**, Steuerbefreiung **4 Nr. 20** 1–6, 11 f.
**Ärztliche Leistungen** s. *Heilberufliche Tätigkeiten*
**Aufbewahrungspflichten 14b** 1 ff.; **22** 7
**Aufrechnung**
- Bemessungsgrundlage nach **10** 35 ff.
- Erstattungsanspruch **13a** 3 a.E.
- Insolvenz **16** 33 ff., 39
- Steueranspruch **13a** 3 a.E.
- Steuervergütungsanspruch/Vorsteuer **13a** 3 a.E.
**Aufsichtsratsmitglied**
- Arbeitnehmervertreter **2** 53
- ehrenamtliche Tätigkeit, Steuerbefreiung **4 Nr. 26** 34, 37 f.
- Nichtsteuerbarkeit **2** 82
- Ort der sonst. Leistung **3a** 13 ff., 96
- Selbständigkeit **2** 53

- Unternehmer **2** 82, 125
**Aufteilung** des **Umsatzsteueraufkommens**, s. *Ertragshoheit*
**Aufteilung der Vorsteuern**, s. *Vorsteueraufteilung*
**Aufwendungsersatz** als (Teil der) Gegenleistung (Entgelt) **1** 77; **10** 20
**Aufzeichnungen, Aufzeichnungspflichten**
- allgemeine **22** 1 ff.
- besondere **22** 5
- Datenträger **22** 6
- Erleichterungen **22** 10
- Verletzung **22** 8 f.
**Ausfuhrlieferung**, Steuerbefreiung
- Abholung **6** 11 ff.
- Ausfuhrverbot **6** 7
- ausländischer Abnehmer **6** 17 ff.
- Ausfuhrnachweis **6** 32 ff.
- Ausrüstung, Versorgung Beförderungsmittel **6** 28
- Be- oder Verarbeitung vor Ausfuhr **6** 15 f., 35
- Billigkeitsregelung **6** 32
- Buchnachweis **6** 42 ff.
- Differenzbesteuerung **25a** 46
- Frist **6** 13
- Implantat **6** 12
- innergemeinschaftliche, s. *innergemeinschaftliche Lieferung*
- Nachweis, Allgemeines **6** 30 ff., 41
- Reihengeschäfte **6** 25 ff.
- Reisegepäck **6** 29, 36
- Reparatur von Beförderungsmitteln **6** 5
- Sargüberführung **6** 8 Fn.
- unentgeltliche Lieferungen **6** 45 ff.
- Untergang des Gegenstandes **6** 10
- Vertrauensschutz **6** 32
- Werklieferung **6** 5; **7** 5 f.
- Zweck **6** 1 ff.
**Ausführungszeitpunkt** der Leistung
- Allgemeines **13** 12 ff.
- Grundstückslieferung **13** 18
- Lieferung **3** 33 f.; **13** 14 ff.
- Miet-, Ratenkauf **13** 17
- sonstige Leistung **13** 13
- Teilleistungen **13** 19 ff.
- Reihengeschäft **13** 16
- unfertiges Werk **13** 15
- Versendungs-/Beförderungslieferung **13** 16
- Werkleistung, sog. **13** 14 f.
- Werklieferung **13** 14 f.
**Ausgleichsanspruch**, zivilrechtlicher bei Gesetzesänderung
- Alleinentscheidungsrecht Finanzamt **29** 46 ff.
- Angemessenheit **29** 28 ff.
- abweichende Vereinbarung **29** 32 ff.
- ausländisches Recht **29** 41
- ausländischer Umsatz **29** 42
- Berechnung **29** 31
- (bei) Annahmeverzug **29** 20, 29
- Gesetzesänderungen **29** 12 ff.
- Gesetzesverkündung **29** 25 ff.

- langfristiger Vertrag **29** 3
- Mehrbelastung **29** 14
- Minderbelastung **29** 15
- Preisanpassungsklauseln **29** 34 ff.
- Rechtsprechungsänderung **29** 2
- Reisevertrag **29** 39
- Schätzung **29** 44 f.
- Sonderregelungen, gesetzliche **29** 40
- Steuerschuldnerschaft d. Leistungsempfängers **29** 17, 51 ff.
- Umsatzsteuerklausel **29** 34 ff.
- Verfahrensfragen **29** 43 ff.
- Vertragsanpassung **29** 7
- Vertragsauslegung, ergänzende **29** 5
- Viermonatsfrist, Unbeachtlichkeit **29** 13, 21 ff.
- Vorauszahlungen **29** 19
- Vorsteuerabzugsberechtigung, Bedeutung der **29** 7 ff.

**Ausgliederung 1** 138; **2** 247

**Auskunft**
- Forderungserwerber, Verpflichtung zur **10** 29
- gegenüber ausl. Behörden **18d** 1 ff.
- verbindliche, Pflicht zur Einholung **Vorbem.** 21; **13** 3
- Vertrauensschutz **Vorbem.** 24
- Zolltarif **12** 18

**Auskunftsverpflichtung d. Finanzamts**
- Allgemein **Vorbem.** 21, 24
- (zur) Vorbereitung einer Konkurrentenklage **Vorbem.** 49; **2** 372; **12** 64 Fn.

**Auslagerung**
- Abholung durch Abnehmer **4 Nr. 4a** 6
- Beförderung durch Lieferer **4 Nr. 4a** 7
- Begriff **4 Nr. 4a** 8
- Verbringung in anderes Umsatzsteuerlager **4 Nr. 4a** 6
- Vorsteuerabzug **15** 323 ff.
- Wegfall der Steuerbefreiung **4 Nr. 4a** 6 ff.

**Ausland 1** 163

**Ausland, im – ansässiger Unternehmer**
- Ansässigkeitskriterien **13b** 50 ff.
- Bauleistungen **13b** 28 ff., 81, 92
- Begriff **13b** 43 ff.
- Bescheinigung **13b** 70
- Elektrizitäts- und Gaslieferungen **13b** 37 ff.
- Messen, Leistungen im Zusammenhang mit **13b** 40 f.
- Nichtansässigkeit im Inland **13b** 43 f.
- Personenbeförderungen **13b** 39
- Sonstige Leistungen **13b** 14 ff.
- Steuerschuldnerschaft des Leistungsempfängers **13b** 14 ff.
- Vergütung der Vorsteuern an, s. dort
- Vertrauensschutz des Leistungsempfängers **13b** 48, 66 f.
- Vorsteuerabzugsverbote **15** 411, 413, 506
- Werklieferungen **13b** 27 ff.
- Zeitpunkt **13b** 65
- Zweifelhaftigkeit **13b** 49, 66 f.

**Auslegung**
- „enge" **Vor 4–9** 15 ff.; **12** 4
- Grundsätze des EuGH **Vorbem.** 75 ff.
- Maßstab **Vorbem.** 17
- richtlinienkonforme **Vorbem.** 62 ff.
- Steuerbefreiungen **Vor 4–9** 15 ff.
- Steuersätze, ermäßigte **12** 4
- Unionsrecht durch EuGH **Vorbem.** 66
- verfassungskonforme **Vorbem.** 53
- zivilrechtlicher Begriffe **Vorbem.** 63, 75

**Ausschluss des Vorsteuerabzugs bei steuerfreien Umsätzen**
- abzugsschädliche Umsätze **15** 417 ff.
- Allgemeines **15** 414 ff.
- Ausnahmen **15** 422 ff.
- beabsichtigter Verzicht auf die Steuerbefreiung **15** 463 ff.
- Beteiligungsveräußerung **15** 446 f.
- fiktiver Verzicht **15** 421
- gemischte Verwendung **15** 472 ff.
- Grundstücksveräußerung **15** 451
- Holding **15** 54
- Kapitalerhöhung **15** 440 f., 491
- nachträgliche Aufwendungen **15** 449 ff.
- Organkreis **2** 226; **15** 436
- steuerfreie Umsätze zur Förderung steuerpflichtiger **15** 443
- teilweiser **15** 472 ff.
- Umsätze im Ausland **15** 420 f.
- Umwandlungen **15** 442
- unentgeltliche steuerfreie Umsätze zur Förderung steuerpflichtiger Umsätze **15** 444 f.
- Unternehmensgründung **15** 440 ff.
- Unternehmensveräußerung **15** 452 f.
- verbilligte Vermietung **15** 477
- Verwendung, s. dort
- Wertzeichen-„Lieferung" **15** 495
- Zeitraumbetrachtung **15** 455
- Zurechnung von Leistungen (Vorsteuerbeträgen) **15** 433 ff.

**Außenprüfung 27b** 9 f.

**Ausstellungen** s. Messen

**Bandenmäßige Nichtentrichtung ausgewiesener Steuer 26b; 26c** 7

**Bank- und Finanzumsätze**, Zweck der Steuerbefreiung **4 Nr. 8** 2 ff.

**Barzahlungsrabatt 4 Nr. 8** 11

**Bausparkassenvertreter**, Steuerbefreiung **4 Nr. 11** 1 ff.

**Bauleistungen**
- Bauträger **13b** 87
- Begriff **13b** 82 ff.
- durch Dritte **13b** 85
- Generalunternehmer **13b** 85
- im Ausland ansässiger Unternehmer, s. dort
- Leistungsempfänger als Steuerschuldner **13b** 81 ff.
- Ort **3a** 40
- Rechnungserteilungspflicht **14** 19 ff.
- Subunternehmer **13b** 85
- Teilleistungen **13** 21
- Zusammenhang mit Grundstückslieferung **4 Nr. 9** 12

**Bearbeitung** oder **Verarbeitung**
- Bauleistungen, s. dort
- Liefergegenstand **1a** 14; **6** 15 f.; **6a** 29 ff.
- Lieferung oder sonstige Leistung **3** 108 ff.
- Ort der Leistung **3a** 62 ff.
- Steuerbefreiung **6** 5, 15 f.

**Befördern**
- Begriff **3** 123
- Dienstleistung, s. *Beförderungsleistung*
- Ort der Lieferung **3** 121 ff., 146; **3c** 1 ff.

**Beförderungseinzelbesteuerung 10** 128; **16** 50 ff.; **18** 96

**Beförderungsleistung**, s. auch *Spediteur*
- Begriff **3b** 2
- Besorgung **3** 192
- innergemeinschaftliche, Gegenstand **3b** 4
- „Nebenleistungen" Dritter **3b** 6
- Ort **3b** 1 ff.
- Steuerbefreiung **4 Nr. 3** 1 f., 8 ff.
- Steuersatz **12** 98 ff.
- Vereinfachungsregeln für Ort **3b** 4, 6
- Vermittlung innergemeinschaftl. Güterbeförderung für Nichtunternehmer **3b** 7
- Vermittlung grenzüberschreitender Personenbeförderungen **4 Nr. 5** 6 ff., 13 f.

**Befreiung von Geldzahlungsverpflichtung 1** 30 f., 94; **10** 33 f.

**Beherbergung**
- kurzfristige **4 Nr. 12** 31
- Nebenleistungen **12** 106 ff.
- Ort **3a** 40
- Steuersatz **12** 104 ff.

**Beherrschender Gesellschafter**
- als Leistungsempfänger Steuerschuldner **13b** 120 f.
- Holding, sog., s. dort
- unentgeltliche Leistung an Gesellschaft und umgekehrt, Vorsteuerabzug **15** 257
- Unternehmereigenschaft **2** 51, 70 ff., 81
- Vorsteuerabzug **2** 68 ff., 168; **15** 44 ff.

**Beiratsmitglied**, s. *Aufsichtsratsmitglied*

**Beiträge**
- Gesellschafter **1** 81 f., 94; **2** 159 f.
- Vereinsmitglieder **1** 19; **2** 143 ff.

**Beladen**, Ort **3b** 6

**Bemessungsgrundlagen**, s. auch *Entgelt* und *Änderung der Bemessungsgrundlage*
- Ausgaben **10** 102 ff.
- Differenzbesteuerung **25** 28; **25a** 33 ff.
- Einfuhr **11** 1 ff.
- Entnahme **10** 95 ff.
- Erhöhung, s. *Erhöhung der* –
- Gebrauchtwaren **25a** 32 f.
- Hingabe an Zahlungs statt **10** 78 ff.
- Inzahlungnahme **10** 88 f.
- Kommissionsgeschäfte, s. dort
- Kosten **10** 103 ff.
- Leistungsempfänger als Steuerschuldner **13b** 143 ff.
- Minderung, s. *Minderung der* –
- Mindest-Bemessungsgrundlage, sog. **10** 120 ff.
- Nutzungsentnahme **10** 102 ff.
- Reiseleistungen **25** 28 ff.
- Tausch- u.ä. Vorgänge **10** 78 ff.
- Umsatzsteuer (ohne) **10** 119
- unentgeltliche Dienstleistungen **10** 102 ff.
- unentgeltliche Lieferung **10** 95 ff.
- verbilligte Leistungen **10** 120 ff.
- Verbringen, innergemeinschaftliches **10** 93 f.
- Wert der Gegenleistung **10** 78 ff.
- Wiederbeschaffungskosten **10** 97 ff.

**Bereicherungsausgleich 1** 55

**Berichtigung der Steuer**
- Allgemeines **17** 1 ff.
- Änderung der Bemessungsgrundlage, s. dort
- Begriff **17** 4 f.
- Erhöhung der Bemessungsgrundlage, s. dort
- keine Rückwirkung **17** 5 ff.
- Minderung der Bemessungsgrundlage, s. dort
- Mitteilungspflicht, keine **17** 8
- innergemeinschaftlicher Erwerb **3d** 6; **17** 80, 87
- Nichtausführung der Leistung **17** 64 ff.
- Rückgängigmachung eines Umsatzes, s. dort
- Rücktritt **17** 73
- Steuerschuldnerschaft des Leistungsempfängers **13b** 158; **17** 87
- tatsächliche Rückgewährung der Gegenleistung **17** 20, 66 f., 69 f.
- uneinbringliche Gegenleistung (Forderung), s. *Uneinbringlichkeit*
- unzulässiger Steuerausweis, s. dort
- Vorauszahlungen **17** 64 ff.
- zeitliche Begrenzung, keine **17** 7

**Berichtigung des Vorsteuerabzugs**
- Änderung der Gegenleistung, s. *Berichtigung des Vorsteuerabzugs wegen Änderung der Bemessungsgrundlage*
- Änderung der rechtlichen Beurteilung **15a** 138 f.
- Änderung der Verwendung eines Wirtschaftsgutes u.Ä. s. *Berichtigung des Vorsteuerabzugs wegen Änderung der Verwendung*
- Charakter des Anspruchs **16** 13 f.
- bei Erstattung der Einfuhrumsatzsteuer **17** 93
- keine Rückwirkung **15a** 1, 149; **17** 5
- materiell-rechtlich **15a** 1, 7; **17** 5
- Nichtausführung des Umsatzes **17** 64 ff.
- Nichtzahlung, s. *Uneinbringlichkeit*
- Rückgängigmachung des Umsatzes **17** 69 ff.
- Tätigung abzugsschädlicher Aufwendungen **15a** 135; **17** 81 ff.
- zu Unrecht gewährter/abgelehnter Vorsteuerabzug **15a** 6, 138 f., 143; **17** 4

**Berichtigung des Vorsteuerabzugs wegen Änderung der Bemessungsgrundlage** (Gegenleistung) u.ä. Ereignisse
- Änderung der Bemessungsgrundlage (Gegenleistung) **17** 1, 11

- Erhöhung der Bemessungsgrundlage **17** 12
- Gutscheineinlösung u.Ä. durch Hersteller **17** 26 ff.
- keine Rückwirkung **17** 5
- Nichtausführung des Umsatzes **17** 64 ff.
- Nichtzahlung, s. *Uneinbringlichkeit*
- Organschaftsverhältnis, Beendigung **2** 331 f.
- Rückgängigmachung des Umsatzes **17** 69 ff.
- Verpflichtung **17** 8 a.E.
- Wechselkursänderung **16** 56 f.
- Zentralregulierung, sog. **17** 35 ff.

**Berichtigung des Vorsteuerabzugs wegen Änderung der Verwendung**
- Allgemeines **15a** 1 ff.
- Änderung der Verhältnisse, s. dort
- Bagatellgrenzen **15a** 152 ff.
- beabsichtigte Verwendung **15** 463 ff., **15a** 60, 68
- Beratungsleistungen u.Ä. **15a** 29 f., 32
- Berichtigungsbeträge, Behandlung **16** 20, 31
- Berichtigungszeitraum, s. dort
- Bestandteile **15a** 21 f.
- Dienstleistungen an einem Gegenstand **15a** 105 ff.; **25a** 26
- Dienstleistungen, eigenständige **15a** 27 ff.
- Durchführung **15a** 141 ff.
- Einbauten **15a** 21 f.
- Einlagen **15a** 126 ff.
- Einmalzahlung **15a** 37
- Entnahmen **15a** 64, 75 ff., 103 ff., 123 ff., 158 ff.
- Erbe **2** 238
- Erhaltungsaufwand **15a** 17 ff., 26, 94, 163
- Erstjahr **15a** 65 ff.
- Gesamtrechtsnachfolger **2** 238; **15a** 172 ff.
- Geschäftsveräußerung **1** 152; **15a** 77, 84, 89, 169 ff.
- Insolvenz **15a** 151 Fn.
- Leasingsonderzahlung **15a** 35
- keine Rückwirkung **15a** 149
- nachträgliche Anschaffungs- oder Herstellungskosten **15a** 16 ff., 48 ff.
- Nutzung eines fremden Wirtschaftsguts **15a** 183 ff.
- Nutzungseinlage **15a** 130 f.
- Organschaftsverhältnis, Beendigung **2** 335
- sonstige Leistung an einem Wirtschaftsgut **15a** 105 ff.; **25a** 26
- sonstige Leistung, eigenständige **15a** 27 ff.
- Übergangsregelungen **27** 47 ff.
- Überschreiten der Bagatellgrenze beim Vorsteuerabzug **15** 346
- Umlaufvermögen **15a** 95 ff., 164 ff.
- Vereinfachungen **15a** 152 ff.
- Verwendung für nichtwirtschaftliche Tätigkeit **15** 159; **15a** 102, 113
- Verwendung für Zwecke außerhalb des Unternehmens **15a** 64, 75, 82 ff., 103 ff., 123; s. auch *Entnahmebesteuerung* u. *unentgeltliche Leistungen/Wertabgaben*
- Verwendung zur Ausführung steuerfreier Umsätze, s. dort
- Vorauszahlungen für Dauerleistungen **15a** 35 ff.
- Wirtschaftsgut, s. dort
- zu Unrecht gewährter oder abgelehnter Vorsteuerabzug **15a** 6, 138 f., 143
- Zwangsversteigerung **15a** 79

**Berichtigungszeitraum**
- Beginn **15a** 55 ff.
- Betriebsvorrichtungen **15a** 47
- Ehegattenbauten **15a** 45
- Ende **15a** 59
- Erbbaurecht **15a** 43
- Erhaltungsaufwand **15a** 48 f.
- Gebäude auf fremdem Grund und Boden **15a** 41, 44
- Gesamtrechtsnachfolge **15a** 40, 172 f.
- Geschäftsveräußerung **15a** 40, 169
- Grundstücke **15a** 41 ff.
- kürzere Verwendungsdauer **15a** 51 ff.
- Leerstehen **15a** 57
- Lieferung nach Ablauf **4 Nr. 28** 8
- Mietereinbauten **15a** 46
- nachträgliche Anschaffungs- und Herstellungskosten **15a** 48 f.
- nachträgliche Verkürzung **15a** 52 f., 148
- Organschaft **2** 323, 335
- Wohnungs-, Teileigentum **15a** 43

**Berufsfreiheit Vorbem.** 51
**Beschwer,** s. *Klagebefugnis* und *Konkurrentenklage*
**Besorgen** einer sonstigen Leistung
- Begriff **3** 189 f.
- Dienstleistungseinkauf, sog. **3** 191 ff.
- Dienstleistungsverkauf, sog. **3** 194 ff.
- Heilbehandlung **4 Nr. 14** 51
- Telekommunikation **3** 196

**Bestandskraft Vorbem.** 74
**Bestandteile**
- Berichtigung des Vorsteuerabzugs **15a** 41 ff.
- Entnahme **3** 67; **10** 96; **25a** 26
- wesentliche **4 Nr. 9** 21

**Bestechenlassen** (sich)/**Bestechung** **1** 16; **2** 54; **3** 88

**Besteuerungsverfahren**
- Abrechnungsteil d. Bescheides **18** 42 f., 63, 65, 76
- abweichende Festsetzung **18** 39, 59 ff.
- Auskunft, verbindl. **Vorbem.** 24
- Billigkeitsmaßnahme **Vorbem.** 23
- Dauerfristverlängerung **18** 100 ff.
- Drittwirkung der Steuerfestsetzung **1** 153
- Erledigung Voranmeldung/Vorauszahlungsbescheid **18** 68 f.
- Haftung, s. dort
- Herabsetzung der bisherigen Steuer **18** 48, 67
- Insolvenz **18** 3, 6, 9, 40
- Klagearten **18** 77
- Klagebefugnis Steuerträger (Verbraucher) **Vorbem.** 27 ff.; **18** 79 ff.

- Kombination Steuer-/Steuervergütungsanmeldung **18** 17, 51 f.
- Kombination Steuer-/Steuervergütungsfestsetzung (-bescheid) **18** 63
- Rechtsbehelfe **18** 37 ff.
- Sicherheitsleistung **18f** 1 ff.
- Steueranmeldung, s. dort
- Steuererklärung, s. dort
- Steuerbescheid **18** 39, 59 ff.
- Steuervergütungsfestsetzung, s. *Steuervergütung*
- Veranlagungszeitraum **16** 5
- Verhältnis Vorauszahlungs- zu Jahresfestsetzung **18** 68 f.
- Voranmeldung, s. dort
- Vorauszahlungsbescheid **18** 39, 68 f.
- Vorbehalt d. Nachprüfung **18** 9, 39, 59, 62, 71

**Besteuerungszeitraum 16** 5 ff.
**Bestimmungslandprinzip 1** 115, 118; **1a** 3 f.; **2** 336; **3** 52, 118; **3a** 4, 14, 82 ff.; **3c** 2, 7; **3d** 4 ff.; **Vor 4–9** 7; **6** 2, 45; **6a** 2 f., 45, 49 ff.; **7** 3; **15** 2, 424, s. auch *Verbrauchsortprinzip*
**Bettensteuer**, sog. **Vorbem.** 33 Fn.
**Betreuer**, Steuerbefreiung **4 Nr. 26** 40
**Betreuungsleistungen 4 Nr. 16** 1 ff.
**Betrieb gewerblicher Art** (jPdöR) **2** 360 ff.
**Betriebsaufspaltung**
- Haftung **2** 259; **13a** 15
- Organschaft **2** 293, 296

**Betriebsstätte**, s. feste Niederlassung
**Betriebsvorrichtungen**
- Berichtigungszeitraum **15a** 47
- Einbau § **13b** 83
- Lieferung **Vor 4–9** 23; **4 Nr. 9** 22; **13b** 80
- Vermietung **4 Nr. 12** 38 ff.

**Bibliotheksabgabe 3** 160
**Bildungseinrichtungen**, Steuerbefreiung **4 Nr. 21** 1 ff.
**Billigkeitsmaßnahme** (Beispiele) **Vorbem.** 23; **6** 32; **14c** 68, 86; **15** 223 f., 232 ff.; **15a** 180, 182, 184
**Binnenmarkt Vorbem.** 7
**Blinde**, Blindenwerkstätten, Steuerbefreiung **4 Nr. 19** 1 ff.
**Blockheizkraftwerk 2** 109, 137
**Blut**, menschliches, Lieferung, Steuerbefreiung **4 Nr. 17** 1
**Botanischer Garten**, Steuerbefreiung **4 Nr. 20** 1–6, 11 ff.
**Botschaften 1** 161, 163
**Bruchteilsgemeinschaft**, s. *Miteigentum*
**Bücherei**, Steuerbefreiung **4 Nr. 20** 1–6, 11 f.
**Bürgschaft**, Steuerbefreiung **4 Nr. 8** 26

**Chor**, Steuerbefreiung, s. *Kulturelle Einrichtungen*

**Darlehen** (als) Gegenleistung **1** 85
**Datenverarbeitungsprogramm**, s. *Software*, sog.
**Dauerdienstleistungen**
- Rechnungsgestaltung **14** 69 f.
- Tausch **1** 85
- Teilleistungen **13** 22 ff.

**Dauerfristverlängerung 18** 100 ff.
**Delkrederehaftung 17** 34
**Denkmal**, Steuerbefreiung **4 Nr. 20** 1–6, 11 f.
**Depotgeschäft 4 Nr. 8** 24
**Deutsche Streitkräfte**, innergemeinschaftliches Verbringen **1c** 2
**Diagnoseklinik**, Steuerbefreiung **4 Nr. 16** 29 ff.
**Diebstahl 1** 56 ff.
**Dienstleistung**, s. *sonstige Leistung*
**Dienstleistungskommission**
- Begriff **3** 189 f.
- Dienstleistungseinkauf, sog. **3** 191 ff.
- Dienstleistungsverkauf, sog. **3** 194 ff.
- Telekommunikation **3** 196

**Differenzbesteuerung**
- Gebrauchtgegenstände, s. *Differenzbesteuerung bei* –
- Reiseleistungen, s. dort

**Differenzbesteuerung bei Gebrauchtgegenständen**
- Allgemeines, Zweck **25a** 1 ff.
- Änderung der Bemessungsgrundlage u.Ä. **25a** 33
- Anlagegegenstände **25a** 12, 18, 43
- Antiquitäten **25a** 29 ff., 44, 48, 64
- Aufzeichnungspflichten **25a** 58
- Ausschluss **25a** 49 ff.
- Bemessungsgrundlage **25a** 32 ff.
- Einkaufspreis **25a** 37 ff.
- Einlage **25a** 17, 27, 43
- Eintrittskarte **25a** 8
- Entnahme **25a** 25
- Erwerb im Gemeinschaftsgebiet **25a** 16
- Erwerb mit – **25a** 23 ff.
- Erwerb ohne Vorsteuerabzug **25a** 21 f.
- Erwerb vom Kleinunternehmer **25a** 20
- Erwerb vom Land- oder Forstwirt **25a** 20
- Erwerb von anderem Wiederverkäufer **25a** 23 ff.
- Garantieversicherung **25a** 36
- gebrauchter Gegenstand **25a** 7, 41
- Gesamtdifferenz **25a** 32, 45
- Händler **25a** 9 f.
- Hilfsgeschäft **25a** 12
- (nach) innergemeinschaftlichem Erwerb **25a** 49 ff., 53
- innergemeinschaftliche Lieferung **25a** 46, 51, 53
- in Zahlung genommene Gegenstände **25a** 15, 40 f.
- Kommissionsgeschäft **25a** 11 f., 35, 39
- Kunstgegenstände/Sammlungsstücke **25a** 29 ff., 43 f., 48, 64
- Mindestbemessungsgrundlage **25a** 34
- Minusgeschäft **25a** 32
- nämlicher Gegenstand **25a** 28
- Nebenkosten des Erwerbs **25a** 38
- neue Fahrzeuge **25a** 50
- Ort der Lieferung **25a** 52

- Pauschalmarge bei Kunstgegenständen **25a** 44
- Pfandleiher **25a** 14
- Provisionsverzicht **25a** 37
- Rahmen des Unternehmens **25a** 27
- Rechnungsgestaltung **14c** 43; **25a** 55 ff.
- sicherungsübereigneter Gegenstand **25a** 13
- Steuerbefreiungen **25a** 46, 50
- Steuersatz **25a** 47, 61
- Steuerschuldnerschaft des Lieferungsempfängers, keine **13b** 116
- Tiere **25a** 8
- unentgeltliche Lieferung **25a** 25, 34
- ungebrauchter (neuer) Gegenstand **25a** 10
- unzulässiger Steuerausweis **25a** 55 f.
- Verkaufspreis **25a** 35 f.
- Versteigerer, öffentlicher **25a** 14
- Verzicht auf **25a** 47, 59 ff.
- Vorsteuerabzug Käufer **25a** 57
- Vorsteuerabzugsverbote **25a** 24, 48 a.E., 57
- Vorsteuerabzug Wiederverkäufer **25a** 24, 48
- Wiederverkäufer **25a** 9 f.

**Differenzgeschäfte** **1** 28; **4 Nr. 8** 5, 19
**Direkte Steuer**, Umsatzsteuer **Vorbem.** 19; **1** 90 a.E.
**Diplomatische Missionen** in anderen Mitgliedstaaten, Umsätze an –, Steuerbefreiung **4 Nr. 7** 5, 9 f.
**Diskriminierungsverbot**, s. *Willkürverbot*
**Doppelbelastung**
- (mit) Grunderwerbsteuer **4 Nr. 9** 14
- (mit) Umsatzsteuer, Vermeidung **4 Nr. 28** 1 f.

**Doppelbesteuerung** **1** 116; **2** 7; **3** 116, 154 Fn.; **3a** 2 Fn.
**Dreiecksgeschäft**, innergemeinschaftl. **25b** 1 ff.
**Drittaufwand** **15** 76, 211; **15a** 177 ff.
**Dritte(r)**
- Abrechnung durch **14** 54; **14c** 27
- Bürge **10** 57; **17** 62
- Druckkostenzuschuss **10** 63
- Leistungsempfänger **13b** 114 f., 145; **14** 22, 54; **15** 34 f., 37 ff., 67, 84
- Lieferung, Dritter bei einer – **3** 5, 45 ff., 126 f., 130, 133, 142 f.
- Rechnung bei Zahlung durch Dritte **14** 43, 80, 102
- Zahlungen an **10** 26 ff.
- Zahlungen (Leistungen) als Entgelt **10** 56 ff.
- Zuschuss, Zuzahlung **10** 59 ff.

**Drittlandsgebiet** **1** 165
**Drittwirkung** der Steuerfestsetzung **1** 153; **2** 248 a.E.
**Druckkostenzuschuss** **10** 63; **12** 25
**Dulden** als Leistung **1** 24 ff.
**Durchführungsverordnung**
- MwSt **Vorbem.** 61, 65
- nationale **26** 1 ff.

**Durchlaufende Posten**
- Aktenversendungspauschale **10** 72 Fn.
- Auslagen, Aufwendungsersatz **10** 14, 72 ff.
- Bagatellfälle **10** 75
- Begriff **10** 70 ff.
- Deponiegebühren **10** 75 Fn.
- Gerichtskosten **10** 72
- Kfz.-Hauptuntersuchung **10** 72
- Kulturförderungsabgabe **10** 75 Fn.
- Maut **10** 73 Fn.
- Portokosten **10** 75 Fn.
- Steuern **10** 76
- Vorsteuerabzug **15** 63
- Wahlrecht **10** 71

**Durchschnittssätze**
- Land- und Forstwirte **24** 1 ff.
- Vorsteuer **23** 1 ff.; **23a** 1 ff.

**Edelmetalle**
- Anlagegold **25c** 1 ff.
- Dienstleistungen im Geschäft mit, Ort **3a** 110
- Gewichtsguthaben **3** 10
- Goldlieferung an Zentralbanken **4 Nr. 4** 1
- Steuerschuldner **13b** 110
- Lieferansprüche **3** 10
- Verzicht auf Steuererhebung **18** 123 f.

**EG-Richtlinien** zur Mehrwertsteuer, s. *EU-Richtlinien*
**EG-Verordnungen**, s. *EU-Verordnungen*
**Ehegattengemeinschaft** **2** 150, 169; **15** 84 ff., s. auch *Miteigentum*
**Ehe und Familie**, Nichtdiskriminierung, Benachteiligungsverbot **Vorbem.** 52; **15** 84 ff., 257; **15a** 181 f.
**Ehrenamtliche Tätigkeit**, Steuerbefreiung **4 Nr. 26** 1 f.
**Einbringung** eines Unternehmens (Betriebes) **1** 139, 145; **2** 217

**Einfuhr, Einfuhrumsatzsteuer**
- Allgemeines, Begriff **1** 117 ff., 122 f.
- Abfertigungsplätze im Ausland **21** 7
- Bemessungsgrundlage **11** 1 ff.
- Entstehung **21** 6
- Erstattung **17** 93
- Fälligkeit **21** 6
- Lieferung nach **3** 148 ff.
- Schuldner **3** 150; **13a** 11; **21** 6
- Steuerbefreiungen **5** 1 ff.
- Steuersätze **12** 1 ff., 16 ff.
- „Umsatz" **1** 1, 120
- unkörperlicher Gegenstand **21** 11
- Verbrauchsteuer **21** 3
- Verfahrensvorschriften **Vorbem.** 18; **21** 4 f.
- Vorsteuerabzug, s. *Einfuhrumsatzsteuer, Vorsteuerabzug*
- weitere **21** 9 f.
- Zahlungsaufschub **21** 8
- Zolltarif **12** 17
- Zolltarifauskunft **12** 18
- Zollvorschriften **21** 5

**Einfuhrumsatzsteuer, Vorsteuerabzug**
- Abzugsberechtigung, personelle **15** 291 ff., 310
- Abtretung des Herausgabeanspruchs **15** 300

- Annahmeverweigerung **15** 302 f.
- Allgemeines **15** 287 ff.
- Berichtigung **17** 93
- Einfuhr für das Unternehmen **15** 368 ff.
- Einfuhr im Rahmen einer Lieferung **15** 308 ff.
- Einkaufskommission **15** 294
- Entrichtung **15** 312 f.
- Lagerhalter **15** 311
- Orderlagerschein **15** 301
- Reihengeschäft **15** 298
- Spediteure **15** 310
- Transportgefahr **15** 295 f.
- Verfahrensrechtliche Behandlung **18** 14
- Verkaufskommission **15** 305
- Zeitpunkt **15** 312 f.; **16** 26

**Einheitlichkeit der Leistung 3** 197 ff.; **10** 5

**Einlagen**
- Bewertung **10** 84
- Gesellschafter **1** 81, 94; **2** 165; **3** 71; **10** 84; **15** 44 ff.
- in das Unternehmen, Vorsteuerabzug **15a** 126 ff., 175 ff.
- (bei) Kreditinstitut, Vorsteuerabzug **15** 496
- Nutzungen, Vorsteuerabzug **15** 175, 257 f.; **15a** 130 f., 182 ff.
- Sonderbetriebsvermögen **3** 71

**Einlagengeschäft**, Steuerbefreiung **4 Nr. 8** 21

**Einrichtung** im medizinischen/sozialen Bereich, Begriff **4 Nr. 14** 28 ff.

**Eintrittskarten/Eintrittsberechtigungen**
- Ausgabe **3** 158; **3a** 59, 78; **13b** 40
- Differenzbesteuerung **25a** 8
- Handel (Vertrieb) **3** 10, 158, 194; **3a** 59, 78
- online gebuchte **3a** 59 a.E.
- Schenkungen **3** 186
- Übertragung **3** 10, 158, 194; **3a** 59, 78

**Einzelhandelsteuer Vorbem.** 12

**Einzelrechtsnachfolge**
- Geschäftsveräußerung **1** 125
- Künstler **12** 111

**Eisenbahnen**, Leistungen an ausländische, Steuerbefreiung **4 Nr. 6** 2

**Elektronische Dienstleistungen**
- ausländische Anbieter **16** 47 ff.; **18** 89 ff.
- Ort **3a** 117 ff., 124 f., 136 ff.

**Emissionsrechte**, Übertragung **1** 24

**Energielieferung**
- Abgabe überschüssiger E. **3g** 10
- Lieferung **3** 8; **3g** 3 ff.
- Ort der Lieferung **3g** 1 ff.
- Pumpstrom **3g** 10
- Steuerschuldnerschaft **13b** 37, 94
- Strombörse, sog. **3g** 5

**Enteignung 1** 45

**Entgelt**, s. auch *Gegenleistung*
- abgebrochener Werkvertrag **10** 54
- (bei) Abtretung u.Ä. **10** 27 ff., 58
- Abzugsteuern, einbehaltene **10** 27
- Allgemeines **10** 3 ff.
- Änderung, s. *Änderung der Bemessungsgrundlage*
- Arbeitnehmer, Leistungen an

- Aufnahmegebühr **1** 19; **2** 99
- Aufrechnung **10** 35 ff.
- Aufschlüsselung in Rechnung **14** 91
- Aufwandsentschädigung **1** 77
- Aufwendungsersatz **1** 77
- Ausgleichszahlung **1** 42
- Auslagen, Aufwendungsersatz **10** 14, 73 f.
- Befreiung von Verbindlichkeit **10** 33 f.
- Begriff **1** 74; **10** 4 ff., 17 ff.
- Bemessungsgrundlage **10** 3 ff.
- Berechnung **10** 11 ff.
- Bezeichnung **1** 77; **10** 20
- Dauerdienstleistungen, Tausch **1** 85
- Doppelzahlungen **10** 24; **17** 41
- durchlaufende Posten, s. dort
- Ehrenschuld **1** 76 Fn.
- Einlage **10** 84
- Entschädigung **1** 77; **10** 20
- Erhöhung, s. *Erhöhung der Bemessungsgrundlage*
- Factoring, sog. **10** 28 ff.
- Fahrzeugüberlassung **10** 86
- Fiktion **3** 1, 56, 97, 99, 103 f., 162, 193 ff.
- Filmpreis **1** 12
- Finanzzuweisung **1** 42 Fn.
- Fördermittel **1** 77
- freiwillige Aufwendungen/Zuzahlungen **10** 19
- Funktion **1** 74; **10** 1
- Gegenleistung **1** 74
- Geldspielautomat **10** 50
- Glücksspiel **10** 50
- Grunderwerbsteuer, Übernahme **10** 34
- Hingabe an Zahlungs statt **10** 78 f., 88 ff.
- innergemeinschaftlicher Erwerb **10** 21, 68 f.
- Inzahlungnahme **10** 88 ff.
- Kalkulationsirrtum **10** 15
- Kapitalwert **10** 52; **13** 22 f.
- Kreditkartengeschäft **10** 40 ff.
- Kreditkosten **10** 45
- Leistung gegen – **1** 74 ff.
- Lieferung als – **1** 84 f.
- Lohnsteuerrechtliche Werte **10** 86
- Mahnkosten **10** 23; **17** 44
- marktübliches **10** 123
- Materialbeistellung **10** 51
- Mehraufwendungen **10** 22
- Meistgebot **10** 11
- Minderung, s. *Minderung der Bemessungsgrundlage*
- Minderwertausgleich Leasing **10** 48
- Mitgliedsbeiträge **1** 19; **2** 143
- Nachnahmegebühren **10** 53
- Personalbeistellung **10** 51, 92
- Pfandgelder **10** 55
- Pfandscheinübertragung **10** 77
- Preisnachlass, Provisionsverzicht Vermittler/Vertreter **10** 46 f.
- Rechengröße **10** 4, 12 f.
- Rückzahlung an Dritte **10** 67
- Sacheinlage **10** 84
- Sachleistungen **10** 20.1, 78 ff., 88 ff.

- Sachzuwendungen des Arbeitgebers **10** 85 ff.
- Schadensersatz **1** 48 ff., 77, 80; **17** 43 f.
- Schmiergeld **1** 16
- sicherungsübereigneter Gegenstand **10** 49
- Skonto **10** 38 ff.
- sonstige Leistung als – **1** 84 ff.
- Spende **1** 77
- Starthilfe **1** 77
- Steuern **10** 27, 68 f.
- Steuerschuldnerschaft des Leistungsempfängers **10** 22
- Subvention **10** 66
- Tausch, tauschähnlicher Vorgang **1** 84 ff.; **10** 78 ff., 88 ff.
- Transportkosten **10** 14
- Trinkgeld **10** 22
- überhöhtes **10** 10
- Umbuchungsgebühren **10** 53
- Umfang **10** 17 ff.
- Umlage **1** 19; **2** 143
- Verbrauchsteuern **10** 68 f.
- verdeckter Preisnachlass **10** 89
- Verkaufsförderungsaktion, Gewinn bei **10** 23
- Verlustübernahme **1** 77
- Vertragsstrafe **17** 44
- Warenkreditversicherung **10** 65
- Wechseldiskontierung **10** 43 ff.
- Werkvertrag, abgebrochener **10** 20, 54
- Wert der Gegenleistung **10** 5, 78 ff.
- Wert (Kosten) der Leistung **10** 79 f.
- Wettbewerb **10** 50
- wiederkehrende Zahlungen **10** 52; **13** 22 f.
- Zahlungen Dritter **10** 21, 57 ff.
- Zahlungen an Dritte **10** 26 ff.
- Zuschuss **1** 42, 77
- Zuzahlung Dritter **10** 59 ff.
- Zwangsrabatte der Arzneimittelhersteller **10** 48
- Zwangsversteigerung **10** 11, 27

**Entnahme(-besteuerung)**, s. auch *unentgeltliche Leistung*
- Allgemeines **3** 56 ff.
- Anlagegegenstand **3** 74; **10** 99 f.
- Änderung der Bemessungsgrundlage **17** 3
- (als) Änderung der Verwendungsverhältnisse **15a** 73 ff., 103 ff.
- Aufgabe d. untern. Tätigkeit **3** 68
- Beendigung des Unternehmens **2** 218 f., 222
- Bemessungsgrundlage **10** 95 ff.
- Bestandteile eines Gegenstandes **3** 67; **10** 96
- Entnahmewille **3** 72 f.
- Entstehung der Steuer **13** 41 ff.
- Erbfall **2** 235 f.
- gescheiterte Unternehmensgründung **2** 209
- Gebäude auf fremdem Grund und Boden **3** 12, 15
- Gegenstandsentnahme **3** 61 ff.
- geringfügige Gegenleistung **3** 83
- Gesellschaften **3** 68
- Grundstück **4 Nr. 9** 26
- jur. Pers. d. öffentl. Rechts **3** 68
- (bei) Land- und Forstwirten **3** 65; **24** 41
- (nach) Naturalrestitution **3** 64
- (für) nichtwirtschaftliche Tätigkeit **3** 69; **15** 159
- (durch) Nießbrauchsbestellung **3** 70
- Nutzung, s. *Nutzungsentnahme*
- Ort **3f** 1 ff.
- Steuerbefreiung **3** 66; **Vor 4–9** 28 f.; **6** 45
- Steuersatz **12** 14 f.; **26** 15
- Totalschaden bei Privatnutzung **3** 72
- Umfang **3** 64 ff.
- Umlaufvermögen **10** 101
- Verbringen in das Ausland **3** 71
- Verwendung für außerunternehmerische Zwecke, s. *Nutzungsentnahme*
- vor Lieferung **1** 112
- Vorsteuerberichtigung **15a** 73 ff., 103 ff., 123 ff.
- Werkleistung **3** 67; **15a** 106
- Werklieferung **3** 68
- zeitliche Grenze **3** 74 f.; **10** 100
- Zerstörung eines Gegenstandes **3** 72 f.
- Zwecke außerhalb des Unternehmens **3** 69 f.
- Zweck der Besteuerung **3** 56, 60; **10** 99 f.; **15a** 7

**Entschädigungszahlungen 1** 48 ff., 77, 80; **10** 20; s. auch *Schadensersatz*
**Entsorgung** s. *Abfallentsorgung*
**Entstehung der Steuer**
- Abschlagszahlung, Anzahlung **13** 27 ff., 35
- Allgemeines, Bedeutung **13** 1 ff.
- Ausführung der Leistung, s. dort
- Dauerschuldverhältnisse **13** 19 ff.
- Einfuhrumsatzsteuer **13** 55
- Entnahme **13** 41 ff.
- Grundstückslieferung **13** 18
- Innergemeinschaftlicher Erwerb **13** 48 ff.
- Leistungsempfänger als Steuerschuldner **13b** 8, 126 ff.
- Mietverhältnisse u.Ä. **13** 19 ff.
- nach vereinbarten Entgelten **13** 5 ff.
- nach vereinnahmten Entgelten **13** 35 ff.
- Soll-Versteuerung, Verfassungswidrigkeit **Vorbem.** 44 ff.; **13** 10 f.
- Nutzungsentnahme **13** 42 f.
- Teilleistungen **13** 19 ff.
- unentgeltliche Leistungen **13** 41 ff.
- unzulässig ausgewiesene Steuer **13** 44 f.
- Vorauszahlungen **13** 27 ff., 35

**Entstehung des Vorsteuervergütungsanspruchs 15** 6, 10 ff., 203 f., 269; **16** 23, 39 ff.

**Erbbaurecht**
- Bestellung, Einräumung **2** 118 Fn.; **4 Nr. 9** 11; **4 Nr. 12** 20
- Grundstück **4 Nr. 9** 19
- Übertragung **4 Nr. 9** 5

**Erbe, Erbfall**, s. auch *Gesamtrechtsnachfolge*
- Änderung d. Bemessungsgrundlage **2** 240

– Entnahme **2** 235 f.
– Kleinunternehmer **2** 37, 239 a.E.; **19** 21, 42
– Nachwirkungen der Unternehmereigenschaft des Erblassers **2** 231 ff.
– Rechnungserteilung **2** 241 f.
– Schuldner der Umsatzsteuer **2** 239
– Steuererklärungspflichten **2** 242
– Unternehmer **2** 227
– vermeintlicher Erbe **2** 228
– Veräußerung des Nachlasses **2** 227, 239
– Vereinnahmung der Gegenleistung, nachträgliche **2** 240
– Vorsteuerabzug **2** 241
– Vorsteuerberichtigung **2** 238

**Erbengemeinschaft**, s. auch *Erbe*
– Auseinandersetzung **2** 245
– Realteilung **2** 246
– Teilungsanordnung **2** 244
– Unternehmerfähigkeit **2** 31, 243

**Ergänzungspfleger 4 Nr. 25** 10

**Erhöhung der Bemessungsgrundlage**, s. auch *Änderung der Bemessungsgrundlage*
– Doppelzahlung **17** 41
– durchlaufende Posten **10** 71
– freiwillige Aufwendungen **10** 19, 22; **17** 40 ff.
– Haftungsbeträge **17** 42
– Mahnkosten, nicht **17** 44
– Schadensersatz **17** 43 f.
– Stundungszinsen, nicht **17** 45
– Vertragsstrafe, nicht **17** 44
– Verwahrungskosten, nicht **17** 45
– Verzugszinsen, nicht **17** 44
– Vorsteuerabzug **15** 178; **17** 40
– Wechselkursänderung **16** 44

**Ersatzvornahme 15** 74
**Ersatzzahlungen**, s. *Schadensersatz*
**Erstattung, Erstattungsanspruch**
– Abtretung **16** 32, 42 f.
– Aufrechnung **13a** 3; **16** 32, 42 f.
– Begriff **16** 18 f., 27
– Fälligkeit **18** 67
– fälschliche Bezeichnung der Vergütung **16** 28 f.
– Festsetzung **18** 14, 33, 61
– öffentlich-rechtlicher und USt. **1** 55
– Steuer **16** 30
– (des) Steuergläubigers (FA), s. *Rückforderungsanspruch*
– Steuervergütung **16** 19, 44 f.
– Vorsteuer **16** 44 ff.
– Zwangsverrechnung **16** 32 ff.

**Ertragshoheit Vorbem.** 34 f.
**Erwerbssteuerpflicht**, Ausnahmen **1c** 1
**Essenslieferungen**, s. *Restaurationsleistungen*
**EU-Richtlinien** zur MwSt
– Anwendungsvorrang, Berufungsrecht **Vorbem.** 69 ff.; **Vor 4–9** ff.
– Auslegungsgrundsätze EuGH **Vorbem.** 75 ff.
– Durchführungsvorschriften **Vorbem.** 61, 65
– Entwicklung, Überblick **Vorbem.** 59 f.

– Mehrwertsteuersystemrichtlinie **Vorbem.** 60
– Protokollerklärungen **Vorbem.** 60
– unmittelbare Anwendung, Wirkung **Vorbem.** 69 ff.; **Vor 4–9** 19 ff.
– Vorabentscheidungen des EuGH **Vorbem.** 66 ff.

**Europäischer Gerichtshof**
– Auslegungsgrundsätze **Vorbem.** 75 ff.
– gesetzlicher Richter **Vorbem.** 68
– Vorabentscheidung **Vorbem.** 66 ff.
– Vorlageverpflichtung nationaler Gerichte **Vorbem.** 66

**EU-Verordnungen Vorbem.** 61
**Existenzminimum Vorbem.** 17 Fn.
**Extension, teleologische Vorbem.** 63

**Factoring**, sog.
– Bemessungsgrundlage **10** 28 ff.
– Dienstleistung des Forderungserwerbers **1** 18; **10** 30
– Forderungsverkauf, s. dort
– Ort **3a** 109
– Steuerbefreiung **4 Nr. 8** 13 f., 20

**Fahrzeug**, neues
– Begriff **1b** 6 f.
– Fahrzeuglieferer **2a** 1 ff.
– innergem. Erwerb **1a** 2, 48; **1b** 1 ff.
– innergem. Lieferung außerhalb des Unternehmens **2a** 5
– innergem. Lieferung durch Kleinunternehmer **2a** 5; **6a** 33; **19** 46
– innergem. Lieferung durch Nichtunternehmer **2a** 1 ff.; **6a** 31 ff.
– Steueranmeldung **18** 87
– Steuerberechnung **16** 55

**Fahrzeuglieferer 2a** 1 ff.; **6a** 32 f.; **15** 497 ff.
**Fahrzeugnutzung**
– (durch) Arbeitnehmer **1** 91 f.; **3** 179; **10** 86
– Bemessungsgrundlage bei Nutzungsentnahme, -überlassung **10** 112 ff.
– Beschädigung auf Privatfahrt, Vorsteuerabzug **15** 132
– Entstehung der Steuer bei Privatnutzung **13** 42
– Erhaltungs-, Unterhaltungskosten, Vorsteuerabzug **15** 174
– Fahrten zwischen Wohnung und Unternehmen (Betriebsstätte) **3** 167; **15** 45, 130
– Fahrzeug des Ehegatten **15a** 183 ff.
– Fahrzeug des Gesellschafters **15** 44 f., 130
– Familienheimfahrten **15** 130
– Garage **15** 131
– gemietetes Fahrzeug **15** 174
– Geschäftsführer **1** 92 Fn.; **10** 86
– Grob fahrlässige Beschädigung, Vorsteuerabzug **15** 132
– Leasingsonderzahlung, Vorsteuerberichtigung **15a** 35, 108 f.
– Motor-, Segeljacht **15** 374 ff.
– Nutzungseinlage **15a** 130 ff.
– Nutzungsentnahme, -überlassung **3** 161 ff., 174 ff.; **17** 86

– privates Fahrzeug, Beschädigung **3** 73; **15** 137, 175
– Totalschaden bei Privatnutzung **3** 72; **15** 137
– unangemessene Aufwendungen **15** 379 ff.
– Unfallkosten **10** 115; **15** 132 f.
– Vorsteuerabzug bei Nutzung eines privaten Fahrzeugs **15** 136 f., 175, 345; **15a** 130 f., 183 ff.
**Fälligkeit**
– Abschlusszahlung **18** 66
– Erstattungsanspruch **18** 38, 67
– insolvenzrechtliche **18** 36 Fn.
– Vorauszahlung **13** 9 ff.; **18** 36 f.
– Vorsteuervergütungsanspruch **18** 38, 67
**Familie**, Benachteiligungsverbot **Vorbem.** 52; **15** 84 ff., 257; **15a** 184 f.
**Fernsehspiel**, Teilnahme **1** 17
**Feste Niederlassung**
– Agent **3a** 32, 132
– Allgemeines **3a** 27 ff., 132 ff.; **13b** 55 ff.
– Ausland, im **2** 190
– Mehrwertsteuergruppe, Mitglied **2** 267, 283
– Organschaft **2** 337 ff.
– passive **3a** 30
– Schiff **3a** 31, 134; **13b** 59
– Subunternehmer (nicht) **3a** 32, 132; **13b** 57
– Tochtergesellschaft **3a** 32
– vermietetes Grundstück **13b** 60
– Zurechnung von Leistungsbezügen/Umsätzen **3a** 27 f., 133
– Zweigniederlassung, s. dort
**Feststellungsklage 14** 30, 32; **15** 66; **18** 76
**Fiktionen**
– Art der Leistung **3** 103, 187, 191, 194
– Entgelt (Gegenleistung) **3** 1, 56, 97, 99, 103 f., 161, 193 ff.
– Leistung **3** 51, 56, 97
– Umfang der Leistung **3** 103, 187
– Unternehmer **2a** 4
– Verzicht auf Steuerbefreiung **9** 14; **15** 421, 463 ff.
**Filmpreis 1** 12
**Firmenwert 3** 9; **4 Nr. 28** 7; **15a** 16 Fn.
**Fiskalvertreter 22a–22e** 1
**Forderung**
– Abtretung, Verkauf, s. *Forderungsverkauf* u. *Factoring*
– Beitreibungskosten **17** 34, 44
– Erlass **17** 32 f.
– Uneinbringlichkeit **17** 46 ff.
**Forderungen, Geschäfte mit**
– Abtretung, Verkauf, s. *Forderungsverkauf* u. *Factoring*
– Einziehung **4 Nr. 8** 20, s. auch *Factoring*
– Steuerbefreiung **4 Nr. 8** 18
**Forderungsabtretung, -pfändung** und **-verpfändung**, Haftung bei, s. *Haftung des Empfängers einer abgetretenen Forderung*
**Forderungsverkauf**
– Auskunftsverpflichtung des Erwerbers **10** 29

– und Bemessungsgrundlage **10** 27 ff.
– Haftung, s. *Haftung des Empfängers einer abgetretenen Forderung*
– Leistungen des Käufers, s. *Factoring*
– Uneinbringlichkeit der Forderung **10** 30 f.
– zahlungsgestörte **1** 18
**Forderungsverzicht 17** 32 f.
**Forfaitieren**, s. *Forderungsverkauf*
**Formwechsel 1** 138; **2** 250
**Fotokopieren 3** 155
**Frachtführer**, s. *Spediteur*
**Frauenmilch**, Lieferung, Steuerbefreiung **4 Nr. 17** 1
**Freihäfen**
– Ausrüstung und Versorgung von Beförderungsmitteln **1** 169
– Begriff, Zweck **1** 158
– Entnahmen in **1** 173
– freier Verkehr **1** 179
– jPdöR, Umsätze an **1** 175
– Letztverbrauch **1** 162, 166 ff.
– Veredelungsverkehr **1** 177 f.

**Garantiezusage 4 Nr. 28** 30
**Gebäude, Gebäudeteile** s. auch *Grundstück*
– Abbruch, Abriss **3** 159; **4 Nr. 28** 7; **15** 438
– Mindestumfang untern. Nutzung **15** 335
– Privatnutzung **4** 27; **13** 43
– Umbau als eigenständiges Wirtschaftsgut **15** 103 Fn.; **15a** 17 Fn.
– Werklieferung **3** 112
– Zuordnung zum Unternehmen **15** 165 ff., 387 f.; **15a** 118 ff.
**Gebäude auf fremdem Grund und Boden**
– Berichtigungszeitraum **15a** 41, 45
– (des) Ehegatten **3** 14 f.
– Gegenstand, Wirtschaftsgut **3** 11 ff.
– Lieferung **3** 13 f.; **15** 73
– Miteigentümerbauten **3** 43 f.
– Weiterlieferung, Steuerfreiheit **4 Nr. 9** 17 f.
– Vorsteuerabzug **15** 50 f.
**Gebäudeeigentum 4 Nr. 9** 19
**Gebrauchtgegenstände**, s. *Differenzbesteuerung bei*
**Geburtshilfe**, Einrichtungen, Steuerbefreiung **4 Nr. 16** 27 f.
**Gegenleistung**, s. auch *Entgelt* u. *Leistungsaustausch*
– Abtretung u.Ä. **10** 28 ff., 58
– Allgemeines **1** 74 ff.
– Angemessenheit **1** 78
– Arbeitsleistung als **1** 91
– Aufteilung in Entgelt und Steuer **10** 4 f.
– Aufwand (Aufwendungen) des Leistungsempfängers **10** 17 ff.
– Aufwendungsersatz **1** 77; **3** 103, 193
– (bei) Besorgungsleistung **3** 194 f.
– Bezeichnung **1** 77; **10** 20
– Dienstleistung als **1** 84, 91 f.
– Einlagen der Gesellschafter **1** 94
– Entschädigung **1** 48 ff., 77, 81; **3** 11, 14; **10** 20
– Herkunft der Mittel **15** 262

- Kausalität **1** 75
- (bei) Kommissionsgeschäft **3** 99 f., 103 f., 193 f.
- Lieferung als **1** 84 ff.; **10** 78 ff.
- Personalbeistellung **10** 51, 92
- Sacheinlage **1** 94
- Schadensersatz **1** 77, 80
- Subvention **1** 41
- Tausch **1** 84 ff.; **10** 78 ff.
- Umsatzsteuer, integraler Bestandteil **10** 11 f.
- Verzicht auf **17** 32 f.
- Zahlung an Dritte **10** 26 ff.
- Zahlungen Dritter **10** 21, 57 ff.
- Zuzahlung Dritter **10** 59 ff.

**Gegenstand**
- ähnliche Sachen **3** 8
- Bauten auf fremdem Grund und Boden **3** 11 ff.
- Berechtigungsschein, Inhaberpapier u.Ä. **3** 158
- Eintrittskarte **3** 10
- Energie **3** 8; **3g** 1, 9
- Firmen-, Geschäftswert **3** 9
- Gewichtsguthaben **3** 10
- körperlicher **3** 6
- Lieferanspruch **3** 10
- (der) Lieferung **3** 125
- Mietereinbauten **3** 11, 13
- Miteigentumsanteil **3** 7
- nichtkörperlicher **1** 110 f.; **3** 6 ff.
- nicht vorsteuerentlasteter –, Lieferung **3** 64 ff., 74 f.; **4 Nr. 28** 1 ff.
- Software, sog. **3** 157
- Wert (Substanz) **3** 11, 25
- Wirtschaftsgut, s. dort
- Zuordnung zum Unternehmen, s. dort

**Gehaltslieferung**, sog. **3** 113 f.
**Geldwechsel, -umtausch 4 Nr. 8** 16
**Gemeinde**, s. juristische Person des öffentlichen Rechts
**Gemeinschaftsgebiet 1** 164
**Gemeinschaftspraxis 4 Nr. 14** 52
**Gemeinschaftsrecht** s. Unionsrecht
**Gemeinschaftsteuer** Vorbem. 34
**Gemischt (untern. – nichtuntern./privat) veranlasste Aufwendungen**, Vorsteuerabzug
- Allgemeines **15** 122 ff.
- Arbeitszimmer **15** 128
- Aufteilung **15** 122 ff., 155, 402 ff.
- Aufteilungsmaßstab **15** 160 ff.
- Bekleidung **15** 129
- doppelte Haushaltsführung **15** 142
- Flugzeugführerschein **15** 141
- Garage **15** 131
- Geburtstagsfeier **15** 138
- Grob fahrlässig verursachte Reparaturkosten **15** 135
- Grundstück/Gebäude **15** 387 ff.; **15a** 110 ff.
- nicht teilbare Aufwendungen **15** 125 ff.
- nichtwirtschaftliche Tätigkeit **15** 154 ff.
- Reisekosten **15** 142 f.
- Strafverteidigungskosten **15** 146
- teilbare **15** 151 ff.
- Typisierung **15** 127
- Umzug **15** 148
- Unfall auf Privatfahrt **15** 132
- unwesentliche private Mitveranlassung **15** 127
- Zeitschriften **15** 150
- Zuordnungswahlrecht bei Gegenständen **15** 165 ff.

**Gemischte Leistungen 3** 205 ff.; **4 Nr. 12** 15 ff.
**Gemischte (steuerpfl. – steuerfreie) Verwendung**, Vorsteueraufteilung
- allgemeine Kosten **15** 476, 489 ff.
- Beurteilungszeitraum **15** 490
- Einzelzuordnung **15** 479 ff.
- Gebäude **15** 476 ff.
- gleichzeitige gemischte Verwendung **15** 476 f.
- Hilfsumsätze **15** 495
- Kreditinstitute **15** 491
- Maßstäbe **15** 478 ff.
- Mischfälle **15** 474 ff.
- Schätzung **15** 488 f.
- Umsatzschlüssel **15** 472 f., 478, 488 f.
- Verwaltungsgemeinkosten **15** 476, 489 ff.
- zeitlich aufeinander folgende gemischte Verwendung **15** 475

**Gesamtrechtsnachfolge**
- Ausscheiden d. vorletzten Gesellschafters **1** 137; **2** 251
- Berichtigungszeitraum **2** 238; **15a** 172 f.
- Erbe, s. dort
- Erbengemeinschaft, s. dort
- Erbvertrag **1** 43
- Gegenstände (Wirtschaftsgüter) **2** 234
- partielle **2** 247
- potentielle Verpflichtungen **2** 231 ff.
- Rechnungserteilung **2** 241; **14** 40 ff.
- Spaltung **1** 43, 138
- Umwandlungsvorgänge **1** 138 f.
- unfertige Rechtslagen **2** 231 ff.
- Unternehmen **1** 127, 137
- Verwendungsverhältnisse Wirtschaftsgut **2** 238
- Wirkungen **2** 226 ff.

**Gesamtumsatz 19** 22 ff.; **20** 10
**Geschäftsbesorgung 1** 36, 87; **2** 161; **3** 97, 189 ff.; **3a** 71
**Geschäftsführung, Geschäftsführer**
- Abgrenzung von Geschäftsbesorgung **1** 36; **2** 161
- Fahrzeugnutzung **1** 85; **10** 86
- Fremdorganschaft **2** 81
- Gegenleistung **1** 38, 81
- Haftung **13** 15 f.
- Kapitalgesellschaft **1** 39; **2** 49 ff., 81
- Leistung **1** 36 ff., 81 f.
- Personengesellschaft **1** 36; **2** 160 f.
- Selbständigkeit **2** 49 ff.
- Selbstorganschaft **2** 80
- Selbstverwaltungskörperschaft **2** 80
- Vergütung **1** 38

## Stichwortverzeichnis

- Vorsteuerabzug **15** 44 ff.
- Wettbewerbsverbot **2** 123
- Wohnungsüberlassung an **15** 104

**Geschäftsführung ohne Auftrag 1** 47
**Geschäftsgrundlage 29** 7
**Geschäftsräume**, Betreten **27b** 2 ff.
**Geschäftsveräußerung, im Ganzen**
- Auskunftsanspruch **1** 152
- Begriff, Allgemeines **1** 125, 128, 131
- Einbringung in Gesellschaft **1** 139 f.
- Erbauseinandersetzung **2** 245
- Fortführung durch Erwerber **1** 142
- (im) Ganzen **1** 143 ff., 147 f.
- gesondert geführter Betrieb **1** 133, 135, 148; **15** 452 f.
- Gründungsphase **1** 134, 140
- Gutglaubensschutz **1** 130
- Kapitalgesellschaft **1** 132
- Kundenstamm **1** 143 Fn., 146
- Miteigentum, Einräumung **1** 137
- Nichtsteuerbarkeit, Zweck **1** 125 f.
- Organgesellschaft **1** 132
- partielle Rechtsnachfolge **1** 150 ff.
- Rechtsfolgen **1** 150 ff.
- Taxikonzession **1** 143 Fn.
- Tochtergesellschaft **1** 132; **15** 448
- Umlaufvermögen **1** 147
- Umsatzsteuerschulden **1** 151
- unentgeltliche **1** 136
- Unternehmereigenschaft Erwerber **1** 141 f.
- vermietetes/verpachtetes Grundstück **1** 135
- Vorgründungsgesellschaft **1** 134
- Vorsteuerabzug **15** 452 f.
- Vorsteuerberichtigung **1** 152 ff.; **15a** 169 ff.
- wesentliche Grundlagen **1** 143 ff.
- Wettbewerbsverbot **1** 133 Fn.
- Zurückbehaltung Wirtschaftsgüter **1** 149
- Zwangsversteigerung **1** 133 Fn.

**Geschäftswert**, s. *Firmenwert*
**Geschenke**, s. *unentgeltliche Leistungen* und *Vorsteuerabzug (Geschenke)*
**Geschichte** d. Umsatzsteuer **Vorbem.** 1 ff.
**Gesellschaft**
- Anteilsübertragung **3** 6; **4 Nr. 8** 25; **15** 446 f.
- Arbeitsgemeinschaft **2** 127
- Aufnahme von Gesellschaftern **4 Nr. 8** 26; **15** 440
- Ausstrahlung der Unternehmereigenschaft auf Gesellschafter **2** 165; **13b** 122; **15** 44 ff.
- Beurkundung Gesellschaftsvertrag **15** 37, 95
- Gesellschafter, s. dort
- (oder) Gesellschafter als Leistungsempfänger **15** 87
- Gründung **2** 202 f.; **4 Nr. 8** 26; **15** 34 ff., 440 f.
- Kapitalgesellschaft, s. dort
- Kostenerstattung an Gesellschafter, Vorsteuerabzug **15** 81
- nichtunternehmerischer Bereich **2** 195 ff.
- Personengesellschaft, s. dort
- unentgeltliche Leistungen an Gesellschafter **3** 174 f., 182; **14** 49; **15** 257 f.
- Veräußerung **1** 132; **15** 448
- verbilligte Leistungen an Gesellschafter **10** 121 ff.; **14** 47 f.
- Zurechnung von Leistungen **1** 69, 71, 73

**Gesellschafter**, s. auch *Gesellschaft*
- Anteilsübertragung **3** 6; **4 Nr. 8** 1, 25
- Arbeitsvertrag **2** 52
- Ausscheiden **4 Nr. 8** 27
- beherrschender, s. dort
- Beiträge **1** 81 ff.; **2** 158 ff.
- Dienstleistungen **1** 81 f.
- Einlagen **1** 81, 94; **2** 159; **15** 25 ff.; **15a** 110 ff., 177 ff.
- Geschäftsbesorgung **1** 36, 82; **2** 161
- Geschäftsführung, s. dort
- Haftung für Steueransprüche **13a** 15
- Haftungsrisiko, Tragung **1** 37
- (als) Leistungsempfänger Steuerschuldner **13b** 60 f.
- mittelbarer Unternehmer/Mitunternehmer **2** 165 ff.; **15** 44 ff.
- Nutzungsüberlassungen **3** 14 f.
- Reisekosten **15** 45, 83
- Sacheinlagen **1** 81, 94
- Sonderbetriebsausgaben **15** 44 ff.
- Sonderbetriebsvermögen s. dort
- Umsätze gegenüber Gesellschaft **2** 162 ff.
- unentgeltliche Leistung an Gesellschaft **15** 44 ff., 257 f.
- Unternehmer **2** 162 f., 166 f.
- verbilligte Leistungen an – **10** 120 ff., **15** 256
- Vermietung an Gesellschaft **2** 163 f.
- Vertretung **1** 37
- Vorsteuerabzug **2** 165 ff.; **15** 44 ff., 257 f.
- Wettbewerbsverbot **2** 123
- Zurechnung der Tätigkeit **2** 171 f.

**Gesetzesänderung**
- Allgemeines **27** 1 ff.
- Ausgleichsanspruch, zivilrechtlicher **29** 1 ff.
- Billigkeitsregelung **27** 2
- Einfuhrumsatzsteuer **27** 11
- Innergemeinschaftlicher Erwerb **27** 11
- Steuersatz, s. *Steuersatz, Änderung des*
- Teilleistungen **27** 13 f.
- Übergangsregelungen, spezielle **27** 33 ff.
- Vorauszahlungen **27** 21 ff.
- Vorsteuerabzug **27** 28, 39 f.

**Gesetzgebungskompetenz Vorbem.** 30 ff., 45
**Gesonderter Steuerausweis**
- Anspruch auf **14** 28 ff.
- Bedeutung **14** 4 ff.
- Berichtigung **14** 8, 11, 29, 33, 115 ff.; **14c** 55 ff., 82; **17** 8
- „deutsche" Steuer **14** 100
- Differenzbesteuerung **25a** 54 ff.
- fremde Währung **14** 98
- geschäftsähnliche Handlung **14c** 25
- mehrere Rechnungen/Gutschriften **14c** 29 f.

1723

- Mehrzahl von Leistungsempfängern **14** 101; **15** 193
- Nichterforderlichkeit **14** 109 ff.; **15** 199 ff.
- (durch) Organgesellschaft **14** 39; **14c** 26, 77
- Organkreis, innerhalb **14c** 17
- Rechnungsangabe, notwendige **14** 98 ff.
- unberechtigter, s. *unzulässiger Steuerausweis*
- unzulässiger, s. *unzulässiger Steuerausweis*
- Verbot **14** 44; **14a** 14; **14c** 44, 46 f., 49, 72 ff.; **25a** 55
- verjährte Steuer **14c** 44
- Widerruf **14** 116
- Zurechnung **14c** 24 ff.
- (bei) Zuzahlung Dritter **14** 102; **14c** 80

**Gewährleistung** **3** 87
**Gewerbsmäßige Nichtentrichtung ausgewiesener Steuer 26b; 26c** 7
**Gewinnspiel** **1** 17 Fn. 4
**Gleichbehandlungsgebot**, s. *Wettbewerbsneutralität* und *Willkürverbot* und *Rechtsformneutralität*
**Gleichgewicht** von Steuer und Vorsteuer **13** 30; **14** 7; **14c** 2
**GmbH**, s. *Kapitalgesellschaft* u. *Gesellschafter*
**GmbH & Co. KG**, s. auch *Gesellschafter* und *Kapitalgesellschaft* und *Personengesellschaft*
- Geschäftsführung **1** 36, 39; **2** 51, 160
- Organschaftsverhältnis **2** 281 f., 300 f.

**Gold**, s. *Edelmetalle*
**Grunddienstbarkeit** **1** 25; **4 Nr. 9** 11
**Grundgeschäfte**, sog. **1** 93 ff.
**Grundstück (Gebäude)**
- Abbruchleistungen, Vorsteuerabzug
- Ankaufsrecht, Verzicht auf **4 Nr. 9** 10
- Begriff **3a** 38 f.; **4 Nr. 9** 4, 18 ff.; **4 Nr. 12** 4 ff.; **15** 393 ff.
- Beschädigung durch Mieter **4 Nr. 12** 14
- Bestandteile, wesentliche **4 Nr. 9** 21 f.
- Betriebsvorrichtungen **4 Nr. 9** 22 f.
- Entnahme **4 Nr. 9** 26
- Gebäude auf fremdem Grund und Boden, s. dort
- grundstücksgleiche Rechte **4 Nr. 9** 19 f.
- Miteigentum **3** 7, 91; **4 Nr. 9** 4, 18; **15a** 84 ff.
- Nießbrauch, s. dort
- Privatnutzung **4 Nr. 12** 27 ff.
- Sanierung, Vorsteuerabzug **15** 451
- Schenkung **3** 30 f.; **4 Nr. 9** 25; **15a** 82 ff., 89 (Beisp. 2), 92, 175 ff.
- unentgeltliche Überlassung **4 Nr. 12** 29; **15a** 183 ff.
- Vermietung und Verpachtung, s. dort
- Vorsteueraufteilung **15** 387, 476, 479 ff.
- Vorsteuerberichtigung, s. *Berichtigung des Vorsteuerabzugs wegen Änderung der Verwendung*
- Wohnungs-, Teileigentum **4 Nr. 9** 18
- Zubehör **4 Nr. 9** 24
- Zuordnung zum Unternehmen **15** 158, 165 ff., 335 f., 387 f.; **15a** 118 ff.

**Grundstückslieferung**
- Bauträgermodell **4 Nr. 9** 12
- Betriebsvorrichtungen **4 Nr. 9** 22 f.
- Geschäftsveräußerung **1** 134
- Steuerbefreiung, s. *Grundstücksumsätze*
- Steuerschuldner **13b** 78 ff.
- Zubehör **4 Nr. 9** 24
- Zwangsversteigerung **4 Nr. 9** 7, 24; **13b** 80, 144, 152

**Grundstückslieferung**, steuerpflichtige
- Betriebsvorrichtungen **4 Nr. 9** 22 f.; **13b** 80
- Leistungsempfänger als Steuerschuldner **13b** 78 ff.
- Steuerentstehung **13** 18
- Steuersatz **27** 15
- Übernahme Grunderwerbsteuer **10** 34; **13b** 151
- Zeitpunkt **3** 30, 40

**Grundstücksumsätze**, Steuerbefreiung
- Ankaufsrecht, Verzicht auf **4 Nr. 9** 10
- Bauleistungen **4 Nr. 9** 14
- Bauträgermodell **4 Nr. 9** 12
- Berichtigung des Vorsteuerabzugs, s. *Berichtigung des Vorsteuerabzugs wegen Änderung der Verwendung*
- Bestandteile, wesentliche **4 Nr. 9** 20 ff.
- Betriebsvorrichtungen **4 Nr. 9** 22 f.
- Eigentumswohnung **4 Nr. 9** 18
- Entnahme **4 Nr. 9** 25 f.
- Erbbaurecht, Bestellung **4 Nr. 9** 11
- Erbbaurecht **4 Nr. 9** 19
- Gebäude auf fremdem Boden **4 Nr. 9** 17 f.
- Geschäftsveräußerung im Ganzen **4 Nr. 9** 2
- Grunderwerbsteuergesetz, Fallen unter **4 Nr. 9** 5 ff.
- Grundstücksbegriff **4 Nr. 9** 4, 18 ff., s. auch *Grundstück*
- grundstücksgleiche Rechte **4 Nr. 9** 19 f.
- Grundstückslieferung **4 Nr. 9** 6 ff.
- Grundstücksüberlassungen **4 Nr. 9** 8 f.
- Mietkaufvertrag **4 Nr. 9** 9
- Miteigentum **4 Nr. 9** 18
- Nießbrauch, s. dort
- Organschaft **4 Nr. 9** 13
- Sanierungskosten, Vorsteuerabzug **15** 451
- Schenkung, unentgeltliche Lieferung **4 Nr. 9**; **15a** 89, 92, 175 ff.
- Übertragung Vorsteuervolumen **15a** 179 ff.
- Umfang **4 Nr. 9** 21 ff.
- Vermietung und Verpachtung, s. dort
- Verzicht **4 Nr. 9** 3; s. auch *Verzicht auf Steuerbefreiung*
- Verzicht auf Ankaufsrecht **4 Nr. 9** 10
- wesentliche Bestandteile **4 Nr. 9** 21 f.
- Wohnungs-, Teileigentum **4 Nr. 9** 18
- Zubehör **4 Nr. 9** 24
- Zwangsversteigerung **4 Nr. 9** 7, 24; s. auch *Zwangsversteigerung*
- Zweck **4 Nr. 9** 1, 3

**Gutglaubensschutz**, s. *Vertrauensschutz*
**Gutschein** **1** 28; **13** 28
**Gutschrift**, s. auch *Rechnung*
- Abrechnungslast, sog. **14** 56 a.E.

– Begriff **14** 55 ff.
– als Berichtigung/Ergänzung einer Rechnung **14** 58
– gesonderter Steuerausweis, s. dort
– kaufmännische **14c** 80
– Kennzeichnung **14** 105 f.
– unzulässiger Steuerausweis **14c** 28 ff.
– Vereinbarung **14** 59 ff.
– Widerspruch **14** 62 ff.; **14c** 30; **15** 216 ff.
– Zweck **14** 56

**Haftung** für Steuer- u.ä. Ansprüche
– Abtretungsempfänger, s. *Haftung des Empfängers einer abgetretenen Forderung*
– Akzessorietät **13a** 19; **13c** 36
– Allgemeines, Überblick **13a** 12 ff.
– Begriff **13a** 12 ff.
– Betriebsaufspaltung **2** 259; **13a** 15
– Betriebsübernehmer **13a** 15
– Erstattungsansprüche **13a** 17
– Gesamtschuldnerschaft **13a** 19; **13c** 35
– Geschäftsführer, ges. Vertreter **13a** 15 f.
– Gesellschafter einer Personengesellschaft **13a** 15
– Haftungsbescheid **13a** 19; **13c** 37
– Karussellgeschäfte **25d** 1 ff.
– Lagerhalter **13a** 10
– Organgesellschaft **2** 259 Fn.; **13a** 18 Fn.
– Rechnungsaussteller **14c** 70
– bei Steuerhinterziehung **14c** 70; **25d** 10
– Subsidiarität **13c** 38; **25d** 11
– für zu Unrecht gewährte Steuervergütung (Vorsteuer) **13a** 18
– Unternehmenserwerb, Firmenfortführung **13a** 15
– unzulässiger Steuerausweis **14c** 3, 70
– Vereinsvorstand **13a** 16
– Vorsteuerberichtigungsbeträge **13a** 17
– wesentlich Beteiligter **2** 259; **13a** 15
– Zurechnungsgrund **13a** 15; **25d** 5

**Haftung des Empfängers einer abgetretenen Forderung**
– Abtretung zum Zwecke der Einziehung **13c** 10
– Allgemeines, Zweck **13c** 1 ff.
– Einziehung durch Abtretenden **13c** 26 f.
– Einziehung durch Insolvenzverwalter **13c** 28
– Factoring, sog. **13c** 9 f.
– festgesetzte Steuer **13c** 13 ff.
– Forfaitierung **13c** 9
– Forderung aus steuerpflichtigem Umsatz **13c** 11 ff.
– Forderungsverkauf **13c** 9
– Insolvenzverfahren **13c** 15, 27 f.
– Nettoabtretung **13c** 8
– Nichtentrichtung der Steuer **13c** 16 ff.
– Organschaft **13c** 4, 24
– Sicherungsabtretung **13c** 2, 6
– stille (verdeckte) Abtretung **13c** 26
– Teilabtretung **13c** 8 ff.
– Umfang **13c** 29

– Vereinnahmung der Gegenleistung **13c** 25 ff.
– Verpfändung/Pfändung **13c** 43
– Verwirklichung des Haftungsanspruchs **13c** 35 ff.
– Weiterabtretung **13c** 31 ff.
– Zahlung durch den Abtretungsempfänger **13c** 34

**Handeln für fremde Rechnung 2** 180 ff.; **3** 97 ff., 189 ff.

**Handelsvertreter**, s. *Vermittlung*

**Hauptleistung 3** 202 ff.

**Heilberufliche Tätigkeit**, Heilbehandlung, Steuerbefreiung
– ähnliche heilberufliche Tätigkeit **4 Nr. 14** 10 ff.
– Apparategemeinschaften **4 Nr. 14** 52 ff.
– Arzt mit eigenem Krankenhaus **4 Nr. 14** 32
– Befähigungsnachweis **4 Nr. 14** 9
– Besorgung **4 Nr. 14** 51
– Einrichtung ärztl. Heilbehandlung **4 Nr. 14** 22 ff.
– einrichtungsfremde Leistungen **4 Nr. 14** 40
– Fortführung durch Erben **4 Nr. 14** 7
– freie Mitarbeiter **4 Nr. 14** 6
– Gemeinschaftspraxis **4 Nr. 14** 52
– Gutachten für Dritte **4 Nr. 14** 16
– Heilbehandlungen **4 Nr. 14** 12 ff.
– heilberufliche Tätigkeiten **4 Nr. 14** 5, 10
– klinische Chemiker **4 Nr. 14** 34
– labormedizinische Leistung **4 Nr. 14** 29, 34
– Lieferung von medizinischen Hilfsmitteln **4 Nr. 14** 18, 48 f.
– Praxisgemeinschaften **4 Nr. 14** 52 ff.
– Rechtsform **4 Nr. 14** 8, 24, 28
– Schönheitsoperationen **4 Nr. 14** 15
– Studien, Teilnahme an **4 Nr. 14** 17
– tierärztliche Leistungen **4 Nr. 14** 2
– Verwaltungsleistungen **4 Nr. 14** 55
– Vortragstätigkeit **4 Nr. 14** 17
– Zahnersatz, Lieferung von **4 Nr. 14** 19 ff.
– Zentren für ärztliche Heilbehandlung **4 Nr. 14** 33 ff.
– Zweck **4 Nr. 14** 3

**Helgoland**
– Ausland, umsatzsteuerrechtliches **1** 157
– Personenbeförderung mit Wasserfahrzeugen nach, Steuerbefreiung **4 Nr. 6** 4

**Hilfsumsätze (-geschäfte) 1** 100 ff.; **12** 112; **15** 496; **19** 27

**Hingabe an Zahlungs statt 10** 78 ff.

**Hochschullehrer**
– Lehrtätigkeit **4 Nr. 21** 10 ff.
– Prüfungsmitwirkung **4 Nr. 26** 33
– Vorsteuerpauschalierung **23** 34 ff.

**Holding**, sog.
– gemischte **2** 196
– als Organträger **2** 75 f., 279 f.
– Unternehmereigenschaft **2** 70 ff.
– Vorsteuerabzug **2** 70 ff.; **15** 51 ff., 117

**Hospiz 4 Nr. 14** 12, 38

**Im Ausland ansässiger Unternehmer**, *s. Ausland, im – ansässiger Unternehmer*
**Indirekte Steuer Vorbem. 19**
**Industrieschrott 13b** 97 ff.
**Inland**
- Ausschlüsse **1** 157 ff.
- Begriff **1** 156 ff.
- Botschaften **1** 161
- Einfuhr im **1** 122
- Freihäfen, s. dort
- Küstenmeer, Wattenmeer **1** 159, 162
- Leistung im **1** 114 f.
- Schiffe, Luftfahrzeuge **1** 160 f.
- Transitbereich **1** 161

**Innenleistungen** (-umsätze) **1** 34 f.; **2** 305 ff., 339; **14c** 10 f.
**Innergemeinschaftliche Lieferung**, Steuerbefreiung
- Allgemeines, Zweck **6a** 2 f.
- Abnehmervoraussetzungen **6a** 13, 18 ff.
- Abholung durch Abnehmer **6a** 11, 14 f., 38 f., 42 f., 68 f.
- Be- oder Verarbeitung des Gegenstandes durch Dritte **6a** 29 ff.
- Beförderung oder Versendung **6a** 11, 14 f.
- Belegnachweis **6a** 61 f.
- Besteuerung in anderem Mitgliedstaat **6a** 22 ff.
- Buchnachweis **6a** 56, 59, 78 ff.
- Frist **6a** 15
- Gegenstand der Lieferung **6a** 6, 11
- Gelangensbestätigung **6a** 61 ff.
- Konkurrenzen **6a** 8
- Konsignationslager **6a** 13
- Kommissionsgeschäft **6a** 13
- Korrespondenzprinzip **6a** 4, 24
- Lieferung für das Unternehmen des Abnehmers **6a** 21, 93
- Meldepflicht **18a** 1 ff.
- Montagelieferung **6a** 6
- Nachforschungspflichten **6a** 19, 23, 83
- Nachweis **6a** 54 ff.
- neue private Fahrzeuge **6a** 32 f.
- Ort der Lieferung **6a** 12 f.
- Rechnung **14a** 9 ff.
- Rechnungserteilung **6a** 11
- Reihengeschäfte **6a** 34 ff.
- Steuererklärungspflicht **18b** 1 ff.
- Transportgefahr **6a** 7, 16
- USt-IdNr. des Abnehmers **6a** 20, 23 ff., 80 ff., 89 ff.
- unentgeltliche Lieferung **6a** 45 ff.
- Untergang des Gegenstandes **6a** 16 f.
- Unternehmereigenschaft des Abnehmers **6a** 20, 90
- Verbringen **6a** 48 ff., s. auch *Verbringen*
- Vertrauensschutz **6a** 19, 87 ff.
- Vollbeweis **6a** 84 ff.
- Vorherige Be- oder Verarbeitung durch Dritte **6a** 29 ff.
- Vorsteuervergütung an Abnehmer **6a** 10
- Werklieferung **6a** 6

- Zusammenfassende Meldung **6a** 24 f., 55, 84

**Innergemeinschaftlicher Erwerb**
- Allgemeines, Zweck **1** 117 ff.; **1a** 1 f.
- Abholung **1a** 13, 24
- Abnehmer **1a** 7 ff.
- Auslieferungslager **1a** 11, 39
- Ausnahmen **1a** 46 ff.; **1c** 1
- Be- oder Verarbeitung des Gegenstandes **1a** 14
- Bemessungsgrundlage **10** 3, 68 f.; **17** 87 ff.
- Besteuerungstechnik **1** 120
- Differenzbesteuerung **25a** 50, 52
- Dreiecksgeschäft **1a** 33; **25b** 1 ff.
- Entstehung der Steuer **13** 48 ff.
- Erwerberkriterien **1a** 25, 46 ff.
- Fiktion **1a** 34 ff.
- Gegenstand der Lieferung **1a** 5, 15 f.
- jur. Person als Nichtunternehmer **1a** 25, 29
- Kauf auf Probe **1a** 10
- Kenntniserlangung **1a** 19, 31
- Kleinunternehmer **1a** 46
- Kommissionsware **1a** 12, 39
- Konsignationslager **1a** 11, 39
- Korrespondenz m. Steuerbefreiung **6a** 3 f., 14, 22
- Land- und Forstwirte **1a** 46; **24** 16
- Liefererkriterien **1a** 30
- Lieferungsmodalitäten **1a** 5 ff.
- Montagelieferung **1a** 15
- neues Fahrzeug **1a** 2, 30 Fn., 48; **1b** 1 ff.; **18** 98 f.
- nichtunternehmerischer Erwerb **1a** 27
- Option **1a** 47
- Organgesellschaft **1a** 26
- Ort **3d** 1 ff.
- Rechnung, Bedeutung **1a** 31; **14a** 9
- Reihengeschäft **1a** 33
- Rückgängigmachung **17** 78
- Steuerbefreiungen **4b** 1 ff.
- Steuerschuldner **13a** 5
- Transportgefahr **1a** 8 f., 13, 20 ff.
- Überführungsfahrt **1a** 24
- unentgeltliche Lieferung **1a** 32
- Untergang des Gegenstandes **1a** 20 ff.
- Unternehmer mit steuerfreien Umsätzen **1a** 46
- USt-IdNr. **1a** 12; **3d** 4 ff.
- verbrauchsteuerpflichtige Waren **1a** 48; **10** 68 f.
- Verbringen eines Unternehmensgegenstandes in das Inland **1a** 34 ff., s. auch *Verbringen*
- Verzicht auf die Nichtbesteuerung **1a** 47
- Vorsteuerabzug **15** 315 ff.
- vorübergehende Verwendung **1a** 43 ff.
- Werklieferung **1a** 16, 41

**Innergemeinschaftliches Dreiecksgeschäft 1a** 33; **25b** 1 ff.
**Insolvenz, Insolvenzverfahren**
- Aufrechnung (Verrechnung) von Vorsteuerbeträgen **16** 33 ff., 39

- Aussonderungsrecht d. Steuergläubigers 13 62; 16 16
- Begründetheit des Steueranspruchs 13 4, 59 ff.; 16 16 f., 39
- Begründetheit von Ansprüchen der Masse 16 33 ff.
- Berichtigung des Vorsteuerabzugs bei Verwendungsänderung 15a 151 Fn.
- Besteuerungszeitraum 16 8
- Einziehung abgetretener Forderung 13c 28
- Erfüllungsablehnung 13 15; 17 73
- Fälligkeit 18 36 Fn.
- Haftung des Erwerbers einer abgetretenen Forderung, s. dort
- Insolvenzforderung 13 59, 62; 16 16
- Masseverbindlichkeit 13 59 ff.; 16 16
- Organschaft 2 232
- Schuldner als Unternehmer 2 11 a.E., 127, 159; 16 17
- Sicherungseigentum, Verwertung, s. dort
- Steuerberechnung 16 16 f.
- Steuererklärungs-, Steueranmeldungsverpflichtungen 18 6, 9
- Tabelle, Anmeldung 18 40
- Umsatzsteuerbeträge als Fremdgelder 13 57 f.; 13a 5
- Umsatzsteuerfragen, weitere Vorbem. 79
- Uneinbringlichkeit von Forderungen 17 55
- Unternehmenseinheit 2 194; 16 8
- Verwertung von Sicherungsgut, s. Sicherungseigentum, Verwertung
- Verwertung von Privatvermögen 15 149
- Verzicht auf Anfechtungsrecht 1 54

**Insolvenzverwalter**
- Angestellter, Rechnungserteilung 2 176; 15 147
- Leistung gegenüber der „Masse" 15 62 Fn.
- Sozietät, Zurechnung, Rechnungserteilung 1 69; 2 176; 15 192
- Steuererklärungs-, Steueranmeldungsverpflichtung 18 6, 9
- Ort der Leistung 3a 99
- Unternehmer 2 125
- Verwertung von Absonderungsgut 1 14

**Instandhaltung, unterlassene** 1 12 Fn.
**Interessenvereinigung**, Unternehmereigenschaft 2 145 f.
**Investitionsgut** 3 12; 15a 10
**Inzahlunggabe/-nahme** 1 84; 10 88 ff.; 13 29; 14c 30 a.E.
**Irrtum**, s. auch *Vertrauensschutz*
- beiderseitiger 10 15
- Kalkulation 10 15
- Steuersatz Vorbem. 22
- Steuerpflicht Vorbem. 22, 25
- Unternehmereigenschaft, eigene Vorbem. 21
- Vertragsanpassung 10 15

**Ist-Versteuerung/-Prinzip**, sog., s. *Steuerberechnung nach vereinnahmten Entgelten*
**Investmentvermögen**, Verwaltung, Steuerbefreiung 4 Nr. 8 32

**Jugendherbergen** u.Ä., Steuerbefreiung 4 Nr. 24 1 f.
**Jugendhilfe**, Steuerbefreiung 4 Nr. 25 1 ff.
**Jugendliche**, Betreuung, Steuerbefreiung 4 Nr. 23 1 ff.; 4 Nr. 25 1 ff.
**Juristische Personen**
- Begriff 1a 28 f.; 3a 34; 13b 23
- innergem. Erwerb 1a 25
- Leistungsempfänger, Steuerschuldner 13b 22 ff., 122
- öffentlichen Rechts, s. *Juristische Personen des öffentlichen Rechts*

**Juristische Personen des öffentlichen Rechts**
- Abfallentsorgung 2 381
- Abwasserentsorgung 2 382
- Anstalt 2 351, 358
- Aufgabenerfüllung durch Dritte 1 42
- Ausübung öffentlicher Gewalt 2 369 ff.
- Begriff 2 355 ff.
- Benutzungsgebühren 2 380
- Bestattungen 2 383
- Betrieb gewerblicher Art 2 360 ff.
- Eigenbetrieb, Prüfung durch Aufsichtsbehörde 15 94
- Entsorgungseinrichtungen 2 381 ff.
- Feuerbestattung 2 383
- Fußgängerzone, Unterhalten 15 139
- gebührenpflichtige Amtshandlungen 2 379
- Hoheitsbetriebe 2 369
- Holding, s. dort
- Kammern 2 357
- Körperschaften 2 357
- Konkurrentenklage 2 372
- Land- und forstwirtschaftlicher Betrieb 2 388
- Marktplatz, Standüberlassung, Unterhalten 2 386; 15 139, 164
- nichtunternehmerischer Bereich 2 195 a.E., 391
- Parkplatzüberlassung 2 384
- Religionsgemeinschaften 2 357
- Rundfunkanstalten 2 369
- Stiftungen 2 214
- Tierkörperbeseitigung 2 387
- Toilettenanlage 2 385
- Unternehmen 2 390
- Unternehmer 2 351 ff.
- Vermögensverwaltung 2 365 f.
- Verteilung knapper Güter 2 385
- Zwangs- und Monopolrechte 2 369 ff.
- Zweckverbände 2 357

**Kammermusikensemble**, Steuerbefreiung, s. *Kulturelle Einrichtungen*
**Kapitalgesellschaft**
- Aufnahme weiterer Gesellschafter 4 Nr. 8 26; 15 440
- Aufsichtsratsmitglied, s. dort
- beherrschender Gesellschafter, s. dort
- Einlagen 1 94
- Fahrzeugüberlassung an Geschäftsführer u.Ä. 10 86

- gelöschte **2** 20 Fn.
- Geschäftsführung **1** 39; **2** 49 f., 81
- gescheiterte Gründung **2** 206
- Gesellschafter, s. dort
- Gründung **2** 202 ff.; **15** 51 i.V.m. 46 a.E., 440 f.
- Haftung des wesentlich Beteiligten **13a** 15
- Holding, sog., s. dort
- Kapitalerhöhung **4 Nr. 28** 26; **15** 440 f.
- Notariatsgebühren bei Gründung **15** 37, 440
- öffentlich-rechtliche Aufgaben, Wahrnehmung **2** 355
- Organschaft, s. dort
- Übertragung aller Anteile **1** 132
- Umwandlung **2** 247 ff.; **15** 442
- Vorgesellschaft **2** 206
- Vorgründungsgesellschaft **2** 203, 205
- Vorstand **2** 49, 80 f.

**Kartenspiel**, Teilnahme **1** 17; **2** 113

**Kettengeschäft**, s. *Reihengeschäft*

**Kindergarten**, Steuerbefreiung **4 Nr. 23** 6

**Kindertagespflege**, Steuerbefreiung **4 Nr. 25** 7

**Klagebefugnis**
- Konkurrentenklage **Vorbem.** 49; **2** 372; **12** 64 Fn.
- Steuerträger (Verbraucher) **Vorbem.** 19, 28; **18** 79 ff.
- Unternehmer **Vorbem.** 19, 29; **18** 77

**Kleinunternehmer**
- Allgemeines **19** 1 ff.
- ausländischer **13b** 140; **19** 2
- Erbe **2** 237, 239 a.E.; **19** 21, 42
- Fahrzeuglieferung **19** 46
- Gesamtumsatz **19** 22 ff.
- innergem. Erwerb **1a** 46
- (als) Leistungsempfänger Steuerschuldner **13b** 118, 141; **19** 3
- Steuererklärungspflicht **19** 5
- Übergang (Wechsel) zur Besteuerung/Nichtbesteuerung **15a** 132 f.; **19** 43 ff.
- Umsatzgrenzen **19** 1, 15 ff.
- unzulässiger Steuerausweis **14c** 75; **19** 6
- Verzicht auf Kleinunternehmerstatus **19** 14, 34 ff.
- Verzicht auf Steuerbefreiung **9** 3; **19** 9
- Wettbewerbsvorteil **19** 11 ff.

**Kommissionsgeschäft**
- Allgemeines **3** 97, 189 f.
- Bemessungsgrundlage **3** 99 f., 103 f., 193 ff.; **10** 74
- Dienstleistungskommission **3** 189 ff.
- Differenzbesteuerung **25a** 11
- Einfuhrumsatzsteuer **15** 294, 305
- Einkaufskommission **3** 101 ff.
- innergemeinschaftl. Erwerb **1a** 39
- innergemeinschaftliche Lieferung **6a** 7
- Ort der Lieferung **3** 124
- Verkaufskommission **3** 98 ff.

**Konkurrentenklage Vorbem.** 49; **2** 372; **12** 64 Fn.

**Körperschaft des öffentlichen Rechts**, s. *juristische Person des öff. Rechts*

**Korrespondenzprinzip 1a** 3; **3a** 15; **6a** 4, 24; **13b** 12, 17

**Kostenerstattung**
- Rechtsanwalt in eigener Sache **1** 47 a.E.
- Vorsteuerabzug **15** 81 ff., 91 f.

**Kostenrecht** und Umsatzsteuer **Vorbem.** 79

**Kraftfahrzeugnutzung**, s. *Fahrzeugnutzung*

**Krankenbeförderung**, Steuerbefreiung **4 Nr. 17** 2 f.

**Krankenhäuser**, Steuerbefreiung
- Abgrenzung zu heilberuflichen Tätigkeiten **4 Nr. 14** 4
- Einrichtung, Begriff **4 Nr. 14** 28 ff.
- Geräteüberlassung **4 Nr. 14** 46
- Gutachten **4 Nr. 14** 47
- heilberufliche Leistungen **4 Nr. 14** 23, 33 ff.
- Juristische Person des öffentlichen Rechts **4 Nr. 14** 24 f.
- Lieferungen **4 Nr. 14** 48
- „Nebenleistungen" **4 Nr. 14** 44
- Personalgestellung **4 Nr. 14** 46
- Praxisklinik **4 Nr. 14** 33
- private Einrichtungen **4 Nr. 14** 27, 32
- verbundene Umsätze **4 Nr. 14** 42 ff.
- zugelassene **4 Nr. 14** 31
- Zweck **4 Nr. 14** 3

**Kreditgewährung**, Steuerbefreiung **3** 204; **4 Nr. 8** 1 ff., 8 ff., 15

**Kreditkartengeschäft**
- Bemessungsgrundlage **10** 40 ff.
- Steuerbefreiung **4 Nr. 8** 12

**Kriegsschiffe**, Versorgung **8** 8

**Kulanzleistung 3** 87

**Kulturelle Einrichtungen**, Steuerbefreiung
- begünstigte Einrichtungen **4 Nr. 20** 3
- Bescheinigung **4 Nr. 20** 6, 11 f.
- Dirigenten **4 Nr. 20** 9
- „Nebenleistungen" **4 Nr. 20** 5
- Solokünstler **4 Nr. 20** 7 ff.
- Veranstalter **4 Nr. 20** 13 f.
- Zweck **4 Nr. 20** 2

**Kulturelle Veranstaltungen**, Steuerbefreiung **4 Nr. 22** 1 ff.; **4 Nr. 25** 8

**Kunstgegenstände**
- Differenzbesteuerung **25a** 29 f., 44
- Steuersatz **12** 16, 109 ff.

**Küstenmeer 1** 159, 162

**Land- und Forstwirte**
- Anlagegegenstände, Lieferung **24** 23
- Aufzucht fremden Viehs **24** 27
- Ausland, Umsätze im – **24** 3
- Beherbergungs- und Beköstigungsleistungen **24** 28
- Betriebsaufgabe **24** 22
- Dienstleistungen **24** 24 ff.
- Durchschnittssätze **24** 1, 31 ff.
- Entnahmen **24** 41
- Einfuhr **24** 16
- Erzeugnisse, Lieferung **24** 18 ff.
- Gärtnerei **24** 30
- gesondert geführter Betrieb **1** 133; **24** 43

Stichwortverzeichnis

- Gewerbebetrieb kraft Rechtsform **24** 13 f.
- Hilfsgeschäfte **24** 23
- innergemeinschaftlicher Erwerb **1a** 46 ff.; **24** 16
- Jagdverpachtung **24** 28
- jPdöR **2** 388
- land- und forstwirtschaftlicher Betrieb **24** 7 ff.
- (als) Leistungsempfänger Steuerschuldner **13b** 118, 142
- Milchquotenüberlassung **24** 26 Fn.
- Nebenbetrieb **24** 9 f.
- Nebeneinander verschiedener Betriebe **24** 43 ff.
- Organschaft **24** 48
- Pensionspferde **24** 28
- Rechnungserteilung **24** 2, 42
- Reiterhof **24** 28
- Steuerbefreiungen **24** 36 ff.
- Steuersätze **24** 1, 31 ff.
- Subventionierung **24** 2 ff.
- Übergang (Wechsel) zur allgemeinen Besteuerung und umgekehrt **15a** 102, 132 ff.; **24** 51
- unentgeltliche Leistungen **24** 41
- Verarbeitungstätigkeiten **24** 10, 21
- Vermietungen **24** 25 f., 28
- Verpachtungen **24** 26, 28
- Verzicht auf Durchschnittssatzbesteuerung **24** 49 ff.
- Verzicht auf Steuerbefreiungen **24** 26, 37
- Vorsteuerpauschalierung **24** 1, 40 f.
- weitere unternehmerische Tätigkeit **24** 43 ff.
- Zukauf fremder Erzeugnisse **24** 19 f.

**Leasing**, sog., s. auch *Vermietung* und *Mietkauf*
- Ausgleichszahlung bei vorzeitiger Kündigung **1** 53
- Lieferung **3** 32, 35 ff.
- Minderwertausgleich **1** 63; **17** 45; **27** 26
- Restwertausgleich **1** 63; **17** 45
- Sonderzahlung **13** 28; **15a** 35, 109

**Leerkassettenabgabe 3** 160

**Lehrer**, Steuerbefreiung **4 Nr. 21** 10 ff.

**Leistender**, s. *Zurechnung, personelle* und *Vertrauensschutz*

**Leistung** (bei), s. auch *Leistungsaustausch*
- Ablöseentschädigung **1** 54
- Abmahnung **1** 47
- Abnahme überschüssiger Energie **3g** 9
- Absatzförderung durch Zinssubvention **10** 59 Fn.
- aktive **1** 15 ff.
- Allgemeinheit, gegenüber **1** 40 ff.
- Annahmeverzug **1** 33, 47; **3** 39
- Anschluss- und Benutzungszwang **1** 47
- aufgedrängte **1** 47
- Aufteilung **3** 200 f.
- Aufteilungsverbot **3** 197 ff.
- Ausführungszeitpunkt, s. dort
- Bahncard **1** 32

- Befreiung von Geldzahlungsverpflichtung **1** 30; **10** 32
- Begriff, Merkmale **1** 7, 34, 40, 48, 57 ff.
- Bereicherungsausgleich **1** 55
- Bereinigung einer Unsicherheit **1** 30
- Bereitschaftsdienst **1** 15
- Beschädigung **1** 60 ff.
- Beteiligte **1** 34, 40
- Bevorzugung bei Auftragvergabe **1** 16
- (bei) Diebstahl **1** 56 ff.
- Drogenlieferung **1** 13 Fn.
- Dulden **1** 22 ff.; **3** 153
- Eigeninteresse (im) **1** 14; **3** 77, 178, 180
- Einheitlichkeit **3** 197 ff.
- Einsparmöglichkeit, Verschaffung **1** 32
- Empfänger **1** 11, s. auch *Leistungsempfänger*
- Enteignung **1** 45
- Entnahme **1** 65
- Erbvertrag **1** 43
- Erfüllung von Aufgaben einer jPdöR **1** 42
- Erleiden eines Schadens **1** 56 ff.
- Factoring **1** 18
- Falschgeldlieferung **1** 13 Fn.
- Fiktionen **1** 32, 65
- Forderungsabtretung **1** 29
- Forderungseinziehung **1** 18
- Freigabe, vorzeitige **1** 54
- Freiwilligkeit **1** 44 ff.
- (bei) Fremdnutzung **1** 25
- Gebäudeabbruch, Restwertentschädigung **1** 41
- Gefahrtragung **1** 33
- Geldspielautomaten **1** 17
- Geldwechseln **1** 28 Fn.
- Geldzahlung **1** 28
- gemischte **3** 105, 205 ff.
- Gesamtrechtsnachfolge **1** 43; **2** 229 f.
- Geschäftsführung **1** 18
- Geschäftsführung ohne Auftrag **1** 47
- gesetzliche Anordnung **1** 45
- gesondert berechnete **3** 200, 202, 207
- Gutschein **1** 28
- Hauptleistung **3** 202 ff.
- Innenleistung **1** 35
- Klagerücknahme als – **1** 23
- Kreditgewährung **1** 27
- Kommission **1** 65
- komplexe **3a** 10, 90, 129, 135
- Leistungsbereitschaft **1** 15
- Leistungsbündel **3** 197 ff.
- Leistungswille **1** 44
- Lizenzgewährung **1** 24
- Milchquotenverpachtung **1** 24
- (bei) Mitgliedsbeiträgen **1** 19
- Nebenleistung **1** 6; **3** 202 ff.
- Nießbrauch **1** 25
- Nutzung, Dulden der **1** 25
- Nutzungsentschädigung **1** 56 ff.
- Nutzungsüberlassung **1** 25
- Organkreis **1** 35
- Patentverletzung **1** 58

- Rechtsanwalt in eigener Sache **1** 47
- (ohne) Rechtsverhältnis **1** 44 f.
- Rechtsverzicht **1** 49
- rechtswidrige Beeinträchtigung **1** 26, 56 ff.
- (bei) Schadensersatz **1** 48 ff., 60 ff.
- Schmiergeldannahme **1** 16
- sittenwidrige **1** 13
- Sparkonto **1** 27
- Stornierung **1** 49
- (bei) Subvention **1** 41 f.
- (bei) Umlagen **1** 19
- unfreiwillige **1** 44 ff.
- Unterlassen **1** 22 ff.; **2** 123 f.; **3** 153
- Unterlassen von Wettbewerb **1** 23; **2** 123
- unwirksamer Vertrag **1** 13
- Urheberrechtsverletzung **1** 58
- verbilligte Vermietung im Interesse eines Dritten **1** 21
- verbotenes Verhalten **1** 13
- Verbringung **1** 65
- Vergleich **1** 30
- Verlustübernahme **1** 28, 41
- Vermögensschaden **1** 12
- Versicherungsschutz **1** 15 Fn.
- Vertragsauflösung (vorzeitige) **1** 23, 49 ff.; **4** Nr. 8 9
- Vertretungstätigkeit **1** 37
- Verwertungsrecht, Einräumung **1** 24
- Verzicht **1** 23, 26, 31, 42, 49, 52, 54 a.E.; **2** 123
- vorgetäuschte **1** 12
- Werbefahrt u.Ä. **1** 20
- Zeitpunkt **13** 12 ff.
- (bei) Zerstörung **1** 60 ff.
- Zinssubvention **10** 59 Fn.
- Zurechnung, personelle s. dort
- Zurechnung, sachliche, zeitliche s. dort
- zusammengesetzte **3** 197 ff.
- (bei) Zuschuss **1** 41; **10** 59
- Zwangskredit (Verzug) **1** 57 a.E.
- Zwangsversteigerung **1** 45

**Leistung gegen Entgelt**, s. *Leistungsaustausch*
**Leistungsaustausch**, s. auch *Leistung*
- Angemessenheit Gegenleistung **1** 78
- Arbeitnehmer, Sachleistung gegenüber **1** 91 ff.
- Begriff, Voraussetzungen **1** 8, 74 ff.
- Bestechung **1** 16; **3** 88
- Bezeichnung der Gegenleistung **1** 77
- freiwillige Zahlung **1** 76
- Geschäftsführung **1** 81
- Gesellschafterbeiträge, -einlagen **1** 81 f., 94
- Kausalität **1** 75
- Nutzungsentschädigung **1** 58
- Rechtsverhältnis **1** 76
- Rückgängigmachung (Rückabwicklung) **1** 79
- Rücklieferung **1** 79
- Sachprämie **3** 88
- Schadensersatz **1** 80
- Synallagma **1** 75
- Tausch, tauschähnlicher Umsatz **1** 84 ff.
- Umtausch **1** 79
- Umwandlungsvorgänge **1** 138; **2** 248
- Unentgeltlichkeit **1** 79
- unfreiwilliger **1** 44 ff.
- Vereinsbeiträge **2** 142 ff.
- Vertragsauflösung **1** 49 ff.

**Leistungsbereitschaft 1** 15
**Leistungsbündel 3** 197 ff.; **3a** 10, 90, 129, 135
**Leistungsempfänger**
- Allgemeinheit **1** 40 f.
- Beurkundung GmbH-Vertrag **15** 19
- Dritter **14** 80; **15** 67, 72 ff., 98
- Ehegatten **15** 84 ff.
- Einschaltung einer Mittelsperson **15** 72 ff.
- Ersatzvornahme **15** 97
- Erstattung von Rechtsanwaltskosten **15** 91
- Gebäude auf fremdem Grund und Boden **15** 72 f.
- gerichtlich beauftragter Sachverständiger **15** 94
- Gesellschaft oder Gesellschafter **15** 87
- identifizierbarer **1** 40
- Klage auf Feststellung **15** 66
- kraft Gesetzes **15** 62
- mehrere **13b** 116, 148; **14** 42, 81; **15** 68 ff.
- Mietereinbauten **3** 41 ff.; **15** 72 f.
- missbräuchliche Gestaltung **15** 62
- mittelbarer **14** 80; **15** 67 ff.
- Rechnungsangabe **14** 74 f., 78
- Reihengeschäft **15** 65
- Reparatur einer Sache durch Geschädigten **15** 90
- Steuerschuldner, s. *Steuerschuldnerschaft des Leistungsempfängers*
- tatsächlicher **15** 80
- unfreie Versendung **15** 88 f.
- unfreiwilliger **1** 47
- Vertrag zu Gunsten Dritter **15** 98
- Vertrauensschutz **2** 184
- (für) Vorsteuerabzug **14** 79; **15** 62 ff.
- Wiederbeschaffung eines Ersatzgegenstandes durch Geschädigten **15** 90
- wirtschaftlicher **14** 79; **15** 76 ff., 93 ff.

**Leistungswille 1** 44 ff.
**Liebhaberei 2** 98, 132 ff., 201, 207
**Lieferung**, s. auch *Verschaffung der Verfügungsmacht*
- Abgrenzung von sonstiger Leistung **3** 2 ff., 108 ff., 154 ff.
- Annahmeverzug **1** 33; **3** 39
- Ausführung **13** 13 ff.
- Beteiligung Dritter **3** 5, 45 ff., 126 f.
- CD, DVD **3** 156
- Diebesgut **3** 38
- Diebstahl **1** 56 ff.; **3** 24
- Doppel-, Dreifachlieferung **3** 29
- Eigentumsvorbehalt **3** 34, 37
- Einbauten **3** 11, 13, 41 ff.
- Einfuhr, nach **3** 148 ff.
- Energie **3** 8; **3g** 3 ff.
- Enteignung **1** 45; **3** 24
- Gebäude auf fremdem Grund und Boden **3** 11 ff., 41
- Gebäudeabriss **3** 25, 159

- Gefahrtragung, -übergang **1** 33; **3** 34, 39, 122; **13** 16
- Gegenstand, s. dort
- Gegenstand der Lieferung **3** 125
- Gegenstand, nicht vorsteuerentlasteter **1** 110 ff.; **3** 64 ff., 74 f.; **4 Nr. 28** 1 ff.
- Gehaltslieferung, sog. **3** 113 f.
- Kauf auf Probe **3** 146
- Kommissionsgeschäft **3** 97 ff.
- Leasing, sog. **3** 35 ff.
- Miet-, Ratenkauf **3** 32, 35 ff.
- Miteigentum **3** 7
- Nebenleistung **3** 4, 202, 205 ff.
- (bei) Nutzungs-, Nießbrauchsvorbehalt **3** 30, 90
- Ort, s. dort
- Reihengeschäft, Streckengeschäft **3** 5, 45, 129 ff.
- Rückgängigmachung, Rücklieferung **3** 4, 34; **17** 73
- Rückvermietung, Sale-and lease-back, sog. **3** 31 f.
- Sicherungsübereignung, Verwertung **3** 28 f.
- unentgeltliche, s. *unentgeltliche Leistungen*
- unfertiges Werk **13** 15
- Untergang der Ware auf dem Transport **1** 33; **3** 39; **12** 11
- Verschaffung der Verfügungsmacht, s. dort
- Werklieferung **3** 105 ff.
- Zeitpunkt **3** 33 ff., 40, 120, 149; **12** 10 ff.; **13** 16
- Zerstörung einer Sache **1** 60 ff.; **3** 24
- Zwangsversteigerung **1** 45; **3** 24

**Lohnveredelung an Gegenstand der Ausfuhr**, Steuerbefreiung
- Be- oder Verarbeitung **7** 8
- Begriff **7** 2
- Drittland, Gelangen in **7** 13
- Einfuhr, vorherige **7** 10
- Erwerb, vorheriger im Gemeinschaftsgebiet **7** 10
- Nachweis **7** 16
- Nämlichkeit des Gegenstandes **7** 9
- Reparatur von Beförderungsmitteln **7** 6
- Unentgeltlichkeit **7** 17
- Untergang des Gegenstandes **7** 7
- Werkleistung, sog. **7** 5 f.
- Zweck der Steuerbefreiung **7** 2 f.

**Luftfahrt**, Umsätze für **8** 1 ff., 9 ff.

**Makler**, s. *Vermittlung*
**Materialbeistellung 10** 51
**Medizinische Dienste**, Steuerbefreiung **4 Nr. 15a** 1 f.
**Mehrwertsteuer(-system)**, s. auch *Umsatzsteuer*
- Allgemeines **Vorbem.** 8 ff.
- Begriff **Vorbem.** 14; **10** 2
- Betrugsanfälligkeit **Vorbem.** 13
- Geschichte **Vorbem.** 1 ff.
- Harmonisierung **Vorbem.** 58 ff.
- Nachholwirkung **Vor 4–9** 10
- Richtlinien, s. *EU-Richtlinien*
- Wirkung von Steuerbefreiungen **Vor 4–9** 7 ff.
- Wirkung von Steuerermäßigungen **12** 7 f.
- Zweck **Vorbem.** 9, 12

**Mehrwertsteuergruppe 2** 260 ff.
**Messen 3a** 45, 51 ff., 76 f.; **13b** 40 f.
**Messestand 3a** 45
**Mietereinbauten 3** 11 ff.; **15** 64, 72 f., s. auch *Gebäude auf fremdem Grund und Boden*
**Mietkauf**, sog.
- Ausführungszeitpunkt **13** 17
- Grundstück **4 Nr. 9** 9
- Lieferung **3** 32, 35 ff.
- Steuerentstehung **12** 61

**Mietverhältnis, -vertrag**, s. *Vermietung*
**Minderung der Bemessungsgrundlage** (Gegenleistung), s. auch *Änderung der Bemessungsgrundlage*
- (oder) Abgeltung gesonderter Leistung **17** 22 f.
- Abzugsteuer, nicht durch **10** 27
- Allgemeines **17** 1 ff., 17 ff.
- Aufrechnung **10** 35; **17** 18
- Barzahlungsrabatt **10** 38 f.
- (nach) Beendigung des Unternehmens **2** 223
- (nach) Beendigung einer Organschaft **2** 331
- Belegerteilung **17** 8, 88
- Berichtigung der Steuer, s. dort
- Berichtigung der Vorsteuer, s. dort
- Bonusgewährung **17** 21
- Bonuspunkte **17** 34
- Energiesteuerentlastung **17** 34
- (bei) Entnahme **17** 3
- (beim) Erben **2** 240
- Forderungsverkauf (sog. Factoring) **10** 28 ff.
- Garantieleistungen **10** 67; **17** 28
- Gutschein, Einlösung **10** 67; **17** 26 f.
- Gutschrift **17** 22
- Herstellervergütung an Endkunden **17** 26 ff.
- Kreditkartengeschäft **10** 40 ff.
- Kulanzleistungen **10** 67
- Lieferung unberechneter Mehrstücke **17** 19
- Mangelfolgeschaden **17** 18
- Nettopreis **17** 24
- Nichtzahlung, s. *Uneinbringlichkeit*
- Parkchip, Einlösung **10** 62, Beisp. 4
- Pfandgelder **10** 55; **17** 34
- Prämien, Gewinne **17** 23
- Provisionsverzicht des Vermittlers **10** 46 f.
- Rabatt, Rückvergütung **17** 21
- Rückzahlung an Dritte **10** 67; **17** 25
- Schadenersatzanspruch **10** 37
- Skonto **10** 38 f.
- Steuersatz **12** 12
- Stromsteuerentlastung **17** 34
- tatsächliche Rückgewährung **17** 20
- uneinbringliche Gegenleistung (Forderung), s. dort
- unentgeltliche Leistung **17** 3

## Stichwortverzeichnis

- (nach) Vereinnahmung der Gegenleistung **17** 20 ff.
- Verkaufsförderungsaktion, Gewinne bei **17** 24
- Vertragsstrafe **10** 36
- Verzicht auf Gegenleistung **17** 32 f.
- vor Entstehung der Steuer **17** 6
- Wechseldiskontierung **10** 43 ff.
- Wechselkursänderung **16** 43
- Zahlung des Leistungsempfängers an Dritten **10** 26 ff.; **17** 18
- Zahlungsunfähigkeit, s. *Uneinbringlichkeit*
- Zeitpunkt **17** 20 f.
- Zentralregulierung **17** 35 ff.
- Zugaben **17** 19
- Zwangsrabatte der Arzneimittelhersteller **10** 48

**Mindest-Bemessungsgrundlage**, sog.
- Bemessungsgrundlage **10** 9, 120 ff.
- Differenzbesteuerung **25a** 35
- Leistungsempfänger als Steuerschuldner **13b** 147
- Rechnungserteilung, -gestaltung **14** 113 f.; **15** 256
- Vorsteuerabzug **15** 256

**Miteigentum**
- Bruchteilsgemeinschaft **2** 26 f.
- Gebäudeerrichtung durch einen Miteigentümer **3** 43 a.E.
- Duldung der Nutzung durch einen Miteigentümer **1** 25; **4 Nr. 12** 12
- Übertragung **1** 139; **3** 7, 91; **3a** 110; **15a** 84 f.
- Vorsteuerabzug bei Gebäudeerrichtung **15** 86; **15a** 183 ff.

**Miteigentümergemeinschaft**
- mehrere bei identischen Personen **2** 170 Fn.
- Unternehmerfähigkeit **2** 26 ff.

**Mitunternehmer 2** 165 ff.; **15** 44 ff.
**Mobilfunkgeräte**, Steuerschuldner bei Lieferung **13b** 111
**Mobilfunkguthabenkarten**, Vertrieb **4 Nr. 8** 18 a.E.
**Museum**, Steuerbefreiung **4 Nr. 20** 1–6, 11 f.
**Musical**, Steuerbefreiung, s. *Kulturelle Einrichtungen*

**Nachforschungspflichten 3a** 11, 17, 87; **15** 191 a.E., 228, 247 ff.
**Nachhaltigkeit 2** 86 f.
**Nachschau, Umsatzsteuer 27b** 1 ff.
**Nachträgliche Ereignisse 17** 89 ff.
**Nachwirkungen der Unternehmereigenschaft**
- Änderung der Bemessungsgrundlage u.Ä. **2** 223
- beim Erben **2** 231 ff.
- Gestaltungsrechte **2** 213
- Rechnungserteilung **2** 225
- Sicherungseigentum, Verwertung **2** 222
- Vorsteuerabzug **2** 224
- zurückgehaltene Gegenstände **2** 222

**Nahestehende Person**, Leistung an **10** 120 ff.
**Nato-Streitkräfte**, Umsätze an –, Steuerbefreiung **Vor 4–9** 30 ff.; **4 Nr. 7** 1 ff.
**Nebeneinander von Betrieben unterschiedlicher Besteuerungsformen 23** 29 f.; **24** 43 ff.
**Nebenleistung 1** 6; **3** 202 ff.; **4 Nr. 12** 13 f.; **10** 14
**Nebentätigkeit 2** 43, 89, 101, 128
**Nebenumsätze** (-geschäfte) **1** 97, 100
**Nettopreis**, sog.
- Änderung des Steuersatzes **29** 31, 35
- Geschäftsgrundlage **29** 7
- Minderung Bemessungsgrundlage **17** 24
- Steuerberechnung **14c** 36; **17** 24

**Neues Fahrzeug**
- innergemeinschaftlicher Erwerb **1a** 25 Fn., 48; **1b** 1 ff.
- innergemeinschaftliche Lieferung **6a** 32 f.
- Vorsteuervergütung **15** 497 ff.; **25a** 50

**Neutralitätsgebot** (-grundsatz) **Vorbem.** 46 ff., 77 f.; **2** 168, 237; **14c** 85 Fn.; **15** 2, 46; **15a** 127, s. auch *Rechtsformneutralität* u. *Wettbewerbsneutralität*

**Nichtentrichtung ausgewiesener Steuer 26b**; **26c** 1 ff.
**Nichtgemeinschaftswaren**, Steuerbefreiung **4 Nr. 4b** 1
**Nicht im Inland ansässiger Unternehmer**, s. *Ausland, im – ansässiger Unternehmer*
**Nichtselbständigkeit**, s. *Selbständigkeit*
**Nicht vorsteuerentlasteter** Gegenstand
- Berichtigung des Vorsteuerabzugs **15a** 126 ff.
- Entnahme **3** 64 ff.; **4 Nr. 28** 3
- Lieferung **1** 110 ff.
- Steuerbefreiung **4 Nr. 28** 1 ff.
- Umlaufvermögen **1** 111 f.; **25a** 4, 10

**Nichtselbständigkeit**, s. *Selbständigkeit*
**Nichtunternehmerischer Bereich 2** 195 ff.
**Nichtwirtschaftliche Tätigkeit 2** 196; **15** 101, 154 ff.
**Niederlassung** s. *feste Niederlassung*
**Nießbrauch**, Einräumung (Bestellung), s. auch *Vermietung*
- Steuerbefreiung **4 Nr. 12** 10, 20
- Teilleistungen **13** 22 f.
- unentgeltliche **3** 70, 90
- unternehmerische Tätigkeit **2** 115, 118
- vorbehaltener **3** 30, 90
- (gegen) zinsloses/verbilligtes Darlehen **1** 85

**Nutzung**, rechtswidrige **1** 56 ff.
**Nutzungseinlage 15** 85 f., 136 f., 175; **15a** 130 f., 183 ff.
**Nutzungsentnahme/-überlassung**
- Bemessungsgrundlage **10** 102 ff.
- Besteuerung, Allgemeines **3** 161 ff.
- Besteuerungsumfang **3** 172; **10** 102 ff.
- Besteuerungszweck **3** 161, 169
- Einbauten **3** 172; **10** 114
- Entnahme **3** 165 ff.
- Entstehung der Steuer **13** 41 ff.
- Freizeitgegenstand **10** 117
- gemieteter Gegenstand **3** 168

- Gesellschafter **3** 174
- Grundstück/Gebäude, Steuerbefreiung **4 Nr. 12** 27 ff.
- Kraftfahrzeug, s. *Fahrzeugnutzung*
- Land- und Forstwirtschaft **24** 41
- Neutralisierung des Vorsteuerabzugs **3** 169 ff.; **10** 102 ff., 112
- nichtwirtschaftliche Tätigkeit **3** 165; **15** 159
- Ort **3f** 2 ff.
- Steuersatzänderung **12** 15
- Überlassung an Dritte **3** 174 ff.; **17** 86
- Überlassung an Personal **3** 177 ff.
- Unfallkosten **10** 115
- unternehmerisches Motiv **3** 176; **17** 86
- Verwendungsentnahme **3** 165 ff.
- Vorsteuerabzug d. Empfängers **15** 257 f.; **15a** 182
- Vorsteuerberichtigung bei Vorauszahlung **15a** 108 f.
- Werbezwecke **3** 176
- zeitliche Begrenzung der Besteuerung **3** 173; **10** 107 ff.

**Nutzungsentschädigung 1** 51, 57 ff.; **17** 77

**Nutzungsüberlassung**
- entgeltliche, s. *Vermietung und Verpachtung*
- unentgeltliche, s. *Nutzungsentnahme*

**Ökologische Ausgleichsmaßnahmen, Duldung 4 Nr. 12** 7

**Ökopunkte**, Übertragung **1** 24

**Option**, s. *Verzicht*

**Orchester**, Steuerbefreiung, s. *Kulturelle Einrichtungen*

**Ordnungswidrigkeiten**
- Allgemeines **26a** 1 ff.
- Nichtabgabe d. sog. Zusammenfassenden Meldung **26a** 11
- Nichtaufbewahrung einer Rechnung **26a** 6 ff.
- Nichtaufbewahrung von Belegen **26a** 9
- Nichtausstellung einer Rechnung **26a** 4
- Nichtentrichtung ausgewiesener Steuer **26b**; **26c** 1 ff.
- Nichtvorlage d. Omnibusbescheinigung **26a** 10
- Nichtvorlage von Unterlagen **26a** 12
- unvollständige Rechnung **26a** 5
- Verfahren **26a** 3

**Organe**
- menschliche, Lieferung, Steuerbefreiung **4 Nr. 17** 1
- Gesellschaft, Körperschaft **2** 80 ff., 253

**Organgesellschaft**, s. auch *Organschaft*
- Anstalt d. öffentl. Rechts **2** 282
- ausländische Niederlassung **2** 348
- Außenverhältnis **2** 305 ff., 312
- Haftung **2** 259 Fn.; **13a** 15
- juristische Person **2** 281 f.
- Personengesellschaft **2** 281
- Rechnungsadressat **2** 316; **14** 41, 76

- Rechnungserteilungspflicht **2** 306; **14** 39, 76; **14c** 63
- Schutz der Minderheitsgesellschafter **2** 275 f.
- Übergang umsatzsteuerrechtlicher Verhältnisse **2** 320 ff., 333 f.
- Umfang der Eingliederung **2** 304
- Unternehmer **2** 255, 302, 305 f., 341, 348
- unzulässiger Steuerausweis **14c** 26, 77
- Veräußerung **1** 132
- Verhältnis zu Dritten **2** 305 f., 312 ff.
- Vorbereitungsstadium **2** 282
- Vorgesellschaft **2** 282
- Vorsteuerabzug **2** 320 f.
- Zurechnung der Leistungen (Umsätze) **1** 73; **2** 310 ff.

**Organschaft** (Organkreis)
- Ansässigkeitsmerkmale **2** 337 f., 347 ff.
- Außenumsätze, Maßgeblichkeit **2** 305 ff., 317
- Bedeutung, Begriff, Zweck **2** 252 ff.
- Beginn **2** 319 ff.
- Beherrschungsvertrag **2** 299
- Berichtigung des Vorsteuerabzugs **2** 332, 335; **17** 14
- Beschränkung auf Inland **2** 336 ff.
- Beteiligung über Gesellschafter **2** 292
- Betriebsaufspaltung **2** 296
- Eingliederungsmerkmale **2** 284 ff.
- Ende **2** 324 ff.
- Finanzielle Eingliederung **2** 289 ff.
- Gesamtbildbetrachtung **2** 287 f.
- Geschichte **2** 256 f.
- gesonderter Steuerausweis innerhalb **14c** 17
- GmbH und Co. KG **2** 300 f.
- Innenleistungen (-umsätze), Nichtsteuerbarkeit **1** 35; **2** 302, 305 ff.; **3** 71
- Insolvenz **2** 325 ff.
- Mehrmütter– **2** 279 Fn.
- Mehrwertsteuergruppe **2** 260 ff.
- Minderheitsgesellschafter **2** 275
- mittelbare Beteiligung **2** 290 f.
- organisatorische Eingliederung **2** 252, 297 ff.
- Qualifizierung der Umsätze **2** 312 ff.
- Rechnungsangaben **14** 39, 76, 82
- Steuerbefreiungen **2** 258, 310
- Umfang der Eingliederung **2** 304, 336 ff.
- Unternehmensteile **2** 339, 349
- Verwendungsverhältnisse **2** 317, 322 f., 335
- Vorsteuerabzug **2** 258, 275, 315, 317, 320, 340, 342, 347
- Wahlrecht **2** 269 ff.
- Wettbewerbsvorteile **2** 258
- Wirkungen **2** 255 ff.
- wirtschaftliche Eingliederung **2** 293 ff.
- zivilrechtlicher Ausgleich **2** 310, 315
- Zurechnung der Leistungsbezüge **2** 254, 315
- Zurechnung der Umsätze **2** 305 ff., 310, 342

**Organschaftsähnliches Verhältnis** 2 58, 266
**Organträger**, s. auch *Organschaft*
- Ansässigkeit im Ausland 2 272, 336 ff., 347 ff.
- ausländischer Unternehmensteil 2 339, 344
- Beteiligung über Gesellschafter 2 292
- Geschäftsleitung im Ausland 2 347
- jPdöR 2 278
- mittelbarer Unternehmer 2 279 f., 295
- Unternehmer 2 279
- Vorsteuerabzug 2 315 ff.
- zwei Unternehmen 2 343

**Ort der Lieferung**
- Allgemeines, Überblick 3 115 ff.
- Abholung 3 121, 137 ff., 144
- an Bord eines Beförderungsmittels 3e 1 ff.
- Ausfuhr 6 4
- Beförderung des Gegenstandes 3 121 ff., 130 ff., 147
- Einfuhrlieferung, sog. 3 148 ff.
- Energie 3g 1 ff.
- Gefahrübergang 3 122 f., 146
- innergemeinschaftliches Dreiecksgeschäft 25b 5
- innergemeinschaftliche Lieferung 6a 5
- Kauf auf Probe 3 124
- Kommissionsware 3 124
- Konnossement 3 146
- Konsignationslager 3 124
- Reihengeschäft, Streckengeschäft 3 119, 129 ff., 147
- Traditionspapier, Übergabe 3 146
- Transportgefahr Verkäufer 3 146
- unentgeltliche Lieferung 3f 1 ff.
- Versandhandel 3c 1 ff.
- Versendung des Gegenstandes 3 121 ff., 130 ff., 147
- Werklieferung 3 125, 145

**Ort der sonstigen Leistung**
- Abfallentsorgung für Nichtunternehmer 3a 135
- Allgemeines, Überblick 3a 1 ff.
- Analysen (Labor) für Nichtunternehmer 3a 52
- Ansässigkeitskriterien, s. *Ansässigkeit*
- Anzahlung 3a 11
- Arbeiten an beweglichen Gegenständen für Nichtunternehmer 3a 62 ff.
- Auffangnorm 3a 3, 126
- Aufsichtsrat für Nichtunternehmer in Drittland 3a 96
- Aufteilung 3a 27
- Bankdienstleistungen für Nichtunternehmer 3a 108 f.
- Bauleistungen 3a 40 f.
- Beförderungsleistungen für Nichtunternehmer und damit zusammenhängende Leistungen s. *Beförderungsleistungen*
- Beherbergungen 3a 40
- Beratungen 3a 41, 44, 52, 96 ff., 121, 124
- Bestattungen 3a 135
- Betriebsstätte 3a 27 ff., 131
- Datenverarbeitung für Nichtunternehmer in Drittland 3a 104
- Datenverarbeitungsprogramm für Nichtunternehmer in Drittland 3a 107, 123
- Dienstleistungskommission 3 191 f., 195; 3a 71
- Doppelbesteuerung 3a 2 Fn., 15, 144 f.
- Edelmetalle(n), Geschäft mit – für Nichtunternehmer in Drittland 3a 110
- Einräumung, Übertragung von Schutzrechten an Nichtunternehmer in Drittland 3a 91 ff.
- Eintrittsberechtigung, Einräumung 3a 54, 73 ff.
- Eintrittskarten, Ausgabe, Handel mit 3a 59, 78
- elektronische für Nichtunternehmer 3a 117 ff., 124 f.,136 ff.
- Entladen 3b 6
- Erfüllungsgehilfe, s. *Subunternehmer*
- Factoring, sog. für Nichtunternehmer in Drittland 3a 109
- Fernunterricht 3a 124
- feste Niederlassung 3a 26 ff., 132 ff.
- Finanzdienstleistungen an Nichtunternehmer in Drittland 3a 108
- Forderungseinziehung für Nichtunternehmer in Drittland 3a 109
- Frachtführer 3b 4 f.
- Freiberufler an Nichtunternehmer in Drittland 3a 96 ff.
- Gas-, Elektrizitäts- u ä. Netze, Zugangsgewährung an Nichtunternehmer in Drittland 3a 123
- Geldspielautomat 3a 53
- gemischte Leistung 3a 10, 65
- Grundregel, vermeintliche 3a 3
- Grundstück, Zusammenhang mit 3a 37 ff.
- Gutachten, Begutachtung 3a 52, 62, 67, 76, 97
- Güterbeförderung, innergemeinschaftliche, s. *Beförderungsleistungen*
- Handelsvertreter 3a 68, 70
- Hochseeangelfahrt 3a 135
- Horoskop an Nichtunternehmer in Drittland 3a 101
- Informationsüberlassung an Nichtunternehmer in Drittland 3 105 ff.
- Insolvenzverwaltung für Nichtunternehmer in Drittland 3a 99
- juristische Person als Leistungsempfänger 3a 33 ff., 140
- komplexe Leistung 3a 10, 58, 60, 65, 81, 90, 135
- kulturelle Leistungen 3a 50 ff.
- Labor 3a 52
- Leistung für den nichtunternehmerischen Bereich 3a 19 ff.
- Leistungsbündel 3a 10, 65, 90
- Lizenzgewährung an Nichtunternehmer in Drittland 3a 93 f.
- Makler 3a 41, 43, 70
- Messe 3a 50 ff., 76

- Messestand, Überlassung **3a** 46
- Mitgliederwerbung **3a** 135
- Nichtunternehmer als Leistungsempfänger **3a** 36 ff., 82 ff., 126 ff.
- Notar **3a** 41, 103, 125
- Nutzungsentnahme **3f** 6 ff.
- Nutzungsrecht, Einräumung an Nichtunternehmer in Drittland **3a** 94
- Nutzungsüberlassung, Grundstück **3a** 39, 45
- Personalberatung für Nichtunternehmer in Drittland **3a** 101
- Personalgestellung an Nichtunternehmer in Drittland **3a** 111
- Personengesellschaft, nichtunternehmerische, als Leistungsempfänger **3a** 32
- Portfoliomanagement für Nichtunternehmer in Drittland **3a** 109
- Rechte, Einräumung und Übertragung an Nichtunternehmer in Drittland **3a** 91 ff.
- Reiseleistungen **3a** 135
- Reiseleiter **3a** 53, 135
- Restauration **3a** 61; **3e** 3
- Rundfunk- und Fernsehdienstleistungen für Nichtunternehmer in Drittland **3a** 115 f., 124 f., 141
- Sachverständiger **3a** 45, 100
- Schiedsrichter für Nichtunternehmer in Drittland **3a** 99
- Schiff, auf einem **3a** 29, 61, 134
- Schiffspauschalreise **3b** 3
- Schutzrechte, Einräumung und Übertragung an Nichtunternehmer in Drittland **3a** 91 ff.
- Sitz **3a** 26, 131
- Software, Erstellung für Nichtunternehmer in Drittland **3a** 107, 118
- Spediteur **3b** 4 f.
- sportliche Leistungen **3a** 50, 55, 135
- Steuerschuldnerschaft des Leistungsempfängers **3a** 14, 18
- Subunternehmer, Einschaltung **3a** 10, 12, 41, 66, 80
- Telekommunikationsdienstleistungen für Nichtunternehmer **3a** 114, 124, 141, 149
- Testamentsvollstreckung **3a** 99
- Tochtergesellschaft d. Leistungsempfängers **3a** 30
- Treuhänder **3a** 135
- Übersetzer für Nichtunternehmer in Drittland **3a** 96
- Umsatzsteuer-Identifikationsnummer, Mitteilung, Verwendung **3a** 17 f., 20 ff., 31, 33; **3e** 4
- unentgeltliche sonst. Leistungen **3f** 8
- unterhaltende, unterhaltungsähnliche Leistungen **3a** 50 f., 53; **3e** 4
- Unternehmenssitz **3a** 26
- Unternehmer als Leistungsempfänger **3a** 13 ff.
- Veranstalter **3a** 50, 54 f.
- Veranstaltungen **3a** 50 ff., 73 ff.
- Verbrauchsortprinzip, s. dort
- Vermietung beweglicher Gegenstände **3a** 46 ff.
- Vermietung von Beförderungsmitteln **3a** 46 ff., 139, 142
- Vermietung von Grundstücken **3a** 39
- Vermietung von Standflächen (Messe, Ausstellung) **3a** 45
- Vermittlung, Vertretung **3a** 43, 68 ff., 95
- Vermögensverwaltung für Nichtunternehmer **3a** 109, 135
- Versicherungsdienstleistungen an Nichtunternehmer in Drittland **3a** 108
- Vertrauensschutz **3a** 17 ff., 24, 33
- Verwertungsrecht, Einräumung an Nichtunternehmer in Drittland **3a** 94
- Verzicht auf Ausübung einer Tätigkeit gegenüber Nichtunternehmer in Drittland **3a** 112
- Verzicht auf Ausübung von Rechten gegenüber Nichtunternehmer in Drittland **3a** 94
- Wahrnehmung von Rechten für Nichtunternehmer in Drittland **3a** 91, 93
- Werbung für Nichtunternehmer in Drittland **3a** 95
- Werkleistung, sog. **3a** 65
- wissenschaftliche Leistungen **3a** 52, 76
- Wohnsitz **3a** 87

**Pauschalierung der Vorsteuern**
- bestimmte Berufs- und Gewerbezweige **23** 1 ff.
- gemeinnützige Körperschaften u.Ä. **23a** 1 ff.
- Hochschullehrer **23** 34 ff.
- Land- und Forstwirte **24a** 40 f.
- Nebeneinander unterschiedlicher Besteuerungsformen **23** 29 f.; **24** 43 ff.
- Pension **23** 33
- Schriftsteller **23** 36
- Teilpauschalierung **23** 23
- Wechsel zur allg. Regelung und umgekehrt **23** 27 f.; **24** 51

**Personal**, s. *Arbeitnehmer*
**Personalbeherbergung** und **-beköstigung**, Steuerbefreiung **4 Nr. 18** 20; **4 Nr. 23** 8; **4 Nr. 24** 2; **4 Nr. 25** 9
**Personalbeistellung** **10** 51, 92
**Personalfreistellung** **1** 41 Fn.
**Personalgestellung**
- Betriebshelfer, Haushaltshilfen, Steuerbefreiung **4 Nr. 27** 8
- geistliche Genossenschaften, Mutterhäuser, Steuerbefreiung **4 Nr. 27** 2 ff.
- land- und forstwirtschaftliche Arbeitskräfte **4 Nr. 27** 6 f.
- tauschähnlicher Umsatz **1** 85

**Personenbeförderung**
- Luftverkehr, grenzüberschreitend **26** 9 ff.
- Ort **3b** 2 f.
- Steuersatz **12** 99 ff.

**Personengesellschaft**, s. auch *Gesellschafter*
- Arbeitsgemeinschaft **2** 127
- Auflösung **2** 216

1735

- Ausscheiden des vorletzten Gesellschafters
  **1** 189
- Beiträge (Einlagen) **2** 158
- Bürogemeinschaft **2** 33, 151 ff.
- Ehegattengemeinschaft **2** 150
- Gelegenheitsgesellschaft **2** 127
- gemeinsame Nutzung von Gegenständen
  **2** 149 ff.
- Geschäftsführung **1** 36 ff.; **2** 51, 160 f.
- Gewinnpool **2** 79
- GmbH & Co. KG, s. dort
- Gründung **2** 202; **15** 47
- Haftung für Steueransprüche **13a** 15
- Haftungsrisiko, Tragen des – **1** 37
- Innengesellschaften **2** 78 f.
- juristische Person **2** 281; **3a** 34; **13b** 125
- konkludente (stillschweigende, verdeckte)
  **2** 28, 31
- kostenumlegende **2** 148 ff.
- Liquidation **2** 216
- Praxisgemeinschaften **2** 33, 151 ff.
- Realteilung **1** 94, 139; **2** 216, 246
- Sacheinlagen **1** 81, 94
- Selbständigkeit **2** 57 f.
- Sonderbetriebsvermögen s. dort
- stille Gesellschaft **2** 24, 79, 122, 174
- Tätigkeit ausschl. gegenüber Mitgliedern
  **2** 141, 145, 148 ff.
- (aus) Unternehmern **2** 130, 148 ff.
- Unternehmerfähigkeit **2** 24 f.
- Vertretung **1** 37
- zuschussfinanzierte – **2** 155 ff.

**Pfand, Pfändung**
- Forderungspfändung, Haftung **13c** 42
- Pfandgeldrückzahlung **17** 34
- Pfandscheinübertragung **3** 20; **10** 78
- Versteigerung **25a** 14, 39 Fn.

**Pflegeeinrichtungen**, Steuerbefreiung **4 Nr. 16** 1 ff.

**Photovoltaikanlage 1** 85; **2** 109 f.; **15** 140, 397

**Politische Partei**, Leistungen zw. selbst. Gliederungen, Steuerbefreiung **4 Nr. 18a** 1 ff.

**Portfolioverwaltung 4 Nr. 8** 24

**Postdienstleistungen 4 Nr. 11b** 1 ff.

**Praxisgemeinschaft 4 Nr. 14** 53 ff.

**Preisanpassungsklauseln 29** 34 ff.

**Prüfungsmitwirkung 4 Nr. 26** 33

**Rahmen des Unternehmens** (im)
- Ausnutzung von Kenntnissen u. Erfahrungen **1** 103
- Begriff, Allgemeines **1** 95 ff.; **2** 189
- Beendigung des Unternehmens **1** 108; **2** 222, 239
- Darlehen **1** 104
- Gebrauchtwarenhändler **1** 99
- gescheitertes Unternehmen **2** 209
- Grundgeschäfte **1** 98
- Hilfsumsätze **1** 100 ff.; **2** 189
- Lieferung Investitionsgüter **1** 105 ff.
- Lieferung Umlaufvermögen **1** 111; **25a** 4, 10

- Vermietung bewegl. Gegenstandes, gelegentliche **1** 103
- Zuordnungswahlrecht, s. *Zuordnung*

**Ratenkauf**, s. *Mietkauf*

**Realteilung 1** 94 a.E, 139; **2** 159, 181

**Rechnung**
- Abrechnung durch den Leistungsempfänger **14** 55; s. auch *Gutschrift*
- Abrechnungslast **14** 58
- Angaben, erforderliche, s. *Rechnungsangaben*
- Anspruch auf **14** 28 ff.
- Aufbewahrungspflicht **14** 15, 20; **14b** 1 ff.; s. auch *Rechnungsaufbewahrungspflicht*
- Ausgabe **13** 45
- Ausstellung **14** 16
- Bedeutung, Funktion **14** 1 ff., 4 ff.
- Begriff **14** 50 f.
- Berechtigung zur Ausstellung **14** 44 ff.
- Berichtigung/Ergänzung **14** 8, 29, 33, 115 ff.; **14c** 55 ff., 82; **15** 207 ff.
- Dauerschuldverhältnis, bei **14** 69 ff.
- Differenzbesteuerung **14a** 15 f.
- durch Dritte **14** 54 ff.
- elektronische **14** 52
- Ergänzung durch Gutschrift **14** 52, 58, 68 f.
- Fahrausweise u.Ä. **14** 110 f.
- Funktion, Zweck **14** 4 ff., 10 f., 72 f.
- gesonderter Steuerausweis, s. dort
- Gutschrift, s. dort
- Inhalt, s. *Rechnungsangaben*
- innergemeinschaftliches Dreiecksgeschäft **14a** 17
- innergemeinschaftliche Lieferung **14a** 9 ff.
- Inhalt, s. *Rechnungsangaben*
- Kleinbetragsrechnung **14** 109
- Kombination mit Gutschrift **14** 68 f.
- Leistungsempfänger als Steuerschuldner **14a** 12 ff.
- mehrere Dokumente **14** 52, 68 ff.
- Mehrzahl von Leistungsempfängern **14** 42, 81
- Merkmale **14** 50 f.
- Mindest-Bemessungsgrundlage **14** 47 f., 113; **15** 256
- Mitteilung von Rechtsansichten **14** 5, 8, 33, 51, 72, 115
- nachträgliche **15** 205 ff., 270
- Rechtsnatur **14** 50
- Rückwirkung? **15** 205 ff.
- Sprache, Übersetzung **14** 50
- Tatsachenbehauptungen **14** 5 ff., 33, 50, 115
- unberechtigter/unrichtiger Steuerausweis, s. *unzulässiger Steuerausweis*
- unentgeltliche Leistungen **14** 49
- Unmöglichkeit der Beschaffung **15** 212
- Unterschrift **14** 50
- verbilligte Leistungen **14** 47 f., 113 f.; **15** 265
- Verbot des Steuerausweises **14** 44; **14a** 14; **14c** 44, 46 f., 49, 72 ff.; **25a** 55
- Verlust **15** 212

- Verpflichtung zur Ausstellung/Erteilung, s. *Rechnungsausstellung, Verpflichtung*
- Versandhandelslieferungen **14a** 8
- Vertrag **14** 50, 69
- Vertrauensschutz **15** 211, 221 ff.
- Vorausrechnung **14** 45; **14c** 81
- Vorschriften anderer Mitgliedstaaten **14** 122
- Widerruf **14** 116; **15** 213 ff.
- Zurechnung bei unzulässigem Steuerausweis **14c** 24 ff.

**Rechnungsangaben**
- Allgemeines **14** 71 ff.
- Aufschlüsselung des Entgelts **14** 91
- Ausstellungsdatum **14** 84
- Berichtigung/Ergänzung **14** 115 ff.; **15** 207 ff.
- Beschreibung der Leistung **14** 86 ff.
- Entgelt **14** 91 ff.
- (bei) Fahrausweisen **14** 110 ff.
- Gutschrift **14** 105 f.
- Hinweis auf Aufbewahrungspflicht **14** 106
- Hinweis auf Steuerbefreiung **14** 103 ff.; **14a** 9
- Hinweis auf Steuerschuldnerschaft des Leistungsempfängers **14a** 12
- innergemeinschaftliches Dreiecksgeschäft **14a** 17
- Kleinbetragsrechnung **14** 109
- Leistender **14** 74 ff.
- Leistungsempfänger **14** 74 f., 78 ff.
- (in) mehreren Dokumenten **14** 68 ff.
- Mehrzahl von Leistungsempfängern **14** 81
- Mindest-Bemessungsgrundlage **14** 47 f., 113 f.; **15** 256
- Mitteilung von Rechtsansichten **14** 5, 8, 33, 50, 72, 115
- Nachforschungspflichten **15** 58, 190 f., 228
- Organgesellschaft **14** 76, 82
- Rabatt-, Skontovereinbarung **14** 95
- Rechnungsnummer **14** 85
- Steuerbetrag, s. *gesonderter Steuerausweis*
- Steuernummer **14** 82 f.
- Steuersatz **14** 96, 108
- Tatsachenbehauptungen **14** 5 ff., 33, 50, 115
- Umsatzsteuer-Identifikationsnummer **14** 82; **14a** 5 f., 9, 17
- Vereinfachungen **14** 107 ff.
- (im) Vertrag **14** 69 f.
- Widerruf **14** 116
- Zeitpunkt der Leistung bzw. Vereinnahmung **14** 89 f.
- Zuzahlung Dritter **14** 80, 94, 102

**Rechnungsaufbewahrungspflicht**
- Adressaten **14b** 3
- Aufbewahrungsort **14b** 11 ff.
- ausländische Unternehmer **14b** 15
- betroffene Rechnungen **14b** 5 ff.
- Dauer **14b** 19
- elektronische Aufbewahrung **14b** 14
- Fahrzeuglieferer **14b** 20
- inländische Unternehmer **14b** 14 ff.
- Leistungsempfänger als Steuerschuldner **14b** 21
- Mehrzahl von Leistungsempfängern **14b** 4
- private Rechnungsempfänger **14b** 22

**Rechnungsausstellung** (Verpflichtung)
- Anspruchsberechtigter **14** 41 ff.
- Ausstellung, Begriff **14** 16
- Beendigung des Unternehmens, nach **2** 225; **14** 40
- Berichtigung, Ergänzung **14** 14, 29, 115 ff.
- Differenzbesteuerung **14a** 15 ff.
- durch Dritte **14** 54 ff.
- Entgelt von Dritter Seite **14** 43, 80, 102
- Erbe/Gesamtrechtsnachfolger, durch/gegenüber **2** 239 a.E., 241; **14** 40 f.
- Feststellungsklage **14** 30, 32
- Frist **14** 17, 20
- Gesamtrechtsnachfolge **14** 40 f.
- Grundstück, Dienstleistungen im Zusammenhang mit **14** 19 ff.
- innergemeinschaftliche Lieferung **6a** 8; **14a** 9 ff.
- Inhalt, s. *Rechnungsangaben*
- Juristischer Person gegenüber **14** 11 f.
- Klage auf **14** 31 ff.
- Leistungsempfänger als Steuerschuldner **14a** 12 f.
- Mehrzahl von Leistungsempfängern **14** 42
- Mindestbemessungsgrundlage **14** 47 f.
- Nichterfüllung **14** 18; **14a** 2, 9, 13
- öffentlich-rechtliche Natur **14** 10, 15, 17, 20, 28; **14a** 2
- Organgesellschaft **14** 39, 41, 76; **14c** 79
- Steuerfreie Leistung **14** 11; **14a** 9 ff.
- Streit über Steuerpflicht oder Steuersatz **14** 31 ff.
- Strohmann **14** 39
- Tausch **10** 79 f.; **14** 11
- Teilleistungen **14** 14
- unentgeltliche Leistungen **14** 49
- verbilligte Leistungen **14** 47 f.
- Verjährung **14** 30
- Verpflichteter **14** 39 f.
- Versandhandel **14a** 8
- vor Ausführung der Leistung **14** 45 f.
- Vorauszahlungen **14** 26 ff., 46
- Werklieferungen im Zusammenhang mit einem Grundstück **14** 19 ff.
- zivilrechtliche Natur **14** 28 ff.; **14a** 10
- Zurückbehaltungsrecht **14** 29, 38; **14a** 4; **15** 215, 219
- Zuzahlung durch Dritte **14** 43, 80, 102

**Rechtsformneutralität**, Gebot der –
**Vorbem.** 48 f., 77 f.; **1** 39; **2** 51, 73, 81, 160, 271; **3a** 98; **6** 46; **7** 18; **13b** 123; **15** 124, 257; **24** 14

**Rechtsnachfolge**, s. *Gesamtrechtsnachfolge, Einzelrechtsnachfolge* und *Geschäftsveräußerung*

**Rechtsprechungsänderung Vorbem.** 23; **27** 31 ff.

**Rechtsschutz**
- Bestandskraft **Vorbem.** 74

- EuGH als gesetzlicher Richter **Vorbem.** 68
- Feststellungsklage **14** 30, 32; **15** 66; **18** 76
- Fortsetzungsfeststellungsklage **18** 76
- Klagebefugnis Verbraucher **Vorbem.** 27 ff.; **18** 79 ff.
- Konkurrentenklage **Vorbem.** 49; **2** 372
- Rechtsprechungsänderung **Vorbem.** 23; **27** 31 ff.
- Verfassungsbeschwerde **Vorbem.** 54 ff.
- vorläufiger **18** 78

**Rechtsstaatsprinzipien Vorbem.** 77
**Rechtsverhältnis**, Leistung ohne **1** 13, 44 ff., 56 ff., 60 ff., 68, 76
**Rechtsverordnungen**
- Allgemeines, Begriff **Vorbem.** 32; **26** 1 ff.
- Änderung durch Gesetz **26** 2
- Anspruch auf Erlass **26** 3
- Einzelermächtigungen **26** 1, 7 f., 13
- EU-Verordnung **Vorbem.** 61, 65
- generalklauselartige Ermächtigung **26** 6

**Reduktion, teleologische**, s. *teleologische R.*
**Reihengeschäft**
- Abholung durch Abnehmer, Ort **3** 137 ff.
- Ausfuhrlieferung **6** 25 ff.
- Dreiecksgeschäfte, sonstige **25b** 12
- innergemeinschaftliches Dreiecksgeschäft **25b** 1 ff.
- innergemeinschaftlicher Erwerb **1a** 33, **25b** 1, 6, 8
- innergemeinschaftliche Lieferung **6a** 34 ff.
- Leistungsempfänger **15** 65
- Lieferungen **1** 72; **3** 5, 45 ff.
- Lieferungszeitpunkt **13** 16
- Ort **3** 119, 129 ff., 147
- Steuerbefreiungen **6** 25 ff.; **6a** 34 ff.
- Verschaffung der Verfügungsmacht **1** 72; **3** 5, 45 ff.
- Vierecksgeschäfte usw. **25b** 12

**Reisebüro 4 Nr. 5** 13 f.; **15** 202; **25** 13; s. auch *Vermittlung, Vertretung*
**Reisekosten**
- Arbeitnehmer **15** 83
- doppelte Haushaltsführung **15** 142
- Fahrtkosten **15** 142
- Gesellschafter **15** 45
- Übernachtungskosten **15** 142
- Verpflegungskosten **15** 142 f.
- unangemessene **15** 144

**Reiseleistungen**
- Agenten **25** 13
- Allgemeines **25** 1 ff.
- Aufzeichnungen **25** 27, 38
- Begriff **25** 3 ff.
- Beförderungsleistung **25** 26
- Bemessungsgrundlage **25** 28 ff.
- Betreuungsleistungen **25** 25
- Drittlandsgebiet **25** 24 ff.
- Eigenleistungen **25** 18, 21
- einheitliche Leistung **25** 20 f.
- Einzelmarge **25** 28 ff.
- gemischte **25** 19, 21, 31
- Gesamtmarge **25** 31 f.
- Gruppenmarge **25** 31

- Kettengeschäft **25** 9
- Kommission **25** 12, 16
- Ort **25** 22 f.
- Preisausschreiben, Gewinn **25** 34
- Provisionsverzicht **25** 29
- Reisepreis **25** 29
- Reiserücktrittskostenversicherung **25** 6
- Reisevorleistung **25** 14 ff.
- Sprach- und Studienreise **25** 5
- Stornogebühr **25** 29
- Umbuchungsgebühr **25** 29
- unentgeltliche **25** 33 ff.
- Vermittlung **25** 13
- Vorsteuerabzug **25** 36 f.
- Zielgebietsagentur **25** 15
- Zuwendung an Arbeitnehmer **25** 4, 10, 33

**Rennwett- und Lotteriegesetz**, Umsätze unterfallend **4 Nr. 9** 27 f.
**Reparatur**
- Art der Leistung **3** 111, 207
- Leistungsempfänger **15** 90
- Ort der Leistung **3a** 41, 62 ff.
- Steuerbefreiung **7** 6
- Vorsteuerberichtigung (Erhaltungsaufwand) **15a** 24 f., 94, 106 f., 155, 163

**Reparaturkostenversicherung 3** 204
**Restaurations- und Verpflegungsleistungen**
- Ort **3a** 61; **3e** 3
- Lieferung oder sonstige Leistung **3** 206
- Steuersatz **12** 21, 107 f.

**Restumsatz-/-mehrwertsteuer 4 Nr. 28** 2, 6
**Restwertentschädigung**, Gebäudeabbruch **1** 41
**Richtervorlage** zum
- Bundesverfassungsgericht **Vorbem.** 54 ff.
- EuGH **Vorbem.** 66 ff.

**Rückforderungsanspruch**
- Erstattung **16** 19, 44 f.
- Gläubiger **13a** 3
- Steuervergütung **16** 19, 44 f.; **18** 33

**Rückgängigmachung eines Umsatzes**
- Abgrenzung von Rücklieferung **1** 79; **17** 40
- Berichtigung der Steuer **17** 69 ff.
- Berichtigung des Vorsteuerabzugs **17** 69 ff.
- Kauf unter Eigentumsvorbehalt **3** 34; **17** 73, 77
- Nutzungsentschädigung **1** 51; **15** 206 a.E.; **17** 77
- Rückgewährung der Gegenleistung **17** 70 f.
- Rücktritt **1** 51; **17** 73, 77
- sonstige Leistung **17** 72, 77
- unentgeltliche Leistung **17** 77

**Rücklieferung 1** 79; **3** 34; **17** 74
**Rücktritt**, s. *Rückgängigmachung eines Umsatzes* und *Stornierung*
**Rückwirkung**, keine bei nachträglichen Ereignissen **9** 41 ff.; **13** 45; **14** 116; **14c** 67; **15** 205 ff.; **17** 5, 7, 89 f.

**Rundfunkanstalten 2** 358, 371
**Rundfunk- und Fernsehdienstleistungen**
- ausländische Anbieter **16** 47 ff.; **18** 89 ff.
- Ort **3a** 115 f., 124 f., 141

**Sachprämie, -preis** 1 85; 3 87 f.
**Sachspende** 3 85
**Sachzuwendungen** an Arbeitnehmer
– Aufmerksamkeiten 3 76, 78
– Bemessungsgrundlage 10 85 ff., 95 ff., 118
– entgeltliche 1 91 f.
– Fahrzeugüberlassung 10 86
– unentgeltliche 3 76 ff.; 10 95 ff., 118
– verbilligte 10 120 f., 124, 126 f.
– Verpflegung, Unterkunft 10 87
**Sammlermünzen**
– Steuerbefreiung 4 **Nr. 8** 17; **25c** 2 f.
– Steuersatz 4 **Nr. 8** 17
**Schadensersatz**
– Ablöseentschädigung 1 54
– Allgemeines 1 48, 77; 10 20
– Aufrechnung mit -forderung 10 36 f.; 17 18
– Aufwendungen, vergebliche 1 49
– Bereitstellungsentgelt 1 15, 49
– Beschädigung der Mietsache 4 **Nr. 12** 14
– Beschädigung einer Sache 1 60 ff.
– Diebstahl 1 56 ff.
– „echter" 1 44, 48, 56
– entgangener Gewinn 1 49
– Entgelt/Gegenleistung, als 1 62, 80
– Geldvermögensschaden 1 12
– Instandhaltung, unterlassene 1 12 Fn.
– Leistung/Leistungsaustausch 1 48 ff., 56, 80
– Leistungsempfänger bei Reparatur oder Wiederbeschaffung durch Geschädigten 15 68
– Minderwertausgleich (Mieter o. Leasingnehmer) 1 64
– Naturalrestitution durch Schädiger 1 61 f.; 3 64
– Nutzung, rechtswidrige, Entschädigung 1 56 ff.
– Rechtsverzicht 1 49 ff.
– Umsatz (Leistung) des Geschädigten 1 57 f.
– „unechter" 1 48
– Urheberrechtsverletzung 1 58; 12 57
– vergebliche Aufwendungen 1 49
– Vertragsauflösung, vorzeitige 1 49 ff.
– Vertragsstrafe 17 44
– Verzugszinsen 1 58
– Vorsteuerabzug 15 90
– Zerstörung einer Sache 1 60 ff.
**Schädigung des Umsatzsteueraufkommens**
– Ordnungswidrigkeit **26b**; **26c** 1 ff.
– Straftat **26b**; **26c** 7
**Schätzung**
– Umsatzsteuer 18 40, 64
– Vorsteuer 15 212, 231, 236
– Vorsteueraufteilung 15 487, 492
**Scheingeschäft 25d** 7
**Schenkung**, s. *Zuwendung* und *unentgeltliche Leistung*
**Schiffspauschalreise** 3 203; **3b** 3
**Schmiergeld** u.Ä., Entgegennahme 1 16; 2 54; 3 88; **14c** 38
**Schriftsteller**
– Unternehmer 2 119 Fn., 128, 137

– Vorsteuerpauschalierung 23 36
**Schutzgelderpressung** 1 16; 2 54
**Seeschiff**, Abgabe von Speisen und Getränken auf –, Steuerbefreiung 4 **Nr. 6** 5
**Seeschifffahrt**, Umsätze für, Steuerbefreiung 8 1 ff.
**Selbständigkeit/Nicht-, Unselbständigkeit**
– Allgemeines 2 37 ff.
– Bezeichnung, Unmaßgeblichkeit 2 48
– freier Mitarbeiter 2 48
– Gesamtbildbetrachtung 2 44 ff.
– Geschäftsführer 2 49
– geschäftsführender Gesellschafter 2 51
– Handelsvertreter 2 56
– Innenverhältnis 2 46
– juristische Person 2 252
– Künstler 2 55
– Merkmale 2 44 ff.
– Nebentätigkeit 2 43
– Personenzusammenschluss 2 57 f.
– Sportler 2 55
– Subunternehmer 2 48
– teilweise 2 42
– typologische Betrachtung, Typusbegriff 2 45
– Vermittler, Vertreter 2 56
– Vertrauensschutz 2 46, 15 58 f., 190 f.
– Vorstandsmitglied 2 49 f.
– wirtschaftliche Abhängigkeit 2 42
**Sicherheitsleistung 18f** 1 ff.
**Sicherungseigentum**, Verwertung
– außerhalb Insolvenzverfahrens **13b** 71 ff.
– Bemessungsgrundlage 10 49 Fn.; **13b** 149 ff.
– Differenzbesteuerung **25a** 13
– Doppel-, Dreifachlieferung 3 29, 98; **13b** 72 ff.
– innerhalb des Insolvenzverfahrens **13b** 77
– Lieferung nach Beendigung des Unternehmens 2 222
– Massekosten **13b** 76 f.
– Steuerschuldnerschaft des Erwerbers **13b** 71 ff.
**Sicherungseinbehalt** 17 58
**Sittenverstoß** 1 12
**Sitz** 6 21
**Skonto** 4 **Nr. 8** 11; 10 38 f.; 14 95
**Software**, sog. 3 157; **3a** 107, 123; **12** 56; **15a** 15
**Soll-Versteuerung**, sog. (Soll-Prinzip), s. *Steuerberechnung nach vereinbarten Entgelten*
**Sonderbetriebsvermögen**
– Einlagen u.Ä. 3 71
– Entnahmen 3 71
– Vorsteuerabzug 15 45
**Sonstige Leistung**, s. auch *Leistung*
– Abgrenzung von der Lieferung 3 2 ff., 108 ff., 154 ff.
– Abnahme überschüssiger Energie **3g** 9
– Allgemeines 3 151 ff.
– Besorgungen einer sonstigen Leistung 3 189 ff.
– Bibliotheksabgabe 3 160
– Dienstleistungskommission 3 189 ff.

1739

- Dulden **1** 122 ff.; **3** 153
- Fiktionen **3** 160, 165, 187 f.
- gespeichert auf körperlichen Medien **3** 156
- (bei) Inhaberpapier, Berechtigungsschein u.Ä. **3** 158
- Leerkassettenabgabe **3** 160
- Nebenleistung **3** 154, 202 ff.
- Ort, s. dort
- Reparatur **3** 111, 207 ff.
- Restauration **3** 206 f.
- Software-„Lieferung" **3** 157, 159
- Telefonkarte **3** 158
- Umtauschmüllerei, sog. **3** 187 f.
- unentgeltliche, s. *unentgeltliche Leistungen*
- Unterlassen **1** 122 ff.; **3** 153
- Verzicht, s. dort
- Werkleistung **3** 106 ff., 205, 207

**Sozialversicherungsträger u.Ä.**
- Sachleistungen **4 Nr. 15** 3
- Steuerbefreiung **4 Nr. 15** 1 ff.
- Umsätze untereinander **4 Nr. 15** 5
- Unternehmereigenschaft **4 Nr. 15** 4
- Zusammenschlüsse **4 Nr. 15** 6

**Sozietät**, s. *Gesellschaft, Gesellschafter*

**Spaltung** (Gesellschaft) **1** 43, 137; **2** 247

**Spediteur, Frachtführer 3** 126 f., 192; **3b** 4, 5; s. auch *Beförderungsleistungen*

**Speisen und Getränke**, Abgabe von –, s. *Restaurations- und Verpflegungsleistungen*

**Sportanlage**, Überlassung von **3** 198; **4 Nr. 12** 22

**Sportliche** Veranstaltungen, Steuerbefreiung **4 Nr. 22** 9; **4 Nr. 25** 8

**Sportverein**, Steuerbefreiung
- Mitgliedsbeiträge **4 Nr. 22** 12
- Nutzungsgebühren **4 Nr. 22** 13
- sportliche Veranstaltungen **4 Nr. 22** 9 ff.
- Sportunterricht **4 Nr. 22** 5
- Unternehmer **2** 144

**Staatsprüfung**, Mitwirkung an **4 Nr. 23** 35; **4 Nr. 26** 33

**Steueranmeldung**, s. auch *Besteuerungsverfahren, Steuererklärung* und *Voranmeldung*
- Abgabefrist **18** 34 f., 57 f.
- Abrechnungsteil **18** 65
- abweichende Festsetzung **18** 39, 59
- Form **18** 18 f., 53
- Berichtigung **18** 10, 45, 70 f.
- Inhalt **18** 32 f., 54 f.
- Leistungsempfänger, durch **18** 82 ff.
- Steuererklärung **18** 4 ff., 44 ff.
- Rechtsbehelfe **18** 73 f.
- Unterschrift **18** 10, 46 f.
- Teil- **18** 7
- Verbindung mit Steuervergütungsanmeldung **18** 17, 51 f.
- Verpflichteter **18** 5 ff., 30 f., 82 ff.
- Wahrheitspflicht **18** 10, 46
- Wirkung **18** 9, 47 f.
- Zustimmung **18** 48

**Steueranspruch**
- Aufrechnung **13a** 3
- Gemeinschaftssteuer **Vorbem.** 38
- Gläubiger **13a** 3
- Vollstreckung **13a** 3

**Steuerausweis**
- gesonderter s. dort
- unberechtigter/unrichtiger s. *unzulässiger Steuerausweis*

**Steuerbarkeit 1** 2, 5 f.

**Steuerbefreiungen**
- Auslegung, „enge" **Vor 4–9** 15 ff.
- EG-RL, unmittelbare Anwendung **Vor 4–9** 19 ff.
- Einrichtung, Begriff **4 Nr. 14** 28 ff.
- faktische **Vor 4–9** 5
- Konkurrenzen **Vor 4–9** 26 f.; **4 Nr. 28** 5; **15** 355
- mit Vorsteuerabzug **Vor 4–9** 7
- Nachholwirkung **Vor 4–9** 10 f.
- ohne Vorsteuerabzug **Vor 4–9** 8 ff.; **15** 417 ff.
- subjektive **Vor 4–9** 8
- Systematik **Vor 4–9** 1 ff.
- teilweise **Vor 4–9** 22 f.
- „unechte" **Vor 4–9** 9; **15** 415
- unentgeltliche Leistungen **Vor 4–9** 26 f.; **15** 418 f.
- Verzicht auf s. dort
- Vorstufenbefreiung **8** 2
- Wettbewerbsbeeinträchtigung **Vor 4–9** 14
- Wirkungen **Vor 4–9** 4, 8 ff.
- Zweck **Vor 4–9** 7 f.
- Zwischenstufe **Vor 4–9** 12

**Steuerberechnung**
- Absetzung der Vorsteuerbeträge **16** 21 ff.
- Allgemeines **16** 1 ff., 11 ff.
- Beförderungseinzelbesteuerung **16** 50 ff.
- Berichtigungsbeträge, Einbeziehung **15a** 150 f.; **16** 19 f., 31; **17** 13
- Besteuerungszeitraum **16** 3 ff.
- elektronische Dienstleistungen im Ausl. ansässiger Untern. **16** 47 ff.
- Erstattungsbeträge, Einbeziehung **16** 18 f., 31
- Fahrzeugeinzelbesteuerung **16** 55
- Herausrechnen abziehbarer Vorsteuer **15** 241, 280
- Insolvenz **16** 16 f., 33 ff.
- Jahressteuer **16** 3 f.
- nach vereinbarten Entgelten, s. dort
- Rundfunkdienstleistungen im Ausl. ansässiger Untern. **16** 47 ff.
- Telekommunikationsdienstleistungen im Ausl. ansässiger Untern. **16** 47 ff.
- nach vereinnahmten Entgelten, s. dort
- Voranmeldungszeiträume **16** 3 ff., 11, 36 ff.; **18** 21 ff.
- Vorauszahlungen **18** 8, 11 f.
- Vorsteuerüberhang **16** 22
- Währung, fremde **16** 56 f.
- Wechsel der **20** 23 ff.

- Zwangsverrechnung mit Vorsteuervergütungsansprüchen **16** 2, 32; **18** 63, 65
- Zwangsverwaltung **16** 15

**Steuerberechnung nach vereinbarten Entgelten**
- Abwälzbarkeit des Zinsaufwandes **Vorbem.** 43
- Gesetzgebungskompetenz **Vorbem.** 45
- Teilleistungen, s dort
- Uneinbringlichkeit **13** 11
- Verfassungswidrigkeit **Vorbem.** 44 f.; **13** 10 f.
- Wechsel zur Steuerberechnung nach vereinnahmten Entgelten (Ist-Versteuerung) **20** 24
- Vorfinanzierung, Zwangskredit **Vorbem.** 43 ff.; **13** 9 ff.

**Steuerberechnung nach vereinnahmten Entgelten**
- Anzeige **20** 8
- Antragsfrist **20** 9
- Befreiung von Buchführungspflicht **20** 14 ff.
- einzelner Betrieb **20** 17, 24
- Entstehung der Steuer **20** 2
- fehlende Buchführungspflicht **20** 15 f.
- Freiberufler-GmbH & Co. KG **20** 22
- Freiberufler-Kapitalgesellschaft **20** 19
- freiberufliche Tätigkeit **20** 19 ff.
- freiwillige Buchführung **20** 23
- Genehmigung **20** 5 ff.
- Rückwirkung **20** 9, 14, 26
- Umsatzgrenzen **20** 10 ff.
- Vorsteuerabzug, Zeitpunkt **20** 2
- Wechsel der Steuerberechnung **20** 25 ff.
- Widerrufsvorbehalt **20** 7
- Zweck **20** 4, 11

**Steuerbescheid**
- Abrechnungsteil **18** 42 f., 61, 63, 65
- Berichtigung **18** 72
- Rechtsbehelf, Verfahren **18** 73 ff.
- Tenor **18** 63
- Verbindung mit Steuervergütungsbescheid **18** 63
- Verhältnis zu Voranmeldungen, Vorauszahlungsbescheiden **18** 68 f.
- Vorbehalt der Nachprüfung **18** 59, 71 f.

**Steuerentstehung**, s. *Entstehung*

**Steuererklärung**, s. auch *Steueranmeldung*
- Allgemeines **18** 4 ff.
- Berichtigungspflicht **18** 70
- Erbe **2** 242
- Form **18** 18 ff., 53
- Inhalt **18** 32 f., 54, 56
- Insolvenzverwalter **18** 6
- Kalenderjahr **18** 44 ff.
- Teilsteuererklärung **18** 7
- Unterschrift **18** 10, 46
- Verpflichtung zur Abgabe **18** 5
- Voranmeldung **18** 8 ff.
- Zwangsverwalter **18** 6 f.

**Steuergläubiger Vorbem.** 34; **13a** 3

**Steuerkumulierung Vor 4–9** 10, 12

**Steuernummer**
- Angabe in Rechnung **14** 82 f.
- Anspruch auf Erteilung **14** 83
- Vertrauensschutz **15** 60, 226, 254

**Steuerpflicht**
- Klage auf Feststellung **14** 30, 32
- Konkurrentenklage **Vorbem.** 49; **2** 372
- nachträglicher Eintritt **17** 91
- nachträglicher Wegfall **17** 89 f.

**Steuerpflichtiger 2** 10

**Steuersätze**
- allgemeiner **12** 1
- Änderung, s. *Steuersatz, Änderung*
- Entnahmen **11** 14 ff.
- ermäßigte, s. dort
- land- und forstwirtschaftliche Betriebe **12** 1
- Nullsätze, sog. **12** 3
- unentgeltliche Leistungen **12** 14 ff.
- Wirkungen **12** 7
- zusammengesetzte Leistungen **12** 9

**Steuersatz, Änderung**
- Änderung der Bemessungsgrundlage **12** 12; **27** 16
- Boni, Rückvergütungen **27** 19
- Entnahmen **12** 14 f.; **27** 20
- Energielieferungen **27** 27
- Grundsatz **12** 11; **27** 5 ff.
- Ist-Versteuerung, sog. **27** 10, 22
- Innergemeinschaftlicher Erwerb **27** 11
- Leasingsonderzahlung **27** 26
- Nachträglicher Verzicht auf Steuerbefreiung **27** 15
- Pfandgelderstattung, Leergutrücknahme **27** 17
- Steuerberechnung nach vereinnahmten Entgelten (Ist-Versteuerung) **12** 11
- Teilleistungen **12** 11; **27** 13 f.
- Umtausch **27** 18
- unentgeltliche Leistung **12** 14 f.; **27** 20
- Verzicht auf Steuerbefreiung, nachträglicher **27** 15
- Vorauszahlungen **12** 12; **15** 285; **27** 21 ff.
- Wasserversorgung **27** 27
- Werklieferung **27** 14
- zivilrechtlicher Ausgleichsanspruch **12** 13; **27** 12

**Steuersatz, ermäßigter**
- Aufstiegshilfen **12** 99, 102
- Beherbergung **12** 105 ff.
- Druckerzeugnisse **12** 16, 25
- „enge" Auslegung **12** 4
- Fähre **12** 99
- Filmvorführungen und Überlassungen **12** 46
- gemeinnützige u.Ä. Leistungen **12** 63 ff.
- kulturelle Veranstaltungen **12** 39 ff.
- Kunstgegenstände u.Ä. **12** 27, 109 ff.
- Kureinrichtungen **12** 96 f.
- land- und forstwirtschaftliche Erzeugnisse **12** 16
- Lebensmittel **12** 16, 23
- Personenbeförderung, kurze **12** 96 ff.

1741

Stichwortverzeichnis

- Restaurationsumsätze **12** 21
- Sammlungsstücke **12** 28, 109 ff.
- Schwimm-, Heilbad u.Ä. Leistungen **12** 93 ff.
- Solokünstler **12** 41
- Theater **12** 39 ff.
- Tiere **12** 22
- urheberrechtliche Leistungen **12** 49 ff.
- Vermietung begünstigter Gegenstände **12** 29
- Verwirklichung steuerbegünstigender Zwecke **12** 78
- Vieh- und Pflanzenzucht **12** 30 ff.
- Warenzusammenstellungen **12** 20
- Wasser **12** 24
- Wirkung auf Zwischenstufe **12** 7
- Wissenschafts- u. Forschungseinrichtungen **12** 79 ff.
- zahnprothetische Leistungen **12** 37 ff.
- Zirkusunternehmen, Zoos u.Ä. **12** 57 ff.
- Zolltarif **12** 17
- Zweckbetriebe **12** 68, 72 ff.

**Steuerschuldner 13a** 1, 4 ff.

**Steuerschuldnerschaft des Leistungsempfängers**
- Abfallstoffe **13b** 97 ff.
- abweichende Behandlung durch die Beteiligten **13b** 5, 124 f., **27** 48 f.
- Allgemeines, Zweck **13b** 1 ff.
- Altmetalle **13b** 97 ff.
- Änderung der Bemessungsgrundlage **13b** 158; **17** 87 ff.
- Änderung des Steuersatzes **29** 51 ff.
- Ansässigkeit des Leistenden s. *Ausland, im – ansässiger Unternehmer*
- Ansässigkeit des Leistungsempfängers **13b** 113
- Bauleistungen **13b** 82 ff.
- Bemessungsgrundlage **13b** 143 ff.
- Differenzbesteuerung, nicht bei **13b** 116
- Dritter als Leistungsempfänger **13b** 114
- edle und unedle Metalle **13b** 110
- Emissionszertifikate **13b** 95
- Energielieferungen **13b** 37, 94
- Entrichtung der gesamten Gegenleistung **13b** 154 ff.
- Entstehung der Steuer **13b** 8, 130 ff.
- Gebäudereinigung **13b** 101 ff.
- Gesellschafter **13b** 120 f.
- Goldlieferung **13b** 110
- Grundstückslieferungen u.Ä. **13b** 78 ff., 151 f.
- Hinweis in Rechnung **13b** 5; **14a** 12
- Industrieschrott **13b** 97 ff.
- innergemeinschaftliches Dreiecksgeschäft **25b** 5, 8 f.
- im Ausland ansässiger Unternehmer s. *Ausland, im –*
- Kleinunternehmer als Leistender **13b** 1, 130, 140
- Kleinunternehmer als Leistungsempfänger **13b** 117, 141
- Kürzung der Gegenleistung **13b** 145

- Land- und Forstwirte als Leistungsempfänger **13b** 118, 142
- Leistungsempfänger **13b** 112 ff.
- Leistung für den nichtunternehmerischen Bereich **13b** 118 ff.
- Lieferung sicherungsübereigneter Gegenstände **13b** 71 ff., 149 f.
- jur. Personen **13b** 22 ff., 122 f.
- Mehrere Personen als Leistungsempfänger **13b** 115
- Mindestbemessungsgrundlage **13b** 147
- Mobilfunkgeräte u.Ä. **13b** 111
- Personengesellschaft **13b** 23, 125
- Rechnung **14a** 12 ff.
- Schaltkreise, integr. **13b** 111
- Steuerausweis in Rechnung **14c** 39
- Steuerberechnung **13b** 126 ff.
- sonstige Leistungen im Ausl. ansässiger Untern. **13b** 14 ff., 33 ff.
- Tausch, tauschähnlicher Umsatz **13b** 153
- Teilleistungen **13b** 126, 130
- Umsätze, die unter das Grunderwerbsteuergesetz fallen **13b** 78 f., 151 f.
- venire contra factum proprium **13b** 19, 25
- Vertrauensschutz **13b** 66 f., 90 f., 124 f., **27** 48 ff.
- Verzicht auf Steuerbefreiung **9** 33 ff.
- Vorauszahlungen **13b** 138 f.
- Vorsteuerabzug **13b** 6; **15** 318 ff.
- Werklieferung eines im Ausland ansäss. Unternehmers **13b** 27 ff.
- Wohnungseigentumsgemeinschaft **13b** 90
- zivilrechtlicher Ausgleichsanspruch **13b** 154 a.E.
- Zumutbarkeit **13b** 117

**Steuerträger**
- Begriff **Vorbem.** 19
- Klagebefugnis **Vorbem.** 27 ff.; **18** 79 ff.

**Steuervergütung, Steuervergütungsanspruch**
- Ablehnung der Festsetzung **18** 16, 41, 50, 62
- Abtretung **16** 32, 42 ff.
- Anmeldung, s. *Steuervergütungsfestsetzung*
- Aufrechnung **13a** 3 a.E.; **16** 32, 42 ff.
- Begriff, Charakter **16** 27 ff.
- Bescheid, s. *Steuervergütungsfestsetzung*
- Entstehung **15** 10 ff., 203 f., 269; **16** 23, 39 ff.
- Erstattung einer – **16** 19 f.
- Erstattungsanspruch als – **16** 30; **18** 14
- Fälligkeit **18** 24, 38, 67
- Festsetzung, s. *Steuervergütungsfestsetzung*
- humanitäre u.ä. Zwecke im Drittlandsgebiet **4a** 1 ff.
- Konsortium für europ. Forschung, an **26** 13 ff.
- Pfändung, Verpfändung **13a** 3 a.E.; **16** 32, 42
- Rückforderungsanspruch des Steuergläubigers **16** 19, 44 f.; **17** 11; **18** 33
- Schuldner **13a** 3

– Vergütung an im Ausland ansässige Unternehmer, s. *Vergütung der Vorsteuer an ...*
– Verzinsung **18** 38
– Voranmeldung **18** 13 ff.
– Zwangsverrechnung **16** 32, 41; **18** 63, 65
**Steuervergütungsfestsetzung**
– Ablehnung der Festsetzung **18** 16, 41, 50, 62
– Anmeldung **18** 13 ff., 49 f., 55
– Aussetzung **15** 40 f.
– Bescheid **18** 16, 41, 50, 62
– Drittwirkung **1** 153; **2** 248 a.E.
– Festsetzung **18** 16, 41, 50 f., 62 f.
– Klageart **18** 77
– Sicherheitsleistung **18** 16; **18f** 1 ff.
– Steuervergütungsanmeldung **18** 13 ff., 49 ff.
– Voranmeldung **18** 13 ff.
– vorläufiger Rechtsschutz **18** 78
– Zustimmung zur Anmeldung **18** 15, 50, 67; **25d** 10
**Stille Gesellschaft 2** 24, 79, 122, 174
**Stornierung 1** 49 ff.
**Streckengeschäft**, s. *Reihengeschäft*
**Strohmann 2** 182 f.; **3** 196; **14** 39, 78; **15** 191, s. auch *Treuhänder*
**Stromlieferung**, s. *Energie*
**Subunternehmer**
– Bauleistungen **13b** 87
– Gebäudereinigung **13b** 101 ff.
– Leistungszurechnung **1** 72
– Ort der sonstigen Leistung s. dort
– Unternehmereigenschaft **2** 48
**Subvention** als Gegenleistung **1** 41, 77; **10** 66
**Studentenwerk**, Steuerbefreiung **4 Nr. 23** 10

**Tausch, tauschähnlicher Umsatz**
– Abfallentsorgung **1** 85; **10** 91
– Arbeitsverhältnis **1** 91; **10** 85 ff.
– Befreiung von einer Verbindlichkeit **1** 94; **10** 33
– Begriff, Allgemeines **1** 84 ff.; **3** 208
– Bemessungsgrundlage **10** 78 ff., 88 ff.
– Dauerdienstleistungen **1** 85; **13** 22 f.
– Fiktion einer sonstigen Leistung **3** 187 f.
– Gesellschafterbeitrag **1** 81, 94
– Gleichwertigkeit, Vermutung **10** 80 f.
– Inzahlunggabe **10** 91
– Inzahlungnahme **10** 88 f.; **13** 29; **14c** 38 a.E.
– Leistungsempfänger als Steuerschuldner **13b** 153
– Nichtsteuerbarkeit **1** 87 ff.
– Rechnungserteilung, Vorsteuerabzug **10** 79
– Sacheinlage **1** 94; **10** 84
– Sachleistungen gegenüber Arbeitnehmern **1** 91 f.; **10** 85 ff.
– Sachpreise **1** 85
– teilweiser **10** 88 f.
– Umsatz **1** 84 ff.; **3** 208
– Vorsteuerabzug **15** 264
– Werbemobilüberlassung **1** 20; **10** 82; **13** 23
– Werbeprämie **1** 85
– Zuzahlung **10** 88 ff.

**Teilleistungen**
– Änderung des Steuersatzes **12** 11; **13** 25 f.; **27** 13
– Bauleistungen **13** 21
– Begriff **13** 19
– Behandlung als Umsatz **13** 20
– Dauerdienstleistungen **13** 22 f.
– Dauerschuldverhältnis **13** 19 ff.
– Entgelt **10** 20
– Erbbaurecht **4 Nr. 9** 11
– Entstehung der Steuer **13** 19; **13b** 126, 130
– Rechnungserteilung **14** 14
– Vorsteuerabzug **15** 269
**Teileigentum**, s. *Wohnungseigentum*
**Telekommunikationsdienstleistungen für Nichtunternehmer**
– ausländische Anbieter **16** 47 ff.; **18** 89 ff.
– Ort **3a** 114, 124 f., 141, 149
– Zwischenunternehmer **3** 196
**Teleologische Reduktion**
– Allgemeines **Vorbem.** 63
– Beispiele **2** 270; **3** 181; **12** 15; **14** 62; **29** 26
**Theater**, Steuerbefreiung, s. *Kulturelle Einrichtungen*
**Tierpark**, Steuerbefreiung **4 Nr. 20** 1–6, 11 f.
**Territorialität 1** 155 ff.
**Tochtergesellschaft**, Veräußerung **1** 132; **15** 448
**Transportbehältnis**, Rücknahme **17** 34
**Treuhandverhältnis 1** 67
**Treuhänder**
– Bauleistungen **13b** 90
– Dienstleistungen **3** 195 f.
– Lieferungen **3** 27, 29 a.E.
– Zurechnung der Tätigkeit **1** 67; **2** 179 ff.

**Übernahme von Verbindlichkeiten und Sicherheiten**, Steuerbefreiung **4 Nr. 8** 29
**Übermaßverbot**, s. *Verhältnismäßigkeitsgrundsatz*
**Überwälzung** s. *Abwälzung*
**Umsatz**, s. auch *Leistung* u. *Leistungsaustausch*
– Begriff **1** 1, 120
– Gesamtumsatz **20** 10 ff.
– Ort **1** 114 f.
– Rückgängigmachung **1** 79; **17** 69 ff.
– Steuerbarkeit **1** 2, 5 f.
– Steuerbefreiung **1** 3
– Steuerpflicht **1** 3
– Teilleistung **13** 20
– zeitliche Zuordnung **27** 4, 29
– Zurechnung, personelle, s. dort
**Umsatzsteuer**
– Abführungsschuld **Vorbem.** 19
– Abwälzung (Überwälzung) **Vorbem.** 16, 19
– Allphasen-System **Vorbem.** 8
– Belastungsgrund **Vorbem.** 17
– direkte Steuer **Vorbem.** 19
– Einzelhandelsteuer **Vorbem.** 12
– Entstehung **13** 1 ff.; **16** 3; **18** 11
– Erlass **Vorbem.** 74
– Erstattung, s. *Erstattung*

1743

- Existenzminimum **Vorbem.** 17 Fn.
- Fälligkeit, s. dort
- Geschichte **Vorbem.** 1 ff.
- Gesetzgebung **Vorbem.** 30 ff.
- Gläubiger **Vorbem.** 34 ff.
- indirekte Steuer **Vorbem.** 19
- Mehrwertsteuer **Vorbem.** 8 ff.
- Schuldner **13a** 1, 4 ff.; **13b** 1 ff.
- Teil der Gegenleistung **10** 11
- Verbrauchsteuer **Vorbem.** 15 ff.; **1** 10; **10** 7, 9, 26
- Verfahrensrecht, s. *Besteuerungsverfahren*
- verfahrensrechtliche Einordnung **Vorbem.** 18
- Vergütung **4a** 1 ff.; **16** 27 ff.; **18** 125 ff.; **26** 13 ff.
- Verkehrsteuer **Vorbem.** 15, 18
- Verteilung **Vorbem.** 34 ff.
- Vorauszahlungen **18** 8, 11 f., 36 f., 39, 65
- Vorfinanzierung **Vorbem.** 43 ff.; **13** 9 f.

**Umsatzsteuer u. andere Rechtsgebiete**
- Bindungswirkung Umsatzsteuerfestsetzung **29** 47 ff.
- Einkommensteuer- und Körperschaftsteuerrecht **Vorbem.** 79
- Insolvenzrecht, s. dort
- Kostenrecht **Vorbem.** 79
- Zivilrecht, s. dort

**Umsatzsteuer-Anwendungserlass Vorbem.** 39

**Umsatzsteuergesetz**
- Entwicklung, Geschichte **Vorbem.** 1 ff.
- Neubekanntmachung **26** 14
- Systematik **1** 1 ff.

**Umsatzsteuer-Identifikationsnummer (USt-IdNr.)**
- Angabe in Rechnung **14** 82 f.; **14a** 9 f., 17
- Bestätigung durch BZSt **18e** 1 ff.
- Erteilung **27a** 3 ff.
- Entziehung **27a** 8
- Funktion **27a** 2
- Innehaben **13b** 35
- innergemeinschaftliches Dreiecksgeschäft **25b** 3, 7
- innergemeinschaftlicher Erwerb **1a** 12, 28
- innergemeinschaftliche Lieferung **6a** 20 f., 23 f., 36 f., 39, 44, 55, 64, 78 ff., 89 ff.
- jur. Person **3a** 31 ff.; **27a** 4
- Kleinunternehmer **27a** 3
- Land- und Forstwirte **27a** 3
- missbräuchliche Verwendung **13b** 19, 25
- Mitteilung (Verwendung) **3a** 17 ff., 27, 33; **13b** 18 ff.
- nachträgliche Mitteilung **3a** 20; **14c** 53
- Organgesellschaft **27a** 6
- (bei) sonstigen Leistungen **3a** 17, 19, 27, 31, 33
- (und) Steuerschuldnerschaft des Leistungsempfängers **13b** 18 ff.
- venire contra factum proprium **13b** 19, 25
- Vertrauensschutz **3a** 17 f.; **6a** 89 ff.

**Umsatzsteuerlager**
- Abtretung des Herausgabeanspruchs **4 Nr. 4a** 4
- Aufzeichnungspflichten **4 Nr. 4a** 9
- Auslagerung, s. dort
- Bewilligung **4 Nr. 4a** 5
- Eingelagerte Gegenstände, Leistungen im Zusammenhang mit **4 Nr. 4a** 10
- Lagerschein **4 Nr. 4a** 4
- Steuerbefreiung der Lieferung in ein/in einem **4 Nr. 4a** 1 ff.
- Veräußerung von Miteigentumsanteilen **4 Nr. 4a** 4

**Umsatzsteuernachschau 27b** 1 ff.
**Umsatzsteuerrichtlinien Vorbem.** 39
**Umsatzsteuervorauszahlungen 18** 8, 11 f., 36 f., 39, 65
**Umtausch 1** 79; **17** 75
**Umtauschmüllerei, sog. 3** 187 f.

**Umwandlungen**
- Abspaltung **2** 247
- Ausgliederung **2** 247
- Formwechsel **1** 138; **2** 250
- Gesamtrechtsnachfolge **1** 138; **2** 247 f.
- Gesellschafter, letzter, Übernahme **1** 137; **2** 251
- Leistungen **1** 43, 138; **2** 248
- Rückwirkung, keine **2** 249
- Spaltung **2** 247 f.
- Vermögensübertragung **2** 247 f.
- Verschmelzung **2** 247 f.

**Unberechtigter Steuerausweis,** s. *unzulässiger*
**Uneinbringlichkeit** (Nichtzahlung) der Gegenleistung
- Aufrechnung **17** 58
- Begriff, Voraussetzungen **17** 50 ff.
- Berichtigung des Vorsteuerabzugs **17** 46 ff.
- Delkrederehaftung **17** 63
- Haftung für Darlehen des Kunden **17** 59
- Insolvenz **17** 55
- Miet-, Ratenkauf **17** 56
- nachträgliche Vereinnahmung/Zahlung **17** 60 ff.; s. auch *Vereinnahmung*
- Nichtzahlung bei Fälligkeit **17** 54
- Novation **17** 53
- Organgesellschaft **17** 55 Fn.
- Organschaftsverhältnis, nach Beendigung **2** 332
- Sicherungseinbehalt **17** 58
- Stundung **17** 56
- Umwandlung in Darlehensforderung **17** 53
- Versicherung gegen Forderungsausfall (Warenkreditvers.) **17** 63
- vorläufige **10** 44; **17** 53 f.
- Wechselhereinnahme, -diskontierung **10** 43 ff.
- Zahlung durch Bürgen/Dritte **10** 57; **17** 62 f.

**Unentgeltliche Leistungen** (Umsätze), s. auch *Entnahmen* und *Nutzungsentnahmen*
- Änderung der Bemessungsgrundlage **17** 3
- Ausschluss des Vorsteuerabzugs **15** 104, 357 ff., 418, 444 f.

Stichwortverzeichnis

- im Ausland **3f** 2 ff.
- Bemessungsgrundlage **10** 95 ff., 118
- Differenzbesteuerung **25a** 25, 34
- Eigeninteresse, vorrangiges **3** 77, 89, 178, 180
- Eintrittskarten **3** 186
- (zur) Förderung entgeltlicher Umsätze **15** 444 f.
- geringfügige Gegenleistung **3** 83
- Geschäftsveräußerung **1** 136 ff.; **3** 94
- Geschenke an Kunden **3** 81, 84 ff., 95 f., 186; **15** 357 ff., 445
- Gesellschafter gegenüber Gesellschaft **15** 44 ff.
- an Gesellschafter **3** 85, 174 f., 182
- Land- und Forstwirte **24** 41
- Lieferungen **3** 76 ff.
- Miteigentumseinräumung **3** 91
- Neutralisierung des Vorsteuerabzugs **3** 56, 64, 161, 181 f.; **10** 97 ff., 102, 112 ff., 118
- Nießbrauchseinräumung **3** 70 a.E.
- Nießbrauchsvorbehalt **3** 90
- Nutzungsüberlassung **3** 174 ff.
- Ort **3f** 1 ff.
- an Personal **3** 76 ff., 177 ff.
- Preisausschreiben **3** 85, 176, 186
- Rechnung mit Ausweis der Steuer **14** 49; **14c** 54, 74; **15** 257
- Rückgängigmachung **17** 76
- Rückvermietung **3** 90
- Sachspende **3** 85
- sonstige Leistungen **3** 174 ff., 180 ff.; **10** 118
- Steuerbefreiung **Vor 4–9** 28 ff.; **4 Nr. 9** 19; **4 Nr. 12** 29; **4 Nr. 28** 3; **6** 45 ff.; **6a** 45 ff.; **7** 17 f.
- Steuersatz **12** 14
- Steuerschuldner **3** 60, 162
- (an) Unternehmer **3** 80, 92, 176
- (aus) unternehmerischen Gründen **3** 80, 82, 176, 186; **15** 296 ff.; **17** 86
- Verzicht auf Steuerbefreiung **9** 18 f.
- vorweggenommene Erbfolge **1** 136; **3** 94
- Vorsteuerabzug des Empfängers **3** 93; **15** 251 ff.; **15a** 178, 182
- Warenmuster **3** 96
- Werkleistung **3** 183
- (zu) Werbezwecken **3** 176, 186
- zeitliche Begrenzung der Besteuerung **3** 74 ff., 173; **10** 100, 111
- Zuwendungen **3** 84 ff.
- Zweck der Besteuerung **3** 76, 79 f., 161, 181 ff.

**Unionsrecht Vorbem.** 58 ff., s. auch *EU-Richtlinien, EU-Verordnungen*
**Unrichtiger Steuerausweis**, s. *unzulässiger*
**Unselbständigkeit** s. *Selbständigkeit*
**Unterlassen** von Wettbewerb **1** 23; **2** 123
**Unterlassungsanspruch**, Verzicht auf **1** 26
**Unternehmen**
- Abwicklung **2** 213, 227
- Begriff **2** 186 f.

- Betriebsstätte/Niederlassung, ausländische **2** 190
- Einbringung in Gesellschaft **1** 139 ff., 145
- Einschränkung des **2** 212
- Erwerb für das –, s. *Vorsteuerabzug*
- mehrere Betriebe **2** 188
- mehrere Tätigkeiten **2** 188
- Organschaft, s. dort
- Rahmen des, s. dort
- ruhendes **2** 214
- Saisonbetrieb **2** 96, 214
- Sonderbetriebsvermögen s. dort
- Umfang **2** 188 ff.
- Veräußerung **1** 125 ff.; **2** 217, 227; **15** 452 f.
- Verbringen innerhalb des **1a** 15 ff.; **2** 192, 346; **3** 51 ff.
- Wertabgaben innerhalb **2** 192
- Zuordnung von Gegenständen, s. dort
- Zurechnung, personelle **2** 169 ff.

**Unternehmenseinheit 2** 186 ff.; **16** 8
**Unternehmensfremde Zwecke 3** 69, 165
**Unternehmensvermögen 1** 105, 131; **15** 168
**Unternehmer, unternehmerische Tätigkeit**, s. auch *Unternehmerbegriff* u. *Unternehmerfähigkeit*
- Akquisitionsgesellschaft **15** 39
- Aktionär, räuberischer **1** 23; **2** 124
- Allgemeines **2** 1 ff.
- Ansässigkeit, s. *Ansässigkeitskriterien*
- Arbeitsgemeinschaft **2** 127
- Aufsichtsratsmitglied, s. dort
- Beginn, s. *Beginn der Unternehmereigenschaft*
- Begriff, s. *Unternehmerbegriff*
- Beiratsmitglied, s. *Aufsichtsratsmitglied*
- Beliehener **2** 67, 355
- Berufsverband **2** 145 f.
- Bestechungsgeldentgegennahme **2** 113
- Beteiligung an Gesellschaften **2** 68 ff.; **15** 116 f.
- Blockheizkraftwerk **2** 110
- Bürogemeinschaft **2** 150 ff.
- Dienstleistungen, Erbringung von **2** 112 ff.
- dingliches Nutzungsrecht, Einräumung **2** 115, 118
- ebay, Verkäufe über **2** 105 a.E.
- Ehegatte oder Ehegattengemeinschaft **2** 169
- ehemaliger **2** 221
- einmalige Tätigkeit **2** 126
- Einschränkung **2** 212
- Erbe, s. dort
- Erbbaurechtsbestellung **2** 118
- Erfinder **2** 119 Fn., 137
- Fernsehveranstaltung, Mitwirkung **2** 113 Fn.
- Fiktion **2a** 2
- Freizeitlandwirt **2** 137
- Gehilfe des Staates **Vorbem.** 19 ff., 41 ff., 45; **2** 1; **18** 12
- Gelegenheitsgesellschaft **2** 127
- gelegentliches Tätigwerden **2** 91
- gemeinnützige Tätigkeit **2** 129

1745

Stichwortverzeichnis

- Gemeinschaftspraxis **2** 172
- Geschäftsführungstätigkeit, s. dort
- Gesellschafter **2** 158 ff.
- Gewinnpool **2** 79
- Gewinnspiel, Mitwirkung **2** 113 Fn.
- Gütergemeinschaft **2** 32
- Handeln unter fremdem Namen **2** 176
- Handelsvertreter **2** 56
- Hobbytätigkeit **2** 137
- Holding **2** 70 ff.
- Innengesellschaft **2** 78 f.
- Insolvenzmasse, sog. **2** 35
- Insolvenzschuldner **2** 177, 179
- Insolvenzverwalter **2** 125, 176
- Interessenvereinigung **2** 145 f.
- Investmentgesellschaft **2** 68
- jur. Person d. öffentl. Rechts, s. dort
- Kapitalgesellschaft, s. dort
- Kartenspieler **2** 113
- Kommissionsmitglied **2** 128
- kostenumlegende Gesellschaft **2** 148 ff.
- Kosten der Umsatzsteuererhebung **Vorbem.** 42 ff.
- Kreditgewährung **2** 121 f.
- Künstler **2** 55, 137
- kurzfristige Tätigkeit **2** 96
- Liebhaberei, s. dort
- Lizenzvergabe **2** 115, 119 f.
- Mittelbarer/Mitunternehmer **2** 72 ff., 165 f.; **15** 44 ff.
- Nachforschungspflichten **3a** 11, 17, 87; **15** 191 a.E., 227 f.
- nebenberufliche Tätigkeit **2** 89
- Nebentätigkeit, Arbeitnehmer **2** 43, 101, 128
- Nebentätigkeit, künstlerische, sportliche usw. **2** 137
- Nichtwirtschaftliche Tätigkeit **2** 195 f.; **15** 154 ff.
- Nießbrauchseinräumung **2** 115, 118
- Nutzungsüberlassung **2** 115 ff.
- Organe jur. Personen **2** 81
- Organgesellschaft **2** 255, 302, 341, 346
- Pferderennstall, -zucht **2** 138
- Photovoltaikanlagebetreiber **2** 109 f.
- Praxisgemeinschaft **2** 150 ff., 172.
- Prostituierte **2** 113
- Prüfer, Schiedsrichter **2** 128
- Rechtsform, nicht kraft **2** 63
- Saisonbetrieb **2** 96
- Sammler **2** 105, 138 a.E.
- Schmiergeldempfänger **2** 113
- Schriftsteller **2** 119 Fn., 128, 137
- Selbständigkeit, s. dort
- Selbsthilfeeinrichtung **2** 154
- Sparkonto, Unterhalten von **2** 121
- Sportler **2** 55, 137
- (als) Steuereinnehmer(-sammler) **Vorbem.** 20; **2** 1
- Streben nach Unternehmerstatus **2** 4
- Strohmann **2** 183
- Testamentsvollstrecker **2** 125, 177
- Tierzüchter **2** 137 f.

- Treuhänder **2** 125, 179 ff.
- Unterlassen **2** 123 f.
- Unternehmenseinheit **2** 186 ff.; **16** 8
- Unternehmereinheit **2** 175
- Unternehmerfähigkeit, s. dort
- Veräußerungstätigkeiten **2** 102 ff.
- Verbände **2** 145 f.
- verbotene Tätigkeiten **2** 66
- Vereine **2** 142 ff.
- Verfassungsmäßigkeit der Indienstnahme **Vorbem.** 41 ff.
- Vermietung, Freizeitgegenstand **2** 139
- Vermietung, kurzfristige **2** 114
- Vermietung, langfristige **2** 115 ff.
- Vermögensverwalter **2** 125
- Vermögensverwaltung, sog. **2** 99, 116 f., 365 f.
- Vertrauensschutz, s. dort
- Verwaltungshelfer **Vorbem.** 20
- Verzicht auf Ausübung einer Tätigkeit **2** 123 f.
- Voraussetzungen, s. Unternehmerbegriff
- Vorbereitungshandlungen **2** 204 f.
- Vorfinanzierung der Steuer **Vorbem.** 43 ff.; **18** 12
- Vorstand **2** 49, 81
- Vortrag **2** 128
- Werbeflächenüberlassung auf Fahrzeug u.Ä. **2** 113
- Werbegemeinschaft **2** 154
- Wettbewerbsverbot, Einhalten **2** 123
- Zurechnung der Tätigkeit **2** 169 ff.
- zuschussfinanzierte Gesellschaft **2** 155 ff.
- Zweckverband **2** 145 f.

**Unternehmerbegriff**
- anderer Rechtsgebiete **2** 5 f.
- charakteristische Merkmale **2** 89 ff.
- Dauermoment **2** 96
- einmalige Tätigkeit **2** 126
- einheitlicher **2** 3
- ertragsteuerrechtlicher **2** 5
- gelegentliches Tätigwerden **2** 91
- Gesamtbildbetrachtung **2** 88, 101
- Geschäftsbetrieb **2** 92
- gewerbliche oder berufliche Tätigkeit **2** 59 ff., 88
- Gewinnerzielungsabsicht, Fehlen der **2** 129 ff.
- Nachhaltigkeit **2** 86 ff.
- Planmäßigkeit **2** 90 f.
- Selbständigkeit, s. dort
- Steuerpflichtiger i.S.d. Richtlinien **2** 10 ff., 88, 98
- Tätigkeit (Verhalten) **2** 59 ff., 64 f., 115 f., 119 f.
- Typusbegriff **2** 2, 10, 45, 86 ff., 133
- Überschusserzielung **2** 98, 129 f., 133 f.
- Vermögensverwaltung, sog. **2** 99
- (beim) Vorsteuerabzug **15** 32
- wirtschaftliche Tätigkeit **2** 10 ff., 87, 98, 130 f., 133

**Unternehmereigenschaft**
- Beginn, s. Unternehmereigenschaft, Beginn

- Ende, s. *Unternehmereigenschaft, Ende*
- Fiktion **2a** 1 f.
- (des) Leistungsempfängers, Zweifel **3a** 17; **6a** 18 ff.
- Nachwirkungen **2** 221 ff.
- Unvererblichkeit **2** 226
- Vertrauensschutz, s. dort
- Voraussetzungen, s. *Unternehmer und Unternehmerbegriff*

**Unternehmereigenschaft, Beginn**
- Ausbildung **2** 200
- gescheiterte Gründung **2** 206 ff.
- Gründung Personengesellschaft **2** 202
- Gründung Kapitalgesellschaft **2** 203
- Kleinunternehmergrenze **2** 209; **19** 20
- Marktanalyse, Einholung Rentabilitätsstudie **2** 201
- Vorbereitungshandlungen **2** 199
- Vorgesellschaft **2** 205
- Vorgründungsgesellschaft **2** 206

**Unternehmereigenschaft, Ende**
- Abwicklung **2** 213
- Einstellung der Tätigkeit **2** 211
- Einbringung des Unternehmens in Gesellschaft **2** 217
- Entnahmen **2** 167, 218 ff.
- Liquidation **2** 213, 216
- nachträglicher Vorsteuerabzug **15** 176 f., 454
- Nachwirkungen der Unternehmereigenschaft **1** 108; **2** 211, 221 ff.
- Tod **2** 217, 226
- Veräußerung **2** 217

**Unternehmereinheit 2** 175

**Unternehmerfähigkeit**
- Allgemeines **2** 20 ff.
- Bruchteilsgemeinschaft **2** 26 ff.
- Erbengemeinschaft **2** 31
- Gemeinschaften **2** 26 ff., 33
- Gütergemeinschaft, eheliche **2** 32
- Miteigentümergemeinschaft **2** 26 ff.
- natürliche Person **2** 22 f.
- Personengesellschaft **2** 24 f., 33
- Sondervermögen, öffentl.-rechtl. **2** 36
- Stille Gesellschaft **2** 24, 79
- Verein, nicht rechtsfähiger **2** 34
- Vermögensmassen **2** 35
- Zweckvermögen **2** 35

**Unwirksamer Vertrag 1** 12

**Unzulässiger Steuerausweis**, Steuerschuldnerschaft
- Abrechnung über vorgebliche Leistung **14c** 15 ff.
- Allgemeines **14c** 1 ff.
- Abgrenzung d. Tatbestände **14c** 31, 51, 71 ff.
- Ausgabe der Rechnung **13** 45
- (und) Änderung der Bemessungsgrundlage **14c** 12 f., 32; **17** 9
- Berechnung **14c** 34 ff.
- Berichtigung der Steuerschuld, Voraus. **14c** 55 ff., 67, 82 ff.
- Berichtigung gegenüber Rechnungsempfänger/Leistungsempfänger **14c** 55 ff.
- Beseitigung der Steuergefährdung **14c** 59 ff., 83
- Bösgläubigkeit **14c** 81, 86
- Differenzbesteuerung **14c** 43; **25a** 55 f.
- (durch) Dritte **14c** 27
- Einfuhrlieferung, sog. **15** 288
- Endrechnung **14c** 39
- Entstehung der Steuer **13** 44 ff.
- Erstattungsanspruch des Rechnungsempfängers gegenüber Finanzamt **14c** 55, 64, 66.
- falsche Leistungsbeschreibung **14c** 21
- fehlende Entgeltsangabe **14c** 23
- fehlende Leistungsbeschreibung **14c** 21, 78
- Gefährdungstatbestand **13** 44; **14c** 2, 4
- Gefälligkeitsrechnung **14c** 79
- Gesamtrechtsnachfolge **14c** 80
- Geschäftsveräußerung **14c** 52, 60
- Gutgläubigkeit **14c** 60, 83 ff.
- Gutschrift **14c** 28 ff.
- Haftung **14c** 3, 5, 70
- Kleinbetragsrechnung **14c** 37
- Kleinunternehmer **14c** 75
- Mahnung **14c** 41
- maßgeblicher Zeitpunkt **14c** 12 f.
- mehrere Rechnungen (Gutschriften) **14c** 39 ff.
- missbräuchlicher **14c** 60, 83
- durch nachträgliches Ereignis **14c** 12, 47, 53
- Nichtausführung einer Leistung **14c** 78 ff.
- Nichtberechtigung **14c** 72 ff.
- nichtsteuerbare(r) Leistung/Umsatz/Vorgang **14c** 51 ff.
- Organgesellschaft **14c** 26, 77
- Organkreis, innerhalb **14c** 17
- Organträger **14c** 79
- Rechnungsbegriff, -anforderungen **14c** 15, 18 ff.
- rückwirkender Erlass d. Steuerschuld **14c** 69, 86 f.
- Rücknahme d. Verzichts auf Steuerbefreiung **14c** 48
- Rückzahlung an Rechnungsempfänger **14c** 61 ff., 82
- (bei) Schadensersatz **14c** 22, 38, 51, 79
- Scheinrechnung **14c** 79
- Steuerberechnung **14c** 34 ff.
- (bei) Steuerschuldnerschaft des Leistungsempfängers **13b** 5; **14c** 49 f., 62
- Steuerschuldnerschaft („Haftung") **14c** 3
- steuerfreie Umsätze **14c** 46 ff.
- Streit über Gegenleistung **14c** 14
- überhöhte Bewertung bei Inzahlungnahme **14c** 38
- überhöhter **14c** 33 ff.
- Umsatz außerhalb des Unternehmens **14c** 73
- unberechtigter **14c** 71 ff.
- unentgeltliche Leistung **14c** 54, 74
- unrichtiger Steuerausweis **14c** 31 ff.

1747

- verdeckter Preisnachlass **14c** 38
- (nach) Verjährung **14c** 44 ff.
- Vermittler **14c** 79
- Vertreter ohne Vertretungsmacht **14c** 76, 79
- im Voraus erteilte Rechnung **14c** 81
- Vorsteuerabzug des Rechnungsempfängers **14c** 63 f., 69, 88; **15** 247 ff.
- Wechseldiskontierung **14c** 42
- Wegfall der Steuerpflicht **14c** 47, 53
- Zurechnung, personelle **14c** 24 f.
- (bei) Zuzahlung eines Dritten **14c** 38, 80
- zweite Rechnung **14c** 39 f., 79

**Urheberrechtlich geschützte Werke**
- Steuersatz **12** 49 ff.
- Übertragung **3** 156 f.
- Vervielfältigungen **3** 156 f.
- widerrechtliche Nutzung **1** 58; **12** 57

**Ursprungslandprinzip** **6a** 2; **25a** 52 f.

**Veranlagungszeitraum 16** 5
**Verbilligte Leistungen**
- Bemessungsgrundlage **10** 120
- Rechnung **14** 47, 113 f.
- steuerfreie, zur Förderung entgeltlicher Umsätze **15** 477
- Vorsteuerabzug des Empfängers **15** 256 f.

**Verbindlichkeit**, Übernahme von **4 Nr. 8** 26
**Verbrauchsortprinzip 3a** 4 f., 14, 37, 82 ff., 128, 139, 144; s. auch *Bestimmungslandprinzip*
**Verbrauchsteuercharakter d. Umsatzsteuer Vorbem.** 15 ff.; **10** 7, 9, 26; **21** 3
**Verbrauch- und Aufwandsteuern**, örtliche **Vorbem.** 33
**Verbringen eines Unternehmensgegenstandes in das Ausland bzw. übrige Gemeinschaftsgebiet**
- (in) Ausführung einer Lieferung **3** 53 f.
- Entnahme, keine **2** 188, 346; **3** 71; **3f** 3 ff., 7
- Fiktion einer Lieferung, Zweck **3** 51 f.; **6a** 48; **10** 93
- Kommissionsware **1a** 20; **3** 54
- Konsignationslager, auf **1a** 20; **3** 54
- Steuerbefreiung **6a** 48 ff.
- vorübergehendes **3** 55; **6a** 53
- Vorsteuerentlastung **6a** 49 f.; **15a** 81

**Verbringen eines Unternehmensgegenstandes in das Inland**
- Auslieferungs-, Konsignationslager **1a** 39
- Bemessungsgrundlage **10** 93 f.
- innergemeinschaftlicher Erwerb **1a** 34 ff.
- Kommissionsware **1a** 20
- Konsignationslager, auf **1a** 20
- nachträglicher Vorsteuerabzug im Ursprungsland **1a** 36 a.E.
- ohne Abnehmer **1a** 39 f.
- vorübergehendes **1a** 43 ff.
- Werklieferung **1a** 41
- zeitliche Begrenzung **1a** 42

**Vereine 2** 142 ff.
**Vereinnahmung**, Zahlung der Gegenleistung
- Abtretung der Forderung **13** 37
- Aufrechnung **13** 36
- nach Beendigung des Unternehmens **2** 223
- Hereinnahme eines Wechsels **13** 38
- nachträgliche **17** 60 ff.
- nachträgliche durch Erben **2** 240
- Unterschlagung durch Personal **13** 40
- Vorauszahlung **13** 27 ff.
- Zahlungen Dritter **13** 38; **17** 62 f.

**Vereinnahmte Entgelte**, Steuerberechnung nach, s. *Steuerberechnung*
**Verfahrensrecht**
- Ablehnung der Festsetzung **18** 16, 41, 50, 62
- Alleinentscheidungsrecht des Finanzamts über Umsatzsteuerfragen **14** 32; **18** 80; **29** 46 ff.
- Aussetzung der Festsetzung **15** 40
- Bestandskraft **Vorbem.** 74
- Besteuerungsverfahren, s. dort
- Drittwirkung der Steuerfestsetzung **1** 153; **2** 232
- Einordnung der Umsatzsteuer **Vorbem.** 18
- EuGH-Vorabentscheidung **Vorbem.** 66 ff.
- Feststellungsklage **14** 32; **15** 76; **18** 76
- Fortsetzungsfeststellungsklage **18** 76
- Haftungsbescheid **13a** 19; **13c** 37
- Klageart **18** 77
- Klagebefugnis Unternehmer **18** 77
- Klagebefugnis Verbraucher (Steuerträger) **Vorbem.** 27; **18** 79 ff.
- Konkurrentenklage **Vorbem.** 49; **2** 382
- Kostenrecht u. Umsatzsteuer **Vorbem.** 79
- Nachschau **27b** 1 ff.
- Rechtsprechungsänderung **Vorbem.** 23; **27** 31 ff.
- Richtervorlage, s. dort
- Steueranmeldung, s. dort
- Steuererklärung, s. dort
- Steuervergütung, s. dort
- Steuervergütungsanmeldung **18** 13 ff., 49 f., 56
- Steuervergütungsbescheid/-festsetzung **18** 16, 41, 50 f., 62 f.
- Vergütung der Vorsteuer an im Ausland ansässige Unternehmer, s. dort
- Voranmeldung, s. dort
- Vorauszahlungsbescheid **18** 39 f.
- vorläufiger Rechtsschutz **18** 78

**Verfassungsrecht** und Umsatzsteuer
- Aufteilung der Umsatzsteuer **Vorbem.** 34 ff.
- Auftragsverwaltung **Vorbem.** 38
- Berufsfreiheit **Vorbem.** 44, 51
- Ehe und Familie, Benachteiligungsverbot, s. dort
- Eigentumsschutz, Enteignungsverbot **2** 275; **9** 34; **14c** 63, 66.
- Einordnung der Umsatzsteuer **Vorbem.** 18
- Ertragshoheit **Vorbem.** 34 ff.
- EuGH als gesetzlicher Richter **Vorbem.** 68
- Existenzminimum **Vorbem.** 17 Fn.
- Gesetzgebungskompetenz **Vorbem.** 30 ff., 45

Stichwortverzeichnis

- Gleichbehandlungsgebot, s. *Willkürverbot*, auch *Rechtsformneutralität, Wettbewerbsneutralität*
- Handlungsfreiheit (Privatautonomie) 9 33 f.; **13b** 147, 153
- Indienstnahme der Unternehmer **Vorbem.** 41 ff.
- Normenkontrolle, konkrete **Vorbem.** 54 ff.
- Rechtsschutzgarantie **Vorbem.** 28
- Rechtsformneutralität, s. dort
- Rückwirkungsverbot **13** 45; **15a** 137
- Verfassungsbeschwerde **Vorbem.** 54 ff.
- Verfassungsgerichtliche Kontrolle **Vorbem.** 54 ff.
- verfassungskonforme Auslegung **Vorbem.** 53; **2** 276, 382; **14c** 85; **15** 249
- Verhältnismäßigkeitsgrundsatz, s. dort
- Verwaltungskompetenz **Vorbem.** 38 ff.
- Wettbewerbsneutralität, s. dort
- Willkürverbot, s. dort

**Verfügungsmacht**, s. auch *Verschaffung der* –
- Allgemeines **3** 16 ff.
- Annahmeverzug **1** 33; **3** 39
- Dritter **3** 45 ff.
- Eigenbesitz **3** 38
- Eigentum **3** 16 ff.
- ohne Eigentum **3** 33 ff.
- Eigentumsvorbehalt **3** 34
- bei Entschädigungsanspruch **3** 11 ff., 43 f.
- Gebäude auf fremdem Grund und Boden **3** 11 ff., 41 ff.
- Gefahrübergang **3** 34, 39, 122; **13** 16
- Grundstück **3** 21, 30, 40
- Leasing **3** 35 ff.
- Mietereinbauten **3** 11 ff., 41 ff.
- Sicherungseigentum **3** 28 f.
- Treuhandeigentum **3** 27
- Vorbehaltsnießbrauch **3** 30
- Wegnahmerecht **3** 11 ff., 41 ff.
- wirtschaftliche Substanz **3** 22 ff.

**Vergleich 1** 30
**Vergütung der Umsatzsteuer**
- an Konsortium für eine europäische Infrastruktur **26** 13 ff.
- Verwendung eines Gegenstandes im Drittland für humanitäre u.ä. Zwecke **4a** 2 ff.

**Vergütung der Vorsteuer 16** 28 f., 32, 39 ff., s. auch *Steuervergütung* und *Vorsteuerabzug*

**Vergütung der Vorsteuer an im Ausland ansässige Unternehmer**
- Allgemeines **18** 125 ff.
- Antrag, elektronischer **18** 144, 146, 150
- Antragsfrist **18** 145, 151
- Bescheinigungen **18** 151, 153
- Gegenseitigkeit **18** 138 ff.
- innergemeinschaftliche Lieferung **6a** 12
- (bei) Kraftstoffen **18** 139
- Mindesthöhe **18** 145, 150
- Nachweis der Unternehmereigenschaft **18** 153
- Nichtansässigkeit im Gemeinschaftsgebiet **18** 150

- Nichtansässigkeit im Inland **18** 129 f., 144 ff.
- Nichtausführung von Umsätzen im Inland **18** 131 ff.
- Unternehmerbescheinigung, sog. **18** 154
- Verfahren **18** 141 ff.
- vergütbare Vorsteuern **18** 134 ff.
- Vergütungszeitraum **18** 141 ff.
- Verzinsung **18** 149, 156
- Vorsteuerabzugsverbot des Ansässigkeitsstaates **18** 135
- Wahlrecht (kein) **18** 126, 143

**Verhältnismäßigkeitsgrundsatz** (Übermaßverbot) **Vorbem.** 26, 77; **6a** 54 ff., 80, 88 ff.; **13** 3; **13b** 69, 91, 118; **13c** 8 f., 31; **14c** 4 f., 58, 60, 69, 71, 74, 81 f., 87; **15** 58, 84, 221, 234, 247 f.; **25a** 55

**Verkehrsteuer Vorbem.** 15
**Vermietung**
- Abstellplatz für Fahrzeuge **4 Nr. 12** 32 ff.
- Betriebsvorrichtung **4 Nr. 12** 38 ff.
- Bootsliegeplätze **4 Nr. 12** 33
- auf Campingplätzen **4 Nr. 12** 35 ff.
- durch Dritte **3** 195 (Beisp. 3)
- durch Ehegattengemeinschaft **2** 170 Fn.
- Freizeitgegenstand **2** 139 f.
- Garage **4 Nr. 12** 33
- Gebäude, Grundstücke, s. *Vermietung und Verpachtung von Grundstücken*
- Instandhaltung, unterlassene **1** 12 Fn.
- kurzfristige **2** 114; **4 Nr. 12** 31, 35; **12** 105
- Leasing, s. dort
- Ort **3a** 40, 46 ff., 139, 142
- Rechnungserteilung **14** 23
- Rechnungsgestaltung **14** 69 f.
- Rückvermietung **3** 31 f.
- Steuerbefreiung, s. *Vermietung und Verpachtung von Grundstücken*
- Steuersatz, ermäßigter **12** 29, 104 ff.
- Verzicht auf Steuerbefreiung, s. dort
- vorzeitige Auflösung des Mietvertrages **1** 52 f.; **4 Nr. 12** 11

**Vermietung und Verpachtung von Grundstücken**, Steuerbefreiung
- Abbauvertrag, Ausbeutevertrag **4 Nr. 12** 9
- Ablagerung von Abfällen **4 Nr. 12** 9
- Abstellplätze für Fahrzeuge **4 Nr. 12** 32 ff.
- Allgemeines **4 Nr. 12** 1 ff.
- Auflösung eines Mietvertrages, vorzeitige **4 Nr. 12** 11
- Ausnahmen, Allgemeines **4 Nr. 12** 30
- Ausstellungsflächen, Überlassen von **4 Nr. 12** 22
- Automatenaufstellung **4 Nr. 12** 25
- Begriff **4 Nr. 12** 3, 7 ff.
- Betriebsvorrichtungen **4 Nr. 12** 38 ff.
- Bordellzimmer **4 Nr. 12** 31
- (auf) Campingplätzen **4 Nr. 12** 35 ff.
- Dienstbarkeit, Bestellung **4 Nr. 12** 20
- Dienstleistungskommission **4 Nr. 12** 8
- dingliche Nutzungsrechte **4 Nr. 12** 10, 19
- Duldung ökologischer Ausgleichsmaßnahmen **4 Nr. 12** 7

- Erbbaurecht, Bestellung **4 Nr. 12** 6, 19
- Fahrzeugstellplätze **4 Nr. 12** 32 ff.
- Gebäudeteil **4 Nr. 12** 7
- gemischte Verträge **4 Nr. 12** 15 ff.
- Grunddienstbarkeit, Bestellung **4 Nr. 12** 19
- Grundstücksbegriff **4 Nr. 12** 4 ff.
- grundstücksgleiche Rechte **4 Nr. 12** 6
- Hauswände **4 Nr. 12** 24
- kurzfristige Beherbergung **4 Nr. 12** 31
- Leerstandszeiten, Vorsteuerabzug **15** 470 f.; **15a** 57, 69
- Miteigentumsanteil **4 Nr. 12** 12
- Nebenleistungen **4 Nr. 12** 13 f.
- Nießbrauch **4 Nr. 12** 20
- Nutzungsüberlassung **4 Nr. 12** 8, 18 ff.
- Privatnutzung von Gebäudeteilen **4 Nr. 12** 27 ff.
- Schadensersatz **4 Nr. 12** 14
- Schließfächer **4 Nr. 12** 26
- Sporteinrichtungen **4 Nr. 12** 21, 40
- Standflächen auf Wochenmärkten **4 Nr. 12** 23
- unentgeltliche Überlassung von Gebäudeteilen **4 Nr. 12** 27 ff.
- unternehmerische Tätigkeit **2** 115 ff.
- Untervermietung **3a** 39; **4 Nr. 12** 8
- verbilligte – zur Förderung anderer Umsätze **15** 477
- Verträge besonderer Art **4 Nr. 12** 20 ff.
- Verzicht auf Steuerbefreiung **9** 17, 24 ff.
- Vorvertrag, auf Übertragung des Eigentums gerichtet **4 Nr. 12** 19
- vorzeitige Auflösung des Vertrages **1** 52 f.; **4 Nr. 12** 11
- Werbemöglichkeit, Verschaffung **4 Nr. 12** 24
- Wohnrecht **4 Nr. 12** 20
- Wohnungseigentum **4 Nr. 12** 6
- Zweck **4 Nr. 12** 2
- Zwischenvermietung **9** 25 f.

**Vermittlung, Vertretung**
- Begriff **3** 194; **3a** 69 ff.; **4 Nr. 5** 2 f.; **4 Nr. 8** 7
- Ort **3a** 43, 59, 68 ff., 78
- Provisionsverzicht **10** 46 f.; 57
- Reisebüro **4 Nr. 5** 13 f.; **25** 13
- Selbständigkeit **2** 56
- Steuerbefreiungen, *s. Vermittlungsleistungen, Steuerbefreiungen*
- Untervermittlung **3a** 71
- unzulässiger Steuerausweis **14c** 79
- Zeitpunkt **13** 13 Fn.

**Vermittlungsleistungen**, Steuerbefreiung
- Ausfuhr-, Einfuhr-, Durchfuhr **4 Nr. 5** 4
- Bankgeschäfte **4 Nr. 8** 16 ff.
- Einfuhrlieferung, sog. **4 Nr. 5** 12
- Gesellschaftsanteile **4 Nr. 8** 28
- Güterbeförderung, grenzüberschreitend **4 Nr. 5** 4 f.
- Flugscheine **4 Nr. 5** 8
- Kredite **4 Nr. 8** 15
- Lohnveredelungen **4 Nr. 5** 4
- Ort **3a** 43, 59, 68 ff., 78
- Pauschalreisen, **4 Nr. 5** 10

- Personenbeförderung **4 Nr. 6** 6 ff.
- Reisebüro **4 Nr. 5** 13 f.
- Reiseleistungen **4 Nr. 5** 6 ff., 13 f.
- Umsätze im Drittlandsgebiet **4 Nr. 5** 9 ff.
- Untervermittlung **4 Nr. 8** 7, 15; **4 Nr. 11** 6
- Vereinsmitgliedschaft **4 Nr. 8** 28
- Wertpapiere **4 Nr. 8** 22 f.

**Vermögensverwaltung**
- eigenes Verm. **2** 99, 116 f., 365 ff.; **12** 69 f.
- fremdes Verm. **2** 125; **3a** 109, 135; **4 Nr. 8** 21

**Verordnungen**
- nationale, *s. Rechtsverordnung*
- EU **Vorbem.** 61, 65

**Verpachtung**, *s. Vermietung*

**Verpflegungsleistungen**, *s. Restaurationsleistungen*

**Versandhandel**, Ort d. Lieferung **3c** 1 ff.

**Versandkosten**, gesonderte berechnete **3** 204; **4 Nr. 11b** 3; **10** 74

**Verschaffung der Verfügungsmacht**, *s. auch Lieferung*
- Abtretung d. Herausgabeanspruchs **3** 20
- Allgemeines **3** 3 ff., 16 ff.
- Annahmeverzug **1** 33; **3** 39
- Diebsgut **3** 38
- Diebstahl **1** 56 ff.; **3** 24
- an Dritte **3** 5, 45 ff., 127
- durch Dritte **3** 5, 45 ff., 126
- Eigentumsübergang kraft Gesetzes **3** 24, 41
- Eigentumsverschaffung **3** 16 ff.
- bei Eigentumsvorbehalt **3** 34, 37
- Gebäudeabriss **3** 159
- Gefahrübergang **3** 34, 39, 122
- Grundstück **3** 21, 30 f., 40
- Kauf auf Probe **3** 146
- Konnossement **3** 18, 146
- Nebenleistung zu sonstiger Leistung **3** 4, 202, 205 ff.
- Reihengeschäft, Streckengeschäft **3** 5, 45 ff., 129
- Rückvermietung **3** 31 f.
- Schiff **3** 17
- Sicherungsübereignung, -eigentum **3** 28 f.
- Traditionspapier **3** 18, 146
- Transportgefahr, Tragen der **1** 33; **3** 39, 120; **13** 16
- Untergang der Ware auf dem Transport **1** 33; **13** 16
- Verfügungsmacht, *s. dort*
- Verschaffung **3** 24 ff.
- vorbehaltene Nutzung **3** 30 ff.
- Vorbehaltsnießbrauch **3** 30
- Zeitpunkt **13** 13 ff.
- Zerstörung eines Gegenstandes **3** 24

**Verschmelzung 1** 43, 138

**Versenden**
- Begriff **3** 123
- Ort d. Lieferung **3** 121 ff., 146; **3c** 1 ff.
- Versandkosten, *s. dort*

**Versicherungen**, *s. Versicherungsschutz, Versicherungsverhältnis, Versicherungsvertreter*

**Versicherungsschutz**, Verschaffung von
- Begriff **4 Nr. 10** 5
- Direktversicherung, sog. **4 Nr. 10** 7
- Garantieversicherung, sog. **4 Nr. 10** 7
- Kreditkartenversicherung **4 Nr. 10** 7
- Reiserücktrittskostenversicherung **4 Nr. 10** 7
- unechte Gruppenversicherung, sog. **4 Nr. 10** 8
- Versicherungsvertrag zugunsten Dritter **4 Nr. 10** 5

**Versicherungsverhältnis**, Leistungen auf Grund eines
- Dienstleistung für Versicherungsunternehmen **4 Nr. 10** 4
- Herausgabe beschädigter Gegenstände, Weiterlieferung durch den Versicherer **4 Nr. 10** 3
- Leistung des Versicherers **4 Nr. 10** 2
- Leistung des Versicherungsnehmers **4 Nr. 10** 3
- Sachleistung **4 Nr. 10** 2
- Zweck der Steuerbefreiung **4 Nr. 10** 1

**Versicherungsvertreter, -makler**, Steuerbefreiung
- Bewertung von Schäden **4 Nr. 11** 5
- Hilfsdienste **4 Nr. 11** 5
- Rechtsform **4 Nr. 11** 4
- Schadenabwicklung **4 Nr. 11** 7
- Strukturvertrieb, sog. **4 Nr. 11** 6
- Zweck der Befreiung **4 Nr. 11** 2

**Vertrag**
- Auflösung **1** 52 f.; **4 Nr. 12** 11
- Rücktritt, s. *Rückgängigmachung des Umsatzes*
- Übertragung **1** 29; **3** 10
- zugunsten Dritter **15** 98, 266

**Vertrauensschutz**
- Allgemeines **Vorbem.** 21 ff., 77
- Angaben des Abnehmers, Steuerbefreiung **6a** 19, 87 ff.
- Ansässigkeit des leistenden Unternehmers **13b** 48 f., 70
- Ansässigkeit des Leistungsempfängers **3a** 87
- Ausfuhrbeleg, gefälschter **6** 32
- Billigkeitsmaßnahme **Vorbem.** 23; **10** 15; **14c** 69; **15** 223, 232 ff., 255
- Gesetzesänderung **15a** 137
- Geschäftsveräußerung **1** 130
- Leistung, Vorliegen einer **15** 61, 255
- Rechnungsangaben **15** 221 ff., 247 ff.
- Rechtsprechungsänderung **Vorbem.** 22 f.
- Steuerpflicht des Vorgangs **Vorbem.** 21 f.; **1** 30; **10** 15; **13** 3; **15** 247 ff.
- Steuerschuldnerschaft des Leistungsempfängers **13b** 66 ff., 90 f., 124 f.
- Umsatzsteuer-Identifikationsnummer **3a** 17, 19, 27, 31, 33; **6a** 89 ff.
- Unternehmereigenschaft, eigene **Vorbem.** 21
- Unternehmereigenschaft des Vertragspartners **2** 46; **3a** 17; **13b** 49; **15** 58 f., 190, 255

- unzulässiger Steuerausweis, Berichtigung der Steuer **14c** 60, 69, 71, 83 ff.
- Vorsteuerabzug **Vorbem.** 26; **15** 58 ff., 190, 221 ff., 247 ff.
- bei unzulässigem Steuerausweis **15** 247 ff.
- Wiederverkäufer, Differenzbesteuerung **25a** 21 f.
- Zurechnung der Leistung **1** 71; **15** 190 f.

**Vertretung**, s. *Vermittlung*
**Verwahrungskosten** bei Annahmeverzug **1** 47 a.E.
**Verwaltungsvorschriften Vorbem.** 39
**Verwendung** (der Leistung) **15** 106 ff., 154 ff., 433 ff.

**Verwendung für Zwecke außerhalb des Unternehmens**
- dauerhafte, s. *Entnahme*
- nichtwirtschaftliche Tätigkeit **3** 165; **15** 154 ff.
- sofortige **15** 103
- zeitweilige, s. *Nutzungsentnahme*

**Verwendung zur Ausführung steuerfreier Umsätze**
- Allgemeines, Grundsätze **15** 17, 19 f., 414 ff.
- Änderung der Verhältnisse, s. dort
- Aufteilung d. Vorsteuern **15** 472 ff.
- ausfuhrbezogene u.ä. Umsätze **15** 422 ff.
- ausländische **15** 420 f.
- beabsichtigter Verzicht auf die Steuerbefreiung **15** 463 ff.
- Beratung u.Ä. **15** 440 ff., 476
- Bereitstehen als Verwendung **15** 471; **15a** 57, 69
- Beteiligungsveräußerung **15** 446 ff.
- Beurteilungszeitraum **15** 456, 490
- Fehlmaßnahmen **15** 467, 471
- Finanzierung o. Versicherung außerhalb Gemeinschaftsgebiet **15** 425 ff.
- Gebäudeabbruch **15** 438
- gemischte Verwendung **15** 472 ff.
- Grundstückssanierung **15** 451
- Kapitalerhöhung **15** 440 ff., 491
- Kreditgewährungen **15** 496
- Leerstehen als Verwendung **15** 470 f.; **15a** 57, 69, 74
- nachträgliche Aufwendungen **15** 449 ff.
- Nichtverwendung **15** 467 ff.
- Organschaft **2** 258, 315, 322 f.
- steuerfreie Umsätze zur Förderung steuerpflichtiger Umsätze **15** 443
- teilweise **15** 472 ff.
- unentgeltliche Umsätze zur Förderung steuerpflichtiger Umsätze **15** 444 f.
- Unternehmensgründung **15** 440 ff., 476
- Unternehmensveräußerung **15** 452 f.
- verbilligte Vermietung **15** 477
- Verwaltungsgemeinkosten **15** 492 ff.
- Verwendungsabsicht **15** 458 ff.; **15a** 61, 68; **16** 18
- Vorauszahlung **15** 459
- Vorsteueraufteilung, s. dort
- Wertzeichen-„Lieferung" **15** 493

- wirtschaftliche Zurechnung **15** 433 ff., 478 ff.
- Zeitraumbetrachtung **15** 455 ff.
- Zeitpunkt der erstmaligen Verwendung **15** 455 ff.
- Zurechnung von Leistungen (Vorsteuerbeträgen) **15** 472 ff.

**Verzehr an Ort und Stelle** s. *Restaurations- und Verpflegungsleistungen*

**Verzicht** auf
- Anfechtungsrecht **1** 23, 54; **2** 124
- Ankaufsrecht **1** 54; **4 Nr. 9** 10
- Anspruch (Recht) **1** 24, 26, 31, 49, 52
- Ausübung einer Tätigkeit **1** 23, 42; **2** 123 f., s. auch *Wettbewerbsverbot*
- Durchschnittssatzbesteuerung Land- und Forstwirtschaft **24** 47 ff.
- Forderung/Gegenleistung **17** 32 f.
- Kleinunternehmerstatus (-befreiung), s. *Kleinunternehmer*
- Nichtbesteuerung des innergemeinschaftlichen Erwerbs **1a** 28
- Steuerbefreiung, s. dort
- Vertragsdurchführung **1** 49, 52 ff.
- Wahrnehmung eines Schutzrechtes **1** 24

**Verzicht** auf **Steuerbefreiung**
- Abfindungszahlung **9** 21
- beabsichtigter **15** 463 ff.
- Beschränkung auf Gebäudelieferung **9** 23
- Blinde **9** 11
- Durchführung **9** 31 ff.
- Erbbaurecht **9** 24
- Ermessen **9** 31
- faktischer **9** 5
- fiktiver **9** 14; **15** 421, 460 ff.
- Form **9** 35 ff.
- Gebäudelieferung, Beschränkung auf **9** 23
- Grundstückslieferung **9** 17, 22 f., 37 ff.
- Kleinunternehmer **9** 3, 28; **19** 36
- Kreditinstitute **9** 8
- Land- und Forstwirte **9** 3, 28; **24** 37
- Lieferung nicht vorsteuerentlasteter Gegenstände **4 Nr. 28** 6
- Missbrauch **9** 15, 25 ff.
- nachträglicher **9** 41 ff.; **17** 91; **27** 15
- Preiserhöhung **9** 13
- Rückgängigmachung, Rücknahme **9** 46 ff.; **14c** 88; **15** 220
- Rückwirkung **9** 41 ff.
- Steuerschuldnerschaft des Leistungsempfängers **9** 33 ff.
- Teil eines Umsatzes **9** 20, 29
- Teilleistungen **9** 20
- Übergangsregelungen **27** 34 ff.
- Umfang **9** 20 ff.
- unentgeltliche Leistungen **9** 18 f.
- Vermietung an Eheleute **9** 17
- Vermietung und Verpachtung **9** 24 ff.
- verzichtsfähige Umsätze **9** 4
- Wirkung, Zweck **Vor 4–9** 11 ff.; **9** 1, 6 ff., 15 f., 21; **15** 421, 454 f.
- zeitliche Begrenzung **9** 41 ff.

- Zustimmung Erwerber **9** 33 ff., 38
- Zwangsversteigerung **9** 34, 40, 44
- Zwischenvermietung **9** 25 f.

**Verzugszinsen 1** 58; **4 Nr. 8** 10; **17** 44

**Voranmeldung**, s. auch *Steueranmeldung*
- Abgabefrist **18** 34 f.
- Abgabeverpflichtung **18** 4 ff., 30 f.
- Befreiung von Abgabepflicht **18** 30 f.
- Berechnung der Vorauszahlung **18** 8
- Dauerfristverlängerung **18** 100 ff.
- Erledigung **18** 68
- Form **18** 18 f.
- Inhalt **18** 32 f.
- Steueranmeldung, s. dort
- Steuervergütung **18** 13 ff.
- verbundene **18** 17
- Voranmeldungszeiträume **18** 21 ff.
- Wirkung **18** 9
- wochenweise **18** 24

**Vorauszahlungen**
- Änderung des Steuersatzes **12** 12; **13** 32; **27** 21 ff.
- Baukostenzuschuss **13** 28
- Berichtigung der Steuer **17** 64 ff.
- Berichtigung des Vorsteuerabzugs **17** 64 ff.
- Berichtigung des Vorsteuerabzugs bei – für Dauerleistungen **15a** 34 ff., 108 f.
- als Darlehen **13** 34
- bei Dauerleistung **13** 34
- Entstehung der Steuer **13** 24, 27 ff.
- Guthabenkarte **13** 28
- Leasingsonderzahlung **13** 28
- Leistungsempfänger als Steuerschuldner **13b** 138
- Nichtausführung der Leistung **13** 33; **17** 64 ff.
- Ort der sonstigen Leistung **3a** 11
- Rechnungserteilung **13** 31; **14** 26
- Tausch, tauschähnlicher Vorgang **15** 281
- teilweise Ausführung der Leistung **17** 66
- der Umsatzsteuer **18** 8, 11 f., 36 f., 39, 65
- Vorsteuerabzug **15** 275 ff.

**Vorauszahlungsbescheid 18** 39 f.

**Vorbehaltsnießbrauch 3** 30

**Vormund**, Steuerbefreiung **4 Nr. 25** 10; **4 Nr. 26** 40

**Vorsteuerabzug**, Vorsteuer
- abgekürzter Vertragsweg **15** 99, 267
- Abtretung **16** 32, 42 f.
- „Abzug" **15** 5 f.; **16** 15 ff.
- Abzugsverbote, s. *Vorsteuerabzugsverbote*
- Akquisitionsgesellschaft **15** 39
- Allgemeine Kosten **15** 112, 489 ff.
- Allgemeines, Zweck **15** 1 ff.
- Anspruch, s. *Steuervergütungsanspruch*
- Arbeitszimmer **15** 86, 128
- Aufteilung, s. *gemischt veranlasste Aufwendungen* und *Vorsteueraufteilung*
- Aufwendungsersatz **15** 81 ff.
- Ausbildungskosten **2** 201
- Auslagerung aus Umsatzsteuerlager **15** 323 ff.

# Stichwortverzeichnis

- Ausschluss bei Verwendung für steuerfreie Umsätze, s. *Ausschluss des Vorsteuerabzugs bei steuerfreien Umsätzen*
- Ausübung **15** 24 ff., 203 f.
- Bagatellgrenze **15** 330
- (nach) Beendigung der unternehmerischen Betätigung **2** 224; **15** 109, 176 f., 454
- Bekleidung **15** 129
- Belastung mit der Steuer **15** 259 ff.
- Berichtigung, s. dort
- Besitz einer ordnungsgemäßen Rechnung, Zeitpunkt **15** 178 ff.
- Beteiligungserwerb **15** 116 f.
- betriebliche Veranlassung **15** 115, 126
- Betriebsklima, Maßnahmen zur Verbesserung **15** 120
- Betriebsräteschulung **15** 82
- Bewirtung **15** 369 ff.
- Billigkeitsmaßnahme **15** 223 f., 231 ff.; **15a** 180, 182, 184
- Blockheizkraftwerk **15** 140
- Charakter des Anspruchs **15** 5; **16** 20 ff.
- Diebstahl, Untergang **15** 121, 467
- Differenzbesteuerung, s. dort
- Drittaufwand, sog. **15** 99, 267; **15a** 183 ff.
- Durchschnittssätze, s. *Pauschalierung* und *Land- und Forstwirte*
- durchlaufende Posten **15** 63
- Ehegattengemeinschaft **15** 84 ff.
- Eigenbetrieb, Prüfung durch Aufsichtsbehörde **15** 94
- Einfuhrumsatzsteuer, s. dort
- Einfuhrlieferung **15** 253, 288
- Einlage aus dem nichtunternehmerischen Bereich **15a** 126 ff., 183 ff.
- Einlage durch Gesellschafter **15** 44 ff.
- Einschaltung einer Mittelsperson **15** 76 ff., 197
- Endrechnung **15** 284
- Entlastungszweck **14** 34 ff., 48; **15** 2 f., 76 f., 259 ff., 271, 276, 458; **15a** 3
- Entscheidungsbefugte Finanzbehörde **15** 254
- Entstehung des Anspruchs **15** 6, 10 f., 178 ff., 269; **16** 17, 28 ff.
- Erhöhung der Gegenleistung (Bemessungsgrundlage) **15** 178; **17** 40
- Ersatzvornahme **15** 97
- Erschließungsleistungen **15** 439
- Erstattungsanspruch, s. *Steuervergütungsanspruch*
- Fahrausweise **15** 200
- Fahrzeugkosten, s. *Fahrzeugnutzung*
- Fehlmaßnahme **15** 110 f., 467
- Finanzierungsumsätze im Zusammenhang mit Ausfuhrgegenständen **15** 425 f.
- Finanzierungsumsätze an Empfänger im Drittland **15** 429 ff.
- Flugerlaubnis **15** 141
- Gästehaus **15** 371 f.
- Gebäudeabbruch **15** 438
- gemischt (untern. – nichtuntern./privat) veranlasste Aufwendungen, s. dort
- gemischte (steuerpfl. – steuerfreie) Verwendung, s. *Vorsteueraufteilung*
- gescheiterte Gründung **2** 206 ff.
- Geschenke **15** 357 ff., 445; **17** 82, 84 ff.
- Gesellschafter **2** 165 ff.; **15** 44 ff., 85
- Gesellschaftsgründung **2** 202 ff.; **15** 34 ff., 440 f.
- gesetzlich geschuldete Steuer **15** 237 ff., 284
- Grundstückssanierung **15** 438, 451
- Grundstücksverwendung, private **15** 387 ff.
- Gründung des Unternehmens **2** 198 ff.; **15** 33 ff., 47, 440 ff., 476
- Gutschrift **15** 182, 216 f.
- Holding **2** 70 ff., 168; **15** 52 f., 117
- innergemeinschaftliches Dreiecksgeschäft **25b** 9
- innergemeinschaftlicher Erwerb **15** 315
- Jagd, Fischerei **15** 374 ff.
- Kapitalbeschaffung, -erhöhung **15** 119, 163, 491
- Kleinbetragsrechnung **15** 199
- Kostenerstattung **15** 76 ff.
- Kreditgewährung im Zusammenhang mit Ausfuhrgegenständen **15** 425 ff.
- Kreditgewährung an Empfänger im Drittland **15** 429 ff.
- Land- und Forstwirte **24** 1, 40 f.
- Lebensführung, Berührung der **15** 351, 379 ff.
- Leistung für das Unternehmen **15** 100 ff., 384
- Leistungsempfänger, s. dort
- Leistungsempfänger Steuerschuldner **15** 318 ff.
- Liebhaberei **15** 41
- Marktanalyse **2** 200
- Mehrzahl von Leistungsempfängern **15** 68, 193 f., 263
- Mindest-Bemessungsgrundlage **15** 256
- Mindestumfang unternehmerischer Nutzung **15** 330 ff.
- Motorjacht, Segeljacht **15** 374 ff.
- nachträgliche Rechnungserteilung **15** 205
- nachträgliche Zahlung **17** 60 ff.
- neues Fahrzeug, Lieferung in anderen Mitgliedstaat **15** 497 ff.; **25a** 51
- Neutralisierung **3** 56, 162
- Neutralitätsgrundsatz **Vorbem.** 46, 49, 78; **2** 73; **15** 2, 46; **15a** 127, 130
- Nutzungseinlage **15** 105, 175; **15a** 130 f., 183 ff.
- Öffentliche Anlagen, jPdöR **15** 134, 164
- Organschaft **2** 256 ff., 312 f., 321, 330, 332, 335; **15** 74, 198, 434
- Pauschalierung, s. dort
- Photovoltaikanlage **15** 140
- Privatfahrzeug **15** 136 f., 175
- private Mitveranlassung **15** 122 ff.
- Rechnung, ordnungsgemäße **15** 178 ff.
- Rechnung, Tatbestandsmerkmal **15** 178, 203 f.

1753

- Rechtsanwaltskosten, erstattete **15** 91 f.
- Reisekosten **15** 83, 142 ff.
- Reisekosten Gesellschafter **15** 45 ff.
- Reparatur durch Geschädigten **15** 90
- Reparatur nach Beschädigung durch Privatnutzung **15** 132 ff.
- Repräsentationsaufwendungen **15** 351 ff.
- rückwirkender **15** 205 ff.
- Schadensbeseitigung **15** 90, 132 ff.
- Schadensersatz **1** 62; **15** 90 ff.
- Schätzung **15** 12, 231, 236, 487 f.
- Sicherheitsleistung **18f** 1 ff.
- Sofortabzug **15** 2, 458; **16** 18
- Soll-Prinzip **15** 269 ff.
- Steuerberatung **15** 145
- Steuerbetrag, abziehbarer **15** 243, 280
- Steuervergütungsanspruch, s. dort
- Strafverteidigung **15** 146
- als Subvention **15** 271, 460, 464; **24** 2 f.
- Tausch **10** 79, 81; **15** 264, 281
- teilweiser **15** 122 ff., 151 ff., 369, 383, 472 ff.
- Typisierung **15** 127
- Überhang **16** 22
- überhöhte Steuer **15** 240 f.
- Übernachtungskosten **15** 142, 381
- Übertragung auf Dritten **15** 256 ff.; **15a** 175 ff.
- Umwandlungsvorgänge **15** 442, 476
- Umzugskosten **15** 148
- unangemessene Aufwendungen **15** 110, 379 ff.
- unentgeltlich bezogene Leistung **15** 257 f.; **15a** 178 ff.
- unentgeltlich erbrachte Leistungen **15** 104, 418, 444 ff.
- unfreie Versendung **15** 88 f.
- Unternehmensgründung **2** 198 ff.; **15** 33 ff., 440 f., 476
- Unternehmerbegriff, erweiterter **15** 32 f.
- unzulässig ausgewiesene Steuer **15** 237 f.
- Veranlassung, betriebliche **15** 115, 126
- verbilligte Vermietung **15** 477
- Vergütung **16** 28 f., 32, 39 ff., s. auch *Steuervergütung*
- Vergütung an im Ausland ansässige Unternehmer, *s. Vergütung der Vorsteuer ...*
- Verlust der Rechnung **15** 212
- Verlust, Zerstörung des Gegenstandes **15** 121
- Verpflegungskosten **15** 142 ff.
- Versicherungsumsätze im Zusammenhang mit Ausfuhrgegenständen **15** 425 ff.
- Versicherungsumsätze an Empfänger im Drittland **15** 429 ff.
- Verteidigerkosten **15** 146 f.
- Vertrag zugunsten Dritter **15** 98, 266
- Vertrauensschutz **Vorbem.** 26; **13b** 124 a.E.; **15** 58 ff., 190 f., 221 ff., 247 ff.
- Verwendung für das Unternehmen **15** 100 ff.
- Verwendung zur Ausführung steuerfreier Umsätze, s. dort
- Vorauszahlungen **15** 275 ff.
- Vorbereitungshandlungen **2** 198 ff.; **15** 33 ff., 109; **19** 7 f.
- Vorgesellschaft **15** 35
- Vorgründungsgesellschaft **15** 37
- vorläufiger **15** 40, 460 f.
- Werbeartikel **15** 445
- wirtschaftlicher Leistungsempfänger **15** 76 ff., 196
- Zahlung Dritter **17** 61 ff.
- Zuzahlung Dritter **15** 67, 195
- Zeitpunkt **15** 203 ff., 269 ff.
- Zeitschriften, Zeitungen **15** 150
- Zuordnungswahlrecht **15** 165 ff., 387 ff.
- Zweck **Vorbem.** 9 f., 16; **15** 2 f.; s. auch – *Entlastungszweck*

**Vorsteuerabzugsverbote**
- Allgemeines **15** 347 ff.
- Bewirtungsaufwendungen **15** 369 ff.
- Differenzbesteuerung Kunstgegenstände u.Ä. **25a** 49
- differenzbesteuerte Gegenstände **15** 185, 411; **25a** 25, 49, 58
- einkommensteuerrechtlich nichtabziehbare Aufwendungen **15** 351 ff.; **17** 81 ff.
- Gästehaus **15** 371 f.
- Geschenke **15** 357 ff.
- Jagd, Fischerei **15** 374 ff.
- Kleinunternehmer **15** 411; **19** 7
- Land- und Forstwirte **15** 411; **24** 40
- Motor-, Segeljacht **15** 374 ff.
- nicht im Gemeinschaftsgebiet ansässige Unternehmer **15** 411, 506; **18** 139 ff.
- nicht im Inland ansässige Unternehmer **15** 413; **18** 136
- private Grundstücksverwendung **15** 387 ff.
- Rechnung eines Kleinunternehmers **15** 185, 254, 412
- Rechnungsaussteller nicht Steuerschuldner **15** 184, 412
- Reisevorleistungen **25** 36
- steuerfreie Umsätze, *s. Verwendung für steuerfreie Umsätze*
- Umzugskosten **15** 148
- unangemessene Aufwendungen **15** 379 ff.
- unzulässig ausgewiesene Steuer **15** 237 ff.

**Vorsteueraufteilung**
- einkommensteuerrechtliche Abzugsverbote **15** 350
- gemischt (untern. – nichtuntern./privat) veranlasste Aufwendungen, s. dort
- gemischte (steuerpfl. – steuerfreie) Verwendung, s. dort
- nichtwirtschaftliche Tätigkeit **15** 154 ff.

**Vorsteuerberichtigung**, *s. Berichtigung des Vorsteuerabzugs*
**Vorsteuerbetrag Vorbem.** 13
**Vorsteuerpauschalierung**, *s. Pauschalierung*
**Vorsteuerüberhang/-überschuss**
- Allgemeines **16** 22; s. auch *Steuervergütung*
- Fälligkeit **18** 24, 38, 67
- Verzinsung **18** 38

1754

**Vorsteuervolumen, Übertragung** auf Dritten **15** 256 ff., **15a** 175 ff.
**Vorstufenbefreiung 8** 2
**Vorumsatzabzug Vorbem.** 3, 9; **10** 2; **25** 2, 28; **25a** 4
**Vorweggenommene Erbfolge 1** 135

**Warenumschließung**, Rücknahme **17** 34
**Wattenmeer 1** 159, 162
**Wechsel** (-papier)
– Diskontierung **10** 43 ff.; **14c** 32
– Hereinnahme **10** 44
– Veräußerung **4 Nr. 8** 18; **10** 43; **15** 493
– Weiterberechnung der Kosten **10** 45
**Wechsel der Besteuerungsform**
– Zurechnung Umsätze **19** 44; **27** 29
– Zurechnung Vorsteuern **19** 45; **23** 27; **24** 51; **27** 30
**Wechselkursänderung 16** 56 f.
**Wegfall der Steuerpflicht 17** 89 f.
**Werbemobilüberlassung 1** 20, 85; **13** 23
**Werbeprämie 1** 85; **17** 19
**Werkleistung**, sog.
– Abgrenzung, Begriff **3** 105 ff., 187
– „Entnahme" **3** 67 f., 183 f.; **15a** 105 ff.
– Leistungsempfänger als Steuerschuldner **13b** 30 ff., 82 ff.
– Ort **3a** 65
– Steuerbefreiung **7** 5 f.; **8** 6
– unentgeltliche **3** 183 f.
**Werklieferung**
– Abgrenzung, Begriff **3** 105 ff.;
– auf Grundstück **3** 112
– Ausführungszeitpunkt **13** 14
– innergemeinschaftlicher Erwerb **1a** 16, 41
– Kündigung des Vertrages, vorzeitige **1** 50; **13** 15
– Leistungsempfänger als Steuerschuldner **13b** 27 ff., 82 ff.
– Ort **3** 125, 145
– Steuerbefreiungen **6** 5; **6a** 8 f.; **7** 5 f.
– Teilleistungen **13** 21
**Wertabgabe**, s. *Entnahme* und *unentgeltliche Leistungen*
**Wertpapiergeschäfte** Steuerbefreiung **4 Nr. 8** 22
**Wettbewerbsneutralität Vorbem.** 46 ff., 77; **1** 39; **2** 7, 73, 81, 141, 272, 472; **Vor 4–9** 14; **6** 3; **6a** 2; **7** 3; **9** 7 ff.; **15** 2, 421, 424; **15a** 127; **19** 11 ff.; **25a** 2; s. auch *Rechtsformneutralität*
**Wettbewerbsverbot 1** 23, 133 Fn.; **2** 123; **3a** 79
**Wiederkehrende Zahlungen 10** 52; **13** 22 f.
**Willkürverbot** (Diskriminierungsverbot, Gleichbehandlungsgebot) **Vorbem.** 29, 46 ff.; **1** 61; **2** 73, 272; **3** 181; **4 Nr. 12** 28; **6a** 32; **9** 23, 44; **10** 99, 115 f.; **13a** 15; **13b** 122 f., 130 f.; **13c** 9; **14c** 84 f.; **15** 456, 465; **15a** 20; **19** 30; **25d** 5; **29** 24
**Wirtschaftsgut**
– Begriff, Allg. **15a** 10 ff.

– Berichtigung des Vorsteuerabzugs, s. *Berichtigung des Vorsteuerabzugs wegen Änderung der Verwendung*
– Einbauten **15a** 21 f.
– Entschädigungsanspruch **3** 11 ff., 43
– Gebäude auf fremdem Grund und Boden **3** 11 ff., 43; **15a** 14
– Gebäudeteil **15** 103 Fn.
– und Gegenstandsbegriff **3** 8, 11 f.; **15a** 14
– immaterielles **15a** 15
– Mietereinbauten **3** 11 f.; **15a** 14
– Umbau **15** 103 Fn.
– (bei) Wegnahmerecht **3** 11 ff., 43
**Wohlfahrtspflege**, Verbände, Steuerbefreiung **4 Nr. 18** 1 ff.
**Wohnort, -sitz 3a** 87; **6** 19 f.; **13b** 50, 52
**Wohnungs-, Teileigentum 4 Nr. 9** 18
**Wohnungs-, Teileigentümergemeinschaft**
– Steuerbefreiung **4 Nr. 13** 1 ff.
– Unternehmereigenschaft **2** 30, 149 a.E., 152 a.E.
– Verwalter **2** 125

**Zahlungsverkehr**, Überweisungen, Steuerbefreiung **4 Nr. 8** 21 f.
**Zeitpunkt der Leistungsausführung**, s. *Ausführungszeitpunkt*
**Zentralregulierung**, sog. **17** 35 ff.
**Zivilrecht und Umsatzsteuer**
– abstrakte Schadensberechnung **1** 62
– Alleinentscheidungsrecht der Finanzbehörden über Steuerfragen **1** 59 a.E.; **14** 32; **18** 80; **29** 46 ff.
– Allgemeine Geschäftsbedingungen **29** 36 ff.
– Änderung des Steuersatzes **12** 13; **29** 1 ff.
– Angebot an vorsteuerabzugsberechtigten Unternehmer **29** 7 ff.
– angefallene Umsatzsteuer **1** 62 Fn.
– Anpassung des Vertrages **10** 15
– Ausgleichsanspruch **29** 1 ff.
– ausländische Umsatzsteuer **29** 47
– ausländisches Zivilrecht **29** 41
– Auslegung zivilrechtlicher Begriffe im Umsatzsteuergesetz **Vorbem.** 63, 75
– beiderseitiger Irrtum **10** 15
– einseitiger Irrtum **10** 15
– Ersatzbeschaffung **1** 62
– Festpreis **29** 33
– Geschäftsgrundlage **29** 5, 7 ff.
– gesetzlich festgelegte Gebühren, Vergütungen **29** 40
– Grundstückskaufvertrag **9** 37 ff., 45
– Kalkulationsirrtum **10** 15
– Kommissionsgeschäfte **3** 99, 103
– Kürzung der Gegenleistung durch Leistungsempfänger **13b** 145; **14** 29, 38
– Leistungsbegriff **1** 9, 57
– Leistungsempfänger als Steuerschuldner **13b** 147, 154; **29** 17, 51
– Meistgebot **10** 11

Stichwortverzeichnis

- nachträgliche Inanspruchnahme des Leistungsempfängers als Steuerschuldner **13b** 154
- Nettopreis, sog. **29** 7, 31, 35
- Nutzungsentschädigung **1** 59
- Preisanpassungsklausel **29** 34 f.
- Störung (Wegfall) der Geschäftsgrundlage **29** 5, 7 ff.
- Umsatzsteuer als Teil des Schadensersatzes **1** 62
- Umsatzsteuer als Teil des vereinbarten Preises usw. **10** 15; **29** 5
- Verpflichtung zur Erteilung einer Rechnung mit Steuerausweis, s. *Rechnungsausstellung, Verpflichtung*
- Verpflichtung zum Verzicht auf eine Steuerbefreiung **9** 31
- Vorsteuerabzugsberechtigung, Bedeutung **29** 7 ff.
- Wertersatz **1** 59
- Zurückbehaltungsrecht **14** 29, 38
- Zwangsversteigerung, Grundstück **9** 34

**Zollkodex Vorbem.** 61
**Zolltarif**, gemeinsamer **Vorbem.** 61
**Zolltarifauskunft 12** 18
**Zoologischer Garten**, Steuerbefreiung **4 Nr. 20** 1–6, 11 f.
**Zubehör 4 Nr. 9** 18; **13b** 80
**Zugabe 3** 87; **17** 19
**Zuordnung eines Gegenstandes zum Unternehmen**
- Bagatellgrenze **15** 330
- Form **1** 107; **15** 170 f.; **15a** 120
- Gebäude **15** 387 ff.
- Gegenstand ohne Vorsteuerabzug **1** 110; **15** 172; **15a** 118 ff.
- gemischt genutzter Gegenstand **1** 105 f.; **15** 165 ff.
- Grund und Boden **1** 105
- Grundsätze **15** 158, 165 ff.
- nachträgliche **1** 110; **15a** 126 ff.
- teilweise **1** 109; **15** 158, 165 ff.
- Unterstellung **15a** 122
- Wahlrecht **1** 106; **15** 165 ff., 331 f., 388
- Zeitpunkt **15** 170

**Zuordnung, sachliche** (wirtschaftliche, zeitliche)
- Betriebsstätte (feste Niederlassung), Umsätze **3a** 26 f., 133 f.
- Nebeneinander von Betrieben unterschiedl. Besteuerungsformen **23** 29 f.; **24** 43 ff.
- Vorsteuern (Verwendung) **15** 100 ff., 433 ff., 472 f., 478
- Wechsel Nichtbesteuerung/Besteuerung **23** 27 f.; **24** 51; **27** 4

**Zurechnung der Leistungen (Umsätze), personelle**
- Arbeitnehmer **2** 46
- Auktion **1** 70
- Briefkastenfirma **1** 71; **2** 184

- Erfüllungsgehilfe **1** 72
- Gegenstand (Wirtschaftsgut) **3** 35 f.; **4 Nr. 9** 8
- Gesellschaft/Gesellschafter **1** 69; **2** 171 ff.
- Grundsatz **1** 66 f.
- Handeln unter fremden Namen **1** 71; **2** 176
- im Ausland ansässiger Unternehmer **13b** 48 f.
- Insolvenzverwaltung **2** 177
- Insolvenzverwalter **1** 69
- Kenntnis, des Leistungsempfängers **1** 71
- Kommission **1** 67; **2** 179 ff.
- Leistungserbringung **1** 66 ff.
- (bei) missbräuchlicher Gestaltung **1** 72
- Organschaft **1** 73; **2** 310 ff.
- Rechtsverhältnis, kein **1** 68
- Rückwirkung, keine **2** 169
- Scheinfirma **1** 71; **2** 183
- Second-Hand-Laden **1** 70 Fn.
- Strohmanntätigkeit **2** 183 f.
- Subunternehmer **1** 72; **13b** 87
- Teilnehmernetzbetreiber **3** 195
- Treuhandverhältnis **1** 67; **2** 179 ff.
- unzulässiger Steuerausweis **14c** 24
- unternehmerische Tätigkeit **2** 169 ff.
- Vertretung **1** 70; **2** 177 f.

**Zusammenfassende Meldung 3a** 19; **3d** 5; **6a** 24 f., 55, 84; **18a** 1 ff.
**Zuschuss 1** 41, 77; **2** 155 ff.; **10** 59, 61, 66
**Zuwendung**, s. *unentgeltliche Leistungen*
**Zuzahlung Dritter**
- Entgelt **10** 59 ff.
- Rechnungsgestaltung **14** 80, 94, 102; **14c** 80
- Vorsteuerabzug **15** 67, 195

**Zwangsrabatte der Arzneimittelhersteller 10** 48
**Zwangsversteigerung**
- Betriebsvorrichtungen **4 Nr. 9** 16 f.; **13b** 80
- Entgelt **10** 11, 27
- Geschäftsveräußerung **1** 133 Fn.
- Grundstück **4 Nr. 9** 7, 18
- Lieferung **3** 24
- Steuerschuldner **13b** 78, 80
- Verzicht auf Steuerbefreiung **9** 34, 40, 44
- Zubehör **4 Nr. 9** 24; **13b** 80

**Zwangsverwalter, -verwaltung**
- Steuerberechnung **16** 15
- Steuererklärungs-, Steueranmeldungsverpflichtung **18** 6 f.
- Unternehmer **2** 179, 215

**Zweckbetrieb 12** 68, 72 ff.
**Zwecke außerhalb des Unternehmens 3** 68 ff., 165 f., 176, 180, 186
**Zweigniederlassung 2** 190, 267, 283; **6** 22 f., 46 f.; **14b** 12, s. auch *feste Niederlassung*
**Zwischenstaatliche Einrichtungen** in anderen Mitgliedstaaten, Umsätze an –, Steuerbefreiung **4 Nr. 7** 7, 9 f.